I0603124

LES
ŒVVRES
DE MESSIRE
GVILLAVME DV VAIR
EVESQVE ET COMTE
DE LIZIEVX, ET GARDE
DES SEAVX DE FRANCE.

LES
OEVVRES
DE MESSIRE
GVILLAVME DV VAIR
EVESQVE ET COMTE
DE LIZIEVX, GARDE
DES SEAVX DE FRANCE

DERNIERE EDITION, REVEVE
CORRIGEE ET AVGMENTEE.

A PARIS,

Chez SEBASTIEN CRAMOISY, Imprimeur ordinaire du
Roy, ruë sainct Iacques, aux Cicognes.

M. DC. XLI.

AVEC PRIVILEGE DV ROY.

ADVERTISSEMENT
AV NOM DE L'IMPRIMEVR,
TIRE' D'VNE EDITION PRECEDENTE
DES OEVVRES DE MONSIEVR DV VAIR.

'A v o i s y a long-temps preſſé l'Auteur de me per-
mettre que ie recueilliſſe toutes les pieces qui ſorties
de ſes mains couroient par celles des autres, & encores
inſtamment prié de me donner ce qui reſtoit par deuers luy, pour l'eſperance que i'auois que le tout ſeroit auſſi bien receu que ce que i'en auois cy-deuan
imprimé. Il m'en auoit touſiours refuſé, teſmoi-
gnant meſmes vn extreme regret que ce qui s'eſtoit veu de luy, luy ſuſt ſi
facilement eſchapé; pour ce (me diſoit-il) que c'eſtoit vne grande folie de
ſe ſouſmettre ſans neceſſité à vn iugement public, ou ce qui y eſt expoſé ne
peut euiter vne iuſte cenſure ou deſfaueur apparente, ſi vne excellente nature aydée par vn profond eſtude & opiniaſtre labeur n'a entierement acheué, & conduit à la derniere perfection ce que l'on produit au iour. Choſe
que ne peuuent eſperer ceux deſquels la vie eſt continuellement trauerſée
par ſes affaires ou publiques ou particulieres, comme a eſté la ſienne. Car
outre qu'en vne grande diuerſité de ſujets que ſont contraints de traitter
ceux qui eſcriuent beaucoup, il eſt fort difficile que meſmes les plus verſez
és ſciences ne ſe meſcontent en quelque choſe; il eſt certain que de garder
par tout l'ordre exact & vne diſpoſition claire, & y adjouſter puis apres le
choix des paroles & la cópoſition nombreuſe, c'eſt vn ouurage d'vn grand
art, & de beaucoup de loiſir; Où encores ce qui eſt elaboré eſt reconneu de
peu de gens, & ce qui eſt defectueux eſt remarqué preſque d'vn chacun.
Toutefois voyant l'Auteur que la curioſité de quelques Imprimeurs, plus
ſoigneux de leur profit que de l'honneur de ceux deſquels ils manient les ouurages, iettoit tous les iours dehors quelques pieces de ſes écrits qui ſortoient
gaſtées & corrompuës, il a creu qu'il valoit encor mieux les hazarder auec
quelque peu plus de ſoin. Et pource m'a-il deliuré ce qu'il auoit au net, pour
en faire vn corps, ſe reſeruant (ſi Dieu luy donnoit quelque loiſir) de retou-
cher beaucoup de choſes qui ne ſont pas entieremét à ſon gré, & y adjouſter
d'autres pieces qui ſeront, s'il peut, mieux eſtoffées & plus ſoigneuſement
trauaillées. Il a retiré toutes les Epiſtres liminaires qui eſtoient en ces Traittez, pour les transferer en vn volume de Lettres qu'il m'a promis, lequel attendant vous receurez cet Oeuure que ma preſſe vous donne maintenant,
pour vn teſmoignage du ſoin que i'ay à rechercher voſtre contentement.

TABLE DES TRAITTEZ
CONTENVS EN CE VOLVME.

TRAITTEZ DE PIETE'
ET SAINTES MEDITATIONS.

TRAITTEZ PHILOSOPHIQVES.

TRAITTEZ ET ACTIONS ORATOIRES.

En

contenus en ce volume.

Table des Traictez

ARRESTS PRONONCEZ EN ROBE ROVGE.

Quatriesme

Table des Traictez contenus en ce volume.

❀❀

EXTRAICT DV PRIVILEGE DV ROY.

LOVYS PAR LA GRACE DE DIEV ROY DE FRANCE ET DE NAVARRE, A nos amez & feaux Confeillers les gens tenans nos Cours de Parlement, Baillifs, Senefcheux & tous autres nos Iufticiers & Officiers chacun en droict foy & ainſi qu'il appartiendra Salut. Noftre amé & feal Confeiller en nos Confeils le fieur Ribier, Nous a fait remonftrer qu'ayant reconneu que les Oeuures de defunt noftre tres-cher & feal le fieur du Vair, viuant Euefque & Comte de Lifieux, & Garde des Seaux de France, auoient efté cy-deuant imprimées, non feulement auec peu de correction, mais auffi en quelques endroits deprauation de fens & changement des vrayes paroles, il auroit pris le foing à caufe de l'alliance qu'il auoit auec ledit fieur du Vair, de rechercher & fcauoir les minutes & memoires de fes efcrits, afin de reparer & repurger les fautes furuenuës és precedentes impreffions, & en faire vne nouuelle plus pure, plus entiere, & plus correcte que par le paffé: Dont ledit fieur Ribier fe feroit acquitté le plus exactement & foigneufement qu'il luy a efté poffible, en forte qu'il fe promet que la prefente Edition comme plus correcte & augmentée de nouueau, fera auffi plus fauorablement receuë: Nous requerans à cette fin nos Lettres de Priuilege necceffaires. A CES CAVSES, defirans fauorifer le louable deffein dudit fieur Ribier, mefmes en confideration de la memoire dudit fieur du Vair qui nous eft tres-chere, & afin de ne retomber à l'aduenir aux inconueniens paffez, fi l'impreffion eftoit indifferemment ouuerte & octroyée à tous ceux qui la voudroient entreprendre : Nous auons permis & permettons audit fieur Ribier de choifir tel Libraire ou Imprimeur que bon luy femblera pour reimprimer les Oeuures & Efcrits dudit fieur du Vair, durant le temps & efpace de fept ans, à compter du iour que l'impreffion fera parachevée, faifant tres-expreffes inhibitions & deffences à tous autres Libraires & Imprimeurs, d'imprimer, vendre & debiter lefdites Oeuures, pendant ledit temps en tout ou partie, à peine de confifcation des Liures, & de douze cens liures d'amende applicable à l'Imprimeur qui fera choify par ledit fieur Ribier, & à la charge de mettre deux exemplaires defdites Oeuures en noftre Bibliotheque, gardée aux Cordeliers de noftre bonne Ville de Paris, & vn troifiefme exemplaire és mains de noftre tres-cher & feal Chcualier, Chancelier de France le fieur Seguier, auant les expofer en vente fuiuant noftre Reiglement, à peine d'eftre defchcu du prefent priuilege, SI VOVS MANDONS, ordonnons & enioignons que dudit prefent Priuilege vous faciez iouïr & vfer ledit fieur Ribier plainement & paifiblement, nonobftant oppofitions ou appellations quelconques, & fans preiudice d'icelles. CAR tel eft noftre plaifir. Donné à Paris le vingt-huictiefme iour de Iuillet, l'an de grace mil fix cens trente-neuf, & de noftre regne le trentiefme.

PAR LE ROY EN SON CONSEIL,

FARDOIL.

Extraict des Regiftres de Parlement.

VEV par la Cour les Lettres Patentes données à Paris le 28. iour de Iuillet 1639. Signé, Par le Roy en fon Confeil, FARDOIL. Et feellées du grand feau de cire iaune, par lefquelles & pour les caufes y contenuës, ledit Seigneur permet à Meffire Iacques Ribier Confeiller en fes Confeils, de choifir tel Libraire ou Imprimeur que bon luy femblera pour reimprimer les Oeuures & Efcrits de feu Meffire Guillaume du Vair, viuant Euefque & Comte de Lizieux, Garde des Seaux de France, pendant le temps de fept années : Auec deffence à tous autres Libraires & Imprimeurs de les vendre, ainfi qu'il eft porté par lefdites Lettres. Requefte par ledit fieur Ribier prefentée à ladite Cour afin de verification d'icelles : Conclufions du Procureur General du Roy ; Et tout confideré. Ladite Cour a ordonné & ordonne, que lefdites Lettres feront regiftrées au Greffe d'icelle, pour iouïr par ledit impetrant de l'effet & contenu en icelles. Fait en Parlement le 22. Aouft 1639.

Signé GVYET.

Ledit fieur Ribier, a choify SEBASTIEN CRAMOISY, Marchand Libraire & Imprimeur ordinaire du Roy, pour l'impreffion defdites Oeuures, pour le temps porté par le fufdit Priuilege.

Lefdites Oeuures ont efté acheuées d'imprimer le 1. Iuin 1641.

AVX LECTEVRS.

CE sont des trhesors plustost que des Liures, que nous offrons & consacrons au public; les Oeuures de Monsieur le Garde des Seaux du Vair, personnage autant accomply que les siecles passez en ayent veu, & que le nostre ait porté en sa profession. Sa doctrine a tousiours paru si eminente & si vniuerselle, qu'il se peut dire auec verité & sans enuie, qu'il excelloit en toute sorte de sciences. Car quant à la Theologie, il s'estoit tellement nourry en la lecture des anciens Peres Grecs & Latins, qu'on voit ses Oeuures semées & embellies des plus rares fleurs qu'il y auoit soigneusement & iudicieusement recueillies. Pour la Philosophie & les Mathematiques, ceux qui l'ont oüy discourir, & ceux encor qui verront exactement ses escrits, iugeront assez qu'il en auoit vne tres-particuliere connoissance. Et au regard des lettres humaines, lesquelles embrassent non seulement ce qui appartient à l'Orateur, mais aussi l'Histoire & l'Antiquité, qui est celuy qui n'auoüera qu'il y estoit admirable, & que peu de son siecle luy furent comparables en eloquence? Le droict Romain & le droict François luy estoient si familiers, & il s'y estoit si fort consommé, qu'on eust dit auec raison qu'il n'auoit point eu d'autre exercice, & que c'estoit son principal talent. Mais ce qui releuoit toutes ces grandes parties, ce qui leur donnoit l'entiere polissure & derniere perfection, c'est de verité l'excellence de son iugement, reconneu de tous si solide, & si profond, qu'il rauissoit tout le monde en ses discours & raisonnemens ordinaires. Ainsi, la posterité s'estonnera qu'en vn seul homme le Ciel eust assemblé tant de biens & respandu tant de graces pour l'ornement de nostre siecle, comme s'il eust pris plaisir à faire en ce chef-d'œuure comme vn amas & encyclopedie de toutes sciences.

ẽ ij

Sic, quæ diuisa, beatos Efficiunt, collecta tenebat. Et neantmoins
ce ne sont pas là les plus riches traits de ceste visue peinture : Ce
n'est pas ce qui rend Monsieur du Vair si recommandable à la posterité, & sa memoire glorieuse & immortelle. Les vrayes causes
qui font estimer hautement les hommes, les qualitez essentielles
qui font reconnoistre leurs esprits vrayement dignes de leur origine, sont les bonnes & vertueuses actions, qui ont tellement accompagné & fait reluire ce grand personnage, qu'on peut dire
sans flaterie qu'il estoit en ses meurs comme vne regle de bien viure, vn patron & vn modele de parfaite vertu. Il s'estoit dés ses
premiers ans dedié au seruice de nos Roys, & n'auoit pas crû, que
tant de rares dons & auantages qu'il auoit du Ciel, cultiuez encor
par le soing d'vn estude continuel & infatigable deussent demeurer inutiles & infructueux à son pays. Et certainement ce qui a
esté autrefois, escrit d'vn grand Senateur Romain, se peut naïfuement rapporter à Monsieur du Vair. Les beaux mots de l'Auteur perdroient de leur grace en vne autre langue. *Ingenium Illustre altioribus studijs iuuenis admodum dederat, non vt plerique,
vt nomine magnifico segne otium velaret, sed quò firmior aduersus
fortuita Rempubl. capesseret,* & ce qui s'ensuit, mesmes ce dernier
traict, *Opum contemptor, recti peruicax, constans aduersus metus.*
Il entra donc Conseiller au premier & plus auguste Parlement
de France, qui est à dire celuy de Paris, enuiron l'aage de vingt-
cinq ans : Où aussi-tost il se fit admirer tant pour sa vertu que
pour son erudition & eloquence. La rencontre de la Ligue seruit d'argument & de matiere à son esprit, & tant de belles & dignes Actions en ce temps-là pour le seruice des deffuncts Roys
Henry troisiesme & Henry le Grand, mesmes celles qu'il fit solemnellement pour la deffense de la Loy Salique contre l'entreprise des Estrangers, font voir son zele & son courage à l'honneur de la France, & à la conseruation de la Couronne en la
maison Royale. D'ailleurs chacun sçait comme il trauailla heureusement pour la reduction de Paris en l'obeyssance du mesme
Roy Henry le Grand, lequel comme iuste estimateur des merites
de ses sujets, & ayant reconneu ceux de Monsieur du Vair, l'approcha incontinent de sa personne, & resolut de s'en seruir aux
plus importantes affaires de son Estat. Il le fit donc pouruoir d'vn
office de Maistre des Requestes, & tost apres luy donna vne place en son Conseil, l'enuoya extraordinairement en Angleterre,
pour la negociation si bien descrite en ses Oeuures, & à son retour l'honora de la charge de premier President au Parlement de

Prouence :

Prouence : où il se peut dire que Monsieur du Vair a manié si dignement sous l'authorité de nos Roys par l'espace de vingt années le timon de la Iustice & de l'Estat, que sa memoire y sera en bonne odeur & reuerée à iamais. Et bien qu'il fust aux extremitez du Royaume, sa vertu ne laissa pas de luire, & ietter la splendeur de sa gloire par toute la France : De sorte qu'en l'année 1616. nostre Roy Loys le Iuste le tira de Prouence, pour l'esleuer à la charge de Garde des Seaux de France, solstice des honneurs de la robe longue. Mais dautant que ses meurs ne se peurent lors accommoder à celles de la Cour, il rendit les Seaux six mois apres beaucoup plus franchement qu'il ne les auoit receus ; se dediant au repos & à la douceur d'vne vie priuée & tranquille, comme il l'auoit tousiours souhaittée. Mais ceste éclipse ne dura pas long-temps : Car le Roy n'approuuant pas ce changement, le restablit incontinent en ceste mesme dignité, auec tous les tesmoignages fauorables qu'vn bon seruiteur peut receuoir d'vn bon maistre. Et c'est ce qui donna lors sujet à ceste celebre question, laquelle des trois iournées estoit plus honorable & plus glorieuse à Monsieur du Vair ; ou celle en laquelle il auoit esté appellé d'vn bout du Royaume à ceste grande charge pour sa vertu : ou celle en laquelle il auoit rendu les Seaux pour ceste mesme vertu, estimée trop roide & inflexible, & disproportionnée au temps auquel il se rencontroit : ou la troisiesme en laquelle sa Majesté l'auoit remis en ce haut lieu d'honneur pour ses mesmes vertus. Nous iugeons inutile de representer auec quelle integrité il a vescu en ceste charge ; pouuans dire veritablement à son honneur ce qui a esté escrit d'vn excellent homme des siecles passez en ces termes ; *Integritatem atque abstinentiam in tanto Viro referre iniuria Virtutum fuerit.* Nous nous conterons de ceste remarque particuliere, qu'en la maison & famille de Monsieur du Vair on a tousiours veu vne pureté si grande, toutes choses composées auec tant d'ordre, & de bienseance, & esloignées d'auarice, de fast, & d'ostentation, qu'on luy peut à bon droict donner l'éloge dont fut estimé digne par la voix mesme de Caton, cét autre Illustre personnage,
Casta domus, luxúq; carens, corruptáq; nunquam Fortunâ domini.
Mais pardessus cela n'oserons-nous pas hautement publier, que nul n'est si bon Iuge que le Roy mesme, des conseils genereux & salutaires que Monsieur du Vair a perpetuellement donnez pour la conseruation de son authorité, & l'affermissement de son Sceptre ? Estant tres-veritable qu'il a tousiours si particu-

lierement reueré la personne de sa Majesté, qu'il ne tenoit sa vie
chere & precieuse, & ne la souhaittoit durable, que pour l'employer à son seruice, & à la restauration de son Estat. Aussi l'a-
uons-nous veu à la suitte des armées mespriser sa vie pour accompagner sa Majesté, & souffrir patiemment des incommoditez insupportables à son aage, qui l'ont enfin surmonté : N'a-
yant eu iamais d'autre objet que la grandeur & l'accroissement
de la dignité Royale, pour laquelle il s'est volontairement dé-
uoüé & sacrifié. Mais aussi quel plus grand heur luy pouuoit-il
arriuer, que de mourir comme il a fait dans la prosperité des affaires, & de voir en expirant sa Majesté victorieuse & triomphante, se preparant lors apres la prise de Clerac au voyage du
Languedoc ? Ne luy estoit-ce pas vne grande consolation de
n'auoir veu iusques là, que tous heureux succez aux entreprises
Royales, nulle pour laquelle on deust prendre robe de dueil;
Parole derniere dont se vantoit en mourant ce grand homme
Athenien, mais que tout eust fait ioug, & ployé sous les armes
de sa Majesté ? Si le mot de cét Ancien est vray, que *magna felici-*
tas est in felicitate mori, ou comme disoit vn autre grand personnage que la mort des hommes apparemment heureux ne doit
pas estre plainte ny regrettée, parce qu'elle met à couuert & en
seureté les prosperitez passées, & les actions vertueuses des gens
de bien, qui ne sont plus sujettes aux mutations de la fortune,
que pouuoit souhaitter Monsieur du Vair auec plus de contentement & de satisfaction, que de quitter le monde & rendre son
ame à Dieu au milieu des victoires & dans les ioyes publiques,
florente famâ, incolumi dignitate, & pour comble de son bon-heur
mourir en la bonne grace de son Maistre ?

      Dignum tantorum pretium tulit ille laborum,
           Credibile est ipsum sic voluisse mori.

  Ce n'est pas vn desir ordinaire aux ames genereuses de viure
long-temps : Mais ce qui est souhaittable, est de clorre heureusement, apres auoir bien vescu, le dernier acte de la vie, comme
a fait Monsieur du Vair, en seruant fidellement nos Roys, &
agissant continuellement dans les affaires. Si ceux qui sont venus depuis se peuuent auec raison donner cet auantage d'auoir
si dignement conduit les entreprises de nostre Roy, & s'estre signalez sous ses auspices par tant de glorieuses actions, qu'ils sont
aujourd'huy au dessus de toute loüange, comme les principaux
Ministres & instrumens de la grandeur de nostre Monarchie,
nous les croyons tousiours si equitables & si genereux, qu'ils
                                  ne

ne defnieront point par leur propre tefmoignage à la memoire
de Monfieur du Vair ce qu'il a merité. Car n'eft-ce pas luy entre
autres, & cela fe peut dire veritablement fans enuie, qui a ietté
les premiers fondemens de faire reconnoiftre vniuerfellement
noftre Roy par tous fes fujets, fans plus recercher à l'aduenir
d'autres feuretez qu'en fa bonté & bien-veillance? Auffi auoüe-
rons-nous, que fi Dieu a permis que l'vne des voûtes qui fouftenoit l'Eftat fous l'authorité Royale, nous ait efté enleuée, il ne
nous a pas tant desfauorifez, qu'il n'en ait remis d'autres en la
place pour l'appuyer, le maintenir, & l'efleuer plus que iamais.
C'eft donc, amis Lecteurs, c'eft ce qui oblige la pofterité à eftimer ce qui eft party de ce grand perfonnage, & à cherir & honorer les reliques d'vn fi excellent efprit. Voulons-nous prendre
plaifir, ou pluftoft voulons-nous donner noftre cœur aux chofes fpirituelles, & deftourner nos penfées de ce qui eft vain, caduc & periffable, à ce qui eft folide, immuable & eternel? faifons noftre profit de tant d'excellens Traitez, de tant de faintes
prieres & religieufes Meditations qui ne refpirent que pieté &
deuotion, transforment l'homme, s'il faut ainfi dire, & le portent de la terre au Ciel? Auons-nous befoin d'eftre armez de conftance & de refolution contre les accidens du monde, & affauts de la fortune, feruons-nous de tant de beaux difcours
qui nous y preparent & nous y fortifient. Mais qui pourra lire
fans en eftre rauy tous ces Traitez Oratoires, qui font autant
d'efforts d'vne vraye & viue eloquence; & qui pourra voir,
fans en eftre touché des confolations fi elabourées, & tant de
doctes Harangues funebres à l'hôneur de ceux que Monfieur du
Vair a tirez comme du tombeau pour les faire viure en la memoire de la Pofterité? D'auantage veut-on fçauoir comme ce
grand Magiftrat, non feulement a fouftenu d'vn courage inuincible les droicts de nos Roys, dont il eftoit plus jaloux que de fa
propre vie, mais auffi comme felon les occurrences, auec tous
les refpects deus à leurs facrées perfonnes, il a fceu temperer gra-
cieufement la puiffance Souueraine & abfoluë, qu'on prenne
la peine de bien confiderer tant de dignes remonftrances &
Actions publiques faites fur ce fujet dans les Parlemens, mefmes
celles prononcées en prefence du Roy, auec la derniere preparées pour Toloze, & en laquelle *tanquam in cycneâ voce defecit:*
Toutes ces rares pieces portans vn tefmoignage tres-exprez,
non feulement de fa fidelle affection au feruice de nos Roys, &
grandeur de leur Eftat, & de fon defir au bien & foulagement
de leurs peuples, mais encores de la veneration finguliere en la-

quelle il auoit les vertus de sa Majesté regnante, qui y sont si
elegamment descrites, & toutes ses actions depuis sa plus tendre
ieunesse si viuement depeintes, qu'on iugera facilement que ce
n'est pas vne loüange empruntée, mais la voix de la verité qui
sort d'vne bouche eloquente, sans aucun soupçon de flaterie.
Bref qui voudra reconnoistre comme ce grand personnage excelloit en sa profession, les Arrests prononcez en robes rouges
luy en donneront vne preuue tres-certaine, & non sans admiration. Ainsi, les Oeuures de Monsieur du Vair seront comme vn
champ couuert d'vne belle & riche moisson, ou esmaillé de toutes sortes de fleurs:

> ———Iam nunc è mânibus illis,
> Ex eius tumulô, fortunatáque fauillâ
> Nascuntur viola.

Embrassez donc, Amis Lecteurs, ces excellens escrits, vrays
monumens de pieté, d'erudition & d'eloquence, & tesmoignez
en les cherissans qu'il vous reste du souuenir & du regret tout ensemble d'vn si grand homme, qui a si fort accreu & releué l'honneur de nostre siecle. Et que tant de bons esprits dont nostre
France est fertile soient excitez à suiure les pas du deffunct, &
seruir l'Estat auec le mesme courage, la mesme fidelité & resolution qu'il a fait en son temps. Et bien qu'il nous eust esté par
auanture & mieux seant & plus seur, d'honorer sa memoire
auec vn respectueux silence, que d'en diminuer la loüange par
de foibles paroles qui ne se trouueront égalles n'y proportionnées à ses merites; estant certain que ses vrayes loüanges sont
celles qui rejallissent de l'esclat de ses vertus & de ses escrits, si
aimons-nous mieux tenter ce vain effort, que de manquer à luy
rendre ces derniers deuoirs, sur l'asseurance que nous prenons,
que chacun auoüera, qu'on ne peut assez dignement loüer ce
grand personnage qui s'est acquis vne si haute & si glorieuse reputation. Nous finirons heureusement par ces vers qui semblent
estre faits pour luy mesme,

> ———Te nostra, Vare, myrica,
> Te nemus omne canet, nec Phœbo gratior vlla est,
> Quam sibi quæ Vari præscripsit pagina nomen.

Mais ny les vers, ny les statuës, ny les marbres souuent employez & dediez à la fortune, plustost qu'au merite; ains les seules vertus de Monsieur le Garde des Seaux du Vair reconnuës
de tout le monde, consacreront iustement son nom & sa memoire à l'immortalité.

LA

DE LA SAINCTE
PHILOSOPHIE.

OVS ressemblons proprement à' ceux qui en
leur plus tendre ieunesse estans menez captifs en
quelque loingtaine contrée, perdent auec le
temps la memoire de leur pays, l'vsage de leur
langue, & l'amitié de leurs parens. Car nous ne
sommes pas quasi hors du berceau, que les per-
uerses affections, comme vents violens, nous sur-
prennent, & emplissans de mille delicieuses bouf-
fées les voiles de nos desirs, nous esgarent loing de
nostre propre nature, & esloignent de la droicte
raison. Pour si peu que nostre ame demeure en cet exil, elle oublie son
origine, perd la souuenance de son bien ; & qui pis est, en fin la connoissance de soy-mesme. Que fussions-nous au moins du tout semblables à
ces pauures captifs. Car si apres vne longue captiuité on leur donne quelque esperance de retour, ou qu'ils oyent seulement parler de leur païs, vous
les verriez tressaillir d'aise, tant ceste nouuelle leur plaist. Nous au contraire
n'auons à contre-cœur que ceux qui nous rappellent au lieu de nostre premiere naissance, & n'auons horreur que des enseignes qui nous en marquent le chemin. Ceux-là quitteroient les Isles fortunées, pour retourner à
vne Ithaque attachée comme vn nid au sommet d'vn tres-aspre rocher;
& nous ne voulons pas seulement delaisser la fange où nous croupissons,
afin d'entrer en vne certaine & perdurable felicité. Où est, ce me direz-
vous, ceste felicité ? monstrez-nous-la, c'est ce que nous desirons : qui est-
ce qui voudroit refuser d'estre heureux ? Helas ! le mot vous plaist, mais
vous fuïez la chose : au moins n'en poursuiuez-vous que l'ombre, pendant
que le corps s'enfuit de vous, & chassans apres vn vain nuage de volupté,
laissez le vray, solide & incomparable plaisir. Où est-il doncques ; dites-
vous ; monstrez-nous-en la piste, que nous y arriuions promptement.
Mais se riroit-on pas d'vn chassieux qui importuneroit Pilon de luy monstrer ses ouurages : ou de celuy qui assourdy d'vn catherre, pousseroit pour
entrer à la Musique de Baïf ? Leur diroit-on pas, Va faire arrester ceste
fluxion qui t'esblouït la veuë, va faire desseicher cet humeur qui t'estourdit
l'ouïe; & puis toy, tu verras nos excellentes peintures : & toy, tu entendras

A

nos delicates chansons? Comme la volupté des sens ne se peut bien gouster, que par ceux qui ont le corps sain & dispost: aussi ce contentement,
& plaisir d'esprit, auquel reside nostre souueraine felicité, ne se peut entierement perceuoir que par ceux qui ont purgé leurs ames de toutes vicieuses
cupiditez; lesquelles comme vlceres malins, esteignent les esprits vitaux en
la partie où elles sont engendrées. Voyez donc si vous deliberez de vous
rendre capables de sauourer les fruicts de ceste beatitude eternelle. Ie voy
bien que vous estes tellement nourris de ieunesse és plaisirs des sens, & les
tenez si chers, que vous craignez de vous en deffaire, si ie ne vous donne
quelque gage de cet autre infiniment plus grand plaisir, duquel ie vous
fay feste, & ne le vous monstre que de loing. Mais qui pourroit faire voir à
des hommes qui ne sont encor que terre, l'estat & disposition d'vne ame
pure & innocente, son action parfaicte, bien-heureuse, & toute celeste, en
laquelle consiste ce souuerain contentement? Vous me pressez trop à la verité, & me demandez plus que ie ne puis faire. Toutesfois pour ne vous laisser mal-contens & descouragez, ie feray ce que ie pourray. Ie feray comme ceux qui portent monstrer çà & là des choses prodigieuses: ils en affi-
chent des images par les carrefours, ils en pendent des enseignes à leurs maisons, puis en monstrent les vrais corps & naturels, quand on a payé à la porte, & qu'on est entré dedans. Le spectacle auquel ie vous inuite, c'est ceste
Sapience, laquelle on peut dire estre la verité & connoissance de toutes
choses, mais principalement des diuines; laquelle est pleine de clarté, lueur,
& splendeur incroyable; & laquelle si nous pouuions voir face à face, & en
sa naïue beauté, nous rauiroit de son amour & nous feroit haïr ces choses
basses & terrestres, dont nous sommes si esperdument amoureux. Ie vous
en placqueray ici comme sur les grands chemins des pourtraicts. si vous
vous disposez d'aller droit à la porte, vous en verrez l'image & le relief, qui
est certainement esmerueillable: & quand vous aurez acquité le peage, &
passé le sueil de ceste vie, vous verrez ce que nulle bouche ne peut dire, &
nulle oreille ne peut ouïr. Mais pour vous faire reconnoistre de bien loing
ce que c'est, & vous en ponser rudement quelques traits, ie vous prieray
de considerer les mesmes choses que vous admirez en ce monde, & apres
lesquelles vous estes si desireux, & si actifs. vous trouuerez que si vous
passiez seulement par dessus comme par des degrez, poursuiuans tousiours
vostre chemin, elles vous conduiroient à la fin à la connoissance de ce que
vous desirez auiourd'huy. Mais pource qu'au lieu de passer pardessus, vous
vous y assoyez, vous ne faictes que vous y salir & ordir. Or voyons vn peu
dequoy vous assouuissez vos sens, & d'où naist cet aise & ce chatoüille-
ment, auquel vous establissez le siege de vostre felicité mondaine. Est-ce
pas de l'object des choses naturelles qui sont venuës à quelque perfection?
Sont-ce pas les couleurs bien meslées, bien assorties, & bien opposées, &
les proportions & dimensions exactement obseruées, qui vous resiouys-
sent les yeux? Qu'admirez-vous autre chose en vne prée emaillée de mille
belles & viues fleurs, és paysages si richement diuersifiez, és bastimens des
Roys, en leurs bagues & joyaux, és tableaux des excellentes peintures,
sinon ceste curieuse obseruation? Les beaux visages mesmes des Dames,

apres

apres lesquels vous bruslez si impuissamment, qu'ont-ils autre chose à estimer qu'vne symmetrie & exacte diligence de la nature, en la conformation & assemblée de plusieurs choses differentes? La douceur d'vne voix
bien choisie, ou la melodie de plusieurs bien concertées, qu'ont-elles
qu'vne iuste entresuitte de tons, ou vne bonne rencontre de plusieurs sons,
selon la reigle & proportion que la nature y a mis? Les plus gracieuses &
suaues odeurs que l'on puisse flairer, qu'ont-elles qu'vne certaine temperature de chaleur & d'humidité, & vne certaine qualité imprimée en vn
corps, par la rencontre d'vne, ou plusieurs causes? Rien n'est doux & plaisant és viandes & saueurs les plus friandes, que ceste mesme mesure bien
obseruée en la meslange des liqueurs. L'attouchement non plus n'apporte
aucun plaisir, sinon en ce que nous trouuons certaine egalité & polissure
és corps naturels. Or voila tous les plaisirs que peuuent receuoir vos sens:
pour cela seul vous consumez vostre vie en souhaits, pour cela seul vous
rompez vos personnes au trauail, pour cela seul vous combattez les
vents, & trauersez les mers. Que si vous trouuez que toutes ces choses particulieres vous arrestent & saisissent par quelque vaine apparence de beauté, qui procede de ceste artificieuse composition; que sera-ce
que de vous, si vous les venez à considerer toutes ensemble, & toutes d'vne veuë, depuis leur commencement iusqu'au plus haut degré
de leur perfection? N'y trouuerez-vous pas la mesme difference, qu'entre vne pierre seule, & tout vn superbe palais; qu'entre vne seule voix,
& vne musique complette; qu'entre vn doigt, & tout vn corps entier? Quel cas pourrez-vous faire de toutes ces choses particulieres, principalement des terrestres; quand leuant les yeux vers le Soleil & les estoilles, vous contemplerez le monde depuis le haut iusques au bas, depuis son
commencement iusqu'à sa fin; & considererez combien de sortes de merueilles y sont peintes de tous costez? Si nous auons doncques à repaistre seulement nos sens, & à les saouler de la communication des choses belles &
excellentes, au moins faudroit-il que ce fust de cest ouurage entier, l'elegance duquel consiste au rapport & assemblage de toutes les autres particulieres beautez. Mais nostre ame qui eslance bien ses desirs & ses souhaits
plus haut que les sens, sinon que nous la captiuions & estouffions par la
violence de nos passions, n'a garde de s'arrester-là. Elle n'y trouue encore
rien qui la puisse ny retenir, ny contenir. car plus magnifique que tout
cela, elle embrasse le Ciel & la terre, entoure le monde, perce le profond
des abysmes, connoît toutes choses, se meut & se manie soy-mesme, &
est si belle, que si nous la conseruions en sa naturelle beauté, toutes les autres choses de ce bas monde nous sembleroient aux prix & laides & difformes. Apres qu'elle s'est contemplée soy-mesme, & qu'elle s'est exercée
en la recherche des causes & des sciences, ne trouuant rien en tout cela,
non pas mesme en elle, qui la contente, & arreste la cupidité qu'elle a d'apprendre, elle est contrainte de s'esleuer, & par dessus le monde, & par
dessus soy-mesme; & se laisser conduire par les œuures à l'ouurier. Là elle
voit tout d'vne veuë toutes sortes de beautez & perfections, qui viennent aboutir & s'assembler à l'origine dont elles sont parties; & qui pa-

roiſſent plus excellentes & admirables, plus elles ſont proches du lieu d'où elles ſont ſorties premierement : Ne plus ne moins que les rayons du Soleil, qui paroiſſent plus grands, plus purs, & plus luiſans, plus ils ſont pres du corps, d'où ils ſont dardez & reſpandus. I'vſe volontiers en ceſt endroit de ceſte comparaiſon, pource que de tout ce que nous connoiſſons çà bas, il n'y a rien de plus proportionné à noſtre ame, que la veuë qui eſt la plus noble, la plus viue & la plus ſoudaine action de tous nos ſens ; ny rien à Dieu, que la lumiere, qui eſt la plus pure & plus excellente choſe du monde. Auſſi les anciens Mages diſoient, que Dieu auoit la lumiere pour ſon corps, & la verité pour ſon ame, ayans en cela preſſenti, & trouué comme à taſtons vn des plus grands ſecrets de la Diuinité. Il nous faut doncques ouurir & deſſiller les yeux de l'eſprit, afin de penetrer au trauers de ceſte diuine lumiere, iuſques au profond de la verité eternelle. Si nous voulons tant ſoit peu nous ayder, & ſouſleuer noſtre ame pour monter par les eſchelons qui ſe preſentent, & dreſſer ſon vol droit en haut, quel plaiſir ſe peut non eſperer, mais ſouhaiter ; non ſouhaiter, mais dire ; non dire, mais penſer, dont nous ne iouïſſions en toute plenitude ? Plaiſir que nous ſentirons croiſtre & redoubler en nous, iuſqu'à ce que montez au faiſte, nous ſerons ioints à ceſte premiere & plus haute lumiere. Lors tous enuironnez de clarté, & rauis de l'aſpect de ceſte eſmerueillable beauté, nous ſentirons le plaiſir ſe multiplier en toute infinité, qui nous comblera de ioye incomparable, & nous fera genereuſement deſdaigner toutes ces delices gliſſantes & periſſables, toutes ces douceurs fades, & muables, qui nous amuſent icy bas, & n'ont rien de deſirable que quelque petite eſtincelle de beauté, eſcharſement eſpanduë deſſus elles. Lors nous entrerons en l'officine, où ont eſté moulez tous ces rares ouurages. Nous n'en verrons pas ſeulement les patrons, n'en manierons pas ſeulement les outils ; mais auſſi verrons & connoiſtrons familierement l'ouurier. Il ne nous monſtrera pas ſeulement ſa beſongne, ne nous deſchiffrera pas ſeulement ſes deſſeins ; mais nous apprendra ſon art & ſa ſcience, & nous fera tous parfaits & tous diuins à ſon imitation. Là nous verrons tous les rayons de ceſte diuinité reſpandus de tous coſtez, ſe reünir à ce corps de lumiere ; auquel quand nous ſerons vne fois conjoints de penſée, nous apperceurons tout d'vn coup toutes les cauſes & les effeɛts de la Sapience eternelle, qui en particulier, & ſeparément, ſembloient pouuoir fournir de ſujet à noſtre contentement. Voilà doncques le giſte de noſtre felicité. C'eſt à ceſte ſource inépuiſable de beautez, à ceſte profonde mer de bontez, où il faut que les ruiſſeaux & les riuieres du monde nous entrainent. C'eſt à ceſte lumiere originale, à laquelle il nous faut tourner & tenir les yeux de noſtre ame fichez & attachez, ſi nous aimons la beatitude eternelle. Helas ! combien eſt excellent ce dernier ſouſpir du Philoſophe Plotin, lequel ayant ja l'ame ſur le bord des leures, appella ſes diſciples pour leur dire ceſt adieu : Viuez heureux, mes amis, & pour l'eſtre, tournez touſiours ce qui eſt de diuin en vous, vers ceſte aiſnée & principale Diuinité. O genereuſe parole, & digne de clorre la bouche & la vie d'vn Philoſophe ! Mais que ferons-nous pour nous retourner à Dieu, & nous approcher, reünir, & conſolider

auec

auec luy ? Nous y preſenterons-nous en l'eſtat où nous ſommes ordinairement ? Non certainement : car ſi auparauant que leuer les yeux de noſtre
ame vers cette claire & brillante lumiere, nous ne les eſſuyons & net-
toyons, au lieu de iouïr de ſa belle & pure clarté, ce qui nous reſtoit de
veuë, s'eſteindra entierement. Car comme en la loy des Iuifs, la femme
qui ſe preſentoit à l'eſpreuue du ſacrifice de ialouſie, ſi elle eſtoit chaſte &
entiere n'eſtoit offenſée par l'eau du myſtere, ains s'en alloit purgée de tout
blaſme & ſoupçon ; & au contraire ſi elle auoit violé la foy conjugale, elle demeuroit infectée, pourriſſoit & creuoit ; auſſi ceux qui comme membres de l'Egliſe de Dieu, ont eſpouſé ſon Fils vnique, s'ils ſe preſentent
pollus & contaminez pour toucher le feu ſacré de ſon ſainƈt Eſprit, ils
ſont pluſtoſt aueuglez qu'eſclairez, conſumez qu'eſchauffez. C'eſt pourquoy quand Dieu ayant compaſſion de noſtre ruïne, a voulu pour noſtre
ſalut, faire eſclorre au monde ceſte lumiere de ſapience, il a enuoyé deuant ſon heraut, pour preparer les ames de ceux qui deuoient participer à ſa grace, & contempler la ſplendeur de ſa gloire. L'on oyoit par
tout retentir la ſainƈte voix de ce Prophete criant : Applaniſſez les chemins du Dieu viuant, faites penitence, & produiſez fruiƈts dignes de voſtre repentance ; car il viendra le van en la main pour ſeparer le grain à part,
& ietter la paille dans vn feu inextinguible. Puis donceques que nous deſirons ceſte grande felicité, & qu'auparauant que de nous y preſenter, il
faut eſpurer nos eſprits, & les rendre capables de conceuoir les choſes
diuines, regardons quels remedes nous en auons. Mais conſiderons vn peu
deuant, comme nous nous ſommes ainſi ſoüillez, à fin de plus aiſément
trouuer ce qui eſt propre à nous nettoyer ; voyons d'où, & par où nous
ſommes tombez ; pour voir comment nous nous pourrons releuer. Dieu
ne voyoit rien en tout le reſte de ſes œuures qui approchaſt de ſa perfe-
ƈtion ; il luy print lors enuie, comme pour ſon chef-d'œuure, de ſe mouler
& figurer ſoy-meſmes, & poſer au milieu de ce monde vne image viuante de ſa diuinité. L'homme parut incontinent au milieu de la terre, ſi parfait & accomply, qu'il ne s'y pouuoit rien deſirer. Car ceſte image eſtant
tirée au vif, & ayant comme en vn portrait racourcy beaucoup des traits,
de l'air, & de la grace du principal ſujet, eſtoit eſmerueillable en ſa perfe-
ƈtion. Le feu ſacré que Dieu auoit allumé en luy, eſtant encores pur, luy
eſclairoit l'entendement, & le rempliſſoit de la connoiſſance de toutes
choſes. Tellement qu'ayant la verité pour guide, & la vertu pour aide,
toutes ſes aƈtions marchoient au compas de la raiſon ; & eſtant touſiours
tourné vers ſon Createur, receuoit en ſoy comme vn miroüer bien poly, la forme de la diuinité, en la contemplation de laquelle il fichoit &
arreſtoit toutes ſes penſées, & eſtoit par ce moyen bien-heureux : car il
viuoit en Dieu, & Dieu viuoit en luy. Mais ce miroüer qui eſtoit embelly de l'objet de la diuinité, s'eſtant retourné vers les broüillas & la
fumée, s'eſt terny & ſoüillé ; & lors cette clarté immortelle a deſdaigné de
ſe plus preſenter à luy, & l'a abandonné aux tenebres & à l'obſcurité.
Ainſi l'homme qui auparauant que tourner le dos à Dieu, eſtoit plein
d'vne certaine connoiſſance de toutes choſes, eſt demeuré comme abru-

ty, & en luy l'erreur & le mensonge ont prins la place de la verité : vne
bruslante concupiscence s'est logée au lieu d'vne reglée & moderée vólon-
té : toutes ses cogitations qui estoient reünies à la contemplation du Createur, se font espanchées dessus les creatures, & ont vogué à l'aduenture
sans conduite, & sans raison. Ceste concupiscence ainsi prostituée, a incontinent conceu le peché, lequel paruenu en pleine croissance a engendré
la mort. Mort vrayement l'extremité de tous maux : Mort comble d'horreur & d'obscurité, de laquelle tant que l'homme a esté enueloppé, il n'a
peu oncques receuoir la splendeur de la lumiere immortelle, & reprendre
la conduite de la verité, le seul aspect de laquelle le peut contenir au poinct
de sa felicité. L'homme se voyant desfiguré de ceste façon, s'est despleu à
soy-mesmes, & a maudit sa vie comme vn gouffre de miseres, où rien ne
se rencontroit à ses yeux que confusion & tenebres. Toutes ses attentes
n'estoient que de maux, toutes ses esperances que de calamitez. Car Dieu
estant tout iuste, & l'homme tout peché, quelle mesure ou quelle fin deuoit auoir sa peine ? Mais la Sapience eternelle, qui auoit ouuré auec Dieu
son Pere en la creation de l'homme, ayant pitié de la perdition & ruine
d'vn tel ouurage, est venuë, comme dit Tertullian, destramper & dissoudre le venin de la mort, & en son sang nous lauer & nettoyer, & puis flechir la iuste indignation de son Pere à nous faire misericorde, & le retourner vers nous. Nous voilà doncques rentrez en grace auecques nostre Dieu,
nous voilà purifiez par sa misericorde, & rappellez à la connoissance de sa
verité, & contemplation de sa gloire. Mais nous sommes si opiniastres à
nostre malheur, & si ennemis de nostre felicité, que si tost que ceste lumiere eternelle commence à vouloir paroistre & resplendir sur le poly
de nos consciences, pour y imprimer la face de la Diuinité, & releuer, & recharger les traits ternis, & quasi tout effacez de ceste Sapience diuine, nous faisons de nous-mesmes rejallir sur nous-mesmes mille ordures qui nous offusquent, & se mettent entre nous & la grace qui nous
doit illuminer. Il faut donc, que comme continuellement nous nous sal-
lissons, nous ayons aussi continuellement la main sur nos ordures, pour
nettoyer & esclaircir nos ames, à fin que leur ayant rendu le poly, les
rayons de la souueraine bonté y facent luire & briller l'esclair de la vertu, & de la verité. Voyons doncques maintenant le moyen que nous
y tiendrons, regardons quelle est la cause de ce mal, & considerons quel
en est le remede. Nostre iugement peruerty & corrompu est la source de
nos fautes, & la fontaine de la pestilente humeur qui nous gaste & nous
infecte. Ce qui nous gaste & nous le trouble, sont les delices & les voluptez, qui nous allechent de tous costez, & nous enyurent auant que nous
soyons bien esueillez. Ceste liqueur estant meslée parmy nos sens, encores
tendres en l'infirmité de nostre âge, nous la sauourons si delicieusement,
que nous n'en pouuons puis apres iamais perdre le goust. Non contens de
la boire, nous nous plongeons dedans, iusques à ce que comme le flux de la
mer elle se retire, nous laissant quasi noyez sur la greue d'vne miserable
vieillesse. Or ces douceurs-là dont nous nous emplissons si auidement, se
tournent incontinent en amertume, remplissent nos esprits d'vne humeur
                                                    veneneuse,

veneneuse, qui les infecte & corrompt. Car l'affection que nous portons
à la beauté des choses creées estant entretenuë & flattée, se change en vne
furieuse & enragée cupidité, qui nous peruertit & renuerse les sens: le desir que nous auons des richesses mondaines estant mignardé & dissimulé,
se tourne en vne aueuglée & insensée passion, de n'estimer en ce monde
que l'ordure & l'excrement de la terre: l'amour d'vn faux honneur se conuertit en vn fol desir de vouloir estre plus que le reste du monde, & s'approprier la reuerence & le seruice qui est deu au seul Dieu: le plaisir que
nous prenons en nostre nourriture s'altere en vne brutale & infame gourmandise: le soin que nous en auons à delicatement conseruer nostre corps,
deuient vne lascheté & fetardise: & l'ardeur par laquelle nous croyons
trop nostre courage, se müe en vne insolence & outrageuse colere & temerité. Certainement nos esprits opilez & empeschez par de si vicieuses
& gluantes humeurs, ne peuuent rien respirer de pur, ny de net. Or pour
purger toutes ces subtiles & mortelles poisons & passions d'esprit, il faut
veoir quel remede nous pouuons prendre, & peut-estre sera-il fort à propos d'vser du conseil que donnoit vn bon pere ancien à vn jeune religieux. Tout ainsi (disoit-il) que pour seurer les enfans, les nourrices se frot-
tent le bout du tetin de sicottin, & autres drogues ameres: aussi pour nous
faire perdre le goust des delices & delicatesses, il faut que nous establis-
sions en nous mesmes certaine peine à nos cupiditez, & changions les heures de nos plaisirs en exercices de rigueur & d'austerité, & qu'au temps que
nous soulions prendre vne folle & desbordée resiouyssance, nous exami-
nions auec humilité la durée des tourmens que merite nostre vie vicieuse
& detestable. Ie ne sçay si ce bon pere disant cela ne se souuenoit point de
la coustume des Hebrieux, qui faisoient vn festin solennel le iour qu'ils
seuroient leurs enfans, ou pour se resiöuir de ce que laissans l'aliment plus
infirme, ils s'accommodoient à l'vsage des viandes solides & succulentes,
ou pour les inuiter par leur exemple à vne nouuelle nourriture. Car nous
pourrions fort commodément transferer cet exemple à l'instruction de
nos esprits, si lors que nous nous voulons seurer du laict des delices, & iurer diuorce irreconciliable à nos vices, nous nous inuitions à vn semblable
festin que celuy de ces saincts & religieux dont parle Philon en la vie con-
templatiue. Ils s'assembloient à ce banquet, duquel le premier, principal &
plus friand mets, estoient les beaux & sauoureux fruicts de la vraye Sapience, qui leur estoient presentez par vne elegante Predication des Propheties
& Commandemens de Dieu, comme vases purs & incontaminez. Leur
resiouyssance estoit consolation, leur esbatement austerité, leur friandise
abstinence: leurs esprits rassasiez de tel suc, estoient composez en vne
grande & ferme tranquillité, pour vacquer à leur plus qu'heureuse contemplation. Cet exercice certainement nous sera bien seant en commun,
mais nous en auons besoin encores en particulier d'vn autre, pour accomplir ceste purgation de l'ame, lequel nous appellons penitence, par le
moyen de laquelle nostre ame se retournant en soy-mesme, espluche-
ra grain à grain les taches qui la salissent. Or puis que ceste penitence
nous doit estre comme l'entrée d'vne bonne & parfaicte vie, & qu'el-

le nous doit mondifier, nous nous y deuons & ſoigneuſement & ordinairement exercer. Car puis que nous nous deliberons de dreſſer en noſtre
ame vn temple pour y loger la diuinité, il la nous faut bien lauer & relauer
de ceſte eau de purification, & penſer que c'eſtoit à nous que parloit Eze-
chiel, quand il parloit aux Leuites, diſant, Eſcoutez-moy, & vous ſancti-
fiez, nettoyez la maiſon du Seigneur, & oſtez toute ordure de ſon ſanctuaire. Nous voulons que noſtre eſprit ſoit ſon autel, nos penſées ſes offrandes, nos prieres les preſens, les luy offrirons-nous en lieu pollu & contaminé? Ne nous diroit-il pas incontinent ce qu'il dit aux Iuifs par la bouche de Malachie? Ie n'ay point mis mon cœur à vous, ie ne receuray point
de ſacrifice par vos mains, car vous eſtes pleins d'ordure & de pollution.
Mais voyons côme nous cômencerons ceſte tant belle & profitable action:
Sainct Iean Chryſoſtome nous l'apprend, & nous en donne vne inſtruction excellente. Il faut (dit-il) que nous nous contemplions nous-meſmes, & ayans compaſſion de noſtre miſere, nous froiſſions & fleſtriſſions
noſtre cœur: que nous ayons la bouche touſiours pleine de la confeſſion
de nos fautes, & le reſte de nos actions d'vne grande & ſinguliere humilité. Les ſales, ordes, & brutales concupiſcences ayans trouué noſtre cœur
vuide de la grace de Dieu, s'y ſont logées, & l'ont enflé & endurcy; de
façon que nul bien n'y pourroit maintenant entrer, ſi nous ne l'auions
premierement preſſé par vne viue & poignante contrition. Bref, ſi
nous n'auions deſenflé ceſte veſſie pleine de vent, ceſte liqueur ſpirituelle,
ceſte ſaincte huile de conſolation n'y trouueroit iamais place. C'a eſté la
preſomption qui premiere a donné le ſault aux Anges, & puis a mis le
piege deuant les pieds des hommes. C'eſt elle qui comme vn peſant contrepoids nous tient continuellement attachez aux cupiditez mondaines,
& arreſtant nos deſirs en nous-meſmes, & nous faiſant croire que nous
ne viuons que pour ce monde, arreſte auſſi le vol de noſtre ame qui ſ'eſlan-
çoit vers le ciel. Or comment nous en pourrons-nous deliurer, ou detacher?
En repaſſant les yeux ſur noſtre vie, conſiderans noſtre laideur & deformité, & combien de miſeres & d'afflictions nous ſurprennent tous les
iours à l'impourueu. Si la iuſtice de Dieu trop indulgente en noſtre endroit
ne nous fournit aſſez de ſuiect de nous deſplaire à nous-meſmes, ou ſi pource que nous ſommes trop pres de nos propres maux, nous ne les poutions
veoir, tournons là la veüe ſur tant de millions d'hommes qui ſont, ou qui
ont eſté, regardons combien c'eſt peu de choſe que leur vie, & combien
neantmoins ce peu eſt enuironné & aſſiegé de douleurs, triſteſſes, & cha-
grins, qui ſont les fruicts de leur peché. La voix commune de tous les
hommes qui viuent, n'eſt-ce pas vne plainte continuelle de leur miſere &
infortune? Mais il n'eſt pas raiſonnable que nous cherchions hors de nous
(vicieux & coulpables que nous ſommes) le ſuiect de nous deſplaire & con-
triſter. Car nos conſciences parlent ordinairement à nous, & nous repreſentent, malgré que nous en ayons, le regiſtre de nos fautes: qui eſt ce que
Democrite diſoit, qu'il auoit oüy la voix de la malice qui s'accuſoit ſoy-
meſme. Outre cela, ceſte iuſtice diuine ou ſolicitude paternelle de Dieu
nous monſtre continuellement les verges, quelquefois nous en dóne quelques

ques coups pour nous refueiller, & retirer de ce miferable bourbier. Que fi
autre chofe ne nous peut faire haïr à nous-mefmes, & detefter noftre vie
pechereffe, confiderons autour de nous cefte hideufe & effroyable image
de la mort, à laquelle noftre peché nous a liuré. Elle nous fuit pas à pas, &
par mer & par terre ; elle s'embarque auec nous, monte en croupe derriere
nous, & ne nous laiffe non plus que noftre vmbre. Nous ne faifons toute
noftre vie que la fuïr, & ne faifons qu'en approcher. C'eft celle qui tranche
en vn moment le fil de nos defirs, & raffle à l'impourueu ce que nous auons
tant de peine d'amaffer ; & enfin elle nous derobe à nous mefmes, & nous
rauit au monde. Que fon image donc peinte fi affreufe en tous les coings
de noftre vie, foit la bride de nos cupiditez ; reculons en arriere voyans vn
tel abyfme ouuert deuant nous. Que fi nous fommes engagez fi auant que
nous ne puiffions plus tourner arriere, au moins elle nous aduertit du danger, & d'abandonner ce vil & pefant bagage, pour bondir allegrement
à plein faut par deffus ce precipice, & nous ietter dans cefte plaine belle &
florie que nous voyons à l'autre bord, qui eft la vie d'eternité qui nous attend. Que fi la fouuenance de cefte mort temporelle & corporelle, n'eft
fuffifante pour fleftrir & humilier nos penfées, quand nous les pousserons
iufques à l'autre qui nous menace apres, qui eft cefte mort fpirituelle &
eternelle, qui eft-ce de nous qui ne froiffonnera de peur, & ne fremira
d'horreur ? Mort horrible, puis que ceux qu'elle empoigne meurent eternellement, & ne meurent toutesfois que pour la beatitude dont ils font
à iamais priuez ; viuent eternellement, & ne viuent toutesfois que pour
les douleurs & les tourmens aufquels ils font à iamais referuez. Helas ! ne
nous la fçaurions nous figurer fi haue & fi horrible, que fon regard nous
puiffe exterminer loing d'elle ? Pour vn dard qu'elle porte à la main, en-
tourons-la de feux & de flammes, armons-la de gehennes & de tenailles ; mais au contraire nous la parons de toutes fortes d'ornemens, pour
nous la rendre fauorable ; nous la fardons, pour la rendre plus agreable ;
nous luy dreffons des autels, & ne faifons fefte ne refiouïffance, que
quand nous luy confacrons nos efprits. Et quand ? Lors que nous nous bai-
gnons dans les delices mondaines, ou pluftoft quand nous plongeons nos
ames dans ce fleuue infernal d'oubliance, qui efteint ce qui eft de feu celefte en nous, & nous endort, affoupit, & conuertit en vne nature brutale. Et toutesfois nous difons lors, que nous viuons, & ne contons entre
les iours de noftre vie, que ceux que nous paffons en jeux & en rifées, mais
pluftoft en vices & mefchancetez. Nous reffemblons certainement aux
vogueurs, qui tournent le dos au lieu où ils veulent aborder. Nous faifons
femblant de nous reculer de cefte mort, & nous y courons à perte d'haleine, de la façon dont nous viuons. Tournons doncques les yeux droit fur
elle, & fur tant d'autres efcueils, qu'il nous faut couler en ce voyage, afin
que la frayeur nous retienne en ceruelle. Et confiderons que nous fommes
ia tellement entamez, & demy brifez, que fi vne fpeciale faueur du Ciel ne
nous fauue, à peine pourrons-nous efuiter le naufrage. Voila la contrition
qui doit loger en nos ames, voila l'amere repentance qui doit tirer les fanglots hors du profond de nos entrailles. C'eft celle qui nous doit faire haït

à nous-mesmes pour nous reconcilier auec Dieu, & renouueller nostre
vie de vice & d'ordure en pureté & candeur. C'est celle qui nous doit faire
entrer en iugement auec nous-mesmes, de peur que nous ne soyons reseruez au iugement d'austerité. Car qui sera celuy qui s'y pourra iustifier ? Or
ce n'est pas assez que nous ayons liuré nos cœurs à vne telle compunction
& repentance, il faut que nous manifestions nostre peché & la iustice de
Dieu, afin que nous receuions sa misericorde & consolation. Il faut doncques pour luy rendre nostre douleur acceptable, que nous luy fassions
amande honorable, & confessions ingenuëment nostre erreur. Car puis
qu'il a voulu que sa bonté, qu'il pouuoit contenir & reserrer en soy-mesme, fust respanduë sur toutes ses creatures, qu'il a crée toutes choses pour
manifester sa gloire, & que l'vsage de nostre vie ne nous est donné que
pour le glorifier, nous ne pouuons reparer l'offence que nous luy faisons,
en corrompant l'vsage de nostre vie, qu'en manifestant qu'il nous a creez
à bien, mais que nous nous sommes conuertis à mal. Il faut certainement
que nous declarions qu'il est liberal, & que nous sommes ingrats; que
nous publions qu'il est bon, & que nous sommes meschans; que nous
prononçons sa iustice & nostre peché; que nous annonçons nos defauts & sa misericorde; que nous protestions que tout le mal qui est en
nous, vient de nous, & que tout le bien que nous esperons procede de
luy. Car si nous nous taisions apres que nous aurons reconneu nostre mal,
il faudroit croire que nous perseuererions par ceste taciturnité en nostre vie
passée, & approuuerions taisiblement ce que nous ne blasmerions pas
franchement. Aussi Tertullian nous exhortant à ceste confession, nous
dict : Que nous ne nous confessons pas à Dieu, comme s'il ignoroit nos
fautes; mais pource que la confession est vn conseil de satisfaction, laquelle nous dispose à reconciliation; la reconciliation à misericorde, la misericorde à la vie eternelle. Or la satisfaction que nous attendons, elle vient de
sa grace, par laquelle seule nous deuons, & pouuons estre restituez à l'immortalité, & la grace ne se donne qu'à celuy qui reconnoist auoir failly,
& ne se donne que par celuy qui a la souueraine puissance. Il faut donc
que la parole qu'il nous a donnée pour le glorifier, soit employée à manifester nostre misere; puis que la confession de nostre peché iustifie la
bonté de Dieu, laquelle nous auons, entant qu'en nous estoit, peruertie.
Il faut que nous le prions qu'il nous pardonne, comme disans qu'il nous
peut & doit punir, & ainsi luy rendions tesmoignage de puissance & de
iustice. C'est à quoy Esaïe nous appelle quand il dit, Allez de-là auec les
sanctifiez, & auec les viuans, presentez à Dieu vostre confession. O que
c'est belle chose, dit l'Ecclesiaste, quand celuy qui est trouué en faute,
manifeste sa penitence ! Ce nous seroit certainement gloire, si nous estions
si courageux que d'aduoüer publiquement nos fautes; & de monstrer
que comme nous auons esté les premiers à faillir, nous sommes les premiers à nous repentir. Mais il naist en nous vne mauuaise honte, qui nous
demeure comme la cicatrice du peché, laquelle nous rend plus tardifs &
difficiles à ce faire. C'est pourquoy Iesus-Christ par l'instruction qu'il a
laissé à son Eglise, s'accommodant à nostre infirmité, & aussi à l'im-
                                                              becilité

becilité de ceux qui se pourroient offenser au recit de nos fautes, quelques=
fois fort estranges, s'est contenté d'ordonner que nous deposassions le secret de nostre conscience au sein de celuy à qui il a donné la puissance de
nous lier & deslier, & nous appliquer la grace par laquelle nous sommes
rachetez. Dé ce Sacrement nous receuons vn merueilleux fruict quand il
nous est dignement administré. Car premierement celuy qui est commis à
la dispensation de ceste grace, nous estant faict pere d'esprit, doit apporter
à la consolation de la misere qu'il reconnoist en l'examen de nostre vie, la
mesme affection qu'vn charitable pere à l'endroict de son enfant affligé de
maladie, auquel il apporte, outre l'aide & remede, l'esperance de santé, en
laquelle il le nourrit. Il doit en compatissant à nostre misere, chargeant sur
luy le fardeau de nos fautes, nous releuer lors que nous defaillons au milieu
de la course. C'est l'exemple que Dieu luy en a donné ; lequel, comme dit
Esaïe, est venu luy-mesme le premier, & a chargé sur son dos toutes nos
infirmitez, & a porté sur ses espaules toutes nos maladies. Apres nous auoir
departy ceste consolation, il nous doit redresser au chemin de verité, &
& auec l'outil de la parole de Dieu, dont il a l'exercice, cultiuer la foy qu'il
a semée en nous ; laquelle pour le mauuais naturel dé la terre où elle est, a
tousiours besoin du soin & de la main de l'ouurier. Car nous sommes proprement semblables à la nacelle qui est montée à force de rames contre le
fil de l'eau ; laquelle pour si peu que le vogueur se repose auale plus en vne
heure, qu'elle n'estoit montée en tout vn iour. La fin & consommation
de ceste saincte action c'est, que le sainct Esprit operant sur nous, nostre
grace nous est prononcée & comme enterinée par le ministre de l'Eglise :
qui nous est vn certain gage & tesmoignage que comme nous sommes
tenus desliez & nettoyez en ce siecle, enuers celuy à qui les graces de
Dieu sont commises ; ainsi serons-nous en l'autre, par celuy qui les luy a
commises. Il ne nous reste plus apres cela que de nous humilier en reconnoissance de la grace que nous auons receuë ; choses que difficilement
nous pouuons obtenir de nous mesmes. Nous admirerons assez, mais
n'imiterons iamais l'exemple de nos anciens peres, lors qu'ils estoient en
cest exercice de saincte penitence. Vous les eussiez veu, ce dit Tertullian,
prosternez aux pieds des autels, couuerts de sacs, fouïllez de cendre,
pleurer amerement leurs pechez, & extorquer de Dieu sa misericorde.
mais ce sont remedes ausquels nous ne recourons qu'à toute force ; car
ceste honte que nous auons des choses bonnes, rabat & estouffe tout ce
qui pousse de bon en nous. La pieté est que ce à quoy la voix du sainct
Esprit, le conseil des Prophetes, l'exemple des saincts Peres ne nous peut
amener, l'ire & la vengeance de Dieu nous y traînent. Nous mettons
le sac sur la face, mais c'est quand nous n'en pouuons plus ; les cendres
sur nos testes, mais c'est pour nous desguiser deuant l'ire de Dieu qui
nous cherche : nous nous retirons sous les autels, mais c'est afin de nous
cacher de sa main qui nous poursuit. Rebelles & malins seruiteurs que
nous sommes, nous ne reuerons nostre Maistre que quand il a le baston leué sur nous ; nous ne luy crions mercy que quand il nous tient
le cousteau sur la gorge. Il nous faut doncques conseruer en telle hu-

milité deuant luy, que nous ne chaſſions par vaines & preſomptueuſes
penſées la grace par laquelle il nous a repurgé & mondifié. Or apres que
nous aurons ainſi cueilly comme à la main les vices qui ſont les ronces
de noſtre ame, & que nous aurons arrouſé le champ de noſtre conſcience de nos larmes, & iceluy amolly & attendry en le maniant de
ceſte façon, & que les nuages qui nous l'offuſquoient eſtant diſſipez,
le ſoleil de la grace de Dieu commencera à luire deſſus, & l'eſchauffer,
il faudra aduiſer d'y faire vne ſemence, qui en fin produiſe pour ſon
fruiᶜt vne vie diuine & immortelle. Ceſte ſemence eſt noſtre volonté,
laquelle ſelon qu'elle vient à bien ou mal germer, produit de bonnes
ou mauuaiſes actions. C'eſt quaſi ce que diſoit Theages Pythagoricien:
Que ceſte volonté eſtoit comme la main de noſtre ame, auec laquelle
elle tournoit toutes choſes, ou à bien ou à mal. Qui eſt cela meſme que
l'Eſcriture nous apprend : Que Dieu dés le commencement a formé
l'homme, & l'a laiſſé en la main de ſon conſeil : il a mis le feu & l'eau
deuant luy, afin qu'il portaſt les doigts auquel des deux il voudroit. Ce
qui peut addreſſer ceſte volonté à bien, c'eſt la droite raiſon, qui eſt la
regle qui conduit toutes choſes à la fin, à laquelle Dieu les a creées.
A ce que l'homme la peuſt plus aiſément diſcerner, qu'il luy fuſt plus
aiſé de bien faire que de faillir, & qu'il ne fuſt touſiours ſuſpendu en
vne anxieté de deliberation, outre la lumiere naturelle qu'il a miſe en
luy, il luy a dauantage donné ſa loy qui le conſeruera s'il la veut obſeruer ; & à nous qui viuons en ſa foy, outre ſa loy & ſes preceptes nous
a donné ſa grace, laquelle tant que nous la conſeruons, fait que nous
ne faiſons rien qui ne ſoit conforme à ſes commandemens, & par conſequent à la droite raiſon. Or ceſte regle de bien faire ne conſiſte point
en propoſitions aiguës pleines de ſubtilité, & ſemblables à celles des Sophiſtes, pour leſquelles eſplucher il faille vn ſiecle entier. Toute ceſte ſcience ne conſiſte qu'en deux mots, *Aimer Dieu de tout ſon cœur, & ſon pro-*
chain comme ſoy-meſme. Et toutesfois pour nous rendre encores le chemin plus aiſé, & nous mener comme par la main en toutes nos œuures,
nous auons certains preceptes pour examiner & adiuſter chacune de nos
actions, & trouuer le moyen auquel conſiſte la dependance de ce que
nous voulons faire. Ceſte bien-ſeance, ou pluſtoſt la diſpoſition de noſtre eſprit à s'y ranger, nous l'appellons vertu. Mais pource qu'elle change & prend vne denomination particuliere ſelon chaque action en laquelle elle apparoiſt, il ſera ce me ſemble à propos pour le ſujet que nous
traiᶜtons, de ſaluër, comme en paſſant, les eſpeces principales, eſquelles
elle ſe repreſente le plus ſouuent à nos yeux. Les Philoſophes commencent à enſeigner la vertu, en perſuadant vne grandeur de courage, &
nous animant à vne generoſité & vaillance; mais ie deſire ſuiure la diſcipline de ceux, deſquels ie deſirerois pouuoir imiter la vie. Philon Iuif
parlant des religieux qui eſtoient eſpandus par les deſerts de l'Egypte,
& qui en vne grande perfection de vie vacquoient à la contemplation,
dit, qu'ils jettoient en leur ame la temperance, comme vn bon, ſolide &
certain fondement, ſur lequel ils pouuoient puis apres poſer & affermir

toutes

toutes sortes de vertus. Il nous faudra donc commencer par là. car si
Platon auec quelques raisons compare nostre ame à vn cheual qui doit
marcher sous la conduite d'vn adroit Escuyer, il vaut mieux auant que
de luy donner de l'esperon dans les flancs, luy mettre le mors en la bouche, afin de le retenir s'il pense sortir hors des lices, & le pouuoir manier
& tourner iustement sans le laisser se debatre & tourmenter, sauter, &
ruer à l'auanture. Nous appellons ceste temperance, l'authorité & la puissance que doit auoir la raison sur les cupiditez & violentes affections,
qui portent nostre volonté aux plaisirs & voluptez. Elle sera donc comme le frein de nostre ame, ou plustost elle nous seruira comme d'vn instrument propre à escumer les bouillons qui s'esleuent en nostre ame par
la chaleur du sang ; afin de la contenir tousiours vnie & égale à la raison, à laquelle elle se doit proportionner, ne s'accommodant pas aux
objects sensibles qui se presentent à elle ; mais au contraire les accommodant & faisant seruir à soy & à la raison, dont elle doit estre entierement composée. Or des passions sur lesquelles doit veiller la temperance
pour les ranger à la raison ; la plus ordinaire, est vne sale concupiscence,
qui nous attache à l'amour de la chair, & nous fait chercher en la conjonction instituée de Dieu, non la benediction d'vne longue & heureuse
posterité, pour subroger en nostre lieu des seruiteurs à nostre Createur,
mais vn plaisir brutal, & infame volupté, qui aueuglent nostre ame, &
enyurent nos esprits. Dieu ayant comblé l'homme de tant d'autres perfections, il a voulu encore, comme pour le paracheuer, luy communiquer ce qui est de plus admirable en toute sa Diuinité, le rendant en quelque façon Createur comme luy. Car comme il a creé le monde pour estal-
ler deuant soy sa bonté & sagesse en ses œuures ; aussi a-il voulu que l'homme en engendre vn autre semblable à soy, afin de se voir aussi en son
œuure, & d'aimer & cherir ce qui venoit de luy. A ceste fin il luy a donné
la femme comme compagne à cest ouurage. Il a plus faict ; car il a voulu
que l'homme, qui estoit liuré & mancipé à la mort, attendist qu'il sortist
vn iour d'vne Vierge de sa posterité, celuy qui deuoit estre Sauueur &
Redempteur du monde ; comme l'inuitant à vser religieusement d'vne
saincte vnion ; qui deuoit seruir au ministere de sa redemption. Doncques
auiourd'huy que l'vsage de ceste conjonction n'est plus necessaire pour
nostre salut, qui nous est entierement acquis, & qu'elle ne nous est laissée,
que comme vne legitime intemperance, si nous ne nous en pouuons
passer. Vsons-en au moins comme d'vn remede d'infirmité, sous l'authorité de la loy diuine ; pour attiedir & amortir les concupiscences qui pul-
lulent en nostre chair. Et puis que le desir qui nous jette hors de nous, ne
nous peut pousser à l'amour de Dieu, comme il deuroit, qu'il se retienne
au moins dans le chaste sein de celle que Dieu nous aura destinée pour
compagne. Gardons-nous bien de faire de nos membres des vaisseaux
d'ordure, en polluer le temple de Dieu (puis qu'il se daigne habiter en
nous) par l'impure contrectation de celles, qui violans leurs corps, violent quant-&-quant toutes sortes de loix. Car elles violent la loy de Dieu,
qui commande la chasteté ; la loy de nature, qui defend de faire commun

B

ce qui n'eſt nay que pour vn ; la loy du païs, qui a introduit les mariages, & le droit des familles, transferant iniuſtement le labeur & le trauail d'autruy à vn heritier eſtranger. Certainement de ceſte ſale & effrenée concupiſcence, ſaillent & deriuent, comme d'vne viue & feconde ſource, quaſi tous les mal-heurs, & publics & particuliers. Car quand ce fol amour eſt vne fois formé en noſtre ame, que nourry de luxe & de loiſir, il a pris ſa croiſſance, & comme vn venin ſubtil reſpandu dans nos veines, il nous a endormy les ſens, & engourdy les membres, il chaſſe hors de nous la raiſon, & empietant ſur nous vne furieuſe domination, il nous emporte à des deſſeins enragez. Le voyons-nous pas ſaper les plus grands Royaumes, & faire broncher les Empires à leur ruine ? Le voyons-nous pas, qu'il deuore en vn iour les richeſſes & conqueſtes d'infinis ſiecles ? qu'il fait entrée à toute ſorte d'iniuſtice ? n'apporte-il pas des jalouſies entre les freres, des querelles entre les peres & les enfans ? Mais le pire de tous ſes effects, eſt vne incertitude qu'il apporte és parentez & familles. Car polluant le lict nuptial, il derobe aux enfans l'amour & charité de leur pere ; qui ne peut eſtre conſeruée qu'en l'opinion que le mary doit auoir de la pudicité de ſa femme ; & viole pareillement la pieté des enfans enuers leurs peres ; qui ne peut eſtre fondée que ſur la meſme conſideration. Or ces liens-là d'affection & de bien-veillance perdus entre les hommes, que leur reſte-il pour les contenir en amitié & ſocieté ciuile ? que leur reſte-il pour les r'allier & tenir vnis au ſeruice de Dieu, & obeïſſance de ſes commandemens ? Ce peché eſt, comme dit vn ancien, la porte du Diable ; qui ſe coulant en nous au trauers de la volupté, r'attiſe à toutes heures en nos ſens de nouuelles ardeurs, qui enflamment toute noſtre ame, & la noirciſſent de fumée, luy oſtant & la veuë & le iugement pour ſe guider à toute bonne operation. Partant de ſi loing que nous voyons ce fol amour, nous le deuons chaſſer & deteſter, comme le vray poiſon de nos eſprits. Mais au contraire, nous l'appellons ſi loing qu'il ſoit de nous : nous l'inuitons par recompenſe : les prix d'honneur ne ſont que pour ſes officiers : tous les plus beaux & rares eſprits ne ſont empeſchez, qu'à luy peindre & peigner les aiſles, afin qu'il vole plus leger & plus agreable par les Palais des Princes. Le Chreſtien, meſmes celuy qui voudra venir à ceſte heureuſe contemplation, à laquelle nous le preparons, deſpoüillera ſon ame de toutes ces cupiditez-là ; & s'exerçant à vne continuelle continence, taſchera, s'il luy eſt poſſible, de conſeruer ce threſor de virginité, auquel reſide vne grande pureté d'eſprit, & perfection d'intelligence : car c'eſt principalement à ceux qui la conſeruent, que ſe communique l'eſprit de Dieu. Qui a donné occaſion à ſainĉt Hieroſme de dire apres Varron : Que le prix de la virginité eſtoit la diuination ; pource que la diuination n'eſt que la connoiſſance de la verité future, que nous acquerons en communiquant auec Dieu : ce que ne pouuons obtenir ſi nous ne nous contenons purs de toutes terreſtres & brutales affections. Que ſi, comme il a eſté cy deuant dit, noſtre infirmité ſurmonte noſtre diſcours, rendons noſtre intemperance legitime & excuſable, en bien vſant du remede que

Dieu

Dieu a donné à nostre infirmité ; & ressemblons à ces premiers Chrestiens, desquels Tertullian disoit, qu'ils n'estoient nais masles, que pour
leurs femmes: Entrons auec reuerence en ceste societé coniugale ; & que
ce soit vne conjonction d'esprit & de volonté, vne communion de foy
& de religion ; où il n'y ait rien de propre ne de particulier, non pas mesmes les plus secrettes pensées. C'est (comme disoit Themistius Platonicien) vne meslange, qui doit estre du tout en tout, comme du vin & de
l'eau, qui assemblez vne fois ne se peuuent iamais plus separer. Voila en
quoy sera le principal effet de ceste temperance, d'exciter les hommes à
sobrieté, & à detester vne infame gourmandise, ou vilaine friandise. la
vertu n'y est empeschée que pour les sens & les forgats ; telles cupiditez ne
naissent que peu souuent en l'esprit de gens ingenus. Que si les siecles
portent quelquefois de ces monstres de Sardanapales, qui font vn Dieu
de leur ventre : le cry commun du peuple mesmes les deteste, & font
assez reprouuez par la voix du vulgaire, sans que la Philosophie se doiue
trauailler apres eux. Il est bien certain que tels esprits estouffez entre
les viandes, ne peuuent rien respirer de genereux ny de celeste, qui les
puisse rendre capables de la contemplation, à laquelle nous les appellons.
Aussi quand Philon nous descrit la vie de ces bons religieux d'Egypte,
il y remarque vne si grande sobrieté, qu'il n'estoit pas possible, que des
corps ainsi nourris donnassent aucun empeschement aux belles actions
de l'ame. Nous vserons doncques des viandes & autres biens caduques,
pour soustenir & reparer l'infirmité du corps, comme l'instrument necessaire de l'esprit. Mais nous n'en ferons pas comme des robbes de parade des Princes, qui sont tellement rehaussées d'orfevrerie, & chargées
de pierrerie, qu'on ne se peut remuer dedans. nous en ferons vn habit à
tous les iours, qui prenne le ply tel qu'on luy voudra donner. Il y a vn
autre subjet, apres lequel elle n'est pas moins empeschée, qu'apres ces
passions-là. C'est la colere, qui à vray dire, n'est que sine fleur de folie.
C'est ceste passion qui nous esblouit tout à coup, quand elle entre en
nous, & nous fait paroistre les choses comme au trauers d'vne nuë, tout
autres qu'elles ne sont, & qui est d'autant plus dangereuse hostesse,
quand ceux qui la reçoivent sont grands, pleins de puissance & d'authorité. car la colere des Princes, qui est assistée de la force, passe comme
vn foudre, & fait son debris auant que l'on en aye veu l'esclair, ny ouï
le tonnerre. & comme le foudre rompt l'espée sans entamer le fourreau,
aussi elle punit sans entrer en connoissance. Tellement que leurs actions
sont le plus souuent suiuies d'vne fascheuse & inutile repentance, ne
pouuant plus faire, quelques grands qu'ils soient, que ce qui est mal fait
ne soit fait. Car comme dit Pindare, Dieu mesmes n'a autre puissance
sur le passé, que l'oubliance: & ainsi sont le plus souuent contraints de
se repentir à loisir, de ce qu'ils ont fait à la haste. Mais pour reprimer
ceste impetuosité, il nous faut former vne moderation d'esprit, que nous
appellons Clemence, par laquelle nos volontez inconsiderément poussées à vouloir mal à autruy, & desirer vne vengeance, soient retenuës
& reprimées. Quand elle sera vne fois bien formée en nous, par l'exquise

B ij

obseruation de nos mœurs, elle nous temperera d'vne douceur & gracieuseté, qui defendra nostre raison d'vne si fascheuse & si forte impression qu'est la colere. Elle nous donnera loisir de iuger des choses auec
poids; de nous en conseiller à nos amis; & nous dissuadera de nous croire nous-mesmes. A quoy nous seruira infiniment, de nous persuader,
que nous ne pouuons estre offensez que de nous-mesmes; & que des
iniures d'autruy, il n'en demeure en nous, que ce que nous en voulons
retenir. Car si nos actions sont pures & entieres, nostre vie saincte & innocente, la langue venimeuse & enuieuse de nostre voisin, la peut-elle
changer? Que si nous nous proposons vne fois de viure à l'opinion d'autruy, quand aurons-nous trouué le moyen de contenter tout le monde, & plaire aux bons & aux meschans tout ensemble? Iustifions-nous à
Dieu, & à nous-mesmes, & nostre conscience estant nette & inconta-
minée, rien ne nous pourra offenser. Tu me veux offenser en mon honneur: & penses, pour porter vn faux tesmoignage de ma vie, me grand-
dement outrager: i'ay Dieu, les hommes, & ma conscience tesmoins
contre toy, qui m'asseurent & me iustifient. Tu peux bien me vouloir
faire mal, mais ie ne le sens si ie ne veux. Tu m'emportes, tu me rauis
mes biens; rien de cela ne me touche. ou i'ay esté autresfois, que ie ne
les auois pas; ou ie les ay eus si ieune, que ie ne sçauois que c'estoit: & en
fin quand tu me les eusses laissez, si ne les eusse ie pas emportez en mourant. Il falloit ou que ie les laissasse, ou qu'ils me laissassent: pourquoy
auray-ie plus de regret à l'vn qu'à l'autre? Tu m'offenses en mon corps,
tu me bats, tu me blesses; & voilà le soldat qui reuient tout ioyeux du
combat, portant son bras en escharpe: il tient sa playe plus chere que sa
vie: s'il en rapporte vne balaffre, quand il se mire il s'y plaist: s'il est estro-
pié d'vne iambe, il ne monte degré qu'il ne se resioüisse, d'estre si glorieusement marqué. Ce ne sont donc pas les playes qui nous sont fascheuses
& cuisantes: ce sont les occasions, pour lesquelles nous les receuons: c'est
l'honneur ou deshonneur qu'elles nous apportent: & la chose ne s'estime
pas par soy-mesme, mais par la fin à laquelle nous la faisons. Endurons
tout, pour l'honneur de Dieu; & pour le salut que nous acquerons par
nostre patience: & ce que l'on appelle mal, se tournera en bien: ce qui
d'ailleurs nous semble amer, nous le trouuerons doux. La patience que
nous apportera ceste moderation d'esprit, nous rendra vn secret tesmoignage, que nous sommes fideles seruiteurs de nostre maistre: que nous ne
nous espargnons point, pour luy obeïr: que nous ne fuyons ny le trauail,
ny la peine, pour executer ses commandemens. Il n'y a rien certainement
si honorable en ce monde, mesmes à l'opinion des Payens, que de sçauoir pardonner. Les loix permettent à chacun, de poursuiure la vengeance des iniures qu'il reçoit; de donner grace & remission, il n'appartient
qu'au Prince souuerain. Si vous voulez donc estre Roy de vous-mesmes,
pardonnez liberalement: car la gloire du Chrestien consiste principalement en ceste charité, par laquelle il oblige son prochain à l'aimer, & se
depestrer de ce mordant desir de vengeance; qui comme vn ver, ronge
le cœur de ceux qui en sont infectez, les agite de iour, les resueille de nuict.

Doncques

Doncques l'esprit se composera à ceste egalité, de ne se laisser point emporter par vne haine, & mauuaise volonté. Et de là s'ensuiura vne autre
belle disposition de l'ame, qui est vne modestie & moderation qui apporte vne certaine bien-seance à toutes les actions du corps, & rend par
elles vn tesmoignage de debonnaireté & bien-veillance. Vertu qui peut,
plus que toutes les autres, à nous rendre sociables, & nous concilier l'a-
mitié de ceux auec lesquels, ou nostre nature, ou nostre fortune, ou
nostre eslection nous conjoint. Ceste façon gracieuse est si agreable aux
hommes que rien plus, elle extorque d'eux ce que la force mesme ne
sçauroit obtenir. Car elle ne demande superiorité sur les autres, que par
la raison, qui est vne sorte d'armes, plus trenchante que le fer ny l'acier.
Mais ces sourcilleux & desdaigneux, qui regardent tout le monde de
trauers, qui s'enflent pour emplir leur peau, & se mirent dans leur queue
comme les paons, font tort mesmes à la raison, quand ils en vsent, la
reuestant de propos qui luy desrobent sa grace, & la rendent odieuse.
Et croyez qu'il est fort difficile, qu'ils approchent bien pres de ceste saincte Philosophie, qui habite au milieu des graces, qui la gardent & enuironnent de tous costez. Tertullian nous voulant apprendre, combien la
douceur & simplicité sert à nous preparer à receuoir les dons & perfections du sainct Esprit, dit que tout exprés il s'apparoist le plus souuent
en forme de colombe, pour nous monstrer qu'il n'habite qu'en ceux,
qui n'ont point de fiel, non plus que la colombe, mais sont pleins de
gracieuseté & mansuetude. Or pource que le plus souuent il arriue par
nostre infirmité, que pensans fuyr vn vice, nous tombons en vn autre,
nous aurions à craindre, que pour n'estre pas bien confirmez à la vertu,
pensans nous contenir en humilité, nous ne tombassions en vne lascheté de courage, à l'endroit où nous le deuons roidir & bander. Il ne sera
donc pas mal à propos, que nous adjoustions à ce que nous aurons dit de
la temperance & mansuetude, quelques considerations qui nous esleuent à vne force, & grandeur de courage, quand il nous en sera besoin.
Ce qui nous seruira principalement, pour nous tenir droits, & asseurez
contre tout ce qui se presente pour nous estonner, & destourner d'obeir
aux commandemens de Dieu. Nous aurons d'vn costé vne temeraire
presumption, qui nous poussera à desirer plus que ce à quoy Dieu nous
a appellez, nous luy opposerons ceste constance & fermeté. Les heureux
succés, & bonnes rencontres nous chatouilleront pour nous faire rire,
nostre fortune nous promettra des grandeurs & des magnificences, nous
ne changerons pour cela de visage, ny de contenance. Nous regarderons
desdaigneusement, & du coin de l'oeil les presens de la fortune, semblables aux pommes qui naissent pres le lac de Gomorrhe, belles & fraisches en couleur, mais qui pour si peu qu'on les touche, s'en vont tout
en cendres. Si toutesfois la raison nous dicte que nous les deuions accepter, nous en vserons auec vne grande egalité d'esprit & facilité de
moeurs, ne nous en estimans rien dauantage. Nous aurons d'autre costé
les afflictions, les dangers, les enuies, & la pauureté, qui au iugement du
vulgaire enueloppent toutes sortes de maux. C'est principalement contre

ces ennemis-là qu'il faut que ceste vertu-cy roidisse les bras : c'est au trauers de ceux-là qu'il faut qu'elle se face voye, si elle veut penetrer au but qu'elle s'est proposée. Mais si nous ne prenons l'espouuante de nous mesmes, & que nous ne fuyons auant que voir l'ennemy, quel mal nous peuuent-ils faire ? Ils nous despoüilleront de nos biens, nous en irons plus legerement, puis que le prix est pour celuy qui arriuera le premier : & que celuy-là joüira plus long-temps des biens immortels, qui plustost y paruiendra. Craindrons-nous de perdre le bagage pour gaigner vne telle victoire ? Voilà la breche faite, le passage ouuert, nostre Capitaine est ja dedans qui nous appelle, & nous nous amusons à tirer contre celuy qui nous arreste par le manteau, & nous mettons au hazard de demeurer prisonniers entre les mains de l'ennemy, qui nous fera perdre & le man-teau, & l'honneur, & le fruict de tous nos labeurs. On nous menace de la mort, & que cherchons-nous autre chose ? Nous n'auons vestu ceste vie caduque & mortelle, que pour payer le tribut, & acquiter le peage à l'entrée de la vie immortelle. Ce sont bonnes nouuelles puis qu'on nous dit, Payez, c'est signe que nous sommes à bord. Mais qu'est-ce que de ceste mort, de laquelle on nous fait tant de peur ? qu'a-elle de si terrible, que sa presence nous doiue faire tourner visage, & quitter le champ de la vertu, pour nous tapir dans les tranchées, ou plustost dans les terriers de la lascheté & coüardise ? Si nous l'estimons mauuaise, c'est pource que nous la sentons, ou pource que les autres l'estiment telle. Auons-nous iamais oüy la plainte de ceux qui sont morts courageusement, ou pour l'honneur de Dieu, ou pour le seruice de leur Roy, ou pour la defense de leur patrie ? Y a-il eu iamais nation si barbare, si peu ornée d'humanité, & comme on dit, si esloignée du Soleil, qui ne recommande par loüanges la valeur de ceux qui ont sacrifié leur vie pour le public ? La memoire de la posterité ne les a-elle pas tirez du tombeau pour les faire reuiure en la souuenance des hommes ? Et quand nous venons à supputer les parties de la vie de l'homme, estimons-nous le temps qu'ils ont employé à boire, manger, & dormir ? ou si nous couchons principalement en compte les iours, où ils ont animeusement combatu pour la vertu ? Ce doncques que par erreur vous nommez vie, ce n'est que mort, puis qu'il perit sans laisser memoire de soy : ce que vous nommez mort, est la vraye vie, puis que c'est ce qui nous fait estre & durer eternellement. Il ne faut pas regar-der combien nous viuons, mais comment bien nous viuons. La mort ne vient iamais trop tost, si elle arriue auec honneur. Ce n'est pas toutesfois pour la seule opinion d'autruy, & pour l'honneur que nous acquerons en bien mourant, que nous deuons mespriser la mort : c'est pour l'amour de ceste seconde vie en laquelle nous entrons. Les Druides auoient pres-senti quelque chose de l'immortalité de nos ames, cela les rendoit plus genereux que tous les peuples du monde. Ils se moquoient d'espargner la vieil qu'ils disoient rejetter & repousser comme la teste d'vn saule. Les Philosophes qui se moquoient d'eux, encores confessoient-ils qu'ils estoient heureux en leur erreur. Mais nous disons qu'ils estoient heureux en leur sagesse, d'auoir gousté ceste opinion, d'auoir trouué à tastons,

entre

entre les tenebres, le giste de la felicité mondaine; d'auoir trouué le con-
tre-poison qui chasse & dissipe la peur & la crainte, vray venin de nos
ames; qui fait seicher, flestrir, & languir nos courages. Or nous instruits encores en vne meilleure escole, ne sçauons pas seulement, mais
nous croyons fermement, & ne croyons pas seulement, mais quasi jouïs-
sons de ceste seconde vie immortelle. Nous auons vn esprit, qui logé à
l'interieur de nostre ame, ne nous dicte, & ne nous sonne tous les iours
(si nous le voulons escouter) autre chose que ceste vie future. C'est à ceste
voix que tant de millions de Chrestiens ont au trauers des afflictions &
des tourmens suiuy le drapeau de leur Capitaine, espanchans leur sang
par tous les endroits de la terre, comme la vraye & pure semence de la
foy. C'a esté ceste trompette qui les a poussez à ce combat, dont ils sont
retournez sanglans, mais victorieux, triomphans & couronnez. Si vn
honneur ambicieux nous jette aux plus estranges hazards de la guerre; si
ceste affection d'estre estimez & honorez de ceux aux yeux desquels nous
viuons, haste & eschauffe la course de nos actions, que peut-on esperer
dauantage que ce que ceux-là ont obtenu? Ils n'ont pas seulement esté
honorez viuans, mais nous reuerons leurs cendres après leur mort, leurs
os nous sont saincts & sacrez, la memoire de leur vie est annuellement
refraischie par deuotes commemorations & prieres, nous les honorons en
nos pensées, humilions nos cogitations deuant eux, comme colloquez
en vn grand degré d'honneur en l'Eglise de Dieu, & ayans trouué grace
à la face de nostre souuerain Seigneur. Nous ne deuons donc pas manquer de courage, pour effectuer les choses bonnes & sainctes, veu que
les meschans mesmes sont la plus-part du temps si valeureux à executer
les choses mauuaises, voire detestables. Car c'est en ceste patience, en
ceste force de courage, que nous deuons entrer triomphans au Royaume
de gloire. Nous ayant esté annoncé par Tobie, ce bel & sainct oracle:
que celuy, Seigneur, qui vous sert de tout son cœur, si sa vie est mise à
l'essay, sera sans doute couronné. C'est pourquoy l'Escriture dit, que ce
bon pere reduit en vne miserable captiuité, n'a pas pour cela delaissé la
voye de verité. Et à vray dire nous ne pouuons nous attribuer iustement
le nom de Chrestiens, si nous jettons & abandonnons la Croix, qui nous
est laissée pour toutes armes; qui est le mereau que nous a donné Iesus-
Christ, pour nous faire connoistre quand nous arriuerons vers luy; qui
est le mot du guet qui témoigne que nous sommes des siens. Nous n'a-
uons moyen de faire paroistre que nous soyons instruits en sa discipline,
que par ceste patience, vraye mere de toutes autres vertus. Aussi Theo-
doret disoit que les Martyrs couroient aux tourmens, comme à l'escole
& exercice de la vertu.

Succede maintenant que nous regardions, comment nous nous deuions comporter à l'vsage & dispensation des biens, qu'il plaist à Dieu
nous donner. La regle qui nous en est proposée, & l'habitude que nous
prenons d'en bien vser, s'appelle liberalité. Or le premier precepte que
nous deuons apprendre, est de reconnoistre, que tous les biens que
nous auons, nous les tenons de la bonté & grace de Dieu; l'exercice

ordinaire duquel, est de bien faire à tout le monde, & espancher sur nous
ses benedictions, ores que nous ne les meritions aucunement. Ce qu'il
nous les distribuë si prodigalement, n'est pas afin que nous les tenions
enfermez, & laissions moisir l'or & l'argent, qui n'a vtilité qu'en l'vsage:
mais afin que comme il nous a creez à son image, nous le puissions imiter en bien-faisant à nostre prochain, tant que nous en aurons le moyen.
Et certainement nous en auons bien plus d'occasion que luy: car ce
qu'il donne, il le donne du sien, & à ceux qui n'ont aucun moyen de
luy faire du bien. Mais nous manions la bourse d'autruy; nous donnons
le bien de nostre Dieu; nous le donnons à personnes, qui non seulement
le nous peuuent rendre, mais nous en represter autant en nostre necessité.
Et quand ils seroient insoluables, Dieu, par le mandement duquel nous
le donnons, nous en respond pour eux, en fait son propre faict; se charge
non seulement de nous en rendre le principal, mais l'vsure, le double,
le triple, le centuple. Nous deuons puis apres considerer, que tous ces
biens-là se doiuent proportionner à nostre necessité; & que par le droit
de nature il ne nous en appartient, sinon autant que nous en auons de
besoin pour l'entretenement de nostre vie. La mesure de nos biens, c'est
le chaud, le froid, la soif, la faim. Si la coustume du païs où nous viuons,
& les mœurs de nos concitoyens, nous conuient à quelque proprieté &
elegance, il ne faut ny la trop austerement rejetter, ny trop curieusement
affecter. Ou il faut que nous regardions en quel degré d'honneur Dieu
nous a mis entre les hommes, ce qui est sortable à l'estat auquel nous
sommes ou naiz ou appellez; afin que nous accommodions les biens à
nous, & non pas nous aux biens. Quand nous aurons fait estat de ce qui
nous est besoin, il nous faut mettre le reste à part, veiller à le bien colloquer. Et ce qui nous y peut seruir d'adresse, est d'esplucher le merite, &
le besoin de ceux à qui nous le voulons eroger: car la proportion & symmetrie est celle principalement qui rend l'acte sainct & agreable à Dieu,
qui a disposé toute chose par mesure, & nous a donné pour limites la
raison & le discours, comme vn compas, pour adjuster nos actions à la
semblance des siennes. Si ie donne de mon bien à celuy qui n'en a point
de besoin, & que le pauure meure de faim à mes pieds, ceste liberalité,
pour le riche, est vne imprudence, & pour le pauure, est vn homicide.
Si ie laisse mes pere & mere en necessité, pour subuenir à l'estranger, l'ordre de la vraye & naturelle affection est peruerty, & mon action perd sa
grace. Il faut aussi obseruer les choses ausquelles on veut colloquer ses
biens-faits; les vnes sont plus pressantes que les autres; aux vnes nous
pouuons douter si nous donnerons; les autres nous arrachent le bien-fait
d'entre les mains. Mais nous deuons principalement prendre garde, de
ne rien donner de l'autruy; car ceux qui rauissent à l'vn, ce qu'ils donnent
à l'autre, sont abominables deuant Dieu; leurs aumosnes & leurs offrandes puent à sa face; il destourne ses yeux de dessus eux. C'est ce que dit le
Sage: L'offrande de celuy qui presente à Dieu le fruict de son iniquité,
est pleine de souïllure. Nous deuons faire grand cas de ceste vertu-là;
la former bien entiere en nostre esprit, comme estant pleine d'vne grace

spirituelle

fpirituelle; qui peut beaucoup à nous acheminer à noftre falut, quand elle peut nous accouftumer à diftribuer liberalement nos biens à ceux qui en ont neceffité, & les aumofner à l'honneur de celuy qui nous les a donnez. Sainɕt Auguftin n'a point craint de dire, que l'aumofne eft vn fecond Baptefme; pource que tout ainfi comme l'eau efteint le feu, l'aumofne amortit le peché. C'eft, ce dit fainɕt Chryfoftome, l'amie de Dieu, qui obtient de luy tout ce qu'elle veut : elle eflargit les prifonniers; elle rappelle les bannis; & impetre grace aux condamnez. La main du pauvre eft la bourfe de Dieu. Auons-nous à acheter quelque chofe de luy ? Mettons-là noftre argent. C'eft le meilleur employ que nous puiffions faire de nos biens, que de les mettre à la banque de Dieu. il nous les affeurera non feulement fur la terre, & tout le contenu d'icelle, qui eft à luy, mais fur les cieux, & fur la beatitude eternelle, dont il nous nantira & inueftira. Pourquoy ferons-nous donc fi mal-aduifez, de laiffer roüiller l'or & l'argent dans nos coffres, & auoir l'efprit toufiours bandé à mettre efcu fur efcu ; puis que nous laiffons paffer le temps de faire noftre employte, & que tout ceft amas que nous faifons, n'eft que foin fur foin que nous amaffons ? Certainement tous ces biens qui font peine de leur feule grandeur, qui ne fe peuuent plus mefurer, ne font qu'vne cage d'or, vne prifon d'argent à leurs maiftres, pour les tenir enfermez à rez de terre, & leur ofter la liberté d'afpirer au ciel. C'eft de l'eau repanduë fur les aifles d'vne aigle, de peur qu'elle ne vole vers le Soleil. Ainfi faut-il que ceux qui veulent goufter le fruiɕt de la contemplation, & penetrer iufques au fouuerain bien, où fe doit arrefter la courfe de noftre ame, ne s'empeftrent que le moins qu'ils pourront, dans la fange des richeffes, qui ne font rien que terre, quelque cas que nous en facions. Et neantmoins c'eft pour cefte pouffiere, que nous nous entretenons; c'eft là que tendent les contentions de nos corps & de nos efprits. Pour cela les villes font bandées les vnes contre les autres; les armées dreffées & affrontées : c'eft la pefte de la focieté ciuile : c'eft l'eau de depart, qui des-vnit les freres, voire fepare le pere d'auec les enfans. C'eft pourquoy il eft befoin, de planter encore entre les affeɕtions des hommes, vne quatriefme, & derniere barriere, qui nous retienne à ne point defirer ce qui appartient à autruy; & nous enfeigne à rendre à vn chacun ce qui luy appartient. Nous appellons cefte vertu-là, Iuftice : laquelle confidérée vn peu plus generalement, enuelope en foy toutes fortes de vertus; & fon office, à ce que nous enfeigne Laɕtance, eft premierement, de conjoindre les hommes auec Dieu ; fecondement de concilier les hommes les vns auec les autres ; qui font deux chofes fort connexes. Car fi elle nous contient en l'office auquel Dieu nous a creez, qui eft pour le craindre, aimer & feruir, & bien-faire à noftre prochain, nous ne pouuons que nous ne foyons en la bonne grace & de Dieu, & des hommes. Or pour confiderer cefte vertu plus particulierement, & en ce qu'elle nous difpofe à viure iuftement & legalement entre les hommes, fon aɕtion fe peut fort commodément diuifer en trois parties. L'vne, à viure honneftement, fans violer les loix de Dieu & du païs. L'autre, à n'offenfer perfonne ne de faiɕt, ne de parole. La troifiefme, à rendre à vn chacun, ce qui luy appartient. Ce qui fe pourroit diſcourir ſur ce ſujet, excederoit la meſure que nous auons preſcrite à ce petit traicté. Il nous ſuffira de dire que la principale choſe qui nous ſoit recommandée par la Iuſtice, c'eſt de garder la foy en toutes nos affaires, ne rien machiner par dol & par artifices, ains aller nettement & ouuertement en beſongne. Car outre que la foy eſt le nœud, & lien commun de l'amitié & ſocieté des hommes; ce nous eſt auſſi comme vn gage de la grace, que Dieu nous a faite de ſe communiquer à nous: & puis que par vn meſme mot, nous ſignifions l'aſſeurance que nous auons de noſtre ſalut, & la fermeté de noſtre promeſſe, il faut croire, que celuy qui abuſe de ce gage entre les hommes, abuſera aiſément de ce gage qui luy eſt donné de Dieu. Et de faict, celuy qui ſe propoſera deuant les yeux, la Loy qui nous eſt donnée de Dieu, le iugement qu'il nous a annoncé, les peines qui ſont preparées contre les meſchans, aura-il iamais le courage de tromper celuy que la Loy luy commande d'aimer comme ſoy-meſme? Voudra-il en fraudant ſon prochain, frauder ſon ame de la beatitude eternelle, de laquelle ne peuuent eſtre participans ceux qui communiquent auec le pere de menſonge? La verité vient du ciel, & la tromperie eſt fille des tenebres: tous fards, tous deſguiſemens, toutes menteries ſont artifices du Diable: qui les reçoit & qui en vſe, il contracte auec les malins eſprits, & eſt fait ſerf du peché. Il faut doncques que toutes nos actions ſoient pleines de ſincerité & loyauté: mais principalement de ceux qui ſont appellez au gouuernement du peuple, & qui ſont depoſitaires de la Iuſtice, pour la rendre aux particuliers. Il ne faut pas qu'ils pc tent, comme les Iuges des Egyptiens, la verité penduë au col: il faut qu'ils l'ayent empreinte au fonds de leur cœur, & au milieu de leurs leures: que ce ſoit elle ſeule qui addreſſe leurs iugemens: & que l'amour ny la haine n'eſbranlent la balance qu'ils tiennent en mains mais que la ſeule raiſon, face treſbucher le droict contre l'iniquité. Certainement l'homme ne ſçauroit pas auoir en ſa conſcience, vn plus aſſeuré teſmoignage de ſa probation, que quand il ſe plaiſt à eſtre iuſte & equitable. car celuy qui aime la Iuſtice, eſt homme de Dieu. La lumiere eſclaire au iuſte, & à celuy qui a le cœur droict. Le ſentier du iuſte eſt comme la pointe du iour: ſa lumiere s'augmente peu à peu, & deuient comme la clarté du midy. Le Sage ne pouuoit pas comparer plus proprement la Iuſtice, qu'à la lumiere. car comme la lumiere n'eſclaire pas pour ſoy, ains pour faire voir les autres; ainſi ceſte vertu ſort entierement hors de ſoy, ne regarde que le bien & l'vtilité d'autruy; n'ayant autre but que par vne bien-vueillance, & equitable affection nous conioindre & entretenir les vns auec les autres. Quand ceſte vertu eſt arriuée à ſa perfection, elle paſſe aiſément iuſques à la charité, & en peut iuſtement vſurper le nom; pource que nous ayant vnis & conioints enſemble, elle nous apprend à nous eſtimer la chair l'vn de l'autre, comme eſtans membres d'vn meſme corps, ou pluſtoſt faiſans le corps d'vn meſme chef: & nous laiſſe vne charitable affection, qui eſt la ſoudure & liaiſon de nos ames. Car comme nous voyons en la conſtitution de noſtre perſonne, nos parties tellement compoſées, que la plus eſloignée ſe meut incontinent à l'affection de l'autre: & que ſi nous ſommes offenſez au pied, nous iettons

l'œil

l'œil deſſus, & y portons incontinent la main, & ployons tout le corps pour y ſubuenir. ainſi en la conjonction du corps myſtic, & en la ſainɛ̃te congregation des fideles, dont nous ſommes tous les membres, l'eſprit de Dieu qui nous regit & nous gouuerne, nous apprend, que pour noſtre conſeruation il faut que nous nous cheriſſions les vns les autres, & eſti-mions nos maux & nos biens communs, pour contribuer aux neceſſitez les vns des autres. Car noſtre Iuſtice Chreſtienne ne nous aſtraint pas ſeu-lement à acquitter les obligations ciuiles & politiques, qui peuuent eſtre entre nous; mais auſſi ceſte obligation naturelle, qui lie l'homme enuers l'homme de bien-veillance & charité mutuelle. Reſte maintenant que ceſte Iuſtice nous conjoigne auec Dieu, & produiſe ſes effects plus excel-lens, qui contiennent noſtre ame droicte, paiſible, ſuſceptible de la vo-lonté diuine, & comme attachée à l'amour de la beatitude eternelle. Ce qu'elle faict par les dons de foy & d'eſperance. Car apres que nous nous ſommes purgez des peruerſes & ſales affections, que noſtre ame auoit accueilly par la contrectation de la terre, & que nous auons tellement borné de tous coſtez noſtre volonté, qu'elle ne ſe peut deſtourner au mal, ſi la faut-il faire aduancer à ſon but, acheminer à ſa fin, & la conduire au lieu de ſon repos. Or comme nous ſommes dejettez és tenebres de ce monde, és deſerts de peché, & és abyſmes de perdition, nous ne pouuons ny voir noſtre but ſans lumiere, ny trouuer noſtre chemin ſans guide, ny nous ſouſleuer & aduancer ſans appuy: Noſtre lumiere, noſtre guide, no-ſtre appuy, c'eſt la reuelation que Dieu nous a donnée de ſa volonté, c'eſt la connoiſſance qu'il nous a donné de ſa grace; c'eſt l'eſprit par lequel il nous la communique, & vient de luy-meſme à nous; pource que nous ſommes ſi foibles, que nous ne pouuons aller à luy. Nous appellons foy, la ſaine & droicte affection de laquelle nous receuons ce qu'il nous annonce, & le croyons fermement, & par laquelle nous iugeons de luy en bonté & ſimplicité de cœur. C'eſt celle auec laquelle nous humilions nos ſens, & nous dementons nous-meſmes, pour donner creance à ſa verité: recon-noiſſons noſtre infirmité: auoüons ſa toute-puiſſance: reuerons & admi-rons ſes effects, tant de fois reiterez pour reconquerir noſtre ſalut, & nous deliurer de la mort eternelle. Or quand vne fois noſtre ame s'eſt laiſſée diſ-poſer à ceſte creance, & a receu ceſte ſaincte impreſſion de la parole de noſtre Dieu, elle voit clairement ſon but; & lors connoiſſant le bien qui luy eſt propoſé, elle eſt touchée d'vn certain reſſentiment de plaiſir, qui la pouſſe continuellement à ſouhaitter & attendre le bien qui luy eſt preparé. C'eſt ceſte eſperance, par laquelle elle preuoit l'heure de ſa felicité, par la-quelle elle eſt entretenuë en l'expectation de ſa beatitude, & ſouſtenuë, & renforcée contre les ennuis & les miſeres qui l'eſbranlent, & luy trauerſent ſon chemin. Voila doncques comment il nous faut preparer noſtre ame, pour la rendre capable de ceſte felicité. Il nous la faut maintenant voir en beſongne, & la contempler en ſon action, joüiſſante de ce ſouuerain plai-ſir. Nous la deuons conſiderer en deux ſortes. L'vne quand enueloppée dans la chair, & detenuë en ce bas monde, elle ſe tient toutefois jointe & vnie auec ſon Dieu ſon Createur, par le moyen d'vne pure & ſaincte diſ-

position, & de ses bonnes & charitables œuures. L'autre, quand deliurée
& despoüillée de la terre & du monde, elle se reünit entierement à son origine. En ce premier estat, nous la verrons joüir d'vn heur, d'vn plaisir &
contentement, qui excede infiniment tous les autres que nous pouuons
desirer en ce monde; & qui n'est toutesfois rien, à comparaison de celuy,
que nous apprenons nous estre preparé en l'autre vie, & auquel nous ne
pouuons aucunement atteindre de pensée. Car à la verité, comme dit
Esdras, l'homme qui est en ce monde, ne peut comprendre que les choses de la terre. Et ne faut, ce dit l'Ecclesiaste, chercher curieusement ce
qui est au dessus de nous; mais penser à ce que Dieu nous a commandé;
car il ne nous est point besoin de voir ce que Dieu a caché à nos yeux. Or
l'heur, & le souuerain plaisir de nostre ame en ceste vie consiste à conformer & addresser son operation à la fin, à laquelle elle est creée. ce qu'elle fait par l'action, l'oraison, & la meditation. Car Dieu nous ayant fait
naistre pour estre membres de ce bas monde; toutes les parties duquel obseruans l'office & le mouuement qu'il leur a donné, seruent à sa gloire &
au tesmoignage de sa puissance, il faut que tant que nous y sommes, nous
tenions nostre partie; & que nous gardions en discordant en nostre particulier, de corrompre le concert & l'harmonie vniuerselle, par laquelle
subsiste la beauté de son ouurage. Il nous a appellez chacun à certain ministere & office : il en a fait les vns Roys, les autres Princes, les autres Magistrats, les autres particuliers, ou pour parler auec l'Apostre, il en a fait
les vns Prophetes, les autres, Euangelistes, les vns Predicateurs, les autres
Docteurs. Regardons que nous accomplissions le ministere qui nous est
donné. Car en manquant à la charge que nous auons receuë, nous ne faillons pas seulement pour nous-mesmes; mais nous apportons vne confusion au general, & nous rendons coupables des fautes mesmes des autres.
Où au contraire, quand nous tiendrons iustement nostre partie, nous ferons comme ceux qui chantent en Musique, qui outre le plaisir de bien
& doucement entonner leur voix, sentent vne grande & incroyable volupté, par la rencontre de celles des autres, qui retombe auec la leur, à vn
accord & cadance, pleine de douceur & de melodie. C'est certainement
vn grand plaisir que de bien faire : & n'y a volupté au monde si grande,
que le contentement que nous receuons en nostre conscience, d'vne belle
& loüable action. Rien ne nous chatoüille si auant l'esprit que la gloire,
qui se presente & se promet à celuy, qui se comporte vertueusement en sa
vie. Non pas vne gloire qui se paist de vent & de fumée, qui affecte la seule
opinion des hommes : mais vne gloire, qui nous fait voir de loing, la couronne qui nous est preparée. Il ne faut pas, non plus que le champion de
lutte, que nous nous arrestions aux cris & applaudissemens du peuple, qui
fauorise nostre course : mais plustost, que cela nous haste, pour courir plus
viste vers le chapeau du prix, qui attend nostre victoire. que nous esle-
uions nostre ame par ceste cogitation, & ainsi que toutes nos actions rapportées à ceste fin, soient pleines d'allegresse & de ce contentement, auquel consiste nostre beatitude. Nous ne pouuons & ne deuons pas estre
tousiours bandez aux negoces du monde. apres ce trauail, suit vn repos,

qui

qui est neantmoins la vraye operation de l'ame, c'est la méditation. Et bien-heureux certainement sont ceux desquels la vocation est plus esloignée de la solicitude des affaires, & que Dieu a retirez des tempestes & orages du monde, & les a colloquez comme dans vn port calme & paisible, pour contempler de loing le naufrage des autres. Ceste méditation ne consiste qu'en la connoissance de la verité & gloire de Dieu, que nous deuons chercher tant par la contemplation & exacte consideration de ses œuures, esquelles reluit de tous costez sa puissance & bonté incomparable, que par la lecture ordinaire de sa parole, par laquelle il nous ouure le thresor de sa sagesse, & tire le rideau des Cieux, pour nous faire voir, autant que nostre infirmité le peut porter, face à face, sa diuine Majesté. Quant aux œuures de Dieu, ce sont certainement des eschelles qu'il nous a dressées de tous costez pour monter iusqu'à luy. Car de quelque costé que nous nous tournions, nous trouuons tousiours à admirer en ce monde. Si nous baissons les yeux iusques au fond de la terre, nous y voyons tant de veines d'or & d'argent, tant de precieux mineraux, tant de sources d'eaux viues, que c'est merueille : si nous en regardons la face, nous y trouuons tant de varieté, d'herbes, de fleurs, de fruicts, d'arbres, d'animaux, tant de vertus & secrettes proprietez, que nous ne sçauons autre chose que de nous en esbahir. Mais les mers nous sont-elles moins admirables par leur flus & reflus, par la quantité des poissons, par la diuersité des monstres qu'elles nourrissent ? Les airs remplis d'oiseaux, de nuages, de pluyes, de neiges, de gresles, de foudres & tonnerres, ne nous rauissent-ils pas en admiration ? Et quand nous leuons nos yeux plus haut, & que nous venons à apperceuoir les courtines du Ciel tenduës sur le front de la terre, que nous regardons la splendeur du Soleil, la clarté de la Lune, & leur cours si reiglé, que nous obseruons la belle disposition de tant d'estoilles, leur chemin, leurs effects & influences, ne demeurons-nous pas tous esperdus ? Et neantmoins encore tout cela consideré en gros, n'est rien au prix de ce que nous y trouuons quand nous les examinons à part & en detail : car lors nous voyons que les moindres choses du monde ont en leur constitution vne si esmerueillable prudence & sagesse, qu'il faut de necessité que nous en allions chercher au ciel l'autheur & le createur. Que l'homme s'arreste vn peu en soy-mesme, qu'il cherche seulement quel il est, comment vn peu d'humeur s'accroît & s'augmente de telle façon, qu'il s'en forme vn corps composé de tant de diuerses parties auec telle proportion : Mais qu'il ne se contente pas de se voir droit sur ses pieds, ains la face esleuée, les yeux ouuerts, & remuant tous ses membres : Qu'il descouure vn peu la peau, qu'il deuine comment sa chair & ses os sont si artificieusement assemblez, qu'il remarque comme tant de nerfs & de muscles sont tirez depuis le cerueau iusques aux plus petites extremitez du corps, pour bander, lascher, & remuer toutes les parties à toutes sortes de mouuemens, qu'il regarde comment tant de veines sont respanduës par tout le corps, pour porter le sang & la nourriture à chacun des membres, qu'il voye comment tant d'arteres sont conduites du cœur, & departies pour accompagner tous les nerfs & les veines, pour conduire en chaque partie les esprits, comme messagers de sa volonté, afin de donner commandement aux nerfs de se mouuoir ou arrester. Que s'il vient à descouurir son estomac, & voir comme sa vie est entretenuë; comme les viandes enuoyées là dedans sont transformées par vne secrette & incomprehensible vertu; comme elabourées en l'estomac elles sont separées en l'intestin; comme le bon coule par les veines moyennes au foye, qui est l'officine du sang; comme le foye descharge ses superfluitez dans le fiel, dans la rate, dans les rognons; comme il distribuë le sang dans les veines; comme il l'enuoye au cœur pour estre attenué & subtilisé iusques à la confection des esprits. S'il void le mouuement & haletement du poulmon, qui refraichit & modere la chaleur du cœur; s'il voit les tours & détours ingenieux des intestins; ne pense-il pas estre tombé des nuës? & voir tout autre chose au dedans, que ce qu'il voyoit au dehors? Mais quand il vient à considerer le chef, qui est le thresor des sens, & le siege de la raison, qu'il songe entre autres choses, quel chef-d'œuure c'est que de l'œil, de combien de tayes & membranes est garny & remparé cest esprit lumineux, qui est à la verité tout le plaisir de la vie, il demeure comme estonné & esperdu, & non toutesfois si fort, que quand il vient à penetrer au dedans du cerueau, où il apperçoit la façon dont les formes & images des choses sont portées par les sens, comme fideles messagers & interpretes, pour y estre receuës & examinées par le sens commun, & puis y estre disposées & mises en garde dans les cellules de la memoire. Mais ce qui nous rauit encore dauantage; c'est quand nous nous voulons informer que c'est que de nostre ame, qui manie & gouuerne tout cest ouurage; que c'est que de ceste puissance qui a des mouuemens & des actions si estranges; qui veille quand nous dormons, comprend si aisément toutes choses, passe iusques aux plus esloignées, & trouue par discours la cause & la raison des plus secrettes. Nous voyons ses effects, nous la sentons en nous, mais nous ne la pouuons ny voir, ny conceuoir. Certainement en la contemplation de telles choses, quand nous sommes sousleuez par la foy, nous nous sentons incontinent conduits à l'auteur de tels ouurages. Et à vray dire, tant de merueilles dispersées par tous les coins du monde, qu'est-ce autre chose qu'vn liure ouuert pour y lire la grandeur & toute-puissance de Dieu, qui y est si richement imprimée? La seule contemplation de laquelle peut arrester nos sens & nos esprits, & leur fournir abondance & suffisance de ce contentement, duquel depend nostre felicité. C'est là où nous deuons estudier iour & nuict: & ne nous pas contenter de voir la couuerture du liure, mais peser diligemment les periodes, voire esplucher les syllabes & moindres points, qui contiennent de beaux & saincts secrets. Ce fut à mon aduis vne belle response, que celle que Socrates escrit auoir esté faite par ce bon Ermite sainct Antoine à vn Philosophe, qui luy demandoit comme il pouuoit demeurer en solitude sans liures: Ie n'ay, dit-il, pas faute de liures: mon liure, c'est le monde: mon estude c'est la contemplation de la nature; i'y lis iour & nuict la gloire de mon Dieu, mais ie n'en puis trouuer le bout. O heureuse vie, qui exempte de cuisans ennuis, qui minent & consomment nos ans, ioüis de ce gracieux repos, & foüilles en liberté dans les tresors de la Diuinité:

qui

qui repais les desirs de ton ame de la connoissance de l'immortalité ; qui
te pasmes & te meurs entre les embrassemens de la sapience eternelle ! Ce
sont les delices, ce sont les appas qui ont retenu soixante ans entiers A cep-
senas au milieu des deserts, reclus dans sa cellule : Ce sont les allechemens
qui ont arresté ce Simeon, toute sa vie, au dessus d'vne colomne. Quels
estoient, à vostre aduis, les souhaits de telles gens, qui esleuez au dessus de
la terre nageoient dans les cieux, communiquoient auec les Anges, &
se beatifioient eux-mesmes auant leur mort ? Nous auons bien certainement le sang caillé autour du cœur, nous sommes bien assoupis & hebetez,
si nous n'admirons leur bon-heur, & n'auons pitié de nostre misere. Nos
esprits sont bien mortifiez, si nous ne comprenons qu'en ceste vie, en ceste contemplation, & en la connoissance de ceste verité eternelle gist toute nostre consolation, consiste tout nostre contentement, & repose toute
nostre felicité. Or Dieu, qui nous a aimez comme ses enfans, ne nous a
pas voulu abandonner aux tenebres de ce monde, pour nous laisser chercher à tastons, & parmy ses œuures, ceste sienne verité. Mais laissans son
esprit au milieu de nous, il nous a laissé sa parole comme interprete de sa
volonté, en laquelle nous trouuons de seures & fideles addresses, pour nous
conduire à ceste verité, & nous faciliter la connoissance de ses merueilles.
C'est ceste voix, qui est nommée parole embrasée : c'est ceste parole qui est
appellée lumiere, qu'Eusebe dit estre semblable au feu, pource que non
seulement elle eschauffe, elle esclaire, elle meut, mais aussi elle fond, elle
amollit, elle endurcit. Nous deuons doncques imiter ces bons peres Egyptiens, dont Philon descrit la vie, lesquels relaschans les yeux de dessus les
œuures de Dieu, les jettoient incontinent à la lecture des Prophetes &
saincts liures, comme sur le commentaire & interprete de leurs meditations. Car ce sont ceux qui ont penetré plus auant la sapience diuine, & qui
pour ceste occasion sont appellez en la saincte Escriture les Voyans. Ils
nous ont reuelé les mysteres de l'eternité, & non par industrie humaine,
mais par inspiration de l'esprit de Dieu, nous ont communiqué les miracles des cieux, & ouuert l'entrée à la sapience : auec laquelle quand vne fois
nostre ame est meslée, & en a receu sa forme & perfection, il reste qu'elle
produise son fruict, selon que le mesme Philon nous apprend, que c'est le
propre de toute chose parfaicte. Le fruict de l'ame meditante, mais plustost
son enfant, si nous voulons parler comme Eusebe, c'est l'oraison qui
conceuë en l'interieur de nostre pensée, s'esclot en nos levres, de la mesme
façon que l'enfant conceu au ventre de sa mere. Car la connoissance de
Dieu, & le ressentiment de sa bonté, qui s'impriment en nous, par vne
saincte cogitation, engendrent aussi en nous ce mouuement de courage,
que Mercure tres-grand appelle parole interieure, qui bien formée au dedans, & aidée de l'esprit & du corps se pousse au dehors, & deuance ceste
parole exterieure, que nous appellons oraison. Nous ne la prenons pas seulement pour la priere ordinaire, qui procede de nostre infirmité, & doit
estre le commencement de toutes nos œuures, & laquelle nous n'eussions
pas gardée pour estre la derniere action de l'ame, mais pour celle par laquelle nous exprimons ceste affection qui naist en nous, par l'apperceuan-

ce que nous auons de la bonté de Dieu, laquelle apres que nous luy auons par sainctes pensées, preparé nostre langue, la regit & la gouuerne, & en fait l'instrument de sa gloire. En quoy nous esprouuons, si nous y versons sainctement, vn contentement si grand, qu'il ne demeure place en nostre estrit, pour y receuoir aucune autre cogitation. car soit que nous nous prosternions deuant luy, pour implorer sa grace, & requerir ses bien-faits; ou pour le remercier des faueurs qu'il nous faict iournellement, nostre esprit est comme rauy & pasmé, & sentons desia sa main de sur nous plus prompte à venir, que nous à l'appeller; nous ayant dés long-temps donné ceste asseurance, que tout ce que nous luy demanderons en ferme foy, il nous l'accordera, soit qu'à toutes heures, comme nous deuons, nous fassions en nostre voix retentir ses loüanges; preschans & annonçans ses merueilles; chantans, comme il nous est commandé, les chants de sa gloire; nous respondans les vns aux autres par Hymnes & Cantiques spirituels: nostre cœur bondit en nous, & nostre esprit s'esleue par dessus le ciel, & se conjoint de pensée auec son Createur. A quelle heure, mais à quel moment, deuons-nous cesser de retourner les yeux de nostre ame vers luy, qui tient continuellement les bras ouuerts, pour nous receuoir, preste l'oreille fauorable à nos prieres; entend benignement nos vœux, & n'est jaloux, que des loüanges que nous luy chantons? Faut-il qu'il y ait occupation, ou sommeil, qui nous desrobe à ce plaisir? ou plustost qui nous desrobe à nous-mesmes, & nous endorme, lors que la douceur de nos chants, & l'ardeur de nos prieres ramasse nos esprits, & les assemble, pour concerter auec la grace de l'esprit de Dieu, qui œuure en nous? Faut-il que nous demeurions sourds, lors qu'il touche l'instrument de nostre ame, pour l'accorder au ton de sa volonté, & nous assouuir, de la melodie de ceste douce & parfaite harmonie, qui retentit de la conjonction de nostre entendement a sa Diuinité? O delices immortelles! qui separera mon ame de vous? qui m'arrachera d'entre vos bras, pour me tirer du ciel en la terre, de la splendeur à l'obscurité, & ramener mes sens de la pureté, à la fange & à l'ordure? Viuez doncques, ma chere ame, viuez, & vous fondez & refondez au milieu de ces plaisirs diuins; qui comme les perles & les diamants sont abandonnez aux deserts & extremitez de la terre, & sont à si bon marché que rien plus, à ceux qui ont le courage de les y aller cercher. Viuez ceste bien-heureuse vie; qui est le chemin de l'immortalité; qui nous meine doucement; & plaisamment jusques à l'entrée des cieux; suiuans pas à pas nostre Dieu, & le tenans par la robbe: où arriuez, nous n'aurons qu'à despoüiller le vestement qui nous empesche, & nous jetter à corps perdu au milieu des abysmes de sa gloire: où pleins, non de plaisir, non d'aise, non de resioüissance, non de delices, non de volupté; mais d'vn indicible & incroyable contentement, qui surpasse tout ce que nous en sçaurions, non pas dire, mais penser; nous commencerons le cours de ceste vie immortelle, qui n'acheuera jamais, nous entrerons en ceste beatitude eternelle, dont nous ne sortirons iamais; nous serons illuminez de ceste gloire plus que celeste, qui ne s'obscurcira jamais. Mais puis que ceste derniere & plus parfaite felicité, consiste au regard de la face du Pere des lumieres, en laquelle nous verrons la source & origine de toute bonté & beauté, & qu'il ne veut pas que tant que nous serons enueloppez és tenebres du monde, nous le voyons face à face, mais seulement par derriere, & comme en passant nous nous tairons, & admirerons en silence, ce que nous sçauons estre, mais ne sçauons pas comment ; ce dont nous ne pouuons parler, sinon accusant nostre ignorance ; ce dont nous ne pouuons rien affermer, sinon que ce n'est rien de ce que nous connoissons par les sens ; mais chose qui surpasse sans mesure toute autre perfection. Nos sens ne peuuent percer iusques-là, & nostre esprit rebouche, plus il s'efforce d'y penetrer. Que nous reste-il doncques ? L'esperance tres-certaine, que si nous nous contenons purs & nets en ce monde, & nous rendons dignes de la grace & amitié que nostre Pere celeste nous offre ; ne destournans point nos affections, & l'honneur que nous luy deuons, aux choses terrestres & mondaines, nous entrerons vn iour, comme ses enfans & heritiers de sa gloire, au thresor de ses richesses celestes, & iouïrons suiuant ses promesses de la splendeur de son eternité.

FIN DE LA SAINCTE PHILOSOPHIE.

J'AY adjousté ceste Epistre au bout de ce Traicté, pource que l'argument en est semblable ; & aussi que ie pense, que nous ne deuons point tant estimer nos inuentions, que nous ne prisions dauantage celles des Peres anciens ; qui nous ont deuancé en âge, en zele, & en science. Ce peu que l'on trouuera changé à la version s'imputera à la pauureté de nostre langue ; en laquelle comme en la peinture, on est contraint imiter par les ombres & nuages, le relief des corps naturels. Et encore auec tout ce qu'on peut faire, rarement aduient-il, que l'imitation egale son sujet.

EPISTRE DE
S. BASILE LE GRAND,
A SAINCT GREGOIRE
LE THEOLOGIEN.

 'A Y incontinent reconneu voſtre lettre, comme on reconnoiſt les enfans de ſes amis à la ſemblance de leurs peres ; car il n'appartient qu'à vous, de meſpriſer nos hermitages, & auparauant que ſçauoir quelle eſt noſtre façon de viure & ordinaire conuerſation souſtenir, que le choix des lieux ne vous ſçauroit accroiſtre le courage à la deuotion ; & qu'il n'y a rien en tout cela, qui vous peuſt faire eſperer la douceur & felicité, que nous nous y promettons. I'aurois honte à la verité, pour vous en faire venir enuie, de vous eſcrire ce que ie fais iour & nuict en ce deſert. Car ores que i'aye laiſſé la ville, & toutes ces faſcheuſes occupations, qui m'apportoient mille maux & mille incommoditez, ſi ne puis-je encores me laiſſer moy-meſmes ; ains ie ſemble proprement à ceux, qui pour n'eſtre accouſtumez à la marine, ſont malades dans le nauire. ils ont opinion, que c'eſt la grandeur du vaiſſeau, & le grand branſle qu'il a, qui leur fait mal : ils deſcendent dans l'eſquif pour eſtre mieux : mais ils ſont pis que deuant ; car leur eſtomach paſſe auec eux, & leur bile les ſuit. Il m'en eſt donc aduenu de meſmes ; car emportant auec moy mes priuées & particulieres paſſions, ie ſuis touſiours en meſme trouble & inquietude que i'eſtois ; & ainſi ie n'ay rien gaigné de me retirer du monde. Mais celuy qui voudra faire ce qui eſt vtile pour ſon ſalut, & ſuiure la voye de celuy qui dit, Si quelqu'vn veut venir apres moy, qu'il renonce à ſoy-meſme, qu'il charge ſa croix & me ſuiue, il faut certainement qu'il mette ſon eſprit en repos. Car comme l'œil qui eſt en continuel mouuement, & ſe tourne & vire deçà, delà, tantoſt en haut, tantoſt en bas, ne peut viſer droit à aucun but, s'il veut bien mirer, faut qu'il s'arreſte & ſe fiche tout en vn poinct : Auſſi l'entendement humain, diuerty par mille ſoins & differentes ſolicitudes, ne ſe peut bander droit à la connoiſſance de la verité. L'vn qui n'aura pas ſuby le joug de mariage, ſera emporté par des cupiditez enragées,

gées,

gées, troublé par de folle & furieuſes amours, & autres effrenez deſirs. L'autre qui ſera lié aux coſtez d'vne femme, de combien de ſoins ſera-il trauerſé? S'il n'a point d'enfans, il ſera en perpetuel regret; il faudra qu'il prenne garde à ſa femme, qu'il preuoye aux affaires de ſa maiſon, qu'il diſtribuë les charges à ſes ſeruiteurs; il ſera trompé en contractant, il aura des differents auec ſes voiſins, il aura touſiours quelque procés à ſolliciter, ſa marchandiſe ſera au hazard; ſon labourage des champs luy ſera de grand' peine; chaque iour luy apportera vn nouueau trouble d'eſprit, & la nuict qui ramene tous les ſoins que l'on a euz de iour, luy empeſchera la fantaſie. A tout cela n'y a qu'vn remede, qui eſt d'abandonner du tout le monde. Mais il ne le faut pas abandonner ſeulement de corps: Il faut auec vne belle & certaine reſolution, en bannir auſſi ſon eſprit, & en arracher ſa cogitation; ſe rendre fugitif, n'auoir plus rien de propre, ne ſçauoir plus que c'eſt que de ſocieté, eſtre pauure, ſans biens, ſans affaire, eſloigné de toutes negociations, ignorant des ſciences politiques, & ſeulement ſe preparer à receuoir en ſon ame les inſtructions de la ſaincte Philoſophie. Or mieux ne nous y ſçaurions-nous preparer, que par l'oubliance des mauuaiſes mœurs & façons de faire, auſquelles nous auons auparauant eſté formez & inſtruits. Car il eſt impoſſible de rien eſcrire ſur des tablettes, ſi vous n'effacez ce qui y eſtoit auparauant; & de meſmes impoſſible de grauer en l'eſprit de l'homme, la volonté & parole de Dieu, ſi premier vous n'en arrachez les opinions anticipées, qu'vne mauuaiſe façon de viure y a auparauant imprimées. A cela la ſolitude nous profite merueilleuſement; pource qu'elle aſſoupit toutes nos perturbations, donne temps & loiſir à la raiſon, de les tirer hors de l'ame. car comme les beſtes ſauuages ſont aiſées à domter, quand on les a flattées & appriuoiſées, ainſi nos concupiſcences, nos coleres, nos eſpouuantemens, & nos triſteſſes, qui ſont les vrais poiſons de noſtre ame, ſe laiſſent bien plus aiſément manier & regir à force de raiſon, quand elles ſe commencent à raſſeoir, & qu'elles ne ſont irritées & effarouchées par vne continuelle agitation. Il faut doncques choiſir le lieu, tel qu'eſt le noſtre, hors de toute compagnie; afin que l'aſſiduë meditation, ne ſoit interrompuë par aucun ſuruenant. Car ceſte meditation de pieté, nourrit l'ame de belles & diuines cogitations. Qu'y a-il doncques de plus heureux, que d'imiter en terre, la vie & l'accord des Anges? Et ſe leuer auec le Soleil, pour prier & chanter Hymnes & Cantiques à l'honneur du Createur? Et quand le Soleil eſt plus haut eſleué, recommencer ſon labeur, & deſtremper & confire ſon trauail, dans le ſel de deuotes prieres & chanſons ſpirituelles? Car il n'y a rien qui delaſſe tant l'eſprit, & le rende plus gaillard & vigoureux, que la conſolation des ſaincts Cantiques. Le repos donc eſt le vray preparatif de l'expiation de l'ame: pource que lors, la langue n'eſt point empeſchée à diſcourir des affaires du monde, ny les yeux occupez à iuger de l'eſclat & diuerſité des couleurs, ou proportions des corps, & l'oüie ne diſſipe point les forces de l'entendement, à eſcouter des chanſons faites à plaiſir, pour chatoüiller l'oreille; ou des propos de riſée & bouffonnerie, qui ne ſeruent qu'à relaſcher la force & intention de l'eſprit. Or quand l'ame n'eſt point eſgarée en la cogitation des choſes externes, &

comme efpanchée par les fens, fur les chofes du monde, elle reuient à
foy, & retourne toute en foy-mefmes, & de foy-mefmes remonte puis
apres iufques à Dieu. Lors toute efclairée, & efclaircie de cefte diuine fplendeur, elle oublie mefmes les actions naturelles, & n'a plus de foin de fa
nourriture, & de fes veftemens: mais ne fe fouciant plus des chofes terreftres, transfere toute fon eftude à l'acquifition des biens eternelles. Elle
s'empefche à confiderer comme elle fe pourra former vne temperance:
comme elle pourra compofer fes actions par iuftice & prudence: comme
elle pourra acquerir vne grandeur de courage: & generalement toutes les
autres vertus, qui apprennent les perfonnes deuotieufes, à addreffer toutes leurs actions, à vne decence & perfection de vie. Le grand chemin
pour nous conduire à cela, & nous contenir en noftre deuoir, c'eft la lecture & meditation des fainctes Efcritures. Car nous y trouuons des enfeignemens à bien faire, les plus excellens qu'il eft poffible; & des exemples, & hiftoires de la vie des faincts & religieux perfonnages, qui font
autant d'images animées, & exemplaires de toutes bonnes mœurs, &
fainte conuerfation, qui nous font propofez à imiter. Doncques chacun
qui fentira en foy quelque infirmité, s'arreftant là, y trouuera, comme
dans vne belle & bien fournie boutique d'apothicaire, la drogue neceffaire pour recouurer fa guerifon. Celuy qui aimera la temperance, qu'il fueil-
lette ordinairement l'hiftoire de Iofeph; il y apprendra des actions pleines
d'vne grande continence, & trouuera qu'il n'a pas feulement efté chafte,
& refiftant aux voluptez, mais confirmé par vn long exercice, à toutes
fortes de vertus. Il apprendra de Iob vne rare grandeur de courage;
voyant que pour les aduerfitez qu'il a endurees, & pour eftre deuenu en
vn moment de riche, pauure, & de pere d'vne belle & grande famille,
feulet, & fans enfans, il n'a pas laiffé de demeurer toufiours de mefmes,
& n'a oncques rien rabatu de fa grande conftance, ny en rien rauallé fon
cœur. Et quand fes amis qui eftoient venus pour le confoler, l'ont har-
felé, fe mocquans de fes difcours, & irritans fa douleur, il ne s'en eft oncques mis en colere. Que fi quelqu'vn fonge, comment il pourra auec vne
magnanimité, retenir la douceur & clemence, & fe courrouçant contre
les pechez, aimer & cherir les perfonnes, il trouuera Dauid braue & vaillant és exploits de guerre, & toutesfois fort retenu à fe venger de fes ennemis. Tel auffi eftoit Moyfe, qui fe courrouçoit fort aigrement contre ceux
qui blafphemoient l'honneur de Dieu; mais eftoit fort humain à l'endroit de ceux, qui l'offençoient & le calomnioient. Il faudra donc faire
comme les bons Peintres, lefquels imitans quelque beau tableau, regardent fouuent leur fujet, & rapportent les traicts les vns apres les autres,
iufques à ce qu'ils ayent acheué leur ouurage: c'eft à dire, regardant fur la
vie des hommes faincts, comme fur des images mouuantes; en tirer tous
les beaux traits de vertu; pour nous rendre parfaits, & rendre noftre par
imitation tout ce qui eft de bon & d'excellent en eux. Retournás du labeur
aux prieres, nous rendons par icelles noftre efprit plus vif, & plus gaillard;
comme efchauffé, & enflammé d'vn amour vrayment diuin. La bonne
oraifon, eft celle qui nous engendre en l'ame vne manifefte connoiffance
de la

de la bonté de Dieu. Car c'eſt quaſi faire habiter Dieu en nous, que de l'a-
uoir fiché profondément en la memoire. Et ainſi ſommes-nous faits temples de Dieu, quand l'attention de noſtre memoire, n'eſt point interrompuë
de cogitations terreſtres; ny noſtre ame troublée de rencontres ſoudaines;
mais fuyant toute autre choſe, comme amie de Dieu, ſe retire vers luy, &
dechaſſant toutes peruerſes affections, qui nous inuitent à intemperance,
ſarreſte à l'eſtude des ſciences qui menent à la vertu. Et premierement il
eſt bien ſeant de prendre garde, à ne ſe point rendre impertinent en ſes propos; mais ſ'enquerir des choſes auec douceur & ſans contention; reſpondre
de ce dont on eſt enquis, ſans affectation: ne pas interrompre celuy qui parle à propos de quelque choſe: & ſe moderer de telle façon en l'eſcoutant,
qu'il ne ſemble point, que l'on vueille par vaine oſtentation ſe jetter à la
trauerſe des propos entamez. Il ne faut point auoir honte d'apprendre, ny
celer ce que l'on a appris d'autruy; faiſant comme les mauuaiſes femmes,
qui deſrobent le fruict des autres, pour le ſuppoſer à leurs maris: mais faut
rendre l'honneur & la grace à celuy de qui nous auons eſté enſeignez.
Pour la voix, ie penſe qu'il vaut mieux l'auoir moderée, qui ne ſe perde
point auant qu'arriuer à l'oreille, & qui auſſi n'eſtourdiſſe point, pour eſtre
trop forte & trop rude. Il faut penſer en ſoy-meſme, à ce que l'on a à dire:
& puis apres le proferer; ſe compoſer gracieuſement és diſputes, & ſe rendre agreable en conuerſation particuliere; non pas en plaiſanteries, mais
par vne bien-veillance, gracieuſe communication, & naïfue douceur; en
refuyant touſiours, meſmes quand il ſera beſoin de reprendre toute aigreur, & aſpreté. Il ſe faut diſpoſer de ſoy-meſmes le premier, à humilité,
afin de deuenir agreable à celuy qui a beſoin de remonſtrances. La façon
dont le Prophete vſa pour reprendre Dauid, nous eſt bien ſouuent fort
vtile: lequel ne le voulut pas accuſer de ce qu'il auoit fait, mais luy repre-
ſenta le fait, ſous le nom d'vn autre, & le fit iuge de ſon propre peché: de
façon que s'eſtant condamné ſoy-meſmes, il n'auoit plus d'occaſion de ſe
courroucer contre celuy qui le reprenoit. Or celuy qui eſt humble, qui a
rauallé ſes cogitations, a touſiours les yeux bas, ſe neglige en ſon habit,
porte les cheueux longs, la robbe aſſez mal propre; de ſorte que l'humilité, à laquelle ſe compoſent ceux qui portent le dueil, eſt naturelle en
luy. Il faut que la robbe ſoit ceinte, non toutesfois au deſſus des hanches;
pource que cela ſent ſa femme; ny auſſi trop laſchement; pource que cela
ſent ſa pareſſe. Le marcher ne doit point eſtre lent; pource qu'il ſignifie
vne molleſſe d'eſprit; ny trop vehement; de peur qu'on y remarque vne façon eſtourdie. Les veſtemens ne ſont que pour vne choſe, pour defendre
la chair du chaud & du froid. Il n'y faut point chercher par les couleurs, le
plaiſir de l'œil, ny par exquiſes façõs, la delicateſſe. Car chercher tous ces ornemens là c'eſt faire comme les femmes, qui embelliſſent leur teint & leurs
cheueux par pluſieurs fards eſtrangers. La robbe doit eſtre de telle eſtoffe,
qu'il ne ſoit point beſoin d'en mettre vne autre par deſſus, pour nous garder du froid. La chauſſure doit eſtre de vil prix, telle toutesfois qu'elle puiſſe ſuffire à la neceſſité de ſon vſage. Et en general, comme és veſtemens
ainſi és autres choſes, faut-il touſiours regarder à l'vtilité. Quant au man-

ger, le pain appaiſera la faim, & l'eau la ſoif de l'homme ſain. L'on vſera
des herbages autant qu'il eſt neceſſaire, pour rendre le corps robuſte &
fort. Il ne faudra pas en prenant ſes repas deuorer comme vn loup affamé:
mais ſe monſtrer touſiours ſemblable à ſoy-meſmes, doux, & temperé
en tous ſes appetits: & s'il ne faut pas cependant amuſer ſon eſprit à reſuer,
mais ſongeant à la nature des choſes dont nous nous nourriſſons, prendre
occaſion de glorifier Dieu, qui gouuerne & modere toutes choſes de ce
qu'il a inuenté & produit tant de diuers alimens, qui par vne ſinguliere
proprieté s'accommodent à l'vſage & entretenement de nos corps. Et partant auant le repas, il luy faut rendre graces de ce qu'il nous a donné, & le
ſupplier de nous donner à l'aduenir ce qu'il nous a promis. Il ne nous faut
qu'vne heure tous les iours pour le repas, qui ſoit bien reglée: de façon que
des vingt & quatre heures du iour & de la nuict, nous n'employons que
celle-là, à penſer le corps, & tout le reſte du temps, nous le mettions en
exercices ſpirituels. Il faut dormir legerement, afin que l'on ſe reſueille aiſément & d'vn ſommeil, qui reſſemble à noſtre façon de viure, qui ſoit
ſouuent interrompu par des cogitations grandes & ſerieuſes. Car eſtre lié
d'vn profond ſommeil, comme ſi tous les membres eſtoient aſſoupis, &
par vn tel repos, faire place aux ſonges, & folles imaginations, c'eſt mourir tous les iours. Le matin de ceux qui font profeſſion de deuotion, c'eſt la
minuit: car c'eſt lors qu'ils prennent le temps de loüer Dieu, quand le repos de la nuict leur diuertit le cœur de tout ce qui leur pourroit occuper
les yeux, & les oreilles; leur tient la penſée fichée en Dieu; leur donne le
moyen de redreſſer leur conſcience, par la recordation de leurs fautes;
planter des barrieres à leur ame, pour la preſeruer du mal, implorer la bonté de Dieu; afin qu'elle coopere auec eux, à ceſte perfection de vie, à laquelle ils aſpirent.

FIN DE L'EPISTRE DE S. BASILE.

DE

DE LA PRIERE.

OMME au commencement la bonté infinie de Dieu s'est de soy-mesme, & sans y estre inuitée, respanduë sur les choses creées, & a imprimé en leur face par le seau de leur forme, les traicts de sa diuine beauté : aussi depuis, elle a voulu que pour hommage & reconnoissance de sa demesurée liberalité, elles luy rendissent graces de leur estre, & en attendissent leur conseruation. Car la gloire estant proprement deuë à Dieu, il en est ialoux, & veut qu'elle luy soit renduë. Pour cela toutes choses, voire les mortes & insensibles, les viues & animées, les terrestres & celestes, monstrent euidemment par l'obseruation de l'ordre, qui leur est prescrit en leur nature, qu'elles ne sont au monde que pour loüer leur Createur, & que tout ce qu'on void d'elles, n'est qu'vne semonce à qui a des yeux, pour reconnoistre la grandeur de leur auteur. Que doit donc faire l'homme, en qui Dieu a comme en vn abregé de tout le reste, assemblé toutes les perfections qui sont és autres especes, & qu'il a rendu icy bas mesmes, de bien peu moindre que les Anges ? Que doit faire ceste partie noble qui est en luy, auec laquelle il luy a donné la puissance, non seulement de comprendre tout en ce monde, mais encore de passer par dessus, penetrer iusques à celuy qui a tout fait, & reconnoistre sa gloire ? auec laquelle il luy a donné la puissance, non seulement d'esleuer ses desirs iusques aux extremitez des Cieux, mais encor les pousser iusques à la diuinité, pour s'y vnir & conioindre, & par là ioüir, ou pour le moins apprehender par esperance, la beatitude eternelle ? Or l'action par laquelle l'ame s'acquite de ce deuoir enuers Dieu, se procure ce bien à soy-mesme, & se met en possession de sa felicité, c'est la priere. Que si en toutes les autres actions de nostre vie, depuis les plus grandes iusques aux plus petites, soit au boire, soit au manger, soit à marcher, soit à monter à cheual, soit à dancer, soit à parler, soit à chanter, nous nous instruisons, y obseruons vn art, & vn ordre, afin de n'y vacquer auec indecence ; à plus forte raison, quand nous auons à conuerser auec Dieu, comparoistre en sa presence, parler à luy, ne deuons-nous pas entendre ce que nous faisons ; en conceuoir l'importance, & estre instruits, en quelle façon nous nous y deuons comporter pour luy estre agreables, & ne tomber en son indignation ? Si nous nous presentons deuant la Majesté d'vn Roy, pour luy faire quelque supplication, ou pour nous, ou pour nostre païs qui nous aura deputé, nous sommes tout en trance, & auant qu'y venir, nous demandons curieusement à ceux qui sçauent que c'est que de la Cour, comment on y vit, auec quelle contenance il faut comparoistre, auec quels termes il faut aborder le Prince, à qu'elle heure il le faut prendre, quel lieu sera le plus commode ; & si nous manquons à la moindre ceremonie, le cœur nous bat, nous sommes en peine, & attendons quelque honteux rebut. ¶Quand nous venons à nous presenter deuant Dieu pour le prier, nous sommes deuant le Roy des Rois, la gloire duquel offusque par sa splendeur, non le lustre des couronnes terrestres, mais la clarté des puissances celestes. Nous sommes deuant vn œil qui ne voit pas seulement nos contenances exterieures ; mais penetre iusques aux menus replis de nos pensées ; aux plus obscures cachetes de nos ames, auquel rien n'est caché, rien incoñu. Nous sommes deuant celuy auquel deplaire, n'est pas simple défaueur, mais extremité de mal-heur. Nous demandons à celuy, duquel si nous n'impetrons rien, nous n'auons rien, & lequel manquant à nous eslargir ses graces, nous manquons non seulement de bien estre, mais manquons d'estre du tout. Quel soin doncques peut estre mieux employé, quel estude plus vtilement occupée, quel art plus à propos appliqué qu'à nous instruire comme nous auons à nous conduire en ceste action ? qui est, à vray dire, la vraye essence de la pieté, la fleur de la deuotion. Et pour ce concluray-je, qu'il n'y a point de temps mieux employé, ny de peine mieux mise, que celle que nous prendrons pour nous instruire de quelles qualitez elle doit estre accompagnée, & quels effects elle produit & en nous & hors de nous. Bien que toute saincte pensée que nous esleuons à Dieu, pour luy presenter nos desirs, & le coniurer par l'amour qu'il nous porte, à les ouïr & fauoriser, puisse iustement estre appellée priere, toutefois pour sa perfection, il ne suffit pas de ce charitable mouuement de nostre affection, mais est besoin que la parole se formant en nostre cœur, comme la main de l'ame, presente à Dieu nos desirs, & interpelle sa bonté infinie de nous departir sa grace ; en laquelle toutes choses sont, toutes choses viuent, & toutes choses prosperent. Et encores pour entierement l'accomplir, est-il fort seant & vtile & quasi necessaire, que ceste parole passant du cœur aux leures, soit enoncée & prononcée par la voix. Car bien que Dieu, qui est la sapience eternelle, penetre le profond des abysmes, & à plus forte raison les cachetes de nos cœurs, connoisse nos pensées à mesure, voire deuant, qu'elles soient nées, que nos desirs soient deuant luy, auant qu'ils soient dedans nous, toutesfois puis que la voix est vn des plus admirables dons que Dieu aye donné à l'homme, il est raisonnable que ce soit vn des principaux instrumens, auec lequel l'homme en serue & reconnoisse son Createur. C'est beaucoup, qu'il ait les sens par lesquels il conçoiue la proprieté de toutes les creatures du monde. C'est plus, qu'il ait la raison, par laquelle il les compare tellement ensemble, qu'en discourant, il descouure ce qui est, & ce qui n'est pas, penetre où le sens ne le peut porter ; & iuge la verité de ce en quoy le sens le voudroit tromper. C'est encores dauantage, qu'il puisse expliquer

pliquer

pliquer tout ce qu'il a conceu : communiquer tout ce qu'il a appris : & peindre comme en l'air, en vne forme, bien que coulante, toutesfois vraye & certaine, la verité de la nature des choſes, la varieté de ſes conceptions, la qualité de ſes volontez, & l'ardeur de ſes affections. Tellement que par le moyen de la parole, l'homme ſe retournant, comme du dedans au dehors : renuerſe ſon ame, en ſorte qu'il en fait voir le fond : & ſe communique de façon, qu'il fait paſſer en autruy, ce qui eſt en luy. Mais outre ceſte raiſon, cela eſt neceſſaire à ceſte ſaincte action, pour d'autres conſiderations, toutes de grands poids & merueilleuſement importantes. L'vne eſt, que bien que de nous-meſmes nous puiſſions, aymant Dieu de tout noſtre cœur, conceuoir des deſirs tels qu'il les veut en nous, & qu'ils doiuent eſtre pour les luy rendre acceptables, & eſtre exaucez par ſa iuſte miſericorde ; toutesfois comme tout n'eſt pas donné à vn ſeul homme, mais tout eſt en tous ; auſſi la forme de bien prier, n'a pas eſté conceuë en vn ſeul eſprit ; mais chacun ſelon les diuers mouuemens de ſon cœur, & ſelon que l'eſprit de pieté l'a eſmeu, a eſlancé ſon affection à Dieu, a formé vn vœu ſainct & religieux ; lequel deſployé par la parole, a donné moyen aux autres (choiſiſſant de tout ce que les hommes ont conceu & proferé, ce qui eſt plus ſainct & plus conuenable) de pouuoir maintenant tirer de leur cœur, non ce que leur particuliere infirmité y a peu engendrer : mais ce que les plus diuins, & plus ſaincts eſprits leur ont communiqué. Or outre cela, il faut reconnoiſtre, & chacun qui l'obſerue le ſent, que la parole eſt à l'affection, iuſtement ce que le vent eſt au feu. Car comme le feu eſtant vne fois eſpris, venant à eſtre eſuenté, ſe multiplie auec vne ſi grande ſoudaineté, qu'il enflamme en vn inſtant toute la matiere qu'il trouue diſpoſée ; paſſant à tout ce qu'il approche, iuſques à ce qu'il ait embrazé ce qui eſt capable de le receuoir : de meſme la parole augmentant le mouuement de l'ame, l'eſchauffe, l'enflamme, l'eſclaire ; en façon que ſes deſirs prenant comme des aiſles, l'enleuent touſiours plus haut : de ſorte que s'ils ſont dreſſez où ils doiuent, & que leur vol ſoit droit au Ciel, ils maintiennent vn doux accord de l'ame auec Dieu, ſeparent l'ame de la terre, la deſpoüillent des ſens, font oublier à l'homme l'amour des creatures, & celuy de ſoy-meſme, pour l'attacher à celuy de ſon Createur, & le font eſloigner des tempeſtueux exercices du monde, pour aller fondre dans le ſein de ceſte tranquillité celeſte, dans le port de ceſte beatitude eternelle, qui eſt de ne penſer qu'à Dieu, & ne deſirer que luy. Que ſi la parole de l'homme ſeul opere en luy cét effect autant admirable que deſirable, combien plus grand deuiendra-il, quand les voix de pluſieurs hommes, animez d'vne meſme parole, d'vn meſme vœu, d'vn meſme deſir, eſleueront par vn commun effort leurs affections au Ciel, les attacheront par vn commun deſir de charité, au principe de leur felicité ? Combien plus agreable à Dieu ſera ceſte harmonie, ceſte concordance de cœurs, que ne ſeroit la voix d'vn ſeul ? Il y aura ſemblable different, qu'il y auroit d'ouïr chanter enſemble quatre parties bien accordantes, ou les ouïr chanter chacune à part. Il n'y a en la nature membre d'aucun animal, qui à par-ſoy ne ſoit excellent ; mais combien plus tout l'animal enſemble ? Il n'y a en la nature aucune espece qui ne soit admirable; mais combien plus les trouppes toutes entieres? Il n'y a trouppe qu'il ne fasse bon voir; mais combien plus celles qui sont bien rangées? Dieu doncques en toutes choses, reduisant le plus qu'il se peut pour sa gloire, & pour le bien de l'Vniuers, la pluralité en vnité, il reunit particulierement les hommes à la plus grande vnité qu'il est possible; mesmes en ceste action de loüange, & de priere, en laquelle, par la societé, il nourrit l'amour & la charité entr'eux; qui est le lien auec lequel il les attache à soy. Et quoy? si aux assemblées publiques, si aux concions populaires, nous voyons ordinairement, qu'vn cry de ioye qui se sera peut-estre sans raison esleué, nous obseruons, qu'vne declaration de haine, proferée par vn ou par deux, ou vne acclamation de faueur, qui sera formée par peu, esbranle incontinent l'esprit de toute la multitude, tellement que chacun, sans sçauoir pourquoy, se trouue emporté à vne passion ou en l'autre, par la contagion de la parole, ores que mal entenduë, qu'arriuera-il à ceux, qui en telles assemblées auront les oreilles frappées, & les cœurs touchez de paroles non inconsiderées & tumultueusement proferées, mais choisies, non par les hommes, mais par l'esprit mesmes de Dieu? Comment en sortiront, animez les vns enuers les autres, ceux qui auront proferé mesme loüange à leur Createur? formé mesmes vœux pour leur conserua-tion commune? Soit doncques aux prieres publiques, soit aux particu-lieres, nous voyons l'effect grand de la parole; tellement que nous ne l'en deuons point separer, & poutuons quasi auec raison dire, que la priere est le parfait & souuerain vsage de la parole. De quelle façon nous de-uons estre preparez pour venir à la priere, qui le voudroit exactement traiter, ce seroit enseigner aux hommes, comme ils doiuent sainctement & religieusement viure: car puis qu'entreprenant vne chose, nous deuons regarder les moyens qui nous peuuent plus commodément conduire à l'obtenir, il est bien certain que rien ne peut rendre ceste action agrea-ble, que la pureté de nostre conscience, la chasteté de nostre cœur, & l'ardeur de nostre charité: puis ayant à conceuoir des desirs sinceres, des pensées toutes diuines, il nous faut former nostre ame en vn tranquille & doux repos, & la couurir & remparer de toutes ces flotantes solicitudes, que les affaires du monde amoncelent à l'entour de nous. Mais cela est chose qui excederoit la mesure de ce que nous nous sommes proposez; qui est d'auoir vn moyen prompt & aisé, pour à toutes les heures que nous venons à prier, reduire nostre esprit, par la censure du respect, à vn estat qui puis-se estre seant à l'action, & acceptable à celuy à qui elle est adressée. A quoy, ce me semble, rien ne nous peut tant seruir, que quand nous considerons la grandeur de ceste action, & l'immensité de la grace que nous receuons par icelle. Nous hommes, vers de terre, poussiere agitée du vent, boüillon flotant sur l'eau, venons en conference, entrons en colloque auec, non vn Prince, non vn Roy, non vn Empereur, mais auec le Roy des Rois, le Roy du Ciel & de la terre: nous sommes receus, non à l'entrée de sa porte, non en son antichambre, mais au plus ma-gnifique & superbe endroit de son throsne: nous sommes faits compa-gnons de ses Anges; & bien plus, nous auons les Anges pour Ministres,

qui

qui nous ouurent les tentes de ses pauillons, nous introduisent dans les
thresors de sa gloire. Auec quel accueil nous y sommes receus, iugez-le,
puis que nous y demeurons tant qu'il nous plaist : auec quelle faueur, iugez-le, puis que nous ne sommes iamais esconduits sinon par nostre faute, & quand nous demandons chose iniuste, & indigne d'estre demandée. Tellement que nous pouuons dire, qu'en la priere nous auons tout :
car celuy qui n'est point menteur, & ne se repent iamais de ses promesses,
nous dit, que nous demandions, & nous obtiendrons : & pour ce, vie, santé, richesse, science, esprit, sont en la priere, comme en leur source : d'où
nous les tirons à la mesure que nous les voulons, pourueu que nous les
voulions à la mesure que nous deuons ; c'est à dire, de nostre salut, & de
la gloire de celuy qui les nous donne. Cheminons par ceste reigle, &
nous ne trouuerons rien si esloigné de nous, à quoy nous n'atteignions ;
& rien de si proche de nous, d'où ne nous esloignions quand il nous sera necessaire, & que nous y employerons la priere. Rien ne semble si
esloigné de l'humanité, que l'immortalité : car dés l'heure que nous nous
reconnoissons hommes, nous nous reconnoissons mortels, & voyons
nostre vie se finir & empirer de moment en moment, sinon pendant que
nous prions, pourueu que nous le facions bien : car lors, nostre ame separée de toute ceste terrestre contagion, ne sent rien des incommoditez
du monde, & se trouue deliurée de tout l'empeschement & ordure de
ceste chair immunde, & est comme renouuellée en vne autre plus pure
vie, exempte de toutes perturbations. Rien n'est si naturel à l'homme,
que l'ignorance : car il est né de façon, que s'il n'apprenoit rien, il ne
sçauroit rien, & mettant tout son temps à apprendre, il ignore tousiours
plus qu'il ne sçait ; mais s'il demande à Dieu la Sapience, don d'enhaut,
don du Pere de l'Vniuers, il n'ignorera rien de ce qui luy fait besoin
pour son salut. Car tout ainsi qu'il est impossible que les tenebres obscur-
cissent les lieux, où les rayons du Soleil donnent continuellement : aussi
n'est-il point possible, tant que la pure & saincte priere illumine l'ame de
l'homme, que l'ignorance y loge, ny que la prudence y manque, ou soit
esteinte ; au moins entant qu'elle nous peut estre necessaire. La priere à
l'ame, est vrayement sa racine ; qui succe & attire du lieu où elle est attachée, le suc dont elle se nourrit : la priere à l'ame est vrayement l'humeur qui l'entretient, qui la rafraichit ; faisant couler sur elle la pluye de
la grace de Dieu, laquelle elle exprime & fait fondre par son ardeur, comme les rayons du Soleil l'humeur des nuées par leur chaleur. Et qu'y a-il
plus infirme que l'homme, non pas seulement en ses membres, mais en
son esprit ? Il ne se peut à peine soustenir. Il va flottant, chancelant, au moindre vent que les calamitez du monde luy soufflent. Il ne sçait à quoy se
resoudre, ny à quoy se tenir. Mais les prieres, sont les nerfs qui le fortifient, le tiennent droit, luy donnent prise, le rendent vigoureux. Il semble
emprunter d'elles vne nouuelle vie, vn nouuel esprit ; de sorte que de foible, il demeure fort : de pusillanime, courageux : de mol, vigoureux : de lasche, constant. Aussi pour remede à toute infirmité, ce grand Docteur des
Gentils ne nous disoit-il autre chose, sinon, Fortifiez-vous en priere, conti-

nuez-y,veillez-y. Car de mesme qu'vne ville desclose & desmantelée,ne se
peut sauuer si elle est attacquée;pource que de tous costez on y peut entrer;
& au contraire si elle est bien ceinte,& bien flanquée,elle voit sans peur approcher ses ennemis, elle les attend de pied ferme, & les repousse : l'ame, de
qui la priere est la vraye ceinture, la seure closture, est exposée à toute sorte
de ruines,si elle en est destituée & desgarnie : & ne plus ne moins que le sanglier va rauager la vigne,quand vne fois la haye est abbatuë, l'esprit de perdition,qui est tousiours au guet,trouuant l'ame entr'ouuerte par l'intermis-
sion de la priere, s'eslance dedans pour la fourrager , & fouler aux pieds le
fruit que le labeur, la peine de l'ouurier, & la douceur de la saison y auoient
produit. Il y goupille la chasteté, il y deschire la continence,il y terrasse la
modestie; bref il n'y reste rien d'entier,rien de pur,rien de net.Abandonne-
rons-nous donc ainsi nostre ame , pour estre la retraite des sangliers ? pour
seruir d'auge à ceste sale beste ? nostre ame, dont nous pouuons faire vn palais royal,palais riche, palais superbe,capable de receuoir le plus grãd Prince
du monde?Car qui est-ce,qui inuite les Rois de choisir plustost vne habitation qu'vne autre?qui est-ce qui donne ce priuilege aux maisons,d'estre appellées la maison du Roy, le quartier du Roy,sinon les marbres,les iaspes,les
frises, les moulures, dont elles sont garnies, ornées & reparées, embellies &
enrichies ? Garnissons nostre ame de prieres;toute sorte d'autres ornemens,
y viendront à la suite; nulle sorte de vertu n'y manquera. C'est la semence
de tous biens spirituels,laquelle iettée en nos cœurs,arrousée de nos larmes,
eschauffée de l'ardeur d'vne saincte affection, ne peut qu'elle ne germe, &
ne produise la douceur,l'humilité. la chasteté, la continence, la liberalité,la
constance , la iustice; qui sont les vrais ornemens de ce temple que Dieu
veut habiter; les delices qui le peuuent inuiter d'y reposer & seiourner. Sa
maison, dit-il, est la maison d'oraison, il n'habite que chez elle, & n'habite
qu'où elle luy a marqué son quartier. O priere, fondement de tout bien,
soustien d'infirmité, mere de salut; conciliatrice d'immortalité, pourquoy
nous esloignerons-nous iamais de vous;puis que nous n'auons bien que par
vous ? puis que nous auons tous biens pres de vous, & n'auons nuls biens
loin de vous? c'est vous qui nous faites amis & familiers de Dieu;qui nous
faites priuément conuerser auec luy ; qui à toute heure nous donnez son
oreille. Et que manque-il à ceux qui en ce monde approchent si familierement des Rois ? apres ceste faueur, les biens, les honneurs, les richesses,
entrent en foule en leurs maisons. Que sera-ce donc de ceux,qui sont continuellement à l'oreille de nostre Dieu ; de qui la liberalité & la beneficence excede tous les desirs & les souhaits les plus insatiables de ceux qui
le recherchent ? Et comment voulez-vous qu'il refuse rien à ceux qui luy
demandent; veu qu'il donne ordinairement à ceux qui ne luy demandent
rien,à ceux qui ne meritent rien,à ceux qui l'offensent, & méprisent ses graces? Il fait pour eux luire le Soleil,produire la terre,fructifier les plátes,tom-
ber la pluye,souffler les vëts:il les met à leur aise,leur donne la santé,essayãt
par son infinie & admirable patiéce,de les rappeller à sa connoissance. Que
fera-il donc à ceux,qu'il a nommez ses enfans ? quand ils luy demanderont
vn poisson, leur donnera-il vn serpent ? les peres du monde les plus cruels

& les

& les plus barbares, ne le font point ! Fera-il le fourd quand nous crierons?
Ne flechira-il point quand nous l'importunerons? Si ce mauuais Iuge qui
ne fe foucioit, ny de Dieu, ny des hommes, toutesfois n'a peu endurer les
crieries & importunitez de la pauure vefue; & pour s'en deliurer luy a fait
iuftice, que ne fera celuy, qui eft la Iuftice luy-mefme : qui s'eft obligé par
fa promeffe, de nous donner ce que nous luy demanderons en vraye foy,
en ferme efperance; non flottans, non vacillans, mais affeurez & confians
de fa bonté? Que s'il faut que les exemples nous confirment en cefte affeurance, qu'y a-il que les prieres n'ayent extorqué de la bonté de Dieu?
toutes les merueilles dont les efcritures font pleines, ne font-ce pas les effects des prieres? La victoire que le peuple de Dieu, a euë fur fes ennemis,
eftoit-ce pas auec les prieres de Moyfe; lequel auoit les bras leuez en haut,
non pas les bras feuls, ains le cœur & la voix ? Et tant qu'il les tenoit ainfi
leuez, le peuple auoit le deffus fur fes ennemis, & à mefure qu'il baiffoit les
mains, le peuple de Dieu eftoit furmonté. Ezechias a deffait l'armée de
Sennacherib, compofée de tant de nations; & auec quelles armes, a-il combattu tant de gens? auec les prieres; qui luy ont fourny autant de legions
d'Anges, ou vn Ange, qui valoit autant de legions d'hommes. La mort
mefmes s'eft puis apres prefentée à luy telle qu'elle luy eftoit deftinée : il l'a
furmontée, repouffée & reculée; & auec quelles armes? auec les prieres.
Et les prieres mefmes, pour luy donner affeurance de la grace que Dieu luy
faifoit, ont fait reculer de dix degrez l'ombre du Soleil de deffus le qua-
dran. Iudith eft deuenuë victorieufe d'vne grande armée; a deffait vn
puiffant Prince, & deliuré le peuple de Dieu d'vne deftruction inéuitable.
Auec quoy cefte pauure & miferable femmelette a-elle combattu des
forces, qui efbranloient toute la terre, empliffoient les nations d'effroy, &
les prouinces de ruines? de quelles armes s'eft-elle equipée, pour venir à vn
fi hazardeux combat? elle eft entrée en fon oratoire, prenant la haire fur le
dos; & iettant la cendre fur fes cheueux; elle s'eft profternée deuant Dieu;
elle l'a prié; ce qu'elle a demandé, elle l'a eu; le courage, l'addreffe, la prudence, la conduite, de faire ce qu'elle s'eftoit propofée. Dieu mefme luy a
enuoyé la beauté; & a fait reluire en fon vifage des delices incomparables,
& des attraits inéuitables : car elle les auoit demandez, non pour feruir à
fes plaifirs, mais pour eftre les inftrumens de fa vertu. Et la fainte Sarra,
auec quoy a-elle chaffé ce maudit Afmodée, qui auoit eftranglé fes premiers maris, finon auec fes continuelles prieres, qui luy ont rendu le mariage de Tobie heureux, & ont emply fa maifon d'enfans & de biens? Et
Tobie mefme, auec quoy a-il rendu la veuë à fon pere aueugle? auec le
fiel du poiffon, mais confit en la priere. Par la priere, il a trouué le poiffon:
par la priere, il en a fait monter la fumée iufques au Ciel : par la priere, il
a vaincu la nature, & fait que la priuation a retourné à fa première habitude. Qui a gardé Daniel en la cauerne des Lions affamez? qui a appri-
uoifé & addoucy ces cruels animaux? qui a appaifé leur faim, & accoifé
leur rage? les prieres. Qui a gardé les enfans dans la fournaife embrazée?
qui a attiedy les flammes, & fait qu'elles ont enuironné fans mal leurs
vifages, & fe font de foy-mefmes amorties? les prieres. L'vn chantoit fon

hymne à Dieu, & les Lions luy lechoient les pieds; les autres chantoient leur hymne, & les flammes s'esteignoient. Quand Ionas a esté dans le ventre de la Baleine, enseuely auant qu'estre mort, à sec au milieu des eaux, qui l'a rendu à la vie, rendu à la terre, que la priere? L'enfant tombe du plus haut estage de la maison, où les Chrestiens estoient assemblez pour prier; il n'a aucun mal: qui l'a sauué? les prieres. Sainct Pierre estoit au milieu des liens: les portes s'ouurent, les fers se rompent; pourquoy? l'Eglise estoit en priere pour luy. Et tant & tant de miracles, que nostre Seigneur a faits: pour qui les a-il faits? pour ceux qui l'ont prié: qui luy ont crié, Sauuez-nous: qui luy ont dit, Si vous voulez, vous nous pouuez guerir. Chose merueilleuse, que la grandeur infinie de Dieu, qui a assujetty à soy toutes les puissances du monde, s'est assujettie à la priere: Comment donc vous abandonnerons-nous, sans abandonner nostre vie? Comment respirerons-nous, si nous ne respirons par vous? quel heur, quel bien attendrons-nous, si nous ne l'attendons de vous; qui estes, à vray dire, la main par laquelle Dieu nous distribuë toutes ses graces; le canal par lequel il nous influë toutes ses beneficences? Emparez-vous donc de nostre cœur, saisissez-vous de nos levres, & n'en partez iamais: car sans vous, nous sommes indignes de viure: sans vous, nous sommes incapables de bien viure. Or puis que nous sommes persuadez d'aimer la priere, & de nous y exercer; il reste à voir, comme nous la deuons conceuoir, examiner ses parties, & espplucher en quoy elle consiste. Bien que ce que ce grand Docteur nous en a appris; soit vne exacte & religieuse diuision de ses parties, quand il dit: Ie veux que parmy vous il se fasse des obsecrations, prieres, postulations, actions de graces; si semble-il que toutes les prieres que nous faisons, consistent en quatre choses: loüange, action de grace, demande de pardon, demande des choses necessaires; & que toutes les prieres que nous faisons, se peuuent aisément reduire sous ces quatre especes; & la priere generale, les comprendre toutes, par l'ordre que nous venons de les proposer. Ie dis que la premiere priere que nous faisons à Dieu, doit estre loüange; pource que le premier commandement que nous auons de luy, c'est de l'honorer & le glorifier: ce que nous ne pouuons mieux qu'en le loüant; reconnoissant & annonçant sa puissance & sa bonté. Et puis que prier est la premiere action de son seruice, il est bien raisonnable, qu'elle contienne l'execution de son premier commandement. Dauantage, l'homme n'estant creé qu'à ceste fin, de seruir à la gloire de Dieu, il est raisonnable que le commencement de toutes ses actions, ait empreinte la marque de sa fin. Et puis que la fin de la priere, est d'impetrer ce que l'on demande; & le moyen d'impetrer, c'est d'acquerir la grace de celuy à qui on la requiert; le plus artificieux exorde pour se concilier la bien-veillance de celuy à qui on s'addresse, c'est sa loüange. Car encores que cela soit dit humainement, & selon la passion qui est plus commune aux hommes, si est-ce que Dieu nous a instruits à en vser ainsi; comme si en cela il proportionnoit son desir à nostre naturel, pour s'accommoder à nostre infirmité, & la rendre propre à seruir à sa gloire. Or comme c'est ce qui vient le premier en ceste action, que la loüange; aussi est-ce, ce qui nous est plus

facile,

facile, & à quoy il faut moins d'inſtruction. Car il ne faut qu'ouurir les
yeux, regarder autour de ſoy, contempler ſes œuures, nous regarder nous-
meſmes, ſonger ce que nous ſommes; nous auons pour remplir noſtre
cœur, noſtre bouche, tous nos ſens, des loüanges de l'auteur & Createur
de tout cela. Ceſte loüange ne peut qu'elle ne ſoit auſſi-toſt ſuiuie d'action
de grace & remerciement. Car quand nous conceuons, que tout ce dont
nous loüons Dieu & l'admirons, eſt produit pour noſtre vſage; que de iour
en iour, d'heure en heure nous en receuons le fruict; & que nous nous remettons en memoire les biens particuliers que ſa prouidence nous diſtribuë continuellement; ou nous ſommes entierement ſtupides, ingrats, &
indignes de ſes biens-faits, ou il faut que nous luy en rendions graces: meſmes ſi ſur le temps que nous nous retournons à luy, il a operé quelque
particuliere grace, pour noſtre bien & conſeruation. Et cela meſmes, eſt
vn ſecond exorde pour nous concilier ſa faueur, & le rendre exorable à
ce que nous voulons de luy. Car naturellement on veut bien à ceux, à
qui on a bien-fait; mais principalement quand ils le reconnoiſſent; & ceſte action de grace-là, eſt vne partie de ſa loüange. Apres cela, il ſemble
que ce que l'on peut plus conuenablement demander à Dieu, eſt l'expiation de nos fautes, par ſa miſericorde. Car auec quel front, pourrons-
nous luy demander les autres graces, que nous voulons de luy, ſi nous
ſçauons auoir prouoqué iuſtement ſon ire ſur nous? n'eſt-ce pas vne ſurcharge d'offenſe? vn manifeſte teſmoignage de meſpris? Qui eſt celuy
de nous, qui ayant donné vn ſoufflet à vn homme, ou luy ayant dit des
iniures, luy iroit emprunter de l'argent, ou demander quelque faueur,
auant que s'eſtre reconcilié auec luy? Il eſt donc raiſonnable, que nous
demandions à Dieu, qu'il nous mundifie par ſa clemence; effaçant nos
pechez auec l'eſponge de ſa miſericorde. Car comme la beauté & pureté
de noſtre ame conſiſte en la conſeruation de ceſte ſienne image, qu'il y
a formée; ſa deformité & laideur, conſiſte aux mauuais traits dont nous
l'auons couuerte & desfigurée par nos peruerſes volontez & desreiglées
actions: leſquelles ne ſe peuuent leuer qu'auec l'eau forte de ſa grace; qui
conſume tellement ce qui eſt d'eſtrange & ſurchargé, que ce qui eſt du
premier, parfait & naturel trait, & du deſſein de l'ouurier, puiſſe demeurer entier, & luy rendre ſon ouurage agreable. En tout temps il a eſté
Dieu de miſericorde, en tout temps il a exaucé ceux qui ont imploré ſa
clemence. En vn temps il a balancé ſa clemence auec ſa iuſtice; en autre
temps il a deſiré pour l'expiation des pechez des hommes, des ſacrifices;
& que le peché fut laué par le ſang, fuſt conſumé par le feu. Mais en nos
iours il a voulu que ſa miſericorde ſurmontaſt ſa iuſtice: & s'eſt rendu
ſoy-meſme le ſacrifice expiatoire de nos pechez; faiſant de ſon ſang vne
piſcine pour guerir toutes nos infirmitez. De ſorte qu'il n'eſt plus beſoin
que de vouloir accepter la grace qu'il nous offre; & que noſtre ame eſpoin-
çonnée par les eſguillons d'vne ſaincte contrition, ſe iette auec les eſlans
de la reconnoiſſance & repentance de ſes fautes, dans ce reſeruoir de ſes
graces, qu'il a dreſſé à l'entrée de ſon Egliſe. Apres cela, auec toute
ſeureté, nous luy pouuons repreſenter toutes nos menuës neceſſitez; luy

D iiij

demander ce qui eſt vtile & neceſſaire pour l'entretenemẽt & commodité de noſtre vie, & temporelle & ſpirituelle. Si faut-il bien qu'en venant à la particuliere expoſition de nos deſirs, & à repreſenter nos ſouhaits par noſtre demande, nous prenions garde de ne rien demander indigne, ou de la grandeur, ou de la bonté de celuy à qui nous nous ad-
dreſſons. Si nous demandons à Dieu les choſes, qui doiuent ou ſeruir à
nos delices, ou tourner au preiudice de noſtre prochain, ne deuons-nous pas
auec horreur & frayeur, nous repreſenter que nous ne pourrions rechercher au monde vn homme d'honneur d'vne telle grace, qu'il ne nous
payaſt d'vn rebut honteux, accompagné de faſcheuſe parole, & de ſeuere reprehenſion, ſuiuie puis apres de quelque effect de iuſte indignation?
Demanderons-nous à Dieu, ce que nous aurions honte ou crainte de
demander à vn homme de bien? à vn homme d'honneur? le demandant,
pouuons-nous eſperer de l'obtenir? Certes les Payens meſmes, donnoient
à ceux qui prioient, vne leçon: qui n'eſt pas indigne d'eſtre empruntée
d'eux, & transferée à l'inſtruction des Chreſtiens: car ils diſoient qu'il ne
falloit rien demander à Dieu, que l'on ne peuſt demander tout haut: rien
qui peuſt offenſer l'eſtranger, qui l'oyroit: que c'eſtoient les mauuais
vœux, & impies, qu'on marmotoit entre les dents; qu'on conceuoit, &
qu'on n'oſoit prononcer. Miſerable aueuglement des hommes, qui penſent ou tromper, ou corrompre ceſte prouidence eternelle, à qui rien
n'eſt caché! ceſte inflexible iuſtice; à qui rien n'agrée, que ce qui eſt droit
& equitable! Or pour ne tomber en cét erreur, les principales prieres que
nous deuons faire à Dieu, & les plus meritoires ſont celles qui ſe font pour
le commun; car en celles-là, nous ne prions que choſes iuſtes, & agreables à Dieu. Comme la paix à ſon peuple, l'aſſiſtance de ſon ſainct Eſprit
à tous les membres de ſon Egliſe, la continuation de ſes bien-faicts, &
diſtribution des fruicts de la terre à ſes creatures. Que ſi nous prions pour
noſtre particulier; nous deuons principalement demander les biens ſpirituels, le don des vertus, & quant aux biens temporels, autant que l'vſage
en peut redonder à ſa gloire. Nul art, nul ſoin, nulle induſtrie ne nous
peut ſuggerer aucune priere, qui egale, voire approche de la perfection
de celle que Ieſus-Chriſt meſmes nous a dictée, & laiſſée pour le vray
formulaire de bien prier. Celle-là ſeule pourroit ſuffire. C'eſt celle auſſi
que les ſaincts Peres appellent legitime, celle par laquelle Tertullian dit,
que toute priere ſe doit commencer; comme encor auiourd'huy l'obſerue l'Egliſe. C'eſt celle ſur laquelle il faut baſtir tout ce que la ferueur de
noſtre deuotion deſire dauantage. Et en verité, apres celle-là, l'eſprit humain ne ſçauroit conceuoir rien de ſi beau, rien de ſi pur, rien de ſi ſainct,
rien de ſi conſolatif que les prieres ordinaires de l'Egliſe; la brieueté deſquelles, auec le chois des conceptions, & des paroles a vne energie incroyable, pour remuer l'interieur de nos affections, & les eſleuer à Dieu. Mais
outre tout cela, pource que l'eſprit eſmeut vn chacun à ce que ſa particuliere condition le conuie, ou que l'affliction le ſemond, ou que la conſolation l'inuite, ou la ioye ſpirituelle l'anime, il eſcloſt, ſelon ſon affection,
quelque particuliere priere, en laquelle nous ſommes conſeillez, & admo-

                                                              neſtez,

heftez, de nourrir noftre zele, & entretenir noftre deuotion. Ce qui a efté remarqué cy-deffus, pourra feruir pour regler & adreffer noftre ame en cefte fainéte aétion. Si toutesfois nous y adjouftons quelques qualitez, qui pour former cefte aétion plus fainéte & plus religieufe, y font neceffaires, les vnes regardent le dedans, les autres le dehors: Pour le dedans, la première eft l'attention: c'eft à dire vn effort, par lequel nous recueillons tous nos efprits, pour les employer en cefte operation, fans que nos cogitations puiffent en façon quelconque s'efpandre ailleurs, ne receuoir aucun autre objet que celuy-là. Car tout ainfi que pour faire monter l'eau auffi haut que le lieu d'où elle eft deriuée, il la faut enfermer dans des canaux bien ferrez & fort eftroits, qui la contiennent en forte, que pour ne fe pouuoir eftendre, elle foit contrainte de remonter: Auffi pour releuer noftre ame iufqu'à l'origine de fon emanation, il la faut renfermer & refferrer en forte, que tout fon mouuement & fon effort fe face en haut. Ce qui fe fait, quand nous nous portons auec vne refoluë volonté à ce que nous faifons, & bandons noftre efprit, fans le laiffer en aucune façon relafcher. Car comme nous voyons qu'aux fens, quand il y en a vn attentiuement occupé, les autres ceffent, ou pour le moins ont leur aétion debile & languiffante: Auffi és plus hautes facultez de l'ame, quand la volonté eft bien ardante, & fermement occupée à former de fainéts defirs, & à s'vnir à la diuinité, la memoire & le difcours demeurent fufpendus: l'imagination auffi & la fantaifie eft prefque affoupie: & ne feruent qu'à fournir à la priere, ce qui eft de leur office: comme fi la fource de tous les efprits, qui feruent à fouftenir & animer leur aétion, couloit entierement du cofté où l'ame donne la pente. Doncques la viue attention que nous donnerons à la priere, nous fera pour vn temps oublier tout autre foin, perdre tout autre difcours, ceffer toute autre imagination. Auffi y a-il plus que pour emplir noftre efprit, quand nous nous figurons Dieu prefent, & le prenons pour objet de noftre penfée: Dieu, qui remplit le Ciel & la terre, & qui demeure encores hors de là infiny: qui va par tout où il eft appelé: de qui la grace entre par tout où l'on luy ouure: & qui ne fort d'auec nous que quand nous ceffons de l'inuoquer. A cela il faut que nous ioignions la confiance de fa bonté, & l'affeurance que nous ferons exaucez de luy. Car fi nous fommes flottans & chancelans, nous ne luy pouuons eftre agreables, fi nous doutons de fa bonté, nous n'en pouuons efprouuer l'effet, pour ce que noftre priere ne peut auoir le zele de l'ardeur qu'elle doit. Qui prie fans efperance prie timidement, & comme par acquit, & comme s'il perdoit fa peine: vn homme mefmes, qui recherchant vn bien-fait d'vn autre, monftre de fe deffier de luy, fe rend indigne de le receuoir, au lieu de prouoquer fa beneficence, il prouoque fon courroux. Nous oyons bien fouuent parmy les hommes cefte voix: Ha, vous vous deffiez de moy, vous ne l'aurez pas. Prier timidement, c'eft enfeigner à refufer. Il femble au contraire, que l'efperance preoccupe & faififfe le bien entre les mains de celuy qui le nous doit donner. Nous faifons confcience de tromper ceux qui s'en font attendus à nous: nous croyons qu'ils nous ont aucunement obligez, en ce qu'ils ont eu bonne opinion de noſtre liberalité. Venans à prier nous vénons à Dieu, comme à la ſource infinie de toute beneficence. L'eau de ſa grace eſt ſans fonds & ſans meſure : chacun en emporte autant que le vaiſſeau auec lequel il la puiſe, peut tenir : ce vaiſſeau eſt noſtre foy : ſi nous l'auons grande & ample, nous puiſons à proportion. Le Centenier a creu, que Ieſus-Chriſt parlant, ſon fils ſeroit guery : à l'inſtant, il l'a eſté. La femme qui perdoit ſon ſang, a creu, que touchant le bord de ſa robbe elle gueriroit : elle en a emporté la vertu, & auſſi-toſt s'eſt trouuée guerie. Il ne faut pas que noſtre infirmité, ou pluſtoſt noſtre indignité, nous rauale en cela le courage, ou affoibliſſe noſtre eſperance. Car nous ne fondons pas ceſte aſſeurance ſur nos merites, qui ſeroit vn fondement foible & debile, mais ſur les merites de noſtre Sauueur Ieſus-Chriſt ; leſquels eſtans immenſes & infinis, peuuent auſſi eſleuer en nous l'eſperance par deſſus tous nos plus hauts ſouhaits : le bras de ſa bonté n'eſt point racourcy : le bras de ſa bonté, auec lequel il a creé le monde : le bras de ſa miſericorde, auec lequel il l'a creé & reparé. Comme le Soleil luit par tout où ſes rayons ſont receus, & y apporte auec la chaleur, la lumiere : ainſi fait la bonté de Dieu, ſa grace & ſon ſecours. Mais bien ſouuent, dira quelqu'vn, Dieu n'exauce pas nos prieres ; nous le prions auec ardeur, & auec eſperance ; & neantmoins nous n'auons pas l'effet de nos deſirs ; & lors vn deſeſpoir ſaiſit nos ames ; vne eſpece de deſpit entre en nos eſprits. Pour à quoy remedier, nous deuons auoir continuellement en nos prieres la patience ; c'eſt celle qui rend tout œuure parfait. Il y a beaucoup de choſes que nous demandons à Dieu, qui en apparence nous ſemblent bonnes ; & en effect ne le ſont pas. Dieu, qui iuge mieux que nous, les ſçait diſcerner, & nous accorder ce qui nous eſt neceſſaire. Le febricitant demande à boire, il croit que c'eſt ſa ſanté : mais le Medecin qui ſçait que c'eſt ſa mort, ne le luy veut pas permettre. Et bien que quelquesfois pour ne le pas deſeſperer, il luy promette qu'il boira, toutesfois, il l'entretient de ceſte façon, iuſques à ce que l'ardeur de ſa fievre ſoit paſſée, & la ſoif quant & quant. Il y en a d'autres que Dieu nous veut donner, mais en leur temps : il veut que nous les attendions ; il veut que nous les luy demandions pluſieurs fois. Il cognoiſt noſtre infirmité, il iuge que ſi du premier coup il nous accorde ce que nous luy demandons, nous l'oublierons. Il veut donc nous laiſſer le ſujet qui nous entretient en noſtre deuoir ; & puis apres en ſon temps il recompenſe la demeure par l'vberté ; ne plus ne moins que la ſemence, qui ſe leue plus forte, quand le froid l'a retenuë quelque temps reſſerrée dans la terre. Nous nous trouuons ſouuent en neceſſité ; & voyons que la prouidence de Dieu nous a conduits, iuſques au bord du precipice ; & quand nous ſommes preſts à tomber, elle nous tend la main : par là elle nous fait mieux ſentir l'effet de ſa grace, & rend auſſi ſa beneficence plus miraculeuſe. Dieu quelquesfois fait ſemblant de s'endormir, comme il faiſoit en la barque ; & quand le Prophete luy crioit, Seigneur, reſveillez-vous, vous dormez : & quoy, ne vous reſveillerez-vous iamais ? iuſqu'à quand crieray-je, & vous ne m'entendrez point ? ma voix eſclatera en la violence que i'endure, & vous ne me ſauuerez point? Quelquesfois Dieu fait femblant d'eftre courroucé, & nous rejetter, comme il faifoit la Cananée : mais en fin il ne nous abandonne point du tout : il vient quand il en eft de befoin, & iamais perfonne qui ait mis fa fiance en luy n'a efté fruftré en l'attente de fon fecours. Et pource faut-il conftamment perfeuerer à le prier, & tant de fois reïterer nos prieres, que la multiplication & gemination faffe comme les rayons du Soleil, lefquels ne font de foy qu'efclairer quand ils font efpandus par l'air : mais s'ils font ramaffez en quelque concauité d'vn corps folide, ils engendrent le feu, enflamment & embrafent ce qu'ils trouuent autour. Que nos prieres fe multiplient de telle façon, qu'enfin elles efchauffent la mifericorde de Dieu; qu'elles l'enflamment par leur reflexion, & la contraignent de compatir auec nous, fe communiquer à nous, s'incorporer auec nous; pour rendre nos defirs, entant qu'ils font faincts, accomplis; nos prieres effectuées; & nos ames contentes & heureufes. Voila donc pour ce qui concerne la difpofition interieure, qui doit accompagner la priere. Il refte feulement ce qui eft du dehors, qui à la verité eft moins requis, & regarde feulement la decence, & qui toutesfois ne doit pas eftre negligé. Pour ce que Dieu eftant auffi bien createur du corps que de l'ame, il veut eftre feruy de l'vn & de l'autre; & eft raifonnable que le corps, qui eft comme le valet de l'ame la fuiue en l'action, qui femble eftre la principale & plus ferieufe, où elle puiffe eftre occupée. Car il feroit difficile, s'il n'y feruoit, qu'il n'y donnaft de l'empefchement. Les anciens Peres qui ont excellé en pureté de vie & ardeur de deuotion, ont obferué de fe tourner vers l'Orient, en faifant leurs prieres; pource qu'à mon aduis, les commençant auec le iour, ils fe font tournez vers la lumiere, comme celle qui leur portoit dans les yeux par la contemplation du Ciel & des creatures, la gloire de Dieu, qui eft comme nous auons dit cy-deffus, le premier objet de la priere. C'eft quafi contefter auec le Soleil, que comme il s'efleue pour eftaler au monde dans la fplendeur de la lumiere, les merueilles de la puiffance de Dieu, auffi noftre ame fe leue, & refueille pour les reprefenter en fon entendement, les former en fes penfées. Et ayant pris cefte place & pofture au commencement, ce n'eft pas merueille fi aux autres heures, & en la continuation des prieres, nous la prenons femblable. C'eft vne commune obferuance, quafi par tout le monde, que nous prions à genoux; pour ce que ce gefte eft vn tefmoignage de fubmiffion, que nous deuons à Dieu pour fa grandeur, & noftre baffeffe; pour ce que nous auons affaire de fon fecours, & il a la puiffance de le nous donner. Et auffi que c'eft comme vn fymbole de la contenance du cœur, qui en cefte action fe doit humilier; & pour remonter vers le Ciel, doit prendre fon efcouffe vers le bas, ne plus ne moins que quand nous voulons faire bondir en l'air quelque corps, nous le iettons le plus roide que nous pouuons contre terre. Toutesfois cefte pofture fe peut decemment diuerfifier, & felon la diuerfité des prieres que nous faifons, & felon la difpofition de noftre fanté. Comme la premiere priere, qui eft vrayement fupplication, fe doit faire à genoux, la continuation des prieres, qui eft bien fouuent cantique de loüange, fe peut faire debout. Comme en certains iours, mefmes l'Esprit de Dieu qui regit les actions de l'Eglise, a voulu que les prieres se fissent : afin qu'elles eussent en soy l'image de la resurrection, de laquelle lors on celebre la memoire : & que les ames en ceste recordation, fussent plus viuement animées, à rendre graces à Dieu du salut qu'elles en reçoiuent ; & se conformassent aussi plus viuement par là, en l'esperance de la resurrection vniuerselle. Les vns prient les mains iointes, les autres les bras ouuerts. Les mains iointes, monstrent le secours que nous attendons de celuy à qui nous nous adressons (estant la coustume ordinaire de ceux qui sont en danger, d'implorer auec ceste action l'aide de celuy qui les approche) mesmes estant vn tesmoignage de nostre defaut, vne reconnoissance de nostre infirmité, vn hommage de fidelité. Les bras ouuerts monstrent la disposition à receuoir celuy que nous inuoquons, & que comme nous ouurons nos bras, ainsi ouurons-nous nostre cœur, tesmoignent que nous voulons embrasser la diuine bonté, l'estreindre de toutes nos forces, & demeurer inseparablement vnis auec elle. Et ceste contenance est plus propre à la loüange, action de grace & contemplation, comme estant exprimée du plaisir que nous receuons à reconnoistre la bonté de Dieu, & l'effect de ses misericordes. Car lors l'ame par la contemplation de son immense bonté, & infinie misericorde, fournit au cœur vne ioye & liesse ; au ressentiment de laquelle il s'ouure & s'espanoüit, perd & dissipe ses esprits, & à la suite de ce, le corps demeure doucement languissant, comme souspirant, sans regret toutefois, apres son ame qui semble l'abandonner, pour viure & reposer en celuy de qui procede, & en qui reside la vraye vie & beatitude eternelle.

PRIERE POVR
BIEN PRIER.

EIGNEVR Dieu qui auez tout creé pour voftre gloire, particulierement l'homme pour en eftre le principal inftrument, & qui l'auez dauantage receu à l'honneur de voftre colloque, l'affeurant qu'il obtiendra ce qu'il vous demandera en vraye foy & charité, efleuez-moy la penfée, purifiez-moy le cœur, & me fanctifiez la langue; afin que ie puiffe chanter dignement vos loüanges; rendre à voftre bonté les actions de grace qui luy font deuës; & vous demander ce qui eft neceffaire pour mon falut, & conuenable à l'exaltation de voftre gloire. Cela, Seigneur, ne puis-je faire que par voftre fauorable affiftance. Non feulement le bien procede de vous, mais le fçauoir requerir. Doncques, comme auec les langues de feu, vous ouuriftes les levres de vos Apoftres, purgez aujourd'huy celle d'vn pauure & humilié pecheur, & inftruifez mon cœur à vous demander ce qui vous doit eftre agreable. Donnez-moy vn efprit nouueau, qui fçache conceuoir le bien qu'il y a à vous prier, qui s'y plaife, qui s'y entretienne, non flottant & branflant, mais ferme & ancré en la foy de vos promeffes, & affeurance de voftre bonté; comme au vray port où fe doit dreffer le marinage de tous nos fouhaits; regardant toufiours pour noftre plus feure eftoille, le merite de voftre cher Fils noftre Seigneur Iefus-Chrift; auec l'interceffion duquel nous ne pouuons decheoir d'aucune de nos efperanc. s.

Pour le matin.

Lumiere des lumieres, qui auez diffipé les tenebres, pour introduire au monde la clarté, & donner pour fpectacle à l'homme la beauté de vos ouurages, & l'elegante varieté des formes dont vous les auez diftinguez, comme vous ramenez maintenant fur la terre la clarté du Soleil, ramenez auffi fur mon ame la fplendeur de voftre efprit, afin qu'à mefure que le labeur de mes bras fera employé à l'entretenement de mon corps, les penfées de mon ame le foient à rechercher

E

voſtre ſainĉte grace ; ſous la conduite de laquelle , ie puiſſe cheminer tellement par les voyes du monde ſenſuel & corruptible , que ie ne m'eſgare point du celeſte & incorruptible. Que ſi mes ſens, deceus par les appas des plus agreables & delicieux objets qui ſe preſentent au monde, veulent ſeduire ma raiſon, retenez-là, Seigneur, par l'eſperance des plaiſirs infiniment plus grands, qui ſont propoſez à ceux qui viuent ſelon voſtre volonté, & par la crainte des peines ſans nombre & ſans meſure, qui attendent ceux leſquels abandonnent la voye de vos preceptes, pour ſuiure celle de leur chair. Et puis que pour me conduire à voſtre miſericorde, vous auez voulu que l'auteur de lumiere, la Sapience eternelle deſcendiſt en terre, & s'offuſquaſt pour vn temps ; afin de pouuoir conuerſer parmy nous, & allumer la lampe de nos ames par le feu de ſa ſainĉte parole, entretenez par ceſte meſme bonté, la clarté que vous y auez miſe, par l'operation de voſtre ſainĉte foy ; afin qu'au iour de vos nopces, nous trouuans ſaiſis du mereau de voſtre grace, nous puiſſions eſtre introduits à la participation de voſtre gloire.

Autre pour le matin.

Dieu eternel, de qui la puiſſance infinie a paru en la creation de tant de merueilleux ouurages, de qui la miſericorde plus qu'infinie, s'eſt monſtrée en la reparation & reſtauration d'iceux, faites leuer ſur nous auec ce Soleil corporel, cet autre Soleil intellectuel. Afin, que l'vn eſclairant à nos yeux, l'autre eſclaire à nos ames, & y reſpande des rayons de iuſtice & de temperance, de charité & d'humilité : que nous contemplions ordinairement voſtre grandeur & noſtre infirmité : voſtre bonté & noſtre iniquité : que nous vous reconnoiſſions continuellement noſtre Createur & noſtre Redempteur : employions noſtre voix à chanter voſtre loüange, nos mains à executer vos mandemens : & que vous ayant dignement, au moins ſelon noſtre pouuoir, ſeruy en ce monde, en la compagnie de vos fideles, nous puiſſions vous benir en celle de vos Anges.

Pour le ſoir.

Eigneur, puis que voſtre inſcrutable ſageſſe a voulu departir toute noſtre vie en labeur & en repos, & chacun de nos iours, en lumiere & en tenebres ; & neantmoins deſtiner l'vn & l'autre, pour ſeruir à voſtre gloire, à ceſte heure qu'il vous a pleu clorre ceſte iournée, & me rappeller du trauail au ſommeil, i'eſleue mes mains vers vous, & vous preſente pour ſacrifice nocturne mõ cœur & ma langue, & repaſſant en ma penſée la faueur auec laquelle vous auez depuis le matin iuſqu'au ſoir, ſouſtenu ma vie, conduit mes actions, guidé mes pas, adreſſé mes mains, gouuerné mes penſées, detourné les tentatiõs du monde, i'en forme en ma voix, au mieux que ie puis, l'action de grace, & le chant de loüange à voſtre immenſe menfe bonté. Et pource neantmoins que ie connois affez qu'en mes œuures il y a eu beaucoup plus de mal que de bien, mefmes qu'à ne compter que ce qui procede de moy, tout en feroit damnable, ie coniure voftre fainéte mifericorde, qu'elle fe les vueille rendre acceptables, verfant deffus cefte grace infinie que voftre cher Fils a concilié au monde, laquelle feule donne la perfection & fanctification à toutes les actions des hommes. Maintenant que ie m'en vais liurer mes yeux au fommeil, faites que comme mon corps repofera dans fon lict, mon ame quant & quant repofe dans le fein de voftre foy; & voftre efprit veillant fur moy en efloigne toutes fales concupifcences, folles imaginations, & fonges eftranges: qu'il me deliure de toute crainte, autre que de celle de voftre fainct & feuere iugement; & modere tellement le cours de mon fommeil, que reparant la force de mon corps, il ne l'affoupiffe en la pareffe: mais le laiffe refueiller à heure propre, pour auec le nouueau iour recommencer le chant de voftre loüange, & l'exercice de la faincte priere: roulant ainfi l'vn apres l'autre tous les iours de ma vie, iufques à ce qu'il vous plaife changer ce repos temporel, en repos eternel; par l'interceffion de celuy qui nous l'a acquis au prix de fon fang, noftre Seigneur Iefus-Chrift. Amen.

Auant le repas.

Vis qu'il vous a pleu, Seigneur, que noftre vie euft befoin d'eftre continuellement reparée par vne nouuelle nourriture, & qu'il n'y a que vous, qui puiffiez conferuer ce que vous auez creé, refpandez voftre grace fur les fruicts de la terre, & autres viandes, que vous nous auez données, non feulement afin de leur bailler la vertu de nourrir noftre corps, & reparer nos forces, mais encore pour leur ofter la puiffance d'irriter intemperamment nos appetits, & fomenter en noftre chair la concupifcence: faites qu'à mefure que nous appaiferons la faim & la foif, nous excitions en noftre efprit, vn appetit infatiable de voftre parole; vray aliment de nos ames, au nom du Pere, du Fils, & du fainct Efprit. Amen.

Apres le repas.

Ous vous remercions, Seigneur, de tout noftre cœur, des biens qu'il vous plaift de nous faire, & mefmes des moyens que vous nous departez iournellement pour fuftenter noftre vie: Continuez (nous vous en fupplions) ce foin fur nous. Et faites que la refection que nous venons de prendre, maintienne en forte noftre corps; qu'il foit digne receptacle de noftre ame, & noftre ame digne habitation de voftre efprit. Et pour ce faites que tirant des viandes l'aliment qui luy eft neceffaire, ils n'en tire aucun appas, qui puiffe ou irriter nos fens, ou folliciter noftre concupifcence, ou troubler noftre imagination: mais reprimant par la puiffance de voftre faincte benediction, tout ce qui en peut naiftre de

E ij

contraire à la modestie & continence, entretenez ensemblément nos corps & nos esprits, en la pureté que vous y desirez ; pour estre agreables instrumens de vostre seruice, & dignes vaisseaux de vostre grace. Amen.

En temps de peste.

Eigneur, de qui la puissance infinie semble petite, comparée à vostre misericorde, tournez vostre œil de pitié sur nous, & parmy les dangers de ceste pestilente infection qui nous menace de tous costez, retenez, & soustenez nos vies languissantes, qui sans vostre grace s'aneantiroient & corromproient en vn instant. Auec la mesme misericorde, auec laquelle vous auez purifié nos ames les consacrant à vostre seruice par la marque du sacré baptesme, repurgez & nettoyez nos corps, pour seruir de vaisseaux mondes à nos ames, & cooperer au ministere de vostre loüange. Vous auez tiré la lumiere de l'abysme de vos puissances, & la respandant en l'air, auez chassé les tenebres qui offusquoient la terre. Reparez par ceste mesme lumiere, le vice & corruption de l'air & influez-y tellement vostre grace, que nous le respirions à nostre salut & conseruation. Vous auez, & iustement, Seigneur, permis pour la peine de nos pechez, que le poison & le venin regnast auec puissance sur nos corps. Mais puis que vostre cher & vnique Fils a effacé de son sang le peché qui vous auoit irrité, il doit aussi auoir noyé les fleaux destinez à sa peine. Nous retombons, direz-vous, tous les iours, au gouffre dont vous nous auez tiré : & renonçons par nostre mauuaise vie, à la grace que vous nous auez departie. Il est vray Seigneur, & si vous nous voulez iuger par vostre iustice, nous n'auons qu'à nous taire & endurer : mais nous implorons vostre misericorde, plus grande encores, que tous nos pechez, vostre misericorde, qu'on ne peut inuoquer à faute. Il suffit que nous leuions les yeux vers vous : il suffit que nous souspirions, & tournions nostre cœur à vous : aussi-tost nous vous sentons present. Mais sans vous, Seigneur, nous ne pouuons nous mouuoir vers vous. Preuenez-nous donc, mon Dieu, & nous inspirez ce salutaire mouuement, à la suite duquel nous aurons sans doute, tout ce dont nous vous requerrons, au nom de vostre precieux Fils, nostre Sauueur Iesus-Christ. Puisque donc en son nom, nous vous requerons la santé de nos corps, preseruez-les, mon Dieu, du danger où ils sont : faites que l'air que nous respirons, l'eau que nous beuuons, les viandes dont nous vsons, les vestemens dont nous nous couurons soient instrumens de santé à nostre vie : esloignez-en, tout ce qui y est d'impur & pestilent : fortifiez les esprits qui animent nos corps, afin de pouuoir resister à toute l'infection qu'ils peuuent rencontrer, la vaincre & surmonter : & nous donnez vn courage ferme & asseuré, c'est à dire, appuyé sur vostre grace, auec lequel nous puissions passer sans apprehension les dangers, parmy lesquels il vous plaist que nous viuions : & nous faites continuellement sentir vostre consolation, par laquelle nous puissions estre conduits auec vn esprit paisible, au trauers de ces miseres mondaines : maintenant tousiours

ceste

cefte efperance viue en nos cœurs, qu'en rendant la gloire qui eſt deuë à voſtre nom, nous paruiendrons en fin à celle que vous auez promiſe à vos eſleus.

En la preſence de la Croix.

Seigneur Dieu, qui ſelon l'immenſité de voſtre miſericorde auez daigné enuoyer en terre voſtre cher Fils, pour racheter le monde, canceler auec ſa Croix l'obligation du peché, & triompher des puiſſances des tenebres, receuez l'action de grace que ie vous rends de ceſte precieuſe beneficence; & puis que mon ame n'en eſt point entierement ingrate, permettez qu'elle en puiſſe recueillir le fruict, & par l'effect de voſtre ſaincte paſſion, eſtre deliurée de ces dangers mortels, qui enuironnent & mon corps & mon eſprit : deliurez-moy de ces ennemis, viſibles & inuiſibles, qui ſont continuellement au guet pour m'offenſer : reprimez ceux qui habitent en mon ſens, & dans les deſirs de ma chair, par l'objet de voſtre crainte; ne permettant point que mon cœur decline à aucun deſir, ny à aucune penſée, qui ſoit contraire à la pureté de vos preceptes : que le deſir de vous complaire le ſaiſiſſe ſi parfaitement, le penetre ſi profondément, qu'il ne puiſſe plus entrer en luy aucune autre paſſion que celle de voſtre amour; afin que penſant continuellement à vous, & y aſpirant inceſſamment, à la fin il y paruienne. Amen.

En action de penitence, ſur l'objet de la Paſſion.

Vis que l'heureuſe iournée eſt venuë, qui ne m'a pas ſeulement deſſillé les yeux du corps, mais auſſi a eſueillé mon eſprit endormy, & luy a monſtré le giſte de mon ſouuerain bien & ſalut; ie vous veux premierement rendre graces, de tout mon cœur & de toute mon ame, ô grand Dieu de miſericorde; ô abyſme de bonté infinie; qui auez eu aujourd'huy pitié de moy, m'auez tendu la main, pour me tirer hors de ce ſale & profond bourbier; me mettre au chemin de voſtre ſaincte volonté; me tirer des obſcures & dangereuſes tenebres, & me colloquer en la ſplendeur de voſtre grace & benediction; me tirer de la ſeruitude du peché, m'affranchir, & mettre en la douce liberté de voſtre obeiſſance & agreable attente de la vie eternelle. Que maintenant doncques, tous mes ſens accordez enſemble, tous mes eſprits reünis à meſme penſées ne ſongent, ne deſirent, ne reſpirent que l'honneur & la gloire de vous mon tant bon, tant benin, & tant miſericordieux pere & Saueur : que les cogitations de mon ame ſoient les meditations de voſtre toute-puiſſance : que l'objet de ma veuë ſoit la contemplation de vos merueilles : l'exercice de ma vie les hymnes de voſtre gloire. Et quant à vous, monde trompeur, qui m'auez retenu iuſques aujourd'huy, par la friandiſe de vos appas, ie vous dis le dernier & perpetuel adieu. Adieu doncques, ô vanité mondaine, car ie m'en vay mourir pour vous: ie ne veux plus d'autre objet à mes yeux, d'autre entretien à ma pensée, que l'image de tant & tant de peines & de douleurs que mon Dieu a souffert pour moy, puis que de sa saincte passion doit naistre le pardon de mes fautes, l'absolution de mon peché, l'acquisition de mon salut. Fichez-vous, ô mes yeux, sur ceste Croix, sur ces cloux, sur ces tenailles, sur ces marteaux, sur ceste esponge, sur ceste lance, sur ces espines, dont l'image de ceste sacrée passion est reparée. O quels braues & victorieux trophées, qui representent ceste admirable victoire de la vie, sur la mort & du Ciel, sur l'Enfer! Victoire qui nous a retirez, & reconquis du profond des abysmes d'horreur & de tenebres: victoire, qui a subiugué la mort, qui nous tenoit captifs sous le ioug de peché: victoire, qui premiere nous a restitué à nostre premiere patrie & origine celeste. O Cieux, vous estes donc maintenant à nous, si nous voulons tirer vers vous, sous ces braues enseignes. O beau parement! quel jaspe, ou porphyre, quelles colomnes de marbre, quelles frises, quelles moulures approchent de ces enrichissemens-là? O Croix, que ie vous embrasse, cher mereau de mon salut. C'est auec vous, que i'entreray au Royaume de gloire, & passeray par dessus les plus hauts Cieux. Vous representez tout le monde: vos quatre pointes en regardent les quatre coins, qui ne sont sauuez que par vous. O Croix, eschelle qui montez de la terre au Ciel, de l'Enfer au Paradis, que ie me colle contre vous, afin d'estre enleué là haut auec vous. O Croix, image des peines & des tourmens, que mon Sauueur a endurez, pour surmonter la mort, apprenez-moy à surmonter ce reste de mort, qui vit en moy par mon peché; & m'apprenez la patience qu'il faut auoir pour se vaincre soy-mesmes. O cloux tout sanglans, qui auez attaché sur la Croix le Redempteur du monde, attachez sur ma peine mes affections; & arrestez mon ame à la constante vertu, qui doit dompter mes cupiditez. Percez mes mains pecheresses, de la crainte de mon Dieu, afin qu'elles soient retenuës, quand les tentations les pousseront à vn mauuais ouurage, afin que l'innocence de mon corps soit la nourriture de mon ame. Et vous, sanglantes escourgées, faires reuenir & le sentiment & la couleur à mes membres engourdis & mortifiez. Chassez d'autour de moy toutes les sortes de delices, qui comme mousches importunes, me salissent & enueniment, afin que comme vous auez fait ondoyer le sang, qui a laué nos pechez, vous fassiez ruisseler celuy qui a soüillé ma conscience. Flestrissez en ma chair toutes les voluptez collées auec elle; afin que ie renaisse en pureté & sincerité. Et vous, esponge pleine d'amertume, distillez vn peu dans mon cœur vne goutte de ceste humeur acre, mais salutaire & viuifiante, que gousta mon Redempteur à sa mort. Donnez-moy vn peu le goust de sa langoureuse passion. Car mon ame, comme vne esponge, a tellement attiré toutes les fades & doucereuses humeurs du monde, que si elle n'est vn peu pressée entre les mains de l'angoisse & du tourment, elle se corrompra & pourrira entierement. Et vous, ô lance, qui auez ouuert les sacrez flancs de nostre Dieu, ouurez-moy les costez, & me fendez le cœur, afin de me faire voir quels fols desirs, quels brutaux souhaits s'y estoient placez, afin

que

que le fang, qui eft le defir de la chair, & l'affection du monde, & l'eau, qui eft la vanité & l'inconftance de la terre, s'efcoulent iufques à mes doigts; & portez iufques à mes yeux, me rendent la veuë des chofes celeftes & diuines. Et vous, ô couronne d'efpines, ie vous mettray maintenant fur mon chef, comme vn figne indubitable, que ceux qui font couronnez d'efpines en ce monde, le feront de gloire en l'autre. Ie recueilleray auec l'efponge de mon cœur, ce fang que vous auez fait fi inhumainement diftiler & verfer en terre, & le tiendray fi cherement enueloppé dans mes penfées, qu'il feruira de contre-poifon, aux venimeux appas du monde, & à la puanteur des ordures de ma vie paffée. Mais, Seigneur, toutes ces peines, tous ces fleaux-là font voftres, & ne peuuent bien feruir, qu'à ceux que vous auez agreable qu'ils s'en feruent; qui font ceux qui ont vne vraye & perfeuerante repentance en l'ame. Faites donc, que celle que i'ay aujourd'huy y dure continuellement, & qu'apres auoir imprimé bien auant en mon ame l'horreur de ma vie, & le merite de voftre mort, le dernier gouft qui me demeure à la bouche, foit de cefte amere boiffon qu'on vous prefenta, afin qu'elle m'ofte la foif & l'appetit des delices du monde, pour conuertir tous mes defirs à la beatitude eternelle.

Pour la fainɛte Communion.

C'Eft aujourd'huy, fouuerain Pafteur, que vous defcendez de voftre throfne celefte, & defpoüillez cefte Majefté, effroyable mefmes aux Anges, pour venir conduire à voftre fainɛte montagne, voftre pauure & infirme troupeau. Là font efpanchées les fleurs de vos graces; là faillent de tous-coftez les ruiffeaux de voftre bonté infinie. Tant de biens me font enuie de vous y aller trouuer: mais helas, vne crainte fecrette me retient, & me fait perdre l'efperance d'y pouuoir paruenir. Car vous auez predit, que pour y monter, il faut auoir les mains nettes & le cœur pur: & mes mains font toutes foüillées de pechez: & mon cœur tout pollu de mauuaifes penfées. Comment m'oferay-je donc prefenter à vous, & prendre place à la table, preparée à vos efleus, que vous auez couuerte de pain de vie, & de viande fanɛtifiée; & où la diuinité mefmes fe laiffe gouſter & fauourer par ceux qui y font receus? C'eſt icy, Seigneur, ce celebre feſtin, où les hommes mangent auec les Anges, & font nourris de la rofée du Ciel. Ce font icy ces admirables nopces, par lefquelles nous voyons que la diuinité a efpoufé l'humanité; pour affocier noftre infirmité à voftre puiffance, noftre mifere à voftre mifericorde. Helas m'y oferay-je bien prefenter, auec ma lampe efteinte, auec vne robbe fi fale? ne me renuoyerez-vous point r'allumer ma lampe, & chercher ma robbe nuptiale? Si vous croyiez voftre iuftice, vous le feriez ainfi: mais il faut qu'à ce fainɛt iour, que vous auez choify pour efpancher vos graces à foifon, voftre iuftice fe retire, pour faire place à voftre clemence. Receuez-moy donc, Seigneur, par voftre fainɛte bonté: receuez-moy, comme vous receuftes l'vfurier, l'enfant prodigue, l'adultere, & le larron: & me purgez,

E iiij

afin que ie puiſſe eſtre aujourd'huy auec vous en ce Paradis terreſtre, que vous nous ramenez. Rien n'eſt pur & net, que ce que vous purifiez : pour cela, eſtes-vous venu en ce monde ; afin de charger nos fautes ſur vous, & nous deſcharger de la peine qu'elles meritent. C'eſt vous, qui eſtes venu pour guarir le monde : qui appellez à vous, ceux qui ſont greuez, & les reconfortez : qui inuitez les pecheurs, & non pas les iuſtes à grace ; par la repentance. Celle qui auoit paſſé la fleur de ſes ans en delices, a ouy voſtre voix, elle a remply ſa boüette de parfums, & ſon cœur de regrets : elle a verſé ſes odeurs ſur voſtre teſte, & ſes larmes ſur vos pieds : & vous l'auez receuë. I'eſleue au Ciel mes ſouſpirs ; & de mes larmes ie laue ma poitrine ; laquelle, comme ont fait autresfois vos pieds, doit aujourd'huy ſouſtenir voſtre precieux corps : ne me rejettez donc point. Ie ſçay bien que mon ame eſt indigne, que vous entriez ſous vne couuerture qui eſt toute ruineuſe ; mais deſcendez encores en la terre : entrez encores en la creche parmy les beſtes : conuerſez encores parmy les pecheurs. Vous enduraſtes bien l'impure & traiſtreſſe bouche du meſchant Iudas : endurez donc mes levres immundes, & permettez qu'elles touchent voſtre ſacrée chair. Car ſi bien elles ſont pleines de pollution & d'ordure ; auſſi le ſont-elles de repentance & d'eſperance, que vous les mundifierez. Entrez donc, Seigneur, chez moy, & entrez iuſques à l'interieur de ma conſcience. Ouurez, mon Dieu, pour y entrer, les portes de mon ame : car vous ſeul qui les auez faites, les ſçauez ouurir. Sanctifiez mon corps ; pour eſtre le temple du voſtre, & pour y receuoir dignement voſtre precieux ſang. Car en recompenſe de tous les biens que vous m'auez iamais faits, ie m'en vais prendre en main le Calice, & inuoquer voſtre ſainct nom. C'eſt le plus agreable ſeruice que ie penſe vous pouuoir faire. Infirmes que nous ſommes, nous ne vous pouuons preſenter aucun bien que celuy que nous receuons de vous ; ny en receuoir de vous, vn plus grand que ceſtuy-cy : vous nous le donnez, & nous vous le redonnons, & nous donnons nous-meſmes quant & quant à vous. Receuez donc ce ſacrifice, Seigneur, auquel vous eſtes l'hoſtie, & moy l'autel, où vous eſtes offert : entrez donc en moy, comme le gage de ma felicité, & les premices de la beatitude que i'attens de vous. O corps innocent, immolé pour mes pechez, ie vous embraſſe auec mes plus pures penſées : habitez eternellement dedans moy. Precieux ſang, fontaine de vie eternelle, dans vous a eſté repeſtrie la grace diuine, que le peché auoit effacée en nous : arrouſez mon eſprit, & rafraichiſſez la grace de la foy que Dieu luy a departie. Helas ! voicy ce corps, qui a ſeruy à la peine & au tourment, pour nous en deliurer. Helas ! voicy ce ſang, qui a decoulé par ruiſſeaux de vos playes, pour noyer nos pechez. Helas ! voicy ce corps, à la peine duquel le Soleil s'eſt obſcurcy, la terre a tremblé, le voile du Temple s'eſt ouuert. Helas ! voicy ce ſang, qui coulant de voſtre flanc a verſé la clarté dans les yeux de ceux qui l'ont tranſpercé. Faites de meſme, Seigneur, que parmy l'eſbloüiſſement & tremblement qui me ſaiſit, voſtre ſaincte lumiere ſe coule en mon eſprit ; afin que me faiſant voir celuy que mes pechez ont navré, ie ſente auſſi celuy qui m'a racheté de la peine qu'ils auoient merité. O Fils

de

de Dieu incarné, crucifié, reſſuſcité, glorifié; inſinuez en moy voſtre diuinité: viuifiez ma chair, par voſtre ſainct Eſprit: crucifiez en moy le peché, par voſtre grace: reſſuſcitez en moy voſtre foy, par voſtre aſſiſtance: glorifiez en moy voſtre nom, par mon innocence. Seigneur, ie crains approchant de cet eſpouuentable myſtere: ie ſçay que ce n'eſt que tout feu: i'ay peur qu'il ne me conſume. Mais ô Dieu miſericordieux; faites de moy comme du buiſſon ardent: faites que voſtre ſainct feu m'enflamme, ſans me bruſler: & que s'il conſume quelque choſe, que ce ne ſoit que mes pechez. Faites, Seigneur, entrant en moy, qu'où le crime a abondé la grace y ſurabonde; que la communion de voſtre corps, me ſoit vne ſeparation de toutes mauuaiſes penſées. Bref, que la participation de vos viuifians, & incontaminez myſteres, ſerue de ſanctification aux membres de mon corps: de lumiere, aux yeux de mon eſprit: de repos, aux puiſſances de mon ame: de plenitude de ſageſſe, à mon entendement: de confirmation, à ma foy: de ſouſtien, à mon eſperance: de perfection, à ma charité: de rempart, à ma conſcience: de conſolation, à mes miſeres: & enfin, de guide, à mes voyes; pour les conduire à voſtre Royaume de gloire: & pour ce faites-moy ceſte grace, que i'en puiſſe ſainctement vſer; iuſques à ce que le dernier ſouſpir de ma vie, conſigne mon ame au repos eternel.

MEDITATION
SVR L'ORAISON
DOMINICALE.

MON Dieu, ie viens à vous, comme au pere commun de tout le monde : à vous, qui en la creation & conseruation de toutes vos œuures, auez tesmoigné vne affection & charité plus que paternelle. Ie viens à vous, comme à mon vray pere, qui ne vous estes pas contenté de me donner l'estre, la vie & le sentiment, comme aux autres animaux ; mais auez espanché sur moy vostre esprit, & emply mon ame d'vne lumiere celeste, & rayon de vostre diuinité.

Ie viens à vous, mon Dieu, regeneré & reincorporé en vostre famille, par vne nouuelle grace : ie viens ayant appaisé le courroux de mon Pere, par la satisfaction de mon Redempteur : ie viens, pource que vous-mesmes m'y appellez, & me tendez les bras. Receuez-moy doncques, non auec l'austerité d'vn iuste iuge : ains auec la compassion d'vn pere pitoyable : & ayez acceptable ceste mienne feruente priere, qui conceuë au profond de mon cœur, s'esclost en mes levres, & s'esleue auec ma voix, iusques à l'oreille fauorable de mon pere celeste ; puis qu'il vous plaist, Seigneur, permettre que ie vous appelle ainsi. Faites, helas ! mon Dieu, qu'elle penetre iusques à vous, qui estes aux Cieux. Ie sçay vrayement, que vostre throsne est là haut : que vous tenez sous vos pieds, le Soleil & les estoilles : que la terre n'est qu'vn poinct ; & moy, la moindre partie de la terre, suis beaucoup moins que rien. Qui me donnera doncques la hardiesse de leuer les yeux vers vous ? Vous, mon Dieu, qui vous estes assis là-haut, pour contempler tout d'vne veuë, toutes les œuures de vos mains, pour mieux connoistre nos necessitez ; & respandre iournellement sur nous vostre grace, comme vne douce rosée. Vous, qui nous auez vous-mesmes dit : Demandez, & vous serez exaucez. Mais vous voulez estre prié auec vne ferme foy : faites-là doncques naistre en mon ame ; car c'est vn don qui ne peut sortir que du thresor de vostre grace. Et comme autrefois, vous

auez

auez addreſſé les lévres des enfans à voſtre gloire, gouuernez maintenant
l'enfance & l'infirmité de mon cœur; afin qu'il dicte à ma bouche priere
qui vous ſoit agreable. Et afin que vous connoiſſiez, mon Dieu, que ma
priere eſt pluſtoſt née en mon ame qu'en mes lévres, & qu'encores que le
faix de ma chair appeſantiſſe mon eſprit, ſi reſpire-il tant qu'il peut voſtre
honneur & voſtre loüange. La premiere requeſte que ie vous fay, c'eſt
que voſtre nom ſoit ſanctifié, ou pluſtoſt, que voſtre nom me ſanctifie;
afin que puis apres, ie le puiſſe benir & glorifier. Mais lequel de vos noms
beniray-je? celuy auquel vous auez perdu & abyſmé, les ennemis de voſtre peuple; ou celuy auquel vous auez beny toutes les nations de la terre?
Voulez-vous eſtre loüé comme Dieu des batailles, Seigneur des victoires;
ou comme Sauueur & Redempteur du monde? Annonceray-je comme
de rien vous auez fait toutes choſes: comme vous auez ſemé les Cieux d'e-
ſtoiles: couuert la terre de fleurs, de fruicts, de ruiſſeaux, d'animaux: &
formé l'homme à voſtre ſemblance? Ou ſi ie ne parleray que de ceſte incroyable charité, par laquelle vous auez liuré voſtre Fils à la mort; pour
nous acquerir l'immortalité? ie n'ay pas, Seigneur, l'haleine aſſez longue pour vne telle entrepriſe: contentez-vous, que ie ſanctifie voſtre nom
en vne humble & chaſte penſée; & que ie demeure touſiours fiché en la
meditation des bien-faits, dont il vous plaiſt tous les iours me fauoriſer.
Ainſi que moy & tous ceux que vous auez mis en ce monde, comme
au milieu d'vn riche temple, pour contempler & admirer de tous coſtez
l'excellence de voſtre diuinité, ne deſtournions nos entendemens à autre
choſe qu'à comprendre voſtre volonté: Afin que reünis en vn meſme
deſir de vous ſeruir, voſtre regne aduienne: & qu'apres que nous aurons
ſecoüé le ioug de peché, qui nous a ſi long-temps aſſeruis & captiuez,
voſtre amour ſeul regne en nos conſciences. Regne, plein d'heur & de
felicité. Car vous obeïr, c'eſt commander aux appetits deſordonnez:
leur commander, c'eſt eſtre maiſtre de ſoy-meſme: & eſtre maiſtre de ſoy,
eſt vne plus que ſouueraine principauté. Il eſt ayſé, mon Dieu, de vous
obeïr; voſtre ioug eſt gracieux; le tribut que vous exigez de nous, n'eſt
ſinon que nous vouliōs eſtre heureux. Confirmez-nous doncques en
ceſte volonté, & aſſiſtez le zele de vos bons ſeruiteurs; reprimant l'inſolence de ceux qui blaſphement contre voſtre Majeſté; à ce que voſtre loy
& voſtre verité, regne par tout le monde. O Roy des Rois, qui auez retenu la domination de nos cœurs; qui en noſtre humilité & obeïſſance,
auez eſtably voſtre empire; fleſchiſſez nos volontez ſous vos loix; afin que
viſans tous à meſme but, nous n'aſpirions qu'à l'aduancement de voſtre
gloire; & que nos bonnes actions, teſmoignent la bonne diſcipline du
Roy celeſte, à qui nous faiſons hommage, & qui nous auoüe pour ſes ſujets; duquel nous tenons tant de biens & tant de graces, que nous n'en
pouuons à beaucoup pres ſçauoir le compte. Or quelle obeïſſance vous
rendrons-nous? comment deuinerons-nous ce qui vous doit eſtre agreable? qui pourra ſonder le fonds de vos penſées? & qui ſçaura ce que vous
voulez? Ie vous priray donc ſeulement que voſtre volonté ſoit faite. Car
puis que tout bon que vous eſtes, vous ne voulez que les choſes bonnes,

& qu'en vous, faire & vouloir est vne mesme chose; vous faisant ceste priere, nous nous remettons entierement à vous, qui ne manquerez iamais de nous vouloir du bien, & de nous en faire. Tout ce que vous auez voulu, Seigneur, a esté fait, & de ceste vostre volonté, comme d'vne viue & feconde source sont deriuez tant de biens, dont toute la face de la terre est couuerte, & dont tous les Cieux sont ornez. Continuez-là vers nous: & puis que vostre charité est comme vn feu, qui s'augmente à mesure qu'il trouue sujet à brusler, qu'elle s'accroisse en nous bien-faisant: à nous, dis-je, paures miserables, en l'imbecilité, misere & infirmité desquels elle trouuera trop de sujet à s'exercer & employer. Quand ie vous prie, mon Dieu, que vostre volonté soit faite, i'entens vous prier quant & quant, que vous desraciniez de mon cœur toutes ces volontez mondaines, qui nées en la corruption de la chair, ne peuuent compatir auec la loy de l'esprit: que vous ne me laschiez iamais la bride, pour viure à mon plaisir: & que puis que ie suis vostre enfant, & que vous m'honorez de ce titre, vous ne m'emancipiez iamais à mes affections; mais me conteniez sous la verge de vostre loy, sous la tutelle de vos commandemens: afin que moy, & ceux qui ont iuré en vostre parole, stilez & formez à vous dignement seruir & obeïr, soyons aussi prompts & allegres au ministere de vostre seruice, tant que nous serons tenus en ce bas mortel monde, comme vos Anges & autres ames bien-heureuses sont en ceste habitation celeste. Et qu'ainsi vostre volonté soit faite, en la terre comme aux Cieux. Et puis que vostre volonté est, que nos corps fresles & mortels décheent tous les iours, & ayent besoin d'estre reparez & substantez par nouuelle nourriture; afin que nous recourions tous les iours à vous, pour vous demander les choses necessaires à l'entretenement de nostre vie ; donnez-nous, mon Dieu, nostre pain quotidien, & nous faites quant & quant la grace d'en vser de telle façon, & de tous les autres biens, que vous nous faites, qu'à mesure que nous nourrissons & entretenons nostre corps, nous n'afaissions & appesantissions nos ames ; & les rendions moins habiles à paruenir à la connoissance de vostre verité: & qu'vsans de vos liberalitez auec benediction, nous n'attachions pour cela nos affections aux choses terrestres & mondaines : ains faites-nous tellement passer parmy les temporelles, que nous ne perdions pour cela les eternelles. Que le goust du pain terrestre, dont nous repaissons nos corps, ne nous fasse oublier ce pain celeste, ce pain de vie, ce pain d'eternité, lequel nourrit & substante nos ames, les garentit de la mort, nous emplit la bouche de diuinité, & nous fait temples de nostre Dieu, pour le receuoir en nos corps, & estre faits membres de son corps. Permettez-nous, mon Dieu, que par ce pain, ou plustost par ceste chair nous soyons incorporez auec nostre Redempteur, & comme prenant & vestant nostre chair, il a participé à nostre mort, ainsi vestans & prenans la sienne, nous participions à son immortalité. Puis que nous auons, mon Dieu, à estre faits vaisseaux & receptacles de ceste diuinité, mondifiez-nous, & nous nettoyez, afin que venant loger en nous, vous n'y trouuiez rien, qui vous donne occasion de vous en retirer, & nous laisser vuides de vostre grace & de nostre salut. Or ne pouuons-nous estre

mondifiez,

mondifiez, sinon qu'il vous plaise nous pardonner nos fautes, & nous remettre nos debtes. Car nous auons esté asseruis au peché & à la mort: tout ce que nous pouuons dire nostre luy appartient: aussi nous n'auons plus rien à nous, pour payer nostre rançon, pour acquitter nostre debte; il faut donc que ce soit vous. Vous nous auez vne fois racheté & mis en liberté: mais nous retombons tous les iours entre les mains de l'ennemy: nous faisons tous les iours mille pechez, qui nous rendent serfs de peine. Ne laissez pas pour cela, mon Dieu, de nous ouurir ce thresor, dont nous tirons le prix de nostre liberté. Soyez, Seigneur, encore plus prompt à nous pardonner, que nous ne sommes à faillir. Ayez tousiours ceste main de misericorde estenduë sur nous. Car le peché est attaché à la mouelle de nos os, qui croist & vieillit auec nous, qui nous rend à mesure que nous vieillissons, plus puants & plus infects; sinon qu'il vous plaise appliquer continuellement à nostre mal, le merite de vostre saincte Passion, afin qu'à mesure que nous entamons & vlcerons nostre conscience, vous faciez reprendre & consolider nos playes; effaçant mesmes auec l'huile de vostre misericorde, les cicatrices qui y pourroient demeurer. Autrement, Seigneur, ie craindrois, que iettant ordinairement les yeux sur nous, vous ne vous faschassiez à la fin, de retourner si souuent vers nous, pour le mal que nous nous faisons nous-mesmes. Pardonnez-nous doncques nos fautes; c'est à dire, toute nostre vie, qui n'est que peché; & nous pardonnez, ô Pere celeste, comme de bon cœur nous pardonnons à ceux qui nous ont offensé. Faites que nous nous proposions tousiours ceste charité, par laquelle vous auez pris sur vous le payement de nos debtes & la peine de nos fautes: que nous iugions combien il seroit desraisonnable, que nous attendissions de vous la grace, que nous ne voudrions pas accorder à nostre prochain; veu qu'il n'y a aucune comparaison, entre les offenses que nous vous faisons, & celles que l'on nous fait. Arrachez de nos cœurs toute fierté, toute aigreur; mesmes à l'endroit de ceux, pour lesquels ayder & secourir, vous nous auez fait naistre. Donnez-nous vn esprit doux & paisible, qui nous maintienne en vnion & fraternité; supportans doucement les infirmitez les vns des autres. Car nous connoissons assez, mon Dieu, combien aisement nous glissons, voire bronchons & tombons par le chemin de ceste vie lubrique & fascheuse! Nous auons trop peu de force & de vigueur pour nous pouuoir tousiours tenir sur pied, & resister aux vents qui nous poussent és precipices d'iniquité. C'est pourquoy nous vous prions tresardemment de ne nous point abandonner aux tentations; d'esloigner de nous toutes occasions de vous offenser; & contre les objets qui s'offrent de soy-mesme, nous armer de vostre esprit; sans lequel nous serons tousiours vaincus; auec lequel nous serons tousiours vainqueurs en ceste lutte. Car le prix & le chapeau de victoire, n'est que pour celuy que vous secondez au combat. Faites-nous donc ceste grace, que quand vne cupidité desordonnée, d'acquerir des richesses mondaines nous assaillira, vous nous rempariez d'vn desir des biens celestes, d'vn genereux mespris

F

& contemnement des biens de ce monde , & de la connoiſſance de leur incertitude & fragilité. Que nous nous ſouuenions, qu'ils paſſent comme vn nuage, d'vn païs à l'autre : & en fin ſe fondent & reſoudent en rien : & que le plus ſouuent l'or & l'argent que nous amaſſons auecques tant de ſueur, ne nous ſert que pour acquerir noſtre damnation. Que ſi par voſtre bonté vous nous en departez plus que nous ne meritons, departez-nous quant & quant, la volonté d'en bien vſer, & les communiquer charitablement à ceux qui en ont plus de beſoin que nous. Car la terre eſt à vous, & n'en ſommes que les gardiens & fermiers: nos biens vous appartiennent, & n'en ſommes que depoſitaires. Que ſi nous refuſons de les rendre à ceux qui nous les demandent en voſtre nom, non ſeulement vous nous en depoſſederez; mais nous ferez payer l'vſure de noſtre ingratitude & infidelité. Faites-nous ceſte grace auſſi, que la lueur des honneurs de ce monde ne nous eſblouïſſe, & attire à les deſirer plus qu'il ne nous eſt expedient pour noſtre ſalut. Que nous ayons touſiours imprimé en noſtre penſée, qu'il n'y a vray honneur en ce monde qu'à vous dignement ſeruir; & qu'à voſtre ſeruice, le lieu d'honneur eſt tout au bas; la grandeur y conſiſte en humilité. Le reſte de ce que nous admirons, ceſte trompeuſe lueur, apres laquelle nous courons à perte d'haleine, eſt ſemblable à ces petits feux qui paroiſſent de nuiĉt pres les riuieres. Ils ne reluiſent que parmy les tenebres, & meinent ceux qui les ſuiuent ſe noyer, s'ils n'y prennent garde. Nos pompes mondaines, & nos dignitez ſeculieres, ne paroiſſent qu'en l'obſcurité de ce monde: & lors que nous auons cliné les yeux contre la lumiere celeſte, nous ſemblent reluire comme vn feu; leur eſclat eſt comme d'vn vaſe d'or bien verny. Mais en les ſuiuant nous tombons en des torrens, où nous nous perdons incontinent: nous flottons incertains parmy les volontez des Princes, & les opinions du vulgaire : tant que nous rencontrons quelque heurt, contre lequel nous nous briſons. Pourtant, mon Dieu, donnez-moy la conſtance de ne m'eſbranler au regard de telles vanitez; rendez-moy ſeulement ambitieux de voſtre gloire. Faites que mon eſprit, ſe dreſſant touſjours vers l'immortalité, ne ſe repaiſſe des fumées de ce monde; que ie n'aye point d'enuie ſur ceux qui poſſedent tous ces biens & honneurs, fragiles & caduques; que toute mon enuie ſoit, d'approcher au plus pres qu'il me ſera poſſible, de l'exemple de bien viure, que vous nous auez peint en viues couleurs au tableau de voſtre vie. Et ce faiſant, que toutes les violentes paſſions, d'ire, de colere & rancune, ſoient bannies de mon ame: & que mes deſirs ſoient de bien faire à tout le monde, & ne nuire à perſonne: que mon corps & mon eſprit ſoient touſiours eſueillez & employez à bonnes & loüables œuures; ſans iamais s'engourdir en vne morne pareſſe. Que ceſte ſale & infame gourmandiſe qui abuſe de vos dons, qui ſe noye dans le vin & s'enſeuelit dans les viandes, s'eſloigne pour iamais de moy. Eſteignez auſſi, ô mon pere celeſte, tous ces impudiques eſpoinçonnemens de la chair; qui nous allechent à violer la chaſteté de nos corps, & pureté de nos eſprits. Reculez de nous, tous objets qui

pourroient

exciter en nos ames quelques impudiques affections. Bref, deliurez-nous de tout mal : meſmes des mains des mauuais Anges; ne leur donnant aucune puiſſance ſur nous. Et ſi vous connoiſſez que nous nous ſoyons nous-meſmes precipitez au mal, accourez auſſi-toſt pour nous retirer: & nous tendez ceſte main paternelle, touſiours plus preſte à faire miſericorde, que iuſtice. Sauuez-nous malgré nous: & que noſtre recheute & opiniaſtreté ne vous aigriſſe point tellement contre nous, que vous ne vous ſouueniez que vous n'eſtes pas ſeulement noſtre Dieu, mais auſſi noſtre Pere.

Fin de la Meditation ſur l'Oraiſon Dominicale.

MEDITATIONS
SVR IOB.

VTRE que le fruict a ordinairement le suc propre
pour nourrir le corps : le goust, pour esueiller l'ap-
petit : la couleur, pour resiouïr la veuë: il a dauantage en son cêtre de petites chambretes, où il tient
sa semence cachée; qui contient en soy vne puissance admirable, pour se multiplier, apres qu'il est
consumé par l'vsage. Il me semble que le mesme
se voit en l'Escriture Saincte; en ces paroles sa-
crées, dis-je, que l'esprit de Dieu a distillées dans les oreilles de ceux qui
ayment la pieté, par la bouche des Saincts personnages & Prophetes;
comme par vaisseaux d'election, & canaux de pureté. Car outre que l'a-
me religieuse, lors que par la lecture elle s'en nourrit & substante, contente tous ses sens interieurs, se remplit d'aise, & establit en soy ceste paix
de Dieu, qui surpasse tout ce que l'esprit peut comprendre de douceur &
de plaisir; elle laisse puis apres au cœux de la meditation, & dans la profondeur de son sens, vn germe de pieté si efficace & si puissant, qu'vn cou-
plet, vne sentence, vne seule parole cultiuée par le mouuement de nos pensées, engendre vne quantité innumerable de sainctes conceptions; suffisantes pour entretenir nostre ame en cet heureux exercice; & la nourrir
tout le cours de nostre vie, de ce doux aliment. Mais comme entre les choses belles, il s'en peut choisir quelques-vnes plus belles que les autres; &
entre les vtiles, de plus vtiles; ainsi entre les Escritures sainctes, qui sont
toutes excellentes, l'histoire de ce grand Iob, est bien de celles qui, pour
l'instruction de nos mœurs, & former en nous côme pour base de toutes les
autres vertus, la patience est des plus propres. Car puis que la vie de l'homme, n'est qu'vne mer flotante continuellement en miseres où les afflictions
recoupent plus l'vne sur l'autre, que ne font les ondes agitées par la tourmente; & où les calmes, si quelquefois il s'y en treuue, ne sont pour la pluspart que presages de tempeste; dequoy se peuuent mieux equipper & freter
ceux qui ont à faire ceste nauigation, que de ceste diuine patience & equanimité; qui sert d'ancre asseurée aux plus agitez esprits, & aux ames plus
tourmentées? Et en quel magazin s'en pourroit-on mieux pouruoir, qu'en
la contemplation de ce grand & Sainct personnage, qu'il semble que Dieu
ait apparié auec la misere; pour faire voir en ce theatre de la nature, & en

l'enfance

l'enfance du monde, ce que pouuoit d'vn costé l'affliction, venant assaillir vn homme de toute sa force; & ce qu'vn homme pouuoit de l'autre,
la soustenant & y resistant; non en s'attachant contre terre, comme vn
fabuleux Antée, mais se leuant vers le Ciel, & y recherchant les forces
qu'il trouuoit manquer à sa nature terrestre? Où pourroit-on trouuer vn
plus euident exemple de l'inconstance des choses humaines, vne plus soudaine reuolution de prosperité en misere, de plus diuerses sortes d'afflictions, accumulées sur vne seule teste, de plus aigres douleurs, attachées
au corps & à l'esprit d'vn homme? Vn mesme iour, par maniere de dire,
l'a veu riche & pature; magnifique & contemptible; suiuy & abandonné, sain, & pourry: logé dans les palais, & gisant sur le fumier: reuestu de
pourpre, & couuert de vers & de boüe: abondant en enfans, & du tout
priué de lignée: ses amis rangez autour de luy, se mocquans de sa misere,
& sa femme l'agassant, harcelant, & picotant. Quels autres outils pouuoit
employer la mauuaise fortune, tant ingenieuse qu'elle peust estre; pour
faire vn chef-d'œuure de calamité? Et toutesfois, tous ses efforts ont esté
surmontez par cet homme qu'elle auoit desarmé de tout, fors que de la
patience; auec laquelle il a heureusement & glorieusement reconquis
toutes ses pertes; triomphé du monde; & laissé en l'histoire de sa vie vne
certaine & salutaire instruction à la posterité; pour se pouuoir defendre &
garentir des tribulations, & les combatre par les mesmes armes dont il les
a vaincuës: armes qui se trouuent icy penduës parmy les trophées de sa
constance, & exposées en public, pour tous ceux qui voudront estendre
le bras, pour les prendre & s'en seruir. Puis que les mesmes ennemis nous
menassent de tous costez en ce miserable siecle, où les hommes ne semblent auoir industrie, force ny vertu, que pour trauailler à la ruine & calamité les vns des autres, exterminer la paix & le repos d'entr'eux, & y faire
regner la violence, l'outrage, les embrasemens, les meurtres, le pillage; ne
perdons point temps, hastons-nous, approchons-nous, saisissons-nous de
ces armes sacrées; pour nous defendre de ces monstres, que la seule patience peut debeller. Venons donc à ceste autant agreable, que salutaire
histoire; de laquelle nous suiurons fidelement; autant qu'il nous sera possible, le sens de la lettre; & y adjousterons neantmoins, par forme de discours, ce que nostre esprit esleué en la meditation de tant de merueilleuses
sentences, & sainctes paroles, a conceu de ceste sacrée semence.

1 ENTRE l'Idumée & l'Arabie heureuse, il y a vne contrée, qu'on CHAP
appelloit anciennement Hus, en laquelle enuiron le temps de
Moyse, habitoit vn grand personnage nommé Iob: lequel à
ce que les anciens ont creu, estoit descendu d'Esau, & n'en estoit esloigné
que de trois degrez: car Esau auoit eu Raguel, & Raguel Zara, qui estoit
2 pere de Iob. * Ce personnage, estoit vn des plus grands Seigneurs de l'O-
rient, & qui possedoit plus de biens: car il auoit sept mille brebis, trois mille
chameaux, cinq cens paires de bœufs, cinq cens asnesses, & fort grand
nombre de seruiteurs: il estoit homme simple, plein de candeur & de sincerité, qui marchoit droit en toutes ses actions, rendant à vn chacun ce

qui luy appartenoit : au furplus, il craignoit Dieu, & l'aimoit de tout fon
cœur : & au contraire, abhorroit le vice, & le fuyoit de tout fon pouuoir.
* Dieu luy auoit donné fept fils, & trois filles : & qui plus eft, auoit mis l'v- 3
nion & l'amitié entr'eux; de forte qu'ils n'eftoient qu'vn cœur & qu'vne
penfée. * Les freres s'entre-vifitoient fouuent, fe banquetoient tour à tour, 4
enuoyoient querir leurs fœurs pour venir boire & manger auec eux. * Et 5
apres que chacun d'eux auoit fait fon feftin, Iob les enuoyoit tous querir,
les inftruifoit en la pieté, inuoquoit le nom de Dieu fur eux, & fe leuant de
grand matin facrifioit & faifoit offrande pour chacun d'eux, difant à par-
foy : Il fe pourroit faire que mes enfans auroient fait quelque peché, & penfé en leur cœur quelque chofe contre l'honneur de Dieu : car il ne fe con-
tentoit pas de veiller fur leurs actions, mais il auoit mefmes foin iufques à
leurs penfées; à ce que Dieu n'en demeuraft offenfé : & ainfi faifoit-il tous
les iours, fans que ny la negligence, ny la follicitude des affaires du monde, relafchaft rien de cefte religieufe couftume. * Or aduint-il vn iour, que 6
Dieu ayant fes Anges autour de foy, pour receuoir fes commandemens,
Satan s'y trouua auffi. * Et Dieu luy demanda d'où il venoit; à quoy il ref- 7
pondit : Ie viens de faire le tour de la terre, & de me promener fur la face
d'icelle. * Dieu luy dit, N'as-tu point confideré mon feruiteur Iob, & ob- 8
ferué comme il n'a point fon pareil au monde? car il eft homme fimple,
droit, qui me craint; & hayt le vice. * A cela Satan refpondit : C'eft volon- 9
tiers pour neant, que Iob craint Dieu. * Et quoy, ne l'auez-vous pas rem- 10
paré, luy, toute fa maifon & cheuance, de voftre grace, comme d'vne forte tranchée? N'auez-vous pas refpandu vos benedictions fur luy, & fur les
œuures de fes mains, de forte que les biens croiffent à foifon fur fa terre?
* Mais faires luy vn peu fentir la pefanteur de voftre bras, & touchez du 11
feu de voftre ire les biens dont il iouyt, vous verrez, fi à voftre face, il ne
vomira pas mille blafphemes? * Dieu dit donc lors à Satan : Or fus, ie te 12
donne puiffance fur tout ce qu'il poffede, ie le mets à ta difcretion : garde
feulement de toucher à fa perfonne : pour le refte, fais-en comme tu vou-
dras; & Satan partant de la prefence du Seigneur, vint au lieu où Iob eftoit.
* Ses enfans eftoient ce iour-là tous affemblez en la maifon de leur aifné, 13
qui leur faifoit feftin, dont Iob fe refioüiffoit & loüoit Dieu; * quand voi- 14
cy arriuer vn meffager, qui commence à luy dire : Vos bœufs labouroient,
vos afneffes paiffoient là aupres : * les Sabeens fe font iettez deffus, ont tout 15
emmené, & paffé tous vos feruiteurs au fil de l'efpée : ie fuis demeuré feul,
pour vous en apporter la nouuelle. * Celuy-là n'auoit pas acheué fon meffa- 16
ge, qu'en voicy arriuer vn autre qui luy dit : Le feu du ciel eft tombé fur
vos brebis, les a confumées auec ceux qui les gardoient : ie fuis feul efcha-
pé pour vous en donner aduis. * Comme celuy-là acheuoit fon propos, en 17
voila entrer vn autre, qui dit : Il eft venu trois trouppes de Caldeens à cheual, qui ont inuefti vos chameaux, & ont tout enleué, & tué tous les gardiens. * Apres vient encores vn quatriefme, & prenant la parole luy dit : 18
Comme vos fils & vos filles difnoient enfemble, & beuuoient l'vn à l'autre
en la maifon de leur aifné, * vn grand vent s'eft leué tout à coup du cofté 19
du defert, & efbranlant les quatre coins de la maifon, l'a renuerfée; tellement

ment que tous vos enfans ont esté accablez dessous la ruine, & personne
20 ne s'en est sauué que moy, pour vous le venir dire. * Ces nouuelles-là
estoient toutes bien luctueuses, comme le sujet en auoit esté disposé, par
vn ennemy plein d'inhumanité, & duquel l'industrie egale la malice: aussi
la façon de les faire entendre au pauure Iob, estoit toute pleine d'artifice,
afin que la douleur irritée, peust renuerser la raison de sa place, & trou-
blant son iugement, l'emporter par le desespoir, à quelque plainte iniurieuse contre la Majesté de Dieu: & pour ce, cet ennemy de pieté luy fait entendre tant d'accidens tout ensemble, pour luy faire connoistre, que naturellement ils ne peuuent estre arriuez ainsi. Il luy fait sçauoir que le feu
du Ciel est descendu, & à deuoré, non seulement le bestail, mais les gens
qui le gardoient: il luy represente vn spectacle, le plus triste & lamentable
que les yeux d'vn pere puissent voir, ou son esprit conceuoir, ses enfans,
(mais quels enfans? pleins d'honneur, de vertu, d'amitié & d'vnion)
ont esté accablez sous la ruine de leur maison, en banquetant: tellement
que ce pauure homme se remettoit deuant les yeux ce deplorable festin,
où il voyoit les membres de ses pauures enfans escrasez: leur chair, meslée
parmy les viandes: leur sang, parmy le vin. Et pensant au moins, que la
mort luy auroit laissé les corps, pour s'en pouuoir consoler, pour les pouuoir honorer, pour les arrouser de ses larmes, pour leur donner le dernier
baiser, il voit qu'il a tout perdu, que la ruine a confondu les restes, qu'elle
ne luy a pas seulement laissé le moyen de les distinguer, & les appeller encor vn coup par leur nom: comme si ceste main d'ire, qui saccageoit ainsi
ses biens, eust eu pour dessein de ne luy en pas seulement laisser la memoire,
sinon entant qu'elle pouuoit seruir pour irriter sa douleur, aigrir ses complaintes, & induire son cœur enflammé, à despiter le Ciel & la terre, accuser
celuy qui les gouuerne, & en fin perdre son ame apres ses biens. Mais comment s'est comporté ce miracle de patience entendant & apres auoir entendu ces deplorables nouuelles? il les a ouyes assis, sans partir de sa place:
Et s'estant longuement auparauant resolu, que rien ne luy pouuoit arriuer
en ce monde, que ce que la prouidence eternelle auroit ordonné, qu'il
ne partoit aucune ordonnance de son sage conseil, qui ne fust pour le bien
de ceux sur lesquels il la decernoit, il a escouté ceste histoire, comme il
eust fait les affaires d'autruy, & disant en soy-mesme: C'est Dieu qui a ainsi voulu disposer de ce qui estoit à luy. Il a fort long-temps reprimé les
mouuemens de son cœur, par le contre-poids de son iugement, mais en
fin, l'humanité s'est renduë maistresse, la chair & le sang eschaufez, ont
fauorisé la douleur, l'ont introduite en son esprit, & elle s'est saisie de tous
ses sens. Et lors se leuant tout à coup, il a pris à deux mains ses vestemens,
& comme s'il eust voulu puis apres deschirer sa poitrine, il a rompu le deuant de son habit: son cœur a bondy dans ses costez: les souspirs sont sortis de son estomac, les larmes ont ruisselé de ses yeux. Puis reuenant
aussi-tost à soy, & voyant bien que ce mal-heur l'inuitoit à vne plus longue tristesse, qu'il falloit mesnager ses pleurs & ses complaintes, pour en
fournir à tous les iours de sa vie, il s'est disposé à vn dueil eternel, & a
composé sa personne & ses actions à cet effect. Il a donc luy mesme pris

les cizeaux en main, & a coupé les cheueux qui seruoient d'ornement à sa
teste, & ainsi hideux & deschiré, s'est prosterné en terre, & a bouché ses
yeux auec ses mains. Il a creu que Dieu fust courroucé contre luy, & n'a
osé regarder le Ciel, duquel il a estimé auoir offensé le Seigneur. Car bien
qu'examinant sa conscience, il ne peust reconnoistre auoir contreuenu à
la loy de son Dieu, si est-ce que voyant sa peine, il a presumé sa condamnation, & se croyant condamné par celuy qui est tout iuste, il s'est creu
aussi coulpable. Mais leuant seulement les yeux du cœur vers le Soleil de
misericorde, & portant auec l'ardeur de son zele, ses vœux vers le Ciel, il a
adoré la puissance infinie de Dieu, & donné gloire à sa iustice; aduoüant
qu'il luy faisoit encores trop de grace de le laisser en cet estat, de luy conseruer le corps sain & entier; le iugement & la volonté ferme & stable,
pour pouuoir tout employer à l'honorer & le seruir; & s'est pris à dire:
* Et bien ie suis sorty tout nud du ventre de ma mere, & tout nud i'y re-   21
tourneray: ce que le Seigneur m'a donné, le Seigneur me l'a osté: ainsi
qu'il a pleu à Dieu, ainsi a-il esté fait: le nom du Seigneur soit loüé. Sa
bouche prononçoit ces mots, & son ame puis apres suiuoit auec ceste pensée: O qu'il me reste encores de biens, dequoy loüer & remercier Dieu;
de biens qui sont vrayement à moy. Ce que i'ay perdu n'estoit que des
songes: car mes enfans ne sont point perdus; celuy qui me les auoit donnez, les a retirez, & les aura receus en la part de ses esleus. Quant au reste
de mes biens, ie les ay despoüilléz comme vn serpent sa vieille peau, sur le
printemps; pour se monstrer plus luisant & plus pur. Ie les ay despoüillez,
pour despoüiller quant & quant les soins, les sollicitudes, les anxietez, auec
lesquelles il me les falloit conseruer; pour oster la prise à l'infortune, qui à
tous coups m'empoignoit par là, rompoit mon repos, & troubloit mon
ame. Auec le jet de tant d'inutiles fardeaux nous asseurerons le vaisseau, &
le conduirons au port de salut. Ce qui reste semble peu, & c'est tout. Nous
ne deuons pas souhaitter de tout estre, mais de bien estre. O mon ame, si
apres que Dieu eût fait le monde, & tant de choses admirables dont il est
remply, tu eusses esté vne simple connoissance, & vn simple desir; &
qu'apres auoir contemplé tant & tant de rares ouurages, Dieu t'eust donné le choix, d'estre de toutes ces choses, ce que tu eusses desiré qu'eusses-
tu sceu choisir pour assouuir tous tes desirs, sinon d'estre homme, le chef-
d'œuure de ses mains? C'est ce que tu es. Ou le premier homme qui a esté
nay en perfection, n'a point esté creé heureux, ou ie le suis. Il a esté creé
tout nud: c'est comme ie me trouue; mais doüé d'vn corps excellent en sa
composition: de membres propres à toute sorte d'artifices: d'vne majesté
en sa face, qui abbat à sa veneration tous les animaux du monde: d'vne
ame qui comprend tout l'Vniuers, en connoist les parties, passe par dessus
les plus hautes, penetre les plus profondes. Me reste-il donc peu, si ie suis
comme i'ay esté nay? & comme le premier homme a esté creé en grace?
Ouy, mais me direz-vous, il a esté en grace; & sa posterité l'a perduë: ouy,
mais vous respondray-je, la misericorde de Dieu supplée à ce defaut, le repare, voire auec vsure, & abonde à tous ceux qui esperent en luy. * En   22
tout cela, Iob n'a proferé aucune folle parole, ny n'est rien sorty de ses leures, dont Dieu ait esté offensé.   COMME

1 OMME il arriue, que ceux qui poussez d'vne sanglante malice, CHAP.II.
ont entrepris de ruiner quelque pauure innocent, venans à faire
leur effort, s'ils se trouuent foibles & impuissans, sont saisis de
honte, creuent de despit, & conuertissent leur malignité en rage, rongeans
continuellement leur cœur, en la recherche de quelque nouueau moyen,
pour executer leur dessein. De mesme cet ennemy coniuré de la vertu &
de la pieté, alloit honteux & desesperé, fabriquant quelque nouuelle inuention qu'il auoit peine de trouuer, pour terrasser le pauure Iob, & luy
faire sauter des poings la patience. Or aduint-il, qu'à quelques iours de là, il
se trouua auec les autres Anges, en la presence du Seigneur, lequel luy dit:

2 Et bien, d'où viens-tu? * A quoy il respondit, côme l'autre fois: Ie viens de
3 faire le tour de la terre, & m'y promener. * Et Dieu luy dit: N'as-tu donc
point pris garde à mon seruiteur Iob, & conneu, qu'en fin il n'a point son
pareil au monde? car il est simple, droicturier, craignant son Dieu, abhorrant le mal: quelque chose qui luy soit arriuée, il s'est tousiours maintenu
innocent; bien que tu m'ayes incité à l'affliger sans raison, sans aussi que
4 tu y ayes rien gagné. * Mais Satan repliqua: Vrayement c'est bien merueille; si l'homme donne la peau d'autruy pour sauuer la sienne. Il mettroit bien sa main deuant sa face pour parer le coup, si l'on l'y frappoit:
c'est tousiours gagner que de moins perdre, mais au bout, touchez-le vn
peu en sa personne: frappez ses os & sa chair, & vous verrez s'il ne vous di-
5 ra pas en face mille maledictions. * Adonc le Seigneur luy dit: Or sus, ie
te l'abandonne, fais-en à ton plaisir; toutesfois ne touche point à sa vie.
6 * Ce que Dieu disoit, pource qu'il sçauoit que Satan deuoit estre vaincu en
ceste lutte. Que s'il luy eust esté permis de disposer de la vie du bon Iob,
la victoire eust esté douteuse, & le vainqueur n'eust point suruescu pour en
triompher, & faire receuoir à ce malin ennemy la honte de sa malice: son
exemple aussi eust apporté moins d'edification & de consolation, quand
on eust veu qu'on ne le pouuoit imiter qu'en y perdant la vie. Et puis Dieu
ayant resolu de rendre à Iob, voire luy multiplier les biens que la tentation
luy osteroit, il falloit qu'il demeurast en vie pour les receuoir. Tellement
que la sage prouidence dóna ceste borne à Satan; & mesmes il est croyable,
qu'il luy defendit de toucher aux fonctions de son ame, & d'alterer les instrumens necessaires à l'vsage de la raison, de peur que si elle estoit troublée
par les illusions de cet ennemy, il ne voulust puis apres tirer en consequence les actions ou paroles mal composées, qui pourroient eschaper à Iob, &
pretendre par là, d'auoir vaincu ce Sainct personnage, & l'auoir poussé à
7 l'impatience & au desespoir. * Satan auec ceste response se retira de la veuë
du Seigneur; & apres auoir discouru quelles plus viues attaques il pourroit
faire à la patience de Iob pour l'esbranler, il le frappa d'vn vlcere malin,
qui le couuroit depuis la plante des pieds iusqu'au sommet de la teste. Il
ne faut point dire auec quelles douleurs, la grandeur de la maladie les fait
8 assez imaginer. * Mais pour monstrer combien estoit pitoyable sa misere,
il ne faut que se representer que couché sur vn fumier, il racloit la boue
9 qui sortoit de ses playes, auec le test d'vn pot cassé. * O hideux & deplo-

rable ſpectacle! la fortune de Iob n'eſt pas ſeulement changée, mais ſa
perſonne auſſi. Le fumier eſt ſale de ſoy, mais ceſte ſtatuë d'ordure qui
eſt poſée deſſus, ſur laquelle les vers groüillent parmy la galle, en augmente la laideur, & la puänteur qui en ſort, infecte l'air d'alentour, fait ſouſleuer le cœur de ceux qui en approchent: de ſorte que la pitié meſme s'en
conuertit en horreur, & l'horreur en haine en ceux qui le touchent de plus
pres, & que la nature & le deuoir obligent dauantage de compatir à ſa miſere. Tellement que ſa femme meſme ne peut parler à luy qu'auec vne
bouche pleine d'aigreur & d'amertume. Et bien, luy dit-elle, eſtes-vous
touſiours ſi ſimple que deſperer aucun ſoulagement à voſtrs miſere? Ayons
encores vn peu de patience, diſiez-vous; & Dieu pouruoyera à tout. Miſerable, qu'attendez-vous plus? les enfans qui ont tourné dans mon ventre, que i'ay mis au monde auec tant de douleurs, eſleuez auec tant de labeurs, ſont perdus: & de quelle ſorte perdus? quelles larmes peuuent ſuffire, ou pour ſaouler mon dueil, ou pour l'eſtoufer? Voſtre nom eſt effacé
de deſſus la terre; il ne reſte plus rien pour en perpetuer la memoire: car
mon âge & le voſtre ne peut plus nous promettre de lignée. Pourquoy
voulez-vous donc plus viure? afin de demeurer plus long-temps ſur ce fumier à la campagne: & voir voſtre corps tout remply de vers? pour me
voir miſerable, aller de porte en porte mendiant ma vie, & offrir de ſeruir
ceux à qui ie donnois auparauant du pain? Ie ne ſçay comme vous pouuez ſupporter la lumiere. Pour moy, dés le poinct du iour ie commence à inuoquer la nuict, afin qu'elle vienne cacher ma miſere; & qu'oſtant
à mes yeux la veuë de tant de triſtes objets, elle donne quelque repos à mes
eſprits. Prenez, prenez courage pour vne fois, non pour endurer, mais
pour finir vos douleurs, reconnoiſſez vos maux, d'où ils viennent, & mau-
diſſez-en l'auteur. C'eſt ce Dieu que vous ſeruiez ſi religieuſement, en
qui vous mettiez vos eſperances: deteſtez ſon nom, & par la mort mettez
fin à voſtre miſere: monſtrez-luy que vous auez en voſtre main la fin de
vos maux; puis qu'il n'a pas voulu que vous l'ayez receuë de la ſienne: il
n'eſt longuement miſerable que qui le veut eſtre. La main qui a encore
aſſez de force pour toucher ſon cœur, eſt aſſez forte pour deliurer ſa vie
de tourment. Ceſte femme pouſſée du deſpit, qui s'engendre en vne ame
impatiente, par le ſouuenir de ſa proſperité paſſée, & l'objet de ſa miſere
preſente, animoit encor ces propos par des geſtes pleins de meſpris & d'indignation; par vn regard de coſté, vn hochement de teſte, vn remuëment de bras, tellement que vous euſſiez dit, qu'elle meſme euſt vólon-
tiers preſté ſes mains à ſon mary, pour eſtouffer ce miſerable reſte de vie,
dans lequel il nourriſſoit ceſte odieuſe eſperance. Tant Satan auoit bien
armé & inſtruit ceſte femme, qu'il auoit choiſie pour ſecond en ce combat, afin de voir, ſi comme par les artifices de ce ſexe, il auoit arraché du
cœur du premier homme le reſpect & la crainte, il pourroit encores rauir
l'eſperance & la conſtance de l'ame de ceſtuy-cy. Mais en vain; car Iob
ayant ouy ſans s'eſmouuoir aucunement, tourner les yeux, ny changer de
contenance, tous ces faux propos, en ſe ſouſriant, reſpondit ſeulement:
*Mamie, vous parlez comme vne femme qui n'eſt pas ſage: vous auez io
bien

bien-tost oublié l'instruction que ie vous ay donnée par mes paroles, & par mon exemple : l'honneur & la crainte de Dieu, se sont bien-tost esuaoüiis de vostre pensée. Tant de fois ie vous ay representé l'instabilité des choses du monde : tant de fois ie vous ay remonstré que nous n'auions' rien qui fust vrayement nostre, que nostre volonté ; que celle-là nous pouuoit rendre heureux ; si nous l'affermissions en ceste resolution de ne vouloir que ce que Dieu veut, & receuoir de sa prouidente main tout ce qu'il nous enuoye, & croire que tout est pour nostre bien. Car il ne faut pas mesurer l'vsage de ce qu'il nous donne, par les desirs de ceste vie mortelle & caduque, mais le referer à l'acquisition de ceste vie immortelle, en laquelle il nous faut renaistre, & à l'auancement de la gloire eternelle qui nous est promise, en vsant bien des prosperitez, & souffrant bien les aduersitez du monde. Ce sont deux combats, esquels il faut vaincre en ce monde, qui veut estre couronné en l'autre : l'vn, de sçauoir bien employer les richesses & commoditez que Dieu nous depart : l'autre de sçauoir bien supporter les afflictions qu'il nous enuoye : & peut-estre le premier est aussi difficile que le dernier. Ce n'est pas vn petit ouurage que de conseruer son esprit entier & inuiolable, parmy l'abondance des richesses, & l'affluence des delices du monde. C'est vne carriere bien glissante, qui est fort difficile à franchir sans tomber. Beaucoup se sont brauement desmeslez de fortunes arduës & perilleuses, qui puis apres se sont venus fondre & perdre dans le sein des voluptez. Nous auons acheué heureusement ceste premiere lutte ; reste la seconde, qui est de combatre l'aduersité. Il ne nous faut pas rendre, & perdre la gloire de nos premiers trauaux à faute de perseuerer constamment aux derniers. Et dequoy nous voulons-nous plaindre de Dieu ? Si nous auons receu le bien de sa main, pourquoy n'en receurons-nous pas le mal ? Auons-nous marché-fait auec luy, de viure tousjours à nostre aise ? Les riuieres sont-elles tousiours claires & nettes ? ne se desbordent-elles iamais ? ne se troublent-elles point ? O race ingrate des hommes ! nous ne nous souuenons du bien, que pendant que nous l'auons ; & encor à peine nous souuenons-nous de qui nous l'auons. Et de ce que nous appellons mal, nous n'en pouuons perdre la memoire, ny acquerir la patience. Enfin, quand la terre & le Ciel seroient conjurez contre moy, & que mes maux seroient multipliez iusqu'à l'infinité, que mes membres n'auroient autre sentiment que de peine, & mon corps ne seroit animé que de douleur, si ne perdray-je point la souuenance des biens que i'ay receus de mon Dieu, ny l'esperance du salut que i'attens de sa misericorde. Ie maudiray bien ma vie, mais ce sera pource que ie croiray qu'elle luy a despleu : i'en souhaiteray la fin, mais ce sera quand i'estimeray qu'il l'aura agreable : & parmy tout cela, ie glorifieray sa puissance, loüeray sa bonté, & aduoüeray sa iustice. En tous ces propos il n'est rien eschapé à Iob, indigne d'vn homme de bien, & craignant Dieu, & par où l'on peust

11 connoistre qu'il doutast de sa bonté & sagesse. * Mais comme le malin esprit eut veu que toutes les machines & artifices, dont il auoit iusques-là battu & combattu ce rocher de constance, ne l'auoient point esbranlé, il foüille au fonds des magazins de sa malice, & cherche quelque nouuel

inftrument pour executer fon entreprife. Il s'eft feruy de la femme; elle y
a employé fes larmes, fes plaintes, la commemoration de fes maux, & des
paroles embrafées de commiferation. Cela a efté inutile, il faut faire venir
fes amis, & pour mieux tromper, les faire venir, fous pretexte de confoler
ceft affligé, afin qu'ayant acquis creance aupres de luy, il prenne puis apres
plus à cœur, leurs paroles de reproche, & de defefpoir, qu'ils luy fuggere-
ront. Car quand vn homme affligé voit venir fon ennemy vers luy, il fe
refout de bonne heure, que celuy-cy luy donnera encores quelque atteinte,
te, ou de fait ou de parole, & fe prepare à l'endurer: le courage luy croift,
la force luy redouble, & tel s'abandonneroit à fon mal, qui fe voyant fur-
chargé de la moquerie de fon ennemy, fe releue, & regaigne le deffus fur
fon affliction, pour ne donner point ceft auantage à celuy qui le hait, d'e-
ftre auteur de fa ruine & s'en pouuoir glorifier. Mais quand ceux que
nous eftimons nous aimer, & de qui nous attendons fecours & confolation, nous font entendre que noftre mal eft fans remede, que nous en fommes la caufe, que nous le meritons bien, quelle efperance nous peut-il re-
fter? non plus qu'au malade, qui faify d'vne grande & douloureufe maladie, enuoye querir vn Medecin, lequel au lieu de luy appliquer des remedes & luy donner fecours, s'amufe à luy reprocher fon intemperance, luy
dit que le mal luy eft bien employé, que s'il euft vefcu fobrement, cela ne
luy fuft pas arriué. Doncques les amis de Iob ayans entendu tous les maux
qui luy eftoient arriuez, prirent iour enfemble pour le venir vifiter, & confoler comme ils difoient, & partirent chacun de chez foy, fçauoir Eliphas,
de Theman, Baldad, de Suhite ville de Moabie, & Sophar, de Noheme,
pour fe venir rendre, où le pauure Iob eftoit, afin de le vifiter & confoler.
Comme ils furent arriuez, & que d'affez loin ils eurent jetté l'œil fur luy,
ils ne le reconneurent point, puis s'approchans de plus pres, ils s'efcrierent:
& touchez viuement au cœur, commencerent à pleurer à bon efcient,
rompre leurs veftemens, & ietter de la pouffiere fur leurs teftes. * S'eftans   12
affis pres de luy, ils demeurerent fept iours & fept nuicts fans en partir, finon entant que la neceffité de la vie les y contraignoit, fans que perfonne d'eux euft le courage, pendant ce temps-là, de luy dire vn feul mot.Car
la douleur qu'il enduroit, leur fembloit trop vehemente pour receuoir aucune confolation: & la compaffion qu'ils en auoient eftoit auffi trop grande, pour leur permettre de la luy donner. Les afflictions moderées ne font
que refueiller les efprits des hommes, & leur aiguifer la langue, mais les
douleurs defmefurées rendent muets, & ceux qui les fentent, & ceux qui
les voyent. Comme on apperçoit ordinairement qu'vne multitude de peuple enfermée en quelque lieu, quand elle veut fortir tout à coup par vne
porte, fait vne telle foule & fi preffée que perfonne ne peut paffer, auffi
les paffions, & de celuy qui enduroit, & de ceux qui le contemploient,
eftoient fi diuerfes & fi violentes, qu'elles ne pouuoient trouuer iffuë par
leur bouche, ains de leurs foufpirs eftouffoient leurs plaintes, auant quë la
parole les euft formées.

1 **M**A is en fin Iob, voyant que ses douleurs alloient tous les iours Chap. III.
2 augmentant; que le temps ne mettoit fin, ny à son mal, ny à sa vie; que ses amis n'apportoient ny secours ny consolation à ses peines, n'osant se courroucer contre Dieu, il se despite contre soy-mes-me, & se voulant mal de ce qu'il croyoit s'estre rendu desagreable à Dieu, commence en son cœur à haïr & detester sa vie; & desserrant ses levres, euaporer sa douleur par le soupirail de sa bouche, d'où il sort ceste plainte.

3 ✱ O triste iour auquel ie fus conceu! ó plus triste celuy auquel ie fus enfanté! pourquoy faut-il que vous ayez esté au monde? le temps ne pouuoit-il point faillir alors? & le Soleil cesser de luire sur la terre? falloit-il se leuant ce matin-là qu'il respandist sa lumiere sur cest horizon, afin d'esclairer à celuy qui venoit au monde, pour y estre vn si deplorable sujet de toute sorte de misere? O qu'il se falloit bien resiouir de la grossesse de ma mere! ó qu'on pouuoit bien faire feste à son accouchement! pour produire au iour vn spectacle suffisant de remplir de frayeur tous les hommes qui viuent, & leur desrober, par la crainte de semblable aduenture, tout ce qu'ils

4 peuuent trouuer de douceur en la vie. ✱ Plaise à Dieu, que quand l'année reuoluë ramenera le poinct de ceste miserable iournée, les tenebres espaississans leur obscurité, empeschent son entrée sur la terre; sans que Dieu redemande où il est, ny que les hommes s'en soucient, & s'il faut qu'il soit, que ce soit vn iour sans lumiere, vne eclipse continuelle. Car helas, qui voudroit commencer à viure en vn tel iour, pour continuer comme ie fais, & pour ne pouuoir finir quand il le desirera? ✱ Que si le Soleil ab-

5 horrant de voir vne telle misere, comme est celle qui m'a accueilly, ne peut changer son cours & s'arrester pendant que ce iour passera; que ce soit au moins vn iour d'obscurité, qu'il ne serue que pour tenir les hommes endormis; que l'ombre de tous costez l'enuironne, l'ombre la plus obscure que la nuict ait iamais apportée, & telle qu'on feint estre celle de la mort; que ce ne soit depuis le matin iusques au soir, qu'vn espais brouillas qui desrobe la veuë aux viuans, & leur oste le moyen de rien voir, qui represente ma misere, que les songes qui se formeront parmy ces tenebres, soient songes pleins de frayeur, les pensées qui naistront lors en l'esprit des hommes,

6 soient pensées d'aigreur & d'amertume. ✱ Quelquefois sur la mer, és bourrasqueuses saisons de l'année, on voit les nuages s'espaissir, fermer le Ciel, & desrober le iour; puis vn grand vent agiter l'air; vn grand tonnere fremir; debonder les cataractes du Ciel; & faire vne nuict en plein midy plus obscure que la nuict mesmes, la plus pleine d'horreur & d'espouuantement: en telle nuict soit conuertie ceste iournée, qu'elle ne serue plus au compte des mois ny des années. ✱ Que ceux à qui il restera quelque sentiment, ne

7 s'en seruent que pour la fuir, se cacher & tenir en solitude. Que les hommes enuient lors aux bestes leurs retraites, dans les plus sauuages repaires: & si ceste parole que Dieu leur a donnée, comme symbole de la diuinité, leur demeure entiere, qu'ils ne s'en seruent que pour detester ce iour funeste &

8 abominable. ✱ Que tous ceux qui ont quelque plainte à faire, & à qui la vie ennuye s'assemblent; ioignent leur despit, & conuertissent leur voix

en malediction, & en chargent ceste cruelle iournée : & que celuy qui
premier a conuerty sa douceur en aigreur, & sa bonté en ire, pour maudire l'auteur du peché, & l'exterminer du Ciel & de la lumiere, maudisse
encore ce iour, & l'esloigne de sa presence. * Qu'apres que ce iour aura
perdu la clarté du Soleil, il ne s'attende point à celle des astres : que le Ciel
ne soit que tenebres pour luy, quand il pensera voir leuer l'estoile matiniere pour ramener la clarté, qu'il ne voye rien que tenebres ; qu'il attende
tousiours la lumiere, & qu'elle n'arriue point ; quand il pensera le matin
voir leuer l'aurore, pour dorer de ses premiers rayons les sommets des montagnes, & espandre par l'air la gaye lumiere, qu'il voye l'obscurité s'espaissir, & les sombres voiles de la nuict s'opposer à l'arriuée du Soleil, & luy
couurir la teste. * Et pourquoy ? pour ce qu'il m'a esté si inhumain de ne me
pas estoufer dans le ventre de ma mere, & fermer la porte par où ie deuois
venir au monde : mais comme s'il eust pris plaisir à ma misere, & si expres
il m'eust destiné à estre le sujet de toute calamité, il a gardé ma vie, pour la
conduire au point où elle deuoit estre, & se voir enuironnée de toutes sortes de maux. * Ne m'en pouuoit-il pas garantir ? Ne pouuois-je pas, comme tant d'autres, estre suffoqué dans la matrice, & ne venir iamais à la lumiere ? & s'il falloit que i'y vinsse, ne pouuois-je pas, au sortir du ventre,
& à la premiere heure de ma vie, trouuer aussi la mort ? * Pourquoy
falloit-il que ma mere me receust sur ses genoux, me regardant se consol-
last de ses peines, & se resiouïst de ses trauaux ? Estoit-ce pource qu'elle
s'en estoit deschargée sur moy, & que ie deuois estre le receptacle, où tout
ce qu'on peut imaginer de misere, deuoit venir fondre ? Que pleust à Dieu
au moins, que ma douleur diminuast celle des autres : mais tant s'en faut,
comme i'en abonde pour moy, i'en fournis encore aux autres, & mon mal,
par contagion, afflige tous ceux qui s'approchent de moy. Pourquoy doncques ma mere m'a-elle donné le tetin ? pourquoy ay-je succé ses mammelles ? afin de nourrir vn joüet à la misere, & fournir à la mauuaise fortune vn
sujet sur lequel elle peust esprouuer le mal qu'elle sçait faire ? n'eust-il pas
mieux valu me laisser seicher en chartre, & mourir en langueur ? * Ie re-
poserois maintenant sans douleur ; vn profond sommeil tiendroit mon
ame endormie, sans que piqué par le violent sentiment de mes maux, ie fus-
se contraint, comme ie suis continuellement, de me plaindre, sans receuoir
soulagement : mes yeux seroient clos, sans auoir aucun fascheux objet ; au
lieu qu'à ceste heure, ils ne me seruent qu'à voir ma misere, & à la pleurer.
Ie voy, & ne puis voir sans pleurer : & pleurant ie perds la veuë, mes larmes sont-elles essuyées, ie reuoy ; puis ie pleure : mais ce que ie voy en vn
moment, m'est sujet plus que suffisant pour pleurer tout vn siecle. * O
mort tant de fois desirée, pourquoy doncques as-tu tant tardé à me venir
voir ? Pourquoy fuis-tu ceux qui te suiuent, & suis-tu ceux qui te fuyent ?
Ne pouuois-tu en ma tendre ieunesse donner de l'ongle dans la fleur de ma
vie, & m'enleuer d'entre les hommes ? Ie serois maintenant comme tant
de grands Rois, tant de Gouuerneurs de Prouinces, qui apres auoir basty
des chasteaux d'vne superbe & fastueuse structure, pour seruir de giste à
leurs delices, sont en fin contraints de se contenter de six pieds de terre, pour
                                                    leur

15 leur habitation, & pour le lieu de leur repos. * Ie serois comme ces grands
Princes, qui ont rauagé les nations, & depeuplé le monde de richesses,
pour en emplir leurs Palais ; ausquels rien n'estoit plaisant, si l'or n'y luisoit ; qui croyoient les bornes de la terre trop courtes pour leur ambition ;
qui se courrouçoient contre la nature de ce qu'elle n'auoit fait qu'vn monde. Apres s'estre bien tourmentez pour ce poinct de terre, qui sert de
centre à l'Vniuers, apres s'estre fort debatus en quel endroit ils y demeureroient, & auoir longuement tracassé à l'entour, en fin ils ont esté arrestez
16 par la mort, & enleuez en sorte qu'il n'est plus de memoire d'eux. * Ie serois
au moins comme les auortons, qui sont enfantez auant qu'estre formez ;
ou comme les enfans, qui morts auant qu'estre nais n'ont pas senty le bien,
mais aussi ne sentent-ils pas le mal : ils ne voyent pas la lumiere, mais aussi
ne la regrettent-ils point ; car ils ne sçauent pas qu'il y en ait : peu nous importe de n'auoir point ce que nous ne connoissons point : c'est la perte de
ce que nous auons possedé qui nous afflige : mais quand outre la perte du
bien passé, nous auons vn continuel sentiment d'vne viue & grieue douleur, c'est lors-que nous nous pouuons dire miserables ; que nous deuons
souhaiter de n'estre plus, afin de n'estre point mal ; c'est lors que la mort est
desirable, puis qu'elle est le secours de ceux qui n'en trouuent point d'au-
17 tre, & qu'elle donne repos indifferemment à tous. * Et pourquoy doncques, ne puis-je obtenir ce qui est si commun ; la nature ne le refuse point
aux plus meschans & aux plus impies. Apres s'estre bien tourmentez, &
que leur propre passion leur a seruy de fleau, apres qu'ils ont espuisé leurs
forces pour contenter leurs cupiditez enragées, qu'ils ont blasphemé
contre le Ciel & la terre, & prouoqué l'ire de Dieu, il leur est permis de
18 mourir, & en mourant finir leurs peines. * Ceux qui ont demeuré long-
temps à la chaisne, & attendu la liberté, frustrez de leurs esperances, &
ne pouuans se deliurer d'ailleurs, sont deliurez par la mort. Ceux qui
sont à la mercy d'vn rigoureux exacteur, qui leur oste la paille du
lict, & le pain de la bouche, qui les coffre dans vne prison, leur met les
fers aux pieds, & les tient sous le pressoir de ses rigueurs, pour exprimer
ce qu'ils ont de substance, pendant que leurs femmes & leurs enfans
meurent de faim & de necessité, crians apres les bras enchaisnez de leurs
peres, qui estoient le thresor de leur vie, ceux-là, dis-je, sont bien desastrez,
19 mais en fin la mort les en deliure. * Elle oit le petit & le grand, le maistre & l'esclaue, qui la reclame ; ils y arriuent tous, & libres, & egaux : elle
despoüille les hommes de ces foles marques qui les rendent differens en
imagination, bien qu'ils soient semblables en nature, & fait voir à ceux
qui sont enflez de vanité, que ce qui les enorgueillit, n'est que fumée
qui s'euapore en vn moment ; & à ceux qui sont affligez de miseres, que
ce qui les trauaille n'est qu'vn flot, qui se rompt contre qui le soustient,
qui ne peut longuement durer : qui plus il est grand & fort, & plus viste
il passe, laissant flotter au dessus, celuy qui se souleue par l'esperance d'v-
20 ne meilleure vie. * Quoy doncques ? Ie seray seul qui ne pourray mourir. Hé Seigneur, vous qui faites toutes choses sagement, pourquoy
faites-vous voir le iour à celuy qui n'y voit que de la misere ? pourquoy

donnez-vous la vie à celuy qui'la doit toute auoir confite en amertume?
Si mes yeux font creéz pour contempler vos merueilles, si nos esprits sont
formez pour considerer vostre infinie puissance, pourquoy noyez-vous
mes yeux dans mes larmes? pourquoy estouffez-vous mes esprits dans
mes tristesses? & leur ostez le moyen de seruir à vostre gloire? * Si vous 21
me reprouuez comme indigne de vostre seruice, si vous me desaduoüez
pour l'œuure de vos mains, si vous me rejettez comme l'ordure du monde, si vous me deniez toutes les autres graces, au moins ne me refusez pas
la Mort. C'est celle apres laquelle ie souspire: c'est celle seule en laquelle
i'espere; pourueu qu'elle me vienne de vostre consentement: mais quoy?
à mesure que ie m'en approche, elle se recule. I'en suis si pres, que chacun
croit que ie l'aye desia passée: & toutesfois, ie ne suis que comme i'estois
il y a long-temps: mort, à tout contentement, & vif, pour ma seule douleur. Mort tant appellée, approchez-vous en fin. Pourquoy vous recu-
lez-vous ainsi? & pourquoy suis-je en vous cherchant, trompé de mon
esperance? comme l'auaricieux, qui foüillant la terre pour trouuer vn tresor, à chaque coup qu'il donne, croit que l'argent soit dessous, & toutesfois il ne s'y trouue iamais rien? * Si son pic rencontre quelque vieil 22
sepulchre, le voila transporté d'aise: il pense auoir trouué le prix de ses labeurs, & chassé la pauureté de sa maison: il ne cesse qu'il n'ait descouuert que c'est: & en fin il ne trouue que de la poudre & des os; illusion
de son attente. Aussi pensé-je bien souuent, par mes importuns souhaits, & par mes ardentes complaintes, auoir flechy la mort, l'auoir attirée à moy, & m'estre bien attaché auec elle: mais ie trouue que ie n'ay rien
que langueur: i'ay de la vie assez pour me douloir; & trop peu de douleur
pour mourir. * Heureux donc, & trois fois heureux celuy de qui Dieu a fi- 23
ny la vie; & l'a cachée, comme s'il la vouloit desrober à la misere, qui se
promene sur les testes des hommes, & rauage tout ce qu'elle voit eminent.
Dieu l'a plié dans les tenebres, comme on enueloperoit vn precieux ioyau
dans quelque riche drap, pour le garantir de soüilleure. Il est là à couuert;
il est hors de prise à la fortune, hors de visée à l'iniure, hors de touche à la
douleur. * Et moy miserable que ie suis, ie mange mon pain trempé dans 24
mes larmes, & ne parle que par souspirs; mes pleurs ont noyé ma poitrine; & mes cris ont troublé l'air d'al'entour. Ie redouble de moment
en moment mes sanglots, & secoüe mon cœur, pour voir si ma vie
n'en voudroit point sortir: mais elle coniurée à me faire languir, ne me
veut point quitter, de peur que la douleur ne me quitte auec elle. * Et 25
ainsi, ce que ie craignois m'est aduenu: i'ay esté trompé en toutes mes attentes, fors aux mauuaises: le mal ne m'est pas seulement arriué grand,
mais immense & de continuelle durée; sans que i'en voye, ny en espere la
fin. * La patience, ce dit-on, vient à bout de tout. Mais quoy? peut-on 26
plus dissimuler vn mal, que i'ay fait le mien? n'ay-je pas cousu mes levres
iusques aujourd'huy; sans qu'il en soit sorty vne seule plainte? n'ay-je pas
croisé mes bras, & tenu tous mes membres en repos; sans monstrer aucun
ressentiment de ma douleur? Et toutesfois mon martyre est tousiours allé croissant, comme si ma patience eust esté de l'huile dans le feu de l'ire

de Dieu,

de Dieu, qui l'allaſt de tant plus embraſant. C'eſt trop, Seigneur, c'eſt trop : i'ay enduré tant que i'ay peu : là où vous voyez que mon inutile patience faut, faites auſſi faillir ma miſerable vie.

1 IOB outré de douleur, ne pouuant plus tenir ſon cœur, s'eſcha- **CHAP. IV.** poit à ſemblables plaintes contre ſa vie, contre ſa naiſſance, contre ſa fortune ; faiſant ne plus ne moins que ceux à qui l'on fait quelque douloureuſe inciſion, qui ne pouuans ſouffrir le mal, & n'oſans non plus ſe vanger contre le Chirurgien, qu'ils ſçauent trauailler pour leur ſanté, prennent leurs habillemens auec les dents, les mordent, les ſerrent, & paſſent là deſſus leur rage. Il n'oſe, ny ne veut pas s'attaquer à Dieu ; mais il s'attaque à ſa vie & à ſa fortune. Et lors, comme nous ſommes tous bons Médecins aux maladies d'autruy, eloquens à preſcher les autres en leur affliction ; Eliphas de Theman prenant la parole, entreprit de le conſoler, d'vne conſolation toutesfois ſuggerée par Satan, & qui ſentoit plus vn reproche d'ennemy, qu'vn office d'amy. Quoy que c'en ſoit, il monſtre quelque eſpece de reſpect à ſon infortune ; & ſemble, auant que l'attaquer plus viuement, ſe vouloir doucement inſinuer à ce diſcours, & s'excuſer, s'il ne ſe peut contenir de parler à luy ; bien qu'il voye que ſa douleur ſoit extreme, & mal preparée pour eſtre exhortée à patience. Il luy dit 2 donc ainſi : ✱ Si nous entreprenons de parler à vous, peut-eſtre vous ſerons-nous ennuyeux : car à la verité, la rigueur de vos douleurs, ſemble bien telle, qu'elle ne laiſſe loiſir à aucuns de vos ſens de s'employer à autre choſe qu'à ſe plaindre : les paroles qui entrent en vos oreilles, ſont repouſſées par la pointe de vos tourmens : & ne peuuent paſſer iuſques à voſtre eſprit ; qui à peine peut ſuffire à conceuoir la grandeur de vos maux : Toutesfois, comme l'ardeur de l'amitié que nous vous portons, conçoit en nous vne extreme compaſſion de voſtre mal, auſſi noſtre bouche, forcée par l'effort de noſtre charité, ne peut retenir ce qu'elle ſe croit obligée de vous dire pour voſtre ſoulagement. La parole en nous eſt comme vn vent enfermé dans la terre : en fin il faut qu'il trouue iſſuë, ou il ſe la fera auec vn violent 3 mouuement. ✱ Hé quoy ! bien que changé de face & de fortune, bien que tout defiguré, vous eſtes-vous tellement oublié vous meſme ; que vous ne vous ſouueniez plus, que vous eſtes celuy qui enſeigniez les autres ? dans la profonde ſageſſe duquel, chacun qui en auoit affaire, puiſoit les ſaincts & ſalutaires conſeils, pour ſupporter tant la bonne que mauuaiſe fortune ? Tellement que ceux qui n'auoient ny la force, ny le courage de tendre la main à celuy qui venoit à leur ſecours ; apres vous auoir entendu, ſe fortifioient, & monſtroient auoir recouuré vn nouueau cœur, 4 & de nouueaux nerfs. ✱ Ceux qui alloient chancelans, n'ayans pas puiſſance de ſe ſouſtenir, qui fondoient, s'il ſe peut ainſi dire, ſous le poids de l'affliction, s'appuyoient ſur vos diſcours, comme ſur vn fort & ferme eſtançon, & leurs genoux, qui auparauant trembloient, s'affermiſſoient en vous oyant. Car comme l'impreſſion que l'eſprit prend, de quelque dangereux objet, ou de quelque effroyable accident, deſrobe incontinent la chaleur au ſang, la force aux nerfs, & rend le corps comme

sans vie, stupide, perclus, & sans moûuement; celle au contraire de vostre sage parole, doûnée à vn esprit agité, luy donnoit vn leniment qui reparoit incontinent sa vertu, & faisoit aussi-tost reluire en toutes ses actions la sagesse que vous luy auiez inspirée: * Et maintenant que la calamité est arriuée chez vous, que vous auez esté frappé de ceste playe, le courage vous faut, vostre sagesse vous est inutile: car à la premiere touche vous perdez l'escrime; vous demeurez troublé, esperdu, sans vous pouuoir resoudre, On diroit à vous voir, que vous seriez cheut dans vn puits; que vous ne sçauriez de quel costé vous prendre pour vous releuer. 6 * Où est ceste craintiue prudence, qui vous faisoit aller si consideré en toutes choses? Où est ceste genereuse resolution que vous monstriez, apres les auoir entreprises? Où est ceste incroyable patience, auec laquelle vous defiiez les aduersitez? Où est ceste perfection de mœurs, ceste exacte innocence de vie, auec laquelle vous cheminiez par les voyes de ce miserable monde? Cela estoit-il vrayement en vous; ou si vous vous trompiez vous mesmes en le croyant? ou si vous trompiez les autres, en le feignant? Car maintenant il faut donner loüanges à Dieu: il faut reconnoistre verité: il faut ouurir vostre estomach, & descouurir vostre cœur deuant luy: afin que la reconnoissance de vos pechez inuite sa misericorde à vous secourir & soulager vos maux. * En fin considerez vn peu, ie vous prie, si 7 vous verrez iamais qu'vn homme innocent soit pery: regardez hardiment de tous costez, & en tout temps: courez de l'œil les Prouinces: suiuez auec la memoire tous les âges l'vn apres l'autre: & obseruez, si vous trouuerez quelque homme iuste & droicturier, qui ait esté entierement ruiné & abysmé. Vous en verrez assez, qui ont esté affligez: les vns d'vne façon, les autres d'vne autre: mais ils sont comme l'or qui est mis en la coupelle, pour se purifier entre les flammes, & sort du feu, plus net & plus luisant. Car quand les forces ont commencé à leur faillir, Dieu les a secourus, fortifiez de son aide; encouragez par sa grace; de sorte que les vagues des afflictions se sont rompuës contre leur constance, & n'ont fait que les lauer, en les heurtant. * Mais bien ay-je veu ceux qui prenoient plaisir à mal faire, & dont l'ouurage n'estoit qu'iniquité, cueillir comme ils auoient semé: 8 ils auoient donné de la peine aux autres, & ils en enduroient: ils auoient craché contre le Ciel, & leur ordure retomboit sur eux. Il sembloit que les douleurs qu'ils auoient fait sentir aux autres, fussent demeurées en depost pour leur estre renduës: ils en estoient si chargez tout à coup, qu'il falloit fondre sous le faix, sans esperer d'en pouuoir releuer. * Vous eussiez 9 dit, qu'il sortoit vn vent de la bouche de Dieu, qui les consumoit, comme on voit aux chaleurs d'Esté, lors que l'espy doré, bien plein & bien grené, est prest à tomber sous la faucille, pour contenter l'esperance du laboureur; il arriue vne broüée qui s'assiet sur le bled, & brusle le grain iusques au cœur; de sorte que quand il vient sous la meule, il ne rend rien que de la cendre. L'ire de Dieu sur les meschans fait tout vn semblable effect. Car quand elle a passé sur eux, & que la roüe de la fortune les vient froisser, entre les calamitez du monde, il n'en sort que de l'ordure; leur bien, leur fortune & leur esprit, s'enuolent en poudre. * Il ne se faut pas en ce monde, 10

fier en

fier en sa force : le Lion rugissant, est bien espouuantable : la Lionne affamée qui cherche dequoy nourrir ses petits, est bien dangereuse : les petits
Lionceaux mesmes, si tost que les dents leur sont venuës, font d'estranges
eschecs dans les troupeaux : mais si est-ce qu'on les attrape à la fin : vous
en voyez les vns enchaisnez, pour estre menez en triomphe : les autres à qui
on rompt les dents pour les appriuoiser, & leurs peaux se trouuent en fin
aux ouuroirs des pelletiers. * Et ceux qui n'ont peu estre combatus d'autre

11 façon, le sont bien souuent par la faim. Le tigre mesmes quelquesfois,
bien qu'il soit fort leger à la course, qu'il ait les griffes bien aiguës, perit faute de trouuer curée : & les faons des Lions, apres auoir bien cherché de
costé & d'autre, meurent de male-rage de faim : souuent pensant auoir
trouué leur proye, ils tombent dans le piege que l'on leur a dressé : & demeurent à la misericorde du chasseur. Tellement que ny la force ny la legereté ne sont suffisantes ponr sauuer ce qui doit perir, ny pour esuiter ce
que Dieu a ordonné des choses de ce monde : il n'y a si fin ny si fort, qui
ne trouue plus fin & plus fort que soy : il n'y a point de conseil qui vaille,
contre le decret de la Prouidence ; ny de sagesse qui puisse parer ses coups.
Le seul moyen de les rabatre, ou de les esquiuer, c'est de s'humilier, reconnoistre son peché, & comme l'ire frappe d'vn costé, se tirer à couuert sous

12 la misericorde. * Ie vous diray vne chose que i'ay apprise, non par la voix,
ny par l'enseignement des hommes ; mais par vn son qui s'est sourdement
coulé en mes oreilles, & a secretement penetré en l'interieur de mon ame.

13 * Au plus fort de la nuict, lors que les membres sont composez au repos,
que le sommeil assoupit le corps & l'esprit, & que les puissances de l'ame
sont hors d'action, il m'est suruenu vne vision qui m'a remply d'effroy.

14 * La peur m'a saisi le cœur, vn tremblement m'a pris par tout, & m'a sem-
15 blé que mes os se separoient de ma chair. * Il m'est passé vn vent au deuant du visage, & les cheueux me sont incontinent dressez à la teste.

16 * Puis tout d'vn coup il s'est presenté vn homme à moy, que ie ne recon-
noissois point, seulement au trauers d'vne sombre lumiere qui reluisoit en
sa personne : i'ay remarqué les traits de son visage, & entendu vne voix

17 foible & basse, qui sembloit sortir de sa bouche, & me dire : * Qui sera
l'homme qui sera innocent deuant Dieu ; & qui estant condamné par luy
se pourra iustifier ? Qui sera celuy, qui pour rendre Dieu coulpable, se
voudra pretendre iuste, apres estre condamné par luy ? Peut-estre que la
creature voudra estriuer contre son createur ; comme la terre contre le
potier ? & que l'homme, qui n'est que fange & ordure, voudra debatre
le prix de la pureté & de la iustice, auec le Prince de l'Vniuers, l'auteur

18 des puissances, & le pere des vertus ? * O folie des hommes ! tenez, voyez-
vous bien les Anges qu'il a creéz ; pour estre ses plus chers & fauoris ministres : qu'il a logez dans les Cieux : ausquels il a donné les plus excellentes graces, les ayant receus à la contemplation de sa magnificence & de
sa gloire ? Si tost qu'ils se sont voulus comparer à luy, il leur a bien monstré comme leur felicité ne dependoit que de sa grace : il leur a bien fait

19 paroistre leur faute : & leur en a fait porter le chastiment. * Et que sera-
ce doncques des hommes qui habitent dans des maisons de terre, & qui

ne font formez que de boüe? qui font comme de petites images d'argile,
mal cuites, poſées sur vne baſe de fiente, qui n'attendent que leur cheute,
& leur ruine en leur cheute: le moindre heurt, le moindre vent, les portera par terre, & les voilà par morceaux. O hommes, qui allez ſi droits,
qui leuez la teſte ſi haut, qui regardez le Ciel & deſdaignez le monde, qui
vous eſtimez plus que tout ce que vous voyez, attendez vn peu, & les
vers vous rongeront le ventre: vous ſerez plus puants qu'vne charongne,
& ne demeurera de vous que les os, encores ſeront-ils bien toſt roüillez &
cariez. * Et quel temps penſez-vous qu'il falle pour vous reduire à ce 20
poinct? ie ne vous demande loiſir, que du matin iuſques au ſoir, entre le
leuer & coucher d'vn Soleil. Ie vous veux faucher & fener, comme l'herbe d'vn pré, voire vous conuertir en fumier. Vous vous leuerez gaillards,
& direz en vous-meſmes: Ie ne me portay iamais mieux, ie ſuis frais, ie
ſuis diſpos, ie veux me donner du bon temps: çà voyons quelle ſorte de
plaiſir nous choiſirons pour addoucir ceſte vie; & en quel plus delicieux
deduit nous coulerons ceſte iournée, ſus inſtrumens de luxe, miniſtres des
friandiſes, officiers des voluptez, conſultez quels nouueaux moyens on
peut trouuer pour chatoüiller mes ſens, & flater mes cupiditez. A peine
aurez-vous dit cela, que la teſte commencera à vous faire mal: voſtre
veuë à ſe troubler: voſtre cœur à ſe debatre: les ſens à vous manquer.
Vous voilà ſur vn lict à crier: Ie me meurs, à regarder auec regret, ce
monde que vous laiſſez: à voir tous les voſtres autour de vous empeſchez,
ſans pouuoir en rien remedier à voſtre mal, ny tant ſoit peu arreſter voſtre vie qui s'enfuit. L'vn crie, Hé mon pere: l'autre, Hé mon frere: l'autre,
Hé mon maiſtre: l'autre, Hé mon amy. Mais ny les enfans, ny les freres,
ny les ſeruiteurs, ny les amis, ne vous ſçauroient ſeulement retenir vn
quart d'heure: il faut marcher, il faut deſcendre à la mort, & qui pis eſt,
à la mort eternelle. Il faut perir vne fois pour touſiours; changer la douceur de la lumiere, en l'horreur des tenebres: les plaiſirs, en tourmens: la
vaine gloire, en abjection, miſere, & calamité perpetuelle. Et pourquoy?
pour ce que vous n'auez pas voulu entendre la voix de Dieu, qui vous
monſtroit la voye de ſalut: ſuiure ſon Eſprit, qui vous acheminoit à la felicité eternelle. * Au moins que voſtre exemple peuſt faire les autres ſages: 21
& les humilier par la crainte d'vne ſemblable peine. Mais comme le pere, ainſi les enfans: meſme vie, leur apportera meſme fin: la mort les attrapera tous, comme leurs peres. Ils ſe font fiez en leur Sageſſe, & n'ont
pas recherché celle d'enhaut: celle, que donne le Pere de lumiere, qui
n'eſt ſujette à nul changement: celle qui eſt la ſeure guide de la vie, le
contrepoiſon du peché: & laquelle il ne refuſe point à ceux qui la demandent & la recherchent; pourueu que ce ſoit auec ceſte reconnoiſſance, que l'homme n'eſt qu'infirmité, qu'impureté, & qu'il ne s'en trouue
pas vn ſeul qui face bien.

CHAP. V.   VE vous ſert doncques de crier? à quoy ſont bonnes vos plaintes?
Qui penſez-vous qui eſcoute, puis que Dieu vous ferme l'oreille?
puis qu'il eſt offenſé contre vous, à quel ſainct vous pouuez-vous voüer?

                                * C'eſt

2 * C'est folie que de se courroucer contre soy-mesme ; dequoy sert la colere sans puissance ? les fols se tuent & se debattent de rage & de despit ; &
n'auancent rien. C'est à faire aux enfans, qui n'ont n'y sens ny iugement,
de mourir d'enuie, s'ennuyer de leur condition, & se desplaire de celle
d'autruy, qui est meilleure. Il faut que chacun attende de la main de
Dieu, ce qu'il merite ; qu'il s'en contente & prenne patience en son mal ;

3 car les iugemens du Seigneur sont iustes. * I'ay quelquesfois veu vn fol,
vn desesperé, à qui la fortune estoit si fauorable, que toutes choses luy
reüssissoient ; vous eussiez dit d'vn arbre, qui est assis bien ferme sur son
tronc, qui a l'eau au pied, qui fleurit en son temps, & fructifie à foison. Et
lors la rage me prenoit, & ne me pouuois tenir de maudire la fortune, qui

4 estoit si fauorable à ce meschant. * Mais à peu dela ses enfans ont esté miserables, toute sorte de calamité les a accueillis, ils ont esté opprimez par
violences & par chicaneries, & n'ont point trouué de protection en la iu-

5 stice, ny personne qui les voulust secourir. * Le premier qui a eu besoin de
quelque chose a mis la main sur leur bien, & s'en est accommodé. Qui a eu
faim a cueilly le bled qu'ils auoient semé : qui a eu soif a enfoncé leurs cel-
liers, & a fait grand' chere à leurs despens. Et s'ils se sont venus plaindre,

6 il les a menacez & leur a porté la dague à la gorge. * En fin il faut croire,
qu'en ce monde il n'arriue rien par hazard : celuy qui l'a creé a preueu
iusques aux moindres auantures qui peuuent y suruenir : Il a tout pesé à la
balance ; chasque chose à son poids. Les hommes ne veulent pas confesser
la iustice de Dieu, de peur de confesser leur iniustice : mais en fin, si vous
en voyez quelqu'vn qui ait du mal, ce n'est point sans cause ; ce n'est point

7 vn fruict qui vienne sans semer. * Les oiseaux sont naiz pour voler, &
l'homme pour souffrir. Mais comme les oiseaux pour voler estendent leurs
aisles, & donnent mouuement à leurs plumes : aussi l'homme estendant sa
concupiscence à ce qu'il sçait que Dieu luy a defendu, & remuant ses affections aux choses vicieuses & desordonnées, se jette à l'essor, & vanoüant
& planant au trauers des vanitez du monde, tant qu'en fin il est contraint

8 de fondre dans les abysmes des miseres. * Et pource ie suis resolu, quittant
toutes les cogitations du monde, de me conuertir de tout mon cœur à
Dieu : luy addresser mes vœux & ma voix, afin de conjurer sa bonté de
m'assister de sa grace, prendre la protection de ma vie, me garantir du pe-

9 ché & de ses peines. * C'est le Dieu des merueilles, qui les fait sans nombre : duquel la sagesse est inscrutable, & les ouurages admirables ; qui ne
se lasse iamais de bien faire, & ne reproche iamais à personne le bien qu'il

10 a fait. * C'est luy qui donne la pluye en son temps, & lors que la face de
la terre est beante & alterée, & à toutes ses fleurs bruslées par la chaleur,
lors que les herbes vont mourant, & que les arbres sont tous sechez, il lasche les bondes de ses estangs celestes, & en arrousant doucement les campagnes, leur rend la couleur & la vigueur, & ressuscite l'esperance du la-

11 boureur. * C'est luy qui esleue les petits en haut ; & fonde sur l'humilité,
les grandeurs de la terre ; prenant plaisir, pour monstrer sa puissance ; de
mettre au rang des Princes ; ceux qu'il tire de la lie des peuples. Il se sert
des hommes comme de jettons ; & leur fait changer de place & de valeur

comme il luy plaiſt, auec vn tour de rouë; il met haut ce qui eſt bas: il
change la condition des affligez, ſelon que bon luy ſemble : eſſuye leurs larmes quand il veut: & les tirant des abyſmes de triſteſſe, les comble d'aiſe
& de contentement ; aſſeurant leur fortune , & la remparant contre toutes ſortes d'aduerſitez. * Et bien que les malins ayent trouué mille inuen-   12
tions pour opprimer l'innocent, il rend tous leurs artifices inutils; & leur lie
les mains, afin qu'ils ne puiſſent venir à bout de leurs entrepriſes. * C'eſt vn   13
plaiſir de voir ces gens qui font les ſages, & penſent par leurs fineſſes,ſi bien
tramer leurs deſſeins, que perſonne ne s'en apperçoiue. C'eſt par leur propre ſageſſe qu'il les confond; par leurs propres artifices qu'il les attrape.
Leur partie ſemble dreſſée, qu'il n'y manque rien : leur mine va joüer; voicy, ce croyent-ils, l'effect de ce à quoy ils ont tant trauaillé : & c'eſt lors
que les voilà deſcouuerts : que leur mine eſt eſuentée, & que leurs deſſeins
ſe tournent en vent. * Ils ſe penſent bien clair-voyans, & en plein midy ils   14
ne voyent goute. Pauures gens, qui croyent que fuyant la lumiere du Soleil, & les yeux des hommes, ils ne peuuent eſtre deſcouuerts: & ne conſiderent pas que cet œil qui penetre du haut des Cieux au fonds de la terre;
ceſte lumiere qui fait iour dans les plus creux abyſmes , penetre encores les
cachetes de leur cœur. O aueugles volontaires ! vous irez à taſtons en plein
iour; & encores auec les mains ne pourrez-vous trouuer voſtre chemin.
Car la prouidence de Dieu voit où vous allez; & iuge aſſez qu'il n'eſt ytile,
ny pour ſa gloire , ny pour le bien des hommes, auec leſquels vous viuez,
que vous arriuiez où vous vous eſtes propoſé d'aller. * Et quoy ? s'ils pou-   15
uoient ce qu'ils veulent, qui ſe pourroit garantir de ruine deuant eux, qui
vont la gueule beante pour deuorer l'innocent? Mais Dieu les a emmuſe-
lez, afin que leurs dents enragées ne peuſſent mordre ſur l'affligé : il leur a
lié les bras, de peur qu'ils n'exerçaſſent leur outrageuſe violence ſur leur
foible voiſin. * Tellement que les pauures, qui de loin les craignoient & ſe   16
tenoient perdus, voyans puis apres leur impuiſſance, & reconnoiſſans viſiblement, que Dieu leur oſte la force & renuerſe leur malice, reprennent
courage, releuent leur eſperance. Et au contraire, la malice auſſi deſpitée
que honteuſe, grince les dents de rage, perd toute contenance auec la parole, & ſe va coucher de honte d'auoir ſans effet deſcouuert ſa meſchante
& peruerſe volonté. * Au moins s'ils faiſoient leur profit des aduertiſſe-   17
mens que par là Dieu leur donne. Quand il empeſche le meſchant de mal-
faire, il fait beaucoup pour luy ; quand il le punit, il luy fait grand' grace.
Car il ne le fait pas comme vn Iuge ſeuere, ou comme vn ennemy offenſé;
mais comme vn bon & pitoyable pere, qui ne demande que l'amendement, & ne deſire que la reconciliation. Doncques s'il vous a touchez, ne
rejettez pas ſa main comme ennemie; mais baiſez-la, comme celle qui
veut penſer vos playes. * Car iamais il ne nous bleſſe qu'il n'ait le remede   18
en main : la playe n'eſt pas ſi toſt faire, qu'il n'y applique l'emplaſtre,ſi nous
le laiſſons faire. Auſſi ſes coups ne ſont pas pour entamer le vif, ou inciſer
quelque partie vitale : ils ne ſont que pour euacuer les mauuaiſes humeurs
de nos eſprits, oſter le pus de nos conſciences, guerir les abſcez de nos penſées, où s'aſſemblent mille ſales & infects deſirs; leſquels croupiſſans en

                                                                        nos

19 nos ames, non seulement les vlcerent, mais gangrenent. * Au reste, il a
des remedes pour toute sorte de maux : sa misericorde n'est point vne boutique mal fournie, qui se puisse espuiser par la multitude des playes que
nous receuons : sa main n'est point vne main foible, qui se lasse de trauailler apres nostre salut. Le mal vous accueillera, & puis vous recoupera, &
autant de fois qu'il reuiendra, autant de fois Dieu vous garentira. Que les
tribulations s'amoncelent si espaisses qu'elles voudront ; voire que six fois
l'vne apres l'autre elles retournent ; Dieu sera tousiours prest pour vous
deliurer, si vous auez vostre fiance en luy ; & en fin vous fortifiera tellement, que si pour la septiesme fois, la calamité reuient pour vous toucher,
elle ne fera que glisser sur la solidité de vostre constance, ne plus ne moins
qu'vn trait tiré sur vn harnois, que le labeur du marteau a longuement
batu sur l'enclume & rendu à l'espreuue. * Qu'y a-il de plus affreux que la
20 faim ? qui arme la mere contre son propre enfant, & fait rentrer dans ses
entrailles ce qui en est sorty : la faim qui apres auoir deuoré autruy, se deuore soy-mesme : la faim qui est vne longue mort. Dieu, si vous vous fiez en
luy vous garentira lors que vous l'estimerez plus ineuitable. C'est sa parole qui nous nourrit, & non pas le seul pain. C'est celle qui est vn leuain admirable, qui ne multiplie pas seulement la quantité, mais la vertu. Les perils de la guerre ne sont pas moindres. Là, le glaiue de l'ennemy va mois-
sonnant tout ce qu'il rencontre : la mort erre de tous costez, & arriue où
moins on l'attend. Vous serez au milieu d'vn escadron, sur lequel viendra fondre toute l'armée, tout sera passé au fil de l'espée : si vous vous fiez
en Dieu, il vous en tirera sain & sauf, & vous fera chemin au trauers des
21 glaiues de vos ennemis, & au trauers de la mort mesme. * Ie vous veux encore proposer pis que cela, & quoy ? la langue venimeuse de la maligne
enuie, qui est continuellement au guet pour descouurir les actions d'autruy ; & les desguisant par ses artifices, les va diuulguant toutes autres qu'elles ne sont ; & auec mille & mille calomnies, deschire la vie de celuy qu'en
son ame elle sçait innocent : luy suscite la mal-vueillance d'vne sotte &
ignorante populace ; ou la haine des grands, qui n'ont les oreilles ouuertes
qu'aux traistresses flateries des calomniateurs ; coups à la verité, difficiles à
parer, voire impossibles à la prudence humaine, pour deliée qu'elle soit.
Mais si vous vous mettez à couuert sous l'aisle de la bonté de Dieu, il vous
22 en preseruera. * Si par auanture vous estes porté en quelque sauuage desert, ou dans quelque profonde forest, où vous vous trouuiez seul au milieu des solitudes & repaires des bestes affamées, au lieu qu'vn autre trem-
bleroit d'horreur, & que les cheueux luy dresseroient en la teste, vous mar-
cherez auec vn visage riant & si asseuré, que les bestes mesmes estonnées
23 vous reuereront ; & vous viendront lecher les mains. * Et comme si les rochers qui s'esleuent au milieu des contrées, s'estoient par contrainte soubmis à vous & à vostre obeïssance, tout ce qu'ils recelent en leurs antres
s'humiliera deuant vous, & quittera sa ferocité en vostre presence. Car celuy qui leur a donné l'estre & le naistre, leur donnera lors la qualité & l'hu-
24 meur qu'il voudra. * Et quand vous serez de retour chez vous, vous y
trouuerez la paix & la concorde ; vostre femme qui vous cherira, vos en-

fans qui vous aimeront; l'honneur & la vertu reluiront en leurs mœurs, & vous feront benir voſtre vie, & releuer voſtre penſée à l'auteur de tant de biens pour luy en rendre graces, obſeruer ſes volontez, & compoſer toutes vos actions & de toute voſtre famille, en ſorte qu'il n'y ſoit iamais offenſé. * Vous verrez voſtre poſterité reuerdir & foiſonner, comme l'herbe 25 des champs, & comterez les enfans iuſques à la quatrieſme generation. Ils ſembleront proprement diuers tuyaux ſortis d'vn meſme tige, comme il arriue en la grande fertilité de la terre, lors que d'vn meſme grain il naiſt grande quantité d'eſpics. * Et quand la fin, qui ſuit toutes choſes mortel- 26 les, viendra borner voſtre vie, la mort vous recueillira doucement & ſans peine; comme vn fruict bien meur, qui ſuit la main de celuy qui le touche; & ſerez porté dans le ſepulchre, comme l'on fait les fruicts que l'on met en reſerue dans le grenier. Et ſi bien il ſemblera que vous ſoyez rendu à la terre pour eſtre conuerty en elle, il n'en ſera pas ainſi : car ſi vous pourriſſez, ce ſera pour germer de nouueau & reprendre vne vie nouuelle, lors que ce nouueau Soleil de vie, qui eſt le Sauueur du monde, ramenera à ſon retour le printemps de la beatitude eternelle, qu'il a deuant les ſiecles predeſtinée à ſes eſleus. * Voila ce que ie puis comprendre en mon eſprit à force de re- 27 chercher comme les choſes vont; & en fin, c'eſt la verité toute pure. Vous m'auez entendu, c'eſt à vous maintenant à eſplucher vos actions paſſées, ſonder voſtre conſcience, & iuger ſans vous flatter, ſi les afflictions qui vous ſont arriuées ne ſont pas des iugemens de Dieu, lequel vous fait ſentir que vous l'auez offenſé; qu'il a deſcouuert vos actions lors que vous les eſtimiez plus cachées; & penetré vos penſées, lors que vous les croyiez mieux deſguiſées.

CHAP. VI.　IOB ayant entendu patiemment ce diſcours, en ſentoit en ſon 1 cœur vne piqueure plus aiguë que celle de tous ſes autres maux. Car comme il ſçauoit ſon ame nette, & ſe ſouuenoit n'auoir iamais rien tant ſouhaité en ce monde que l'honneur de Dieu, il luy faſchoit extremément, que ſous pretexte de le conſoler, on luy vouluſt reprocher que ſa miſere fuſt cauſée par ſes pechez. Et pour ce, encor qu'il ſceuſt qu'il n'y a rien de pur deuant Dieu, ſinon ce qu'il purifie luy-meſme, & que l'homme qui veut entrer en iugement auec luy n'y peut eſtre que condamné; de peur que la malice de ces faſcheux conſolateurs, qui preſtoient leur langue à l'entrepriſe de Satan, pour conſommer ce chef-d'œuure de miſere, ne ſe glorifiaſt dauantage, & ne leur donnaſt ſujet de continuer en ſemblables diſcours; en leur reſpondant il exaggere ſa douleur, afin de les conuaincre, qu'ils n'ont point reconneu en ſa vie vne telle deprauation, qu'eu eſgard au chaſtiment que Dieu a accouſtumé de donner aux autres hommes, il merite d'eſtre reduit à telle extremité. * Vous trou- 2 uez doncques (leur dit-il) iniuſtes mes plaintes, & ne pouuez ſupporter mes cris; pour ce que vous croyez que ce ſont les peines de mes iniquitez : hé pleuſt à Dieu, que mes peines fuſſent miſes à la balance auec mes plaintes, pour voir ſi ie crie trop haut, pour le mal que ie ſens. * Vous verriez 3 que ma douleur eſt beaucoup plus grande que n'eſt pas ma clameur : &

qu'il

qu'il n'y a non plus de comparaifon de l'vn à l'autre, que d'vn grain de fable à toutes les arenes de la mer. Tellement que fi ma bouche foufpire, & fi ma voix s'efclatte, elle obeït aux violentes fecouffes du tourment qui m'agite, qui ne permet pas à mon cœur de conceuoir les penfées qu'il voudroit, ny à ma langue de prononcer ce qu'elle defireroit ; mais forme en l'vn & en l'autre des paroles & des cris conuenables à ma langueur.* Car 4 les traits de l'ire de Dieu font fichez fi auant en ma chair, & penetrent fi profondement en mes veines, qu'ils boiuent tout mon fang, & confument tous les efprits qui entretiennent ma vie ; en forte que mon ame abandonnée de leur affiftance fe pafme continuellement, & ne vit qu'en tremeur & efpouuantement. Car m'imaginant continuellement que Dieu eft irrité contre moy, qu'il a toufiours le dard en main pour redoubler fon coup, & auec fon coup mon tourment, ie n'ay repos ny en mon corps ny en mon ame. * Il eft bien aifé à celuy qui a ce qu'il defire, de prendre patience & fe 5 retenir de parler. L'afne fauuage qui trouue vne prairie bien verte, & force herbe pour paiftre, ne jette pas en l'air fes cris ; mais quand la faim le preffe dans les deferts, & qu'apres auoir longuement cherché il ne trouue rien dequoy repaiftre, il brait efpouuentablement, & jette vn cry horrible qui retentit par les deferts, de mefmes le bœuf qui trouue fa creche pleine, ne 6 s'amufe point à mugler. * En fin il eft bien difficile de trouuer fauoureux ce qui eft fade, & doux, ce qui eft amer ; & plaifant ce qui apporte la mort à qui en goufte. Chacun fçait fon mal, & à mefure qu'il luy cuit, ne fe 7 peut tenir d'en monftrer le reffentiment. * Pour moy, à quoy fuis-je reduit ? Ce qui me faifoit auparauant mal au cœur, & contre quoy mon eftomac fe fouleuoit, eft maintenant mon plus friand repas ; ie fuis confit en ordure & ne vis que d'ordure : il n'entre que vilennie en moy, & ne 8 fort que vilennie de moy. * Quand auray-je donc ceft heur, de voir arriuer ce que ie defire ? Quand Dieu me fera-il fi fauorable, de me rendre iouïffant de ce que i'attens ? Vous penfez peut-eftre, que mes fouhaits font trop grands, que mon ambition les conçoit, que ma cupidité les produit. Non, non, ils font hors d'enuie ; ils font tels, & non autres, que l'extremité de ma douleur les requiert, pour trouuer quelque fin à fa durée, puis 9 qu'elle n'a point de mefure à fa rigueur. * Ie n'ay doncques qu'vn feul fouhait : c'eft que, puis que Dieu a entrepris ma ruine il l'acheue viftement, qu'il eftende fon bras plus auant, qu'il ne me frappe point à demy coup, qu'il trenche tout à fait le fil de ma vie, afin d'ofter à mes miferables membres, le 10 fentiment de tant de maux. * Voila tout le foulagement que ie defire, toute la confolation que i'attens, que puis que les douleurs font deftinées pour defborder fur ma tefte, qu'elles y tombent toutes à la fois : que celuy qui les enuoye ne me les efpargne point : afin qu'accablé ie n'aye pas loifir de me plaindre, que la foudaineté de ma ruine m'en ofte la connoiffance, & que le loifir de reconnoiftre mon mal, & l'impuiffance de le fupporter, ne me jette point à vn defefpoir qui me faffe offenfer le tres-haut, & le tres-Sainct ; me plaignant de fes iuftes iugemens, & des effects de fa 11 facrée prouidence. * Car fi cecy doit durer, quelle force ay-je pour l'endurer ? que fera-ce de moy à la fin ? quel moyen y aura-il que ie puiffe prendre

H

patience? * Mon corps n'est point vn rocher; il n'a point vne dureté im- 12
penetrable; qu'il puisse sans s'esmouuoir, ou sans estre entamé, receuoir
de tels coups! Ma chair, n'est ny de fer, ny d'airain; qui puisse resister aux
traits acerez de l'ire de Dieu, qui continuellement me transpercent. * Que 13
feray-je, d'où attendray-je secours? Ie suis moy-mesme si despité contre
ma vie, que mes mains ne veulent plus seruir à soulager ma douleur; pour
ce qu'il me semble que la soulager est la prolonger. Quant à mes amis,
& à mes plus proches, il y a long-temps qu'ils m'ont abandonné; ou s'ils
me voyent, c'est par curiosité, pour contempler vn spectacle d'infortune, ou par vn malicieux mespris, pour me reprocher mon malheur. * Dieu 14
leur pardonne: celuy qui refuse misericorde a son amy, qui n'a pitié de luy
en son affliction & ne compatit à sa misere, monstre qu'il n'a pas deuant
les yeux la crainte du Seigneur, lequel ne se resioüit en rien tant que quand
il void les cœurs des hommes remplis de charité les vns enuers les autres:
mais principalement les amis à l'endroit des amis, puis qu'ils se sont vne
fois vnis par le lien de la fidelité, qui prend sa force & sa vigueur en la reuerence que nous deuons à Dieu; que nous appellons pour tesmoin de
nos promesses, & pour garde des droicts de l'amitié que nous nous iurons
les vns aux autres. * Mais pourquoy me plains-je de mes amis, puis que 15
mes propres freres, qui ont tourné dans vn mesme ventre, qui ont succé
mesme laict, qui ont esté nourris & partagez en mesme maison, & que
i'ay plus aymé que moy-mesmes, m'ont veu en cet estat, & n'ont pas fait
semblant de me voir? Ils ont passé au deuant de moy, comme vn torrent
qui tombe du haut des montagnes: vous diriez qu'ils craignent de n'auoir
pas loisir de passer; les chemins ne leur semblent pas assez larges; & pour
s'enfuir d'aupres de moy, ils courent si fort qu'ils renuersent tout ce qu'ils
rencontrent. * Vous diriez qu'ils ont peur que mon mal-heur ne soit conta- 16
gieux; & qu'en m'approchant, ma fortune ne les saisisse. Mais bien, bien,
tel craint le broüillas qui sera couuert de verglas: chacun aura son tour, &
peut-estre le leur ne sera pas le plus doux. * Il viendra vn temps qu'ils seront 17
frappez : & peut-estre lors leur mal sera sans remede, & aussi sans consolation. L'ardeur de l'ire de Dieu se leuera sur eux comme vn aspre Soleil sur vn monceau de neige, & ils fondront, qu'à peine s'apperceura-on
où ils auront esté. * Ils pensent estre bien fins, mais ils se trouueront pris 18
au piege. Ils auront beau sauter & gambader, ils n'auanceront rien. Il
faudra demeurer où le mal-heur les attrapera, & perir là sans misericorde.
* Vous voyez bien ceux de Theman, & vous souuenez bien de ceux de 19
Saba, ils me sont venus voir. Ie vous prie considerez vn peu l'humeur de
ces gens, & prenez patience de remarquer leur dessein; & vous iugerez s'il
y a aucune charité ny misericorde en eux: si ç'a esté la curiosité qui les a
conduits icy, ou quelque pitoyable intention. * Comme ils sont arriuez 20
icy ils ont eu honte de me voir, & dit en eux-mesmes: Nous pouuions bien
venir de si loin pour vn tel spectacle: & quel miserable homme est-ce là?
ce n'est qu'vne charongne, ce n'est pas celuy que nous pensions, c'est vn
homme abandonné de Dieu & des hommes. Puis quand ils ont veu, que
ny pour leur mespris, ny pour mes douleurs, ie ne perdois ny le courage,

ny

ny l'esperance, que ie leuois continuellement les yeux au Ciel, & louois
Dieu des maux qu'il luy plaisoit m'enuoyer; comme autrefois i'auois fait
21 des biens qu'il m'auoit donnez, ils sont demeurez tous confus. * Maintenant vous voicy venus à vostre tour, & considerant la profondeur de mes
playes & l'horreur de mon tourment, vous estes tous effrayez; vous auez
quasi peur que mon mal ne passe iusques à vous, & que ma ruine n'attire la
22 vostre. * Et quoy, vous ay-je rien demandé du vostre? vous ay-je priez
de me secourir de vos biens? vos richesses vous sont fort cheres, vous ne
craignez rien tant que de les perdre; vous estimez que leur vsage est à les
auoir & les tenir bien enfermées. Or sus, ie ne vous les enuie pas, & vous
23 les demande encore moins. * Si ie vous demandois quelque secours de
gens-d'armes pour combatre mes ennemis, & pour me deliurer de la violence de quelque puissant aduersaire, comme ont accoustumé faire les voisins à leurs voisins, alors vous auriez raison de me rejetter comme vn hom-
24 me qui vous seroit à charge. * Ie ne vous ay pas seulement appellez pour
me consoler. Vous m'estes venus voir, & quis quand vous auez esté icy,
pour consolation vous me preschez qu'il faut que i'aye fait quelque grand
peché, & qu'autrement ie ne serois pas où ie suis. Vous me faites des sermons de la iustice de Dieu, cela va bien. Enseignez-moy, ie suis tout prest
d'apprendre: ie vous presteray bonne audience: & si i'ay ignoré quelque
chose de ce que ie dois croire des iustes iugemens de Dieu, ie ne demande
25 pas mieux que d'en estre instruit. * Et pourquoy prenez-vous ce pretexte
pour detracter de moy par vos discours, contre toute verité: veu qu'il n'y
en a nul entre vous, qui me puisse reprocher de m'auoir iamais veu faire
26 chose indigne d'vn homme d'honneur? * Vous n'auez pour tout que de
vaines paroles, proprement agencées; lesquelles vous semez en l'air, & qui
s'en vont auec le vent, qui ne me sçauroient rendre, ny deuant Dieu, ny de-
27 uant les hommes autre que ie suis. * Mais en fin, vous faites ce à quoy vostre
naturel vous porte: où vous voyez le mal vous le croissez: ce qui est entamé
vous acheuez de le deschirer: vous auez accoustumé de courir sus aux pauures orphelins, & leur rauir la substance, leur arracher le pain de la main,
vous trouuez maintenant vostre amy par terre, vous le foullez aux pieds, &
28 luy serrez le genoüil sur la gorge de peur qu'il ne se puisse releuer. * Or sus
acheuez ce que vous auez si bien commencé, fermez vos bouches & ouurez vos oreilles; vous orrez encores mes plaintes, & les cris qu'exhale ma
douleur: escoutez bien & regardez hardiment si vous entendrez que iamais il m'aduienne de me plaindre de la iustice de Dieu, ny proferer aucun
blaspheme contre son sainct nom, ny parler de sa misericorde autrement
29 qu'en parole de verité. * Quand vous m'aurez oüy, respondez-moy, mais
ie vous prie que ce soit sans contention, sans esprit de contradiction, & auec
zele de verité, iugeans en droicture de cœur & sincerité de conscience.
30 * Vous trouuerez que ie sçay bien ce que ie dis, & que ma langue ne s'esgare point en paroles foles & indiscretes, contre l'honneur de Dieu, & qui
offensent sa iustice; & verrez que ma bouche parmy les langoureuses complaintes, auec lesquelles elle est contrainte esuenter l'ardeur de mes tourmens, sçait bien comme elle doit parler de ceste sage prouidence, qui dis-

pose de nous comme il luy plaist. Et si ie me plains de Dieu, ie ne me plains que de ce que sa bonté infinie ne s'est pas daignée me rendre creature accel ptable deuant ses yeux, & digne ministre de sa gloire. Mais quand ie me plains de luy, ie me plains de moy-mesme ; & reconnoissant assez sa iustice, ie deteste le mal-heur de mon indignité.

CHAP. VII.   A vie de l'homme, à qui la considere bien, n'est autre chose qu'v ne guerre continuelle, où vous voyez deux armées, affrontées l'vne à l'autre, composées de deux grandes & nombreuses trouppes, les hommes d'vn costé, les afflictions de l'autre : l'alarme y sonne depuis le matin iusques au soir : il y a tousiours combat ou escarmouche, quelque mort, ou quelque blessé, quelque fuyart, ou quelque battu. Mais il y a bien plus grand nombre d'afflictions, que d'hommes : & les hommes parmy eux, & dans eux mesmes, ont non seulement des espions, mais des ennemis conjurez qui les trahissent. De sorte que si ce n'estoit la tranchée de la constance & patience qu'ils ont tirée au deuant de leur camp, ils se roient bien-tost mis en route. Or entr'eux, les vns sont posez sur les aue nuës pour receuoir les charges, les autres sont enfoncez dans les escadrons & à couuert des coups. Pour moy ie me suis trouué au rencontre des en nemis, & ay supporté tous leurs efforts. Aussi m'ont-ils laissé en estat qu'il ne se peut plus rien adiouster à ma misere que la Mort. Ie l'attens & l'appel le, mais elle est sourde à mes cris, aussi est-elle du party de mes ennemis. Et si elle me secouroit elle feroit contre sa nature. Elle me tient iustement com me les mauuais maistres font leurs esclaues, qui ne veulent ny les nourrir ny leur donner congé : elle me tient en vn moyen estat entre le viure & le mourir : auquel ie n'ay pour mouuement que le tourment, & pour ame que la douleur. I'attens la fin, & elle ne vient point : quand ie la pense prés elle recule. * Ie la cherche, comme l'esclaue qu'on fait trauailler tout le long du iour aux plus furieuses ardeurs du Soleil, cherche l'ombre de quel que arbre touffu, pour se mettre à l'abry & reprendre vn peu d'haleine. Ie l'attens comme l'ouurier qui a entrepris vne tasche, attend le bout de l'ou urage. * Ainsi ie vay passant les mois, les semaines, les iours & les heures, languissant & me consumant sans rien auancer que le temps. Les nuicts mesmes qui me deuroient donner quelque repos, sont vn renouuelle ment de ma peine : car lors ie repense en moy-mesme quels ont esté mes trauaux ; & songe quels ils seront le lendemain. * Quand ie me vay coucher, ie dis : Hé mon Dieu ! quand sera passée ceste nuict, qui adiouste à l'horreur de ma douleur celle des tenebres, & qui esloigne de mes yeux tous les autres objets, qui pouuoient diuertir mon ame de pen ser à son mal ? Et puis, quand le iour est venu, ie dis : Quand serons nous à la nuict, que mes yeux soient fermez, pour ne me pouuoir plus voir moy-mesme, & perdre le plus vif sentiment de mon mal ? Ce sera en diminuer vne grande part, que de ne le plus sentir qu'auec vne partie de mes sens. * Car quelle horreur est-ce, que de me voir tout couuert com me ie suis d'ordure & de puanteur ; la poussiere que le vent leue, se venant attacher à la boüe qui coule de mes vlceres, me reuest tout le corps, d'vne

sale

falé & hideufe croufte ; & s'il paroift en quelque endroit quelque peu de
ma peau, elle eft retirée, aride & bruflée, comme fi elle eftoit roftie au
6 feu. * C'eft chofe eftrange, comme mes beaux iours fe font efcoulez; comme la ieuneffe qui reluifoit en mon vifage s'eft efuanoüie ; de mefme que
fait vn fon en l'air, il mefemble que ma vie a efté coupée comme vne toil-
le qui eft fur le meftier, fi l'on paffe le cizeau dedans, ce qui refte s'effile, &
7 tout s'en va par morceaux, fans efperance de s'en pouuoir feruir. * Comme
vn vent qui paffe au trauers d'vne plaine, donne quelque branfle aux arbres & aux plantes, puis venant à ceffer laiffe tout fans mouuement, & ne
demeure nulle marque qu'il ait paffé; de mefme, apres que l'efprit, qui donne la vie à mes membres, aura abandonné ce mien corps, ce fera comme
fi ie n'auois iamais vefcu ; & ma prunelle vne fois efteinte ne recouurera
8 plus fa lumiere pour contempler la beauté du monde.* Les yeux des hommes ne feront plus tournez fur moy : car ie feray là comme vn tronc, comme vne charongne ; & du iour que vous me regarderez, Seigneur, pour
me faire entendre qu'il faut finir, que mon heure fera venuë, ie manque-
9 ray tout à coup, & ne feray plus que pourriture. * La nuée pouffée des
vents s'en va, ou diffipée du Soleil s'efuanoüit ; & ne reuient plus : auffi ne
10 fait celuy que la mort a precipité dans les abyfmes de la terre. * Il quitte fa
maifon & n'y retourne plus, quand on regardera le lieu où il auoit accouftumé de fe feoir on ne l'y verra plus ; il faudra qu'vne fois pour toutes, il
die adieu à tout ce qu'il poffedoit, & qu'il le regarde en partant pour la
11 derniere fois. * Et pource, pendant que i'ay l'efprit & la parole à moy, que
ma penfée fuit ma douleur, & ma bouche ma penfée, ie donneray la carriere libre à mes plaintes, & foulageray ma tribulation par la liberté de mes
gemiffemens : ie deftremperay l'amertume de mes angoiffes dans les ondes
de mes larmes ; & entretiendray mon ame par des difcours conuenables à
12 fa mifere. * Et quoy donc, Seigneur, vous m'auez mis entre les afflictions, comme la mer entre les vents, pour en eftre continuellement agité,
afin que quand l'vne ceffera, l'autre m'empoigne, & me roule au trauers
des malheurs ; comme les hautes marées feroient la baleine parmy les ondes. Elle fe penfe tenir tantoft fur vn cofté, tantoft fur l'autre, & faire force de fon poids & de fa groffeur; mais pour cela il faut qu'elle fuiue où la
13 violence du flot l'entraine. * Ie penfe bien quelquefois tout de mefme parer à la vehemence de ma douleur, & dis à par moy : Ie me cacheray dans
mon lict, & deftournant mes yeux de tout objet, ie m'entretiendray & me
14 confoleray moy-mefme. * Mais alors vous m'enuoyez des fonges affreux
qui me tourmentent, & des vifions terribles qui me troublent & me met-
15 tent au defefpoir. * De forte qu'apres m'eftre tourné de tous coftez, ie ne
trouue point d'autre reffource que de mettre moy-mefme fin à ma mifere,
en la mettant à ma vie ; & affoupir par la mort, la douleur qui s'eft enraci-
16 née en mes os. * En fin ie fuis defefperé, & ne veux plus viure; pardonnez-
moy, Seigneur, & ne m'imputez point ce mesfait. Car fi vous auez defendu aux hommes de fe defpoüiller eux-mefmes de la vie, auffi n'eft-ce
pas vne vie que ie veux perdre; c'eft vn refte de miferables iours, qui n'ont
17 rien qu'amertume & angoiffe intolerable. * Hé vray Dieu, qu'eft-ce que

H iiij

de l'homme, que vous en faciez tant de cas? que vous y mettiez voftre
cœur, & le recommandiez comme voftre chef-d'œuure? comme l'ouurage auquel vous auez affemblé toutes vos puiffances,pour en faire vne image animée de voftre diuinité? *Dés que le Soleil commence à poindre fur 18
le fommet des montagnes, & efpandre fa lumiere fur les plaines, vous ef-
pandez voftre foin fur l'homme, & faites luire voftre grace fur luy, vous
examinez fon eftre & confiderez fa force; afin que s'il luy defaut quelque
chofe pour fon heur, voftre beneficence luy fubuienne, & luy departe fes
faueurs. * Moy feul entre les hommes fuis reprouué deuant vous, & re- 19
jetté de voftre liberale bonté; qui n'eft auare que pour moy. Iufques à
quand Seigneur, exercerez-vous fur moy vos rigueurs? voftre clemence
pour moy feul, fera-elle fourde? voftre pitié, aueugle? & la peine que vous
m'auez ordonnée,eternelle? Ne me permettrez-vous point pour le moins,
pendant que l'ardeur de l'inflammation me brufle tout le corps, que i'aye
la puiffance d'aualer ma faliue, pour aucunement rafraifchir mon poulmon? * I'ay peché, me direz-vous, il eft vray: mais, ô garde & prote- 20
cteur des hommes, que voulez-vous que ie vous y face? Ne fuis-je pas né
pecheur? Pourquoy auez-vous permis que ie nafquiffe pour m'oppofer à
vos commandémens & contrarier à vos volontez? voftre œil tout-voyant
ne iugeoit-il pas bien, deflors que i'eftois enueloppé dans la matrice de ma
mere, que ie ferois vne piece de rebut, vne creature infirme, vn indigne
feruiteur d'vn fi grand maiftre? Comment,Seigneur,ne vous defplairois-
je pas; ie me defplais à moy-mefme, & iuge bien que ie fuis non feulement
vn poids inutile fur la terre, mais encor vne pierre de choppement. * Mais 21
auffi fi vous eftes Dieu tout-puiffant, tout bon, tout mifericordieux, que
n'effacez-vous mon peché? que n'arrachez-vous du fond de mon ame
mes iniquitez? car ie les reconnois, ie les vous prefente, ie vous en fupplie,
ie vous en conjure,pouuez-vous eftre Dieu, & n'eftre point clement? Pouuez-vous eftre clement, & ne l'eftre point à moy; qui parmy mes pechez
ay toufiours efleué mon cœur à vous; pour vous protefter, que fi bien la
chair & le fang emportoient mes affections au monde, fi eft-ce que mon
ame en foufpirant retournoit toufiours fes yeux vers vous, & vous tendoit la main de fes defirs pour retourner à vous, quand il vous plaira luy
tendre celle de vos graces? Que fi quelqu'vn de tant de chauds foufpirs
qu'elle a jettez vers vous, font paruenus à vos pitoyables oreilles, & que
vous ayez quelque volonté d'amolir vn peu voftre ire exafperée contre moy, il en eft temps; c'eft à cefte heure ou iamais : car la mort m'a
faifi, elle me tient, elle m'emmene; ie m'en vay fermer les yeux pour dormir vn fommeil eternel; ie m'en vay rendre ma chair à la terre dont ie l'ay
prife; & fi demain vous me penfez chercher, vous ne me trouuerez plus,
& aurez perdu le fujet de voftre mifericorde, & le moyen de faire reluire
voftre gloire entre les hommes.

CHAP.
VIII. **O**B penfoit par ce difcours auoir fatisfait à la curiofité de fes amis, 1
  & leur auoir donné fujet de le laiffer en paix, fe confoler en fa mifere,
donnant vent par fes plaintes à fes douleurs: mais comme il fe penfe jetter
                   fur

sur le costé, & destourner sa veuë de ceux qui l'assistoient, voicy vne nouuelle attaque, & vne partie faite qui luy est dressée par Baldat de Suithe,

2 lequel reprend la parole & les erres de son compagnon. ✝ Iusques à quand,
dit-il, continuerez-vous tels propos, & irez-vous rebatant vn mesme fer ?
vous parlez & reparlez, & tout cela n'est que du vent: ce ne sont que paroles perduës, lesquelles au lieu d'alleger vostre mal ne le font qu'apesantir:

3 ✱ Vous vous plaignez de Dieu, comme vous feriez d'vn homme: & vous
plaignez de ses iugemens, comme s'il se laissoit corrompre, ou si sa passion
l'emportoit à ordonner vne chose qui fust iniuste. Ne sçauez-vous pas
que comme il est tout-puissant, aussi est-il tout iuste? comme il est tout
iuste, aussi est-il tout misericordieux? & qu'il ne tient qu'à nous & à nostre
mauuaise disposition, que nous ne ioüissions du fruict de sa clemence?

4 ✱ Bien que vos enfans l'ayent offensé, qu'ils ayent prouoqué contre eux les
traits de son courroux, qu'il les ait abandonnez à leurs pechez, qu'il leur ait
lasché la bride pour se precipiter dans les abysmes d'iniquité, & qu'il les ait

5 en fin poussez sous la ruine que leur mauuaise vie s'attiroit; ✱ toutesfois, si
à la pointe du iour vous vous leuez pour vous prosterner deuant luy, coniurer sa bonté, & implorer sa misericorde, reconnoissant que c'est de sa
toute-puissance, que vous auez receu tant de biens dont vous auez abusé;
que c'est de son infinie clemence que vous attendez la grace de vostre for-

6 fait: ✱ Si vous vous resoluez de mundifier vostre ame, redresser vos pensées, & ne plus marcher que par les voyes qu'il vous a marquées, il vous
tendra la main, vous releuera de vostre cheute, entreprendra vostre protection, & fera qu'au lieu de l'iniquité & de l'iniustice, qui habitent en vous
maintenant, vous serez doresnauant le domicile de toute pieté, de toute

7 vertu, & de toute iustice. ✱ Les biens aussi vous suiuront à foison, voire
de telle sorte, que tout ce que vous auez eu par le passé, soit pour le corps,
soit pour l'esprit, ne sera rien au prix de ce qu'il vous enuoyera cy-apres:
il les vous multipliera de telle mesure, que c'est chose que l'esprit ne pour-

8 ra comprendre, ny la parole exprimer. ✱ Car qu'est-ce que de nous, si
nous ne sommes autre chose que ce que la condition de nostre naissance
nous fait estre, & si la grace de Dieu ne se vient respandre sur nous? Demandez vn peu le compte de ceux qui vous ont precedé, & remontez de

9 degré en degré iusques à vostre premier pere. ✱ Vous trouuerez qu'il n'y
a que trois iours que les hommes sont au monde, eu esgard à l'eternité,
& que la clarté de nos plus beaux iours (ce que toutesfois nous ne pouuons comprendre) n'est rien qu'vne ombre sur la terre, voire l'ombre d'vn

10 songe qui disparoist au resueil. ✱ Pleust à Dieu, que tous ceux qui nous ont
precedé fussent maintenant deuat nous, qu'ils eussent rassemblé tout ce que
leur estude leur a appris, tout ce que l'experience leur a monstré: ils nous
apprendroient tant de choses que nous ne sçauons pas; en parlant à nous
ils tireroient d'estranges secrets du profond de leur cœur, pour nous faire
connoistre nostre infirmité, & la puissance de Dieu pour nous faire com-

11 prendre que rien ne se fait en ce monde sans sa prouidence. ✱ Vous voyez
le ionc qui est ce vous semble, la plus miserable herbe qui naisse dans les
prez; vous voyez le roseau qui croist dans les marais, pensez-vous qu'ils

peuffent croiftre ou verdir, s'ils n'auoient l'humeur au pied ? * Lors que 12
l'vn & l'autre font en fleur, qu'ils reparent les prez de leur belle couleur,
& vous jettent vn verd-brun deuant les yeux, il vient vne chaude iournée qui leur feiche le pied ; & ils deuiennent comme le foin qui eft preft à
botteler. * Vous deuez penfer qu'il en eft de mefme de ceux qui oublient 13
Dieu ; le fuccés de leur fortune eft femblable. Tant que la patience de
Dieu, qui les attend, leur laiffe ioüir de fa grace, elle eft comme leur féue :
elle les entretient en quelque vigueur. Mais quand il commence à fe laffer de leur impieté, & qu'il voit qu'il ne gagne rien à les attendre ou à les
appeller, alors il retire de deffus eux la main de fa beneficence, & ils fleftrif-
fent tout à coup ; & les efperances qu'ils ont conceuës en leur hypocrifie,
en penfant tromper Dieu & le monde s'en vont à vau-leau. * Car Dieu, 14
qui connoift le fonds de leur cœur, ne fe paye pas de leur mine, ny ne s'arrefte pas à toutes leurs vanitez & folies, lefquelles ne font proprement que
des toiles d'araignées, qui font tiffuës auec beaucoup de labeur & d'artifice, auec mille tours & retours & autant de nœuds ; mais au bout, ne font
bonnes qu'à prendre les moufches ; encores faut-il que ce foit des plus petites. * Comment donc penfera le pecheur, fous vn fi foible manteau, fe 15
couurir contre l'ire de Dieu ? auec quels moyens fe voudra-il affeurer contre luy ? Il a beau faire, il n'y fçauroit mettre clou qui tienne. Il penfera
s'appuyer fur fes richeffes, & fonder fa maifon fur de grands & opulens reuenus : mais tout cela n'aura point de tenuë : elle fondra fur luy, & quelque eftançon qu'il y mette, elle ne pourra demeurer debout : il faut que
luy & tout ce qui luy appartient fe renuerfe, fi vne fois le vent de l'ire de
Dieu frappe deffus. * Il eft comme la plante, laquelle à la premiere faifon, 16
& en la douceur du Printemps jette fa fleur & a quelque beauté : elle monte puis apres en graine, & lors le Soleil la feiche & elle demeure toute morte. * Sa femence vient à tomber de foy-mefme entre les pierres & jette ra- 17
cine : mais en vn lieu où elle ne prend point de nourriture, & par confequent ne peut venir à bien. * De forte qu'on marche par deffus, & la 18
foule-on aux pieds fans y prendre garde : car le lieu ne monftre point
d'eftre femé, ny auoir chofe qui merite aucun refpect. Et fi on dit, Garde : on refpondra, Et qu'y a-il qui le merite ? pour moy ie n'y voy rien.
* Voilà pourquoy Dieu fe plaift d'exterminer de deffus la face de la terre 19
ceux qui ne font pas felon fon cœur, & en faire renaiftre d'autres qui le
feruent felon fes volontez. * Comme il rencontre quelqu'vn qui eft fim- 20
ple, fans fiel, fans malice, qui refere tous fes defirs à luy, il ne l'abandonne
iamais, & au contraire, comme il en apperçoit quelque autre qui fait le
fin, qui a l'ame pleine de malice, affeurez-vous qu'il ne le cherira iamais.
Et s'il en fupporte pour quelque temps, ayez patience & vous en verrez
le chaftiment. * Quand Dieu l'aura vne fois entrepris, il le conduira iuf- 21
ques au bout, tant qu'il l'aye rendu ridicule à tout le monde, & fi miferable, qu'en fin fes propres ennemis apres s'en eftre bien mocquez en auront pitié. * Refoluez-vous donc de vous conuertir à Dieu, reconnoiftre 22
vos fautes, & luy commettre la conduite de voftre vie. C'eft le feul moyen
de vous garantir, & jetter la honte fur le vifage de vos ennemis, d'allumer

des-

des charbons ardans fur leurs teſtes. Car vous aurez Dieu de voſtre coſté, vos ennemis l'auront contraire; & quand ils l'auront contraire, toute ſorte de ruine tombera ſur eux; & les accablera.

1 OB, demy piqué, & demy confus par ce diſcours, ne ſçauoit s'il **Chap. IX.** ſe deuoit taire, ou y reſpondre. Il voyoit bien, que tout ce que Baldat luy auoit dit eſtoit vray, mais auſſi connoiſſoit-il bien, que ce n'eſtoit pas tant pour le conſoler, ou luy monſtrer le chemin de la verité, que pour luy impropeter, comme auoit fait ſon compagnon, que ſa diſgrace procedoit de ſon peché & que ce n'eſtoit pas vne eſpreuue que Dieu vouluſt faire de ſa vertu, mais vne peine meritée, qu'il vouloit ordonner à ſon iniquité. Et comme il deſiroit s'humilier deuant Dieu, auſſi ſentant ſa conſcience nette pour le monde, il ne vouloit pas ceder aux inconſiderées **2** reproches de ſes voiſins. Et pour ce il reſpond en ces termes: * Ie ſçay trop cela, que l'homme qui voudra entrer en iugement auec Dieu, ne peut en ſortir que condamné. Il eſt l'accuſateur, le teſmoin, le Iuge; qui pourroit s'en defendre? Il eſt l'innocence entiere, & elle ne ſe trouue qu'en luy, & **3** où il veut qu'elle ſoit. * Celuy qui voudra conteſter contre luy, ne ſçaura par quel bout commencer; s'il ſe penſe purger d'vn fait, il verra vne re**4** charge de mille autres accuſations: * Et qui eſt le ſage ſi parfait en ſa ſageſſe, qui eſt le vaillant ſi aſſeuré en ſa vaillance, qui oſe ſe preſenter pour luy faire teſte? ou qui, entreprenant de ce faire, puiſſe iamais eſperer aucun **5** repos? Car quelle entrepriſe eſt celle-là? * Lutter contre celuy qui a transferé les montagnes, ſans que ceux, contre leſquels ſon courroux tenoit, s'en ſoient apperceus; tant ſont ſubtils, tant ſont rapides, tant ſont forts ſes **6** mouuemens. * Il ſecoüe quand il veut les fondemens de la terre, & eſbranle les colonnes ſur leſquelles elle eſt poſée, comme vn iardinier, croûleroit **7** vn ieune prunier en la ſaiſon, pour en faire tomber le fruict. * Il commande au ſoleil, qu'il s'arreſte, & il demeure caché ſous les eaux; il met ſous la **8** clef les eſtoiles, & elles ne paroiſſent que quand il luy plaiſt. * Il tend les cieux azurez tout à l'entour du monde, comme vn grand & luiſant pauillon, paré & rehauſſé de mille & mille claires lumieres, comme de riches eſcarboucles, & precieux diamans. Il eſtend ſur la face de la terre les vaſtes abyſmes de la mer, & ſe promene à pied-ferme deſſus ſes ondes roulan**9** tes. * Il a diſpoſé les aſtres dans le ciel, ordonnant leur cours, diſtinguant leurs meſures, diuerſifiant leurs effets & influences; il a formé l'Arcture, l'Orion, les Hyades & Pleiades, pour pouuoir diſcerner les ſaiſons, les temps, les vents, & les pluyes. Il a marqué les poles, celuy du Nord, & l'autre du Sud, comme termes fixes & immobiles en ceſte vniuerſelle mobilité du monde, pour pouuoir, parmy l'incertitude des vents, & l'inconſtance des ondes, guider les vaiſſeaux par les mers; & encores meſurer & **10** compaſſer la terre & la diſtinguer par regions. * Bref c'eſt luy, qui a fait tout ce qui eſt de grand au monde, & duquel les ouurages ſont admirables, & les effets incomprehenſibles: qui ne fait pas ſeulement les merueilles, mais le fait ſans nombre, & les multiplie en toute infinité, à fin que perſonne ne puiſſe ignorer ſa grandeur, & perſonne neantmoins ne la puiſſe

comprendre. * S'il vient vers moy, il fera fur moy, que ie ne m'en pren- 11
dray pas garde: s'il s'en efloigne, ie m'en apperceuray auffi peu. Car il eft
par tout, & pour cela il ne change point de place: il fe retire d'où il veut, &
pour cela ne laiffe pas d'eftre par tout: il fuffit qu'il retire fa vertu, pour faire
fentir fon abfence : il fuffit qu'il laiffe operer fon pouuoir, pour faire connoiftre fa prefence. * S'il luy prend fantafie de nous prendre au pied-leué, 12
& nous demander compte de noftre vie, que luy refpondrons nous quelque chofe qu'il ordonne de nous, qui eft-ce qui luy peut dire, pourquoy le
faites-vous ainfi? Car il eft maiftre abfolu de toutes fes œuures, aufquelles
il ne doit rien, puis qu'il les a faites de rien. * O Seigneur tout-puiffant, qui 13
eft-ce qui peut fupporter les effets de voftre courroux? qui eft-ce qui ne
tremble quand vos foudres, armez d'efclairs & de tempeftes, grondent
parmy les airs? Les monts fourcilleux, ie dis les plus hauts, qui femblent
fouftenir le ciel de leur tefte, tremblent fous les coups de vos tonnerres, &
femblent s'abaiffer dedans leurs valons, pour fe mettre à couuert, ou pour
le moins s'efloigner de voftre bras fulminant. * Que feray-ie donc moy 14
miferable potiron, ordure de la terre, l'excrement d'vne nuict? qu'oppofe-
ray-ie, à voftre ire enflammée? & auec quelle parole refpondray-ie
quand vous me tancerez? * Non non, quand bien ie m'eftimerois in- 15
nocent, ie me garderay bien de vous rien repliquer. C'eft trop d'imprudence, de vouloir oppofer la raifon contre la puiffance. Il n'y a moyen de
gaigner auec vn plus fort, qu'en luy cedant. Vous eftes mon iuge, i'aime
mieux vous auoir fauorable, que d'auoir ma confcience innocente. Car
au bout, qu'eft-ce que de l'innocence des hommes? * Et pource, ie ne me 16
fieray iamais à moy-mefme: & quand bien ie fçauray que vous aurez exaucé ma priere, & effacé mes pechez par voftre faincte grace, pour cela, ie
n'en feray pas plus hardy, & diray toufiours à par-moy: Et qui fçait, fi
Dieu m'a pardonné tout à fait? * La grace qu'il m'a faicte, eft fous efpe- 17
rance d'amendement, & ie le puis tous les iours offenfer. Il luy prendra
vne colere, qu'il amoncelera toutes mes fautes: & puis, comme vn tourbillon, il m'enleuera, & me precipitera, & multipliera mes playes comme
bon luy femblera, fans raifon pour moy, mais non pas fans raifon pour
luy. * Le voila, qui a ofté le repos à mon efprit: il a mis mon ame à la 18
gehenne: il a abreuué tous mes fens d'eau d'amertume. * Que luy fe- 19
ray-je? s'il faut venir par la force, qui eft fi fort que luy? S'il faut venir par la iuftice, qui eft-ce qui ofera porter tefmoignage pour moy? * Si 20
moy-mefme ie me veux iuftifier ma propre bouche plaidera contre moy,
& ma propre langue me prononcera coupable. Tous mes membres ont
confpiré auec luy: tout ce dont ie me pourrois feruir, pour prouuer mon
innocence il le retorque contre moy, & s'en fert pour me rendre coupable. * Quand ie ferois auffi pur que l'or fortant de la coupelle, fi eft-ce que 21
venant deuant luy ie ne me fçaurois monftrer tel: l'efprit me faudroit, le
iugement me manqueroit, & ne pourrois finon me prendre à mes yeux,
defpiter ma vie, & maudire le iour, qui m'a produit, pour eftre mal-agreable à l'œil de mon Seigneur. Car luy defplaire, eft vn affez grand crime.
* En fin i'en reuien-là, & fuis contraint de dire, que le coupable, & l'inno- 22

cent

cent espreuuent sa fureur, & sentent les effects de son ire. Car si bien le coupable sent sa peine plus grande & est reserué à la mort eternelle, & à des tourmens inenarrables, l'innocent pourtant ne laisse pas d'estre en ce

23 monde miserablement exercé par toutes sortes d'afflictions. * Et bien, s'il le faut ainsi, patience; pourueu qu'on y trouue quelque fin. S'il n'est content de nous foüetter, qu'il nous assomme; pourueu que nous en sortions vne fois sans tant languir. Ce n'est pas en la douleur, sa grandeur qui principalement nous tourmente; c'est sa durée. C'est de voir que nous soyons vn spectacle d'opprobre aux meschans, lesquels tournent en risée le sujet

24 de nos pleurs. * Le meschant à la terre en sa main, il y commande à ba-

25 guette; Dieu souffre qu'il y commette toute sorte d'iniustice, que tout luy soit impuny; car si ce n'est Dieu qui le permette, qui est-ce? * Et au contraire mes iours sont escoulez sans que i'y pense; sans que i'aye eu aucun goust des douceurs de la vie. I'ay passé en poste au trauers du monde, comme vn courrier qui n'a pas le loisir seulement de remarquer les lieux par où il passe. Le bien que i'auois entre les mains m'est escoulé, & à pei-

26 ne ay-je eu le loisir de le reconnoistre. * Les batteaux qui portent le fruict vont le plus viste qu'ils peuuent, de peur qu'il ne se pourrisse, & que la marchandise ne se perde. L'Aigle qui voit sa proye, vole de toute sa force, de peur qu'elle ne luy eschape. Ie croy que mon ame en a fait ainsi. Elle a coulé au trauers de mon corps bien soudain, pressentant que la pourriture le deuoit accueillir. Mais à quelle viande court-elle, laissant ainsi soudain ma vie? Est-ce à ceste viande celeste, Seigneur, que vous auez preparée à vos esleus, pour les rendre bien-heureux & tous diuins? Si cela est, qui l'arreste quand elle est preste à sortir; pourquoy m'abandonne-elle entre la vie & la mort; ne mé laissant du sentiment que pour ma douleur, & de

27 l'entendement que pour comprendre mon mal? * Ie voudrois bien me pouuoir temperer de faire ceste plainte, & souuent ie me resous en moy-mesme, & dis: Non, ie veux endurer & me taire, car en fin ie crains que Dieu ne s'irrite de mes propos: mais au bout, la douleur me redouble, me

28 fait monter le feu au visage, & me contraint de retourner à mes cris. * Et qu'est-cecy? dis-je: I'ay, Seigneur, tousiours eu tant de crainte de vous offenser; i'ay espluché mes actions, & dressé toutes mes œuures auec la regle & le compas; sçachant assez que les pechez des hommes ne peuuent

29 fuir l'œil de vostre iustice, & la peine qu'ils ont meritée. * Si apres tout cela vous me iugez coupable, & me punissez comme les meschans, pourquoy ay-je tant pris de peine? que me sert le soin d'auoir recherché vos voyes, cheminé par vos volontez, contenu mes mains, & purifié mes pen-

30 sées? * A ce que ie voy, quand toute l'eau de la mer m'auroit laué, que ie serois blanc comme neige, & que mes mains seroient plus nettes que la mesme netteté; si trouueriez-vous à redire sur moy, & y trouueriez des or-

31 dures telles que vous auriez sujet de m'abhorrer; * & ce que vous ne trouueriez pas sur moy, vous le trouueriez sur mes vestemens, i'entens sur toutes ces choses mondaines & corruptibles, dont vous auez reuestu & accommodé ma vie, pour la reparer contre les incommoditez du monde.

32 * Bref vous trouueriez par tout dequoy vous desplaire, & dequoy me

condamner. Pourquoy? Pource que personne ne vous respond. Si i'a-
uois affaire à vn homme semblable à moy, auec qui ie peusse aller du pair,
duquel i'eusse moyen de tirer raison, ie parlerois autrement, ie me ferois
ouïr, & peut-estre n'aurois-je pas tort. * Mais qui est-ce qui se mettra en-   33
tre vous & moy, & se rendra arbitre de nos differens? Qui vous dira que
vous ayez tort, & à moy que i'aye raison? Que deura faire le Iuge, puis
que le criminel n'ose parler? que la crainte luy coud les levres, & luy lie la
langue? * Ie voy, & sens continuellement sur moy vostre verge, mais   34
quelle verge? ceste verge de fer, auec laquelle vous froissez ma chair &
brisez mes os; vous flestrissez mon cœur & transpercez mon ame: leuez-
la vn peu, Seigneur, & me deliurez pour quelque temps seulement de la
frayeur qui continuellement m'enuironne. * Alors, ie diray librement   35
mes raisons, & vous en serez vous-mesme le Iuge: & ne m'en soucie point,
pourueu que vous ne me condamniez pas sans m'ouïr, comme vous faites
maintenant que l'horreur de tant de maux & l'apprehension d'autres encor pires me tiennent l'ame saisie, & ne me permettent, non de vous addresser ma voix, mais mesme de dresser mes yeux vers vous.

CHAP. X.

M A IS que fais-je? que dis-je? ie ne sçay. Ie suis tout hors de moy: 1
la douleur me transporte, l'impatience me prend. Ie ne me puis
taire, & si ne sçay que dire. Mais puis que la douleur me force
de parler, il vaut mieux que ie desgorge sur moy-mesme ma colere, &
que ie vomisse sur moy-mesme les amertumes de mon ame. * Si ne me   2
puis-je tenir que ie ne me retourne vers Dieu, & que ie ne luy die: Seigneur,
ne me condamnez point ainsi, ou me faites vn peu entendre pourquoy.
* Seroit-il bien croyable que vous prissiez plaisir de me voir accablé   3
par calomnies, & que vous fauorisassiez ceux qui cherchent la ruine
de l'œuure de vos mains? Seroit-il bien possible que vous voulussiez ayder les meschans, à l'execution de leurs mauuais desseins, & ayder le conseil des malins? * Vos yeux sont-ils de chair comme ceux des hommes,   4
pour estre susceptibles d'enuie, de malignité, & autres passions? ou bien
imbeciles comme les leurs; sujets à estre trompez, & qui vous representent les choses tout autres qu'elles ne sont? * Estes-vous vn Dieu mortel,   5
de qui les iours soient comptez, & de qui les actions s'employent comme celles des hommes (qui est le plus du temps) à s'entre-nuire? Car
voyez ceste troupe qui habite la terre, & porte en apparence vn visage
doux & gracieux: c'est vne troupe de loups & de tigres qui sont au guet,
pour se surprendre, pour butiner l'vn sur l'autre, pour se deschirer & se
manger. Ce petit point que voilà au milieu du monde est diuisé entr'eux:
chacun songe comme il en jettera hors son frere, son cousin, son voisin:
l'ambition & l'auarice dissout toute sorte de respect: les hommes n'espargnent rien pour mal-faire; les pieds, les mains, la langue y vont: ils ne pensent point profiter s'ils ne nuisent. * Est-ce pour cela que vous faites la re-   6
cherche de ma vie, & que vous espluchez ainsi mes pechez? Si sçauez-
vous bien, Seigneur, que l'impieté n'a iamais logé dans mon cœur, mais
qui me pourra sauuer, si vous m'estes contraire? * Vos mains aussi adroites   7
que

que puiffantes m'ont peftry, comme vne molle argile, m'ont donné cefte
forme excellente où reluit voftre image ; eft-ce pour puis apres me caffer
9 & brifer, comme vn pot de terre feflé ? * Confiderez, Seigneur, combien
ce vous eft peu de gloire de reduire en terre ce que vous auez fait de terre.
Rompre, brifer, fracaffer, chacun le fçait faire : à mal-faire chacun y eft
10 maiftre : il y a peu de peine, & auffi peu de gloire. * Mais de m'auoir tiré comme vn laict nouueau, des mammelles de la nature ; de m'auoir
caillé comme en la prefure, d'auoir formé mes os, les auoir reliez auec
les nerfs, garnis de mufcles, remplis de chair, recouuerts de peau ; m'a-
uoir donné vne face tant bien compaffée, & ornée de tant de beauté ; m'a-
uoir apres cela infpiré l'ame, comme fource de la vie, pour operer tant
11 & tant de diuerfes actions, foit au dedans, foit au dehors ; * & qui eft
plus que tout cela, auoir efpanché fur moy voftre efprit de grace & mifericorde, entrepris ma conduite & protection, gardé mes pieds de choper,
mes fens de fe tromper, mon entendement de s'efgarer ; c'eft dequoy il
12 vous doit fouuenir ; c'eft à quoy vous vous deuez plaire. * Ce font chofes,
Seigneur, lefquelles, quelque demonftration que vous faciez, vous ne
fçauriez oublier. Vous ferez femblant de tenir voftre cœur contre moy :
mais au bout, fi fçauez-vous que ie fuis l'ouurage de vos mains, auquel
vous vous eftes compleu, & que vous n'auez point creé pour le perdre.
Doncques, Seigneur, vous qui vous fouuenez de tout, oublierez-vous ce
13 que ie vous fuis, & ce que vous m'eftes ? * Si i'ay peché, pource que ie
fuis nay pecheur, & vous m'auez pardonné, pource que vous eftes Dieu
de mifericorde, pourquoy de nouueau me voulez-vous imputer mes iniquitez ? pardonnez-vous à regret ? vous repentez-vous de vos graces ?
14 vous defdites-vous de vos promeffes ? * C'eft doncques vne mefme chofe
enuers vous d'eftre de vos efleus, ou des reprouuez ? enfans d'ire, ou enfans de grace ? Si ie fuis impie, ie ne puis attendre qu'vne gehenne eternelle. Si ie vous fuis fidele, ie ne laiffe pas pour cela d'eftre miferablement
accablé ; voire fi miferablement, que ie n'ay pas la force de leuer la tefte,
tant l'affliction & la calamité me preffent. Ie ne fuis nourry que du pain
15 d'affliction, & n'ay breuuage que de mes larmes. * Si ma confcience, qui
fçait que mon cœur n'a iamais preuariqué à voftre feruice, me donne quelque affeurance ; c'eft cela mefme qui me perd : car il femble que lors vous
vous efleuiez contre moy, comme contre l'orgueil d'vn lion, & que vous
cherchiez gloire de renuerfer ce qu'on eftimoit plus fort & mieux appuyé.
Tellement que l'on vous voit fondre en colere fur moy, & defployer con-
16 tre moy pauuret toutes les rigueurs de vos tourmens. * Vous fufcitez tous
les coins de la terre pour porter tefmoignage contre moy ; les Cieux mefmes, feruent de miniftres à voftre fureur qui s'enflamme contre ma tefte ; &
17 tout ce qui eft au monde fert d'inftrumét à ma peine. * Et pourquoy doncques me laiffiez-vous fortir du ventre de ma mere ? que ne m'eftouffiez-
vous là dedans ? afin qu'heureux auorton, ie ne viffe rien en ce monde des
maux qui m'y tourmentent, & n'y fuffe veu de perfonne, puis que perfonne
18 ne m'y voit fans abhorrer ma vie, & fe rire de ma mifere ? * I'euffe efté, comme n'ayant point efté, ou pour le moins, comme les chofes qui ne fentent

I

ny le bien ny le mal. Ie n'euffe fait que changer de tombeau, & aller droit
du ventre au fepulchre: ie n'euffe point eu de nom, au lieu que celuy que
i'ay ne me fert que de rendre má calamité plus connuë. * Hé Seigneur, 19
n'ay-je pas affez duré, & trop enduré? Eft-il pas temps que vous mettiez
quelque fin à l'infinité de mes maux; puis qu'il ne doit y auoir rien d'infiny
au monde, que vous? Donnez-moy tant foit peu de relafche; permettez-
moy de pouuoir feulement refpirer. * Puis qu'il faut que ie defcende d'où 20
l'on ne retourne point; que ie deuale dans le ventre de la terre, où il n'y a
rien que l'horreur des tenebres; & que i'aille aux fombres contrées de la
mort. * Puis qu'il faut que ie change la demeure de cefte terre, belle & 21
floriffante, à celle qui eft fous les abyfmes; que ie change le doux afpect de
la lumiere au funefte objet d'vne profonde obfcurité; que ie quitte la veuë
de ce monde fuperieur, où la beauté reluit en l'ordre de tant d'aftres luifans
& cheminans par mefure, pour me precipiter en ce gouffre de defordre &
confufion, qui eft là bas aux enfers: permettez-moy au moins, que mon
ame pour vn moment ioüiffant de quelque repos, & vfant librement de fes
puiffances, recueille auec vn tour d'œil & vn vol de penfée, vne idée de
toutes ces beautez, que vous auez tirées du riche threfor de vos hautes
merueilles, pour en orner la face de cet Vniuers.

CHAP. XII Cela Sophar Nahamien prenant la parole refpondit auffi-toft, 1
afin de ne donner loifir à Iob de fe raffeurer & reprendre haleine, mais l'accabler par vne furcharge de difcours, tendant toufiours à imputer à fes pechez le fuccés de fes infortunes, ce à que non feulement l'effet de fon mal, mais la caufe mefme l'affligeaft; tant dextrement Satan manioit les efprits de ceux qu'il auoit choifis pour eftre miniftres des tourmens qu'il auoit preparez à ce fainct homme. * Sophar com- 2
mence donc ainfi: Vous auez dit tout ce que vous auez voulu, & nous
vous auons efcouté; il eft raifonnable que vous efcoutiez à voftre tour;
car celuy qui parle feul, n'a garde de faillir de gagner fa caufe. Cela eft bon,
fi vous ne voulez vous iuftifier qu'à vous-mefmes; mais fi vous defirez que
le monde vous connoiffe innocent, il faut entendre ce qu'on vous objecte,
& y refpondre. * Quoy, voudriez-vous que chacun fermaft la bouche, & 3
ouurift les oreilles pour vous ouïr? & qu'apres que vous nous auriez ennuyez de vains difcours & de vrayes mocqueries, l'on vous dift que vous
auez raifon, & que l'on vous laiffaft fans repartie? * Confiderez vn peu ce 4
que vous dites, & comme vous parlez à Dieu. Mes paroles, luy dites-
vous, font paroles de verité; le menfonge n'habite point en mes leures,
ma confcience n'eft point foüillée d'iniquité, & ie me prefente à vous auec
vn cœur qui n'a iamais rien aimé que la droiture; iamais mauuais defir
& contraire à voftre honneur, n'a poffedé mon ame. * Et fi Dieu fe 5
vouloit arraifonner auec vous, s'il vous vouloit dire ce qu'il fçait (car il connoift nos plus profondes penfées) il vous auroit bien-toft rendu muet. * Il 6
vous defployeroit les fecrets de fa fapience, & vous monftreroit comme
il fçait tout ce qui eft, ce qui a efté, & ce qui fera; car fon œil paffe au
trauers des fiecles, comme les rayons du Soleil au trauers du verre. Il vous
monftreroit

monstreroit apres cela quels sont les articles de ses loix, & en combien de façon vous les auez transgressées; & lors vous verriez bien que la peine qu'il vous fait sentir de vos fautes, est beaucoup moindre que vous ne la meritez. * Peut-estre que vous vous imaginez de sçauoir que c'est que de Dieu, & que vous estimez que vostre esprit en rauassant, courant & discourant, est paruenu à la connoissance de sa grandeur & sagesse, & que suiuant la piste de ses pas, vous arriuerez en fin où gist l'infinité de sa puissance & l'abysme de sa sagesse. * Pauure homme, où en estes-vous? s'il est plus haut que le Ciel, comment y atteindrez-vous? S'il est plus profond que le centre de la terre, & que le fond des enfers, comment y penetrerez-vous? * La terre n'est qu'vn grain de sable, & la mer qu'vne goutte d'eau, à comparaison de tout le monde; & tout le monde à comparaison de Dieu, n'est qu'vn rien: Aussi a-il tout creé de rien. * Si doncques il luy prend volonté de renuerser tout sans dessus dessous, mettre le haut en bas, le bas en haut, le gauche à droit, le droit à gauche, faire d'vn, mille, de mille, vn, & qui l'en empeschera? * Il connoist la vanité des hommes, il sçait ce qu'ils pensent, voire auant qu'ils y ayent songé; il voit leurs desirs s'acheminer à l'iniquité, commencer, poursuiure, acheuer leurs desseins: il les vous suit, les tient & retient par derriere, (comme les nourrices les enfans auec la lisiere) & les lasche ou arreste, selon qu'il est expedient pour sa gloire. * Le fol orgueilleux, qui a le cœur plein de feu, & le cerueau plein de vent, va la teste leuée, & croit que rien n'est au monde esgal à luy: il fait comme vn ieune poulain qui est aux herbes, il saute, il ruë, il bondit, il n'estime n'estre né que pour soy, & n'estre sujet à personne: mais en fin quand son temps est venu, on luy charge le bast sur le dos, & les coups de baston luy pleuuent menu sur la crouppe. * Pour vous, vous auez eu moyen de vous faire sage, rappeller vostre cœur qui s'encouroit apres le monde, & le redresser vers Dieu. Les afflictions vous ont seruy, comme d'vne bride: & à mesure que vous commenciez à vous desuoyer, elles vous ont retenu & ramené; & vous ont contraint de leuer les mains au Ciel, reconnoistre que Dieu vous auoit visité, implorer sa misericorde, & le supplier de leuer sa main de dessus vous. * Si apres cela vous renoncez au peché, & nettoyez vos mains de l'iniquité qui les souïlle, que vous exterminiez d'autour de vous l'iniustice, vous pouuez attendre la grace & misericorde de Dieu: car il ne la denie point à qui la recherche par ceste voye. * Alors vous pourrez aller la teste leuée, vous confiant en vostre innocence, non pas en celle de vos actions, mais en celle que sa grace vous aura departie, laquelle peut faire pur, ce qui est impur, munde, ce qui est immunde, & alors vous pourrez vous vanter d'estre asseuré contre toute sorte de calamité: car il n'y a point de tel abry au monde que celuy de sa grace, ny tel estançon que celuy de sa misericorde: c'est celle qui arrache la vraye crainte du cœur, & qui y loge la securité. * Alors vous perdrez la memoire de tant de maux que vous endurez, laquelle passera comme le cours d'vn torrent, qui fait bien quelque bruit à son arriuée, mais au bout d'vn moment laisse le fond sec, comme si iamais l'eau n'y auoit esté; ou si la memoire vous en demeure, elle vous sera douce par le fruict

de son effect; quand vous considererez que les miseres vous auront ramené à la repentance, & la repentance à la grace. * Quand vous penserez 17
estre au comble de vos miseres, ce sera lors que vous vous trouuerez plus
heureux : & lors que vous estimerez estre arriué à l'obscurité de la nuict,
vne gaye clarté s'esleuera sur vous, qui vous emplira les yeux & le cœur
d'allegresse : quand on pensera que vous soyez abysmé & perdu, vous
vous leuerez aussi luisant & brillant que l'estoile des bergers, en vne belle
& claire nuict. * Il ne faut point dire quelle asseurance vous aurez lors, 18
puis qu'elle sera fondée sur l'immuable parole de Dieu, ny quelle esperance, puis que vous attendrez la felicité eternelle selon ses promesses. Bref
iusques au tombeau, & dans le tombeau mesme, vostre ame sera ferme,
resoluë, asseurée, sans qu'aucune crainte puisse en façon quelconque troubler vostre repos. * Ceux qui vous font peur auiourd'huy, ou vous mes- 19
prisent, ne vous oseroient aubir lors resueillé s'ils vous trouuoient endormy : chacun vous viendra reblandir, & s'estimera bien-heureux d'auoir
quelque part en vos bonnes graces : car comme ceux qui sont en faueur
aupres des Princes, peuuent rendre heureux leurs amis & seruiteurs; ainsi
ceux qui sont en la grace de Dieu peuuent attirer sur ceux qu'ils aiment
toute sorte de benedictions. * Les meschans de l'autre costé vous regarde- 20
ront auec vne rage & vne enuie desesperée : ils perdront les yeux de voir
l'esclair de vostre bonne fortune, le cœur leur sechera d'enuie : car ils n'ont
autre volupté au monde que celle du mal d'autruy : c'est tout ce que leur
ame abominable souhaitte, & n'ont au contraire aucun autre plus grand
tourment, que le bon-heur de leur voisin.

Chap. XII.   Cela, Iob tout sur le champ luy respondit : * A ce que ie voy, il 1
             n'y a point sur la terre d'hommes semblables à vous : la sagesse du 2
             monde mourra auec vous, vous auez merueilleusement bonne
opinion de vostre suffisance. * Ie croy que vous pensez que la nature, au 3
lieu d'vn cœur, m'ait mis vn caillou dans le ventre, & qu'au lieu de ceruelle, elle m'ait mis vne citroüille dans la teste. Et qui est l'ignorant, qui ne sçache aussi bien que vous, tout ce que vous me venez de dire ? * Mais de quel- 4
le façon me le dites-vous ? pour vous mocquer de moy, & me reprocher
mon peché, vous changez la commiseration en risée, & la pitié en moquerie : mais la simplicité de l'affligé, rejettée du monde, se tournera vers le ciel,
esleuera sa voix à Dieu, & il exaucera sa priere. * Les fastueuses cogitations 5
des Princes du monde, esblouïes par la lueur & esclat de leurs superbes richesses, mesprisent la lumiere du Iuste : mais il viendra vne saison, que de la
lampe du simple sera allumé vn feu si grand & si clair, qu'il descouurira
toutes leurs meschancetez, & les embrasera eux & leurs folles richesses.
* Pour ce que l'opulence loge chez eux, que les biens y abondent & regor- 6
gent, qu'ils ont dequoy assouuir toutes leurs cupiditez, ils se mocquent de
Dieu, & croyent, ou qu'il n'y en a point, ou qu'il n'est que pour seruir à leurs
desirs : miserables qu'ils sont, ils ne comprennent pas; ils ne connoissent
pas que la bonté de Dieu, trop indulgente en leur endroit, laisse couler
tous ces biens en leurs mains, pour esprouuer, ou plustost conuaincre

leur

7 leur ingratitude ! * Interrogez vn peu les beftes, voire les plus ftupides,
interrogez les oifeaux qui volent par le Ciel; ie veux dire, confiderez leurs
8 actions, & obferuez leur façon de viure: * Parlez à la terre, c'eft à dire,
contemplez fa face, examinez ce qu'elle produit felon les faifons, recherchez au fonds de la mer, & voyez comme viuent les poiffons, comme
9 font compofez les monftres qu'elle nourrit en fes abyfmes: * Apres cela,
qui fera celuy qui ignorera, ou qui le fçachant ofera nier, que tout cela
10 ne foit party de la main de Dieu, ne foit l'ouurage de fon admirable & in-
fcrutable prouidence? * Voyez les plus grandes chofes du monde, &
puis confiderez les plus petites; tout eft party de fa main, tout eft en fa
main, & rien ne perit que par fa main. Toute ame viuante vit en luy, &
ne refpire qu'autant que fa bonté luy infpire de vie: & les ames des hommes qui animent les corps mortels, dans lefquels elles font enfeuelies, font
œuures de fes mains, qu'il y tient continuellement, qui n'ont for-
11 ce, vertu, ne puiffance, qu'autant qu'il la leur eflargit. * L'oreille, ce
vous femble, entend le fon & iuge de la parole: la langue, ce croyez-vous,
tafte & iuge de la faueur: & toutesfois fi l'ame eft hors du corps, l'oreille
12 n'oit goute, & la langue n'a point de gouft. * Vous croyez que l'aage fait
les gens fages, & que l'experience eft la maiftreffe des arts & la mere des
bons confeils, que c'eft elle qui apporte la prudence; & toutefois beaucoup de gens vieils, n'ont pas ces graces-là; & ceux qui les ont, les per-
13 dent en vieilliffant. * Qu'eft-ce doncà dire, finon que la vie, la fageffe, la
felicité, refident en Dieu, qui en eft la fource: qu'elles ne fe trouuent au-
trepart, finon quand il en laiffe couler quelque ruiffeau fur les œuures de
fes mains, & que fi toft qu'il en a arrefté le cours, elles tariffent parmy les
hommes, & ne fe trouue plus parmy eux, ny force, ny confeil, ny pruden-
14 ce? * Il n'y a perfonne qui puiffe rebaftir ce qu'il entreprend de deftruire.
Qui pourroit entendre fes modelles, ou fe feruir de fes outils? de luy, qui
manie le Ciel & la terre, comme l'artifan fait la reigle & le compas? S'il luy
prend opinion d'enfermer l'homme & le mettre en prifon, il a les abyfmes
de la terre pour le loger; qui en pourra faire l'ouuerture pour le mettre en
15 liberté? * S'il luy prend volonté de retenir les eaux, dont nous voyons en
vn moment le Ciel chargé, & en vn moment defchargé, il enuoyera la fe-
chereffe fur la terre, & auec elle l'infertilité; s'il luy prend fantafie de lafcher les bondes de fes eftangs fufpendus, la face de la terre fera couuerte, &
16 le monde ne fera plus qu'vne mer. * C'eft donc luy, & non l'homme, qui
eft le puiffant; mais c'eft luy auffi qui eft le Sage, & qui comme il peut tout,
ne veut que le bien: où au contraire, les hommes ne defirent pouuoir que
pour mal faire, n'eftiment leur grandeur que par l'iniure d'autruy, ny leur
fageffe que par le mefpris des fimples. Mais Dieu, qui eft plus fin qu'eux,
voit celuy qui trompe, & celuy qui eft trompé, & fe referue de leur faire
17 leur mefure à l'vn & à l'autre. * Il conduit les mauuais confeillers à vne
fole fin; & par des voyes inconneuës fait reüffir leurs confeils tout au contraire de ce qu'ils s'eftoient propofez: il monftre aux mauuais Iuges leur
beftife, fait paroiftre leur iniuftice à tout le monde, leur fait fouffrir la
honte de leur iniquité, & les remplit en fin, eux & leur pofterité, de mal-

I iij

heur & de confuſion. * Et vous, ô Rois de la terre, à qui il a mis le ſceptre 18
en main & la couronne ſur la teſte; qu'il a faits ſes viuantes images, pour
repreſenter au peuple vne ombre de ſa puiſſance, & retenir par le reſpect
de ſa Majeſté, les volontez des hommes dans les voyes de la iuſtice, &
dans les bornes des loix, ſi vous l'oubliez, ſi vous attribuez à voſtre naiſſance ce que vous deuez à ſa beneficence; ſi vous attribuez à voſtre valeur
ce que vous deuez à ſon aſſiſtance; ſi vous attribuez à voſtre prudence, ce
que vous deuez à ſa prouidence; il vous briſera comme pots de terre; &
au lieu du ſceptre que vous portez au poin, vous fera porter vn rozeau en
la main; au lieu du diadéme qui orne voſtre chef, il le vous couurira d'vn
ſac de cendre; au lieu du baudrier qui porte l'eſpée royale à voſtre flanc,
il ceindra vos reins d'vne ſangle. Bref, il vous rendra auſſi petits que vous
eſtes grands, auſſi pauures que vous eſtes riches, auſſi abjects que vous eſtes
venerables, auſſi miſerables que vous eſtes heureux, & tout cela auec vn
coup de pied; en donnant ſeulement vn peu de branle à ceſte grande roüe,
auec laquelle il tourne les affaires du monde.* Et vous ſacrez Pontifes, qu'il 19
a non ſeulement eſleuez par deſſus les hommes en honneur & veneration;
mais auſquels par preciput & aduantage incomparable, il a donné la garde
de ſon propre eſprit, & la diſtribution de ſes graces; vous qu'il a ſeparez de
ſon peuple, pour eſtre ſon heritage precieux; vous auſquels il ſe communique familierement, & auec leſquels il conuerſe tous les iours, eſtabliſſant
vn nouueau Paradis terreſtre parmy vous : Si la fumée du monde vous
eſbloüit, & vous fait deſtourner vos yeux du Ciel à la terre, ſi la vanité du
monde vous enfle le courage, & vous fait approprier à voſtre honneur ce
qui eſt deu au ſien, ſi les affections du ſang & de la chair vous font appliquer à vos plaiſirs & commoditez, ce qui eſt deſtiné au ſoulagement & à
la conſolation des pauures & des miſerables; ô que de honte, ô que d'opprobre, ô que de meſpris vous aurez en ce monde! ô que de peines, ô
que de gehennes, ô que de tourmens, vous ſouffrirez en l'autre! * Vous, 20
qui maniez ſa parole & l'annoncez, prenez hardiment garde à vous : car ſi
voſtre cœur ſe deſtourne de luy, ſi vous auez autre deſſein que ſa gloire, ſi
vous penſez deſtourner à autre vſage ſa ſaincte parole qu'à l'edification
dès conſciences de ſes peuples, & que vous vous rendiez miniſtres de l'ambition d'autruy, il retirera ſa verité de vos levres, & y fera habiter le menſonge; il vous fera reconnoiſtre pour faux prophetes, & fera que des veilles auſquelles vous vieilliſſez, il ne vous reſtera que la ſottiſe & l'ignorance.
* O que c'eſt choſe dangereuſe que de ſe bander contre Dieu. Combien 21
a-il de moyens pour ruiner tout ce qui ſe veut oppoſer à luy? Que nul qui
l'aura irrité ne s'y fie, car il a d'eſtranges & ineuitables reuers. Tel Prince
ſe penſe bien aſſeuré en ſon eſtat, croit ſa puiſſance bien appuyée, & tenir
bas deſſous ſoy tout ce qui eſt ſous ſon ſceptre; il ſe fie en ſes gardes, il ſe
tient fort de ſes garniſons, il s'aſſeure ſur ſes officiers, & plus que tout, ſur
la miſere & impuiſſance de ſon peuple, & voila tout à coup que Dieu fait
couler en l'eſprit de ſes ſujets vn grand meſpris de ſon authorité, puis s'y
gliſſe la haine; puis la hardieſſe d'entreprendre & ſecoüer le ioug, vn mouuement ſe fait vniuerſel par ſes prouinces, par ſes villes : Les peuples con-

tent

tent leurs bras & leurs mains, & secoüent le mauuais Prince de dessus eux,
comme vn lion qui se leue de dormir secoüeroit la poussiere de dessus son
poil. Sçachez donc, ô Princes, que le seul asseuré fondement de vostre
domination, c'est l'amour de vos sujets: que l'amour de vos sujets est vne
grace de Dieu, que vous l'obtiendrez tant que vous la rechercherez par la
pieté & par la iustice, que vous vous humilierez deuant luy, & luy refere-
rez entierement tout ce que vous auez de puissance & d'authorité. Quand
les voyes de l'homme plairont à Dieu, Dieu conuertira les ennemis de

22 l'homme à la paix. * Sans sa grace il n'y a point de felicité qui dure, auec
sa grace il n'y a point de misere qu'il ne change, il releue du plus profond
des abysmes ce qui y estoit englouty, il rend le iour & la lumiere à ce qui
estoit enseuely dans les plus espaisses tenebres, voire tenebres de la mort.

23 * En fin toutes ses œuures ne sont que merueilles, il transfere les puissances de la terre auec vn clin d'œil, il multiplie tout d'vn coup, & les races &
les nations, & puis tout d'vn coup il les fait defaillir. Luy prend-il vne nouuelle enuie? il les releue & fait regner sur le reste de la terre, & sur des peu-

24 ples dont on n'auoit iamais ouy le nom. Veut-il chastier les peuples? il
endurcit les cœurs des Rois de la terre, & permet qu'ils soient trompez par
de vaines & folles opinions, qui les déuoyent du droit chemin, & leur font

25 prendre vn mauuais gouuernement. * Et lors, comme s'ils estoient aueugles, ils marchent & ne sçauent où ils vont, ils vont à tastons & ne trouuent point d'adresse, ils chancelent comme s'ils estoient yures: ils heurtent, & heurtant ils froissent leurs peuples: ils tombent, & tombans ils
les accablent.

1 A Y veu de mes yeux l'experience de tout ce que ie vous ay dit, **CHAP.**
i'en ay autant appris de ceux qui ont vescu deuant moy: & par **XIII.**

2 discours, ie comprends qu'il en arriuera autant à l'aduenir. * Si

3 vous le sçauez, aussi fay-je bien moy, en cela vous ne m'apprenez rien de
nouueau: mais pour cela, ie ne me puis tenir que ie ne m'adresse à Dieu,
& ne luy fasse ma plainte, que ie ne m'arraisonne auec luy, & m'esclaircis-

4 se le cœur des scrupules qui poignent mon ame. * Mais ie voudrois bien
sçauoir auparauant si vous n'estes pas de vrais ouuriers de mensonge, si

5 vous n'estes pas de vrais semeurs de fausses doctrines. * Que pleust à Dieu
que vous fussiez muets, la malice auroit moins d'instrumens pour exercer
son mestier, peut-estre aussi, qu'on vous prendroit pour des gens sages.

6 * Vous vous meslez de reprendre les autres, escoutez vn peu à vostre tour,
que ie vous fasse vostre leçon, & que ie vous prononce vostre sentence: car
il ne faut laisser aller les fols sans responce, de peur qu'ils ne se persuadent

7 d'estre sages. * Dites-moy vn peu, s'il vous plaist, Dieu a-il point besoin
de vous pour defendre sa cause? vrayement il auroit bien faute d'aduocats:
a-il point besoin de vos calomnies & impostures pour le defendre, luy qui

8 est toute verité & toute iustice? * Peut-estre que c'est pour le fauoriser, ce

9 que vous en faites, & pour faire trouuer sa cause bonne. * Comme si luy,
à qui rien n'est caché, qui voit au trauers de nos cœurs, comme nous
voyons au trauers de l'air, ne voyoit pas bien vostre intention, & ne des-

couuroit pas voftre malice : mais auec le mefme efprit auec lequel vous
auez accouftumé de tromper les hommes, vous penfez tromper voftre
createur. * Il vous chaftiera, il vous chaftiera, & n'en doutez point : car il 10
ne trouue pas bon qu'on abufe ainfi de fon nom, & qu'on s'en ferue fous
main pour tromper les innocens. * Que fi vne fois il s'efbranle, & qu'il 11
defferre fa main fur vous ; vous ne fuftes iamais à telle fefte. Il broüillera
bien vos cartes; il vous mettra en tel point que vous ne fçaurez où vous cacher. * Voftre nom fera proprement comme la cendre qu'on jette au 12
vent, de laquelle on ne voit aucune remarque. Ces beaux membres fi bien
formez, dont vous eftes fi glorieux, feront conuertis en boüe, qui ne feruira qu'à falir les pieds de ceux qui marcheront deffus. * Donnez-vous, don- 13
nez-vous vn peu de patience, & que ie vous die ce qui me vient en l'efprit.
* Vous voyez comme ie fuis accouftré, la douleur me preffe bien fi fort, 14
que ie me mords de rage, & me defchire moy-mefmes, tant qu'en fin il
femble que ie vueille arracher ma vie de mon corps auec mes mains. * Mais 15
pour cela, quand bien Dieu m'auroit tué, fi en mourant il me refte feulement du fouffle pour refpirer ; ie tefmoigneray que mon efperance eft en
luy, & que ie n'ay iamais receu le mal qu'il luy a pleu m'enuoyer, qu'auec
cefte affeurance, qu'il auroit en fin compaffion de moy. Et fi ie l'ay offenfé, ie ne craindray point de luy confeffer mes offenfes. * Car s'il eft mon Iu- 16
ge, il eft auffi mon Sauueur ; & deliurera mon ame penitente de la peine
qu'elle pourroit auoir meritée, fans vouloir entendre les impoftures des
hypocrites qui me voudroient calomnier, car il ne les voudra pas feulement voir. Auffi font-ils indignes de comparoir en fa prefence : & fon
œil les regardant leur percera le cœur d'outre en outre, & les remplira d'effroy. * Comprenez vn peu ce que ie vous dis, & le digerez bien en voftre 17
efprit : c'eft vn enigme qui n'eft pas diffice à entendre fi vous le voulez
efcouter. * Ie dis, que fi ie fuis iugé (i'entens felon les loix des hommes) & 18
& que ie n'aye autre accufateur que vous, ie fuis affeuré que ie feray trouué innocent. * Qui eft celuy d'entre vous qui veut mettre fa vie fur le 19
bureau auec la mienne, qu'il vienne vn peu que nous le voyons ? non non,
ie n'ay pas perdu le courage, la douleur ne m'a pas encor fait perdre la parole. Pourquoy me tairay-je, endurant ce que i'endure de vous ? * Sei- 20
gneur ie vous demande feulement deux chofes, & auec cela ie me repre-
fenteray librement deuant vous ; & fubiray volontiers voftre iugement.
* Que vous ne me foyez point partie, & retiriez vn peu voftre main de 21
deffus moy, afin que l'apprehenfion que i'ay de vous, ne m'eftouffe au
cœur la parole, auant qu'elle foit en mes levres. * Mais depofant vn peu 22
cefte majefté, dont l'afpect efbloüit mefmes les Anges, mettez-vous en
forme d'homme entre mes accufateurs & moy, & m'interrogez comme
vn Iuge feroit vn accufé, & ie vous refpondray ; ou bien ie vous diray le
fait, & vous refpondrez ce que vous voudrez. * Quel crime ces gens-cy 23
me peuuent ils objecter ? quels meffaits fi grands me peuuent-ils reprocher ? quel fi grand nombre de pechez ay-je commis ? qu'on me le die ; ie
le voudrois bien fçauoir. * Pourquoy, Seigneur, deftournez-vous voftre 24
face de moy ? l'entens cefte face qui eft pleine de douceur & de clemence;
                                                                le feul

le seul aspect de laquelle substance les infirmes, console les affligez: quoy?
est-ce que vous me teniez vostre ennemy; & que vous m'ayez declaré la
25 guerre? * Vrayement ce seroit vn beau combat: voicy le Seigneur des armées, le Createur des puissances, le Dieu des merueilles, qui a denoncé la
guerre; à qui? à vne feuille seiche, que le vent emporte par l'air; à vn petit
26 festu qui piroüette parmy la place. * Mais quel est le sujet de ceste grande
guerre? qu'y a-il, qu'il prenne si fort à cœur, & pourquoy il me poursui-
ue auec tant d'aigreur? Il me demande compte des fautes de ma folle ieunesse; & me veut perdre pour les pechez ausquels l'ardeur de l'adolescen-
27 ce me peut auoir porté. * C'est pour cela qu'il m'a fait prisonnier, qu'il m'a
28 mis les fers aux pieds, & va espluchant tous les pas que i'ay iamais faits.
* C'est pour cela, qu'il m'a reduit en l'estat où ie suis, & m'a donné à ronger aux vers, comme vn vieil vestement que l'on jette parmy les ordures;
tellement que me voilà deuenu tantost tout pourriture.

1 L'HOMME qui sort du ventre de la femme, entre au monde CHAP.
pour n'y demeurer que peu de temps; & en ce peu de temps qu'il XIV.
y demeure, il est sujet à infinies miseres. Tellement que vous diriez que la nature ayant creé les calamitez, ne sçachant où les loger, auroit
creé l'homme pour leur seruir d'hostellerie. Car tous les âges ont chacun
la leur de sorte qu'il n'y a moment en sa vie qui n'en soit parfaitement rem-
2 ply. * Il vient au monde, comme vne fleur qui s'escloit au leuer du Soleil;
à sa naissance chacun se resioüit, ses père & mere font grand feste; vous
diriez qu'il leur est arriué quelque grand heur. A peu de iours de là on en
pleure, ou la mort, ou la maladie. Si d'auanture il eschappe, & qu'il aille
plus auant, sa vie s'enfuyt comme vne ombre, sans qu'on s'en apperçoiue,
mais non toutesfois sans qu'il sente les changemens de la fortune. La seule instabilité est certaine en tout le cours de sa vie, laquelle de iour à iour
change, mais quasi tousiours en pis, esprouuant continuellement quelque
3 nouuelle aduersité & non preueuë. * Pourquoy doncques, Seigneur, faites-vous compte de luy? chose si vile & si miserable, merite-elle que vous
vous en empeschiez? & qui plus est que vous vouliez entrer en iugement
auec luy? * Rien ne vous peut plaire ny éuiter la rigueur de vos iugemens,
4 s'il n'est pur, s'il n'est bien net. * Mais qu'est-ce qui pourra rendre pur &
net l'homme qui est nay d'vne matiere impure & infecte, si ce n'est vous,
auteur de toute pureté? & si vostre prouidence ne luy veut departir vostre
grace, faut-il pour cela qu'il souffre toute sa vie, la peine de vous auoir des-
5 pleu, & de n'auoir pas merité vostre faueur? * Faut-il que tous les iours de
sa vie la misere le talonne? ses iours sont si courts, ses mois sont comtez, &
vous auez planté des bornes à sa vie, lesquelles ne peuuent estre passées, &
pour si peu qu'il a à viure, ne pourriez-vous pas permettre qu'il goustast
6 quelque douceur, afin d'en reconnoistre l'auteur? * Que si vous ne luy voulez faire tant de grace, au moins donnez quelque relasche à son tourment,
afin qu'en cest espace-là il ayt moyen de reprendre haleine, & attendre en
paix son heure desirée, laquelle le doit deliurer du trauail, comme l'ouurier
7 qui est au bout de sa tasche. * Vous le pouuez bien vn peu espargner,

quand il vit: car quand il aura les yeux fermez, que pouuez-vous plus faire pour luy ? * Ce n'est pas comme l'arbre, lequel ores que sa racine soit 8
vieille & profonde en terre, & que le tronc soit mort, * toutesfois, s'il est 9
coupé sur le pied, & que l'on l'arrouse soigneusement, si tost qu'il sent
l'eau, il ne laisse pas de repousser & reuerdir, & jetter de belles & grandes
branches, aussi vertes, & auec le feuillage aussi espais que quand il fut premierement planté. * L'homme est-il vne fois mort, est-il despoüillé de 10
ceste robbe charnelle, est-il mangé & consumé par les vers, que deuient-il?
à peine la memoire en demeure-elle; & si elle demeure, c'est pour peu de
temps. * Ie vous demande, si on auoit osté l'eau de la mer, & que les fleu- 11
ues qui tombent dedans fussent seichez, que seroit-ce, sinon vne vaste
campagne qui ne ressembleroit plus rien à ce qu'elle estoit auparauant?
on n'y verroit plus les ondes flotter, les vents tempester, les poissons nager, les vaisseaux nauiguer; bref ce ne seroit plus la mer, mais vne nouuelle terre. * De mesme, quand l'esprit se sera retiré de l'homme, que la vie 12
l'aura abandonné, & qu'vn sommeil perpetuel luy aura fermé les yeux, il
demeurera vn tronc, vne masse de terre, vn monceau d'ordure, sans bouger de là ny changer de condition, ny reuenir en vie, iusques à ce que les
Cieux soient au bout de leur course, & trouuent leur fin comme les autres
choses du monde. Leur beauté flestrira, leur clarté ternira, leur solidité se
dissoudra; ils seront emportez selon la commune condition des choses
creées. Et lors toutes choses se renouuelleront, & les morts seront esueillez de leur long & ennuyeux sommeil. * Qui me moyennera cependant 13
en l'attente, dis-je, de ce grand iour, & pendant que ie seray dans le ventre de la terre, que vous preniez ma protection & me cachiez en quelque
coin, attendant que l'ardeur de ce feu, qui doit embrazer l'Vniuers, soit
attiedie? afin que quand le temps de misericorde sera venu, vous m'ap-
pelliez au rang des bien-heureux, pour ioüir des fruicts de vostre grace?
* Mais dites-moy, Seigneur, est-il possible que l'homme qui vne fois sera 14
mort, retourne vne auttefois en vie? Pour moy, en la misere de laquelle ie
suis combatu, ie n'ay autre recours que celuy-là: ie m'attens qu'vn iour
viendra, qui me fera changer de condition. * Ie m'attens qu'apres auoir 15
longuement paty, la mort me mettra en repos dans le sepulchre: qu'apres
y auoir longuement dormy, vostre trompette m'appellera, vous me ten-
drez la main & me tirerez du tombeau. * Ie sçay bien que vous sçauez 16
toutes mes actions; que ie n'ay pas fait vn pas dont vous ne soyez aduerty;
de sorte que si ie vous pensois iustifier ma vie, vous auriez trop dequoy
me conuaincre. Mais, Seigneur, ie m'attens à vostre misericorde; Seigneur ne me la refusez point. * Vous auez tous mes pechez par compte; 17
vous les auez tous serrez à mesure qu'ils me sont eschapez, & les tenez enfermez en vn sac bien clos & seellé. Cela seroit bon pour m'opposer, si ie
voulois faire le iuste deuant vous. Mais tant s'en faut, i'y viens auec ma
grace en main, laquelle vous m'auez accordée; ie vous represente le seau
de vostre misericorde que vous y auez apposé; de sorte que pour moy, vostre Iustice a la bouche fermée. Si vous la voulez exercer, il faut que ce
soit contre ces ames impenitentes, qui bien qu'elles soient chargées de
                                                              peché

peché se glorifient en elles mesmes, & pensent que leur grandeur & puis-
18 sance les doit garentir de vostre iugement. * Pauures insensez qu'ils sont!
les montagnes fondent & tresbuchent sous la fureur de vostre courroux;
les rochers sont transportez de leurs places, sans qu'on s'en apperçoiue si
19 tost que vous le voulez. * Les gouttes d'eau cauent les pierres les plus dures: & l'eau des riuieres, coulant le long de leurs bords, mine la terre, &
vous ne voulez pas que l'homme qui n'a ny la fermeté de la terre, ny la
dureté de la pierre soit miné, soit caué, soit emporté par la violence de vo-
20 stre ire, quand vne fois elle viendra à s'esmouuoir contre luy? * Pource que
pour vn temps vous luy auez donné quelque force, il s'en tient fier, & ne
void pas que c'est pour l'abbatre tout d'vn coup, & le precipiter en vn
abysme, d'où il ne se releuera iamais. Vous changerez seulement son visage, ferez blesmir sa face, & le voilà hors du monde, qu'il ne s'en parlera
21 iamais. * Que seruiront apres cela les richesses qu'il laisse à ses enfans? tant
de tiltres d'honneur qu'il leur acquiert? tant de maisons qu'il leur bastit?
autant luy sera qu'ils soient riches que pauures, nobles que roturiers, il n'en
22 aura point de sentiment. * Tant qu'il aura vescu il aura eu de la peine, son
corps se sera consumé en trauail, & peut-estre mesme de son viuant, aura-il
enduré vne partie du chastiment que meritent ses pechez, & les insatiables
& effrenées cupiditez, auec lesquelles il a amassé tant de biens. Et quand
son ame laissera son corps, tout le sentiment qui luy restera est pour deplorer sa mauuaise vie, faire les regrets de l'eternelle misere, en laquelle il sera
plongé. Il se repentira, mais trop tard; car ce sera vn repentir priué de toute esperance de grace.

1 LA responce de Iob toucha iusques au vif ceux qui l'escoutoient: Chap
mais au lieu de les rendre plus equitables en son endroit, les aigrit
dauantage. En sorte qu'Eliphas prenant la parole, recommença
2 de ceste façon: * Hé quoy donc Iob, vous pensez que ce soit le fait d'vn
homme sage de respondre à la volée, & jetter des paroles au vent, quand
il est question de choses si serieuses? Vous estimez que ce soit bien fait de
3 se courroucer contre Dieu, & se prendre à luy de ce qui vous arriue? * Vos
discours sont autant d'accusations contre sa prouidence, sans considerer
qu'il n'y a point de proportion entre vostre puissance & la sienne, entre sa
sagesse & la vostre: sans considerer que tous ces discours-là ne vous sont
pas seulement inutiles, mais grandement dommageables, & attirent sur
4 vous la haine & de Dieu & des hommes. * Car entant qu'en vous est, vous
chassez du monde toute crainte de Dieu, lors que vous en chassez son
amour. Car à vous ouïr parler, Dieu n'aime point les hommes; il ne les
crée que pour les tourmenter; Et par consequent que sert de s'adresser à
luy, s'il est resolu de ne nous faire que du mal? Et que sert de le craindre, si
5 autant endure celuy qui le craint, que celuy qui le mesprise? * Voila ce
que vostre peché a appris à vostre langue; laquelle imite le stile des blas-
phemateurs, qui n'ont autre chose en la bouche que des plaintes contre la
6 prouidence de Dieu, & des reproches contre sa iustice. * Mais en cela pour
vous conuaincre, ie ne veux que vos propres paroles. Car l'impieté ne sçait

ce qu'elle dit : elle ne s'accorde iamais à elle mesme, & se pensant cou urir
d'vn costé, elle se descouure de l'autre. * Peut-estre que vous estes le pre- 7
mier homme du monde, & que vous auez esté creé auant les montagnes,
que vous auez l'experience de toutes choses, & que vostre grand âge vous
a appris ce que les autres ne sçauent point. * Peut-estre estiez-vous au 8
conseil de Dieu, quand il a formé l'Vniuers, & que vous luy donnastes
quelque bon aduis, vous auez bien la mine d'estre plus sage que luy. * Hé 9
pauure homme, que sçauez-vous plus que nous ? que connoissez-vous
que nous ignorions ? quoy ! quel art, quelle experience auez-vous ? * Il y 10
en a d'entre nous qui sont plus vieux que les peres qui vous ont engendre;
qui par consequent doiuent auoir plus veu & plus appris que vous. La modestie vous doit auoir enseigné de les reuerer, & de leur deferer & croire
que ce qu'ils vous disent est veritable, & est pour vostre bien & profit.
* Nous vous auons tant de fois dit & redit, que si Dieu vouloit il vous au- 11
roit bien-tost tiré de misere : pensez que ce luy seroit vn grand ouurage
que de vous guerir & consoler, s'il le vouloit : luy qui de rien a creé toutes
choses, qui en vn moment tourne & retourne le monde, & luy donne
telle forme qu'il veut. * Mais vous auez le cœur trop gros, & vostre cou- 12
rage vous perd : vous auez des pensées vastes qui ne se peuuent arrester où
elles doiuent, & s'humilier deuant sa Majesté, vous auez des yeux pleins
d'arrogance & de fierté, des yeux d'vn homme esgaré. * Qui fait ainsi en- 13
fler vostre esprit contre Dieu, qui le fait rebeller contre vostre Createur,
& proferer des paroles de brauade & de deffy contre luy ? * Qu'est- 14
ce que l'homme ? qu'il vueille paroistre iuste deuant Dieu ? & où a-il appris de se dire immaculé, luy qui n'est conceu, engendré, enfanté,
qu'en ordure ? où sont ses tiltres de noblesse ? d'où prenez-vous l'argument
de tant d'orgueil, pour pouuoir vous comparer à Dieu, & entrer en dispute auec luy ? * Voyez-vous bien là les Cieux, connoissez-vous les An- 15
ges qui les gouuernent ? tout cela est bien esloigné de la fange & de la
terre, & des regions de corruption, s'il y a rien au monde de sainct, d'incorruptible, il est là. Et neantmoins de tout ce qui y est, il n'y a rien d'immuable & d'incorruptible, que ce que par sa grace il rend tel. * Combien 16
doncques, à comparaison de cela, l'homme sera-il non seulement coupable, mais abominable, puis qu'il boit l'iniquité comme l'eau; & que son
mouuoir, son sentir, son desirer, son entendre, est plus plein de peché que
d'autre chose? * Escoutez-moy, ie vous conteray les choses que i'ay apprises 17
autrefois, & ouyes de mes oreilles, qui valent bien l'apprendre. * Ce sont 18
des preceptes que nos peres nous ont laissez : c'est l'heritage de leur sagesse,
qu'ils nous ont consigné afin de le laisser à ceux qui viendront apres nous.
* Dieu leur auoit donné la terre & la sagesse en heritage, leur race n'a 19
point esté meslée, ils ne se font point alliez d'estrangers, & ont tousiours
conserué la grace que Dieu leur auoit faite, & soigneusement gardé ses
enseignemens; entre lesquels estoit ce que ie vous vay dire. * Le meschant 20
& l'impie, tant que sa vie dure est plein d'orgueil & de fierté; & pourtant
est-il tousiours comme l'oiseau sur la branche, & ne fait qu'attendre le
coup. Sa tyrannique domination n'a point de durée certaine : lors qu'il se

21 pense plus asseuré, c'est à l'heure qu'il tombe. * Il a tousiours la terreur en son cœur, il luy semble qu'il entend continuellement quelque bruit de gens qui le cherchent ; la paix est par tout fors qu'en son esprit ; tout ce

22 qu'il voit ou qu'il s'imagine, luy semble preparé pour l'assassiner. * S'il est couché dans son lict pour se reposer, & qu'il pense fermer les paupieres pour iouïr de la douceur du sommeil, mille & mille imaginations l'agitent, mille nouuelles frayeurs le saisissent ; il luy semble qu'il ne voit que des pointes d'espées sur sa gorge ; il ne croit pas de pouuoir iamais reuoir le iour. * S'il se met à table pour manger, il pense en mettant le pain à

23 sa bouche, y mettre la mort ; il croit que toutes les viandes ne soient que poison, il les masche & ne les ose aualer ; & quelques friandes qu'elles soient elles luy reuiennent au rônge, & luy font sousleuer le cœur pour l'opinion

24 qu'il en a prise. * Combien d'ennuis, combien de fascheries, combien d'angoisses l'enuironnent ? Il en a vne armée autour de luy, ne plus ne moins qu'vn Roy qui veut donner vne bataille, & a rangé toutes ses trouppes par escadrons à ses costez : mais ces trouppes enuironnent le tyran pour l'opprimer, & non pas pour le defendre : & bien qu'elles se paissent de son sang & succent ses moüelles, si n'ont-elles intention que de le faire perir

25 miserablement. * Vous en estonnez-vous ? trouuez-vous estrange si tout ce qui est au tour de luy, voire en luy mesmes, est conjuré à sa ruine ? il auoit vn maistre par dessus luy, incomparablement plus grand que luy, duquel releuoient sa grandeur & ses estats : il luy a esté felon & infidele, iusques à vouloir mettre la main sur luy. Et qui est ce plus puissant-là, contre lequel se rebelle cet homme ? C'est Dieu, c'est Dieu, l'auteur de toutes les

26 puissances. * Il a leué la teste contre luy, marchant auec vne grande ef-

27 fronterie, s'est porté comme s'il le vouloit aller choquer, * Il l'a regardé auec vn visage bouffy, ayant sa main sur le costé, & de l'autre frappant sa cuisse l'a deffié, & iuré qu'en despit de luy il opprimeroit

28 le iuste & l'innocent. * Et de fait, il a ruiné les villes, desolé les citez, conuerty les Palais en masures, & les maisons en tombeaux, afin que l'on & l'argent qu'il y voloit, contentast son auarice, le sang qu'il y espandoit saoulast sa cruauté, les filles qu'il y trouuoit assouuissent ses voluptez.

29 * Mais il n'en sera pas plus riche pourtant, ny plus content. Car tout cela ne luy sera qu'vn sujet de regret, & tous ces biens, & tous ces plaisirs-là luy fondront entre les mains, & s'esuanoüiront, qu'il ne sçaura qu'ils seront deuenus : tellement qu'il n'en iouïra point en les possedant, & les pleurera les ayant perdus, & n'aura de reste que le remors de sa conscience, de les auoir si mal acquis. Et apres auoir tout perdu, il se sentira perir soy-mesme, & se verra secher comme vn arbre transplanté, duquel la racine n'a pas pris en terre, & qui ne verdit que d'vn reste de la séue qui estoit demeurée dans le tronc. * Le chaud viendra, il le sechera, on le

30 coupera, on le serrera dans le bucher, on le mettra au feu, & la souche, & les branches ; & lors il verra dequoy luy aura seruy son orgueil, & sa vanité,

31 De rien en verité, sinon pour haster sa ruine. * L'experience lors luy apprendra, mais trop tard, qu'il n'y a point de misericorde pour luy, que

32 son argent n'est pas suffisant pour le racheter de la mort. * Il pensera

K

estre encores au milieu de ses iours , & n'auoir qu'à peine commencé
sa vie, qu'il oira la retraite sonner, & luy faudra desloger & bailler ses
mains flestries à emmenoter à la mort. * Il sera gelé en bourre , com-   33
me le nouueau bourgeon de la vigne qui s'est voulu trop auancer , &
n'a pas craint la morsure de l'hyuer: le froid l'a pris, & il est tout rosty,
vous diriez que le feu y a passé : il tombera comme la fleur de l'oliue, laquelle auant que son fruict soit noüé est surprise du mauuais temps ; elle
chet, & l'esperance du fruict auec elle. * Celuy qui pense tromper Dieu 34
auec sa bonne mine se doit attendre à cela ; & faire estat, que ny ses biens,
ny sa famille ne prospereront , ny ne fructifieront point. Et quand il
n'y auroit autre moyen au monde pour le ruiner, Dieu feroit descendre
le feu du Ciel pour le consommer luy & toute sa maison. Qu'il amasse
tant de thresors qu'il voudra, qu'il vende la Iustice, qu'il reçoiue de toutes mains pour amasser des biens, cela ne le sauuera point. * Son cœur 35
n'a conceu qu'iniquité, il n'a rien que tromperie dans le ventre : & de
tout cela en fin ne s'engendrera que douleur : douleur qui l'accompagnera tous les iours de sa vie , & le suiura encor apres qu'il sera dans
le tombeau.

IOB se fust volontiers teu, pour couper chemin à tous ces discours: 1
mais craignant que ces gens ne fissent leur profit de son silence,
& qu'ils ne le prissent pour confession, il est contraint de leur dire:
* Mes amis, i'ay tant ouy tous ces discours-là , que i'en ay les oreilles rom- 2
puës : vous auez des consolations fort importunes : aussi n'estes-vous pas
icy pour soulager mon mal, mais pour faire parade de vostre eloquence &
vanter vostre prud'hommie. * Et bien quelle fin auront tous vos propos? 3
que pretendez-vous auec toutes vos vanteries ? C'est vn grand cas que
vous ne pouuez souffrir qu'on vous die vos veritez, ny moins les pouuez
dire. * Pensez-vous que ie ne vous eusse pas bien dit tout ce que vous 4
m'auez icy tant de fois repeté ? Ce ne sont pas choses qui soient difficiles
à sçauoir. Mais pleust à Dieu que vous fussiez vn peu en ma place, & que
vostre ame fust au lieu de la mienne, pour voir si des paroles vous garan-
tiroient, & comme vous vous armeriez de vos beaux discours contre la
violence de mes douleurs. * Ie vous donnerois de belles consolations 5
comme vous me faites ; & auec de belles & graues contenances, ie vous
exhorterois à patience. * Ie vous fortifierois par beaux exemples & par 6
belles sentences ; & monstrerois par mes propos que i'aurois grand' compassion de vos miseres. Il n'y a rien si aisé quand on se porte bien que de
donner conseil aux malades , & quand on est en prosperité de consoler les
affligez ; c'est vn mestier que chacun sçait faire. * Mais l'importance 7
est, de sçauoir se seruir de ces consolations-là ; quand on sent le mal. Si
pour parler mes douleurs s'appaisoient, les paroles ne me manqueroient
point. Mais ny le parler ny le taire ne me profitent de rien ; ma douleur est
attachée à mes moüelles, & ne s'esloigne iamais de moy. * Elle me poingt, 8
elle me presse ; elle est enchassée en mes ioinctures ; elle me debilite tellement les nerfs, que ie n'ay force aucune en mes membres, & ne connois
                                                                        quasi

9 quasi que ie sois en vie que par le souffrir. * Ma peau est retirée & ridée
par tout mon corps, en façon que chacun me mesconnoist, & celuy qui
me void ainsi me reproche que ce mal me vient de mon peché, mais saus-

10 sement pourtant. * C'est Dieu, c'est Dieu qui a voulu monstrer sur moy
les effets de son ire; il m'a menacé, & aux menaces il a adjousté les coups,
& comme outré de despit a desserré sur moy son bras de vengeance; il m'a
regardé auec des yeux qui estoient seuls suffisans pour me faire mourir de

11 peur. * Il a lasché sur moy comme leuriers ceste race de malins, qui non
contens du mal que i'endure, y adjoustent encores les iniures, les mocqueries, les reproches, dont ils me batent les iouës, sans se souler de me voir en-

12 durer. * Dieu m'a liuré en leurs mains & m'a mis à leur mercy. Il faut
que ie souffre tout, mais ie ne le puis faire qu'en me plaignant. Car bien
que souuent ie me resolue de me taire, toutesfois la grandeur de mon mal

13 surmonte ma resolution. * Quand ie considere que moy, qui estois si riche & si opulent, tout à vn coup ie me trouue perdu, ruiné, & fracassé,
que ie voy qu'il m'a pris comme vn poulet à qui on tord le col & m'a ietté

14 là, puis il m'a mis en butte & dressé tous ses traits contre moy. * Il m'a
fait passer par les picques, & n'a laissé aucune place de mon corps, laquelle
il n'ait percée & outrepercée. Il m'a entr'ouuert les flancs, & fait tom-

15 ber mes entrailles par terre. * Il m'a frappé coup sur coup, & à peine a-il
eu la main leuée qu'il m'a rechargé, mais de quels coups? tels qu'vn grand

16 & puissant Geant ruëroit de toute sa force. * Qu'ay-je fait lors? ie me
suis cousu dans vn sac, i'en ay couuert ma peau, & recouuert ma pauure
chair toute de cendre, pensant en moy-mesme; ou Dieu ne me reconnoistra plus maintenant ainsi defiguré, ou s'il me reconnoist il aura pitié de

17 moy. * Et afin que mon visage ne fust pas moins desguisé que le reste,
ie me le suis rendu bouffy à force de plorer, & ne ressemble rien à ce qu'il
estoit. Mes pauures yeux tous rouges & chassieux, font pitié à ceux qui

18 les voyent. * Or en quel temps m'est arriué tout cela? lors que ie presen-
tois mon sacrifice à Dieu, lors que ie luy esleuois mon cœur, & luy faisois deuotement mes prieres; de sorte qu'on ne peut pas dire que ce soit

19 pour mes iniquitez. * Ie proteste la terre, sur laquelle mon sang est tombé qu'elle ne le cache point; ie proteste l'air, par lequel i'ay respandu mes
cris, qu'il ne les recelle point; mais que les hommes qui viendront apres,
puissent par les marques de mes peines, & par les vestiges de mon tour-

20 ment iuger de la cause de ma misere. * Voila dans le Ciel celuy qui sçait
la verité de mes actions, & qui est le vray & seul tesmoin de ma con-

21 science. * C'est à luy à qui i'adresse mes larmes, duquel j'implore la iustice, & duquel i'attens & espere mon secours. Vous autres qui vous dites
mes amis, vous n'estes que des bauards, qui me paissez de vaines paroles,
& prenez plaisir d'aigrir mon mal au lieu de l'adoucir, & faites ce que vous

22 pouuez pour me rendre coulpable. * Que pleust à Dieu que l'homme se
peust aussi bien defendre de Dieu comme des hommes, & qu'on peust
agir contre luy, comme on fait contre son compagnon, ie ne me souci-
rois gueres de toutes vos calomnies; il me seroit bien aisé de m'en iustifier.

23 * Mais quoy? il est tout-puissant, & ie suis tout infirme; il est immortel,

& ie fuis mortel; ce peu d'années que i'auois à courir s'en vont, & ie paffe
vn chemin par lequel ie ne retourneray plus. De forte que pendant que ie
me plains, ie trouue que le temps eft paffé & que la mort approche, laquelle mettra la main fur moy. Et lors quelle efperance me reftera-il? L'auray efté miferable, & quand ie commenceray à ne l'eftre plus, ie ne feray plus du tout.

EST chofe merueilleufe comme noftre vie s'efuanoüit; & nos   1
esprits s'exhalent. Le refte fe peut difcerner auec le fens; mais
cefte infenfible fuite de la vie eft incomprehenfile iufques à ce
qu'elle foit au bout: comme elle s'arrefte au fepulchre, alors nous fçauons
que nous fommes à la fin de noftre fufée. * Si elle eft fi courte, pourquoy 2
eft-elle fi fafcheufe? Pourquoy l'eft-elle au moins à ceux qui ne l'ont point
merité? Faut-il que ie me fois gardé fi foigneufement d'offenfer mon Dieu,
& faire chofe indigne d'vn homme d'honneur; & que neantmoins ie fois
fi affligé qu'à peine mes yeux peuuent fuffire pour plorer ma mifere, bien
que ie ne les employe à aucune autre chofe? * Hé Seigneur, deliurez-   3
moy vne fois de cefte peine, & vous mettez pour vn peu de mon cofté; &
apres cela fe range contre moy qui voudra: ie monftreray bien lors que ie
ne crains en rien les hommes, pourueu que vous ne foyez point contre
moy, qu'ils ne foient point miniftres de voftre ire; laiffez-les venir auec
toutes leurs malices. * Leur cœur abhorre la verité, ils ne veulent point 4
d'inftruction. Et vous qui voyez leur dureté les abandonnez à leur fens,
& enfin ils trouueront qu'ils n'en ont point, & qu'apres auoir bien rauaf-
fé en leurs efprits, ils n'auanceront rien de tout ce qu'ils entreprennent; &
penfans monter ils trefbucheront. * Ils partagent entr'eux par deffein   5
le butin qu'ils doiuent faire fur le pauure innocent; mais ils trouueront
qu'ils n'auront que du vent dans les mains, & ne laifferont que la pauureté en heritage à leurs enfans: mais quelle pauureté? vne pauureté qui ne
fera plainte ny aydée de perfonne. * Ie voy bien cependant que ie ne laif- 6
fe pas d'endurer, & que ie fers de fable aux mefchans qui font des
vaudeuilles de moy, & s'en feruent comme d'vn ioüet parmy le peuple. * I'en perds les yeux à force de plorer; i'en feiche de defpit & d'en- 7
nuy, ma chair fe fond comme la neige au Soleil, & à peine en refte
la vapeur. * Cefte mefme paffion faifit auffi tous les gens de bien, & auec 8
eftonnement, de voir les mefchans fi outrageufement affliger les innocens: ils fauteroient volontiers au colet à ces hypocrites, qui ne feruent au monde qu'à procurer du mal aux autres, & tirer profit de la calamité d'autruy. * Mais enfin le iufte fe refout à la patience, il va fon che- 9
min, à toufiours les mains nettes, fait bouclier de fon innocence, & croit
que fi elle n'eft inuulnerable, au moins eft elle inuincible: auffi l'eft-elle; car
en fin de compte, il faudra que l'homme de bien foit reconneu pour ce
qu'il eft, & le mefchant puny felon fon demerite. * Approchez-vous donc 10
tant que vous eftes, & venez icy. Ie vous monftreray qu'il n'y en a pas
vn feul d'entre vous qui ait fens ny entendement; bien que vous vouliez
tous paffer pour fages. * Vous voyez bien mes iours comme ils s'efcou- 11
lent

lent & en quelle mifere; vous voyez bien mes penfées comme elles font
troublées & defchirées par le fentiment de mes douleurs, vous voyez bien
mon cœur comme il eft vlceré, par les pointes de tant d'afflictions. * Ie

12 fais du iour la nuict, & de la nuict le iour; quand l'vn eft venu ie demande
l'autre, comme vn homme qui ne peut demeurer en fa peau, à qui tout ce
qui fe prefente defplaift, & qui defire tout ce qu'il n'a pas, & en perd le
plaifir quand il en a la ioüiffance. Voila comme roulent mes iours & mes

13 affections enfemble. * Apres que i'auray bien fouffert, il faut mourir, aller là bas en la maifon qui m'eft preparée, mon lict y eft tout dreffé parmy

14 l'horreur des tenebres. * Il ne me refte pas grand chemin pour y arriuer,
car ie fuis defia plus que demy pourry. I'ay defia fait vne grande alliance
auec la corruption: Vous eftes, luy dis-je, ma mere: c'eft par vous que ie
fuis entré au monde, car c'eft d'ordure que i'ay efté conceu; vous ferez
encore mon heritiere, les vers font mes freres, nous fommes naiz de mefme chair, nous habitons dans vne mefme peau, vous & eux partagerez

15 mon corps; ne fera-ce pas là vn beau partage? * Si ma condition eft fi
miferable, fi viuant & mourant vous ne voyez point de fin à mes maux;
en quoy confiftent mes efperances? D'où penfez-vous que me peut naiftre
le fujet de ma patience? laquelle ie n'ay pas perduë pour cela Dieu mercy.

16 * Vous dites en vous mefmes: Et quoy? cet homme ne penfe-il pas qu'en
mourant tout fera mort pour luy; que tout entrera dans le fepulchre auec
luy? c'eft là que vous eftimez que i'efpere quelque repos, & la ceffation
de mes maux, par la ceffation de mon eftre. Voila où vous en eftes; c'eft
furquoy vous vous alambiquez l'efprit: & moy ie fçay bien où eft ma refource, & furquoy eft fondée ma patience, fur vn fondement fi folide,
que l'eau ne le feu, le vent ny la tempefte ne le fçauroient efbranler: i'en-
dureray, puis qu'il plaift à mon Dieu, & me plaindray, puis que la douleur m'y contraint; & au bout, efpereray, bien que vous ne le puiffiez
comprendre.

1 **B**ALDAT Suthien auffi-toft prift la parole, & refpondit à Iob: CHAP.
2 * Et quoy? vous ne vous rendrez donc iamais? vous ferez touf- XVIII.
jours fur vos vanteries, fans vouloir entendre raifon, ny faire cas
de ce que nous vous difons? Ie vous prie, comprenez vn peu ce que nous
vous propofons; & ne vous opiniaftrez pas de cefte façon; car vous irritez
3 toufiours Dieu dauantage contre vous. * Quoy? à vous oüir parler, nous
ne fommes que des beftes; vous ne faites non plus cas de nous, que vous
feriez d'vn afne qui brairoit: d'où vous vient ce grand mefpris? quel fujet
4 auez-vous d'eftre fi orgueilleux en vne telle fortune? * Pourquoy perdez-
vous voftre ame en perdant la raifon? & vous abandonnez à vne furieufe
impatience, comme fi Dieu fe foucioit fort de vos coleres; & fi par là vous
pouuiez aduancer quelque chofe? Penfez-vous que pour vos difcours la
terre change de place? ou que ceux qui l'habitent changent de regions?
croyez-vous que pour vos paroles les montagnes s'abaiffent, & que les
5 rochers s'humilient? * Vous auez beau vous courroucer, c'eft chofe qui
ne fe peut efuiter; il faut que le mefchant & impie perde fa clarté: il faut

que la flamme de son feu soit conuertie en fumée espaisse & tenebreuse, & puis qu'elle s'éuanoüisse. * Ceste lueur qui est si brillante en sa maison, 6 où tout reluit depuis le bas iusques au haut, où vous vous pouuez mirer de quelque costé que vous regardiez : s'obscurcira, l'esclat de sa reputation & de sa noblesse, qui fait que tout le monde l'honore & le reuere, se perdra entierement. * Sa puissance sera reduite au petit pied, & ne pourra rien 7 faire de ce qu'il entreprendra; ses conseils auront des issuës infortunées qui le precipiteront à sa ruine. * Il a tendu les pieges aux autres, mais quelque 8 iour sans y penser, il s'y prendra luy mesme; quelque laqs-coulant l'attra-pera, & il demeurera là attendant secours. * Comme le loup qui va chas- 9 sant sa proye, souuent pensant prendre vne pauure brebis, trouue vne chausse-trappe qui le fait culebuter, il est lors tout contre sa proye; mais bien empesché de la pouuoir toucher : il meurt là de faim & de soif, & flaire neantmoins pres de luy la chair dont il estoit si affamé, le sang dont il estoit si alteré : * De mesme, le meschant sera dans le piege, il le trouuera 10 en son chemin, il ne s'en deffiera point & il s'y trouuera pris. * Et alors se 11 voyant là seulet, sans pouuoir aller ny deuant ny derriere, toutes sortes de frayeurs l'assaudront; ce qu'il verra & ce qu'il ne verra pas luy fera peur; les iambes luy trembleront de crainte & ne se pourra soustenir sur ses pieds, & n'osera neantmoins se remuer. * Il perira là miserablement de faim, sa 12 force luy manquera peu à peu pour n'estre point substanté, l'on luy conte-ra les costes; & les nerfs paroistront de toutes parts sur sa peau, tant elle se-ra desseichée. * La misere luy mangera le teint, & la beauté de son visage 13 se flestrira, ses bras sembleront des cheneuotes; tellement qu'à le voir on le prendra pour le fils aisné de la mort. * Vrayment il perdra bien ceste bra- 14 uerie, ceste securité qu'il auoit se promenant dans ses riches palais, la mort le foulera aux pieds sans respect; ne plus ne moins qu'vn tyran qui exerce sa rage sur quelque rebelle sujet. * Ses biens seront confisquez; & donnez 15 en proye à ses compagnons, à ceux de qui il enuioit la grandeur & cher-choit la ruine; ou peut-estre ses maisons seront rasées, & on y passera le feu & le souphre pour expier la memoire de sa meschanceté. * Ses racines 16 pourriront en terre, son tronc se sechera, & sa cime mourra, tellement que iamais il n'y aura de fruict, ny esperance d'y en voir. * Sa memoire sera du 17 tout effacée sur la face de la terre, & ne se parlera non plus de son nom és places & assemblées publiques, que de celuy qui n'a iamais esté. * Car la 18 mort le poussera de la lumiere dans les tenebres; & l'emportera hors du monde comme vne Aigle fait vn poussin qu'elle emporte du nid de sa mere. * Mais il y a bien danger qu'elle n'emporte la poule & les poussins, 19 qu'elle n'emporte, dis-je, toute sa generation; & que tout ce qui sera sor-ty de luy ne s'en aille à la mal-heure & soit entierement exterminé, sans qu'il demeure rien de sa maudite engeance parmy le peuple où il est né, ny aux regions qu'il habitoit. * Il seruira d'exemple aux petits & aux grands, 20 de craindre & reuerer Dieu. Les vns & les autres verront en sa peine vne belle instruction : la sueur leur montera au front, & les cheueux leur he-risseront en la teste, quand ils verront en quelle calamité se termine fina-lement la vie de ceux qui offensent Dieu, & ne veulent pas reconnoistre

leur

21 leur offenfe. * Voila, voila, comme les mefchans feront accommodez, voila l'habitation qui leur eft preparée ; voila le lieu de leur demeure pour iamais, lieu de pleurs, lieu d'angoiffe, lieu de tourment, fans efpoir de repos.

1
2
3 Cela Iob luy refpondit ainfi. * Et iufques à quand continuërez CHAP. vous de m'affliger & me rebattre l'oreille de vos difcours ? * Vous XIX. ne vous contentez pas de me dire dix fois vne chofe ; & n'auez point de honte de me tourmenter de cefte façon, comme fi mes maux n'eftoient pas fuffifans pour m'accabler, fans y adjoufter encores cefte rechar-
4 ge de fafcherie, par vos importunes reproches. * Si ie fuis vn ignorant, comme vous dites, laiffez-moy auec mon ignorance ; elle ne fera tort à perfonne qu'à moy : & vous fi vous eftes fi fçauans gardez pour vous voftre
5 fcience, ie ne la vous enuie point. * Mais à quel propos venir ergoter contre moy, & en paroles couuertes me dire des iniures ? comme fi ie n'auois pas affez de mon mal, & s'il falloit que mon corps eftant couuert de tant de playes, mon ame en receuft d'autres nouuelles par vos langues ve-
6 nimeufes. * Au moins, fi en fin vous pouuiez comprendre que fi Dieu m'a affligé, ce n'eft point vrayement qu'il m'ait iugé coulpable ; car quelle equité y auroit-il en ce iugement, que luy, qui fouffre tant de mefchans viure en paix fur la terre, euft defployé fes peines fur moy qui l'ay feruy auec tant d'affection & de fidelité ? Car fi bien mon infirmité me rend pecheur, ma refolution me rend fon feruiteur digne de fa mifericorde, &
7 non des fleaux defquels toute ma perfonne eft batuë. * Faut-il que ie crie, endurant la force que me fait la douleur, & que perfonne ne m'entende, au moins pour me vouloir aider ? Faut-il que ie crie continuellement iu-
8 ftice & que perfonne ne me la face ? * Au moins fi refufé de luy ie pouuois l'aller demander autre-part : mais il m'a mis les ceps aux pieds, ie ne puis aduancer l'vn deuant l'autre ; & ne voy pas bonnement à me conduire, tant la veuë m'eft maintenant affoiblie, tant il me femble que ce ne font que tenebres tout à l'entour de moy ; ie cherche en plein iour mon
9 chemin auec les mains, & à peine le puis-je trouuer. * Il m'a defpoüillé de tous mes honneurs, & au lieu d'vne couronne de gloire que ie portois fur la tefte, il m'y en a mis vne d'efpines, efpines rudes, efpines picquantes, efpines venimeufes, qui ne laiffent aucun endroit de mon chef fans vlcere.
10 * En fin pourquoy cherché-je tant de paroles pour exprimer ma mifere? Ie puis dire en vn mot : Il m'a ruiné de fonds en comble ; ie fuis perdu fans reffource. Ie ne fuis pas comme vn arbre eflagué, ny comme vn ar-
11 bre efbranché, ny mefmes comme vn arbre couppé ; car encores apres cela on peut efperer qu'il repouffe. Ie fuis comme vn arbre du tout arraché, dont les racines font hors de terre, expofées au chaud & au froid afin
11 qu'il meure, fans aucune efperance de iamais reuerdir. * Bref qu'on regarde tout ce que l'on peut faire de pis à fon ennemy, quand apres vn furieux combat, procedé d'vne haine inueterée & enragée, on le tient entre fes
12 mains, & ce fera l'image du traitement que Dieu m'a fait. * Ce n'eftoit pas affez qu'il y mift la main, volontiers qu'il ne l'a pas affez pe-

sante quand il est en fureur: pour m'acheuer ces brigans sont venus à la
trauerse, & m'ont assiegé en ce miserable tabernacle où ie suis: ils ont
donné de terribles assauts à ma patience, ont faussé ma constance, &
m'ont presque mis au desespoir. * Et afin que mon mal soit de tout poinct   13
accomply; c'est à dire sans secours & sans consolation, il a fait, que mes
freres, qui par nature & obligation de charité, me deuoient assister, m'ont
abandonné & mes plus familiers & intimes amis se sont retirez loing de
moy. * Tous ceux qui iamais auoient approché de moy, ou m'auoient   14
conneu, m'ont desaduoüé, & fait semblant de n'en auoir iamais ouï parler. * Ie diray bien plus, ceux qui logeoient en ma maison, mes seruiteurs   15
& mes seruantes, qui viuoient à mon pain & à mon vin m'ont m'escon-
neu; ils ont demandé, qui i'estois comme ils eussent fait de quelque
estranger qui eust passé chemin. * I'ay appellé vn de mes seruiteurs, par son   16
nom; & il ne m'a pas daigné respondre: ie l'ay moy-mesme prié, & re-
prié: & il n'a rien voulu faire, de ce dont ie le priois. * Mais il ne s'en faut   17
pas estonner: car ma femme compagne de ma bonne fortune, & que i'e-
stimois la deuoir estre aussi de ma mauuaise; elle qui m'estoit obligée par
tant de liens; elle que i'auois plus cherie que mes yeux, elle auec laquelle
i'auois coulé la douceur de mes ieunes ans, & passé le meilleur de mes
ioyes, a eu mesme horreur de moy, & n'a peu souffrir mon haleine, tant
mon mal l'a renduë puante & insupportable! * Que ne fait l'infortune   18
quand il arriue en quelque part? qu'elle amitié y a-il qu'il ne corrompe? quelle affection qu'il ne desnature? mes propres enfans, mes enfans
naturels, les enfans de mes concubines, que leur condition deuoit rendre
plus humbles & plus respectueux à l'endroit de moy qui les auois cheris
plus que ie ne deuois, en ont bien fait autant: & quand ie les ay priez ils
m'ont mesprisé, comme ils ont esté en derriere, ils ont les premiers detra-
cté de moy. * Que diray-je de ceux qui estoient tout mon conseil, & de   19
celuy d'entr'eux que ie cherissois comme ma propre vie; auquel i'auois
mis tout mon cœur, & fié tout mon secret? n'a-ce pas esté celuy qui le
premier m'a tourné le dos? Et tous ne se sont pas contentez de m'abandonner au besoin, mais m'ont descrié comme vn meschant & vn abominable. * Or quelle plus grande misere me pouuez-vous souhaitter? Ie   20
suis, ce me semble au bout, & ne croy point que la fortune puisse rien
adjouster, pour industrieuse qu'elle soit à ma calamité. Me voila exte-
nué de façon, que ie n'ay que la peau colée dessus les os: il ne se voit en
moy aucune remarque de chair: à peine mes levres retirées peuuent-elles
couurir mes dents: mes yeux enfoncez, semblent regarder au trauers d'vn
masque. * Doncques, mes amis, si vos cœurs sont de chair, & non point   21
d'acier, si quelque passion humaine vous peut toucher; si le mal d'autruy,
quand il est extreme, vous donne quelque compassion, au moins vous autres commençez à auoir quelque pitié de moy. Et puis que vous voyez,
que la main de Dieu m'a touché, & touché si rudement, qu'il n'y eut iamais de playe semblable à la mienne, adoucissez vn peu vos courages; enuers moy. * Pourquoy me persecutez-vous? pourquoy adjoustez-vous, au   22
mal qu'il plaist à Dieu de m'enuoyer vostre mauuaise volonté, & les effects
d'icelle?

d'icelle? tant & tant de douleurs, qui consument mon corps & mon ame,
ne sont-elles pas suffisantes, pour assouuir vostre indignation, bien que ie ne
l'aye iamais meritée? quel contentement pouuez-vous prendre, à voir ma
chair ainsi deschirée? Mais ie croy, que comme vous m'auez persecuté,
sans raison, vous voulez continuer auec obstination, afin de monstrer, que
23 vous auez fait auec iugement, ce que vous faictes auec perseuerance. * Et
me sera-il point permis au moins pour toute consolation, de pouuoir escrire
mes discours, & mes plaintes, à fin qu'elles soient veuës aux siecles à venir,
& par des gens, qui en iugent sans passion? si, sans passion, au moins, sans
24 compassion on peut entendre le cry de tant de douleurs? * Ne me sera-il
point permis de les pouuoir grauer auec le burin, dans vne table de plomb
ou d'airain, ou auec la pointe du cizeau, les tailler dans quelque marbre
bien dur? a ce que le temps, qui met fin à toutes choses, n'en puisse abolir
la memoire; puis qu'il ne veut pas maintenant y mettre fin, & qu'il re-
25 nonce à sa puissance, de peur de s'en seruir à mon soulagement? * Mon mal
est grand, mon mal est extreme; & vous me l'augmentez, tant que vous
pouuez, par vos discours. Ie ne puis, que ie ne m'en plaigne; ie ne suis non
plus maistre de ma voix, que de ma douleur. Mais pour cela, mes amis, ne
pensez-pas que i'aye perdu l'esperance: elle vit immortelle, en ce corps que
vous voyez caduque, & mortel: ie sçay, ie sçay, où est mon Sauueur: ie
sçay, que celuy qui me doit deliurer, n'est pas mort, & ne meurt point. Le
dernier iour viendra, qui sera le premier d'vn nouueau monde; ce iour, où
les morts seront appellez des quatre coins de la terre, pour comparoistre
deuant l'espouuantable throsne du Iuge incorruptible; & lors, ie me rele-
26 ueray de terre, & me redresseray sur mes pieds. * Et vne autre fois, ma peau,
bien que consumée, ma chair, bien que mangée, mes os, bien que pourris
retourneront, non comme ils sont à ceste heure, mais aussi beaux, & aussi
sains, qu'ils ayent iamais esté: & de mes yeux charnels, de ces yeux, qui
sont maintenant chassieux, & esblouïs, ie verray mon Dieu, mon Sauueur.
27 * Ie le verray, dis-ie, ouy de mes propres yeux, moy que vous voyez icy.
Ie verray celuy que vous ne connoissez point, duquel vous ne parlez que
par acquit: que vous ne connoissez que quand il tonne: duquel vous re-
doutez la iustice, n'aimez pas la bonté, & n'esperez pas la misericorde. Ie
le verray, & puis que vous me pressez tant, sçachez que c'est là mon esperance, c'est celle qui me soustient; qui me fait endurer si constamment mes
mal-heurs, qui fait que quand Dieu visiblement de sa main m'auroit tué,
i'espereray tousiours en luy. I'abandonneray toutes choses, ie perdray tout
le reste; mais ceste esperance a ses racines si profondes en mon cœur, que
28 iamais elle n'en sera arrachée. * Et pource, que vous sert de me venir icy
trauailler & comploter ensemble pour me faire dire quelque mot mal à
29 propos, & penser me conuaincre par quelque subtilité de paroles? * Retirez-vous, Dieu vous connoist bien, ne vous presentez point deuant luy, il
a le glaiue vengeur en la main, le glaiue vengeur d'iniquité: s'il le desserre
vne fois sur vous miserables, que deuiendrez-vous? où vous cacherez-
vous? Fuyez, fuyez deuant son iugement; & sçachez que quand il entrera en son throsne rien ne pourra éuiter le foudre de ses paroles extermi-

nantes, que l'humilité de ceux qui auront reconneu leurs fautes se seront
jettez aux pieds de sa saincte misericorde, & mis à couuert sous l'ombre de ses aisles.

CHAP. XX   **S** OPHAR au contraire luy dit : * En fin vos discours me jettent 1
diuerses pensées en l'esprit. Apres vne chose ie m'en represente 2
vne autre, & trouue assez de raisons qui m'esbranlent ; mais nulle qui m'asseure, & qui me persuade ce que vous me voulez faire croire.
* Apres auoir bien consideré tout ce que i'ay entendu de vous, & auoir 3
examiné point pour point toutes vos propositions, voicy à quoy mon esprit se resout. Ie ne trouue rien plus certain, sinon que depuis que le 4
monde est monde, & que l'homme a esté mis sur la terre pour l'habiter,
la gloire des meschans & des impies n'a point eu de durée. * Et si l'hypo- 5
crite a fleury pour vn temps, s'il a eu du plaisir & de la ioye, cela n'a esté
que pour vn moment ; en vn instant, en vn tournet de main, en vn clin
d'œil cela s'est passé. * Quand bien son orgueil surpasseroit les nuës, voire 6
qu'il toucheroit le Ciel auec la teste ; si est-ce qu'à la fin il sera rendu plus
contemptible que ce qui est le plus vil en la terre : * il sera pis que la fiente 7
& le fumier, duquel il ne demeure que la mauuaise odeur, tellement que
ceux qui l'auront veu, demanderont ce qu'il sera deuenu, & n'en verront
pas seulement les vestiges. * Ce sera proprement vn songe volant qui s'en- 8
fuit sans qu'on voye sa route, ou vne vision nocturne qui s'escoule auec le
sommeil, & nous laisse douteux si nous auons veu quelque chose ou non.
* L'œil qui l'a veu s'interroge, s'il n'est point trompé le pensant voir : & 9
regardant la place où il estoit, demande comment il est esuanoüy, &
ne le peut deuiner. * Ses enfans ne seront point de meilleure condition ; 10
car s'ils demeurent, ce sera iusques à ce que la pauureté les estrangle, & que
les meschancetez que leur pere a faites leur retombent sur la teste, & les en
facent crier helas. * Les plaisirs ausquels il aura plongé sa ieunesse passe- 11
ront : mais les peines qu'il en doit endurer seront enracinées en ses os, le
meneront iusques au tombeau, & y entreront auec luy. * Il sera iuste- 12
ment comme ceux qui mangent quelque friand morceau, ils ne l'aüallent
que le plus tard qu'ils peuuent ; ils le tournent sous la langue afin de le sauourer dauantage. Car il se plaira tellement en son vice, il y trouuera vn
si grand goust qu'il ne l'abandonnera iamais. * Il le flattera, il le defendra, 13
il le cachera dans son sein, dans sa bouche, il n'y a rien qu'il ne fasse pour
mettre à couuert son peché. * Tant que la puanteur de l'iniquité corrom- 14
pra en fin l'interieur de sa conscience, & y produira vne telle deprauation,
que comme le pain & les autres viandes qui tombent en vn estomach
pourry & gasté, se tournent incontinent en amertume, voire en poison,
semblable à celle d'vn aspic ; de mesmes tous les discours, toutes les pensées qui entreront en son ame, seront conuerties en blasphemes. * Et quant 15
aux richesses qu'il accumule par tant de mauuais artifices, il en rendra gorge auant que mourir, Dieu luy arrachera des entrailles le bien du pauure
qu'il a deuoré. * Quand il le mangeoit, il luy sembloit que c'estoit vne 16
gauffre de miel, ou vn coin de beurre qui luy couloit par le gosier. * Il le 17

ſauouroit auec des geſtes & des riſées, qui teſmoignoient le plaiſir qu'il y
prenoit : mais quand ce viendra à le vomir, il penſera qu'vn aſpic luy a
mordu les leures, ou qu'vne vipere luy ſoit entrée en la bouche, & luy ait
lancé le poiſon de ſa langue, tant il en trouuera le gouſt aigre & amer.

18 * En fin il payera bien ſes plaiſirs paſſez, il n'aura fait faute dont il ne rende bon compte ; il ſera mis au tourment, tourment ſous lequel il deſirera
mourir & ne pourra, mais viura pour endurer, & endurer autant que la

19 multitude de ſes meſchancetez & ſcelerées inuentions le meritent. * Car
Dieu n'eſt pas moins inuentif que luy, pour trouuer des peïnes proportionnées à la multiplicité de ſes meſfaits, & pour le punir de la meſme façon dont il a failly. Il a rompu bras & iambes aux pauures pour les deſ-

20 poüiller de leur bien ; il a pris la maiſon qu'il n'auoit point baſtie : * Il a pris
& n'a iamais eſté content ; il a eu ce qu'il deſiroit & n'en a iamais ſceu ioüir.

21 * Il n'a pas ſeulement laiſſé aux pauures qu'il a volez, vne bouchée de pain
pour mettre ſous les dents, auſſi de meſmes ne luy demeurera-il des biens

22 qu'il a idolatrez, l'ombre ſeulement. * Vn iour qu'il ſera ſi ſaoul qu'il ne
pourra tenir dans ſa peau, qu'il ſuëra d'ahan, les douleurs comme vn tor-

23 rent viendront deſborder ſur luy. * Il le faut laiſſer ſaouler de ſon iniquité tant qu'il en regorge, afin que Dieu embraſé de fureur faſſe pleuuoir

24 le feu & le foudre ſur luy, & luy denonce vne guerre ſanglante. * Il ſera
lors bien eſtonné, & ne ſçaura de quelle part ſe tourner : quand il penſera
éuiter vn coup d'eſpée, vn trait aceré tiré d'vn arc d'airain, le percera d'ou-

25 tre en outre. * Le glaiue deſgainé luira en l'air comme vn eſclair, & l'eſclat brillant luy eſboüira les yeux ; la frayeur & l'horreur ſaiſiront ſa pau-

26 ure ame. * S'il ſe penſe aller cacher les tenebres luy ſeront vne gehenne :
vn feu ſecret deuorera ſes entrailles, & mille remords entameront ſon ame,

27 en quelque endroit de ſa maiſon qu'il ſe puiſſe retirer. * Et puis alors qu'il
s'eſtimera bien caché, les cieux reueleront ſon iniquité, & luy ſemblera
qu'autant qu'il y a d'aſtres & d'eſtoiles au Ciel, ce ſoient autant de flambeaux & de chandelles que la iuſtice de Dieu ait allumez, pour le trouuer & le produire à la lumiere des hommes : la terre meſme luy ſemblera

28 ſe ſouſleuer pour venir porter teſmoignage contre luy. * Quand la fureur
du Seigneur viendra à frapper ſa race, elle ſera chaſſée de ſon lieu, comme

29 le grain eſt chaſſé hors de l'eſpy, quand le fleau donne deſſus. * Voilà
quelle doit eſtre la fortune du meſchant & de l'impie : voilà la part & l'heritage que la parole de Dieu luy aſſigne : De ſorte que c'eſt à vous maintenant à conſiderer ſi ces accidens-là vous ſont arriuez pour de là iuger quelle en peut eſtre la cauſe.

1   T ſur cela Iob leur dit : * Mes amis, ne vous opiniaſtrez point Chap.
2   en vos diſcours, prenez bien ce que ie vous dis & en faites voſtre XXI.
     profit, afin que la dureté de voſtre cœur & voſtre impenitence
3   n'attire l'ire de Dieu ſur vous. * Si vous auez patience de m'eſcouter, ie la
prendray auſſi de parler à vous ; bien que mon mal me preſſe & que ie ſente beaucoup de douleur, maisen fin ie deſire que vous connoiſſiez la verité. Et pource entendez-moy, & apres m'auoir ouy, mocquez-vous-en ſi

bon vous femble. * Vous trouuez eftrange que ie me plaigne & me tour- 4
mente; que voulez-vous donc que ie faffe? fi i'auois à faire aux hommes
i'en tirerois raifon d'autre façon; ie ferois entendre le droit de ma caufe,
i'oppoferois mon innocence à la iuftice, & la force à la force; mais à qui
ay-je à faire? à Dieu, auquel rien d'humain ne peut refifter; qui frappe fans
qu'on le voye, ny qu'on fente le bras, auquel nulle force ne peut s'oppofer; qui rend iufte tout ce qu'il fait, & coupables tous ceux qu'il condamne. * Ce font myfteres eftranges, entendez-les mes amis, & les conceuez 5
auec eftonnement: contemplez-les, & mettez voftre doigt à la bouche
pour fçeller vos levres, & empefcher que iugeant de celuy qui iuge tout
le monde, vous n'en difiez rien mal à propos, & qui offenfe fa Majefté.
* Pour moy, toutes & quantesfois que i'y fonge, ie tremble d'horreur: 6
ie n'ay membre fur moy qui ne fremiffe, & plus i'y penfe & moins i'y
comprens. Car ie fçay qu'il eft iufte; & neantmoins quelquesfois il afflige
les iuftes. * Ie fçay qu'il hait les mefchans, bien fouuent il leur eft indul- 7
gent, il permet qu'ils viuent, & non feulement qu'ils viuent, mais efleuez
en honneur, que les richeffes abondent en leurs maifons, qu'ils foient forts
& puiffans, & qu'auec la force & la puiffance ils oppriment le pauure monde. * Ils ont quelquesfois vne belle & grande lignée, de grandes paren- 8
tez & alliances, & voyent vne longue file d'enfans defcendus d'eux; c'eft
vn petit Royaume que leur maifon. * Au refte là dedans l'aduerfité n'y 9
loge iamais, l'entrée luy eft interdite, tout y va à fouhait, la paix parmy les
enfans, la concorde parmy les feruiteurs, la fertilité aux terres, l'abondance
aux arbres. * Si leurs vaches font pleines, n'ayez-pas peur qu'elles auortent, 10
fi les autres chargent vne fois l'année, celles-cy le feront deux: les pis de leurs
beftes font fi pleins qu'ils traifnent iufqu'en terre, on ne les peut efpuifer
pourtant, pour fi fouuent qu'on les tire. * Au demeurant c'eft belle cho- 11
fe de voir les enfans fortir en troupe de leurs maifons, ce ne font que jeux
& paffe-temps entr'eux, le refte du monde eft affez empefché à leur donner du plaifir. * Le tambour & les cymbales iouent d'vn cofté; de l'autre, 12
le fiftre & la harpe fonnent, ils danfent, ils fautent, ils rient. * En fin ils ne 13
font, ce me femble, au monde que pour paffer leur temps: leurs plus fafcheufes deliberations, c'eft à quoy ils pafferont la iournée. Certainement
fi le plaifir leur eftoit perpetuel, il y auroit bien dequoy leur porter enuie,
& les gens de bien auroient dequoy s'attrifter: mais quoy? en vn inftant
tout cela eft renuerfé, la mort vient qui renuerfe tout. * Du commen- 14
cement que ie voyois ces gens fi heureux, & leur impieté fi fleuriffante,
ie m'eftonnois; ie voyois qu'ils difoient à Dieu: Au loin, au loin, on ne
parle point icy de vous, nous nous en paffons bien, nous n'auons que faire
de toutes ces fafcheufes chanfons qu'on nous chante de vos commandemens. * Qui eft ce Tout-puiffant? que nous le voyions vn peu, & puis 15
nous luy ferons hommage; que nous fçachions dequoy il guerit, & quel
profit il y a à le prier & le feruir. Que nous donnera-il plus que ce que
nous auons? que nous defaut-il que nous puiffions defirer? Sus, fus, iouif-
fons des biens que nous poffedons. * Mais en fin i'ay bien compris que 16
ces biens dont ils font eftat ne font que fumée, qu'ils efchapent de leur
                                                                    main

main quand ils la penfent ferrer. Ie detefte leur confeil, & abomine leur façon de viure; qui ne peut qu'elle ne foit fuiuie de quelque grand malheur. * Leur lampe luit, mais quand elle viendra à eftre efteinte, elle n'amenera pas feulement les tenebres, ains jettera en mourant vne grande puanteur: les felicitez du monde leur feruent comme d'vne chauffée, qui fouftient les flots du mal-heur, & empefche qu'ils ne verfent fur eux. Mais fi la leuée eft vne fois rompuë, quelles douleurs les viendront furieufement inonder? * Les richeffes les parent pour vn temps du vent des tribulations: mais fi vne fois la tempefte renuerfe eet abry, ils voleront en l'air comme la paille au vent, ou comme les eftincelles que le tourbillon emporte d'vn feu bien embrafé. * Dieu met en referue leurs pechez, & puis en diftribuë la peine à ceux qui feront defcendus d'eux; afin de les affliger doublement en la perfonne de leurs enfans, & leur faire entendre qu'ils ont à faire à vn Dieu, qui retribuë iufques aux plus efloignées generations, le bien & le mal qu'on luy fait. * Ils verront de leurs yeux la mort de leurs enfans, ils les verront meurtrir & affommer; & boiront au calice du Tout-puiffant le vin de fa fureur, & le boiront iufques à la lie. * Car pourquoy voudriez-vous que Dieu euft foin de leur maifon, & en conferuaft rien apres eux? ce n'eft qu'vn heritage d'impieté. Pourquoy voudriez-vous qu'il allongeaft leurs iours? ils ne viuent que pour blafphemer. * Il ne faut point apprendre à Dieu ce qu'il doit faire; c'eft vn trop grand Docteur: il connoift tout, & eft affis en fon Ciel pour iuger tout le monde, & executer fes iugemens par des voyes miraculeufes. * Si donc l'vn eft iufques à la mort, plein de force, plein de fanté, plein de richeffe, plein de felicité: * Si fes os font pleins de moüelle, & la graiffe ne peut tenir dans fa peau: * Si l'autre au contraire, a toute fa vie confite en amertume, s'il eft pauure, neceffiteux, fans parens, fans amis, fans honneurs, n'en faites pas pour cela autre iugement. Dieu fçait pourquoy il le fait ainfi; & nul que luy ne le fçauroit comprendre. Tout ce que vous pouuez fçauoir, c'eft que l'vn & l'autre fera hofte de la terre, & la pafture des vers. * Cela arriuera à l'homme de bien, cela arriuera au mefchant. Pour cela le mefchant n'euitera pas la main vengereffe de la prouidence; ny le bon ne perdra le fruict de la mifericorde de Dieu, en laquelle il a colloqué fon efperance. * Ie voy bien vos penfées, & connois bien le iugement que vous faites de moy, mais à tort, & en fin vous le verrez. * Vous dites à par-vous, où eft la maifon de ce Seigneur? qu'eft elle deuenuë? où font ces palais où couuoient tant d'impietez? * Qu'on demande vn peu aux paffans s'ils nous en pourroient dire des nouuelles, & s'ils en fçauent plus que nous: ils diront ce que nous difons, que le mefchant, quoy qu'il tarde, ne peut euiter fa ruine. * Dieu le garde pour le iour de fon courroux, afin d'en faire vn exemple, & apprendre aux autres de n'irriter point fa fureur. * Il ne faut point demander maintenant s'il a failly, ou qui eft fon Iuge, & s'il fera chaftié des maux qu'il a commis. * Il eft en bonne main, qui ne le quittera qu'il ne foit au tombeau. Il fera là amoncelé auec les autres, & aura beau attendre; car il n'y a plus de mifericorde pour luy. * Il a pris autrefois plaifir à voir defborder fur les autres le torrent de la mort, qui entraîne comme pierres

& cailloux, les familles toutes entieres: Le compagnon y a esté attrapé, il s'en va à vau l'eau, comme les autres qui vont deuant en nombre inniombrable; il y en aura bien d'autres qui le suiuront. * Ce sont là vos discours, 34 c'est dequoy vous me venez consoler ou plustost desoler : mais si vous auez bien compris ce que ie vous ay dit, vous trouuerez que vos illations sont fausses : & que la misere & calamité des hommes n'est point vn argument de leur reprobation, ny vne conuiction de leurs offenses : qu'il faut attendre le dernier iugement que le Roy des Rois en fera; iusques auquel l'homme innocent doit esperer quelque sorte de tribulation qui le puisse accueillir & tourmenter.

CHAP.
XXII.

POVR tout cela Eliphas ne se tint pas vaincu, mais suiuant sa 1 pointe, il respondit à ce que Iob venoit de dire. * Ie sçaurois vo- 2 lontiers s'il y a au monde quelque homme, qui pour parfait qu'il soit, se puisse dire sçauant à comparaison de Dieu ? ou s'il y en a quelque autre qui se puisse dire iuste deuant luy, & qui luy puisse imputer sa iustice? * Si vous estes iuste, Dieu en profite-il de quelque chose ? que luy pouuez- 3 vous reprocher, si vous estes sans macule ou si vos voyes sont droites ? son heur, sa felicité, depend-elle de vostre bien faire ou mal faire ? pouuez-vous, quoy que vous faciez, adjouster quelque chose à son estre ? * Que deman- 4 dez-vous donc à venir à compte auec luy ? pourquoy le voulez-vous appeller en iugement ? qu'à-il à craindre quand il y viendra ? * Mais vous 5 plustost, ne deuez-vous pas redouter vostre conscience, & apprehender qu'il ne vous punisse selon vos demerites, qui passent toute mesure ? * Car 6 reconnoissez verité, que n'auez-vous fait ? vous auez presté à vsure à vostre prochain, & auez retenu le gage & l'argent; vous l'auez despoüillé & ne luy auez pas laissé vn manteau pour se couurir. * Vous n'auez pas seu- 7 lement donné de l'eau au pauure harassé qui vous en a demandé, ny vn morceau de pain à celuy que vous auez veu qui mouroit de faim deuant vous. * Vous n'auez reconneu autre droit que celuy du plus fort: ce qui 8 a esté à vostre bien-seance, aussi-tost a esté à vous; tant que vostre force s'est peu estendre, vous auez estendu vostre possession. * Et cependant les 9 pauures vefues desolées s'en sont allées despoüillées de leurs biens, n'ayans rien de reste que les larmes pour pleurer leur mal-heur: vous en auez fait de mesmes des pauures orphelins; il est vray que pour les accommoder, les chassant de leur bien, vous leur auez rompu les bras à coups de baston. * C'est pour cela que vous vous trouuez maintenant pris au piege, & qu'v- 10 ne soudaine frayeur vous saisit; vous estant aduis que tout ce qui vous enuironne vous menace, & demande vengeance de vos forfaits. * Quand 11 vous les commettiez, vous pensiez que vous ne deuiez iamais mourir: que les afflictions ne pouuoient arriuer iusques à vous, que vous estiez bien remparé contre les torrens des aduersitez mondaines. * Quoy ? ne pensiez- 12 vous point, que Dieu qui est là haut par dessus les Cieux, qui tient les estoiles sous ses pieds n'y est pas oisif comme quelque colosse; mais qu'il gouuerne toutes choses par sa prouidence infinie, ayant soin des plus petites? * Vous 13 vous flatiez, & disiez: Et quoy ? Dieu volontiers me connoist bien; il se

soucie

foucie bien de moy; il faudroit qu'il euft bonne veuë pour me voir de là
haut : il y a tant de vuide entre-deux, qui eft tout plein de brouillas:com-
14 ment me pourroit-il difcerner au trauers ? * Il eft caché dans les nuës, comme pourroit-il connoiftre nos affaires ? il eft affez empefché à tourner à
l'entour des poles du Ciel, & faire que tout aille bien là haut, fans fe rom-
15 pre la tefte de ce qui fe fait icy bas. * Voulez-vous perfeuerer encor en ce
16 difcours, qui eft le grand chemin que tous les mefchans ont tenu, * qui
ont prouoqué l'ire de Dieu fur eux? lequel en fin a efté contraint de les exterminer & enleuer, comme fait vn fleuue qui defborde, les cahuettes qu'il
17 trouue bafties fur fon riuage. * Il difoient entr'eux : Que nous foucions-
nous de Dieu ? qu'on ne nous en parle point, & en faifoient cas comme s'il
euft eu les mains engourdies, ou le bras racourcy, & qu'il n'euft peu attein-
18 dre iufques à eux. * Et toutesfois c'eftoit de luy qu'ils tenoient tous leurs
biens; fa feule bonté les auoit mis où ils eftoient. Dieu nous garde d'vn
femblable iugement que le leur, & de fouffrir vne pareille condamnation.
19 * Le iufte en contemplera l'execution, & prendra plaifir à fon tour de voir
fouffrir les mefchans; lefquels auront lors recours à luy, imploreront fon
aide, mais il s'en mocquera, & leur ramenteura le temps paffé, & l'orgueil
20 auec lequel ils mefprifoient les affligez, & dira lors : * Leurs grandeurs ont-
elles pas efté bien raualées? ont-ils pas efté reduits au petit pied?tout ce qu'ils
auoient a efté rafflé, il n'en eft pas demeuré vne feule trace; vous diriez que
21 le feu y a paffé. * Doncques Iob, faites profit de leurs fautes, & vous inftruifez par leurs calamitez. Retournez-vous à Dieu, acquiefcez à fes volontez : faites voftre paix auec luy, & vous l'aurez auec tout le monde. Voftre fortune fe changera lors tout à coup, & au lieu de tant de calamitez qui
vous oppriment, vous receurez mille & mille faueurs de fa bonté : toute
forte de biens viendront en foule à voftre maifon,ce font les fruits de fa mi-
22 fericorde. * Ce que ie vous dis, c'eft Dieu mefmes qui l'a dit: regardez les
paroles de fa loy & celles de fes promeffes, vous les trouuerez toutes conformes à cela. Rangez-vous-y doncques, & vous acquerrez fa paix par vo-
23 ftre obeïffance.* Du iour que vous aurez acquis cefte paix,vous vous trouuerez remparé contre toute forte de maux, vous verrez voftre felicité fondée & baftie fur vn rocher immobile, & verrez que le peché qui a fap-
pé & renuerfé voftre fortune, fera banny de chez-vous, & n'aura plus de
24 puiffance de vous nuire. * Si vous auez perdu vne motte de terre, vous recouurerez des montagnes : & au lieu des montagnes de terre & des riuieres
25 d'eau, vous recouurerez des fleuues d'argent & des montagnes d'or. * Le
Tout-puiffant entreprendra voftre defenfe, & fans que vous vous en mef-
liez combatra vos ennemis; il vous en donnera les defpoüilles, & de leurs
defpoüilles vous remplirez vos threfors, & ferez des monceaux d'argent
26 inefpuifables. * Les delices retourneront chez-vous, vous les trouuerez par
tout où vous irez : mais delices fainctes, delices fans vice, delices telles
qu'elles peuuent eftre agreables à Dieu : c'eft à dire vn repos interieur de
voftre confcience; vn parfait contentement de voftre ame, vne efleuation
de vos yeux & de vos defirs à voftre Createur, pour l'aimer & le reuerer de
27 tout voftre cœur. * Et lors ne doutez point que tout ce que vous luy

demanderez, il ne vous l'accorde : car il eſt Dieu qui cherit ſans meſure ceux qui l'aiment ; qui va au deuant de leurs ſouhaits : faites ſeulement vos vœux, & vous les verrez toſt accomplis. * Vous n'aurez pas ſi toſt fait 28 vn deſſein que vous en verrez le ſuccés ; il ne faudra point craindre de vous eſgarer en ce que vous entreprendrez : la lumiere de ſon eſprit vous conduira par toutes les voyes où vous entrerez, & fera redonder à voſtre gloire tous les accidens qui vous ſuruiendront. * Pourquoy ? pource que la parole 29 de Dieu qui n'eſt point trompeuſe, nous apprend que celuy qui s'humilie ſera exalté ; que le chemin de la gloire eſt à la valée, on y monte en deſcendant. Et tout ainſi comme pour faire leuer en haut l'vne des balances, il faut charger l'autre & la faire tirer contre-bas ; auſſi pour eſleuer noſtre ame en haut & la faire monter en la vraye gloire, qui giſt en la communication des graces de Dieu & participation de ſa felicité, il faut deprimer la vanité de nos eſprits ſenſuels & charnels, les affaiſſer & abaiſſer par la charge & ſurcharge de la crainte de Dieu, reconnoiſſance de noſtre infirmité & démerite : car lors que baiſſant les yeux contre terre, nous aduoüons que nous ſommes indignes de regarder les Cieux, celuy qui y preſide prend compaſſion de nous, & nous donne du ſien ce qui nous defaut pour nous rendre dignes de ſa grace, & par ſa grace, de noſtre ſalut. * Salut, 30 qui eſt promis à tous ceux qui voudront preſter leurs mains à Dieu pour l'operer en eux-meſmes, qui les contiendront pures & nettes, & telles qu'vn ſi admirable ouurier ne deſdaigne point de s'en ſeruir à vn ſi precieux ouurage.

Chap.
XXIII. A deſſus Iob repartit : * Le deſpit me croiſt touſiours dauanta- 1 ge, & me ſemble qu'on me perce le cœur de nouuelles playes, 2 & que la main qui me tourmente ſe rend touſiours plus cruelle contre moy : il ſemble que mes larmes, au lieu d'appaiſer mes douleurs en irritent la cauſe, & que Dieu me ſuſcite icy des gens pour me tourmēter par leurs diſcours plus que ie ne ſuis par mes propres maux : car ſi ie ſçauois eſtre tel qu'ils me depeignent, & auoir oublié mon Dieu, comme ils me reprochent, ie prendrois patience : mais ie ſçay bien que iamais ſa crainte n'eſt ſortie de mon cœur, ny ſon honneur party de ma bouche. * Helas ! ne ſe 3 ſçauroit-il faire que ie ſçache où il eſt ? que ie le puiſſe aller trouuer ? que ie me puiſſe repreſenter deuant le throſne de ſa iuſtice ? * Ie ſubiray volontiers 4 iugement deuant luy, & luy feray librement mes plaintes : il eſt permis à vn homme innocent de ſe defendre hardiment. * Ie verray ce qu'il me reſ- 5 pondra, & entendray les raiſons pour leſquelles il permet que ie ſois ſi miſerablement tourmenté par tant & tant de ſortes de tribulations. * Ce n'eſt 6 pas toutesfois que ie vueille par là deffier ſa puiſſance ; car ie connois trop combien elle eſt grande, & combien grande mon infirmité : ie ſçay bien que s'il me iuge comme Dieu, luy qui remuë les Cieux & repoſe ſes pieds ſur la terre, laſchant ſon bras ſur moy il m'eſcraſera comme vn elephant qui marche ſur vn fourmy. * Mais qu'il me iuge, comme iugent les hom- 7 mes, qu'il prononce contre moy en equité, qu'il ne m'impute que ce que les hommes en vn iugement humain me pourroient imputer ; & ie

m'aſſeure

8 m'asseure que ie ne partiray point de deuant luy condamné, * Or où le
chercheray-je, s'il ne veut point estre trouué? Ie m'en vais en Orient, &
il n'y est point pour moy: ie tourne en Occident, aussi peu en ay-je de
nouuelles: * Ie tourne à gauche & perds mon temps, & ne sçay que faire!
9
10 Ie reuiens à droit, aussi peu aduancé-je; il est inuisible pour moy. * Et
toutesfois il me voit bien, & toutesfois il me connoist bien, & toutesfois
il m'a sondé iusques au fonds du cœur, & m'a esprouué comme l'or à la
coupelle; il m'a mis dans les flammes des afflictions, & apres y auoir bruslé
toutes mes affections, il a trouué que celle qui est demeurée ferme, solide,
11 durable & immuable en mon ame, est-celle de son amour. * Ie ne m'en
suis iamais esloigné, c'est la seule voye que mes pas ont suiuie: c'est le sen-
tier dans lequel ie me suis tenu, sçachant assez que hors de là il n'y a point
12 de salut: qui s'en detracque vne fois, se perd & s'esgare pour iamais. * Ses
commandemens m'ont esté plus precieux que ma propre vie; quand vne
fois i'ay entendu sa voix ie l'ay soigneusement suiuie; & ay serré dans mon
13 sein ses paroles comme vn riche thresor. * Car il est seul en ce monde qui
soit tout sage & tout prouident, & qui ne puisse estre trompé: il est outre
cela Tout-puissant, qui ne peut estre empesché en ce qu'il entreprend.
Qui se pourra donc opposer à luy, puis qu'il veut ce qui se doit, & peut
14 tout ce qu'il veut? * Quand il aura espuisé sur moy tous les tourmens qui
sont au monde pour me punir à son gré, il en fera renaistre de nouueaux
& de tout semblables, autant qu'il luy plaira, sa force & ses moyens n'ont
15 point de bornes. * C'est ce qui me trouble, & fait que quand ie me represente sa face courroucée contre moy, ie n'ay ny poux ny haleine: ie suis
16 tout peur, tout effroy, ie perds la parole & le iugement. * Autrefois i'ay eu
du courage, quand ie n'auois à faire qu'aux hommes: mais ayant à faire à
Dieu, mon cœur fond comme cire, le sang me caille dans les veines, ie
17 suis troublé & n'ay plus de iugement. * Non pour les afflictions qui m'as-
saillent, m'accablent & me precipitent, comme dans vn profond & obscur abysme, où ie ne voy rien que mon mal; non pour reproche que ma
conscience me fasse, d'auoir iamais abandonné la crainte de mon Dieu,
mais pour ce que ie sens bien que c'est sa main qui me touche & n'en puis
comprendre la cause; pour ce que ie ne puis souffrir ma douleur sans me
plaindre, & ne puis en me plaignant trouuer aucun soulagement.

1 ET pourquoy me touche sa main? pource qu'il luy a pleu: il n'y
a personne de son conseil que luy: il sçait pourquoy il fait ce
qu'il fait, il a desparty ses temps & a digeré en son intelligence,
comme les choses doiuent rouler en ce monde les vnes apres les autres, selon que leurs saisons arriueront. Tel fait semblant de connoistre Dieu, de
discourir de ses conseils, de parler de ses œuures, qui ne se connoist pas soy-
mesme, & qui ne sçait pas où il est de sa vie. Tel iuge de la conscience
d'autruy, qui est desia condamné deuant Dieu: tel iuge son prochain coulpable, pour ce qu'il le voit affligé, qui se trompe: & tel iuge vn autre innocent, pour ce qu'il voit que Dieu l'endure, & qu'il luy fait des graces
& des faueurs, & il se trompe aussi; mais en vne chose on ne se peut gueres

tromper; c'eſt que le monde eſt fort plein de meſchans, leſquels Dieu ſouffre, pour auec ſa patience les ramener à la connoiſſance de leur peché &
amendement de leur vie. * Les vns leuent les bornes qui les ſeparent de 2
leurs voiſins, & vſurpent leurs terres, ils deſrobent leur beſtail & le meſlent
parmy le leur. * Si vn pauure pupille a vn aſne, ils le luy prennent, ſi vne 3
pauure veſue a vne vache, ils eſpient ſa neceſſité, ils luy preſtent vne piece
d'argent & prennent ſa beſte en gage ; en fin ils la luy font perdre. * Ils 4
prennent plaiſir à deſbaucher les indigens, & les mettre au mal ; pour les
faire ſeruir à leurs meſchancetez & eſtre complices de leurs brigandages :
& ſi quelqu'vn mieux nay ſe range auec eux, & veut viure modeſtement,
ils l'accablent de miſere & de tourment. * Les autres ſe jettent dans les fo- 5
reſts, ne bougent de là iour & nuict, non plus qu'vn aſne ſauuage, pour
attendre le marchand au pas : le brigandage eſt leur ſeul reuenu, dont ils
ſe nourriſſent eux & leur famille. * Ils font moiſſon, & ſi ils ne ſement 6
point ; ils font vendanges & ne labourent point : car ils ne font qu'attendre que le fruit ſoit meur ſur le champ de leur voiſin, & le cueillent & emportent par force. * Qui paſſe aupres d'eux auec vn bon habit, ſe peut aſ- 7
ſeurer de s'en reuenir tout nud, & de trembler de froid tout l'hyuer s'il n'en
a point d'autre ; car ils ſont impitoyables. * Ils verront ceux qu'ils auront 8
deſpoüillez, expoſez à la pluye & à la greſle, battus deſſus leur chair ſans
auoir dequoy ſe couurir, ſe mettre à l'abry derriere vne pierre, ou au dos de
quelque rocher ; cela ne leur touche point au cœur. * Ils ne ſe contentent 9
pas de deſrober les pupilles, mais encores les battent-ils apres auoir pris le
leur. Au reſte ils ne prennent pas le pauure peuple vn à vn pour le voler,
ils en deualiſent les trouppes toutes entieres, & ne leur laiſſent rien que la
vie. * S'ils rencontrent quelquefois les pauures gens nuds & affamez qui 10
reuiennent de glaner, & rapportent quelque miſerable eſpy en leurs mains,
ils le leur oſtent. * Ils détrouſſent les vendangeurs & ceux qui viennent 11
de fouler le vin, ils leur oſtent le raiſin qu'on leur a donné pour leur peine
& en font des monceaux ; & là au milieu font bonne chere & boiuent
d'autant, pendant que ceux qu'ils ont volé meurent de ſoif. * S'ils font 12
ainſi parmy les champs, ils ne font pas mieux dans les villes : ils font crier
& pleurer tout le monde : ils bleſſent l'vn, ils frappent l'autre, vous n'oyez
que plaintes d'eux : tant qu'en fin Dieu permet quelquefois que le peuple ſe
leue ſur eux. * Ils font comme les chats-huants, ennemis de la lumiere : on 13
ne les voit iamais de iour, on n'entend de leurs nouuelles que la nuict, mais
non pas par leur cry, mais par celuy de ceux qu'ils outragent. N'ayez pas
peur, s'ils ont paſſé par vn coſté qu'ils retournent par là. * De grand 14
matin & auant qu'il ſoit iour, le meurtrier va faire ſon coup ; il aſſaſſine le
pauure homme qui n'y penſe point, & puis ſe retire iuſques à la nuict, qu'il
recommence ſon brigandage. * Deſtourne-il ſa penſée de la cruauté à la 15
volupté ? a-il entrepris de violer la femme de ſon voiſin ? il vous attend la
brune, & lors qu'il penſe qu'on ne le pourra reconnoiſtre, s'en va le manteau ſur le nez. *. Il ſe coule dans la maiſon, ſelon l'aſſignation qu'on luy 16
donne, & là il vous paſſe toute la nuict ſans lumiere. * Le iour commence- 17
il à poindre ? il faut eſcamper, il penſe que la mort eſt à ſes talons, qu'elle le

suiue comme son ombre: & ainsi le iour luy est la nuict, & la nuict luy est
le iour: il ressemble les lutins, qui ne marchent que parmy les tenebres.

18 * Il va si bellement de peur d'estre descouuert, que vous diriez que c'est la
superficie d'vne riuiere, qui coule viste sans qu'on s'en apperçoiue. Que
maudite soit la race de telles gens ! que iamais plus on n'en puisse voir l'engeance parmy les hommes ! que iamais plus nous ne les puissions rencontrer par les chemins ! que iamais plus nous ne les trouuions cachez dans nos
19 vignes ! * Que puissent-ils fondre, comme la neige à la chaleur du Soleil,
20 & estre abysmez auec leurs vices au plus profond des enfers ! * Qu'il n'y
ait point de misericorde pour eux ! que leur plus doux traictement soit
d'estre mangez des vers ! que l'on n'en fasse non plus de compte que d'vn
21 bois pourry, qui n'est bon qu'à ietter au feu ! * Les vilains qu'ils sont; ils
ont employé leur bien à nourrir des putains, & les ont fait auorter, afin de
pouuoir plus commodément seruir à leurs delices; & ont osté le pain de la
bouche aux pauures vesues, qui viuoient sainctement & religieusement.
22 * Ils n'ont fait estat que de leur force, & ont violenté tout ce qu'ils ont
rencontré : mais quand ils penseront estre plus asseurez, ils trouueront leur
vie en branle, & connoistront bien que la meschanceté ne se peut estayer
23 contre le poids de la vengeance diuine. * Dieu leur a donné loisir de se repentir, mais au lieu de s'en seruir ils s'en sont dauantage enorgueillis : il les
a bien remarquez, il a l'œil fiché sur eux, & tient bon compte de tous
24 leurs deportemens. * Vous les voyez pour vn peu de temps esleuez; ils n'y
demeureront gueres, vous les verrez bien tost raualez. Ils prendront leur
cheute, eux & tout ce qui est à eux; ils seront froissez comme la sommité
25 de l'espy, lors que l'on bat la gerbe. * S'il n'est ainsi comme ie dis, que
quelqu'vn me monstre le contraire, qu'il vienne deuant Dieu, & qu'il
me conuainque de mensonge. Mais si ie dis vray, qu'on reconnoisse aussi
que l'impunité des meschans pour vn temps n'est pas leur iustification, ny
l'affliction des bons en quelque saison qu'elle arriue, leur reprobation.

1 SVR cela Baldac prit la parole, & dit : * La puissance est en Dieu; CHAP.
2 elle y est autrement qu'en tous les autres: car elle y est sans fin & XXV.
sans mesure. Aussi la terreur & l'estonnement doiuent saisir ceux
qui pensent en luy; car c'est le nompareil en toutes ses œuures. C'est luy
qui accorde tant de contraires mouuemens: qui donne aux cieux de diuers
branles: qui mene les vns d'Orient en Occident, les autres d'Occident en
Orient: qui fait cheminer vn astre d'vn pas viste, l'autre d'vn pas lent; qui
fait aduancer le cours du Soleil & de la Lune: & de ceste grande diuersité de mouuemens compose vne harmonie admirable; qui luy sert comme de main pour gouuerner ce monde inferieur; qui change & rechange
de place auec le mouuement des cieux, & changeant est tousiours monde.
3 * Qui pourroit conter le nombre des puissances qui seruent de ministres
à ses mandemens? L'Algebre, qui nombre les grains de sable de la mer n'y
pourroit pas suffire; tant il y en a parmy les cieux, parmy les airs, parmy
les eaux, & dedans la terre. Quel lieu y a-il où sa lumiere n'esclaire? &
qui est celuy qui se peut mettre si bien à couuert, qu'il ne le voye? il n'y a

point de corps si espais, que son œil ne penetre. * Et pource, l'homme n'est- 4
il pas bien fol, qui sorty du ventre d'vne femme, c'est à dire d'vn vaisseau
d'ordure, & d'entre les excremens les plus sales, veut neantmoins paroistre pur deuant Dieu? se veut pretendre iuste en sa presence, & s'ose comparer à luy, pour disputer de l'equité de ses iugemens? * Vous voyez bien 5
la Lune en sa plenitude, qui semble toute de vif argent. Vous voyez bien
les estoiles en la serenité d'vne belle nuict, qui semblent toutes de fin or &
bien bruny: quand Dieu les regarde il y trouue de la soüillure, & y remarque du defaut: car bien que ce soient ouurages parfaits, pour le regard de
tous les autres qui les admirent, luy qui est le Createur, sçait qu'il n'a pas
employé tout son art en elles; mais les a tellement ornées par l'influence de
sa vertu, qu'il s'est reserué encores par deuers luy vne vertu inestimable,
au prix de celle qu'il leur a communiquée. * Que doit donc penser l'hom- 6
me de soy? que doit-il penser de Dieu? l'homme qui n'est que pourriture,
l'homme qui n'est que la pasture des vers? Car comme en vne grande maison vous voyez qu'on nourrit des bœufs, des moutons, des oisons, des
poulailles, & autre sorte d'animaux, ausquels on coupe la gorge l'vn apres
l'autre pour nourrir la famille; ainsi la nature nourrit, entretient, supporte
pour vn temps ce que nous voyons d'hommes; & l'vn apres l'autre les
donne à manger aux vers. Voyez donc si ce braue animal n'a pas bien sujet d'estre si fier, & vouloir estriuer contre le maistre de la nature!

CHAP.
XXVI.
OB piqué de ces propos, aussi-tost respondit: * Vrayement Dieu 1
vous est bien obligé, que vous preniez ainsi sa defense: sans vous 2
il estoit perdu, il n'auoit pas moyen de se parer; mais vous luy soustenez le bras & luy prestez vostre force. * Vous luy conseillez comme il 3
doit faire; car il n'a pas la sagesse comme vous; la prudence est toute logée
chez vous, on n'en trouue point autre part; si Dieu en veut, il faut qu'il
en emprunte de vous. * Considerez vn peu qui est celuy de qui vous par- 4
lez; à qui vous voulez apprendre ce qu'il a à faire. Est-ce pas celuy qui a
mis l'ame dans vostre corps, vous a donné la vie & la respiration: & sans
lequel vous n'auriez pas l'entendement & le discours, ny mesmes le simple
souffle? Si de iour en iour, si d'heure en heure, il ne vous influoit l'estre &
la vie, vous esuanouïriez & deuiendriez vn rien, tel que vous estiez auant
que d'estre. * Vous pensez estre quelque chose, vous mesurant à vostre 5
corps, vostre esprit, vos biens, vos richesses; & ne considerez pas que les
Geans, qui estoient si grands, si puissans, si forts, ont esté submergez par
le deluge, auec toute leur suite. De sorte qu'il ne reste rien d'eux que le
hurlement, qui s'entend és lieux où ils ont esté abysmez. * L'enfer est bien 6
creux, il a de profondes cauernes, & de fort obscures cachettes: mais il n'y
a là rien que Dieu ne sçache, qu'il ne descouure en vn clin d'œil; il sçait
bien trouuer celuy qui est perdu, en quelque endroit qu'il soit caché. * C'est 7
luy qui a estendu le Ciel comme vn grand pauillon, depuis vn pole iusques
à l'autre, & dans le vuide des airs, a respandu les vents qui les vont ba-
loyant. C'est luy qui a balancé la terre dessus son propre poids; si iustement qu'elle ne sçait de quel costé pancher, bien qu'elle soit le plus lourd
faix

faix qui soit au monde, & que rien ne la soustienne, si demeure elle sus-
penduë, pour ne sçauoir de quel costé elle pourroit tomber, & se trouue
également distante de tout ce qui l'enuironne ; ayant son dessus par tout,
& n'ayant son dessous qu'en son centre. * Il tient les eaux penduës dedans 8
les nuës, comme dans vn reseruoir, & les empesche de tomber, sinon à
mesure qu'il l'ordonne. * Tantost il vous monstre toute la face du Ciel, 9
qui est son throsne, en champ dazur, semé & enluminé d'estoilles claires &
brillantes, tantost il vous tire vn rideau de nuages au deuant. * Il a remply 10
la vastité de la mer de vagues flottantes & bruyantes, qui semblent continuellement menacer la terre d'estre submergée, mais il y a planté des bornes inuisibles qui sont en elle-mesme ; * qui la retiennent & empeschent 11
de s'estendre plus loin ; & qui dureront iusques à ce qu'il luy plaise de faire faillir le iour & la nuict, confondre ce qu'il a distingué, & aneantir tout
ce qu'il a creé. * Les colomnes qui soustiennent le Ciel doiuent estre vn 12
merueilleux ouurage, & toutesfois elles branslent sous luy, & s'estonnent
au moindre signe qu'il fait. * Sa puissance en vn moment a fait assembler 13
toutes les eaux en vn, & a composé cet abysme qui couure la plus-part de
la terre ; & sa prudence puis apres a reiglé ses flus & ses reflus, & a reprimé
son audace, afin qu'elle se laisse surmonter par les hommes, qui la courent
d'vn bout à l'autre. * Il a distribué par les Cieux des Anges par legions, 14
qui seruent à la conduite & à l'ornement du monde. La main de sa iustice, comme celle d'vne sage femme a tiré hors du Ciel la nature Angeli-
que corrompuë, & amené çà bas le serpent venimeux qui a ses desmar-
ches tortuës, & n'a autre action que le nuire & le mal-faire. Ce serpent,
dis-je, ennemy premierement de Dieu, ennemy puis apres des Anges, &
ennemy en fin des hommes, depuis qu'il a esté deprimé çà bas, cet esprit
d'orgueil, cet esprit de malice, cet esprit d'iniquité, qui ne cherche consolation à sa perte que par celle d'autruy. * Or tout ce que ie vous dis là 15
n'est rien qu'vne petite scintille de ce que i'ay appris des secrets de Dieu, &
ce qui s'en peut voir à l'œil, pour si troublé & chassieux qu'il soit. Et
toutesfois il y en a assez pour conuaincre l'ame du monde la plus obstinée,
& luy faire confesser la bonté & misericorde de Dieu. Que seroit-ce doncques s'ils nous ouuroit les thresors infinis de ses merueilles ? quelle oreille
pourroit souffrir l'espouuentable bruit d'vn tel tonnerre ? quel œil supporter l'esclair brillant d'vn si dangereux foudre ?

A P R E S vn peu de pause, Iob continuant son discours leur dit CHAP. 1
encores. * C'est le Dieu viuant qui a voulu pour moy changer XXVII. 2
ses loix, & me iuger par vne autre regle que les autres ; c'est le
Tout-puissant qui a voulu remplir ma vie d'amertume, & noyer mon ame
dans vne mer d'ennuis. * Mais pour cela, tant que mon poulmon respirera 3
dans mes flancs, qu'il restera quelque peu de souffle à ma vie, ie ne laisseray 4
pas de loüer son nom, & ne permettray iamais que ma langue prononce
vn seul mot qui soit contre son honneur & sa gloire, ny que le mensonge se
loge dans mes levres. * Et pource ne vous attendez pas que i'approuue vos 5
discours ; ny que pour tout ce que vous me direz, ie vous en estime plus

iuftes. Ie vous connois trop bien, & fuis trop refolu tant que ie viue, de
ne me point departir de la voye d'innocence. * Ie n'abandonneray iamais 6
le chemin que iufques aujourd'huy i'ay tenu, pour me rendre agreable à
Dieu, & luy iuftifier mes actions; ma confcience ne m'en remord point,
& mon cœur en toute ma vie ne m'a point dit que i'aye fait chofe qui deuft
eftre defagreable à mon Seigneur. * Ie laiffe mes ennemis où ils font auec 7
les mefchans & auec les impies; l'inique auec les iniques, pour courir leur
fortune & participer à leur peine. * Car quelle efperance peuuent-ils auoir, 8
hypocrites qu'ils font, s'ils ne font attentifs qu'à prendre & à defrober, &
fi Dieu n'eft point auec eux pour les deliurer des infortunes qui leur pendent fur la tefte? * Penfent-ils que quand la calamité les preffera, Dieu 9
vueille entendre leurs cris? * ou bien mefmes qu'il leur garde l'efprit en- 10
tier, pour pouuoir fe confier en luy, y conftituer leur fouuerain bien &
implorer fon ayde, toutes & quantesfois qu'ils en auront befoin? * Ie vous 11
veux annoncer que c'eft que de la main du Tout-puiffant, & ne vous veux
point cacher ce que i'en fçay. * Mais vous le fçauez affez, & ie m'eftonne 12
comment contre voftre confcience, vous vous plaifez à proferer tant &
tant de vaines & inutiles paroles. * Sçachez donc que voicy comme Dieu 13
traite les mefchans: voicy la part qu'il leur garde de fes iuftes iugemens:
voicy comme il recompenfera leurs violences. * Apres qu'ils auront eu 14
grande quantité d'enfans, qu'ils fe tiendront fiers d'vne fi belle lignée, &
fe promettront vne immortalité par la fuite & fucceffion de leurs defcendans, le glaiue viendra qui les moiffonnera comme vn bled bien meur; &
les plus petits, que la pitié retirera de deffous le coufteau, n'auront pas du
pain pour mettre fous la dent. * Si quelques-vns efchappent de la guerre 15
& famine, & qu'ils paruiennent en aage d'hommes, ils n'auront que noife
& debat en leur maifon. Ils mourront & leurs vefues ne les pleureront
point; car leur mort aura efté long-temps defirée auant qu'elle arriue.
* Quand la terre fe tourneroit en argent entre leurs mains, & la bouë de- 16
uiendroit or quand ils la touchent, quand ils auroient leurs armoires tou- 17
tes pleines de veftemens, & leurs magazins de commoditez, ce ne feront
que des preparatifs pour d'autres. Le iufte arriuera là deffus, & Dieu luy
donnera tout en proye. * Leur maifon ne leur fera non plus affeurée que 18
celle d'vn ver qui fe met en quelque bonne robbe, le maiftre vient pour
la nettoyer, & auffi toft il vous le defloge; ou que la cabane d'vn meffier,
fi toft que les fruicts font cueillis on la defpece. * Ce ne fera qu'vn fonge 19
que la richeffe des mefchans. Quand ils fe refueilleront & qu'ils commen-
ceront à ouurir l'œil, ils trouueront que tout ce qu'ils penfoient poffeder
n'eftoit que du vent. * Comme quand quelque grand fleuue fe defborde 20
la nuict, il inonde les terres voifines & gagne les villages qui font baftis
autour auant qu'on s'en foit apperceu; puis eftant creu bien haut & pouffé
par les vents, il defracine les arbres, emporte les maifons & tout ce qui eft
dedans: De mefmes la pauureté & la mifere arriuant, fans qu'on y penfe,
chez ceux qui n'ont point la crainte de Dieu rauagera & emportera en peu
d'heure tous leurs labeurs, & ne laiffera où eftoient leurs maifons, que des
ruines. * La calamité y viendra comme vn vent bruflant qui feiche les 21
arbres

arbres qu'il touche, comme vn tourbillon furieux qui renuerfe tout ce
22 qu'il rencontre. * Bref, Dieu n'efpargnera rien pour les perdre; il leur en
donnera à bon efcient, il frappera & rechargera; ils penferont fe fauuer à la
fuite, mais le mal-heur ira plus vifte qu'eux, & arriuera auffi-toft au lieu où
23 ils penferont fe mettre en feureté. * Lors chacun fecondera la vengeance
de Dieu, & luy preftera fes mains pour acheuer d'accabler les mefchans.
Qui frappera fur eux, qui les fifflera, qui les monftrera au doigt, qui crie-
ra apres eux; pendant qu'ils fe retireront comme des renards dans leur
tafniere.

1   E font les effects de la prouidence de Dieu, qui eft impenetrable CHAP.
    à l'efprit de l'homme, & qui penetre neantmoins par tout. Ce XXVIII.
    qui eft plus caché au monde, c'eft ce qui luy eft plus conneu: ce
    qui eft au fonds de la terre enfeuely dans les tenebres, couuert de rochers,
c'eft ce qu'elle fçait plus certainement. L'homme va foüillant auec grand
trauail dans le ventre de la terre, & s'il trouue quelque mine d'or ou d'argent, il penfe auoir defcouuert vn grand fecret, & s'eftime quelque grand
perfonnage; & toutesfois il ne fçait, ny comme il fe fait, ny comme il s'engendre: Si fait bien celuy qui l'a creé: il connoift que l'or & l'argent n'eft
rien qu'vne vapeur de la terre, laquelle portée de fon centre à fa circonference, arreftée vers l'extremité condenfée, & deuenuë vif-argent, par fa
fubtilité s'infere dans les parties de la terre, laquelle fe trouuant fulphurée,
& par confequent chaude, la cuit & fixe parfaitement ou imparfaitement,
felon qu'eft grande la faculté actiue du fouphre, & que le long efpace de
temps & la difpofition des aftres y cooperent. En cefte coction & con-
denfation, l'or ou l'argent venans à fe reftraindre fe forment en filons de-
liez, efpars par cy par là, ou en grains & paillolles, felon qu'il fe trouue com-
primé ou logé à l'aife, à fa premiere congelation. Ils ont l'vn & l'autre
leur couleur belle & viue; pour ce que leur matiere eft pure & defequée,
2   tirée du plus pur & plus fubtil de la terre, comme de fa femence. * Le fer
au contraire, matiere impure & quafi excrementeufe, ne femble rien que
la terre mefme, & fe tire en nature & qualité de terre, de laquelle il n'eft feparé qu'auec la force du feu; qui deffeichant la partie fableufe, & liquefiant
celle qui eft plus vnctueufe, fixe la terre & fait couler le metal. Et le cuiure
femblant eftre vraye pierre, parmy les minieres de l'or & de l'argent, mis à
3   la fonte coule, & de caillou deuient rofette. * Ce font fecrets que Dieu
connoift de toute eternité, qu'il a cachez aux hommes, & toutesfois les
leur reuele en leur temps, felon qu'il iuge à propos pour fa gloire, fçachant à quelle fin il a creé toutes chofes: permettant que les curieux penetrent les profondes cauernes de la terre, qui femblent n'eftre que le fejour
de la mort, & renuerfent les rochers, qui femblent feruir de couuercles aux
4   abyfmes. * Là ils trouuent des torrens fous terre, qui venans à auoir ouuerture, entraifnent ceux qu'ils rencontrent; tellement que les autres qui font
aupres, les perdent incontinent de veuë, & n'en voyent plus ny pied ny
5   main; & ainfi ces pauures gens font confumez. * De grandes pieces de
terre qui auoient accouftumé de porter de beau bled, viennent à s'enfon-

drer tout à coup; pouree que le fouphre bruflant dans les mines, leur mange la matiere qui leur feruoit de fondement, & les fouftenoit. * Il fe trou-　6
ue parmy telles ruines & ouuertures de belles pierres de Saphir, qu'on peut
à bon droit appeller le Ciel de la terre; puis que non feulement au dedans il
en porte la couleur claire & azurée, mais femble encor au fonds auoir quelques petites marques du feu imprimées, qui brillent comme eftoiles. Dieu
feul, & non autre, fçait pourquoy cefte pierre purge le mauuais air; pourquoy elle donne vigueur à l'homme, & le guerit des trop frequentes
fueurs; pourquoy elle garde des charmes, & conferue la paix & l'amitié
entre ceux qui la portent. Là aupres fe trouuent de gros grains d'or m'af-
fifs & pefants, comme s'ils auojent defia paffé par la fonte. * Ce font fe-　7
crets de la nature, où tant s'en faut que l'homme puiffe penetrer, que les
oyfeaux mefmes, pour bien effuites qu'ils ayent les plumes, ny fçauroient
arriuer; ny le vautour n'y voir goutte, quelque bonne qu'il ait la veuë.
* La curieufe auarice du marchand qui va d'vn bout du monde à l'autre,　8
ne paffe point fi auant: la lionne affamée, pour nourrir fes petits, fe precipite par tout où elle efpere trouuer fa proye; mais elle ne va point iufques-
là: la force ny le courage ny feruent de rien, fi Dieu ne nous ouure le pas.
* C'eft luy feul qui tient la clef des abyfmes de la terre, & les ouure quand　9
il luy plaift. Il prend vn grand rocher auec la main & le renuerfe, il defracine les montagnes, comme nous ferions vne plante en vn iardin. * C'eft　10
luy qui a coupé dans le roc les conduits aux ruiffeaux, afin de les refpandre
au trauers de la terre & luy feruir comme de veines; & l'eau comme de
fang. Son œil apperçoit tout ce qui eft de precieux fous les eaux, & fa
main l'en tire puis apres, pour en faire prefent aux hommes. * C'eft luy qui　11
premier a fondé le fonds des fleuues & des riuieres, & en a defcouuert les
fources: c'eft luy qui a mis en lumiere ce qui eftoit en tenebres, & a fait
que tant & tant de figures qui eftoient cachées fe font monftrées, & auec
elles la fageffe de leur Createur. * O fageffe incomprehenfible, où repo-　12
fez-vous? ô intelligence admirable, où demeurez-vous? * Ce n'eft pas　13
merueille fi l'homme ne vous eftime pas comme il doit; car il ne vous connoift pas & ne vous veut pas connoiftre. Vous n'habitez point parmy ces
ames fangeufes & embourbées, lefquelles fe veautrent dans les delices de
la terre, & tournent les yeux continuellement fur elle, ne pouuant fupporter la veuë du Ciel. * Cherchez-la dans les abyfmes, vous ne l'y trouuerez　14
point. Si vous demandez à la mer, elle vous dira qu'elle ne la connoift pas.
* Si vous la penfez acheter à prix d'or ou d'argent, quelque fin qu'il foit,　15
quelque quantité que vous en offriez, vous ne la trouuerez point. * Si　16
vous la penfez changer auec la precieufe Cochenille que les Indes vous enuoyent, quand vous en auriez des magazins tous pleins, vous n'en finerez
point. Si vous penfez donner en recompenfe l'Onyce, auec toutes les vertus qu'elle a d'attiedir les flammes de l'amour, de rendre les hommes ref-
ueurs, peureux, melancoliques, vous n'y profiterez rien. * Si vous croyez　17
efchanger contre elle le cryftal de roche, taillé en vafes precieux, tous
garnis d'or efmaillé, vous n'en aurez point, & ne trouuerez dequoy la
recompenfer. * Ce qui eft de plus excellent & eminent au monde à　18

comparaifon

comparaifon d'elle ne fera rien eftimé, il n'en faudra pas feulement parler: car elle a bien vne autre origine que tout cela, elle vient d'vn lieu où perfon-

19 ne n'a iamais efté. * Vous eftimez le Topaffe pour fa beauté, pour auoir vne couleur aucunement femblable au corps du Soleil, d'où il brille comme de petits rayons: mais pour fi bien qu'il foit poly & taillé, fi bien qu'il foit mis en œuure, fi bien qu'il foit efmaillé, foit de telle couleur & fi excel-

20 lente que vous voudrez, on n'en fera point de cas auprès. * D'où donc-ques peut-on recouurer ce precieux threfor de fapience? où fe trouue cefte admirable intelligence, en laquelle confifte l'excellence de tout le monde,

21 qui a donné prix à toutes chofes fors qu'à foy-mefmes? * Elle s'eft retirée de la veüe des hommes; ie dis, des hommes viuans cefte vie brutale & ani-male, qui n'a foin que de la chair & du fang; ceux-là n'y peuuent non plus auenir que les oyfeaux du Ciel: car encores qu'on les nomme du Ciel, fi eft-ce que leur vol ne va point plus haut que la region elementaire de l'air, & ne s'efleue point par deffus cefte partie du monde corruptible, où ne fe

22 voit que l'ombre de cefte fapience. * Et toutesfois il y en a parmy les hom-mes mortels, de fi perdus & fi outrecuidez, qu'ils n'ont point de honte de dire qu'ils la connoiffent, qu'ils en ont ouy parler, qu'ils en rendront bon-

23 ne raifon; fols & infenfez qu'ils font. * Dieu feul, Dieu feul, fçait où elle habite, par quel chemin il faut aller à elle, & quel moyen il y a de la trou-

24 uer. * Car il voit toute d'vne veüe les quatre coins du monde, & tout ce

25 qui eft eftalé fous fon Ciel. * Il fçait combien pefent les vents, car il les a faits au poids; il fçait combien tiennent les eaux, car il les a faites à la mefu-

26 re. * Quand il a creé les pluyes, il leur a donné leurs reigles & deftiné leurs faifons: quand il a formé les tempeftes bruyantes, il leur a prefcrit leur du-

27 rée, & borné leur pouuoir. * C'a efté lors qu'il a fait voir fa fageffe, qu'il l'a expofée en veüe de tout le monde, qu'il l'a mife en œuure, & l'a recher-

28 chée iufques és moindres & plus abjects de fes ouurages. * Et afin que les hommes ne fe peuffent plaindre d'en eftre priuez, & qu'outre ce qu'il en auoit imprimé en eux en leur creation, plus qu'en fes autres creatures, ils en euffent encores vn rayon furabondant, il leur a dit (voicy vne grande pa-role, voicy vn admirable fecret) il leur a dit: La crainte de Dieu eft la fou-ueraine fageffe; fuyr le peché c'eft vne parfaite intelligence. Tellement qu'en vn mot, il vous a ouuert tous fes threfors, il vous a mis à l'abandon les richeffes de fa beatitude eternelle.

1 IOB continuant fon difcours, commença à rememorer quelle auoit efté fa fortune paffée, afin puis apres de la comparer auec la **C**HAP. XXIX.

2 prefente, & dit ainfi: * Helas, n'y auroit-il point moyen que ie retournaffe en l'eftat auquel i'eftois auparauant? alors, dis-je, que Dieu eftoit ma fauue-garde, que fa bonté veilloit fur moy, & me couuroit de

3 l'ombre de fes aifles: * Alors que la lumiere de fa grace luifoit fur mon chef, & le rempliffoit de fplendeur, & qu'elle m'efclairoit parmy les plus obfcures

4 tenebres: * Ou comme i'eftois au temps de ma premiere & floriffante ieunef-fe; quand la beauté, la force & la vigueur habitoient chez moy; & que

5 Dieu faifoit foifonner toutes fortes de biens en ma maifon. * Dieu eftoit

M

lors vrayemeint chez moy, il eſtoit pres de moy, il eſtoit en moy ; & mes
enfans tout autour ſains & gaillards, eſquels conſiſtoit l'eſperance de la
conſeruation de mon nom & augmentation de ma maiſon. * L'abondan- 6
ce des biens m'ennuyoit tant elle eſtoit exceſſiue : ie mettois le pied ſur le
beurre, & faiſois auſſi peu de cas de l'huile, que ſi elle fuſt ſortie des pierres
pour remplir mes piles. * I'allois à la porte de la ville, à la place où le peuple 7
eſtoit aſſemblé ; & là on m'appreſtoit ma chaire parée d'vn beau tapis. * Les 8
ieunes ſe retiroient auec tant de reſpect, & les vieux ſe leuoient & me venoient au deuant, & demeuroient puis apres debout aupres de moy. * Les 9
plus grands Seigneurs ſe taiſoient, & mettoient le doigt ſur leur bouche.
* Les Capitaines n'oſoient pas entreprendre de parler, & le reſpect les ren- 10
doit tous muets, comme ſi la langue leur fuſt ſechée dans la bouche. * Ceux 11
qui entendoient cela, diſoient : O que cet homme eſt heureux ; & ceux qui
voyoient comme ie me gouuernois, me rendoient mille teſmoignages
d'honneur & de loüange. * Car ils voyoient que i'auois exaucé la voix du 12
pauure affligé, & iceluy deliuré de miſere, que i'auois deliuré le pauure
pupille opprimé, qui n'auoit perſonne qui l'aidaſt. * Celuy que i'auois 13
garanty de ſa ruine beniſſoit mon nom, & la pauure veſue deſolée
que i'auois conſolée & ſouſtenuë, diſoit en ſon cœur : Dieu conſerue
ce bon Prince. * De verité, ie m'eſtois reueſtu de iuſtice ; ie m'en 14
eſtois reparé & emparé ; i'en faiſois mon principal ornement & ma
principale force, & ne me ſouciois point que ma couronne fuſt enrichie de diamans ou de rubis, pourueu que mes iugemens fuſſent garnis
& luiſans de droiture & d'equité. * Ie ne gardois point mes yeux pour 15
conduire mes pieds, ny mes pieds pour porter mon corps ; mais bien
pour eſtre l'œil des aueugles, pour eſtre le baſton & le ſouſtien des perclus.
* Ie n'eſtimois point plus mes enfans, ceux qui eſtoient ſortis de mes 16
flancs, qui eſtoient chair de ma chair, & os de mes os, que ceux que
la pauureté me donnoit, & que la charité me faiſoit adopter : ie prenois
leur deffenſe, & mettois tout mon ſoin à connoiſtre ce qui eſtoit de leur
droit : & n'auois point l'eſprit content iuſques à ce qu'on leur euſt fait iuſtice. * Combien de fois ay-je rompu les maſchoires aux meſchans pour leur 17
faire demordre leur proye, voyant qu'ils tenoient entre leurs dents le bien
de la veſue & de l'orphelin, & qu'il n'y auoit point d'autre moyen de leur
faire laſcher priſe ? * Me voyant en cet eſtat ie diſois : Qu'ay-je à ſou- 18
haiter, ſinon de continuer ceſte vie iuſques à la mort ? & mourir doucement
en mon lict, apres auoir coulé mes ans le plus longuement qu'il me
ſera poſſible ; & autant veſcu comme ces vieux troncs de palmiers, par leſquels on marque l'antiquité des ſiecles, & deſigne-t'on les limites des regions ? * Ie ſuis comme l'arbre qui a l'eau courante au pied, qui ne craint 19
point d'eſtre ſeché par l'ardeur du Soleil au plus fort de l'eſté ; mais entretenu d'vne douce & agreable humeur, eſt aſſeuré de voir la fleur de ſon fruit
ſortir en ſa ſaiſon. * Ma gloire aura ſon cours ſemblable à celuy du Soleil ; 20
bien qu'elle chemine touſiours, elle ne s'eſloignera iamais de moy, non
plus que le cercle de ſon centre : elle ſe leuera tous les iours nouuelle deſſus
moy, agreable à ſon aurore, admirable en ſon midy, & plaiſante à ſon

coucher

coucher : ma force & ma puiſſance ſera touſiours verte en ma main, & où
21 ie deſbanderay mon arc, ie feray ſentir ma vertu. * Voila l'eſtat auquel i'eſ-
ſtois, & l'opinion qu'on en auoit, qui faiſoit que ceux qui eſtoient autour
de moy eſtoient attentifs à ce que ie diſois ; comme à vn oracle, & ſans ouurir la bouche receuoient & ſuiuoient le conſeil que ie leur donnois, com-
22 me la plus ſeure regle de leurs actions. * Si ie leur ordonnois quelque choſe,
ils ne mettoient pas vn mot entre-deux, & m'oyant parler, ils eſtimoient
que mes paroles eſtoient vne roſée qui tomboit ſur leurs ames, pour les
23 abbreuuer de prudence & de ſageſſe. * La terre qui a ſouffert les bruſlantes
chaleurs de la canicule, & eſt toute beante & creuaſſée, n'attend point la
pluye auec tant de deſir, ny le pelerin qui a cheminé tout du long d'vn
iour d'eſté, ne deſire point plus ardemment la fraiſcheur de la nuit, que ceux
24 qui auoient des affaires recherchoient mes aduis. * Bref ils eſtoient tous
pendus à ma bouche, & de mon viſage naiſſoit le mouuement de leurs
cœurs : ſi ie leur faiſois bonne mine & riois auec eux, ils eſtoient ſi aiſes qu'ils
ne ſçauoient que faire ; ils ne le croyoient pas, tant ils le deſiroient. Ie ne
iettois-pas vne œillade qui ne fut recueillie ; & celuy à qui elle s'adreſſoit,
25 auſſi-toſt monſtroit qu'il m'entendoit. * En quelque lieu que i'allaſſe on
me preſentoit touſiours le lieu d'honneur : mais bien que ie fuſſe fort enuironné de gens armez, comme vn Roy qui va à la guerre, parmy ceſte magnificence ie ne laiſſois pas de regarder ſi quelqu'vn auoit beſoin de moy,
& de rechercher ceux qui eſtoient affligez pour les aſſiſter & conſoler.

1 **L**A chance eſt maintenant bien tournée, chacun ſe mocque de moy,
iuſques aux enfans de ceux auſquels ie penſois faire beaucoup
2 d'honneur de leur bailler mes chiens à garder. * Ceux deſquels ie
contois la peine pour neant, & que ie faiſois trauailler tout le long du iour
pour leur vie, encorès me ſembloient-ils ne pas meriter le pain qu'ils man-
3 geoient. * La faim & la pauureté les ſuiuoient par tout, à la ville & aux
champs, & ſembloit que la terre fut ſterile pour eux : ils couroient les campagnes, paiſſans comme les beſtes, & eſtoient hideux comme vrais loups-
4 garoux. * Ils broutoient les herbes, rongeoient les eſcorces des arbres, & la
5 racine des genievres. * Ils couroient de valée en valée, s'eſtimans bien heureux quand ils en trouuoient, & ſe ruoient deſſus auec cris d'allegreſſe.
6 * Leur demeure eſtoit dans les deſerts, pres quelque torrent, dans quelque cauerne de rocher, ou bien dans les trous où les potiers prennent leur
7 terre. * Ou ſi le temps les faiſoit ſortir à la campagne, leur plus delicieuſe re-
8 traite eſtoit l'ombre de quelques ronces. * Race de vilains, race de fols, qui
9 n'oſoient paroiſtre parmy les hommes. * Ils font maintenant des chanſons
10 de moy, & ma miſere leur ſert de ſujet à railler. * Ils me deteſtent comme vn
abominable, & font conſcience d'approcher de moy, ſi ce n'eſt pour me
11 cracher au viſage. * Pourquoy ? pource qu'ils voyent que Dieu a deſcoché
les traits de ſon ire contre moy, que ſa main s'eſt appeſantie ſur moy & m'a
12 terraſſé, que ſa crainte m'a ſerré les dents & lié la langue. * Ma miſere ſe leue
auec le Soleil, à meſure qu'il reſpand ſa lumiere ſur la terre, elle reſpand les
afflictions ſur ma chair, ie m'en trouue en fin tout couuert : & fondant ſous

vn fi grand faix, ie me trouue renuerfé : comme fi quelque torrent m'auoit
rencontré en fon chemin lors que les eaux deualent plus furieufement des
montagnes.* Ie me trouue efgaré, hors de connoiſſance, expofé à toutes les 13
embufcades de mes ennemis, fans que ie fçache qui reclamer pour auoir fecours. * Ie fuis proprement comme vne ville prife d'aſſaut : apres que la 14
brefche eft faite, ou que les portes font rompuës, l'on y entre auec furie, l'on
pille, l'on rauage, l'on ruine, l'on maſſacre : celuy qui fait le plus de mal, s'e-
ftime le plus gentil compagnon, voila l'image de ma fortune. * En fin ie 15
fuis tantoft au bout, que me refte-il ? rien, car pleuft à Dieu, que ce peu de
chetiue vie qui habite encore en ce miferable corps, euft efté emporté auec
le refte; puis qu'ainfi eft que tout ce que i'auois de defirable au monde, s'en
eft allé vifte comme le vent, ou s'eft fondu comme vne nuée. * L'ame qui 16
feule refte en ce tronc pourry, femble n'y demeurer que pour animer ma
douleur & entretenir ma peine, & non pour fouftenir ma fleftriffante vie.
Vous diriez que les calamitez ont pris leur rendez-vous chez moy; & qu'elles ont abandonné tous les miferables du monde, afin de fe trouuer toutes
autour de moy. * La nuict apporte le repos à ceux que le iour trauaille, & 17
charme leur peine auec le fommeil; mais les vers qui me rongét ne dorment
point & ne me laiffent point dormir; ie les fens, qui de nuit comme de iour,
fe paiffent de mes chairs, & me mangent continuellement. * I'en fuis cou- 18
uert de la tefte iufques aux pieds, i'en ay vn habillement complet, qui eft
fait tout d'vne piece : car ils font fi pres à pres, qu'il n'y a place fur moy qui
n'en foit couuerte. * A quoy reffemblé-je en cet eftat ? diray-je à de la bouë? 19
diray-je à de la cendre ? helas; elles font bien plus nettes, elles peuuent feruir
à quelque chofe; elles n'ont pas cefte puanteur, cefte infection dont tout le
monde a horreur. * Et que deuiendray-je au bout ? que feray-je ? à qui re- 20
courray-je ? Ie vous reclame, Seigneur, & vous faites le fourd. Ie vous prefente mes larmes, vous reprefente ma mifere; & vous tournez la tefte pour
ne les voir. * Pour moy feul auez-vous changé voftre naturel, & de Dieu 21
pitoyable & mifericordieux, eftes-vous deuenu vn fier tyran, qui ne vous
plaifez qu'à exercer fur moy toutes les cruautez dont vous vous pouuez aduifer ? * Vous m'auez pris, comme vn tourbillon de vent feroit vne brebis 22
au haut d'vn rocher, & m'auez precipité & defpecé en mille pieces. * Ie 23
n'attens plus, finon que vous me donniez ce que vous ne pouuez defnier à
aucun des viuans; c'eft la mort, le dernier port des affligez, & qui ne leur
peut manquer, quelque mifere qui leur en defende l'entrée. * Mais he- 24
las, mon Dieu, vous ne menez pas les autres à la mort par ce chemin,
vous les laiffez mourir auec le corps entier; & moy ie perds le mien de
mon viuant. Ie voy manger mes membres, & ne m'en puis defendre : &
quand vous faites mourir les autres, ce n'eft pas pour les perdre : ils tombent pour fe releuer, & pourriffent pour germer. Quoy ? me voudriez-vous
encor priuer de cefte derniere efperance & feule confolation ? Car à voir
comme vous me traitez, ie ne fçay que penfer. * Ie ne fçay pas fur quoy 25
vous vous fondez. Vous eftes Dieu de iuftice, vous ne me rendrez point le
mal pour le bien. Si i'ay ainfi traité les autres, ie ne refufe point femblable
traitement. Mais (vous le fçauez) fi i'ay veu vn pauure affligé, i'ay compaty
                                                                    à fa

à sa misere, & les larmes aussi-tost me sont tombées des yeux. Il m'a semblé que le mal d'autruy estoit le mien, & ay porté la main pour le soulager,

26 comme i'eusse fait s'il me fust arriué. * Que veut donc dire cecy? au lieu que i'ay deu esperer toutes sortes de faueurs de vous, qui auez accoustumé de retribuer aux gens de bien les seruices qu'ils rendent aux pauures; de vous, qui vous rendez pleige du bien que l'on leur fait, & le rendez au double, i'en reçois toutes sortes de miseres & d'afflictions; & quand ie pensa

27 voir le iour vous m'accablez de tenebres. * Où suis-je? que fais-je? le feu me brusle dans le corps, & me brule sans cesse. Les accés de ma douleur me

28 redoublent, auancent leur heure, & se rendent tantost continuels. * Ie vay pleurant, & mes pleurs ne me soulagent point; ie me vay despitant, & mon despit ne me sert de rien; ie vays errant au trauers des places, & mes

29 cris ne s'entendent point: * Ie vay fuyant par les deserts, viuant auec les serpens & bestes venimeuses, & mon mal me suit là: ie grimpe par les rochers les plus solitaires, où n'habitent que les autruches, & la douleur est

30 tousiours à mes costez. * Que voulez-vous plus de moy, mon Dieu, ne voyez-vous pas que ma peau est bruslée, comme si on m'auoit rosty; & mes os descharnez & disloquez, comme si le foudre m'auoit frappé?

31 * Quelle musique est celle de mes cris? est-il possible qu'oyant vne voix si douloureuse, vn cœur qui souspire auec tant d'angoisse, voyant vn œil qui verse tant de larmes, vn visage deffiguré, qui regarde le Ciel auec des vœux si pitoyables, vous ne vous esmouuiez en rien?

1 ET quel peut estre le sujet d'vne si extréme indignation? ie le vous demande, Seigneur: car apres m'estre interrogé moy-mesme, ie n'ay rien en ma conscience qui me le puisse apprendre: ie pense auoir mis tout le soin qu'il m'estoit possible, pour ne rien faire qui vous peust donner sujet de vous aigrir ainsi contre moy. I'ay obligé mes yeux à vne telle continence, que ie ne leur ay pas seulement permis de jetter vn regard de concupiscence sur vne fille, pour belle qu'elle fust; & si par rencontre ie l'ay veuë, i'ay defendu à mon ame de s'en plus ressouuenir, & à mon cœur d'en nourrir aucun desir, qui

2 peust violer la pureté que ie sçay qui vous est agreable: * En disant en moy-mesme: Comme m'oserois-je plus presenter deuant Dieu, & comment espererois-je qu'il habitast iamais en moy, si ie venois à polluer mon ame qui est son temple? laissera-il le Ciel, habitation de candeur & de netteté, pour descendre icy bas en vn tabernacle où il ne trouueroit qu'ordure? Car si les estincelles de tels desirs se prennent vne fois à mes yeux, & que par la traisnée de mes folles imaginations elles enflamment mon ame, mon entendement se remplira tout d'vne sale & puante fumée, semblable à celle qui sort de chair ou d'ordures bruslées; tellement qu'il n'y aura plus de

3 moyen que rien de celeste, rien de diuin, y puisse demeurer. * Son esprit est-il pas entierement alienné de celuy qui opere chose vilaine, honteuse & deshonneste? ne perd-il pas, ne ruine-il pas celuy qui aime l'iniquité?

4 * Il ne faut pas penser de le tromper, il nous suit quelque chemin que nous prenions; & tant soient secrettes nos voyes, il conte nos pas, & arriue.

deuant nous où nous allons. ✱ Si i'ay ſuiuy les vanitez, ſi mon cœur a cou- 5
ru apres les tromperies, ie ne refuſe point que Dieu me donne mon poids,
& me chaſtie comme ie merite. ✱ Mais ſi i'ay aimé la ſimplicité, la candeur, la verité, qu'il permette auſſi que ie reçoiue le traitement qu'il a pro- 6
mis à ceux qui viuent de ceſte façon. ✱ Si ie me ſuis detracqué du grand 7
chemin, & ſi mon cœur a ſuiuy mes yeux, ſi i'ay deſiré ce que i'ay veu ; &
ſi pour l'acquerir i'ay fait choſe indigne d'vn homme de bien, & dont i'aye
les mains ſoüillées, ie ne refuſe point que toute ſorte de malediction arriue
ſur moy. ✱ Ie ſouhaitte de bon cœur que tous mes labeurs ſoient en vain, 8
qu'vn autre moiſſonne ce que i'auray ſemé ; & que ma poſterité ſoit en-
tièrement deſracinée & exterminée de deſſus la terre. ✱ Si i'ay iamais ſe- 9
duit mon cœur pour ſeduire la femme d'autruy, ſi ie me ſuis mis au guet
pour la voir, & me ſuis coulé dans ſa maiſon pour ſuborner ſon eſprit ; ſi
par meſſages, ſi par preſens i'ay tenté ſa pudicité, ✱ ie prie Dieu de bon 10
cœur, que l'iniure que i'ay voulu faire à autruy retombe ſur moy : que
l'impudicité ſe loge en ma maiſon, que ma femme fauſſe la foy qu'elle
m'a promiſe, & qu'elle ſerue aux plaiſirs d'autruy. ✱ Car ie croy que des 11
meſchancetez que les hommes peuuent commettre, ceſte-là eſt la plus
grande & plus pleine d'iniquité, par laquelle il ſe deſrobe ſes enfans à ſoy-
meſmes, les ſuppoſe à autruy, volle & corrompt l'amour conjugale, la
paix & concorde des familles, & y introduit vn faux heritier. ✱ Auſſi ce 12
peché eſt vn feu deuorant, qui attachant la malediction iuſques aux moüelles de ceux qui le perpetrent, ne permet point qu'eux, ny leur poſterité proſpere. ✱ Si i'ay iamais refuſé de faire raiſon à ceux qui me l'ont demandée, 13
de quelque baſſe qualité qu'ils ayent eſté, fuſſent mes ſeruiteurs & ſeruantes qui ayent eu quelque different auec moy, ie ſuis content que Dieu me
la refuſe. ✱ Car ie diſois à par moy : Et que dira Dieu, quand il ſe leuera 14
pour nous iuger tous ? quand il me demandera pourquoy i'auray mal traité ceux qui ſont en ma puiſſance, que luy reſpondray-je ? ✱ Auec la meſ- 15
me main dont il m'a creé dans le ventre de ma mere, n'a-il pas auſſi creé
celuy qui eſt à mon ſeruice ? n'y a-il pas employé les meſmes eſtoffes & le
meſme art ? ✱ Si i'ay refuſé aux pauures le ſecours qu'ils m'ont demandé, 16
& que mon cœur impitoyable ſe ſoit endurcy contre les cris de leur neceſſité, ſi lors que la vefue affligée & oppriméee a jetté les yeux ſur moy, a
imploré mon ſecours, i'ay tourné la teſte, froncé mes ſourcils, frotté mon
front, faiſant ſemblant d'eſtre empeſché, afin de me deffaire d'elle : ✱ Si 17
quand le pauure orphelin eſt venu à moy & m'a demandé du pain, ie ne
l'ay tiré de ma bouche pour le mettre en la ſienne, ie ne demande point de
miſericorde. ✱ Car ie puis dire en verité, que la pitié & commiſeration ſont 18
nées auec moy, que ie les ay ſuccées auec le laict de ma mere ; qu'elles ſont
augmentées en moy à meſure que ie ſuis creu. ✱ Si quand i'ay veu vn pau- 19
ure nud, mourant de froid, ie l'ay negligé & ſuis paſſé aupres ſans le ſecourir, & luy donner dequoy ſe couurir ; ✱ Si ie n'ay diſtribué les laines de mes 20
brebis pour veſtir ceux qui en auoient beſoin, & ſe garentir du mauuais
temps, & ne leur ay donné occaſion de me benir, Dieu ne me beniſſe
point. ✱ Si lors que i'auois toutes choſes en ma puiſſance, que tout le monde 21
                                              m'honoroit

m'honoroit & obeïffoit, i'ay iamais touché vn fol de l'argent du pupille,
22 ou fi ie me fuis accommodé de fon bien , * que le foudre du Ciel me rom-
23 pe les bras, & me fepare les efpaules du refte de mon corps. * Car comme
le paffager qui eft embarqué en quelque petit batteau , & fe trouue furpris
de la tourmente , oyant le bruit des vents qui cingle dans les cordages,
voyant les ondes s'eſleuer de tous coftez autour de foy, comme de grandes montagnes , gele de peur, palit d'effroy : ainfi dans la mer des actions
de ce turbulent monde, m'imaginant continuellement quelle tempefte excite l'ire de Dieu , i'eftois perpetuellement en crainte ; & me fembloit que
fi ie venois tant foit peu à l'offenfer, les flots de fon courroux auffi-toft
24 m'abyfmeroient. * Si i'ay mis ma fiance en l'or & en l'argent, fi le voyant
reluire en ma maifon & fur mes buffets, ie luy ay dit : O bel or & luifant,
qu'il fait bon vous voir & vous auoir : auec vous on vit heureux , qui vous
25 poffede à tout le refte. * Si mes richeffes m'ont aueuglé , fi elles m'ont em-
26 ply de ioye , fi i'ay mis mon fouuerain bien à les acquerir : * Si voyant le
Soleil en fa clarté & la Lune quand elle eft pleine, ie me fuis refiouy en
moy-mefme , & ay creu qu'il n'y auoit point d'heur femblable au mien, &
ay penfé que ces beaux aftres-là fuffent faits pour feruir à ma gloire, & non
27 à celle de celuy qui les a creez : * Et fi là deffus me flattant & m'adorant
moy-mefme , i'ay baifé mes mains , ie confeffe que ie fuis digne d'vn grand
28 chaftiment : * car c'eft vne des plus grandes offenfes que l'homme puiffe
commettre contre Dieu, que de luy vouloir defrober fa gloire, oublier
29 l'honneur qui luy eft deu & le vouloir attribuer à foy-mefme. * Si ie me
fuis refiouy de la ruine de celuy qui me haïffoit , & fait fefte quand mal-
30 heur luy eft arriué : * Si i'ay employé ma langue pechereffe pour luy fouhaiter du mal & prononcer des imprecations contre luy, ie confeffe que ie
31 merite ce que i'endure. * Mais fi au contraire , bien que ie fiffe aux miens
tout le bon traitement qu'ils pouuoient defirer, ils m'ont fouhaitté plus de
mal que ie n'en pouuois craindre , iufques à dire, O fi nous le tenions à noftre difcretion, nous le mangerions à belles dents ; ne merité-je pas bien
32 qu'on ait pitié de moy ? * A-il iamais paffé pauure pelerin deuant ma porte, que ie n'aye logé ? iamais paffager, d'où qu'il foit venu, a-il trouué ma
33 porte fermée ? * Si i'ay bien fait, ie n'en ay cherché autre tefmoin que ma
confcience : mais fi mon infirmité ou mon ignorance m'a porté contre
mon gré à quelque action contraire à mon deuoir, i'ay efté le premier qui
m'en fuis accufé fi toft que ie l'ay reconneuë & ay corrigé ma faute, & ad-
34 uerty les autres de ne pas faillir à mon exemple. * La crainte d'vne multitude inconfiderée ou d'vn peuple mutiné, ne m'a iamais fceu forcer à faire
chofe indigne de mon deuoir : les prieres, les menaces, ny les defpits de mes
parens n'y ont rien aduancé, & ne m'ont point empefché de dire librement ce que i'ay eftimé eftre iufte & raifonnable, & n'en ay pas fait vn
35 pas dauantage pour eux. * Mais ie parle & perfonne ne m'efcoute. O Seigneur tout-puiffant, ne fçaurois-je obtenir cefte grace, que puis que vous
36 auez à me iuger, vous faciez vn bon regiftre de toutes mes actions. * Ie le
chargerois fur mes efpaules, & le porterois continuellement auec moy : &
quand voftre courroux fe voudroit lancer fur moy i'en ferois vn boucliez

m'affeurant que le mettant deuant vous & vous y faifant voir ma vie, au
lieu de m'affliger miferablement comme vous faites, vous me couronneriez
d'vne couronne de gloire. * Si toft que ie me verrois attaqué, à chafque 37
démarche que ie ferois, ie parerois de mon regiftre ; & vous dirois comme
à mon maiftre & à mon fouuerain : Tenez, Seigneur, voyez qui vous frappez, & fi ce n'eft pas voftre fidelle & innocent feruiteur. * Si la terre que 38
vous m'auez donnée, & le peuple que vous m'auez commis, crie vengeance contre moy; & que les larmes des pauures y empliffent les feillons comme ils font autre-part, fi on me peut reprocher que i'ay vefcu du labeur
d'autruy, & mangé le pain fans le payer : * Si fans auoir pitié du pauure la- 39
boureur qui fe tuë à cultiuer la terre, ie l'ay pillé, ie l'ay batu, ie l'ay tourmenté, ou ay permis que les miens l'ayent fait, comme tant de gens font
parmy le monde, * que la terre au lieu de fourment ne me produife que des 40
ronces, au lieu d'orge que des efpines. Que voftre main ne m'efpargne
point, qu'elle multiplie fes maledictions fur moy : & de cefte dangereufe
femence faffe foifonner en ma maifon, & en ma perfonne, des calamitez
plus grandes & plus horribles (fi au monde il y en eut iamais) que celles que i'endure.

E s trois fe font en fin laffez de contefter auec Iob, le voyant opi- 1
niaftrer à fouftenir qu'il eftoit innocent. * Dequoy Eliu, fils de 2
Barachel Buzitien, de la race de Ram, eftant là prefent, de meura
tout indigné, tant contre Iob qui fe difoit iufte, * que contre les autres 3
qui ne luy refpondoient plus rien, & fe contentoient de le blafmer & le
condamner comme coulpable. * Et pource, luy qui auoit ouy le difcours 4
de Iob, & qui n'auoit iufques alors voulu parler, pour eftre plus ieune que
les autres, * commença tout efmeu, & quafi en colere, à dire. * Ie fuis le 5
plus ieune de tous, & vous autres eftes tous mes anciens : cela m'a fait baiffer 6
la tefte iufques à prefent, & tenir la bouche fermée, fans vouloir vous dire
ce que ie penfois. * Car i'eftimois que ceux à qui l'aage a apporté plus 7
d'experience des chofes du monde, & de connoiffance de la verité le feroient paroiftre en cefte occafion, & contribueroient ce qu'ils doiuent à la
defenfe de la iuftice de Dieu. * Mais à ce que ie voy, ce n'eft pas de l'homme 8
que procede fa fageffe; & s'il fort de fa bouche quelque bon difcours, il faut
que ce foit l'efprit de Dieu qui le luy infpire d'heure en heure & de moment
en moment. Car c'eft la fource de toute fapience, laquelle ne fe trouue nulle
part, fi elle n'eft deriuée de luy par les ruiffeaux de fes graces. * Ceux qui 9
font les plus vieils, ne font pas bien fouuent les plus fages; & pour auoir la
barbe blanche n'en ont pas toufiours le iugement plus meur. * Ie parleray 10
donc à mon tour, puis que l'efprit de Dieu me fuggere ce que ie vous dois
dire, & vous feray voir ce que fa fageffe m'a enfeigné. * Car i'ay eu patien- 11
ce pour voir fi vous voudriez rien dire ; * mais puis qu'il n'y a pas vn d'en- 12
tre vous qui fçache que refpondre à ce miferable homme, * afin que vous 13
ne demeuriez vaincus & perfuadez comme luy, que le fujet de fon infortune, c'eft que Dieu prend plaifir de le tourmenter fans raifon : * Bien que ce 14
ne foit pas à moy qu'il ait parlé, ie luy refpondray; mais non pas de mefme
façon

façon que vous. Ie ne le veux pas blasmer comme vous auez fait, n'y l'accuser d'auoir irrité Dieu par ses pechez ; car n'ayant rien conneu en luy de semblable, i'aurois tort de le luy reprocher. Mais bien luy veux-je monstrer, que quelque innocent qu'il soit d'ailleurs, il a tort de se plaindre de Dieu, & de vouloir accuser sa iustice ; & que c'est en cela qu'il se rend miserable : car quelque iustice qui soit en l'homme, il n'a point occasion de se plaindre

15 de Dieu, qui peut tousiours ordonner de nous à sa volonté. * Doncques,

16 ô Iob, puis que i'ay si long-temps attendu, si ces Messieurs repliqueroient rien à ce que vous leur auez respondu, & que ie voy qu'ils ne sçauent plus

17 que dire, qu'ils ont pris l'espouuante, & ont perdu la parole, * ie vous res-

18 pondray pour eux, & vous diray à mon tour ce qu'il m'en semble. * Car en fin ie ne me puis plus tenir, & suis gros de vous dire ce que mon cœur pense ; ie creuerois si ie ne me deschargeois de ce que i'ay sur l'estomach.

19 * Ie suis iustement comme vn tonneau qui boult & n'a point de vent : il

20 faut qu'il rompe tout ou qu'il sorte. * Ie parleray doncques, & le parler m'apportera, & à vous peut-estre, quelque soulagement. Ie respondray à

21 ce que vous venez maintenant de dire. * Ne vous offensez point si ie le fay fort librement, & sans respecter ny flatter les hommes. Car il est question de l'honneur de Dieu, & ie ne puis souffrir que les hommes se vueil-

22 lent esgaler à luy. * Ie suis obligé pour ma conscience de le faire ainsi ; pource que ie ne sçay combien i'ay encor à demeurer au monde, & s'il ne prendra point volonté à celuy qui m'y a mis de m'en retirer bien tost. Si cela est, ie veux pour le moins emporter ce contentement en ma conscience, de n'auoir point abandonné la defense de sa gloire.

1 ESCOVTEZ donc Iob, ce que ie vous diray, & examinez vn peu les raisons que ie vous representeray. * Ie vous parleray ingenu-

2 ment, & vous ouuriray ma bouche & mon cœur tout ensem-

3 ble. * Vous ne trouuerez ny fard, ny dissimulation en mes paroles, ny au-

4 tre dessein que de vous faire entendre la pure & naïfue verité. * Celuy qui m'a donné la vie m'a encor donné le discours que ie vous tiendray : ce ne sera point moy qui parleray à vous, ou pour le moins ie ne feray que prester ma langue au Tout-puissant qui la gouuerne, de l'inspiration duquel i'at-

5 tens ce que ie vous veux proposer. * Regardez si vous auez quelque chose que vous y puissiez opposer, & vous tournez vers moy pour me respondre.

6 * Vous n'auez point à vous plaindre, ie n'ay point d'auantage sur vous,

7 vous ne pouuez pas dire que c'est la crainte, ny de ma puissance, ny de mon eloquence qui vous estonne & vous fait perdre la parole : car ie suis homme comme vous, creé de boüe comme vous, moulé de la main d'vn mesme

8 ouurier, animé d'vn mesme esprit. * Venons doncques au point : vous

9 disiez tantost, & ie l'ay ouy de mes oreilles : * Ie suis innocent, & le pe-

ché n'a point soüillé ma conscience, ny l'iniquité habité dans mon ame :

10 * mais pource que Dieu m'a voulu perdre, il m'a fait vne querelle à plaisir.

11 * Il m'a mis les fers aux pieds, & m'a tellement entraué, que ie ne sçaurois mettre vn pied deuant l'autre, & bien que mes fers ne se voyent point, si me serrent-ils plus que ceux qui sont battus auec le marteau sur l'enclume. Car

CHAP. XXXIII.

ce font les fers de malediction, laquelle depuis qu'elle faifit vne fois vn
homme, il eft perclus & du corps & de l'ame, il fert d'objet à toute forte de
malheurs. * C'eft en cela que ie dis que vous vous eftes rendu coulpable, 12
& bien que vous foyez d'ailleurs innocent, ces propos-là, qui font propos de blafpheme, irritent Dieu contre vous, & font, que fi par le paffé il
vous a ennoyé du mal pour vous efprouuer, il a fujet de vous en ennoyer à
l'aduenir pour vous punir. Car quelle impieté eft la voftre, de vouloir accufer Dieu? De vous vouloir prendre à luy, qui eft incomparablement
plus puiffant, incomparablement plus fage, incomparablement plus iufte,
que les hommes? * Vous luy faites querelle & le prenez à partie, de ce 13
qu'il ne vous a pas refpondu à chafque parole que vous luy auez dite: & fi
au temps de vos profperitez vn de vos valets fe fuft ingeré de venir difputer
auec vous, vous luy euffiez rompu la tefte; pour le moins l'euffiez-vous
renuoyé auec iniures. Et quoy! Dieu a-il moins d'auctorité fur vous, que
vous n'en auez fur les voftres? * Et au bout, fi vous l'auez bien entendu, 14
il a tant & tant de fois parlé à vous, & s'eft fait entendre: fi vous ne l'auez
entendu, à voftre dam: il n'eft pas conuenable à fa grandeur, de tant de
fois repeter vne mefme chofe; le refpect qu'on luy doit, doit rendre attentifs ceux à qui il parle. * Il parle aux hommes en trauaillant, en repofant, 15
en veillant, en fommeillant. * Lors mefmes que nous fommes les plus af- 16
foupis dans noftre lict, & qu'vn profond fommeil lie tous nos membres,
il fait couler fa voix dans nos oreilles, & nous inftruit en fes volontez. * Il 17
nous met des mouuemens au cœur, qui nous retirent de mal-faire, qui chaf-
fent l'orgueil & la vanité de noftre efprit, & le rempliffent de fa crainte &
de fon amour. * Auec ce peloton, nous nous tirons fi nous voulons, du la- 18
byrinthe du monde, & éuitons la ruine qui nous eft preparée, & à l'ame &
au corps: auec ce bouclier nous nous parons du glaiue de l'enfer, qui a toufjours la pointe dreffée contre nous. * Quelquesfois auffi il fe fert des ma- 19
ladies & de la douleur, pour nous preferuer d'vn plus grand mal: bien fouuent fi nous n'eftions attachez au lict par de grieues infirmitez, nous nous
porterions à des actions qui feroient caufe de noftre entiere perte. Et fi
quelquesfois pour nos fautes il nous chaftie, c'eft doucement & mifeli-
cordieufement, pluftoft en nous menaçant qu'en nous bleffant. Car pourueu que nous ne perdions point l'efperance, nous trouuons toufiours le remede à noftre mal en fa main. * Tel eft reduit en fi miferable eftat que fa 20
vie luy ennuie, & le pain qu'il mange luy eft à contre-cœur: * la chair luy 21
feche, & il deuient fi tabide que les os luy percent la peau. * Bref la mala- 22
die le conduit fur le bord du tombeau; de forte qu'il femble mieux vne
mort qu'autre chofe. * Mais au bout, fi de tant de milliers d'Anges qui 23
font là haut au Ciel, il y en a feulement vn qui reprefente à Dieu quelque
bonne action que l'homme ait faite, quelque œuure de mifericorde qu'il
ait exercée à l'endroit des affligez; * auffi-toft Dieu le prendra à mercy, 24
& dira à l'Ange: Or fus deliurez-le, ie ne veux pas qu'il meure, ains qu'il
efprouue les effets de mon infinie mifericorde; & qu'il fçache que iamais vn
bien-fait n'eft perdu auec moy: au contraire ie retribuë cent pour vn, à
ceux qui vfent de charité enuers les miens. Or les miens ce font les pauures,

                                               & les

25 & les affligez en ce bas monde. * Sus donc mon Ange, ministre de mes volontez, distributeur de mes graces, qu'on aye soin de celuy-cy, sa chair est
toute meurtrie & consumée par la force des tourmens, qu'on la luy renouuelle, qu'on le fasse retourner en la fleur de sa plus verte & vigoureuse ieunesse.

26 * Et lors le pecheur qui sent l'esprit de Dieu ainsi operer en luy, rend
graces à sa bonté & luy offre son sacrifice de reconciliation. Et Dieu s'apparoist à luy, non en sa Majesté espouuentable, dont les hommes ne sçauroient supporter l'aspect; mais dans les nuages d'infinies faueurs, par lesquelles il luy tesmoigne son assistance & luy fortifie le courage, pour cheminer
par les voyes de droiture & d'equité.

27 * Il luy donne aussi la resolution de se
tourner vers les hommes, & ingenûment en leur presence reconnoistre sa
faute, & dire tout haut: I'ay peché, en verité, i'ay peché: mais Dieu a esté
aussi bon que i'estois mauuais, aussi misericordieux que i'estois coupable, &

28 m'a rendu le bien pour le mal. * Il a arresté mon ame, qui s'alloit precipiter à
la mort eternelle, il m'a donné vn frein de douleur, pour la ramener à la vie

29 bien-heureuse, & à la iouïssance de sa lumiere de gloire. * Et cela, Dieu ne
se contente pas d'ainsi faire vne fois à vn homme: mais apres l'auoir fait, &
que l'homme encor s'est oublié, il le refait vne autrefois: & encores à la
troisiesme fois il luy fait la mesme grace; comme s'il vouloit monstrer
qu'il est plus prompt à nous sauuer, que nous ne sommes opiniastres à nous

30 perdre: * Pour monstrer qu'il ne veut point que rien se perde de ce qu'il a
fait, & qu'il a tousiours la main tenduë pour nous retirer, les bras ouuerts
pour nous receuoir, & nous colloquer en la viue & claire lumiere de salut

31 & d'immortalité. * Or Iob, escoutez encor autre chose que i'ay à vous

32 dire, donnez-vous vn peu de patience de m'ouyr. * Si vous auez quelque
chose à dire, vous le direz puis apres: car ie n'empesche point que vous ne
soyez tel que vous vous dites; homme de bien & qui auez tousiours craint

33 Dieu. * Mais si vous n'auez autre chose à dire, cela n'est rien, taisez-vous
& m'escoutez; & ie vous diray chose, qu'à mon aduis vous ne sçauriez nier
qu'elle ne soit pleine de raison & sagesse.

1 ET luy doncques poursuiuant son discours, se tournant vers ses Chap.
2 compagnons, continua de ceste façon. * Escoutez aussi hardi- XXXIV.
ment, vous qui estes des sages du monde, qui vous confiez en
vostre science, vous trouuerez icy dequoy faire vostre profit comme les
autres. Ce sont discours qui ne sont pas nays dans la chair & dans le sang,
3 mais que le Ciel influe à ceux qui sont destinez pour y retourner. * Comme la saueur des viandes se gouste auec la langue, le goust des paroles se
4 discerne auec l'oreille. * Et pource, faisons icy auec l'attention & la consideration vn solide iugement entre nous de ce qui nous est proposé: voyons
ce qui est de bon ou de mauuais, & parmy le bon ce qui est le meilleur.
5 * Iob a dit, Ie suis iuste: & Dieu m'a condamné par passion. * Pour auoir
6 sujet de me punir, il a supposé que i'estois coulpable, combien qu'en verité
ie ne le sois pas: & là dessus il a sans raison decoché sur moy les traits de sa
7 fureur, comme il eust fait sur le plus meschant homme du monde. * Et
quoy? qui a iamais veu vn homme comme Iob, qui estant homme de bien

se laisse ainsi enyurer à sa colere ? * Qui se laisse aller à des discours qui ne 8
sont bons qu'à des gens perdus, consits en iniquité, qui n'ont point de
crainte de Dieu, ny de son honneur ? * Car il a dit : Il n'y a point moyen de 9
plaire à Dieu : Quand l'homme feroit tout ce qu'il luy commande, qu'il
suiuroit pas à pas ses volontez, qu'il auroit continuellement l'œil & le cœur
siché sur la loy, si y trouueroit-il à redire, & tousiours quelque sujet de le
perdre. * O mes amis, si vous auez le sens entier, si vous auez le iugement 10
sain, rejettez ce blaspheme : l'impieté n'habite point auec Dieu, & ne se
trouue point au Tout-puissant d'iniquité. * Si l'homme a bien fait, il le 11
trouuera quand il viendra à compte ; & ne faut pas douter que chacun ne
soit recompensé selon son merite. * Asseurez-vous que Dieu ne condam- 12
nera personne sans raison, & qu'il n'y aura rien à redire en ses iugemens.
* Et qui est celuy à qui il ait donné ceste prerogatiue sur la terre ; & à qui 13
en creant le monde il ait donné ceste puissance de iuger par dessus luy, &
censurer ses iugemens ? Il est trop ialoux de sa gloire pour en auoir estrené
vn autre ; & les hommes sont trop esloignez de sa Toute-puissance, pour
vouloir entreprendre de s'attaquer à luy. * Y a-il homme qui viue, pour 14
si sage, si braue, si industrieux qu'il soit, auquel, quand Dieu voudra en
retirant seulement son haleine, il n'oste l'esprit, le sens & le iugement ? C'est
luy qui souffle où il veut, & qui en soufflant anime de sa sagesse ce que bon
luy semble. * Et au contraire, quand il retire sa vertu, toute chair s'en va 15
en pourriture, & tout homme se conuertit en cendre. Car viure, n'est autre chose que receuoir sa grace, & mourir, rien plus qu'en auoir faute.
* S'il vous reste doncques quelque entendement, & que vous soyez en- 16
cor capable de discerner le bien d'auec le mal, le vray d'auec le faux, prenez
garde à ce que ie vous vay dire. * Comment est-il possible que celuy qui 17
n'aime pas la iustice soit iustifié & purgé des iniquitez qui l'infectent ? Et
comment pouuez-vous dire que vous aymez la iustice, si vous condamnez
celuy qui en est l'auteur, qui en est le pere ? * Celuy qui iuge les plus grands 18
de la terre, qui appelle les Rois pour comparoistre deuant luy, & rendre
raison de leurs iugemens, qui leur dit : Vous estes des deserteurs de ma loy,
qui auez abandonné les voyes de droiture & d'equité que ie vous ay tracées, pour suiure l'iniustice & l'impieté. * Celuy qui iuge les yeux ban- 19
dez, & sans acception de personne, ou plustost qui a les yeux ouuerts & penetrans iusques au fonds des abysmes, mais qui les a immobiles & ne les
tourne ou destourne, ny pour le respect de la majesté du tyran, ny pour la
bassesse & vilité du pauure, mais iuge l'vn & l'autre en equité ; car ils sont
egalement les œuures de ses mains. * La mort est commune à l'vn & à l'au- 20
tre ; aussi bien enleuera-elle les Rois comme les moindres. Dieu a mille
moyens de les chastier & executer sur eux ses iugemens, quand vne fois il
les a condamnez. Il suscite quand il veut les peuples, qui se reuoltent &
s'arment contre celuy pour lequel auparauant ils estoient armez ; le renuersent de son throsne, le chassent, & le rendent aussi miserable & chetif,
qu'auparauant il estoit grand & puissant. * Car son œil tout-voyant, re- 21
marque continuellement les actions des hommes, il les suit pas à pas en 22
quelque lieu qu'ils aillent, quelque pretexte qu'ils prennent, de quelque

- manteau qu'ils fe couurent, il les defcouure. Quand ils defcendroient au
23 profond des enfers,il les apperceuroit & verroit leurs iniquitez. * Et comme il les voit, auffi-toft il les appelle en iugement : car ils ont beau dire, il
faut aller quand il appelle; il n'y a point d'exoine à fes adjournemens, depuis qu'il met fa main fur le pecheur il faut qu'il fuiue & qu'il vienne à
24 compte. * Alors c'eft grand pitié; car quand il faut que fa iuftice regne, &
qu'il exerce fa feuerité,il brife tout ce qui fe rencontre fous fa main,il efcrafe
les hommes par milliers, & en vn moment en fubroge d'autres en leur pla-
25 ce. * Car comme leurs iniquitez font grandes, lefquelles il connoift toutes, il exafpere fa peine à proportion. En vne belle nuict il vous les enue-
26 loppe & fracaffe, qu'on ne fçait qu'ils font deuenus. *. Quelquesfois auffi
27 il en fait des exemples publics, & prend deuant tout le monde, ceux qui
28 de gayeté de cœur & de propos deliberé fe font reuoltez contre luy, &
n'ont voulu obeïr à fes commandemens,ains ont houfpillé les pauures qu'il
leur auoit baillez en garde, & les ont tellement opprimez, que leur clameur eft montée iufques au Ciel. Et lors il vous flagelle ces rebelles, de
tant & tant de calamitez que la vie leur eft vn continuel & tres-rigoureux
29 fupplice. * Car imaginez-vous quel repos peut trouuer celuy à qui il fait
la guerre; certainement celuy auec qui il a fait paix n'a rien à craindre de
perfonne : mais au contraire, quand en courroux il retire fa face de deffus
l'homme, il peut bien dire qu'il eft perdu, & n'a que faire de chercher fe-
30 cours parmy les hommes. * Or voila comme il punit les Princes, quand ils
s'oublient en leur deuoir. Il n'en fait pas moins aux peuples quand ils endurciffent leur cœur, & ferment les aureilles à fa voix. Car apres les auoir
fouuent admoneftez auec la douceur paternelle, quand il eft contraint
de prendre le foüet & les traiter en efclaues, il leur fufcite vn mefchant
Prince, qui mafquant fon impiteufe cruauté d'vne apparence de pieté,
deuore leur fubftance, fucce leur fang, & fe baigne en leurs larmes : il conuertit tous leurs trauaux à la defpenfe & entretien de fes delices, il prend
plaifir à la mifere des fiens, & fe refiouït de leurs calamitez; il n'exerce fa
puiffance qu'à mal-faire; & ne fe croit grand qu'à mefure qu'il ruine ce
31 qui eft au deffous de luy. * Voilà Iob, ce que ie vous voulois dire touchant le refpect qui eft deu à Dieu, & auec lequel il faut parler de luy. Si
32 vous auez quelque chofe à dire à voftre tour, ie ne l'empefche point. * Et
fi en ce que i'ay dit vous reconnoiffez quelque erreur, monftrez-moy ma
33 faute, ie n'infifteray point au contraire. * Ie fçay que cela ne vous plaira
pas, mais qui en eft caufe? il ne vous en faut pas plaindre à Dieu ; c'eft vous
qui eftes le premier entré en ce difcours. Si vous fçauez quelque chofe de
34 mieux, c'eft à vous à le monftrer maintenant. * Si quelqu'vn fe croit plus
fage quel qu'il foit, qu'il prenne la parole; pour entendre qu'il foit; ie par-
35 leray à luy. * Quant à Iob, il ne fe peut excufer qu'il n'ait parlé bien fotte-
ment; fes propos ne fentent rien la fageffe & la fcience, dont il fait profef-
36 fion. * O Seigneur, pere benin des hommes, mais iufte vengeur de l'impieté, voftre main de rigueur s'eft bien appefantie fur Iob, mais il merite
encor pis; comme fon iniquité n'a point de fin, auffi ne doit auoir fa peine. Car non content de vous auoir offenfé, il adioufte à fes autres pechez

N

le blaspheme. Que la playe doncques ne parte de dessus sa chair, & la douleur d'auec ses mouelles, pour luy apprendre à parler de vos iugemens &
à blasmer vostre iustice.

LIv suiuant ce mesme discours se retourne vers Iob, & luy dit. 1
* Pensez-vous donc que ce soit vne cogitation digne d'vn hom- 2
me de bien de se vouloir egaler à Dieu, & qui pis est, se vouloir
faire plus iuste que luy ? * Car quand vous auez dit, parlant à luy: On a beau 3
bien faire, on ne vous sçauroit contenter: hé quel plaisir prenez-vous à me
traiter comme vn pecheur ? quel profit vous reuient-il, si ie suis declaré coupable ? cela retombe là. * Et pource ie vous respondray, tant pour satisfai- 4
re à vos discours, que pour contenter vos amis qui vous assistent. * Con- 5
templez vn peu le Ciel, & ceste region etherée qui vous enuironne de tous
costez, qui propose à vos yeux vn si excellent & admirable spectacle:
voyez combien elle est esloignée de vous, combien elle est esleuée par dessus vous, tant que vous n'auez aucun commerce auec elle que des yeux;
car vos mains ny sçauroient atteindre. * Faites tous vos efforts & de corps 6
& d'esprit; multipliez encor vos forces autant que vous pourrez conter,
faites le pis que vous pourrez, quel mal luy sçauriez-vous faire ? * Au con- 7
traire, faites le mieux qu'il vous sera possible, employez tous vos cinq sens
de nature, afin de luy faire quelque bien, dequoy luy profiterez-vous?
quel aduantage receura-elle de vostre effort ? * A l'endroit de l'homme 8
vostre impieté peut operer & nuire, pour ce qu'il est semblable à vous, &
que choses esgales, ou à peu pres, se peuuent endommager: de mesme si
vous estes iuste, vostre iustice peut profiter à vostre semblable. * Et tou- 9
tesfois elle n'est pas tousiours suffisante pour le deliurer de l'iniure d'autruy:
car quelquefois l'homme est opprimé par vne multitude de calomniateurs conjurez, contre laquelle ny luy ny son voisin, pour iuste qu'il soit,
ne peuuent apporter aucune defense: quelquefois la violence d'vn tyran
l'accable; de façon qu'il n'y a point de remede, sinon de crier & pleurer.
* Si l'homme estoit bien sage lors, il retourneroit à Dieu, & diroit: Où est 10
mon Dieu ? le Dieu qui m'a creé? luy qui gouuerne le monde par sa sagesse?
qui distingue les heures du iour & de la nuict, par la reuolution des astres?
qui a disposé ses Anges pour la conseruation de cet Vniuers ? * Luy qui 11
nous a separez comme son aisnée creature, pour auoir le preciput de ses faueurs, commander au reste des animaux, & en vser à nostre plaisir, dompter les bestes de la terre, prendre aux lacs les oyseaux du Ciel, & sçauoir
plus que tout ce qui vit sur la terre, a-il perdu le soin de nous, ne nous veut-
il point secourir ? * Mais au lieu de cela, les hommes en leurs afflictions 12
ne jettent que des cris de despit & de rage; au lieu de leuer les yeux au Ciel
ils frappent du pied en terre; au lieu de s'humilier ils s'enorgueillissent,
& pource ils ne seront point exaucez. * Et pourquoy Dieu les exauceroit- 13
il ? ce seroit bien sans raison: car tout puissant qu'il est, tout iuste & tout
sage, il iuge le cœur d'vn chacun, & examine en particulier l'iniustice de
ses pensées. * Et si bien pour vous seduire & tromper vous-mesmes, vous 14
dites, Et Dieu n'y prend pas garde; vous trouuerez bien que si: attendez,

attendez,

attendez, & il viendra pour vous iuger : & vous verrez s'il y a rien, pour si menu qu'il soit, qui eschappe de l'exacte censure de ses seueres iugemens.

15 * Car si bien pour l'heure il ne lasche pas la bride à sa fureur, & ne desserre pas si à coup les ressorts de ses vengeances sur ceux qui les meritent, tout luy vient à point : il sçait ses temps & ses mesures, & ne manque iamais à

16 faire iustice selon qu'il doit. * Et pource, Iob se trompe fort en ses discours, & tient beaucoup de langages mal à propos. Ce n'est pas tout que de parler, il faut regarder comment, mesmes quand on parle de Dieu qui est par tout, & par tout nous escoute.

1 ELIV ayant vn peu repris haleine recommença, disant : * Ayez CHAP.
2 vn peu de patience, & ie vous feray encor entendre d'autres rai- XXXVI.
sons, par lesquelles vous connoistrez que vous auez tort de par-
3 ler ainsi de Dieu. * Ie reprendray mon propos de plus haut, & vous mon-
4 streray que mon Createur est la vraye & viue iustice. * Et ne vous diray rien qui ne soit fort vray, & que vous ne compreniez fort aisément, tant
5 que vostre esprit en demeurera content. * Dieu est Seigneur & Createur de tous, comme il ayme les petits, aussi cherit-il les grands : car estant puissant, & la puissance mesme, pourquoy voudriez-vous qu'il rejettast les
6 puissances du monde? * Aussi pour estre puissans, s'ils sont meschans, ils ne sont pas pour cela en sa grace; mais plus ils ont de puissance, s'ils s'en seruent à mal & plus il les hait. Et au contraire les pauures, pour miserables qu'ils soient, s'ils recourent à sa bonté, il ne leur desnie iamais sa iustice.
7 * Enfin ses yeux sont continuellement fichez sur les iustes. S'ils sont Rois il affermit leur throsne, & fait que nulle aduersité, nulle calamité ne les
8 esbranle; au contraire, tout ce qui les heurte sert à les affermir. * Que si vous voyez quelquefois des Princes decheus de leur grandeur, & reduits en misere & captiuité, si vous les voyez les fers aux pieds, mendier leur
9 pain, comme souuent il est aduenu; * C'est Dieu qui fait vn exemple de leur impieté; qui leur monstre qu'il a tenu bon compte de leurs forfaits, qui leur apprend, qu'il les voyoit lors qu'ils faisoient leurs volleries & bri-
10 gandages. * Encor est-il si bon qu'il les aduertit de se reconnoistre, & leur pince, par maniere de dire, l'oreille, afin qu'ils se souuiennent de s'amender: & si cela ne suffit, il parle à eux face à face, afin qu'ils abandonnent leur
11 peché. * S'ils sont si sages que de l'escouter, & faire leur profit de ses aduertissemens, ils passeront heureusement leurs iours, & leur vie sera com-
12 blée de biens, & leur mort de gloire. * Si au contraire ils font l'oreille sourde Dieu les abandonnera au trenchant de l'espée, & permettra que leur folie
13 aye la fin qu'elle merite. * Ils ont beau faire les fins & les dissimulez, ils ne sçauroient tromper Dieu. S'ils prouoquent vne fois son ire, & qu'ils l'attirent sur eux, ils auront beau crier & se tempester, ils se trouueront pris par le pied : il faudra qu'ils endurent la peine digne de leur meschan-
14 ceté. * L'vn perira parmy les flots, surpris d'vne furieuse tempeste, alors qu'il luy sembloit auoir asseuré le calme & contracté auec la mer; l'autre sera vendu comme vn esclaue, & reduit à seruir, & endurer en son corps toutes especes d'opprobre & d'ignominie, voire les plus sales &

plus abominables. * Au contraire, si le pauure innocent est affligé, Dieu 15
sera tousiours auprés de luy pour le soulager, & en fin le deliurer : il sera
continuellement à son oreille, pour luy couler quelque discours de consolation. * Et pource Iob, si vous estes innocent, quand bien on vous 16
auroit precipité dans vn gouffre qui eust la bouche estroite, la riue coupée, le fond plus profond que les enfers, & plus vaste que les abysmes,
Dieu vous en retirera, & vous mettra à vostre aise parmy les douceurs de
la vie, comme en vn festin perpetuel, où la delicatesse des viandes, &
friandise des breuuages regorge de tous costez. * Si les hommes vous ont 17
condamné comme vn meschant & vn impie, il vous iugera apres eux, &
vous declarera tel que vous estes, rejettera la honte & l'ignominie sur ceux
qui vous en ont voulu charger. * Ne vous lassez donc point de bien faire, 18
ne vous laissez point transporter par la cholere à faire chose qui soit à
la ruine d'autruy. Ne vous laissez corrompre par presens, pour opprimer le pauure & l'innocent. * Ne vous seruez de vostre autho- 19
rité pour faire iniure à vos suiets ; mais vsez-en doucement & moderément : & si parmy vos domestiques il y en a qui pour estre les plus forts
oppriment les autres, chastiez-les comme il appartient. * Et si l'on les pour- 20
suit deuant vous, ne les supportez point par artifice, n'illudez point les
pauures affligez qui vous en demandent iustice, dilayant iusques à la
nuict, afin que les peuples accourans les puissent enleuer & sauuer. * En 21
fin ayez en horreur toute iniquité. Ie le vous dis, pour ce que ie voy que
depuis que la misere vous a accueilly, il semble que vous ayez regret d'a-
uoir bien vescu par le passé ; & que vous estimiez la condition des meschans la plus heureuse. * Vous vous trompez, vous voyez combien Dieu 22
est grand, combien il est puissant ; mais il est encores plus iuste. Et de ceux
qui se meslent de iuger, il n'y en eut iamais qui approchast de son equité ;
c'est luy qui est le seul & vray legislateur, qui sçait en quoy consiste la
vraye iustice, selon laquelle il a ordonné toutes choses. * Mais nous ne 23
pouuons descouurir ses desseins, & sçauoir pourquoy il fait beaucoup de
choses que nous voyons. Et qui est-ce qui pourroit suiure sa piste, & trouuer ses brisées ? & qui est-ce qui oseroit luy demander, Pourquoy faites-
vous cecy ou cela ? ou qui luy pourroit reprocher, Vous auez fait vne iniustice ? * Remettez-vous tousiours deuant les yeux que nous n'entendons 24
rien en ses œuures ; nous en voyons l'exterieur, & les sages en ont loüé &
chanté les merueilles, mais qui est-ce qu'ils en ont compris ? c'est à dire choses bien au dessous de l'excellente vertu qui y est. * Tous les hommes du 25
monde, en quelque lieu qu'ils soient posez, quelque quartier de la terre
qu'ils habitent, le voyent, il leur donne dans les yeux ; ceux mesmes qui
le fuyent le rencontrent : mais quoy ? ils le voyent de bien loin, au trauers de sombres nuages, d'espais brouillas : de sorte que ce qu'ils en peuuent remarquer plus certainement, c'est qu'il demeure de sa magnificence
vne partie infiniment plus grande que celle qui paroist. * C'est ce grand 26
Dieu, de qui l'estre n'est que science infinie, & sagesse incomprehensible,
qui n'a point de proportion auec nostre connoissance : à l'aspect duquel
les yeux nous bluettent, voire perdent du tout la veüe. C'est luy, apres

lequel

lequel quand nous laissons courir nos pensées, elles se trouuent esgarées dans l'eternité des siecles; & plus elles s'auancent moins approchent-elles de son commencement: car il n'en a du tout point, non plus que de fin.

27 * C'est luy qui esleue insensiblement les vapeurs de la terre, les porte iusques au milieu de l'air où la froideur les espaissit: c'est luy qui puis apres les fond & dissout, les separant par leur tombée, & par la rencontre de l'air les distinguant en goutes de pluye. C'est luy qui quelquesfois les lasche si abondantes, qu'elles tombent comme si c'estoit de nouueaux fleuues qui decoulassent du Ciel. * Il ne fait qu'espraindre comme esponges, les nuës
28 qui sont tenduës sur la terre, & l'eau decoule de tous costez, tant que l'air deuient pur & serein, sans qu'on sçache que sont deuenus ces voiles qui auparauant masquoient le Soleil. * Si puis il luy prend enuie de rebrunir
29 son Ciel en vn moment, où la serenité paroissoit, vous voyez vn voile noir, sans que vous puissiez dire de quel costé il a tiré ce grand rideau de nuës, dont il separe les Cieux d'auec la terre, desrobant en vn instant sa lumiere
30 à nos yeux. * Si outre cela il veut estonner les hommes & les bestes, il conuertit dans les nuës, comme dans vne forge, les exhalaisons de la terre, en foudre espouuantable; & rompant, pour luy faire voye, le corps des nuages les plus espais, fait si horriblement gronder la voix de son tonnerre, que les plus esloignées extremitez de la mer & du continent, fremissent d'horreur, & croyent que la ruine du monde se prepare pour les accabler.
31 * Aussi y en a-il bien souuent quelques-vns qui en sont attaints: car c'est auec ces instrumens-là qu'il exerce quelquefois sa iustice, foudroyant les coulpables, & donnant en proye aux poissons l'impie qui ose se commet-
32 tre à l'instabilité des flots de la mer. * Quand il luy plaist il prend le Soleil en sa main, & la fermant luy oste sa lumiere; & quand il luy plaist il la luy rend, & luy permet d'estendre sa belle & douce clarté par les larges cam-
33 pagnes de l'air, & d'en resiouïr la face de la terre. * Admirable lumiere, symbole de sa diuinité; diuinité, laquelle bien qu'elle soit infiniment plus grande que le Soleil, & que les hommes ne la puissent conceuoir, si annonce elle à ceux qu'il ayme, qu'elle est preparée pour eux; qu'elle leur est destinée pour en iouïr vn iour pleinement, auec vn souuerain & incomprehensible contentement.

1 QVAND cela me vient en la pensée, ie suis tout hors de moy; il me semble que mon esprit en la contemplation de ces hauts &
2 grands mysteres n'est plus à moy, tant ie me trouue esbahy. * Ce que ie vous diray maintenant n'est pas moins admirable, aussi faut-il que vous l'escoutiez, comme vn propos qui est party de la bouche du Tout-puissant, & qui porte auec soy la reuerence qui est deuë aux oracles qu'il
3 luy plaist reueler aux hommes. * Bien qu'il ait posé son throsne au dessus des Cieux, ses yeux pourtant ne laissent pas de contempler continuellement ce qui est au dessous, & courant d'vn bout de la terre à l'autre, consi-
4 derer tout ce qui y est, & tout ce qui s'y fait. * Quelquefois il chemine si doucement qu'on ne s'en apperçoit point, il est au milieu de nous que nous n'en sentons rien: quelquefois il se fait bien ouïr, & fait en arriuant esclatter

le bruit de ſon tonnerre plus eſpouuantable que la voix d'vn lion rugiſſant:
il nous eſueille en ſurſaut : nous entendons le bruit, nous cherchons où il
eſt, & nous ne le trouuons point. * Il nous trouue bien luy, & ſans que　5
nous voyons ſon bras, nous nous ſentons frappez de ſon foudre; qui par
vne admirable & incomprehenſible vertu, briſe nos os ſans toucher à noſ-
ſtre chair, fond nos moüelles ſans toucher à nos os, & fait mille & mille autres merueilles. * C'eſt luy, qui quelquefois quand il eſt en ſon courroux,　6
fait tomber la neige ſi eſpaiſſe ſur la terre, que les hommes y ſont enſeuelis,
& les animaux des champs deſtituez de paſture periſſent miſerablement:
& quelquefois l'enuoye ſi à propos, qu'elle ſert comme de manteau aux
ſemences, pour les garder de la rigueur de la gelée; & ſert dauantage comme de fumier pour engraiſſer le champ : il fait de meſme de ſes pluyes, dont
il fait naiſtre des deluges quand il veut, pour punir la malice des hommes,
& quelquefois il en arrouſe les campagnes alterées, & en nourrit les fruits
de la terre. * Il a donné en main aux hommes des moyens pour connoi-　7
ſtre en quel temps, & comment toutes choſes ſe doiuent faire; afin que
ſelon les ſaiſons ils peuſſent diſtribuer leurs labeurs. * Il a meſmes appris　8
aux beſtes par vn inſtinct qu'il leur a donné, à chercher ce qui leur eſt propre; de ſorte qu'elles ſçauent choiſir les cauernes pour leur habitation, &
les taſnieres pour retraite. * C'eſt luy qui des entrailles de la terre leue ces　9
violentes vapeurs dont les vents ſe forment, & prennent puis apres la qualité de froid au de chaud, ſelon les regions par où ils paſſent : du midy viennent les Lebeches tempeſtueux; du ſeptentrion ſortent les Biſes glacées.
* Selon qu'il tourne les vents, tantoſt la terre eſt toute gelée, & les fleuues　10
ſont conuertis en cryſtal : tantoſt tout ſe fond en eau, & la campagne ſemble eſtre vne nouuelle mer. * Tantoſt les prez alterez ſemblent inuoquer　11
la roſée; & elle deſcend des nuës, les abreuue & reſiouyt. * Vous diriez　12
que les nuës ont vn eſprit qui les anime, & qui leur fait faire la reueuë de la
terre, & les conduit où leur ſecours eſt deſiré; tant elles ſuiuent à propos la
neceſſité des fruicts de la campagne. Celuy qui gouuerne tout l'ordonne
ainſi. * Tantoſt il monſtre vne particuliere faueur à vne nation, tantoſt à　13
vne famille: & enuoye icy ou là, la temperature de l'air & l'abondance des
fruicts par conſequent, ſelon que ſon immenſe miſericorde ſe depart ſur
eux. * Eſcoutez donc Iob, & eſcoutez auec attention ce que ie vous dis,　14
& conſiderez combien ſont admirables les ouurages de ce grand Dieu,
qui nous doiuent rauir l'eſprit d'eſbahiſſement. * Pour ſi ſage que vous pen-　15
ſiez eſtre, pourriez-vous bien deuiner quand ce fut que Dieu commanda ainſi aux pluyes de venir en leur ſaiſon, & puis ſe retirer & laiſſer la
clarté parmy l'air ? * Pourriez-vous bien deuiner d'où viennent les nuës ?　16
quel chemin elles font en venant ? quel, s'en retournant ? Quelquefois
vous verrez le Ciel fort ſerein, & à vne heure de là il ſera ſi pris que vous
ne le verrez en endroit quelconque. * Si le vent du midy ſouffle, tous vos　17
habits ſont moüillez d'vne humidité chaude, comme en pourriez-vous
rendre la raiſon ? Si vous dites qu'il paſſe au trauers de la mer, auſſi fait bien
celuy du Leuant: ſi vous dites qu'il vient d'Afrique, il en deuroit eſtre
plus ſec, puis qu'il n'y trouue que des ſablons, & qu'il n'y fait que point ou

18 peu de pluyes. * Estiez-vous point auec Dieu quand il fabriqua les Cieux,
qu'il les estendit en rond, & les rendit plus fermes & plus solides que s'ils
estoient d'airain; les compassa si iustement qu'ayant tous diuers cours, ils
ne s'empeschent point l'vn l'autre, tournent sous diuers centres sans essieux
qui les soustiennent, & neantmoins iamais ne changent, ne tardét, ny auan-
19 cent leur cours? * Dites-nous vn peu ce que nous en deuons penser; & si
Dieu nous demande ce que nous en pensons, ce que nous luy respondrons;
car nous y serons bien empeschez, nous voyons bien trouble en toutes ces
20 choses-là. * Mais qui est-ce qui s'oseroit arraisonner auec luy, pour luy faire
entendre ce que nous pensons? qui est l'homme, pour si sage & sçauant
qu'il soit, qui, si vne fois il se presente à luy ne demeure aueuglé par la
21 splendeur de sa gloire, accablé par l'immense grandeur de sa majesté? * Les
hommes qui sont icy bas ne voyent pas le brillant esclat de sa gloire, car
l'air s'espaissit autour d'eux, & comme auec vn nuage leur voile les yeux;
mais s'il fait souffler vn de ses vents, il tirera le rideau de leur ignorance, &
22 se descouurant à eux les esblouïra par l'aspect de ses merueilles. * Quand
Borée ce grand balay du monde, se leue impetueux pour nettoyer les airs,
chasser les nuës, & ramener au Ciel vne serenité dorée, chacun se retire &
se met à couuert, personne ne peut supporter ny sa violence, ny sa froideur.
Combien donc moins pourra l'homme supporter l'arriuée de la puissance
& sagesse infinie de Dieu, laquelle entraisne apres soy tout ce qu'elle rencontre, renuerse tout ce qui ne s'humilie deuant elle? Et pource faut-il
que quand nous parlons de luy & de ses merueilles, la crainte & la reuerence de son nom nous serue de sauue-garde: où il la trouve, il vse de misericorde, releue & secourt ceux qui se prosternent deuant luy, admirans auec
23 vn respectueux silence la profondeur de ses iugemens. * Car de penser
par vn grand effort de laborieuses cogitations, par vne exquise recherche
de belles paroles atteindre au sommet de ses loüanges; c'est vouloir embrasser les nuës & baiser la Lune: sa puissance, sa iustice, son equité, sont
si grandes, si immenses, si esmerueillables, que nul entendement n'en
peut conceuoir la moindre partie, ny nulle langue seulement en entamer
le discours. Tout ce que nous en reconnoissons, tout ce que nous en disons, ne sont que des ombres, lesquelles encores nous n'auons reconnuës
24 qu'auec des yeux chassieux & tout esblouïs. * Doncques la perfection de
la sagesse humaine consiste entierement à craindre & à fremir quand elle
tourne vers ce sujet: & pour ce, comme ceux qui contemplent le Soleil,
de peur de perdre la veuë, le regardent en terre dans l'eau, & encores non
pas trop attentiuement; ainsi faut-il que ceux qui veulent contempler
ce Soleil des Soleils, tiennent leur veuë & leur pensée bien basse; & se
contentent auec grand respect, & auec vne crainte interieure de le
regarder en l'image de sa bonté qui reluit en ses œuures: car autrement qui
recherchera curieusement la splendeur de son effroyable majesté, se trouuera accablé par sa gloire.

PRES qu'Eliu eut acheué, Dieu qui vouloit esprouuer en tou- 1
tes façons la patience de son seruiteur Iob, non content des assauts que ses amis luy auoient donné, voulut encores luy-mesme luy faire vne attaque pour l'atterrer du tout, mais en intention de le
releuer, apres luy auoir osté toute l'esperance qu'il pouuoit auoir en soy-
mesme : & pource il commença à se faire ouïr comme vne voix venant des
nuës, & luy dit ainsi : * Qui est cet homme qui fait tant l'entendu, & qui 2
se mesle de discourir de mes actions ? & pense pour mesler de graues sentences parmy de sots discours, qu'on doiue faire cas de ce qu'il dit ? * Or 3
sus compagnon, puis que vous estes si braue & que vous m'osez bien deffier, armez-vous de toutes pieces & vous presentez vn peu deuant moy :
respondez-moy & ie vous interrogeray, & nous verrons si vous estes si
sçauant comme vous vous faites, pour pouuoir controller mes actions.
* Premierement dites-moy vn peu, où estiez-vous quand ie posois les fon- 4
demens de la terre ? si vous auez tant de suffisance que vous dites, vous n'i-
gnorerez pas cela : & si vous le sçauez vous me l'enseignerez. * Qui est-ce 5
qui en a dressé le plan, tiré l'alignement, pris les mesures, fait les compartimens, separé les quartiers, distingué les climats, marqué les degrez ?
* Surquoy est-elle fondée, veu qu'elle est si ferme & si immobile ? est-ce 6
sur pilotis ou sur planchers ? sur l'eau ou sur l'air ? qui a posé la premiere
pierre ? estoit-elle quarée ou angulaire ? * Sçauez vous point aussi comme fu- 7
rent faits les Cieux, & comment les astres apparurent, quand ils commencerent ceste danse celeste ; marchans tous depuis l'estoile matiniere iusques à celle du soir, en cadence, à pas mesurez, pendant que les Anges
entonnoient melodieusement les hymnes de mes loüanges ? * Me diriez- 8
vous bien comment ie borday & bornay les mers ? lors que sortans du sein
de la nature elles se respandirent sur toute la face de la terre, la couurirent entierement ? quand ie les ramassay, leur donnay leur lict, & leur
plantay des barrieres, sans qu'elles puissent iamais les passer, bien que continuellement il decoule dans leur bassin vne immense quantité d'eau par
les bouches des fleuues & des riuieres ? * Vous sçauez volontiers comment 9
ie la reuestis des nuës, comme d'vn habillement, & l'enueloppay de broüillas & de bruines, comme on fait vn petit enfant de ses langes ? * Et puis 10
posant de grandes montagnes à ses costez ie l'enfermay sous la clef, auec
de gros verroux & de fortes portes, qu'elle ne sçauroit fausser ? * Ces bar- 11
rieres, ces portes, ces verroux, furent les mots qui sortirent de ma bouche,
quand ie luy prononçay : Vous viendrez iusques-là, & ne passerez point
plus auant : soit que le flus & reflus que la Lune vous ramenera fasse releuer vos eaux, & icelles respandre sur la terre, soit que les tempestes faisans
rebroußer vos ondes & tournans vos vagues, vous mutinent contre vos
bords, vos flots se rompront-là & ne passeront point plus outre. * Volon- 12
tiers vous auez marqué au Soleil le poinct où il se deuoit leuer : ie me doute que c'est vous qui luy auez appris l'Esté de s'approcher du Nort, & puis
l'Hyuer se retirer vers le Sud, afin de distribuer le plus egalement que faire
se pourroit, sa chaleur à tout le rond de la terre. C'est vous aussi qui auez

pourueu,

pourueu qu'à l'endroit où il eft plus perpendiculaire, la conuexité de la
terre rendit les nuicts plus longues pour temperer fa chaleur. * Ie connois
bien à vous oüir parler, que ce fut vous, qui alors que les Anges fe rebelle-
rent & oferent attenter contre la gloire de celuy qui les auoit creés, priftes
les bouts du Ciel, & les fecoüant, ne les fiftes pas feulement tomber du
Ciel, mais encores les fiftes trefbucher au fin fonds des enfers, dans les en-
14 trailles de la terre. * Fut-ce point vous qui priftes la fange dans vos mains,
& en formaftes cefte viuante image, & la reueftiftes d'vne excellente beauté? fut-ce point vous qui luy infpiraftes la vie; luy donnaftes l'entendement, pour conceuoir tout ce qui eft en l'Vniuers; & apres cela la parole,
pour pouuoir exprimer tout ce qu'elle connoift & le communiquer aux
15 autres? * Vous fçauez peut-eftre auffi, comme cefte belle creature fut
chaftiée, quand s'enorgueilliffant contre fon Createur, elle mefconneut les
graces qu'elle en auoit receuës, fe voulut fier en fa force & en fa vertu; &
comme lors elle perdit fon honneur, fut defpoüillée de fa gloire, & de-
16 meura brifée, comme vn pot de terre? * Ie ne fçay fi vous ne feriez point
autresfois defcendu iufqu'au fonds de la mer, & fi vous ne vous feriez
17 point promené au profond des abyfmes? * Et fi on ne vous auroit point
ouuert les portes de l'Enfer, & que vous fuffiez entré dans le threfor des te-
18 nebres, où l'horreur & l'efpouuantement font leur continuel fejour? * Ie
vous demanderois volontiers fi vous auez point mefuré combien la terre
a d'vn pole à l'autre? puis que vous fçauez tout, vous fçauez bien cela.
19 * Ou bien en quel lieu habite la lumiere, & où eft le païs de la nuict, afin
20 que vous les remeniez l'vn & l'autre à leur gifte, & que vous nous appre-
21 niez quel chemin il faut tenir pour aller d'où ils viennent? * Si vous eftes
fi fçauant que vous dites, vous auez bien deu preuoir le iour que vous deuiez venir au monde, & combien de temps vous y deuez demeurer. Car
fi vous ignoriez ce qui vous touche de fi pres, vous feriez croire que vous
22 ne fçauez pas le refte. * Eftes-vous iamais monté là haut, où les neiges &
les grefles font en referue, comme dans vn magazin, pour eftre diftribuées
23 au monde, felon que fa neceffité le requiert; ou qu'il eft befoin pour ma
gloire, & pour me vanger de l'ingratitude & de l'impieté des hommes,
qui aiment mieux m'auoir pour ennemy que pour amy, receuoir les effets
24 de mon courroux, que les fruits de mes graces? * Comptez-moy vn peu
comment la lumiere fe refpand par l'Vniuers, fi les rayons du Soleil font
quelque fubftance qui trauerfe l'air & s'arrefte à la folidité de la terre; ou fi
ce n'eft qu'vne impreffion de clairté qui s'efpanche également par toute la
region fuperieure, dans la molle, tenuë & obeïffante maffe de l'air? Si la
chaleur qui s'augmente plus en vne faifon qu'en l'autre, prouient feulement de la plus droite emiffion des rais du Soleil, qui fait qu'ils fe reflechif-
fent, & par confequent multiplient leur ardeur, où fi la concurrence des
autres fignes, ou leur oppofition, feruent encor pour l'enflammer dauan-
25 ge & le rendre plus violent? * Qui eft-ce qui guide les tempeftes, pour aller pluftoft en vn endroit qu'en l'autre? qui conduit les foudres grondans,
pour faire tant & tant de bizarres effets, & tant de peur, & fi peu de dom-
26 mage? * Pourquoy pleut-il auffi bien fur les bons que fur les mauuais?

fur les regions defertes & inhabitées comme fur les autres, pour y faire
croiftre les herbes & les fleurs, puis qu'il n'y a perfonne pour les cueillir?
* Qui eft le pere & l'auteur de la pluye? qui s'eft premier aduifé que fans 27
elle la terre feroit fterile & infeconde; & n'auroit point la tefte couronnée 28
de tant & tant de belles fleurs, & le fein paré de tant & tant de bons fruits?
Qui eft-ce qui a connu qu'en Efté, lors que l'air eft deftitué de nuës, pour
pouuoir abreuuer les champs, il falloit conuertir l'air en rofée, & la faire
defcendre infenfiblement fur la terre? Et qui eft-ce qui connoiffant que
cela eftoit bon l'a peu faire? * Ie voudrois bien que vous me diffiez qui s'eft 29
aduifé de faire que la gelée defcende du Ciel, & que les eaux fe glacent fur
la terre? * Que les eaux, dis-je, qui font fi molles, qu'elles cedent à tout ce 30
qui les touche, s'endurciffent de façon que les pierres ne font point plus
dures; & les fleuues tous entiers foient pris, & les mers en quelques endroits
toutes glacées? * Or ça, qui vous euft baillé les Pleiades à difpofer, les euf- 31
friez-vous bien mifes où elles font, pour ramener à leur venuë le Printemps?
Ou qui vous diroit que l'Ourfe n'eft pas bien à l'entour du pole, & qu'il
vaudroit mieux l'agencer autrement, l'en pourriez-vous ofter? * L'eftoi- 32
le du matin prend-elle point congé de vous quand elle fe veut leuer? &
celle du foir ne vous demande-elle point de paffe-port, pour venir en voftre hemifphere? * Qui vous demanderoit comme toutes chofes font dif- 33
pofées là haut aux Cieux, & qui vous prieroit d'en faire vn peu vn portrait
fur la terre, où tout fut bien reprefenté; que refpondriez-vous? * Ie vou- 34
drois bien voir vn peu que vous diffiez aux nuës qu'elles euffent à pleuuoir;
& comme elles vous obeïroient? Ou bien que vous diffiez aux foudres: Sus 35
marchez, allez-moy brifer la cime d'vn tel rocher, & puis retournez à
moy; pour voir comme ils le feroient, & s'ils retourneroient vous dire,
Nous voicy. * Mais peut-eftre que ie vous interroge de chofes qui font 36
trop efloignées de vous. Ie vous veux demander de vous-mefmes, fi vous
fçauez que c'eft que de vous, & comment vous eftes. Et pource dites-
moy qui a donné à l'homme la connoiffance & le iugement, & a mis dedans luy & au milieu de luy cet entendement qui le rend fi capable de
toutes chofes, & fait que l'on luy attribuë le nom & titre de fage? Mais
encore eft-ce vous demander raifon d'vne chofe trop abftrufe. Dites-
moy feulement, & ie feray content, qui a appris au coq de connoiftre le
leuer du Soleil, annoncer le iour, & de feruir d'horloge aux hommes? qui
luy a donné cefte puiffance, petit & foible animal qu'il eft, de faire peur
au lion & le faire trembler deuant foy? * Si voftre efprit ne peut com- 37
prendre cela, qui eft fi peu de chofe, comment comprendra-il par quelle
proportion les cieux font enchaffez les vns dans les autres, quelle diuerfité
il y a en leurs mouuemens; pourquoy les vns vont fi vifte qu'on ne les peut
comprendre, les autres fi lentement qu'ils femblent endormis; & quels
accords fe forment de leurs diuerfes cadences? * Comment eft-il aduenu 38
que l'arene feche & aride, qui n'auoit nulle confiftance, s'eft conglutinée
auec l'eau, & a formé la maffe de la terre, pour eftre la matiere commune
de tant d'autres creatures? * Eft-ce point vous qui pouruoyez que la lion- 39
ne affamée trouue tous les iours fa proye, & porte à fes petits lionceaux qui 40
font

font couchez en leur cauerne, ou au guet en quelque coin de grotte, de-
41 quoy remplir leur ventre & affouuir leur faim ? * Et qui est-ce donc ? vous
voyez bien les corbeaux, ils font leurs petits & les laissent dans leurs aires,
& ne sçauent dequoy ils les nourriront: ils vont en queste, les petits crient,
la faim les presse: à qui pensez-vous qu'aille leur voix ? sinon à celuy qui les
a creez, & qui a autant de sagesse à pouruoir à l'entretenement de ses creatures qu'il a eu à les former ? aussi fait-il trouuer aux peres la pasture pour
leurs petits; ils retournent au nid & leur portent ce que leur cry demandoit à Dieu.

1   ET dites-moy vn peu, sçauez-vous point combien les cheureulx Chap.
qui habitent dans les rochers, font dans le ventre de la mere XXXIX.
auant que de naistre ? sçauez-vous point comme les biches font
leurs faons ? admirez-vous point qui leur a donné ceste prudence de se separer du masle quand elles sont pleines, & pour faciliter leur fantement,
2 de prendre & manger du persil ? * Sçauez-vous pourquoy elles portent
3 iustement huict mois, & ne font leurs petits que vers l'equinoxe ? * En leur
saison elles vont trouuer le masle, elles font leurs petits, & remplissent tout
4 de hurlemens. * Quand leurs petits sont vn peu forts, elles les apprennent
à courir, & à prendre tousiours le dessus du vent, tant pour leur aider
à la course que pour emporter auec eux leur senteur; & apres qu'ils ont essayé leurs cornes contre les arbres & qu'ils sont capables de se defendre, elles les laissent aller tous seuls, ils s'en vont & ne reuiennent plus au giste
5 de leur mere. * Qui a fait que l'asne sauuage abhorrant la seruitude se soit
6 ietté à la campagne, & ait mieux aymé sa liberté, que d'estre traité de la
main de l'homme comme les autres qui sont priuez ? * Qui est-ce qui luy
7 a enseigné d'aller habiter dans les deserts, & fuir les villes & lieux peuplez ?
est-ce point qu'il craint la voix des Sergens & exacteurs, qui sont conti-
8 nuellement empeschez à trauailler le peuple ? * Il s'estime bien plus heureux de se voir au large au milieu des montagnes: il monte au haut d'vn
coustau, & de là il descouure quelque bel herbage, où il se iette & se re-
9 paist à plaisir. * Voyez-vous ce grand animal maillé, qui a ceste corne qui
luy sert de nez, & que pour cela vous appellez Rhinocerot: pour combien penseriez-vous qu'il vous voulust donner sa liberté ? flattez-le tant
que vous voudrez; n'ayez pas peur que iamais il s'appriuoise, ny qu'il s'ac-
10 coustume à demeurer en vos estables, comme les autres animaux. * Ie
voudrois bien vn peu voir, que vous l'accouplassiez sous le ioug pour luy
faire labourer vostre terre, & rompre auec la herse les mottes de vos gue-
11 rets. * Il a de la force assez; mais pour cela ne vous attendez pas à luy pour
12 faire vostre besongne. * Pensez comme il vous rendroit bon compte de
13 vostre semence, & comme il serreroit bien vos grains à l'aire. * L'autru-
che a des plumes, mais qu'elles soient legeres comme celles d'vn roite-
14 let ou d'vn espernier, il s'en faut bien. * Elle fait ses œufs dans le sable & les
15 laisse-là, les voulez-vous point aller couuer ? Elle les abandonne comme
s'ils n'estoient point siens, sans se soucier si celuy qui passera marchera des-
16 sus & les escrasera. * En fin elle est cruelle à l'endroit de ses petits, plus

qu'elle ne feroit à ceux d'autruy, & apres auoir pris beaucoup de peine à pondre fes œufs, fans raifon elle les abandonne, pour faire perdre la peine qu'elle a prife de les engendrer. * C'eft Dieu qui luy a ofté le fens, & en 17 cefte grande maffe de chair n'a point mis d'efprit ny de conduite : mais pour cela fes œufs ne laiffent pas d'efclorre, le Soleil les efchauffe dans les fablons, & la proüidence les coüue, les forme, & les fait fortir de la coque. * Elles croiffent & deuiennent en fin fi grandes, que quand elles fe leuent 18 fur les pieds, elles furpaffent vn homme à cheual, & battant des aifles ne craignent point de l'attaquer, & quafi fe mocquent de luy. * Mais peut- 19 eftre vous connoiffez-vous mieux au naturel des beftes domeftiques. Et pource dites-moy vn peu : eft-ce point vous qui auez donné le courage au cheual, & luy auez donné la voix pour hennir ? * Eft-ce vous qui luy auez 20 appris à fauter & bondir les quatre pieds en l'air comme vne fauterelle ? qui luy faites fouffler le feu par les narines, de fougue & d'ardeur qu'il a d'aller au combat, & emporter la victoire ? * Il bat du pied en terre, il fe 21 manie fous fes membres tant brauement, il court droit où il voit la char- ge, & fe mefle parmy les troupes de gens armez. * Il n'apprehende point 22 le danger, le glaiue ny la picque ne l'arreftent point. * Les flefches qui 23 bruyent dans le carquois de celuy qui le monte, luy feruent d'efperon pour le hafter : il prend plaifir de fentir que celuy qui le monte armé de fon bouclier, darde brauement fon jauelot contre fon ennemy. * Il efcume, 24 il fremit ; vous diriez qu'il veut manger la terre auec les dents, & ne s'e- ftonne point d'entendre les trompettes retentir au tour de fes oreilles. * Et 25 quand le clairon a fonné l'alarme, vous diriez qu'il luy refpond, qu'il fçait ce qu'on luy veut dire, qu'il entend le commandement des Capitaines, les paroles dont ils animent leurs foldats, & les cris des armées qui vont choc- quer. * Mais fi voftre fageffe ne va iufques-là, peut-eftre me direz-vous 26 mieux qui eft-ce qui a fait les autours ? qui leur a donné les plumes fi for- tes, le vol fi roide, qu'ils vont auffi vifte que le vent : eft-ce point voftre prudence qui les a ainfi formez ? * Eft-ce point vous auffi qui faites voler 27 l'aigle fi haut, qu'elle femble fe vouloir percher fur le Soleil, qui faites qu'el- le y portes fes petits, & les efprouue à la clarté de fes rayons ? * Les rochers 28 les plus hauts luy feruent pour baftir fon aire. Elle demeure-là, dans les pre- cipices, dans les roches inacceffibles. * De là elle guerte fa proye, & auec 29 vn œil clair-voyant, elle remarque, où quelque ferpent qui fe traine en terre, ou quelque lievre qui court la campagne, ou quelque oyfeau qui vo- le par l'air, & venant tout d'vn coup fondre deffus, * Elle vous l'empoi- 30 gne, & l'emporte à fes petits, qui auffi-toft en fuccent le fang, & auec leurs tendres griffes le defchirent, & ainfi s'accouftument au carnage ; puis fi toft qu'ils ont les aifles effuites & qu'ils fe peuuent jetter à l'effor, vont de cent lieües troüuer vne charongne, tant ils en ont grand fentiment. * Apres que Dieu eut dit cela il fembla fe vouloir taire ; toutesfois tout à coup il recommença, & dit à Iob. * A voftre aduis donc, qui veut dif- 31 puter auec Dieu a-il befongne faite ? il me femble que celuy qui fe veut mefler de le reprendre, luy deuroit refpondre. Car quelle temerité feroit-ce de iuger de fes actions fi on ne les entend pas ? * A cela Iob refpondit : 32

                                          Seigneur,

34 Seigneur, que pourrois-je respondre ? * Si i'ay trop legerement parlé, que
puis-je maintenant mieux faire que me taire, & seeller ma bouche de vo-
35 stre respect & de vostre crainte ? * Ie n'ay pas dit grand chose, & si i'ay
beaucoup failly : mais quoy, Seigneur, ce n'est pas moy qui ay parlé, c'est
ma douleur : mais quand elle se deuroit redoubler, voire multiplier à l'infi-
ni par ma taciturnité, ie suis resolu de ne plus parler, ains auec le silence
auoüer vostre sapience, auec la patience honorer vostre iustice, & auec toute l'ardeur de mon cœur aimer la main qui verse sur moy tant de peines.
Car ie voy bien, que l'endurer pour la reuerence de vos iugemens, & obeïssance de vos volontez, me sera en fin vne souueraine felicité.

1 **D**IE V reprenant la parole, & parlant du milieu d'vn tourbillon CHAP. XL.
2 de vent, dit dauantage à Iob. * Non, non, que ce ne soit point
le respect qui vous fasse taire, dites tout ce que vous pensez, armez-vous de pied en cap, & ne vous feignez point : respondez à ce que ie
vous demanderay, ie seray bien aise d'apprendre par vous mesmes ce que
3 vous sçauez. * Dites-moy doncques, auez-vous quelques moyens pour
vous exempter de mes iugemens ? ou pour vous iustifier en m'accusant ?
4 * Regardez si vous n'auriez point bonne grace à me contre-faire, si vous
pourriez point emprunter en quelque lieu vn bras semblable au mien, &
5 vne voix semblable à mon tonnerre ? * Reuestez-vous vn peu de magnificence comme moy, & vous asseïez sur les Cieux dans vn throsne de gloire,
6 faisant reluire en vos habits la pompe & la grandeur. * Monstrez que
quand vous vous mettez en fureur vous pouuez exterminer les superbes, &
7 d'vn clin d'œil humilier les plus esleuez. * Monstrez que passans seulement
l'œil sur tant qu'il y a de gens qui s'orgueillissent de leur bonne fortune,
8 vous les pouuez abysmer. * Monstrez que vous les pouuez enleuer, comme
vn tourbillon de vent fait vn tas de poussiere, ou que vous les pouuez tous
9 enfouïr en vne fosse, sans que iamais il s'en parle. * Et alors comme ie verray que vous pouuez perdre les autres, ie croiray aussi que vous les pouuez
sauuer, & que c'est à vostre bras qu'il se faut reclamer pour estre tiré d'an-
10 goisse. * Mais tant s'en faut que vous puissiez faire cela, que vous ne sçauez
pas mesmes pourquoy se fait ce qui est tous les iours deuat vos yeux. Comment se fait, ie vous prie, que l'elephant, ce grand & immense animal, qui
fut creé aussi bien que l'homme au commencement du monde, duquel la
seule veuë & la forme estrange, auec son musle & ses dents monstrueuses,
portent terreur à ceux qui le regardent, s'apriuoise neantmoins en sorte que
11 vous le nourrissez à l'estable auec le foin, tout ainsi comme vn bœuf ? * Il
ne faut pas demander comme il a l'eschine forte, puis qu'il porte vne tour
pleine de gens, ny quelle force il a au ventre, puis que venant à combatre
12 auec le dragon, il ne fait que se laisser tomber dessus, & il l'estouffe. * Vous
luy voyez porter sa queuë comme vn cedre, & quand les petits animaux
la luy viennent picoter, il ne fait que froncer sa peau pour les escraser. Est-ce
pas chose merueilleuse, de voir comme il a les parties naturelles reuestuës
13 de nerfs & d'arteres ? * Ses os sont quasi comme des colonnes d'airain, qui
soustiennent ceste grande masse, & ses cartilages sont proprement comme

de fortes lames de fer. * C'est en fin le Prince des bestes terrestres, la plus 14
grande qu'ait faite le Createur : aussi est-il plus fort que tout le reste, & ne
semble rien craindre que la main de celuy qui l'a creé ; aussi semble-il que
celuy-là seul en puisse venir à bout. * Et toutesfois il paist comme les autres 15
par les montagnes, se plaist d'estre tousiours en trouppe, ne nuit iamais aux
plus foibles, si l'on ne l'offense ; & s'il les rencontre à la presse en cheminant,
il les retire à quartier auec le musle, de peur de les offenser, & se ioue auec
eux sans les blesser. * Il va chercher l'ombre des roseaux quand il fait chaud, 16
& s'endort doucement au frais de quelque estang ou riuiere. * Il semble 17
que les arbres voisins prennent plaisir de luy prester leur ombre, & que les
saules plantez au long des torrens estendent leurs branchages pour le couurir, tant le reste de la nature admire ceste puissante & vaste grandeur. * Se 18
leue-il de là ; il s'en va au fleuue plus prochain, & auec sa grande trompe il
vous entonne en sa gorge vn ruisseau tout à la fois, & semble à le voir faire,
qu'il doiue tarir le Iourdain. * Il y plonge le museau iusques aux yeux, & y 19
plongeroit encores toute la teste, s'il ne trouuoit les canes rompuës au
fonds, qui luy picquent le nez & le font retirer. * Mais laissez-là les ani- 20
maux de la terre, & contemplez ceux de la mer ; & voyez si vous auez plus
de puissance sur eux. Prenez-moy vn peu vne balene auec vn hameçon ;
puis luy percez le gosier & passez vne corde au trauers, afin qu'elle vous suiue. * Ou si vous aimez mieux, mettez-luy vne boucle au nez, ou auec vn 21
chaisnon de fer attachez-la par la machoire. * Volontiers que vous la ferez 22
venir aux prieres, & vous crier mercy. * Sans faute elle vous fera homma- 23
ge, & vous promettra de vous seruir pour iamais. * Ie voudrois bien vous 24
voir iouër autour d'elle, comme autour d'vn moineau ; ou qu'auec vos seruantes vous entreprissiez vn peu de luy lier les pattes ou les nageoires, pour
voir comme elle vous secouëroit. * Il faut que tous les pescheurs du païs 25
s'assemblent pour l'attaquer ; & apres beaucoup de trauail, c'est tout ce
qu'ils peuuent faire que d'en venir à bout, la mettre en pieces pour la porter vendre par tout. * Ce n'est pas vn poisson à prendre dans les filets & à 26
charger dans vne barque de pescheur, à peine la teste seule pourroit-elle
tenir dans vn bien grand batteau. * Il se faut bien garder d'en approcher 27
mal à propos ; car celuy qui la touchera, si elle se remuë elle l'en fera bien
souuenir, & luy ostera l'enuie d'y retourner. * Lors qu'il pensera estre des- 28
sus & la prendre ; elle ne fera que donner vn tour de queuë, & elle renuersera tout ce qui se trouuera à l'entour, & submergera à la veuë de tout le
monde le batteau & tout ce qui sera dedans.

CHAP.
XLI.
    MAis vous pensez peut-estre, que ce soit pour vous faire peur, 1
    que ie la vous represente si farouche : vous croyez peut-estre,
    que ie la veux appeler à mon secours contre vous : pauure hom-
me que vous estes, il ne me faut point d'autre force que la mienne Qui est-
ce qui me pourra resister, si vne fois i'entre en fureur ? * Et de qui ay-je be- 2
soin pour me venger ? qui est celuy qui me peut prester quelque chose, veu
que rien n'est au monde qui ne tienne son estre & sa vertu de moy ? * Et 3
ceste monstrueuse beste, & toutes les autres du monde, passeront par le
glaiue

glaiue de ma fureur. Ny les paroles de brauerie, ny celles qui ſont pleines de
4 pitié ne me pourront fleſchir, ſi vne fois i'ay reſolu leur ruine. * Celle-là
vous ſemble bien hideuſe, mais il y en a bien encor vne autre qui l'eſt plus,
de laquelle vous ne ſçauriez quaſi conceuoir l'horreur, tant elle eſt effroyable : vne autre, dis-je, que perſonne n'oſeroit regarder, de laquelle la face
eſt affreuſe & eſpouuantable, qui a la gueule ouuerte pour deuorer tout le
5 monde, miſerable celuy qu'elle engloutira. * Qui ſera ſi hardy d'approcher de ceſte vilaine gueule & la luy faire ouurir, veu que tout autour de ſes
dents, on ne voit ſinon que ſãg & que meurtre; bref tout ce qui doit dõner
6 terreur & eſpouuantement? * Son corps eſt tout couuert de grandes eſ-
7 cailles plus dures beaucoup que fer, entaſſées l'vne ſur l'autre ſi ſerré qu'on
n'en ſçauroit auoir remarqué les jointures, à peine l'air paſſeroit-il entre
8 deux. * Elles ſont ſi bien jointes, qu'il n'eſt au monde poſſible de les ſepa-
9 rer. * Quand elle eſternuë, elle ſouffle le feu par les narines, & les yeux luy
10 eſclairent comme le Soleil quand il ſe leue le matin. * Quand elle eſt en
colere, vous diriez que l'haleine qu'elle jette ſont des lampes de feu, ou bien
11 des brandons enflammez. * La fumée luy ſort par tout, fumée eſpaiſſe
& ſale, comme celle de quelque grande marmite qui bout à gros boüil-
12 lons. * Qu'elle ſouffle ſeulement ſur le charbon : le feu s'y allume ſi ardant
13 que rien plus : bref, tout ce qui ſort de ſa bouche, n'eſt que ſoulphre. * Son
col eſt plein de ſi grande force, qu'il entraine tout ce qu'il veut : auſſi par
14 tout où il paſſe, c'eſt vn rauage, il n'y faut rien chercher. * La chair de ſes
membres, eſt ſi dure que ſi le foudre la frappoit, il ne la pourroit pas enta-
15 mer, & s'aſſoupiroit en la frappant. * Son cœur eſt vn marbre, mais des plus
durs : ou pluſtoſt l'enclume de quelque forgeron, que le coup ne fait qu'en-
16 durcir dauantage. * Quand ceſte beſte ſe vient à ſoufleuer, il n'y a animal
au monde qui ne tremble. Les Anges meſmes en ont peur : & l'effroy les
fait retirer vers le ciel, & laiſſer ceſte immunde partie du monde, où ceſte
17 beſte ſe promene. * Que tous les glaiues du monde ſoient tirez, tous les ja-
uelots lancez : rien ne pourra l'offenſer, tout rebouchera, tout rompra con-
18 tre elle. * Elle ne fera non plus de cas du fer, que de la paille, ny de l'airain,
19 que d'vn bois pourry. * Ne penſez-pas que pour voir vn Archer enfoncer
ſon arc, & deſcocher ſur elle ſon trait, elle ſe deſtourne : ny moins, que
20 pour voir vne greſle de pierres jettées à coup de fonde, elle recule. * Elle
n'en fera non plus de cas, que de feſtus : elle ne s'eſtonne pas meſmes de l'artillerie : il n'y a machine de guerre qui luy face peur : elle eſt inuincible au
monde : elle en eſt la Royne, & meſpriſe tout ce qu'on y eſtime le plus cher
21 & precieux. * L'or, qui eſt le ſoleil des enfers, qui reluit dans les abyſmes
de la terre, & qui jette ſes veines dans le creux de ſes entrailles comme ſes
rayons, eſt tout en ſa puiſſance : elle ſe veautre deſſus comme vne truye ſur
22 la fange, & n'en fait non plus de cas que de boüe. * Auſſi peu priſe-elle les
richeſſes de la mer : car ſe promenant au milieu, elle la fait eſcumer comme
vne marmite boüillante : va au profond de ſes gouffres, y cueille les perles
23 & pierres precieuſes, les parfums & les odeurs. * De là, elle deſcend au plus
profond des enfers : où ſes yeux eſtincelans ſont la ſeule lumiere, qui y eſclaire, & qui fait voir autour, les peines, les miſeres, les afflictions, la

puanteur & le relant, qui y habitent.* En fin ceste espouuantable beste est le 24
plus horrible monstre qui soit, plus puissant que les plus grandes puissances : mais puissant à mal faire, inutile à tout bien, destiné pour donner terreur à tous ceux qui ne sont point asseurez sur l'innocence de leur consciences; & pour seruir de seconde peine à ceux qui en mal-faisant ont desia formé en leur ame ce ver de remords, qui les pique continuellement. * Monstre qui n'aime que l'orgueil, qui a tiré auec luy & entraisné de sa queuë tout 25
ce qu'il y auoit d'orgueil au Ciel; & va recueillant en terre, & tirant à son
party tout ce qui se veut esgaler au Tres-haut, & s'arroger la gloire du
Tout-puissant. Monstre qui esleue les esprits des hommes aux precipices de
vanité, pour les culbuter puis apres dans les abysmes de perdition & de ruine. Et pour ce Iob songez à vous, & iugez si vous voulant iustifier deuant
Dieu, si vous voulant esgaler à luy, si voulant censurer ses iugemens, vous
ne vous estes point laissé enuelopper dans les rets de ce monstre, & ne courez point fortune qu'il vous entraisne dans ces thresors de peines & de tourmens, où il met en reserue & pour trophées les ames qu'il a conquises par
l'impatience, par le desespoir, par l'outrecuidance.

CHAP.
XLII.

I Iob fut fort estonné de la premiere voix, il fut comme accablé 1
de ceste seconde, & reconneut mieux que iamais son infirmité;
& par mesme moyen la grandeur de la sagesse diuine. Il s'estonna
de ceste reprehension, mais en sorte qu'il ne se desespera point de la bonté de Dieu, laquelle il croyoit tousiours plus grande que sa iustice. Et
pource apres s'estre vn peu remis, s'appuyant sur le bras, & releuant au
mieux qu'il peut son corps abatu de la grandeur de son mal, il tourna la face du costé dont il auoit entendu ceste saincte voix, & ses yeux vers le
Ciel, où il apperceuoit, outre la lumiere commune, vne lumiere de grace
esclairer. Et ayant auec vn grand souspir soulagé son cœur opprimé d'angoisse auec vne parole casse, tremblante & pleine de respect, il respondit
ainsi : * Seigneur, ie sçay trop que vostre puissance n'a point de bornes, ny 2
vostre science de mesure. Ie sçay trop que nos plus sourdes pensées & secrettes cogitations, vous sont conneuës auant qu'estre conceuës. * Et qui seroit 3
le fol qui vous penseroit tromper, qui penseroit dire en son cœur : Ie feray
cecy & Dieu ne s'en apperceura pas ? Il auroit bien faute de sens, s'il croyoit
que celuy qui est auteur de toute science peust rien ignorer. Et pour ce ie
reconnois ingenuëment que c'est bien vne grande folie, & vne fort outrageuse temerité, que celle à laquelle la douleur m'a porté, qui m'a induit à
parler de choses qui n'ont nulle proportion auec mon infirme entendemet.
* Insensé que ie suis! à quoy pensois-je, quand Seigneur, ie vous disois : Escoutez-moy & ie parleray à vous; ie vous interrogeray, respondez-moy? Ie 4
voulois contester auec vous, vous demander raison de vos iugemens, &
vous iustifier ma vie. Ie parlois proprement à vous comme à mon compagnon, & vous voulois conuaincre auec des discours qui ne sentoient que
le sang & la chair. * I'auois bien mal appris qui vous estiez. Ie n'en sçauois 5
qu'autant que les vains propos des hommes m'en auoient enseigné. Mais
qu'ay-je veu, & qu'ay-je ouy maintenant ? ce que ie n'auois iamais peu
imaginer,

imaginer, vne lumiere qui a paffé de mes yeux en mon entendement, & y
a eflancé des efclairs fi brillans de voftre gloire, que tout le refte du monde
ne me femble qu'efpaiffes & fombres tenebres ; vne voix fi viue & fi perçante, qu'elle m'a frappé auffi-toft au cœur qu'à l'oreille, m'a infpiré vn
incroyable mefpris de moy-mefme, vn fingulier amour de voftre honneur, vne voix qui charme toutes mes douleurs, qui me comble de patience , qui me fait plaire en mon mal , puis que ie voy que mon mal vous
plaift; & qui me fait toutesfois croire, que vous ne voulez point qu'il dure
dauantage, puis qu'il a defia plus duré que ie ne puis fupporter. Vous m'a-
uez, Seigneur, fait connoiftre ma faute; c'eft figne que vous l'auez voulu
arrefter, & par confequent en borner auffi la peine. Vous m'auez voulu
faire entrer en la iouïffance de voftre grace, par le reffentiment de voftre
iuftice. Tout foit à voftre gloire, puis que là tout ce qui eft au monde
doit aboutir: à plus forte raifon la vie d'vne pauure & chetiue creature, que
vous auez auparauant par l'influence de tant de liberales faueurs, monftré
auoir efleuë pour luy faire part de voftre fainct heritage. Auffi, Seigneur,
fçauez-vous que pendant que l'infortune m'a volé les biens, gafté la fanté,
ofté l'entendement, mon cœur toutesfois eft demeuré inuiolable, & a
conferué incontaminé l'amour de voftre nom , & immuable l'efperance
16 de voftre mifericorde. * A mon cœur qui alloit mourant & languiffant,
vous auez infpiré vne nouuelle vie, me faifant ouïr par le fon de voftre
faincte voix les plus profonds myfteres de voftre infinie fageffe. Auffi pour
premier tefmoignage de ce que i'ay appris en vne fi faincte efcole, raffem-
blant toutes mes affections, & les enflammant d'vne religieufe ardeur, ie
les conuertis en vne amere repentance, que i'ay & veux auoir à iamais,
de ma temeraire prefumption : vous iurant, que le fac & la cendre ne partiront point de deffus mon chef, que voftre mifericordieufe iuftice & iufte
mifericorde ne m'ayent fait connoiftre, que vous eftes laffé de ma peine;
& defirez que ie fois à l'auenir, vn auffi manifefte exemple de voftre cle-
7 mence, cóme i'ay efté vn horrible fpectacle de voftre indignation. * Dieu,
fort fatisfait de l'humilité de Iob, & de fa patience, le laiffa, & fe tourna
vers Eliphas; qui tout eftonné s'eftoit retiré à quartier ; & luy dit, Et bien,
vous, & vos deux compagnons faites les fuffifans. I'ay ouïy vos difcours,
où vous auez voulu monftrer que vous eftiez plus fages & plus gens de
bien que mon feruiteur Iob. Mais ie fçay ce que vous auez dedans le cœur,
& la difference qu'il y a de luy & de vous: ie connois fa fuffifance, & voftre ignorance: fa fimplicité, & voftre arrogance: fon innocence, & voftre malice : & fuis à la verité grieuement courroucé contre vous, qui meriteriez bien que ie vous fiffe fentir ce que poife mon bras, & ce que merite
8 voftre offenfe. * Mais fus, ie vous veux tefmoigner combien mon feruiteur
Iob m'eft agreable, & combien ie l'ayme cherement : il n'a pas feulement
trouué grace en moy pour foy, mais encores pour ceux pour qui il m'inuo-
quera. Et pource prenez fept taureaux & fept moutons, & allez vous en
vers luy, & auec luy facrifiez les pour l'expiation de vos pechez: il priera
pour vous, i'exauceray fes prieres, & voftre folie ne vous fera point imputée:
car vous vous eftes tellement defbordez, & auec fi mauuaife intention, que

vous meriteriez vn grand chastiment, où au contraire, mon seruiteur Iob
parmy toutes ses douleurs (que ie ne luy ay point enuoyées pour le punir,
mais pour l'esprouuer) a tousiours pris patience, & reconneu que c'estoit de
ma main qu'il deuoit attendre son salut. * Donecques Eliphas, Baldad & 9
Sophar baissans la teste, reconnoissans leurs fautes & la grace de Dieu, se
conformans à sa volonté firent ce qui leur estoit commandé; & Dieu receuant l'intercession de Iob leur pardonna leur peché. * Or non seule- 10
ment il accorda à Iob ce qu'il demandoit pour la reconciliation de ses amis,
mais preuenant tous ses vœux & ses souhaits, & luy donnant plus que liberalement, ce qu'il n'eust osé non pas demander, mais esperer, il luy rendit au double toutes les pertes qu'il auoit faites. * Il deuint aussi-tost sain 11
& gaillard; & lors comme auec la bonne fortune vient l'amitié & le
respect des hommes, tous ses parens & amis, & generalement tous
ceux qui l'auoient autrefois conneu, le vindrent visiter & faire bonne chere auec luy, le consolans de tant & tant de miseres dont Dieu l'auoit voulu visiter, & se conjoüissans de sa conualescence luy firent present chacun
d'vne brebis & d'vn pendant d'oreille de fin or. * En fin Dieu le rendit plus 12
heureux qu'il n'auoit iamais esté, tellement qu'il deuint riche de plus de
quatorze mille bestes blanches, six mille chameaux, mille paires de bœufs,
& mille asnesses. * Il eut aussi en peu d'années sept fils, aussi beaux & bien 13
naïs qu'il eust sceu desirer; & trois filles qui estoient trois miracles de beauté. * Il nomma l'vne Aurore, car elle estoit plus belle que le beau iour: il 14
appella l'autre Casse, pour ne ceder en rien à la delicatesse de ceste excellente fleur: & la troisiesme Yuoire empourpré. * Il est bien certain qu'œil 15
d'homme n'a iamais rien veu de si beau; aussi estoient-elles le desir de tous
ceux qui les regardoient; mais la principale consolation de leur pere, qui
voyât sa vieillesse soustenuë par l'agreable traitement de si delicates mains,
pour reconnoistre leur pieté, & leur estre aussi bon pere qu'elles estoient
charitables filles, il les laissa heritieres par égales portions auec leurs freres.
* Et afin que cét exemple de la beneficence diuine ne disparust pas bien 16
tost aux yeux des hommes, mais peust en durant longuement, animer ceux
qui le contemploient à imiter la vertu de Iob & seconder sa pieté, Dieu
permit qu'apres tout cela il vescut encor cent quarante ans, & vit les enfans de ses enfans, iusques à la quatriesme generation. Tellement, qu'il ne
mourut qu'en l'extremité de sa vieillesse; à laquelle la nature l'ayant conduit, il quitta ce monde, exhalant doucement sa vie, comme vne lampe
fait sa lumiere, quand l'huile vient à luy faillir.

Loüé soit Dieu.

MEDITATIONS
SVR LES LAMENTATIONS
DE IEREMIE.

PREFACE.

E bon Pere veille continuellement pour le salut de ses enfans ; mais quand leur temerité a vaincu sa prudence, le desir qu'ils ont de se perdre, l'affection qu'il a de les sauuer, & qu'ils se sont en fin precipitez aux calamitez qu'il leur auoit predites, il se venge sur ses yeux, emplit son visage de larmes, & son ame de douleur. Que si le temps donne quelque relasche à ses souspirs, & son mal permet à sa langue de former quelques paroles, ce ne sont que regrets confits en amertume. Tel voyons-nous & oyons-nous aujourd'huy ce Prophete, lequel ayant de long-temps preueu l'orage qui deuoit accabler son païs, auoit denoncé & crié à pleine voix, que l'heure de sa desolation arriuoit, si ses citoyens n'opposoient vistement à l'ire de Dieu enflambée par leurs pechez, vn torrent de leurs pleurs, & s'ils ne mettoient sur leurs testes le sac de toile & la cendre de leurs foyers, de peur d'y voir le sac de leur ville & la cendre de leurs maisons. Mais ils ont mieux aymé ouïr les trompettes de leurs ennemis que la voix de leurs amis, & attendre ceux qui leur apportoient leur ruine, que d'entendre ceux qui la leur annonçoient. Ainsi est-il aduenu, que ceste belle & grande cité, l'œil d'Orient, le miracle du monde, apres auoir esté tant & tant de fois menacée, est en fin tombée en vne extreme calamité. Apres auoir esté pillée & saccagée, elle a veu ses habitans mis à la chaisne, & conduits en vne miserable seruitude, ses familles toutes entieres enleuées & emmenées en captiuité, les femmes & les filles deshonorées, & puis partagées entre les soldats. Et lors Ieremie contemplant de ses yeux la face desolée de ceste pauure cité, & n'y reconnoissant plus rien que les tristes effects de ses anciennes Propheties, a commencé à s'en lamenter ainsi.

I. CHAPITRE. *Aleph.*

ELAS! en quel estat te voy-je, ô grande & superbe Cité? l'orgueil de tes magnifiques palais est bien rabaissé maintenant. Maintenant tes belles & riches façades ne sont que ruines & grauois. Ie regarde de tous costez, où sont tant & tant de braues hommes qui remplissoient tes maisons! mais ie ne voy que vastité & solitude par tout. Par tout ie cherche & ie ne trouue rien; rien ne me respond, & si ie crie partout. Ie ne voy plus sortir de nos chasteaux que les corbeaux & les hiboux. Donc pauure ville, iadis le domicile des Rois, la princesse des prouinces, le siege de l'Empire, ton honneur est mort, & tu es en vn miserable veufuage; le dueil est maintenant ta liurée, dueil sans fin, dueil plein d'horreur, dueil plein de desespoir: car helas! tu n'as pas seulement perdu tes biens ny tes enfans; mais les perdant tu les as veu liurer à la peine & au tourment. Auec quels yeux se retourneront-ils vers toy? auec quelles pensées se souuiendront-ils de toy; quand gemissans sous le faix d'vne insupportable seruitude, ils se representeront ton ancienne magnificence & leur premiere liberté? Ne diront-ils pas en pleurant: La Princesse des nations est maintenant esclaue; celle qui commandoit aux autres est maintenant taillable: ô pauure & miserable ville tu as bien changé de condition. Pleure & souspire hardiment, tes pleurs ny tes souspirs n'esgaleront de long-temps tes miseres. *Beth.* Elle a pleuré & repleuré, & n'a point donné de cesse à ses yeux. Quand le Soleil s'est leué pour commencer sa iournée, elle a commencé ses regrets: mais quand il s'est couché ses regrets n'ont pas finy. Les animaux se sont tous retirez sur la brune, & le silence a commencé par tout; mais ses plaintes ont augmenté par les tenebres, & le repos de la nuict a esté troublé par ses cris. Sa voix cassée & tremblante a retenty par tout; l'horreur & l'effroy a saisi tout le monde qui a entendu ceste plaintiue voix. On n'a iamais veu ses ioües seiches, ny ses larmes espuisées; sa face estoit tousiours baignée, & ses yeux distilloient tousiours. Helas quelle fin pourroient auoir ses plaintes, puis que son mal n'en a point! Elle n'a pas seulement qui la console, ny mesme qui essuye ses larmes. Tous ses amis l'ont delaissée, & ses plus proches l'ont abandonnée: elle est mesprisée de ceux qui honoroient sa bonne fortune, & mocquée de ceux qui reueroient sa prosperité; les vns s'en sont fuis auec son bon-heur, les autres sont demeurez pour l'affliger. *Gimel.* Ainsi est traittée la pauure Ierusalem; ainsi est traité le pauure peuple Hebrieu en sa captiuité. Apres la perte suit la honte, apres le dommage la contumelie. Il va çà & là, pensant trouuer qui le console, mais tout le monde le poursuit. Et quoy? les bestes ont leur taniere pour se sauuer quand on les presse: le pauure peuple n'a trouué ny antre ny repaire où il puisse entrer en seureté. Le naturel du mal est de faire compassion aux autres; mais le mal de ce peuple augmente la haine qu'on luy porte. Tellement que la nature mesme s'est alterée, afin d'augmenter le tourment de ces pauures gens-là. Helas! quelle fatale ruine est ceste-là

qu'on

qu'on ne peut éuiter? Si vous voulez, difent-ils, nos biens : nous vous les
abandonnons, fi c'eft pour nos terres & nos maifons, que vous nous affligez, nous vous les quittons, fi le nom & la haine de noftre païs, nous per-
fecute : nous nous en banniffons. Que veut noftre malheur dauantage de nous? Pourquoy nous perfecute-il fuyans? nous afflige-il pauures?
nous pourfuit-il bannis? nous fommes difperfez par les nations eftranges,
& errons comme naufrages & vagabonds : nous auons tous les maux que
les autres peuuent auoir, & n'auons pas vne de leurs confolations. La commiferation mefme de ceux qui nous voyent, nous manque : ils ne voyent
pas feulement fans compaffion nos miferes, mais encor, auec moquerie.
Ce recueil n'eft pas feulement en vn endroit, c'eft par tout ; & ne nous refte que ce feul bien, que tout nous eft efgal en noftre mal. La perfecution
va auffi vifte que nous ; elle arriue par tout auec nous. Si nous penfons efchaper par quelque endroit incogneu, nous trouuons qui nous decele, &
qui nous liure à nos ennemis. Hé quoy? faudra-il doncques, que chaffez de
tous les coins de la terre, nous retournions nous cacher fous les ruïnes de
nos maifons ; pour renouueller tous les jours nos douleurs, voyans la hideufe defolation de noftre ville? *Daleth.* O pauure Sion, nous ferons donc contrains, de te reuoir encore pleine de pleurs & de gemiffemens. Nous regarderons fur tous les grands chemins, & demanderons en nous-mefmes : Où
font ceux qui couuroient ces chemins-là ? où font ceux qui venoient à la
foule, pour honorer noftre cité? Les nations toutes entieres accouroient à
nos feftes, & aux folemnitez de nos grands facrifices : maintenant, nous ne
voyons pas feulement vn homme qui approche de cefte faincte ville. Ce
n'eft qu'vn hermitage & folitude à l'entour. Les chemins y font tous couuerts d'herbes : les ronces & chardons y font vne petite foreft. On n'y fçauroit remarquer la trace d'vn feul homme. Ces belles & grandes portes enrichies de tant d'artificieux ouurages, qui és jours folennels eftoient toutes
couuertes de guirlandes & feftons, font maintenant toutes par terre, &
n'en voit-on que les morceaux. Les ceintres qui ouuroient le paffage, l'ef-
toupent maintenant de leurs ruïnes. Helas, quel changement! Nos Preftres qui marchoient reueftus de leurs habits pontificaux, chantans auec
beaucoup de majefté & de reuerence les loüanges de noftre Dieu, font
defchirez & delabrez comme les autres ; & n'ont autre voix que les pleurs
& gemiffemens. Ils tournent piteufement les yeux au ciel ; pour voir s'il
ne voudroit point deftourner de deffus eux, la rigueur de fon ire. Les
tendres pucelles, qui fouloient orner de leur beauté la face de noftre
ville, comme les eftoiles font vne belle & ferene nuict, font toutes fleftries & foüillées, & ne portent en leur vifage, qu'horreur & efpouuantement. L'extreme famine leur a feché la chair : le froid leur a fanné
le teint : l'angoiffe leur a ridé le vifage : & la fleur de leur pudicité,
foulée par l'infolence du foldat, leur a conuert toute la face de honte
& de vergongne. Ce ne font plus maintenant qu'autant de Morts viuantes. Elles ne viuent plus qu'à regret : & rien n'anime plus leur vie,
que la mefme douleur, qui les affomme de fa pefanteur, & les refueille de fon amertume. *He.* Douleur vrayement trop amere! amere

vrayement plus que fuye : nous voir mener en triomphe par nos plus
grands ennemis; les voir braues de nos defpoüilles, riches de noftre pauureté, & grands de noftre ruine. Vous auez, Seigneur, bien efpanché voftre ire fur nous, vous nous auez bien fait fentir combien eft rude la main
de voftre vengeance. Vous auez, ie croy, amaffé toutes nos fautes pour
n'en faire qu'à vne fois; quand vous auez veu qu'elles fe rendoient infinies,
& commençoient à meriter vne peine femblable, vous vous eftes efueillé,
& auez defbandé contre nous les traits de voftre feuere iuftice. Mais, Seigneur, ne deuiez-vous pas arrefter le cours de noftre peine en nos perfonnes, & confumer tous vos tourmens fur nous ? Falloit-il que nous fuffions
encores tourmentez és perfonnes de nos enfans? & que pour combler noftre mifere nous viffions encores la leur ? Nous eftions defpoüillez de nos
biens, chaffez de nos maifons, reduits en captiuité. Nous penfions quafi
n'auoir plus rien à craindre que la mort, encores ne la craignions-nous pas,
car elle eft douce aux miferables, mais noftre malheur ingenieux à noftre
peine nous a bien trouué de nouueaux maux. Nous auons veu paffer deuant nous les bandes de nos enfans enchaifnez, que l'on menoit en Babylone pour feruir d'efclaues à nos ennemis. *Vau.* Ainfi Sion a perdu la fleur
de fa ieuneffe, & tout l'ornement de fa ville s'en eft allé, elle a efté miferablement houfpillée, & rien ne luy eft demeuré d'entier que la douleur. Les
plus grands & les plus riches de fes habitans ont efté enleuez par troupes,
& conduits és prouinces eftrangeres, comme on feroit des troupeaux de
brebis, que l'on meine par iournées de marché en marché, fans les laiffer
pafturer. Ils alloient les yeux baiffez & la tefte panchée foufpirans piteufement. Le vainqueur fuiuoit derriere qui les chaffoit à coups de foüet; les
hommes qui bordoient les chemins où ils paffoient, fe mocquoient de leur
affliction, & huoient iniurieufement apres eux. *Zain.* Lors comme vne
playe nouuelle fait r'ouurir les vieilles, ils ont eu le cœur outre-percé; &
fe font fouuenus de leurs anciens pechez & des peines que leurs peres
auoient fouffertes pour auoir abandonné le feruice de Dieu, & adheré à
leurs folles paffions : ils fe font fouuenus combien de fois ils eftoient tombez entre les mains de leurs ennemis, lors que Dieu les auoit delaiffez. O
trop tardiue fouuenance ! tu deuois pluftoft venir pour les diuertir d'vne fi
mauuaife & abominable vie; finon pour l'amour de Dieu, au moins pour
la crainte de fa fureur fi fouuent efprouuée. O tardiue repentance, qui arriue apres la peine foufferte ! Leurs yeux eftoient bien fermez, qui ne pouuoient preuoir cefte grande traifnée de maux qui fuiuoit leur offenfe. Mais
helas! ô aueugle peché, tu efblouïs ainfi tes amis, & ne leur fais fouuenir
de fe repentir que quand il n'en eft plus temps. Ierufalem a tourné le dos à
Dieu, & fuiuy fes concupifcences, elle a fait vn Dieu de fon plaifir, & a
adoré fes delices : Elle n'a retourné les yeux au Ciel que quand elle a veu
fa magnificence par terre, qu'elle a veu tout le monde fe rire de fa honte,
fe mocquer de fes fabbats, & traduire fes facrifices, aufquels elle fe fioit
tant, qui ne pouuoient en verité luy rien feruir; puis qu'ils eftoient faits de
mains fi polluës. *Heth.* Car pour dire vray, tout Ierufalem n'eftoit que peché & ordure, depuis le plus grand iufqu'au plus petit, tout n'eftoit qu'a-
bomination.

bomination. Elle a commencé par mefconnoiftre fon Dieu qui luy eftoit fi
fauorable, & de là, comme aueuglée, elle a heurté contre toute forte de mefchanceté. Et apres auoir marché çà & là à l'aduenture, elle a trefbuché en
cefte eftrange calamité : & lors tous ceux qui auparauant la reueroient &
honoroient, l'ont defdaignée & morguée. Car fa honte & fa vergongne a
efté expofée aux yeux de tout le monde, & a efté propofée comme vn fujet
de rifée à vn chacun. L'vn luy demãdoit où eftoient fes richeffes; l'autre, où
eftoient fes honneurs : il n'eftoit pas fils de bonne mere qui ne luy fift quelque affront. Elle n'a eu recours qu'à fes larmes, & toute confufe & defolée s'en eft allée cacher. *Teth.* Lors fe voyant toute feule, & contemplant l'eftat où elle fe trouuoit, elle a veu que depuis la tefte iufques aux
pieds elle n'eftoit qu'ordure, elle a veu fes veftemens couuerts de fange &
de boüe. Comme le Paon qui fait la roüe & fe mire en fes plumes, apres
auoir regardé fes pieds refferre fon plumage & rabat fon orgueil : elle a raualé fon cœur, s'eft contriftée en foy-mefmes, & ne s'eft plus fouciée de
mourir : tout luy a defpleu, mais plus que tout, fa pauure & miferable vie.
Elle s'eft toute abandonnée à la trifteffe, n'ayant perfonne qui la confo-
laft. Car fes amis l'ont delaiffée, ou s'ils font demeurez pres d'elle, çà efté
pour l'affliger. C'eft pourquoy ne trouuant plus de fecours en terre, elle a
piteufement leué les yeux au Ciel ; & tirant de grands foufpirs du profond
de fon cœur, elle s'eft addreffée à Dieu, difant : Seigneur, ne me regar-
dez-vous point en pitié au fort de mon affliction ? Ne voyez-vous point
mon extreme mifere ? Rien ne me peut plus fauuer que vous. Venez donc
fi vous eftes Dieu de mifericorde, & n'abandonnez point voftre humble
& ancienne feruante. Mon ennemy me tient le pied fur la gorge, il me
fait bouquer honteufement. Venez, Seigneur, car ma continuelle iniure
eft voftre honte, l'outrage du feruiteur redonde fur fon maiftre. Venez,
Seigneur, car mon ennemy m'outrage fans mefure & fans pitié. *Iod.* Il a
mis fa main fanglante fur ce que i'auois de plus precieux, il n'a rien efpargné de ce qui m'eftoit de plus fainct. Vous l'auez veu entrer en voftre
Sanctuaire ; & ce lieu qui ne deuoit receuoir que perfonnes fanctifiées, que
des ames pures & mundes, & dignes de participer à la veüe de voftre diuine
Majefté, a veu, receu, & touché la pollution & l'impieté mefmes, & a veu
ces facrileges mains brigander les ornemens de voftre Temple, deftruire
l'habitation de voftre Diuinité, le domicile de voftre grace : comme fi voftre loy & vos defenfes, non pas d'attenter à ce lieu, mais mefmes d'y entrer,
n'euffent efté qu'vne châfon. Où eftiez-vous lors, Seigneur, & puis que vous
negligiez nos iniures, que ne vengiez-vous les voftres ? *Caph.* Vous eftes,
Seigneur, bien courroucé contre la pauure Ierufalem, de dire que tant &
tant d'offenfes ne vous efmeuuent point à la venir aider. Si eft-il temps,
Seigneur, ou iamais : car tous fes chetifs habitans mendient honteufement
leur vie : ils ont donné tout ce qu'ils auoient de precieux pour vne bouchée de pain, & ont achepté cherement iufques à l'eau qu'ils ont vouli
boire. Ne rejettez-point, Seigneur, noftre ardente priere, & tournez vn peu
fur nous les yeux de voftre mifericorde. Car fi noftre orgueil nous a cy-
deuant aliené de vous, noftre humilité nous doit maintenant reconcilier à

vous. Il ne se peut rien voir, Seigneur, si humble, si vil, si abject que nous ; rien qui ait plus de besoin de vous que nous : mais aussi rien ne se peut trouuer de plus pitoyable que vous. *Lamed.* Dites-moy, ie vous prie, vous tous qui passez pres de mes ruines, & considerez les reliques de ma grandeur, s'il y a rien au monde de si miserable que cela, & si depuis que vous auez des yeux, vous auez veu douleur qui egale la mienne ? dites-moy, ie vous prie, si vous auez peu contenir vos larmes, quand vous auez veu ma desolation ? Vous, dis-je, qui auez veu autresfois ceste ville pleine de tant & tant de biens, qui auez veu sa grandeur & magnificence, & voyez maintenant ce rauage. Ne vous semble-il pas que vous voyez vne vigne desclose, où toutes sortes de bestes sont entrées, qui n'ont pas seulement vendangé le raisin, mais rompu les ceps & arraché les souches ? Voilà, c'est le plaisir de Dieu ; il s'est iustement courroucé contre moy, & a voulu me visiter en sa fureur. *Mem.* Sa vengeance est descenduë du Ciel comme vn foudre, est venuë fondre sur moy, & a penetré iusques à la moüelle de mes os : il ne se peut rien voir de si soudain, rien de si actif, rien de si puissant. En vn moment elle est venuë, en vn moment elle a tout renuersé, tout brisé, tout fracassé. Mes Temples & mes Chasteaux, qui du bout de leurs tours baisoient les nuës, ont esté egalez à l'herbe. Nos villes sont demeurées comme vne plaine où la charruë peut passer. Dieu m'a bien fait connoistre à mes despens sa puissance : Il m'a fait ouïr vne horrible leçon : Nous pensions par nostre prudence parer au coup de sa iustice : mais contre Dieu il n'y a prudence ny conseil qui vaille. Nous auons trouué les pieges de tous costez. Comme nous nous pensions retirer, & estimions que nous estions sauuez, nous nous sommes trouuez empestrez en ses filets, plus nous nous pensions haster, plus nous nous meslions ; & en fin sommes tombez en arriere, au precipice de la peine qu'il nous auoit preparée, comme l'infortuné nautonnier, qui pensant esuiter vn banc, se jette dans vn gouffre où il est abysmé. Car nostre misere est bien vrayement vn gouffre, puis qu'on nous y perd de veuë, & que nous sommes reduits comme à vne inaccessible solitude, où nous n'auons personne qui nous console ; tellement que nos yeux ne cessent de pleurer, & nos larmes desbordées sont tantost suffisantes pour nous noyer. *Nun.* Ie n'auois garde, Seigneur, d'en eschapper ; il y a trop long-temps que vous veillez sur mes fautes, & que vous auez determiné la peine que ie deuois souffrir : il y a trop long-temps que vous auiez accouplé mes pechez & les teniez enchaisnez en la main de vostre iustice. En fin ie me suis trouué tout à coup accablé ; & ay senty mes pechez comme vn joug dur & insupportable, m'attacher au tourment. I'ay baissé le col sous la peine, comme le bœuf accouplé à la charruë, sous la main d'vn maistre impiteux. Mon mal ne m'a donné repos ny relasche, tant qu'il m'a resté aucune force ou vigueur. Ie puis dire que ie suis à mon dernier maistre ; & que Dieu m'a mis entre les mains d'vn ennemy, dont ie ne partiray iamais qu'en partant de ceste vie. *Samech.* Quelle ressource, Seigneur, pourrois-je auoir en mes maux ? en quel endroit pourroit estre logé le reste de mes esperances ? vous auez entierement desraciné & extirpé la race de Iuda ; ce tige de Roys & de

Prophetes.

Prophetes. Et comme si entr'ouurant mes entrailles vous m'eussiez arraché le cœur, vous m'auez osté mes braues & genereux enfans, exterminant les vns & captiuant les autres. Vous auez bien choisi vostre temps pour me ruiner & saccager, pour me donner en proye à mes plus grands ennemis; vous auez bien disposé toutes choses pour accabler ce que i'auois de plus cher, ce que i'auois choisi pour aimer, ce en quoy i'auois mis toute mon affection. Mais helas! auec quelle cruauté, si ie l'ose dire ainsi, Ierusalem a veu ses ruës toutes pauées de membres deschirez de ses pauures enfans. Ils ont esté mis sous le pressoir, leurs os ont esté brisez, leur sang a coulé comme vne fontaine. Voyez les pauures vierges toutes desconfortées, ce n'est plus la pudeur virginale qui colore leur face; c'est le sang de leurs peres qui a rejailly sur leur visage, & s'est destrempé dans leurs larmes. *Ain.* Helas! que puis-je faire en telle affliction, sinon incessamment plorer? Ie ploreray doncques, & ploreray abondamment. Ie conuertiray mes yeux en fontaines, & noyeray mon cœur dans mes larmes. Hé ne sçaurois-je tant pleurer, que ma vie se distile par mes pleurs? hé! quand auray-je tant souspiré que mon ame s'exhale par mes souspirs? Car puis que toute autre consolation me defaut, & que Dieu seul, qui pouuoit alleger mon mal, s'est retiré loin de moy, ie ne puis esperer autre fin à ma douleur, que de la laisser se consumer soy-mesmes, afin que comme le feu plus il s'enflamme, plustost a-il consumé sa matiere; ma douleur en croissant ait plustost ruiné son sujet. Que ferois-je autre chose? i'ay perdu mes enfans, mon ennemy me les a arrachez d'entre les bras, il s'est rendu maistre de moy & de mes biens: veux-je souhaiter de viure pour longuement contempler vne si longue misere? *Phe.* La pauure Sion toute saisie de tristesse a ouuert les bras, & leué les mains au Ciel; mais elle n'a rien trouué ny au Ciel ny en la terre qui l'aide, ny mesmes qui la console. Tout le monde est accouru à son cry; mais ç'a esté de la façon que les mousches accourent autour des playes, pour les succer & les picquer. Ses voisins l'ont toute enuironnée, pour auoir chacun leur piece, & partager ses despoüilles: & ses anciens amis l'ont tous abandonnée & fuye, comme on fuiroit vne femme pleine d'ordure & pollution. *Sade.* Ie sens, Seigneur, beaucoup de mal, mon cœur creue de douleur & de rage: si suis-je contraint de confesser que mon mal n'est que vostre iustice, & que ç'ont esté mes mains pecheresses qui ont fabriqué tout mon tourment. I'ay prouoqué contre moy vostre courroux, i'ay violenté vostre misericorde, & forcé vostre bonté par mon obstinée meschanceté, de prendre les verges en main pour me faire sentir que vous estes iuste; pour me faire connoistre que vous sçauez ma vie, pour m'apprendre qu'il n'y a rien de caché à vos yeux, que mon cœur est transparant à vostre veuë, mes pensées plus secretes visibles à vostre prouidence. I'ay pensé cacher mon peché, & il faut maintenant que ie confesse ma peine, & que la force de la douleur m'arrache la verité de la bouche. Mais helas! puis que mon mal est tel, & que ie n'ay plus autre consolation que de me plaindre, escoutez au moins, ô peuples voisins, ma triste voix, & contemplez vn peu ma misere: voyez s'il y eut iamais douleur comparable à la mienne. Puis que vous ne voulez prester vos mains à mon aide, prestez au moins vos yeux à ma compassion; & si vous n'estes entierement empierrez, pleurez auec moy, voyans mes pauures filles que l'on traisne ainsi captiues en païs estranger. *Coph.* O que c'est chose infirme, trompeuse & incertaine, que la force des hommes, & principalement quand nous auons Dieu contre nous! I'auois imploré l'aide de tous mes amis, & m'attendois que toute l'Egypte viendroit à mon secours; puis que pour conseruer son amitié ie m'estois rendüe ennemie des Babyloniens. Mais helas! ie suis demeurée toute seule, abandonnée à ceste cruelle race de Chaldeens. Tout ce que i'ay peu faire ç'a esté de detester la perfidie de mes faux & traistres amis: & apres que i'ay conneu que le secours qu'ils me promettoient n'estoit que pour me perdre, & auoir part à mes despoüilles, conjurer le Ciel & la terre de venger leur meschanceté. Mais pour cela mon mal n'est pas diminué: Pour cela n'ay-je rien trouué dauantage du secours que me promettoient mes Prestres & Sacrificateurs; & n'ay rien veu des esperances dont ils m'auoient remply, ny des vaines promesses dont ils m'auoient enflé le cœur. Ils deuoient, ce leur sembloit, ruiner mes ennemis en parlant: ils sont demeurez estonnez & esperdus quand ils ont senti le danger, & ont en fin veu tomber sur leur teste le mal commun de la cité. Ils sont morts de male-rage de faim, comme les autres: leurs tiares & leurs tuniques ne les ont pas sauuez; on a veu la faim les traisner à leur fin: ils ont auec vne voix mourante demandé vne bouchée de pain, pour soustenir leur pauure corps, & ils n'ont pas trouué qui la leur donnast. *Resch.* Tellement qu'apres m'estre tourné de tous costez, & n'auoir trouué secours nulle part, ie suis contrainte, mon Dieu, mon Seigneur, de recourir à vous; fleschissant les genoux & vous tendant les mains, m'escrier toute esplorée: Seigneur, si vous estes Dieu de misericorde, regardez-moy maintenant; car ie suis tellement affligée, que mes ennemis mesmes en ont pitié. La douleur m'a saisie depuis les pieds iusques à la teste, & n'ay partie qui ne soit touchée fort griefuement. Il me semble que l'on me deschire les entrailles, & m'est aduis que mon cœur se doit fendre. I'ay la bouche amere comme suye, mais plustost ie ne suis que fiel & amertume. Ameres sont mes paroles, ameres sont mes pensées, ameres sont mes actions. Car de quelque costé que ie me tourne, ie n'ay qu'horreur & saisissement. Dehors, le glaiue moissonne tout ce qu'il trouue, le fer ne pardonne à rien, on desconnoist tantost ma terre, tant elle est semée de morts. Dedans, la condition n'est pas plus douce, car i'y voy mes enfans assiegez de la faim, perir en vne piteuse langueur. Ie les considere haues & descharnez, auec de grands yeux & vne bouche beante, qui halette les derniers abois de la mort. *Sin.* O quel fatal & horrible spectacle, qui deuroit faire pleurer les pierres; & toutesfois les hommes n'en ont point de pitié: ils m'ont veu en cet estat, & il ne s'en est trouué vn seul qui ait compaty à mon mal, ou qui m'ait dit vne bonne parole pour adoucir ma douleur. Et quant à mes ennemis, l'extremité de ma misere ne les a nullement flechis, non plus que s'ils eussent le cœur empierré dans l'estomach, & le sang glacé dans les veines. Tous leurs discours, c'estoit: Voila comme Dieu l'a chastiée, comme il l'a accoustrée; voila comme il a dompté

son

son orgueil. Mais, race tigresque & inhumaine, vous ne sçauez pas ce que Dieu vous garde. Vous vous estes resioüy de mon mal, & il me consolera par le vostre. Vous leur monstrerez, Seigneur Dieu, que vous estes iuste pour tout le monde, & n'auez point d'acception de personne : que chacun passe à son tour par vos mains; & que plus vous differez la vengeance, plus vous la rendez dure & terrible; recompensant la longueur par la rigueur. *Tau.* Entrez donc, Seigneur, en iugement auec mes ennemis, espluchez vn peu leurs actions, representez-vous leur vie : & apres leur auoir fait connoistre que leur conscience est pleine de blaspheme & pollution, & auoir osté le rideau d'hypocrisie, qui voiloit tant de brigandages & de larrecins; vendangez-les vn peu à leur tour, mettez-les sous le pressoüer, qu'on les oye vn peu crier sous l'esprainte des tribulations, afin qu'ils sçachent que si i'ay enduré pour mes pechez; la rigueur de ma peine n'est que la semonce & denonciation de la leur; & que mes larmes & mes gemissemens ont esteint vostre ire, que i'auois allumée contre moy, & l'ont r'allumée contre ceux qui se sont tousiours resioüis & mocquez de ma misere.

II. CHAPITRE. *Aleph.*

OILA vne estrange & piteuse conuersion d'affaires; voila vn horrible renuersement. Sion la fille bien-aymée de Dieu, qui leuoit la teste par dessus toutes les villes du monde, comme vn grand cyprés par dessus les petits buissons, qui portoit sur son front vne venerable & magnifique majesté; qui estoit toute luisante de splendeur & de gloire, est maintenant couchée par terre, deffigurée, obscurcie, soüillée & noircie, de telle façon que personne ne la reconnoistroit. Ce sont, Seigneur, des coups de vostre courroux, qui comme auec vne infinie puissance auez creé toutes choses en perfection; auec vne plus qu'infinie puissance destruisez toutes choses à la chaleur de vostre iuste courroux. Vous auez esleué iusqu'au Ciel vostre bien-aymée Sion : vous l'auez apres bouleuersée du Ciel en la terre pour auoir mesprisé vostre amitié. La grandeur ne luy a seruy que pour luy donner le saut plus grand, & rendre le coup de sa cheute plus terrible; car comme vous estes extreme à aimer, vous estes extreme à punir : & quand par vne longue impenitence l'on vous a forcé de mettre la main à la vengeance, vostre colere est vn foudre qui n'espargne rien de tout ce qu'il rencontre. Est-ce pas chose estrange, de voir comme Dieu a traité Sion en sa fureur? de voir qu'il se soit vengé, mesme sur son Temple? de voir qu'il ait ruiné & fracassé le lieu de tout le monde, qui luy auoit esté le plus agreable, & sur lequel on peut dire qu'il reposoit ses pieds; faisant voir & connoistre en ce lieu sa diuinité, autant qu'il est possible aux hommes de la connoistre? *Beth.* Mais à quoy a-il pardonné? est-il eschappé rien d'entier de ses mains? Passez l'œil sur toutes les maisons de Iacob, sur tout ce qui pouuoit estre d'exquis en Iudée, & m'en monstrez quelque chose encore en pied. Dites-moy ie vous prie de tant de braues & superbes forteresses, laquelle est demeurée debout? Toute la Palestine en sçauroit-elle remarquer vne, dont les faistes ne soient aussi bas que les fon-demens? Le throsne Royal a-il pas esté pollu & renuersé? Les Princes & grands du païs, ont-ils pas esté maniez à coups de bastons, & traitez comme pauures & miserables esclaues? Ils ont esté la butte des iniures; le blanc des contumelies de tous les peuples estrangers & barbares. *Gimel.* Bref depuis que Dieu a commencé à se venger de nous, il n'a rien laissé de grand ny de puissant en nostre terre, qu'il n'ait brisé & fracassé. Tout ce qui estoit emi-nent a rencontré le doigt de son ire. Il nous a mis en teste de grandes ar-mées ennemies, & assemblé les nations estranges, & les a amenez iusques à nos foyers, & nous a abandonné à leur enragée cruauté. Nous auons tour-né nos cris vers luy, & l'auons coniuré de secourir son peuple; mais il nous a regardé d'vn œil menaçant & indigné, & nous a tourné le dos sans nous res-pondre. Et incontinent il a allumé dans le sein de nostre prouince vn feu de dissension, qui gaignant de lieu en lieu, & cernant tout le païs, a embrasé iusques aux moindres cahuettes, & deuoré la nation toute entiere. *Daleth.* C'est le Seigneur qui y a mis la main, c'est luy qui a esté nostre principal en-nemy, c'est luy qui a combatu contre nous. Nous auons veu son arc bandé contre nous, & son bras estendu sur nos testes. C'est de ce coup, que sont tombez par terre les plus braues de nos concitoyens; c'est de ce coup que sont tombez en pieces nos plus superbes palais: c'est, croyez, auec sa propre main, qu'il a espanché sur nostre terre le feu de son indignation, lequel nous a ainsi miserablement consumé. A luy seul deuons-nous imputer nostre rui-ne, car les forces des hommes n'estoient pas suffisantes pour en venir à bout. *He.* Mais il y a mis la main à bon escient, il a denoncé la guerre à Israel, & a voulu esprouuer ses forces contre luy. O quelle dure & dangereuse es-preuue! Il l'a precipité du haut en bas, du fin faiste de sa grandeur, au fin fonds d'vn abysme de pauureté & misere: il a foudroyé toutes ses forteres-ses, demantelé tous ses Chasteaux. Il a humilié, mais auecques grand' ver-gongne, les hommes & les femmes; & changé leur pompe & magnifi-cence en dueil & gemissement. *Vau.* Voulez-vous sçauoir comme nous auons esté accoustrez? imaginez-vous vn troupeau de cheures qui entrent en vn beau iardin plein de ieunes antes, comparty de belles fleurs, plein de bonnes herbes: tout y est en vn moment rauagé, l'vne broute, l'autre arra-che, l'autre desracine. Ou bien representez-vous vne petite cahuette, com-me on dit, bastie de boüe & de crachat, & couuerte de chaume; quand la tempeste arriue, elle en emporte vne poignée deçà, vne poignée delà; le lieu où elle estoit, est celuy où il en demeure le moins. Sion a esté ainsi trai-tée, car de tant de grands & braues Temples & bastimens, à peine en est-il demeuré des vestiges, pour dire qu'autrefois ils auoient esté; on n'en parle non plus maintenant que si iamais on ne les auoit veus. Les Festes & les *Sabbats* qui s'y celebroient auec tant de ceremonies & de reuerence, sont du tout abolis. Les Rois & les Pontifes ont esté comme les autres, touchez du doigt de Dieu. *Zain.* C'est chose estrange, que Dieu ait esté courroucé iusques-là, que d'auoir mesmes abhorré ses Autels, & abominé ses sacri-fices; auoir maudit ce qu'il auoit luy-mesmes sanctifié, auoir abandonné aux mains impures & polluës des peuples infideles son sainct Temple, son

cher

cher & precieux fanctuaire. Auoir logé cefte impure nation dans ce braue, magnifique, & religieux acceint, comme dans les tentes d'vn camp.
Les auoir enduré crier & heurler de leurs voix barbares, au lieu où fe cele-
broit folemnellement fon feruice, & fe chantoient les Hymnes de fa gloire.
Heth. Il faut bien dire que de long-temps Dieu auoit penfé à ruiner cefte
ville ; à voir comme toutes chofes fe font fi à propos rencontrées pour feruir à l'accabler tout à coup. Vous diriez qu'il auoit pris fes mefures & difpofé toutes chofes, afin qu'elles fe rencontraffent à ce poinct. Tellement
que comme fi c'euft efté vne chofe fatale, rien n'a manqué, & quelque
chofe que nous ayons peu faire, nous n'auons peu deftourner la main de
Dieu de deffus nous, ny diuertir ou differer noftre mal. Tout l'a fenty,
voire preffenty ; & auons veu à l'arriuée de noftre malheur, les murs de
noftre ville comme pleurer, & toute la face de la cité comme s'attrifter, & porter fur fon front vne fombre & funefte folitude. Auffi depuis
elle a receu vn eftrange choc; elle a efté renuerfée, & n'y eft demeuré pierre fur pierre en quelque endroit que ce foit. *Teth.* O braues & magnifiques portes de Sion ! vous auez efté culbutées, vos gonds arrachez, vos
ferrures rompuës, vos verroux brifez; & de vray il ne falloit plus de portes,
puis que la ville eftoit ouuerte par tout, puis qu'on entroit par tout par les
brefches. Mais pour voftre dernier malheur, auant que tomber par terre,
vous auez veu paffer fur voftre fueil vos Princes & bons Citoyens, que
l'on menoit captifs en païs eftranger, vous auez veu voftre loy abolie, cefte loy que Dieu vous auoit donnée pour gage & arrhe de fa confederation; & auez peu iuger par là que vous auiez perdu fon amitié, puis qu'il
retiroit de vous fes gages. Auffi depuis il ne s'eft plus reuelé à vous, fon
efprit n'a plus efté en vos Prophetes, ils n'ont plus eu de vifions qui vinffent de luy, & par lefquelles il fift entendre fa volonté: il vous a laiffé fans
confeil & fans conduite, comme brebis efgarées, bellantes par les champs,
fans pafteur ny conducteur. *Iod.* C'eft pourquoy ces pauures chenus
vieillards qui ont peu efchapper, ne trouuans plus de fecours en leur Dieu,
le voyans fourd à leurs prieres, tout defconfortez fe font couchez en terre: & s'appuyans fur le coude ont piteufement lamenté leur mifere: puis
prenans de la cendre ils en ont femé leurs teftes, prians de bon cœur que
leurs pauures & chetifs corps y fuffent bien-toft conuertis. Ils fe font af-
feublez d'vn fac, afin de ne plus rien voir que leurs pieds, & la place de
leur tombeau: Ils ont chargé la haire fur leur dos, afin qu'ou l'accouftumance du mal le leur rendit familier, ou leur en oftaft le fentiment. De cefte façon ils ont pleuré leur calamité. Les pauures & delicates vierges, &
les enfans orphelins defolez le fuiuoient, ayans les yeux baiffez, les iouës
trempées & les teftes panchées, comme vn lys qui a efté longuement battu de la plüye & du vent. *Caph.* En verité voyant vne telle & fi lamentable tragedie, les yeux me font fondus en larmes, & ay quafi perdu la veuë
à force de plorer; le cœur m'a fouffeué comme fi on m'arrachoit les entrailles: voyant (dis-je) en fi piteux eftat les pauures enfans de Sion,
voyant auec quelle amertume ils fe lamentoient, voyant les plus grande-
lets fe pafmer de dueil & d'ennuy, & les enfans de mamelle abandonnez

de leur mere fecher miferablement. *Lamed.* Les vns crioient apres leur
mere & demandoient le tetin, les autres demandoient du pain. Mais il
n'y auoit ny laict ny pain pour les fubftanter : & ne reftoit aux pauures meres, qu'vne confolation de s'efloigner de leurs pauures enfans, & diuertir
la veuë de fur eux, pendant que la famine les confumoit, & qu'ils eftoient
là eftendus par les places mourans en langueur, comme perfonnes navrées à
mort. Quelques-vnes ont eu le courage de voir mourir leurs enfans entre
leurs bras, & exhaler peu à peu leur pauure vie, mourans incontinent apres
de regret. O quelles playes ont fenti ces cœurs-là! iufques où ont penetré ces
coups? iufques-là certainement où eft le fiege de la pieté maternelle, qui
eft tout au fonds du cœur. Et ne faut pas s'eftonner fi la mort a efté fi
fubite, qui d'vn coup tranfperçoit ainfi toutes les parties vitales; voire qui
bleffoit mefme l'ame, & la jettoit par force hors du corps. *Mem.* Pauure
& chetiue Ierufalem, comment depeindray-je tant de miferes? quels termes forgeray-je, pour exprimer au vif vne fi nouuelle & lugubre calamité? à quoy accompareray-je la grandeur de ton affliction? La terre ne
la fçauroit comprendre: il faut donc que ce foit à la mer; car elle eft vafte
& infinie comme la mer, c'eft vn champ de tourmente comme la mer,
c'eft vn gouffre fans fonds comme la mer, c'eft vn repaire de grands & hideux monftres comme la mer: Vn mal y pouffe l'autre, comme font les
flots à la mer. Mais helas! la mer a quelquefois de bons vents; & tu n'as,
ô Sion, en ton affliction que des tempeftes & des orages; la mer a des ports
& des havres où l'on peut arriuer, & tu flottes perpetuellement en tes trauaux. Pauure Ierufalem, qui te pourra doncques fauuer, puis que tes maux
font plus grands, ny que le Ciel, ny que la terre? où en feront les remedes?
Nun. Seront-ce point tes Prophetes, qui t'ont fi long-temps amufé, qui
t'ont conté leurs fonges & refueries, & t'ont entretenu de vanitez & menteries, au lieu de te remonftrer vertueufement tes pechez & te rappeller à
penitence? Ils fe font imaginez des chimeres, & ialoux & affolez de leurs
vaines & prefomptueufes opinions, fe font perdus en leurs difcours & en
leurs entreprifes. *Samech.* Voila où tu en es maintenant, ô pauure & defolé
Sion, tu en reçois & la perte & la honte tout enfemble: car maintenant tous
ceux qui paffent pres de toy, frappent des mains, te chiflent & hochent
la tefte, difans: Eft-ce là cefte fi braue ville, qui eftoit pleine de toute magnificence & de toute refiouïffance, voire plus que ville de la terre? *Ain.* Il
n'en paffe vn feul qui ne die fon mot, & ne donne fon coup de dent. Et
grondant, Nous l'aurons, difent-ils, maintenant nous la deuorerons, rien
ne nous en fçauroit empefcher; voicy la iournée que nous auons tant at-
tenduë, voicy l'heure que nous auons toufiours efperée. *Phe.* Voila Ierufalem, ce que Dieu te gardoit de long-temps, pource que de long-temps
tu l'auois merité. Tu penfois que fes menaces fuffent chofes vaines & fri-
uoles; tu vois maintenant s'il eft menteur, & s'il fçait faire ce qu'il promet.
Il t'auoit predit que fi tu n'obeïffois à fa loy, il te ruineroit de fonds en comble, voy s'il y a failly. Il t'a ruiné fans remiffion, t'a fait le iouët de tes ennemis, & leur a donné toute puiffance fur toy. *Sade.* Mais Dieu en fin a
commencé à fe laffer de leur infolence; ils fe font comportez trop orgueil-

leufement

leufement en leur victoire : & apres auoir foullé aux pieds la grandeur de
Ierufalem, ils ont voulu encore s'attaquer à Dieu, & blafphemer contre
fon nom ; & renuerfans les murs de cefte faincte ville, fe font vantez qu'ils
faifoient la guerre à Dieu, & qu'ils triomphoient des defpoüilles de fon
Temple. Seruez-vous, ô Ierufalem, de leur exemple, & prenez l'occafion
d'appaifer Dieu par voftre penitence, afin qu'il deftourne fur vos ennemis
les peines qu'il a preparées contre vous. Toft, toft, que vos yeux fe def-
bordent en larmes, que iour & nuict on vous trouue pleurante, ne donnez
point de repos à vos foufpirs ; que vos yeux pitoyables parlent pour vous,
& regardent toufiours vers le Ciel, attendez de là voftre fecours. Coniurez par vos humbles regards cefte diuine mifericorde, afin qu'elle foulage
voftre langueur, & qu'elle conuertiffe fa iuftice à chaftier l'infolence de
vos ennemis. *Coph.* Leuez, leuez voftre corps & voftre efprit tout enfemble, & deuant le iour ; fi toft que vous, ferez efueillez, mettez-vous à prier
Dieu, le loüer & remercier, de ce que par les tourmens qu'il vous a fait
fouffrir, il vous a ramenez (comme l'on fait au droit fentier les bœufs auec
l'efguillon) à la connoiffance de fon nom, & reconnoiffance de vos iniquitez. Et deuant fa face, c'eft à dire, quand vous aurez impetré qu'il vous
regarde & qu'il ait pitié de vous, diftillez voftre cœur par vos yeux, & le
fondez tout en larmes par l'ardeur de voftre repentance, comme le Soleil
fondroit en eau la neige tombée tout fraifchement. Que fi vos pleurs ne
le touchent point, & ne l'ameinent à compaffion de voftre mifere, leuez
au moins les mains vers luy, & le priez de fe contenter de vos maux, & ne
les eftendre point iufques à vos pauures enfans innocens, qui font là eftendus mourans de faim & de langueur par les places, & luy dites : *Refch.* Seigneur, fi vous auez des yeux, voyez ce piteux fpectacle : fi vous auez des
oreilles, oyez nos plaintes & confiderez combien eft grande noftre mifere. Voyez comme vous nous auez vendangez, voyez comme vous nous
auez rauagez. Et bien nous l'auons merité, ie le confeffe : nous fommes
indignes de voftre mifericorde, ie le veux ; nous fommes caufe de noftre
mal, ie l'aduoüe. Mais qu'ont fait ces pauures & deplorables enfans, que
vous voyez-là eftendus hallettans en langueur ? Pourquoy faut-il que l'enfant, que la famine & le tourment ont tiré auant terme du ventre de la
mere, foit defchiré par celle qui le vient d'enfanter, & par elle deuoré, &
qu'il rentre par piece dans le corps dont il vient de fortir entier ? Heureux,
heureux, font prix pour prix les faons des tigres & des lions ; que les meres
à toutes autres chofes impiteufes, conferuent au prix de leur propre vie.
Seigneur, comment pouuez-vous fupporter cet horreur ? Eft-il poffible
que vous foyez tout bon, & que vous vouliez vne fi grande impieté ? que
vous foyez tout fage, & que vous approüiez vn acte fi enragé ? que vous
foyez tout-puiffant, & que vous permettiez vn fi eftrange outrage ? Reuenez à vous, Seigneur, reuenez à vous. Et fi pour vn temps vous auez
voulu exercer feuerité & iuftice, penfez auffi qu'il faut que voftre mifericorde regne à fon tour. Contentez-vous de tant de fang efpanché pour
appaifer voftre indignation. Vous ne vous eftes pas contenté du fang de
nos brebis & de nos bœufs, il a fallu que vos Autels ayent efté couuerts du

fang de vos proptes Preftes ; il vous ont eux-mefmes facrifié leur vie, vos-
Prophetes ont efté en victime, & vous n'eftes point appaifé. *Sin.* Que
voulez-vous dauantage de nous ? vous auez veu parmy les champs les
vieillards chenus & decrepits, auec les petits enfans de laict, couchez par
terre, crians, pleurans, gemiffans ; vous auez veu dans nos murailles le
carnage de la ieuneffe ; les ruës eftoient toutes jonchées de jambes & de
bras, les ruiffeaux ne couloient que fang, nul fexe, nul aage n'y a efté efpargné. Vous auez veu entre les morts, les petites & tendres fillettes toutes efcheuelées, ayant le fein ouuert de grandes playes, d'où le fang fortoit
à gros boüillons ; vous les auez veu tournant les yeux au Ciel, & implo-
rant voftre aide. Seigneur, vous auez deftourné les yeux de deffus elles :
& comme fi vous euffiez efté vn Dieu inexorable, vous auez fans pitié &
fans mifericorde paffé par tout le glaiue de voftre fureur. *Tau.* Vous auez
inuité comme aux nopces, toutes les nations voifines, pour venir à ma
defconfiture, & prendre part à mes defpoüilles. Vous les auez amenées
en fi grand nombre pour m'inueftir & me cerner, que ie n'auois garde
d'en efchapper : vous auez vous-mefmes fonné l'affaut, les auez animez à
ma ruine, & auez fermé les paffages, de peur qu'aucun ne s'en fauuaft. Et
bien voftre volonté a efté faite, de tous les enfans que i'ay nourris il ne
s'en eft fauué vn feul ; mes ennemis en ont fait le carnage, ils ont meurtry
& maffacré jufqu'à ce qu'ils n'en pouuoient plus ; les voila laffez de tuer,
& vous ne le ferez point de les voir faire, de les laiffer faire, de les faire faire ? la memoire de nos pechez vous a elle fait perdre la memoire de voftre
clemence ? Nous auez-vous créez en voftre mifericorde, pour nous perdre en voftre fureur ? Ne foyez plus tout-puiffant, fi vous ne voulez auffi
eftre tout debonnaire. Bref, ne foyez plus noftre Dieu, fi vous ne voulez eftre pitoyable. Hé ! Seigneur, pourquoy nous auez-vous appellez
voftre peuple, fi vous ne voulez plus eftre noftre protecteur ? Pourquoy
nous auez-vous nommez vos enfans, fi vous ne nous voulez traiter comme pere ? Ayez, Seigneur, pitié de nous, & puis que voftre mifericorde
eft infinie, & a efté auant que le monde fuft ; faites que voftre ire, qui n'a
efté que depuis que nos pechez font, foit finie & meure auec eux. Et que
comme noftre penitence nous a remis au premier chemin d'obeïffance &
de pitié ; ainfi elle nous remette en voftre grace.

III. CHAPITRE.   *Aleph.*

'EST moy qui fi fouuent ay preueu & predit les afflictions qui
deuoient arriuer à la pauure Ierufalem. C'eft moy, qui tant de
fois luy ay annoncé fon malheur, & l'ay excitée à penitence.
Mais comme mon efprit prophetic ne luy a de rien ferui en fon obftina-
tion, auffi n'a-il pas à moy : Car la ruine commune m'a accablé comme
les autres. C'eft l'ordinaire, quand la colere du Dieu viuant arriue, elle
moiffonne le bled auec l'yuroye, elle enueloppe les bons auec les mefchans.
Il a permis, puis qu'ainfi luy a pleu, que ie fuffe conduit au fejour
d'obfcurité,

d'obscurité, & m'a priué du iour & de la lumiere, il ay esté confiné en vne
affreuse & obscure prison, où ie ne voyois ny Soleil ny Lune. Il faut bien
dire qu'il auoit appesanty sa main sur moy, & que sa grace estoit tournée
en vne indignation implacable, qui ne prenoit ny relasche ny fin. *Beth.* Il
m'a fait vieillir auant le temps, la peau m'a ridé de tristesse, la chair m'est
fondue sous la peau, & mes os m'ont fait douleur, comme qui me les eust
brisez. La longueur de la prison m'a causé ceste langueur: car ie me suis
veu enfermé, comme si on m'eust emmuré tout autour, ne me laissant
que du fiel pour ma nourriture, & du tourment pour mon exercice. Mais
sçauez-vous où ils m'auoient enfermé ? en des tenebres plus sombres &
plus obscures que celles où sont les ames des damnez. *Gimel.* Falloit-il de
si espaisses murailles pour me garder ? me falloit-il attacher de si pesans fers
aux pieds, de peur que ie ne peusse eschapper ? Mais helas ! Dieu ne s'est
pas contenté de me confiner ainsi en vne hideuse prison : car apres m'auoir
fermé les portes & les fenestres, il m'a encor fermé ses oreilles quand ie l'ay
inuoqué. Tellement que mon ame est demeurée captiue aussi bien que
mon corps, & a esté priuée de la douce conuersation qu'elle auoit auec
son Dieu, son consolateur. C'est lors que ie me suis fort estonné, quand
i'ay veu tout d'vn coup toutes mes esperances retranchées. Toute ma ressource estoit en Dieu: ayant perdu ceste faueur, i'ay bien senty que i'e-
stois vrayement prisonnier, & que i'auois perdu toutes mes addresses; que
i'estois enfermé dans vn mur plus fort que de pierre, voire d'airain: car il
n'y a prison au monde plus cruelle que d'estre hors la grace de Dieu.
Daleth. Celuy qui trouue vn ours affamé au milieu d'vn desert, n'est point
plus empesché que moy; celuy qui trouue vn lion rugissant qui cherche
sa proye, n'est point plus estonné. Car ie me suis veu tout esperdu, ne sçachant de quel costé gagner. L'ire de Dieu me couppoit chemin de tous
endroits; elle marchoit plus viste qu'vn lion, frappoit plus fort qu'vn
ours; quelle resistance eussé-je fait ? que me restoit-il autre chose que me
desesperer ? Vous eussiez dit proprement, que Dieu m'eust pris, lié, garroté, & mis en butte à tous les traits de sa fureur. *He.* Il a tiré du thresor de
son ire, comme d'vn carquois bien fourny, des traits d'affliction & de
tourment, dont il m'a percé d'outre en outre : il m'a erné comme vn
chien à qui on rompt les reins d'vn grand coup de leuier. Pauure miser-
ble eschiné, ie me suis traisné membre apres membre, & suis demeuré la
risée de tout le monde : l'on a fait des chansons de moy, que j'oyois chanter tout le iour par les ruës : Dieu m'a bien abbreuué de fiel & d'amertume,
il m'a bien enyuré de vin d'absinthe. *Vau.* Helas ! quel traitement est-cecy ? il m'a fait manger du pain qui estoit moitié de cailloux ; mes pauures
dents se rompoient sous ces friands morceaux-là. Il me sembloit que ie
n'estois que bien, quand i'auois le pain à demy pestry de cendres. En
fin i'ay perdu patience, mon ame ne pouuant plus ny endurer le mal present, ny esperer mieux pour l'aduenir, s'est escriée : Donc le secours que
i'attendois de Dieu est perdu tout à fait, mes esperances sont toutes retranchées de ce costé-là : il ne faut plus que ie fasse force en sa grace, il m'a reduit, puis qu'il luy a pleu à la fin de mes maux & de mes iours. *Zain.* Tou-

tesfois ie me suis incontinent repris, & ay dit; Hé quoy? pauure Ieremie, que fais-tu? Est-ce là le profit que tu tires de tes afflictions? tes larmes & l'amertume de ta douleur, n'ont-ils point autrement attendry ton cœur? Ne te faut-il pas seruir de la memoire de tes maux passez, afin de t'humilier, & que ton humilité implore la iustice de Dieu, & conjure sa bonté? En fin i'en suis reuenu là, & ramenant tous ces discours en ma pensée, i'ay commencé à ressusciter mes esperances, que la grandeur de mon peché auoit toutes amorties. *Heth.* Et ay dit en moy-mesmes: Encores Dieu m'a-il fait beaucoup de grace, de ce qu'il ne m'a pas totalement exterminé, & que la voix m'est restée pour luy crier mercy. Car en fin on trouue tousjours de la pitié & misericorde en luy; pourueu que l'on ait la patience de l'attendre. Le Soleil ne se leue ny ne se couche, qu'il ne voye sa misericorde, sa bonté, respanduë sur toute la terre, & n'y a coin qui n'en ait quelque remarque. Ie dy dauantage, que le Soleil ne luit que pour la voir, & pour la faire voir. O Seigneur, que vostre bonté est grande, que vostre secours est asseuré, que vostre parole est certaine, vostre promesse infaillible: quant à moy ie ne veux plus auoir d'autre esperance qu'en vous, pourueu que i'aye vostre grace pour mon partage, ie renonce à tout le reste. Mon ame en est toute resoluë; ie la sens qu'elle parle à ma conscience, & luy dit qu'elle a mis toutes ses esperances en vous, & deposé son salut entre vos mains. *Teth.* Que pourroit-elle mieux faire? Dieu n'a iamais manqué à ceux qui se sont fiez en luy: tost ou tard il leur a monstré que sa bonté estoit infaillible, & que le cœur qui la cherche la trouue pres ou loin, l'ame qui la desire l'obtient tost ou tard. Il faut donc l'attendre en patience, & ne point murmurer si Dieu ne vient à nous du premier iour. Taisonsnous & le laissons faire, & il fera en fin ce qui sera necessaire pour nostre salut. Mais les grands ouurages ne s'acheuent & ne se rendent parfaits qu'auec la patience. Ne nous desesperons pas, si toutes choses ne reüssissent à nostre premier souhait. Il ne fait rien que pour nostre bien, comme il est tout-puissant, aussi est-il tout bon: mais comme il est tout bon, aussi est-il tout sage. Ce que nous pensons quelquefois qui nous soit le plus contraire, nous est le plus profitable; les medecines les plus salutaires sont ordinairement les plus ameres. Croyez qu'il est bon à l'homme de porter vn peu le joug en sa ieunesse; c'est à dire, auoir des afflictions qui luy ployent vn peu le col, & luy raualent son orgueil. *Iod.* Donc, que l'homme sage qui se verra tombé en quelque grande calamité, se tienne coy & ne die mot, qu'il porte patiemment son joug, plus son mal augmentera, plus il roidisse son courage; & neantmoins qu'il leue les yeux en haut, & qu'il crie mercy à Dieu, songeant en soy-mesmes qu'il faut qu'il ait failly, puis que la main de Dieu le visite. Qu'il se couche contre terre, qu'il mette le sac & la cendre sur sa teste, pour voir s'il pourra point appaiser Dieu, & s'il n'y a point d'esperance qu'il s'adoucisse. Qu'il porte patiemment les iniures qu'on luy fera, qu'il presente la iouë à celuy qui le fera bouffer, qu'il se saoule de contumelie comme vn autre feroit de pain. *Caph.* Pourquoy? pource qu'il sçait bien qu'en fin Dieu appaisera son ire: & qu'apres que les hommes l'auront bien baffoüé, Dieu le recueillera dans le giron de sa grace, sa grace, & s'il le rejette pour vn temps, si est-ce qu'au bout il aura pitié de luy selon la grandeur de sa misericorde. Car Dieu ne prend pas plaisir de voir les hommes affligez ; c'est contre son cœur qu'il leur enuoye des tourmens, & quand sa iustice l'y force & l'y contraint. C'est mesmes pour leur bien, & de peur que sa trop grande indulgence ne les precipite si bas au peché, qu'ils n'ayent plus iamais moyen de s'en releuer : il les chastie comme vn bon pere, qui pleure en chastiant son fils, & qui ne luy fait mal que pour son bien. *Lamed.* Ce n'est pas, croyez-moy, le dessein de Dieu, de fouller aux pieds les hommes & triompher de leur affliction ; & moins de les tenir liez & garrotez, comme les trophées de sa puissance. Ce n'est pas son intention de les jetter à la misere & à la pauureté pour les y aban- donner : il sçait bien ce qu'il leur faut, & iuge bien ce qui leur est vtile. Il n'est pas comme ces mauuais Iuges, qui ne demandent que playes & bos- ses, pour auoir occasion de pendre & de roüer. Il ne voit nos fautes qu'à regret, il ne hait rien tant que de punir. Aussi toutes les calamitez qu'il nous enuoye, ne sont que menaces pour nous aduertir de recourir à sa gra- ce, deuant qu'il entre en iugement auec nous; afin que quand il nous you- dra condamner selon sa loy, nous luy offrions la remission qu'il nous aura accordée. *Mem.* Qui est-ce doncques, me direz-vous, qui tourmente ain- si les hommes, puis que vous dites que cela ne vient pas de Dieu, qu'il est tout bon, & que ce n'est pas luy qui le commande ? N'est-ce pas du Tres- haut, que vient le mal & le bien ? ne nous les distribuë-il pas à telle mesure qu'il veut ? O pauure homme ! pourquoy murmures-tu contre Dieu ? Ne te suffit-il pas qu'il t'a donné la vie ? & que sans luy tu ne serois rien ? Tu veux contester contre luy : toy creature, contre ton Createur : toy pe- cheur, contre luy qui est tout iuste : toy qui es tout infirme, contre luy qui est Tout-puissant. *Nun.* Ne nous prenons point à Dieu de nos malheurs, prenons-nous en à nous-mesmes, examinons nostre vie, espluchons nos actions; & si nous cherchons bien, nous en trouuerons la cause en nous- mesmes. La racine en est en nostre cœur, laquelle estant infectée gaste & corrompt tout ce qui en sort. Retranchons le peché par le pied, arra- chons les fibres de l'iniquité : & au lieu de ceste peruerse concupiscence, qui ne germe que peché & damnation, replantons-y le vif & pur amour de Dieu, qui fleurisse & fructifie sous la culture de sa discipline. Que no- stre cœur se dresse droit au Ciel, comme vne plante genereuse; qu'il y estende ses pensées comme ses branches, qu'il y esleue ses mouuemens com- me ses fleurs, qu'il y estale ses paroles comme ses feüilles, qu'il y produise ses bonnes œuures comme ses fruicts; que tousiours regardant au Ciel, il se rende digne du Ciel, qu'il en attende sa croissance & sa maturité. Et comme les ieunes plantes, aux chauds iours de l'Esté, lors que la terre bean- te se fend de seicheresse, attendent d'en haut la pluye pour les rafraischir; ainsi à la rigueur de nostre necessité, nous attendions & inuoquions le doux laict de la grace de Dieu, pour arroser nos levres & substanter nostre ame. Or afin de pouuoir obtenir ceste grace, leuons le cœur & les mains vers luy, & flechissans nos genoux, prosternons-nous deuant sa face, confes- sans nostre faute & implorans sa misericorde. Et luy disons : Seigneur,

nous auons peché, il eſt vray, nous auons allumé voſtre ire contre nous,
nous l'aduoüons. C'eſt la iuſte occaſion pour laquelle vous vous eſtes iuſques à ce iour rendu inexorable à nos prieres. *Samech.* Mais comment inexorable? de telle façon que quand nous auons penſé leuer les yeux vers
vous, voſtre fureur, comme vn foudre, nous a tous eſblouïs. Vous nous auez
frappez, vous nous auez briſez ſans miſericorde. Nous ſommes demeurez
miſerablement abandonnez de tout le monde, nous ſommes demeurez
là comme les emondures d'vn arbre, comme les ballieures d'vne maiſon,
que l'on ne ſerre que pour mettre au feu : bref nous auons eſté expoſez entre tous les peuples de la terre, comme vn ſujet d'opprobre & d'injure. *Ain.*
Qui eſt celuy de nos ennemis, Seigneur, qui n'a eu la bouche ouuerte
pour débacquer contre nous ? de quelque coſté que nous nous ſoyons
tournez, nous auons trouué ce que nous fuyions. Noſtre ruine & noſtre
deſolation nous attendoient, comme des pieges poſez ſur les chemins par
où nous pouuions eſchapper. Auſſi comme en vn mal ineuitable, n'ay-
je eu recours qu'à mes yeux, mes larmes en ont ruiſſelé en abondance, &
ay bien amerement pleuré l'infortune & la miſere de mes concitoyens, &
de toy, ma bien-aimée Ieruſalem. *Phe.* Nos maux n'ont point ceſſé, auſſi
n'ont fait mes yeux ; & euſſiez dit proprement que l'affliction mettoit
mon cœur en preſſe, pour en eſpraindre des larmes, comme d'vne eſponge qu'on eſtraint en la main. I'ay fait continuellement ceſte vie, iuſques à
ce que ie vous aye contraint, Seigneur, d'auoir pitié de moy, & que i'aye
eſteint de mes pleurs l'ardeur de voſtre courroux. Qu'euſſé-je fait autre
choſe, voyant deuant mes yeux tant de villes ruinées, tant de maiſons bru-
lées, tant de Temples abbatus, tant d'hommes morts, tant de filles violées?
i'euſſe bien eu le cœur d'acier ſi ie me fuſſe peu garder de plorer ; & quand
il euſt eſté d'acier, ma douleur euſt eſté aſſez forte pour le liquefier en
pleurs. *Sade.* Hé quoy, on nous a chaſſez comme on feroit des beſtes.
Nous fuyions nos ennemis, & ils nous pourſuiuoient : nous nous rendions,
& ils nous maſſacroient ; & tout cela ſans que nous les euſſions offenſez.
De moy, ils m'ont traiſné au fonds d'vn cul de foſſe, & m'ont attaché
vne pierre au col, comme à vn chien qu'on va noyer. I'ay bien eſté noyé
voirement ; car les afflictions ont regorgé iuſques par deſſus ma teſte, &
m'ont eſtouffé ; tout ce que i'ay peu faire ç'a eſté de m'eſcrier : Helas Seigneur ! ie me meurs, ayez pitié de moy. *Coph.* Ie me voyois comme au
fonds d'vn abyſme, au creux d'vne priſon ; ie ſçauois que par ſouuenance, qu'il y euſt Ciel ny Soleil au monde, tant le lieu où i'eſtois eſtoit obſcur
& hideux. Ie n'ay point laiſſé pour cela de tourner ma voix vers vous, Seigneur, & porter ma foy là où mes ſens ne pouuoient atteindre. Vous ne
m'auez point rejetté ; au contraire vous auez receu ma priere, mes ſanglots vous ont eſmeu à la fin, & ont fleſchi voſtre premiere reſolution. Ie
vous ay incontinent ſenty m'aſſiſter & ſecourir, ie dy dés l'heure meſmes
que i'ay commencé à vous prier. Et m'a touſiours ſemblé depuis, que
ie vous ay ouy parler à mon ame, luy diſant : Courage, ne crains point.
Reſch. Auſſi, Seigneur, auez vous connu, que tout pecheur que ie ſuis, ie
merite d'eſtre ſecouru de vous. Car vous qui liſez au profond de nos

cœurs,

cœurs, auez bien iugé que mon ame a esté emportée au peché par ses sens
& concupiscence ; mais que si tost qu'elle a senty vos verges, elle s'est conuertie à vous, qui estes son Createur & Redempteur ; duquel seul comme
elle tient le commencement de sa vie, aussi en adouë-elle la restauration
apres le peché. Puis, Seigneur, il est question de iuger entre mes ennemis
& moy, s'il est raisonnable que ma misere leur serue de spectacle & passe-
temps ; ou s'il est temps qu'ils portent vne partie de la peine. Iugez-le,
Seigneur, vous qui connoissez le merite de ma cause. Vous sçauez le fond
de leurs pensées, vous connoissez leurs desseins enragez, & les maux qu'ils
m'ont preparez. Ie doy mon salut à leur impuissance : car, s'ils eussent
autant peu, comme ils ont voulu, i'eusse autant enduré, qu'ils eussent peu.
Sin. Vous auez assez veu comme ils m'ont traité, en ce qu'ils en ont eu le
moyen. Vous sçauez s'il y a sorte d'injures qu'ils ne m'ayent fait & dit.
Bref, vous auez assez conneu leurs conseils & leurs pensées. Ie pense que
leurs levres n'ont prononcé vne seule parole qu'à dessein de m'offenser ; &
croy que tout le iour leur esprit n'estoit empesché qu'à trouuer quelque
artifice pour me nuire. Ie vous prie prenez garde, si en se leuant où se couchant, ils ont eu autre deuis que de moy. Ils n'ont pour toute chanson autre sujet que de mesdire de moy. *Tau.* Or sus Seigneur, puis qu'ils ont
vaincu vostre patience, dompterez-vous point leur malice ? puis que rien ne
les peut amener à penitence, ne les amenerez-vous point à leur peine ? Puis
qu'ils prennent tant de plaisir à faire mal, leur donnerez-vous point à leur
tour le desplaisir de l'endurer ? Car vne fois vous estes iuste, & puis que vous
estes tel, faut que vous leur retribuïez selon les œuures de leurs mains. Et
bien ils vous ont abandonné pour suiure leur proposition, ce n'est que fierté, ce n'est qu'orgueil ; il les faut laisser en leur erreur, il faut qu'ils perseuerent
en leur peché, & que ceste dure escaille d'impatience leur couure le cœur :
plus grande malediction ne sçauroient-ils receuoir de vous que ceste-là,
que de leur aueugler l'esprit & les abandonner à leurs sens. Car puis apres
vous viendrez tout d'vn coup au iour de vostre fureur, portant la verge de
fer en la main, & les briserez comme verre ; il ne se verra rien sous les Cieux
de si miserable qu'eux, ils ne trouueront plus de misericorde ; car ils n'en ont
point eu : ils seront pauures, & ne seront point secourus ; ils seront affligez,
& ne seront point consolez. Cependant, Seigneur, veillez sur nous, & secondez nostre patience par vostre saincte misericorde, afin que si long-
temps qu'il vous plaira nous exercer par les iniures & opprobres des meschans, le courage ne nous faille point ; & que nostre ame ait tousiours la
force de se leuer vers vous, & attendre son aide de vous ; prenans les maux
qu'il vous plaira nous enuoyer pour l'espreuue de nostre foy, esperans qu'a-
pres nostre longue patience, vous nous couronnerez comme victorieux
athletes, & nous ferez mener en triomphe les meschans, contre lesquels
nous luttons continuellement en ceste vie.

Q

IIII. CHAPITRE.   *Aleph.*

EIGNEVR, ie sçay bien qu'il faut acquiescer à vostre volonté, & que c'est regimber contre l'esperon, que de se plaindre de vous. Toutesfois ie ne puis retenir mes regrets, & moins mes souspirs, quand ie voy ceste estrange desolation. Et ores que mon ame me die Taistoy : si est-ce que mon cœur ne se peut tenir qu'il ne souspire. Car Seigneur, qui n'auroit pitié de cela ? de voir toutes les belles voutes dorées de vostre temple desfigurées & raclées ? tous ces beaux vases d'or si proprement elabourez maintenant fondus & cisaillez ? & tout le jaspe & le porphyre qui enrichissoit vostre sanctuaire cassé, morcellé & espanché par les places de la ville ? tellement que ce lieu qui reluisoit & resplendissoit comme le Soleil, est maintenant sombre, hideux & ruineux. *Beth.* Puis, qui ne gemiroit de voir les enfans des meilleures maisons, qui estoient si cheris, & si aymez que l'on tenoit precieux comme l'or estre maintenant jettez à la voirie, comme les tais d'vn pot cassé ? Hé ! Seigneur, ce n'estoit pas l'ourage des hommes ; c'estoit le vostre, voire le plus cher & plus excellent de tous les vostres ; pourquoy l'abandonnez-vous ainsi ? creez-vous, pour destruire ? establissez-vous pour ruiner ? formez-vous pour desfigurer ? *Gimel.* Au moins si vous eussiez fait autant de grace aux enfans de Ierusalem, comme aux plus vils & abjects animaux ! les petits serpenteaux mesmes trouuent la tette de leur mere qui les nourrit, iusques a ce qu'ils puissent chercher leur vie. Helas ! vous auez rendu les femmes de Ierusalem plus cruelles que les serpens, plus sauuages que les Lamies ; qui n'ont rien de femme que le visage ; desquelles le cœur & le reste du corps sont membres hideux & effroyables. Non, les autruches mesmes qui entre les oyseaux sont les plus farouches & intraittables, n'ont point si peu d'amitié que les femmes de Ierusalem ; tant la continuelle affliction les a desnaturées. *Daleth.* Nous auons veu les pauures enfans qui estoient là estendus, béans, les levres seches comme bois, la langue attachée au palais de force de soif, succans le vent au lieu de lait. Car la mere au commencement leur presentoit la mamelle ; mais tellement tarie, qu'elle n'arayoit plus que du sang : De sorte que les pauures enfans n'estans plus substantez ont seché, & sont tombez en chartre, mourans en vne piteuse langueur. Ceux qui sont vn peu plus grands vont apres leurs peres, se pendans à leurs genoux, demandans du pain auec vne voix qui feroit fendre les pierres de pitié. Mais quoy ? il n'y a rien à leur donner : tout ce que leur pere peut faire pour eux, c'est de leur souhaitter la mort, & maudire le iour qu'il les a engendrez, pour les voir maintenant en vn si miserable estat. *He.* O Dieu, quel changement de vie est-cecy ! quelle inexorable cruauté ! c'est vn mal-heur qui frappe tout le monde, qui bat depuis le plus petit iusques au plus grand : car ceux qui auoient accoustumé de viure en delices, & dorloter leurs corps meurent de faim, demandans l'aumosne sur les grands chemins : ils estoient nourris dans la plume, ils ne

couchoient

couchoient que sur le velours, ils ne marchoient que sur le tapis, & maintenant ils se sentent bien-heureux de trouuer vn fumier pour s'y coucher.
Vau. Tellement qu'à ce que ie voy, Seigneur, vous auez iugé nos pechez
plus griefs que ceux de Sodome. Car vous auez ordonné vne peine beaucoup plus cruelle pour nous que pour elle. Et bien elle a esté renuersée en
vn moment, le feu du Ciel l'a deuorée en vn instant, elle n'a point languy
en sa peine, la celerité en a osté le sentiment. Puis il n'y a que vous qui
y ayez mis la main, elle n'a point esté à la misericorde des hommes, abandonnée à la discretion de ses ennemis, & aux iniures qui suiuent les prises
des villes. *Zain.* On dit bien vray, que la misere ne se iuge que par comparaison; elle commence à picquer, lors que l'on se represente ce que l'on
est, auec ce que l'on a esté. Comme quand ie me souuiens de la magnificence de ceux de Nazaret, & que ie les voy maintenant si chetifs & miserables. C'estoit vne si belle chose de les voir venir en Ierusalem à la
feste; ils auoient des robbes plus blanches que neige, vous eussiez dit
de laict, tant leurs habits estoient blancs & nets; ils auoient des visages potelez & luisans comme yuoire, les ioües vermeilles comme vne
rose, ou plustost vn rubis. *Heth.* Maintenant vous diriez qu'ils n'ont
toute leur vie party d'vne forge à souffler le charbon, ou que l'on les a
brouillez à plaisir; & les prend-on pour les gueux de l'hostiere, les os leur
percent la peau, & diriez d'vn parchemin collé sur les costez d'vn mort:
non ie croy qu'il y a du buis qui a plus de suc, qu'ils n'en ont en leurs
corps. *Teth.* Encore ceux qui ont passé par le fil de l'espée en ont bien
meilleur marché; car leur mal n'a esté gueres long, ils en ont esté quittes vne fois pour toutes. Mais de mourir de male-rage de faim, & se voir
& sentir si longuement mourir, c'est chose fort miserable; ils se sentent
tous les iours diminuer, & ne sçauent que deuiennent leurs forces, sinon
que vous diriez que la terre les deuore. Ils sont demeurez-là comme vne
plante dont la racine est seichée; laquelle se iaunit du commencement par
les bouts, puis petit à petit les branches en meurent, & en fin le tronc deuient tout aride, & ne vaut plus qu'à mettre au feu. *Iod.* I'ay dit, ce vous
semble, beaucoup de choses, & neantmoins ce ne sont que fleurs au prix
des autres maux que la necessité nous a suggerez, & lesquels si i'auois cent
langues, ie ne les sçaurois exprimer. Les diray-je, Seigneur? Helas non, ce
seroit accuser vostre trop grande seuerité, que de representer les excessiues
miseres ausquelles vous nous auez plongez. Si feray, ie les diray, Seigneur,
afin que vous ayez en fin pitié de nous; & que nostre misericorde retienne
vn peu le bras de vostre vengeance, car vous l'auez trop appesanty dessus nous. Nous auons veu, Seigneur (hé faut-il que nous l'ayons veu?
faut-il que nos yeux nous soient demeurez apres l'auoir veu?) Nous
auons dis-je, veu des meres tellement desnaturées par la faim & par la necessité, qu'elles ont desmembré leurs enfans; les ont deschirez par morceaux, les ont mis bouillir sur le feu; les ont mangez à belles dents; pour
appaiser ceste famine enragée dont nous estions affligez. *Caph.* Hé, Seigneur, qu'auez-vous pensé faire? monstrer que vous estes Tout-puissant
en vostre fureur, aussi bien qu'en vostre bonté: que toutes vos actions

font infinies; que quand vous vous mettez à estre cruel, vous l'estes desmesurément; que par où vous passez quand la colere vous saisit, c'est vn feu
deuorant, qui embrase, rauage, consume; tel que celuy dont vous auez
visité vostre pauure Sion, qui a deuoré iusques à ses fondemens? *Lamed.*
O chose estrange, ô chose incroyable! l'on en a conté les nouuelles aux
autres Rois & Princes de la terre, & à tous les peuples estrangers; & ils
n'en ont peu rien croire. Quoy, disoient-ils, que ceste ville saincte, que
Dieu a choisie pour sa demeure, où est dressé son throsne en terre, où il
a voulu estre adoré, où toutes sortes de nations luy ont porté leurs offrandes, où il est apparu & a respondu aux vœux de ceux qui l'ont prié,
puisse seulement estre prise, & tomber entre les mains de ses ennemis?
Nous ne le croirons iamais; non pas mesmes quand ils auroient trouué les
portes ouuertes, ils n'y oseroient auoir entré. *Mem.* Et toutesfois, Seigneur, cela est: la pauure ville est perduë & exterminée; mais de quelle façon? & pourquoy? pour les pechez Seigneur, de nos Prophetes, pour les
iniquitez de nos sacrificateurs, qui ont espanché le sang des iustes au milieu
de Ierusalem. *Nun.* Ils ont couru les ruës comme furieux & chancellé, en
allant comme enyurez du sang des innocens: Ils se sont tellement pollus
& contaminez, que tout le monde a craint de les toucher, de peur de s'en-
sanglanter. Et eux-mesmes ont eu honte d'entrer dans le temple; de peur
de le violer par le sang qui degoutoit de leur robbe. *Samech.* Ie vous asseure que les Payens mesmes en ont eu horreur: ie dy ceux qui ne connoissent
Dieu que par quelque lumiere de nature, & ont crié apres eux: Meschans,
cruels, sortez, retirez-vous, ne souïllez point le lieu qui est dedié à vostre
Dieu: & tout indignez ils ont dit: Non, croyez qu'il est impossible que
Dieu iamais habite parmy ces gens-là. *Ain.* Il est bien aisé à voir que leur
Dieu les a abandonnez, qu'il leur a frappé le cerueau, qu'il les a remplis
de diuision & de discorde. Ils n'ont plus rien qui sente la pieté: il ne faut
plus qu'ils attendent secours du Ciel. Quoy? que les anciens seruiteurs de
Dieu, destinez à son autel, n'ayent point rougy de faire tant de meschancetez? que les plus vieux qui deuoient estre les plus modestes, ayent esté
les plus enragez? n'ayent point eu de compassion de leurs semblables?
que la vieillesse de leurs compagnons affligez, ne leur ait point fait de
pitié? si l'humanité est desracinée de leur cœur, comme y tiendra la diuinité? ce n'estoient plus hommes, croyez-moy, c'estoient tigres mas-
quez. Aussi Dieu les traittera comme bestes sauuages, & les fera la
proye les vns des autres. *Phe.* Ha! Seigneur, ces gens-là ont bien dit
vray: vous nous l'auez fait sentir: car apres toutes nos furies, le temps
de la peine est arriué: nous nous sommes trouuez enuironnez de tous
costez de nos ennemis: nous estions béans, & attendans le secours des
hommes; nous estions là, regardans si attentiuement que la veuë nous en
faisoit mal: & nous ne voyions rien. Nous estions bien fols d'attendre
le secours des hommes, pour nous defendre contre vous Seigneur, qui
nous faisiez la guerre. Helas! que peuuent les forces humaines contre les
vostres? quel rempart peut-on trouuer au monde contre vostre courroux?
Sade. Nous auons esté prins comme perdreaux à la tonnelle: vous nous

auez tous ramaffez enfemble, & puis vous nous auez couuerts : nous auons
penfé nous efchapper & le pied nous a gliffé, nous fommes tombez & demeurez empeftrez dans le filet, nous auons effayé de nous efcouler d'vn
lieu en vn autre, & auons toufiours trouué qui nous arreftoit. Pourquoy ?
le iour eftoit venu : Nous auions hafté noftre peine par noftre perfeuerance
à mal-faire, & auions en fin forcé Dieu de prononcer contre nous l'ineuitable arreft de noftre condamnation. *Coph.* Quand Dieu a refolu vne chofe, tout luy fert pour l'executer, tout s'accommode à fon deffein : nos ennemis font deuenus plus viftes à nous pourfuiure, que ne font les aigles
apres les palumbes. Ils nous ont fuiuy iufques au fommet des montagnes,
ils nous ont trouué dans fes deferts. Ie croy, fi nous fuffions deualez dans
les abyfmes, qu'ils nous y fuffent venus chercher. *Refch.* Et quoy ? où ont-
ils efté chercher noftre bon Iofias, celuy que vous auiez oinct pour regner
fur nous, celuy que nous cheriffions plus que noftre propre vie, que nous
auions toufiours au cœur, que nous auions toufiours à la bouche ? Ils l'ont
pris & mené captif comme les autres. Rien ne l'a peu fauuer de leurs mains.
Ie croy que ce font nos pechez qui l'ont liuré, & que pour nos pechez il
a enduré : auffi luy auons-nous dit pour confolation : Portez, Sire, patiemment l'affliction que Dieu vous enuoye; & vous affeurez que c'eft-là l'ombre & la figure de la paffion de celuy qui par fa mort nous reftablira noftre
premiere felicité; nous fera regner fur les Gentils; & afferuira toutes les
nations de la terre à noftre loy. *Sin.* Mais cependant il eft lié & garroté : ô
trifte & lamentable aduanture! Riez-vous-en, riez-vous-en hardiment,
filles d'Edon, qui habitez les plaines d'Arabie : il y en a encore affez pour
vous; vous boirez le calice à voftre tour, & ferez enyurées du vin d'amertume auffi bien que nous. On vous fera bien rendre gorge; vous rendrez
bon compte & le croyez, de nos defpoüilles. C'eft vne mauuaife confolation que la mifere d'autruy : fi aurons-nous cefte-là, de voir fe lamenter de
leur peine ceux qui fe font mocquez de la noftre. *Tau.* Pauure & defolée
Sion, commence à reprendre courage; car Dieu a tantoft acheué ce qu'il
auoit ordonné pour ta peine; il n'adjouftera plus rien à tes douleurs paffées,
il a fait ce qu'il defiroit. Il te permettra maintenant de te remettre petit à petit, rebaftir tes maifons, redreffer tes murailles, releuer tes Autels, reedifier
tes Temples : Ne crains plus de nouueau banniffement : Il te viendra luy-
mefme raffeurer, te confoler & fortifier. Et quant à toy, ô fille d'Edon; il
te viendra vifiter à ton tour, & t'apprendra qu'il fçait bien ta vie, qu'il tient
bon compte de tes pechez, que tu n'es non plus exempte de fa iuftice que
les autres : il te fera auoir pitié de toy-mefmes, puis que tu ne la veux auoir
d'autruy, & pleurer tes maux, puis que tu ris de ceux des autres.

V. CHAPITRE. *L'Oraifon de Ieremie.*

1 EIGNEVR, s'il eft vray que nous foyons voftre peuple, & vous
noftre Dieu, retournez vn peu les yeux fur nous, & confiderez le
miferable eftat où nous fommes; confiderez s'il y a forte d'opprobre au monde dont nous ne foyons tous couuerts. Ne nous cherchez

plus dans les maifons que nos peres nous auoient baſties, ny dans les Prouinces que vous nous auiez deſtinées: nous ſommes bannis de chez-nous,
& des perſonnes eſtranges ont occupé nos biens. Nous auons des heritiers
inconnus, qui nous ont chaſſé de la famille de nos anceſtres, & nous ont
enuoyé tous nuds. * Nous ſommes comme de pauures pupilles, dont les   2
peres ſont morts, nous n'auons ny addreſſe ny conduite. * Nous ſommes   3
comme veſues eſplorées qui ont perdu leurs maris; combien qu'ils ne ſoient
pas morts, ſi ſont-elles en veſuage, & ont double occaſion de pleurer leur
orbité, & la ſeruitude de leurs eſpoux. Seruitude helas! rigoureuſe, voire
plus que l'on ne ſçauroit dire, voire plus que l'on ne ſçauroit penſer. Car
nous auons eſté contraints de mourir de ſoif: nous auons eſté contraints
d'acheter à prix d'argent l'eau de nos fontaines, pour pouuoir moüiller
nos pauures langues toutes ſeiches de male-ſoif. Nous auons eſté contraints de racheter noſtre bois baſton à baſton, & encore bien cherement;
pour nous pouuoir reſchauffer, lors que nous auions les pauures membres
entierement tranſis de froid. * Nous auons porté le collier au col, & atte-   5
lez au joug comme les bœufs, nous auons tiré la charruë, & labouré comme les beſtes. Encore les beſtes quand elles ont trauaillé le iour, leur don-
ne-t'on quelque relaſche la nuict; à nous le trauail a eſté ſans fin, & le labeur ſans repos. * Nous nous ſommes vendus pour du pain; & encore a-   6
il fallu courir au fin fonds de l'Egypte, pour trouuer qui nous fiſt trauailler. Les Aſſyriens ont penſé nous faire beaucoup de grace, de nous faire
beſongner iour & nuict pour vne bouchée de pain. Hé! Seigneur, quelle
dure & piteuſe ſeruitude eſt ceſte-là? en quoy vous pouuons-nous auoir ſi
grieuement irrité? * Ie croy que vous auez amaſſé tous les pechez de nos   7
peres, & en auez emmoncelé les peines ſur nos teſtes. Hé quoy? Seigneur,
ceſte rigueur eſt-elle digne de voſtre bonté? Nos peres ne ſeront plus, &
leurs peines demeureront; ils ſeront morts, & leurs pechez viuront: nous
les porterons, & ne ſçaurons pourquoy. * Si ce ſont eux qui vous ont of-   8
fenſé, pourquoy leur auez-vous donné la terre de promiſſion à habiter?
pourquoy auez-vous ſoubmis à leur empire les peuples eſtrangers? Eſtoit-
ce afin qu'à noſtre tour nous fuſſions eſclaues des eſclaues de nos peres: &
que l'on nous viſt captifs entre les mains de ceux qui nous auoient ſeruis?
* Que nous fuſſions contraints à grands coups de baſtons, de trauailler   9
pour gaigner noſtre pain, beſongnans pour autruy en noſtre terre; ayans
touſiours le couſteau ſur la gorge, & habitans des deſerts au lieu de nos belles maiſons * Voyez, Seigneur, ſi vous auez des yeux, comme ils nous ont   10
accouſtré: voyez comme noſtre peau eſt deſchiquetée à force de coups,
elle eſt percée comme vn crible, & n'y a vn ſeul endroit entier. La famine nous l'a extenuée, & ceux-cy nous l'ont hachée. * Encore ſi parmy   11
tant d'inſolences ils euſſent eſpargné l'âge, le ſexe ou dignité des perſonnes,
mais leur cruauté a indifferemment atteint le maſle & la femelle, le ieune
& le vieillard, le grand & le petit. Y a-il femme en Sion qu'ils n'ayent deshonorée, vierge qu'ils n'ayent forcée? Ce ſexe infirme, Seigneur, vous
preſente ſes larmes & ſes ſouſpirs; ſon imbecillité implore voſtre toute-
puiſſance; ſon iniure inhumaine, voſtre diuine iuſtice. * Comme ont-ils   12
traité

traité vos Princes ? ils les ont pendus de leurs mains : & les chenus vieillards, ausquels l'âge auoit imprimé quelque veneration & majesté, ont esté
par eux traisnez dedans les boües, & deschirez comme par des tigres enra-
13 gez. ⋆ Qu'ont-ils fait des ieunes enfans ? ils en ont abusé auec vne extreme
impudicité, & puis les ont assommez à coups de bastons; pensans esteindre
par là la memoire de leur abomination, & estouffer vn crime par vn autre.
14 ⋆ Helas! Seigneur, quel estrange changement est-cecy? Quand nous
nous souuenons du florissant estat de nostre païs, & que nous nous representons ceste venerable assemblé de vieux Senateurs, arrangez comme des
Dieux en terre, pour rendre les oracles aux hommes, & par leur bouche
former la voix de la Iustice; que nous nous rememorons la magnificence
de nos ioustes & tournois, & que nous nous refigurons les mignardises de
nos danses & bals, où la ieunesse reluisoit comme les estoilles en vne belle
15 & claire nuict. ⋆ O Dieu! quel dueil ce nous est! Rien ne nous peut iamais
plaire apres cela : ne faut-il pas que nous iurions vn dueil perpetuel ? que
16 nous condamnions nos yeux à des larmes eternelles? ⋆ Pouuons-nous viure apres cela? nostre douleur est-elle si petite, qu'elle ne suffise pas pour
nous faire mourir? Nostre malheur nous est-il si cruel, qu'il nous ait laissé
des yeux pour le contempler si long-temps? & nous ait condamnez à estre
si long-temps affligez d'vne si estrange misere? faut-il que nous voyions à
nos pieds les pieces de la couronne qui nous est tombée de la teste, & que
nous marchions sur les morceaux du sceptre que nous soulions porter en
main? que nous voyions deschirer deuant nous nos ornemens Royaux?
Maudits soyons-nous, qui auons par nos pechez causé ceste desolation, qui
auons forcé la Iustice de Dieu de nous visiter en sa fureur, & allumer sur
17 nous le feu de son ire. ⋆ C'est ce qu'il faut que nous plorions, il faut que ce
soit là la source de nos larmes; car c'est la fontaine de nos maux. Ce sont,
ce sont nos iniquitez, qui ont fait changer de face à tout ce que nous
voyons deuant nous, qui ont fait des deserts de nos campagnes, des solitudes de nos villes, des masures de nos maisons; qui ne nous ont rien laissé
qu'vn objet de tristesse & de douleur, pour nous esbloüir la veuë d'vn hi-
18 deux spectacle, & nous assommer l'esprit d'vne si piteuse pensée. ⋆ Car à
qui est-ce que les yeux ne s'esteindroient à force de plorer; à qui est-ce que
l'esprit ne se hebeteroit à force de resuer, quand il verra ceste belle Sion, le
iardin du monde, l'œil de la Palestine, estre maintenant vne garenne de
19 renards, où rien ne hante que les bestes sauuages? ⋆ Mais, Seigneur, ce
sont des coups de vostre main, qui faites les choses grandes pour les abaisser; qui enleuez comme vne escaille de dessus la face de la terre les Villes &
les Royaumes, pour monstrer que cela n'est rien que l'excrement de vos
plus excellens ouurages: qui voulez que la ruine de toutes choses terrestres
porte tesmoignage à vostre eternité, à vostre infinité. Vous estes, Seigneur,
seul eternel; exempt de vicissitude & de changement : le temps ne mesure
point vostre grandeur, mais il l'a sert, & n'est que l'œconome & dispensateur de vos volontez. Vostre throsne est esleué par dessus toutes les choses corruptibles; vous estes là assis, faisant passer les generations deuant
vous les vnes apres les autres, changeant quand vous voulez, les habitans

de la terre, comme les hommes font leurs veftemens. * Mais, Seigneur, 20 puis que vous eftes ainfi tout bon, tout iufte, & tout-puiffant, oublierez-vous voftre bonté enuers nous, vous qui ne pouuez rien oublier? oublirez-vous la iuftice des promeffes que vous auez faictes à voftre peuple, vous qui ne manquez iamais de parole? pafferez-vous l'occafion qui fe prefente d'auoir pitié de nous, & ne nous fecourrez-vous, vous qui n'eftes Tout-puiffant que pour bien faire & aider les affligez? Auffi-toft oublierez-vous à eftre Dieu, que vous oublierez à pardonner. Et bien, pour vn temps vous nous auez efté feuere, & nous auez liurez aux calamitez, pour nous faire fentir que nous vous auons offenfé: mais nous l'auons affez apperceu, nous fommes retournez vers vous le cœur froiffé, auons douloureufement gemy deuant vous; que voulez-vous dauantage de nous? quel autre facrifice vous pouuons-nous offrir, que de nos larmes? tout le refte eft à vous, & rien n'eft à noftre difpofition que noftre volonté; nous vous la prefenterons lauée en nos pleurs, efprainte par les regrets de noftre penitence, efpurée en l'ardeur de voftre vif amour; pourquoy nous rejetterez-vous? pourquoy nous ferez-vous vieillir en noftre mifere? * Non, non, Seigneur, vous 21 eftes trop bon & trop indulgent; tant que nous vous inuoquerons de bon cœur, vous ne nous abandonnerez iamais. Mais pource qu'il ne nous refte plus ny force ny vigueur, & que noftre mal nous a affommé l'efprit, viuifiez-le nous, & tirez toute noftre affection à vous. Et afin que nous puiffions continuellement adherer à vous, & que voftre grace ne defdaigne point d'habiter en nous, renouuellez noftre efprit & noftre vie, & nous reftabliffez en la premiere integrité en laquelle vous nous auez creéz. * Vous nous auez cy-deuant reprouuez, & nous reprouuant vous nous 22 auez rejettez; mais vous auiez lors raifon, nos iniquitez trop & trop intolerables vous auoient eftrangement irrité. Maintenant que nous nous fommes humiliez deuant vous, que nous auons fait tout ce dont nous nous fommes peu aduifer pour vous appaifer, remettez-nous en voftre grace, efpanchez fur nous voftre beneficence; embraffez-nous charitablement comme enfans perdus, qui reuiennent là l'arme à l'œil fe jetter entre les bras de leur pere; & receuez mifericordieufement nos prieres & nos vœux; car ils ne fortent pas maintenant de nos levres, ils fortent, Seigneur, du fonds de noftre cœur.

LE CANTIQVE

LE CANTIQVE
D'EZECHIAS,
PRIS D'ESAIE XXXVIII.

 A feché de langueur, ie halettois les derniers fouf-
pirs de ma vie, quand mon efprit eflancé d'vne
griefue douleur a commencé à f'efcrier ainfi : Et
quoy ? faut-il qu'au milieu de ma vie, ie defcende là bas ? La fleur de ma ieuneffe ne fait bonnement que d'efclorre, & la mort me la vient cueillir ? Et donc mes iours en leur plus clair midy feront conuertis en tenebres ! Adieu, adieu douce
lumiere qui vous cachez à mes yeux. Car voicy
la nuiƈt qui m'entraine és antres d'obfcurité : & m'en vay loin fous la terre
iufqu'à la porte des enfers. * Mais ie vous prie dites-moy, que deuiendra le
refte de ma vie ? où f'enuolera le refte de mes ans ? O vaine & trompeufe
efperance; qui nourris nos deffeins, & puis apres les abandonnes au milieu
de leur courfe ! I'efperois vne belle & blanche vieilleffe, & difpofois mon
mefnage pour adoucir fes incommoditez : ie baftiffois des palais, dreffois
des iardinages, & amaffois des richeffes pour accommoder mes enfans, &
recueillir mes amis ; & ainfi doucement filer le refte de mon aage, feruant
à Dieu, & bien-faifant aux hommes. Mais il faut bien changer de ton, &
fuis contraint, ô Dieu ! maintenant de vous dire : Ie ne vous verray plus en
la terre des viuans. * Entre les viuans dis-je, ie n'auray plus ce bien de leuer
les yeux à vous, & tournant la face vers les coins de ce monde, contempler & admirer les ouurages de vos mains. Adieu beau Soleil; qui t'es fi
fouuent leué de deffous les eaux, pour ramener à ma veuë la gaye clarté
de tes rayons. Adieu belle Lune argentine, qui deftendiez peu à peu les
fombres voiles de la nuiƈt, & marquiez de pas en pas les mefures de noftre temps. Efteignez-vous quand vous voudrez : car ma veuë auffi bien
eft efteinte pour vous. Aftres luifans, qui courez à pas mefurez parmy ces
plaiues azurées, & refpandez fur nos infirmes corps vos celeftes puiffances,
arreftez-vous quand vous voudrez ; car auffi bien fur les morts il ne vous
refte aucun pouuoir. Flaiftriffez quand vous voudrez, riches prairies, le
bel efmail de vos fleurs; tariffez quand vous voudrez, ô fources cryftalines,
les liƈts de vos ruiffeaux ; car la mort me vient filler les yeux, & m'enleue
hors la veuë de vos plaifirs. Adieu le monde, adieu les hommes, adieu
tout ce qui me plaifoit en ce lieu. Et vous, mes chers amis, voicy le long

adieu; icy se rompt le nœud de nostre douce amitié. Et vous, ô mes enfans, icy finit la saincte affection dont ie vous ay chery, vn autre soin
maintenant me saisit. La mort me separe de vous, la mort vous separe de
moy. * Ma posterité est emportée bien loin; comme les loges des pasteurs 4
de Scythie, aujourd'huy icy, & demain là. O amere separation, qui arrache les enfans d'entre les bras de leur pere, & du doux sein de leur mere.
* Mais helas! pourquoy si tost & contre toute esperance? Ie ne venois 5
que d'estre mis sur le mestier; à peine estoit ourdie la trame de ma vie, &
l'ouurier met le cizeau dedans. Quel changement, Seigneur, est celuy-
là? en combien peu de temps se change la face du monde? Vrayement le
soir & le matin ne se ressemblent pas. I'estois ce matin en vie, & me voicy maintenant entre les morts. Car ie n'attens que l'heure que i'entende
battre aux champs, afin de trousser bagage. * Quoy? i'estois encores ce 6
matin tout gaillard, & nouuelles esperances commençoient à me chatoüiller; i'essayois moy-mesmes mes forces, & me sembloit bien que i'estois
pour guerir & pour viure long-temps; il me venoit vn monde de nouueaux
desseins à la teste, & de moment en moment le courage me croissoit. La
mort est arriuée comme vn lion affamé, elle a succé mon sang, froissé ma
chair, brisé mes os; & me voilà tout estendu rendant les derniers abbois
de la vie. Helas! i'estois donc ce matin, & ie ne seray plus ce soir. O Dieu,
combien peu de distance il y a entre l'estre & le non estre! du matin au soir
on fait ce grand chemin. Non, non, Seigneur, en vn moment, s'il vous
plaist, on va de l'vn à l'autre, & arriue-on de la vie à la mort. Bien soudain
& rapide est le cours du Ciel premier mouuant; mais plus soudaine &
plus agile est la faux trenchante de la Mort, tant c'est peu de chose que de
nous. Vous nous viuifiez en soufflant, & nous mortifiez en cessant; vous
regardez sur nous & nous naissons: vous destournez l'œil de sur nous, &
nous mourons. Nous sommes le boüillon sur l'eau, qui paroist au moindre mouuement, & disparoist au moindre vent. Nous sommes la fueille
d'Autonne, maintenant penduë à l'arbre, & tantost couchée en terre, ou
pour mieux dire, nous sommes l'ombre d'vn songe, qui disparoist sur le
resueil. Mais, Seigneur, encores que la mort m'ait ja saisi, & que i'aye des-
ja vn pied dans la fosse, si ie m'escrie à vous, que ie vous conjure par vostre
puissance infinie, & que ie souspire piteusement deuers vous, reconnoissant
ma misere & vostre clemence, n'aurez-vous point pitié de moy? ne vou-
drez-vous point tant soit peu allonger le filet de ma vie? * L'effroy, Sei- 7
gneur, de vostre grande majesté, m'empesche la parole; & combien que
ie sente mon mal qui me presse & me pourfuit, & que ie connoisse que
mon secours est en vous, si n'osé-ie vous adresser ma priere. Mais suis
comme la ieune arondelle qui ne vient qu'esclorre fraischement, qui toute nuë & sans plume est demeurée seulette au nid; elle criaille piteusement
attendant la venuë de sa mere. Non, plustost fay-je comme la craintiue colombelle seulette dans son nid, qui void vn vautour faire la roüe à
l'entour; elle se musse la pauurette, & se serre toute esperduë, connoissant le
peril où elle est. O mon Dieu, ie connois ma misere, & comprens bien mon
infirmité. Mais ores qu'à basse voix & mots interrompus, ie vous implore,
ne m'abandonnez point. * Qu'il y a long-temps que ie tourne les yeux vers 8
vous,

vous, pour inuoquer voftre bonté! Ma veuë eft quafi toute vfée, d'auoir toufiours les yeux en haut. O Seigneur, ie n'en puis plus, ie fuis forcé, & mon mal me furmonte; fecourez-moy, s'il vous plaift. Mais, helas! ofé-je bien parler à Dieu, & me monftrer à luy; moy qu'il a creé de fes mains, & formé de fa grace? qui au lieu de le feruir & honorer, me fuis abandonné aux plaifirs de ce monde, & qui ay deftourné l'honneur que ie luy dois, aux chofes terreftres & corruptibles? Que me refpondra-il? Et s'il entre vne fois en colere, & qu'il fe prefente à moy en fa fureur, auec le regard dont il doit iuger les coupables, ne me vaudroit-il pas cent fois mieux m'eftre teu qu'auoir parlé? mais ie dis eftre mort & enfeuely, que d'auoir des yeux pour le voir, ou des aureilles pour l'ouïr? Que feray-je donc? où iray-je?

9 Ie tafcheray à l'appaifer deuant, en luy prefentant en offrande la contrition de mon cœur & l'amertume de mon ame; & en l'angoiffe qui me poingt, ie repenferay à toutes mes années paffées, efplucheray les moments de ma vie, & repafferay fur le nombre de mes fautes, afin d'efmunder & purifier les pechez qui contaminent ma confcience, & irritent Dieu contre moy.

10 * Pour certain, Seigneur, puis que ie me retourne à vous, & que ie pleure amerement mes fautes, vous ne mefpriferez point ma penitence, vous laifferez appaifer l'aigreur de voftre colere, par la douceur des continuelles prieres que ie jette fi affectueufement vers vous; vous arrefterez la main de voftre iuftice, qui venoit pour m'engloutir: vous deftournerez le dard de la Mort, dont la pointe m'a defia percé iufques au cœur: vous eftendrez le cours de mes années, que mon peché auoit ja racourcy: vous vous contenterez de m'auoir repris fans me perdre, & de m'auoir fait connoiftre ma

11 faute fans m'en punir. * Lors que ie m'eftimois bien-heureux; & que comme en pleine & haute paix, i'vfois, mais pluftoft abufois des biens & richeffes que vous m'auiez preftées; lors, dis-je, que ie m'enyurois dans le miel des plaifirs de ce monde, voicy vn flot d'affliction & mifere, qui comme vn torrent d'amertume m'eft venu noyer & abyfmer. Mais comme ie rendois l'efprit, i'ay fenty que vous me preniez par la main, & par vn admirable fecours, me tiriez petit à petit hors de ce gouffre efpouuantable. Seigneur, le poids qui me tiroit à fonds, c'eftoit le faix de mes pechez: Ils eftoient emmoncelez fur ma tefte, & m'attachoient tellement à la terre, que ie n'euffe fceu leuer les yeux vers le Ciel, & moins euffé-je peu leuer & ouurir la bouche pour refpirer voftre fainte grace & mifericorde. Vous auez couppé les chaifnes des mauuaifes affections qui me lioient à ces maudits pechez: & pource toutesfois qu'ils fe reprefentoient toufiours à vos yeux, & qu'à mefure que ma penitence conjuroit voftre bonté, mon iniquité aigriffoit voftre iuftice, vous auez jetté derriere voftre dos toutes mes fautes, & les auez deftournées de voftre prefence, afin qu'il n'y euft plus rien entre moy & voftre mifericorde, qui empefchaft qu'elle ne m'enueloppaft comme mon vnique & affeurée defenfe. Mais comment s'eft peu faire cela, Seigneur, que vous, qui voyez toutes chofes prefentes & à venir, qui percez au profond de la terre, penetrez au fonds de nos cœurs; pour moy feulement deueniez comme aueugle, & ne voyiez pas mes pechez qui m'enuironnent de tous coftez? O combien eft grande cefte voftre mi-

fericorde, qui bande les yeux de voſtre diuinité, qui vous tient caché ce que chacun voit, & vous fait oublier ce que vous ſçauiez auparauant qu'il fuſt fait. * D'où viént, Seigneur, ce changement en vous? d'où vient que 14 pour me faire grace, vous eſloignez de vous la iuſtice qui eſt naturelle en vous? I'admire, mais ie ne puis comprendre d'où procede tant de clemence. C'eſt, c'eſt, Seigneur, que vous nous voulez tous ſauuer malgré nous, & nous tirer comme par force, de la damnation meritée. Car vous eſtes le Dieu de gloire, ialoux d'honneur & de loüange, auſſi ſeul vous la meritez. Vous ſçauez bien que ce ne feront pas les enfers qui vous loüeront, Seigneur, ce ne ſera pas la Mort, qui publiera voſtre loüange. Si vous auez creé toutes choſes pour porter teſmoignage à voſtre bonté & puiſſance infinie, la mort de vos œuures, eſt-ce pas la fin de voſtre loüange? Meſmes puis que vous auez icy planté l'homme pour dreſſer les yeux au Ciel, & contempler voſtre gloire, & vous en chanter & de cœur & de bouche vn hymne continuel; luy oſter la vie, eſt-ce pas rompre vn des organes de voſtre honneur? & l'enuoyer aux enfers, eſt-ce pas diffamer voſtre ouurage? Vous auez, Seigneur, ſemé par la bouche de vos Prophetes la verité de vos promeſſes; ſeront-ce ceux qui ſont reclus & abyſmez ſous la terre, qui en recueilleront le fruict? ſeront-ce ceux à qui la mort du corps a collé les paupières, & à qui la mort de l'ame engendrée de leur impenitence, a ſillé les yeux de l'eſprit, & les fait aller à taſtons aux enfers, errans & treſbuchans de peine en peine, & de tourment en tourment? * Non, non, ce ſera l'hom- 15 me viuant qui publiera voſtre los; l'homme, dis-je, viuant, & ceſte vie animale qui eſt entretenuë des biens que vous nous donnez en terre; & ceſte vie ſpirituelle qui eſt nourrie de la contemplation de voſtre Diuinité, & de l'eſperance des biens que vous nous gardez au Ciel. Ainſi, Seigneur, fais-je aujourd'huy, puis qu'il vous plaiſt, conuertir mes miſeres en grace & benediction, & deſtourner de moy la mort & les douleurs qui m'auoient accueilly. Mon infirmité eſt aujourd'huy, puis qu'il vous plaiſt, l'argument de voſtre gloire; & vous faites des miracles en moy, pour faire eſtonner tout vn monde. Afin que les peres content à leurs enfans quels ſont les effets de voſtre miſericorde, combien ſont certains les effets de vos promeſſes, combien eſt aſſeurée la verité de voſtre parole. Et ainſi quand la derniere & plus eſloignée poſterité entendra ce qui eſt arriué en ma perſonne, elle loüera & benira voſtre nom. * Doncques, mon Dieu, puis 16 que vous m'auez ja aſſeuré la vie, ie dy ceſte vie terreſtre & corporelle, aſſeurez-moy encores de ceſte vie celeſte & diuine, afin que tout plein d'eſperance & de vigueur, ie paſſe le reſte de mes iours à vous loüer & ſeruir continuellement. Ma demeure ſera, Seigneur, aux pieds de vos Autels; mon action ſera le Cantique de voſtre loüange: & ainſi ie paſſeray dans voſtre Egliſe & les iours & les nuicts, ayant les yeux dreſſez à vous, & la penſée fichée en vous: I'ouuriray mon cœur & vous l'emplirez de voſtre grace, afin qu'elle ſanctifie toutes mes affections, & que ie ne reſpire iamais rien plus que voſtre gloire.

MEDITATION

MEDITATION
SVR LES PSEAVMES
DE LA PENITENCE
DE DAVID.

Domine, ne in furore

PSEAVME VI.

1 E laschez pas sur moy, Seigneur, le bras de vostre seuere vengeance: Il m'entraisneroit comme
vn torrent, és precipices de mort & damnation
eternelle. Il me deuoreroit comme vn feu, &
les restes de mon corps s'enuoleroient en cendres. Qui sera l'œil qui pourra supporter, sans perir d'effroy, le seul regard de vostre face courroucée; quand jettant la veuë sur nous, vous pe-
netrerez au profond de nos cœurs, & descouuri-
rez le secret de nos impures consciences? Nos pe-
chez abominables attireront sur nos testes vostre iuste courroux, & vostre ire enflammée nous abysmera tout d'vn coup dans ce gouffre espouuantable de peines, tourmens & miseres. Donc auant que vostre fureur se leue contre moy, & que vous veniez auec vn iuste desdain pour
me perdre & ruiner, entendez les humbles souspirs que mon cœur saisi de
peur vous addresse; & receuez ceste voix foiblette & haletante, qui toute
2 esplorée s'escrie ainsi à vous. * Misericorde, misericorde, Seigneur, Hé
mon Dieu, que faites-vous? voulez-vous esprouuer sur mon infirmité la
roideur de vos forces? Pensez-vous que ie me presente à vous, pour lutter contre vostre puissance? C'est, Seigneur, à vostre clemence que i'ac-
cours; c'est sous son aisle que ie me range; afin qu'elle pare la rigueur de
la condamnation que i'ay trop meritée. Addoucissez doncques vn peu
vostre regard: & puis qu'assez à temps i'ay inuoqué vostre bonté, se-
courez-moy, & me deliurez de tant de maux qui m'assiegent: car voila que ie traisne mon corps en piteuse langueur, & me semble que i'ay
3 les os tous rompus & brisez. * Mais ce n'est pas seulement mon pauure
corps, qui est ainsi cruellement affligé; ains aussi mon ame chetiue est

R

toute consiste en tristesse. Ceste ame, Seigneur, qui se deliberoit de glorifier de sa voix l'auteur de sa vie, est abbatuë & desolée, sans courage & sans vigueur : & comme la craintiue colombelle au bruit du tonnerre se cache dans quelque petit creux, voyant vostre effroyable indignation, elle cherche pour retraite les plus obscures tenebres. Mais iusques à quand, mon Dieu, durera vostre colere ? * Venez, venez, mon 4 Dieu, & tourniez dessus moy ce regard de pitié, auecques lequel vous pouez effacer non seulement mon peché, mais celuy de tout le monde. Ie sens mon ame empestrée dans vn sale & profond bourbier d'iniquité, elle s'enfondre, elle s'abysme; elle vous tend, Seigneur, la main : helas ! retirez-la, & la redressez au chemin de salut. Sauuez-la, Seigneur, car elle vous conjure par vostre infinie bonté & incroyable misericorde. Elle ne le merite pas, il est vray; & ne doit esperer secours de celuy qu'elle a si laschement abandonné, contre l'honneur duquel elle a si meschamment conspiré; le prix de son forfait ne doit point estre grace, ains gehenne & mort eternelle. * Mais, Seigneur, qui est-ce qui au milieu des enfers, és abysmes de mort, 5 chantera vos loüanges & fera retentir vostre nom ? Là est le domicile de douleur, là ne s'entendent que hurlemens, là ne se sentent que tourmens; & au contraire, vostre loüange ne consiste qu'en la publication de vostre infinie douceur, bonté, & clemence. * Et puis voicy d'vn costé la vraye 6 penitence qui intercede pour moy, & qui a iuré de ne partir d'aupres de moy, qu'elle ne m'ait reconcilié à vous; & de l'autre, l'humble priere qui vous importune pour moy, & a iuré de ne s'esloigner de vous qu'elle ne vous ait reconcilié à moy. Hé ! Seigneur, vous auez tant de fois veu mes pleurs, & oüy mes gemissemens: Ie laue tous les iours, au souuenir de mes fautes, mon visage de mes larmes : Ie fay nager mon lict dans l'eau qui ruisselle de mes yeux. Qu'est-ce que me commande, Seigneur, la penitence, que ie n'obserue religieusement ? * Ie porte les yeux bas, & tremble d'ef- 7 froy au regard de vostre face courroucée : I'endure patiemment les conuices de mes ennemis, & reçois en gré leurs contumelies, comme la iuste peine de mes fautes : Ie chemine à leur veuë, le sac & la cendre sur la teste, & la confession à la bouche; ie me prosterne aux pieds de vos Autels, ie macere auec les verges, la chair qui a liuré mon ame au peché : mais mes tourmens n'apprestent qu'à rire à mes haineux, qui s'arrangent à l'entour de moy, pour me traduire par sornettes & moqueries. * Or maintenant 8 que vous me faites misericorde, ie leur diray : Arriere, arriere, enfans d'iniquité, vous ne rirez plus de ma misere; le Seigneur a exaucé ma priere, mes pleurs ont vaincu sa colere, & me voila iouïssant du fruict de sa bonté. La lueur de sa grace a esclairé dessus moy, & voila les orages qui enueloppoient ma teste, qui se sont dissipez en vn moment. * A peine auois-je ouuert mes 9 levres pour inuoquer son aide; à peine mon cœur s'estoit-il disposé à luy crier mercy, & i'ay senty sa grace se respandre sur moy, conforter & viuifier mon ame languissante; comme le bain chaud les membres d'vn paure pelerin tout recreu de trauail. O incroyable clemence ! Comment, Seigneur, estes-vous si prompt à pardonner ? Ie courois à vous offenser, & vous volez à me faire grace: I'ay employé tous les iours de ma vie

pour

pour chercher par mer & par terre matiere à mon ambition, auarice &
lubricité; & apres que ie me suis abysmé & perdu en mes plaisirs, vous
penetrez en vn moment les Cieux & les nuës, pour me venir deliurer.
Si que me voila triomphant de mon peché, qui suit les trophées de
ma penitence, laquelle a trouué grace deuant vous: & ainsi mon esperance, que mes meffaits auoient comme estouffée, se releue plus viue
que iamais; & me promet non seulement les Empires du monde, qui
panchent où le Seigneur les encline, mais m'ouure les Cieux les plus
hauts, & m'asseure apres vne heureuse vie en ce monde, la iouïssance de
10 la diuine immortalité. * Que feront doncques maintenant mes ennemis me voyans comblé de tant de felicité? Ils rougiront de honte, & se
troubleront grandement en leur ame, ils se retireront tous confus; car
celuy qu'ils ont pensé ruiner, est plus haut esleué qu'il ne fut oncques.
Las! ils se mocquoient de mes cendres, ils se rioient de mes ieusnes & de
mes pleurs; & pendant qu'en abstinence ie combattois ma chair, vraye ennemie de mon ame, ils nageoient és delices du monde: mais voila le bras de
Dieu prest à foudroyer leur insolence. O mon Dieu, donnez-leur loisir
de reconnoistre l'extreme danger où ils sont, & d'inuoquer d'enhaut l'v-
nique remede de leur mal: & quant à moy, qui sens mon ame espurée des
ordures qui l'entouroient, qui sens mon esprit enflammé du feu de vostre
charité, instruisez mes levres à prononcer vos loüanges; addressez ma
voix à resonner vostre misericorde, & conduisez mon affection à vous aimer sincerement; & à establir en la connoissance de vostre verité, son
souuerain heur & sa plus haute felicité.

Beati quorum.

PSEAVME XXXI.

1   O N Dieu! que ceux-là sont heureux, à qui vous auez pardonné leurs fautes, desquels vous auez enseuely les pechez dans
l'oubliance: car helas! que peut deuenir celuy à qui vous faites
endurer les iustes peines de ses pechez? vne armée de maux l'enuironne,
pauureté l'assaut, maladie l'afflige, famine le presse: & la mort mesmes,
qu'il pense estre le port de ceste tempestueuse nauigation, est l'abysme qui
2 le doit tirer aux tourmens eternels. * Doncques trois & quatre fois bien-
heureux ceux à qui Dieu ne demande point compte de leurs actions; mais
se contente qu'ils s'humilient deuant luy, reconnoissans leur infirmité &
luy ouurans le profond de leur cœur; car c'est en vraye confession, en sincerité de conscience qu'il faut inuoquer sa misericorde; c'est deuant luy
qu'il se faut humilier, qui veut estre exaucé. Comme celuy qui va à la fontaine baisse la bouche de son vase pour en puiser la liqueur: ainsi faut-il que
celuy s'abaisse deuant son Createur, qui veut puiser & sauourer l'eau de
ceste source sacrée, dont distille l'humeur qui seule peut blanchir & net-
3 toyer nos consciences. * I'ay pensé quelquesfois, ô mon Dieu, de vous cacher mes fautes, & ay dit à par moy: Et que sçaura-il ce que i'ay fait ou

non? Ainsi mon peché s'est enuieilly dans mes os: & comme les vlceres
d'vn malade honteux, qui n'ose monstrer son mal au Chirurgien, croissent
& empirent iusques à perdre tout le corps; de mesme les vices que ie vous
ay cachez m'ont entierement infecté. * Mais en fin vous auez tellement   4
de iour & de nuict appesanti sur moy vostre main, & m'auez fait essayer
tant de sortes d'infortunes, entre lesquelles mon esprit vit sans repos, matté
d'vn continuel espoinçonnement de ma conscience, qui penetre iusques
au fond de mon cœur, que i'ay reconnu ma faute, laquelle ie porte maintenant sur la main. Reconnoissez-la, mon Dieu, mais sans colere; car les larmes ruisselantes qui ont esteint à force de pleurer la clarté de mes yeux, doiuent aussi auoir esteint l'ardeur de vostre iuste courroux. Et puis ne suis-je
pas l'œuure de vos mains, mais qui plus est l'image viuante de vostre Diuinité? Qui est celuy si outré de colere, qui vueille rompre ou briser l'ouurage
qu'il s'est tant pleu à polir & mener à perfection, pour le voir sali & ordi?
Ceste image est chargée d'ordure & de crasse, ie le confesse; mais vaut-il
pas mieux la nettoyer & esclaircir, que la casser & fouler aux pieds? * Ensei-   5
gnez-moy doncques, mon Dieu, quelle doit estre ma satisfaction; car ie
vous ay descouuert maintenant toutes les fautes que ie vous auois auparau-
uant celées. La peur qui me tenoit saisi, lors que ie me cachois de vous, à ceste heure que ie m'ouure à vous, est changée en esperance de grace & de pardon. Et maintenant ie me iette entre vos bras, comme à mon plus asseuré secours, auecques la mesme contenance que le pauure patient, qui presentant
sa playe au barbier le regarde attentiuement, & souffre courageusement la
sonde & la lancette, pour le desir & l'esperance qu'il a d'estre guery. Mais ce
qui me donne plus grande esperance de santé, c'est que les vices ausquels ie
me plaisois cy-deuant, me font maintenant horreur à voir: comme les viandes dont on se creue en santé font mal au cœur aux malades. Ce qui me rendoit fier, à ceste heure me rend honteux; quand ie considere le hazard de
mort, auquel mon orgueil auoit exposé ma pauure ame. Ie rends grace au
iour qui premier m'éclaira pour reconnoistre ma faute: i'ay bien receu ce
iour-là vn singulier tesmoignage de vostre bonté enuers moy, mon Dieu!
vueillez doncques, que le plaisir que i'ay receu de m'estre despleu à moy-
mesme, me soit aussi perdurable que celuy que i'ay eu de demeurer en mes
vices: car si ie puis prendre autant de contentement en ma penitence, que
i'en ay pris en mon peché, ma felicité sera pour le seur egale à celle de vos
Anges, & me verray, en m'humiliant deuant vous, estre monté iusques au
sommet de vostre grace. * Qui doute, Seigneur, que vous ne me receuiez à   6
misericorde? vous, de qui on ne peut, non pas dire, mais comprendre la douceur & benignité? Ie n'ay pas si tost pensé de me retourner à vous, que vous
m'estes venu au deuant; ie n'ay pas si tost dit que ie vous voulois confesser
mon mesfait, que vous m'auez accordé ma grace: ie n'ay pas si tost conneu
la peine que meritoit mõ peché, que vous me l'auez remise. I'ay pris les verges en mes mains pour chastier ma chair, & vous me les auez ostées. Bref, ie
pensois que vous me voulussiez denoncer la guerre, & vous m'offriez vne
charitable reconciliation. O combien plus volontiers, Seigneur, pardonnez-
vous, que vous ne punissez! Le bon pere peut-il receuoir plus gracieusement

son

son enfant qui luy crie mercy, que vous m'auez receu, quand ie me suis
jetté à vos pieds? Aussi mon cœur tressaut tout d'aise, & bouillonne d'v-
ne saincte ardeur de loüer vostre nom; il se resiouït en la grace que vous
luy auez faite, n'accusant que soy-mesme de ce qu'il a fait par le passé; &
s'escrie, C'est moy qui l'ay voulu, c'est moy qui l'ay fait, c'est moy qui m'y
suis pleu; mais mon Dieu m'a fait misericorde. * Comment m'eust-il re-
7 fusé sa misericorde, veu que ses Saincts, desquels la priere luy est si chère,
l'ont prié, le prient, & le prieront perpetuellement pour moy? Ce sont eux
qui intercedent pour moy, qui me moyennent sa grace, qui conjurent sa
bonté. Que vous pourroient-ils (Seigneur) demander plus à propos, ne
obtenir de vous plus facilement, que quand ils prient pour moy? Il faut
bien, helas! qu'ils intercedent pour moy, puis que l'impieté de mon cœur
a tellement aueuglé mes sens par ses meschantes pensées, que mon ame ne
peut plus se dresser vers le Ciel, pour tendre la main à celuy qui seul la peut
& veut sauuer. Que me restoit-il plus, sinon que ceux que vous approchez pres de vous, & que vous auez receu au sacré consistoire de vostre
eternité, vous suppliassent d'auoir pitié de moy? De moy, qui (capital ennemy de moy-mesmes) n'ay oncques ny sceu, ny voulu vous prier pour
mon fait. Ie me console doncques maintenant de ce que vous m'auez ouuert les yeux pour voir la laideur de ma conscience, que vous m'auez
amolly le cœur pour loger la contrition en mon ame. Que si ce n'a esté si
tost qu'il falloit, au moins n'a-ce point esté si tard que vous n'ayez daigné
me receuoir comme vous auez de coustume ceux qui ne laissent passer
8 l'occasion de se repentir. * Car ceux qui se sont hastez à pecher, & negligent volontairement de se repentir quand ils reconnoissent leur faute, &
en ont le moyen, attendans à la fin de leur vie à vous crier mercy, & faire
vn deluge de leurs yeux, il y a grand danger qu'ils ne se trompent, & que
la vraye repentance ne puisse puis apres entrer en des cœurs si endurcis, que
leurs regrets ne soient des regrets de gens desesperez; & que vostre miseri-
9 corde ne se monstre sourde à leur trop tardiue penitence. * Mais moy ie
cours de bonne heure à vous comme à mon refuge, & au but de mes esperances; à mon reconfort en la tribulation, qui m'a enuironné de mesme
façon que la crainte de mort saisit celuy qui est destiné à vn honteux supplice. Faites-moy doncques gouster maintenant le plaisir que sent en son
cœur celuy qui est deliuré de la chaisne, eslargy de la prison, & garenty de
la peine en laquelle son ennemy l'a dés long-temps tenu captif. Et au contraire que l'ennemy de mon ame rougisse de honte, quand il verra que si de-
uotieusement j'inuoqueray l'aide de mon Dieu, qui du seul clin de son
œil, me peut deliurer de la seruitude volontaire que ie voüay à la damnable
volupté, lors que ie beu le doux miel des delicieux plaisirs qu'elle me pre-
10 sentoit d'vne trompeuse main dans ceste sale couppe du monde. * Las!
quand ie me souuiens de l'heure que vous vous retournastes ainsi vers
moy, & que de cet œil misericordieux me fistes signe de pardon, misericorde & salut, il me semble proprement que ie voy vn clair Soleil se leuer
entre les tempestes & borasques de la mer; qui fendant de ses rais peu à
peu les nuages, ramene vn temps pur & serein, calme & vnit les flots

impetueux de l'onde. A toute heure il me femble que i'entens cefte douce & gracieufe parole, quand vous me dites: Ne crains plus, car voila mon
efprit qui guidera tes pas, & ne leuera fa veuë de deffus toy; tu marcheras
maintenant fous la conduite de celuy qui introduit les ames pures & nettes
dans mon Royaume de gloire. Auffi-toft que i'oüy cefte parole, ie fichay
les yeux fur ma guide fans les mouuoir; non plus que l'attentif patron de
deffus l'eftoile luifante qui addreffe le cours de fa nauigation. O Dieu, quel
fera le repos dont ie ioüiray apres auoir cheminé par les voyes que vous
m'auez enfeignées, moy qui m'eftois fouruoyé du fentier qui meine à voftre fainct tabernacle? I'eftois defia entré dans cefte efpaiffe foreft du monde, où ceux fe perdent aifément, qui pour ioüir de la douceur des ombra-
geux bocages, fuyent la clarté du iour qui leur doit monftrer le chemin:
car auffi toft l'affreux vifage de la nuict les accueille & met en proye aux
beftes fauuages, qui les defchirent & deuorent cruellement. Ia ie m'eftois
empeftré dans ce labyrinthe, & n'y auoit plus d'efperance de m'en tirer, fi
vous ne m'euffiez mis en main le peloton qu'il me falloit deuider pour fortir de cefte perilleufe prifon. Me voila en liberté, pour faire hommage &
feruice au Dieu qui m'a deliuré; pour prefenter deuant luy fon image pure
& nette, & aduoüer de fa bonté tant de faueurs, dont il luy a pleu me gratifier. Non feulement il m'a exaucé par deffus fes autres creatures, me donnant l'vfage de la diuine raifon, mais mefmes entre les hommes, il m'a efleué en vn throfne d'honneur & de magnificence; fi, qu'il ne reftoit rien à
ma félicité que de la fçauoir connoiftre; & apres m'eftre mefconnu, il m'a
efclairé par fa fainte lumiere, & m'a donné le temps & la volonté de regretter ma vie paffée, & l'amender pour l'aduenir. * Faites doncques com- 11
me moy, mes amis, & recourez de bonne heure à fa grace, car il vous appelle luy-mefme au chemin de falut; & non comme le mulet opiniaftre,
qui regimbe contre celuy qui le picque pour le faire aller droit. Il a faute
de fens, de connoiffance & de iugement: * Auffi on luy met le mors dans 12
la bouche, & fent continuellement l'efperon dans fes flancs. De mefme,
à la premiere femonce que le Seigneur vous fait de vous remettre en fes
voyes, fi vous ne vous rangez fous fa volonté, il pleuura deffus vous vne
grefle de calamitez, qui vous rendra plus miferables que la mifere mefme.
* Vous voyez bien les eftoilles qui brillent dans les Cieux, le fable eftendu 13
fur le riuage de la mer; mais ny la mer n'a tant de fable, ny le Ciel tant d'e-
ftoilles, que les obftinez endureront de peines. Leur malheur leur pend
fur la tefte, les maux les fuiuent pas à pas, iufques à tant qu'ils les ayent
precipitez dans ce gouffre, duquel la feule penfée fait horreur à quiconque s'en fouuient: duquel les plus douces retraites font pleines de pleurs,
cris, hurlemens, & gemiffemens; où la peine eft fans fin, la douleur fans
remede, la repentance fans mifericorde; où la mort eft immortelle, le corps
ne vit que pour mourir, & l'ame que pour endurer: où l'ame ne fent que
fon peché, & le corps que fa peine. Au contraire, ceux qui fe mettent à
couuert fous la grace du Seigneur, qui font bouclier de fa mifericorde,
n'ont efperance qu'en fa bonté, qui fuiuent fes commandemens, & font
jaloux de fes volontez, à quelle felicité ne pourront-ils afpirer? Qu'y a-il
de fi

de si précieux dans le Ciel qui ne leur soit ouuert ? Ils seront coste à coste
de leur Dieu, & tous enuironnez de gloire seront comblez de tant de beatitude, que l'esprit de l'homme n'en sçauroit conceuoir la moindre partie,
tant s'en faut que ma langue trop mal penduë en puisse exprimer ce qui
14 en est. * Ie me resiouïray doncques, mon Dieu, en l'attente de tant
de biens que vous reseruez au Ciel, pour en couronner les iustes. A ceste allegresse ie vous inuite tous, vous qui auez iuré en la parole du Sauueur,
qui aimez la droiture de sa iustice ; c'est là, que vous attend la recompense
de vos trauaux ; c'est là que vous serez colloquez en honneur & gloire ; c'est
là que vous eschangerez les rudes espines du monde, en lis fleurissans de
toute eternité. O que lors les sueurs de vos afflictions trouueront vn gracieux repos ! L'or ne sort point d'entre les flammes de la fournaise, plus pur
ny plus luisant, pour estre moulé de l'image d'vn grand Prince, & puis seruir d'ornement à quelque riche cabinet, que le cœur de celuy qui aime son
Dieu, se tirera net hors des miseres du monde, pour estre enuironné de
splendeur & de gloire. Qu'est-ce qui me plaira maintenant au monde ?
qui m'arrestera & m'empeschera d'entrer dans la maison du Seigneur,
pour viure à son seruice ? Quel iour de ma vie cesseray-je de plorer les pechez qui m'auoient esloigné de sa grace ? Ralliez doncques en moy, mon
Dieu, ces deux passions contraires, la repentance & resiouïssance ; afin que
comme le pelerin esgaré par les deserts, se resiouït voyant la premiere pointe du iour, & toutefois ne peut oublier les obscures tenebres, d'où il n'est
encores bien sorty, ny du tout deposer la crainte qu'il a eu d'vne si fascheuse nuict, ainsi i'aye tousiours horreur de mes fautes passées, & neantmoins
i'aye vne certaine & gaye esperance de iouïr de la beatitude eternelle, que
vous nous auez achetée au prix du sang de vostre cher Fils. Helas ! quel
amour est celuy-là, quand le maistre n'espargne la vie de son enfant pour
rachepter son esclaue ? Doncques, formé de vos mains, racheté de vostre
sang, purifié par vostre misericorde, ie m'offriray deuant vous en sacrifice
d'obeïssance, mon Dieu ne me rejettez point.

Domine, ne in furore.

PSEAVME XXXVII.

1 SEIGNEVR, il faut que ie retourne encor vers vous, & recommence à implorer vostre misericorde ; car il me semble que vostre courroux se renflamme encor sur moy. Helas, mon Dieu !
me voulez-vous chastier en colere, & me faire sentir la violence de vostre
iuste fureur, que mes pechez ont irritée contre moy ? Le flambeau consumé par son feu, tombe en cendres ; & moy deuoré par l'ardeur de vostre
courroux, ie m'esuanouïray qu'il n'en demeurera pas seulement la fumée.
2 *Car ie voy, mon Dieu, que vous auez descoché dessus moy les plus durs
traits de vostre vengeance ; vous m'auez touché de vostre main ; & ne la
leuez point de dessus moy. Ie sens en ma conscience des remords & des
terreurs qui m'estonnent, & me brisent comme coups de foudre & esclats

de tonnerre : les maux m'arriuent file à file, & vn malheur preffe l'autre :
la guerre n'eſt pas ſi toſt finie, que la peſte m'aſſaut ; & en fin la mort me
rauit les plus chers gages que i'aye en ce monde. En quoy me conſoleray-
je doncques, mon Dieu ? ſera-ce en moy-meſme ? * Helas ! ie n'ay mem- 3
bre ſur moy qui ſoit ſain, le mal a penetré iuſqu'à la moüelle de mes os,
ie n'ay partie ſur moy qui ne me reproche mon peché & n'en ſouffre la
peine : ie languis en ma douleur, & perſonne ne me conſole ; mes yeux ne
me ſeruent à rien qu'à contempler ma miſere, & mon ame qu'à reconnoiſtre mon malheur. * Ie regarde tout à l'entour de moy, & autant que les 4
yeux de mon corps & de mon ame peuuent reuoir le paſſé, ie ne voy en
haut, en bas, & à coſté, que peché qui m'enuironne, & mes iniquitez qui
me preſſent & accablent : elles ſe ſont amoncelées ſur mon chef, comme
vn fardeau bien peſant, & voila qu'elles m'eſtouffent. * Comment y reſiſte- 5
ray-je ? quelle force ay-je pour m'en defendre, veu que mon corps tombe
par pieces ? L'ordure en decoule de tous coſtez, mes vlceres ne ſont pas ſi
toſt fermez qu'ils ſe r'ouurent : & ſi mon corps eſt mal, mon ame eſt-elle
mieux ? N'eſt-elle pas toute confuſe & tremblante de peur & d'effroy ?
* A meſure que la maladie mine mon corps, & le fait pencher à la mort, 6
la triſteſſe mine mon ame, & luy deſrobe ſa vertu : & comme vne aſpre
froidure gele en bourre vn tendre & nouueau bourgeon, le fanne & le
fleſtrit ; ainſi le doigt du Seigneur qui a touché mon ame, la fait languir
& perdre tout courage. * Mais helas ! mon Dieu, quel courage pourrois- 7
je auoir, quand ie me voy ainſi couuert de playes, & qu'il n'y a lieu ſur
mon corps qui ſoit exempt de douleur ; & que meſmes outre mon mal, la
memoire de mes lubriques plaiſirs, me repreſente, me reproche mon vice,
& ſe mocque de ma vanité : Ie dis en moy-meſme : Me falloit-il confire
ma vie au miel de tant de delices, pour la deſtremper puis apres dans le
fiel de ſi ameres angoiſſes ? Où eſtes-vous à ceſte heure, ô trompeuſe volupté, qui fondiez mon ame dans la douce liqueur de vos plaiſirs ? O quel
déboire vous me laiſſez maintenant ! * Or n'ay-je pas aſſez enduré, Sei- 8
gneur ? mon humilité n'a-elle pas aſſez chaſtié mon arrogance ? Si i'ay peché par vne ſotte preſomption ; las ! depuis ie me ſuis traiſné contre terre,
i'ay couuert ma teſte de cendres, de mon bras i'ay preuenu ma peine ; i'ay
fendu mon cœur de cris, i'ay fondu mes yeux en larmes, & voſtre ire dure touſiours. * Volontiers, Seigneur, que vous n'auez pas apperceu mes 9
pleurs ; vous qui d'vn clein d'œil trauerſez le Ciel & la terre, vous dont la
veuë outre-paſſe le profond de nos cœurs. Seigneur, vous auez leu dans
ma penſée, & conneu mon intention ; qu'ay-je deſiré que voſtre miſericorde ? en quoy ay-je eu eſperance qu'en voſtre bonté ? Pourquoy ay-je
fait profeſſion publique de repentance, ſinon pour me condamner moy-
meſme ? Que ſi ma langue n'a pas bien exprimé ma volonté, & fait entendre mon deſir ; helas ! Seigneur, vous ſçauez ce que nous voulons, auparauant que nous y ayons penſé. Il ſuffit de leuer le cœur à vous, & incontinent vous nous octroyez ce que nous vous demandons. * Mais pour- 10
quoy mettez-vous tant, Seigneur, à me donner la ſaincte conſolation que
vous m'auez promiſe ? Las ! ie n'en puis plus, le cœur me faut, mon ſens ſe
trouble,

trouble, la force m'abandonne, ma veuë s'esblouït, & mon ame fuyante est

11 ja sur le bord de mes levres. * Tous mes amis sont à l'entour de moy, qui pleurent ja ma mort ; ils ont perdu toute esperance de ma santé, ils ne songent qu'à mes obseques ; & demandent entr'eux, Où est le secours qu'il

12 attendoit de son Dieu ? où est la faueur qu'il se promettoit de luy ? * Les flatteurs se sont retirez d'aupres de moy ; ils ont pensé à partager mes despoüilles, ils ont voulu preuenir mon heure fatale, tant i'ennuye à tout le

13 monde en l'estat où ie suis. * Ils se chuchetoient à l'oreille & faisoient mille contes de moy : ils me dressoient tous les iours quelque nouuella partie, & ne pensoient qu'à me trahir. Il est, ce disoient-ils, au lict de la mort, il ne s'en réleuera iamais ; que craignons-nous, que l'ombre de ses os ne nous

14 morde ? * Et moy, comme si i'eusse esté sourd, ie faisois semblant de n'en rien ouïr ; comme si i'eusse esté muet, ie ne leur respondois mot : ma

15 patience estoit mon bouclier, ma constance estoit mon rempart. * Chacun disoit en me voyant si patient en mon aduersité : Pour certain cet homme est muet, quand on le pique il n'a point de replique : endureroit-il toutes ces indignitez-là, s'il luy restoit quelque sentiment d'honneur, ou tant soit peu de courage ? Il faut bien dire qu'il soit bien coulpable, car l'innocence est tousiours hardie en sa defense. Mais pour cela ie ne me suis

16 point esmeu. * Pourquoy ? i'ay esperé en mon Dieu, & ay eu certaine asseurance qu'il m'assistera. Que tout le monde se bande contre moy, que le Ciel & la terre conjure à ma ruine, pourueu qu'il m'aide ie seray tousiours vainqueur. Du souffle de sa bouche il a creé toutes choses, en soufflant il ruinera tout, s'il luy plaist. Ie combattray sous son drappeau, & la

17 victoire m'est asseurée. * Ie leur ay dit tant de fois : Ne vous resiouïssez point de mon mal, si bien ie suis tourmenté & affligé ne me brauez point, car la main du Seigneur est encores assez longue pour atteindre iusques à vous : ne vous fiez pas en sa patience, car comme il a les pieds de laine, il a les bras de fer. S'il les rameine vne fois sur vos testes, ô ames impenitentes, il vous froissera de telle façon, que l'on ne se souuiendra plus que vous ayez

18 oncques esté. * De moy i'ay pris les verges en main, i'ay imprimé sur mes espaules la condamnation de mon peché : i'ay comparu, Seigneur, deuant vous les larmes aux yeux, la repentance en la bouche, & le dueil au cœur, ie me suis combatu moy-mesme, de peur que mon ennemy ne triomphast

19 de moy. * I'ay confessé publiquement ma faute, i'ay annoncé de bonne heure mon peché, i'ay eu soin de recourir à vostre misericorde, pendant

20 que la saison y estoit. * Mais plus ie m'humilie deuant vous pour puiser de l'eau courante de ceste fontaine de grace qui coule de vostre bonté ; plus mes ennemis me gourmandent & s'acharnent sur moy, leur trouppe s'accroist tous les iours, ils se rallient de tous costez, ne preuoyans pas la tempeste qui les fracassera. Ils attisent par leur orgueil le brazier de vostre ire, ils despitent vostre vertu, qu'ils esprouueront trop tost à leur grande ruine. Bref, asseurez contre le Ciel & la terre, ils se veautrent dans leurs sales voluptez, & effacent, entant qu'il leur est possible, la marque de diuinité que vous leur auez emprainte en l'ame ; & ferment les yeux contre l'esperance

21 de salut, qui leur reluit en vostre parole. * Ie ne cesse, mon Dieu, de les

admonester; mais ils me rendent le mal pour le bien, & tournent en risée tout ce que ie fay pour vous complaire, & leur donner bon exemple : ils vont par les carrefours me traduire calomnieusement, & m'imposent mille meschancetez : ie confesse, Seigneur, que ie commence à perdre patience. * Mais mon Dieu, renforcez mon infirmité, & ne m'abandonnez nullement; car autrement ie tresbucherois comme vn petit enfant, dans le premier precipice qui se presenteroit à moy. Croissez-moy, Seigneur, la force & le courage à l'esgal de l'affliction, & tenez-moy sous vostre aisle, me donnant à toute heure que i'en auray besoin, la constance & fermeté : ne plus ne moins qu'vne charitable mere qui presente la mammelle à son enfant, si tost qu'elle l'entend crier. * Nourrissez-moy doncques, Seigneur, du laict de vostre saincte charité, afin qu'aucunement substanté, ie puisse cheminer iour & nuict sur le train de vos sentiers, pour paruenir au salut dont l'esperance reluit en vos promesses. Que si mon peché se presente pour me couper chemin; ie lascheray la bonde de mes yeux, & ne la fermeray iamais que ie ne l'aye noyé & abysmé dans mes larmes.

Miserere mei Deus.

PSEAVME L.

AYEZ pitié de moy, mon Dieu, selon la grandeur de vostre clemence; & me remettez par vostre immense misericorde la peine que i'ay iustement méritée. Car si vous attendez que mes ieusnes, mes veilles & mes oraisons, satisfassent à mon peché; las! Seigneur, quand sera-ce fait? Mon forfait se mesure à la terre & au Ciel; & a surpassé, entant qu'il a peu, la grandeur de tout le monde. Qui le pourra doncques enuironner, pour l'effacer entierement, sinon vostre saincte misericorde; qui est d'autant plus grande que nostre peché, que vostre iustice est plus grande que la nostre? C'est vostre misericorde, Seigneur, qui enuironne tout cet Vniuers, qui retient les parties du monde branlantes & prestes à tomber sur nos testes, pour enseuelir en sa ruine auec nous la memoire de nos pechez; pour destourner de vos yeux nostre race ingrate, desloyale & felonne, qui desauouë de vous sa naissance, sa creation & conseruation. Donc que ceste misericordieuse bonté qui reluit en vostre Diuinité par dessus toutes vos autres vertus, s'estende maintenant dessus moy, non retenuë ny espargnée, ains desbordée & prodiguée. Et comme vous auez vne fois fait desbonder les ondes par dessus les sommets des montagnes, pour esteindre & abysmer les meschans, faites regorger dessus moy vn torrent de misericorde; non, Seigneur, pour me noyer, ains pour me baigner & purifier. * Mais ne vous contentez pas de me nettoyer vne fois, ne me dites pas que vous m'auez regeneré & laué dans le sang du chaste & innocent Agneau : car aussi blanc que vous m'auez fait, aussi ord me trouuerez-vous maintenant. Ie me suis plongé dans vne profonde cloaque; ie me suis tellement embourbé, que vous ne me reconnoistrez plus, tant ie me suis desfiguré. Ie m'interroge quelquesfois moy-mesme,

si ie

fi ie fuis celuy que vous auez creé de vos mains; mon cœur confus &
honteux, ne m'ofe rien refpondre. O mon Dieu, vous m'auez creé de boüe
& de limon; me voila doncques tel que i'eftois auparauant que vous y mif-
fiez la main. I'ay defpoüillé ma force & mon vifage pour me reueftir de
fange & d'ordure. Mais pourquoy, mon Dieu, ne me reformez-vous de
nouueau? voftre main eft-elle accourcie? la volonté de bien-faire à voftre
creature, vous eft-elle faillie? las! vous eftes tout-puiffant, las! vous eftes
tout bon: pourquoy tardez-vous doncques? Seigneur, voftre ouurage
s'obftine contre vous, & prend plaifir à fe desfigurer & difformer foy-
mefme: obftiñez-vous contre voftre ouurage & le rendez beau & parfait,
voire malgré qu'il en ait. Mais, mon Dieu, ie ne m'opiniaftreray plus contre vous; tenez, prenez-moy, tournez-moy comme vous voüdrez, repe-
ftriffez cefte fange, renouuellez-là, reuerniffez-la, elle eft prefte de fuiure
voftre volonté. Mais, Seigneur, quand vous l'aurez toute renouuellée,
ne l'abandonnez pas pourtant, mettez-luy vn frein dans la bouche; afin
que par abftinence, elle retienne la gourmandife qui la pouffe; par chafteté, elle attiediffe les impudiques ardeurs de la volupté qui l'efchauffe; par
l'humilité, elle rabaiffe l'orgueil que la mordante enuie foufleue en elle;
qu'vne pitoyable charité chaffe d'entour d'elle la haine & affamée auarice; qu'vn foin de vous feruir & honorer, donne continuellement de l'ef-
3 peron dans les flancs de fa pareffe & fetarde neglicence. * Car autrement,
mon Dieu, i'ay trop efprouué cefte trouppe de vices qui m'enuironne. Ils
terraceront & defpeceront tellement voftre ouurage, que quand vous
viendrez, vous n'en trouuerez que les traits tous fracaffez & brifez. Ie les
ay tant experimentez; ce font eux qui m'ont mis en l'eftat où ie fuis, & au
bout de là, les voila encore arrengez à l'entour de moy, qui me reprochent
les taches dont ils m'ont eux-mefmes foüillé, & me veulent rendre coupables des iniures qu'ils m'ont faites. Que tu as peché! ce me difent-ils, que
4 tu es deuenu ord & fale! * I'ay peché, veritablement ie le confeffe, mon
Dieu: voilà, ie vous offre le profond de mon cœur, connoiffez toute ma
vie. I'ay peché à la face du Ciel & de la terre, & tout le monde eft tefmoin
de mon vice. Mais fi ie n'auois peché, à qui feriez-vous mifericorde? comment vous acquitteriez-vous des promeffes de grace, que vous auez de fi
long-temps annoncées par vos Prophetes? Quand vous viendrez à vous
foir fur le throfne eternel de voftre Iuftice, qui eft-ce qui vous redoute-
roit, fi nous eftions tous iuftes? Mais il faut, afin que l'on connoiffe voftre
grandeur, que quand nous ferons adjournez deuant vous, nous nous jet-
tions humblement fur la face, & crions: Tout doux, Seigneur, nous ne
voulons pas entrer en defenfe deuant vous; noftre crime eft notoire, mais
voila noftre grace en main, vous nous l'auez vous-mefme octroyée, la
voila fignée de voftre fang, feellée de voftre image, qui pour noftre redem-
5 ption a efté imprimée en l'infirmité de la chair. * Vous attendiez-vous,
mon Dieu, que quand ie viendrois deuant vous ie fiffe rempart de mon innocence, & que ie fuffe fi aueuglé d'entendement, que ie me vouluffe iuftifier en voftre prefence? Helas! Seigneur, ie fçay que ie n'eftois pas encore né, & ie n'eftois defia que peché: ma mere a penfé fe deliurer d'vn

enfant, & elle est accouchée de peché: que mieux eust-il esté, si de bon-ne heure elle eust auorté d'vn si prodigieux fruict, qui fait honte à l'arbre qui l'a porté, à la terre qui l'a nourry, & au Ciel qui l'a meury. Ie me suis nourry de peché dans le ventre de ma mere, ie l'ay succé auec son laict: le voila qui est tellement creu auecques moy, qu'il m'ombrage la teste & m'offusque les yeux. * Mais quand ie voy les yeux de mon corps ainsi sil-lez du peché qui m'enuironne, i'ouure les yeux de mon ame, & commen-cé à voir de loin le rayon de vostre infaillible verité; & reconnois les mer-ueilleux secrets de vostre sapience que vous m'auez manifestée. Mon ame lors, abandonnant l'impureté de mon corps, s'esleue iusqu'au Ciel, & pe-netre au trauers de son incroyable clarté; & iettant la veuë sur le liure de l'eternité, elle y lit le traitté de nouuelle alliance que vous deuez faire auec les hommes; puis reuenant dans son miserable corps, elle le remplit d'es-perance & de ioye, & luy promet victoire asseurée sur son peché. * Car el-le a appris au Ciel, que vous prendrez en main le brin d'hyssope odorante, & espancherez dessus moy l'eau de purification: vous me lauerez & ie de-uiendray plus blanc que neige, l'on ne verra pas seulement sur moy la tra-ce du peché. Quelle lexiue sera-ce, Seigneur, qui se fera de la cendre de mes pechez consumez par le feu de vostre charité, auec l'eau des larmes que ma repentance distillera de mon cœur, & qui au Soleil de vostre grace es-suyera nos pleurs, & fera naistre en nous vne resiouïssance spirituelle, & en fin nous blanchira en pureté & candeur de Iustice, pour vn iour reluire pardessus les estoilles du firmament? * Nous n'oirons lors que le son agrea-ble de la trompette de salut, qui annoncera grace & misericorde à ceux qui la voudront receuoir. Nous verrons lors, les os pourris & consumez se re-leuer & recouurir de leur charnure, pour participer à ceste liesse vniuerselle, à laquelle vous auez inuité tout le monde. * Or afin que ie puisse lors com-paroistre deuant vous en si honorable appareil, que si honorable magnifi-cence le merite; Mettez, mon Dieu, toutes mes fautes sous le pied, enter-rez-les dans le centre de la terre, à ce que nul œil ny puisse penetrer: sepa-rez-moy pour iamais d'auec mon iniquité, dés à present ie la repudie, & iu-re vn diuorce irreconciliable auec elle. * Voila mon ame que ie vous offre, rendez-la pure & nette; versez en mon cœur vn esprit tout nouueau, qui ne conçoiue que droiture & saincteté. Seigneur Dieu, establissez-y le do-micile de vostre sainct Esprit, afin que d'ores-en-auant ie ne pense, souspi-re, ne respire que la loüange de mon Dieu, que vostre volonté soit tous-jours empreinte en mon estomach, & vostre gloire escrite sur mes leures. * Quand vous m'aurez ainsi reuestu & paré de pieté & d'integrité, ie seray tout asseuré que rien ne me pourra esloigner de vostre presence: & lors, comme l'aigle legitime regarde droit le Soleil, ainsi ficheray-ie ma veuë sur la face de vostre eternité, & verray en vostre esmerueillable visage tou-tes les perfections que ie ne puis maintenant conceuoir; iamais plus vostre sainct Esprit ne deslogera de mon cœur; ce sera celuy qui sur l'aisle d'vne zelée charité me portera iusques entre vos bras, pour m'associer à ceste ioye celeste. * Faites-moy doncques bien-tost gouster les douceurs de ceste vie immortelle: sauuez-moy vistement des escueils de ce monde, qui de tous

coûtez

coftez menacent mon ame de naufrage : & comme le marinier joint au port , couronne de fleurs le mas de fon vaiffeau , en figne de fauueté, couronnez-moy, mon Dieu, des precieux dons de voftre fainct Efprit, pour gages de la beatitude eternelle que vous me promettez. De voftre Efprit, dis-je, qui regne entre vos fideles, qui depart la foy à vos efleus, 13 la charité à vos bien-aymez , l'efperance à vos predeftinez. * Or cependant que mon ame demeure en cet exil, attendant toufiours d'eftre rappellée à vous, j'enfeigneray aux iniques le chemin qu'ils doiuent fuiure pour vous complaire : ie les addrefferay, de peur qu'entre les tenèbres de ce fiecle ils ne froiffent contre les heurts qui s'y prefentent : Ils me croiront, & fe retourneront vers vous, ô pere de lumiere : ils embrafferont de tout leur cœur voftre foy, & chemineront en voftre obeïffance.

14 * Iefçay, Seigneur, qu'il s'en trouuera qui boucheront l'oreille à ma voix, & s'opiniaftreront en leur vice; ils coniureront ma mort, & voudront fouller leur barbare cruauté de mon fang. Mon Dieu, deliurez-moy de leurs mains, & me referuez pour annoncer voftre Iuftice, & prononcer leur condamnation. Ie leur prediray leurs maux, & ils les fentiront : ma voix ne fera pas fi toft ceffée, que voftre main frappera fur eux : voftre main ne les 15 aura pas fi toft frappez, que les voila tous fracaffez & perdus à iamais. * Et lors vous ouurirez mes levres, & ma bouche annoncera voftre victoire; l'air s'accoifera, les vents s'abbatront, les fleuues s'arrefteront, pour entendre ma voix refonante, qui chantera les merueilles du Dieu eternel. Car voftre loüange, Seigneur, fera le facrifice que ie vous offriray en tout temps, & qui 16 vous fera en tout temps agreable. * I'euffe bien enfanglanté vos Autels d'vn grand nombre de beftes, i'euffe bien fait efgorger mille bœufs & mille agneaux à voftre honneur : mais le fang vous put, & la chair vous defplaift : la fumée de telles offrandes fe perd en l'air parmy les vents, & ne peut monter iufques à vous : la voix feule de l'homme iufte paffe par deffus 17 les Cieux, & vous eft prefentée par vos Anges. * O que c'eft vn facrifice acceptable deuant vous, qu'vn cœur tranfi de repentance, vn cœur humilié en la connoiffance de fon peché : iamais celuy-là ne fera rejetté de vous; car pour monter à vous il faut defcendre; pour toucher au Ciel, il fe faut traifner contre terre; pour eftre entendu de vous, il fe faut taire; & pour eftre couronné en voftre Royaume, il faut eftre battu & flagellé au monde. Ce font les facrifices par lefquels il nous faut reconcilier 18 auec vous, & entrer en l'alliance que vous nous auez propofée. * Que fi vous voulez , Seigneur, que nous vous offrions des bœufs & des taureaux, & que nous faffions fumer vos Autels du fang des beftes; fi vous voulez que par la mort de l'holocaufte innocent, nous reprefentions la mort & l'innocence de celuy que vous auez deftiné à la redemption de nos ames; fi la figure de ce qui doit aduenir en la perfonne de l'Agneau fans macule vous eft agreable en l'occifion des moutons & des brebis; nous le ferons, nous nous en acquiterons. Regardez doncques en pitié voftre pauure peuple : confortez Sion toute defolée; encouragez fes pauures habitans, afin qu'ils redreffent les murs de voftre ville fainɛte, & reedifient voftre Temple, non à l'egal de ce que vous meritez, Seigneur, mais de

ce où les richeſſes & l'induſtrie du monde pourra atteindre. * Là de tou- 19
tes parts viendront vos fideles à la foule, pour vous offrir ſacrifice : là ſeulement vous ſera plaiſante l'expiation de leurs pechez. Mais, mon Dieu,
ce ne ſera ny le ſang ny la mort des animaux qui lauera leurs ſoüilleures,
l'expiation de leur deſobeïſſance & preuarication eſt preparée de toute
eternité. C'eſt vne hoſtie ineſtimable, vn holocauſte ſans macule, qui
tirera le rideau, qui diſſipera les tenebres, qui rompra la cloiſon, pour
nous faire voir face à face la verité de noſtre ſalut, faire eſclairer ſur
nous les rayons de la diuine miſericorde, & nous r'aſſocier à la communion de la beatitude eternelle, à laquelle nous auons volontairement renoncé. O Dieu tres-pitoyable, qui auez deſſillé les yeux de
mon entendement, pour voir le myſtere de ma ſaluation ; faites-
moy, Seigneur, ſauourer l'excellent fruict, qui fleury ſur l'arbre de
la Croix, viuifiera de ſon jus nos ames mortifiées, nous preſerue-
ra & garentira à iamais de la ruine & calamité, laquelle a ſi miſerablement accueilly la race des hommes, & s'eſt coulée en eux par leur deſobeïſſance.

Domine exaudi.

PSEAVME CI.

SEIGNEVR, il y a ſi long-temps que ie crie apres voſtre mi- 1
ſericorde, & ie ſuis encore à attendre ſecours de vous. L'air
eſt remply de mes cris, les vents ont porté la voix de ma douleur iuſques aux extremitez de la terre ; & voſtre oreille qui entend ce
qui eſt dans les abyſmes des enfers, n'entend point ma priere, qui frappe iuſques au Ciel. Vous ne ſerez doncques, Seigneur, ſourd que
pour moy, & ma clameur ſera entenduë de tout le monde, fors que
de vous ? Non, non, mon Dieu, il y a trop long-temps que vous me
tendez les bras, pour me rejetter maintenant que ie viens à refuge à
vous. *. Maintenant que ie ſens mille & mille douleurs, & que de 2
tous coſtez les maux m'aſſaillent, ne me tournez pas le dos, Seigneur.
Helas ! i'ay mis toute ma reſource au doux regard de voſtre face ; i'ay
repudié le monde, afin de me retirer auec vous ; i'ay abandonné les
enfans de la terre, afin de me rallier auec le maiſtre des Cieux : maintenant me voudriez-vous laiſſer ? Ne faites pas cela, Seigneur, ains tous
les iours de ma vie aſſiſtez mon infirmité. * Si toſt que ma voix crie- 3
ra, Mon Dieu, qu'auſſi-toſt ie vous ſente. Que voſtre grace deſcen-
de auſſi promptement deſſus moy, qu'vne Aigle qui va au ſecours de
ſes petits. Car ſi vous ne m'aſſiſtez quel combat pourray-je rendre
contre les ennemis de mon ame ? * Ma force & ma vie s'eſuanouït 4
tous les iours, comme vne legere fumée qui ſe perd en s'enuolant ; l'œil
qui la voit ſortir de ſon feu, la voit auſſi-toſt diſſipée, & l'accompagne
en vn moment de ſon origine à ſa fin : l'on demande qu'elle eſt deuenuë,
& n'en trouue-on pas la trace ſeulement. Qui a veu les brindelles des
bois

bois se seicher au Soleil, perdre & leur vigueur & leur verdeur ; il a veu mes pauures os, qui sont deuenus secs & tabides, & ne demandent plus que le tombeau ; tombeau certainement trop heureux pour moy, si vn si 5 petit fossé peut arrester la violente course de mon extreme misere. * Qui a veu le foin fauché se faner à la campagne, se decolorer & flestrir ; qu'il regarde ma face si morne & si pasle, qu'il semble que ie vueille faire peur à la Mort. Mon cœur se seiche au milieu de mes entrailles, & mon sang se tarit dans mes veines ; car ie ne me souuiens plus de mettre du pain en ma 6 bouche, & oublie tous les iours à prendre mes repas. * Ma bouche ne me sert plus que pour m'escrier & lamenter, & la voix ordinaire de ma douleur est si forte, qu'elle entraine auec soy tout le reste de ma vigueur. Si que mon corps se coulant en tristesse se consume peu à peu, & ia les os me vont perçans hideusement la peau. Pourquoy doncques auray-je soin d'entretenir ce miserable corps qui est le sujet de mes miseres ? Pourquoy veilleray-je à conseruer ceste vie, qui lutte contre tant d'ennuis ? qui est tirassée de tant d'afflictions ? Ne vaudra-il pas mieux pour moy, don- 7 nant fin à ma vie, donner fin à mes maux ? * Le Pelican, qui dans les plus solitaires deserts de l'Egypte, se tourmente d'auoir tué ses petits, & les arrose de son sang, pour leur rendre la vie qu'il leur a ostée, est-il plus triste que moy ? sent-il autre regret que le mien ? Mon peché n'a-il pas procuré la mort de l'enfant que j'aymois plus que moy-mesme ? & maintenant que i'ay tary toutes mes larmes, le sang me veut sortir par les yeux, de peur que ie manque de pleurs en vn si lamentable malheur. Mais le Pelican rachepte au prix de son sang la vie de ses petits, & moy miserable, ie seray priué à iamais de l'enfant que j'aimois si tendrement : aussi veux-je abandonner le iour & la lumiere, pour me confiner és plus obscures tenebres ; comme vn funeste hibou, qui ne part de son creux, tant 8 que la nuict ait voilé la terre par son obscurité. * Ie suis perpetuellement esueillé, tousiours refuant à mon mal, & cherchant de me cacher de deuant le malheur qui me court à force : tout matté, tout failly de courage, ie ne cherche que quelque coin pour m'y mettre ; comme le passereau sauuage, qui battu de la pluye & du vent cherche quelque couuer- 9 ture pour s'y mettre à l'abry. * Mes ennemis me voyans auec ceste contenance s'en sont mocquez, m'ont reproché ma misere, & ceux qui souloient faire grand cas de moy, au lieu de se condouloir en mon affliction, ont conjuré contre moy. Qu'est-ce donc que des biens de ce monde ; si la plus grande richesse que l'homme puisse acquerir est d'amis, & si les 10 amis sont si doubles, & font si peu de compte de violer leur foy ? * Ma vertu s'est diminuée, la fleur de mon teint s'est escoulée ; car i'ay sur-semé mon pain de cendres, i'ay destrempé mon breuuage en mes larmes. Mais pour cela demeureray-je l'argument des risées de ceste race infidele ? * Ie me suis rencontré, il est vray, deuant vostre face au iour 11 de vostre courroux : vous auez ramené sur moy vostre bras de vengeance, i'en suis demeuré tout froissé. Ie m'estois glorifié entre les hommes, & voila comme ie suis maintenant atterré. O vaine presomption ! à quel precipice m'auez-vous mené pour me donner vn tel saut ? Helas!

qu'auois-je trouué en moy qui deust engendrer en mon cœur telle opinion de moy? * Comme l'on void l'ombre d'vn corps, decroistre peu à   11
peu à mesure que le Soleil s'esleue au dessus de luy, & en fin se reduire comme à vn petit point : ainsi aussi-tost que vostre courroux s'est esleué de
sur moy, Seigneur, ma vie, mes biens & ma grandeur s'est peu à peu dis-
paruë & aneantie ; tellement que me voilà comme le foin estendu sur la
place, sans grace & sans couleur, on l'amasse pour seruir de pasture au bestail, & tant de belles fleurs si suaues & si odorantes, sont bottelées parmy
la ciguë & le chardon. * Mais pour cela perdray-je l'esperance ? Non,   13
mon Dieu : car vostre puissance est infinie, qui durera en toute eternité ;
vostre misericorde immense, qui s'estendra sur tous ceux qui espereront
en vous. Les siecles passeront les vns apres les autres ; mais la memoire de
vostre bonté ne finira iamais : les lignées succederont aux lignées, mais ce
sera pour tousiours raconter vos loüanges & vos bien-faits. * Vous vous 14
esueillerez vn iour, mon Dieu, pour faire misericorde à Sion, car le temps
de misericorde approche. Le voila, ie le voy arriuer. Les fleuues ne coulent point tant d'eaux claires dans le large sein de la mer, que vostre bonté respandra de faueurs & de graces sur la face de ceste terre. Ouurez vos
cœurs peuples, ouurez vos cœurs, car la main liberale de mon Dieu vous
les veut remplir d'vne saincte ardeur, qui les vous purifiera plus nets que
l'or à la coupelle. * Or l'edifice de Sion est, Seigneur, le refuge auquel   15
s'attendent vos seruiteurs ; c'est ce qu'ils ayment tant, ce qu'ils desirent si ardemment : c'est où ils s'attendent trouuer misericorde ; c'est
le Temple, Seigneur, que vous ruinerez en trois iours, & redresserez en
trois autres, pour estre le domicile de vie eternelle, le siege de salut, le thresor de grace, le temple d'eternité. * Alors mon Dieu, les nations demeu- 16
reront tout effrayées, & tous les Rois de la terre trembleront à la splendeur
de vostre gloire. Où sera le coin du monde si caché, où ne retentisse le
bruit de vostre heureux aduenement ? qui seront les peuples si esloignez
du Soleil, si confinez en tenebres, qui ne dessillent leurs yeux pour voir la
brillante clarté du salut qui leur reluira ? Le Ciel mesmes croistra le nombre de ses flambeaux, pour esclairer à ceste vostre entrée au monde ; &
les Rois accourront de tous costez, pour faire hommage au Roy des Rois,
au dominateur du Ciel & de la terre. * Car il a esleué son throsne Royal 17
dans Sion, auec vn grand & magnifique appareil : là on le verra tout enuironné de gloire, obscurcissant le Soleil & la Lune de la lueur de sa face.
* Mais pourquoy est-ce Seigneur, que vous auez si haut exalté le throsne 18
de vostre gloire ? A-ce esté pour mespriser les humbles prieres de vos fideles seruiteurs, & pour negliger tout le monde qui n'est rien au prix de ceste
vostre grandeur ? Helas non, mon Dieu. Vous vous estes esleué en lieu
eminent, afin que tous les habitans de la terre vous puissent voir & reconnoistre, pour recourir à vostre grace & misericorde : car vous serez
tousiours prest à venir à l'humble semonce de vos seruiteurs, & ne des-
daignerez iamais leurs pitoyables requestes. Aussi les voila tous arrengez
comme pauures forçats condamnez à la chaisne, qui attendent la veüe
de quelque Roy, pour estre deliurez au iour de son entrée. Ainsi deliurerez-
vous

vous, Seigneur, ceux qui fe font eux-mefmes liurez à la feruitude du peché:
19 au feul clin de voftre œil les fers leur tomberont des mains. * Lors on les
oira tous chanter vn chant de gloire au Roy victorieux, leur voix s'entendra en tous les endroits de la terre, & voftre finguliere bonté &
mifericorde infinie fera engrauée en la memoire des hommes, pour paffer de fiecle en fiecle, iufques à leur derniere pofterité. La terre fera ja
confumée, les eaux toutes taries, l'air tout efuanouy, & les Cieux auront
20 trouué leur fin, qu'encores fe chantera la gloire du Dieu eternel. * Dieu
eternel, qui a daigné du faifte des plus hauts Cieux jetter les yeux dans le
plus profond de la terre, pour reconnoiftre les tourmens des pauures detenus en la captiuité des enfers : qui a oüy leur gemiffement, & foudain y eft
accouru, pour deflier & donner liberté à ces pauures chetifs prifonniers, &
à toute leur pofterité. La mort les auoit furmontez auec les armes du peché, & les auoit confinez en ces obfcures prifons; mais le Dieu de vie a de-
21 bellé la mort, & les a mis en pleine deliurance. * Afin, Seigneur, qu'ils
puiffent annoncer voftre loüange en Sion, qu'ils prefchent voftre clemence
en Ierufalem. Mais quand chacun d'eux auroit cent bouches, & la voix auffi
forte que voftre tonnerre, ils n'auroient garde d'atteindre à la grandeur de
voftre gloire. Toutes les parties du monde ne confpirent enfemblément,
qu'à reprefenter en leurs mouuemens quelque partie de voftre puiffance &
bonté infinie, mais ils n'ont garde d'y arriuer : car ce font abyfmes & plus
qu'abyfmes, qui n'ont ne fond ne riue, & qu'il faut feulement regarder
22 de bien loin. * Contentez-vous donc, mon Dieu, que voftre peuple affemblé & reüny en corps & en courage, vous offre deuotieufement la faincte volonté qu'il a de vous honorer; car l'effet ne peut aucunement approcher de voftre merite. Ayez acceptable, Seigneur, que les Rois de la terre
fe viennent humilier deuant vous, & vous rendre l'hommage & feruice
qui vous eft deu, comme à leur fouuerain Seigneur. Ils mettront leur fceptre en terre, & leur couronne à leurs pieds; & vous prefenteront en facrifice vne humble deuotion, vne innocente confcience. Ie feray, mon
Dieu, le premier qui me profterneray deuant vous pour vous adorer &
feruir de tout mon cœur : à vous feul j'attacheray ma penfée, à vous feul ie
confacreray mon efprit. Viuifiez-le, Seigneur, afin qu'efpuré par la faincte
ardeur de voftre charité, il reçoiue en foy (comme vn miroüer bien poly)
l'image de voftre incomprehenfible beauté & perfection, & fente en foy la
reflexion de voftre fincere bienueillance; tant que voftre bonté infinie l'affocie au nombre de vos efleus, pour eftre leur coheritier en la vie eternelle.
23 * Or, mon Dieu, i'ay defia fenty que vous auez illuminé mon ame de voftre grace; & ay preffenty la faueur que vous voulez faire à tous les enfans
de la terre. Ia mon efprit a remarqué de bien loin comme vous vous acheminiez à la deliurance du monde, mais il a eu frayeur de mourir auant voftre arriuée : c'eft pourquoy vous auez oüy qu'il s'eft efcrié à vous, difant :
Mon Dieu, dites-moy quel fera le cours de mon âge; & quand vous
24 mettrez fin à mes iours? * N'allez pas, Seigneur, trancher le fil de ma vie
au premier ou fecond tour de fufeau, au milieu de fon cours ne l'arreftez
pas tout court? Attendez, mon Dieu, que le temps foit venu, auquel vous

deuez ouurir le trefor de vos graces, pour faire entre les hommes vne largeffe de falut : ou pour le moins fi vous auez ordonné de ma fin, & que ma
vie ne fe puiffe eftendre iufques là, ayez fouuenance de ma pofterité, &
faites naiftre en ma race celuy qui doit fanctifier le monde par fon aduenement. ✱ Ie fçay, Seigneur, à la verité, qu'au commencement vous auez 25
formé le Ciel & la terre, & que tout ce que nous voyons d'excellent en ce
monde, eft l'ouurage de vos mains. ✱ Mais tout cela prendra fin, comme 26
vn veftement qui s'vfe auec le temps, on cherchera ce qu'il eft deuenu, &
on ne le trouuera plus : il a efté fait, & il fera deffait : il a eu commencement, & faut qu'il ait fa fin : mais vous feul, Seigneur, qui eftes de toute
eternité, demeurerez toufiours en mefme eftat. L'âge & le temps qui confomme toutes chofes, ne fert qu'à confirmer voftre eftre, & publier voftre
Diuinité, & les hommes ne femblent arriuer fur la terre, que pour contempler tour à tour voftre incomprehenfible grandeur d'vn cofté, & leur
infirmité de l'autre. ✱ L'homme ne change point fi fouuent de chemife, 27
qu'vne mefme terre change fouuent d'habitans, l'vn pouffe l'autre, & tout
fe renouuelle en vn moment : mais vous, mon Dieu, eftes encore aujour-
d'huy celuy que vous eftiez au commencement. Chaque prouince de la
terre raconte vn grand nombre de Rois qui y ont commandé l'vn apres
l'autre : mais le Ciel & la terre nous chantent continuellement, que vous
auez toufiours efté feul, toufiours admirable à vous-mefmes, & que le
paffé ny l'aduenir ne vous fçauroient en rien changer. ✱ Or Seigneur, fi 28
bien il nous faut partir d'icy, fi ne perds-je pas l'efperance de goufter vn iour
du doux fruict qui nous doit guerir de cefte maladie contagieufe, que nos
peres ont tranfmis en nous, pour auoir mangé du fruict de mort & de
peché : car nos enfans viendront apres nous, & nous ferez, Seigneur, cefte
grace, de continuer de fiecle en fiecle noftre pofterité, iufques à ce que
tous enfemble nous comparoiffions deuant voftre face, non pour receuoir
vn iugement de rigueur, mais pour entrer par le merite & interceffion
de voftre Fils bien-aymé, en la beatitude eternelle qui fera acquife à tous
vos fideles, par l'adoption de voftre Fils, en la famille de Dauid voftre feruiteur.

De profundis.

PSEAVME CXXIX.

D V. fonds des abyfmes, ie me fuis efcrié à vous, mon Dieu, perdu 1
& enfeuely és plus effroyables cauernes de la terre, i'ay inuoqué
voftre nom, entendez ma voix, exaucez ma priere. Car toute
efperance de fecours m'eftoit oftée, ie ne voyois entour de moy qu'horreur
& tremblement, & neantmoins ie n'ay point perdu courage, & ay attendu de vous ce que vous auez promis à ceux qui viuront en la crainte de voftre nom, & obeïffance de vos commandemens. ✱ Preftez donc, Sei- 2
gneur, l'oreille fauorable à ma deprecation. Si le peché s'eft mis entre
vous & moy, pour vous aigrir contre mon iniquité, & vous rendre contraire

traire à la priere que ie vous fais, chassez-le du regard de voltre œil de miséricorde : ou bien, Seigneur, fermez pour vn peu les yeux de voltre Iustice, iusques à ce que voltre oreille de clemence ait receu ma confession, & l'humble requeste que ie vous fais : car ie ne viens pas deuant vous pour vanter ma iustification, mais voltre douceur & benignité. * Que s'il falloit que vous tinssiez registre de nos fautes, & que nous vinssions à compte auec vous, qui pourroit endurer, mon Dieu, la rigueur de voltre iugement ? Quel est le iour de ma vie, qui ne meritast vn siecle de tourmens ? Vous espuiseriez, Seigneur, toutes les peines des enfers, & neantmoins la pluspart de mes fautes demeureroit impunie. * Mais on a beau vous auoir offensé, pour cela vous ne laissez pas à receuoir le pecheur qui vient à vous, la confession à la bouche, & la contrition au cœur. Il n'a pas si tost regardé vers voltre misericorde, qu'il sent qu'elle œuure en luy, rompt & dissipe le peché qui luy glaçoit le cœur de crainte & de frayeur. La peine qui luy pendoit sur la teste se recule loin de luy, & emporte auec elle ceste miserable solicitude, qui gehenne les consciences contaminées d'iniquité. C'est pourquoy, Seigneur, ie n'ay iamais voulu laisser voltre loy, & ay tousiours attendu qu'il vous pleust me faire grace. Car celuy qui mal-aduisé se desespere en son peché, & abandonne son ame comme perduë, fait comme l'abominable vsurier, qui pour auoir souffert quelque perte en ses biens, se priue soy-mesme de la vie. * Mon ame n'a pas fait ainsi : car ores qu'elle ait senty voltre main appesantie dessus moy, exiger vne partie de la peine que meritoient mes fautes, si a-elle tousiours conserué entiere l'esperance qu'elle auoit en voltre promesse. A mesure que les coups tomboient dessus mon dos, ie m'escriois à vous, Seigneur Dieu, voltre volonté soit faite, mais donnez-moy autant de force que d'affliction. Mesurez ma peine sur ma vigueur, & croissant mon tourment, augmentez mon courage. Ainsi l'auez-vous fait, Seigneur. * Donc que tout Israel, dés le point du iour iusques à la nuict close, regarde & espere en son Dieu, qu'il n'attende secours que de luy : car son secours est prompt & asseuré à celuy qui l'inuoque en integrité de conscience, & pureté de volonté. Le mal a beau estre grand & effroyable ; si tost que le Seigneur a entendu la clameur de ses seruiteurs, aussi-tost se sentent-ils deliurez. * Car il abonde en misericorde, il est infiniment secourable à ceux qui ont recours à luy. Tellement que sa bonté nous oste quasi le regret d'auoir esté pecheurs, & nous fait quasi resioüir de nostre cheute, comme estant cause que nous ayons esprouué sa clemence : car si nos fautes surmontent toute mesure, sa grace excede toute pensée. Nous auons merité vne longue & dure captiuité, la voicy qui nous deliure, & nous rend à vne douce liberté. Nous auons aueuglé les yeux de nostre esprit, la voicy qui les vient illuminer. * O Israel ! vous auez offensé le Seigneur, vous vous estes mocqué de sa loy, vous vous estes ioüé de ses commandemens, vous auez oublié les bien-faits dont il vous a fauorisé. Il vous a tiré d'vne piteuse captiuité, il vous a nourry du pain du Ciel, il a fait saillir les fontaines des roches steriles expres pour vous abreuuer, il a choisi pour voltre habitation le plus delicieux iardin de la terre, il est entré en alliance auec vous, il vous a donné en garde sa volonté ; &

vous auez coniuré contre ſon honneur, paillardé auec les dieux eſtranges, foulé ſa loy aux pieds ; bref, merité plus de ſupplice, qu'il n'y en a dans les enfers. Et neantmoins il s'offre à vous faire grace, il vous veut, au prix de ſon ſang, racheter de la ſeruitude de peché, à laquelle vous vous eſtes vo-lontairement obligez. Le voila qui paye luy-meſme la rançon de ceux qui l'ont trahy ; qui prend ſur luy la peine de noſtre deſertion, & l'amende de noſtre forfait. Auec quelles paroles l'en remercirons-nous ? Oüurez-moy donc les levres, mon Dieu, mon Createur, mon Redempteur ; afin que ma voix ſe puiſſe exhauſſer, à meſure que mon cœur s'enflamme d'vne boüillante affection de vous loüer & remercier, & m'abaiſſer en la con-noiſſance de moy-meſme ; afin de m'eſleuer en la connoiſſance du ſainct myſtere, par lequel nous ſommes reincorporez auec vous, & reintegrez en voſtre alliance, pour entrer en ceſte heureuſe ſocieté de gloire, en la-quelle triompheront ceux qui participeront au merite de la Paſſion de vo-ſtre Fils bien-aymé, vray & ſeul Sauueur du monde.

Domine exaudi orationem meam.

PSEAVME CXLII.

S EIGNEVR, l'homme ſe laſſe en fin de toutes choſes, la cour- 1 ſe continuë le met hors d'haleine ; le trop regarder luy eſblouït les yeux ; le ſon eſclatant luy eſtourdit les oreilles : mais plus ma voix crie vers vous, plus elle ſe renforce, plus le courage me croiſt, & plus mon oraiſon m'eſt agreable : c'eſt pourquoy ie recommence tous les iours à m'eſcrier : Seigneur, oyez ma priere, preſtez l'oreille à ma ſupplication ; car à vous prier, mon Dieu, conſiſte toute ma conſolation. C'eſt, Sei-gneur, ma priere, qui coniure voſtre clemence à expier mes pechez, non par la rigueur de la peine, mais par l'effet de la grace que vous nous auez octroyée, par laquelle vous aboliſſez de voſtre ſouueraine & pleine puiſſan-ce la memoire de nos offenſes. * Ne mettez donc pas en Iuſtice voſtre ſer- 2 uiteur, ne l'abandonnez pas à la rigueur de la Loy : car de tous les viuans qui comparoiſtront à la face de voſtre iugement, perſonne ne ſe pourra iu-ſtifier, perſonne n'eſchapera ceſte effroyable condamnation, dont la pei-ne n'eſt pas ſeulement cruelle, mais immortelle en ſa cruauté. Helas, Sei-gneur ! qui ſe pourra ſauuer deuant vous ? C'eſt vous qui eſtes l'offenſé, c'eſt vous qui nous accuſerez, c'eſt vous qui auez veu nos fautes, & qui les atteſterez ; c'eſt vous qui nous iugerez. Quand l'accuſateur ſera teſmoin, & le teſmoin ſera Iuge, que deuiendra le criminel ? quelle defenſe pourra ſeruir à le iuſtifier ? O Seigneur, ie ne veux pas attendre ce coup. Ie me veux munir de voſtre grace pour l'oppoſer à voſtre Iuſtice. Voſtre grace s'acquiert par la reconnoiſſance de nos fautes, par l'humiliation de noſtre eſprit. Me voila proſterné deuant vous annonçant mon peché : Seigneur, ayez pitié de moy. * Mon peché, mon Dieu, ennemy capital de mon 3 ame, m'a tellement terraſſé & abbatu, que ie me traine maintenant contre terre, ſans oſer regarder le Ciel. Car ſi toſt que ie leue les yeux, ie voy la
lumiere

lumiere qui se respand sur moy, pour me mettre au iour tant & tant de
fautes qui accusent ma conscience. Et sens aussi-tost la honte monter
à mon visage coupable, pour me rabaisser la face en terre, face indigne de
voir le Ciel, dont elle a si griéuement offensé le maistre ; face trop coüarde
pour jetter les yeux vers le lieu qui a tant de foudres preparez pour exterminer les coupables. * Mon esprit doncques m'a conduit aux tenebres,
& m'a enseuely comme vn mort és abysmes d'obscurité. Mon ame s'est
fort attristée dedans moy, & mon cœur s'est tout esmeu, ne plus ne moins
que celuy qui se promenant le nez leué, tombe par mesgarde au fonds
de quelque puits : son sens se trouble incontinent, il perd le iugement,
il se debat & se tourmente, ne sçait qu'il veut, ne sçait qu'il doit faire, iusques à ce qu'ayant repris ses esprits, il se reconnoisse, & le lieu où il est, &
la façon dont il est tombé : car lors il commence peu à peu à regagner le
haut, & se guinder à grande peine au lieu d'où il est tombé fort aisément.

5 * Ainsi, ayant repris d'aussi loin qu'il m'est possible la memoire des choses
passées, m'estant representé en vne profonde meditation les œuures de vos
mains, ayant exactement consideré la perfection des choses que vous auez
ouurées, mesmes me souuenant de l'estat auquel vous nous auez creez, &
puis me proposant celuy auquel ie me trouue maintenant comme accablé
sous la ruine du peché, ie maudis en moy-mesme l'heure en laquelle ma
mere me conceut : i'ay en horreur le iour qui premier m'ouurit les paupieres, pour me faire voir le ciel & la terre tesmoins de mon infirmité : & en
fin ne trouuant rien en ce monde qui me console en ceste destresse, ie m'ad-
6 dresse encor à vous. * Ie me jette à deux genoux deuant vous, ie vous tends
les bras & les mains : & mon ame alterée de vostre grace, l'attend auec
autant de desir, que la terre béante d'ardeur, attend vne gracieuse pluye és
7 plus chauds iours de l'Esté. * Accourez doncques vistement à moy, mon
Dieu : car ie suis desia tout hors d'haleine, le cœur me faut, voyla que ie
tombe pasmé. Voulez-vous attendre que ie sois mort ? mais ie le suis des-ja
si vous ne vous hastez : car le sens me faut peu à peu, mon ame se glisse doucement hors de moy ; laissans mon corps sans mouuement, & suis comme
celuy, qui saigné le pied en l'eau coule sa vie auec son sang, & ne sçait point
8 la cause de sa mort. * Or, Seigneur, si vous vous esloignez de moy, & que
vous me tourniez le visage, ie deuiendray tout semblable à ceux qui descendent dans les abysmes des enfers : la Mort pasle blesmira mon visage, & en-
dormira mes sens : mais qui pis est, mon Dieu, la mort spirituelle mortifie-
ra mon ame, la remplira de frayeur & d'horreur, & luy ostera la connoissance de vostre singuliere bonté, & l'esperance de grace, qui reluit en vos
9 miracles, comme vne estoille brillante en l'obscurité de la nuict. * Faites-
moy donc de bonne heure entendre & sentir les effets de vostre misericorde : & le matin quand le Soleil se leuera sur la terre, que vostre clemence se
leue sur moy, pour illuminer mon ignorance, & me conduire par la voye
de vostre volonté. Mais qu'elle ne face pas, Seigneur, comme le Soleil ; qui
au bout de sa course, se va plonger dans la mer, cachant pour vn temps
sa lumiere aux pauures humains : ains qu'elle m'assiste perpetuellement,

qu'elle ne se separe non plus de moy, que mon ame de mon corps; car
vostre misericorde est plus la vie de mon ame, que mon ame n'est la
vie de mon corps. * Qu'elle ne me laisse donc point, que tousiours sa   10
lueur addresse mes pas en vos voyes, que tousiours elle me guide au chemin qu'il me faut tenir pour paruenir à vous. Car mon esprit qui s'est jetté
au trauers des haliers de ce monde, qui s'est esgaré dans ses espais buissons,
ne sçauroit plus retrouuer sa route: ains brossant à l'auanture, perd ses pas
& sa peine, se reculant tousiours du giste où il se deliberoit d'arriuer. Mais,
mon Dieu, ie m'attends tousiours à vostre aide, c'est d'enhaut que i'espere mon secours. * Ie suis captif entre les mains des plus cruels ennemis   11
de ma vie; accourez, Seigneur, à ma deliurance, ie me refugie à vous:
receuez-moy en vostre protection, enseignez-moy ce que vous voulez
que ie fasse; car c'est vous qui estes mon Dieu, auquel seul ie me resous de
faire maintenant seruice. Loin, loin de moy, trompeuse volupté, qui
auez cy-deuant ensorcelé mon ame, & empoisonné mon esprit, vous
m'auez par vos friandes delices appasté; pour auec vn peu de miel me faire aualler vne funeste ciguë, qui se coulant par mes membres m'a estourdy & mortifié: de façon qu'il n'y a point de difference entre moy & vn
mort. Mais qui pis est, ce n'est pas mon corps qui est ainsi mortifié: c'est
mon ame, en laquelle consiste le principe de ma vie presente & aduenir. * Il faut doncques que vostre sainct Esprit suruienne, qui reschauf-   12
fe mon ame mourante, la prenne par la main pour la mettre en lieu de sauueté, & la viuifie; imprimant en elle l'image de vostre Iustice pour luy seruir de sauue-garde contre les tentations qui l'assiegent de tous costez, &
la menacent de sa ruine. * Vous viendrez donc, & à l'arriuée vous reti-   13
rerez mon ame de tribulation, & me faisant misericorde, vous ruinerez
tous ceux qui ont conjuré contre moy. Lors mon dueil finira & le leur
commencera; ce leur sera vn commencement de douleur qui ne cessera
iamais: ains comme les ruisseaux sortans de leur source, se vont tousiours
eslargissans iusqu'à ce qu'ils entrent dans le sein de la mer, où il n'y a ny
fonds ny riue, leur misere croistra de iour en iour, & en fin les comblera d'extreme langueur & infinie destresse. * Et ainsi periront tous ceux   14
qui trauailleront mon ame: car, ô Dieu, ie suis vostre fidele seruiteur,
duquel vous auez eu souuenance; & vous aurez bonne memoire de ceux
qui en desdain de mon Seigneur m'ont ainsi honteusement harassé. Ils se
sont ry de mes maux, mais voicy la saison qu'ils pleureront les leurs. Vostre vengeance commence à s'enflammer contr'eux, & on les verra tomber comme les fueilles des arbres sur l'arriuée de l'Hyuer. O Dieu! quelle
gloire rendray-je à vostre nom? & par où commenceray-je à annoncer vostre loüange? Publieray-je vostre bonté en la creation de tant d'œuures admirables qui sont sous le Soleil? vostre sagesse en la conseruation
d'icelles? prescheray-je vostre Iustice en la condamnation & vengeance
de l'orgueil des Anges, & des-obeïssance des hommes? Chanteray-je
vostre misericorde, en la redemption de ceux qui preuariquans en vostre loy, s'estoient precipitez en la seruitude de la mort eternelle? à quelle

partie

partie de vos loüanges pourroit atteindre l'humble ton de ma voix ? &
quand ma voix feroit fuffifante, qui feroient les oreilles qui la pourroient
receuoir ? Toutes chofes, Seigneur, me defaillent à cefte entreprife, fors
le courage & la volonté ; qui pleins d'vne feruente affection, s'exclament
tant qu'ils peuuent vers vous. Aydez de voftre grace leur effort imbecille,
& puis que les larmes de ma penitence ont laué la fange du peché, dont
mon efprit eftoit tout chargé & appefanty, donnez-luy maintenant les aifles de foy & d'efperance, qui l'emportent d'vn vol leger iufques entre vos
bras, pour fe reünir à fa premiere origine, fans receuoir iamais autre penfée que celle qui tendra à l'honneur de voftre feruice, & aduancement
de voftre gloire.

MEDITATION
SVR SEPT PSEAVMES
DE LA CONSOLATION
DE DAVID.

Dominus illuminatio mea.

PSEAVME XXVI.

PRES auoir long-temps trempé mon cœur en ¹
mes larmes, & souspiré mille regrets, racontant mes
pechez; ie pensois, Seigneur, auoir appaisé vostre
ire, & quant & quant mis fin à mes miseres. Mais
helas! comme ie me represente au monde, & pense
auec innocence de vie, conuerser parmy les hommes, ie voy leur enuie tournée sur moy, & tous leurs
desseins dressez à me mal-faire. De sorte que ie commence à douter si ie
suis encor reconcilié auec vous, & si vous estes satisfait de ceste mienne
penitence. Mais quand tournant les yeux de tous costez, j'apperçoy que
ceste affliction m'est commune auec tous les gens de bien, que ie voy
de toutes parts les parties qu'on leur dresse, comme leur constance est continuellement à l'essay; & au contraire, comme les meschans regorgent
d'aise, de plaisirs, & de toutes sortes de biens, ie demeure tout confus &
estonné. Car d'vn costé, ie me souuiens que vous estes le grand Dieu de
iustice, duquel l'œil tout-voyant connoist les plus profondes cachettes,
duquel la main toute-puissante atteint les plus esloignées parties du monde; & d'autre, ie voy que ceux qui leuent la teste contre vous, & oppriment vos pauures & innocens seruiteurs prosperent à vostre veuë, & s'orgueillissent tous les iours aux heureux succés de leur impieté. Ie confesse,
Seigneur, que ie suis demeuré comme stupide & esblouy en ceste contemplation; sans pouuoir penetrer au trauers de cet espais brouïllas, qui enui-
ronnoit les yeux de mon entendement. Mais en fin, ô pere de lumiere, vous
m'auez dessillé les paupieres; & m'illuminant des rayons de vostre sapience, m'auez fait entendre pourquoy vous en vsez ainsi; & me deliurant de
la peine & anxieté où i'estois, m'auez remply d'asseurance de mon salut, &
donné vne consolation tres-certaine. De sorte que non seulement ie neglige
à ceste

à cefte heure les menaces des mefchans, & defdaigne leur infolence ; mais
encore remparé d'vne conftance & grandeur de courage admirable, ie
me prefente de moy-mefme au combat, & crie à haute voix: Arriue qui
pourra, vienne qui voudra, ie ne crains rien maintenant. Car fi Dieu exerce pour vn peu fes fideles feruiteurs, fi ne les abandonne-il point au befoin ; ains compaffe de façon leur aduerfité auec leurs forces, qu'ils demeurent toufiours victorieux en cefte lutte. Et de verité, tant que i'auray mon
affeurance en fa mifericorde, quelle occafion puis-je iamais auoir de crain-
2 dre ? * Or il a pris ma vie en fa protection, & me couure de tous coftez
des aifles de fa puiffance, qui le pourra forcer pour m'aborder ? Que craindray-je, fi celuy-là me defend, que tout le monde craint & redoute ? fes
forces ne font pas armées d'hommes, ce font legions d'Anges: fes miniftres ne font pas Princes & Capitaines, ce font foudres & tempeftes: fes
coleres ne font pas coups, ne font pas bleffures ; ce font tremblemens de
terre, engloutiffemens de villes, inondations de pays. Vous auez, Seigneur, defia toutes ces armes-là en main, & eftes preft d'en foudroyer
l'audace des mefchans, qui ont coniuré la ruine des gens de bien. Mais
pource, mon Dieu, que voftre mifericorde retient pour vn temps le bras
de voftre diuine vengeance, vous me confolez cependant d'vne ferme efperance que vous ne m'abandonnerez iamais: Et me femble que continuellement vous me dites: Attendez encore vn peu, l'heure que i'ay ordonnée n'eft pas encor venuë, & cependant affeurez-vous fur ma promeffe,
& quelque affliction qu'on vous prepare, ie vous en rendray vainqueur. Le courage me croift, Seigneur, quand ie vous fens ainfi me parler, & cefte voftre exhortation m'anime à patience, plus que les applau-
diffemens du peuple ne font le champion de lutte au fort de fon combat. Rien plus ne m'eftonne maintenant: Toutes ces confpirations, tous
ces conuices contre ma tefte & mon honneur me femblent des flots efcu-
meux de la mer irritée, qui bruyans de loin viennent de grande furie fe rompre au pied d'vn rocher: ils fe diffipent au premier heurt, & le coup ne fait
rien qu'vn vain fon, qui eft la fin de fes grandes menaces. Pour certain la
confcience de l'homme innocent, fondée fur voftre grace, eft plus ferme
que les rochers les plus grands, & ne fe peut efbranler par aucune iniurieufe
3 fecouffe. * Que craindray-je donc plus maintenant ? vn tas de mefchans
qui me viennent enuelopper, & fe coulent autour de moy, pour voir s'ils
me pourront furprendre ? ils fe donnent le fignal, tantoft d'vne façon, tantoft de l'autre, effayans à m'attraper. Voyez comme ils me regardent de
trauers, comme ils froncent les fourcils & grincent les dents fur moy. Ie
croy fermement que le plus grand de leurs fouhaits, eft de me manger à belles dents, me defchirer en pieces, s'affouuir de ma chair, ronger mes os, &
s'abreuuer de mon fang. O beftes inhumaines ! comment defmentez-vous
ainfi voftre nature ? comment abjurez-vous ainfi l'humanité ? Penfez-vous
que, comme vous auez oublié Dieu, il ait oublié fes feruiteurs ? Eftimez-
vous fes feruiteurs auffi efloignez de fa main, comme la voftre eft efloignée
4 de iuftice ? * Et bien, comme tigres enragez, vous auez efcumé fur moy voftre venin, vous auez tourné vers moy vos cris & hurlemens, jetté vos dents

& vos griffes fur moy : mais tous vos coups gliffent comme fur vn cryftal
bien poly, ils ne me peuuent entamer, mon innocence eft inuulnerable à
vos efforts ; vous eftes en fin contraints de vous retirer laffez & haletans, ti-
rans vn pied de langue, couchez fur le ventre, vous rendez les abbois, vous
grondez encore de defpit, mais fans puiffance ; & de toutes armes, il ne
vous refte plus que la volonté de mal-faire. Mais encore, pource que voftre
voix eft abominable deuant Dieu, & que vos menaces blafphement contre fa face, il vous exterminera du tout ; & renuerfera fur vous les montagnes que voftre ambition & auarice ont amoncelées, pour penfer efcheler
fon throfne & luy defrober fa gloire. * O Seigneur, quel fpectacle auez-   5
vous fait voir à mes yeux ? Non, ie fuis maintenant fi affeuré en voftre mifericorde, fi conforté par le foin que ie voy que vous auez de vos fideles feruiteurs, que quand ie verrois vne armée, quelque grande qu'elle
peuft eftre, ie n'en aurois point de peur. Que l'on meine contre moy vne
armée compofée de toutes les nations du monde, que l'on mette à l'auant-
garde à droit vn bataillon de Scythes, à gauche vn d'Ethiopiens, à l'ar-
riere-garde, l'Inde Orientale & l'Amerique, & tout le refte du monde au
milieu pour feruir de bataille, adjouftez-y tout ce que l'art de tuer les hommes a iamais peu excogiter, pourueu que mon Dieu me conduife, ie paffe-
ray au trauers fans frayeur. Et fi, courroucé contre le monde il luy plaift
fe feruir de mes mains pour venger leur impieté, ie les mettray tous en pieces, fans qu'il en refte vn feul. * Non, ie me refiouïs maintenant, quand   6
i'oy dire, que les malins fe bandent contre moy, & m'affeure que c'eft
Dieu qui apprefte matiere à ma gloire. Car, Monfeigneur, foyez feulement pres de moy, & la victoire eft à moy : beniffez mes armes, & mes
ennemis font confus. Mais quelles armes ? foufflez feulement fur ces gens-
là, & vous les diffiperez comme la pouffiere efpanchée par vn grand vent.
Toutesfois, Seigneur, ie vous fupplie, ne foufflez pas encore fur eux le
vent de voftre malediction ; attendez vn peu, s'il vous plaift, pour voir
fi voftre patience les ramenera point à leur deuoir. Car de moy, encore
que tout couuert de leurs playes, encore que tout diffamé de leurs iniures,
fi aymé-je mieux qu'ils foient le fujet de voftre mifericorde, que de voftre Iuftice ; & defire, fi vous le trouuez bon, que leur iniuftice ferue
pluftoft à ma probation qu'à leur damnation. * Vous fçauez, Seigneur,   7
mes fouhaits, vous lifez en mon cœur, ie ne vous ay iamais requis de vengeance, mes vœux ne conjurent que voftre mifericorde, mes penfées ne
font dreffées qu'à la paix. Voulez-vous fçauoir le fommaire de mes defirs,
& le but de toutes mes prieres ? c'eft, Seigneur, que ie paffe mes iours en
vous feruant fidelement, que vous me donniez pour habitation, voftre faincte maifon : & que cependant que ie fuis feparé d'auec vous, & efloigné
de voftre tabernacle celefte (attaché à la terre par le contre-poids de mon
corps), ie puiffe vnir toutes mes penfées à vous, & me conformer entierement à voftre volonté. O heureufe habitation, qui nous peut tenir à couuert des paffions mondaines, & des concupifcences de la chair, bref des affauts du diable ! Car là, Seigneur, vous vous rendez prefent à nous, & vous
tirez entant que vous pouuez des cieux pour côuerfer auec nous, vous nous
remplîffez

remplilfez de vous mefmes, pour nous vuider du peché, & conuertilfez noftre volonté charnelle en efprit viuifiant, pour nous faire relfentir vos merueilles, comprendre vos mifericordes, & conceuoir vos puilfances.

8 * Permettez donc, mon Dieu, qu'incorporé auec vous, autant que mon infirmité & voftre infinité le permet, ie fois illuminé des rayons de voftre fapience; afin qu'efclairant à mon entendement, elle me falfe connoiftre voftre volonté. Car c'eft le fil, Seigneur, qui me peut guider alfeurément par les trauerfes de ce labyrinthe du monde; c'eft le palfe-port pour paruenir à cefte vie eternelle, apres laquelle nous foufpirons iournellement. Reuelez-moy donc cefte voftre volonté, & la depofez en mon ame; afin que ie la garde precieufement; & qu'au milieu de voftre Eglife, ie luy drelfe vn autel en ma bouche, en vous la prefentant tous les iours en offrande, fous le facré voile de voftre faincte parole. * Car, Seigneur, puis que vous m'auez
9 renfermé dans voftre fainct tabernacle, me monftrant les facrez myfteres de voftre Diuinité, qu'au plus dur temps de mon aduerfité, vous m'auez recueilly, caché & retiré fous voftre autel; & non content de ce, vous m'auez fait entrer au Sainct des Saincts, & au fonds de voftre fanctuaire, où vous auez accouftumé de reueler vos plus fecrettes volontez, faites que ie les conçoiue fi bien, que ie les puilfe faire fidelement entendre à vos fideles ferui-
10 teurs. * Car puis que vous m'auez efleué en lieu fi eminent, comme pofé fur vne haute pierre pour eftre en veüe à tout le monde, & honoré par delfus mes ennemis; faites que le fondement de ma foy foit aulfi folide que pierre, & que la grace que vous me faites foit vn tefmoignage de voftre Iuftice; me rendant digne & capable des biens qu'il vous plaift me donner.
11 * De moy, Seigneur, ie mettray peine de traitter reueremment le miniftere que vous m'auez commis. Vous fçauez comme ie m'y fuis comporté. I'ay tourné de tous coftez, pour connoiftre ce qui vous pouuoit eftre agreable. Ie vous eulfe tres-volontiers prefenté des veaux & des moutons en facrifice; i'eulfe volontiers bagné vos Autels de fang; mais cefte offrande euft efté trop petite pour vous. Ie vous ay, Seigneur, immolé mon cœur, dedié mon affection, voüé mes penfées; & les tirant du fonds de mon eftomach, vous les ay prefentées en ma voix, en laquelle auez entendu tout ce que mon ame defire, qui n'eft que de vous complaire en toutes mes actions. Ma clameur a donc efté mon offrande, laquelle vous auez eüe acceptable, ouurant les Cieux pour la recueillir & receuoir. Doncques tous les iours de ma vie ie
12 chanteray voftre loüange, & reciteray l'Hymne de voftre gloire. * Exaucez, ô Dieu pitoyable, mes chants; & receuez en gré la voix qui tefmoigne voftre bonté, & publie voftre mifericorde. Croilfez-moy, & la force & le courage, pour eflancer mes cris & mes efprits iufques à vous: & puis que voftre mifericorde n'eft iamais fourde à ceux qui vous inuoquent fincerement; enclinez-la fur moy, car elle eft toufiours fuiuie de toute forte de felicitez: enclinez-la, dis-je, Seigneur, car vous l'auez promife à tous
13 ceux qui l'inuoquent. * Combien de fois auez-vous oüy mon cœur: ie dis mon cœur, ie ne dis point ma bouche: car ie ne parle plus à vous que du cœur, qui s'efcrioit, vous difant; Seigneur, hé quoy? ie vous ay cherché auec tant de folicitude, de iour, de nuict, en paix, en guerre,

en repos, en tourment; ie n'ay souhaitté en ce monde que de voir vostre face. Non, Seigneur, vostre face diuine, où est imprimée ceste espouuantable majesté, qui reluit comme vn foudre, & que les yeux humains
ne sçauroient supporter; mais au moins ceste face couuerte & voilée de
vos œuures, laquelle encore que l'on ne la voye que par derriere bien ob-
scurément, me semble grandement admirable, & me rauit tout hors de
moy. Puis, Seigneur, comme ce Verbe increé, qui auec vous a creé toutes choses, est vostre viue image; cette autre parole qui est dans les choses
creées, qui vous fait reluire icy bas, & par laquelle vous parlez à nous, pour
vous faire plus familierement connoistre, ne me represente-elle pas comme vostre face, pour y remarquer tant de beaux & excellents traits de
Diuinité, qui resplendissent de tous costez? Seigneur, ie suis amoureux
de ceste rare beauté; ie n'ay plus autre soin, n'autre cogitation, que de
pouuoir iouïr de ceste presence, qui se represente en vostre parole, comme dans le miroüer de vostre Diuinité. * Puis que vous voyez la saincteté 14
& sincerité de mon amour, ne me priuez point de cet objet sacré, qui
sanctifie & beatifie mes pensées. Que si mon peché vous fait horreur, &
par sa difformité vous desplaist, ne vous despitez point pour cela contre
moy, & ne destournez de moy ceste belle & admirable face. Vostre colere, Seigneur, n'est que contre ceux qui font gloire de leur peché, &
s'opiniastrent en leur vice, mais moy, vostre seruiteur, ie m'humilie deuant
vous, & reconnois qu'indigne pecheur que ie suis, ie n'oserois comparoistre à vostre presence, si vostre clemence ne m'introduisoit vers vous.
Vous ne me rejetterez donc point, car il faudroit quant-&-quant rejetter vostre misericorde, à laquelle ie me suis couplé & attaché si serré, que
comme elle est inseparable d'auec vous, elle l'est aussi maintenant d'auec
ma penitence. * Vous demeurerez, s'il vous plaist, auec moy; & puis 15
qu'il vous a pleu m'adouër pour vostre seruiteur, & me mettre en ce
combat, vous ne m'y abandonnerez point: autrement ma ruine tourneroit à vostre honte, où ma victoire tournera à vostre gloire. Or, Seigneur, faites que ce secours me soit continuel: car comme mon infirmité combat ordinairement contre moy, aussi ay-je besoin que mon ayde
soit tousiours à mes costez. Que si vous vous en esloignez tant soit peu,
mon ame s'esuanouïra tout ainsi que feroit mon corps, si mon ame se retiroit; car vous estes, Seigneur, plus l'ame de mon ame, que mon ame
n'est l'ame de mon corps. Ie sçay bien que vous auez en moy vn domicile peu digne de vostre diuine Majesté; mais ne desdaignez pas pour cela
d'y entrer, où vous entrez toute magnificence abonde, & y a tousiours assez d'honneur où vous estes. Puis ce n'est pas pour vous honorer, Seigneur,
que vous me visitez; mais pour m'honorer, moy, vostre pauure seruiteur.
Pourquoy lairriez-vous la splendeur des cieux, & la clarté des estoilles, pour
venir chercher rien d'honnorable icy bas? Mais c'est pour faire connoistre, comme ie pense, à vos Anges, qu'il ne faut pas qu'ils s'orgueillissent
en leur magnificence, veu qu'ils sont vos creatures, & que vous pouuez rendre le plus vil habitant de la terre aussi honnorable comme eux.
C'est pourquoy vous descendez des Cieux pour nous faire misericorde, &

compatissant

compatiffant à noftre mifere, vous venez nous reftablir à noftre ancienne perfection. Et pour ce qu'entant qu'en nous eftoit, nous auons effacé l'image de la diuinité, que vous auiez imprimée en nous, vous venez par voftre grace recharger & recouurir les traits demy-effacez de noftre premiere nature. C'eft doncques vous, qui comme vous eftes noftre Createur, auez voulu eftre noftre Redempteur : comme vous eftiez noftre pere, auez voulu eftre noftre defenfeur & protecteur. C'eft donc vous, qui lors que tout le monde nous auoit rejetté, nous auez tendu les bras, & recueilly deffous

16 l'aifle de voftre clemence. * Auffi le falloit-il bien ; car ie fçauois plus où aller. Pere & mere m'auoient laiffé ; ie dis le pere qui m'auoit tendrement nourry & efleué, m'auoit en abomination, voyans que i'auois mis tout mon cœur à vous, & laiffé les vanitez de ce monde : ils ne me voyoient plus qu'à regret, & me tenoient comme perdu. Les careffes de mes freres eftoient conuerties en defdains, la douce amitié de mes fœurs changée en mefpris, les gracieux accueils de mes amis tournez en mocquerie. Où peut eftre maintenant ma retraite ? Si mes plus chers amis me traittent en cefte façon, que feront mes ennemis, defquels la bouche n'eft qu'amertume, & la langue que venin ; defquels l'action & l'exercice ordinaire n'eft qu'iniure & contumelie ? Mais lors que ie fuis plus abandonné, c'eft lors que vous eftes plus pres de moy, que vous m'embraffez plus fauorablement, & refpandez plus largement fur ma tefte les threfors de voftre mi-

17 fericorde. * Or puis qu'il vous plaift m'eflargir ainfi voftre grace, afin que ie la puiffe conferuer, enfeignez-moy comme ie vous doy feruir; apprenez-moy quelle eft voftre loy, & comme il faut dreffer mes pas pour cheminer toufiours droit par cet eftroit & efpineux fentier, qui me doit conduire au port de falut. Car i'ay laiffé il y a long-temps, Seigneur, ce large & aifé chemin, femé des plaifirs de ce monde, qui conduit ceux qui le fuiuent à perdition & damnation. Monftrez-moy donc, mon Dieu, voftre voye, car fous vn tel guide ie ne me fçaurois efgarer; monftrez-la-moy, dis-je, Seigneur; car pour fi peu que ie me fouruoye ie fuis perdu, mes ennemis font au guet pour me furprendre, & trouuer fujet de me deshonorer, & vous, Seigneur, pource qu'ils fçauent que ie vous fers fidelement.

18 * Ne me liurez donc point en leurs mains, pour faire de moy au defir de leur cœur; car ce feroit toft fait de ma vie & de mon honneur : ils ont ja dreffé leur partie ; fabriqué mille accufations, apofté vn monde de tefmoins : mais leurs menfonges fe dementent d'eux-mefmes, & portent tefmoignage contre eux. La menterie ne fe peut tenir couuerte ; elle entrebaaille de tous coftez, & la verité la penetre de toutes parts. Elle n'eft compofée que de pieces mal affemblées, qui fe lafchent l'vne l'autre au premier heurt qu'elle reçoit, & oppofée à l'innocence, elle fe fond comme la nei-

19 ge au Soleil. * Mais quand ils m'auroient, comme ils defirent, accablé de calomnies, eftouffé fous le faix de leurs iniures, ie ne perdrois pour cela le courage : ie n'ay pas mis, Seigneur, mon efperance aux biens & honneurs de ce monde, c'eft quafi toufiours le partage des mefchans, ce font quafi les recompenfes de leurs perfidies, diffimulations & mefchancetez ; c'eft marchandife qui le plus du temps ne s'achete qu'à cefte monnoye. Mon

eſperance eſt, Seigneur, toute en vous ; le monde n'eſt pas capable de la
pouuoir contenir : le fruit de mes labeurs ne croiſt pas en la terre des mourans : c'eſt, Seigneur, en la terre des viuans que ie m'attends le recueillir :
c'eſt là, que i'eſpere voir mon bien, mais pluſtoſt le voſtre, mon Dieu. Les
autres attendent le fruit apres la fleur : mais moy, ie ne l'attends qu'apres la
fueille tombée. Apres, dis-je, que la fueille du corps ſera cheute, i'eſpere
que mon ame refleurira en nouueau fruit, & reueſtira la verdure eternelle
de l'immortalité. * Prenez donc patience, mon ame, & vous comportez 20
virilement ; redoublez voſtre courage, & attendez que mon Dieu vienne
vers vous. Ne vous eſtonnez point de la proſperité des meſchans, ne vous
eſpouuantez point des oppreſſions qu'ils font aux bons ; ſouſtenez iuſqu'à
la fin. Et puis que vous voyez, Seigneur, que ie n'ay pas aſſez de forces
de moy-meſme, aſſiſtez-moy, & me preſtez l'eſpaule, de peur que les affections des meſchans ne me faſſent deſmarcher de la place où vous m'auez
poſé ; ſecondez mon zele & mon ardeur, afin qu'ayant courageuſement
combatu à l'aſſaut que les meſchans me donnent, ie me trouue à la porte
quand vous ouurirez, & puis entré auec vous en triomphe, aſſis à vos pieds
lors que vous iugerez les morts & les viuans : Lors nous verrons combien
eſt grand le changement de leur vie & de la noſtre, & quelle retribution
les attend ; ils ont eu leur bien en ce monde : on leur dira, Retirez-vous ;
car vous deuez de reſte : ſongez à rendre compte des biens que l'on vous
auoit donnez en garde, & payez l'amende du meſus que vous en auez
fait. Voſtre habitation vous eſt preparée où vous la meritez, entre les peines & les tourmens eternels : on vous en a tant de fois annoncé la rigueur,
qui ne vous a iamais peu deſmouuoir de voſtre malheureuſe vie, vous la
ſentirez, puis que vous ne l'auez point voulu craindre. Et quant à ceux,
Seigneur, qui ont pris patience en voſtre nom, & ſouffert en voſtre honneur la rage des malins ; vous leur direz : Venez les benis enfans de mon
Pere : entrez au tabernacle de gloire, pour iuger auec luy les morts & les
viuans. Conſolez-vous donc, mon ame, en ceſte attente, & eſperez en
Dieu, Dieu tout-puiſſant & tout miſericordieux, qui n'a iamais delaiſſé le
iuſte en ſon aduerſité ; qui n'a iamais fermé l'oreille à l'innocent oppreſſé.

Benedicam Dominum in omni tempore.

PSEAVME XXXIII.

BENY ſoit, Seigneur, voſtre nom, qui m'a conſolé en ma tri- 1
steſſe : beny ſoit-il en tout temps, qui m'a ſecouru en mon affliction. Toutes choſes ont leur heure, & toutes les actions des
hommes ſont diſtribuées par temps & par ſaiſon : le changement ſert de
repos, & le repos de rafraiſchiſſement au labeur ordinaire des viuans ; rien
ne peut continuer ſans relaſche en vne meſme occupation. Toutesfois en
cela faut ceſte reigle ; c'eſt que ie beny & beniray à iamais, ô mon Dieu,
voſtre nom. Le Soleil ſe leuant me trouuera loüant voſtre nom ; le Soleil
ſe couchant me laiſſera loüant voſtre nom : par là, ie commenceray les
mois

mois & les années, & parlà ie les finiray. O eternité, ie ne vous fens en
ce monde, qu'en cefte mienne volonté de loüer & glorifier perpetuellement mon Dieu. Mon corps fe fond auec l'âge, & mes forces s'efuanoüif-
fent : mais mon ame refoluë contre la corruptible humanité, non feulement dure, mais augmente tous les iours en cefte faincte affection. Si ie
penfe me repofer, mon cœur donne de l'efperon à ma penfée : fi ie penfe
fermer la bouche, mon ame pouffe au trauers de mes leures, & forme à
force la voix qui prononce la gloire de mon Seigneur. Qui vous rend
mon ame fi zelée aux loüanges de voftre Dieu ? Vous fçauez, ie le voy
bien, que vous auez tiré de luy voftre effence, & attendez de luy voftre glo-
rification. Quelle vfure faites-vous là auec luy ? Vous luy prefentez vne
parcelle de fes loüanges ; & moyennant ce, vous vous attendez qu'il vous
affocie aux richeffes de fa gloire ; car c'eft de luy feul que vous pouuez efperer quelque honneur. Les Cieux pafferont, s'vferont comme vn vieil veftement, & feront changez comme on change de couuerture ; mais Dieu
demeurera pour triompher fur les ruines du monde. Les gens de paix & de
douceur feront à fes coftez, oyront les Hymnes de triomphe que l'on
chantera à fa victoire : & tous pleins de refioüiffance affocieront leurs voix
aux trompettes des Anges. * Commençons donc de bonne heure à apprendre les chants de fa gloire, magnifions-le ; & efleuons fon nom ; auffi
haut que noftre voix pourra porter : renforçons nos cris, afin qu'ils montent auffi haut que noftre veuë pour le moins, & que l'air remply de nos
chanfons les porte fur les aifles des vents aux extremitez de la terre ; à ce que
chacun fe refueille au fon de nos accords, & fe refioüiffe oyant ainfi retentir le nom du Seigneur du Ciel & de la terre ; du Seigneur, qui eft le fidele
& affeuré fecours de tous ceux qui l'inuoquent. * Ie l'ay recherché, & il
m'a incontinent entendu : ie ne fçauois plus où aller, & apres auoir tourné
les yeux de tous coftez, ne voyant rien qui me peuft fecourir, deftitué de
tout le monde, ie me retournois vers moy-mefmes, & me regardois en pitié, pleurant ma calamité ; & tout d'vn coup il m'a remply de courage &
de force, & faifant bondir mon ame du gouffre de la trifteffe & tribulation
qui m'auoit englouty, il m'a dit : Efpere en moy, car me voicy. Lors ie
me fuis efcrié : Seigneur, où eftes-vous ? haftez-vous, fecourez-moy viftement : auffi-toft fon efprit eft defcendu en moy ; & comme vn fort vent
chaffe vn nuage, il a chaffé d'autour de moy toutes fortes d'ennuis & d'afflictions. * Venez doncques, & accourez à luy ; venez, le chemin eft aifé,
il eft ouuert de tous coftez, il fe monftre en tous endroits ; en quelque lieu
que nous foyons, il nous appelle à luy. Il craint tant que nous nous efga-
rions, qu'il defcend du Ciel pour porter la lampe deuant nous, & efclairer
à nos pieds. Auffi eft-il le pere de lumiere, qui luit encore plus purement
à nos ames qu'à nos corps. Car la lumiere qui efclaire à nos yeux, fert pour
nous faire voir ce que nous deuons fuiure ou fuïr : mais cefte lumiere de
bonté qui efclaire à nos ames, efloigne & chaffe d'elle-mefme tout ce qui
nous peut nuire & offenfer. Venez doncques, & vous approchez d'elle ;
car tant qu'elle luira fur vous, vous irez la face leuée, & rien ne vous pourra offenfer. Voftre vertu renouuellera en vous, & rien ne vous pourra

T iiij

confondre : si vostre peché se presente, elle le dissipera ; si vos ennemis y atriuent, elle les renuersera. * Voulez-vous voir vne preuue excellente de son secours, & de sa singuliere misericorde ? Voyez ce pauure miserable, que l'on tenoit pour vn chef-d'œuure d'infortune, que l'on pensoit auoir tout perdu, voire mesme l'esperance, seul reconfort des malheureux ; il n'a fait qu'vn peu s'escrier à Dieu, & il l'a incontinent exaucé & deliuré de la misere où il estoit, il l'a tiré à port, & mis en lieu de sauueté. * Il enuoye au secours de ses seruiteurs, ses Anges, qui les enuironnent comme vne seure garde ; & ne bougent d'aupres d'eux qu'ils ne les ayent deliurez du danger. Car comme il est grand il a des ministres puissans, & combien que de soy il puisse faire toutes choses, toutesfois pour sa grandeur il execute ses volontez par le moyen de ses creatures, gouuernant les petits par les moyens, les moyens par les plus hauts, & les plus hauts par soy-mesme. * Essayez doncques vn peu combien est douce & sauoureuse sa bonté & misericorde, combien est heureux celuy qui met son esperance en luy. L'arondelle est bien soigneuse de ses petits ; si les laisse-elle bien souuent crier de faim, elle leur donne quelquesfois l'amer parmy le doux. Mais nostre Dieu vient à nostre premier cry, à nostre premier signe, à nostre premier souhait ; & si tost qu'il nous sent alterez de son secours, il nous met à la bouche les fecondes mammelles de sa bonté, & raye en nos leures le doux laict de sa grace, qui estanche la soif de nostre infirmité, & esteint l'ardeur que nostre peché (comme vn vlcere malin) engendre en nostre conscience. * Mais puis qu'il nous est si bon, & qu'il ne nous dénie rien de ce que nous luy demandons, prenez vn peu garde à vous, ie vous prie : ie parle à vous, à qui il a tant fait de biens, qu'il a sanctifié de ses sainctes benedictions, qu'il a mis à part pour estre ses esleus, & participer à son amour. Prenez garde de ne le pas offenser par vostre ingratitude, & vous rendre indignes de ses biens, par vne deffiance & incredulité de sa beneficence ; car ceux qui le craignent n'ont iamais faute de rien, en le craignant ils esperent en luy : aussi le craignent-ils d'vne crainte qui vient d'amour ; d'vne crainte, non pas qu'il leur mesface, mais d'vne crainte de l'offenser, ou plustost d'vne reuerence paternelle, qui le rend d'autant plus prompt à nous bien-faire, que nous sommes respectueux à luy demander : car il connoist de luy-mesme ce qui nous est necessaire, il preuient incontinent nos souhaits, s'ils sont conformes à sa volonté, & nous rend riches au milieu de nostre pauureté, & vaillans au milieu de nostre infirmité : * Au contraire des riches du monde, desquels il n'a pas beny les biens ; car ceux-là sont indigens en leur richesse, affamez en leur abondance, leurs biens se fondent en pauureté, leurs magnificences s'esuanouïssent en fumée, & deuiennent comme vn ruisseau duquel on bouche la source, son lict demeure à sec, ses bords perdent leur verdure, les arbres plantez au long se fannent & desseichent : mais ceux qui recourent à Dieu & ne l'abandonnent point, qui rapportent tout à son honneur, n'auront iamais faute d'aucun bien ; puis que la source de tout bien, qui est l'amour de Dieu, surgit au milieu de leur ame, & se respand par toutes les parties de leur corps. * Or puis que vous voyez qu'à craindre Dieu il y a tant de profit, que sa crainte est celle qui

nous

nous concilie à luy, fa conciliation nous acquiert fa grace, nous eflargit noftre felicité, venez à moy que ie vous apprenne à le craindre, comme pere tout bon & mifericordieux; qui ne defnie iamais fa mifericorde à ce-luy qui reconnoift fon peché, & qui fe veut remettre au chemin de bien faire. * Defirez-vous de luy complaire, & par ce moyen viure en fa gra-ce? qui eft à dire, viure heureux, & paffer vos iours auec tranquillité d'ef-prit, & affluence de tout ce qui eft neceffaire pour cefte vie mortelle; & encore pour aduancer le chemin à cefte vie immortelle, qui nous attend apres que nous ferons partis d'icy? bref, defirez-vous fa benediction, qui eft à dire vne ferme & affeurée profperité, qui vous engendre vne refouïf-fance fpirituelle, qui vous tienne toufiours le cœur ouuert pour refpirer fon honneur, & vfer auec contentement des biens qu'il vous prefte en ce mon-de? ie vous en donneray en peu de mots le moyen: car ie fçay à quoy il fe plaift, & quelles de nos actions luy aggreent. * La premiere chofe que vous ferez, contenez voftre langue, qu'elle ne profere parole qui offenfe l'honneur de Dieu, & ne refponde propos d'aigreur & amertume. Voyez-vous cefte petite partie-là comme elle eft mince, comme elle eft tenve; c'eft neantmoins le timon de noftre vie, & qui tourne & vire noftre efprit du cofté dont elle eft tournée. Car comme vne fois elle s'emplit de mau-uaifes & vicieufes paroles, elle porte les paffions de noftre cœur, d'où elles fe conçoiuent iufques au fonds de noftre entendement, & l'abbreuue de telle façon, que comme vne argile trop trempée, elle perd incontinent la forme & figure de la raifon que Dieu luy auoit infpirée. Ne voyez-vous pas comme vne eftincelle de feu embrafe tout vn baftiment: Ainfi la lan-gue, comme l'amorce du peché luy donne entrée en nous, l'introduit fourdement, & coulant fon feu dans noftre ame, confume tout ce qui eftoit de bon en nous. Doncques commandons à nos levres qu'elles ne reçoi-uent que la nuë & fimple verité; & que le menfonge & tromperie en foient bannis pour iamais. Car fi nous tenons les mauuaifes cogitations qui fe peuuent leuer en noftre cœur, renfermées fans leur donner vent; elles s'e-ftoufferont à la fin d'elles-mefmes, comme vn feu qui n'a point d'air. * Ef-loignons-nous donc premierement de tout menfonge & tromperie: car la vraye loüange que Dieu attend de nous, c'eft que nous l'imitions autant que noftre nature le permet. Or il eft Dieu de verité & de iuftice, qui ne nous pourroit ny aymer ny cherir, tandis que le menfonge, qui eft fon contraire habiteroit en nous. Secondement, il nous faut eftranger de tout vice quel qu'il foit; fuïr le mal, c'eft le commencement de bien faire; & pourueu que Dieu nous trouue vuides de mauuaifes intentions, il nous remplira de bonnes, & nous apprendra ce que nous deuons fouhaiter & pourchaffer. Ce que nous deuons principalement defirer il nous l'apprend. C'eft la paix, qu'il veut que nous fouhaittions de tout noftre courage. La paix premierement auec luy, qui eft le comble de tous biens; laquelle nous ne pouuons auoir fans luy rendre l'obeïffance que nous luy deuons. La paix puis apres entre nous, fans laquelle nous ne pouuons acquerir la fien-ne; car il nous a commandé d'aymer noftre prochain comme nous-mef-mes: que fi au lieu de cela nous ne refpirons que fang & rapines, quelle paix

voulons-nous auec luy, de qui nous enfreignons les loix & les commandemens? Ioint que la guerre n'eſt autre choſe que le germe d'iniuſtice, qui
eſt abominable deuant Dieu. * Son œil, qui eſt cet œil bien-faicteur & 14
debonnaire, ne regarde que les iuſtes, ſa lumiere ne reluit que ſur eux; ſes
miracles ne ſe font que pour les fauoriſer; ſes oreilles ne ſont ouuertes qu'à
leurs prieres, & diriez proprement que ſa iuſtice eſt à coſté de luy, qui examine la vie de ceux qui ſe preſentent à luy, & luy recommande les oraiſons de ceux qui ont le cœur droit. * Quant à ceux qui ſe plaiſent à mal- 15
faire, il les regarde, mais c'eſt auec vn œil embraſé de fureur, dont les
rayons ſont comme traits de peine & de miſere qu'il darde dans leur ame,
les rempliſſant de frayeur & d'eſtonnement, & de mille autres maux qu'il
leur enuoye, comme arres des tourmens eternels qui les attendent. Il ne
ſonge à eux que pour exterminer leur memoire de deſſus la face de la terre,
& lauer par ſa iuſtice les traits qui ſont demeurez de leur pollution; car il a
aſſez conneu leur cœur impenitent, qui a inſolemment negligé ſa ſaincte
miſericorde. * Les iuſtes n'ont pas fait ainſi; car ils ſe ſont de bonne heu- 16
re retournez à Dieu; & criant apres ſa clemence, ils l'ont en fin obtenuë;
ils en ioüiſſent, & leur eſt demeurée comme en partage : ils les a retirez de
toutes les tribulations où ils eſtoient plongez; & les a mis ſous ſa grace,
comme ſous vn mur d'airain, que nul mal, quelque violent qu'il ſoit, ne
pourra iamais fauſſer. * Dieu certainement eſt merueilleuſement bon & 17
fauorable, vous diriez qu'il eſt touſiours à coſté de l'affligé qui l'inuoque;
il ne ſe delaiſſe ny de iour ny de nuict. Si toſt que la douleur nous a humilié & fait connoiſtre le beſoin que nous auons de luy, le voila qui vient pour
nous ſauuer. * Les iuſtes à la verité ſont affligez d'eſtranges calamitez, & 18
vous diriez proprement qu'ils ſont le ſujet des miſeres, tant de maux s'aſſemblent coup à coup pour les accabler : mais ce n'eſt que pour rendre la
miſericorde de Dieu plus illuſtre en leur endroit. Car plus la tribulation
eſt grande, plus la pitié & compaſſion de Dieu reluit en leur conſeruation.
* Il garde iuſques au moindre de leur os, voire meſmes de leurs cheueux, il 19
n'y en aura pas vn arraché que par ſon expreſſe volonté, & ne le voudra
iamais que pour leur bien & pour leur ſalut. Mais qui plus eſt, tous leurs
biens, toute leur cheuance eſt en ſa protection; & quand il voudra il multipliera leurs biens, fera florir ſes benedictions en leurs maiſons, & fera croiſtre iuſques à l'enuie leurs richeſſes & poſſeſſions. * Au contraire des meſ- 20
chans, miſerable ſera la vie. Au moins ſi pour les eſprouuer & les inuiter
de ſe retourner à luy, il leur preſte quelques biens & commoditez en ceſte
vie, dure & lamentable ſera leur mort : mort qui les liurera aux tourmens
eternels; mort qui les plongera dans les abyſmes des feux inextinguibles,
pour y eſtre deuorez ſans conſumer, pour y eſtre touſiours languiſſans ſans
y iamais mourir. Telle ſera la fin du meſchant, & de celuy qui fait guerre
au iuſte. * Et cependant vos pauures ſeruiteurs, que vous auez ſi chere- 22
ment rachetez d'entre les mains de la mort & du peché, ioüiront heureux
du ſalut que vous leur auez acquis : & tenant la mort & le peché enchaiſ-
nez ſous leurs pieds dans les chaiſnes de voſtre miſericorde, eſpereront
en vous tant qu'ils ſeront en cet exil du monde : & apres en eſtre ſortis,
ils

ils iouyront de la beatitude eternelle que vous leur auez promis; voyans en
voftre face cefte fource de clarté, bonté & beauté, dont vous auez formé
le Ciel, la terre, & tout le contenu d'iceux.

Noli amulari.

PSEAVME XXXVI.

1 V E v que la prouidence de Dieu qui preside au gouuernement du
monde, doit à chacun fa recompenfe felon qu'il a merité, ie m'e-
ftonne quelquesfois comme ceux defquels tout l'eftude eft à mal-
faire, reçoiuent tant de faueurs en cefte vie, & y regorgent de tant de fortes
de biens. Mais comme mon cœur commence à s'efleuer, & fe defpiter en
foy-mefmes, ie fens (ce me femble) l'efprit de Dieu qui me vient toucher,
& me tirant l'oreille : Tout doux, me dit-il, tout doux pauuret, tu te perds
en ce trop profond & dangereux difcours, confole-toy en moy, & n'aye
point enuie fur le bien des mefchans, ne porte point de ialoufie à ceux qui
2 operent iniquité. * Car ce que tu eftimes leur eftre felicité, n'eft qu'vn vain
ombrage, vne fauffe & trompeufe image, qui fe perdra entre leurs mains,
& s'enuollera quand ils la penferont tenir bien enfermée. Comme le foin
qui a paffé par la faux fe fane & fe ternit en vn moment; auffi en vn moment la magnificence des mefchans perdra fon luftre & fa couleur, & paffi-
ra comme defteinte & amortie. Les herbes des iardins ne font point fi toft
fleftries, que tu verras les richeffes des malins dechoir & deperir. N'as-tu
point confideré cefte fleur Hemerocale, beauté vrayement d'vn iour, qui
fleurit vermeille le matin, garde fon teint le long du iour, & fur le foir deuient fi fleftrie qu'il femble qu'elle ait efté atteinte des dents glacées de
l'hyuer? L'heur des mefchans, fi heur fe peut appeller vn ris trompeur d'apparente felicité, reffemble proprement à cefte fleur : car il defleurit fi foudain, fe change en fi peu de temps, fe transforme en fi diuerfe façon, que
3 c'eft vn miracle à voir. * Mets donc en Dieu ton efperance; & croy que
l'infolence des mefchans ne fera iamais affeurée, tant que la iuftice diuine
regnera, & crois auffi que le iufte ne fera iamais delaiffé, en quelque affliction qu'il foit. Ne perds point courage, & continuë à bien-faire; car celuy qui perfeuerera fera fauué. Habite la terre que ton Dieu t'a donnée, te
contente des graces qu'il te fait, & n'entre point en iugement auec luy.
Car tu trouueras à la fin que les richeffes des mefchans ne font qu'en garde
4 en leurs mains. * Refiouy-toy en l'efperance que tu as en ton Dieu : depofe
le chagrin que tu couues en ton ame, qui comme vne rouille, mine & confomme ton cœur. Car quand tu auras vne fois efpuré ton efprit, & efleué ta
penfée vers ton Seigneur, il accomplira tous tes fouhaits, & te fera iouïf-
5 fant de tout ce que tu pourras defirer. * Mais ne te prefente point comme
flotant deuant luy, n'y va point en desfiance, ne luy cache point tes penfées; ouure-luy le fonds de ton eftomac, & luy defcouure quelles font tes
voyes, quelles font tes cogitations. Car il n'eft pas poffible de le tromper,
& eft dangereux de l'effayer. Il voit & obferue tout, principalement le

cœur double & infidele, lequel il deteſte par deſſus tout : mais il reçoit & embraſſe le pauure humilié, exauce ſa priere, & luy donne par aduance ce qu'il luy vouloit demander. * Rien ne manque, ny bien ny honneur, à ce- 6 luy qui a ſa grace : ſi tu luy aggrée vne fois, il fera reſplendir comme vne claire lumiere la gloire de ta iuſtice, & reluire comme le Soleil de midy l'e- quité de tes iugemens. Car l'on verra de tous coſtez les gens ſortir d'aupres de toy, beniſſans ta maiſon comme vn temple de iuſtice, loüans ta parole comme vn oracle, & te reuerans comme la cauſe de leur repos & liberté. Chacun exaltera ton integrité, comme la tutrice des gens de bien, & ſeure defenſe des affligez. Mais plus tu receuras & d'honneur & de gloire, hu- milie-toy d'auantage ſous la main de ton Dieu, & reconnois de luy ce bien, & luy en rends hommage. L'hommage qu'il te demande n'eſt que la bou- che & les mains ; la bouche pour luy preſenter ſa loüange, les mains pour le ſeruir ſelon ſes commandemens. * Voila ce que l'eſprit de Dieu me di- 7 ctoit, ce me ſemble : ie vous communique, mes amis, & vous fais part de ſes ſaincts aduertiſſemens : Afin que ſi d'oreſnauant vous voyez quel- qu'vn qui proſpere en ſes affaires, & blaſpheme en ſa vie, vous ne vous en offenſiez point, & ne vous courrouciez point en vous-meſmes, ſi celuy qui fait iniuſtice abonde en toutes commoditez. * Appaiſez voſtre cœur, ad- 8 douciſſez l'aigreur qui vous point & martelle, & ne vous aduienne iamais de luy mal-faire pourtant. Car la retribution des gens de bien, n'eſt pas ſeulement du bien pour le bien, mais meſmes du bien pour le mal. * Et 9 ceux qui emportez d'vne chaude impatience procurent mal à autruy, & qui au lieu de laiſſer à Dieu la vengeance qu'il s'eſt reſeruée la veulent vſur- per, ſeront exterminez pour iamais ; & comme ſeruiteurs inſolens qui en- treprennent ſur l'authorité de leur maiſtre, ſeront honteuſement & dure- ment chaſtiez. Mais celuy qui poſſede ſon ame en patience, & attend conſtamment le iugement de Dieu, Dieu loüera & benira ſon obeïſſance ; & apres auoir chaſtié les meſchans de leur felonnie, confiſquera leur poſ- ſeſſion, & l'en fera maiſtre & poſſeſſeur. * Attendez encore vn peu, & 10 vous verrez le paſſe-temps. Celuy que vous auez veu ſi magnifique, qui auoit tant profité de ſon peché, qui auoit par ſes mauuais artifices tant aſ- ſemblé de biens, qui s'eſtoit acquis, ce luy ſembloit, droit d'immortali- té, s'eſcoulera comme vn torrent, où l'eau flottoit à gros bouïllons, ne ſe verra que la fange & l'ordure, il ne demeurera pas ſeulement vne mar- que du lieu où il a eſté, il ne ſera non plus de memoire de luy, que du vent 11 qui ſouffla l'Eſté paſſé. * Et au contraire, le debonnaire & gracieux occu- pera ſa place, ſera ſucceſſeur de ſes richeſſes, & regnera en aſſeurance ſur la terre ; laiſſant ſes biens en ſucceſſion à ſes enfans ; la paix paſſera aux ſiens comme par heritage. Paix, riche & opulent heritage, qui donne ſaueur aux autres biens, ſans laquelle tout le reſte n'eſt que tourment & affliction. Paix, plus douce que l'huile & le miel le plus doux, qui couue en ſon ſein toutes ſortes de plaiſirs & de douceurs, qui fait germer & fleurir la vertu, 12 nourrit & meurit ſes ſaincts fruicts. * Or ceſte paix eſt vn preſent de Dieu, & rien ne nous la peut donner que ſa bonté ; & rien n'y peut inuiter ſa bon- té, que la reformation de noſtre mauuaiſe vie. Car tant que la guerre ſera

en nous-en nous-mefmes , & que le peché, qui eft la femence de difcorde , logera chez nous , nous ne pouuons efperer ne paix ne repos entre nous. Que fi au contraire nous pouuons faire la paix auec Dieu , nous l'aurons inconti-

13 nent auec les hommes , & ferons en vn ferme & affeuré repos. * Ie fçay bien qu'il fe trouuera toufiours quelques mefchans, defquels la mauuaife volonté ne mourra qu'auec eux. Ie fçay bien qu'ils auront toufiours l'œil au guet, pour furprendre les gens de bien, & leur dreffer quelque partie: ils grinceront les dents fur eux, & gronderont comme lions rugiffans; car leur haine eft fi extreme contre les bons, que quand ils les voyent ils per-dent toute contenance, & ont pluftoft la façon de beftes que d'hommes.

14 * Mais, Dieu tout-puiffant, qui a ordonné ce qui a efté, qui fera, & qui doit eftre; & duquel les ordonnances font immuables, fe mocque de tels deffeins : il fe rit des vains efforts de ces faux miferables, qui ruent en l'air, & efcriment contre le vent; il voit leur fin s'approcher pas à pas, qui les empor-

15 tera comme vn grand tourbillon de vent. * Car quand ils fe penferont les maiftres, & feront eftat d'auoir tout en leur puiffance, ce fera lors qu'ils fe-ront le plus en danger. Vous les verrez, ces miferables pecheurs, qui auront l'efpée nuë au poing, enfonceront leur arc, & prendront leur vifée pour af-faffiner l'innocent. Ils feront leur partie, difpoferont leurs gens, drefferont leur embufcade, fe donneront le mot du guet, & tous refiouïs ils diront en

16 leur cœur : Nous le tenons, il ne nous peut efchapper. * Ils viendront pour maffacrer le pauure, l'indigent, & l'innocent, & feront eftat d'exterminer tous ceux qui ont le cœur & l'ame droite. Car c'eft à ceux-là qu'ils en veu-lent, c'eft à ceux-là qu'ils denoncent la guerre, pource qu'ils empefchent l'execution de leurs deffeins, & que leur innocence leur eft vn perpetuel re-

17 proche. * Ils auoient defia mis le coufteau fur la gorge des pauures inno-cens, leur coup eftoit tout mefuré, ils auoient defcoché leurs fleches, l'a-morce auoit defia pris feu : voicy par vn accident admirable que la pointe de leur efpée s'eft tournée contre leur poitrine, leurs traits font retombez fur eux, leurs bales rejalliffent contre eux, leurs arcs fe font brifez entre leurs mains, & en fin ils fe font entretuez de leurs propres armes. Vous auiez, Seigneur, toufiours bien dit, que les mauuais confeils ruinent leurs auteurs; vous auiez bien predit, que les malins fe prennent en leurs pieges; vous auiez bien prejugé, que les mefchans portent en fin la peine qu'ils ont pre-

18 parée aux autres. * Ce n'eft donc pas, Seigneur, la puiffance, la grandeur & l'authorité mondaine, qui rend les hommes heureux; ce ne font pas les trou-pes ny les armées qui les rendent affeurez & vainqueurs. Car plus fert à l'homme iufte, qui par fa fincerité s'eft concilié voftre grace, le peu que vous luy donnez, que ne fert aux vicieux l'affluence de toutes fortes de biens : le peu de l'homme iufte s'enfle comme la pafte au leuain, fa force fe roidit contre la charge, comme la branche du palmier. Car fa vertu prend

19 racine en vous, qui eftes le fonds de toute force & puiffance. * Mais au contraire le bras du pecheur, pour fi roide qu'il foit fera brifé, & fa for-ce fera renuerfée : car ce n'eft qu'vne vaine apparence, qui s'enfle & s'e-ftend comme le verre au fourneau, il s'engroffit fous le fouffle de l'ouurier, croift & reluit grandement : mais plus il croift & reluit, plus il s'attendrit &

V

deuient fragile, si qu'au premier heurt il s'en va tout en pieces, & apres le son on n'en voit plus rien que les morceaux. Mais quant au iuste, il semble le diamant, plus on le froisse & plus se polit-il : ce que l'affliction oste à l'homme innocent, ce n'est que sa brutesse, son ordure, & son excrement; plus il est nud plus il est beau. * En fin quelque chose que Dieu enuoye aux 20 bons, tout est pour leur salut. Il connoist les iours & la vie de ceux qui sont sans soüilleure, leur donne ce qui leur est de besoin. Leur bien est preparé de toute eternité, & le possederont en toute eternité. Non point vn heritage terrestre, mais vn heritage celeste, dont les biens sont infinis, sont eternels : heritage, qui party entre tous ses enfans, demeurera tousiours entier, dont les parties seront aussi grandes que le tout. Car cet heritage de gloire, qui enrichissant tant de peuples, remplit tout de beatitude eternelle, demeure tousiours vn, & tousiours infiny. * Or encores que l'esperance des 21 seruiteurs de Dieu ne soit attachée à la terre, si est-ce mesmes, que tant qu'ils seront en ce monde, Dieu ne les laissera point auoir faute de ce qui est necessaire pour leur vie. Car quand le mauuais temps viendra, & que la vengeance se leuera sur les hommes, que les eaux desborderont, les orages regneront, & le Ciel pleuura feu, les iustes seront lors au milieu des tempestes, en repos des naufrages, à sec, & des flammes en seureté. Et quand mesme vne hideuse famine viendra deuorer les peuples, la manne tombera du Ciel pour les rassasier. Car l'ire de Dieu n'est que sur les meschans, son courroux n'est enflammé que contr'eux. Quant aux bons, plus ils semblent pres du danger, plus sont-ils pres du salut. * Ce n'est pas d'eux comme des en- 22 nemis de Dieu, qui sont exaltez & honorez, pour rendre leur cheute plus lourde & plus honteuse; d'autant que rien ne fait vn grand saut que ce qui est esleué fort haut. Des hautes tours, les ruines s'escartent tout en morceaux, & se reduisent quasi en poudre. C'est encores pis des meschans, car quand ils ont pris vne fois leur coup, ils ne s'en vont pas seulement en poudre, mais s'esuanouïssent en fumée, voire s'euaporent en rien. Voyez les nuages qui partent comme vn tonnerre, de la gueule d'vn gros canon, ils se moutonnent, replissent & recrespent si espais, que vous diriez qu'ils doiuent emplir le vuide de l'air & enuelopper le Soleil : mais à mesure qu'ils se haussent, vous les voyez s'attenuer & en fin dissiper & consumer, en sorte qu'il n'en reste vne seule marque. Telle est la grandeur des meschans, qui n'a matiere que leur peché, n'a mouuement que leur vanité, elle croist en vn moment, & en vn moment deperit. Et quelque chose qu'ils puissent faire pour la penser conseruer, ils n'y auancent rien. * Ils empruntent sans 23 rendre, tout leur est de prise, tout les accommode; & ne laissent aux autres que ce qu'ils ne peuuent emporter; neantmoins rien de tout cela ne leur profite : car comme l'abondance de viande n'engraisse point celuy qui est en chartre, pource que l'humeur radicale de sa vie est alterée, aussi és mauuais, la benediction de Dieu, qui est la racine de toute prosperité, s'est retirée. Au contraire, le iuste qui est plein de misericorde & compassion, donne ses biens, eslargit ses moyens, distribuë son argent; & comme vn cours d'eau viue, il ne tarit iamais. * C'est vne benediction promise à ceux qui benis- 24 sent le nom de Dieu, qu'ils heriteront la terre; c'est à dire, qu'ils tiendront la

terre

terre à bon titre , & comme par heritage : Et quoy qu'on la leur debatte,
ils n'en feront iamais euincez. Car ils font comme enfans de Dieu , entre
lefquels il l'a partagée, & partant font bien fondez à la tenir. Mais ceux
qui blafphement contre fon nom, font exheredez de fa grace, & comme
enfans ingrats priuez de l'heritage de leur pere; de forte qu'emportans fa
25 malediction; ils ne peuuent qu'ils ne periffent. * Car il n'y a au monde falut qu'à efperer en Dieu, & fe commettre en fa garde. Il addreffe les pas
de l'homme de bien, & conduit fes actions, de façon qu'il ne s'y trouue
rien à redire. Il dreffe fa volonté à la pieté, & diuertit fes yeux des amorces du peché : il le ramene des deftours & carrefours des voluptez dans le
grand chemin de la vertu, & le remet à la voye de fes commandemens.
26 * C'eft vne voye belle & vnie, où il n'y a point de pierre de rencontre,tout
y eft plain. Si toutesfois le mefchant, ou le pere de menfonge, y tend la
jambe au jufte pour le faire choper,ou luy dreffer quelque piege; vous vous
tenez, Seigneur, pres de luy pour le releuer, & ne permettez point qu'il fe
froiffe : Et de voftre main de mifericorde, main tant douce & tant adroite,
27 le foufleuez & redreffez. * I'ay efté ieune, maintenant ie fuis vieil; de fi
loin que ie me fouuienne, ie n'ay point de memoire d'auoir veu l'homme
jufte entierement abandonné de Dieu, ny fes enfans reduits à mendier
leur pain. Bien quelquesfois luy arriue quelque fortune, comme vne efpreuue de fa conftance, vn effay de fa vertu, mais elle ne fait que paffer, &
28 l'efbranle fans l'atterrer. * I'en ay veu tel qui ne faifoit tout le iour que
donner & prefter, vous euffiez dit qu'il prenoit plaifir à diffiper fon bien;
& neantmoins tout luy affluoit plus que deuant. Il reffembloit proprement au canal d'vne pompe, qui tire l'eau en la jettant; le bien ne pouuoit
endurer le vuide en luy. Le jufte donne, Dieu le remplit incontinent, fa
pofterité ne fe fent point de fa largeffe : car la benediction de Dieu fait germer les biens en luy, comme le Soleil fait les fruicts de la terre, & les mul-
29 tiplie cent pour vn. * Doncques puis que Dieu eft fi bon & fi liberal, fi
vous aimez fa faueur, aduifez de luy complaire; le moyen eft de fe deftourner du mal, & de bien faire. Dieu aime celuy qui l'imite, car l'amour vient
de reffemblance : fes actions font de bien-faire, il n'eft empefché qu'à cela;
dés le commencement du monde il a commencé cét ouurage, il ne s'en eft
iamais laffé. Faifons donc comme luy, & tant que nous habiterons en ce fiecle où il nous a donné moyen de feruir à fa gloire & profiter à noftre prochain, ne negligeons point l'occafion de nous acquiter de l'vn & de l'autre; & ce faifant, acquerir fa grace, qui eft le plus riche threfor que nous
30 puiffions recouurer. * Rien ne luy plaift tant que la Iuftice; car par elle,
entant qu'en nous eft, nous conferuons fon ouurage, & approuuons fon
fage confeil, en rendant à vn chacun ce qui luy eft ordonné, & diftribué
par la loy vniuerfelle du monde, que nous appellons nature, & deuons
eftimer, que quand nous iugeons les autres, nous adminiftrons fa puiffance, & que tel iugement que nous rendrons, tel iugement rendra-il contre
nous, quand il entrera en fon throfne pour iuger tout le monde. Non
qu'il puiffe mal iuger comme nous; mais il nous fera fentir par fon iugement, le mal que nous auons fait fentir aux autres par le noftre. Car il n'a-

bandonnera iamais les Sainčts, il les recueillira à la fin, & les mettra à couuert de l'iniuſtice des hommes, entrera expres en ſon ſiege pour iuger ceux
qui les oppriment. * Là il prononcera iugement de rigueur contre les in-　31
iuſtes, & fera perir les meſchans. Ils ſeront releguez aux peines infernales,
on les oyra heurler au milieu des tourmens; la peine regorgera de deſſus
leurs teſtes iuſques ſur leur poſterité, leurs enfans traiſneront les pechez de
leurs peres, & porteront partie de leurs miſeres. * Et au meſme temps la　32
grace de Dieu ſe reſpandra abondamment ſur les iuſtes, afin que leur proſperité ſoit vne ſeconde peine aux meſchans, leur empliſſant le cœur d'enuie, qui les rongera continuellement: car ils verront les bons poſſeder en
paix leur terre; leur lignée regner en aſſeuré repos, & fleurir comme l'arbre
planté au long d'vn doux ruiſſeau, lequel jette ſes branchages, eſtend ſes
rameaux en l'air, fleurit en beauté, fueillit en abondance, & fructifie en excellence. * Mais quels ſeront les fruičts de l'homme iuſte? ſeront-ce les　33
biens qu'il amaſſe, les chaſteaux qu'il baſtit? ô fruičts indignes de tel arbre,
fruičts qui fleſtriſſent au premier ſentiment de gelée, fruičts qui tombent au
premier vent. Non, ce ſeront ces bons & ſauoureux fruičts qui croiſſent
dans les beaux & plantureux vergers de la Sapience diuine. Ce ſeront penſées ſainčtes & religieuſes, ce ſeront meditations pleines de zele & deuotion, par leſquelles il joindra ſon eſprit à Dieu; puis ouurant ſon ame receura les rayons du ſainčt Eſprit, qui animeront en luy mille belles & vertueuſes actions, comme vn fruičt de vie. La ſainčteté paſſant de ſon cœur
en ſes levres, fera que ſes propos ne ſeront que iuſtice & equité. * Car il au-　34
ra touſiours la loy de Dieu imprimée en ſon ame, comme vne reigle iuſte
& certaine, auec laquelle il compaſſera ſes propos: & ne faudra pas craindre que iamais il s'eſgare du bon chemin, ny que le pied luy gliſſe aucunement: car le fondement en eſt trôp bien poſé, l'aſſiette en eſt trop ſeure,
le ſentier en eſt trop bien dreſſé. La Loy de Dieu eſt plus ſolide & plus
ferme, que n'eſt ny le fer ny l'acier. C'eſt vne regle inflexible, vne eſquier-
re immuable. C'eſt vn lieu d'aſſeurance, où l'on n'eſt pas ſeulement conduit en droiture, mais conſerué en ſeureté, comme entre deux murs d'airain. * Car voyez vn peu le meſchant, combien il y a qu'il eſt en embuſ-　35
cade pour ſurprendre l'innocent; voyez quel appareil il a dreſſé pour luy
oſter & l'honneur & la vie; voyez s'il a rien oublié. * Mais Dieu ne laiſſe　36
point l'homme de bien, en quelque hazard qu'il tombe; il ne l'abandonne
point aux ſacrileges mains de ces cruels aſſaſſins, ny à leurs ſanglantes im-
poſtures, & impudentes calomnies. Car il eſt Iuge, & la puiſſance reſide
en luy: mais il eſt auſſi teſmoin, & la connoiſſance de verité eſt en luy. Puis
donc qu'il connoiſt la verité, & qu'il peut & veut iuger l'innocent, ne
ſera-il pas iuſtifié par ſa ſentence? * Ayez doncques, ô iuſtes, en luy voſtre　37
attente, car ſon ſecours eſt aſſeuré: ne vous ennuyez point de l'attendre,
car il ſçait mieux voſtre neceſſité que vous. Il tarde aucunefois pour eſprouuer voſtre patience, autresfois pour vous glorifier. Cheminez donc
par ſes voyes, & les conſeruez ſoigneuſement; plantez au tour de ſes
chemins de fortes hayes; ployez des eſpines de vos peines, des ronſes de
vos tribulations; de peur que la volupté n'y entre, & le plaiſir ne s'y traiſne,
rompe,

rompe, & gafte voftre chemin. Perfeuerez en voftre courfe iufqu'à fuer
fang & eau, afin que vous arriuiez au fejour de repos, où Dieu vous exaltera par deffus ce monde vifible, voire mefmes par deffus fes Anges glorifiez. Il vous fera mener les pecheurs en triomphe, & vous fera voir la ter-
38. re purgée de leur iniquité, affignée en partage aux gens de bien. * Ie me
fuis quelquesfois eftonné, de voir le mefchant & ícelcré eftre efleué en
toutes fortes d'honneurs, & tenir quafi toute la terre afferuie fous fes pieds.
Le Cedre du Liban n'a pas la tefte plus haute ny plus droite, ny ne femble
pas plus beau lors qu'il reueft fon verd ramage, & efpanouït fes nouuelles
39 fleurs, que faifoit le mefchant au fort de fa magnificence. * Mais repaf-
fant par où ie l'auois laiffé, i'ay efté tout efbahy que ie ne l'ay plus trouué;
i'ay veu le fiege de fa grandeur, qui n'eftoit plus que folitude. I'ay demandé : Où eft celuy qui eftoit fi braue, & qui fe faifoit tant redouter ? perfonne ne m'a rien refpondu. I'ay cherché de tous coftez pour voir fi ie le
rencontrerois, ie n'en ay oüy vent ny nouuelle. Tout eft fondu quant-&
luy, il n'en eft pas feulement demeuré vne marque, il femble que le feu y
40 ait paffé. * Il faut donc apprendre par l'exemple de leur mifere à efuiter
leur peché; & en fuiuant vne autre vie, meriter vne autre fin. Conferuez-
vous donc innocens, eftudiez-vous à droiture, aymez l'equité & la iuftice.
Car l'homme de paix & de raifon laiffe repos en fa famille, & renaift en fa
41 pofterité. * Ce n'eft pas de luy comme des reprouuez, defquels la memoire fe perd en vn moment, & ne demeure perfonne apres eux qui les
nomme, finon pour les maudire. Leur race fe perd tout à coup, & fe fond
comme en abyfme : le premier coup qui les frappe les renuerfe tout à fait;
car ils n'ont fecours que d'eux-mefmes, & Dieu les a dés long-temps de-
42 laiffez. * Il fecourt feulement les iuftes qui ont leur efperance en luy. Ils
ont là mis leur attente, il eft raifonnable qu'ils y trouuent confort, auffi
leur fert-il de fupport au iour de leur affliction. Ils fe retireront fous fon
aifle, comme pauures pouffins pourfuiuis par vn milan; ils y trouueront
43 couuerture, defenfe & confolation. * Il les aydera au fort de la meflée, &
lors qu'ils feront enuironnez de tous coftez, il viendra comme par miracle
par fa puiffance les deliurer. Il fendra la preffe, pour arracher les iuftes
d'entre les mains des mefchans. Pourquoy, Seigneur, fupportez-vous ainfi
les iuftes auec tant d'affection ? Pour ce qu'ils ont efperé en vous, & n'ont
point mis leur attente és biens de ce monde frefle & corruptible : mais fur
voftre bonté & clemence infinie qui ne manque iamais de fecours à ceux
qui inuoquent voftre fainct nom. Doncques, Pere de Iuftice & de mifericorde, puis qu'il vous plaift d'endurer pour vn temps, que les mefchans
occupent les biens & honneurs de ce monde, & tiennent le pied fur la gorge des gens de bien, & permettre que par leurs menées & infidieux artifices, ils tourmentent vos bons & innocens feruiteurs, compofez nos
affections de façon que nous ne nous offenfions point de leur bon-heur,
& ne leur enuions point leur trompeufe richeffe : mais que nous portions
courageufement ce qu'il vous plaift nous departir d'affliction, attendant
en patience que vous veniez iuger leur confcience, enquerir du fonds de
leurs confeils, & auec la feuerité de voftre iuftice imprimer fur leur front

la honte qu'ils ont meritée, aboliſſant leur infame memoire de deſſus la terre deſtinée au ſeruice de voſtre gloire. Et cependant conteneż nos cœurs en ſorte que nous n'ayons eſperance qu'en vous, & ne faſſions eſtat de choſe quelconque en ce monde pour y mettre noſtre amour, que de voſtre grace & benediction.

Iudica me Domine.

PSEAVME XLII.

EIGNEVR, ſoyez mon Iuge, connoiſſez de ma cauſe, & iugez les calomnies dont m'accuſent les meſchans. Deliurez-moy, Seigneur, des mains des iniques, & des levres des trompeurs: car ils ſe ſont aſſemblez pour machiner contre moy, & ont dreſſé leur partie pour me ruiner & accabler: ils veulent tendre le manteau de iuſtice au deuant de leur brigandage; & ſous pretexte des loix, me veulent perdre & diffamer. Mais ô Iuſtice diuine, qui d'vn œil tout-voyant diſſipez les nuages des calomnies, & donnez iour à l'innocence, luiſez vn peu ſur moy, & faites-leur connoiſtre que la verité perce au trauers de leurs fards, & ſe fait voye pour paroiſtre deuant vous; Iuge ſeuere & incorruptible, vnique confort des affligez. * Vous eſtes ma force & ma defenſe, ſur vous ſeul repoſe mon innocence. Ie m'eſtois preparé pour combattre les artifices de ces impoſteurs qui m'aſſaillent, i'auois ſongé mille argumens pour les conuaincre, & faiſois eſtat de bien deduire mes raiſons: mais quand i'ay bien conſideré, que vous auez retenu la connoiſſance de ma cauſe, comme mon Dieu, mon gardien & protecteur, i'ay dit à par moy: Que me ſeruent tous ces beaux ſyllogiſmes? car mon Iuge connoiſt la verité du faict, & ſçait l'equité de ma cauſe. Que peut-on celer à celuy, qui eſt preſent à tout: & que pourroit-on remonſtrer à celuy, qui eſt la meſme iuſtice, qui a eſtably les loix, & à qui il appartient de les interpreter? Ie me jette donc entre vos bras, mon Dieu, ma force & mon refuge: iugez ma cauſe, & me deliurez des calomnies des meſchans. Mais pourquoy me rejettez-vous, mon Dieu? Il y a ſi long-temps que ie vous inuoque, & vous ne venez point. Ce pendant mes ennemis m'oppriment, & ie n'en puis tantoſt plus: Seigneur, ie ſuis tantoſt au deſeſpoir, pourquoy me delaiſſez-vous? Mais tout doux, mon ame, tout doux: pourquoy vous deſolez-vous ainſi? & ſi bien Dieu tarde vn peu à venir à voſtre ſecours, pendant que les meſchans vous affligent, pourquoy perdez-vous ainſi courage, & vous laſchez-vous au dueil, & à l'angoiſſe? Ce qui eſt differé n'eſt pas perdu, il viendra puis qu'il l'a promis. * Venez donc, mon Dieu, mon Seigneur, eſpandez ſur moy les rayons de voſtre lumiere diuine: & puis que vous eſtes pere de verité, ne laiſſez point ceſte voſtre pauure fille captiue entre les mains de l'iniquité & iniuſtice de ſes accuſateurs. Si vous aimez l'innocence, deliurez-la des liens de ces fauſſes accuſations-là. Or, Seigneur, la malice ſe tient cachée parmy les tenebres: ſi vous la mettez au iour, elle eſt vaincuë: ſi elle eſt reconnuë, elle eſt perduë. Permettez donc,

ô Dieu,

ô Dieu, que voftre lumiere, & voftre verité affiftent à ma iuftice : car ie les
ay aymées toute ma vie, dés ma ieuneffe ie les ay cheries & recherchées :
ç'ont efté elles, Seigneur, qui m'ont premierement conduit deuant vous,
& prefenté à vous fur voftre faincte montagne, pofé au milieu de voftre
tabernacle, introduit en voftre Eglife, & donné lieu d'honneur en voftre
4 maifon. ⋆ C'eft là, Seigneur, où i'ay efleu mon domicile, ma demeure eft
auec vous. En vous Seigneur eft mon repos, à vous feruir i'ay mis toute ma
gloire. Doncques affeuré de voftre fupport, efperant en voftre grace, ie
me prefenteray à vous, qui connoiffez ma confcience, & la connoiffant la
iugez, en la iugeant l'eftimez, & en l'eftimant confondez les ennemis
communs de mon honneur & de voftre feruice. I'entreray à l'Autel que
ie vous ay dreffé pour benir & fanctifier voftre nom : & vous inuoqueray,
mon Dieu, qui empliffez ma jeuneffe de joye, & infpirant en mon cœur la
flamme facrée de voftre faincte amour, me comblez de plaifir & de lieffe.
5 ⋆ Portant ma harpe en ma main ie fonneray la confeffion de voftre magnificence, & entonneray fur ma voix les doux accens de voftre loüange :
tantoft ie chanteray voftre puiffance démefurée, tantoft voftre immenfe
bonté, tantoft voftre infinie clemence : mais en fin i'acheueray par cefte
iuftice admirable, qui m'a garenty de l'oppreffion des malins, & a fait re-
jaillir deffus eux la honte de leurs mauuais deffeins. Pourquoy donc, mon
ame, vous voulez-vous attrifter ? Pourquoy me troublez-vous ainfi, &
vous indignez des opprobres des mefchans, comme fi leur langue veni-
meufe pouuoit rien contre vne confcience innocente ? Non, non, vne
torche ardente plongée dans l'eau, ne s'efteint point plus vifte que la calomnie jettée fur vne innocente vie. ⋆ Mettez donc en Dieu, ô mon ame,
6 voftre efperance, & vous refiouïffez en fa grace ; car ie voy bien que fa
loüange luy plaift en mes levres. Toute ma vie ie le loüeray, annonceray
& confefferay : Dieu de verité, Dieu de iuftice, Dieu tuteur des innocens,
Dieu pere de falut, Dieu mon vnique defenfe. I'auray toufiours l'œil fiché
fur luy, la face tournée vers luy : car ie n'ay trouué falut qu'en luy. O Dieu
qui dés le commencement du monde tendez les bras aux affligez, qui auez
toufiours receu en protection l'oppreffé, & confolé le iufte iniuftement
tourmenté ; donnez-moy, Seigneur, & confort & courage ; afin que reprenant mes efprits demy affoupis d'affliction, ie vous glorifie de toute
ma force, & eftouffe par la vigueur de ma voix les blafphemes des mefchans, qui veulent diffamer voftre honneur ; & qui ne pouuans atteindre à
vous, fe ruent contre les gens de bien, qui vous feruent fidelement.

Audite hæc omnes gentes.

PSEAVME XLVIII.

1 VENEZ à moy, nations les plus eftranges, approchez peuples
les plus efloignez ; venez de toutes parts ouïr ce que vous ne
pouuez ouïr autre part. Paffez les mers & les montagnes, furmontez hardiment toute difficulté de chemin : car le prix de voftre naui-

gation, fera plus grand que de celuy qui paffe de l'Orient à l'Occident,
chargé de perles & diamans: la recompenfe de vos fueurs fera plus precieufe que les trophées de ceux qui fubjuguent les nations de la terre. Dreffez
donc les oreilles, & efcoutez attentiuement ce que ie vous veux annoncer
maintenant. O que ie voudrois que vous fuffiez tout oreilles, & que le refte de vos fens affoupis donnaft vigueur à voftre ouïe, pour bien purement
conceuoir ce que ie vous veux prononcer. * Venez, venez, vous qui vous　2
dites enfans de la terre, qui eftimez ne deuoir voftre origine qu'à la terre, &
voftre naiffance qu'à vos peres; & ne reconnoiffez en ce monde rien de
plus ancien qu'eux, & rien de plus grand que vous. Vrayement vous eftes
bien enfans de la terre, vous eftes infenfibles comme elle, & n'auez non
plus d'intelligence que les ftatuës faites d'argille & recuites au fourneau.
Venez & ouurez les oreilles, afin que ie vous ouure l'efprit; fermez les yeux
du corps, afin que ie faffe voir clair à voftre ame; abandonnez cefte maraftre
de terre, afin que ie vous faffe connoiftre voftre pere celefte. Venez donc
tous, pauures & riches, car vous eftes egalement indigens des biens dont
ie vous veux faire largeffe. * Venez, car ie vay vous ouurir & defployer les　3
threfors de la fapience eternelle; & ouurant ma bouche infpirée de la grace
du Dieu tout-puiffant, ie m'en vays eftaller en ma parole les merueilles de
fa fageffe. I'ay tenu longuement mon ame en profonde penfée; & apres
auoir long-temps fongé, i'ay en fin conceu vn eftrange difcours de la fapience diuine, par laquelle i'ay reconneu en toutes chofes la bonté & mifericorde de Dieu, & la folie, mifere & infirmité des hommes. * C'eft pour-　4
quoy, tout efperdu en l'admiration de fa grandeur, & compaffion de noftre infirmité, il m'a incontinent pris enuie de prefter l'oreille à ce que mon
efprit m'enfeignoit, & prendre foigneufement garde aux chofes dont il
me monftroit couuertement, & fous vne forme defguifée, la connoiffance & verité: & apres l'auoir foigneufement entenduë & examinée, i'ay pris
ma harpe en ma main; & accordant ma voix au doux & agreable fon de
ma lyre, me fuis apprefté de mettre au vent mes conceptions, & faire ouïr
mes meditations à tous ceux qui les voudront efcouter, afin qu'elles foient
acceptables à Dieu, auteur de fi fainctes penfées, & inftruction falutaire au
fauorable auditeur de mes difcours. * Si vous voulez doncques fçauoir ce　5
que ie difois en moy-mefmes, ie difois: Et que craindray-je au plus dur
temps de ma vie? dequoy dois-je auoir peur quand la mort mettra la main
fur moy, & me fera fortir de ce monde? Helas! la mort eft vne eftrange
befongne, ie ne fçay qui ne la craindroit, veu que perfonne ne s'en peut
garentir. Dequoy me pourrois-je remparer contre fes traits? De quelle armure me pourrois-je couurir contre fa faux? qui fappe & abbat les maifons, les chafteaux, les villes, les Royaumes, les Empires; qui menace mefme le monde de la fin, & laquelle au bout fe donnera fin à foy-mefmes?
Il ne me faut pour toutes armes que l'innocence, il m'en faut faire vn aceré & affeuré bouclier; car fi ie n'y prens bien garde, le traiftre de peché,
foldat appointé de la mort, ne bougera de mes talons, fe logera dans ma
concupifcence, & me liurera à l'heur ie l'affaut entre les mains de la damnation. * O chere & falutaire innocence, en vous feule repofe toute no-　6
ftre affeurance; fous voftre foy n... attendons conftamment tout ce qui
　　　　　　　　　　　　　　　　　　　　　　　　　　　　　　　　nous

nous peut arriuer, & vous croyons affez forte pour nous defendre de la
mort. O fols & infenfez! qui delaiffans cefte fidele protection, s'affeurent en leur grandeur & puiffance, font eftat de leurs richeffes & magnificences : ils content les nations qui font fous leur Empire, ils nombrent les
threfors qu'ils tiennent fous la clef, & dequoy fert tout cela contre la mort?

7 ★ Si le frere ne peut racheter fon frere au prix de fa propre vie, fi voulant
mourir pour luy, la mort inexorable ne le veut pas receuoir, que donnera
donc l'homme à la mort pour fa propre rançon ? Donnera-il les biens qui
ne font pas à luy, ou les Empires qu'il perd en mourant ? Non, non, il ne
luy refte rien dont Dieu s'appaife & fe deftourne, quand vne fois fon iugement eft prononcé contre l'homme mortel : il ne veut point compofer
auec luy, quel qu'il foit. C'eft fa creature, c'eft le limon de fa terre, d'où il
retire quand il luy plaift l'efprit qu'il y a foufflé, l'homme n'a que redire ny

8 que repliquer contre luy. ★ Ie vous prie mettons vn peu à prix l'ame de
l'homme, voyons ce qu'il offrira à Dieu pour la racheter de luy : qu'il trauaille vn peu toute fa vie, qu'il aille furetant les recoins de la terre, qu'il aille efpuifant les entrailles des mines, qu'il tariffe les mammelles dorées des
deux Indes, qu'il defpeuple l'Orient de fes perles, & ayant entaffé tout
cela, qu'il vienne marchander à Dieu pour prolonger fa vie, & nous entendrons fes raifons. Que fera-ce autre chofe, finon vn prifonnier qui offre de laiffer fes fers, fi on luy veut donner la liberté ? Ce que tu penfes,
miferable, te deuoir feruir de fauue-garde, c'eft la feneftre par où doit entrer la mort. La mort vient du peché, le peché de ta concupifcence, ta
concupifcence fe nourrit, accroift & enflamme de tout cela. Dieu veut
parler à toy tout nud comme il t'a mis en ce monde, il veut auant que ca-
pituler auec toy, que tu luy rendes ce que tu luy as defrobé, fes biens dont
tu as mef-vfé, puis tu aduiferas fi tu as du tien pour payer le double, voire

9 le quadruple, pour la peine de ta maluerfation. ★ Helas! pauure infenfé, fi
tu en viens-là, que diras-tu contre la mort, veu que les fages mefmes cour-
bent la tefte fous fon joug ? Toy, qui n'as fait eftat que des richeffes corruptibles & periffables, tu feras preferué de corruption, & le fage, qui entant qu'il a peu, s'eft immortalifé en cefte vie, a conuerfé auec les Anges,
ne s'en peut garentir ? tu le vois prendre fa fin, & tu efperes eftre immortel ? Non, non, le fage & l'infenfé mourront, toutesfois de bien diuerfe façon, car la mort du fage ne fera que paffage, il trouuera a fon retour fon
talent multiplié en toute infinité, la gloire qu'il a femée croiftra en abon-

10 dance, & ombragera la generation de fes enfans. ★ Mais ces pauures aueuglez, qui ont toufiours les yeux fichez en terre, qui ont leur efprit enfermé
dans leur bourfe, qui n'ont entendement que pour aymer les chofes qui
ne font rien, qui negligent le Soleil & la Lune, chef-d'œuures de la nature, pour admirer des pierres & des marbres, de l'or & de l'argent, qui diffipent & refpandent en vain les vertus de l'intelligence, pour affembler &
amonceler les excremens de la terre, laifferont les richeffes qu'ils ont tant
aymées, & pour lefquelles ils ont haï tout le refte : Vous les verrez tirer
contre la mort, traifner iufques au tombeau leurs richeffes, mais la mort
leur donnera fur les doigts, & leur fera lafcher prife. Demy-morts ils en-

tr'ouuriront les paupieres, pour chercher du coin de l'œil leurs thresors;
mais en fin il faut marcher, il faut laisser cet attirail, vne forte puissance les
entraisne. Et à qui laisseront-ils cet equipage? peut-estre à vn estranger inconneu, qui se bagnera dans les sueurs de ces pauures miserables, ausquels
on ne laissera pour partage qu'vn sepulchre de quinze ou vingt pieds pour
le plus; voila leur maison pour iamais, qu'ils s'y tiennent s'ils veulent. * Et 11
où sont donc maintenant ces Palais lambrissez? & où sont ces voutes dorées, ces belles rangées de colonnes, ces marbres si bien frisez, ces em-
blesmes de bronze, & tous ces autres miracles de vanité? n'y a-il rien de
reste pour eux? Ils auoient substitué leurs terres de race en race, & de lignée en lignée; ils auoient donné leur nom à leurs maisons; certainement
c'estoient de grands personnages. * Helas! quand l'homme a esté en hon- 12
neur il ne l'a pas sceu connoistre, & a tant fait qu'il est reduit au nombre
des bestes, & rendu semblable aux asnes & aux cheuaux, qui n'ont ne sens
ny iugement. Car quel plus grand honneur pouuoit-il desirer, que d'a-
uoir esté formé au moule de la Diuinité, & estre posé entre les œuures de
Dieu; pour y commander comme son Lieutenant? Il n'estoit quasi pas
moindre que les Anges, & auoit vn esprit pour comprendre les merueilles
les plus grandes de la Diuinité. Mais fuyant le iour & la lumiere de science, il s'est tapy dans les antres & spelonques d'ignorance & stupidité, & y
est demeuré toute sa vie, couuant ie ne sçay quelle miserable richesse, &
s'est trouué en fin estre deuenu semblable à vne beste brute. Car comme
ceste-cy ne hennit qu'apres l'auoine, & ne s'aduance que pour la pasture,
aussi cestuy-cy ne se remuoit que pour les necessitez du corps: mais qui pis
est encore n'y sçauoit-il pas pouruoir, & vser pour son entretenement des
biens qu'il conuoitoit si asprement, pire en cela beaucoup que tous les autres animaux, desquels l'appetit desreiglé s'appaise par l'vsage des choses
qu'ils desirent. * O quelle infamie & quel scandale de la vie de telles gens, 13
qui se sont ainsi honteusement abrutis! Que leur reste-il plus en ce monde ny en l'autre, sinon que vergongné en cestuy-cy, & peine & tourment
en l'autre? Et puis qu'ils s'aillent plaire en leurs discours, qu'ils s'orgueillissent en leur richesse. Qu'ils se souuiennent vn peu maintenant des propos qu'ils tenoient, quand ils n'estimoient rien qu'eux & leur argent, &
qu'ils faisoient litiere du reste des hommes. * Voila qu'on les traisne en en- 14
fer, comme brebis qu'on meine à la boucherie; la mort est venuë qui les a
deuorez, & n'en reste plus que les os piteusement deschernez qui se roüil-
lent dans les tombeaux. * Le iuste, qui a enduré leur insolence en patien- 15
ce, a maintenant son tour; le voila qui regne, il est maintenant à son aise.
Il se leue au point du iour, & aptes auoir rendu graces à Dieu, il va reconnoistre le lieu où habitoit l'vn de ces miserables; où il s'estoit placé pour
braüer & tyranniser tout le monde, & dit à par soy: Loüé soit Dieu, qui
a nettoyé la terre de ceste ordure, & a fait place à ceux qui benissent son
nom. Il est pourry ce meschant, & sa gloire auec luy. Il est là en tourment, & personne ne luy aide, qu'il demeure là hardiment; car la mort
pour luy, est vn aller sans retour. * De moy, Seigneur, ie sçay bien qu'il 16
me faut mourir, le peché de nostre premier pere nous a obligé à ceste
dette,

dette, c'eft le falaire de fa defobeïffance; il faut defcendre en la terre, & retourner d'où nous fommes venus. Toutesfois, Seigneur, vous me rache-
terez de la mort, & me deliurerez de la main de l'Enfer, quand il me voudra faifir. Vous ne permettrez pas que i'entre là bas, vous me viendrez deliurer dés l'entrée, & vous contenterez que ie connoiffe fans la fouffrir, la
peine eternelle de ma meritée feruitude & captiuité. Mais quel fera le prix
de ma redemption? feront-ce les biens de la terre, l'abondance d'or & d'argent? Non, Seigneur, l'Enfer en eft tout plein, il ne fait compte de tout
cela. Vous ferez vous-mefmes le prix de mon rachapt, vous liurerez voftre corps à la mort, afin de deliurer mon ame de l'Enfer; vous veftirez
les douleurs du trefpas, afin de me veftir des ioyes de l'immortalité. Ie ne
veux donc, mon Dieu, d'orefnauant autre richeffe que vous; vous poffe-
dant, ie poffederay tout le monde; vous aimant ie feray en vous, & vous
ferez en moy: & y eftant, vous y apporterez tout le bien du monde, toute la force du monde, toute la gloire du monde; & me remplirez bien d'v-
ne autre richeffe que celle de ces pauures miferables qui ne vous reconnoiffent pas: leur richeffe n'eft que le fruict de leur peché, qui perira auec
leur peché. * Il ne fe faut pas eftonner fi on les voit s'enrichir en vne heure,
17 ny pour cela les eftimer plus heureux; fi le faux honneur qu'ils recherchent
leur abonde, & qu'ils foient comblez de cefte vaine & futile gloire; qui
n'a que l'apparence, il ne s'en faut pas efbahir, & moins encore leur enuier.
18 * Car quand ils auront vne fois baifé la terre, & veftu le cercueil, ils n'en
emporteront rien auec eux que le drap dont ils feront enfeuelis; rien ne les
fuiura que leur ombre. Encor, ce crois-je, les laiffera-elle; car le iour mefme qui fait l'ombre leur faudra, & la lumiere commune leur manquera:
& au lieu de ces magnificences, de ces pompes & bombances, dont ils
faifoient peur aux petits enfans; triftefse, ennuy, dueil, angoiffe, pauureté,
19 mifere les enueloperont. * N'eft-ce pas raifon, ils ont eu leur plaifir en cefte
vie, ils ont receu en ce monde leur bien, tout ce qu'ils ont fouhaitté leur
eft arriué, les biens leur venoient à la foule, leur felicité leur faifoit peine
de fa grandeur, ils n'eftimoient que ceux qui feruoient à les enrichir, ils
n'aimoient que ceux qui leur donnoient, ils ne cheriffoient que ceux qui
augmentoient leurs rentes. Ils ont fait comme ceux qui afin d'auoir vn
grand vfufruict vendent la proprieté de leur bien; ils font morts, & ils
n'ont plus rien de refte à l'autre monde, car ils n'ont pas fait prouifion des
biens qui y ont cours, ils fe font contentez d'auoir des biens pour cefte vie
terreftre, elle eft finie, ils font en pauureté. Ils ont defiré de l'honneur, mais
honneur vain & futil, qui ne dependoit que de l'opinion des fols, ils en
ont eu, mais ils ne l'ont pas bien fceu conferuer. Ils fe font voulu feoir fur
le plus haut de la rouë; elle a pris fon tour, ils font tombez à bas. Bien-
heureux ceux qui fe peuuent tenir fur l'effieu conftant & immobile, & re-
20 garder affeurez & le haut & le bas. * Mais ces miferables n'en ont pas fait
ainfi, ils fe font eux-mefmes donné le faut: ils ont monté volontairement
au haut, dont ils font precipitez aux enfers; ils font aujourd'huy au nombre de leurs peres, ils ont là trouué leurs anceftres, defquels ils auoient tiré
leur naiffance & leurs mœurs; ils les ont imité en leurs vices, & ils feront

compagnons de leurs peines apres la mort. Ils apprennent, mais hors de ſaiſon, & lors que le repentir eſt inutile, que c'eſt que de s'eſleuer contre Dieu, & ſe vouloir oppoſer à ſa gloire. Ils apprennent que c'eſt que de vouloir affliger les iuſtes, opprimer les pauures, ſe mocquer des affligez. Ils ſont confinez en tenebres, & la lumiere ne luit plus à leurs yeux. Ils n'oyent plus qu'horreur & grincement de dents, ils ne reſpirent plus que ſouſpirs & gemiſſens, ils ne ſe remuent plus qu'en tremblemens, & fremiſſemens. * Pauures inſenſez! quand ils eſtoient en honneur, ils ne l'ont peu connoiſtre, & ſont deuenus ſemblables aux iumens, qui n'ont ne ſens ne iugement. Mais helas! diſſemblables; car la mort rauiſſant les beſtes, leur oſte le ſentiment de la douleur, auſſi bien que du plaiſir: & à ces pauures inſenſez, qui n'ont pas voulu connoiſtre en quoy conſiſtoit leur bien, qui ont fermé l'œil à la lumiere eternelle, qui ont bouché les oreilles à la parole ſpirituelle, le ſens leur demeurera pour ſujet des tourmens, & leur eſprit viura pour conceuoir continuellement leur miſere, & languir eternellement.

21

Quàm bonus Iſraël Deus.

PSEAVME LXXII.

OMBIEN eſt grande la bonté de noſtre Dieu, combien aſſeuré ſon ſecours à ceux qui s'attendent à luy! A ceux, dis-je, qui n'ont iamais deſtourné leur penſée de ſa iuſtice & miſericorde, & qui tenans l'œil de leur ame touſiours fiché ſur ſa Prouidence, ne ſe ſont oncques diuertis de l'eſperance qu'ils doiuent auoir en ſa grace. Combien ſont heureux ceux que les diuerſes rencontres du monde n'ont iamais eſbranlé en l'aſſeurance qu'ils doiuent auoir de la Iuſtice diuine; combien eſt grande & loüable la conſtance de telles gens? * Car (pour dire la verité) le pied m'a ſouuent failly par ce chemin, ſouuent i'ay gliſſé & quaſi tombé en terre. Comme ceux qui montent par vn aſpre & eſpineux precipice, quand ils viennent à ſe picquer à quelque ronſe, ou eſcorcher contre quelque caillou, leuent de douleur la main de deſſus les crampons & accrocs qui leur aident à monter, & incontinent bouleuerſent en bas, s'ils ne ſont auſſi-toſt arreſtez: ainſi, mon Dieu, pendant que ie veux faire iugement de vos œuures, & contempler comme vous diſpenſez vos graces, comme picqué & vlceré de voir les meſchans proſperer, ie fais de fauſſes deſmarches, & ſuis preſt de tomber en ce precipice, de meſcroire voſtre ſageſſe & iuſtice. * Quoy? dis-je, que des gens qui ne connoiſſent Dieu que pour le blaſphemer, qui le penſent auoir pris à gage, pour ſeruir à leurs cupiditez & peruerſes affections; qui ne veulent de luy que pour ſeruir de fard à leurs meſchancetez, de maſque à leurs iniquitez, de leurre à leurs tromperies, cueillent neantmoins tout le fruict de ſa grace, poſſedent en paix & en repos la creſme de ſes biens? Ie le confeſſe, mon Dieu, i'ay ialouſie de leur bien, ie le leur enuie, & me ſemble que cela eſt entierement hors de raiſon. * A les voir, qui diroit qu'ils peuſſent mourir? Qui eſt-ce qui ne penſeroit

2

3

4

ne penſeroit

ne penferoit qu'ils euffent acheté de vous à prix fait le droit d'immortalité
en ce monde ? qui ne diroit qu'ils ont partagé auec vous l'eternité & conftance de felicité ? Au refte des chofes de ce monde, il fe voit quelque changement, qui monftre qu'il faut que par fucceffion la fin enfuiue : mais en
leur bon-heur il fe voit vne telle fermeté, vne fi grande egalité, qu'il femble que croiffans toufiours comme ils font, ils paruiendront en fin à voftre
infinité, & prendront place en voftre throfne celefte : car de penfer que
rien leur puiffe nuire, il n'y a apparence quelconque, ny qu'vne feule infortune fe puiffe affoir fur cefte fi luifante magnificence : il n'eft pas croyable que rien puiffe offenfer leur precieux corps, enuironné de tant d'excel-
5 lentes richeffes. * Les autres hommes font courbez au labeur, le trauail eft
le deduit de leur vie, ils naiffent en gemiffant, ils croiffent en foufpirant, ils
vieilliffent en lamentant, la mer eft plus fouuent exempte de vent, que leur
vie n'eft de tourment, l'on ne voit point tant de coups autour d'vn blanc,
que l'on voit de miferes & d'afflictions attachées tout autour des autres
hommes : mais ceux-cy feuls en font exempts & à couuert, & d'vn cours
de vie efgal & conftant, ils fe baignent à plaifir dans les plaifirs de ce monde ; prennent pour leur paffe-temps les calamitez des gens de bien, & craignans Dieu. N'auez-vous point veu quelque tyran au plus haut d'vn theatre, qui regarde combatre des efclaues contre des tigres & des lions ? qui
paift fes yeux & fon cœur inhumain, à voir defchirer & defmembrer vn
pauure homme ? De mefmes ces mefchans repaiffent leurs fouhaits, à voir
6 les tribulations qui enuironnent & flagellent les innocens : * O que cela les
rend fiers & arrogans ! ils penfent que la terre n'eft faite que pour eux, encore ne leur femble-elle pas affez grande pour les tenir. Quant aux autres
ils les regardent de trauers, & femble qu'ils leur enuient ce qu'ils viuent,
& difent defdaigneufement entre leurs dents : Verrons-nous toufiours cefte canaille deuant nous ? cefte lie de miferables fera-elle toufiours à nos
yeux ? Puis eftans à part, ils difent : Qui eft ceftuy-cy, qu'vn coquin ? qui
eft ceftuy-là, qu'vne befte ? les voila amoureux d'eux-mefmes fans compagnon ; ils ne connoiffent plus rien en ce monde de beau, finon qu'eux,
rien qui merite qu'eux ; & s'eftimans comme Dieux, ils s'adorent eux-
mefmes, & ne feruent plus que leurs cupiditez, ne reuerent plus que leurs
paffions : tellement qu'ils font couuerts iufques par deffus la tefte, d'or-
7 gueil, d'iniuftice & d'impieté. * Ils ne font gras que de mefchanceté, leurs
corps ne font point plus gorgez de graiffe, que leur ame de vices & de pechez. Toutes fortes de villenies & abominations groullent en leur confcience ; ils n'ont ny fouhaits ny penfées qui ne tendent à quelque ordure, ou à quelque malignité, c'eft à cela que leurs yeux guignent, c'eft à
cela que leurs mains fretillent ; ils y ont mis tout leur cœur, ils n'ont
plus d'autre affection, rien ne les meut que la malice, vous diriez que
8 c'eft elle qui remuë & anime leurs corps. * Vous les verriez apres auoir
longuement pourpenfé leur peché, apres auoir remafché leurs mefchans deffeins, & executé quelque malheureufe entreprife, qu'ils en font
gloire, brauent tout le monde, parlent d'authorité ; ils ont droit de
faire tout ce qu'ils font, il ne fe peut rien imaginer de fi rogue ny de fi

fier. Au moins s'ils auoient quelque honte, & que contens d'outrage
licentieufement les hommes, ils fe continffent de blafphemer fi vilaine
ment le facré nom de Dieu. * Mais quoy? mon Dieu, ils ont leué la tefte 9
contre le Ciel, ils ont dédaigneufement regardé le fiege de voftre grandeur, comme s'ils difoient: Et qu'y a-il là d'efgal à nous? Nous qui faifons
ce que nous voulons en ce monde, à qui toutes chofes s'accommodent, à
qui la nature mefme fert à baguette. Et quant à la terre, ils ne daignent
quafi la regarder: en fin jettans par commiferation les yeux deffus, ils difent: Et qu'eft-ce tout cela, finon ce qui nous ennuye de fon abondance,
nous empefche de fa fertilité? * Cela eft vrayement caufe, Seigneur, que 10
tout le peuple eftonné s'amaffe pour voir ce prodige; gens accourent de
tous coftez à ce fpectacle, & ne fçauent que dire quand ils voyent cefte
merueille, ils font là fichez beans & regardans. * En fin patience leur ef- 11
chappe, & commencent à murmurer: Et quoy? Dieu qui voit toutes
chofes n'apperçoit-il pas cela? N'eft-ce pas luy qui a ce grand œil tout-
voyant, qui a veu les chofes auant qu'elles fuffent faites, les voit en leur
eftre, & les preuoit aller à leur fin? Eft-ce pas luy de qui on dit la Prouidence eftre auffi grande au gouuernement du monde, comme fa bonté
a efté grande en la creation d'iceluy? S'il a difpofé toutes chofes par compas, s'il a tout creé par mefure, fi fa iuftice prefide au gouuernement de
ce monde, que fait-il à cefte heure? où eft-il endormy maintenant?
* Voila les mefchans qui fe font emparez de fes biens, & poffedent les 12
richeffes du monde, vous diriez que tout eft creé pour eux; les biens leur
pleuuent comme à l'enuy, les honneurs entrent à foulle en leurs maifons,
la felicité les prend à force; ils defirent, ils ont; ils fouhaittent, il leur
arriue. * Et de moy, en fin i'ay dit auffi: Et quoy, mon Dieu, qu'eft- 13
ce là? C'eft bien pour neant que i'ay iuftifié mon cœur & reiglé mes
actions fur vos commandemens; ie me fuis defpouïllé de toute affection
pour n'aymer rien que vous, i'ay circoncis mon cœur de tous fes mauuais defirs, i'ay mis ma volonté fous le joug de voftre loy, afin qu'elle ne
feruift qu'à voftre gloire: fuyant le vice & le vicieux, ie me fuis rangé auec
les innocens, & ay leué mes mains auec eux, non pas feulement les mains
de mon corps, mon Dieu, mais les mains de mon ame qui font mes affections, lefquelles i'ay laué & purifié dans les torrens de mes larmes. * I'ay 14
embraffé la penitence, & me fuis tout le long du iour flagellé, battant
mon cœur de continuels regrets, le poignant d'aiguës & perçantes contri-
tions, & en chaffant à force de fanglots, toute cefte maligne humeur
qui auoit enfiellé ma volonté. Tous les matins me leuant, ie vous ay
crié mercy de mes pechez, & ay detefté mon vice, & penfé d'amender
ma vie, ie me fuis tous les iours refueillé fur ce deffein, & par là i'ay commencé ma iournée. * Ie difois à par moy: Voila tout ce que i'en fçau- 15
rois dire; en fin ceux qui craignent Dieu & le feruent font affligez; ceux
qui le blafphement font à leur aife. Et là deffus i'ay commencé à detefter la
condition de ceux qui fe glorifient d'eftre, Seigneur, vos enfans, d'eftre vos
efleus; & ay fuiuy à dire, Sont-ce ceux-là que l'on appelle enfans de Dieu
tout-puiffant?

tout-puiſſant ? Vrayement ce ſont bien enfans reprouuez, puis que voila
les autres qui poſſedent l'heredité de leur pere, pendant qu'ils ſont en extreme pauureté. Ce ſont ces autres-là qui regorgent de biens, & auſquels
Dieu eſt ſi fauorable & ſi indulgent, qui ſont ſes enfans; c'eſt à eux à qui
ce nom appartient, puis qu'ils iouïſſent de ſes biens, & ſont maiſtres apres
luy de ſes œuures. * Quant à moy ie penſois bien m'y connoiſtre, & pour
16   dire vray, m'eſtoit aduis que la choſe alloit ainſi. Ie ne me pouuois tenir
de me trauailler & tourmenter, & diſois: Hé mon Dieu, comme ſe fait cela ? cela peut-il eſtre, veu les menaces que vous auez prononcées contre
les meſchans, veu les peines que vous leur auez preparées ? Bref, i'eſtois en
17   vne eſtrange perplexité. * Mais en fin ie me ſuis apperceu quel eſt voſtre
deſſein, & ay penetré iuſques au fonds de voſtre ſanctuaire; i'ay entré (ce
me ſemble) en voſtre ſainct conſiſtoire, & ay reconneu quel eſt en cela
voſtre conſeil: car apres m'eſtre reſolu d'attendre la fin que vous auez ordonnée à telles gens, i'ay incontinent reconneu que voſtre iuſtice ne ſe dément iamais, & que ſi quelquesfois elle tarde à venir, elle recompenſe ſa
tardiueté par la rigueur du ſupplice: ie me ſuis doncques fermé à regarder
18   ce qu'ils deuiendroient. * Vrayement à la fin vous les auez bien payez,
vous leur auez enuoyé ce que meritoient leurs tromperies & leurs meſchancetez: car comme ils penſoient eſtre au ſommet de leur grandeur,
voila que vous leur donnez le ſaut, & les precipitez en vn abyſme de miſere. Toutes leurs pompes, toutes leurs magnificences, toutes leurs richeſſes, ne leur ſont en fin qu'vn haut & eminent eſchaffaut, dont ils ſont
19   honteuſement bouleuerſez. * Vray Dieu, quelle deſolation, quel deſcon-
fort! ce n'eſt que pleurs à l'entour d'eux, tous leurs ſatellites & eſtaphiers
s'en vont battans leurs poitrines, ayans la teſte panchée comme le lys batu d'eau, faiſant pitié à ceux à qui ils ſouloient faire enuie. Ils contemplent
piteuſement les ruines de leur Idole, & iugent combien ils eſtoient inſenſez, de faire leur Dieu d'vn homme mortel & miſerable, qui n'eſtoit que
vent ou fumée. Car quand on conſidere leur fin, on voit qu'en vn moment ils ſont tombez; il n'y a rien ſi court que le chemin de leur grandeur
à leur ruine; le changement s'en fait ſi ſoudain, que la veuë ne le peut comprendre. Les voicy, les voilà; ils eſtoient, ils ne ſont plus; à peine en voit-
on les veſtiges: voila où leur peché les a conduits, il a eſté long-temps à leur
applanir le piege, mais en fin les voila treſbuchez. Pendant qu'il minoit le
fondement de la maiſon, il les faiſoit monter au faiſte, afin de les faire choir
de plus haut. Ils montoient touſiours, & penſoient que tout ce qui eſtoit au
deſſous d'eux fuſt à eux; mais en fin ils ſont montez ſi haut qu'ils ſe ſont
perdus en l'air, auant que de retrouuer la terre; de façon qu'ils ſont retour-
20   nez en vent. * Les voila deuenus ſemblables aux ſonges ſur leſquels on ſe
reſueille. Car comme on dit au reſueil, Ie reſuois bien, de m'imaginer cela:
auſſi ferez-vous, lors que quand telles gens ſeront eſuanouïs, le peuple dira:
C'eſtoit bien vn ſonge que leur grandeur, ce n'eſtoit qu'vne pure & vaine folie, qui n'auoit rien de ferme ny d'aſſeuré. Car vous les aneantirez
de telle façon, qu'on n'en aura iamais memoire, ſinon pour s'en mocquer,

X ij

vituperer leur orgueil, & condamner leur infolence : on dira ; Voila les ruines de leurs maifons, voila la place où eftoient ces outrageux Meffieurs,
qui ne fe foucioient ny de Dieu ny des hommes, qui ne fe plaifoient qu'à
toute ordure & mefchanceté, qui auoient bafty, tant de maifons des os du
pauure peuple, cimenté leurs palais du fang de l'indigent : voila il ne refte
plus rien de ce qu'ils ont efté, que les marques de leur ignominie, le foudre
y a paffé, il n'eft rien demeuré. * Voila, Seigneur, comment il ne faut pas 21
temerairement iuger de voftre prouidence : il faut que qui en veut iuger,
prenne patience d'attendre iufques à la fin, qu'il fe laiffe conduire par voftre efprit, & qu'il l'inuoque pour le confoler & l'adreffer. Car pendant
que mon cœur bouïlloit ainfi de colere, que de defpit ie iettois de grands
foufpirs du fond de mon eftomach, & que ie n'auois partie de mon corps
qui ne fuaft d'ahan, ie me fuis quafi perdu & abyfmé, & neantmoins ie n'y
ay rien profité ; apres m'eftre bien tourmenté, ie me fuis trouué auffi fage
& auffi refolu que deuant. * Ie me fuis, dis-je, trouué fi troublé, que ie ne 22
fçauois fi i'eftois befte ou homme : non, i'eftois vrayement comme vne befte, & n'y pouuois non plus comprendre, que fi i'euffe entierement perdu
l'entendement. Mais ie me fuis toufiours tenu à l'efperance que i'auois en
vous, & plus ie voyois que le fens & iugement me failloit, plus vifte recou-
rois-je à vous, & vous fuppliois humblément m'ouurir l'efprit, pour me faire
connoiftre quelle eftoit voftre volonté. * Vous m'auez pris par la main, 23
raffeuré doucement, & remis au chemin de voftre volonté, & fait reconnoiftre quel eftoit voftre deffein. Vous auez fait dauantage, car vous m'auez,
ce me femble, ouuert les yeux & les Cieux tout enfemble, & fait voir le
comble de voftre gloire. Ie dis, Seigneur, que vous me l'auez fait voir. Car
c'eft chofe à quoy fans vous homme mortel ne pourroit iamais atteindre.
* Car, helas ! qu'irois-je chercher au Ciel, moy pauure & infirme creature, 24
qui ne voy pas bonnement ce qui eft à mes pieds, qui n'apperçois qu'à
grand peine ce qui eft en terre deuant moy ? Les yeux de mon corps font
bien foibles, mais ceux de mon ame le font encore plus : les cogitations des
hommes font pleines d'incertitude & d'infirmité ; car le corps terreftre &
corruptible affaiffe & appefantit noftre efprit, & attache noftre fens à la terre. Tellement que fans vous ie ne puis rien efperer en ce bas monde, ny me
promettre certaine connoiffance de chofe quelconque. Que pourrois-je,
eftant fur la terre, iuger fans voftre ayde, & fans qu'il vous plaife m'illuminer l'efprit des chofes que vous auez ordonnées au Ciel, au fiege de voftre
eternité ? Mais auffi, Seigneur, auez-vous fuppléé mon defaut, & m'auez
conduit par la main, pour me faire voir les confeils de voftre fapience eternelle : vous m'auez comme rauy à vous, & enleué mon efprit hors de mon
corps, pour le rendre fufceptible de la lumiere diuine, & de vos fages deffeins. * Certainement confiderant telles merueilles, ie me fuis tout efua- 25
nouy, mon cœur s'eft faifi, & fuis tombé tout pafmé : ô Dieu, qu'eft-ce là ?
mon Dieu que m'auez vous fait voir ? Dieu de mon cœur, Dieu de mes
penfées, Dieu de mon efperance, Dieu que i'eftime tout mon bien, auquel
aimer i'ay deftiné dorefnauant toutes mes affections ? Ie connois maintenant,

nant, Seigneur, ce que vous eftes, combien iufte & combien puiffant : ie ne
m'eftonne plus maintenant, & ne m'eftonneray iamais de voir des chofes
en ce monde eftranges, & dont ie ne puiffe comprendre la raifon. Car vos
confeils font merueilleufement hauts, voftre fageffe eft terriblement profonde. Mais en fin, Seigneur, tout ce que vous difpofez en ce monde, fe
26 termine en iuftice. * Car tous ceux qui fe retirent de voftre obeïffance, &
s'efloignent de voftre grace periront tres-miferablement : tous ceux qui
violent la foy de l'alliance qu'ils ont iurée, pour feruir à leurs concupifcences & paillarder auec la terre, & leur charnelle affection, tous ceux qui pol-
luent leur confcience, & proftituent leurs ames à mefchancetez & impies
cogitations, feront exterminez, & pafferont par la fureur de vos mains ven-
27 gereffes. * Mais quant à moy, mon Dieu, ie ne me departiray iamais d'aupres de vous, ie n'efpereray iamais autre bien, que de me coller à vos coftez
pour iamais n'en partir. Ie veux ficher ma veuë fur vous, afin d'obferuer
tous les cleins de vos yeux, de me conformer à tout ce que vous defirez de
moy, & fuiure tout ce que vous me commandez. I'entens mettre toute
mon efperance en vous, & puis que ie vous connois tout bon & tout puiffant, & comme ie croy fermement que vous m'aimez, ie croiray fermement que vous m'affifterez, & me donnerez tout ce qui me fera neceffaire.
O que belle & affeurée eft l'efperance, qui eft fondée fur la promeffe du
Dieu tout bon & tout-puiffant, qui m'a donné tant d'arres de fa beneficence, tant de gages de fa liberalité, afin de me faire croire que la recompenfe qu'il m'a promife en le fidelement feruant, m'eft affeurée. Pourquoy, mon Dieu, me prodiguez-vous tant de biens, pourquoy m'en promettez-vous vne telle infinité, veu qu'il n'y a en moy que peché & infir-
28 mité ? * Ie voy bien, Seigneur, c'eft afin que i'aye fujet d'annoncer par
tout voftre immenfe mifericorde, & bonté indicible : afin que ie publie voftre loüange par toutes les portes, par toutes les aduenuës, par tous les carrefours de voftre ville faincte de Sion : Afin, dis-je, que montant à voftre
faincte montagne, au milieu de ceux que vous auez affemblez en voftre
Eglife, pour receuoir vos benedictions & feruir à voftre gloire, ie leur faffe entendre les fecrets de voftre fapience, qu'il vous a pleu me reueler. Et
qu'adreffant ma voix par le ftile que voftre fainct Efprit luy a formé, ie puiffe defuelopper les facrez myfteres de voftre incomprehenfible fageffe : afin
que chacun m'oyant difcourir de la fcience en laquelle vous m'auez inftruit foit en admiration, non de moy, qui ne fuis qu'vn enroüé inftrument de voftre gloire, mais des effets merueilleux de voftre efprit viuifiant,
qui m'animera à cefte belle, faincte, & celebre action. Mais, Seigneur,
apres nous auoir entretenus quelque temps en cet eftat, fur cefte Sion terreftre, leuez nos yeux vers cefte Sion celefte, animez nos courages à afpirer à cefte heureufe demeure, & nous apprenez qui font ceux à qui vous
l'auez promife, & comme il nous faut comporter, pour nous rendre dignes d'vne fi belle, fi faincte & fi glorieufe habitation.

Domine, quis habitabit in tabernaculo:

PSEAVME XIII.

DONCQVES, Seigneur, le monde nous est, puis qu'il vous 1
plaist, vn fascheux pelerinage: nous y cheminons tout le iour,
& n'y trouuons la nuict repos à nos membres recreus. Si nous
pensons courber la teste sur le cheuet pour donner sommeil à nos yeux, les
afflictions comme mousches nous importunent, & les passions mesmes
qui naissent en nostre chair, comme dangereux scorpions, nous l'enleuent
& enueniment, & nous tuent, si nous ne les tuons sur la playe. Que pouuons-nous esperer, puis qu'à mesure que la force nous faut les maux nous
croissent? puis que de quelque costé que nous tournions & tournoyons,
nous nous trouuons tout au milieu du monde; & ce monde, de quelque
costé que nous le trouuions est tout plein de miseres? Où attendrons-nous
donc le repos? Ce ne sera pas en ceste miserable vie, où nous sommes enuoyez comme champions à la lutte pour combatre toutes sortes d'aduersitez: mais bien, Seigneur, en vostre tabernacle, au sacré domicile de vostre diuinité, où nos labeurs doiuent receuoir leur couronne. O heureux,
voire trois fois heureux, celuy à qui vous auez preparé ceste tant belle &
agreable retraite, qui doit adoucir & consoler ses peines & ennuis passez
dans le sein de vostre grace, & se delasser entre les bras de vostre misericorde. Mais qui seront ceux-là qui doiuent vn iour habiter auec vous, compagnons de vostre heur & de vostre gloire? Car à ouïr ce qui s'en dit, ce
lieu n'est pas accessible à tout le monde; c'est vn lieu d'espouuantable hauteur, d'infinie largeur, orné d'vne incroyable magnificence. Ie ne vous
sçaurois dire autre chose, sinon que c'est vne bien haute montagne sur le
sommet de laquelle se voit vn extremément beau iardin, comparty de toutes sortes de fleurs, palissé d'infinies sortes de fruicts, arrousé de viues &
claires fontaines. Certainement c'est bien vne montagne: car pour y arriuer il faut grauir de tous costez au trauers des tribulations, cent fois plus
dures que le caillou ne le rocher; & faut en y montant s'esloigner tousiours
du centre de la terre, c'est à dire de son amour, & mettre sous le pied toutes affections sensuelles & terrestres. C'est vrayement comme vn iardin
bien fleury: car là resident les semences & causes de toutes choses, qui fleurissent tous les iours en infinis beaux effects & excellens ouurages: il a pour
compartimens la belle disposition des parties du monde, si iustement me-
surées que rien plus; il a pour ses fruicts les douces & sauoureuses contem-
plations de la sapience, dont il nourrit & saoule les ames habitantes: il a
pour ses fontaines les sources saillantes de la bonté eternelle, qui se respand
de là haut par toutes les parties du monde, & continuellement les bagne
& rafraischit. O belle & saincte montagne, qui montera iusqu'à vostre
sommet? qui se reposera dans le sein de ce tant beau & delectable sejour?
★ Celuy qui purifié dans les flammes sacrées d'vne saincte & deuotieuse 2

ardeur

ardeur, à nettoyé fon ame de la lye du monde, & n'a plus rien qui
empefche fa courfe & la retarde en chemin. Car quand le defir de noftre
ame eft mis à nud, il tire droit vers le but de fes fouhaits, vers le fiege de
fa felicité. C'eft lors que defpoüillant l'amour de foy-mefme, vray fedu-
cteur de noftre entendement, il iuge de tout droitement, & rend à chafque chofe le deuoir que la nature commande, conferuant la paix par la Iuftice, maintenant toute chofe au point de fa creation, & l'addreffant à la
fin pour laquelle elle eft produite. Et à vray dire, le iufte n'eft autre chofe que le tuteur de la nature, qui defend fes droits, & combat pour fa conferuation, qui maintient en repos ce qui a efté creé en fageffe. Doneques,
ô Iuftice, mere de paix, vous eftes apres l'innocence, le premier degré pour
3 monter à cefte montagne de beatitude eternelle. * Apres vous fuit la Verité, tranfparente de tous coftez, qui eft vne roche ferme & durable, contre laquelle fe heurtent fans effect les nuages des calomnies, qui fe diffipent à la premiere rencontre. Verité qui fe prefente comme la feconde
marche, pour entrer en cet heureux hebergement. Car, ô belle & fain-cte
Verité, quand quelqu'vn vous ayme & a mis fon cœur en vous, vous
vous trouuez en fon cœur, & puis paffez en fes levres, & l'ornez d'vne finguliere beauté. Auffi à dire vray, la Beauté n'eft autre chofe que la Verité
eternelle, qui reluit és ouurages de la parole diuine, qui a tout creé dés le
commencement. Celuy doncques montera à ce fommet, qui a embraffé
cefte pure Verité, s'eft vny de penfée auec elle, luy a dreffé vn autel fur
les levres, a chaffé loin de foy le dol & le menfonge, & les a exterminez de
fon cœur & de fa bouche. Car la Menterie n'eft autre chofe que le mortel
poifon de l'ame; c'eft vne humeur gluante & vifqueufe, qui fe coulant en
l'œil de l'entendement, y engendre comme vne taye qui luy defrobe la
4 veuë & le iugement. * Non, non, celuy qui veut monter à la montagne,
il faut qu'il foit defpoüillé de toute Vanité & Menterie; car tels haillons
trouuent trop d'accrocs qui les arreftent: il faut auffi qu'il foit purgé de
cefte veneneufe Malignité, qui eft toufiours empefchée à mal-faire à fon
prochain, vray poifon de la focieté humaine. Car puis qu'il vous plaift,
Seigneur, que les hommes viuans enfemble, feruent comme vos autres
œuures au miniftere de voftre gloire, celuy qui coupe la bien-vueillance,
laquelle comme vn ferme lien les affemble & retient, ne viole-il pas voftre
loy? n'offenfe-il pas voftre honneur? Que fera-ce donc de celuy, qui non
content d'auoir laiffé amortir en fon cœur le feu de charité, s'efforce dauan-
5 tage de deshonorer fon prochain, & diffamer fa renommée? * Celuy, Seigneur, qui veut môter à vous, qui vous tend les mains pour entrer en cefte
heureufe habitation, abominera toufiours telle race d'hommes, qui pleins
d'vne fanglante malice, n'ont pour penfée que le malheur d'autruy, n'ont
plaifir que le defplaifir des autres: voyez hardiment leurs vifages, s'ils pleurent, leurs voifins font heureux; s'ils rient, leurs voifins font affligez. Non,
non, leur imaginaire grandeur, leur orgueil appuyé fur leurs brigandages
& tromperies, ne les feront point dauantage eftimer de l'homme de bien;
car ce ne font que fepulchres reblanchis, dont l'ordure & l'infection fe

defcouurira quand il vous plaira, mon Dieu. Mais fçauez-vous de qui l'homme de bien fera compte ? de ceux qui vous craignent & vous feruent, en douceur de mœurs & fimplicité de cœur: * De celuy, dis-je, qui vous 6 eftimant toufiours prefent, non feulement en fes actions, mais en fes plus fecrettes penfées, garde inuiolablement fa foy; de qui la parole eft vn certain gage de verité, en la promeffe duquel fon amy fe repofe, & tient pour fait ce qu'il luy a promis. Car tel homme, Seigneur, croit que fon falut depend de la promeffe que vous luy auez faite de voftre grace, & qu'il ne meriteroit pas receuoir l'effect de voftre faincte promeffe, s'il ne rendoit à fon prochain l'effect certain de la fienne. D'vfure il n'en veut point ouïr parler, & abomine ce maudit brigandage, qui met à rançon la neceffité d'autruy; met à prix le fecours qu'il doit à fon prochain, vend le temps, les iours, les mois, les années. Mais encore moins fe laiffe-il corrompre pour condamner l'innocent, vendre le bien d'autruy par vn iniufte iugement, & fouïller le fanctuaire de Iuftice par vne orde venalité: ains tenant toufiours les yeux ouuerts pour reconnoiftre le poinct de la raifon, ne fe panche que du cofté où le droict eft pour contre-poids. L'auarice ne luy efbranle point la main, ne la faueur ne luy hauffe point le bras; ains demeure toufiours efgal à foy-mefmes, & legal à tous autres; donnant par fa prud'hommie authorité à fes iugemens. * Celuy qui viura ainfi, montera 7 affeurément au coupeau de cefte heureufe montagne, les Anges le porteront entre leurs bras, conduiront fes pieds de peur qu'il ne s'offenfe, & le poferont en fin à la face de la Verité eternelle, où il iouïra à perpetuité du doux fejour de cefte belle montagne efleuée par deffus les Cieux, pour eftre l'habitation de l'innocence glorifiée, & reünie au principe de fon effence, qui eft cefte eternelle diuinité, cefte diuine eternité. Toutes chofes changent icy bas, tout define & fe confume: mais celuy que la vertu aura efleué à cefte beatitude celefte, durera en eftat de gloire, vainqueur du temps & des fiecles. Fortifiez donc, Seigneur, noftre courage, & confolez nos afflictions mondaines. Et puis qu'il vous plaift que les gens de bien paffent ce chemin parmy l'innocence & l'iniure des mefchans, fouftenez leur efperance efbranlée par leur affliction, & par la profperité des malins; & leur donnez la conftance d'attendre la fin, pour voir la retribution des bons & des mauuais.

Super flumina Babylonis.
PSEAVME CXXXVII.

NOVS penſans repoſer au long d'vn verd riuage,
Et noyer nos ennuis dans vn ſomne oublieux;
S'aparut de Sion la miſerable image,
Qui fit fendre nos cœurs, & fit fondre nos yeux.

De nos cœurs les ſanglots ſi fort ſe ſouſleuerent,
Que l'air ſe troubla tout au cry de nos douleurs :
De nos yeux ſi grands flots de larmes decoulerent,
Que l'Euphrate s'enfla des ruiſſeaux de nos pleurs.

Nos pauures luths muets pendus à la ramée
Des ſaules paſle-verds, rebatus des Zephirs,
Liſans tant de triſteſſe en nos fronts imprimée,
D'vn langoureux murmure imitoient nos ſouſpirs.

Lors ceux qui conduiſoient ceſte trouppe captiue,
Recherchans leur plaiſir en noſtre affliction,
Nous preſſoient de ceſſer ceſte clameur plaintiue,
Et les Hymnes chanter de la ſaincte Sion.

Entonnez, diſoient-ils, ces chanſons triomphantes,
Qu'on oyoit en Sion retentir autrefois,
Quand Sion ſurmontoit les Citez floriſſantes,
D'autant qu'vn pin ſacré ſurpaſſe vn ieune bois.

Helas! leur diſmes-nous, ſeroit-il bien poſſible
Qu'il ſortiſt des chanſons de nos cœurs ſi ſerrez?
Bannis hors de Sion, nous ſeroit-il loiſible
De profaner icy nos Cantiques ſacrez?

O Sion, ſi iamais tellement ie t'oublie,
Que puiſſe-je auſſi-toſt moy-meſme m'oublier;
Et mes doigts engourdis ne puiſſent de ma vie,
Le doux chant de mon luth à ma voix allier.

Ma langue à mon palais tienne toute ſeichée,
Sans pouuoir deſormais vn ſeul mot prononcer;
Si iamais d'autre ſoin on la trouue empeſchée
Que de loüer ton nom, & par tout l'annoncer.

Tout plaiſir pour iamais de mon ame s'eſtrange,
Si iamais en mon ame il entre autre plaiſir,
Que de Ieruſalem celebrer la loüange;
Là commence & finit mon plus ardant deſir.

Mais, las! ſouuenez-vous, Seigneur, de la lignée
D'Edon, qui pour voiſins nous engendra des loups:

Seigneur, souuenez-vous de l'horrible iournée,
Qu'ils vomirent à seaux leur rage deſſus nous.

   Souuenez-vous de ceux dont la voix effroyable
Crioit pour s'animer : Frappez & meurtriſſez,
Sapez les fondemens, que la ruine accable
Ceux que l'impiteux glaiue a deſia renuerſez.

   O fiere Babylon, ô cruelle tigreſſe,
Tu auras à ton tour le mal qu'as merité :
Heureux trois fois celuy dont la main vengereſſe
Te rendra les tourmens que tu nous as preſté.

   Heureux qui arrachant de ta ſeiche mammelle
Tes enfans nouueaux nez, aux murs les froiſſera;
Et qui pour eſpancher par grumeaux leur ceruelle,
Contre le roc ſanglant leur teſte eſcraſera.

ORATIO

ORATIO DIVI AVGVSTINI

paulo ante obitum in obsidione Hipponensi
composita, suis operibus non inserta, à
Cardinale Seripando Patribus Concilij
Tridentini oblata.

*ANTE oculos tuos, Domine, culpas nostras
ferimus, & plagas, quas accepimus, circun-
ferimus. Minus est quod patimur, maius est
quod meremur. Peccati poenam sentimus, &
peccandi pertinaciam non vitamus. In flagel-
lis tuis infirmitas nostra vertitur, iniquitas
non mutatur. Mens aegra torquetur, & cer-
uix dura non flectitur. Vita in dolore suspirat, & in opere non
se emendat. Si expectas, non corripimur; si vindicas, non du-
ramus. Confitemur in correptione quod egimus : obliuiscimur post
visitationem quod fleuimus. Si extenderis manum, facienda pro-
mittimus : si suspenderis gladium, promissa non facimus. Si ferias, clamamus vt parcas : si peperceris, iterum prouocamus
vt ferias. Habes, Domine, confitentes reos; nouimus quòd nisi
peccata dimittas, iustè nos perimus. Praesta, pater omnipotens
Deus, sine merito quod rogamus, qui fecisti ex nihilo qui te ro-
garent. Amen.*

TRADVCTION EN FRANÇOIS
de ladite Oraison, par Monsieur du Vair.

 EIGNEVR, nous nous presentons à vous, & d'vn costé vous representons les peines que nous souffrons, & de l'autre les pechez pour lesquels nous souffrons: Mais il n'y a point de comparaison, nous meritons pis que nous n'auons: La peine du peché se fait assez sentir, mais nostre obstination à pecher ne cesse pas pourtant: Nostre infirmité ploye sous le fleau de vostre ire, mais pour cela nostre iniquité ne se corrige point: Nostre esprit est accablé d'ennuy, mais pourtant nous ne nous rangeons point sous vostre joug: Nostre vie pressée de douleur souspire, mais pour cela elle ne se retire du mal, ny ne respire le bien: Si vous attendez nostre amendement, nous ne nous corrigeons point; si vous nous chastiez nous ne pouuons prendre patience. Tant que vostre main est sur nous, les larmes aux yeux nous auoüons nos fautes: la retirez-vous? nos larmes sont seiches, & nous ne nous en souuenons plus. Recommencez-vous à estendre sur nous vostre bras de courroux? nous vous faisons de belles promesses: Arrestez-vous le coup? nous ne faisons rien de ce que nous vous auons promis. Vous nous frappez, & nous crions, Pardonnez-nous: Vous nous pardonnez, & nous vous prouoquons à nous frapper de rechef. Voila, Seigneur, comme nous sommes coupables, & comme nous le confessons, & reconnoissons ingenuëment que si vous ne nous pardonnez, nous perirons, & iustement. Doncques, Pere tres-benin, & Dieu tout-puissant, octroyez-nous le pardon que nous vous demandons, bien qu'il n'y ait aucun merite en nous qui vous y conuie, puis que de rien vous auez bien voulu faire ceux qui maintenant vous supplient.

TRAICTEZ
PHILOSOPHIQVES.

TRAICTEZ PHILOSOPHIQVES.

LA

LA
PHILOSOPHIE
MORALE DES
STOIQVES.

L n'y a rien au monde qui ne tende à quelque fin. Les chofes mefmes infenfibles s'auancent, ce femble, & s'accommodent à l'vfage auquel elles font propres, & y eftant appliquées monftrent quelque aggréement, & femblent reffentir la perfection de leur eftre. Les chofes qui ont action s'y meuuent d'elles-mefmes, tellement que nous voyons, & tous les animaux en general, & chacun d'eux en fon efpece, fuiure auec ardeur & contention ce pourquoy ils font naiz, & fe refiouïr euidemment en la ioüiffance de ce qu'ils cherchent quand ils l'ont trouué. Que fera donc l'homme, à qui la nature outre l'inclination qu'ont les chofes mortes a donné les fens ; outre les fens qu'ont les autres animaux, a donné le difcours & la raifon, pour connoiftre & choifir de ce qui fe prefente ce qui eft plus excellent & plus propre à fon vfage? Ne pouuons-nous pas conclure qu'il a fa fin qui luy eft propofée comme vn dernier but, à laquelle tendent fes actions; & que comme l'heur de toutes chofes eft leur perfection, & la perfection la ioüiffance de la fin; auffi la felicité de l'homme confiftera en l'acquifition & ioüiffance de ce qui luy eft propofé, & à quoy tendent fes actions? Or la fin de l'homme, & de toutes fes penfées, & de tous fes mouuemens, c'eft le bien. Et de fait, il n'y en a pas vn entre vous, pour fi differens que vous foyez d'humeur & de vacation, qui ne defire le bien & ne fuye le mal, & qui interrogé pourquoy il fait cecy ou cela, ne refponde que c'eft pour ce qu'il penfe bien faire. Et ores qu'en nos actions il s'en trouue beaucoup plus de mauuaifes que de bonnes, fi eft-ce que la generale intention qui nous conduit eft toufiours de paruenir au bien. Mais comme celuy qui tire au but, fi fa vifée eft empefchée, ou par la maladie de l'œil, ou par le vice de l'air, ou s'il prend vne chofe pour l'autre, quelque defir qu'il ait de le toucher, il ne

Y ij

peut qu'il ne s'en esloigne: aussi nous pour ne pas bien connoistre où est ce
en quoy consiste nostre bien, & prendre souuent ce qui est autour de luy
pour luy mesme, nous esloignons fort nos actions particulieres de nostre
generale intention. Le bien en verité n'est pas exposé icy en veuë à tout le
monde; la nature n'en a semé çà bas que de foibles estincelles, qui toutesfois appliquées purement à nos esprits, s'enflamment en vne pure lumiere,
& le font connoistre tel qu'il est. Il le faut doncques chercher & nous le
trouuerons, & le trouuant nous le reconnoistrons. Car comme le vray se
presentant à nostre entendement y est receu auec vn grand contentement,
aussi le bien se presentant à nostre volonté y sera recueilly auec grand plaisir, comme son naturel objet. Ie pense que pour definir proprement le
bien, on peut dire que ce n'est autre chose sinon l'estre & l'agir selon la nature. Elle est si sage maistresse, qu'elle a disposé toutes choses au meilleur
estat qu'elles puissent estre, & leur a donné le premier mouuement au bien,
& à la fin qu'elles doiuent chercher; de sorte que qui la suiura, sans doute
l'obtiendra.

Or naturellement l'homme doit estre composé de façon, que ce qui est
de plus excellent en luy y commande, & que la raison vse de tout ce qui se
presente, selon qu'il est plus seant & plus à propos. Le bien doncques de
l'homme consistera en l'vsage de la droite raison, qui est à dire en la vertu,
laquelle n'est autre chose que la ferme disposition de nostre volonté, à suiu-
ure ce qui est honneste & conuenable. Nous ne trouuerons personne qui
n'aduouë cela pour bien; mais beaucoup en trouuerons-nous, qui diront
qu'en cela seul ne peut pas consister le bien de l'homme, & qu'il luy faut
vn corps sain & dispos, des commoditez sans lesquelles la vie ne peut pas
subsister, au moins ne peut-elle pas estre heureuse. Mais si ce que nous
auons posé au commencement est vray, & que la fin de chaque chose
soit son bien, & son bien sa fin, & que ces deux choses se conuertissent
tellement l'vne en l'autre, que l'vne ne puisse estre que l'autre ne soit, on
ne peut dire que ny la santé, ny le corps soient le bien de l'homme, veu
qu'elles ne sont point sa fin: car il ne les possede que pour s'en seruir à autre
chose, & la plus part du temps il est malheureux auec tout cela: sinon
que l'on voulust aduouër pour heureux, ceux à qui les richesses & la santé
seruent, comme elles font à beaucoup, à nourrir leurs vices & fomenter
leurs passions. Elles seruent, dira-on, pour y paruenir; ce sont des moyens
disposez, sans lesquels on ne peut arriuer à ce bien principal, & par consequent comme necessaires à son acquisition, doiuent aussi estre reputées biens. Pour respondre à cela ie diray que c'est tres-mal & tres-im-
proprement parler, que d'appeller bien ce qui sert pour acquerir le bien,
& ce qui est le sujet & la matiere du bien. Car la vertu que nous auons
monstré estre le vray bien, est de telle nature qu'elle se sert indifferemment de choses contraires, & fait du bien auec la pauureté, comme
auec les richesses; auec la maladie, comme auec la santé. Nous loüons
celuy qui supporte l'indigence auec patience, la maladie auec constance,
comme nous faisons l'autre qui donne liberalement ses biens, qui trauaille
honnestement en santé. Tellement que si vous voulez appeller bien les
richesses,

richesses, pour ce qu'elles seruent à la vertu, appellez aussi la pauureté
bien, car elle y sert, voire dauantage. Or d'appeller de mesme nom des
choses si contraires, il n'y auroit apparence quelconque. Doncques toutes ces choses demeureront comme indifferentes, qui sont renduës bonnes
ou mauuaises, selon que l'esprit de l'homme en sçait bien vser, & sans lesquelles il ne laisse pas de pouuoir paruenir à sa fin, qui est d'estre composé
selon la droite raison, & bien vser de tout ce qui se presente, & par consequent de iouyr de son bien. Si nous voulons bien connoistre en quoy
consiste nostre bien, regardons en nous ce qui le cherche. Car il faut
qu'il soit le bien de ceste partie-là. Rien ne cherche le bien d'autruy, sinon qu'il soit conjoint au sien. Or n'y a-il nul doute qu'en nous le principe & mouuement de nos actions ne soit l'entendement & la volonté; le
bien donc que nous cherchons doit estre leur perfection, leur repos &
leur contentement. Que si nous y mettons les richesses & la santé, & que
nous les estimions nos biens, & par consequent maux leurs contraires;
que faisons-nous autre chose que de declarer que nous ne pouuons auoir
d'heur en ce monde, & que nostre esprit est icy en vne gehenne perpetuelle? Car il aura tousiours deuant les yeux la mort & la douleur, que vous
estimiez maux, desquels l'vn luy est, souuent present, l'autre le menace
tousiours. Si ce sont maux, la crainte en est iuste; s'il est tousiours en crainte, comme sera-il heureux? Confessons donc, ou que l'homme n'a point
de bien proposé en ce monde auquel il puisse paruenir, ou que ce bien-là
depend entierement de la vertu. Il faut que la fin que l'on propose aux
choses soit proportionnée à leur force; autrement si elle leur estoit impossible, au lieu d'estre leur bien, elle seroit leur tourment. Ce seroit le trauail
des Danaïdes, qui remplissent des vaisseaux percez. Si de toutes les sciences il n'y en a pas vne qui se propose vne fin, à laquelle elle ne puisse paruenir par ses preceptes; penserons-nous que la Nature, qui est la mere des
arts & des sciences, eust proposé à l'homme, qui est son chef-d'œuure,
vne fin qui soit hors de sa puissance? La volonté, disons-nous, est ce qui
cherche nostre bien; le vouloir bien reiglé ne veut que ce qu'il peut: il ne
s'empeschera donc point de ce qui n'est point en nostre puissance; comme d'auoir de la santé, des richesses, des honneurs. Si en cela consistoit nostre bien, il n'y faudroit plus employer le discours ny la volonté, il le faudroit chercher par vœux & par souhaits: car c'est chose qui depend de
mille accidents qui ne se peuuent preuoir, qui ne sont point en nostre puissance, & dont la fortune est la maistresse. Quelle apparence y a-il, ie vous
prie, que la nature ait creé l'homme le plus parfait de tous ses ouurages,
pour faire en sorte que son bien, qui doit estre sa perfection, depende non
seulement d'autruy, mais de tant de choses, qu'il ne les peut iamais esperer
toutes fauorables, & qu'il soit là perpetuellement beant comme vn Tantale apres les eaux? La nature vous offre pour bien, d'auoir l'esprit disposé
à vser des choses qui vous sont presentées, & vous passer de celles que vous
ne pouuez auoir. Aymez-vous mieux courir à la Fortune, & attendre de
sa main trompeuse vostre bien, que de le vous donner vous-mesmes? C'est
vne loy diuine & inuiolable, publiée dés le commencement du monde;

Que si nous voulons auoir du bien, il faut que nous nous le donnions nous-mesmes. La nature en a mis le magazin en nostre esprit, portons-y la main de nostre volonté, & nous en prendrons telle part que nous voudrons. Si elle est droite & bien reiglée, elle tournera tout à bien, comme ce Roy tournoit en or tout ce qu'il touchoit. Nous ne trouuerons accident si fascheux en nostre corps ny en nos richesses, dont nous ne tirions du repos & du contentement d'esprit. Que si nous pouuons contenter celuy-là, nous auons trouué nostre fin. Car quand bien nous voudrions tant relascher de la seuerité de ceste secte, que de confesser que le corps ou les biens, qui ne sont que les instrumens de la vie, fissent partie de l'homme, & peussent par leur qualité alterer celle de l'ame ; si ne deurions-nous iamais aduoüer que la perte qui se fait, ou és biens, ou és corps, empeschast l'heur & la felicité de l'homme, quand l'esprit ioüit de son bien & de son contentement. Des choses qui sont composées de plusieurs parties, la plus noble donne le nom, & la loy aux autres, & de la qualité de celle-là denomme-t'on le reste. Qui doutera doncques, quand l'esprit sera heureux, que tout l'homme ne le soit ? Ainsi dit-on que la Republique est heureuse apres vne grande victoire, bien qu'elle y ait perdu quelques-vns de ses citoyens, pour ce que son heur se mesure en la personne de l'Estat ou du Prince, au bien & seruice duquel tout le reste se doit accommoder. De sorte que les particuliers mesmes se glorifient de leurs playes, les aiment & les vantent quand ils les ont receuës pour conseruer l'Estat ou le Souuerain. Voudrons-nous donc donner au corps vn autre sentiment, ou autre desir que celuy par lequel il rapporte au contentement de l'esprit tout ce qui luy arriue ? Voudrons-nous tellement attacher nostre ame au corps, que son bien soit esclaue dans ses membres, & depende d'eux ? que selon qu'il sera bien ou mal disposé, qu'il faille que l'esprit s'en sente, & qu'il se die heureux ou malheureux ? Si la nature eust voulu que l'heur & la perfection de l'homme dependist de son corps & de ses biens, elle eust donné à tous de mesmes corps, à tous de mesmes biens : car cela faisant partie de leur nature eust deu estre semblable en tous, & passer de l'espece en l'indiuidu : mais au contraire les ayant tous rendus de fort differente condition, & pour le corps & pour les biens, elle leur a à tous donné vne semblable puissance de bien vser de leurs corps & de leurs biens quels qu'ils soient : de sorte que l'action de l'esprit se peut rendre aussi glorieuse & aussi honorable en vne façon qu'en l'autre. Voire quasi son excellence reluit dauantage & merite plus de los, quand destitué d'instrumens il paruient neantmoins de soy-mesmes à sa fin. Ainsi à mon aduis estimeriez-vous dauantage vn patron de nauire, qui au trauers des flots & des tempestes meneroit à port vn vieil vaisseau tout creuassé, desgarny de voiles & de cordages, que celuy qui y auroit conduit vn nauire tout neuf, bien equippé de toutes choses, ayant le vent en poupe, & la marée fauorable. Nous conclurons doncques par là ce propos, que puis que l'heur de l'homme depend de son bien, que son bien est de viure selon sa nature, que viure selon sa nature c'est de n'estre point troublé de passions, & se comporter enuers toutes choses qui se presentent selon la droite raison ; il nous faut pour estre heureux purger nostre

esprit

esprit des passions, & apprendre comme nous nous deuons affectionner enuers ce qui se presente. Or ce qui peut le plus pour nous mettre en ce chemin, & nous apprendre à auoir les mouuemens de l'esprit droits, & la volonté reiglée par la raison, c'est la Prudence, qui est à mon aduis & le commencement & la fin de toutes les vertus. Car nous faisant exactement & au vray, connoistre la condition & la qualité des choses qui s'offrent à nous, elle nous apprend ce qui est selon la nature ou non, ce que nous deuons suiure ou fuïr. Elle nous oste les fausses opinions qui nous troublent, nous rend nos naturelles affections, & à sa suite viennent toutes les autres vertus, desquelles elle est la mere, la nourrice, & la garde tout ensemble. O que la vie de l'homme seroit heureuse, si elle estoit tousiours conduite par ceste guide-là! Mais helas! d'autant que ceste vertu est belle, d'autant est-elle rare. Elle est en nos esprits comme les veines d'or en la terre, qui se treuuent en peu d'endroits. C'est à mon aduis ce grand, ce magnifique, & impenetrable bouclier que Vulcain forgea pour Achille, & dans lequel il graua le Ciel, la terre, l'Ocean, les nuës, les astres, les foudres, les villes, les armées, les harangues, & les combats, bref tout ce qui se peut voir au monde: ayant par là voulu faire entendre, que la connoissance des choses rend l'esprit de l'homme plus inuulnerable que le bouclier ne fait son corps. Mais comme Achille alla à l'eschole de Chiron pour se rendre capable de porter ce bouclier, aussi vous faut-il venir à celle de la Philosophie pour sçauoir vser de la Prudence. Si nous l'escoutons, elle nous enseigne que la Prudence a deux vsages, l'vn de nous auancer au bien, & l'autre de reculer le mal de nous. Mais pour ce que nous n'apportons pas à la Philosophie nostre esprit net, ains desia mal disposé & occupé de fascheuses & populaires humeurs, & que nous y venons comme au Medecin; il faut que nous fassions comme ceux qui pensent les playes, lesquels auant qu'y mettre aucun appareil, en tirent les corps estranges; & que nous commencions par oster de nos esprits les passions qui s'y esleuent, & esbloüissent de leur fumée l'œil de la raison. Autrement les preceptes des mœurs & saines affections ne profiteroient non plus à nostre ame, que l'abondance des viandes à vn corps impur, que vous offensez d'autant plus, que plus vous le nourrissez. Nous appellons passions vn mouuement violent de l'ame en sa partie sensitiue, qui fait, ou poursuiure ce qui luy semble bon, ou fuïr ce qui luy semble mauuais. Car bien qu'il n'y ait qu'vne ame en nous, cause de nostre vie & de toutes nos actions, laquelle est toute en tout, & toute en chasque partie; si a-elle des puissances merueilleusement differentes, voire contraires les vnes aux autres, selon la diuersité des vaisseaux & instrumens où elle est retenuë, & des objets qui luy sont proposez. En vn endroit elle fait croistre, en l'autre elle remuë, en l'autre elle sent, en l'autre elle desire, en l'autre elle imagine, en l'autre elle se souuient, en l'autre elle discourt: ne plus ne moins que le Soleil qui tout vn en son essence, departant ses rayons en diuers endroits, eschauffe en vn lieu, & esclaire en l'autre, fond la cire, seiche la terre, dissipe les nuës, tarit les estangs. Quand les parties où elle est enclose ne la retiennent & occupent qu'à proportion de leur capacité, & selon qu'il est necessaire pour leur droit vsage, ses

effets sont doux, benins & bien reiglez : mais quand au contraire les parties
prennent plus de mouuement & de chaleur qu'il ne leur en faut, elles s'al-
terent & deuiennent dommageables, comme les rayons du Soleil, qui va-
gans à leur naturelle liberté eschauffent doucement & tiedement; s'ils sont
recueillis & reünis au creux d'vn miroir ardant, bruslent & consument ce
qu'ils auoient accoustumé de nourrir & viuifier. Or la nature a donné au
sens ceste force & ceste puissance tirée de l'ame, de s'appliquer aux choses,
en tirer les formes, les embrasser ou rejetter, selon qu'elles leur semblent
agreables ou fascheuses, & qu'elles consentent ou s'accordent à leur nature : Et ce pour deux raisons. L'vne, afin qu'ils fussent comme les sentinelles du corps, & qu'ils veillassent pour sa conseruation : l'autre & la principale, afin qu'ils fussent comme les messagers & courriers de l'entendement,
& partie souueraine de l'ame, & pour seruir de ministres & d'instrumens
au discours & à la raison. Mais leur donnant ceste puissance, elle leur a aussi
prescrit sa loy & son commandement, qui est de se contenter de reconnoistre & donner aduis de ce qui se passe, sans vouloir entreprendre de remuer les plus hautes & plus fortes puissances, & mettre tout en alarme &
confusion. Car en vne armée souuent les sentinelles pour ne sçauoir pas
le dessein du Chef qui leur commande, peuuent estre trompées, & prendre pour secours les ennemis desguisez qui viennent à eux, ou pour ennemis ceux qui viennent à leur secours : aussi les sens pour ne pas comprendre tout ce qui est de la raison, sont souuent trompez par l'apparence, &
iugent pour amy ce qui nous est ennemy. Quand sur ce iugement, &
sans attendre le commandement de la raison, ils viennent à remuer la puissance concupiscible & l'irascible, ils font vne sedition & vn tumulte en
nostre ame; pendant lequel la raison n'y est non plus oüye, ny l'entendement obey, que la loy ou le Magistrat en vn estat troublé de dissension
ciuile. Or en ce trouble les passions qui mutinent nostre ame, & troublent
le repos de nostre esprit, s'esleuent premierement en la partie concupiscible, qui est à dire, à l'endroit où l'ame exerce ceste faculté d'appeter ou
rejetter les choses qui se presentent à elle, comme propres ou contraires à
son aise ou à sa conseruation. Elles s'esmeuuent doncques sur l'apparence ou d'vn bien ou d'vn mal. Si c'est d'vn bien present, & dont elle entre
en ioüissance, nous appellons ce mouuement-là plaisir ou volupté; si c'est
qu'il soit à venir, & que nous en soyons esloignez, nous l'appellons desir:
si c'est d'vn mal present, & dont nous ressentions desia l'incommodité &
le desplaisir, en ce que nous sommes esmeus vers autruy, nous le nommons
hayne ou horreur; en ce que nous en sommes esmeus vers nous mesmes,
nous le nommons fascherie. Si ceste fascherie est à l'occasion de ce qui
nous touche, nous l'appellons douleur; si à l'occasion du mal d'autruy,
pitié; si à l'occasion d'vn apparent bien où nous pretendions part, jalousie; sinon enuie. Si c'est d'vn mal à venir, nous l'appellons crainte. Voila
la premiere bande des seditieux qui troublent le repos de nostre ame; desquels encore que les effects soient tres-dangereux, si ne sont-ils pas à beaucoup pres si violens que de ceux qui les suiuent. Car ces premiers mouuemens-là formez en ceste partie, par l'objet qui se presente, passent

incontinent

incontinent en la partie irafcible, qui eft à dire en cet endroit ou l'ame
cherche les moyens qu'elle a d'obtenir ou euiter ce qui luy femble bon
ou mauuais. Et lors, tout ainfi comme vne roüe qui eft defia efbranlée,
venant à receuoir vn nouueau mouuement, va auec vne grande viftefse;
aufsi l'ame defia efmeuë de la premiere apprehenfion adjouftant vn fecond
effort au premier, fe manie auec beaucoup plus de violence qu'auparauant, & foufleue des pafsions bien plus puifsantes & plus difficiles à dompter, d'autant qu'elles font doubles, & ja accouplées aux premieres, fe
lians & fouftenans les vnes les autres par vn mutuel confentement. Car les
premieres pafsions qui fe forment fur l'objet du bien apparent, entrans en
confideration des moyens de l'acquerir, excitent en nous ou l'efpoir ou le
defefpoir; & celles qui fe forment fur l'objet du mal, font naiftre la peur
& le courroux. Lefquelles quatre pafsions font eftrangement fortes &
violentes, & renuerfent entierement la raifon qu'ils trouuent defia efbranlée. Voila à mon aduis les vents d'où naiffent les tempeftes de noftre ame.
La cauerne dont ils fortent, n'eft, comme ie vous ay defia dit, que la fauffe
opinion que nous auons, que les chofes qui fe prefentent à nous font bonnes ou mauuaifes. Car leur attribuant cefte qualité qu'elles n'ont point,
nous les fuyons ou recherchons auec vehemence, & de là naiffent nos paffions. Doncques pour eftouper cefte cauerne, affeurer le repos de noftre
ame, & empefcher qu'elle ne s'efbranle autrement qu'elle ne doit, fouue-
nons-nous de ce que nous auons prouué au commencement de ce difcours: Que le bien de l'homme & la perfection de fa nature confifte en
vne droite difpofition de fa volonté à vfer des chofes qui fe prefentent felon la raifon; & fon mal au contraire en vne vicieufe & defreiglée difpofition d'en abufer. Car auec la premiere il fera fon profit, receura du contentement de tout ce qui luy pourra arriuer, & s'eftablira vn repos d'entendement ferme & immobile comme vn rocher parmy les flots. Et auec
la feconde, tout ce qui luy furuiendra luy nuira, & tournera à fon dommage & tourment. Or cefte difpofition de volonté eft en noftre puiffance, & par confequent noftre bien & noftre mal. Quand doncques il fe
prefentera à nous quelque objet, afin que nous ne nous en troublions point
comme d'vn bien ou d'vn mal qui nous fuit, regardons fi c'eft chofe qui
foit en noftre puiffance ou non. S'il eft en noftre puiffance, il nous peut
eftre ou bien ou mal. Mais en ce cas nous ne nous en deuons nullement
pafsionner: car tenant noftre volonté droite nous le rendons bien, & le
conferuons tel. S'il eft hors de noftre puiffance, il ne nous eft ny bien ny
mal, & par confequent nous ne le deuons ny chercher ny fuir. Nous auons
en noftre puiffance, l'approuuer, l'entreprendre, le defirer, & le fuir, & en
vn mot toutes nos actions. Car noftre volonté a la force & l'authorité de
les reigler & conduire par la raifon, au lieu où elles doiuent paruenir pour
noftre bien. Comme de difpofer tellement noftre opinion qu'elle ne prefte confentement qu'à ce qu'elle doit, & ce qui fera examiné ou par le
fens ou par le difcours; qu'elle adhere aux chofes euidemment vrayes, qu'elle fe retienne & fufpende és douteufes, qu'elle rejette les fauffes; de reigler
tellement noftre defir qu'il ne fuiue que ce qui eft felon la nature, & ne

fuye que ce qui luy est contraire. Hors de nostre puissance sont, nostre corps, nos richesses, la reputation, & en vn mot tout ce qui ne depend point de nostre volonté. Et cela, de quelque façon qu'il nous arriue, n'est iamais contraire à nostre nature; pource qu'aduenant ou par l'ordre vniuersel & continuel des choses, & entresuite ordinaire des causes, nous ne le deuons point trouuer estrange; ou aduenant par vne prouidence particuliere qui les fait ainsi arriuer, nous deuons sçauoir que la nature nous y a assujettis: outre qu'elle nous a donné vne puissance en l'ame pour nous accommoder à tout ce qui nous suruient de dehors, & en bien vser: qui monstre qu'elle ne nous a pas fait seulement propres à vne chose, mais à tout ce qui se peut presenter. Tellement que nous n'en deuons rien, ny desirer, ny fuir, tant pour ce que c'est vne folle & vaine affection de vouloir ce que l'on ne peut, que pour ce que de quelque façon qu'il nous puisse arriuer, il nous peut estre bien, & sujet de belles & loüables actions. Or si nous nous pouuons commander cela de ne rien desirer, ny fuir de ce qui est hors de nostre puissance, mais auec vne affection temperée, le receuoir selon qu'il aduient, nous serons exempts de toutes perturbations, nous serons libres, nous serons heureux, nous ne serons iamais frustrez de ce que nous aurons desiré, nous ne serons iamais empeschez en ce que nous aurons entrepris, nous ne haïrons personne, nous ne nous plaindrons de personne, nous n'aurons peur, & nous ne nous courroucerons contre personne; car nul ne nous pourra faire mal. Si au contraire nous fuyons ou desirons ce qui est hors de nostre puissance, nous descherrons souuent de nos esperances, & de nos souhaits, tomberons en ce que nous abhorrons; nous serons troublez, nous serons tourmentez. Il n'y a aucun si mal-aduisé qui ne confesse, qu'il vaut mieux auoir ce que l'on desire que d'en estre priué, estre exempt de passion que d'en estre troublé: qui niera donc que ceste reigle ne soit bonne, saine & naturelle, par laquelle nous obtenons tout ce que nous desirons, ne desirant que ce que nous pouuons? Et par laquelle nous ne nous passionnons de rien, mettant le bien & le mal en nostre puissance, nous donnant l'vn, & reculant l'autre de nous quand nous voulons? Doncques en toutes choses qui se presenteront à nous, afin de n'en estre point troublez ny passionnez, considerons incontinent si elles sont en nostre puissance ou non: si elles sont en nostre puissance, tenons nostre volonté droite, pour les guider & conduire à leur vray & naturel vsage, & ce faisant nous en receurons le bien; si nous trouuons qu'elles ne soient point en nostre puissance, ne nous en esmouuons pas, & ayans tousiours en main ce mot, comme vn tres-salutaire aduertissement: Cela ne me touche point: c'est à dire, ce n'est ny mon mal ny mon bien: par consequent ie ne dois ny le chercher ny le fuir, mais selon qu'il m'arriuera m'y accommoder, & l'appliquer au meilleur vsage qui puisse estre. Que si nous nous sentons esmouuoir dauantage, & quelqu'vne des passions cy-dessus nommées s'esleuer en nous, par l'objet des choses qui sont hors de nostre puissance, considerons incontinent la nature de ce qui se presente, & à quelle fin elle nous est donnée: Puis examinons la passion à laquelle nous commençons à pancher, quels effets elle nous peut apporter: De la commen-

çons

çonsà regarder en nous mefmes quelle vertu luy eft oppofée , & quelle
puiffance la nature a mis en nous pour la reigler. Car comme la paffion
vient de dehors dedans nous , & y entre auec l'image du fujet qui s'offre;
auffi la nature nous a remparé au dedans contre cet effort, d'vne puiffance
pour y refifter, fi nous nous en voulons feruir. Pour fortifier cefte puiffance ayons quelques beaux preceptes , & courtes fentences touchant chaque paffion, dont nous puiffions couurir la raifon , & arrefter comme par
vne tranchée , les premiers & foudains mouuemens de l'ame, qui la voudroient forcer. Et pour rendre les preceptes plus forts & plus difficiles à
fauffer , garniffons-les encor des beaux & loüables exemples de ceux qui fe
font genereufement comportez en femblables occafions. Car l'exemple de
la vertu des autres eft vn gage à la noftre, & leur loüange nous eft vne exhortation à leur reffembler. Doncques s'il s'y prefente quelque fubject de
volupté pour le corps , comme de viandes friandes & delicates , fi toft que
nous nous en fentirons efmouuoir , reprefentons-nous que cela n'eft point
des chofes qui font en noftre puiffance, & par confequent ny noftre bien
ny noftre mal, ains chofes indifferentes. Ce font chofes que la nature nous
a données pour noftre nourriture, dont l'vfage moderé entretient le corps,
& le rend propre & habile inftrument à l'efprit: au contraire l'excés & le de-
bordemét debilite le corps , luy apporte de grandes & fafcheufes maladies,
qui font les fupplices naturels de l'intemperance. Si vne fois nous lafchons
la bride à l'appetit pour fuiure l'abondance ou la delicateffe, nous ferons en
perpetuelle peine : les chofes fuperfluës nous deuiendront neceffaires : noftre efprit deuiendra ferf de noftre corps : nous trouuerons que nous ne viurons plus que pour manger. Il nous faut donc temperer ce plaifir-là par
vn vfage moderé, & apprendre que la fobrieté tient le corps fain & l'efprit
pur. Et partant formons-nous cefte reigle d'vfer des viandes pour la neceffité de noftre nourriture , de ne nous pas accuftumer à celles qui font delicates, de peur qu'en eftans priuez , noftre corps en deuienne indifpofé , &
noftre efprit fafché : au contraire vfer d'ordinaire des plus groffieres tant
pour ce qu'elles nous rendent plus forts & plus fains , que pour ce qu'elles
font plus ayfées à trouuer. C'eft vne faueur dont nous deuons remercier la
nature , qu'elle a rendu les chofes neceffaires pour noftre vie , faciles à trouuer, & faict que celles qui font difficiles à auoir ne nous font point neceffaires. I'admire certes la voix d'Epicure, mais ie voudrois qu'elle fuft fortie
d'vne autre bouche, afin qu'vn fi genereux mot ne fuft point foüillé par les
delices de fes autres opinions : Mon cœur , dit il , s'efpanoüit d'ayfe , mon
corps treffaut de plaifir, de ce que content de pain & d'eau , ie rejette toutes les autres delicateffes. Puis qu'Epicure fe glorifie de mefprifer les delices, que doiuent faire les Stoïques ? Ne doiuent-ils pas honorer & reuerer
la fobrieté, comme le fondement de toutes les autres vertus ? comme celle
qui eftouffe les autres vices au berceau , & les fuffoque en la femence ?
Les Curies & les Fabrices ont obtenu de belles victoires , mais elles ne
font point fi renommées que leur frugalité. Leurs faicts d'armes ont
bien affeuré pour vn temps l'Eftat Romain contre les ennemis eftrangers, mais leur fobrieté a efté vne loy fur laquelle ils ont formé l'efprit &

le courage de ceux qui ont depuis domté tout le monde : les figues & les carottes qu'ils prefererent aux richesses des Samnites, ont esté trouuées de plus excellent goust à la posterité que les delices d'Apicius ne furent en son siecle. Ces raisons-là peuuent aussi seruir au plaisir excessif que nous prenons aux habillemens ou bastimens, & autres choses qui ne regardent que l'vsage du corps : car si nous ne moderons le contentement que nous y cherchons par la necessité naturelle, l'opinion nous emportera à vn precipice où nous ne trouuerons ny fonds ny riue. Par exemple, nous ferons nos souliers de velours, puis de drap d'or, en fin de broderie de perles & de diamans; nous bastirons nos maisons de marbre, puis de jaspe & de porphire. Obseruons-y donc ceste reigle, que les habillemens soient suffisans pour nous defendre du chaud & du froid, les bastimens du vent & de la pluye, & n'y desirons autre chose : si nous l'y trouuons, ne nous en esmouuóns point. Il semble que la raison ait plus de peine à se defendre du plaisir que nous prenons à la veuë & ioüissance des choses belles, que de celles dont nous venons de parler. Il semble que ce qui porte sur le visage les faueurs de la nature imprimées en vne rare & excellente beauté, ait quelque legitime puissance sur nous, & que tournant nos yeux à soy, il y tourne aussi nos affections, & les y assujettisse mal-gré nous. Mais quoy ? si nous faut-il souuenir que c'est chose qui est hors de nous, que c'est vne grace que la nature a faict à ce qui l'a, & non à nous : que c'est chose dont l'vsage tourne aussi tost à mal qu'à bien : au bout de là, que ce n'est qu'vne fleur qui se passe de iour à autre, c'en'est quasi que la couleur d'vn corps. Si vous vous laissez transporter à ceste fieureuse & furieuse passion, où en serez-vous ? vous ne serez plus à vous; vostre corps aura mille peines à chercher le plaisir, vostre esprit aura mille gehennes à seruir vostre desir. Quand ce desir croissant sera deuenu amour, cet amour croissant deuiendra fureur. Remparons-nous donc contre ceste passion, & gardons de ne nous laisser piper à ses appas. D'autant plus elle nous mignarde, d'autant plus deffions nous-en, & soyons de bonne heure aduertis qu'elle ne nous veut embrasser que pour nous estrangler : elle ne nous propose la liberté & la licence, que pour nous asseruir; elle ne nous appaste de miel, que pour nous saouler de fiel; elle nous propose vne apparence de plaisir qui passe en vn moment, & nous laisse vn regret qui demeure eternellement. Composons donc nostre esprit, de façon que reconnoissant en la beauté la delicate main de la nature, nous la prisions comme nous faisons le Soleil & la Lune, pour l'excellence qui y est. Que si la loy nous en permet quelque plus particuliere ioüissance, que ce soit à la fin que la nature desire, & sans que nous perdions l'vsage de la raison, qui doit tousiours commander en nous : & nous souuenons tousiours que l'immoderé vsage de ce plaisir vse le corps, amollist l'ame, & affoiblist l'esprit. N'en vsons point s'il est possible auant que d'estre mariez : car outre qu'il efface la pudeur en la ieunesse, il faict perdre la douceur qui se trouue en mariage à ceux qui n'en ont point vsé auparauant, qui est la soudure de l'amitié coniugale, & nous nourrit en la licence d'vn vague & desreglé plaisir. Sur tout ne faisons iamais pour y paruenir chose qui soit deshonneste.

Representons-nous

Representons-nous les inconueniens qui sont arriuez à ceux qui s'y sont trop addonnez, desquels les vns y ont perdu leur fortune, les autres la vie, les autres l'esprit. Songeons au contraire, combien nous aurons plus de plaisir de vaincre la volupté que de la posseder ; & que la continence d'Alexandre a esté trouuée plus belle & plus loüable par la posterité, que les beaux & excellents visages de la femme & des filles de Darius. Les yeux de Cleopatre ont triomphé de Cesar & d'Antoine; & ceux d'Auguste, de Cleopatre. Encores ceste sorte de volupté-là est-elle accompagnée de quelque plaisir qui touche le corps, & semble-elle en cela aucunement naturelle : mais le desir des biens & des honneurs, & la delectation que nous auons à les posseder, n'a racine sinon qu'en l'opinion. Ie ne sçay qui nous a ainsi trompez à l'imposition des noms, d'auoir appellé bien, ce qui ne depend point de nous. Celuy-là a bien attaché nostre heur à vn chable pourry, & ancré nostre felicité dans vn sable mouuant. Car qu'y a-il au monde si incertain & si inconstant que la possession de tels biens qui vont & viennent, passent & s'escoulent comme vn torrent ? Vrayement comme vn torrent, ils font du bruit à l'arriuée; ils sont pleins de violence, ils sont troubles, l'entrée en est fascheuse, ils disparoissent en vn moment, & quand ils sont escoulez, il ne demeure que de la bourbe au fonds. O richesses, qui verroit aussi bien la roüille des ennuis que vous engendrez dans les cœurs des hommes, comme l'on voit l'esclat & la splendeur de vostre or & de vostre argent, vous seriez autant haïes comme vous estes aymées. Ceux qui vous aiment n'ont certes qu'vne vertu, c'est d'estre fort constans à celer leur peine, de peur de descouurir leur honte : que si leur ennuy auoit acquis liberté de se plaindre, comme la fortune pourroit-elle respondre aux accusations de tant de gens, à qui elle a tant donné de maux sous ce titre de biens? Ie pense de vray qu'elle n'auroit qu'vne excuse, qui est de les auoir données à ceux qui les desiroient. Connoissons doncques les richesses pour ce qu'elles sont, pour des presens de la fortune qu'elle ne nous fait que prester, pour des biens qui ne sont ordinairement qu'aux meschans, pour des biens qui ne sont biens que quand ils ont acquis vn bon maistre, pour des biens qui peruertissent souuent les bonnes mœurs, & n'amendent iamais les mauuaises, pour des biens sans lesquels tant de sages ont rendu leur vie heureuse, pour des biens auec lesquels tant de meschans ont eu vne mort mal-heureuse. Connoissons ce que nous apporte ce desreglé desir d'en auoir. C'est vne gangrene en nostre ame, qui auec vne venimeuse ardeur consume nos naturelles affections, pour nous remplir de virulentes humeurs. Si tost qu'elle s'est logée en nostre cœur, l'honneste & naturelle affection que nous deuons à nos parens, à nos amis, à nous-mesmes s'enfuit, tout le reste comparé à nostre profit ne nous semble rien, nous nous negligeons à la fin nous-mesmes, & mesprisons nostre corps & nostre esprit pour ces biens-là, & comme on dit ordinairement, nous vendons nostre cheual pour auoir du foin. La nature semble en la naissance de l'or auoir aucunement presagy la misere de ceux qui le deuoient aimer : car elle a fait qu'és terres où il croist, il ne vient ny herbes, ny plantes, ny fleurs, ny chose qui vaille, comme nous annonçant qu'és esprits où le desir de ce metal naistra, il ne demeurera nulle scintille

Z

d'honneur ny de vertu. Chaſſons donc ce furieux deſir loin de nous, &
laiſſant les folles opinions du vulgaire, qui peſe les biens dans les balances
des orfevres, ſuiuons le vœu & le conſeil de la nature, qui les meſure à
l'aune de la neceſſité. Elle nous apprendra que noſtre bien ne procede
pas des richeſſes, non plus que la chaleur que nous ſentons ne vient pas de
nos habillemens, mais ſortant de nous eſt conſeruée en eux. Ce qui ne ſortira pas iuſques à eux demeurera en nous. Et noſtre vertu, bien que la fortune luy couppe les aiſles, n'en ſera pas moindre ; elle aura moins de mouuement, mais plus de repos & plus de contentement. Il y en a qui nous
veulent corrompre par de molles opinions, pour attacher noſtre ſoin à acquerir des richeſſes. Ils nous diſent, Si ie ne prens garde d'acquerir des biens,
ie n'auray point de moyen d'aider mes amis, de ſeruir à mon païs. Mais reſ-
pondons-leur ſagement, qu'il faut que chacun ſerue la Republique de ſon
meſtier. Celuy du Philoſophe, c'eſt de rendre ſes Concitoyens modeſtes &
obeïſſans ; quand il le fera, profitera-il peu à ſes amis & à ſon païs ? Outre
tout cela, ie leur diray : Donnez-moy vn honneſte moyen d'acquerir des
richeſſes, ie ne les refuſeray pas. Comme ie ne les ſouhaite point, auſſi ie ne
les abhorre pas : que ſi vous ne me pouuez monſtrer cet honneſte moyen-
là, pourquoy me preſſez-vous de les rechercher autrement ? Apprenons à
chercher ſans paſſion ce que la nature deſire, & nous trouuerons que la fortune ne nous en ſçauroit priuer. Le vray & plus court moyen de s'enrichir,
c'eſt de meſpriſer les richeſſes. Pour eſtre riche, il ne faut pas croiſtre nos
moyens, mais diminuer nos deſirs : qui eſt content, il eſt riche; ceſte richeſ-
ſe-là, il ſe la donne qui veut. Ainſi Bias ſe fit-il riche, abandonnant ſes
biens que l'on luy auoit permis d'emporter de ſa ville, par la compoſition
faite auec les ennemis, & diſant qu'il portoit tout ſon bien auec ſoy ; c'e-
ſtoit volontiers ſa vertu. Ainſi Diogenes deuint non ſeulement opulent,
mais plus grand qu'Alexandre, quand il refuſa ſon argent, & luy demanda pour tout bien, qu'il ſe retiraſt de ſon Soleil. Vrayement il en arriue
quaſi autant à tous ceux qui nous offrent des biens de la fortune ; car ils
nous oſtent ceux de la nature. Et cela voyons-nous clairement en ceux qui
ſe laiſſent appaſter par les honneurs, que nous appellons, & mener au vent
de l'ambition : car ils trouuent incontinent qu'au lieu de la lueur, ils n'ont
que de la fumée. Le vray honneur eſt l'eſclat d'vne belle & vertueuſe
action, qui rejallit de noſtre conſcience à la veuë de ceux auec qui nous viuons, & par vne reflexion en nous-meſmes, nous apporte vn teſmoignage de ce que les autres croyent de nous, qui ſe tourne en vn grand contentement d'eſprit. Or cela depend de nous. La nature nous concilie ce
bien-là : toutes & quantesfois que nous le voulons, nous l'auons. Mais le
laiſſant, nous embraſſons l'ombre pour le corps, & attachons le contentement de noſtre eſprit à l'opinion du vulgaire : nous renonçons volontairement à noſtre liberté pour ſuiure la paſſion des autres, & nous contraignons
de nous deſplaire à nous-meſmes, pour complaire à ceux qui nous regardent : nos affections ſont penduës aux yeux d'autruy ; nous n'aymons plus la
vertu qu'entant qu'elle plaiſt au vulgaire : ſi nous faiſons quelque choſe de
bien, ce n'eſt pas pour l'amour du bien, mais pour en auoir l'honneur. Nous

reſſemblons

reſſemblons aux tonneaux qu'on perce, on n'en peut rien tirer qui ne leur
donne du vent. Mais quelles bornes a ceſte paſſion-là ? La vieilleſſe la meu-
rit-elle ? nenny : les dignitez la contentent-elle ? nullement. C'eſt vn gouffre qui n'a ny fonds ny riue : non, c'eſt le vuide que les Philoſophes n'ont
peu encores trouuer en la nature : c'eſt vn feu qui s'augmente auec la nourriture qu'on luy donne. Ceux qui ont voulu flatter l'ambition, ont voulu
faire accroire qu'elle ſeruoit à la vertu comme d'vn degré pour y monter :
Pour ce, diſoient-ils, que pour l'ambition l'on quitte les autres vices, & en
fin l'on quitte l'ambition meſmes, pour l'amour de la vertu. Mais tant s'en
faut : Si l'ambition cache les autres vices, elle ne les oſte pas pour cela, ains
les couue pour vn temps ſous les trompeuſes cendres d'vne malicieuſe fein-
tiſe, auec eſperance de les renflammer tout à fait, quand ils auront acquis
aſſez d'authorité pour les faire regner publiquement auec impunité. Les
ſerpens ne perdent pas leur venin pour eſtre engourdis par le froid, ny l'ambitieux ſes vices pour les couurir par vne froide diſſimulation : quand il eſt
paruenu où il ſe demandoit, il fait ſentir ce qu'il eſt. Et quand l'ambition
quitteroit tous ces autres vices, ſi ne ſe quitteroit-elle iamais ſoy-meſme;
iuſte ſeulement en cela qu'elle ſuffit à ſa propre peine, & ſe met elle-meſmes
au tourment. La roüe d'Ixion eſt le mouuement de ſes deſirs, qui tournent & retournent continuellement de haut en bas, & ne donnent aucun
repos à ſon eſprit. Affermiſſons donc noſtre ame contre ces faſcheux mouuemens-là, qui troublent ainſi noſtre repos & noſtre contentement. Com-
poſons nos affections, de façon que la lueur des honneurs n'eſbloüiſſe point
noſtre raiſon, & plantons de belles reſolutions en noſtre eſprit, qui luy ſeruent de barriere contre les aſſauts de l'ambition. Premierement perſua-
dons-nous qu'il n'y a vray honneur au monde que celuy de la vertu. Que
la vertu ne cherche point vn plus ample ny plus riche theatre pour ſe faire
voir que ſa propre conſcience. Plus le Soleil eſt haut, & moins fait il d'ombre; plus la vertu eſt grâde, moins cherche-elle de gloire. Gloire vrayement
ſemblable à l'ombre, qui ſuit ceux qui la fuyent, & fuit ceux qui la ſuiuent.
Remettons-nous deuant les yeux, que nous venons en ce monde comme
en vne comedie, où nous n'auons pas à choiſir le perſonnage qu'il nous faut
ioüer, mais ſeulement à bien ioüer celuy qui nous ſera donné. Si le Poëte
nous charge du perſonnage d'vn Roy, il le faut bien repreſenter; ſi de perſonne mediocre & abjecte, de meſmes. Car il y a de l'honneur à bien faire
l'vn & l'autre, & du deshonneur à le mal faire. Il faut que nous vſions des
honneurs comme nous faiſons des viandes en vn banquet, où nous vſions
de celles qui ſont ſeruies deuant nous, & n'eſtendons pas le bras à l'autre
bout de la table, ny n'arrachons pas les plats d'entre les mains des Maiſtres
d'hoſtels. Si le teſmoignage de noſtre vertu, ſi l'vtilité de noſtre pays, ſi la
faueur de nos amis, nous preſente quelque charge dont nous ſoyons capables, acceptons-la modeſtement, & l'exerçons ſincerement, eſtimans que
c'eſt Dieu qui nous a là poſez en ſentinelle, afin que les autres repoſent ſous
noſtre ſoin. Ne recherchons autre recompenſe de noſtre labeur, que la conſcience d'auoir bien fait, & deſirons que le teſmoignage en ſoit pluſtoſt graué dans le cœur de nos Concitoyens, que ſur le front des œuures publiques.
C'eſt quelquesfois vn plus grand honneur de n'auoir pas ce que l'on a meri-

té, que de l'auoir. Il m'eſt bien plus honorable (diſoit Caton) que chacun demande pourquoy l'on ne m'a point dreſſé de ſtatuë en la place, que ſi l'on demandoit pourquoy l'on m'en a dreſſé. Bref, tenons pour maxime, que le fruit des belles actions eſt de les auoir faites, & que la vertu ne ſçauroit trouuer hors de ſoy recompenſe digne d'elle. Sans doute l'ambition eſt vne bien douce paſſion, qui ſe coule aiſément és eſprits les plus genereux, & ne s'en tire qu'à peine : nous penſons deuoir embraſſer le bien, & entre les biens nous eſtimons l'honneur plus que tout ; voilà pourquoy nous le courons à force. Mais encore vous aſſeuré-je que les autres paſſions qui naiſſent en nous par l'objet d'vn mal apparant que nous fuyons & abhorrons, deſcendent plus auant en noſtre cœur, & s'enleuent plus difficilement : Comme la crainte, qui eſt l'apprehenſion d'vn mal à venir, laquelle nous tient perpetuellement en ceruelle, & deuance les maux dont la fortune nous menace. Certainemét c'eſt vn des plus rudes inſtrumens dont l'opinion nous tourmente : car comme elle ne peut rien ſur nous, qu'en nous trompant & ſeduiſant, & que nous voyons plus clair en ce qui eſt preſent qu'en ce qui eſt à venir ; elle ſe ſert de l'auenir, ſe jette dedans, comme dans vn lieu nuble & obſcur, & choiſit ceſte ſaiſon comme les larrons font la nuict, afin d'entreprendre ſans eſtre reconneus. Elle nous tourmente lors auec des maſques de maux qui n'ont qu'vne ſimple apparence, qui n'ont rien en ſoy qui nous puiſſe nuire que l'apprehenſion que nous en auons, laquelle nous rend mal ce qui ne l'eſt point, & tire meſmes du mal de noſtre bien, pour nous en affliger. Tant en voyons-nous tous les iours, qui craignans de deuenir miſerables le ſont deuenus, & ont tourné leurs vaines peurs en certaines miſeres. Combien y en a-il qui ont perdu leurs amis pour s'en deffier ? combien qui ſont deuenus malades de peur de l'eſtre ? Tellement que l'on peut dire, que la crainte n'eſt qu'vn poids de recharge, pour nous faire treſbucher en ce que nous fuyons le plus que nous pouuons. Eſloignons de nous la crainte, & nous en eſloignerons le mal : au moins ne le ſentirons-nous point iuſqu'à ce qu'il nous touche ; & quand il viendra à nous, il ne ſera iamais ſi faſcheux que nous le craignons. Si nous auions de tous les maux à choiſir, duquel nous voudrions eſtre exempts, il n'y en a point, à mon aduis, que nous deuſſions tant euiter que la crainte : Pour ce que des autres la peine ne dure non plus que la cauſe, mais la crainte ſe forme indifferemment de ce qui eſt, & de ce qui n'eſt pas pas, de ce qui peut-eſtre ne ſera pas, voire de ce qui ne peut eſtre du tout. O ingenieuſe paſſion, qui d'vn mal imaginaire tire vne viue & vraye douleur ! Ainſi en faiſoit le peintre Parrhaſius, qui mettoit ſes ſerfs au tourment, pour pouuoir plus proprement imiter les façons plaintiues & dolentes du fabuleux Promethée. Pourquoy ſommes-nous ſi ambitieux en nos maux que de courir au deuant, & les deuancer de penſée ? Prenons loiſir de les attendre, & peut-eſtre ne viendront-ils pas iuſqu'à nous : mille impreuoyables rencontres peuuent parer le coup que nous craignons. Nos craintes ſont auſſi ſujetes à ſe tromper que ſont nos eſperances. Hé quoy ! que craignons-nous ? ce qui eſt en noſtre puiſſance ? non. Car nous y pouuons remedier. Ce qui eſt hors noſtre puiſſance ? Et pourquoy, puis qu'il n'eſt point mal ? Dequoy nous ſeruira donc ceſte crainte, ſinon

d'vn

d'vn supplice volontaire? Au contraire, si nous pouuions auoir l'esprit ferme
contre ce mouuement-là, nous remedierons à beaucoup de choses que
nostre estonnement empire, & fait tomber sur nous. De beaucoup de
mauuais effets que la crainte nous apporte, i'estime celuy-là tres-perni-
cieux, qui est, qu'ordinairement elle nous fait haïr ce que nous craignons.
Car la haine est vne tres-fascheuse passion, & qui nous trouble estrangement. Voyez vn peu quand nous auons pris vne chose en haine, comme
ceste affection-là se nourrit en nous, & y croist sans estre ny labourée ny
arrousée, & comme elle nous fait abhorrer ce que nous haïssons. Et que
haïssons nous? rien certes de ce que nous deuons: car s'il y a quelque chose à
haïr en ce monde, c'est la haine mesme, & semblables passions contraires à
la nature de ce qui doit commander en nous. Il n'y a au monde que cela de
mal pour nous. Nous haïssons les hommes, nous haïssons les affaires, ou
pour ce que nous en craignons du mal, ou pour ce que nous pensons en
auoir receu, ou pour ce que la nature de nos sens a quelque contrarieté &
contre-passion à la chose haïe. Qu'y a-il au monde qui nous tourmente
plus que cela? Par vne telle passion nous mettons en la puissance de ce que
nous haïssons, de nous affliger. La veuë nous en esmeut les sens, la souuenance nous en agite l'esprit, & veillant & dormant nous nous le representons, auec vn despit & grincement de dents qui nous met hors de nous, &
nous deschire le cœur; & par ce moyen receuons en nous-mesmes la peine du mal que nous voulons à autruy. Fermons donc la porte de nostre
ame à ceste fascheuse passion. Et afin de luy oster tout pretexte d'entrer
chez nous, par vn mescontentement des choses qui se presentent, proposons nous de bonne heure vne regle qui est vraye: c'est que toutes choses
ont deux anses, par lesquelles on les peut prendre. Si nous les prenons par
l'vne, elles nous semblent griefues & pesantes; si nous les prenons par l'autre, nous les trouuons legeres & aysées à supporter. La nature nous peut
dire ce que disoit le Philosophe à ses disciples: Ce que ie vous presente de la
main droite, vous le prenez de la gauche. Vostre choix est tousiours au
pis, ce qu'il y a de bon vous le laissez, ce qu'il y a de mal vous le prenez.
Par exemple, vous auez vn voisin auec qui vous plaidez. Quand vous voudrez penser à vostre voisin, vous songerez à ce procés, vous le blasmerez
& maudirez sur ce sujet. Voila la mauuaise anse. Prenez-le par l'autre, &
songez qu'il est homme comme vous, que Dieu vous a lié d'affection par
semblance de nature, qu'il est vostre concitoyen, que vous estes communs
en mesmes loix, en mesmes temples, en mesmes autels, en mesmes sacrifices; que vous estes voisins, obligez de charité au secours & à l'aide l'vn
de l'autre: tant de sujets de bien-vueillance n'esteindront-ils point vne petite semence de haine? Vous auez vn frere qui vous a offensé: Si vous pensez à luy, vous pensez à celuy qui vous a offensé, & non à celuy qui est conceu en mesme ventre, allaicté de mesmes mammelles, nourry en mesme
maison, & qui doit estre vne moitié de vous. Prenons donc les choses par
la bonne anse, & nous trouuerons qu'il y a à aymer en tout ce que nous
haïssons. Car il n'y a rien au monde qui ne soit pour le bien de l'homme.
Que s'il y a quelque chose de vicieux en ce que nous haïssons, c'est le mal

du vicieux, & non pas le noſtre. Et ſi d'auanture il nous offenſe, nous auons plus de ſujet de le plaindre que de le haïr. Car il eſt le premier offen- ſé, & en reçoit le premier & le plus grand dommage, par ce qu'il perd en cela l'vſage de la raiſon. Quelle plus grande perte ſçauroit-il faire au mon- de ? Tournons donc en tels accidens la haine en pitié, & mettons peine de rendre dignes d'eſtre aymez, ceux que nous voudrions haïr. Ainſi en fit Lycurgue, quand on luy eut abandonné celuy qui luy auoit creué l'œil, il le mena chez luy, & la peine qu'il en exigea, ce fut qu'il l'inſtruiſit fort ſoigneuſement à la vertu, & puis le rendit à ſes concitoyens, qui le trouue- rent deuenu au lieu d'vn temeraire & iniurieux, vn bon, honneſte & mo- deſte citoyen. Comme nous auons à fuir la haine, auſſi deuons-nous eui- ter l'enuie ; car elles ſont ſœurs germaines, quaſi de meſme teint & de meſ- me port, & ont des effets egalement pernicieux. Car l'enuie ſouſleue en nous vn regret du bien que les autres poſſedent, qui nous ronge le cœur, & nous tourmente cruellement. Miſerable paſſion certes, & telle que toutes les gehennes des plus ingenieux tyrans n'en ont iamais ſurpaſſé la cruauté. Car puis qu'elle tourne le bien d'autruy à ſon mal, quelle fin trouuera-elle à ſon tourment, quand ſes maux & les biens d'autruy ſeront accouplez pour la gehenner ? Fuyons-la doncques comme vne beſte farouche, qui nous rongeroit continuellement le cœur, & nous oſteroit la iouïſſance de tout le bien qui nous pourroit arriuer. Car pendant que les enuieux regar- dent de trauers le bien d'autruy, ils laiſſent gaſter le leur, & en perdent le plaiſir. Mais pour nous diminuer ceſte enuie, conſiderons ce que nous eſtimons bien en autruy, & ce que nous enuions aux autres, nous trouue- rons que tout pris enſemble, il n'y a rien que nous vouluſſions pour nous. Car ie voy que la plus part du temps nous enuions aux autres des richeſſes, des honneurs, & des faueurs : mais qui nous diroit, Vous en aurez autant pour le meſme prix, nous n'en voudrions pas. Pour les auoir il faut flat- ter, il faut endurer des affronts, des iniures, il faut perdre ſa liberté. L'on n'a rien pour rien en ce monde. Vous faites profeſſion d'honneur & de vertu : cela ne ſe peut acheter que par la perte de ces autres choſes-là, qui s'acquierent par vne honteuſe patience. Les richeſſes, les dignitez, les fa- ueurs ſe donnent à ceux qui complaiſent, & s'accommodent aux voluptez ou aux paſſions d'autruy. C'eſt la loy, ou pour le moins la couſtume du Monde. Elle y eſtoit auant que vous fuſſiez naiz, pourquoy trouuez-vous mauuais de l'y voir obſeruée ? Celuy-là vend ſa liberté, il en reçoit le prix en vn eſtat ou office ; pourquoy le luy enuiez-vous ? vous qui ne voulez pas vendre la voſtre, vous voudriez volontiers auoir le drap & l'argent, auoir le contre-eſchange que ceſtuy-cy a eu pour ſa liberté, & neant- moins conſeruer la voſtre. Le droit des gens ne le permet pas, choiſiſſez ou la marchandiſe ou le prix. Ie vay au marché, i'en voy vn qui tire à la bourſe, il baille vn denier & emporte vne laictuë ; moy qui ne baille rien, ie n'emporte rien, & neantmoins ie ſuis d'auſſi bonne condition que luy : il a ſa laictuë, & moy i'ay mon argent. Ie voy mon voiſin qui reuient d'vn feſtin : ſi ie ne conſidere ſinon qu'il a fait bonne chere, i'aurois regret que ie n'y ay eſté comme luy : mais quand ie penſe qu'il a fallu qu'il ait

flatté

flatté le maiſtre de la maiſon, i'ayme mieux n'auoir pas fait ſi bonne chere,
& auoir gardé ce qui eſt du deuoir d'vn honneſte homme. Gardons-nous
bien donc, ſi nous deſirons quelque repos en ce monde, d'eſtre enuieux de
ce que nous eſtimons le bien d'autruy. Si c'eſt vn vray bien qui luy ſoit arriué, nous nous en deuons reſioüir ; car nous deuons deſirer le bien les vns
des autres. Se plaire au bien d'autruy, c'eſt accroiſtre le ſien. Le meſme
deuons-nous obſeruer pour la jalouſie ; car elle eſt quaſi toute ſemblable
& de nature & d'effet, ſinon qu'il ſemble que l'enuie ne conſidere le bien,
qu'en ce qu'il eſt arriué à vn autre, & que nous le deſirerions pour nous ;
& la jalouſie eſt du noſtre propre, auquel nous craignons qu'vn autre participe. C'eſt vne ſotte & faſcheuſe paſſion ; c'eſt du fiel qui corrompt tout
le miel de noſtre vie : car elle ſe meſle ordinairement és plus douces & plaiſantes actions, leſquelles elle rend ſi aigres & ſi ameres que rien plus : elle
change l'amour en haine, le reſpect en deſdain, l'aſſeurance en deffiance.
Faites eſtat que quiconques viura jaloux, viura miſerable. Le ſeul moyen
pour l'éuiter, c'eſt de ſe rendre digne de ce que l'on deſire. Car la jalouſie
n'eſt qu'vne deffiance de ſoy-meſme, & vn teſmoignage de noſtre peu de
merite. Ce fut à mon aduis vne genereuſe reſponſe que celle de l'Empereur
Aurelius à Fauſtine, qui luy demandoit ce qu'il feroit ſi Caſſius, qui luy
faiſoit la guerre, gagnoit la bataille : Ie ne ſers point, dit-il, ſi mal les Dieux,
qu'ils me vueillent enuoyer vne telle infortune. Que ceux qui craignent
de perdre la part qu'ils ont en l'affection d'autruy, diſent de meſmes : Ie
n'honore pas ſi mal ſon amitié qu'il m'en vueille priuer. La confiance de
noſtre merite eſt vn grand gage de la volonté d'autruy : qui pourſuit quelque choſe auec la vertu, eſt bien aiſe d'auoir vn compagnon à la pourſuitte :
car il ſert de relief & d'eſclat à ſon merite. L'imbecillité ſeule craint la rencontre, pour ce qu'elle penſe qu'eſtant comparée auec vn autre, ſon imperfection paroiſtra incontinent. Qui eſt-ce qui voudroit courir ſeul aux jeux
Olympiques ? oſtez l'emulation, vous oſtez la gloire, vous oſtez l'eſperon
à la vertu. C'eſt vn grand cas que toutes les choſes qui ſont en autruy, nous
ſeruent ainſi ou à bien ou à mal, ſelon que nous ſommes diſpoſez à les receuoir & en vſer. Voila le bien d'autruy qui nous donne de la jalouſie &
nous tient en ceruelle : le mal d'autruy d'autre coſté nous fait quelquefois
telle pitié, que nous en ſommes tout hors de nous & en perdons le iugement. Soit que par vn ſecret conſentement nous participions au mal les
vns des autres, ſoit que nous craignions en nous-meſmes ce qui arriue à
nos voiſins, nous ſouſpirons auec eux, & compatiſſons à leur mal. Il eſt
bon de le faire autant qu'il eſt de beſoin, pour nous eſueiller à les ſecourir
& ayder ; car la loy de l'humanité le commande : mais non pas pour adopter leur douleur, & noircir noſtre eſprit de leur fumée. Or les remedes
neceſſaires à ceſte faſcherie que nous auons du mal d'autruy, & que nous
appellons pitié, nous ſont communs à ceſte autre faſcherie que nous appellons douleur, qui eſt le ſentiment du pretendu mal en nous-meſmes.
Car les maux, que nous appellons, nous eſtans arriuez fleſtriſſent incontinent noſtre ame, ſi nous n'y prenons garde, la tirent à vne langueur, laſcheté, & deſcouragement eſtrange, lequel nous oſte l'vſage du diſcours,

& le moyen de pouruoir à nos affaires. C'est bien en cet endroit que nous deuons nous souuenir de ce qui est en nostre puissance, & n'estimer mal que ce qui est contraire à la parfaite disposition de nostre volonté. Car par ce moyen nous trouuerons que le plaisir & la douleur se puisent en mesme source, & qu'il n'y a que la façon de tourner nostre vase, qui le remplisse de l'vn ou de l'autre. Nous rendons toutes choses bonnes ou mauuaises par l'vsage, nous faisons deuenir les richesses mauuaises, quand nous nous en seruons pour executer de mauuaises passions: nous faisons deuenir la pauureté bonne, quand nous l'accompagnons de frugalité & patience: nous faisons l'aise & le repos miserable, quand nous en deuenons fetards & paresseux: nous rendons le trauail & la peine douce, quand nous acquerons de l'honneur à bien seruir nostre pays. Prenons donc toutes choses comme nous deuons, & nous trouuerons que nous tirerons de la commodité de tout. Car il n'y a accident au monde qui nous puisse arriuer, auquel la nature n'ait preparé vne habitude en nous pour le receuoir, & le tourner à nostre contentement. Doncques en tout ce qui a accoustumé de nous affliger, considerons deux choses; l'vne la nature de ce qui nous arriue, l'autre la nature de ce qui est en nous. Par ce moyen vsans des choses selon la nature, nous n'en receurons aucune fascherie. La fascherie estant vne maladie de l'ame, est contraire à la nature; nous ne deuons donc point permettre qu'elle entre chez nous. Ce qui nous offense plus, c'est la nouueauté de ce qui nous arriue. Nous le voyons clairement, en ce que les choses les plus fascheuses se rendent douces par l'accoustumance. Les forçats pleurent quand ils entrent en galere, au bout de trois mois ils y chantent: ceux qui n'ont pas accoustumé la mer, pallissent mesmes en temps calme quand on leue l'ancre, & les mattelots rient durant la tempeste. L'accoustumance donc y fait tout. Mais ce que l'accoustumance apporte au vulgaire, la meditation l'apporte au Philosophe. Car à force de penser aux choses, elle les luy rend familieres & ordinaires. Considerons doncques exactement la nature de toutes les choses qui nous peuuent fascher, & nous representons ce qui nous y peut arriuer de plus ennuyeux & insupportable, comme les maladies, la pauureté, le bannissement, les iniures; & examinons en tout cela ce qui est selon la nature, ou de contraire à elle. Nostre corps est malade: ce n'est pas nous qui sommes offensez, mais nostre corps: car l'offense diminuë de l'excellence & de la perfection de la chose, & la maladie peut donner sujet & occasion à vne patience, & tolerance loüable plus beaucoup que la santé. Où il y a plus d'occasion de loüange, y a-il moins de bien? d'autant que l'esprit est plus que le corps, d'autant les biens de l'vn sont-ils aussi plus grands que ceux de l'autre. Si le corps est l'instrument de l'esprit, qui se plaindra quand l'instrument s'vsera en seruant celuy à qui il est destiné? Nostre corps est malade, ce n'est rien de nouueau; puis qu'il est composé, il est sujet à estre alteré. Oüy, mais la douleur des maladies se fait sentir, & nous fait crier malgré que nous en ayons. Elle se fait sentir, ie le confesse, mais sentir au corps: elles nous fait crier si nous voulons. La douleur n'est intolerable que pour ceux qui le pensent, il y en a qui la supportent en ses pointes les plus aiguës. Possidonius discourant en la

presence

presence de Pompée, estoit fort persecuté des gouttes : comme elles le pres-
soient le plus fort ; Tu as beau faire, dit-il, douleur, ie ne confesseray iamais que tu sois mal : & poursuiuit son discours sans faire aucune mine de
la sentir. Ie vous prie, dites-moy quels nouueaux remedes auoit trouué ce
Philosophe-là contre la douleur ? quels cataplasmes contre les gouttes ?
quels vnguents ? la connoissance des choses, la resolution de l'esprit. Il s'e-
stoit bien proposé que le corps est fait pour seruir à l'ame, & que si l'ame
l'affligeoit pour ce qui arriue au corps, elle seruiroit au corps. Si elle ne se
doit point affliger de ce qui arriue au corps, combien moins de ce qui arriue en nos biens ? Car la perte des biens est beaucoup moins sensible que
celle de la santé. L'vn & l'autre est hors de nous, mais le corps en est plus
pres que les biens. L'homme vient nud & s'en retourne nud de ce monde :
peut-il dire quelque chose vrayement sienne de ce qu'il n'apporte ny
n'emporte auec soy ? Les biens de la terre sont comme les meubles d'vne
hostellerie, dont nous ne nous deuons soucier, que tant que nous y sommes. Ouy, mais, me dira quelqu'vn, les perdant, ie mourray de faim. Si ce
soucy que vous en auez vous doit troubler l'esprit, il vous seroit plus desirable de mourir de faim auec vne ame tranquille, que viure riche en tourment & inquietude. Il vous faut faire estat que les pertes que vous faites,
c'est le prix du repos & contentement de vostre esprit. Si vous les em-
ployez-là, vous ne les perdez pas. Si vous ne les y employez, vous perdez
& les biens & l'esprit tout ensemble. Voulez-vous sçauoir combien ces
playes-là sont aisées à guerir ? voyez les cicatrices de semblables qu'ont receu & soudé tant de grands & genereux personnages, qui se sont ry de telles pertes, & qui en ont mesmes remercié Dieu. Oyez Zenon, qui disoit
que le iour qu'il fist naufrage, il eut les vents merueilleusement fauorables :
car ils le ietterent au port de la Philosophie, où il passa le reste de sa vie doucement & tranquillement à l'abry des tempestes ciuiles, à couuert de mille
cuisans ennuis, qui tourmentent ceux qui sont enueloppez aux affaires.
Sçauez-vous comme les pertes nous seront bien aisées à endurer ? accoustumons-nous à n'aimer les choses que pour ce qu'elles sont. Si nous aim-
mons vne escuelle de terre, aimons-la comme telle, & qui se peut casser ;
quand elle viendra à se casser, nous n'en serons plus faschez. Passons des
plus petites aux plus grandes, des plus villes aux plus cheres, & en faisons
autant. Si nous aimons nos enfans, aimons-les comme hommes, c'est à
dire sujets à la mort ; & quand ils viendront à mourir, nous ne nous en
estonnerons, ny ne nous en fascherons point. L'opinion nous tourmente
plus beaucoup que la chose mesmes, & l'opinion se forme fort par les termes dont nous vsons és accidens qui nous suruiennent : car nous appellons
vne chose par le nom d'vn autre, nous nous l'imaginons semblable à ceste
autre-là, & l'image & idée en demeure telle en nostre esprit. Adoucissons
doncques les termes le plus que nous pourrons. Pour ce si vn de nos enfans
vient à mourir, ne disons pas, I'ay perdu vn de mes enfans ; mais, Ie l'ay
rendu à Dieu, qui me l'auoit presté. Si nous perdons de nos autres biens,
disons-en autant. Que s'il vous suruient quelque despit en l'esprit de ce
qu'vn meschant vous aura osté vos biens, dites incontinent en vous-

meſmes, Que m'importe-il, par qui Dieu reprenne ce qu'il m'auoit preſté ? Au reſte ſouuenez-vous quel iugement vous faiſiez de ſemblables
pertes que celles que vous faites quand elles ſont arriuées à d'autres, & conſiderez combien vous en eſtiez peu eſmeus, comme meſmes vous blaſmiez
& meſpriſiez leurs plaintes. Penſez que le iugement que vous auez fait
d'eux eſt vn preiugé contre vous, lequel vous ne pouuez refuſer. Ce que
nous iugeons en la cauſe d'autruy, eſt touſiours plus iuſte que ce que nous
iugeons en la noſtre. Si le garçon de noſtre voiſin luy caſſe vn verre ; &
bien vous dites, Voila vn verre caſſé : Si ſon fils meurt, Et bien ? il eſtoit
mortel : que n'en dites-vous autant du voſtre, ſans crier, tempeſter, accuſer
les Dieux & les hommes, d'vne choſe qui eſt ordinaire ? Ce que vous auez
preueu vous arriue; pourquoy vous en eſtonnez-vous ? Il me ſemble quant
à moy que ſi nous ſommes auſſi preuoyans que nous deuons, & pouuons
eſtre, que nous ne nous eſtonnerons de rien, mais principalement de ce
que nous appellons iniures. Car repreſentons-nous quels ont eſté, quels
ſont, & quels doiuent eſtre les mœurs & les humeurs des perſonnes auec
leſquelles il nous faut conuerſer au monde ; & nous nous reſoudrons, ce
me ſemble, bien toſt à beaucoup endurer de leur indiſcretion. Le commun des hommes en eſt là, il prend plaiſir à mal-faire, & ne meſure ſa puiſſance que par le deſdain & l'iniure d'autruy. Tant peu il y en a qui prennent plaiſir à bien faire. Faiſons doncques eſtat que de quelque coſté que
nous nous tournions, nous trouuerons qui nous offenſera, par tout où
nous trouuerons des hommes nous y trouuerons des iniures. Mais faiſons qu'elles ne nous ſurprennent point, tenons-nous en garde contre-
elles, regardons-les venir. En quelque lieu que nous allions, quelque choſe que nous entreprenions, conſiderons auparauant comme nous y deuons
eſtre traittez. Voulons-nous aller aux eſtuues ? propoſons-nous tout ce qui
s'y fait ; l'vn crie, l'autre pouſſe, l'autre jette de l'eau à ſes compagnons,
l'autre deſrobe vn manteau : ſi nous auons bien preueu cela, lors qu'il nous
arriuera, nous ne nous en ferons que rire. Si nous allons viſiter vn Grand,
& que nous nous imaginions qu'il nous fera attendre à ſa porte, que quand
nous penſerons entrer, on nous fermera l'huis au nez, que nous le trouuerons empeſché, qu'il ne voudra pas parler à nous, ou qu'il nous fera mauuaiſe mine ; quand cela nous arriuera, nous n'en ſerons ny eſtonnez ny eſmeus. Il y a encore vne autre choſe qui adoucit fort les offenſes. C'eſt
quand nous excuſons nous-meſmes ceux qui nous les ont faites, & que
nous preſumons qu'ils en ont eu quelque occaſion. Par exemple, ſi vous
appellez voſtre valet, & qu'il ne vous reſponde pas, penſez qu'il ne vous a
pas entendu. Il n'a pas eſté où vous luy auez commandé, eſtimez qu'il n'a
pas eu le loiſir, & ainſi des autres. Mais principalement deuons-nous en
matiere d'iniures, nous ſeruir de la commodité qu'elles nous preſentent :
car comme il n'y a ſorte d'herbe pour veneneuſe qu'elle ſoit, laquelle temperée & appliquée à propos, n'ait quelque ſalutaire vſage, ainſi en eſt-il des
iniures. Nous en tirons pour le moins du profit en deux ſortes : l'vne, qu'elles nous font connoiſtre ceux qui nous les font, pour les fuir vne autrefois : l'autre, qu'elles nous monſtrent noſtre infirmité, & l'endroit par
lequel

lequel nous sommes batables, afin de le remparer. Tellement que quand
vous verrez vn homme qui mesdira de vous, concluez, C'est vn homme
malin, il ne faut pas que ie me fie en luy. Puis examinez s'il dit vray, ou en
tout ou en partie, & amendez le defaut qui est en vous, afin qu'vn autre
n'ait sujet de vous en dire autant ou plus. Quelle plus belle vengeance
peut-on prendre de ses ennemis, que de profiter de leurs iniures? Mais la
derniere defense, & le plus fort rempart que nous puissions auoir contre tels
accidents, c'est ceste resolution-là, Que nous ne pouuons receuoir mal que
de nous-mesmes: si nostre raison est telle qu'elle doit estre, nous sommes
inuulnerables. Et pour ce nous dirons tousiours auec Socrates; Anytus &
Melitus me peuuent bien faire mourir, mais ils ne sçauroient me mal-faire.
Celuy qui sera preparé contre les iniures des hommes, le sera aussi contre
le bannissement: car ordinairement arriue-il aux honnestes gens par l'iniure des hommes. Mais pour ce que c'est vne apparence de mal dont l'opinion estonne fort nos esprits, & s'en sert pour en tirer ceste aigreur de fascherie & de tristesse, contemplons-le à part, & voyons si de pres il est aussi
fascheux comme il semble de loin. Qui nous a appris que nous soyons naiz
pour demeurer en vn lieu? quel plus grand desplaisir nous pourroit-on faire, que de nous y confiner? Voyez par toutes les villes du monde, comptez des habitans qui y demeurent combien il y en a qui soient naturels, &
vous trouuerez que la plus part des hommes se sont volontairement bannis de leur pays; toute terre est pays à l'homme sage, ou plustost, nulle terre ne luy est pays. Son pays est le Ciel où il aspire, passant icy bas seulement comme par vn pelerinage, & s'arrestant aux villes & aux prouinces
comme en des hostelleries. Aussi ne voyons-nous de la terre que dix ou
douze lieuës d'vne veuë; mais la face de ce grand Ciel paré de tant de beaux
astres, se monstre tousiours à nous, & afin que nous le puissions tout voir,
tourne continuellement autour de nous. Pourquoy faut-il doncques auoir
tant de regret à perdre le lieu où nous sommes naiz? Il estoit en la puissance de nostre mere d'aller accoucher autre part, & nous faire changer de
pays. C'est rencontre que nous naissions çà ou là, & partant il n'en faut
pas tant faire de cas. Pompée voyant la lascheté de courage des Romains
qui estoient auec luy au camp de Pharsale, qui retournoient les yeux & la
pensée vers la ville de Rome, & regrettoient leurs maisons, souspirant
comme bannis de leurs pays; Mes amis, dit-il, le pays des gens de bien est
où est leur liberté. Rutilius le monstra bien à Sylla. Estant rappellé d'exil,
il ne voulut iamais reuenir à Rome, & aima mieux porter le desert & la solitude d'vne isle, que la face d'vn tyran en sa ville. Toute terre nourrit les
hommes, toute terre leur porte des parens; car la nature nous a tous conjoints de sang & de charité; toute terre porte des amis à la vertu, car elle se
les concilie elle-mesme. Qu'auons-nous doncques à regretter au changement de nostre demeure? Le mesme Ciel, les mesmes elemens nous demeurent. Si nous ne perdons le courage, l'exil ne nous fait rien perdre. Si
vous vous pouuiez resoudre à ce que ie vous ay proposé, pour euiter ces premieres passions-là, ce seroit assez, & ie n'aurois besoin d'employer dauantage de discours pour vous preparer contre les autres. Car si vous ne

receuiez iamais en vous celles qui naiſſent en la partie concupiſcible de l'ame, vous ne ſeriez iamais atteints de celles qui ſe forment en l'iraſcible. D'autant que celles-cy, qui ſont l'eſperance & le deſeſpoir, la peur & la colere, ne s'eſleuent & ne ſe remuent en noſtre cœur, qu'apres que le deſir & la faſcherie ſe ſont formez en nous. Comme les premieres dont nous auons parlé naiſſent par l'application de l'objet, & de l'opinion que nous auons qu'il nous ſoit fauorable ou contraire; ces ſecondes-cy viennent de la conſideration & recherche que fait noſtre ame des moyens qu'elle a d'obtenir ou eſuiter ce qu'elle deſire ou fuit. Ce n'eſt quaſi qu'vn mouuement de l'ame hors de ſoy, qui ſe fait par le redoublement de la premiere paſſion. Et pource comme vn feu plus allumé elles ſont plus difficiles à eſteindre: car elles gagnent incontinent la plus grande partie de l'ame, & donnent le branſle à ſes plus fortes puiſſances. Or pour nous en garder, connoiſſons les toutes par leur nom & par les liurées qu'elles portent, qui ſont de tres-faſcheux accidens. Car la premiere qui eſt l'eſperance, allumant de ſon doux vent nos fols deſirs, embraſe en nos eſprits vn feu plein d'vne eſpeſſe fumée, qui nous eſbloüit l'entendement, & emportant auec ſoy nos penſées, les tient penduës entre les nuës, nous oſte tout iugement, & nous fait ſonger en veillant. Tant que nos eſperances durent, nous ne voulons point quitter nos deſirs. Au contraire, quand le deſeſpoir s'eſt logé chez nous, il tourmente tellement noſtre ame de l'opinion de ne pouuoir obtenir ce que nous deſirons, qu'il faut que tout luy cede, & que pour l'amour de ce que nous penſons ne pouuoir obtenir, nous perdions tout le reſte. Ceſte paſſion eſt ſemblable aux petits enfans, qui par deſpit de ce que l'on leur oſte vn de leurs joüets, jettent les autres dans le feu; elle ſe faſche contre ſoy-meſme, & exige de ſoy la peine de ſon mal-heur. Le moyen de ſe garantir de telles paſſions, c'eſt d'arreſter nos deſirs à leur premiere naiſſance: s'ils ſont mauuais, ne permettre pas qu'ils prennent plus grande ſecouſſe, s'ils ſont des choſes bonnes, les temperer, & faire paſſer en vne douce & paiſible affection, ſans attendre de l'aduenir plus de faueur que la nature de la choſe, & l'inconſtance de la fortune ne permet; balançans touſiours ce que nous eſperons auec ce que nous pouuons craindre. Car le ſage ne doit non plus viure en eſperance qu'en crainte: il ne doit point mettre en la puiſſance de l'euenement de rien oſter ny adjouſter à ſa felicité. De meſmes ne doit-il ſe deſeſperer de rien, tant pour ce que ſes deſirs ſe doiuent borner par ſa puiſſance, que pour ce que l'incertitude des choſes releue auſſi bien les deſeſperées, comme elle renuerſe les eſperées. Quant à la peur, qui eſt vn trouble violent, par lequel l'ame effrayée ſe retire en ſoy-meſme, & ſe debat, pour ne voir le moyen d'éuiter le danger qui ſe preſente, elle eſt fort dangereuſe. Car outre le grand deſcouragement qu'elle apporte, elle nous ſaiſit d'vn tel eſtonnement, qu'il ne ſe trouue plus de diſcours en nous, voire meſmes plus de ſens. Nous auons les yeux ouuerts & ne voyons pas: on parle à nous, & nous n'eſcoutons pas: nous voulons fuïr, & nous ne pouuons marcher. Elle nous arriue à la verité, de quelque diſpoſition de la nature, mais la delicate nourriture y fait beaucoup: car pour n'auoir de ieuneſſe eſté nourris à la peine & au trauail,

nous

nous apprehendons des chofes où il n'y a aucune raifon. Pour nous armer
donc contre-elles, il nous faut recourir à la prudence, & par fon moyen reconnoiftre la nature des chofes, où nous ne trouuerons rien qui nous doiue
tant eftonner. Car leuons-leur le mafque de l'opinion, nous y trouuerons
la nature toute pure, qui nous eft amie. Auec cela il nous faut de longue
main accouftumer à ce qui nous peut le plus efpouuanter, nous reprefenter
les dangers les plus effroyables, où nous pouuons tomber, & de gayeté de
cœur tenter quelquesfois les hazards pour y effayer noftre courage. Deuancer ces mauuaifes aduantures, c'eft faifir les armes de la fortune. Il nous
eft bien plus aifé de luy refifter quand nous l'affaillons, que quand nous
nous defendons d'elle : nous auons lors loifir de nous armer, nous prenons
nos aduantages, nous pouruoyons à la retraite : où quand elle nous affaut,
elle nous furprend & nous choifit comme elle veut. Il faut doncques en
l'affaillant, que nous apprenions à nous defendre, & que fouuent nous nous
donnions de fauffes allarmes, que nous nous propofions les dangers qu'ont
paffé les grands perfonnages ; que nous nous fouuenions comme les vns
ont euité les plus grands, pour ne s'en eftre point eftonnez ; les autres fe font
perdus és moindres pour ne s'y eftre pas bien refolus. Mais fur tout nous
faut-il difpofer à ne point apprehender la mort, & ne nous point effrayer
quand elle fe prefente. Car c'eft là l'objet ordinaire qui nous trouble l'entendement, nous fait perdre tout iugement, nous fait abandonner tout
office & tout deuoir, & fait que nous nous oublions nous-mefmes. O que
fi nous pouuons gagner ce point-là fur nous, que la mort mefme ne nous
eftonne point, que nous ferons heureux ! En ce point plus qu'en toute autre chofe, l'opinion fe bande contre la raifon, & nous la veut effacer auec
le mafque de la mort. Combien qu'il n'y en ait qu'vne au monde, elle
nous en peint d'infinies façons. La mort, croyez, n'a rien d'efpouuantable : mais nous auons enuoyé de lafches & paoureux efpions pour la reconnoiftre ; ils ne nous en rapportent pas ce qu'ils en ont veu, mais ce qu'ils en
ont oüy dire ; & ce qu'ils en craignent. Nous nous en fions au vulgaire
inconfideré, qui nous dit que c'eft vn grand mal, & defcroyons la Philofophie qui nous enfeigne que c'eft le port de la vie. Croyons-en Socrates,
& nous ne la craindrons plus ; croyons-en Caton, & nous irons au deuant
d'elle ; croyons-en Arria femme de Petus ; mourant pour tenir compagnie
à fon mary, & ne point feparer leurs amours liez enfemble par vne fi faincte & fi chafte foudure, apres s'eftre ouuert le fein du premier coup de
poignard, elle dit, Petus, il ne m'a point fait de douleur : elle dit à qui
bien l'entend, que la mort n'eft point vn mal, mais la fin de tous maux à
qui elle arriue. Comme feroit-elle mal, puis qu'elle eft naturelle ? comme
feroit-elle fafcheufe puis qu'elle eft commune ? Le mefpris de la mort eft
la vraye & viue fource de toutes les belles & genereufes actions des hommes. De là font deriuées les braues & libres paroles de la vertu, prononçant
fes fentences par la voix de tant de genereux perfonnages. C'eft l'efprit qui
animoit Demetrius quand il fit refponce à Neron, qui le menaçoit de le
faire mourir : La nature t'en fera bien autant. C'eft le fondement de cefte
inuincible refolution d'Heluidius Prifcus contre Vefpafian. Vefpafian

A a

luy manda qu'il ne vint point au Senat : il luy fit refponfe qu'il eftoit en fa
puiffance de l'ofter du nombre des Senateurs, mais que tant qu'il en feroit,
il iroit au Senat. Il luy remanda qu'il fe trouuaft donc au Senat, mais qu'il
fe teuft. Il luy fift refponce, que l'on ne luy demandaft donc point fon aduis. Ouy : Mais, dit-il, il faut par honneur que ie te le demande. Il faut
donc, refpondit Heluidius, que ie die auffi ce que ma confcience me commande. Si tu le dis, ie te feray mourir. Vous ay-je iamais dit, refpondit-il,
que ie fuffe immortel ? Vous ferez ce que vous voudrez, & moy ce que ie
deuray. Il eft en vous de me faire mourir, & en moy de mourir conftamment. O courageufe voix digne d'eftre oüye de tous ceux qui doiuent defendre la iuftice & la raifon contre la violence & la force ! O viue image de
conftance, que vous eftes vn braue & fignalé exemple à tous ceux à qui
vous paruiendrez ! Ceux qui fe propoferont à imiter la vie de tels perfonnages, n'auront iamais le cœur faifi d'apprehenfion, ains auec vn efprit indomptable courront au trauers des flammes, à la vertu & à la gloire.
Mais fuyant la peur, nous deuons bien prendre garde de ne pas tomber en
la colere, laquelle luy eft comme oppofée & tient l'autre extremité : car au
lieu que la peur nous retire tout en nous-mefmes, la colere nous pouffe entierement hors de nous; & cherchant le moyen de repouffer le mal qui nous
menace, ou nous a defia atteint, fait boüillir le fang en noftre cœur, &
leue de furieufes vapeurs en noftre efprit, qui nous aueuglent & nous precipitent à tout ce qui peut contenter le defir que nous auons de nous venger. Ce qui nous chatoüille plus en cefte paffion, c'eft qu'il femble qu'elle
foit iufte & qu'elle s'excufe fur la malice d'autruy. Toutesfois nous ne la
deuons iamais receuoir. Car donner à la colere la correction de l'offenfe, ce
feroit corriger le vice par foy-mefme. La raifon qui doit commander en
nous, ne veut point de ces officiers-là, qui font tout de leur tefte, fans attendre fon ordonnance. La violence ne luy eft pas propre, elle veut tout
faire par compas, comme la nature. Elle eftime que ces mouuemens-là fi
violens ne procedent que de la foibleffe d'efprit de ceux aufquels ils arriuent, qui font comme les petits enfans, & les vieillards qui courent quand
ils penfent cheminer. Mais quoy ? me direz-vous, la vertu verra-elle l'infolence du vice fans s'en defpiter ? luy laifferez-vous fi peu de liberté qu'elle
ne s'ofe courroucer contre les mefchans ? La vertu ne veut point de liberté
indecente, il ne faut pas qu'elle tourne fon courage contre foy, ny que le mal
d'autruy la puiffe troubler. Le fage doit auffi bien fupporter les vices des
mefchants fans colere, que leur profperité fans enuie. Il faut qu'il endure
les indifcretions des temeraires auec la mefme patience, que le medecin
fait les iniures du phrenetique. Il n'y a pas vne plus grande fageffe ny plus
vtile au monde, que d'endurer la folie d'autruy. Car autrement il nous arriue que pour ne la pas vouloir endurer, nous la faifons noftre, & en receuons beaucoup d'incommodité. Nous en perdons premierement le iugemét, puis nous nous offenfons nous-mefmes, & precipitez par la colere nous
nous iettons au mal que nous fuyons. Cefte paffion reffemble proprement
aux grandes ruines qui fe rompent fur ce fur quoy elles tombent. Elle defire fi violemment le mal d'autruy, qu'elle ne prend pas garde à efuiter
le fien.

le sien. Outre qu'elle est inconsiderée, elle est ordinairement iniuste, & pour dire vray, l'offense & la vengeance n'est qu'vn mesme peché, qui a diuerses excuses. L'vne & l'autre a vne mesme fin, qui est nuire à autruy. Prenons donc soigneusement garde de ne la laisser esleuer en nostre ame: Et pour ce si tost que quelque chose nous piquera, donnons-nous loisir d'y penser. Car si nous pouuons vne fois discourir, nous arresterons aisément le cours de ceste fievre d'esprit. Puis considerons les actions des personnes coleres; regardons comme elles sont mal-seantes. Songeons au contraire, combien la douceur & clemence ont de grace, comme elles sont agreables aux autres, & vtiles à nous-mesmes. C'est l'aimant qui tire à nous le cœur & la volonté des hommes. Accoustumons-nous donc à pardonner à tout le monde. Que la grandeur de l'iniure ne nous retienne point; au contraire, estimons que plus elle est grande, plus est elle digne d'estre pardonnée, & que plus la vengeance en seroit iuste, plus la clemence en est loüable. Sur tout, ceux que la fortune a colloquez en vn haut degré d'honneur, doiuent prendre garde d'auoir les mouuemens plus remis & temperez: car comme leurs actions sont de plus d'importance, aussi leurs fautes sont-elles plus difficiles à reparer. Le Ciel leur presente tous les iours vn exemple & enseignement de fuir toute precipitation, leur monstrant que Saturne, qui est le plus haut des planettes, va le plus lentement. Ils disent aussi que Iupiter peut bien luy seul darder les foudres fauorables & de bon augure; mais quand il est question de lancer les nuisibles & vengeurs, il ne le peut faire sans le conseil & assistance de douze Dieux. C'est grand cas que le plus grand des Dieux qui peut de luy-mesmes bien faire à tout le monde, ne peut nuire à personne qu'après vne solennelle deliberation. La sagesse de Iupiter craint mesme de faillir, quand il est question de se venger: il luy faut du conseil qui le retienne. Quand nous nous sentirons donc esmeus de ceste passion, recourons à nos amis, & meurissons nos coleres entre leurs discours. Car tant que nous sommes esmeus, nous ne pouuons rien faire à propos. La raison ne nous sert non plus entre les passions, que les ailes aux oyseaux engluez par les pieds: c'est pourquoy si nous voulons rendre nostre ame capable de belles & bien-seantes actions, il la faut esleuer de terre & la mettre en vn estat paisible & tranquille. Il la faut conduire à vne disposition semblable à ceste plus haute partie de l'air, qui n'est iamais offusquée des nuées, ny agitée des tonnerres, mais a vne serenité perpetuelle. Il faut qu'elle ne soit iamais obscurcie par la tristesse, ny esmeuë par la colere. Quand vne fois elle est conduite à ce point, il est fort aisé de regler ses autres actions & les mener à leur fin. Car lors elle chemine pas à pas après la nature, & se lie par vne douce & temperée affection aux autres parties du monde, desquelles l'homme est comme le nœud, qui assemble les celestes auec les terrestres. Les effets de ceste affection temperée de l'homme enuers les autres choses du monde s'appellent offices; comme qui diroit le deuoir & la façon dont il s'y doit comporter. Pour regler ce deuoir & nous en enseigner l'vsage, nous ne pouuons auoir vn meilleur maistre que la nature mesmes; laquelle a establi vn ordre & disposition par tout, ayant soufmis les choses les vnes aux autres, les enchaisnant toutes ensemble par la liaison

A a ij

du refpect qu'elles fe doiuent; lequel elle a graué fur le front de chacune, comme les Princes font leurs faces fur leurs monnoyes, pour môftrer qu'elles font du titre & loy qu'elles doiuent eftre. Confiderons donc en chafque chofe l'ordre de la nature, & nous trouuerons incontinent de quel prix elle eft, & pour combien nous la deuons prendre, & ce que nous luy deuons de retour. Le bien eftant l'objet de la volonté de l'homme, où il eft plus pur & plus entier, là doit-elle eftre plus efmeuë. Doncques la premiere & plus ferme affection doit eftre celle qui le lie auec l'auteur & principe de tout bien; cefte affection eft la pieté: par elle l'homme fe reünit & confolide à fa premiere caufe, comme à fa racine, en laquelle tant qu'il demeure ferme & fiché il conferue fa perfection; au contraire quand il s'en fepare, il feiche auffi toft fur le pied. Le principal effet de la pieté, eft de nous apprendre à connoiftre Dieu: car de la connoiffance des chofes procede l'honneur que nous leur portons. Il faut doncques premierement que nous croyons qu'il eft, qu'il a creé le monde par fa puiffance, bonté & fageffe, que par elles mefmes il le gouuerne; que fa prouidence veille fur toutes chofes, voire les plus petites. Que tout ce qu'il nous enuoye eft pour noftre bien, & que noftre mal ne vient que de nous. Car fi nous eftimons mal les fortunes qu'il nous enuoye, nous blafphemerons contre luy, pour ce que naturellement nous honorons qui bien nous fait, & haïffons qui nous fait mal. Il nous faut donc refoudre de luy obeïr, & prendre en gré tout ce qui vient de fa main. Sa connoiffance eftant tres-parfaite, fa puiffance tres-immenfe, fa volonté trescharitable, que refte-il à conclure, finon qu'il ne nous enuoye rien qui ne tende à noftre bien? Et ores que nous ne comprenions pas quelquesfois le bien que nous deuons receuoir de ce qu'il nous enuoye; fi en deuons-nous toufiours efperer, & eftimer que comme fouuent le medecin fait beaucoup de chofes pour la fanté du corps, qui femblent au commencement luy nuire, (comme quand il picque l'œil pour faire voir celuy qui a perdu la veuë) ainfi Dieu en la conduite de noftre vie nous fauue par des moyens qui nous femblent fafcheux & nuifibles, & fouuent penetrent noftre cœur de poignantes afflictions, pour rendre à noftre efprit fa clarté. Sous cefte affeurance, nous deuons nous commettre & foufmettre à luy, reconnoiffans que nous fommes entrez en ce monde non pour commander, mais pour obeïr, que nous y auôs trouué les loix toutes faites, lefquelles il faut fuiure. Et pour ce deuons-nous toufiours auoir en la bouche, comme vn enfeignement de fage obeïffance à l'ordonnance de Dieu, ces beaux vers de Cleanthes:

> *Mon Dieu, conduifez-moy par la voye ordonnée:*
> *Ie fuiuray volontiers, de peur qu'vn fort lien*
> *Ne m'entraîfne mefchant, où en homme de bien*
> *Ie pourrois arriuer fuiuant la deftinée.*

Au refte il ne luy faut dreffer nos vœux ny nos prieres, que pour obtenir de luy ce qu'il a ordonné. Car demander quelque chofe contre fa prouidence, c'eft vouloir corrompre le Iuge & le Gouuerneur du monde. La priere la plus agreable pour luy, & plus vtile pour nous, que nous luy puiffions faire, c'eft qu'il contienne nos affections pures & fainctes, & qu'il prefide à noftre volonté, afin qu'elle s'addreffe toufiours au bien. Les facrifices

qu'il

qu'il nous demande sont vne vie innocente. Il ne desire pas nos biens, mais seulement que nous nous rendions dignes des siens. Il n'y a si petite offrande qui ne luy aggrée presentée par des mains pures & innocentes ; il n'y a si riche ny si somptueux sacrifice qui ne luy desplaise, quand il part des mains polluës & contaminées. Apollon interrogé comme luy auoit pleu le sacrifice de cent bœufs, que l'on luy auoit fait, fit response,

D'Hermion m'a pleu la farine,
Qu'il m'a offert en sa terrine.

Comme s'il eust dit, L'homme sage est le vray & seul sacrificateur du grand Dieu, son esprit est son temple, son ame est son image, ses affections sont ses offrandes, son plus grand & plus solennel sacrifice, est quand vous l'imitez. Non qu'il ne falle obseruer les ceremonies accoustumées au pays, auec vne honneste moderation, sans luxe & sans auarice, mais auec ceste opinion que Dieu veut estre seruy de l'esprit. Et pour ce nous dirons pour conclure ce propos, que la plus saincte façon dont nous le puissions honorer & seruir, c'est qu'apres que nous l'aurons orné de tous les noms, de toutes les loüanges les plus magnifiques, & les plus excellentes que nostre esprit se peut imaginer, nous tenions pour constant, & confessions publiquement, que nous ne luy auons encores rien presenté digne de luy, mais que la faute en est en nostre impuissance & infirmité, qui ne peuuent rien conceuoir de plus haut. De l'honneur que nous deuons à Dieu, depend l'opinion que nous deuons auoir qu'il est present à toutes nos actions, soit que nous soyons deuant luy, soit que nous soyons auec les hommes. Pour ce nous faut-il parler à luy comme les hommes nous oyans, & viure auec les hommes comme Dieu nous voyant. Mais sur tout deuons-nous estre fort religieux, quand nous l'appellons à tesmoin de la verité. Car l'obseruation du serment est la principale partie de la pieté. Le serment n'est autre chose que l'image de ceste loy vniuerselle emanée de la bonté de Dieu, pour contenir toutes les parties du monde en leur lieu, & les faire estre ce qu'elles doiuent. C'est vn lien qui conjoint les hommes de volonté, c'est le garde & tuteur de la constance & verité, c'est comme le nœud de la societé ciuile, qui est reserré & raffermy par la reuerence du nom de Dieu toutpuissant, lequel preside aux actions des hommes. Ce sera bien à la verité le meilleur si vous pouuez par le tesmoignage d'vne pure & saincte vie acquerir tant de creance, que vostre parole asseure ceux à qui vous auez affaire, de ne point vser de serment : mais si vous ne vous en pouuez exempter, si deuez-vous prendre garde d'en vser sobrement & le plus rarement que vous pourrez. Car le trop frequent vsage de quelque chose que ce soit, en apporte le mespris. En tout cas gardez-bien de vous en seruir à autre fin que pour asseurer la verité, vous representant que Dieu est assis là haut comme protecteur des hommes fideles, & vengeur des parjures. Or de l'honneur deu à Dieu, premiere cause de tout, il faut descendre à celuy des puissances celestes, ordonnées par luy pour le gouuernement du monde ; esquelles il faut reconnoistre vne excellence & constance de vertu, & en leur perfection admirer la grandeur de leur Createur, & honorer leur ministere, qui est employé à la conseruation & protection des hommes.

De là nous descendons à la reuerence que nous deuons à ceux, par le moyen desquels, comme de canaux choisis de Dieu, nous passons en ce monde. En cet endroit nous trouuons la patrie toute la premiere, qui sous vn nom feint & composé, comprend vne vraye & naturelle charité. Nous luy deuons par raison plus d'affection qu'à tout le reste des choses de ce bas monde: pour ce qu'elle enueloppe en soy tout le reste, & contient en son salut tout ce que nous aymons & cherissons, & au contraire auec elle tout le reste se perd. De ceste genereuse affection sont sorties tant de belles actions & si glorieuses de ceux qui ont employé leur vie pour la conseruation de leur pays, de ceux qui ont oublié leurs propres iniures de peur de les venger aux despens du public, de ceux qui ont volontairement choisi vne dure & miserable vie pour mettre leur pays en repos. Representez-vous donc tous les iours que vostre pays, qui vous a mis en ce monde, & vous y a conserué, vous redemande les droits de pieté, exige de vous le deuoir d'vn bon & fidelle citoyen, & vous y coniure par la terre de vostre naissance, par les loix de vostre ville, par la foy de la societé ciuile, par le salut de vos peres, de vos enfans, de vos amis, de vous-mesmes. Ayez donc soin de vostre pays plus que de tout le reste du monde, ne preferez iamais vostre profit particulier à son bien, & pour euiter le mal qui vous menace, ne le rejettez point sur luy. Le pays seruy de ce que vous luy deuez, les peres & meres doiuent suiure apres. Car Dieu les ayant choisis pour par leur moyen vous dispenser & departir la vie, comme il les a aucunement rendus participans de sa vertu, aussi a-il voulu qu'ils fussent aucunement participans de son honneur. Si Dieu nous les a donnez sages & vertueux, nous les deuons tenir comme des Dieux en terre, qui ne nous sont pas seulement donnez pour nous moyenner la vie, mais pour nous la beatifier par vne bonne nourriture, & sage institution. S'ils sont fascheux & vicieux, tousjours sont-ils nos peres, & nous les faut endurer, & puis qu'ils portent ce nom, les seruir & secourir de ce que nous tenons d'eux, qui est de nos biens, de nos personnes, de nos vies. Ce faisant nous portons l'hommage à la nature, & luy rendons graces de ses biens. De nos peres nous descendons à nos enfans, enuers lesquels bien que l'affection ne soit pas si pleine de reuerence, si l'est-elle d'vn semblable, voire plus grand soin. Car Dieu nous ayant mis comme en garde en ce monde, il semble qu'auant que nous en deuions sortir, nous soyons obligez de subroger en nostre place d'autres ministres & seruiteurs de ceste souueraine puissance, pour la seruir en ce commun temple. La naissance des enfans n'est nostre qu'en partie; beaucoup d'autres choses que nous y contribuent. Mais la nourriture & institution en est toute nostre, laquelle nous deuons à Dieu, à qui nous les presentons, au pays pour le seruice duquel ils sont naiz, à nous-mesmes qui deuons attendre de leurs bonnes mœurs le support & consolation de nostre vieillesse. Nous deuons donc soigneusement veiller pour eux, & procurer autant qu'il est possible ce qui est de leur bien. Apres les enfans suiuent les femmes, qui vnies auec nous par la loy, & entrans en societé auec nous sous le cher gage de la posterité qu'elles nous donnent, ont vne grande & legitime part en nos affections. En leur amitié s'adoucit toute la dureté de

nostre

noſtre vie, par leur ſoin nous diminuons le noſtre, & repoſons ſous leur
trauail. Rendons-leur donc vn reſpect qui nourriſſe & entretienne celuy
qu'elles nous portent, & ſongeons à leur bien & à leur repos, comme de
perſonnes qui font part de nous-meſmes : mais ſur tout monſtrons-leur
que nous ne les honorons pas, pour quelque plaiſir que leur ieuneſſe &
beauté nous apporte (de peur que cela ne leur enſle le courage & les rende
trop fieres, & auſſi que ceſte affection fondée ſur vne choſe ſi coulante &
periſſable, ne s'eſteigne incontinent ;) ains pour la fidelité que nous eſperons d'elles, pour leurs ſages & modeſtes mœurs, & pour le ſoin qu'elles
ont de leurs enfans communs. Et afin de leur donner dauantage de courage, monſtrons-leur que nous ne voulons rien auoit à part d'elles, ny biens,
ny penſées, ny affections : car en ceſte communion ſe nourrit la bien-
ueillance & l'amitié, laquelle ſe perd & diſſipe en la diuerſité de deſſeins
& de volontez. Ceſte affection paſſe de noſtre femme à nos parens, auec
leſquels la nature nous a liez, coulant auec le ſang vne ſecrete inclination
& bien-ueillance à l'endroit de ceux qui ſont ſortis de meſme tige : & ſelon
qu'ils nous ſont plus proches, ceſte affection eſt plus viue, & nous oblige à
de plus eſtroits deuoirs & ſeruices. Doncques pour obſeruer en cela, comme en toute autre choſe, l'ordre que la nature nous propoſe, comme le
ſouuerain ornement de tous ſes ouurages, nous diſpenſerons l'affection que
nous deuons à nos parens, ſelon qu'ils nous touchent de plus pres, leur rendrons tout le ſeruice & le ſecours qu'il nous ſera poſſible. Iuſques-là, nature remuë de ſa propre main nos affections : il faut maintenant venir au
mouuement que leur donne la vertu, laquelle nous lie d'amitié auec les perſonnes ſages & vertueuſes. De tous les biens que la ſocieté ciuile nous apporte, il n'y en a point que nous deuions plus eſtimer & cherir que l'amitié
des honneſtes gens : car c'eſt la baze & le piuot de noſtre felicité. C'eſt elle
qui gouuerne toute noſtre vie, qui adoucit tout ce qui y eſt d'amer, qui
aſſaiſonne tout ce qui y eſt de doux. Elle nous donne en la proſperité à qui
bien faire, auec qui nous reſioüir de noſtre heur, en l'affliction qui nous ſe-
coure & nous conſole, en la ieuneſſe qui nous monſtre & enſeigne, en la
vieilleſſe qui nous ayde & ſuruienne, en l'aage d'homme qui nous aſſiſte &
ſeconde. Comme ceſte poſſeſſion eſt precieuſe, nous deuons bien y employer la prudence, afin de l'acquerir telle qu'elle doit eſtre. Premierement
deuons-nous rechercher entre les hommes ceux qui meritent le plus, les
cherir & honorer comme nous eſtans donnez de Dieu, pour entrer auec
nous en ſocieté de belles & loüables actions. Nous nous les deuons concilier par honneſtes occaſions, & quand nous les auons acquis, nous les conſeruer par ſoigneux offices. Car tous les animaux, & principalement les
hommes ſont naiz auec ceſte inclination, d'aimer tout ce qui leur profite.
Toutesfois l'homme vertueux ne meſure pas ceſte vtilité à l'aune des biens
que nous appellons, & des richeſſes, mais à la commodité que luy donnent
ſes amis, de profiter en la vertu : & s'il ſe rencontre que nous ayons quelque maille à partit auec nos amis, touchant les biens, les honneurs, &
choſes ſemblables, nous leur deuons touſiours ceder : car tout cela ne peut
eſtre mieux employé qu'à en acquerir des amis. Vne ſeule raiſon pour tou-

tes nous peut excuser de nous retirer d'auec eux, qui est quand ils abandonnent la raison, & la Philosophie qui nous conjoint ensemble. Encores le deurons-nous faire auec toute modestie, & ne deuenir pas ennemis
pour cela. Descoudre simplement sans rompre, & chercher tous moyens
pour les ramener par raison à leur deuoir, sans blasmer leurs actions, ny
leurs opinions, mais en les combatant & rangeant par le discours, qui sont
les armes sacrées de l'amitié. Mais quand bien nous perdrions toute esperance de pouuoir rien obtenir par là, si ne deurions-nous pas pour cela deuenir leurs ennemis. Car ores que l'homme de bien laisse ses amis quand ils
laissent la vertu, si est-ce qu'en quittant ceste familiarité & priuauté qu'il
auoit auec eux, il retient ceste affection commune qui doit estre entre les
hommes, & laquelle les oblige à se bien-vouloir; imitant la bonté de Dieu,
lequel aime les bons, & ne hait pas pour cela les mauuais. Aussi dit-on en
commun prouerbe, que l'homme de bien n'a point d'ennemis, car il ne
hait personne. Voilà les degrez d'affection qui sont entre l'homme & les
choses qui sont hors de luy. Mais pour ce qu'il se rencontre souuent qu'elles nous tirent à diuerses fins, & par ce moyen nous tiennent suspendus en
anxieté & incertitude, il nous faut establir vne regle, de preferer tousiours les
premieres aux dernieres. Le serment nous doit estre bien cher, mais il nous
vaudroit mieux le violer, que d'offenser Dieu en le tenant. Nos peres nous
sont bien venerables; mais si leur volonté est contraire à la droite raison,
& à ce que Dieu a mis en nous pour nous gouuerner, nous les deuons plustost abandonner que Dieu & la raison. Nos parens nous doiuent estre bien
chers, mais s'ils nous recherchent de chose qui nuise à nos peres, nous ne
leur deuons point accorder. Nos amis peuuent beaucoup sur nous, mais
c'est apres nostre femme & nos enfans. Toutesfois il y a certains offices
particuliers, que nous deuons plustost à ceux qui sont plus esloignez qu'aux
autres, plustost à nos voisins qu'à nos amis, plustost à nos amis qu'à nos parens : mais c'est ordinairement en chose qui n'est pas de grande importance, & où la societé ciuile vsurpe pour la necessité commune des hommes,
quelque chose sur la nature. Comme quand nous disons que nous deuons plustost aider à nostre voisin à faire l'Aoust, que non pas à nostre parent, & autres choses semblables. Ie vous ay iusques icy representé le respect que l'homme doit aux choses qui sont hors de luy; il est temps de le
faire descendre en soy-mesmes, & ramener ses affections à sa propre personne, comme les lignes à leur centre. L'homme sage sans doute rend
beaucoup de respect à soy-mesmes; & encores que personne ne le regarde
que sa propre conscience, il a vn grand soin de ne dire, ny ne faire chose
qui ne soit bien-seante. Car la droite raison qui doit presider à ses actions,
luy est, comme seroit le plus seuere, iuste & austere censeur, que vous luy
sçauriez donner. Il nous faut donc mettre peine tant en public qu'en particulier, de composer nos actions en sorte, que nous n'ayons point d'occasion d'en rougir, & que la nature selon laquelle nous nous deuons gouuerner, n'y soit aucunement violée. La nature nous a donné le corps, comme
instrument necessaire de la vie. Il faut en auoir soin; mais soin comme d'v-
ne chose qui est en la tutelle de l'esprit, à laquelle il doit de la sollicitude, &
                                                                    non

non pas du seruice. Il le doit traiter de façon qu'il s'en monstre seigneur
& non pas tyran, qu'il le nourrisse sans l'engraisser, qu'il monstre qu'il ne
vit pas pour luy, mais qu'il ne peut viure icy bas sans luy. Ce n'est pas peu
d'adresse à vn ouurier, de sçauoir bien preparer ses outils, ny peu d'auantage à celuy qui aime la Philosophie, de se sçauoir bien seruir de son corps,
& le rendre instrument propre à exercer la vertu. Le corps se conserue en
bon estat par deux moyens: par la nourriture moderée, & par l'exercice
bien reglé: la nature des choses inferieures est si coulante, que si l'on ne repare continuellement ce que le temps en consume, elle s'aneantit peu à peu.
Il faut doncques soustenir & secourir le corps par l'vsage des viandes, &
de telle façon que la trop bonne chere ne le rende pesant & mal-habile à la
contemplation, ny le trop mauuais traitement debile & langoureux, que le
luxe ne l'amollisse point, que la negligence ne l'accoustume à l'ordure. L'e-
xercice suit la nourriture, bien qu'ils semblent s'entresuiure, & tourner au
tour l'vn de l'autre: car nous prenons exercice & puis nous mangeons, &
apres le manger nous nous exerçons; l'vn pour nous preparer à mieux vser
de la viande, l'autre pour esueiller la nature, & tenir les parties du corps en
mouuement; nous en deuons vser en sorte que le corps s'en porte mieux,
& l'esprit n'en soit pas pis. Il ne nous faut pas chercher les exercices des lutteurs, ou autres qui sont compassez auec certaines mesures & obseruations,
& qui ne seruent que pour entretenir le corps en bon point, & ce faisant
debilitent l'ame, & luy ostent ses vrais & naturels mouuemens. C'est chose indigne d'vn homme, de prendre tant de soin à chercher des exercices
au corps, veu qu'il en trouue par tout autant qu'il en a besoin pour sa santé. Le corps nourry & exercé de ceste façon, se compose aysément à des
actions seantes & modestes. A quoy nous deuons prendre garde, & mettre peine que nostre visage & nostre allure monstrent par vne douce grauité vne grande tranquillité d'esprit. Il ne nous faut en façon que ce soit vser
de gestes & contenances affectées; ny faire le doucet, ny froncer les sour-
cils, pour contre-faire le Philosophe. Car comme vne douce grauité se
rend venerable, aussi vne fastueuse & contrainte austerité, se rend ridicule & ennuyeuse. Or pour ce que c'est la parole qui anime toutes nos contenances, nous deuons bien aduiser à la regler & moderer; le meilleur precepte que nous luy puissions donner, c'est le silence. Sçauoir se taire, est vn
grand aduantage à bien parler: bien dire & beaucoup, n'est pas le fait d'vn
mesme ouurier. Le silence est le pere du discours, & la fontaine de la raison. Au contraire, le trop parler fait beaucoup de fautes. Ceux qui vi-
sent à quelque chose, ferment vn œil & cleignent l'autre, afin de dresser
& renforcer leur veüe. Cela nous apprend que les sens jettez dehors, en
se respandant s'affoiblissent & diminuent. Ainsi en fait nostre esprit jetté
dehors par la parole, espanché & semé en beaucoup de propos, il perd sa
force & sa vertu: au contraire retenu il se recueille, se renforce, & se remplit de prudence & de sagesse. L'vsage de la parole, quand l'occasion s'en
presentera, doit estre d'aider à la verité, & luy porter le flambeau pour la
faire voir, & au contraire, de descouurir & refuter le mensonge; donner
loüange à ce qui est bon, & blasme à ce qui est mauuais. Il ne la faut pas

accompagner de vehemence ny de contention ; car cela monftre qu'il y a
quelque paffion. Il ne faut pas s'amufer à difcourir de ce qui fe fait à la place, ou aux theatres, & s'entretenir de femblables difcours ; car cela monftre vn grand & inutile loifir. Il n'eft pas bon non plus, de beaucoup conter de vos actions, ou des fortunes que vous auez couruës : car il y a en cela
de la vanité ; les autres ne prennent pas tant de plaifir à les ouyr, que vous
à les conter. De parler de celles d'autruy, c'eft vn pas fort gliffant ; il arriue le plus fouuent ou que l'on les loüe fans raifon, ou que l'on les blafme
fans fçauoir leur intention. Sur tout fe faut-il garder d'vfer de fornettes &
rifées : car cela tient trop du bouffon, & fait perdre l'opinion que l'on pourroit auoir de nous. Auffi que telles plaifanteries font ordinairement meflées de fales propos que nous deuons euiter : la licence des paroles deshon-
neftes tire apres foy de femblables effets. Il faut, s'il eft poffible, que vos
paroles profitent toufiours à ceux qui vous efcoutent, qu'elles foient pleines de bons & fages confeils, qu'elles feruent à ramener à la vertu ceux
qui en font efgarez, & à les deftourner du vice. Il faut euiter en propos
communs les queftions fubtiles & aiguës : elles reffemblent aux efcreuices,
il y a plus à efplucher qu'à manger ; la fin n'en eft que cris & contention :
& aduient ordinairement à ceux qui les aiment le mefme qu'aux mauuais
eftomacs, qui vomiffent ce qu'ils ne peuuent digerer. Comme nous defirons d'eftre ouys quand nous parlons, ainfi deuons-nous donner audience
aux autres ; & les ouïr fans les interrompre. Il y en a qui s'accordent à
tout ce que les autres difent, les autres contredifent à tout ; les vns font fla-
teurs, les autres temeraires : nous deuons confentir à ce que nous voyons
euidemment vray, nier ce qui eft euidemment faux, & en chofes douteufes furfeoir noftre iugement, iufques à ce que nous trouuions quelque raifon qui nous en affeure. Pour ce que les paroles & les contenances fe forment ordinairement par l'accouftumance, & à l'imitation des autres, nous
ne deuons pas nous mefler fouuent auec le vulgaire, ny beaucoup hanter
les theatres & lieux publics, ny les feftins ou banquets. Car l'on tire beaucoup de l'humeur du vulgaire en tous ces endroits-là. Si par honneur
nous nous y deuons trouuer, il nous faut auoir toufiours l'efprit bandé à
ne rien relafcher de noftre refolution, qui eft de fe gouuerner comme ie
vous ay dit : Et pour nous y fortifier, nous reprefenter en toutes chofes l'e-
xemple des fages, & nous imaginer ce qu'vn Socrates ou Zenon euffent
fait, s'ils euffent efté en noftre place : leur vertu nous fuggerera incontinent vn exemple de bien-faire. Le plus profitable enfeignement que vous
puiffe donner la Philofophie pour toutes vos actions, c'eft d'examiner foigneufement quel doit eftre le progrés & la fin de ce que vous entreprenez ;
& mefurer vos forces, & voir comme elles font proportionnées à vos deffeins. Celuy qui fe confeille fagement, arriue au port qu'il s'eft propofé.
Celuy qui vit fans confeil, reffemble à ce qui flotte fur les riuieres ; il ne
va pas, mais il eft porté, & fe laiffant toufiours aller, en fin arriue à la mer,
qui eft à dire, en vne vafte & turbulente incertitude. Doncques en toutes chofes que nous entreprendrons, preuoyons fagement quelle en doit
eftre la fin, puis confiderons les moyens que nous auons d'y paruenir, &

preuenons

preuenons de pensée toutes les mauuaises rencontres que nous y pourrons auoir. Vous voulez-vous presenter aux jeux Olympiques, pensez combien il y faut de peine. Il faut viure de regle, ne manger que de certaines viandes à certaines heures, s'accoustumer au chaud & au froid, s'oindre d'huile, se couurir de poudre, entrer en lice, estre blessé, & peut-estre vaincu & deshonoré. Apres auoir preueu tout cela, considerez de quelle habitude vous estes, ce que vostre corps peut porter, & puis entreprenez-le si vous voulez. Si vous auez enuie de faire profession de la Philosophie, representez-vous incontinent qu'il faut beaucoup endurer, se priuer de beaucoup de plaisirs & commoditez, & auecques vne grande patience, estre mocqué & gaussé de tout le monde. Si vous auez assez de courage pour l'endurer, entreprenez-le: mais quand vous l'aurez vne fois entrepris, perseuerez-y constamment, & suiuez vostre resolution, comme vne loy inuiolable: car outre que le changement de dessein nous rend l'esprit flottant & incertain, il nous fait trouuer ridicules: où au contraire, la constance nous rend à la fin admirables à ceux qui au commencement se mocquoient de nous. Et pour ce ne vous estonnez pas du iugement que les autres feront de vos actions, mettez seulement peine qu'elles soient telles qu'elles doiuent. Ne vous mettez non plus en peine de les tenir cachées à ceux à qui elles ne plaisent pas; si elles ne sont pas bonnes, il ne les faut point faire du tout; si elles sont bonnes, plus elles seront conneuës, plus seront-elles asseurées. Non que ie vueille que vous affectiez d'estre veus en bien-faisant, & fassiez du bruit autour de la vertu, comme font ceux qui embrassent les statuës, pour se mettre en asyle. Comme la couleur reluit bien au iour, mais elle ne va pas pour cela rechercher le Soleil, ains seulement se tient preste pour receuoir sa lumiere quand il esclaire: aussi la vertu ne doit-elle pas chercher la gloire, mais seulement estre disposée à la receuoir, par le resmoignage de ceux qui iugent sincerement de son merite. Celuy qui ayme la loüange & l'ostentation, quitte l'obeïssance de la raison, pour suiure celle de l'opinion: car il se propose de plustost plaire à autruy qu'à soy-mesme. Rien ne peut tant à faire bien reüssir ce que nous entreprenons, que de se bien seruir de l'occasion. Le temps porte auec soy de certains moments, qui sont les saisons des affaires; si vous les perdez, vostre peine demeure sans fruict. Si à l'occasion bien prise vous adjoustez encores la diligence, rarement manquerez-vous d'vn bon succés. Et pour ce faut-il que ce qui a esté meurement deliberé, soit diligemment executé, sans s'accoustumer à remettre au lendemain, ce que l'on peut faire le mesme iour. Mais quelque chose que nous fassions, auec quelque sagesse que nous l'entreprenions, quelque bonne occasion que nous choisissions, quelque diligence que nous y apportions, si deuons-nous tousiours sçauoir que la fortune a la plus grand part à l'euenement. Nous ne sommes maistres que de nos conseils & de nos mouuemens, tout le reste depend d'ailleurs. C'est pourquoy tout ce que nous pouuons faire, est d'entreprendre auec prudence, poursuiure auec esperance, & supporter ce qui en arriue auec patience. Si les bonnes entreprises ont de mauuais succés, la response de ce Satrape de Perse seruira d'excuse à tous les sages mal-heureux. On luy demandoit pourquoy, veu qu'il estoit si prudent & si vaillant, ses affaires ne reüssissoient mieux : Pour ce, dit-il, que de mes affaires, il n'y a que les conseils qui dependent de moy ; les succés dependent du Roy & de la fortune. Il suffit que nous garentissions ce qui est de nostre fait, que nous n'entreprenions rien qu'à bonne fin, & ne le poursuiuions que par honnestes moyens. Voila les principales loix par lesquelles le Stoïque estime qu'il faut policer nostre vie ; mais pour ce que les loix sans iugemens sont inutiles, & comme paroles mortes, il faut pour en tirer profit, clore toutes nos iournées par vne censure & examen de nos actions, les espluchant tous les soirs, pour voir ce qui en est conforme aux regles que ie vous ay proposées, passant l'ongle dessus, voir ce qui est raboteux, ce qui entrebaaille, ce qui est cambré, & le rajuster à la droite raison. Si nous trouuons que tout aille comme il doit, & que tout y soit conforme à ces sainctes loix-là, nous receurons vne secrette resiouïssance en nostre ame, que nous cueillerons comme le doux fruict de nostre innocence. Ce sera-là, à mon aduis, vn cantique nocturne le plus melodieux, & le plus agreable que nous puissions chanter à Dieu : car ie croy qu'il ne reçoit point de plaisir plus grand de ce bas monde, que quand il voit l'homme qui est son plus cher & precieux ouurage, conseruer la beauté & perfection en laquelle il l'a creé. Mais pour ce que la nature des choses creées, porte par son infirmité, que le bien dont Dieu les doüe à leur naissance se desface & consume de soy-mesmes iournellement, sinon qu'il soit continuellement reparé & soustenu par le flux ordinaire de sa bonté qui se respand sur nous, & que partant nos forces ne seroient pas suffisantes d'elles-mesmes à nous conseruer en ceste perfection ; adjoustons à ce premier cantique vn Epode & sacré chant, pour inuoquer sa diuine faueur, & finissons par là tous les iours de nostre vie, & à ceste heure la presente instruction, luy disant : O Dieu tout bon, tout sage & tout-puissant, qui nous auez donné vn entendement pour gouuerner le cours de nostre vie, faites-luy connoistre & aymer l'excellence dont vous l'auez orné ; & l'aydez tellement que quand il viendra donner mouuement aux puissances de nostre ame, il trouue nos membres & nos sens purgez de toutes passions, & prompts à obeïr. Ostez des yeux de nostre esprit les troubles & nuages que l'ignorance & la cupidité y esleuent, afin que nostre raison esclairée par la lumiere de vostre diuine verité, nous dresse tousiours vers ce qui est vrayement & sera eternellement bien.

FIN DE LA PHILOSOPHIE MORALE.

LE MANVEL
D'EPICTETE.

L y a des choses qui font en noftre puiffance, les autres n'y font pas. Approuuer, entreprendre, defirer & fuir, & pour dire en vn mot, ce qui ne depend que de nous feuls, eft en noftre puiffance. Le corps, les biens, la reputation, l'authorité, & pour abreger, ce qui ne depend point de noftre fait, n'eft point en noftre puiffance. Ce qui y eft, eft naturellement libre, & ne fe peut defendre ny empefcher.

Ce qui n'y eft pas eft infirme, ferf, aifé à empefcher, & depend d'autruy. Souuenez-vous donc que fi vous eftimez libre, ce qui eft naturellement ferf, & voftre ce qui depend d'autruy, vous aurez des empefchemens & des fafcheries, vous ferez troublé, vous accuferez les hommes & les Dieux. Que fi vous n'eftimez voftre que ce qui l'eft, & d'autruy ce qui en depend, perfonne ne vous pourra forcer, perfonne ne vous pourra empefcher; vous ne blafmerez ny accuferez perfonne, vous ne ferez rien mal-gré vous, perfonne ne vous nuira. Vous n'aurez point d'ennemy: car vous vous perfuaderez que rien ne vous fçauroit endommager. Or de tant que vous defirez cela, deuez-vous prendre garde de ne vous paffionner pour fi peu que ce foit des chofes qui fe prefentent, laiffant les vnes du tout, furfeant les autres pour le prefent, & ayant principalement foin de vous mefmes. Que fi outre cela, vous vous deliberez d'auoir des dignitez & des richeffes, peut-eftre ne les pourrez-vous pas obtenir; & ainfi pour vouloir cecy, vous perdrez cela où confiftoit voftre bon-heur & voftre liberté. Incontinent donc qu'il vous viendra quelque chofe de fafcheux en fantafie, ayez foin de difcourir en vous mefmes, que ce n'eft qu'vne imagination, & que ce n'eft pas ce qu'il femble: & puis l'examinez par les regles que vous auez, & principalement par cefte-là; Si c'eft des chofes qui font en noftre puiffance ou non. Si elle n'y eft point, ayez incontinent ce mot à la bouche: Cela ne me touche point.

2. Le defir fe promet d'acquerir ce qu'il recherche, la fuite fe promet d'éuiter ce qu'elle fuit. Celuy qui n'obtient pas ce qu'il defire eft infortuné;

& celuy auſſi qui tombe en ce qu'il fuit, mal-heureux. Doncques ſi vous ne fuyez que ce qui eſt naturellement contraire à ce qui eſt en noſtre puiſſance, vous ne tomberez iamais en ce que vous fuyez. Que ſi vous fuyez la maladie, la mort, la pauureté, vous ſerez mal-heureux. Ne fuyez donc point les choſes qui ne ſont point en noſtre puiſſance, mais ſeulement ce qui eſt naturellement contraire à ce qui eſt en nous. Et quant au deſir, oſtez-le du tout pour le preſent : car de deſirer les choſes qui ne ſont point en noſtre puiſſance, il ſeroit force que vous en fuſſiez fruſtré : de deſirer ce qui eſt en noſtre puiſſance, bien qu'il ſoit honneſte, toutesfois pour le commencement vous ne le ſçauriez pas bien faire, ne ſçachant pas encore bien borner voſtre deſir. Mais recherchez & rejettez les choſes doucement & paiſiblement, & auec diſcretion.

3. En chaſque choſe qui vous plaiſt, qui profite, ou que vous aymez, conſiderez quelle elle eſt, commençant des plus petites iuſques aux plus grandes. Si vous aymez vn pot de terre, faites eſtat que c'eſt vn pot de terre; car quand il ſera caſſé, vous ne vous en paſſionnerez point. Si vous aymez voſtre enfant ou voſtre femme, penſez que vous aymez vn homme; & s'ils viennent à mourir, vous n'en ſerez point troublé.

4. Quand vous voudrez vous mettre à quelque beſongne, ramenteuez-vous quelle elle eſt. Si vous allez au bain, repreſentez-vous ce qui s'y fait : les vns qui ſe jettent de l'eau, les autres qui s'entrepouſſent, les autres qui frappent, les autres qui deſrobent; & ainſi vous trouuerez-vous bien plus aſſeuré, quand vous viendrez à faire ce que vous auez entrepris : Comme ſi vous diſiez; Ie m'en vais aux eſtuues, mais ie ſuis reſolu de ne faire que ce que la nature de la choſe deſire. Et ainſi en toutes autres. Car de ceſte façon s'il vous ſuruient quelque empeſchement en vous baignant, vous direz auſſi-toſt; Ie n'entendois pas ſeulement faire cela, mais garder ma reſolution, qui eſt de me comporter ſelon la nature de la choſe : or ne m'y comporterois-je pas ainſi, ſi ie me faſchois de ce qui s'y fait.

5. Ce ne ſont pas les choſes qui troublent les hommes, mais l'opinion qu'ils en prennent. Par exemple, la mort n'a rien de faſcheux, autrement Socrates l'euſt trouuée telle; mais c'eſt l'opinion que l'on en a qui en eſt faſcheuſe. Doncques quand nous ſerons empeſchez & troublez, n'accuſons perſonne que nous-meſmes, c'eſt à dire noſtre opinion.

6. C'eſt le fait d'vn ignorant d'accuſer vn autre de ſa faute : c'eſt le fait d'vn qui commence à apprendre de s'accuſer de ſoy-meſme; c'eſt le fait de celuy qui eſt deſia bien inſtruit de n'accuſer ny ſoy ny autruy.

7. Ne vous glorifiez point pour ce qui eſt d'excellent en autre choſe qu'en vous-meſmes. Si vn cheual ſe brauoit, diſant, Ie ſuis beau, il ſeroit ſupportable; mais quand vous vous glorifiez, diſant, I'ay vn beau cheual, vous deuez ſçauoir que c'eſt à cauſe de la bonté de voſtre cheual que vous eſtes ainſi glorieux. Qu'y a-il donc que vous puiſſiez dire voſtre? l'vſage des imaginations, c'eſt à dire, iuger ſainement de ce qui ſe preſente. Donc quand vous ſçaurez iuger des choſes ſelon leur nature, alors glorifiez-vous-en; car vous vous vanterez lors d'vn bien qui eſt vrayement voſtre.

8. Comme ſi vous eſtiez dans vn nauire qui euſt pris terre, & que vous
fuſſiez

fussiez descendu pour prendre de l'eau, vous pourriez en y allant ramasser des coquilles, & des squilles sur la greue : mais si faudroit-il auoir tousiours l'œil au nauire, & se tourner de moment en moment vers le patron, pour voir s'il ne vous rappelle point, & aussi-tost quitter tout cela, de peur qu'il ne vous sist trainer comme vne beste, pieds & poings liez dans le nauire. Ainsi en ceste vie, si au lieu de coquilles & de squilles, vous venez à auoir vne femme & des enfans, rien n'empesche que vous n'en ioüissiez : mais si le Gouuerneur vous rappelle, il faut courir au vaisseau, & abandonner tout cela, sans regarder derriere vous. Que si vous estes desia vieil, il ne vous faut pas esloigner du vaisseau, de peur qu'apres vous auoir appellé, on ne vous laisse sur la greue.

9. Ne desirez pas que les choses vous arriuent selon que vous voudriez bien, mais trouuez-les bonnes ainsi qu'elles aduiennent, & vous serez heureux. La maladie est vn empeschement à vostre corps, mais non pas à vostre resolution, sinon que vous le permettiez. Si vous estes boiteux, vostre jambe en est incommodée, mais non pas la resolution de vostre esprit. Dites-en autant de tout ce qui vous arriue, & vous trouuerez que ce n'est point vous qui en estes incommodé, mais quelque autre chose que vous.

10. En tout ce qui vous suruient, retournez-vous vers vous-mesmes, pour chercher quel moyen vous auez de vous en seruir. Si vous voyez vne belle personne, ayez recours à la continence; s'il s'offre du trauail & de la peine, vous trouuerez à vostre aide la patience; si l'on vous fait vne iniure, vous vous seruirez de la clemence : vous estant accoustumé à cela, vous n'aurez point l'esprit deschiré de fascheuses imaginations.

11. Ne dites iamais de quelque chose que ce soit, I'ay perdu cela, mais bien, Ie l'ay rendu : mon enfant est mort, ie l'ay rendu : on m'a osté ma terre, est-ce pas que ie l'aye renduë? Oüy, mais c'est vn meschant homme qui me l'a rauie : dequoy vous souciez-vous, par qui celuy qui vous l'auoit prestée vous la redemande? Toutesfois iusques à ce que l'on vous la redemande, ayez-en soing comme de la chose d'autruy, & comme les passans ont de leur hostellerie.

12. Si vous voulez profiter en la Philosophie, laissez-moy tous ces discours-là : Si ie n'ay soin de mes affaires, ie n'auray pas dequoy me nourrir : Si ie ne chastie cet enfant-là, il deuiendra vicieux : car il vaut mieux mourir de faim sans crainte & sans fascherie, que de viure auec abondance de biens, en tourmens d'esprit : & vaut mieux que cet enfant soit vicieux, que vous miserable.

13. Commencez doncques par les plus petites choses. Voila vn peu d'huile respandu, vn peu de vin desrobé; pensez que ceste perte-là est le prix de la tranquillité de vostre esprit. On n'a rien pour rien. Si vous appelez vostre garçon en colere, pensez que peut-estre il ne vous a pas ouy, ou que vous ayant ouy il n'a pas peu faire ce que vous luy commandiez. Mais pour cela faut-il qu'il soit en sa puissance de vous troubler l'esprit?

14. Si vous voulez bien profiter, ne vous faschez point que l'on vous estime niais & mal-entendu és choses qui ne sont point en vous. Ne desirez point de sembler sçauant en quelque chose que ce soit : que si quelqu'vn

fait cas de vous, deffiez-vous de vous-mesmes. Car il vous faut sçauoir, qu'il n'est pas aisé de pouuoir garder la resolution que vous auez prise de vous gouuerner selon la nature des choses, en vous amusant à ce qui est hors de vous ; il est de necessité que celuy qui veut auoir soin de l'vn, mesprise l'autre.

15. Si vous desirez que vos enfans & vostre femme viuent tousiours, vous estes bien simple : car vous voulez que ce qui n'est point en vostre puissance y soit, & que ce qui est à autruy deuienne vostre : de mesme si vous voulez que vostre garçon ne fasse point de fautes, vous n'estes pas sage ; car vous voulez que le vice ne soit pas vice, ains quelque autre chose. Mais si vous voulez n'estre point frustré de vos desirs, cela pouuez-vous bien. Exercez-vous donc en ce que vous pouuez faire.

16. Celuy-là est maistre d'autruy qui luy peut donner ou oster ce qu'il desire, & ce qu'il ne desire pas. Il faut donc que celuy qui veut estre libre, ne recherche ny ne fuye rien de ce qui depend d'autruy, sinon il faut qu'il fasse estat d'estre serf.

17. Souuenez-vous qu'il faut conuerser au monde comme à vn festin. Si l'on sert quelque chose deuant vous, vous y pouuez mettre la main, & en prendre honnestement : il passe outre, ne l'arrestez point ; il n'est pas encore venu iusques à vous, n'allez point au deuant, mais ayez patience qu'on vous le presente. Faites-en autant de vos enfans, de vostre femme & de vos dignitez, & vous vous rendrez digne de la table des Dieux. Que si vous vous abstenez mesme de ce qui vous est seruy, vous ne mangerez pas seulement auec les Dieux, mais vous commanderez auec eux. Car par ce moyen Diogenes & Heraclite ont esté à bon droit tenus & reputez personnes diuines.

18. Si vous voyez quelqu'vn en dueil, qui pleure, ou pour ce que son fils s'en est allé voyager, ou bien est mort, ou peut-estre a dissipé tout son bien, gardez-vous qu'il ne vous prenne quelque apprehension que celuy-là a du mal, à cause de ce qui luy est ainsi arriué de dehors ; mais discourez incontinent en vostre esprit, & ayez ce mot en main : Ce n'est pas cet accident-là qui l'afflige, mais l'opinion qu'il en a ; car en voila vn autre à qui le mesme est aduenu, qui ne s'en afflige pas. Ne differez point d'en conferer auec luy, ny mesme de vous en condouloir s'il vient à propos : toutesfois prenez garde que ceste doleance ne penetre pas iusques au dedans de vous.

19. Pensez que vous iouiez icy vne comedie, où il vous faut faire le personnage qu'il plaist au maistre : si court, court ; si long, long. S'il veut que vous contre-faisiez le gueux, il le faut faire le plus naïfuement que vous pourrez ; le boiteux, le Prince, le particulier, en fin ce qu'il voudra : car vostre fait c'est de bien iouer le personnage qui vous est donné ; de le choisir c'est le fait d'vn autre.

20. Si quelque corbeau croaille quelque mauuais augure, n'en prenez point d'apprehension, mais songez incontinent à par-vous, & dites, Cela ne signifie rien qui me touche : s'il signifie quelque mal, c'est à mon corps, c'est à quelque metairie, c'est à vn peu de gloire, c'est à ma femme, c'est à mes enfans : mais pour moy, tout ce qu'il m'annonce ne me peut estre

qu'heureux,

qu'heureux, si ie le veux : car il est en ma puissance de tirer profit de tout ce qui me peut arriuer.

21. Vous vous pouuez rendre inuincible en ne combatant iamais, que contre ce que vous pouuez vaincre.

22. Prenez garde de ne vous laisser pas tellement emporter par l'apparence, que vous iugiez heureux celuy qui est esleué en dignité, ou autrement bien-fortuné. Car si le vray bien ne consiste qu'és choses qui sont en nostre puissance, il n'y a rien en cela dont nous deuions estre ialoux ou enuieux. Vous ne deuez desirer ny d'estre General d'armée, ny d'estre Senateur, ny Consul, mais seulement d'estre libre : or le seul moyen d'y paruenir, c'est de mespriser tout ce qui est hors de nostre puissance.

23. Retenez bien que ce n'est pas celuy lequel vous dit iniure ou vous frappe, qui vous offense, mais l'opinion que vous en auez. Si donc quelqu'vn vous irrite, sçachez que cela vient de vostre opinion. Essayez donc principalement de n'estre point surpris par l'imagination : car pourueu que vous ayez vne fois le loisir de penser à vous, vous serez aisément maistre de vous.

24. Ayez tousiours deuant les yeux la mort, le bannissement, & tout ce qui semble de plus fascheux, mais principalement la mort ; & vous n'entreprendrez iamais rien bassement, ny ne desirerez iamais rien trop ardemment.

25. Desirez-vous d'estre Philosophe ? preparez-vous dés l'heure mesme à estre gaussé & mocqué par beaucoup de gens, qui diront, D'où nous est venu si soudainement ce Philosophe ? où a-il ainsi appris à se renfrongner ? Non pas que ie vous conseille pourtant de faire de ces mines-là : bien faut-il que vous gardiez soigneusement ce qui vous semblera estre de mieux, & que vous teniez le rang où vous estes, comme Dieu vous y ayant placé. Et vous souuenez que si vous tenez ferme à cela, ceux qui se gaussoient auparauant de vous, vous admireront puis apres : que si vous quittez la partie, la risée en redoublera.

26. S'il vous aduient de vous addonner à ce qui est hors de vostre puissance, afin de complaire à autruy ; sçachez que vous auez perdu vostre rang. C'est donc assez d'estre Philosophe en effet. Si vous voulez sembler tel, c'est assez qu'il vous semble que vous le soyez.

27. Ne vous affligez point de telles pensées, ie viuray sans honneur, ie seray vn homme de neant. Car si c'estoit mal que de n'auoir point d'honneurs, il faudroit que cela ne dependist point d'autruy, non plus que ce qui est deshonneste. Ie vous prie dites-moy, est-ce chose qui depend de vous, d'auoir des honneurs, ou d'estre inuité aux festins ? Non de verité. Qui vous fait donc dire que c'est estre sans honneur ? à cause dequoy dites-vous que vous serez vn homme de neant ? Veu que vous ne deuez desirer d'estre estimé sinon és choses qui dependent de vous, esquelles vous pouuez vous rendre excellent. Mais mes amis ne tireront aucun secours de moy. Qu'entendez-vous par là ? vous ne les ayderez point d'argent, vous ne leur donnerez point le droit de bourgeoisie Romaine. Et qui est-ce qui vous a dit que cela dependoit de vostre fait & non pas de celuy d'autruy ? Qui est-

ce qui peut bailler à vn autre ce qu'il n'a pas luy-mefme ? Acquerez des moyens, difent-ils, afin que nous y participions. S'il y a moyen d'en acquerir en me conferuant modefte, fidele & courageux, monftrez-moy comme il faut faire, & i'en acquerray : que fi vous eftimez que ie doiue perdre le bien qui m'eft propre, afin que vous obteniez ce qui n'eft point vrayement bien, confiderez combien vous eftes defraifonnables & ingrats. Aymez-vous mieux de l'argent, qu'vn bon & fidele amy ? Aydez-moy donc à me conferuer, & ne m'excitez point de faire chofe par laquelle ie ne fois plus tel. Ouy, mais ie n'aideray pas à mon pays comme ie pourrois bien. Ie vous demande encore vn coup, quel ayde entendez-vous ? C'eft qu'il ne fera pas embelly de portiques, ny accommodé de bains. Et bien qu'eft-ce que cela ? ce ne font pas les charpentiers qui fourniffent de fouliers à la ville, ny les tailleurs d'habits qui fourniffent d'armes; il fuffit que chacun ferue de fon meftier. Que fi vous acquerez vn bon & fidele citoyen à voftre ville, ne luy faites-vous point de profit ? Ouy vrayement. Vous ne luy ferez donc pas inutile. Mais quel rang, dites-vous, tiendray-je en ma ville ? tel que vous pourrez, vous conferuant toufiours fidele & modefte. Que fi vous perdez ces deux vertus-là, en penfant profiter dauantage au public, à quoy luy pourrez-vous plus eftre propre, quand vous ferez deuenu impudent & infidele ?

28. Quelqu'vn a-il efté mis au deffus de vous à table ? a-on pris pluftoft confeil d'vn autre que de vous ? Si vous penfez que ce foit fon bien, vous vous deuez refioüir de ce qu'il luy eft arriué. Si vous penfez que ce foit fon mal, vous ne deuez pas vous plaindre, qu'il ne vous foit pas aduenu. Au refte fouuenez-vous que ne faifant pas ce que font les autres, pour obtenir les chofes qui ne dependent point de nous, vous ne pouuez pas eftre égal à eux. Pourquoy aura autant celuy qui ne veut point attendre à la porte d'vn Grand, que celuy qui n'en bouge ? celuy qui ne l'accompagne point, que celuy qui le fuit par tout ? celuy qui ne le loüe point, que celuy qui le flatte ? Vous feriez iniufte & infatiable, fi fans debourfer le prix pour lequel les chofes fe vendent, le vouliez auoir pour rien. Combien fe vendent les laictuës ? vn obole peut-eftre. Celuy qui tire vn obole de fa bourfe prend vne laictuë ; vous qui ne baillez pas voftre obole n'en aurez point : mais pour cela vous ne profitez pas moins que luy : comme il a emporté fa laictuë, ainfi auez-vous voftre obole. De mefme en eft-il en ce faict. Vous n'auez pas efté appellé au feftin, mais auffi vous n'auez pas payé voftre efcot. Or l'efcot c'eft qu'il faut loüer le maiftre de la maifon, il le faut reuerer. Doncques fi vous penfez y auoir de l'acqueft, venez & payez ce qu'il appartient pour voftre efcot. Que fi vous ne voulez rien payer, & neantmoins auoir la chofe, vous eftes iniufte, vous eftes infatiable, & indifcret. Quoy doncques, n'auez vous rien au lieu du fouper que vous euffiez eu ? fi auez : vous auez que vous n'eftes point tenu de loüer cet homme-là contre voftre gré, que vous n'eftes pas fujet de l'attendre à fa porte.

29. Nous apprenons ce que la nature defire, par les chofes dont nous ne fommes point en different entre-nous : comme fi le garçon de noftre voifin caffe vn verre, nous auons incontinent ce mot en la bouche, Voila

comme

comme il en aduient. Sçachez donc quand le voſtre ſera caſſé, il vous faut eſtre tel, que quand celuy d'vn autre l'a eſté. Accommodez cela à plus grandes choſes: L'enfant d'vn autre ou ſa femme ſont morts, il n'y a per-ſonne qui ne die, que c'eſt vn accident humain. Que ſi quelqu'vn de nous perd le ſien, incontinent c'eſt à crier: Helas! miſerable que ie ſuis. Il nous faudroit lors ſouuenir, comme nous ſommes touchez de cet accident-là, quand il arriue à vn autre.

30.   Comme on ne plante pas vn but pour en eſloigner ſon coup: ainſi la nature n'a-elle pas ordonné le mal, duquel en toutes choſes elle s'eſloigne.

31.   Si quelqu'vn vous liuroit au premier venu, vous vous faſcheriez con-tre luy. N'auez-vous point de honte d'abandonner voſtre ame à l'auen-ture, pour eſtre troublée & renduë confuſe à la premiere iniure qu'on vous dira? Doncques de tout ce que vous entreprenez, conſiderez quel en doit eſtre le commencement & la fin, & puis employez-vous-y: que ſi indiſ-crettement vous vous y mettez, ſans auoir bien penſé ce qui peut arriuer, quand il s'y trouuera quelque choſe de deshonneſte, vous en receurez de la honte.

32.   Voulez-vous emporter le prix és jeux Olympiques? auſſi voudrois-je bien moy vrayement, car cela eſt magnifique. Mais regardez par où il faut commencer, & comment il faut pourſuiure, & puis vous mettez à la beſongne. Il ſe faut regler, ne manger que de certaines viandes, s'abſtenir de paſtiſſerie, s'exercer autant qu'il eſt beſoin, & aux heures ordonnées, tantoſt au chaud, tantoſt au froid, ne boire point d'eau froide, ne boire pas du vin à tout propos. Bref il vous faut commettre à celuy qui a la char-ge de vous dreſſer, comme vous feriez à voſtre Medecin: apres cela vous pourrez vous preſenter en lice, où il pourra arriuer que vous ſerez bleſſé à la main, que vous aurez vn pied deſmis, que vous boirez force poudre, que vous aurez de bonnes attaintes; & apres tout cela, peut-eſtre demeu-rerez-vous vaincu. Si lors que vous aurez conſideré tout cela, vous eſtes reſolu d'aller à ce combat, allez-y. Si vous y allez autrement, vous en re-uiendrez ſemblable aux enfans, qui tantoſt s'exercent à la lutte, tantoſt jouënt des cornets à bouquin, tantoſt combattent en duel, tantoſt ſon-nent la trompette, tantoſt jouënt vne tragedie. Car à ceſte heure vous voudrez faire le champion de lutte, le tenant de duel, puis apres le Rheto-ricien, & en fin le Philoſophe: d'employer voſtre eſprit du tout à quelque choſe, point de nouuelles; mais comme les Singes vous voudrez imiter tout ce que vous verrez, & vous plairez tantoſt à l'vn, tantoſt à l'autre. Vous n'entreprendrez ny n'acheminerez rien auec reſolution, ains laſche-ment & froidement. Il y a de ces gens-là qui voyans vn Philoſophe ou oyans vn autre qui dit, Que Socrates parle bien, qui eſt-ce qui pourroit ſi bien dire que cela? veulent deuenir Philoſophes comme les autres. O homme, conſiderez vn peu deuant, quelle beſongne c'eſt-là, & puis ſça-chez vn peu de voſtre naturel, s'il en pourra porter le trauail! Vous voulez eſtre athlete ou lutteur; regardez vn peu vos bras & vos cuiſſes, ſondez vos reins. L'vn eſt nay pour vne choſe, l'autre pour vne autre. Auez-vous opinion, que vous addonnant à telles choſes, vous puiſſiez vſer de meſmes

viandes, de mesmes breuuages ; & supporter les mesmes disgraces que celuy-là ? Il faut veiller pour en venir à bout, trauailler, abandonner ce qui
vous est plus familier, estre mocqué par les valets, & mesprisé de tout le
monde. Soit donc qu'il soit question d'honneur, de Magistrat, de iugement, bref en toutes choses, regardez si vous voulez vous assujettir à tout
cela, pour acquerir en contr'eschange vne constance, liberté, & tranquillité d'esprit. Si vous ne le voulez faire, ne vous meslez plus de la Philosophie, de peur que comme vn enfant, vous ne soyez tantost Philosophe,
tantost Maltostier, puis Rhetoricien, & en fin Receueur de Cesar : ce sont
choses qui ne s'accordent pas. Il vous faut resoudre, si vous voulez estre
homme de bien ou non, vous appliquer à ce qui est de principal en vous,
ou à ce qui est de l'exterieur, & à estre du tout Philosophe, ou du tout
plebée.

33. Le deuoir se mesure pour la plus part, par la qualité des personnes. Est-
ce vostre pere ? il vous est enjoint d'en auoir soin, luy aider en tout, en endurer, soit qu'il vous iniurie, soit qu'il vous frappe. Oúy : mais c'est vn
mauuais pere. La nature ne vous a pas voulu conjoindre auec vn bon pere, mais seulement auecques vn pere. Vostre frere vous offense ; ne regardez pas à ce qu'il fait, mais considerez quelles doiuent estre vos actions en
son endroit, pour faire que vous ne vous departiez point de la resolution
que vous auez prise de suiure la nature. Personne ne vous peut offenser si
vous ne voulez. Vous serez offensé quand vous le penserez estre. Ainsi
doncques trouuerez-vous le deuoir du bourgeois à l'endroit du bourgeois,
du voisin à l'endroit du voisin, & du chef d'armée à l'endroit de celuy qui
est sous luy, si vous vous accoustumez à considerer leur qualité.

34. Quant à la pieté qui est deuë à Dieu, sçachez que le principal est d'en
auoir bonne opinion, comme de celuy qui gouuerne toutes choses, le
mieux & le plus iustement qu'il est possible, se disposer à luy obeïr & ceder
à tout ce qu'il a fait, & suiure volontairement tout ce qu'il ordonne, comme procedant d'vn tres-sage conseil. Car faisant ainsi vous ne le blasmerez iamais, iamais vous ne l'accuserez de n'auoir pas soin de vous. Ce que
vous ne sçauriez faire sinon en vous destournant des choses qui ne sont
point en nostre puissance, & constituant le bien & le mal en celles qui dependent de nous. Car il est de necessité, qu'estant frustré de ce que vous
desirez en tombant en ce que vous ne voulez pas, vous vous despitiez, &
haïssiez ce qui en est cause. D'autant que tous les animaux sont naiz auec
cet instinct naturel, de fuir tout ce qui semble leur nuire, ou estre cause
de leur mal, & admirer & reuerer au contraire, ce qui leur est profitable,
ou qui est la cause de leur bien. Il ne se peut donc faire, que celuy qui pense auoir receu dommage, ait agreable ce qu'il estime en estre cause. Car
il ne se peut faire que le dommage nous plaise. De là vient que l'enfant
mesme dit iniures à son pere, quand il ne luy fait point part de ce que l'on
estime biens. C'est ce qui rendit ennemis, Polynice & Eteocles ils auoient
opinion que la tyrannie estoit vn grand bien. C'est ce qui fait que le laboureur, le marinier, le marchand, celuy qui perd ses enfans ou sa femme, blas-
phemement contre Dieu. Car où est le profit, là est la reuerence. De sorte
qu'on

qu'on peut dire, que celuy qui met peine à ne defirer que ce qu'il doit, eftudie vrayement à la pieté. Quant aux facrifices & offrandes, il faut que chacun les faffe felon la couftume de fon pays, le plus purement qu'il eft poffible, fans negligence, ny trop chichement, ny plus fomptueufement que nos moyens ne peuuent porter.

35. Quand vous irez à l'Oracle, fouuenez-vous que vous ne fçauez pas ce qui doit arriuer, mais que vous y allez pour le luy demander. Que fi vous eftiez Philofophe, vous le fçauriez deuant que d'y aller. Car fi c'eft chofe qui foit hors de voftre puiffance, elle ne peut nullement eftre ny bonne ny mauuaife. Partant ne portez point vos defirs ny vos craintes à l'Oracle, finon vous y entrerez tout en tranfe. Mais confiderez que tout ce qui vous peut arriuer eft indifferent, & ne vous touche point. Car de quelque façon qu'il arriue, vous en pouuez bien vfer, & rien ne vous en fçauroit empefcher. Allez donc auec affeurance au confeil à Dieu; & quand il vous aura confeillé quelque chofe, regardez de qui vous auez pris confeil, & qui vous negligez en ne fuiuant pas fon aduis. Allez à l'Oracle, fuiuant ce que difoit Socrates, touchant les chofes qui dependent entierement de l'euenement, & dont on ne peut auoir connoiffance, ny par difcours, ny par fcience. Partant s'il eft queftion de courir fortune pour voftre païs, ou pour voftre amy, n'allez point à l'Oracle pour cela. Car bien que le deuin vous rapporte qu'il trouue faute aux entrailles, & que c'eft vn figne qui fignifie que vous deuez mourir, eftre eftropié ou banny; la raifon neantmoins vous perfuadera, que quand tout cela deuroit eftre, vous ne deuez point abandonner voftre païs, ny voftre amy. Et pour cet effet, ayez deuant les yeux ce grand Oracle Pythien, qui chaffa du Temple celuy qui n'auoit pas fecouru fon amy que l'on affaffinoit.

36. Propofez-vous certaine façon que vous gardiez toufiours, foit que vous foyez feul, ou en compagnie. Parlez peu, & quand il en fera befoin, & de peu de chofes : car rarement fe prefente-il occafion que nous deuions parler : & ne vous amufez point à conter des chofes vulgaires, comme des combats, des courfes de cheuaux, des luteurs, des viandes, du vin, qui font chofes dont tout le monde s'entretient; mais principalement ne deuonsnous parler des hommes, les loüer, les blafmer, ou en faire comparaifon. Et pour ce redreffez par vos propos, autant qu'il vous fera poffible, ceux auec lefquels vous viuez, à ce qui eft le plus feant. Que fi vous vous trouuez parmy des Eftrangers, taifez-vous.

37. Ne riez pas beaucoup, ny de beaucoup de chofes, ny diffolument.

38. Ne iurez point du tout, s'il eft poffible, finon iurez verité.

39. N'allez point manger auec perfonnes eftranges, mefmes plebées : Que fi l'occafion vous y conduit tenez voftre efprit ferme, de peur de gliffer és façons du vulgaire. Car vous deuez fçauoir que fi voftre compagnon eft foüillé, il ne fe peut faire qu'approchant de luy vous ne vous gaftiez, bien que vous fuffiez net auparauant.

40. Pour ce qui concerne le corps, comme viandes, breuuages, habits, maifons, feruiteurs, il en faut vfer autant que l'ame en a de befoin, & retrancher tout ce qui n'eft que pour la pompe & les delices.

41. Quant au plaisir des femmes, il faut autant qu'on peut s'en tenir pur, auant que d'estre marié : en tout cas en faut-il vser selon les loix. Mais pour cela il ne faut pas se rendre censeur de ceux qui y sont sujets, ny leur reprocher que vous ne vous en seruez point.

42. Si quelqu'vn vous rapporte que l'on mesdit de vous, ne vous amusez pas à refuter ce dont il vous blasme : mais dites, A ce que ie voy, il ne sçait pas encore tout le mal qui est en moy, puis qu'il n'en dit que cela.

43. Il ne faut pas souuent aller au theatre ; que si quelquesfois l'occasion s'en presente, ne faites point paroistre d'auoir plus de soin d'aucun autre, que de vous-mesmes. C'est à dire, ne desirez point qu'il s'y fasse autre chose que ce qui s'y fait, ny qu'vn autre ait le prix, que celuy qui l'a gagné. Car par ce moyen vous ne serez point troublé. Sur tout abstenez-vous de crier, de rire, & de vous beaucoup remuer. Et quand vous serez de retour, ne vous amusez point à discourir de ce qui s'y est fait : Car cela ne sert de rien à amender vostre vie, au contraire cela monstre que vous vous estes laissé transporter à la veuë de tout cela.

44. Ne vous ingerez point d'aller ouyr ceux qui recitent, ne vous y trouuez pas souuent, encores que vous en soyez prié. Si vous vous y trouuez, monstrez-vous-y modeste & posé, de façon toutesfois que vous ne soyez point à charge à la compagnie.

45. Quand il vous faudra aller trouuer quelqu'vn, principalement des Grands, proposez-vous ce qu'y eust fait Socrates, ou Zenon, s'il eust esté en vostre place, & vous ne serez point en peine de sçauoir ce que vous auez à faire.

46. S'il vous faut aller vers quelqu'vn lequel ait beaucoup d'authorité, representez-vous, que vous ne le trouuerez pas à la maison, qu'il sera retiré, que l'on vous fermera la porte au nez, ou qu'il ne fera pas semblant de vous voir : si apres cela vous y allez, endurez ce qui vous y arriuera, & ne dites plus à par vous, Cela ne valoit pas que i'en prisse la peine. Car cela sent son plebée, & son homme qui se laisse transporter aux choses externes.

47. Quand vous serez en compagnie, ne vous amusez pas beaucoup à conter ce que vous auez fait, ou les dangers que vous auez couru : car les autres ne prennent pas tant de plaisir à ouyr telles choses, que vous à les conter. Ne vous accoustumez pas non plus à faire rire ceux auec lesquels vous estes. C'est vn pas bien glissant, qui meine aisément aux façons de faire du vulgaire, & qui vous feroit perdre le respect que vous portent ceux qui approchent de vous : outre qu'il y a danger que pour ce faire, nous n'vsions de sales paroles, à quoy nous ne nous deuons pas accoustumer ; ains si nous nous trouuons en lieu où l'on en vse, reprendre s'il vient à propos ceux qui le font, ou pour le moins nous taire, & rougir pour eux, & en nous renfrongnant monstrer que nous n'y prenons pas plaisir.

48. S'il vous vient en l'esprit quelque imagination de volupté, gardez qu'elle ne vous emporte : considerez bien que c'est, & prenez le loisir d'y penser en vous-mesmes, & regardez combien vous aurez de contentement, si vous vous en abstenez, & comme vous vous en loüerez vous-mesmes. Que si vous iugez à propos d'en vser, prenez garde que vous ne

soyez

soyez vaincu par ses douceurs & allechemens. Et opposez-luy ceste pensée, qu'il vaut bien mieux auoir ce contentement en l'ame, d'auoir vaincu le plaisir, que d'en auoir iouy.

49. Quand vous aurez deliberé de faire quelque chose, faites-la sans vous soucier que les autres vous voyent, quelque opinion qu'ils en puissent auoir: car quand vne chose n'est pas bonne, il ne la faut point faire du tout; si elle est bonne, il ne faut point craindre ceux qui vous en reprennent mal à propos.

50. Comme en ces termes-cy, Il est iour, ou Il est nuict, proposez par forme de disiunctiue, vous formez vn axiome, par lequel vous connoissez lequel des deux est veritable. Ce que vous ne feriez, si vous disiez simplement, Il est iour, & Il est nuict. Ainsi quand vous vous proposerez en vn festin de prendre la meilleure part de ce qu'on vous seruira, ou de la laisser à celuy qui est assis prés de vous, ce que l'appetit sensuel vous eust fait trouuer bon, l'honnesteté publique vous monstre qu'il ne le faut pas faire. Quand vous serez donc à vn festin auec quelqu'vn, ne regardez pas simplement à vser des viandes selon que le corps le pourroit desirer, mais selon que l'honneur que vous deuez à vostre compagnon le requiert.

51. Si vous entreprenez de iouer vn personnage que vous ne sçauez pas, vous vous deshonorez, & outre cela perdez l'occasion de bien faire en quelque autre chose dont vous fussiez bien venu à bout.

52. Comme en vous promenant vous prenez garde de ne pas marcher sur vn cloud ou de ne vous destordre le pied, ainsi deuez-vous auoir l'œil de ne blesser la raison qui est la guide de vos actions. Et si nous prenons garde à cela en chaque chose que nous entreprenons, nous irons bien plus seurement en besongne.

53. Le pied est la mesure du soulier, aussi le corps doit estre la mesure de nos biens: si vous vous arrestez-là, vous garderez mesure; si vous passez cela, il est necessaire que vous tombiez en vn grand precipice. Par exemple, si vous ne faites pas vostre soulier pour seruir à vostre pied, mais pour estre braue, vous le ferez de cuir doré, puis apres de pourpre, & en fin de broderie: car depuis que vous auez vne fois passé les bornes, il n'y a plus de mesure.

54. Depuis que les femmes ont passé quatorze ans, les hommes les appellent, Dames. C'est pourquoy pensant n'estre propres qu'à coucher auec les hommes, elles mettent tout leur estude à s'embellir, & toute leur esperance en leur beauté: pour ce nous leur deuons faire entendre, que nous ne les voulons honorer, sinon entant qu'elles se monstrent respectueuses, modestes & sages.

55. C'est le signe d'vn esprit mal-né, d'estre trop curieux de ce qui est du corps, comme de faire beaucoup d'exercice, de beaucoup manger, de beaucoup boire, de s'aller promener, de se faire traisner en coche. Il faut faire tout cela comme en passant, & tourner tout nostre soin à traiter nostre esprit.

56. Quand quelqu'vn vous mesfait ou mesdit, estimez qu'il pense faire ou dire ce qu'il doit. Or ne se pourra-il faire qu'il s'accommode à ce que vous trouuez bon, mais bien à ce qui luy semble tel. Que s'il iuge mal, il est le premier puny, puis qu'il est le premier trompé. Car la verité est em-

broüillée parmy le faux. Si quelqu'vn choisit le faux, la verité n'est pas pour cela offensée, mais celuy qui se trompe à choisir. Si vous n'estes donc poussé d'autre raison, vous ne vous courroucerez point contre celuy qui vous fait vne iniure, d'autant que vous direz tousiours : Il a pensé bien faire.

57. Chaque chose a deux anses ; par l'vne elle est aisée à supporter, par l'autre elle est fascheuse. Si vostre frere vous fait tort, ne le considerez pas du costé dont il vous fait tort, car cela n'est pas aisé à supporter ; mais du costé qu'il est vostre frere, que vous auez esté nourris ensemble, & le prenant par ce costé là, vous le trouuerez tolerable.

58. Ceste consequence-là n'est pas bonne, Ie suis plus riche que vous, ie suis donc plus homme de bien que vous : Ie suis plus eloquent que vous, ie vaux donc mieux que vous. Mais il est bien plus à propos de dire, Ie suis plus riche que vous, mon bien vaut donc dauantage que le vostre : Ie suis plus eloquent que vous, mon langage vaut donc mieux que le vostre. Il y a difference entre vostre bien & vous, entre vostre langage & vous.

59. Si quelqu'vn se laue hastiuement, ne dites pas qu'il se laue mal, mais hastiuement : boit-il beaucoup ? ne dites pas mal, mais beaucoup. Car si vous ne sçauez son dessein, comme pouuez-vous sçauoir s'il fait bien ou mal ? autrement en voyant vne chose, nous en ferons vn tout diuers iugement, de ce que nous en pouuons comprendre.

60. Ne dites iamais que vous estes Philosophe, & ne parlez pas beaucoup des choses speculatiues parmy le vulgaire. Comme si vous vous trouuez en vn festin, n'allez pas discourir de la façon dont il faut manger, mais mangez comme il faut. Car Socrates a voulu en toutes choses oster l'ostentation. Il y en auoit qui alloient vers luy pour le prier de les mener chez les Philosophes, & il les y menoit ; tant il se soucioit peu que l'on ne fist cas de luy. Si vous vous trouuez entre personnes vulgaires, où l'on vienne à parler de quelque point de Philosophie, taisez-vous ; car il y auroit danger de vomir ce que vous n'auriez pas encor digeré. Si quelqu'vn vous dit que vous ne sçauez rien, & que vous ne vous en faschiez point, voila bon commencement. Encores que les brebis ne reuomissent pas l'herbe qu'elles ont mangée, elles ne laissent pas de faire connoistre à leur maistre qu'elles sont bien nourries. Car apres auoir fait leur digestion de ce qu'elles ont mangé, elles rendent force laict, & portent force laine. Ne faites pas parade de paroles à l'endroit du vulgaire, mais bien des belles actions qui en procedent.

61. Pour auoir le corps mince & delicat, ne vous en glorifiez pas ; & si vous ne beuuez que de l'eau, n'allez pas dire pour cela à tout propos que vous ne beuuez que de l'eau : Et si vous voulez vous exercer au trauail, faites-le à par vous & non à la veuë des autres. N'allez point embrasser les statuës, afin que le peuple s'y assemble : mais quand vous aurez soif, prenez de l'eau en vostre bouche, & la rejettez sans l'aualler, & ne le dites à personne.

62. La marque d'vn homme idiot, c'est de ne pas attendre le profit & le dommage de soy-mesme, mais de dehors, & la marque du Philosophe au contraire.

63. Les marques de celuy qui profite en la Philosophie, c'est qu'il ne
blasme,

blafme, ny ne louë perfonne, il ne fe plaint de rien ; il ne parle point de foy, comme s'il eftoit, ou qu'il fceuft quelque chofe. Quand il eft trou-blé ou empefché, il ne s'en prend qu'à foy-mefme, & fi quelqu'vn le louë, il fe rit en foy-mefmes de celuy qui le louë : fi l'on mefdit de luy, il ne refpond rien : Il fe gouuerne comme vn malade qui prend garde de ne rien efmouuoir en fon corps, iufques à ce que fa fanté foit con-firmée. Il fe priue de tout defir, & fe propofe d'euiter feulement ce qui n'eft point felon la nature des chofes qui font en noftre puiffance. Il eft pouffé en toutes chofes d'vne affection moderée, il ne fe donne pas peine qu'on le tienne pour fimple & ignorant : & pour dire en vn mot, il fe def-fie de foy-mefme, comme de fon plus grand ennemy, qui eft en embufca-de contre luy.

64. Quand quelqu'vn fe glorifiera de bien entendre & interpreter les li-ures de Chryfippus, le fage dira en foy-mefme : Donc fi Chryfippus n'euft efcrit obfcurément, celuy-là n'euft point eu de fubiect de fe faire paroi-ftre. Et moy que veux-je ? connoiftre la nature & la fuiure. Ie demande, qui me l'apprendra ? ayant entendu que c'eft Chryfippus, ie vay à luy : mais ie trouue que ie n'entends pas ce qu'il a efcrit, ie cherche quelqu'vn qui me l'explique ; & iufques à là ie ne voy rien dont il falle faire fi grand cas. Mais quand i'auray trouué qui me l'ait interpreté, il me refte encor de mettre fes preceptes en vfage. Cela feul merite d'eftre louë. Que fi i'admire de bien interpreter feulement, que deuiens-ie autre chofe que fimple Grammairien au lieu de Philofophe ? Ie n'ay rien en cela d'auantage, finon qu'au lieu d'Homere j'explique Chryfippus. I'ay bien plus de honte quand ie ne fçay pas conformer mes actions aux preceptes de Chryfippus, que quand on me dit, Interpretez-moy ce paffage de fes liures.

65. Obferuez les refolutions que vous auez prifes, comme loix, & comme eftant vne efpece d'impieté que de les outre-paffer. Quant à ce que l'on dira de vous, ne vous y amufez pas, car cela ne depend point de vous.

66. A quelle faifon referuez-vous de vous rendre digne de bien faire, & de ne point outre-paffer les bornes que vous a plantées la raifon? Vous auez appris les preceptes qui eftoient neceffaires pour vous addreffer au bien, vous vous y eftes inftruit; quel autre precepteur attendez-vous pour amen-der voftre vie? vous n'eftes plus enfant, ains homme parfait. Si vous eftes negligent ou pareffeux à le faire, & que vous mettiez deffein fur deffein, & vn terme fur l'autre, pour fonger à vous, vous n'auancerez rien, viurez, & mourrez ignorant. Il eft donc temps que vous vous refoluiez de viure vne vie parfaicte, que vous vous amandiez toufiours en quelque chofe, & que ce que vous iugez de meilleur, vous foit comme vne loy inuiolable. S'il fe prefente quelque chofe de laborieux, de plaifant, d'honorable, ou d'abject, faictes eftat que ce font les jeux Olympiques ; qu'il faut entrer en lice fans plus perdre temps, & que fi vous eftes vne fois vaincu, ou que vous vous rendiez, vous perdez tout ce que vous auez iamais acquis; fi vous vain-quez, vous le conferuez. Socrates deuint tres-excellent par ce moyen, fe prefentant à tout, & n'ayant autre penfée que de fuiure la raifon. Que fi

vous n'eftes pas encores Socrates, ſi deuez-vous viure comme defirant de
le deuenir.

67. Le premier & plus neceſſaire traicté de la Philoſophie, c'eſt de la façon dont il faut mettre les preceptes en vſage. Comme celuy-là, De ne
point mentir. Le ſecond, c'eſt celuy qui rend raiſon, pourquoy cela eſt,
comme, Pourquoy il ne faut point mentir. Le troiſieſme qui confirme les
autres, par lequel on examine ſi la preuue en eſt bien faicte, c'eſt à dire qui
monſtre que c'eſt que demonſtration, conſequence, repugnance, verité,
fauſſeté. Le dernier eſt neceſſaire pour le ſecond, le ſecond pour le premier.
Le premier eſt celuy qui eſt neceſſaire de ſoy, & auquel il ſe faut arreſter.
Mais nous faiſons tout au rebours: car nous nous amuſons au troiſieſme,
& y mettons tout noſtre eſtude, ne nous ſoucians en façon quelconque du
premier: car nous mentons, bien que nous ayons touſiours en main des
raiſons pour monſtrer qu'il ne faut point mentir.

68. Nous deuons auoir perpetuellement ceſte priere en la bouche:

> Mon Dieu, conduiſez-moy par la voye ordonnée,
> Ie ſuiuray volontiers, de peur qu'un fort lien
> Ne m'entraiſne meſchant, où en homme de bien
> Ie pourrois arriuer ſuiuant la deſtinée.

Et puis ce mot:

> Cil qui cede à propos à la neceſſité,
> Eſt ſage, & ſçait que c'eſt que la Diuinité.

Et encores ceſtui-cy pour le troiſieſme. O Criton, ſoit faict, ſi c'eſt le
plaiſir de Dieu. Anytus & Melitus me peuuent faire mourir, mais ils ne
me ſçauroient mal-faire.

I'ay eſtimé ceſte piece ſuiuante bien propre pour remplir ce qui reſtoit de ceſte
fueille. Mais i'euſſe bien deſiré l'auoir plus parfaicte: Car il y a beaucoup de cho-
ſes qui ne m'y plaiſent pas. Ie ne ſçay ſi ce ſont les derniers temps par leſquels elle a
paſſée: ou ſi c'eſt que les anciens ayent leurs defauts auſſi bien que
nous, & qu'il ſe trouue des ronces parmy leurs roſes. I'ay peut-eſtre amendé quel-
que choſe, peut-eſtre auſſi empiré. Ie n'auray point de regret à mes fautes, pourueu
qu'elles facent enuie à quelque autre de mieux faire.

LES RESPONSES

D'EPICTETE AVX
DEMANDES DE L'EMPEREVR ADRIAN.

QVI est la chose que vous ne defcouurez pas pour l'a-
uoir defliée, mais regardez-en le corps & vous la con-
noiftrez ? Vne miffiue. Qu'eft-ce qu'vne miffiue ?
Vn meffager muet. Qu'eft-ce que la peinture ? Vne
fauffe verité. Pourquoy le dites vous ainfi ? Pour ce
que nous voyons des pommes, des fleurs, des herbes,
des animaux, de l'or, de l'argent peints, où il n'y a
rien de tout cela. Qu'eft-ce que l'or ? La proye de la mort. Qu'eft-ce que
l'argent ? Le gifte de l'enuie. Qu'eft-ce que le fer ? L'inftrument commun
de tous les meftiers. Qu'eft-ce que l'efpée ? Ce qui gouuerne les armées.
Qu'eft-ce qu'vn gladiateur ? Vn meurtrier fans crime. Qui font ceux qui
font malades en fanté ? Ceux qui fe chargent des affaires d'autruy. Dequoy
eft-ce que les hommes ne fe laffent point ? De gagner. Qu'eft-ce que l'a-
mitié ? Concorde. Qu'eft-ce qui nous femble plus long à venir ? Ce que
nous efperons. Qu'eft-ce que l'efperance ? Le fonge d'vn homme efueillé,
vn incertain euenement à celuy qui l'attend. Qu'eft-ce que l'homme ne
fçauroit appercevoir ? La volonté d'autruy. En quoy pechent les hommes ?
A defirer. Qu'eft-ce que liberté ? Innocence. Qu'eft-ce qui eft commun
aux pauures & aux Rois ? Le naiftre & le mourir. Qu'eft-ce qui eft tres-
bon & tres-mauuais ? La parole. Qu'eft-ce qui plaift à l'vn & defplaift à
l'autre ? La vie. Quelle eft la meilleure vie ? La plus courte. Qui eft la chofe plus certaine ? La mort. Qu'eft-ce que la mort ? Vne feureté pour iamais. Qu'eft-ce que la mort ? Ce que perfonne ne doit craindre s'il eft fage,
l'ennemie de la vie, ce qui a puiffance fur tous les animaux, ce que les peres craignent, ce qui nous rauit nos enfans, ce qui donne lieu aux teftamens, ce qui fait parler de nous apres que nous n'y fommes plus, ce qui
nous donne les dernieres larmes, ce qui fait qu'on nous met en oubly : c'eft
le brandon du bucher funebre, la charge du fepulchre, le titre du monument, & la fin de tous maux. Pourquoy couronne-t'on les morts ? Pour
monftrer qu'ils ont paffé par le combat de cefte vie. Pourquoy leur lie-on
les pouces ? Pour monftrer qu'ils ne fçauroient plus faire de refiftance.
Qu'eft-ce qu'vn crieur de corps ? Celuy que chacun fuit, & perfonne ne
peut euiter. Qu'eft-ce que le bucher funebre ? La demande & le paye-

ment de ce qui est deu. Qu'est-ce que la trompette ? Ce qui nous exhorte
au combat, le signal du camp, le signal des tournois, l'entrée des jeux,
la deploration des obseques. Qu'est-ce qu'vn monument ? Des pierres
grauées, l'amusement des passans qui sont de loisir. Qu'est-ce qu'vn pauure homme ? Vn puts desert où chacun regarde en passant, & le laisse
comme il le trouue. Qu'est-ce que l'homme ? C'est comme vne estuue: La
premiere chambre en est tiede, où l'on s'oingt. Car on oingt les hommes
quand ils naissent. La deuxiesme, où l'on suë, c'est l'enfance. La troisiesme, l'estuue seche, où l'on endure de fascheuses vapeurs, c'est la ieunesse. La quatriesme, où l'on prend l'eau froide, c'est la vieillesse, qui nous
prononce à tous vne mesme sentence. Qu'est-ce que l'homme ? C'est comme vne pomme.

Nos corps comme les fruicts aux arbres attachez,
  Ou meurs tombent en terre, ou verds sont arrachez.

Qu'est-ce que l'homme ? Vne chandelle exposée au vent. Qu'est-ce que
l'homme ? L'hoste du lieu où il est, l'image de la loy, vne fable de calamité, la proye de la mort, vn passage de vie, & la plus part du temps le iouet
de la fortune. Qu'est-ce que la fortune? Vne femme de bonne maison, qui
s'abandonne à des valets. Qu'est-ce que la fortune ? Vn but que l'on touche sans y viser, vne eschoitte des biens d'autruy. Elle faict lumiere où elle
vient, & ombre d'où elle s'en va. Combien y a-il de sortes de fortunes ?
Trois: vne aueugle qui se fourre par tout, vne folle qui donne & oste aussi
tost, vne sourde qui n'oit point les prieres des miserables. Qu'est-ce que les
Dieux? C'est comme les images qui se voyent en nos yeux, vne diuinité
qui reluit en nostre entendement. Si nous les craignons, c'est frayeur; si
nous nous contenons de mal-faire pour leur respect, c'est religion. Qu'est-
ce que le Soleil? La lumiere du monde, qui apporte & emporte le iour,
auec laquelle nous mesurons les heures. Qu'est-ce que la Lune? Le secours du iour, l'œil de la nuict, le flambeau des tenebres. Qu'est-ce que
le Ciel ? Vn comble sans mesure. Qu'est-ce que le Ciel? Vn air pur.
Qu'est-ce que les estoilles ? Le destin des hommes. Qu'est-ce que les
estoilles ? Le liure des pilotes. Qu'est-ce que la terre ? Le grenier de
Cerés. Qu'est-ce que la terre ? Le reseruoir de la vie. Qu'est-ce que
la mer? Vn chemin incertain. Qu'est-ce qu'vn nauire ? Vne maison errante. Qu'est-ce qu'vn nauire? Vne hostellerie qui va par tout. Qu'est-
ce qu'vn nauire ? Vne chose qui est en la puissance de Neptune, vn tableau des saisons de l'année. Qu'est-ce qu'vn marinier ? Vn amoureux de
la mer, vn deserteur de la terre, vn qui mesprise & la vie & la mort, vn
vassal des ondes. Qu'est-ce que le sommeil ? L'image de la mort. Qu'est-
ce que la nuict ? Le repos des lassez, & le gain des brigands. Qu'est-ce que le
lict ? Le lieu où se veautrent ceux qui ne peuuent dormir. Pourquoy peint-
on Venus toute nuë?

Bien à-t'on peint Venus, & les Amours tous nus:
  Car ceux qui s'y sont pleus, tels en sont reuenus.

Pourquoy Venus est-elle mariée à Vulcain? Pour monstrer que l'amour
s'enflamme d'vne ardeur. Pourquoy Venus est-elle louche ? Pour ce que
                                                                    l'amour

l'amour voit tout de trauers. Qu'eſt-ce que l'amour ? Le tourment d'vn cœur oiſif. Es enfans c'eſt pudeur, és filles c'eſt honte, és femmes c'eſt fureur, és ieunes hommes c'eſt ardeur, és vieillards c'eſt riſée ; en ceux qui ayment pour s'en mocquer, c'eſt malice. Qu'eſt-ce que Dieu ? Ce qui embraſſe tout. Qu'eſt-ce que ſacrifice ? Offrande de portion de nos biens. Qu'eſt-ce qui ne reçoit point de compagnon ? La Royauté. Qu'eſt-ce que regner ? Le partage des Dieux. Qu'eſt-ce que l'Empereur ? Le chef de la lumiere publique. Qu'eſt-ce que le Senat ? L'ornement de la ville, & la ſplendeur des citoyens. Qu'eſt-ce que le Soldat ? Le mur de l'Eſtat, la defenſe du pays, vne glorieuſe ſeruitude, la marque de la puiſſance. Qu'eſt-ce que Rome ? La ſource de l'Empire du monde, la mere des nations, celle qui poſſede tout, le domicile commun des Romains, la conſecration de la paix eternelle. Qu'eſt-ce que la victoire ? La fin de la guerre, & le deſir de la paix. Qu'eſt-ce que la paix ? Vne tranquille liberté. Qu'eſt-ce que le Palais ? Le temple de liberté, la lice des plaideurs. Qu'eſt-ce que les amis ? Des ſtatuës d'or. Qu'eſt-ce que des amis des Grands ? Ce ſont des citrons dont l'eſcorce eſt belle & agreable, mais il y a bien de l'amer au dedans. Qu'eſt-ce que des flatteurs ? Ce ſont des poiſſons qui ſuiuent l'amorce.

FIN DES RESPONSES D'EPICTETE.

EXHORTATION
A LA VIE CIVILE,
A MONSIEVR DE L.

E suis bien ayse qu'il soit party de ma main quelque chose qui vous ait pleu ; ie n'estimeray point mes veilles mieux employées, que quand elles seruiront au contentement de ceux qui m'honorent de leur amitié, & à qui i'ay voüé seruice comme à vous. Mais si l'Epistre de sainct Basile que i'ay mise en François vous a donné quelque plaisir, ce n'est pas à moy à qui vous en deuez la grace ; à moy dis-je, qui ay plustost empiré qu'amendé l'ouurage de ce grand homme-là, le faisant changer de langue, & parler nostre François. Certainement de tous les Peres Grecs il n'y en a point qui me reuiene plus que celuy-là. Chacun a son goust, ie laisseray loüer aux autres ce qu'ils voudront ; mais pour moy j'vseray plus volontiers de ce qui me plaist ; celuy-cy me plaist grandement. Toutesfois vostre lettre a fait qu'il m'a despleu, quand vous m'auez escrit que la frequente lecture de ceste Epistre, que vous dites que vous relisez quasi tous les iours, vous a fait venir enuie de vous retirer en quelque Monastere, & y passer le reste de vos iours, pour diuertir vos yeux de la veuë de tant de miseres, que produit ceste miserable guerre ciuile, & conuertir entierement voste esprit & vos pensées à l'honneur & au seruice de Dieu. Ce dessein, ie le confesse, procede d'vn cœur plein de pieté, & projette bien vn moyen qui vous pourroit apporter en vostre particulier quelque tranquillité d'esprit, & repos de conscience, que i'estime vn des plus grands biens que nous puissions esperer ; mais qui m'apporteroit vn extreme regret d'estre priué d'vne si douce & si chere compagnie, & au public vn dommage tres-grand. Vous feriez, croyez-moy, iniure à vostre pays & à vos amis : il faut chercher son bien, mais sans le dommage d'autruy. Nous ne sommes pas naiz en ce monde pour nous-mesmes, nous ne sommes que la moindre parcelle de l'Vniuers ; liez toutesfois & attachez aux grandes & principales parties d'iceluy par de tres-estroites obligations, qui ne nous permettent point de nous en retirer en ceste saison, sans violer la charité & pieté. Ne

pensez

penſez pas pour cela que ie me veille deſdire, ny rien diminuer de la loüange que ſainct Baſile, & tant de Peres anciens, & moy apres eux auons donné à la vie ſolitaire. Ie la priſe beaucoup, ie l'ayme, & peut-eſtre par trop.
Mais ie deſire que vous l'aymiez comme eux, & auec les meſmes conſiderations qu'eux, & non par vn deſcouragement, pluſtoſt pour eſuiter les tra-
uerſes & faſcheries de la vie ciuile, que pour ſuiure le plaiſir qui eſt en la
contemplation. Suiuez, ſi vous voulez, l'exemple des Peres anciens, mais
ſuiuez-le auec la meſme prudence & moderation qu'eux. Ce n'eſt pas, &
me croyez, en telle ſaiſon que celle-cy, que leur exemple & exhortation
appelle à la ſolitude telles gens que vous. La vie Monaſtique n'a pas eſté
introduite, ny en vne ſaiſon troublée, ny pour ceux dont & la prudence,
& la fidelité eſtoient neceſſaires à la conduite & gouuernement des affaires
publiques. Auſſi ne voyons-nous pas qu'en la naiſſance de l'Egliſe Chreſtienne, lors qu'elle eſtoit agitée de toutes ſortes de tourmens & afflictions,
les Peres ſe ſoient retirez aux deſerts & aux ſolitudes, pour y ſeruir Dieu en
repos. Leur vie a eſté pleine d'action, & action publique, empeſchée a ordonner les Egliſes, diſcipliner les peuples, conſeruer la paix & l'vnion aux
villes & prouinces, & ſeruir d'exemple de modeſtie & de temperance à tout
le monde. Mais quand les Chreſtiens ont eſté en pleine ſeureté, que les
Empereurs ont embraſſé la Religion, & mis à couuert ſous leurs armes &
faueur, ceux qui en faiſoient profeſſion; alors le repos eſtant eſtably, & la
choſe publique ſe pouuant quaſi maintenir de ſoy-meſmes ſur les bons &
aſſeurez fondemens, que tant de ſages & ſaincts perſonnages y auoient
jetté auparauant, il a eſté permis aux grands hommes de ioüir de la douceur de la ſolitude. Mais encores en quel aage l'ont-ils fait? apres auoir conſumé leurs plus vigoureuſes années en la conduite de la vie ciuile, parmy
les hommes & les affaires. A cet aage & de ceſte façon ſainct Baſile, ſainct
Hieroſme & les autres ſe retirerent. Et toutesfois quand la neceſſité s'eſt
preſentée, en a-t'on rappellé quelques-vns, & les a-on contraints de rentrer aux charges, & venir trauailler pour le public. D'autres ſont demeurez toute leur vie en la ſolitude; ç'a eſté qu'ils n'ont pas eſté iugez neceſſaires aux affaires qui ſe preſentoient. Et de verité, qui pourroit ſupporter de voir pendant la tempeſte, lors que les flots bondiſſent plus haut, que
la mer eſcume plus furieuſement, que les vents ſoufflent plus tempeſtueu-
ſement, les plus entendus pilotes quitter le gouuernail aux paſſagers, pour
aller prendre le ſommeil? Durant le calme chacun peut manier le timon;
l'art ſert de peu, & l'ignorance ne nuit pas beaucoup. Mais pendant l'orage,
paroiſt l'adreſſe & la prudence de celuy qui le gouuerne, de laquelle ſeule
depend le ſalut de ceux qui ſont embarquez auec luy. L'eſtude, l'aage &
l'experience vous ont apporté vne grande ſuffiſance & meureté de conſeil;
voſtre preud'hommie & ſincerité vous ont donné l'affection au bien public, telle que vous la deuez auoir, & acquis creance parmy vos concitoyens telle que le temps permet aux gens de bien de l'auoir, auec quel pretexte abandonnerez-vous le public? Ie ne puis, dites-vous, ſupporter les fureurs qui regnent parmy les peuples; ie ne ſçaurois voir le deſordre & confuſion où toutes choſes ſont tombées. Dites-moy ie vous prie, eſt-ce pas

de vous que i'ay entendu si souuent que le pays nous tient lieu de pere &
de mere, & que pour cet effet on l'a appellé patrie, par vn nom dont la
deriuation signifie le pere, & la terminaison feminine signifie la mere, comme les conjoignant tous deux en mesme mot, & signifiant patrie & ma-
trie tout ensemble? Si vn pere estoit deuenu furieux & insensé, à qui en
donneriez-vous le soin, la garde & la tutele? Ne respondrez-vous pas?
Aux enfans. Si les enfans s'en vouloient excuser, pour dire qu'ils en reçoiuent de la peine, des iniures, & des coups; ne les blasmeriez-vous pas, &
auec conuices ne les contraindriez-vous pas à faire l'office que la nature &
la charité leur commande? Il y a, dites-vous, deux choses qui vous destournent, & semblent vous excuser de ne vous point mesler d'affaires. L'vne,
que c'est peine perduë, que les contentions des gens de bien sont entierement inutiles, & ne font autre chose que leur apporter de l'enuie sans aucun fruit au public. La playe n'est plus curable, la licence a trop gagné
sur la raison. Les gens de bien ne sont tenus de trauailler pour le public, sinon autant que leur labeur peut profiter, & qu'il y a quelque esperance de
salut. En l'Estat comme en la Medecine, il ne faut point mettre la main
aux maladies desesperées; qui le fait n'en rapporte que du deshonneur.
L'autre, que vous dites qu'il y a des choses qu'vn homme de bien ne peut
en façon quelconque supporter ny dissimuler. La patience est bien vne
grande vertu, fort seante & necessaire à la vie des hommes, mais si a-elle
ses bornes: le mal vient quelquesfois à tel point, qu'il ne se peut plus endurer par ceux qui ont l'amour & la crainte de Dieu deuant les yeux. Quant
au premier, ie vous diray, que c'est vne excuse recherchée pour la lascheté
& la paresse, plustost fondée sur nostre pusillanimité, que sur la prudence
dont elle se vante. Car qui est-ce qui peut auoir iuste occasion de desesperer du salut d'vn Estat, ou d'vne ville, veu que nous voyons par le cours des
histoires quelle incertitude il y a & en leur ruine & en leur conseruation?
Combien s'est-il veu, & d'Estats, & de villes choir en leur fleur par vn subit
mouuement, comme par vn grand vent; & d'autres tout panchans, & à
demy tombez se releuer miraculeusement, & redresser au milieu de leurs
ruines? La fortune, c'est à dire, ceste puissance de Dieu impreuoyable aux
hommes, les a suspendus entre la crainte & l'esperance: il n'y a iamais rien
de si asseuré qu'il n'y faille craindre, ny rien de si esbranlé qu'il n'y faille esperer. Il est certainement bien vray que si nostre salut estoit entierement entre nos mains, nous fussions desia peris; mais Dieu combat pour nous contre nous, & nous veut sauuer par force. Or quand nostre ruine seroit asseurée, & que nous verrions aussi clair à l'aduenir, comme nous n'y voyons
goutte, est-ce pas vne partie du deuoir de bons enfans, & de bons amis
d'assister les malades, mesmes desesperez iusqu'à la mort, & la leur rendre
douce, puis que l'on ne les peut garentir? Vous ne pouuez, dites-vous, supporter l'effrenée licence que prennent quelques particuliers, l'oppression de
la Iustice, le desordre & la confusion en laquelle nous viuons. Que voudriez-vous donc voir? toutes choses comme elles doiuent estre, les bons
en authorité, les mauuais reprimez par les loix, la Iustice regner? Ce sont
des souhaits dignes de vous, dignes d'vn homme de bien: mais le monde

ne se

ne se gouuerne point par souhaits. Il est bien permis de desirer les choses
bonnes, mais quelles qu'elles soient, il les faut supporter. Il y aura des vices
au monde, tant qu'il y aura des hommes. C'est à guerir & à soulager ces
desordres-là, que la Republique & vostre deuoir vous appellent ; il ne faut
pas seulement apporter vos vœux, mais vos mains, & trauailler à guerir vostre païs de si fascheuses playes. Vous n'y ferez pas ce que vous voudrez, le
mal n'est pas traictable, ie le sçay bien : vous y ferez ce que vous pourrez,
& ce que la condition du mal vous permettra. C'est vn mestier, où nous ne
choisissons pas la matiere, on nous la donne : bien souuent vn bon ouurier
est contraint de trauailler en bois pourry, il ne faut pas qu'il quitte tout
pour cela, ains regarde ce que l'on peut faire de mieux, d'vn si mauuais suject. Solon enquis s'il auoit donné aux Atheniens les meilleures loix qu'il
pourroit : Non, respondit-il, mais bien les meilleures qu'ils pouuoient endurer. Il faut proportióner les remedes à la force & nature du malade. Bref,
nous ne sommes garends és affaires que de nos conseils, lesquels estans les
meilleurs qu'ils puissent estre, pour ce qui est faisable, nous en sommes deschargez enuers Dieu, & enuers les hommes. Quant aux iniures particulieres que nous en receuons, où pouuons-nous mieux employer la charité, &
la patience? Où sera l'exercice de ce que l'eschole Chrestienne nous sonne,
& nous apprend, si les iniures & les calomnies des peuples, auec lesquels
nous viuons, nous sont insupportables? Quand mesmes nous esperons que
par nostre patience nous appaiserons les fureurs populaires, ramenerons les
peuples esmeus à vn droit iugement, osterons aux meschans l'authorité,
& la rendrons aux bons ces maladies-là certainement se guerissent plus
par le temps que par les remedes : c'est beaucoup par prudence de les entretenir, qu'elles n'empirent point; car en fin la longueur meurit, & guerit. La
santé reuient auec l'experience aux peuples, & lors ils recherchent les gens
de bien, & abhorrent ceux qu'ils cherissoient auparauant. Ils sont comme
les filles qui ont les pasles couleurs, elles mangent toutes les plus mauuaises
viandes qu'elles puissent trouuer, mais puis apres, elles les reuomissent : car
lors qu'ils sont esmeus, ils se seruent des plus perdus & vicieux ; mais quand
ils viennent à se rasseoir, & à esboüillir ceste ardeur inconsiderée, ils les re-
iettent, ils les punissent. Le public n'a-il pas donc bien interest que les gens
de bien se conseruent pour ceste saison-là ? & n'abandonnent point par
despit ou desespoir le vaisseau où ils voyent les passagers pour vn temps,
enyurez, rager & tempester ? Il y faut, ie le confesse, courir mille hazards,
souffrir mille indignitez. Mais où est la peine, là est le merite: du labeur naist
la gloire. Principalement entre nous Chrestiens qui faisons profession d'endurer, & qui nous enroollons sous vn Capitaine qui nous denonce vne
dure & fascheuse milice, ne nous propose la couróne sinon apres d'estranges trauaux & innumerables labeurs. Il ne vante ses victoires, ny des soldats qui l'ont suiuy, que par la patience. Par ceste seule vertu, ils ont conquis tant de Prouinces, tant de Royaumes, tant d'Empires, & ne sont glorieux que des iniures qu'ils ont receuës. Où voulons-nous doncques mieux
l'imiter, que parmy les hazards, les opprobres & les iniures ? Et tout cela
en quelle autre plus digne & plus recommandable occasion les pouuons-

nous endurer, que pour seruir au salut & conseruation de nostre païs? Si la charité, que Dieu nous a tant recommandée, peut tant sur nous que de nous faire exposer nos biens & nos vies pour le salut de nostre prochain, que deuons-nous faire pour tant d'hommes, tant de villes, tant de Prouinces, ausquelles la nature nous a conjoints & alliez par mesmes loix, par mesme langue, par mesmes mœurs, & par vne secrete affection, qu'elle a imprimée en nous, de laquelle quiconque se depart, est iugé de toutes les nations du monde indigne de voir le iour & de viure entre les hommes, comme vn inhumain & cruel parricide? Dieu n'est pas venu en ce monde pour dissoudre ceste obligation naturelle, au contraire pour en estreindre plus serré le nœud, par ceste charité qu'il nous a tant & tant recommandée. Aussi voyons-nous que quand vne fois nous venons à coupper ce lien de commune affection à nostre pays, toute sorte non seulement de desordres, mais de crimes & meschancetez les plus abominables en arriuent : les larcins, brigandages, meurtres, violemens, sacrileges regnent incontinent. Or qu'y a-il au monde qui luy soit plus des-agreable, qu'il abhorre plus & qui plus embrase sa fureur, & l'incite dauantage à ruiner & confondre les peuples? Quoy doncques, pendant que tant de gens trauaillent à dresser des precipices pour se ruiner eux & leur païs, voulez-vous, vous qui auez tousjours vescu en charge, & que vostre office oblige à trauailler au salut public, demeurer en solitude comme à l'escart, pour voir en seureté le feu embraser vostre païs, & vous reseruer à contempler ses cendres? Quel regret aurez-vous de n'y auoir pas apporté le secours que vous pouuiez, au moins de ne l'auoir pas tenté? Ne voyez-vous pas tous les iours, comme apres que nos amis sont morts, nous disons en souspirant, Si on eust fait telle chose, peut-estre l'eust-on sauué? Venez doncques, & contribuez auec nous vostre prudence, & vos salutaires conseils, pour sauuer ce qui nous est au monde de plus cher. Reseruez ce dessein de viure en solitude, & vous retirer au repos, lors, ou que tous ensemble nous aurons amené le nauire à port, ou que vaincus par l'opiniastre imprudence de ceux qui se veulent perdre, nous nous serons sauuez sur quelque table du naufrage. Si nous y perissons, la mort de quelque façon qu'elle nous puisse arriuer, ne nous aura pas peu fauorisez de nous auoir osté hors de la veuë d'vn si fascheux spectacle.

FIN DE L'EXHORTATION A M. DE L.

DE LA CONSTANCE
ET CONSOLATION
ES CALAMITEZ PVBLIQVES.
LIVRE PREMIER.

N iour, pendant ce siege que Paris a enduré auec tant de miseres, ie me promenois tout seul en mon jardin, pleurant du cœur & des yeux la fortune de mon pays. Et comme la passion croist demesurément quand elle est trop flatée, ie commençois à accuser le Ciel, d'auoir respandu sur nous de si cruelles influences, & eusse volontiers disputé contre Dieu mesme, si vne crainte secrete n'eust refrené ma douleur. Comme mon esprit flottoit parmy telles pensées, arriua vn de mes meilleurs amis, personnage fort consommé és bonnes lettres, mesmes és sciences Mathematiques; mais plus recommandable beaucoup pour sa singuliere probité & fidelité, rares vertus en ce siecle. Son nom pour ceste heure sera Musée, puis que sa modestie ne me permet pas d'autrement le vous nommer. Nous estans entre-saluez, & recueillis de quelques propos communs, & luy m'ayant enuisagé plusieurs fois, & veu sur mes iouës les traces de mes larmes, encores toutes fresches; Ie ne vous demande point (dit-il) de quels discours vous vous entretenez icy, ie le reconnois assez à vostre visage : les gens de bien n'en ont maintenant guerres d'autres, que l'apprehension de la calamité publique. Ceste playe nous cuit si fort, que nous ne pouuons que nous n'y portions souuent la main. Mais quoy ? hier quand ie vous vins voir , ie vous trouuay en mesme estat: pour le premier coup ie ne fey semblant de rien; voyant aujourd'huy que vous continuez, & que la tristesse vous maistrise de ceste façon, ie ne me puis tenir que ie ne vous demande ce que vous auez faict de la Philosophie. Ie vous cherche en vous-mesmes, & ne puis croire que celuy duquel i'ay receu tant de consolation, en manque tant à soy-mesme. Il n'y a rien si equitable, que de souffrir pour soy ce que l'on a ordonné pour autruy : ou restituez-moy à la liberté de pleurer , que vos discours m'ont ostée, ou obeïssez vous-mesmes à la loy que vous auez autresfois prescrit à ma douleur. O mon cher Musée, dis-je lors , j'apprens

maintenant par experience combien il eſt plus ayſé de parler que de faire,
& combien ſont foibles les argumens de la Philoſophie à l'eſchole de la
Fortune. Voulez-vous que ie vous die tout franchement ce que i'en penſe ? Noſtre Philoſophie eſt vne brauache & vne ventarde : elle triomphe à
l'ombre d'vne ſalle les brettes à la main : c'eſt vn plaiſir de la voir mettre
en garde, faire ſes deſmarches, parer des armes, ou du corps ; vous diriez
qu'il n'y a rien au monde qui luy peuſt donner atteinte : mais quand il faut
ſortir dehors, qu'il faut combatre à l'eſpée blanche, & que la Fortune luy
tire vn reuers de toute ſa force ; elle eſt bien toſt enfoncée, & les armes
luy tombent incontinent des poings. La douleur que nous combattons de
paroles eſt vne feinte, ſemblable aux hommes de bois, contre leſquels on
tire à la quintaine, qui ſe laiſſent viſer à l'aiſe, & reçoiuent le coup ſans ſe
defendre. La vraye douleur eſt bien autre : elle eſt viue, elle eſt remuante,
elle nous aſſaut la premiere, elle nous ſurprend, elle nous ſaiſiſt & ſerre de
ſi pres, que nous ne nous pouuons ayder. Nous a-elle touchez ? faiſons ſi
bonne mine que nous voudrons, ſi nous cuiſt-il. Et bien que pour vn
temps nous grincions les dents, endurant opiniaſtrément le mal, de peur
de le confeſſer, ſi eſt-ce qu'à la fin il ſe fera reconnoiſtre pour ce qu'il eſt,
& arrachera violemment de noſtre eſtomach les plaintes & les ſouſpirs,
que nous ne luy aurons pas volontairement accordez. Non, croyez qu'en
tels accés que ceux-cy, la nature & noſtre Philoſophie ne peuuent compatir enſemble : il faut choiſir laquelle des deux vous voulez retenir. Voudriez-vous, ou pourriez-vous chaſſer la nature qui eſt legitime maiſtreſſe
de nos paſſions, & laquelle ſe doutant bien que nous nous pourrions laiſſer
ſuborner à des paroles emmiellées & diſcours affetez, pour nous ſouſtraire
de ſon obeïſſance, tient ſes affections en garniſon chez nous, qui nous eſpient & nous veillent, & à toutes les occaſions qui ſe preſentent, exigent de
nous l'hommage & le tribut que nous luy deuons ? Ou les larmes ne ſont
point choſes naturelles & marques d'vne iuſte douleur, ou nous les deuons
rendre au mal auquel la nature eſt plus offenſée, qui eſt en la ruine & ſubuerſion de noſtre pays. Car par ce coup ſont bleſſez tous ceux que la nature nous a conjoints de ſang, d'amitié, de bien-vueillance, de communauté.
Que ſi nous n'auons reſſentiment de leur mal, & compaſſion de leur miſere, ie dy que nous violons & les loix ciuiles, & la pieté naturelle, & la
Majeſté meſme de ce grand Dieu, l'Eſprit duquel conuerſe parmy nous,
comme garde & patron des droits de la ſocieté humaine. I'eſtois deſia offenſé de voſtre importune & auſtere Philoſophie, qui nous defend les larmes : mais liſant auiourd'huy dans vn ancien, il m'eſt venu enuie de la chaſſer auec iniures, tant m'a pleu vn paſſage ſur lequel ie ſuis tombé, où il eſcrit, Qu'il y auoit à Cumes vne image d'Appollon qui auoit eſté apportée
de Grece, laquelle plora viſiblement, voire auec grande abondance de larmes, lors que les Romains deſtruiſoient la ville dont elle auoit eſté tirée,
comme regrettant que ſon pays ſe ruinaſt ſans qu'elle peuſt le ſecourir ;
pour ce que la ruine en eſtoit fatale, & Apollon meſme l'auoit predite auparauant. Hé quoy ? vne ſtatuë de marbre aura trouué des larmes pour
pleurer ſon pays, & ie n'en trouueray point pour deplorer le mien ? Eſloignée

gnée de tant de lieuës, elle aura compati au mal de ses concitoyens: & moy
à la veuë des miens, & au milieu de leurs miseres, ie ne souspireray point?
Non, non, ie suis François, ie suis natif de la ville que ie voy perir. Croyez
que pour auoir à ceste heure les yeux secs, il faudroit auoir le cœur de
pierre: encore estimé-ie que si la pieté n'est du tout esteinte au monde,
nous pleurerions aussi bien que l'Apollon de Cumes: car nous en auons
bien plus de suject qu'il n'auoit. Ceste belle ville capitale du plus beau
Royaume de la terre, le domicile de nos Roys, le throsne de la Iustice de
cet Estat, & comme le temple commun de toute la France, perit à nostre
veuë, & quasi par nos mains: les richesses de ses citoyens, la magnificence
de ses bastimens, l'erudition de tant de celebres & sçauans personnages
qu'elle a esleuez ne l'ont peu garantir ny ayder. O que cet ancien parloit
bien de la prouidence de Dieu soubs le nom de la Fortune, quand il disoit,
Que lors qu'elle a resolu quelque chose, elle aueugle les esprits des hommes, de peur qu'ils ne luy rompent son coup. Voyez vn peu, comme sans
y penser, nous auons quasi tous aydé à nostre ruine, & presté nos mains
pour renuerser nos maisons dessus nous. Car, mon Musée, vous sçauez quel
grand nombre d'hommes, voire de ceux qu'on estimoit des plus sages, se
sont associez à dresser cet equipage, & nous jetter en ceste tempestueuse
mer de guerres plus que ciuiles. Nous y voicy, puis qu'il a pleu à Dieu, à la
veille d'vn grand naufrage, où nous auons egalement à craindre la rage de
nos zelez de dedans, alterez du sang de ceux qui desirent le bien public; &
la violence, qui peut arriuer de dehors, qui seruiroit confusément contre
les bons & les mauuais: & vous voulez en ce triste & lugubre office me defendre les larmes? A ce que ie voy, me respondit-il, le temps porte que chacun change de party, c'est peut-estre le vice du siecle. I'ay tenu toute ma
vie pour la nature contre vostre Philosophie; pour ce qu'il me sembloit que
vous la faisiez trop puissante, & luy vouliez attribuer vn commandement
trop violent & tyrannique. Mais il aduient ordinairement que l'injure, qui
est faicte à vne personne à qui nous ne voulons pas beaucoup de bien, nous
reconcilie auec elle, & nous faict par pitié entreprendre sa defense. Ie voy
aujourd'huy que vous deshonorez & diffamez la Philosophie, laquelle
vous a si tendrement & cherement esleué; & que vous permettez que les
passions luy mettent le pied sur la gorge, sans qu'elle s'ose defendre. Vous
la surnommiez auparauant Reyne de la vie, maistresse de nos affections,
tutrice de nostre felicité: maintenant vous la voulez tenir comme vne petite plaisante, qui ne serue qu'à vous faire passer le temps, & vous entretenir pendant que vous serez à vostre ayse. Traittez-la au moins en fille de
bonne maison; vous n'auez point de suject de la repudier: si vous voulez
faire diuorce auec elle, rendez-luy la liberté qu'elle a apporté chez vous;
qu'elle se retire son honneur sauue, & auecques ses droicts. Quant à moy,
ie la maintien franche, & me rens asserteur de sa liberté: ie ne luy veux pas
attribuer ceste puissance d'oster au corps, ny à l'esprit, le sentiment du
mal. Car ie croy qu'elle doit passage aux affections naturelles: mais ie maintien qu'elle peut contenir & reserrer la douleur & la passion dans leurs
bornes, empescher qu'elles n'occupent plus de lieu & d'authorité en no-

ſtre ame qu'elles ne doiuent, & les amollir & adoucir, voir meſmes auec
le temps du tout eſtouffer & amortir. Ie voy bien à voſtre viſage, que vous
eſtes trop aigry, & que vous ne m'accorderez rien de vous-meſmes: voicy tout à propos deux de nos meilleurs amis, que n'oſeriez refuſer pour
arbitres, & pour moy j'offre de les en croire: Or c'eſtoient deux perſonnages ſignalez, deux perles de noſtre ſiecle: deſquels le premier, que nous
nommerons pour ceſte heure Orphée, outre la connoiſſance qu'il a des
arts & ſciences, s'eſt acquis vne grande experience & admirable prudence
par ſes longs & perilleux voyages: L'autre qui aura nom Linus, eſt reconneu pour vn des plus ſçauans hommes de l'Europe, & qui a le plus de iugement & de preud'hommie au maniement des bons liures, & de pieté en
toutes ſes actions. Vous auez, diſ-je, Muſée, choiſi des iuges que ie n'ay
garde de recuſer: non pas choiſi, mais pluſtoſt (croy-ie) nous ont-ils eſté
enuoyez miraculeuſement, comme les Dieux qu'on faiſoit deſcendre par
engins aux tragedies, pour venir faire quelque grand exploict ſurpaſſant la
puiſſance des hommes. Car pour vous dire, i'eſtime mon opinion veritable: que ſi elle ne l'eſt, au moins eſt-elle ſi auant enracinée auec mon ennuy, en mon cœur, qu'autres mains que celles de ſi ſaincts perſonnages
ne l'en ſçauroient arracher. Sur ce propos nous les joigniſmes & ſaluaſ-
mes. Nous rompons, nous dirent-ils, voſtre diſcours, auquel il nous ſembloit bien en venant que vous eſtiez fort auant, & à voir vos contenances,
que vous n'eſtiez pas bien d'accord. Vous auez, dit Muſée, bien deuiné,
& eſtes venus fort à propos pour nous y mettre: car nous vous auons
nommé pour iuges de noſtre differend. Le precepte du Sage, dirent-ils,
nous defend d'eſtre iuges entre nos amis: bien, ſi nous nous pouuons aduiſer de quelque moyen pour vous accorder, vous en dirons-nous volontiers noſtre aduis. Mais pour vous dire priuément, nous venons de loing,
ie vous prie trouuer bon que nous nous ſeons. Comme nous nous fuſmes
aſſis, Linus commença à nous dire, qu'il venoit d'entendre vne piteuſe
hiſtoire d'vne pauure femme, qui n'ayant peu trouuer de pain pour donner à ſes enfans, s'eſtoit penduë à ſon plancher. Et moy, ce dit Orphée,
ie vien de voir tout à ceſte heure vne pauure fille, qui eſt tombée toute
roide morte de male-faim: & à trois pas de là i'ay trouué des pauures gens
qui mangeoient vn chien tout ſanglant, qu'ils auoient vn peu grillé auec
de vieille paille. Et comme i'ay eu paſſé le plus viſte que i'ay peu ce triſte ſpectacle, i'ay rencontré des femmes qui crioient & diſoient, que
les Lanſquenets auoient mangé des enfans aupres du Temple; ce que ie
ne puis croire. Oyans cela nous commençaſmes tous à ſouſpirer, & lors
prenant la parole: Et bien, diſ-je, voyla ma cauſe gagnée, puis que tant
que nous ſommes n'auons peu au recit de ceſte piteuſe hiſtoire retenir
noſtre cœur, qu'il n'aye teſmoigné le reſſentiment qu'il a de la miſere publique. Ie vous laiſſe donc à penſer, comme nous deuons fremir & tranſir, quand nous nous repreſentons toutes les ſortes de pauuretez qui ſont reſpanduës par ceſte grande & vaſte ville. Helas! combien y a-il de playes ſecrettes que la honte couure? & puis quelles &
combien effroyables ſont les calamitez que nous preuoyons, attendons,
                                                        & ne

& ne pouuons quaſi euiter? Vous me reprochez, Muſée, mes larmes; mais plus de raiſon auriez-vous de me reprocher ma dureté de cœur, qui ſeule empeſche qu'vne ſi viue & poignante douleur ne finiſſe enſemble ma triſteſſe & ma vie. Et lors me retournant vers Orphée & Linus, ie leur fey entendre les diſcours que Muſée m'auoit tenus, & le differend ſur lequel nous eſtions demeurez. Ce qu'ayans oüy; Noſtre bon-heur, dit Orphée, nous a bien amenez icy pour ouyr vne ſi belle diſpute. Mais, Muſée, puis que vous nous faictes cet honneur de nous croire, permettez qu'en vne choſe ſeulement nous vſions de l'authorité que vous nous donnez. Au lieu de nous diſcourir & demonſtrer voſtre propoſition, mettez-la ie vous prie en œuure, & faites experience ſur nous de ce que peut le remede, dont vous vous vantez, contre ceſte faſcheuſe maladie d'eſprit, qui eſt la triſteſſe que nous receuons tous de ceſte miſere & affliction publique: vous auez vn bel & ample ſubject. Car ie croy qu'il n'y en a pas vn de nous, duquel l'eſprit ne ſoit touché de ceſte maladie. Ie m'aſſeure que ſi l'antiquité a rien inuenté qui puiſſe ſeruir à la gueriſon de l'eſprit offenſé, vous en deuez auoir recueilly les plus belles & plus vtiles receptes. Mais ie crain qu'il ne vous arriue en cela, comme il faict en vos demonſtrations de Mathematique, où vous prouuez par raiſons mille belles propoſitions, que l'artizan ne ſçauroit puis apres mettre en œuure ſur la pierre ny ſur le bois. Pourſuiuez doncques, & faictes eſtat, que ſi vous nous pouuez accoiſer l'eſprit, & nous deliurer de l'ennuy & de la crainte qui nous geſnent, que vous auez cauſe gaignée. Car en noſtre endroict les effects preuuent bien mieux que les paroles: outre que vous nous aurez corrompus par vn grand bien, de nous auoir deliurez d'vn grand mal. Et en ce cas ie m'aſſeure que noſtre hoſte meſme ſera bien ayſe d'eſtre vaincu: car il gaignera beaucoup en perdant. Ie feray, dict Muſée, ce qui me ſera poſſible pour vous conter: mais ſouuenez-vous, s'il vous plaiſt, que nous trauaillons à vne beſongne commune. Et pour ce, ſi d'auanture és diſcours où ce ſubject me pourra porter, i'oublie quelques raiſons qui vous viennent en memoire, vous ſerez tenus de les ſuppléer. Car puis que nous combattons que pour la verité, & faire vaincre la raiſon, & que le prix de la victoire eſt commun entre tous, vous deuez tous, ce me ſemble, fauoriſer ſon party.

Il n'y a rien qui ſerue tant à la gueriſon du mal, que d'en bien connoiſtre la cauſe. C'eſt pourquoy ſi nous deſirons deliurer noſtre ame de faſcherie, & la remettre en vn eſtat paiſible, il faut, à mon aduis, examiner d'où procede le mal qui la tourmente. La nature de l'homme a beaucoup de proportion & correſpondance à tout ce grand Vniuers: mais auſſi a-elle à chacune de ſes parties, & principalement me ſemble-elle ſe rapporter à vn Eſtat Royal; eſtant l'vn & l'autre quaſi de meſme condition, & ſuject à de meſmes accidens. Le Prince ſouuerain qui a à gouuerner vn grand nombre d'hommes, vne grande quantité de prouinces & de villes, eſtablit des Gouuerneurs & Magiſtrats ſoubs luy: Et pour les inſtruire & addreſſer en l'exercice de leurs charges, leur donne ſes loix, comme la reigle de leurs actions: & outre les aduertit en choſes douteuſes & importantes de luy en faire rapport, & en attendre ſon commandement. Cer-

tainement tant que cet ordre eſt obſerué, que les ſubjects obeïſſent aux
Magiſtrats & les Magiſtrats à la loy & au Prince ſouuerain, l'Eſtat ſe maintient en grande paix, florit & proſpere merueileuſement. Mais au contraire, quand ceux qui iugent & commandent ſoubs le Prince, ſe laiſſent
tromper par leur facilité, ou corrompre par faueur au iugement des affaires qui ſe preſentent, & que ſans deferer à leur Souuerain ils employent
leur authorité à l'execution de ce qu'ils ont temerairement ordonné, ils
rempliſſent tout de deſordre & confuſion. En l'homme, la plus haute
& ſouueraine puiſſance de l'ame, qui eſt l'entendement, eſtant poſée au
plus haut lieu, comme en vn throſne, pour conduire & gouuerner toute
ſa vie & toutes ſes actions, a diſpoſé & ordonné ſoubs ſoy vne puiſſance
que nous appellons Eſtimatiue, pour connoiſtre & iuger par le rapport
des ſens la qualité & condition des choſes qui ſe preſentent, auec authorité de mouuoir nos affections pour l'execution de ſes iugemens. Et afin
que ceſte puiſſance-là, comme elle eſt grande & importante, ne fiſt rien
mal à propos, il luy a propoſé comme vne loy la lumiere de la nature qui
reluit en tous les objects: & outre luy a donné moyen en toutes choſes
de doute & de conſequence de recourir au diſcours, raiſon & conſeil de
celuy qui commande par deſſus. Il n'y a point de doute que tant que
cet ordre eſt obſerué à la conduite de la vie de l'homme, que ſon eſtat
ne ſoit tres-heureux ; & que ce grand & genereux animal ne ſe monſtre
digne ouurage de ce parfaict & ſouuerain Architecte qui l'a creé ; mais
ie ne ſçay par quel mal-heur rarement l'homme iouïſt-il de ce bien. Car
ceſte puiſſance-là qui eſt & au deſſous de l'entendement, & au deſſus des
ſens, à qui appartient le premier iugement des choſes & de leur qualité,
ſe laiſſe la plus-part du temps ou corrompre, ou tromper, & puis iuge
mal ou temerairement: & apres auoir ainſi iugé, elle manie & remuë nos
affections mal à propos, & nous remplit de trouble & d'inquietude. Les
ſens, vrayes ſentinelles de l'ame, diſpoſez au dehors pour obſeruer tout
ce qui ſe preſente, ſont comme vne cire molle, ſur laquelle s'imprime,
non la vraye & interieure nature, mais ſeulement la face & forme exterieure des choſes. Ils en rapportent les images en l'ame, auec vn teſmoignage & recommandation de faueur, & quaſi auec vn preiugé de leur
qualité, ſelon qu'ils les trouuent plaiſantes & agreables à leur particulier,
& non vtiles & neceſſaires au bien vniuerſel de l'homme : & outre introduiſent encore auec les images des choſes, l'indiſcret iugement que le
vulgaire en fait. De tout cela ſe forme en noſtre ame ceſte inconſideree
opinion que nous prenons des choſes, qu'elles ſont bonnes ou mauuaiſes,
vtiles ou dommageables à ſuiure ou à fuir: qui eſt certainement vne dangereuſe guide, & temeraire maiſtreſſe, & vrayement telle que noſtre Bel-
leau la depeint :

　　L'opinion qui n'a rien de certain,
　　Qui touſiours bruit & ſe trauaille en vain,
　　Qui ſe baſtit vne ferme aſſeurance.
　　Sur le ſablon de legere inconſtance.

Mais qui voudra ſoigneuſement obſeruer ſes effects, la connoiſtra bien
　　　　　　　　　　　　　　　　　　　　　　　　　　　encore

encore pire qu'il ne la defcrit. Car auſſi toſt qu'elle eſt conceuë, ſans plus
rien deferer au difcours & à l'entendement, elle s'empare de noſtre imagination, & comme dans vne citadelle elle y tient fort contre la droiɔte raiſon. Et puis, de meſme façon qu'vn tyran, qui a occupé vne ville par force, faiɔt dreſſer des roües & des gibets pour ceux qui ne veülent pas obeïr,
& propoſe des prix & des recompenſes à ceux qui prendront ſon party;
ainſi ſi elle nous veut faire fuïr quelque choſe, elle nous la peint hideuſe & eſpouuantable; ſi elle nous la veut faire aymer, elle luy farde le viſage,
luy faiɔt la bouche & les yeux rians. Puis elle deſcend en noſtre cœur, &
remuë nos affections auec des mouuemens violens d'eſperance ou de crainte, de triſteſſe ou de plaiſir ; & pour troubler noſtre repos, ſouſleue en nous
les paſſions, qui ſont les vrais ſeditieux de noſtre ame. Mais entre toutes les
autres & plus que toutes les autres, ceſte triſteſſe, dont ie vous voy ſaiſi (laquelle n'eſt autre choſe qu'vne langueur d'eſprit, & deſcouragement engendré par l'opinion que nous auons, que nous ſommes affligez de grands
maux) eſt vne dangereuſe ennemie de noſtre repos. Car on ne ſçauroit
croire, combien ceſte roüille & moiſiſſure, qui ſ'accueille en l'ame par tels
accidents, eſt contraire à la nature, & combien elle ruine & difforme ſon
ouurage, abaſtardiſſant ſa puiſſance, endormant & aſſoupiſſant ſa vertu,
lors qu'il les faudroit eſueiller pour ſ'oppoſer au mal qui nous menace &
nous preſſe, & introduiſant bien auant en noſtre cœur la cauſe de noſtre
douleur. Or puis qu'elle nous eſt ſi dommageable, nous nous en deuons,
ce me ſemble, bien garder. Et à fin qu'elle ne nous trompe, la bien deſcouurir, & diligemment reconnoiſtre ; puis auant qu'elle prenne pied ſur nous,
la combattre à la frontiere. Elle ſe veut couler ſoubs le nom de la nature;
monſtrons-luy qu'elle luy eſt ennemie : elle faiɔt ſemblant de vouloir ſoulager noſtre mal; connoiſſons comme elle l'augmente, tant qu'elle peut :
elle fait mine d'eſtre pieuſe & religieuſe ; faiſons luy paroiſtre qu'elle eſt
pleine de tromperie & d'impieté : comme elle ſe veut introduire en nous
ſoubs la faueur de l'erreur, chaſſons-la par l'authorité de la raiſon, & de la
verité. Premierement, pour monſtrer qu'elle ne ſe peut appuyer de la nature, qu'elle n'en procede point, & que ce n'eſt pas vne affection commune à tous les hommes, qui les touche egalement ; Ne voyons-nous pas
que les meſmes choſes qui attriſtent les vns, reſiouïſſent les autres ? qu'vne
prouince pleure de ce, dont l'autre rit ? que ceux qui ſont pres des autres qui
ſe lamentent, les exhortent à ſe reſoudre, & à quitter leurs larmes ? Oyez
la plus-part de ceux qui ſe tourmentent, quand vous auez parlé à eux, ou
qu'eux-meſmes ont pris le loiſir de diſcourir ſur leurs paſſions, ils confeſſent que c'eſt folie que de ſ'attriſter ainſi : & loüeront à trois heures de là
ceux qui en leurs aduerſitez auront faiɔt teſte à la fortune, & oppoſé vn
courage maſle & genereux à leurs afflictions. Tellement qu'en tout cela il
n'y a rien d'egal, rien de certain, comme ſont les effects de la nature : &
voit-on par là, que les hommes n'accommodent pas leur dueil à leur douleur, mais à l'opinion de ceux auec leſquels ils viuent. Souuenez-vous, ie
vous prie, de ce dueil public, que les anciens affectoient tant. Que direz-
vous de ceux-là que l'on loüoit pour venir pleurer aux enterremens ? Leurs

larmes, qui dependoient des yeux d'autruy, qui n'eftoient iettées que
pour eftre veuës,qui tariffoient fi toft qu'elles n'eftoient plus regardées,
eftoient-elles naturelles ou artificielles ? Que vouloient faire ceux qui fe
loüoient, & ceux qui les loüoient, finon feruir à cefte tyrannique opinion, que l'on s'eftoit forgée en ces lieux-là, qu'en tels accidents il falloit
pleurer : & que ceux qui ne pouuoient trouuer de trifteffe chez eux, en
deuoient acheter à beaux deniers comptans chez leurs voifins ? Ces gens-là
ne trahiffoient-ils pas volontairement la raifon, & proftituoient-ils pas de
de gayeté de cœur leur virilité? Voudrions-nous bien croire, qu'ils euffent
appris de fi mauuaifes mœurs à l'efcole de la nature ? Non certainement,
mais bien à l'efcole de l'opinion, qui apprend comme il faut corrompre la
nature, pour complaire au vulgaire, & qui ne produit rien qui ne foit fardé
& defguifé. Qu'ainfi ne foit, voulez-vous voir auec combien de vanité,
de tromperie, & d'artifice elle engendre, elle nourrit, elle efleue cefte trifteffe, qui nous tourmente tant ? Ie vous prie remarquez maintenant en
vous, & en tous ceux qui s'affligent, fi tout ce qu'elle nous reprefente
pour nous ennuyer, ne font pas chofes qui nous tourmentent, ou pluftoft
qu'elles ne doiuent,ou plus qu'elles ne doiuent? Ses plus forts inftruments,
& dont elle nous gefne plus cruellement, ce font les maux à venir. Comme elle ne peut rien fur nous, qu'en nous trompant & feduifant ; elle connoift bien que nous voyons plus clair en ce qui eft prefent, & fentons bien
que les accidens mefmes que nous auons craint fe trouuent toufiours plus
doux quand ils arriuent, que nous ne les auions imaginez,& s'adouciffent
mefmes par l'vfage, & par l'accouftumance. C'eft pourquoy elle fe iette
toute fur l'aduenir, comme entre des tenebres efpeffes, & choifit ce temps,
comme on faict l'heure de la nuict, pour donner quelque grand effroy
auecques peu de fubiect. Elle nous faict lors des maux, comme on faict
des Fées aux petits enfans, on les leur faict hauffer, baiffer, croiftre & appe-
tiffer comme on veut ; pour ce qu'on leur parle de chofe qu'ils n'ont iamais
veuë. Elle nous tourmente auec des maux, qui ne font tels qu'en ce que
nous les penfons, ou bien que nous les craignons, & qui ne nous offenfent
pas tant par leur nature, que par noftre apprehenfion. Combien en auons-
nous veu, qui ont rendu leur mal vrayement mal, à force de s'en affliger?
qui en craignant d'eftre miferables, le font deuenus, & ont tourné leurs
vaines peurs en certaines miferes ? Tel a tellement apprehendé la pauureté,
qu'il en eft deuenu malade. Tel a tellement apprehendé que fa femme ne
luy fauffaft la foy, qu'il en eft feiché de langueur. Et ainfi peut-on dire quafi de tout ce que nous craignons, où la plus-part du temps la crainte ne fert
qu'à nous faire trouuer ce que nous fuyons. Ne craignons plus, nous n'aurons point de mal,au moins ne l'aurons-nous iufques à ce qu'il foit aduenu:
& quand il aduiendra, il ne fera iamais fi fafcheux que nous le craignons.
Ie croy quant à moy,que de tous les maux, la crainte eft le plus grand & le
plus fafcheux. Car les autres ne font maux que tant qu'ils font, & la peine
n'en dure non plus que la caufe : mais la crainte eft,de ce qui n'eft pas, de
ce qui parauenture ne fera pas, voire quelquesfois de ce qui ne peut eftre.
O tyrannique paffion, qui pour trauailler les hommes outre-paffe la nature, &

re, & tire par noſtre mal-heur vne peine de ce qui n'eſt point ! qui pour ſatisfaire à l'opinion d'vne feinte & imaginaire miſere, tire de nous de viues &
poignantes douleurs ! Comme le peintre Parrhaſius, lequel mettoit ſes
eſclaues à la geſne, pour pouuoir mieux exprimer les tourmens fabuleux
de Promethée. Pourquoy faut-il que nous ſoyons ſi ambicieux à noſtre
mal, & que nous courions au deuant ? Donnons-nous patience, & laiſ-
ſons-le venir : peut-eſtre que le temps que nous eſtimons nous deuoir apporter de l'affliction, nous amenera de la conſolation. Combien peut-il
ſuruenir de rencontres qui pareront au coup que nous craignons ? Le foudre ſe deſtourne auec le vent d'vn chapeau, & les fortunes des grands
Eſtats auec vn petit moment. Vn tour de roüe met en haut ce qui eſtoit
en bas : & bien ſouuent d'où nous attendons noſtre ruine, nous receuons
noſtre ſalut. Il n'y a rien ſi ſubject à eſtre trompé, que la prudence humaine : ce qu'elle eſpere luy manque, ce qu'elle craint s'eſcoule, ce qu'elle n'attend point luy arriue. Dieu tient ſon conſeil à part : ce que les hommes
ont deliberé d'vne façon, il le reſout d'vne autre. Ne nous rendons point
mal-heureux deuant le temps, & (peut-eſtre) ne le ſerons-nous point du
tout. L'aduenir, qui trompe tant de gens, nous trompera auſſi-toſt en nos
craintes, qu'en nos eſperances. C'eſt vne maxime fort celebre en la Medecine, Qu'és maladies aiguës les predictions ne ſont iamais certaines. Si le
mouuement violent de la chaleur d'vn corps naturel, faict perdre le iugement au Medecin ; qui ſera le ſage qui oſera rien aſſeurer du ſuccés de nos
fureurs ciuiles, que l'on voit euidemment eſmeuës & entretenuës par vne
puiſſance plus qu'humaine ? Il eſt mal-ayſé de promettre le ſalut de noſtre
Eſtat, mais auſſi eſt-il incertain d'en predire la ruine. Combien y a-il eu de
villes, d'Eſtats, d'Empires, qui ont eſté croullez & eſbranlez par de grands
& horribles accidens, & tels que ceux qui les voyoient en attendoient la
fin aſſeurée : & neantmoins qui ſe ſont raffermis par leur eſbranlement, &
reuenus plus puiſſans & plus floriſſans, qu'ils n'auoient iamais eſté ?

Ceux qu'en paſſant la fortune renuerſe,
A ſon retour ſouuent elle redreſſe.

Il veut que ceux meſmes qui ſont renuerſez, eſperent : & nous qui ne ſommes encores qu'en pente, n'eſpererons pas ? Les Romains que j'appelle volontiers à teſmoins és belles & genereuſes actions, comme le plus vaillant
& courageux peuple qui fut iamais au monde, auoient bien occaſion de
deſeſperer de leurs affaires, apres que les Gaulois eurent ſaccagé leur ville,
& auec le fer & le feu defraciné le plan de leur Eſtat. Toutesfois ils ne ra-
batirent rien pour cela de leur eſperance, & de l'affection qu'ils auoient à
leur pays : au contraire le cœur leur creut en l'aduerſité, & eurent le courage de retenter la fortune, qui ſe monſtra ſi fauorable, qu'ils tirerent de
beaux triomphes de leurs propres ruines. Apres auoir perdu tant de batailles contre Annibal, & eſpuiſé toute la jeuneſſe de leur ville en tant de rencontres & mal-encontres, ne deuoient-ils pas eſtre fort troublez ? Au contraire, il ſe trouua des citoyens, qui mirent à l'enchere le champ ſur lequel
Annibal eſtoit campé ; eſperant touſiours bien de l'Eſtat & du ſalut public. Et pour paſſer aux guerres ciuiles (qui ſont ordinairement les fatales

& mortelles maladies des grands Eſtats) qui n'euſt penſé ſoubs Sylla &
Marius, que la Republique Romaine eſtoit frappée au cœur? Et ſoubs Ceſar & Pompée, que Rome meſme euſt eſté portée au champ de Pharſale,
pour à communs frais de toutes les nations eſtre là deſchirée & enſeuelie
par tous les peuples du monde? Et neantmoins elle ne fut iamais ſi puiſſante, ny ſi triomphante qu'apres le temps de Marius & Sylla: & les guerres
de Ceſar & Pompée ne furent que les trenchées de l'enfantement du plus
grand, du plus beau, & du plus floriſſant Empire du monde. Et pour des
nations eſtranges reuenir à nous meſmes; qui euſt iamais creu que noſtre
pauure Eſtat, couché tout de ſon long par terre à l'aduenement de Charles
VII. n'ayant quaſi plus ny poulx ny haleine, ſe fuſt releué en ſi peu de
temps, & euſt eſtendu ſes bras ſur toutes les Prouinces voiſines, comme il fit
incontinent apres ſous ſes prochains ſucceſſeurs? Il faut dire des fortunes des villes & des Royaumes, ce qu'on dit ordinairement des maladies des hommes: Tant qu'il y a vie, il y a eſperance. L'eſperance demeure au corps auſſi long-temps que l'eſprit. Mais bien, n'eſperons plus
rien, tenons nos maux pour certains, encore qu'ils ſoient incertains : te-
nons-les pour preſens, encore qu'ils ſoient à aduenir : eſtimez-vous que
quand ils arriueroient, ils fuſſent ſi faſcheux & intolerables que nous nous
les imaginons? Il s'en faudroit beaucoup. Le banniſſement, la pauureté, la
perte d'honneurs, la perte de nos enfans, la perte de nos amis, la perte de
noſtre vie; voyla dequoy eſt compoſé cet oſt de maux que nous redoutons tant. Le nombre n'en eſt pas tel que nous penſons : encor qui les conſiderera l'vn apres l'autre, trouuera que ce ne ſont que valets de bagage,
que l'on a mis en bataille pour nous eſtonner. Si nous ſommes armez,
comme nous deuons, rien de tout cela ne rendra combat : à voir ſeulement
noſtre contenance aſſeurée, ils s'eſcarteront. N'eſtimez-vous rien (direz-
vous) de perdre ſon pays, & eſtre contraint de changer de demeure? Que
faictes-vous de cet amour naturel que nous deuons à la patrie? I'en fay ce
que Platon en a faict, quand il a quitté Athenes pour aller demeurer en Sicile & en Egypte. I'en fay ce que vous-meſmes euſſiez faict, s'il ſe fuſt preſenté vne honorable occaſion de vous en aller dix ou douze ans en Ambaſſade en quelque pays eſtranger : non ſeulement vous euſſiez abandonné voſtre ville, mais (ſi vous voulez dire la verité) vous euſſiez à vn beſoin abandonné la terre, pour eſlire voſtre domicile en vn nauire, & attacher voſtre vie aux cordages d'vn vaiſſeau. Ce qu'vn peu d'honneur vous
euſt perſuadé, que la raiſon vous le perſuade : le commandement d'vn
Prince qui vous en euſt chargé, vous l'euſt fait trouuer bon; que la neceſſité & le deſtin, auſquels vous deuez dauantage d'obeïſſance, en facent autant. Combien y-a-il aujourd'huy d'hommes, qui ſe ſont bannis volontairement de l'Europe, pour aller peupler les extremitez de l'Aſie? Voyez-
les, ils loüent leur fortune, comme aſſeurée & pleine de biens; & deplorent la noſtre, comme miſerable, pleine de pauureté, & de trouble tout
enſemble. C'eſt faire tort à l'homme, qui eſt nay pour tout voir, & tout
connoiſtre, de l'attacher à vn endroit de la terre. C'eſt le Ciel qui eſt le vray
pays, & le commun pays des hommes, d'où ils ont tiré leur origine, & où

ils

ils doiuent retourner : & pour ceste occasion se voit-il par les hommes, &
se monstre-il à chacun d'eux, quasi tout en tous les endroits de la terre, en
vn iour & en vne nuict: où au contraire la terre, qui n'est qu'vn petit poinct
au prix, & qui auec tout ce qu'elle embrasse de ses mers, & arrouse de ses
fleuues, n'est pas vne cent soixantiesme partie de la grandeur du Soleil, ne
se monstre à nous qu'à l'endroit où nous l'habitons. Voudrions-nous attacher les affections de l'homme à vn si vil object, qu'est vn coin de la terre?
& le contraindre, pour estre heureux, de demeurer tousiours en vn mesme lieu, dont la demeure ne luy est agreable qu'entant qu'il la peut quitter
quand il veut? Forcez-le de n'en bouger, ce pays où vous trouuez tant de
plaisir luy sera aussi tost ennuyeux. Celuy qui auoit toute sa vie vescu enfermé dans les murailles de sa ville iusques à l'aage de quatre vingts ans,
quand on luy eut faict defense d'en sortir, mourut de regret ; & commença à haïr ce dont il ioüissoit par force, & à aymer ce que l'on luy defendoit.
Et ce genereux Romain Rutilius, estant rappellé d'exil par Sylla, ne voulut pas reuenir ; & estima plus douce la solitude de son isle, que la grandeur
& magnificence de sa ville. Voyez en combien peu de temps il auoit appris à faire peu de cas de son pays: il aymoit mieux en perdre la veuë, que
supporter celle de celuy qui en auoit opprimé la liberté: il pouuoit bien endurer l'exil, & il ne pouuoit pas endurer le tyran. Mais interrogez-le, il ne
vous dira pas seulement que son exil fut tolerable, il vous le depeindra doux
& voluptueux ; il vous monstrera que toutes ses vertus l'auoient suiuy,
qu'outre cela mesme il y auoit acquis l'amitié de la Philosophie : & vous dira dauantage, qu'il ne pense auoir vescu, que le temps qu'il a esté banny.
Ce n'est donc qu'vn amour imaginaire, que celuy que vous regrettez ; lequel n'a racine qu'en l'opinion, que peu de chose peut arracher. Toute terre est pays à celuy qui est sage: où pour le moins (comme disoit Pompée)
il doit estimer que son pays est, où est sa liberté. Toutes sortes d'hommes
luy sont concitoyens ; il les reconnoist pour alliez, pour parens, sortis d'vn
mesme tige, qui est la main de ce grand Pere, qui les a tous creez. Vous
voyez mesmes que la bonne fortune en tire quelques-vns par la main
hors de leur pays, pour les faire grands & puissans en vne terre estrange. Ie
vous prie contez-moy des Empereurs qui ont regné à Rome depuis Trajá,
cóbien il y en a eu natifs de la ville? Direz-vous que ces gés-là qui ont quitté, qui l'Espagne qui l'Esclauonie, qui les Gaules, qui l'Afrique, pour venir
au plus grand Empire du monde, ayét regretté, ny deu regretter leur pays?
Ouy, mais nostre condition ne sera pas semblable ; nous sortirons d'vn sac
de ville, nuds comme d'vn naufrage, & perdrons tous nos biens. C'est donc
la pauureté que nous craignons : voila parler franchement. Et qu'est-ce à
dire, craindre la pauureté? C'est à dire, perdre tant de beaux meubles que
nous auons amassez, la commodité d'vne maison bien parée, vn lict bien
mollet, la viande bien apprestée. Leuons le masque à nostre plainte, & voyla la vraye cause de nostre douleur. Nous sommes delicats, voyla nostre maladie. Vn homme à qui les bras demeurent de reste, se doit-il plaindre de la
pauureté? Celuy qui a vn art, la doit-il craindre ? Celuy qui est nourry aux
lettres & aux sciences, la doit-il fuir ? L'extreme pauureté, qui n'a pas de-

quoy ſuffire à la nature, n'arriue quaſi iamais: la nature nous eſt fort equitable, elle nous a formé d'vne façon, que peu de choſes nous ſont neceſſaires. Si nous voulons viure ſelon ſon deſir, nous trouuerons touſiours ce
qu'il nous faut: ſi nous voulons viure ſelon celuy du vulgaire, nous ne le
trouuerons iamais. Ceſte autre pauureté, qui eſt pluſtoſt mediocrité & frugalité, eſt deſirable: tant s'en faut qu'elle ſoit formidable. C'eſt celle qu'Ar-
ceſilas diſoit eſtre ſemblable à l'Ithaque, qui eſtoit aſpre & rude, mais qui
portoit des hommes genereux & temperans. C'eſt la dot de la vertu, &
principalement en ce temps, où peu de riches ont eſté vertueux, & peu de
vertueux ont eſté riches: & où, pour dire beaucoup de choſes en vn mot,
rien n'a tant empeſché les honneſtes gens d'auoir des biens & honneurs,
que de les meriter. Que penſez-vous que celuy-là nous deſpoüillera d'e-
ſtranges ſolicitudes, qui nous deſpoüillera de nos biens? Il nous rendra
vrayement maiſtres de nos vies, dont les affaires, les procés, les querelles
emportent la meilleure partie. Elle ſera lors toute à nous, quand nous la
pourrons employer à ce que nous voudrons. O faux biens, qui vous connoiſtroit bien, vous eſtimeroit de vrais maux! Qui nous rend eſclaues, ſinon
vous? Qui nous faict endurer les injures, ſinon vous? Qui nous oſte la liberté, ſinon vous? Qui nous attache aux portes des Princes, nous rend
ſerfs de leurs valets, nous fait obſeruer leurs actions, flechir au clin de leurs
yeux, ſinon vous? Richeſſes, perſonne ne vous peut loüer qui ne blaſme la
liberté. Richeſſes, aucun ne vous peut acquerir ny garder, qui ne renonce
au repos de ſon eſprit: & toutesfois on vous appelle biens. Ouy, comme
inſtrumens vtiles, & quelquesfois neceſſaires aux belles actions: dont l'v-
ſage eſt toutesfois ſi chatoüilleux & ſi difficile, que peu ſouuent ſe rencon-
tre-il que vous profitiez plus que vous ne nuiſez. Or ie veüx, qu'auoir des
commoditez en ce monde, ce ſoit bien; n'en auoir point, n'eſt pas mal pour
cela. Car la pauureté & les richeſſes ſont bien choſes diuerſes, mais non
contraires. Ce ſont diuers biens, diuers inſtrumens de la vertu. Auec l'vn
elle opere plus ayſément, mais auec l'autre plus parfaictement. Mais quelque choſe qu'il en ſoit, la pauureté profite plus qu'elle ne nuit, pour paruenir à ce ſouuerain bien, auquel tout le monde doit aſpirer, qui eſt le repos
de l'ame, & la tranquillité de l'eſprit. Combien en auons-nous encor aujourd'huy, qui pour ceſte meſme occaſion renoncent à leurs richeſſes, &
embraſſent la pauureté? Combien qui n'eſtiment eſtre libres que du iour
qu'ils ſe ſont faits pauures? Qui ne penſent viure que du iour qu'ils ſont
morts au monde? Puis que noſtre vie eſt ſi courte, & qu'il nous faut partir
d'icy ſans rien emporter de ce que nous y auons amaſſé, noſtre ayſance eſt-
elle pas d'y eſtre le moins chargez & embaraſſez de bagage que nous pourrons? La vie des pauures eſt ſemblable à ceux qui nauigent terre à terre: celle des riches à ceux qui ſe jettent en pleine mer. Ceux-cy ne peuuent prendre terre quelque enuie qu'ils en ayent, il faut attendre le vent & la marée:
ceux-là viennent à bord quand ils veulent, il ne faut que jetter vn petit cor-
deau, on ameine incontinent leur barque au riuage. O pauureté, à combien
de choſes tu es propre, qui te connoiſtroit bien ne te blaſmeroit pas! Helas
ſi nous voyons auſſi à clair les ſoupçons, les jalouſies, les craintes, les
frayeurs,

frayeurs, les defirs, les cupiditez des Grands, que nous voyons les couuertures de leurs maifons, & frontifpices de leurs palais, la lueur de leurs meubles, la fplendeur de leurs veftemens, nous n'enuierons pas leur fortune.
Quand on nous diroit, Voyla il faut tout prendre, ou tout laiffer, aduifez fi
vous voulez les biens de cet homme-là, auec fes incommoditez; nous nous
retirerions fans marché faire, & nous eftimerions bien-heureux de noftre
pauureté. Si elle eftoit fi mauuaife, qu'on nous la faict, nous ne loüerions
pas fi hautement les Fabrices, les Serrans, les Curies. Car cefte frugalité,
auec laquelle ils rejettoient l'or & l'argent, pour cultiuer la terre; les delices,
pour embraffer le trauail; les friandifes, pour fe nourrir de pain & d'oi-
gnons; qu'eftoit-ce autre chofe qu'vne pauureté volontaire? C'eft vn
grand cas, quand nous iugeons de la pauureté entre perfonnes eftranges,
elle gagne fa caufe, elle s'en va loüée & eftimée: qu'eft-ce cela finon de clarer que noftre intereft particulier nous corrompt, & nous empefche de
iuger droittement lors qu'il y va du noftre? Certainement entre perfonnes
non paffionnées elle eft loüable; mais entre quelques perfonnes que ce foit,
elle eft fupportable. Or fi nous nous pouuons perfuader de fupporter la pauureté, combien plus ayfément la perte de nos dignitez & honneurs? Dignitez, qui ne font qu'vne feruitude volontaire, par laquelle nous nous
priuons de nous mefmes, pour nous donner au public. Honneurs, qui en
toutes faifons ont apporté aux grands hommes qui les ont dignement maniez, l'exil & la pauureté. Repaffez en voftre memoire l'hiftoire de toute
l'antiquité, & quand vous trouuerez vn Magiftrat qui aura eu grand credit enuers vn peuple, ou aupres d'vn Prince, & qui fe fera voulu comporter vertueufement, dites hardiment, Ie gage que ceftui-cy a efté banny,
que ceftuy-cy a efté tué, que ceftuy-cy a efté empoifonné. A Athenes, Ariftides, Themiftocle & Phocion; à Rome infinis, defquels ie laiffe les noms
pour n'emplir le papier, me contentant de Camille, Scipion, & Ciceron,
pour l'antiquité; de Papinian, pour le temps des Empereurs Romains; &
de Boëce, foubs les Gots. Mais pourquoy le prenons-nous fi haut? Qui
auons-nous veu de noftre fiecle tenir les Seaux de France, qui n'ait efté mis
en cefte charge, pour en eftre dejetté auec contumelie? Celuy qui auroit
veu Monfieur le Chancelier Oliuier, ou Monfieur le Chancelier de l'Hofpital, partir de la Cour pour fe retirer en leurs maifons, diroit fans doute incontinent, que tels honneurs font autant d'efcueils à la vertu. Imaginez-
vous ces braues & venerables vieillards, efquels reluifoit toute forte de vertus, & efquels entre vne infinité de grandes parties vous n'euffiez fceu que
choifir, remplis d'erudition, confommez és affaires, amateurs de leur patrie, & vrayement dignes de telles charges fi le fiecle n'euft efté indigne
d'eux. Apres auoir longuement & fidelement feruy le public, on leur dreffe des querelles d'Alleman, & de faufes accufations pour les bannir des affaires, ou pluftoft pour priuer les affaires, comme vn nauire agité, de la conduite de fi fages & experts pilotes, afin de le faire plus ayfément brifer. En
toutes faifons c'eft ambition que de defirer les charges publiques, & foibleffe de courage de les regretter: en cefte-cy c'eft fureur; en cefte-cy, dif-ie, où
l'authorité du Magiftrat fert humblement, voire honteufement aux paf-

ſions de ceux qui ont la force en la main ; en vn temps où la liberté eſt capitale, & la verité criminelle ; en vn temps où la miſere publique implore
voſtre ayde, & la violence des meſchans vous ferme la bouche. Ce n'eſtoit
pas vn conſeil que Caton donnoit à ſon fils, mais c'eſtoit vn Oracle qu'il
prononçoit aux hommes de noſtre temps, quand il luy diſſuadoit de ne ſe
point meſler du gouuernement: Pour ce (diſoit-il) que la licence du temps
ne te peut permettre de rien faire digne du nom de Caton, ny le nom de
Caton de rien faire indigne de ſa generoſité. I'accuſe quant à moy, ceux
qui ont encores des charges publiques. Et croy que s'il y a rien en quoy la
fortune, qui nous menace, nous puiſſe eſtre fauorable, c'eſt à deſcharger les
gens de bien de ce fardeau, qui les grêue il y a fort long-temps. Tant y a que
quiconque voudra compter ſes honneurs entre ſes pertes, meſmes celles
qui ſont à lamenter, & qu'on peut mettre en auant pour eſtre iuſte cauſe
d'vne triſteſſe ſemblable à celle qui nous tourmente, ie le iuge pour delicat,
& le cenſure dés à preſent comme indigne de la dignité qu'il craint de perdre. Mais, me dira-on, que reſpondrez-vous à la perte de nos amis, de nos
parens, de nos enfans, qui nous eſt menacée par tels accidents, que ceux
que nous craignons? Ie vous reſpondray que quand cela ſeroit arriué, &
que la ruine de noſtre ville les auroit accablez, nous aurions dequoy nous
conſoler: car la mort leur ſeroit tres-heureuſe. Nous ne nous faſchons pas,
à mon aduis, de ce qu'ils ſont naiz mortels, & qu'il faut partant qu'vn
iour ils meurent, mais ſeulement de ce qu'ils meurent en ce temps-cy.
Nous n'ignorons pas, que puis qu'ils ſont naiz hommes, il faut qu'ils ſoient
ſeparez de nous, qu'ils aillent deuant, ou qu'ils nous ſuiuent. Et ce auſſi bien
en la paix comme en la guerre, auſſi toſt par maladie que par glaiue. De
quelque façon que ce ſoit, ils ne peuuent eſchapper le coup de la mort; mais
où pluſtoſt ou plus tard, vn peu deuant ou vn peu apres: c'eſt dequoy nous
ſommes tant en peine. En quelle ſaiſon la mort leur pourroit-elle arriuer
plus à propos, que quand la vie eſt ennuyeuſe? S'ils auoient à la ſouhaitter,
ou nous pour eux, quel autre temps pourroient-ils choiſir plus propre? A
quelle heure le port eſt-il plus deſirable, que quand on eſt fort battu de la
tempeſte? Le vray vſage de la mort, c'eſt de mettre fin à nos miſeres. Si
Dieu euſt faiƈt noſtre vie plus heureuſe, il l'euſt faiƈte plus longue. Il ne
faut donc pas plaindre leur mort pour leur intereſt, pour le noſtre il ſeroit
malſeant. Car c'eſt vne eſpece d'injure, d'auoir regret au repos de ceux qui
nous ayment, pour ce que nous en ſommes incommodez. Particulierement, pour ce qui concerne la perte de nos amis, il nous demeure touſiours
vn remede, que la fortune, pour ſi rude & cruelle qu'elle ſoit, ne nous peut
arracher. Car ſi nous les ſuruiuons, nous auons moyen d'en faire d'autres.
Comme l'amitié eſt vn des plus grands biens de la vie, auſſi eſt-il des plus
ayſez à acquerir. Dieu faiƈt les hommes, & les hommes font les amis: à qui
la vertu ne manque point, les amis ne manqueront iamais. C'eſt l'inſtrument, auec lequel on les faiƈt, & auec lequel quand on a perdu les anciens,
on en refaiƈt de noueaux. Si Phidias euſt perdu quelqu'vne de ſes tant
eſtimées ſtatuës, quel moyen euſt-il eu de reparer cette perte? c'euſt eſté
d'en refaire vne ſemblable. La fortune nous a elle oſté nos amis? faiſons-en
de

de nouueaux : par ce moyen nous ne les aurons pas perdus, mais multipliez. Ceux-là nous iront attendre deuant au seiour preparé pour les belles & pures ames, & les derniers nous rendront le chemin qui nous reste plus doux par leur compagnie. Peut-estre(me direz vous)pourrons-nous prendre patience és aduersitez que vous nous auez representée. Car pour dire vray, cela ne frappe que sur la robbe, & ne touche que ce qui est à l'entour de nous, les biens les honneurs, les amis, les enfans. Mais si le mal vient plus auant, & qu'il penetre iusques à nostre propre personne, comment ferons-nous pour ne le pas sentir, ou le sentant pour ne nous en pas affliger ? Car vous pouuez preuoir, que si la fureur de nos seditieux citoyens se tourne vne fois sur nous, qui leur sommes desia suspects, qu'ils nous jetteront dans des prisons, nous mettront aux tourmens, & seruiront contre nous, comme ils ont faict contre tant d'autres, desquels nous n'auons esté distinguez, que par nostre meilleure fortune. Ou bien, comme nous en sommes à la veille, si la ville est prise ou surprise, & passe par vn sac & pillage, nous tomberons entre les mains de barbares & inhumains soldats, peut-estre mesmes estrangers de nation, qui apres nous auoir battus & tourmentez, nous tiendront en vne miserable captiuité : où nous demeurerons parauanture, malades & languissans sans secours; peut-estre adjoustera-on les tourmens aux maladies. Et en fin, nous verrons-nous mourir en ceste misere : pour le comble de laquelle nous aurons autour de nous de pauures petits enfans, destituez de toute conduite, à la compassion desquels nous ne pourrons apporter autre chose que les souspirs. Qui sera l'esprit si affermy, qui pourra supporter telles atteintes? & qui se trouuant en telles angoisses sans remede, ne maudisse cent fois le iour sa vie, ne deteste l'heure de sa natiuité, & ne souhaite auoir esté auorté plustost qu'enfanté ? De ce qui nous peut arriuer, voyla ce qui en est le plus dur & plus fascheux, ie le confesse : mais qu'il soit insupportable, ie le nie, & soustiens que la vertu peut soustenir brauement cet assaut, demeurer victorieuse, & conseruer soubs son bouclier nostre esprit sain & entier, plein de repos & de contentement. Mais si nous auons à entrer en ce combat, ne donnons point plus d'auantage à nostre ennemy qu'il en a, ne le faisons point plus grand qu'il n'est; ne le laissons point venir en trouppe à nous, contraignons-le de venir vn à vn à la breche. Ce qui se presente le premier pour nous faire peur, ce sont de grandes & fascheuses maladies. Pourquoy plustost aujourd'huy, que non pas il y a vingt ans? Pensons-nous que les maladies soient plus frequentes, ou plus fascheuses en la pauureté qu'en l'abondace, en la frugalité qu'és delices? Bon Dieu que nous sommes aueugles! auons nous iamais trouué par les villages des goutes, des coliques, des pierres, des migraines? Quant à moy ie confesse que ie n'y en vey iamais, & si j'y ay pris garde. Toutes ces sortes de maux-là, qui sont maladies aiguës & douloureuses, ne sont que dans les villes, & encore dans les palais des Grands : c'est le salaire des festins, des baquets, des jeux, des veilles, des nuicts passées entre les plaisirs & les voluptez. Tellement que les miseres que nous enduros, entre autres comoditez qu'elles nous apportet, elles nous ostent la cause de ces grands maux-là, & les deracinet, retranchant les fibres & rameaux des plaisirs qui les nourrissoient & entretenoient. Or quad bien

elles nous deuroient arriuer, où pourroient-elles eſtre mieux gueries que
chez la pauureté? Que penſez-vous que contiennēt tous les liures de Galien
& d'Hippocrate de plus ſalutaire à toutes ou pour le moins à la pluſpart des
maladies, que la ſobrieté? Tous ces autres remedes que la medecine a inuentez auec tant d'art & d'induſtrie, ne ſont quaſi que pour les delicats, qui
veulent guerir auec volupté, & ſans rien rabatre de leurs plaiſirs, aymans
mieux pour medecin l'artifice que la nature. Mais encór ie veux bien que
les remedes nous manquent; pour cela le courage nous doit-il manquer?
pour cela voudrons-nous laiſſer domter à la douleur, & ſous-mettre ce qui
eſt ſouuerain en nous, à ceſte puiſſance eſtrangere? Ce ſeroit vne trop grande laſcheté, veu le moyen que la raiſon & le diſcours nous donnent pour y
reſiſter. Ou les maladies qui nous peuuent ſuruenir, nous apportent vne
violente douleur, ou bien vne douleur moderée; ſi elle eſt moderée, elle eſt
ayſée à ſupporter : nous qui auons faict deſia couſtume d'endurer, ne nous
deuons pas plaindre des petits maux; & puis que nous craignons & attendons les grands, nous deuons remercier la iuſtice de Dieu, de nous quitter à
ſi bon marché, & nous rendre moins miſerables que nous ne penſions.
Bref, qui pourra oüir la voix de celuy qui ſe plaint de peu de choſe, principalement en vne ſaiſon où aucun n'eſt exempt de mal? ſi le mal eſt violent,
il ſera court : la nature ne permet pas que les grands maux ſoient durables,
& leur a donné ceſte conſolation, que la ſoudaineté en oſte quaſi le ſentiment. Cela va comme vn torrent; en vn moment vous le voyez à ſec, &
ne ſçauez qu'il eſt deuenu. Le mal ſi court ne vous donne pas loiſir de vous
plaindre, il eſt paſſé auant que vous l'ayez quaſi reconneu; ſi vous l'eſchap-
pez, il vous laiſſe comme vn plaiſir d'en eſtre hors; s'il vous emporte, il vous
oſte auſſi le ſentiment de la douleur. Mais quoy que ce ſoit, le mal n'en peut
iamais eſtre ſi grand, que la raiſon & le diſcours ne le doiuent ſurmonter.
Ie vous rapporterois les exemples des anciens ſi frequents que rien plus,
non pas d'hommes, mais des femmes meſmes, qui ont ſouſtenu de longues
& douloureuſes maladies auec tant de conſtance, que la douleur leur a pluſtoſt emporté la vie, que le courage. Mais où les irois-ie chercher ſi loing
pour vous, qui en auez vn domeſtique plus ſigné qu'aucun de l'antiquité? Ie dy celuy de voſtre bonne & chere ſœur, qui en cette enragée coli-
que de ſix mois qui en fin l'a emportée, a monſtré vn eſprit ſi entier, vn courage ſi inuincible, que ſes propos, qui ne luy ont point failly iuſques à la
fin, n'ont eſté que conſolation à ceux qui la voyoient, & loüanges &
actions de graces à Dieu, de la main duquel elle receuoit ſi contente la mal
& le reconfort. Or paſſons, legerement ſur cette cicatrice; car ie craindrois,
au lieu de ſouder vne nouuelle playe, rentamer ceſte-là qui vous a ſi viuement & profondément atteint. Quant aux tourmens que nous pouuons
craindre de ceux, entre les mains deſquels nous pourrions tomber, il ne faut
pas douter que ſi nous pouuons prendre la reſolution, à laquelle & les raiſons & les exemples que ie vous ay repreſentez cy-deſſus, nous inuitent,
que nous n'en venions ayſément à bout. Car ils ne ſont pas plus difficiles à
ſupporter, que les grandes & faſcheuſes maladies : au contraire il ſemble
qu'ayans le corps & la ſanté entiere pour y reſiſter, que la nature nous ſeconde

conde en ce combat , & nous preste des forces pour nous y rendre victorieux. Il n'est pas croyable , combien en cet endroit peuuent le discours &
la raison , non seulement a nous rendre constans , mais encore à nous faire trouuer douce & plaisante la douleur. Ce seroit chose immense de vous
citer les exemples de ceux qui non seulement ont courageusement attendu le tourment ; mais persuadez par la raison l'ont esté chercher , & l'ont
supporté auec quelque plaisir. Vous sçauez comme en Lacedemone les
ieunes enfans s'entrefoüettoient viuement , sans que l'on apperceust en
leur visage aucune marque ne ressentiment de douleur. Quoy donc,
estoient-ils insensibles ? non certainement , mais en ce tendre aage-là ils
s'estoient tellement imprimez en l'esprit , que c'estoit vne grande gloire,
que de s'accoustumer à endurer pour seruir au pays , qu'ils surmontoient
aysément la douleur par le courage , & rioient de ce que les autres ont accoustumé plorer. Ne sçaurions-nous faire pour l'honneur de la vertu ce
que ceux-là faisoient pour leur pays? pour le repos de nostre esprit , ce qu'ils
faisoient pour le bien de leur Republique? Le page d'Alexandre se laissa
brusler par vn charbon , sans faire demonstration aucune ne contenance
de se plaindre, de peur de faire en la presence de son maistre quelque chose
d'indecent, & qui troublast la ceremonie du sacrifice: Et nous à la presence
des hommes, des Anges, de la nature, & de Dieu mesme , n'endurerons-
nous point quelque chose, qui monstre que nous nous sçauons accommoder aux loix de l'Vniuers, & à la volonté du souuerain ? Pompée estant allé
en Ambassade pour le peuple Romain , fut surpris par le Roy Gentius,
qui le voulut contraindre de deceler les affaires publiques; mais pour luy
monstrer qu'il n'y auoit tourment au monde qui le luy peust faire dire , il
mit luy-mesme son doigt au feu , & le laissa brusler iusques à ce que Gentius mesme l'en retira. Il cherchoit le tourment , pour faire paroistre ce
que pouuoit sa fidelité; & nous, si le tourment nous arriue, voulons-nous
trahir nostre ame, & oublier ce que nous deuons d'honneur à ce qui est de
diuin en nous? Voulons-nous (dis-je) lors abbaisser nostre esprit , & l'asser-
uir à nostre corps , pour se condouloir auec luy & compatir à ses maux ?
Bien plus genereux estoit ce braue Anaxarque , qui demy-brisé dans les
mortiers du tyran, ne voulut iamais confesser que son esprit fust touché du
tourment. Pilez, broyez tout vostre saoul (disoit-il) le sac d'Anaxarque: car
quant à luy vous ne le sçauriez blesser. De là, de là venoit ceste belle resolution; de là, comme d'vne viue source, decouloit ceste constance, qu'il auoit
appris à mespriser le corps comme chose qui n'est point à nous, ny en nostre
puissance; & à en vser comme d'vne robe empruntée pour faire paroistre
pour vn téps nostre esprit sur ce bas & tumultuaire theatre. Or celuy-là seroit-il pas trop delicat qui crieroit pour ce que l'on luy auroit gasté sa robe,
que quelque espine la luy auroit accrochée, ou quelqu'vn en passant la luy
auroit deschirée? Quelque vil frippier, qui voudroit faire son profit de telle
denrée, s'en plaindroit; vn Prince, vn Grand, vn riche bourgeois s'en riroit,
& n'en feroit conte, comparant ceste perte au reste des grands biens qu'il a.
Faisons cas de nostre ame comme nous deuons, soyons curieux de son honneur & de son repos , & nous ne ferons aucun cas de tout ce que nostre

corps peut endurer icy bas. Oüy, mais le mal ſera ſi grand que nous y perdrons la vie, & verrons trancher le fil de nos ans par le beau milieu. Qui eſt-
ce qui ſe peut garâtir d'apprehender ce coup, duquel la nature meſme a horreur? Car la mort encore qu'elle vienne à ſon terme, ſi eſt-elle eſpouuantable; combien plus le ſera-elle, quand elle s'auancera, & nous cueillera en verd
au fort de noſtre ieuneſſe? Nous nous trompons, la mort n'a rien de ſoy
d'effroyable, non plus que la naiſſance: la nature n'a rien d'eſtrange, ny de
redoutable. La mort eſt tous les iours parmy nous, & ne nous fait point de
peur : nous mourons tous les iours, & chaque heure de noſtre vie qui eſt
paſſée eſt morte pour nous. La derniere goutte qui ſort de la bouteille, n'eſt
pas celle qui la vuide, mais qui acheue de la vuider: & le dernier moment
de noſtre vie n'eſt pas celuy qui fait la mort, mais ſeulement qui l'acheue.
La principale partie de la mort conſiſte en ce que nous auons veſcu. Plus
nous deſirons viure, plus nous deſirons que la mort gagne ſur nous. Mais
d'où nous vient ce deſir? de l'opinion du vulgaire, qui veut tout meſurer à
l'aune, & n'eſtime rien de precieux que ce qui eſt grand : où au contraire
les choſes exquiſes & excellentes ſont ordinairement ſubtiles & deliées.
C'eſt vn traict de grand maiſtre, d'enclorre beaucoup en peu d'eſpace: &
peut-on dire, qu'il eſt quaſi fatal aux hommes illuſtres de ne pas viure long-
temps : La grande vertu, & la longue vie ne ſe rencontrent gueres enſemble: La vie ſe meſure par la fin; pouruueu qu'elle en ſoit belle, tout le reſte a ſa
proportion: la quantité ne ſert de rien, pour la rendre ou plus, ou moins heureuſe; non plus que la grandeur ne rend pas le grand cercle plus rond que le
petit, la figure y faict tout. Encore (direz-vous) ſouhaiteroit-on volontiers
de mourir en paix dans ſon lict entre les ſiens, conſolé d'eux en les conſo-
lant. Cela eſt miſerable d'eſtre tué en quelque coin, & demeurer ſans ſepulture. Tant de gens qui vont à la guerre, & prennét la poſte pour ſe trouuer à vne bataille, ne ſont pas de cet aduis. Ils vont mourir tout en vie, &
s'enſeuelir parmy leurs ennemis. Les petits enfans craignent les hommes
maſquez: deſcouurez-leur le viſage, ils n'en ont plus de peur. Auſſi, croyez-
moy, le feu, le fer, la flamme nous eſtonnent en la façon que nous nous les
imaginons: leuons leur maſque, la mort dont ils nous menacent n'eſt que la
meſme mort, dont meurent les femmes & les petits enfans. Mais ie laiſſeray
(me direz-vous) de petits orfelins, ſans conduite, & ſans ſupport, comme
ſi ces enfans-là eſtoient plus à vous qu'à Dieu: comme ſi vous les aymiez
dauantage que luy, qui en eſt le premier & plus vray pere ; ou comme ſi
vous auiez plus de moyen de les conſeruer que luy. Non, non, ils auront le
pere commun de tout le monde, qui veillera ſur eux, & qui les conſeruera
ſoubs l'aiſle de ſa faueur, comme il faict toutes ſes creatures, depuis les plus
grandes iuſques aux plus petites. Les maux donc ne ſont iamais ſi grands
que noſtre ambicieuſe opinion nous les propoſe; elle nous donne l'eſpou-
uante par ſes artifices. Mais bien nous perd-elle, & corrompt tout à fait,
quand elle nous veut perſuader qu'en telles occaſions il nous faut attriſter
& ennuyer. Vrayement quand la triſteſſe qu'elle nous apporte n'auroit rien
de pire que la deformité dont elle eſt accompagnée, ſi la deurions-nous fuïr
à voiles & à rames. Obſeruez-la ſi toſt qu'elle entre chez nous, elle nous
　　　　　　　　　　　　　　　　　　　　　　　　　　　　remplit

remplit d'vne honte, que nous auons de nous monstrer en public, voire mesmes en particulier à nos amis. Depuis que nous sommes vne fois saisis de ceste passion, nous ne cherchons que quelque coin pour nous mettre, & fuïr la veuë des hommes. Nous ne voulons plus de tesmoins de nos actions; la veuë de nos amis nous est à charge. Qu'est-ce à dire cela, sinon qu'elle se condamne soy-mesme, & reconnoist combien elle est indecente? ne diriez-vous pas que c'est quelque femme surprise en desbauche qui se cache, & a honte d'estre reconneuë? ou le Cherea de Terence, qui s'estant habillé en eunuque, pour faire vne friponnerie, se trouue surpris au milieu de la ruë, ou en vne maison estrange? C'est bien habiller les hommes en eunuques, voire les chastrer du tout, que de les laisser tomber en ceste tristesse-là qui leur oste tout ce qu'ils ont de masle & genereux, & nous donne toutes les contenances & toutes les infirmitez des femmes. Aussi les Thraces habilloient-ils en femmes les hommes qui estoient en dueil, fust pour leur faire honte d'eux mesmes à eux mesmes, ou pour leur donner occasion de cesser bien-tost de si mauuaises & effeminées contenances. Mais qu'estoit-il besoin de ces habits-là pour cela? Car il me semble que leurs visages & toutes leurs actions leur estoient vn suffisant aduertissement qu'ils n'estoient plus hommes. C'estoit à mon aduis vn reproche public que les loix leur faisoient de leur pusillanimité, vne semonce de reuenir à eux-mesmes, & reuestir leur courage viril. Les loix Romaines, qui ont esté plus genereuses, n'ont pas cherché des remedes par la honte contre ces effeminées lamentations: car elles les ont defendu tout à faict par leurs premieres & plus pures Ordonnances. Elles n'ont pas pensé que la mort ny de pere, ny de mere, ny d'enfans, ny de parent, ny d'amy, deust estre cause de nous desnaturer, & faire chose contraire à la virilité. Bien ont-elles permis les premieres larmes qu'espreint vne fraische & recente douleur. Ces larmes, dis-je, qui peuuent mesmes tomber des yeux des Philosophes, & qui gardent auec l'humanité la dignité, qui peuuent choir de nos yeux sans que la vertu tombe de nostre cœur. C'estoient ie pense de celles-là qui couloient sur les joües de la belle Panthea, quand Araspes en deuint amoureux, pour l'auoir veu plorer fort tendrement & pitoyablement à son gré la mort de son mary. Car les premieres pointes de la douleur esleuent en nous des passions si viues & si naïfues, qu'elles passent aysément en l'esprit de ceux qui nous voyent, & les enflamment de la mesme ardeur. Mais ceste tristesse enuieillie, qui a penetré iusques à la moüelle de nos os, fane nostre visage, & flestrit nostre ame tout ensemble, de telle façon que rien n'est plus agreable en nous. Et si la nature a faict naistre quelque chose d'aymable en nostre corps, ou en nostre esprit, il se fond en ceste amere passion, comme la beauté d'vne perle se dissout dans le vinaigre. C'est pitié lors que de nous voir: nous nous en allons la teste baissée, les yeux fichez en terre, la bouche sans parole, les membres sans mouuement; les yeux ne nous seruent que pour pleurer, & diriez que nous ne sommes rien que des statuës suantes. Ce n'est pas sans cause que les Poëtes nous ont laissé par memoire, que Niobé auoit esté conuertie en vne image de pierre à force de pleurer. Ils n'ont pas seulement voulu par là, comme vn ancien a pensé, nous representer le silence qu'elle auoit gardé en son dueil, mais aussi nous apprendre qu'elle auoit perdu tout sentiment pour s'estre abandonnée à la tristesse. Nous la deurions donc fuïr, quand ce ne seroit que pour estre si indecente & deshonneste : mais elle est auec cela estrangement dommageable, & en ce d'autant plus dangereuse, qu'elle nuit soubs couleur de profiter. Elle faict semblant d'accourir pour nous secourir, & au contraire elle nous offense : elle faict contenance de tirer le fer de la playe, & elle l'enfonce iusques au cœur : elle nous promet la medecine, & nous donne le poison. Ses coups sont d'autant plus difficiles à parer, & ses entreprises à rompre, que c'est vn ennemy domestique, nourry & esleué chez nous, & que nous auons nous-mesmes engendré pour nostre peine. A mon aduis que c'estoit d'elle de qui parloit le Comique Grec, quand il s'escrioit contre les hommes : O pauures gens, combien endurez-vous de maux volontaires, outre les necessaires que la nature vous enuoye! Car de qui nous pouuons-nous plaindre, que de nous, quand apres le sentiment des maux passez nous en retenons encor la fascherie, & nous opiniastrons à les remascher & ramener continuellement en nostre memoire; ou que par la crainte de l'aduenir nous languissons descouragez ? N'est-ce pas de nous que nous vient ce mal-là, duquel nous ne nous deuons pas esbahir s'il est si durable, veu qu'il est comme les fleuues qui sortent de la mer & y retournent, & qui pour tirer leur source du mesme lieu où ils se deschargent, ne tarissent iamais ? Pauures sots ! pourquoy arrousons-nous si soigneusement ceste plante, dont les fruicts sont si amers ? trouuons-nous quelque goust à ces plaintes, ces ennuis, ces regrets, ces souspirs, dont elle enfielle nostre vie, & empoisonne toutes nos actions ? Car tant qu'elle habite chez nous, que faisons-nous digne du nom d'homme ? A quelle heure pensons-nous à seruir la patrie, à faire l'office d'vn bon citoyen, à nous opposer aux factions des meschans, à defendre les loix des assauts de l'ambition & de l'auarice, à secourir nos amis de l'oppression des meschans ? Quelle relasche nous donne ceste importune passion, pour leuer les yeux au Ciel, & auec vn esprit pur remercier ce grand & souuerain Empereur, qui nous a logez icy bas, & nous a faict tant de faueurs, que quand nous n'aurions autre chose à faire qu'à luy en rendre graces, si n'aurions-nous pas en toute nostre vie du temps à demy ? Certainement on ne la sçauroit excuser, elle est ou fort indiscrette, ou fort maligne : car ou sa fin est mauuaise, ou elle erre & s'esgare de sa fin. Si son but est d'augmenter nostre mal, & que plus elle empiete sur nous, plus elle rende nostre vie fascheuse & ennuyeuse, que ne la repoussons-nous à l'abord ? que ne luy fermons-nous la porte ? ou pour le moins que ne la chassons-nous si tost que nous connoissons ses desseins ? Nous sommes bien traistres à nostre propre repos, si connoissans ses ennemis, si sçachans qui sont ceux qui le ruinent, nous les receuons, nous les supportons, nous les choyons ? Si son but est de soulager nostre douleur, la diminuer & destremper en nos larmes, pourquoy nous seruons-nous si long-temps d'vne si mauuaise & temeraire officiere, qui faict tout le côtraire de ce qu'elle veut ? Qui l'a iamais veu paruenir à ce but-là ? en quel esprit est-elle iamais entrée qu'elle ait consolé ? Au contraire si elle l'a trouué tremblant, ne l'a elle pas terrassé ? si tombant, accablé ? Il n'en

sort

fort pas vn d'entre ses mains, que gasté, froissé & brisé. Quand elle y a passé, il n'y demeure plus de force ny de resistance, & deuient comme vn lieu
bas & creux, qui n'est pas seulement saly des ordures qui y croissent, mais
de tous costez les esgouts s'y deschargent, & l'eau pure s'y corrompt. Car
l'homme saisi de tristesse s'offense de ses maux, & de ceux d'autruy, des publics & des particuliers : les bonnes fortunes mesmes qui luy arriuent, luy
desplaisent, tout s'aigrit en son esprit, comme les viandes font en vn estomac desbauché. Mais outre tout cela, ie dy que la tristesse venant pour le
sujet, pour lequel elle vous arriue, est fort injuste, & j'oserois quasi dire,
impie. Car qu'est-elle autre chose qu'vne plainte temeraire & outrageuse
contre la nature, & la loy commune du monde ? La premiere voix que
prononce la nature, c'est que toutes choses qui sont soubs le Ciel de la
Lune sont perissables ; & que comme elle ont eu commencement, aussi
auront-elle fin. Vous en voulez comme par priuilege exempter vostre ville, & la rendre immortelle. Les villes, les Estats, les Royaumes sont de la
mesme condition que les autres parties du monde : voire l'estre en est plus
incertain & plus infirme. Car la pluspart des autres ont leur forme, qui
vnit leurs membres auec vn seul nœud si fort & si estroit, que difficilement
les peut-on separer. Mais les villes & les Estats sont composez d'infinies
choses toutes differentes, qui ne sont alliées & assemblées que par les volontez des hommes, poussées à vne communion & societé par quelque
celeste inclination. Et ces volontez-là estans aysées à esbranler, la ruine des
villes est tousiours prompte & quasi presente. Car des mouuemens de ces
volontez-là viennent les guerres, & les seditions, qui les conduisent à leur
fin. Mais quand il ne leur arriueroit aucunes maladies, c'est à dire, inconueniens de violence, dont elles perissent le plus souuent, si faudroit-il qu'elles
finissent par vieillesse, par la loy commune du monde, pour ce qu'elles ont
leur ieunesse, leur virilité, leur vieillesse, comme les hommes : & bien que
tous leurs autres aages eussent esté fermes & sains, si faudroit-il en fin que
la vieillesse les consommast. Or si nous auons preueu cela, pourquoy nous
en tourmentons-nous ? Si nous ne l'auons point preueu, dequoy nous plai-
gnons-nous, sinon de nostre imprudence ? La condition de la nature est
bien dure & bien miserable, si de toutes les choses que nous ignorons, il
faut quand elles arriuent, qu'elle en endure le reproche & les injures.
Tient-il à elle que nous ne le sçachions ? nous l'a elle celé ? y a-il coin au
monde, où elle ne l'ait escrit ? C'est vn grand cas que nous sommes plus
iustes à l'endroit de tous les autres, que de la nature, qui nous est neantmoins plus gracieuse & plus fauorable que tous les autres. Si nous tenions
vne maison à loüage, & qu'il prinst fantasie au proprietaire de l'abatre, pour
ce qu'elle fust vieille, & qu'il la fallust rebastir, ou qu'il la voulust appliquer
à son vsage, nous vuiderions de gré à gré, & en chercherions vne autre
sans nous tourmenter ny quereller. Pourquoy ? c'est la loy commune, qui
luy permet d'vser ainsi de ce qui est sien. Sçauez-vous qui sont ceux qui se
chagrinent quand il faut desloger, qui se plaignent & se tourmentent ?
ce sont les enfans de ceux qui ont des baux à longues années. Car pour ce
qu'ils en ont tousiours veu iouyr leurs peres, & qu'ils ne se sont iamais mis

en peine de regarder les titres de leur maison, ils ont faict estat que le fonds
leur en appartenoit, & se sont nourris en ceste opinion: ils ont passé leur
ieunesse sans apprendre mestier, sans s'accoustumer au trauail: comme ils
sont deuenus grands, le bail est expiré, il se faut pouruoir ailleurs: ce coup
non preueu les estonne; ils pleurent, ils se lamentent, & au lieu de remercier le proprietaire de ce qu'il les a long-temps laissé iouïr à si grãd marché,
ils mesdisent de luy. Mais nous sommes encores bien plus imprudens &
plus injustes enuers la nature, que ceux-là ne sont enuers leurs seigneurs.
Car ils ont peut-estre leur bail à titre onereux, ils ont possible financé
au commencement pour y entrer; nous ne sommes icy que precairement;
tout ce que nous auons, nous le tenons en bien-faict & à temps. A ceux-
là encor on a attendu à les aduertir iusques à ce que le bail fust expiré; à nous
la nature denonce tous les iours la condition, soubs laquelle nous sommes
icy. Ie vous prie dites-moy, quand nous venons au monde, y entrons-nous,
ou si nous y sommes introduits? y venons-nous pour y commander, ou
pour y seruir? pour y donner la loy, ou pour la receuoir? Ie croy que sans
mot dire, vous me respondez que nous y venons pour obeïr, & suiure ce
que nous y trouuons desia estably. Il faut que nous nous accommodions
aux saisons, aux iours, aux nuicts, à la temperature des regions, bref à
tout ce qui arriue au gouuernement du monde. Or ceste loy-là est douce,
benigne, gracieuse: tout y est, si nous le sçauons bien considerer, en nostre faueur. Et neantmoins s'il s'y trouuoit quelque chose de dur, le vray
moyen d'adoucir la seruitude necessaire, c'est d'obeïr volontairement. Ne
deuons-nous pas estimer que quand nous entrons au monde, nous contractons auec la nature, & nous obligeons de garder les loix qu'elle a données & publiées depuis tant de siecles, aux villes, aux Republiques, aux Royaumes? Comme elle est sage, prouidente & desireuse de conseruer la beauté de son ouurage, elle a donné à chaque chose la plus longue durée qu'elle a peu: mais le vice & imperfection de la matiere, dont les choses sont
creées, a faict premierement que des terrestres il n'y en peut auoir aucune
immortelle; & que des mortelles mesmes beaucoup ne durent pas tant
que leur nature desire, le vice de la matiere preuenant la grace de la nature.
Le remede qu'elle a recherché à cet inconuenient, c'est vne durée par succession qu'elle a donné aux choses, faisant qu'en perdant vne forme elles
en reçoiuent vne autre, & que rien ne deperit du tout, mais seulement se
transmuë: la terre demeurant comme de l'argille entre ses mains, tousiours
molle, qu'elle repestrit & remoulle diuersement, luy donnant vne nouuelle face par vne fraische figure couurant la vieille: & par ce moyen imitant çà bas l'immortalité, qu'elle n'y a peu entierement apporter. De là
vient que les villes, les Royaumes, les Empires se changent ainsi, & naissent
de la ruine les vns des autres; le jeu changeant tousiours, & ne demeurant
rien ferme ne stable que le Theatre. Qu'y a-il plus equitable, puis qu'elle
est mere commune de tous les hommes, qu'elle ait voulu gratifier toutes les
parties de la terre par vn tour de grandeur & magnificence qu'elle fait passer de lieu en lieu? Ce tour en fin est venu iusques à nous: & auons veu en nos
iours nostre pays si comblé de biens, de richesse, de gloire, de delices,
                                                                    qu'il

qu'il ne se pouuoit dire plus. Nous sommes maintenant sur le retour, nostre bonne fortune est sortie de chez nous, comme d'vne maison creuassée de tous costez, nous sommes demeurez attendans la cheute : les vns crient, les autres regardent, les autres s'enfuyent, qu'y a-il tant à s'estonner ? vn vieil homme meurt, vne vieille maison tombe, que faut-il tant crier ? Qu'y a-il en cela que ce que vous voyez tous les iours & par tout ? Les fruicts fleurissent, se noüent, se nourrissent, se meurissent, se pourrissent : les herbes poindent, s'estendent, se fanent : les arbres croissent, s'entretiennent, se seichent : les animaux naissent, viuent, meurent : le temps mesme, qui enueloppe tout le monde, est enueloppé par sa ruine, & se perd en se coulant, il roule doucement les saisons les vnes sur les autres, & toutes celles qui se passent se perdent. De toutes ces choses muables, que voulez-vous faire de constant ? de toutes ces choses mortelles, que voulez-vous faire d'immortel ? Me voulez-vous bien estonner ? faictes-moy voir quelque chose de permanent icy bas. Mais ie vous fay tort de vous entretenir de raisons si grossieres, vous autres, dont le laborieux estude est comme le miroir de la nature, en qui vous pouuez representer en vn instant, & tirer du thresor de vostre memoire la face du monde, telle qu'elle a esté depuis sa creation. Repassez, ie vous prie, par dessus, & considerez que sont deuenuës toutes ces grandes & admirables villes, basties auec tant d'années, embellies auec tant de trauaux, enrichies auec tant de sueurs. Elles ont eu chacune plusieurs siecles entiers, qui n'ont esté employez qu'à d'espoüiller le reste du monde, pour les reuestir & parer. L'Asie vous represente Troye la grande, la superbe Babylone, la magnifique Hierusalem : l'Afrique vous monstre les Thebes aux cent portes, la puissante Carthage, l'opulente Alexandrie : l'Europe vous produit les doctes Athenes, la triomphante Constantinople, & Rome, le miracle & de toutes les villes, & de tout le monde. Pourquoy direz-vous que toutes ces belles citez-là ayent iamais esté si florissantes, sinon pour estre ruinées ? Et pourquoy mesmes ruinées tant de fois, sinon pour ce que leur destin sembloit resister à la nature, & vouloir flechir la mortalité des choses humaines ? Combien de fois chacune d'elles a-elle veu ses ennemis renuerser ses meurs, saccager ses maisons, tuer ses citoyens, & brusler ses temples ? La necessité de perir leur a esté si grande, que quand elles n'ont point trouué d'ennemis estrangers pour trauailler à leur ruine, elles ont armé leurs propres habitans les vns contre les autres, pour executer ce qui estoit ordonné de leur fin. Il n'y a remede, la loy y est, il en faut passer par là. Quãd nous voyons, ou entendõs la ruine des autres, voylà vn prejugé pour nous lors que nostre terme sera escheu. Ce qui arriue à vn, peut arriuer à vn chacun : le coup du premier, menace celuy qui le suit. Scipion, celuy qui ruina Carthage, voyant le feu dedans qui deuoroit tant & tant de richesses & de superbes edifices, qui consommoit la plus puissante ville d'Afrique, touché de compassion de la fragilité des choses humaines, se prist à pleurer le mal qu'il faisoit, & prononça deux vers d'Homere, qui signifioient,

Vn iour fatal viendra que la puissante Troye,

Priam & ses sujets seront tous mis en proye ;

Entendant de la ville de Rome ce que le Poëte auoit dit de Troye. Mais il ſe trompa fort à deuiner. Car combien de iours & non pas vn ſeulement a elle eſté miſe en proye ? combien de fois ſaccagée ? combien de fois ruinée? combien de fois bruſlée? & neátmoins elle s'eſt releuée du milieu de ſes cendres, & obſtinée contre ſon mal-heur ſemble auoir laſſé ſa mauuaiſe fortune de trauailler dauantage à ſa ruine. Toutesfois la loy commune nous apprend qu'il faut qu'elle paſſe encore comme les autres: & quand elle eſchapperoit quelques ſiecles, elle n'eſchappera pas au moins la fin des ſiecles , & l'embraſement de l'Vniuers. Platon s'eſtoit bien alambiqué le cerueau, pour trouuer des moyens de fonder tellement ſa Republique, qu'elle fuſt permanente & perdurable. Et neantmoins apres que l'on luy a paſſé pour verité tous ſes ſonges, & que l'on l'a interrogé ſi au bout de là ceſte belle Republi-que pourroit eſtre renduë immortelle, il a ingenuement confeſſé que non: Luy, diſ-je, qui affermoit le monde eſtre immortel. Mais deſirant gratifier ſon ouurage & flatter ſes penſées , il introduit les Muſes qui viennent diſcourir de la durée des Eſtats , & propoſent certaines proportions de nom-bres, gardant leſquelles ils ſe pourroient conſeruer longuement floriſſans : & confeſſent toutesfois rondement , que comme tous Eſtats ont leur naiſſance & commencement, auſſi faut-il qu'ils ayent leur fin. C'eſt la loy commune de la nature, ſous laquelle il faut flechir, & ſuiure volontairement, de peur qu'elle ne nous entraine violemment: l'obeïſſance en eſt douce, la violence pleine de peine & de honte. Cependant i'enten bien ce que vous me voulez dire, c'eſt qu'il vous ſemble que nous haſtons nous-meſmes noſtre ruine & nos deſtinées, & que nous auançons de nos mains la fin de ce pauure Royaume, ſans attendre que la vieilleſſe l'emporte, & que doucement & ſans ſe debattre il paſſe comme de la vie à la mort. Vous vous trompez, les Eſtats ne meurent point autrement, ils n'ont iamais la fin douce. Car comme ceux qui meurent de maladies, dont le ſiege eſt és nerfs, ou au cerueau, ont de grandes conuulſions auant que d'expirer: auſſi ont les Republiques , qui periſſent ordinairement de ce que leurs loix, qui ſont comme leurs nerfs , ſont offenſées & violées. Or s'il eſt ainſi, comme l'on dit ordinairement, que les coups preueus n'apportent pas tant d'eſtonnement , nous auons, ce me ſemble , grande occaſion de porter plus patiemment & auec plus de reſolution la cheute de noſtre Eſtat ; veu le long-temps qu'il y a qu'il branle , & les grands indices & marques apparentes que nous auons eu de ſa ruine. Premierement il eſt fort vieil, & ſi vieil que iamais il ne s'en eſt veu qui ait duré ſi grand aage. Vieillir c'eſt s'accouſtumer à mourir. On demande ordinairement de ceux qui ſont extrémément vieux, s'ils viuent encore : il y a plus à s'eſtonner de leur vie que de leur mort : quand ils ſont morts on dit, A la fin il s'en eſt allé : comme ſi on vouloit dire , Il a plus duré qu'on n'euſt penſé. Outre ſon aage, il a eu depuis deux cens ans de grandes & faſcheuſes maladies. Les querelles d'Orleans & de Bourgongne l'ont mené iuſques ſur le bord de la foſſe. Eſtant reuenu de ceſte grande cheute , & ayant repris ſon enbon-point, il a veſcu fort diſſolument ſoubs François & Henry ſecond : en ceſte vie deſbordée & diſſoluë a amaſſé beaucoup de mauuaiſes humeurs, & encores plus de mauuaiſes mœurs. Soubs la ieuneſſe de nos derniers Roys, il

eſt

est vrayement reuenu en enfance, & a entierement changé de complexion. Car depuis que les mœurs des Estrangers ont commencé à nous
plaire, les nostres se sont tellement peruerties & corrompuës, que nous
pouuons dire, long temps y a, que nous ne sommes plus François. Il n'y
a partie en cet Estat que l'on n'ait non seulement gastée, mais encore
diffamée d'excés. Car pour le regard de nostre Noblesse, qui est la principale colomne de ce Royaume, celle qui l'a esleué en la grandeur où
nous l'auons veu, & tousiours soustenu, & à laquelle est vrayement deuë
la gloire que le nom François a parmy les nations lointaines, l'on n'a obmis aucun artifice pour la denaturer & decourager, noyer dans le luxe,
la volupté, & l'auarice, ceste ancienne generosité qu'elle auoit hereditaire de ses peres; & luy faire perdre l'amour & charité qu'elle deuoit auoir
à la grandeur & conseruation de l'Estat. Quant à l'Eglise, qui deuoit estre
la mere de la pieté, l'exemplaire des bonnes mœurs, le lien de tous les autres ordres, l'on l'a deshonorée & diffamée tant qu'on a peu, rendant les
plus grandes charges & Prelatures, la recompense des plus viles, voire sales ministeres de la Cour. Tellement que l'impieté & l'ignorance se sont
en beaucoup d'endroits assises au throsne de la saincteté & verité, & rendu l'ordre odieux par le vice de ceux qui y estoient preposez. La Iustice,
qui estoit celle seule qui pouuoit encore aucunement retenir les autres
parties en office, si elle eust esté saine & entiere comme elle deuoit, a eu
toute la face changée: sa principale authorité a esté retirée par deuers le
Souuerain, pour estre non pas administrée, mais peruertie par Courtisans
au gré de ceux qui auoient la faueur. Et pour couronner tant de desordres, & combler tout à faict nostre mal-heur, sont suruenuës les querelles de la Religion, sur le sujet desquelles se sont dressez partis & factions
par quiconque a voulu, qui ont esté aysément entretenuës par la facilité &
legereté de nostre peuple, & par les artifices de nos voisins, qui cherchoient à se mettre à couuert dessous nos ruines. De ces estincelles s'est allumé ce feu qui nous a quasi deuoré, auquel chacun est accouru, non pas
pour l'esteindre, mais pour en emporter sa piece, comme d'vn commun
embrasement. Se faudra-il estonner si vn vieil Estat meurt de telles maladies? bien plustost se faudroit-il esbahir, s'il en pouuoit releuer. Adioustez
à cela les anciennes predictions, qui auoient esté faictes long-temps y a,
de sa desolation; qui se sont trouuées si veritables à nostre grand mal-
heur, qu'elles en ont acquis gloire à l'art, & foy à gens que l'on auoit tousjours tenus pour pipeurs. Ce qui nous monstre bien que les reuolutions
des grands Estats, sont ordonnées d'enhaut, & signifiées mesmes auparauant qu'elles aduiennent. Ie dy donc que quand ce que vous craignez
arriueroit, ce seroit chose ordinaire, naturelle, & preuuë; & que partant
il la faudroit supporter patiemment, comme nous faisons les vicissitudes
des saisons, alterations des elemens, & autres changemens que nous voyons
tous les iours en toutes les parties du monde. Et ne dy pas pourtant que
ce soit chose qui doiue asseurément arriuer, & ne desespere point encores du salut de ma pauure France, ny de mon pauure Paris: ains me promets que si la fin & la ruine en est ineuitable, Dieu differera à quelque

autre saison l'execution de ce qui en peut estre ordonné. Car encores que les signes de ceste maladie non seulement contagieuse, mais aussi pestilente, qui a saisi cet Estat , soient pour la pluspart mortels ; si semble-il maintenant que la nature commence à s'ayder, & que les parties nobles monstrent encores de la force & vigueur pour supporter les remedes. Les peuples qui se sont laissez esbranler à ce ruineux mouuement par les vents de la crainte & de l'esperance ; crainte de perdre leur Religion , & esperance de quelque soulagement ; voyent clairement que par leurs forcenez conseils ils ont attiré le mal qu'ils fuyoient , & esloigné le bien qu'ils esperoient. Laissons meurir l'humeur , & vous verrez que la nature operera de soy-mesme , & produira de salutaires effects. Puis apres les chefs des peuples commencent à perdre l'esperance qui les animoit à ce dessein. Ce rayon de faueur populaire , qui les a esueillez , est passé comme vn esclair, & la fortune leur a monstré qu'elle ne les fauorisoit point tant pour leur bien , que pour nostre peine. Ils voyent dauantage , & le voyent euidemment, que les Estrangers, desquels ils ont pensé estayer leur grandeur, ne desirent rien tant que leur ruine , & n'empruntent leurs bras que pour les vser à faire leur besongne : n'ayans deliberé de leur faire autre grace , que celle que le Cyclope d'Homere promettoit à Vlysse, qui est de le manger le dernier. Estimons-nous qu'ils soient si inconsiderez à leur propre bien, si desnaturez à leur propre pays, si ingrats aux peuples qui les ont tant aymez , que voyans les choses en cet estat, ils ne choisissent plustost d'obliger la France en luy rendant la paix & le repos , & retenans les grades d'honneur grands & signalez , comme ils les peuuent auoir , que rendre leur nom & leur memoire odieuse à iamais , en se precipitant en la honteuse seruitude d'vn ambicieux Espagnol, pour y faire tresbucher auec soy ceux qui ont deposé en leur foy leur salut & leur vie ? Non, ie ne croiray iamais qu'ils vueillent flestrir leur renommée d'vn acte si indigne: & pour ce veux-ie esperer qu'ils s'accommoderont aux vœux des peuples, qui les inuitent au repos. Que s'ils le font , que ne deuons-nous esperer? & quand ils ne le feront, dequoy deuons-nous desesperer ? puis que Dieu a fait naistre en nos iours , & sur le temps de ce fatal mouuement , vn Prince pour succeder à ceste Couronne, seul capable au monde pour releuer , ou par la paix , ou par la guerre , le faix de cet Estat penchant. Pour la paix , il a le nom de ceste grande & Royale famille de Sainct Louys, qui rappelle à son obeïssance tous les sujets de ce Royaume , qui ne peuuent esperer d'estre gouuernez par plus heureux auspices , que de la race de ce grand Roy , qui a esleué iusques au Ciel nostre sceptre François, & s'est esleué soy-mesme là haut par sa pieté, pour estre comme la garde & Sainct tutelaire de cet Estat. il a vne bonté & clemence naturelle si grande, qu'elle passe iusques à l'excez : & le feroit soupçonner de nonchalance, si sa vaillance & generosité qui reluisent en toutes les parties de sa vie, n'effaçoient ce soupçon. Car bien que sa fortune plus trauersée que de Prince de son temps, l'ait faict naistre entre les armes ciuiles, & parmy les injures, on ne sçauroit remarquer vn seul exemple de vengeance, non pas qu'il ait faicte, mais seulement recherchée : estimant

se

se venger assez de ses ennemis en les mesprisant, & leur ostant le moyen
de mal faire : de sorte qu'il a rendu douteux si c'est plus d'heur à luy de
vaincre ses ennemis, qu'à eux d'estre vaincus par luy. Que si auec cela
Dieu, qui tient les cœurs des Roys en sa main, dispose le sien à ce qui
est encores necessaire à la parfaicte vnion de ses sujets, & pour ce faire
le reduise à la creance de l'Eglise Catholique & Religion des Roys ses predecesseurs, qui est-ce qui pourra empescher nostre heur & nostre repos ?
Or auons-nous toute occasion d'esperer ce bien-là, à ce que l'on rapporte du naturel de ce Prince, qui est fort capable de raison, & persuasible
à ce qu'on luy faict connoistre se deuoir faire. Nous sçauons ce qu'il en
a promis à toute sa Noblesse : il a tousiours esté recommandé pour estre
Prince de foy, & qui ne manque iamais à sa parole : ie m'asseure que
nous aurons en fin de luy pour ce regard ce que nous en deuons desirer,
& qu'il fera par ce moyen tomber les armes des mains de ceux qui disent ne les auoir prises que pour ce sujet. Si toutesfois l'obstination de
ceux qui cherchent leur grandeur dans les ruines publiques, le contraint
d'assayer par le tranchant de l'espée ce que le tranchant de la raison deuroit faire, quel autre pouuoit succeder à cet Estat plus capable de restablir le Royaume, & couurir de l'ombre de son pauois ceste pauure
Couronne assaillie de tous costez ? Dieu luy a donné vn cœur plein de
vaillance, vn courage inuincible aux aduersitez ; & de peur que ce courage se relaschast par le repos, il l'a exercé dés son enfance iusques à present par des labeurs & dangers continuels, auec tel heur neantmoins,
que tant de hazardeuses secousses ne luy ont esté qu'vne eschose de vertu, & vne moisson de gloire. Et semble certainement à voir le progrez
de sa fortune, qu'elle luy ait excité exprez ceste guerre, & y ait appellé
tant de sortes de nations, pour y voir le spectacle d'vne extreme valeur &
d'vn extreme bon-heur. Non, non, croyez que vous n'auez oncques
remarqué en la suitte des temps, & cours des siecles, que les Estats soient
renuersez lors que Dieu a enuoyé de tels Princes pour les commander :
bien ont-ils esté rudement secoüez & esbranlez, mais puis apres raffermis par la vigueur de tels Chefs. De sorte que ie presume, que l'alteration & le mouuement que nous sentons, n'est point de l'extirpation de
l'Estat ; mais seulement vne incision qui se faict auec vn douloureux &
rude ferrement, pour au lieu d'vne branche que Dieu a retranchée, an-
ter la plus prochaine sur la tige Royale. Et pour ce, esperé-je, que Dieu
trouuera, lors que nous l'attendrons le moins, quelque moyen propre
de nous sauuer tous ; & principalement ceste tant belle & auguste ville, en
laquelle il y a encores bon nombre d'hommes, qui l'inuoquent en pureté
de cœur. Si toutesfois il aduenoit autrement, si faudroit-il prendre patience. Car ces grands accidents-là arriuans par la prouidence eternelle,
il n'est non plus loisible que possible de s'y opposer ; & dy bien dauantage, qu'il n'est ny iuste ny vtile de s'en fascher ; estant tres-certain que tout
ce qui est ordonné de ceste main souueraine, tend à nostre bien & à sa gloire. Mais pour ce que l'heure de souper est venuë, & que ce discours peut

eſtre mieux pourſuiuy par ceux qui m'eſcoutent que par moy, ie le leur laiſſeray ſans l'entamer : eſtant raiſonnable que puiſque noſtre miſere eſt commune , ils contribuent quelque choſe à noſtre commune conſolation. Là
finit Muſée, & nous nous leuaſmes tous auec l'eſprit plus tranquille que
nous ne nous eſtions aſſis. Ce n'eſt pas tout, diſ-je lors, ô Muſée : puiſque
vous vous deſchargez de continuer le diſcours que vous auez commencé,
il faut que vous choiſiſſiez quelqu'vn qui le face. Luy baiſant vn bouquet
qu'il tenoit en ſa main, le preſente à Orphée : Ie vous le baille (luy dit-il)
pour demain. I'accepte, reſpondit Orphée , le bouquet, mais non pas la
charge de me preſenter (comme dit le prouerbe Romain)au theatre apres
Roſcius. Et là deſſus nous nous ſeparaſmes , ayans promis de nous retrou-
uer-là à la meſme heure le lendemain.

FIN DV PREMIER LIVRE.

DE LA

DE LA CONSTANCE

ET CONSOLATION

ES CALAMITEZ PVBLIQVES

LIVRE II.

E lendemain incontinent apres difner il se donna vne allarme à la ville ; & pour ce que nous eftions tous quatre d'vn mefme quartier, nous nous trouuafmes enfemble au corps de garde : là nous nous entre-regardions auec mefmes penfées , parlans des yeux & du vifage, & difans en nous-mefmes, Quelle pitié, qu'il faut que nous nous trouuions icy armez contre noftre propre bien, & pour empefcher , par maniere de dire , noftre bonne fortune d'entrer chez nous ! Car qui eft l'homme de bien qui ne doiue defirer , voire par le pillage de toute la ville, pluftoft fortir de cefte extreme mifere , & en deliurer le Royaume , que d'immoler ainfi nos vies à la rage & mefchanceté d'vn petit nombre de feditieux, qui affouuiffent leur cruauté & auarice de noftre langueur & pauureté ? Quelle fatale lafcheté, que tout ce peuple , ou au moins la pluspart que nous voyons icy armé, connoiffe fon mal & en defire le remede, & le puiffe auoir s'il vouloit, n'aye neantmoins le courage feulement de fe plaindre,& fupporter ceux qui luy monftrent le chemin de falut? Tant ce venin de fedition a defuny les volontez ; & la crainte que les mauuais ont imprimé aux cœurs des fimples ,leur a gelé le fang & affoupy les efprits ! Or nous eftans accoftez, Et bien (dif-je) Orphée, noftre affignation eft bien changée, à ce que ie voy : nous fommes taillez de n'auoir pas cefte apresdinée fi douce que celle d'hier. Si ne vous fera-ce pas excufe de ce que vous nous deuez, au contraire la debte croiftra par la demeure : car comme vous voyez que nos maux croiffent, auffi faut-il que vous augmentiez vos raifons. I'ay bien peur (dit-il) que cefte iournée ne nous efcarte, & nous prie, peut-eftre , pour iamais d'vne fi douce & agreable compagnie. Ie vous affeure que fi la mort m'euft pris partant hier d'auec vous, elle m'euft trouué fort content , & euft clos ma vie fort à propos, à mon gré. Car ie con-

feſſe que le diſcours de Muſée adoucit tellement ma triſteſſe, & calma en
ſorte mon eſprit par le poids de ſes raiſons, & par le miel de ſes paroles, que
ie deſirerois d'eſtre tous les iours ennuyé, ſi i'eſtois aſſeuré d'eſtre tous les
iours ainſi conſolé. Le mal eſt heureux, quand il ſe guerit auec plaiſir. O
que j'euſſe ſouhaitté qu'il euſt pourſuiuy le propos qu'il auoit entamé, voire
à la charge de perdre le ſouper, voire à la charge de ne ſouper de l'année!
Ces diſcours-là ne ſont que tout nectar & ambroſie : c'eſt vne viande qui
eſt aujourd'huy plus neceſſaire à l'eſprit, que le pain & le vin ne ſont au
corps : c'eſt nourriture & medecine tout enſemble. Ie vous iure qu'en
l'oyant il me ſembloit, que ceſte belle Helene d'Homere auec la meſme
main, dont elle deroba le cœur des Grecs & des Troyens, me verſoit en la
bouche ce doux & gracieux Nepenthes, qui endormoit la douleur des affligez, & leur remettoit le courage. Il a (diſ-je) mis les gages en bonne
main ; j'eſpere que ce qu'il a bien commencé, vous l'acheuerez tres-bien.
Là deſſus on nous vint dire que la rumeur eſtoit paſſée, & que nous nous
pouuions retirer. Lors ie les pris tous trois par le manteau : Il faut venir
(diſ-je) où vous promiſtes hier : à nous autres qui ſommes armez, il eſt permis de nous faire droict à nous meſmes. Si la loy Romaine permet de trainer en iugement celuy qui n'y veut pas aller, combien pluſtoſt le droit des
armes ? Nous n'y allons pas (dit Linus) nous y courons. Apres que nous
fuſmes entrez & deſarmez, & que nous euſmes faict vn tour de iardin
pour reprendre vn peu nos eſprits, Ie vous prie (leur diſ-je) reprenons nos
places, & faiſons prouiſion de repos : car à mon aduis nous aurons aſſez de
loiſir d'eſtre debout. Et puis que c'eſt à vous, ſeigneur Orphée, à continuer
le diſcours, ne vous faictes point prier, & n'vſez point d'excuſes : car en vn
mot nous ne les receurons pas. Apres quelques ſemblables ſemonces, Orphée commença ainſi :

C'eſt de verité la plus grande & plus certaine conſolation, que puiſſent
prendre & receuoir les hommes és calamitez publiques ou particulieres,
que de ſe perſuader que tout ce qui leur arriue eſt ordonné par cette puiſſance eternelle, diſtribué par ceſte ſageſſe infinie, qui gouuerne le monde
auec la meſme bonté & iuſtice qu'elle l'a creé. Car quand ceſte opinion a
vne fois pris racine en l'eſprit des hommes, ie ne ſçay pas quels vents pourroient iamais eſbranler leur conſtance : veu que nous deuons croire qu'il
ne ſort rien de ceſte benigne & gracieuſe main, qui ne tende à noſtre bien.
Mais encores que ceſte prouidence (que l'on peut definir le ſoin perpetuel,
que Dieu a au gouuernement de tout ce qu'il a creé) eſclaire iournellement en toutes les parties du monde, & qu'elle paroiſſe en effects admirables ; ſi eſt-ce que la pluſpart des hommes luy ferment malicieuſement les
yeux, ou la regardent de trauers, & prennent peine à ſe tromper ſoy-meſmes, afin de n'eſtre point obligez à ceſte ſage maiſtreſſe, qui preſide à la
naiſſance & conſeruation de tout ce qui ſe voit en l'Vniuers. A la verité
peu s'en eſt-il trouué, qui ayent oſé paſſer ſi auant en impieté, que de la nier
du tout : & s'il s'en eſt trouué quelques-vns, ie ne veux pas ſçauoir leur
nom, & veux preſuppoſer qu'ils n'ayent point eſté, puis qu'ils en ſont ſi indignes. Bien y en a-il grand nombre, deſquels i'ay ſouuent oüy, & touſ-

iours

jours rejetté les opinions, qui aduoüans la puissance & sagesse diuine en
la premiere creation du monde, luy en ont osté le gouuernement, apres
qu'il a esté creé : les vns l'attribuans à cest ordre, qu'ils appellent Nature,
les autres à vne necessité fatale, les autres au hazard & à la fortune. En quoy
ils semblent auoir plustost changé le nom, que la puissance de la Prouidence. Car en expliquant leur opinion, ils monstrent bien qu'en tous les euenemens de ce monde ils reconnoissent quelque chose de grand & diuin,
dont ils ne sçauent pas parfaictement la nature : & neantmoins par ie ne
sçay quelle jalousie & presomption, ils veulent que ce peu qu'ils en sçauent, passe pour vne pleine & entiere science, & la partie pour le tout ;
aymant mieux mesconnoistre la Prouidence, que reconnoistre leur ignorance. Il est, à mon aduis, arriué à ces gens-là ce qui aduiendroit à trois diuerses personnes, qui venans par trois diuers chemins, verroient de loin
vne grande pyramide de marbre, telle que vous pourriez imaginer celle
des Roys d'Egypte, grauée de trois costez de plusieurs characteres & lettres hieroglyphiques. Chacun d'eux remarqueroit du commencement la
face qui seroit de son costé, & s'il n'approchoit plus pres il iugeroit qu'il n'y
auroit que celle-là, & s'en retourneroit en opinion d'auoir tout veu : & ainsi rapporteroient tous diuers aduis d'vne mesme chose, & asseureroient
qu'elle est telle qu'estoit le costé d'où chacun d'eux l'auroit veuë. Mais s'ils
en approchoient de plus pres, & qu'ils vinsent à tourner à l'entour, lors
chacun d'eux verroit toutes les trois faces, connoistroit que toutes trois
elles ne font qu'vn corps, seroient bien informez de l'estat de la chose, &
en demeureroient entr'eux d'accord. Quand ces gens-cy sont venus à contempler ceste puissance souueraine, qui conduit & gouuerne l'Vniuers, &
qu'ils l'ont considerée en ses effects, chacun d'eux s'est contenté de la regarder de loin, & en conceuoir ce que la premiere veuë luy en a representé. Celuy qui auoit apperceu vn ordre & suitte de causes reiglées, qui se
poussent en estre l'vne l'autre, l'a appellé Nature, & a creu que ceste Nature faisoit tout. Celuy qui auoit veu arriuer plusieurs choses qui auoient esté
& preueuës & predites, que l'on n'auoit toutesfois peu euiter, a appellé la
puissance qui les produisoit, Destin & fatale necessité ; & a iugé que tout
dependoit de là. L'autre qui auoit veu vne infinité d'euenemens, dont on
ne luy pouuoit rendre raison, & qui sembloient arriuer sans cause, a nommé la puissance dont tels euenemens procedoient, Fortune ; & a estimé
que toutes choses se manioient de ceste façon. Que si chacun d'eux eust
pris la peine d'approcher de plus pres de la verité, & rapporter en commun
ce qu'il auroit veu en particulier, peut-estre eussent-ils conneu au vray quelle estoit la figure de ceste premiere & souueraine puissance, de laquelle deriuent toutes les causes & tous les euenemens du monde : Et compris qu'en
ceste Nature, en ce Destin, en ceste Fortune tous assemblez, reluir au
trauers de l'ignorance humaine ceste sage & excellente Prouidence diuine, conneuë toutesfois plus selon la proportion de nostre foible entendement, que selon son incomprehensible grandeur & Majesté. Car ie ne
doute point, qu'en la creation de l'Vniuers Dieu n'ait estably vne reigle
& vne loy certaine, selon laquelle toutes choses doiuent estre produites,

disposées, & conseruées : laquelle qui voudra appeller Nature, ie n'ay que dire pour l'empescher, pourueu qu'il n'en face point vne essence à part hors de Dieu, à laquelle il pense qu'il ait commis le gouuernement des choses creées pour se mettre en repos. Au contraire, ceste nature ne peut estre autre chose, que ceste premiere puissance & vertu, qui dés le commencement sans sortir de luy, s'est imprimée en la matiere, & luy a donné ce mouue-ment reiglé, par lequel les choses se conseruent en leur estre, & outre pro-duisent leurs effects. Laquelle puissance est par luy de iour en iour, & d'heu-re en heure, de moment en moment inspirée au monde : lequel elle recrée & reforme en le conseruant, & le refaict tous les iours par parties tel qu'el-le l'a faict au commencement. Tellement qu'il semble que Dieu ne l'ait basty, que comme son officine & boutique pour y ouurer perpetuelle-ment, & y tenir tousiours en action ceste sienne bonté infinie, qui ne peut durer sans se communiquer. Bien est-il vray que comme vn grand architecte il a beaucoup d'ouuriers soubs soy, qu'il employe à ce grand maniment, non tant par necessité qu'il en ait, que pour la decoration de ce superbe attelier, parade de sa splendeur & magnificence, pour faire participer ses creatures à vne de ses plus augustes & souueraines puissances, & les faire produire & quasi creer quelque chose, aussi bien que luy. Et pour ce par vne admirable sagesse, il a laissé vne partie des choses basses & terrestres aucunement imparfaictes, comme pour seruir à l'homme de ma-tiere & de sujet à plusieurs beaux ouurages, & luy a quant-&-quant don-né l'art de les pouuoir adapter & accommoder : il luy a donné les pierres, & ne luy a pas donné les bastimens, mais bien l'art de les faire : il luy a don-né les mines, & ne luy a pas donné la monnoye, mais bien l'art de la faire : il luy a donné le bled, & il ne luy a pas donné le pain, mais bien l'art de le faire : il luy a donné les laines, & ne luy a pas donné les draps, mais bien l'art de les faire. Bref il semble qu'apres auoir creé l'homme à son image, il ait partagé auec luy l'honneur de la creation des choses, voire mesmes de la creation de l'homme, ayant voulu qu'il cooperast à la generation de sa posterité, & que comme luy Souuerain & premier Createur auoit faict l'ame à son image, ainsi l'homme comme associé à sa gloire, fist en la ge-neration vn autre corps semblable au sien. Et combien mesmes que Dieu se soit reserué la creation de l'ame humaine, comme d'vn grand chef-d'œuure, qui ne peut estre elabouré que de sa propre main, si est-ce qu'en cela il a aussi appellé l'homme comme à son ayde, luy en ayant reserué l'in-stitution, la discipline & polissure, pour se pouuoir comme vanter d'auoir contribué quelque chose à sa propre perfection. Mais il ne faut pas dire ny penser pour cela, que l'authorité qu'il a donné aux choses creées diminué en rien la sienne. Il ne s'endort pas sur leur soin, & ne se repose pas sur leur vigilance : au contraire plus il leur a donné de puissance, plus a-il besoin de les veiller, & plus il a d'ouuriers en besongne, plus est-il necessaire qu'il ait non seulement l'œil, mais aussi la main sur eux, pour reformer & tourner à bien ce qu'ils font au contraire du parfaict patron, qu'il leur a proposé, & pour les guider & addresser en leurs œuures, lesquelles sans conduite & assistance ne peuuent en façon quelconque se conseruer ny maintenir.

Ie

Ie veux donc dire que quelque grande vertu que nous voyons és choses creées, quelques grands & reiglez mouuemens que nous reconnoiſſions és cauſes ſecondes, nous ne deuons pas eſtimer pour cela que la premiere ſoit oyſiue, & que les autres ne facent rien que par ſon ordonnance. Et moins encore croire que cet ordre & entreſuitte que nous voyons en toutes choſes, ſoit la cauſe principale & vniuerſelle d'icelles, veu qu'elle n'en eſt que l'effect. Non plus qu'en la muſique l'harmonie n'eſt pas la cauſe, mais l'effect des accords, produicts par l'operation de l'art, & ſcience du Muſicien qui aſſemble les tons & les diſpoſe en bonne conſonance. Or comme c'eſt la Prouidence qui par cet ordre reiglé qu'on appelle Nature, produit & conſerue chaque choſe particuliere ſelon la loy generale qui eſt en toutes celles de meſme eſpece : auſſi eſt-ce elle, qui outre cet ordre reiglé, qu'on appelle Nature, imprime quelquesfois aux choſes du monde des qualitez, & y faict interuenir des accidents, qui ſont tantoſt differents, tantoſt contraires à leur naturel : & puis compaſſe les rencontres des choſes entre-elles, pour leur faire produire l'effect qu'elle a ordonné. Tellement que noüant & ramaſſant pluſieurs cauſes differentes, de la liaiſon & tiſſure d'icelles elle tire non la fin, qui eſt naturelle, ou propoſée à chacune d'elles, mais vn euenement par elle deſigné. De ſorte que comme la nature ſe conſidere principalement en la creation & production, & entretenement de chaque choſe en ſoy ſelon ſon eſpece & condition, & par vne regle ordinaire & touſiours ſemblable, le Deſtin au contraire apparoiſt és euenemens qui procedent de la rencontre de ces choſes ja creées; qui temperées par vne regle inconneüe aux hommes, produiſent des effects preordonnez, qui ſemblent ineuitables, & ne concernent ny ne s'accommodent pas tant à la nature de chaque choſe, qu'à celle de tout l'Vniuers. Certainement il ſembleroit que ceſte loy n'euſt point eſté neceſſaire au monde, ſi chaque choſe euſt gardé le premier mouuement que Dieu luy auoit donné à ſa creation. Car ayant infus en chacune la forme & le principe d'agir les plus parfaicts qu'il ſe pouuoit deſirer, perſeuerant en ceſte condition il s'enſuiuoit, que leur propre nature euſt de ſoy-meſme conduit leurs actions à de bons effects les vnes enuers les autres; & par conſequent au bien de tout l'Vniuers, & gloire de leur Createur. Mais il eſt arriué que ou par le vice & imbecilité de la matiere, ou par la delicateſſe de leur forme, qui ne ſe pouuoit conſeruer, ſans adherer perpetuellement à leur Createur, elles ſe ſont desfigurées & detraquées du chemin que la nature leur auoit tracé. Par exemple, les Anges & les hommes ont eſté creez comme les plus parfaites pieces de l'Vniuers, & Dieu en leur creation leur auoit infus vne viue & pure lumiere, pour conduire leurs actions à bien vſer des choſes du monde; & par conſequent en produire des effects à ſa gloire. Mais comme és grands baſtimens il aduient ordinairement, que ce dont il arriue pluſtoſt faute ſera d'vn entablement trop enrichy, ou de quelque eſcalier ſuſpendu par grand artifice; pour ce que plus l'art rend l'œuure excellent, plus le rend-il delicat : ainſi ces plus parfaictes creatures-là ſe ſont-elles les premieres laſchées & ſorties hors leur allignement, peruerty & violé l'ordre & la fin de leur creatió. Lequel deſordre n'eſt pas ſeulement demeuré en eux-meſmes, mais pour la grande puiſſance auec laquelle ils auoient eſté creez, ils l'ont faict paſſer és choſes dont ils ont abuſé. Et qui plus eſt, il ſemble que par leur faute les autres choſes qui eſtoient creées pour eux, ſe ſoient incontinent changées ou par vn ſecret conſentement, ou pluſtoſt par vn ſecret iugement pour ſeruir à leur peine. C'eſt pourquoy il a fallu que cet œil tout-voyant, qui paſſe au trauers des ſiecles comme le Soleil au trauers de l'air, ayant dés le commencement preueu ceſte confuſion, ait auſſi deſlors diſpoſé le remede, pour arreſter l'inſolence & des Anges & des hommes, & empeſcher qu'ils n'eſtendiſſent leurs mauuaiſes actions auſſi loin, que leurs mauuaiſes volontez. Ce remede a eſté ceſte loy inuiolable, par laquelle il a pourueu à tous les euenemens, & a ordonné que les choſes arriueroient comme nous les voyons aduenir, non du tout ſelon la puiſſance ordinaire des cauſes, mais ſelon que Dieu les veut faire operer, tantoſt bandant, tantoſt laſchant leur force, & quelquesfois les faiſant ouurer tout au contraire de leur naturel, & ramenant à ſa volonté ce que les hommes penſent faire à la leur. Mais, me dira quelqu'vn, il ſemble que ceſte derniere loy ſoit contraire à la premiere : Dieu eſtant immuable en ſon eſſence, le doit eſtre pareillement en ſes deſſeins. Voulons-nous penſer que luy, à qui toutes choſes ſont conneuës de toute eternité, prenne de nouueaux aduis ? Le changement qui eſt en cecy n'eſt pas en Dieu, mais il eſt en ſes œuures, leſquelles eſtant hors de luy, qui eſt ſeul immuable, ne pouuoient eſtre ſemblables à luy, ains ſujetes à empirer & deſiner par le vice de la matiere, dont elles ſont compoſées. Et le remede que Dieu a apporté au mal, n'eſt pas vn nouueau conſeil; ſi bien il eſt executé depuis la deprauation de la nature, il n'a pas laiſſé d'eſtre reſolu auparauant meſme ſa creation. Car comme l'ouurier qui monte vn horloge pour aller vingt-quatre heures, auant que leuer les contre-poids, & luy donner le mouuement, peut preuoir ou que la roüille alentira ſon cours, ou que quelque eſtourdy viendra remuer l'aiguille, toucher aux roües, & deſbaucher le balancier, & deſlors pouruoir à ce qu'il faudra faire, pour la radjuſter & remettre à ſon poinct : Ainſi Dieu qui a preueu auant meſmes la creation du monde, ce qui deuoit manquer au gouuernement & entretenement d'iceluy, au meſme inſtant y a deſtiné les remedes, leſquels encore qu'ils ſe preſentent à nos yeux par ſucceſſion de temps, & ſuitte de ſiecles, ne laiſſent pas d'auoir eſté preparez de toute eternité. Car tout ainſi qu'il faut que le Poëte ait ſa comedie toute preſte, auparauant que perſonne ſe preſente ſur le theatre, & que deſlors que le prologue commence, celuy qui doit ioüer le dernier acte, ſçache bien ſon roollet : auſſi des choſes qui ſont aduenuës, & qui aduiendront icy bas par tant d'années, la derniere qui doit clorre l'aage du monde eſtoit conneuë & ordonnée par le Createur auant que la premiere commençaſt d'eſtre. C'eſt, ce me ſemble, ce que vouloit ſignifier Diarchas en Philoſtrate, quand il diſoit que Dieu auoit engendré le Monde tout à la fois, comme les animaux font leurs petits : nonobſtant que comme eux il l'ait enfanté peu à peu, faiſant ſortir vne partie deuant, & l'autre apres. Ce n'eſt pas le téps qui eſt pere & autheur des choſes, il n'en eſt que le deſpenſier, & comme Tatian remoſtroit aux Grecs,

l'introducteur

l'introducteur qui les conduit fur le theatre. Oüy mais, dira quelqu'vn, fi de toute eternité les chofes ont efté ordonnées, & que cefte ordonnance ne puiffe eftre violée, que deuiendra la liberté de noftre volonté ? faudra-il pas qu'elle foit ferue de cefte loy ? & qu'elle foit telle ou telle, bonne ou mauuaife, felon qu'elle l'aura ordonné ? Non. Car ce Deftin qui a preordonné toutes chofes, a ordonné que noftre volonté feroit libre, tellement qu'en noftre volonté s'il y a quelque neceffité, elle n'eft autre finon qu'elle eft neceffairement libre. Et quant à ce que nos volontez ont efté preueuës telles qu'elles doiuent eftre, elles ont efté preueuës pour ce qu'elles doiuent eftre telles, & ne font pas telles, pour ce qu'elles ont efté preueuës. Mais, me dira vn autre, dequoy fert noftre volonté, puis que des chofes que nous voulons, il ne s'en fait que ce que Dieu a ordonné, & qu'il n'y en a quafi rien en noftre puiffance ? Nous ne fçaurions quafi vouloir chofe fi ayfée, quand il ne feroit, par maniere de dire, queftion que de porter la main à la bouche, qui ne puiffe eftre empefchée par vne infinité de rencontres. C'eft ce que dit le Prouerbe ; Il tombe beaucoup de chofes entre le verre & les leures. Bien que nous pouuons beaucoup de chofes que nous voulons, & voulons beaucoup de chofes que nous pouuons ; fi ne pouuons-nous pas dire qu'il y ait aucun euenement pour fi petit qu'il foit qui depende entierement de nous. Pour cela toutesfois noftre volonté ne laiffe pas d'eftre libre, pour ce qu'elle n'eft pas l'action, mais le mouuement à l'action, & ne laiffe pas de nous feruir : pour ce qu'encore qu'elle ne foit pas feule caufe, fi coopere-elle auec les autres, qui font toutes amaffées & accouplées par le deftin à vn mefme nœu, pour faire vn feul effect. Quand elle fe dreffe à la fin qu'elle doit, elle eft fecondée par le deftin, & fauorifée par la rencontre des autres caufes ; & ce faifant conduite à ce qu'elle s'eft propofé, ou pour le moins à vne autre fin, que la Prouidence iuge luy eftre falutaire. Quand au contraire elle s'addreffe à vne mauuaife fin, elle eft par la concurrence des autres caufes, & force du deftin emportée à vn effect tout different de fon deffein, mais pour le moins toufiours à vn but, dont Dieu mal-gré elle tire fa gloire & le bien de l'Vniuers. Car combien que le deftin ne change point le plus fouuent rien en la nature des caufes, & qu'il laiffe operer les volontaires volontairement, les neceffaires neceffairement, les naturelles naturellement ; fi eft-ce que de la meflange & affemblage de toutes enfemble au poinct, & à la forme qu'il les faict rencontrer, il faict fortir tels effects que bon luy femble ; tirant bien fouuent de mefmes caufes de tout contraires effects, comme de mefmes lettres tranfpofées, nous compofons des mots tout differens. Il eft fi adroit ouurir, que tout luy fert à ce qu'il veut faire. Bien fouuent que nous penfons refifter à fes confeils, en nous laiffant faire il nous meine où il luy plaift : Ne plus ne moins que ce grand Ciel, qui enuelope tous les autres, encore qu'il n'empefche pas leur cours naturel d'Occident en Orient, ne laiffe pas de les entrainer tous les iours auec luy d'Orient en Occident. Soit que nous allions le pas, ou que nous courions, que nous nous haftions ou arreftions, que nous allions droit ou nous deftournions, nous arriuons au gifte auec le deftin, nous ne le fçaurions efchaper, nous le trouuons en le fuyant, y tombons en reculant, & l'inuitons taf-

chant de l'euiter. Ce deſtin part d'vne puiſſance trop ſage, & d'vne ſageſſe
trop puiſſante pour y pouuoir reſiſter ou par force, ou par fineſſe. Or tel &
ſi grand qu'il eſt, ce n'eſt, non plus que la Nature, qu'vn des effets de ceſte
ſage Prouidence, qui remplit & gouuerne toutes choſes, & qui eſt reſpanduë par toutes les parties de l'Vniuers, & eſt quaſi comme ſon ame. Elle
conduit toutes ſes parties auec de ſages & infaillibles conſeils & raiſons
tres-certaines, leſquelles bien ſouuent nous ne comprenons que bien tard,
& quelquesfois point du tout ; ou pour eſtre ſa ſageſſe ſi profonde & ſi inſcrutable, que nous n'y pouuons penetrer ; ou pour eſtre noſtre negligence
& ſtupidité ſi grande, que nous ne daignons ouurir les yeux pour la conſiderer. De là aduient que les hommes imputent au hazard tous les euenemens, dont ils ne comprennent point les cauſes. Et de là eſt aduenu que
quelques-vns eſtans ſi abrutis, qu'ils ne remarquoient aucune cauſe des effects qu'ils voyoient, ils eſtimoient que tout arriuoit par hazard. Ainſi ſe
ſont-ils faicts de leur ignorance & brutalité, vne deeſſe qu'ils nomment
Fortune, & la peignent les yeux bandez, tournant auec vne roüe les affaires du monde, pouſſant tout à l'auanture, & jettant ſes preſens & faueurs
au hazard, comme on fait la monnoye neuſue aux entrées des Roys ; ſelon
que chacun ſe trouue pres, il en recueille ce qui en tombe ſur luy. Mais ie
voudrois bien que ceux qui veulent faire gouuerner le monde à ceſte temeraire aueugle par tât de ſiecles, luy laiſſaſſent ſeulement pour vn an gouuerner leurs maiſons ; ils y trouueroient vn beau meſnage. Pauures gens !
ils voyent bien qu'vne petite famille ne peut ſubſiſter vn an ſans vne grande prudence ; & ils veulent que ce grand Vniuers, compoſé de tant de differentes parties, ſubſiſte tant de milliers d'années, ſous la conduite du hazard ? Ils ne voudroient pas auoir baillé vn troupeau de moutons à vn ber-
ger qui euſt mauuaiſe veuë ; & ils veulent commettre à vne aueugle temerité le gouuernement de tant de legions & d'Anges & d'hommes ? O ingrate race de gens ! pourquoy dreſſez-vous des autels à vos Dieux, ſi vos
ſacrileges opinions n'adorent que la Fortune ? pourquoy ſacrifiez-vous
apres vos victoires, pour remercier celle qui ne vous a veu, quand elle vous
a ſauuez, & ne vous voit quand vous la remerciez ? Vous penſez, peut-
eſtre, que ce fantoſme ait les oreilles meilleures que les yeux. Ce qui a comblé les hommes de cet erreur, & les a ainſi pouſſez à arracher la reigle & le
compas de la main de la prouidence, pour faire entrechoquer temerairement toutes choſes, & tout tomber au hazard, ça eſté (à mon aduis) d'a-
uoir voulu accommoder la grandeur & puiſſance de Dieu à leur infirmité,
& n'auoir voulu reconnoiſtre plus haute & plus profonde diuinité, que
celle que le premier object des choſes preſentoit à leur ſens. La Prouidence diuine eſt vn abyſme de lumiere, dont l'eſprit de l'homme ne peut penetrer le fonds, qu'en tenant longuement l'œil fiché deſſus : encore faut-il ramaſſer ſa veuë en quelque petit pertuis, & la conduire, comme par vne mire, de peur que ceſte lueur infinie ne l'eſbloüiſſe & eſteigne. Toutesfois
pour connoiſtre ſimplement qu'elle eſt, & qu'il n'y a point de fortune, le
moindre & plus foible eſprit y peut ſuffire. Car ſi peu que nous obſeruions
la conduite du monde & de ſes parties, nous iugeons incontinent qu'il n'y a
rien

rien icy bas de temeraire ny de fortuit, que noſtre ignorance & indiſcretion; encore ne l'eſt-elle que pour nous : pour ce que noſtre temerité meſmes, & noſtre incertitude eſt certaine à la prouidence. Rien de toutes les choſes du monde ne luy eſchappe, pour ſi petites qu'elles ſoient. Elle les manie & conduit, tient & retient au poinct où elles doiuent eſtre, tant pour leur bien particulier, que pour le bien de l'Vniuers. Or entre toutes il n'y en a point, à mon aduis, ſur leſquelles elle veille plus attentiuement, que ſur les Empires & Royaumes, dont elle eſt la vraye mere & tutrice. Nous voyons leur origine & leur naiſſance comme marquées dans le Ciel, & introduites çà bas par la reuolution des aſtres. Nous les voyons arriuer auec des mouuemens ſi eſtranges entre les nations, que vous diriez quaſi que c'eſt la terre qui enfante auec trauail & douleur, Leur croiſſance ſe faict auec des rencontres ſi eſtranges, auec des hurts, & des heurs ſi remarquables, qu'en nul autre endroit on ne voit la diuinité auancer & promouuoir plus euidemment les ſuccés des affaires, qu'en l'eſtabliſſement des nouueaux Eſtats. Souuenez-vous, ie vous prie, de l'aduenement des Iuifs en la Paleſtine, & contemplez auec quels miracles vne troupe de pauures fugitifs a tant debellé de peuples, tant renuerſé de prouinces, tant ruiné de citez, pour edifier ceſte grande & ſuperbe Hieruſalem, & baſtir ce riche & magnifique temple, auquel ſeul Dieu a voulu eſtre ſeruy & adoré pour vn temps. Venez puis aprés à ceſte conſideratiõ que faict Tite-Liue du progrés de l'Empire Romain, comparant à Rome les peuples, dont elle eſtoit enuironnée en ſa ieuneſſe, qui eſtoient tous plus puiſſans en richeſſes, en hommes, en armes, & en toutes commoditez, il s'eſbahit comme cent fois elle n'a eſté eſtouffée au berceau, & comme l'on l'a laiſſée paruenir à ceſte grandeur, autant enuiée qu'admirée. Mais il ſembloit que Dieu luy preſtaſt ſes mains pour combattre ſes ennemis, & luy miſt, comme faiſoit ceſte ſtatuë de Fortune à Demetrius, les villes toutes priſes dans le póing. Ie ne me puis oſter de l'entendement, qu'il n'euſt choiſi cet endroit de la terre comme fatal, pour eſtre la teſte de tout le monde, pour aſſembler ſoubs ce Chef l'Europe, l'Afrique, & l'Aſie, comme ſes membres ; & faire decouler de ce Chef par toutes les parties de la terre, la grace qu'il auoit preparé de toute eternité, pour le ſalut vniuerſel des hommes. Quand ie conſidere auſſi l'eſtabliſſement de ce iadis ſi braue & floriſſant Royaume François, le renom & honneur duquel a paſſé de l'Occident iuſqu'à l'Orient; que ie contemple auec combien d'eſmerueillables euenemens il a eſté fondé, eſleué & conſerué par l'eſpace de pres de douze cens ans, & de combiẽ de grandes & imminétes ruines il a eſté menacé & garanty, ie penſe que l'on ne peut nier que ce ne ſoit ceſte diuine Prouidence, qui l'ait gardé & maintenu iuſques icy. Et à dire vray, à quoy ſe peut-elle plaire dauantage, qu'à voir vn grand nombre d'hommes aſſemblez, viure ſainctement ſoubs de iuſtes loix, comme font ordinairement les peuples nouueaux, & obſeruer en leur ordre, police, & obeïſſance, la meſme harmonie qui reluit en tout l'Vniuers ? Or comme ceſte ſage Prouidence ordonne de la naiſſance des villes & des Royaumes, auſſi ordonne-elle de leur fin. Elle n'ordonne rien qui ne ſoit iuſte; par quel droict doncques nous en pouuons-nous plaindre? Conſide-

rez, ie vous prie, la ruine de tous les Empires, & de toutes les grandes villes, conferez leur commencement auec leur fin, & vous iugerez leurs aduene-mens dignes d'estre fauorisez pour leur vertu, secondez en leurs entreprises par ceste saincte Prouidéce: au contraire vous confesserez que leur fin estoit iuste, & que leur vice auoit comme forcé la Iustice diuine de les ruiner. Ie laisse les premieres Monarchies des Assyriens, & des Perses, qui se sont plon-gées & en fin noyées dans les delices; les Republiques des Grecs, qui ont esté estoufées par l'ambition & l'auarice; & vous veux seulement faire tour-ner les yeux vers les reliques de ceste miserable Hierusalem, & considerer si à l'heure de sa ruine elle n'estoit pas à charge à la terre, & à reproche au Ciel, tant pour auoir esté le theatre où l'impieté auoit combatu la diuinité, que pour estre lors vn esgout de tout vice & meschanceté. N'a-t'on pas veu la Prouidence marcher pas à pas à la peine de ce peuple, duquel les scelerées actions ont esté long-temps auparauant prophetisées, & apres auoir esté executées ont esté menacées, & les peines qui les attendoient, annoncées: Et quand le temps est venu, toutes choses ne s'y sont-elles pas disposées, & n'ont-ils pas eux-mesmes trauaillé de façon à leur ruine, qu'il n'a pas esté en la puissance de leur ennemy de les sauuer? Tout a esté plus clement enuers eux qu'eux-mesmes, & de tous les maux qu'ils ont enduré, il n'y en a point eu de plus cruels, que ceux qu'ils se sont faits. La meschanceté a cela de iu-ste, qu'elle se punit ordinairement soy-mesme, se conduit mal-gré tout le monde au supplice, & sert de bourreau le plus souuent à sa peine. Passons à la destruction de la ville de Rome, & voyons quand elle est arriuée, & de quelle façon: ce n'a pas esté quand les mœurs y estoient pures & sainctes, que ceste grande legalité, fidelité & magnanimité y florissoit telle, qu'elle a faict dire à Tertullian, que leurs loix approchoient fort de l'innocence: mais ç'a esté quand ils ont eu despoüillé toute la terre de ses richesses, & qu'auec l'or & l'argent de toutes prouinces, ils en ont tiré tous les vices & toutes les corruptions. C'a esté apres que la verité leur a esté longuement annoncée, & qu'elle n'a peu obtenir d'eux de les retirer d'vne sacrilege idolatrie, à la pureté du seruice de Dieu. Et comment-est-elle arriuée? par des moyens miraculeux, & où la Prouidence s'est monstrée oculairement. L'on a veu des nations inconneuës, poussées par des secrets mouuemens & occultes inspirations, presque sans intelligence entre elles, se leuer toutes entieres de leur siege pour venir les vnes apres les autres inonder cet Empire. Et en mesme temps les Empereurs & les subjects, qui auoient autresfois con-tenu par la seule reputation de leur vertu, tous les peuples du monde soubs leur obeïssance, si lasches, si diuisez & mal-aduisez, que vous eussiez dit proprement que c'estoit la Prouidence qui enuoyoit des ousterons en vne moisson ja bien meure, & preste à couper. Mais sans diuertir aux exemples estrangers, examinez quel estoit l'Estat de nostre France, quand la tempe-ste nous a accueilly, & la façon dont elle nous a battu. Ie ne veux pas non plus que vous si mal augurer du salut de mon pays, ny tellement desesperer de la misericorde de Dieu, que ie pense deuoir estre icy sa totale ruine. Toutesfois de quelque costé que les choses tournent, il ne se peut faire que ce ne soit vn tres-grand, & horrible changement, plein de misere & desolation.

lation. Pouuons-nous nier que cefte calamité ne nous foit tres-iuftement
arriuée, & que nous ne fuffions lors venus à vn tel defordre & fi infame deprauation, que nous auions honte de nous-mefme, & feruions d'argument
à l'impieté, pour conclure que Dieu, qui tardoit tant à nous punir, n'auoit
point de foin des chofes humaines? Ie ne veux pas offenfer vos oreilles par
vn nouueau recit des abominables vices, qui regnoient parmy nous, &
eftre allegué par la pofterité pour tefmoin de la honte de ma nation, & de
l'infamie de mon fiecle. Ie me contenteray de ce que Mufée en a touché
en general, & fort retenuëment, & de ce que vous en fçauez tous en particulier à voftre grand regret, comme ie croy. I'ay feulement enuie d'entrer auec vous en confideration de la façon, dont la Prouidence a vfé pour
nous chaftier tous les vns par les autres, menant & conduifant nos actions
afin toute contraire à nos deffeins, & faifant feruir tous nos confeils contre
nous-mefmes à noftre punition. Nous fommes icy entre nos amis & tres-
fideles : ie croy que ce que nous dirons ne paffera point le fueil de la porte,
nous pouuons parler librement. Si les moyens & artifices humains pouuoient feruir de remede contre le deftin, & l'ordonnance de la Prouidence, fans doute il fembloit que le defunct Roy fe peuft ayfément defendre
de la ruine qui l'a accablé. Car premierement il n'y auoit point d'apparence de fe feruir contre luy du pretexte de la Religion: veu que non feulement
il eftoit Catholique, mais mefmes exceffif en apparences de deuotions, iufques à mener pluftoft la vie d'vn moyne que d'vn Roy. Tellement que ce
que l'opinion de la Religion peut en vn Eftat, eftoit en fa faueur, & fembloit beaucoup feruir à fa conferuation. De fes fujets, les Princes de fon fang
eftoient de fon party, tant pour l'obligation qu'ils auoient à fa dignité, que
pour eftre perfuadez que le party, qui fe dreffoit nouueau en cet Eftat, eftoit
pour les eftoufer. La Nobleffe eftoit auffi quafi toute à fa deuotion tant
pour les mefmes raifons, que pour bien connoiftre que le peuple s'efleuant
contre fon Prince, voudroit auecque luy opprimer tout ce qui eftoit eminent. Le menu peuple de la campagne eftoit fi recreu des guerres paffées,
qu'il ne demandoit que le repos: celuy des villes auoit quafi tout fon bien
entre les mains du Prince, foit à caufe des rentes, ou des offices, que chacun
auoit acheté de luy. Il auoit mis aux charges des armes & de la iudicature,
tous ceux qui y eftoient. Des gens d'Eglife, les Prelats auoient tous efté faits
de fa main, & tous ceux qui efperoient quelque dignité, ne la pouuoient attendre que de luy : & quant aux plus petits, il les gratifioit & fauorifoit en
tout ce qu'il pouuoit. Qui euft iamais penfé qu'vn Roy fortifié de tous ces
moyens-là, euft deu rien craindre, mefmes vn remuëment qui eftoit la ruine euidente de tous ceux qui y preftoient leurs mains? Et au moins qui fe
fuft iamais douté, qu'il euft peu receuoir l'injure qu'il fouffrit ce iour fatal
des baricades, ce iour de la natiuité de noftre mifere? Ie penfe refuer toutes
& quantesfois que j'y fonge, & ne puis croire ce que ma memoire m'en reprefente, tant cet euenement me femble hors de raifon & difcours! Le Roy
eftoit en fa ville capitale, affifté d'vn tres-grand nombre de fignalez Princes, Seigneurs & Gentils-hommes; il y auoit fon Parlement, & fa Iuftice
ordinaire : il tenoit la Baftille, & auoit en fa puiffance tous les lieux forts de

la ville, l'artillerie & les munitions de guerre ; le Preuoſt des Marchands, les
Eſcheuins, les Colonnels & Capitaines de la ville eſtoient tous ſes officiers
& ſeruiteurs obligez & affectionnez à ſon ſeruice ; il auoit outre cela, bien
ſix mille hommes de guerre eſtrangers, diſpoſez comme il auoit voulu: non
obſtant tout cela vne eſmotion de peuple eſleuée ſoubs vn faux bruit, luy
fit voir ſon peuple armé contre luy, & ſa perſonne comme aſſiegée dans
ſon Louure. C'eſtoit choſe merueilleuſe à qui euſt conſideré l'humeur de ce
peuple ainſi mutiné. Car de tant d'hommes qui ſortoient auec les armes,
les gens d'honneur jugeoient bien la conſequence de ce faict : & la pluſpart
meſmes des autres eſtoient aſſez retenus de la reuerence deuë au Souuerain:
de façon que qui les euſt tous interrogez à part, il n'y en euſt eu que peu
ou point, qui n'euſſent deſiré que ce trouble ne fuſt aduenu, ou qu'il
euſt eſté deſia appaiſé. Neantmoins la fureur qui agitoit ce peuple eſchau-
fa tellemét les eſprits, que ceux qui du commencement craignoient de
ſortir en la ruë auec les armes, eſtoient tous preſts le lendemain d'aller aſſieger leur Prince ſouuerain iuſques dans ſon Chaſteau. De façon qu'il fut
contraint pour ſe ſauuer d'abandonner la ville, & ſe retirer comme à la
fuitte. Encore ce peuple eſtoit-il ſi forcené, qu'il l'euſt volontiers pourſuiuy. Choſe eſtrange, qu'vn peuple qu'il auoit tant chery & engraiſſé de la
deſpoüille du reſte de ſes ſujets, auquel il s'eſtoit appriuoiſé & familiariſé,
voire outre toute decence, qui auoit plus d'intereſt que nul autre à la conſeruation du repos public, ait en vn moment perdu le reſpect de la Majeſté
Royale, la ſouuenance de ſes bien-faits, la crainte des loix, la reuerence de
ſes Magiſtrats, pour ſe precipiter par vne telle inſolence & temerité, à vn
abyſme de maux & de miſeres. Que veut dire tout cela, ſinon qu'il y auoit
quelque plus haute puiſſance, qui manioit ces eſprits-là, & faiſoit ouuerture à ceſte ſedion, pour eſtre le commencement de la peine, que Dieu auoit
preparée au Roy, & a tout ſon Royaume ? Car ie croy que dés ce iour, la
Couronne luy tomba de la teſte, & à noſtre grand mal-heur & au ſien
commença à ſe briſer. Et depuis toutes ces choſes n'ont ceſſé de ſe tourner
à noſtre ruine, & tous les conſeils que l'on a penſé prendre pour noſtre ſalut, ſe conuertir à noſtre miſere & calamité, & de ceux qui en eſtoient les autheurs. Mais ce qui eſt le plus admirable en la ſuitte de nos maux, c'eſt que
depuis que Dieu permit que ce pauure Eſtat fut deſchiré en ces deux grands
partis, il s'en ſeruit de façon que vous euſſiez dit qu'ils eſtoient diſpoſez &
dreſſez pour ſe donner l'vn apres l'autre chacun ſon coup, cóme s'ils euſſent
eſté aux gages de la Iuſtice diuine, pour ſeruir à la punitió l'vn de l'autre. Le
premier coup auoit eſté celuy, que le Roy auoit receu: grand certainemét, de
ſe voir chaſſé par ſes ſujets de la ville capitale de ſon Royaume, de ſe voir
comme banny au milieu de ſon Eſtat, de ſe voir deſpoüillé de ſon authorité
& de ſes commoditez. Il fit pour ſe reuencher le coup de Blois, qui fut bien
vne grande playe à ſes ennemis, mais ce ne fut pas gueriſon à la ſienne. Il eſtimoit auoir eſtoufé par cet acte tout le party contraire, & eſteint dans le ſang
de ces deux Princes les flambeaux de la guerre ciuile: mais tant s'en faut, il les
r'alluma, & debonda par ceſte playe les torrens de ſang, qui depuis ont inondé la France. Car vous ſçauez cóme auſſi-toſt quaſi toutes les grandes villes
de

de ce Royaume se sousseuerent, reünirent & conjurerent. Vous vous souuenez comme incontinent apres il fut assiegé, & quasi pris dans Tours.
Certainement toutes choses luy estoient ja si contraires, & la fortune sembloit si fauorable au party de la Ligue, que ceux qui en estoient pensoient
auoir tout gaigné, & se comportoient fort insolemment en leur fortune.
Mais la bataille de Senlis leur donna incontinent sur les doigts, & rabatit
l'orgueil & l'esperance de ceux qui estoient partis d'icy, pour aller acheter
le pillage de ceste ville-là, que nous tenions desia comme prise. Apres suiuit
le siege de ceste ville-cy, qui nous mit à deux doigts pres de nostre ruine: &
de verité il n'y auoit pas moyen de l'euiter, quand le sort commença à tourner, & que le Roy fut malheureusement tué de ce coup espouuentable, qui
finit piteusement sa vie, & mit vne grande confusion parmy les siens. Le
cœur commença lors à croistre à la Ligue, & nouuelles esperances à reluire aux Chefs d'icelle, mesmes lors que le Roy qui est à present fut assiegé
dans Dieppe, & que l'on côtoit à la place Maubert, que l'on l'ameneroit au
premier iour à Paris prisonnier. Ce bon temps-là ne dura gueres: car on fut
tout esbahy qu'on le veid, & sentit dans les faux-bourgs de Paris, & peu
s'en fallut dans la ville. Cela certainement nous estonna fort, mais ne nous fit
pas sages pourtant. La Ligue eut incontinent apres vne puissante armée, &
prist le bois de Vincennes & Pontoise: l'on ne se promettoit rien moins à
Paris, sinon qu'on s'en alloit prendre le Roy. Car on pense icy que donner
vne bataille & la gaigner, ce soit vne mesme chose. On leur apprist bien que
c'en sont deux: car la Ligue donna la bataille, mais elle y fut bien frotée. Ceste perte fut incontinent suiuie de celle des villes de Mante, Corbeil, & Melun: toutesfois l'heur du vainqueur ne fut pas si grand, qu'il ne trouuast à
Sens vne espine qui en arresta le cours. Maintenant voicy Paris assigé, endurant toutes les pauuretez que l'on sçauroit non pas dire, mais penser: l'on
attend à present icy le secours des Estrangers, qui viendront ruiner le pays,
& s'ils peuuent, s'emparer de la France. Qu'est-ce tout cela, sinon vn flux &
reflux de misere? vn tour & retour de calamité, qui nous abysmera à la fin,
si Dieu n'a plus de pitié de nous, que nous n'en auons nous-mesmes? Qui
est-ce qui est si aueugle & de corps & d'entendement, qui ne void que tout
cela n'est autre chose que la main de Dieu, qui auec les verges des guerres
nous fouëtte l'vn apres l'autre à tour de roolle, sans que personne s'en puisse
exempter? qui ne iuge clairement qu'il se sert de nostre malice & meschanceté, pour nous punir les vns par les autres? Les Roys, les Princes, & la Noblesse sont chastiez par le sousleuement des peuples, qui secoüent le joug de
l'obeïssance, s'emparent de leurs maisons, les font errer & vaguer çà & là
auec leurs familles ruinées & desolées: sont chastiez par les playes, ausquelles ils sont exposez tous les iours, par l'effusion de leur sang, dont la campagne est tantost toute teinte. Le peuple d'autre costé est chastié par les gens
de guerre, qui le volent, pillent & rançonnent: les villes sont prises & repri-
ses, & celles qui se peuuent garder, mangées de garnisons, foulées de gardes
& de couruées, pressées de disette & de famine: & qui pis est, les habitans
s'entreuolent, s'entrepillent, s'entremangent les vns les autres. Quant aux
gens d'Eglise, les vices desquels ont autant qu'autre chose, embrasé l'ire de

Dieu fur nous, & allumé cefte guerre, qu'ils entretiennent encore tant qu'ils peuuent, ils font le commun joüet de tous les autres , & comme le fujet de l'infolence & des injures de la Nobleffe, & du tiers Eftat. Ie laiffe à dire que le feruice de Dieu ceffe par tout , que l'impieté & le blafpheme s'eftablit, qu'il n'y a forte de facrilege & pollution qui ne fe commette dans les lieux fainéts: non que ce ne deuft eftre la noftre plus viue & fenfible douleur, & neantmoins c'eft dont nous nous plaignons le moins. Mais quant aux biens & commoditez temporelles, pour lefquelles nous nous fommes tant tour-mentez, & auons, pour dire vray, excité toutes ces tragedies, comment eft-ce qu'ils y font traictez? Leurs benefices, leurs terres, & reuenus font occu-pez, ruinez, & bruflez à la campagne, & leurs perfonnes font emprifonnées, rançónées, & injuriées par les villes: plus ils ont de dignité & de preeminen-ce, plus font-ils vexez & tourmentez. Et qui eft encores plus remarquable, c'eft qu'ils font encores plus mal traittez par ceux de la faction qu'ils ont fuf-citée, qu'ils ne font par ceux qu'ils eftiment leurs ennemis. Nul grade, nulle qualité, nul ordre, nulle fainéteté ne les peut defendre de l'infolence des mutins des villes, ou foldats des armées, ou Gentilshommes des champs. O comme Dieu renuerfe les deffeins des hómes, & comme il les fçait bien punir les vns par les autres ! Que refte-il plus pour contenter ceux qui ont douté de la Iuftice diuine , finon de voir qu'encores quelques fcelerez qui regnent en paix, & executent fur les innocens leurs malheureufes volon-tez, foient chaftiez à leur tour? Nous ne fommes pas à la fin du jeu , ayons patience iufques au bout , & nous verrons ce que nous attendons ; nous verrons (dif-je) que le mefme peuple qu'ils ont aigry contre les gens de bien, pourchaffera leur ruine. Car les peuples efmeus reffemblent à la mer, laquelle tourmentée & tempeftée efleue au deffus de l'eau toutes les ordu-res qui font au fonds, mais peu à peu elle les jette en terre. Nous auons defia veu l'exemple de quelques-vns, l'ambitió & l'auarice defquels a efté payée par le mefpris & l'injure du vulgaire. Il faut efperer que les autres viendrót à leur tour, & participeront aux afflictions qu'ils ont procuré à tant d'honne-ftes gens. Ce que nous auons à craindre , c'eft que Dieu ne nous vueille tous enueloper en vne mefme ruine, comme nous en fommes fort menacez, & abyfmer tout d'vn coup tant & tant de mefchantes confciences qui font parmy nous, ne pouuant autrement venir à bout de les amender. Le reme-de qui nous refte c'eft de nous profterner deuotement deuant fa diuine Ma-jefté, pour flechir par l'humilité de nos prieres la rigueur de fa iuftice, & ob-tenir de luy qu'il nous vueille plus de bien que nous ne nous en voulons: & que puis qu'en ce que nous auons le plus defiré , nous auons trouué noftre mal, en ce que nous auons le plus craint, elle nous face par fa toute-puiffan-ce retrouuer noftre bien. Toutesfois fi fon ire perfeuere fur nous, quelque fortune qui nous attende, il nous la faut porter patiemment , & auec gran-de reuerence, comme nous eftant prefentée par cefte fage & iufte Proui-dence, la balance de laquelle ne s'efbranle iamais que par le poids de la rai-fon , à laquelle partant il nous faut conformer nos volontez. Ie comprens bien ce qui vous pique en ce difcours, c'eft la mefme efpine qui m'a efgrati-gné autresfois fur ce mefme chemin. Vous ne pouuez entendre pourquoy il

faut

faut qu'en tels accidens les bons patissent auecques les mauuais, les innocens auec les coupables. S'il y a prouidence, elle est iuste; si elle est iuste,
elle doit recompenser les bons, & punir les meschans, & non pas les enueloper en vne mesme affliction. Mais pour vous leuer ce doute de l'esprit,
ie vous voudrois bien demander en quel endroit de la terre vous auez trouué ceste innocence que vous plaignez tant, & à quoy vous la pouuez reconnoistre? Nos fautes & nos pechez s'exercent bien par nos membres &
parties visibles de nostre corps, mais ils s'engendrent en l'interieur de nostre
ame; c'est la matrice où ils se conçoiuent, laquelle ils ne souïllent pas moins
pour n'estre pas enfantez, que s'ils venoient au iour. Car encore les mauuaises volontez que nous executons, sont ordinairement suiuies d'vn regret, qui les purge aucunement: mais quant aux meschantes intentions
que nous couuons en nostre esprit, comme la braise soubs la cendre, nous
pensons que pour ce qu'elles ne sont pas conneuës, elles ne sont point mauuaises, & ne nous en retirons pas. Si ainsi est que le siege du peché soit en
nostre ame, & que nous n'y puissions penetrer, comment voulons-nous
connoistre l'innocence d'autruy, veu que nous sçauons combien de fois
nous offensons Dieu nous mesmes, sans que les autres l'apperçoiuent? Cela n'est point de nostre iurisdiction, laissons-en connoistre à celuy qui est
seul iuge des cœurs & volontez des hommes; & s'il nous faut en cela presumer quelque chose, suiuons la presomption la plus raisonnable, presumons
pour son iugement, & croyons qu'il est iuste. Comme de vray il est fort
difficile qu'en vn siecle si corrompu, son foudre tombe en lieu où il ne trouue
des coupables. Les poissons ont bien ceste proprieté qu'ils naissent & se nourrissent en la mer, sans en tirer la salute; mais que les hommes puissent naistre,
& se nourrir en l'ordure & infection de la terre, sans en estre entachez, s'il n'est
impossible, il est tres-difficile. Mais ie veux bien que vous trouuiez parmy
nous vn bon nombre de personnes sainctes & du tout innocentes, & que
ceux-là soient de ceux qui sont plus affligez par les miseres publiques, ie
veux neantmoins soustenir qu'ils n'ont nulle occasion de se plaindre, au
contraire qu'ils en doiuent remercier Dieu, comme d'vne grande faueur,
& compter ces accidens-là entre les plus precieux biens qu'ils ont receus
de luy. Ceste medecine vous semble amere, a voir la façon dont vous la gou-
stez; mais auallez-la, & vous la sentirez & douce & salutaire, & vous mettra l'esprit en repos plus que remede dont vous puissiez vser. Oüy, ie dy que
ce que nous appellons miseres & calamitez, ce sont dons de Dieu, tres-pre-
cieux & profitables. Pour vous le persuader, il vous deuroit suffire, que ie
vous aye monstré que la cause en est bonne, & qu'elles partent d'vne main
toute bonne, de laquelle, comme d'vne viue source, deriuent toutes les
veines de nos biens. Mais si la cause en est bonne, la fin en est encore meilleure; & cela vous prouueray-ie aysément: toutesfois auant qu'en venir
là, ie veux respondre à quelques obiections, que ie lis en vostre visage, que
vous me voulez faire touchant les moyens qui seruent pour paruenir à ceste fin. Les guerres, me direz-vous, les meurtres, les pillages, les violemens,
& les autres fleaux par lesquels nous sommes affligez, ne sont-ce pas choses
mauuaises de soy? ceux qui les font n'ont-ils pas dessein de nous mal-faire?

ne deſirent-ils pas noſtre dommage? ne tendent-ils pas à noſtre ruine? ſçau-
riez-vous appeller maux nos miſeres, ſans accuſer les vices de ceux qui en
ſont les inſtrumens, & ſoüillent leurs mains en tant de ſacrileges & de meſchancetez? Pour eſclaircir ce doute, ie deſire que vous faciez diſtinction
entre les afflictions qui nous arriuent: les vnes ne procedent que des cauſes naturelles ou ſuperieures, comme la famine, tremblement de terre, peſte, inondations, mortalitez, & autres ſemblables: és autres la volonté de
l'homme coopere, comme les tyrannies, les guerres, les meurtres, les pillages. Celles-là n'ont ſans doute autre deſſein que noſtre bien: car elles
n'ont autre fin, que celle de celuy qui les ordonne: celles-cy ont ſans doute vne mauuaiſe intention; car la volonté des meſchans les conduit: mais
c'eſt vn mal, dont Dieu faict vn bien. Car encores que les hommes particuliers, dont Dieu ſe ſert en tels effects, tendent à vne mauuaiſe fin; toutesfois la derniere fin, à laquelle il les faict aboutir, eſt noſtre bien & noſtre
ſalut. Comme l'archer addreſſe la fleche au but que la fleche ne voit pas;
auſſi les conduit-il à vn effect qu'ils n'entendent ny ne deſirent pas. Ce que
nous ne deuons point trouuer eſtrange és actions de ceſte toute-ſage Prouidence: veu meſmes qu'és affaires humaines bien ſouuent pour paruenir à
vne choſe, nous nous ſeruons de ce qui tend à vne autre, ou diuerſe, ou contraire. Voyla vne armée de ſoldats, qui vont tous la teſte baiſſée au combat:
les vns ſont piquez de querelle; les autres pouſſez d'vn deſir de gloire, les
autres incitez par vn deſpit, les autres par l'eſpoir du pillage; mais au bout
ils ſe rangent tous à l'intention du General, qui eſt à la victoire. Les bons
& les meſchans ſont en ce monde à la ſolde de Dieu, & combattent pour
ſa gloire; quelques-vns comme choiſis & inſtruits, les autres comme forçats & eſclaues. Pourquoy (me direz-vous) ſe ſert-il des meſchans, luy qui
eſt tout-bon & tout-puiſſant? n'a-il pas d'autres moyens d'effectuer ſes volontez? Il n'a pas fait les meſchans tels; ils ſe ſont rendus tels d'eux-meſmes: mais puis qu'ils ſont tels, il faut qu'ils luy ſeruent de quelque choſe.
Vn grand ouurier ne doit rien laiſſer d'oyſif en ſon officine. Des choſes les
plus mauuaiſes l'art en tire des effects tres-bons & tres-ſalutaires. Ie vous
diray dauantage, qu'il y a beaucoup de choſes tres-vtiles, qui ne pourroient
pas ſubſiſter, s'il n'y auoit quelque choſe mauuaiſe dedans. Ce celebre medicament (inuention vrayement diuine) contre les poiſons, la Theria-
que, a pour ſon principal ingredient la Vipere, qui eſt l'vn des plus venimeux de tous les ſerpents. Voudriez-vous reprendre Dieu de ce qu'és afflictions qu'il nous enuoye, comme vn medicament auſſi neceſſaire, que ſalutaire pour la purgation de nos ames, il y meſle quelque peu de ceſte vipere humaine, qui eſt la peruerſe volonté des meſchans, laquelle il tempere
de telle façon par pluſieurs autres ſucs qu'il y adjouſte, & par le feu de
la ſaincte charité, dont il nous ayme, qu'elle ne nous peut rien apporter de mauuais que le gouſt, qui nous ſemble vn peu amer, comme font
tous les medicamens qui ont grande vertu. L'effect ſans doute en eſt touſjours bon, & la fin n'eſt certainement iamais autre que noſtre bien & profit, ſoit que nous ſoyons vertueux, ſoit que nous ſoyons vicieux, ſoit que
nous ſoyons innocens, ſoit que nous ſoyons coupables. Et premierement
quant

quant aux gens de bié, que peut faire mieux vn pere pour ſes enfans, qui ont
à viure en vne prouince expoſée à la guerre, que de les nourrir au trauail, les
apprendre à porter le chaud & le froid, la faim & la ſoif, les dreſſer aux armes, & ne rien craindre, & aller aux coups comme aux nopces? Ceux qui
ont eſté eſleuez de ceſte façon, viuent libres, conſeruent leurs biens, acquierent de l'honneur & de la gloire, & ſont eſtimez heureux : au contraire
ceux qui ont eſté tenus delicatement, & ont appoltrony leurs ames par les
delices, ſont la proye des autres, ſeruent humblement au plus fort, endurent toutes ſortes d'injures, viuent & meurent ſans honneur. L'homme
entre au monde comme en vn champ de bataille, où toutes ſortes de maux
l'enuironnent : depuis ſa naiſſance iuſques à ſa mort, il n'a autre exercice
que le combat. Vous eſtonnez-vous ſi ce bon & ſage pere nous veut ſouuent exercer, pour nous endurcir au trauail ? point, point ; il ne nous flatte
pas en ſotte mere, qui gaſte ſes enfans, mais nous rudoye en ſage pere, qui
les manie auſterement. Il nous tient continuellement en haleine, & nous
exerce non ſeulement iuſques à la ſueur, mais meſmes iuſques au ſang. Il
ſçait bien que le ſoldat ne deuient Capitaine qu'en trauaillant, veillant, pa-
tiſſant, ſouffrant, endurant, ſupportant le iour, la nuict, le froid, le chaud,
la pluye, le Soleil. Le matelot ne deuient pilote qu'entre les tempeſtes & les
orages; & l'homme ne deuient vrayement homme, c'eſt à dire courageux
& conſtant, qu'entre les aduerſitez. C'eſt l'affliction qui luy faict connoiſtre ce qu'il a de force : c'eſt elle qui, comme le fuzil du caillou, tire de
l'homme ceſte eſtincelle de feu diuin qu'il a au cœur, & faict paroiſtre &
reluire ſa vertu. Il n'y a rien ſi digne de l'homme que de ſurmonter l'aduerſité, ny moyen de la ſurmonter qu'en la combatant, ny moyen de la
combatre qu'en la rencontrant. Voylà la premiere vtilité qu'apporte l'affliction à l'homme de bien, qui n'eſt pas petite. Comme ceſte-là a quelque
trauail joint à ſoy, celle qui ſuit a beaucoup de conſolation. Elle conſiſte
en ce que la calamité luy fait connoiſtre quel comte Dieu faict de luy. Car
il faut eſtimer qu'il ne nous met aux hazards & aux dangers, que pour
quelque bonne opinion qu'il a de noſtre vertu, & pour le deſir qu'il a de
nous voir bien faire. Le Capitaine ne choiſit pas vn ſoldat de peu, pour tenter vne penible & hazardeuſe entrepriſe : il trie les plus courageux, & ceux
dont il faict plus de cas, pour leur donner la pointe. C'eſt vn iugement
d'honneur que de commettre vne charge faſcheuſe à vn homme. Les
Payens meſmes ont fait ce iugement là des aduerſitez, & ont eſtimé
que ceux à qui elles arriuoient, eſtoient des plus chers amis de leurs
Dieux: par ces degrez-là ils font monter Hercules au Ciel. Et quant à nous,
mieux inſtruits qu'eux, nous auons noſtre leçon par eſcrit, qui nous chante
que nous ne ſerons point couronnez, ſi nous ne combatons. Ne deuons-
nous pas eſtimer que quand nous ſommes inuitez au combat, nous ſommes
inuitez à la gloire ? Quelle voix penſez-vous qui peuſt eſtre plus agreable
à ceux qui ſe preſentoient aux jeux Olympiques, que celle de la trompette
qui les appelloit pour entrer en la lice ? Ne croyez-vous pas meſmes qu'en
l'ardeur du duel, le deſir qu'ils auoient de plaire au peuple, & en remporter
vn honorable iugement, leur oſtoit le ſentiment de la peine, & leur rendoit

leurs playes douces? Or outre le plaiſir que nous receuons en noſtre ame, pendant que nous ſommes occupez à de belles & genereuſes actions, & que par maniere de dire la conſtance eſt en œuure & lutte contre l'aduerſité, il nous en demeure encore vn bien plus grand, lors que nous ſommes deliurez, & nous auons trouué le port. Car il n'y a rien ſi doux au monde, ny qui contente plus noſtre ame, que le teſmoignage que rend noſtre conſcience à la vertu, & la memoire qui nous demeure d'auoir courageuſement combattu l'infortune. Nous nous ſentons lors remplis d'vn indicible contentement, & nous ſemble que la ſplendeur d'vne vraye gloire reluit à l'entour de nous, & nous donne quelque preeminence entre les hommes. Il ſe tire encore vn autre bien de noſtre patience, qui ne nous doit pas moins conſoler que les precedens. C'eſt le fruict que recueillent ceux qui viennent apres nous de noſtre exemple, qui leur ſert comme d'vn flambeau pour leur eſclairer aux belles & glorieuſes actions. Nous deuons à la poſterité la pluſpart de nos plus viues affections: & me ſemble que ceux qui ſont naiz à l'honneur, n'ont point de ſouhaits plus ardens ny plus ordinaires, que de pouuoir ſacrifier leur vie pour le bien public. De façon qu'il me ſemble que les occaſions, qui nous donnent moyen d'inſtruire les autres à bien faire à noſtre imitation, & nous rendre illuſtres à l'aduenir par la recommandation de noſtre vertu, nous doiuent eſtre fort agreables; pour ce qu'elles nous ſont fort honorables, & profitables à la poſterité. Le ſang & les ſueurs de ceux qui ſe comportent vertueuſement en leurs calamitez, ſont autant de fontaines qui ne tariſſent iamais, d'où coule en l'ame de ceux qui viuent aux ſiecles d'apres, vn genereux deſir de leur reſſembler. Il n'y a donc point de doute que les gens de bien ne reçoiuent profit des calamitez qui leur arriuent, & que le public n'en tire de grandes commoditez. Voyons s'il en eſt ainſi de celles qui arriuent aux coupables, qui ſont bien en plus grand nombre que les autres. Oüy certainement. De ceux qui ſont déuoyez du chemin de la vertu, & de l'obeïſſance qu'il doiuent à Dieu (qui eſt la vraye & vnique innocēce) il y en a de deux ſortes: les vns ne font que cōmencer à s'eſgarer, les autres ſont comme tout perdus: aux vns & aux autres l'affliction eſt le ſalutaire & neceſſaire remede. Aux premiers elle ſert d'vn benin & paternel chaſtiment: c'eſt comme les verges dont Dieu rameine à ſon deuoir celuy qui ſe deſbauche; vſant en noſtre endroit de l'office d'vn ſage pere, lequel corrige ſes enfans d'autant plus ſoigneuſement, qu'il les ayme cherement: il les chaſtie en leurs premieres & plus legeres fautes, de peur que negligées, elles ne ſe tournent en habitude, l'habitude en crime, & qu'ils ne tombent entre les mains de la Iuſtice publique, pour n'auoir pas ſouffert la reprehenſion domeſtique; & qu'ils n'endurent vn honteux & cruel ſupplice, pour n'auoir pas enduré vne paternelle & charitable correction. Ie vous diray plus, que Dieu, comme il eſt infiniment ſage, & encores meilleur en noſtre endroit, preuient ſouuent nos fautes: & comme il voit nos volōtez panchées à mal-faire, il nous redreſſe par les aduerſitez, comme par vn mors qu'il nous met en bouche, pour arreſter noſtre mauuaiſe inclination, & domter nos affections par nos afflictions. Diſons verité, combien de fois en noſtre vie la Prouidence nous a-elle ſurpris en de

mauuaiſes

mauuaises pensées, & nous donnant sur les doigts, nous a-elle faict lascher
prise ? Combien de mauuaises rencontres auons-nous euës, qui ont parlé à
nostre conscience, rabattu nostre orgueil, & nous ont aduerty que nous
estions hommes? On dict que le grand Roy François (vrayement grand,
car il auoit de grandes vertus & de grands vices) ayant esté pris prisonnier
à la bataille de Pauie, fut mené en vn Monastere, où la premiere chose qui
se qui presenta à ses yeux, fut vne inscription qui estoit sur le portail, de ce
verset d'vn Pseaume : Cela va bien, Seigneur, que vous m'ayez abbaissé,
pour m'apprendre que c'est que de vostre iustice. Vn autre imputera ceste
rencontre au hazard ; de moy ie l'estime vn œuure singulier de la Prouidence diuine, qui a faict trouuer ce Prince à cet endroit, apres vne telle fortune ; à fin qu'il veist sa leçon par escrit, & entendist l'aduertissement que
Dieu luy donnoit, de faire profit de sa calamité, & moderer ceste vanité,
auec laquelle il gastoit & corrópoit beaucoup de belles vertus qui estoient
en luy. Plus les Princes sont puissans, plus ils sont veillez de ce souuerain
Gouuerneur, qui connoissant l'importance de leurs actions à la ruine ou
conseruation des peuples, leur retient ou lasche le cœur & la main, selon
qu'il iuge à propos pour nostre bien & pour sa gloire. On ne sçauroit
mieux dire que l'Escriture : Le cœur des Roys est en la main de Dieu. Ce
sont ses Procureurs & Administrateurs, qu'il enuoye icy auec puissance
fort libre & fort ample : laquelle toutesfois il sçait bien reuoquer ou moderer, quand il luy plaist. Puis que ce discours m'a jetté à cet exemple, j'y
adiousteray celuy d'vn jeune Gentil-homme François, lequel de nos iours
auoit fait grauer ces mots en vn poignal : Ie frappe sans respect. Il aduint
qu'en dansant vne volte son poignal se desgaina, & le blessa si auant en la
cuisse qu'il en pensa mourir. Ie vous laisse à juger, si ce coup ne parloit pas
à luy, & ne luy reprochoit pas sa temerité ? Or soit que nous considerions
les afflictions, qui nous arriuent, ou auant que nous tombions en quelque
faute, ou apres nos premieres & plus legeres fautes, nous trouuerons que
Dieu nous traicte tousiours fort indulgemment. Ce ne sont ordinairement
que douces corrections, semblables à celle des Perses, qui foüettent les habits au lieu de ceux qui ont failly. Il ne s'attaque qu'à nos biens, à nos honneurs, à quelques haillons comme cela ; il nous les oste quelquesfois pour
vn temps, comme on fait les couteaux & les daguettes aux petits enfans,
de peur qu'ils ne s'en blessent. Voyla quant aux premiers : quant aux autres qui sont incorrigibles, que le chastiment paternel n'a peu flechir, &
auquel Dieu est contraint de se monstrer iuste iuge, & decerner vne rigoureuse peine ; on ne peut dire que leur calamité ne soit tres-bonne &
tres-vtile. Si nous considerons la personne de celuy qui l'enuoye, l'immuable loy de sa Iustice eternelle veut, que ce qui ne se peut amender soit osté
& retranché de ce monde : si nous considerons l'interest general de la societé humaine, il est certain qu'elle ne pourroit subsister, si les meschans
n'estoient chastiez & retenus par la rigueur de la peine, puis que l'amour de
la vertu ne les peut contenir. Ceux qui gouuernent des villes ou des bourgades, iugent que pour les conseruer il faut de necessité chastier les coupe-
bourses & larrons particuliers : & vous ne voudrez pas que celuy qui gou-

uerne tout le monde, puniſſe les Roys, les Princes, les Republiques, & les villes toutes entieres, deſquelles la puiſſance & authorité en exempte des loix ciuiles, & n'a plus rien par deſſus pour la punir que la Iuſtice diuine, ſans laquelle le mal feroit ſon progrez par tout, & eſtendroit ſa corruption par tous les autres endroits du monde? Or qui eſt-ce qui peut improuuer ce qui profite à tous & s'en plaindre en ſon particulier? Ce qui nous eſt commun auec d'autres, nous l'appellons noſtre: vn bien qui appartient à tout l'Vniuers, ne l'appellerons-nous pas noſtre bien? N'auons-nous pas tous intereſt, qu'il arriue des exemples de la Iuſtice diuine, qui apprennent aux hommes qu'il y a vn œil tout-voyant là haut, qui iuge & examine toutes choſes, & qu'on oye la voix des meſchans entre les ſupplices, qui aduertiſſe les autres,

    D'aymer iuſtice, & n'oublier pas Dieu?

    C'eſt choſe trop claire & trop aiſée à perſuader aux hommes, qu'il faut que les meſchans ſoient punis. Mais peut-eſtre que ce qui ſera plus difficile, ſera de leur perſuader que la calamité meritée, qui leur eſchet pour peine, eſt pour leur bien & profit. Ce deuroit bien eſtre ſans doute le premier ſouhait de l'homme, de ne point meriter la peine; mais l'ayant meritée, le ſecond doit eſtre de l'acquitter viſtement. Car ce que Dieu enuoye aux hommes en ce monde pour les punir, ne procede point d'vn eſprit qui leur vueille nuire, mais ſeulement arreſter le cours de leur meſchanceté; & ce faiſant arreſter auſſi le cours de leur miſere. D'autant que la Iuſtice diuine ayant à proportionner la rigueur des peines à la grandeur des crimes, plus elle laiſſeroit regner les meſchans, plus elle croiſtroit la meſure de leur tourment. Voulez-vous voir que la peine eſt le bien des meſchans? Souuenez-vous de ceux que vous auez veu au ſupplice, qui loüoient la Iuſtice & les loix qui les faiſoient mourir. O que ſaincts ſont les foudres, qu'adorent meſmes ceux qui en ſont frappez! Ie vous diray dauantage, qu'il s'en eſt veu, qui ayans commis de grands crimes, eſtoient tellement trauaillez en leur eſprit, qu'apres auoir eſté longuement cachez, ils ſe ſeroient venus eux-meſmes accuſer, & ſoubs-mettre à la peine, comme à l'expiation de leur forfaict, eſtimans le tourment ordonné par les loix, beaucoup plus doux que celuy que leur donnoit leur conſcience. S'il ſe trouue des coupables, qui reçoiuent en gré la mort ordonnée par les loix ciuiles pour leur meſfaict, & y trouuent quelque conſolation: à combien plus forte raiſon doiuent-ils auoir agreable la calamité decernée par la Iuſtice diuine, laquelle receuë auec vn eſprit patient & doux, s'ils ont encore à viure en ce ſiecle, purifie leur ame, & met leur conſcience en repos, & s'ils y meurent, les deliure des tourmens eternels? Si nous auons vn membre pourry, nous allons chez le Chirurgien, & ſi nous n'y pouuons aller, nous l'enuoyons prier de venir pour nous le couper, de peur qu'il n'infecte & gaſte le reſte: & ne voulons-nous pas que noſtre ame, pour ſe garentir de l'ordure & pollution que noſtre corps & nos biens luy apportent, s'en laiſſe deſpoüiller par ce ſouuerain Medecin, qui vient de luy-meſmes à nous, & ne faict rien que pour noſtre bien? I'apperçoy en vos contenances, que de ce diſcours comme d'vn feu peu clair ſe leue vne fumée, qui vous cuit aux yeux.

                                                                C'eſt

C'est à mon aduis, vne grande inegalité & disproportion qui se voit en la punition des meschans, qui diminuë la foy de ce que nous auons dit de la Prouidence. Car nous voyons ordinairement, que des meschans les vns sont punis, les autres ne le sont pas : les vns, qui ont fait beaucoup de meschancetez, endurent peu de peine, les autres au contraire. A ceste objection il me pourroit suffire de ce que ie vous ay dit cy-dessus; que la volonté de Dieu est la souueraine Iustice; que puis qu'il le veut ainsi, il est bien. La mesme raison, pour laquelle il faict toutes choses, veut aussi que personne ne luy en demande raison. Ses conseils sont abysmes profonds & inscrutables, & où nos yeux, qui à peine voyent ce qui est à nos pieds, ne peuuent penetrer : & toutesfois si nous la voulons suiure à tastons, nous la trouuerons si iuste, voire si liberale, qu'elle nous rendra raison de ce mesme, dont elle n'en doit point : & trouuerons sa Iustice en la pluspart des choses qui nous trauaillent, tousiours egale à soy-mesme. Et bien que pour vn temps elle se cache, à la fin elle se descouure, & paroist de mesme couleur en vn endroit qu'en l'autre : imitant les riuieres qui se perdent en terre en quelques endroits, mais viennent neantmoins à se descouurir & resourcer, quand elles approchent de la mer. Premierement quant à ce que vous pensez, qu'il y ait des meschans impunis, vous vous trompez : la peine & la meschanceté sont sœurs jumelles, qui naissent ensemble, & ne s'abandonnent point. Le remords de conscience piquant & aigu, les ennuis mornes & sourds, les repentances ameres sont bourreaux domestiques, qui ne manquent iamais. Ne pensez pas que ce soient fables, ce que les Poëtes representent des Furies auec des brandons à la main, qui viennent réueiller les coupables : c'est vne image peinte au vif, & tirée apres le naturel, de la passion qu'endurent les meschans tourmentez par leur propre conscience. N'estimez pas que les douleurs d'vne rouë, ou d'vn feu, ou de quelque autre humain supplice, approchent en rien de la cruauté des fureurs qui agitent l'esprit des scelerez. Quelle peine eust-on peu excogiter, qui eust autant gehenné ce meschás, qui auoit persecuté les Iuifs, que faisoit sa conscience, luy representant en ses songes vne grande multitude d'hommes par luy massacrez, qui tous hideux & sanglans luy descouuroient leurs playes, luy redemandoient leurs enfans qu'il auoit faict meurtrir, leurs biens qu'il auoit pillé, & au bout de là le menaçoient & luy predisoient d'horribles calamitez ? Quelle rouë pensez-vous que c'estoit à Herode, d'entendre de iour & de nuict les esprits de sa femme & de ses enfans, qui luy reprochoient auec injures sa cruauté, de les auoir faict malheureusement & inhumainement assassiner? Quelles richesses, quelles magnificences, quelles voluptez peuuent resiouïr ceux qui sont en telles pensées? Toute leur vie n'est-elle pas vn supplice continuel ? Mais ie veux qu'il s'en trouue, qui euitent en ce monde ces tourmens-là. Quel peuple, pour si barbare qu'il ait oncques esté, a iamais douté qu'il n'y ait des Enfers, qui les attendent apres la mort, & où leurs peines doiuét estre d'autát plus rigoureuses & horribles, qu'elles auróterit esté differées à ce temps-là, & pour estre acquitées lors qu'ils en seront plus sensibles ? Leur tourment ne commence pas en ceste vie, de peur qu'il ne finisse auec la vie : il les attend lors qu'ils seront en lieu,

où ils les puiſſent retenir pour iamais. Et cela les meſchans le preſſentent aſſez, & en donnent trop de marques. Car combien en voyons-nous, leſquels auoient ſemblé auparauant viure auec vne grande ſecurité & repos
d'eſprit, qui approchans de leur fin ont commencé à ſe deſeſperer, deme-
ner & tourmenter; prediſans les miſeres qui les attendoient là bas? Les
meſchans n'eſchappent donc point les mains de la Iuſtice diuine : mais
quelques-vns diſent, qu'ils ſont punis trop tard, & que la Prouidence a
tort de les ſupporter ſi long-temps : car s'ils eſtoient chaſtiez des premieres
fautes, ils ne commettroient pas puis apres les ſecondes. Il eſt fort ayſé de
ſatisfaire à ceſte curieuſe objection : car quand la Prouidence n'auroit autre occaſion d'eſtre ſi lente à punir, que pour nous ſeruir d'exemple à ne
rien precipiter, quand il eſt queſtion de iuger de la vie des hommes, elle
auroit aſſez de raiſon. Pleuſt à Dieu que nous fiſſions bien noſtre profit de
l'inſtruction, qu'elle nous donne en cet endroit : elle qui n'ignore rien, qui
connoiſt le fonds de nos penſées, ne va au iugement qu'à pieds de plomb;
que deuons-nous faire, nous qui aux choſes plus claires ne voyons goutte,
& en celles que nous eſtimons les plus certaines, ſommes ordinairement
trompez? Si nous prenions autant de loiſir & de ſoin, pour iuger de la
Prouidence, que la Prouidence en prend pour nous iuger, nous en ſerions
mieux informez que nous ne ſommes, & trouuerions qu'elle ne faict rien
qu'auec tres-grande iuſtice & ſageſſe. Mais elle a encore vne autre euidente
occaſion de ceſte tardiueté : elle veut rendre les incorrigibles, inexcuſables,
& leur oſter tout ſujet de dire, qu'ils n'ont pas eu moyen de s'amender; &
aux flexibles elle veut donner loiſir de ſe reconnoiſtre, & reuenir au port
de ſalut. Il s'eſt veu beaucoup d'hommes au monde, deſquels ſi Dieu euſt
puny les premieres fautes à la rigueur, il euſt eſtoufé de grandes, voir admirables vertus, qui depuis ont fleury en eux. Les premiers & plus chauds
boüillons de la jeuneſſe jettent quelquesfois leur eſcume, qui rend meſmes
la vieilleſſe plus pure & plus moderée. Ce que le Poëte Grec a voulu ſignifier, quand il a repreſenté Vlyſſe, qui l'eſpée au poing contraignit Circé
de luy rendre ſes compagnons, & les reſtituer à leur premiere forme : car
il dit qu'elle les luy rendit plus beaux & plus purs qu'ils n'auoient iamais
eſté : Voulant nous faire par là entendre, que quand la raiſon, qui eſt ſignifiée par l'eſpée, contraint la volupté, qui eſt ſignifiée par Circé, de remettre les hommes à leur vray naturel, & rendre à leur premiere perfection,
ils deuiennent plus beaux que s'ils n'auoient iamais eſté ſoüillez par les delices, & ſont comme eſcurez par la terre & la lie du monde, dont ils s'e-
ſtoient ſalis. Voulez-vous encore vne autre raiſon de la tardiue execution
des jugemens de Dieu contre les coupables? c'eſt qu'il n'a pas touſiours ſes
bourreaux preſts : il ne punit les meſchans que par les meſchans : il attend
quelquesfois à chaſtier vn tyran iuſques à ce qu'il ſe trouue quelque cruel
& aſſeuré meurtrier, pour entreprendre de l'aſſaſſiner : quelquesfois il attend la ſaiſon plus propre, afin d'auoir plus de ſpectateurs de ſa Iuſtice, &
que l'exemple en ſoit plus ſignalé : quelquesfois il y veut garder des ſolennitez & des ceremonies, pour rendre l'acte plus celebre. Ainſi voulut-il
que Ceſar fut tué dans le Senat, duquel il auoit vſurpé l'authorité; &

deuant

deuant la ftatuë de Pompée fon gendre, duquel il auoit fi ambicieufement pourfuiuy la ruine. Ainfi voulut-il depuis, que Brutus & Caffius fe tuaffent des mefmes poignals, dont ils auoient tué Cefar. Mais de toutes les objections qui fe font contre la Prouidence, celle qui femble eftre plus difficile à foudre, eft, à mon aduis, que nous voyons bien fouuent que les vns font la faute, & les autres en portent la peine, & comme difoit le vers de Solon,

Souuent pour vn mefchant, Dieu perd vne cité:

Le pere fait la faute, & le fils ou petit fils en fera miferable. Qui voudra auffi curieufement efplucher les effects de la Prouidence pour la defendre, comme l'on faict pour la deftruire, la difficulté fera bien ayfée à refoudre : & en ce que l'on veut arguer beaucoup d'iniquité, on y trouuera beaucoup de fageffe & de juftice. Car par cefte façon Dieu aduertit tous les hommes de veiller pour empefcher le mal, & le chaftier quand il eft commis ; de peur que fi l'on attend qu'il y mette la main, il ne fe prenne auffi bien à ceux qui l'ont permis, qu'à ceux qui l'ont commis. Que penfez-vous que la couftume qui s'obferuoit entre les Romains, de decimer les legions, voire toutes les armées, qui auoient fuy, donnoit de courage aux bons foldats pour tenir ferme, & mourir pluftoft glorieufement de la main de l'ennemy, que honteufement de la main d'vn bourreau ? Qui eft-ce qui ne louë la loy qui eft en Turquie, par laquelle les habitans d'vne ville, ou d'vn bourg font tenus de refpondre du vol qui a efté faict dans leur territoire ? cela les rend fi diligens à y pouruoir, qu'on n'oit point parler qu'ils s'y en commette. En naiffant en ce monde, en nous habituant aux villes & aux pays, nous contractons vne taifible focieté, & nous obligeons enuers Dieu les vns pour les autres. Il eft le vray & premier Seigneur de la terre, & de tout ce qu'elle contient : il nous la baille à joüir à tous en commun, à la charge d'eftre gens de bien, à peine d'encourir la rigueur de fon ire : pourquoy ne ferons-nous pas folidairement refponfables des conditions, aufquelles il nous a donné tant de biens ? Si nous auons contracté auec vn marchand d'vne compagnie, tous fes affociez en font tenus : fi vne ville ou communauté nous doit quelque chofe, nous faifons executer les particuliers. Si cefte penfée nous fuft fouuent venuë en l'efprit dés le commencement de nos remuëmens, & que nous nous fuffions propofé, que nous auions à porter indifferemment la peine des infolences, brigandages & mefchancetez, que nous auons veu commettre, & que nous auons nourry & fomenté par noftre indulgence, & (pour parler franchement) par noftre lafcheté, lors que nous les pouuions ayfément eftoufer à leur naiffance, nous nous fuffions, où ie me trompe, garentis de tant de maux qui nous tourmentent, & noftre pays de la ruine qui le menace. Mais pendant que chacun a fongé à fauuer fon particulier, le public a efté abandonné à ceux qui l'ont voulu defchirer. Nous nous trouuons maintenant engagez fous fa cheute, & apprenons trop tard que le dire de Solon eft trop vray : Qu'il n'y a jamais ferrure ny verroüil, qui puiffe empefcher que le mal public n'entre dans les maifons priuées. En vain celuy penfe-il fauuer fa maifon, qui laiffe perdre l'Eftat. Il eft bien dit certainement ; Celuy qui trahift fon pays, fe liure ſoy-meſme. Reſpondons vn mot à ceux qui ſe plaignent, que les enfans portent la peine des pechez de leur pere. Ie ne ſçay pourquoy ils le trouuent ſi eſtrange : veu que les loix ciuiles eſtendent juſques aux enfans la peine de ceux, qui ſont condannez pour crime de leze Majeſté. Eſtimez-vous la Majeſté de Dieu moindre que celle des Roys & des Princes du monde ? & ne penſez-vous pas que la meſme conſideration qu'ont eu les Legiſlateurs, Dieu ne l'aye auſſi, & qu'il ne deſire contenir les meſchans par la crainte de ce qui les peut dauantage eſmouuoir ? Tel n'eſt pas retenu par ſon propre mal, qui l'eſt par celuy qui eſt propoſé à ſes enfans. Nous ſommes beaucoup plus affligez de leur miſere, que de la noſtre. A quoy peut eſtre mieux employée ceſte charité paternelle du pere enuers ſes enfans, que pour le lier plus eſtroittement à l'obeïſſance & ſeruice de Dieu, le conjurer par le bien & par la fortune de ſa poſterité, à ne le point irriter ? Or puis que toutes les afflictions que nous endurons nous arriuent de la main de la Prouidence, nous arriuent juſtement, nous arriuent ſalutairement, encore que bien ſouuent nous n'en comprenions point la cauſe, & n'en preuoyons pas la fin, ſi deuons-nous nous y accommoder doucement, & honorer par noſtre patience & humble ſilence le ſainct jugement de celuy, qui l'a ainſi ordonné. Car comme és ſacrifices d'Eleuſine, à ce que recite Clement Alexandrin, les nouices & initiez demeuroient tout du long du ſeruice couchez par terre : auſſi en ce grand temple du monde, durant le ſacrifice que nous deuons faire continuellement à la ſapience eternelle, en la contemplation de ſes œuures, nous n'auons point de contenáce qui nous ſoit ſi ſeante, que l'humilité, la reconnoiſſance de ſa grandeur & de noſtre baſſeſſe, de ſa puiſſance & de noſtre infirmité, de ſa ſageſſe & de noſtre temerité, de ſa bonté & de noſtre peruerſité. Ployons donc volontairement ſoubs ſon ordonnance, ſoit que noſtre ville pour ſa vieilleſſe & caducité ait à tomber par terre, & obeïr à la loy commune des choſes creées : ſoit que par le tour & viciſſitude des affaires humaines, l'honneur & la magnificence dont elle a joüy ſi long-temps, doiue eſtre transferée ailleurs : ſoit que la fin des ſiecles approche, & que la ruine commune, qui doit accabler toutes les parties de la terre, nous eſbranle les premiers, & commence chez nous ce qu'elle doit eſtendre par tout : ou ſoit (& c'eſt-ce que ie crains le plus) que Dieu vueille punir tout à vn coup tant de trahiſons, de perfidies, d'aſſaſſinats, d'empoiſonnements, d'adulteres, d'inceſtes, de blaſphemes, & d'hypocriſies, que noſtre ville a couué depuis quelques années, & notamment depuis trente ans en ça. Acquieſçons à ſa volonté, ſuiuons gayement vn ſi ſage Capitaine, & qui nous ayme tant. S'il nous meine aux coups, il nous meine à la gloire : ſi ce n'eſt que par les playes, elles ſeront honorables : ſi c'eſt par la mort, elle ſera heureuſe, pourueu qu'elle nous arriue en luy obeïſſant. Embraſſons donc la conſtance, & nous plantons droits ſur les pas de noſtre deuoir, tournant touſiours le viſage vers l'aduerſité ; nous vaincrons eſtans ſurmontez ; les coups qui nous frapperont, nous affermiront dauantage ; nous laſſerons & eſtonnerons le mal par noſtre aſſeurance. Comme ce tant celebre Callimaque, en la bataille de Marathon, qui tout transpercé de flaches demeura droit, ſouſtenu par les traicts meſmes qui

l'auoient

l'auoient tué ; & donna, tout mort qu'il eftoit, l'efpouuante aux barbares qui l'eftimoient immortel de ce que tant de coups ne le pouuoient faire tomber. Les afflictions qui font portées conftamment , & auec le contrepoids de la raifon, nous entretiennent droicts & fermes ; & au lieu qu'autrement nous pancherions trop vers la terre, nous releuent vers le Ciel. Car nous n'auons rien qui nous tefmoigne tant l'immortalité de nos ames, & face refplendir plus clairement l'efpoir de la vie eternelle, que le courage que nous donne la conftance : laquelle nous exhortant aux braues & genereufes actions, & à la patience, femble nous en propofer quant-&-quant la recompenfe, & nous donner vn fecret reffentiment du lieu où nous la deuons attendre. Qui n'eft pas en ce miferable & mortel monde, où tout eft plein de mifere & pauureté, & où (comme dit le Poëte Grec) la calamité fe promeine continuellement fur les teftes des hommes ; mais là haut au Ciel en vne cité permanente, qui eft le vray & naturel domicile de l'ame, & le port, où apres les flots & la tourmente de la terre, elle doit furgir & fe repofer eternellement, pleine de refioüiffance & de contentement, tels que luy peut donner l'heureux object & la faincte fruition de toutes les beautez & bontez du monde, puifées en leur pure & premiere fource. Orphée acheua là fon difcours, mais encore qu'il fe teuft, nous ne laiffions pas d'efcouter, penfans que noftre filence l'inuiteroit à continuer : car nous ne nous pouuions affouuir de l'oüir. Il fe leua le premier, & nous apres fort à regret. Et lors Mufée luy dit ; Ie m'attendoy, quand vous eftes venu à toucher cefte derniere confolation, de l'efperance que nous deuons auoir en l'autre vie, que vous nous reciteriez quelque chofe des propos que ie vous ay autresfois oüy conter, que ce bon vieillard, qui tenoit le premier lieu en noftre Senat de France, aux mœurs duquel reluifoit la legalité Françoife, que nous aymions tant & honorions tous, tint à ceux qui l'allerent vifiter le iour auparauant qu'il mourut. Il y a tantoft huict ans qu'il eft mort, & le bon-heur de la France auec luy. Ie pris fi grand plaifir à ce peu que vous nous en diftes lors, que toufiours depuis i'ay gardé cefte enuie de vous prier de me les reciter tout au long. Ie vous ay (refpondit il) raconté tout ce que j'en fçauois ; car ie n'arriuay que fur la fin de fon difcours. Mais voylà Linus qui fut tout ce iour-là auec luy, lequel pourra contenter voftre defir. Cela merite bien vne autre apres-difnée, referuez-le à demain.

FIN DV SECOND LIVRE.

DE LA CONSTANCE
ET CONSOLATION
ES CALAMITEZ PVBLIQVES

LIVRE III.

'A v o i s autresfois tenu comme vn conte de vieille, ce qu'Homere escrit, Que ceux qui nauigent vers les Lotophages s'affriandent tellement du Loton (qui est vn plaisant & delicieux fruict) qu'ils ne se soucient plus de leur pays, & perdent l'enuie d'y retourner. Mais y repensant ces iours-cy, j'ay commencé à soupçonner, que l'autheur de ceste fable a voulu par là, comme par vn mystere de l'ancienne sagesse, faire entendre que les Philosophes qui habitoient en ces quartiers-là, entretenoient les hommes qui y arriuoient de discours si doux & si agreables, qu'ils leur faisoient oublier leurs propres & particulieres affections, par la contemplation des choses celestes & diuines. Ce que j'ay iugé par exemple fort faisable : car j'ay trouué mon esprit tellement alleché & allegé par les deux apres-disnées passées, que ie n'auois plus aucun autre soin ny souhait, que de reuoir ces honnestes gens-là, & ioüir de leur douce compagnie, & agreable consolation. Ie vous iure qu'apres les auoir oüy, il me sembloit que j'auois changé de fortune ; & que comme Cenée de fille deuint garçon, ainsi de pusillanime & effeminé j'estois rendu constant & courageux, & de miserable quasi heureux. Tant a de puissance sur nous la parole & le discours, animez d'vne viue raison, à changer nos opinions, & auec nos opinions nos passions. Ie croy, que comme en la musique ceux qui chantent ont autant, voire plus de plaisir, que ceux qui escoutent, aussi ces sages personnages-là auoient remporté de ceste conference le mesme contentement que moy. Car ils reuindrent tous le iour d'apres, mesmes auant l'heure ; de façon que sans beaucoup de ceremonies, nous nous remismes comme nous estions les iours d'auparauant. Lors prenant la parole & m'adressant à Linus, Orphée (luy dis-je) vous engagea hyer à nous reciter aujourd'huy les derniers

propos,

propos, que tint auant son deceds à ses amis ce celebre personnage, que nous auons tant aymé en sa vie, & tant regretté à sa mort. Ie voy bien que vous venez disposé pour le faire : mais vous auriez, ce me semble, trop bon marché de ne contribuer à ceste compagnie que vostre simple memcire; nous meritons bien pour l'amitié dont il vous plaist nous honorer; que vous nous donniez quelque chose de vostre inuention. A la verité ce dis-cours qu'Orphée nous a promis de vous, seroit bien vne belle piece, & qui se joindroit fort proprement à ce qu'il nous a dict de la Prouidence : tou-tesfois puis que ie suis icy comme vn malade entre les Medecins, soyez-moy vn peu indulgent en cela. Et auant que d'entrer en ceste matiere, donnez-moy, ie vous prie, vostre aduis sur quelques doutes, qui me sont entrez en l'esprit depuis auoir oüy Orphée, & puis vous nous continuerez, s'il vous plaist, ce que nous vous auions hier demandé. La piece que vous nous apportez est si belle, que ie m'asseure qu'elle conuiendra bien à quel-que endroit qu'on la veille appliquer, & peut-estre mesmes trouuerez-vous qu'elle pourra seruir à la resolution de ce que ie vous veux maintenant proposer. Ie suis à la verité contraint de confesser, que ceste sage Prouiden-ce gouuerne tout en ce monde, que de son ordonnance decoulent les heu-reux & sinistres euenemens des affaires, & que rien n'arriue que iustement, mesmes és conuersions des Estats, & ruine des villes, & des Royaumes. Mais aussi il me semble, que de là on peut inferer, que puis que nous ne pouuons empescher que ce qui est ordonné là haut n'aduienne, en vain roidissons-nous les bras contre le torrent; & quand nous voyons que nostre Estat a pris son coup, en vain presentons-nous l'espaule pour le soustenir, en vain auec tant d'efforts resistons-nous à ceux qui en sapent les fonde-mens, en vain sommes-nous empeschez quel party nous deuons prendre. Est-ce pas & le plus seur, & le plus sage, de prendre celuy du Destin, & suiure la Prouidence, quand nous connoissons son inclination ? ou en tout cas, ne nous vaudroit-il pas mieux reposer, que d'estre continuellement à monter & remonter ceste pierre, qui doit aussi bien retomber quand nous l'aurons releuée ? Certainement j'ay veu les plus sages de nostre temps fort empeschez là dessus, voyans le party le plus iuste estoufé par le plus fort. Les vns emportez de leur courage se sont genereusement opposez à tous ce qui s'est presenté d'injuste, & comme de propos deliberé ont faict bris contre la force : les autres ont, comme font les mariniers, prudemment loüé, quand ils n'ont peu rien auancer, & euité en relaschant, les hurts qu'ils ont jugé ne pouuoir franchir sans naufrage. Ie desire sçauoir de vous, lesquels nous deuons imiter, & si lors que nous voyons que les contentions de la vertu contre la violence sont inutiles au public, & dommageables & funestes à nostre particulier, nous nous deuons entierement retirer des actions publiques, & du maniement des affaires : ou si la vertu doit mes-mes parmy les plus rudes tempestes, tenir opiniastrément sa route, & se lais-ser plustost accabler que reculer : ou bien s'il y a point quelque chemin moyen entre vne obstinée austerité, & vne honteuse seruitude, par lequel vne innocente prudence puisse eschapper de ces tempestes ciuiles, & pre-cipices qui nous enuironnent de tous costez, pour seruant au public, autant

que nous en auons de moyen, couler ceste vie mortelle, attendant l'heure qui nous appellera à ceste autre immortelle. A ce que ie voy, dit Linus,
ce sera icy comme és festins des Princes; ceux qui traictent les premiers en
ont le meilleur marché, la despense croist, & la magnifice s'augmente
pour les derniers. Mais puis que vous venez sans semondre, & que vous me
surprenez, ie vous traicteray en amis à mon ordinaire, plus pour satisfaire
à vostre volonté, que pour esperance que j'aye de manier dignement vn si
fascheux sujet, sans m'y estre preparé.

   I'ay eu autresfois le mesme doute que vous, & me sembloit au commencement que c'estoit le plus sage & le plus seur de ceder à la violence, & faire, comme vous dites, voye au destin. Pour ce que c'est peine perduë de se
tourmenter apres ce que l'on desespere de pouuoir obtenir. L'esperance est
celle seule, qui anime & viuifie nostre trauail. D'esperer contre la Prouidence, ce n'est pas simple folie, c'est vne double fureur. Mais comme il aduient ordinairement, que les choses que nous voyons de loin, nous semblent tout autres, que nous ne les trouuons quand nous en approchons:
aussi fondant & approfondissant ceste proposition, qui en sa premiere apparence me sembloit sage, voire saincte & religieuse, ie l'ay trouuée imprudente, voire impie, & ay conneu que ce n'est qu'vne mollesse d'esprit, qui
nous veut retirer du labeur & du Soleil, pour nous mettre au repos & à
l'ombre. Ce qu'elle fait auec des pretextes fort aysez à descouurir à celuy,
qui voudra hardiment tirer le rideau, pour voir à nud la verité. Pourquoy
disons-nous qu'il faut tenir les bras croisez és calamitez publiques, de peur
de nous opposer à la Prouidence & au Destin? Il y a Prouidence, il est
vray: il y a Destin, ie le croy, & ne pouuons empescher leurs effets. Mais ie
vous prie, que sçauons-nous ce que veut faire la Prouidence? comment
pouuons-nous deuiner ses conseils; D'autant plus qu'elle est certaine &
infaillible en ce qu'elle veut, d'autant plus sommes-nous incertains &
ignorans de ce qu'elle veut. Dieu a enuelopé l'aduenir d'vn espais nuage,
impenetrable aux yeux de nostre foible entendement: sagement certes &
à propos pour nous. Car l'asseurance que l'homme eust eu des biens qui luy
doiuent arriuer, l'eust tenu en telle inquietude, & luy eust haussé le courage de telle façon, qu'on ne l'eust peu contenir en son deuoir: & la certitude du mal qui luy doit aduenir l'eust mis en telle anxieté, & luy eust fle-
stry le courage de telle sorte, que l'on ne l'eust sceu releuer. Puis doncques
que les choses futures nous sont si incertaines, & que nos esperances & nos
craintes nous trompent egalement, quel pied pouuons-nous prendre pour
nous resoudre sur la crainte de l'aduenir à abandonner nostre deuoir present? Dieu a resolu, dirons-nous, de ruiner nostre ville, nous en voyons
beaucoup de signes: voylà des meschans & ambicieux qui renuersent l'ordre, les loix & la police, ie les laisseray faire; car aussi bien ne gaigneray-je
rien de m'y opposer. O lasche & molle voix! Qui est-ce qui vous a rendus
si sçauans en peu de temps, & vous a faict entrer au conseil de Dieu, pour
entendre son dessein? L'incertitude des choses humaines ne nous a-elle
pas encores apris, combien celles que nous estimons les plus fermes, sont
les plustost esbranlées & renuersées? & celles que nous croyons à deux
doigts

doigts de leur ruine, redreſſées & raffermies tout d'vn coup ? Et neantmoins quand nous ſerions tout aſſeurez de ne pouuoir ſauuer noſtre pays,
le deurions-nous pour cela abandonner ? Nous n'abandonnons pas les malades frappez de maladies incurables : ce n'eſt pas peu faire, ce me ſemble,
que de rendre la mort douce à ceux à qui elle eſt ineuitable, & leur appliquer des remedes lenitifs & palliatifs, quand les autres n'y peuuent rien
profiter. Il y a meſme quelque grace à bien mourir, & tient-on pour office d'amitié, de fermer les yeux à ſes amis, & leur compoſer les membres
à la mort. Quand nous ne pourrons faire autre choſe, pourquoy ne rendrons-nous pas ce dernier deuoir à noſtre pays? Et moins doncques le deuons-nous delaiſſer és grands remuëmens, ſeditions, & calamitez publiques : le mal n'eſt iamais ſi grand, qu'il faille deſeſperer du ſalut. Mais ce
qui eſt en tel cas plus difficile à reſoudre, c'eſt à ſçauoir ſi on doit prendre
neceſſairement le plus juſte party & le ſuiure, ou ſi l'on ſe peut tenir coy
en celuy, dans lequel on ſe trouue enueloppé, attendant l'occaſion de
moyenner la reconciliation de tous les deux, & de ramener ceux qui ſe
ſont déuoyez, à la reconnoiſſance de leur faute, & au deſir de leur deuoir.
Car de ſçauoir ſi l'on doit ayder ou ſeruir le party que l'on connoiſt injuſte, cela ne giſt point en deliberation, ſinon parmy ceux qui n'ont ny vertu ny conſcience. Ie croy que la loy de Solon eſtoit pleine de prudence &
de ſageſſe, laquelle ordonnoit qu'és diuiſons chacun priſt incontinent
party : pour ce que de deux factions, y en ayant ordinairement vne injuſte, & qui entreprend injurieuſement ſur l'autre, le citoyen eſt inexcuſable qui quitte le party des loix & du ſalut public, pour ſe rendre ſpectateur
de la ruine de ſon pays. Mais j'eſtime que cela ſe doit entendre du commencement des remuëmens, leſquels il eſt fort ayſé d'eſtoufer à leur naiſſance.
Que ſi le Prince, ou celuy qui gouuerne ſoubs ſon authorité, laiſſe par ſa
negligence gaigner ce venin de ſedition, & former vn party ſi fort, qu'il
s'empare de l'Eſtat, & de la ville où nous ſommes, & qu'en ſortant nous
ne puiſſions y apporter remede, ains ſeulement teſmoigner noſtre volonté
enuers le Prince, ou le public; ie penſe qu'il y a en ce cas beaucoup de raiſons qui nous peuuent excuſer d'y demeurer, ores que nous eſtimions injuſte & ſeditieuſe la faction qui gouuerne. La premiere eſt la neceſſité,
quand nous y ſommes retenus par force; car celle-là n'a point de loy. La
ſeconde eſt vne loy commune des affaires du monde; qui veut que l'on
çede à la force, où elle eſt eſtablie. Comme la vertu nous commande de
ſouhaitter les choſes bonnes, ainſi nous conſeille-elle de ſupporter les autres, qui arriuent mal-gré nous, & de rabbattre meſmes quelquesfois de
l'amour que nous auons à l'Eſtat, & de ce que nous deuons aux loix, afin
de ne nous perdre point mal à propos. Et cela qui le pourra trouuer eſtrange, puis que ce ſeuere & incorruptible Caton l'a ainſi iugé, lors que partant de Syracuſe pour aller trouuer Pompée, il conſeilla aux Siciliens d'o-
beïr à Ceſar qui s'eſtoit rendu maiſtre de l'Italie? La troiſieſme, quand
tous nos biens & moyens ſont au lieu de noſtre demeure, & qu'en ſortant
nous tomberions en vne extreme pauureté : car bien que la pauureté ne ſoit
pas excuſe receuable pour nous faire faire choſe meſchante, ſi eſt-ce que la

crainte d'icelle nous doit aucunement excuser, si nous ne faisons tout ce que la rigueur des loix peut desirer de nous: Et ce principalement en ceste saison, où les gens de bien ne trouuent faueur ny support qu'en leur bourse; & où la pauureté, & ceux qui en sont touchez, sont fuis de tout le monde comme la peste. Mais la plus legitime excuse ie l'ay estimée de ceux, qui en telles rencontres se trouuent attachez aupres des peres & meres vieux, ou valetudinaires, ou aupres d'vne femme & d'vn nombre d'enfans. La pieté & affection naturelle dispense de beaucoup de choses contre la rigueur des loix ciuiles. Et bien que la loy die, que pour la querelle du pays nous ne deuons espargner ny pere ny enfans, & qu'elle semble en ce cas vouloir de propos deliberé entamer le droit de nature; si se doit-elle au moins entendre, quand abandonnant ceux, ausquels la charité nous lie si estroitement, nous pouuons seruir de quelque chose, & faire quelque effect qui profite autant à la pieté publique, comme il offense la domestique. Ces considerations-là ont retenu, comme vous voyez, parmy nous beaucoup d'honnestes gens, qui portent auec vn extreme regret & ennuy la veuë de ceste miserable confusion-cy, & qui eussent desiré plus que chose du monde en estre hors, s'ils eussent pensé pouuoir seruir de quelque chose au public : mais d'abandonner ceux à qui ils estoient necessaires icy, pour aller là n'estre qu'à charge au Prince qui les rappelloit, ils ont estimé ne le deuoir pas faire. Or estans enfermez en ce vaisseau, comme nous nous y sommes trouuez, quelques-vns à leur malheur, tenans des charges publiques, nous auons esté contraints de dissimuler beaucoup de choses piteuses, à dire vray, contre les loix de l'Estat, & le deuoir de nos offices. Souuent j'ay disputé en moy-mesmes, s'il ne falloit pas, quand telles occasions se presentoient, s'opposer courageusement au mal, & plaider la cause de la justice auec le hazard de sa vie. Apres en auoir veu quelques-vns se perdre en le tentant, j'ay trouué veritable le dire d'vn ancien, Que le commencement de toutes les vertus c'est la Prudence; que c'est elle qui, comme la guide, doit marcher deuant, & faire ouuerture aux autres, & qu'où elle n'est point, elles demeurent comme aueugles : & d'autant plus qu'elles se hastent & s'efforcent, d'autant plustost chopent-elles, s'offensent, & offensent ceux sur lesquels elles tombent. Donc en tout ce que nous entreprenons, apres auoir consideré si la fin en est juste, nous deuons examiner les moyens que nous auons de l'effectuer, & ne nous pas perdre à credit. Et quand nous n'auons pas le moyen de faire tout ce que le salut public desireroit de nous, tascher à faire dextrement le mieux que nous pouuons. Or croy-je qu'en l'estat où nous sommes tombez, il n'a rien resté aux gens de bien, qu'ils peussent faire pour s'acquitter de ce qu'ils deuoient à leurs charges, que de rompre par beaucoup de doux & gracieux moyens, beaucoup de mauuaises & dangereuses entreprises, & allentir par artifices le cours de la violence, qu'ils ne pouuoient du tout arrester. Car comme ceux qui se sont prostituez aux nouueautez, & ont seruy de leur esprit la passion des autres, sont inexcusables deuant Dieu, & deuant les hommes : aussi n'estimé-je pas loüables ceux, qui voyans la force establie, se sont perdus de gayeté de cœur. En quelque condition que soit reduit nostre pays, il a grand

grand interest d'auoir des gens de bien, qui se conseruent en reputation de n'estre point contraires au peuple : afin que l'occasion se presentant de donner vn bon conseil, ils le puissent faire, & auec vne main gracieuse, & non redoutée sonder & souder les playes des dissensions ciuiles. Vn chasteau quelquesfois, qui se maintient, donne moyen de recouurer toute vne prouince; & vn sage & aduisé citoyen se conseruant en credit en sa ville, sera peut-estre la semence du repos public. Car comme la santé reuient au corps malade par le moyen des parties saines, qui gardent entiers les principes de la vie : aussi en vne ville la paix & la concorde se restablit par l'esprit modeste & non passionné du bon citoyen. Il n'est pas croyable combien d'admirables & salutaires effects ont produit entre les peuples, les seuls visages de ceux qui auoient reputation d'estre justes & entiers, & aymer le bien public : mais il faut que ce soit auec l'occasion. C'est le temps qui assaisonne les conseils. Il y a vn certain moment aux affaires, lequel si vous ne prenez à propos, en vain vous tourmentez-vous pour en penser venir à bout. Ce qui s'obserue principalement en ceux qui ont à manier les esprits des peuples aigris. Marc Aurele le Philosophe dit en vn endroit du liure mal intitulé de sa vie, que les mauuaises opinions sont des abscés en l'esprit de l'homme. Si ce sont des abscés, il les faut de necessité laisser meurir auant que les ouurir : autrement le fer y mettra le feu, & en les entamant on augmentera le mal au lieu de le guerir. Il faut dire la verité, ce sont estranges bestes que peuples, c'est vn hazardeux mestier que de les vouloir manier, quand ils ont vne fois secoüé le joug des loix, & pris aux dents le frein de la liberté, ou plustost de la licence. Tous ceux qui l'auront experimenté vne fois, n'estimeront rien vne autrefois la perte de leurs biens, pour euiter vne telle & si inconsiderée fureur. Mais il y a des choses en ce monde, qui ne s'apprennent que par l'experience, qui est vne chere & dangereuse maistresse. Doncques celuy qui par necessité, ou par vn honneste dessein de secourir son pays, se sera laissé enuelopper dans vn party illegitime, tout ce qu'il peut faire c'est d'obseruer toutes les occasions qui se presentent de flechir doucement les volontez de ses concitoyens, à reconnoistre leur bien, & à le desirer. Ce qu'il pourra ayséement faire par vne moderation & demonstration de ne rechercher que leur profit, leur coulant la raison en l'esprit par la parole, & les ramenant par discours peu à peu à ce qui est juste. En quoy il faut qu'il imite le vin, qui du commencement par vn goust friand & delicieux inuite les personnes à en vser, puis se meslant parmy leur sang, & eschaufant petit à petit tout le corps, les assoupit & se rend maistre d'eux. Car en fin il faut faire estat, que toutes grandes affaires ne se meinent à bout, qu'auec la douceur & la patience. Dont la Nature nous donne vne belle instruction, produisant toutes choses, pour si grandes & excellentes qu'elles soient, par vn mouuement insensible. Et cela doit-il principalement essayer à l'endroit de ceux qui ont plus d'authorité; pour ce qu'ils sont comme fontaines publiques où se puisent les conseils qui perdent ou sauuent les Estats : le goust que ceux-là prennent se respand puis apres ayséement és esprits des autres. Il profite beaucoup aussi quand on le pratique à l'endroit de ceux qui parlent ordinairement au peuple; pource que ce

sont les canaux par lesquels se distilent les affections, dont le vulgaire s'a-
breuue, & dont il est puis apres poussé à de bonnes ou mauuaises actions.
Mais deux choses ont empesché de nostre temps les honnestes gens de les
pouuoir aborder. La premiere, que comme gens nouueaux & non experimentez aux affaires, ils se laissoient ayséement imprimer telles opinions,
que vouloient ceux qui les auoient les premiers preuenus : & se paissoient
volontiers de vaines esperances, sur lesquelles ils bastissoient des chimeres
en l'air. L'autre, qu'il leur est aduenu ce qu'on dit ordinairement, Que
ceux qui pechent par art, pechent bien plus griefuement ; car ils pechent
plus opiniastrément, & se defendent de la science contre la raison. Ils ont
voulu reduire le gouuernement politic, qui consiste en vne prudence particuliere, soubs des reigles generales, & en faire vne science vniuerselle. Et
ainsi appliquant les reigles où il falloit appliquer les exceptions, ils ont peruerty le jugement de toutes choses. C'estoit vn plaisir que de les voir discourir ; ils faisoient comme les mauuais Mathematiciens, qui presupposant vn angle droit, ou quelque figure autre qu'elle n'est, font là dessus des
demonstrations necessaires de choses qui ne sont, & ne peuuent estre du
tout. Car en argumentant, depuis que vous auez accordé quelque chose
de faux, on vous en tire des consequences estrangement absurdes. La formule d'argumenter de ce temps a esté ; Cela sert pour la conseruation de
la Religion, il le faut donc faire. Or la premiere partie de l'argument, qui
estoit sujete à estre niée, & prouuée, & qui le plus souuent n'estoit pas seulement douteuse, mais mesmes euidemment fausse, estoit tousiours posée
pour indubitable, & quelquesfois en faisoit-on vn article de foy. Les choses qui se proposoient, estoient de celles qui se deuoient examiner par vne
grande & meure prudence, par l'exemple des effects qu'on produit semblables affaires, & où il falloit considerer le temps, les momens, les volontez des hommes, & mille autres circonstances. Toutesfois ceux qui n'a-
uoient ny l'experience des choses passées, ny la connoissance des presentes,
ont esté ceux qui se sont attribuez l'authorité d'en juger. A tous les inconueniens que l'on leur a representé, à tous les mauuais succés que l'on leur a
predict qui arriueroient de leurs precipitez conseils, on n'a eu autre response, sinon que Dieu y pouruoiroit. Comme si Dieu eust esté assis là haut
expres pour obseruer leurs passions, & accommoder le reste du monde à
leurs desseins ; & non pas eux posez çà bas, pour obseruer la volonté de
Dieu par la disposition des choses & euenemens des affaires, pour s'y accommoder & paruenir à leur fin, ou en approcher le plus pres qu'ils pourroient par des moyens faisables & ordinaires. Si tost qu'ils voyoient vn
chemin vn peu long & fascheux, ils s'attachoient des aisles de cire, & se
jettoient en l'air pour paruenir où le desir & la peur les tiroient : aussi est-
il aduenu, que leurs aisles se sont fonduës au Soleil, & sont tombez, & en
tombant ont tiré apres eux leurs citoyens en vne mer de maux & de miseres. Ie ne voudrois pas à la verité blasmer l'intention de tous, pour en auoir
connu d'entr'eux qui estoient transportez du zele de leur Religion : mais
ie doute si deuant Dieu leur volonté leur seruira d'excuse, d'auoir entrepris chose si importante, & à laquelle ils n'entendoient rien. Car si les loix
ciuiles

ciuiles condamnent celuy qui s'ingere de faire vn meſtier qu'il ne ſçait pas,
& le font reſpondre de tout le dommage qu'apporte ſon ignorance, ceux
qui, comme par force, ont entrepris le gouuernement , & par leur faute
nous ont jetté en tant de dangers, ne ſeront-ils point reſponſables de tant
de morts, de tant de bruſlemens, de tant de pillages, de tant de violemens,
de tant de ſacrileges, de tant de blaſphemes , qui ſont venus à la ſuitte de
leurs mauuais & inconſiderez conſeils ? Ie prie à Dieu qu'il le leur vueille
pardonner, mais ils ſont cauſe de beaucoup de maux , & nous donnent
bien ſujet de dire de noſtre Eſtat , ce qu'vn ancien a dit du ſien, La choſe
publique s'eſt perduë plus par les remedes dont elle a eſté panſée , que par
ſon propre mal. Hé quoy ? me direz-vous : les gens de bien ſe taiſoient-ils
lors ? que ne remonſtroient-ils vertueuſement ce qu'ils penſoient eſtre du
bien public ? que ne s'oppoſoient-ils à toutes ces indiſcretions-là ? Helas !
il n'y a en telles choſes empeſchez que ceux qui y ſont. Souuent voyant ce
miſerable gouuernement, & la perplexité où eſtoient les gens de bien,
m'eſt-il ſouuenu d'vne hiſtoire, qui eſt arriuée de noſtre temps en ceſte
ville. Il aduint en vne honneſte maiſon, qu'vn Singe que l'on y nourriſſoit
par plaiſir , alla prendre vn petit enfant au berceau , & le porta au faiſte de
la couuerture : incontinent qu'on s'en apperceut , le pere & la mere accou-
rurent tout tranſis , pleurans & ne ſçachans que faire. Car de crier ou courir apres le Singe, il euſt laiſſé tomber l'enfant, qui ſe fuſt rompu cent fois
le col : ils attendoient donc ſans mot dire , & regardoient piteuſement les
larmes aux yeux , & tous tremblans de frayeur ce qui en deuoit aduenir.
Il arriua , & ce fut vne grande grace de Dieu, que le Singe redeſcendit tout
doucement , & reporta l'enfant où il l'auoit pris. Nous auons eu, & auons
les meſmes ſueurs, & auons veu, & voyons encore noſtre Religion & noſtre pauure Eſtat entre les mains d'eſtranges gens , & merueilleuſement
eſtourdis, qui s'en joüent, & les tiennent pendus en l'air du bout des doigts,
& preſts à les precipiter au moindre eſtonnement. Au moins pleuſt-il à
Dieu , mais ie ne l'oſe eſperer, qu'à la fin ils nous fiſſent le tour du Singe, &
nous remiſſent où ils nous ont pris au commencement. Certainement ie
penſe, que les honneſtes gens ſont fort excuſables , ſi voyans de ſi chers
gages entre leurs mains , le precipice où ils les auoient portez, & leur naturelle imprudence, ils les ont regardé pour vn temps ſans mot dire. La premiere faute a eſté en ceux qui dés le commencement leur ont permis ſe ſai-
ſir & emparer de l'Eſtat : la ſeconde, que l'on nous voudroit imputer , n'a
eſté que la ſuitte neceſſaire de l'autre , auſſi excuſable comme la premiere
eſt blaſmable. Non que ie vouluſſe par là defendre ceux , qui au fort du
mal meſme par vne trop grande crainte ſe ſont touſiours laiſſez aller du coſté où ils ont veu la force & la violence tirer : car ils ſont en partie cauſe ,
que nos maux ſont deuenus incurables. Et ſe peuuent auec raiſon accom-
parer aux fardeaux mobiles, qui ſont dans vn nauire, leſquels roulans touſjours du coſté dont le vaiſſeau panche , ſont cauſe, quand la tempeſte arriue, de le faire renuerſer. Entre trop & peu eſt la meſure : il y a difference entre rompre ou ployer. Comme l'on peut faillir par vne obſtination & importune ſeuerité; auſſi faut-on dangereuſement par vne grande laſcheté &

conniuence, & par vne façon de biaiſer, par laquelle on abandonne du
tout la juſtice ſoubs pretexte de ſuiure la prudence. Et pour vous dire librement, j'ay veu vn grand nombre de gens qui ſe ſont precipitez par ceſte feneſtre-là, & touſiours biaiſant ſe ſont en fin trouuez auſſi eſloignez
du deuoir d'vn bon citoyen, comme ceux qui s'eſtoient jettez au mal tout
à coup: & ont deſcendu auſſi bas degré à degré, comme les autres qui s'e-
ſtoient d'vn plein ſaut lancez à la confuſion. Il eſt fort dangereux à ceux
qui n'ont pas la force ou l'adreſſe de s'arreſter quand ils veulent, de ſe
commettre à vne droite valée: il faut que ceux qui laiſſent le grand chemin
pour prendre les deſtours, ſçachent bien le pays, autrement ils s'eſgarent
fort ayſément. Toutesfois pour ce que ceſte prudence, qui cede doucement à ce qu'elle ne peut vaincre, peut profiter en beaucoup de rencontres,
ſemblables à celles qui nous ſont arriuées, quand on en vſe auec jugement
& moderation; ie vous diray les bornes que ie luy voudrois planter. Ce ſeroit premierement de ne jamais diſſimuler au commencement des remuëmens, ny conſentir à choſe injuſte, & qui fuſt contre les loix, pour ſi petite qu'elle peuſt eſtre: au contraire voudroy-je que l'on s'y oppoſaſt, meſmes auec la viue force, tant qu'il y a moyen, & que le hazard eſt commun,
& qu'il y a eſperance & apparence qu'en hazardant, la raiſon peut auoir le
deſſus. C'eſt vn grand erreur, dont beaucoup de gens ſont coiffez, de penſer
qu'il ne faut rien hazarder en vn Eſtat: ſouuent pour ne vouloir rien auanturer pendant que l'on eſt fort, on ſe laiſſe reduire à tel poinct qu'il faut
auanturer foible, & rendre tres-douteux ce qui ne l'eſtoit que bien peu. La
fortune, s'il faut ainſi parler, ne veut pas que nous penſions pouuoir tout
aſſeurer par la prudence: il y a beaucoup de choſes où elle veut auoir part,
& que l'on luy doiue la grace de l'euenement. Mais c'eſt le principal que de
mettre le droit de ſon coſté: & cela faict, auec toutes les conſiderations &
tous les auantages que l'on peut prendre, tenter le hazard, & commettre
tout à ceſte ſouueraine puiſſance de Dieu, qui donne aux affaires telle iſſuë
qu'il luy plaiſt. Si les choſes ſont venuës ſi auant, & paſſées à ſi mauuais termes, que la violence culbute les loix, & la force l'emporte par deſſus la juſtice, ie ne voudrois pour cela jamais conſentir à vne choſe injuſte, ſinon
pour en euiter vne plus mauuaiſe, & plus injuſte, qui autrement en aduiendroit. Or la regle que ie deſirerois qu'on tint en ce cas, c'eſt qu'en ceſte
comparaiſon de maux, & crainte d'vn pire, nous n'y contions iamais le noſtre particulier, pour le comparer au public. Car celuy qui par crainte du
mal particulier, dont on le menace, ſe rend autheur ou miniſtre de la calamité publique, n'a rien qui le puiſſe excuſer. Mais il faut juger auec ſoin
& prudence, ſi le plus grand mal que nous craignons qu'il n'arriue au public, ſe peut point autrement euiter: s'il ne ſe peut, en ce cas compoſer
auec la violence, & faire ce qu'on feroit ſur mer en la tourmente, c'eſt faire
ject d'vne partie de la marchandiſe pour taſcher de ſauuer le reſte. Rarement ceux qui gouuernent des Eſtats troublez, ſont-ils empeſchez à choiſir de deux biens le meilleur, mais bien ſouuent à eſlire de deux maux le
moindre; le bon ne s'y juge tel que par comparaiſon du pire. C'eſt pourquoy vne inflexible rigueur ne ſeroit pas opportune en ces occaſions-là, &

allumeroit

allumeroit pluſtoſt la fureur d'vn peuple licencieux, qu'elle ne l'aſſoupiroit.
Et pourtant y a-il peut-eſtre lieu lors d'imiter le Soleil qui va bien touſiours
de l'Eſt à l'Oueſt, mais en biaiſant tantoſt vers le Nort, tantoſt vers le Sud,
de peur que demeurant ferme ſous vne meſme ligne, il ne ſeiche & bruſle
ce qu'il ne doit que fomenter, & doucement eſchaufer. Le bon citoyen
doit bien auoir pour ſon but, le ſalut public & la juſtice, dont il depend.
Mais quand le chemin ordinaire ne l'y peut amener, ſi faut-il qu'il s'y con-
duiſe par celuy qui reſte le plus commode. En vain ſe ſeroit-il propoſé la
conſeruation de ſon pays, s'il le deuoit perdre par les remedes, par leſquels il
le veut ſauuer. Car les affaires & les conſeils ſe meſurent principalement
par la fin. Voyla ce me ſemble, ce que peut faire vn bon citoyen en public :
en particulier, la ſaiſon luy donne beaucoup de belles occaſions de bien
faire. Il a premierement à conſoler ſes parens, ſes amis, ſes voiſins, & ſelon
que les degrez d'affection le conjoignent de plus pres à chacun d'eux, les aſſiſter, leur donner courage, les conſeiller à la conduite de leurs affaires, les
defendre de l'injure d'autruy, les ſecourir en leurs neceſſitez ſelon qu'il en
aura le moyen. Qu'il ſe leue ſi matin, & ſe couche ſi tard qu'il voudra, la
journée ne ſera jamais aſſez longue pour ſatisfaire à tous les offices, auſquels
la miſere d'autruy l'appellera. Qu'il mette la main à quelque endroit qu'il
voudra, il y trouuera vne playe à panſer; ce piteux & calamiteux temps ne
laiſſe rien de ſain ny d'entier. Icy l'appellera le veſuage de ſa ſœur, de-là l'orbité de ſon frere, de l'autre coſté le brigandage fait à ſon amy, en vn autre
endroit la priſon de ſon parent, de deçà le danger de ſon voiſin : pluſtoſt
trouuera-il icy vn lieu vuide d'air, que de mal. Mais ſans ſortir de ſa maiſon
il aura touſiours trop de ſujet d'employer la vertu, & faire office de bon citoyen. Car qui eſt celuy-là ſi heureux, qui n'a eſté touché durant ce temps
de mille ſortes d'afflictions? qui n'a point ſenty les dents venimeuſes de la
calomnie? que les yeux malins de l'enuie n'ont point regardé? que le brigandage public n'a point atteint? & qu'en tous cas la deſolation du pays
n'a deſpoüillé de ſes biens, & enuoyé nud comme vn homme eſchappé du
naufrage? C'eſt là qu'il ſe faut monſtrer homme, & faire paroiſtre que la
vertu ne conſiſte pas en parole, mais en belles & genereuſes reſolutions. Il
faut premierement que le bon citoyen porte lors patiemment ſes afflictions,
faiſant vn bon & religieux jugement de la Prouidence diuine, ſans laquelle
vous auez entendu que rien n'arriue icy bás : & qu'il reconnoiſſe que ſon
infortune eſt ſa part & portion contingente de la ſocieté humaine, au mal
commun de laquelle il doit participer volontairement, comme il a faict, &
feroit au bien s'il arriuoit. Secondement ie deſire que ceſte patience-là ne
ſoit pas ſeulement en ſon cœur, mais meſmes qu'elle reluiſe ſur ſon front,
tant pour porter teſmoignage d'honneur à la vertu, & monſtrer ce qu'elle
peut contre le mal-heur, que pour ſeruir d'vn miroir bien poly, ſur lequel
ſes concitoyens puiſſent compoſer & compaſſer leurs actions, comme ſur
vn beau & parfaict patron. C'eſt en tout temps choſe fort loüable & glorieuſe, de ſeruir aux ſiens d'exemple de bien-faire: mais c'eſt choſe fort vtile,
& fructueuſe en vn temps calamiteux & miſerable, de leur ſeruir d'exemple
de patiemment endurer. Comme le premier bon-heur eſt d'euiter le mal, le

fecond eft de s'y porter conftammét. Or ne veux-je pas icy entrer à difcourir les raifons, qui nous excitent à cefte conftance-là, qui nous la perfuadent, voire qui nous y forcent, fi nous voulons demeurer hommes. Ce que
Mufée & Orphée en ont dit deuant moy, eft plus que fuffifant: toutesfois
s'il falloit mettre toutes les raifons à la balance, j'eftimerois que celle qui eft
demeurée derriere, & qu'Orphée n'a faict qu'effleurer, emporteroit
toutes les autres enfemble. Car ceux qui feront vne fois bien perfuadez que
la mort n'eft que le paffage à vne autre plus heureufe vie, ne la craindront
plus: que fi la mort, outre laquelle ne s'eftendent ny l'empire de la fortune,
ny les menaces des loix, ne les eftonne point, que feront les injures & menaces des hommes, qui ne font que les mains de la fortune, & les inftrumens
des loix? Et au contraire ceux qui ne le croiront pas, quels preceptes leur
peut-on donner, quelles raifons alleguer, qui les puiffent confoler en leurs
calamitez? Car bien que vous leur monftriez que les afflictions nous arriuent de droict commun par la loy de la nature, & non par l'injure de cefte
pretenduë fortune, & que rien n'aduient que par l'ordonnance de la Prouidence diuine, cela ne foude pas la playe qu'ils reçoiuent en leur cœur, de
voir que l'innocence foit vn fujet de mifere & de tourment. Si vous ne leur
faites rien voir de plus loin, que cet efpace qui eft enfermé entre leur naiffance & leur mort, comme entre deux bornes, ie ne voy point pourquoy
ils doiuent quitter les douceurs du monde, pour enfieller leur vie de cefte
afpre & amere vertu. Ie ne voy rien pourquoy l'homme ne fe doiue courroucer contre la nature, de l'auoir rendu le plus miferable & calamiteux animal de tous ceux que le Soleil voit; & fe mocquer de cefte vertu qui luy
propofe tant de peines & de trauaux fans aucune recompenfe. Nous auons,
difoit Platon, deux grands demons, qui nous auancent & nous retirent en
nos actions, le loyer & la peine: or ne voy-je pas que nous les puiffions trouuer en ce monde, où la plufpart du temps les bons font affligez, & les mefchans à leur ayfe. Il faut donc pouffer plus auant nos efperances, & les faire
paffer outre les bornes de cefte courte & chetiue vie, & connoiftre que la
mort eft le premier de tous nos vrais biens, & l'entrée de noftre felicité.
L'homme n'eft pas feulement mortel, comme a dit quelqu'vn, afin qu'il y
euft quelque fin à fa mifere, afin que les bons foient loüez fans enuie, & les
mefchans blafmez fans crainte, afin que les richeffes foient mefprifées, comme inutiles, mais principalement afin que les bons foient perpetuellement
heureux, & les mefchans perpetuellement malheureux. C'eft-là cefte vraye
confolation qui adoucit nos trauaux, & nourrit noftre patience, de l'efperance, ou pluftoft affeurance d'vne vie fans fin, & fans borne, qui nous attend quäd nous fortons d'icy; à laquelle pleuft à Dieu que nous penfaffions
tous les iours, toutes les heures, & tous les momens: car nous trouuerions en
cefte meditation vn fuffifant reconfort à nos aduerfitez, vne feante moderation en nos profperitez. Mais helas! nous en reculons le plus loin que
nous pouuons la penfée, & qui pis eft, beaucoup la décroyent du tout:
& voudroient volontiers n'eftre plus apres la mort, de peur d'eftre comme
ils meritent. Ils font ce qu'ils peuuent, pour faire mourir leur ame auec leur
corps, & vont emprunter des raifons chez les Philofophes anciens, pour

combattre

combattre & renuerfer l'vnique but, le feul loyer, & la derniere fin de la Philofophie. Pour moy, j'eftime ces gens-là affez punis par leur maligne opinion, qui leur rauift d'entre les mains l'vnique efperance, qui adoucit & affaifonne cefte fafcheufe & amere vie: & dirois volontiers, que l'on les laiffaft eftre mal-heureux, puis qu'ils le veulent eftre. Mais il femble que vous m'ayez impofé la charge de leur reprocher leur erreur, & les condamner par leurs propres raifons. Car pour autre fujet ne me pouuez-vous auoir preferit de clorre ce difcours par le recit des derniers propos de ce bon vieillard, que pour les conuaincre de leur aueuglement par la lumiere d'vn fi bel efprit. Pour vous, ie fçay que vous ne defirez ny preuue ny efclairciffement de ce poinct; Vous, dif-je, qui non feulement le croyez, l'affermez, & publiez, mais en faites quafi la preface & la conclufion de tous vos propos, & de toutes vos actions. Tellement que le difcours vous en feroit inutile & ennuyeux, finon que vous ayez accouftumé de vous en feruir, comme les Egyptiens de leur fceletos, & que vous ne vous puiffiez leuer de table fans oüyr parler de l'immortalité de l'ame, non plus qu'eux de la mort du corps: ou peut-eftre, comme la memoire de ce perfonnage vous eft fort chere, vous defiriez de la rafrefchir par la recordation d'vne fi belle fin. Ie rapporteray doncques au plus pres qu'il me fera poffible ce qu'il nous difcourut fur ce fujet, le iour auparauant que Dieu le retira d'icy, comme de deffous la ruine de cet Eftat. Ce bon vieillard auoit paffé toute fa vie au Palais, ayant lors atteint foixante & quinze ans. Il auoit veu beaucoup de mouuemens en ce Royaume, qui en auoient troublé le repos: mais il n'y en auoit encore point veu qui menaçaffent la ruine, & diffipation de l'Eftat. Le Roy l'ayant mandé de fa maifon de Cely pour vn affaire de grande confequence, & qui regardoit les remuëmens qui nous ont depuis tant trauaillez, ayant par le difcours de cet affaire preueu les miferes qui nous deuoient accueillir, en conceut vne grande melancolie: de forte que cefte fafcherie donnant atteinte à fa fanté ja debilitée par l'aage, il en tomba malade. Durant cefte maladie il eftoit vifité des plus celebres hommes de la ville, & pour ce que ie luy eftois voifin, & que ie l'aymois & l'honoris fort, j'y allois fouuent. Le iour auant qu'il mourut s'eftant trouué bon nombre de gens doctes pres de luy, & luy fe trouuant plus coy qu'il n'auoit accouftumé, fe meûrent plufieurs propos mefmes de la condition des gens de bien, qui eftoient appellez aux grandes charges, laquelle eft quafi toufiours miferable, eftant leur vertu falariée d'enuies & défaueurs pour les plus douces recompenfes, & d'injures & d'outrages pour les plus ordinaires. Quelqu'vn vint à dire, qu'encore la Religion, en laquelle nous eftions nourris, nous donnoit beaucoup d'auantage par deffus les anciens; nous propofant le loyer de nos labeurs en l'autre vie, & nous faifant connoiftre que la meilleure partie de nous furuit noftre corps, voire que noftre corps mefmes ne pourrit que pour germer & fe renouueller vn iour en vne plus heureufe vie, en laquelle la vertu doit receuoit la Couronne qu'elle aura meritée: où les autres qui n'ont efté efclairez que de la fombre lumiere de nature, n'ont peu penetrer par difcours, ny eftendre leurs efperances plus auãt que la mort, ny par confequent auoir autre confolation que celle de ce monde, qui eft cer-

tainement bien petite. Ce bon seigneur leuant la teste de dessus le cheuet, &
s'appuyant sur le coude : Ie me suis, dit-il, entretenu vne partie de la nuict
sur ce sujet, & apres y auoir bien pensé, j'ay conclu que c'est la plus forte &
plus certaine consolation que nous puissions prendre, que l'asseurance d'v-
ne seconde & plus heureuse vie. Et bien que nostre foy nous la donne, &
que l'esprit de Dieu nous l'ait specialement reuelée; si ne pensé-je pas que
les Philosophes anciens l'ayent ignorée, & que ce qu'ils ont eu de vertu
ait manqué de ceste consolation, sinon qu'ils l'ayent voulu rejetter, quand
la nature de sa propre main la leur a presentée : & croy que si ie vous pouuois ramener tout ce qui m'en a passé ceste nuict par l'esprit, que vous le
confesseriez ainsi. Lors se disposant de contenance & de parole, comme
il auoit accoustumé quand il vouloit continuer vn propos, nous nous dis-
posasmes aussi auec vn grand silence à l'oüir, & il poursuiuit à peu pres en
tels mots.

De toutes les choses du monde, en la connoissance desquelles nous pouuons faillir, il n'y en a point dont l'ignorance soit plus pernicieuse & dommageable, que de l'estat de nostre ame apres ceste vie caduque & mortelle. Car de là deriue vne flotante anxieté & miserable inquietude, qui fait
que les hommes ne trouuans rien en ce monde d'heureux, & n'attendans
rien apres ce monde de certain, pensent estre enuoyez çà bas comme à vn
fatal tourment où ils doiuent viure & mourir mal-heureux. Ils haïssent leur
vie, & craignent leur mort : & de peur de tomber en ce qu'ils craignent, ils
embrassent ce qu'ils mesprisent. Comme faisoit cet Vlysse dans Homere,
qui se sauuant du naufrage accolloit vn figuier sauuage, non pour ce qu'il
l'aymast, mais de peur qu'en le laschant il ne cheust dans la Charybde, qu'il
voyoit au dessous. Au contraire, ceux qui ont abreuué leur esprit de ceste
vraye & certaine connoissance, que l'ame n'est icy qu'en pelerinage, s'ache-
minant à vn autre plus heureux domicile, ne prennent pas le loisir de se
plaindre des espines & des ronces qui les esgratignent en passant, ny à cueillir les fleurs qui s'y presentent; mais emportez d'vne viue ardeur de trouuer
vn tel giste, ils brossent au trauers, & negligent tout ce qu'ils rencontrent,
sinon tant qu'il leur est necessaire pour leur voyage. Or ne croiray-je jamais
que cette puissance ordinaire de Dieu, que l'on appelle communément nature, qui en toutes autres choses a esté tant fauorable aux hommes, leur ait
denié en quelque siecle que ce soit, la connoissance de ce qui estoit plus
necessaire pour leur bien, & pour acquerir la perfection de leur estre; plustost estimeray-je, que ceux qui ont nié ceste immortalité, soient de ceux
que la parole de Dieu prononcée par sainct Paul declare inexcusables, pour
auoir eu les degrez des choses visibles suffisans à monter aux inuisibles, s'ils
n'eussent mieux aymé s'en seruir pour descendre, que pour monter : gens
ambicieux à leur misere, qui ont osté la force au discours qui les peut rendre heureux, pour la donner à celuy qui les veut rendre mal-heureux. Ie
ne voudrois, ce me semble, pour les conuaincre que produire contre eux
l'opinion commune de tous les peuples du monde, lesquels en quelque
siecle qu'ils ayent vescu, quelque endroit de la terre qu'ils ayent habité,
quelques mœurs, & quelques coustumes qu'ils ayent obserué, ont eu
pour

pour fondement de leurs actions, polices & focietez ciuiles, cefte creance
que leur ame furuiuoit leur corps, & n'eftoit point fujete à la mort. Autrement pourquoy euffent-ils deïfié, comme ils ont faict, les plus celebres
d'entr'eux, inftitué tant d'honorables ceremonies en leurs memoires ? Les
Indiens & les Druides ont efté eftimez entre les anciens Payens les deux
plus fages nations, & qui auoient plus profondément foüillé au fein de la
nature, & puifé les plus hauts fecrets de la fapience : ils connoiffoient fi certainement cefte immortalité, qu'ils couroient à perte d'haleine à cefte mort
corporelle, qui en eft l'entrée, & fe jettoient & precipitoient gayement à
toutes les honorables occafions, qui les y pouuoient porter. Cefte opinion
a eu diuers effects en diuers peuples, mais elle a efté en tous. Et fi par exception s'en eft trouué quelques-vns, qui ayent creu le contraire, quand ils
ont hanté & frequenté les autres, ils font reuenus à cet aduis. Ce qui faict
bien connoiftre, que cefte creance eft née auec l'homme : partant naturelle, partant droicte, & veritable : car la nature vniuerfelle, & qui n'eft
point corrompuë par noftre vice particulier, ne nous fuggere que de fai-
nes & pures opinions. Comme elle n'adreffe noftre appetit, & celuy des
autres animaux, qu'aux viandes qui font propres à les nourrir : auffi n'en-
cline-elle noftre entendement, finon à comprendre la verité, & y confentir comme à fon vray object & aliment ; & laquelle luy eftant repreíen-
tée, s'applique à luy, comme l'image s'engraine au moule, fur lequel elle a
efté premierement jettée. Mais pource que ces gens-là mefprifent pour la
plufpart les jugemens populaires, & penfent que la verité n'habite point
parmy le vulgaire ; ains croyent que la nature l'a enfoüye bien profondément en terre, où il la faut trouuer auec la verge diuine de la Philofophie,
& la tirer auec les fueurs d'vne profonde & laborieufe meditation ; faifons
retirer les peuples & les nations, & leur prefentons feulement ceux qui ont
emporté la gloire par tous les fiecles d'eftre & les plus fages & les plus fçauans. Pythagoras, Solon, Socrates, Platon, Ariftote, & tant & tant d'autres, que pour les nommer tous il faudroit autant de temps, comme il y en
a qu'ils ont vefcu, ne nous ont pas laiffé feulement en la memoire des hommes le tefmoignage de ce qu'ils en ont creu, mais mefmes ils l'ont confi-
gné en leurs efcrits : voire qu'ils ont pofé cefte maxime de l'immortalité de
l'ame, comme le centre de la Philofophie, auquel venoient aboutir toutes
les autres reigles, & tout ce que iamais fe pouuoit introduire d'honnefte
& de falutaire, pour la conferuation de la vie ciuile, & fpecialement pour
cefte autre partie, après laquelle ils ont tant trauaillé, qu'ils appellent la
tranquillité de l'ame. S'il y auoit doncques quelque doute en ce faict-là, fi
eft-ce que le tefmoignage de tels perfonnages fi concordans en cela, l'auroit efclaircy, & deuroit ramener à cefte opinion ceux qui font tant de cas
d'eux, lefquels fe deuroient laiffer vaincre par l'authorité de ces grands genies de nature, puis que mefmes en ce faifant ils rendent leur condition
meilleure. Mais induftrieux à leur propre mal pour diminuer l'authorité de
ces grands hommes-là, ils difent, qu'ils ne font cas que des raifons, lefquelles ils veulent feparer des perfonnes, afin de les pefer toutes pures, & que
la verité ne foit point en cefte queftion balancée ou enleuée par le poids du

, nom ou renom de ſes autheurs, Et pour ce veulent-ils aſſujettir ce diſcours
aux regles de l'eſchole, & demandent, que l'on leur demonſtre ce qu'on
leur veut faire croire. Ils voudroient volontiers, que l'on les menaſt quaſi
par les ſens à la connoiſſance de ce qu'on leur propoſe, ou pour le moins par
les maximes qu'on recueille des ſens, on leur concluſt ce qu'on leur veut
perſuader : trop injuſtes en cela, & peu conſiderans la nature de ce qu'ils
traictent. Il faut du diſcours pour connoiſtre les choſes, dont les formes
ſont noyées en la matiere : il faut lors ſe ſeruir des ſens, & par le moyen de
ce que nous touchons & voyons, venir comme par degrez, à l'intelligence de ce qui eſt plus eſloigné : mais vouloir comprendre la nature de noſtre
ame de ceſte façon, c'eſt ne la pas vouloir connoiſtre. Car eſtant ſimple,
côme elle eſt, il faut qu'elle entre toute nuë en noſtre entendement ; ayant à
remplir toute la place, tout ce qui l'accôpagneroit l'empeſcheroit. Es choſes
meſmes ſenſibles, dont le ſens eſt fort aigu, le ſentiment s'en faict ſi ſoudain,
qu'il nous faict perdre la connoiſſance de la façon dont il ſe faict. Auſſi des
choſes intelligibles, celles qui ſont toutes pures occupent ſi promptement
noſtre entendemêt, que vous ne pouuez dire ſinon qu'elles ſont, mais vous
ne pouuez dire comment : car elles ne ſe font pas connoiſtre par teſmoignages empruntez, elles ſe manifeſtent d'elles meſmes, & ſont plus conneuës que tout ce qui les veut recommander. Et pour ce le vray moyen de
connoiſtre la nature de noſtre ame, c'eſt de l'eſleuer par deſſus le corps, &
la retirer toute à ſoy ; afin que reflechie en ſoy-meſmes, elle ſe connoiſſe par
ſoy-meſmes. Toutesfois s'il y en a de ſi opiniaſtres, qui ne la veulent voir
que noyée dans la chair, & juger ſa grandeur par l'ombre de ſes effects,
comme ils font la Lune par l'ombre de la terre ; Si eſt-ce qu'au trauers de
ceſte ſombre & peſante maſſe qui l'enueloppe, elle jette des eſtincelles, voire des flammes ſi viues de ſon immortalité, qu'il faut que ceux qui la regardent, confeſſent ou qu'ils la voyent, ou qu'ils ſont aueuglez. Ils voyent
que ce rayon de diuinité enueloppé dans ce petit nuage de chair, jette ſa
lumiere d'vn bout à l'autre du monde, apres auoir meſuré ce qui eſt finy,
paſſe juſques à l'infiny, comprend les formes de toutes choſes, & s'y transforme, reçoit les contraires, le feu & l'eau, le chaud & le froid, ſans s'alterer ny corrompre. Comment donc peuuent-ils preſuppoſer quelque matiere en celle qui a de telles actions, veu que toute matiere eſt finie & bornée par certaines dimenſions, ne reçoit rien plus ample que ſoy, n'eſt capable que d'vne ſeule forme ſubſtantielle, & ne peut contenir en meſme temps choſes contraires ? Si elle n'eſt point materielle, comme ſe-
roit-elle mortelle, veu que la mort par leur dire meſme n'eſt autre choſe
que la ſeparation de la matiere d'auec la forme ? & ſi, comme d'autres, ils
la definiſſent le bout du mouuement, où le trouueront-ils en l'ame ? Car
nous voyons que la volonté, qui eſt ſa principale partie, eſtant libre, comme ils la reconnoiſſent eux meſmes, & ayant par conſequent en ſoy le principe de ſon mouuement, qui la luy peut oſter ? Rien ne ſe donnant volontairement fin à ſoy-meſmes, ce qui ſe meut à ſa volonté ſe meuuera touſjours, & par conſequent n'aura point de fin de durée, mais ſeulement fin de
deſir & d'intention, qui ne ſe borne que par l'infinité. Et quant à l'entendement,

dement, qui eſt l'autre principale partie, ou pluſtoſt vertu de l'ame, ne le voyons-nous pas ſortant de ſoy-meſmes, embraſſer toutes choſes, & puis reuenir en ſoy-meſmes ; & par ceſte continuelle reflexion, comme par vn mouuement circulaire, teſmoigner qu'il n'a point de fin ? Ce qu'il teſmoigne encore auſſi clairement par la nature des objects, qu'il choiſit pour ſon exercice ordinaire, & par maniere de dire, pour ſa nourriture & ſon aliment. Car il ne ſe repaiſt, ne s'entretient ſinon de la connoiſſance des choſes vniuerſelles, des idées, & des eſpeces, leſquelles les Philoſophes conſtituent immuables & immortelles. Les ſens, qui ſont inſtrumens corporels meſlez parmy la matiere corruptible, s'arreſtent bien aux choſes particulieres, & conſiderent chaſque object, ſelon les qualitez fluantes & periſſables : mais l'entendement contemplant ce qui eſt de la vraye nature & eſſence des choſes, comprend ce qui eſt general & egalement diffus en tous les particuliers & indiuidus, comme vn eſtre ſtable, permanent & immuable. Or faut-il que toutes choſes qui ſont nées pour agir, ſoient proportionnées à leur object : en vain trauailleroit l'ouurir ſur vne matiere plus forte que ſon outil : en vain donneriez-vous à digerer & à comprendre à vne choſe corruptible & mortelle, choſes incorruptibles & immortelles. Et quoy ? ce deſir inſatiable d'apprendre, qui eſt naturel à noſtre entendement, ne nous teſmoigne-il pas le ſemblable ? Qui eſt-ce qui a jamais tant veu, tant conneu, tant apris, à qui la ſcience n'ait rallumé & augmenté le deſir de ſçauoir, au lieu de l'eſteindre & appaiſer ? Quand j'aurois (diſoit cet ancien ſage) vn pied dans la foſſe, ſi voudroy-je apprendre. Qu'eſt-ce à dire ? C'eſt que l'appetit de noſtre eſtomac ſe peut bien aſſouuir, pour ce que la nature l'a proportionné à vne choſe finie, qui ſont les viandes neceſſaires pour noſtre nourriture : mais celuy de noſtre ame ſe monſtre inſatiable en ce monde, pour ce qu'elle l'a proportionné à la verité eternelle, de laquelle le corps luy empeſche la libre joüiſſance en ceſte vie, ne luy donnant pour la recueillir que le vaiſſeau des Danaïdes, qui n'en peut pas beaucoup receuoir à la fois, & encores eſt percé au fonds de ce miſerable pertuis d'oubliance, par où s'eſcoule la pluſpart de ce qu'elle en reçoit. Tellement que toute la vie de l'homme, ſi vous conſiderez exactement les actions de ceux qui ſe gouuernent par la droicte raiſon, n'eſt autre choſe qu'vn effort & contention de l'ame, laquelle taſche tant qu'elle peut à reparer ceſte fluante mortalité du corps, par la participation des choſes eternelles, à la joüiſſance deſquelles elle le rameine le plus qu'elle peut. Elle voudroit volontiers luy eterniſer la vie : n'en pouuant venir à bout par la nature, elle y employe l'art & l'induſtrie, & luy procure par la gloire & par le renom vne continuation de vie en la memoire des hommes. Et pour cet effect nous la voyons ordinairement jettée & auancée ſur l'aduenir, preuenant de penſée le temps qui ſera apres la mort du corps, comme nous faiſons icy le lendemain du iour où nous viuons : & ſe pouruoyant de loüange & de gloire, comme de munitions conuenables pour vne vie heureuſe & glorieuſe, à laquelle elle aſpire. Il eſt trop ayſé à iuger, que ſi noſtre ame ne preſſentoit aſſeurément ſon eſtre aduenir, elle ne s'empeſcheroit point de deſſeins qui tendiſſent plus loin que ceſte vie corporelle ; & pour y paruenir ne vou-

droit point en tout cas hazarder si librement ceste vie temporelle, apres laquelle elle n'attendroit plus rien. Quiconques ayent esté ceux qui ont si
courageusement prodigué leur vie en telles occasions, (or y en a-il eu infinis en tous les siecles) & qui se sont par maniere de dire eux-mesmes im-
molez sur l'autel de la gloire, ils ont en mesprisant la mort donné vn signalé tesmoignage à l'immortalité de leur ame. Et ne se sçauroit-on imaginer,
qu'ils ayent ainsi librement accourcy leur vie pour croistre leur honneur,
qu'ils n'ayent esté asseurez en eux-mesmes d'en joüir apres la vie ; ny qu'ils
ayent si franchement quitté les douceurs de ce monde, qu'ils n'ayent eu
quelque bon gage de la recompense qu'ils en attendoient en l'autre. Quand
l'ame se vient à esleuer sur les aisles d'vn genereux desir, & qu'elle passe de
ceste region obscure, & nubileuse, qui enuironne la terre, à celle plus
haute, plus pure & plus sereine, qui approche du Ciel, elle reconnoist en
soy-mesmes beaucoup de belles remarques de son estre, & des traicts du
grand Ouurier qui l'a creée à son image, & y a imprimé la figure de la diuinité. Ce que ie ne dy point seulement pour l'auoir apris de l'Oracle de verité, mais le dy apres ceux qui ne l'ont apris que du liure de la nature mesme.
Car Platon, & beaucoup d'autres deuant luy, & plusieurs autres apres, dis-
courans de la creation du mode & de ses parties, ont bien dict que les autres
animaux auoient esté creez par les moindres Dieux ; qui veut, à mon aduis, dire les Anges, comme par des causes secondes, lesquelles pour estre
desia aucunement esloignées du premier estre, ne le leur ont peu communiquer parfaictement : d'autant que ceste communication n'est qu'vn
prest de leur vertu, separée & des-vnie de la premiere masse, & par consequent aucunement imparfaicte. Mais quant à l'ame de l'homme, ils con-
fessent que Dieu seul l'a creée ; & partant dependant sans moyen de l'estre
parfaict, elle participe à sa perfection, & est exempte de corruption en sa
substance, & par consequent de mort. Et cela certainement estoit-il bien
raisonnable & conuenable à ce grand Architecte, qu'ayant basty ce bel
ouurage du monde, digne de porter le nom mesme de la beauté, il y laissast son image, comme vne statuë animée, qui conseruast, & exigeast de
ceux qui la verroient, l'honneur & la reuerence deubs à ce souuerain Architecte & Seigneur de l'Vniuers. Or faut-il qu'vne image faite par vn bon
maistre, rapporte quelque chose à toutes les parties du sujet qu'elle imite:
en quoy pourroit-elle imiter l'eternité de Dieu, que par l'immortalité de
son ame ? puis qu'elle ne peut estre de mesme, c'est à dire, n'auoir point eu
de commencement, en quoy luy peut-elle ressembler, que de n'auoir point
de fin, qui est à dire estre immortelle ? Puis que Dieu auoit composé l'V-
niuers de deux differentes parties, l'vne intelligible & l'autre sensible, l'vne
corruptible & l'autre incorruptible ; il falloit pour les lier, assembler vn entre-deux, qui participast de la nature de l'vn & de l'autre. L'homme par vn
excellent artifice a esté faict la piece du milieu, & pour ce concurrent en
luy les perfections de toutes les deux parties, l'vne intelligible, & l'autre
sensible. Il a par le moyen du corps les plus excellentes qualitez, qui soient
és choses sensibles & corruptibles ; & par le moyen de l'ame les plus excellentes conditions qui soient aux intelligibles & incorruptibles. Et bien que

par

par ce meslange ce qui est de celeste en luy, soit deprimé & comme pestry auec la terre, & abbaissé, voire affaissé par le contre-poids de la chair, si ne laisse-il pas de monstrer par vn continuel effort, sa nature, le lieu de son origine, son inclination, & la fin de son desir, qui tend certainement tousiours à la diuinité, & à posseder dés ceste vie presente les perfections que nous remarquons en Dieu. Certainement il ne desireroit jamais ceste diuinité, & n'y aspireroit pas, s'il ne la comprenoit, & ne la comprendroit jamais, si ce dont il la comprend estoit mortel & perissable. Car quelle proportion y auroit-il de la mortalité à l'immortalité? Or voyons vn peu ce que l'entendement de l'homme en comprend, ce que sa volonté en desire, & il faudra, quel qu'il soit, qu'il confesse qu'ils sont immortels. Contemplons, dis-je, vn peu d'icy bas parmy ces espesses tenebres du monde, auec nos yeux de chats-huants, la lumiere de la diuinité: considerons les perfections dont elle est reuestuë, & par lesquelles comme par les vestemens nous la reconnoissons & remarquons; ne verrons-nous pas incontinent que ce sont toutes choses, apres lesquelles l'homme court naturellement, & trauaille incessamment à les acquerir, n'a plaisir qu'à les posseder & iouïr? Dieu est la souueraine bonté. Que desire l'homme à quoy trauaille-il qu'au bien? si mesme ses affections sont peruerties, & qu'elles s'adonnent au mal, elles luy donnent le nom de bien, & protestent qu'elles ne le recherchent sinon entant qu'elles le pensent estre bien. Ostez à quelque chose que ce soit le nom de bien, il n'en tiendra plus compte; tant de soy-mesmes il reconnoist estre nay pour le bien! De sorte que tout ce qui le veut attirer, en doit auoir ou l'essence, ou l'apparence. Dieu est la souueraine sagesse. Qui est l'homme, qui ne vueille estre tenu pour sage, qui ne fuye la reputation d'estre fol? qui ne se gouuerne auec le plus de prudence qu'il peut? qui ne cherche de l'ordre & de la disposition en toutes choses? qui ne se resiouïsse en soy-mesmes, quand il le peut trouuer? qui ne louë, n'estime & n'admire ceux qui abondent en ceste sagesse, comme approchans plus pres de l'excellente fin, à laquelle l'homme est né? Dieu est la souueraine puissance. Que souhaite l'homme dauantage que l'authorité & le commandement? Chacun aspire naturellement à commander: & ceux qui le sçauét bien faire, sont honorez entre les hommes, comme vne espece de demy-Dieux, enuoyez çà bas pour la conseruation & direction du monde inferieur. Dieu est la souueraine verité. A quoy est bandé l'entendement de l'homme qu'au vray? à quoy se plaist-il? à quoy acquiesce-il? sinon à la connoissance de ce qui est vrayement? Le faux mesmes n'y est receu que soubs le nom de vray, & n'y a personne si mal-né au monde, qui ne se fasche d'errer, d'ignorer, d'estre trompé: & au contraire, qui ne sente du plaisir & du contentement à sçauoir & apprendre. Et certainement on peut dire, que la verité est la forme de nostre entendement: car il n'entend & ne connoist que tant qu'elle est en luy. Dieu est tout, & tout est en Dieu: l'homme desire estre par tout; s'il n'y peut porter son corps, il y porte son esprit. Entant qu'il peut il met tout en soy, & se réplit des formes & des idées de toutes choses. Dieu est autheur de tout, & se plaist à faire tout: l'homme n'a point de plus grand plaisir en ce monde, qu'à produire beaucoup de choses, & n'y a rien qui le resiouïsse

tant que ce qui ſort de luy, ſoient enfans, ſoient ouurages, ſoient inuentions.
Dieu eſt touſiours : & l'homme ne craint rien tant que de finir , & ne ſouhaite rien tant que de perpetuer ſon eſtre : il cherche à le faire par la conſeruation de ſa vie; n'en pouuant venir à bout par là, il l'eſſaye par la continuation de ſa poſterité; & iugeant encore ce moyen-là trop debile, il le
tente par l'acquiſition d'vne grande & glorieuſe renommée. Dieu admi-
niſtre tout iuſtement : l'homme ayme, reuere & recherche la iuſtice, comme le ſeur & ſeul lien de la vie & ſocieté ciuile. C'eſt vn grand cas, comme
l'amour en eſt naturel à l'homme : ceux meſmes qui corrompus ne la veulêt
pas pour ſoy, l'honorent en autruy. Dieu en ſon gouuernement perſeuere
touſiours en vn meſme deſſein : & l'homme en ce qu'il entreprend en veut
venir à bout, il ne ſe laiſſe vaincre ny par difficulté ny par trauail. C'eſt choſe eſtrange de ce qu'endurent les hommes, pour conduire afin leurs entrepriſes. Dieu vit vne vie abondante, opulente, & plaiſante : l'opulence & le
plaiſir ſont les ſouhaits ordinaires des hommes. Dieu ſe contemple ſoy-meſmes, & s'admire : l'homme ſe conſidere ſoy-meſmes, s'eſmerueille de ſon
excellence, ſe priſe plus que toutes les autres creatures, & met toute ſon eſtude à ſe parer & honorer, & faire paroiſtre ce qui eſt d'excellent en luy. Bref
vous ne ſçauriez rien imaginer en ce grand & ſouuerain Createur , dont
vous ne reconnoiſſiez l'homme eſtrangement deſireux , & ne voyez ſes
mouuemens bandez à l'acquerir, & à s'vnir & conformer autant qu'il peut
à ceſte incomprehenſible diuinité. Ce qui a fait eſcrier auec eſtonnement
l'ancien Zoroaſtre,

     O homme que tu es vn tres hardy ouurage !

Comme ne pouuant comprendre qu'en ce bas & morttel monde, parmy
la fange & l'ordure il ſe peuſt trouuer vne ſi puiſſante nature, qui s'eſleuaſt
iuſques par deſſus les Cieux , & par la connoiſſance de tant de choſes, &
imitation des actions diuines, quaſi ſe deïfiaſt ſoy-meſmes en ceſte vie. Mais
il deuoit auoir apris d'vn plus ancien que luy, bien que Payen, & parlant
peut-eſtre trop hardiment, que ce qui ſe rend ſi eſmerueillable en l'homme, n'eſt rien qui tienne de la terre , ny de ceſte baſſe & corruptible demeure : c'eſt vne diuinité comme bannie & exilée pour vn temps du Ciel
ſon vray domicile, qui vague & erre çà bas dans noſtre corps, & fait continuellement ſon effort pour paruenir à ſon vray ſejour , & ſe relancer à ceſte heureuſe & celeſte habitation , de laquelle ſelon qu'elle s'approche plus
pres, plus diuine ſe monſtre-elle. Pourquoy penſeriez-vous, ie vous prie,
qu'és derniers iours de noſtre vie en ceſte agonie & lutte, que l'ame faict
auec le corps, noſtre eſprit ait plus de force & de vigueur, ordonne plus
prudemment & plus ſainctement de toutes choſes, preuoye plus certainement l'aduenir, le prediſe & prophetiſe, ſinon pour ce qu'il commence à ſe
rapprocher de ſon origine, à ſe rejoindre à cet eſtre immortel, & participer
à la verité eternelle? N'obſeruez-vous pas que les pierres qui tombent d'enhaut, plus elles s'approchent de la terre , & plus elles deſcendent viſte : le
feu au contraire qui monte vers le Ciel, plus il eſt eſleué, & plus il haſte ſon
vol ? pource que naturellement chaque choſe plus elle ſe ſent pres de ſon
repos, & de ce qu'elle deſire , & plus s'y meut-elle & pouſſe-elle vigoureu-
ſement?

sement ? Ainsi nostre ame estant sur le poinct comme de rentrer en sa sphere, & se rejoindre à la diuinité, dont elle est partie, comme de son origine, se monstre plus diuine, rauiue ses forces, & redouble sa vertu. Or ce qui a tant de diuinité, & tend perpetuellement à la source de la diuinité, qui doutera qu'il ne soit immortel ? Donc l'immortalité de l'ame reluit en toutes ses actions. Mais quand autre chose ne la tesmoigneroit, la Prouidence diuine la monstreroit euidemment. Car puis qu'il y a prouidence, dequoy ie croy que ceux qui ont des yeux, quand bien ils n'auroient point d'entendement, ne peuuent douter, il faut qu'il y ait vne justice au monde: s'il y a justice, il faut que les bons soient recompensez, & les meschans punis. Ils ne le sont pas tousiours en ceste vie, où nous voyons souuent les gens de bien viure en pauureté, & mourir en peine: & au contraire les meschans viure en delices, & mourir en repos. Il faut donc que les ames viuent apres le corps, pour receuoir le loyer ou la punition de leurs bonnes ou mauuaises actions. Les meschans veulent estoufer par discours le ressentiment que l'homme a de l'immortalité de son ame; mais ils ne peuuent par effect. C'est vn rayon de lumiere que la nature a allumé en nostre cœur, qui sert de fanal à la vertu, pour la guider parmy ces tenebres mortelles; & de flambeau furial à la meschanceté, pour anticiper ses meritez tourmens. Nous autres Chrestiens sommes à la verité en cela bien plus heureux que les Payens, que Dieu ne s'est pas contenté de ce que nous pouuions apprendre de l'immortalité de nos ames, par le liure commun de la nature, & à l'ayde de nostre foible raison; mais nous en a voulu luy-mesmes confirmer le tesmoignage par sa propre parole, & enflammer d'vne claire & pleine lumiere les premieres estincelles de ceste esperance naturelle. O bonté diuine, vous auez presenté aux autres la verité comme voylée & enueloppée, mais pour nous vous l'auez faict descédre du Ciel toute nuë, & decouler en nos esprits par les canaux de vostre saincte parole. Heureuse & admirable parole, qui nous suggere en vn moment tout ce que les veilles de tant d'années ont peu acquerir de plus beau & d'excellét aux esprits des plus sçauans Philosophes. Parfaicte science, qui ne laisse plus lieu de douter apres ses preceptes: excellente discipline, dont les regles sont tous principes, qui se persuadent soy-mesmes. D'elle nous apprenons que nos ames sont creées & parties de vos mains, & decoulées en nos corps pour les conduire & gouuerner. Que nous sommes colloquez icy comme en vn magnifique temple, pour y contempler vostre toute-puissance, reuerer vostre infinie bonté, entendre vostre saincte volonté, & y obeïr. Que ceste vie n'est que l'apprentissage de nos ames, lesquelles apres le temps & les labeurs qui leur sont ordonnez, doiuent estre leuées de garde, mises en liberté, & renduës au repos eternel, où elles trouueront dequoy assouuir ce desir de diuinité, dont elles ont eslancé icy les premieres pointes au trauers de ceste pesante & empeschante chair. D'elles apprenons-nous dauantage, que non seulement nos ames apres ceste vie en trouuent vne autre plus heureuse; mais nos corps mesmes pourrissans icy comme le grain dans la terre, germeront en nouueau fruict, & se renouuelleront en estat de gloire & de perfection. Pour cela la Diuinité deſcendant du Ciel, s'eſt de rechef meſlée parmy la chair, pour remouler & repaiſtrir noſtre humanité, difformée & deſigurée par le peché : s'eſt rejointe auec nous, pour nous pouuoir retirer auec elle : s'eſt humiliée, afin de nous exalter : a viuiſé ſon humanité apres la mott, pour viuifier en nous l'eſperance de ceſte glorieuſe Reſurrection, dont elle a voulu eſtre les premices, & par laquelle nous ſerons introduits en l'heritage de gloire, receuans & en l'ame & au corps la ſplendeur incomprehenſible de la lumiere eternelle. Mais le paſſage pour arriuer là c'eſt la mort. Mort deſirable, puis qu'elle nous faict changer de vie auec tant de profit. Mott, non mort, puis que c'eſt le commencement de la vraye vie, & que nous ne ſommes dans ce corps, que comme le pouſſin dans la coque, qu'il faut caſſer pour eſclorre; ou comme l'enfant dans la matrice, qu'il faut quitter pour venir au iour. Laiſſons la craindre à ceux qui penſent que tout perit auec le corps, ou à ceux qui attendent apres elle la peine de leurs meſchancetez. Et puis que nous auons tant de teſmoignages & ſi certains gages de noſtre vie future, & ſommes aſſeurez que mourans icy en la crainte de Dieu, en la foy de ſon Fils bien aymé, & confiance de ſa bonté, nous deuons reuiure là haut, & entrer en gloire auec luy au throſne de ſa diuinité, paſſons allegrement, & depoſons librement le fardeau qui nous empeſche & arreſte, comme nous ferions des habits profanes à l'entrée d'vn ſainct temple. Quant à moy, mes amis, ie me ſens tantoſt arriué à ce port, auec vne grande conſolation de mes afflictions paſſées, & préſentiment de la felicité que j'attens. I'ay flotté au monde en de grandes & dangereuſes tourmentes; elles ont agité mon ame, mais elles ne l'ont peu, graces a Dieu, renuerſer. Ie ſçay bien que la condition de l'infirmité humaine m'a, comme elle fait tous les autres, fort eſloigné de la perfection que Dieu deſire en nous : mais pour le moins ne m'a-elle iamais faict perdre la ferme & conſtante volonté d'auancer ſon honneur & ſa gloire, ny rien rabattre de l'affection qu'vn bon citoyen doit à ſon pays. Ma conſcience me rend ce teſmoignage, & ce teſmoignage me rend la mort douce & agreable. Ie voudrois bien à mon dernier ſouſpir faire encor quelque ſeruice au public; mais n'en ayant autre moyen, ie me retourneray vers vous, qui eſtes de mes meilleurs amis & des ſiens, & pour le dernier office que ie puis rendre à vne ſi ſaincte amitié, ie vous conjureray, que puis que vous demeurez icy pour clorre la fin d'vn miſerable ſiecle, vous affermiſſiez vos eſprits par belles & conſtantes reſolutions, afin de ſouſtenir courageuſement les efforts de la tempeſte qui menace cet Eſtat, & vos fortunes particulieres. Car tous les aages paſſez ont peu veu de miſeres & calamitez, que vous ne deuiez voir en vos jours. Le dedans, le dehors de ce Royaume, les grands & les petits, ſont tous comme furieuſement pouſſez à ſa ruine & deſolation. Vous ſerez tout eſtonnez vn de ces jours quand vous verrez les loix renuerſées, le gouuernement changé, tout mis en confuſion, ceux qui gouuerneront, auec deſſein de ſe perdre eux & leur pays, & qu'il ne ſera pas permis aux gens de bien d'ouurir la bouche & donner vn bon & ſalutaire conſeil. Souuenez-vous lors que vous eſtes hommes, & que vous eſtes François. Que

voſtre

voſtre courage ne s'enfuye pas auec voſtre bon-heur. Portez vous au droit & à la raiſon, & ſi la vague vous doit emporter, qu'elle vous accable le timon encor en la main. Voicy le temps qu'il faut preſenter l'eſtomac à la fortune pour la defenſe de l'Eſtat, & couurir de ſon corps celuy de ſa patrie. Sans doute ceſte ruine ne ſe peut euiter ſans vn grand & genereux courage de ceux qui s'y oppoſeront ; ce que tous les gens d'honneur à mon aduis doiuent faire. Vous ſçaurez bien toutesfois temperer par prudence, ce qu'vne obſtinée auſterité ne feroit qu'aigrir & empirer, & ſuiure le deſtin ſans abandonner la vertu. Vous courrez en bien faiſant de grands hazards, & ſouffrirez beaucoup d'injures : mais que vous peut-il arriuer de ſi eſtrange ou ſi horrible, que l'eſperance du ſouuerain bien, auquel ie vous vay deuancer, n'adouciſſe ? Voyla quaſi les meſmes propos que nous tint ce grand & ſage perſonnage. Ie vous les ay-recitez à regret, ſçachant bien que l'imbecillité de ma memoire & rudeſſe de ma langue feroient beaucoup perdre du poids de ſes raiſons, & de la grace de ſon diſcours. Que ſi vous l'euſſiez oüy luy meſme auec ſa douce & agreable façon, il euſt allumé en voſtre ame vn ſi vif & & ardant deſir de la beatitude eternelle, qu'il n'y a affliction au monde, dont il ne vous euſt eſteint le ſentiment.

La Linus finit ſon propos, & moy tout reſioüy & conſolé ; Il faut bien, luy diſ-je, que ce diſcours fuſt beau, veu que vous qui en tous autres me rendez fort ſatisfait, m'auez ſemblé au recit de ceſtuy-cy vous ſurmonter vous meſmes. Ie croy que l'air & la ſouuenance de ce grand perſonnage-là, qui vous eſt encore freſche & preſente pour l'honneur & l'amitié que vous luy auez portée, animoit voſtre langue, & inſpiroit en vous quelque choſe de plus qu'humain. Pleuſt à Dieu que ce propos peuſt continuer auſſi long-temps que nos miſeres ! ie m'aſſeure que tant que j'aurois les oreilles pleines de tels diſcours, j'aurois l'eſprit vuide d'ennuis. Ie vous jure que depuis le temps que ceſte calamité nous a accueilly, ie n'ay rien rencontré qui m'ait rendu ceſte vie plus ſupportable, que ce que j'ay entendu de vous trois, ces trois derniers jours icy, mais principalement ce jourd'huy. L'on dit que Ptolomée fut contraint de defendre à Hegeſias Cyrenien, de plus diſcourir en public de l'immortalité de l'ame; par ce que la plufpart de ceux qui l'oyoient, s'auançoient la mort de leur main. Cela me fait croire qu'il eſtoit mal inſtruit du ſujet qu'il traittoit. Car j'eſtime qu'il n'y a rien au monde, qui nous donne plus de courage à endurer patiemment nos miſeres, que les raiſons que j'ay maintenant apris de vous; qui en peu de mots nous auez repreſenté quelle eſt la cauſe & la fin de nos afflictions, & quelle recompenſe trouue noſtre patience, quand nous y pouuons perſeuerer juſques au bout. C'eſt pourquoy ie deſirerois pour la conſolation de mon pauure pays affligé, qu'au contraire de ce que l'on fit à Hegeſias, l'on vous contraigniſt tous trois de continuer tous les jours en public vn ſemblable diſcours. Mais pour ce que c'eſt choſe que ie ne puis eſperer, j'ay bien deliberé de conſeruer ſoigneuſement en ma memoire tout ce que j'en ay apris de vous, & à mon pre-

K k

mier loiſir (ſi tant eſt que nos infortunées eſtudes en puiſſent obtenir quelqu'vn) le conſigner en la foy des lettres, pour le laiſſer à la poſterité: Afin d'inſtruire en ſemblables aduentures, ceux qui viendront apres nous, & par meſme moyen leur rendre teſmoignage qu'en vn ſiecle tres-corrompu, & entre des hommes eſtrangement deſnaturez, nous auons veſcu auec vne grande compaſſion de la miſere publique, & encore plus grand deſir de la pouuoir ſoulager.

FIN DE LA CONSTANCE ET CONSOLATION.

DE
L'ELOQVENCE
FRANÇOISE,
ET DES RAISONS POVRQVOY
elle est demeurée si basse.

DE
L'ELOQVENCE
FRANÇOISE,
ET DES RAISONS POVRQVOY
elle est demeurée si basse.

DE L'ELOQVENCE
FRANÇOISE, ET DES
RAISONS POVRQVOY ELLE
EST DEMEVREE SI BASSE

LVSIEVRS Grecs & Latins nous ont laissé des plaintes contre leur siecle; & quelques-vns entre autres se sont fort estonnez de voir de leur temps l'honneur des arts si rauallé, nommément de l'eloquence. Ils en ont voulu rechercher les raisons, & nous en ont laissé de beaux & elegants discours. Pour moy, ie n'ay pas estimé que nostre nation eust sujet de faire ceste plainte, pour ce que ie croy, & certes il est vray, que l'eloquence Françoise n'a jamais monté plus haut qu'ell' est, & que ceux qui ont vescu deuant nous ne nous ont rien laissé en nostre langue digne d'estre preferé aux escrits de ceux de nostre temps. Mais bien me suis-je quelquesfois esbahy comment ce Royaume ayant esté si grand & si florissant, l'eloquence y a esté si peu heureusement cultiuée, que tous les siecles passez ne nous ont laissé tesmoignage d'vn seul homme, qu'on puisse appeller à bon droict eloquent. La Grece a eu comme nous son enfance; mais apres auoir quelque temps begayé, elle a formé sa voix en vne pleine & parfaite parole, & produit des Orateurs admirables à tous les aages suiuans. Rome en a faict autant; & semble que sa fortune ait voulu esleuer son eloquence aussi haut que son Empire. La France n'a peu encores bien desnoüer sa langue; & comme les enfans naiz au decours de la Lune, n'a peu prendre sa juste croissance. I'ay fait peut-estre trop hardiment ce jugement. D'autres qui se voudront monstrer plus jaloux que moy de l'honneur François blasme-ront ma temerité, de juger de ce dont ie n'ay pas certaine connoissance. Ie ne leur accorderay jamais qu'ils ayent plus d'affection que moy à la gloire de leur patrie: que s'ils estiment que mon jugement diminuë quelque cho-se du los que la France merite en cet endroit, ie suis prest d'escouter leurs raisons, & seray tousiours tres-ayse d'apprendre quelque chose d'eux qui me face changer d'aduis. Mon pays ne sçauroit gagner victoire, que

ie n'aye part à ses trophées. Mais comme ie suis fort ingenu, & en cela
vray François, qui dis librement ce que ie pense, sans donner dauantage à l'opinion d'autruy, que ce que ie comprends de la raison, ie
suis contrainct de confesser que de tout ce que nous auons de tesmoignages, soit par escrit soit en nostre memoire, des hommes de nostre nation qui ont esté estimez les plus eloquents, il n'y a rien qui me persuade,
que jamais ils soient paruenus à l'excellence des anciens. Si ceux qui ont
escrit en nostre langue auparauant quarante ans en ça, ont eu quelque naïueté, vn stile pur, & qui suit assez commodément la nature des choses qu'ils
descriuent, ie ne leur en veux pas oster la loüange. Cela de vray se trouue
en quelques-vns, ainsi que font de belles, droictes & fermes plantes, en
vne bonne & franche terre, bien qu'elle ne soit ne labourée ne cultiuée;
mais les fruicts en sont fort differents de ceux qui sont adoucis par la soigneuse main d'vn diligent & entendu laboureur. Quant à ceux qui ont
vescu depuis quarante ans en ça, ils se sont vn peu esueillez, & ont tasché
d'enrichir nostre langue des despoüilles de la Grecque & de la Latine, &
essayé d'imiter les artifices de ces braues anciens. Mais qui est-ce d'entre eux
qui ait acquis grande gloire en cet art? quel ouurage nous ont-ils laissé qui
les ait suruescu, & qui soit encore entre nos mains beaucoup prisé & estimé? Ie n'en voy quasi point. Et de tout ce qui y est, ce qui en est le plus
elabouré leur peut acquerir le nom de diserts plustost que d'eloquens. S'il
y a eu quelque chose qui soit plus recommandable, ç'a esté depuis vingt
ans en ça; car ie l'ay veu confesser ainsi à ceux mesmes qui ont veu & ce
temps-là & le precedent. Et neantmoins le mesme pourrois-je quasi dire
de tous ceux que j'ay veu depuis que j'ay vescu parmy les hommes & les
affaires. Ie ne parleray point de ceux qui viuent aujourd'huy: la loüange
que ie leur donnerois pourroit sembler flatterie, & les deffauts que j'y re-
marquerois sembler enuie. Ie desire autant euiter le soupçon de l'vn & de
l'autre, comme ie suis esloigné de l'effect. Leur saison viendra qui leur rendra la loüange qui leur est deuë: il y en a qui en meritent beaucoup. Ie parleray seulement pour ceste heure de ceux qui sont morts, & dont la memoire & les escrits sont encore tout frais entre nos mains. Or ne m'arresteray-
je seulement qu'à l'eloquence meslée és affaires du monde. Car quant à
l'autre qui habite és chaires publiques, qui deuroit estre la plus parfaite, tant
pour la dignité de son sujet, que le grand loisir & liberté de ceux qui la traitent, elle est demeurée si basse pour les raisons que j'en remarqueray en
ce discours, que ie n'ay rien à en dire. Comme ie vins au Palais, le plus estimé estoit feu Monsieur de Pibrac lors Aduocat du Roy, lequel en sortit
aussi tost pour aller en Pologne. De façon que ie n'entendy point ces grandes & celebres actions qui luy ont acquis tant de reputation. Ie l'ay depuis
veu en public & en particulier, en beaucoup d'affaires: i'ay soigneusement
leu tout ce que i'ay peu recouurer de luy. Certes ce grand esprit, bien nourry és bonnes lettres, plein de iugement aux affaires, doüé d'vne grande
grace naturelle, & qui s'estoit fort estudié en cet art, m'a tousiours semblé
celuy à qui estoit deu le premier rang d'honneur en nostre siecle. Toutesfois les deux actions imprimées que nous auons de luy sont escrites en vn
langage

langage si entrelacé de diuers passages & diuerses allegations, sont dauantage si plates pour les mouuemens & sentences, que si ce n'estoit que ie luy ay veu regretter qu'elles fussent en lumiere, elles me diminueroient l'opinion que j'ay de son merite. L'Epistre adressée à Heluidius est merueilleusement belle & artificieuse, mais elle a esté escrite en Latin. Son Apologie qui n'a point esté publiée, & a passé par peu de mains, est à mon gré fort pure & elabourée, & la jugerois volontiers parfaite au stil dont elle a esté escrite: car pour moy ie n'ay jamais rien veu de mieux. Toutesfois cela me demeure tousiours à redire en luy, qu'il n'estoit pas capable d'vne haute & pleine eloquence. Sa douce & gracieuse humeur ne pouuoit conceuoir des passions fortes & courageuses, & telles qu'il les faut pour animer vne parfaite oraison. Nous auons oüy au mesme temps Messieurs Mangot & Versoris; mais l'vn estoit plustost vn subtil Iurisconsulte qui s'expliquoit ayséement auec vne parole pressée & aiguë, que non pas vn grand Orateur. L'autre ne manquoit pas d'vne parole pleine & aysée, d'vn grand sens & beau jugement: mais ayant donné tout son esprit aux procés, il n'estoit pas à beaucoup pres paruenu jusques où sa nature cultiuée par l'art & sollicitude l'eust peu ayséement porter. Apres ceux-là nous estoit resté Monsieur Brisson, qui depuis fut President, personnage certes incomparable, & qui a monstré à nostre siecle, combien vn seul esprit peut conceuoir de toutes les sciences ensemble. Ce seroit le trop peu loüer que de le loüer par mon jugement; mais ie puis apres celuy de tous les plus grands hommes du siecle, soit de nostre France qui en a porté beaucoup, soit aussi des nations estranges, luy donner ceste loüange, qu'il ne s'est trouué homme de son temps qui ait sceu plus de choses ensemble. C'estoit vn estrange trauail, vne incroyable memoire, vne merueilleuse viuacité, vn grand jugement à ce qui estoit des lettres & du Palais. Pleust à Dieu qu'il eust veillé à rendre au reste sa fortune meilleure, & euiter la calamité qui nous l'a osté! Qu'il n'eust beaucoup de parties d'homme eloquent, il ne se peut nier: car il y auoit donné du temps & de l'estude. Cela se monstroit assez en ses actions plus elabourées; és communes mesmes son langage estoit orné, & s'y voyoit vn ordre & vne suitte d'vn homme qui parle auec art. Mais aussi y auoit-il plusieurs choses qui le reculoient bien loin, à mon aduis, de la perfection. L'vne qu'il aymoit mieux paroistre sçauant qu'eloquent: & pour ce ne se doit-il pas plaindre s'il a rencontré ce qu'il cherchoit. Ses discours estoient si remplis de passages, d'allegations & d'authoritez, qu'à peine pouuoit-on bien prendre le fil de son oraison. Car vous sçauez combien cela l'interrompt. Dauantage il affectoit de dire tout ce qui se pouuoit sur vn sujet, de sorte que l'abondance l'empeschoit, & la multitude ostoit à ce qu'il auoit de beau, sa grace & elegance. Beaucoup desiroient de luy en cela plus de jugement. Or ces deffauts-là n'ont pas nuy à luy seul. Car la grande reputation qu'il auoit a faict aymer à ceux de son temps ce qu'il falloit fuïr en luy, & à son exemple fait passer quasi en tous ceux de nostre temps ceste vicieuse affectation de vouloir beaucoup alleguer, & parler long-temps. Chose qui n'est pas si excusable en eux comme elle estoit en luy; pour ce que n'ayans pas la mesme erudition, ils ne peuuent par là acquerir le nom de sçauans, & perdent le moyen d'estre eloquents. Ie ne sçay, certes, s'il y a chose en cet art plus vicieuse que celle-là, & qui s'eslongne plus de la fin qu'elle se propose. Car ne voyons-nous pas la plusart du temps les esprits des escoutans si ennuyez, qu'ils sont contraints de le tesmoigner par quelque signe? dauantage s'il y a quelque bonne raison en vn discours, qui seule quasi pourroit faire l'effect que desire l'Orateur, n'est-elle pas noyée dans vne mer de choses inutiles recherchées pour employer le temps, & contenter ce vain desir de parler longuement? Voyla comme les vices sont plus dangereux és hommes qui ont d'autres grandes vertus, qu'ils ne sont pas aux autres; car ceux qui viennent à les imiter, prenans ce qui y est de mauuais, laissent ce qui est de bon, & se seruent de l'exemple d'autruy, pour authoriser leurs fautes. Outre cela il estoit né d'vne fort douce nature, quasi non susceptible de passions. De sorte que s'il eust entrepris vne grande & vehemente action, où il eust fallu desployer les maistresses voiles de l'eloquence, j'ay opinion qu'il ne luy eust pas reüssi. Il falloit que sa matiere le conduisit. Il n'auoit pas les inuentions de luy mesmes, & ne se pouuoit esleuer plus haut que son sujet. C'est pourquoy vne des actions où il ait plus paru, fut la cause de la Riuiere, où l'on traitoit, si les Empiriques seroient receus à exercer la medecine. Il n'est point croyable combien de belles choses il dit de l'origine & du progrés de la medecine, de son vsage entre les hommes, de l'honneur auquel elle auoit esté en diuerses prouinces, de quelle façon elle deuoit estre reglée pour seruir dauantage au public. Mais quant à l'action, il l'auoit tres-mauuaise, & telle que sans l'opinion que l'on auoit de luy, elle eust fort despleu. Il auoit tousiours vne mesme posture, le col vn peu tourné, & les yeux leuez en haut; ce que quelquesvns disoient qu'il faisoit de peur d'estre diuerty par la veuë, & troublé en sa memoire. Quand il sortit du Parquet, il y entra deux hommes qui tous deux s'estudioient à l'eloquence, tous deux grands personnages, & desquels ie parleray d'autant plus librement que j'estois fort leur amy, ayant pris peine à reconnoistre ce qui estoit de bon en eux. L'vn estoit Monsieur Despesses, esprit fort capable de tout ce à quoy il se vouloit adonner, qui auoit des lettres beaucoup, mais qui venoit tout neuf à ce mestier pour apprendre, comme disoit Platon, la poterie sur le pot: de sorte qu'il apporta du commencement au barreau des choses qui n'y estoient point accoustumées, & qui ne plaisoient pas. Depuis s'estant formé au goust commun, & acquis ce qu'apporte l'vsage, il a fait de belles actions: & mesmes pour l'eloqution Françoise, il y a apporté peut-estre autant d'ornement que pas vn de ceux qui ont esté deuant luy. Qui auroit par escrit plusieurs harangues que ie luy ay veu faire, & les compareroit à celles des autres, ie ne sçay s'il se trouueroit rien de mieux. Quant à Monsieur Mangot l'Aduocat du Roy, il me fasche de parler de son eloquence. Car il estoit orné de tant & tant d'autres belles vertus, qu'il me semble que s'en taire pour parler de celle dont il faisoit le moins de cas, ce seroit faire tort à sa memoire. Toutesfois ie reserue à vn autre endroit de luy rendre la loüange que sa singuliere preud'hommie & integrité merite, pour m'arrester maintenant à ce qui touche le sujet que j'ay entrepris de traiter. Nous estions venus au Palais

ensemble;

enfemble ; fi toſt qu'il arriua l'on conceut de luy l'opinion qu'il a touſiours
depuis conſeruée : & en peut-on dire ce que l'on diſoit de Phidias , qu'au
premier ouurage qu'on vid de luy on commença à en faire cas. C'eſtoit vn
eſprit fort clair , vn jugement fort ſain , vne parole fort nette , ſans fard , ſans
affectation. Il ſçauoit beaucoup ; entre ce qu'il ſçauoit il choiſiſſoit bien :
toutesfois il me ſembloit vn peu long , & n'auoit pas beaucoup de poincte.
Ie croy que ſi noſtre bon-heur nous en euſt laiſſé joüir plus long-temps ,
que l'aage & l'vſage y euſt retranché ce qui ſembloit ſuperflu , & reſerré ce
qui ſembloit trop eſtendu. Rien ne ſe parfait du premier coup , on ne peut
arriuer au ſommet que par degrez. Ce n'eſt pas peu de vertu en ceſte humaine infirmité, de n'auoir que de petits defauts. Si ie ne m'eſtois propoſé
de ne point parler de ceux qui viuent encore aujourd'huy , j'en nommerois
vn entre autres dont j'ay touſiours fait grand cas , & qui non ſans raiſon a
acquis grand nom en ce meſtier , pour eſtre vn eſprit merueilleuſement de-
lié & iudicieux, qui s'eſt formé vn ſtile fort elegant , qui a vn grand artifice
à ſe faire entendre , & à eſclaircir ce qui ſemble de plus obſcur & embroüil-
lé. Si l'Eloquence conſiſtoit ſeulement en vne clarté , & pureté d'oraiſon , &
qu'elle ne contint autre choſe que ce que Iſeus & Lyſias en ont recherché ;
ie le comparerois librement aux anciens , & penſe qu'il feroit quaſi aller noſtre langue du pair auec la leur. Mais ceſte grande & diuine Eloquence à laquelle eſt deu le premier lieu d'honneur , & qu'Æſchines & Demoſthene
entre les Grecs, Ciceron & Hortenſius entre les Latins, ont trouuée ; qui ſe
forme tel ſtile qu'elle veut , & tel que le ſujet requiert ; qui eſt pleine d'ornemens, pleine de mouuemens ; qui ne meine pas l'auditeur , mais l'entraine ; qui regne parmy les peuples , & s'eſtablit vn violent empire ſur l'eſprit
des hommes , eſt quelque choſe de plus que tout ce que ceux dont nous
auons parlé ont peu acquerir. Qui me fait conclure, ce me ſemble auec raiſon , que comme ceux de noſtre temps ont de beaucoup ſurpaſſé tous nos
anciens François qui ſe ſont meſlez de parler ou d'eſcrire , auſſi ſont-ils demeurez au deſſous des anciens Grecs & Latins, leſquels ils n'ont ſuiuy que
de bien loin. C'eſt dequoy ie ſuis en peine, & dont ie recherche la cauſe.
Ne pourroit-on point en rejetter la faute ſur la nature, comme faiſoient
quelques-vns de l'antiquité, de l'infertilité de leur terre, & l'accuſer qu'elle
nous a reſerué à la fin du monde, où ſa fecondité eſpuiſée par l'excellence
des ſiecles paſſez ne produit plus que des eſprits aucunement defectueux,
& qui ſe ſentent de la vieilleſſe de leur mere ? Ou bien dire apres vn grand
perſonnage, que les Eſtats & les Empires ont leur grandeur terminée à certaines limites, qui ne leur permettent pas d'exceller en pluſieurs choſes enſemble, & que noſtre Royaume ayant eu en partage l'honneur des armes,
n'a peu acquerir celuy des lettres ? Ie le croirois volontiers, ſi ie ne voyois
deuant moy que depuis cent ans en ça noſtre France a fleury plus que nation de la terre en toutes ſortes de ſciences, & porté des hommes comparables aux plus doctes des anciens. Ioint que ceux qui ont plus curieuſement
eſpluché les naturelles inclinations des peuples, ont donné l'honneur aux
nations meridionales d'auoir inuenté les ſciences occultes, comme la Philoſophie, les Mathematiques, & autres contemplatiues, & laiſſé aux regions

moyennes & temperées, entre lesquelles est la nostre, les sciences politiques, & nommément la grace de bien dire. Et de fait si nous voulons remonter vers la plus haute antiquité, & repasser sur les histoires qui ont remarqué sans enuie les vertus de nostre nation, vous trouuerez qu'il n'y a
science où les Gaulois ayent esté tant adonnez, & dont ils ayent rapporté
tant de los que de l'Eloquence. Ie ne m'arresteray point à ce celebre autel,
qui fut dedié à Auguste dans Lyon, sous le Consulat de Iulius Antonius,
& Fabius Africanus, où l'on disoit par prouerbe que l'on alloit pallir; auec
tant d'apprehension & de sollicitude nos ancestres s'exerçoient à cet art.
Mais ie vous prieray de remarquer que L. Plotius, qui fist le premier profession d'Eloquence à Rome, estoit Gaulois: Ce Votienus Montanus qui
florit sous Auguste, Domitius Afer sous Tibere, Trogus Pompeius sous
Caius, Lucius Statius, Iulius Florus, & M. Aper sous Neron, estoient
tous Gaulois, qui ont esté estimez les meilleurs Orateurs qui fussent à Rome de leur temps. Sous les derniers Empereurs, les plus celebres ont aussi
esté de nostre nation, comme Nazarius, Paterius, Delphidius, Tiberius,
Victor, Alethius, Latinus, Pacatus, Drepanius, & vn monde d'autres,
dont ie laisse la plus curieuse recherche & enumeration à nos doctes anti-
quaires François, qui ont des-ja trauaillé & trauaillent tous les jours, pour
rendre à nostre nation l'honneur qui luy est deu, d'auoir porté de grands
hommes en toutes sciences. Ils apprendront plus seurement ce qu'ils en
desireront de ces grands docteurs-là, que de moy. Que si l'on me dit que
ceux-là ont flory en l'Eloquence Latine & non en la Gauloise; ie respondray que nous ne manquons pas de tesmoignage en l'antiquité, des beaux
esprits qui ont fait profession d'Eloquence en la langue Gauloise, & de
l'amour que nostre nation portoit à ceste science. Car outre ce que Caton en a remarqué en son liure des Origines, en l'eloge qu'il donne aux
Gaulois, comme à vne nation qui s'est tousiours fort pleu aux armes &
à l'Eloquence, nous auons vne expresse declaration de sainct Hierosme,
que la Gaule auoit tousiours flory en hommes tres-vaillans & tres-elo-
quens. Outre laquelle inclination de nature, nous auons eu l'instruction de
l'antiquité, qui nous a fourny de tant de bons preceptes & beaux exemples en cet art, que l'on peut à bon droit estimer nostre siecle heureux, de ce
que les precedens se sont quasi tous employez à l'instruire & enseigner.
Quoy doncques, nos François ont-ils estimé l'Eloquéce, chose indigne de
leurs veilles? ou l'ont-ils abandonnée, comme feroient de bons mesnagers
vn champ plus delicieux que profitable, plus commode au jardinage qu'au
labeur, plus propre à porter des fleurs que des fruicts? Ie ne puis croire qu'ils
en ayent fait ce jugement. La majesté de l'Eloquence, son auguste dignité,
sa grande vtilité ou plustost necessité se monstre trop en tous les endroicts
de la vie ciuile, & a produit de trop signalez effects en la suite des aages
passez, pour leur auoir esté inconneuë. D'autant qu'ainsi que la parole rend
l'homme plus excellent que les autres animaux, d'autant l'Eloquence le
rend-elle plus excellent que les autres hommes. Car elle n'est autre chose
que la perfection de la parole, & vne plus exquise communication du discours & de la raison; bref le gouuernail des ames, qui dispose les mœurs &
les

les affections comme certains tons, & les tempere de telle façon qu'elle en fait naiftre des accords infiniment melodieux. Si cet Vniuers, comme difoit Platon, & deuant luy les Pythagoriciens, n'eft rien qu'vne harmonie, & fi toute cefte harmonie eft vne chofe diuine, combien le fera l'eloquence qui caufe ces accords, & qui eft l'art auec lequel ils fe forment & temperent? Auffi les anciens Poëtes qui ont enueloppé dans leurs fables les facrez myfteres de la Sapience, voulans faire entendre que Tantale auoit efté le premier, qui departit aux hommes cefte grace celefte d'eloquence, mirent en auant qu'il auoit derobé le nectar des Dieux pour le donner aux hommes. En cela les pouuons-nous bien croire, que c'eft à la verité vne chofe diuine qu'il auoit tirée du Ciel; mais non pas comme ils feignent qu'il en ait efté puny. Ce feroit chofe indigne de la bonté diuine, d'enuier aux hommes le bien par lequel ils font rendus capables de la reconnoiftre & feruir. Ie croy pour moy qu'il n'y a rien en tout ce monde qui plaife tant à Dieu, que les affemblées des peuples bien policées, & communautez vnies fous le neud de fainctes & juftes loix: Et ne penfe point qu'autre chofe que l'eloquence ait premierement addoucy les mœurs des hommes, amolly leurs fauuages affections, & reüny leurs differentes volontez à la focieté ciuile. C'eft elle fans doute qui a bafty les villes, eftably les Royaumes & les Empires, & y a infpiré les bonnes loix comme leur ame, & le principe de leur vie. C'eft elle qui pouffe & anime les nations aux belles & genereufes actions, c'eft elle qui les deftourne des chofes mauuaifes & injuftes, qui appaife les peuples épris de fureur, les remet en paix & en repos. C'eft la lyre d'Amphion qui traine apres foy les forefts, les rochers & les riuieres. C'eft le Caducée de Mercure qui le fait en perfuadant commander aux puiffances du Ciel, de la terre & des Enfers. Ainfi, quand autre chofe ne la recommanderoit que cela, ceux qui font naiz genereux, & aymans leur pays, y deuroient auoir mis toutes leurs veilles & tous leurs labeurs. Mais outre cela ie puis dire, que de toutes les fciences où nous côfumons nos meilleures années, il n'y en a point qui apporte à ceux qui les apprennent plus d'honneur en leur particulier, plus d'vtilité, plus de plaifir. Quel plus grand honneur fe peut-on imaginer au monde, que de commander fans armes & fans forces à ceux auec qui vous viuez? eftre maiftre non feulement de leurs perfonnes & de leurs biens, mais de leurs propres volontez? C'eft vn Empire perpetuel auquel il ne faut point de gardes ny de fatellites. Qu'y a-il de plus Royal en ce monde, que de fubuenir aux prieres des affligez, fecourir leur calamité, les deliurer du danger, procurer leur falut, & eftre comme l'afile commun des innocens oppreffez? Qu'y a-il de plus magnifique que de voir ceux qui font en profperité, rechercher voftre amitié, vous honorer & reuerer comme la deffence & protection de leur bonne fortune? Qu'y a-il de plus augufte que de voir quand vous vous leuez pour parler, tout le monde fe taire, dreffer auec attention les oreilles, & ficher les yeux fur vous, voir les mouuemens & inclinations des peuples fe tourner auec voftre parole, les opinions des Iuges & aduis du Senat flefchir foubs voftre voix? Qu'y a-il que vos citoyens admirent dauantage qu'vn homme eloquent? Qu'y a-il que les Eftrangers defirent dauantage de voir

en vne ville quand ils y arriuent ? Qu'y a-il qui eſtende & prouigne plus la
reputation & la gloire des hommes, meſmes apres la mort, que l'eloquence ? Pericles a faict beaucoup de braues exploits d'armes, mais on impute
tout à ſon eloquence ; & de toutes ſes loüanges, il n'y en a point qui face
oüyr ſon nom ſi haut, ne qui l'honore tant, que quand nous entendons
l'Eloge qu'on luy a donné, Que la deeſſe de Perſuaſion auoit dreſſé ſon
temple ſur ſes levres. Or ſi quelqu'vn n'eſt aſſez excité par l'honneur à cet
eſtude, & cherche autre profit de ſes labeurs ; il peut ayſément juger qu'il
n'y a ſcience qui luy puiſſe tant profiter que l'eloquence. Quel autre art
concilie plus ayſément & conſerue plus fidellement l'amitié des Princes
que celle-là ? Il n'y a perſonne dont ils facent tant de cas que de ceux qu'ils
voyent eſtre reconneus pour auoir ceſté grace de bien dire. Auſſi ne peuuent-ils auoir d'inſtrumens plus vtiles ny plus neceſſaires, pour contenir les
peuples ſoubs le joug de l'obeïſſance, pour contenter les Grands, pour
traiter auec les autres Princes, & manier heureuſement toutes ſortes d'affaires. Elle acquiert meſmes l'amitié des particuliers, les obligeant par infinis bons offices, & à la ſuitte de telles amitiez & faueurs apporte des biens
& des richeſſes en affluence à ceux qui en ſont deſireux. Mais à Dieu ne
plaiſe qu'vne ſi excellente ſcience ſe propoſe vne ſi vile & abjecte fin. Vn
eſprit genereux qui dreſſera ſes labeurs à la perfection de l'eloquence, ſera
aſſez encouragé d'y trauailler à bon eſcient, quand il ſe mettra deuant les
yeux, que l'oraiſon eſt celle qui regne parmy les hommes, & tourne toutes
choſes à ſon gré. Il cherchera le fruict de ſon labeur, non en ſa bourſe & en
vn profit mercenaire, mais au contentement de ſon eſprit, & en la contemplation de ſa vertu. De là luy deriuera vn cours perpetuel de plaiſirs, qui
accompagneront toutes ſes actions, & le rendront joüiſſant d'vn heur
vrayement diuin, qui eſt vne reſioüiſſance dont la cauſe & le principe eſt
en ceux qui le poſſedent. On ne ſçauroit eſtimer, & moins exprimer, ſinon
que l'on l'ait eſprouué en ſoy-meſmes, quel contentement reçoit celuy,
qui au milieu d'vne grande & celebre aſſemblée void les vieillards l'aymer,
les jeunes l'admirer, & tous depoſer leurs propres affections pour eſpouſer
les ſiennes. Quelle douceur outre cela penſez-vous que ſente celuy qui coule de ſa bouche ce miel Attique, c'eſt à dire vne oraiſon parfaitement elabourée, ornée de graues & ſages ſentences, embellie de paroles, où la raiſon & la verité illuſtrées par leur propre & plus riche ornement reluiſent
en vne ſplendeur admirable ? Il n'y a, croyez, ſorte de chant & d'harmonie qui touche plus doucement noſtre ame & auec plus de volupté. Si ce
que l'on dit de la Muſique eſt vray, que celuy qui chante reçoit encore plus
de plaiſir que ceux qui l'oyent, ne doutez nullement que de tant de plaiſirs
que l'Orateur donne à ceux qui l'eſcoutent, il n'en reçoiue la principale &
plus agreable partie. Ie ne doute point quant à moy, que celuy à qui vne
grande action a bien reüſſi, & qui en ſortant de là entend l'applaudiſſement
des eſcoutans, & le doux murmure de ſa loüange, ne ſoit tout rauy en ſoy-
meſme, & que ſon cœur ne s'eſpanoüiſſe au leuer de cet ayſe, comme vn
bouton de roſe nouuelle au premier rayon d'vn clair & gay Soleil. Ie ne
puis donc penſer que ce ſoit par meſpris, que les eſprits Françoisayent ſi peu
profité

profité en ceste science, qui seule peut rendre la vie honorable, opulente & agreable. Ie ne sçay si quelqu'vn frappé d'vne fievreuse austerité, ne la voudroit point rejetter comme dangereuse au gouuernement des Estats, & au jugement des affaires, & de laquelle les meschans ont accoustumé d'abuser, pour renuerser les loix, troubler le repos du pays, & effectuer leurs mauuais desseins. Celuy-là alleguera volontiers pour son opinion, la façon des Areopages, qui auant que donner audience aux Orateurs, auoient accoustumé de leur faire deffendre par vn huissier de ne point esmouuoir les Iuges, pour ce qu'ils estimoient qu'vn Iuge esmeu par les mouuemens de l'eloquence ne pouuoit non plus juger du droict & de la raison, qu'vn passionné amoureux de la beauté ; & se fortifiera du dire de Platon, qui soustenoit qu'il n'y auoit rien au monde si eloquent que la verité. De vray l'on ne peut pas nier que beaucoup de meschans hommes ne se soient mal seruis de l'eloquence, & n'en ayent destourné l'vsage à la ruine de leur pays. Mais on ne conclura jamais par là, qu'il la falle rejetter ou negliger. Cela luy est commun auec toutes les plus excellentes choses du monde, qu'elles peuuent tourner à mal ou à bien, selon que celuy qui les possede est disposé. La pluspart des hommes abusent de leur entendement ; qui voudra dire pour cela qu'il fust bon qu'ils n'en eussent point ? Ainsi se peut-il dire de toutes choses, elles ont deux anses ; qui les prend par l'vne, il en vse bien ; qui les prend par l'autre, mal. Qui est-ce qui voulust dire que l'vsage des armes pour se deffendre justement d'vne force fust mauuais, pour ce qu'il y en a qui en offensent injustement les innocens ? Quand il n'y au-roit autre chose qui nous conseillast de trauailler à l'eloquence, si le de-urions-nous faire pour armer la vertu contre le vice, la verité contre l'im-posture & la calomnie. Car puis que nous ne pouuons empescher que la malice & meschanceté ne s'empare de l'eloquence, & s'en ayde pour exe-cuter de pernicieux conseils ; quel autre remede nous reste-il pour nous en deffendre, sinon semblables armes à celles dont on nous veut assaillir ? Que si nous les quittons & nous presentons nuds au combat, ne trahissons-nous pas la vertu & la verité ? & ne meritons-nous pas la mesme note que rece-uoit en la milice des anciens le soldat qui quittoit son bouclier ? La verité, dictes-vous, se deffend assez de soy-mesmes. Bien vray seroit cela à l'en-droit d'esprits purs & nets de toutes passions : mais le commun des hom-mes estant partie par nature, partie par mauuaises mœurs, partie par artifi-ce preuenu & preoccupé, il faut de necessité faire comme ceux qui amol-lissent le fer au feu auant que de le tremper en l'eau, & passer les esprits des auditeurs par les chaleurs & mouuements de l'eloquence, auant qu'ils puis-sent prendre la trempe de la verité. Elle trouue le plus souuent ceux à qui elle a affaire si alienez, qu'à peine luy voudroit-on laisser ouurir la bouche, si elle ne comparoissoit en habit graue & magnifique, & ne monstroit qu'elle a moyen d'arracher de force ce que l'on ne luy voudra point accor-der par raison. La condition auec laquelle elle entre en lice, c'est qu'il faut qu'elle combate pour nous mesme contre nous mesmes, & qu'elle nous violente d'embrasser le droit & la justice. Luy oster la force pour la laisser nuë en ce combat, ce seroit, ce me semble, grande imprudence ; & l'estimer dauantage ſans armes qu'auec armes: choſe contraire à la Prouidence, laquelle ne ſera jamais ſi injuſte à l'endroit de ſes œuures, que de preferer ce qui eſt imbecille à ce qui eſt fort & puiſſant. Or puis que ce n'a point eſté le meſpris de l'eloquence, qui a fait que nos François y ayent ſi peu profité, il faut rechercher les autres cauſes qui peuuent auoir empeſché qu'elle n'ait pris racine en noſtre terre, & flory comme elle pouuoit au printemps & en la proſperité de cet Eſtat. En ceſte curieuſe recherche (car mon trop grand loiſir me donne droit d'eſtre maintenant curieux) ce qui ſe preſente le premier à moy, c'eſt ceſte belle contemplation de Platon, qui diſoit que toutes les actions des hommes eſtoient conduites & gouuernées par deux grands & puiſſans Demons, le loyer & la peine. Toutes ſortes de ſciéces ſont nourries du lait d'vne douce eſperance, & eſleuées par vne digne recompenſe de l'honneſte labeur de ceux qui s'y employent. Comme la pierre Pantaure, par vne ſecrete puiſſance tire à ſoy tout ce qui en approche; auſſi l'honneur & la gloire eſleue à la vertu les hommes, & comme vn picquant eſperon les y haſte & ſollicite. Au contraire, le meſpris leur eſt comme vn frein aſpre & rude, qui les arreſte au plus fort de leur courſe. Es Eſtats où l'eloquence ſeruoit d'eſchelle aux hommes, pour monter aux plus hautes dignitez, comme à Athenes & à Rome, les plus beaux eſprits y dreſſoient leur vol, & bandoient toutes leurs forces pour en acquerir la loüange. Le moindre bourgeois de la ville ſe rendant agreable és concions populaires, ſe pouuoit promettre les plus grandes & importantes charges; la grande authorité eſtoit à celuy qui eſtoit le plus eloquent; les marques de la puiſſance paroiſ-ſoient plus en l'artifice du langage qu'és maſſes des licteurs & des ſergents; celuy qui auoit acquis reputation d'eloquence, eſtoit comme en vn perpetuel magiſtrat entre ſes citoyens. Auſſi ces villes-là ont porté d'admirables Orateurs, principalement és temps que l'Eſtat populaire y regnoit. La liberté nourriſſoit les eſprits en vne grandeur de courage, & leur donnoit moyen de s'eſtendre. Ceux qui auoient en ceſte liberté quelque grace de bien dire, pour animer leurs genereuſes contentions au ſeruice du pays, paroiſſoient és flots des aſſemblées publiques, comme vn grand vent qui ſe leue en pleine mer, & ammoncelle les vagues les vnes ſur les autres, emportant tout qui ſe preſente deuant luy. Telle eſtoit la parole d'Vlyſſes, deſcrite par Homere en ces vers:

> *Quand ſa voix ſe leuoit du fond de ſa poitrine,*
> *C'eſtoit comme le flot d'vne ondeuſe rauine,*
> *Qui trainoit auec ſoy ce qu'elle rencontroit:*
> *Rien d'humain reſiſter à ſon cours ne pouuoit.*

Noſtre Eſtat François a dés ſa naiſſance eſté gouuerné par les Roys, la puiſſance ſouueraine deſquels ayāt tiré à ſoy l'authorité du gouuernement, nous a de verité deliuré des miſeres, calamitez & confuſions qui ſont ordinairement és Eſtats populaires; mais auſſi nous a priué de l'exercice que pouuoient auoir les braues eſprits, & des moyens de paroiſtre au maniment des affaires. Car le Prince deuoüant ſes veilles & ſon ſoin à noſtre ſalut, & ſe mettant comme en continuelle garde pour nous, a allenty le cours de nos eſprits, & les a comme relegué au ſoin & à la conduite de leurs familles particulieres;

particulieres; de sorte que comme vn cheual genereux qui est dans vne trop courte carriere, ils n'ont peu faire paroistre ce qu'ils auoient de force & de vigueur. L'eloquence entre autres choses a cela, qu'elle ne se peut monstrer, sinon en vn sujet qui le merite; & est difficile que l'Orateur apporte vne graue & magnifique parole, s'il n'a vn argumēt semblable. Il ne se faut pas estonner si nous ne pouuons rien conceuoir & produire de semblable à ces anciens Romains, dont les exercices estoient de parler & haranguer en vn Senat qui sembloit vn Consistoire de Roys, de deffendre les Prouinces d'oppression, d'accuser les Gouuerneurs qui les auoient foulées, de deliberer de la paix & de la guerre de tout le monde. Il estoit fort aysé de conceuoir quelque chose de grand en si grandes affaires; les riches paroles suiuoient facilement de si hautes & si graues pensées. Alexandre le sceut bien remarquer, lors que quelqu'vn estimoit fort Callisthenes, d'auoir eloquemment loüé les Macedoniens: car il luy respondit ce vers d'Euripide,

Mal-aysé n'est de dire brauement,
Quand l'on en a bel & riche argument.

Or comme en nostre Estat l'eloquence a changé d'argumens, aussi a-elle changé de personnes qui la cultiuent. Et c'est à mon aduis vne des principales causes, pour lesquelles elle demeure ainsi basse & decolorée, ne portant quasi plus de fruict. Vn ancien Romain plaidant la cause de la nature, contre la paresseuse plainte de ceux de son temps qui l'accusoient que la terre n'estoit plus si feconde & bonne portiere que du temps de leurs ancestres, leur respondoit que c'estoit qu'elle se sentoit negligée, de n'estre plus cultiuée que par des mains seruiles, au lieu qu'anciennement elle estoit maniée par les plus grands & vaillans Capitaines, qui s'en retournoient tout joyeux du triomphe au labourage. La terre, disoit-il, se resioüissoit lors soubs les mains victorieuses de ces magnifiques Capitaines; & glorieuse de sentir vne charruë couronnée de lauriers, & vn laboureur triomphant, ouuroit plus liberalement son sein, & departoit plus prodigalement ses faueurs. Ainsi pourrions-nous dire aujourd'huy, que lors que l'eloquence estoit traittée mesmes par les Empereurs & par les plus Grands, elle respiroit vne plus haute & plus pleine Majesté. Car quiconque a seulement salüé de loin l'histoire, n'ignore pas que les plus Grands de toute la Grece & de tout l'Empire Romain, n'ayent esté ceux qui se sont plus curieusemēt exercez à l'eloquence. Chose estrange, que mesme ce grand Pompée, qui estoit renommé de tant de victoires, & desia fort vieil, quand les guerres ciuiles commencerent, recommença son exercice de declamer, lequel il ne quitta point aux plus fortes ardeurs de la guerre. Et quant à Auguste & Antoine, ils declamoient quasi tous les jours pendant qu'ils se faisoient la guerre pres de Modene. Les autres Empereurs qui les suiuirent ne negligerent pas non plus cet exercice. C'est pourquoy nous trouuons escrit en vn ancien, que Tibere n'auoit pas faute d'eloquence, non plus que Caius & Claudius; & remarque-l'on que Neron auoit esté le premier, qui des Empereurs auoit eu besoin d'ayde, pour parler en public. Titus mesmes estant Empereur fist profession publique de l'eloquence, & estimoit l'vn des plus

grands honneurs qu'il euſt, que d'eſtre eſtimé Orateur. En France l'eloquence a eſté touſiours quaſi meſpriſée de nos Princes, & de noſtre vieille Nobleſſe : Ils s'eſtoient perſuadez qu'il valoit mieux bien faire que bien
dire ; & contents du rang que leur donſtoit leur naiſſance ou vaillance, ils
ne cherchoient point d'autre honneur que celuy des armes à la guerre, &
du meſnage en la paix. De ſorte que ce qui reſtoit d'vſage de l'eloquence,
ſoit és barreaux des Parlemens, ſoit és chaires publiques, a quaſi touſiours
eſté entre les mains de perſonnes abjectes, qui nées d'vne vile & baſſe ſemence, nourries en mœurs peu ingenuës, inſtruites auec peu de ſoin & de
commodité, n'ont rien apporté au maniment d'vne ſi digne ſcience qui
luy peuſt donner croiſſance & auancement. Il paſſe certes, & n'en faut
nullement douter, aux enfans des ſemences de la generoſité ou baſſeſſe de
courage de leurs peres, & ſe forme en la naiſſance des hommes vne ſuitte des
mœurs qui ſe reconnoiſt puis apres à ce qu'ils entreprennent. Ce qu'Homere a bien ſceu remarquer, quand parlant de Telemachus fils d'Vlyſſes,
il a dict,

  La vertu de ton Pere en toy s'eſt decoulée.

Si ceſte braue & genereuſe nobleſſe Françoiſe, dont la vaillance eſt eſga-
lement admirable & formidable à toutes les nations de la terre, & dont les
eſprits monſtrent par tout où ils ſont, tant de vigueur & de valeur, n'euſſent negligé & laiſſé les Muſes en proye aux plus bas & ſeruiles eſprits ; j'ay
opinion, que l'eloquence Françoiſe ſeroit aujourd'huy beaucoup plus
auancée, & l'Eſtat & dignité de cet ordre plus aſſeuré. C'eſt certes vn precieux joyau que l'eloquence, & plus important qu'on ne penſe, & qui merite d'eſtre commis en des mains adroictes & charitables. Et pleuſt à Dieu
qu'on peuſt faire en ce ſujet, ce qu'Alexandre faiſoit de ſes portraicts &
ſtatuës ! Il n'auoit pas tant d'occaſion de choiſir ceux à qui il permettoit
de le portraire, & de deffendre aux autres de l'entreprendre, comme auroient les Roys & les Princes, de choiſir ceux qui deuroient eſtre inſtruits
en l'eloquence, & parler en public. Car telles gens ne peignent pas ſeulement leurs mœurs és tables de noſtre cœur ; mais y impriment, voire auec
bruſlure de feu, les plus viues & violentes affections qui y puiſſent entrer ;
leſquelles y eſtant miſes auec vne maligne ou imprudente main, ruinent &
difforment eſtrangement toute la ſocieté ciuile. Bien que ce ſoiét-là les plus
apparentes cauſes du peu de progrés que l'eloquence a fait en France, ſi
peut-on dire en verité que la difficulté de la ſciéce en ſoy, dont la perfection
ne ſe peut acquerir qu'auec vn incroyable trauail, & heureuſe rencontre de
pluſieurs choſes fort neceſſaires, en eſt la principale cauſe. La nature commune de l'homme porte cela, que difficilement il ſe range à vn continuel trauail ; & s'opiniaſtre aux choſes qui ne s'acquierent que par grande
peine & longueur de temps. Il luy eſt quaſi plus ayſé de trauailler beaucoup, que de trauailler longuement ; tant la perſeuerance ſe treuue en peu
d'eſprits. Mais particulierement les noſtres ont cela, qu'ils ne peuuent ſe
commander la patience, & ſemble que la nature qui leur a donné vne grande promptitude & viuacité leur ait enuié la conſtance, de peur que ces
deux choſes joinctes enſemble n'eſleuaſſent l'honneur de noſtre nation
plus

plus haute, qu'il n'est permis à l'humanité d'arriuer. Car à dire vray, si nous
auions autant de patience, comme nous auons de pointe & de gentilleſſe,
il faudroit que les autres nations de la terre nous cedaſſent le loz de tout ce
à quoy nous nous voudrions adonner. Or peut-on dire auec verité, qu'il
n'y a ſcience au monde ſi penible & laborieuſe que l'eloquence: En laquelle outre les naturelles inclinations, il faut v1 grand eſtude qui ait quaſi ef-
fleuré tous les autres arts, acquis vne connoiſſance vniuerſelle de toutes
choſes, & vne ſcience particuliere des loix, des couſtumes, des mœurs, des
affections de ceux auec leſquels nous viuons. A quoy puis apres il faut apporter vne grande experience & ordinaire exercice; de ſorte que s'il y a art
au monde, à comparaiſon de la difficulté duquel l'on puiſſe dire que la vie
humaine eſt courte, c'eſt celuy-là. Car quant à ceux qui ont penſé que l'e-
loquence ne conſiſtoit qu'en vn flux de vaines paroles bien agencées pour
chatoüiller les oreilles, & eſtimé eloquents des cauſeurs & charlatans, qui
entretiennent & eſtourdiſſent les auditeurs d'vn vain babil, ils ſe ſont, au
jugement des ſages, fort trompez, & ont fait grand tort à l'eloquence. Ne
penſez pas que ſans vne grande connoiſſance de toutes ſortes de ſciences liberales, l'on puiſſe produire vne oraiſon digne d'eſtre loüée. Philoſtrate eſcrit en vn endroit, que l'image de Memnon, qui eſtoit en Egypte, commençoit à parler lors que le Soleil luy donnoit en la bouche; en quoy ie croy
qu'il n'a voulu deſigner autre choſe que l'effect de la ſcience & de l'erudition qui anime la langue & les levres de ceux qui ont à dire quelque choſe
de grand & de diuin, ſans laquelle la parole n'eſt qu'vn vent & ſon perdu.
Ceux qui veulent fauoriſer la pareſſe, diſent qu'il ſuffit à l'Orateur d'emprunter à meſure qu'il en a affaire, ce que les autres arts ont de propre au ſujet qu'il veut traitter, ſans conſumer tant de temps en autres ſciences, dont
l'vſage eſt rare à celuy qui a à parler en public: comme s'ils ignoroient quelle difference il y a entre ce qui nous eſt propre & ce que nous empruntons, & comme nous vſons diuerſement de l'vn & de l'autre; comme l'on
reconnoiſt incontinent ce qui eſt à nous, & ce que l'on nous a preſté. Dauantage, n'eſprouuons-nous pas tous les jours, que nous ſommes ſi preſſez
és actions dont nous ſommes chargez, qu'à peine auons-nous loiſir de
nous recueillir, & choiſir les paroles conuenables au ſujet? Que ſeroit-ce
doncques s'il falloit aller lors au conſeil des autres ſciences pour chercher
quelque ſecours à ce que nous auós entrepris? Ne vous ſouuenez-vous pas
combien l'antiquité a loüé le jugement d'Alexandre, lequel caſſa vn de ſes
ſoldats, qui racouſtroit l'attache de ſon jauelot lors qu'on rangeoit la bataille, pour ce qu'il preparoit ſes armes lors qu'il en falloit vſer? Qui eſt, ie
vous prie, le bon meſnager, lequel a jamais entrepris d'eſleuer vn grand
edifice, qui auparauant que de commencer à baſtir, n'ait fait prouiſions
de bois, de pierre, de chaux, & autres matieres conuenables, de peur
qu'ayant deſia fort auancé ſon ouurage, il ne fut contraint de tout laiſſer
là, ſi quelque choſe neceſſaire luy venoit à manquer? Ioint auſſi que le bois,
la pierre, la chaux, couppé, taillé & cuitte en leur ſaiſon, profitent bien dauantage, & ſont bien d'vne plus ferme conſiſtance: où au contraire, quand
ils ſont trop fraiſchement mis en œuure, ils ſe gerſent, ils ſe dementent, ils

s'eſcaillent. Vous apperceuez ayſément quand ceux qui parlent en public
vous apportent des eſtudes mal digerées, & des inuentions qui ne ſont pas
recuites en vne longue & profonde meditation ; tout y entrebaaille, &
beaucoup de choſes y bouclent & ſe jettent hors leur vray & droiⱶt allignement. Où au contraire, l'ouurage de ceux qui n'apportent rien que de
leur creu, & qui ont par vne ſoigneuſe eſtude tourné en ſuc & en ſang ce
qu'ils ont appris és autres arts & ſciences, reſſemble à celuy de la nature, qui
croiſſant vniment, & ſe formant auec vne belle proportion, reluit tout
d'vne naïfue beauté. Et pour ce, quiconque voudra acquerir quelque gloire en l'eloquence, fera comme les bons & opulents meſnagers, qui ſont
prouiſion longuement auant que d'en vſer, non ſeulement des choſes
neceſſaires, mais auſſi de celles qui ne ſeruent que pour le plaiſir, & ce en
telle abondance qu'ils en puiſſent pluſtoſt preſter, qu'eſtre contraints d'en
emprunter. Il remplira ſon eſprit d'vne grande varieté de belles choſes qu'il
y mettra en reſerue, & fera dans les jardins de la Philoſophie, ce que faiſoit
ce gentil nourriſſon de Hypſipyle, lequel

> *Alloit cueillant de main tendrette*
> *Mainte fleurette ſur fleurette,*
> *Ne pouuant ſon cœur enfantin*
> *Raſſaſier d'vn tel butin.*

Car il eſt bien ayſé puis apres d'vn tel magaſin de ſuaues & odorantes
fleurs, tirer vn miel doux & ſauoureux. Comme les Philoſophes diſent que
de la puiſſance de la matiere ſe tire la perfection de la forme, ainſi peut-on
dire que de l'abondance du ſçauoir & connoiſſance des choſes, l'Orateur
tire ceſte beauté de langage, d'où il acquiert ſon honneur & ſa gloire. Or
combien que la connoiſſance de toutes les ſciences, ſi non parfaite, au
moins mediocre, ſoit neſſaire à l'Orateur, pour ce qu'elles ſont toutes tellement enchaiſnées, qu'il eſt difficile d'en connoiſtre exactement l'vne que
l'on n'ait quelque connoiſſance des autres; toutesfois il y en a deux deſquelles il ne ſe peut aucunement paſſer, & qui ſemblent auoir eſté faites entierement pour luy. Ce ſont la Morale & la Dialectique. Car la fin de l'Orateur eſtant d'eſmouuoir & perſuader, comment pourra-il eſmouuoir s'il
n'a parfaite connoiſſance des choſes qui remuent nos affections, & donnent
mouuement à nos volontez ? Vn ſoigneux & diligent Medecin n'ordon-
nera jamais vn remede à vn malade, qu'il ne ſoit bien informé non ſeulement de ſa maladie, mais auſſi de ſon humeur & complexion, de ſa façon
de viure, de ce qu'il ayme, & de ce qu'il abhorre. L'Orateur eſt le vray
Medecin des eſprits, auquel il appartient de faire ce que diſoit Theophraſte, guerir la morſure des viperes par le chant des fluſtes ; c'eſt à dire les calomnies des meſchans par l'harmonie de la raiſon. Comment le pourra-il
faire, s'il ne connoiſt le naturel de ceux qui en ſont frappez, de quels objects ils s'eſmeuuent, quelles choſes excitent en eux la crainte, l'eſperance,
l'indignation, la commiſeration, l'enuie & les autres paſſions ? Ne faut-il
pas qu'il connoiſſe les tons des ames, & quel ſon elles rendent en chaque
endroit où elles ſont touchées ? Qu'il ſçache dequoy ſe paſſionnent les jeunes & les vieillards, les pauures & les riches, ceſte nation-cy ou celle-là ?

Bien

Bien souuent mesmes faut-il que l'Orateur tout le premier veste les passions dont il veut frapper les autres, & qu'il reçoiue le coup en soy dont il
veut toucher ceux qui l'escoutent, comme Brasidas tira de sa propre playe
le dard dont il tua son ennemy. Toute la force & l'excellence de l'eloquence consiste de vray au mouuement des passions : par cet instrument, comme par vne forte milice, elle exerce son souuerain Empire, tourne & fles-
chit les volontez des hommes, & les fait seruir à ses desseins. Car la passion
s'estant conceuë en nostre cœur, se forme incontinent en nostre parole, &
par nostre parole sortant de nous entre en autruy, & y donne semblable
impression que nous auons nous mesmes, par vne subtile & viue contagion. C'est de verité chose estrange que de la force de la parole, principalement animée de la passion. Car vous diriez quasi qu'elle mesle & pestrit les
ames, & que c'est vn feu allumé qui rencontrant vn autre corps l'allume
& l'enflamme, voire pour si loin qu'il soit de luy, comme la Naphthe qui
s'allume à la seule veuë du feu. I'ay souuent obserué des hommes, qui non
pas auec vne parole eloqueute, mais à peine congruë, non pas congruë,
mais à peine articulée & intelligible, sans aucun discours de raison, mettoient le peuple qui les oyoit, en colere, pour ce qu'ils y estoient ; tant aysément les passions se communiquent par la parole, & passent de celuy qui
parle à celuy qui entend. Que sera-ce quand les passions de l'Orateur seront
aydées & sousleuées de l'artifice de l'eloquence ? qui s'en pourra lors garentir ? C'est doncques vne grande & forte puissance que celle qui sousleue les passions és ames de ceux qui escoutent ; pour laquelle dextrement
manier, il faut de necessité que l'Orateur ait vne grande connoissance de
la science Morale, & du naturel de l'ame de l'homme. Maintenant pour
persuader & contraindre par raisons l'auditeur à croire ce que l'on luy propose, ne faut-il pas necessairement estre exercé en l'art qui nous suggere les
arguments, & ayde l'inuention par certains lieux & reseruoirs, qui les examine & apprent leur force & certitude, qui nous enseigne puis apres la façon dont nous les deuons disposer ; afin qu'ils ayent plus de poids & de
force ; & qui outre tout cela, nous monstre l'ordre vniuersel que nous deuons garder en tout le corps de l'oraison ? Si l'ordre est le pere de l'ornement
& de la beauté, & l'ordre est enseigné par ceste science, ceste science se
peut dire la principale maistresse de l'eloquence. Aussi croy-je que celuy
qui n'y aura passé, & n'y aura esté bien instruit, s'aydera auec aussi mau-
maise grace & aussi peu d'vsage de l'eloquence, qu'vn aueugle d'vn miroüer. Il luy est doncques besoin de beaucoup de choses pour l'instruire &
l'equipper, lesquelles il faut qu'elle prenne ailleurs, & dont l'acquisition
estant fort fascheuse & penible, il ne se faut pas estonner, si peu de gens
veulent entreprende de la conduire à perfection. Mais quand elle ne seroit
empesché qu'à cultiuer ce qui croist en son champ, & conduire à l'ongle
son propre & particulier ouurage, qui gist en l'eloqution & action, l'e-
stimeriez-vous peu occupée ? penseriez-vous que ce fust vn trauail dont
chacun peust venir à bout ? Estimeriez-vous que ceste specieuse face d'oraison composée de mots bien choisis, proprement agencez, tombans à vne
juste cadence, en laquelle reluit comme le teint & la couleur de l'eloquen-

ce, soit chose vulgaire & aysée à trouuer; & que celuy qui l'aura trouuée, la puisse puis apres animer par vne graue & naïue action, où l'on voye le visage, les mains & les membres de l'Orateur parler auec sa bouche, & suiure de leur mouuement celuy de son esprit? Combien s'en est-il trouué en tout vn siecle qui ayent acquis la reputation d'estre paruenus à ce degré? Pour ce ne se faut-il pas estonner, si en chose si difficile, des esprits si libres & si mal aysez à assujettir à vn constant trauail ont fait si peu de progrés; veu mesmes que ny le sujet ny la recompense ne les y ont point inuitez. Ie me doute bien que ceux qui verront ce discours diront incontinent: De-quoy sert d'aller ainsi rechercher les causes pourquoy nostre nation a si peu profité en cet art? Ne seroit-il pas bien plus seant à celuy qui ayme l'honneur de son pays, ou de cacher ses defauts, ou de donner le remede de les reparer & amender? Le monde est tout plein de ces gens-là qui mouchent les lampes, & ne mettent point d'huile dedans, & qui pensent assez accroistre leur gloire en diminuant celle d'autruy. Icy ay-je deliberé de preuenir ceste plainte, & faire entendre à celuy qui donnera quelque part de son loisir à ce traitté, que ie ne l'ay dressé que par vn honneste desir de seruir ma patrie, & ouurir le chemin à l'eloquence, afin de l'introduire si ie puis plus auant en nostre langue, & donner adresse & courage tout ensemble à nos François, de cueillir en leurs jardins des lauriers vn peu plus verts, que n'ont fait ceux qui y sont entrez auparauant. En quoy m'estant passé par la pensée beaucoup de diuers desseins, tantost de dresser des institutions oratoires, tantost vn sommaire de Rhetorique, contenant les preceptes abregez de cet art, tantost vn traité de la diuersité des stiles, & de la meilleure façon d'escrire, ie me suis en fin resolu à tout autre chose, qui est de proposer à imiter aux nostres les plus beaux & plus parfaits ouurages des plus grands Orateurs de l'antiquité: Estimant qu'il n'y a rien qui nous apprenne si facilement, ny auec tant de plaisir, que faict l'exemple de ceux que nous estimons exceller en quelque art. Apprendre par preceptes est vn chemin bien long, pour ce que nous auons peine à les entendre, apres les auoir entendu à les retenir, & apres les auoir retenu à les mettre en vsage; Et difficilement nous imaginons-nous d'en pouuoir tirer le fruict qu'ils nous promettent. Mais l'exemple & imitation nous apprennent sur l'ouurage mesmes, nous inuitent auec beaucoup plus d'ardeur, & nous promettent quasi semblable gloire, que celle de ceux que nous prenons à imiter. L'accoustumance & familiarité a vne merueilleuse force, pour conduire la disposition à ce qui luy est familier. Les semences tirent à la fin la qualité de la terre où elles sont transportées, & deuiennent semblables à celles qui y croissent naturellement: ainsi les esprits & les mœurs des hommes se conforment à ceux auec lesquels ils frequentent ordinairement. Il passe par contagion és choses des vnes aux autres vne grande part de leur nature; & de là vient ce que l'on dit, que la vigne qui croist aupres de la mandragore tire par infusion sa force & sa vertu; de sorte que le vin qui en vient, endort doucement & gracieusement ceux qui en boiuent. Aussi voyons-nous que ces grands Orateurs que l'antiquité a tant estimé, & la posterité tant admiré, n'ont pas tant appris l'eloquence à l'eschole des Rhetoriciens,

toriciens, & exercices des Declamateurs, comme en la lice des concions publiques, & au Theatre des Chaires & Tribunes. Et vn autheur qui nous a laiffé par efcrit la façon dont les plus genereux Romains dreffoient & formoient ces braues efprits, qui ont tant merité de loüange en cet art, nous tefmoigne qu'en leur plus tendre jeuneffe, ils les donnoient à quelque celebre Orateur, fort employé és affaires publiques, pour le fuiure & affifter par tout, obferuer foigneufement fes actions, & les imiter autât qu'ils pouuoient. Ce faifant ils auoient vn bon maiftre & bien choifi, & outre cela vn grand & celebre auditoire, par l'approbation & applaudiffement duquel ils voyoient ce qu'il falloit imiter, & ce qu'il falloit euiter. Car la dignité & qualité de ceux qui efcoutent, regit & gouuerne la langue de l'Orateur, luy apprend cefte decence, qui eft la plus grande & plus difficile partie de l'oraifon, laquelle ne fe peut enfeigner à l'efchole, & entre les exercices des declamations; pour ce que celuy qui enfeigne à l'efchole, ayant toute l'authorité, & la jeuneffe qu'il inftruit n'ayant encore aucun jugement, il fe permet ce qu'il veut; & s'il a quelque vicieufe inclination il la flatte, & la faict trouuer bonne à ceux qui ne connoiffent le bien que par fon jugement. D'où vient que de tout temps, ceux qui fortans de là fe font prefentez en public, fe font trouuez tout eftonnez & efbloüis, comme des gens qui d'vn lieu fort obfcur iroient à vn grand iour; pour ce qu'apportans en public la mefme façon d'oraifon qu'ils auoient apprife à l'efchole, ils y ont trouué des auditeurs d'vn gouft tout different. Le mal-heur de noftre fiecle n'eft pas fi grand, que nous n'ayons en noftre barreau François, bon nombre de beaux efprits dignes d'eftre oüys & obferuez: toutesfois puis que nous reconnoiffons qu'ils font beaucoup efloignez de la perfection des anciens, & qu'il faut toufiours prendre garde à imiter ce qui eft le plus parfaict; il nous faut, fi nous afpirons de paruenir à quelque gloire, felon le precepte du Sage, hanter auec les morts; & bien que la face de leur eloquence, comme enfeuelie dans leurs liures, foit deftituée de l'action & du mouuemént qui l'animoient, retirer de leurs mortes effigies, & comme des ftatuës de leurs tombeaux, les plus beaux traicts de leur fcience: Et par les charmes de l'amour de leur vertu, euoquer à nous ces grands & puiffans genies, qui ont heureufement & glorieufement conduit leurs efprits iufques au folftice de l'eloquence. O braues & genereufes ames de qui le los vit apres la mort, i'implore ce qu'il y auoit de diuin en vous, afin qu'il m'infpire autant de force que i'ay de courage, de rendre la gloire de mon pays egalle à celle du voftre. Aydez & fauorifez mes vœux fans enuie; car auffi bien voftre tour eft paffé. Ce que voftre terre pouuoit efperer de loüange, elle l'a eu par vous; permettez que la mienne en reçoiue quelque portion par moy. Suiuez-moy, ie vous prie, & de bon gré, lors que ie vous introduis en noftre theatre François. Ce vous fera vn redoublemént de gloire, que d'eftre caufe de la noftre. Ie me fuis donc propofé au lieu de beaucoup de grands & amples volumes, qui fe pourroient dreffer de l'art d'eloquence, refufciter icy quelque nombre des Orateurs anciens, & leur feruant de truchement, les faire entendre à mes concitoyens. En quoy ie confefferay ingenuement que i'ay entendu appliquer à mon profit, le premier

fruict de mon trauail, & me ressentir le premier de l'vtilité qui s'en pouuoit
cueillir. Car de verité maniant & remaniant leurs œuures pour les tourner
en nostre langue, j'ay esperé pouuoir me familiariser leurs sens & leurs imaginations, & pouuoir auec le temps acquerir quelque conformité à leur façon d'escrire. Or, combien qu'il soit passé peu de leur vertu en moy, si peu
toutesfois qu'il s'y en remarque en ce que mes concitoyés ayment de moy,
doit seruir d'aiguillon pour inuiter les autres à y faire vn plus grand profit,
selon que la nature les a doüez d'vn esprit plus susceptible du bien, & plus
prompt à imiter ce qui le merite. Mais ce que j'en ay recueilly ne leur doit
pas rendre mon trauail moins agreable, pour ce que ce qui passera en
eux, n'en diminuë point pour cela. Allume à ce feu qui voudra son
flambeau, sa lumiere n'en decroist point. Les moissons des Muses se font
par les mains des Graces qui n'enuient pas le profit que l'on peut glan-
ner en passant, pourueu que celuy à qui le fonds appartient, puisse auoir
son droict entier. Receuez donc de ceste façon mon labeur, & sans vous
trop curieusement enquerir, si c'est pour l'amour de vous que j'ay semé, re-
cueillez-en le fruict que ie vous monstre & vous dedie. Or ayant ce dessein,
j'ay pensé vous deuoir proposer premierement les Orateurs Grecs plustost
que les autres, pour ce que ç'a esté à Athenes qu'a pris naissance l'eloquence : & entre tous les Grecs, Demosthene & Æschines, pour ce que sont ce sont
eeux d'entre les Grecs, qui par la confession de tous les siecles suiuans ont
merité plus de loüange en cet art. Et entre leurs oraisons celles qu'ils ont
faites pour & contre Ctesiphon : pour ce qu'en celles-là ils ont desployé
toutes leurs forces, & employé toutes les richesses de leur eloquéce. C'estoit
premierement vne cause, où ces deux grands Orateurs estoient poussez de
violentes passions, d'enuie & d'inimitié qu'ils se portoient l'vn à l'autre, où
il alloit de leur honneur, & où toute la Grece estoit assemblée pour les oüyr.
De sorte qu'il ne faut point douter que tout ce que leurs grandes estudes,
longue experience & ordinaire exercice leur auoit apporté de suffisance,
n'ait paru en ceste action. Aussi voyons-nous combien tous les grands
Orateurs des siecles suiuans ont prisé ce chef-d'œuure. I'y ay puis apres adjousté l'oraison de Ciceron pour Milon, comme estant cet Orateur la loy
de l'eloquence Latine, & ceste piece la plus exquise & elabourée de toutes
celles qui sont sorties de sa main. I'y ay en fin adjousté vn essay de moy,
non pour me comparer à ces braues Heroës, ny pour marcher de mesmes
pas qu'eux, mais seulement pour monstrer en ce qui y pourra estre agreable, que c'est en les imitant que ie l'ay acquis; & en ce qui s'y trouuera defectueux, que c'est l'inimitable grandeur de leur vertu, qui ne se peut esgal-
ler ny par nostre trauail ny par nostre nature; bien qu'en ceste comparaison
ie me sois donné beaucoup d'auantage à moy-mesme, faisant changer de
langue à ces gens-là. Car ores que de bonne foy ie leur aye laissé tout l'ornement que j'ay peu, si reconnois-je ingenuement qu'ils ont beaucoup
perdu de leur grace en changeant de pays. Ie pense que l'on y trouuera les
membres, les nerfs & la charnure entiere ; mais quant au teint & la couleur, ie ne me le promets pas, mesmes si elle est si belle & si excellente,
comme l'ont vantée les anciens Rhetoriciens Grecs, qui reconnoissent en

la

la naïueté de leur langue mille beaux traits & attraits qui nous y font in-
conneus. Car toutes les langues du monde ont quelque particuliere proprieté & fecrette grace, qui ne fe peut entierement perceuoir que par ceux
qui l'ont apprife au berceau, & fuccée auec le laict de leurs nourrices. Ce
qui eft à imiter en ces grands hommes paroiftra affez à ceux qui les liront
auec quelque attention. Nous fommes obligez de cela à la nature, que la
lueur de la vertu paroift de foy-mefmes, & ceux mefmes qui ne la cherchent pas l'apperçoiuent. Toutesfois quand auant que d'aller en quelque
lieu nous fommes aduertis de ce qui y eft de rare & fingulier, de pleine arriuée nous jettons l'œil deffus, & auec moins de peine & plus de certitude
nous le remarquons. Si pour cette raifon il eft à propos que j'aduertiffe ceux
qui liront ces Oraifons ainfi tournées en noftre langue, ie leur puis dire en
premier lieu, qu'ils trouueront en celles d'Æfchines & Demofthene beaucoup de belles chofes à obferuer. Car ils y verront premierement quafi
l'hiftoire entiere de ce qui s'eft paffé és affaires des Atheniens, pendant la
vie de ces deux Orateurs-là. Ils y remarqueront puis apres l'Eftat & gouuernement de cefte Republique portraict au vif, auec les plus importantes
loix & couftumes qui y fuffent lors obferuées. Et enfin y reconnoiftront
les rufes & tours de foupleffe des Orateurs de ce temps-là, qui par de grands
artifices manioient vn des plus fubtils & ingenieux peuples qui furent jamais. Tellement que ces deux Oraifons-là pourront fournir de beaucoup
de belles inftructious à ceux qui ont à viure auec les peuples & fe mefler de
leurs affaires, & beaucoup de connoiffance de l'antiquité. Or cela eft à la
verité hors de noftre deffein, mais comme il aduient que ceux qui par occafion cheminent au Soleil, fans y penfer fe halent & colorent; ainfi en
paffant & faifant autre chofe, tireront-ils ce profit de la lecture de ces
Oraifons. Et quant à l'eloquence qui eft la principale fin à laquelle ie les ay
maniées & tournées en noftre langue, ie puis dire qu'il n'y a forte de precepte, forte d'ornement en cet art, dont on n'y trouue les fources viues &
faillantes. Car vous y voyez vn difcours arraifonné, ferme & folide, refpandu par tout le cours de l'oraifon, comme le fang par les membres du
corps humain; il n'y a rien qui n'y foit bien joint & compaffé, rien qui ne
foit juftement en fa place, & au lieu où il eft plus commode, foit pour la
force, foit pour la beauté. Les argumens y preffent & frappent & d'eftoc
& de taille: il n'y a rien de fi court qui face peine par fa briefueté & fubtilité, ny rien de fi eftendu qui ploye pour fa longueur. Les fentences y font
belles & pleines, qui ont à la verité le fuc & la vigueur de la Philofophie,
& neantmoins le gouft & la couleur de la vie commune & ciuile, qui n'y
font ny trop rares ny trop frequentes, mais en lieu où elles feruent comme
d'arguments & conclufions aux propos d'importance. Bref tout y coule
auec jufte proportion, comme fi la nature qui pouffe les autres chofes en
eftre par vn reglé mouuement compaffoit elle-mefmes l'Oraifon. Les exor-
des & commencemens y font doux & coulants, qui fe concilient l'attention & bien-vueillance par vn artifice caché, par la grandeur du fujet, par
la loüange des auditeurs, par la plainte de l'infortune de celuy qui parle, ou
pour qui il parle, par l'enuie de celuy contre qui il a affaire, & autres traicts

femblables dont ils combattent à couuert. A cet exorde vous voyez vne narration fi proprement liée, que les jointures n'en paroiffent nullement; y reconnoiffez des artifices merueilleux, tantoft à dire ce qui fert, tantoft à taire ce qui peut nuire, à mettre ce qui peut apporter plus de grace le pre- mier, differer le refte en vn endroit, où il foit oüy auec moins d'enuie, & apres que les efprits des auditeurs feront ja preparez, & par toute cefte par- tie, vne grande briefueté, vne grande clairté, vne grande verifimilitude. S'il faut puis apres confirmer ce qui a efté propofé, ou refuter ce qui a efté objecté; cela eft fait fort dextrement & auec vne belle rufe de faire valoir les raifons, faifant front des bonnes, & les faifant combattre vne à vne eftenduës comme en haye, mettant les plus foibles au milieu comme en trouppe, fermant la fin par ce qui eft le plus fort, & qui laiffe vne plus viue impreffion de foy en la memoire de l'auditeur. Mais comme en font belles les perorations & conclufions? où ils vous raffemblent en peu de mots tout ce qu'il y a de plus vigoureux en tout le corps de l'Oraifon, & le re- ftraignant comme dans des efclufes, luy redoublent fa force, l'animant de paffions & mouuemens, qui comme pointes aiguës tranfpercent non feu- lement les oreilles, ains les cœurs des efcoutans. Quant à l'elegance du ftile, elle eft comme j'ay defia dit, d'autant plus admirable qu'elle contient vne douceur & grace, dont on ne connoift point la caufe ny l'artifice, qui re- luit par toute l'Oraifon, comme le teint en vn corps naturel, lequel fuit la temperature & bonne conftitution des humeurs dont il eft compofé. Les paroles y font graues, chaftes & modeftes, où vous ne voyez aucune affet- terie, mais choifies de telle façon, que les plus fignifiantes y font les plus prifées. Si pour fignifier dauantage, releuer ou deprimer quelque chofe, il en faut emprunter & transferer vne fignification à l'autre, cela eft auec tant de jugement, qu'il ne s'y trouue rien de trop efloigné, rien de trop humble, rien de fale: ce qui eft emprunté femble eftre modeftement intro- duit, & non pouffé à force pour y entrer. Certainement s'il y a endroict où ceux de noftre aage ayent befoin de l'exemple des anciens, comme d'vne jufte regle, pour redreffer vne affectation intemperée & inconfiderée, c'eft en l'vfage des mots empruntez. Car pour ce qu'ils voyent qu'ils apportent quelque enrichiffement à l'Oraifon, ils en vfent fi debordément la pluf- part, & auec fi peu de jugement, qu'il leur femble que c'eft vice, ou au moins pauureté de langage, d'vfer de mots propres à fignifier quelque cho- fe; quelques-vns mefmes affectent d'en trouuer que l'on n'entende point, & penfent que c'eft eftre eloquent, lors que ce qu'ils difent a befoin d'eftre interpreté. Les autres affectent vne telle grauité & exaggeration, que rien ne leur plaift, s'il n'eft plus grand que le naturel. Or tout cela eft egalement vicieux, comme l'eft tout artifice, depuis qu'il manque de jugement. L'v- fage des tranflations orne le champ de l'Oraifon, mais cet ornement doit eftre temperé. Ce qui eft beau de foy ne l'eft plus quand il eft trop frequent: nous fommes ainfi faits de nature, que nous nous laffons de ce qui eft trop commun: tout ce qui frappe nos fens auec beaucoup d'efclat, nous laffe & nous ennuye. Il n'y a rien fi beau en l'homme que les yeux; mais fi noftre corps en eftoit tout femé, non feulement ils empefcheroient l'vfage des

autres

autres membres , ains auffi defplairoient à ceux qui les verroient. Il faut
donc que la moderation conferue aux paroles empruntées leur beauté. D’y
rechercher l’obfcurité , c’eft n’en fçauoir pas l’vfage ; elles n’ont efté du
commencement pratiquées , que pour la neceffité, non plus que les veftemens. Depuis eftans appliquées à l’ornement, il ne faut pas que leur neceffaire vfage fe perde par le voluptueux , auquel elles font deftournées.
Quant à ces excés & enfleures de paroles , ce font comme des goüeftres &
abfcés d’Oraifon. Qui eft neantmoins l’endroit où choppent & fe laiffent
plus ayfément tromper les plus habiles , ne plus ne moins que ceux qui ne
font pas inftruits en la medecine, qui voyans vn corps bouffi, eftiment que
ce foit graiffe ou embonpoint. Il y a certes occafion d’auoir pitié de ceux
qui prennent tant de peine à mal faire, & laiffans ce qu’ils ont de commode à la main , vont chercher bien loin des chofes alienes de la nature. L’on
ne fçauroit quafi donner vn plus vtile precepte en l’eloquence, que celuy
qui eft le plus facile ; c’eft à fçauoir de ne rien forcer , ains fuiure le cours de
la nature , & laiffer couler toutes chofes par le plus ayfé chemin. Ie defirerois donc imiter la pureté de ces Orateurs, qui empruntent fi frugale-
ment les paroles, qu’on ne les peut arguer de luxe & de profufion. Vous
n’y trouuerez non plus aucune molle & effeminée liaifon, & repetition de
mots, qui fente vn efprit oyfeux & plus curieux des paroles que du difcours. S’il s’y en trouue quelquesfois, c’eft en vn endroit dont l’vfage paroift auffi-toft , & où vous voyez les paroles repetées , comme vne recharge & redoublement de coup, à l’endroit où il importe de frapper, & imprimer auant en la memoire de l’auditeur quelque chofe de confequence.
Toute allufion y eft d’importance ; ils ne fe joüeront jamais des paroles,
qu’ils ne donnent quelque dangereufe atteinte à leur ennemy. Et de vray,
qui pourroit fupporter en de grandes & celebres actions, des efprits fi diffo-
lus & incurieux, que pendant qu’il s’agift des biens & de l’honneur & de
la vie des hommes, ils s’amufaffent à efplucher des paroles, les agencer proprement , & chatoüiller les oreilles de l’auditeur , comme feroit vne cour-
tifane affetée en vne fcene de comedie ? Bien y voyez-vous vne grande varieté recherchée , & la repetition de femblables mots euitée , pour ce que la
femblance faoulle & ennuye l’oreille, où la diuerfité l’efueille & la refioüit.
Mais fur tout y obferuez-vous, que les paroles y font tellement difpofées,
qu’elles croiffent ordinairement par degrez : ce qui embellit fort la face de
l’Oraifon, & fait reluire cefte grauité tant defirable, qui reprefente par la
fuite des paroles , le progrez de la nature. Apres le choix & l’eflite des paroles, vous y remarquerez la compofition & ftructure des claufes qui font
tellement diftinguées de leurs membres , qu’il n’y a rien d’obfcur, rien qui
ne fuiue bien. La longueur y eft mefurée, de forte qu’elle n’excede point
ce que l’haleine peut porter ; ou ce que l’efprit de celuy qui efcoute, peut
fans peine conceuoir & comprendre. Bref cefte façon d’Oraifon , eft comme vn corps beau & bien fain, lequel n’eft point enflé & bouffi, & auquel
d’autre cofté les nerfs ne paroiffent point, ny les os ne percent point la peau ;
mais eft plein de fang & d’efprits , en bon point , ayant les mufcles releuez,
le cuir poly, & la couleur vermeille. A mon aduis qui verroit ces paroles-là

M m

animées d'vne voix claire, ronde & diftincte, s'efleuant & abaiffant peu à peu, reprefentant en fes contentions, les paffions que prend ou feint l'Orateur, & auec cela vn gefte de tous les membres qui accompagnaft la voix, & imitaft en fes mouuemens fes affections, croiroit ayfément ce que les autheurs ont efcrit de la puiffance qu'auoit l'eloquence de tels Orateurs ; & confefferoit que leurs commandemens ne font pas moins violens, que ceux des tyrans enuironnez de leurs gardes & fatellites. I'efpere que defpoüillez de leurs plus beaux ornemens, & parlans vne langue eftrangere, encore vous plairont-ils, & vous donneront regret de ne les pouuoir entendre en leur langue naturelle, & defir d'imiter ce peu que j'ay rapporté en ce portraict, de la grace du principal fujet. Tout ce que ie vous ay dit de ceux-cy, fe peut auffi entendre de ce grand Orateur Romain. Il n'y a pas eu faute de perfonnes en l'antiquité, qui l'ayent non feulement comparé, mais preferé à ces Grecs-là. C'eft vn jugement auquel ie ne veux pas entrer ; ie me contente de les admirer tous, & les laiffer aimer à chacun felon fon gouft. Bien diray-ie vne chofe, que ce braue efprit-cy, vrayement digne de la grandeur de l'Empire où il eftoit nay, a, ce me femble, vn ftile moins commode & proportionné à nos mœurs & à nos oreilles, que n'auoient ces Grecs-là. Il femble que cefte fi pleine & hardie eloquence ne fe puiffe bien defployer que dans l'eftenduë d'vn auffi puiffant & floriffant Eftat, qu'eftoit la Republique Romaine. La confiance qu'il auoit de fon credit & authorité, la grandeur de courage en laquelle il eftoit nourry, luy permettoient beaucoup de chofes, dont l'vfage ne nous feroit pas bien feant. Toutesfois on ne peut faillir en s'exerçant, de choifir ce qui eft le plus haut, afin que fi l'imbecillité de noftre nature ne nous y peut porter, nous en approchions au moins au plus pres qu'il nous fera poffible, & releuions ce qui eft de trop humble & de trop bas en nos efprits, par le contrepoids d'vn fi genereux exemple. Mais afin que le choix & jugement vous en foit libre, oyons comme ils parleront François.

L'ARGVMENT DES ORAISONS
D'ÆSCHINES ET DEMOSTHENE.

NTRE autres loix, il y en auoit trois à Athenes, dont l'v-
ne deffendoit de donner la Couronne à celuy qui estoit sujet
de rendre compte, auant qu'il eust satisfait : l'autre ordonnoit que le couronnement de ceux, à qui le peuple ordonnoit
la Couronne, se fist en l'assemblée du peuple, & non au
theatre : la troisiesme deffendoit de rien exposer de faux par
les decrets que l'on proposoit au peuple. Ceux d'Athenes
craignans la descente de Philippe, voulurent fortifier leur ville : ils deputerent
Demosthene pour faire releuer les murailles, les reparer & remparer, & luy or-
donnerent vne somme de deniers pour y employer. Mais ceste somme-là n'estant
pas à beaucoup pres suffisante, Demosthene y despensa vne grande somme d'argent du sien, dont il fit don à la ville. Les fortifications estans acheuées, auant
que Demosthene eust rendu compte de sa charge, Ctesiphon proposa vn decret au
peuple, par lequel il estoit porté que le peuple d'Athenes faisoit present à Demosthene d'vne Couronne d'or : Et que le present seroit publié & proclamé en plein theatre, lors que le peuple seroit assemblé aux jeux de Bacchus, quand les nouueaux
Tragiques commenceroient à joüer : Et ce en recompense des grands seruices que
Demosthene auoit fait à la Republique, & singuliere affection qu'il auoit tousiours
monstré auoir au bien & salut du pays. Æschines qui auoit esté accusé par Demosthene, d'auoir trahy le peuple en l'Ambassade qu'il auoit faite vers Philippe, cherchant occasion de s'en venger, accusa Ctesiphon d'auoir violé les loix par
ce decret. Premierement, pour auoir ordonné vne Couronne à vn Magistrat,
auant qu'il eust rendu compte : secondement, pour auoir ordonné que la proclamation de la Couronne seroit faite au theatre : tiercement, pour auoir faussement exposé que Demosthene estoit homme vertueux, & qui auoit bien seruy le public.
Or le dernier poinct estoit celuy qu'il affectoit dauantage, comme le sujet de pouuoir esplucher & blasmer les actions de Demosthene, & deschirer toute sa vie.
Il accusa Ctesiphon enuiron quatre ans auans la mort de Philippe, & neantmoins la cause ne fut plaidée que du regne d'Alexandre : qui monstre combien de
temps ces Orateurs-cy auoient esté à se preparer à ce combat, auquel de tous les
coings de la Grece on accourut, comme à la plus grande & celebre action qui eust
esté faite en ce siecle. Ie prie ceux qui liront ceste traduction de m'excuser en deux
choses : l'vne, s'ils ne trouuent pas tousiours les mots tournez en leur propre signification, car traduisant des Orateurs, & voulant representer quelque chose de leur
elegance, il m'a fallu quelquesfois vn peu dispenser, pour rendre les clauses pleines
& nombreuses. L'autre, si en la version des noms propres, ie n'ay pas tousiours
suiuy vne mesme regle, retenant en quelques vns la terminaison Grecque & en
quelques autres la Françoise. I'ay plus creu en cela mon oreille que toute autre
raison. Ce que j'ay fait plus hardiment, pour la grande diuersité que j'ay trouuée en nos traducteurs François en ce fait-là.

LES
DEVX ORAISONS
D'ÆSCHINES ET DEMOSTHENE,
CONTRE ET POVR CTESIPHON.

 OVS voyez, Meſſieurs, les preparatifs & les menées que l'on dreſſe ; vous voyez les brigues que quelques-vns font en pleine place, afin qu'il ne ſe face plus rien en ceſte ville de ce que la raiſon veut, & de ce qui eſt accouſtumé. Mais quant à moy, ie me preſente à vous, fondant mon aſſeurance, premierement ſur les Dieux, ſecondement ſur les loix & ſur voſtre pruden-ce ; eſtimant que nul artifice ne pourra dauantage ſur vous, que le droiƈt & la juſtice. C'a touſiours eſté mon ſouhait, que le conſeil des Cinq cens fiſt ce qu'il doit, que les aſſemblées de ville fuſſent bien reglées par ceux qui en ont la charge, & que les ordonnances que Solon a publié pour mainte-nir les Orateurs en leur deuoir fuſſent bien obſeruées, afin qu'il fuſt permis, ſelon que les loix le veulent, au plus ancien citoyen, de monter le premier en chaire, & auec modeſtie, ſans trouble ny tumulte, conſeiller au peuple ce que l'experience luy a appris eſtre plus ſalutaire ; & qu'apres luy chacun peuſt en ſon rang, & ſelon ſon aage, dire ſon aduis de chaque choſe qui ſe preſente. Il me ſemble que ce faiſant, les affaires s'en porteroient beaucoup mieux, & que l'on ne verroit point tant d'accuſations. Mais tant s'en faut ; il ne s'obſerue rien de tout ce qui a eſté ſi ſagement ordonné, tout va en confuſion, & ſe trouue des gens qui à chaque bout de champ propoſent des aduis tout contraires aux loix, & d'autres qui ſans eſtre appellez par le ſort pour preſider ſelon qu'il ſeroit raiſonnable, ains s'y eſtans introduits par menées, les authoriſent par decrets & ordonnances publiques. Que ſi quelqu'vn des autres Conſeillers vient à eſtre legitimement choſi pour pre-ſider, & qu'il vueille recueillir fidelement vos voix, ceux-cy qui font eſtat que le commandement n'appartient plus au peuple, ains à eux en particu-lier, & ſe ſont aſſujetty quelques-vns d'entre-vous, & vſurpé vne puiſſan-ce abſoluë, les menacent auſſi-toſt de les accuſer. Ainſi, ils peruertiſſent ce qui depend des loix ; & en ce qui depend de vos ſuffrages, ils le font ſeruir à leurs paſſions particulieres. Cependant on n'entend plus en noſtre ville ceſte voix pleine d'honneur & de modeſtie, *Qui eſt-ce de ceux qui ont paſſé cinquäte ans qui veut parler? Et puis apres, Qui eſt-ce des autres Atheniens?*

Ny

Ny les loix, ny les Conſeillers, ny les Preſidens, ny la lignée qui eſt en tour de commander, & qui fait la dixieſme partie de la ville, ne ſçauroient plus contenir l'irreuerence des Orateurs. Les choſes eſtants ainſi, l'Eſtat tel que vous le voyez, il ne reſte plus, ou ie me trompe, qu'vn ſeul moyen de conſeruer l'authorité publique, qui eſt en accuſant ceux qui contreuiennent aux ordonnances. Que ſi vous aneantiſſez les accuſations, ou fauoriſez ceux qui les veulent abolir, aſſeurez-vous, & vous ſouuenez que ie vous en aduertis, que vous laiſſerez en peu de temps tomber voſtre Eſtat entre les mains de quelques particuliers. Vous ſçauez, Meſſieurs, qu'il y a trois ſortes de gouuernement entre les hommes; la Monarchie, l'Oligarchie, & la Democratie. La Monarchie & l'Oligarchie ſe gouuernent à la volonté de ceux qui y commandent, la Democratie & les Eſtats populaires, par les loix qui y ſont eſtablies. Ie vous dis doncques clairement, afin que perſonne ne l'ignore, que le iour que vous venez en iugement, pour connoiſtre des contrauentions qui ſe font aux ordonnances, vous venez iuger la cauſe de voſtre propre liberté. Et pour ce, le premier ſerment que le Legiſlateur ordonne eſtre preſté par les Iuges, c'eſt, *Ie promets iuger ſelon les loix*: Preuoyant bien que tant que les loix ſeroient gardées en la ville, l'eſtat populaire ſe conſerueroit. Ce que vous remettans deuant les yeux, vous deuez grandement haïr ceux qui publient des decrets contraires aux ordonnances, & penſer que les fautes qui ſe commettent en cela, ne peuuent eſtre petites, ains ſont de tres-grande importance, voire plus que l'on ne ſçauroit dire. Vous ne deuez en telles cauſes pour conſideration d'homme du monde rien rabatre de la rigueur de la iuſtice; ny pour les recommandations des Capitaines, leſquels depuis quelque temps ſe rangent auec les Orateurs, & les aydent à peruertir tout l'ordre de la choſe publique; ny pour les prieres des eſtrangers, par leſquelles beaucoup de gens apres auoir violé les loix, & corrompu le gouuernement, ſe ſont garantis de la punition qui leur eſtoit deuë. Mais comme chacun de vous auroit honte à la guerre, de quitter le rang où il auroit eſté poſé, penſez auſſi que ce vous ſeroit vne grande vergongne, de quitter le rang où les loix vous appellent aujourd'huy; le rang, diſ-ie, de gardes & conſeruateurs de l'Eſtat. Il faut que vous ayez touſiours en memoire, que tous vos concitoyens ont depoſé ceſte ville en vos mains, vous en confians le gouuernement. Les vns d'eux ſont preſens à ce iugement, & entendent ce qui ſe dit, les autres ſont abſens & empeſchez à leurs affaires particulieres. Le reſpect que vous leur deuez, la memoire du ſerment que vous auez preſté, & l'obligation que vous auez aux ordonnances vous admoneſtent, que ſi Cteſiphon eſt conuaincu par moy, d'auoir fait vn decret contre les loix, plein de fauſſeté, & dommageable au public, vous caſſiez cet iniuſte iugement, vous aſſeuriez l'eſtat populaire, & puniſſiez ceux qui introduiſent au gouuernement des choſes contre le droit, contre voſtre ville, & contre voſtre ſalut. Que ſi auec ceſte intention vous preſtez l'oreille à ce que j'ay à dire, ie m'aſſeure, que vous rendrez vn iugement tel, que la iuſtice, le ſerment que vous auez preſté, & voſtre propre bien le deſirent. Cela vous ay-ie dit, pour le general de la cauſe, le plus ſobrement qu'il m'a eſté poſſible. Ie viendray main-

tenant aux loix & ordonnances, qui ont eſté publiées touchant ceux qui
ſont ſujets à rendre compte, auſquelles Cteſiphon a contreuenu par ſon
decret. Ie vous les rapporteray le plus briefuement que ie pourray. Il s'eſt
trouué par cy-deuant des hommes, qui apres auoir bien deſrobé en l'adminiſtration des affaires & maniment des finances, s'eſtant ralliez de quelques Orateurs qui eſtoiẽt du Conſeil, & de quelques-vns du peuple, preue-
noient les recherches, & ſe faiſoient loüer & recommander publiquement
auparauant que de rendre compte ; tellement que quand ce venoit au jugement, ceux qui les pourſuiuoient ſe trouuoient bien empeſchez, & les
Iuges encores plus : de ſorte que pluſieurs pris ſur le faict & conuaincus
d'auoir mal-verſé aux finances, & deſrobé les deniers publics, ſont eſchap-
pez d'entre les mains des Iuges ; & non ſans raiſon. Car les Iuges auoient
honte que l'on viſt en leur ville quelquesfois en vne meſme année vn meſme homme, qui euſt eſté proclamé en plein theatre, & recompenſé par
le peuple, pour ſa vertu & juſtice, d'vne Couronne d'or, ſortir peu apres
du jugement, condamné pour auoir deſrobé le public. De ſorte qu'ils
eſtoient contraints d'auoir plus d'eſgard par leur ſentence, à ſauuer l'honneur du peuple, qu'à punir le crime de l'accuſé. Ce que conſiderant vn de
nos Legiſlateurs, fit vne loy certainement tres-belle, par laquelle il deffendit expreſſément, que ceux qui eſtoient ſujets à rendre compte ne fuſſent
plus couronnez. Or combien que par là le Legiſlateur euſt ſagement pourueu au mal, toutesfois il s'eſt trouué de belles paroles auec leſquelles l'on a
enerué la loy ; & dont vous pourriez eſtre trompez, ſi vous n'en eſtiez aduertis. Car quelques-vns de ceux qui ont voulu faire couronner les Comptables contre la deffence de la loy, ſe ſont monſtrez d'vn naturel aucunement modeſte, ſi l'on peut dire qu'il y ait quelque modeſtie à violer les
loix. Au moins ont-ils voulu aucunement couurir leur honte ; car ils ont
eſcrit en leurs decrets, que tels ſeroient couronnez quand ils auroient rendu compte de leur adminiſtration. Le public ne laiſſe pas d'en eſtre autant
offenſé. Car c'eſt preuenir la reddition de compte auec des loüanges publiques, & vn couronnement ſolennel. Or celuy qui publie vn tel decret,
confeſſe qu'il contreuient à la loy, & a aucunement honte de ſa faute. Mais
Cteſiphon, Meſſieurs, contreuenant à la loy faite pour les Comptables,
negligeant meſmes la couleur dont les autres ſe ſont ſeruis, & que ie vous
ay fait entendre preſentement, a ordonné que Demoſthene eſtant encore
en charge, auant qu'auoir rendu aucun compte, ſeroit couronné. Ie ſçay,
Meſſieurs, qu'ils vous allegueront encore vne autre deffence, laquelle eſt
contraire à celle-là. C'eſt que quand quelqu'vn eſt eſleu par les voix à quelque charge, cela ne s'appelle point Magiſtrat, mais ſeulement commiſſion
& adminiſtration, & diront que les Magiſtrats ſont ceux que les Theſmo-
thetes, qui ont la garde des loix, donnent au ſort au temple de Theſée, &
leſquels le peuple a de couſtume de confirmer aux grandes eſlections, comme les charges de Generaux d'armées, de Colonnels de la Caualerie, & autres qui ſont au deſſous de ceux-là. Et quant aux autres, ils diſent que ce ne
ſont que commiſſions, qui ſe donnent par ordonnance du peuple. Contre
tous ces diſcours-là, ie ne veux que voſtre loy, laquelle vous auez expreſſément

sément publiée, en intention d'oster tous ces pretextes. Elle est escrite en termes fort diserts, en voicy les propres mots; *Tous ceux qui ont charges confirmées par les suffrages du peuple, & autres Magistrats.* Le Legislateur comprend par là en vn mot toutes sortes de Magistrats, & declare que toutes les charges qui sont conferées par le peuple sont Magistrats; *Et ceux qui sont preposez aux œuures publiques.* Or Demosthene a esté preposé à la refection des murailles de la ville, qui est vn grand œuure; *Et tous ceux qui vaquent à ce qui est du public par plus de trente iours, & tous ceux qui ont authorité de iuger.* Or ceux qui ont la charge des murs ont ceste puissance-là. Que feront-ils? La loy ne dict pas qu'ils administreront, mais, *Ils commanderont apres qu'ils auront esté examinez & receus en jugement.* Car les Magistrats mesmes qui se tirent au sort n'exercent pas auant que d'estre examinez, mais apres auoir esté approuuez ils commandent, & presentent leur compte au greffe & aux Maistres des Comptes, comme les autres Magistrats. Et afin que vous connoissiez que ie dis vray, l'on vous lira la Loy. Quand donc ceux-cy voudront appeller commission ce que le Legislateur a appellé Magistrat, ce sera à vous d'opposer la loy à leur impudence, & leur remonstrer que vous ne pouuez trouuer bon, qu'vn malicieux Sophiste corrompe ainsi vos loix par ses paroles: Et que d'autant plus qu'il se rend eloquent à renuerser les loix, d'autant plus vous rend-il indignez contre luy. Car, Messieurs, la parole de l'Orateur doit estre la voix de la loy. Que si la loy dit d'vn & l'Orateur d'autre, il faut que vous conformiez vos jugemens à la justice de la loy, & non pas à l'impudence de l'Orateur. Demosthene vous alleguera vne excuse dont il fera grand estat, comme s'il n'y auoit point de responce. Ie vous y veux respondre en deux mots. Il vous dira; I'ay eu la charge des murailles; ie le confesse, mais j'ay donné six mille escus à la ville, & ay acheué l'œuure à mes despens. Comment serois-je donc comptable, sinon qu'on soit tenu de rendre compte de ma liberalité? A ceste couleur, oyez ce que ie luy responds, & vous le trouuerez plein de raison & d'vtilité pour vous. En ceste grande & ancienne ville-cy, il n'y a aucun de ceux qui se meslent des affaires publiques qui soit exempt de rendre compte. Et cela ie vous le monstreray par les choses qui pourroient sembler plus estranges. Par exemple, la loy ordonne que les Prestres & Prestresses rendront compte; tant en general qu'en particulier, chacun pour soy, mesmes ceux qui reçoiuent les offrandes, & ceux qui font les prieres aux Dieux pour vous: Et non seulement en particulier, mais aussi en general les Eumolpides, les heraux & tous autres. Outre ceux-là, la loy commande que les Capitaines de gallere rendent compte, ores qu'ils ne manient point vos finances, & ne facent point comme ceux-cy qui tirent beaucoup de deniers de vous, & en employans bien peu disent neantmoins qu'ils vous donnent du leur, & despendent leur bien à vous faire seruice; toutesfois ils ne font en cela que vous rendre ce qui est desia à vous. Bien faut-il confesser qu'ils despendent les biens que leurs peres leur ont laissé, par vn honneste desir de vous seruir & honorer. Or les Capitaines de galeres ne sont pas seuls obligez à cela, mais aussi les plus grandes compagnies de toute la ville doiuent subir ce jugement. Car la loy commence par les Areopages mesmes. Elle veut qu'ils ſe preſentent deuant ceux des Comptes, qu'ils rendent raiſon de leurs charges, & que les plus grands & les plus ſeueres d'entr'eux paſſent ſoubs voſtre cenſure. Mais quoy ? l'on ne couronne point les Areopages. Non, car ils ne l'ont pas accouſtumé. Quoy doncques ne reçoiuent-ils point d'honneur ? Beaucoup. Mais pour eux ils ne ſe contentent pas d'eſtre inno-cens en leur particulier. S'il ſe trouue quelqu'vn d'entr'eux qui faille, ils le chaſtient fort ſeuerement: où au contraire vos Orateurs ſe moquent quand ils ont failly. Venons au conſeil des Cinq cens ; le Legiſlateur l'a rendu comptable auſſi bien que les autres. Et s'eſt celuy qui a fait la loy, ſi fort defié de ceux qui doiuent rendre compte, qu'il a dict, *Et quant au Magi-ſtrat qui doit rendre compte, ie luy defends de s'abſenter.* Bon Dieu, dira quel-qu'vn, pour ce que j'ay exercé vn eſtat ie n'oſerois donc ſortir du païs ? Non, de peur que vous eſtant ſaiſi des deniers publics vous ne vous en-fuyez. Outre cela il ne permet point que celuy qui eſt ſujet à compter puiſ-ſe conſacrer ſes biens, ny rien donner au Temple, ny ſe faire adopter, ny diſpoſer de ce qui luy appartient, ny beaucoup d'autres choſes. En vn mot il tient comme en gage les biens des Comptables juſques à ce qu'ils ayent ſatisfait à la ville. Voyla qui eſt bon. Mais quoy ? voicy vn homme qui n'a rien receu des deniers publics, il n'a rien deſpenſé : Encores la loy veut-elle qu'il ſe preſente deuant ceux des Comptes & qu'il rende compte. Mais comment fera-il s'il n'a rien receu ? La loy meſmes vous dit ce qu'il faut qu'il face. Elle ordonne qu'il baillera cela par eſtat, qu'il n'a rien receu de la vil-le & qu'il n'a rien deſpenſé. En fin il n'y a charge aucune en la ville qui ſe puiſſe pretendre exempte de rendre compte, de laquelle il ne ſe faille enque-rir & informer. Et afin que vous connoiſſiez que ie dis vray, ie vous prie oyez les propres paroles de la loy. Quand doncques Demoſthene ſe glori-fiera, diſant qu'il n'eſt point tenu de rendre compte, pour ce qu'il a em-ployé du ſien à la charge qu'il a euë, reſpondez-luy : Quoy donc, De-moſthene, ne deuiez-vous pas laiſſer faire à l'huiſſier des Comptes ceſte an-cienne & legitime proclamation, *Y a-il quelqu'vn qui vueille accuſer ?* Que ne permettiez-vous à celuy des citoyens qui l'euſt voulu faire, de conteſter contre vous, & ſouſtenir que vous n'auez rien mis du voſtre ? Au contrai-re, que de beaucoup de deniers que vous auez eu pour la conſtruction des murailles de la ville, vous n'en auez que bien peu employé ? Car vous auez receu ſix mil eſcus pour cet effect. Ne nous rauiſſez point ainſi la recom-pance de l'honneur. N'oſtez pas aux Iuges la liberté d'opiner : ne vous mettez pas par deſſus les loix, mais ſuiuez-les & faites ce qu'elles ordonnent: car par ce moyen ſe conſerue l'eſtat populaire. Iuſques-icy doncques j'ay aſſez reſpondu aux vains pretextes dont ceux-cy ſe ſont voulu ſeruir. Or que vrayement Demoſthene fut comptable lors que Cteſiphon a publié le decret, ſoit comme ayant exercé l'office de Preuoſt du Theatre, ou com-me prepoſé à la refection des murs dont il n'auoit rendu aucun compte, ie vous le veux monſtrer par les regiſtres publics. Et premierement liſez-moy, du temps de quel Preuoſt, en quel mois, en quel iour il eut la charge du Theatre, afin que vous connoiſſiez que ceſtuy-cy luy a decerné la Cou-ronne au milieu de ſon Magiſtrat. Liſez le regiſtre. Donc quand ie ne vous

En l'Oraiſon de Demoſthe-ne les loix & les decrets ſont inſerez, ils defaillent en ceſte-cy.

apporterois

apporterois autre chose, Ctesiphon est-il pas conuaincu? Car ce n'est pas
moy, ce sont les regiftres publics qui l'accusent. Anciennement, Messieurs,
il y auoit vn Controlleur esleu par le peuple, lequel à toutes les assemblées
rendoit cópte des deniers publics. Mais vous euftes tant de fiance en Eubulus, que vous permiftes en sa faueur, que celuy qui auoit la charge du Theatre fit pareillement la charge de Contrerolleur, auec la recepte des deniers;
euft aussi la charge d'entretenir les galleres, de faire reparer les baftimens;
il auoit mesme charge de dresser les chemins ; & en fin presque le maniment des affaires publiques. Depuis, cela fut reformé par la loy de Hegemon. Ce que ie ne dis pas pour blasmer & reprendre les actions de ceux qui
ont eu cefte charge, mais seulement pour monftrer que le Legiflateur n'a
pas voulu, que celuy qui exerçoit vn Magiftrat, pour si petit qu'il fuft, fuft
couronné auparauant que d'auoir rendu compte. Et neantmoins Ctesiphon a ordonné que Demofthene, qui auoit quasi toutes les charges de la
ville, dont il n'auoit rendu aucun compte, fuft couronné. Or que Demofthene euft la charge des murs & manié les deniers publics, euft authorité de juger, lors que ceftuy-cy a publié ce decret, ie n'en veux autres tesmoins qu'eux-mesmes. Le vingt-deuxiesme d'Auril, Charondas eftant
Preuoft, l'assemblée tenant, Demofthene fist vn decret, que les lignées
seroient assemblées le second & le troisiesme iour de May, & ordonna que
chacune des lignées esliroit des gens pour auoir l'œil aux murailles, & fournir aux fraiz. Et cela certainement tres à propos, afin que la ville euft des hómes qui fussent tenus de rendre cópte de ce qui s'y defpendoit. Que l'on life
les decrets. Ne voyla pas ce que ie dy? Ie sçay bien qu'ils vous diront contre
cela, qu'il n'a point esté tiré au fort pour exercer la charge des murailles, &
qu'il ne l'a point eue nó plus par les voix du peuple. Et de cela Demofthene
& Ctesiphon vous en feront vn grand difcours. Mais pour me déuelopper
de tous ces artifices, ie ne veux que la loy, qui eft en termes courts & bien
clairs. Seulement vous diray-je deux mots auparauát que vous la lire. Il y a,
Messieurs, trois sortes de Magiftrats. La premiere eft de ceux que chacun
connoift assez, qui sont tirez au fort & confirmez par le peuple. La feconde
eft de ceux qui manient quelque affaire publique, par l'efpace de plus de
trente jours, & de ceux qui sont preposez aux œuures publics. La troisiesme
eft de ceux defquels il eft efcrit en la loy : *Et s'il y en a quelques-vns qui foient
efleus auec authorité de iuger, apres qu'ils auront efté examinez ils exerceront.*
Combié donc que l'on ne parle point de ceux qui sont tirez au fort & confirmez par le peuple, toufiours nous demeure-il, que ceux qui font choifis
par les lignées ou par vn tiers d'icelles, ou par les communautez pour manier les deniers publics, sont Magiftrats esleus. Ce qui se fait quand on enjoinct aux lignées, ou de faire les tranchées, ou de conftruire des vaiffeaux.
Et pour vous monftrer que ie dis vray, vous le verrez par la loy. Souuenez-vous de ce que ie vous ay dit cy-deuant, que le Legiflateur ordonne
que ceux qui feront esleuz par les lignées feront examinez en jugement,
auparauant que d'exercer. C'a efté la lignée de Pandion qui a esleu Demofthene pour auoir la charge des murailles, lequel pour cet effet a receu fix mil efcus ou peu s'en faut. Souuenez-vous mantenant de l'autre

loy, qui deffend de couronner le Magiſtrat qui n'a point rendu compte. Souuenez-vous que vous auez juré de juger ſelon les loix. Souuenez-vous que Demoſthene eſtant ſujet à rendre compte, Cteſiphon a ordonné qu'il ſeroit couronné, ſans adjouſter ces mots; Lors qu'il aura rendu compte, & ſera deſchargé. I'accuſe maintenant celuy qui a violé la loy; Ie produis pour teſmoins contre luy les loix, les decrets & les aduerſes parties meſmes. Comment peut-on conuaincre plus clairement vn homme? Or ie vous monſtreray dauantage qu'il a ordonné par ſon decret, que la proclamation de ceſte Couronne ſe feroit contre la forme permiſe par les loix. Car la loy enjoinct expreſſément, que ſi c'eſt le Conſeil qui ordonne vne Couronne, qu'elle ſoit proclamée au Conſeil; ſi c'eſt le peuple, en l'aſſemblée: autrement elle ne le permet nullement. Liſez-moy la loy. Ceſte loy, Meſſieurs, eſt merueilleuſement belle. A mon aduis que le Legiſlateur a penſé que l'Orateur ne doit pas chercher honneur enuers les Eſtrangers, mais ſe contenter de ce qu'il en reçoit de ſes concitoyens, ſans faire autre profit de ſon eloquence. Voila ce qu'a voulu le Legiſlateur. Voyons ce qu'a voulu Cteſiphon; que l'on liſe ſon decret. Vous auez entendu, Meſſieurs, comme le Legiſlateur ordonne que celuy à qui la Couronne eſt decernée par le peuple ſera proclamé en l'aſſemblée du peuple qui ſe fait aux Pniques, & non autre part, & Cteſiphon a ordonné que ce ſeroit au Theatre: ne violant pas ſeulement la loy, pour le regard de la perſonne, mais auſſi pour le lieu, faiſant ſa proclamation parmy les ſpectacles de quelques joüeurs de tragedies, au lieu de la faire en l'aſſemblée du peuple, à la veuë de tous les Grecs, afin qu'ils ſceuſſent à quelle ſorte d'homme l'on a decerné ceſte Couronne. Or ayant ainſi peruerty vos loix, il penſe s'en eſchapper par les artifices de Demoſthene. Mais ie vous eſclairciray de toutes leurs ruſes, afin que vous n'y ſoyez point trompez. Ils n'oſeroient pas dire que la loy ne deffende de proclamer hors de l'aſſemblée ceux à qui le peuple ordonne la Couronne: mais ils vous apporteront pour leur deffence la loy Bacchanale, s'en ſeruans d'vne partie, ſans vous la bien donner à entendre. Ils vous apporteront vne loy, qui ne fait nullement à propos à ce dont il s'agiſt; & vous diront qu'il y a deux loix concernans les proclamations: l'vne dont ie vous viens de parler, qui deffend de faire les proclamations hors de l'aſſemblée; l'autre qui eſt contraire, par laquelle il eſt permis faire les proclamations au Theatre quand l'on joüe les tragedies, pourueu que le peuple l'ordonne. Et diſent que le decret de Cteſiphon eſt conforme à ceſte-là. Contre tous ces artifices, ie ne me veux ſeruir que de vos loix. A quoy ie m'eſtudie le plus que ie puis en toute ceſte accuſation. Car ſi cela eſtoit vray, & nous euſſions ceſte couſtume en ceſte ville, de réuerſer, & abroger les loix par les loix meſmes, & qu'il s'en trouuaſt deux toutes contraires pour vn meſme fait, quelle ſorte de gouuernement ſeroit cecy, où les loix commanderoient de faire vne choſe, & puis le deffendroient? Mais cela ne va pas ainſi, & ne ſommes pas, grace à Dieu, tombez en vne telle confuſion. Le Legiſlateur n'a pas laiſſé cela ſans y bien pouruoir. Il a expreſſément ordonné aux gardes des loix, de mettre tous les ans les loix par ordre dans le Treſor, eſplucher & conſiderer ſoigneuſement s'il y a quelque loy contraire à l'autre, ou s'il y

en

en a quelqu'vne abrogée parmy celles qui ſont gardées, ou s'il y en a plus
d'vne touchant vn meſme ſujet; s'ils trouuent quelque choſe de ſemblable,
il leur enjoint d'en faire vn eſtat, le rediger par eſcrit; & l'afficher en la place des ſtatuës; & aux Conſeillers & Prytaniens d'aſſembler le peuple, &
nommer les Legiſlateurs; & à celuy qui preſide à l'aſſemblée, de propoſer
au peuple d'en abroger les vnes & receuoir les autres; afin qu'il ne demeure qu'vne loy, concernant chaque choſe. Et pour ce faites lire les loix. Si
donc ce qu'ils diſent eſtoit vray, & qu'il ſe fuſt trouué deux loix differentes
touchant les proclamations, ie croy qu'il euſt eſté force que les Garde-loix
les ayans trouuées, & les Preſidens de l'aſſemblée propoſé à ceux qui font
les loix, l'on en euſt aboly l'vne ou l'autre, ou celle qui permet de faire la
proclamation, ou celle qui le deffend. Mais puis qu'il ne ſe voit rien de cela,
il ſe connoiſt clairement que ces gens-cy ne diſent pas ſeulement des choſes
fauſſes mais du tout impoſſibles. D'où ils ont pris toutes ces bourdes-là, ie
vous le monſtreray tantoſt, apres que ie vous auray fait entendre pour quelle raiſon les loix ont deffendu de faire les proclamations au Theatre. Lors
qu'on joüoit des tragedies, il s'en trouuoit qui ſans en parler au peuple faiſoient proclamer, que ceux de leur lignée ou ceux de leur ville leur donnoient vne Couronne. D'autres faiſoient proclamer qu'ils mettoient leurs
ſeruiteurs en liberté, appellans les Grecs à teſmoins de tel affranchiſſement.
Et ce qui eſtoit le plus indigne, c'eſtoit que quelques-vns trouuans des con-
noiſſances aux autres villes ils achetoient à beaux deniers comptans, &
pratiquoient par leurs menées ceſte faueur, de faire proclamer qu'vn tel
peuple, comme peut eſtre celuy de Rhodes, de Chios, ou de quelque autre
ville, leur donnoit vne Couronne pour recompenſe de leur vertu & vaillance. Tellement que cela ne ſe faiſoit pas de la façon, dont ont accouſtumé ceux à qui le Conſeil fait ceſte grace, ou qui l'impetrent de vous, & qui
la reçoiuent à grand faueur. Mais c'eſtoient des gens qui l'entreprenoient
d'eux-meſmes, ſans ſçauoir ſi vous le trouuiez bon. Et de là il aduenoit que
les ſpectateurs, les joüeurs, & les lutteurs, eſtoient troublez; & que ceux
qui eſtoient ainſi proclamez au Theatre, receuoient plus d'honneur que
ceux à qui le Conſeil ou le peuple ordonnoit des Couronnes. Car ceux-cy
auoient vn certain lieu où il falloit faire leur couronnement, & n'euſſent
oſé faire leur proclamation autre part. Et ceux-là eſtoient proclamez au
Theatre, & loüez en preſence de tous les Grecs. Neantmoins ceux-cy
auoient voſtre ordonnance, ceux-là ne l'auoient point. Ce que conſiderant le Legiſlateur, il publia vne loy qui ne concerne nullement celle qui
eſt faite pour ceux qui ſont couronnez par voſtre ordonnance, & qui n'y
deroge aucunement: car elle n'eſt pas pour reformer le trouble qui ſe faiſoit à l'aſſemblée de ville, mais au Theatre; & n'eſt nullement contraire
aux autres loix faites auparauant. Car cela n'eſt pas permis. Mais elle regarde ſeulement le fait de ceux qui ſans voſtre ordonnance ſe font donner des
Couronnes par ceux de leurs lignées ou de leur ville, qui donnent liberté à
leurs ſeruiteurs, & qui ſont couronnez par les nations eſtranges; & deffend
expreſſément ceſte loy de mettre en liberté ſon ſeruiteur au Theatre, & d'y
proclamer des Couronnes qui ſont données par les lignées, ou par les autres

peuples, ou par quelque autre que ce soit, à peine d'estre le proclamateur declaré infame. Puis doncques que la loy veut que ceux à qui le Conseil ordonne vne Couronne la reçoiuent dans le Conseil, & ceux à qui le peuple l'ordonne la reçoiuent en l'assemblée de ville, & qu'elle deffend à ceux à qui leurs lignées ou leur ville les ont ordonné, de les faire proclamer au Theatre, de peur que ceux qui mendient des Couronnes & publications n'vsurpent l'honneur qui est deu aux autres, & qu'elle deffend aussi qu'il ne se face aucune proclamation en l'absence du Conseil, du peuple, des lignées, & des habitans; Quelles Couronnes peut-on plus proclamer au Theatre, horsmis celles des Estrangers? Et que cela soit vray, j'en tireray vn tres-certain argument de la loy mesmes, laquelle veut que la Couronne d'or qui aura esté proclamée au Theatre soit ostée à celuy à qui elle a esté donnée, & consacrée à Minerue. Qui seroit si hardy de vouloir reprocher au peuple d'Athenes vne telle ingratitude & lascheté? Car il ne se trouue-roit pas vne ville, non pas mesmes vn particulier qui fust si lasche & malhonneste, qu'il voulust oster vne chose qu'il auroit auparauant donnée, & en faire present aux Dieux. Mais on consacre telle Couronne, pour ce à mon aduis que les Estrangers la donnoient; De peur que ceux qui font plus de cas de la bien-vueillance des Estrangers que de celle de leurs concitoyens, à la fin n'en deuiennent meschans. Mais quant à celle qui se donne en l'assemblée du peuple, il n'y a point de loy qui la consacre. Il est permis de la conseruer, afin que non seulement celuy à qui elle est decernée, mais aussi ses descendans ayans en leur maison vne telle remarque de la faueur du peuple, n'oublient jamais l'amour & l'affection qu'ils doiuent à son seruice. Et pour ce le Legislateur a-il deffendu, que les Couronnes des Estrangers ne fussent point proclamées au Theatre, sinon que le peuple l'eust ordonné; afin que si quelque ville a volonté de couronner quelqu'vn d'entre vous, elle enuoye des Ambassadeurs pour en demander la permission au peuple; & que celuy qui sera couronné de ceste façon, vous ait plus d'obligation de la permission que vous luy donnerez, qu'à ceux mesmes qui luy auront donné la Courône. Et pour monstrer que cela est ainsi, oyez ce que dit la loy. Quand doncques ils vous viendront dire, pour vous tromper, que la loy permet de bailler la Couronne au Theatre quand le peuple l'a permis; souuenez-vous de leur respondre; Il est vray quand c'est vne autre ville qui l'a donnée; mais si c'est le peuple Athenien, il y a vn certain lieu designé où il faut que cela se face, & est deffendu de la proclamer autre part qu'en l'assemblée de ville: car puis que les mots y sont (*& en nulle autre part*) quand vous seriez tout aujourd'huy à parler, vous ne sçauriez monstrer que le decret de Ctesiphon soit juste. Ce qui me reste, est ce où ie me veux dauantage & plus soigneusement arrester. C'est le pretexte qu'il a pris pour decerner ceste Couronne. Car voicy ce qu'il dit en son decret, *Et proclamera le Heraut en plein Theatre en presence des Grecs, que le peuple d'Athenes luy donne ceste Couronne, en reconnoissance de sa vertu & vaillance, & principalement pour auoir grandement profité au public par ses belles actions & par son eloquence.* Ce que j'ay à dire sur ce sujet est fort aysé, & ne trauailleray gueres à le vous expliquer, ny vous à le comprendre & juger.

juger. Ie n'ay autre chose à faire sinon vous monstrer, que les loüanges que l'on a voulu attribuer à Demosthene sont pleines de menteries & impostures, & qu'il n'a encore jamais commencé à vous conseiller , & moins procurer par effect chose qui vous ait esté profitable : & cela si ie le vous monstre , il faut que Ctesiphon passe condamnation. Car toutes les loix deffendent de ne rien mettre de faux dans les decrets publics. Et s'il veut entrer en deffence , il faut qu'il monstre le contraire. Ce sera à vous de juger lequel de nous deux dira vray. Voyla donc dequoy il s'agist. Quant à moy , ie n'entreprens pas d'esplucher toute la vie de Demosthene ; ce seroit vne besongne où il faudroit bien plus de temps. Qu'est-il besoin de vous conter icy ce qui luy arriua quand il accusa au Conseil des Areopages Demonocles Payanien son cousin , & qu'il receut ceste belle ballafre en la teste ; ou bien ce qu'il fist à Cephisodotus , estant à la guerre auec luy , & allant en Hellespont ? Demosthene estoit lors Capitaine d'vne gallere , il estoit ordinairement auec son General, beuuoit & mangeoit à sa table, se trouuoit aux sacrifices & aux festins publics auec luy, (car il le fauorisoit, pour ce qu'il auoit aymé son pere) & neantmoins il n'eut point de honte de l'aller accuser d'vn crime capital. Dequoy seruiroit aussi de vous parler des soufflets qu'il receut dans le Theatre, lors qu'il auoit charge des jeux: & de la façon dont il en composa auec Midias, vendant pour trois cens escus, & son injure, & le jugement que le peuple auoit donné contre Midias aux jeux Dionysiens ? Or veux-ie passer par dessus tout cela, non pas pour rien dissimuler de ce qui concerne vostre authorité, ny pour me feindre en ce combat, mais de peur que vous ne me disiez que tout cela est bien vray, mais que c'est chose trop vieille & ttop conneuë de tout le monde. Quoy doncques, Ctesiphon, falloit-il ordonner vne Couronne à celuy duquel la honte & l'infamie est si conneuë, que quand j'en pense parler, chacun reconnoist bien que ie dis vray, mais que ie perds le temps à dire vne chose si notoire ? faut-il vne Couronne d'or à vn tel homme , ou vn chappeau de honte & d'infamie ? Faut-il que Ctesiphon qui la luy a donnée, se mocque ainsi impudemment de la justice, ou qu'il reçoiue la peine de sa temerité, telle que l'honneur de ceste ville desire ? Quant aux crimes publics ie m'y arresteray dauantage, pour vous les faire clairement entendre. Car j'ay appris que Demosthene a deliberé, quand ce viendra à son tour de parler, dé distribuer en quatre saisons, tout ce qu'il a manié au gouuernement de cet Estat. La premiere sera, à ce que j'entends, du temps que nous auions la guerre contre Philippe à cause d'Amphipolis, jusques à ce que la paix & confederation fut faite par l'entremise de Philocrates Agnusien, & de Demosthene, comme ie monstreray. La deuxiesme, il la prend de tout le temps que la paix a duré, & jusques au jour que luy mesme la rompit, pour nous jetter à la guerre. La troisiesme de tout le temps que la guerre a continué jusques au desastre qui nous arriua en la Cheronée. La quatriesme est celle où nous sommes maintenant : & quand il vous aura fait ce denombrement il m'interrogera laquelle de ses actions j'entends accuser, & quand ie pretends qu'il a failly à conseiller au peuple ce qui estoit pour son bien. Et si ie refuse de luy respondre, & que ie me pense retirer & m'enfuir, il me

viendra, ce dit-il, cercher, me trainera au ſiege & me contraindra de reſpondre. Or afin qu'il n'ait pas ceſte peine, & que vous ſoyez bien informez
de tout, ie luy reſpondray en preſence des Iuges, de tant de citoyens que ie
voy icy aſſemblez, & de tous les Grecs qui ſont venus icy, & ont pris la peine de nous vouloir oüir. Et certainement j'en voy vn fort grand nombre,
& tel peut-eſtre que de memoire d'homme ne s'en eſt tãt trouué à l'audience d'vne ſemblable cauſe. Ie vous reſponds, diſ-je, Demoſthene, que ie blaſme entierement ce que vous auez fait en toutes ces ſaiſons-là, que vous auez
ainſi diſtinguées. Et s'il plaiſt aux Dieux, & ſi les Iuges nous eſcoutent
auec egale faueur, & que ie me puiſſe ſouuenir de ce que ie ſçay de vos
actions, ie me fais fort de monſtrer clairement, que les Dieux ſont ſeuls cauſe de tout ce qui a ſuccedé heureuſement à noſtre ville, par la faueur qu'ils
ont porté à nos affaires, & vous ſeul cauſe de toutes les infortunes qui nous
ſont aduenuës. Et pour ce faire ie ſuiuray le meſme ordre que vous eſtes deliberé d'obſeruer à m'interroger. Ie commenceray donc à parler de ceſte
premiere ſaiſon, puis de la deuxieſme, puis de la troiſieſme, puis de la quatrieſme où nous ſommes maintenant. Ie viens donc à la paix que vous &
Philocrates auez traittée. Car, Meſſieurs, ſi certaines gens euſſent eu patience que les Ambaſſadeurs que vous auiez enuoyé en ce temps-là par la
Grece pour exhorter les prouinces de ſe reſoudre enſemblément à ce que
la Grece auoit affaire contre Philippe, fuſſent de retour, vous euſſiez eu
moyen de rendre ceſte paix-là commune à tous les Grecs, & de vous conſeruer la preeminéce & l'authorité que vous auiez touſiours eu auparauant.
Mais Demoſthene & Philocrates vous ont fait perdre ceſte commodité, au
moyen des dons & des preſens par leſquels ils ſe ſont laiſſé corrompre pour
mettre les affaires publiques en deſordre & confuſion. Si cela ſemble de pri-
me abord incroyable à quelques-vns d'entre vous, ayez patience d'oüir le
reſte; vous prenez bien le loiſir d'entendre tout au long les comptes des deniers deſpenſez, vous y apportez bien ſouuent de fauſſes opinions de vos
maiſons; mais tout compté & rabatu, apres que le compte eſt clos il n'y en a
pas vn d'entre vous ſi faſcheux ny ſi mal-né, qui ne tienne pour veritable &
ne s'accorde à ce qui en eſt arreſté; faites-en de meſme en ce fait-cy. S'il y a
diſ-je quelqu'vn d'entre vous, qui ſoit venu de ſa maiſon icy auec ceſte opi-
nió, que jamais Demoſthene ne s'eſt accordé auec Philocrates pour fauoriſer le Roy Philippe, qu'il ait patience, & qu'il ne le códamne ny ne l'abſolue
point auparauant que d'auoir tout oüy. Car il ne ſeroit pas raiſonnable. Mais
qu'il entéde vn peu ce que ie vous remettray en memoire de ce qui s'eſt paſſé
durant ces ſaiſons-là, dont vous parlera Demoſthene; le decret qu'il a dreſſé
auec Philocrates pour la paix & cófederation qui fut faite au cómencement,
d'vne impudente façon, & du tout extraordinaire dont il flattoit Philippe,
comme il ne voulut pas attédre les Ambaſſadeurs que l'on auoit enuoyé par
la Grece, cóme il fut cauſe que les Grecs ne firent pas la paix en commun, &
cóme il liura entre les mains de Philippe Cherſobleptes Roy de Thrace, amy
& confederé du peuple Athenien: Si ie vous móſtre cela clairement, ie vous
fais vne demáde fort raiſonnable, ie vous cójure par les Dieux que vous m'a-
cordiez qu'il a tres-mal gouuerné la choſe publique durant ceſte premiere
ſaiſon.

ſaiſon. Ie commenceray par vn endroiĉt qui vous ſera fort ayſé à ſuiure.
Philocrates fit vn decret qu'il ſeroit permis à Philippe d'enuoyer icy des
Ambaſſadeurs & des Herauts, pour traitter de la paix & confederation; ce
decret fut maintenu contraire aux loix. Quand ce vint au jugement, Lu-
cinus ſe rendit accuſateur, Philocrates s'en voulut deffendre, Demoſthene ſe joignit auec luy, en fin Philocrates fut abſous. Il aduint que l'année
d'apres Themiſtocles fut Preuoſt, lors Demoſthene fut fait du Conſeil ſans
tirer au ſort ne pres ne loin, mais y eſtant entré par menées, & par argent,
afin de pouuoir ſouſtenir & ſupporter Philocrates, comme il monſtra bien
depuis par effet. Car Philocrates obtint incontinent vn autre decret, par lequel il fut ordonné que l'on enuoyeroit dix Ambaſſadeurs vers Philippe,
pour le prier d'enuoyer icy des Deputez qui euſſent tout pouuoir pour traitter la paix. Demoſthene en fut l'vn, lequel retourné commença à loüer la
paix, & faire le meſme recit qu'auoient fait ſes compagnons, & fut ſeul
d'aduis qu'il falloit conclure la paix auec les Deputez de Philippe, ſuiuant
en cela le train de Philocrates. L'vn fut d'aduis d'enuoyer des Ambaſſadeurs, l'autre de conclure auec les Deputez. Ie vous prie eſcoutez diligemment quelle a eſté la ſuitte de cela. Depuis Philippe ne negotia plus rien
auec les autres Ambaſſadeurs, leſquels il commença à calomnier impudemment, mais ſeulement auec Demoſthene, & Philocrates, non ſans
cauſe. Car ils auoient enſemble dreſſé ceſte legation, & enſemble fait ces
beaux decrets-là. Le premier, par lequel ils firent ordonner que vous n'at-
tendriez point les Ambaſſadeurs que vous auiez enuoyé vers les peuples de
la Grece, vous exhortant en faueur de Philippe, de ne pas faire la paix en
commun auec tous les Grecs, mais en particulier. Le ſecond, par lequel il
fut ordonné qu'on ne feroit pas ſeulement la paix auec Philippe, mais meſmes ligue & confederation, afin que ceux qui auroient touſiours eſté affectionnez à voſtre party, fuſſent entierement deſcouragez quand ils verroient que vous, qui excitiez auparauant les autres à la guerre, ne faiſiez pas
ſeulement la paix, mais vne eſtroite confederation. Le troiſieſme, par lequel
Cherſobleptes Roy de Thrace fut exclus du traitté tãt de paix que de confederation. Et neantmoins la guerre luy eſtoit deſia denoncée. Et en cela
celuy qui achetoit ſa commodité n'auoit pas tort. Car il n'eſtoit point encore obligé par ſerment ny par accord qui le peuſt empeſcher de chercher
ſon aduantage: mais ceux qui luy ont liuré & mis en main les forces & déf-
fences de l'Eſtat, meritent ſans doubte voſtre courroux & indignation.
Car Demoſthene qui ſe fait maintenant appeller ennemy d'Alexandre, qui
eſtoit lors amy de Philippe, & qui me reproche la familiarité d'Alexandre,
a eſté celuy qui a fait ce decret, hors le temps accouſtumé, faiſant tenir l'aſſemblée par les Prytanées, le huictieſme de Feurier, lors que l'on ſacrifioit
à Eſculape. Et propoſant vn affaire de conſequence à vn iour de feſte, ce qui
ne s'eſtoit jamais veu auparauant, afin, diſoit-il, que quand les Deputez de
Philippe ſeroient venus, on les peuſt promptement expedier: Preuenant
par ce moyen nos Ambaſſadeurs, & vous faiſant perdre les belles occaſions
de bien faire, en precipitant les affaires, & vous oſtant le moyen, vos Ambaſſadeurs eſtans de retour, de traitter la paix auec les autres prouinces;

laquelle il vous faiрoit traitter en particulier pour vous рeuls. Apres cela les
Ambaррadeurs de Philippe arriuerent, les voрtres eрtans encore par les prouinces, exhortans les peuples à faire la guerre à Philippe. Lors Demoрthene
gaigna encore ce point, de faire faire vn autre decret, par lequel il fut ordonné, que рans attendre vos Ambaррadeurs on traitteroit vne paix & confederation auec Philippe. Cela fut le dix-huictieрme & dix-neufieрme jour
de Feurier. Et que cela рoit vray, que l'on liрe le decret. Apres donc que
les jeux Dionyрiens furent paррez, l'on tint les aррemblées: en la premiere deрquelles l'on leut le decret qui auoit eрté reрolu le 18. Feurier, qui comprenoit tous nos Alliez. Ie vous en rememoreray рeulement les principaux
poincts le plus court que ie pourray. Premierement il portoit que vous
traitteriez à part de la paix; il ne s'y parloit point des Alliez, non par ou-
bliance, mais pource qu'on diрoit que la paix рe faiрoit pluрtoрt par neceррi-
té qu'autrement. Tellement que l'on ne pouuoit pas y garder tout l'hon-
neur que l'on euрt deрiré. Mais au bout de là on remedioit рagement à ce
que Demoрthene corrompu par argent penрoit faire. Car on adjouрtoit au
decret, qu'il рeroit permis aux autres Grecs, рi bon leur рembloit, de venir
dans trois mois s'inрcrire en la colomne publique; & ce faiрant, participer
au traitté, & eрtre compris en la compoрition. En quoy il eрtoit рagement
pourueu à deux choрes. L'vne que l'on donnoit temps de trois mois рuffi-
рant aux Grecs pour enuoyer leurs Ambaррadeurs; l'autre que l'on nous
concilioit la bien-vueillance de toute la Grece, afin que рi la paix рe venoit
à rompre nous ne fuррions point contraints d'entreprendre la guerre рeuls &
deрarmez. Ce que nous рommes contraints aujourd'huy de faire, par la faute de Demoрthene; & cela vous le connoiрtrez clairement par la lecture de
ce qui fut ordonné pour les Alliez. Ie confeррe que ie fus lors de cet aduis, &
tous les Orateurs qui рe trouuerent à ceрte premiere aррemblée: le peuple рe
retira auec ceрte opinion, que l'on feroit la paix, mais que de confederation
il n'en falloit point parler, pour ce que vos Ambaррadeurs eрtoient par toute la Grece, qui excitoient les peuples à faire la guerre à Philippe, & que la
paix qui рe feroit рeroit commune à tous les Grecs. La nuict рe paррa, & re-
tournaрmes le lendemain à l'aррemblée, où Demoрthene s'emparant de la
chaire & ne laiррant parler perрonne, vous fit entendre que ce que vous
auiez fait le jour de deuant ne рeruoit de rien, d'autant que les Deputez de
Philippe ne s'y accorderoient jamais, & que la paix ne рe pouuoit entendre
рans confederation. Ie me рouuiens des termes dont il vрa, & pour la rudeр-
рe du mot, & pour la mauuaiрe grace dont il en vрa. Il ne faut point, dit-il,
arracher la confederation d'auec la paix, ny s'arreрter aux longueurs des
Grecs, mais рe reрoudre à la guerre, ou à la paix. Et apres auoir acheué de
parler, il fit monter Antipater, & l'interrogea рur ce que bon luy рembla,
luy ayant dicté auparauant ce qu'il deuoit dire contre le bien de ceрte ville.
Et ainрi fut fait ce qu'Antipater deрiroit, tant par la force de l'eloquence
de Demoрthene, qu'au moyé du decret qu'auoit publié Philocrates. Ce qui
leur reрtoit à faire c'eрtoit de trahir Cherрobleptes & liurer toute la contrée
de Thrace; & cela ils l'acheuerét le vingt-рixieрme jour du mois de Feurier,
auát que Demoрthene euрt eрté deputé pour receuoir le рerment de Philippe.

Car

Car ce grand ennemy-cy de Philippe & d'Alexandre a eſté deux fois Ambaſſadeur en Macedoine , dont il ſe pouuoit bien excuſer , luy qui veut
maintenant que l'on meſpriſe ainſi les Macedoniens. Ce jour-là doncques
il preſidoit à l'aſſemblée qui ſe tint , & s'eſtant fait mettre-là par menées ,
Philocrates & luy liurerent le pauure Cherſobleptes. Car Philocrates fit
couler ce mot dans ſon decret , auec tout plein d'autres fauſſetez , que Demoſthene authoriſa, que les agens & Deputez des aſſociez preſteroient ce
jour-là le ſerment entre les mains des Deputez de Philippe. Or n'y auoit-il
là perſonne pour Cherſobleptes. Et par ainſi ordonnant que les agens
des confederez qui eſtoient-là preſens preſteroient le ſerment , c'eſtoit exclure Cherſobleptes, qui n'auoit là perſonne pour luy. Et pour monſtrer
que ie dy vray, que l'on liſe qui eſt celuy qui a dreſſé le decret , & qui eſt
celuy qui a preſidé pour l'authoriſer. C'eſt, Meſſieurs , vne belle choſe, belle certainement, que la garde des regiſtres publics : car au moins cela demeure immuable, & ne ſe perd point , pour la malice de ceux qui broüil-
lent l'Eſtat: ains donne moyen au peuple de reconnoiſtre quand bon luy
ſemble ceux qui ont mal-fait , & ceux qui apres auoir mal-fait, veulent
eſtre veuz gens de bien. Ce qui me reſte pour ce chef, c'eſt de vous monſtrer quelle a eſté ſa flatterie. Car de toute l'année qu'il a preſidé, il ne ſe
trouuera qu'il ait fait monter au ſiege les Ambaſſadeurs, ſinon ceſte fois-
là, qu'il leur a baillé des daiz , & fait tendre des tapis, & bien qu'il fiſt deſ-
ja gràd jour, il leur ſeruoit de guide pour venir au Theatre, de ſorte meſmes
que l'on le ſiffla pour ceſte honteuſe flatterie: & quand ils allerent à Thebes,
il leur loüa trois couples de mulets, & les fit reconduire juſques-là, rendant
noſtre ville ridicule à tout le monde. Mais afin que ie ne m'eſloigne point
de mon ſujet , prenez le decret qui fut fait de la ſeance que deuoient auoir
les Ambaſſadeurs. Or, Meſſieurs, cet impudent flatteur ayant ſceu le premier par les eſpions de Charidemus que Philippe eſtoit decedé , il feignit
que les Dieux luy auoient enuoyé vn ſonge , & celant ce qu'il auoit appris
par le moyen de Charidemus, nous vint perſuader , que les Dieux & Minerue qu'il blaſpheme tous les jours par ſes parjures, le luy auoient reuelé ,
& que les nuicts ils venoient parler à luy & luy predire ce qui deuoit arriuer. Et dans la huictaine que ſa fille eſtoit morte, auparauant que d'auoir
fait les obſeques, couronné & veſtu d'vne robbe blanche, il vint ſacrifier,
ſans ſe ſoucier des loix ny de la perte de celle qui premiere l'auoit appellé
pere. Ie ne luy dis pas pour luy reprocher ſon infortune, mais afin que vous
entendiez la façon dont il s'y eſt comporté. Car jamais vn mauuais pere, &
qui hait ſes enfans, ne fut bon gouuerneur de peuple; & celuy qui n'ayme
point ce qui luy eſt de plus cher & de plus proche, ne tiendra pas dauantage de compte de vous , qui luy eſtes perſonnes eſtranges. Celuy qui eſt
meſchant en ſon priué, ne ſera jamais homme de bien pour le public: celuy
qui eſt vn trompeur en ſa maiſon, ne ſe comportera pas en honneſte homme quand vous l'enuoyerez Ambaſſadeur en Macedoine. Car en changeant de lieux, il ne change pas de mœurs. Comment doncques y a-il vn
ſi grand changement en ſes actions? car ie viens à ceſte ſeconde ſaiſon, pour
vous faire entendre quelle eſt la cauſe pour laquelle Philocrates, qui a eu le

meſme maniment que Demoſthene, a eſté banny comme criminel de leze
Majeſté, & Demoſthene eſt demeuré qui accuſe les autres. Comment ce
mal-heureux nous a-il plongé en tant de maux & de calamitez ? C'eſt-ce
qui eſt fort d'igne d'eſtre entendu. Auſſi-toſt que Philippe euſt paſſé les
Pyles, qu'il euſt ruiné les villes des Phocenſes auant quaſi qu'on euſt loiſir
d'y penſer, & rendu les Thebains plus puiſſans qu'il n'eſtoit lors expedient pour vos affaires, comme vous conneuſtes bien-toſt apres ; vous
commençaſtes fort eſtonnez à abandonner la campagne, & reſerrer vos
meubles dans les villes. On blaſmoit lors grandement ceux qui auoient
eſté enuoyez Ambaſſadeurs pour moyenner la paix, mais beaucoup plus
que les autres, Philocrates & Demoſthene, qui n'auoient pas ſeulement
eſté Ambaſſadeurs, mais encores auoient dreſſé les decrets. Or aduint il
en meſme temps que Demoſthene & Philocrates furent en mauuais meſnage entr'eux, ſans doubte pour la meſme occaſion pour laquelle vous
ſoupçonniez lors. Ceſte diſſenſion ſuruenant, & aigriſſant les autres vices
qui ſont naiz auec Demoſthene, il commence à pouruoir à ſes affaires auec
vne grande défiance, & encore plus grande jalouſie de ce que Philocrates
emportoit ſi grand part de l'argent qu'on leur auoit donné. Il penſa qu'en
accuſant ſes compagnons & blaſmant Philippe, il ruineroit ſans doute
Philocrates, & feroit courir grand' fortune aux autres qui auoient eſté en
ceſte Ambaſſade auec luy, & pour ſon regard, qu'il acquerroit beaucoup
de reputation, & ſembleroit en trahiſſant meſchamment ſes amis, eſtre fidelle au peuple Athenien. Dequoy s'eſtant apperceus les ennemis du repos
public, ils commencerent à l'inciter de monter en chaire, diſans qu'il n'y
auoit plus aucun en la ville exempt de corruption que luy. Et luy ſe preſentant commença à leur preparer des ſemences de guerre & de ſedition.
Voyla celuy, Meſſieurs, qui le premier a inuenté le mur Serrien, le Dori-
que, l'Ergiſque, le Meurgiſque, le Gan, le Ganide, places dont nous n'a-
uions jamais oüy parler auparauant. En fin il tourna les affaires de façon
que ſi Philippe n'enuoyoit point d'Ambaſſadeurs, il diſoit que c'eſtoit
qu'il negligeoit la ville ; s'il en enuoyoit, il diſoit que c'eſtoient des eſpions;
ſi Philippe offroit ſe rapporter à quelque ville des differents qu'il auoit auec
nous, il diſoit qu'il ne ſe pouuoit trouuer de Iuge qui peuſt equitablement
juger les differents que nous auions auec luy. Philippe vouloit bailler Ha-
loneſe; ceſtuy-cy diſoit qu'il ne la falloit pas receuoir s'il ne la rendoit, diſpu-
tant des mots & des ſyllabes. En fin ordonnant des Couronnes à ceux qui
auoient mené des forces en Theſſalie & Magneſie, auec Ariſtote, contre
les traittez, il rompit la paix, & nous appreſta beaucoup de miſeres & de
calamitez. Oüy mais, à ce qu'il dit, il nous a fortifié cet Eſtat de murs
d'airain & de diamant, nous ayant procuré l'alliance & confederation des
Eubeans & des Thebains. Au contraire, en cela vous auez receu trois notables injures, leſquelles vous ne comprenez nullement. Or vous veux-je
faire entendre que c'eſt que de ceſte grande alliance des Thebains, de laquelle ie vous parleray en ſon ordre. Il faut premierement que ie vous ramentoiue celle que vous auez faite auec les Eubeans. Vous auiez eſté grandement offenſez par Meneſarche Chalcidien, & par Callias fils de Tauroſthenes,

roſthenes, leſquels ceſtuy-cy a depuis bien oſé faire enroller au nombre des Bourgeois de ceſte ville. Vous fuſtes auſſi fort injuriez par Themiſon fils d'Eretrius, qui durant la paix priſt ſur vous Oropus, neantmoins vous oubliaſtes volontairement tout cela : & quand les Thebains deſcendirent en Eubée pour reprendre leurs villes, vous la ſecouruſtes de forces de mer & de terre, & en vn mois vous contraigniſtes les Thebains de venir à accord, l'Eubée demeurant en voſtre puiſſance, auec vne grande juſtice & droicture, car vous rendiſtes les villes & le gouuernement à ceux qui les auoient depoſé entre vos mains : Ne penſans pas qu'il fuſt raiſonnable d'exercer aucune vengeance ſur ceux qui s'eſtoient jettez entre vos bras, & mis ſur voſtre foy. Les Chalcidiens ayans receu vn ſi grand bien de vous ne vous rendirent pas la pareille. Ils firent au commencement ſemblant de vous eſtre amis, mais ſi toſt que vous fuſtes deſcendus en l'Eubée pour ſecourir Plutarque, & que vous euſtes paſſé les Tamynes & le mont ſurnommé Cotylée, ce Callias Chalcidien, que Demoſthene a deffendu pour de l'argent, voyant noſtre armée enfermée dans des deſtroits, d'où elle ne pouuoit ſortir que par le gain d'vne bataille, ne pouuant eſtre ſecouruë ny par mer ny par terre, aſſembla vne armée de toute l'Eubée, enuoya querir les forces de Philippe, & eſtant joinct auec ſon frere Tauroſthenes, que vous voyez qui nous ſaluë tous maintenant, & nous ſoubſrit ſi doucement, lequel auoit faict deſcendre les Eſtrangers de Phocée, il vint pour nous deffaire. Que ſi Dieu premierement n'euſt preſerué noſtre armée, & que vos gens de guerre, tant ceux de pied que de cheual, ne ſe fuſſent monſtrez gens de bien, & qu'auprès de l'Hippodrome, qui eſt vers les Tamynes, ils n'euſſent gaigné la victoire en bataille rangée, & receu les ennemis à mercy, noſtre ville couroit fortune d'endurer vne grande honte. Car eſtre vaincu n'eſt pas le plus grand mal qui peut arriuer à la guerre. Mais quand le malheur veut que vous tombiez ſoubs la puiſſance d'vn ennemy indigne, ce vous eſt double perte. Or apres auoir eſté traittez de ceſte façon par ces gens-là, vous ne laiſſaſtes pas de vous reconcilier auec eux. Mais Callias Chalcidien ayant eſté traitté ſi humainement par vous, apres auoir laiſſé couler quelque temps retourna à ſa premiere nature. Et faiſant ſemblant qu'il aſſembloit le Conſeil d'Eubée en Chalcide, en effet il diſpoſa l'Eubée, pour vſurper la puiſſance à laquelle il aſpiroit, & à l'acquiſition de laquelle il eſperoit que Philippe l'ayderoit. Il s'en alla en Macedoine ; là il eſtoit à la ſuitte de Philippe, tenu pour l'vn de ſes meilleurs amis. Depuis ayant offenſé Philippe il s'eſchappa, & ſe jetta entre les mains des Thebains; puis les abandonnant, & faiſant plus de tours & de retours que l'Euripe auprès duquel il habite, il demeura ennemy commun de Philippe & des Thebains. Ne ſçachant plus quel conſeil prendre, & la guerre luy eſtant deſia denoncée, il penſa qu'il ne luy reſtoit aucune eſperance de ſalut, ſinon de ſe r'allier auec le peuple Athenien, l'auoir pour confederé, & faire en ſorte qu'il priſt ſa deffence ſi quelqu'vn vouloit entreprendre ſur luy. Et cela ſans doubte euſt-il obtenu, ſi vous ne vous y fuſſiez oppoſé : ce que voyant il vous enuoya derechef en Ambaſſade Glaucetis, Empedon & Diodore, qui auoient couru la longue courſe aux jeux publics leſquels vous donnoient de vaines efperances , & à Demofthene & à ceux de fa faction de bon argent comptant. Il fit par ce moyen trois chofes tout enfemble. La premiere qu'il n'eftoit point exclus de voftre confederation. Car fi le peuple Athenien fe fuft reffenti des injures qu'il auoit receu de luy , il n'y auoit moyen du monde qu'il fe peut fauuer. Il falloit ou qu'il abandonnaft la Cholcide , ou qu'y eftant attrappé il y mouruft; tant Philippe & les Thebains auoient preparé de forces pour l'auoir. La feconde , de faire donner recompenfe à ceux qui auoient fait ordonner que les Chalcidiens ne feroient point tenus de fe trouuer au Confeil d'Athenes. La troifiefme , de n'eftre point fujets aux contributions ; & en tout ce deffein-là Callias ne manqua en rien. Car Demofthene, qui fe fait fi grand ennemy des tyrans, & que Ctefiphon dit auoir toufiours fi bien confeillé le peuple, vous fit perdre l'occafion de faire vos affaires, & mit dans le traité de confederation que vous feriez tenus de fecourir les Chalcidiens : & quant à eux il ne les obligea point, ains changeant les mots fit efcrire feulement pour la mine & reputation, que les Chalcidiens feroient tenus de fecourir les Atheniens, fi on les affailloit, fans faire mention aucune ny du Confeil commun , ny des contributions neceffaires pour fouftenir la guerre. Tellement qu'il ruina tout , couurant auec de belles paroles fes lafches & honteufes actions, & nous induifant à croire qu'il falloit que nous donnaffions fecours aux Grecs qui en auoient befoin, & que quand nous les aurions obligez nous entrerions en confederation auec eux. Et afin que vous connoiffiez fi ie dis vray , prenez l'accufation de Callias & le traitté, & puis lifez le decret. N'eft-ce donc pas vne grande mefchanceté d'auoir ainfi vendu l'occafion de faire le profit de la ville , d'auoir fait vn tel prejudice au Confeil , d'auoir ainfi aboly les contributions? Mais cela n'eft rien au prix de ce qui me refte à dire : car l'audace & l'auarice de Callias Chalcidien , & la corruption & ordure de Demofthene, que Ctefiphon loüe tant , font venus jufques à ce point , qu'à voftre veu, qu'à voftre fceu, ils ont volé fix mil efcus, à quoy fe montoient les contributions que vous payoient ceux d'Orée & d'Erythrée ; ont deftourné les Confeillers qui fouloient venir icy de ces lieux-là, & ont fait en forte qu'ils vont au Confeil de Chalcide & d'Eubée. Par quel moyen & auec quels malicieux artifices, cela merite d'eftre entendu. Callias n'enuoya pas icy des meffagers, mais il y vint en perfonne : & fe trouuant à l'affemblée vous fit vn difcours que Demofthene luy auoit dreffé. Il vous dift qu'il reuenoit frefchement du Peloponefe, qu'il auoit dreffé vn eftat des forces qu'il falloit oppofer à Philippe , où il conuenoit employer foixante mille efcus. Et vous difcourut côbien chacun en deuoit porter. Que les Acheens & Megariens en payeroient trente mil efcus pour leur part, & toutes les villes d'Eubée vingt-quatre mil. Que de ces deniers-là, on entretiendroit les forces de mer & de terre : qu'il y auoit beaucoup d'autres villes de la Grece qui vouloient contribuer à cefte defpence, de forte que vous n'auriez faute ny d'hommes ny d'argent. De tout cela vous vous en fouuenez bien. Mais outre il vous dit, qu'il auoit de grandes pratiques fourdes, & qui ne fe deuoient pas reueler, dont quelques-vns de vos citoyens vous rendroient bon tefmoignage. Et acheuant fon difcours, il pria nommément De-

mofthene,

mosthene, qu'il luy pleuſt vous en dire ce qu'il en ſçauoit. Luy paſſant brauement, & montant en chaire loüa grandement Callias, & teſmoigna
qu'il ſçauoit bien que c'eſtoit de ſes ſecrets dont il vous faiſoit feſte. Et dit
outre cela, qu'ils vous vouloit faire ſon rapport des Ambaſſades qu'il auoit
fait tant au Peloponeſe qu'en Acarnanie. Le rapport en ſomme fut qu'il
auoit fait eſtat de ce que payeroient les Peloponeſiens, & les Acarnaniens,
pour faire la guerre à Philippe; que les deniers eſtoient ſuffiſans pour equipper cent groſſes nauires, dix mille hommes de pied, & mille de cheual.
Que outre cela il ſe tireroit encores de grandes forces des villes; que le Peloponeſe fourniroit ayſément deux mille hommes de pied armez de rondaches, Acarnanie autant; & que toutes vous deferoient le commandement de l'armée. Que tout cela ſeroit preſt au ſeizieſme de Nouembre, &
qu'il auoit dit & denoncé à toutes les villes que l'on ſe rendit à Athenes, à
la pleine Lune. Car c'eſt vne façon de parler qui luy eſt propre, & qui n'eſt
point commune aux autres: car les autres impoſteurs quand ils veulent dire
quelque menterie ne deſignent ny le temps, ny le lieu, de peur que l'on ne
les puiſſe conuaincre; mais Demoſthene quand il donne des bourdes, premierement il le fait auec d'eſtranges ſermens, & des imprecations horribles de perir miſerablement s'il ne dit vray. Apres cela il vous dit des choſes
qu'il ſçait bien ne pouuoir eſtre en façon quelconque. Il vous conte quand
ce fut, nomme ceux qu'il ne vit ny ne conneut jamais. Et ainſi il vous prend
par les oreilles, en imitant ceux qui ont accouſtumé de dire la verité. En
quoy il eſt d'autant plus à haïr, qu'eſtant ſi meſchant il abuſe ainſi des marques auſquelles on connoiſt les gens de bien. Apres vous auoir entretenu
de tous ces diſcours, il baille au Greffier vn decret à lire, plus long que l'I-
liade d'Homere, plus vain que les diſcours qu'il fait ordinairement de vous,
voire meſme que toute ſa vie, qui l'eſt beaucoup, plein d'eſperance de
choſes qui ne doiuent jamais eſtre, & de forces qui ne ſe deuoient onques
aſſembler. Or vous ayant par ce moyen deſtournez de penſer aux larrecins
qu'il a faits, & vous tenant ſuſpendus par ces vaines eſperances-là, il s'en va
dreſſer vn autre decret, par lequel il eſtoit ordonné que l'on enuoyeroit
des Deputez à ceux d'Erythrée pour les prier (penſez qu'il en eſtoit bien
beſoin) de bailler d'oreſnauant à Callias les trois mille eſcus qu'ils auoient
accouſtumé de vous payer, & que l'on en enuoyeroit d'autres en Orée
pour prier ceux de ce pays-là, de tenir pour amis & pour ennemis ceux que
le peuple Athenien tiendroit pour tels. Mais ſur la fin il deſcouurit que ce
decret n'eſtoit que pour cacher ſon larrecin: Car il y adjouſta que les Deputez prieroient ceux d'Orée de payer à Gallias les trois mil eſcus qu'ils
vous deuoient. Or que cela ſoit vray; liſez le commencement du decret,
où il fait tant de parade des nauires qui deuoient venir, & où il magnifie
tant ſon decret: liſez & venez au poinct où ſe void le larrecin de ce meſchant & ſceleré paillard, que Cteſiphon dit en ſon decret auoir touſiours
conſeillé au peuple Athenien choſes vtiles & profitables. Or toutes ces gal-
leres-là, tous ces gens de pied dont le rendez-vous eſtoit à la pleine Lune;
n'ont eſté que du vent & des paroles: mais quant aux contributions de vos
Alliez, & quant au ſix mil eſcus, vous les auez perdus à bon eſcient. Il faut

maintenant que ie monſtre que Demoſthene a eu dix-huict cens eſcus pour
dreſſer ce decet de ceſte façon. C'eſt à ſçauoir ſix cens eſcus des Chalcidiens
que Callias luy apporta, ſix cens des Eretriens que le Prince Clitarchus luy a
payé, & ſix cens que les Oreens luy ont donné, qui ont tout deſcouurt: pour
ce que leur Eſtat eſtant gouuerné par le peuple, & tout ſe faiſant par ordonnance d'iceluy, ils ne peuuent rien tenir ſecret. Eſtans eſpuiſez d'argent par la
guerre qu'ils ont eu contre Philippe, ils enuoyerent vers Demoſthene Gno-
ſideme fils de Charideme lors l'vn des plus grãds de la ville, pour le prier de
leur quitter ceſte partie-là, & qu'ils luy dreſſeroient vne ſtatuë de bronze au
lieu. Il leur fit reſponce qu'il n'auoit que faire de leur bronze, & que Callias le feroit bien payer de ſon argent. Ceux d'Orée ſe voyans ainſi contraints, & n'ayant point d'argent, luy obligerent leur reuenu. Et de fait
luy ont touſiours depuis payé l'intereſt de ſa concuſſion à raiſon de douze
pour cent, iuſques au iour de l'entier payement. Tout cela a eſté fait par ordonnance publique du peuple d'Orée. Qu'ainſi ſoit que l'on liſe leur decret.
Voila le decret, Meſſieurs, qui tourne à la verité fort à la hóte de ceſte ville,
& quant & quant à la conuiction du mauuais gouuernemét de Demoſthene, & deſcouure manifeſtemét la faute de Cteſiphon. Car on ne peut pas dire qu'vn homme corrompu comme cela, ſoit hóme de bien: ce que ceſtuy-
cy a bien oſé coucher dans ſon decret. L'ordre m'appelle à la troiſieſme ſaiſon, que vous trouuerez bien plus faſcheuſe que les autres. C'eſt du temps
que Demoſthene a ruiné les affaires de la Grece, violant la religion du temple de Delphes, & contractant vne alliance auec les Thebains pleine d'iniuſtice & de conditions deſaduantageuſes pour nous. Ie commenceray par
les crimes qu'il a commis contre les Dieux. Il y a, Meſſieurs, vne plaine,
nommée Cyrrhée, & vn port qui eſt maintenant comblé & tenu pour
maudit. Ceſte contrée a eſté cy-deuant habitée par les Cyrrheiens & Acracalides, qui eſtoient vne meſchante race de gens, qui violerent le temple
de Delphes, & en vollerent les offrandes; ils offenſerent auſſi les Amphictyons. Vos anceſtres, à ce que l'on dit, furent fort irritez de cela, & eſtans
allez auec les Amphictyons à l'Oracle pour ſçauoir par quelle peine il falloit expier le crime de ceſte nation, la Pythie leur reſpondit qu'il falloit faire la guerre aux Cyrrheiens & Acracalides iour & nuit, & ruiner leur païs
de fonds en comble, rendant tous les habitans eſclaues, & les conſacrans à
Apollon Pythien, à Diane, à Latone, & à Minerue Prouidente, pour eſtre
perpetuellement ſans culture, & ſans que l'on permit que iamais eux ny autres quelconques remiſſent ces terres-là en labeur. Ayans receû ceſte reſponce, par l'aduis de Solon à qui ils auoient donné puiſſance de faire les
loix, & qui eſtoit homme fort nourry aux affaires, & conſommé en la Philoſophie, ils firent vn decret, par lequel ils publierent la guerre contre ces
maudites gens-là, ſuiuant ce que l'Oracle diuin auoit ordonné: & aſſem-
blans des forces ſuffiſantes, meſmes de celles des Amphictyons, ils reduiſi-
rent les perſonnes en ſeruitude, comblerent le port, raſerent la ville, & con-
ſacrerent les terres ſuiuant l'Oracle. Outre ils firent vn ſerment ſolennel
qu'ils ne laboureroient iamais ceſte terre-là, ny ne permettroient iamais
qu'elle fuſt labourée par perſonne, ains qu'ils combattroient pour Apollon

&

& ce qui luy appartenoit , & de pieds, & de mains, & de toute leur puiſſance. Ils ne ſe contenterent pas de ce ſerment, mais encore y adjouſterent
de grandes imprecations & maledictions. Voyla les propres mots. Si quelqu'vn contreuient à cecy, ſoit particulier, ville ou nation , qu'il ſoit deuoüé
à Apollon, Diane, Latone , & Minerue Prouidente. Et prient dauantage
que leur terre ne porte jamais de fruict, ny leurs femmes d'enfans ſemblables à leurs peres, ains des monſtres & des prodiges. Que leur beſtial ne face plus de petits, ſelon que de leur naturel ils ont accouſtumé, qu'ils ſoient
touſiours vaincus ſoit en la guerre , ſoit en procés , qu'eux & leurs races
& leurs maiſons periſſent miſerablement , & ne ſoient jamais receus à
ſacrifier ny à Apollon, ny à Diane , ny à Latone , ny à Minerue Prouidente, & que leurs ſacrifices ne ſoient jamais acceptez. Or pour monſtrer
que ie dis vray, liſez la reſponce de l'Oracle , oyez les maledictions, &
vous ſouuenez du ſerment que vos anceſtres & les Amphictyons jurerent
enſemble.

L'ORACLE.

C'eſt ville jamais ny priſe ny razée
Ne ſera par vos mains , tant que l'onde amaſſée
De la mer ſur-paſſant ſon riuage ancien ,
Vienne bagner le pied du temple Pythien.

Or apres tous ces ſerments-là, ces maledictions & cet Oracle, qui ſont encore eſcrits en nos regiſtres , les Locriens , & Amphiſſiens , & principalement ceux qui auoient le gouuernement entr'eux, gens meſchans & ſcelerez, ont remis les terres en labeur, ont rebaſty le port qui eſtoit deſert &
maudit, & l'ont repeuplé, ont mis des impoſts ſur les vaiſſeaux qui paſſent
par là , & outre , ils ont corrompu quelques-vns des Orateurs enuoyez au
Conſeil de Delphes à beaux deniers contans, & entre autres Demoſthene,
lequel ayant eſté depute par vous Orateur pour aller à ce Conſeil, a receu cent eſcus des Amphiſſiens afin que l'on ne parlaſt point de leur fait au
Conſeil des Amphictyons, outre deux cens eſcus de ce maudit argent-là,
qu'ils promirent de luy enuoyer tous les ans à Athenes afin qu'il tint leur
party contre tout le monde. Depuis lequel temps il luy eſt aduenu qu'il ne
s'eſt meſlé d'affaires quelconques, ſoit de grand, ſoit de petit, ſoit d'eſtat
populaire, qu'il n'y ait porté mal-heur, & ne les ait fait tomber en d'eſtranges miſeres. Ie vous prie voyez la fortune des Amphiſſiens , & quel ſuccés
a eu leur impieté. Theophraſte eſtant Preuoſt, & Diognetus Anaphylu-
ſtien eſtant Maiſtre des ſainctes ceremonies, vous deputaſtes des Orateurs
pour aller au Conſeil des Amphictyons, Midias qui eſtoit Anagurraſien,
lequel ie ſouhaitterois eſtre en vie pour beaucoup d'occaſions, Thraſycles
Leſbien , & moy pour troiſieſme. Il aduint que comme nous fuſmes arriuez à Delphes, Diognetus tomba malade d'vne fievre, le ſemblable arriua à Midias , les autres du Conſeil des Amphictyons s'aſſemblerent. Cependant quelques-vns, qui deſiroient faire paroiſtre la bonne volonté qu'ils
portoient à noſtre ville , me donnerent aduis que les Amphiſſiens , qui
eſtoient aſſujettis & miſerablement aſſeruis aux Thebains, deuoient demander que nous fuſſions condamnez en trente mil eſcus d'amende pour

auoir consacré les boucliers dorez en vn nouueau temple qui n'estoit pas
encore dedié : Et pour y auoir mis ceste inscription, *Les despoüilles que les
Atheniens ont eu des Medois & des Thebains lors qu'ils combattoient contre la
Grece.* Ie fus mandé par le Maistre des sainctes ceremonies pour entrer au
Conseil des Amphictyons, & porter la parole pour ceste ville : ce que j'a-
uois desia deliberé de faire. Comme ie fus entré dans le Conseil, & que ie
commençois à parler auec quelque vehemence, les autres Orateurs s'e-
stans absentez, voicy vn Amphissien petulant, & à mon aduis fort ignorant, poussé sans doute de quelque mauuais Demon, qui commence à dire : Si vous estes sages, Messieurs, vous ne permettrez pas que l'on nomme
seulement en ceste assemblée le peuple d'Athenes, mais comme personnes
maudites, vous les chasserez de ce temple. Et au bout de là il commence à
faire le recit de la confederation que Crobylus auoit traitté auec les Phocenses, & conter infinies autres choses au desaduantage de nostre ville, que
ie ne pouuois auoir patience d'oüyr quand il les disoit, & ne m'en souuiens
maintenant qu'à regret. Or l'oyant, ie fus si outré que ie ne le fus de ma vie
dauantage. Ie passeray par dessus le reste des propos que ie tins lors ; seulement vous diray-je, que ie commençay à me remettre en memoire l'impieté des Amphissiens, & ce qu'ils auoient fait au lieu sacré où nous estions
lors, & le fis entendre aux Amphictyons : car le champ Cyrrhien est au
dessous du temple, & le peut-on voir clairement de là. Voyez, leur dis-je,
Messieurs les Amphictyons, ces champs-là que labourent les Amphissiens,
ces tuilleries & ces bergeries qu'ils y ont basty, voyez de vos yeux ce maudit & execrable port qu'ils ont preparé & renfermé de murailles. Vous sçauez tous, & ne vous faut point d'autres tesmoins que vous mesmes, quels
imposts ils ont mis, & quels deniers ils ont tiré de ce port. Et au mesme instant ie fis lire l'Oracle qu'Apollon en auoit rendu, le serment qui auoit esté
presté par leurs predecesseurs, & les imprecations qui auoient esté faites. Ie
vous declare, leur dis-je, que pour satisfaire à ce serment, tant pour le peuple Athenien, que pour moy, mes enfans & ma maison, j'ay apporté à
Dieu, à la terre consacrée, tout le secours que ie puis, & des pieds & des
mains & de toute ma puissance, & que j'en acquitte ma ville enuers les
Dieux. C'est à vous maintenant à deliberer ce que vous auez à faire pour
vostre regard. Nous sommes aux festes des Corbeilles, les victimes sont
desia sur les autels, & estes prests à demander aux Dieux ce qui vous est necessaire en public & en particulier : considerez auec quelle voix, auec quelle conscience, auec quel visage, auec quelle asseurance vous leur presente-
rez vos vœux, si vous laissez impunis ceux-cy, que vous voyez coupables
d'vne telle impieté, & qui ont amassé sur soy tant de maledictions. Car ce
ne sont point enigmes, les imprecations sont escrites en termes assez clairs,
contre ceux qui violeront le serment, & declarent assez ce qui leur doit arriuer, & à ceux qui les laisseront faire. En fin de l'imprecation il y a : *Qu'ils
ne soient point receus à sacrifier à Apollon, à Diane, à Latone, à Minerue Prouidente, & que leurs offrandes ne soient point receuës jusques à ce qu'ils ayent
vengé l'injure faite aux Dieux.* Apres que j'eus dit cela & beaucoup d'autres choses, comme ie me fus retiré & sorty du Conseil, il se leua vne grande
rumeur

rumeur & vn grand trouble parmy les Amphictyons, & ne parloit-on
plus des boucliers que nous auions consacré, mais de la peine que meritoient
les Amphissiens. Il faisoit desia soir, & neantmoins voicy venir vn Heraut,
qui commence à crier, que tous les habitans de la ville de Delphes qui
auoient passé seize ans, tant serfs que libres, eussent à se trouuer auec des
faux & des hoyaux au lieu que l'on appelle Thutien. Et outre fit à sçauoir
que le Maistre des ceremonies & les Orateurs du Conseil eussent à se trouuer au mesme lieu, pour secourir Dieu & la terre consacrée ; & s'il
y auoit quelqu'vn qui y faillit, que l'on le chasseroit du temple & declare-
roit maudit, & auoir encouru le contenu aux imprecations. Le lendemain
nous nous trouuasmes au lieu assigné, nous allasmes au terroüer de Cyrrhée, ruinasmes le port, bruslasmes les maisons, & puis nous en reuinsmes.
Les Locriens & Amphissiens qui ne sont qu'à deux lieuës de là ou enuiron
en estant aduertis, vindrent en armes, & si nous ne nous fussions sauuez à
la fuitte, & gagné Delphes, nous courions fortune de perdre la vie. Le lendemain Cottyphus qui auoit charge de recueillir les voix fit tenir l'assemblée : car ils appellent assemblée, quand on n'assemble pas seulement les
Orateurs & maistres des sainctes ceremonies, mais generalement tous ceux
qui ont droict de sacrifier à Delphes, & ceux mesmes qui viennent à l'O-
racle. Là il y eust de grandes plaintes contre les Amphissiens, & de grandes
loüanges de nostre ville. Et pour conclusion il fut arresté que les Maistres
des sainctes ceremonies se trouueroient à l'entrée du Conseil, qui se tiendroit aux Pyles au jour qui auoit esté assigné, & qu'ils proposeroient de
chastier les Amphissiens, pour les excés par eux commis contre Dieu, &
contre la terre saincte. Pour vous faire connoistre si ie dis vray, le Greffier
vous lira le decret qui en fut fait. Ce jugement ayant esté rendu en plein
Conseil à nostre poursuite, & encores confirmé par toute l'assemblée du
peuple, & tout le monde estant fort satisfait de nos actions, & disposé au
seruice de Dieu, Demosthene qui estoit gagné par les Amphissiens s'y voulut opposer, mais ie le rembarray bien en vostre presence. Voyant qu'il n'a-
uoit peu ouuertement vous tromper, il entra au Conseil, & faisant sortir
les particuliers qui y estoient il dressa vne proposition pour faire l'assemblée, se seruant de l'ignorance de celuy qui escriuoit, & la fit publier &
confirmer, l'assemblée estant desia rompuë, & beaucoup s'en estans re-
tourniez à leurs maisons, & mesmes moy qui ne l'eusse jamais enduré, si
j'y eusse esté present. Le sommaire de ceste proposition, c'est que le Maistre des sainctes ceremonies, & les orateurs qui seront deputez d'oresnauant pour aller au Conseil des Amphictyons, iront aux Pyles & à Delphes, aux saisons ordonnées par nos predecesseurs. Cela est beau en apparence, mais en effect c'est vne meschanceté. Car il oste le moyen de se trouuer à l'assemblée, qui se deuoit faire aux Pyles, auant le temps ordonné par
nos predecesseurs. En ce mesme decret, il couche auec encore bien plus de
malice & plus aysée à descouurir, Que les Maistres des sainctes ceremonies
& Orateurs qui seront d'oresnauant deputez, ne communiqueront en façon quelconque, de fait ny de parole, ny par aduis, ny par negotiation, auec
ceux des autres villes qui seront là assemblez. Qu'est-ce à dire cela, Ils ne

Communiqueront point ? Diray-je ce que ie sçay estre vray, ou ce que ie sçay qui vous est agreable ? Ie diray la verité : car toutes ces belles paroles que l'on dit pour vous complaire , c'est ce qui nous a mis aux maux où nous sommes. Elles vous empeschent de vous souuenir des sermens de vos predecesseurs, des imprecations publiques, des Oracles qui ont esté rendus. Or par le moyen de ce decret , nous sommes demeurez icy pendant que les autres Amphictyons s'assembloient aux Pyles, où ils se sont tous trouuez, fors vne ville, laquelle ie ne veux point nommer. A Dieu ne plaise, que les mal-heurs qui luy sont aduenus arriuent jamais à personne de la Grece. Là ils resolurent la guerre contre les Amphissiens, & donnerent le commandement de l'armée à Cottylus Pharsalien , qui auoit lors la charge de recueillir les voix au Conseil. Philippe n'estoit point lors en Macedoine ny en aucun lieu de la Grece, mais bien auant en Scythie. Et neantmoins Demosthene vous dira tantost hardiment, que ie fus cause par ce moyen de le faire entrer en la Grece. Or les Amphictyons passans auec ceste armée, traitterent fort humainement les Amphissiens ; car pourtant de grands crimes qu'ils auoient commis, ils ne les chastierent que par quelques amendes, & sommes de deniers, qu'ils les condamnerent porter au Temple dans certain temps. Ils bannirent ceux qui estoient autheurs du fait, & rappellerent ceux qui par crainte & religion s'estoient retirez. Mais depuis ils ne tindrent compte de porter les deniers au Temple, ils rappellerent ceux que les Amphictyons auoient bannis, ils chasserent ceux que les Amphictyons auoient rappellez. Tellement qu'il fallut assembler encor vne autre armée contre eux. Cela fut long-temps apres, & lors que Philippe fut de retour de Scythie. Lors les Dieux vous offroient ce commandement, & sur-intendance en vne si saincte entreprise, mais Demosthene qui estoit gagné l'empeschoit. Les Dieux ne vous aduertissoient-ils par lors par signes tout euidens que vous prinssiez garde à vous ? Qu'eussiez-vous sceu desirer d'eux dauantage, sinon qu'ils eussent parlé à vous auec vne voix d'homme ? Ie ne pense pas qu'il y ait ville au monde, qui ait esté plus soigneusement conseruée par les Dieux, & plus miserablement ruinée par les Orateurs. N'estoit-ce pas vn euident presage, & suffisant pour vous faire prendre garde à vous, de voir vos Pontifes qui estoient morts durant la feste & solemnité des mysteres ? Amyniades vous aduertit-il pas lors d'y pouruoir, & enuoyer à Delphes pour sçauoir de l'Oracle ce qui estoit à faire : Demosthene l'empescha, & dit que la Prestresse fauorisoit Philippe. Ignorant & presomptueux qu'il est, & enorgueilly de la puissance & authorité que vous luy auez donnée ! Au bout de là ne fit-il pas partir nos gens de guerre, quoy que les sacrifices, n'eussent pas bien rencontré, les enuoyant à la boucherie ? Et neantmoins il y a peu qu'il nous contoit que Philippe n'auoit osé entrer en la Grece, pour ce qu'il n'auoit pas trouué les entrailles de ses victimes entieres. Comme vous sçauroit-on donc assez punir, meschant qui auez perdu la Grece ? Car si celuy-là ayant la puissance en main fit difficulté d'entrer és terres de ceux qu'il pouuoit vaincre, pour ce que les sacrifices ne luy sembloient pas estre tels qu'ils deuoient faut-il que vous qui n'auez aucune preuoyance de ce qui deuoit aduenir,

auant

auant que sacrifier pour eux, ayez enuoyé les gens de guerre à vn euident
danger? faut-il, dit-je, que vous soyez couronné pour recompense du mal
que vous auez causé à ceste ville? ou bien que vous en soyez pour jamais
exterminé? Y a-il sorte de misere qui depuis ne nous soit arriuée contre l'esperance & attente de tout le monde? Car nous n'auons pas vescu vie
d'hommes, & semble que nous ayons esté naiz pour faire estonner de nos
fortunes ceux qui viendront apres nous. N'auons-nous pas veu le Roy de
Perse qui a coupé la montagne d'Athos, qui a enchainé l'Hellespont, qui
a enuoyé demander aux Grecs le feu & l'eau, qui mettoit en ses lettres qu'il
estoit maistre de tous les habitans de la terre, depuis le Soleil leuant jusques
au couchant, reduit en tel poinct par les Grecs qu'au lieu de songer à conquerir sur autruy, il estoit bien empesché à sauuer sa propre personne?
Voyons vn peu que sont deuenus les Grecs qui ont fait ces exploits-là, &
qui ont eu la conduite des armées contre les Perses, qui ont mis le temple de
Delphes en liberté. Helas! voyla ceste miserable ville de Thebes, qui au
milieu de la Grece a esté prise & destruite en vn jour. Et bien que justement
elle semble auoir payé l'amende de ses mauuais conseils, & de n'auoir pas
embrassé les affaires communes de la Grece, toutesfois leur fortune est digne de pitié, & semble que quelque puissance plus qu'humaine les ait conduit à ceste estrange calamité, leur ostant le jugement de pouruoir à leur salut. Les pauures Lacedemoniens qui au commencement s'estoient meslez
de cet affaire & formalisez pour l'inuasion & surprise du temple de Delphes, comme se pretendans les premiers de toute la Grece, en quel estat
sont-ils maintenant reduits? Ils seruent de spectacle d'vne estrange misere,
& sont contraincts d'enuoyer des ostages à Alexandre, & s'accommoder
à tout ce qui luy plaist, & dependent de la misericorde d'vn vainqueur
offensé. Et quant à vostre ville qui estoit anciennement le refuge commun
de tous les Grecs, où les Ambassadeurs arriuoient de toutes parts, où toutes les autres villes recouroient comme au port de salut, elle n'est pas maintenant empeschée à disputer la preeminence sur les autres prouinces, mais
à deffendre ses terres & son domaine. Tout cela nous est arriué depuis
que Demosthene s'est meslé du gouuernement. C'est sans doute ce que le
Poëte Hesiode a fort bien dit, lors qu'il aduertit les villes & communautez, de ne se pas commettre à de mauuais Gouuerneurs. Ie vous reciteray
ses vers, car ie croy que l'occasion pour laquelle l'on vous les fait apprendre en jeunesse, est afin que vous vous en seruiez quand vous estes deuenus
hommes.

> Souuent pour les pechez d'vn homme scelré
> Vne ville a beaucoup de misere enduré:
> Car pour cela descent par puissance diuine
> L'accident d'vne peste ou d'vne grand' famine;
> Et voit-on par le fer les Chasteaux demolir,
> Et par terre & par mer les armées perir.

Si sans vous amuser aux vers de ce Poëte, vous examinez soigneusement
ce qu'il veut dire, ie pense quant à moy que vous trouuerez que ce ne sont
point les vers d'Hesiode, mais vn Oracle concernant le gouuernement de

Demoſthene. Car depuis qu'il s'eſt entremis du gouuernement, nos forces
& de mer & de terre ſe ſont perduës, & diſſipées, & auons veu de bonnes
villes ruinées de fonds en comble. Et à mõ aduis jamais Phrynondas ny Eu-
rybates, ny pas vn des plus meſchans de l'antiquité, ne furent de tels pipeurs
ny de tels affronteurs que ceſtuy-cy, lequel (ô terre, ô Dieux , ô hommes, ô
demons qui voulez entendre la verité) eſt ſi impudent, que vous regardant entre deux yeux, vous oſe bien dire , que les Thebains ont fait vne
confederation auec vous , non pour leur commodité ou pour crainte qu'ils
euſſent, ny pour la reputation de voſtre puiſſance, ains induits par ſon eloquence. Et neantmoins aſſez d'autres ont eſté en Ambaſſade à Thebes deuant luy , & meſmes des perſonnes qui auoient beaucoup d'habitude en
ceſte ville-là. Le premier ce fut Thraſybulus Collytien, qui auoit autant
de creance à Thebes qu'aucuns autres. Et depuis Thraſybulus Archienus
qui auoit meſmes droict d'hoſpitalité en la ville, Leodamas Acarnanien
qui n'eſt pas moins eloquient que Demoſthene , & qui à mon aduis a la
parole plus agreable ; & Archidemus Pellien , qui eſt homme qui a le
parole à commandement , & qui a couru de grands hazards pour le ſeruice des Thebains , l'Orateur Ariſtophon Axenien qui eſt long-temps a
ſoupçonné d'auoir fauoriſé le party des Beotiens , l'Orateur Pyrandre
Anaphlyſtien , qui vit encore aujourd'huy ; jamais pas vn d'eux ne les peut
conuertir à deſirer voſtre amité : la cauſe de cela ie la ſçay bien, mais il n'eſt
pas beſoin de la dire , il faut auoir pitié de leur calamité. Depuis ie croy
quand ils virent que Philippe euſt pris Nicée, & y euſt mis des Theſſaliens,
& qu'il euſt tiré la guerre de la Beoce, pour la jetter en la Phocide aux portes de Thebes , & en fin qu'il euſt pris Elatie & les forttereſſes qui en dependent , & mis garniſons dedans , ſentans le mal ſi pres d'eux ils enuoyerent à Athenes ; vous ſortiſtes & allaſtes à Thebes en equipage de guerre
auec caualerie , & infanterie , & ce auant que jamais Demoſthene euſt
parlé vn ſeul mot de la confederation. Qu'eſt-ce donc qui vous in-
troduiſit dans Thebes ? l'occaſion , la crainte , & le beſoin qu'auoient les
Thebains de voſtre ſecours , & non l'eloquence de Demoſthene : car en
ce qu'il s'en eſt meſlé il a faict trois grandes fautes, & qui vous ont grandement prejudicié. La premiere , que la verité eſtoit que Philippe en apparence monſtroit de vous faire la guerre , mais en effect c'eſtoit aux Thebains à qui il en vouloit. Il n'en faut point chercher autre preuue, l'euenement l'a-il pas aſſez monſtré ? Et neantmoins Demoſthene vous celoit
cela qui vous eſtoit de tres-grande importance , vous faiſant entendre
que ceſte confederation ſe faiſoit, non pour beſoin que les Thebains en
euſſent, mais pour ce qu'il le leur auoit perſuadé. Auſſi que ſit-il ? il per-
ſuada au peuple de ne pas deliberer des poincts ſur leſquels l'on traitteroit,
mais ſeulement de confirmer ce qui ſeroit traitté : & ſur ce pretexte il laiſſa en proye toute la Beoce aux Thebains, couchant dans ſon decret, que
s'il y auoit quelque ville qui ſe ſeparaſt des Thebains, les Atheniens donneroient ſecours aux Beotiens qui ſeroient à Thebes. Par ces mots-là il
faiſoit par ſurpriſe, comme il a accouſtumé , ce qu'il deſiroit , comme ſi
les Beotiens euſſent eſté ſi mal-aduiſez que de ſe payer des belles paroles de

Demoſthene,

Demosthene, qui les endommageoit par de si pernicieux effects, & qu'ils n'eussent pas assez d'entendemét pour connoistre & ressentir le dommage que cela leur portoit. La seconde faute fut, que par ce traitté il vous chargea des deux tiers des fraiz de la guerre, vous, dis-je, qui y auiez beaucoup moins d'interest, & estiez plus essloignez du danger, & les Thebains de l'autre tiers : Et tout cela moyennant l'argent qu'il auoit receu pour ce faire. Quant au commandement de l'armée nauale, il le rendit commun, & neantmoins vous chargea de toute la despence. Quant à celuy des forces de terre, qui en voudra parler sainement il le laissa entierement aux Thebains. Tellement que Stratocles nostre General n'auoit pouuoir quelconque de pouruoir à la conseruation de nos soldats; & de cela, il ne faut pas dire que ie sois seul qui l'en blasme : ie suis à la verité seul qui le dis, mais chacun le juge ainsi : & vous le sçauez tous, mais pour cela vous ne vous en tourmentez pas beaucoup ; car vous auez les oreilles si battuës d'oüyr les meschancetez de Demosthene que vous ne vous en estonnez plus. Toutesfois ce n'est pas bien-fait : Il faut que vous vous en monstriez courroucez & en faciez la punition, si vous voulez que le reste de vos affaires aille bien. Or il a fait encore vne autre faute bien plus grande que la premiere. Car il nous a sous main priuez de l'honneur que nous auions d'auoir icy le Conseil, & nous a mesmes fait perdre la liberté, quand il a transferé à Thebes & au Conseil de Cadmée la connoissance des affaires communes, par les articles qu'il a accordé aux Gouuerneurs de la Beoce. Au bout de là il s'est attribué vne telle authorité, qu'il ne craint point de dire en plaine chaire & deuant tout le monde, qu'il ira en Ambassade où bon luy semblera, encores que vous ne luy en donniez point de charge ; & s'il y a Capitaine quelconque qui entreprenne l'empescher, il dit qu'il a tellement asseruy les Magistrats, & leur a si bien appris à ne luy contredire en rien, qu'il montera en chaire, & le tourmentera de telle façon par chicaneries, & accusations, qu'au lieu d'estre au camp il faudra qu'il ne parte point des assemblées. Car il dit qu'il vous fait plus de seruice en ces assemblées-là, que les Capitaines ne vous en font és armées. Ne vous souuenez-vous pas comme en la guerre que nous eusmes contre les Estrangers, il desroba la paye des places vuides, & fit son profit de vostre argent, & qu'ayant presté dix mil soldats aux Amphissiens, moyennant les deniers qu'il en receut, il mit la ville en vn extreme danger, les Estrangers estans entrez en vos terres, & y ayans fait le degast ? Dont ie criay tant à l'assemblée, appellant les Dieux & les hommes à tesmoin contre luy. Car que pouuoit dauantage souhaitter lors Philippe que combattre ainsi nos forces separées ? C'est à sçauoir icy les forces du pays à part, & en Amphisse les Estrangers à part, & par ce moyen descourager les Grecs par vne telle playe. Demosthene cause d'vn si grand inconuenient, ne se contente pas de n'en estre point puny, mais encore il pretend qu'on luy fait tort, que l'on ne le recompense d'vne Couronne d'or. Et ne se contente pas encore que sa Couronne soit proclamée en vostre presence, mais il se fasche si elle n'est proclamée en presence de tous les Grecs. Voyez combien vn mauuais naturel qui vient à acquerir vne grande puissance, cause de miseres au public. La troisiesme faute &

la plus grande; c'est celle dont ie vais parler. Philippe qui est homme d'entendement connoissant bien que si les affaires des Grecs estoient conduits par de braues Chefs, qu'il ne subsisteroit pas vn iour entier, voulut faire la paix, & enuoyer icy des Ambassadeurs pour la traitter. Ceux qui gouuernoient à Thebes craignoient de leur costé le danger qui les menaçoit, & à bon droit. Car ils ne s'estoient pas faits sages par les harangues de ce bel Orateur, qui a fuy à la guerre, & qui a quitté son rang à la bataille, mais par l'experience d'vne guerre de dix ans qu'ils auoient eu en la Phocide. Cela estant ainsi, Demosthene qui sentoit bien que les Gouuerneurs de la Beoce feroient leur paix à part, & prendroient l'argent de Philippe sans luy en faire part, aymant autant mourir que de perdre l'occasion de faire son profit, il vint à l'assemblée, & combien qu'il n'y eust personne qui dit qu'il fallut faire la paix auec Philippe, ou non, il commença à iurer par Minerue (comme si Phidias l'eust taillée exprés, afin qu'elle seruit à couurir les parjures de Demosthene) que s'il se presentoit homme qui dist qu'il falloit faire la paix auec Philippe, il le prendroit au poil, & le traineroit en iustice: qui estoit en bons termes denoncer aux Thebains, qu'ils luy fissent part des deniers qu'ils auoient receus; qui est le mesme traict que fit Cleophon, en la guerre que nous auions contre les Lacedemoniens, & par lequel il faillit à perdre ceste ville, à ce que nous auons appris de ceux qui estoient de ce temps-là. Mais comme il vit que les Gouuerneurs de la Beoce ne tenoient conte de luy, & que mesmes ils vous renuoyerent vos soldats, afin que vous aduisassiez à la paix; lors comme hors du sens, il monta en chaire, & appellant les Gouuerneurs de la Beoce, traistres & ennemis des Grecs, luy qui n'a jamais osé regarder les ennemis en face, dist qu'il falloit faire vn decret, par lequel il seroit ordonné que l'on enuoyeroit des Ambassadeurs aux Thebains, leur demander passage par leurs terres, pour aller combattre Philippe. Les Gouuerneurs de Thebes aucunement estonnez, & craignans qu'on ne pensast qu'ils eussent trahy la Grece, se departirent du traitté de paix qu'ils auoient commencé, & se preparerent à la guerre. En cet endroit vous vous deuez souuenir de tant de braues & vaillants hommes, lesquels cestuy-cy enuoya à la boucherie, les faisant sortir, nonobstant que les sacrifices ne se trouuassent heureux, & desquels neantmoins il a esté si effronté que de faire la harangue funebre, & loüer la vaillance, montant auec ses pieds fuyards sur leur pitoyable tombeau. O homme inutile à toute bonne & vertueuse action, & admirablement effronté à donner des paroles, oserez-vous bien entreprendre à la face de tant de gens de soustenir que l'on vous doit honorer d'vne Couronne d'or, pour recompense de tant de maux que vous auez faits à ceste ville? & s'il le fait, l'endurerez-vous, Messieurs? la memoire de telle perte sera-elle enseuelie auec ceux qui sont morts par sa faute? Donnez-vous ie vous prie encore vn peu de patience, à considerer auec moy cet affaire, & vous imaginez que vous n'estes pas icy en iugement, mais en plein Theatre, & que vous voyez venir le Heraut pour proclamer ceste Couronne, suiuant ce qui est ordonné par le decret: puis repensez en vous mesmes si les parens & les amis de ceux qui ont esté tuez à ceste deffaite par la faute de Demosthene, jetteront plus de larmes,

larmes, voyans reciter les tragedies, & entendans les triftes aduantures des grands perfonnages qui s'y reprefenteront, qu'ils ne feront de la beftife & ftupidité de cefte ville. Car qui eft celuy de toute la Grece, s'il a efté honne-ftement inftitué, qui ne creue de defpit, quand il n'y auroit autre chofe, fi-non qu'il fe fouuiendra, que le temps paffé, quand la ville eftoit gouuernée par de bons & fages Magiftrats, en tel jour qu'aujourd'huy, auant que com-mencer les tragedies, le Heraut fe prefentoit, & conduifoit au Theatre les enfans orphelins de ceux qui auoient efté tuez à la guerre, armez de toutes pieces, & faifoit cefte braue proclamation, qui eftoit vne viue exhortation à fa vertu. *Le peuple a nourry & efleué jufqu'aujourd'huy ces ieunes enfans-cy, dont les peres font morts à la guerre, faifans preuue de leur valeur: maintenant qu'ils font grands & en pleine puberté, il les renuoye à leurs maifons, armez de toutes pieces, afin qu'ils puiffent heureufement pouruoir à leur affaire, & feruir le public, & les exhorte à fe rendre dignes des grandes charges.* Voyla ce que l'on proclamoit lors. Au contraire l'on vous reprefentera aujourd'huy celuy qui eft caufe que tant d'enfans font orphelins; & que vous dira le He-raut? que proclamera-il? il a beau reciter les paroles qui font efcrites dans le decret, la verité ne demeurera pas pour cela muette, fa voix s'entendra par deffus celle du Heraut, laquelle le defmentira, & dira tout haut, que le peuple Athenien donne vne Couronne d'or à cet homme, fi toutesfois il merite le nom d'homme, pour reconnoiffance de fa vertu, bien que ce ne foit qu'vn mefchant; pour reconnoiffance de fa vaillance, bien que ce ne foit qu'vn poltron qui a quitté fon rang à la bataille. Au nom de Dieu, Meffieurs, ne dreffez point en plein Theatre, au milieu des jeux de Bac-chus, des trophées de vos propres miferes: ne declarez point en la prefence de tous les Grecs le peuple Athenien fi befte & fi ftupide, & ne rafraichif-fez point aux pauures Thebains la memoire de tant d'infortunes & incura-bles miferes, qu'ils ont enduré, lors que chaffez de leur ville ils fe font refu-giez en la voftre, apres que Demofthene gaigné & corrompu par l'argent de Philippe leur euft fait perdre leurs enfans, leurs temples, & les fepulcres de leurs predeceffeurs. Puis que vous n'auez point efté prefens de corps à leurs calamitez, foyez-y d'efprit, retournez vers eux voftre penfée, & vous imaginez de voir cefte grande ville ruinée, les murailles abbatuës, les edi-fices bruflez, les femmes & les enfans reduits en feruitude & captiuité; les pauures & chenus vieillards, & les pauures vieilles femmes, qui defapren-nent fur le tard la liberté, & s'accommodent à feruir. Ils pleurent leurs mi-feres & implorent voftre bonté. Ils fe defpitent non contre ceux qui les tourmentent, mais contre ceux qui font caufe qu'ils font entre les mains de leurs ennemis, & vous aduertiffent de ne pas honorer d'vne Couronne la pefte de la Grece, & d'euiter le mal-heur & la mauuaife fortune, qui eft attachée à cet homme, & qui le fuit par tout. Car jamais ny ville ny parti-culier ne s'eft feruy du confeil de Demofthene, qu'il ne s'en foit mal trou-ué. Hé quoy? n'auriez-vous point de honte d'auoir fait vne loy, par laquel-le vous defendez au Pilote, qui en paffant à Salamine aura fait vne fois nau-frage, bien qu'il n'y ait point de fa faute, de ne plus fe mefler de conduire nauires, afin qu'aucun ne mette en hazard les perfonnes des Grecs; & permettre maintenant que celuy qui a ruiné & renuersé tout voftre Eftat, & fait faire naufrage à toute la Grece, fe mefle de vous gouuerner? Mais afin que ie vienne à ce dernier temps auquel nous fommes maintenant, & qui touche l'eftat où font reduites nos affaires, ie vous prieray de vous fouuenir, que Demofthene non feulement tourna le dos au combat, mais ayant emmené vne de vos galleres, s'en alla leuer des deniers par la Grece. Depuis s'eftant fauué & reuenu en la ville contre toute efperance, du commencement comme tout eftonné, & demy-mort, il fe prefenta à vous, & vous pria de luy donner la charge de traitter la paix. Vous n'en vouliez point oüyr parler, ny permettre qu'en aucun decret on fift mention de Demofthene. Vous en donnaftes la charge à Nauficlez; & neantmoins le voyla qui veut eftre maintenant couronné. Depuis Philippe eftant decedé, & Alexandre venu à la Couronne, il recommença fes brauacheries, dreffa des ftatuës en l'honneur de Paufanias, fit ordonner par le Confeil, que l'on feroit vn facrifice folennel, pour les bonnes nouuelles que l'on auoit eu de la mort de Philippe, & commença à furnommer Alexandre bufle, difant effrontément qu'il ne falloit pas craindre qu'il fortift jamais de Macedoine, & que ce luy eftoit affez pourueu qu'il fe pourmenaft dans Pelle, & qu'il panfaft fon ventre. Et difoit qu'il ne fçauoit pas cela par conjecture, ains de certaine fcience; d'autant que le fang eft le prix de la vertu. Ce miferable, qui ie croy n'a point de fang, au moins n'a-il point de cœur, eftimoit Alexandre, non par le naturel dont il eftoit, mais par fa lafcheté & poltronnerie. Or les Theffaliens s'eftans refolus de vous faire la guerre, & ce jeune Prince s'y eftant acharné, & auec raifon, comme l'armée fuft defia autour de Thebes, Demofthene ayant efté enuoyé en Ambaffade vers luy, n'ofa paffer Citheron; & s'en reuint fuyant, monftrant qu'il n'eftoit bon ny pour la paix ny pour la guerre. Et qui eft pis que tout, c'eft que bien que vous ne l'ayez point pour cela abandonné, & n'ayez point voulu permettre que l'on le condamnaft au Confeil de la Grece, il n'a pas laiffé de vous trahir, s'il eft vray ce que les gens de marine, & ceux qui furent enuoyez pour traitter auec Alexandre rapportent, (& cela eft bien croyable) Qu'vn nommé Arifton de Platée, fils d'vn Apothiquaire nommé Ariftobule, (il y en peut auoir entre vous qui le connoiffent,) eftant jeune & furpaffant les autres de fon aage en beauté, demeura fort long-temps en la maifon de Demofthene. Ce qu'il y faifoit où ce qu'il y enduroit, on ne parle diuerfement. En fin c'eft chofe qui n'eft pas belle à dire: ayant vefcu quelque temps inconneu, & fans qu'on fceut dequoy il fe mefloit, il fe retira à ce que j'entends vers Alexandre, & s'approcha fort de luy. Demofthene trouua moyen d'efcrire par celuy-là à Alexandre, & fe raffeurer & reconcilier auec luy; ce qu'il fit par vne infinité de flatteries. Or que cela foit fort vray-femblable, vous le jugerez ayfément par les effects. Car fi Demofthene euft eu la volonté qu'il difoit, & qu'il fe fuft voulu monftrer ennemy d'Alexandre, il a eu trois belles occafions de le faire; & neantmoins il ne s'eft feruy de pas vne. La premiere, quand Alexandre eftant nouuellement venu à l'Eftat, fes affaires n'eftans pas encore affeurées, ny fes preparatifs bien faits, il paffa en Afie, où le Roy de Perfe eftoit fort puiffant en vaiffeaux,

feaux, en deniers, en gens de guerre, & qui n'euft pas demandé mieux que
de traitter alliance auec nous, pour le grand danger qui le menaçoit. Demofthene, en parlaftes-vous lors vn feul mot?fiftes vous lors quelque decret fur ce fujet? Voulez-vous qu'on vous excufe que vous auiez peur, &
que vous faifiez lors ce que vous auiez accouftumé? Il n'eft pas raifonnable d'accommoder les affaires publiques à la coüardife d'vn Orateur. Toutesfois paffons cela : mais au moins que ne faifiez-vous quelque chofe, lors
que Darius defcendit auec toute fa puiffance, & qu'Alexandre eftoit fi
empefché en la Cilicie, auoit neceffité de toutes chofes, comme vous difiez, & que la cauallerie de Perfe, comme vous vous vantiez, luy deuoit
paffer fur le ventre? La ville n'eftoit pas lors affez grande pour tenir vos vanteries, & vos lettres que vous teniez auec le bout des doigts, & que vous
portiez monftrer deçà delà, me monftrant auffi au doigt, comme vn homme fort eftonné, & defcouragé, m'appellant le bœuf aux cornes dorées, &
difant que j'eftois def-ja couronné, pour eftre immolé, s'il arriuoit fortune d'Alexandre. En tout ce temps-là vous n'auez rien fait, mais tout remis
à vne plus belle faifon. Paffant tout cela ie ne parleray que de l'eftat où nous
fommes maintenant. Les Lacedemoniens & l'armée eftrangere auoit obtenu vne belle victoire, & rompu les forces de Corrage. Les Eliens & tous
les Acheens fors les Pelleniens, & toute l'Arcadie jufques à Megalopolis
s'eftoient diftraits de l'obeïffance des Macedoniens; & quant à Megalopolis elle eftoit affiegée, & penfoit-on de jour en jour qu'elle s'en allaft prife.
Alexandre eftoit def-ja pardelà le Pole, & hors quafi du continent. Antipater auoit efté long-temps à ramaffer quelques forces, & ue voyoit-on
pas grande apparence qu'il en peuft beaucoup auoir. Monftrez-nous vn
peu, Demofthene, ce que vous auez fait ou dit pendant tout ce temps-là.
Si vous voulez ie vous quitteray la chaire, jufques à ce que vous ayez conté ce que vous auez fait. Mais puis que vous vous taifez, & que vous ne fçauez que dire, ie vous excufe. Or les propos que vous teniez lors, ie m'en vais
les vous dire. Ne vous fouuenez-vous plus des falles paroles qu'il difoit, &
qu'on ne croiroit jamais? & quant à moy j'eftime que vous auiez vn cœur
de fer, quand vous auiez la patience de les oüyr. *Il y en a, difoit-il en paffant*
qui esbourgeonnent noftre ville, qui couppent les branches du peuple, & les nerfs
des affaires. Ils nous mettent à l'eftroit, comme de la bourré picquée entre deux
toilles : vous diriez qu'ils nous fourrent des lardoires dans les feffes. O fotte befte,
font-ce là des paroles ou des prodiges? & puis en fe tournant çà & là dans
fa chaire il crioit : *Ie confeffe que c'eft moy qui ay remué les Lacedemoniens, qui*
ay fait foufleuer les Theffaliens, & les Perrhebeiens. Auez-vous jamais faict
foufleuer vn feul village, ny feulement eu la hardieffe d'aller non pas en vne
ville, mais en vne feule maifon, où vous ayez fceu qu'il y euft quelque danger? s'il y a eu de l'argent à gaigner en quelque lieu, vous y eftes bien couru, & auez faict le chien couchant; mais de rien faire digne d'vn homme,
point de nouuelles. Si la fortune nous a enuoyé quelque bonne rencontre,
vous vous en eftes attribué l'honneur; s'il eft arriué quelque mefaduantu-
re, vous vous en eftes fuy : fi les affaires commencent à fe raffeurer, vous
demandez des recompenfes, & d'eftre couronné d'vne Couronne d'or.

Oüy, mais encore eft-il homme qui ayme le peuple. Si vous regardez à fes belles paroles, vous vous trouuerez trompez, comme vous auez des-ja efté. Sçauez-vous donc que vous ferez pour bien examiner quel il eft? confiderez auec moy quelles parties doiuent eftre en vn homme qui fe dit populaire, & d'autre cofté quel doit eftre celuy qui ayme l'oligarchie & la tyrannie. Apres auoir oppofé l'vn à l'autre, contemplez non pas quels font les difcours, mais quelles font les actions de Demofthene. Ie penfe que vous demeurerez tous d'accord, qu'il faut qu'vn homme pour eftre dit populaire, foit premierement nay de pere & de mere libres, de peur que l'infortune de fa naiffance ne le rende ennemy des loix, & de ceux qui veulent conferuer l'eftat populaire. Secondement, que fes predeceffeurs ayent tefmoigné par quelques feruices la bien-vueillance qu'ils auoient enuers le peuple, ou pour le moins qu'ils ne luy ayent jamais porté de mauuaife volonté; de peur qu'offenfé de la fortune de fes predeceffeurs, il ne fuccede à leur mal-vueillance, & ne s'adonne à nuire au public. Tiercement, il faut qu'il foit temperé & moderé en fes façons de viure ordinaires, de peur que le luxe & l'incontinence ne le rende corruptible és affaires que le peuple luy commettra. En quatriefme lieu, qu'il ait vne eloquence accompagnée de preud'hommie & d'authorité; car cela eft beau quand l'efprit conçoit les chofes bonnes & honneftes, & que la dexterité de l'Orateur, & la douceur de fa parole plaifent à ceux qui l'efcoutent. Si tous les deux ne fe peuuent rencontrer, il faudroit preferer la preud'hommie à l'eloquence. En cinquiefme lieu, il faut qu'il foit courageux, de peur qu'és aduerfitez, & és dangers de la guerre, il n'abandonne le falut du peuple. Celuy qui affecte la tyrannie doit eftre tout au contraire. Que faut-il tant repeter? regardez ce que Demofthene a de tout cela, & que chacun en juge fainement. Il eft fils de Demofthene Payanien, lequel à la verité eftoit libre. Il ne faut rien dire qui ne foit vray. Mais quant à fa mere & au pere de fa mere, ie vous diray ce qui en eft. C'eftoit Gylon de Coramée, lequel liura aux ennemis Nymphée du Ponteuxin, qui lors eftoit vne bonne ville. Il fut condamné à mort, & pour euiter ce jugement, il s'enfuit & s'en alla au Bofphore. Les Seigneurs luy donnerent vn lieu appellé les Iardins, & la femme qu'il efpoufa, qui à la verité eftoit riche, & auoit force argent contant, elle eftoit Scythe de nation. De cefte femme il eut deux filles, lefquelles il enuoya icy auec force argent; l'vne fut mariée auec vn homme que ie ne nommeray point, ie n'ay que faire de m'acquerir des ennemis; quant à l'autre, Demofthene Payanié mefprifant les loix du pays l'efpoufa, & de ce mariage eft venu ce charlatan-cy. Ne peut-on pas donc dire que du cofté de fon ayeul maternel, il eft nay ennemy du peuple? Car vous auez condamné fon ayeul à mort, & du cofté de fa mere c'eft en effect vn Scythe, qui contre-fait le Grec de parole, & fans doute fa malice ne reffent rien le terroüer d'Athenes. Quant à fa maniere de viure, quelle eft-elle? De Capitaine de gallere il fe fift compofeur de harangues, apres auoir mangé & diffipé fon bien en bouffonneries. Mais encore fe deffia-l'on bien toft de luy en ce meftier-là. Car il communiquoit aux parties aduerfes les plaidoyers qu'il faifoit pour ceux qui s'adreffoient à luy. Depuis il fe mefla de monter en chaire, où

ayant

ayant tiré tout plein d'argent de la ville , il a fait ſi bien qu'il ne luy en eſt
rien demeuré de reſte. Maintenant les penſions du Roy luy aydent à entretenir ſa deſpéce, encores ne peuuët-elles ſuffire. Car il n'y a richeſſe au monde qui peuſt fournir à vn eſprit ſi depraué. Et pour dire en vn mot, il ne s'entretient pas du reuenu de ſes terres, mais de voſtre miſere & calamité. Quant
à la preud'hommie & à l'eloquence, quelle l'a-il? la parole en eſt bonne, mais
la vie en eſt mauuaiſe. Il a vſé de telle façon de ſon corps, & s'eſt comporté
de telle ſorte és plaiſirs de Venus, que ie n'oſe dire ce que j'en ſçay. Car j'en
ay veu d'autres qui pour auoir fait trop clairement entendre les villanies que
faiſoient leurs voiſins, en ont eſté fort mal voulus. Quãt à ſes belles paroles,
qu'en reuient-il au public ? Ce ſont de braues mots , mais les œuures n'en
vallent rien. Quant à ſa vaillance, ie n'en ay qu'vn mot à dire. S'il vouloit
nier qu'il ne fuſt vn laſche poltron, ou que vous ne le ſceuſſiez tous, il me
faudroit arreſter plus long-tẽps ſur ce poinct. Mais puis que c'eſt choſe qu'il a reconneu en plaine aſſemblée , & que vous connoiſſez aſſez, il
ne me reſte ſinon de vous lire les loix qui ont eſté publiées pour cela. L'ancien Legiſlateur Solon en ſes loix tient coupable de meſme crime, celuy
qui ſe cache de peur d'aller à la guerre , celuy qui quitte ſon rang à la bataille, & celuy qui eſt laſche & coüard. Car meſmes il eſt permis d'accuſer
publiquement les coüards; & ſi quelqu'vn s'eſtonne de ce qu'il ſemble que
l'on accuſe en cecy la nature, cela eſt neantmoins. Et pourquoy ? afin que
chacun craignant plus la peine qui eſt portée par la loy que les ennemis
meſmes, en combatte plus courageuſement pour ſon pays. Le Legiſleteur
doncques ordonne que tant celuy qui ſe ſera caché de peur d'aller à la guerre, que celuy qui eſt coüard, que celuy qui a quitté ſon rang, ſoit chaſſé
des ſacrifices expiatoires, qui ſe font en la place publique ; ne permet point
qu'il ſoit couronné, ny qu'il ait entrée aux ſacrifices qui ſe font pour le ſalut du peuple. Et vous, Cteſiphon, voulez par voſtre decret que nous donnions la Couronne à celuy que la loy en a declaré indigne: & encores plus
mal à propos voulez-vous, que ce ſoit és jeux Tragiques , en plein Théa-
tre, meſmé durant la feſte de Bacchus; & qu'entre les ſacrifices l'on honore celuy qui par ſa laſcheté & poltronnerie a ruiné les temples & les autels?
Afin que ie ne change point de propos, ie vous prie de vous ſouuenir quand
il dit qu'il s'eſt monſtré populaire ; conſiderez ie vous ſupplie non ſa parole, mais ſa vie, & regardez non pas quel il ſe dit, mais quel il eſt. Or puis
que ie ſuis tombé ſur ce diſcours des Couronnes & des preſens que vous
auez accouſtumé de faire, ie vous veux bien dire en paſſant, que ſi vous n'y
apportez quelque reglement & moderation, & n'oſtez l'excés & deſordre
qui y eſt, il arriuera que ceux à qui vous les donnerez doreſnauant ne vous
en ſçauront point de gré, & que les affaires de la ville en ſeront plus mal ad-
miniſtrez. Car par là vous ne rendrez jamais les meſchans , gens de bien,
mais ferez que les gens de bien perdront tout courage. Voulez-vous vn
grand argument pour connoiſtre que ie dis vray ? Si quelqu'vn vous demandoit aujourd'huy , quand céſte ville a eſté plus floriſſante, ou du temps
de nos predeceſſeurs ou du noſtre, ie croy que vous confeſſeriez tous que
ç'a eſté du temps de nos predeceſſeurs. Les hommes eſtoient-ils lors plus

vaillans, ou le ſont-ils aujourd'huy? Ils eſtoient ſans doute lors plus excellens, & ſont maintenant de beaucoup moindres. Les preſens, les Couronnes, les proclamations, les diſtributions de grain qui ſe faiſoient aux Prytanées, eſtoient-elles plus frequentes lors, qu'elles ne ſont maintenant? Elles eſtoient lors fort rares, & fort honorables, & la vertu y eſtoit en grande
eſtime, maintenant il n'y a plus d'honneur à tout cela: les Couronnes ſe
donnent par maniere d'acquit, & ſans diſcretion. N'eſt-ce pas choſe entierement hors de propos à qui y voudra bien prendre garde, que les recompenſes & gratifications ſoient aujourd'huy plus grandes qu'elles n'eſtoient
anciennement; & qu'anciennement les affaires allaſſent mieux qu'elles ne
vont? que les hommes ayent eſté anciennement fort gens de bien, &
maintenant qu'ils ne vaillent rien? ie vous veux monſtrer d'où en vient la
faute. Penſez-vous, Meſſieurs, qu'il ſe trouuaſt perſonne qui vouluſt ſe
preſenter pour combatre és jeux de prix, ſoit és Panathenées ou autres
jeux où l'on propoſe des Couronnes, comme au Pancrace, ou autre violent exercice, ſi le prix & la Couronne ſe donnoient à celuy qui auroit baillé ſous main de l'argent pour l'auoir, & non à celuy qui l'auroit meritée
pour ſa valeur? ſans doute perſonne ne voudroit entrer en lice: mais pour
ce que le prix eſt vne choſe rare, qui s'acquiert par trauail, qui eſt pleine
d'honneur, & vne marque perpetuelle de la victoire, il s'en trouue qui pour
l'acquerir expoſent leurs perſonnes, endurent vne infinité de peines, &
courent vn monde de hazards. Or penſez que c'eſt vous qui propoſez le
prix à la vertu de ceux qui s'employent pour le public: & conſiderez que
ſi vous donnez les recompenſes à peu de gens, & qui les ayent bien men-
tées, vous aurez force champions qui entreront en la lice de la vertu. Si
vous les donnez au premier venu, & à ceux qui brigueront pour en eſtre
gratifiez, vous corromprez meſmes le bon naturel des autres. Et pour vous
monſtrer cela plus clairement, ie vous demande, lequel eſt le plus grand perſonnage, Themiſtocles qui commandant à la bataille nauale de Salamine,
vainquit les Perſes, ou Demoſthene qui s'en eſt fuy du combat? Miltiades
qui deſconfit les Barbares à la plaine de Marathon, ou cet homme icy? Leſquels eſtimeriez-vous dauantage, ceux qui ramenerent le peuple de Phylla, où il eſtoit refugié, ou bien les ſemblables de Demoſthene? Ariſtides qui
acquit vn nom tout contraire à celuy de Demoſthene, ou Demoſthene
meſme? Mais ie proteſte les Dieux du Ciel, que ie fais conſcience de faire
mention en vn meſme jour de ceſte beſte-cy & de ces grands hommes-là.
Or qu'il me monſtre vn petit, par ceſte belle harangue qu'il vous doit faire,
où il a trouué que jamais pas vn de ceux-là ait obtenu Couronne. Et quoy!
le peuple eſtoit-il ingrat enuers eux? non certainement, ains tres-magnifi-
que. Et bien qu'ils n'ayent jamais receu vn tel honneur, ils eſtoient tres-di-
gnes de la magnificence de ceſte ville. Car ils n'eſtimoient pas qu'il falluc
chercher l'honneur en des decrets, & en l'eſcriture, mais en la memoire de
ceux qu'ils auoient obligé par bien-faits, laquelle depuis ce temps-là juſques aujourd'huy leur eſt demeurée & demeurera immortelle. Or quelles
recompenſes ils ont receuës, cela merite d'eſtre ſceu. Il y en eut en ce temps-
là quelques-vns qui ayans enduré beaucoup de peine, & paſſé d'extremes

dangers,

dangers, vainquirent les Medois en bataille, pres le fleuue Strymon, ceux-
là eſtans de retour demanderent au peuple quelque faueur & reconnoiſſance;le peuple leur donna vne tres-honorable recompenſe ; au moins fut-elle
lors eſtimée telle ; il leur fit dreſſer trois Mercures de pierre, au portique des
Mercures, à la charge toutesfois que leurs noms n'y ſeroient point eſcrits;
afin que l'on ne penſaſt point que l'inſcription fuſt pluſtoſt en l'honneur
des Capitaines que du peuple. Les vers vous feront foy de ce que ie vous
dis : voicy ce qui eſt eſcrit aux pieds du premier Mercure.

> Ceux cy tres-courageux vainquirent au riuage
> De Strymon les Medois, faiſans vn grand carnage
> De ceux qui s'enfuyoient fort preſſez de la faim:
> Vn ſeul des ennemis n'eſchappa de leur main.

Aux pieds du ſecond eſt eſcrit.

> Le peuple a fait dreſſer cecy pour recompenſe
> De la vertu des Chefs, & de leur grand vaillance,
> Afin que les voyant vous alliez valeureux,
> Pour ſeruir le pays, aux lieux plus dangereux.

Aux pieds du troiſieſme il y a.

> Iadis de ceſte ville auec Atride alla
> Meneſthée aſſieger la grande Troye: & là,
> A ce qu'Homere dit, il fit mainte proüeſſe,
> Et plus que tous les Grecs monſtra de hardieſſe.
> Il n'eſt donc pas nouueau que des armes l'honneur
> Soit aux Atheniens, qui ont tant de valeur.

Se void-il là aucun nom de Capitaine ? nullement ; mais ſeulement celuy
du peuple. Allez ie vous prie d'eſprit & de penſée, juſques au portique
peint : car l'on a accouſtumé de mettre en pleine place les marques & en-
ſeignes de toutes les braues & genereuſes actions. Pour quelle occaſion,
Meſſieurs, ſinon pour ce que ie vous dis ? Là vous verrez la bataille de
Marathon qui y eſt peinte. Qui y commandoit ? ſi l'on vous le demande,
vous reſpondrez tous que c'eſtoit Miltiades, mais ſon nom n'eſt point eſ-
crit-là. Comment cela? ne demanda-il point ceſte faueur au peuple ? Il
la demanda, mais le peuple ne la luy accorda pas ; ains ſeulement luy
octroya, qu'au lieu d'y eſcrire ſon nom, l'on le peindroit à la teſte de l'armée encourageant les ſoldats au combat. Vous pouuez voir au temple de
la Mere des Dieux, la grace que vous accordaſtes à ceux qui auoient ramené le peuple de Phylla, où il s'eſtoit retiré. Ce fut Archine de Coele,
l'vn de ceux qui auoit ramené le peuple, qui propoſa le decret & l'obtint.
Il porte que l'on fera des ſacrifices & des offrandes pour eux, juſques à la
ſomme de cent eſcus; ce n'eſtoit pas vn eſcu pour chacun d'eux. Puis il
ordonne qu'ils ſeroient couronnez d'vne Couronne d'oliuier, & non pas
d'or. Vne Couronne d'vn rameau d'oliuier eſtoit lors fort eſtimée, maintenant on ne fait pas grand compte d'vne Couronne d'or. Et cela encore il
ne veut pas que l'on le face indifferemment à tous ; mais que l'on regarde
ſoigneuſement qui ſont ceux qui auoient eſté aſſiegez dans Phylla, quand
les trente Tyrans & les Lacedemoniens ſe jetterent ſur ceux qui s'eſtoient

saisis de Phylla, sans faire estat de ceux qui s'estoient retirez, lors que les ennemis les vindrent charger à Cheronée. Pour monstrer qu'il est ainsi, qu'on
lise le decret fait pour la recompense de ceux qui sont retournez de Phylla.
Lisez maintenant au contraire le decret que Ctesiphon a publié en faueur
de Demosthene, qui nous a esté cause de tant de maux. Par ce decret l'autre
qui decerne des honneurs à ceux qui ont ramené le peuple de Phylla est effacé : car si cestuy-cy est honneste, cestuy-là est plein de honte. Si au contraire ceux-là ont esté justement honorez, Demosthene sera injustement couronné. Ie sçay qu'il vous dira que j'ay tort de comparer ses actions auec celles de nos predecesseurs : car l'on n'a pas donné la Couronne de la lutte aux
jeux Olympiques à Philammon, pour auoir esté plus braue que cet ancien
Glaucus, ains pour auoir vaincu tous les lutteurs de son temps. Mais ce n'est
pas de mesmes : car les lutteurs combattent contre ceux qui se presentent à
eux ; mais ceux qui veulent estre couronnez pour auoir merité du public,
entrent en vn combat de vertu, où il faut qu'ils excellent s'ils veulent estre
couronnez. Car il ne faut pas que le Heraut soit menteur, quand il fera la
proclamation en presence des Grecs. Ne vous mettez donc point en peine,
Demosthene, de nous monstrer que vous auez mieux gouuerné l'Estat que
n'a fait Patacion : mais faites nous voir vostre vaillance & generosité, & puis
apres vous demanderez au peuple qu'il vous desparte de ses faueurs. Or afin
de ne point changer de propos, faites-vous lire vn peu par le Greffier, l'inscription qui a esté mise pour ceux qui ont ramené le peuple de Phylla.

    Le peuple a fait present de Couronnes d'or fin
    A ceux-cy qui premiers au danger de leur vie
    Ont la ville sauué de la barbare main
    Des Tyrans qui l'auoient sous leur joug asseruie.

Pour ce qu'ils auoient chassé ceux qui s'estoient emparez de l'Estat contre
les loix, ils ont esté couronnez, à ce que disent ces vers-là. L'on auoit encore
lors la memoire fresche, que le peuple auoit esté entierement ruiné, par ce
que quelques-vns auoient osté les accusations contre ceux qui violent les
loix : car à ce que j'ay oüy dire à mó pere, qui est mort aagé de quatre-vingts
quinze ans, ayant participé à toutes les aduersitez qu'auoit eu ceste ville, &
qui m'en contoit bien souuent quand il estoit de loisir ; quand le peuple fust
reuenu, lors qu'il se presentoit quelque accusation contre quelqu'vn, qu'on
disoit auoir transgressé les loix, on estimoit mesme chose de les auoir transgressé de faict ou de paroles : car qu'y a-il plus meschant que de violer les
loix, soit en disant, soit en faisant vne chose injuste ? Les causes à ce qu'il
me disoit ne se jugeoient pas comme elles font maintenant. Les Iuges
estoient plus contraires à ceux qui estoient accusez de telles choses, que n'e-
stoient les accusateurs mesmes. Souuent ils faisoiét leuer le Greffier & relire
les loix & les decrets. Et n'estoient pas seulement condamnez, ceux qui
auoient contreuenu à toute la loy, mais qui en auoient transgressé vne seule
syllabe. Mais cóme les choses se font maintenant, ce n'est plus qu'vne mocquerie. Le Greffier lit ce que l'on pretend auoir esté fait contre les loix ; & les
Iuges cóme s'ils oyoient vne chanson, ou quelque chose qui ne les touchast
point, ne prestét pas l'oreille, & pensent à autre chose. Et encores maintenát

                                         Demosthene

Demosthene par ses artifices a introduit vn tel abus és jugemens, que toutes les formes anciennes sont changées. L'on void le plus souuent que l'accusateur entre en deffense, & celuy qui est deferé accusé, & les Iuges ne se souuiennent plus dequoy ils sont Iuges, & sont contraints de prononcer sur tout autre chose, que ce dont il s'agist: & verrez celuy qui est accusé qui dira pour sa deffense, si tant est qu'il entre en deffense, non qu'il n'a pas transgressé les loix, mais qu'vn autre qui a fait le semblable en a esté absous. Dequoy Ctesiphon se fait merueilleusement fort. De fait vous auez eu vn homme, cet Aristophon Azenien, qui se glorifioit d'auoir esté accusé soixante & quinze fois d'auoir contreuenu aux loix, & d'en estre tousjours eschappé. Cét ancien Cephalus qui a esté estimé tant amateur du peuple n'en faisoit pas ainsi: mais il se glorifioit contre ses ennemis, que combien qu'il eust plus publié de decrets qu'homme de son temps, jamais neantmoins il n'auoit esté en peine de s'en deffendre. C'estoit sans doute vn beau sujet de se glorifier; car en ce temps-là ce n'estoient pas seulement ceux d'vne faction contraire, qui accusoient les autres d'auoir transgressé les loix par leurs decrets, mais les meilleurs amis & compagnons s'entre-accusoient, quand ils voyoient que le public y estoit offensé. Ce qui se peut connoistre par là, qu'Archine de Coele accusa Thrasybule Styrien, pour auoir fait couronner contre les loix, l'vn de ceux qui estoient reuenus de Phylla auec luy, & l'en fit condamner, bien que la memoire des seruices qu'il auoit fait au public, fut encore toute fresche, ausquels les Iuges ne voulurent point auoir d'esgard: car ils pensoient que comme Thrasybule les auoit autresfois ramené de Phylla en la ville, ainsi maintenant qu'ils estoient de retour il les en chassoit, en violant les loix, & les abolissant par ses decrets. Cela ne se fait plus maintenant, mais bien au contraire: car vos plus signalez Capitaines, ie dis mesmes ceux qui ont obtenu d'estre entretenus aux despens du public, intercedent pour faire deliurer ceux qui sont accusez d'auoir transgressé les loix, & en cela se monstrent à mon aduis fort ingrats enuers vous: car si celuy qui a esté honoré par vn peuple veut sauuer les transgresseurs des loix, il veut ruiner la ville de laquelle il a receu l'honneur, qui n'est conseruée que par les Dieux & par les loix. Comment est-ce donc qu'vn homme de bien, & sage citoyen doit prier en vne telle cause? Ie vous le vais dire. Quand on juge telles accusations, le jour se partit en trois: l'on mesure premierement l'eau, & limite-on le temps que l'on donne à l'accusateur, aux loix, & au public: le temps d'apres est pour la deffense de l'accusé, & pour les Aduocats qui parlent pour luy, quand l'on juge qu'il y a charge, & qu'il faut qu'il deffende à l'accusation. Ce qui reste d'heure, c'est pour asseoir la peine & satisfaire à l'indignation que vous auez conceu du mesfait. Celuy donc qui lors que l'on balotte sur la condamnation, vous prie pour l'accusé, il prie que vous moderiez vostre courroux: mais celuy qui au commencement prie que l'on renuoye l'accusé, sans qu'il soit tenu de deffendre, il prie que vous violiez le serment que vous auez fait, que vous renuersiez les loix & tout l'Estat. Ce que personne ne peut honnestement demander, & personne ne peut honnestement octroyer. Commandez-leur doncques qu'ils vous laissent donner vostre premier jugement selon les loix, sans vous importuner, & qu'ils attendent à vous prier, lors que vous ordonnerez de la peine. Ie vous dirois volontiers dauantage, Messieurs, qu'en toutes accusations où il s'agist de la transgression des loix, on ne deuroit point permettre que les accusateurs eussent d'Aduocat, ny autre assistance de conseil, ny semblablement les accusez : car le droict n'est point vne chose vague & incertaine, mais bornée par vos loix. Tout ainsi qu'en la construction des bastimens, pour connoistre si quelque chose est droicte ou ne l'est pas, nous ne nous seruons que du niueau, par lequel nous le jugeons ; ainsi au jugement de ce qui est fait contre la loy, la regle du droict pour l'examiner, ce sont vos registres, les decrets, & les loix, qui vous sont proposées : car si tout cela s'accorde ensemble, & qu'ils ne soient point contraires, il ne faut que le monstrer, & puis descendre de chaire. Qu'est-il donc besoin de faire venir Demosthene ? Mais quand ils voyent qu'ils n'ont point de legitime deffense, ils prennent à leur ayde vn affronteur, vn ourdisseur de paroles, qui nous estourdit les oreilles, qui ruine le public & renuerse l'Estat. Comment, Messieurs, vous deffendrez-vous de tels discours ? Ie vous le vais dire ; Quand Ctesiphon sera monté icy & commencera à vous prononcer le commencement d'vne harangue, que l'on luy a dressée, comme vous verrez qu'il ne fera que vous amuser sans entrer en deffence, sans bruit & sans tumulte commandez-luy de prendre les registres, & vous lire les loix & les conferer auec son decret. Que s'il n'y veut obeïr, vous ne le deuez plus escouter ; car vous n'estes pas icy pour entendre tout ce que bon semble aux accusez de vous conter, mais ce qui sert à leur justification & deffense. Et si ne pouuant se deffendre il commence à interpeller Demosthene de parler pour luy, ne permettez point que ce corrompu-là qui fait estat de renuerser vos loix par ses paroles, vous amuse & abuse plus long-temps. Et quand Ctesiphon vous demandera s'il n'appellera pas Demosthene, ne faites pas gloire comme vous auez accoustumé de crier, *Appellez-le, Appellez-le.* Car en disant cela vous l'appellez contre vous mesmes, contre les loix, contre l'Estat. Si toutesfois vous trouuez bon de l'oüyr, faites au moins qu'il deffende de mesme façon que j'ay accusé. Car comme ay-je accusé ? Ie vous prie de vous en souuenir. Ie n'ay point commencé à vous conter la vie de Demosthene, ny les crimes publics qu'il a commis, bien que j'eusse beau sujet de le faire, quand ie serois le plus inepte Orateur du monde ; mais tout au commencement ie vous ay monstré la loy qui deffend de donner la Couronne à ceux qui sont sujets à rendre compte. Apres auoir monstré que l'Orateur Ctesiphon l'a ordonné à Demosthene auant qu'auoir rendu compte. Ie vous ay encore monstré qu'il n'a pas mesme adjousté ceste clause à son decret, pour l'auoir lors qu'il aura rédu compte, mais vous a negligé, & vos loix quant & quant, auec tout le mespris qu'il est possible. Ie vous ay apres cela fait entendre tous les pretextes, & couleurs desquelles il se pense couurir, dont ie vous prie vous souuenir. En second lieu, ie vous ay fait entendre, quelles sont les loix qui concernent les proclamations, esquelles il est clairement enoncé, que celuy qui reçoit vne Couronne du peuple, ne la doit point faire proclamer hors de l'assemblée de ville. Or Ctesiphon

qui

qui est maintenant accusé n'a pas seulement contreuenu à la loy pour ce qui concerne la personne, mais aussi pour le lieu où se doit faire la proclamation. Car il n'a pas ordonné qu'elle fust proclamée à l'assemblée, mais au theatre, non pas lors que le peuple Athenien y seroit assemblé, mais lors que les Tragediens seroient entrez. En tout cela ie ne vous ay point parlé des vices particuliers & domestiques de Demosthene, mais seulement des crimes qu'il a commis contre le public. Faites donc que Demosthene deffende premierement à ce que l'on a violé la loy des Comptables; secondement à ce que l'on a violé celle des proclamations; & tiercement & qui est le principal, à ce que ie soustiens qu'il est indigne de ceste grace. Que s'il vous prie de l'excuser de suiure cet ordre, vous promettant qu'à la fin de sa deffense il respondra à ce que l'on pretend que les loix ont esté violées par le decret dont est question, ne luy permettez point, & vous souuenez que c'est vne ruse de Palais dont il veut vser. Car il n'a pas intention de defendre à la transgression des loix, n'ayant que respondre à propos à ce poinct-là. Mais il pense vous embarasser tellement l'esprit de diuers discours, qu'il vous face oublier ce dont il est accusé. Comme vous voyez doncques és jeux d'exercice les lutteurs combattre entr'eux à qui gagnera l'aduantage du lieu; ainsi faut-il que vous disputiez plustost tout le jour, auant que rien remettre de ce qui est du bien public, & quitter l'ordre qui doit estre suiuy en ceste action. Ne permettez point qu'il sorte hors des termes de la transgression des loix; mais vous tenant-là, & insistant tousiours là dessus, en l'oyant ramenez-le au poinct dont est question, & obseruez soigneusement quand il s'en pensera destourner. Si vous ne faites ainsi, il faut pour la descharge de ma conscience, que ie vous predise ce qui vous en arriuera. Vous verrez vn affronteur, vn couppe-bourse, vn coquin, qui a deschiré cet Estat, qui est plus duit à pleurer quand il veut, que les autres ne sont à rire, & qui se parjure plus impudemment qu'homme du monde, lequel viendra, & ne vous en estonnez pas lors, à s'attacher d'injures à ceux qu'il verra autour de luy, leur reprochant que ceux qui ayment la tyrannie, & que la verité mesmes tient pour tels, se sont rangez du costé de l'accusateur, & ceux qui ayment la liberté & l'estat populaire se sont rangez vers l'accusé. Quand il vous tiendra telles paroles seditieuses, respondez-luy; Demosthene, si ceux qui ramenerent le peuple de Phylla vous eussent ressemblé, jamais l'estat populaire ne se fust remis-sus comme nous l'auons veu: mais ceux-là ont conserué l'Estat entre d'estranges tempestes, en instruisant leurs citoyens à la paix par vn beau mot, disant, *Qu'on ne se souuienne plus des maux passez.* Mais vous nous les rafraischissez tous les jours, & r'entamez nos vieilles playes, ne vous souciant pas que deuienne cet Estat, pourueu que vous nous apportiez de belles & bien agencées paroles. Puis en se parjurant il voudra que vous le croyez à son serment: remonstrez-luy, que si celuy qui se parjure ordinairement veut que l'on le croye puis apres, quand il jure, il faut de deux choses l'vne, ou qu'il trouue de nouueaux Dieux, ou de nouueaux auditeurs. Or n'a-il ny l'vn ny l'autre. Quant à ses larmes, & à ses exclamations, lors qu'il vous demandera, Où voulez-vous, Messieurs, que ie m'enfuye? puis que vous me chassez de vostre ville, ie ne

sçay où me retirer : respondez-luy ; Où voulez-vous, Demosthene, que le
peuple Athenien se retire ? à quels Alliez aura-il recours ? où trouuera-il des
finances ? quel rempart luy auez-vous dressé ? Quant à vous, chacun sçait
bien comme vous auez pourueu à vos affaires : car abandonnant la ville,
vous ne vous estes pas retiré à Pirée pour la commodité du logis, mais afin
que quand il arriuera quelque fortune vous vous puissiez sauuer par mer.
L'on ne doute pas que vostre poltronnerie, l'argent du Roy, & les presens
que vous auez pris à toutes mains de tous les peuples voisins, ne vous fournissent de suffisantes prouisions. Au bout de là à quoy sont bonnes toutes
ces larmes, tous ces cris, toutes ces exclamations ? Ctesiphon n'est il pas
coupable ? la peine est-elle pas prescripte par la loy ? Quant à vous, vous ne
courez fortune ny de vos biens, ny de vostre personne, ny de vostre honneur. Quel interest donc y a-il ? Il veut auoir des Couronnes d'or, & qu'elles soient proclamées en plein Theatre, contre les loix. C'est bien loin de
ce qu'il deuroit faire. Car quand le peuple seroit tellement hors du sens, &
auroit oublié de sorte l'estat où les affaires sont maintenant, qu'il voulust si
mal à propos & hors de saison ordonner vne Couronne d'or à Demosthene, il faudroit qu'il se vinst presenter à l'assemblée, & dire ; Messieurs, ie ne
refuse pas l'honneur que vous me faites, mais ie ne puis approuuer le temps
auquel vous voulez que la proclamation soit faite. Car il n'y a point d'apparence que sur vn sujet pour lequel toute la ville est en pleurs & en dueil,
vous m'ordonniez des Couronnes. Ie croy en verité que voyla ce que diroit vn homme de bien, & nourry à la vertu, mais ce qu'il vous dira, ne sera qu'vne meschanceté, masquée d'vne apparence de vertu. Ie croy sans
doute que personne n'est en crainte, que Demosthene ce courageux personnage, ce vaillant guerrier, frustré du prix d'honneur de sa prouësse, s'en
aille en sa maison, & se tuë de despit. Car il se mocque tellement de ce que
vous appellez honneur, que plus de mille fois il s'est fait faire des playes en
la teste ; ie dis en ceste villaine teste, qui doit respondre de ses larrecins, &
laquelle Ctesiphon a ordonné estre couronnée. Et de cela il a tiré vn grand
profit, ayant tantost accusé l'vn, tantost l'autre, de l'auoir ainsi blessé. Ne
s'est-il pas fait souffletter par Midias ? n'en porte-il pas encore les marques
sur le visage ? Ce n'est pas vne teste que porte cet homme sur ses espaules, ce
luy est vne ferme, & vne doüane. Quant à Ctesiphon qui a dressé le decret,
ie n'en diray que deux mots, & passeray beaucoup de choses, pour voir si de
vous mesmes vous ne reconnoistrez pas bien ceux qui sont grandement
meschans, bien que personne ne vous en aduertisse. Ie diray seulement ce
qui les regarde tous deux en commun. Ils se promenent par la place, & vont
deçà delà semant des propos l'vn de l'autre pleins de verité. Ctesiphon dit
que pour sa personne il ne craint rien, & qu'il sçait bien qu'il passera pour
vn lourdaut & ignorant ; mais il a peur que les concussions de Demosthene, sa lascheté & sa poltronnerie ne luy nuisent. Et Demosthene dit au
contraire, que pour son regard il se tient asseuré ; mais il craint que les meschancetez & impudicitez de Ctesiphon ne luy facent tort. Puis qu'ils se
condamnent ainsi l'vn l'autre, comment vous qui estes leurs Iuges communs les pourriez-vous absoudre ? Quant aux injures qu'ils ont preparé de
me

me dire, ie ne veux pas m'amuser beaucoup à vous les raconter. I'entends
que Demosthene vous dira que la ville a receu beaucoup de bien-faits de
luy & beaucoup de dommage de moy, & rejettera sur moy tout le fait de
Philippe & d'Alexandre. Car il a la langue à commandement, de sorte qu'il
ne se contentera pas de blasmer ce que j'ay fait au gouuernement de la chose publique, & mes harangues, mais il calomniera mesmes mon loisir, & le
temps que ie me suis retiré des affaires: & afin que rien n'eschappe de sa
mesdisance, il reprendra iusques aux conferences que j'ay eu auec les ieunes gens és escoles & exercices. Et parlant de ce jugement-cy, il vous dira
que ie n'ay pas intenté ceste accusation pour bien que ie vueille au public,
mais pour gratifier Alexandre, lequel ie sçay bien luy estre grand ennemy.
L'on m'a dit mesmes qu'il me doit demander pourquoy ie blasme en general ce qu'il a fait au gouuernement, veu que ie ne l'ay jamais accusé de pas
vne de ses actions particulieres, ny mesmes ie ne m'y suis opposé; & pourquoy apres m'estre si long-temps retiré des affaires, ie m'aduise maintenant
de faire ceste pourfuitte? Or de moy ie n'ay jamais esté jaloux des actions
de Demosthene, ny composé les miennes de façon que j'en aye honte; &
ne voudrois pas n'auoir fait les harangues que j'ay faites. Ie ne voudrois
plus viure parmy les hommes si les miennes estoient semblables aux siennes. Quant à mon silence, ç'a esté la moderation de ma vie, qui me
l'a apporrté. Ie me contente de peu, & ne desire point d'acquerir dauantage de biens par de mauuais moyens; de sorte que ie parle & me tais
quand bon me semble, sans que j'y sois contraint pour auoir moyen d'entretenir ma despense. Mais quant à vous, vous auez pris de l'argent pour
vous taire, & quand il a esté despensé vous auez recommencé à crier. Vous
ne parlez pas quand vous voulez, & ne dites pas ce que vous voulez, mais
ce que vous ordonnent ceux qui loüent vostre langue, & n'auez point de
honte de vous vanter & magnifier de choses, qui tout aussi tost sont reconneuës estre fausses & controuuées. Comme quand vous dites que j'ay entrepris ceste accusation pour faire plaisir à Alexandre: car lors que ie l'ay intentée, Philippe n'estoit pas encore mort, ny Alexandre venu à la Couronne, & n'auiez pas encor eu ce beau songe, de ce qu'auoit fait Pausanias, ny conferé de nuict auec Minerue & Iunon. Quelle demonstration
de volonté veux-ie donc faire à Alexandre, sinon que j'eusse eu vn semblable songe au vostre? Vous me reprenez de ce que ie ne viens pas continuellement aux assemblées, mais que ie suis vn espace de temps sans m'y trouuer; & pensez que nous ne sçachions pas d'où vient la façon dont vous
vsez, & laquelle vous dites que ie ne suy pas, laquelle n'est selon nos mœurs
ny conforme à la liberté de ceste ville, mais a esté par vous apportée de dehors. Es Estats qui sont gouuernez par peu de gens, il n'accuse pas qui
veut, ains celuy seul qui a l'authorité: mais és Estats populaires chacun y
est receu, & le fait quand bon luy semble. Ne parler pas souuent, mais à
propos, c'est la marque d'vn bon citoyen, & qui ne cherche que le bien du
pays: ne laisser passer jour qu'on ne harangue, c'est le fait d'vn homme mer-
naire, & qui ne cherche que le gain. Or quand vous auez recours à tous
ces discours-là, c'est ie croy que vous ne vous souuenez plus de ce dont au-

tresfois ie vous ay fait condamner, & que vous ne vous attendez pas d'e-
stre chastié des fautes que vous auez faites, ou que vous presumez que ceux
qui vous escoutent n'ont point de memoire, ou bien que vous vous trompez vous mesmes, & estimez que le long-temps qu'il y a que vous fustes
conuaincu par moy, d'auoir commis vne impieté au fait des Amphissiens,
& d'auoir esté corrompu par les Eubeens, en a fait perdre la memoire. Mais
quel espace de temps pourra abolir la memoire des larrecins que vous
auez fait sur le payement des galleres, & Capitaines de Marine, lors que
vous fistes dresser vn equipage de trois cens voiles, & que vous persuada-
stes au peuple de vous en donner la charge: où ie vous surpris & conuain-
quis d'auoir desrobé aux Capitaines l'entretenement de soixante cinq bri-
gantins, faisant perdre tout à vn coup plus de forces naualles à la ville, qu'elle n'en auoit lors qu'elle gagna la bataille à Naxe contre les Lacedemoniens, & deffit Pollin leur general? Vous remparez si bien vos meschans
desseins, & vous armez tellement contre les loix, que bien que ce soit vous
qui faciez les fautes, ce n'est pas vous qui en portez la peine, ains ceux qui
vous en veulent poursuiure. Vous en estes quitte en disant, que c'est Alexandre ou Philippes, qui vous en veulent, & que ce sont certaines gens,
qui pour leur faire plaisir, sont bien ayses de troubler le repos de cet Estat,
& faire perdre les occasions de pouruoir sagement aux affaires. Et cependant vous perdez tout ce qui se presente, & nous entretenez de vaines esperances, fondées sur l'aduenir. En fin qu'auez-vous fait ces jours passez,
vn peu auant que ie vous eusse accusé? N'auez-vous pas dressé la partie,
pour prendre prisonnier Anaxine Oritien qui trafiquoit à Olympe? apres
auoir dressé vne ordonnance pour le faire mourir, vous l'auez massacré de
vos propres mains. Vous auez ainsi assassiné celuy qui estoit vostre hoste à
Orée, à la table duquel vous mangiez & beuuiez, auec lequel vous sacrifiez, à qui vous auiez donné la main, le tenant pour vostre hoste & pour vostre amy. Quand ie vous en ay accusé en presence de tous les Atheniens, &
que ie vous ay appellé meurtrier de vostre hoste, vous n'auez pas nié le fait,
bien qu'il soit fort impie, mais vous auez fait vne responce, à laquelle tout
le peuple, & tous les gens d'honneur, qui font estat du droict d'hospitalité, se sont escriez auec estonnement: car vous auez dit que vous auez preferé le sel de la ville à celuy de la table de vostre hoste. Ie ne parleray point
des lettres supposées, des espions que l'on a surpris, des gens que l'on a mis
à la question sans raison, pour me faire accroire que ie m'entendois auec
quelques-vns de la ville pour y remuer. Mais pour ce que j'entends, qu'il
me doit demander, en quelle opinion l'on doit auoir le Medecin, qui n'ordonne rien au malade pendant que le mal le tient, & quand il est mort au
bout de la neufuaine, que l'on fait son seruice, il vient à ses parens, & leur
conte ce que le malade deuoit faire pour guerir de son mal. Que ne s'in-
terroge-il vn peu soy-mesme, en quelle estime on doit auoir celuy, qui
menant le peuple par ses harangues, ne fait autre chose que le flatter, &
cependant perd l'occasion & les moyens de pouruoir aux affaires, qui tra-
hit le public, qui empesche par ses calomnies que ceux qui le peuuent faire ne donnent vn bon & sain conseil au peuple; qui fuyant les dangers, &

enuelopant

enuelopant la ville en vne infinité de maux incurables, demande d'eſtre couronné pour ſa vertu ; qui n'a jamais rien fait de bien, & a eſté cauſe d'vne infinité de maux. Il demande maintenant à ceux qu'il a calomnié & deſchiré, lors qu'ils vouloient & pouuoient ſauuer le public, pourquoy ils ne s'oppoſoient à ſes fautes, quand il ruinoit ainſi les affaires ; & ne dit pas le bon mot qui eſt, qu'apres vne bataille perduë nous n'auions pas le loiſir de nous amuſer à le faire chaſtier, mais eſtions empeſchez à enuoyer deçà delà des Ambaſſadeurs, afin de pouruoir à la conſeruation de noſtre ville. Mais puis qu'il ne vous ſuffit pas de n'auoir eſté puny de vos fautes, ains en demandez recompenſe, rendant noſtre ville ridicule à toute la Grece, ie ſuis contraint d'en faire inſtance, & me rendre partie contre vous. Or ie vous jure que de tout ce que j'entends que Demoſthene vous doit dire de moy, ie n'en porte rien ſi impatiemment que ce qu'il me comparera aux Sirenes, la voix deſquelles reſioüiſt ceux qui les entendent, mais auſſi elle les perd & abyſme : qui fait que leur muſique n'eſt pas bien receuë, ains que chacun la fuit. Car il dit que la nature m'a formé de façon, & que ce que l'vſage m'a appris d'eloquence le porte ainſi, que ie nuis à tous ceux qui m'entendent. Or penſé-je qu'il n'y a perſonne qui honneſtement puiſſe dire cela de moy : car c'eſt choſe honteuſe de blaſmer vn homme pour ſa parole, quand on ne peut monſtrer par effect qu'il ſoit tel qu'on le dit ; & s'il y auoit ſujet de le dire, ſi n'appartiendroit-il pas à Demoſthene, mais à quelque grand Capitaine, qui ayant fait de grands ſeruices au public, n'ayant pas la langue & la parole à commandement pour le pouuoir faire entendre, auroit deſpit de voir ſes ennemis qui ſe preuaudroient de leur babil, & voudroient s'attribuer par leurs belles paroles les beaux exploits dont il ſeroit autheur. Mais qu'vn homme qui n'a rien que des paroles, encores pleines de vanité & d'aigreur, ſe vueille preualoir de la ſimplicité & ſe recommander de ſes beaux faits, c'eſt choſe inſupportable ; vn homme, diſ-je, à qui ſi vous auiez oſté la voix, il demeureroit comme vne fluſte à qui l'on oſte le vent, laquelle ne ſert plus de rien. Ie m'eſtonne de vous, Meſſieurs, & demanderois volontiers pour quelle conſideration vous pourriez differer à receuoir ceſte accuſation. Quoy ? trouuez-vous que le decret ſoit legitime ? Iamais s'en trouua-il de plus contraire aux loix ? que ſi celuy qui l'a publié ne merite pas d'en eſtre puny, il ne faut plus parler qu'aucun ſoit ſujet à rendre compte de ſes actions. Que ſi l'on vous dit que cy-deuant les eſchaffaux eſtoient tous couuerts de Couronnes d'or, que les Grecs donnoient au peuple Athenien, c'eſt choſe qui ne vous doit pas arreſter : car c'eſtoit que l'on donnoit tout ce jour-là aux Eſtrangers, pour pouuoir gratifier le peuple de Couronnes : mais le mauuais gouuernement de Demoſthene a fait que perſonne ne tient plus compte ; ny de vous donner des Couronnes, ny faire proclamer vos merites : Et toutesfois luy-meſme veut eſtre proclamé. Ie vous prie, ſi apres ſa proclamation il vient à entrer au theatre vn Poëte Tragique, qui introduiſe vn Therſite couronné & proclamé par les Grecs, le pourrez-vous ſupporter, vous qui ſçauez, qu'Homere l'a depeint pour vn laſche poltron, & vn grand impoſteur ? Penſez-vous que ſi vous ordonnez que ceſtuy-cy ſoit couronné, que le peuple de la Grece ſe puiſſe

tenir de vous ſiffler , ou pour le moins s'en moquer en ſon cœur? Vos predeceſſeurs ne faiſoient faire au nom du peuple que des choſes glorieuſes &
magnifiques ; ce qui eſtoit de bas & d'abject ils le laiſſoient faire à des charlatans d'harangueurs : mais Cteſiphon veut deſcharger Demoſthene de la
honte que meritent ſes actions , pour en charger le peuple , & veut que
vous imputiez à voſtre bonne fortune ceſte proclamation, comme ſi vous
faiſiez en cela quelque choſe de beau. Et neantmoins ce decret n'eſt autre
choſe ſinon vne accuſation de la fortune ; qui vous a abandonné lors que
Demoſthene vous a , à ce qu'il pretend , bien ſeruy & aſſiſté. Et en tout cela ce qui eſt le plus mal à propos , c'eſt qu'au meſme lieu où vous declarez
infames ceux qui ſont conuaincus d'auoir eſté corrompus par preſens,
vous ordonnez que Demoſthene, que vous ſçauez qui fait tout pour de
l'argent , ſera couronné publiquement. Vous condamnez à l'amende
ceux qui preſident aux jeux , s'ils adjugent injuſtement le prix propoſé à
ceux qui chantent en rond ; & vous qui n'eſtes pas icy aſſemblez pour
eſtre juges des chanſons, mais des loix , & de la vertu politique, vous adjugerez des recompenſes, non pas à quelque nombre de gens qui les ont
meritées , mais à celuy qui les aura pratiquées par brigues & menées : & de
là il aduiendra qu'apres vn tel jugement, retournant en vos maiſons, trouuerez que vous aurez beaucoup perdu de voſtre authorité pour croiſtre &
augmenter celle d'vn Orateur : car la liberté des ſuffrages fait que le Bourgeois particulier eſt comme vn Roy dans la ville, qui eſt gouuernée par le
peuple ; mais s'il en vſe au gré d'autruy , il perd volontairement ſa puiſſance & ſon authorité. Outre que le regret d'auoir fauſſé le ſerment qu'il a fait
de juger ſelon les loix, luy apporte vne continuelle repentance : car on peut
dire qu'il eſt cauſe de la faute qui ſe fait : & neantmoins celuy pour qui il
l'a faite, ne luy en ſçait point de gré, pour ne pas ſçauoir qui n'en eſt autheur.
car les ſuffrages ſe donnent de façon , que l'on ne les peut pas deſcouurir.
Pour moy, Meſſieurs, il me ſemble que ce n'eſt pas ſageſſe à vous de mettre ainſi toutes choſes en hazard, encore qu'elles ne vous ayent point mal
reüſſi juſques à preſent. Car ie ne puis approuuer que vous commettiez en
ceſte ſaiſon à peu de perſonnes, le gouuernement de voſtre Eſtat. Que ſi
de voſtre temps il ne s'eſt pas rencontré que vous ayez eu des Orateurs qui
ayent eſté auſſi hardis que meſchans, vous en auez l'obligation à la fortune. Il s'eſt trouué en d'autres ſaiſons des eſprits , qui ont entierement renuerſé la liberté. Car le peuple naturellement ayme à eſtre flatté. D'où il eſt
ſouuent aduenu que ce n'ont pas eſté ceux qu'il craignoit qui l'ont opprimé, mais ceux à qui il ſe fioit le plus. De ceux-là eſtoient les trente Tyrans,
qui ont fait mourir plus de quinze cens citoyens, ſans connoiſſance de cauſe , auant que l'on ſceuſt pourquoy, & ſans vouloir ſeulement permettre
que leurs amis & familiers ſe peuſſent aſſembler à leur conuoy , & leur
dreſſer des tombeaux. Donc que ne rangez-vous ſous voſtre main ceux
qui ſe meſlent de gouuerner? Que ne rendez-vous ſoupples & humbles
ceux qui ont maintenant le cœur ſi haut? que ne les chaſſez-vous hors d'a-
uec vous? Ne vous ſouuenez-vous pas que jamais perſonne n'a entrepris
de s'emparer de l'Eſtat & opprimer la liberté, qu'apres qu'il s'eſt rendu ſi

puiſſant,

puissant, qu'il a peu impunément mespriser la Iustice ? Ie prendrois bien plaisir à examiner en vostre presence, auec celuy qui a dressé ce decret, pour quels seruices il a estimé que Demosthene deuoit estre couronné. Si vous me dites, comme il est porté au commencement de ce decret, c'est pour ce qu'il a faict de belles tranchées autour de la ville, ie m'esbahiray fort. Car il y a plus de sujet de le blasmer, d'estre cause que nous ayons eu besoin de ceste fortification, qu'il n'y a de le loüer, de l'auoir fait acheuer; pour ce que celuy qui se sera bien porté au gouuernement, ne demandera jamais des recompenses pour auoir fait faire des fossez autour des murs, pour auoir releué les tranchées, pour auoir dressé des sepultures publiques, mais bié pour auoir fait quelque grand seruice à la ville. Que si vous venez à la seconde partie de ce decret, où vous auez bien osé coucher par escrit, que Demosthene estoit vn homme de bien, & qui a beaucoup profité au public par ses paroles, & par ses actions, ostez vn peu ceste parade & brauerie de mots, & nous monstrez par ses effects, quelque chose de ce que vous dites. Ie laisse qu'il s'est ainsi laissé corrompre par les Amphissiens, & Eubeens: mais quant à ce que vous voulez donner l'honneur à Demosthene, d'auoir esté autheur de la confederarion faite auec les Thebains, vous imposez à ceux qui ne sont pas informez du faict, & faictes injure à ceux qui sçauent comme il s'est passé. Car vous pensez en taisant les occasions de ceste confederation, & ostant l'honneur à ceux qui l'ont moyennée, attribuer à Demosthene ce qui est deu à la grandeur & reputation de ceste ville. Combien il y a en cela de vanterie, ie vous en donneray vn grand argument. Auparauant qu'Alexandre passast en Asie, le Roy de Perse escriuit vne lettre au peuple d'Athenes, fort outrageuse & barbare, où il y auoit tout plein de sottes paroles, & impertinentes: & à la fin entre autres choses il y auoit ces mots : *Ie vous donneray point d'argent, & pour ce ne m'en demandez point, car vous n'en aurez point.* Depuis se voyant fort pressé des affaires qu'il a aujourd'huy sur les bras, il enuoya cent soixante mil escus au peuple Athenien, qui ne les demandoit pas, & lequel se comportant fort honnestement en son endroit, ne les voulut pas receuoir: c'estoit la saison, la crainte, & le besoin d'amis qui faisoient present de cet argent-là. La mesme consideration a esté cause de la confederation des Thebains. Et neantmoins vous nous rompez continuellement les oreilles auec vostre confederation de Thebains, & ne dites pas vn mot des quarante deux mil escus de l'argent du Roy, que vous auez tres-bien destournez, & mis en vostre bourse. N'auez-vous pas esté cause que faute de trois mil escus deus aux Estrangers qui estoient en garnison dans la Citadelle de Thebes, les Thebains n'y ont peu r'entrer; & que faute de quatre mil huict cens escus, les Arcadiens qui auoient leurs Chefs fort disposez à nous secourir, n'ont fait aucun effect? Cependant vous en estes riche, & auez dequoy fournir à vos delices. Et pour conclusion, Messieurs, il a pour sa part l'argent du Roy, & vous les dangers & les fortunes. Or vous prie-je d'vne chose, c'est de considerer combien ils sont mal appris & mal aduisez : car quand Ctesiphon viendra à appeller Demosthene pour parler pour luy en vostre presence, vous le verrez qui se leuera, & montant en

chaire commencera à se loüer soy-mesmes; qui vous sera à mon aduis aussi
fascheux à endurer, que pas vn des maux qu'il vous a fait. A peine pouuons-nous supporter que les gens de bien que nous sçauons auoir faict
beaucoup de belles choses, chantent eux mesmes leurs loüanges : qui se
pourra donc contenir, quand vn homme, que nous sçauons estre la honte
de nostre ville, se voudra loüer soy-mesmes publiquement ? Et pource,
Ctesiphon, si vous estes sage, vous laisserez ceste honteuse façon de faire, &
defendrez vous mesmes vostre cause : car il n'y auroit point d'apparence de
dire que vous n'estes pas stillé à parler en public, cela seroit trop mal à propos que vous, qui vous estes faict deputer pour aller en Ambassade vers
Cleopatre fille de Philippe, pour la consoler & vous condouloir auec elle
de la mort d'Alexandre Roy des Molosses, disiez maintenant que vous
ne sçauez pas parler. Quoy? que vous ayez bien sceu consoler vne femme
estrangere en son dueil, & que vous ne puissiez deffendre vn decret que
vous auez dressé, estant corrompu à beaux deniers comptans? ou bien est-
ce point que celuy, en faueur duquel vous l'auez fait, est tel que personne
de ceux qui ont receu du bien de luy ne le puisse connoistre, si vous n'a-
uez quelqu'vn qui vous ayde à le leur representer ? Demandez vn peu aux
Iuges s'ils connoissent Chabrias, Hypsicrates & Timothée, & leur demandez pourquoy ils leur ont ordonné des gratifications ? pourquoy ils leur
ont dressé des statuës ? Ils vous respondront tous d'vne voix qu'ils l'ont fait
à Chabrias pour la bataille naualle qu'il gaigna à Naxe ; à Hypsicrates pour
ce qu'il deffit vne trouppe de Lacedemoniens ; à Timothée pour le voyage de mer qu'il fit autour de Corfou ; & ainsi aux autres selon ce que chacun d'eux a fait beaucoup de beaux & genereux actes à la guerre. Que si
vous leur demandez pourquoy ils n'en ont point ordonné à Demosthene;
ils diront pour ce que c'est vn concussionnaire, pour ce que c'est vn coüard,
pour ce qu'il a quitté son rang en la bataille. Quoy doncques, chosirez-
vous d'honorer cestuy-cy pour vous deshonorer vous mesmes, & ceux
qui sont morts en la bataille pour vostre seruice ? lesquels vous deuez estimer estre icy presens, & regarder l'issuë de ce jugement, pour voir si vous
adjugerez la Couronne à vn tel homme: car ce seroit chose bien estrange
que nous, qui auons accoustumé en ceste ville de jetter hors & exterminer
mesmes les pieces de bois, les pierres, le fer & autres choses semblables, qui
n'ont ny parole, ny connoissance aucune, quand par hazard elles sont tombées sur quelqu'vn & qu'elles l'ont tué ; & si quelqu'vn s'est deffaict soy-
mesmes, luy coupper le poing, & le separer du corps qu'il a meurtry ; que
nous vinsions à honorer & recompenser Demosthene, qui a fait faire ceste
derniere sortie à nos citoyés, qui a trahy & mis à la boucherie nos soldats. Ce
seroit faire injure aux morts, & descourager les viuans, quand ils verroient
que la mort est le salaire de leur vaillance ; & que la memoire de leur vertu
dure si peu. Mais qui plus est, si la jeunesse vous interroge maintenant, sur
quel exemple vous voulez qu'elle forme & compose sa vie, que luy respondrez-vous ? Car vous sçauez assez que la jeunesse ne se dresse pas tant aux
exercices des luttes, aux escholes des lettres, & de musique, comme elle fait
és proclamations publiques. Vn jeune homme qui verra proclamer en
plein

plein Theatre, que l'on donne la Couronne à vn homme pour recompense de sa vertu, vaillance & affection vers l'Estat, & lequel neantmoins est conneu pour infame & sceleré, ne se desbauchera-il pas? se rangera-il pas à mal faire? Au contraire voyla vn meschant, vn maquereau, comme Ctesiphon, qui est chastié & puny seuerement; les autres y prendront exemple, & se feront sages de sa peine. Si celuy qui a donné son suffrage pour fauoriser vne chose qui n'est ny juste ny honneste, s'en retourne en sa maison & veut exhorter ses enfans à la vertu, ils ne le croiront pas; car ceste remonstrance-là n'est qu'vn cry en l'air, & vne voix perduë. Doncques faites estat en ce jugement-cy, que vous n'estes pas seulement comme Iuges, mais comme personnes exposées en plein Theatre, à la veuë de tout le monde, qui deuez prononcer vostre sentence de façon, qu'elle vous serue de deffense, & justification à l'endroit de ceux qui sont absens, lors qu'ils s'enquerront ce que vous aurez jugé. Car vous sçauez bien, Messieurs, que la ville acquiert la reputation telle, que l'a celuy qui est proclamé. Or ce seroit, ce me semble, vne grand honte, que vous imitassiez plustost la lascheté de Demosthene, que la valeur de vos predecesseurs. Quel moyen auez-vous d'euiter ce reproche? c'est de vous donner soigneusement garde de ceux qui sous de belles paroles, pleines de douceur & d'humanité couuent de mauuaises mœurs, pleines de trahison & meschanceté. L'on couche fort de l'amour du public & de la liberté, mais auec telles paroles on les ruine & opprime, lors que ceux qui en vsent le plus font des effects tout contraires. Quand doncques vous verrez vn Orateur qui pourchassera des Couronnes, & voudra estre proclamé; puis que la loy veut que les proclamations soient authorisées par vous, ramenez ses paroles à ses œuures, & luy commandez d'adjouster à son eloquence des actions modestes & temperées, qui puissent profiter au public. Que s'il n'a tesmoignage d'estre tel, ne permettez point qu'il soit loüé ny proclamé, & commencez à veiller pour la conseruation de vostre liberté qui se perd petit à petit. Quoy, Messieurs, ne faites-vous point de cas, de voir que sans qu'on se soucie du Conseil ny du peuple, les Ambassades & les lettres, non de gens de peu, mais des plus grands de l'Asie & de l'Europe s'adressent aux maisons des particuliers, & qu'il y en ait entre vous, qui aduoüent publiquement des choses qui sont punissables de mort par les loix? Qui s'entrelisent les vns aux autres les lettres qu'ils reçoiuent des Estrangers, & qui soient si hardis de vous dire que vous les regardiez hardiment au visage, comme les seuls protecteurs de vostre liberté? Les autres demandent des recompenses comme conseruateurs de vostre ville. Le peuple tout estonné, comme descouragé par les mauuaises rencontres, & quasi comme enuieilly & radotant, se contente du nom de la liberté, & en laisse vsurper l'authorité & la puissance à d'autres. Vous vous leuez la plus part du temps, & vous en allez de l'assemblée, sans auoir rien resolu, comme vous feriez d'vn banquet, apres que l'on auroit donné la dragée sur le dessert; & pour vous monstrer que ie ne m'abuse point, ie vous prie considerez cecy. I'ay regret d'auoir si souuent à la bouche les calamitez qui nous sont arriuées; toutesfois ie vous feray souuenir qu'il y auoit en ceste ville vn homme particulier, lequel entreprit d'aller seul à Samos

en marchandise ; il fut condamné comme traistre par le Conseil d'Areo-
page, & executé à mort. Vn autre particulier estoit allé à Rhodes ; pour ce
qu'il auoit icy rapporté de la frayeur par sa lascheté, il fut accusé il y a peu
de temps, & se trouuerent les opinions parties, y en ayant autant pour la
condamnation que pour l'absolution. S'il eust manqué d'vne voix pour
l'absoudre, il eust esté ou banny ou executé à mort. Comparons maintenant à cela le fait qui se presente. Vn homme qui n'est qu'vn causeur, qui
est cause de tous les maux que nous auons, qui a quitté son rang à la bataille, & s'en est fuy de la ville, veut aujourd'huy estre couronné, & demande d'estre proclamé au Theatre. Ne rejetterez-vous point cet homme-là,
comme la calamité commune de toute la Grece ? Ou bien l'ayant surpris
en larrecin au maniment de vos affaires, pendant qu'il se bagne à causer, &
qu'il vous amuse de paroles, ne le punirez-vous point ? Souuenez-vous en
quel temps vous jugez ceste cause. Dans peu de jours se fera la feste Py-
thienne, & se tiendra le Conseil de tous les Grecs : nostre ville court des-
ja assez d'enuie par les mauuais deportemens de Demosthene, au gouuernement de vostre Estat : si vous venez à luy donner la Couronne, chacun
aura opinion que vous vous entendez auec ceux qui cherchent à rompre
la paix commune, & troubler le repos de la Grece : si au contraire vous l'en
jugez indigne, vous purgerez le peuple Athenien de tout le soupçon dont
on le veut charger. Prenez donc conseil en cet affaire, non comme en
celle d'autruy, mais comme en celle qui importe grandement à vostre ville, & à vostre Estat : & ne pensez pas estre icy pour distribuer des honneurs, mais pour juger quel interest vous auez de les departir à personne
qui les merite. Si vous auez des recompenses à donner, choisissez des personnes qui en soient dignes. Ne croyez pas seulement vos oreilles, mais ouurez les yeux, comme en chose qui vous touche, & considerez qui sont ceux
qui fauorisent Demosthene. Sont-ce personnes qui se soient nourris à la
chasse auec luy quãd il estoit jeune, ou aux autres exercices ? Mais vray Dieu
il ne s'est pas amusé à courir le sanglier, ny aux autres exercices du corps, ains
s'est toute sa vie exercé à inuenter des tromperies, pour ruiner ceux qui
auoient quelques moyens. Quand il vous viendra conter que par le moyen
de ses Ambassades il fit perdre Byzance à Philippe, il fit reuolter les Acarnaniens, il estonna les Thebains (car il est si badin qu'il pense vous persuader
cela, comme si vous le teniez pour la deesse Pitho, & non pour vn impudent affronteur,) ou quand à la fin de sa deffense il appellera ceux auec lesquels il a partagé les presens des Princes estrangers ; imaginez-vous de voir
en ce lieu où ie suis maintenant, les anciens fondateurs & conseruateurs de
ceste ville, tous arrangez pour s'opposer à l'impudence de cet homme. Et
premierement Solon qui rempara & embellit cet Estat auec tant de bonnes & sainctes loix, vray Philosophe, certes, & excellent Legislateur, lequel
vous prie & vous conjure, selon qu'il est digne de luy, de ne pas faire plus de
compte des belles paroles de Demosthene, que du serment que vous auez solennellement juré, & des loix qu'il vous a laissé. Secondement Aristides qui
eut charge le premier de regler les finances de la Grece, & les filles duquel
furent mariées aux despens du public ; lequel se tourmente de voir ainsi la
justice

juſtice vilipendée & deshonorée, & vous demande ſi vous n'auez point
de honte que vos peres ayent, peu s'en a fallu, fait mourir Arthimius Zele-
tien, au moins l'ayent banny & chaſſé de toutes les terres de leur obeïſſance, (bien qu'il fuſt venu demeurer en leur ville, & qu'ils euſſent droit
d'hoſpitalité auec luy) pour auoir ſeulement apporté en Grece de l'argent
des Rois de Medie; & que vous ordonniez des Couronnes à celuy non pas
qui a apporté l'argent des Medois , mais qui s'eſt laiſſé corrompre par les
Eſtrangers, & qui en a encore l'or & l'argent en ſa poſſeſſion? Ne penſez-
vous point que Themiſtocles, & ceux qui moururent à Marathon & à
Platée ne pleurent & ſouſpirent de regret, & qu'il ne ſorte meſme des larmes, des cris, des plaintes, du tombeau de vos predeceſſeurs, ſi vous couronnez celuy qui confeſſe s'eſtre rallié auec les Barbares , pour ruiner les
Grecs? Quant à moy ie proteſte deuant vous, ô Terre, ô Soleil, ô Vertu, ô
Prudence, & vous, ô Sciences qui nous faites diſcerner les bonnes choſes
des mauuaiſes, que j'ay parlé pour le bien public ;, & y ay apporté tout le
ſecours que j'ay peu. Si j'ay auſſi brauement & dignement dit, que la grandeur d'vn tel crime le merite, j'ay fait ce que ie deſirois : ſi ie n'y ay ſatisfait,
j'ay fait ce que j'ay peu. C'eſt à vous, Meſſieurs, ſur les raiſons que ie vous
ay diſcouru, & ſur celles que ie puis auoir obmis, & que vous vous pouuez
repreſenter de vous meſmes, d'aſſeoir vn jugement qui teſmoigne voſtre
juſtice, & le ſoin que vous auez du public.

DEMOSTHENE
POVR CTESIPHON,
OV DE LA COVRONNE.

E commenceray, Meſſieurs, par la priere que ie
fais à tous les Dieux & toutes les Deeſſes, que
ie puiſſe touuer en ce jugement autant de bien-
vueillance en vous, comme j'en ay toute ma vie
porté à ceſte ville, & à chacun de vous. En ſecond lieu, qu'ils me facent la grace d'obtenir ce
que le ſoin que vous auez touſiours eu de voſtre
conſcience, & de voſtre honneur, me promet:
Qui eſt que vous ne preniez point conſeil de
mon aduerſaire, de la façon dont vous me deuez eſcouter, (ce ſeroit choſe trop inique) ains pluſtoſt des loix, & du ſerment que vous auez preſté,
lequel entre autres choſes tres-juſtes qu'il contient, porte nommément,
que vous oyrez également toutes les deux parties, qui n'eſt pas ſeulement
à dire que vous n'apporterez aucun prejugé, & que vous leur deſpartirez
également voſtre faueur, mais auſſi que vous leur permettrez d'uſer de tel
ordre en leur deffenſe, que bon leur ſemblera, & que chacun d'eux voudra choiſir. En ce combat icy ma condition eſt pire en beaucoup de choſes, que celle d'Æſchines. Mais principalement, Meſſieurs, en deux
poincts qui ſont de tres-grande conſequence. L'vn qu'il m'eſt bien de
plus grande importance de perdre voſtre bonne grace, qu'il n'eſt pas à
Æſchines de ne point obtenir la condemnation qu'il deſire. Car pour ce
qui eſt de moy, ie ne veux rien dire en ce commencement icy de piquant,
bien que chacun voit qu'il m'eſt venu accuſer de gayeté de cœur. L'autre que naturellement tous les hommes du monde prennent plaiſir à oüyr
meſdire & accuſer, & s'ennuyent d'entendre loüer. Doncques ce qui
peut plaire & agreer eſt du coſté de celuy-cy, & ce qui eſt auſſi faſcheux
& importun qu'vne vieille chanſon demeure en mon partage. Que ſi
pour la crainte que j'ay de cela, ie ne vous repreſente point mes actions
paſſées, ie n'ay moyen aucun de me deffendre de ceſte accuſation, & vous
monſtrer que ie merite quelque honneur enuers vous, & la recompenſe
dont il s'agiſt en ceſte cauſe. Si au contraire ie me mets à vous conter
ce que j'ay faict en l'adminiſtration de la choſe publique, il faudra neceſſairement que ie parle ſouuent de moy. Or eſſayeray-je de le faire le
plus

plus moderément que ie pourray : quand la necessité m'y portera, cestuy-
cy en deura courir l'enuie, puis que c'est luy qui me contraint d'entrer en
ceste lice. Ie ne doute point, Messieurs, que vous ne connoissiez clairement
que ceste cause m'est commune auec Ctesiphon, & de laquelle ie ne dois
pas auoir moins de soin que luy. Car c'est chose fort fascheuse & insupportable, d'estre despouillé de tout ce que l'on a, mesmes par son ennemy, &
principalement de vostre amitié & bien-vueillance, dont la perte est d'autant plus griefue, que la possession en est & chere & precieuse. Puis donc
qu'il s'agist de cela en ceste cause, ie vous requiers & vous supplie tant que
vous estes, d'escouter ma deffense, auec l'attention que les loix vous ordonnent, lesquelles Solon homme populaire & plein de bonne affection
enuers vous, qui les a publiées dés le commencement, n'a pas voulu seulement authoriser par l'escriture, mais par le serment solennel qu'on fait prester aux Iuges, de les garder & obseruer. Non à mon aduis qu'il se deffiast
de vostre iustice, mais pour ce qu'il iugeoit bien qu'il estoit impossible à
ceux qui sont accusez, de se sauuer des calomnies & impostures que celuy
qui parle le premier leur met sus, les descriant par artifices & deguisemens,
si ceux qui ont à iuger ne sont retenus par vne certaine religion, & n'oyent
fauorablement les iustes deffenses de celuy qui parle le dernier, se rendans
esgalement attentifs à l'vne & l'autre des parties, & reconnoissans par ce
moyen la verité de tout ce qui se presente. Ayant doncques auiourd'huy à
rendre raison de ma vie priuée, & de tout ce que i'ay negocié pour le public, Ie veux encore vne fois implorer les Dieux, comme i'ay desia fait au
commencement, & comme ie fais maintenât en vostre presence, afin qu'ils
me facent trouuer en ce iugement autant de bien-vueillance en vous, comme i'en ay toute ma vie porté à vostre ville & à chacun de vous, & qu'ils
vous facent connoistre ce que vous deuez ordonner de ceste cause, tant
pour l'honneur commun de ceste ville, que pour la descharge de vostre
conscience en particulier. Si Æschines ne se fust point estendu plus auant
en son accusation, que portoit son inscription, ie viendrois incontinent à
la deffense du decret proposé par Ctesiphon : mais puis qu'il a quasi tout
employé son discours en autres choses esloignées de ce suiet, & à dire des
menteries de moy, i'ay estimé qu'il m'estoit & iuste & necessaire de luy respondre sur cela en peu de paroles, à ce que personne d'entre vous seduit par
tels discours hors de propos, ne se rendist plus aliene & difficile à m'ouïr en
mes iustes deffenses. Quant aux iniures particulieres dont il m'a attaqué,
voyez comment ie luy respondray simplement & veritablement. Si vous
me connoissez tel qu'il m'a depeint (Ie n'ay iamais vescu que parmy vous)
ne me permettez pas seulement d'ouurir la bouche, quand bien ie vous
aurois fait tous les seruices du monde au gouuernement de vostre ville &
maniement des affaires ; mais leuez-vous & me condamnez dés à present.
Que si vous m'auez conneu plus homme de bien que luy, & venu de plus
gens de bien, & que moy & mes predecesseurs, afin de ne rien dire suiet à
enuie, n'ayons en rien cedé à ceux qui ont eu vne mediocre fortune en cet
Estat, n'adioustez point foy à ce que cestuy-cy a voulu mesdire des autres :
car vous pouuez aysément voir, que ce sont toutes choses controuuées, &

me continuez à jamais, s'il vous plaiſt, la meſme affection que vous m'auez
touſiours monſtré, en toutes les occaſions qui ſe ſont preſentées, ſemblables à celle-cy. Sans doute, Æſchines, veu que vous eſtes fin & malicieux,
c'eſt vne grande ſimplicité à vous, de penſer que ie deuſſe laiſſer à dire ce
que j'ay fait au gouuernement des affaires, pour m'amuſer aux injures que
vous auez debacqué contre moy. Croyez, ie n'ay garde de le faire, ie ne
ſuis pas ſi depourueu de ſens : mais au contraire ie veux tout à ceſte heure
examiner ce que vous auez controuué, & que vous m'auez reproché touchant le maniment que j'ay eu au gouuernement. Quant à ceſte pompeuſe
façon d'injurier impudemment les perſonnes, ſi ceux qui m'eſcoutent me
le veulent permettre, i'en parleray puis apres. Les points de ceſte accuſation ſont diuers & tres-griefs, & de faits que les loix puniſſent de tres-ſeue-
res peines, voire du dernier ſupplice : mais le diſcours & plaidoyé d'Æſchines
ne contient autre choſe qu'vn teſmoignage de ſon inſolence, des iniures,
conuices, diffamatiós, & choſes ſemblables. Quand tout ce dont il m'accuſe ſeroit vray, n'euſt-il pas deu en pourſuiure le chaſtiment lors que la memoire en eſtoit freſche? Comme on n'empeſche perſonne de ſe preſenter au
peuple & de parler, auſſi ne faut-il pas que ceſte liberté-là ſoit employée
pour exercer la petulance de ceux qui veulent tirer les autres en enuie. Cela
ſans doute, Meſſieurs, ſeroit vne mauuaiſe choſe qui ne ſeroit ny equitable
ny cóuenable aux mœurs d'vn eſtat libre. Mais ce qu'il deuoit faire ſi j'auois
failly comme il dit, & ſi j'auois fait telle & ſi grande injure à la choſe publique, comme il crie par ſon diſcours, auec des paroles tragiques, c'eſtoit de
m'accuſer lors, & me faire porter la peine ordónée par les loix à telles fautes.
S'il me voyoit faire choſe digne d'vne accuſation publique, il me deuoit
deferer & me tirer en jugement deuant vous. Si j'auois propoſé quelque
choſe contre les loix, m'accuſer comme infracteur d'icelles. (Il n'y a pas
d'apparence, que celuy qui accuſe Cteſiphon pour l'amour de moy, ne
m'euſt accuſé moy-meſmes, s'il en euſt eu ſujet.) S'il m'a veu faillir en quelqu'vne des façons qu'il vous a icy diſcouru & impoſé, les loix y ſont, les
amendes, les actions, les jugemeus qui propoſent de grandes & ſeueres
peines à ſemblables meſfaits, chacun s'en peut ſeruir. S'il s'y fuſt gouuerné
ainſi, & qu'il en euſt vſé de ceſte façon, ſon accuſation pourroit ſeruir à ce
qu'il veut faire. Mais maintenant que laiſſant le droict chemin, & le moyen
qu'il auoit de reprendre mes fautes ſur lechamp, tant de temps apres il vient
auec des reproches, des ſornettes & des injures aſſemblées à m'attaquer, il
fait vrayement le meſtier d'vn joüeur de farces : par ce moyen il ſe void que
ie ſuis celuy contre qui il parle, & neantmoins que c'eſt Cteſiphon qu'il
accuſe, & que toute ceſte accuſation n'eſt fondée que ſur la hayne qu'il
me porte : & bien qu'il ne m'ait jamais oſé accuſer, il monſtre qu'à mon
occaſion il en veut faire condamner vn autre. Meſſieurs, d'autres pourroient
dire beaucoup de choſes auec raiſon pour la deffenſe de Cteſiphon, mais
pour moy j'en puis dire vne que ie juge pleine d'equité & juſtice. C'eſt
qu'il me ſemble que nous deuons vuider nos differens, & nos inimitiez entre nous meſmes, & non pas rechercher les moyens de nuire à d'autres qui
n'y ont point de part. Car cela eſt vne extreme injuſtice. On peut donc voir
par

par ce que j'ay dit, qu'en toutes ces accusations proposées, il n'y a rien de
justice ny de verité. Mais ie veux examiner cela par le menu : Et principalement tout ce qu'il a controuué touchant la paix, & mon Ambassade, en
quoy il m'impute tout ce qui a esté fait par Philocrate & par luy. Or est-il
besoin, Messieurs, & à mon aduis fort à propos, de vous representer les
choses, selon le temps qu'elles ont esté faites, afin que vous voyez comme
tout s'est passé, & en quelle saison. La guerre s'estant meuë contre les Phocenses, non par mon fait, car ie ne me meslois point lors des affaires, vous
estiez tellement disposez, que vous desiriez les conseruer, bien que vous
sceussiez qu'ils eussent fait beaucoup de choses à la verité tres-mauuaises.
Quant aux Thebains, vous n'eussiez pas esté lors marris, quand il leur fust
arriué quelque mal-heur. Et non sans cause estiez-vous courroucez contre
eux : car ils n'auoient pas vsé moderément de la bonne fortune qu'ils auoient
eu à Leuctres. Outre cela le Peloponese estoit tout diuisé de factions : ceux
qui haïssoient les Lacedemoniens n'estoient pas assez forts pour les ruiner,
& d'autre costé ceux és mains desquels ils auoient mis le commandement
des villes, l'auoient perdu. Bref, & là & en tout le reste de la Grece, ce n'e-
stoit que trouble & dissension que l'on ne pouuoit appaiser. Philippe en
ayant cónoissance (car cela n'estoit pas fort secret) faisant quelque despence
pour gagner les traistres en chasque lieu, esbranla & mist tout en confusion. Et ainsi faisoit-il son profit des fautes des autres, & se fortifioit de leur
imprudence & indiscretion, procurant leur ruine à tous. Or comme les
Thebains furent ennuyez de la longueur de la guerre qu'ils auoient eu contre vous, & virent qu'eux qui vous auoient auparauant endommagez,
commençoient à auoir du pire, ils furent sur le point de se jetter entre vos
bras, & voyoit-on bien que la necessité les y contraignoit. Philippe pour
empescher ce coup, & que les villes ne s'accordassent, commença à vous
offrir la paix, & secours aux Thebains. Ce qui l'ayda fort à ce dessein, &
à vous surprendre & ruiner peu s'en fallut, ce fut vostre facilité, à vous laisser volontairement tromper, & la malice & ignorance des autres Grecs;
lesquels voyans que vous auiez entrepris vne grande & continuelle guerre,
pour le salut commun de tous, comme l'effect l'a monstré, ne vous secou-
rurent jamais ny d'argent, ny d'hommes, ny d'autre chose quelconque.
De sorte qu'estans justement offensez contre eux, vous auiez occasion de
prester l'oreille à Philippe. La paix donc qui fut lors accordée, fut pour ceste consideration, & non à ma poursuite, comme celuy-là vous a voulu imposer. Et se trouuera à qui s'en voudra bien informer, que les fautes que luy & ses compagnons corrompus par argent firent en ce traitté, sont cause des affaires que nous auons maintenant sur les bras. Et
cela ie desire vous le discourir au vray & l'examiner fidellement. Car s'il se
trouue de la faute en ce fait-là, il n'y a rien du mien. Le premier qui parla
jamais de la paix, ce fut Aristodeme le joüeur de tragedies. Celuy qui l'entreprit apres luy & proposa le decret, ce fut Philocrates Agnusien estant
gagné par argent : il estoit vostre compagnon & non le mien, quand mesmes vous deuriez creuer à force de mentir en soustenant le contraire. Ceux
qui le soustindrent furent Eubulus & Ctesiphon : la raison ie la tairay pour

le present. Quant à moy ie n'estois point meslé en tout cela. Or combien que les choses se soient passées ainsi, & que cela soit la pure verité, toutes-fois il a esté si impudent de dire, que j'ay esté cause de ceste paix, & qui plus est que j'ay empesché que vous ne l'ayez faite, auec le conseil commun de tous les Grecs. Si ainsi estoit ie ne sçay de quel nom, Æschines, ie vous dois qualifier. Vous qui estiez present, vous me voyez negotier vn si grand af-faire, vne telle confederation de telle consequence que vous auez discou-ru auec vne voix tragique, vous voyez faire ce tort au public, que n'en fai-siez-vous plainte? que ne montiez-vous en chaire, pour remonstrer tout ce dont vous m'accusez maintenant? Si j'estois gagné par Philippe pour empescher que les Grecs ne traittassent en commun, il ne vous en falloit pas taire, mais crier, protester & le descouurir au peuple. Or cela n'auez-vous jamais fait, personne n'a jamais oüy ceste voix-là de vous, l'on n'a-uoit enuoyé aucune Ambassade vers les Grecs, l'on auoit desia assez des-couuert leurs intentions, & de tout ce qu'il vous a dit touchant cela, il n'y en a pas vn seul mot de verité. En cela sans doute il fait grand tort à nostre ville, & dit des menteries & impostures qui tournent à son grand des-hon-neur. Car si en mesme temps vous auez enuoyé des Ambassadeurs vers les autres villes pour les exciter à la guerre, & d'autres vers Philippe pour de-mander la paix, vous auez fait vn acte digne d'Eurybate, & non d'vne tel-le ville, vn acte certes indigne de gens de bien. Mais il n'est rien de cela, il n'en est rien. A quel propos eussiez-vous enuoyé vers les autres villes, pour traitter la paix? ils l'auoient lors: pour traitter de la guerre? vous traittiez la paix. Ie ne suis donc pas le premier autheur de ceste paix, comme il vous a voulu dire, & n'y a rien, comme vous voyez, de vray en tout ce qu'il vous a conté & m'a calomnié. Maintenant considerez vn peu depuis ceste paix faite à quoy luy & moy nous sommes adonnez, & quels desseins nous nous sommes proposez. Par là vous connoistrez lequel des deux a fauorisé Philippe, lequel des deux a tenu pour vous, & recherché le bien de vo-stre ville. Estant lors du Conseil ie proposay que l'on depeschast des Am-bassadeurs qui allassent en diligence trouuer Philippe là où il seroit pour prendre le serment de luy. Ceux-cy ne le voulurent jamais. Or combien cela importoit ie le vous monstreray. Philippe auoit grand interest de dif-ferer long-temps à jurer la paix, & vous au contraire de la haster. Pour-quoy? Pour ce que non pas du jour que la paix auoit esté jurée, mais du jour qu'elle auoit esté esperée, vous auiez laissé tous vos preparatifs de guer-re; luy au contraire les auoit tousiours continuez; Estimant comme il estoit bien vray, que tout ce qu'il prendroit sur nous, auant que la paix fut jurée, luy demeureroit, & que pour cela on ne la voudroit pas rompre auec luy. Ce que preuoyant & considerant ie proposay ce decret; Que l'on enuoyast au lieu où Philippe estoit, & que le plustost que l'on pourroit l'on luy fit jurer la paix, afin que pour le moins Serrheon, Myrtion, & Ergil-que, qui sont places qui appartiennent aux Thebains, vos confederez, desquels cestuy-cy se mocquoit tantost, leur demeurassent, & que Phi-lippe ne prist pas ces forteresses d'importance, pour demeurer puis apres maistre de toute la Thrace, & s'acquerant par ce moyen force hommes,

&

& force finances, il ne vinst ayfément à bout du refte de fes affaires. Æfchines fe garde bien de parler de ce decret-là & de le faire lire. Mais il me
calomnie de ce qu'eftant du Confeil, j'ay efté d'aduis qu'il falloit faire venir
les Ambaffadeurs de Philippe. Que falloit-il donc faire? ordonner qu'eux
qui eftoient venus pour conferer auec vous ne feroient point oüys? ou que
le maiftre des ceremonies ne leur bailleroit point de place au theatre? Pour
deux oboles ils pouuoient auoir place au theatre, quand on ne l'euft point
ordonné. Quoy? vouloient-ils que ie m'amufaffe à efpargner à la ville vne
chofe de neant, & que ie vendiffe à Philippe comme ils ont fait les affaires
de confequence? A Dieu ne plaife. Prenez donc & lifez le decret que celuy-cy a teu à fon efcient. *Mnefiphile eftant Preuoft le dernier jour d'Auril la
lignée Pandionide eftant en tour de prefider, Demofthene Payanien fils de Demofthene a dit, que puis que Philippe a enuoyé des Ambaffadeurs vers le peuple d'Athenes, pour traitter de la paix, & accorder les articles qui ont efté dreffez, qu'il fembloit bon au Confeil, & au peuple d'Athenes, qu'attendu que la
paix eft concluë & confirmée par la derniere affemblée, que l'on choifift cinq hommes de la ville pour aller en Ambaffade vers Philippe, & que ceux qui feront
efleus aillent en diligence au lieu où il fera, pour receuoir & prefter le ferment,
fuyuant les articles qui ont efté accordez entre luy & le peuple d'Athenes, y comprenant les alliez & confederez les vns des autres. Les efleus pour Ambaffadeurs
ont efté Eubulus Anaphlyftien, Æfchines Cothocidien, Ctefiphon Rhamnufien,
Democrates Phlyenfe, Clean Cothocidien.* Apres que j'eus publié ce decret,
par lequel ie ne cherchois que le profit de la ville, & non celuy de Philippe, ces beaux Ambaffadeurs-cy, ne fe foucians pas beaucoup d'affaires publiques, furent trois mois tous entiers en Macedoine à attendre que Philippe reuinft de Thrace, où il reduifift cependant en fa puiffance tous les forts;
au lieu qu'ils pouuoient en dix jours, voire en trois ou quatre l'aller trouuer
en l'Hellefpont, & fauuer toutes ces places-là, en jurant la paix auant qu'elles fuffent prifes. Car il n'y euft touché en leur prefence, & s'il l'euft faict,
nous n'euffions pas juré la paix, & n'euft pas eu comme il a & la paix & les
places tout enfemble. Voyla doncques la premiere tromperie de Philippe
au fait de la paix, & la premiere mefchanceté qu'ont fait ces gens-cy, corrompus par argent, que i'eftime fans doute ennemis & des Dieux & des
hommes; qui eft l'occafion pour laquelle depuis ie leur ay toufiours faict
profeffion d'inimitié, & fais & feray à l'aduenir. Voyez vne autre fignalée mefchanceté, qu'ils firent incontinent apres. Quand Philippe nous
euft iuré la paix, ayant auparauant occupé comme j'ay dit toute la Thrace par la faute de ceux-cy, qui ne firent pas ce que mon decret leur enjoignoit, il trouua moyen de gagner d'eux encore par argent qu'ils ne partif-
fent point de Macedoine, iufques à ce que l'armée qu'il dreffoit contre les
Phocenfes fuft prefte; Craignant que s'ils vous euffent rapporté qu'il euft
deffein de s'acheminer-là, vous auec vos galleres, & tirant vers les Pyles,
comme vous auiez fait auparauant, ne prinffiez le paffage: Mais afin que
quand vous en auriez la premiere nouuelle, il fuft des-ja dans les Pyles &
en euft occupé le pas. Or Philippe auoit tant de peur, qu'entendant cela
vous ne prinffiez refolution de fecourir les Phocenfes, auant qu'il les euft

pris, & que ceste occasion ne luy eschappast, qu'il pratiqua encore à part
cet abominable-cy, & le gagna par argent, afin qu'il vous rapportast les
choses de la façon dont il fit; ce qui a esté cause de tout ruiner. Ie vous prie,
Messieurs, & vous supplie de croire que si Æschines n'eust rien meslé en
son accusation hors de propos, & outre ce qui touche Ctesiphon, ie ne
parlerois aussi de rien autre chose : mais puis qu'il y a meslé toutes sortes
d'injures & de conuices contre moy, ie suis contrainct de respondre briefuement à chasque poinct de son accusation. Quel donc fut lors son recit
auec lequel il a tout ruiné ? Il ne faut point, disoit-il, vous esmouuoir de ce
que Philippe est entré dans les Pyles, pourueu que vous ayez vn peu de
patience, vous aurez tout ce que vous demandez, vous entendrez dans
deux ou trois jours qu'il sera deuenu bõ amy à ceux de qui il se dit ennemy,
& qu'il sera deuenu ennemy de ceux qui l'estiment leur amy : adjoustant
à cela auec vne magnifique parole ces mots; Les amitiez ne se lient & af-
fermissent par les paroles, mais par l'vtilité que l'on en reçoit. Or est-il vtile
à Philippe, aux Phocenses & à vous tous de vous descharger de la stupidité & importunité des Thebains. Quelques-vns prindrent plaisir à ces paroles-là, à cause de la grande hayne que l'on portoit lors aux Thebains;
mais qu'est-ce qui s'en est ensuiuy tost apres? Les pauures Phocenses n'ont-
ils pas esté tous ruinez ? leurs villes ont-elles pas esté desmantelées? & vous
qui vous teniez les bras croisez & vous fiez sur les paroles de cestuy-cy,
n'auez-vous pas esté contraincts incontinent apres de quitter la campagne, & serrer vos meubles dans les villes, pendant qu'il en a eu de bon argent, nostre ville l'enuie & la hayne des Thebains, & des Thessaliens, &
Philippe le profit de tout ce qui s'est passé? Qu'il soit ainsi, lisez le decret proposé par Callisthenes, & la lettre de Philippe; par là vous connoistrez euidemment tout ce qui en est. *Mnesiphile estant Preuost, les Generaux d'armée ayans fait assembler la ville en conseil, le dernier jour de Septembre Callisthenes fils d'Eteonide Phalerien de l'aduis des Prytanées & du Conseil, proposa
ce qui s'ensuit. Que personne pour quelque sujet que ce soit, ne se tienne la nuict
à la campagne, mais que chacun se retire à la ville, & dans le Pirée, en sorte qu'aucun ne parte ny jour ny nuict de sa garnison, & que chacun garde le rang qui luy a
esté baillé, sans en sortir ny jour ny nuict : que s'il se trouue auoir contreuenu à la
presente ordonnance, il sera puny comme conuaincu de trahison. Sinon qu'il face
apparoir qu'il luy ait esté impossible d'y satisfaire; dequoy les Colonnels, le Procureur de ville & le Greffier du Conseil auront la connoissance. L'on apportera
des champs les meubles le plustost que faire se pourra : ceux qui sont à cinq lieües
seront apportez à la ville & à Pirée; ceux qui sont plus esloignez à Eleusine,
Phyla, Aphidna, Rhamnunte & Sunion. Voyla ce que dit Callisthenes Phalerien.* Estoit-ce là l'esperance que vous auiez en faisant la paix? estoit-ce là ce
que vous promettoit cet Ambassadeur mercenaire ? Que l'on lise encore la
lettre que Philippe vous escriuit apres tout cela: *Philippe Roy de Macedoine
au Conseil & au peuple d'Athenes Salut. Vous auez entendu comme j'ay passé
les Pyles, & conquis tout ce qui est en la Phocide, mis garnisons és villes qui se
sont renduës à moy, & pris par force, reduit en seruitude, & demantelé celles qui
ont voulu faire resistance. Estant aduerty que vous deliberiez de les secou-*
rir,

rir, j'ay aduisé de vous escrire, afin que vous ne vous en missiez point en peine. Car pour tout il me semble que vous feriez chose hors de raison, ayant fait la paix auec moy de vous armer contre moy, veu que ceux de Phocée ne sont point compris aux traittez que nous auons fait ensemble. De sorte que si vous contreuenez à ce que nous auons accordé, vous n'y profiterez d'autre chose, sinon de monstrer la volonté que vous auez de m'offenser. Vous voyez ce que Philippe vous escrit, c'est autant que s'il disoit à ses alliez; Sçachez que j'ay fait tout cela à la barbe des Atheniens, & en despit d'eux. De sorte que si vous estes sages, Messieurs les Thebains, & Thessaliens, vous les tiendrez pour ennemis, & prendrez asseurance de moy : bien que ce ne soit pas là les mots de sa lettre, si en est-ce la substance, & ce qu'il veut qu'on entende par ce qu'il escrit. De sorte qu'il les a rangez à ce poinct, que ne preuoyans nullement la conséquence des affaires, ils luy ont laissé faire ce qu'il a voulu; dont les pauures Thebains portent bien maintenant la peine. Or celuy qui seruoit à Philippe pour vous persuader ce qu'il vouloit, & qui trauailloit auec luy, c'estoit ce compagnon-cy, lequel vous rapportoit de fausses nouuelles, & vous trompoit vilainement. Et neantmoins il pleuroit tantost les fortunes des Thebains, & en discouroit comme d'vne chose fort lamentable : bien que de tout cela, & de tout ce que les Phocenses, & tous les Grecs ont enduré de maux, il en soit la seule cause. Ainsi, Æschines, vous deplorez les accidens arriuez aux Thebains, vous qui possedez tant de biens en la Beoce, & auez tant de terres qui leur appartenoient, & moy, que Philippe qui les a ruinez, demandoit pour en faire à sa discretion, m'en resioüis. Mais ie suis tombé sur vn discours, qui sera peut-estre plus à propos en quelque autre endroit, & pour ce retournons à ce que nous auons commencé de monstrer, que ces gens-cy par leur corruption & meschanceté, sont la vraye cause de tous les maux que nous sentons maintenant. Car apres que Philippe vous eust trompé, par le moyen & entremise d'eux-mesmes, qui s'estoient ainsi loüez à luy pour vous rapporter les choses autrement qu'elles n'estoient; & que les pauures Phocenses eurent esté surpris & leurs villes ruinées, qu'en aduint-il ? ces miserables Thessaliens, ces pauures bestes de Thebains, estimerent Philippe leur amy, leur bien-faicteur, & conseruateur : c'estoit leur tout : Et n'eussent pas permis qu'on leur eust rien dit au contraire. Quant à vous, vous auiez assez suspectes les actions de Philippe, & en estiez assez desplaisans; toutesfois vous desiriez la paix : car qu'eussiez-vous fait tout seuls ? quant aux autres Grecs, ils auoient esté trompez comme vous, & estoient descheus de leur esperance, & bien qu'ils eussent esté desia fort offensez si desiroient-ils le repos. Car lors que Philippe tournant çà & là autour des Illyriens & Tribales, ruinoit plusieurs peuples de Grece & s'en acqueroit vne grande puissance, plusieurs des villes, & entr'autres Æschines sous pretexte de la paix l'allerent trouuer; mais il les corrompit, & prist cependant les villes contre lesquelles il auoit faict ces preparatifs-là. De sçauoir à ceste heure si elles ne s'en apperceuoient pas, & si elles en estoient pas aduerties, c'est vn faict à part, & qui ne me touche point. Et pour moy en quelque lieu que j'aye esté, soit icy, soit où vous m'auez enuoyé, ie l'ay tousiours predit & protesté : mais les villes estoient ie ne fçay comment malades ; les vns qui auoient charge des affaires & du gouuernement, eftans corrompus par argent, les autres particuliers ne pre-uoyans rien, pour la plufpart, de ce qui deuoit arriuer, allechez par la dou-ceur du repos auquel ils fe voyoient pour lors. Bref ils eftoient tous frappez de cefte maladie, qu'ils penfoient que le mal commun ne viendroit jamais jufques à eux, & quand ils voudroient, ils fe retireroient du danger qui menaçoit tous les autres. Ainfi leur eft-il arriué à mon aduis à la pluf-part, que par vne trop grande nonchalance & pareffe hors de faifon, ils ont perdu leur liberté, & les principaux d'entr'eux qui penfoient auoir tout vendu fors qu'eux, fe font trouuez les premiers liurez. Car au lieu que lors quel'on les corrompoit, on les appelloit hoftes & amis, maintenant on les appelle flatteurs, ennemis des Dieux, & autres mots qui leur appartiennent bien. Car il n'y a perfonne, Meffieurs, qui vueille defpendre fon argent, pour faire le profit des traiftres, ny qui fe ferue puis apres de leur confeil, quand il eft vne fois maiftre de ce qu'ils luy ont vendu. Autrémét les traiftres feroient les plus heureufes gens du monde. Mais cela n'eft point, cela n'eft point. Et pourquoy feroit-il ? fans doute il s'en faut beaucoup. Au contraire quand celuy qui cherche de s'emparer d'vn Eftat, s'eft vne fois eftably & rendu maiftre de ceux qui le luy ont liuré, connoiffant leur mefchanceté, deflors mefme il commence à les haïr, à fe deffier d'eux, & les diffamer. Confide-rez donc cela ie vous prie ; car bien que la faifon de pouruoir à nos affaires foit coulée, toutesfois il eft toufiours temps à ceux qui font fages, de faire leur profit des fautes paffées. Philippe appelloit Lafthenes fon bon amy, jufques à ce qu'il luy euft liuré Olynthe, & Timolaus jufques à ce qu'il euft fait ruiner Thebes, Eudicus & Simuffe de Lariffe, jufques à ce qu'ils eurent foufmis la Theffalie en fon obeïffance. Mais puis apres quand on les chaffa auec injures, & mille maux qu'on leur fit endurer, vous euffiez veu tous les endroits de la terre pleins de traiftres, qui ne fçauoient où fe retirer. Quoy ? Ariftratus de Sicyone, & Perilaus de Megare, ont-ils pas efté mi-ferablement chaffez ? D'où l'on peut clairement juger, que celuy qui con-ferue vertueufement fon pays, & s'oppofe aux triftres, vous conferue mef-me, Æfchines, & à tous les autres qui fe font laiffé gagner, l'argent que l'on vous a donné pour vous corrompre ; & que par leur moyen & de ce qu'ils empefchent vos mefchans deffeins, vous vous fauuez auec le refte du pays ; & ne laiffez pas d'auoir l'argent qui vous a efté donné. Car quant à vous, vous auez fait tout ce qu'il vous a efté poffible pour vous perdre. Or de ce qui a efté fait lors, il y a beaucoup d'autres chofes que j'en pour-rois dire, mais ce que j'en ay dit n'eft que trop fuffifant. Et ce que j'en ay tant dit n'eft que par la faute d'Æfchines, qui a vomy fur moy tant d'in-jures, comme la lie de fes mefchancetez, laquelle j'ay efté contraint de purger, à l'endroit de ceux qui pour n'auoir pas efté de ce temps, font mal informez de la façon dont les affaires fe font paffées. Peut-eftre ce difcours vous aura-il ennuyé, d'autant qu'auant que j'euffe ouuert la bouche vous fçauiez affez toutes les corruptions de cet homme, lefquelles il nomme droits d'amitié, & d'hofpitalité. Car en vn endroit il a vfé de ces mots : Il me reproche l'amitié d'Alexandre comme vn grand crime. A quoy l'auriez-

vous

vous acquise ? à quoy l'auriez-vous meritée? Ie n'ay dit, ny que vous soyez hoste d'Alexandre, ny que vous soyez son amy, ie n'ay pas tant perdu l'esprit que cela ; sinon que ie vueille appeller les ousterons, & autres mercenaires les amis de ceux qui les employent. Mais on ne parle pas ainsi. Et comment eussé-ie dit cela ? vrayement il s'en faut beaucoup. Bien ay-ie dit cydeuant, que vous estiez appointé de Philippe, & que vous l'estes maintenant d'Alexandre, & chacun le dit auec moy. Et si vous en doutez, demandezle à qui vous voudrez. Voulez-vous que ie leur demande pour vous? Pensez-vous, Messieurs, qu' Æschines soit amy ou mercenaire d'Alexandre? Escoutez ce qu'ils disent. Mais ie veux maintenant luy respondre à ce dont il accuse Ctesiphon, & vous faire entendre quelles ont esté mes actions, afin qu'il sçache, bien qu'il ne l'ignore pas, pourquoy ie pretends non seulement meriter les recompenses qui m'ont esté ordonnées, mais encore de beaucoup plus grandes. Et pour ce qu'on lise l'inscription d'Æschines. *Charondas estant Gouuerneur le sixiesme iour de Feurier, Æschines fils de Atromete Cothocidien est venu vers le Preuost, & a deferé Ctesiphon fils de Leosthenes Anaphlystien, d'auoir contreuenu aux loix, pour auoir proposé vn decret contraire à icelles, par lequel il ordonne, que Demosthene fils de Demosthene Payanien, sera couronné d'vne Couronne d'or, laquelle sera proclamée au Theatre, durant les grands jeux de Bacchus, lors que les nouueaux ioüeurs de tragedies y seront : & ce en reconnoissance de sa vertu, de l'affection qu'il a tousiours portée & monstrée par effect, tant à tous les Grecs en general, qu'au peuple d'Athenes, en tesmoignage de sa vaillance, & encore en recompense de ce qu'en tous ses faits & paroles il a tousiours recherché le bien du peuple, comme il est encore prest de faire, en tout ce qu'il luy sera possible : En quoy il a donné faux entendre au peuple, & a ordonné des choses qui sont contraires aux loix. Pour ce premierement que les loix deffendent que l'on n'insere rien aux registres publics qui ne soit veritable : Secondement que l'on n'adjuge la Couronne à aucun qui soit sujet à rendre compte, comme Demosthene l'est, ayant eu la charge de faire refaire les murs : Dauantage que la proclamation ne s'en face au theatre à la veuë des nouueaux ioüeurs de tragedies : mais ordonnent que si c'est le Conseil qui donne la Couronne, qu'elle soit proclamée au Conseil; si c'est la ville, qu'elle soit proclamée à Pnyques en pleine assemblée, à peine de trente mil escus d'amende. Les Huissiers qui ont adjourné l'accusé, sont Cephisophon fils de Cephisophon Rhamnusien, Cleon fils de Cleon Cothocidien.* Voila, Messieurs, ce qu' Æschines accuse de ce decret : ie pense vous monstrer clairement que j'ay à tout cela de tres-justes & pertinentes deffenses. Ie suiuray le mesme ordre qu' Æschines a gardé en ceste inscription, & y respondray de poinct en poinct, sans en rien oublier que ie puisse. Le jugement de ce que Ctesiphon a mis dans son decret, que j'auois tousiours fait le mieux qu'il m'auoit esté possible pour vostre seruice, que j'auois intention de continuer, & que ie meritois d'en estre loüé, depend à mon aduis de mes actions, & deportemens au maniment de vos affaires. Quand vous les aurez examinez, vous jugerez aysément si Ctesiphon a dit vray ou non. Quant à ce qu'il n'a pas mis ces mots, que ie serois couronné & proclamé au Theatre, apres que j'aurois rendu compte; ie pense que cela depend aussi de mes actions, & de sçauoir si elles sont telles, que j'en merite la Couronne, & vne proclamation telle qu'elle a esté ordonnée. Et apres cela il me restera à vous monstrer, que Ctesiphon n'a rien ordonné qui ne soit permis par les loix. Ainsi, Messieurs, pensé-je vous pouuoir rendre ma deff. nse legitime, & fort aysée à comprendre. Ie viens doncques à ce que j'ay faict au maniement de vos affaires. Que si ie descends au discours de celles de la Grece, personne à mon aduis ne me peut justement reprendre, comme m'esloignant de la deffense du crime dont on me charge. Car celuy qui blasme ce decret, de ce qu'il est porté par iceluy, que i'ay faict de grands seruices à la Republique, & dit que cela est faux, me iette par force en ce discours, & me contraint vous faire entendre la façon dont ie m'y suis gouuerné. Ioinct qu'y ayant plusieurs sortes d'occupations en la Republique, i'ay choisi de m'employer au maniment des affaires de la Grece. Et pour ce auec raison vous veux-ie monstrer en ce sujet, quelles ont esté mes actions. Ie laisseray donc ce que Philippe auoit fait, & quelles places il auoit occupé auparauant que ie m'entremesse du gouuernement: car ie pense que cela ne me touche point. Mais en quoy ie me suis employé depuis ce iour-là, & ce que j'ay empesché qu'il ne fist, ie vous en rendray bon compte s'il vous plaist seulement d'entendre ce mot auparauant. Philippe auoit beaucoup d'auantage sur nous: car entre les Grecs, ie ne dis point icy, mais par tout, il auoit vn grand nombre de traistres, & hommes gagnez, ennemis de Dieu & du pays, voire tel nombre que jamais on n'en oüyt parler de semblable; auec l'ayde & secours desquels ayant des-ja trouué les Grecs mal entr'eux, & tout diuisez en factions, il les mit encores pis en les trompant, donnant aux vns, & ruinant tous les autres. Bref il les diuisa en plusieurs partis, eux qui deuoient estre vnis pour empescher son accroissement, & sa grandeur. Les choses estans en cet estat, & personne ne s'apperceuant encore du mal qui se preparoit à tous les Grecs, c'est à vous à considerer, Messieurs, ce qui estoit à faire, & m'en demander compte. Car ie m'estois lors disposé à pouuoir aux affaires de la ville. Que pensez-vous, Æschines, qu'il fallut faire lors? Quoy? que nostre ville quittant ce qui estoit de son ancienne dignité, se laissast opprimer par Philippe, comme auoient fait les Thessaliens & les Dolopes? luy permist de s'emparer de la domination de toute la Grece, & laissast perdre les droicts & l'honneur que ses predecesseurs luy auoient acquis? Sans doute c'eust esté vne fascheuse chose, & qui fust toutesfois arriuée, si celuy qui le preuoyoit & pressentoit ne l'eust empesché. Ie demanderois volontiers maintenant à celuy qui blasme ce que l'on fist lors, quel party il eust voulu que la ville eust pris? Celuy qui a aydé à reduire les Grecs en la misere où ils sont, comme on pourroit dire des Thessaliens, & de ceux qui les ont suiuy, ou de ceux qui ont negligé les affaires, & tout laissé passer de ceste façon, en esperance de faire leur profit particulier? comme ont fait les Arcadiens, Messeniens, & Argiens. Or la plus part de ceux là, voire tous pour mieux dire, y ont plus mal fait leurs affaires que nous. Quand bien Philippe apres ses conquestes se fust retiré en Macedoine, sans rien attenter ny sur vos associez, ny sur les autres Grecs, neantmoins il y eust eu occasion de blasmer ceux qui ne se fussent pas opposez à ses desseins. Mais puis qu'il vsurpoit l'honneur, la liberté, la preeminence, &

principalement

principalement le gouuernement de toutes les villes, n'auez-vous pas fait vn acte glorieux quand vous m'auez creu, & que vous vous y estes opposez? I'en reuiens donc-là: Que falloit-il, Æschines, que fist ceste ville, lors qu'elle voyoit que Philippe vouloit vsurper le commandement & vne tyrannie sur toute la Grece? que falloit-il lors que ie conseillasse au peuple? Car c'estoit-là l'importance. Moy qui sçauois que de tout temps iusques au iour que ie commençay à parler en public, nostre ville auoit genereusement combattu pour l'honneur & la preeminence, & plus perdu d'hommes, & employé d'argent elle seule, pour conseruer l'honneur & la liberté de la Grece, que n'auoient fait les autres Grecs tous ensemble, bien qu'il y allast plus du leur ; & qui voyois que Philippe à qui nous auions affaire, apres auoir perdu vn œil, & esté blessé en la gorge, en vne main & en vne jambe, ne se lassoit point, & estoit prest de composer auec la fortune, & achepter d'elle au prix du plus cher de ses membres l'honneur & la gloire, pour en orner & couronner le reste de sa vie. Ie ne sçay pas qui pourroit estre si effronté, que de dire que Philippe nay & nourry en vne petite ville de Pelle, petit lieu & inconneu, deust auoir tant de generosité & de courage, que de vouloir subjuguer toute la Grece, & se mettre cela en l'esprit ; & que vous qui estes Atheniens, qui auez tous les jours dans les oreilles & deuant les yeux, les belles actions & les mouuemens de la vertu de vos ancestres, deussiez estre si lasches, que de laisser volontairement vsurper à Philippe la liberté de la Grece. Il ne se trouue personne qui die cela. Il s'ensuit doncques qu'il estoit raisonnable, voire necessaire de s'opposer à ce qu'il entreprenoit injustement. Ce que vous auez fait dés le commencement, comme vous deuiez certainement. En quoy ie me suis employé, en ay esté d'aduis, & l'ay fait ordonner durant que ie me suis meslé des affaires, ie le confesse. Ie vous demande, Æschines, que me falloit-il faire? Ie laisse le reste, ie ne parle point d'Amphipolis, Pydne, Potidée, Halonese. Ie ne peux pas sçauoir si jamais Serrion, Dorisque, & Peparethe ont esté pris, ny me souuenir des autres injures que ces villes-là ont enduré. Et toutesfois vous auez dit que j'auois esté cause de les rendre ennemies de Philippe par ce que j'en auois parlé, bien que ç'ayent esté Eubule, Aristophon & Diopithes, qui ont fait les decrets touchant ces villes-là, & non pas moy. C'est grand cas que vous estes si prompt à dire tout ce qui vous vient à la bouche. Ie ne parle donc plus de cela. Mais ie vous demande quand il s'emparoit de l'Eubée, & qu'il y dressoit vn caualier pour battre toute la Grece, qu'il entreprenoit contre Megare, qu'il prenoit Orée, qu'il rompoit le traitté, qu'il donnoit le gouuernement d'Orée à Philistide, & celuy d'Erythrée à Clitarchus, qu'il occupoit tout l'Hellespont, qu'il assiegeoit Bysance, & les villes de Grece, en ruinant les vnes, & rappellant les bannis aux autres ; faisant tout cela offensoit-il ceste ville? contreuenoit-il aux traittez? rompoit-il la paix ou non? falloit-il qu'il se trouuast lors quelqu'vn entre les Grecs qui s'opposast à luy ou non? S'il ne le falloit point empescher, & qu'il fallust que la Grece fust comme l'on dit la proye des Mysiens, au sceu & à la veuë des Atheniens, ie confesse que j'ay bien perdu du temps de m'estre empesché de tout cela, & d'en auoir si souuent parlé : la ville a bien pris de la peine pour neant, d'auoir fait ce que ie luy ay conseillé ; & faut rejetter sur moy la faute de tout ce qu'elle a faict. Que si au contraire il falloit que quelqu'vn se presen-tast pour rompre tels desseins, à qui estoit-il plus seant qu'au peuple d'A-thenes ? Voyla ce que j'ay faict lors, & voyant que Philippe vouloit asser-uir tout le monde, ie m'y suis opposé, faisant ce que ie pouuois par mes dis-cours & remonstrances, afin qu'il ne vint à bout de tels desseins. Or ça esté luy & non pas nous, qui a rompu le premier la paix ; quand il a pris nos vaisseaux. Qu'on represente donc les decrets qui en furent faits & puis sa lettre. Car par là on connoistra qui a esté cause de la guerre. *Neocles estant Gouuerneur au mois de Iuillet, l'assemblée de ville ayant esté conuoquée par les Colonnels, Eubulus fils de Mnesithée Cyprien a proposé, que sur ce que les Colon-nels ont rapporté en l'assemblée, que Leodamas auec les vingt batteaux qu'il con-duisoit, pour faire charger du bled en l'Hellespont, ont esté emmenez en Macedoine par Amyntas Lieutenant de Philippe où ils sont detenus, les Conseillers & Gou-uerneurs fissent assembler le Conseil, afin d'eslire des Ambassadeurs pour enuoyer vers Philippe, qui l'aillent trouuer & traitter pour la deliurance des vaisseaux, & du Capitaine & des soldats : Et luy facent entendre que si Amyntas a fait cela par inaduertance, le peuple d'Athenes ne luy ensçaura point de mauuais gré : si Leo-damas a fait quelque chose mal à propos contre le mandement qui luy auoit esté donné, que les Atheniens l'ayans conneu l'en chastiront selon que la qualité du de-lit le requerra. Que si ce n'est ne l'vn ne l'autre, mais que ce soit Philippe & son Lieutenant qui nous vueillent traitter indignement & iniurieusement qu'il decla-re son intention, afin que le peuple en estant aduerty prenne resolution de ce qu'il en doit faire.* C'a donc esté Eubulus qui a dressé ce decret & non moy ; & Aristophó qui a dressé celuy qui suit apres, & Hegesippus le troisiesme, Ari-stophon le quatriesme, Philocrates le cinquiesme, Cephisophon le sixiesme, & ainsi des autres, sans que j'y sois nommé : que l'on lise le decret. *Neocles estant Gouuerneur, le dernier jour d'Aoust, sur ce que les Gouuerneurs & Colon-nels ont rapporté au Conseil, que le peuple auoit ordóné que l'on esliroit des Ambas-sadeurs pour aller vers Philippe, touchant le recouuremét des vaisseaux, qui luy fe-roient entendre le mandement qu'ils ont, & luy porteroient le decret du peuple, Ce-phisophon fils de Cleon Anaphlystien. Democritus fils de Demophon Anagyrasien, Polycritus fils d'Apemantus Cothocidiē, ont esté esleus pour faire ceste ambassade: ce qui a esté fait la lignée Hippothoondite estant en tour de gouuerner, Aristophon Colyttien President en l'assemblée, lequel a porté la parole.* Cóme ie vous repre-sente ces decrets, móstrez donc, Æschines, aussi les decrets que j'ay faits, par lesquels vous pretendez que ie sois autheur de ceste guerre, mais vous n'en auez point. Si vous en eussiez eu, c'est ce qu'il falloit faire maintenant que de les monstrer. Philippe mesme ne s'en est jamais pris à moy, bien qu'il en ait accusé d'autres. Que l'on lise la lettre qu'il en a escrit. *Philippe Roy de Mace-doine au Conseil & peuple d'Athenes, Salut. Vos Ambassadeurs estans arriuez deuers moy, qui sont Cephisophon, Democritus & Polycritus, m'ont parlé de re-lascher les vaisseaux que conduisoit Leodamas : vous estes bien simples si vous pensez que ie ne sçache que ces vaisseaux-là ont esté enuoyez pour sous pretexte de charger des grains en Hellespont pour porter à Lemnos, secourir les Selymbriēs que ie tenois assiegez, & qui ne sont point compris entre les confederez, desnommez par*

nos

nos traittez. Ce qui a esté donné en charge au Capitaine de ces vaisseaux-là, non par le peuple Athenien, mais par quelques-vns des principaux d'entre vous, & autres particuliers qui veulent en toute façon, au lieu de l'amitié & confederation qui est entre moy & le peuple d'Athenes, y allumer la guerre. Ce qu'ils desirent plus que le secours des Selymbriens, pensant que la guerre leur sera comme vne rente. Il me semble que c'est chose qui n'est vtile ny pour vous ny pour moy, & pource ie vous renuoye les vaisseaux qui auoient esté pris sur vous. Au reste quand vous ne permettrez point à ceux qui ont le gouuernement de vos affaires de commettre ces meschancetez-là, ains les en chastierez, de ma part ie feray tout ce qu'il me sera possible pour conseruer vostre amitié. Dieu vous tienne en prosperité. En tout cela il n'y a pas vn mot de Demosthene ny vne seule plainte de luy. Comment se fait cela donc, que celuy qui se plaint de tous les autres ne parle point de moy ? Pour ce qu'il ne pouuoit faire mention de moy qu'en vous faisant souuenir des injures qu'il vous a faites. Car ie le veillois, ie luy estois tousiours contraire, & fus le premier autheur d'enuoyer des Ambassadeurs au Peloponese lors qu'il s'y voulut couler, & depuis en Eubée quand il la voulut attaquer. Ie fis depuis enuoyer non pas des Ambassadeurs, mais des forces à Orée & à Erythrée, lors qu'il establit des tyrans en ces villes-là. Et en fin ce fut moy qui depeschay l'armée naualle, qui sauuay Cherrhonese, Byzance, & tous nos autres alliez. Dont vous auez receu tant de loüange, d'honneur, d'estime, de presens de Couronnes, d'actions de graces, de ceux que vous auez obligez par ce bien-fait, & que Philippe vouloit ruiner. Ceux qui vous creurent se sauuerent ; & quant à ceux qui negligerent vos auis, ils se souuiennent combien de fois vous leur auez predit leur mal-heur, & n'estiment pas seulement la bien-vueillance que vous leur portiez, ains aussi vostre prudence, vous admirans comme Oracles. Car tout ce que vous leur auez predit leur est arriué. Chacun sçait, & vous, Æschines, mieux que nul autre, combien d'argent Philippe eust volontiers donné à Philistide pour auoir Orée & Erythrée, & s'en pouuoir seruir contre nous, & combien il en eust volontiers donné, afin que l'on le laissast faire & que personne ne s'informast & ne fist plainte des choses qu'il faisoit injustement. Car les Ambassadeurs qui venoient icy de la part de Philistide & de Clitarque descendoient chez vous, & leur prestiez vostre maison, lesquels la ville renuoya lors, comme personnes ennemies de ceste ville, & qui demandoient des choses desraisonnables & dommageables. Toutesfois ils estoient de vos amis. Il n'y a donc rien en tout cela de mon fait. Et neantmoins vous me deschirez vilainement, & dites que ie prens de l'argent pour me taire, & que ie recommence à crier quand il est despensé : vous n'en faites pas ainsi. Car vous criez auec l'argent en la bourse, & ne cesserez jamais, jusques à ce qu'aujourd'huy l'on vous impose silence par vne condemnation pleine de honte & d'infamie. Doncques, Seigneurs Atheniens, quand pour les considerations que ie vous ay remarqué, vous m'auez cy-deuant ordonné vne Couronne (car voicy la seconde que j'ay eu) & que Aristonicus en a publié le decret en mesmes mots (sans qu'il y ait vne syllabe à dire) que celuy de Ctesiphon, la proclamation en ayant esté faite en plein theatre, Æschines qui y estoit present ne s'y est point op-

posé, & n'a pas accusé celuy qui auoit fait le decret. Que l'on lise vn peu le
decret. *Le Capitaine Cheronides estant gouuerneur le vingt-sixiesme Ianuier,
la lignée Leontide estant en tour de presider, Aristonicus Phrearrhien a dit; Puis
que Demosthene fils de Demosthene Payanien a fait beaucoup de grands seruices
au peuple Athenien, & à plusieurs de ses confederez, & cy-deuant & de fresche
memoire, quand il a fait ordonner que l'on les secourroit, a esté cause de deliurer
les villes d'Eubée, monstrant par effect vne grande affection au bien public, &
a tousiours procuré de fait & de parole le bien de ceste ville & de toute la Grece, le Conseil & le peuple ont trouué bon qu'il fut loüé publiquement, & couronné
d'vne Couronne d'or, que la proclamation en soit faite en plein theatre, durant
la feste de Bacchus, lors que les nouuelles tragedies se joüeront, & que la lignée
qui sera en tour de gouuerner, & celuy qui sera preposé aux jeux, ayent le soin de
faire-faire la publication. C'est Aristonicus Phrearrhien qui a fait la proposition.*
Y a-il quelqu'vn de vous qui sçache que pour ce decret-là vostre ville ait
esté deshonorée & mocquée, comme cestuy-cy dit qu'elle sera si ce second
decret a lieu? Et neantmoins quand la memoire des choses est fresche, c'est
lors que l'on en loüe les autheurs, si l'on les trouue bonnes; si au contraire,
on les punit. Or voyez-vous que j'en ay receu lors du gré & de la loüange,
& non pas du blasme & du chastiment. N'ay-je donc pas occasion de dire
que jusques à ce temps j'ay fait toutes choses pour le bien de la ville? Ce qui
m'est assez tesmoigné, en ce que j'ay tousiours obtenu de vous ce que je
vous ay conseillé & proposé. Qui a si bien reüssi que vous en auez acquis
des Couronnes à vostre ville, & de l'honneur à moy & à chacun de vous
en particulier; vous en auez fait des sacrifices aux Dieux, & des processions
solennelles, comme d'vn grand bien. Depuis que Philippe fut par vous
chassé de l'Eubée à force d'armes, & par mes conseils & decrets, (car je
le puis dire ainsi, quand ceux-cy en deuroient creuer) il chercha vn autre
moyen de nous boucler. Car voyant que vous vous seruiez des grains, que
vous faisiez apporter de dehors, il voulut que tous les grains du pays fussent
à sa misericorde. Et pour ce faire il passa en Thrace, & voulut contraindre
les Byzantins ses alliez de se joindre auec luy, pour vous faire la guerre. Ce
que luy ayans refusé pour ce qu'ils disoient qu'ils n'y estoient pas tenus par
leurs traittez, & disoient vray, il commença à enuironner leur ville de
tranchées, & l'assaillir auec engins de batterie. Cela ce faisant je demande
ce que vous deuiez faire. Ie croy que chacun le voit clairement. Or qui
est-ce qui a secouru les Byzantins & les a conseruez? qui est-ce qui a empesché que l'Hellespont ne se perdist en ce temps-là? C'a esté vous, Seigneurs Atheniens, Quand je dis vous, je dis ceste ville. Qui estoit-ce lors
qui parloit, qui proposoit, qui faisoit, & qui s'employoit aux affaires sans
s'espargner? C'estoit moy. Or combien en cela j'ay profité à tout le monde, je ne le veux pas monstrer par paroles, mais par les effects. Car la guerre que vous entrepristes lors outre la reputation qu'elle vous donna, vous
apporta encore abondance de toutes choses necessaires pour la vie, & vous
les mit à meilleur prix que n'a pas fait ceste paix; laquelle bien qu'elle soit
tant prejudiciable au pays, ces gens de bien-cy gardent si soigneusement,
pour quelques esperances qu'ils ont, & desquelles s'il plaist à Dieu ils seront
frustrez.

fruſtrez. Priez-le tous qu'ils ne participent point aux vœux que vous autres
qui deſiriez le ſalut public luy faites, & que vous ne participiez point aux
deſſeins qu'ils ont en leur eſprit. Or que l'on liſe les decrets des Byzantins
& des Perinthiens, par leſquels ils ont ordonné des Couronnes d'or en
l'honneur de ceſte ville, à cauſe de ce fait-là. *Boſporichus eſtant Pontiſe, Da-*
magetus ayant demandé au Conſeil congé de parler, a dit; Que puis que le peuple
Athenien a cy-deuant monſtré beaucoup de bien-vueillance au peuple Byzantin,
& aux Perinthiens leurs alliez & conſederez, leur ayant fait de grands plaiſirs
aux occaſions qui ſe ſont preſentées, lors que Philippe entra en armes en leurs pays,
en intention de ruiner leurs villes, gaſta & depoüilla la campagne, meſmes il
coupa les arbres, & les ayant ſecouru auec ſix vingts vaiſſeaux; refreſchy de vi-
ures, armes & autres munitions, deliuré de grands dangers, conſerué & reſtably
leur ancien gouuernement, leurs loix & les ſepulcres de leurs anceſtres, le peuple
de Byzance & de Perinthe a trouué bon de donner au peuple d'Athenes droit de
mariage, de bourgeoiſie, d'acquerir heritages en leur territoire, & lieu d'honneur
au theatre, jeux publics, au Conſeil, & aux aſſemblées de peuple, au rang de ceux
qui ont charge des ſacrifices, & ordonné que ceux qui ſe voudront habituer en
leurs villes, ſeront franes de toutes contributions, meſmes pour les ſacrifices; &
que l'on dreſſera trois ſtatuës de ſeize coudées de haut ſur le Boſphore, qui repre-
ſenteront la ville d'Athenes, qui ſera couronnée par celles de Byzance & de Pe-
rinthe, & que l'on enuoyera des preſens à toutes les aſſemblées qui ſe font en la
Grece, comme aux jeux Iſthmiens, Nemeens, Olympiens, Pythiens, & que là l'on
fera proclamer les Couronnes que ceſte ville donne au peuple d'Athenes: afin que
chacun connoiſſe le merite & vertu des Atheniens, & l'ingenuité & reconnoiſ-
ſance des Byzantins & Perinthiens. Liſez apres les decrets de ceux de Cherrhoneſe. *Les peuples de Cherrhoneſe qui habitent Seſtus, Eleunte, Madyte, Alo-*
peconneſe, font preſent au peuple d'Athenes d'vne Couronne d'or, de trente ſix
mil eſcus, & ont ordonné qu'il ſera dreſſé vn autel aux Grecs & au peuple d'A-
thenes, pour les grands biens qu'ils ont fait aux Cherrhoneſites, les ayant deliurez
de Philippe, & reſtablis en leur pays, en leurs loix, en leur liberté, & leurs ſacri-
fices, dont ils ne perdront jamais la memoire, ains feront aux ſiecles aduenir tout
ce qui leur ſera poſſible pour reconnoiſtre vn ſi grand bien. Cecy a eſté deliberé au
Conſeil commun deſdits peuples. Or n'ay-je pas ſeulement procuré par mes
conſeils & par mon adminiſtration que Cherrhoneſe & Byzance fuſſent
conſeruées & voſtre ville honorée, mais auſſi que voſtre grande bonté &
la meſchanceté de Philippe fut manifeſtée à tout le monde. Car chacun
a conneu, que combien qu'il fut amy & confederé des Byzantins, neantmoins il les alloit aſſieger; que ce peut-il voir de plus meſchant & de plus
abominable? & vous au contraire qui auiez beaucoup d'occaſions de vous
plaindre des injures qu'ils vous auoient fait par le paſſé, non ſeulement vous
les auez oublié, & voyant qu'ils eſtoient affligez ne les auez pas abandonné, mais vous eſtes monſtrez leurs protecteurs, dont vous auez acquis honneur & bien-vueillance de tout le monde. Chacun ſçait que de ceux qui
ont manié vos affaires vous en auez couronné pluſieurs, mais perſonne ne
ſçauroit dire que de tous les Conſeillers & Orateurs, autre que moy ait eſté
cauſe de faire couronner ceſte ville. Afin doncques de reſpondre aux con-

uices qu'il a proferé contre les Eubeens & Byzantins, en vous rememorant qu'ils ont fait les fascheux contre vous, ie monstreray que ce ne sont pas seulement des calomnies, (car ie croy que vous le sçauez assez,) mais aussi que quand tout ce qu'il dit seroit vray, neantmoins ie me suis comporté de la façon que ie deuois pour le bien public. Et pour ce faire vous rameneray en memoire vne ou deux des plus signalées choses qui ont esté faites en ceste ville, & ce en peu de mots. Car il faut que chacun en particulier, & toute la ville en general s'essaye de composer le reste de ses actions, sur l'exemple de ce qui se trouue auoir esté bien fait. Lors que les Lacedemoniens estoient les plus forts & par mer & par terre, & tenoient l'Attique en subjection sous leurs Capitaines & garnisons, qui estoient disposées tout au tour comme en l'Eubée, Tanagre, toute la Beoce, Megare, Egine, Cleone, & autres Isles, vous n'auiez pas vn seul vaisseau à vous, ny aucunes murailles autour de vostre ville, neantmoins vous sortistes, & allastes auec forces à Haliarte, & à peu de jours de là à Corinthe. Et combien que lors il y en eust beaucoup d'entre vous, qui se peussent encore souuenir des fascheries que les Corinthiens & Thebains vous auoient fait en la guerre Dicelique, toutesfois vous n'en fistes jamais aucun semblant. Or, Æschines, les Atheniens ne faisoient pas cela pour bien qu'ils eussent receu de ces gens-là, & n'estoient pas si mal-aduisez qu'ils ne conneussent assez le danger où ils se mettoient: mais ils ne vouloient pas abandonner ceux qui s'estoient refugiez vers eux, ains par vn desir genereux d'acquerir de la gloire, se vouloient librement exposer au hazard, prenans en cela vne braue, & glorieuse resolution. Car la mort est la borne de la vie de tout homme quel qu'il soit, ie dis mesmes quand il demeureroit toute sa vie enfermé dans sa maison pour s'y conseruer. Mais il faut que les gens de bien s'employent à toutes les honnestes entreprises, se proposans vne belle esperance, & supportans neantmoins genereusement ce qu'il plaira à Dieu leur enuoyer. C'est ce que firent vos peres, c'est ce que firent vos ancestres, lesquels empescherent les Thebains apres la victoire de Leuctres de ruiner les Lacedemoniens, ausquels ils n'estoient neantmoins ny amis ny obligez; & desquels au contraire vostre ville auoit receu beaucoup de grandes & insignes injures. En quoy ils n'eurent aucune consideration à la grandeur & reputation qu'auoient lors les Thebains, ny à ce qu'auoient fait ceux pour lesquels ils se hazardoient tant. Par où vous auez monstré, Messieurs, à tous les Grecs, que vous remettez en vne autre saison à vous ressentir de ceux qui vous ont offensé; & que vous ne vous en souuenez nullement quand ils courent fortune de perdre leur Estat & leur liberté. Ce que vous n'auez pas fait seulement en ce faict-là, mais aussi lors que les Thebains se sont voulus emparer de l'Eubée; à quoy vous ne vous estes monstrez negligens, ny ne vous estes point souuenu du tort que Themison & Theodore vous auoient fait à Oropus, ains leur auez donné secours: qui fut lors que premierement il y eut en ceste ville des Capitaines volontaires qui equipperent des galleres à leurs despens, desquels ie fus l'vn: mais ie n'en suis pas encore-là. Or ce fut sans doute vn bel acte, d'auoir sauué ceste Isle; Mais encore plus braue & genereux, de ce qu'estans maistres & du pays, & des biens de ceux qui vous

auoient

auoient offenfé, vous leur rendiftes tout ; diffimulans ce que vons ſçauiez
qu'ils auoient fait contre vous. Ie pourrois dire mille autres chofes ſemblables, ſoit batailles naualles, ſoit deſcentes d'armées, ſoit de forces de terre
que vous auez fait autresfois, & faites encore tous les jours, pour la ſeule
conſeruation de la liberté des autres peuples de la Grece. Ainſi doncques
voyant que vous auez volontairement tant & tant enduré pour le bien des
autres, & que vous eſtiez encore ſur ceſte deliberation, que vous pouuois-
je propoſer ou conſeiller de faire ? Quoy ? vous ramenteuoir les injures de
ceux qui deſiroient voſtre ſecours, & chercher des pretextes pour abandonner leur bien ; qui ſeroit celuy qui ne m'euſt juſtement tué, ſi ſeulement de
parole ie me fuſſe efforcé de deshonorer ainſi la gloire & majeſté de ceſte
ville ? Ie ſçay aſſez qu'auſſi bien vous n'en euſſiez rien fait. Si vous l'euſſiez
voulu, qui vous en euſt empeſché ? ne vous eſtoit-il pas ayſé ? N'auiez-vous
pas ces gens-cy qui ne vous preſchoient autre choſe ? Ie veux donc retourner à ce que j'ay manié depuis cela, & vous prie de juger ce qui ſe pouuoit faire de mieux. Ayant lors conſideré, Seigneurs Atheniens, que vos
forces naualles eſtoient toutes rompuës, que les riches de la ville, ſous ombre d'vne petite deſpence qu'ils auoient faite, s'eſtoient rendus exempts des
contributions, que les mediocres, & ceux qui auoient quelque peu de biens
auoient tout perdu, & que par ce moyen la ville perdoit l'occaſion de faire
ſes affaires ; Ie propoſay vne loy, par laquelle ie fis faire aux riches ce qu'ils
deuoient, empeſchay que les pauures ne fuſſent foulez, & fis que vous euſtes en temps & lieu toutes les prouiſions neceſſaires ; ce qui fut tres-vtile à
ceſte ville. I'en fus accuſé, comme ayant fait choſe contraire aux loix ; ie
me preſentay à vous & en fus abſous ; & mon accuſateur n'eut pas ſeulement la cinquieſme partie des voix pour luy. Or combien penſez-vous que
les Capitaines des compagnies, & ceux qui commandoient ſous eux, m'euſſent volontiers donné d'argent, afin que ie ne fiſſe point publier ceſte loy,
ou qu'apres qu'elle eut eſté publiée, j'euſſe laiſſé la pourſuite de l'execution,
ou bien j'euſſe receu leur excuſe apres leur affirmation ? Tant que j'aurois
honte de vous le dire. Et l'euſſe fait auec raiſon. Car auparauant ils ſe pouuoient mettre ſeize enſemble, pour faire vn vaiſſeau, de ſorte qu'ils n'y faiſoient quaſi point de deſpenſe. Et n'y auoit que les pauures qui portoient
tout le fais. Où par la loy que j'ay publiée chacun eſtoit contrainct de contribuer ſelon ſes moyens : de ſorte que celuy qui auparauant ne portoit qu'v-
ne ſixieſme partie de la deſpence d'vne gallere, a eu la charge entiere de
deux galleres : Car auparauant ils ne ſe nommoient pas Capitaines de Galleres, mais aſſociez à l'entretenement. Et pour ce il n'y a rien qu'ils ne m'euſſent donné pour abolir ceſte loy. Qu'on liſe premierement le decret pour
lequel ie fus accuſé, puis apres les rolles des contributions, ceux qui eſtoient
ſelon l'ancienne loy, & ceux qui ont eſté reformez par celle que j'ay publiée. Liſez. *Polycles eſtant Gouuerneur le ſeizieſme Aouſt, la lignée Hippothoondite eſtant en tour de commander, Demoſthene fils de Demoſthene Payanien
propoſa vne loy touchant l'entretenement des galleres, contraire à celle qui eſtoit
auparauant, qui permettoit de s'aſſocier pluſieurs pour l'entretenement d'vne
gallere. Laquelle loy de Demoſthene le Conſeil & le peuple ont approuuée & au-*

thorisée, dont *Patrocle Phlyen* a accusé *Demosthene*, comme ayant contreuenu aux loix, mais n'ayant pas eu la cinquiesme partie des *voix* pour luy, il a esté condamné en cinq cens escus d'amande. *Monstrez ce bel Estat. Les Capitaines des galleres seront appellez pour faire seize vne gallere, selon les rolles que l'on fait pour la contribution de la Gendarmerie, y comprenant tous ceux qui sont depuis vingt-cinq à quarante ans, lesquels contribueront également. Voyez maintenant le rolle qui a esté fait selon la loy que j'ay publiée. Chaque gallere aura son Capitaine qui sera choisi pour y commander de ceux qui auront six mil escus vaillant; & quant à ceux qui en auront dauantage, ils seront tenus à proportion de leur reuenu, d'armer jusques à trois vaisseaux auec leurs fregates; & quant à ceux qui ont moins vaillant, ils seront assemblez pour faire vn vaisseau à la mesme raison de six mil escus pour vaisseau.* Ay-je donc peu secouru les pauures par ceste loy? combien pensez-vous que les riches m'eussent volontiers donné, & que ie les eusse deschargez de ce qui estoit juste qu'ils fissent? Or ne me glorifié-je pas seulement de n'auoir point preuariqué & deschargé les riches, & d'auoir esté absous quand on m'en a voulu accuser, mais de ce que j'ay publié vne loy grandement profitable au public, comme l'euenement l'a monstré. Car tant que la guerre à duré, les vaisseaux ont fait voile, sans que jamais les Capitaines soient venus pour vous faire plainte, qu'ils fussent trop greuez; nul ne s'est jetté au pied des autels à Munychia, pour estre deschargé; nul ne s'est faict emprisonner par les Generaux des galleres pour obeïr; il n'y a pas eu vn vaisseau qui se soit perdu dehors, ou qui ait esté pris, ou qui soit demeuré au port pour ne pouuoir faire voile. Or tout cela arriuoit souuent quand on y tenoit l'ordre des loix anciennes: la cause estoit que les pauures n'auoient pas moyen de faire le seruice dont on les chargeoit: cela empeschoit beaucoup d'affaires. Mais moy j'ay transferé la charge des galleres des pauures aux riches. I'ay donc en cela fait ce qui estoit de besoin, & partant ay merité loüange, d'auoir gouuerné les choses d'vne façon dont nostre ville a acquis reputation, honneur & puissance tout ensemble. Or en tout ce que j'ay manié, il ne se trouue point que j'y aye apporté, ny enuie, ny aigreur, ny malignité, ny lascheté, ou autre qualité indigne du nom de ceste ville. Tel que ie me suis monstré au maniment des affaires de ceste ville, tel ay-je esté en ce qui a concerné les affaires de toute la Grece. Car ie n'y ay point preferé la bonne grace des riches au bien commun, l'amitié & les presens de Philippe à ce que j'ay estimé estre plus profitable à tous les Grecs en general. Il me reste maintenant à parler de ce qui concerne la proclamation de la Couronne, & la reddition de compte. Car que j'aye profité au public, & esté tousiours fort affectionné à vostre seruice, ie pense qu'il en apparoist assez par ce que j'ay dit cy-dessus. Et neantmoins j'ay laissé expres beaucoup de choses que j'ay faites, tant pour ce que j'ay pensé qu'il me falloit respondre à ce qu'on m'objecte d'auoir violé les loix, que pour ce que vous estes tous tesmoins du reste de mes actions. Quant à tous ces discours que cestuy-cy a tourné haut & bas, pour monstrer que les loix ont esté transgressées par ce decret, ie croy que vous n'y auez peu rien comprendre. Et pour moy ie n'y ay rien entendu en la plus part: pour cela ie suis deliberé d'aller le grand chemin,

&

& examiner ce qui est iuste ou non en ce decret. Tant s'en faut que ie die que ie ne suis point tenu de rendre compte (ce que cestui-cy m'a si souuent reproché & soustenu que j'y estois obligé) qu'au contraire ie confesse ingenuëment que ie suis tenu de vous rendre compte de ce que j'ay geré & manié toute ma vie en vos affaires. Mais quant aux douze talents que j'ay donnez du mien pour employer aux affaires publiques, ie soustiens que ie ne suis, & ne seray jamais tenu d'en rendre compte. Entendez-vous, Æschines? Ie dis d'auantage, qu'aucun quel qu'il soit, fust-ce vn des neuf Gouuerneurs, ne peut estre rendu comptable pour semblable occasion. Car quelle est la loy si pleine d'injustice & d'inhumanité, qui priue celuy qui donne liberalement le sien, du gré qu'on luy en doit sçauoir, & l'abandonne à des chicaneurs qui luy demandent compte de ce qu'il a donné? Il n'y en eut jamais. Que si cestui-cy en sçait quelqu'vne qu'il la die, ie l'escouteray amiablement, & me tairay. Mais il n'y en a point, Messieurs. C'est donc vne calomnie de dire, comme fait cestui-cy, que par ordonnance du Conseil j'ay esté couronné lors que j'estois comptable, de ce qu'estant preposé aux jeux j'ay donné de l'argent pour les faire. Ce n'est donc pas de l'admistration des choses dont j'estois comptable, que vous m'accusez, impudent calomniateur que vous estes, mais seulement de ce que j'ay donné liberalement du mien. Mais vous auiez, me dit-il, la charge de faire rebastir les murailles. Et pour cela à bon droict me deuoit-on loüer de ce qu'ayant esté preposé à cet œuure, ie n'ay point mis en compte les deniers que i'y ay employé, lesquels i'ay pris en ma bourse, & les ay liberalement donnez. C'est à ceux qui tiennent compte de ce qu'ils ont despensé, qu'il faut des Iuges soigneux & diligens; mais à celuy qui donne ce qu'il employe, il ne faut qu'vn remerciment & des loüanges dignes de son merite. C'est pourquoy Ctesiphon a dressé ce decet en ma faueur. Or que la verité soit telle, & que cela soit conforme & à vos loix & aux coustumes de tout temps obseruées entre vous, il m'est aysé à le monstrer par beaucoup de raisons. Car premierement Nausicles estant general de vostre armée a esté couronné par plusieurs fois par vous pour auoir donné de ses propres deniers, pour employer aux affaires publiques: Et Diotimus pour auoir donné des boucliers, & encore Charidemus & Neoptolemus que voilà, ont souuent esté honorez pour auoir donné de leurs biens pour employer aux œuures publiques, ausquelles ils estoient preposez. Aussi seroit-ce chose miserable, ou qu'il fut deffendu à ceux qui ont quelque charge d'y employer du leur, ou bien au lieu d'estre remerciez de leurs bien-faits, qu'ils fussent sujets d'en rendre compte. Or pour monstrer que ce que ie dis est vray, prenez & lisez les decrets qui ont esté faits pour cela. *Demonicus Phlyen estant Gouuerneur le vingt-huictiesme iour d'Aoust, Callias Phrearrhien par l'aduis du Senat & peuple Athenien, a dit que le peuple & le Senat d'Athenes a ordonné que Nausicles qui a l'intendance des armées sera couronné. Pour ce qu'y ayant deux mil hommes de guerre Atheniens en Imbre, pour secourir les Atheniens qui se sont habituez en ceste isle-là, Phialon qui auoit esté esleu pour les conduire, ne pouuant faire voile à cause de l'hyuer, ny soudoyer ses gens, il luy a baillé de ses deniers, sans les auoir redemandez: & a ordonné que la Couronne sera proclamée aux ieux de*

Bacchus, qui seront celebrez par les nouueaux Tragiques. Voicy l'autre decret
de l'assemblée des Gouuerneurs de la ville. *Callias Phrearrhien a dit: D'autant que Charidemus Colonnel des gens de pied, ayant charge de la flotte enuoyée
à Salamine, & Diotimus Colonnel de la Cauallerie ont à leurs despens armé de
huict cens boucliers les soldats qui auoient esté deualisez au combat fait sur le bord
de la riuiere Elisse, le Senat & le peuple d'Athenes ont ordonné qu'ils seront honorez chacun d'vne Couronne d'or, & que la proclamation s'en fera és grands
Panathenées, aux combats de plaisir, pendant que les nouueaux Tragediens
iouëront, & que les Legislateur, Preuosts des jeux & Gouuerneurs de la ville
auront le soin d'en faire faire la proclamation.* Chacun de ceux-là, Æschines,
estoit tenu de rendre compte de la charge qu'il auoit eu, mais non pas de ce
pourquoy ils estoient couronnez. Ny moy donc pareillement: Car ie suis de
mesme condition qu'eux. I'ay dóné liberalement du mien; c'est pourquoy
l'on m'a ordonné vne Couronne, & non pas pour les charges desquelles j'e-
stois comptable, & desquelles j'ay rendu compte, & nó de ce que j'ay donné. Oüy, mais j'ay failli és charges qui m'ont esté commises. Et pourquoy
donc lors que ie me suis presenté pour rendre compte à ceux qui en ont la
charge, vous qui estiez present ne m'accusiez-vous? Or afin que vous connoissiez par le tesmoignage mesme d'Æschines, que ie n'estois point tenu
de rendre compte de ce pourquoy j'estois couronné, prenez & lisez le decret
tout entier, qui a esté fait pour moy. Car par les choses qui sont portées par
ceste ordónance, & dont il ne se plaint point, il apparoistra de son euidente
calomnie. *Le vingt-neufiesme Octobre, Euthycles estāt Gouuerneur, & la lignée
Oeneïde estant en tour de cómander, Ctesiphon fils de Leosthenes Anaphlystien a
dit: D'autant que Demosthene fils de Demosthene Payanien, qui estoit cómis pour
faire rebastir les murs, a donné du sien dix-huit cens escus, outre ce que la ville luy
auoit mis en main pour y employer, & qu'estant commis au maniment des deniers du theatre, il a augmenté la part & portion qui en reuenoit à chaque lignée,
pour employer aux sacrifices: Le Senat & le peuple ont ordonné, qu'en reconnoissance de sa vertu & de l'amour qu'il a tousiours porté au public, il sera loüé publiquement, & honoré d'vne Couronne d'or, que la proclamation s'en fera au
theatre és jeux de Bacchus pendant que les nouueaux Tragiques joueront, & que
celuy qui a l'intendance des ieux aura le soin de faire faire la publication.* Or en
cela vous ne m'accusez pas de ce que j'ay donné au public, mais de l'honneur que le Senat a ordonné qui m'en seroit fait en recompense. C'est en
bons termes dire que j'ay fait justement de donner, & que l'on a faict injustement de m'en sçauoir gré. Or pour descrire vn homme de tout poinct
meschant, ennemy des Dieux, & vrayement enuieux, dites-moy au nom
de Dieu, de quelle nature voudriez-vous vous l'imaginer? Ne seroit-il pas
comme celui-là? Quant à la publication qui se doit faire au theatre, ie laisse que cela a esté fait pour mille & mille autres; que moy mesme i'y ay esté
cy-deuant couronné. Mais ie vous prie, Æschines, estes-vous si mal habile, & si hebeté, que vous ne puissiez comprendre que la Couronne en quelque lieu qu'elle se proclame, apporte vn mesme honneur à celuy qui la reçoit, & que la proclamation se fait au theatre en faueur de ceux qui la donnent? car outre que ceux qui l'entendent sont excitez à seruir le public, ils
louent

loüent plus la reconnoissance de ceux qui donnent la Couronne, qu'ils ne font le merite mesme de celuy qui la reçoit. Et pour ceste occasion a-t'on publié ceste loy-cy en ceste ville : *Que l'on la lise. Si les autres peuples donnent des Couronnes à quelques-vns, que la proclamation s'en face au pays mesmes de ceux qui les donnent : Si c'est le peuple d'Athenes qui les donne, elle se pourra faire au theatre durant les jeux de Bacchus.* Entendez-vous bien, Æschines, comme la loy dit clairement, que si c'est le peuple ou le Senat d'Athenes qui donne les Couronnes, comme lors elles peuuent estre proclamées au theatre? Pauure miserable, dequoy donc me calomniez-vous? pourquoy nous faites-vous tant de contes? que ne prenez-vous vn peu d'ellebore pour vous purger le cerueau? vous qui ne chargez celuy que vous accusez d'aucun crime, mais seulement de vostre enuie. Vous supposez les loix les vnes pour les autres, ne prenant qu'vne partie de celles qu'il falloit lire tout au long, & mesmes à des Iuges qui ont faict serment de juger selon les loix. Et toutesfois vous gouuernant de ceste façon-là, vous discourez quel doit estre vn homme amateur du pays, de mesme façon que vous feriez auec vn imager, à qui vous marchanderiez de faire faire vne statuë, à qui vous diriez quand il vous l'apporteroit, Elle n'est pas faite comme portoit nostre marché; & en parlez tout ainsi que si vn homme se monstroit populaire par paroles & discours, & non par de belles actions. Cependant vous criez à pleine voix, & dites & ce qu'il faut dire, & ce qu'il faut taire. Vous dites choses qui conuiennent plus au lieu dont vous estes sorty, que non pas à moy à qui vous les objectez. Les conuices, Seigneurs Atheniens, sont en cela differens des accusations. L'accusation objecte quelque faute que les loix veulent estre punie, & les conuices ne sont que des mesdisances, que les ennemis se reprochent les vns aux autres, chacun selon son naturel. Or ne presumeray-je pas quant à moy, que nos majeurs ayent dressé cet auditoire, afin que quand vous seriez icy assemblez & destournez de vos affaires particulieres, vous vous disiez honteusement les vns aux autres choses indignes d'estre dites, mais afin de faire chastier ceux qui auroient en quelque chose offensé le public. Et bien qu'Æschines sceust cela aussi bien que moy, il n'a pas laissé d'entreprendre de me venir icy brauer & injurier, au lieu de m'accuser. Et vrayement il ne seroit pas raisonnable qu'il s'en allast hors d'icy, sans que l'on luy rende la pareille. Ie viendray maintenant à ce poinct apres que ie luy auray seulement demandé vne chose. Voulez-vous, Æschines, que l'on vous tienne pour mon ennemy ou pour ennemy du public? Il y a apparence que vous voulez estre tenu pour le mien. Pourquoy donc auez-vous laissé le moyen que vous auiez de m'accuser selon que les loix vous le permettoient? si j'ay failli en quelque chose, vous pouuiez venir lors que ie rendois compte, vous me pouuiez intenter telle accusation ou action que vous eussiez voulu. Vous me venez trauerser sur vn sujet où ie suis entierement innocent, & où les loix, le temps, les prejugez, me deffendent, & dont il a esté ja donné plusieurs jugemens, sans que jamais j'aye esté conuaincu d'auoir rien fait contre le public. Que si la ville veut, selon qu'il est raisonnable, que ie reçoiue vn peu d'honneur du maniment que j'ay eu des affaires publiques,

vous vous y oppofez. Prenez garde que vous ne vous monftriez vray ennemy de ces Seigneurs , faifant femblant d'eftre le mien. Puis donc
que ie vous ay monftré ce que vous pouuiez juftement ordonner , il faut,
Meffieurs , ce me femble (bien que la nature m'ait rendu fort aliene des
conuices & des injures) qu'en contrefchange de tant de menfonges &
impoftures qu'il a defgorgé contre moy , ie die quelques veritez neceffaires pour le fujet de cefte caufe: Et que ie vous face connoiftre quel il eft,
& de quelle race de gens , dont il a appris à fi bien & fi promptement mef-
-dire de tout le monde ; & pourquoy il reprent auffi mes paroles , luy qui
dict des chofes qu'il n'y a homme d'honneur qui n'euft honte de les entendre. Car quand ce feroit Æacus , Rhadamanthus , ou Minos , qui m'ac-
cuferoient , & non pas vn petit caufeur , vn chicaneur , vn miferable grif-
fonneur , comme ceftui-cy ; fi n'vferoit-il pas de tels termes , ny de paroles
fi griefues qu'il faict. Il crie & s'exclame , comme s'il joüoit vne tragedie ; O terre , ô Soleil , ô vertu , & chofes femblables ; & puis inuoque l'intelligence, & la fcience , par lefquelles les chofes bonnes ou mauuaifes font
conneuës. Car vous vous fouuenez comme il difoit cela. Comme fi, vilain
que vous eftes , vous ou les voftres auiez jamais fceu que c'eft que de vertu,
de bien , ny d'honneur , ou de leurs contraires. Où l'auriez-vous appris?
où l'auriez-vous pefché? Vous eft-il loifible à vous de parler de fcience,
veu mefmes que ceux qui en ont acquis quelqu'vne , n'en voudroient pas
faire femblant ; & fi vn autre mefme leur en parle , ils en ont quafi honte?
Mais ceux qui comme vous les ignorent , & neantmoins feignent d'y
auoir beaucoup profité, ne gagnent autre chofe fur ceux qui les oyent finon qu'ils les ennuyent , fans leur pouuoir perfuader qu'ils foient tels qu'ils
veulent paroiftre. Or n'ay-je pas faute de fujet pour parler de vous & des
voftres ; ie fuis feulement en peine par où ie dois commencer ; Et fi ie dois
premierement dire comme Tromes voftre pere eftoit ferf d'Elpias qu'il
monftroit la Grammaire pres le temple de Thefée , auec vn gros billot de
bois attaché aux pieds ; & comme voftre mere qui gagnoit fa vie à la fueur
de fon corps , en vn petit bouge qui eft pres le temple du Heros Calamites
vous a efleué , comme vne belle ftatuë, & vn grand athlete, pour luy feruir
de tiers au meftier dont elle fe mefloit. Mais c'eft chofe que chacun fçait,
& que ie ne veux point dire. Que diray-je donc? comme le flufteur Phor-
mion qui eftoit feruiteur de Dion Phrearrhien , la retira de ce beau meftier-
là? Mais bon Dieu ! ie dois craindre qu'en voulant dire chofes dignes de
vous , ie ne die chofe indigne de moy. Ie laifferay donc cela , & parleray du
commencement de la vie que ceftuy-cy a menée. Car cen'a pas efté vn
homme commun , mais tel qu'il a toufiours efté en abomination à tout le
peuple. Il s'eft aduifé fur le tard, le tard, dif-je, car ce n'eft que d'hier , & tout
nouuellement , de fe faire citoyen d'Athenes , & Orateur : adjouftant deux
fyllabes au nom de fon pere, qui s'appelloit Tromes, il l'a nommé Atrometus; & quant à fa mere il luy a donné ce braue nom de Glaucothea , au lieu
qu'auparauant elle fe nommoit Empoufa , pour ce qu'elle faifoit & enduroit tout ce que l'on vouloit. Car pour quelle autre caufe l'euft-on ainfi
appellée? Mais vous eftes , Æfchines , fi ingrat , & fi mefchant de nature,

que

que combien que ces Seigneurs-cy vous ayent fait de serf libre, de pauure riche, neantmoins vous ne leur en sçauez nul gré, mais vous laissant gagner par argent, vous faites tout à leur desaduantage. Ie ne parleray point des choses que l'on peut douter, si c'est pour le bien de la ville que vous les auez faites; mais seulement representeray-je celles que vous auez euidemment faites en faueur des ennemis. Qui est celuy de vous, Messieurs, qui ne sçait qu'Antiphon le banny estoit venu en ceste ville, ayant promis à Philippe de mettre le feu en vos vaisseaux? Quand ie l'eus pris, caché qu'il estoit au port de Pirée, & mené deuant vous, cet enuieux-cy commença à crier que ie faisois des choses contre la liberté publique, que j'offensois de pauures citoyens affligez, & que j'allois foüiller dans les maisons des bourgeois sans ordonnance, & fit tant qu'il le fit eschapper. Si le Conseil des Areopages n'eust bien senti l'importance de cet affaire, conneu quelle faute vous faisoit faire vostre ignorance & n'eust fait soigneusement r'attrapper ce compagnon-là, & ne vous l'eust ramené; cet homme-cy l'eust sauué, & par ses brauacheries l'eust tiré d'entre les mains de la justice, & garanti de la peine qu'il meritoit. Mais quand vous eustes esté bien informez du faict, vous luy fistes donner la question, & puis l'enuoyastes au gibet, comme vous y deuiez enuoyer quant & quant cestui-cy. Les Areapages bien aduertis de tout cecy, ie dis de la façon dont il s'estoit comporté en cet affaire, lors que vous l'eustes esleu pour estre protecteur du Temple de Delos, ce que vous fistes par mesgarde, comme beaucoup d'autres choses, qui ont esté fort prejudiciables à vos affaires, aussi tost que vous leur eustes donné l'authorité de pouruoir aux affaires, ils le chasserent de la charge comme vn traistre, & commanderent à Hyperides de prendre la deffense du Temple. Ce qui fut fait solennellement, chacun ayant juré sur les autels auparauant que de dire son aduis. Et neantmoins ce pauure miserable n'eut pas vne seule voix pour luy: & qu'il soit ainsi qu'on appelle les tesmoins qui y estoient presens. *Tous ceux-cy deposent pour Demosthene. Callias Sunien, Zenon Phlyen, Cleon Phalerien, Demonique Marathonien, tesmoignons que le peuple ayant esleu Æschines protecteur du temple de Delos, pour le deffendre au Conseil des Amphictyons, nous en ayans deliberé, auons esté d'aduis qu'Hyperides feroit plus dignement ceste charge, & plus à l'honneur de la ville. Et de fait Hyperides y a esté enuoyé.* Quand doncques le Conseil a rejetté celui-cy qui faisoit estat de plaider pour le Temple, il a bien monstré pour qui il le tenoit, c'est à dire pour vn traistre & mal affectionné au public. Voilà vn des traits de ce jeune homme qui se veut cóparer à moy, mais il ne me peut pas rien reprocher de semblable: souuenez-vous d'vn autre. Quand Philippe enuoya Python de Byzance, & auec luy les Ambassadeurs de tous ses alliez, pensant diffamer nostre ville, & faire entendre que nous auions violé le droict des gens; ce Python pensoit auec son eloquence nous accabler, comme par vn torrent: mais ie m'y opposay, & me leuant ie le rembarray brauement: Ie ne me teus point & n'abandonnay point la cause publique, ains ie monstray si clairement le tort que Philippe nous faisoit, que ses confederez mesmes se leuans le confesserent. Au contraire cestui-cy deffendoit Philippe, & portoit tesmoignage contre son propre païs, & contre la verité. Non content de

cela , il fut trouué quelque temps apres à la maifon de Thrafon , communiquant auec vn efpion de Philippe nommé Anaxine. Or celuy qui con-
feroit feul à feul auec vn homme enuoyé par l'ennemy , & negotioit auec
luy, ne peut dire qu'il ne fuft luy mefmes efpion de l'ennemy , voire ennemy du païs. Pour monftrer que ie dis en cela la verité, j'appelle les tefmoins qui y eftoient prefens. Voicy leur depofition. *Meledemus fils de
Cleon, Hyperides fils de Callefchre , Nicomachus fils de Diophantus, apres ferment prefté entre les mains des Generaux de l'armée, depofent pour Demofthene;
Qu'ils fçauent qu' Æfchines fils de Atrometus Cothocidien , eft entré de nuict
en la maifon de Thrafon , & a communiqué auec Anaxine, qui eft reconneu pour
eftre efpion de Philippe. Fait du temps de Nicias preteur , pendant les facrifices
de cent bœufs le troifiefme de Iuin.* Il y a mille autres chofes que ie pourrois dire de luy, que ie laiffe. Car il y en a beaucoup par lefquelles ie pourrois monftrer , qu'en ce mefme temps l'on a defcouuert comme il feruoit les ennemis , & femoit des calomnies contre moy. Mais ce font chofes dont vous
n'auez pas efté foigneux de vous fouuenir , & vous en reffentir comme il
euft efté befoin ; ains par vne mauuaife accouftumance vous permettez à
qui le veut, de calomnier & defchirer ceux qui propofent les chofes qui
vous font falutaires ; changeans le plaifir que vous deuriez receuoir de bien
faire vos affaires , au plaifir que vous receuez d'oüir mefdire & injurier. Et
pour ce eft-il toufiours plus affeuré de feruir vos ennemis , & prendre argent d'eux, que fuiure le confeil qui feroit plus vtile à voftre conferuation.
C'eftoit certes vne grande mefchanceté, que de fupporter apertement Philippe, auparauant mefmes que nous luy euffions denoncé la guerre. Dieux
immortels qui peut nier cela ? C'eft faire contre fon propre païs. Or prenez
que ce fuft chofe permife, donnez-luy cela. Mais depuis le temps que Philippe euft euidemment vollé nos vaiffeaux, qu'il euft deftruit la Cherone-
fe, qu'il fuft entré dans l'Attique, il n'y auoit plus lieu de douter, la guerre
eftoit toute declarée. Que peut monftrer cet enuieux, ce faifeur de pafquils,
qu'il ait fait ou propofé de tout ce temps-là, qui vous peuft de rien feruir?
Il ne fçauroit faire apparoir d'vn feul decret, ou grand ou petit qu'il ait publié pour voftre bien. S'il dit qu'il y en ait, qu'il le cotte; ie luy quitteray la
place , & le temps que vous m'auez prefcrit pour parler. Mais il n'y en a
rien du tout. Il faut de deux chofes l'vne; ou que ne trouuant rien à redire à
ce que ie faifois, il n'ait fceu rien propofer au contraire; ou que fauorifant
les ennemis il n'ait pas voulu defcouurir ce qu'il fçauoit faire de mieux.
Mais quand il falloit faire quelque chofe à voftre defauantage , ne par-
loit-il point ? ne propofoit-il rien ? Alors il n'euft pas laiffé parler vn autre.
Et certainement la ville euft peut-eftre fupporté ce qu'il faifoit en cachette: Mais , Seigneurs Atheniens, entre plufieurs chofes il en a faict vne qui
peut feruir à couronner toutes les precedentes , pour laquelle defguifer il
vous a faict de grands difcours, de ce que les Amphiffiens & Locriens
auoient accordé entr'eux , penfant par ce moyen deftourner de voftre
veuë la verité. Or cela n'eft point ainfi ; & comment le feroit-il ? il s'en
faut bien. Vous ne vous fçauriez lauer de ce que vous auez faict en cet affaire, quelque chofe que vous nous puiffiez dire. Seigneurs Atheniens,

j'inuoque

j'inuoque en vostre presence tous les Dieux & Deesses qui ont soin de l'Attique; & Apollon Pythien qui est comme pere de ceste ville, & les prie tous
que si ie vous dis la verité comme j'ay fait autresfois, lors que ie parlay en
public de ce que ie m'estois apperceu, que vouloit faire ce paillard-cy, (car
ie m'en apperceus incontinent) qu'ils me soient en ayde & me facent prof-
perer: Si au contraire ie luy impose rien de faux, ou par hayne ou par enuie particuliere, ils me priuent de tous les biens que ie puis jamais esperer.
Pourquoy fay-je de telles imprecations, & auec telle vehemence? Pour ce
qu'encore que j'aye des pieces en vos registres, pour vous monstrer ce que
ie vous diray, & que vous ayez la memoire toute fresche de ce qui s'est passé, neantmoins ie crains que vous l'estimiez trop petit compagnon, pour
auoir fait de si grandes meschancetez. Ce qui est desia arriué vne autrefois,
quand il fut cause de ruiner les pauures Phocenses, par le faux rapport qu'il
fit de son ambassade. Car il fut cause de la guerre contre les Amphissiens,
pour laquelle Philippe descendit en Elatée, fut esleu Chef par les Amphictyons, & ruina toute la Grece. Bref on peut dire que luy seul est l'instrument des plus grands maux que nous ayons point enduré. Ie protestois assez lors à toutes les assemblées, & criois, Æschines que pensez-vous faire?
vous nous jettez icy la guerre en l'Attique, vous nous mettez en guerre
auec les Amphictyons. Mais ceux qui estoient attirez pour cet effect m'empeschoient de parler, d'autres s'estonnoient & pensoient que pour quelque
querelle particuliere ie le calomniasse. Or ce qui estoit de tout cela, Seigneurs Atheniens, & à quoy il tendoit, puis que vous fustes lors empeschez de l'entendre, oyez-le maintenant. Car vous verrez comme c'estoit
vne partie bien dressée, & entendrez des choses qui vous seruiront beaucoup, pour vous esclaircir de la verité de ce qui s'est passé, & connoistre
combien Philippe est vn dangereux ennemy. Philippe ne sçauoit par quel
bout sortir de la guerre qu'il auoit auec nous, sinon qu'il trouuast moyen
de vous rendre ennemis les Thebains & Thessaliens. Bien que nos Capitaines luy fissent la guerre auec peu d'adresse, & aussi peu de bonne fortune,
toutesfois la guerre de soy-mesmes & les coureurs luy faisoient infinis
maux. Car il ne pouuoit rien tirer hors de son pays de ce qui y croist, ny
faire apporter ce qui y faisoit besoin. De sorte qu'il n'estoit plus maistre de
la mer, & si n'auoit plus de moyen de descendre en l'Attique, n'estant point
suiuy des Thessaliens, & les Thebains ne luy donnant plus de passage. Et
bien qu'il luy fust arriué d'estre le plus fort en ceste guerre, & nonobstant
quelques mauuais Capitaines que vous eussiez peu enuoyer contre luy; car
de cela ie n'en parle point; neantmoins il eust esté fort incommodé & endommagé par la nature du lieu, & la condition des affaires de l'vn & l'autre
parti. Que s'il eust pensé persuader aux Thessaliens ou Thebains de vous
faire la guerre, pour l'inimitié qu'ils vous portoient, ils n'y eussent jamais
consenti; mais prenant le pretexte de leur interest commun pour se faire declarer Chef de ceste guerre, il esperoit qu'il pourroit partie par tromperies,
partie par persuasions, obtenir ce qu'il vouloit. Vous voyez donc bien quel
estoit son dessein. C'estoit de faire la guerre aux Amphictyons, & mettre
toute l'assemblée de Pyles en trouble. Car il pensa bien que pour faire tout

cela on rechercheroit fon fecours. Et neantmoins jugea bien que fi quelqu'vn de fes Deputez ou de fes alliez propofoit ce fait-là, qu'il le rendroit
fufpect, & que les Theffaliens & les Thebains, & tous les autres s'en prendroient garde. Mais le faifant faire par vn Athenien, & par vous qui luy
eftiez contraires, fon deffein eftoit fort ayfé à couurir, comme il eft arriué.
Or comment l'a-il fait? Il gagna Æfchines, perfonne ne pouruoyant à cela ny s'en prenant garde, comme il arriue ordinairement en vos affaires.
Ceftui-cy ayant efté efleu par l'aduis de trois ou quatre qui le nommerent,
fut enuoyé Orateur au Confeil des Amphictyons. Ainfi ayant le nom &
l'authorité de cefte ville, il s'y en alla, où laiffant tout autre affaire, il s'em-
ploya pour effectuer ce qu'il auoit marchandé. Et agençant de belles paroles, & contant comme le terroüer de Cirrhée auoit efté confacré à Apollon, controuuant vne infinité de chofes, & faifant des contes à plaifir, il
perfuada de bonnes gens qui n'eftoient pas accouftumez à ouïr ces dif-
cours-là, & qui ne preuoyoient rien de ce qui en deuoit aduenir, de fe tranf-
porter fur les terres lefquelles les Amphiffiens labouroient, comme pretendans leur appartenir, & que ceftui-cy au contraire fouftenoit auoir efté
confacrées; bien que les Locriens ne nous en fiffent aucune inftance, & que
le pretexte que ceftui-cy veut prendre ne fuft aucunement veritable. Et cela vous le jugerez ayfément par ce que ie vous vays dire. Les Locriens ne
pouuoient pas obtenir jugement contre nous fans nous faire appeller. Qui
eft-ce qui nous a jamais adjourné, & par le mandement de qui? Dictes-le-
nous, monftrez-le-nous: mais vous ne fçauriez. Ce font toutes bourdes
dont vous penfez nous abufer, par vne vaine apparence. Les Amphictyons
doncques allans reuifiter cefte contrée, les Locriens furuinrent, & peu falut qu'ils ne les miffent tous en pieces. Ils prirent mefmes quelques-vns
des Confeillers & Deputez. Or comme à caufe de ce fait fe fut meuë la
guerre contre les Amphiffiens, du commencement Cottyphus l'vn des
Amphictyons eut la conduite de l'armée: depuis les vns ne venans point,
les autres venans & ne faifans rien, à la prochaine affemblée d'apres, quelques vns attiltrez, mefmes des Theffaliens qui n'ont jamais rien valu, prenans leur pretexte fur la negligence des autres villes, firent deferer la charge de cefte guerre à Philippe. Car ils difoient qu'il falloit ou que chacun
contribuaft à la nourriture des foldats eftrangers, & que l'on condamnaft
à l'amende ceux qui en feroient refufans, ou bien qu'on efleuft Philippe.
Que faut-il tant de paroles? enfin il fut efleu General par ces gens-là, &
apres cela amaffant des forces, & venant droict paffer par la Cirrhée, laiffant là & la Cirrhée & les Locriens il s'empara d'Elatée. Que fi les Thebains ne fe fuffent incontinent r'auifez & r'alliez auec nous, tout cela fuft
venu comme vn torrent accabler noftre ville. Mais ceux-là, ou pluftoft la
faueur des Dieux enuers cefte ville, l'arrefterent vn peu pour l'heure. Ioinct
la diligence que i'y mis, qui y feruit de tout ce que le labeur d'vn homme y
pouuoit feruir. Que l'on life les decrets qui en furent faits, & les regiftres
de ces temps-là, afin que vous voyez combien ce miferable a excité de
troubles, fans en auoir encore efté puny. Voicy celuy des Amphictyons.
Clinagoras eftant Pontife, au Confeil tenu au Printemps, les Deputez, & Con-
*   feillers,*

ſeillers des *Amphictyons* ont arreſté , que puis que les *Amphiſſiens* ſont deſcendus
en la terre ſacrée , & qu'ils l'ont ſemée & fait paiſtre par leurs beſtes, les *Deputez*
& *Conſeillers* deſcendroient ſur les lieux, planteroient des bornes pour diſtinguer
les terroüers, & feroient deffenſes aux *Amphiſſiens* d'y plus aller à l'aduenir.
Voicy l'autre decret. Du temps que *Clinagoras* eſtoit Pontife, au *Conſeil* tenu
au *Printemps* , les *Deputez* & *Conſeillers des Amphictyons* ont arreſté : Puis que
les *Amphiſſiens* auoient occupé le terroüer qui auoit eſté conſacré, y auoient mis
paiſtre leur beſtail & iceluy labouré, & s'eſtoient trouuez en armes, pour s'oppoſer
par force au *Conſeil des Amphictyons,* deſquels ils en ont bleſſé quelques-vns,
Que Cottyphus eſleu General des *Amphictyons,* ira en Ambaſſade vers *Philippe,* pour le prier de ſecourir *Apollon* & les *Amphictyons,* & ne permettre pas que
l'honneur de ce Dieu ſoit ainſi violé par les *Amphiſſiens* gens pleins d'impieté : &
pour cet effet tous ceux qui ont voix deliberatiue au *Conſeil des Amphictyons,*
l'ont eſleu pour Chef. Monſtrez-moy dauantage le regiſtre de ce qui s'en eſt
paſſé, car c'eſt le regiſtre du temps qu' *Æſchines* eſtoit deputé pour aſſiſter
au *Conſeil des Amphictyons.* Voicy la datte. *Mneſithide eſtant Preuoſt le
ſeizieſme iour de Nouembre.* Monſtrez-moy auſſi la lettre que *Philippe* eſcriuit aux autres villes du *Peloponeſe* ſur le refus que les *Thebains* faiſoient de
luy obeïr , afin que par icelles vous connoiſſiez clairement , que quelque
pretexte qu'il priſt , la verité eſtoit que toute ceſte entrepriſe ſe faiſoit par
luy contre toute la Grece, contre les Thebains, contre vous-meſmes, dont
il penſoit venir à bout, faiſant ſemblant de faire les affaires communes des
Amphictyons. A quoy faire *Æſchines* luy a donné les occaſions & les
commoditez. *Philippe Roy de Macedoine,* à tous les *Gouuerneurs, Conſeillers,
& autres aſſociez des villes du Peloponeſe, Salut.* Puis que les *Locriens* nommez
Ozolains, qui habitent à *Amphiſſe,* ont violé le temple d'*Apollon* à *Delphes,* entrans en armes dans le terroüer qui luy auoit eſté conſacré, & ſaccageans ce qu'ils
y ont trouué, ie veux auec vous aller au ſecours, & chaſtier ceux qui ſont ſi hardis que de violer ce qui a eſté vne fois conſacré à Dieu. Venez donques au deuant de moy en armes juſques en la *Phocide,* portans des viures pour quarante
iours, & vous y rendez au mois d'Aouſt : ceux qui ne ſe trouueront point armez au
moins nous ſeruiront de conſeil; nous nous ſeruirons de ceux qui nous viendront
trouuer : & quant aux autres qui ont ſeance au *Conſeil des Amphictyons,* qui ne
viendront pas, nous les chaſtierons comme il appartient. Dieu vous conſerue en
proſperité. Voyez comme il deſguiſe les cauſes particulieres qui le menoient,
& ſe ſert de l'authorité des *Amphictyons.* Or qui eſt-ce qui luy a preparé ce
chemin? qui luy a donné ce pretexte? Qui eſt la principale cauſe de tous les
maux qui en ſont arriuez ? eſt-ce pas *Æſchines* ? ne dites plus donc comme vous auez accouſtumé, en vous promenant, que c'eſt vn ſeul homme
qui a mis la Grece en ce miſerable eſtat. Car, bon Dieu, ç'ont eſté pluſieurs
meſchans hommes de chacune ville, du nombre deſquels eſt ceſtui-cy : &
duquel ſi j'oſois dire la verité, ſans rien craindre , ie le pourrois vrayement
appeller la ruine, & la peſte des hommes, des villes, & des contrées qui ont
eſté depuis perduës. Car c'eſt luy qui a jetté la ſemence de tant de maux, &
eſt cauſe que nous les auons depuis veuz germer & croiſtre, comme de fortes plantes. Ie m'eſtonne certes, comme lors que vous le voyez , vous ne le

chassez d'autour de vous, mais il y a d'espesses tenebres qui vous esbloüissent les yeux, & vous cachent la verité. En fin vous racontant les choses
que cestui-cy a negotié pour ruiner son païs, ie suis venu en vn endroit, où
il faut que ie vous die ce que j'ay fait pour vostre seruice, en resistant aux
desseins de telles gens. Vous deuez auoir agreable de l'entendre pour plusieurs raisons, mais principalement pour ce qu'il ne seroit pas honneste, que
vous ne voulussiez pas prendre la peine d'entendre seulement le discours de
ce que j'ay eu tant de peine de faire pour vostre conseruation. Comme ie
m'apperceus que les Thebains & vous-mesmes estiez tellement seduits par
ceux d'entre vous qui faisoient les affaires de Philippe, & qui auoient esté
corrompus par luy, que vous ne vous souciez nullement de le voir croistre
en force tous les jours, bien que ce fut la chose du monde que vous deussiez plus craindre, & à quoy vous deussiez plus prendre garde; & d'autre
costé que vous estiez tous les jours en querelle les vns contre les autres, &
tousiours prests à vous entre-harceller; pour obuier à ce mal ie faisois tout
ce qu'il m'estoit possible, ne jugeant point par mon seul auis, combien cela
vous importoit, mais voyant Aristophon & Eubulus, qui s'employoient
journellement à conseruer entre vous l'amitié & la concorde, & lesquels
bien qu'entre autres choses ils fussent souuent contraires entr'eux, s'acor-
doient tousiours en cela. Ce sont ceux, Æschines, que vous suiuiez de leur
viuant, les flattant & caressant; & maintenant qu'ils sont morts, vous n'a-
uez point de honte, meschant que vous estes, de les blasmer & deschirer.
Car en ce que vous m'accusez pour le fait des Thebains, vous leur faites
plus de honte qu'à moy. Car ils ont esté d'aduis deuant moy, de faire alliance auec eux. Ie retourne maintenant au temps que cestui-cy nous esmeut la
guerre contre les Amphissiens, & que les autres negotiateurs vous mirent
en querelle auec les Thebains. Philippe lors se voulut ruer sur nous, & pour
cet effet ceux qui estoient attitrez par luy y excitoient les autres villes. Que
si vous ne vous fussiez vn peu resueillez, vous ne vous en fussiez jamais releuez; si bien ils auoient auancé cet affaire. Or en quels termes vous estiez
les vns auec les autres, escoutans ce decret & les responces de Philippe vous
l'apprendrez: que l'on les prenne & qu'on les lise. *Heropythus estant Gou-*
uerneur le vingt-vniesme de Feurier, la lignée Erechtheide estant en tour de
commander, par l'aduis du Conseil & des Capitaines a esté ordonné ce qui s'en-
suit. Pour ce que Philippe prend quelques-vnes des villes voisines, ruine les autres,
& veut en fin descendre au pays d'Attique, ne faisant aucun compte des traittez
qu'il a fait auec nous, rompant la paix & violant la foy qu'il nous a iurée: Le
Senat & le peuple d'Athenes ont arresté d'enuoyer des Ambassadeurs par deuers
luy, pour traitter, & l'exhorter à conseruer la bonne intelligence, & les pactions
qu'il a auec nous. Sinon qu'il donne à ceste ville quelque temps pour aduiser à le
contenter, & qu'il face tresues iusques en Auril. Simus Anagyrrhasien, Euthy-
demus Phliasien, Bulagoras Alopecien, ont esté deputez du Conseil. Voicy l'au-
tre decret: Heropythus estant Gouuerneur le dernier iour de Mars, par l'aduis
du General de l'armée; Pource que Philippe essaye de nous rendre les Thebains
contraires, & se prepare d'entrer és places qui sont voisines du pays d'Attique,
contre les traittez & conuentions que nous auons ensemble, le Conseil & le peuple
ont

ont arresté de luy enuoyer *vn Heraut & des Ambassadeurs pour le prier & exhorter de nous accorder quelques trefues, afin que le peuple aduise au plustost qu'il sera possible à ce qu'il doit faire.* Car pour le preset il n'a pas esté d'aduis d'enuoyer aucun secours pour peu que ce soit. L'on a choisi du Conseil Nearchus fils de Sosinome, Polycrates fils d'Epiphron, & du peuple pour Heraut, Eunomus Anaphlystien. Or lisez maintenant la responce de Philippe. *Philippe Roy de Macedoine au Conseil & peuple d'Athenes, Salut. Ie n'ignore pas de quelle volonté vous auez esté enuers moy dés le commencement, & combien vous auez pris de peine pour distraire d'auec moy les Thessaliens, Thebains, & Beotiens. Maintenant que vous voyez qu'ils ont esté plus aduisez, & ne se sont voulus accommoder à vostre volonté, mais se sont tenus à ce qui leur estoit plus vtile, vous changez de dessein, & m'enuoyez des Ambassadeurs, & Herauts pour me ramentevoir les pactions que nous auons ensemble, & me demander des trefues, bien que ie ne vous aye point encore attaqué. Apres auoir ouy vos Ambassadeurs, ie suis content de m'accorder à ce qu'ils m'ont demandé, & suis prest de vous accorder trefues, pourueu que vous chassiez de vostre ville auec note d'infamie, ceux qui vous donnent ces mauuais conseils là. Dieu vous conserue.* Voicy la responce qu'il fist aux Thebains. *Philippe Roy de Macedoine au Conseil & peuple de Thebes, Salut. I'ay receu vostre lettre, par laquelle vous renouuellez la paix & amitié qui estoit desia entre nous. Ie suis aduerty que les Atheniens vous promettent beaucoup de faueur, pourueu que vous vous rangiez à ce qu'ils desirent. Ie pensois par le passé que vous suiuriez les esperances qu'ils vous presentoient, & consentiriez à leur volonté. Mais maintenant ie connois que vous desirez le bien de vostre ville, & preferez la paix, & vostre repos aux opinions & conseils des Estrangers. Dequoy ie vous loüe grandement, tant pour voir que vous sçauez choisir ce qui vous est plus seur & vtile, que pour ce qu'en cela vous me rendez l'amitié que vous me deuez. I'espere que vous l'esprouuerez fructueuse, tant que demeurerez en ceste resolution. Dieu vous conserue.* Philippe ayant ainsi disposé les villes l'vne enuers l'autre, & se tenant fier de ces decrets-là, & de telles responces, il vint auec force & prist Elatée; s'asseurant que quelque chose qui aduint : vous ne vous accorderiez jamais auec les Thebains pour l'empescher. Or vous vous souuenez assez quelle rumeur il y eut lors en vostre ville; toutesfois prenez la patience de m'entendre, pendant que ie vous en diray ce qui est necessaire pour le fait qui se presente. Il estoit desia tard quand il arriua vn homme qui venoit aduertir les Gouuerneurs que Elatée estoit prise. Aussi tost les vns qui estoient lors à table se leuerent, & chasserent les artisans qui estoient à la place à leurs estaux, & y mirent le feu. Les autres enuoyerent querir les Capitaines, & firent sonner la trompette, la ville estoit toute pleine de tumulte. Le lendemain les Gouuerneurs assemblerent le Conseil au lieu accoustumé, vous allastes à l'assemblée, & deuant que l'on eust tenu le Conseil & en haut & en bas, tout estoit ja plein de peuple. Apres cela le Conseil estant entré, les Gouuerneurs proposerent ce qui estoit arriué, & presenterent celuy qui auoit apporté les nouuelles. Comme il vous eust fait entendre ce que ie vous ay desia dit, le Heraut se leua, & demanda s'il y auoit quelqu'vn qui voulut parler : personne ne comparut, & bien que le Heraut demandast par plusieurs

fois si aucun ne vouloit rien dire, nul ne se leua; combien que tous
les Capitaines & tous les harangueurs fussent-là presens, & que la
voix commune de tout le pays excitast à parler ceux qui desiroient le salut de cet Estat. Car quand le Heraut parle par le commandement des
loix, il faut estimer que c'est la voix commune de tout le pays. Que s'il falloit que ceux qui desirent la conseruation de vostre ville se presentassent,
vous autres & tout le reste des Atheniens estiez-là venus à ceste assemblée.
Bien sçay-je que vous desiriez tous la conseruation de vostre ville. Que si
c'estoit aux plus riches à parler, il y en auoit plus de trois cens. S'il falloit
que ce fust à ceux qui auoient plus de biens & plus d'affection au public,
c'estoit donc à ceux qui depuis ont fait tant de magnificences & distributions au peuple. Car il a fallu qu'ils ayent eu de l'affection & du moyen pour
le faire. Mais ceste saison, à mon aduis, & ceste journée, ne requeroit pas
seulement que celuy qui parloit fut opulent & bien affectionné, ains
qu'il fut fort nourry aux affaires, & eust bien obserué ce qui s'estoit passé;
afin de pouuoir entendre à quel dessein Philippe faisoit tout cela, & à quoy
il pretendoit. Car celuy qui n'en eust esté bien informé auec vne fort exacte diligence, pour riche & affectionné qu'il eust esté enuers vous, n'eust
pas sceu pour cela ce qui estoit à faire, & quel conseil il vous falloit prendre sur ce sujet. Ie fus donc celuy qui me presentay ce jour-là, & me leuant
ie vous dis des choses que ie vous prie d'entendre diligemment pour deux
raisons : L'vne afin que vous connoissiez que ie fus seul qui parlay lors, qui
mis ordre aux affaires, & qui ne manquay jamais de volonté à vous seruir,
ains aux plus perilleuses occasions ay tousiours recherché ce que ie deuois
pour vostre salut. L'autre, afin que par ce peu de temps que vous donnerez
à entendre ce qui s'est passé, vous en soyez plus instruicts à ce qui se presentera à l'aduenir. Ie dis donc lors, que ceux qui se tourmentoient ainsi, comme si les Thebains eussent esté bons amis de Philippe, n'entendoient nullement l'estat des affaires : car si cela estoit, disois-ie, nous n'oyrions pas maintenant les nouuelles que Philippe est en Elatée, il seroit desia entré dans vos
terres; mais ie suis bien informé qu'il n'est venu là que pour faire ses preparatifs, afin d'executer les desseins qu'il a sur les Thebains; & qu'il soit ainsi,
escoutez ce que ie vous diray. Il a à sa deuotion tous ceux qu'il a corrompu
par argent, ou qu'il a gagné par finesses. Quant à ceux qui dés le commencement luy ont esté contraires, il ne s'y peut en façon quelconque fier.
Que veut-il doncques faire ? & pour quel sujet s'est-il emparé d'Elatée? afin
d'auoir sujet de tenir son armée prés de Thebes, & faire montre de ses forces, par ce moyen confirmer ses amis, & estonner ses ennemis, & les ranger
ou par crainte ou par force, à ce qu'ils ne luy ont jusques aujourd'huy voulu accorder. Si doncques, disois-ie lors, vous voulez en ceste occasion vous
ressentir des indignitez dont les Thebains ont vsé enuers vous, & vous
deffier d'eux, & les tenir comme ennemis, vous ferez ce que Philippe desire & demande tous les jours aux Dieux. Ie crains que lors ceux qui luy
sont maintenant contraires ne le reçoiuent en amitié, & le fauorisent tous
d'vne mesme volonté, & ne se ruent ensemble sur nous. Que si vous me
voulez croire & apporter à cet affaire la consideration que vous deuez, sans
vous

vous amufer à debattre & contredire, ie vous donneray le conseil qui vous
eft neceſſaire, & m'aſſeure que ie preſerueray ceſte ville du danger qui la
menace. Que diſ-je donc; Premierement qu'il faut leuer la crainte que nous
auons de nos affaires, la transferer à celles des Thebains, & craindre pour
eux: car ils ſont bien plus pres du danger, & feront les premiers pris: Et puis
que vous tous Cheualiers & autres qui eſtes en âge de porter les armes alliez
à Eleuſine, vous preſenter en armes, afin que ceux qui tiennent voſtre party
à Thebes, ayent occaſion de dire librement ce qu'ils eſtimẽt juſte & raiſonnable, & connoiſſent que comme ceux qui ont vendu leur pays à Philippe
ont des forces en Elatée pour les fouſtenir, auſſi ceux qui voudrõt combattre pour la liberté nous troũuerõt preſts pour les ſecourir, ſi quelqu'vn les
veut violenter. Apres cela ie veux que vous eſliſiez des Ambaſſadeurs qui
ayent telle puiſſance qu'ont les Capitaines generaux, & puiſſent faire deſcendre là & ſortir les ſoldats quand bon leur ſemblera. Or quand vos Ambaſſadeurs ſont arriuez à Thebes, ie vous vẽux aduertir de ce qu'il vous faudra faire. N'vſez point pour tout de priere enuers les Thebains, car la faiſon
n'y eſt point: mais declarez-leur que s'ils veulent vous eſtes preſts de les ſecourir comme perſonnes qui ſont en extreme danger, lequel vous preuoyez
mieux qu'eux. Afin que s'ils nous croyent & acceptent nos offres, nous facions ce que nous auons deliberé, & le facions auec l'honneur & dignité
qui eſt ſeante à la grandeur de ceſte ville. Si au contraire nous n'y pouuons
rien profiter, qu'ils s'accuſent eux-meſmes des fautes qu'ils font maintenant, & que l'on ne nous puiſſe reprocher que nous ayons rien fait de laſche
ny d'abject. Apres auoir dit cela & pluſieurs choſes ſemblables ie deſcendis.
Or chacun loüant & approuuant cet aduis, & perſonne ne diſant rien au
contraire, non ſeulement ie dis cela, mais j'en fis le decret; ie n'en fis pas ſeulement le decret, mais ie fis la legation; ie n'en fis pas ſeulement la legation,
mais ie le perſuaday aux Thebains; ie ne le perſuaday pas ſeulement aux
Thebains, mais par degrez & pied à pied ie conduiſy ceſte affaire de ſon
commencement à ſa fin; & me voüay à toutes ſortes de dangers, qui menaçoient lors ceſte ville, afin de la pouuoir conſeruer. Que l'on apporte le decret qui en fut lors fait, & qu'on voye, Æſchines, ſi ce jour vous paruſtes tel
que vous vous dites, & moy tel que vous me depeignez aujourd'huy. Car
de la façon dont vous me calomniez, ie ne ſuis qu'vn Battalus, & vous vn
grand preux, non pas des premiers venus, mais vn Creſphontes, tel que les
Poëtes le deſcriuent, ou vn Creon, ou Oenomaus que vous repreſentaſtes
ſi mal aux jeux que vous joüaſtes à Colyte. Ie me monſtray donc ce jour-
là, pauure Battalus Payanien que ie ſuis, bien meilleur citoyen, & qui meritois beaucoup plus que cet Oenomaus Cothocidien: car vous ne profita-
ſtes de rien au pays, & moy au contraire ie fis tout ce que deuoit faire vn bon
citoyen. Que l'on liſe le decret. *Du temps du Gouuerneur Nauſicles, la lignée*
d'Ajax eſtant en tour de preſider, le quatorzieſme jour de May, Demoſthene fils
de Demoſthene Payanien a dit, Que Philippe Roy de Macedoine a cy-deuant
violé les conuentions que le peuple Athenien auoit fait auec luy, rompu le traitté
de paix, fauſant ſon ſerment, & tranſgreſſant ce qui auoit eſté trouué iuſte par
l'aſſemblée de tous les Grecs, s'emparant des villes où il n'auoit aucun droiĉt, &

desquelles les vnes appartenoient aux Atheniens, qui ne luy ont fait aucun tort
ne desplaisir; & s'accroist de iour en iour par violence & cruauté, mettant des
garnisons en quelques villes de la Grece, changeant le gouuernement des autres,
reduisant les autres en captiuité, les ruinant & desmantelant, & mesmes en faisant habiter quelques-vnes par des Barbares & Estrangers, leur donnant les temples & sepulchres des Grecs : En quoy il fait chose digne de son pays & de ses
mœurs; abuse intemperamment de sa bonne fortune, s'oublie soy-mesmes, & ne se
souuient plus comme de petit compagnon il est deuenu desesperément grand. Quand
il ruinoit les villes Barbares & qui luy estoient propres, le peuple d'Athenes pensoit n'auoir pas grande occasion de s'en formaliser; mais maintenant qu'il void
que des villes de Grece, les vnes sont ignominieusement traittées, les autres sont
entierement ruinées, il estime chose fort griefue à porter, & indigne de la gloire de
ses predecesseurs, de voir autour de soy les villes de la Grece asseruies. Et pour ce
le Conseil & le peuple d'Athenes ont aduisé de faire des sacrifices aux Dieux &
Heros tutelaires de ceste ville, & de toute la contrée, & encouragez par la vertu de leurs ancestres, qui ont estimé plus chere la liberté de toute la Grece, que le
bien de leur propre pays, ont ordonné que l'on mettra deux cens vaisseaux en mer,
que le General de la mer fera voile vers les Pyles, & le General de terre ferme
conduira la cauallerie & l'infanterie vers Eleusine; & que l'on enuoyera des
Ambassadeurs vers les autres villes de Grece, premierement vers les Thebains,
pour estre leur pays le plus pres de forces de Philippe, afin de les exhorter de ne se
point estonner des menaces de Philippe, conseruer genereusement leur liberté, &
celle de toute la Grece, & les asseurer que si les villes se sont cy-deuant en quelque
chose offensées les vnes les autres, le peuple Athenien le veut oublier, & secourir
celles qui seront assaillies, de forces, de deniers, de munitions, & d'armes : iugeant
qu'il est honorable aux Grecs de disputer entr'eux pour la preeminence & le commandement, mais que se laisser commander par vn Estranger, & estre priuez de
leur authorité, c'est chose indigne de la gloire des Grecs, & de la vertu de leurs
predecesseurs. Et quant aux Thebains le peuple d'Athenes ne les estime point autrement que ses parens, alliez & confederez, se souuenant assez combien ses ancestres les ont aymé & fauorisé. Car les enfans d'Hercules ayans esté chassez de leur
Estat par les Peloponesiens, il les restablist ayant rompu à forces d'armes ceux qui
s'y vouloient opposer. Et quand Oedipus fut chassé, nous les receusmes luy & les
siens, sans vne infinité d'autres bons offices que nous auons fait aux Thebains. Et
pour ce que nous n'oublierons point encore auiourd'huy l'honneste affection que nous
auons tousiours portée au bien des Thebains, & de toute la Grece, & pour leur en
donner plus d'asseurance, ceux qui y seront enuoyez, feront alliance auec eux, con-
tracteront mariages, donneront & receuront le serment. Les Ambassadeurs deputez sont Demosthene fils de Demosthene Payanien, Hyperides fils de Cleandre
Sphetien, Mnesithides fils d'Antiphanes Phrearrhien, Democrates fils de Sophile
le Phlyen, Calleschre fils de Diotime Cothocidien. Voila quel a esté le commencement des affaires qui ont esté negotiées auec les Thebains, & leur
premier establissement. Car auparauant les villes estoient en haine & deffiance les vnes des autres. Ce decret destourna lors comme vn nuage le danger qui menaçoit ceste ville. Or s'il se pouuoit rien faire de mieux en cet affaire, c'estoit a ceux qui se disent bons citoyens de le proposer lors, & non
                                                                              pas

pas le reprendre aujourd'huy. Car bien qu'vn bon Conseiller & vn calomniateur ne se ressemblent en rien, si different-ils principalement en cecy :
Celuy-là auant que l'on entreprenne vn affaire en dit son aduis, & ne
craint point de respondre de l'euenement que la fortune & les occasions
pourront apporter. Cestui-cy s'estant teu lors qu'il falloit parler, vient puis
apres à blasmer ce qui n'a pas heureusement reüssi. C'estoit donc comme ie dis lors la saison qu'il falloit qu'vn homme qui faisoit profession d'aymer le public se monstrast, & s'il auoit quelque bon conseil qu'il le fist entendre. Or voyez à quoy ie me sousmets : ie dis encore aujourd'huy, que s'il
y a quelqu'vn qui puisse vous donner vn meilleur aduis, ou vous proposer
quelqu'autre moyen de pouruoir à cet affaire, que celuy que j'ay tenu, ie
me confesse coupable enuers vous. Car s'il y a quelqu'vn qui sçache ou
puisse proposer aujourd'huy quelque chose qui se deust lors faire, ie l'ay
deu sçauoir lors. Que s'il ne s'en trouue point, & s'il n'y en a jamais eu, qu'a
peu faire vn bon Conseiller autre chose que de ce qui se presentoit en choisir le meilleur? Or cela ie l'ay fait, Æschines : le Heraut a crié, *Y a-il quel-*
qu'vn qui vueille haranguer, personne ne veut-il discourir de ce qui se presen-
te? Personne ne veut-il respondre de ce qui doit arriuer? Vous estes demeuré tout ce temps-là en l'assemblée, ie me suis leué & ay parlé. Mais puis
que vous vous estes teu lors, au moins parlez à ceste heure. Ay-ie oublié
aucun moyen, ou laissé passer occasion quelconque de seruir à cet Estat?
Y a-il alliance, y a-il prattique qui peust estre plus vtile à ceste ville que celles que j'ay fait? & toutesfois ce n'est pas la façon de deliberer des choses
passées, & ne voyons aucun qui s'amuse à en donner conseil; ce qui est
present ou aduenir, c'est ce qui desire l'office & le soin d'vn bon Conseiller. Il y auoit donc lors des dangers qui nous menaçoient à l'aduenir, il y
en auoit des presens & pressans; c'est en ceux-là qu'il faut examiner mon
affection, & non pas calomnier les euenemens des choses passées. L'issuë
des affaires faict paroistre la faueur de la fortune, mais le commencement
du dessein monstre la sagesse de celuy qui en donne l'aduis. Ne m'imputez
donc point s'il est arriué que Philippe ait gagné la bataille. Car c'estoit vn
euenement qui estoit en la main de Dieu, & non pas en la mienne. Mais re-
prenez-moy & m'accusez si de tout ce où le discours de l'homme peut atteindre, j'en ay oublié quelque chose, si ie ne l'ay prattiqué auec toute la
diligence, & toute la peine qu'il est au monde possible, plus que la puissance humaine ne semble pouuoir porter, si j'y ay rien commis de honteux & indigne de ceste ville, reprenez-m'en. Que si l'orage & la tempeste a esté plus grande que moy ny pas vn des Grecs n'eust peu preuoir en
suis-ie responsable? Si vn Patron de nauire auoit freté & equippé vn vaisseau de tout ce qui luy est necessaire pour le conduire à sauueté, & que puis
apres la tourmente le vinst accueillir, & qu'elle rompit, & brisast tous ses
instruments, l'accuseroit-on d'estre cause du naufrage? Il respondroit, Ie
n'auois plus de puissance sur mon nauire. Et moy aussi ie dis, Ce n'estoit
pas moy qui menois les armées, ie n'estois pas maistre des batailles, ains la
fortune qui commande à tout le monde. Mais considerez vne chose, &
voyez si le destin portoit qu'estans joincts auec les Thebains, nous eussions

ceste aduenture, que deuions-nous attendre s'ils n'euſſent point eſté auec nous, & ſe fuſſent joincts auec Philippe , qui pour ce faire a faict & dit tout ce qu'il a peu ? Si la bataille donnée à trois journées de nous, a apporté tant de danger & d'eſtonnement à ceſte ville, qu'euſt-ce eſté ſi cet accident fut arriué à nos portes? Penſez-vous que nous euſſions eu le loiſir non pas de nous releuer, non pas de nous ſouſtenir, mais ſeulement de reſpirer? Vn ou deux ou trois jours , nous ont donné beaucoup de moyen de pouruoir au ſalut de ceſte ville. Il n'eſt point beſoin de dire de quels mal-heurs nous garantit lors vne ſpeciale faueur des Dieux, & ceſte alliance que vous auez voulu blaſmer. Or tout ce grand diſcours-là, eſt pour rendre raiſon à vous qui eſtes aſſis pour juger , & à tous les aſſiſtans, de la façon dont ces choſes ſe ſont paſſées. Si ce n'eſtoit que pour reſpondre à ce ſcelerat, ie le pourrois faire en vn mot. Car, Æſchines, ſi vous ſeul auiez connoiſſance de ce qui deuoit arriuer, ne deuiez-vous pas, lors que l'on delibereroit de cet affaire, le predire? ſi vous n'en auiez point de connoiſſance, vous eſtes reſponſable de voſtre ignorance auſſi bien que les autres. Pourquoy voulez-vous que j'en ſois pluſtoſt blaſmé que vous ? car ie me ſuis en cela monſtré meilleur citoyen que vous , en ce qu'és affaires dont ie viens maintenant de parler (car ie ne parle point encore du reſte) ie me ſuis employé pour le ſeruice de la ville, & me ſuis expoſé à tous les dangers qui ſe ſont preſentez. Quant à vous, vous n'auez rien propoſé de meilleur, autrement mon conſeil n'euſt pas eſté ſuiuy, & n'auez rié fait pour le ſeruice de la ville. Mais bien auez-vous fait, ce que l'on euſt peu attendre du plus meſchant & furieux homme de la ville, qui eſt de calomnier les euenemens des affaires. Il ſe trouue qu'en meſme temps Ariſtrate & Ariſtolaüs ennemis tout outre de ceſte ville, accuſent l'vn à Naxe, l'autre à Thaſſe les amis des Atheniés, & Æſchines à Athenes Demoſthene. Et neantmoins il ſeroit bien plus juſte de faire mourir celui qui met en reſerue les infortunes des Grecs pour en triompher, que non pas de luy permettre d'accuſer les autres. N'eſtant point croyable que celuy qui veut faire ſon profit du bon-heur de nos ennemis , deſire la proſperité de ſon pays. Et cela le monſtrez-vous bien par la façon dont vous viuez, & par vos actions, vous meſlant tantoſt du gouuernement, tantoſt vous en retirant. Se fait-il quelque choſe de ce que vous iugez, Seigneurs Atheniens, eſtre pour voſtre bien? Æſchines eſt muet comme vn poiſſon: Y a-il quelque rumeur? ſe fait-il quelque choſe qui ne ſe deuroit pas faire? le voila qui paroiſt, comme les fractions & ruptures qui ſe font ſentir au corps ſi toſt qu'il commence à s'eſmouuoir. Mais pour ce qu'il s'attache ainſi aux euenemens, ie diray vne choſe qui ſemble eſtrange. Ie vous prie au nom de Dieu, que perſonne ne s'eſtonne de ce que ie diray, bien qu'il ſemble exceder toute creance, mais pluſtoſt qu'il l'examine diligemment. Or, diſ-je, que quand l'on euſt peu preuoir ce qui deuoit arriuer, que chacun l'euſt ſceu, que vous, Æſchines, l'euſſiez predit, & que vous euſſiez crié & proteſté auſſi bien que vous n'en auez pas dit vn mot, neantmoins pour cela le peuple Athenien ne deuoit pas laiſſer de faire ce qu'il a fait, ſi tant eſt qu'il euſt deuant les yeux ſon honneur, celuy de ſes predeceſſeurs & de ſa poſterité. Car à ceſte heure on ne peut dire autre choſe, ſinon qu'il a receu

vn

vn infortune , qui eſt choſe commune à tous hommes , quand il plaiſt à
Dieu la leur enuoyer. Mais s'il euſt fait autrement, & que luy à qui appartient le commandement, & la preeminence entre les Grecs , ſe fut retiré
pour laiſſer emparer Philippe de la Grece , l'on l'accuſeroit aujourd'huy
d'auoir trahy & liuré à Philippe tous les peuples voiſins. Car ſi volontairement nous euſſions abandonné ce pour la deffence dequoy nos anceſtres
euſſent voulu courir toutes les fortunes du monde, qui eſt-ce, Æſchines,
qui ne vous euſt maintenant craché au viſage ? Ie ne parle pas de la ville ny
de moy, car nous n'y euſſions jamais conſenti. Auec quels yeux euſſions-
nous regardé ceux qui fuſſent venus en noſtre ville , ſi les choſes eſtans arriuées au point où elles ſont, Philippe ſe fuſt rendu Seigneur de toute la Grece, ſans que nous nous fuſſions mis en deuoir de l'en empeſcher, & que les
autres ſans nous s'y fuſſent oppoſez ? veu que par le paſſé ceſte ville n'a jamais preferé vne honteuſe ſeureté aux dangers qu'il a fallu courir pour conſeruer ſon honneur. Qui eſt celuy des Grecs ou des Barbares qui ne ſçache
que les Thebains & Lacedemoniens lors qu'ils eſtoient les plus forts, de la
Grece, & le Roy de Perſe meſmes, n'euſſent accordé tres-liberalement aux
Atheniens de viure en repos en leur ville , auec tels droicts qu'ils voudroient, & ſans rien diminuer de ce qui leur appartient, pourueu qu'ils euſſent permis qu'vn autre euſt eu le commandement en toute la Grece? Mais
ce n'eſtoit pas choſe ny propre, ny naturelle, ny tolerable aux Atheniens,
auſquels rien n'a jamais peu perſuader de ſe ranger auec les plus forts , qui
vouloient entreprendre quelque choſe injuſtement , & preferer la ſeureté
à la liberté. Mais au contraire ils ont perpetuellement combatu auec hazard pour la preeminence, pour l'honneur & pour la gloire. Et cela, Seigneurs, vous l'auez touſiours eſtimé ſi magnifique & loüable, & ſelon vos
mœurs, que ce ſont les loüanges ordinaires dont vous celebrez la memoire
de vos anceſtres, & auez raiſon. Car qui n'admireroit la vertu de ces hommes-là, qui ont abandonné leur ville & leur pays, pour monter ſur les galleres, de peur d'eſtre ſubjuguez & aſſeruis ? Ils choiſirent pour Capitaine &
general Themiſtocles, qui leur auoit donné ce conſeil, & luy obeïrent. Et
au contraire ils lapiderent Circylus qui les en vouloit deſtourner ; & non
ſeulement luy, mais vos femmes lapiderent la ſienne. Car ils ne cherchoient
pas lors des Capitaines ny des Orateurs, qui leur donnaſſent moyen de ſeruir heureuſement, ains ils n'eſtimoiët pas qu'il leur fuſt honneſte de conſeruer leur vie, s'ils perdoient la liberté. Ils auoient tous ceſte opinion, qu'ils
n'eſtoient pas ſeulement enfans de leurs peres, & de leurs meres, mais auſſi
de leur pays. Quelle difference, me direz-vous, y a-il en cela ? C'eſt que celuy qui penſe n'eſtre nay que pour ſes parens, attend la mort telle que la
nature & le deſtin luy doiuent apporter, mais celuy qui penſe deuoir ſa vie
à ſon pays, deſire de mourir pluſtoſt que de le voir reduit en ſeruitude , &
n'eſtime rien plus à craindre que la honte & l'ignominie que ſon pays receuroit s'il eſtoit aſſeruï. Si ie commençois donc à vous dire, que j'ay eſté le
premier qui vous ay excité à reprendre le courage de vos anceſtres, il n'y a
perſonne qui m'en peuſt juſtement blaſmer. Mais ie dis & ſouſtiens que
ç'ont eſté touſiours là vos deſſeins, & qu'auant que ie fuſſe nay, ceſte ville

viuoit en cefte refolution, laquelle j'ay aydé à executer autant qu'il m'a efté poffible aux affaires qui fe font prefentées. Et quãt à celuy qui a blafmé toutes les actions des autres, & qui vous veut induire à me vouloir mal, comme ayant efté caufe de mettre voftre ville en hazard, pendant qu'il fe plaift à me priuer de l'honneur que l'on m'a ordonné, il vous priue quant & quant de toute la loüange, & la gloire que vous deuez attendre de la pofterité. Car fi vous condamnez aujourd'huy Ctefiphon, pour ce que vous jugez que ie ne me fuis pas comporté comme j'ay deu au gouuernement de la chofe publique, vous jugerez quant & quant que les fortunes qui vous font arriuées ne font point procedées de voftre malheur, màis de voftre faute. Cela n'eft point, cela n'eft point, Seigneurs Atheniens; & ne vous peut-on imputer à faute, fi vous auez hazardé quelque chofe pour la liberté & le falut commun. Cela n'eft point, ie vous le jure, & vous le jure par les cendres de ceux qui ont fi vaillamment hazardé la bataille de Marathon, donné celle de Platée, & combatu en mer à Salamine, pres Artemifium & autres endroits, lefquels gifent dans les fepulchres publics. Personnages pleins de vertu, defquels la ville a celebré les obfeques à fes defpens, & les a enfeuelis en vn commun tombeau, pour les honorer comme ils meritent. Non feulemẽt, Æfchines, ceux qui eftoient demeurez vainqueurs ont efté eftimez heureux, mais generalement tous, & juftemẽt. Car toutes leurs actions eftoient telles qu'elles deuoient eftre de gens de bien, & de valeur, & leur fortune telle qu'il a pleu à Dieu de l'ordonner. Or, miferable broüillon & chicaneur que vous eftes, pour m'ofter l'honneur que l'on me defere aujourd'huy, & empefcher que ces honneftes Seigneurs n'vfent enuers moy de leur humanité & liberalité, vous vous eftes mis à difcourir des anciens faits d'armes & trophées de nos predeceffeurs; & tout cela à quel propos? Mais puis qu'ainfi eft, & que la valeur & le courage de ceux-là eftoit tel, ie vous demande, pauure farceur, quel confeil deuois-je donc donner à ces Seigneurs-cy, quand ie me fuis prefenté pour dire mon aduis d'vn affaire qui s'offroit, où il alloit de leur honneur & dignité? Quoy? euffé-je propofé quelque chofe indigne de leur vertu? Ils m'euffe affommé, & juftement. Il ne faut pas, Seigneurs Atheniens, juger les caufes publiques auec les mefmes reigles & confiderations que vous iugez les priuées. Pour iuger ce qui regarde les actions particulieres, & les contracts qui fe font entre les hommes, vous deuez regarder les loix qui en font efcrites. Mais pour iuger les confeils que vous prenez pour les affaires publiques, il vous faut conformer à la vertu de vos predeceffeurs, & eftimer qu'auec la verge & la balotte que vous prenez en main, chacun de vous prend & reueftift l'efprit & le courage de toute la Republique, afin qu'en ordonnant des affaires communes, vous ne faciez rien qui ne foit digne de ceux qui ont efté deuant vous. Ce difcours m'a mené à parler, des actions de vos predeceffeurs, qui ont toutesfois faict & dit beaucoup de chofes que i'ay laiffé, pour ce que ie veux reuenir au propos dont ie m'eftois deftourné. Doncques comme nous fufmes arriuez à Thebes, nous y trouuafmes là les Ambaffadeurs de Philippe, des Theffaliens & autres villes, nos amis & partifans tout eftonnez, & ceux de Philippe au contraire fort affeurez. Et afin que l'on ne penfe point que ie die cecy à

pofte

poste, & pour m'en seruir en ceste occasion, que l'on lise les lettres que nous
qui estions lors en ceste ambassade, en escriuismes si tost que nous fusmes
arriuez. Car cet homme-cy me calomnie auec vne telle impudence, que si
j'ay fait quelque chose à propos, il l'impute au temps & à l'occasion; & si
quelque chose a mal reüssi, c'est moy & ma mauuaise fortune qui en sommes cause: & semble à l'ouïr dire, que l'on ne doiue pour rien copter ce que
j'ay moyenné par discours & bon conseil, & au contraire que ie sois seul
responsable de toutes les mesaduentures qui sont arriuées au fait de la guerre, & conduite des armées. Y eut-il jamais vn plus cruel & plus abominable imposteur que celuy-là? Qu'on lise nos lettres. *Les lettres defaillent.* Les
Thebains ayant assemblé leur Conseil, firent entrer les Ambassadeurs de
Philippe les premiers, pour ce qu'ils les tenoient pour leurs confederez. Ils
firent leur proposition, où ils loüerent hautement Philippe, & nous blas-
merent à bon escient, nous r'amenant tout ce que jamais nous auions fait
contre les Thebains. La conclusion estoit qu'ils deuoient sçauoir gré à Philippe des bons offices qu'il leur auoit fait, & se venger des injures qu'ils
auoient receu de vous, ou luy donner passage pour entrer sur vous, ou se
joindre à luy pour descendre en Attique: & s'efforçoient de monstrer que
par le moyen du conseil qu'ils leur donnoient, tout le bestail & les esclaues
d'Attique, & autres biens qui y sont, viendroient fondre en la Beoce. Qu'au
contraire ce que nous leur voulions proposer, seroit cause de la ruine & du
rauage de la Beoce, & beaucoup d'autres choses qui reuenoient toutes là.
Or ce que nous respondismes de nostre costé, il n'y a rien en ce monde que
ie desirasse tant, que de le vous rapporter par le menu. Mais ie crains que
l'occasion en estant passée, & s'estant fait depuis comme vn deluge en la
Grece, vous ne trouuiez mauuais que ie vous en rompe dauantage la teste:
seulement vous prieray-je de voir ce que nous leur persuadasmes, & ce
qu'ils nous respondirent. Venez, prenez cela & le lisez. *La responce defaut.*
Cela fait ils vous prierent de venir, & enuoyerent vers vous. Vous sortistes
& allastes pour les secourir, & afin de laisser ce qui aduint entre deux, ils
vous receurent fort courtoisement. De sorte que combien que leur infanterie & caualerie fust dehors, ils logerent neantmoins vos forces dans leur
ville, & dans leurs maisons, où estoient leurs femmes & leurs enfans, & ce
qu'ils auoient de plus precieux. Ce jour-là les Thebains vous donnerent la
gloire des trois plus loüables choses qui soient au monde, l'vne de vaillance,
l'autre de justice, la troisiesme de temperance. Car quand ils ont plustost
choisi de faire la guerre auec vous que contre vous, ils ont jugé que vous
estiez plus gens de bien que Philippe, & que vous desiriez plus la justice que
luy; & deposans leurs femmes & leurs enfans en vostre garde, ils ont jugé
que vous estiez tres-fidelles & tres-temperans. En quoy l'euenement a bien
monstré qu'ils ne s'estoient pas trompez. Car depuis que vous fustes entrez
en leur ville, il n'y eut jamais vne seule plainte de vous. Et s'estant fait deux
montres generalles, l'vne aupres de la riuiere, & l'autre pres du lieu qu'on
appelle d'Hyuer, non seulement vous n'y auez rien perdu de vostre honneur, mais outre vous vous y estes rendus admirables, par le bel ordre, le
bon equippage, & la resolution que vous monstrastes. Dont les Estrangers

vous loüerent grandement; quát à nous qui eſtions demeurez icy, nous fiſ-
mes des ſacrifices aux Dieux, & des proceſſions pour voſtre proſperité. Ie
demanderois volontiers ſi lors que ſe faiſoient toutes ces prieres publiques-
là, & que toute la ville eſtoit pleine d'vn million de reſioüiſſances, & de
loüanges, Æſchines eſtoit à ſe reſioüïr, & ſacrifier auec les autres; ou ſi triſte, faſché & enragé de voir le bon ſuccés de vos affaires, il eſtoit caché en
ſa maiſon. S'il eſtoit auec les autres faiſant ce que chacun autre faiſoit, auec
quel front peut-il demander aujourd'huy, que vous qui auez proteſté les
Dieux auant que de venir icy, vous condamniez ce qu'il a luy meſme approuué, en prenant & appellant les Dieux à teſmoin? Que s'il ne s'y eſt pas
trouué, ne merite-il pas de mourir cent fois, s'il s'eſt deſpleu & ennuyé du
bien qui rendoit tous les autres joyeux & contents? Liſez-moy vn peu ces
decrets-là. *Les decrets des ſacrifices defaillent.* Vous faiſiez donc lors des ſacrifices, & les Thebains attendoient de vous tout leur ſalut: Bref les choſes
en eſtoient venues-là, que ceux à qui vous euſſiez eſté contraints de demander ſecours, ſi l'on euſt laiſſé faire ces gens-cy, vous le venoient demander. Voylà ce que vous profita de me croire. Or quels propos tenoit lors
Philippe, & en quelles alteres cela le mit, vous le jugerez par les lettres qu'il
eſcriuit à ceux du Peloponeſe. Prenez-les & les liſez, afin que vous entendiez ce qu'ont profité mon aſſiduité, mes voyages, mes peines, & tant de
decrets que ceſtui-cy a voulu calomnier. Il y a eu deuant moy, Seigneurs
Atheniens, beaucoup de grands & celebres Orateurs en ceſte ville, comme
Calliſtrate, Ariſtophon, Cephale, Thraſybule, & mille autres; mais il n'y
en eut jamais pas vn qui ſe ſoit entierement voüé à vn affaire, & ait entrepris de le mener à fin; ains ſi quelqu'vn d'eux faiſoit vne propoſition, il n'en
faiſoit pas l'ambaſſade; s'il en faiſoit l'ambaſſade, il n'en faiſoit pas la propoſition. Ils ſe donnoient relaſche, & ſe rendoient par le moyen les vns des
autres les affaires faciles à executer, ou les fautes faciles à excuſer. Quoy
donc? me dira quelqu'vn, ſurpaſſez-vous tellement les autres en force &
en courage, que vous puiſſiez tout faire vous ſeul? Ie ne dis pas cela. Mais
ie dis que j'eſtimois le danger qui menaçoit ceſte ville ſi grand, qu'il ne me
donnoit pas loiſir de pouruoir à mes affaires particulieres, & à la ſeureté des
affaires publiques; & me ſembloit que tout ce qu'on pouuoit deſirer, c'e-
ſtoit de pouruoir à ce qui ſe preſentoit, ſans y rien oublier. Or m'eſtois-je
perſuadé follement peut-eſtre, que nul autre n'euſt peu ny mieux ordonner
ce qu'il falloit faire en ceſte occaſion, ny le negocier plus à propos, ny faire
ceſte ambaſſade auec plus d'affection, & plus de legalité; & pour ce ie me
mettois à tout. Liſez donc les lettres de Philippe. *Les lettres defaillent.* Voyla, Æſchines, où ie reduiſis Philippe par mon bon gouuernement; enfin ie
luy fis laſcher ceſte parole, à luy qui auoit auparauant tant braué ceſte ville
de paroles, en recompenſe dequoy ces Seigneurs m'ont juſtement decerné l'honneur de la Couronne; à quoy vous ne contrediſtes pas lors, bien
que vous fuſſiez preſent. Diondas de puis m'en voulut accuſer, mais il n'eut
pas ſeulement la cinquieſme partie des voix. Or pour cela il ne faut que lire
les decrets pour leſquels l'on ne m'a jamais voulu condamner, & Æſchines
ne m'a pas ſeulement oſé accuſer. *Les decrets defaillent.* Ces decrets-là, Seigneurs

gneurs Atheniens, font couchez en mefmes termes, en mefmes fyllabes que
ceux qu'Ariftonicus cy-deuant, & Ctefiphon depuis ont dreffé en mon
honneur; & de ceux-là jamais Æfchines n'en a fait aucune pourfuitte, ny
ne s'eft joint à celuy qui s'en eft rendu accufateur. Et toutesfois s'il dit vray,
il euft eu lors plus de raifon d'accufer Demomeles & Hyperides qui auoient
fait publier ceux-là, qu'il n'a pas d'accufer Ctefiphon pour ceftui-cy. Pourquoy? Pour ce que Ctefiphon luy peut objecter l'authorité des chofes ju-
gées, & qu'il n'eft pas receuable à l'accufer, veu qu'il n'a pas accufé les autres qui ont publié des decrets femblables à celuy dont il fe plaint aujour-
d'huy, & que ce n'eft pas chofe dont la loy le reprenne, & beaucoup d'autres chofes femblables. S'il l'euft fait lors, l'on euft jugé la queftion auant
que ce que j'ay dit cy-deffus y euft fait aucun prejudice. Mais volontiers il
n'euft pas eu moyen de faire lors ce qu'il fait maintenant, qui eft d'aller rechercher des chofes du temps paffé, & choifir entre de vieux decrets dont
perfonne ne fe fouuient plus, & dont on n'entend plus parler, quelque mot
pour le calomnier, changer les dattes & fuppofer de faux faits, afin de donner couleur à ce qu'il veut dire. Il n'y euft pas eu lors de moyen, la verité
eftoit trop conneuë, vous auiez encore la memoire toute frefche de ce qui
s'eftoit paffé, & les affaires eftoient quafi encore entre vos mains. C'eft pourquoy n'ofant entreprendre de blafmer les actions qui eftoient lors prefentes, il l'a remis à vn autre temps: penfant à mon aduis que ce feroit icy vn
combat d'Orateurs, & non pas vne recherche de la façon dont les affaires
publiques ont efté maniées; vn jugement où l'on examineroit quelles font
les plus belles paroles, & non pas quelles font les plus belles actions, & plus
vtiles au public. Et là deffus il vous apporte de belles fentences, & dit que
vous deuez depofer l'opinion que vous auez apportée icy de mon merite &
de mes feruices; vous deuez faire, ce dit-il, comme quand vous oyez le compte de celuy à qui vous penfez deuoir de refte; fi par le calcul il fe trouue que
la defpenfe efgale la recepte, vous vous en allez quittes. De mefme en cette
caufe vous ne deuez faire eftat que de ce qui vous apparoiftra par l'iffuë de
ce jugemét apres auoir tout bien examiné. Or confiderez ie vous prie comme les chofes injuftes & defraifonnables fe defcouurent & dementent elles
mefmes. Car par cefte belle fimilitude ce fage Seigneur-cy reconnoift, que
vous auez def-ja prejugé, que mes harangues ont toufiours recherché le
bien du pays, & les fiennes celuy de Philippe; pour ce qu'il ne fe mettroit
pas en peine de vous ofter cette opinion, s'il ne jugeoit que vous l'euffiez
def-ja en vos efprits. Mais que ce qu'il vous dit pour vous ofter cefte opinion, foit fans apparence, ie le vous monftreray clairement, non pas auec
les gettons comme il veut faire, car telles affaires ne fe jugent pas par là; ains
en vous reprefentant en peu de mots, comme les chofes fe font paffées, &
vous priant de m'en eftre tefmoins. Par le moyen de ce que j'ay negocié, &
dont ceftui-cy m'accufe, j'ay fait qu'au lieu que les Thebains fe fuffent
joints auec Philippe pour entrer en vos terres, ils fe font joincts auec vous
pour l'en repouffer: au lieu que la guerre euft efté dans le cœur de l'Attique,
elle en a efté diuertie, elle s'eft faite en Beoce, & a efté efloignée de vous
de plus de trente lieuës: au lieu qu'ils nous euffent emply le pays de larrons

& de fourrageurs qui fuffent defcendus d'Eubée, vous auez eu toute l'Attique paifible, & la guerre ne s'eft faite que par mer : & au lieu que Philippe faifoit eftat ayant pris Byzance, de tenir tout l'Hellefpont, vous auez eu
les Byzantins joincts auec vous, pour luy faire la guerre. Que vous femble,
Æfchines? le jugement des actions des hommes fe fait-il comme vn calcul
de compte? Eft-ce chofe où on puiffe mettre & leuer à volonté, ou certaine
& affeurée, & dont la memoire demeure à perpetuité? A cecy ie ne veux
point adjoufter que les autres ont experimenté la cruauté dont Philippe a
vfé à l'endroit de ceux qui fe font vne fois foufmis à luy. Quand à la feinte
douceur & humanité dont il pare le refte de fes affaires, & dont il dreffe fes
apafts, fi vous en auez efprouué les effects il n'a efté que bien employé.
Mais ie laiffe tout cela. Bien oferay-je dire que celuy qui voudra examiner
les actions d'vn Orateur comme il faut, & ne le point calomnier, il ne l'ac-
cufera pas de ce que vous me reprochez maintenant, en forgeant des exemples, vous attachant à des paroles, & contre-faifant mes façons de parler
(car ce n'eft pas en cela que confifte le bien des affaires de la Grece, fi j'vfe
de ce mot-cy ou de celuy-là, fi j'ay tourné la main deçà ou delà :) mais il ef-
pluchera mes actions en foy, & confiderera quelles occafions fe font prefentées à la chofe publique, & quels moyens elle auoit lors que ie fuis venu
au maniement des affaires, quelles commoditez ie luy ay acquifes depuis
que j'en ay eu l'intendance, & en quel eftat eftoient les ennemis. Si vous
trouuiez que les affaires fe fuffent empirées entre mes mains, vous auriez
fujet de me l'imputer; fi elles y eftoit amendées, vous ne m'en deuriez pas
calomnier. Puis que vous ne l'auez pas voulu faire, ie le feray : Et vous, Seigneurs, jugerez fi ie dis vray ou non. Nous auions lors pour nous les Ifles,
mais non pas toutes, ains les plus foibles ; car Chio, Rhodes, Corphou, ne
tenoient pas noftre party. Tout l'eftat des finances fe pouuoit monter à
vingt-quatre mille efcus, qui eftoient def-ja leuez. Des gens de guerre, de
pied ne de cheual, nous n'en auions pas vn, que de la ville : & ce que nous
deuions plus craindre que tout le refte, nos aduerfaires auoient mis ordre,
que tous nos voifins d'Eubée, de Megare, & de Thebes, nous vouloient
plus de mal que de bien : voyla ce qui eftoit à la ville, & perfonne n'y fçauroit rien adjoufter. Quant à Philippe à qui nous auions affaire, confiderez
quelles eftoient fes forces : Premierement il eftoit fuiuy de fes fujets, qui eft
vn tres-grand aduantage à la guerre, d'eftre Seigneur de ceux dont on fe
fert. C'eftoient gens nays les armes aux mains. Il auoit outre cela grands
fonds de finance, commandoit abfoluëment, & n'eftoit pas contraint de
publier des decrets, & par là euenter fes deffeins quand il auoit enuie de faire
quelque chofe: il n'eftoit pas fujet aux cenfures des calomniateurs, & à eftre
accufé d'auoir tranfgreffé les loix, ny obligé à rendre compte de fes actions
à autruy, mais fouuerain Maiftre, Capitaine & Seigneur de tous ceux qui
le fuiuoient. Et moy au contraire qui m'oppofois à luy, qu'eftois-je? c'eft ce
qu'il faut regarder : dequoy eftois-je Seigneur? de rien. Car premierement
la puiffance de haranguer n'eftoit pas à moy feul, vous la donniez également à tout le monde: ceux que Philippe auoit gagné à beaux deniers comptans, auoient cefte mefme liberté, & bien fouuent qu'ils faifoient ce qu'ils

vouloient,

vouloient, ils vous faisoient ordonner des affaires au desir & à l'aduantage de vostre ennemy. Et neantmoins auec tout ce desaduantage-là, ie vous ay premieremeut confederé les Eubeens, Acheens, Corinthiens, Thebains, Megariens, Leucadiens, & Corcyriens, qui vous ont fait quinze mille hommes de pied, & deux mille cheuaux, sans les commoditez des villes. Des deniers j'en ay leué autant que j'ay peu. Que si vous venez icy discourir des droits des villes, & de ce que deuoient porter les Thebains, les Byzantins, les Eubeens, & de l'egalité qui y deuoit estre gardée : Premierement ie vous remonstreray que lors que toute la Grece assembla trois cens galleres ceste ville seule en deffrayoit deux cens, & neantmoins elle ne s'estimoit en cela mesprisée, & ne blasmoit pas ceux qui la conseilloient, ny ne s'en faschoit pas contre eux. Aussi eust-il esté indigne. Mais au contraire elle loüoit & remercioit Dieu, qui luy auoit donné le moyen de contribuer deux fois autant de forces que tous les autres, pour le salut commun de la Grece, au danger qu'elle estoit. Vous perdez bien vostre temps, de penser gaigner la bonne grace de ces Seigneurs-cy, en me calomniant. Car à quoy est bon de dire maintenant, Il falloit faire cecy ou cela : ne le falloit-il pas dire lors que vous estiez present à la deliberation ? si l'occasion ? le pouuoit porter, à laquelle nous sommes contraints de nous accommoder, & ne pas faire beaucoup de choses que nous voudrions bien. Nous auions lors en teste vn homme qui ne demandoit qu'à achepter ceux dont nous ne voudrions point, & qui tendoit les bras à tous ceux que nous rejettions, & y mettoit enchere. Que si l'on m'accuse maintenant de m'estre ainsi gouuerné, qu'eust-ce esté, si j'eusse voulu obseruer si exactement toutes choses, que les villes se fussent retirées d'auec nous & jointes à Philippe, & qu'il se fust rendu tout d'vn coup maistre des Thebains, Eubeans & Byzantins ? qu'eussent dit lors ces meschants hommes-cy ? Que ie les auois trahy, que j'auois mesprisé nos voisins lors qu'ils desiroient de se joindre auec nous, & en ce faisant auois esté cause que Philippe s'estoit rendu maistre de l'Hellespont, & gagné tous les passages par où les viures se portoient en la Grece : que cela nous auoit excité à nos portes vne dure & fascheuse guerre contre les Thebains, & que la mer auoit esté renduë deserte à cause des Pirates de l'Eubée ? n'eussent-ils pas dit tout cela, & infinies autres choses ? C'est, Seigneurs Atheniens, vne meschante race de gens que les calomniateurs, ils sont pleins d'enuie & de contention, ce sont des gens qui sous la face d'vn homme portent des cœurs de chiens, ils n'ont rien de bon ny d'ingenu. Tel est ce singe de Theatre, cet Oenomaus de village, ce braue Orateur-cy. D'où vient, Æschines, que vostre grande eloquence ne s'employe point pour le public ? Vous nous venez maintenant discourir des affaires passées, comme vn Medecin qui allant voir vn malade fort tourmenté, ne luy donneroit point de remede pour le guerir, & puis quand il seroit mort viendroit à son conuoy, & discourroit sur la fosse ce qu'il falloit faire pour empescher qu'il ne mourust. Pauure estourdy, est-ce pas ce que vous faites aujourd'huy ? Mais puis que, miserable que vous estes, vous vous resjouïssez & orgueillissez de ce dont vous deuriez plorer, qu'on examine vn peu si la fortune qui nous est arriuée est aduenuë par ma faute. Considerez

premierement si en quelque endroit que vous m'auez enuoyé en ambassade, les Ambassadeurs de Philippe ont rien gagné sur moy, soit en Thessalie,
soit en Ambracie, soit en Illirye, soit vers les Roys de Thrace, soit en Byzance, ou en quelqu'autre endroit que j'aye esté ; mesmes à Thebes la derniere fois. Philippe a gagné par force les villes que j'auois gagné par negociations sur ses Ambassadeurs. C'est ce que vous m'imputez aujourd'huy,
& vous desbordez de telle façon à vous mocquer , que vous demandez
pourquoy moy seul ie n'ay vaincu Philippe auec toutes ses forces. Voylà
où vont vos discours. Car que pouuois-je faire autre chose que ce que j'ay
fait ? auois-je en main le courage de ceux qui ont combattu ? pouuois-je
tourner à mon plaisir la fortune ? commandois-je aux armées desquelles
vous me voulez faire responsable , tant vous estes fascheux & importun ?
Ie n'empesche point que vous ne me faciez rendre raison de tout ce à quoy
vn Orateur est obligé ; or qu'est-ce ? c'est de preuoir les affaires qui se presentent, & y pouruoir. Ie l'ay fait. Prendre garde que la longueur, paresse,
jalousie, & autres desordres qui arriuent ordinairement au gouuernement
ne prejudicient aux affaires ; & au contraire r'amener le peuple à vnion &
amitié, & l'exciter à faire ce qui est de besoin. Ie l'ay fait, & n'y a homme au
monde qui me puisse imputer d'en auoir rien obmis. Que si quelqu'vn demande , Comment est-ce doncques que Philippe est ainsi venu à bout de
ce qu'il a entrepris ? tout le monde respondra ; A viue force, en donnant, en
corrompant par argent ceux qui auoient charge des affaires des Grecs. Or ie
ne commandois point aux forces, ie n'estois point Capitaine, & par consequent ie ne suis pas tenu d'en respondre. Mais en ce que ie ne me suis point
laissé corrópre par argent, ie puis dire auoir vaincu Philippe. Car comme on
dit que celuy qui achete quelque chose, a vaincu quand il l'emporte à l'enchere : Aussi peut-on dire que celuy qui ne s'est point laissé gagner par argent, a vaincu celuy qui le luy offroit. De sorte qu'entant qu'en moy estoit,
la ville n'a aucune perte. Voyla ce que j'ay fait pour vostre seruice,
outre plusieurs autres choses , pour lesquelles Ctesiphon a eu occasion de
dresser le decret dont est question. Ie vous en representeray seulement quelques-vnes, dont vous me serez tous tesmoins. Incótinent apres la bataille, le
peuple sçauoit & auoit veu tout ce que j'auois fait, & quels extremes dangers j'auois couru : c'est pourquoy lors que l'on eust trouué moins estrange
si beaucoup de gens m'eussent voulu mal, l'on confirma tous les aduis que
j'auois donné pour la conseruation de la ville , & tout ce que j'auois faict
pour la garde & seureté d'icelle : les gardes furent posées, les tranchées releuées, des deniers ordonnez pour la refection des murs , selon que ie le proposay. Puis quand il fut question d'ordonner du fait des viures , ie fus seul
esleu pour y pouruoir. Ceux qui auparauant en auoient la charge se r'allie-
rent ensemble, pour me faire de la fascherie : ils m'accuserent, me demanderent compte, non pas en leur nom , mais sous le nom d'autres, pensans
que l'on ne se douteroit point d'où cela venoit. Bref vous vous souuenez
qu'il n'y auoit quasi iour, qu'il ne me fallust deffendre. On n'y espargnoit
ny la desesperée audace de Sosicles , ny les impostures de Philocrates, ny
l'impudence de Diondas, ny la furie de Melanus, ny autre chose dont on se
peust

peust aduiser. Or de tous ces dangers-là j'en suis Dieu mercy & vous eschappé, & justement. Car de bons Iuges, & qui auoient Dieu, & le serment
qu'ils auoient presté deuant les yeux, ne pouuoient juger autrement. Lors
donc que ie fus par vous absous de ce que l'on m'imputoit, & mes accusateurs n'eurent pas seulement la cinquiesme partie des voix pour eux, ne ju-
geastes-vous pas que j'aurois fait ce que doit faire vn tres-bon citoyen?
Quand ie fus absous d'auoir contreuenu aux loix, ne jugeastes vous pas que
ie n'aurois rien jamais proposé ny decerné que legitimement? Quand vous
tintes mon compte pour clos, ne declarastes-vous pas que ie m'estois
loyaument porté en la charge que j'auois eu, sans auoir jamais receu presens de personne quelconque? Cela estant ainsi, comme vouliez-vous que
Ctesiphon parlast de mes actions, & quel nom vouliez-vous qu'il leur donnast? Quel autre, dis-ie, que celuy que le peuple leur auoit donné? quel autre que celuy que les Iuges iurez leur auoient imposé? quel autre que celuy
que la verité parlant par la bouche commune de tout le peuple leur donnoit? Mais, ce dit-on, Cephalus a bien eu plus d'honneur, de n'auoir jamais
esté accusé, & encores plus d'heur certes. Pour cela, celuy qui a esté souuent
accusé & jamais conuaincu en sera-il à blasmer? Et neantmoins ie puis dire
pour le regard d'Æschines, que ie n'ay jamais esté accusé. Car il ne se trouuera point qu'il m'ait jamais deferé de chose dont les loix permettent l'accusation. De sorte que ie me puis en ce comparer à Cephalus. Ce qu'il propose contre moy n'est qu'vne calomnie, laquelle se descouure en beaucoup
de choses, & principalement en ce qu'il veut faire vn crime de mon infortune. Car j'estime pour moy, que celuy qui estant homme, reproche à vn
autre son mal-heur, n'a ne sens ny entendement. Si celuy qui s'estime bien-
heureux, & pense auoir la fortune fauorable, ne se peut asseurer de l'auoir
telle jusques au soir, comme s'en peut-il glorifier, ou reprocher à vn autre
qu'il n'est pas si heureux que luy? Mais pour ce que cet homme a mal parlé de ma fortune, comme il fait de toutes autres choses, auec paroles pleines
de brauerie, & insolence; oyez au contraire, Seigneuts Atheniens, combien ie parleray & plus vrayement, plus reueeremment de la sienne. Ie pense que la fortune de ceste ville est heureuse: ie vois & que l'Oracle de Dodone, & Apollon Pythien l'ont ainsi declaré. Mais ie croy que la fortune
generalement de tous les hommes qui viuent aujourd'huy est fascheuse &
miserable. Qui est celuy des Grecs ou des Barbares qui ne souffre beaucoup
en ce temps? Mais d'auoir tousiours choisi ce que l'honneur nous commandoit, & voir que nos affaires se portent encore mieux que celles de
ceux qui se sont separez de nous pour se penser mettre en seureté, ie prends
cela pour vn bon-heur à ceste ville. Et quant à ce que nous auons esté frappez de quelques accidens, & que nous ne sommes pas venus à bout de tout
ce que nous auions deliberé, j'impute cela à la fortune commune de tous les
Grecs, dont ceste ville a eu sa part. Quant à la condition particuliere & de
moy & d'vn chacun de vous, il la faut examiner par nos affaires priuées.
Voylà donc comme ie pense qu'il faut parler de la fortune & croy que
c'est ce qu'on en peut dire auec verité, & m'asseure que vous estes tous en
cela de mon aduis. Or cestui-cy veut faire ma fortune particuliere plus

puissante que celle de tout cet Estat ; ma fortune dis-je basse & fascheuse, plus puissante que la vostre grande & heureuse : & comme se peut faire cela ? Si vous estes deliberé d'examiner ainsi de tout point ma condition, Æschines, examinez vn peu la vostre, & si vous trouuez que la mienne soit de beaucoup meilleure, cessez de la calomnier. Prenez dés mon commencement, mais pour l'honneur de Dieu, que personne ne m'en estime point plus mal-habile homme pour cela. Car pour moy ie n'estimeray jamais que celuy-là ait l'entendement bien fait, qui reprochera à vn autre sa pauureté, ou qui se glorifiera pour auoir esté nourry entre les biens & les delices. (Les fascheuses & calomnieuses injures de cet homme-cy me jettent en ce discours, auquel ie garderay toutesfois toute la moderation que ie pourray.) I'ay eu cet heur, Æschines, qu'estant jeune j'ay esté honnestement entretenu aux estudes, & eu tout ce qui est necessaire pour garder vn homme de mal faire par pauureté. Sortant de là j'ay continué vne honneste façon de vie, j'ay fait joüer des jeux à mes despens, j'ay eu charge de gallere, j'ay faict despence pour la ville, sans laisser passer occasion aucune, ny en public, ny en particulier, de me monstrer homme d'honneur, & de profiter à mon pays & à mes amis. Quand j'ay commencé à me mesler des affaires publiques, ie me suis employé à choses dont j'ay receu de grands tesmoignages d'honneur, & de ma ville & de toute la Grece, auec tant de raison, que jamais nos ennemis n'ont osé s'y opposer, ny blasmer mes actions. Voila quelle a esté ma fortune. I'en pourrois dire beaucoup dauantage, si ie ne craignois d'estre ennuyeux, en me glorifiant trop. Quant à vous, venerable Seigneur, qui denigrez ainsi les autres, songez vn peu quelle a esté la vostre. Estant enfant vous auez esté nourry auec beaucoup de necessité, vous estiez pres de vostre pere qui tenoit eschole, vous seruiez à faire de l'encre, à frotter les bancs, à balloyer la classe, faisant l'office d'vn vallet, & non d'vn enfant de bonne maison. Estant plus grand vous seruiez à dicter des liures à vostre mere qui les transcriuoit ; la nuict vous habilliez ceux qui se mettoient de la confrairie de Bacchus, pintant & yurongnant auec eux : vous les nettoyez auec la paste & le son ; & apres les auoir ainsi purifiez, & fait chanter la chanson, *I'ay fuy le mal & trouué le mieux* ; vous vous glorifiez de hurler plus haut que pas vn : & cela peut-on bien croire : car celuy qui crie en parlant, doit entonner bien haut quand il crie. Le jour vous meniez les danses de Bacchus par les ruës, portant sur vostre teste des Thiases où estoient des serpens Pariens entortillez dans du fenoüil, & des fueilles de peuplier, en criant, *Euoé, Sabohé*, & dansant la chanson, *Hyas attas, attas hyas* : les vieilles qui vous suiuoient vous appelloient le Prince, le Capitaine, le porte-lierre, le porte-fanal, & d'autres semblables noms. Et pour recompense vous auiez des goffres, du gasteau, de la tourte, & autres drogueries, pour lesquelles qui est-ce qui vous pourroit estimer bien-heureux, & loüer vostre fortune ? Depuis vous estant fait enroller au nombre des bourgeois, ie ne veux pas dire par quel moyen, la meilleure vacation que vous peustes choisir, ce fut de vous faire Clerc du Greffe de quelques petits Iuges sous l'orme. Ayant laissé ce mestier, vous vous mistes à faire tout ce que vous reprochez aujourd'huy aux autres. A la verité, par ce que vous
fistes

fistes depuis vous n'auez point soüillé l'honneur que vous auiez acquis auparauant, vous auez touſiours veſcu d'vne façon. Car vous vous loüaſtes à
ces farceurs que l'on nommoit les Criards, & ſeruiſtes d'ayde à joüer à Sim-
mycas & Socrates. Puis vous vous miſtes à ramaſſer les oliues & les raiſins
és champs des autres, comme ſi vous euſſiez eſté loüé pour faire leurs vendanges, à quoy vous gagnaſtes plus de coups que vous n'en euſſiez eu en
vn combat, où il euſt eſté queſtion de voſtre vie. Car vous auiez (ſans qu'elle
vous fut denoncée) touſiours vne guerre implacable auec les Meſſiers, deſquels ayant tant & tãt receu de coups, vous auiez raiſon d'appeller timides
ceux qui ne ſont pas accouſtumez à ſupporter telle aduenture. Mais paſſant
ce qu'on peut imputer à la pauureté, ie parleray ſeulement des vices qui
procedẽt de vos mauuaiſes mœurs. Depuis qu'il vous print fantaiſie de
vous meſler des affaires publiques, voyez la façon de viure que vous choi-
ſiſtes. La ville eſtant lors floriſſante vous eſtiez paoureux comme vn lieure,
touſiours tremblant, & attendant quelque eſtrillade, comme voſtre conſcience jugeoit que vous le meritiez. Mais quand il eſtoit arriué quelque diſgrace à quelqu'vn, il n'y auoit rien ſi fier que vous, on ne voyoit rien que
vous. Combien meriteroit d'eſtre puny par les viuans celuy qui s'eſt reſioüy
de la mort de mille de ſes citoyens? Ie vous pourrois dire beaucoup d'autres
choſes de luy, que ie paſſeray ſous ſilence. Car ie n'eſtime pas à propos de
vous reciter toutes les ordures & villenies que ie ſçay de luy, mais ſeulement
celles deſquelles ie puis parler ſans rougir. Et pour ce, Æſchines, prenez la
peine doucement & ſans aigreur, de comparer nos vies l'vne auec l'autre.
Et puis demandez à ces Seigneurs, laquelle des deux chacun d'eux voudroit
pluſtoſt choiſir. Vous monſtriez à lire aux enfans, & j'auois vn maiſtre qui
m'inſtruiſoit: vous ſeruiez à dreſſer ceux qui ſe mettoient aux confrairies,
& j'eſtois des confreres: vous joüiez les jeux, & j'en faiſois les frais: vous
eſtiez Greffier, & ie haranguois: vous eſtiez lutteur, & j'eſtois ſpectateur:
vous failliez, & ie ſifflois: vous faiſiez au gouuernement de la ville les affaires des ennemis, & moy le ſeruice du païs: ie paſſe le reſte. Aujourd'huy,
par ce que l'on m'a ordonné vne Couronne, vous eſpluchez ma vie: chacun confeſſe qu'il n'y a rien à redire: mais quant à vous, outre que l'on vous
connoiſt pour vn calomniateur, vous courez fortune de n'eſtre jamais receu à accuſer perſonne, & d'eſtre chaſtié de voſtre temerité, n'ayant pas
pour vous ſeulement la cinquieſme partie des voix. Iugez, Æſchines, ſi voſtre fortune n'eſt pas belle, pour me venir reprocher la mienne. Qu'il me ſoit
donc permis maintenant de produire les teſmoignages de tous les ſacrifices
où j'ay eſté employé, & que luy vous liſe en recompenſe les vers qu'il a ga-
ſté en les mal prononçant.

Laiſſant du grand Pluton les demeures obſcures,
 Ie viens vous annoncer de triſtes aduentures.

Que puiſſiez-vous miſerablement perir, meſchant, traiſtre citoyen, & villain farceur que vous eſtes. Qu'on liſe la depoſition des teſmoins. Voila
comme ie me ſuis comporté és affaires publiques. Quant à mon particulier,
vous ſçauez tous comme j'ay eſté accoſtable & officieux, & preſt à ſeruir
tous ceux qui ont eu beſoin de moy. C'eſt pourquoy ie m'en tairay. Ie ne

me mettray jamais en peine de vous faire plus grand preuue ny vous produire d'autres tesmoins, pour vous monstrer si j'ay rachepté mes concitoyens de l'ennemy, ny si j'ay aydé à marier les pauures filles, ou fait autres
choses semblables. Car j'estime que c'est à celuy qui reçoit vn bien-fait de
s'en souuenir à jamais, s'il ne veut estre tenu pour ingrat ; & à celuy qui le
fait de l'oublier aussi tost, s'il veut estre tenu pour homme d'honneur. Rememorer les plaisirs que l'on a fait à quelqu'vn, c'est ou peu s'en faut les luy
reprocher. Chose que ie ne feray iamais, & à quoy rien ne me sçauroit contraindre : ie me contente de l'opinion que vous en auez tous conceuë, &
veux changeant aucunement de propos, vous dire seulement vn mot de ce
que j'ay fait pour le public. Æschines, si vous me pouuiez trouuer vn homme de tous ceux que le Soleil regarde aujourd'huy, soit Grec, soit estranger, qui se soit peu garantir de la puissance de Philippe & d'Alexandre, ie
vous accorderay que ma fortune ou mon mal-heur, appellez-les comme
vous voudrez, sont cause de tout le mal qui nous est arriué. Mais si ceux qui
ne m'ont jamais veu, ny oüy, ont enduré vne infinité de maux, non seulement en leur particulier, mais les villes, les Prouinces, & les nations toutes
entieres, n'est-il pas bien plus raisonnable de penser que c'est le mal-heur
commun de tous les hommes, & vn desastre vniuersel auquel nous auons
esté compris? Et neantmoins laissant ceste cause, vous vous adressez à moy
seul, qui ay eu quelque part au gouuernement des affaires, bien que vous
voyez qu'vne grande partie du reproche que vous me faites, retombe sur
tous les citoyens de ceste ville, & sur vous mesmes. Si j'auois esté seul commandant & disposant de tout à ma volonté, les autres Orateurs auroient
occasion de m'accuser. Mais puis que vous estiez tous presens aux deliberations qui se faisoient, que la ville permettoit à tout le monde de proposer ce
qu'il estimoit plus vtile, & que ce que j'ay proposé a semblé à tous & à vous
mesmes le mieux qui se pouuoit faire, pourquoy m'en blasmez-vous maintenãt? Car ce que vous vous y accordiez lors, n'estoit pas pour me complaire, ou pour esperance de recompense que vous attendissiez de moy, ou pour
honneur que vous en peussiez receuoir: Ce que ie faisois lors me promettoit
bien cela à moy, mais pour vous c'estoit que vous estiez vaincu par la verité, & que vous ne pouuiez rien dire de mieux. Pourquoy doncques m'en
accusez-vous aujourd'huy, puis que lors vous n'auiez rien à dire de mieux?
Ie voy qu'entre tous les hommes du monde le droict & les loix sont de ceste
façon : Quelqu'vn fait-il vne injure à son escient? la vengeance & la peine
s'en ensuit : Fait-il vne faute sans y penser? au lieu de le punir on luy pardonne. Mais si lors qu'il n'y a ny de sa malice, ny de sa faute, il fait ce que
chacun estime estre le plus à propos, & qu'il ne luy reüssisse en tout, comme il desiroit, il n'y a point de raison de le blasmer & diffamer, ains plustost de s'en condouloir auec luy. Or cela n'est pas ainsi ordonné seulement par les loix, mais la nature mesmes l'a ainsi imprimé au sens commun
des hommes, en leurs mœurs, & en leurs coustumes. Comment est-ce
donc qu'Æschines a de tant surpassé tous les autres hommes en cruauté &
imposture, que de me vouloir accuser de ce que luy mesmes reconnoist
estre coups de fortune, & mesaduentures? & quelle autre façon de faire

est

est celle-là? pour sembler vous estre fort affectionné, vous admonester de vous garder de moy comme d'vn trompeur, d'vn charlatan, d'vn sophiste. Comme si pour dire le premier à vn autre, les injures qui conuiendroient mieux à celuy qui les dit, ceux qui les escoutent estoient empeschez de considerer quel il est. Pour moy ie sçay bien que vous connoissez assez cet homme-cy, & jugez que c'est bien plustost à luy qu'à moy, que telles choses se doiuent reprocher. Et quant à l'eloquence qu'il m'attribuë, ie sçay certainement que la gloire en depend pour la plus part de ceux qui nous escoutent; car selon que vous recueillez gracieusement ceux qui parlent deuant vous, les aymez & cherissez, ils acquierent opinion d'estre diserts & eloquents. Ie veux qu'il y en ait quelque chose en moy, mais vous trouuerez que tout ce que l'vsage & l'experience m'en ont acquis, a tousiours esté employé pour le bien & seruice de vous tous, jamais contre vous, non pas mesmes contre pas vn particulier d'entre vous. Æschines a fait tout au contraire. Car il n'a pas seulemét fauorisé les affaires des ennemis, mais si quelqu'vn de vous en particulier luy a despleu, ou l'a offensé, c'est à s'en venger qu'il s'est seruy de son bien dire. De sorte qu'il ne s'en est seruy selon les loix, ny au bien de vostre ville. Car il est tres-mal seant que celuy qui fait profession d'homme d'honneur & bon citoyen, esmeu par haine ou par cholere, induise les Iuges qui sont assemblez pour les affaires publiques, à venger ses querelles particulieres, au lieu de faire ce pourquoy ils sont destinez: son naturel doit estre tout au contraire à cela; & si la necessité quelquesfois le contrainct d'accuser quelqu'vn, il le doit faire auec toute douceur & moderation. Quand est-ce donc qu'il faut qu'vn Orateur se monstre vehement? où le public est en hazard, & où le peuple a affaire à ses ennemis. C'est là l'office d'vn braue & genereux citoyen. Mais celui-cy qui ne m'a jamais accusé de faute que j'aye faite contre le public, & ne s'est plaint d'offense particuliere qu'il ait receuë de moy, vient aujourd'huy pour me rauir par vne calomnie l'honneur d'vne Couronne qu'on m'a ordónée: ses belles paroles monstrent assez qu'il n'est poussé que d'vne haine particuliere, d'vne enuie & bassesse de cœur, & qu'il n'a aucune marque d'homme de bien. Certes auoir passé toutes les occasions de s'attaquer à moy, & le faire maintenant sur le sujet qui se presente, monstre bien vne grande lascheté & meschanceté. Ce n'est pas, Æschines, ie le vois bien, pour obtenir quelque códemnation que vous auez entrepris ceste accusation, ains pour faire monstre de vostre belle voix. Mais la loüange d'vn Orateur ne consiste pas en paroles, ny à la voix, ains à dire chose qui soit trouuée bóne par la pluralité des Auditeurs, & à montrer que l'on ayme ou hait ceux qui sont agreables ou odieux au païs. Celuy qui a ceste volonté-là, n'est poussé à parler que par vne bien-vueillance. Mais celuy qui courtise & honore ceux desquels le peuple se craint, ne court pas la fortune publique, & n'attend pas sa seureté du salut commun. De moy comme vous pouuez voir, ie n'ay jamais rien pcoursuiuy que ce que j'ay estimé estre profitable au public, & à ces Seigneurs-cy; ie n'ay jamais eu de dessein particulier. Dittes vn peu si vous en auez fait de mesmes, & comment incontinent apres la bataille vous allastes en ambassade vers Philippe, qui estoit la seule cause de tous les maux qu'enduroit le païs? Vous, dis-je, qui

auparauant auiez tousiours refusé ceste charge. Or qui est celuy qui trompe
son païs? est-ce pas celuy qui dit d'vn & pense d'autre? Qui est celuy que le
Heraut peut iustement detester, est-ce pas vn tel homme? Que peut-on reprocher à vn Orateur de plus meschant, sinon qu'il dit autre chose qu'il ne
pense? Vous estant trouué tel, comme osez-vous parler & regarder en face tant de gens de bien? Pensez-vous qu'ils ne sçachent pas qui vous estes?
Auriez-vous opinion qu'ils ayent dormy vn si profond sommeil, ou qu'ils
soient enseuelis en vne si grande oubliance, qu'ils ne se souuiennent plus de
ce que vous nous preschiez, iurant & detestant que vous n'auiez aucune
accointance auec Philippe; & que c'estoit moy qui vous imposois ceste calomnie, pour l'inimitié particuliere que ie vous portois? Mais aussi-tost que
les nouuelles de la bataille furent arriuées, ne vous souciant plus de ce que
vous nous auiez dit, vous confessastes ingenuëment, que vous auiez amitié
iurée, & droit d'hospitalité auec Philippe. Ainsi changiez-vous de propos,
selon qu'il y auoit à gagner. Car quelle apparence de raison y auoit-il, que
Philippe fut amy & familier d'Æschines, fils de la menestriere Glaucothea?
De moy ie ne le comprens pas, sinon que vous eussiez esté gagné & appointé par luy, pour ruiner les affaires de ces Seigneurs. Et ainsi, bien que vous
soyez clairement conuaincu d'auoir trahy le païs, & qu'és rencontres suruenuës vous vous soyez vous mesmes descouuert, neantmoins vous m'accusez & iniuriez de ce, dont tous les autres seroient plustost cause que moy.
Ceste ville a fait beaucoup de belles & grandes choses par ma conduite, desquelles elle n'a point perdu la memoire. Ie n'en veux point d'autre argument, sinon que quand apres la bataille estant question d'eslire quelqu'vn pour loüer ceux qui y estoient morts, elle ne vous voulut pas choisir,
bien que l'on vous eust nommé, & que vous eussiez vne belle voix. Ne
demandez point, qui a nouuellement fait la paix: ce n'a esté ny Hegemon,
ny pas vn de vous autres, mais moy seul. Et bien que vous & Pythocles
vous fussiez leuez, & m'eussiez cruellement & impudemment accusé
de tout ce que vous m'auez reproché aujourd'huy, le peuple perseuera
en son election plus que deuant. Vous n'en ignorez pas la raison, toutesfois ie vous la diray. Le peuple connoissoit l'vn & l'autre, & l'affection que j'ay tousiours eu au bien de ses affaires, & vostre malice &
meschanceté. Car ce que vous auiez nié auec serment lors que les affaires estoient en bon estat, vous le confessiez & aduoüiez, apres que vous
vistes la ville auoir receu vne grande infortune. Or iugeoit-il que ceux
à qui le mal-heur public donnoit lors asseurance de faire entendre
leurs desseins, estoient de long-temps ses ennemis, bien qu'ils ne se
fussent point descouuerts iusques alors; & pensoit qu'il ne falloit pas que
celuy qui deuoit celebrer la memoire de ceux qui estoient morts à la bataille, fust familier & confederé de ceux contre qui ils auoient combattu: & que celuy qui s'estoit resioüy auec nos ennemis, & les meurtriers de
nos citoyens, & auoit chanté le chant du triomphe, & sacrifié aux Dieux
auec eux, estant de retour par deçà, eust la charge de rendre à nos citoyens
le dernier honneur, & fist semblant auec des larmes feintes de deplorer
leur fortune: ains que ce fust personne qui en eust compassion en son ame,
comme

comme le peuple auoit de sa part, & voyoit que j'auois de la mienne, & que
vous n'auiez nullement de la vostre. Et pour ce m'esleurent-ils & non vous.
Or ce n'est pas seulement le peuple qui a fait ce jugement-là, mais les peres
& freres des deffuncts qui auoient esté esleus pour auoir soin des obseques.
Que firent-ils? Ayant à faire le festin qu'on a accoustumé faire chez vn des
parens des deffuncts, ils le voulurent faire chez moy : non sans raison. Car
bien qu'entr'eux ils fussent en particulier plus proches parens des deffuncts
que moy, neantmoins il n'y en auoit point en general qui leur fust plus proche, & plus allié d'amitié & d'affection que j'estois. Et est à croire que celuy
qui auoit plus d'interest à leur conseruation, auroit le plus participé à la douleur de leur infortune. Que pleust à Dieu qu'ils l'eussent eschappée. Lisez
donc l'epitaphe, que la ville ordonna estre graué sur leur tombeau, afin que
vous connoissiez par là, Æschines, que vous estes vn ingrat, vn calomniateur, & vn maudit homme.

Ceux-cy pour le desir de deffendre leur terre,
Ont soustenu l'effort d'vne cruelle guerre :
Ils ont vaincu la peur, mais non pas le destin,
Qui leur laissant l'honneur, de sa fatalle main
Leur a l'ame raui : Ils l'ont gayement laissée,
Pour deliurer du joug la Grece menacée :
La Grece qui leurs ôs dans son sein a receu,
Puis qu'ainsi l'ordonner aux grands Dieux il a pleu.
Il n'appartient qu'aux Dieux de tousiours heureux estre :
L'homme suit le destin, c'est son souuerain maistre.

Entendez-vous, Æschines, par là, côme il n'appartient qu'aux Dieux de ne
faillir jamais, & venir à bout de toutes choses? Ce ne sont pas ceux qui donnent le conseil, que ceste inscription charge de l'euenement des combats,
mais les Dieux qui peuuent tout. Pourquoy doncques m'en calomniez-
vous, & m'objectez des meschancetez, que les Dieux feront, & ie les en
prie, retomber sur vostre teste? Or, Seigneurs Atheniens, entre beaucoup
de choses dont ie me suis estonné d'Æschines en ceste accusation pleine de
tant de calomnies, & d'impostures, principalement ay-je admiré qu'estant
venu à faire mention des fortunes & calamitez qui sont arriuées à ceste ville, il n'a monstré aucun ressentiment & compassion d'vn bon & affectionné citoyen, il ne luy est pas tombé vne larme des yeux, il n'a monstré en
auoir regret du monde. Ains esleuant sa voix plus haut, se resiouïssant &
rengorgeant, il a pensé m'accuser, & au contraire il s'est luy mesme conuaincu de n'auoir aucune part à la douleur de tout le peuple, en ceste calamité commune. Certainement celuy qui faict profession d'aymer les loix
& la justice, comme fait celui-cy, au moinss'il ne fait autre chose, doit-il se
resioüir & douloir de semblables occasions que les autres citoyens, & ne
monstrer pas és affaires publiques, de suiure ce qui est le plus agreable aux
ennemis. Ce que cestui-cy semble euidemment auoir fait, quand il a dit, qu'à
mon occasion la chose publique estoit tombée en ceste calamité. Car chacun sçait que ce n'a point esté ny par mon gouuernement, ny par mon aduis que vous auez commencé de secourir les Grecs, lors qu'ils ont esté op-

preffez. Que fi vous me voulez donner cefte loüange, d'auoir efté celuy qui
fe foit le premier oppofé aux forces que l'on preparoit pour fubjuguer la
Grece, ie l'eftimeray plus precieufe que faueur que vous ayez jamais fait à
homme. Mais ce n'eft pas chofe dont ie me vante; car ie vous ferois tort, &
fi ie connois affez que vous ne me l'accorderiez jamais. Si celui-cy vouloit
bien faire il ne diffameroit pas, pour me penfer nuire, le plus grand honneur
que vous ayez au monde. Mais pourquoy m'offenfé-je de cela, veu qu'il
m'impute infinité d'autres chofes plus fauffes & plus fafcheufes? O terre, ô
Ciel, il m'accufe d'auoir fauorifé Philippe! Que ne dira-il point apres cela?
ô Hercules, & vous autres Dieux, qui voyez de là haut les impoftures des
hommes, & reconnoiffez ceux qui pour affouuir leur mal-vueillance calom-
nient les autres; qui eft celuy qui voudra diligemment examiner, comme les
chofes fe font paffées, qui ne juge incontinent, que ce font les femblables de
ceftui-cy, qui en toutes les villes ont efté caufe du mal-heur qui eft arriué,
& qui lors que les forces de Philippe eftoient encores petites, que nous propofions de bons & fainéts moyens de nous y oppofer, & que nous vous y
exhortions de tout noftre pouuoir, ont preferé leur profit particulier, & vn
villain & falle gain au bié public de toute la Grece; Ils trompoient & fedui-
foient les habitans des villes, afin de les reduire en feruitude; c'eft à fçauoir,
Daochus, Cineas, Thrafydeus les Theffaliens: Cercidas, Hierofme & Eu-
calpidas les Arcadiens: Myrtes, Teladamus & Mnafeas les Argiens: Euxi-
theus, Cleotimus, Ariftechmus les Eliens: Neon & Thrafylochus enfans de
ce mefchant Philiades les Meffeniens: Ariftrate & Epichares les Sicyoniens:
Dinarchus & Demaratus les Corinthiens: Ptœodorus, Helixus, & Perilaus
les Megariens: Timolaus, Theogiton, Anemœtes les Thebains: Hipparchus, Clitarchus & Sofiftratus les Eubeens. Le iour me faudroit fi ie voulois
nommer tous les traiftres. C'ont efté ces gens-là, qui ayans part au confeil de
leurs villes, comme ces fcelerez ont eu à celuy de la voftre; gens, dif-je, mefchans, flatteurs, nais pour tourmenter le monde, ont miferablement defchiré leur pays, & vendu au commencement à Philippe, & depuis à Alexandre
la liberté de la Grece: mefurans leur felicité au plaifir de leur ventre & de
leurs falles voluptez, & renuerfans les regles & refolutiós des anciens Grecs,
qui mettoient leur fouuerain bien en la liberté, & à n'eftre commandez de
perfonne. Doncques l'on ne peut imputer à cefte ville, ny cefte ville à moy,
les effets de cefte infame & celebre confpiration & mefchanceté, laquelle
nous ne pouuons appeller autremét qu'vne vraye trahifon. Sinon que nous
vouluffions nous mocquer de noftre propre mifere & captiuité. Et maintenant, Æfchines, vous me demandez en vertu dequoy ie pretends meriter
l'honneur qui fe prefente. Ie vous dis que c'eft pour ce que bien que tous les
autres Gouuerneurs de la Grece, à commencer par vous mefmes, fe foient
laiffez corrompre par Philippe, & depuis par Alexandre, jamais ny le temps,
ny les douces paroles, ny les belles promeffes, ny les efperances, ny la crainte
ne m'ont rien fait rabbatre de ce que j'ay eftimé jufte & profitable à mon
pays; & fi j'ay confeillé quelque chofe, ie n'ay pas fait comme vous, qui
mettiez tout à la balance, & vous laiffiez emporter au gain; mais j'ay confeillé ce qu'vne faine confcience, & droit iugement m'ont fuggeré: & bien
que

que j'aye eu de plus grands & plus importans affaires à gouuerner qu'homme de mon aage, toutesfois ie m'y suis tousiours comporté sainement &
droictement, & pense en meriter quelque honneur. Et quant à la refection
des murs, & releuemēt des trenchées, dont vous vous estes voulu mocquer
de moy, ie crois que l'on m'en doit sçauoir quelque gré, & m'en loüer.
Pourquoy non? Toutesfois ie ne veux pas conter cela entre les seruices que
j'ay fait à mon pays. Ie n'ay pas rempiré la ville de pierres ou de bricques,
ce n'est pas chose dont ie face cas. Mais si vous voulez voir au vray quelles
sont les fortifications que j'y ay fait, vous trouuerez que ie luy ay acquis des
armes, des villes, des places, des ports, des nauires, des cheuaux, & des hommes, pour s'en seruir au besoin. Voila dont j'ay remparé l'Attique autant
que par discours humain l'on sçauroit desirer. Voila la muraille dont j'ay
fermé toute ceste Prouince, & non pas seulement la ville, & le port de Pirée. Ie n'ay point esté trompé par les discours de Philippe, il s'en faut beaucoup, ny par ses preparatifs. Mais les Capitaines de nos confederez, & nos
forces ont esté vaincues par sa fortune. Quelle preuue en voulez-vous? elle
est bien claire & apparente, considerez-la. Que falloit-il que fist vn bon citoyen pour gouuerner son païs auec toute prudence, affection & iustice?
Ne falloit-il pas du costé de la mer couurir l'Attique de la prouince d'Eubée, & du costé de la terre de la Beoce? Pouruoir que du Peloponese l'on
eust commodité de faire apporter viures en seureté iusques dans le port de
Pirée? Conseruer ceux qui nous estoient ia acquis, comme le Proconnese,
le Cherrhonese, Tenedos, leur enuoyát du secours, parlant & escriuant par
tout en leur faueur? faire amitié & alliáce auec les autres de Byzance, Aby-
dus & Eubée? destourner d'auec l'ennemy les principales forces qu'il eust?
& faire prouision à la ville de ce qui y faisoit besoin? Voila donc ce que j'ay
fait par mes decrets, & par mon gouuernement. Ie m'asseure que celuy qui
les considerera sans enuie, trouuera que ie my suis porté comme ie deuois,
auec toute iustice, sans auoir laissé passer aucune occasion de bien faire, soit
par ignorance, soit par infidelité, ny rien obmis de ce où l'esprit d'vn homme pouuoit atteindre. Que si ou quelque mauuais Demon, ou la fortune, ou
la lascheté de nos Capitaines, ou la meschanceté de ceux qui ont trahi les
villes, ou tout cela ensemble, a gasté les affaires, voire ruiné tout à fait, qu'a
en cela failli Demosthene? Que s'il y eust eu en chacune ville de la Grece,
vn homme qui eust fait comme moy, ou seulement que la Thessalie en eust
eu vn & l'Arcadie vn autre de mesme courage que moy, il n'y auroit pas vn
homme en toute la Grece, ny dehors ny dedans les Piles, qui endurast les
maux que chacun endure; Mais tous seroient libres & gouuernez par les
loix de leur pays, habiteroient leurs maisons en seureté, sans aucune crainte,
se reputans bien-heureux, & se tenás fort obligez à vous, de leur auoir concilié ce bien-là par mon moyen. Or afin que vous voyez que mes actions
sont de beaucoup plus grandes que ie ne les fais par mes discours, de peur
d'encourir enuie, que l'on me lise l'estat des forces qui ont esté assemblées
par mon ordonnance. Voila, Æschines, ce qu'il falloit faire, & comme il le
falloit faire. Que si cela eust bien reüssi, ô terre, ô Ciel! sans doute nous eussions esté grands, & sans faire tort à personne. Mais puis qu'il est arriué au-

trement, au moins cela nous demeure-il, que chacun a bonne opinion de
nous, & que personne ne peut blasmer nostre ville, ny nos desseins, mais seu-
lemēt la fortune, qui a dóné telle issuë aux affaires. Voila ceque doit vn bon
citoyen, non pas obmettant à faire seruice au public quand il en a moyen,
se laisser corrompre par les ennemis, leur vendre les occasions qui se presentent, les seruir au lieu du païs, & calomnier & tirer en enuie ceux qui ont esté
employez aux affaires, qui ont dit & escrit ce qu'il falloit. Si quelqu'vn vous
a offensé en particulier, vous vous en pouuez ressentir, obseruer ses actions,
non pas comme vous faites, demeurer la plus part du temps à rien faire, auec
vn esprit plein d'enuie & malignité. Il y a de verité vn repos qui est honneste & vtile au public, auquel ie vois que la plus part des citoyens se donnent.
Mais il n'est pas semblable à celuy qu'affecte cet homme-cy, il s'en faut
beaucoup. Il se retire quand il luy plaist des actions publiques, & cela luy
plaist souuent. Puis quand il voit que vous cōmencez à vous lasser de quelqu'vn, qui parle ordinairement deuant vous, ou qu'il est arriué quelque aduersité, ou quelque chose mal à propos, comme les affaires humaines sont
pleines de tels accidents, voicy venir incontinent mon homme, lequel quittant le repos paroist comme vn vent qui se leue, & auec vne voix fort cano-
re, des paroles bien agencées, vous vient tenir de beaux discours tout d'vne
halaine, lesquels ne sçauroient profiter de rien, ny apporter rien à personne,
mais bien de la honte à celuy à qui ils touchent, & de l'infamie à tout le public. Or si vos actions, Æschines, sortoient d'vne ame pure & nette, elles
porteroient des fruits genereux & agreables, elles produiroient des confederations de villes, des contributions de deniers, des estapes, des publications
de loix necessaires, des moyens pour s'opposer aux ennemis declarez. Car
voila ce que l'on estoit empesché à trouuer le temps passé. Il s'est offert cy-
deuant beaucoup de belles occasions où vn homme de bien & d'honneur
se pouuoit faire paroistre; mais vous ne vous y estes jamais presenté, ny le
premier, ny le second, ny le troisiesme, ny le quatriesme, ny le cinquiesme,
ny le sixiesme. Bref on ne vous y vit jamais. Iamais le païs ne s'est ressenti de
vostre trauail. Quelle confederation auez-vous negocié pour ceste ville?
quel secours luy auez-vous moyenné? quelle amitié? quel honneur? quelle
ambassade auez-vous fait? quelle charge administré, par laquelle la ville en
ait esté plus honorée? Y a-il quelqu'vn, ou des particuliers, ou des peuples de
la Grece, de qui les affaires se soient bien portées par vostre conduite? Quelles galleres auez-vous armé? quel apprest auez-vous fait, ou d'armes, ou d'e-
quippage de nauires? quel endroit de muraille auez-vous remparé? quelle
cauallerie auez-vous assemblé? A quoy auez-vous esté employé? Dequoy
auez-vous serui ou aux riches, ou aux pauures? Quand auez-vous secouru
la ville de deniers? Iamais. Pour le moins si vous n'auez rien fait de tout cela, que vous eussiez monstré vne bonne & prompte volonté. Mais quand
fut-ce? Fut-ce lors, (ô homme le plus meschant qui fut oneques) que tous
ceux qui jamais auoient parlé en public contribuerent pour le salut commun, & qu'Aristonicus donna tout l'argent qu'il auoit assemblé pour faire
quelque magnificence? Iamais vous ne comparustes, jamais vous ne donnastes rien. Ce n'estoit pas que vous n'en eussiez. Car comment? Vous auiez

amendé

amendé plus de trois mille escus de la succession de Phyllon vostre beau-pere; vous auiez eu plus de douze cens escus de presens des Capitaines de galleres, pour auoir fait abroger la loy des galleres. Mais de peur qu'vn propos ne
me porte à vn autre, ie passeray cela, me contentant que l'on connoisse par
là, que ce n'a pas esté par faute de moyens que vous n'auez point contribué,
mais de crainte de faire chose qui prejudiciast à ceux au gré desquels vous
auez tousiours gouuerné les affaires publiques. En quelle chose donc est-
ce que vous faites paroistre vostre vigueur, & vostre magnificence? Quand
il faut parler contre ces Seigneurs-cy. C'est lors que ceste braue voix s'entend, que ceste grande memoire se monstre, que vous joüez bien vostre
personnage, que vous faites le tragique, & paroissez vn vray Theocrines; &
au bout de là vous nous venez faire des contes des grands hommes qui ont
vescu par le passé. Vrayement vous faites bien. Toutesfois, Seigneurs Atheniens, il n'est pas raisonnable qu'il emprunte la faueur & bien-vueillance
que vous portez à ceux qui sont decedez, afin que me comparant à eux,
moy qui suis viuant entre vous, il me tire en enuie. Car qui est-ce qui ne sçait
que tous les hommes qui viuent au monde sont sujets à estre enuiez, les vns
plus, les autres moins? & les morts au contraire ne sont pas mesmes mal voulus de leurs propres ennemis. Si cela est, faut-il que l'on me juge par comparaison de ceux qui sont decedez? non certainement. Cela ne seroit, Æschines, ny juste ny raisonnable. Mais tant qu'il vous plaira par comparaison de
moy à vous, & de ceux qui gouuernent les affaires publiques, comme vous.
Considerez dauantage s'il faut & s'il est honneste pour ceste ville, que pour
les signalez seruices qu'ont fait les deffuncts, desquels on ne sçauroit dire
combien sont grands les merites, les viuans qui ont trauaillé pour le public
demeurent sans recompense, & soient injuriez & diffamez: ou au contraire que tous ceux qui seruent ces Seigneurs-cy auec affection, reçoiuent
d'eux de l'honneur & de la courtoisie. Et certainement si ie suis contraint
de le dire, mes actions & comportements au maniment des affaires se trouueront, à qui les considerera de pres, semblables à ceux de ces grands personnages-là, & auoir eu mesme dessein que le leur, & les vostres semblables
à ceux des calomniateurs qui les deschiroient de leur viuant. Car il n'y a nulle doute qu'il y auroit de leur téps des gens qui blasmoient ceux qui viuoient
lors, & loüoient ceux qui auoient esté auparauant. Qui est vne chose bien
laide, & pleine d'enuie, laquelle neantmoins vous faites maintenant. Et
bien, vous dites que ie ne ressemble pas à ces grands hommes-là. C'est peut-
estre vous, Æschines, qui leur ressemblez: C'est peut-estre vostre frere, ou
quelque autre de nos Orateurs. Ie dis asseurément qu'il n'y en a pas vn qui
leur ressemble. Mais venez çà, ô homme de bien que vous estes; cela dis-je,
afin de ne dire autre chose; comparez-moy auec qui vous voudrez des viuans, comme l'on fait en toutes autres choses. S'il falloit juger des Poëtes,
ou des lutteurs, l'on ne refusera pas la Couronne à Philammon, pour ce qu'il
n'est pas si vaillant champion que Glaucus Carystien, & autres, qui ont vescu deuant luy: Mais au contraire pour ce qu'il a vaincu ceux qui sont entrez en lice contre luy, il seroit couronné & proclamé. Faites le semblable
de moy. Conferez-moy auec vous, ou auec tel autre que vous voudrez des

Orateurs de ce temps. Ie ne cederay à pas vn de ceux à qui vous me voudrez apparier. Quand il s'est presenté occasion de deliberer des affaires, &
que chacun a peu monstrer à l'enuy l'affection qu'il auoit au bien public, ie
l'ay fait courageusement: les loix que j'ay publié, les decrets que j'ay dressé,
les ambassades où j'ay esté, ont maintenu & conseruè cet Estat. Or ne voyoit-
on pas lors vn d'entre vous, sinon quand il falloit calomnier quelqu'vne de
mes actions. Comme quand le mal-heur nous est arriué, & qu'on ne cherchoit plus de fidelles Conseillers, mais des gens qui fissent profession de seruir nos ennemis, & voulussent loüer leur langue pour ruiner leur païs, &
flatter honteusement les vainqueurs, vous & vos semblables vinstes incontinent en place. Ce n'estoit que grandeur & magnificence. I'auois lors peu
de moyens, ie le confesse, mais plus d'affection que vous tous de seruir mon
païs. Il y a deux choses, Seigneurs Atheniens, que doit obseruer vn bon &
modeste citoyen, (ie croy que ie me puis attribuer ce nom-là sans enuie.)
La premiere, qu'en tout endroit où il a commandement, il conserue ce
qui est de la noblesse, de l'honneur & preeminence de sa ville: la seconde,
qu'en toutes les occasions qui se presentent, & en toutes ses actions, il monstre combien il ayme le public. La premiere depend aucunement de la fortune; la seconde, de nous & de nostre naturel. Vous trouuerez s'il vous
plaist de le considerer, que j'ay soigneusement obserué ceste-cy, & n'ay jamais rien rabbatu de l'affection que ie vous dois, prenez-y garde, soit que
j'aye esté accusé, soit qu'on m'ait fait deferer aux Amphictyons, soit qu'on
m'ait menacé, soit qu'on m'ait promis des faueurs, soit qu'on ait lasché contre moy, comme bestes sauuages, ces maudites gens-cy, jamais ie n'ay laissé de vous aymer & cherir de tout mon cœur. Car dés le commencement
que ie veins aux affaires, ie me proposay ce chemin, comme celuy seul qui
estoit droict & juste, de seruir de tout mon pouuoir à augmenter vostre
honneur, croistre vostre puissance, estendre vostre reputation, & ne vouloir viure qu'aussi long-temps que cela vous demeureroit entier. On ne me
voit point plus fier quand il est arriué quelque bonne fortune aux ennemis,
ie ne m'en resiouïs point, ie ne me vais point promener sur la place, tendant
la main à ceux qui se presentent, & contant des nouuelles à ceux que ie pense les deuoir rapporter aux Estrangers à qui elles sont fauorables: ny au contraire quand j'entends qu'il est aduenu quelque bonne fortune à ceste ville,
ie ne grince pas les dents en l'oyant racoter, ie n'en pleure pas, ie ne m'en afflige pas, ce que font ces meschans là, qui mesdisent de ceste ville, & la diffament; comme si en ce faisant ils ne se deshonoroient pas eux-mesmes. Ils
ont tousiours l'œil au dehors, & si vn estranger fait son profit du mal-heur
des Grecs, ils en loüent les Dieux, & disent qu'il faut faire en sorte que cela
continuë. O Dieux immortels, qu'aucun de vous n'exauce de si meschantes & abominables prieres; mais plustost inspirez vn meilleur aduis, & donnez vne meilleure ame à ces gens-là. Que si leur malice est incurable, per-
dez-les, confondez-les, exterminez-les eux seuls de dessus la face de la mer,
& de la terre; & à nous qui resterons, donnez-nous vne prompte deliurance des maux & des terreurs qui nous menacent, & nous mettez en pleine
seureté.

L'ARGVMENT

L'ARGVMENT DES
ORAISONS D'APPIVS
CLODIVS L'AISNE', ET MARC CICERON.

Pour & contre Milon.

'AMBITION du peuple de Rome s'eſtant accreuë auec la grandeur de l'Eſtat, les charges des Magiſtrats, y eſtoiët fort briguées, comme de prompts moyens pour acquerir de grandes richeſſes, par la deſpoüille des Prouinces, & maniment des finances. Milon, Hypſee & Scipion, ſe trouuerent concurrens à demander le Conſulat. Clodius qui auoit grand credit à Rome s'opposoit à Milon, & empeſchoit ſa promotion, fauoriſant ſes competiteurs, tant pour ſe venger de ce qu'il auoit fait r'appeller d'exil Ciceron, que pour ce qu'il craignoit que la Preture à laquelle il aſpiroit au meſme temps, ne luy portaſt beaucoup d'auctorité, ſi au meſme an Milon eſtoit Conſul. Les brigues furent ſi furieuſes, qu'ils en vindrent par pluſieurs fois aux mains: deſorte que le mois de Ianuier, auquel on auoit accouſtumé de créer les Conſuls, ſe paſſa ſans qu'on s'en peuſt accorder. Le troiſieſme de Feurier enſuiuant, Clodius reuenant d'vn lieu nommé Aricia, & Milon allant à vn autre lieu nommé Lanuue, ſe rencontrerent ſur le chemin d'Appius: leurs gens s'attaquerent de querelle: Clodius voulant deſfendre les ſiens fut bleſſé: comme il eſtoit beaucoup moins accompagné que Milon, il ſe penſa ſauuer dans vne hoſtellerie nommée les Bouilles; mais Milon voyant le ieu commencé, penſa qu'il le falloit acheuer, & oſter à Clodius auec la vie, l'enuie & le moyen de ſe venger. De fait il inueſtit ceſte hoſtellerie, la force, fait tirer Clodius ſur le grand chemin, le fait maſſacrer. Apres il s'en va à la maiſon des champs de Clodius, y penſant trouuer ſon fils pour le tuer, mais il fut ſauué par vn ſeruiteur nommé Alicor, auquel Milon par deſpit donna cruellement la gehenne. Cependant vn Senateur Romain nommé Tedius, s'en allant à Rome trouua le corps de Clodius; il deſcendit de ſa littiere, le fiſt mettre dedans, & porter à Rome, où il arriua qu'il eſtoit preſque nuict. Le peuple accourut de tous coſtez, & pour ce qu'il aymoit fort Clodius, & qu'il auoit pitié de Fuluia ſa femme, qui pleuroit & ſe tourmentoit deſeſperément, il priſt le corps comme il eſtoit,

le mit en pleine place, où les competiteurs de Milon l'animerent encores da-
uantage par plusieurs harangues: de sorte qu'il porta ce corps au Palais, & le
brusla dans un feu qu'il alluma des bancs, des sieges, & des tables du Senat, qui
s'embrasa tellement que tout le Palais en fut bruslé. Ce peuple non content de ce-
la, alla assieger la maison de Marc Lepide, qui commandoit lors à la ville pen-
dant l'interregne, mais il fut repoussé à coups de traict. De là il s'en alla pour met-
tre le feu à la maison de Scipion, Hypsée, & aux iardins de Cn. Pompée. Ce qui
apporta beaucoup d'enuie & de mal-vueillance aux partisans de Clodius, &
donna l'asseurance à Milon de se representer, & continuer sa brigue pour le Con-
sulat, estant assisté des Tribuns du peuple, qui approuuoient le meurtre qu'il auoit
fait. Ce trouble fut cause que l'on voulut créer un Dictateur pour y pouruoir;
toutesfois il passa à nommer Pompée seul Consul par prouision, auec la clause por-
tant pouuoir de pouruoir à la Republique, comme il aduiseroit estre à faire pour le
mieux. Pompée ayant fait amas de forces, & establi bon ordre en la ville, or-
donna qu'il seroit informé du meurtre de Clodius, & embrasement du Palais.
Et donna pour Commissaires A. Torquatus & Domitius Aenobarbus, ausquels
on donna pour assesseurs plusieurs autres Iuges, qui furent tirez au sort, iusques au
nombre de quatre vingts & un, de tous les ordres de la ville, & fut permis à
chacune des parties d'en recuser quinze, qui estoit cinq de chaque ordre: & ce fai-
sant en demeura cinquante & un: pardeuant lesquels Appius Clodius l'aisné,
nepueu du mort, accusa Milon, & Ciceron le deffendit. L'oraison d'Appius se-
stant perduë par le temps, voicy comme nous l'auons supposée, & representée.

L'ORAISON
D'APPIVS CLODIVS,
CONTRE ANNE MILON.

L vous fouuient, Meffieurs, quelle eftoit la face de cefte ville , quand on y apporta le corps de Publ. Clodius tout couuert de fang & de playes. Il vous fouuient auec quels cris & gemiffemens le peuple y accourut de toutes parts ; & voulut fans attendre autre ceremonie, luy faire fes obfeques, comme au pere commun du pays. Or autant que cefte funefte journée apporta au peuple Romain de regret & d'ennuy , autant celle-cy luy apporte-elle de confolation & de plaifir. Car apres auoir ploré cefte miferable mort, imploré les loix & la juftice, pour en auoir vengeance, il voit aujourd'huy ces fieges-cy remplis d'vn grand & celebre nombre de Iuges, choifis de tous les ordres de cefte ville ; au vifage defquels reluit tant de fuffifance, de fageffe, & d'integrité, que l'on peut dire, que tout ce qu'il y auoit de vertu & de preud'hommie, refpandu par les membres de cefte augufte cité, a efté icy ramaffé comme au cœur de la Republique, pour animer les loix à la vengeance de ce cruel parricide, & à la deffenfe de noftre commune liberté. Mais ce qui rend cefte joye plus affeurée, c'eft la prudence du Seigneur Cn. Pompée, qui ne s'eft pas contenté de choifir de tels Iuges, ains connoiffant l'audace & la temerité de Milon , & des fiens, a difpofé de façon les forces qui luy ont efté commifes, que l'on fe peut affeurer que cefte caufe fera jugée en toute feureté, & le jugement que vous donnerez , fans doute executé à l'ayde des gens de bien , en defpit de tous les mefchans. Nous auons donc grande occafion de remercier les Dieux immortels, d'auoir tellement conduit l'efprit & les mains de ce fage Pompée à la conferuation de cet Eftat, que nous nous pouuons aujourd'huy affeurer de voir la mefchanceté vaincuë par la juftice, la violence des mauuais par la vaillance des bons, l'oppreffion des tyrans par la majefté du peuple Romain. Toutesfois nous auons encore vne priere à leur faire , & que nous leur faifons le plus ardemment & deuotieufement que nous pouuons: C'eft, Meffieurs, qu'ils vous infpirent de façon en ce jugement, que les artifices , defguifemens , & impoftures

X x

de ce caufeur, qui parlera pour Milon, ne vous obfcurciffent la connoiffance de la verité, & flefehiffent la rigueur, à laquelle les loix &
le ferment que vous auez fait vous obligent: Ains que vous ayez touſjours deuant les yeux la liberté du peuple Romain, qui ne confiſte pas és
loix grauées dans des tables d'airain, és concions des Tribuns, ou és comices publics, mais en la feureté que chacun doit efperer en fa perfonne, & en
la jufte vengeance que peuuent attendre ceux qui font injuftement offenfez. Et pour ce ne penfez pas, Meſſieurs, qu'il s'agiffe feulement en cefte
caufe de la mort de Clodius. Quand vous voyez deuant vous la pauure
Fuluia fonduë en pleurs & en regrets, & fes enfans demy defefperez de la
mort de leur pere, c'eft de verité vn piteux fpectacle & bien digne de voftre commiferation; toutesfois ne vous arreftez pas là ie vous prie. Tournez vos yeux fur tout le peuple qui pleure fa liberté violée, la feureté publique perduë, & attend de voftre jugement confolation à fon dueil, & remede à fa mifere. Car à vray dire ce dont il s'agift aujourd'huy n'eft autre chofe, que de fçauoir fi nous viurons toufiours efclaues à la mercy des brigans,
fujets à endurer ce qu'ils voudront entreprendre fur nous, ou fi fecourus
par l'integrité & feuerité de vos jugemens, nous pourrons affeurer nos vies
contre l'audace des mefchans. Ce que ie vous fupplie d'auoir perpetuellement deuant les yeux, afin que quand Ciceron viendra auec fubtils argumens, & belles trainés de paroles, à vous vouloir perfuader d'abfoudre Milon, vous vous fouueniez que l'abfoudre c'eft abandonner nos vies à la fureur d'vn nombre de meurtriers alterez de noftre fang. Certainement fi
l'eloquence pouuoit tout és jugemens, j'abandonnerois dés à prefent cefte
caufe, & me retirerois auec Fuluia & fes pauures enfans en quelque folitude, pour pleurer la trifte mort de Clodius, & la miferable feruitude du
peuple Romain. Mais ie me promets que deuant de fi fages & fi bons Iuges, la Iuftice furmontera toufiours les artifices, la nuë verité le menfonge, pour fi bien paré qu'il puiffe eftre. Sur cefte affeurance, Meſſieurs, j'entreprens cefte accufation, ou pluftoft la deffenfe des loix & de la liberté:
proteftant que comme peu experimenté à parler en public, ie ne puis, auffi
ne veux-ie apporter autre chofe à leur fecours, que la fimple verité. Vous
auez fceu, Meſſieurs, que le dix-huictiefme Ianuier, l'Architecte Cyrus
intime amy de Clodius, eftant malade à la mort, fift fon teftament, par
lequel il laiffa Clodius, & Ciceron fes heritiers vniuerfels. L'amitié que Clodius luy auoit toufiours portée, l'obligeoit à l'affifter à cefte extremité, &
luy apporter la confolation que l'on peut à fes amis, lors que la nature les
fepare de nous. Auec cela ce dernier tefmoignage de bien-vueillance, dont
le deffunct vfoit lors enuers luy, redoubloit cefte obligation. Ioint que
cefte belle & grande fucceffion meritoit bien de n'eftre pas negligée, &
que celuy qui y eftoit appellé, demeuraft prefent pour la conferuer, contre
ceux qui abbayoient aprés. Toutesfois ce jour-là mefmes, il vint nouuelle
à Clodius par homme expres, qui luy fut enuoyé de fes amis d'Aricia, que
cefte ville-là dont il s'eftoit toufiours rendu patron & protecteur, eftoit en
grand trouble, & que les habitans d'icelle bandez & mutinez les vns contre les autres, eftoient prefts à venir aux mains. Il monta auffi toft à cheual,

ual, fuiuy de vingt hommes feulement, qui n'eftoit qu'vne petite partie de fon train, & alla au grand gallop à Aricia, où il arriua fort tard, & toutesfois fort à propos. Ce que peuft fa prefence pour lors, ce fut de faire ceffer les voyes de fait, & violences qui commençoient, & remettre au lendemain à entendre les caufes de ce different, afin de le compofer. Le lendemain les vns & les autres le vindrent trouuer, auec de grandes clameurs & altercations, comme vous fçauez qu'il y a entre telles gens, quand ils entrent en querelle. Sur les vnze heures comme il eftoit apres à reconcilier ce peuple, arriua vn laquais, luy rapportant nouuelle que Cyrus s'abbaiffoit fort, & qu'il eftoit befoin, s'il le defiroit voir encore en vie, & s'il vouloit conferuer cefte fucceffion entiere, qu'il s'en retournaft promptement. Ayant oüy ce meffage les larmes aux yeux, comme les habitans l'ont rapporté, il les pria de furfoir toutes voyes de fait, & viure en paix, jufques à ce que dans deux ou trois jours il peuft reuenir pour les mettre entierement d'accord. Ce qu'ayant obtenu d'eux auec beaucoup d'inftance & de priere, fur les trois heures il remonte à cheual, afin de s'en reuenir. Or dés le jour qu'il partit de Rome ainfi peu accompagné, courut vn bruit parmy le peuple, que Milon & luy eftoient reconciliez, & que s'ils n'euffent efté amis, il ne fe fuft pas mis en chemin en fi mauuais equippage, ayát affaire à vn fi dangereux ennemy comme Milon. Milon au contraire & fes amis alloient de maifon en maifon les vns chez les autres, difans que c'eftoit à ce coup qu'ils auroient raifon de Clodius. Et Ciceron qui penfoit que Cyrus deuft viure encore quelque temps, & que la mort de Clodius le feroit feul heritier, encourageoit Milon à venger fes vieilles injures, & affeurer fon authorité par la mort de celuy, qui feul empefchoit fes deffeins. En fin la partie eft dreffée en la maifon de Ciceron, que l'on enuoyeroit à Aricia, pour auoir aduis quand Clodius retourneroit, & cependant qu'on affembleroit nombre d'hommes, mefmes gladiateurs, pour faire ce coup tant defiré. Milon cependant diffimuloit fon deffein, & bien qu'il deuft fortir aux champs ce jour-là auec trois cens hommes, ne faifoit nullement l'empefché. Il vint au Senat, où il demeura jufques à ce que la compagnie fe leua. Cependant fes amis difpofoient fon equippage. Eudamus & Birria luy dreffoient vne compagnie d'efcrimeurs. Comme il eft de retour en fa maifon, l'on luy rapporte que Clodius reuenoit coucher à Rome par le grand chemin d'Appius, par où il eftoit allé, pour voir en paffant ce que faifoient les ouuriers qui trauailloient à fon baftiment. Milon s'habille, fait equipper fa femme, & comme s'il euft deu aller paffer le temps à Lanuue fe met dans vn coche, & fort de Rome de cefte façon. Si toft qu'il eft hors des portes, paroiffent deuant & derriere luy, jufques à trois cens hommes de compte fait, bien armez, & bien equippez. Ce train s'auance au petit pas. Comme ils reconnoiffent de loin Clodius qui venoit fort vifte, Milon fait auancer la trouppe qui alloit deuant, où il n'y auoit perfonne de fes domeftiques, de peur qu'on ne fe peuft apperceuoir qui fuiuoit. Clodius rencontre cefte premiere trouppe vers les Bouuilles; il paffe, on ne luy dit rien : Il rencontre la trouppe de Milon, compofée de fes domeftiques, & en affez petit nombre: Il paffe, & ne fit-on contenance aucune de l'attaquer. Comme il s'auance vers la derniere trouppe, la premiere qui s'eftoit arreftée tout court, commence à rebrouf-

ser & le venir enfermer entr'eux & ceux qui venoient les derniers. A peine
Clodius s'en apperceut-il, que Birria monté à l'aduantage, luy vint donner
vne grande estocade dans l'espaule. Clodius lors comme il estoit plein de
courage se voulut mettre en deffense, mais assailly de tous costez il receut
vn grand coup à la teste, & vn autre au bras : Ce que voyant il poussa son
cheual auec telle puissance, qu'il fendit la trouppe; & pendant que ses pauures seruiteurs enueloppez comme dans vn ret rendoient quelque combat,
il se sauua dans l'hostellerie des Bouuilles, ferma & rembarra la porte sur
luy. Lors Milon qui n'auoit pas commencé ceste besongne pour la laisser
imparfaite, vint en personne, & disposa ses gens tout autour de la maison,
l'assiegea, la força, tua l'hoste & ses seruiteurs, tira Clodius ja demy mort, &
l'ayant fait trainer sur le chemin d'Appius ; auec toutes les contumelies
que l'on sçauroit penser, luy donna, & fit donner tant de coups, qu'à peine
demeura-il endroit sur luy qui n'eust sa playe. On luy arracha son anneau
du doigt, on courut apres ses seruiteurs qui s'enfuyoient, l'on en tua vnze,
les autres neuf se sauuerent fort blessez pour la pluspart. Cela vous semble bien cruel, Messieurs, & voy vne terreur & detestation de ceste barbarie imprimée en vostre face ; & neantmoins si vous pensez que ce soient-là
les bornes de la cruauté de Milon, vous vous trompez. Car luy qui auoit
de longue-main projetté ce meurtre, & en ce meurtre le fondement d'vne
grande & plus que Syllanienne tyrannie, auoit dessein d'estouffer auec Clodius, tous ceux qui jamais s'en pourroient ressentir, ou s'opposer aux conseils qu'il auoit en l'esprit. Et de fait s'estant bien informé auparauant, que
le fils aisné de Clodius, à l'aage que vous le voyez, estoit auec son precepteur
en la maison des champs, apres auoir perpetré ce cruel assassinat, il s'en va
droit à la maison où il estoit, murmurant entre ses dents par le chemin, ce
tragique & tyrannique vers,

Fol est qui tuë le pere, & pardonne à son fils.

Comme l'on eust le bruit à la maison, de ce qui estoit arriué, ceux qui
auoient charge de cet enfant, connoissant le naturel de Milon, aussi tost le
destournerent en vne petite cabanne, & le cacherent sous vne cuue. Milon arriué enuironne la maison, il demande l'enfant, il le cherche, il ne le
trouue point : il prent Alicor concierge de Clodius, il le fait mettre à la question, & le tourmente de façon, pour luy faire dire où estoit l'enfant, que
quand il le laissa il n'auoit sur soy membre qui fust en son lieu. Toutesfois
voyant qu'il ne profitoit rien, & que les tourmens ne pouuoient surmonter la foy d'vn fidelle seruiteur, il fut contraint de passer outre, en jurant
& detestant. Au mesme temps Sextus Tedius Senateur, reuenant de
sa maison à Rome, trouua le corps de Clodius sur le chemin, lequel il
ne reconneut aucunement, pour la façon dont il estoit deschiré. Mais ayant
appris de quelques personnes qui auoient veu joüer ceste sanglante tragedie, de qui estoit ce corps, il descendit de sa littiere, le fit mettre dedans, commanda à ses gens de le porter à Rome, & luy tout pleurant s'en retourna à
pied au lieu d'où il venoit. Quãd ie m'imagine, Messieurs, la face de ceste ville lors que ce corps y arriua, que ie me figure ceste lugubre nuit, en laquelle
tout le peuple sortant de ses maisons auec des flambeaux venoit à la place,

se

se tourmentant & tépestant; que ie me represente les enfans crians, les femmes escheuelées qui se battoient la poictrine, deschiroient le visage, & faisoient tout ce que les plus charitables enfans pourroient faire à la mort violente de leur pere ; & que puis apres ie voy, & deuant moy, & deuant vous, & deuant tout le peuple Romain, le meurtrier qui a commis ce parricide, si hardy & si asseuré ; ie ne sçay si j'ay plus d'occasion de m'estonner de son audace, que du danger où ie voy vos biens, vos vies, & vostre liberté. Mais quand ie voy dauantage que ceux qui ont tant receu de biens, d'honneur & d'auancement de la Republique, se sont laissez gagner & corrompre pour defendre vn si abominable forfait, opprimer les loix, & la justice, ie ne sçay plus quel salut l'innocence affligée peut esperer parmy nous. Bien sçay-je certainement, que puis qu'auec tant d'impudence vn Orateur ose nier ce que chacun a veu, deffendre ce que chacun a condamné, il ne faut plus attendre d'honneur, de vertu ny de pudeur és jugemens, si celuy que vous donnerez en ceste cause, & la peine que vous ordonnerez à vn tel crime, & à ses deffenseurs, ne les restablit aujourd'huy par vostre seuerité. I'auois tousiours bien oüy plaindre les anciens de ceste ville, de ce que la modestie & integrité estoit perduë aux Orateurs de ce temps ; mais ie ne m'estois jamais peu imaginer qu'auec vne façon si honteuse, des artifices & des mines tragiques, & quasi indignes du theatre, on voulut sous pretexte de pitié & de misericorde arracher d'entre les mains des Iuges & des loix celuy qui s'est monstré le plus cruel & le plus barbare que la nature ait oncques produit en tous les siecles passez. Si tant est qu'il faille imputer vn tel monstre à la nature, lequel il faut plustost estimer estre venu sur terre, à la ruine des hommes, contre le gré des Dieux. Pauure miserable Ciceron, que pleurez-vous donc tant ? dequoy faites-vous tant l'affligé ? est-ce pas que l'audace & la temerité de Milon a esté si grande, qu'elle exclut tous les artifices que vous pourriez inuenter pour l'excuser ? Ce fait est si manifeste, si notoire, si odieux, si execrable, qu'il ne permet rien à vostre art : tous les preceptes des Rhetoriciens n'y sçauroient auoir trouué vne seule couleur. Nierez-vous que Milon ait assassiné Clodius ? tout le monde l'a veu, luy-mesmes le confesse, le publie, en triomphe, & tout le monde l'en maudit. Dites-vous qu'il luy soit permis de tuer impunément les plus nobles citoyens de ceste ville, & se saouler de leur sang ? Les loix des douze tables vous dementent, la voix & le visage de tout ce peuple vous contredit, la liberté de ceste Republique crie au contraire, & se plaint que vous la voulez opprimer. Nous ne naissons, nous ne naissons pas pour nous, nos vies ne sont pas à nous mesmes, tant s'en faut qu'elles soient à nos ennemis. La Nature, sans que nous le sçachions, ne consentions, nous fait naistre au pays où elle nous a destinez, nous y sommes esleuez petits quasi comme hebetez, nous y sommes conseruez sous la protection des loix, instituez sous la discipline de la Republique, jusques à ce que nous soyons paruenus à l'aage de seruir le pays. Lors il se sert de nous comme de ses membres, dispose de nos vies, & de tout ce que nous auons, comme de chose qui luy est propre. Que si quelque particulier entreprend de nous oster la vie, il viole la Republique, & vray parricide coupe vn des membres de la mere qui luy a donné &

conſerué la vie. C'eſt doneques en toutes façons vn crime, que de tuer vn
citoyen Romain ; mais aſſaſſiner vn Magiſtrat, voire vn des premiers de la
ville, à qui le peuple a commis & depoſé ſa dignité & ſa Majeſté, le tuer de
guet à pens ſur le grand chemin entre les monumens de ſes predeceſſeurs,
& encore ne ſe pas contenter de le meurtrir, mais le deſchirer & detailler
auec ſi inhumaine cruauté, qu'il ſemble que des tigres & non des hommes
l'ayent fait, ce n'eſt pas vn ſimple crime, vengeable par les loix, c'eſt vn
abominable ſacrilege, contre lequel il faut que chacun s'arme, pour en exterminer les autheurs, & leur memoire à tout jamais. Quels ſonges donc
nous conterez-vous, Ciceron, pour excuſer ce forfait ? Quoy ? ce que vous
faites dire à l'oreille à quelques pauures gens idiots, qui ne croyent pas ce
qu'ils voyent, que Clodius a aſſailly Milon, & eſtoit allé dreſſer vne embuſcade pour l'aſſaſſiner ? Hé ie vous prie quelle occaſion en auoit-il ? Milon
volontiers l'euſt empeſché d'eſtre Preteur ? dés l'an paſſé Clodius l'auoit peu
eſtre, il l'auoit refuſé : Ceſte année-cy ſes amis l'ont contraint de demander
la Preture, elle luy a eſté accordée, auec tel conſentement de tout le peuple, que perſonne ne s'eſt oſé oppoſer. Milon au contraire briguoit le Conſulat, Clodius l'a empeſché ; a pris le party de Sext. Pompée contre luy,
tant pour deſtourner que la Republique ne tombaſt entre les mains d'vn
homme perdu & deſeſperé, & qui auoit en deſſein la ruine de cet Eſtat,
que pour y faire entrer vn Seigneur d'honneur, qui ſous l'appuy & par l'aduis & conſeil de ce ſage & vaillant Cn. Pompée peuſt gouuerner les affaires, & conſeruer la dignité de l'Empire Romain. De penſer que Milon
peut jamais entrer au Conſulat contre le gré de Clodius, il n'y auoit point
d'apparence; d'eſtimer que Clodius y euſt jamais conſenty, il y en auoit encore moins. Que reſtoit-il doneques aux indomptables cupiditez de Milon, & à ſon inuincible audace, ſinon faire voye à ſon ambition par la mort
de Clodius ? Et de fait, Meſſieurs, combien de fois auez-vous veu ceſte face
ſcelerée bleſmir, & auec vn regard affreux deſigner Clodius & ſes amis à
la mort ? Il a vn cœur bien couuert, des choleres bien cachées ; ſi ne ſe pouuoit-il tenir ny en public ny en particulier, de jetter des voix de menaces,&
jurer la mort de celuy qui rompoit ainſi ſes entrepriſes. Outre ce que les
teſmoins vous ont rapporté, vous auez oüy Milon, veu ſes geſtes en pleins
comices, en plein Senat. Combien de fois l'auez-vous veu en telle fureur,
qu'il ſembloit tenir Clodius entre ſes mains, & le deſchirer piece à piece?
Clodius ne faiſoit que s'en rire, & penſoit que la bonne fortune de ceſte
ville conſerueroit touſiours de la violence des meſchans, ceux qui auoient
dreſſé leurs actions & leurs conſeils à la conſeruation des loix & de la liberté. Or ie vous prie, dites-moy, ceux d'Aricia qui ont mandé Clodius pour
aller appaiſer le trouble auquel ils eſtoient, ont-ils point fait ceſte querelle
tout à propos, afin qu'il euſt ſujet d'aller-là pour attendre Milon? Les aſſaſſins auec leſquels, Ciceron, vous complotez tous les jours, & conjurez la
mort des plus Nobles citoyens de ceſte ville (car la Nobleſſe vous faſche &
vous ennuye) s'ils euſſent eſté du conſeil de Clodius auſſi bien qu'ils ſont du
voſtre, luy euſſent-ils conſeillé d'aller à Aricia auec la moindre partie de ſon
train, & auec vingt de ſes ſeruiteurs attendre Milon ſur le grand chemin,

Milon

Milon qui ne va iamais qu'il n'en meine cinquante ou soixante ? Quand Clodius fut party de Rome à la veuë de tout le monde, & mesmes que l'on eut dit le matin au Senat qu'il seroit de retour ce jour-là , qui contraignoit Milon de sortir de la ville ? S'il vouloit sortir, pourquoy prenoit-il le mesme chemin que Clodius? Il alloit, ce dit-on, à Lanuue pour declarer vn Pontife: n'auoit-il iamais failly d'y aller? vn autre ne le pouuoit-il pas faire en son absence ? Dauantage ceste ceremonie ne se faisoit que le jour d'apres ; en partant le lendemain il y pouuoit estre de bonne heure, faire ce qu'il y auoit à faire, & s'en reuenir. C'est ce que deuoit faire vn homme qui briguoit le Consulat, & qui ne se pouuoit absenter de Rome d'vne seule heure, sans se faire grád tort. Quand il eust fallu aller à Lanuue ce jour-là, n'y auoit-il point d'autre chemin que celuy sur lequel il sçauoit qu'il rencontreroit Clodius ? Or pour faire ce voyage, pourquoy falloit-il trois cens hommes à l'accompagner ? pourquoy falloit-il Eudamus & Birria auec leurs compagnies de gladiateurs ? c'est trop fouler les pauures Lanuuiens, que de leur mener vne armée pour créer vn Pontife. Qu'a de commun la guerre auec la Religion? les armes auec les sacrifices? Clodius doncques, à ce que vous dites, est venu attaquer Milon, luy vingtiesme il est venu attaquer trois cens hommes bien armez. Il y a des hommes plus hardis les vns que les autres, il y en a mesmes de temeraires qui entreprennent auec des aduantage des combats, & se precipitent au danger : Mais qu'il en soit, qui ayans le sens entier, entreprennent auec vingt hommes d'en attaquer trois cens , ie croy que pas vn de ceux qui m'entenlent, ne le croira. Vous auez tous, Messieurs, conneu deffunct Clodius, vous l'auez veu à la guerre combattre courageusement pour le pays, & exposer vaillamment sa vie aux dangers ; il en portoit d'honorables marques : mais qui est-ce qui l'a conneu si despourueu de sens, si peu experimenté au fait des armes, qu'il eust fait vne entreprise, ie ne diray pas si temeraire, mais si furieuse que celle-là? Clodius ne connoissoit pas si peu Milon, ne le mesprisoit pas comme cela ; il sçauoit assez que comme toutes les autres vertus luy manquent, la ruse, la finesse & la ferocité ne luy manquent point. Dauantage voyant ceste petite armée marcher auec ordre & discipline militaire, mesmes ayant reconneu à la teste deux celebres escrimeurs, Eudamus & Birria, il voyoit bien que ce n'estoit pas là qu'il se falloit joüer. Mais s'il venoit pour attaquer Milon, que n'attaquoit-il doncques la premiere trouppe ? car le faisant, ou elle eust pris la fuitte , & laissé Milon descouuert, & aysé à deffaire auec l'espouuante qu'il eust prise de la route des siens: ou s'ils eussent tenu bon & rendu combat , Clodius sans s'engager plus auant eust peu faire retraitte. Mais laisser passer les premieres trouppes pour venir s'engager au milieu de tant de gens, il n'y a point d'apparence. Ie vous demande, si Clodius a attaqué le premier, qui est-ce qu'il a blessé ? Car comme on dit ordinairement , le premier coup en vaut deux. Celuy qui attaque choisit son homme, son coup doit porter: qui a esté blessé des gens de Milon ? personne. Et au contraire Clodius est blessé, & par derriere il s'enfuit, & on le poursuit. Mais comment le poursuit-on? on inuestit l'hostellerie des Bouuilles, on dresse vn siege, on abbat les murailles. Les Bouuilles ont autresfois veu Annibal & son armée , mais elle n'ont

jamais tant efprouué d'actes d'hoftilité, jamais tant de fureur. Milon, fi vous ne vouliez que vous deffendre, Clodius fuit, Clodius fe cache. Ie dis plus; fi vous ne vouliez que vous venger, Clodius eft bleffé à mort. Pourquoy feuir contre les morts? Qu'on le tire, criez-vous, qu'on le traine fur le grand chemin, fur les monumens de fes majeurs, à la veuë de la ville de Rome, & qu'on luy donne cent coups. Ce n'eft plus l'action d'vn homme qui fe deffend; c'eft la fureur & la rage d'vn homme qui affouuit vne vengeance premeditée de longue main, qui paift fes yeux, & tous fes fens du fang de fon ennemy. Ceffez, ceffez de frapper, auffi bien n'en fent-il plus rien. Ses dernieres playes n'offenfent plus fon corps, ains voftre honneur, fi vous en auez jamais eu aucun. La fureur de Milon n'entend point cefte voix. Il la faut faouller du fang & des playes de cet illuftre citoyen. Quels yeux ou-uroit lors cefte befte farouche, quand il humoit de fa veuë le fang de fon ennemy? quel vifage portoit-il lors qu'il le voyoit ainfi tailler en pieces? ne fembloit-il pas le defchirer & definembrer auec les dents? Mais qu'eft-ce là, Milon? on defpouïlle Clodius, on luy arrache fon anneau. Quoy? le meur-tre n'eftoit-il pas affez fignalé, s'il n'euft efté accompagné de brigandage? Eudamus le porte à fon doigt, & triomphe des defpouïlles de ce braue ci-toyen Romain. Vous deffendez-vous ainfi des embufches qu'on vous dreffe? Et le fils de Clodius y eftoit-il point? vous en dreffoit-il vne au-tre en la maifon où vous l'auez efté chercher? Cherchez, Milon, cher-chez dans les celiers, dans les greniers de Clodius, voir fi vous ne trouue-rez point fon fils; vous ne pouuez eftre en feureté qu'il ne foit mort; ce n'eft qu'vn jeune enfant, mais il croiftra: de cefte race ils font pleins de courage, il ne fupportera jamais cefte injure qu'il ne s'en reffente. Eftouffez ce petit enfant auant que les ongles luy viennent pour fe venger. Cela eft bien nouueau, Meffieurs, cela eft bien cruel, les mœurs Romaines ne le portent point, l'innocence de cet aage eft pleine de pitié: mais qui veut regner feu-rement, & opprimer fes ennemis & la liberté d'vn fi braue peuple, il faut vn naturel impitoyable, vne inflexible cruauté: bref vn cœur tel que ce-luy de Milon, qui encore tout rouge du fang de Clodius va chercher fon fils quafi au berceau pour l'affaffiner; & ne le trouuant point, affouuit fa rage fur vn pauure concierge qu'il defchire à la gehenne & au tourment. Pauure Alicor, ta fortune a efté fafcheufe: les gladiateurs qui eftoient auec Milon, ont mefmes eu pitié de toy; car ils difent qu'ils n'ont jamais veu tant endurer vn homme fans mourir; mais auffi ta fidelité fera fignalée à la po-fterité, & feruira d'exemple à tous nos ferfs de bien feruir leurs maiftres, afin d'efperer le plus cher prix qu'ils en puiffent attendre, qui eft la liberté. Mais où trouuera-on maintenant feureté, puis que nos maifons ne nous la peu-uent donner? Nos majeurs ont religieufement feruy & reueré nos Lares & Dieux domeftiques, comme ceux qui veilloient continuellement fur nous, & rendoient faunes & affeurées nos maifons: & le peuple Romain a vefcu jufques aujourd'huy auec cefte religion, que quelque injure & ou-trage qu'il ait peu receuoir, il n'en a pas penfé pouuoir pourfuiure la ven-geance, jufques en la maifon de celuy qui l'offenfoit. A peine eft-il permis au Magiftrat d'entrer en la maifon des accufez: Milon va à la maifon de
celuy

celuy qu'il a tué, mais qui y cherche-il? vn enfant que l'aage mesmes rend innocent: comment le cherche-il? par gehennes & par tourmens. O Dieu, les Scythes mesmes & les Africains quand ils prennent vne ville d'assaut, pardonnent à ce bas aage innocent, & imbecille. Et si leur cruauté se veut faire plus redouter, ils se contentent de tuer ceux qu'ils trouuent en leur chemin, & ce qui se trouue sous leur main. Et vous, Milon, plus barbare cent fois qu'eux, vous allez furetant de coin en coin, du haut en bas, pour assouuir vostre rage du sang d'vn pauure enfant, qui ne vous veid encores jamais. Mais tenez, ne le recherchez plus, le voyla, faites-en ce que vous en voudrez; voyez son aage, sa douceur, sa beauté, son ingenuité, que luy voulez-vous faire? O que ce Cyclope eust esté ayse qui lors luy en eust dit autant! auec quel plaisir eust-il pris & demembré cet enfant, & batu les murailles de sa teste? quelle resioüissance eust-il eu d'emplir ses mains de sa ceruelle & de son sang? N'auez-vous point remarqué seulement à ceste heure, quand ie luy ay dit, Tenez, le voyla, comme il s'est esmeu, & a semblé se vouloir leuer pour mettre la main dessus? Il s'imaginoit qu'il estoit encore à ceste cruelle boucherie, & se representoit ce theatre sanglant où il a exercé ses fureurs. Sont-cela les actes d'vn homme qui se deffend? I'a-buse, Messieurs, de vostre patience, de vous faire ces discours. Milon ne nie pas qu'il n'ait dressé ceste armée pour tuer Clodius, & qu'il n'ait eu dessein & volonté de le faire; oyez ce que Brutus & ses autres amis en disent tout haut. Il l'a peu & deu faire, ce disent-ils. Et pourquoy? pour ce que Clodius l'empeschoit de regner & reprendre les erres de Sylla. Nous ne sommes plus au temps où les Grands puissent supporter ceux qui veulent conseruer ceste liberté populaire, qui rend tout le monde égal en ceste vil-le. Il faut ceder à ceux qui sont appuyez des Seigneurs, & à qui les Grands veulent deferer l'authorité: la licence du peuple est trop à charge mainte-nant, il la faut reprimer & faire sentir à ceux qui la voudront maintenir, que l'on a moyen de leur faire perdre la vie. Puis qu'il y en a entre nous qui ont acquis tant de puissance & peuuent ainsi disposer des loix & de la liberté à leur plaisir, il est peut-estre raisonnable de leur ceder: qui resisteroit à la force? qui s'opposeroit à leur violence? Mais auant que vous ayez droit, Milon, de massacrer ainsi tous ceux qui se formaliseront pour le public, pu-bliez vne loy qui soit notoire & entenduë de tout le monde, par laquelle vous abrogiez la liberté du peuple Romain, & declariez que vous enten-dez regner absoluëment sur nous, & disposer de tout à vostre volonté. Or Milon, dites-moy ie vous prie; si Clodius vous a assailly, s'il vous a dressé ceste embuscade, si vous estes innocent de ce meurtre, pourquoy est-ce que vous auez donné aussi tost la liberté à vos seruiteurs? Vous ne pouuiez pas douter que vous ne fussiez accusé d'auoir tué Clodius. L'on sçauoit assez qu'vn tel meurtre n'auoit pas esté fait sans l'entremise de vos seruiteurs. C'e-stoient eux qui pouuoient descouurir comme tout s'estoit passé. Les loix vouloient qu'ils fussent mis à la torture pour en tirer la verité, mesmes estant question d'vn port d'armes public, d'vn crime de leze Majesté, où la Re-publique auoit esté manifestement violée. Si tost que vous auez commis ce meurtre, vous les mettez en liberté, & les tirez par ce moyen du tourment

où l'on pouuoit leur faire confeffer la verité. Milon, que faites-vous? quand
vous penfez celer la verité vous decelez voftre crime, vous penfant defendre vous vous accufez. Car quelle plus grande preuue peut-on auoir contre vn accufé, que quand il s'enfuit ou deftourne les preuues par lefquelles
la verité peut eftre conneuë? Vous auez preuenu l'office des Iuges, vous n'a-
uez peu attendre le jugement; fuyant la condamnation vous eftes vous iugé
vous mefmes; donnant la liberté à vos feruiteurs vous auez perdu la voftre;
abdiquant le droit de feigneurie que vous auiez fur eux, vous auez deftruit
& renuerfé toute innocence. O Dieu quel funefte & malheureux affran-
chiffement! Nos majeurs ont-ils jamais trouué cefte inuention d'affranchir leurs feruiteurs en leur donnant le droict de Bourgeoifie Romaine, de
les receuoir en part de la liberté qu'ils s'eftoient acquis au prix de leur fang
& de leur vie, afin que ce fut le loyer de ceux qui ayderoient à maffacrer les
citoyens Romains? Mais quoy? Milon n'a-il autre chofe pour couurir fon
fait que de mettre fes ferfs en liberté? Si a, fi a, Meffieurs, il a mis des perfonnes libres en feruitude & captiuité, auec vne eftrange audace certainement. Munatius Plancus Tribun du peuple vous a reprefenté Philemon
affranchi de **M.** Lepidus, lequel vous a dit, que lors que ce meurtre fe fift,
s'eftant trouué fur le chemin auec quatre autres perfonnes de franche condition, Milon les fift tous prendre & mener en fa maifon des champs, où
ils furent detenus prifonniers deux mois entiers. Qu'eft-ce à dire cela, Milon? eftoit-ce afin qu'on fceuft la verité du fait, que vous reteniez ainfi des
perfonnes libres? Les hommes innocens en vfent-ils ainfi? comment ap-
pellez-vous cela? quels droits font-cela? mettre des perfonnes libres en des
prifons priuées, & les tenir là deux mois? comme pouuiez-vous violer plus
contumelieufement la liberté des citoyens Romains, que de cefte façon?
O fainct nom de liberté, tant aymé & tant cheri par nos predeceffeurs, &
fans lequel ils ont eftimé la vie fafcheufe & ennuyeufe, ferez-vous violé de
cefte forte, fans que vous trouuiez qui vous venge? Pourquoy Milon euft-
il efpargné la liberté du peuple Romain? il n'a pas mefme efpargné la Majefté des Dieux immortels, & a voulu que la plus fainct Religion que nous
ayons fuft polluë de fes abominables mefchancetez. Vous auez oüy, Meffieurs, le tefmoignage des vierges Veftales, qui vous ont depofé, que fi toft
que Clodius fut mort, il vint vne femme au temple de la Deeffe, acquiter
des vœux que Milon auoit fait, à ce qu'il peuft tuer Clodius. Pouuez-vous
douter maintenant, fi Milon eft forty pour tuer Clodius, & s'il luy a dreffé cefte embufcade? Voyla les vœux qu'il en a fait, il en a appellé à tefmoins les Dieux, il a contracté auec eux, & les a affociez à fes malheureux
deffeins. O barbare impieté! penfez-vous donc que les Dieux foient affis là
haut, és Cieux pour prefter fecours & faueur aux crimes & mefchancetez,
& non pour punir ceux qui les commettent? Cefte ville croyez-moy n'eut
jamais tant d'occafion de craindre quelque malheureufe aduenture, qu'aujourd'huy que ce mefchant & fceleré affaffin a attiré par cefte impieté l'ire
des Dieux deffus nous. Dieux immortels, & vous fainct & venerable Vefta,
qui auez toufiours veillé pour le falut de cet Eftat, & côferué le bon-heur de
cet Empire, auffi inuincible, que nos fainctes Vierges ont gardé voftre facré

feu inextinguible, ne deftournez pas fur cefte Republique l'indignation
que vous auez conceuë de ce forfait ; ains arreftez-la en la perfonne de celuy qui en eft autheur. Il n'eft point Romain, croyez-moy, nos peres n'ont
point fi mal appris leurs enfans à reuerer les Dieux. Et vous, Meffieurs, qui
eftes affis icy pour le falut du peuple, & conferuation des loix, exterminez,
qu'il n'en foit jamais memoire, cet abominable facrilege, qui veut rendre
les Dieux coupables de fes mefchancetez. Purgez voftre ville de cefte pefte, laquelle fi elle y demeure plus long-temps, fera caufe de voftre ruine.
Quand vous arbitrerez de fa peine, ayez toufiours en l'efprit que rien ne
vous peut affeurer contre vne fi efperduë audace que la mort de ce mefchant. Si vous penfez que le banniffement ou deportation vous en puiffent deffendre, vous vous trompez : tant qu'il demeurera en luy quelque refte de vie, il fera toufiours quelque nouuelle mefchanceté, il a en fes pernicieux deffeins des efperances defefperées. Vous auez non pas oüy, mais veu,
non pas veu, mais fenty, comme depuis mefmes qu'il eft en juftice pour ce
fait-cy, il a voulu attenter à la vie de Pompée, c'eft à dire à celle de la Republique, laquelle il vouloit efgorger, en tuant celuy par l'efprit duquel
elle vit & refpire. La dignité de Conful dont vous l'auez honoré, le commandement fouuerain que vous luy auez deferé, les yeux de tous les citoyens qui veillent pour luy, leurs mains qui le couurent, les Dieux mefmes immortels qui l'affiftent, & fecondent les labeurs qu'il prend pour voftre falut, n'ont peu deftourner ce monftre d'audace d'attenter à fa vie.
Vous auez entendu Licinius Popa, qui vous a dit que des feruiteurs de Milon (comme cefte race de gens-là eft ordinairement auffi indifcrete que temeraire) le luy auoient confeffé, & depuis s'eftans aduifez qu'il les pourroit
defcouurir, ils auroient attenté de le faire mourir, & pour cet effect luy
auoient donné vn grand coup de ftillet dans les flancs. Que fi ce malheur
fuft arriué, & que ce parricide-cy euft fait tuer le pere commun du pays,
fous la bonté, fageffe & vaillance duquel nous refpirons encores quelque
peu, que fuft-il aduenu? N'euffions-nous pas veu Milon & fes conjurez faire à tous les autres citoyens ce qu'ils ont fait à Clodius? vos maifons euffent-
elles pas efté pillées, vos enfans tuez, vos femmes violées? Eft-ce pas ce qu'il
apprend tous les jours de la foigneufe lecture des commentaires de Lucius
Sylla fon beau-pere? La mefchanceté n'a jamais que trop d'efprit, pour executer ce qu'elle entreprend : mais quand vne nature farouche, vne ingenieufe impofité, trouue encore de telles inftructions à la tyrannie, quels
horribles effects produit-elle? Dieux immortels, que cefte ville vous eft tenuë d'auoir deftourné de fon chef ce funefte orage ! Ie l'ay dit & le dis
encore, que la mort de Clodius a eftrangement penetré de douleur le cœur
de fes pauures parens : mais pour moy ie n'ay jamais penfé que la vengeance de fa mort les touchaft fi auant, comme elle fait la Republique. Ie ne
doute point, Meffieurs, que quand vous vous reprefentez l'indignité de ce
fait, & que vous confiderez comme en la mort de Publius Clodius, cefte
ancienne famille, toute la Nobleffe de Rome, voire toute la Republique, a
efté violée, l'image de cet ancien Appius Clodius ne fe reprefente à vous, &
vous renouuelle les feruices qu'il a faits à cet Eftat, lequel il a deliuré autre-

fois, par ses sages & vigoureux conseils: mais non en intention de faire viure parmy vous vn barbare & inhumain pour massacrer ses descendans. Et
vous ramentoiue qu'il a orné & décoré vostre ville de ce grand & celebre
chemin, qui porte encor son nom: mais non pas en intention que ce fut le
theatre, où se deussent exercer telles cruautez sur sa posterité. Mais si la nature permettroit aujourd'huy à ceste ame bien-heureuse de reuiure pour vn
jour, afin d'employer encor vn coup sa prudence & sa valeur à pouruoir à
vostre salut, vous le verriez qui negligeroit l'injure faite à luy & à sa maison, pour l'apprehension de la ruine commune de cet Estat. Et considerant
le danger auquel vous estes maintenant, & vous voyant douter & deliberer sur la condamnation de ce second Catilina, commenceroit à parler à
vous auec ces mesmes paroles, dont il tansa autresfois le Senat:

　　Où tournent vos esprits, jadis si bien sensez?
　　Quelle fureur les a maintenant renuersez?

Vos predecesseurs ont-ils accreu cet Empire, auec tant de sang & de victoires? ont-ils establyles loix & la liberté en cet Estat, auec tant de sages
conseils, pour estre la proye d'vn voleur desesperé, qui s'en veut emparer
par la mort de vos plus fidelles & plus illustres citoyens? Qu'attendez-vous
d'exterminer celuy, durant la vie duquel la Republique est vrayement
morte? Attendez-vous l'ordre des loix en la peine de celuy qui ne les a pas
attenduës en ses forfaits? Les loix quelquesfois ne se conseruent qu'en ne les
obseruant pas. Vous voyez vostre ville assaillie d'vne dangereuse conspiration, des armes disposées par tous quartiers, vn grand nombre de conjurez
attitrez, les brandons demy allumez pour mettre tout en cendres: & vous
attendez non pour vous venger, mais pour vous asseurer, l'ordre des loix
& des jugemens? Et quoy? si ces meschans-cy vous preuiennent, & qu'ils
oppriment la liberté, que respondrez-vous à la posterité, qui pleurera sous
le joug d'vne dure seruitude, & imputera à vostre mollesse & lascheté la calamité où elle sera tombée? Et de verité j'ay quasi veu ceste mesme voix en
la pluspart du peuple Romain, depuis la mort de Clodius. Car chacun qui
voyoit la longueur dont on vsoit à venger ceste injure publique, & asseurer
cet Estat contre l'audace de ce meurtrier, crioit & tempestoit, Où sont les
loix? où sont les Magistrats? où est Pompée? dort-il maintenant? que sera-ce que cecy? demeurerons-nous tousiours en proye à ceste race d'assas-
sins? il est temps que le peuple veille pour soy, puis que ceux qui doiuent
veiller pour luy dorment. Il se faut armer, & exterminer de nostre ville, tous
ces tyrans-cy, que nous voyons deuorer nos biens & nos vies par esperance,
qui pensent que nous ne viuions que pour seruir à leur ambition, qui sans respect & crainte ny du peuple ny des loix assomment & massacrent nos meilleurs & plus chers citoyens. Si tost que quelqu'vn affectionne la liberté &
ayme le soulagement du peuple, ils le poursuiuent sans cesse, ils n'ont patience qu'ils ne l'ayent fait mourir. Asseurons, asseurons nostre liberté tout
d'vn coup, où tout d'vn coup perdons-la auec la vie. Quand ces meurtriers,
nous auront tous tuez, ils regneront paisiblement: mais nous n'en verrons
rien, & la posterité qui suiura louera nostre memoire, d'auoir courageusement tenté de conseruer la liberté, que nos peres nous ont acquis, & ne la
　　　　　　　　　　　　　　　　　　　　　　　　　pouuant

pouuant conseruer, d'auoir accompagné sa fin de la nostre. Oyant au commencement tels propos, j'auois vn extreme regret de voir ceste diuision entre mes concitoyens : mais ie ne sçauois que leur responde. Car qu'y auoit-il de plus juste au monde que ceste plainte, & de plus sainct que ceste crainte de perdre la commune liberté, & seureté de l'Estat ? Mais depuis que j'eus veu que Cn. Pompée eust choisi de tels Iuges, pour connoistre de ce faict, & que j'entendy nommer pour President Cn. Domitius, & pour Assesseurs Quintus Popilius, Marc Cato, & les autres que j'ay maintenant deuant les yeux, non seulement ie repris courage & consolay ma douleur ; ains aussi quand ie rencontrois le peuple tout esmeu & desesperé, ie luy disoy, Que voulez-vous faire, Messieurs ? vous auez tort, ayez patience, vous ne sçauez que vous faites. Craignez-vous que l'on ne face bonne justice de ce meurtrier ? voyez les Iuges que l'on luy a donnez ; il n'y a rien au monde, & me croyez, qui peust maintenant faire eschapper ce meschant du supplice qu'il merite. L'integrité, la sagesse & preud'hommie de ces Iuges-là, peut combattre & abbatre les brigues, les artifices, les efforts, des plus scelerez hommes du monde. Ces braues & constans personnages, nourris à vne ferme & solide vertu, se moqueront des prieres de ceux que l'on fait aller par leurs maisons. Quant à l'argent que l'on leur presentera, comme nous sçauons que Milon se vante qu'il obtiendra par argent ce qu'il voudra, ils le detesteront & abomineront, & s'en rendront plus roides & plus seueres. Quant aux belles paroles de Ciceron, & à ses exclamations, ils s'en rient desia en leur cœur, & disent en eux mesmes ; Ce Sophiste est-il si impudent que de nous vouloir persuader le contraire de ce que chacun sçait, & de ce que nous auons veu de nos yeux, & nous vouloir faire croire qu'il ne faut plus de loix en ceste ville, & que nous deuons laisser tyranniquement regner l'audace & la meschanceté ? Et quant à quelques compagnons qui menacent, ne doutez point que l'on leur apprendra à mieux viure, que l'on les fera bien ployer sous les loix ; la force demeurera tousiours à la Republique & aux Magistrats. Tels galands seruiront d'exemple aux autres, & leur peine establira l'obeïssance à l'aduenir. Mais quoy ? me disent quelques-vns, quelle longueur est-ce icy ; pourquoy tarde-l'on tant à punir vn crime si public, si notoire, que celuy mesmes qui l'a fait ne desauoüe pas ? vn crime si important, & par lequel la vie de toute ceste ville & de tout cet Empire est menacée ? Non, nous ne sçaurions plus endurer d'auoir deuant les yeux ce detestable parricide ; nous le prendrons & le mettrons en l'estat qu'il a mis nostre pauure Clodius. A cela ie leur responds ; I'excuse aucunement vostre grande & juste douleur, de ce qu'elle ne se peut pas aysément commander la patience. Toutesfois vous deuez considerer qu'en voulant precipiter la vengeance, vous luy ostez la principale partie de sa rigueur, qui est la honte & l'infamie : car quand vous aurez tué ce meurtrier d'autant de morts qu'il en merite, au lieu de l'auoir puny vous l'aurez gratifié, vous luy aurez osté l'ignominie que luy doit apporter le iugement : quand on parlera à l'aduenir de sa mort, l'on dira, Milon est mort en vne esmeute, en vne sedition ; l'on ne sçaura ny par qui ny comment. Laissez, laissez aux bourreaux leurs offices, permettez que chacun voye & à loysir, le supplice de ce meschant: ce peu que l'ordre des jugemens luy prolongera la vie, ne sera qu'augmenter son tourment. Quand ie leur disois cela, Messieurs, certes ie pensois dire vray, & le disois. Car combien pensez-vous qu'il ait de furies qui l'agitent le iour, & le réueillent de nuit ? Combien de fois à chasque heure se presente à luy le pauure corps de Clodius, en l'estat qu'il le laissa, qu'il vous fut apporté, que vous le vistes, que vous le pleurastes, tout soüillé de boüe, couuert de sang, & entr'ouuert de playes ? Combien de fois se presente à luy la face desolée de tout le peuple Romain deplorant ceste piteuse mort ? Combien de fois s'imagine-il de voir les esprits de tous ceux de la race d'Appius, qui sortans des Cieux, où leur vertu, & l'amour du pays les a esleuez, viennent autour de luy, & luy reprochent sa barbare cruauté ? Combien de fois s'imagine-il de voir ces Iuges assemblez deliberer de la peine que merite son detestable crime ? Il luy semble qu'il en voit les vns qui se plaignent des loix, de n'auoir point trouué d'assez rigoureux supplice pour vn si execrable forfait ; les autres qui excusent nos ancestres de ne s'estre peu imaginer qu'vn cœur Romain peust conceuoir vne si grande barbarie. Toutesfois il luy semble qu'en fin ils s'accordent tous à venger ce prodigieux crime, de la plus horrible peine que l'on pourra inuenter. L'on ne sçauroit penser combien de fascheuses imaginations trauaillent les consciences de ceux qui sont coupables de telles meschancetez. Ayez hardiment patience, & laissez viure Milon ; car tant qu'il viura il sera perpetuellement au supplice. Il porte vn bourreau en son sein qui luy tenaille continuellement le cœur, & ne luy donne pas seulement le loisir de respirer. Mais cela, Messieurs, ne vous doit pas pourtant empescher de prendre vne prompte vengeance & telle que vous deuez de ce meurtrier, & satisfaire à la Republique & aux hetitiers de Clodius ; en ce à quoy les loix & vos charges vous obligent. Chacun attend de vous aujourd'huy, que vous donniez par vn exemple de rigoureuse iustice, occasion à ceux qui seruent fidellement leur pays, de croire qu'eux & leur posterité viuront d'oresnauant asseurez sous la protection des loix & des Magistrats ; & aux meschans de penser, que s'ils entreprennent jamais de violer la personne d'vn citoyen Romain, ils en porteront vne aussi rigoureuse peine, que merite leur audace & meschanceté. C'est la iuste esperance dont ie console ce peuple affligé, & dont ie me console moy-mesme, & dont ie console la pauure & desolée Fuluia, quand battant son sein, arrachant ses cheueux, & deschirant son visage, elle se jette entre mes bras, & me crie, Appius mon nepueu, n'auray-ie point donc de iustice ? Mon pauure mary aura-il esté ainsi barbarement massacré? & ie verray ses meurtriers se promener dedans Rome, & triompher impunis ? Au moins s'ils eussent esté si humains que d'adjouster ma mort à la sienne; & comblans leur cruauté, mettre fin à mes douleurs, sans me reseruer à vn dueil eternel ! Helas ; si la nature eust separé par vne mort necessaire nos fidelles affections, j'eusse pensé mourir de regret de perdre vn tant aymé mary: maintenant que ny la nature, ny la fortune ne me l'ont osté, mais la barbare cruauté de ce tigre de Milon, que feray-ie ? que diray-ie ? quelles larmes, quels souspirs pourront assouuir la tristesse de mon cœur? Encore si mourant ie l'eusse peu embrasser, & recueillir en mes levres les restes de sa vie, ie me consolerois. Mais helas!

le

Ie dernier souuenir que m'a laisſé ſa fortune, c'eſt ceſte hideuſe & eſpouuantable image, que ie vis & embraſſay lors que j'eſſuyay ſon ſang & lauay ſes
playes; & qu'en ce corps ainſi deſchiré & defiguré ie cherchay ce que ie tenois, & doutay de ma perte pour ne la pouuoir reconnoiſtre. La cruauté de
ces meſchans en cela m'eſtoit humaine, qu'elle me faiſoit deſconnoiſtre le
ſujet autreſfois de mon contentement, & maintenant de mes douleurs.
Diſant ces paroles elle tombe toute paſmée entre mes bras: & ie luy dis; Fuluia, Fuluia, ma chere tante, que faites-vous? perdez-vous ainſi courage?
prenez cœur & reuenez vn peu à vous. Clodius ne deſire pas que vous mou-
riez ainſi: viuez, viuez, ſinon pour autre choſe, au moins pour venger ſa
mort. Les Dieux immortels ne laiſſeront iamais impunie vne ſi deteſtable
meſchanceté. Pompée nous a donné des Iuges tels, que quand les plus ſeueres qui ont eſté iamais reuiendroient en terre pour iuger noſtre cauſe,
nous n'en ſçaurions mieux eſperer. Elle ſe reuient lors, & ſemble oyant ces
paroles reprendre vie, &, d'vn œil à demy ouuert chercher où ſont ces iuſtes Seigneurs de qui elle doit attendre ſon vnique confort. Vous eſtes ceux,
Meſſieurs, ſur leſquels elle tourne ſa triſte penſée: vous eſtes ceux ſur leſquels les pauures petits enfans de Clodius, & toute ſa pauure & affligée famille ont les yeux fichez. Rendez à ceſte pauure femme, & à ſes infortunez enfans, la iuſtice que vous leur deuez: rendez au peuple Romain la conſolation que ſa iuſte douleur attend de voſtre integrité: rendez à ceſte ville la ſeureté & liberté, que l'audace de Milon luy a rauie: & rendez à cet
inhumain, à ce cruel, à ce barbare meurtrier, le iuſte ſupplice que merite
ſon inoüye, deteſtable & prodigieuſe cruauté.

L'ORAISON
DE MARC CICERON,
POVR ANNE MILON.

ESSIEVRS, bien qu'il semble mal à propos de commencer auec estonnement la deffense d'vn homme courageux & vaillant, & qu'il me soit mal-seant de ne pouuoir apporter en la cause de Milon autant de constance comme il en a, luy qui est aujourd'huy plus en peine du salut de la Republique que du sien; toutesfois ie ne puis que la nouuelle face de ce jugement ne m'esbloüisse les yeux, lesquels de quelque costé que ie les tourne, ne trouuent plus rien de l'ancienne façon, & de l'ordre qu'ils auoient accoustumé de voir en ce Palais, & en vos jugemens. Car vos sieges ne sont plus enuironnez d'vn nombre d'escoutans comme ils souloient; vous n'estes plus accompagnez de l'assemblée ordinaire qui vous venoit assister: & ores que ces gardes-cy, que l'on voit à l'entrée de tous les temples, soient disposées pour empescher la violence, si ne se peut-il faire que nous voyant au milieu de ceste audience cernez d'armes & de soldats, quoy que fauorables & necessaires, nous ne soyons saisis de quelque apprehension. Que si ie pensois que ces forces-cy fussent contraires à Milon, ie cederois au temps, Messieurs, & ne croirois pas qu'vn Orateur peust trouuer place parmy la force & les armes. Mais ie me console & reconforte sur la preud'hommie de ce juste & sage Pompée, qui sçait assez, que ce seroit chose indigne de sa justice, d'exposer à la violence des soldats, celuy qu'il a soumis à la sentence des Iuges; & indigne de sa prudence, d'armer de l'authorité publique la temerité d'vne trouppe de mutins. Et pour ce ie me resous, que nous ne deuons rien craindre de ces armes, Capitaines & compagnies-là, ains en attendre tout secours & seureté; & qu'elles nous excitent, non seulement à auoir l'esprit en repos, mais aussi à prendre bon courage; & promettent non seulement support à nostre deffense, mais aussi vne paisible audience. Quant au reste des assistans qui sont nos concitoyens, ils sont tous à nostre deuotion: Et de tant qu'on en peut voir de ce lieu, qui descouure quasi toute la place, il n'y en a pas vn qui attendant l'issuë de ce jugement, & fauorisant la cause de Milon, n'estime qu'il

s'agisse

s'agisse aujourd'huy du salut d'eux, de leurs enfans, de leurs pays, & de leur
fortune. Il n'y a qu'vne sorte de gens qui nous soit contraire : C'est de ceux
que la fureur de Clodius a nourry de rapines, d'embrasemens, & des ruines
publiques, lesquels auoient esté hier attirez, lors que l'on plaidoit ceste cause, pour vous deuancer par leurs cris, ce que vous auiez a iuger. Leur cry, si
d'auanture il s'en leue aucun, vous seruira d'aduertissement de conseruer à
ceste ville, celuy de vos citoyens, qui pour vostre conseruation a tousiours
courageusement mesprisé telles clameurs, pour si grandes qu'elles ayent
esté. Soyez donc presens, Messieurs, d'esprit & de courage, & si vous auez
conceu quelque crainte deposez-la. Car si jamais vous auez eu puissance de
juger librement de la valeur & merite des gens de bien, & bons citoyens,
si jamais personnages ont esté choisis de tous les plus grands & honorables ordres de ceste ville, & mis en lieu où ils puissent monstrer par effect,
& par leur jugement, l'affection qu'ils ont tousiours tesmoigné de visage
& de parole à l'endroit des gens de bien, & fidelles citoyens, vous l'estes aujourd'huy, & auez toute puissance de le faire ; & de iuger s'il faut que nous,
qui nous sommes tous les jours employez à la conseruation de vostre authorité, lamentions perpetuellement nos miseres ; ou si apres auoir esté
long-temps trauaillez par des gens perdus & abandonnez, nous pourrons
vn peu respirer à l'abry de vostre integrité, vertu & sagesse. Car, Messieurs,
qui peut-on dire ou feindre, qui ait jamais eu plus de peine, plus d'ennuy,
plus de trauail, que nous en auons eu Milon & moy ? qui appellez au maniment des affaires publiques par l'esperance de belles & grandes recompenses, auons esté perpetuellement menacez des plus cruelles morts que l'on
sçauroit penser. Et certainement j'ay bien tousiours estimé, que Milon s'e-
stant proposé le party des gens de bien contre les meschans, deuoit souffrir
les autres tempestes & orages qui se leuent ordinairement entre les flots des
assemblées & harangues publiques ; mais ie n'ay jamais creu que ses ennemis peussent esperer de pouuoir en ce jugement, & en vne assemblée de
Iuges choisis de tous les plus grands & honorables ordres de la ville, non
pas attenter à sa vie, mais seulement rien diminuer de sa gloire. Ce que ie ne
dis pas, Messieurs, en intention de me seruir de la recommandation des belles actions qu'il a faites durant qu'il estoit Tribun, pour l'excuser des crimes
dont on l'accuse. Si ie ne vous fais voir à l'œil que l'on a attenté à sa vie, &
que l'on luy a dressé des embusches pour cet effet, ie ne veux point que vous
vous souueniez de ce qu'il a fait pour le public, ny ne vous demande point
qu'en faueur de ses grands & signalez seruices vous luy remettiez ceste faute. Ny ne vous veux pas mesmes prier, que quand vous trouuerez que la
mort de Clodius est vostre conseruation, vous estimiez en auoir plustost l'o-
bligation à Milon, qu'au bon-heur du peuple Romain : mais quand ie vous
auray monstré l'aggression plus claire que le iour, lors ie vous prieray &
conjureray, que puis que nous auons perdu tout le reste, au moins nous puissions conseruer ceste liberté, de deffendre impunément nostre vie de l'audace & violence de ceux qui nous la veulent oster. Or auant que d'entrer
au point que nous auons principalement à traitter en ceste cause, il me semble qu'il est besoin de respondre à ce que nos ennemis ont tant faict son-

ner au Senat, à ce que les meschans vont criant par tout, à ce que nos accusateurs mesmes nous objecterent dernierement à l'assemblée; afin qu'o-
stant tout erreur, l'on puisse connoistre clairement ce qui reste à juger en
ceste cause. Ils disent que celuy-là est indigne de voir le Soleil, qui confesse d'auoir tué vn homme. Mais en quelle ville ces fols-là soustiennent-ils
ceste opinion? n'est-ce pas en celle, qui dés son commencement a veu le
Iugement qui fut donné sur l'accusation de ce braue & vaillant Marc Horace? qui auant quasi que nos ancestres eussent acquis la liberté fut absous
par tout le peuple de la mort de sa sœur, qu'il confessoit auoir tuée de sa propre main? Y a-il quelqu'vn qui ne sçache, que quand il se presente vne accusation pour quelque meurtre, ou l'accusé nie du tout le fait, ou soustient
qu'il a esté iustement & legitimement fait? sinon que vous vouliez estimer
que Publ. l'Africain eust lors perdu le sens, quand il respondit à Caius
Carbo Tribun du peuple, qui luy demandoit ce qu'il pensoit de la mort
de Tiberius Gracchus, qu'il luy sembloit qu'il auoit esté bien tué. Et certainement si l'on ne pouuoit faire legitimement mourir les meschans, il faudroit & que Seruilius Hala, & Publius Nasica, & Lucius Opimius, & Caius
Marius, & tous ceux qui estoient au Senat lors que j'estois Consul, fussent
estimez eux-mesmes coupables & meschans. Et pour ce n'est-ce pas sans
raison, Messieurs, que les plus sçauans hommes nous ont laissé par memoire
és tragedies qu'ils en ont composé, que les Iuges s'estoient trouuez en differend, & partis sur la condemnation de celuy qui auoit tué sa mere pour
venger la mort de son pere, & qu'en fin il auoit esté obsous, non seulement
par vn jugement diuin, mais par l'aduis mesmes des plus sages de tous les
Dieux & Deesses. Si les loix des douze Tables permettent de tuer impunément celuy qui vole la nuit, de quelque façon qu'on le puisse attraper; &
celuy qui vole le jour, s'il se met en deffence; qui est-ce qui peut dire
que l'on doiue indifferemment venger la mort de tous ceux qui sont tuez,
veu que quelquesfois les loix mesmes pour ce faire nous mettent les armes
à la main? Que s'il y a occasion au monde où le meurtre soit excusable,
comme il est certain qu'il y en a beaucoup, certainement celle-là est
non seulement iuste, mais aussi necessaire, quand c'est pour repousser la
force que l'on nous fait. Vn jour en l'armée de Marius, vn Capitaine qui
estoit son proche parent, voulut abuser d'vn jeune soldat; le soldat le tua.
Car le jeune homme ayma mieux hazarder sa vie que d'abandonner son
honneur. Ce grand personnage le jugea innocent, & l'en renuoya absous.
Qui peut estre blasmé d'auoir tué vn brigand, vn guetteur de chemins?
Autrement dequoy nous sert de nous garder, accompagner, & armer?
Ie croy certainement que l'on ne nous le permettroit pas s'il n'est loisible de nous deffendre. C'est, Messieurs, vne loy qui n'est point escrite, mais née auec nous; laquelle nous n'auons point apprise, receuë, ou
leuë, mais tirée, puisée, & comme exprimée de la nature, à laquelle nous
n'auons pas esté dressez, mais en icelle naiz, & instituez, qui nous dit que
quand nostre vie est tombée entre les aguets, armes, & violences des voleurs, & des ennemis, s'il se presente quelque moyen de nous en sauuer par
quelque façon que ce soit, nous le pouuons honnestement faire. Car les loix
sont

font muettes entre les armes, & ne veulent pas que l'on ait recours à elles, lors que celuy qui s'y voudroit attendre feroit contraint d'endurer vne injuſte violence, auant qu'il en peuſt demander vne iuſte vengeance. Et auſſi la loy taiſiblement, & auec grande prudence, donne aux aſſaillis puiſſance de ſe deffendre, lors qu'elle ne deffend pas ſimplement de tuer, mais de porter armes à intention de tuer: afin que quand on viendroit à iuger, on regardaſt non la qualité des armes, mais l'occaſion pour laquelle on les auroit portées, & que celuy qui s'en feroit ſeruy pour ſa deffenſe ne fuſt pas tenu de la peine de la loy, qui deffend d'en porter pour tuer. Vous vous ſouuenez donc, Meſſieurs, que voyla ce qui eſt à iuger. Car ie ne fais difficulté quelconque, que ſi vous auez bien en memoire ce que ie croy que vous ne pouuez oublier, que l'on peut iuſtement tuer vn aggreſſeur, que ie ne vous iuſtifie ayſément l'innocence de Milon. Ie veux encores reſpondre vn mot à ce que les ennemis de Milon diſent ſi ſouuent, que le Senat a prejugé que la Republique auroit eſté offenſée en la mort de Clodius. Or eſt-il, que le Senat l'a iugée iuſte & vtile, non ſeulement par ſes aduis, mais encore par les demonſtrations qu'il a faites de ſon affection. Combien de fois auons-nous plaidé ceſte cauſe en plein Senat? Auec quel conſentement de tout cet ordre? auec quelles approbations, ie ne dis point ſecrettes ny cachées? Car quand eſt-ce qu'en tout le Senat aſſemblé en grand nombre, il s'en eſt trouué quatre ou cinq tout au plus, qui n'ayent trouué bon le faict de Milon? Cela s'eſt aſſez conneu par les harangues de ce boute-feu de Tribun du peuple, qui crioit enuieuſement tous les iours contre mon credit, & ma puiſſance; diſant, que le Senat n'ordonnoit pas ce qu'il penſoit iuſte, mais ce que ie voulois. Que s'ils appellent cela puiſſance, pluſtoſt qu'vne mediocre authorité, que les ſeruices que j'ay faicts au public m'ont acquis és choſes iuſtes & raiſonnables, ou vne amitié des gens de bien que mes laborieux offices enuers eux m'ont conciliée; qu'ils l'appellent comme ils voudront, pourueu que Dieu me face la grace de m'en pouuoir ſeruir pour deffendre les gens de bien de la fureur des meſchans. Or bien que la recherche de ce faict n'ait point eſté injuſtement ordonnée, ſi n'a-elle pas eſté faite par ordonnance particuliere du Senat: Les loix y auoient pourueu auparauant, l'on ſçait comme l'on doit proceder quand il ſe preſente quelque accuſation ou d'vn meurtre, ou d'vne force publique. La mort de Clodius n'auoit point tant apporté de faſcherie au Senat, qu'il fuſt beſoin de rien faire d'extraordinaire en ce fait. Qui croira que le Senat à qui l'on auoit oſté la connoiſſance de ce ſale inceſte que Clodius auoit commis, ſe ſoit puis apres mis en peine d'eſtablir de nouueaux Iuges, pour connoiſtre de ſa mort? Pourquoy eſt-ce donc, direz-vous, que le Senat s'eſt formaliſé de ce qu'on auoit mis le feu au Palais, aſſiegé la maiſó de Lepidus, qu'il a meſmes jugé que la Republique auroit eſté offenſée en ce fait? C'eſt qu'il n'y a jamais force ny port d'armes entre les citoyens, qui ne ſoit contre le bien public. On ne doit jamais deſirer de venir aux armes pour ſe deffendre de la force & violence; mais quelquesfois on y eſt contrainct. Et le iour meſmes que Tiberius & Caius furent tuez, & que les forces de Saturninus furent defaites; ores que cela fuſt pour le bien public, toutesfois la Republi-

que en fut aucunement offensée. C'est pourquoy quand on rapporta qu'il
y auoit eu vn meurtre fait sur le grand chemin d'Appius, ie ne fus pas d'aduis de declarer que celuy qui s'estoit deffendu par armes eust rien fait contre l'Estat; mais estant question de port d'armes & d'aggression, ie fus d'aduis de reseruer cela au jugement de ceux qui en connoistront; & neantmoins ie trouuois que la chose en soy estoit de mauuais exemple. Que si ce
furieux Tribun n'eust empesché le Senat de faire ce qu'il auoit deliberé,
n'ous n'aurions pas aujourd'huy vne nouuelle commission, pour proceder
au jugement de ce fait. Car il auoit ordonné que l'on en informeroit extraordinairement selon qu'il est enjoinct par les anciennes loix; mais les
opinions furent diuisées à la poursuite d'vn ie ne sçay qui, que ie ne nomme point, (il n'est pas besoin que les meschancetez d'vn chacun soient
descouuertes,) & par ce moyen, & d'vne opposition des Tribuns, ache-
ptée à beaux deniers comptans, ce qui restoit d'authorité au Senat luy fust
osté. Mais, ce dit-on, Pompée par la proposition qu'il a faite, & par la loy
qu'il a publiée, a des-ja iugé le fait de ceste cause. Car il a par là condamné
le meurtre fait sur le chemin d'Appius, où Clodius a esté tué. Qu'en a-il ordonné ? qu'il en seroit conneu : pourquoy ? pour sçauoir si le fait est ? cela
est certain. Par qui ? il est notoire. Mais il a iugé qu'encores que le fait fut
confessé, neantmoins la question de droict demeureroit à iuger, sçauoir
s'il auoit esté iustement fait. Que si, Messieurs, il n'eust pensé, que celuy
qui confesse le fait, peust neantmoins estre trouué innocent, voyant que
nous l'aduoüions, il n'eust pas ordonné, que le procés fut fait & parfait, &
ne vous eust pas donné, comme il a fait, puissance, aussi bien d'absoudre
que de condamner. Et quant à moy, il me semble que non seulement Pompée n'a rien prejugé contre Milon, ains au contraire qu'il vous a prescrit ce
que vous deuez faire en ce iugement : car celuy qui n'ordonne pas la peine
à celuy qui confesse, mais le reçoit à sa deffense, juge qu'il ne se faut pas enquerir, si le meurtre a esté fait, mais s'il a esté iustement commis. Ie m'asseure qu'il vous declarera presentement, ce qu'il a des-ja fait cy-deuant, &
de soy mesmes, que ceste façon de proceder extraordinaire n'a point esté
ordonnée pour l'amour de Clodius, mais a cause du temps, plein de troubles & seditions. Hé quoy! Marcus Drusus personnage signalé, Tribun du
peuple, & quasi lors le seul rempart & patron du Senat, oncle de ce genereux Caton, qui est aujourd'huy l'vn de nos Iuges, fut tué en sa maison; iamais le Senat a-il ordóné qu'on en informast extraordinairement? Quel regret auons-nous appris de nos peres que l'on eut en ceste ville quand Pub.
Scipio Africanus fut forcé en sa maison, en pleine nuit, lors qu'il estoit au lit?
Qui n'en pleura? qui n'en creua de despit, de n'auoir pas attendu mesmes la
mort naturelle de celuy, que l'on deuoit desirer estre immortel s'il eust esté
possible? Quoy? fit-on donc quelque poursuitte extraordinaire de la mort
d'Africain? non certainement. Pourquoy ? pour ce que la mort des plus
grands personnages n'est point differente de celle des moindres : Car bien
que la vie des personnes illustres soit distinguée de dignité d'auec celle des
petits compagnons, toutesfois c'est vne mesme loy qui venge la mort des
vns & des autres. Sinon qu'on vueille dire que celuy-là est plus parricide qui
tué

tuë son pere qui a esté Consul, que celuy qui tuë le sien qui n'est que personne de basse condition; & que la mort de Clodius semble plus cruelle,
pour ce qu'il a esté tué sur les monumens de ses ancestres; car c'est ce que
ceux-cy crient tant. Comme si l'aueugle Appius auoit fait expres dresser ce
grand & celebre chemin, non pour la commodité du peuple, mais afin
que ses descendans y puissent impunément brigander. C'est pour cela volontiers qu'il n'a point fallu faire de justice de ce Clodius, qui tua vn Cheualier Romain nommé Papirius sur ce mesme chemin. Et maintenant
vous voyez quelle tragedie nous excite ce chemin-là: on n'en parloit point
auparauant, & lors qu'il estoit tout sanglant du meurtre d'vn honneste citoyen Romain; maintenant que l'on y a tué vn larron, & vn meurtrier, on
ne parle d'autre chose. Mais pourquoy m'arresté-je à cela? ne vous souuenez-vous pas qu'vn des seruiteurs de Clodius fut trouué dans le temple de
Castor, où il l'auoit mis au guet pour tuer Cn. Pompée? l'on luy arracha la
dague des poings, & luy fit-on confesser le fait: Pompée fut contraint de
s'abstenir pour vn temps de venir sur la place, assister au Senat, & se trouuer en public: les loix ny la justice n'estoient pas suffisantes pour l'asseurer;
il falloit qu'il se couurist de sa porte, & des murailles de sa maison; en a-on
jamais parlé? s'en est-il fait aucune poursuitte extraordinaire? Que si jamais
la chose, la personne & le temps, l'ont merité, sans doute ç'a esté en ce fait-
là. C'estoit vn assassin, en vne place publique, à l'entrée du Senat: au reste
ceste partie estoit dressée contre vn homme, sur lequel estoit appuyé le salut de cet Estat, & en vn temps que s'il fut venu faute de luy, non seulement
ceste ville, mais toutes les nations de la terre fussent tombées en ruine. L'on
dira peut-estre que l'on n'en deuoit pas faire la vengeance; pource que le
fait n'auoit pas esté executé. Comme si les loix vengeoient seulement les
euenemens, & non pas les desseins & entreprises des hommes: la chose
n'ayant point esté executée, nous auons moins eu d'occasion de nous douloir, mais si falloit-il punir le fait. Combien de fois, Messieurs, moy mesmes suis-ie eschappé des mains armées & sanglantes de Clodius? d'où si ma
bonne fortune, & celle de la chose publique ne m'eust tiré, qui est-ce qui se
fut remué, & fait informer extraordinairement de ma mort? Mais ie suis
bien mal-aduisé de comparer Drusus, Africain, Pompée, & moy-mesmes
à Clodius. Quoy? les accidens de ceux-là se pouuoient supporter: mais personne ne peut supporter la mort de Clodius; le Senat en pleure, l'ordre des
Cheualiers en est en dueil, toute la ville en seiche de tristesse, toutes les villes voisines en sont affligées, les Prouinces s'en tourmentent, les villages &
la campagne mesme regrettent auec souspirs ce debonnaire, salutaire, &
gracieux citoyen. Ce n'est pas, ce n'est pas-là, Messieurs, la cause pour laquelle Pompée a pensé qu'il falloit informer extraordinairement de ce fait,
il est sage & doüé d'vne profonde prudence. Il a jugé que Clodius ayant
esté autresfois son ennemy, & Milon son intime amy, s'il se fust resioüy
comme tous les autres de ceste mort, l'on eust estimé qu'il n'eust pas gardé
bien entiere la foy à Clodius, auec lequel il s'estoit reconcilié. Il a preueu
beaucoup d'autres choses, mais principalement cela; que combien qu'il
procedast fort rigoureusement en ce fait, cela ne vous empescheroit pas

d'en juger librement & genereufement. C'eft pourquoy il a choifi pour iuger ce fait-cy, les plus celebres perfonnages, & quafi les lumieres de tous les ordres de cefte ville ; & n'a pas comme quelques-vns ont voulu dire, ofté de ce nombre ceux qui m'eftoient amis. Ce Seigneur d'honneur & de iuftice n'y a jamais penfé : & quand il l'euft voulu faire, il n'euft fceu, puis qu'il eftoit refolu d'y mettre des gens de bien. Car ce que j'ay de credit ne vient pas de parenté & familiarité que j'aye auec quelques particuliers ; cela ne fe pourroit pas eftendre bien loin : nous ne pouuons hanter priuément à boire & à manger beaucoup de gens. Mais fi j'ay quelque credit, ie l'ay, par ce que le maniment des affaires publiques m'a conjoinct auec tant de perfonnes, qu'il n'a pas efté poffible que Pompée ayant à faire choix d'hommes fignalez pour leur preud'hommie, n'en ait pris plufieurs qui me font fort amis. Quant à vous, Seigneur Domitius, il vous a choifi pour prefider à ce jugement, fur cefte feule confideration, qu'il a penfé qu'il y falloit vn homme plein de iuftice, de conftance, d'humanité, & de legalité : il a eftimé qu'il falloit en cefte place, vn perfonnage qui euft efté Conful, comme eftant du deuoir de tels Seigneurs qui ont efté honorez des plus grandes charges, de reprimer l'impetuofité d'vne populace, & la temerité de quelques gens perdus. Mais il vous a choifi pardeffus tous, comme celuy qui dés fa jeuneffe auoit affez tefmoigné combien il faifoit peu de conte des fureurs populaires. Partant, Meffieurs, afin de venir au fait de cefte caufe, fi ce n'eft point chofe nouuelle de deffendre celuy qui confeffe ce dont on l'accufe; fi le Senat n'a rien en ce fait prejugé, au moins autrement que nous euffions peu defirer ; & fi celuy qui a publié la loy, bien que l'on fut d'accord du fait, a laiffé aux Iuges la liberté de juger du droit, & a choifi des Iuges pour cet effect, & depuis, vn perfonnage d'honneur pour prefider à ce jugement, qui peut auec iuftice & fageffe connoiftre de ce differend; il me femble qu'il ne vous refte autre chofe, finon de vous informer qui eft celuy qui a efté aggreffeur, & a dreffé l'embufcade. Or afin que vous le puiffiez plus ayfément connoiftre, par les argumens qui refultent du faict, ie vous prie me prefter fauorable attention, pendant que briefuement ie vous l'expoferay. Publius Clodius ayant deliberé de ruiner la chofe publique, lors qu'il feroit Preteur, voyant que les eflections auoient efté tellement differées, qu'il ne luy reftoit plus que peu de mois à demeurer en charge, s'il euft efté efleu cefte année-là, ne recherchant pas cefte charge pour l'honneur comme font les autres, & voulant euiter d'y auoir pour compagnon Lucius Paulus notable citoyen, & perfonnage plein de vertu, il laiffa paffer fon année, & brigua pour l'année fuiuante. Ce n'eftoit point pour fcrupule de confcience, qui luy fuft furuenu, mais pour auoir, à ce que luy mefme difoit, vn an entier à exercer cefte charge, c'eft à dire à renuerfer & rauager la Republique. Mais il y arriuoit vn mal ; c'eft qu'il iugeoit que la Preture n'auroit pas grande authorité, tandis que Milon feroit Conful. Ce qu'il preuoyoit par la faueur & vnanime confentement du peuple deuoir eftre cefte année-là. Et pour ce il fe rangea auec les competiteurs de Milon, de telle façon qu'il faifoit luy feul leur brigue, & portoit comme il difoit toute cefte eflection fur fes efpaules. Il affembloit les lignées, il s'entremettoit

toit de tout, il dreſſoit nouuelles colonies; il faiſoit des leuées des plus deſeſperez de toute la ville; mais plus il brouïlloit, & plus le party de Milon ſe
fortifioit. Quand cet homme perdu, & diſpoſé à toute ſorte de meſchanceté, viſt vn homme de courage, & ſon tres-grand ennemy deuoir aſſeurément entrer au Conſulat, & qu'il l'euſt appris non ſeulement par les bruits
qui en couroient, mais par les voix & ſuffrages du peuple reïterez par pluſieurs fois, il commence à ſe deſcouurir, & dire publiquement, qu'il falloit
tuer Milon. Il auoit fait venir des monts Appennins, vne race d'eſclaues
barbares, auec leſquels il auoit degradé les forces publiques, & fort trauaillé la Toſcane; vous les voyez tous les jours, ce n'eſtoit pas choſe cachée.
Il diſoit deuant tout le monde, qu'on ne pouuoit pas oſter le Conſulat à
Milon, mais qu'on luy pouuoit bien oſter la vie. Il s'en eſt fait entendre au
Senat, il l'a dit en pleine aſſemblée de peuple. Meſmes qu'vn iour Fauonius
homme de valeur, luy demandant ce qu'il penſoit, de faire ainſi l'enragé,
pendant que Milon viuoit, il luy reſpondit, que dans trois ou quatre iours
au plus il ſeroit mort. Laquelle parole Fauonius rapporta auſſi à Marc Caton. Au meſme temps Clodius eſtant aduerty, car il eſtoit bien ayſé de le
ſçauoir, qu'il falloit que Milon qui eſtoit Dictateur de Lanuue, neceſſairement & pour le deu de ſa charge y allaſt le dix-huictieſme iour de Ianuier,
pour nommer vn Pontife, il partit le iour d'auparauant, afin que comme
l'euenement l'a bien monſtré, il luy dreſſaſt deuant ſa maiſon vne embuſcade, & ſe preſſa tellement de partir, qu'il laiſſa vne ſeditieuſe aſſemblée,
qu'il auoit fait conuoquer ce iour-là, où ſa fureur eſtoit bien neceſſaire, pour
faire ce qu'on vouloit, & laquelle ſans doute il n'euſt pas laiſſée, n'euſt eſté
qu'il vouloit reconnoiſtre le lieu & le temps, auquel il auoit deliberé d'executer ce beau deſſein. Or Milon ayant demeuré tout ce iour-là au Senat,
iuſques à ce que l'on ſe fuſt leué, s'en vint en ſa maiſon changer d'habits,
& demeura quelque temps, pendant que ſa femme, comme c'eſt la couſtume, s'accommodoit; puis il partit enuiron le temps que Clodius deuoit eſtre
de retour en la ville, s'il euſt eu volonté de reuenir ce iour-là. Clodius le vint
rencontrer ſur le chemin, bien monté, bien equippé, ne menant apres luy
ny coche ny littiere, ny choſe qui le peuſt empeſcher. Il n'auoit pas vn ſeul
Grec en ſa compagnie, comme il auoit accouſtumé; ſa femme n'y eſtoit
point, ce qui ne luy aduenoit quaſi iamais. Milon que l'on appelle aggreſſeur, & que l'on dit auoir par trois fois dreſſé ceſte partie, pour faire ce
meurtre, eſtoit en coche auec ſa femme, veſtu d'vn robon, auec vne trouppe de ſeruantes, accompagné de femme & d'enfans, que l'on ſçait eſtre perſonnes craintiues & delicates. Il rencontre Clodius au deuant de ſa maiſon,
enuiron les vnze heures: incontinent voicy vn grand nombre d'hommes
qui commencent à l'attaquer, d'vn lieu haut & aduantageux, & l'aſſaillir
à coups de traits: ils tuent ſon cocher; luy ſe jette hors du coche; deſpoüille ſon robon, & ſe met courageuſement en deffenſe: vne partie des gens de
Clodius viennent l'eſpée au poing, les vns vers le coche pour tuer Milon,
les autres penſans qu'il fuſt deſia mort, chargent ſes gens qui le ſuiuoient.
Ceux qui ſe trouuerent plus auancez, & qui eſtoient les plus fidelles à leur
maiſtre, furent tuez; les autres voyans que l'on ſe battoit autour du coche,

que l'on les empeschoit de secourir leur maistre, & que Clodius mesmes disoit tout haut, que Milon estoit mort; sans que Milon y fust, ny leur commandast, ny qu'il le sceust (ie ne le dis point pour le descharger du soupçon) ils firent ce que chacun voudroit que ses seruiteurs fissent en semblable occasion. Cela, Messieurs, s'est passé comme ie vous l'ay exposé. L'assaillant a esté vaincu, la force a repoussé la force, ou plustost la vertu a reprimé l'audace. Ie ne dis point combien la Republique, combien vous, combien tous les gens de bien ont profité en ce combat. Ie ne veux point me seruir pour la deffense de Milon, du destin, qui l'a fait naistre de telle condition, qu'il ne pouuoit asseurer sa vie, sans asseurer quant & quant les vostres, & le salut de cet Estat. Si c'est chose qu'il n'ait peu legitimement faire, ie n'ay point de moyen pour le deffendre. Si au contraire c'est chose que la raison enseigne aux sages, la necessité aux barbares, la coustume à toute sorte de gens, & la nature mesmes aux bestes, de repousser par tous moyens la violence qui est faite à leurs corps, à leur teste, & à leur vie; vous ne pouuez iuger que ce soit vn fait punissable, que vous ne iugiez quant & quant, qu'il faut que tous ceux qui rencontreront des brigands perissent par leurs mains, ou par vos iugemens. Que si Milon eust pensé cela, il luy eust esté plus desirable de presenter sa gorge à coupper à Clodius, que d'attendre d'estre assassiné par vous, pour ce qu'il ne se seroit pas voulu laisser assassiner par Clodius. Si au contraire personne de vous n'a ceste opinion-là, ce qui reste à iuger n'est pas de sçauoir si Clodius a esté tué ou non, car nous le confessons, mais s'il a esté iustement ou injustement tué. Dequoy l'on a traitté en plusieurs autres iugemens. Or il est certain qu'il y a eu embusche dressée. C'est en quoy le Senat a iugé la Republique auoir esté offensée: mais qui l'a dressée & qui a esté aggresseur, c'est dont on a ordonné qu'il seroit informé. Et par là le Senat a bien blasmé le fait en soy, mais il n'a point touché la personne: & Pompée qui en a publié l'ordonnance, vous a rendu iuges du droit, mais non pas du fait. Y a-il doncques autre chose en dispute, que de sçauoir lequel des deux a esté aggresseur, & a dressé ceste embuscade à l'autre? non certainement. Si Milon a recherché Clodius, il ne faut pas qu'il demeure impuny: si Clodius l'a attaqué, il faut que l'on l'enuoye absous. Or que faut-il pour monstrer que Clodius a esté l'aggresseur? Ce seroit assez en la personne de cette mauuaise & furieuse beste, de monstrer qu'il a eu grande occasion d'attenter à la vie de Milon, qu'il en a beaucoup esperé de bien, beaucoup attendu d'vtilité. C'est en telles personnes qu'il faut obseruer ceste maxime de Cassius, *A qui en est le profit.* Les gens de bien ne se laissent iamais aller à mal faire pour quelque gain qu'on leur propose; les meschans au contraire pour peu de gain font beaucoup de mal. Or Clodius tuant Milon ne se promettoit pas seulement d'empescher que celuy-là ne fust Consul durant sa Preture, sous lequel il n'eust sceu faire aucune meschanceté; mais aussi d'auoir d'autres Consuls à sa deuotion, auec l'ayde desquels, au moins auec leur conniuence, il esperoit venir à bout de ses furieux desseins, & se iouer des loix, & de la Republique. Faisant son conte que ceux qui luy auoient beaucoup d'obligation, ne se voudroient iamais opposer à ses entreprises; & que quand ils le voudroient

faire,

faire, à peine pourroient-ils rompre les deſſeins d'vn homme tres-ſceleré, fortifié en ſon audace par vn grand & inueteré vſage de meſchanceté. Eſtes-vous, Meſſieurs, ſeuls ignorans, ſeuls eſtrangers en ceſte ville, ſeuls qui ayez les oreilles bouchées, ſeuls qui n'entendiez pas les bruits qui ſont ſi communs en ceſte ville des loix (ſi loix les faut appeller, non pas brandons) qu'il auroit deliberé d'imprimer auec le fer & les flammes? Venez, Sext. Clodius, exhibez ie vous prie ce volume de vos loix, que l'on dit que auez eſté prendre & retirer de chez luy au milieu du tumulte, & enleuer auec armes la nuict, comme l'image de Pallas, pour en faire vn braue preſent à quelque ſeditieux Tribun, ſi vous en trouuez quelqu'vn qui ſe vueille ſeruir d'vn tel inſtrument, & exercer ſon Magiſtrat ſelon voſtre intention. Voyez comme il m'a regardé de trauers, auec ſes yeux dont il auoit accouſtumé de nous menacer tous de toutes ſortes de maux. De verité, ie ſuis aucunement eſmeu par la majeſté de ce Senat; mais penſez-vous pour cela, Sext. Clodius, que ie ſois en colere contre vous? contre vous qui auez puny plus cruellement mon ennemy, que l'humanité qui m'eſt naturelle n'euſt oſé demander? Vous auez jetté hors de ſa maiſon le corps tout ſanglant de Publius Clodius, vous l'auez jetté-là en public, vous l'auez priué des images de ſes anceſtres, de l'honneur du conuoy, de toute pompe funebre, & des loüanges aceouſtumées, pour le laiſſer bruſler à demy, auec de pauures morceaux de bois ramaſſez, & ronger la nuict par les chiens. Ores que vous l'ayez fait pour ce qu'il le meritoit ainſi, toutesfois ie ne puis approuuer que vous ayez exercé tant de cruauté à l'endroit de mon ennemy, bien que ie n'aye pas droict de m'en courroucer. Vous conſideriez aſſez, Meſſieurs, que Publius Clodius ne pouuoit eſtre Conſul que cela n'apportaſt vn grand remuëment, ſinon qu'il ſe trouuaſt vn Conſul qui peuſt rompre & rabattre ſes coups: le peuple Romain jugeant bien qu'il n'y auoit que Milon qui le peuſt faire, qui doute que chacun n'euſt voulu luy donner ſa voix, & par ce moyen ſe deliurer de la crainte où il eſtoit, & la Republique du danger qui la menaçoit? Or maintenant que Clodius eſt mort, il faut que Milon s'employe à quelque autre choſe, pour entretenir ſa reputation. La mort de Clodius luy a oſté ceſte ſinguliere gloire, qu'il acqueroit tous les jours à s'oppoſer à ſes furieux conſeils. Il a lors perdu l'exercice de ſa vertu, la faueur de ſa brigue, & la viue ſource de ſa gloire: tellement que l'on eſſaye maintenant d'exclure Milon du Conſulat, qu'on ne luy pouuoit oſter du viuant de Clodius. En ſorte que la mort de Clodius ne profite de rien à Milon, au contraire luy nuit beaucoup. Oüiy, mais la haine qu'il luy portoit l'a gagné, il l'a fait en colere, il l'a fait pource qu'il luy eſtoit ennemy, il l'a fait pour venger l'injure qu'il auoit receuë, & ſeruir à ſa douleur. Quoy doncques? s'il ſe trouue que Clodius ait eu plus d'occaſion de ce faire que Milon, ou pluſtoſt que Clodius en ait eu de tres-grandes occaſions, & Milon nulle du tout, que voulez-vous dauantage? Car quel ſujet euſt eu Milon de de haïr Clodius, qui eſtoit le champ, & la matiere de ſa gloire, ſinon qu'il le haït, comme nous haïſſons communément & honneſtement les meſchans? Mais quant à Clodius, il haïſſoit Milon, premierement comme celuy qui auoit deffendu ma vie, reprimé ſa fureur, dompté ſes violences, &

en fin accusé ses crimes. Car tant que Clodius a vescu, on peut dire qu'il a esté poursuiuy par Milon, comme ayant encouru la peine de la loy Plotia. Auec quel esprit pensez-vous que ce tyran supportast cela? quelle haine pensez-vous qu'il luy en ait porté? haine certainement juste en vn homme injuste. Il ne reste sinon que sa nature, & ses mœurs effacent ceste presomption, & au contraire qu'ils la jettent sur Milon. Volontiers que Clodius n'auoit pas accoustumé de rien entreprendre par force, & Milon au contraire? Quoy doncques? Messieurs, lors que vous estiez tous en dueil, lors que ie quittay la ville, n'assembla-il pas les esclaues? ne se mit-il pas en armes? ne fit-il pas vne violence publique? Quelle juste cause donc eussiez-vous eu de me rappeller, si vne cause injuste ne m'eust auparauant chassé? Peut-estre qu'il m'auoit fait adjourner? qu'il m'auoit condamné à l'amende? qu'il m'auoit accusé de leze Majesté? & que j'auois à craindre que par l'issuë du jugement, ou vostre fait pour lequel j'estois en peine, ne se trouuast mauuais, ou que le mien ne se trouuast pas si loüable que l'on estimoit? Non, non: mais ie n'ay point voulu exposer à la violence d'esclaues, & coquins affamez & diffamez, mes citoyens que j'auois auparauant conserué par ma prudence, & au peril de ma vie. Car j'auoy veu, j'auoy dis-je veu Quintus Hortensius, la lumiere & l'ornement du Senat, qui auoit quasi esté massacré par vne trouppe d'esclaues, lors qu'il me pensoit deffendre. En laquelle esmotion Caius Vibienus Senateur plein d'integrité l'accompagnant, fut tellement blessé, qu'il en perdit la vie. Or depuis ce temps, quãd peut-on dire que ce poignal que Catilina luy a laissé, ait jamais esté en repos? Il a tousjours esté tendu contre nous. Ie n'ay pas voulu que pour moy vous en courussiez le danger: il en a attenté à la vie de Pompée, il en a ensanglanté le grand chemin d'Appius, par la mort de Papirius: long-temps apres il l'a encore tourné contre moy; vous sçauez comme depuis peu il faillit à me tuer sur le chemin Royal. Que sçauroit-on remarquer de semblable en Milon? qui n'a jamais vsé de force, sinon pour empescher, que puis qu'on ne pouuoit auoir Iustice des crimes de Clodius, au moins il ne tinst ceste ville opprimée par force. Que si Milon eust eu la volonté de le tuer, quand & combien de fois en a-il eu de tres-belles occasions? Lors que Clodius l'assiegeoit en sa maison, en ses foyers, au milieu de ses Dieux domestiques, ne luy estoit-il pas permis de se deffendre & venger iustement? Ne le pouuoit-il pas faire lors que Publ. Sestius son collegue, homme d'honneur & de valeur, fut blessé? Ne le pouuoit-il pas faire lors que Fabricius homme de bien s'il en fut jamais, publiant vn Edict pour mon retour, fut chassé de la place par vne sanglante esmotion? Ne le pouuoit-il pas lors que l'on assiegea la maison de ce tant bon & valeureux personnage Lucius Ceciliüs Preteur? Ne le pouuoit-il pas ce iour-là que l'on publia l'Edict de mon retour? que toute l'Italie estoit accouruë pour l'affection qu'elle auoit de me conseruer, & laquelle eust eu ce fait-là si agreable, que quand bien Milon l'eust acheué de sa main, si l'eust-elle aduoüé, & s'en fust attribué la gloire. Or y auoit-il lors vn tres-braue & vaillant Consul fort ennemy de Clodius, sçauoir Publius Lentulus, qui s'est tousiours monstré vengeur de ses meschancetez, deffenseur du Senat, executeur de vos volontez, patron

des

des deliberations publiques, & protecteur de mon salut. Il y auoit outre
sept Preteurs, huict Tribuns, qui luy estoient ennemis, & portoient mon
party. Il y auoit Cn. Pompée, qui le haïssoit, qui poursuiuoit mon retour,
qui opina si grauement & magnifiquement de mon affaire, & fut suiuy par
tout le Senat. C'estoit luy qui exhortoit le peuple Romain ; c'estoit luy
qui auoit fait à Capouë vn decret pour me rappeller, donné le signal au peuple d'Italie, qui le prioit & imploroit sa foy, pour accourir à Rome, afin
de moyenner ma restitution. Bref tous les citoyens Romains haïssoient tellement Clodius, pour le regret qu'ils auoient de mon absence, que si quelqu'vn l'eust tué, on n'eust pas esté empesché à le punir, mais à le recompenser. Toutesfois Milon se retint tousiours, & mit bien par deux fois Clodius
en Iustice, mais jamais il n'attenta rien par force contre luy. Quoy ? lors que
Milon n'auoit aucune charge, que Clodius l'accusa enuers le peuple Romain, & que Pompée ayant pris sa deffense, fut assailly par vne trouppe
de mutins, n'y auoit-il pas lors non seulement occasion, mais iuste cause
de l'assommer ? Et encores depuis n'agueres, Marc Antoine ayant donné
grande esperance à tous les gens de bien, & ce braue jeune homme pris
courageusement le party & la deffense du bien public, & tenant comme
liée & garottée ceste beste farouche, qui faisoit ce qu'elle pouuoit pour éuiter l'authorité des loix & le jugement des Magistrats, combien cet endroit
& ce temps y eust-il esté propre ? Mesmes lors qu'il s'alla cacher dessous les
grands degrez, pensez s'il estoit fort difficile à Milon de s'en defaire sans
courir aucune enuie, & auec beaucoup d'honneur pour Antoine. Quoy ?
combien de fois en pleine assemblée de peuple, au milieu de la place, a-il
eu moyen de le faire ? Lors que ce meschant se jettoit auec violence au milieu de la trouppe, faisoit tirer des espées, ietter des pierres, puis estonné de
la presence de Milon, s'enfuyoit vers le Tybre, & que vous tous faisiez des
prieres aux Dieux qu'il prist enuie à Milon d'vser de sa vertu contre ce mes-
chant-là ? Auroit-il donc voulu tuer d'vne façon qu'on s'en peust plaindre,
celuy qu'il a peu tuer auec le gré de tout le monde ? Auroit-il voulu tuer in-
iustement, en vn lieu desaduantageux, en temps mal propre, & auec danger de sa vie, celuy dont il ne s'est voulu deffaire lors qu'il le pouuoit iustement, commodément, en temps propre, & impunément ? L'auroit-il,
dis-je, voulu entreprendre lors que le iour des elections estoit proche, &
qu'il briguoit vn grand Magistrat ? Ie sçay combien ceux qui briguent
des charges, craignent de faire chose qui soit trouuée mauuaise, & auec
combien de solicitude l'on poursuit vn Consulat. En ce temps nous ne craignons pas seulement ce que l'on peut publiquement reprendre, mais encores ce que chacun peut penser de nous. Nous craignons vn bruit de ville, vn conte fait à plaisir, nous obseruons les yeux & le visage d'vn chacun.
Car il n'y a rien de si delicat, de si tendre, de si fragile, de si muable que l'o-
pinion de nos citoyens enuers nous, leur volonté & affection. Ils ne s'offensent pas seulement des mauuaises façons de ceux qui briguent, mais bien
souuent se lassent de leurs plus belles actions. Doncques Milon attendant
auec esperance ce iour tant desiré que l'on deuoit eslire des Consuls, se preparoit de comparoistre en la place à ceste auguste ceremonie, à la presen-

ce du peuple, auec les mains pleines de fang, confeffant & aduoüant publiquement vn tel meurtre? Cela eft incroyable en la perfonne de Milon.
Cela eft indubitable en celle de Clodius, qui fe promettoit de regner ab-
folument s'il pouuoit fe deffaire de Milon. Dauantage (& cela eft ce qui
luy a donné tant d'audace) il n'y a perfonne qui ne fçache combien l'efperance d'impunité eft vn grand allechement à mal faire. Or lequel des
deux a eu plus d'occafion de l'efperer? Milon qui fe voit aujourd'huy en
peine pour vn fait honorable, ou pour le moins neceffaire; ou Clodius
qui mefprifoit de telle façon les jugemens & condamnations ordinaires,
qu'il ne prenoit plus de plaifir à rien de ce qui eftoit permis par la nature,
ou par les loix? Mais pourquoy cherché-je tant d'arguments? pourquoy
m'amufé-je tant à difputer? Ie vous appelle à tefmoin, Seigneur Q. Pe-
tilius, qui eftes conneu pour vn tres-homme de bien & vaillant homme. Et vous Seigneur Marc Caton, que la bonne fortune nous a donné
pour juge en cefte caufe, vous auez entendu de Marc Fauonius, du viuant mefmes de Clodius, qu'il luy auoit dit, que Milon mourroit dans
trois jours. Trois jours apres qu'il vous eut dit cela, ce fait-cy eft aduenu.
Puis qu'il ne craignoit pas de dire ce qu'il penfoit, vous pouuez penfer ce
qu'il a faict. Comment eft-ce donc que les chofes luy ont ainfi reüffi à
poinct nommé? Ie vous l'ay defia dit. Il luy eftoit bien ayfé de fçauoir
le jour que l'on faifoit les facrifices accouftumez à Lanuue: il voyoit
qu'il falloit que Milon allaft à Lanuue ce jour-là mefmes, & pour ce il le
deuança. Mais quel jour? celuy-là mefmes que ce mercenaire Tribun du
peuple excita cefte rumeur en pleine affemblée: auquel fans doute il n'euft
jamais quitté la ville, il n'euft jamais quitté cefte concion, & ces crieries-
là, s'il n'euft efté preffé d'aller executer cefte mefchante entreprife. Il n'a-
uoit doncques nulle autre occafion de partir, il auoit grande occafion de
demeurer. Milon au contraire n'auoit nul moyen de demeurer, & eftoit
non feulement preffé, mais auffi neceffité de partir. Si ie vous dis dauantage que comme Clodius eftoit bien aduerty que Milon fe deuoit mettre en
chemin, auffi Milon ne fe pouuoit aucunement douter que Clodius s'y
deut rencontrer. Premierement ie vous demande, d'où l'auroit-il peu
fçauoir? Vous ne me fçauriez pas demander le femblable de Clodius. Car
quand il ne l'euft demandé à autre perfonne qu'à Titus Patina fon intime
amy, il a peu fçauoir que ce jour-là mefme il falloit que Milon allaft
pour créer vn Pontife à Lanuue: mais il y en auoit bien encores d'autres
defquels il le pouuoit apprendre, fçauoir eft tous ceux de Lanuue. Quant à
Milon, de qui fe fut-il peu informer du voyage de Clodius? Ie vous accorde
qu'il s'en foit informé. Voyez combien ie vous donne. Qu'il ait mefmes
gagné vn de fes gens, comme Arius l'vn de mes amis a voulu dire. Lifez les
depofitions de vos tefmoins. Caius Caffinius furnommé Schola natif d'Interamne, que ie connois fort familierement, & compagnon ordinaire de
Publius Clodius, par le tefmoignage duquel il fe trouue que Clodius en mefme heure eftoit à Rome, & à Interamne, depofe neantmoins que Clodius
deuoit demeurer tout ce jour-là à fa maifon d'Albane, mais qu'on luy apporta foudain les nouuelles de la mort de l'architecte Cyrus, & qu'auffi-
toft

toſt il ſe reſolut de s'en retourner à Rome. Caius Clodius compagnon de
P. Clodius en dit autant. Voyez, Meſſieurs, ce qui reſulte de ces teſmoi-
gnages-là. Car premierement Milon demeure deſchargé de ce ſoupçon,
d'auoir guetté Clodius ſur le chemin, puis qu'ainſi eſtoit qu'il ne le deuoit
pas rencontrer. Apres, puis qu'il faut que ie die tout ce qui ſert à ma cauſe,
Vous ſçauez, Meſſieurs, que lors que l'on publia ceſte loy, il y en eut qui
dirent que Milon auoit fait ce meurtre de ſa main, mais par l'aduis d'vn
plus grand que luy. Et par là ces coquins & gens perdus, me deſignoient
comme quelque voleur ou aſſaſſin. Ceux-là doncques ſont conuaincus par
leurs propres teſmoins, qui ſouſtiennent que Clodius ne fuſt point retourné à Rome, s'il n'euſt eu la nouuelle de Cyrus. Ie commence à reſpirer, il
me ſemble que ie ſuis aſſeuré, ie ne crains plus que l'on eſtime que j'aye penſé à ce que ie n'ay peu ſeulement ſoupçonner. Ie viens maintenant au reſte.
Volontiers qu'on me dira, Clodius non plus n'a point ſongé à dreſſer embuſcade à Milon, car il auoit deliberé de demeurer tout le iour en ſa maiſon
d'Albane; comme s'il n'en fuſt pas bien ſorty pour faire ce meurtre. Il m'eſt
aduis que ie voy celuy que l'on dit qui apporta les nouuelles de la mort de
Cyrus. Ce n'eſt pas-là l'aduis qu'il apporte, mais que Milon approche.
Quelle nouuelle luy euſt-on ſceu apporter de Cyrus, lequel il auoit laiſſé
quand il partit qui tiroit à la fin? I'y eſtois auec luy, ie ſignay le teſtament
auec Clodius: or auoit-il fait ſon teſtament en preſence de tout le monde,
& nous auoit laiſſé Clodius & moy, ſes heritiers: qu'euſt on mandé à Clodius? que le lendemain à quatre heures il eſtoit decedé: il l'auoit laiſſé ſur
les neuf heures le iour auparauant qui rendoit les abbois. Mais ie le veux,
prenez le cas qu'il fuſt ainſi, qu'il euſt ceſte nouuelle, quel beſoin eſtoit-il
de venir à Rome pour cela? ſe mettre la nuict ſur le chemin? Qu'eſt-ce qui
le preſſoit? Quoy? qu'il eſtoit heritier? Premierement il n'y auoit rien qui le
haſtaſt, & quand il y euſt eu quelque choſe, que pouuoit-il faire ceſte nuict-
là? que perdoit-il s'il fuſt venu le lendemain? Or comme Clodius auoit occaſion d'éuiter d'arriuer de nuict à la ville; ainſi puis que Milon cherchoit
de le tuer, & qu'il ſçauoit qu'il deuoit venir à la ville, il y deuoit demeurer,
& l'attendre. Il l'euſt pris de nuict en vn lieu ſuſpect, & plein de voleurs:
perſonne ne luy euſt contredit quand il euſt nié le fait, veu qu'à ceſte heure
meſme qu'il le confeſſe, chacun deſire de le ſauuer. Premierement ce lieu
où ſe retirent ordinairement les voleurs euſt ſeruy à couurir le fait. Car ceſte
grande & muette ſolitude n'en euſt rien declaré, la nuit ſombre & obſcu-
re ne l'euſt point deſcouuert. Puis tant de gens qu'il a griefuement offenſez, volez, chaſſez de leurs biens, & tant d'autres qui craignoient qu'il ne
leur fiſt le ſemblable, en euſſent eſté ſoupçonnez; toute la Thoſcane en euſt
eſté accuſée. Or, Meſſieurs, ce iour-là Clodius eſtant party d'Aricia s'eſtoit
arreſté en ſa maiſon d'Albane. Tellement que quand Milon n'euſt penſé
qu'il fuſt encores à Aricia, ſi deuoit-il eſtimer que quand il deuroit retourner à Rome ce iour-là, ſi s'arreſteroit-il en paſſant à ſa maiſon d'Albane qui
eſtoit ſur le chemin. Pourquoy doncques Milon ne s'eſt-il auancé pour le
prendre auant qu'il y arriuaſt, ou que ne l'a-il attendu au lieu où il deuoit arriuer la nuict? Ie voy, Meſſieurs, que tout s'accorde à ce que ie vous ay dit.

Il eut efté vtile à Milon que Clodius euft vefcu ; il eftoit fort defirable à
Clodius, pour obtenir ce qu'il vouloit que Milon mourut. Celuy-là haïffoit cruellement ceftuy-cy : ceftuy-cy ne haïffoit nullement celui-là. Celui-là eftoit accouftumé à vfer de force, pour faire injure à autruy : ceftui-cy
feulement pour la repouffer. Celui-là auoit menacé publiquement Milon
de le faire mourir, & s'en eftoit vanté : on n'en ouït iamais parler à Milon.
Celuy-là fçauoit le voyage de ceftuy-cy ; ceftui-cy ne fçauoit rien du retour
de celuy-là. Le partement de celui-cy eftoit neceffaire, le retour de celuy-
là eftoit affecté & hors de propos. Celuy-cy difoit à chacun qu'il partiroit
ce iour-là, celuy-là faifoit femblant qu'il ne reuiendroit pas mefme iour.
Ceftuy-cy n'a point changé d'aduis ; celuy-là fift femblant d'auoir fuject
d'en changer. Si celuy-cy l'euft guetté, il ne le falloit qu'attendre la nuict
pres de Rome : mais quand celuy-là n'euft point craint Milon, fi deuoit-il
craindre d'arriuer de nuict à Rome. Voyons maintenant, car c'eft le principal point, auquel des deux eftoit plus aduantageux & propre à dreffer
l'embufcade, le lieu où ils fe font rencontrez. C'eft, Meffieurs, ce qui peut
auoir quelque doute, & à quoy il vous faut foigneufement regarder. C'a
efté au deuant de la maifon de Clodius, auquel lieu à caufe des furieux edifices qu'il y faifoit, il s'y trouuoit d'ordinaire plus de mille hommes tous
gens de main. Oüy, mais Milon penfoit auoir l'auantage d'vn lieu haut, &
pour ce auoit-il choifi cet endroit pour faire fa charge. L'apparence n'eft-
elle pas que celuy qui fe fuft voulu feruir de l'aduantage du lieu pour attaquer fon ennemy, le deuoit attendre? qui eft toufiours vn tres-grand argument. Quand on ne vous raconteroit point les chofes comme elles font aduenuës, ains que vous les viffiez feulement en peinture, l'vn dans vn coche,
habillé d'vn robon, fa femme à fon cofté, vous iugeriez ayfément qui a efté
l'aggreffeur, & qui eft celuy qui ne penfoit point à mal faire. Car de tout
cecy qu'y a-il qui ne fut infiniment empefchant? la forte d'habillement, le
chariot, la compagnie. Qu'y a-il moins propre au combat, que celuy qui eft
embaraffé d'vne robbe, ferré dans vn coche, & quafi emprifonné dans les
bras de fa femme? Voyez d'autre cofté celui-là, premierement comme il
fort foudainement de fa maifon fur le foir. Qu'eft-il befoin de fortir fi tard?
quelle apparence y auoit-il? mefmes en cefte faifon? Il alla paffer par la maifon de Pompée. Eftoit-ce pour voir Pompée? Il fçauoit bien qu'il eftoit en
fa maifon d'Alfienfe affez loing de là. Eftoit-ce pour voir le lieu? Il y auoit
efté mille fois. Que falloit-il donc? s'arrefter-là & s'y amufer? il ne vouloit
pas quitter cefte place, attendant que Milon arriueroit. Paffons outre : comparez maintenant ie vous prie l'equippage de ce braue voleur auec le bagage de Milon. Auparauant on ne le voyoit jamais fans fa femme, lors il ne
l'auoit point : il auoit accouftumé d'aller en coche, il eftoit lors à cheual : en
quelque lieu qu'il allaft, lors mefmes qu'il alloit au camp de Thofcane, il
amenoit en fa compagnie des Grecs pour luy faire paffer le temps : il n'auoit
lors rien de tout ce fatras-là. Milon auoit lors par rencontre auec luy les enfans de mufique de fa femme, & vne trouppe de feruantes qu'il ne menoit
jamais auparauant. Celuy-là au contraire qui menoit toufiours auec luy
vne batelée de putains & de bardaches, n'en auoit lors aucune auec foy.
Il

Il n'auoit pas vn homme qu'il n'euft choifi vn pour vn. Comment doncques a-il efté vaincu? pour ce que les voleurs ne tuent pas toufiours les paffans, les paffans tuent quelquesfois les voleurs. Pour ce qu'ores que Clodius bien preparé, prift les autres au defpourueu, toutesfois c'eftoit vne femme qui rencontroit des hommes. Auffi que Milon n'eftoit iamais fi mal
preparé, qu'il ne le fuft affez pour Clodius. Car il fe reprefentoit toufiours
combien Clodius auoit d'intereft qu'il fuft mort, combien il le haïffoit,
combien il eftoit audacieux; & pour ce fçauoit-il bien quel grand prix eftoit
propofé à celuy qui voudroit attenter à fa vie. Auffi iamais n'alloit-il en lieu
dangereux fans eftre bien accompagné. Ioint le hazard, l'incertain euenement qui eft en toutes fortes de combats, & la fortune commune qui bien
fouuent renuerfe celuy qui triomphe defia, & emporte les defpoüilles de
fon ennemy, & l'abbat par celuy qui eft abbattu. Adjouftez à cela l'ignorance d'vn Chef tout faoul, demy yure & endormy; qui s'eftant mis entre
fon ennemy & fes gens, ne fongeoit pas à ceux qui venoient derriere, entre
les mains defquels eftant tombé, & les ayant trouuez efchauffez & defefperez du falut de leur maiftre, il a payé la peine dont les fidelles feruiteurs
ont voulu venger la mort de leur Seigneur. Pourquoy donc eft-ce que Milon les a mis en liberté? C'eft volontiers qu'il craignoit qu'ils ne l'accufaf-
fent, & qu'ils ne peuffent endurer la queftion, que les tourmens ne les con-
traigniffent de confeffer que les feruiteurs de Milon auoient tué Clodius fur
le chemin d'Appius. Qu'eft-il befoin de queftion? que demandez-vous?
S'il l'a tué? il l'a tué. Si iuftement ou iniuftement? Il ne faut point de queftion pour cela; le fait s'examine au tourment, le droit en iugement. Dif-
putons donc ce qui eft controuerfé en cefte caufe. Nous confeffons ce que
vous voudriez auerer par les tourmens. Que fi vous demandez pluftoft
pourquoy il a donné liberté à fes feruiteurs, que pourquoy il leur a donné fi
peu de recompenfe, vous n'entendez rien à blafmer le fait de voftre ennemy. Car Caton, qui dit toutes chofes conftamment & courageufement,
en a dit la caufe en pleine affemblée, lors que le peuple qui eftoit tout en rumeur fut appaifé par fon authorité. Il dit que les feruiteurs qui auoient deffendu la vie de leur maiftre ne meritoient pas feulement liberté, mais toute
la plus belle recompenfe qu'on leur fçauoit donner. Quel affez grand loyer
peut-il donc donner à de fi chers, fi bons, fi fidelles feruiteurs, par le moyen
defquels il joüit de la vie? Bien que cela ne foit pas encore tant, comme
ce que par leur moyen il n'a pas faoülé de fon fang & de fes playes, les
yeux, & le courage de fon plus cruel ennemy. Que s'il ne les euft mis en
liberté, il euft veu confumer aux tourmens ceux qui auoient fauué leur
maiftre, vengé fon injure, & empefché fa mort. Ie vous puis dire qu'en
cefte affliction rien ne le confole tant, que ce qu'il voit que quand il luy deuroit mal aduenir, au moins pour eux ils ont receu la recompenfe qu'ils
auoient meritée. Mais ce dont on bat Milon, c'eft de la queftion que l'on a
donné à quelques feruiteurs en la fale de la liberté. Quels feruiteurs? le demandez-vous? ceux de Pub. Clodius. Qui a pourfuiuy cela? Appius. Qui
les a reprefentez? Appius. D'où ont-ils efté amenez? de chez Appius. Bon
Dieu, que fe peut-il voir de plus rigoureux? On ne baille iamais la queftion

aux feruiteurs pour les oüyr contre leurs maiftres, finon en crime d'incefte, comme quand Clodius en fut accufé. A ce que ie voy Clodius eft paruenu iufques à la diuinité, voire bien plus pres que quand il entra au facraire des Dieux, puis que l'on informe de fa mort, de mefme façon que l'on feroit fi les myfteres des Dieux auoient efté violez. Nos anceftres n'ont pas permis que l'on donnaft la queftion aux feruiteurs pour defcouurir le crime dont leur maiftre eftoit accufé ; non que l'on n'en peut bien tirer la verité, mais pour ce que cela leur affemblé indigne, & quafi plus deplorable que la mort mefmes du maiftre. Voudra-t'on doncques chercher la verité contre l'accufé, par la bouche des feruiteurs de celuy qui l'accufe? Or difons vn petit, quelle forte de queftion eft cela? Où eft Rufcion? où eft Cafca? Clodius a-il dreffé embufcade à Milon? s'ils difent oüy, ils font affeurez d'eftre pendus: s'ils difent non, ils font affeurez d'eftre mis en liberté. Qu'y a-il donc plus affeuré que ce qu'ils doiuent dire? Auffi toft qu'ils furent pris pour eftre mis à la torture, l'on les mit à part, l'on vous les enferme dans des trous, de peur que perfonne ne parlaft à eux : apres que l'accufateur les eut gardé cent iours, on vous les reprefente. Eft-ce pas bien-là vne bonne & fainctefaçon, de mettre des gens à la queftion? La chofe mefmes vous monftre par des fignes euidens, & fi clairs argumens que rien plus, auec quelle pureté de confcience, franchife de courage, fans fe fentir coupable de rien, ny eftre aucunement eftonné, Milon s'en reuint en cefte ville. Que fi cela ne fuffit, pour l'honneur de Dieu, refouuenez-vous combien fon retour fut foudain, de quelle façon il vint au Palais, lors que la Cour eftoit toute efmeuë; auec quelle grandeur de courage, auec quel vifage, auec quelle parole il comparut. Il ne fe mit pas feulement entre les mains du peuple, mais du Senat; non feulement du Senat, mais des gardes & forces publiques ; non feulement des gardes, mais de celuy à qui le Senat auoit commis le gouuernement de la Republique, de la ieuneffe d'Italie, & de toutes les forces de l'Eftat. Ce que fans doute Milon n'euft iamais faict, s'il ne fe fut affeuré de fon innocence : veu mefmes qu'il le voyoit efcouter tout, craindre de grandes chofes, en foupçonner beaucoup, & en croire quelque-vnes. La confcience, Meffieurs, a beaucoup de puiffance, beaucoup en vne façon & en l'autre, pour faire que ceux qui n'ont rien fait de mal, ne craignent rien, & que ceux qui ont commis quelque mefchanceté en attendent toufiours la peine. Et certes ce n'eft pas fans raifon que le Senat a toufiours trouué bonne la caufe de Milon. Ces fages perfonnages confideroient la qualité du faict, fon grand courage, & fa conftance en fa deffence. Ne vous fouuenez-vous point, Meffieurs, que quand on apporta les premieres nouuelles de la mort de Clodius, il y auoit non feulement des ennemis de Milon, mais auffi d'autres mal habiles gens qui difoient, & penfoient qu'il ne reuiendroit pas à Rome? Pour ce qu'il leur fembloit, que s'il auoit commis cet acte auec vn efprit irrité, pour fe defendre d'vn ennemy qu'il haïffoit extremément, il penfoit auoir affez gagné d'auoir tué Clodius, & que volontiers il fe priueroit de la veuë de fon pays, ayant faoulé fa haine du fang de fon ennemy. Que s'il auoit eu feulement deffein d'en deliurer le pays, comme il eftoit courageux, il ne feindroit point apres auoir procuré le falut de la Republi-

que,

que, de ceder genereusement à la rigueur des loix, emporter auec soy l'honneur d'vn si bel acte, & nous laisser joüyr des biens qu'il nous auoit conseruez. Il y en auoit beaucoup qui ramenteuoient le fait de Catilina, & autres monstres semblables, & disoient, Il s'eschappera, il se saisira de quelque place, il fera la guerre à son païs. En cela certes sont quelquefois miserables, ceux qui ont bien seruy la Republique, que les hommes n'oublient pas seulement leurs belles & signalées actions, mais soupçonnent mesme d'eux des choses detestables. Cela s'est donc trouué faux : ce qui fut neantmoins vray-semblablement arriué, si Milon eut commis chose, dont il ne se fut peu honnestement excuser. Et quoy? ce que l'on a voulu depuis rejetter sur luy, bienqu'il eut peu estonner vne conscience qui eust esté tant soit peu coupable, Dieux immortels, comme l'a-il supporté? Supporté mais plustost mesprisé, sans en faire aucun conte? chose certes que nul coupable n'eust sceu faire, quelque grand courage qu'il eut, ny nul innocent auec, s'il n'eust eu vn tres-grand courage. L'on estimoit qu'il se trouueroit vn grand nombre de rondaches, de coutelas, de mords de cheual, de traicts, de dards, qu'il n'y auoit ruë ny coin en la ville, où Milon n'eust vne maison loüée : que l'on auoit porté des armes par eau à Otricule : qu'à la descente du Capitole il y auoit vne maison pleine de rondaches, que tout estoit plein de brandons accommodez pour mettre le feu en la ville : ce qui n'auoit pas seulement esté rapporté, mais quasi creu, & ne l'auoit-on point descreu, jusques à ce que l'on s'en fut informé. Ie loüe certes l'incroyable diligence de Cn. Pompée, mais pour dire, Messieurs, ce que j'en pense, ceux à qui l'on donne le gouuernement de toute la Republique, sont contraints d'oüir beaucoup de choses, voire mesmes Cn. Pompée estoit contraint d'escouter Popa Licinius, qui est vn ie ne sçay qui, qui sert aux jeux publics, qui contoit que les seruiteurs de Milon s'estans enyurez chez luy, auoient confessé que Milon auoit conjuré de tuer Pompée, & que depuis l'vn d'eux luy auoit donné vn coup d'espée, pour le tuer, de peur qu'il ne le descouurist. Il enuoya dire cela à Pompée, lors qu'il estoit allé voir ses jardins. Luy me manda aussi-tost : par l'aduis de ses amis il en fist son rapport au Senat. I'estois demy-mort de voir mon pere, le pere commun & garde du pays, en ceste crainte : mais j'estois estonné de voir que l'on s'arrestast au dire de Popa, que l'on se fondast sur vne pretenduë confession de seruiteurs yures, & que l'on fist estat d'vne piqueure d'aiguille au costé, comme si c'eust esté vn coup d'vn assassin. Et à la verité sçay-je bien que Pompée le faisoit plus par preuoyance que par crainte, & afin de ne pouruoir pas seulement à ce qu'il falloit craindre, mais generallement à tout ce qui se presentoit, & que vous n'eussiez nulle occasion de craindre. L'on venoit dire que la maison de Caius Cesar auoit esté assiegée, vne grande partie de la nuict. Bien qu'elle fust en quartier fort hanté, personne n'en auoit rien oüy, ny rien entendu : & toutesfois il se disoit. Ie ne pouuois pas m'imaginer que Cn. Pompée plein de tres-grande valeur fut saisi de peur : ie jugeois bien que celuy qui auoit pris la charge de tout l'Estat, n'y pouuoit apporter trop de diligence. Il n'y a pas long-temps que le Senat estant solennellement assemblé, il se trouua vn Senateur qui vint dire que Milon auoit des armes sous sa robe : voyant que

la vie d'vn tel homme, & d'vn tel citoyen, ne donnoit pas affez d'affeurance, il fe defpoüilla au milieu du temple, afin que la chofe mefme parlaft
pour luy: on trouua que c'eftoient toutes chofes malicieufement controuuées. Si toutesfois apres cela il y a encores quelque crainte de Milon, nous
ne craignons plus certainement le fait de Clodius, mais nous craignons
Cn. Pompée. Vous, dif-je, Pompée, que ie nomme maintenant à haute
voix, afin que vous me puiffiez entendre, nous craignons les foupçons que
vous pouuez auoir de luy. Si vous vous deffiez de Milon, fi vous penfez, ou
qu'il fonge, ou qu'autrefois il ait fongé à attenter mefchamment à voftre
vie; fi les leuées qui fe font en Italie, comme quelques-vns de ceux qui font
vos recherches crient, fi ces forces-cy, fi la garnifon du Capitole, fi les gardes & les rondes, fi cefte jeuneffe choifie qui garde voftre corps & voftre
maifon, eft armée contre Milon, & que tout cela foit dreffé & preparé contre luy, on penfe certes qu'il a de grandes forces, qu'il a vn courage incroyable, & qu'il a plus de forces & de moyens qu'vn fimple particulier, puis
que l'on a choifi pour s'oppofer à luy le plus excellét Capitaine qu'on a peu,
& que toute la Republique eft armée pour cet effect. Mais qui eft celuy qui
ne fçache que l'on a mis entre vos mains tous les membres de la Republique malades & attenuez, afin de les reftaurer, & renforcer par le moyen
des trouppes que vous auez? Que fi vous donniez moyen à Milon de ce
faire, il vous monftreroit clairement que jamais homme ne fut plus cher à
homme, que vous luy auez efté: qu'il n'a jamais fuy aucun danger pour
conferuer voftre honneur, & que fi fouuent que rien plus il eft entré en
querelle auec cefte pefte publique, pour maintenir voftre gloire. Ils'eft
gouuerné en fon Tribunat entierement par voftre aduis, & l'a employé à
ma reftitution, pour ce qu'il fçauoit qu'elle vous eftoit fort agreable. Depuis vous auez entrepris fa deffenfe en vne caufe capitale, & l'auez aydé en
fa brigue pour la Preture: Il a toufiours fait eftat d'auoir deux hommes fort
fes amis; vous, pour luy auoir fait beaucoup de plaifirs; & moy, pour en
auoir beaucoup receu de luy. Que fi c'eftoit chofe qu'il ne vous peuft perfuader, & que ce foupçon vous fut imprimé fi auant en l'efprit, qu'il ne s'en
peuft tirer; fi outre cela on ne pouuoit ceffer les leuées en Italie, & en la ville, ny mettre les armes bas, & viure en paix que par fa ruine, fans doute il
euft abandonné le pays. Car il eft nay, & s'eft nourry en cefte humeur.
Mais ô Grand Pompée, il vous a proteflé cy-deuant comme il fait encores
prefentement, que vous confideriez combien la vie des hommes eft fujette
à diuers mouuemens, combien la fortune eft changeante & muable, combien il fe trouue de perfidie en nos amis, combien de diffimulations accommodées au temps & à la faifon, combien les parens & amis fe reculent de
leurs plus proches, lors qu'ils les voyent en danger, & combien ils'y voit de
froideur & timidité. Il viendra, il viendra fans doute vne faifon, & verrons
luire vne journée, en laquelle vos affaires eftans en bon eftat comme ie l'efpere, mais toutesfois changées par le commun mouuement du temps (qui
arriue fort fouuent, comme nous fçauons pour l'auoir experimenté) que
vous regretterez la bien-veillance d'vn tres-bon amy, la fidelité d'vn
homme conftant, & le courage d'vn des plus vaillans hommes qui nafquit
jamais

jamais au monde. Toutefois qui croira que Cn. Pompée, qui entend fort
bien ce qui appartient au public, qui sçait les façons dont viuoient nos majeurs, & est experimenté au gouuernement de l'Estat, ayant receu du Senat
la charge de pouruoir à ce que la Republique ne tombast point en inconuenient; par lequel mot les Consuls se sont tousiours estimez assez authorisez, & fortifiez, bien qu'ils n'eussent point d'armes ; ait voulu dresser vne
armée, & leuer gens par tout, attédant que l'on vengeast par iustice l'entreprise de celuy qui auoit voulu par ses conseils renuerser les loix & la Iustice ?
Pompée a assez iugé que c'estoient toutes calomnies que l'on imposoit à
Milon, lors qu'il a publié cesteloy, par laquelle il faut à mon aduis absoudre
Milon, & par laquelle au moins au iugement de tout le monde, il est permis
de l'absoudre. Quant à ce qu'il est là assis parmy les compagnies des gardes,
il monstre bien que ce n'est pas pour vous donner aucune crainte. Car qu'y
auroit-il moins digne de luy, que de vous contraindre de condamner celuy qu'il eust peu faire mourir luy-mesmes, selon que la loy & coustume
des anciens luy permettoient s'il en auoit la volonté? mais c'est pour vous
tenir en seureté, & vous faire entendre que quelque rumeur qui se fist hier
à l'assemblée du peuple, que vous auez liberté de iuger ceste cause, selon
que vous verrez bon estre en vos consciences. Et pour moy, Messieurs, ie ne
fais aucun compte du fait de Clodius, & ne suis pas si beste, ne si ignorant,
que ie ne sçache ce que vous jugez de sa mort, & m'asseure que quand ie
n'aurois point purgé Milon, comme j'ay faict, du soupçon de crime, neantmoins il pourroit crier tout haut, & publier, bien que faussement, mais certes glorieusement : I'ay tué, i'ay tué; non Spurius Melius, qui estoit soup-
çonné d'affecter la tyrannie en fauorisant le peuple, mettant les denrées à
bon marché, y employant & despendant ses biens; non Tiberius Gracchus, qui auoit destitué son compagnon d'office par vne seditieuse assemblée, (ceux qui les ont tué ont remply le rond de la terre de la gloire de leur
nom :) mais i'ay tué celuy qui a esté surpris en vn abominable adultere, sur
les oreillers des plus saincts & sacrez mysteres, par des plus nobles femmes
de ceste ville : car de cela se pourroit-il vanter apres auoir sauué la Republique au hazard de sa vie : I'ay tué, diroit-il, celuy par la peine duquel le Senat a souuent esté d'aduis que l'on expiast la religion violée : celuy que Lu-
cullus, apres en auoir informé, a solennellement affermé auoir trouué qu'il
abusoit meschamment de sa propre sœur : celuy qui auec ses seruiteurs armez a chassé de la ville vn citoyen, que le Senat, le peuple, & toutes les nations tiennent pour le conseruateur de leur ville & de leur vie : celuy qui distribuoit des Royaumes, & les ostoit à qui il vouloit; qui partageoit toute
la terre auec qui bon luy sembloit : celuy qui auec plusieurs meurtres & violences faites en pleine place, auoit chassé vn personnage d'honneur & de
vertu, & iceluy contraint de s'enfermer en sa maison : celuy qui n'a iamais
fait conscience de faire tout ce à quoy sa meschanceté ou son plaisir l'ont
inuité : celuy qui a embrasé le Temple des Nymphes, afin d'esteindre la
memoire des papiers censiers de la Republique qui y estoient deposez : celuy pour lequel il n'y auoit plus de loix, plus de droit, plus de bornes de possessions : celuy qui ne volloit plus les maisons par procés, faux adueux, &

faux fermens, mais auec trouppes, auec armes, auec les enseignes desployées:
celuy qui ne s'amusoit plus à chasser les Thoscans de leurs terres, car il commençoit à les trop mespriser, mais s'efforçoit mesmes de chasser Cn. Pompée (ce Seigneur d'honneur, plein de valeur & d'integrité, qui est aujour-
d'huy nostre Iuge) de ses terres & possessions, & ce auec armes, voire auec
armées: celuy qui alloit visiter les fermes & les vergers de plusieurs de ses
voisins, auec des architectes & arpenteurs, & ne bornoit l'esperance de ses
conquestes, que du Ianicule & des Alpes: celuy qui n'ayant peu obtenir
que Titus Pacanius, homme fort renommé, & de valeur, luy vendist vne
Isle qui est dans le lac de Pretion, y fist aussi-tost porter par bateaux des ma-
teriaux, de la chaux, du ciment, & des armes, & bastit vn edifice dans le
fond d'autruy, à la veuë du proprietaire du lieu, qui le regardoit faire de l'autre costé de l'eau: celuy qui vint à Marcus Fanius, personnage Dieu sçait
quel; car ie ne parleray point de ce qu'il fit à la pauure Sanctia, & à ce jeune homme Afranius, lesquels il menaçoit de faire mourir, s'ils ne luy quittoient leurs jardinages: il vint, dis-ie, à Marc Fanius, & luy dist que resolu-
ment, s'il ne luy bailloit vne somme d'argent qu'il luy demandoit, qu'il feroit porter vn homme tué dans sa maison, dont il seroit en peine toute sa
vie: celuy qui a depossedé son frere Appius (qui est fort mon amy) de son
heritage, pendant qu'il estoit absent, celuy qui auoit entrepris de bastir vne
muraille de telle façon, & jetter ses fondemens en sorte deuant la porte de
sa propre sœur, que non seulement il luy eust osté le passage, mais aussi l'entrée de sa maison. Bien sçay-je à la verité, que tout cela commençoit à sembler tolerable, encore qu'il se jettast esgalement sur la Republique & sur les
particuliers, sur les voisins, & sur les Estrangers, sur les siens & sur les autres:
mais ceste ville estoit ja ie ne sçay comment endurcie à cela, & s'estoit formée vne patience incroyable. Mais de ce qui restoit, & qui estoit prest d'arriuer, qui est à dire vn commandement souuerain qu'il vouloit vsurper,
comment vous en fussiez-vous garantis? ou comme l'eussiez-vous peu supporter? Ie ne parle point de nos alliez, des nations Estrangeres, des Roys &
autres Princes. Car vous en estiez desia là, que vous faisiez des vœux aux
Dieux, à ce qu'il leur pleust de tourner la fureur de cet homme plustost sur
ceux-là, que sur vos maisons, vos heritages, & vos moyens. Comme sans
dans doute il n'eust iamais contenu ses cupiditez effrenées, qu'il n'eust attenté à vos enfans, à vos enfans, dis-ie, & à vos femmes. Pensez-vous que
ce soient contes? c'est chose euidente & notoire à tout le monde, qu'il auoit
fait des roolles d'esclaues pour en dresser vne armée en ceste ville, pour
s'emparer des fortunes publiques & particulieres d'vn chacun. Et partant si
Anne Milon venoit maintenãt l'espée sanglante au poing, & crioit; Venez,
ie vous prie, Messieurs, & entẽdez ce que j'ay fait: j'ay tué Publius Clodius
auec ceste espée; auec ceste main j'ay reprimé ses fureurs, que les loix & les
jugemens ne pouuoiẽt plus brider, & destourné de vos gorges ses parricides
mains: par mon moyen le droit, l'equité, les loix, la liberté, la pureté, la chasteté, sont conseruez en ceste ville: Volontiers qu'il y auroit à douter de
quelle façon la ville porteroit vn tel acte. Car qui est-ce aujourd'huy qui
ne l'approuue & ne le loüe? qui ne die & ne pense qu'Anne Milon est celuy
qui

qui de memoire d'homme a le plus profité à la Republique, & qui a donné le plus de contentement à toute l'Italie , & à toutes les nations? Ie ne puis pas juger quelles joyes a eu autresfois l'ancien peuple Romain. De noſtre aage nous auons veu de tres-grandes & celebres victoires , obtenuës par de tres-braues Capitaines, pas vne deſquelles n'a apporté vne ſi durable, ny ſi grande reſiouïſſance que ce fait-cy. Ie vous prie de vous ſouuenir de ce que ie vous dis, Meſſieurs, j'eſpere que vous & vos enfans verrez arriuer beau-coup de biens à cet Eſtat, & jugerez quand ils arriueront, que ſi Clodius euſt veſcu vous n'en euſſiez jamais rien veu. Nous auons maintenant grande eſperance, & en laquelle ie m'aſſeure que nous ne ſerons point trompez , que cette année pendant que ce grand homme-cy eſt Conſul, ſera ſalutai-re à cet Eſtat, & que l'on y verra la licence des hommes reprimée, les cupi-ditez refrenées, les loix & les iugemens reſtablis. Y a-il aucun ſi perdu d'en-tendemet , qui eſtime que cela fuſt aduenu ſi Clodius euſt veſcu? Quoy? les biens que vous poſſedez en particulier vous pouuoient-ils eſtre aſſeurez, tant que ce ce furieux euſt commandé? Ie ne crains pas, Meſſieurs, que l'on penſe que pouſſé par l'ardeur de la haine que ie luy portois, ie de bacque icy contre luy plus animeuſement que veritablement. Car bien que j'euſſe par-ticuliere occaſion de le haïr, toutesfois il eſtoit tellemét hay de tout le mon-de, qu'en ceſte haine commune, la mienne eſt égale à celle des autres. L'on ne ſçauroit aſſez exprimer, ny pas meſme imaginer combien il y auoit de meſchanceté, combien de malheurté en cet homme. Mais ie vous prie, Meſſieurs, penſez vn peu, il s'agiſt icy de la mort de Clodius: vos penſées ſont libres, & comme vous voyez ce que vous regardez, ainſi vous repre-ſentez-vous ce que vous voulez imaginer. Feignez donc en voſtre eſprit que ma fortune ſoit telle, que j'obtienne l'abſolution de Milon, à la charge toutesfois que Clodius retourne en vie. Quoy? ie voy vos viſages tous ef-frayez. Comme ne vous eſtonneroit-il donc s'il viuoit, puis que mort qu'il eſt, il vous eſtóne par vne vaine imagination? Quoy? ſi Cn. Pompée, qui a eu tant de valeur & de bonne fortune, qu'il a peu faire ce que perſonne autre que luy n'a jamais fait, euſt eu autant de puiſſance de rappeller Clodius des enfers, comme il a eu de faire informer de ſa mort, penſez-vous qu'il l'euſt fait? Quand bien il l'euſt deſiré pour quelque amitié particuliere, ſi eſt-ce que pour l'amour de la Republique il ne l'euſt pas voulu faire. Vous eſtes donc là aſſis pour venger la mort de celuy à qui vous ne voudriez pas ren-dre la vie, quand vous croiriez le pouuoir faire? L'on a donc publié vne loy pour ſa mort, laquelle n'euſt eſté jamais publiée, ſi l'on euſt penſé qu'el-le l'euſt peu faire reuiure? Doncques celuy qui l'auroit tué, confeſſant l'a-uoir fait, n'euſt-il pas obtenu de ceux qu'il auroit deliuré d'vn tel monſtre, d'eſtre luy-meſme deliuré de la crainte d'en eſtre puny? Les Grecs ordon-nent des honneurs diuins à ceux qui tuent les tyrans , & cela ay-je veu à Athenes & en autres villes de Grece, où ils cóſacrent religieuſemét, & com-me pour vne memoire immortelle, les honneurs inſtituez pour telles gens, les chants & autres vers qu'ils font pour eux: & vous non ſeulement ne ferez point d'honneur à celuy qui a conſerué vn ſi grand peuple, & vengé vne ſi grande meſchanceté ; ains au contraire, permettrez qu'il ſoit trainé miferablement au fupplice? Il le confefferoit, il le confefferoit, dif-je, fort librement & courageufement s'il l'auoit fait. Et diroit l'auoir fait pour vous mettre en liberté; & cela ne faudroit-il pas qu'il le confeffaft feulement, mais qu'il le criaft à haute voix. Car fi aujourd'huy il ne nie pas ce pour-quoy il ne vous demande autre chofe, finon que vous l'excufiez, crain-droit-il de confeffer ce dont il pourroit juftement demander d'eftre loüé pour recompenfe? Si ce n'eft qu'il eftimaft vous eftre plus agreable, d'auoir fait ce qu'il a fait pour fa conferuation, que s'il l'auoit fait pour la voftre: eftant certain qu'en confeffant cela, il deuoit emporter vn grand honneur & beaucoup de loüange, fi vous voulez vous monftrer reconnoiffans en fon endroit. Que fi le fait ne vous eftoit agreable, (& neantmoins qui eft celuy qui ne prenne plaifir à fa conferuation?) toutesfois s'il aduenoit ain-fi, & que la valeur d'vn homme de courage fuft fi mal reconnuë de fes citoyens, auec vne braue refolution & vn efprit plein de conftance, il aban-donneroit vne fi ingrate cité. Car que fe trouueroit-il de plus ingrat au monde, que de voir les autres fe refioüir, & celuy-là feul plorer, par le moyen duquel tous les autres fe refioüiroient? Et toutesfois nous auons toufiours eu cefte opinion, quand nous nous fommes employez à pourfui-ure & opprimer ceux qui trahaïffoient le pays, que nous deuions fubir le hazard & l'enuie de ce dont nous deuons auoir la gloire. Car quelle loüan-ge aurois-je merité en mon Confulat, lors que j'ay ofé faire tant de chofes pour vous, & pour vos enfans, fi en ce que j'entreprenois j'euffe penfé en pouuoir venir à bout, fans beaucoup de rudes & fafcheufes rencontres? Qui eft la femme qui n'euft affez de hardieffe de tuer vn mefchant & per-nicieux ciroyen, fi elle le pouuoit faire fans danger? Quand vous auez de-uant vous l'enuie, la mort, le tourment, fi pour cela vous ne laiffez point de deffendre la Republique, vous pouuez dire que vous eftes vrayement hom-me de bien. C'eft le deuoir d'vn peuple reconnoiffant, de recompenfer ceux qui feruent le public: c'eft le fait d'vn homme genereux de ne fe point re-pentir d'auoir bien fait, quelque tourment qu'il en puiffe endurer. Et pour-ce Milon feroit en cela comme Hala, comme Nafica, comme Opimius, comme Marius, & comme moy mefmes, & confefferoit le fait auffi inge-nuëment que nous. Si la Republique luy en fçauoit gré, il s'en refioüiroit fi au contraire, il fe repoferoit en fon aduerfité fur fa confcience. Mais, Meffieurs, la fortune du peuple Romain, voftre bon-heur, & les Dieux immortels veulent que l'on tienne d'eux ce bien-faict, & penfe qu'il n'y a perfonne qui le juge autrement, finon qu'il ne croye point qu'il y ait de puiffance & de diuinité dans les Cieux, & ne foit point émeu de la gran-deur de voftre Empire, de la veuë du Soleil, & des Cieux, du mouuement des aftres, du tour & retour qui fe voit en toutes chofes, ny qui plus eft, de la fageffe de nos anceftres, qui nous ont inftitué les myfteres, les ceremo-nies, les augures lefquels ils ont religieufement honoré, & laiffé à la pofte-rité la façon de s'y gouuerner. Là là certainement eft cefte grande vertu; & ne faut penfer qu'en nos corps pleins d'imbecillité il y ait quelque puiffance qui nous face viure & fentir, & qu'il n'y en ait point en ce grand mouue-ment de la nature: fi ce n'eft qu'on vueille dire qu'il n'y en a point, pource

qu'elle

qu'elle n'apparoiſt point, & ne ſe void point ; non plus que nous ne pouuons voir ceſte ame par laquelle nous nous gouuernons auec ſageſſe &
prudence, & auec laquelle nous faiſons & diſons tout cecy. C'eſt ceſte
meſme puiſſance qui a departy ſi ſouuent des proſperitez & des richeſſes incroyables à ceſte ville, laquelle a eſteint & eſtouffé ce pernicieux homme-
là, & luy a premierement mis en l'eſprit l'audace de prouoquer par ſa violence vn homme genereux & vaillant, & puis a permis qu'il fuſt vaincu par
celuy, lequel s'il euſt vaincu, il ſe fuſt acquis pour iamais vne licence & impunité de mal faire. Ce n'eſt pas, Meſſieurs, par conſeil d'hommes, non pas
meſmes par vne mediocre prouidence des Dieux, que cela s'eſt fait ainſi.
Quand ceſte beſte eſt tombée par terre, les myſteres & les autels meſmes
ont monſtré d'en eſtre eſmeus, & retenir part à ceſte vengeance. Ie vous
implore & vous appelle à teſmoins, vous ô tombeaux d'Albanie, vous ô
ſaintes foreſts, vous ô ſacrez autels, où ſouloient ſacrifier les Albanois, &
qui eſtiez aſſociez à la Religion Romaine, & de ſemblable veneration, &
eſtes maintenant ruinez & renuerſez ; & leſquels ce miſerable precipité par
ſa demence, apres auoir couppé les bois ſacrez, a eſtouffé entre ſes furieux
baſtimens. A ce coup, à ce coup, ces autels, ces myſteres, & toutes ces di-
uinitez que ce meſchant auoit pollu par toute ſorte d'ordure, ont monſtré
clairement ce qu'elles pouuoient. Et vous ſacré Iupiter, vous auez en fin
regardé du haut de voſtre Mont Latial, les lacs, les bois, les bornes que ce
meſchant-cy auoit contaminé par toute ſorte de paillardiſe & de villenie,
& auez ouuert les yeux pour punir ſa meſchanceté. C'eſt à vous, c'eſt à vous,
& en voſtre preſence, qu'il a en fin payé la peine qu'il auoit tant meritée. Sinon qu'on vueille dire que c'eſt par cas d'auenture, qu'eſtant venu faire ceſte charge deuant le temple de la bonne Deeſſe, qui eſt en la maiſon de T.
Seſtius Gallus, tres-vertueux certes, & tres-honorable ieune homme, il a
receu le premier coup, dont deuoit enſuiure ceſte villaine mort, à la veuë de
la bonne Deeſſe ; afin qu'il ne ſemblaſt pas auoir eſté abſous par cet infame
iugement que vous ſçauez, mais reſerué à ce ſignalé ſupplice. L'ire des Dieux
a mis auſſi vne meſme folie en l'eſprit de ſes ſatellites, par le moyen de laquelle il a eſté pauurement expoſé, & ſon corps bruſlé, ſans ceremonie, ſans
eſtre accompagné des images de ſes anceſtres, ſans aucun chant funebre,
ſans jeux, ſans obſeques, ſans lamentations, ſans oraiſon funebre, ſans conuoy, couuert de ſang & de boüe : bref priué de ce dernier honneur que les
ennemis meſmes rendent à ceux qu'ils ont vaincu. C'eſt ie croy qu'il n'eſtoit
pas loiſible aux images de ces grands perſonnages-là, de faire honneur à vn
ſi deteſtable parricide, & qu'il n'y auoit lieu où ſon corps deuſt pluſtoſt eſtre
deſchiré, qu'en celuy où ſa vie auoit eſté condamnée. Ie plaignois certes
long-temps y a, la fortune du peuple Romain, de ce qu'il voyoit tant &
tant d'années cet homme faire la guerre au public, & l'enduroit. Il auoit
pollu nos plus ſaintes ceremonies par paillardiſe, il auoit enfraint les plus importans arreſts du Senat : il s'eſtoit publiquement, & à beaux deniers comptans rachepté des mains des Iuges : pendant ſon Tribunat il auoit tourmenté le Senat, il auoit caſſé ce qui auoit eſté ordonné par le conſentement
de tous les ordres pour le bien de cet Eſtat, il m'auoit chaſſé de mon pays, il

auoit rauagé mes biens, bruſlé ma maiſon, trauaillé ma femme & mes enfans ; il auoit deſfoncé vne cruelle guerre à Pompée, il auoit tué & des Magiſtrats & des particuliers, il auoit bruſlé la maiſon de mon frere, il auoit ra-
clé toute la Thoſcane, il en auoit ſpolié vne infinité de leurs biens, & de
leurs maiſons ; ils preſſoit, il pourſuiuoit. Ceſte ville, l'Italie, les Prouinces,
les Royaumes n'eſtoient plus capables de borner ſes inſenſez deſſeins ; on
minutoit deſ-ja des Edicts en ſa maiſon, par leſquels on nous faiſoit eſclaues
de nos eſclaues ; il n'y auoit rien de l'autruy qui luy pleuſt, qu'il ne fiſt eſtat
d'auoir ceſte année ; perſonne ne s'oppoſoit à ſes entrepriſes que Milon, qui
ſeul eſtoit capable de s'y oppoſer ; il penſoit tenir Pompée lié à luy, par ceſte
nouuelle reconciliation ; il ſe vantoit que ce que Ceſar auoit de puiſſance
eſtoit à ſa deuotion : quant au courage des gens de bien, il auoit monſtré en
moy le peu de cas qu'il en faiſoit : Milon ſeul l'importunoit. Au meſme
temps les Dieux immortels ont mis en teſte à ce perdu, à ce furieux, de luy
dreſſer ceſte embuſcade : ceſte peſte ne pouuoit perir autrement ; autrement
la Republique n'euſt iamais eu moyen de ſe venger par iuſtice de luy. Que
le Senat l'euſt contenu pendant qu'il euſt eſté Preteur : le penſant faire lors
qu'il eſtoit priué, il n'y auoit rien profité. Les Conſuls ſe fuſſent courageuſement comportez, afin de le retenir en office : Milon tué, il euſt eu tels Conſuls qu'il euſt voulu. Dauantage qui eſt le Conſul qui ſe fuſt voulu formali-
ſer contre ce Preteur, qu'il ſe ſouuenoit auoir durant ſon Tribunat fait
cruellement ruer vn perſonnage Conſulaire ? Sans doute il euſt tout occupé, il ſe fuſt emparé de tout. Par cet Edict que l'on a trouué chez luy auec
les autres loix Clodiennes, il euſt donné liberté à tous nos ſerfs. En fin ſi les
Dieux ne luy euſſent mis à la teſte, que laſche & effeminé qu'il eſtoit, il en-
trepriſt d'aſſaſſiner vn homme de grande valeur, la Republique ne ſeroit
plus maintenant. Quoy ? quand il euſt eſté Preteur, quand il euſt eſté Conſul (ſi tant eſt que nos autels & nos murailles euſſent peu demeurer ſi long-
temps debout luy viuant, qu'elles l'euſſent peu voir Conſul,) bref tant qu'il
euſt eſté viuant, ſe fuſt-il peu tenir de mal faire ; luy qui tout mort, ſous la
conduite de Sextus Clodius, l'vn de ſes ſatellites, a mis le feu dans le Palais ?
Qu'auons-nous iamais veu de plus miſerable, de plus faſcheux, de plus deplorable ? Nous auons veu bruſler, abbattre, & depecer ce Temple de ſainteté, de majeſté, de ſageſſe, du Conſeil public, le chef de cet Eſtat, l'aſyle de
nos confederez, le port de toutes les nations eſtrangeres, & le ſiege deſtiné
par le peuple Romain à ce grand ordre. Et cela non par vne multitude in-
conſiderée, bien qu'il euſt touſiours eſté miſerable à voir, mais par vn ſeul
homme, lequel ayant oſé tant entreprendre pour venger vn homme mort,
qu'euſt-il fait portant l'enſeigne deuant luy, s'il euſt veſcu ? Il a ietté ſon corps
dans le Palais du Senat, afin que tout mort il bruſlaſt ce que viuant il auoit
renuerſé. Il y en a qui ſe plaignent du chemin d'Appius, & ne parlent point
du Palais. Comment eſt-ce que de ſon viuant l'on euſt peu deffendre contre luy la place publique, veu que le Palais ne s'eſt peu deffendre de ſon
corps mort ? Faites ce que vous pourrez pour le rappeller des Enfers, volontiers que vous reprimerez ſes efforts luy viuant ; vous qui ne pouuez arreſter les furies de ceſte charongne ? Si ce n'eſt que vous vouliez dire que vous
auez

auez retenu ceux qui font entrez au Palais les brandons au poing, ou ceux qui font allez auec des congnées au temple de Caſtor, ou ceux qui ont couru par toute la place les armes à la main. Vous auez veu maſſacrer le peuple Romain, ſeparer l'aſſemblée à coups d'eſpée, pendant que l'on eſcoutoit patiemment Marc Celius Tribun du peuple, homme plein de valeur, tres-entier en la cauſe dont il auoit entrepris la deffenſe, fort affectionné au party des gens de bien, & à l'authorité du Senat, & qui a fait preuue d'vne ſinguliere, incroyable, voire diuine fidelité enuers Milon, au malheur que luy a cauſé ou l'enuie, ou la fortune. Mais c'eſt aſſez parlé de ce qui concerne ceſte cauſe, & peut-eſtre trop de ce qui eſt hors le ſujet d'icelle. Que reſte-il doncques maintenant autre choſe, ſinon, Meſſieurs, de vous prier & conjurer de departir à vn homme courageux & vaillant, la clemence laquelle il ne veut pas implorer, mais laquelle contre ſon gré ie requiers & implore? Si parmy nos pleurs vous n'auez veu aucunes larmes ſortir des yeux de Milon, ſi vous auez veu ſon viſage touſiours ſemblable, ſa voix, ſa parole fermé & ſtable, & ſans changer aucunement, vous ne deuez pas pour cela l'en traitter moins fauorablement; au contraire pluſtoſt le deuez-vous ſecourir. Car ſi és jeux d'eſcrime à outrance, & combats qui ſe font entre perſonnes de baſſe & vile condition, vous meſpriſez ordinairement ceux qui d'vn courage laſche & abject prient que l'on leur donne la vie, deſirez de ſauuer ceux qui vaillamment & courageuſement ſe preſentent à la mort, & auez plus de pitié de ceux qui n'en demandent point que de ceux qui vous en prient, combien pluſtoſt le deuez-vous faire en la perſonne de nos vaillans & ſignalez citoyens? Pour moy, Meſſieurs, ie vous confeſſe que ces propos que j'oy & voy tenir ordinairement à Milon me font mourir. Dieu, dit-il, garde de mal & conſerue mes concitoyens, & les face florir en toutes bonnes fortunes. Dieu garde ceſte ville, & ma chere patrie, de quelque façon qu'elles me traittent, en leur grandeur & proſperité. Et ſi ie ne puis joüyr auec mes citoyens de la douceur d'vn Eſtat paiſible & aſſeuré, qu'ils en joüyſſent ſans moy, mais toutesfois par mon moyen: ie quitteray la place & m'en iray: & ſi ie ne puis joüyr d'vne Republique bien ordonnée, au moins ne la verray-ie point deſordonnée. A la premiere ville que ie trouueray, où ie verray les bonnes mœurs & la liberté regner, ie m'y arreſteray. O que mal à propos, dit-il, i'ay entrepris tant de labeurs! ô que ie me ſuis bien trompé en mes eſperances! ô que vaines ont eſté mes penſées! Euſſé-ie iamais creu que m'eſtant lors de mon Tribunat, & de l'oppreſſion de la Republique, voüé à la conſeruation du Senat que i'auois trouué quaſi eſteint, des Cheualiers Romains, la force deſquels eſtoit toute debilitée, des gens de bien qui auoient perdu leur authorité par la violence de Clodius, ie deuſſe iamais eſtre abandonné par les gens d'honneur? Et comme il parle ſouuent à moy, Euſſé-je, me dit-il, jamais penſé ne pouuoir trouuer ſeureté en mon pays, auquel i'auois bien eu credit de vous rappeller? Où eſt doncques maintenant le Senat lequel i'ay ſuiuy? où ſont ces Cheualiers Romains qui eſtoient tant à voſtre deuotion? où eſt la faueur des habitans des villes? où ſont les voix qui ſortoient de toute l'Italie? où eſt en fin, Ciceron, ceſte protection qui en a ſecouru tant d'autres? Seray-ie ſeul à qui elle ne pourra

seruir? Moy, dif-je, qui me fuis expofé tant de fois à la mort pour vous?
Mais cela, Meffieurs, il ne le dit pas en pleurant comme moy maintenant,
ains auec ce mefme vifage que vous luy voyez à cefte heure. Car il dit qu'il
ne penfoit pas trouuer jamais ingrats des citoyens pour lefquels il a tant fait.
Bien penfoit-il que vous eftiez perfonnes fort confiderées, & qui fçauriez
bien pouruoir aux dangers dont l'on vous menaceroit. Il conte comme il
n'a pas feulement flefchy le menu peuple par fa vaillance, mais auffi employé trois fucceffions, qui luy eftoient efcheuës, afin de le gagner, & affeurer vos vies & vos fortunes abboyées d'vne trouppe de petites gens que
conduifoit Clodius: & ne penfe pas qu'ayant ainfi contenu le peuple, vous
ne luy foyez grandemét obligez, pour le fignalé feruice qu'il a en cela
rendu au public. Quant au Senat, il a affez declaré ces jours-cy l'amitié qu'il
luy portoit, & qu'en tout cas, & quelque fortune qui luy puiffe arriuer, il
emportera toufiours auec foy le tefmoignage de la bien-veillance que vous
les voftres, & tous ceux de cet ordre, luy auez tefmoigné, venans au deuant
de luy, le careffant, & encourageant. Il fe fouuient auffi que dernierement
ne s'eftant point trouué de Heraut pour le proclamer, (comme pour luy, il
ne s'en foucioit point) le peuple luy mefme, tout d'vne voix, le declara Conful; qui eftoit tout ce qu'il pouuoit defirer. Puis il dit, que fi les forces qui
font icy, y font contre luy, que c'eft quelque particulier foupçon que l'on a
de luy, qui luy nuit, & non pas la haine de l'acte qu'il a fait. Il adjoufte en
fin, chofe qui eft tres-vraye, que les vaillans & fages hommes ne doiuent
pas tant rechercher les recompenfes du bien-fait, que le bien-fait mefmes:
qu'en toute fa vie il n'a rien fait qui ne foit tres-honorable, fi tant eft qu'il
n'y ait rien plus à defirer en ce monde que de deliurer fon pays de danger:
que ceux-là font eftimez heureux qui le faifant en reçoiuent du gré & de
l'honneur de leurs citoyens; mais que pourtant ceux-là ne font pas mal-
heureux, qui ont plus faict de bien à leurs citoyens, qu'ils n'en ont receu de
recompenfe. Toutesfois s'il falloit faire cas des recompenfes, que peut auoir
la vertu, & en faire comparaifon, que la gloire eft des plus grandes qu'on
fçauroit defirer: que c'eft celle-là feule qui confole la briefueté de noftre
vie par la memoire de la pofterité, qui faict qu'abfens nous fommes prefens,
& que morts nous fommes viuans. Bref que c'eft elle, par les degrez de laquelle les hommes femblent monter au Ciel. Le peuple Romain, dit-il,
parlera à jamais de moy: mon renom ne vieillira jamais: à cefte heure mefmes, que ie fuis expofé à l'enuie de mes ennemis, il n'y a affemblée d'hommes où l'on ne me fçache gré, où l'on ne me congratule, où l'on ne celebre
mon nom. Ie ne parle point des feftes que l'on a inftituées en la Thofcane.
Il n'y a gueres que trois mois que Clodius eft mort, & ie m'affeure que non
pas feulement la nouuelle, mais la refioüiffance de fa mort a paffé outre les
bornes de l'Empire Romain. Et pource, dit-il, ie ne me donne pas de peine
du lieu où mon corps doit demeurer, puis que la gloire de mon nom eft
defia efpanduë par toute la terre, & y doit demeurer eternellement. Voila,
Milon, ce que vous me dictes fouuent en l'abfence de ces Meffieurs. Or entendez ce que ie vous refpons maintenant en leur prefence. Ie ne vous fçaurois affez loüer du courage que vous auez: mais plus ie connois voftre diuine

ne vertu, auec autant plus de regret me separé-je de vous: d'autant mesmes
ques'il faut qu'on vous arrache d'entre mes bras, ie n'auray pas ceste consolation de me pouuoir plaindre de ceux qui me feront ceste playe. Car ce ne
feront pas mes ennemis qui vous rauiront, ce feront mes plus grands amis:
ce ne feront pas personnes qui m'ayent jamais offensé, ains qui m'ont toufjours beaucoup fauorifé. Ie ne pense point, Messieurs, que vous me vueillez
jamais percer le cœur d'vne si grande douleur. Quelle plus grande douleur me peut jamais aduenir que celle que ie veux dire? Mais ny cela mefmes, quand il aduiendroit, ne fera point que j'oublie jamais combien vous
m'auez cherement aymé. Que fi vous en auez perdu la fouuenance, ou fi en
quelque chose ie vous ay despleu, pourquoy n'en prenez-vous la vengeance aux despens de ma vie, pluftoft que de celle de Milon? Ie penseray l'auoir
heureusement passée, fi ie la finis auant que de voir vn fi grand malheur.
Or toufiours auray-ie, ô Milon, ceste confolation que ie ne vous ay manqué d'aucun office d'amitié, d'affection & de pieté. I'ay pris querelle à voftre
occasion auec les plus puissans de cet Estat; i'ay souuent exposé mon corps
& ma vie à la violence, & aux armes de vos ennemis ; ie me suis pour l'a-
mour de vous abbaissé à prier infinies personnes ; i'ay voulu que moy, mes
biens, mes fortunes, & mes enfans fussions tous affociez à voftre calamité.
Et cela mesme ie le veux faire aujourd'huy, fi tant eft que l'on vous vueille
faire quelque violence, ou attenter à voftre vie. Que me refte-il dauantage?
qu'ay-je que ie puiffe dire, ou que ie puiffe faire en reconnoiffance de tant
de biens que j'ay receu de vous, finon que quelque fortune qui vous puiffe arriuer, ie la tienne comme pour mienne? Ie ne veux point empefcher, &
ne refufe point, Messieurs, que vous n'augmentiez par la conferuation de
Milon, les biens dont vous m'auez honoré, ou que par fa ruine vous m'en
priuiez entierement: au contraire ie vous en prie de tout mon cœur. Ie fçay
bien que Milon ne s'efmeut point de mes larmes, il a le courage remparé
d'vne incroyable valeur: il ne penfe pas que celui-là fe puiffe dire banny qui
habite auec la vertu: il eftime que la mort eft vn don de nature, & non pas
vne peine. Qu'il garde tant qu'il voudra l'efprit auec lequel il eft nay: mais
pour cela, Messieurs, de quel courage ferez-vous enuers luy? Chafferez-
vous Milon d'auec vous, pour y retenir la fouuenance de fa vertu? Se trouuera-il en toute la terre vn lieu plus digne de receuoir fa vaillance, que celuy qui l'a produite? Ie vous appelle tous braues, & genereux perfonnages,
qui auez refpandu tant de fang pour la conferuation de l'Eftat: ie vous appelle tous à la deffenfe de cet homme inuincible: & vous Capitaines, &
vous foldats, fera-il dit qu'à voftre veuë, & pendant que vous auez les armes en la main, vne fi fignalée vertu foit chaffée, bannie, & jettée hors de
cefte ville? O que ie fuis miferable! ô que ie fuis infortuné! Vous auez bien
peu, Milon, me r'appeller à mon pays par le moyen de ces Seigneurs-cy: &
ie ne pourray vous y conferuer par leur moyen? Que refpondray-ie à mes
enfans, qui vous tiennent comme pour vn fecond pere, & à mon frere
Quintus qui eft maintenant abfent, & a efté compagnon de toutes nos fortunes? Quoy? que ie n'ay peu vous garantir par ceux par qui vous m'auez
conferué? Et encore en quelle caufe ne l'ay-je peu? Caufe qui eft recom-

mandée par toutes les nations. Et à l'endroit de qui ne l'ay-ie peu? de ceux principalement qui ont approuué la mort de Clodius. Et à la priere de qui? de moy-mesme. Quel si grand crime ay-ie commis, Messieurs? quelle si grande meschanceté puis-je auoir perpetrée, lors que ie recherchay la con-juration de noſtre ruine commune, que ie la deſcouuris & l'eſtouffay? C'est de ceſte ſource que ſe deſbordent ſur moy & ſur les miens, tant & tant de douleurs. Pourquoy m'auez-vous r'appellé pour en ma preſence chaſſer ceux par qui j'auois eſté reſtably? Ne permettez point, ie vous prie, que mon retour me ſoit plus faſcheux & ennuyeux, que ne m'a eſté mon depart. Car comme croiray-ie que ie ſois reſtitué, ſi l'on me ſepare de ceux qui m'ont reſtitué? Que pleuſt-il aux Dieux immortels (& cela diray-ie, ô ma chere patrie, auec voſtre congé; car ie crains en voulant rendre à Milon la pieté que ie luy dois, d'offenſer celle qui vous eſt deuë) pleuſt-il, diſ-je, aux Dieux, que Publius Clodius ne fuſt pas ſeulement viuant, mais Preteur, Conſul, Dictateur, auant que ie voye vn tel ſpectacle! O Dieux immor-tels, quel courage d'homme, & combien digne, Messieurs, d'eſtre conſer-ué par vous? Non, non, dit-il, il vaut bien mieux que Clodius ait payé la peine qu'il meritoit, à la charge que nous portions, s'il le faut ainſi, celle que nous n'auons point meritée. Vn tel homme doncques, qui n'eſt nay que pour le pays, mourra-il hors du pays? & ſi d'aduenture il a à mourir pour le pays, faudra-il que vous conſeruiez à jamis la memoire de ſa vertu, & que vous ne permettiez point que ſon corps ait de monument en Italie? S'en trouuera-il quelqu'vn qui ſoit d'aduis de chaſſer de la ville, celuy qui chaſ-ſé par vous; ſera recherché par toutes les autres nations? O heureuſe terre qui receura vn tel homme! O ingrate celle-cy, ſi elle le chaſſe, & miſera-ble ſi elle le perd! Mais il faut finir, car les larmes m'empeſchent de parler, & Milon ne veut pas que l'on le defende par larmes. Ie vous prie, Messieurs, & conjure, que quand vous viendrez à opiner, vous diſiez hardiment ce qui vous ſemble. Celuy-là, croyez-moy, qui a choiſi pour Iuges en ceſte cauſe, les plus gens de bien & plus ſages de ceſte ville, ſera le premier qui loüera voſtre vertu, Iuſtice & integrité.

F I N.

ACTIONS
ET TRAITTEZ
ORATOIRES

TABLE DES ACTIONS
ET TRAITTEZ ORATOIRES.

ACTIONS

ACTIONS ET
TRAITEZ ORATOIRES.

APRES LES BARRICADES SVR CE QVE l'on proposa au Parlement de la part de la ville de s'vnir auec le peuple, & auiser au bien public & de l'Estat.

 V X plus grandes tempestes, les passagers donnent quelquefois de bons auis aux Pilotes. Si par mesme raison il ne m'est point mal seant en vne saison si turbulente & si importante deliberation, de mesler ma voix peu experimentée parmy celle des plus anciens & plus prudens de ceste compagnie, ie pense ne pouuoir commencer plus à propos que par où commença vn iour Vlpius Silanus au Senat Romain : *Il est aujourd'huy bien-tard, Peres Conscripts, de deliberer des affaires publiques : Car c'est proprement faire comme les imprudens malades, qui attendent d'enuoyer vers le Medecin quand ils sont hors d'esperance de guerir.* Si cependant que l'Estat du Royaume & l'authorité de cet ordre estoient en leur entier, nous eussions apporté la constance que nous deuions à maintenir les loix du Royaume & l'authorité de la Iustice, nous ne serions pas maintenant empeschez à nous defendre de l'insolence du peuple. Mais pour auoir eu lors trop peu de courage, nous endurons maintenant beaucoup d'indignité, & rendons par nostre exemple ceste sentence trop vraye que beaup de gens trouuent leur malheur en le fuyant. Quant à ceux qui par violence ont estouffé la legitime liberté de ceste compagnie, & nous ont osté la seule voix qui nous restoit pour leur representer les plaintes & les souspirs du pauure peuple affligé, ils espreuuent maintenant combien la licence d'vn peuple desbauché est plus rude & insolente que n'estoient nos humbles remonstrances. Ils auoient certes mal fait leur profit de ce que Horatius Barbatus remonstroit si sagement aux Dix hommes de Rome; qu'ils prinssent garde qu'en empeschans les Senateurs de dire librement leur auis au Senat, ils n'émeussent hors du Senat vne voix bien plus haute & plus forte. Mais il

ne nous faut souuenir de nos fautes passées, que pour les amender : Car si nous y meslons de l'aigreur & du blasme, au lieu de nourir entre nous la concorde, qui est la mere des bons conseils, nous nous diuiserons d'esprit & de volonté, & nos deliberations n'auront autre issuë que celle de la discorde, qui est la ruine & desolation des Estats. De toucher particulierement tous les desordres & corrupteles qui ont depraué ce Royaume, quand ie penserois le pouuoir faire, j'estimerois que ce seroit abuser de vostre loisir, tant pour ce que le temps ne le peut porter, que pour ce que ce qui s'en pouuoit dire a esté fort elegamment representé par ceux qui en ont parlé deuant moy. Ie diray seulement en general, que ie croy que chacun connoist assez que l'ambition & l'auarice sont les deux vlceres qui ont entierement gasté & infecté le corps de cet Estat ; & ayans gagné les plus nobles parties l'ont ainsi mangé & deffiguré. Nous auons veu d'vn costé la faueur, qui passant sur le ventre aux loix & à la raison, dejettoit les anciens officiers de l'Estat de leurs rangs & charges, leur rauissoit des mains les titres d'honneur & la recompense de leur vertu, ne leur laissant de reste qu'vn juste despit & indignation : & d'autre costé l'auarice d'vn nombre d'hommes, qui auoit tellement vendangé ce Royaume, & mis nos biens & nos personnes sous le pressoüer, qu'il n'en restoit plus que le marc. Ie croy de verité que ce sont là les deux sources de nos maux, maux beaucoup plus aisez à descouurir que leurs remedes. D'estimer qu'il soit en la puissance de ceste compagnie d'y apporter la guerison, c'est nous flatter, & nous flattant nous tromper. Ie loüe ceux qui le desirent, mais ie ne comprens par les moyens par lesquels ils pretendent y paruenir. Ie me represente bien auec eux l'authorité qu'ont eu ceux qui ont tenu ces places-cy-deuant nous, combien de bons & salutaires conseils ils ont donné pour la conseruation & restablissement de cette Couronne. Ie sçay bien que cette compagnie est vn abregé & vn corps racourcy des Estats du Royaume, qu'elle est ordonnée afin de pouruoir au salut public, & veiller à la conseruation des loix : Mais aussi la memoire de nos actions passées, & de ce peu que j'ay veu depuis que ie suis en ce lieu, me represente au mesme instant côbien les artifices de ceux qui ont voulu commander absolument, combien leur violence, combien la commodité du temps plein de trouble & de confusion, ont raualé de cette ancienne authorité, voire l'ont du tout esteinte, & ne nous en ont laissé qu'vne vaine ombre seulement. Ils ont fait de nous ce que Themistocles disoit que les Atheniens faisoient de luy : Qu'ils s'en seruoient comme d'vn arbre planté sur vn grand chemin, où ils se mettoient à couuert durant la pluye ; puis quand le beau temps estoit venu, en s'en allans ils en arrachoient les feuilles pour en mettre des panaches à leurs chapeaux. Car en la mauuaise & plus dure saison ils se sont remparez du nom & authorité de la Iustice, & mis à couuert sous le manteau des loix : & le danger passé, ont fait tout ce qu'ils ont peu pour nous despoüiller de l'authorité & dignité que la constitution de l'Estat donnoit à cette compagnie, & l'exposer aux vents des enuies & calomnies, sans autre secours ny support que de nostre innocence. Tellement que nous sommes demeurez comme cet arbre-là, qui n'a plus rien que le bois, & subsistant par son poids seulement, estend au

vent

vent vn sec & nud branchage, & ne fait plus d'ombre que par son tronc.
Qu'ils imputent doncques à eux-mesmes, de nous auoir reduits en tel estat,
que nous ne pouuons apporter, ny à eux, ny à la Republique le secours
qu'ils desirent maintenant de nous. De moy pour m'en abreger, ie ne voy
plus qu'vn port à nos miseres, qui est le remede pratiqué des anciens aux maladies desesperées. Ils deposoient les malades, que les Medecins ordinaires
ne pouuoient guerir, aux portes de leurs Temples, afin que chacun passant
par-là, donnast aduis de ce qu'il pensoit pouuoir seruir à la guerison d'vn tel
mal. Il est temps de faire le semblable de cet Estat : & puis que les remedes
que chacun y a voulu apporter en particulier, ont esté si nuisibles, il faut en
auoir l'auis des ordres assemblez, que nous appellons les Estats. Là s'auisera-
t'on des moyens pour la conseruation de la Religion : Là s'asseurera la succession du Royaume : là se composeront les differends d'entre les Grands : là
se rendra le repos à la France : & là d'vn commun consentement sera pourueu des moyens de faire executer ce qui sera resolu. Lors le Royaume se
donnant, du consentement du Prince, la loy à soy-mesme, il n'y aura personne qui ne l'appreuue, comme y ayant chacun consenty; & tous se reü-
nissans ensemble, la force demeurera suffisante au public pour faire obeïr
les particuliers. Le Roy nous donne esperance de ce bien-là, & nous fait
entendre qu'il le veut & desire : Tout ce que nous pouuons donc faire, ce
me semble, c'est de le confirmer en ceste bonne volonté, & en haster l'execution. Or cependant, nous auons vn mal qui nous presse, & lequel est de
telle consequence, que si le cours n'en est arresté, non seulement nous perdrons l'esperance de la reformation que nous attendons, mais nous nous
trouuerons incontinent reduits au plus miserable & calamiteux estat que
fut jamais Royaume au monde. Ce mal est le trouble où vous voyez que
nous sommes en ceste ville; lequel est causé & entretenu par le juste mescontentement que le Roy a de voir ses peuples armez contre luy, & de la crainte que les peuples ont de voir leur Roy irrité contre eux. Si ce mal continuë
& s'aigrit dauantage, ie pense qu'on ne peut pas dire, non pas mesmes imaginer, en quelle piteuse desolation nous nous verrós tomber. Representons-
nous d'vn costé nostre Prince au milieu de grandes forces de François &
Estrangers, dont les vns feront, comme en vne guerre ciuile, toutes sortes
de vengeances, les autres se gouuerneront comme en vn pays de conqueste,
& estimeront la colere du Roy vn juste titre à toutes les cruautez qu'ils voudront commettre. D'autre costé imaginons-nous vn peuple en fureur, tout
desesperé, qui ne jouïssant plus de son reuenu, ny de ses rentes, ny de ses fermes, & ayant perdu la commodité du commerce & le profit journallier de
son mestier, bref tous moyens de viure, nourry parmy la licence des armes,
jettera incontinent, comme vn homme enragé, les mains sur ceux que l'on
luy presentera, ou qu'il trouuera deuant luy; puis courra apres ceux qui s'en-
fuiront, & en fin ne trouuant plus personne à qui faire querelle, se battra luy
mesme, comme on dit communément, la teste contre les murailles, se deffi-
gurera & deschirera soy-mesme. Que personne ne se flatte ou se trompe en
la faueur qu'il a receu aujourd'huy du peuple, que nul n'espere lors estre
exempt de sa fureur; ceux qu'il aura le plus chery & suiuy, seront ceux sur

lesquels il escumera plus furieusement sa rage, comme sur la cause de ses maux. Si cela aduient, que sera-ce, sinon les souhaits de nos ennemis ? Nous parlons d'extirper l'heresie: ne seroit-ce pas combattre pour elle, que de nous entretuer ainsi miserablement? Toutes nos diuisions & nos discordes, ne seront-ce pas autant de victoires à nos aduersaires? C'est à quoy, ce me semble, nous deuons pouruoir maintenant, & veiller à estouffer ceste funeste diuision, qui commence à germer entre nous, & l'arracher de nos cœurs auant qu'elle y ait pris plus auant racine. A cela ie croy que ceste compagnie peut plus que tous ceux qui s'en sont iusques aujourd'huy entremis, comme celle qui és affaires publiques n'apporte autre passion que le desir du repos du peuple, & de la conseruation de l'authorité du Prince, dont depend le salut public. Comme nous auons l'obligation tres-estroite au seruice du Roy, aussi auons-nous vne naturelle & charitable affection à la conseruation de nostre ville & de nos concitoyens: ce qui peut rendre agreable de tous costez l'entremise que nous y ferons. I'estime quant à moy que ce qui a plus iusques aujourd'huy empesché le peuple de prendre creance de la clemence du Roy, ç'a esté la crainte qu'il a eu à l'aduenir de la rigueur des loix & de la seuerité de ceste compagnie. L'intercession que nous ferons enuers le Roy pour le peuple, luy sera comme vne sponsion publique de la clemence du Prince & de la seureté de ses promesses, & qui à mó auis l'asseurera dauantage que beaucoup d'autres moyens plus difficiles à obtenir. Ie sçay bien que l'on pourra trouuer estrange que ceste compagnie s'entremette à vn tel office: Cela toutesfois, comme il ne sera pas sans raison, aussi ne sera-il pas sans exemple, & ne sera pas la premiere fois que se departant de son office de iuger, elle s'est sagement & heureusement employée à moyenner le repos d'entre les Grands de ce Royaume. Nos registres en sont tous pleins, mesmes de l'accord qu'elle procura l'an 1405. entre la maison d'Orleans & de Bourgongne. Et quand nous manquerions d'exemples, si est-ce que l'euidente vtilité & pressante necessité seroient suffisantes pour nous persuader de le faire, n'y ayãt loy si saincte, ny authorité si sacrée, qui ne doiue flechir pour seruir au salut comme de l'Estat. Ie pense que le Roy ne pourra trouuer mauuais que la Cour le supplie en la reuerence & humilité qu'elle luy doit, de vouloir embrasser ses sujets par sa bonté, les receuoir en sa grace, effacer par sa clemence la memoire de ce qui s'est passé, estouffer par sa prudence les deffiances qui se sont formées entre les Princes, & y ont nourry ceste venimeuse dissention, laquelle redonde en fin à la ruine & calamité de ses sujets. D'autre part, rapportant au peuple la parole du Prince & le tesmoignage de sa clemence, & nous en rendans comme cautions, ie croy que le peuple & ceux auec lesquels il est vny, ne pourrõt auoir, non pas sujet, mais seulement pretexte de refuser à se reünir dans le giron de l'obeïssance Royale, qui est ie croy l'vnion qu'ils nous ont demandée, & qui seule nous peut estre vtile & salutaire. Nous lisons dans l'Autheur du liure du monde, que Phidias voulant faire vn chef-d'œuure de son mestier, pour eterniser sa memoire, dressa au Chasteau d'Athenes vne statuë de Minerue, composée de plusieurs pieces d'yuoire, laquelle portoit vn bouclier en la main, tout au milieu duquel il y auoit vne petite piece où l'ouurier s'estoit graué soy-mesme, à laquelle

par

par vn admirable artifice tous les membres & parties de l'ouurage se venoient si proprement lier & assembler, que l'on n'eust sceu en façon du
monde enleuer l'image de l'ouurier, que toute la statuë ne fust tombée
par morceaux. Les Estats & les Monarchies sont les ouurages de Dieu, le
Roy est son Image qu'il y a posé, en tel endroit & auec telle liaison, qu'il
ne peut sortir de sa place, sans que tout l'Estat s'en aille en pieces. La vraye
& salutaire vnion se doit faire en sa personne, toutes les autres parties s'attacher à luy par le ciment du respect & de l'obeïssance, autant que l'honneur & le seruice de Dieu le peuuent permettre. C'est la seule vnion que
nous deuons, entant qu'il nous est possible, procurer & embrasser, afin que
le Roy estant nostre tige, les Princes ses branches, le peuple ses fueilles,
le tige se glorifie en ses branches, & les branches & feüillages tirent leur vigueur & verdeur de leur tige. Le dernier poinct de ceste deliberation, &
sur lequel ie voy que chacun a opiné, est de sçauoir si l'on fera presentement
les remonstrances generales sur tous les desordres du Royaume, où si l'on
les remettra à vne autre occasion. Il est aisé à ceux qui ont accoustumé d'effleurer les faueurs des Grands, & sauter comme vn oyseau de branche en
branche, d'vne fortune affligée à vne florissante, de se monstrer hardis contre leur Prince en son aduersité. Mais pour moy, la fortune des Roys me
sera tousiours venerable, & principalement des affligez, pour ce qu'il me
semble qu'és ames genereuses, l'affliction des Grands exige plus rigoureusement qu'en toute autre saison, le respect & les autres offices d'humanité.
C'est pourquoy j'estime qu'allant vers le Roy, comme j'en suis d'auis, pour
le supplier d'embrasser son peuple, oublier ce qui s'est passé, tenir ses Estats,
& pouruoir au repos public, nous ne deuons rien mesler en cette legation,
par où il puisse juger que nous voulons prendre aduantage de son infortune & insulter à son affliction. Si toutesfois on trouue bon, comme ie voy
que la plusspart y incline, pour la necessité vrgente, & pour donner quelque contentement au peuple, de faire quelque remonstrance pour les rentes, suppression de l'Edit des espices, & quelques autres des plus intolerables, ie desirerois fort que ce fust auec beaucoup de respect & de prudence,
& s'il estoit possible auec mesme adresse & temperament, que celuy de
cet archer Candiot, lequel voyant son enfant entortillé par vn grand serpent, craignant d'arriuer trop tard pour le secourir, darda si dextrement
son traict, qu'apres auoir percé le serpent, il s'arresta à la peau de l'enfant
sans l'entamer : C'est à dire que le Roy connoisse par nos remonstrances,
que vostre visée est à remettre son peuple en repos sous son authorité, &
non à blasmer ses actions passées.

APRES L'EMPRISONNEMENT DV PARLEMENT
l'on proposa à Messieurs qui estoient prisonniers qu'ils fissent deliurer les Prin-
ces & autres Deputez que le Roy tenoit, & on les deliureroit : Ils me nomme-
rent pour aller vers le Roy l'en supplier en leur nom. Ie m'estois preparé pour luy
faire ceste supplication de leur part aux termes qu'elle est icy. Mais comme i'e-
stois prest de monter à cheual, mon voyage fut rompu par l'artifice de quelques-
vns, qui desiroient la place de ceux qui estoient prisonniers, & qui craignoient
leur deliurance.

SIRE, vos tres-humbles & tres-fidelles seruiteurs & officiers, desquels ie vous ay presenté les lettres, ont, puis qu'il a pleu à Dieu, bien changé de condition. Eux qui comparoissoient deuant vous comme à la lumiere d'vn astre benin & fauorable, sont resserrez en sombres & estroites tenebres: Eux qui auoient accoustumé de vous prier pour les autres, sont contraints de vous prier pour eux-mes-mes: Eux qui vous presentoient en leur bouche pleine de dignité leurs sup-plications, sont forcez vous les presenter maintenant par vne voix emprun-tée. Dieu vueille au moins, puis que tant de choses leur defaillent, que vostre bonté & misericorde ne leur deffaille point, & qu'au contraire vous imitiez en leur endroit le Roy eternel, duquel vous estes l'image, lequel n'entend rien plus volontiers, & n'exauce rien plus fauorablemét que ceux qui desti-tuez de tout autre moyen, n'ont plus que les souspirs & les larmes pour l'in-uoquer. Toutesfois en leur misere, quelle qu'elle soit, & qu'elle puisse estre, ils vous font leur priere auec ceste protestation, que si de leur captiuité depend vostre conseruation & le salut de leur patrie, ils ne refusent point de demeurer en leur misere, & porter toute leur vie ceste affliction. Que si aussi, apres y auoir pensé, vous iugez, sans blesser vos affaires, que leur deliurance se puisse moyenner aux conditions qu'on leur propose, & dauantage vous reconnoissiez qu'elle puisse seruir comme d'arrhes & premices à la pacification de vostre Estat, eux, leurs femmes & en-fans, vous supplient & conjurent par le nom de Dieu que vous seruez, par vostre bonté naturelle, par les longs & fideles seruices qu'ils vous ont fait, par leurs peines & miseres, par leurs pleurs & continuels gemissemens, que vous ayez pitié d'eux, que vous les rendiez à eux mesmes, à leurs en-fans, à leurs familles, afin qu'ils puissent continuer à vous faire tres-humble & tres-fidele seruice. Pour cet effect, SIRE, ils m'ont chargé de vous fai-re briefuement entendre comme leur est arriué ceste miserable captiui-té; les conditions qu'on leur propose pour les en deliurer; & les consi-derations pour lesquelles ils ont pris la hardiesse de vous oser supplier de faire pour leur deliurance tout ce qu'vn bon Roy, Seigneur & Mai-stre peut faire pour ses tres-humbles, tres-fideles & tres-affligez officiers, sujets & seruiteurs. SIRE, depuis le jour de Noël que l'on eut nouuelles à Paris de ce qui s'estoit passé par deçà, les esprits de ceux qui auoient en main la force & le gouuernement de vostre ville, ont esté estrangement frappez d'vne entiere deffiance & extreme desespoir de leur salut. Ils ont tiré, comme

me par contagion, la plus grand part du peuple apres eux, & la plus grand part a entrainé le reste. La principale plainte qui se faisoit entr'eux, & qu'ils faisoient sonner le plus haut, c'estoit la prison & detention des Princes & des Deputez de leur ville & de quelques autres Prouinces. Ils se persuadoient que puis que vous les auiez arrestez, vous les teniez pour coupables, pour s'estre r'alliez ensemble afin de conseruer leur Religion ; & que vous jugiez pour criminels de leze Majesté tous ceux qui par vn faux effroy s'estoient trouuez en armes le douziesme de May. C'est pourquoy tant de gens engagez en ce danger, prenans l'exemple d'autruy pour occasion de leur crainte, pensans ne pouuoir plus rien esperer, ont commencé à ne plus rien craindre, & ont tenté, pour conseruer leurs vies & leurs biens, non les plus justes & legitimes moyens, mais ceux qui leur ont semblé les plus asseurez. Ils auoient eu la commodité depuis le iour de Noël jusques au seiziesme Ianuier, de reconnoistre sur les occurrences des affaires & propositions qui se faisoient, qui estoient ceux de vos seruiteurs qui s'affectionnoient dauantage à la conseruation de vostre authorité, & approuuoient le moins le gouuernement qui lors auoit lieu. Ce jour-là ils vindrent (comme ie pense que vous auez entendu) en vostre Cour de Parlement : tous ceux qui s'y trouuerent furent menez à la Bastille ; ceux qu'on estimoit auoir plus d'obligation à vostre seruice, ou à cause de la grandeur de leur charge, ou de la consiance que vous auiez en eux, y ont esté retenus prisonniers. Ie vous representerois, SIRE, de leur part, le fascheux traittement qu'ils ont souffert depuis ce iour-là, & combien dur & lamentable leur est de s'estre veuz mener du throsne de la Iustice, du lict des Rois, du temple & sacraire des loix, en des prisons obscures & tenebreuses ; s'estre veuz conduire en triomphe par toute la ville, en l'habit auquel ils alloient rendre la Iustice, & par ceux qui le iour auparauant estoient teste nuë à genoux deuant eux. Ie vous representerois quelle douleur ce leur a esté de se voir jetter en des petites cahuettes, où ils sont entassez dix ou douze sous vne voute, sans aucun seruiteur : ie vous representerois la pluspart d'eux, qui en ceste chenuë & venerable vieillesse sont desia demy consommez de l'ennuy, de la douleur & maladies qui leur sont suruenuës par l'incommodité du lieu ; & pourrois y adjouster la voix de leurs femmes & enfans crians à l'entour des prisons, & redemandans leurs maris & leurs peres. Mais ie croy que la condition du temps vous represente assez d'elle-mesme quelle peut estre leur peine, sans qu'il me soit besoin vous ennuyer d'vn si triste discours : Et aussi qu'ils auroient grand regret que pensassiez que ce qu'ils ont enduré & endureront pour vostre seruice, soit mis en compte par eux, qui estiment vous deuoir leurs biens & leurs vies, & ne les croiront jamais bien employées que quand ils les auront perduës en vous seruans fidellement. Ils ont esté depuis le seiziesme du mois jusques au vingt-sixiesme en ceste captiuité, sans sçauoir le sujet de leur emprisonnement. Ce jour-là l'on leur fit entendre qu'ils estoient retenus comme par represailles des Princes & Deputez que vous auez arresté pardeçà, & qu'ils se deuoient resoudre de courir la mesme fortune qu'eux, & qu'ils ne pouuoient esperer liberté que par leur deliurance. L'on leur proposa que s'ils s'y vouloient employer, l'on leur permettroit de le faire, & leur promit-on que s'ils la pouuoient obtenir de voſtre Majeſté, que l'on les mettroit en liberté. Ils ont aſſez jugé, SIRE, combien eſtoit grande la perplexité où l'on les reduiſoit, combien eſtoient dures les conditions que l'on leur propoſoit ; & s'ils euſſent jugé que de la tres-humble priere qu'ils vous font, l'obtenans il n'en euſt peu reüſſir autre bien que leur deliurance, ils n'euſſent jamais pris la hardieſſe de vous en faire la Requeſte. Mais ie ne ſçay quelle poincte d'eſperance leur a ſemblé reluire parmy ceſte tempeſte ciuile, qui leur a annoncé que ce premier traitté pourra eſtre l'emboucheure d'vne plus heureuſe & tant deſirée par tous les gens de bien, reconciliation de vos ſujets; Et que ce premier rayon de voſtre clemence, qui reluira ſur la priere qu'ils vous font aujourd'huy, ſera comme le feu S. Elme qui apparoiſt au fort d'vn grand orage, & promet aux mariniers vn temps calme & ſerein. Cela, SIRE, les a rendus plus hardis à vous repreſenter par ma bouche, quelques conſiderations, pour leſquelles ils ont penſé que voſtre Majeſté leur pourroit faire ce bien de les redimer de la miſere & captiuité où ils ſont, mettant en liberté les priſonniers qui ſont icy detenus, & vous remonſtrer que la deliurance des vns & des autres, tournera, comme ils penſent, au bien & aduantage de voſtre ſeruice. Que ſi ceſte remonſtrance ne trouue tant de grace, de couleur & de poids en ma bouche, qu'elle pourroit auoir en la leur, ie vous ſupplie, SIRE, tres-humblement en m'oyant, de deſtourner vos yeux de deſſus moy, pour tourner voſtre penſée ſur ceux qui m'ont chargé de ceſte parole; & ne prendre pas tant garde à mon inſuffiſance qu'à la preud'hommie & fidelité de ceux qui m'ont icy enuoyé; & en tout cas imputer à mon peu d'experience tout ce que vous y trouuerez mal à propos. SIRE, ils ont conſideré que voſtre pauure Royaume eſt frappé d'vne playe tátoſt plus cruelle que celle du peuple d'Egypte. Le plus grand mal qui nous afflige, voire la ſource de nos maux, eſt vne maudite & funeſte deffiante qui s'eſt coulée au cœur de vos ſujets, laquelle, comme vne eau de depart, corrompant le reſpect qui les doit vnir auec vous, les ſepare, diuiſe & deſunit. La cauſe principale qu'ils alleguent, c'eſt qu'ils diſent que par voſtre Edict d'vnion, vous auez approuué & pardonné tout ce qui s'eſtoit paſſé juſques au douzieſme de May; que vous auez depuis appellé vos ſujets aux Eſtats, que vos prouinces y ont enuoyé leurs Deputez, que leurs perſonnes & de tous ceux qui y eſtoient deuoient eſtre inuiolables, tant pour la foy de vos Edicts, que pour la liberté naturelle de vos Eſtats, que toutesfois leurs Deputez & pluſieurs Princes & Seigneurs ſont retenus, que l'on leur veut faire leurs procés par des Iuges extraordinaires, ſur des faits abolis par vos Edicts. Les prouinces qui les ont enuoyez pour repreſenter tous les habitans d'icelles, eſtiment que ce qui eſt fait en la perſonne de leurs Deputez eſt commis en la leur, compatiſſent à leur mal, comme tout vn corps ſe reſſent & ſe plaint de la douleur que reçoiuent les plus nobles & principales parties, ſe perſuadent que l'on leur impute à crime ce qu'ils ont fait par zele de Religion. Chacun ſe ſent coupable de ceſte faute, ſi vous la jugez telle; & ne peuuent (diſent-ils) eſperer, demeurans en voſtre puiſſance, meilleur traittement que leurs Deputez; & ne ſe penſent exempts du meſme danger, ſinon d'autant que

h

la fortune les en a eſlongnez. Voyla, S I R E, le ſens & le mouuement de tant d'hommes que vous voyez ſi troublez. Voyla la cogitation qui les jette à de ſi furieux deſeſpoirs. Les plus aduiſez, & ceux qui ſont plus jaloux de voſtre authorité, penſent bien que ſi eſtranges choſes ne ſont point aduenuës aupres de vous, qui auez tant de prudence naturelle & d'experience, que pour de grandes & preſſantes raiſons, que l'on ne peut pas aiſément penetrer, non plus que la pluſpart des actions des grands Princes. Mais le commun des hommes, qui eſt celuy qui en troubles & ſeditions donne le branle à l'Eſtat, ne s'arreſte qu'aux effects apparens, & ne reçoit conſeil, en ſa peur, que celuy qui les peut aſſeurer. La priſon, S I R E, de ces Deputez, & autres Princes & Seigneurs, a fait croire à voſtre peuple qu'il eſtoit captif: La peine dont on le menaçoit luy a perſuadé qu'il la porteroit ſemblable: Il a penſé ne ſe pouuoir eſlongner du danger, que s'eſlongnant de la puiſſance de vos miniſtres & conſeillers. Quand voſtre Majeſté mettra en liberté les priſonniers, tout voſtre peuple penſera eſtre deliuré, leur deliurance chaſſera ceſte terreur qui luy a troublé l'entendement, & leurs eſprits calmes & compoſez ſe rendront aiſément ſuſceptibles de l'honneur & obeïſſance qu'ils vous doiuent. S I R E, l'Egliſe & les Potentats de la Chreſtienté entendans que vous auez deliuré ceux que vous tenez en vos mains, perdront auſſi-toſt l'opinion que l'on leur a voulu imprimer, que l'on a enfraint en voſtre preſence le droict du peuple, la liberté des Eſtats, & la foy publique. Ils abandonne ont lors vos ſujets en leur plainte, les exhorteront à l'obeïſſance qu'ils vous doiuent, vous ayderont à la recouurer; vous rendrez voſtre cauſe ſi juſte deuant Dieu & deuant les hommes, que perſonne ne s'y oſera oppoſer. Vous remettrez, S I R E, parmy le peuple ainſi eſmeu, des gens d'honneur & qualité auſquels il a creance, qui le pourront rendre capable de raiſon. Vous ſçauez le dire de cet ancien Romain, que le pire qui puiſſe arriuer és eſmotions populaires, c'eſt quand il n'y a point de chef en qui le peuple aye creance, d'autant qu'on ne ſçait auec qui negocier pour l'appaiſer. Ce ſont, S I R E, perſonnages d'honneur, leſquels ores qu'emportez par le flux des affaires, comme par vne forte marée, ils euſſent fait quelque choſe qui vous peuſt deſplaire, ſi eſt-ce qu'en des accidens fort perilleux, ils ont vſé ſi moderément de la puiſſance que le hazard leur auoit mis en main, que le reſte en doit eſtre plus excuſable. Puis, S I R E, il n'y a point de vengeance ſi ſeure & ſi ſeante aux Princes à l'endroit de leurs ſujets, que l'oubliance des injures. En compoſant ainſi les troubles de voſtre Royaume par clemence & miſericorde, vous en acquerrez vne loüange ineſtimable, & ne ſerez pas ſeulement reputé Roy, mais pere commun de tous vos ſujets, en l'eſprit duquel l'humanité aura ſurmonté l'authorité, & la bonté ſurpaſſé la puiſſance. S I R E, toutes les victoires & triomphes de ce grand Auguſte, voire les vingt-trois armées qu'il auoit lors ſur pied, n'aſſeurerent point tant ſon Eſtat, ny n'eſtablirent point tant ſon repos, que fit la douceur & miſericorde dont il vſa à l'endroit de Cornelius Cinna, apres laquelle il ne ſe trouua jamais aucun de ſes ſujets, qui ne s'eſtimaſt bien-heureux de luy obeïr: car la clemence a ce bien-là, qu'elle n'agrée pas ſeulement à ceux à qui elle fait grace, mais generalement à tous ceux qui en ont connoiſſance. Toutes les victoires que vous auez iamais acquis, ne vous ont point tant apporté de gloire, que fera, SIRE, ceſte action : car les Capitaines, les ſoldats, & le hazard meſme de la guerre, pretendent part à vos trophées : mais la loüange de la miſericorde que nous attendons maintenant de vous, ſera toute à vous, SIRE. Vous eſtoufferez par ceſte clemence cet effroy qui a ſaiſi l'eſprit de vos ſujets, qui vous repreſente à eux plein d'ire & de deſir de vengeance, qui leur perſuade (toutesfois fauſſement comme ie croy) que vous reſeruez ces priſonniers pour leur tenir compagnie à quelque eſtrange ſupplice. Vous ferez, SIRE, l'action la plus agreable à Dieu que Prince du monde puiſſe faire, vous eſteindrez le feu que chacun voit s'allumer pour embraſer voſtre pauure Royaume, vous arreſterez le ſang de vos pauures ſujets, qu'vne guerre ciuile eſpancheroit par torrens. Vous empeſcherez la ruine des citez, la deſolation des campagnes, qui nous ſont dés long-temps annoncées, & ſe voyent comme fatalement aduancer, ſi voſtre pieté & prudence n'y pouruoit. Vous rendrez la vie, la ſeureté & le repos à vn million de familles, & au moins rejetterez, ſi elle ne ſe peut éuiter, la ruine de ce pauure Royaume à vn autre ſiecle. Vous conſeruerez la Religion de vos peres, pour laquelle vous auez tant combattu, laquelle s'en va indubitablement perduë par le ſchiſme & la deſunion de ceux qui à forces communes la doiuent conſeruer. Que ſi outre ces conſiderations ſi grandes & ſi importantes, la vie, la liberté, & les biens de vos pauures ſujets & officiers priſonniers, qui vous ſont par ma bouche ceſte tres-humble remonſtrance, peuuent eſtre miſes en compte à l'endroit d'vn maiſtre ſi doux & ſi benin que vous leur auez touſiours eſté ; eux, SIRE, & leur poſterité vous auront ceſte obligation de leur auoir rendu la vie agreable, qui leur eſt aujourd'huy ennuyeuſe, de les auoir mis en liberté, de les auoir rendus à leurs femmes & à leurs enfans, de les auoir reſtituez à leurs biens, maiſons & honneurs, pour continuer toute leur vie à vous faire tres-humble & tres-fidele ſeruice. Ie n'ay regret, SIRE, que de ne vous pouuoir repreſenter icy la langueur, les ſouſpirs, & les gemiſſemens de leur femmes & de leurs enfans : Car ie m'aſſeure que leurs larmes en tireroient d'autres de vos yeux, & que quand bien quelques importantes conſiderations d'ailleurs vous retiendroient, ſi eſt-ce que la pitié que vous auriez de voir vne ſi eſtrange deſolation en tant de miſerables familles de vos fideles ſeruiteurs, vous arracheroit ceſte grace des mains, pour en vſer à leur ſalut.

LE CINQVIESME AOVST 1589. *SVR LA proposition faite par les Gens du Roy, de faire deffenſe à toutes perſonnes de faire aſſemblées, & d'attenter aux perſonnes & biens des Bourgeois, ny faire aucunes leuées de deniers que ſelon les formes accouſtumées.*

IL y a des perſonnes vlcerées qui ne fremiſſent pas ſeulement au toucher du fer ou de la main, mais ont meſmes apprehenſion & horreur de tout ce que l'on remuë à l'entour d'eux, & toutesfois on ne laiſſe pas de les penſer. Auſſi ne deuons-nous pas, ce me ſemble, abandonner

donner le public en vne necessité si pressante, pour les ombrages & les rumeurs que nous voyons se leuer au premier essay que nous faisons de pouruoir à vn grand & funeste inconuenient qui menace ceste ville. Nous
voyons de nos yeux entre nos concitoyens deux factions formées, & sçau-
uons que l'on va de porte en porte, de maison en maison solliciter vn chacun de prendre party. Nous craignons de jetter de l'eau sur ce feu, & estouffer vne sedition qui est desia toute preparée; nous craignons d'aigrir les affaires, nous craignons la mal-veillance de quelques-vns qui reçoiuent en
mauuaise part les actions de ceste compagnie, & sommes d'auis d'attendre
à vne autre saison à pouruoir au mal qui se presente. Ce mal est vn mal &
present & pressant, qui apportera en vn moment la ruine de ceste ville, s'il
n'y est promptement pourueu : Il faut faire estat de luy laisser prendre son
cours, ou de l'arrester à sa naissance. En vain implorera-on les loix & l'authorité de la Iustice, quand les quartiers seront armez les vns contre les autres, & que toute la ville sera pleine de feu & de sang. La crainte que nous
auons est fort imprudente, si nous pensons éuiter noster danger particulier
pour nous laisser enueloper en la ruine publique. Le danger particulier
ne se peut éuiter, que par le salut public, ny le salut public se conseruer qu'a-
uec quelque danger particulier. Il faut ou que tous ensemble nous prenions
vne genereuse resolution, ou que chacun en particulier souffre vne extréme misere. Ce ne sont pas, disoit vn Romain en Tite-Liue, les conseils mols
& timides qui donnent l'accroissement à l'Empire Romain. Faisons donc
genereusement ce que nous pouuons : Quand la Iustice & la pieté accompagnera nos conseils, j'espere que la felicité accompagnera les euenemens.
Et quand il arriueroit autrement, nos voix & nos paroles demeureront en
ce lieu pour tesmoins que nous auons rendu à la patrie & à nostre conscience, le courage & la fidelité que nous luy deuions. Ie suis bien d'auis, quant
à moy, que vostre arrest ait pour preface cette amnestie dont l'on a icy parlé. Car puis que tant de jalousie que l'on peut auoir de nos deliberations
n'est fondée que sur vne peur du ressentiment du passé, tesmoignons le plus
que nous pourrons la volonté que nous auons de l'oublier, & le faisons aussi en effect. Que l'oubliance, s'il est possible, efface du tout les injures passées; sinon, que pour le moins le silence les couure. Quant à nos priuileges
particuliers, ie pense que nostre Arrest n'en doit point parler : Le soing que
nous aurions de nous en cet endroit, diminueroit l'authorité de ceste compagnie & la desauoriseroit, & diroit-on que c'en seroit le principal motif.
Quand toutes choses seroient bien réiglées au reste, nostre authorité se deffend de soy mesme. Il n'y a personne qui ne sçache nos priuileges, & qui
ne nous respecle & honore : & tant que la confusion regnera, & que nous
publierons nos priuileges & nos prerogatiues, plus irriterons-nous ceux
qui entreprennent de les violer, nous affoiblir, nous terrasser, & accabler. Ie trouue tres-raisonnables, mesmes tres-necessaires, les deffenses generalles à toutes personnes quelles qu'elles soient, d'attenter sur les personnes des Bourgeois ny sur leurs biens, sinon par l'authorité des Magistrats &
Iuges ordinaires, à peine d'estre declarez criminels de leze Majesté. Il faut
maintenant, comme dit la loy, que la douceur de la paix assoupisse ce que

la calamité de la guerre a introduit. Car si bien nous n'auons pas la paix generale en l'Estat, si faut-il que nous l'ayons entre nous en nos murailles, &
que nous soyons vnis entre nous par la concorde, qui est fille aisnée de la
Iustice. Si les extorsions & violences qui ont regné par le passé auoient encor à durer à l'aduenir, ceste ville seroit vn brigandage public, toute pleine
de seditions & de tumultes, & se ruineroit à la fin de soy-mesmes. Car il ne
faut pas estimer de trouuer tousiours les esprits si patiens, comme on a fait
par le passé. L'on viuoit lors auec quelque esperance; maintenant que tout
est perdu, quand on commencera de ne plus rien esperer, on cessera de
plus rien craindre. Les extremes miseres donnent le courage de dire
& faire librement toutes choses; & si l'on vient vne fois à jouër à la
desesperade, ie vous prie songez ce que nous déuiendrons. Nous auons
nostre ville vuide de la plusfpart des meilleures familles, celles qui restent ne cerchent que l'occasion d'en sortir. Pourquoy? d'autant que
quiconque a du sentiment & jugement, ne fera jamais sa demeure en
lieu où sa personne & ses biens soient exposez à l'injure, où le premier venu soit maistre de luy & de ce qu'il a. En vain publions-nous des Edits pour
r'appeller à nous tous les absens, si la confusion que nous nourrissons, l'a-
narchie que nous tolerons, les chasse & les renuoye. La ville se depeuplant
de bonnes maisons, ie ne sçay pas que pourra faire le pauure peuple, qui n'a
vie que sous l'employ & erogation des riches; il faudra qu'il soit reduit à
vne extréme necessité, laquelle engendrera incontinent la sedition, & la
sedition la ruine & l'euersion de la ville. Quand nous auons eu des Roys
qui ont entrepris de nous mal-traitter, nous nous sommes librement opposez lorsqu'ils ont voulu attenter sur nos biens & nos personnes autrement que par les loix & par l'ordre de la Iustice. Endurerons-nous aujour-
d'huy que le moindre du peuple s'arroge la puissance que nous auons des-
niée aux Rois & aux Monarques? Le dernier poinct qui concerne les defences de faire assemblées, me semble aussi infiniment necessaire pour conseruer la paix & la concorde entre nous, pour ce qu'il n'y a sorte de gouuernement au monde où elles n'ayent esté defenduës & où elles ne le doiuent
estre: Aussi n'y a-il ville qui se puisse conseruer, s'il est permis aux personnes priuées de tenir conseil sans l'authorité du Magistrat. Il n'y a, disoit vn
ancien, sorte d'hommes de qui il ne puisse arriuer beaucoup de mal, s'il leur
est permis de tenir des conseils en priué, & faire de secrettes assemblées.
Aussi voyons nous vne grande partie de la ville esmeuë pour ceste occasion, & vn party ja dressé pour s'opposer par force à ceux qui font telles assemblées. Ie ne veux pas blasmer le zele de quelques-vns, qui par cy-deuant se sont employez aux affaires publiques; mais ie ne sçaurois pas approuuer que ceux-là entreprennent de faire tels conuenticules, & là deliberer du fait de l'Estat, vsurpans l'authorité du gouuernement: Pour ce premierement qu'ils n'ont peu se donner ceste puissance à eux mesmes, ny l'entreprendre sans l'establissement public. Secondement qu'il n'y en auoit aucune occasion; car les Magistrats populaires ayans esté changez, & d'autres mis en leurs places, il falloit gouuerner les choses par l'authorité du Preuost des Marchands & du Conseil. Et tout ce que les autres pouuoient &

deuoient

deuoient faire, s'ils auoient volonté d'ayder & seruir le public, c'estoit de prester la main pour faire obeïr les Magistrats. Mais au contraire, ils ont brisé & renuersé l'authorité publique, & n'ont rien permis de ce qui estoit ordonné, que ce qu'ils ont trouué bon. En troisiesme lieu, quand ces assemblées eussent esté necessaires, il les eust fallu faire legitimement en lieu public & ordonné pour cet effect, & eust fallu que l'on eust conneu ceux qui en estoient ; afin de recourir à eux quand il eust esté besoin, & que ceux des biens & des personnes desquels ils ordonnent, les eussent peu trouuer pour leur demander Iustice. Mais quoy? ce sont gens que l'on ne connoist point que par les effects, qui ont bien puissance de nuire, mais nulle de faire raison ; qui se tapissent dans des antres & des cauernes, & puis tout d'vn coup sortent comme des vents que l'on sent & ne void-on point, troublent la mer & y excitent les tempestes, & puis s'en reuont, & ne sçait-on où. De dire que cela se doiue tolerer en vne ville en quelque estat qu'elle soit reduite, & qu'elle puisse subsister en vn tel desordre, c'est contre tout sens commun & toute reigle de police ; car d'autant plus que le danger & le trouble est grand, d'autant plus le Magistrat & le superieur doit-il auoir d'authorité, & d'autant plus doit-on empescher que les personnes priuées & inconneuës n'vsurpent le commandement. Car vn chef à qui l'on a deferé le commandement, sçait qu'il est responsable de ce qu'il fait, & pour ce il y prend garde : mais le peuple se laisse transporter à vne inconsiderée impetuosité. Telles assemblées ont tousiours esté contre les loix, mais aujourd'huy elles sont euidemment contre le salut public, & ne les pouuons dissimuler qu'en donnant loy au party contraire d'en faire de semblables, & d'amener en fin les choses aux mains, & voir vostre ville pleine de sang. Doncques pour euiter ce mal, ie suis d'auis de faire-faire defences à toutes personnes priuées de faire aucunes assemblées, ny tenir aucun conseil particulier. L'on a leué des deniers sans le consentement de la ville à discretion, sans reigle quelconque. Tous ceux qui commandent aujourd'huy doiuent sçauoir qu'ils ont leur authorité du peuple, lequel ne la leur a donnée que pour commander selon les loix & par l'ordre accoustumé, & non pas pour despoüiller vn chacun de ses biens à leur volonté. Nos loix, ny nos priuileges ne permettent point de leuées en ceste ville, sinon par le consentement d'vne assemblée solennelle des quartiers. Quand nous ferons defences d'en faire autrement, nous ferons chose digne de nous, empescherons que beaucoup de moyens qu'on doit conseruer pour la necessité, ne soient dissipez, que les bourgeois ne soient indeuëment trauaillez, & donnerons occasion au peuple de croire que ce Senat n'a rien tant au cœur que son soulagement.

A LA VILLE DE PARIS LE FEVRIER 1590. *SVR*
la leuée des deniers demandée, & proposition d'y faire
entrer vne garnison d'Estrangers.

'EVSSE bien souhaité que ce qui me vient maintenant en l'esprit eust esté en la bouche de ceux qui ont parlé deuât moy: car il en eust eu plus de grace & d'authorité, & moy moins d'enuie. Toutesfois ie pense que le deuoir d'vn bon citoyen qui est appellé icy, est de ne se laisser destourner, ny par crainte ne passion, à dire ou taire chose qui puisse profiter ou nuire au public. Des deux poincts qui sont proposez, le premier concerne les deniers que l'on demande. A la verité vne necessaire defence, à laquelle nous sommes reduits, nous persuade assez qu'il en faut trouuer, & que nous n'en sçaurions trouuer que dans nos bourses: Car nous voyons le peu de secours que nous auons des Prouinces, lesquelles sont tellement affligées de leur part, que ce qui s'y leue n'est pas suffisant pour les conseruer. Il faut donc volontairement nous saigner: tout le mal est que nos veines sont ja fort espuisées, tant par ce que les sources en sont couppées & estouppées par dehors d'où elles deriuoient, que par ce que l'on en a ja beaucoup puisé par dedans, & que plusieurs des meilleurs rameaux, qui estoient les plus riches familles, sont maintenant hors de nostre corps. C'est pourquoy j'estime que la prudence de ceux qui gouuernent, doit estre de compasser la possibilité de nos fortunes particulires auec la necessité des affaires publiques, & les proportionner en telle façon qu'elles se puissent toutes deux conseruer. Car à la verité nous ne deuons veiller en nostre particulier qu'à sauuer le public, mais le public aussi ne doit tendre qu'à conseruer les particuliers. Quand chacun verroit que ce qu'il faut faire pour le public seroit la ruine de tous les particuliers, & que l'Estat seroit tel qu'il ne se peust conseruer qu'auec la ruine d'vn chacun, on aymeroit mieux attendre sa ruine en sa maison, que s'empescher à l'aller procurer dehors. Ce que j'estime qui peut adoucir ce que l'on demande aujourd'huy, c'est s'il y auoit moyen de le tirer à deux ou trois fois, comme de mois en mois, pour ce que cependant les moyens se font, l'argent vient, & tel qui ne peut tout d'vn coup fournir vne grande somme, la fournit bien par parties. Vous tirerez d'vn corps en deux ou trois saignées vne quantité de sang sans l'offenser, laquelle luy apporteroit indubitablement la mort si tout d'vn coup vous l'auiez tirée. Le second poinct qui a esté proposé, de loger des gens de guerre en la ville, me semble de bien plus grande consequence: Pour ce premierement, que ceste ville en quelque estat qu'elle ait esté, s'est tousiours conseruée ce priuilege de ne point endurer de garnisons; de le violer maintenant, c'est chose qui en l'opinion des hommes apportera beaucoup de mescontentement. Puis nous voyons combien les charges sont desia grandes, & quasi plus pesantes que nos espaules ne sont fortes. Ceste-cy semblera & se trouuera plus dure que toutes les autres ensemble. Car de dire que l'on les logera sans incommodité dans les maisons

vuides,

vuides, l'on sçait qu'elles ne sont point meublées ny accommodées, il n'y a ny viures ny prouisions. Puis il est certain que s'il faut loger des gens de guerre, pour s'en seruir, il les faut loger les vns pres des autres. De dire que l'on en logera quelque nombre des plus apparans, on sçait quelle jalousie cela apporteroit aux autres, puis on sçait qu'il n'y a que la premiere pinte chere. Il n'y a que les ouuertures difficiles aux affaires; l'entrée faite, tout suit aisément. Il se faut donc resoudre à receuoir l'armée en nos maisons. A cela ie n'y voy nulle necessité, nulle commodité, & au contraire vne grande seruitude, ruine & desolation à la fin. Nous sommes tous d'accord qu'il faut garder les faux-bourgs, ils sont infiniment grands & logeables, ceux que l'on veut mettre dedans la ville y pourront estre commodément. Ie vous prie de considerer en quels termes nous serions reduits, quand il nous faudra & de nuict & de iour, pour aller garder les tranchées, ou faire les corps de garde, laisser vn nouueau maistre en nos maisons, parmy nos femmes & nos enfans. Nous sommes tous les jours au hazard de nos vies, cela est peu, mais d'y adjouster le danger de nos femmes & de nos filles, il est insupportable. Nous sçauons comme les gens de guerre se comportent, il n'en faut point faire de difference. La modestie, ny la continence ne logent plus parmy les armes. Ce desordre est naturel en toute guerre, mais ineuitable en la ciuile; puis considerez que ce sont gens de guerre qui ne sont point payez, à qui nostre necessité apporte vn juste mescontentement. Si auec leur indignation se vient à mesler la fureur du menu peuple, & s'allumer par la cherté & disette des viures, qui nous pourra sauuer d'vn sac & pillage? Ie pense donc pour moy, que nulle necessité ne nous doit arriuer si grande, qu'elle nous doiue faire prendre ce conseil. Ceste ville est grande, pleine de peuple, & de tel nombre que nous pouuons sortir dehors pour garder nos tranchées; comment ne garderons-nous donc pas la ville? Conseruons, Messieurs, tant que nous pourrons, nostre liberté & la seureté de nos familles, & croyons que quand nous serons reduits à ces termes-là, d'auoir des estrangers chez nous, nous ne deurons plus rien craindre: car le pis qui nous puisse arriuer nous sera aduenu. Il y en a qui disent que nous ne deuons pas estre de meilleure condition que ceux des faux-bourgs; ceux-là, ce me semble, combattent contre leur patrie, & faisans semblant d'estre justes se monstrent injustes & imprudens tout ensemble. Car ceux des faux-bourgs mesmes ne doiuent pas desirer ceste egalité de misere, pour ce que si la ville ne leur demeuroit pour retraite, & qu'ils n'eussent ceste derniere seureté pour deposer ce qu'ils ont de plus cher, ie croy qu'il y a long-temps qu'ils seroient, ou absens, ou ennemis de ceste ville. La liberté & seureté de nostre ville est l'vnique refuge & consolation de tout le pays d'alentour: quand nous l'aurons perduë par les garnisons, & que nous aurons de nouueaux & rudes maistres en nos maisons, il ne nous restera plus, ny à nos voisins que le desespoir. Vous ne sçauez pas, Messieurs, que c'est que de voir chez vous des goujats rompre vos coffres & crocheter vos serrures, des soldats accoster vos filles & solliciter vos femmes. Dieu vueille que vous ne le sçachiez jamais.

CCc

APRES QVE LES ESTATS DE LA LIGVE
eurent esté assemblez à Paris, beaucoup de gens d'honneur trauaillerent pour
disposer les affaires à quelque accord. Et pour cet effect on moyenna la confe-
rence qui fut faite entre les Deputez des deux partis: Mais les agens d'Espagne
apprehendans la reconciliation entre les François, se resolurent d'employer tou-
te leur puissance pour rendre les choses irreconciliables. A quoy ils jugerent qu'il
n'y auoit rien si propre, que de faire-faire aux Estats quelque eslection d'vn
Roy imaginaire. Et pour y paruenir, il n'y eut sorte d'artifice qui ne fust prati-
quée, soit de promesses à l'endroict des Grands, de persuasions enuers les peu-
ples, de menaces & violences à l'endroict des Magistrats & autres gens
d'honneur qu'on connoissoit desirer la conseruation de l'Estat. Et bien que du
commencement on se moquast de ceste proposition, par apres beaucoup de gens s'y
laissoient couler. Cela fut cause que ie m'esuertuay de recueillir toutes les rai-
sons que i'estimois pouuoir seruir à démouuoir tant les Grands que le populai-
re, d'vn si pernicieux dessein ; Et en ayant entretenu quelques-vns de mes
amis, ils me solliciterent de dresser ceste Remonstrance & la faire courir. Car
bien que toutes les raisons qui y sont deduites, fussent en l'esprit & en la bou-
che quasi de tous ceux qui prenoient la peine de penser sur ce sujet, neantmoins
ils iugeoient qu'estans disposées par ordre, & contemplées tout d'vne veuë,
elles se pouuoient mieux faire comprendre, & donnoient vne plus forte impres-
sion en l'ame de ceux és mains desquels elle paruiendroit. Celuy qui lira cecy
aura la discretion de considerer que les termes dont il est icy vsé, & en quelques
sujets qui suiuent, esloignez du respect qui est deu à ceux dont il est parlé, mesme
du Souuerain, sont accommodez au temps & au lieu où l'Autheur se trouuoit
engagé, non par eslection, mais par necessité : Où toutesfois il n'a iamais oublié
le desir de seruir au bien de cet Estat en ce qui luy a esté possible.

E font de miserables remarques de la grandeur des Estats, que celles qui se recueillent de la grandeur de leur ruine. Nos yeux n'en ont plus d'autres aujourd'huy qui leur puissent repre-senter ce que nostre pauure France a esté. Et toutesfois il est besoin de l'apprendre, pour voir s'il n'y auroit point quel-que moyen, sinon de la releuer en pied, comme elle estoit en la fleur de sa prosperité, au moins la soufleuer & soulager vn peu en ceste lamentable misere. Il faut doncques destourner nos yeux de dessus cet horrible specta-cle, pour retourner nos esprits à la souuenance de nostre ancienne magni-ficence. Ie sçay bien que la memoire des biens passez aigrit dauantage le sen-timent des maux presens: Mais quoy? en si grandes maladies la douleur des remedes ne nous doit pas dissuader de les cercher. Cerchons donc de l'esprit ce que l'œil ne peut plus trouuer, & nous representons par imagination l'heureux estat auquel estoit nostre France auant que tomber en ceste cala-miteuse fortune. Si nous trouuons quelque soulagement à son mal, il conso-lera l'ennuy que nous peut apporter la comparaison de sa felicité auec son infortune. Si nous n'en trouuons point, au moins serons-nous aucunement

contens

contens de l'auoir recerché, & auoir rendu à noſtre pauure & deſolée patrie tout ce que nous auons peu de ſecours. Auant ces fatales guerres ciuiles, qui ont conduit noſtre France au poinct où nous la voyons, c'eſtoit bien la plus belle, la plus puiſſante, la plus heureuſe, la plus triomphante Monarchie qu'œil d'homme ait jamais veu. Le deſtin qui promouuoit ſa grandeur, luy auoit aſſigné en partage le plus beau quartier de la terre, luy donnant vn eſpace ſi grand qu'il pouuoit ſuffire à la magnificence d'vn grand Empire, & tel toutesfois que le ſoin d'vn ſeul Prince pouuoit ſuffire à le regir. Il ſembloit que la nature ſe fuſt eſtudiée à la rendre ſeure & commode, & y euſt fait ſeruir le reſte des membres de l'Vniuers. Car elle l'auoit ſituée entre trois diuerſes mers qui luy ſeruoient de bornes, d'apports & d'abords, de toutes les parties du monde. D'autre coſté elle eſtoit bornée de hautes & inacceſſibles montagnes, de grandes & profondes riuieres. Le dedans eſtoit vn fecond, doux & amene ſol, s'il y en a au monde, où la temperature de l'air, plus benigne qu'en lieu quelconque, faiſoit naiſtre vne admirable abondance, & vne encore plus admirable varieté de fleurs, de fruits & d'animaux. Au ſurplus les belles & grandes riuieres y eſtoient reſpanduës, comme les veines en vn corps, pour y faire couler par tout les commoditez de la vie, & faire entrepreſter aux Prouinces, par vn cours perpetuel de commerce, les biens dont elles ſurabondoient. Il y auoit vn grand, voire infiny nombre de belles & puiſſantes villes, & de gros bourgs & villages, & ſur tout vne innumerable quantité de chaſteaux & belles maiſons, qui rioyent au milieu d'vne campagne tant belle & bien cultiuée que rien plus. Toutes ces villes & toutes ces Prouinces eſtoient habitées d'vn nombre infiny d'hommes de doux & gracieux naturel, qui ſous la crainte de Dieu, du Prince & des loix, viuoient diſtinguez entr'eux par diuers ordres & differentes vacations, & liez les vns auec les autres d'vne telle ſocieté, par vn ſi ferme nœud de bien-vueillance & ſi eſtroit lien de Iuſtice, qu'ils compoſoient vn corps ſi ſainct, ſi triomphant, ſi opulent en toute pieté, vaillance & richeſſe, que tout le monde le reueroit, le redoutoit & l'admiroit. En quel lieu l'eſtat de l'Egliſe a-il jamais eſté plus floriſſant? les Temples y eſtoient ſuperbement baſtis, garnis & reparez des plus precieux ornemens que l'on euſt ſceu deſirer, pour maintenir la ſplendeur & Majeſté du ſeruice diuin. La pieté de nos anceſtres auoit fondé des Colleges & Conuents d'vn grand & ample reuenu, pour eſtre comme les Treſors des pauures, & l'Aſyle de la neceſſité publique. Là s'eſtoient conſeruées, comme en vne Arche ſacrée, les lettres Sainctes & humaines, durant que la Barbarie inondoit l'Occident: Là vn grand nombre d'hommes nourris & eſleuez dans le giron des Muſes, pleins de ſuffiſance & erudition, venoient à remplir les Prelatures & dignitez, & autres places de l'Egliſe. De ſorte que l'on peut dire auec verité, que de toutes les Prouinces du monde, il n'y en auoit point où la face de l'Egliſe fuſt plus venerable, reſplendiſſante en doctrine & pieté, qu'en noſtre France. La Nobleſſe d'autre coſté reſpanduë par les campagnes, comme eſtoit-elle pleine de gloire? La jeuneſſe en eſtoit nourrie aux armes, auec des reigles d'honneur ſi ſeueres & rigoureuſes que rien plus. La force de leur aage employée ou à la guerre,

au seruice du Prince & du pays , ou en la paix, en exercices genereux.
De sorte que les ennemis en auoient vne extréme terreur , les amis vne
grande confiance. La vieillesse conduisoit les familles , leur enseignant
les loix d'honneur, dressant le mesnage , & embellissant la campagne de
beaux iardinages & bastimens. Quant au tiers Estat, y a-il lieu au monde,
où l'agriculture fust ny plus soigneusement , ny plus legalement exercée
qu'elle estoit ? De sorte qu'il sembloit que la terre se pleust à estre cultiuée
des innocentes mains de ces bonnes & simples gens-là, & donnast sa fecondité comme recompense de leur preud'hommie & saincteté. Les arts
& mestiers estoient si dextremeut maniez par les villes, qu'il n'y auoit manufacture au monde, dont la France n'eust la perfection. Et ainsi elle pouuoit fournir non seulement à sa necessité, mais au luxe des nations voisines,
qui n'estoient accommodées que de ce qu'elles empruntoient de nous.
Leurs delices ne naissoient que de nostre abondance. De là arriuoit vn
grand & celebre traffic, conduit par de loyaux, riches & signalez marchans
de nostre France, qui trauersoient les mers, & distribuans aux nations esloignées les biens dont nous auiós trop, nous remplissoient en contr'eschange
de l'or, de l'argent, des pierreries du Leuant & de l'Occident, & ne viuoient
quasi que des biens de nostre terre, tenoient leurs commoditez , voire leur
vie en hommage de nostre fertilité, & payoient pour tribut à nostre beneficence, ces beaux, rares, mais inutiles ouurages de la nature. Or toutes ces
sortes d'hommes-là, d'ainsi differentes vacations, estoient vnis & contenus
ensemble par le moyen du Prince Souuerain, lequel comme le chef tenant
en reserue les sens & les esprits, distribuoit aux membres la force & le mouuement selon leur dignité & capacité, & entretenoit entr'eux vne iuste &
exacte proportion , qui les empeschoit de rien entreprendre l'vn sur l'autre, & corrompre ce qui estoit de leur essence. Car la sagesse de nos ancestres auoit reglé la Majesté Royale de si sainctes loix & traditions, que iamais la puissance ne marchoit sans la Iustice. Et les Roys, ayans l'authorité
de bien faire à tout le monde, ne s'estoient pas reserué le pouuoir de nuire au
moindre de leurs sujets , voire mesmes qu'ayans seuls la dispensation des
graces & des bien-faits, ils n'auoient pas celle des peines. Tout ce qui leur
pouuoit acquerir la bien-vueillance de leurs sujets , dependoit d'eux seuls;
tout ce qui leur en pouuoit acquerir la haine ou l'enuie, estoit exercé par
autres commis à l'exercice de la Iustice. Ceste Iustice auoit sa premiere &
plus auguste seance és Parlemens, tant reuerée & admirée , que non seulement les habitans du Royaume y commettoient leurs biens & leurs fortunes mais aussi les Princes estrangers s'y rapportoient de leurs differens,
& s'y soumettoient volontairement. Au dessous de ces grandes compagnies, il y en auoit de moindres par les Bailliages & Seneschaussées, & au
dessous de celles-là estoient les Iuges des Seigneurs que le Prince auoit anciennement honoré du droict de Iurisdiction: Tellement qu'il n'y auoit
endroit où la Iustice ne tint la balance en la main, pour faire aller le droict
où la raison vouloit , & conseruer à vn chacun ce qui luy appartenoit. Bref
il n'y auoit point au monde vne si triomphante Prouince, plus aymée &
admirée de ses voisins , plus heureuse pour ses habitans. Le sort en est bien
changé

changé maintenant ! Et qui à tous ces heurs-là opposera tous leurs contraires, aura descrit vne partie de nos calamitez, vne partie dis-je seulement.
Car outre ce que nous auons perdu tous les biens que nous auions receu
tant de nouuelles afflictions, qu'à peine les eussions-nous peu craindre, ny
ceux qui viendront apres les comprendre. Ceste belle & feconde campagne est maintenant toute en friche: Tant de chasteaux & de belles maisons
font en ruine, les couuertures en touchent maintenant le fol, il n'y reste que
les marques du feu en la plufpart, ou quelque pignon penchant. Les vignes
& les vergers font du tout arrachez, bref la campagne pleure par tout. Les
hommes qui l'habitoient font la plufpart peris. Mais las de quels accidens!
la peste & la famine ont esté des plus doux: car la rage des voleurs & des brigands en ont fait mourir la plufpart entre les tourmens. Il n'y a forte de dignité qui ait esté exempte d'injure, & de contumelie, si furieufement nos
pechez nous arment à nostre ruine! Les Euesques, les Abbez, les Prelats
& autres gens d'Eglife ont esté de part & d'autre chaffez, rançonnez, leur
reuenu entierement ruiné & occupé. De forte que les Monasteres, dont les
bastimens restent encor entiers, font du tout abandonnez. Les Sanctimo-
niales ayans perdu la pudeur de leur voile, vaguent par tout, meflées parmy
les laiz en tres-grand fcandale. Le feruice diuin commence mefmes à faillir
dans les villes pour la pauureté de l'Eglife, qui n'a plus moyen de s'entretenir, ny d'estre fecouruë par les autres. La Noblesse s'est tantost toute confumée à tant de batailles, rencontres, affauts, & ce peu qui reste est chaffé de
fes maifons, fe nourrit au brigandage, perd l'honneur & la crainte de Dieu.
Le trafic & la manufacture cesse entierement par les villes: Les arts mefmes
deperissent du tout, la mifere faifant perir les ouuriers, ou les releguant aux
Prouinces voifines. Et pour comble de tous ces maux, la Iuflice n'a plus de
puissance: Car la vaine image qui en reste n'estant point animée de l'authorité du Souuerain, ne fert que de bute à l'outrage & violence, laquelle faict
droict de tout ce qu'elle veut. De forte que la foy, & publique & particuliere est violée, l'impunité regne par tout. Ce feroit horreur de racóter combien de voleries, de violemens, d'incestes, de facrileges, fe commettent tous
les jours. Bref la pauure France est tellement defolée & defigurée, qu'elle
commence à faire pitié à fes plus grands ennemis. Voila vne partie de fon
mal: car de penfer tout dire, ce feroit chofe infinie. L'ordre voudroit que
nous touchassions maintenant les caufes qui l'ont reduite en cet estat: Mais
outre ce qu'elles font assez euidentes, nous auons affaire à vn malade fascheux & difficile à traitter: Luy reprocher fon intemperance, luy feroit
haïr le Medecin & le remede. Destournons donc de cet efcueil le cours de
nostre parole, & la conuertissons à vne gracieufe & feruente priere, que
nous adresserons à tous ceux qui ont le nom & cœur François, & les conjurerons au nom du Dieu viuant, par les cendres de leurs Ancestres, par le
falut d'eux-mefmes & de leur posterité, qu'ils ayent quelque compassion de
ce grand & floriffant Empire, qu'ils fecourent fa calamité, & aydent fon
infortune. Ce qui est faict est faict, abolissons la memoire de ce que nous ne
pouuons plus amender. L'oubliance est le fouuerain remede des maux paffez. Ne nous accufons point l'vn l'autre; nous auons tous failly. Ne nous

amusons point à cercher des peines contre les autheurs de nos maux: qui en
est innocent? mais proposons des loyers à ceux qui en trouueront les remedes. Car quels qu'ils soient, nous leur serons bien tenus. Quittons donc tous,
ie vous en conjure, nos desseins, nos esperances, nos craintes, nos coleres &
nos vengeances, & n'apportons à ceste consultation qu'vne pure & saincte affection à l'honneur de Dieu, & conseruation de nostre pauure païs.
O Dieu immortel! qui voyez le profond de nos cœurs, & gouuernez
comme il vous plaist nos pensées, prenez, ie vous supplie tres-ardemment,
la conduite de nos volontez, & les deliurant du violent mouuement que
leur ont donné nos passions, r'amenez-les par vostre grace au chemin qui
les peut conduire à vostre honneur & à nostre salut. Ouurez-nous, Seigneur, les yeux de l'esprit, pour discerner d'vn sain & paisible iugement,
ce qu'il nous faut faire pour nous tirer de ceste lamentable captiuité. En cela conuenons-nous tous, qu'il nous faut vn seul Roy Catholique, sous l'o-
beïssance duquel nous puissions reünir tous les membres de cet Estat, la diuision & dissipation desquels cause ceste espouuentable ruine. Loüé soit
Dieu, qui nous met à tous ce dessein en l'esprit. Ie commence à esperer quelque bonne vnion, puis que les esprits, auparauant si diuisez, se reünissent
au moins en ce poinct. Quand nous venons au particulier à demander qui
sera ce Roy, c'est où nous sommes empeschez. Ie ne m'estonne pas si nous
sommes si differens: les esprits des hommes sont naiz auec ceste varieté, plus
diuers en leurs iugemens qu'ils ne sont en leurs visages. Ie croy que chacun
a bonne intention, & se propose les moyens d'y paruenir selon sa capacité;
mais il n'y a qu'vne droicte ligne, qu'vn droit chemin, qu'vne verité, difficile toutesfois à trouuer, principalement és affaires du gouuernement des
grands Estats, qui est meslé de tant de circonstances, lesquelles il faut si diligemment obseruer, que ce n'est pas merueille si bien-souuent les plus aduisez se mesprennent. Considerons donc ensemble auec vn esprit de douceur & de charité, de tous ceux qu'on nous propose, qui peut estre celuy
sous lequel nous puissions voir en ce Royaume l'honneur & le seruice de
Dieu conserué, l'Estat & le repos du peuple restauré: Car ie croy que voila
les poincts où nous deuons tendre, & que où nous les trouuerons, nous aurons ce que nous cerchons; où nous ne les trouuerons point, nous n'aurons
rien que nous deuions accepter. Le premier que l'on met sur le tapis, c'est
le Roy d'Espagne, comme le plus grand Prince, qui a plus de forces & de
moyens pour ruiner le party contraire, conquerir cet Estat & le conseruer.
Si on nous eust proposé cela autresfois, lors que nous auions quelque amour
de nostre patrie, & l'affection que nous deuons au nom François, le cœur
nous eust aussi-tost sous-leué. Et comme la nature sans autre aduertissement abhorre ce qui luy est contraire & mortel, nous eussions, sans en vouloir dauantage discourir, à ce seul mot d'Espagnol, rejetté vne telle proposition & vomy dessus nostre colere. Mais puis que nous nous sommes si
fort desnaturez, que la charité de nostre patrie, ny à peine celle de nos enfans, n'a plus de part en nos deliberations; & que quant à cet honneur dont
nos majeurs estoient si jaloux, c'est quasi crime que de l'alleguer; que
nous reduisons tout à ce que nous disons estre meilleur pour nostre conseruation

nation & celle de noſtre Religion, examinons ceſte propoſition par ceſte reigle-là meſme. Ie ne me puis imaginer ny que le Roy d'Eſpagne vueille accepter ce titre, ny qu'il puiſſe conquerir ce Royaume, ny moins qu'il nous ſoit vtile. Comment le voudroit-il, luy qui eſt ſage Prince & bien conſeillé? Car laiſſant le blaſme qu'il encourroit en toutes nations de la terre, d'auoir donné ayde à la ſubuerſion de cet Eſtat, pour en recueillir les ruines, contre ce qu'il a touſiours proteſté; ne iuge-il pas qu'en l'aage où il eſt, entreprendre vne guerre de telle conſequence que celle-cy, pour la laiſſer par heritage à ſes enfans, ſeroit choſe indigne de ſa prudence? Les Eſpagnes ſont-elles pas aſſez eſpuiſées d'hommes & d'argent par les guerres de Flandres & les noſtres paſſées, ſans qu'il vueille par nouuelles ſubuentions, contributions & leuées, donner nouueaux ſujets de meſcontentement à ſes pays? Auons-nous opinion qu'il ne preuoye pas l'alteration que peut apporter ſa mort en ſes Eſtats? Vn jeune homme peut mourir bientoſt, mais vn vieil Prince ne peut pas viure long-temps. Penſez-vous qu'il ne conſidere pas l'aage auquel il laiſſera ſon fils, ſa naturelle indiſpoſition, le courage & generoſité de ſa ſœur, les grands & aduantageux deſſeins de ſon gendre? les diuers droits & diuerſes affections qui naiſſent de diuers lits & de diuerſes conuentions? Combien eſtimez-vous qu'il peze tous les iours l'incommodité qui eſt en ſes Eſtats diſperſez par tous les coings du monde? joint les particuliers ſoupçons & jalouſies qu'il en a. Il y a grand nombre de Mores couuerts en Eſpagne, il n'y manque pas d'heretiques cachez en grande quantité. L'Eſpagne eſt pleine de meſcontentement, de ce qu'il n'y a que quelques Caſtillans qui gouuernent. Les Grands tous retirez en leurs maiſons n'ont nul accés au Roy, ny part au gouuernement. Ils ont autrefois oſé remuer contre ce ſage & heureux Empereur Charles cinquiéme, que ne feront-ils contre vn enfant? Le Portugal eſt vne nouuelle conqueſte, où il n'eſt, ny ne ſera jamais le maiſtre que des corps, les volontez luy ſeront touſiours contraires. Dom Antonio vit encor aujourd'huy: la Flandres eſt à demy perduë: les Eſtats & la Royne d'Angleterre y ſont auſſi forts que luy. Il n'y a que la prudence & vaillance du Duc de Parme qui luy maintienne ce qui reſte: mais quoy? il eſt valetudinaire, il pourra mourir, & quand il viura l'on ne luy a point encor fait raiſon de ſes droicts de Portugal. Il n'a point eſté recompenſé de vingt années de ſi grand, ſi important & ſi heureux ſeruice qu'il a fait. Il a le cœur des peuples en ſa main. Il a les Capitaines & Gouuerneurs à ſa deuotion. Il eſt à la verité infiniment vertueux & fidele: Mais en termes d'Eſtat, comment ſe peut-on aſſeurer d'vn homme, lors qu'il a moyen de s'agrandir impunément? Et combien moins de celuy qui a le pretexte & la puiſſance conjoincte? Les Eſtats d'Italie ne ſont pas mieux; les hommes ſont fort mal affectionnez à l'Eſpagne, les garniſons mal payées leur ſont fort à charge. Il y a des Princes voiſins qui ont de grandes reſerues de deniers, & ne manquent pas d'ambition. Ioint que le Turc eſt touſiours pendu en l'air, preſt à venir fondre deſſus. Les Indes Orientales & Occidentales ſont ſi eſloignées, qu'au moindre bruit que les Gouuerneurs auront que l'Eſtat branle, ils s'en empareront. Iamais telles gens n'eurent moyen de deuenir mai-

ſtres qu'ils ne s'en ſoient ſeruis. Quoy doncques? faites-vous ſi mauuais iugement du Prince que vous voulez eſlire pour vous gouuerner; d'eſtimer
qu'entre telles frayeurs, auſquelles toute la prudence du monde aura peine
à pouruoir, il ſe vueille venir charger d'vn tel faix que cettuy-cy? Ce ſeroit
vn homme qui tout malade & indiſpoſé, & menacé de la mort, iroit faire
des excés, qu'à peine pourroit ſupporter vn corps plein d'vne grande &
aſſeurée ſanté. Mais poſons que nos importunitez le gagnent, que la ſplendeur de ceſte couronne luy eſbloüiſſe la veuë, & que l'ambition de ſes
Miniſtres le precipite à le vouloir conſentir. Voyons vn peu le profit que
nous en pourrons tirer, & comme nous paruiendrons à conſeruer l'honneur de Dieu & l'Eſtat de la France. Premierement quand nous ſerions
bien aſſeurez, qu'apres l'eſlection de ſa perſonne toutes les Prouinces de ce
Royaume ſe ſoubmettroient à luy de leur conſentement, ſi ne pouuons.
nous pas nier, que par ceſte eſlection nous n'euſſions ruiné l'Eſtat. Car ie
croy que qui nous euſt demandé il y a vingt ans, ce qu'on pourroit appeller la ruine de l'Eſtat de France, nous euſſions reſpondu que c'euſt eſté d'e-
ſtre ſoumis à l'Eſtranger. La paſſion qui nous aueugle, fait que nous ne
pouuons imaginer quelles deſolations apportent les changemens d'Eſtat,
combien il faut qu'vn Seigneur eſtranger altere les loix, comme il faut
qu'il ruine de familles auant que ſe pouuoir aſſeurer. Mais ie croy, nous reconnoiſſons aſſez que jamais nous ne nous trouuerons tous d'vn accord
en ce faict, & que non ſeulement ceux du party contraire, mais la plus
part meſmes du noſtre y reſiſteront de tout leur pouuoir, & mourront de
dix mille morts auant que ſoüiller leur memoire d'vne ſi honteuſe & fla-
gitieuſe prodition. Quand vne faction populaire, par la multitude des voix
& par les pratiques qui ſe pourroient faire, ſe laiſſeroit porter-là, combien y
auroit-il de choſes qui l'empeſcheroient? Monſieur le Duc de Mayenne,
ſage de nature & de tant d'experience, eſtant ce qu'il eſt, ſi fort d'amis &
d'intelligence en ce Royaume, en laiſſera-il emparer vn grand Prince
eſtranger, ſi puiſſant? Ne voit-il pas à l'œil que ce ſeroit ſa ruine certaine &
de toute ſa Maiſon? Ie vous demande, ſi le Roy d'Eſpagne eſtoit appellé
à ce titre, connoiſſant l'humeur changeant des François, voyant qu'ils ſe
ſont depuis trente ans ſi ſouuent ſouſleuez contre leur Prince naturel, remarquant la differente nature de ce peuple d'auec celle de l'Eſpagnol, n'auroit-il pas vn ſujet de s'en vouloir aſſeurer & mettre à port tant & tant d'or
& d'argent qu'il a deſpenſé à ceſte conqueſte? Les Eſpagnols ſont plus
deffians que tous les peuples du monde; ils ne s'aſſeurent que de ce qu'ils
tiennent, voir auec les deux mains. Quel moyen auroient-ils doncques d'aſſeurer cet Eſtat, ſinon par la ruine de Monſieur de Mayenne premierement, & puis des Grands de ſa Maiſon? Car laiſſant Monſieur de Mayenne, il pourroit touſiours faire party contre luy: Mille occaſions, mille meſcontentemens ſe peuuent preſenter qui en donneroient ſujet, tant que luy
& les ſiens tiendroient les gouuernemens. La Royauté ne ſeroit qu'imaginaire au Roy d'Eſpagne, il la voudra rendre veritable. L'on me dira, il ne
ſera pas aiſé: ſi ſera. Le nom & titre de Roy, à vn grand Prince comme le
Roy d'Eſpagne, eſt de grand effect. Les pretextes ſont bien aiſez à trouuer
à celuy

à celuy qui a la force. Il pourra facilement , sous couleur de liberté & de priuileges, establir des factions populaires par les villes, donnant les offices, les benefices & les confiscations dont les guerres ciuiles sont si fertiles. Il aura aussi moyen de gagner ceux qui auront credit aux villes. Monsieur de Mayenne a desia esprouué comme par ces factions-là il a esté mesprisé & reduit en tel poinct, que si ceux mesmes qu'on estimoit les moins affection-nez à son party ne l'eussent releué, il estoit tombé. On fera le semblable des autres Princes & grands Seigneurs de ce Royaume. Premierement on les diuisera entr'eux, donnant des moyens aux moindres & plus mal aduisez , & leur promettant les charges des autres plus grands & plus suffisans, & auec des faux bruits & calomnies on halera les peuples apres eux. Et apres qu'on les aura rendus odieux aux peuples, & desarmez de l'authorité, on les fera retirer en leurs maisons, si ce sont gens dont on ne puisse rien crain-dre ; sinon l'on leur dressera des parties, on les enuoyera mal accompagnez au combat. On meslera parmy eux des gens qui les estrenneront de quel-que harquebusade ; & s'il n'y a autre moyen , on les mettra à l'inquisition, & les enuoyera-on prisonniers en Espagne. Quand par le moyen des peu-ples & de ceux qui les manient, on aura ruiné les Grands , on n'aura pas beaucoup de peine de venir à bout des peuples. Bref c'est vne maxime tenuë de tout temps, & qui sera tousiours pratiquée par vn Prince estranger qui occupe vn pays, d'y ruiner tout ce qui est de grand & d'eminent , & qui peut faire party contre luy. Outre cet interest general, qui rendra le Roy d'Espagne contraire à Monsieur de Mayenne, le particulier du Duché de Bourgongne y seruira beaucoup : Monsieur de Mayenne y est fort estably, & vray-semblablement il le doit conseruer pour sa seureté particuliere & de tous ceux de son party. Le Roy d'Espagne pretend que c'est son patri-moine ; comment supportera-il que l'on l'en priue ? ayant le droict & la force l'endurera-il ? Deux voisins sont ennemis pour vne perche de ter-re ; voudriez-vous que deux grands Princes fussent amis ayans telle maille à partir ? Oüy , mais on en traittera auparauant, & luy fera-on ac-corder que le Duché de Bourgongne demeure à Monsieur de Mayenne. Souuenez-vous que les officiers du Roy d'Espagne, ayans gagné tous les Grands de Portugal par semblables promesses, lors qu'il fut estably au pays representerent leurs promesses & en demanderent l'execution : on les ren-uoya au conseil *Da meza di conscienza* , où l'on leur respondit que si le Roy-aume appartenoit à Dom Antonio, ils estoient des traistres de l'auoir aban-donné ; s'il appartenoit à sa Majesté Catholique, ils estoient des meschans de luy auoir vendu ; & pour ce, qu'en toutes façons ils meritoient la mort : toutesfois que sa Majesté de grand grace leur remettoit la peine, & leur per-mettoit de se retirer en leurs maisons. Monsieur de Mayenne n'ignore pas qu'vn peu deuant la Toussaincts 1590. Dom Bernardin de Mendose dit en bonne compagnie en ceste ville, que son Maistre feroit grands Messieurs de Mayenne & d'Aumalle : Qu'il feroit l'vn Gouuerneur de Milan, & l'au-tre Viceroy de Naples ; voyla comme il desire les agrandir. A peine est-il entré par esperance en France, qu'il les en veut chasser par dessein. Les mes-mes considerations tombent en l'esprit de Monsieur de Mercueur, qui est

eſtably en la Bretagne, que le Roy d'Eſpagne ne pretend pas de ceſte heure, mais du viuant meſmes du deffunct Roy Henry troiſieſme, il a faict diſputer ſes droicts par les Vniuerſitez d'Eſpagne & dreſſer ſes pretenſions.
Chacun ſçait de combien elle luy importe, & pour l'Angleterre & pour
le Pays bas. Luy penſeroit-on faire quitter vn droict qu'il eſtime certain,
pour vn titre imaginaire? Or quand ces Seigneurs-là penſeroient de leur
viuant ſe garantir des entrepriſes de l'Eſtranger, ne voyent-ils pas bien que
leurs enfans demeurans jeunes ne s'en ſçauroient ſauuer, & qu'il faudra
qu'ils quittent la place? Les actions des Princes ne ſont pas terminées en
leurs perſonnes, mais quaſi toutes dreſſées à leur poſterité; pour le bien &
grandeur de laquelle, ils eſtiment leur vie & leur ſang bien employez. Mais
paſſons par deſſus toutes ces conſiderations particulieres, & voyons ſi
quand chacun ſe reſoudroit de ſe perdre pour accroiſtre le Roy d'Eſpagne,
il a moyen de conſeruer le general de l'Eſtat & la Religion. Nous ſommes
tous d'accord qu'il ne le peut faire que par la guerre, & en exterminant le
party contraire. Voila deſia vne funeſte & piteuſe propoſition, que nous
attendions noſtre bien de la ruine de tant de Nobleſſe Françoiſe, de tant
d'anciennes familles, par les priſes & rauages de tant de belles & puiſſantes
villes, où nous ſçauons qu'vne infinité de bons Catholiques ſont retenus
par force auec leurs femmes & enfans. Mais quels moyens a-il de le faire?
ſera-il plus puiſſant pour conquerir la France qu'il n'a eſté depuis vingt ans
pour reconquerir les pays bas? C'eſtoit ſon pays, ſon patrimoine, ſes vaſ-
ſaux, ſes officiers, accouſtumez à ſon joug, à ſes loix: tant s'en faut qu'il le
ait reconquis, qu'ils luy font aujourd'huy la guerre, prennent des villes
d'aſſaut à la veüe de ſon armée. Sera-il plus puiſſant qu'il n'a eſté depuis
cinq ans, qu'il a employé ſes forces en ceſte cauſe? S'il s'eſt feint à nous aider, c'eſt vn mauuais amy: s'il a fait tout ce qui luy a eſté poſſible, c'eſt
vn foible protecteur. Car depuis ce temps-là nous auons auec ſes forces
perdu les batailles que nous auons données, & nos ennemis ſont grandement accreuz. Il ſe forcera, dira-on, quand nous ſerons à luy: Au contraire, diſ-je, il n'aura plus beſoin d'y faire deſpenſe, car il aura ce qu'il deſire.
Vn jeune mignon qui pourſuit vne belle & riche maiſtreſſe, fait de la deſpence pour l'eſpouſer; apres les nopces il fait le maiſtre, ſonge à acquiter ſes
debtes, & vendre le bien de ſa femme; mais au bout il ne fera pas plus qu'il
ne peut. Conſiderons par le menu, que c'eſt que de ſes forces, & ne nous
trompons point en choſe ſi importante. Si vous regardez ſes finances, qui
ſont les nerfs de la guerre, il eſt tout eſpuiſé. Dés le temps de Charles le
Quint, la deſpenſe ordinaire de ſes Eſtats, ſans celle des guerres, excedoit
la recepte de deux millions d'or. Il a depuis touſiours eu de grandes guerres
ſur les bras, en Flandres, en Leuant, en Portugal, en Afrique, aux Iſles &
contre l'Angleterre. Il y a deſpenſé cent millions d'or, dont il doit encores
la pluſpart aujourd'huy, tant à ſes ſujets, qu'aux Geneuois, Lucquois, Florentins, & Allemans. Vous ſçauez la reuolte qui aduint l'année paſſée des
mutinez en Flandres, faute de payement de vingt-deux mois de ſolde, ſur
leſquels ils n'auoient receu qu'vnze realles. Il y a plus de deux ans que les
garniſons de Naples & de Milan n'ont eſté payées: vous voyez à vos yeux
que

que celles de Paris, dont il doit estre plus soigneux pour s'entretenir en credit parmy nous, sont longuement sans receuoir vn sold, & si elles n'e-
stoient remplies de Gentils-hommes de moyens qui s'entretiennent du
leur, elles seroient contraintes, ou de se rompre, ou faire quelque desordre.
S'il leur vient en trois mois quinze ou vingt mil escus, il faut plus de mystere à les receuoir: vous diriez que ce sont des montagnes d'or que l'on apporte: Ils font de belles promesses. En promettant, leurs comptes sont
par doubles ducats, en payant par marauedis. Bref proposons-nous vne
chose, que le siege de la Rochelle cousta deux millions d'or, sans la despence des Seigneurs & Gentils-hommes qui y viuoient sur leur bourse ; &
prions vn peu le Roy d'Espagne de supputer à combien luy reuiendra à ce
prix-là, la conqueste de ce Royaume. Est-il mieux garny d'hommes que
d'argent ? Les Espagnes sont de soy fort desertes, ces guerres les luy ont encor depeuplées. Le Portugal conquis de nouueau le tient sujet d'y auoir
des hommes. Il n'a pays ny contrée, où il ne luy falle des garnisons pour
les garder. Naples, Sicile, Milan, Majorque, Minorque, Sardaigne, les villes de Barbarie, les Essores, les costes d'Afrique, el'Inde Orientale & Occi-
dentale, ne luy sont asseurez que par les Espagnols qui les tiennent. Si l'on
dit, Il en tirera de Flandres; ce qu'il y tient est peu de chose, & tantost tout
desert, il y a la guerre & forte. Si l'on dit, d'Italie, elle a des hommes, mais
qui ne veulent qu'vne vie douce. Aussi voyez-vous combien peu il en tire
d'Allemagne, la voila fermée pour la crainte du Turc. Les nations les plus
belliqueuses qui y soient, sont les Protestantes. Ce sont forces qui reuiennent à vne infinie despence, car il ne faut pas que la paye manque, ou vous
n'auez point de vallets. De penser donc que le titre de Roy de France donné au Roy d'Espagne nous rende plus forts, c'est nous abuser ; voyons s'il
rendra le party contraire plus foible: tant s'en faut, il le rendra en toutes façons infiniment plus fort, leur ouurira le chemin à s'emparer par force de
l'Estat, & renuerser la Religion, non seulemét en France, mais en toute l'Europe. Premierement le titre de la guerre sera changé, & au lieu que c'estoit
guerre de Religion, elle sera guerre d'Estat, & guerre Estrangere. Ceux du
party du Roy de Nauarre qui branloient, seront confirmez & r'alliez auec
luy pour l'interest commun de leur conseruation, & par la haine de nostre
party, qui fauorisera l'inuasion de l'Estranger. Secondement, il ne faut pas
douter que toute la Noblesse, & beaucoup de villes de ce party, ne se rangent auec luy. Car si jusques aujourd'huy la seule necessité & incommodité de la guerre y en a fait ranger beaucoup, comme auec ceux qui sembloient desirer plus que nous la fin de la guerre, que fera ce nouueau pretexte? Et quant aux villes qui demeureront, quand elles auront vn peu esprouué la domination Espagnole, senty l'insolence des garnisons, & supporté
les charges de la guerre, vous les verrez se deffier l'vne apres l'autre, & sur
ces deffiances-là, mille cruautez s'exercer, qui augmenteront au peuple la
haine de l'Estranger, & le desir de retourner aux François. Quand les volontez se seront esmeuës, quelle force faudra-il pour garder tant de villes en
tous les coins de la France, voisines des forces du Roy de Nauarre, & qui
n'ont qu'à luy tendre la main? Voila pour le dedans: Pour le dehors, fau-

dra-il pas que la Reyne d'Angleterre vse lors de toute sa force, voyant le mall'approcher de si pres, & les baricades qui la couuroient, faussées? Il luy suffisoit auparauant d'entretenir le feu en France pour tenir son pays à couuert, maintenant la France se sauuera ou perdra à ses perils & fortunes. Le jour que la France sera conquise par l'Espagnol, sera la veille de la ruine du Royaume d'Angleterre. L'effort de l'Espagne estant diuerty en France, les Pays bas n'auront-ils pas sujet de se resueillir & tenter de s'accroistre & r'enforcer au pays, ou plustost joindre leurs forces auec celles des reliques de France pour les hazarder ensemble, de peur que se laissant combattre à part, leur ruine ne fust plus aisée? Tous les Protestans d'Allemagne ne penseront-ils pas à leurs affaires? & ne jugeront-ils pas qu'il y va du leur, non seulement pour la Religion, mais pour l'Estat? Car estans tous petits Princes diuisez, ne voyent-ils pas bien que si ceste Aigle croist comme elle pretend, elle deuorera leurs poussins? Les Suisses qui voyent comme desia entr'eux ils sont diuisez, & que le mesme sujet de Religion, qui a introduit en France la guerre estrangere, l'a finie par l'vsurpation de l'Estat, ne songeront-ils pas à leurs affaires? Les Potentats d'Italie qui ont tousiours redouté la puissance d'Espagne, & qui n'ont jamais estimé leurs Estats asseurez, que par le contrepoids que les forces de France faisoient à celles d'Espagne, voyans leur support se perdre, & la grandeur qu'ils redoutoient s'accroistre, ne pouruoiront-ils point à leur seureté? & n'empescheront-ils pas ce progrés, qui traine apres soy leur ruine? Ils sont gens de bien & bons Catholiques, ie le croy, qui toutefois pour consideration quelconque ne feront jamais rien qui prejudicie à leur Estat, & n'oublieront aucun moyen necessaire pour le conseruer. Le Pape mesmes le consentiroit-il? Pensez-vous qu'il voulust l'euersion du Royaume qui l'a esleué à la grandeur temporelle où il est, & luy a tousiours seruy de rempart contre les oppressions des autres puissances seculieres? Sa puissance ne s'est maintenuë que par le contrepoids de ces deux grands Royaumes; La reünion desquels le rendroit esclaue de celuy qui les possederoit. A l'inuestiture des Royaumes de Naples & Sicile, il a tousiours apposé ceste clause; que ceux qui les tiendront ne pourront accepter l'Empire; c'est bien pis s'ils peuuent conquerir la France. Ils ne seront plus sujets lors, mais Seigneurs des Papes. Mais le Turc mesme qui commence desia à se resueiller, ne pensera-il pas qu'il y va du sien, quand il verra qu'on voudra par la conqueste de la France joindre & assembler les Estats d'Espagne, dispersez par les quatre coings du monde, & par ce moyen establir vn Empire, qui non seulement luy feroit teste, mais pourroit renuerser le sien? Doutez-vous que les Princes d'Italie mesmes, & les Potentats d'Allemagne, ne le sollicitent de s'armer contre l'Espagne, & ne luy donnent, & des moyens & des passages pour l'attaquer, estimans se pouuoir plus aisément garantir des forces du Turc, & arrester quand ils voudront ses progrés, qu'ils ne feront ceux du Roy d'Espagne, s'il auoit estably vn si grand Empire comme il projette en l'Europe? Le mesme puis-je dire du Roy de Fez, qui sent il y a assez long-temps combien luy est redoutable l'accroissement & l'vnion des Estats d'Espagne, & qui offre se joindre à la France pour s'y opposer. Si le Roy de Nauarre seul

jusq'à

iufques aujourd'huy a non feulement refifté, mais s'eft accreu & renforcé, que fera-il quand le titre d'vne guerre eftrangere aura conjoint auec luy tant de peuples & de nations intereffées ? Dieu ne permettra point qu'vn fi funefte confeil entre en l'efprit d'hommes qui ont le cœur François, & qui aiment leur païs, leurs enfans & leur propre falut. Mais fi cela arriuoit, & qu'vne parricide fureur nous emportaft à cette refolution, ie vous diray ce qui nous en aduiendroit, & m'affeure que vous mefmes vous le jugerez ainfi. Voila le Roy d'Efpagne, ou l'Infante (car c'eft vne mefme chofe) declarez Roy de France; de penfer que le Roy d'Efpagne vous puiffe mettre vne grande & puiffante armée pour gagner autant de batailles que l'on luy en prefentera, forcer autant de villes comme il en rencontrera, les enfans mefmes ne le croyent plus. Mais quand il en auroit le moyen, vous connoiffez affez les confeils Efpagnols, c'eft de ne vouloir rien hazarder. Depuis vingt-ans qu'ils font la guerre, ou en Flandres, ou en France, ils n'ont voulu donner vne feule bataille; & fagement: car ils connoiffent bien qu'ayans leurs peuples mal animez, & leurs Prouinces fort feparées, la perte d'vne bataille leur enleueroit tout ce qui feroit voifin du vainqueur. Dauantage n'ayans point d'hommes chez eux, ils ne pourroient qu'auec extreme defpence, difficulté & longueur de temps remettre vne autre armée debout. Que luy refte-il donc à faire ? S'affeurer des villes auec de bonnes & fortes garnifons, & à cela employer toutes fes forces & tous fes artifices. Quand l'authorité de Roy ne feroit fuffifante pour l'introduire, il y a mille moyens, ou gagnant les Gouuerneurs, Maires & Efcheuins, (car noftre guerre a rendu tout venal & mis à prix la foy des hommes) ou entretenant dedans les villes des factions, & y femant pour cet effect ce qu'ils appellent des fainctes zizanies, c'eft à dire des femences de feditions & partialitez. Par ce moyen vn des partis fe trouuant le plus foible, prefte la main aux forces de dehors pour dompter fes ennemis, & ainfi faifant, mangeans les peuples les vns les autres, les villes s'efpuiferont de leurs naturels habitans, & principalement des gens d'honneur, & n'y demeurera que la lie du peuple, qui n'ayant point de liaifon, fera aifée à gouuerner. Les maifons, les heritages, les biens des bannis & profcripts feront vfurpez par gens de guerre & Eftrangers, & fe trouuera en fin qu'il n'y aura plus és villes rien de leur ancien eftre, que les toicts & les murailles à demy ruinées. Tenans les villes de cefte façon, & ayans abandonné la campagne, on les laiffera affieger, battre & affamer l'vne après l'autre. Si les villes font affiegées, on laiffera mourir le peuple, & ne compofera-on que lors que le Soldat n'aura plus de pain. Si elles font battuës, on les laiffera prendre d'affaut, piller & faccager; les garnifons fe retireront aux Citadelles ou retranchemens, & fortiront par compofition; & ainfi fe feruira-il de nos villes, comme és fables faifoit Ænée defcendant aux Enfers, des tartes & gafteaux qu'il jettoit l'vn apres l'autre à la gueulle de Cerberus, pendant qu'il paffoit chemin. Car on fe feruira de la ruine de nos villes pour retarder celle de l'Eftat d'Efpagne, & penfera l'Efpagnol auoir affez gagné de ruiner fes voifins, couurir fes frontieres des forces qu'il redoutoit, & faire croiftre fon fils auant que le danger puiffe entrer chez luy. Les peuples, auec le temps, qui fe verront foulez de garnifons,

DDd

priuez de tout commerce & de tout labourage, n'auront plus autre occupation que d'aller porter la hotte aux tranchées, & verront auec mille indignitez leurs femmes, leurs filles & leurs enfans feruir aux delices les plus
abominables des Eftrangers; pleureront, mais trop tard, leur folie, & voudront fecoüer le joug qui commencera à leur pezer. Ils jetteront l'œil fur
les Princes qui auoient accouftumé de leur commander, mais ils les trouueront tous ruinez, car les moyens en font defia projectez & bien aifez à effectuer. Ce defordre & cefte confufion fe mettant ainfi parmy nous, qu'arriuera-il autre chofe, finon que le party contraire ira croiffant petit à petit?
& que la Religion nouuelle s'eftablira plus aifément par noftre ruine? Car
outre que la barbarie que la guerre ameine auec foy, rend les hommes peu
foigneux de la Religion, & que ce grand rauage rend le feruice de Dieu tout
delaiffé & abandonné; les gens d'Eglife feront tellement haïs, pour auoir
efté principaux Autheurs de cefte ruine, que la haine de leurs perfonnes rendra odieux le miniftere, & applanira le chemin à l'herefie. Ie conclus doncques, & il eft vray, que d'eflire le Roy d'Efpagne ou fa fille Roy ou Royne,
c'eft ruiner l'Eftat de la France & la Religion. Venons maintenant aux autres. Comme le Roy d'Efpagne s'eft acquis vn grand credit entre nous, il
eft certain que quand il ne pourra arriuer à ce titre, celuy qu'il y defirera le
plus fera le Duc de Sauoye. L'on dira que fa Mere eftoit fille de France, que
fa femme eft l'vne des filles de la fille aifnée de la Maifon de Valois; qu'il eft
Prince fouuerain, fort voifin de ce Royaume, de mefme langue, allié à la
Maifon d'Efpagne, & qui pourra joindre les païs bas à cefte courône. Mais
comment fupportera cela Monfieur de Lorraine & fes enfans mafles, venus
d'vne fille de France, par confequent plus habiles à fucceder, fi le droict fuc-
ceffif eft confiderable. De droit, ie croy que ledit fieur Duc de Sauoye n'en
pretend point, ains fe recommande de fa puiffance & de fes moyens. Or fçauons-nous tous ce qu'il a de commoditez, & comme en fix mois de guerre
qu'il a voulu faire contre la feule ville de Geneue, il a efpuifé tout ce que fon
pere luy auoit efpargné en vingt ans auec vn extreme mefnage. Il a penfé fe
preualoir des diuifions qui eftoient en France pour en occuper vn canton,
mais comme vn verre qui heurte vne groffe & rude paroy, fes forces font
tombées en pieces, & penfant mettre le feu en la maifon d'autruy, il a brulé
la fienne; il a maintenant la guerre jufques aux entrailles du Piedmont. Les
Italiens n'endureront jamais qu'il s'accroiffe: Ils fçauent combien vne grande puiffance entre les mains d'vn Prince qui peut à toute heure leur tomber
fur les bras, leur feroit dangereufe. Les Suiffes auffi ont des differens auec luy,
ils ont occafion & beaucoup de moyen d'empefcher fa grandeur, & de luy
leuer vne partie de fon païs en vingt-quatre heures. De dire que le Roy d'Efpagne luy aydera à conquerir cet Eftat, s'il en euft eu le moyen, il l'euft pluftoft aydé à conquerir la Prouence & le Dauphiné, afin de defmembrer l'E-
ftat, & fe rendre par ce moyé la conquefte du refte plus aifée. De penfer que
tous les Princes de ce party fe r'allieront fous luy par vne pleine & entiere
obéïffance, il n'y en a pas vn qui ne s'eftime d'auffi grande maifon que luy,
auffi grand Capitaine que luy; pourquoy luy cederoient-ils? L'on propofe
apres, l'vn des Princes de la Maifon de Lorraine: qui eft celuy d'entr'eux fi
defpourueu

defpourueu de fens & de jugement qui voulust mettre vn fi pefant faix fur fes efpaules, ou pluftoft fe mettre fous vne ruine fi prefente & fi certaine? Quels moyens pourroit auoir le plus accommodé de cefte Maifon pour fouftenir vn tel poids qui eft defia bien pefant, & que l'enuie d'vn tel nom aggraueroit encor dauantage? Et n'apportant pas à tant de peuples affligez le foulagement qu'ils en efperent, quelle obeïffance en deuroit-il efperer? Ces mefmes villes & prouinces, qui prenans le changement pour remede, l'appellent aujourd'huy à l'Eftat, ayans efprouué fa foibleffe, fe moqueront de luy. Les Princes eftablis de longue main, s'ils n'ont les fuccés bons en leurs affaires, voyent mefmes branfler les Prouinces fous eux. Il n'y a rien fi inftable que la puiffance du Prince, qui ne fe peut maintenir de fa propre force. Bref qu'apportera-il à cet Eftat? quels fecours pour releuer fes ruines? des finaces il n'en a point, des hommes encore moins. On propofe que l'on luy donnera la fille d'Efpagne en mariage; c'eft vn fonge qui à peine pour-roit tomber en l'efprit d'vn homme malade: qu'ils confiderent vn peu auec combien de difficultez le Roy d'Efpagne s'eft laiffé perfuader de bail-ler fa feconde fille au Duc de Sauoye, puiffant Prince, eftably en païs riche & paifible, & qui auoit lors de grandes richeffes efpargnées par fon feu pe-re. Cefte fille-cy eft l'aifnée, qui a bien le cœur plus haut que la feconde, & quand elle auroit vne douzaine de freres, fi feroit-elle difficulté d'efpoufer vn Prince de moindre Maifon que la fienne. L'on dit, on fera Roy celuy qui l'efpoufera; c'eft vn grand dot qu'il faudroit que le Roy d'Efpagne donnaft à fa fille. Quand cefte conquefte feroit faifable, qui l'eftimera fi mal-aduifé de vouloir efpuifer fes moyens pour conquerir vn Royaume à vn Prince eftranger? Quand ce Prince efleu, par le moyen de ce mariage, fe feroit eftably, le Royaume de France ne feroit-il pas auffi redoutable, voi-re auffi ennemy à l'Efpagne comme il eftoit fous François premier & Hen-ry fecond? Car les enfans de ce mariage feroient François, & ne feroient plus Efpagnols. Les querelles & inimitiez des Princes ne font pas attachées aux perfonnes, mais aux Eftats, lefquels ils haïffent autant qu'ils les crai-gnent. Mais la fille d'Efpagne n'ayant qu'vn frere delicat, maladif & mal-né, & partant à la veille de recueillir le plus grand Eftat du monde, qui croi-ra que le Roy d'Efpagne vueille mettre toutes fes couronnes fur la tefte, tous fes fceptres en la main d'vn puifné de Sauoye, ou de Lorraine; ou pour par-ler plus refolument, qu'il vueille permettre que fa fille efpoufe jamais autre Prince que de la maifon d'Auftriche? Qui le penfera, fera quelque pauure Plebée, qui ne fçaura que c'eft des affections des Princes, de la jaloufie qu'ils ont de leur nom & de leur Maifon, pour la conferuation, grandeur & accroiffement defquels ils font tout ce qu'ils font. Et hors la confideration de cefte grande fucceffion, qui croira que le Roy d'Efpagne, le plus grand Monarque du monde, vueille marier la fille qu'il tient plus chere & plus pre-cieufe que fes yeux, auec vn Prince dont la fortune eft encor à baftir, fujete aux changemens de ceux qui entreprennent de nouuelles conqueftes, mef-mes à la faueur des peuples, & contre des Princes eftablis de longue main (l'amour defquels a fes racines fort auant aux cœurs de la plufpart des habi-tans) pour voir vn jour fon gendre courir la fortune de Dom Antonio, &

sa fille reduite à vne fortune priuée?Mais si ceste fille est à donner à ce Roy esleu,comment accordera-t'on les pretendans?quels regrets receuront ceux qui seront esconduits?Qui est celuy d'entr'eux qui jamais vueille ceder à son compagnon?& qui n'aime mieux mourir mille fois que d'obeïr à celuy qui luy sera preferé?Monsieur de Mayenne mesme,ayant jusques aujourd'huy gouuerné souuerainement,s'accommodera-il d'obeïr à ceux qu'il a commandez? Le plus que pourra estre celuy qui sera esleu,c'est d'estre ce qu'est aujourd'huy Monsieur de Mayenne:car le nom de Roy ne luy donnera pas plus de puissance qu'en a le party dôt il sera Roy.Combien sera-ce se raualler,quand il sera Lieutenant general de celuy qui ne sera que ce qu'il estoit? Ioint que c'est vne qualité qui dependra de la volonté de celuy qui regnera, qui la luy ostera,ou par sa presence és armées,ou par vne infinité d'autres artifices,qui luy sont d'autant plus à craindre,que tous ceux qui aspirent à ce grade ont ouuertement declaré les mescontentemens qu'ils ont de luy. C'est chose bien griéue de se soumettre à ceux qu'on a mescontenté,mesmes quand ils sont jeunes,& pleins encor d'ardeur & de promptitude.Sans doute ce conseil de faire eslite de ces Princes ne nasquit jamais au cœur d'homme qui desirast leur bien ou leur grandeur.Mais l'Estranger qui perd l'esperance de pouuoir conquerir cet Estat,desire le ruiner & tout ce qu'il y a de grand.Ce qu'il pense ne pouuoir plus commodémét faire qu'en faisant eslire vn jeune Prince foible,qui se voyant engagé par vn titre d'honneur, sera obligé de se perdre & consumer pour le maintenir. Cependant vne guerre noüée irreconciliablement,côme cela,pourra durer quelque temps, & la ruine du Prince esleu arrester le cours des forces qui deuoient s'estendre hors du Royaume sur nos voisins. S'il falloit venir à l'eslection d'vn Prince qui ne fust point du sang de France,Monsieur de Mayenne seroit le plus propre,& duquel nous pourrions esperer plus de bien. Car premierement pour sa personne,il est d'aage,tel que l'on le pourroit desirer,où ny la jeunesse n'a point trop de fougue & d'impetuosité,ny la vieillesse trop de caducité & d'infirmité.Il a vn corps plein de force & de vigueur,& vn port plein de Majesté,les mœurs pleines de douceur & de clémence:dauantage on peut dire qu'il est aujourd'huy vn des Princes,non seulement de la France,mais de l'Europe,& par consequent du monde,qui a le plus d'experience,a veu plus de guerres,s'est trouué à plus de batailles,a conduit plus d'armées,a assiegé plus de villes. Or outre sa valeur il est desia plus estably,& a plus de creance parmy les Prouinces & les villes que nul autre.Car c'est tout ce que pourroit faire chacun de ceux qui sont nommez en concurrence, que d'apporter à ce grade,si tant est qu'ils le peussent,le credit & le commandement qu'il a desia. Quatre années de commandement qu'il a eu ont lié sous luy les membres de son party,obligé à luy ceux qu'il a establis aux charges,& acquis vne creance de luy,qui pourroit rendre son authorité plus vtile que de nul autre. Mais tant s'en faut que ce soit chose qu'il desire, ny qu'il vueille souffrir,ny que ses amis luy doiuent procurer,qu'au contraire & sa prudence l'a tousiours rejettée,& sa moderation l'a monstré tousiours aliene de cela ; ses paroles,ses effects,l'ont trop souuent & en public & en particulier tesmoigné.Aussi seroit-ce le souhait de ses ennemis,la

ruine

ruine de sa Maison, & la misere du Royaume. Premierement ie laisse que
ce titre de Roy & dedans & dehors ce Royaume, non seulement offusqueroit, mais soüilleroit l'honneur de ses actions passées, lesquelles on penseroit
auoir eu dés le commencement vn dessein tel que l'on verroit estre leur fin,
& feroit estimer que l'ambition l'auroit porté où l'on auoit pensé que le
guidoit la douleur, & le pretexte d'vne juste querelle. Bien que la consideration de la reputation n'arreste gueres les desirs de ceux à qui on propose des
Royaumes, si est-elle fort à pezer à ceux qui ne prennent que des Estats
broüillez, & à peine à demy conquis. Car l'opinion que l'on conçoit des
hommes, diuertit beaucoup les volontez des peuples & des Princes, en la
bien-vueillance desquels bandent les principaux nerfs qui soustiennent les
Grands. Mais ie demande, quand Monsieur de Mayenne aura ce titre de
Roy, qu'aura-il dauantage que ce qu'il a aujourd'huy, sinon vn nom vain
& venteux? aura-il plus de puissance? quelle se peut imaginer plus grande,
que celle qu'il a eüe, voire plus grande que jamais Roy ne l'a eüe? n'a-il pas
disposé des forces, des villes, des gouuernemens, des offices, des finances,
des vies mesmes & des biens des particuliers, ainsi que le bien des affaires luy
a conseillé? Aura-il de nouueaux moyens? La France aura-elle plus d'hommes? Se trouuera-il plus de deniers? Aura-il plus de Princes voisins ses amis
& alliez? Tant s'en faut, tout cela se diminuera & s'aneantira. Car quant
à la puissance, celle qui s'establit en vn trouble & outre les loix, est bien plus
grande & plus souueraine que quelconque autre legitime qui puisse estre.
La necessité presente r'appelle lors à la personne du chef l'authorité qui
estoit respanduë par tous les membres: Et ce qui auoit accoustumé de se
faire par la reigle des loix, ne passe plus qu'à la volonté de celuy qui commande. La crainte du mal public tourne vers soy tous les sens & les pensées
des hommes, & les diuertit de leur particulier, dont les plaintes ne sont ny
oüyes ny receuës. Les deuoirs des Rois sont grands, les peuples les prennent à garand de tous les maux qui leur arriuent; & ne se contentent pas
seulement de ce qu'ils peuuent, mais ils veulent d'eux tout ce qui leur est
necessaire, & semble que ceste qualité les oblige à donner aux peuples tout
ce qui leur fait besoin: Et que sçauoir regner, c'est tenir les peuples à leur aise & en repos. Iusques aujourd'huy les plaintes des peuples ont esté grandes, mais quand on les a proposées à Monsieur de Mayenne, il en a esté
quitte pour remettre tout aux Estats, & s'excuser que son authorité n'estoit
que commise & non absoluë: quand il y aura vn Roy, que respondra-il?
Dauantage ce que, les peuples ont jusques aujourd'huy si patiemment enduré, ç'a esté qu'ils ont enduré pour leur faict, ç'auoient esté eux qui auoient
dressé la partie, ils pensoient combatre pour leur liberté, pour leur Religion.
Mais faites Monsieur de Mayenne Roy, ils diront que c'est pour luy qu'ils
endurent, & pour le maintenir en la Royauté; & plus ils endureront, moins
ils l'aymeront. Car la bien-vueillance ne se conserue que par le bien que
nous receuons de la personne aymée, principalement lors que les effects
des affections sont presens, & que les peuples sont tourmentez & affligez.
Les volontez des peuples, lors qu'ils sont en repos & à leur aise, se gouuernent par l'opinion; mais lors qu'ils sont troublez, le sentiment du mal les

manie & conduit : Iugez fi plus on ira auant , plus leur mal ne croiſtra pas.
Or, ou M^r. de Mayenne laiſſera le deſordre qui eſt en ſon party, auquel tous
les Gouuerneurs ſont Rois, diſpoſans de la vie & des biés des ſujets, prenans
les finances & deniers publics : S'il le fait , quel Roy ſera-il ? quels moyens,
quelles commoditez aura-il non pas de faire la guerre, mais de viure ? combien de plaintes & meſcontentemens tous les jours ? ou-bien il les empeſchera; combien lors en perdra-il ? Le temps a rendu la foy volontaire : Ils
auront vn nouueau pretexte de ne vouloir pas fauoriſer vne vſurpation; ou
bien ils ſe rendront neutres, penſans auoir autant de titre de s'emparer de
qu'ils tiennent comme vn autre du total ; ſinon ils prendront party auec
l'ennemy : Meſmes pour le regard des Princes, voire de ſa Maiſon, comment en viendra-il à bout ? Il void deſia aſſez comme la jalouſie les ſepare
de luy. Tout le fruict qu'ils ont acquis du deſordre qui eſt en France, c'eſt
que chacun d'eux ſe penſe Souuerain où il eſt, & penſe ne deuoir, non pas
obeïſſance, mais ayde & ſecours aux autres, que tant qu'il luy plaiſt. L'on
pourroit marquer les ſiniſtres effects que ceſte jalouſie à ja apporté, les pertes de batailles & ruine des Prouinces; ils ſont joints aujourd'huy comme
à la cauſe commune, & s'vniſſent comme à vn bien qu'ils eſperent eſgallement. Si la pomme d'or eſt adjugée à l'vn, les autres ne s'en ſepareront-ils
pas ? Voudront-ils qu'vn titre de Roy leur face perdre l'authorité qu'ils
penſeront auoir, & les reduiſe aux termes où ils eſtoient auparauant, de ſimples Gouuerneurs ſujets aux Princes, & aux loix ? Quant aux Eſtrangers,
n'aura-il pas pour ennemis ceux qui pretendent à la Couronne, & leſquels
il en aura exclus, comme le Roy d'Eſpagne, le Duc de Sauoye, & celuy
de Lorraine; & pour enuieux & mal-vueillans tous les autres Potentats,
qui voyent mal volontiers l'agrandiſſement des autres, & encores plus mal
volontiers la ſubuerſion des Eſtats, pour en eſtablir de nouueaux, comme
eſtans exemples qui les menacent ? Quand Monſieur de Mayenne ſeroit
vn petit Roy, qui auroit partagé le Royaume auec le Roy de Nauarre, &
qu'il auroit encor vn ſouz-partage à faire auec les Princes de ſon party, qu'il
ſeroit Roy d'vn païs ruiné & deſolé, qu'il auroit vn faſcheux & irreconciliable ennemy en toutes ſes Prouinces; à voſtre aduis le Duc de Sauoye
differeroit-il d'entreprendre ſur luy ce qu'il a ſi hardiment entrepis ſur le
deffunct Roy, lors que l'Eſtat eſtoit entier ? Le Roy d'Eſpagne differeroit-il
à reprendre ce qu'il pretend appartenir à ſa maiſon, la Bourgongne, la Bretagne, les villes de la riuiere de Somme & autres ? Ou Monſieur de Mayenne les laiſſeroit faire, ou il leur reſiſteroit : s'il les laiſſoit faire, que ſeroit-il,
ſinon qu'vn Roy de Tragedie, qu'on auroit veſtu d'habits empruntez pour
l'en deſpoüiller ? s'il veut reſiſter, comment feroit-il la guerre à ſes amis & à
ſes ennemis, veu qu'aujourd'huy auec tous ſes amis il ne fait que ſe defendre ? Tous les peuples qui crient aujourd'huy apres vn Roy, penſent que ſi
toſt qu'ils l'auront, ils ſeront en repos, & verront tout le monde luy obeïr.
Quand ils verront leurs maux croiſtre, & les ſuccés faſcheux, comme vn
Prince foible ayant affaire à de forts ennemis ne les peut gueres auoir autres, que diront-ils ? Mais quand Monſieur de Mayenne pourroit couler
toute ſa vie & trainer la guerre auec ceſte qualité, que deuiendront ſes enfans,

fans, principalement s'il les laiſſe jeunes ? L'eſlection vne fois faite rendra
le Royaume eſlectif à l'aduenir ; car il y aura touſiours force Princes qui eſpereront eſtre eſleus. Et les peuples penſeront, comme c'eſt leur naturel,
meſmes quand ils ſentent du mal, que changeans ils ſeront mieux. Les
Royaumes ſont precipices,l'on ne peut cheoir du ſommet que l'on ne tombe tout en bas, il n'y a point de lieu ſtable entre-deux. Il faudra qu'ils demeurent miſerables,ou reduits à la condition des pauures Gentils-hommes
en leur pays, ou refugiez chez les Princes voiſins, pour y cercher ſecours.
Bref ce deſſein eſt entieremét hors de raiſon & ne tombera jamais,en l'eſprit
d'vn ſi ſage Prince que Monſieur de Mayenne. Quand il ſeroit chatoüil-
lé d'vn deſir ambitieux de monter à ce haut degré d'honneur (paſſion qui
entre aiſément és cœurs des Princes) il n'ignore pas que ce ſeroit vne grande ſimpleſſe d'accepter ce titre en l'eſtat où il eſt. Il faut conquerir les Royaumes, & quand on y eſt eſtably, l'on y prend tel titre que l'on veut. Mais
de prendre le titre auparauant que d'en eſtre maiſtre ; c'eſt ſe charger d'enuie ſans profit. Ainſi Charles Martel commanda-il en France longuement
ſans eſtre Roy, & laiſſa prendre racine à ſa puiſſance, ſe contentant que ſon
fils en cueilliſt la fleur. Ainſi Hugues le Grand eut l'authorité & les forces
en main ſans attenter à la Couronne, ains laiſſa à ſon fils de le faire lors qu'il
fut paiſible de tout. Ce n'eſt donc point ſans raiſon que Monſieur de
Mayenne s'eſt mocqué de ceux qui luy ont voulu faire ces propoſitions,&
quand ils l'en ont preſſé dauantage s'en eſt offenſé, comme contre gens
qu'il jugeoit en effect ennemis de ſa reputation & de ſon bien, monſtrant
en cela autant de moderation d'eſprit que de prudence. Quelques-vns
mettent en auant d'eſlire vn de la Maiſon de Bourbon Catholique,comme
eſtimans que plus aiſément ſous vn Prince de ceſte Maiſon ſe r'allieroient
tous les deux partis, principalement la Nobleſſe. Mais à cela pour reſponſe,
il n'y a apparence quelconque, qu'ayans veu ceux qui commandent en ce
party ſi mal affectionnez en leur endroit,ils s'y vouluſſent fier, & ſe deſu-
nir entr'eux. Ils conſiderent aſſez que ce n'eſt pas la bien-vueillance que
nous leur portons qui nous feroit leur offrir ce titre, ains vne neceſſité preſſante & deſeſpoir d'autre remede; Tellement que toutes & quantesfois,que
nous nous en pourrions paſſer, nous les rejetterions. Ce qui nous ſeroit d'autant plus aiſé, qu'ils n'auroient auec nous ny force ny credit, ſinon autant
que leur en donneroient les Princes de ce party, qui ſont deſia eſtablis : de
ſorte que le Roy eſleu, n'auroit rien que le nom. Poſons qu'il s'en trouuaſt
vn; ſi c'eſt celuy à qui par la proximité de ſang il eſt deu, ce ſera vn enfant.
Si vous en prenez vn autre,les autres en ſeront mal contens, & le choix &
l'enuie de celuy qui ſera eſleu, confirmera les autres au party contraire. Faiſons que tant qu'il y en a de Catholiques prennent noſtre party & laiſſent
le Roy de Nauarre, ſera-ce vn remede à nos maux ? Penſons-nous que tant
de Nobleſſe jointe auec luy, obligée de charges & de commandemens, le
quittent ? Cela ſe peut pluſtoſt deſirer qu'eſperer. Vous auez veu comme
n'eſtant que la troiſieſme perſonne de France, n'ayant pretexte que ſa Religion, n'ayant que quatre ou cinq villes pour luy en ce Royaume, il nous
y a entretenu la guerre. Que fera-il aujourd'huy qu'il a tant de Nobleſſe ?

qu'il tient la moitié des villes? qu'il a le pretexte de l'Eſtat pour luy? l'Angleterre declarée, les Allemans, les Suiſſes, & peut-eſtre les Potentats d'I-
talie fauorables, & nous ſes ennemis ſi laſſez, ſi ruinez, ſi diuiſez que rien
plus? Ie dis donc, que de tous les moyens propoſez cy-deſſus, il n'y en
a vn ſeul qui puiſſe, ſelon que le jugement humain peut comprendre, apporter remede à nos maux, & rendre à ce pauure & deſolé Royaume le repos, & à la Religion ſa ſeureté. Or apres ceux-là n'en reſte-il qu'vn ſeul, qui
eſt de faire le Roy de Nauarre Catholique & Roy de France. Il eſt premier
Prince, à qui la Couronne appartient par droict de ſang. Et s'il eſtoit Catholique, perſonne n'y trouueroit rien à redire : leuant ce deffaut, on leue
l'occaſion de la guerre : on reünit tous les deux partis en vn, on ſouſmet à
l'obeïſſance tous les Princes, Seigneurs, & Eſtats du Royaume : & par conſequent on ſoude la playe qui nous fait tous perir. A cela l'on objecte qu'il
eſt relaps, qu'il y a danger que ſa conuerſion ne fuſt vne conuerſion feinte : qu'ayant acquis l'authorité qu'apporte auec ſoy le titre de Roy, il ne
ruinaſt la Religion & les Princes du party qui l'ont maintenuë juſques icy.
Quant au premier, il n'eſt pas plus relaps qu'il eſtoit lors de la mort du feu
Roy, que Meſſieurs les Theologiens furent d'auis pour appaiſer ce feu de
guerre ciuile, de le faire ſemondre de ſe faire Catholique, & ce faiſant luy
offrir obeïſſance; ny plus relaps que quand Monſieur le Legat Cajetan permit durant le ſiege traitter auec luy. Ie trouue fort loüables ceux qui deſirent aux Princes qui leur doiuent commander, qu'ils ſoient exempts non
ſeulement de tout vice, mais encore de tout ſoupçon. Si les choſes du monde ſe gouuernoient par ſouhaits, ce ſeroit bien ſouhaitté. Mais que n'auons-
nous fait pour cela? que n'auons-nous enduré? tout ce certes que l'eſprit
humain peut penſer. Tant y a qu'apres auoir faict tout ce qui eſt en noſtre
puiſſance, auoir imploré le Ciel & la terre, nos amis & nos ennemis, nous
nous ſommes tellement ruinez, que tout le monde, fors nous, a pitié de
nous. Et outre les maux que nous auons endurez & endurons, nous en preuoyons de quelque coſté que nous tournions nos penſées, d'autres infiniment plus grands & plus dangereux. Il ne faut doncques pas penſer à des
ſouhaits & à des vœux, mais comme toutes loix diuines & humaines le permettent, entre tant de maux ineuitables venir au choix des moindres, &
examiner par prudence des choſes qui ſont en noſtre puiſſance (car de celles-là ſeules peut-on deliberer) laquelle eſt moins dangereuſe & nuiſible
pour noſtre Religion. Or en ce cas, ie dis, quand toutes les loix excluroient
vn relaps de la Couronne, neantmoins que le cas de la neceſſité n'y ſeroit
jamais compris. Neceſſité qui eſt telle, qu'elle n'eſt pas ſeulement pitoyable, mais meſmes eſpouuantable. Ie dy plus, que ceſte excluſion n'eſtant
qu'en haine de la perſonne, & pour le bien de l'Eſtat & de la Religion; que
toutes & quanteſfois que la condition de l'Eſtat & de la Religion porteroit
qu'il leur ſeroit vtile de receuoir, non pas ſeulement vn relaps, mais meſmes vn de pire condition, l'vtilité publique feroit ceſſer ceſte diſpoſition.
Or ſi l'hereſie auoit à faire vn ſouhait, que pourroit-elle deſirer dauantage,
ſinon d'auoir vn Roy courageux & magnanime, qui auec le pretexte de
l'Eſtat aſſiſté de tant de Nobleſſe & de villes, plantaſt ſa Religion? C'eſt ce
qu'il

qu'il luy faut oſter, & de moyen il n'y en a point d'autre que de faire le Roy de Nauarre Catholique. De dire, il n'y voudra pas entendre: Premierement, pourquoy en deſeſperons-nous auant que l'auoir tenté? En choſe ſi grande, ſi importante & ſi ſalutaire, craindrons-nous nos peines, & d'y employer les moyens dont nous nous pourrons aduiſer? I'ay ploré, croyez-moy, & du cœur & des yeux; ie dis auec des larmes auſſi chaudes que j'en tombay jamais; quand joüys vn des plus Grands de l'Egliſe, diſcourant que ce ſeroit vn grand bien, voire ſeul remede des maux de ce pauure Royaume, & de la Religion, que le Roy de Nauarre ſe fiſt Catholique; & ſur ce qu'vn Prelat luy diſoit, qu'il le falloit doncques ſommer de ſe faire Catholique, il reſpondit que *non era del decoro della ſede Apoſtolica*. Quoy doncques? en l'Egliſe comme parmy les folies du monde, on hazardera pour le poinct d'honneur le ſalut de tant d'ames, & la ruine d'vn ſi grand Royaume? O vanité indigne, non d'vn Chreſtien, mais d'vn homme bien ſenſé! Les cœurs des Rois ſont en la main de Dieu. Comme il a juſques aujourd'huy endurci celuy de ce Prince, afin qu'il exerçaſt ſur nous la juſte vengeance de nos pechez; quand auec vn ſaint zele & deuote feruer, en contrition de cœur nous nous retournerons à Dieu, & le ſupplierons d'amollir & redreſſer le courage, & la volonté de ce Prince, au premier ſon de noſtre voix, d'vn vaiſſeau d'ire, il en fera vn vaiſſeau de grace & d'eſlection. Ioint que pour dire la verité, ce Prince n'a point le naturel mauuais, ſes mœurs ſont douces, gracieuſes, & meſme ce que l'on blaſme en luy, tient beaucoup de l'humanité. Puis & la compaſſion de tant de miſeres dont il void ſon pays affligé, & le deſir qu'il pourra auoir de ſe voir reconneu Roy d'vn ſi grand Eſtat, l'y diſpoſeront beaucoup. I'adjouſte les vrgentes prieres de tant de Nobleſſe qui eſt autour de luy, & le vœu commun de toutes les villes de ſon party qui ſe joindront à ce meſme deſſein: Voire les deſirs de tous les Potentats de la Chreſtienté, le pourront aiſément obtenir. Que ſi ſon malheur & le noſtre le faiſoit opiniaſtrer contre le bien public, & refuſer vne ſi juſte & ſaincte conqueſte, nous tirerons ſans doute vn fruict tres-grand d'en auoir fait la pourſuite, & auoir faict ce qui eſtoit en nous pour le bien public: Car nous juſtifierons noſtre cauſe deuant Dieu & deuant les hommes, & rendrons vn teſmoignage à la poſterité, que forcez & violentez nous auons tant fait & enduré de maux de peur de perdre noſtre Religion. Puis les Princes, la Nobleſſe, & les villes de ſon party, qui verront qu'il ne veut pas accepter l'Eſtat auec les conditions des loix de ſes predeceſſeurs, l'abandonneront, & prendront conſeil en commun auec nous, de ſe ſoumettre à vn des Princes du ſang de France Catholique. C'eſt vn moyen que les plus ſages & plus aduiſez ont ouuert dés le commencement, & lequel eſtoit ſi ſainct & ſi ſalutaire, que ie crains que Dieu nous demande compte vn jour de l'auoir negligé, & pour l'auoir negligé auoir eſté cauſe de tât de maux & tant de morts ſuruenuës. Nous craignons, diſons-nous, que s'il ſe fait Catholique, ce ſoit vne conuerſion feinte, & quand il ſera eſtably qu'il ne reuienne à ſon erreur & ne replante ſa Religion. C'eſt ſainctement & religieuſement craint; mais il ne faut pas pour la crainte d'vne choſe incertaine encourir vn mal preſent, & de peur qu'il ne ruine vn jour la Religion, que nous la ruinions dés à prefent. Comme cela peut aduenir, auffi peut aduenir le contraire. Mais quant à moy ie dis, que c'eft faire tort à no-ftre Religion que d'auoir cefte crainte, & de penfer qu'elle ne foit pas affez forte pour fe conferuer où elle aura efté vne fois receuë. Mettons autant de peine, autant de foin & de veilles à le bien inftruire, comme nous auons mis à le vouloir ruiner. Et ie penfe que nous luy ferons autant aimer noftre Re-ligion qu'il la haït, & autant haïr la fienne qu'il l'ayme. La raifon fe peut toufiours perfuader à quiconque la voudra entendre, & croy que la prin-cipale racine de l'herefie c'eft l'ignorance : non qu'il n'y ait eu de tres-fça-uans hommes qui en ayent efté tachez, mais lefquels, ou ie fuis fort trom-pé, font deuenus d'heretiques, fçauans, & non de fçauans, heretiques; c'eft à dire, qui ont employé leur eftude, non à cercher la verité, mais à foufte-nir l'opinion qu'ils auoient embraffée. Toutesfois Dieu peut bien permet-tre par les fecrets confeils de fon infinie & incomprehenfible prouidence, que les plus fçauans choppent deuant luy. Mais quoy que ce foit, s'il y a rai-fon au monde aifée à perfuader, c'eft celle que nous luy voulons propofer; laquelle outre qu'elle eft affiftée de l'Efprit de lumiere, qui brille aux yeux des plus aueuglez, & efchauffe les cœurs des plus glacez, eft dauantage for-tifiée par le confentement de tant de fiecles, par le tefmoignage de tant de grands, de faincts, de fçauans perfonnages, par les quatre coings du monde où elle eft receuë & approuuée, que quiconque en efprit d'humilité fe don-nera patience d'entendre la fuitte & le progrez de l'Eglife, & oftant la def-faueur & prejudice que les vices des hommes & la mauuaife vie des Mini-ftres ont apporté à la doctrine, confiderera comme tant de fois affaillie par tant d'artifices, tant de fois elle a vaincu, aymera fa pureté & fa candeur, & rejettera toutes les nuës de nouuelles opinions dont on la veut obfcurcir. La Religion eft vn grand, ample & profond fujet, où il y a tant & tant de difficiles & fafcheufes queftions, que rien plus : & bien qu'il n'y ait qu'vne verité, fi peut-il y auoir beaucoup d'opinions, qui ornées par la fubtilité de quelques efprits ambitieux & eloquens, fe rendent agreables, & allechent à elles vn grand nombre de fectateurs. Mais ceux qui verront comme tant & tant d'herefies fe font deffenduës de grandes & belles raifons en appa-rence, & telles que quiconque les lit s'en trouue efmeu, s'il ne void les ref-ponfes dont elles ont efté renuerfées, fe refoudront en fin qu'il n'y a falut ny repos de confcience, en faict de Religion, que celuy que nous apporte l'hu-milité, qui nous foumet à l'obeïffance de croire ce que la commune voix de ceux qui font prépofez à l'inftruction du peuple Chreftien determine; & que qui fortira de ce train, vaguera & flottera toute fa vie en incertitude ne fçachant, en cefte vafte & profonde mer de doutes & de queftions, à quel port furgir. Ie me promets donc tant de la verité de noftre Religion, que fi le Roy de Nauarre s'y laiffe inftruire, il ne l'abandonnera jamais. Ioint que les Princes ne font pas obligez d'eftre fçauans, & entrer en ces pontilleufes & fcrupuleufes recerches, qui font ordinairement ces herefies; & auffi qu'entre les Princes & pour l'honneur des hommes (qui peut beau-coup és actions des Grands) ce luy feroit vne honte de changer ce qu'il au-roit receu apres vne telle inftruction, & vne fi publique proteftation. Mais

ie

Ie vous diray dauantage, que quand il le voudroit faire, il en aura lors moins de moyen qu'il n'a aujourd'huy, voire qu'il luy fera du tout impoſſible. La condition du Roy de Nauarre ſe faiſant Catholique, & par ce moyen eſtant reconneu Roy, eſt bien differente d'vn Prince qui ſeroit né Roy ou auroit eſté receu abſolument. Il ne peut aujourd'huy eſtre reconneu Roy que par vn traitté; en ce traitté on ſtipulera des ſeuretez pour les Princes, pour les Prouinces, pour les villes. Les Princes du party contraire & la Nobleſſe, qui ont ſi conſtamment perſeueré en leur Religion, n'ont rien rabatu de leur foy, ayderont à rendre ces conditions aduantageuſes, & eux meſmes voudront garder vne partie des gages. Le Roy de Nauarre reconnoiſt aſſez le naturel remuant des François, quand la crainte de l'Eſtranger ſera leuée, & que le pretexte de l'Eſtat ſera oſté, il ſçait bien qu'au moindre ſujet de meſcontentement qu'il donnera à ſes ſujets, il ſe trouuera aſſez de gens qui remueront meſnage. Ce ſera à luy d'eſtre ſage, & leur en oſter les occaſions. Outre cela l'on peut faire interuenir les Princes Eſtrangers, & les obliger à la protection de ceux qui traitteront, & entretenement de ce qui ſera accordé. Et quand il aura promis quelque choſe, & que toutes les villes qu'il tient aujourd'huy ſous garniſon ſeront en liberté, il n'y a nul doute que s'il vient à enfraindre ce qu'il aura promis, que pluſieurs de ſes villes meſmes ne ſe joignent auec nous contre luy. Quant aux Princes de ce party, les meſmes conſiderations les peuuent aſſeurer; mais auec cela le naturel du Roy de Nauarre, qui a ceſte vertu de n'eſtre point vindicatif, au contraire fort reconciliable, voire tant, que ſi d'ailleurs ſon courage ne paroiſſoit aſſez, l'on penſeroit en cela qu'il en euſt faute. Dauantage le ſujet de ceſte querelle regardant le general, & eſtant fondée ſur la Religion, elle en eſt d'autant plus aiſée à ſouder par vne vraye reconciliation, & plus beaucoup que celle de la Maiſon de Bourgongne, qui eſtoit entierement ſur le particulier, & laquelle neantmoins apres auoir longuement duré, fut terminée par vn accord qui n'a onques depuis eſté violé. A cela on peut adjouſter que les debtes dont le Roy de Nauarre ſera chargé, l'eſpuiſeront: De façon qu'il n'aura jamais moyen d'opprimer ceux qui ſe ſeront fiez à luy. Où au contraire les Princes de ce party pourront de leur reuenu & des penſions qui leur ſeront accordées, ſe maintenir, & entretenir leurs amis auec eux. Mais pour le particulier de Monſieur de Mayenne, toutes les raiſons ſont pour conclure qu'il peut eſtre par vne paix entierement rabillé auec le Roy de Nauarre, & auoir en ce Royaume plus grand rang & authorité que Prince qui y ſoit. Comme les Princes conſiderent plus les euenemens que les deſſeins, le Roy de Nauarre peut dire que la guerre que l'on luy a faiét, luy a mis la Couronne ſur la teſte; Et que Monſieur de Mayenne la luy aura renduë paiſible par vn accord; eſtant trop notoire que s'il euſt eu plus de volonté de luy nuire qu'il n'auoit de mettre cet Eſtat en repos, il euſt peu en ruinant ce Royaume gratifier vn Eſtranger; & ſe preualoir de ſa faueur. Ce Royaume eſt compoſé de façon, qu'il ne peut eſtre qu'il n'aye la guerre dehors. Le Roy de Nauarre eſt Prince qui a plus paty qu'homme de ſon aage, qui doit maintenant deſirer quelque douceur de vie. Quand il en aura le moyen, il la prendra, il ſera bien aiſe de ſe repoſer, & le faiſant ne

pourra commettre la charge de ses armées à autre qu'à Monsieur de Mayenne, pour en estre fort capable. Doncques toutes considerations concurrent pour persuader Monsieur de Mayenne & les Princes de mettre fin à tant de miseres, & donner quelque moyen à tant de peuples affligez, & tantost tous consumez, de respirer sous le faix d'vne si estrange calamité. Mais quand toutes ces raisons-là cesseroient, & qu'autre chose ne les y pousseroit, voire forceroit, que la pitié & compassion qu'ils doiuent auoir de ce pauure Royaume qui les a tant aymez, cheris & honorez, si faudroit-il qu'ils le fissent. Ce ne sont plus maux que les nostres, ce sont ruines, & non point ruines particulieres, ains ruines totales, & exterminations vniuerselles, auec tant d'horribles miseres, d'effroyables auantures, d'espouuentables desolations, qu'il semble que la nature se soit vaincuë pour apporter à nostre peine des monstres & prodiges de meschancetez, & qu'elle ait abbruty les hommes qui deuoient seruir à degrader & rauager nostre pauure païs, pour d'vne bestiale ferocité seuir contre nous par nouueaux exemples de cruauté. Dieu a permis pour nos pechez que nous ayons tous presté nos mains à nostre peine, & que nous soyons tous coupables des maux que nous auons jusques aujourd'huy endurez; n'en accusons personne que nous & nos peres qui ont vescu deuant nous. Mais maintenant que la douleur nous a percé jusques aux entrailles, & que nos cœurs attendris par les durs fleaux de si rigoureuses afflictions souspirent si pitoyablement, & implorent d'vn mesme vœu & consentement la bonté & misericorde de Dieu, à ce qu'il luy plaise lier les mains à nostre fureur, & par la douceur de sa paix estancher les torrens de nos guerres ciuiles; Vous Roys, Princes & Seigneurs, que Dieu prepose au gouuernement de ses peuples, joignez vos souspirs aux leurs, & de la puissance & authorité que vous auez parmy eux, soulagez leur extréme calamité: Ils vous en prient, supplient & conjurent. Que si la jalousie de vostre particuliere grandeur, & quelque ambitieuse passion ferme vos oreilles à leurs cris, faisant que leurs prieres & remonstrances soient rejettées de vous en terre, craignez que leurs plaintes & leurs souspirs dressez au Ciel contre vous n'y soient receus, & que Dieu auec compassion de leur merite, & indignation de vostre cruauté, ne vienne à leur secours auec son bras de fureur, dont il brise & casse comme pots de terre les plus redoutables puissances du monde, & qu'il ne rende signalée la saluation de son peuple, par la ruine de ceux qui n'en ont point de pitié. Mais ne vueillez point, ô Puissance eternelle, signaler les biens & faueurs que nous attendons de vous, par la calamité & desolation de ceux qui sont la principale partie de nous. Sauuez-nous, Seigneur Dieu, tous ensemble, & puis que vous tenez en vostre main le cœur des Roys & des Princes, amollissez-les tellement par le feu de vostre saincte charité, qu'ils conçoiuent vn loüable & piteux desir de seruir de tout leur pouuoir au salut de leur pauure patrie, & se rendre glorieux ministres du salut que vous luy voulez octroyer, afin que nous & nostre derniere posterité celebrions par tous les aages suiuans l'infinie bonté, sagesse & puissance du Dieu du Ciel & de la terre, qui nous a sauuez lors que nous n'auions plus d'esperance aux hommes; & apres luy que nous aymions, seruions & honorions les Princes, qui auront par leur
saincte

saincte & sage sollicitude ramené en ce miserable & calamiteux Estat, ceste tant desirée & tant necessaire paix & tranquillité.

SVASION DE L'ARREST DONNE' AV
PARLEMENT, POVR LA MANVTENTION
de la loy Salique.

APres plusieurs autres propositions faictes aux Estats de la Ligue tenus à
Paris l'an mil cinq cens quatre-vingts treize, il fut mis en auant de supplier le Roy d'Espagne de donner sa fille à vn Prince François qui seroit esleu
Roy solidairement auec elle. Et depuis fut proposé de passer procuration à Monsieur de Mayenne pour faire par Ambassadeurs en Espagne la nomination d'vn
Prince François qui espouseroit l'Infante & seroit esleu Roy de France. Le Parlement estant aduerty de ceste proposition, & comme on poursuiuoit de la faire resoudre, quelques-vns des Conseillers des Enquestes, requirent qu'on as-
semblast les Chambres afin de pouruoir aux affaires publiques, sans rien speci-
fier. Qui fut cause que lors qu'on vint à opiner, quatre ou cinq des premiers ausquels on demanda l'aduis, s'excuserent & dirent qu'ils n'entendoient pas bien
le sujet de la deliberation, & qu'ils desiroient sçauoir en quel estat estoient les
affaires qui se traittoient aux Estats, tellement que l'opinion passa iusques à
moy, qui estois l'vn des Deputez de la ville de Paris ausdits Estats: Sur quoy
ie dis ce qui s'ensuit.

J'EVSSE fort desiré, & aussi m'eust-il esté plus seur & plus
seant en vn affaire si important au salut de toute la France, de
suiure plustost l'aduis de Messieurs mes anciens, que de leur
faire ouuerture du mien. Mais puis qu'ils jugent que le fondement de ceste deliberation est de sçauoir ce qui se traitte en
l'assemblée des Estats, & par là m'inuitent comme vn des Deputez d'en
parler le premier, ie satisferay à leur desir, esperant que la bonne fortune de
ce Royaume qui nous a assemblez icy, m'inspirera maintenant l'heureuse adresse que ie receuois autrefois de la chenuë prudence de ceux qui gui-
doient par la lumiere de leurs opinions le cours des miennes. De si loin que
j'ay veu ce dernier orage de guerres ciuiles venir fondre sur la France, j'ay
creu fermement, comme ie le crois encor, que c'estoit vn jugement de Dieu
qui tomboit sur nous, & n'ay point estimé qu'il en fallust cercher la cause
ailleurs qu'en sa Iustice, ny le remede qu'en sa misericorde. Aussi auons-nous
veu que tout ce que la sagesse des hommes a voulu apporter pour y pouruoir, n'y a rien aduancé; que les remedes nous ont quasi plus trauaillé que la
maladie, & que pendant que chacun a pensé abonder en son sens, & s'est
estimé ou plus sainct ou plus sage que son voisin, nous auons tous sans exception, qui d'vne façon, qui d'vne autre, contribué nos passions à la ruine
publique; ne nous restant autre excuse, sinon que nous auons tous faict ce
que personne ne vouloit faire. Mais aussi ay-je iugé & presagé, que si tost
que l'ire de Dieu commenceroit à s'appaiser, & que sa bonté touchée de la
compassion des nos miseres, tendroit la main de sa clemence pour nous re-

) leuer de ceste cheute, vostre singuliere prudence, jointe auec vostre legitime authorité, seroient les principaux outils auec lesquels Dieu opereroit la conseruation de la Religion, & la restauration de l'Estat. Ceste journée vous en offre l'occasion si heureuse, qu'il semble qu'elle vous ait esté expressément reseruée pour vous en deferer toute la gloire. Car les Estrangers, qui jusques aujourd'huy auoient par artificieux pretextes & secretes menées tasché de renuerser les fondemens de ce Royaume, afin d'en pouuoir recueillir les ruines, maintenant à descouuert & enseignes desployées, publient leurs desseins, les aduancent, les establissent. Et au contraire, tous ceux qui ont encores le cœur François, indignez de se voir trompez, estonnez de se voir quasi perdus, resolus de se sauuer, jettent les yeux sur vous, vous appellent au secours des loix, attendent si vostre prudence guidera leur courage, si vostre authorité fortifiera leurs armes, ou si nostre conniuence & dissimulation les abandonnera à vne honteuse seruitude, vous precipitera vous & vos enfans à vne luctueuse misere, & qui pis est vous condamnera à vne infamie éternelle. C'est le poinct, Messieurs, où nous sommes aujourd'huy reduits, c'est le precipice où nous nous trouuons portez, dont à mon aduis il nous sera fort aisé de nous sauuer & auec honneur nous mettre en seureté, si vous ne perdez point le cœur, & que pour en sortir, vous vueillez considerer, pendant que ie le vous represente, le chemin par lequel sans y penser vous y auez esté conduits. Il faut dire la verité, c'est vne braue & genereuse nation que celle des Espagnols, lesquels ayans trouué les veines de l'or & de l'argent, & les monceaux de perles & pierres precieuses és conquestes des Indes, n'en ont pas r'amolly leurs mœurs, abastardy leur courage, relasché leur vigueur, comme ont fait quasi tous les autres peuples du monde, qui acquerans la richesse ont perdu la vertu. Au contraire ceux-cy ont creu leur courage en croissant de moyens, & des richesses que la fortune leur a offertes, ont basty des degrez solides à leur ambition, pour joindre les extremitez de la terre sous leur obeïssance. Ce n'est pas sans cause, si en cet ambitieux dessein ils ont porté fort impatiemment de voir la France, riuale de leur Empire, arrester leur progrez, & tenir continuellement en eschec leur grandeur qui ne se pouuoit dire asseurée, tant qu'elle se voyoit balancée par vn tel contrepoids. C'est pourquoy ne voyant pas que leurs armes fussent assez fortes pour se deffaire de si puissans voisins, ç'a esté vn sage aduis à eux, digne de grands Conseillers d'Estat, de nourrir & fomenter les diuisions en la France, afin que celle que les forces estrangeres n'auoient peu esbranler, se defist & ruinast d'elle-mesme & de ses propres mains. Et pource que les premieres diuisions n'y auoient pas peu suffire, & qu'en nos premieres querelles pour la Religion, le trouble qui s'estoit fait au Royaume auoit bien apporté de l'emotion en ses membres, mais nulle alteration en sa forme, le grand secret a esté de subdiuiser ce qui estoit le plus fort & puissant, qui estoit le party des Catholiques pour esbranler en l'authorité du Prince, la clef de la voute; & ostant le respect des loix & des Magistrats, couper les nerfs qui maintenoient & soustenoient le Royaume. Comme cela s'est fait, Messieurs, vous l'auez veu: bien est-il vray que la disposition du sujet, les vices & manquemens des François, ont fort aidé à l'artifice des Estrangers.

Tant

Tant y a qu'en peu de temps, & incontinent apres l'accident arriué à Blois, vous auez veu le Conseil d'Estat de la France se. tenir à Paris en la maison de Dom Bernardin de Mendoze : Là ont esté prises toutes les belles resolutions qui ont esté executées pour extirper les loix & la memoire du nom & de l'authorité Royalle, pour establir vne seruitude & captiuité parmy vous, plus dure que celles des Indes. Là fut pris le conseil d'emprisonner le Parlement, en execution duquel vous vistes entrer en ceste maison sacrée vne trouppe de voleurs, composée des plus bas & vils ministres de la Iustice, lesquels l'espée au poing, vindrent arracher de dessus les sieges sacrez, ces venerables vieillards, aux pieds desquels ils estoient à genoux & teste nuë deux jours auparauant. Vous fustes tous menez en triomphe à la Bastille, sans excepter mesmes ceux que ces pendarts estimoient de leurs amis & plus zelez à leur party. Car aussi n'estoit-ce pas aux personnes qu'ils en vouloient, c'estoit à leur dignité & à leur Magistrat : c'estoit au nom de la Iustice à qui ils faisoient la guerre : c'estoit celle qu'il falloit exterminer pour introduire la confusion & le brigandage. Cet accident ayant donné vn espouuantement à tous les gens de bien & d'honneur, leur fit vuider la ville & abandonner leurs familles, & lors aussi-tost leurs biens furent mis en proye, toute ceste ville ne fut qu'vn sac, que pillages, proscriptions, recerches, menaces. La venuë de Monsieur de Mayenne adoucit aucunement ce desordre, & comme il est prudent & sage, bien que la necessité de ses affaires l'obligeast à recercher sa defence & seureté auec qui il la pouuoit trouuer ; si reconnut-il assez que les Espagnols, au train qu'ils prenoient, desiroient esgalement la ruine de tout ce qui estoit eminent en France. C'est pourquoy luy qui juge assez sa conseruation estre jointe auec celle du public, releua l'authorité de ceste compagnie, r'asseura tous les gens d'honneur, & essaya de r'allier tous les François en vn corps, pour se porter vn jour tous où le bien commun le requerroit. Mais son soudain depart ayant laissé les choses imparfaites, il ne peut empescher que les conseils auec l'or d'Espagne ne se fortifiassent tousiours, & ne demeurassent auec l'authorité. Ayans donc chassé de la ville quasi tous les gens de bien, on trouua du commencement moyen d'y faire entrer vne garnison d'Allemans. Le nom de la nation estoit moins suspect : le commandement en estoit à Monsieur de Mayenne, mais en effect le Roy d'Espagne les soudoyoit. De mesmes par les autres Prouinces, les Espagnols commencerent à jetter des gens par tout, traitter en particulier auec chacun des Gouuerneurs, les desunir de leur chef, s'asseurans assez que leur foiblesse & desespoir les feroit en fin jetter entre les mains du Roy d'Espagne. Tout cela, Messieurs, faisoit songer Monsieur de Mayenne à soy, & luy faisoit tirer les choses vn peu en longueur, pour voir quelle ouuerture de salut il pourroit trouuer parmy tant de pieges qu'il voyoit tendus de tous costez. Mais les Espagnols, qui connoissoient bien que le temps feroit en fin les François sages, le firent tant & tant presser par le Legat, qu'ils auoient à leur deuotion, qu'ils le contraignirent de tenter la fortune des armes, & commettre tout à vn jour de bataille, sur l'esperance du grand secours qu'ils luy promettoient. Vous sçauez tous combien leur secours fut petit. Bien auoient-ils sur la frontiere vne autre armée toute preste pour vn autre des-

fein; car ils concluoient ainfi: Ou Monfieur de Mayenne gagnera la bataille, ou il la perdra: s'il la gagne, il s'affoiblira, & perdra vne partie de fes
forces: nous viendrons derrière pour cueillir le fruict de la victoire, & donner la loy aux vainqueurs & aux vaincus. S'il la perd, il faut que luy & tout
fon party fe jette entre nos bras, n'ayant plus de refource ailleurs. Ils n'ar-
gumentoient pas mal, car apres la bataille perduë, Paris eftant affiegé il n'y
auoit moyen de le deliurer qu'auec l'armée du Prince de Parme; & côment
vint cefte armée? au petit pas, attendant le dernier moment de toute extremité. Ce fut lors que les Efpagnols commencerent à faire entendre leurs
pretenfions fur le Royaume, qu'ils commencerent à preffer de faire tenir
vne affemblée d'Eftats, penfans auoir defia affeuré leurs affaires, & corrompu par les Prouinces tous ceux qui pouuoient y eftre deputez. Toutesfois
Paris eftant deliuré, ils ne trouuerent pas apres le peril paffé, qu'on fit tel
compte d'eux qu'ils efperoient. Auffi s'en retournerent-ils foudain, fe con-
tentans de laiffer trois mil Efpagnols ou Napolitains en garnifon à Paris,
comme pour tenir la ville & fortifier leurs partifans. Le fiege de Roüen fur-
uint incontinent apres, ceux de dedans fe trouuans fort preffez, le Prince
de Parme inuité de prefter fes forces pour les fecourir, parla lors encor plus
clair qu'il n'auoit faict auparauant, reprefentant que l'Infante d'Efpagne
pretendoit que ce Royaume luy appartint; Declara ouuertement qu'il
n'auanceroit point fes forces qu'on ne luy promift de la faire declarer Reyne. Monfieur de Mayenne qui eft plein de fageffe & d'affection au bien
& à la conferuation de la France, fe penfa lors excufer, difant qu'il n'auoit
nul pouuoir de difpofer de l'Eftat, n'y en tout ny en partie, qu'il n'eftoit
ny juge ny arbitre de telles pretenfions, & que c'eftoit aux Eftats du Royaume à ordonner de ce qui concernoit la fucceffion d'iceluy, & des droicts
que chacun y pouuoit pretendre; mais il fut bien toft pris au mot. Car les
Efpagnols s'affeuroient affez que ceux qui auoient efté deputez dés le commencement des troubles eftoient entierement à leur deuotion. Le fiege de
Roüen leué, les Efpagnols commencerent à preffer ce mefme deffein. Et en
fin quelques excufes ou trauerfes que l'on y ait peu apporter, on n'a fceu fi
bien faire que cefte affemblée ne fe foit faite. Vous, Meffieurs, preueiftes où
les chofes pouuoient tomber; les peuples mefmes qui eftoient deuenus fages en l'efchole de la mifere & de la pauureté, voulurent pouruoir à ce mal,
& demanderent qu'on changeaft les Deputez; il fut ainfi refolu. Mais les
Efpagnols firent telle inftance, & auec telles menaces, qu'en fin il fallut
venir à compofition, & tout ce que l'on peut obtenir, ce fut que les premiers demeureroient, mais qu'on en effiroit encor d'autres en plus grand
nombre, qui affifteroient auec les premiers pour leur feruir de contrepoids;
& lors nous y fufmes nommez. A la verité la France, à quoy que le deftin
la referue, doit beaucoup à la prudence & bonté de Monfieur de Mayenne,
qui n'a rien obmis pour empefcher l'effect des deffeins pernicieux de ceux
qui ont deliberé de vendre & trahir ce Royaume. Car premierement,
comme les Efpagnols ont faict inftance de faire tenir les Eftats en quelque petite ville loin d'icy, pour plus commodément & fans tefmoin y faire leurs menées; il a au contraire opiniaftré de les faire tenir à Paris, au plus
celebre

celebre Theatre de tout ce Royaume, à la veuë des compagnies fouueraines, qui en font les vrayes tutrices ; & comme il a conneu que les Deputez
eftoient pour la plufpart gens gagnez & pratiquez, il a moyenné dés le
commencement de changer l'ordre des Eftats, & d'y faire entrer pour y
faire corps les Princes & principaux Seigneurs, les Cours & compagnies
fouueraines eftimant bien que rien ne fe feroit en la concurrence de tels &
fi celebres perfonnages, qui ne fuft pour le bien public Il y a dauantage fait
inuiter tous les Princes & Seigneurs Catholiques du party contraire, afin
que cefte affemblée fuft, s'il eftoit poffible, vn moyen de reünir les membres de la France miferablement diffipez, & y reftablir la paix & le repos
auec la conferuation de la Religion. Mais comme ces deux moyens auoient
efté fort induftrieufement inuentez pour le bien de l'Eftat, par ceux qui le
defiroient, auffi ont-ils efté encor plus artificieufement combatus par ceux
qui en pourfuiuent la ruine : car pour le premier, ils ont tant fait que l'ordre eftably au commencement a efté en fin peruerty, & les chofes remifes
aux trois Chambres, compofées des feuls Deputez. Et pour le fecond, c'eft
merueille, comme la conference auec les Princes Catholiques du party
contraire a efté trauerfée. Quand leurs lettres furent apportées, elles furent
ouuertes en prefence de Monfieur le Legat; elles ne contenoient autre chofe finon qu'ils eftoient prefts, fuiuant ce qu'on leur auoit propofé, de conferer auec nous des moyens de pacifier ce Royaume : c'eftoit chofe eftrange
de voir lors l'Ambaffadeur d'Efpagne fe debattre & menacer que fi ces lettres eftoient publiées, il fe retireroit; comme s'il euft dit qu'il n'eftoit pas
icy pour remettre ce Royaume en paix, mais pour ayder à le defchirer, &
qu'il ne fouffriroit jamais qu'on parlaft de réconciliation entre les François.
Toutesfois la conftance & legalité de Monfieur de Mayenne vainquît
toutes ces oppofitions-là. Il fit voir ces lettres à l'affemblée, auec vne infinie
allegreffe au cœur de tous les bons François, qui voyoient par là quelque
ouuerture de réconciliation & de remede à nos miferes: mais quand ce vint
à y faire refponfe, il ne fe peut dire combien la malice de ceux qui ont conjuré la ruine de cet Eftat trouua d'artifices, pour interrompre le cours de
ce traitté, & faire auec cefte conference ceffer tout efpoir de repos. Neantmoins elle fut continuée fi heureufement, que ceux du party contraire fe
font accommodez à tout ce que l'on a defiré, fe font obligez de faire que le
Roy de Nauarre enuoyeroit vers noftre fainct Pere pour obtenir fon abfo-
lution. Il fembloit, Meffieurs, qu'à ce mot, les efprits les plus efmeus fe deuffent appaifer, que toute forte de traittez auec l'Eftranger, fe deuffent lors
affoupir : & puis qu'vne telle occafion fe prefentoit d'affeurer la Religion
en ce Royaume, donner le repos, non feulement à toute la France, ains auffi à toute la Chreftienté, pour conuertir nos armes contre les Infideles ; ç'a
efté au contraire le poinct, où l'effrenée ambition de ceux qui ne penfent
efleuer leur particuliere grandeur que par les ruines publiques, s'eft plus furieufement defbordée, & comme agitée d'vn entier defefpoir a fans confideration d'honneur ou de pieté, fait toute forte d'efforts pour rendre les
chofes irreconciliables. Alors fe font mifes les langues venales qui regnoient
dans les chaires, à exalter la grandeur, la valeur & la magnanimité de la na-

tion Efpagnole, & deprimer la Françoife, comme vile, abjecte, née pour feruir ; & ce tout ainfi que s'ils euffent parlé en langage Caftillan au milieu de la grande Eglife de Tolede. Alors fe font entenduës des predications publiques, par lefquelles on a voulu monftrer en poinct de Theologie, que la loy Salique n'eftoit qu'vne chanfon, & qu'il la falloit abroger. Alors on a faict courir des billets, par lefquels le Roy d'Efpagne promettoit d'acquitter tous les arrerages des rentes de l'Hoftel de ville : alors les pacquets d'argent ont trotté publiquement par les maifons de ceux qui en ont voulu receuoir & s'en contaminer : & qui pis eft & plus honteux, les refcriptions de l'Ambaffadeur d'Efpagne adreffées à fon Treforier fe font apportées efcrites en Efpagnol fur les bureaux des chambres des Eftats, pour faire payer les Deputez de ce que l'Ambaffadeur d'Efpagne leur ordonnoit pour leur entretenement, fuiuant lefquelles les payemens ont efté faits. Apres cela les Efpagnols font venus en pleins Eftats, & par la bouche du Docteur Inigo de Mendoze ont fait entendre les droicts que l'Infante pretend au Royaume : non, difoit-il, pour en rendre juges les Eftats, mais pour leur faire fçauoir que le droit luy appartenant on ne pouuoit efperer defeureté en la Religion, de repos au Royaume, qu'en la reconnoiffant Royne comme elle eftoit. Que voftre vertu, Meffieurs, fut grande & voftre conftance hautement loüée de vos propres ennemis, quand eftans inuitez de venir entendre cette propofition, vous en fiftes, non vn fimple refus, mais vn refus plein d'indignation, qui remit tellement au cœur des hommes la reuerence du nom François, qu'apres que la harangue de Dom Inigo eut efté oüye, elle fut par vn commun vœu rejettée auec fifflement & derifion. De forte que les plus corrompus eftoient contraints en baiffant la tefte, de dire qu'à la verité en France on n'approuueroit jamais la domination d'vne femme. Les Efpagnols foudain, de peur de laiffer refroidir le fer, pour parer à cet inconuenient, vindrent faire vne autre ouuerture d'eflire Erneft d'Auftriche auec la fille d'Efpagne Roy & Royne de France folidairement : mais le grand degouft que l'on auoit defia pris de la premiere demande, le nom d'eftranger, & l'efperance que plufieurs Grands fe figuroient follement du mariage de l'Infante, fit que cefte feconde propofition ne fut pas mieux receuë que la premiere. Cependant aduis viennent de tous coftez que le Roy de Nauarre eft fur le poinct de fe faire Catholique, & d'enuoyer à Rome. Les Efpagnols voyent par là mourir toutes leurs efperances, & pour ce tentent-ils de nouueaux moyens pour noüer tellement la querelle qu'elle puiffe eftre irreconciliable à jamais. Leur but eft qu'à quelque prix que ce foit, il fe face eflection. Pour y encourager tous les Princes, ils promettent à tous l'Infante ; chacun penfant eftre l'efleu s'efchauffe à cette propofition. A tous les autres on promet des montagnes d'or & de petits Royaumes ; les efprits fe laiffent fort empoifonner de la dpuceur de ces promeffes, & de la vanité de ces efperances. Ie vous confeffe, Meffieurs, que ie fus extremément eftonné quand Dimanche vingtiefme de ce mois j'oüys en l'affemblée des Eftats faire le recit de ce qui s'eftoit paffé en la conference, & entendis les offres que faifoient ceux du party contraire de la conuerfion du Roy de Nauarre : & que lors que chacun

cun au moins ceux qui ont quelque reſté de François, commençoient de
reſpirer comme à la poincte du jour de noſtre repos ; j'entendis au meſme
inſtant propoſer aux Eſtats de ſupplier le Roy d'Eſpagne de donner ſa fille à
vn Prince François que l'on eſliroit pour Roy: & encor plus quand ie vis que
l'on vouloit reſoudre ceſte propoſition ſur les entre cinq & ſix heures du
ſoir, & depeſcher cela comme l'entrée de table du ſouper; j'en dis librement
ce que j'en penſois. Et pour ce que ie ne pouuois autrement arreſter le cours
de la deliberation, ie proteſtay que nous n'auions aucune puiſſance pour
deliberer de ce fait, qui eſtoit diſpoſer de la Couronne, & ſommay le Preuoſt des Marchãds d'aſſembler la ville, afin d'auoir pouuoir particulier pour
reſoudre vn tel fait ; comme nommément, lors de noſtre deputation, il
auoit eſté ordonné, qu'auant que les Deputez diſſent leur aduis de ce qui
regarderoit le faict de la Couronne, ils en prendroient l'aduis de la ville : ie
feis enregiſtrer ma proteſtation, interrompis pour ce jour le cours de ceſte deliberation ; & croyois à la verité, que la conſequence en ayant eſté
conneuë, & les perſonnes ayans eu loiſir d'y penſer, on n'oſeroit plus la remettre ſur le bureau. Toutesfois comme ceux qui ſont ces pourſuittes ſont
gens qui ne manquent point de reſolution ny d'audace, toute ceſte ſepmaine ce meſme traitté s'eſt continué en priué entre peu de perſonnes, & a paſſé
ſi auant qu'hier en pleins Eſtats, les trois Chambres aſſemblées, il fut propoſé qu'il auoit eſté aduiſé entre les Princes d'offrir aux Ambaſſadeurs d'Eſpagne que les Eſtats paſſeroient procuration à Monſieur de Mayenne pour
enuoyer vers le Roy d'Eſpagne des Ambaſſadeurs qui luy nommeroient
pour Roy de France vn Prince auquel il donneroit l'Infante en mariage.
Voyla, Meſſieurs, l'Eſtat où ſont les affaires. Ie voy vos viſages pallir , &
vn murmure plein d'eſtonnement ſe leuer parmy vous, & non ſans cauſe ;
car jamais, peut-eſtre, il ne s'ouyt dire que ſi licentieuſement , ſi effrontément on ſe joüaſt de la fortune d'vn ſi grand & puiſſant Royaume , ſi publiquement on trafficquaſt d'vne telle Couronne , ſi impudemment on
miſt vos vies, vos biens, voſtre honneur, voſtre liberté à l'enchere, comme
l'on faict aujourd'huy : & en quel lieu? au cœur de la France, au conſpect
des loix, à la veuë de ce Senat: afin que vous ne ſoyez pas ſeulement participans, mais coupables de toutes les calamitez que l'on ourdit à la France.
Reſueillez-vous donc, Meſſieurs, & deſployez aujourd'huy l'authorité des
loix deſquelles vous eſtes gardiens ; car ſi ce mal peut receuoir quelque remede, vous ſeuls l'y pouuez apporter; c'eſt voſtre patience, c'eſt voſtre diſſimulation, qui donnent à ceux qui entreprennent telles choſes, le moyen &
le courage de les executer ; c'eſt elle-meſme qui ferme la bouche aux Princes, aux Seigneurs & à tous les gens de bien , & au commun peuple de ce
Royaume, & les empeſche de s'y pouuoir auſſi vertueuſement oppoſer,
qu'indignement ils ſupportent ce qu'ils voyent, & ce qu'ils entendent ; &
que toutesfois ils endurent, pour ce que l'on leur dit , que c'eſt auec voſtre
authorité & voſtre conſentement que toutes ces choſes ſont propoſées.
Quelle pitié, que nous ayons veu ces jours paſſez ſeize coquins de la ville
de Paris faire vente au Roy d'Eſpagne de la Couronne de France, luy en
donner l'inueſtiture ſous leurs ſeings, & luy en preſter le premier homma-

ge? Et que nous voyons maintenant vne autre espece de gens stipendiez
publiquement par les Espagnols, conjurer & trauailler jour & nuict pour
renuerser les fondemens de l'Estat, transferer la Couronne en vne race
Estrangere, & y allumer pour jamais vn feu de guerres ciuiles? Ce n'est pas,
Messieurs, qu'entre les Deputez, il n'y ait beaucoup de gens d'honneur qui
souspirent auec vous, & deplorent la miserable & calamiteuse fortune du
Royaume, mais vous sçauez qu'en telles assemblées les choses passent par
le plus grand nombre, & que ceux qui ont plus d'audace & de temerité
l'emportent, mesmes quand ils ont comme ceux-cy la force qui les appuye. Nous voyons bien que les chefs & ceux qui ont le gouuernement en
main, connoissent assez qu'on les veut perdre, & qu'ils ne le peuuent euiter, si ce que l'on a entrepris s'execute; mais on les a insensiblement conduits à vn tel precipice, qu'ils ne sçauent comment s'en pouuoir tirer, on
leur a fait remettre toutes choses à ceste assemblée. On a trouué moyen que
nostre Sainct Pere, qui ne voit nos affaires que de loin & y est trompé, y
apporte son authorité par des Ministres que les Espagnols luy ont suggeré.
Ils voyent que les armées & les garnisons qui sont en ce party, sont toutes
soudoyées par le Roy d'Espagne, on les menace que s'ils ne font ce qu'on
demande d'eux, non seulement on les abandonnera nuds & destituez de
moyens à leurs ennemis, mais encor on conuertira contr'eux toutes les forces qui sont sur pied, & commencera-on la ruine du Royaume par la leur.
De pouuoir paruenir à vne reconciliation generalle des François, ils voyent
que c'est chose longue & difficile, on les veille, on leur en oste les moyens:
De sorte qu'il ne se faut pas estonner s'ils ne font pas pour le bien public
tout ce que nous desirerions d'eux: mais c'est à nous, à mon aduis, à leur en
donner les moyens; & à faire la premiere ouuerture de nostre salut. Nous le
deuons par vne obligation si estroite, qu'elle y engage tous nos biens, nos
vies & nostre honneur: nous le pouuons, si le jugement & la prudence, qui
ont tousiours esté admirables en ceste compagnie, ne nous manquent. Car,
Messieurs, tous ces funestes desseins qu'on presse & qu'on execute aujour-
d'huy pour la ruine & entiere extirpation de cet Estat, ne sont fondez que
sur vne chose, laquelle seule les soustient, les fortifie, & leur preste vigueur.
C'est vne folle opinion, que tant les Espagnols que quelques autres particuliers ont conceuë, que ceste Couronne se pouuoit transferer hors de la
Maison de France en vne Estrangere, & que chacun d'eux la pouuoit obtenir, non pas par la force des armes, car s'ils estimoient le pouuoir faire, ils
ne s'amuseroient point à tous ces traittez, à toutes ces assemblées d'Estats,
& imaginaires ellections; mais sous le pretexte de Iustice, par le consentement des peuples, acquiesçans à ce que l'on leur veut faire accroire, qu'il se
faict selon les loix du Royaume, par les formes accoustumées, par le mandement mesmes du Parlement, à sa veuë & de son authorité. Arrachez,
Messieurs, ceste esperance des ames ambitieuses de ceux qui esperent acheter ou vendre ceste Couronne! Effacez de l'esprit des peuples ceste opinion,
que ce Royaume se puisse legitimement transferer en vne race estrangere,
par les suffrages d'vn petit nombre de gens achetez & corrompus, & vous
aurez pourueu à tout cela; vn seul arrest le fera quand vous declarerez que
c'est

c'est chose contraire aux loix du Royaume, que ceux qui sont assemblez n'ont point de pouuoir d'en disposer ; & que vous condamnerez ceux qui feront le contraire, & les jugerez coupables, comme ils sont, d'auoir violé les loix fondamentales de l'Estat. On ne peut pas douter que vous n'ayez le pouuoir de ce faire, vous qui auez la garde des loix & la tutelle du Royaume en vos mains : Vous par l'authorité desquels est faite ceste assemblée ; veu que ce qui a accoustumé de se resoudre aux Estats generaux de la France bien & legitimement assemblez, n'a force ny vigueur qu'apres qu'il a esté verifié par vous seans au throsne des Roys, au lict de leur Iustice, en la Cour des Pairs. Que si les choses legitimement deliberées, justement resolues & passées par vn general consentement, ne prennent leur force que de vostre approbation ; à combien plus forte raison celles qui ne sont traittées que par monopoles, & qui sont proposées contre les loix, & le salut de l'Estat, ausquelles tous les gens de bien, & generallement tous ceux qui se disent encores François, & qui ont quelque reste de pudeur, resistent ouuertement, peuuent-elles estre par vous condamnées & preuenües par vostre jugement, pour arrester le funeste cours de leurs pernicieux desseins ? Il est tousiours beaucoup plus seur d'aller au deuant du mal que de l'attendre : En sa naissance il est debile, aisé à rompre, aisé à exterminer : mais quand il a pris force, & qu'il s'est confirmé par la molle patience, ou negligence de ceux qu'il veut attaquer, on n'en peut qu'à grand peine venir à bout, mesmes parmy des peuples aysez à tromper, que l'on deçoit de vaines esperances, qu'on retient de fausses peurs, & qui prennent plus souuent les apparences pour veritez. Les choses sont, graces à Dieu, encores en estat que personne n'a esperance bien asseurée : La concurrence de ceux qui pensent recueillir le fruict de ce desordre, faict que par despit les vns des autres, ils ne se soucieront pas beaucoup que l'on leur face perdre leur attente. Que si vne fois leur interest est formé, au moins en imagination, & qu'ils se puissent promettre certain fruict de nostre ruine, il n'y a point d'action qu'ils ne hazardent. Et comme l'on court ordinairement, mais plus en ceste saison qu'en nulle autre, au Soleil leuant, tout s'esbranlera vers eux : Et lors deuenus puissans, & reconnoissans vos justes intentions (car il ne se peut que ceste deliberation ne les esuente) ils vous accableront auant que vous ayez loisir de respirer, & le feront auec tant d'artificieux pretextes, qu'ils vous feront perdre l'honneur auec l'authorité, & peut-estre l'authorité auec la vie. Mesnagez donc cet heureux loisir que la bonne fortune vous donne, & faictes maintenant ce que vous deuez, à quoy vostre honneur, vostre seureté, & le salut de la France vous conuie. Quand nous aurions oublié qui nous sommes, que les vestemens que nous portons, les tapis sur lesquels nous séons, ne nous ramenteuroient point que nous sommes les principaux Officiers de ce Royaume, gardes & depositaires des droits de la Couronne, si est-ce que le langage que nous parlons, nous feroit souuenir que nous sommes François. Et s'il est vray que dans tous les cœurs des hommes bien naiz la nature ait imprimé vn charitable amour enuers leur patrie, qui les enflamme à rechercher son salut, les estonne, les attriste, les desespere par la crainte de sa ruine ; si les plus illustres loüanges, les plus glorieuses recommandations qui ayent esleué la memoire de ceux que l'antiquité a admiré, a esté ce qu'ils ont fait, ou pour la conseruation, ou pour l'accroissement de leur pays, quand ils s'y sont genereusement deuoüez, quel blasme seroit le nostre aujourd'huy, si la France nous ayant nourris en vne si douce liberté, fait sentir vn si gracieux regne que celuy de nos Roys, honorez des plus illustres charges du Royaume, & fait seoir coste à coste des Ducs & des Princes, nous luy refusions nostre simple parole, nous luy desrobions en sa necessité la deffense des loix qu'elle nous a donné en garde? Car c'est aujourd'huy que l'on entreprend de les renuerser toutes & d'vn coup; c'est à la loy Salique que l'on en veut, c'est contre celle-là que l'on a veu declamer Dom Inigo de Mendoze, c'est contre celle-là que l'on a veu les Predicateurs se tempester en leurs chaires: Et neantmoins c'est celle-là qui depuis douze cens ans a conserué ce Royaume entier, & l'a mené de masse en masse, tousiours en mesme race, jusques aux Princes sous lesquels nous sommes naiz: c'est celle-là qui nous a garantis de la tyrannie des Anglois, & les a extirpez des entrailles de la France, où les discordes ciuiles les auoient foutrez. Bref c'est celle qui maintient toutes les autres, qui est l'appuy de nos fortunes, la seureté de nostre repos, l'ornement & la grandeur de l'Estat. Et qui sont ceux qui vsurpent ainsi ceste authorité, de vouloir renuerser les loix fondamentales du Royaume? vn petit nombre de Deputez de quelques villes de ce Royaume, qui au commencement de ce trouble, lors que toutes choses estoient en confusion, que les plus audacieux & plus temeraires s'estoient emparez du commandement, ont esté non esleuz legitimement, mais nommez seditieusement par ceux qui tyrannisoient les villes. Vous vous souuenez, Messieurs, quand en plein Hostel de ville, mais de quelle ville? de Paris capitale de ce Royaume, à la face de ce Parlement, ce pendart de Louchart, opprimant la liberté des suffrages, apres auoir dit pour aduis ce qu'il vouloit, adjoustoit qu'il parloit pour cinquante mil hommes, menaçant de mort & de ruine ceux qui seroient de contraire aduis. On n'a pas fait mieux autre part: aussi a-on esleu pour la pluspart ceux qui se sont emparez des biens de leurs voisins, qui se sont emparez des offices & des benefices de leurs Concitoyens, qu'ils ont chassez & bannis sous faux pretextes. On pourroit douter comme vne partie d'eux est corrompuë, & achetée à prix d'argent, si publiquement leurs pensions ne se payoient, si les rescriptions de l'Ambassadeur d'Espagne ne se portoient en pleins Estats, si tous les jours on ne voyoit par ceste ville les crocheteurs porter de maison en maison l'argent d'Espagne. C'est ce qui se void, mais ce qui ne se void pas, ce sont les promesses particulieres, des offices, des benefices, des confiscations, que l'on faict à chacun d'eux, & des vostres mesmes, Messieurs. Car n'estimez pas qu'il y en ait pas-vn de vous, de qui les terres, les meubles, les maisons, les offices, ne soient desia assignez. Qu'attendons-nous doncques à leuer l'authorité à ceux qui se la sont vsurpée? à desaduoüer ceux qui pretendent faire par vostre mandement ce qu'ils font, & qui n'ont authorité que celle que l'on croit que vous leur auez donné? Que si nous ne voulons prononcer contre les personnes, & les declarer ce qu'ils sont, prononçons au moins contre leurs desseins, & les preuenons

par

par noftre jugement, de peur qu'ils ne nous preuiennent par leur violence.
Voulons-nous attendre que l'on die, Le Parlement a ordonné l'affemblée
des Eftats, aux Eftats on a refolu telle chofe; & que puis apres, peut-eftre,
la dague fur la gorge, on nous le face authorifer? Et qu'ainfi non feulement
nous fouffrions le mal, mais encor en foyons eftimez les autheurs, & en
portions l'infamie? Nous auons fait jufques aujourd'huy ce que le temps a
porté, & de ce que nous auons fait nous en auons peu efperer du bien. Nous
auons veu toutes chofes troublées, & qu'en particulier il ne fe faifoit rien
qui ne tendift à vne ruine vniuerfelle: nous auons creu qu'en commun il fe
prendroit quelque falutaire confeil; que les Prouinces qui feroient les plus
affligées de la guerre, plus proches de leur ruine, deputeroient des gens qui
feroient fentir leur mifere, & en procureroient le remede. Nous auons efté
trompez, il eft venu des gens qui fe fót deputez d'eux-mefmes: des gens qui
pour la plufpart n'efperent aucun bien, aucune feureté, aucune reffource, finon par la guerre, par la confufion, par la diffipation de l'Eftat; qui ont trop
fait fentir leurs intentions; qui font prefts, fi vous ne les empefchez, de frapper vn coup qui donne à vos biens, à voftre vie, à voftre liberté: car ils font
tous refolus, entant qu'en eux eft, de transferer cefte Couronne en la Maifon d'Efpagne: ou s'ils ne le peuuent faire fi cruëmèt, de faire vne elleétion
de quelque Prince eftranger, feulement pour feruir de marche-pied au Roy
d'Efpagne à paruenir à fes deffeins: fçachans bien que celuy qui fera efleu,
eftant pauure, miferable, deftitué de moyens, chargé de haine, d'enuie, de
jaloufie, dehors & dedans le Royaume, perira toutes & quantesfois que le
Roy d'Efpagne le voudra abandonner. A mefure qu'il aura befoin de quelque fecours, il faudra bailler quelque Prouince, ou quelque ville, jufques à
ce qu'en fin on l'ait defpoüillé; ou que les peuples mefmes le mefprifans, fe
jettent entre les mains d'vn plus puiffant. En fin les Efpagnols, & leurs ad-
herans ne veulent qu'vne chofe, rendre les François irreconciliables. C'eft à
quoy ils trauaillent, c'eft ce qu'ils penfent faire par ces elections. Car ils fçauent bien que pourueu que cela foit, il faut que la longueur de la guerre, la
langueur de la France, le feu des haines ciuiles, leur mette ce Royaume en
proye. Que ferions-nous alors? que deuiendrions-nous, Meffieurs? efpere-
rions-nous mieux que ces pauures Indiens, dont en moins de cent ans ils
ont depeuplé le tiers du monde par toute forte de cruautez & de fupplices?
Il faudroit attendre pis; car ils connoiffent noftre inclination plus alienée
de leur obeïffance, noftre courage plus impatient de leur feruitude, & nos
efprits plus capables des moyens de nous en deliurer? Mais nous en particulier, efquels refident les anciennes reliques de la Majefté de nos Roys, qui
auons jufques aujourd'huy toufiours veillé & trauaillé pour garantir cefte
Couronne de l'inuafion des Eftrangers, qui auons tant fait de demonftration d'improuuer leurs ambitieux deffeins, qui n'auons pas feulement voulu oüyr leurs pretenfions, & les auons condamnez par noftre mefpris &
noftre abfence, que deurions-nous attendre? Ils ont conquis le Portugal
fans main mettre, fans refiftance; c'eftoit vne Prouince de leur langue qu'ils
cernoient de tous coftez; que la fucceffion leur deferoit; en laquelle perfonne que fort difficilement, ne les pouuoit troubler: toutesfois y ont-ils laiffé

en charge ny en honneur aucuns des anciens officiers ? Ils ont changé juſques aux Abbeſſes des Monaſteres de Nonains, leſquelles ils ont transferé
en Eſpagne. Ils n'y ont laiſſé meſmes aucunes des dignitez des Egliſes, & à
peine les Docteurs Regens des Eſcholes. Ceſte nation, Meſſieurs, a de
grands, ſages & profonds conſeils, pour aſſeurer ſes conqueſtes: mais certainement entre autres vertus qu'elle a admirables, c'eſt qu'elle ſçait bien chaſtier ceux qui ou par trahiſon luy vendent, ou par laſcheté luy abandonnent leur pays. Mais pour deuiner quelle ſeroit voſtre condition, il ne faut
pas tant diſcourir ſur l'aduenir, il ne faut que nous ſouuenir vn peu du paſſé, & conclure par vne raiſon trop certaine & trop euidente, qu'ils ne vous
traitteroient pas mieux eſtans leurs ſujets, qu'ils ont fait lors qu'ils vous re-
cerchoient & flattoient pour receuoir leur joug. Apres que vous vous ſerez
bien imprimé ceſte maxime, ſouuenez-vous qu'auſſi-toſt que ceſte garniſon, qui eſt des plus diſciplinées, eſt entrée en ceſte ville, vous auez oüy les
cris des peres & des meres, deplorans la pudicité de leurs enfans violée.
Vous y auez voulu apporter le remede des loix, auſſi-toſt ils vous ont fait
connoiſtre qu'ils eſtoient icy pour donner la loy & non pas pour la receuoir, & qu'ils ne reconnoiſſoient en rien la Iuſtice. Vous auez veu, & non
ie croy ſans larmes & ſouſpirs, des filles des meilleures Maiſons de ce Royaume, ſeruir de garces appoinctées aux Capitaines de leurs Regimens. Vous
auez veu durant le ſiege de ceſte ville vne partie de v̆os citoyens eſtendus
par les ruës, mourir de rage de faim, battans leurs teſtes contre les murailles, & oüy au meſme temps Diego de Mendoze pour conſolation leur conſeiller de moudre les os de Sainct Innocent, & en faire du pain. Quelle horreur, quelle deteſtation, qu'on ne ſe contentaſt pas de nous faire ſeuir les
vns contre les autres, nous ſouler de nos Concitoyens, ſi encores on n'euſt
aiguiſé nos dents par vne enragée impieté, pour deuorer les os de nos peres, & par vne cruauté plus tragique que celle d'Atrée, diffamer noſtre memoire, nous reñdre abominables & à Dieu & aux hommes à l'aduenir?
Mais pourquoy cerchons-nous des inſtructions hors l'enclos de ce Palais;
toutes & quantesfois que nous jettons la veuë ſur ces ſieges, & que nous y
recerchons de l'œil ceux que nous y auons veu ſeoir parmy nous, auec tant
de reputation en ce Royaume, & d'admiration par toute l'Europe;ne nous
ſouuenons-nous pas que ç'a eſté le conſeil des Eſpagnols, qui auec les mains
des brigands de ceſte ville les a arrachez d'icy, pour les trainer dans les priſons, les meurtrir, les mettre en ſpectacle au milieu de vos places ? Le ſeul
Preſident qui reſtoit en ce Parlement, qu'on pouuoit nommer à bon droict
la merüeille des lettres, l'ornement de la France, l'eſtonnement de toutes les
nations eſtrangeres qui ont quelque gouſt des ſciences, venant au Palais, a
eſté pris, trainé, terraſſé, empriſonné, condamné par des perſonnes non ſeulement priuées, mais infames & ſcelerées; bourrelé & expoſé en trophée à
la veuë du peuple, ſans que ſes enfans & parens oſaſſent ſeulement regarder le corps pour luy donner l'honneur de la ſepulture. Et quel eſtoit ſon
crime, Meſſieurs? il eſtoit François, il eſtoit eminent en dignité, il eſtoit celebre en erudition; la France en tels hommes auoit encor des arcs-boutans,
& des eſtançons de ſa grandeur. Toutesfois ie confeſſe qu'il y en auoit vn

autre,

autre, lequel (sans troubler neantmoins le repos des morts & blâsmer leur memoire) ie croy ne se deuoir point taire en cet endroict ; c'est que trop mollement il s'estoit opposé aux violences, aux brigandages de ceux qui l'ont assassiné. Il a nourry les tigres qui se sont repeuz de son sang : & pour auoir peu considerément pensé que la patience r'ameneroit ces gens-là à la raison, il a laissé croistre l'audace iusques à ceste effrenée petulance, de laquelle il a senty les plus aigres effects. Et ainsi pour auoir trop craint il a souffert ce qu'il craignoit ; & ce qui est plus deplorable en sa fortune, c'est qu'il ne luy est rien aduenu qui ne luy ait esté predict & denoncé, voire ceans & publiquement : vous vous en souuenez, Messieurs, & par qui. Or si ce iour funeste le sort tomba sur peu, n'estimez-pas pour cela que ce fussent les bornes de la cruauté de ceux qui auoient fait le project de ceste tragedie. Si la fureur du peuple eust secondé, comme ils esperoient, les premiers efforts de leur rage, vous y fussiez tous passez, & auec vous tous les plus apparans de la ville. Les roolles n'en ont-ils pas esté trouuez ? Faites, Messieurs, que la grace tant signalée que Dieu vous fit ceste iournée, n'aye pas seulement seruy à vous deliurer de ce danger, mais encor qu'elle vous ouure les esprits pour vous garantir de mille & mille semblables qui vous conduiront (si vous n'y pouruoyez aujourd'huy) à vostre ruine certaine. Nous deuons apprehender comme hommes, le danger qui nous menace tous: nous deuons apprehender comme François, la calamité qui se prepare à ceste Monarchie: nous deuons apprehender côme Officiers de ce Parlement, l'infamie d'auoir souffert l'euersion des loix. Mais nous deuons apprehender plus que tout cela la perte asseurée de la Religion Catholique en ce Royaume, & celle du Christianisme en l'Europe : à laquelle sans doute nous traineroit la suitte des desseins que l'on trame maintenant, si la bonté de Dieu & la prudence & le courage de ce digne Senat n'en arrestoit le cours. Car vous voyez toute la Noblesse de France, & vne bonne partie des villes qui sont iointes auec le Roy de Nauarre, en intention de le ramener à l'Eglise, & par ce moyen de faire cesser l'heresie en ce Royaume. Chacun sçait ce que peut l'exemple des Roys en vn Estat. Si le Roy de Nauarre se fait Catholique, indubitablement les autres suiuront, & y aura presse à qui reuiendra le premier : Que si l'on va proceder à vne eslection, ou de l'Infante, ou d'vn Prince Estranger, fondée sur ce que le Roy de Nauarre ne doit point estre receu par le Pape, qu'en arriuera-il? sinon que l'on le contraindra de demeurer en l'estat qu'il est, & rendra-on tousiours la Noblesse & les peuples qui sont auec luy plus ennemis de nous qu'ils ne sont. Car puis que la seule conseruation de l'Estat les a armez contre nous, quelque consideration de la Religion que l'on leur aye proposé ; que nous feront-ils quand nous l'aurons, entant qu'en nous est, ruiné ? à vostre aduis voudront-ils reconnoistre vn Roy que leurs ennemis auront esleu, & mesmes vn Estranger ? Vous croistrez donc la Iustice de leur cause, vous leur croistrez le courage, & les ferez combattre par necessité, qui est vn grand aiguillon à la vaillance. Iusques aujourd'huy diuisez, comme ils ont esté, entr'eux mesmes, ils se sont tousiours accreuz ; reünis par l'extremité où nous les iettons, que feront-ils ? Il ne faut pas penser que le secours des Espagnols puisse estre plus grand

FFf

que nous l'auons veu. Les grands efforts se font au commencement. Le
Roy d'Espagne a perdu ses Capitaines, il a espuisé ses tresors: sa vie mesme se
va de jour en jour diminuant. Au contraire nous allons fortifier nos aduersaires de toute sorte de faueurs. Car premierement, quelle enuie estimons
nous que courra ce Prince esleu parmy les Potétats Catholiques? La reputation, bien qu'imaginaire, de la conqueste d'vn tel Royaume par telle voye,
luy acquerra beaucoup d'ennemis: mais principalement de ceux qui ont
interest à la conseruation de cet Estat, & qui pensent que d'iceluy depend
leur seureté, comme seul suffisant pour balancer les autres puissances de
l'Europe, qui desireroient estouffer leurs voisins moins puissans. Dauantage, quand l'Angleterre, l'Escosse, le Dannemarc, & autres Protestans,
auront veu que le pretexte de la Religion aura seruy au Roy d'Espagne
pour empieter, ou au moins ruiner cet Estat; & que la France luy doit seruir d'vn marchepied pour atteindre jusques à eux; ne joindront-ils pas toutes leurs forces, comme en vne cause & interest commun? ne choisiront-
ils pas plustost de venir decider leur querelle sur le champ de la France, que
d'attendre que les armées soient entrées en leurs pays? Si nous venons à
succomber sous telle force, ne perdons-nous pas la Religion? Il n'y a personne pour si peu judicieux & clair-voyant qu'il soit, qui ne juge à l'œil
que quand il n'arriuera autre mal d'vne telle eslection, au moins allume-
ra-elle vn feu de guerre pour cent ans, non seulement en ce Royaume,
mais aussi en toute la Chrestienté; & que la France sera le theatre, où de
toutes les parts de l'Europe il faudra que les forces accourent, pour auec le
sang d'vn million & million de Chrestiens, esteindre ce funeste embrasement. Et que fera le Turc cependant, dis-je, que nous luy ouurons nos portes par nos diuisions & haines bestiales? Ie me souuiens d'auoir leu dans
vne relation d'vn Ambassadeur de Venise, que les Turcs en leurs mos-
quées font tous les jours vne priere publique à Dieu, que les Chrestiens ne
puissent estre jamais d'accord. O que ie crains bien que leurs vœux n'ayent
esté exaucez, & que nos pechez n'ayent seruy de sacrifice pour rendre leurs
prieres acceptables! Ils ont de grandes armées prestes, qui menacent de
tous costez la Chrestienté, mais ils n'en auront que faire, car nous combattons trop courageusement pour eux: tous nos desseins, tous nos conseils ne
sont que pour leur aplanir le chemin pour venir à nous, pour faire leurs
besongnes, & pour perdre nous mesmes la Religion dont nous cherissons,
mais en paroles seulement, le nom, & dont en effect nous desracinons, entant que nous pouuons, les fondemens. Tournons les yeux de tous costez,
& si tost que nous les jetterons hors de l'enclos des bonnes villes, nous
trouuerons toutes les Eglises abatuës, ou pour le moins pillées & desertes,
les Monasteres abandonnez, les Religieuses vagantes, afin que ie ne die pis,
& toutes sortes de pollutions faictes aux lieux Saincts. Et qui faict tout
cela? Nos gens, ceux qui combattent, ce disent-ils, pour la Religion, en
font la meilleure part. En fin, Messieurs, les causes de faire la guerre sont differentes en la bouche des diuers partis, mais les effects en sont par tout
semblables; ce ne sont par tout que violemens, saccagemens, pillages, meurtres & impietez. Prenons donc les conseils, non qui peuuent entretenir

&

& fomenter ceſte hydre veneneuſe de guerre & diſſenſion ciuile , mais qui ramenant toutes choſes à la paix tendent à conſeruer l'Eſtat auquel nous ſommes naiz, & la Religion Catholique en laquelle nous ſommes renaiz. Mais comme entre les preceptes de la medecine, il faut pour paruenir à vne cure parfaite, oſter de la partie bleſſée, le corps eſtrange, ou l'humeur maligne, auant que trauailler à y ramener vne bonne nourriture : auſſi auant que d'employer nos eſprits à la recerche des moyens neceſſaires pour la pleine reſtauration de cet Eſtat , & conſeruation de la Religion , il faut parer au coup qui nous menace, & lequel s'il n'eſtoit diuerty, nous rendroit apres ſoy tous les autres remedes inutiles. Portons-y donc tous la main, l'eſprit & le courage : Secourons noſtre pays : Souſtenons la fortune de nous & de nos enfans, affermiſſons noſtre liberté eſbranlée, & teſmoignons que nous ſommes vrayement ceux de qui nous portons le nom, ſages & fidelles Conſeillers de la Couronne. Ie ſçay bien qu'il pourra ſuruenir deux diuerſes penſées à ceux qui ont le ſang vn peu plus froid , & auſquels la timidité ſous le nom d'vne fauſſe prudence engourdit bien ſouuent les conſeils. Les vns diront que ce que ie propoſe eſt bon, ſalutaire, voire neceſſaire, mais qu'il ſeroit plus à propos d'en parler à Monſieur de Mayenne auant que de le faire, afin qu'en choſe de telle conſequence il ne ſemble que nous l'ayons negligé : Les autres diront, qu'auant que de ce faire il faut pouruoir à noſtre ſeureté, & mettre ordre que nous ne ſoyons preuenus par vne puiſſante garniſon de plus de trois mil hommes , qui eſt en noſtre ville , qui connoiſſant nos volontez voudra, peut-eſtre, eſſayer de faire auec la force , ce qu'elle deſeſperera d'obtenir de noſtre conſentement. Ie loüe grandement la modeſtie de ceux qui deſirent rendre à Monſieur de Mayenne , l'honneur & le reſpect qui luy eſt deu. Car il a touſiours monſtré tant de bien-vueillance enuers ceſte compagnie ; il luy a touſiours tant deferé ; Il eſt d'ailleurs ſi ſage, ſi prudent, ſi entendu en la conduite des affaires, & s'eſt monſtré en toutes choſes ſi deſireux de la conſeruation de cet Eſtat, qu'en nul autre cerueau, en nul autre cœur, nous ne pourrions puiſer des auis plus ſalutaires pour remedier à ſemblables accidens que celuy où nous ſommes. Mais ie deſire vn peu plus de circonſpection en ceux qui font ceſte difficulté ; leſquels ne conſiderent pas que ſi nous faiſons ce qu'ils propoſent , nous ferons en conſequence trois choſes que nous deuons le plus euiter. Car trainant ceſte deliberation en longueur, nous en rompons le cours, & perdons eſperance de jamais la voir acheuée. Nous y ſommes entrez ſans que bonnement on ſçache pourquoy nous ſommes aſſemblez, ny que perſonne aye preueu ce qui s'y pourroit reſoudre. Que ſi vne fois nous nous ſeparons, quelles tempeſtes, quelles tourmentes verrons-nous excitées contre nous? Ce ſera lors que tous les reſſorts d'Eſpagne joüeront pour nous perdre, & pour nous accabler. Car quand nous aurons faict vne fois ce que nous deuons, en vain feroient-ils leurs efforts pour nous offenſer ; ce qui ſera faict , ſera faict : mais s'ils ſçauent que nous ſommes aſſemblez pour le faire, il n'y a rien par diſcours qu'ils ne doiuent tenter pour nous en empeſcher. Outre cela nous faiſons tort à Monſieur de Mayenne, à ſa fidelité & à ſa prudence, ſi nous doutons quelle eſt en cela ſa volonté , & ce qu'il

auroit à nous refpondre : luy que nous auons oüy, & en general & en particulier, faire tant de grands & folennels fermens, qu'il ne fouffriroit jamais
que l'on fist prejudice aux droicts de la Couronne, & à la loy de l'Estat:
luy qui en a receu le depost de nous, lequel il a jufques aujourd'huy fi religieufement conferué. Voyez-vous pas, Messieurs, que parmy tant de neceffitez & publiques & particulieres, dont le faix des affaires qu'il a fur les
bras le furcharge, quelque argent ou condition qu'on luy ait prefenté, il n'a
jamais voulu confentir qu'aucune place de ce Royaume fust mife entre les
mains des Efpagnols ? Et ne fçauez-vous pas que les garnifons eftrangeres
qui ont efté mifes en quelques villes, y ont efté introduictes par la faueur
de quelques feditieux, & par la fottife des peuples, fans fon aduis ny commandement ? Vous a-il pas affez fait fentir fes intentions, quand auant
que permettre l'ouuerture des Eftats, il a voulu que l'on entrast en traitté
auec ceux du party contraire ? quand au commencement de l'affemblée
il a voulu que les Cours fouueraines, les Grands du Royaume y euffent
voix à part, afin de rompre le coup aux pratiques que les Efpagnols auoient
faict auec les Deputez des Prouinces? Et quand la preu-d'hommie qui eft
en luy tres-grande y feroit moindre, feriez-vous fi mauuais jugement de
fa prudence, qu'il ne fçache affez que ceux qui vendent leur pays, fe li-
urent eux-mefmes ? qu'il ne juge bien qu'il ne pourroit pas plus efperer des
Efpagnols pour leur mettre en main cefte Couronne, qu'obtint le Duc de
Bragance pour leur auoir liuré celle de Portugal ? Que penfez-vous donc
que doit defirer Monfieur de Mayéne en fon ame? ce qu'il doit attendre de
vous en cefte occafion ? Oüy, mais vous voudriez oüyr fa voix, c'eft à dire, Messieurs, que vous le voudriez ruiner. Vous auez defia veu céans les informations qui ont efté faites contre ceux qui auoient refolu d'attenter fur
fa vie, pour ce qu'il ne fauorifoit pas leurs brigandages & mauuais deffeins;
que n'entreprendroient-ils maintenant contre luy, fi publiquement & à
haute voix vous luy faifiez declarer ce qu'il penfe de ce faict ? Ceux qui
font en telles charges font contraints, pour la neceffité des affaires, de
dire & promettre beaucoup de chofes contre leur cœur & leur intention:
defquelles ils ne veulent rien moins que l'effect. Mais quand ce vient au
temps de fe pouruoir d'excufe, il n'eft pas raifonnable de leur en faire porter l'enuie ; Il eft plus jufte que nous la fouftenions nous mefmes. Comme
nous nous preualons du labeur, de l'induftrie & des veilles de ceux qui
font en authorité, & qui trauaillent pour noftre falut : Ainfi faut-il que
nous leur aydions à fupporter vne partie de l'enuie, que nous les fecou-
rions & affiftions en ce que nous pouuons. Il y a beaucoup de chofes que
les Princes defirent eftre faictes, lefquelles ils ne peuuent toutesfois honne-
ftement commander. Ce qui fe prefente, Messieurs, eft de cefte nature:
Il eft jufte, vtile, neceffaire, feant en nos bouches, peut-eftre ne feroit-il
pas feür en la fienne ; & croy que le plus grand defplaifir & defferuice que
nous luy pourrions faire, feroit de l'interpeller de nous dire en cela fon intention : qui eft à dire de le contraindre, ou de nous dire le contraire de ce
qu'il penfe, ou de mettre fa vie en vn euident hazard, & les affaires
qu'il a en main en vne ruine indubitable. Que cefte confideration ne nous
retienne

retienne donc point, & beaucoup moins la crainte que l'on pourroit auoir des forces eftrangeres qui font icy en garnifon. Car nous auons le peuple pour nous qui reconnoift fon mal, qui juge ce qui eft neceffaire pour fon bien, qui nous porte dans les yeux, attend fon falut de nous. Cefte garnifon d'Efpagnols n'eft pas fuffifante pour rien entreprendre cotre le gré du peuple; Puis ils ne font pas en lieu de retraitte ayfée: Ils font au milieu du Royaume, enuironnez de toutes parts des forces ennemies. Dauantage leur deffein n'eft pas fur cefte ville, laquelle ils ne veulent que pour la perdre; Il eft fur tout le Royaume. Ils jugent bien que ce qu'ils entreprendroient icy mal à propos, leur feroit perdre creance par tout, & ne leur feruiroit qu'à ruiner leurs affaires. Auffi auez-vous veu que par le paffé, quand ils ont entrepris quelque chofe de femblable contre vous, ils ont emprunté les mains de vos propres Concitoyens pour l'executer. C'eft chofe qu'ils ne peuuent plus faire, les Seize ne font plus au monde, il n'y a rien à craindre de ce cofté-là. Mais quand il y auroit à craindre, la crainte retarderoit-elle nos confeils en vn temps, où fi pour craindre nous laiffons d'y pouruoir, il nous faut endurer tout ce que nous pouuons craindre au monde de plus miferable, la perte de la vie, des biens, de l'honneur, de la liberté? O que miferable & imprudenteeft la crainte qui empefche les hommes de pouruoir à leur mal, mefmes quand il eft fi certain, fi prefent, fi extreme, que celuy qui nous pend fur la tefte, & apres lequel on ne peut rien efperer de mieux, ny rien craindre de pis. Nous n'auons rien à redouter, Meffieurs; mais j'eftime tant voftre vertu, ie fais tant d'eftat de la genereufe ardeur qui vous enflamme à la conferuation de voftre chere patrie, que quand tous les perils du monde vous enuirôneroient, vous pafferiez par deffus au trauers des flammes, vous vous porteriez à fon fecours, & louëriez Dieu de vous auoir referuez à vne occafion en laquelle vous euffiez moyen de rendre vôftre nom glorieux, en rendant voftre pays heureux. Mais comme Dieu, qui a plus de foin de noftre falut que nous ne meritons, nous a rendu cefte action moins hazardeufe, auffi la rendra-il tant agreable à tous les bons, tant fructueufe à cet Eftat, tant admirée de tous les Eftrangers, que vous en receurez, en vous fauuant & le public auec vous, plus d'honneur, plus de reputation, plus de gloire, que d'action qui jamais foit fortie de ce Senat. Or afin de rendre le confeil que nous auons à prendre vrayement vtile & fructueux, obferuons-y, Meffieurs, vne chofe: ne perdons point le temps à beaucoup de difcours: Ains fi toft qu'il y aura vne ouuerture d'auis que vous jugerez eftre propre, foit celle que ie vous auray faite, ou celle que quelque autre plus clairvoyant, mais non pas plus defireux du bien public vous fera, courons-y tous, & faifons en forte qu'auant que l'heure nous prenne, & que nous nous leuions de nos places, que nous ayons fait arreft. Pour moy ie fuis d'auis que la Cour declare, qu'elle n'a jamais eu autre intention que de maintenir la Religion Catholique, Apoftolique & Romaine, & l'Eftat & Couronne de France fous la domination d'vn Roy tres-Chreftien, Catholique & Françoïs, appellé à la Couronne par les loix du Royaume. Et que pour cefte occafion elle ordonne que remonftrances feront faites cefte apresdinée à Monfieur de Mayenne, par vn de Meffieurs les Prefidens, affifté du plus grand nombre de Messieurs les Conseillers que faire se pourra, à ce qu'aucun traitté ne se face pour transferer le Royaume en la main d'aucun Prince ou Princesse estrangers. Que les loix fondamentales de l'Estat soient gardées, les arrests de la Cour faits pour la declaration d'vn Roy Catholique & François, executez. Qu'à cet effect il employe l'authorité qui luy a esté commise, & pouruoye le plus promptement qu'il sera possible au repos du peuple, pour l'extreme necessité en laquelle il est reduit. Et neantmoins suis d'auis de declarer dés à present tous traittez faits ou à faire cy-apres, pour l'establissement de Prince ou Princesse estrangers, nuls & de nul effect & valeur, comme faits au prejudice de la loy Salique, & autres loix fondamentales du Royaume: & tous ceux qui y presteront ayde, faueur & consentement, criminels de leze Majesté au premier chef. Et pour ce que ceste remonstrance est pleine de quelque enuie, laquelle beaucoup de gens qui d'ailleurs sont personnages d'honneur, ne pourroient pas, peut-estre, si hardiment soustenir, comme la condition de l'affaire le desire, & aussi que pour la pouuoir bien faire, il est besoin d'auoir veu ce qui s'est passé aux Estats; Il me semble que nous deuons tous prier Monsieur le President le Maistre d'en prendre la charge: m'asseurant que comme aux autres occasions qui se sont presentées, il a monstré vn courage plein de vertu, en celle-cy la plus importante pour le public, la plus honorable pour ceste compagnie, la plus glorieuse pour luy, qui puisse jamais arriuer, il apportera tout ce que nous pouuons desirer d'vne ame vrayement genereuse & Françoise, & digne du lieu d'honneur où il est assis: *L'arrest fut donné en la forme & aux termes cy-dessus.*

RESPONSE FAICTE SOVS LE NOM D'VN Bourgeois de Paris à la lettre du Cardinal de Sega Legat du Pape, du 27. de Ianuier 1594. Comme les Espagnols eurent perdu l'esperance de pouuoir par vne eslection d'vn Roy imaginaire, noüer la guerre ciuile pour si long-temps qu'ils s'estoient proposez: & qu'ils virent que la tresue que l'on auoit faite reconcilioit les esprits des François, & les conduisoit à vn traitté de paix: ayant consumé tous leurs autres remedes, ils recoururent au Cardinal de Sega Legat de nostre S. Pere, qui fomentoit leurs desseins contre l'intention de sa Saincteté mesme & ses instructions. Ils tirerent donc de luy vn escrit qu'il fit imprimer & publier par tout, pour mettre en scrupule les ames les plus timorées, & leur persuader qu'on ne pouuoit entrer en aucun traitté auec le Roy, ny le reconnoistre en saine conscience. Et pour ce que cet escrit ainsi diuulgué tant en François qu'en Latin, pouuoit donner quelque mauuaise impression aux plus foibles esprits, & retarder ceste reconciliation, qui porta en fin auec soy la restauration du Royaume & la conseruation de la Religion en iceluy, comme chacun reconnoist maintenant, Monsieur de Villeroy (personnage, à la prudence duquel la France doit beaucoup) m'escriuit de Pontoise où il s'estoit retiré, que le Roy desiroit que i'y fisse vne response sous le nom d'vn habitant de Paris, & en termes conuenables à ceste qualité, qui peust faire voir clair à ceux qui estoient enuelopez en ce party, & dissiper les artificieux nuages des opinions ausquelles on les vouloit entretenir: ie dressay ce discours

discours pour cet effect, qui fut imprimé & eut cours par ce Royaume, mais assez incorrect.

MONSEIGNEVR, Nous auons veu vos lettres du vingt-septiesme Ianuier dernier. Nous y euffions fait responfe long-temps y a, n'euft efté que noftre liberté eft tellement opprimée, qu'il ne nous eft plus permis de faire aucune affemblée de ville afin de pouruoir à nos affaires; & que nos Magiftrats, qui deuroient veiller pour le peuple, font tellement affoupis, ou par leur timidité, ou par la violence d'autruy, que nous n'auons qu'vn continuel fentiment de nos douleurs, fans auoir moyen de les plaindre, & fi ne voyons que perfonne s'en plaigne pour nous. Tellement que c'eft de nous que le Sage difoit: I'ay veu les larmes des innocens, & n'ay veu perfonne qui les confole. Au defaut de ceux qui le deuroient faire pour nous, nous voulons employer cefte voix demi-eftouffée, qui feule nous refte de tous nos biens, à vous remercier du foin que vous dites auoir de nous; vous tefmoigner l'honneur que nous defirons rendre à noftre Sainct Pere, & fur le fujet de voftre lettre, felon que la fidelité que nous luy auons nous oblige, l'aduertir en voftre perfonne des inconueniens que nous voyons menacer l'Eglife, & vous prier & luy auffi, d'y pouruoir & à noftre falut, qui y eft entierement conjoint. Ce n'eft pas que nous nous deffions de voftre prudence, mais nous fommes tous hommes: & outre ce, la tempefte eft fi grâde, & noftre vaiffeau flotte entre tant d'efcueils, qu'il eft befoin que le Pilote, quelque expert qu'il foit, reçoiue les aduertiffemens des moindres paffagers. Par voftre lettre vous nous loüez de ce que nous nous fommes remis à fa Sainéteté pour juger de la conuerfion de Henry quatriefme Roy de France & de Nauarre, & eftimez. que c'eft le vray remede de nos maux de rendre à fa Sainéteté l'honneur qui luy eft deu. Mais vous dites craindre, que ceux qui ont declaré qu'ils obeïront à ce qu'il ordonneroit, n'ayent pluftoft entendu l'obliger à ordonner ce qu'ils defirent, que s'obliger à approuuer ce qu'il ordonneroit. Vous nous faites puis apres entendre ce qui s'eft paffé à Rome fur ce fait, blafmez de legereté & perfidie ceux qui fe font rangez du party de ce Prince depuis fa conuerfion, & nous affeurez que fa Sainéteté ne fera rien en cet affaire en faueur des faétions & partis, ains tout ce que doit faire vn Pere commun de toute la Chreftienté: d'où vous concluez qu'il eft aifé à juger combien fa Sainéteté eft aliene de confentir aucune pa; auec ce Prince, ny permettre qu'il ait le gouuernement de cet Eftat. Monfeigneur, nous receuons la loüange que vous nous donnez d'aymer & honorer le S. Siege, comme nous appartenant de tout temps, & eftant annexée au nom François. Nous auons toufiours aduoüé auec la candeur & ingenuité qui nous eft naturelle, que l'Eglife Catholique ne peut eftre bien gouuernée s'il n'y a vn chef reconneu. Que l'Eglife de Rome eft vrayement celle à qui il faut donner ce titre; & que Dieu, par vne miraculeufe preuoyance, a eftendu expres le bras Romain jufques aux extremitez de la terre, afin que la foy fe formant en cefte augufte ville, qui lors eftoit le chef du monde, elle fuft puis apres portée par la faueur des Empereurs jufques au dernier bord du

continent, comme les esprits sont conduits pas les veines auec le sang jusques aux plus esloignées parties du corps. Et à la verité les premiers Papes,
qui ont esté sous les Empereurs Payens, ont tellement arrousé la tige de la
foy, de leur sang ; & sous les Empereurs Chrestiens couuert de l'ombre de
leur faueur les autres Eglises naissantes, & asseuré par leur fermeté & constance la nauire de l'Eglise flottante parmy les erreurs & heresies, qu'on ne
leur peut denier l'honneur de Peres communs de la Chrestienté, & de principaux autheurs du progrés que la foy a fait en la pluspart du monde. Aussi
a-on veu qu'à la suitte des siecles d'apres, bien que plusieurs Eglises ayent
voulu debatre ceste Primauté à la Romaine, que la faueur des Empereurs,
& des Roys aye supporté quelques Prelats en telle contention, & que le
desordre mesme & la corruption qui regnoit quelquesfois à Rome, forti-
fiast contre elle ceux qui l'entreprenoient ; neantmoins ceste veneration &
reconnoissance luy est tousiours demeurée, laquelle nous desirons conseruer de tout nostre pouuoir, la jugeant aujourd'huy plus necessaire qu'elle ne
fut jamais. Car s'il y eut oncques saison où la Chrestienté menacée par la
puissance des Infidelles, par la multiplicité des heresies, par les ambitieuses
diuisions des Princes, eut besoin de recueillir ses membres sous la conduite
d'vn chef pour trauailler à son salut commun, c'est aujourd'huy. Mais ce
qui nous afflige est, que nous craignons, voire que nous voyons, que ceux
qui font plus de semblant de desirer l'authorité de l'Eglise, la renuersent &
oppriment ; & pour auancer leurs desseins particuliers, & seruir à leur ambition ou à celle d'autruy, joüent hardiment le salut des peuples, des nations, voire quasi de toute la Chrestienté ; & comme s'ils viuoient parmy
des hommes stupides & hebetez qui n'eussent aucun autre sens que les
oreilles, leur veulent persuader par paroles le contraire de ce qu'ils voyent à
l'œil & par effect : de quoy nous vous aduertissons, afin que puis que vous
estes icy comme en sentinelle, pour prendre garde que l'Eglise ne reçoiue
quelque dommage, vous ne vous laissiez tromper par les apparences, &
conduire à des euenemens contraires au bien de toute l'Eglise. Car encor
que cela puisse arriuer aux plus aduisez ; ce neantmoins on a tant d'opinion
de vostre suffisance, qu'on n'imputeroit jamais tels accidens à vostre imprudence, mais à quelque mauuais dessein. Informez-vous donc de la verité,
& sçachez comme les choses se passent, afin d'y pouruoir. Ie le dis pour respondre à ce que vous escriuez, que les Catholiques ont par vne declaration
publique dit qu'ils se remettoient au Pape de juger de la conuersion du
Roy : car quant à nous, depuis icelle, ny long-temps auparauant, nous n'a-
uons point esté assemblez pour aduiser ce que nous ferions, & quel ordre
nous mettrions à nos affaires. S'il nous eust esté permis, comme il deuoit, &
comme sous nos Roys il a esté, non seulement à la ville capitale du Royaume, mais aux moindres bourgades, nous vous dirions ce que nous eussions
fait. Nous auons entrepris ceste guerre, pour empescher qu'vn Prince, d'autre Religion que la nostre, ne vint au Royaume. Incontinent apres la mort
du feu Roy l'on nous fit entendre que Monsieur de Mayenne auoit proposé au Roy de Nauarre qu'il aduoüoit que la succession l'appelloit à la Couronne, qu'il se fist Catholique & qu'il le reconnoistroit. C'estoit vn propos
qui

qui estoit en la bouche de tous ceux qui approchoient dudit sieur Duc.
Quand on remonstroit à Monsieur le Legat Cajetan qu'il n'y auoit autre
moyen de sauuer la Religion & cet Estat, qu'en r'amenant ledit Roy à l'E-
glise, & que l'on le prioit qu'il l'en sollicitast, il respondoit que l'honneur
du Sainct Siege ne le pouuoit supporter, & que c'estoit à luy à s'y presenter.
Quand Messieurs de Paris & de Lyon durant le siege furent vers luy, ils luy
proposerent qu'il se fist Catholique, & qu'aussi-tost ce Royaume seroit en
paix. Quand Monsieur de Mayenne fit assembler les Estats, sa declaration
portoit expressément qu'il auoit fait tout ce qu'il auoit peu pour r'amener
ce Prince à l'Eglise. Monsieur de Lyon protestoit que nous n'auions autre
cause à nos armes, disant auec souspirs, & leuant les mains au Ciel, qu'il desiroit qu'elle fust ostée. Bref luy & tous les Conseillers de Monsieur de
Mayenne, disoient, & en public & en particulier, qu'il n'y auoit point d'autre moyen de pouruoir au salut de ce Royaume. Lors donc que le Roy ab-
jura publiquement son erreur, & fit profession de la Religion Catholique,
si on nous eust laissé la liberté que nous deuions auoir de deliberer de nos
affaires, nous eussions esté d'auis d'enuoyer vers sa Saincteté de la part des
Princes & des villes, pour luy remonstrer que nous auions espuisé toutes
nos forces & consommé celles de nos alliez, pour essayer par la guerre à asseurer la Religion; que les succés nous y auoient esté si contraires, que nous
y auions tousiours perdu, & estions lors reduits à vne extréme necessité.
Nous luy eussions peu dire, que nous pensions que les ambitieux desseins
de nos voisins, alterans la cause de nos armes, les auoient renduës mal-heu-
reuses; que nous voyons leurs artifices maintenant tout à descouuert; &
que ce qu'auparauant ils tramoient en cachette & en tenebres, maintenant
ils le faisoient en plein midy, & en public, qui estoit qu'ils se vouloient emparer de cet Estat s'ils pouuoient, sinon le ruiner & deschirer, pour arrester
leurs ennemis à en recueillir les pieces, & afin aussi d'en profiter de quelque
morceau auec le temps. Que la conuersion du Roy nous ostoit le pretexte
de la guerre; que si l'on la continuoit, la Noblesse se retirant d'auec nous,
les peuples se lassans, les Princes estrangers nous deffauorisans, nous lair-
rions tomber toutes choses à la mercy du victorieux, duquel en ce cas il y
auoit beaucoup plus à craindre, que non pas s'il y estoit reconneu par les
conditions d'vne bonne & heureuse paix; & pour ce eussions-nous supplié
nostre S. Pere, de se rendre mediateur de la paix, & pouruoir tant à la seureté de la Religion que de nos fortunes priuées, afin que si on nous les accordoit nous en peussions joüir en repos le reste de nos jours; si on nous le refusoit, nous eussions plus de sujet & d'occasion de nous r'allier par le danger
commun de la Religion, de nos biens & de nos vies : Nous asseurans bien
qu'en ce cas toute la Noblesse Catholique se fust rangée auec nous, & eust
conspiré au dessein qui eust esté trouué plus salutaire pour la Religion &
pour l'Estat. Ce faisant nous eussions fait au S. Siege le plus grand honneur
qu'il receut oncques, & l'eussions rendu arbitre du Roy & du Royaume.
Mais Dieu qui ne jugeoit pas encor nos afflictions egales à nos pechez, nous
eslongna de cet heur-là. Car si tost que les Estrangers penserent (ce qu'ils
n'auoient jamais creu auparauant) que le Roy se pourroit faire Catholique,

ils voulurent faire leur dernier effort. Et apres auoir obligé les plus grands d'vn peu d'argent & de beaucoup d'esperance, proposerent les droicts de leur Infante: de telle façon toutesfois, que combien que les Deputez des Estats fussent pour la plus part ceux qu'ils auoient eux-mesmes choisis, ils ne les en faisoient pas Iuges, ains disoient que c'estoit seulement pour faire entendre quels estoient les droits à eux acquis, & la volonté & intention de leur Prince. Apres ils proposerent l'Infante & Erneste solidairement, puis l'Infante & vn Prince François, que le Roy d'Espagne choisiroit; & en fin ils offrirent de nommer le Prince François. Sur ceste nomination l'on entra en vne conference particuliere hors des Estats, où ils firent ce qu'ils peurent, afin de faire eslire vn Roy, & pour cet effect mesmes representerent des pouuoirs, nonobstant que ce fust chose entierement contraire à ce qu'ils auoient proposé auparauant, & où il y auoit peu d'apparence. Depuis ce temps l'on a tousiours entretenu le peuple en esperance de paix, & a-on pensé que vous en seriez l'Autheur, & que craignant que le peuple auant qu'auoir les seuretez necessaires pour la Religion, lesquelles nous attendions que nostre Sainct Pere procureroit, ne se hastast de reconnoistre le Roy, vous entreteniez les affaires en balance. Mais voyant aujourd'huy vostre declaration, les hommes sont fort estonnez, & ne sçauent ce qu'ils doiuent penser, ny comment interpreter le contenu de vostre lettre. Vous nous loüez d'auoir remis au iugement de sa Saincteté le faict de la conuersion du Roy; & neantmoins vous dictes que sa Saincteté n'a point voulu receuoir les Ambassadeurs qu'il luy a enuoyez, & que bien loin auant qu'ils approchassent de Rome il leur a enuoyé gens pour leur denoncer qu'ils n'y entrassent point. Cela pour vous dire nous semble fort estrange, & fait douter, voire croire que ceste lettre soit supposée par les ennemis de nostre S. Pere, pour le tirer en enuie d'vne action qu'ils pensent deuoir estre condamnée par tout le monde. Car considerez quel tort c'est faire à sa Saincteté, que luy imputer telle chose si contraire, non pas seulement à la qualité de Pere commun de tous les Chrestiens, mais principalement de Iuge d'vne telle cause, de laquelle depend le repos & salut du Royaume iadis le plus florissant, & maintenant le plus miserable du monde. Quoy? que nostre Sainct Pere qui doit iuger, ait fermé la porte à celuy qu'il faut iuger? Dieu voulant condamner l'homme pour vn forfait notoire & sans excuse, dict; Ie descendray & verray: Il est venu vers l'homme pour le iuger, & nostre Sainct Pere ministre de charité, reiettera celuy qui va à luy pour le rendre iuge de son salut? Nous ne le croyons pas. Vn ancien disoit, Celuy-là qui iuge sans oüyr la partie est mauuais Iuge, bien que son iugement soit bon: Que si cela a lieu és iugemens humains & mondains, combien plus en ceux de l'Eglise, laquelle publie par tout pour sa deuise qu'elle ne ferme jamais son giron à ceux qui viennent à elle? Oüy, mais, me direz-vous, il est desia condamné, il est retranché de l'Eglise. Nous ne voulons pas plaider sa cause, & vous deduire ses deffenses, ny repeter icy ce que les siens sonnent si haut qu'il n'a jamais esté legitimement procedé contre luy; que les formes ordinaires des iugemens n'ont point esté obseruées pour le condamner: qu'en tout cas ce ne sont que contumaces, qui s'effacent par celuy qui se presente

pour

pour se purger. Ioint qu'il n'est point question de juger, mais receuoir l'adueu & reconnoissance d'erreur que fait celuy qui demande de r'entrer en
l'Eglise. Nous voulons seulement vous remonstrer pour nostre interest, celuy de tout ce Royaume, & de toute la Chrestienté: Qu'il n'est point croyable que sa Saincteté (sous vostre meilleur auis) faisant office de pere commun, ait desnié l'audience, ny aussi la grace de l'Eglise & son absolution à
ce Prince, s'il s'est presenté à son obeïssance ; & s'elle l'auoit fait, il faudroit
croire qu'elle auroit esté trompée & seduite par ceux qui luy auroient faict
entendre l'estat de nos affaires tout autrement qu'il n'est. Car qui posera
que nostre sainct Pere sçache, comme il est tout notoire, que les Espagnols
se sont seruis de nos guerres pour s'emparer de cet Estat, que la Noblesse
Catholique de France, & vne partie des villes & prouinces, qui ont bien reconneu & jugé que ceste guerre ne tendoit qu'à leur ruine, ont esté contraints se ranger auec ce Prince pour s'opposer à ceste inuasion, l'ont neantmoins tousiours sollicité de se faire Catholique, & en fin tant fait, qu'il s'y
est rangé: qu'ils sont tous resolus de viure & mourir auec luy : que depuis sa
conuersion, & mesmement depuis la trefue rompuë, beaucoup de Gentils-
hommes, Seigneurs, villes & prouinces qui tenoient nostre party, se sont
rangez auec luy : que les Estrangers, qui perseuerent tousiours en leurs desseins de ruiner ou deschirer ce Royaume, les y confirment : que les peuples
sont si ruinez & harassez, voire consumez de misere & pauureté, qu'ils ne
peuuent ny ne veulent plus en façon quelconque continuer la guerre ; &
que partant il faut ou receuant le Roy mettre la paix vniuersellement en
cet Estat, ou le rejettant y former le plus grand & perilleux schisme qui fut
jamais; Pourra-il croire que nostre S. Pere ait refusé d'oüyr le Roy, ou de
le receuoir à l'Eglise, & ayme mieux en perdant le plus grand Royaume de
l'Europe, monstrer son austerité, qu'accommodant la discipline Ecclesiastique (qu'in'est qu'vn mystere de charité) à la necessité, procurer la paix
en toute la Chrestienté? Et s'il l'auoit fait, comment nous pourroit-on persuader que ce fust par le droit vsage des clefs, qui n'ont autre fin que d'a-
uancer le bien des ames & l'vnion de l'Eglise de Dieu? Certainement trop
de raisons y resistent, lesquelles nous vous supplions de bien examiner auec
nous : Car premierement vous sçauez que la charité de l'Eglise est telle, que
jamais elle ne se sert de l'excommunication & Anatheme, sinon pour le
bien de ceux contre qui elle les prononce ; son but & intention est en jettant vn homme soüillé hors d'elle, de l'y r'appeller & faire r'entrer net &
purifié. C'est ce que disoit S. Paul; qu'il auoit liuré le fornicateur à Sathan,
afin de sauuer son ame. Et de fait quelques-vns des Peres ont tenu que qui
sçauroit que celuy contre qui l'Anatheme est jetté le deuroit negliger, il
n'en faudroit point vser. Que peut-on dire donc, quand par l'Anatheme & retranchement de l'Eglise, non seulement vous mettez en euident
hazard celuy contre qui vous le proferez, mais encor vn nombre innumerable de peuples, vn Royaume tout entier, voire toute la Chrestienté; &
que vous venez par là à deschirer la Robe inconsutile, qu'il faut si soigneusement conseruer entiere? Nous aymons mieux respondre à ceste question
par les propres paroles de Sainct Augustin, ce second Soleil d'Afrique, que

par les noftres: Permettez, s'il vous plaift, que nous vous reprefentions fes propres mots en fon troifiefme contre Parmenian. Quand (dit-il) quelqu'vn de nos freres, c'eft à dire Chreftiens, aggregez à la focieté de l'Eglife eft coupable d'vn peché tel, qu'il merite l'Anatheme, il l'en faut punir, pourueu qu'il n'y ait point de danger de Schifme, & le faut faire auec la dilection que Dieu a ordonnée ; c'eft à dire, que vous ne le reputiez pas comme ennemy, mais le repreniez comme frere : car vous n'eftes pas eftably pour arracher, mais pour redreffer. Et pour ce quand noftre Seigneur a dit aux feruiteurs qui vouloient arracher l'iuroye; Laiffez croiftre l'vn & l'autre iufques à la moiffon; il a adjoufté la raifon; De peur que voulát cueillir l'iuroye vous n'emportiez le bón bled quant & quant. La correction ne peut eftre falutaire, finon quand celuy qu'il faut chaftier n'eft pas fuiuy de beaucoup de gens : mais quand beaucoup de gens font frappez de la mefme maladie, vous n'y fçauriez plus rien faire qui vaille, finon pleurer & lamenter. Et plus bas : Ainfi, dit-il, quand la contagion du peché a infecté la multitude, la feuerité de la difcipline diuine fe refout en mifericorde; car les confeils de feparation font lors vains & pernicieux, voire facrileges, pource qu'ils fe tournent en orgueil & impieté, & troublent plus les gens de bien infirmes, qu'ils ne corrigent les mefchans audacieux. Or le mefme confeil que ce fage & docte Pere, & les Canons qui l'ont fuiuy donnoient pour retenir le bras de l'Eglife, qu'elle ne jettaft inconfiderément fon foudre fpirituel lors qu'il y auoit danger d'vn Schifme, a efté auffi fuiuy par l'Eglife pour leuer l'Anatheme ja jetté contre les heretiques & fchifmatiques, fans y obferuer aucune rigueur de difcipline Ecclefiaftique, afin de remettre la paix & le repos en la Chreftienté : & entre autres exemples nous auons ce grand & celebre Concile de Carthage, compofé de tant d'Euefques affemblez pour le fait des Donatiftes. Les Donatiftes s'eftoient eux-mefmes volontairement feparez de l'Eglife, & fouuent rappellez, ils n'y auoient point voulu reuenir, la deteftoient & perfecutoient, & de fchifmatiques eftoient deuenus heretiques. Neantmoins le Concile par prieres, obfecrations & conjurations les r'appella, & ne leur remit pas feulement la peine & penitence ordonnée en l'Eglife ; mais, bien qu'il femblaft perilleux de les receuoir en charges Ecclefiaftiques, & qu'il fuft mefmes deffendu par les Conciles precedans obferuez lors, il les receut à r'entrer en leurs charges, voire mefmes aux Euefchez : & de trois cens Euefques qui eftoient à ce Concile, il ne s'en trouua jamais que deux qui refufaffent de quitter leur Euefché pour la paix & reconciliation de l'Eglife ; difans tous les autres que c'eftoit vn facrifice d'humilité qu'ils faifoient à Dieu, & que la dignité Epifcopale leur feroit bien plus fructueufe, fi la depofans ils pouuoient r'affembler le troupeau de Iefus-Chrift, que fi ils l'efgaroient en la retenant. Comme il y a par tout des efprits pleins d'aigreur, il s'en trouua quelques-vns qui fe plaignoient que par là cefte difcipline de l'Eglife eftoit violée, & qu'en vain doncques auoit-on ordonné que ceux qui eftoient reduits entre les penitens ne pourroient plus r'entrer aux charges. Voicy ce que Sainct Auguftin leur refpond: Vous vous trompez ; quand on a ordonné en l'Eglife que ceux qui ont fait penitence publique ne pourront r'entrer au Clergé, ç'a efté vne rigueur de

difcipline

discipline qu'on a voulu establir, non pas pour leur oster toute esperance de pouuoir obtenir grace, car autrement ce seroit disputer contre la puissance des clefs de l'Eglise. Il se void donc par là, que pour reconcilier les membres de l'Eglise, & y nourir ceste paix, que S. Gregoire de Nazianze dit estre le vray & paternel heritage des Chrestiens, non seulement on a receu en l'Eglise ceux qui en estoient separez, relasché la seuerité de la penitence; mais ce qui semble bien plus merueilleux, rendu les Eueschez & principales charges de l'Eglise aux heretiques & schismatiques; ce qui estoit sans doute fort perilleux : mais la raison en fin en est renduë par ce grand personnage en son Epistre cinquantiesme, par les mots duquel ie croy qu'il faut encor finir ce discours : En telles causes, dit-il, où les dangereuses playes des diuisions ne mettent pas seulement au hazard le salut de celuy-cy ou celuy-là, mais trainent apres soy vn carnage de peuples : il faut relascher la seuerité, afin qu'vne sincere charité puisse seruir de remede à si grands maux. Or pour ce qu'il y en a quelques-vns qui estiment que quelque chose qu'on puisse inferer de ces lieux-là, & quelque grande que soit la misericorde de l'Eglise, neantmoins que les relaps ne s'en peuuent preualoir, (sans entrer en la question de fait, sçauoir si le Prince à qui ils objectent ceste qualité, la merite) j'adjousteray icy pour responce encor vn passage du mesme Autheur en l'Epistre cinquante-quatriesme. Bien, dit-il, qu'il ait esté sagement & salutairement auisé en l'Eglise, de ne receuoir point deux fois les pecheurs à ceste tres-humble penitence, de peur que ce remede qui est d'autant plus salubre qu'il est moins contemptible, se rendant vil ne deuint inutile : Toutesfois la censure diuine a estonné ceux qui sont preposez à punir les crimes, leur enseignant qu'en l'exercice de leurs charges ils ne doiuent estre poussez de colere, & que comme Ministres de la loy, ils ne doiuent pas venger leur injure, mais celle d'autruy apres l'auoir examinée : & leur faisant connoistre que la misericorde de Dieu estoit necessaire pour leurs propres pechez, leur a fait entendre qu'ils ne deuoient pas estimer faillir en leurs charges, s'ils vsoient de douceur à l'endroit de ceux que la loy mettroit en leur puissance : Car lors que les Iuifs amenerent à nostre Seigneur la femme surprise en adultere, & luy dirent en le tentant, que la loy vouloit qu'elle fust lapidée, luy demandant ce qu'il vouloit qu'on en fist, il respondit ; Celuy de vous qui est sans peché luy jette la premiere pierre : Et par là ne reprouua-il pas la loy, qui ordonnoit qu'elle mourust ; mais estonnant ceux qui la pouuoient condamner, les ramena à misericorde ; le tremblement de leur conscience faisant tomber la cruauté de leur cœur. Par là doncques ce sage Docteur a voulu conclure, qu'il n'y a peché si enorme, opiniastreté si grande & tardiue qu'elle soit, à laquelle la misericorde de l'Eglise ne doiue subuenir. Car si Dieu pardonnant aux meschans & scelerez, & leur donnant la vie supporte patiemment ceux mesmes qu'il sçait ne deuoir jamais faire penitence; combien plustost deuons-nous vser de misericorde à l'endroict de ceux qui promettent amendement ? Que sçauons-nous que deuiendra celuy-cy, ou celuy-là, bien qu'il soit Iuif, heretique, ou Payen ? Peut-estre que la misericorde de Dieu le conuertira, & il tiendra le premier lieu entre les Saincts. Quoy doncques ? croyons-nous que nostre Sainct Pere, qui a

GGg

deuant les yeux pour regle de ses actions, les auis & les conseils de tant de grands & saincts personnages, vueille prendre vne resolution si aliene du nom paternel qu'il porte, de l'exemple de Iesus-Christ & de ses Apostres, du bien de l'Eglise & de la necessité des peuples? Aymera-il mieux faire paroistre sa puissance à renuerser & opprimer les Roys, & fouler au pied les nations, qu'à bien faire aux hommes, & procurer le salut de ceux qui s'humilient deuant luy? Aurions-nous vn Pontife qui ne sceust point compatir à nos infirmitez, & qui aymast mieux arracher qu'arrouser? S. Denys en l'Epistre qu'il escrit à Demophile, donne plusieurs belles instructions aux Prelats de l'Eglise, pour se comporter paternellement & indulgemment à l'endroict de ceux qui leur sont commis : & leur remonstre que jamais Moyse n'a esté agreable à Dieu, que quand il s'est reuestu d'esprit de douceur, mansuetude & patience; & que Iesus-Christ parlant à ses Apostres les y a exhortez; voire mesmes, que quand ils luy ont allegué l'exemple d'Helie & de Phineés, il les en a blasmez. En fin il conclud par vne vision qui estoit arriuée à vn sainct Prelat de Candie, nommé Carpus : Ce Carpus irrité d'vn mauuais homme qui luy auoit desbauché vn sien Diocesain, ne cessoit de les maudire tous deux, & prier Dieu qu'il les confondist & abysmast. Vne nuict cóme il faisoit ceste priere à Dieu, il luy sembla qu'il voyoit vn gouffre, comme la bouche d'Enfer, plein de serpens; & que ces deux hommes estoient prests d'y tomber, & que luy mesme les y poussoit; mais aussi tost le faiste de la maison s'estant ouuert il vit Iesus-Christ qui s'apparut assisté d'Anges, & s'en alla vers ces hommes, leur tendit la main, les releua & retira de l'abysme; & puis tournant sa parole vers Carpus: Frappe, frappe-moy, dit-il, & non pas eux, car ie suis tout prest d'endurer pour le salut des hommes. Ce me sera plaisir, pourueu que ie les garantisse de peché: & quant à toy, regarde si tu aymes mieux par ta cruauté choisir ta demeure en ce gouffre plein de serpens, qu'au Ciel auec Dieu entre les Anges pleins de bonté & clemence. Or en cet exemple-là, il n'estoit question sinon que de la compassion & misericorde que l'on doit aux particuliers : mais aujourd'huy il est question de celle que l'on doit aux peuples, & aux nations toutes entieres : car ce sont toutes les Prouinces de ce Royaume, la necessité commune des peuples, qui interpelle la Saincteté du Pape, d'accommoder sa bonté au repos & tranquillité de l'Eglise; qui est le cas auquel Moyse esmeu de la misere commune du peuple, prioit Dieu pour fleschir son ire, qu'il l'effaçast plustost du liure de vie, & qu'il pardonnast à tant de peuples. Et S. Paul disoit par vne forme de parler exaggerante, qu'il desiroit d'estre anathematisé pour sauuer ses freres. C'est le vray cas où il faut que l'Eglise laisse offenser la rigueur de sa discipline, comme dit le mesme Sainct Augustin, & se laisse entamer cóme l'arbre qu'on ente, afin que receuant la greffe estrangere, qui est retranchée de dessus sa branche, elle luy rende la vie & la vigueur, adoucissant son propre fruict par son incision & par sa playe : c'est la vraye prudence, par laquelle l'Eglise de Dieu doit estre conduite, s'accommodant à l'infirmité des hommes; de laquelle, comme de l'vn des principaux instrumens du Nauire de Sainct Pierre, les predecesseurs Papes ont tousiours vsé & doiuent vser à present, pour destourner les flots des tempestes humaines

dont

dont elle est continuellement battuë. Oüy, mais, ce direz-vous, il faudroit
en tous cas que ce Prince fist penitence : A cela nous vous prions de receuoir de bonne part, si nous vous remonstrons que s'il faut qu'il face penitence, il faut qu'elle luy soit ordonnée, & par consequent qu'il soit receu
en l'Eglise. Car bien que les penitens ne participent indifferemment aux
Sacremens de l'Eglise, neantmoins ils sont du corps de l'Eglise, & ne sont
plus entre les anathemes & retranchez. Mais outre cela, nostre Sainct Pé-
re doit considerer, qu'il y a bien difference d'ordonner de la peine d'vn particulier, ou d'vn grand Prince; de le faire en vne saison paisible, ou en l'estat
de l'Eglise troublé ; de le faire en faueur d'vn Prince, ou pour subuenir à la
calamité des peuples, & pour mettre la paix & le repos à l'Eglise. A la premiere naissance & innocence de l'Eglise, la rigueur de la penitence a esté
tres-grande, & neantmoins personne ne la refusoit ; car en ce grand zele &
ardeur de Religion, les penitens triomphoient en leurs pleurs, & ceux qui
les voyoient compatissoient auec eux, & prenoient part à leurs gemissemens. Les Martyrs & les Confesseurs imputoient leurs tourmens & liens
aux peines des penitens, & procuroient leur absolution. Depuis que les
mœurs se sont corrompuës en l'Eglise, & l'ardeur de la charité s'y est amortie, la rigueur de la penitence publique en a esté mise hors d'vsage, de peur
que des esprits malins & enuieux, dont nos siecles sont fort pleins, ne tour-
nassent à opprobre & reproche ce qui seruoit anciennement de consolation. De sorte que la penitence s'est reduite à vne satisfaction secrete & particuliere, & n'auons point veu de nos jours, qu'à l'endroict de tant & tant
d'heretiques qui sont retournez à l'Eglise, on en ait vsé autrement. Ce qui
est d'autant plus necessaire au sujet qui se presente, que comme il a esté dit,
ce n'est pas en faueur d'vne personne seulement que la grace de l'Eglise est
demandée, mais de tout vn Royaume, le plus grand & plus florissant de la
Chrestienté. Et ne pouuós nous imaginer que nostre S. Pere voyant l'emulation des Estrangers & leur entremise en ce fait-cy, voulut plustost par sa
rigueur & austérité contenter leur enuie & ambition, que par sa clemence,
digne de son naturel & de son nom, obliger à l'aymer, la nation qui jamais
a le plus seruy à l'accroissement & grandeur du Sainct Siege ; ains nous
nous promettons asseurément qu'il aura en ce fait pour formule de ses
actions, & l'exemple & les paroles de ceste grande lumiere de Carthage,
Sainct Cyprian, escriuant au Pape Cornelius. Ie desire (disoit-il) que chacun r'entre en l'Eglise de Dieu, que tous nos compagnons r'entrent dans le
Camp de Iesus-Christ, se renferment dans la maison de nostre Pere. Ie pardonne tout & dissimule beaucoup de choses, pour le desir que j'ay de maintenir la fraternité, tát que ie n'examine pas auec vn plein & exact jugement
ce qui est commis contre Dieu; & peche quasi moy mesme en pardonnant
trop indulgemment les fautes des autres. Si doncques les Canons, les Peres,
les Conciles & les exemples des anciens, nous ont fait croire & esperer que
nostre Sainct Pere procureroit le bien & le repos de l'Eglise, & si nous l'a-
uons attendu asseurément de luy, nous n'auons nullement diminué son
authorité ; ains honoré sa vertu & preud'hommie, quand nous nous en
sommes promis ce que l'office d'vn bon Pere desire. Et au contraire ceux

premierement qui ont douté de sa puissance, publié & presché publiquement qu'il n'estoit point en son pouuoir de receuoir le Roy ; & quand il le
receuroit, qu'ils n'estoient pas tenus de luy obeïr, ont entamé bien auant son
authorité. Et quant à ceux qui ont pensé qu'il ne le receuroit pas, lors mesmes que les peuples se joindroient, comme ils font, pour l'en supplier, ils
l'ont fort deshonoré, voulans par la conclure qu'il prefereroit l'ambition
d'Espagne (aux desseins desquels seuls tel effect pourroit seruir) au bien de
toute la Chrestienté. Nous nous sommes doncques promis auec raison cet
office de luy, & sur cela comme sur chose tres-asseurée, nous auons fondé
l'esperance de nostre salut, & dirigé le cours de nos affaires : Et quand il arriueroit autrement, connoissant sa vertu & son integrité, nous ne croirions
jamais que le contraire soit party de sa libre volonté, ains l'imputerions aux
artifices de quelques factieux Estrangers qui le trompent & deçoiuent,
pour faire seruir son authorité aux ambitieuses passions d'Espagne. Mais
quoy pourtant? si le mal-heur portoit qu'il ne voulust pas ce que veulent les
loix, les Canons, les Peres & les Conciles, le bien de l'Eglise, nostre pauureté & necessité; laisserions-nous perdre la Religion, & ce grand & florissant
Royaume? Et quand nous ferions la paix auec le Roy maintenant Catholique, deuons-nous craindre, ny d'estre excommuniez ny parjures, comme
les Espagnols nous reprochent? Ce sera de verité vn grand mal-heur à l'E-
glise, s'il se faict chose de si grande consequence, sans la bonne grace du Pere commun d'icelle : mais mal-heur à celuy qui sera cause du scandale.
Pour nous, nous auons fait tout ce que des enfans peuuent faire, pour contenter leur peres; c'est au pere aussi, suiuant le precepte de l'Apostre, à s'accommoder à l'infirmité de ses enfans, & ne les pas jetter au desespoir. Nous
auons sousten le faix de ceste guerre auec vne extreme incommodité, pauureté & calamité, nos campagnes en sont desolées, nostre ville en est solitaire, nos Citoyens consommez, ou par la famine, ou par le glaiue ; & neantmoins nous n'auons jamais voulu condescendre à aucune paix. Ce n'est pas
que nous ne sceussions, que combien que la guerre fust juste pour empe-
cher qu'vn Prince, autre que Catholique, ne vinst à la Couronne, toutesfois
en l'extréme necessité il est loisible de faire paix auec luy, & le reconnoistre
pour Seigneur temporel. Car outre les authoritez des Peres & opinions des
plus recens Docteurs, nous ne manquons pas de l'exemple des Papes mesmes, qui ont fleschy à la necessité, & supporté la domination des heretiques:
voire que Iean premier, pour euiter le mauuais traittement que Theodoric
Arrien faisoit aux Catholiques d'Italie, alla luy-mesme à Constantinople
vers l'Empereur Iustin, pour le prier de rendre aux Arriens leurs temples
que l'on leur auoit ostez: & sans en chercher si loin, nous auons veu de nos
jours & voyons encor les Papes, qui permettent que ceux d'Auignon composent auec les Huguenots, & leur donnent six cens escus par mois, pour
euiter la guerre. Nostre S. Pere a esté Legat en Polongne, il y a veu quinze
ou seize sortes d'heresies qui y sont tolerées; il n'a pas pour cela anathematisé le Royaume. Mais tout cela ne nous a jamais esmeu, nous auons voulu
vaincre la necessité mesmes, esperant que Dieu nous feroit en fin la grace
d'auoir vn Roy Catholique. Celuy que la succession appelloit à la Couronne,

qui

qui occupoit deſia la plus grand part du Royaume, qui eſtoit ſuiuy de quaſi toute la Nobleſſe, eſt maintenant Catholique, a abjuré ſon erreur, nous tend les bras, nous offre ſeureté, & pour la Religion & pour nos fortunes particulieres: Quel ſujet nous reſte-il pour continuer la guerre? quel pretexte pour aſſeurer nos conſciences? quels moyens pour conſeruer nos fortunes? Noſtre Sainct Pere, nous dit-on, ne le veut pas receuoir, il eſt encor és liens d'excommunication: l'hereſie eſt vice adherant à la perſonne, dependant de ſa volonté, qui rend incapable celuy qui en eſt infecté, dè la ſucceſſion du Royaume, par la loy fondamentale d'iceluy: mais l'ayant abjurée & fait profeſſion de la Foy Catholique, il a leué l'obſtacle qui le rendoit incapable du Royaume. Quant à l'excommunication, c'eſt la note de l'Egliſe, qui le priue de la communion d'icelle, & des graces ſpirituelles; mais qui en France n'a aucun traict ny conſequence au temporel, ny moins à la Couronne, qui depend nuëment & immediatement de Dieu. Il eſt peut-eſtre raiſonnable que ces petits Royaumes que poſſede le Roy d'Eſpagne, & qui ſont feudataires de l'Egliſe, ſoient à la diſpoſition de noſtre Sainct Pere: mais celuy de France, ny en general ny en particulier, ne depend que de Dieu: & ſi les interdits & excommunications euſſent eu quelque puiſſance à priuer nos Roys du Royaume, il y a ja long-temps que la Chreſtienté euſt ploré la ruine de cet Eſtat, & en conſequence d'icelle, euſt peut-eſtre veu la ſienne. Car les Papes qui ont tenu le Siege, n'ont pas tous eſté ſi ſages & ſi prudens que celuy qui l'occupe aujourd'huy, ains ont bien ſouuent abuſé de leur authorité, pour ſeruir à leur paſſion & à celle d'autruy, & mettre en proye les Royaumes voiſins. Sans cercher des exemples plus loin, durant les guerres d'Orleans & de Bourgongne, Charles VII. & tous ceux de ſon party furent excommuniez, & mis en interdit. La Sorbonne meſmes le requit. Que ſi Dieu n'euſt eſté plus preuoyant & fauorable à l'Egliſe, que les Miniſtres de l'Egliſe à elle meſme, ce Royaume ſeroit commandé par les heretiques Anglois, qui fortifiez d'vne ſi grande eſtenduë de Prouinces, auroient peut-eſtre ja occupé & Rome & toute l'Italie. Du temps de Louys douzieſme, modelle des bons Roys, & ſurnommé Pere du peuple, le Roy & le Royaume furent mis en interdit. L'Egliſe ne pleureroit-elle pas aujourd'huy ſi cette cenſure auoit eu autant de puiſſance que d'animoſité, & ſi ſur ceſte occaſion, ou les ſujets du Royaume, ou les Eſtrangers euſſent deſchiré cet Eſtat, qui eſt le bras droict de la Chreſtienté? Mais Dieu qui ayme ſon Egliſe, ne permet pas (ſi quelquefois par paſſion ou par erreur, ceux qui manient les clefs tournent à l'injure & ruine des hommes, ce qui eſt ordonné à leur ſalut) que le ſuccés en ſoit auſſi mal-heureux que les conſeils; ains permet que le cours en ſoit arreſté par ceux qui combattent pour elle meſme contre elle-meſme. Et ne nous peut-on pas objecter pour cela, que nous ſoyons moins reſpectueux au S. Siege qu'aucune autre nation; car nous ne l'aduoüerons jamais; ains rendrons touſiours à ceux qui tiendront le Siege, tout l'honneur que nous pourrons; n'oſtant à la veneration que nous leur rendrons, que la licence de nous ruiner & mal-faire, laquelle ils ne doiuent pas deſirer auoir. Bref nous dirons de noſtre S. Pere ce que Tertullian en ſon Apologetique diſoit de l'Empereur: Nous le reuerons

comme la plus grande puissance qui soit en terre, & la premiere apres celle
de Dieu, & luy obeïssons autant qu'il nous est loisible & qu'il luy est expedient. Le respect que nous luy portons est plein de franchise & d'ingenuité,
& fort different de ceux qui l'honorent de paroles, & l'oppriment d'effect:
comme faisoit le feu Empereur Charles le Quint, qui pendant que son armée saccageoit Rome & tenoit le Pape assiegé, faisoit faire des processions
en Flandres pour la prosperité du Sainct Siege. Nous disons donc, que
quand le Roy demeureroit excommunié & interdit, cela ne nous empescheroit point de pouuoir faire paix, & de le reconnoistre, si la necessité nous
y contraignoit. Toutesfois nous aduoüons ingenuëment que ce seroit
chose fort triste & de mauuais augure, de voir hors de l'Eglise le Prince qui
doit commander à vn Royaume tres-Chrestien; Et pour ce, de l'auis des
Catholiques de tous les deux partis, auoit-il esté resolu qu'auant que d'entrer en aucun traitté, le Roy enuoyeroit vers le Pape demander absolution,
luy offrir l'obeïssance. Mais quand on nous dit qu'il y a enuoyé, & que sa
Saincteté ne l'a pas voulu oüyr, & que vous nous le confirmez, nous ne
sçauons plus que respondre: Car nous sçauons que Dieu ne demande de
nous que l'obeïssance, & qu'il a dit qu'il ne deniera jamais sa grace à celuy
qui fait ce qui est en luy. L'on a tousiours tenu que les Sacremens de l'E-
glise operent effectuellement en ceux qui font ce qu'ils peuuent pour les receuoir: & de mesmes en France le refus qu'on a fait des graces ordinaires a
tousiours esté reputé pour l'effect; & sur l'attestation du refus, les Parlemens de ce Royaume ont accoustumé de contraindre les Ordinaires de les
octroyer. Ce sont les libertez qu'on appelle, de l'Eglise Gallicane, auec lesquelles ceux du Royaume ont tousiours pretendu pouuoir empescher que
la discipline Ecclesiastique ne fust alterée, & destournée à l'oppression des
particuliers ou ruine de l'Estat. C'est pourquoy le Parlement de Paris, qui
est la Cour des Pairs, & le lict des Roys, & la Iustice souueraine du Royaume, estant aduerty que nostre Sainct Pere, trompé (comme il est à croire)
par les faux auis & artifices de quelques factieux Estrangers, auoit refusé
d'oüyr les Ambassadeurs que le Roy luy auoit enuoyez, suiuant ce qui auoit
esté arresté en la conference des Catholiques des deux partis, auroit, sans
attendre dauantage, par son arrest du quatorziesme Ianuier, ordonné que
remonstrances seroient faites à Monsieur de Mayenne, à ce qu'il traittast la
paix; reseruant neantmoins de faire entendre à sa Saincteté les justes & necessaires raisons qui y contraignoient les Catholiques, & le supplier d'auoir
agreable ce qui se traitteroit, jugeant par là qu'il n'y auoit plus rien qui nous
empeschast de reconnoistre le Roy. Et neantmoins qu'il falloit tousiours
conseruer, autant qu'il seroit possible, l'vnion de l'Eglise, & rendre au
Sainct Siege tout l'honneur qui se pourroit, & par son auis pouruoir aux
seuretez de la Religion. Ces raisons-là pourroient suffire pour respondre à
ceux qui disent que nous ne pouuons legitimement traitter, qui nous objectent le serment d'vnion que nous auons faict, de jamais ne reconnoistre le
Roy. Nous vous supplions, Monseigneur, examiner vn peu auec nous, comme ils abusent de vostre authorité pour seruir à leur passion, afin que reconnoissant la verité, vous desarmiez les mesonges des pretextes dont ils se veulent

lent préualoir ; & comme nostre desir est plein d'innocence, vous l'assistiez de vostre faueur & protection. Nous disons donc, que nous ne sommes plus obligez au serment que nous auons fait, pour deux raisons; La premiere, que le sujet de nostre serment, ou pour parler comme les Scholastiques, la matiere est changée; car le Roy estoit lors en erreur, contre luy tel nous auons juré la guerre; Ceste qualité qui estoit la cause de nos armes cessant, l'effect en doit aussi cesser. C'est vne maxime trop vulgaire que le changement de la chose altere l'effect du serment, & en dissout le lien. Le sens commun le dit, les loix & les Canons le chantent. C'est ce qu'vn Philosophe disoit; Alors me pourra-on appeller perfide & incostant si les choses estans telles qu'elles estoient quand j'ay promis, ie n'accóplis ma promesse: autrement le changement des choses me donne liberté de prendre nouueau conseil, & me descharge de ma foy. Secondement les actions des associez à ceste guerre, les moyens d'y proceder sont illicites, injustes & deshonnestes, & tendent à vne fin contraire à l'intention du serment que nous auons faict, qui est de conseruer la Religion & l'Estat. Car premierement les principaux d'entre nous se font destournez à brigandages & volleries, faisans seruir le pretexte de la Religion à leurs mauuais desseins. Au lieu que les affaires publiques se doiuent traitter en commun, ils ont par toutes les villes establi des conuenticules & assemblées secretes, opprimé les assemblées legitimes des villes, traitté à part auec les Estrangers, jusques à leur offrir la Couronne, comme il s'est veu par la lettre escrite par ceux de Paris au Roy d'Espagne. Ils ont dressé des conjurations contre les Parlemens & anciens Officiers de l'Estat, pour faire vn carnage de tous les Magistrats & gens d'honneur des villes. Les Gouuerneurs des places se sont rendus la pluspart petits tyrans, opprimans leurs habitans auec estranges vexations & cruautez, sans reconnoistre aucune puissance, mais tendans tous à vn démembrement d'Estat. Les Estrangers meslez parmy nous se sont seruis du manteau de la Religion, pour nous conduire insensiblement à leur vendre & trahir nostre païs. Ils nous ont au commencement aigris, puis rendus irreconciliables, à la longue appauuris & affoiblis; & enfin ayans rendu leur secours necessaire, nous ont demandé pour recompence nostre Estat. A la leuée du siege de Dieppe, ayant faict connoistre à Monsieur de Mayenne, qu'il ne pouuoit rien sans eux, ils commencerent à luy descouurir leurs intentions & luy taster le poux; à la leuée du siege de Paris ils parlerent plus haut, & proposerent leur Infante. Le Duc de Parme venant au secours de Roüen delibera de clorre le marché, comme il se void par ses lettres escrites de Landrecy au Roy d'Espagne; & faisant estat d'auoir ja gagné ceux qu'on auoit deslors deputé pour les Estats, & estimant sa brigue assez forte, se voulut asseurer de Monsieur de Mayenne, qu'il tiendroit les Estats, & procureroit l'eslection de l'Infante: & de fait il ne voulut jamais s'aduancer au secours qu'il n'en eust promesse. Depuis le Duc de Feria passa par Soissons, apportant quelque argent; & voyant la necessité où l'on estoit, ne voulut jamais rien bailler qu'on ne luy confirmast la mesme promesse. Enfin pour l'effectuer on fait venir des Deputez, la pluspart interessez, qui auoient des offices ou benefices pris sur ceux du party contraire, & qu'ils ne pouuoient conferuer que par la guerre. On fait venir des refugiez qui se presentent pour les villes qui tenoient contre nous, & qui auoient neantmoins leurs voix, comme s'ils eussent esté aduoüez par toute vne Prouince. On fit plus; car on osta mesmes la liberté à la ville de Paris de deputer telles personnes qu'elle vouloit, & falut nonobstant les declarations faites au contraire, & par tous les quartiers de la ville publiquement, que ceux qui auoient esté esleus en ladite ville en temps de seditions, & lors que la faction d'Espagne y regnoit, demeurassent. Apres cela ils firent, à ce que vous escriuez vous mesmes à Rome par vostre lettre du vingt-septiesme Iuillet, dire aux Predicateurs ce qu'ils voulurent, & prescher publiquement & en pleins Estats contre la loy Salique. Ils firent leurs propositions pour l'Infante, puis pour l'Infante & Erneste, puis pour l'Infante & vn Prince François solidairement; & sur ces propositions entra-on en conference secrette, où par ruses & artifices ils nous conduisirent à tel poinct, que ce qu'ils demandoient leur estant accordé, il ne restoit que l'execution, & de contenter les particuliers qui les seruoient à ce dessein. Dieu seul, & non les hommes, nous deliura de ce precipice, ayant donné courage au Parlement de s'y opposer, & faire connoistre à Monsieur de Mayenne l'abysme où il s'alloit plonger, duquel toutesfois il ne se peut tirer que par vn serment qu'ils extorquerent de luy, de ne faire jamais de paix, ains de faire vne Royauté lors qu'ils ameneroient des forces : ce qu'attendant ils s'obligeroient de donner certaine somme de deniers par mois pour entretenir les Estats. Et de fait depuis ce temps-là les Estats sont demeurez à Paris, à la veuë de tout le monde, stipendiez par eux, jusques à enuoyer en pleins Estats leurs rescriptions en Espagnol, pour receuoir les deniers. Qui dira qu'il y ait loy au monde, ny diuine ny humaine, qui nous tienne liez à vne telle societé, qui nous oblige à renuerser les loix de nostre Estat, trahir nostre pays, & nous condamner nous mesmes, par vne si flagitieuse action, à vne honte & misere eternelle? Peut-on alleguer quelque serment contre nous? Les loix ne veulent-elles pas expressément que si nous auons fait quelque serment dont l'execution se retorque contre nos peres & nos meres, que nous en soyons absous? Car le serment, quelque exprés & solennel qu'il soit, a tousiours vne taisible exception du droit de nature, qui ne peut estre violé. C'est, ce disoit S. Ambroise, vne miserable obligation que celle-là, qu'il faut acquitter par vn parricide: Et pour ce les Peres ont reprouué l'exemple de Iephté, sinon entant que c'estoit vne figure de nostre salut. Bref la promesse est impie qu'il faut acquitter par vn crime, à l'execution de laquelle, tant s'en faut que l'Eglise nous exhorte, qu'elle nous en destourne, nous disant que le serment n'est point lien d'iniquité ny de parricide. Or pour ce que ceux qui nous blasment, quand nous demandons la paix, nous objectent que la guerre est la conseruation de la Religion, & inferent par là que nous pouuons faire toutes sortes de maux pour paruenir à ce but, & que nous deuons pour cest effect renuerser toutes les loix & ruiner ce Royaume ; vous nous permettrez, s'il vous plaist, que nous vous representions les raisons pour lesquelles nous ne pouuons adherer à leur auis. La guerre doncques, à ce qu'ils disent, est desirable ; car bien que ce soit la ruine de l'Estat, c'est la conseruation de

la

la Religion. Premierement nous leur pourrions respondre qu'ils nous proposent vn remede bien cruel & aliene du nom & de l'effect de la Religion ; car ce n'est autre chose que creüer l'œil pour en oster la taye, couper la gorge au malade pour le guerir d'vne apostume. Ce n'est pas peu de chose que de vouloir ruiner vn tel Estat que cestui-cy, vn ouurage de douze cens ans, le labeur de tant de milliers d'hommes, vn des plus beaux membres de l'Vniuers. Il y en a qui pensent quand ils parlent d'vn Estat, qu'ils parlent d'vne Idée, qui se peut former ou transformer en leur esprit, selon qu'ils se voudront imaginer, & que cela n'a rien de commun auec l'honneur & le seruice de Dieu. Tant s'en faut, nous estimons que les Estats sont les principaux & plus excellens ouurages de Dieu, sans la conduite & prouidence duquel jamais les esprits de tant d'hommes desbordez & enclins à licence, ne se laisseroient assembler & estreindre sous le lien d'vne seule loy & d'vn seul Prince. Et s'il y a rien en ce monde où Dieu se doiue complaire, c'est en l'vnion & assemblée de tant de peuples, reünis par l'obeïssance, & temperans leurs mouuemens, & moderans leurs mœurs, par la reigle des loix. Et au contraire il n'y a rien qui luy doiue tant desplaire que les ruines des Empires & des Royaumes ; car elles ne peuuent aucunement arriuer, sinon par la confusion, par les pillages, brigandages, sang, meurtres, violemens, sacrileges, impietez ; choses, que qui dira qu'elles soient agreables à Dieu, blasphemera detestablement contre luy. Que cela soit vray, nous en auons de trop funestes exemples chez nous, pour nous mettre en peine d'en chercher en l'antiquité, dont neantmoins tous les siecles passez sont pleins. Ce n'est donc pas là vn conseil que nous deuions attendre de ceux, dont les paroles ne respirent que charité & Religion, qui doiuent bien desirer l'extirpation de l'heresie en ce Royaume, mais non pas d'en esteindre le feu par nos ruines, principalement y ayant tant d'autres conseils & plus aisez & plus salutaires. Vn sage & charitable Conseiller doit tellement oster le mal du sujet où il est, que le sujet ne perisse point ; car autrement perir de peur de perir, seroit perir deux fois. Ordonnons-leur que nous deuions tout ruiner afin de conseruer la Religion ; examinons maintenant si la guerre la conserue, ou la ruine, ou pour le moins si elle la met en plus grand hazard que ne feroit la paix. Si nous appellons Religion la droicte creance que nous deuons auoir, le seruice de Dieu, la predication de sa parole, l'exercice des bonnes & sainctes actions, nous confesserons bien-tost que ceste guerre-cy les ruine & perd entierement : Car la licence de mal-faire qu'apporte la guerre, r'allume tellement la meche du peché, qui est naturellement en nous, que corrompant entierement nos mœurs, elle nous conduit à telle impieté, que nous ne nous seruons plus du nom de Dieu & de la Religion, qu'entant qu'il nous proffite ; de sorte que ceux qui doiuent plus d'exemple, sont les plus deprauez. La parole de Dieu ne s'annonce plus par toute la campagne, & les Sacremens s'administrent en peu d'endroits. Les biens de l'Eglise necessaires pour son entretenement se perdent & occupent, & ce faisant desbandent ceux qui sont destinez au seruice diuin. Mais puis que nous ne mettons pas en cela la conseruation de la Religion, ains à rendre plus forts & plus puissans ceux qui en font profession, & à abbatre l'autho-

rité de ceux que nous nous deffions fauoriser l'herefie & la vouloir introduire parmy nous, voyons si la guerre nous asseure & fortifie, & diminuë la
puissance de ceux que nous craignons: car s'il y a juste occasion de craindre
ceux à qui nous faisons la guerre, & que nostre imprudence & nos mauuais
conseils les rendent maistres de nous par la force, quelque pretexte que nous
prenions, de quelques paroles que nous fardions nos actions, nous aurons
combattu contre la Religion. Il y a cinq ans que nous faisons la guerre à ce
Prince; il estoit lors heretique, auoit peu de villes & peu de moyens; nous
estions pleins de biens, pleins de courage, toutes les bonnes ville estoient
auec nous: Le Pape, le Roy d'Espagne nous assistoient de leurs forces;
neantmoins il a tousiours gagné sur nous, nous a vaincus en bataille, enleué
nos villes par sieges: maintenant qu'il s'est fait Catholique, toute la Noblesse court à luy en foulle; les Prouinces toutes entieres se rendent à luy.
Que pouuons-nous esperer? Si à choses ja inegales, vous ostez aux moindres & adioustez aux plus grandes, quelle proportion y demeure-il? Les
Egyptiens nous viendront deliurer, l'Espagne nous sauuera. Est-ce vne autre Espagne que celle qui nous a assisté depuis cinq ans? y apportera-elle
plus de volonté? y apportera-elle plus de moyens? Non: car elle a perdu
l'esperance qui l'animoit à ce secours, qui estoit la conqueste de ce Royaume; Plus de moyens? Non: car les despences passées l'ont espuisée d'hommes & d'argent; elle a nouuellement perdu le plus grand Capitaine, voire
le seul qu'elle eust: Elle a la guerre en ses entrailles, elle est menacée du Turc;
la seule mine qu'il fera d'armer, fera consommer toutes les mines des Indes.
Est-il possible que l'experience de tant d'années & tant d'affaires ne nous
ait point encor fait connoistre la foiblesse d'Espagne? Le Roy d'Espagne est
vn grand Prince; il est vray, mais il est vieil. Il a de grands Estats, mais tous
separez, comme les membres d'vn corps despecé. Il a de grands reuenus,
mais de grandes charges; c'est le Geant Briarée, qui auoit cent bras, mais il
auoit cinquante ventres. Ne voyons-nous pas ce qu'il a peu en Flandres
depuis vingt-cinq ans, faisant la guerre à ses sujets, auec mille aduantages &
mille intelligences? Ne l'auons-nous pas veu venir auec vne armée triomphante se briser contre Corbeil, qui n'estoit pas lors fortifié? Ne sçauons-nous pas en quel Estat sont aujourd'huy les Espagnes, où les villes
sont plus dacées en pleine paix, que les nostres ne le sont maintenant? Ne
sçauons-nous pas qu'on y maudit nos querelles? & que ce qui se fait en
France, n'est qu'vn caprice du Roy d'Espagne, & vne ambition de l'Infante? N'auons-nous pas appris du Seigneur Dom Diego, que le conseil d'Espagne a solennellement protesté & proteste tous les jours que l'entreprise
de France est contre son auis, & par le seul & propre commandement du
Roy? Or quand ce Prince seroit aussi puissant qu'il faudroit pour nous deliurer, qui peut promettre longue vie à vn Roy de soixante-sept ans? Qui
nous peut promettre qu'il n'y aura point de diuision apres sa mort entre ses
enfans de diuers lits, & des gendres ambitieux? Qui nous persuadera que
son fils vueille espuiser ses finances & hazarder ses Estats, pour conquerir
vn Royaume à sa sœur? feignons qu'il puisse secourir toutes les autres villes,
secoura-il Paris? prendra-il toutes les villes qui le bouclent, & à la misericorde

corde desquelles il vit aujourd'huy? Quoy doncques, la condition de Paris sera-elle de perir d'vne façon plus miserable, que ne seroit vn sac, vn pillage, vn embrasement, n'ayant autre secours ne consolation, que d'en maudire les autheurs? C'est le siege de la Religion de ce Royaume, le cœur de ce party; il merite bien que tous les autres membres s'accommodent à le sauuer, sinon qu'ils vueillent, en le laissant entamer, sentir bien-tost apres les esprits, & la vigueur leur defaillir. Or, Monseigneur, nous ne voulons pas vous persuader par ces raisons-là: car estant Estranger & grand homme d'Estat, il n'est raisonnable que vous ayez le sentiment si vif de nos miseres. Vous les contemplez comme celles que vous lisez dans les histoires anciennes, ou comme celles de la guerre de Troye. Mais quand la continuation de la guerre n'apporteroit autre chose qu'vn schisme tres-certain & desmembrement de l'obeïssance du Pape, par tout ce que tient aujourd'huy le Roy, vous peut-il entrer en l'esprit de le trouuer bon? voire de le procurer & le confirmer? Passons, que ruinant cet Estat vous coupez le bras droict à l'Eglise. Pensez-vous quand vn tel schisme seroit formé, & que vous seriez retourné à Rome, & que nostre S. Pere & Messieurs les Cardinaux ayans repris haleine considereroient à loisir cet euenement, & conteroient par leurs doigts qu'ils auroient perdu le quart de toute l'Eglise, & qu'ils viendroient à regarder ce que vous auez fait & ce que vous pouuiez faire pour l'empescher, que vous fussiez en seureté? Les affaires se mesurent par l'euenement: croyez que tel vous rit aujourd'huy & vous fauorise, qui seroit le premier à vous lapider; & ceux mesmes qui sont autheurs de tels conseils, seroient bien ayses de vous en faire porter l'enuie, comme principal executeur. Les chefs veulent auoir la gloire des bons succés, & rejettent sur leurs Ministres le blasme des mauuais. Vous verriez lors esplucher vos actions depuis le berceau: On diroit; Il ne faut pas s'estonner s'il a ainsi perdu l'Eglise pour fauoriser les ambitieux desseins des Espagnols; il a esté nourry long temps en Espagne, il estoit Euesque de Plaisance, & par consequent sujet du Roy d'Espagne, ou pour le moins de son principal Ministre. A Paris il s'est aussi-tost rangé auec les Espagnols & auec la faction populaire qui les fauorisoit: Ceux qui par leurs lettres offroient le Royaume au Roy d'Espagne ne bougeoient de chez luy. Nous auons veu la lettre que le Duc de Parme escriuoit au Roy d'Espagne, par laquelle il mandoit que l'Euesque de Plaisance estoit le meilleur seruiteur qu'il eust: par cette mesme lettre il mandoit qu'en ceste consideration il s'estoit auancé de supplier le Pape de le faire Cardinal. Il a tousiours empesché la reconciliation des Catholiques des deux partis, jusques à s'opposer qu'on ne vist les lettres qu'escriuoient ceux du party contraire. Pour cet effect il a en pleins Estats approuué & conseillé d'eslire l'Infante solidairement auec vn Prince François, tel qu'elle voudroit choisir. Il a toleré les Predicateurs de prescher publiquement pour l'Espagnol, & faire seruir la parole de Dieu à leur ambition. Il a veu sans s'en formaliser, prescher contre l'authorité du Pape & des clefs, qu'il ne pouuoit receuoir le Roy; & que quand il le receuroit, on ne seroit pas tenu de luy obeïr. On representera dauantage les instructions que dressa le sieur Panigarolle pour les affaires de France, contenant ce qu'il faudroit faire pour conferuer la Religion & le Royaume, & ce qu'il faudroit faire à qui voudroit introduire l'Espagnol; & monstrera-on que vous auez suiuy tout ce qu'il proposoit pour ce dernier poinct. Que pensez-vous que c'est vne miserable chose d'estre soufmis au jugement des hommes? Nous vous disons plus, que si le Turc fait quelque progrés en la Chrestienté, chacun vous en accusera, comme l'autheur; tant pour ce qu'il aura esté excité à entreprendre par nos diuisions, que vous auez peu appaiser, que pour ce aussi qu'elles auront osté les moyens de s'y opposer. Voulez-vous donc qu'à toutes les mauuaises nouuelles qui arriueront à Rome du succés du Turc, des troupeaux de Chrestiens qu'on amenera à vne miserable seruitude, qu'à toutes les nouuelles qu'on aura du schifme de France, on crie & deteste vostre nom? Et quant à nous, nous ne nous souuenions de vous, que quand nous verrons fumer nos maisons, & n'appellions vostre nom qu'en detestation des miseres que vous nous aurez procurées? Nous ne croyons point qu'vne si mauuaise ambition puisse entrer en vostre ame; & estimons que si l'on remarque en vos actions des choses qui semblent contraires au bien de la Religion & de cet Estat; c'est le torrent des affaires qui vous les a arrachées, & que vous auez esté contraint de ployer à l'occasion presente, pour euiter vn plus grand mal. Et pour ce vous aymant & honorant (comme l'honneur du Sainct Siege nous oblige) nous nous retournerons tous vers vous, & auec la plus ardente priere que nous pourrons, vous obtesterons & conjurerons que vous ayez pitié de la Chrestienté, de ce Royaume, de nos fortunes particulieres. Vous voyez le miserable estat où nous sommes; la Religion s'en va vrayement perduë: Les Eglises demeurent sans Pasteurs, celles mesmes de ceste ville sont abandonnées & desolées: La campagne est sans aucun exercice de Religion ny consolation de la parole de Dieu; les Monasteres deserts, les Eglises abatuës, les Sanctimonialles prostituées, les mœurs sont en tel debord que Dieu ne les peut plus supporter. En nostre ville nous voyons vn extréme luxe parmy vne extréme pauureté, la pudicité abatuë par la necessité; les garces ne sont plus logées que par troupeaux, les pauures familles ne peuuent plus rien conseruer de chaste parmy la corruption des soldats estrangers. A la campagne le peuple languit & gemit, ne mange plus de pain, que celuy qu'il peut cacher dans le siens, & ne trouue plus de seure retraitte que dans les cauernes parmy les bestes: apres que le soldat a pillé, frappé, meurtry, gehenné, l'exacteur vient qui prend les corps & les conduit dans les prisons, où les bestes ne pourroient pas viure. Bref il n'y a misere au monde dont nous ne soyons comblez. Empruntons la voix de Ieremie pour plaindre nos miseres, & nous ne les plaindrons qu'à demy: *Dieu nous a nombré auec le glaiue, la mortalité nous a consumez, la famine nous a deuorez, nous sommes la proye & l'opprobre des Estrangers, nostre plus heureux souhait est celuy de la mort.* Mais quoy? c'est veritablement la juste peine de nos pechez; & pouuons dire que ces miseres nous sont pluës du Ciel, que les conseils & la prudence des hommes n'ont rien pour les arrester. Dieu mesmes nous auoit aueuglez, afin que nous prestassions nos mains & nos esprits à nostre peine: Mais maintenant il en semble content, car il a changé nostre cœur de pierre à vn

cœur

cœur de chair; & nous rend sensibles à nos maux, & desireux des remedes;
Il fait plus, il nous tend la main, monstre le chemin & applanit la voyé: de
sorte que si nous perseuerons, nous commencerons doresnauant d'estre
coupables de nos propres miseres. Oublions donc nos follies passées, impu-
tons nos afflictions à nos pechez & à la Iustice diuine, immolons à la paix
de la Chrestienté & au repos de l'Eglise nos haines, nos craintes, nos vengeances, & les faisons mourir sur l'autel & sacrifice de grace & propitiation.
Couurons par vn charitable regret & eternel silence les maux que nous
nous sommes entrefaits; nous n'auons gueres à nous reprocher les vns aux
autres; nous n'auons esté gueres plus sages les vns que les autres. Hercule en
sa fureur enfonçoit son arc, & de ses traits tuoit sa femme & ses enfans, &
disoit qu'il tuoit Lycus son mortel ennemy: mais apres auoir dormy & cu-
ué sa rage, se resueillant & voyant ce carnage, il reconnoist sa femme & ses
enfans, & demande qui est celuy qui les a ainsi meurtris? Comme on luy
dit que c'est luy, il se tourmente & brise son arc & ses flesches, funestes instrumens de sa fureur. Il est temps que nous reconnoissions que c'est dans
nos propres entrailles que nous fourrons nos espées, que c'est dans nostre
propre sang que nous nous noyons, & que bien qu'irritez, bien qu'offensez,
nous sommes tous François. Et vous, Monseigneur, qui tenez icy la place
du souuerain Pontife, qui doit compatir à nos infirmitez, & appaiser l'ire de
Dieu flambante sur nous, trauaillez auec nous pour destourner de ses yeux
tant & tant d'impietez que la guerre produit tous les jours, & qui attisent
autant de charbons ardans sur vostre teste & sur les nostres. Moyennez-
nous vne paix, par laquelle l'vnion soit renduë à l'Eglise de Dieu, l'honneur
au Sainct Siege, le repos & le soulagement au peuple. C'est elle seule qui
peut asseurer la Religion, & reünir tous les Catholiques du Royaume à en
procurer la conseruation. C'est elle seule qui peut euiter ce grand & fascheux schisme qui menace l'Eglise; ce grand trouble & inuasion des Infideles, qui pend sur le chef de la Chrestienté. Si ce que nous vous en disons
ne vous en fait venir enuie, escoutez ce qu'en dit ce grand Pere Sainct Augustin: *La paix*, dit-il, *est vne serenité d'esprit, simplicité de cœur, lien d'ami-*
tié, societé de charité: c'est celle qui oste les simultez, foule aux pieds l'orgueil, che-
rit l'humilité, appaise les querelles, reconcilie les inimitiez, agrée à tous les bons;
elle ne cherche point l'ambition, elle n'a rien à soy. Celuy donc qui l'a, la conser-
ue; & qui ne l'a point, la recherche. Car celuy qui ne sera point trouué auec elle,
sera abdiqué & abandonné de Dieu le Pere, exheredé par son Fils Iesus-Christ,
& rendu alienné entierement du Sainct Esprit. C'est à vous, Monseigneur, qui
estes dispensateur des graces de cet Esprit d'vnion & de paix, à ne le pas irriter contre vous, comme vous feriez si vous cherchiez la gloire d'estre plustost le flambeau de la France que l'autheur de son repos. C'est à vous à post-
poser les autres considerations de grandeur mondaine que l'on vous pourroit proposer, au jugement du Dieu viuant, qui reçoit au Ciel les prieres
des peuples affligez, quand elles sont rejettées icy bas; & venant à leur secours esbranle les fondemens de la terre, & renuerse les plus hautes puissances du monde. Flechissez, flechissez à la compassion de nos maux, de peur
de sentir les menaces que Dieu faisoit aux Pasteurs d'Israël: *Vous n'auez pas,*

difoit-il, conforté ce qui eftoit infirme, penfé ce qui eftoit malade, bandé ce qui eftoit rompu, r'amene ce qui eftoit efgaré, cherché ce qui eftoit perdu ; mais vous auez commandé auec aufterité & violence : & voyla que ie demanderay aux Pafteurs mon troupeau, ie le retireray de leurs mains, & feray qu'ils ne l'auront plus en garde. Nous efperons, Monfeigneur, que Dieu, qui eft l'autheur des bons confeils, vous les infpirera tels que nous les defirons ; & qu'ils font neceffaires pour le bien de fon Eglife, aduancement de fa gloire, & foulagement de tant de peuple languiffant. Nous l'en fupplions de tout noftre cœur, & qu'il vous donne en fanté longue & heureufe vie.

CE QVI A PLVS PERSVADE' L'AVTHEVR DE

laiffer aller au iour ces ouurages qui font cy-deuant, ç'a efté qu'il a creu que beaucoup de chofes qui y font remarquées, felon la verité des fauuages euenemens qui ont paru fur ce theatre de confufion qu'a produit noftre guerre ciuile, pourroient ayder ceux qui par vne fidele hiftoire en voudront laiffer la memoire à la pofterité : & trouuant parmy fes papiers ce recueil qu'il auoit fait d'vne action fort memorable, il a permis qu'il ait efté adioufté icy, attendant que ceux qui ont les harangues entieres en vueillent gratifier le public.

RECVEIL DES HARANGVES QVI FVRENT

FAICTES EN PARLEMENT LE QVINZIESME IVIN MIL cinq cens quatre vingts fix, à la publication de 2 & Edits.

LE ROY HENRY III.

ESSIEVRS, L'acte que ie fais aujourd'huy en ce lieu, m'apporte autant de defplaifir, que le dernier que j'y fis m'apporta de contentement. I'y venois lors auec le vifage ouuert & riant, pour fatisfaire à l'honneur de Dieu & au deuoir de ma confcience, r'appellant tous mes fujets defuoyez au fein de l'Eglife & à leur falut. I'eftimois certainement qu'il ne me pouuoit luire vne plus heureufe journée que celle en laquelle j'efperois, reconciliant mes fujets enfemble, les reconcilier auffi auec Dieu. I'y viens maintenant fort trifte & affligé, de voir que la neceffité m'y conduife, pour auec l'incommodité de mô peuple, cercher les moyens d'effectuer vne fi fainde, fi loüable & fi neceffaire intention. Mais en cefte mienne trifteffe, aydent à me refoudre & aucunement confoler, ma côfcience premierement, laquelle, comme le plus fecret tefmoin de ma volonté, juge en moy-mefme, fi en cefte mienne action, ie me fuis propofé autre but, que de faire glorifier mon Dieu en mon Royaume, & y conferuer fon miniftere auffi entier que mes predeffeurs le m'y ont laiffé. Puis mes deportemens ne pouuans eftre cachez à mon peuple, me perfuadent, que chacun qui en jugera auec verité, y reconnoiftra à l'œil vne fi grande & fi vrgente neceffité, qu'il apportera autant de faueur & d'allegreffe à me fecourir au fouftenement d'vne fi fainde guerre, qu'il a faict à l'entreprife d'icelle. Si

vn

vn fi grand & dangereux ouurage fe pouuoit acheuer par vœux & par prieres, vous en euffiez defia la fin: mais puis que comme ie l'auois bien prejugé,
il y faut apporter du trauail incroyable, de la defpence innumerable, & que
Dieu nous veut faire coufter fi cher le bien que nous attendons de luy; nous
ferions, ce me femble, fort defpourueus de jugement, fi nous efpargnions
rien pour acquerir vne chofe que nous ne fçaurions trop cherement achepter. Ores que le fruict de cefte guerre me foit commun auec mon peuple,
voire mefmes qu'il y ait plus grand part que moy, j'en ay voulu toutesfois
tant qu'il m'a efté poffible prendre la defpence fur moy: tant que j'ay peu
tirer fecours de mon propre domaine & de tout le refte de mon reuenu, ie
l'y ay liberalement employé. Maintenant que toutes mes finances font ef-
puifées, & que ie me voy encores au milieu de la befongne, chargé de cinq
ou fix puiffantes armées en diuerfes Prouinces de mon Royaume, ie fuis
contraint en telle occafion de faire chofe qui me femble dure à moy-mefmes. Ie le fais auec regret; mais il eft bien difficile, voire impoffible de defra-
ciner vne longue & dangereufe maladie d'vn corps, fans aucunement efbranler & trauailler les membres. Où la neceffité eft, il ne fert de rien de con-
fulter; Les confeils des chofes impoffibles ne font que fouhaits perdus. Tant
que j'ay peu auoir la paix, ie vous ay affez fait paroiftre combien ie defirois
reduire les chofes à leur ancienne fplendeur & integrité: Eftant entré en cefte guerre, dont la defpence ordinaire paffe plus de cinq cens mil efcus par
mois, ie fuis forcé, de peur de vous perdre & moy auec vous, recourir à vn
fecours extraordinaire, apres auoir cherché auec vne tres-grande & curieufe follicitude, fi ie ne pourrois rien trouuer de plus doux, & y auoir employé la Royne ma Mere, qui m'a toufiours fi fidellement & heureufement
aydé à porter le faix de cefte mienne Couronne, & eu l'aduis des Princes de
mon fang, l'ay efté forcé de faire les Edits que ie veux eftre prefentement
publiez: ie penfe en chofe fi raifonnable, vous trouuer fi difpofez à receuoir
cefte mienne fi fainéte & loüable intention, que vous difcourir dauantage
des occafions qui m'y conuient, ce feroient & propos & temps perdu:
Auffi que j'ay refervé à Monfieur le Chancelier de vous en faire entendre
vne partie.

MONSIEVR LE CHANCELIER
DE CHEVERNY.

ESSIEVRS, Vous auez affez entendu par la propre bouche du Roy les occafions qui le contraignent de fe trouuer
aujourd'huy en ce lieu. Il a defiré, comme il vous fait participans de fon authorité, que vous le foyez auffi de fes penfées; & luy qui eft maiftre & fouuerain Seigneur, juftifier
fes actions deuant vous. La chofe parle de foy-mefme, & la
neceffité fe fait affez fentir de tous: mais quand il y feroit befoin de paroles
& de difcours, apres ce que vous auez oüy de luy, il ne me refteroit qu'vn

vain effort de vous pouuoir rudement redire ce qu'il vous a si elegamment
representé. Les Estats, mesmes ceux qui sont affligez de la guerre, ne peuuent
subsister sans forces, ny les forces estre entretenuës sans vn grand fonds de
finances, ny les finances estre amassées sans vne commune ayde & contribution de ceux qui en ont le moyen. Dieu ayant poussé le Roy à ceste guerre, il a comme vn bon Prince employé tout ce qu'il pouuoit dire sien, auparauant qu'implorer l'ayde de ses sujets. Maintenant qu'il est despoüillé de
tous ses propres moyés, qu'il void que l'Eglise outre les subuentions accoustumées l'a ja secouru par l'alienation d'vne partie de son fonds; que la Noblesse expose tous les jours & son bien & son sang pour le salut du Royaume, & que le menu peuple porte de si long-temps tout le faix de la guerre, &
sent continuellement les maux qu'elle traine apres soy; Que luy reste-il, que
d'implorer pour le bien public le secours des plus aisez, & qui se sont moins
sentis des incommoditez du temps passé? Encores l'a-il voulu faire de façon
que chacun conneust qu'il veut entrer en societé de perte auec ses sujets en
ceste cómune necessité. Car qui examinera sans passion les Edicts que vous
oyrez presentement lire, il trouuera en effet que la charge en retombe quasi
toute sur luy, & que ce n'est autre chose sinon que pour subuenir à vostre
conseruation. Il se desnuë tout à coup d'vn bié qui luy deuoit estre comme
annuel & ordinaire. Il le fait toutesfois auec beaucoup de desplaisir, ayant
appris de la sage nourriture qu'il a receu de la Royne sa Mere, & vos prudentes remonstrances, & de l'experience qu'il a des affaires, que tout ce qui se
fait de nouueau en vn Estat, & contre l'ancien ordre d'iceluy, est pernicieux
& dommageable. Mais quoy? nous ne sommes plus en ces heureuses delibe-
rations-là, où toutes choses estans faisables l'on n'a qu'à choisir les meilleures. Nous sommes en vne necessaire option de maux, où la prudence n'est
plus empeschée qu'à suiure les moindres pour destourner les plus grands.
Voyans des forces intestines dressées contre nostre repos, vne grande nuée
d'Allemans preste à inonder ce Royaume, quel aduis seroit-ce de vous espargner vn escu pour leur en mettre mille en proye? Seroit-il raisonnable
qu'on dist que vous fussiez si ingrats à vous mesmes, que faute de secourir
vostre patrie affligée, vous vous laissassiez accabler sous ses ruines? En vain
conseruerez-vous vos fortunes particulieres, si vous laissiez perdre le public.
Si vous n'aydez à chasser l'ennemy commun, il deuiendra maistre de vos
biens & de vos vies. Que tant de peuples, Payens & Barbares, n'emportent
point cet honneur par dessus vous, d'auoir tant de fois & si liberalement exposé leurs biens & leurs personnes pour la deffense de leur pays; & que vous
qui nourris en vne plus saincte Eschose, auez à defendre, non vos biens, non
vostre honneur, non vostre vie, mais vos autels, & le propre salut de vostre
ame & de toute vostre posterité, deniez de contribuer auec vostre Prince
aux fraiz d'vne si saincte guerre & si necessaire, & dont l'entreprise a esté fauorisée de tant de chants & cris d'allegresse. Les plus aduisez Pilotes agitez
d'vne grande tourmente, ne craignent point par le ject d'vne partie de la
marchandise soulager le vaisseau; & ceste perte puis apres se regale par la loy
de la mer sur tous ceux qui en ont receu la commodité. Le Roy pressé d'v-
ne tres-dangereuse tempeste, ayant exposé tout le sien; qui seroit si injuste

qui

qui refufaſt de porter ſa part de la perte? veu que nous ſommes tantoſt à l'emboucheure du port, qu'il ne tient plus qu'à nous ayder vn peu nous meſmes, que nous ne ſoyons à l'abri des miſeres qui nous trauaillent. Mais vſer de plus de perſuaſions à voſtre endroit, ce ſeroit douter de voſtre bonne volonté enuers voſtre Prince & voſtre patrie. Ce qui n'aduiendra jamais.

MONSIEVR LE PREMIER PRESIDENT DE HARLAY.

SIRE, Le rang qu'il vous a pleu me donner en ceſte compagnie m'oblige à vous porter ceſte parole, laquelle ores qu'elle ſoit prononcée par ma bouche, n'eſt point mienne toutesfois; mais comme diſoit ce bon pere Grec redemandant ſa fille; Les propos que ie vous tiens ſont les propos de ceux qui m'enuoyent vers vous: Ils receuront donc s'il vous plaiſt de vous la faueur & bien-vueillance dont vous auez touſiours chery ceſte compagnie; & attendrez de mon diſcours, s'il vous plaiſt, non mon aduis touchant ce qui ſe preſente (car mon infirmité ne s'ingerera jamais juſques-là) mais l'humble remonſtrance de toute ceſte compagnie, qui pour l'honneur que vous luy faites de luy communiquer partie de voſtre authorité, veille continuellement au bien de voſtre ſeruice. Comme donc il vous plaiſt luy preſter à ceſte heure la preſence de voſtre perſonne, vous luy ferez ceſte faueur de luy preſter la preſence de voſtre eſprit, receuant auſſi fauorablement ſes humbles prieres & remonſtrances, que cordialement & ſincerement elle vous les preſente. Vous auez leu, SIRE, beaucoup de liures, diſcourans de l'office d'vn bon Prince; mais en fin vous auez appris que tous les preceptes que l'on luy peut dôner ſe recueillent en deux mots, iuger & combattre. Le dernier eſt quaſi comme oyſif aux Republiques bié-heureuſes, & qui joüiſſent du fruiĉt de la paix: Le premier eſt touſiours neceſſaire, & quaſi, côme on dit, touſiours en action. C'eſt par la Iuſtice que regnent les Rois, tât en la paix qu'en la guerre. La Iuſtice ne ſe peut adminiſtrer que par les Officiers qui ſôt eſtablis par le Prince pour cet effeĉt: Que ſi ceux qui y doiuêt eſtre prepoſez auec choix pour leur integrité & en certain nombre, y ſont indifferemmêt receuz au plus offrant & dernier encheriſſeur, en telle quantité que ce n'eſt plus nombre, mais multitude innombrable; ce ne ſera plus Iuſtice qu'ils y rendront, ce ſera deſordre, confuſion & ruine ineuitable à vos ſujets. Ce que vous appellez creer offices & miniſtres de Iuſtice, ſera mettre les biens & les fortunes de vos ſujets à l'enchere. La Iuſtice, qui eſt le lien du peuple auec le Prince, venant à defaillir, la force qui eſt l'autre partie de voſtre Royaume ne ſçauroit eſtre de gueres longue durée. Or ce deſordre eſt ja paſſé ſi auant, & la confuſion a deſ-ja tellement occupé la place que deuoit tenir la Iuſtice, que ie ne ſçay ſi ie puis dire que nous en ayons de reſte l'ombre ou l'image ſeulement. Car quelle difference y a-il de chaſſer & renuoyer rudement ceux qui demandent la vengeance de leurs injures, la reſtitution de leur bien, ou leur tendre tant de pieges, leur donner tant d'entorces par les chemins, qu'ils ne puissent sinon tous perdus & ruinez arriuer iusques à vous pour vous demander Iustice? Qui est aujourd'huy le si heureux plaideur, qui ayant obtenu vn arrest à son profit, n'aye plus perdu que gagné? & outre le meilleur de son temps, ne se voye despoüillé du meilleur de son bien? Combien faut-il de veilles & de peines pour trauerser tant de circuits, pour rachepter ceste miserable Iustice, qui est à vray dire mise à rançon par tant d'Edits & nouuelles creations? De tout ce mal-là, SIRE, nous en portons la plus grand part de l'enuie entre les hommes; nous le sentons & deplorons comme les autres; mais c'est vous principalement qui auez à en compter auec Dieu, & à en rendre raison à son grand & espouuentable Iugement. C'est pourquoy, SIRE, nous manquerions grandement au deuoir que nous auons à vostre seruice, & à l'affection que nous portons au repos & conseruation de vostre pauure peuple, si selon ce peu de jugement que Dieu nous a donné, nous ne vous representions sur ceste occasion ce qui est du deuoir de vostre charge & du bien de vos pauures & affligez sujets. A ceste nostre remonstrance s'oppose la necessité, qui deust estre certainement long-temps y a morte, si elle estoit humaine, tant il y a de temps qu'elle dure entre nous, & nous produit ses fruits prodigieux. Mais nous auons grande occasion de craindre qu'elle nous soit perdurable ou plustost immortelle, puis que tant de fecondes sources ont esté taries pour l'amortir, & que neantmoins elle vit encor entre nous plus aspre que jamais, brusle & consume tout. Il y a, SIRE, des choses si contraires à la raison, que nulle necessité ne les peut excuser: Et quant aux autres, ausquelles vous pouuez estre forcé, si deuez-vous, si vous voulez estre estimé juste & legitime Prince, obseruer les loix de l'Estat & du Royaume, qui ne peuuent estre violées, sans reuoquer en doute vostre propre puissance & souueraineté. Nous auons, SIRE, deux sortes de loix; les vnes sont les ordonnances des Rois, qui se peuuent changer selon la diuersité des temps & des affaires; les autres sont les ordonnances du Royaume, qui sont inuiolables, & par lesquelles vous estes monté au throsne Royal; & a ceste Couronne esté conseruée par vos predecesseurs, jusques à vous. Dieu vous a, SIRE, mis les forces en main, & pouuez faire de nous & de nos biens tout ce qu'il vous plaira; mais Dieu ne vueille qu'il vous entre oncques en l'esprit que vous soyez Roy par force. Tels regnes sont regnes de Pirates & de voleurs, & changent de face & d'estat à chasque saison de l'année: mais vostre regne est vn regne de loyauté & Iustice; regne auquel vos sujets vous rendet plus de subjection & d'obeïssance de bonne volonté, que les Turcs ny les Barbares ne font à leur Prince par force ny par contraincte. Et d'où vient cela? C'est, SIRE, que la loy du pays auquel ils sont naiz, la loy en laquelle ils sont instituez, les oblige à ne rien tant aymer apres Dieu que leur Prince, & de ne vouloir viure que pour luy: mais ceste loy publique n'est pas seule: il y en a d'autres qui dependent de ceste-là, lesquelles sont instituées pour conseruer le bien & repos du peuple à l'endroit du Prince. Celle-là entre autres est vne des plus sainctes, & laquelle vos predecesseurs ont plus religieusement gardée, de ne publier ny loy ny ordonnance qui ne fust verifiée en ceste compagnie. Ils ont estimé

mé que violer ceste loy, c'estoit aussi violer celle par laquelle ils sont faits
Rois, & donner occasion à leur peuple de mescroire de leur bonté; car les
bonnes loix se persuadent aysément d'elles-mesmes, & en telle compagnie que celle-cy, qui ne respire autre chose que la grandeur & felicité
de son Prince; & n'est establie par luy, que pour conseruer ses sujets en son
obeïssance. Aussi s'il vous plaist de retourner vos yeux & vostre esprit
vers vos ancestres, vous connoistrez aysément, que tant qu'ils ont obserué ceste loy, & qu'en l'authorité de cette compagnie ils ont conserué la leur, ils ont fleury comme les lis des champs, se sont rendus ai-
mables à leurs peuples, & redoutables à leurs ennemis. Mais pour si peu
qu'ils ont entamé l'authorité de cet ordre, & la loy de leur Royaume, tant
de desaduétures & infortunez succés les ont accueilly, qu'ils nous donnent
quasi occasion de croire qu'vne partie des miseres qui affligent aujourd'huy
ce Royaume, soit deriuée de ceste source. Nous vous supplions doncques,
Sire, nous conseruant vous conseruer vous mesmes, & que tant de pieté
& de deuotion que nous voyons en vos actions, produise ses effects au soulagement de vostre pauure peuple. Ce desir nous fait leuer les yeux de dessus
vous, qui estes l'image viuante de Dieu, pour les tourner vers Dieu mesmes,
afin de le prier qu'il vous inspire à ne vouloir que ce qui est bon & juste, &
rejetter beaucoup de mauuaises & pernicieuses inuentions que l'on vous
propose; & qu'il vous donne longue & heureuse vie, & belle posterité, pour
laquelle nous prions & souspirons tant tous les jours.

MONSIEVR L'ADVOCAT DV ROY DESPESSES.

IRE, Les volontez des Princes sont bien differentes en la
guerre & en la paix: en la paix ils veulent ce que la raison ou
naturelle inclination leur conseille: en la guerre, ils veulent
ce à quoy la necessité les contrainct. Nous auons vn trop
regrettable & infortuné tesmoignage de cela, ayant ces
jours passez en pleine paix veu combien vous desiriez restituer toutes choses à leur ancienne splendeur. Nous auons veu pour vn jour
six vingts Edits reuoquez, vn nombre de membres inutiles de la Iustice retranchez, & toutes choses auec vostre esprit disposées au seruice de Dieu &
reformation de vostre Estat: Vne guerre necessaire vous a accueilly: l'honneur de Dieu foulé aux pieds par vos sujets, vostre authorité contemnée
vous a mis par force les armes en la main. Nous vsons maintenant de la condition de la guerre, & voyons vostre volonté forcée à receuoir ce que vous
auez tousiours rejetté. Si ne pouuons-nous, Sire, pour nostre particulier,
que nous ne vous remercions de ce que cet orage public estant ineuitable,
au moins vous l'auez diuerti & esloigné de nos testes, faisant que nous n'en
oyons que le son, & n'en apprenons les effects que par oüy dire & en forme
d'histoire. Tant de maux, tant de calamitez, tant de miseres, tant de brusle-
mens de maisons, de violemens de femmes, de meurtres & d'assassinats qui
sont continuellement à la suite des guerres ciuiles, sont bannis bien loin de

nous. Quant à ceux qui en font affligez , vous vous employez maintenant
à les en deliurer par vne heureufe victoire que vous preparez fur vos ennemis. Vous eftes contrainct certainement de vous feruir de moyens qui font
fort extraordinaires, & qui contiennent beaucoup de chofes contraires aux
anciénes loix de voftre Eftat. Mais nous, qui fommes tefmoins de voftre neceffité, qui fçauons ce que vous auez fait auant qu'en venir là, pouuons fans
beaucoup d'eloquence vous en excufer enuers tout le móde. Car nous vous
voyons en la mefme peine qu'vn pere charitable, qui voyant fon fils affligé
d'vne gangrene , eft long-temps à deliberer s'il luy coupera le membre
malade pour fauuer le refte du corps ; en fin il accepte vn confeil qui luy eft
fort fafcheux, mais neceffaire. Et nous efperons que vous imiterez en tout
ce bon pere , lequel encor qu'il ait commencé à couper , fi eft-ce que
quand il arriue à la chair viue, ou qu'il approche des nerfs, il y va retenu, s'arrefte tout court , & fe garde en penfant guarir la playe de l'empirer. Sous
l'efperance, SIRE, que nous auons, que de tant d'Edits & creations d'offices que vous faites pour en tirer fecours en vne fi preffante neceffité , vous
en vferez auec la moderation digne d'vn bon, vertueux & charitable Roy,
tenant toufiours, comme on dit, la bride en main , & ne vous en feruant
qu'en toute extremité : authorifez de voftre prefence & de voftre volonté
que vous auez fait clairement entendre par voftre propre bouche, & celle
de Monfieur le Chancelier; nous confentons que fur le reply des lettres patentes en forme d'Edits, qui ont efté prefentement leuës, il foit mis qu'elles
ont efté leuës, publiées & enregiftrées.

REMONSTRANCE FAICTE AVX HABITANS
de Marfeille, en la Maifon de ville, 1596.

IE ne vous fçaurois exprimer , Meffieurs, les diuerfes
penfées qui me vindrent en l'efprit, quand à mon arriuée ie iettay le premier œil fur la face de voftre ville:
Car comme la memoire des grands dangers fe rafraichit ayfément par l'object de ceux qui en ont couru
la fortune, ie me reprefentay auffi-toft le peril & la
ruine où vous vous eftes veus precipitez, & quafi
abyfmez: & tournant la veuë fur ce beau & celebre port, qui embraffe vne
partie de voftre ville , & y fait affluer l'opulence & la richeffe ; ie m'imaginois d'y voir encor les galleres d'Efpagnes arborées de leurs croix rouges,&
les regimens d'Efpagnols en bataille fur vos quais, comme quand ils penfoient s'amparer de vos perfonnes, de vos biens & de voftre liberté : & difois à par moy; Combien peu s'en eft-il fallu que cefte braue & magnifique
Cité, l'vn des yeux de la France, ne foit demeurée captiue fous le joug in-
folent de fes plus cruels ennemis ? Que fes citoyens n'ayent efté enleuez aux
Indes pour repeupler les contrées que la cruauté des Efpagnols a miferablement defertées ? Que leurs femmes & leurs filles , leurs biens & leurs
maifons

maifons n'ayent efté diftribuez à vne colonie de Caftillans? Mais à cefte trifte penfée fucceda auffi toft l'agreable fouuenance de cefte heureufe journée, plus reluifante des merueilles de Dieu, que des rayons du Soleil ; En laquelle fous les heureux aufpices du Roy noftre jufte & legitime Prince, fous
les heureux aufpices du nom de la France, fous les heureux aufpices du nom
fatal de liberté, Marfeille fut reduite à l'obeïffance de fon Roy, renduë à la
France, & deliurée de la feruitude des Efpagnols. Cefte feconde imagination effaça bien-toft la premiere, & eftouffa incontinent par fa joye ce que
j'auois conceu de frayeur & d'eftonnement : Mefmes quand approchant
de plus pres vos portes, ie vous veis fortir en foule, & tefmoigner par vos
voix, par vos vifages, par vos geftes, le plaifir & le contentement que vous
auiez de la grace que vous fait le Roy voftre fouuerain Seigneur, vous enuoyant & depofant en voftre ville fa Iuftice fouueraine, le plus riche & precieux fleuron de fa Couronne. Vne feule apprehenfion me demeura de toutes ces diuerfes cogitations, qui fut que ie me reprefentay à l'inftant l'inconftance des affaires humaines, & me reffouuins d'vn des plus celebres & judicieux hiftoriens de l'Antiquité, qui s'eftonne auec raifon du naturel des
peuples; & dit que c'eft grand cas, que les plus ftupides beftes qui foient au
monde, eftans vne fois efchappées du piege n'y retournent plus, quelque
appaft que l'on leur donne: Et les plus fubtils & aduifez peuples fe laiffent
tant de fois r'amener aux mefmes dangers dont ils font fortis, pourueu feulement qu'on leur en change les pretextes. Chofe eftrange, que l'experience mefmes des miferes paffées qui eft vne rude & trop chere maiftreffe, ne
les peut rendre fages. Cefte confideration jointe à l'affection que j'ay voüée
au bien & falut de cefte ville, troubla de rechef toute ma joye de cefte crainte, qu'vn jour quelque fafcheux accident ne vous rejettaft aux malheurs
dont vous eftes fi miraculeufement fortis, & tourna lors toutes mes penfées
à rechercher les moyens pour vous en garentir. Apres y auoir bandé mon
efprit, auec tout l'effort qu'il m'a efté poffible, ie ne me fuis en fin peu aduifer de chofe qui vous y peuft feruir dauantage, que de vous faire promptement entendre ce que le Roy, mon Maiftre, m'a chargé de vous dire ; me
perfuadant que l'authorité de fes commandemens, adjouftée aux fages aduertiffemens qu'il vous donne, font les plus fermes bazes & folides fondemens fur lefquels vous fçauriez pofer & affeoir le bon-heur de voftre
ville. Car, Meffieurs, les foins que le Roy a de ce qui vous concerne,
ne font pas dreffez à fon bien, ny à fa grandeur, mais à voftre feureté &
profperité. Les Edits & mandemens qu'il vous enuoye, ne tendent pas à tirer de l'ayde & du fecours de vous pour fubuenir à la neceffité de fes affaires, mais feulement à affermir voftre repos, & promouuoir voftre felicité.
Le feul tribut qu'il exige de vous, c'eft que vous vueillez eftre heureux. Et
pour ce fa Majefté m'enuoyant vers vous, la principale charge qu'elle m'a
donnée, c'eft de procurer de tout mon pouuoir l'amitié & la concorde parmy vous, vous la commander & recommander de fa part. Ce font les
vrayes marques des Chreftiens, & quiconque fe dit tel, & ne les a point,
n'en a rien que le nom. Ce font celles qui concilient aux peuples la benediction de Dieu, de laquelle puis apres deriuent toutes fortes de biens. Ce font

les meres nourrices de la richesse, de l'opulence, de la force; bref ce sont les vrays liens & les seules chaines par lesquelles vous pouuez tenir la bonne fortune attachée à vostre ville. Au contraire la dissension est le poison mortel des citez, qui infectant le cœur des hommes de hayne & de rancune, destruict cet esprit d'vnion, qui est comme la forme qui donne l'estre à la societé ciuile. Car comme celuy qui prendroit vn corps bien sain & animé, & le mettroit en deux ou en plusieurs pieces, rendroit non seulement le corps, mais mesmes aussi les membres morts & inutiles, ainsi la discorde qui separe les citoyens, & d'vne ville en fait plusieurs, non seulement ruine le corps de la Cité, mais aussi toutes les familles particulieres. Doncques, Messieurs, de tant que vous desirez vostre bien & celuy de vos enfans & de vostre pays, au salut duquel vous deuez referer toutes vos actions, fuyez de tout vostre pouuoir ce pestilent venin de diuision, & ne croyez pas les dangereuses passions qui vous en veulent faire venir l'enuie. Ie n'ignore pas que la condition du calamiteux estat où nous auons vescu, n'ait entamé bien auant les fortunes de plusieurs d'entre vous, & ne leur ait laissé de douloureux ressentimens des injures & des pertes passées. Si les affaires du monde se gouuernoient par souhaits, ie souhaitterois, & vous tous, comme ie croy, que cela ne fust jamais aduenu. Mais puis que cela ne se peut, il ne reste qu'vn seul remede, qui est que l'oubliance en estouffe la memoire, ou pour le moins que le silence la couure. C'est l'emplastre que les plus sages hommes du monde ont appliqué à semblables playes en tous les Estats qui ont esté blessez de pareils accidens. Ie ne vous veux point ennuyer par le recit des exemples que l'histoire des siecles passez en a laissé à la posterité : Mais pour ce que la fortune que vous auez couru en ces dures & dernieres années, a esté fort conforme à celle des Atheniens, lors que les trente tyrans s'emparerent de leur Estat, ie desire fort que vous vous souueniez du mal qui leur arriua, & de la façon dont ils se garantirent, apres qu'ils eurent chassé & exterminé ces trente tyrans, par la sage conduite & genereuse resolution de Thrasybule, l'vn de leurs citoyens. Ils r'appellerent les meilleurs & plus notables bourgeois qui auoient esté chassez, pillez & outragez par les tyrans & par le menu peuple, qui au commencement leur adheroit. Mais ceux de dedans & de dehors ne furent pas si tost r'assemblez, que voyla la discorde & dissension parmy eux, pires tyrans que ceux qu'ils auoient chassé; qui demandoit reparation de ses injures, qui raison de ses offenses, qui recompense de ses pertes. Ce n'estoient que procés, plaintes, reproches; la ville estoit pleine de rumeur & de tumulte, toute preste de retomber au deplorable estat dont elle ne faisoit que sortir. En fin reconnoissans leur mal, & en preuoyans encor vn plus grand qui les menaçoit, ils s'assemblerent à la priere de Thrasybule, qui les auoit deliurez; & jurerent sans aucune consideration de leur interest particulier, de prendre l'auis qui se trouueroit le plus expedient pour le repos & salut commun de leur ville. Que firent-ils donc? ils publierent, entr'eux ceste celebre loy d'amnestie, par laquelle, apres auoir condamné les trente tyrans, & seulement dix ou douze des principaux ministres de leurs cruautez, ils firent jurer par tous les autres vne oubliance perpetuelle de toutes les injures passées. Ceste loy fut si salutaire à

la

la ville d'Athenes, que jamais les histoires n'en ont fait mention qu'auec grands eloges d'honneur ; & jamais les grands Estats ne se sont trouuez en semblables accidents, qu'ils n'ayent recouru à cet exemple, comme au vray antidote de ceste passion mortelle des Citez, le tumulte & la sedition. Que si, comme disent les Medecins & Philosophes naturels, les simples remedes qui naissent sous nostre Climat & en nostre region nous sont plus propres & mieux proportionnez à nostre humeur que les estrangers ; cet exemple, qui vous est comme domestique, doit donner plus d'impression à vos esprits, & vous seruir plus vtilement qu'à pas vn de ceux qui l'ont imité & pratiqué : Car vous resouuenant, Messieurs, que ceste belle & magnifique ville-cy a tiré son origine de la Grece, vous vous deuez imaginer de voir autour de vous vos braues ancestres si renommez de ce grand los de sagesse, lesquels vous sollicitent d'embrasser l'vnion, la paix & la concorde, dans le doux sein desquelles on verra bien-tost reflorir l'ancienne opulence de vostre ville ; & vous conjurent de deposer toutes ces fascheuses & barbares passions d'aigreur, de querelle & de vengeance. Que si leur exemple peut moins sur vous qu'il ne doit, venez au moins au discours & à la raison qui est commune à tous les hommes du monde, & luy donnez place pour vn peu en vous-mesmes pour vostre bien, & vous trouuerez qu'elle vous persuadera cela mesmes. La diuision qui a esté cy-deuant entre vous, n'a pas esté d'vn contre tous, ou de peu contre beaucoup ; ceste fureur auoit tellement partagé les esprits des hommes, que non seulement les Prouinces, mais les villes ; non seulement les villes, mais les citoyens ; non seulement les citoyens, mais les familles, le mary & la femme, le pere & les enfans estoient diuisez d'affection & volonté entre eux : Et comme si les hommes eussent renoncé à l'humanité, tous liens d'honneur, de respect & charité estoient leuez & retranchez parmy eux. En ceste furieuse, & j'ose quasi dire fatale confusion, qui est celuy qui se vueille pretendre si heureux & si hors de la condition commune des autres, que d'auoir deu estre exempt d'injure & d'offense, & d'auoir peu estre en seureté lors qu'il sembloit que les fondemens du monde fussent esbranlez pour l'enseuelir en sa ruine ? Croyez-moy, Messieurs, qu'il arriue en ces accidens-là, le semblable qu'aux alarmes qui se donnent de nuict : l'on frappe quelquefois sur ceux que l'on aime le plus, & tel à la fin pleure celuy qu'il a luy-mesme blessé. C'est vn secret jugement de Dieu qui vient en son temps sur les hommes, & leur oste toute connoissance, afin qu'ils seruent à la iuste punition les vns des autres, dont puis apres pour dernier supplice ils en portent vne honte en eux-mesmes & vn regret eternel. Ceste seule vengeance doit suffire à ceux qui ont esté offensez par les desordres du temps ; & ceux qui en garderont en leur cœur, ou par leurs actions en rechercheront vne autre, trouueront qu'ils en porteront eux-mesmes la peine : Car, Messieurs, j'estime qu'il n'y a personne de vous si peu entendu és affaires du monde, ou tant aueuglé par sa passion, qui ne juge bien que sa fortune particuliere est enclose en la publique, & que la Cité ne peut estre renuersée, que les ruines n'accablent les Citoyens ; & qui ne voye bien que rien ne peut si tost precipiter ceste ville à son malheur, que les seditions & les tumultes ; ny rien si tost exciter les tumultes & seditions

que les recherches des injures paſſées. Il eſt en tout temps dangereux de
mettre beaucoup de gens en peine, les r'allier par la ſimilitude d'vne faſcheuſe condition, leur aigrir le courage par l'infamie, les deſeſperer par les con-
demnations; & rendant leur vie faſcheuſe & ennuyeuſe, leur faire deſirer
le changement de l'Eſtat: Plus l'eſt-il en ceſte ſaiſon, & en l'eſtat où eſt voſtre ville. Marſeille eſt vn corps macilent & langoureux, qui doit fort craindre les recheutes, car elles luy ſeroient mortelles. Dauantage vous voyez de
tous coſtez les Eſtrangers qui vous marchandent, enragez que ceſte proye
leur ſoit eſchappée des mains; & ne ſouhaittent autre choſe que de voir la
diſcorde & la diuiſion parmy vous, comme de fauſſes clefs qui ſeules leur
peuuent ouurir vos portes. Serez-vous ſi conjurez contre voſtre ſalut, que
vous vouliez, en flattant vos paſſions, exaucer les vœux de vos ennemis, &
accomplir leurs ſouhaits? Souuenez-vous, ſouuenez-vous, Meſſieurs, en
quel eſtat vous eſtiez il y a huiɕt ou neuf mois. Qu'euſſiez-vous voulu donner lors pour eſtre où vous eſtes maintenant? y a-il injure que vous n'euſſiez
voulu remettre & oublier? y a-il perte que vous n'euſſiez voulu ſouffrir? Si
Dieu vous a miraculeuſement preſeruez contre voſtre eſperance, mis ceux
qui eſtoient dedans en liberté, r'amené ceux qui eſtoient dehors en leurs
maiſons, ſerez-vous ſi infideles, ou ſi injuſtes à vous-meſmes, ſi imprudens
en vos affaires, que vous ne vueillez rien donner à la charité & concorde
que Dieu vous commande, rien donner au ſalut de voſtre ville, rien donner à voſtre propre & particulier bien & repos? Quand toutes ces raiſons,
Meſſieurs, ne ſeroient point ſuffiſantes pour vous perſuader cette ſainɕte
& ſalutaire oubliance, vous auez l'exemple & l'authorité de voſtre Prince
qui le ſeroient. Son exemple, en ce que vous voyez que pour le bien & ſoulagement de ſon peuple, au grand cours de ſon bon-heur; au fort de ſes vi-
ɕtoires, il n'a pas ſeulement pardonné à ceux qui l'ont offenſé, mais les a
chery, embraſſé & honoré, voulant dreſſer ſes derniers & plus glorieux trophées, non des armes de ſes ennemis deſpoüillez, mais des cœurs de ſes ſujets reconquis. Son authorité, car il vous a par ſon Ediɕt commandé ceſte
oubliance, il luy a donné le nom & la force de loy, pour eſtre parmy vous
comme l'ame de voſtre ſociété, qui puiſſe compoſer par l'harmonie & la
concorde le corps de voſtre ville, & en manier les membres auec la douceur
& facilité requiſe pour voſtre ſalut. Ce n'eſt pas pour cela qu'il entende
diſſimuler ny laiſſer impunis les crimes execrables, s'il s'en trouue qui doiuent eſtre chaſtiez, en quelque party qu'ils ayent eſté commis, & qui ne
ſoient point compris en l'Ediɕt qui en a eſté publié. Au contraire nous
ſommes icy principalement pour en faire le chaſtiment, & de tous ceux qui
ſe commettront cy-apres, auec telle ſeuerité que nous eſperons que ceux
qui ne peuuent eſtre contenus par la regle des loix, le ſeront par la rigueur
des jugemens. Apres cela, Meſſieurs, ſa Majeſté m'a chargé de vous aduertir & admoneſter d'vſer auec prudence & conſideration des priuileges &
libertez qu'il vous a accordé & confirmé, vous en ſeruir pour voſtre bien
& ſalut, & ne les pas conuertir à voſtre propre ruine, comme vous auez faiɕt
autresfois. Il ſe trouue touſiours parmy les peuples des hommes pernicieux
& deſeſperez, qui ayans deſſein de baſtir leur fortune de la ruine de leur
pays,

pays, vont flattant l'ignorant populaire, & luy chatoüillent les oreilles de
ce doux nom de liberté. Le vulgaire imprudent, charmé de ce doux nom,
authorise les facieux & seditieux, & les assiste pour renuerser la puissance
legitime du Prince, & s'emparer du commandement ; tant qu'estans fortifiez par le sang & le pillage de leurs meilleurs citoyens, ils descendent aux
mediocres, des mediocres aux plus petits ; & apres auoir tout pillé & rauagé,
vendent en fin les villes au plus offrant, comme auoient fait Louys d'Aix
& Casau. Soyez, Messieurs, tousiours en garde contre telles gens : Veillez,
veillez soigneusement sur ces empoisonneurs de peuples, qui succrant de
ceste venimeuse douceur d'apparente liberté le poison d'vne dure & tyrannique seruitude, le leur font aualler sans qu'ils le sentent ; & les endorment
tellement sur leur mal, qu'ils se connoissent aussi-tost morts que malades.
Vous estes maintenant sur l'eslection de vos officiers de ville, de laquelle depend principalement vostre repos & seureté. Le Roy bien aduerty des diuisions qui sont parmy vous, vous eust bien peu nommer des officiers, c'est
de son authorité : & ie ne doute nullement que vous ne luy soyez si bons
& fideles sujets & seruiteurs, que vous n'eussiez eu tres-agreable ce qu'il en
eust ordonné pour vostre bien. Mais comme il est bon & indulgent à ceux
qu'il estime luy estre fideles, il a bien voulu que le choix de ceux qui vous
doiuent gouuerner se fist par vous mesmes ; & m'a toutesfois commandé
d'estre present en toutes vos eslections, pour moyenner que ceux qui doiuent entrer aux charges, soient tels qu'ils puissent nourrir la paix & la concorde parmy vous, & contenter l'esprit de sa Majesté, de la seureté de vostre
ville : & m'a donné tres-expresse charge, puissance & authorité, d'empescher
qu'il ne se fist rien au contraire. Et pource, & vous à qu'il permet la nomination, & vous à qui il laisse la ballotte & le suffrage, resoluez-vous de mettre à part vos passions, s'il vous en reste aucune, & de ne songer qu'au bien
& salut de vostre ville, & sans autre consideration particuliere, satisfaites à
la volonté du Roy, inseparablement jointe à vostre bien & repos. Faictes
donc qu'il ne se face choix de personnes qui ne soient propres pour maintenir l'amitié & la paix entre vous, & n'ayent pour tout but que vostre salut & celuy de tout l'Estat : qui n'ayent par leur vie passée donné bon tesmoignage de leur integrité en la conduicte de leur famille & mesnage, faict
preuue de leur preud'hommie ; & qui outre cela n'ayent des biens & des enfans qui puissent seruir de gages de leur fidelité. Apres cela, quand vous les
aurez esleus, faites-leur entendre que vous ne les authorisez que pour bien
seruir le Roy, obeir à ses commandemens & de sa Iustice, & que dés l'heure
qu'ils feront autrement, vous les desaduoüez & degradez de leurs charges :
Car, Messieurs, si vous desirez demeurer & libres & heureux, vous deuez
tousiours auoir en la pensée, qu'il n'y a point de plus douce liberté au monde que le seruice d'vn bon Prince, ny plus grand heur que son obeïssance.
Le Prince est en l'Estat justement ce que l'ame est au corps de l'homme ;
c'est luy qui entretient la societé ciuile, qui reigle par Iustice les actions des
hommes, qui fait que les membres se seruent les vns aux autres, & se rapportent tous à la conseruation du tout. C'est l'esprit vital que respirent insensiblement les sujets, & par lequel ils attirent les benedictions de Dieu sur eux,

lesquelles s'influent d'enhaut auec l'obeïssance: Et pource quand l'Apostre sainct Paul vous commande de la rendre à vostre Prince, il adjouste ceste raison, Afin que vous puissiez viure vne vie heureuse & paisible. Comme s'il disoit: Tout le bon-heur des peuples consiste en l'obeïssance qu'ils rendent à leur Prince; & au contraire leur mal-heur en la desobeïssance. Car du jour que l'obeïssance du Prince est violée, la paix, le repos & la concorde se perdent; tout s'en va en ruine & se dissipe par morceaux; les modestes deuiennent esclaues des violents, les bons la proye des meschans. Si ceste obeïssance est deuë à toutes sortes de Princes, de quelque façon que Dieu les ait establis, à combien plus forte raison par les François à leur Roy, considerant les graces speciales auec lesquelles il a estably ceste Monarchie, laquelle il a renduë, par vn cours continuel de succession, comme vne viue image de son Royaume & gouuernement eternel? Si ceste obeïssance a esté deuë par tous les François à leur Roy, combien plus à celuy qui regne aujourd'huy sur nous, orné de tant de loüanges, recommandable de tant de vertus? Vous voyez oculairement comme Dieu l'a suscité en nos jours pour restaurer cest Estat François, & le releuer d'vne ruine qui sembloit comme fatale. Vous voyez comme il y a liberalement employé son sang & sa vie; Il n'y a sorte de peine où il n'ait rompu sa personne, sorte de hazards où il ne se soit exposé: ses jours ont esté autant de combats, ses combats autant de victoires, ses victoires autant de pardons; bref le seul fruict de tous ses labeurs, c'est d'auoir rendu heureux ceux qu'il a vaincus. Tellement que l'on peut dire auec verité, qu'il a plus combattu pour ses ennemis que contr'eux; tant sa debonnaireté & clemence a esté victorieuse dessus ses victoires mesmes. Et encor aujourd'huy, tous ses soins, toutes ses veilles sont, comment il asseurera l'heur & le repos de ses peuples, non seulement durant sa vie (car son courage & sa vaillance semblent pouuoir aisément y pouruoir) mais aussi pour les siecles à venir. C'est pour cela que vous auez veu comme il a retiré pres de soy Monsieur le Prince de Condé son neueu, & a pris le soin de le faire instruire en la religion Catholique: afin qu'en attendant que selon les vœux de tous ses sujets, Dieu nous donne des enfans de luy qui puissent succeder à son Estat & à sa vertu; il ne demeure aucun doute en la legitime succession de la Couronne, qui puisse nourrir & fomenter les desseins de ceux qui voudroient troubler le repos public. C'est pour cela qu'il a assemblé pres de luy maintenant les plus celebres personnages de tous les ordres de son Royaume, pour establir par leur auis vne milice bien reglée, qui auec le soulagemët du pauure peuple puisse suffisamment s'opposer aux desseins ambitieux de nos ennemis estrágers, & pour par bonnes loix & constitutions affermir le repos au dedans du Royaume. Bien que ce soin luy soit general pour tout son Estat, ie vous puis asseurer qu'il l'a particulierement auec plus d'ardeur & d'affectió pour ceste ville que pour aucune de só Royaume, auec vn extréme regret de ce que les fascheuses & necessaires occupations qui le detiennent, & luy lient cóme les pieds & les mains, ne luy donnent moyen de vous en faire resentir de plus fauorables tesmoignages. Si son corps pouuoit estre par tout où va son affection, vous l'auriez continuellement pres de vous: La códition de son humanité & de ses affaires

ne

ne se pouuant ployer à ce sien desir, il est contraint de faire comme le Soleil, lequel enuoye ses rayons où il ne peut enuoyer son corps. Il vous enuoye sa Iustice souueraine, c'est à dire la plus chere & precieuse partie de
son authorité : Vous l'auez desirée, il vous l'a deposée ; c'est à vous à faire
paroistre que vous la sçauez honorer & reuerer, & par là vous monstrer dignes de receuoir le fruict qu'elle vous doit apporter ; qui est de nourrir la
paix parmy vous, y establir la seureté, faire en fin que vos biens, vos femmes, vos enfans soient à vous ; que la violence qui auoit accoustumé d'opprimer les infirmes, soit elle-mesme opprimée : bref que vostre ville reslo-
risse à l'abry de la Iustice, redeuienne riche & opulente plus qu'elle n'a jamais esté. Nous y apporterons de nostre part tout ce que vous deuez attendre de nous, la sincerité, le desir de vostre bien, le courage, la diligence. Nous
nous promettons que nous serons assistez & fortifiez par ce genereux
Prince que le Roy vous a donné pour Gouuerneur : Il est nay auec tant de
bonté, de valeur, & de bon-heur, a si heureusement auancé le repos & restauration de ceste Prouince, & tellement tesmoigné n'auoir autre desir,
souhait ny dessein, que le bien du seruice du Roy ; que vous deuez attendre
de luy tout ce qui pourra seruir à vostre bien & prosperité. Nous esperons
aussi que vous nous y presterez tous vos volontez, & monstrerez autant de
bien-vueillance à nous maintenir icy tant que le Roy jugera que nous y serons necessaires, que vous en auez fait paroistre à nous y desirer. Nous nous
asseurons particulierement que Monsieur le Viguier de Libertat, qui a si
valeureusement & glorieusement exposé sa vie pour la conseruation des
vostres, & pour vous deliurer de captiuité, sera tousiours reluire dauantage
ceste mesme vertu, & tesmoignera de plus en plus par ses actions, son affection au seruice de son Prince & bien de son pays. Ie vous le dy franchement, Messieurs, & vous le dy pource que le Roy me l'a commandé, qu'il
faut que vous l'honoriez tous, & le reueriez comme vostre propre pere. Car
rien ne peut apporter plus de malheur à ceste ville, que si vous oubliez l'insigne miracle par lequel Dieu vous a deliurez, & si vous manquiez d'honorer & reuerer celuy des mains duquel il s'est seruy pour vous sauuer. Aux
autres villes on a dressé des statuës à ceux qui se sont signalez de tels actes ; il
faut que vous luy en dressiez vne, non en vostre place publique, mais en vos
cœurs ; non de bronze ou de marbre sujets à la roüille, mais d'amour &
bien-vueillance eternelle. Aussi luy dis-je franchement en vostre presence,
que la gloire qu'il s'est acquise en ce bel acte, luy est vne rigoureuse loy
d'honneur, qui l'oblige à obeïr plus soigneusement qu'aucun de ses concitoyens aux commandemens de son Roy & de sa Iustice, & procurer le bien
& repos de la ville. Car de ses actions à l'aduenir, on jugera quelles ont esté
ses intentions par le passé. Apres que ce grand Timoleon eut deliuré la ville
de Corinthe de la tyrannie de son propre frere, les Corinthiens luy mirent
en main leur armée pour aller à l'entreprise de Sicile, & luy deliurât la commission luy dirent : Nous verrons par ce que tu feras, si tu as exterminé le
Tyran ou ton ennemy. Aussi faut-il, Monsieur de Libertat, que vous pensiez que quand le Roy vous continuë aujourd'huy en la charge de Viguier,
& que ce peuple vous y reçoit, qu'ils vous disent sans parler : Nous ver-

rons quel deſſein vous auez eu en ceſte ſignalée action qui vous a acquis tant de gloire , & ſi vous vous eſtes propoſé le ſeruice de voſtre Prince & ſalut de voſtre ville , ou ſeulement voſtre bien & auancement particulier. Mais ie ne doute nullement que vous ne vous ſoyez non ſeulement propoſé ceſte gloire immortelle, qui vous doit reuenir de ceſte belle & genereuſe action , & que vous ne receuiez les biens & les honneurs qui vous ſont faicts par le Roy voſtre ſouuerain Seigneur , comme vne dependance & ſuitte non pourpenſée de voſtre vertu & generoſité , & que vous ne dreſſiez toutes vos intentions à ce qui ſera du ſeruice de ſa Majeſté & manutention de ſa Iuſtice. Et de cela ie m'en veux moy-meſmes rendre garand à vos concitoyens , & à tous ceux auſquels eſt paruenu le bruit de la gloire que vous auez meritée. Doncques voyant toutes choſes conſpirer au bien & repos de ceſte ville, & y apportant ce qui reſtoit à y deſirer pour le comble & conſommation de voſtre bon-heur, qui eſt la Iuſtice ſouueraine que le Roy vous enuoye , ie prens certain augure que nous la verrons florir plus que jamais; & que les benedictions qu'apporte auec ſoy la Iuſtice, quand elle eſt honorée & reuerée comme il appartient, rempliront voſtre ville & vos maiſons particulieres de toutes ſortes de biens & de proſperitez.

A L'OVVERTVRE DES ESTATS DE
Prouence , de l'an 1597.

ESSIEVRS , vous reconnoiſſez tous , qu'il n'a jamais reluy ſur ceſte Prouince vn plus heureux jour que celuy auquel elle fut reünie à la Couronne de France , dont elle auoit eſté longuement ſeparées; Car outre qu'embraſſée par le grand corps de ce puiſſant Royaume , elle fut comme miſe à couuert des injures & oppreſſions dont les petits & foibles Eſtats ſont continuellement menacez ; vous ſes genereux nourriſſons, euſtes cet aduantage d'eſtre adoptez enfans de la France, & rendus capables des plus grãds & illuſtres grades d'honneur de ceſte ſi floriſſante & magnifique Couronne. Que ſi apres ce jour vous auiez à en remarquer vn ſecond, ie croy que vous nõmeriez celuy auquel deliurez des Eſtrangers qui auoient enuahy partie de ceſte Prouince, vous auez derechef eſté rendus à la France & à voſtre ancienne franchiſe & liberté , n'eſtoit peut-eſtre que vous euſſiez encor plus cher ce ſecond que le premier, cõme il aduient ordinairement que nous ſolenniſons plus le jour de noſtre ſauueté que celuy de noſtre naiſſance, & nous reſioüiſſons dauantage de noſtre reconualeſcence que de noſtre pleine & premiere ſanté. Or de ceſte heureuſe journée, voicy l'vn des principaux & plus precieux fruits; Ceſte aſſemblée, diſ-je, des trois ordres de ce pays, où tous les membres d'iceluy viennent reprendre leur place ſous leur chef naturel, pour conſpirer vnanimement au bien de ceſte Prouince , au bien general du Royaume , au bien du ſeruice de noſtre Roy & ſouuerain

souuerain Seigneur. Ie ne doute point qu'à ceste premiere entreueuë, vous regardant les vns les autres, & repassant les yeux de vostre souuenance sur le cours de vos miseres passées, il ne vous arriue iustement comme il faict à vne grande flotte de vaisseaux, qui apres auoir esté longuement battus de l'orage & portez l'vn deçà, l'autre de là, viennent en fin par vne heureuse rencontre l'vn apres l'autre, & par diuerses routes, surgir à mesme port. Ils ne sont pas si tost descendus en terre qu'ils s'entr'embrassent, se festoyent, s'entretiennent de leurs fortunes passées, se consolent, se resiouïssent, & ne parlent chacun que d'acquitter leurs vœux : mais lors qu'ils repensent combien il leur faut encor escumer de flots auant que retourner au lieu d'où ils sont partis, ce plaisir & resiouïssance se tourne en soin & sollicitude; & lors ils s'aduertissent entr'eux des fautes qu'ils ont faites, des pirates qu'ils ont trouuez, des escueils qu'ils ont heurtez, & par vne plus forte liaison d'affection & de courage trauaillent à leur salut commun. Vous auez beaucoup de sujet, Messieurs, de vous resiouïr, voyant le corps de cette Prouince cy-deuant defiguré par vne hideuse conuulsion, maintenant rendu, si non à son entiere beauté, au moins à son entiere forme : mais il ne faut pas tellement vous endormir sur ce discours, que vous ne veillez soigneusement sur ce qui vous reste à faire pour vostre seureté : vous resouuenant de ce dire ancien, que quelquesfois le hazard trouue ceux qu'il a souuent faillis. Ceux qui eschapez d'vn grand peril s'y laissent retomber par leur faute, sont en toutes façons plus miserables que les autres. Car outre que le second danger les trouue bien souuent plus espuisez de force & de vigueur, ils perdent encor la derniere consolation qui demeure aux affligez, qui est la compassion que l'on a de leur fortune : & pour ce on dit,

> A tort se plaint du vent & de l'orage
> Celuy qui fait en mer deux fois naufrage.

Nos premieres fautes sont ie ne sçay comment excusables; la nature des hommes est accompagnée de ceste naturelle infirmité, qui choppe aysément, & veut estre plainte & sousleuée; mais quand on void que celuy qu'on a aydé à releuer chancelle pour son plaisir, & cherche les mauuais pas pour y trebucher, alors la pitié & compassion se tournent en risée & mocquerie : Et pource, Messieurs, s'il a esté par le passé sagement institué qu'en l'ouuerture de ceste assemblée d'Estats, il y eust quelque auant-propos, par lequel chacun fust excité de veiller au bien public & salut du pays, ceste coustume n'est pas seulement bien-seante & conuenable aujourd'huy, ains tres-vtile & necessaire; afin que ceux qui viennent icy, animez de l'ardent zele de seruir leur Prince & la patrie, conseruent ceste loüable feruleur; & ceux qui pourroient estre tiedes & languissans, se réchauffent & reprennent vigueur & courage. Le mal est que ceste charge, qui est de soy si necessaire, & vous seroit d'ailleurs à tous si vtile, m'est aujourd'huy commise; à moy, dis-je, qui peut-estre par ma rudesse diminueray beaucoup du fruict qu'elle vous deuroit apporter, si elle estoit cultiuée d'vne main plus delicate & adroicte. Mais ie m'imagine que vous ferez en cet endroit ce que vous faites en beaucoup d'autres choses, que vous aymez & chariffez, non pour leur valeur, mais pour les personnes dont elles viennent; & considererez en mes paroles,non la grace & l'ornement,mais le nom & la marque du maiſtre qui les authoriſe. Sur l'aſſeurance de ceſte faueur ie vous diray en general,que la meilleure & plus ſeure addreſſe que vous puiſſiez prendre en toutes vos deliberations, c'eſt d'auoir touſiours l'honneur & reuerence de voſtre Prince deuant les yeux, afin que tout ainſi que l'aiguille du Cadran touchée de la calamite tire touſiours vers le Nort,vos deſirs & penſées touchées de l'amour & du reſpect de voſtre Prince ſe tournent continuellement au bien & ſalut de la choſe publique , auec lequel il eſt inſeparablement vny. Les Poëtes auoient autresfois feint vne fable , laquelle nous ne pouuions entendre:Ils diſoient que Iunon ayant pris ialouſie de Iupiter de ce qu'il auoit luy ſeul engendré Minerue, & icelle tirée de ſon cerueau,l'abandonna; & pour le brauer voulut auſſi durât ſon diuorce engendrer toute ſeule; mais au lieu que de la compagnie d'elle & de Iupiter deuoient naiſtre des Dieux,d'elle ſeule ne naſquit qu'vn grand & hideux ſerpent plein de venin & d'horreur. L'hiſtoire de nos calamitez nous a trop expliqué le ſens moral de ceſte fable, & fait connoiſtre à nos deſpens que les ſujets ſeparez de leur Prince ne produiſent que de venimeuſes ſeditions, qui les deuorent,ruinent & conſommét à la fin.Il ſe peut bien faire en vn corps naturel, que quelques-vns des membres ſoient malades, & que le reſte ſoit ſain; mais ſi le cœur eſt frappé,ou tant ſoit peu bleſſé , toutes les forces du corps ſont abbatuës, les membres languiſſent, perdent leur action; bref le mal qui commence par ceſte partie eſt vniuerſel, & quaſi touſiours mortel.C'eſt le domicile de la vie,c'eſt le premier viuant & le dernier mourant. Penſez, Meſſieurs, qu'il faut que toute voſtre ſollicitude ſoit à la conſeruation du cœur de cet Eſtat,c'eſt à dire voſtre Prince,l'authorité duquel eſt l'eſprit vital qui vous vnit,vous anime & vous ſouſtient.Apres auoir jetté ce fondement , la premiere pierre que vous deuez aſſeoir deſſus , c'eſt d'imprimer profondément en vos eſprits,qu'il faut en vos deliberations touſiours poſtpoſer le bien particulier,pour preferer le public. Il y a ie ne ſçay quel aueuglement,quaſi en tous les hommes , procedant de ceſte venimeuſe racine d'amour de ſoy-meſmes,qui faict que nous ne pouuons comprendre vne choſe que nous voyons & experimentons tous les jours; Sçauoir eſt, qu'il ne nous ſert de rien d'eſtre riches & opulens en nos maiſons particulieres,ſi l'Eſtat où nous viuons n'eſt aſſeuré & affermy. Tant que l'Eſtat ſera entier, il conſeruera ayſément les fortunes priuées; s'il ſe pert , en vain penſez-vous ſauuer voſtre bien particulier : alors qui plus a, plus perd; & ceux qui ſe ſont voulus exempter d'vn danger douteux, tombent en vne ruine ineuitable. L'aſſiette de ceſte Prouince, & le ſort de voſtre naiſſance, vous ont icy expoſez en butte à l'ambition & auarice des Eſpagnols,qui ayans ja depeuplé la moitié du monde d'hommes & d'argent, & haleiné la commodité de ceſte Prouince,vous deuorent tous , ſinon en eſperance , au moins en ſouhaits,r'allumants continuellement ce deſir de proye par vn autre deſir de vengeance, qui nourrit en eux la ſouuenance des injures qu'ils pretendent auoir receu de vous. Si par laſcheté ou par auarice vous penſez eſpargner vos biens & voſtre vie à la deffenſe de voſtre pays, & qu'il aduinſt par voſtre faute que vous retombaſſiez és mains de tels ennemis; penſez-vous

que

que vos femmes & vos enfans puissent suffire aux delices, vos biens aux cupiditez, vostre sang aux cruautez de gens qui haïssent ceux-mesmes qu'ils n'ont jamais veu, & mettent les desolations des Prouinces, les supplices des hommes, entre les ornemens de leur bonne fortune ? Veillez donc, Messieurs, & veillez en commun à vostre conseruation, postposans tous vos interests & passions particulieres au bien du general ; & faites estat qu'il faut, ou que tous ensemble vous trauailliez à vostre deffence, ou que chacun en particulier vous souffriez les fortunes des vaincus. Vous auez chassé le mal lors qu'il estoit au fonds de vos entrailles, & lors par maniere de dire que vous n'auiez partie en ceste Prouince qui ne fust vlcerée. Les mesmes ennemis, qui n'ont rien peu sur vous lors que vous estiez si debilitez & affoiblis, vous doiuent-ils maintenant faire peur ? maintenant qu'instruits des fautes passées, associez par mesme interest, vous estes dauantage appuyez de tout le corps de cet Estat ? Non, non, Messieurs, pouruoyez à deux choses tant desirables & tant necessaires pour vostre salut ; & non seulement vous asseurerez vostre Prouince, mais jetterez encor la terreur & l'effroy parmy vos ennemis. La premiere de ces deux choses, c'est vne parfaite vnion & concorde entre vous, par laquelle vous puissiez assembler vos cœurs & vos mains pour vostre conseruation. Ie ne puis que ie ne me ressouuienne sur ce sujet de ce beau traict d'vn ancien, qui disoit que l'Empire de Rome eust esté indubitablement eternel, si la discorde n'y fust entrée ; laquelle semble estre comme vn venin que le Ciel influe sur les puissances du monde, pour les rendre perissables & mortelles. Euitez, Messieurs, euitez toutes sortes de dissensions pour si petites qu'en puissent estre les causes. Les feux qui embrasent les Citez ne se prennent pas du premier coup és grands bastimens & edifices publics ; mais s'estans allumez en quelque petit taudis & maisonnette, gagnent incontinent par tout. De petites riotes pour des choses de neant, ont esté quelquefois la mesche de grandes & perilleuses diuisions. Pour moy ie vous diray franchement ; que ie ne fus jamais plus estonné que de voir l'alteration qui s'est meuë ces jours-cy parmy vous, sur vn sujet friuolle, qui ne vaut pas le parler ; & ne me pouuois persuader que vous eussiez si peu d'apprehension de vos affaires, ou d'affection d'y pouruoir, qu'vne telle dispute en peust retarder le cours. Ce mal est fort naturel à ceste Prouince, où les haynes & querelles particulieres ont tousiours esté les principales allumettes des embrasements, dont elle fume encor. Mais ayez au moins faict ce profit de vos miseres passées, que vous en soyez plus aduisez à l'aduenir, puis que vous auez esté si heureux que de vous releuer de vostre premiere cheute. Ne soyez pas si obstinez de vouloir pour la seconde fois chopper contre la mesme pierre, & par vos diuisions ouurir vos frontieres à vos ennemis, qui ne vous peuuent forcer ne entamer tant que vous setez vnis. Apres cela, Messieurs, vous auez à desirer l'ordre parmy vous : En l'ordre gist la force ; c'est luy par lequel les petites troupes ont deffaict les grandes armées ; c'est luy qui fait que le peu suffit où l'abondance ne sçauroit quasi fournir. Le nombre des hommes est bien quelque chose, la valeur & le courage est bien dauantage, mais l'ordre est plus que tout. Bref, disoit vn grand Capitaine, c'est l'ordre qui combat : ce mot a esté tant loüé

que ie n'oſerois penſer à le vouloir dire mieux. Si j'oſois toutesfois, ie vous
dirois que ce ſont les hommes qui combattent , & l'ordre qui eſt le vainqueur. Peſez vos courages, comptez vos bras, nombrez vos mains, & vous
connoiſtrez que ſi vous adjouſtez l'ordre parmy vous, & y receuez la diſcipline qui ſert de ſeure deffenſe, meſmes aux choſes plus foibles & infirmes,
vous n'aurez plus rien à craindre. Il n'eſt pas pour ceſte heure queſtion d'aſſaillir, il eſt queſtion de vous deffendre. Ce n'eſt pas vne entrepriſe à laquelle il ſoit beſoin de prouiſions extraordinaires, ou de viures, ou d'argent. Vous
auez des hommes abondamment en la Prouince, voire plus de ſoldats &
de Capitaines qu'il n'y en a en tous les Eſtats du Roy d'Eſpagne : Mettez
ordre ſeulement que ſi les ennemis font quelque entrepriſe ſur vous, qui ne
peut pas eſtre de longue durée, que chacun de ceux qui ſont capables de
porter les armes mange pour peu de temps à la teſte de l'ennemy, ce qu'il
mangeroit en ſa maiſon. De ceſte façon la guerre ne vous couſtera non plus
quo paix, & vous ſerez aſſeurez d'vne deffenſe inexpugnable. Si le mal eſt
de durée, vous auez à voſtre dos tout le corps de cet Eſtat qui vous viendra
ſouſtenir. Donnez ſeulement loiſir aux Prouinces voiſines d'accourir à
vous, & empeſchez les prompts effets que vos ennemis pourroient faire par
voſtre negligence & deſcouragement. Ne doutez nullement que du jour
que cet ordre ſera parmy vous, les armes tomberont des mains de vos ennemis. Quiconque vous verra preſts à la guerre, vous demandera la paix ; tel
qui accourt à voſtre proye pour vous voir foibles par le deſordre, accourra
à voſtre ſecours quand il vous verra preſts à vous deffendre. Les moyens,
Meſſieurs, vous en ſeront plus particulierement ouuerts de la part de Monſieur le Gouuerneur, ſelon l'intention & commandement du Roy, quand
vous viendrez à traitter d'affaires. Que me reſte-il donc? ſinon jettant les
yeux ſur chacun des ordres dont eſt compoſée ceſte aſſemblée, les ſalüer &
faire en leur endroit ce que le Heraut Romain faiſoit à l'aſſemblée des
Centuries, leur criant à haute voix, auant qu'ils vinſſent à dire leurs aduis:
Prenez garde, prenez garde, Meſſieurs, que vous ne ſoyez diſſemblables à
vous meſmes. Quand ie vous auray dit cela, ie vous auray tout dit: car
quelles paroles plus viues & preſſantes pourront perſuader Meſſieurs les
Prelats, & autres du Clergé de deuöuer eux & leurs moyens à la deffenſe de
leur patrie ; que quand ie les auray fait ſouuenir de la profeſſion qu'ils font
de pieté & charité, qui les oblige non ſeulement de conferer les biens publics qu'ils poſſedent, mais les leurs particuliers, & leurs propres perſonnes
pour ſauuer leurs troupeaux? Eſt-ce pas ce que la voix du S. Eſprit leur prononce par l'Eſcriture ſaincte? Le bon Paſteur expoſe ſa vie pour ſauuer ſon
troupeau. Ie ne me ſouuiens jamais qu'auec admiration de ce grand Paulin
Eueſque de Nole, qui ayant conſommé tous ſes moyens, pour racheter ſes
dioceſains captifs és mains des infidelles, ſe vendit en fin ſoy-meſmes, pour
du prix en deliurer pluſieurs de captiuité ; eſtimant que c'eſtoit heureuſement perdre ſa liberté que de la faire recouurer à pluſieurs autres. On ne
deſire pas cela de vous, Meſſieurs du Clergé, mais que vous employez liberalement quelque peu de vos biens & de vos fortunes pour rendre libres
vos compatriotes, afin que vous le ſoyez auec eux. Si vous alleguez, pour
vous

vous en excuser, vos immunitez & vos priuileges, vous les alleguez contre vous mesmes, & afin de les perdre. Car faute de prester la main pour sou-stenir la ruine qui vous menace, vous vous trouuerez les premiers accablez. Les Romains auoient excepté les Prestres & Sacrificateurs de toutes contributions & fraiz de guerre; mais quand il venoit bruit des Gaulois, qui auoient vne fois conduit leur Empire à deux doigts pres de sa ruine, chacun estoit tenu de porter sa vie & ses biens à la deffense du pays. Que doiuent donc faire les François contre les Espagnols? Mais il faut que ce que la rigueur de la loy faisoit faire à ceux-là, l'amour du pays vous le face faire. Que le secours que le public attend de vous ne vous soit pas demandé, mais par vous offert; & que l'honneur de vostre immunité redouble celuy de vostre gratitude & liberalité. Pour vous, Messieurs de la Noblesse, qui portez en titre les ornemens de la vertu de vos peres, qui jouïssez des fiefs de ceste Prouince, comme du partage de vostre vaillance, qui estes sortis du ventre de vos meres la cuirasse sur le dos: C'est, ce me semble, vouloir verser vn verre d'eau dans vn torrent pour l'enfler, que d'employer des paroles pour enflammer dauantage vos genereux courages; non eschauffez, mais embrasez de ceste viue & bruslante ardeur de consómer vos biens, respandre vostre sang, sacrifier vos vies pour la deffense de vostre pays. C'est vous qui en estes les vrais remparts, vostre vertu la plus seure frontiere: Si quelque danger la menace, c'est vne moisson de gloire qui se presente à vous; c'est vous seuls qui auez le goust de ceste loüange immortelle, qui suit la vaillance comme l'ombre le corps. C'est vous seuls qui sçauez mespriser toutes choses pour acquerir de l'honneur; & pour ce ayant ce piquant aiguillon dans les cœurs, toute autre exhortation vous seroit superfluë. Quant à vous, Messieurs des communes, ie sçay bien à la verité que vous auez beaucoup souffert; vous estes grandement endetez des guerres passées, affligez du mauuais mesnage qui s'est fait en vos affaires: mais il ne faut pas pour cela perdre courage; ains comme le pelerin qui lassé d'vne longue & dure journée, voyant le giste où il doit arriuer, redouble ses forces, & quasi se deslasse en trauaillant; il faut que vous franchissiez par vne feruerur d'affection ce peu qui reste de mauuais chemin. Lors que d'vn costé vous vous representerez que vos ennemis viennent pour rauir vos biens, vos femmes & vos enfans, vous mettre sous vn joug de seruitude aussi honteuse que dure, douterez-vous d'employer tout ce que vous auez en ce monde pour vous en garantir? Ne considerez-vous pas que tout ce que vous espargnerez à ceste occasion, vous l'espargnerez pour vos ennemis? Où au contraire ce que vous y employerez bien à propos, non seulement vous conseruera le reste, mais outre cela vous ouurira, s'il plaist à Dieu, le chemin pour aller requerir jusques chez les autheurs de vos peines, l'vsure & interest de la despence qu'ils vous font faire. Prenez courage, prenez courage; la fortune de ce Royaume l'a voulu exercer, mais non pas renuerser. Alors que vous estiez plógez jusques aux abysmes, elle vous a miraculeusemét releuez; vous estes à bord, pourueu que vous vueilliez vn peu roïdir les bras: faites ce qui est en vous; ne vous manquez point à vous mesmes, & la fortune de ce grand Roy, que Dieu a fait naistre pour la restauration de cet Estat, fera prosperer

vos actions , & les conduira à leur entiere perfection. Le sage gouerne-
ment de ce genereux Prince, que le Roy vous a donné pour son Lieutenant, a des-ja tant auancé cet ouurage, y employant ses veilles & ses labeurs, y exposant son sang & sa vie, que si vous luy desniez maintenant vos
mains , afin d'acheuer ce peu qui reste pour asseurer vostre pleine saluation,
tout le monde croiroit , & auec raison , que vous seriez ennemis jurez de
vous mesmes. Mais qui se souuiendra que vous estes François, fidelles sujets s'il y en eut jamais de vostre Prince, & se representera les maux & les miseres que les Estrangers vous ont fait endurer, la hayne qu'ils vous portent,
la rage qu'ils ont de se vanger de vous, & d'assouuir leur ambition & auance par vostre desolation; doutera-il que vous ne portiez liberalement , non
vos biens, mais vos personnes, mais vos vies, pour s'opposer à leurs entreprises, & parer à leurs desseins? Bandez donc, Messieurs, vos esprits, redoublez
vos courages, pour connoistre & effectuer tous ensemble ce qui est de vostre bien & conseruation. Dieu qui preside aux affaires des hommes, jugeant la Iustice de vostre cause, vous suggerera les conseils les plus propres,
& les fauorisera d'heureux euenemens. Vous jouïrez vous mesmes de la
seureté que vous vous serez acquise, & du contentement d'auoir fidellement serui vostre Prince: vostre posterité apres vous en sentira le fruit, benira vostre memoire, & la couronnera de la gloire qui est deuë à ceux qui se
deuoüen genereusement pour le salut de leur pays.

A L'OVVERTVRE DES ESTATS DE PROVENCE
de l'année mil six cens.

ME S S I E V R S , L'œil debonnaire de vostre Prince, qui
auec le Soleil se leue tous les jours sur vous, & son soin paternel, qui veille sans relasche à vostre bien & soulagement, vous a icy conuoquez pour entendre par vous mesmes l'estat de vos fortunes, & s'il s'y trouue chose qui trouble vostre heur & repos, luy marquer les moyens que vous
estimez les plus propres pour y pouruoir. Ie me souuiens qu'au plus dur
temps de vos detresses, & lors qu'il sembloit que toutes les puissances de la
terre fussent conjurées à la desolation de ce Royaume, & que particulierement ceste Prouince fust menacée par nos voisins estrangers de beaucoup
de dangereux desseins, ie fis l'ouuerture d'vne assemblée pareille à celle-cy,
& vous exhortay autât que ie peux d'embrasser courageusement & vnanimement les moyens, par lesquels j'estimois que vous vous pouuiez garantir
de la ruine qui pendoit sur vos testes. Le Dieu des merueilles a exaucé nos
vœux, vaincu nos esperances, chassé nos craintes, releué nos affaires , &
auec le bras victorieux du Prince triomphant, qu'il auoit destiné pour estre
le parfait ouurier de nostre salut, il a changé les tempestes de la guerre au
calme d'vne douce & tranquille paix , dans le sein de laquelle vostre fortune commence à se remettre & restablir. La France a r'assemblé tous les fleurons espars de sa Couronne, & ces jours passez ce peu qui restoit encor icy
pres,

près, entre les mains de l'Estranger, luy a esté rendu par ce dernier traicté, qui apportera beaucoup d'ornement & de seureté à ceste Prouince: De sorte qu'il sembleroit proprement qu'en la commune prosperité de ce Royaume & lors que la France triomphante leue la teste par dessus les Estats voisins, que l'assemblée qui se faict icy ne deust estre que pour conioindre les voix des hommes, & entonner plus haut les cris de ioye & d'allegresse que nous deuons à nostre salut inesperément recouuré. Et certainement si nous ne regardions que les perils effroyables, dont Dieu nous a deliurez, nous aurions trop d'occasion de ne receuoir autre passion en nos cœurs qu'vne pleine allegresse & contentement extraordinaire. Mais ie ne sçay par quel mal-heur particulier ceste pauure Prouince a franchy tant de dangereux precipices, se void encor cernée de grandes & affreuses fondrieres: de sorte que l'esprit de ses habitans balacé entre la ioye du mal passé & la crainte du present ne sçait pas bien de quel costé se ranger, & comme on dit s'il doiuent rire ou pleurer. Car ne plus ne moins que ceux qui ont esté atteints d'vne fiéure pestilente, bien qu'ils viennent en conualescence, toutesfois ont les facultez naturelles tellement debilitées par la malice du venin, qu'ils ne peuuent de long-temps apres reprendre leur bon teint, ne recouuer leur premiere vigueur: Ainsi ceste Prouince, bien que déliurée de la misere & calamité de la guerre, en a toutesfois des impressions si profondes, qu'elles l'empeschent encor auiourd'huy de pouuoir sauourer le doux fruict de la paix. Or s'il reste quelque remede au monde, duquel vous deuiez esperer vostre parfaicte guarison, il depend certainement de ceste assemblée, composée des principaux membres de vostre corps, de ceste conuocation celebre des plus sages & aduisez Conseillers de ce pays; Bref de ce frequent concours de toutes sortes de gens. C'est à vous d'apporter & d'exposer en ce theatre public les maux dont vous vous plaignez, afin que vous mesmes vous sondiez le creux de vos playes; car les blessures douloureuses redoutent & refuyent la main d'autruy; & que vous mesmes vous proposiez les remedes qui vous sembleront plus conuenables: Ordinairement ceux-là sont les plus salutaires qui sont plus agreables aux malades. Combien doncques deuez-vous estre soigneux d'vser sagement du bien que vous auez entre les mains, & le mesnager si prudemment que vous ne perdiez point le temps & l'occasion de pouruoir aux maux qui vous pressent; & que les contentions, les ialousies, les opiniastretez qui se nourrissent souuent en telles assemblées, non seulement ne vous en facent perdre le fruict, mais encor ne rendent vos affaires odieuses à ceux desquels vous deuez attendre vostre soulagement. Le deuoir de la charge où ie suis esleué m'a souuent resueillé l'esprit & picqué la pensée, pour pouuoir reconnoistre & considerer en quoy pouuoit principalement consister le mal qui vous afflige, qui vous empesche de gouster la douceur de ceste tranquillité qui est auiourd'huy commune à tout le reste de la France; & au lieu de ce, vous emplit le cœur de desespoir, & la bouche de plaintes. Ie disois en moy mesmes; Qu'a donc ceste Prouince, qu'elle ne se puisse dire aussi heureuse qu'elle estoit il y a cent ans? Son estenduë est-elle moindre qu'elle n'estoit? nenny: Le pays y est-il moins peuplé? Au

contraire. Ses champs font-ils deuenus infertiles ? rien moins. La terre
eft-elle moins cultiuée ? non. Le commerce ne s'y faict-il pas aufsi grand,
voire plus grand beaucoup ? Il eft vray. Les hommes y font-ils moins induftrieux ? non. Eft-elle foulée des leuées que le Prince y faict ? tant s'en
faut, qu'à comparaifon des autres Prouinces, elle eft libre, & exempte
& eft traittée plus indulgemment qu'aucune autre du Royaume. Ce font,
me dira quelqu'vn, les debtes immenfes & au deffus toute penfée, qu'elle a
contracté durant les guerres, qui tiennent cefte pauure Prouince accablée;
qui eftendent bien auant dans la paix les effects de fa mifere, fans qu'elle en
puiffe quafi preuoir l'iffuë. Et certainement c'eft chofe fort pitoyable, & qui
met vos maux hors de comparaifon auec ceux de toutes les autres Prouinces. Les autres ont perdu durant la guerre ce qu'elles auoient deuant eux;
leurs edifices ont efté ruinez, leurs fruicts diffipez, leur beftail emporté, leurs
meubles pillez, & ne leur eftant demeuré que la terre & les bras, ils fe remettent vifiblement de jour en jour, & joüyffent de la douceur de la paix.
Et vous de qui les maifons font demeurées plus entieres & mieux meublées
que de Prouince de la France (car de cela ie vous puis affeurer,) qui auez
plus labouré durant les guerres, qui auez encor plus de beftail de refte, qui
auez vne cofte de mer inefpuifable pour la pefche, incomparable pour le
commerce, demeurez comme en chartre, amaigriffant tous les jours, & deuenez d'heure à heure plus miferables. Vos debtes à la verité font immenfes; c'eft vn grand poids fur vos efpaules, & digne de compaffion : & toutesfois quand ie confidere d'autre cofté, que fi vous deuez, vous deuez à
vous mefmes; que fi l'vn doit, & il eft deü à l'autre, c'eft quafi tout dans la
Prouince; ie commence à reconnoiftre que la caufe de voftre mal n'eft
prefque qu'imaginaire, qui produit neantmoins de vrayes & certaines miferes, lefquelles procedent plus de deffaut d'ordre que d'vne caufe fixe, folide & permanente, qui foit en vous ou parmy vous. Car qu'en vne Prouince, l'vn foit pauure, l'autre foit riche, cela n'eft rien de nouueau : Que
le bien foit au creancier ou au debteur, c'eft quafi chofe indifferente; la terre demeure commune entre tous, & nourrit aufsi bien celuy qui la laboure-
re pour autruy, que celuy à qui elle appartient en proprieté. Quand tout
le bien des debteurs appartiendroit auiourd'huy aux creanciers, il faudroit toufiours que les riches fe feruiffent des pauures; que ceux qui auroient le bien en portaffent les charges, & le baillaffent aux autres pour
le faire valoir & cultiuer, & ainfi ils viuroient les vns parmy les autres. Et
qu'eft-ce donc qui eft caufe de voftre malheur qui vous rend & aux vns
& aux autres le bien que vous auez, inutile ? c'eft (pardonnez-moy, Meffieurs, fi ie le vous dis librement) voftre opinion, c'eft voftre paffion. La
plus part des debteurs fe font imaginez qu'il ne faut que gaigner le temps,
& le pouffer par l'efpaule; & qu'en fin fans mettre la main à la bource, ils
fe trouueront quittes; & feroient volontiers perdre à leurs creanciers ce
qui leur eft iuftement deu.   La plus part des creanciers, ou par impatience
de ne receuoir pas de leur argent le profit immoderé qu'ils defireroient,
ou par crainte que leurs debtes n'empirent par la longueur, preffent fans
mifericorde, & penfent forcer l'impuiffance des peuples : & bien qu'en
toute

toute la France il n'y ait pas la moitié de l'argent en espece & monnoye qu'il faudroit pour payer les debtes de Prouence, ils veulent estre payez en argent tout à coup ; tellement que la contumace des vns & l'impatience des autres vous a tellement animez, que vous ne cherchez tous qu'à vous entreprendre & ruiner. La prudence & bonté du Prince, celle de la Iustice, a temperé jusques aujourd'huy la passion des vns & des autres. Mais en fin si faudra-il que la foy publique ait son cours, & la Iustice le sien. Que si auant cela d'vn commun consentement vous ne prenez quelque resolution pour le bien commun & des vns & des autres, que peut-on esperer? qu'en arriuera-il, sinon que nous verrons des armées de Sergens par la campagne? Nous verrons à chaque tas de bled vn sequestre & cinq ou six saisies, vn procés contre le sequestre, vn contre le proprietaire, vn autre contre les saisissans. Les choses saisies seront deliurées à vil prix, & ne s'en tirera pas dequoy payer la moitié des fraiz des executions & des procés. Cependant ce qui deuoit seruir pour labourer la terre, semer pour l'année suiuante, & nourrir les laboureurs, attendant vne nouuelle recolte, sera consommé & dilapidé ; le debteur aura tout perdu, & le creancier n'aura rien tiré ; la terre demeurera en friche, & lors la misere & la pauureté ruinera egalement le creancier & le debteur. Car, Messieurs, (ne vous y abusez pas) c'est la terre qui fait tout, c'est de sa fecondité que sort vostre vie, vostre ayse, vostre commodité. Et pource, Messieurs, vous ne de ez perdre vne seule minute de temps de pouruoir à cet affaire. Ie vous dis donc à vous, debteurs, que vous ne deuez espargner aucun des moyens que vous puissiez trouuer en ce monde, pour vous acquitter promptement. Le temps que vous pensez gagner vous consomme, il vous saigne le pied en l'eau, vostre substance s'escoule sans que vous vous en apperceuiez : Vous ne sçauriez faire si petit interest des deniers que vous deuez, qu'il n'excede quasi le double du profit que la terre vous rapporte, sans les fraiz immenses des executions qu'il vous faut soustenir. C'est vn chancre qui ne se peut guarir qu'en le desracinant ; plus il prend pied, plus il deuient incurable : faites vn effort, afin que ce qui vous restera vous soit libre, que vos biens, vos personnes, vos esprits soient à vous. Et quant à vous, creanciers, contentez-vous de ce qui est possible, & ne pensez pas pouuoir forcer la nature, & ne gastez pas ce qui doit seruir pour vous payer : Ne mettez pas en la bource des Sergens & des Procureurs ce qui doit entrer en la vostre. En fin ie vous dis & aux vns & aux autres, vous deuez regarder tout ce qui se peut tirer & retrancher des biens & des commoditez des debteurs, & prendre vn ordre par lequel cela tombe droictement & sans fraiz, & sans executions en la bource des creanciers. C'est chose qu'il faut consulter en commun, c'est vn moyen qu'il faut trouuer, encores qu'il semble difficile ; car il n'est point impossible ; & si vous ne le faictes, souuenez-vous de ce que ie vous denonce aujourd'huy (& Dieu vueille que vostre misere ne vous en face point trop tost souuenir,) souuenez-vous, dis-je, que dans deux années vous allez voir ceste Prouince depeuplée, la terre en frische & desolée, es creanciers & les debteurs egalement pauures & miserables, trainans cur vie en langueur & pauureté. Tout le reste de la France fleurissante

& enrichie par la paix , regardera , comme vn piteux spectacle , la Prouence seule miserable , sans pitié ny compassion ; pour recon. noistre que vostre misere vient plustost de vostre faute , que de vostre in- fortune. Si au contraire auec vn esprit paisible & reposé , auec vn desir equitable vous embrassez ce moyen , dont les particularitez pourront estre plus à propos traittées & espluchées en autre lieu , vous vous trou- uerez en fort peu de temps tous satisfaicts , les debteurs quittes auec peu d'incommodité , les creanciers payez à leur contentement. Mais le prin- cipal moyen pour y paruenir , c'est qu'en ceste deliberation chacun s'ac- commode à ce qui est du bien public ; & que ce qui se trouuera necessaire ne soit point retardé par l'aueuglée cupidité de quelques particuliers , qui ne se soucieroient pas que tout le reste fust abysmé , pourueu qu'auec leur petit pacquet ils se peussent jetter à bord. Gens trop aueuglez , qui pen- sent se pouuoir sauuer quand tout le monde perira. Tant que Carthage fut entiere , & comme riuale de l'Empire Romain , Caton toutes & quan- tesfois qu'on luy demandoit son aduis au Senat de quelque affaire que ce fust , commençoit par cet exorde : Il faut ruiner Carthage. Comme s'il eust dit : Si vous ne faictes cela , toutes les autres deliberations où vous entrez sont inutiles , car en fin Carthage vous ruinera. De mesmes desi- rerois-je & pratiquerois volontiers , qu'en toutes les affaires qui se propo- seroient en ceste Prouince , on commençast par cet auant-propos ; Il faut mettre ordre au payement des debtes , car sans cela il faut que ceste Pro- uince perisse. Et pource , Messieurs , j'ay pensé qu'au commencement de ceste assemblée , parlant à vous de la part du Roy mon Maistre , qui n'a son esprit party qu'en la pensée du bien de ses sujets ; la premiere pro- position qui vous deuoit estre faicte estoit sur ce sujet , comme le plus important que vous ayez en ceste Prouince , ny qui peut-estre se soit ja- mais trouué en aucun Estat tel qu'il ait esté ; si ce n'est que la memoire me faille , & qu'en courant de l'œil sur l'histoire de tout le monde , quel- que exemple semblable se soit escarté de ma veuë. Le surplus que j'ay à vous proposer de sa part , n'est point des aydes , ny des secours qu'il desire tirer de vous , comme il faict de ses autres Prouinces ; Au contraire sa co- gitation est , que le reste de son Royaume contribuë à vostre conserua- tion , à l'ornement & seureté de vostre Prouince ; & pour ce dessein il a projetté la construction & l'entretenement d'vn bon nombre de galleres , qui puisse tenir vos mers nettes & asseurées , & rendre vostre commerce libre : afin aussi que la despence qu'elles feront serue à peupler le pays d'ar- gent & de commoditez. Mais de tous les biens qu'il vous prepare , le plus grand est sa presence , laquelle il vous promet en peu de jours ; afin que l'œil de sa prouidence voyant à nud vos necessitez , & esclairant à vos miseres , puisse seurement diriger sur vous la main de sa puissance & de sa beneficence , pour vous donner le soulagement que vous deuez attendre d'vn si grand , si triomphant , & si debonnaire Prince. Attendant ce bien , il desire , comme vous entendrez par ses despesches , fort affectionné- ment deux choses de vous : Il veut que vous aymiez , cherissiez & hono- riez Monsieur vostre Gouuerneur , selon que le rang illustre qu'il tient,

l'authorité

l'authorité qui luy est commise, les grandes & signalées obligations que
cette Prouince luy a, & ses rares & excellentes vertus le meritent : Qu'en sa
personne vous ayez esgard à ce qui est de l'ornement & de la seureté de la
Prouince; & que vous ne consideriez pas tant aujourd'huy l'estat où vous
estes, que celuy dont il vous a tiré par sa valeur & vertu, au prix de son sang
& au peril de sa vie. Vn grand Capitaine reprochoit à ses concitoyens qu'ils
se seruoient de luy comme d'vne robbe fourrée qu'on met sur ses espaules quand on sent le froid; puis quand on est eschauffé on la rejette en quelque coing. Vous estes trop bien naiz pour tomber en semblable ingratitude: la memoire de tant de belles actions, dont ce Prince vous a obligé,
est trop recente, pour laisser esteindre la bien-vueillance qu'elles ont allumé
en vos cœurs. La volonté du Roy & son commandement vous est, ie
m'asseure, si venerable, que vous le suiurez en cela fort religieusement.
Vous entendrez aussi combien sa Majesté desire que vous demeuriez
au respect que vous deuez enuers Messieurs du Parlement; & qu'au lieu
des contentions ausquelles on vous a nourry jusques aujourd'huy auec
eux, vous y mainteniez l'amitié, l'honneur & l'obeïssance: Il veut en
toutes façons que tous ces differends, qui sont entre les communautez &
eux, se composent doucement & amiablement; & a donné charge à
Monsieur le Gouuerneur de s'en rendre mediateur, tout resolu de faire
sentir les effects de son indignation à ceux, soit d'vne part ou d'autre, qui
refuseront les conditions raisonnables d'vn equitable accord. Ie sçay
bien, Messieurs, qu'il ne manque point parmy vous de gens, qui sous
pretexte de quelque interest particulier qu'ils vous veulent faire sentir,
vous animent à telles dissensions; mais l'experience vous a des-ja assez appris que les vns y sont poussez d'vne grande & signalée imprudence, les
autres d'vn mauuais dessein de profiter de telles diuisions, pour s'occuper
à vos despens en commissions & voyages, & pescher en eau trouble; &
par la confusion rejetter ceste Prouince aux calamitez dont elle est sortie.
Mais opposez aux discours & propositions de telles gens la prudente consideration, de combien en tout temps les diuisions, entre le peuple & la Iustice, ont apporté de mal-heur & de calamité où elles sont arriuées, & combien les poursuittes & solicitations que vous auez faites vous ont apporté
de despence & d'incommodité; & vous les trouuerez exceder de beaucoup
l'interest que vous y pretendez. Ce n'est pas seulement en ce temps & en ceste Prouince qu'on a voulu animer les peuples contre le Senat, & tirer en
enuie le lustre & l'immunité des Magistrats. Vous auez tous souuent oüy
dire comme cela arriua à Rome du temps de Menenius Agrippa, & comme le peuple s'estoit separé du Senat; mais en fin ayant songé à soy, & reconneu que comme au corps il faut que les autres membres trauaillent continuellement pour nourrir les parties nobles, bien qu'elles semblent oysiues
& sans action, desquelles toutesfois en effet depend la vie des autres membres, il se remit incontinent à son deuoir. Il est bien seant, Messieurs, de
mesnager vos moyens & vos fortunes, qui ne sont que trop incommodées,
mais auec mesure, & non pas au prejudice du lustre, de l'honneur & de la

preeminence qui est deuë à la Iustice souueraine , laquelle ressemble proprement au Soleil, de la chaleur duquel on ne peut estre fomenté sans souffrir quant & quant sa clarté. Le plus grand , le principal & plus vtile mesnage que vous sçauriez faire , c'est de conseruer la paix & l'amitié entre
tous les ordres de cette Prouince, ce que vous ferez, quand vous vous rendrez les vns aux autres chacun ce que vous vous deuez: Quand l'Eglise sera honorée & reuerée de tous , comme celle qui vous nourrit à la pieté,
vous concilie la grace de Dieu, & attire par ses prieres ses benedictions sur
vous: Quand la Noblesse sera respectée & seruie, comme le seur rempart
de l'Estat commun, en la vertu & valeur de laquelle gist la seureté publique; comme celle qui expose si librement son sang & sa vie pour la deffense des autres , & sans laquelle le bien, la vie , la liberté des autres seroient en
proye à tous ceux qui y voudroient attenter: Quand les peuples seront aymez & protegez par l'Eglise & par la Noblesse, comme leurs propres enfans, comme les bras communs, par le labeur desquels chacun tire du sein
de la terre, sa vie, sa richesse & ses commoditez. Trauaillez donc, Messieurs,
à ceste Concorde, & faites pour la concilier ce que faisoient les anciens,
qui arrachoient le fiel des hosties , qu'ils luy immoloient. Deliberans de
vos affaires communes, arrachez de vos cœurs , de vos pensées, toutes sortes de jalousies , d'emulation , d'enuies ; & auec des esprits pleins de douceur, de dilection & d'equanimité les vns enuers les autres , conjurez &
conspirez vnanimement au bien public , & vous accommodez tous, non
à ce que vous pourriez desirer , mais à ce que le temps & la condition des
choses presentes peut porter ; ne regardant pas seulement ce qui est deuant
vos yeux, mais jettant vos pensées plus loin , & preuenant d'esprit quelle
pourroit estre la consequence de beaucoup de choses, qui du commencement vous sembleroient plausibles, & neantmoins vous seroient en fin nuisibles. Si vous vous conduisez de ceste façon , & que vous demeuriez en
ces termes, ne doutez point que ce grand Roy, ce bon Genie de la France,
cet Hercule Gaulois, qui a si bien commencé l'œuure de vostre saluation,
n'employe toute son authorité , ne bande tous ses esprits , ne consomme
toutes ses pensées, pour exterminer ce dernier monstre de la France vostre
misere , & vous donner vostre partage , voire auec droit d'aisnesse des
biens que ceste paix si desirée , si longuement desesperée , si glorieusement procurée, promet, & fait des-ja sentir à tous les autres membres de
cet Estat. Or attendant que sa viue presence, dont vous joüyrez dans peu
de jours, inspire en vos fortunes ce qui y deffaut de bon-heur, vous oyrez
par la lecture de ses Lettres patentes, & autres qu'il vous addresse, quelles
sont ses intentions & volontez ; ausquelles ie m'asseure que vous vous con-
formerez entierement, comme ses tres-bons & tres-loyaux sujets, & seruiteurs.

A LA ROYNE, DE LA PART DV PARLEMENT
de Prouence, à son arriuée à Marseille, en Nouembre mil six cens.

ADAME, Si tost que nous auons veu vostre Majesté aborder en ceste Prouince, & auec elle la felicité en ce Royaume, nous auons abandonné le siege de la Iustice souueraine, que nous auons l'honneur de tenir, pour nous venir prosterner à vos pieds, vous rendre vn des plus illustres hommages que puisse receuoir la Couronne qui ceint maintenant vostre chef, & nous prononcer quant & quant redeuables de tous les vœux que nous auons jamais fait pour le bien & salut de cet Estat. Car asseurément aujourd'huy les croyons-nous exaucez, & estimons que tant de merueilles que Dieu auoit commencé d'ourrer pour la restauration de la France, sont entierement accomplies ; & que nostre bonne fortune, qui sembloit auparauant chancelante, soit maintenant assise sur vne ferme baze & immobile fondement. Dieu nous a donné vn Roy excellent en vertu, admirable en bonté, incomparable en vaillance, qui par ses labeurs nous a mis en repos, par ses perils en seureté, par ses victoires en reputation. De sorte que nous nous fussions quasi dits bien-heureux, si vne triste pensée n'eust souuent troublé le cours de nos joyes : Ceste pensée, dis-je, qui nous representoit que la nature a borné la vie de tous les hommes du monde, tant des grands que des petits, des Roys que de leurs sujets. Que la solitude & l'orbité rendoient à nostre Prince la sienne moins aggreable, & luy diminuoient le desir & le soin de la conseruer & cherir. A cela nos souhaits cherchoient tous les jours des remedes, & ne sçauions d'où les esperer, jusques à tant que l'esclair de vostre face Royalle a percé le nuage de nos ennuis, & fait poindre à nos yeux vne viue esperance de voir doresnauant nostre bon-heur aussi stable qu'admirable. Car voyant reluire en vostre visage tant de graces, dont la nature vous a si liberalement doüée, contemplant ceste rare beauté dont elle vous a ornée, considerant ceste naïue douceur dont elle a temperé vostre Royalle grauité, & oyant la voix celebre de la renommée, qui publie par tout la viuacité de vostre esprit, la solidité de vostre jugement, l'elegance de vos discours ; mais qui fait retentir par dessus tout cela le los incomparable de vos sainctes & religieuses mœurs ; nous nous persuadons que vous estes vrayement celle que le Ciel auoit destinée pour adoucir par vne agreable societé la vie de nostre Prince, prolonger ses jours par son contentement, & perpetuer l'heur de son regne par la suitte d'vne longue lignée & ample posterité. Nous jugeons que vous estes vrayement seule sur la terre digne de receuoir & faire reposer en vostre chaste sein la vie tant exercée du plus noble & triomphant Roy qui viue aujourd'huy ; Et que seul il meritoit au monde de recueillir dans ses bras victorieux la plus vertueuse & plus agreable Princesse qu'ait porté le siecle où nous viuons. Et delà nous presageons que nous verrons bien-tost autour de vous vn bon nombre de beaux enfans, portans sur leur front la valeur de leur pere, la vertu de leur mere, la grandeur & noblesse de la Maison de France, où vous estes alliée; l'heur & la puissance de celle d'Austriche, dont vous estes yssuë; & la prudence & sagesse de celle de Florence, dont vous estes née. A la creance de ce doux presage toutes choses nous conuient, les heureux succés de guerre qui sont arriuez à nostre Prince à mesure que vous vous acheminiez vers luy, la paix qu'à vostre arriuée il donne à ses sujets & à ses voisins; & le Ciel & la mer encore, puis que nous voyons euidemment qu'au moment de vostre debarquement la mer pleine d'agitation s'est calmée, & le Ciel plein de nuages s'est esclaircy, comme s'ils vouloient d'vn œil riant celebrer auec nous la magnificence de vostre bien fortunée reception. A la bonne heure donc, ó grande Royne, soyez-vous joincte à nos bords: heureuse soyez-vous longuement en la France & à la France: que le siecle que nous commençons vous puisse voir à sa fin tres-chere femme d'vn grand Roy, & les siecles à venir vous renommer glorieuse mere de grands Roys. Mais pour le comble de vostre gloire, souuenez-vous & vous resouuenez, que comme vous estes deuenuë vne grande Royne en espousant vn grand Roy, aussi estes-vous deuenuë mere charitable des peuples desquels il est le vray pere; & pource commencez d'entrer en part de ceste solicitude Royalle & dilection paternelle. Et puis que la felicité des sujets est la vraye gloire des Princes, fomentez & augmentez par vostre ayde & faueur l'amour & affection que ce grand Roy vostre espoux a naturellement au bien & soulagement des siens, afin qu'ils vous sentent comme vn nouuel Astre luisant benignement sur eux, & leur influant vn cours perpetuel de toute prosperité. Ce faisant vous oyrez tous les ordres de ce grand & florissant Royaume, joindre leurs voix pour benir vostre nom; joindre leurs desirs pour fortifier leur fidelle affection à vostre tres-humble seruice. Et quant à nous, Madame, qui ne cherchons nostre plus grand heur & plus grand honneur en ce monde, qu'à bien & dignement seruir nostre Prince, vous voyant esleuée en son throsne auec luy, vous consacrerons pour tousjours, comme nous faisons presentement, nos cœurs, nos affections & nos vies, pour demeurer tant que nous serons au monde vos tres-humbles, tres-fidelles & tres-obeïssans officiers, seruiteurs & sujets.

A LA ROYNE, A SON ENTREE A AIX.

MADAME, Les Princes qui n'ont autre titre de leur domination que la violence, mettent toute leur confiance en la terreur de leurs armes: mais nos Rois appellez à cet auguste Empire de la France par vne speciale grace de Dieu, ont tousiours estimé leur principale force, la bienvueillance de leurs sujets; & leur plus glorieuse conqueste, celle des cœurs de leurs peuples, lesquels ils ont prudemment jugé ne pouuoir ny plus facilement acquerir, ny plus seurement conseruer, qu'en leur distribuant sincerement la Iustice. Et pour ce en ceste ville capitale de la Prouince,

Prouince, où les Romains tenoient anciennement leurs legions, nos Princes ont posé le liét sacré de leur Iustice, & estably leur Parlement, pour juger souuerainement des biens, honneurs & vies de leurs sujets. Nous donnant cet eminent pouuoir, ils nous ont aussi laissé pour marque illustre de
ceste dignité leurs ornemens Royaux : Car les manteaux, les hermines &
les mortiers dont vostre Majesté nous void aujourd'huy reuestus, estoient
en la premiere simplicité des anciens François, les habits de parade de nos
Rois Or de tant plus que l'authorité qu'ils nous ont commise est esleuée &
approchante sans moyen de la Royauté; de tant plus nous, qui ne la tenons
que de leur seule bonté & liberalité, sommes obligez de la releuer & reconnoistre d'eux, & venerer leur Majesté, comme la vraye & viue source de
nostre authorité. Car les hommes qui sont montez à quelque degré d'honneur, ne s'en sçauroient mieux monstrer dignes, qu'en s'humiliant enuers la
puissance qui les y a esleuez; ny plus justement meriter vn nouuel accroissement de grandeur, que conuertissant ce qu'ils en ont à l'humble reconnoissance de celuy qui la leur a donnée. C'est pourquoy, Madame, vous voyant
aujourd'huy si meritoirement illustrée de ce glorieux titre de Royne de
France, nous venons au deuant de vous auec les ornemens les plus magnifiques que les Rois nous ayent donnez; Non pour faire montre de l'authorité que nous auons, mais au contraire pour faire paroistre qu'où vostre Majesté arriue, toutes autres puissances se viennent incliner & reünir à la vostre:
A l'exemple des grands fleuues, qui perdent leur nom & leur cours à la rencontre de l'Ocean, d'où ils prennent leur source. Que s'il nous estoit loisible de retenir en vostre presence quelque exercice de nos charges, & y faire
quelque fonction de la Iustice dont nous faisons profession, son office estant
de rendre à chacun ce qui luy appartient, ce seroit pour rendre à vostre Majesté les loüanges innumerables qui luy sont deües: Mais à mesure qu'vn
ardent desir nous porte à ceste action, vne juste crainte nous en retire, de
peur que diminuant par la foiblesse de nostre esprit, ou rudesse de nostre langage, le los de vos merites, il ne nous arriue comme à ceux qui voulant auec
des machines trop foibles esleuer sur leur pied droict de hautes & precieuses pyramides, les laissent tomber à terre, où elles demeurent gastées &
morcelées sans prix & sans honneur. Il nous sera donc plus seur & plus
seant, Madame, de reuerer vostre Royalle Majesté par vn religieux silence,
conceu en la profonde admiration de vos perfections, que tenter auec le
vain effort d'vne rude parole d'enleuer vn los de si grand poids au dernier
poinét de sa gloire: Veu mesmes que de jour en jour contemplans plus attentiuement vostre Majesté, depuis qu'elle est abordée à nostre terre, nous
la voyons resplendir d'vn nouueau lustre de vertus, lesquelles enueloppées
dans le voile de sa naturelle modestie, se descouurent tousiours dauantage,
à mesure que son infinie bonté se rend plus familiere à nous. De sorte que si
à son Orient elle nous a esbloüy les yeux des premiers rayons de sa presence,
nous aurions à douter maintenant qu'elle est plus esleuée sur nostre horison,
& paroist plus à son jour, qu'elle ne nous esteignist du tout la veuë, si nous
la tenions trop long-temps fichée sur sa pleine & plus brillante clairté. Outre cela, ce qui nous lie la langue, & nous commande plus imperieusement

le silence, c'est la crainte qu'en arrestant vostre Majesté par nos discours, nous n'offensions l'impatient desir de nostre cher Prince: Qui vous attendant compte les heures & les minutes, & croit que le temps qu'il n'est point aupres de vous, diminuë autant non seulement de sa felicité, mais aussi de sa vie. Rendez-vous donc, Madame, où vos merites vous appellent, où vos desirs vous portent, où nos vœux vous conuoyent: Rendez-vous pres de ce grand Roy, ce grand genie de la France, ce grand miracle des armes ; & quand vous serez arriuée pres de luy, temperez vn peu par vostre amitié conjugale son amour immense de gloire. Et puisque ny nos craintes, ny nos prieres ne le peuuent retirer des hazards de la guerre, retirez-l'en par les attraicts de vos diuines graces: Qu'il cesse maintenant de chercher de nouuelles conquestes, puis qu'il en a fait vne en vous, qui peut rendre pour jamais sa vie douce, & ses peuples heureux. Mais apres que vous serez arriuée où vos souhaits vous portent, que la joüissance de tant d'honneurs & de faueurs dont vous serez accueillie, la face de tant de magnificences qui vous sont preparées, ne vous facent pas perdre, s'il vous plaist, la memoire de ceste aussi noble qu'affligée Prouince, qui vous a la premiere tendu les bras & recueillie à vostre abord; ny de nous qui auons les premiers formé les vœux de tous les heurs & honneurs que vous aurez & receurez jamais en France. Conseruez-nous la faueur de vostre bien-vueillance, qu'il semble que vostre œil debonnaire nous promet. Cependant plus hardiment en vostre absence esleuerons-nous nos voix pour faire retentir vos loüanges, r'allierons-nous nos affections pour nous deuoüer à vous; & joindrons tous les efforts de nostre puissance pour vous tesmoigner par toute sorte de tres-humble & tres-fidelle seruice, que vous estes vrayement Royne de nos cœurs , & que nous ne voulons plus que nos vies nous seruent doresnauant à autre vsage qu'à celuy auquel elles seront destinées par vos sacrez commandemens.

INSCRIPTION FAITE A L'HONNEVR DV feu Roy Henry le Grand, pour estre mise au frontispice de l'entrée du College de Bourbon, que sa Majesté a fondé en la ville d'Aix en Prouence.

LA gloire de Dieu tout-puissant, & à la perdurable memoire de HENRY le Grand Roy de France & de Nauarre, que la felicité du siecle donna au monde l'an 1553. au commencement des troubles de la Religion pour y mettre la fin; qui fut dés son enfance par l'infortune des siens jetté dans les armes ciuiles pour les faire poser aux autres à la premiere ouuerture de paix; laquelle pensant affermir par vne Royalle alliance, il espousa vne prison de quatre ans : Euadé , soustint en treize ans dix armées Royalles, dont ayant desconfit la derniere à Coutras, porta ses armes victorieuses aux pieds du vaincu pour la deffense de l'Estat , où il receut la Couronne, la combatit dix années auec vne grande varieté de fortune

tune, qui se declara toutesfois en sa faueur par tout où il fut present, le garentit d'infinis assassinats, dangers, trahisons; tant que par cent quarante
combats, trois cens sieges, mais plus par vne incomparable clemence il s'affermit en l'Estat, recouura ce qui auoit esté vsurpé sur ses predecesseurs, en
sorte que les Estrangers jugeans par la victoire d'Yury nul nombre inuincible à sa vertu, par la prise d'Amiens nulle force imprenable à la sienne
par celle de Montmelian, nul passage fermé à ses armes, luy demanderent la paix, qu'il accorda aux prieres du Sainct Siege, & l'a bien-heurée
par la reconciliation des puissances Chrestiennes, le restablissement de la
Religion Catholique en toutes les villes, la restauration des Eglises, reformation des mœurs, l'integrité en la Iustice, la discipline en la milice, le mesnage aux finances, la munition des Arcenaux, la construction des galleres,
la fortification des frontieres, l'edification des Palais Royaux, la decoration
des villes, construction des ponts, la reparation des chemins, les nouueaux
cours des riuieres, la fondation des Vniuersitez, l'ornement des arts & sciences, l'accroissement du commerce, l'entretenement des mestiers, l'inuention de plusieurs artifices; & plus que tout encor par la naissance de trois
genereux Princes qu'il a tiré du chaste sein de la Royne Marie sa tres-ver-
tueuse espouse, ausquels par vne soigneuse instruction il inspire continuellement ses vertus, bontez, & graces; de toutes lesquelles n'ayant jamais
voulu receuoir autre gloire que d'estre conneu pour l'instrument de celles
de Dieu, & la meritant pour ce infinie, les Muses d'Aix par luy restaurées &
ornées se déuoüans à son immortelle renommée, ne sçachans encor à laquelle de ses vertus donner la palme, pendant que sa clemence combat
auec sa valeur, sa sagesse auec sa fortune, sa felicité auec celle de ses sujets, ont posé icy vn monument des vœux qu'elles font, à ce que Dieu
conserue longuement ce grand Roy tres-auguste, tres-clement, tres-vi-
ctorieux; Dieu prolonge ses jours au delà de tous ceux qui viuent maintenant, Dieu estende sa glorieuse memoire au delà de tous ceux qui viuront
jamais.

Qu'heureux soient-ils, comme ils sont saincts.

HARANGVES ET DISCOVRS FVNEBRES,

SVR LA MORT DE DAMOISELLE
Philippe du Vair, sœur de l'Auteur.

 E s vieilles playes se r'ouurent ordinairement quand on
en reçoit de nouuelles: Ce qui arriue aussi bien à l'esprit
comme au corps; chose que j'ay à mon grand mal-heur
trop esprouuée, puis qu'il a pleu à Dieu, que tant d'afflictions entassées les vnes sur les autres, ayent continuellement rafraischy mes douleurs, sans me donner quasi espace de me reconnoistre & reprendre haleine. Mais de toutes mes peines,
celle que j'ay senty la plus viue, & qui aux moindres touches d'aduersité

s'eſt pluſtoſt renouuellée, ç'a eſté celle de voſtre mort, ô ma chere ſœur,
ç'a eſté la memoire de cet infortune qui vous a tenu ſix mois entiers en des
tourmens incroyables, vous a en fin fait quitter la vie; & trenchant le fil
de vos jours, a coupé le nœud d'vne ſi douce & ſi ſaincte amitié, qu'apres
en eſtre priué, ie ne veux plus rien eſperer en ce monde. De vray auant vous
auoir perdu, les durs & peſans coups dont la fortune m'auoit deſ-ja battu
par la perte de noſtre bonne mere, par pluſieurs aduerſitez de noſtre maiſon, par vne grande maladie que j'auois eu, & en fin par l'eſtrange & continuel ſpectale de vos longues & continuelles douleurs, m'auoient tellement aſſommé l'eſprit & aſſoupy les ſens, que ie ſemblois pluſtoſt ſtupide
que dolent. Tellement que voſtre mort ſuruenant à tant de maux m'auoit
quaſi accablé & oſté tout ſentiment de mes peines. Le temps commençoit
à m'affermir l'eſprit; & me releuer le courage. Car comme il vient à bout
de tout, auſſi diminuë-il lentement noſtre triſteſſe. Mais mon mal-heur,
opiniaſtré à m'affliger, m'a incontinent donné de nouuelles atteintes de miſeres, & publiques & particulieres, qui ont auſſi-toſt r'entamé mon cœur,
& réueillé en ma memoire le mal qui m'auoit jamais le plus penetré, qui eſt
celuy de voſtre mort. I'ay ſouuent eſſayé de m'y conſoler, & employé à
cet effect tout ce que mes infortunées eſtudes m'auoient meſnagé de raiſons & de diſcours. Mais plus j'ay penſé abyſmer mon mal, plus il s'eſt renforcé, & a gagné le deſſus; me faiſant à tous propos ſouſleuer le cœur, &
tirant de jour & de nuict mille ſanglots, ſeurs teſmoins de mon angoiſſe. En
fin voyant que ie demeurois touſiours vaincu auec les armes de la raiſon,
aymant mieux eſſayer vn nouueau remede qu'endurer ſi long-temps vn
vieil mal; ie me ſuis reſolu de m'abandonner pour vn coup à mon dueil, &
le laiſſe noyer dans ſes propres larmes, puis que ie ne puis trouuer autre
moyen de le domter; ayant appris d'vn ancien, que c'eſt vn grand auantage ſur ſon ennemy, que de luy laiſſer eſpuiſer ſes forces & frapper ſon coup
en vain; pour ce que s'eſtant conſommé ſoy-meſmes, enfin il demeure vaincu par ſon propre effort; la nature des choſes humaines portant, que les plus
violentes ſe paſſent auſſi plus viſtement. Les eſtangs qui ne coulent que par
leurs deſchargeoirs s'entretiennent touſiours pleins; mais quand la bonde
eſt leuée ou la chauſſée rompuë, ils ſont incontinent à ſec. Plus les flambeaux ont de meſches, & pluſtoſt ils ſont conſommez. Bref plus l'action eſt
grande, & moins elle a de durée. Laſchons donc la bride à noſtre dueil, afin
que courant de toute ſa force, il ſoit incontinent au bout de ſa carriere, &
prenne auſſi-toſt ſa fin. Receuez-donc, ô belle ame & bien-heureuſe, le deſ-
bordé torrent de mes pleurs, & vuidez pour vne fois mon triſte cœur de
tant de larmes que voſtre triſte mort y a aſſemblées; afin que deſchargé du
faix d'vne telle triſteſſe, il ait quelque jour moyen de ſe conſoler en la memoire de voſtre chere amitié, & recordation de voſtre pieté & ſaincteté.
Preſidez, ô eſprit diuin & ſanctifié: car ie preſage, mais vrayement ie le
croy, que vous eſtes maintenant au ſejour de gloire & d'eternité: Preſidez,
diſ-je, à mes larmoyans regrets; afin que voſtre faueur ou ſecours, ou celuy
que vous me pouuez moyenner d'enhaut, me les termine en la contemplation de voſtre admirable vertu. Car ie croy que comme nous nous ſou-

tiénons de vous apres vostre depart, aussi vous vous souuenez de nous : & comme vous nous auez aymé jusques à la mort, ainsi nous aymez-vous encor apres la mort. Bien pensé-je que vostre esprit, composé en ceste celeste & heureuse tranquillité, n'est pas touché de douleur de nos maux, mais bien d'vne charitable affection de nous en voir deliurez, de nous y apporter secours, & nous tendre la main pour nous ranger auec vous. Excusez-moy, s'il vous plaist ; si ie trouble vostre repos, & si souuent ie vous inuoque : vostre nom est bien l'origine de mon mal, mais c'en est aussi bien le remede ; il m'est egalement doux & amer. Mon plaisir & mon ennuy sont de vous auoir euë, & de vous auoir perduë. Et de vray que pouuois-je auoir eu au reste du monde, dont la presence me deust estre si agreable, & la perte si lamentable? Car tous deux naiz d'vn si heureux & concordant mariage, nourris d'vn mesme laict, & esleuez sous la discipline d'vne si sage mere, & sous l'indulgence d'vn si bon pere ; nous estions si semblables de mœurs ; d'affections & de volontez, & si ressemblans de visage, que l'on eust dit que la nature se fust jouée en nous faisant ; & eust fait comme vn essay, combien elle pouuoit en deux sexes rendre deux personnes semblables : Ceux qui en auoient veu l'vne, reconnoissoient incontinent l'autre. Dés nostre plus molle enfance, nous nous estions tellement cheris ; que nous n'aymions rien au prix. Si tost qu'il m'arriuoit ; comme il fait souuent aux enfans, quelque mal, le sentiment en estoit aussi-tost en vous qu'en moy ; les larmes vous sortoient aussi-tost des yeux que le mal m'auoit touché : Et de moy ie n'auois pas au monde plus grand soucy que de vous. Bref nos affections justement compassées, se rencontroient semblables à toutes heures, voire à tous momens. Ceste amitié née auec nous, auoit tousiours creu quant & nous, & en changeant d'aages & de saisons, n'auoit aucunement changé, sinon qu'elle s'estoit tousiours dauantage affermie ; plus heureuse veritablement & plus glorieuse en vous qu'en moy, & ce par mon malheur : Car quasi toute ma jeunesse ayant esté agitée de continuelles maladies & griefues indispositions, vous m'auiez assisté d'vne si soigneuse façon, & soulagé mon mal par de si doux traittemens & gracieux entretiens, que ie puis dire que vous estiez celle seule qui me faisiez enuie de conseruer ma vie parmy tant de douloureuses langueurs ; Vous me reteniez, dis-je, par force au monde ; & lors que le mal m'entrainoit, & que mon esprit affligé tendoit la main pour s'en laisser tirer, vous me reteniez par l'autre. I'auois comme regret de ne me pouuoir reuencher de tant de bons offices, & n'osois toutesfois, ny ne deuois desirer d'en auoir le sujet. Mais la fortune y a bien pourueu depuis, & nous a donné trop d'occasions de desployer le desir que j'auois de vous seruir. Son premier coup certainement, ce fut la maladie de nostre mere ; laquelle touchée de la contagion, qui regnoit lors furieusement, nous mit en vne estrange perplexité : Car nous voyons en vn mal si dangereux nostre pere attaché au col de ceste pauure malade, qui ne s'en pouuoit retirer, au hazard de perdre en se perdant toute sa petite famille. Nous y voyons vn jeune enfant de frere ; nous y voyons nostre sœur ; tous en mesme danger d'amonceler leurs sepultures les vnes sur les autres : Combien de peine eusmes-nous lors à les separer d'eux, & faire partage en-

tre nous de ceux qui deuoient courir le peril , & de ceux qui ſe deuoient
conſeruer pour ſecourir les autres? Ie vous conjuray tant que ie peu lors, de
me laiſſer ſeul pres de noſtre mere, afin qu'ou ſauué ou perdu , j'euſſe apres
ou auec qui me reſioüir de mon ſalut, ou qui me fiſt reuiure en ſa ſouuenance. Mais helas ! ny voſtre pieté en ſon endroit, ny voſtre amitié enuers
moy, ne vous peurent jamais fleſchir à mes prieres; & eſtimiez injure, que
ie vous vouluſſe mettre hors de part & de ſocieté du danger où ie voulois
demeurer. Nous fuſmes donc ce reſte de temps enſemble, à aſſiſter noſtre
pauure mere,& nous complaindre de ce que ſon mal s'eſtoit deſcouuert,
lors qu'il n'y auoit plus de remede. Et en fin employans ce que nous peuſ-
mes aduiſer de ſecours,nous viſmes mourir celle qui nous auoit donné la
vie, & auec elle expirer le bon-heur de noſtre pauure maiſon. Car le dueil
& la triſteſſe s'eſtans depuis emparez de nos cœurs, nous a rendu toutes
choſes lugubres & funeſtes. Si me fut-ce lors vne grande conſolation , de
meſler mes larmes auec les voſtres,de confondre mes ſouſpirs auec vos ſanglots. O malencontreux Automne,quels fruits tu nous portas ceſte année-
là ! Mal-heureuſe ſaiſon,tu nous donnas vne feconde & plantureuſe moiſſon de douleur, de triſteſſe, d'ennuis, plus certainement que toutes les années ſuiuantes n'en ſçauroient conſommer. Mais tu nous en gardois bien
encor d'autres à l'aduenir, tant ſont ineſpuiſables les veines des miſeres humaines,quand vne fois elles viennent à s'ouurir & ſe deriuer ſur nous. L'année eſtoit ja tournée ; & auions paſſé noſtre hiuer, couuans triſtement noſtre dueil , eſtimant que ce ſeroit le plus grand & le dernier qui nous peuſt
arriuer.Car nous penſons touſiours que les derniers maux qui nous accueillent, ſont les plus faſcheux que nous ſçaurions endurer.Nous eſperions que
la belle ſaiſon de l'année retournant, chaſſeroit auec les broüillas de l'hyuer
les nuées de nos ennuis. O trompeuſe eſperance ! lors que les fleurs commencerent à poindre, & que toutes ſortes de fruits donnerent en leur premier bouton eſpoir d'vne belle cueillette, les ſemences de nos miſeres recommencerent auſſi à germer, & croiſſans peu à peu nous couurirent en fin
d'vn ſombre & funeſte ombrage de chagrin & triſteſſe. Car juſtement a
l'entrée du mois de May vous tombaſtes malade d'vne fiévre tierce,qui du
commencement ne faiſoit ſemblant que de ſe joüer, & vous aduertir de
prendre garde à voſtre ſanté : mais apres vous auoir promené enuiron vn
mois, par pluſieurs diuers & deſreiglez accés , voicy de grandes douleurs
coliques qui vous ſurprennent,des paſſions deſeſperées qui vous aſſaillent,
qui continuans l'eſpace de cinq mois vous ont donné vn eſtrange & miſerable exercice de patience, & à moy vn triſte & lamentable ſpectacle; juſques à tant que les effects de voſtre mal, vaincus par voſtre conſtance, &
laſſez de vous tourmenter , vous ont renduë à la mort,& conſignée au repos eternel. Helas ! vous ayant veu tant endurer , eſt-il poſſible qu'il me
ſoit demeuré quelque ſens entier, & que la voix me puiſſe maintenant ſeruir à autre choſe qu'à me plaindre du Ciel? Non, ſi ie ne ſentois mon eſprit
qui me retient, ie penſerois auoir droict de l'accuſer de cruauté,d'auoir decoulé vne ſi horrible influence de maux ſur vne ame ſi ſaincte & ſi innocente : mais ie voudrois m'accuſer premierement moy-meſme, de me voir

encore

encore viuant aprés vous; & que pour me faire mourir j'aye befoin d'autre
caufe que de l'objet de voftre fi grande mifere. Car n'eftoit-ce pas tous les
jours que ie voyois au fort de vos extremes douleurs, vos bras roidir, vos
veines s'enfler, voftre vifage pallir, vos yeux s'entrefermer, ne fortant du-
fant ces tourmens autre voix de voftre bouche que celle-là: O mon Dieu
recourez-moy, ô mon Dieu deliurez-moy. Puis la force vous faillant tout à
coup, vous veniez à tomber demy-morte entre mes bras, n'ayant plus rien
de vif que l'efprit: & comme la voix vous reuenoit vn peu, l'addreffant à
moy, vous me difiez. Hé mon frere que j'endure de maux! quand fera-ce
que mon Dieu fera content de ma peine? & puis me ferrant la main, & preffant voftre joüe contre mes bras; Ie fors, difiez-vous, de ce monde par vn
bien rude chemin: Au moins qu'il plaife à Dieu me continuer le courage
de porter mon mal patiemment jufques à la fin, beniffant fon fainct nom.
Ie me promets qu'il ne m'abandonnera point, quoy qu'il m'aduienne. Et
puis qu'il a tant enduré pour moy, ie puis bien endurer ce mal-cy pour luy
complaire. Helas! mon cœur faifi ne vous refpondoit que des foufpirs, &
n'auiez autre confolation de moy que mes larmes, qui tombans fur vos
pauures mains, attiediffoient vn peu l'ardeur de voftre fiévre. Ie penfe refuer quand ie fonge au long-temps que ce tourment vous a duré, & accuferois volontiers la nature, qui a voulu monftrer fa puiffance à vous faire
fupporter vn mal infupportable. Car la moindre heure de vos douleurs
pouuoit donner la mort à vn corps robufte & difpos; & à peine en quatre
mois qu'elles vous ont continuellement trauaillé, auez-vous efté vaincuë.
O nature ambitieufe en nos maux, ingenieufe à nous affliger! Pourquoy
donnez-vous tant de force à ceux, defquels l'heur feroit d'eftre bien toft
furmontez? Vous repaiffez-vous de nos maux, vous qui faites toutes chofes pour bien? Et vous diuinité, qui veillez fur les chofes humaines, qui nous
departez le bien & le mal à la balance, par ordonnance de voftre infaillible
raifon; la main vous a bien branlé à ce coup-là, & auez lafché à l'auenture
ce que voftre jufte jugement auoit accouftumé de regler. Mais helas! que
dif-je? à qui parlé-je? de qui parlé-je? O bonté eternelle, pardonnez-moy
si vous plaift, fi la douleur me pouffe l'efprit dans les abyfmes infcruta-
bles de voftre fapience infinie, & fi la pauureté de mon fens s'ofe jetter
dans les threfors de voftre incomprehenfible prouidence. Mais auffi,
pourquoy verfer tant de tourmens fur cefte creature innocente, de qui les
vœux & les fouhaits n'ont jamais efté que de vous feruir & complaire?
Mais que dif-je encores? vous l'auez ainfi voulu, Seigneur, vous l'auez
ainfi ordonné. Vous eftes tout bon, vous eftes tout jufte. Toutesfois c'eft
beaucoup, quatre mois tous entiers en cefte gefne, où elle n'a eu fentiment
que pour la douleur, force que pour porter fon mal, vie que pour mourir
tous les jours. C'eftoit vrayement que vous la vouliez mettre à la torture, pour luy faire par force reueler les fecrets de voftre bonté & mifericorde; & luy vouliez parmy les tourmens tirer la confeffion de voftre loüange, & exprimer par la peine l'exterieur reffentiment qu'elle auoit de voftre
beneficence & confolation. Vous vouliez qu'elle portaft tefmoignage,
comme vn courage appuyé fur vous ne peut eftre efbranlé par quelque for-

tune que ce soit. Car helas ! qu'elles paroles a-elle lasché aux relasches de
ses douleurs ? quels discours ont occupé les interualles de ses tourmens ? Ie
l'ay veuë toute rauie en esperance d'escheller les Cieux, & d'vn vol d'esprit
s'eslancer entre vos bras, Seigneur. Ie l'ay veuë, dif-je, au plus fort de ses
trauaux, destremper ses afflictions dans le miel de ses sainctes esperances.
I'ay veu quelquesfois son esprit abandonner son corps pour vn temps, &
luy ostant tout sentiment, tromper le mal qui la pressoit. C'estoit vous qui
estiez present, qui combattiez auec elle, & pariez les plus rudes coups ; au
moins mettiez la main au deuant de l'esprit, de peur que la blessure n'allast
jusques à luy. Helas ! quand ie me souuiens de ces derniers propos, & du discours dont ie la vy clorre ceste miserable & douloureuse vie, ie ne sçay si ie
suis encor viuant, ou si ayant passé auec elle j'accompagne son esprit, ou
bien si resuant ie me forge quelque songe de chose qui passe les bornes de
toute humanité. Car le jour auparauant qu'elle passast, elle auoit eu vne
grande cessation de douleurs, & sembloit qu'elle auroit la nuict fort
douce & fort paisible : Pource nous nous estions retirez pour la laisser
reposer. Sur la minuict, soit qu'elle sentist la force luy defaillir, ce que
ie ne puis penser, car dés long-temps elle estoit si abbatuë, que la mort
n'y pouuoit plus rien changer ; soit que Dieu, comme il l'auoit tousiours
assistée, l'aduertist lors qu'il la vouloit retirer, elle m'enuoya querir fort à
la haste ; & comme j'arriuay, auec plus de force & de voix qu'elle n'auoit
accoustumé, me baisant & m'embrassant ; Ce sera, dit-elle, à ce coup sans
plus, que Dieu me deliurera de tant de miseres : ie sens bien qu'il me faut
partir. Voicy, mon frere, le long Adieu de ceste pauure sœur, que vous
teniez si chere ; vous n'en aurez d'oresnauant plus rien de reste que la memoire, que ie vous prie de conseruer. Adieu doncques jusques au reuoir,
qui sera quand il plaira au Maistre, en vn sejour plus heureux que cestuy-
cy : ie m'en vay deuant porter de vos nouuelles à nostre bonne mere.
Puis que ie n'ay pas ce bien de dire Adieu à mon pauure mary, vous le
luy direz s'il vous plaist pour moy, & l'aymerez pour l'amour de moy. Ie
vous recommande la vieillesse de nostre pauure pere, puis qu'il ne m'est
pas permis de le seruir si long-temps que j'eusse desiré : ie vous prie & conjure d'adjouster encores à l'affection que vous luy portez, la mienne que ie
vous laisse & resigne. Le deuoir que vous luy rendrez pour moy m'obligera à prier Dieu plus instamment pour vous, quand il m'aura receuë entre ses
bras. Ie laisse le soin du reste du monde à ceux qui y demeurent. Seulement
ie vous prie, que ce mien pauure corps miserable, sujet de tant de maux
& de douleurs, soit enterré pres celuy de ma pauure mere, afin que comme
j'espere que nos esprits se vont conjoindre en vne heureuse demeure, nos
corps soient tant qu'ils pourront ensemble. Adieu mon bon frere Adieu.
Sur ceste parole la voix luy faillit, & commençant à se tourner à la mort,
elle ne me parloit plus que de l'œil, le tenant piteusement fiché sur moy ; &
le leuant quelquesfois comme auec effort en haut, où estoit le principal but
de ses pensers & desirs. I'ay donc veu, ma chere sœur, vos yeux se fermer, &
dire Adieu à la lumiere. I'ay veu vostre esprit s'enuoller de dessus vos lévres,
& m'estes demeurée comme vne vaine image entre les bras. Cherchant &
recherchant

recherchant ma pauure sœur, ie n'ay trouué qu'vn phantofme: & vous qui
parliez tout maintenant à moy, ie vous ay appellée & r'appellée, & vous ne
m'auez point refpondu. Helas! comment me laiffez-vous? que deuiendray-
je maintenant? à qui, quand les maux redoublent, la confolation deffaut.
Où chercheray-je qui me confole en la perte de mon vnique reconfort? A
toutes les aduerfitez qui m'arriueront, ie tourneray les yeux de tous coftez
pour vous chercher, & ie ne vous trouueray nulle part qu'en ma memoire.
Mais helas! fi la douleur me la mine & confomme, que deuiendray-ie? faudra-il que pour me fouuenir de vous, j'aille cherchant le lieu où ie vous ay
laiffée? helas! il me renouuelleroit toufiours mes ennuis. Faudroit-il que ie
me reprefentaffe vous voir en ce lict d'horreur, en ce lict de trifteffe, où les
tourmens ont triomphé de voftre langueur; mais pluftoft où voftre patience a triomphé de voftre douleur? Faudra-il que ie me fouuienne de ce funefte jour, qui vous oftant la vie m'arracha le plus beau & le plus clair de
mes yeux? Hé quoy! ne me reftera-il donc fouuenance de vous, que
par vos maux? Noftre fort nous aura donc efté fi dur, que nous n'ayons
point d'autres enfeignes d'auoir vefcu enfemble, que celles d'auoir beaucoup enduré enfemble? O lumiere, douceur de la vie des autres hommes,
que vous me ferez dorefnauant trifte & fafcheufe, quand vous me viendrez efclairer pour chercher ce que j'ay perdu, & que ie ne retrouueray jamais au monde! O tenebres de la nuict, deftinée au repos des humains,
vous ferez bien ma gefne & mon tourment, me prefentant à toute heure la
vaine image de ce que j'ay tant & fi fainctement aymé. Ie courray, ô faincte image, apres vous, & vous penfant arrefter, ie me trouueray les mains
pleines de vent, & l'efprit de defefpoir: j'iray beant & foufpirant apres vous;
& toufiours mes foufpirs fe perdront au vent, fans pouuoir flechir la rigueur de la mort. Au moins fi mon efprit fuiuant voftre ombre, pouuoit
aller fi auant, qu'il demeuraft auec vous, & abandonhaft mon corps, cefte
ruineufe maifon, cefte ennuyeufe prifon; & qu'entrant auec vous en cefte
celefte habitation, il peuft demeurer parmy les Aftres & les Eftoilles, confiderant & admirant ces puiffances celeftes, qui refpandent journellement
fur la face de ce bas monde tant d'admirables effects: Mais non, la fortune
qui m'a entrepris, ne me permettra point fi toft ce bien. Quelle autre
confolation me reftera doncques, finon que forçant la nature, ie trouue
quelque moyen de vous faire viure mal-gré la mort, vous imaginant &
imprimant fi viuement en ma memoire, que ie fois toufiours perfuadé de vous voir, que ie vainque mes fens, & les contraigne de croire
que vous foyez toufiours prefente deuant moy? Que fi ma plume, que
i'ay taillée auec beaucoup de foin & de veilles, acquiert iamais tant
d'addreffe, que de pouuoir tirer quelques traits qui puiffent feruir d'ornement au temple de la memoire publique; ie tireray voftre vertu fi
viue & fi naïue, que ceux qui viendront apres auront occafion de douter, fi ce fut l'art ou la pieté qui m'aura donné la force de le faire; &
peut-eftre fera-ce l'vn & l'autre. Au moins vous iuré-je, par l'amere
douleur que voftre mort m'a caufée, que jamais mon efprit ne fera
porté auec plus d'affection à ouurage du monde, qu'à celuy qu'il dediera

pour consacrer vos cendres, & immortaliser la memoire de voſtre rare bonté.

CONSOLATION A. D. M. C. SVR
la mort de ſon pere.

COMME ie vous vy ſi eſtrangement affligée de la mort de voſtre pere, ie me ſenty ſollicité par l'amitié que ie luy portois de conſoler voſtre douleur, & apporter au ſoulagement de voſtre mal quelque diſcours, qui teſmoignaſt combien j'honore en vous ſa memoire, en vous qui eſtes pour moy & pour tous ſes amis, tres-chers & precieux reſtes de ſa vie. Ie me propoſois combien la raiſon a de force ſur les paſſions qu'engendrent en nos ames les diuers accidens, dont la vie humaine eſt meſlée ; & me repreſentois ces belles ſentences des anciens, qui ont appellé le diſcours Roy des paſſions, & dominateur des ames. Et entre autres me venoit à l'eſprit & à la bouche ce beau vers, dont l'Ocean en Æſchyle conſoloit le pauure & affligé Promethée :

Alors que la douleur eſpoinçonne l'eſprit,
Comme vn bon medecin le diſcours l'adoucit.

Mais en finiſſant ces vers, ie me ſouuins de ceux que Promethée reſpond :

Oüy, pourueu que le temps ait amolly le cœur ;
Et qu'on ne touche au mal au fort de la douleur.

Alors ie me retins, & penſay qu'il falloit, ſuiuant ce ſage conſeil, donner loiſir à voſtre dueil de ſe mourir ; qu'autrement on ne feroit que l'aigrir dauantage en le touchant, & l'enflammer en l'entamant. Il faut de neceſſité que la nature coopere à l'art, qui en veut auoir bon ſuccés ; rien de ce qui ſe fait contr'elle ne vient à perfection. Il eſtoit raiſonnable certes, que vous ayant oſté vn ſi bon, vn ſi doux & ſi cher pere, elle vous laiſſaſt des larmes pour pleurer ceſte perte, & teſmoigner le ſentiment que vous en auez. Pour moy, j'ay trouué de la grace en vos pleurs : & m'a ſemblé qu'en vos ſouſpirs j'entendois parler la pieté, qui faiſoit plainête de ce que la nature diuiſoit ainſi ce qu'elle auoit ſi heureuſement conjoinêt. Les pleurs de vos amis, voire de tous ceux qui vous voyoient & accompagnoient les voſtres, (car celuy-là a eu le cœur bien dur, qui vous voyant n'en a eſpreint des larmes) eſtoient comme vne accuſation de la miſere humaine, qui ne lie les choſes que pour les ſeparer, & ne les fait naiſtre que pour les faire mourir ; donnant pluſtoſt aux hommes la veuë de ce qui eſt loüable & admirable, pour leur faire venir l'enuie & le regret, que l'aſſeurée joüiſſance & poſſeſſion. Car qui eſt-ce qui voyant ce bon vieillard, rare exemple de preud'hommie, ſageſſe, & debonnaireté, appuyer & ſouſtenir ſa chenuë vieilleſſe ſur la ſainête ſolicitude & prudente conduite d'vne ſi ſage & honneſte fille, ne deſiraſt ceſte ſocieté eternelle ; afin d'auoir en meſme ſujet dequoy reuerer & imiter l'antiquité, & loüer, ou au moins ne pas du tout condamner noſtre ſiecle, qui parmy tant & tant de maux portoit encores ceſte image de pieté. Ainſi donecques volontiers pardonnois-je à
vos

vos premieres & plus fraifches larmes, voire mefmes à celles qui fuiuoient, & qui fembloient paffer le legitime temps que la nature prefcrit à vne fi jufte douleur. Au fort du dueil, au milieu des obfeques, des feruices, entre les premieres vifites des parens & amis, non feulement j'excufay, mais ie loüay voftre trifteffe. Puis apres fi en reglant voftre mefnage, dreffant vos affaires, remaniant vos papiers, quelque ennuy vous a faifi & renouuellé vos pleurs, ie le pardonne; c'eft vn batteau qui tiré à mont à viue force, va puis apres de fon feul branfle pour quelque temps. C'eft vne playe qui nouuellement foudée, fe r'ouure au moindre heurt. Mais maintenant que le temps, qui dompte toutes chofes, a donné efpace à voftre dueil pour s'efuenter, & loifir à la raifon, pour reprendre la place & le fiege dont la douleur l'auoit pour vn temps enleuée, perfeuerer en cefte morte & continuelle langueur; ce n'eft plus obeïr à la nature, mais feruir à vne fauffe opinion: ce n'eft plus eftre religieufe, mais vous rendre injurieufe à l'endroit de Dieu, de la nature, de vous mefmes & de vos amis. Ie vous attaque bien rudement, & vous accufe au lieu de vous confoler: car ie connois voftre naturel; vous eftes ferme en ce que vous penfez bien faire, & vous en departez mal volontiers. Vous auez dauantage beaucoup d'efprit pour deffendre ce que vous jugez bon. Et pource ie fuy icy le confeil de celuy qui dit, qu'il faut fe preparer à la guerre pour obtenir la paix; & demander beaucoup, afin d'auoir la raifon. Ie dy donc, que par cefte obftinée trifteffe vous offenfez tous ceux que j'ay nommez. Si ie dy vray ou non, jugez-le auec moy ie vous prie, & l'examinez par le menu. Mais quoy? voftre cœur plein de larmes ne veut encores rien receuoir de dehors, & s'eft tellement affujetty au dueil, qu'il n'a plus de liberté de feruir à la raifon. Or fus, vne fois pour toutes, foulée de pleurs & de trifteffe, ramaffez tout ce qui peut irriter voftre douleur, raffemblez tous les objects qui peuuent renouueller vos regrets, & r'entamer voftre cœur. Moy-mefmes ie vous y veux ayder, afin que quand vous aurez vne fois reconneu tous vos maux, & efpuifé toutes vos larmes, au bout vous reueniez à vous, & fçachiez où vous deuez terminer voftre trifteffe. Et bien, vous auez perdu vn bon pere, vous auez perdu celuy qui vous auoit mis au monde, vous auez perdu celuy qui auoit tranfmis en vous auec fon fang fes affections. Vous auez perdu celuy qui vous auoit fi tendrement nourrie & efleuée. Vous auez perdu celuy dont le foin & la pieté auoit fi foigneufement formé vos mœurs auec vos ans. Vous auez perdu celuy qui ne viuoit que de l'amitié qu'il vous portoit, & de l'amitié duquel vous tiriez l'efprit qui fouftenoit voftre vie. Imaginez-vous ce doux & gracieux vieillard, qui fe leuant fembloit fe r'animer par la falutation & le fainct baifer de fa fille; & fe couchant fembloit en la baifant, quitter & refigner en fes lévres le refte de fes efprits. Imaginez-vous, que vous ayez perdu le facré lien qui affembloit en vne fraternelle affection tous fes enfans, & conferuoit l'vnion & la bien-vueillance d'vne belle & riche famille. Imaginez-vous que vous le voyez malade au lict, coulant piteufement les reliques de fa vie, & perdant le fentiment de fon mal par le reffentiment de l'amitié que vous luy portiez. Le voyla qui vous tend la main, & les larmes aux yeux vous dit le dernier Adieu; & recueillant tou-

tes ses forces reçoit vn dernier baiser de vous, joignant le commencement
de vos souspirs à la fin des siens : la vie luy ennuye, qui le tient si long-temps
en vn penible siecle; mais la mort le fasche, qui le separe de vous. Oyez ses
regrets, qui seuls ont fleschy son inuincible constance. Pour vous seule il
s'est plaint; il ne s'est point plaint, mais il vous a plaint : & trop content de
son heur & de sa vie, n'a importuné le Ciel de prieres à sa mort que pour
vous : il a estimé sa mort bien-heureuse, & l'a receuë comme l'ouuerture de
sa felicité : felicité trop grande & trop asseurée, si ses esperances n'eussent esté
troublées de la crainte qu'il prenoit pour vous. O diuine & immortelle pieté, que rien ne peut terminer! qui s'estend outre la mort en la pensée de l'aduenir; & qui passe jusques au tombeau. Voyla le corps froid & estendu de
celuy que vous auez tant aymé; embrassez-le, baisez-le, lauez-le de vos larmes, pasmez-vous dessus, perdez vostre esprit en cherchant le sien; baisez sa
bouche, baisez ses yeux, faictes-vous des reliques de ceste blanche & chenuë barbe; jettez les yeux au Ciel, rabaissez-les en terre, accusez la mort, de-
pitez vostre vie, & puis muette en vos douleurs, estouffez vos souspirs en
vos larmes. Et bien, sera-ce tantost fait? sçauez-vous encor quelque nouuelle façon pour croistre vostre douleur? Poussez, & sans rien espargner,
donnez-vous en proye au dueil & au tourment : j'excuse qu'il soit grand,
mais non pas infiny. Toute autre chose sera-elle bornée au monde fors que
le mal? nos actions changeront-elles en tous sujets, fors en ce qui nous tourmente? La nature est contente de vostre tristesse; la pieté en est satisfaite : à
quel vsage donc la voulez-vous reseruer? Il y a plus, ie vous annonce que
la mesme pieté qui vous a commandé de pleurer, vous commande de cesser
maintenant vos pleurs. Et si toute autre chose a moins de puissance sur vous
que la memoire de celuy que vous auez tant honoré, oyez-la : elle vous
mande de mettre fin à vostre ennuy; & vous enjoinct la constance & equanimité, si ses paroles & ses discours sont aussi viuement empraints en vostre memoire qu'ils doiuent estre. Mais dequoy douté-je? certes ils le doiuent estre. Ne pensez-vous pas l'oüyr parlant à vous, auec ceste douce &
graue façon dont il respandoit par sa voix vn flux continuel de sagesse? Ne
pensez-vous pas, dis-je, l'entendre, qui vous reproche qu'estant sa fille vous
imitiez ainsi mal sa constance, & faciez si mal vostre profit des sages remonstrances dont il emplissoit continuellement vos oreilles? Ma fille, vous
dit-il, dequoy vous plaignez-vous? de la prouidence de Dieu, par la sage
conduite de laquelle tous les euenemens de ce monde sont reglez & temperez? Ne vous ay-je pas tant de fois remonstré que les moindres choses
qui arriuent icy bas sont preueuës & disposées par son infinie sagesse, &
que le cours de nostre vie n'est pas, comme pensent quelques-vns, flottant
en incertitude & vagant au hazard; mais que tous ses momens ont leurs
mouuemens qui les manient & addressent à la fin, que ce grand ouurier
lés a destinez. Son œil tout-voyant continuellement ouuert sur nous, pouruoit aux necessitez des choses mondaines, les fait tourner & retourner par
les voyes les plus propres pour la gloire de leur autheur & createur. C'est
vn Soleil qui ne se couche jamais; ains est perpetuellement leué sur nous, &
respand la lumiere de sa grace à mesure qu'elle nous fait besoin, & que nous
sommes

sommes capables de la receuoir. De là procede le commencement & la fin
de toutes chofes, lefquelles il faut prendre auec efgal contentement; rendant
par humble fubmiffion tefmoignage à cefte toute-puiffante fageffe, que
nous la croyons telle qu'elle eft, & que volontairement nous nous fubmet-
tions à fes jugemens. Rien n'eft bon en ce monde, qu'entant qu'il procede
d'elle; & rien ne procede d'elle qui ne foit bon. Ie vous prie dites-moy, à
quoy tendent vos pleurs? Que penfez-vous obtenir par vos regrets? forcer
la loy commune de l'Vniuers? que l'ordre general de tout le monde s'accommode à vos defirs? & que vous feule, exempte de l'empire de la diuinité, commandiez aux euenemens, au lieu d'y obeïr? En vain auez-vous
efté religieufe en mon endroict, fi injurieufe à l'endroict de la diuinité vous
honorez ainfi mal fes jugemens; & refractaire à fes ordonnances, voulez ce
qu'elle ne permet point, & rejettez ce qu'elle ordonne. Ce bon vieillard
penfe vous auoir affez conuaincuë par cet argument, & tient que l'honneur & la crainte de Dieu qu'il a reconnuë fi grande en vous, & en laquelle il vous a inftruicte, affoupiront auffi-toft vos pleurs & vos regrets, & rendront à voftre efprit vne pleine ferenité & tranquillité. Mais le bon homme, qui a fceu tant de chofes, ne fçait pas combien voftre fexe a les impreffions fortes à leuer; & comme les paffions qui entrent en ces efprits s'y en-
racinent profondément, & tant qu'à peine les en peut-on arracher. C'eft
pourquoy defireux de vous voir deliurée de l'ennuy qui vous tourmente, &
fçachant combien vous eftes forte à vaincre, j'adjoufteray à fa voix, fi vous
me le permettez, celle de la nature, qui femble s'eftonner de vous voir auec
fi peu de raifon vous plaindre de ce dont vous la deuez remercier. Quoy
doncques? penfiez-vous qu'elle vous euft donné vn pere immortel? & que
vous ayant fait naiftre d'vn homme, elle vous le deuft garder à jamais? Et
s'il eftoit mortel, combien pouuoit-il viure dauantage qu'il a vefcu? Or fus
tournez la veuë fur toute la ville où vous viuez, fur ce grand theatre de cefte belle & celebre Cité, dont vous eftes vn des plus beaux ornemens; &
entre tant de gens qui vous y regardent & honorent, confiderez combien
vous en trouuerez qui approchent d'vne telle vieilleffe; il y en a peu ou
point. C'eft vne faueur qu'elle vous a faite. Pour vous elle a leué les bornes
de l'aage commun des hommes, & donné à voftre pere cefte grande vieilleffe, comme vn priuilege impetré par voftre bonté, qui a merité d'auoir
long-temps vn tel fujet, fur lequel elle s'exerçaft. Cefte ruine fatale (que mal
puiffé-je deuiner) confondant toutes chofes, & abyfmant par vn defordre
vniuerfel tout ce reftoit de vertu au môde, a voulu laiffer la pieté en exercice en vous, comme la derniere vertu qui deuoit faire fubfifter ce confus &
defreiglé monde-cy. Et certes n'eftoit que j'efpere que voftre memoire la
conferuera apres la mort de voftre pere, telle que vos actions l'ont môftrée
en fa vie; ie me deffierois que fa fin ne fuft vn prefage de celle de l'Vniuers.
Tant y a qu'il a vefcu plus qu'vn hôme ne fe doit promettre; plus que vous
n'euffiez ofé efperer il y a dix ans. Tellement que de vous plaindre de fa fin,
c'eft vne ingrate & injurieufe plainte, indigne d'vn efprit equitable & ingenu, comme eft le voftre. C'eft rendre, comme on dit, pour le bien le mal.
Q toy? eft-ce point le vice du fiecle, auquel ceux qui doiuent le plus, font

les plus ennemis de leurs creanciers? La bonne foy est perduë entre les hommes, & fait qu'ils veulent plus de mal à ceux desquels ils ont receu plus de bien. Mais que ce vice soit en tout le monde; il ne sera jamais en vous, ame pleine de candeur & debonnaireté. Acquiescez donc, s'il vous plaist, à la loy commune de la nature, qui apres vn si long-temps a redemandé & exigé la vie qu'elle luy auoit prestée. Contentez-vous que le fruict vous en demeure, que vous auez si longuement & si paisiblement perceu. Voulez-vous sçauoir combien elle vous traitte doucement? Voyez autour de vous combien de precipitez vesuages, combien de dueils hastez: Regardez des peres qui pleurent leurs enfans à la mamelle, des femmes qui pleurent leurs maris dans l'an de leurs nopces, des sœurs qui pleurent leurs freres qu'à peine ils connoissoient. Il est quasi monstrueux de voir des morts si tardiues que ceste-cy, mesmes en vne saison où la mort est tant appellée, où l'on fait des vœux pour l'obtenir. Mais ie vous prie que pleurez-vous? ou plustost pourquoy pleurez-vous? Est-ce pour l'amour de vostre pere, & par condoleance à son mal? vous m'offensez si vous le dites: vous l'offensez, & vous offensez vous mesmes. Et qui pourra endurer que vous doutiez qu'il ne soit aujourd'huy en lieu de repos asseuré, & qu'il ne viue heureux là haut, logé en l'habitation preparée aux ames pures & innocentes? Et que jettant les yeux çà bas, il ne regrette le temps qu'il y a demeuré, retranchant autant du cours de sa felicité eternelle, à laquelle Dieu l'auoit destiné? Vostre bonne compagnie, vostre charitable traittement, luy ont beaucoup pleu; & vous semble qu'il les regrettoit, ce dites-vous, en mourant; & que jettant les yeux sur vous, il sembloit vous tesmoigner qu'il vous laissoit à regret. C'est bien autre chose maintenant: ses regrets sont de s'estre si long-temps amusé pres de vous, & auoir tant perdu de la fruition d'vne si inestimable beatitude. Et si vous auez à pleurer à son occasion, pleurez, ie le vous pardonne; pleurez, dis-je, le tort que vous luy auez fait, de l'auoir arresté si longuement icy par vos bons & agreables offices. Or pour vous contenter, ie veux que le Ciel & la terre s'accommodent à vos passions; que tout soit immortel fors que luy; que l'on vous le rende comme il estoit. Si vous l'aymez, receurez-vous ceste faueur du Ciel, qui vous la voudra faire? Le desirerez-vous en vie en vn siecle si miserable, en vn aage si decrepit, parmy tant d'incommoditez & de pauuretez qui enueloppent tout le monde? Helas! la voix des oracles, la voix des sages a esté jadis, que les bien-heureux mouroient jeunes. S'ils ont souhaité la mort aux jeunes pour les rendre heureux, voire aux meilleurs siecles; qui est-ce qui souhaittera en ceste dure & fascheuse saison, la vie aux vieillards caduques & decrepits, pour les rendre heureux? La vie de soy-mesme ressemble au vin: elle s'aigrit quand elle vient sur le bas: le goust en est fascheux & desplaisant. Qu'est-ce donc d'vne si grande vieillesse, quand elle est d'ailleurs battuë & remuée par de si fascheux mouuemens? Souuenez-vous ie vous prie des afflictions, pertes de biens, des maladies qu'il a euës en sa vieillesse: & si vous n'estes fort cruelle, vous n'enuierez point à vn qui est eschappé du naufrage, brisé de l'orage & de la tempeste, l'entrée au port tant & tant de fois desiré. Dictes vray, ce n'est point luy que vous plaignez, c'est vous: vous desirez auec son incommodité extreme certes,

&

& vous le sçauez, le voir, l'embrasser, le cherir. Vous desirez vostre repos & contentement aux despens du sien: il vous fasche, priuée de ce sage pilo- te, de vous mettre au gouuernail de vostre maison; & battuë du vent & de la tempeste, manier le timon: au lieu que sous sa conduite vous viuiez en re- pos vne vie douce & paisible, n'ayant autre soin que de le traitter & con- soler. Mais il y a en cela (pardonnez-moy) de la mollesse de cœur, inde- cente certes à tant d'autres vertus qui reluisent en vous: & semble qu'en ce- ste action seule vous ayez perdu ceste ferme & constante resolution, dont vous auez armé le reste de vostre vie passée. Si vous côtinuyez en ce propos, & que l'on vous vist longuement le courage ainsi abbatu, que diroit-on de vous ? N'effaceriez-vous pas de l'opinion des hommes la creance qu'on a conceuë de vostre generosité ? Et n'auroit-on pas occasion de faire le mesme jugement de vous, que l'on fait de quelques brauaches soldats, qui auant le combat, & loin des ennemis tranchent comme on dit les monta- gnes, & mangent les charettes ferrées ? & puis quand ils se trouuent à la veuë des armées, & qu'il faut venir aux mains, tremblent de peur, mau- dissent le mestier, & cherchent à se retirer de la presse, auec vn visage pas- le, vne sueur froide, & presque morts sans estre blessez? Non, non, la vertu, la constance cherche de l'employ, & de l'exercice parmy les affaires & les aduersitez; elle ne se connoist & ne s'asseure de soy que quand elle s'est es- prouuée: elle va au deuant du mal, ou pour le moins elle l'attend de pied ferme. Pensez que vous commencez à viure, ou pour le moins à connoi- stre que c'est que de la vie, quand les affaires vous viennent exercer. Viure en vn morne repos, n'est autre chose que nauiguer en vne mer morte, où le calme vous tuë & vous ennuye; où l'adresse du pilote ne se peut en façon quelconque monstrer. N'estre point assailly par la fortune, & reposer tous- jours à l'ombre de sa faueur, c'est ne voir qu'vne partie de la vie humaine, dont l'integrité & perfection est meslée d'vne diuersité d'accidens & de rencontres. Ne plus ne moins que l'année est composée de diuerses saisons, & que la douceur du Printemps ne dure pas tousiours; les chaleurs de l'Esté ne continuent pas long-temps ; la fertilité de l'Automne passe bien-tost; les gelées de l'Hyuer s'escoulent en peu de jours. Les saisons roulent tour à tour, & s'auançant les vnes sur les autres, constituent le cercle perpetuel, qui retournant tousiours en soy, contient l'estre & le bon-heur de toutes choses. Mais remarquez qu'en ces saisons il y a diuers vsages; & que celle qui semble la plus rude & la plus fascheuse, est celle à qui toutes les autres seruent le plus, & qui en perçoit quasi tous les plaisirs. L'Hyuer est-il venu ? le vent & la froidure nous renferment-ils en nos maisons ? nous sauourons le miel que les fleurs du Printemps nous ont donné; nous vsons des riches moissons de l'Esté; nous goustons auec plaisir les vendanges de l'Automne: Bref nous sommes à mesme de toutes les douceurs que toutes les autres saisons portent lors se font les bônes cheres; & bref, les delices de la vie sont quasi toutes re- seruées à ce temps-là. Comme est l'an, ainsi est la vie. A quoy peut mieux res- sembler le tout qu'à ses parties ? Les affaires & les aduersitez nous arriuent- elles? lors paroist la vertu, à laquelle nous auions esté nourris & instruits : lors paroissent les amis que nous auons acquis: lors est douce la consolation

que nous receuons de ceux qui nous ayment. Que penfez-vous qu'a de
douceur vne plainte depofée en la foy & priuauté d'vne perfonne qu'on
ayme & qu'on eftime ? à peine defireroit d'auoir efté toufiours heureux celuy qui partage fi agreablement fon malheur auec fes amis : tant a de douceur fe condouloir auec ce que l'on ayme, mefler fes foufpirs, s'entredonner
le cœur & le courage. L'on dict que l'Amitié, l'vne des plus cheres & precieufes filles du Ciel, comme elle eft fort fimple & ayfée à tromper, fe prefenta vn iour à l'affemblée des Dieux, & fit fa plainte, de ce qu'eftant vrayement diuine, & ayant fon rang d'honneur au Ciel aupres du throfne de Iupiter, fouuent quand elle arriuoit, elle trouuoit fa place prife par de certaines petites affettées, comme l'Adulation & Flaterie, qui contrefaifans fon
port & fon maintien, alloient prendre fon rang, & fe faifoient donner fa
portion de Nectar & d'Ambrofie : elle remonftroit que c'eftoit vne grande injure à elle, & vne grande honte aux Dieux. Cefte plainte eftant auerée, & l'affaire fort deliberé, les Dieux fe trouuerent fort empefchez à remedier à cet inconuenient. Car de faire tenir l'Amitié toufiours aux pieds
de Iupiter, où eftoit fa place, il n'eftoit pas poffible ; c'euft efté rendre tout
le refte du monde miferable, auquel elle va departir journellement l'heur
& le plaifir de la vie : D'autre cofté il eftoit fort difficile d'empefcher que
l'on ne la contrefift ; qu'en fon habit & en fon port, d'autres ne vinffent fe
fuppofer & s'emparer de fon lieu. En fin on ne peut trouuer d'autre expedient, finon qu'on ordonna l'Aduerfité pour l'accompagner, & luy en-
joignit-on de l'auoir toufiours aupres d'elle, afin que perfonne ne la mef-
conneuft d'orefnauant. Cefte fable certes eft fort fignifiante, & porte beaucoup d'inftruction. Il eft bon d'apprendre par là, que l'amitié eft vn des plus
precieux biens du monde, qu'elle eft ayfée à contrefaire ; que la flatterie
vfurpe ordinairement fon nom, fon honneur & fa loüange : & qu'elle ne
fe reconnoift affeurée, que quand l'affliction la met à l'efpreuue. Ainfi eft-
il de la nature commune des chofes, en laquelle le bien n'a fon fiege qu'entre les maux. La chaftaigne ne fe prend que dans fa coffe picquante & he-
riffée ; & les rofes ne fe cueillent qu'entre les efpines. Loüer les maux eft
vne ambicieufe Philofophie : il fuffit, me direz-vous, de les fupporter. Si
vous diray-ie que les chofes que nous appellons ordinairement maux, ont
beaucoup de bons vfages, non feulement falutaires, mais agreables pour
ceux qui les defirent paffer par la vertu, & en veulent cueillir pour fruit le
contentement en leurs confciences, & l'honneur en l'opinion d'autruy. Celuy-là n'a pas mal comparé noftre ame, qui a dit que c'eftoit le champ de la
vertu. C'eft de verité la femence qui y doit eftre jettée pour y prendre racine & nourriture, fe leuer & croiftre en la perfection de l'honneur qui luy
eft deu. Mais auant que le champ foit capable de receuoir la femence & la
nourrir, il faut de neceffité que le foc ou la houë ayent paffé dedans, & remué & renuerfé la terre, mis deffus ce qui eftoit deffous, & fait en ce mouuement mourir les herbes inutiles, dont il eftoit couuert. Et encor, quand la
femence eft leuée, & que le fruit eft meur, faut-il palifler le champ d'efpines tout au tour, ou d'vne haye viue & forte, qui garde les beftes d'y entrer.
Voyla certes en la premiere partie de cefte fimilitude les vrays & propres
vfages

vſages des aduerſitez, leſquelles nous diſpoſent au bien , & par leur mouuement eſtouffent en nous les faſcheuſes & oyſiues penſées qui occupent noſtre eſprit, nous exercent en nous meſmes , & nous arment par leurs pointes, contre les curieuſes & delicieuſes mains qui nous voudroient aborder
& deſpoüiller la fleur de noſtre vertu. Car quelle eſpine penſez-vous que
ſoit, qu'vn viſage que les affaires rendent froid & auſtere ? qu'vn eſprit que
la penſée de ſa fortune rend inſenſible aux chatoüillemens de force belles
paroles, & aux appaſts & amorces des plaiſirs ? Toutesfois ie reconnois
qu'en vous l'aduerſité ne peut auoir cet vſage, & que voſtre bon naturel
aydé d'vne ſoigneuſe inſtitution, & de la ſolicitude que vous auez priſe à
former vos mœurs ſur l'exemple de tout ce que l'antiquité a produit en voſtre ſexe digne d'eſtre imité, a preuenu cet office, & remparé voſtre vertu
contre tout ce qui la pourroit aſſaillir, ſoit en vous, ſoit hors de vous. Ce qui
me fait ſans doute eſperer que Dieu, qui connoiſt voſtre ſageſſe , vous fera
ſi petite meſure de toutes ces attaintes, que vous n'en aurez qu'autant qu'il
en faut pour reſſentir que voſtre condition eſt humaine, & ſujete aux accidens communs de noſtre commune infirmité ; & vous ramenteuoir que
cen'eſt pas en la vaze du monde qu'il faut ancrer l'eſperance de noſtre ſalut, ny en ceſte mer pleine de vents, d'orages & de tempeſtes qu'il faut attendre le repos. Si le bien & la vertu, meſmes la pieté ſi agreable à Dieu,
qu'il a propoſée à l'homme auec la recompenſe de la felicité mondaine,
peuuent quelque choſe pour concilier aux hommes la faueur du Ciel, vous
en ſerez comblée. Ce pendant & en attendant le bon-heur que vous meritez & que ie vous deſire, eſſayez à vous en donner à vous meſmes la part
que vous pouuez. Quittez ceſte faſcheuſe triſteſſe & langueur d'eſprit; re-
ueillez voſtre ame aſſoupie par la douleur, pour ſe conſoler & contenter.
Vous en auez ſujet en l'argument meſmes dont vous tirez vos ennuis. Car
ſi au lieu de ce que le ſens vous rapporte, vous vous ſeruez de la memoire
des choſes, & vous imaginez preſent ce qui le doit eſtre touſiours en voſtre
ame; qui a au monde plus d'occaſion de loüer Dieu, & d'eſtre contente que
vous ? Celuy-meſme que vous pleurez, vous conſole: vous laiſſant il vous
a laiſſé l'honneur de ſa vie paſſée, conſigné en la memoire des hommes,
exempt de toute mortalité. Celuy que vous voyez de vos yeux, eſtoit vn
homme fragile & caduc, de la commune condition des autres, vn exemple
d'imbecillité, la proye des ans, vn joüet de fortune, vn theatre de calamité; & pour dire en vn mot, vn peu d'eau & de terre peſtry enſemble. Celuy
que vous vous repreſentez en l'eſprit, & qui renaiſt tous les jours, mais à
toutes les heures, mais à tous les momens en voſtre ſouuenance, eſt vne
choſe eternelle & incorruptible, qui deſpoüillée de la freſle & muable nature des hommes mortels, s'eſt reueſtuë de gloire & immortalité. Vous ne
le voyiez lors que vieil & caduc, & vous le contemplez maintenant en ſa
jeuneſſe, en ſa virilité, en ſa vieilleſſe. Ieune vous ſemble-il, quand vous vous
ſouuenez qu'en la force de ſes ans, ayant embraſſé l'eſtude des lettres, il emplit incontinent tout le monde d'admiration de ſa doctrine & prudence,
monſtrant vn grand & excellent jugement. A peine eſtoit-il en l'aage que
les autres commencent leurs eſtudes, qu'il auoit deſ-ja le renom de grand

& fameux Iurifconfulte. Les nations eftranges penferent qu'il y alloit de
leur honneur, que de reconnoiftre la vertu où elle eftoit, & luy rendirent de
fignalez tefmoignages de l'eftime qu'ils en faifoient. Les Suifles ayans quelques differens auec le Roy François, conuindrent de luy pour arbitre : & ne
feruit pas peu fa preud'hommie, loyauté, & fuffifance, non feulement à
conferuer l'alliance de cefte nation tant vtile à la France, mais auffi à en
eftreindre le nœu plus ferré, & les lier plus eftroittement auec nous. Sa reputation luy ouuroit deflors les portes aux charges & dignitez, s'il les euft affectées ; mais fon ame genereufe, qui ne mefuroit l'honneur qu'à la vertu,
penfa qu'où il profiteroit plus au public, il meriteroit plus de gloire. Et pour
ce, fe donna-il entierement au feruice de fes concitoyens, où, non par le
temps & les degrez comme les autres, il acquift le nom & la reputatiõ ; mais
comme vn feu qui s'enflamme tout d'vn coup fans aucune fumée, fait vne
grande clarté, il acquift en vn moment, fans aucune enuie, le nom & titre
du plus grand & celebre Iurifconfulte de fon fiecle, & deuint, ce qu'il a
toufiours efté depuis, l'oracle de fa Cité. Tous les endroits de l'Europe ont
eftimé noftre Palais de Paris le facré trepié de Themis ; mais noftre Palais
n'a jamais veu homme duquel il ait tant fait d'eftat qu'il faifoit de ce fage
vieillard, qu'il eftimoit la voix viue du droict, reuerant & admirant fes aduis, comme les loix mefmes. Toutes les grandes familles du Royaume fe
gouuernoient par fon confeil. Sa maifon eftoit comme vn temple de repos,
fa voix comme vn oracle. Par fon aduis les peres marioient leurs filles, les
freres faifoient leurs partages, les parens compofoient leurs differends, les
plaideurs leurs procés. Bref comme le pere commun de la cité, il gouuernoit toutes les familles particulieres. C'eftoit certes vn grand Magiftrat,
mais vn Magiftrat perpetuel ; les Huiffiers & les Licteurs duquel, eftoient
le refpect & la reuerence de fa fuffifance & preud'hommie, laquelle faifoit
plier fous fes aduis tous ceux qui s'addreffoient à luy. Les Iuges ordinairement rendent vne des parties mal contente, & ne peuuent faire executer
leurs jugemens qu'auec la force ; mais luy les executoit auec la perfuafion.
Il rendoit non feulement ceux qu'il confeilloit contens, mais tres-affection-
nez à luy. Penfez-vous qu'il y ait grande famille en ce Royaume qui ne reuere fon nom, & n'aduouë de fes fages confeils le repos dont elle jouïft ?
N'eftimez-vous pas qu'en quelque lieu que vous alliez, lors que l'on entendra voftre nom, l'on ne demande fi c'eft la fille d'vn tel, & qu'incontin-
nent vous ne vous voyez enuironnée de diuerfes perfonnes, qui raconte-
ront tout le bien qu'ils ont receu de luy, & vous offriront tout feruice ? O
quelle riche & precieufe fucceffion, que la bien-vueillance des peuples, qui
defcend des peres en leurs enfans ! Les anciens ont feint des Genies qui accompagnoient les villes & nations, & prefidoient à leur fortune ; mais ces
Genies-là ce font ces grands perfonnages, bien-faicteurs du genre humain,
qui veillans & trauaillans continuellement pour le bien d'autruy, acquierent aux autres le repos par leur trauail, l'ayfe par leur mef-ayfe, & par maniere de dire, le bien par leur mal ; comme a fait ce bon & venerable vieillard, qui a ainfi coulé toutes fes années en feruant au public, & eftant la regle des actions de tous fes citoyens. Sa fageffe & fa prudence s'eft tellement
efpanduë

espanduë, qu'elle vit encor apres luy en la memoire des hommes: & ce qui reste en la Iustice qui merite quelque loüange, adouë son institution de luy, & s'authorise de son nom. Mais de verité, quelque gloire qu'ait acquis son erudition, qui est sans doute tres-grande, si ne puis-je permettre qu'on l'accompare à celle que merite sa preud'hommie, candeur, & integrité. Car comme elles estoient grandes en luy, & se ressentans fort des siecles passez, rapportans ceste ouuerte ingenuité de nos ancestres François, elles rendoient extrémément profitables au public les sciences, qui en d'autres sujets sont quelquesfois nuisibles, & seruent d'armes à la malice. L'on dit que cet ancien Iurisconsulte Mutius Sceuola acquit tant de reputation de probité & de suffisance, que les Romains furent vn temps, qu'en toutes les instructions qu'ils donnoient à leurs Magistrats, ils mettoient tout au commencement le nom de Mutius Sceuola, côme s'ils leur eussent representé en ce mot tout l'office d'vn bon & sage Iuge, & donné pour abregé au tableau de son nom les preceptes de toutes les vertus dont il doit estre garny pour se gouuerner selon la loy. Nostre Palais François aura maintenant dequoy imiter cet exemple: & pour formulaire de la façon dont doiuent viure ceux qui sont appellez au sacré ministere de la Iurisprudence & science ciuile, il proposera le nom de vostre pere. Or ne faut-il pas que le public prenant vn si grand lot au partage de ses vertus, vous en degarnisse: il vous en a laissé de particulieres & domestiques à imiter, qui seront toutes vostres, comme ayans principalement esté exercées à vostre veuë, & à la sage conduite de sa famille, dont vous estiez vne des plus riches & precieuses parties. Ie perdrois temps de vous les rememorer; à vous, dis-je, qui ne les sçauez pas seulement, mais les croissez & multipliez par la bonté de vostre naturel, qui nourrit & esleue heureusement les vrayes semences de vertu. Bien desirerois-je, que remettant pour vn temps la contemplation de tout le reste, vous fichassiez profondement vostre pensée sur sa constance, & la missiez en vsage en l'accident que vous deplorez maintenant. Auec celle-là, comme auec vn bon & fort vaisseau, il auoit passé au trauers les vagues des emotions du siecle, surmonté les tempestes ciuiles, se tenant ferme en la route de la vertu, tant que le reflux de la nature longuement attendu l'a jetté au port du repos eternel. Mais comment? auec vn esprit pressentant la beatitude où il entroit, consolant ceux qu'il laissoit. Certainement s'il n'y auoit rien au reste de sa vie qui vous peust consoler, sa mort mesmes le pourroit. Bien mourir n'est pas la moindre partie de la felicité humaine. C'est certes la partie la plus remarquable de la Comedie que la conclusion, & qu'il importe plus de bien faire; pource que la memoire en demeure plus que du reste. Sa fin sans doute a eu tout ce qui la peut faire trouuer douce. Ie laisse qu'en tous hommes elle adoucit la miserable condition de nostre humanité, nous deliurant des maux infinis, dont l'homme n'est que le sujet. Ie laisse qu'elle le prit en vn temps où les plus heureux la desirent, en vn aage où les plus sains l'attendent: & m'arreste seulement à la façon, dont vous auez veu son esprit composé en mourant, preceuant quasi en ceste vie le sentiment de l'heur qui l'attendoit; & despoüillant comme auec quelque plaisir le vestement de la chair qui le rete-

MMm

noit icy bas, comme feroit quelque sainct & religieux Prestre vne robbe
profane, pour entrer en quelque temple ou lieu sacré. En ce moment reluisoit & esclatoit viuement, ce me semble, ce qui estoit diuin en luy. Ce n'e-
stoit plus son cœur, ny sa langue qui formoient ses paroles ; mais l'intelligence toute pure se faisant voye au trauers d'vn corps ja alteré & abbatu,
parloit pour la derniere fois à ce qu'il laissoit icy bas de plus cher. Il me sembloit en cela voir l'or de mine, qui mis à la fournaise se vient à separer ; &
laissant la lie & le marc s'espure en ce beau & luisant metal, qui à mesure
qu'il se descharge de la terre, augmente sa lueur, & emplit les yeux de ceux
qui le regardent de clairs & brillans esclats. En fin il est retourné d'où il
estoit venu, & reüny au principe commun de toutes choses, où il vit vne
vie pure, heureuse, pleine de joye & de contentement. Ne troublez point
son ayse par vos pleurs : Car s'il y a rien au monde qui le puisse troubler,
c'est la compassion qu'il a de vous voir dolente & affligée. Ie pense bien
que la mort luy a osté le soin qu'il pouuoit auoir de toutes les autres choses
du monde, mais non celuy qu'il auoit de vous. Il estoit trop grand pour
n'auoir racine qu'en ce qui estoit d'humain & mortel en luy. Ie pense qu'il
procedoit de la plus pure & plus diuine partie de son ame : & que par consequent il vit apres sa mort. Si ainsi est qu'du lieu où sa vertu l'a esleué, il regarde icy bas, & continuë l'affection qu'il vous portoit, quel plus grand regret peut-il auoir, que de vous voir ainsi dolente ? Et que deuez-vous dauantage craindre, que de luy donner sujet de se desplaire & contrister
de vostre mal ? ne deuez-vous pas vous forcer & contraindre pour complaire à son souhait ; qui est de vous voir pleine de tranquillité d'esprit, &
de constance ? Ioinct que les obligations qu'il a acquises sur vous, tant
par la nature que par la nourriture, vous appellent à honorer son nom : Ce
que vous ne pouuez dignement faire, qu'auec vn esprit calme & serein.
Car bien que la douleur en son commencement ait quelque agreable langueur, à laquelle nous nous ployons, si est-ce qu'en fin nous refuyons les
choses qui nous apportent de l'ennuy, & desirons d'en reculer de nous la
souuenance le plus que nous pouuons. Mais outre tout cela, il n'y a rien
qui nous gaste tant la memoire que la tristesse, laquelle abreuue & ramol-
lit tellement nostre esprit, qu'elle en efface l'image de tout ce que nous y
auons auparauant imprimé, quelque cher & precieux qu'il nous fust. Or
s'il y a au monde office digne de vous, digne de ceste bonne & charitable
fille, c'est que vous tourniez maintenant vos pensées, & employez vostre
esprit à la contemplation & admiration des singulieres vertus qui ont orné
la vie de celuy dont vous pleurez la mort. Tout autre honneur que vous luy
sçauriez rendre, est moins digne & de son merite & de vostre pieté ; non
pas mesmes quand vous emprunteriez les plus celebres exemples de la plus
ambitieuse antiquité. Ie ne veux pas mespriser la religieuse affection de celles qui ont dressé des monumens à leurs peres & à leurs maris, & ont voulu
faire reuiure par les mains des plus industrieux ouuriers du siecle, ce qu'ils
auoient perdu. Ie loüe encor auec l'antiquité la pieté de ceste Artemise,
qui detrempant les cendres de son tant aymé Mausole, les auala auec le vin,
& luy fist vn sepulchre viuant de son corps. Mais ie dy, que cet honneur
ne

ne fera rien au prix de celuy que voftre pere attend de vous; & que vous luy
ferez quand vous imprimerez profondément en voftre ame l'image de la
fienne, & rapporterez tellement fes actions par les voftres, que l'on con-
noiftra qu'il reuit en vous. Vous ne ferez pas feulement lors vn monument
de fon corps, dont les traits font fi naïfuement grauez en voftre vifage, que
nulle main de parfait ouurier ne les fçauroit fi bien imiter; mais le vray monument de fon efprit, que l'on croira s'eftre raffemblé auec le voftre, &
auoir emprunté de vous vn corps plein de vigueur & de beauté, pour donner aux actions de fa vertu plus de grace & de bien-feance.

En Prouence & particulierement à Marfeille, c'eft la couftume qu'és enterremens
des perfonnes fignalées, celuy qui meine le dueil fait vn remerciement au re-
tour de l'Eglife, à l'entrée de la maifon à tous les afsiftans, auec quelque re-
commandation du defunct, & confolation aux parens. S'eftant fait de fort
magnifiques obfeques au fieur de Libertat Viguier, qui auoit deliuré la ville
de la tyrannie de Louys d'Aix & Cafaux, & icelle reduite à l'obeïffance du
Roy, par vn acte plus qu'heroïque; la ville eftant en extreme dueil de fa mort,
au retour du conuoy fut faite cefte action.

PREMIERE.

MESSIEVRS, Si le trifte office que vous venez de rendre, euft efté à l'endroit de quelque perfonne commune,
mon deuoir feroit maintenant, felon qu'on a accouftumé en cefte ville, de vous en remercier. Mais puis que
vous l'auez rendu à celuy qui depuis peu de temps vous a
rendu la liberté, les biens & les fortunes, & que vous reconnoiffez tous, que les honneurs que vous pouuez deferer à fa memoire
font bien bas au deffous des obligations que vous luy auez; ie fuis pluftoft
debteur à cefte compagnie d'vne confolation que d'vn remerciement. Or
ne fçay-je comment ie m'en pourrois acquitter. Car comme entrepren-
drois-je de vous vouloir confoler, finon que ie vouluffe par vne infigne ingratitude, pour amoindrir la force de voftre douleur, en diminuer la caufe,
& pour ce faire, obfcurcir le luftre & la fplendeur de la valeur & generofité
de celuy que nous deplorons maintenant? L'image de fa vertu eft trop viue permy nous, les rayons de fa gloire trop luifans par toute la France, pour
pouuoir endurer le voile & le nuage d'aucune diffimulation; laquelle par
quelque artifice qu'elle peuft eftre ombragée, feroit incontinent defcou-
uerte & diffipée par la force de la verité: & principalement en mon efprit,
où j'ay tellement engraué la memoire de l'acte heroïque qui a fignalé ce
perfonnage, que ie confeffe ingenuëment, qu'entre toutes les merueilles
par lefquelles Dieu a operé le falut de la France, il n'y en a aucune qui me
rauiffe dauantage, que la reduction de cefte ville, de laquelle le defunct a
efté l'inftrument choifi par la bonté diuine. On perd l'admiration des autres
chofes en les voyant fouuent; elle me redouble en celle-cy, plus ie la confi-

dere ; plus ie fiche mes yeux deſſus, plus ie voy claire & apparente la prouidence de Dieu, & deſcouure entre les erreurs & aueuglemens des hommes
le progrés & acheminement de la deſtinée. N'eſt-ce pas choſe eſtrange, qu'il
y à enuiron deux cens ans qu'il ſe trouua en Caluy, capitale ville de Corſe-
gue, deux tyrans qui s'en emparerent, & apres auoir durement & cruellement tyranniſé leurs citoyens, voulurent rendre cette ville-là aux Eſpagnols? Bayon triſayeul du defunct ſieur de Libertat, qui eſtoit vn des principaux & plus genereux citoyens, ſe reſolut de la deliurer de captiuité : & y
hazarda ſi courageuſement la vie, qu'il la fiſt perdre à ces deux tyrans, & remit la ville en liberté; dont il acquit le ſurnom de Libertat, qui eſt demeuré
auſſi fatal qu'hereditaire à ſa maiſon. Baptiſte ſon fils ayant fait pluſieurs ſignalez exploits de guerre, tant en Sicile qu'en Calabre, meſmes en quelques duels, laiſſa vn fils nommé Barthole, qui ſe vint habituer en ceſte ville, où luy & ſes enfans ont veſcu en vne honneſte condition, & grande
reputation de probité & generoſité. Comme le fleuue du Nil fort grand
dés ſa ſource ſe vient incontinent enterrer, & à vn eſpace de là reſourd
plus large & plus ample qu'auparauant; la valeur de Bayon s'eſtant recueillie, tenuë cachée, & reſeruée pour vne fatale occaſion, enfin s'eſt tres-
heureuſement apparuë au ſieur de Libertat. Comme il aduint à Rome en
la maiſon des Brutes, où Iunius ayant deliuré de tyrannie & d'oppreſſion la ville, fut ſecondé quatre cens ans apres par vn autre Brutus deſcendu de luy. Ceſte ville-cy ayant eſté miſerablement opprimée par ces
deux monſtres & tyrans, qui l'ont ſi longuement tenuë, il n'y a eu ſorte
d'artifice, ſorte d'entrepriſe qui n'ait eſté tentée & employée tant par les
François, que par les Princes alliez de ceſte Couronne, pour la pouuoir
conſeruer à la France. Tous ces remedes ſe ſont trouuez inutiles ; & plus
ils ſembloient faiſables, & promettoient heureuſe fin, plus ont-ils eſté
mal-heureux en leur execution. En fin vous auez veu les galleres d'Eſpagne en voſtre havre ; quinze cens Eſpagnols ſe pourmener ſur voſtre
quay. Il ne vous reſtoit plus que les ſouſpirs pour regretter le doux nom
de la France, & les larmes pour pleurer voſtre captiuité, quand Dieu ſuſ-
cita miraculeuſement le ſieur de Libertat pour deuoüer ſa vie au ſeruice
de ſon Roy & ſalut de ſa patrie. Quel fut cet acte, ie ne vous le ſçaurois dire. Car plus j'y penſe, & moins ie le comprends. Vn homme accompagné à peine de trois ou de quatre, mit hors la ville vn des tyrans ; fit
mourir l'autre au milieu de cent mouſquetaires ; mit en fuite toute ceſte
trouppe ; en fin chaſſa vne armée d'Eſpagnols qui eſtoit dedans la ville,
y reſtablit le nom de la France, la paix, le repos & la Iuſtice. Heureux
& fatal inſtrument de la bonté de Dieu, & bonne fortune de la France. Ie trouue en cet acte tant de choſes à loüer, que ie ne ſçay, pour le
faire dignement, par quel bout on pourroit commencer. Mais pour moy,
ie ne puis que ie ne priſe par deſſus tout, la modeſtie, auec laquelle ie luy ay
touſiours oüy reconnoiſtre, & ingenuëment aduoüer, qu'il n'auoit rien
faict en tout cet œuure, ſinon preſter ſes mains à Dieu pour s'en ſeruir à ſa
gloire ; à l'exemple de ce genereux Pithon tant eſtimé en l'antiquité ; qui
ayant exterminé le tyran Cotys, diſoit que c'eſtoit Dieu, qui pour le faire
s'eſtoit

s'eſtoit ſeruy de ſes mains. Vous vous ſouuenez tous auec quelle moderation il a veſcu depuis parmy vous; & s'il y a quelqu'vn qui ſe puiſſe plaindre
d'auoir receu quelque injure de luy, ou auoir eſté refuſé d'aucun office ou
plaiſir dont il l'ait requis. Ce bien, de verité, eſtoit trop grand pour le penſer longuement conſeruer: le deſtin eſt ie ne ſçay comment enuieux de l'e-
minente vertu, & ne luy permet pas de prendre ſon entiere croiſſance, ou
eſtendre longuement ſa durée. A peine l'année eſtoit-elle reuoluë apres la
reduction de ceſte ville, & ne faiſions que de venir rendre graces de ceſte inſigne faueur, par vne annuelle & ſolennelle proceſſion, que nous
auions voüée à Dieu, en reconnoiſſance de ſon immenſe bonté, & teſmoignage de la vertu de celuy par lequel il auoit operé le ſalut de ceſte ville, que
voyla le ſieur de Libertat malade d'vne faſcheuſe fiévre. Quels ont eſté
les ennuis, les triſteſſes, les apprehenſions, les vœux de ce peuple durant ſa
maladie, vous le ſçauez tous. Certainement ie ne croy point, que ſi Dieu
n'euſt jugé que la mort eſtoit ſouhaittable au deffunct, & vne grace qu'il
deſiroit du Ciel, qu'il n'euſt fleſchy à tant de prieres. Sa gloire eſtant montée ſi haut, que les ſouhaits meſmes n'y pouuoient plus rien adjouſter, que
luy reſtoit-il à deſirer, ſinon qu'elle ſe terminaſt par vne fin digne de couronner vne vie tant ſignalée d'honneur & de gloire? Et telle Dieu la luy a
donnée: Car comment s'eſt-il acheminé à la mort? auec quelle reſolution?
auec quelle eſperance? auec quel diſcours? Pour moy ie vous confeſſe que
ie ne pouuois comprendre, qu'vn homme qui euſt eu la vie ſi glorieuſe, la
peuſt auoir en tel meſpris, que ie l'ay veu lors qu'il eſtoit preſt à la quitter.
Par cet exemple j'ay conneu, & me ſuis entierement perſuadé, qu'il n'y a
diſcours, ny philoſophie quelconque ſi capable de rendre la mort douce,
que l'innocence de celuy qui la ſent venir à luy, & le teſmoignage d'vne
ſaine & glorieuſe conſcience, qui ſe rend comme pleige à noſtre ame, qu'elle ſort d'icy pour s'auancer à vn ſejour plus heureux. Conſiderant les
actions & les propos de cet homme en ſa fin, il me ſembloit qu'il deſtachoit
luy-meſme ſon corps d'auec ſon ame pour luy donner ſa volée au Ciel. En
fin nous auons veu ſes yeux ſe fermer, & dire adieu à la lumiere, & ne nous
eſt demeuré de luy qu'vne vaine image entre nos bras. Certainement ſi en
tel accident nous ne regardons que noſtre intereſt, nous ne ſçaurions trouuer dequoy nous conſoler. Car où pouuons-nous reparer ceſte perte? Mais
ſi nous regardons la condition du deffunct, quelque pretexte de pieté dont
nous voilions nos plaintes, elles demeureront touſiours ſuſpectes d'enuie;
comme ſi noſtre dueil eſtoit jaloux du grand & deſirable bien qui luy eſt
arriué. Que pouuoit-il ſouhaiter en tous ſes vœux de plus heureux, qu'e-
ſtant comblé de tant de gloire mettre fin à ſa vie, auant que l'inconſtance,
qui eſt ordinaire aux choſes humaines, peuſt en aucune façon auoir priſe
ſur ſa felicité? La mort meſmes aux Payens ſembloit heureuſe, quand elle
venoit en ſon opportunité. Encor entre nous, ne faiſons-nous cas de noſtre
vie, & ne la priſons que quand nous ſommes ſur le poinct de la perdre. Le
reſte du temps elle nous eſt à charge, & la conſommons toute en plaintes
que nous faiſons de noſtre nature & de noſtre condition. Et de verité
qu'eſt-ce autre choſe de noſtre vie, qu'vne mort continuelle? de noſtre

corps, qu'vn sepulchre portatif? de nos iours, que des vents contraires qui nous tiennent continuellement en tourmente? Mais nous souuenans qui nous sommes, quel nom nous portons, & quel maistre nous suiuons, nous ne deuons pas estimer la mort à ce prix-là. Nous ne deuons pas chercher en elle l'exemption des maux & calamitez humaines; mais bien vn repos eternel, la ioüissance d'vne beatitude infinie, & la participation de ceste gloire celeste, qui comprend & embrasse en soy tous les biens & tous les heurs que nous sçaurions souhaitter. Or entre tous ceux qui se peuuent promettre de trouuer en la mort ceste beatitude, ceux-là sont sans doute les premiers & plus aduantagez, qui s'y sont acheminez par vne vie loüable & glorieuse, & laissent en partant le tesmoignage & le regret tout ensemble de leur vertu & valeur: Leur vertu estant le gage de leur felicité en l'autre monde, & leur mort l'asseurance de leur gloire en cestuy-cy. Car c'est la mort qui oste la prise sur eux à la fortune, & les met hors d'eschelle à l'enuie. Et pource, ô ame genereuse, qui estes partie d'entre nous, vous estes sans doute bien-heureuse, composée là haut en eternel repos, dedaignant ces choses basses & mondaines, sujettes à vn flux continuel de change & de rechange: & viuez neantmoins & viurez tousiours parmy nous en la memoire de vos concitoyens, qui ne verront jamais les murailles de leur ville, les parois de leurs maisons, qu'ils ne se souuiennent que c'est vous qui les leur auez renduës. Ie voy, ie voy vostre gloire prendre son cours & sa croissance vers tous les siecles à venir, s'eslargissant tousiours en s'aduançant, ne plus ne moins que les fleuues qui s'esloignent de leur source. Mais ie crains que parlant trop long-temps à ceste ame bien-heureuse, ie ne trouble son repos; & pource me retourneray-je vers vous qui restez, pour vous dire que les seruices dont le deffunct vous a obligez, l'amitié dont vous l'auez recogneu, ne requierent pas de vous maintenant, ny des larmes, ny des souspirs; son ame genereuse estoit trop esloignée de tels souhaits; mais bien que par vne gracieuse souuenance vous cultiuiez sa gloire, & la faciez reuiure à la posterité. Car bien que la vertu ne puisse trouuer, ny plus digne recompense, ny plus ample theatre que soy-mesmes, si est-ce qu'elle exige de nous, qui suruiuons ceux qui ont vescu vertueusement, vne loüange & recommandation de leur merite. Cet honneur est comme vne claire lumiere, qui ne donne pas seulement iour à ceux qui ont precedé pour esclairer à leur gloire, mais aussi allume vn ardent desir aux cœurs de ceux qui les suiuent, de les imiter en leurs belles & genereuses actions. C'est outre cela la plus digne, & de plus d'efficace consolatió que puissent receuoir ceux qui sont touchez du poignant regret de l'absence du deffunct: c'est le plus grand soulagement que ie voudrois donner à leur dueil, que de leur representer la gloire immortelle qu'il a acquise, non à Marseille, non en Prouence, non en France, mais par tout le monde; non pour le temps de sa vie, non pour le temps de la nostre, mais pour les siecles à venir. Consolation en laquelle tous ceux qui l'ont aymé peuuent prendre part; mais en laquelle vous son pere & ses freres, auez droit de preciput, & emportez beaucoup d'auantage. Car outre que vostre nom vous fait participer à l'honneur & à la gloire du deffunt, vous ioüissez & ioüirez encor de la bien-vueillance de tous vos conci-

toyens,

royens, laquelle il vous a acquise par son merite, & lesquels vous tiendront comme leur pere & leurs freres. De sorte que pour vn enfant, ou pour vn frere que vous auez, non pas perdu, ains esloigné de vous, il vous en demeu- re cent mille icy bas, qui vous rendront la mesme affection, les mesmes offi- ces que vous eussiez peu attendre de luy. Quel plus doux charme pourroit souhaitter vostre douleur? Apres cela, quelle consolation vous peut man- quer? Mais ie fais tort à vostre vertu, si ie croy que vous ayez besoin de consolation, vous dis-je, qui estes de ce glorieux tige dont est sorti le plus signalé exemple de magnanimité qui soit apparu en ce siecle. Viuez donc, & viuez heureux, & consolez & contens. Car la gloire que le def- funct a acquise à vostre nom, est plus que suffisante pour vous en donner tout sujet.

DEVXIESME.

 ATVRE sage ouuriere, a composé le corps humain de façon que l'on n'en peut arracher aucune partie, sans que toutes les autres en ayent vn manifeste ressentiment de douleur. Que si la fortune porte que le membre qui est coupé, soit des plus necessaires à maintenir la vie, le mal en est d'autant plus grand, & suiuy de conuulsions plus hi- deuses, & cris plus pitoyables. Le mesme arriue au corps ciuil & politique, lequel ne peut faire perte d'aucun de ses citoyens, qu'elle ne luy soit griefue & luctueuse: mais s'il vient à perdre des plus nobles, alors le dueil & la tri- stesse se desborde sans mesure, remplit les esprits de ses concitoyens de lan- gueur, leurs bouches de souspirs, leurs visages de larmes. C'est ce qui vous est arriué aujourd'huy, & dont on void les marques toutes fraisches impri- mées en vos faces, en vos gestes, & en vostre silence; telles que celuy qui de bien loin arriueroit maintenant en ce lieu, pourroit sans s'enquerir da- uantage aysément reconnoistre que vous deplorez la perte de quelque per- sonne signalée, fort aymée, fort honorée, & fort plainte de vous. Que si plus curieux il vouloit sçauoir l'argument de vostre ennuy, plus il en ap- prendroit la cause, plus il en loüeroit, ou pour le moins excuseroit l'effet. Car outre que ce personnage-cy, que la condition mortelle des hommes à enleué d'entre vous, estoit d'vne des plus illustres familles de ceste illustre cité, il auoit composé sa vie d'vne si douce grauité, d'vne si graue modestie, d'vne si modeste frugalité, que ses mœurs pouuoient seruir d'oresnauant de loix au reste des hommes, à la veuë desquels il viuoit. Que se peut-il dire de plus loüable, que de voir en vn siecle si ambitieux, que celuy auquel nous viuons, vn personnage appellé par le nom de sa famille, par le renom de son industrie, par le vœu commun de tous les gens de bien aux charges publi- ques, les fuir comme vn escueil; & par l'exemple de sa moderation, jetter la honte au visage de ceux qui destituez de toutes ces parties-là, les enuient & pourchassent? Mais bien que ceste sienne modestie l'ait contenu dans l'en- clos de sa maison, elle ne l'a pas pour cela retenu oisif & engourdi en ceste

MMm iiij

vie. Quel plus charitable parent, plus officieux amy, plus fidelle citoyen
pourroit-on defirer au monde, que celuy qui auec tant de refpect a feruy &
honoré fon frere aifné ? que luy, qui auec tant de prompte affection s'eft
employé aux neceffitez de fes amis ? que luy qui auec tant de paffion a de-
ploré & foulagé en ce qu'il a peu la fortune de fa calamiteufe patrie? Ie m'e-
ftendrois plus auant en ce difcours, & en trouuerois vn champ fort ample
& fpacieux; mais au lieu de vous confoler en cefte angoiffe, & vous remercier de l'office que vous rendez à fa memoire, comme le porte mon deuoir,
ie crains d'augmenter par le recit de fes loüanges la caufe de voftre trifteffe.
Pluftoft vous dois-je reprefenter l'heur & la felicité en laquelle il eft maintenant, & dont la vertu auec laquelle il a vefcu, la foy en laquelle il eft mort,
font oftages tres-affeurez. Car en ce tournoy mondain, en cefte lutte mortelle où nous fommes introduits & continuellement exercez, la mort n'eft
autre chofe que la trompette du Heraut qui appelle à la Couronne ceux qui
ont legitimement & valeureufement combatu. Heureux combat pour
tous, puis que chacun y peut efperer. Car ceux qui vont deuant ne font differens de ceux qui les fuiuent, que d'vn bien peu de temps ; & ne font que
nous frayer le chemin, afin que preffans leurs pas, nous arriuions au fejour
de la gloire eternelle ; Et attendans que là Dieu qui tient en fa puiffance le
threfor de toutes graces & benedictions, remunere dignement l'amitié
dont vous auez chery le deffunct en fa vie, la pieté dont vous auez honoré
fa memoire en fa mort, puis que les juftes larmes empefchent la voix de celuy qui s'en fent plus voftre obligé, ie vous en remercieray bien humblement pour luy, & vous offriray fon bien-humble feruice. Vous auez à la verité perdu vn bon parent, vn bon amy, vn bon citoyen. Si Dieu euft voulu
oüyr les vœux de fon frere, il euft volontiers partagé auec le deffunct ce
qui luy refte de jours ; & auançant fa mort, prolongé la vie de fon cher frere, afin que vous les euffiez poffedez tous deux enfemble, & receu d'eux
en commun les deuoirs & offices que vous auiez accouftumé. Mais puis
que le Ciel n'a point voulu eftre fauorable à vne fi fainte priere, il vous
affeure qu'il mettra tout fon foin & toute fon induftrie, afin que vous trouuiez en luy ce que vous euffiez peu receuoir de tous les deux ; ne plus ne
moins que ceux qui ont perdu vn œil fentent les efprits fe raffembler en
l'autre, & y redoubler la puiffance vifiue.

TROISIESME.

ES parens & amis du deffunct vous remercient de l'honneur qu'il vous a pleu faire à fa memoire par ce dernier
office. Les faueurs que l'on fait aux viuans ne portent pas
fi grand tefmoignage de noftre gratitude & bien-vueil-
lâce, que celles qui font departies à ceux qui ne font plus.
Car des vns nous pouuons attendre quelque recompen-
ce, des autres nous ne pouuons plus rien efperer. Mais gens bien inftruicts,
comme vous eftes, & qui ont appris le gouft de la vraye Religion, fçauent
affez

affez que les œuures de la pieté trouuent au Ciel la retribution qu'ils ne peu-
uont trouuer en terre. Ces offices-cy font des prefts que nous faifons aux
vns, pour nous eftre rendus par les autres. Mais nous le faifons toutesfois
auec vne inegalle obligation : car aux vns nous deferons l'honneur, mais
comme deu à la commune condition de noftre humanité; aux autres nous
le payons comme deu à leur merite & verru particuliere. De cefte forte certainement il me femble que vous auez maintenant rendu ce dernier deuoir à la memoire du deffunct, ayans honoré en luy, non feulement vn
homme, mais vn Chreftien comme vous : non feulement vn Chreftien,
mais vn voftre compatriote: non feulement vn compatriote, mais vne perfonne noble & illuftre: non feulement vne perfonne telle, mais de qui toutes
les actions ayans efté compaffées fur la regle d'vn homme de bien & d'honneur, peuuent feruir de confolation & d'exemple à ceux auec lefquels il a
vefcu, & qui demeurent pour viure apres luy. Il a paffé fa jeuneffe au feruice
des Rois, & y a tefmoigné la fidelité qu'on en pouuoit defirer. Il a efté decoré de belles & honorables charges; & aux plus durs temps qui ayent regné,
il a empefché par fon foin, & par fa diligence, que les ennemis de ce Royaume n'y foient entrez par la porte qu'il auoit à garder. Ses derniers jours
n'ont pas efté fi heureux, pource que la condition des affaires du monde eft
telle, qu'il faut que le deftin nous entame toufiours par quelque endroict.
Mais au moins a-il eu cet heur en fes malheurs, que le coup dont il a efté
frappé, l'a bleffé au temps que la fortune du Royaume deuenuë plus forte
& vigoureufe y peût ayfément parer : & encor dauantage, que chacun a
conneu que le regret qu'il a eu du mal public, eft le traict qui luy a percé le
cœur, & l'a conduit au tombeau. C'eft auoir vefcu heureufement, que d'a-
uoir durant fa vie feruy de rempart à fon pays. C'eft mourir honorablement, de finir, lors que le malheur retranche les moyens de feruir fa patrie
felon fon fouhait. Car par ainfi en toutes les parties, vous qui reftez, aurez
à aymer & honorer fa memoire. Et s'il y a quelque chofe à plaindre en fon
infortune, aux ames bien nées la pitié redouble l'amitié. Rendez la luy
doncques & aux fiens, qui heritiers de fa vertu heriteront auffi de l'affection
qu'il auoit de vous feruir.

QVATRIESME.

MEssievrs, Les parens & amis de feu Monfieur D.
vous remercient grandement de l'honneur qu'il vous a
pleu faire à fa memoire: Ils s'affeurent que l'amitié & bien-
vueillance que vous luy auez portée durant fa vie, conti-
nuera apres fa mort à l'endroit des fucceffeurs. C'eft chofe
digne de vous, ayans eu longuement parmy vous vn bra-
ue & genereux citoyen, qui a rapporté toutes fes actions au bien de voftre
ville, falut de fon pays, & feruice de fon Roy, de reconnoiftre en fa pofterité par toute forte d'honneur, faueur, & refpect, fa valeur, fon integrité fa
fidelité. Car cefte gratitude & ingenuë reconnoiffance eft la douce rofée,

qui rafraischissant ceste florissante tige de vertu la fait reuerdir, & continuellement renouueller; où au contraire l'ingratitude & mesconnoissance
est celle qui la suffoque & l'estouffe. C'est la plus certaine consolation que
les siens peuuent attendre en la perte qu'ils ont faite maintenant. Car bien
que la grande & genereuse noblesse dont il estoit issu, les biens qu'il auoit
receu de ses predecesseurs, l'honneur des guerres où il auoit seruy en charges honnorables, soient continuez en sa posterité par vne aussi heureuse que
certaine succession; si est-ce qu'ils estiment par dessus tout ceste commune
bien-vueillance, dont tous ses concitoyens l'ont honoré en sa vie, & le regrettent en sa mort. Le regrettent, dis-je, non pour pouuoir par leurs souhaits rien adjouster à vne si longue & chenuë vieillesse, laquelle auoit non
seulement accompli, mais de bien loin franchi le terme ordinaire de la vie
des hommes: le regrettent, dis-je, non pour pouuoir par leurs souhaits rien
adjouster à l'heur auquel il est maintenant: car l'integrité de sa vie, la sincerité de ses actions, sont gages trop certains parmy nous, de l'heureux repos
& gloire eternelle en laquelle il reuit maintenant: mais le regrettent comme vn fidelle ostage de leur bon-heur, que Dieu auoit laissé parmy eux, &
lequel il semble leur oster à present. Toutesfois, Messieurs, n'en prenez point
de mauuais augure: au contraire estimez (car vous le pouuez quasi juger à
l'œil) que Dieu a si long-temps, & parmy de si fascheux temps conserué
ce second Simeon, pour luy donner congé & l'enuoyer en sa paix, quand
ses yeux auroient veu le salut de ses citoyens asseuré. Tant qu'il a veu ceste
pauure ville entre les mains des tyrans & des Espagnols, il n'a peu mourir.
Il soustenoit tousiours sa vie, quelque infirme & caduque qu'elle fust, pour
ayder au recouurement de sa liberté, ou pour le moins pour s'en resioüir.
Et ne doutez point aujourd'huy que son ame ne participe à la gloire eternelle, que par ses vœux & ses prieres il ne trauaille à affermir vostre repos: à
quoy il sera çà bas secondé par le fidelle seruice de ceux qui restent de luy.
Et pource consolez-vous tous; car ceste ville aura tousiours occasion de se
loüer d'auoir eu vne si noble, genereuse & fidelle famille; & ceste famille
d'auoir de si bons, si gracieux & reconnoissans citoyens.

CINQVIESME.

ES plus grandes villes du monde se font par diuers
moyens esleuées à ceste auguste & opulente grandeur, qui
les constituë comme les Chefs des Prouinces & Royaumes. Les vnes sont montées à ce degré d'honneur par
l'estude des lettres, culture des arts & sciences; par lesquelles ayans poly leurs esprits, & ciuilisé leurs mœurs,
elles ont fourny & de bonnes loix & de beaux exemples de bien faire à tous
leurs voisins; & par l'admiration de leur vertu, par vn naturel respect &
seruitude volontaire sousmis à eux tous les peuples voisins. Les autres se
font accreuës par la gloire des armes; & reglant leurs genereux courages
par l'exacte discipline & continuel exercice d'vne bien ordonnée milice,

ont

ent domté tout ce qui s'est opposé; & comme couuert & asseuré sous leurs armes tout ce qui s'est jetté à refuge entre leurs bras. Les autres sont deuenuës augustes & opulentes par vn grand & industrieux commerce, par lequel joignant auec vn hazardeux trauail les extremitez de la terre, & auoisinant les choses plus esloignées, elles ont restably entre les hommes ceste commune & naturelle societé, qui sembloit interrompuë par les mers, par les fleuues, par les montaignes, par les differentes langues, par les diuerses dominations qui les separent. Or ce bon-heur qui arriue ainsi aux villes, & qui les conduit à ceste grandeur, est par quelques-vns imputé à l'influence des astres qui president à leur naissance & construction; par quelques autres est attribué à l'opportunité des lieux où elles sont situées. Mais pour moy, ie l'ay apres Dieu tousiours principalement rapporté à l'esprit & entendement des hommes, desquels ces villes-là viennent à estre peuplées & habitées: & ay par consequent estimé que celles qui se trouuent magnifiques & florissantes, en doiuent le gré à leurs premiers & principaux citoyens, qui par vn soigneux trauail nourrissent, fomentent & entretiennent les arts par lesquels elles se sont esleuées, & se maintiennent en reputation. C'est pourquoy ceste ville estant principalement florissante par ce grand cours de commerce, qui la rend comme vn opulent & riche reseruoir de toutes les commoditez du monde, j'estime qu'elle ne doit pas peu à la memoire du deffunct, à qui nous venons de rendre ce dernier & funebre office; & lequel ayant icy choisi le siege de sa fortune, a par vn incomparable trauail & exquise diligence tant serui à luy faire connoistre les commoditez qu'elle pouuoit receuoir des nations plus esloignées, & auec tant de preud'hommie & legalité acquis creance à ses concitoyens parmy les estrangers, & auec tant d'industrie ouuert le chemin à vne infinité de personnes pour subsstanter leurs familles, & à beaucoup pour paruenir à vne grande richesse. On pourroit dire que les grands biens & les grands moyens que le defunct a acquis sont les recompenses de ses labeurs, sans qu'il en doiue esperer autre gré ny reconnoissance de ses concitoyens. Mais, Messieurs, tousiours est-il vray que ceux à qui Dieu a distribué de grands biens, ne meritent pas peu de loüange, quand ils en vsent comme ils doiuent. La modestie, la temperance, la frugalité, la beneficence ne sont pas petites vertus, & peu recommandables, mesmes au siecle où nous viuons, & parmy des mœurs si deprauées que les nostres; où rarement il aduient que l'affluence des biés ne soit la mesche & l'amorce de la presomption, du luxe & desbordement. Vous auez veu ce personnage continuer sa vie tousiours d'vne mesme teneur, ayant sa famille composée & disciplinée en vne grande moderation. Et neantmoins és affaires communs vous l'auez reconneu plein de liberalité & de beneficence, ayant pour le secours du public fort liberalement eslargy ses moyens. Ie sçay bien que la plus memorable loüange que l'on luy pourroit donner, & la plus seante à vne ample & magnifique fortune comme estoit la sienne, c'est la charité & le soin des pauures, sans lequel nous ne pouuons en façon quelconque tesmoigner que nous soyons Chrestiens; mesmes en ce temps calamiteux, que le mal des affligez se fait voir aux aueugles, & le gemissement des languissans se fait entendre aux sourds;

Mais auſſi vous deuez-vous aſſeurer qu'en mourant il aura ſoigneuſement
commis à ſes enfans en cela la deſcharge de ſa conſcience, & que vous verrez par l'execution de ſa volonté de loüables teſmoignages de la pieté du defunct, & de la fidelité de ſes heritiers. Or comme ce dernier office que nous
rendons au defunct eſt deu partie à ſa recommandation, auſſi eſt-il deu partie à noſtre inſtruction. C'eſt pourquoy la ſolennité de ces pompes funebres
& ceremonies des conuois eſt ſainctement & ſagement inſtituée; afin que
conſiderant vne fois la mort d'autruy, nous meditions tous les jours la noſtre; & voyant de nos yeux comme ceux qui meurent s'en vont tous nuds
comme ils ſont venus, nous attiediſſions ceſte ardente conuoitiſe, ceſte furieuſe cupidité qui nous attache icy aux biens & aux richeſſes, pour nous ſeparer de Dieu & de noſtre ſalut. Car il nous faut faire eſtat certain que les
biens temporels, leſquels par ſa grace & bonté immenſe il nous diſtribuë,
ſi nous en vſons comme nous deuons, & les diſpenſons charitablement
comme nous ſommes obligez, ſont autant d'interceſſions enuers Dieu, pour
nous concilier ſa grace, & nous faire entrer en la ſocieté de ſa gloire : & au
contraire, ſi nous en vſons autrement, ſont autant d'irreprochables teſmoins pour noſtre condamnation, & pour attirer ſur nous & ſur les noſtres
le jugement eſpouuantable de ce grand Dieu, qui n'eſt pas moins juſte que
clement; & qui autheur & diſpenſateur de toutes graces & de tous biens,
n'a rien plus en horreur en ce monde que l'ingratitude. Partans doncques
d'icy, vous r'emporterez en vos maiſons auec la recommandation de la memoire du defunct, ceſte inſtruction pour vous, & vne aſſeuráce tres-certaine, que les enfans & parens du defunct receuans à beaucoup d'obligation
l'honneur qu'il vous a pleu leur faire, conſerueront fidellement l'affection
de la reconnoiſtre en toutes occaſions où ils auront moyen de vous ſeruir.

SIXIESME.

E L V Y qui a dit que Promethée auoit paiſtry & de-
ſtrempé dans des larmes l'argille dont il forma les hommes, a par ceſte fabuleuſe & myſterieuſe inuention bien
elegamment exprimé leur miſere & infirmité : comme
s'il euſt dit à deſcouuert, que les hommes n'eſtoient naiz
que pour pleurer, & que les fortunes & aduerſitez qui
les preſſent de tous coſtez, en expriment continuellement les larmes
comme d'vne eſponge. Et de verité, quel mois, quelle ſepmaine, quel
jour ſe paſſe que nous ne ſoyons occupez à quelque action ſemblable à celle-cy ? Quelles autres aſſemblées voyons-nous ſi frequentes, que celles des
conuois ? quelle eſt la maiſon qui ne regrette ſa perte ? Hier vn jeune, aujourd'huy vn viel; hier vn homme, demain vne femme; de tout aage, de
tout ſexe, la mort fait ſon choix parmy nous, ou pluſtoſt ſans choix les
enleue d'entre nous. Toutesfois le ſujet de douleur n'eſt pas ſemblable en
tous. Car quand il ſe preſente, comme en ceſtuy-cy, qu'vne Dame née de
maiſon illuſtre, alliée en vne noble famille, decorée de titres d'honneur,
des

dès plus celebres de sa ville, fortunée d'vn bon nombre d'enfans, récommandée dès loüanges de pudicité, continence, frugalité, modestie; a longuement vescu parmy nous; nous ne pouuons, la perdant, qu'en porter fort aigrement la perte. Et me semble que la consolation de ceux qui disent qu'il faut porter plus patiemment le deceds des vieux que des ieunes, n'est point fondée sur raison en ceux dont la vie en toutes ses parties s'est acquis quelque loüange. Car tout ainsi que celuy qui ayant deux pourtraicts de quelque rare beauté, l'vn seulement demy-faict, l'autre acheué en perfection, plaindroit beaucoup plus la perte de celuy qui est acheué, que de l'autre: De mesme deuons-nous bien plus nous esmouuoir de la perte d'vne personne, qui ayant acheué le cours de sa vie, y auoit dressé cóme vne viue image de bien viure, en laquelle les ieunes auoient dequoy s'instruire, les vieux dequoy se consoler. Encor si nous auions l'vsage des anciens, qui pour remedier à l'infirmité des hommes & subuenir à la vertu mourante, dressoient des statuës à ceux qui auoient bien & loüablement vescu, ce nous seroient des remarques qui tromperoient vn peu nostre douleur, & nous feroient croire encore presens ceux qui s'esloignent de nous. Mais puisque nos loix & nos mœurs nous ostent ce moyen, & nous interdisent le marbre & le bronze, recourons à celuy qui nous est permis, & nous figurons tellement auec la pointe du regret & de la douleur l'image de la saincté & religieuse vie de celle que nous venons de conduire au tombeau, que nous la facions reuiure en nos esprits aussi longuement que nous mesmes. La posterité qu'elle nous a laissée, qui la suit à la trace, nous aydera tousiours à entretenir ceste douce imagination, remarquant aux enfans les vertus de la mere, lesquels particulierement s'efforceront de l'imiter & la surpasser en l'honneste amitié dont elle vous a tous cheris & honorez.

SEPTIESME.

ESt vne nouuelle bien fascheuse à ceste compagnie, que celle qui nous est annoncée du deceds de feu Monsieur N. Conseiller en la Cour de ceans. Car tant plus que sa vie estoit recommandable, de tant plus sa mort est-elle douloureuse à ceux, aux yeux desquels il a vescu. La nature l'auoit fait auec vn visage doux & agreable : il auoit les mœurs gracieuses & sociables : il auoit esté bien institué aux bonnes lettres ; & estant nay en vn siecle où elles florissoient, soubs ces grands genies de l'erudition, il en auoit fait bonne prouision ; mesmes des lettres Grecques ; voülant parler aux sciences teste à teste en leur langue maternelle, & non par truchement. Il auoit foüillé bien auant en la Philosophie, & de là passé à la Iurisprudence, iusques à ce que le iugement du Prince l'auoit appellé où sa vertu meritoit. Bref il auoit apporté ceans les belles & grandes parties que l'on pouuoit desirer en luy ; mais vne principalement, laquelle excelle & veut que l'on mette à part toutes les autres, & que bien que dignes de beaucoup de loüange, on les enuelope

dans le silence; afin de donner à celle-cy le iour & le lustre qu'elle merite.
C'estoit la pureté, la continence, la preud'hommie, diuers synonymes
d'vne mesme vertu, qui prenant racine en son bon naturel, arrousée par
l'erudition, cultiuée par l'exercice continuel de la Iustice, estoit paruenuë
à sa iuste grandeur, & auoit produit le fruict d'vne belle, grande, & honorable reputation. Vertu certainement, qui au mestier dont nous nous meslons, auec fort peu d'autre aide peut quasi suffire; & sans laquelle tous les
autres arts & sciences dont nous nous armerions, ne seroient que des instrumens à la malice & iniquité. Et si vn ancien a bien dit; que le feu estoit le
commun instrument des mestiers, & le particulier de la forge: aussi pouuons-nous dire que l'integrité & la conscience est l'outil commun de tous
les arts; mais le propre & peculier de la Iustice, de laquelle l'ame droicte &
saine, la conscience timorée, est comme l'œil net & pur. Car comme
quand l'homme est sain; sans qu'il y pense, en ouurant l'œil, la lumiere
s'insinuë en luy: où celuy qui a la maille en l'œil ou le catharre, ne voit rien
en plein midy; pour vne image il en voit cent; pour vne couleur il en voit
vne autre; il prend l'ombre pour le corps, les lunettes ne le font que tromper dauantage; Ainsi auec l'innocence vient le droict iugement. Il a vescu
longuement en sa charge, tousiours auec vne mesme teneur de vie, vn
grand mespris des richesses au Palais, vne grande parcimonie en sa maison.
Bref toutes ses actions estoient telles, que le public qui en estoit seruy, &
nous auec lesquels il viuoit, deuions souhaitter, s'il eust esté possible, que
sa vie eust esté immortelle. Mais quoy? comme dit Varron, si l'homme
n'est qu'vne bouteille sur l'eau, combien moins vn vieillart? Ne faut-il pas
en fin que le terme vienne, & rendre à la nature ce qu'elle nous a presté? Il
est necessaire, disoit le Tragique, que nostre vie soit coupée comme vn espy meur & penchant. Gorgias Leontin, ce celebre Sophiste, estant vieil
& caduc, & aux extremitez de la mort, enquis s'il mouroit volontiers:
Oüy, dit-il, & sors de la vie comme feroit vn locataire de quelque petite
maison obscure, ruineuse, descouuerte, & qui s'en va par pieces. Les hommes ne font proprement que des canaux, par lesquels fluent continuellement & le bien & le mal: Quand le bien cesse d'y couler, & que les maux
commencent à l'accueillir, qu'y a-il plus desirable que de trencher le conduict? L'homme n'est qu'vn exemple d'imbecillité, la proye du temps, vn
iouet de fortune, vn portrait d'inconstance, vn sujet d'enuie & de calamité, & en fin vn peu de pituite & de bile meslée. Or ce qui seul nous raf-
fermit contre l'imbecillié, nous deffend contre le temps, nous garantit de
la fortune, de l'enuie & de la calamité, c'est la mort. Ceste mort mesmes,
les Payens ont connu combien elle estoit heureuse. Dans Stabon nous apprenons que les Gymnosophistes l'appelloient la natiuité à la vraye vie,
pour ceux qui auoient bien philosophé. Que deuons-nous donc croire,
nous qui sommes asseurez de ceste immortalité, & qui sçauons, comme
dit Tertullian, apres sainct Paul, que la semence ne germe point qu'apres
auoir pourri; & que rien ne se côserue en ce monde que par destruction, rien
ne se repare qu'apres auoir esté ruiné? Et que deuons-nous faire, quand vne
ame pure, entiere, religieuse, part d'entre nous, sinon l'accompagner de nos
voix

voix & de nos vœux, au lieu où la pieté l'a portée ? Allez donc, ame bien-
heureuse, prenez voſtre vol au Ciel. Allez iuſques à ce que vous ſoyez arriuée à cet heureux ſejour où vous attend ce port, où le calme eſt eternel ; ce
port, où nul vent de fortune ne donne. Attendez-là ce grand iugement,
qui reuelera la gloire des bons, & l'infamie des meſchans ; & ce iour où la
mort mourra elle-meſme, & receura la fin qu'elle donne aux autres. Ce
pendant nous honorerons la deſpoüille & les reliques de voſtre vie, auec
l'honneur que nous auons accouſtumé de rendre à ceux deſquels nous approuuons les actions, & honorons la memoire.

HVICTIESME.

IE ne croy point que ceſte compagnie aye iamais ſenty
vne plus viue ou plus perçante douleur par la perte d'aucun de ſes membres, que celle qu'elle reçoit auiourd'huy
par le deceds de Monſieur B. Et ne pouuons ietter les
yeux ſur la place qu'il auoit accouſtumé de remplir dignement ceans, que la contemplans nous ne ſoyons
touchez d'vne grande triſteſſe, & quant & quant ſaiſis de quelque apprehenſion, qu'elle ne puiſſe de long temps eſtre occupée par perſonne qui eſgalle ſon merite & ſa vertu. Outre que le ſiecle où nous viuons, comme la
vieilleſſe du monde, eſt fort ſterile de belles & grandes natures, la vertu &
la fortune s'eſtoient tellement r'alliées en luy pour le former digne de la
charge où il auoit ſuccedé, qu'à peine reſtoit-il rien à y deſirer de ce à quoy
les ſouhaits des hommes ſe peuuent eſleuer. Ce luy eſtoit peu d'eſtre né d'v-
ne noble & ancienne famille : car le cours qu'il auoit dreſſé de ſa vie, eſtoit
pluſtoſt pour illuſtrer les ſiens, bien que d'eux meſmes fort illuſtres, que
non pas pour tirer gloire de leur nobleſſe. Et n'eſtoit ja beſoin, pour teſmoigner ſon origine, d'aller rechercher des tiltres & pancartes de ſa maiſon. Son viſage teſmoignoit aſſez ſon ingenuité & le lieu dont il eſtoit ſorty. Vous vous ſouuenez tous combien eſtoit doux ſon regard, combien
agreable ſa parole, combien graue ſon diſcours plein de conſtance & de ſo-
lidité. Il auoit eſté nourry ſous la ſoigneuſe & ſeuere diſcipline d'vn pere,
lequel l'ayant deſtiné à la ſucceſſion de ſa charge, auoit eu ſoin de le deco-
rer des ornemens, tant des ſciences que des mœurs, qui le pouuoient rendre non ſeulement capable, mais deſirable en ceſte charge. Vous auez veu
en luy tant de rares vertus, tant de capacité à apprendre toutes les ſciences,
& qui plus eſt, tant d'inclination à la probité, integrité & humanité, que
ie ne ſçay ſi l'on ne doit point craindre que de là ſoit procedé ce coup de
foudre qui nous l'a enuié, puis que l'on void d'ordinaire que les fruicts qui
meuriſſent toſt ſont cueillis auāt leur ſaiſon, & qu'il y a ie ne ſçay quelle en-
uië du deſtin qui couppe en verd les grandes eſperances. Il eſtoit entré fort
ieune pour l'aage à vne grande & honorable charge. Il auoit fait preuue de
ce que diſoit vn ancien, qu'en vain attēd-on le progrez de l'aage, lors que le
progrez de la ſageſſe paroiſt ſi auancé. Car il auoit tāt monſtré de modeſtie,

de prudence, de iugement, d'erudition, que cefte compagnie l'auoit inuité à l'exercice d'vne charge, à laquelle elle fait difficulté de receuoir les plus
vieux & experimentez Conseillers. Mais qu'eft-cecy? en la fleur de fon
aage, à peine auoit-il clos les yeux à fon pere, recueilly de grandes & opulentes fuccessions, eftant chef d'vne grande & riche famille, ayant defia
des enfans, auançant fes penfées à de plus hauts & vertueux defseins, la mort
l'acueilly à vn moment. O quels triftes & luctueux euenemens furuiennent à la fortune des hommes! Combien en vn inftant les efperances humaines font rétranchées, les defseins renuerfez! Quels flots de triftefse doiuent maintenant accabler cefte pauure & defolée famille, qui void vne
pauure mere prendre vn nouueau dueil auant qu'auoir quitté celuy de fon
mary, vne pauure femme fe fentir deftituée de fa douce compagnie, des
ieunes enfans abandonnez de leur conduitte, & tout cela en proye au dueil
& à la douleur? Mais certainement ce dueil n'eft point enfermé dans les
parois de fa maifon: il eft imprimé dans les cœurs de toute cette compagnie, peint en tous leurs vifages, tel que ie ne penfe point que de long-
temps il s'en puifse effacer. Ie tempererois volontiers cefte trifte penfée, &
diuertirois cefte luctueufe cogitation par le recit des loüanges qui font
deuës à fa vertu & à fes merites: mais ie confefse ingenuëment mon infirmité, que mon efprit faifi de douleur ne fçauroit fuffire, & qu'il faut, ô efprit bien-heureux, que vous attendiez ce deuoir d'vne ame moins troublée de voftre deceds, ou de moy en vne autre faifon. Pource me deuez-
vous permettre que ce qui me refte d'efprit, ie l'employe à releuer premierement mon courage, puis celuy de tant d'afsiftans que ie voy defolez à
voftre occafion. Et d'autant que ma parole pourroit, peut-eftre, auoir peu
de force & moins d'authorité, que i'emprunte celle de quelqu'vn de ces
anciens & rigides peres, defquels le feul nom & la reputation vous peut
perfuader. Et à qui pourrions-nous pluftoft ceder qu'à ce religieux & auf-
re Tertullian, qui nous confole & nous tanfe tout enfemble en ces beaux
mots, en cefte belle inftruction à patience? Il ne faut pas, dit-il, pleurer
ceux qui vont deuant nous, ny regretter ceux que nous rateindrons bien-
toft. Cefte impatience-là eft de mauuais augure, & monftre que nous ne
fommes pas bien affeurez de ce que nous efperons: ioint que nous offenfons noftre Seigneur, quand nous eftimons deplorables ceux qu'il appelle
à foy, comme fi leur condition eftoit miferable. Ceffons donc d'enuier à
celuy que nous aymons, vn bien ineftimable, en la poffefsion duquel il eft
entré par noftre perte, mais qui n'eft que pour peu de temps. Doncques
puis qu'il y a vn lieu pour les efprits des gens de bien, & comme difent les fages, les ames viuent apres la mort, ô belle & genereufe ame, demeurez en
repos, confolez voftre famille, & la rappellez d'vn dueil mol & effeminé à la
genereufe contemplation de voftre vertu & valeur, qui eft le vray honneur
que vous rendront vos plus proches parens & fidelles amis. C'eft, ce féble,
que voftre mere, ce que voftre femme, ce que vos enfans peuuét faire de plus
digne de leur pieté, d'auoir continuellement deuant les yeux l'image de voftre fainte & religieufe vie, & le renom qui en demeure en la memoire des
hommes, & les fubroger au lieu de ce corps mortel, caduc & fleftriffant que
vous

vous leur auez emporté. La Cour les secondera en ceste mesme affection, & attendant d'autres occasions pour honorer la memoire du defunct, ne manquera point d'honorer ses obseques par sa presence.

NEVFIESME.

IVsqves à present i'ay songé à part moy, pourquoy ce deuoir d'honneur & de pieté, où nous sommes maintenant occupez, a esté si longuement deu & si tard rendu à la memoire du defunct; veu que ie m'asseure que ceux qui estoient principalement obligez à le procurer, n'ont point manqué de charitable & officieuse affection en son endroit. Mais ie connois auiourd'huy, que la prouidence conduit par ses secrets ressorts toutes choses à la fin qui leur est plus conuenable, & qu'elle a differé cet office de pieté à ce iourd'huy, comme à sa maturité, pour le rendre mieux accomply & plus honorable. Car ayant besoin, pour estre tel, d'estre egalement entremeslé de douleur & de loüange, si lors que la playe estoit encore fresche nous eussions vaqué à cet office, la douleur seule eust saisi nos cœurs & nos visages, & ses obseques n'eussent eu autre ornement que nos larmes. Mais maintenant que le temps a donné trefue à nostre dueil, & rappellé nos yeux de la mort à la vie, & fait retourner nostre memoire en arriere, pour contempler, non quel est, mais quel estoit celuy que nous auons perdu; il vous a donné moyen, Monsieur, de le ressusciter icy par vostre eloquence, le faire reuoir viuant & animé par vostre parole: Le faire voir, dif-je, par son plus bel endroit, par les traicts de ses vertus, par les lineamens de son erudition & science si artistement ouurez, si exquisement representez, si naïfuement imitez, que la seule difference que nous y trouuons, est que ce que nous oyons de luy semble deuoir estre immortel. C'est bien, à mon aduis, l'honneur le plus grand & le plus recommandable qui luy pouuoit estre rendu; & ne croy point qu'entre les exemples de la pieté ancienne il s'en trouue qui excelle par dessus celuy-là. Nous lisons en l'histoire Grecque, que les Atheniens faisoient peindre en la sale de leur Conseil l'image de ceux qui auoient bien & fidellement seruy la Republique aux grandes & importantes charges; afin que lors que les Conseillers seroient assemblez, ils eussent deuant les yeux des patrons de belles & genereuses actions, & que la loüange des morts animast les viuans à bien faire. Mais, ô Dieu, quelle difference y a-il de ceste morte peinture; qui ne peut representer les choses que d'vn costé, en vn aage & en vn estat, ou de celle viue & animée, formée par le pinceau d'vne delicate parole, qui exprime les choses en tous sens, en tous aages, & en toutes actions? Vous nous l'auez representé naissant, & nous a semblé vous oyant que nous le voyons sortir du sein de ses nobles & genereux ayeuls tout reluisant d'honneur & de dignité. Puis le tirant du berceau, vous nous l'auez representé en sa ieunesse attaché à l'estude, enseuely dans les liures iusques à ce que le iugement du Prince l'ait meritoirement esleué à la pourpre & au rang de ses majeurs. Et qui n'a pris plaisir apres cela de vous oüyr raconter le labeur, l'assiduité, la dexterité auec laquelle il s'est fort longuement acquité de la charge de Conseiller en la Cour de ceans ? comme si vous eussiez voulu prescrire à ceux qui entrent en mesme charge vn exemplaire de la vie qu'ils doiuent tenir. Car que peut-on desirer à vn homme semblable à celuy que vous nous auez depeint ? Aussi ses premiers honneurs, bien que tres-grands, n'estoient que des degrez qui le deuoient esleuer à de plus hauts. Si estoit-il paruenu à vne des plus honorables charges qu'vn homme de sa robe puisse esperer, pour tenir en main les resnes de tout vn Parlement. Et bien qu'il fust comme au comble d'honneur, si auoit-il laissé douteux en l'esprit des hommes, si la charge luy apportoit plus d'honneur qu'il n'apportoit d'honneur à la charge. Car combien de dignité, combien de grauité reluisoit en son visage ? les loix estoient vrayement animées en sa parole : la Iustice se resioüissoit de se voir en sa voix comme en son lustre & plus haut appareil. Souuent la science, souuent l'equité se trouuent en quelques hommes ; mais en des courages si mols, qu'elles sont quasi inutiles pour le public : cestuy-cy auoit eu vne vertu genereuse, qui ne craignoit rien lors qu'il esperoit de pouuoir seruir au public. L'on auroit creu, peut-estre, à la premiere apparence, le voyant actif, vehement, que la colere l'eust emporté ; mais ceste colere n'estoit qu'vne pointe à sa vertu. Il n'auoit sinon qu'vne momentanée apparence de colere ; bref ce qu'il en falloit pour exciter la vertu, & rien de ce qui a accoustumé de nourrir la memoire des iniures & resueiller les vengeances. Et qui n'admirera cet incroyable trauail, auec lequel vous nous l'auez representé, partager tout le cours de sa vie entre le labeur de l'estude & celuy du Palais, sans aucune relasche ? N'auons-nous pas occasion d'admirer comme il a peu tant estudier, iugeant tant de procés, terminant tant d'affaires ; & comme il a peu iuger tant de procés estudiant si assidument ? Comme Isidore recite que les Romains s'esmerueilloient de Varron, comme il auoit eu moyen de tant lire en tant escriuant, & de tant escrire en tant lisant. Mais comme disoit Tite-Liue, il se plaisoit en cette peine, son esprit s'en nourrissoit. Et comme disoit vn autre, il prenoit les affaires pour repos. A quoy certainement ceste grande & excellente memoire qu'il auoit, l'aydoit beaucoup. Car ne perdant iamais rien de ce qu'il acqueroit, il estoit d'autant plus iustement soigneux d'acquerir. Nous l'auons tous veu, moy peu, vous autres longuement, auoir tellement le droict sur le doigt, que quand les liures eussent esté perdus, ils se pouuoient recouurer en sa memoire ; comme furent les liures Saincts pour vn temps en celle d'Esdras. Mais ce qui est plus loüable en ce labeur, c'est qu'en fin il terminoit toutes ses estudes en celle de la pieté, de la vraye sapience, de l'amour & connoissance diuine ; ne faisant pas comme ceux desquels parle l'Empereur Antonin, qui ne font toute leur vie que murmurer, ou, pour vser du vray mot François, que marmoter parmy les liures, faisans comme les mauuais estomacs qui prennent assez de viande, mais ne digerent rien, ne tournent rien en suc. Luy au contraire a referé toutes ses estudes à apprendre à bien mourir. Aussi y a-il donné son dernier temps, & se retirant

rant en foy-mefmes, s'eft mis en plein loifir pour attendre la mort, laquelle
il a conftamment recueillie, en vne cogitation Chreftienne & longuement
premeditée ; qui eft le moyen de la trouuer douce, & ne la point craindre.
Car comme difoit Clement Alexandrin, qu'aux facrifices d'Eleufine, ceux
qui n'eftoient pas encor initiez demeüroient couchez fur le ventre fans ofer
leuer les yeux vers le facrificateur ; auffi à la rencontre de la mort, & en ce
myftere de la diffolution de noftre vie, ceux qui ne font pas bien inftruits
& initiez font abbatus, & profternez, n'ofent la regarder en face ; où ceux
qui font confommez en la foy luy tendent la main, l'accueillent & la fuiuent. La nature mefme luy aydoit à cefte refolution, les incommoditez
qu'il receuoit de la vieilleffe luy eftoient comme auancoureurs de la mort.
Il a doncques finy cefte vie qu'il a eu comblée de beaucoup de biens, d'enfans, d'amis, mais couronnée de ce dernier heur plus grand que tous les
autres, de ce qu'il vous a eu, Monfieur, pour chantre de fes loüanges ; pouuant en cela egaler fa fortune à celle d'autres, qui d'ailleurs auroient de
grands aduantages fur luy. Et certainement il vous doit beaucoup, & vous
luy deuez quelque chofe. Car vous, qui auez accouftumé de toufiours
bien dire, en ce fujet vous vous eftes furmonté vous-mefmes, comme fi
l'argument euft en quelque chofe aydé à voftre induftrie. Ne plus ne moins
qu'Antigonus en fes auditions merueilleufes recite, que fur le tombeau
d'Orphée les roffignols chantoient plus melodieufement qu'en tous les autres endroits de la terre. Mais nous ne vous deuons pas peu qui nous auez
inftruict par le recit de fes loüanges, & apres confolé par la reprefentation
de fa felicité, que nous voyons quafi (comme le refte de fes vertus) pein-
cte en voftre parole, & par laquelle nous apprenons que l'efprit de noftre
confrere eft maintenant en liberté, & deliuré de cefte prifon corporelle,
ioüit de ce grand fpectacle de la nature, regardant les chofes humaines au
deffous de foy, & contemplant les diuines, dont il s'enqueroit icy tant foigneufement, fans les pouuoir bien comprendre. Nous fuiurons donc fon
efprit d'efperance & de penfée, par les traces de fes vertus. Et ce pendant
rendrons le plus officieufement que nous pourrons à ce qui nous refte de
luy, les derniers honneurs aufquels vous nous inuitez.

DIXIESME.

E N T R E les loix que Platon vouloit eftablir en fa Republique,
il me femble qu'il n'y en a point de plus iufte ny plus reluifante
d'vne manifefte equité, que celle qui eft au feptiefme liure, par
laquelle il ordonnoit d'honorer les obfeques de ceux qui
auoient religieufement obferué les loix. Car puis qu'il eft ainfi
(comme il dit en vn autre endroit) que les deux grands Demons qui gouuernent la vie des hommes, & dirigent leurs actions au bien, font le loyer
& la peine ; ce prix d'honneur & recompenfe de los qu'on donne à ceux qui
ont bien vefcu, eft comme vn aiguillon bien poignant qui penetre iufqu'au cœur des efcoutans, & les anime à l'imitation de ceux dont on leur

propofe l'exemple. C'eft pourquoy entendant maintenant la trifte nouuelle qui nous eft annoncée du deceds de Monfieur R. cefte loy femble nous
obliger, & l'occafion nous inuiter à rendre à fa memoire le tefmoignage
d'honneur qui luy eft deu par la commemoration de fes vertus, qui puiffe
en confolant noftre douleur inftruire la vie des furuiuans, & enflammer
leurs efprits à femblables actions que celles qui nous l'ont rendu tant aymable durant la vie, & tant regretté apres fa mort. Vn ancien difoit, auec
beaucoup de raifon, qu'il n'y auoit pas grande difference entre les beftes
brutes & les hommes, qui de leur viuant ne faifoient rien digne d'eftre
loüé apres leur mort. Car fi la vie n'eft qu'vne ligne, tirée d'vn poinct à
l'autre, & que le flus de cefte ligne n'imprime aucune couleur par laquelle
on la iuge & reconnoiffe, qu'importe-il où elle ait commencé, & où elle
ait finy? C'eft comme fi elle eftoit tirée en l'air: Si toft qu'elle eft arriuée
au dernier poinct, elle s'efuanoüit & difparoift pour iamais. Mais la vie de
celuy qui fert de fujet à noftre difcours & à noftre douleur tout enfemble, a
efté bien differente de cela; elle a efté, & par la condition de fa naiffance, &
par le merite de fa vertu, efleuée à vn eminent degré d'honneur, où durant
tout fon cours elle s'eft exercée à vn affidu labeur, auffi profitable à la Republique comme glorieux à luy. Ayant fuccedé à fon pere en la charge de
Procureur general du Roy en la Cour de ceans, il y a quafi confommé tout
fon aage: Mais de quelle façon? le regret qui fe lit en vos vifages le fait affez entendre, fans que i'y employe la parole pour l'exprimer. Cefte charge
fans doute eft des plus importantes & eminentes qui foient en tout l'ordre
de la Iuftice. Auffi a-elle eu fa premiere inftitution en la plus floriffante faifon de l'Empire Romain, & foubs les aufpices de ce grand Empereur Augufte, qui le premier conftitua fes Procureurs & les enuoya par les prouinces pour la defence des droicts Imperiaux, comme nous apprenons de
Strabon. Dion outre nos loix nous enfeigne que l'Empereur Claudius en
accreut encor l'authorité, & leur donna la iurifdiction pour connoiftre des
differens qui eftoient entre le fifq & les particuliers. Mais outre cela, la plus
part du temps on leur laiffoit l'entiere adminiftration, & le mefme pouuoir
qu'auoient les Prefidens des Prouinces. Et en cefte qualité nous lifons que
Pilate à la naiffance de noftre falut, gouuernoit la Iudée, comme remar-
quent Tacite Iofephe & Tertullian. Et pource que leur pouuoir eftoit ainfi
diffus & eftendu à toutes fortes d'affaires, foit regardant l'Eftat, la Iuftice,
les finances, fous l'Empire de Conftantin, ils furent appellez Catholiques,
& ceux qui feruoient foubs eux, Catholiciens, felon qu'Eufebe nous témoigne en fon hiftoire, & en la vie de Conftantin. C'eft ce mefme terme
de Procureurs Generaux qu'ils ont retenu de noftre temps, auquel fi on
penfe qu'il ait efté diminué quelque chofe de l'authorité, il faut confiderer
d'autre cofté, que nos loix & noftre vfage y ont adioufté vne dignité qui
equipolle bien ce qu'on en peut auoir ofté d'ailleurs. Car ils y ont adioufté
& annexé la cenfure, que Tite-Liue difoit neceffaire à tout grand Empire,
en laquelle on peut dire à bon droict que confifte & la garde des loix & la
tutelle des bonnes mœurs. Or certainement cefte dignité, qui euft peu apporter beaucoup d'ornement à vn autre, en receuoit beaucoup du defunct.

Car

Car trouuant cefte ame pleine d'vne grande integrité, d'vne naturelle modeftie, d'vne rare continence, d'vn folide iugement, d'vne extreme prudence, elle eftoit là pofée comme fur vne baze haute, ferme & bien proportionnée, pour la faire reuerer de fi loin qu'elle eftoit apperceuë. Mais
ce qui eftoit plus loüable en luy, c'eft qu'il faifoit affez connoiftre par fes
actions qu'il exerçoit fa charge pour le public & non pour foy. On ne
voyoit qu'vne feule fin à toutes fes actions, fçauoir le bien public. Vous n'y
euffiez trouué nulle vanité; il ne s'arrogeoit rien de fa dignité, que de vouloir paffer tous les autres en ingenuité, candeur & probité, ne s'eftimant
plus grand que de tant qu'il eftoit meilleur. Il eft fort difficile en telles charges de garder la mediocrité : car en defirant de monftrer fa fidelité enuers
le Prince, fouuent on intereffe les particuliers plus que l'equité ne fembleroit permettre. Mais le defunct y a bien gardé telle moderation, qu'en faifant paroiftre fa fidelité, il a fait connoiftre la bonté de noftre Prince, qui
non feulement permet, mais veut que fes Procureurs prennent plus foigneufement la deffenfe de la Iuftice & des loix, que de fes droicts & volontez. Ce qu'il a fait toutesfois fi prudemment, qu'il en a conferué la bonne
grace du Prince, & acquis la loüange des peuples : Tellement qu'il eft paruenu à ce qui eft tres-difficile; il a tenu vn chemin moyen entre vne fafcheufe aufterité & vne honteufe complaifance, euitant par là & le danger
& la honte toute enfemble. C'eftoit doncques vn grand heur à la Republique, & particulieremét à cet ordre, de voir cefte place remplie d'vn fi digne
fujet. Et certainement à cet heur nous n'auions plus autres vœux à adioufter, finon que nous en peuffions iouïr plus longuement. Mais la nature qui
a planté à noftre vie des bornes immuables, a rendu nos defirs fans effect.
Ou bien pluftoft la prouidence diuine, qui connoiffoit les fouhaits du defunct; les a preferez aux noftres. Car admonefté de longue main, & par
l'aage & l'imbecillité de fa fanté, qu'il falloit quitter le monde, il auoit foigneufement efleué & inftitué fon fils vnique : Et le voyant paruenu à l'aage & capacité de pouuoir feruir, il ne fouhaitoit rien fi ardemment que de
luy pouuoir faire place. Le voyant pourueu de fa charge, il penfoit que ce
qu'il demeuroit dauantage au monde, ne faifoit que retarder la felicité de
fa maifon, & l'effet de fes fouhaits. Il fçauoit & iugeoit qu'il n'y auoit point
de plus grand heur en ce monde que de laiffer à fes enfans, auec la bonne
inftitution, la crainte de Dieu, vn ample patrimoine, & vne honorable
dignité. Ayant dócques pourueu à cela & compofé fon efprit à la contemplation de la bonté de Dieu, & de fa mifericorde, il a gayement quitté cefte
vie pour s'enuoler en l'autre, & iouïr du repos eternel. Et comme on dit
que nul ne gaigne qu'vn autre n'y perde; il nous a tous laiffez comme eftonnez & attriftez; mais particulierement ce fien fils, lequel nourry & efleué
en la pieté, ne peut qu'il ne regrette fans mefure d'auoir perdu le fujet auquel il auoit accouftumé de l'exercer, & à l'honneur & veneration duquel
il fouloit rapporter & confommer toutes fes affections. Et encor de l'auoir
perdu lors qu'il efperoit de l'auoir pour guide & paranymphe à l'entrée de
cet honneur nouueau qui luy eft deferé par la grace & iugement du Prince. Mais fi fes yeux ne font point empefchez par fes trop fraifches & abon-

dantes larmes, qu'il les tourne vers ces sieges, & autant qu'il y verra de Senateurs, autant y trouuera-il de peres. Si doncques il ne peut entierement depoſer ſa douleur, qu'au moins il la ſoulage & addouciſſe, conſiderant la dignité que les vertus & ſeruices de ſon pere luy ont acquiſe, & voyant en vos viſages la bien-vueillance hereditaire que vous luy offrez. De laquelle attendant de recueillir vn plus grand fruict en ſa ſaiſon, il receura auiourd'huy celuy-cy de ceſte compagnie, qu'elle honorera les obſeques du deſunct par ſon aſſiſtance, & cherira ſa memoire par tout l'honneur qu'elle luy pourra iamais rendre.

VNZIESME.

Es anciens qui auoient bien reconneu qu'il n'y auoit rien de plus commun ny de plus ordinaire parmy les hommes, que le dueil & la triſteſſe, auoient feint vne Deeſſe, qu'ils appelloient *Angeronia*, qui auoit puiſſance quand elle eſtoit inuoquée d'appaiſer les douleurs & angoiſſes des hommes. Et Maſurius noſtre Iuriſconſulte auoit laiſſé par memoire, que l'image de ceſte Deeſſe auoit les leures couſuës & ſcellées, & eſtoit poſée ſur l'autel de la volupté. Comme voulant ſignifier, que ceux qui ſçauent diſſimuler auec la patience & le ſilence leurs douleurs, en reçoiuent puis apres vn grand plaiſir. Mais pour moy, ie n'ay iamais ſceu comprendre ceſte philoſophie ; & me ſemble au contraire tres-vray le dire tant celebre d'Æſchylus, que le vray Medecin de l'ame affligée, c'eſt le diſcours & la parole. Ce que ceſte compagnie a auiourd'huy eſprouué ſi clairement en ceſte action, qu'il n'y aura doreſnauant occaſion d'en doubter. Car comme d'vn coſté elle a receu vn regret extreme, d'entendre la nouuelle de la mort de deſunct Monſieur M. Conſeiller en la Cour de ceans, qui luy a eſté annoncée pour l'inuiter à rendre l'honneur accouſtumé à ſes obſeques, elle a d'autre coſté receu tant de ſoulagement par le graue & ſage diſcours auec lequel cet office a eſté accompli, que ſon dueil & ſa conſolation balancez enſemble tiennent, comme l'on dit, ſes eſprits douteux & ſuſpendus, ne ſçachant de quel coſté prendre le traict. C'eſt certainement vne occaſion de douleur tres-iuſte & tres-grande, de voir cet ordre priué d'vn vieil & ancien Senateur, lequel ayant paſſé ſon aage par tous les degrez par leſquels vn homme ſe peut rendre conſommé & parfaict en ſon meſtier, auoit deuoüé ſes dernieres années à la function iudiciaire. Ce ſeroit trop ſe deffier de voſtre memoire, de vous repreſenter icy les belles & grandes parties, & naturelles & acquiſes, qui eſtoient en luy & le rendoient vtile au public durant ſa vie en ceſte action, & le rendent aujourd'huy regrettable apres ſa mort. Puis vouloir adjouſter à ce qui en a eſté ſi naïfuement remarqué, ce ſeroit quaſi vouloir plus que le poſſible. Ceſte belle & forte nature qui le rendoit ſi laborieux, ceſte grande & excellente memoire qui luy rendoit les actions du Palais ſi ayſées, ceſte facilité de bien dire, accompagnée de tant de grauité, meriteroient pour eſtre dignement loüées

plus

plus de temps que ceſte action ne nous en permet. Il me ſemble que ce que Tite-Liue dit d'vn grand perſonnage Romain ſe peut ſi proprement adapter à luy. En cet homme il y auoit vne telle force d'eſprit, qu'en quelque lieu qu'il peuſt naiſtre il euſt faict vne grande fortune. Car il auoit vn eſprit ployable & commode à toutes choſes : ſi vous le vouliez au droit, il y auoit vn grand iugement : ſi vous le vouliez au barreau, il eſtoit bien eloquent. Mais ce qui rendoit encor toutes ſes parties plus recommandables, c'eſtoit qu'elles eſtoient guidées & accompagnées d'vne fidelle affection au ſeruice de ſon Roy : laquelle en ces miſerables defections qui ont diffamé noſtre ſiecle, l'ont rendu conſtant zelateur de la fortune des Rois, des loix & de l'Eſtat. Son courage vrayement royal & vrayement François, a vaincu toutes ſortes d'incommoditez, dont l'aage, les iniures du temps & l'inſolence des peuples le chargeoient, pour ſuiure & accompagner la puiſſance legitime, & aſſiſter la loy de l'Eſtat, contre les funeſtes factions qui l'aſſailloient. C'eſt ce qui augmente la iuſte douleur de ceſte compagnie, & la rendroit incapable de toute conſolation, ſi d'autre coſté nous ne voyons la nature qui plaide ſa cauſe contre nous, & ſe iuſtifie d'auoir donné à ce perſonnage tout ce qu'il pouuoit deſirer, mais de la vie & des années par deſſus ſes ſouhaits. Car elle l'a conduict, non pas ſeulement iuſques à la vieilleſſe, mais à vne vieilleſſe decrepite, & à vn aage où la vie n'eſt plus qu'à charge, à vn aage où la mort eſt ſouuentesfois deſirée auant qu'elle arriue. Car la vie reſſemble proprement au vin ; quand il vient au bas il perd ſon gouſt, il deuient aigre & eſuenté, il n'y a plus de moyen qu'on en puiſſe vſer auec plaiſir : il n'en demeure pas, dit Seneque, ſeulement peu au fonds du vaiſſeau, mais le pire. La loy ne vouloit pas qu'apres cinquante ans on contraigniſt vn citoyen de s'enroller, ny vn Senateur d'aller au Senat. Mais apres ſeptante ans, que peut ſouhaitter l'homme ſinon d'eſtre tiré hors d'vn corps caduc & infirme, comme de dedans vne maiſon ruineuſe & preſte à tomber ? où tout delay de viure que Dieu donne à nos vœux inconſiderez, n'eſt que prolonger noſtre miſere ? Outre tout cela, quelle conſolation luy a-ce eſté, & encores plus à nous, de s'eſtre veu de ſon viuant renaiſtre en ſes enfans ? Et d'en auoir veu l'vn qui ſoit entré en ſa place, & aux premieres années de ſa ieuneſſe, ait comme on dit porté le fruict & la fleur tout enſemble ? ait en de grandes & ſignalées actions remply ce Palais, non ſeulement d'eſperance, mais d'admiration de ſon erudition, de ſon iugement, de ſon eloquence : & à qui on peut ſans faire tort au pere donner l'eloge du Poëte, Tydides meilleur que ſon pere ? Si par la loy des douze Tables, les citoyens quittoient le dueil lors que quelqu'vn de leur famille eſtoit receu en quelque office ; de combien doit eſtre acourcy le dueil de la ſienne, puis qu'en ſortant il laiſſe tant d'honneurs en ſa maiſon, qui ſont ceux qui procedent de la vertu ? Toute felicité eſt grande, quand elle dure iuſqu'à la mort : Et plus grande felicité à mon aduis ne ſçauroit-on imaginer au monde, que celle que le pere voit non ſeulement paſſer comme par droict de ſucceſſion, mais s'augmenter par euident accroiſſement en la perſonne de ſes enfans. Mais plus qu'à tout cela, nous nous arreſtons à la conſolation commune de tous les Chreſtiens, qui eſt que ce que nous appellons mort n'est qu'vn passage, ceste yssuë n'est que l'entrée d'vne meilleure vie. Ce que nous voyons ne perit pas, il ne fait que cesser pour vn temps ; & la mort que nous craignons tant, ne nous oste pas la vie, mais l'intermet: vn iour viendra qui nous ramenera la lumiere qu'vn iour nous oste. Et pource attendant qu'il vienne reprendre les reliques qu'il a icy laissées de sa vie, nous les consignerons à la terre, auec le plus d'honneur & de respect que nous pourrons, selon que vous nous y inuitez, & que nous auons accoustumé à ceux de sa qualité.

DOVZIESME.

ESTE année, puis qu'il plaist ainsi à Dieu, est fort luctueuse à ceste Compagnie : Ceste année en laquelle les funerailles s'entresuiuent de si pres, qu'elles semblent quasi emmoncelées l'vne sur l'autre. A peine y a-il constance, pour si grande qu'elle soit, si elle n'est aucunement desnaturée, & ne tient de l'insensible, qui en ce redoublement de douleur & en ceste recharge d'ennuis, ne demeure comme vaincuë & abbatuë. Car quand les playes non seulement continuent, mais encores s'augmentent, quelle opiniastre dureté peut resister à cet accident? Telle à la verité deuons-nous reconnoistre la playe que ceste Compagnie reçoit par le deceds de Monsieur N. Conseiller en la Cour, en la perte duquel il semble que le destin ait assemblé toutes les causes qui pouuoient rendre sa mort plus deplorable. Il meurt ieune en la vigueur de ses ans : de sorte que si ce que Themiste disoit en son liure de l'ame est veritable, que la mort des ieunes est semblable à vn naufrage, il semble que ce soit vne violence que le destin ait fait à la nature, d'enleuer hors de la carriere celuy qui n'auoit encor fait que la moitié de sa course. Et qu'y a-il au monde de plus luctueux, que quand il faut que les peres ferment les yeux à leurs enfans, & que la mort desrobe à vn aage pesant & caduque les appuys de son infirmité? Mais combien plus cuisantes sont semblables playes, quand le pere ne perd pas seulement son fils, mais le perd en honneur, en dignité, en reputation, telle que ses vœux ne pouuoient quasi plus rien adjouster à sa felicité? Et tel en verité estoit le defunct, auquel on pourroit loüer infinies belles parties, si les vertus qui estoient toutes apparentes en luy n'estoient si grandes qu'elles peuuent aysément espuiser ce que les plus disertes langues voudroient maintenant employer pour recommander sa memoire. Car quelle estoit sa douceur, sa courtoisie, sa modestie? ayant tousiours tellement mesnagé la dignité de sa charge, qu'il sembloit que l'authorité luy augmentast la douceur qui luy estoit naturelle ; & d'autre-part que la douceur accreust aussi l'authorité de sa charge. Ie me tais de son erudition. Quel discours ne seroit superflu sur ce suiect, parmy ceux qui ont esté en sa compagnie, comme en vne perpetuelle eschole des bonnes lettres & sciences, & mesmes de celle dont il faisoit profession? En laquelle on n'a rien veu ny oüy de vain ny d'oysif, mais toutes choses studieuses & vtiles à l'vsage de la vie. Ie me rendrois plus indulgent à

ma

ma memoire & à la recordation de ſes vertus ; mais ie ne ſuis point ambitieux en ma douleur, & ne deſire point d'en accroiſtre les cauſes. Et voyant
tant de triſteſſe en vos viſages, ce ſeroit mal employer mon diſcours, que
de vouloir croiſtre & irriter voſtre playe, qui n'eſt que trop enflammée.
Ie ſçay bien qu'il n'y a point d'obligation au monde plus ſainctement
contractée, & qui ſe doiue plus religieuſement acquitter que celle qui eſt
deuë de loüange à la vertu. Mais ceux dont la vertu & l'integrité eſt ſignalée, ſont pluſtoſt obſcurcis qu'illuſtrez, par le vain effort de ceux qui
ne peuuent apporter des paroles eſgalles à leur merite. Ie ne luy donneray
donc pour ma part autre loüange que celle qui rejallit du luſtre de ſa vertu. Que ſi à la mode des anciens il falloit joncher quelques fleurs ſur ſon
tombeau, ce ſeroit les ſeuls teſmoignages de mon regret; regret qui
m'eſt commun auec vous, & commun auec tous ceux qui l'ont jamais
conneu. Qui n'eſt pas certainement petit ornement à ſa memoire, ny petite conſolation à ceux qu'il a laiſſez, & qui le touchoient de plus pres.
Car il n'y a point de plus honneſte fin que celle qui eſt ſuiuie du regret des
bons. La nature a obligé à la mort eſgallement tous les hommes, mais la
mort pourtant n'eſt pas eſgalle a tous les hommes: L'oubly & la loüange
en font la diſtinction. Et ceux-là ſeuls doiuent deſirer la vie, qui la ſçauent
finir par vn honorable endroit, qui teſmoigne leur ſalut & exige la loüange d'autruy. Il eſt mort en façon qu'on ne doit point regretter ſa vie : il a
veſcu de façon qu'il n'a deu rien craindre en ſa mort. Que deuons-nous
donc faire en cet accident? nous conſommer en pleurs pendant qu'il vit en
lieſſe, pendant qu'il joüit de la gloire eternelle? ce ſeroit vn office en apparence charitable, mais en effect fort inutile & plein d'enuie. Que ſi quelques-vns des ſiens trop indulgens au ſang, ou trop accouſtumez aux paſſions vulgaires, ſe plaignent de la briefueté de ſa vie, & regrettent qu'il ne
l'a pouſſée plus auant, repartons auec le Comique, & leur diſons; En verité
ſelon qu'on a bien veſcu on peut dire auoir long-temps veſcu. Et s'ils ne ſe
veulent rendre, adjouſtons la cenſure de ce grand Stoïque Latin : Celuy-
là n'eſt point mort trop toſt, qui ne pouuoit viure dauantage. Chacun a
ſon cours borné, qu'il ne ſçauroit prolonger: la grace & la faueur n'y peuuent rien adjouſter. Il a fourny ſa carriere; plus viſte il l'a acheuée, pluſtoſt
a-il acquis ſa couronne. Nous le voyons auec les yeux de l'eſperance, qui la
reçoit, qui entre en cet heritage de gloire, auquel nous aſpirons comme luy.
Donnerons-nous pluſtoſt nos paſſions à noſtre perte qu'à ſa conqueſte? nos
douleurs à noſtre regret, que noſtre reſioüiſſance à ſa felicité? Eſſuyez donc
vos larmes, vous à qui l'ardeur du ſang & de la nature les exprime, pour receuoir en vos ames les aggreables mouuemens qu'ont accouſtumé de nous
apporter les heureux euenemens qui arriuent à ceux que nous auons tres-
cherement aymez. Et ſi bien il vous ſemble qu'il ne ſoit plus en ceſte compagnie, ſi bien le cherchant de l'œil vous voyez vuide la place qu'il ſouloit
occuper, croyez qu'il y eſt, & ſera tant que ceux que vous y voyez y demeureront: leſquels ont tellement imprimé ſa vertu en leur memoire, qu'elle
n'en ſortira qu'à meſure que le dernier ſouſpir ſortira de leur corps. Ils ayment & aymeront à jamais tout ce qui le touchoit. Et pour la premiere

preuue qu'ils en peuuent donner apres son deceds, ils rendront à ses obseques tout l'honneur qu'on sçauroit desirer.

TREIZIESME.

R EPASSANT les yeux sur l'antiquité, mesmes sur les
mœurs des Romains, ie me suis quelquesfois estonné
pourquoy les harangues funebres auoient premierement
esté introduites parmy eux en l'honneur & loüange des
femmes, comme leur Historien nous atteste. Pourquoy
ne s'estoient-ils point aduisez de rendre cet honneur à la
memoire de tant de valeureux personnages qui auoient couuert la Republique de leurs corps, & sauué l'Estat par leur perte? Il faut dire qu'ils auoient
iugé, & ce auec vne grande & singuliere prudence, & telle qu'elle reluit au
reste de leurs actions, qu'entre toutes les choses loüables, rien ne meritoit
tant de recommandatió que la vertu des sages Dames; & que des luctueux
accidens qui suruenoient aux hommes, nul n'estoit si pitoyable, & ne meritoit tant de compassion & de consolation, que la perte que les maisons
faisoient d'vne vertueuse mere de famille. Et de vray, Messieurs, quels fondemens plus asseurez peut esperer la felicité publique, que la frugalité, la
modestie, la pudicité des Dames nobles & illustres; du chaste sein desquelles, comme de la racine de l'arbre, se tirent toutes les fleurs & les fruicts des
belles, grandes & genereuses actions des hommes? Et quelle perte au contraire plus lamentable peuuent faire les maisons, que de voir desrober de
dessous soy la baze de la sollicitude maternelle qui soustenoit leur comble?
oster l'estaye du bon exemple des mœurs qui les contenoit en regle? & enleuer l'ornement des propos, & douceur des actions qui leur donnoit le lustre & embellissement? Quelle occasion donc merite dauantage le secours
d'vne artificieuse parole pour rendre à la vertu son los, & à la douleur sa
consolation? Mais principalement cela deuroit-il auoir lieu au sujet qui
se presente; où d'vn costé il y a vn argument de loüanges immenses, en la
recordation de la vie de la defuncte, que nous auions nagueres parmy
nous, & vn sujet de consolation infiny pour l'extreme douleur que ressen-
tent de sa mort ceux à qui elle appartenoit. Que pouuoit-on desirer en sa
vie, puis que née d'vne des illustres familles du païs, soigneusement instituée à l'honneur, elle auoit esté mariée à vne des plus nobles & signalées
maisons de la ville? Puis que Dieu luy auoit donné vn nombre de beaux
enfans, qu'elle auoit si sagement & si soigneusement instituez, qu'on en
pouuoit dire ce qu'on disoit de Cornelia la mere des Gracches, qu'ils sembloient plustost auoir succé la sagesse de ses leures, que le laict de ses mâmel-
les? puis qu'elle les auoit si heureusement esleuez, qu'elle pouuoit dire d'v-
ne famille en auoir fait plusieurs, & enrichy la Republique de ceste semence de vertu multipliée? Or maintenant quelle douleur à toute ceste pauure
famille? puisque lors qu'elle pensoit sa fortune mieux composée, son repos
plus affermy, sa felicité plus abondante, elle void comme vn tourbillon de
mort

mort precipitée, de mort inesperée luy arracher comme à vne voûte sa
clef, la partie principale sur laquelle toute la maison penchée s'appuyoit &
se souftenoit? Et qui pourroit donc trouuer des paroles suffisantes pour
assez dignement loüer tant de vertus? & pour suffisamment deplorer vne si
grande perte? Certainement quand l'art & l'estude m'auroient donné quelque addresse, le temps qui nous a surpris m'en auroit osté l'vsage, & me reduiroit plustost en necessité de chercher quelque honneste excuse pour me
descharger de cest office, que non pas les moyens de m'en pouuoir acquitter. A mon excuse, la nature de la chose semble m'ayder beaucoup. Car
la modestie de la defuncte a esté telle, qu'elle a tousiours desiré dauantage
de se recommander par sa propre vertu, que par les loüanges d'autruy,
comme celle qui auoit estably en sa seule conscience le principal theatre de
sa gloire. Ioinct que ie me souuiens d'auoir appris des excellens architectes, que la peinture n'apporte ornement qu'aux murailles qui sont de pla-
stre & de blocage : mais à celles qui sont de marbre, de jaspe, de porphire,
il n'y faut autre enrichissement que leur propre polissure, & l'esclat qui procede de leur solidité. En verité ie voudrois bien apporter quelque soulagement à la douleur de son mary & de ses enfans, que ie connois estre percez jusques au cœur de ceste playe. Mais dequoy pourroient seruir mes
paroles apres la sacrée voix du Sainct Esprit, qui en toute ceste ceremonie
a retenty en nos oreilles, pour nous instruire tous qu'il ne faut point pleurer
ceux qui s'en vont en la foy de Iesus-Christ, puis que leur passage les porte à vn meilleur sejour? que leur mort est vne renaissance? que la vie que
nous pensons se finir, se rend par ce moyen eternelle? Et pource tres-bien
nous disoit vn ancien, que l'impatience de nostre douleur en telle occasion fait preuariquer nostre foy, blesse nostre esperance, & offense nostre
Seigneur, de ce que nous plaignons comme miserables ceux qu'il retire à
soy. Cela mesmes nos sainctes ceremonies nous enseignent. Car nous ne
parons pas les entrées des maisons de cyprés comme les Payens, qui vouloient monstrer par là, que comme cet arbre vne fois couppé ne reuit jamais, de mesmes les hommes vne fois tombez ne se releuent plus : mais
nous allumons des cierges & des flambeaux, voulans par la lumiere, qui
est le symbole de la gloire, monstrer que par ceste nuict mortelle nous
entrons en la gloire immortelle. Si comme nous deuons, nous auons ceste ferme asseurance ; ne deuons-nous pas conuertir nos regrets en consolation ? nostre tristesse en plaisir ? & au lieu d'abaisser nos pensées
sous le faix de la douleur, les esleuer en haut, & autant que l'infirmité naturelle nous le permet, suiure celle qui a pris sa volée deuant nous, & nous
attacher à elle par le seul lien qui nous reste, qui est la memoire de ses vertus?
C'est-ce que ie conseille à son cher mary, à ses pauures enfans, de luy dresser vn monument en leurs cœurs, vne image en leur esprit, en laquelle ils
puissent continuellement honorer & reuerer sa vertu, & se rendre presente
celle que la conditió de l'humanité a voulu esloigner d'eux pour vn temps.
Si la douleur encor trop recente ne leur empeschoit la parole, ils vous re-
mercieroient de l'honneur que vous leur auez fait par ceste frequente assistance, tesmoignage asseuré de vostre bien-vueillance en leur endroict, &

de la part que vous prenez en leur douleur. Ce que vous ne pouuez entendre de leur bouche, receuez-le s'il vous plaist en leur nom de la mienne, & vous asseurez de leur seruice qu'ils vous offrent.

QVATORZIESME.

 ST-CE merueille si vn deluge de larmes venant à inonder toute la France, ceste Compagnie en sent en son particulier le rauage? Est-ce merueille si vn orage de douleur venant fondre sur tout ce pauure Royaume, a donné vne funeste atteinte à cet ordre qui en est vn honorable membre? Est-ce merueille si la commune calamité venant à fourrager tout ce desolé Estat, elle a porté en terre vne des colomnes qui aydoit à le soustenir? Non, non, jamais il n'arriue vn grand & lamentable accident au public, que le contre-coup ne frappe dangereusement quelques particuliers. Plutarque en vn endroit raconte que du temps de Tibere vn nauire venant de Grece en Italie s'estant approché de terre, fut oüye par ceux qui estoient dans le vaisseau vne voix forte & puissante plus que d'vn homme, qui crioit, Le grand Pan est mort; & aussi-tost s'entendirent en terre & en mer, des cris, des heurlemens, des tempestes estranges, & des orages fort espouuentables. Surquoy se mettant à discourir, & rapportant les opinions des grands personnages de son temps, il dit & prouue par d'autres exemples, que quand les demi-dieux & ames heroïques qui viuent parmy les hommes viennent à quitter le monde pour s'en retourner au Ciel, elles donnent de si rudes secousses, & apportent de si grands & violents mouuemens à leur depart, que tout ce qui est à l'entour s'en ressent; voire quelquesfois ils entrainent apres les Estats tous entiers, & souuent accablent les fortunes particulieres. Ny plus ne moins que quelque grand & superbe bastiment, qui venant à tomber tout à coup accable sous sa ruine des petites maisons qui estoient attenantes. Deuons-nous donc trouuer estrange si le grand Pan de la France estant mort ces jours-cy, si ceste ame heroïque & vrayement celeste qui animoit & viuifioit cet Estat ayant esté violemment arrachée du sein de ce Royaume, la conuulsion en est paruenuë jusques à nous, & a fait retirer vn des principaux membres qui fut parmy nous? Quoy? nostre cœur seroit nauré d'outre en outre sans que quelque partie noble tombast en langueur? Le cerueau qui mouuoit par son intelligence tout ce corps François auroit esté si profondément entamé, & quelque membre important n'en seroit pas demeuré perclus? Non, mais plustost faut-il admirer comme apres vn tel coup il se peut faire qu'il soit rien demeuré de vif en nous, & parmy nous. Et de verité ie commence à douter si l'air que nous respirons, les souspirs que nous jettons, les larmes que nous espanchons, les paroles plaintiues que nous proferons; bref tous les argumens de vie qui nous restér, & que nous monstrons, ne sont point autant de tesmoins, ou au moins autant d'indices pour nous arguer, conuaincre, condamner d'vne grande ingratitude, insigne insensibilité, honteuse brutalité.

Vn

Vn ancien blaſma Lucrece de ce qu'apres auoit perdu l'honneur, elle eut
beſoin de fer pour perdre la vie; diſant que ſi elle euſt eu le ſentiment auſſi
vif qu'elle deuoit de l'injure qu'elle auoit receuë, ſa douleur euſt eſté trop
ſuffiſante pour eſtouffer ſa vie, ſans emprunter aucun autre inſtrument pour
cet effect. Et vous, France, qui auez eſté ſi miſerablement violée, qui auez
perdu tout voſtre honneur & toute voſtre gloire, & qui encore pour le
comble de voſtre honte auez preſté vos propres mains aux ſcelerez & abominables deſſeins de vos ennemis, afin de vous rendre miſerable orphe-
line par vn deteſtable parricide, afin de vous rendre véfue deſolée par
vn abominable aſſaſſinat, afin de vous rendre l'opprobre & la deteſtation
de tout le monde par voſtre malheureux forfait: Vous, diſ-je, ainſi couuerte de honte & comblée de miſere, ſi vous n'eſtes entierement hebetée, ſi
vous n'eſtes entierement inſenſible, ne déuez-vous pas eſtre entierement
eſtouffée & ſuffoquée ſous le faix d'vne ſi juſte & immenſe douleur? Et
nous eſtonnerons-nous doncques ſi celuy de nos Confreres dont on nous
annonce aujourd'huy la mort, à la premiere nouuelle de ceſte prodigieuſe
meſchanceté s'eſt ſi fort ſerré le cœur, que depuis, ce peu d'heures qu'il a
veſcu n'ont eſté que continuels eſuanoüiſſemens, comme les efforts d'vn
cœur genereux qui par vne rude eſprainte vouloit forcer ſon ame de ſortir
pour ſuiure ſon cher Maiſtre, & l'aller chercher aux lieux bien-heureux où
les Anges l'ont porté? Nous nous apperceuſmes bien tous que ſi toſt qu'il
entendit ceſte triſte nouuelle le viſage luy bleſmit, & la parole luy faillit:
mais cet accident nous fut commun à tous, & nous ne comprenions pas
que ce deſaſtré couſteau qui auoit percé le coſté de noſtre bon Prince, perçoit inſenſiblement les flancs de noſtre pauure Confrere, & luy alloit na-
vrer le cœur. Alors le conneuſmes-nous, que nous ſceuſmes qu'eſtant retiré chez luy ſans fiévre, ny ſans aucune autre apparence de mal, il ſe paſ-
moit de moment en moment, & ſans eſtre malade jettoit les ſanglots de la
mort: Alors le conneut-on, qu'en trouuant toutes les autres parties de ſon
corps ſaines & entieres, on trouua ſon cœur tout fleſtri, decoloré, plein de
rides. Hé! quoy doncques? les coups peuuent-ils atteindre à ce qui eſt ſi eſloigné d'eux, ou ſans toucher peuuent-ils tuer? O effects admirables d'vne
fidelle affection à l'endroit de ſon Prince, qui rend preſent ce qui eſt ſeparé
de ſi long interualle, & fait compatir à ce qui eſt hors du ſentiment! I'auois
creu fabuleux ce qu'on eſcrit des Gymnoſophiſtes, qu'ils auoient l'imagination ſi violente & ſi puiſſante, qu'en imaginant vne choſe bien eſloignée
de toute la terre, ils la rendoient preſente, la voyoient, l'oyoient, & la ſen-
toient, ainſi que ſi le corps en euſt eſté deuant eux, ou aupres d'eux. Maintenant je ne le veux plus deſcroire, puis que j'ay veu deuant mes yeux que
l'apprehenſion, que noſtre pauure Confrere a euë de ce parricide couſteau,
luy a outre-percé le cœur; & que la funeſte playe de noſtre cher Prince n'a pas ſeulement ouuert ſon flanc, mais encore celuy de ceux qui l'ont
parfaictement aymé. O deſaſtrée mort de noſtre bon Prince! ô heureuſe
mort de noſtre Confrere! Il auoit vrayement eu beaucoup d'honneur en
ſa vie d'auoir dés ſes plus jeunes années ſerui vn ſi grand Roy, de l'auoir bien
& fidellement ſerui en des charges fort honorables; d'auoir porté ſon nom,

parlé pour luy, & repreſenté ſa perſonne en l'office de Procureur General:
Et depuis d'auoir porté ſon manteau royal, tenu & occupé ſa place en la
charge de Preſident, & en ceſte qualité marché deuant les Princes & les
Pairs: mais plus encor en des ſaiſons faſcheuſes conſeruéſa foy entiere ; en
vn ſiecle ſi corrompu, gardé ſa conſcience incorruptible ; en vne ſi grande
inſtabilité & de mœurs & d'humeurs, tenu ſon ame droicte, conſtante,
& inflexible. Et que veux-je aller chercher ou les heurs ou les honneurs de
ſa vie, puis que ſa mort en a tant & tant que nulle vie, quelque ornée ou
fortunée qu'elle ſoit, ne la ſçauroit en façon quelconque egaller? Il eſt mort,
pour ne point ſuruiure ſon Prince ; il a creu ne deuoir plus viure, puis qu'il
ne le pouuoit plus ſeruir. Il a monſtré que ſon ame n'eſtoit que l'ombre de
celle de ſon Maiſtre, qu'il falloit qu'elle la ſuiuiſt. Il s'eſt luy meſme fermé
les yeux quand il a veu la lumiere eſteinte, pour laquelle ſeule il les ouuroit:
il a commencé d'auoir en horreur & deteſtation ſa vie, quand il l'a veuë
plongée dans les eſpeſſes & affreuſes tenebres où la jettoit l'eclipſe irrepara-
ble de ſon reſplendiſſant Soleil. O ame digne de viure plus longuement,
puiſque vous ſçauiez ſi genereuſement mourir! Il n'eſt donc pas vray que
toute la generoſité Françoiſe ſoit entierement perduë, & la gloire que l'hiſtoire des ſiecles anciens a donné à nos majeurs de ſe deſuoüer animeuſement pour leurs Maiſtres & Seigneurs, voire s'immoler courageuſement
ſur leurs tombeaux, n'eſt pas toute perduë: ce qui vit encore en la memoire
des hommes vit encore au cœur de beaucoup de bons François ; & ceſte
Compagnie contribuera pour ſa part à la gloire de la France cet exemple, lequel ores qu'il nous ſoit douloureux, ſi eſt-il plein de beaucoup
de conſolation, puis qu'il doit ſeruir de teſmoignage à la poſterité de
la juſte & immenſe douleur que nous auons receuë & conceuë de noſtre
commun malheur. Oüy, dira quelqu'vn, bon cet honneur pour noſtre
Confrere: mais que dirons-nous, nous qui reſtons? ſa gloire eſt-ce pas noſtre honte, ſa loüange noſtre blaſme, ſon repos noſtre tourment, ſon ayſe
noſtre miſere ; puis qu'en ayant meſme ſujet que luy, nous n'auons pas peu,
ou ſceu mourir comme luy? Non, non, en ce fatal accident il y a gloire à
mourir, il y a gloire à viure: Gloire à mourir pour ceux qui ont voulu conſacrer leur vie pour ornement à la mort de leur Prince, & n'ont plus voulu
viure apres l'auoir perdu: gloire à viure pour ceux qui ont deuoüé leur vie
à la vengeance de ſa mort, & ne veulent point mourir auant que la voir
vengée. Nous tous donc qui reſtons ſi vrayement François, ou pluſtoſt ſi
aucunetment François, deuoüons-nous religieuſement, & par vne ſaincte
conſpiration conſacrons nos cœurs, nos eſprits, & nos vies à ceſte ſaincte
& juſte vengeance: Ioignons nos vœux, joignons nos mains, joignons nos
volontez pour attirer ſur les execrables teſtes des autheurs de cet abominable forfait le feu du Ciel, l'indignation de la terre, & la fureur des hommes:
& prononçons quant & quant tout d'vne voix vne horrible deteſtation
contre ceux d'entre nous qui manqueront à contribuer leurs biens, leurs
coürages, leurs eſprits, à la peine de ceſte monſtrueuſe meſchanceté. Non,
non, le Ciel ne regarde point auec tant de diuines lumieres ce monde d'icy
bas, pour laiſſer impuny vn ſi abominable forfait. La vengeance diuine a

ſes

ses pas mesurez ; elle sçait où elle doit rencontrer & surprendre les scelerez artifices & detestables finesses de tels monstres desguisez. Vous pensez, barbares, vous estre asseurez contre l'inuincible valeur de ce Prince, en estouffant par vos assassinats sa vertu ; vous auez pensé ne pouuoir secoüer son joug, sinon en rompant tout lien de societé, de pieté, de Religion : mais tout mort qu'il est, il vous fera la guerre, il desconfira vos armées, ruinera vos villes, & desolera vos prouinces. Souuenez-vous de ce celebre Callimaque qui en la bataille de Marathon, menant l'auant-garde des Grecs, fut tellement transpercé de flesches, que bien que mort, il demeura tout droict sans pouuoir tomber, appuyé sur les mesmes traits qui l'auoient tué : dont les Barbares prindrent vne telle apprehension, estimans qu'ils combattoient contre des gens immortels, qu'ils se mirent à la fuite, & quitterent le champ de bataille à ce mort. HENRY IIII. est mort, vous l'auez navré des traits cruels de vostre perfidie, mais qui le soustiendront droict, viuant & respirant dans les cœurs de tous les bons François ; tant qu'animez d'vne si iuste douleur ils ayent jetté l'effroy dans vos veines, leurs mains dans vostre sang, le feu dans vos citez. Son ombre vous suiura jour & nuict, emplira vos esprits de frayeur, vos ames de morsures, & vos fortunes de malheur. Mais pourquoy recourons-nous à son ombre, à son image morte ? n'en auons-nous pas vne viue plus capable de venger ceste desloyauté, ce cher Prince qui nous commande aujourd'huy, en qui nous ne voyons pas seulement les traicts, les lineamens, les gestes de nostre grand HENRY, mais sa vaillance, sa vertu, sa generosité ressuscitée ? ne nous promet-il pas que nous verrons, & bien-tost, la vengeance de ce detestable assassinat ? Ce sera, ce sera son apprentissage, ce seront ses premiers faits d'armes que la vengeance de son pere. Ne mesurez pas sa puissance par ses ans : la vertu aux ames heroïques n'attend pas les années, elle fait son progrés tout à coup : c'est comme le Soleil ; si tost qu'il paroist vn peu, il se voit tout. Hercules dans le berceau estouffa de ses mains enfantines les deux serpens qui l'auoient attaqué. Nostre Hercule à l'aage de neuf ans n'estranglera-il pas ces barbares & desnaturez voisins, & ce qu'il peut auoir de reste de traistres & desloyaux sujets ? Embrassons donc, embrassons ce jeune Auguste François. Si nous n'auons ce bien de l'auoir prés de nous pour le porter en nostre sein, ou comme faisoient les anciens François pour le porter sur vn bouclier, & le proposer à ses peuples ; portons-le en nostre cœur, en nostre esprit, & le representons à tous ceux que nous rencontrerons, parlant par nostre bouche, se remuant par nos bras, cooperant auec nostre passion à la vengeance de ce prodigieux assassinat. Quant le Ciel seroit d'airain, si est-ce que nos plaintes & nos souspirs, penetreront & flechiront en fin la Iustice diuine à desserrer son foudre sur les abominables testes qui en sont coupables.

QVINZIESME.

Q V A N D ie confidere attentiuement cefte luctueufe harangue que vous venez de nous faire; ie doute en moy
mefme fi c'eft vne femonce de rendre à noftre Confrere
les derniers honneurs que l'on a accouftumé à ceux de fa
qualité, ou bien fi c'eft vne femonce de fonger à noftre
condition, à l'inftabilité de noftre vie. Bref fi c'eft vne
femonce à deplorer la perte que nous auons faite d'vn perfonnage d'honneur plein de fuffifance & de dignité; ou vne femonce à deplorer noftre
commune calamité, & quant & quant condamner les foins trop curieux
qui nous attachent à l'amour du monde. Et quand ie viens à jetter les yeux
fur cefte place qu'il rempliffoit fort dignement, & que ie fonge que quinze ou feize heures apres en eftre forti, il eft forti de cefte vie : & puis ie me
represente que venant de fortir de table, s'entretenant doucement auec
Madame fa femme, il eft tombé tout roide à terre, n'ayant eu autre loifir
en rendant l'efprit, finon d'appeller Dieu à fon ayde; quelles larmes peuuent
dignement plaindre vn tel accident? quels difcours peuuent fuffifamment
confoler vne famille fi affligée? Et quelle meditation d'autre cofté peut
raffeurer nos efprits pour nous ofter de l'apprehenfion ou de l'efpouuante
de femblable malheur dont nous fommes continuellement menacez. *Ite*
nunc, mortales, & magnis cogitationibus pectora veftra implete. Voila vn homme bien né, fils d'vn ancien Senateur, nourri & efleué fort foigneufement,
qui dés fa premiere jeuneffe a efté employé en charges honorables & Magiftrature principale de cefte ville; depuis, & aux plus durs & fafcheux
temps de la Republique, transferé en vne autre Prouince pour y exercer la
charge de Procureur General, c'eft à dire la cenfure publique; apres incorporé en vn des plus grands Parlemens de France, tiré au Confeil du Prince
en la charge de Maiftre des Requeftes, & puis en celle de Prefident de
ceans : Voila que lors qu'apres tant d'honorables trauaux il penfe fe preparer quelque honorable repos, & jetter l'ancre pour arrefter cet orageux na-
uigage, qu'il fonge à s'acquiter enuers fa patrie de ce qu'il luy deuoit, &
laiffer des fucceffeurs defcendans de luy pour continuer au public le mefme
feruice qu'il luy auoit voüé; Quafi entre les premieres douceurs d'vn honorable mariage, les efforts de la mort qui le faififfent coupent le fil à toutes
fes efperances, defrobent à fes parens la confolation qu'ils en attendoient,
& nous rempliffent tous & de douleur & de frayeur. *O faciles dare fumma*
Deos, eademque tueri Difficiles! Quand ie confidere ce genre de mort, mort
foudaine, à l'iffuë de table, ie me reffouuiens de la façon des Egyptiens, rapportée par Herodote, qui dit qu'ils auoient accouftumé à l'iffuë du difner
de mettre fur la table vn *fceletos*, c'eft à dire la carcaffe d'vn homme mort.
Comme fi par cefte myfterieufe ceremonie ils euffent voulu admonefter
les hommes parmi leurs plus ordinaires defbauches qu'ils fe fouuiennent
de la mort, & qu'elle eftoit en croupe de leur plaifir. *Mors autem vellens,*
Ludite,

Ludite, ait, venio. Et veux bien croire que c'est pour ceste mesme considé-
ration, mais encore pour vne meilleure & religieuse, que l'antiquité parmi
les Chrestiens rendant graces à Dieu, parmi la refection l'on y a meslé la
memoire des morts, & les prieres pour leur repos & rafraischissement. Pour
nous enseigner qu'és plus douces & agreables actions de nostre vie, nous
deuons tousiours mediter la mort, & nous associer auec les morts, desquels
nous ne sommes esloignez & separez sinon que d'vn seul souspir, sinon que d'vn seul hocquet. Nous ne sommes pas seulement bulles, comme
nous appelloit Caton, à peine sommes-nous, comme nous appelle l'Apostre, ἀτμὶς φαινομήνη, vne vapeur apparente & visible, mais πρὸς ὀλίγον, pour
bien peu, ἔπειτα ῇ ἀφανιζομήνη, sans corps, disparoissante & s'esuanoüissan-
te. De sorte que puis que la mort pour nous est vn passage à vne meilleure
vie, si nous l'attendons bien preparez, & qu'elle nous menace à tous les
momens de l'heure, nous deuons tousiours penser à elle, & plus lors que
nous repaissons & nourrissons le corps qu'en toute autre action. Pource que
se nourrir & se paistre, n'est autre chose qu'estayer la vie & la remparer contre la mort qui la mine. Aussi les Philosophes qui ont creu que la mort de-
stachoit nostre ame de la terre & lie mondaine, & ostoit le poids qui empeschoit son vol au Ciel, ont eu en detestation le ventre & les entrailles ; pour
lesquelles assouuir, & entretenir ceste mortelle vie, nous donnions tant
de temps & de soin à nous nourrir. Le Philosophe Porphyreau liure qu'il
escrit περὶ κρεῶν, ou bien περὶ ἐμψύχων ἀποχῆς, disoit que les Egyptiens apres
la mort de leurs amis mettoient les entrailles au Soleil, & auec des paroles
de detestation maudissoient ces sales parties qui occupent tellement les
hommes & empeschent l'ame d'estre libre, & se pouuoir ou par vn vol leger ou par meditation reünir à son diuin principe. Mais nous qui par les preceptes de nostre Religion deuons plus de reuerence à nostre corps, comme
estant associé à la gloire eternelle à laquelle aspire nostre ame, n'osans maudire ny detester nos entrailles qui nous font appeter le boire & le manger,
au moins faisons-nous sagement de sanctifier telles actions par les graces
que nous rendons à Dieu ; & à mesme instant mortifians nos pensées par
la recordation de ceux qui ont esté & ne sont plus au monde, & la memoire desquels nous apprend combien est proche la mort de la vie. Tellement
que pour moy, j'estime que celuy qui sortant de ceste action de graces est
surpris de la mort qui trouue en son ame ceste derniere pensée de Dieu &
de la mort, doit estre estimé bien-heureux. Ie sçay bien que tous ceux qui
ont discouru περὶ ἀθανασίας, de l'opportunité de la mort, n'ont pas esté en
cela bien d'accord, & que beaucoup ont estimé qu'il estoit bon que l'homme preuinst d'vn peu plus loin son heure derniere. Mais ie trouue de grandes raisons au contraire. Ie voy que l'oracle d'Apollon iugea bien-heureux
Cleobis & Biton, qui s'estans endormis dans le temple furent trouuez roides morts ; & declara que ceste mort douce & soudaine leur auoit esté enuoyée pour recompense de leur pieté. Ie me souuiens aussi qu'on raconte
pour vne des plus signalées marques de la tyrannie de ce cruel Empereur
ceste fascheuse parole qu'il adioustoit aux condamnations de ceux qu'il enuoyoit à la mort, *Sentiant se mori :* Pour ce que s'il y a quelque chose de mal

en la mort, *eius celeritas sensum aufert*, disoit vn ancien. L'autheur du liure ὅτι ἡ θειοτερνοσις, remarquant quelles sont les maladies ausquelles il y a plus de diuinité, obserue entre autres l'apoplexie, & l'epilepsie; pource, à mó aduis, que c'est la plus douce & insensible trace qui soit de la vie à la mort: jusques à auoir voulu adapter le nom de ces maladies-là à ceste volupté, laquelle vn Empereur en Spartian appelloit *veram epilepsiam*. Il se pourroit faire vne grande enumeration des plus grands & signalez hommes du monde qui ont esté sujets à telles maladies & qui en sont morts comme d'vn don du Ciel. Que s'il y a quelque raison qui nous doiue faire croire le contraire, c'est qu'à la verité estans pecheurs, comme nous sommes, il nous est bien besoin à l'article de la mort d'auoir le ressentiment de nos fautes, & implorer la misericorde de Dieu. Mais & le temps & le moment auquel est mort nostre Confrere nous deliure de ce scrupule; le temps qui estoit pres de la feste solennelle qu'il auoit fort religieusement solennisée; le moment, que c'estoit venant de rendre graces à Dieu. De sorte qu'il semble auoir acquis toutes les trois perfections que Pythagore dans Iamblichus disoit pouuoir arriuer à l'homme. *Tribus modis homo fit melior, cùm Dijs colloquendo, de hominibus benè merendo, & postremò moriendo.* De sorte qu'estans satisfaicts de sa condition, & asseurez de la grace que Dieu luy a faite, & que *illi mors ad veram vitam & fœlicem certa natiuitas est*, c'est à nous à qui touche toute la perte, qui deuons en porter tout le regret. Nous voyons sa place, & ne sçauons comme elle sera remplie: *Heu quando inueniemus parem certè auctoritatis & prudentiæ suæ nobis triste desiderium reliquit.* Ie ne regrette point tant son eloquence, sa memoire, son erudition, qui estoient fort remarquables; comme sa debonnaireté, la douceur & la candeur de ses meurs, telles que *vnicè videbatur factus ad hominum societatem, & bonorum amicitiam.*

> *Sic vita erat; facilè omnes perferre ac pati:*
> *Cum quibus erat cunque vnà, ijs sese dedere,*
> *Eorum obsequi studijs; aduersus nemini,*
> *Nunquam præponens se alijs. ita facillimè*
> *Sine inuidia laudem inuenias & amicos pares.*

Que ferions-nous à cela qui est aussi fatal qu'ordinaire en ce monde? Comme dans le Poëte lyrique, ceste Eriphyle qui entre dans vn beau jardin donne de l'ongle en la plus belle fleur qu'elle y apperçoit: Ainsi la mort qui entre dans vne Compagnie celebre y renuerse ordinairement ce qu'elle y trouue de plus eminent. Nous nous consolerons doncques en la condition commune de nostre humanité, & en la particuliere recordation de la vertu de nostre Confrere, duquel nous honorerons les cendres & la memoire par tous les offices d'honneur & de pieté que vous pouuez desirer de nous.

SEIZIESME.

 I voyageans en pays estranger nous rencontrions par fortune quelque excellent & delicieux jardin, garny & comparty de toutes les plus rares & agreables fleurs que l'on sçauroit trouuer au monde : Entrans là dedans, & jettans l'œil sur tant de differentes beautez, nous serions bien empeschez où l'arrester, tant la varieté & l'excellence de chacune distrairoit nostre veuë par vne jalouse recommandation de sa grace & beauté par dessus celle des autres. Mais en fin si en sortans de là, l'on nous permettoit d'en cueillir vne pour l'emporter auec nous, nous choisirions, à mon aduis, non celle qui sembleroit plus brillante, & qui prendroit l'œil auec plus de viuacité, ou celle qui auroit l'odeur plus suaue & plaisante ; mais bien plustost celle que nous sçaurions auoir quelque rare & excellente vertu, & que nous espererions pouuoir porter encore fraische & entiere jusques à nostre maison pour en faire feste à nos parens & amis, & leur faire voir chose qui leur plaise & les resioüisse : & qui encore pour fruict de nostre voyage nous seruiroit de consolation des peines & ennuis que nous y aurions enduré. De mesme croy-je qu'en ce pelerinage du monde, où nos ames sont en vn penible & fascheux voyage, si entre toutes les graces que Dieu fait à l'homme, qui sont vrayes fleurs & seuls embellissemens de nostre vie, nous auions à en choisir vne, & laisser toutes les autres, nostre jugement se trouueroit fort perplex en ce chois, & distrait de fort differentes imaginations ; mais en fin la raison prenant party auec le plus apparent bien, choisiroit celle qui est de plus longue durée, & s'il se peut dire ainsi, inflestrissable ; que nous pouuons porter fraische & entiere jusques à nostre vray domicile ; qui là nous peust faire honneur, rendre recommandable nostre peregrination, & encore par sa vertu & pure puissance nous acquerir droit d'immortalité. Quelle seroit donc ceste grace ? quelle seroit ceste fleur spirituelle ? ne seroit-ce pas celle que les Grecs appellent ἀθανασίαν, grace de bien mourir, qui de nom ny d'effect n'est guere esloignée de celle qu'ils appelloient ἀθανασίαν, droit d'immortalité ? Car si nous y regardons de pres, la perfection de toutes les choses du monde se mesure par la fin : & pour ceste mesme raison les mesmes Grecs appelloient τέλειον, ce qui est parfaict ; comme nous disons encore en nostre langue, vne besongne bien acheuée, pour parfaire. Si nous regardons trauailler les statuaires & faiseurs d'images, nous ne sçaurions dire au commencement si c'est vn homme, ou vne beste qu'ils veulent former ; mesme apres que la besongne est fort esbauchée, nous ne sçaurions iuger quelle grace aura leur ouurage, jusques à tant que la derniere main, voire l'ongle y ait apporté le dernier traict, qui est celuy qui donne ceste beauté qui le fait admirer. Ceux qui chantent en musique, auec quel soin forment-ils leur cadence ? Des derniers sons & terminaisons leur chant prend son nom, reçoit toute sa grace & sa forme de là : selon qu'il se termine, on l'appelle Lydien, Dorien, ou d'autre nom ; &

selon cela mefme eft-il trifte, ou gay, graue, ou moderé. Les Poëtes mefmes, s'ils compofent vne tragedie ou comedie, à quoy fe trauaillent-ils le
plus finon à la bien clorre, & faire que le dernier acte laiffe aux efcoûtans
vne fatisfaction qui excite parmy eux vn applaudiffement ? Les Orateurs
auffi en quelle partie de l'oraifon trauaillent-ils dauantage qu'en la perora-
tion; où ils ramaffent toutes les forces de leur efprit, toutes les paffions de
leur ame, toutes les delicateffes de leur art, afin de laiffer vne derniere impreffion en l'ame des auditeurs, qui foit, comme l'on dit, auec huile & brulure; c'eft à dire, qui ne puiffe eftre jamais effacée ? Mais pource que nous
parlons de la vie de l'homme, & que *vita hominis* eft vne guerre fur terre,
d'où pourrions-nous en ce fujet tirer pour demonftration de cefte propofition plus à propos noftre comparaifon, que de la guerre ? Ne fçauons-nous
pas qu'en ce braue & genereux exercice la plus loüable & difficile action
qui y foit, c'eft de fçauoir bien & à propos faire fa retraitte. C'eft quelque
chofe de bien mener vne troupe à la guerre, enfoncer l'ennemy, renuerfer les rangs, enleuer vn logement, emporter les drapeaux. Mais qu'eft-ce
que tout cela, s'il fe faut mettre en defordre & en fuite, & laiffer perdre
ceux qui auoient vaincu ? Celuy à qui cet accident fera arriué, n'aura nul
honneur de fon combat, ains demeurera auec beaucoup de blafme. Au
contraire, tel aura efté furpris en lieu defauantageux, & n'aura pas eu du
bon au combat, qui fera extrémément loüé & eftimé d'auoir bien fait fa
retraitte fans perdre aucun drapeau, fans tourner le dos à l'ennemy, *faluis
fignis, falua militari dignitate.* C'eft à la verité ce que j'eftime & j'honore le
plus au cours de la vie de noftre Confrere, dont on nous annonce aujour-
d'huy le depart de ce monde. Car d'auoir efté, comme il eftoit, nay en vne
illuftre famille, en laquelle *per fafces numerabat auos*, où il contoit fes peres,
ayeulx & bifayeulx, par les marques des plus hautes dignitez & principales
de cefte Prouince; c'eft chofe qui luy eftoit commune auec beaucoup d'autres; & comme difoit Platon, la viciffitude des chofes du monde fait que
les plus illuftres ont leur origine des plus viles & humbles, & les plus petits
& abjects peuuent trouuer en leur origine, à la prendre bien haut, des Princes & des Rois. D'auoir vefcu en vne ample & ayfée fortune, & abondance de biens & de richeffes; c'eft chofe que le vulgaire ignorant admire; mais
ceux qui fçauent combien eft feruile & fujette la condition de ceux qui
poffedent les grands biens, auec quelle anxiété d'efprit ils fe conferuent, &
qu'au bout qui plus en a en joüit le moins, ains en a feulement la garde &
la procuration, n'eftimera jamais vn homme heureux pour cela. Ce qui
peut eftre plus defirable & qui a excellé en ce perfonnage, eft la beauté &
claire viuacité d'efprit, la folidité de jugement dont la nature l'auoit doüé.
Car à la verité comme la nature ne donne pas toutes fes graces à vne feule
perfonne, il fembloit qu'elle euft voulu recompenfer en fon efprit ce qu'elle
auoit efpargné au corps; il fembloit qu'elle euft exprés referré cefte ame
dans vn petit corps, afin qu'elle reünift mieux fes forces & raffemblaft fes
puiffances pour operer auec plus de grace & d'efficace. Car vous fçauez
tous ce qu'Ariftote en fes Problemes efcrit, que la beauté & la vigueur ne
paroiffent qu'és chofes petites, pour ce qu'elles fe diffoluent en fe refpan-
dant

dant en vne grande maſſe. Mais dequoy ſe peut eſtimer vn homme en ce monde pour la grandeur de ſon eſprit, ſi la connoiſſance des choſes eſt ſi difficile à acquerir, que tout ce que nous ſçauons eſt la moindre partie de ce que nous ignorons? ſi le iugement en eſt ſi douteux que nous n'oſons aſſeurer ce que nous voyons de nos yeux? ſi l'vſage de la raiſon nous apporte tant de trauail que quelques Philoſophes ont creu qu'il auoit eſté donné à l'homme pour ſa peine pluſtoſt que pour ſa felicité? Et de fait conſiderez la pluſpart des hommes les plus ſpirituels, à quoy employent-ils leur eſprit, ſinon à ſe tourmenter eux meſmes, & entreprendre choſe qui trouble leur vie & la remplit d'ennuy & de miſere? Et puis en fin tout ce que noſtre eſprit peut comprendre en ce monde, comparé à ceſte gloire qui ſe doit reueler en nous quand nous en ſerons hors, qu'eſt-ce qu'eſpeſſes tenebres qui nous font ennuyer de noſtre vie, & ſouſpirer touſiours apres vne meilleure? l'eſperance de laquelle eſt la ſeule felicité que nous pouuons dire auoir; & ceſte eſperance nous ne la conceuons qu'en bien mourant. Or le bien mourir, n'eſt pas comme le mourir, vne action qui ſe fait en vn moment, comme le diſoit Phauorin: Mais au contraire, vne action qui a traict & durée, qui eſt diſpoſée par vne precedente meditation longue & profonde, par vne reſolution ferme & ſolide: Bref c'eſt vne grande & ſerieuſe eſchole dont le premier precepte eſt de nous retirer du monde, & de la cogitation des choſes terreſtres & ſeculieres. Car ſi bien mourir n'eſt autre choſe que de nous reünir auec ce premier Principe eternel dont nous ſommes partis, & nous deïfier, s'il ſe peut dire ainſi, par la participation de la diuinité, il luy faut faire place en noſtre ame, ſi nous l'y voulons receuoir. Si noſtre ame eſt pleine d'u monde, elle ne peut rien receuoir de contraire au monde. Les Philoſophes diſent que noſtre ame, ou pour le moins noſtre entendement qui en eſt la principale partie, ſe transforme en la choſe qu'il entend & comprend. Car tout ainſi que le corps tourne l'aliment en meſme ſubſtance que la ſienne; auſſi l'aliment altere-il la ſubſtance du corps, & luy imprime les meſmes qualitez qu'il a. De meſme l'ame ſe nourriſſant de la meditation, acquiert en fin diſpoſition & habitude toute ſemblable à ce à quoy ordinairement elle penſe. Ne le voyons-nous pas en ceux qui ont quelque grande affaire en teſte, ou qui ont quelque grand penſement qui les trauaille? leur ame eſt toute en cela, & s'il ſe peut dire ainſi, ils ne voyent, ils n'oyent, ils ne parlent que cela meſme. Ceux donc qui ſe reſoluët de deſtourner de leur ame toutes les penſées du monde, & prendre pour ſeul object des derniers iours de leur vie, la contemplation de ceſte infinie puiſſance & bonté immenſe qui nous r'appelle à ſoy; n'auront-ils pas, à plus forte raiſon, leur eſprit entierement occupé de ceſte ſeule cogitation, & peu à peu ne ſe transformeront-ils pas en ce diuin object dont ils nourriront leurs penſées? Eſt-ce pas la religieuſe leçon que nous donnoit le Prophete, quand il diſoit: Ie repenſeray à mes années en l'amertume de mon ame? Et la Sapience eternelle qui nous réueilloit pour nous garder du larron, ou de celle qui vient comme le larron? Ceſte leçon là toutes choſes en ce monde nous l'enſeignent, mais ſi peu de gens la peuuent en ce monde comprendre ny apprendre, qu'à peine verrons-nous en tout vn ſiecle vn homme parmy nous, mesmes de noftre meftier, qui fe vueille retirer des affaires pour apprendre à mourir. Et comme fi Paradis eftoit vn procés, nous voulons mourir l'ame pleine de ces falles & infectes penfées qu'engendrent les objects des malices, perfidies, & injuftices des hommes, qui font la matiere des procés. Et pource vous ay-je dit, & à mon auis auec beaucoup de raifon, que ie trouuois que le plus grand heur qui fe pourroit remarquer en la vie de noftre Confrere, & l'action la plus loüable que nous y pouuions eftimer, eftoit la belle & opportune retraitte qu'il auoit faite des affaires du monde pour s'inftruire à bien mourir. Car il y a def-ja quelques années que connoiffant qu'il s'affoibliffoit, il s'eftoit retiré du Palais, puis de la ville, puis du monde, & entierement appliqué à la meditation & difpofé à ce paffage, comme neceffaire à tous, ains grandement perilleux à ceux qui le font fans eftre bien affiftez & fortifiez de profondes & religieufes meditations. Retraitte toutefois qu'il a accompagnée de tant de prudence pour foy, de tant de charité enuers fon fang, de tant de refpect à l'endroit de cefte Compagnie, & de tant de zele enuers le public, qu'il nous en doit laiffer fa memoire beaucoup plus chere, & de beaucoup diminuer le regret de fa perte. Car bien inftruit de ce qu'enfeigne Platon en fa Republique, que la principale obligation que les hommes ayent en ce monde, eft d'en fubroger en leur lieu vn autre qui puiffe remplir leur place, & continuer le feruice que l'homme doit à Dieu, & pour lequel il eft nay; le defunct a voulu auant qu'abandonner ce monde, auant qu'abandonner cefte honorable Compagnie où il auoit quafi paffé tout fon aage, remplir fi dignemét fa place, qu'il peuft entierement s'acquitter de cefte obligation, & neantmoins tefmoigner le foin qu'il auoit de l'honneur & dignité de ce Senat. Il n'a pas voulu, comme le commun des hommes, commettre cefte importante action au cours ordinaire de la nature, & rechercher par la naiffance de fes enfans vn fucceffeur en fes biens & en fa charge. La generation des enfans n'eft accompagnée d'aucun iugement; tout y va au hazard, & le plus fouuent contre le vœu & le defir des peres. C'eft pourquoy il s'eft volontairement priué de ce vulgaire contentement que recherchent les hommes de tranfmettre leur fortune à ceux qu'ils ont engendrez. Il a choifi l'autre voye qui a efté pratiquée auec tant de loüange & tant de profit au public par les plus fages Empereurs: il a adopté, pris pour enfant, & chofi pour fucceffeur de fa charge, & de fon viuant inftallé en fa place celuy auquel il a trouué toutes les parties, les mœurs & les vertus qu'il euft fceu defirer en vn fien enfant, fi Dieu le luy euft donné à fon choix & fouhait. Ce doit eftre vne grande confolation à nous, & fera vne tres-iufte occafion à la pofterité, de croire que celuy qui a eu tant de foin de fe choifir vn digne fucceffeur, a poffedé en fon ame la vertu qu'il a aymée & honorée en celle d'autruy. Cela doit augméter la ferueur de la charité, laquelle nous oblige de cherir fa memoire comme de l'vn de nos membres feparé corporellemét de nous, mais encore joint & vni fpirituellement auec nous par ce commun gage de la foy en laquelle il eft decedé; & raffembler toutes nos affections, & par l'ardeur de nos prieres flefchir la diuine mifericorde & bonté à luy faire mercy de fes fautes, & le receuoir en part de fa gloire felon les infaillibles promeffes qu'il a faites à tous

fes

ſes fidelles ſeruiteurs. Nous nous diſpoſerons doncques à ceſte action, irons luy rendre les derniers honneurs que vous deſirez de nous, & les vœux, & les religieuſes prieres que nous deuons pour le ſalut de noſtre Confrere.

DIXSEPTIESME:

LA mort auoit fait des trefues en ceſte Compagnie, qui à la verité pouuoient ſembler longues à comparaiſon de ce que nous voyons ordinairement arriuer, qu'il ne ſe paſſe guere année qu'il ne tombe ſous ſa faux *aliqua victima nil miſerantis Orci.* Il y en auoit deſ-ja deux reuoluës ſans qu'elle euſt rien deſplacé de cet ordre: mais comme ceux qui ſont long-temps à prendre viſée, veulent frapper quelque grand coup, elle nous a bien maintenant attaqué, & entamé par l'endroict le plus ſenſible, & faict la plus douloureuſe playe que nous euſſions peu receuoir. Et à la verité, ſi reconnoiſſans la commune condition de noſtre vie, à laquelle nous n'entrons que pour ſortir, nous euſſions veu venir la mort à nous, & qu'elle nous euſt permis d'exempter de ſon traict quelqu'vn de nous, qui deuions-nous pluſtoſt choiſir que celuy qu'elle a aujourd'huy enleué du milieu de nous? Celuy, dis-je, en la perſonne duquel elle ſemble auoir eſtouffé de ſi grandes & rares vertus, que nous auons iuſtement à craindre que ceſte Compagnie ne puiſſe jamais, ou pour le moins de long-temps, recourer l'ornement dont elle a eſté deſpoüillée. *Non ſum ambitioſus in malis, nec augere cauſas lachrymarum volo.* Mais bien jugeons la cauſe de noſtre douleur & ſi juſte & ſi grande, que ie croy que la meſme peine qu'il faut prendre en ſemblables occaſions pour feindre & imiter la douleur, il la faut mettre en celle-cy pour la limiter & reſtraindre. Car tout ainſi que ſi noſtre corps eſtoit tout cœur, toutes les playes que nous receurions ſeroient mortelles, la vie de ce perſonnage-cy ayant eſté toute vertu, toutes les parties que j'en conſidere me ſemblent eſtre autant de parties nobles de ce corps qui nous ont eſté arrachées, autant d'eſprits vitaux de l'honneur & de la diſcipline de ceans, qui ſont eſteints & eſtouffez. Et en ceſte cogitation certainement ie me trouue fort perplex, ſçauoir ſi ie dois ſouhaitter vn perpetuel oubly de ſon nom en vos eſprits, puis que, comme dit vn grand Empereur en ſes afflictions, *rerum irrecuperabilium ſummum remedium obliuio eſt:* Ou ſi au contraire ie dois vous renouueller la ſouuenance de toutes les parties de ſa vie, afin que l'object de ſa gloire diuertiſſe celuy de ſa mort, ou pour le moins la rende plus douce. *Mors enim tum æquiſſimo animo excipitur, cùm ſuis ſe laudibus vita occidens conſolatur.* Mais quoy? ne ſeroit-ce pas vne eſpece d'impieté de vouloir priuer la poſterité d'vn ſi memorable exemple de vertu à tous ceux qui ſont les profeſſions eſquelles il a paſſé le cours de ſa vie? Noſtre barreau qu'il a nourri & eſleué, *ſeque diu tanto tantùm iactauit alumno,* n'auroit-il pas occaſion de ſe plaindre, ſi l'on vouloit obſcurcir aujourd'huy des vertus qui ont ſi longuement reſplendi en ce theatre public ? & occafion de croire que la vertu doit eftre à l'auenir negligée, fi en vne telle occafion elle n'eft point loüee; veu que le loüer & le bien faire ont vne entre-fuitte comme ordinaire: *Nam, vt quidam ait, poftquam laudanda agere defiimus, laudari quoque ineptum putamus.* Et quand bien nous aurions confpiré par noftre filence de couurir la fouuenance de cefte naturelle eloquence qui eftoit excellente en luy, de ce grand & vif iugement qui paroiffoit en fes actions publiques, de cefte finguliere erudition qui reluifoit en fes plaidoyers; mais fur tout de cefte rare preud'hommie auec laquelle il perfuadoit plus qu'auec l'oraifon; l'image de fa voix qui eft encore toute viue en vos oreilles ne retentiroit-elle pas pour y reffufciter en l'admiration, auec laquelle vous l'auez oüy, cefte bien-vueillance auec laquelle tout l'auditoire l'a fuiuy? Toutes & quantesfois que ie me reffouuiens de ce que j'en ay appris de chacun de vous, ie dis de ceux à qui l'aage a permis de l'oüir, ie m'imagine de luy ce qui eftoit dit de ce grand Orateur Romain; *Scaurus, cuius orationi fapientis hominis & recti grauitas fumma & naturalis quædam inerat auctoritas, vt non caufam fed teftimonium dice putaretur.* Mais bien qu'en cefte profeffion il ait merité de grandes loüanges, fi fuis-je toutesfois excufable fi ie ne m'eftens auffi amplement fur ce fujet comme fa grandeur le merite, pour n'auoir efté tefmoin oculaire de tant de belles actions, & pour n'auoir accouftumé de croire pluftoft les yeux d'autruy que les miens aux tefmoignages qu'il me faut rendre à la verité. Et auffi qu'eftant obligé par apres de loüer à mefme proportion tant de rares vertus que j'ay veües de mes propres yeux reluire en luy en l'exercice de l'office qu'il a fi dignement & honorablement tenu en ce Senat, ie craindrois que mon efprit ne vinft à s'eftonner, ma memoire à fe troubler, & les paroles à me manquer. Car qui eft-ce qui eft jamais entré en cefte Compagnie auec plus d'applaudiffement, s'y eft conferué auec plus d'eftime, & en eft forty auec plus de regret d'vn chacun? A quoy fe peuuent eftendre les vœux de ceux qui voudroient exceller en cefte charge qu'il n'ait non feulement eu, mais abondamment? *Doctrina homo feria & ad vitæ officia deuincta.* C'eftoit de vray vne rare erudition és bonnes & folides fciences; mais principalement en la fapience ciuile. *Dubÿs quis litibus addere finem Iuftior, & merfum latebris educere verum?* Mais outre cela, cefte douceur, cefte bonté, cefte ingenuité, cefte modeftie, cefte grauité qui eftoit ordinaire en luy, combien meriteroient-elles de loüange? *Non illi, quod eft difficillimum, facilitas authoritatem, aut authoritas amorem diminuit. Quid gratiæ in vultu, quid iucunditatis in fermone?* Bref il n'eftoit pas fimplement vertueux; mais il auoit fait vne eflite des vertus, δρέπων μὲν κορυφὰς ἀρετᾶν ἀπὸ πασῶν, comme dit Pindare; & s'en eftoit tellement reueftu & reparé qu'il n'auoit endroit de fa vie qui n'en fuft tout luifant. Ne fuis-ie donc pas fort excufable, fi voyant deuant moy vne fi vafte & profonde matiere de loüange, ie refufe de m'y enfoncer & engager? mefme n'ayant ny le temps affez long pour me preparer, ny commode pour me porter parmy les ennuis & fafcheries qui agitent mon efprit en cefte pitoyable action? Car ie le dis auec verité, & croyez que ce n'eft point ma bouche, mais mon cœur qui le prononce, que ie n'ay jamais

conceu

conceu vne plus viue ny poignante douleur que celle que j'ay receuë de la mort de ce vertueux & honorable personnage : *Tam triste auctoritatis & prudentiæ suæ nobis desiderium reliquit.* Mais ne pouuant satisfaire à ce que ie dois à ses loüanges, peut-estre croyez-vous que ie satisferay à la consolation qui est deuë à la iuste douleur de vous ses parens & amis. Et à cela il semble que le temps, vostre mal, & mon affection m'y conuient. Or m'y trouué-je egalement mal disposé, vaincu par ma propre douleur. *Nec est enim bonus consolator aliorum quem proprij vincunt gemitus.* Car ie m'imagine tousiours de le voir où ie l'ay veu la derniere fois, de l'oüir où ie l'ay oüy la derniere fois, dans ce lict où il a reposé pour la derniere fois. Ceste grande constance, ceste pieuse resolution, *præstantia illa placidæ & altæ mentis*, pres de ce passage si redoutable à tout le monde, me demeure si imprimée en l'esprit qu'il ne peut receuoir aucune autre imagination que celle-là. De sorte que si j'estois contraint d'essayer d'entrer à vous consoler, ie ne le pourrois faire qu'en vous representant son courage, & vous ramenteuant ses propos. Car qui est-ce qui en tout ce passage, que ie prends depuis le temps qu'il s'est senty malade, a veu aucun changement en ses actions, autre que celuy que la maladie a apporté au corps ? L'esprit est-il pas tousiours demeuré immobile, sinon qu'en tant qu'il s'est auancé de desir & d'esperance à ceste meilleure & plus certaine vie ; & qu'il en a apprehendé la possession à mesure qu'il a laissé celle du corps & de la terre ? Ses dernieres paroles ont-ce pas esté celles mesmes que tint Socrates à l'heure de son deceds, qui ont esté tant renommées & recommandées ? *O Crito, filij quidem dijs curæ erunt qui eos nobis dederunt : quod ad amicos pertinet, in eas sum regiones concessurus à morte, in quibus pares forsitan & meliores amicos inuenturus sum, nec vobis diu cariturus.* Mais combien d'autres plus sainctes & plus religieuses y a-il adjousté, quand il a voulu par la poincte de ses dernieres paroles imprimer au cœur de sa famille la crainte & l'amour de Dieu ; & lors qu'il luy a commis, & resigné, auec vne extréme confidence, la conduite & solicitude de toute sa famille ? Lors il a laissé ses amis auec tel desir & esperance de se rassembler auec eux en la societé d'vne meilleure vie. N'est-ce pas lors qu'il a semblé y estre ia passé auant qu'expirer, & respirer encore apres y auoir passé ? Et pource en vne si honorable vie, & vne si heureuse mort, il n'est pas difficile de se consoler. *Nec est recusandum quominus ea qua nati sumus conditione viuamus. Omnia humana tolerabilia sunt : ipsi enim quid sumus, aut quandiu curaturi hæc sumus ? Fixus est cuique suus terminus, quem vlterius nullius odium, nullius gratia promouebit. Honestissimus denique finis est desinere cùm desideramus.* Ceste Compagnie pour adoucir vostre regret & le sien, honorera les obseques du defunct de tout ce qui luy sera possible, cherira à jamais sa memoire, aymera & fauorisera en toutes occasions sa posterité.

DIXHVICTIESME.

 L eſt vray que la pluſpart du temps en ſemblables occaſions que celle-cy, nous donnons nos ſouſpirs & nos larmes à la couſtume & bien-ſeance, pluſtoſt qu'au regret & à la douleur. Ce ſont offices d'humanité, ou pluſtoſt de pieté, où nous forçons nos courages pour paroiſtre tels qu'il ſemble que le commun des hommes requiert. Nous irritons nos ſens ? nous eſmouuons nos paſſions, afin de tirer des larmes de nos yeux ; voire que ceux qui n'en peuuent trouuer chez eux, empruntent celles d'autruy, & meſme en prennent à loüage, *vt qui conducti plorant in funere.* Mais ceſte luctueuſe journée tire bien le rideau à toute feintiſe & diſſimulation ; & navrant nos cœurs de la plus douloureuſe playe que nous puiſſions attendre, en fait ſaillir de bien vrayes & bien viues larmes. Nous auions dans le parc de noſtre Iuſtice vn grand cheſne ſacré, plein de reuerence, plein de religion, ſemblable à celuy que deſcrit le Poëte:

> *Qualis frugifero quercus ſublimis in agro,*
> *Exuuias veteres populi ſacratáque geſtans*
> *Dona ducum:*

Auquel nous ſentions qu'eſtoient attachez les auſpices de noſtre bon-heur, qui couuroit de ſon ombre ſalutaire les fortunes affligées des pauures plaideurs, & eſtoit comme l'aſyle de l'innocente miſere ; bref ornoit plus qu'aucune autre choſe qui fuſt parmy nous la majeſté & ſaincteté de ce lieu. Nous le voyons foudroyé & abbatu deuant nous ;

> *——nudóſque per aëra ramos*
> *Effundens, trunco non fraudibus efficit vmbram.*

Et comme ſi ſon coup eſtoit noſtre menace, tout ce qui eſtoit autour tellement eſtonné, tout cet enclos tellement deffiguré, toute ceſte trouppe tellement deſolée, qu'il ſemble que *ſyderata ſint quæ circunſtant omnes*, & ce coup fatal n'euſt rien laiſſé qu'il n'ait touché & penetré juſques aux moëlles. Ceſte ſeule difference y a-il, que les hommes foudroyez ou touchez du Ciel, qu'on appelloit anciennement *ſyderatos*, perdoient auſſi-toſt le ſentiment & le jugement. Et à nous au contraire, il ſemble que le deſtin nous l'ait reſerué, voire aiguiſé & rafiné pour nous mieux faire reſſentir la grandeur de noſtre perte, & l'excés de noſtre malheur. De verité, ſentant ma conſtance inegalle à mon affliction, i'ay eſſayé de charmer ma memoire, non pour en effacer vne ſi precieuſe image, car ce ſeroit impieté ; ains pour en intermettre la repreſentation pour vn temps : Mais comme ſi elle eſtoit conjurée à mon tourment, redoublant les forces de mon imagination contre l'effort de mon entendement, c'eſt alors qu'elle me vient plus particulierement & plus exactement repreſenter toutes les parties de ſa vie. Auparauant ie ne me l'imaginois qu'en l'eſtat que ie le voyois tous les jours : mais à ceſte heure mon obſtinée memoire eſchauffée par le mouuement de ma

douleur

douleur le va quafi chercher jufques au berceau, pour me rememorer tout le cours de fa vie. Ie ne me puis empefcher que ie ne me reprefente fon pere, ce bon vieillard, cet honorable Senateur tant renommé de pieté, d'integrité, de fincerité, de fcience, de fageffe, qui le produit à la lumiere des hommes, le jette dans le courant des affaires du monde auec cefte animée exhortation; *Difce puer virtutem ex me, veroſque labores.* Et le voulant introduire en ce grand theatre de la Iuftice fouueraine, l'exerce ferieufement & laborieufement; ne plus ne moins qu'on faifoit les Athletes qu'on vouloit enuoyer aux jeux Olympiques pour gagner les Couroñes de prix qui eftoient propofées. Il le vous jette dans ce glorieux barreau, εἰς κυδιάνειραν ἀγοϱαν, qui ne peut non plus que la mer rien fouffrir de mort, rien d'immonde qu'il ne le rejette & ne le repouffe hors de foy. Cet honorable theatre de Iuftice le reçoit, le reconnoift: *Illum acuit plauſus, illum ipſe volantem Puluis & incuruæ gaudent agnoſcere metæ.* Auec quelle reputation d'induftrie, de fcience, & d'eloquence il y a vefcu, & combien longuement, il ne fe peut dire: mais en vn mot, fouuenez-vous de l'eloge que le plus grand des Romains donnoit à Scaurus, & vous aurez l'abbregé de fes actions forenfes. *In eius oratione ſapientis hominis ac recti grauitas ſumma & naturalis quædam inerat authoritas.* Mais ce que j'y eftime le plus, c'eft qu'ayant longuement vefcu dans cefte mer falée, il n'en a oncques non plus que les poiffons tiré aucune amertume; rien n'a alteré la douceur de fes mœurs, ny la fincerité de fa confcience: tellement que l'on peut dire de luy tant qu'il a efté Aduocat, que *magis teſtimonium quàm cauſam dicere videbatur.* Cefte recordation m'afflige, ie la voudrois bien eftouffer; mais ie le voy entrer Senateur en cefte compagnie, veftu de cefte efclatante pourpre, moins efclatante toutesfois que fa vertu. Ie ne puis empefcher qu'vne grande affiduité, vne laborieufe vigilance, vn zele modefte, vne fuffifance pleine de fincerité ne fe reprefente à mes yeux. *Dubijs quis litibus addere finem Iuſtior, & merſum latebris educere verum?* Sa vertu ne peut longuement demeurer-là, le jugement du Prince tend incontinent la main à fon merite, & le tire au plus haut degré où ceux de fa profeffion puiffent afpirer pour feruir de regle & donner conduite à ce Senat. O fi ie lafchois la bride à mes penfées, & que ie laiffaffe courir mon efprit à l'abandon à la reueuë de tant & tant de belles actions que fa prudence & fa fageffe ont produit durant les calamiteufes années de nos malheurs, combien y trouuerois-je pour luy de couronnes de gloire, & combien pour nous de rengregemens de douleurs? Mais oftons quelque chofe à fa gloire, de peur de rendre intolerables nos regrets, & contentonsnous de dire,

> ---*commiſſos ſic geſsit honores,*
> *Vt Princeps meritò magnus cùm magna dediſſet;*
> *Deberet majora tamen.*

Quoy doncques? dira quelqu'vn, vous voudriez pour eftouffer voftre douleur, eftouffer quant & quant fa memoire? Non ferois en verité; car fi j'auois l'efprit auffi libre, & la main auffi delicate que ie defirerois, ie voudrois former vn tableau de fes vertus, que ie croirois comparable aux plus riches pieces de Zeuxis ou Polyclete. O qu'heureux j'eftimerois ce lieu! ô

que fainct j'eftimerois ce temple de Iuftice où ie verrois de fi precieufes reliques ! Quel plus beau fpectacle que de voir en vn feul tableau tant de rares vertus toutes nées fe tenans par les mains & danfans à pas mefurez dans
l'enclos de cefte belle ame ? La modeftie fi elle eftoit bien reprefentée au
vif, fe monftrant pleine de douceur & d'humanité, ne nous rauiroit-elle
pas de fon premier afpect ? car vrayement de ce perfonnage nous pouuions
dire ,

> —— *Crifpi iucunda fenectus*
> *Cuius erant mores, qualis facundia, mite*   *Ingenium.*

Mais cefte douce feuerité qui fuiuoit toufiours pas à pas fa modeftie, ne
nous plairoit-elle pas encor dauantage ? car comme difoit Tacite d'Agricola, *Non illi, quod difficillimum eft, aut facilitas authoritatem, aut feueritas*
amorem diminuit. Si apres cela ce tableau pouuoit bien exprimer fa continence & fon integrité, la pureté non feulement de fes mains, mais de fes
defirs, *quæ reiecit alto dona nocentium vultu* ; tous ceux qui le verroient, ne
s'efcrieroient-ils pas, *Pudor, & iuftitiæ foror Incorrupta fides, nudáque veri-*
tas, Quando inuenient parem? Sa conftance ferme & inflexible auec laquelle
il deffendoit la vertu contre le menfonge, la Iuftice contre l'iniquité, l'innocence contre la calomnie tiendroit bien là fon rang ; & pourroit marcher
auec le mefme blafon qu'Homere donne à Aiax , ἕρκος Ἀχαιῶν, ou pour le
moins, ἕρκος νόμων. Mais la plus belle figure qui porteroit plus de relief, & fe
feroit plus regarder, ce feroit cefte infigne pieté qui couronneroit en ce tableau, toutes fes autres vertus; & qui donneroit aux fpectateurs plus d'affeurance de la gloire, & de la beatitude en laquelle il eft maintenant.

> —— *vbi fe lumine vero*
> *Impleuit, ftellásque vagas miratus & aftra*
> *Fixa polo, vidit quanta fub nocte iaceret*
> *Noftra dies, rifítque fui ludibria trunci.*

Mais helas, pieté, fi ie ne craignois de blafphemer, ie vous accuferois volontiers ; car c'eft vous qui nous l'auez raui: pendant qu'auec vn zele def-
mefuré & mal proportionné à fon aage il va vifiter les lieux faincts auec
toutes les incommoditez du temps, il demeure fous le faix :

> *Animam fenilem mollis exoluit fopor.*

Et ainfi il nous a laiffé defolez ,

> *Multis ille quidem flebilis occidit ;*
> *Nulli flebilior quàm mihi.*

C'eftoit auec luy que ie partageois mes penfées, c'eftoit auec luy que ie partageois mes labeurs ; c'eftoit fur fa foy, fur fon integrité que ie me repofois.
Ne vous eftonnez donc point fi vne fi iufte douleur me defrobe la parole, & m'empefche de luy rendre toutes les loüanges qui luy font deües.
De cela ie m'attrifte moins , fa vertu fe recommande affez de foy mefme, & elle trouuera toft ou tard qui la loüera hautement & qui l'admirera. Ce qui m'afflige plus c'eft que ie reconnois bien que ie dois quelque
confolation aux fiens qui nous inuitent à fes obfeques, & à vous par qui
cefte trifte nouuelle eft annoncée ; & ie ne fens nulle force en moy pour le
pouuoir faire. *Non eft enim*, comme dit Sainct Hierofme *ad Paulam bonus*
confolator

consolator quem proprij vincunt gemitus. Et de toutes les raisons que mon
imagination me fournit ie n'en voy pas vne suffisante ny proportionnée
à vostre douleur. Que vous diray-ie ? qu'il auoit vescu septante ans ; que
comme la mort aux jeunes ressemble à vn naufrage, aux vieils elle est comme vn port, *portus æterna placidus quiete.* Les loix Romaines *post sexagesi-*
mum annum Senatorem non citabant ; qui estoit à dire qu'il falloit deslors
songer à la retraitte, & ne se plus mesler des affaires publiques, ains se familiariser auec la mort. On pourroit encore adjouster ce beau mot de Seneque, *Honestissimus finis est desinere cùm desideramur.* Et encore plus à propos pour ce sujet celuy-cy, *Magna fælicitas est in fælicitate mori* : car à la
verité, c'est vn grand & rare exemple de prosperité de voir que ce bon personnage ait vescu vn si grand aage, sans que la fortune l'ait entamé par
aucun endroit, ny en ses biens, ny en sa reputation, ny en sa famille: tout
ce qu'elle luy a donné elle luy a laissé, elle ne luy a rien osté ; c'est luy qui
las d'en joüir luy a tout quitté, *& vt plenus vitæ conuiua recessit.* Mais plus
que tout cela pourroit seruir pour consoler les siens & tous ceux qui l'ont
aymé, de voir que ses charges & ses honneurs demeurent hereditaires en
ses enfans: car si par la loy Romaine, *minuebatur luctus quotiescunque honor*
inhærebat in familiâ ; quanto magis, quand il y continuë, & qu'il y a vne suite & translation aux enfans, & pour les honneurs du pere, & pour ses vertus qui rendent les honneurs vrayement honorables? Or gouste ces raisons-là qui voudra, ie les vous propose par maniere d'acquit, & pource
que i'y suis obligé, mais elles ne me contentent point. Ceux qui n'ont
conneu que partie de ses vertus, & ne les ont aymées que tiedement, pourront moderer leur douleur: mais les autres diront comme Priam pleurant
Hector, κορεσάμεθα κλαίοντες. μέγα γὰρ ἄλγεσι τέρπεται ἀνήρ. Soulons-nous de
pleurer, car cela seul nous peut contenter. Bien desiré-ie toutesfois que
nous nous temperions iusques-là, que nostre douleur ny nos larmes ne
nous diuertissent point d'imiter ses vertus, qui est le principal honneur qu'il
desire de nous. Le second, la Cour le luy rendra honorant de sa presence
ses obseques.

DIXNEVFIESME.

LES sages & prudens mesnagers ne consomment pas
tous leurs fruicts & reuenus dans le courant de l'année
qu'ils les recueillent. Ils preuoyent qu'il peut suruenir de
grands accidens en mesnage pour ausquels suruenir, il
faut auoir tousiours quelque chose en reserue. Ainsi miserables mortels que nous sommes deuons-nous telle-
ment respandre nos larmes dans le torrent de nos miseres ordinaires, qu'il
nous en reste tousiours bonne quantité pour satisfaire aux nouuelles douleurs. Nous pensons que les presentes seront les dernieres, ou pour le moins
les plus grandes, & nous nous trompons; il y en a tousiours d'autres sans
nombre & sans mesure qui nous attendent. A peine auons-nous essuyé nos

yeux du dueil d'vn des Chefs de ceſte Compagnie, & voicy vn des principaux membres qui en eſt fort douloureuſement retranché. Pour noſtre
peine nous l'auons veu longuement mourir, & de tant plus que nous l'honorions & reuerions pour ſon erudition, ſon integrité, ſa pieté, nous l'auons
plus longuement ſenty ſe ſeparer de nous ; comme ſi noſtre malheur indu-
ſtrieux à nous affliger, euſt voulu par ſa langueur redoubler noſtre tourment, & par la perſeuerance du mal entierement abbatre noſtre patience. La Prophetie qui eſt dans le Cantique des Cantiques eſt bien arriuée
ſelon que ſainct Bernard l'interprete : *Dilectus meus deſcendit in hortum ſuum*
ad areolam aromatum vt lilia colligat : Dieu dit-il, eſt deſcendu dans ſes par-
terres ; c'eſt à dire, dans la troupe de ſes ſeruiteurs, afin de cueillir les ames
belles & blanches & pleines comme le lis d'vne ſuaue odeur.

　　　——*animas quibus neque candidiores*　　　*Terra tulit.*

Mais comme és grandes fiévres les recoupemens ſont ce qui abbat plus le
malade, ainſi en telles recharges d'afflictiós les dernieres ſont celles qui nous
accablent dauantage. Les Mathematiciens diſent que quand on double les
lignes, on quadruple les eſpeces ou puiſſances qu'elles contiennent : Auſſi
certainement vn infortune adjouſté fraiſchement à vn autre ne le redouble
pas ſeulement, mais augmente la douleur, quaſi hors de meſure. Quelle
proportion donc y aura-il aujourd'huy de nos maux à nos plaintes, de nos
larmes à nos regrets ? *Quis dabit ergo capiti meo aquam, & oculis meis fontem*
lachrymarum ? Ne point pleurer vne telle perte, ce ſeroit vne grandes inhumanité : la pleurer dignement n'eſt poiat œuure de l'humanité. Au moins
ſi pour irriter noſtre douleur, & l'enflammer par de pitoyables paroles, il
nous eſtoit loiſible d'emprunter cés artifices Payens, qui aydent à la nature, & augmentent les ſouſpirs des miſerables. Mais ne plus ne moins qu'on
eſcrit, que *ſpectante Catone populus Romanus Florales ludos poſcere non eſt au-*
ſus ; Ayant ce ſainct nom de Dodon à la bouche, ſon image ſacrée preſente en mon eſprit, il me ſemble qu'il ne m'eſt loiſible d'auoir ce mot en la
bouche, ny en l'eſprit parole ny penſée qui ne ſoit toute ſaincte, toute religieuſe. La ſincere vertu, la pure innocence, la ſolide Iuſtice, la ferme pieté
du ſujet auquel nous ſommes attachez, ne peut à ſa recommandation
rien receuoir que ſemblable à ſoy-meſme. Il nous renferme dans des lices
de ſon auſterité, & ne nous permet ny aucune extraordinaire doleance, ny
aucune conſolation recherchée hors de la contemplation de ſes rares vertus, & de la couronne à laquelle elles l'ont appellé. Et me ſemble que lors
que ie me veux eſtendre à d'autres differens diſcours pour loüer ceſte
belle ame, & deplorer *depoſitionem tabernaculi eius*, comme parle ſainct
Pierre, elle ſe repreſente à moy, & me dit, *Gloria noſtra hæc eſt teſtimo-*
ninm conſcientiæ noſtræ, quòd in ſimplicitate cordis & in ſinceritate Dei con-
uerſati ſumus. O vray cheſne de Dodone ! où les colombes prophetiſoient,
s'il faut croire Pauſanias. Car qui a jamais plus reſſemblé à vne ſimple colombe, que ceſte belle Ame qui n'auoit aucun fiel, où l'on ne voyoit que
douceur, que charité, que ſimplicité ? A qui peut-on penſer que les diuines graces ſe communiquent plus pleinement ? à qui peut-on croire
que les celeſtes inſpirations affluent plus liberalement qu'à vne ame qu'on
　　　　　　　　　　　　　　　　　　　　　　　　　　　voit

voit toute pleine de l'amour de Dieu, de la charité vers son prochain, de la compassion des pauures? *Qui seminat in benedictionibus, de benedictionibus metet.* C'est de là, c'est de là que procedoient tant de belles actions, tant de graues paroles, tant de sages conseils dont il ornoit, dont il paroit, dont il illustroit ce theatre de la Iustice, qui semble maintenant vn desert obscur, vne sombre solitude apres que la mort l'en a retiré. O Dieu, si vous estes *Pater misericordiarum, & Deus totius consolationis*, pourquoy nous desolez-vous de ceste façon? ne vous pouuez-vous enrichir que par nos pertes, & reparer vostre Ciel qu'en despoüillant la terre de tout ce qu'elle a de sainct? Mais voicy en ce desespoir ceste belle ame qui derechef semble me souffler à l'oreille: Et dequoy vous estonnez-vous? m'est-il arriué ou à vous chose estrange? vous semble-il nouueau si vn mortel meurt? ne sçauez-vous pas, que *omnis caro fœnum, & omnis gloria eius tanquam flos fœni? Exaruit fœnum, & flos eius cecidit.* Ces paroles sont vrayement siennes; & si elles ont esté dictes auparauant luy, elles n'auoient que preuenu, non surmonté sa modestie, & son humilité, laquelle ne s'est aduantagée de sa vertu, & de sa loüange qu'il en meritoit, que pour s'humilier deuant Dieu, voire deuant les hommes. Souuent en le voyant auec tant de merite se tant rabaisser soy-mesme, ie me suis souuenu de ceux qui creusent les fondemens des grands edifices: on demande les voyant faire, Quoy? ces gens veulent-ils habiter sous terre? Helas! tant s'en faut; plus ils creusent bas, plus veulent-ils esleuer haut le faiste de l'edifice. Il mesprisoit tellement tout ce qui estoit en luy d'humain, il cachoit tellement non l'efficace, mais le lustre de ses vertus, qu'il estoit aysé à voir que ce n'estoit pas en la vaze du monde, mais au rocher de pierre, cité permanente, qu'il encroit ses esperances. Et si sa bouche ne le prononçoit, toutesfois au moins sa vie disoit continuellement auec l'Apostre; *Scimus quoniam si terrestris domus habitationis nostræ dissoluatur, quòd ædificationem ex Deo habemus, domum non manufactam, sed æternam in cœlis.* Il me semble donc que ie le voy partir du milieu de nous auec ceste grande confiance, auec ceste tranquillité d'esprit, auec ceste paix de l'ame; laquelle est *pignus conscientiæ nostræ.* Et le voy en partant, se dire à soy-mesme, & dire à nous, & encore à tous les siens par l'emprunt de ces paroles du mesme Apostre: *Bonum certamen certaui, cursum consummaui, fidem seruaui: in reliquo reposita est mihi corona iustitiæ, quam reddet Dominus in illa die iustus iudex. Omnes enim nos manifestari oportet ante, &c.* Et que luy respondrons-nous? de quelles acclamations accompagnerons-nous son heureux voyage? Celuy qui luy a suggeré celles qu'il nous a dittes ne nous en fournira-t'il point de semblables? sinon luy, au moins son compagnon à l'Apostolat? Si fera: nous luy dirons donc auec sainct Pierre: *Tu genus electum, gens sancta quam vocauit Deus de tenebris in admirabile lumen suum, percipe immarcescibilem gloriæ coronam.* Soyez heureux, bien que par nostre misere; enrichissez le Ciel, bien que par nostre pauureté: mais que pourtant l'espace qui est entre le Ciel & la terre ne vous separe de nous en bien-vueillance & charité. Comme nous sommes resolus de vous aymer & honorer à iamais, aussi pour iamais soignez pour nous, veillez pour nous, priez pour nous.

Que vostre belle ame espurée de la lie du monde soit vne de ces phioles dorées d'où exhalent à Dieu les agreables prieres des Saincts: ce soit vn de ces
encensoirs d'où s'esleue de la main de l'Ange continuellement vne odeur de
suauité offerte à Dieu pour nous rendre acceptables deuant luy, afin que,
qui nouos cœlos & nouam terram secundum promissa eius expectamus, his aliquan-
do simul fruamur. Et en ceste esperance nous irons sur le bord de vostre tombe respandre ce qui nous reste de larmes, & vous dire le dernier A dieu.

VINGTIESME.

OVS ne pouuons qu'auec vn extréme desplaisir entendre le deceds de feu Monsieur P. Conseiller en la Cour de
ceans, & President aux Enquestes. Car tout ainsi comme les arbres qui ont esté esleuez en vn riche parterre, & y
ont longuement duré & fructifié, venans puis apres à estre
arrachez laissent vn grand & profond creux qui difforme
& desfigure toute la place, & réd le lieu tout hideux & desplaisant: De mesme les hommes ingenus & vertueux qui se sont longuement nourris & entretenus dans les grandes & honorables compagnies, & y ont continuellement produit les fruicts odorans de leur vertu, venás à en estre enleuez y laissent leur place solitaire & desolée, qui fait mal au cœur de ceux qui tournent
les yeux dessus. Le defunct en verité estoit hôme bien nay, plein d'vne grande & singuliere modestie, qu'on peut à bon droict dire la principale vertu
de ceux qui doiuent estre initiez au sacraire de la Iustice: car comme l'audace & la temerité sont, comme disoit vn ancien, les herauts de l'injure &
de la contumelie, la temperance & la modestie sont les paranymphes de
l'innocence & de la Iustice. Ce bon naturel auoit encore esté cultiué par
vn serieux & assidu estude des bonnes lettres, ausquelles il auoit grandement profité, & s'estoit par là rendu aysé & facile le chemin à la vraye
& pure jurisprudence. Mais à l'heure qu'il sembloit que sa capacité & le
bien public l'appelloient aux charges & dignitez de la Iustice, la commune calamité du Royaume, respandant encore sur luy ses influences, le tra-
uersa & tracassa si rudement qu'elle le contraignit de desployer vne autre
de ses vertus, qui estoit la constance & patience par laquelle il se monstra
encore plus recommandable & plus digne du lieu honorable auquel enfin
il fut esleué. Vous estes tous tesmoins de la façon dont il s'y est comporté:
vne bonne partie de ceste Compagnie a fait sous luy son apprentissage en
la fonction judiciaire: son innocence a paru en toutes ses mœurs; mais sa
continence reluit en sa fortune domestique, laquelle il n'a en façon quelconque accreüe, bien qu'il ait employé tout le cours de sa vie par vn assidu labeur en l'exercice de sa charge. En quoy il a assez tesmoigné qu'il a
plus aymé le public que son particulier, tenu plus chere sa patrie que ses
propres enfans, & plus estimé l'heritage de l'honneur que celuy des richesses: se consolant, comme faisoit Socrates en Platon, que les gens de bien qui
laissent des enfans, les laissent en la tutelle de Dieu, qui n'est pas seulement
pere

pere commun des hommes, mais pere charitable & passionné des enfans
que laissent ceux qui par leur pieté & saincteté de vie auoüent leur descente
& generation de ce grand & tout-puissant Pere. Or comme la bonne vie
ameine la bonne fin, apres qu'il a vescu si long-temps, que Dieu promet à
ceux qu'il benit; & est arriué au terme au delà, apres lequel la vie n'est plus
desirable à ceux qui ont quelque iugement, la Nature l'a sollicité par quelques petites incommoditez à se preparer à la mort; qui est vne des plus
grandes graces qui puisse arriuer à vn homme Chrestien. *Recogitauit igitur,*
& à loisir, *annos suos in amaritudine animæ suæ:* & comme disoit vn ancien
Pere, *commendauit animo suo causam animæ suæ,* & a eu les consolations &
graces spirituelles que les Chrestiens peuuent desirer en partant de ce monde. De sorte que tout ainsi que ceux qui voyent sortir du port vn vaisseau
pour singler en haute mer auec vn vent fauorable, & voyent le temps
continuer en ce mesme estat, s'asseurent fermement qu'il sera bien-tost arriué au lieu où il dressoit son marinage; Nous qui l'auons veu partir de ceste façon, demeurons asseurez que son ame emportée par de si religieuses
meditations se sera bien-tost reünie dans le sein de l'eternité. C'est ce qui
doit essuyer nos yeux & raffermir nos courages, & neantmoins dresser nos
pensées à la commune condition de nostre nature; afin que, comme les
gens de guerre viuans continuellement parmy les cliquetis des armes, le
bruit des harquebusades & les tonnerres des canons, se rasseurent tellement qu'ils passent au trauers des dangers sans apprehension ny estonnement, & auec vn iugement sain & tranquille se portent où leur deuoir & le commandement de leur Chef les guide; nous nous accou-
stumions parmy les morts à bien mourir, & ne redoutions point vne
chose si ordinaire & si naturelle, & que nous ne la craignions point pour
nous, ne la redoutions point pour nos amis; puis qu'elle est ineuitable, qu'elle a enleué tous les siecles passez, & emportera encore tous ceux
qui suiuront, comme disoit elegamment ce grand Euesque Eucherius:
Agitur humanum genus rapida in occasum mortalitate, omnísque posteritas suc-
cedentium seculorum lege decurrit: patres nostri præterierunt, nos abibimus, po-
stri sequentur. Velut ex alto vndarum iactus alijs atque alijs superuenientibus in
littoris extrema franguntur: ita in terminum mortis succedunt, alliduntur æta-
tes, urget nos dies ille non nostri tantùm, sed seculi. Toutesfois il ne nous faut
pas arrester là: car de mespriser la mort, & la receuoir constamment, est
chose à laquelle beaucoup de gens qui n'ont esté guidez que de la lumiere
naturelle sont aysément paruenus. Mais il faut penetrer plus auant, & conceuoir la felicité eternelle à laquelle nous conduit, par lequel *authoramenta*
huius vitæ commutamus stipendijs æternis: & lors nous dirons; *Quid refert*
quando finiant temporariam qui transeunt in æternam? Nous croirons fermement lors que nos amis ne sont separez de nous que pour peu de temps,
qu'il n'y a rien à regretter en leur condition; nous honorerons leur memoire, & souhaiterons de les aller trouuer où ils sont. Principalement quand
en leur vie nous aurons les arres de leur salut, comme nous auons du defunct; benissant la memoire duquel ceste Compagnie rendra à ce qui nous
reste de luy les honneurs qu'elle a accoustumé rendre à ceux de sa qualité.

VINGT-VNIESME.

'A esté vne longue & douteufe contention entre les Efcritures fainctes, & les Philofophes prophanes, fi la longue vie fe deuoit imputer à bon-heur ou mal-heur. Car l'Efcriture fainéte exhortant les enfans à la pieté enuers leurs peres leur propofe pour recompenfe, *vt fint long aui fuper terram.* Et le Patriarche exhortant fes enfans de faire ce qu'il defiroit, il leur dit, *Deducetis canos meos ad inferos,* tefmoignant qu'il apprehendoit la mort. Et le Prophete au contraire entre les maledictions qu'il donna au mefchant, dit, *Fiant pauci dies eius, & Epifcopatum eius accipiat alter.* Et la plainte d'Ezechias eftoit ; *Dixi in dimidio dierum meorum, Vadam ad portas inferi: refciffa eft ficut à texente vita mea.* Au contraire, voyla entre les Payens Menander qui dit :

ὃν οἱ θεοὶ φιλοῦσιν, ἀποθνήσκει νέος.

Et voyla dans l'hiftoire Grecque Cleobis & Biton qui font eftimez heureux, & recompenfez de leur pieté, de ce qu'ayans porté fur leurs efpaules leur mere au temple ils meurent foudain. Et le Poëte Antiphanes qui dit,

σφόδρα τί ἐςιν ὁ βίος ἡμῶν οἴνῳ προσφερὴς,
ὅταν ᾖ τὸ λοιπὸν μικρὸν, ὄξος γίγεται.

Mais en fin voicy vn exemple qui iuge cefte caufe en faueur de l'Efcriture fainéte, & qui confirme la verité de fes Oracles. La longue vie eft vn grand tefmoignage de la grace de Dieu quand elle continuë par vn cours non interrompu de profperitez ; comme nous voyons en ce perfonnage d'honneur, duquel on nous annonce la mort. Car quelle partie de fa vie n'a efté fi comblé de felicité qu'à peine a-elle referué place à aucun fouhait ? Il eft venu en fa tendre ieuneffe aux honneurs, *& adolefcens Senator factus ift;* fuppleant par fa prudence & fon erudition aux années que les loix pouuoient requerir de luy : & rendant vray ce que difoit vn ancien, *Fruftra in ijs annorum progreffum expectari in quibus difciplina atatem anteuertit.* Il a exercé les charges où il eftoit appellé auec telle affiduité, telle folidité de iugement, telle modeftie, & quant & quant tel courage, que l'on peut dire auec verité de luy, ce que le Poëte Statius difoit d'vn grand Senateur de fon temps.

> ——commiffos fic geffit honores,
> Vt Princeps meritò dudum cùm magna dediffet,
> Deberet maiora tamen.

Qui l'a oncques trouué las, ou recreu du trauail, ou ennuyé du penible exercice de fa charge ? Polybe difoit que les Romains naiffoient armez, pource qu'ils ne s'empefchoient non plus de leurs armes que de leurs veftemens. A la verité on pouuoit dire de luy qu'il eftoit nay Senateur, tant il fe plaifoit fans iamais fe laffer de cefte fonétion ordinaire, *negotia pro folatijs accipiens.* Cefte affiduité eftoit accompagnée d'vne grande erudition, & telle qui eft neceffaire pour le Palais, telle qu'auoit ce Senateur Romain, duquel

Aule

Aule Gelle dit, *Doctrinâ homo feria, & ad vitæ officia deuincta*. Mais la reputation en laquelle il a vescu a bien encore plus de felicité que le reste : car Caton bien que fort entier & innocent, à l'aage de quatre-vingts ans auoit esté accusé cent fois ; & celuy-cy à la mesme aage ayant vescu parmy tant d'affaires, n'est pas seulement atteint d'vn sinistre soupçon qui peust noircir son honneur. Aussi s'estoit-il gouuerné en son Magistrat auec telle moderation qu'il meritoit l'eloge que Tacite donne à vn grand homme de son temps : *Sublime erectúmque ingenium, pulchritudinem speciémque excelsæ gloriæ cautè appetebat ; retinuitque quod est difficillimum, ex sapientia modum*. S'il a esté heureux aux charges publiques, l'a-il esté moins en priué ? Il a esté marié ieune, & aussi-tost a eu vne pleine maison d'enfans, tous sages, bien nourris, auisez ; qui l'ont accompagné, seruy, soulagé tout le reste de sa vie ; ausquels il n'a pas seulement rendu hereditaire l'honneur de son Magistrat, mais accreu & multiplié les dignitez ; en sorte qu'il les a veu de son viuant tous esleuez aux plus honorables Magistrats de sa prouince, & des voisines. Et à la mesme mesure des enfans, Dieu luy a enuoyé abondance de biens. Et toutes ces prosperitez-là l'ont accompagné iusques à vne decrepite vieillesse, comme si la fortune l'eust redouté, & eust eu crainte de l'attaquer. Il a rendu à la fin le tribut qu'il deuoit à la nature. *Necessarium est enim vitam demeti sicut graues spicas*. Mais d'vne façon si douce, qu'à peine auroit-on sceu remarquer à quel point en a esté le moment.

Animum senilem mollis exsoluit sopor.

Ce n'a pas toutesfois esté que de longue main il n'ait preueu la mort, que de longue main il ne s'y soit preparé, mais auec vne telle constance qu'il ne l'a ny crainte ny desirée. L'histoire d'Italie escrit, que Cosme de Medicis, grand Prince en plusieurs façons, estant au lict de la mort tenoit ses yeux fermez : ses amis luy demandoient pourquoy ? Pour m'accoustumer, disoit-il, à la mort. Mais ce personnage au contraire ouuroit les yeux & les dressoit vers le Ciel, pour se preparer & s'accoustumer à vne meilleure vie. Il soustenoit auec plaisir & contentement les restes d'vne vie chetiue & caduque, se souuenant de ce que disoit Speusippus chargé du mesme mal que luy, des gouttes, à Diogenes qui luy conseilloit d'accourcir sa vie ; *Non cruribus, inquit, viuimus, sed mente*. La vie, encore qu'aucunement douloureuse, luy plaisoit, pource qu'elle luy donnoit loisir de se mieux preparer à la vie eternelle. Il s'y est à la fin rendu : *Quid noui est hominem mori, cuius tota vita nihil aliud est, quàm ad mortem ire ?* dit Seneque ; *Si homo bulla, quanto magis ?* A la verité, *auctoritatis & prudentiæ suæ triste nobis desiderium reliquit*. Mais si nous a-il laissé vne grande consolation, plusieurs enfans, viues images de sa valeur & vertu, & comme dit Pindare, καλλίονα θνατὸν ἔχει γλυκυτάτα βιοτά. Il y a doncques plus d'occasion en vne si heureuse vie couronnée d'vne si heureuse mort, de rendre graces à la nature & à la fortune, que de sacrifier au dueil. Toutesfois si la nature exige quelques larmes des siens, & leurs larmes quelque consolation de nous : *Quando certus piorum Manibus locus, &, vt sapientibus placet, eum corpore non extinguuntur magnæ Animæ ; sic eius memoriam illos venerari iusserim, vt illius animi effigiem magis quàm corporis intueantur*. Nous prédrons part à ceste mesme consolation,

& refolus à iamais d'honorer fa memoire, nous en rendrons le premier tefmoignage en honorant fes obfeques.

VINGT-DEVXIESME.

Este fentence d'Arimneftus eft bien vraye, que le plus grand bien qui puiffe arriuer à l'homme, c'eft de bien mourir. Car, comme difoit fainct Bafile, tous les autres heurs que nous poffedons en ce monde font fufpendus par l'incertitude des douteux euenemens qui nous les peuuent changer & corrompre; tellement que tant que nous viuons nous ne pouuons rien affeurer de noftre felicité; le riche peut deuenir pauure, le fage infenfé, le vertueux vicieux. La mort feule eft celle-là qui nous trouuant en bon eftat nous y confirme pour iamais. Mais entre les marques d'vne heureufe mort, i'eftime que l'opportunité, c'eft à dire, le temps propre auquel on y arriue en eft bien vne des principales. Ce qu'a rencontré veritablement noftre Confrere, duquel nous honorons aujourd'huy la memoire. Sa vie auoit bien efté telle qu'elle ne pouuoit promettre qu'vne heureufe & paifible mort, pleine d'efperance à luy, & de confolation aux fiens. Mais encore a-ce efté vne grande opportunité qu'elle foit tombée aux jours aufquels nous celebrons la reparation du genre humain, l'affeurance de noftre falut, & la redemption du monde; & que nous le depofions auiourd'huy en terre où noftre Sauueur commun y eftoit, *vt Chrifto confepultus cum Chrifto refurgat.* Si pour petit voyage que nous fairfions, nous fommes bien ayfes d'auoir vn guide qui nous enfeigne le chemin; faifans vn paffage fi grand & fi hazardeux que celuy de la vie terreftre à la celefte, de la temporelle à l'eternelle, quel heur & quelle felicité eft-ce que de trouuer fur le chemin le Roy du Ciel & de la terre, qui faifant cefte mefme route applanit les voyes, affeure les paffages, diffipe les empefchemens, & appelle à fa fuitte tous ceux qui font enrollez fous fon enfeigne, pour les introduire en fa milice celefte & couronner d'vne couronne de gloire? C'eft auec luy & aupres de luy, que comme dit le Prophete Dauid, *qui dormiunt excitabuntur ad vitam fempiternam, & fplendebunt quafi fplendor firmamenti:* c'eft luy, *qui facit mifericordias diligentibus fe in mille ætates,* eft dit au Deuteronome. En fa compagnie feulement la felicité eft renduë immortelle & affeurée, & les aiguillons de la mort font rompus & efpointez. *Iuftorum animæ in manu Dei funt, non tangit illos tormentum mortis.* Mais pourquoy empruntons-nous les paroles d'autruy pour confirmer ce que celuy mefme, fous l'adeu duquel nous cheminós, nous affeure? Eft-ce pas luy qui nous dit en S. Iean, *Ego fum refurrectio & vita: qui credit in me, etiamfi mortuus fuerit, viuet. Et omnis qui credit in me, non morietur in æternum.* Doncques puis que la vie paffée de noftre Confrere cópofée en pieté, en douceur, en modeftie, en integrité, fa fin preuenuë d'vne longue maladie, & par confequent d'vne longue meditation de la mort, & de la vie future, & fa mort arriuée lors que toute l'Eglife eft plus feruente en priere, plus

jointe

iointe de charité, plus participante aux sacrez mysteres de nostre redemption, nous asseure de son heureux departement & abord à la vie eternelle, quel est nostre office & enuers luy & enuers nous? Est-ce de respandre mollement & laschement des larmes sur son tombeau, tristes tesmoins de nos regrets? Non, nous auons vn Maistre qui nous donne vne bien plus genereuse leçon; Ce grand sainct Paul, dis-je, escriuant aux Thessaloniciens, *Nolo vos ignorare fratres, de ijs qui dormierunt, ne contristemini sicut cæteri qui spem non habent.* Et, *Modicum plora super mortuum, quia requieuit.* Et pource ne permettons point que nos larmes ny nostre tristesse se rendent de mauuais augure à la certaine esperance qui luit aux yeux de nos ames, de la felicité de nostre Confrere. Puis que le vœu que faisoit nostre sainct Paul, quand il s'escrioit, *Quis me liberabit de corpore mortis huius?* ceux du bon Simeon, quand il disoit, *Nunc dimittis seruum tuum Domine, secundum verbum tuum in pace,* sont tous arriuez à ce bon personnage; conioüissons-nous plustost de son bien, que de nous affliger de nostre perte. Et si bien nous estimons qu'il soit vn peu party tost deuant nous, pensons que c'est au terme que la sapience diuine selon la profondité de ses iugemens l'auoit ainsi ordonné pour son bien. *Consummatus in breui expleuit tempora multa, placita enim erat Domino anima eius, properauit educere illum de medio iniqui-tatum.* Et pource.

κὴ ᾽ι γ᾽ ᾽ι Θανόν[Ϛ] ᾽ι πόνων πεπαυμλνον
χαίροντας, οβφημοῦν[ας] ἐκπέμπειν δόμον.

Puis que c'est cela mesme que nous apprend l'Escriture, *Timenti Dominum bene erit in extremis, & in die defunctionis suæ benedicetur.* Beniste donc soit la memoire heureuse de son ame, en l'asseurance du salut de laquelle nous rendrons encore à son corps les derniers honneurs ausquels vous nous inuitez.

VINGT-TROISIESME.

H E L A S! celuy-là disoit bien qui appelloit ce monde vn theatre mobile, où la Fortune auec vn coup de main changeoit la scene en vn instant: & où au commence-ment on voyoit vne ioyeuse Comedie representée, à l'heure mesme on y voyoit vne pitoyable Tragedie.

Fortune, vous auez d'estranges passe-temps, vous prenez vn grand plaisir à bouleuerser les choses du monde, & à monstrer vostre puissance en nuisant, *& superbos Vertere funeribus triumphos.* Quand ie me represente qu'il n'y a, par maniere de dire, que trois iours que toute ceste Prouince, pleine d'allegresse, se leuant, il se peut dire ainsi, de dessus son assiette, couroit en foule au deuant de ce ieune & genereux Prince, & à bras ouuerts le receuoit en son sein, comme le Genie de son heur & prosperité: Que toutes les villes souleuées de leurs sieges l'alloient comme rauir, pour auec toute sorte d'honneur, de pompe, de magnificence, le loger dans leurs murs: Que les festins, les danses, les courses, les tournois, les feux de ioye ſe faiſoient à l'enuy pour honorer ſa vertu, acquerir ſa faueur, & contenter ſon eſprit : Et que i'entendois les vœux que les peuples faiſoient pour ſa proſperité, les eſperances qu'ils conceuoient de ſon aſſiſtance : Et que puis tout à coup j'entends la funeſte nouuelle de ce deſaſtré accident qui nous l'a ſi cruellement rauy ; Ie dis que c'eſtoit auec raiſon que le Poëte s'attaquoit à la Fortune, & luy diſoit,

> *Fortuna ſæuo læta negotio,*
> *Ludum inſolentem ludere pertinax.*

Vous auez des jeux bien cruels & ſauuages, vous prenez vn eſtrange plaiſir à renuerſer les proſperitez de ce monde ; *& ſuperbos Vertere funeribus triumphos.* O main du Deſtin impitoyable ! Doncques ny la tant agreable ieuneſſe de ce Prince, ny ſa tant redoutée valeur, ny ſon infinie generoſité, ny ſon incroyable bonté, ny ſa rare prudence, ny les vœux de tant de peuples n'ont peu fleſchir voſtre rigueur & arreſter le coup que vous deſſerriez ſi importunément ſur ceſte chere teſte ? Vous nous l'auez monſtré, & monſtré ſeulement ; il a paru & diſparu tout à coup : Et ce beau Soleil ne s'eſt leué ſur nous ſinon pour nous laiſſer en vne perpetuelle nuit le regret eternel de l'auoir auſſi-toſt veu & auſſi-toſt perdu.

> *Oſtendunt terris hunc tantum fata, nec ultra*
> *Eſſe ſinunt.*

VINGT-QVATRIESME.

 I la vie d'vn homme commencée par vne illuſtre naiſſance, reparée des biens & honneurs du monde, embellie de toutes les plus rares & excellentes vertus, pouuoit quelque choſe pour adoucir le dueil & le regret de ceux qui l'ont perdu ; Vous tous qui honorez les obſeques de ce perſonnage d'honneur auriez pluſtoſt beſoin de congratulation que de conſolation. Car il auoit eu cet honneur que d'eſtre nay en ceſte honorable famille des Sades, en laquelle les plus grands honneurs, les plus grandes charges de ceſte Prouince ont eſté touſiours comme hereditaires. La nature luy auoit donné pour le corps toutes les graces que les autres ont accouſtumé de ſouhaitter, la dignité, la preſence, la preſtance : Et pour l'eſprit, toutes les vertus, & rares parties ſoit de memoire, ſoit de iugement, que l'on ſçauroit eſtimer. Ses ieunes ans s'eſtoient paſſez à de laborieuſes eſtudes, où il s'eſtoit rendu conſommé és bonnes lettres, & particulierement en la profeſſion à laquelle il s'eſtoit voüé. Son aage viril s'eſtoit paſſé pres des Roys & des Princes en grands voyages & charges honorables ; & enfin s'eſtant rendu en ſa maiſon comme au port où il deuoit repoſer ſes années les plus meures, il auoit paſſé la meilleure partie de ſon aage en vne charge grande & honorable, Chef d'vne grande Compagnie, en laquelle il a eſté autant aymé comme admiré. Sa diligence ſe fuſt fait eſmerueiller ſi ſa ſuffiſance n'euſt eſté plus grande : ſa ſuffiſance ſe fuſt fait honorer ſi ſon integrité n'euſt eſté plus recommandable. C'eſtoit choſe venerable

rable que sa grauité, mais sa gracieuseté & debonnaireté estoient trés
agreables. Bref il sembloit que les vertus enfermées en luy comme en vn
champ clos, eussent deliberé de faire l'vne sur l'autre tous leurs efforts, pour
chacune par sa lueur esteindre ou amoindrir la splendeur de sa compagne.
L'effect d'vne vie composée de tant de vertus a esté vne longue & douce
vieillesse, en laquelle bien qu'extreme & passée plus auant que le terme ordinaire des hommes, à peine auoit-elle rien changé en luy, non pas mesme
le poil, & moins encore le courage, moins la memoire, moins le iugement;
mais rien du tout : les mœurs tousiours pleines de debonnaireté & de beneficence : bref sa vie comme le bon vin auoit tiré iusques au bout sans aucun
sentimét d'aigreur. Et bien que sa vieillesse derniere fust tombée és precipices de nos guerres ciuiles, toutesfois on ne s'apperceut iamais que les guerres qui bruissoient par tout, luy apportassent aucun estonnement, ny que
les dangers luy fissent seulement retirer vn pas en arriere du seruice qu'il deuoit à son Prince & à son pays; auquel on peut dire qu'il a autant serui,
aussi vtilement & courageusement qu'aucun de son aage & de sa profession. Bref ce personnage rare en toutes perfections, fidelle à son Prince,
vtile à la Republique, secourable à ses amis, meritoit certainement vne vie
immortelle, si la condition humaine eust peu rien porter de semblable, &
se fust peu accommoder aux vœux de tant d'hommes qui l'ont aymé en
sa vie, l'honorent en sa mort, & l'admireront en sa memoire. Mais en fin
estant paruenu iusques au plus long terme où la vie des hommes peut pousser, il s'est eschappé du milieu de nous auec vne issuë si douce, & si tranquille, & des discours si pleins de pieté qu'il ne se peut dire de plus, s'estant
tellement familiarisé auec la mort, qu'à peine a-ton conneu le moment auquel il a passé vers elle. Il n'a pas fait comme ce grand Cosme de Medicis, lequel, à ce qu'escrit vn Historien de ce temps, estant au lict de la mort fer-
moit continuellement les yeux, & enquis pourquoy ? respondoit qu'il s'ac-
coustumoit à la mort. Ce personnage les yeux ouuerts & dressez au Ciel, le
cœur esleué & enflammé d'affection, la pensée toute illuminée de profondes & diuines conceptions, a regardé la mort venir à soy, est allé au deuant, & l'a portée comme la guide qui le deuoit conduire au seiour des
bien-heureux, le deuestant de ceste robbe charnelle pour l'introduire en ce
temple sacré, habitation eternelle de la diuinité. Consolation grande certainement pour les siens qui ont si longuement ioüy de sa personne, que sa
seule memoire pleine de l'odeur de ses vertus peut estre plus que suffisante
pour les instruire, & leur entretenir l'esprit. Mais non à nous qui n'auons
veu ce Soleil qu'en se couchant, & perdons toute esperance d'en voir iamais la lumiere, sinon par les reflexions de sa gloire. Ie le suy donc de pensée, & ne le puis laisser qu'auec regret, & consommerois volontiers non les
heures & les iournées, mais les années toutes entieres à la contemplation
de sa vertu, n'estoit que ie voy que ce triste office, & l'action où nous sommes maintenant employez, ne peuuent pas permettre l'estenduë d'vn plus
long discours; lequel plus il est reparé du recit de ses dignes merites & rares
perfections, plus il aigrit en vous les regrets de ceste trop fraische & viue
perte. Ioinct aussi que les grands, rares, & excellents personnages n'ont

QQq iiij

point besoin de l'embellissement des paroles pour la recommandation de leur memoire, non plus que les marbres, jaspes, & autres pieces de prix, ains tirent leur lustre, lueur, & esclat de leur solidité. Il suffit doncques pour compliment de ce dernier honneur que nous luy rendós & aux siens, que nous l'accompagnions de nos vœux, & aydans par nos cris & applaudissemens au vol genereux qu'il prend vers le Ciel, luy disions; O ame bien-heureuse qui tirez maintenant vers les Cieux, ioüissez, ioüissez en eternel repos du loyer de vos vertus; mais colloquée là-haut en ceste felicité eternelle, n'oubliez pas pourtant ceux que vous auez aymé icy bas : & puis qu'vne mesme charité nous enchaine, nous qui restons icy bas miserables, au lieu de vous qui viuez bien-heureux, tournez quelquesfois vos yeux & vos pensées sur nous; Que vostre ame deliurée de ce pesant manteau, & courant legerement par le vol de ses pensées en toutes les parts du monde, se retourne quelquesfois vers nous, & nous influë par reflexion quelque chose de ceste diuinité, de laquelle vous ioüissez maintenant face à face. Retirez-vous, Messieurs, en ceste esperance, & croyez que comme il vous a aymé viuement, il vous ayme, songe, veille, & à soin pour vous là-haut. Et vous, comme vous auez honoré sa presence, cherissez encore à iamais sa memoire : c'est ce que vous luy deuez, c'est ce que ses enfans attendent de vous, qui de leur part en reconnoissance de l'honneur qu'il vous a pleu leur faire en ceste luctueuse action, vous offrent à iamais leur bien humble & fidele seruice.

ORAISON FVNEBRE SVR LA MORT
DE LA REYNE D'ESCOSSE.

L'Autheur ayant assisté à la Harangue funebre qui fut faite par Messire Regnaut de Beaune Archeuesque de Bourges, aux obseques de la Reine d'Escosse, estima que c'estoit vn des plus nobles & signalez sujets qu'ait iamais eu l'eloquence. Il se voulut exercer à son tour sur cet argument comme il a fait sur plusieurs autres; Et dressa ceste Oraison qu'il croyoit deuoir perir dans la poudre de son estude. Mais quelques-vns de ses amis l'ayant tirée de ses mains & laisser eschapper des leur, elle se trouua sans son gré & à son desceu imprimée & fort changée & deprauée selon l'humeur de ceux qui la publieront. Cela a esté cause qu'il a permis qu'elle ait esté adioustée icy selon son original retrouué entre ses papiers.

QVAND ie voy vos visages ainsi trempez de larmes, & qu'auec le silence que vous commencez à me prester, i'entr'oy vos souspirs & sanglots, ie doute fort en moy-mesme si ie dois, ou me taire, ou parler. S'il faut parler que diray-ie? vous raconteray-ie vne misere publique, & lamentable tragedie, que ie voy des-ja estre par vous, non seulement entenduë, mais tres-aigrement deplorée? Ou bien entreprendray-ie de vous consoler en ce dueil qui comme il est extreme, desireroit

reroit auſſi vne extreme eloquence ? Mais ſi m'eſtant hazardé de monter en
ce lieu, ie me tais maintenant, ne pourra-t'on pas dire, que i'ay plus de ſoin
de ma reputation, que d'affection à l'honneur de ceſte tres-Chreſtienne,
tres-vertueuſe & tres conſtante Reyne, pour laquelle eſt preparée la celebrité de ceſte ceremonie. Et peut-eſtre ſerois-je excuſable, ſi reconnoiſſant
ma force & la difficulté de la charge que j'entreprens, ie me retirois, auant
que commencer ce que ie ne puis eſperer d'aſſez dignement acheuer. Toutefois voyant vos yeux fichez ſur moy, & conſiderant l'attention à laquelle vous vous preparez, vous m'augmentez le courage & me ſemblez dire,
qu'és belles & grandes entrepriſes il vaut mieux ſe hazarder de faillir, en
entreprenant trop hardiment, que par l'aſcheté & faute de cœur, ſe departir de ce que l'on a genereuſement entrepris. Dauantage ceſte ſinguliere
pieté, qui vous a aſſemblez à ce ſeruice & pompe funebre, me donne eſperance de vous auoir auſſi fauorables auditeurs de ceſte action, que vous
eſtes affectionnez & charitables à la memoire de celle à l'honneur de laquelle elle eſt dediée. Et quand ie n'aurois autre aſſeurance, ſi crois-je fermement que Dieu, qui tient vos eſprits en ſa main, connoiſſant que ceſte
mienne intention a ſa principale viſée à ſa gloire, ployera vos affections à
receuoir gracieuſement ce mien foible, mais ſainct effort, & l'aydera par
ſon infinie puiſſance & ordinaire bonté, comme ie l'en prie de tout mon
cœur. Et certainement n'eſtoit le ſecours que i'attens de ſa bonté & l'eſperance que i'ay qu'il eſgallera en ceſte action ma force à ma pieté, qui a-il en
ce monde qui me peut enhardir à entreprendre ceſte office? Ou trouuerois-
je la conſtance pour, non pas dire, mais imaginer ſeulement les afflictions,
miſeres & langueurs, dont la vie de ceſte Princeſſe à eſté toute comblée?
Et quand ie le pourrois faire, ou trouuerois-je vne eloquence, qui peut deſ-
ployer & exalter la grandeur du courage, & inuincible reſolution dont el-
lea ſouffert & vaincu tant de maux? Puis quand il faudroit venir à ſa mort,
& en ſa mort conſiderer la fidelité, l'honneur & majeſté des Princes ſouuerains violée, l'onction des Roys polluë & prophanée, & le droict des
gens foullé aux pieds, ou pourrois-je commencer, ou pourrois-je finir?
Vous n'attendrez donc point de nous vne Harangue elabourée, par laquelle nous eſperions par noſtre induſtrie ou dignement loüer ceſte Princeſſe ou dignement conſoler voſtre douleur. Sa loüange conſiſte en ſa vertu, ſa vertu naiſt de ſa miſere, & de ſa miſere procede voſtre dueil. Et tout
cela eſt ſi extreme, que l'eſgaler de paroles, ſe peut pluſtoſt deſirer, qu'eſperer. Toutesfois parmy tant de ſouſpirs, que ie voy que vous iettez, ie
vous prieray de vous arreſter vn peu, & prendre le loiſir de penſer, que c'eſt
des afflictions, dont les Chreſtiens ſont iournellement exercez: Car peut-
eſtre ny trouuerez vous pas tant de ſujet de plorer, quand vous viendrez à
reconnoiſtre que ce ſont les eſſais de noſtre Foy, & les tournois ou noſtre
Maiſtre nous eſpreuue, pour nous couronner de ſa gloire, ſi nous rendons
bon combat iuſques à la fin. Que ſi iamais nous ou ceux qui ont veſcu deuant nous, ont eu occaſion de iuger l'élection & probation d'vne perſonne
par vne admirable conſtance; ſi iamais ils ont eu ſujet de loüer & glorifier
la bonté de Dieu, qui fortifie outre & par deſſus la nature, le cœur de ſes

seruiteurs affligez, nous l'auons aujourd'huy en l'exemple de la vie & de la mort de ceste Reyne, laquelle en peu de mots ie vous representeray. Le nom des Roys est venerable en tous les endroits de la terre ; mais entre nous Chrestiens, nous le tenons comme sacré. Et principalement en ceux qui sont de race des Roys ; à la naissance desquels nous croyons presider vne diuinité qui leur imprime ceste grandeur, qui reluit naturellement en eux, que nous appellons communément Majesté. Ceste Reyne Marie Stuart auoit eu cet heur d'estre née fille d'vn Roy d'Escosse, qui n'estoit pas seule-ment vn des plus vaillans & sages Princes de son siecle ; mais aussi des plus nobles du monde. Car il auoit tiré sa naissance d'vn tres-grand & quasi in-croyable nombre de Roys Chrestiens ses predecesseurs, qui ont tous suc-cessiuement regné en ceste Prouince. Prouince à la verité vn peu escartée du reste du continét ; mais laquelle il semble que Dieu eust expressément re-culée, pour estre plus asseürée & affermie en son Estat, & pour luy donner sous mesme gouuernement vne tres-longue durée : Car il y a tantost dix-huict cens ans que ceste contrée se conserue en mesme estat, sous mesmes loix & mesmes Princes, grandemét aimée & estimée de ses voisins. De cela sont tesmoins les belles & grádes alliances qu'ils ont auec les autres nations. Dequoy pour n'estre ennuyeux en vn si ample sujet, ie ne diray autre chose sinon que les François plus jaloux de leurs Princes que tous les autres peuples de la terre, ont choisi ceste nation pour estre garde & depositaire de la vie de leurs Rois. Que si de l'estoc paternel son origine est grande & illustre, elle n'a pas receu moins d'honneur du costé de sa mere, qui estoit de ceste illustre Maison de Lorraine. Car chacun sçait assez combien est grande & magni-fique ceste famille là, qui a veu ses armes heureusement estenduës par tous les coings de la terre pour la deffence de la Chrestienté, en laquelle les Royaumes de Hierusalem & de Sicile sont comme tiltres de leur valleur & generosité, & singuliere pieté. Et bien qu'il ne leur soit necessaire de re-chercher de si loin ou de si long-temps les tesmoignages de leur vertu, & tirer des tombeaux ou monumens enfumez de leurs ancestres, la memoire de leur vaillance & generosité ; dautant que la gloire de vaincre & triom-pher, qui est hereditaire à toute ceste lignée passant de main en main de l'vn à l'autre, est tellement apparuë de nos jours en ceux qui ont vescu de ceste race, que le bruit qui en court encores tout recent par la bouche des hom-mes, se fait ouyr beaucoup plus haut, que tout ce que nous en pourrions dire en ce lieu, si est-ce qu'il semble qu'il nous seroit imputé à crime de l'oublier. C'a bien esté vn grand heur à ceste Reyne de naistre en vne fa-mille si grande & si illustre, mais Dieu a de beaucoup fauorisé sa naissance, d'auoir voulu adjouster à l'honneur de son origine, l'heur du siecle où elle naquist. Il estoit plain de grands & admirables Princes : La terre n'auoit oncques veu de si triomphans Capitaines ; la discipline militaire estoit en grand honneur, & les lettres florissoient plus qu'elles n'auoient fait depuis mil ans, & les artifices & inuentions mechaniques estoient plus excellen-tes, qu'elles n'ont iamais esté. Or ceste Princesse estant née en Escosse en vn tel temps & de tels parens, fut par le trouble du pays, apres le deceds de son pere menée en France à l'aage de six ans. Elle y fut par l'exquise solici-tude

tude de sa mere & de ses parens esleuée & nourrie, & y huma auec l'air du pays, la douceur des meurs du peuple, & en fin par vne singuliere grace de nature, & soigneuse instruction des siens, deuint auec l'aage la plus belle, la plus agreable & la plus vertueuse Princesse, que le Soleil ayt veu au siecle où nous viuons. Quelquefois void-on des vertus paroistre plus que l'ordinaire en des particuliers; mais de voir tant de perfections se rencontrer tellement en mesme sujet, qu'apres que l'on y a admiré beaucoup de choses, l'on n'y puisse rien desirer, cela surpasse la loy & condition de nostre humanité. Et toutesfois cela s'est rencontré en elle: car outre ceste esmeruueillable beauté, qui arrestoit les yeux de tout le monde, elle auoit l'esprit si excellent, l'entendement si net, le iugement si certain, que l'aage ny le sexe ne le sembloient pas permettre. Cela luy causoit vne grandeur de courage, qui estoit toutefois destrempée & amolie d'vne telle douceur & modestie, qu'il ne se pouuoit rien voir de plus Royal, rien de plus gracieux. Ses meurs & actions particulieres estoient, tant pleines de pieté & deuotion, qui sont les semences de toutes autres vertus, qu'elle sembloit proprement vn Soleil entre les Dames de son temps. Cela fut cause que le Roy Henry second tres-sage Prince, & la Reyne sa femme, qui excelle en toute vertu, mais est admirable en prudence, desirant marier leur fils aisné, Dauphin de France & heritier de la Couronne, & procurer en son mariage la felicité de ce grand & fleurissant Estat François, choisirent ceste Princesse comme vne perle exquise, pour la luy donner à femme. L'on ne peut dire auec quels applaudissemens de tout le peuple, auec quelle conjouyssance de tous les Princes voisins, auec quelle magnificence ce mariage fut celebré. Depuis le mesme Dauphin mary de ceste Princesse, vint incontinent à la Couronne, portant le nom de François second & le tiltre de deux Royaumes de France & d'Escosse. Il portoit à cause de sa femme le tiltre du Roy d'Escosse; mais il portoit encores, à cause d'elle vn tiltre plus grand & plus riche beaucoup, qui estoit, du plus heureux & content Prince que la terre ait oncques veu: car il auoit rencontré vne Princesse, qui outre vn million d'autres rares & grandes vertus, s'estoit entierement composée à plaire à son Seigneur & mary, & y apportoit non le soin ordinaire de Princesse, mais plus de peine & de sollicitude que ne font les Dames de mediocre qualité mariées à de grands Princes. Chacun remercioit Dieu de ceste grace. Et comme la fortune des peuples ressemble ordinairement à celle de ceux qui leur commandent, tout le peuple François commençoit à esperer sous vn si heureux & paisible mariage, vne grande tranquillité: mais la condition des choses humaines porte ordinairement que ce qui est monté à vn bien haut degré de felicité, ny peut pas long-temps demeurer; & y a ie ne sçay quel enuieux mal-heur, qui cueille les esperances des hommes en leur premiere fleur, de peur qu'ils ne se poussent plus auant qu'il n'est permis à l'humanité, la mort du Roy François aduint bien-tost apres, qui troubla auec le repos de la France, le bon-heur de ceste Princesse. Elle porta auec tant de fascherie ceste perte, & se lascha si demesurément à son dueil, que ne pouuant trouuer consolation à sa tristesse, elle delibera de s'esloigner du lieu où elle auoit perdu ce qu'elle aymoit mieux que soy-

mefmes. L'amitié de fes parens & alliez la retenoit, le regret de toute la
France la rapelloit : la douceur de ce pays l'inuitoit à demeurer ; mais fa
douleur trop frefche & trop forte, eftoit fourde à tout cela. Elle fe retira
donc ques en fon pays, fe deliberant d'employer toute fon eftude à reüinir
les efprits de tous fes fujets, qui eftoient defia fort diuifez d'opinion & de
volonté. Et certainement elle y apporta tant d'induftrie & de prudence,
que fi le mal n'euft efté extreme & prefque irremediable, elle en fuft venuë
au deffus : mais il auoit ja gagné les parties nobles de l'Eftat, & ne receuoit
plus le conseil ny le remede des hommes : Tellement que cefte Princeffe fe
trouua incontinent emportée par la violence de fes fujets, côme feroit celuy
qui fe voudroit oppofer contre le cours d'vn torrent. Mais efperant tousjours les ramener par douceur à la raifon, elle fe trouua furmonteé par leur
audace & fe vit côme captiue entre leurs mains. Ils parlerent lors de la contraindre à fe marier, pour l'efperance que beaucoup auoient de l'efpofer, &
la Couronne quant & quant. En fin elle efpoufa vn Seigneur du païs, qu'elle penfoit eftre le plus agreable à fon peuple : mais ce mariage qui fembloit
eftre defiré de tous ne fut pas fi-toft fait, que plufieurs des grands du pays
en entrerent en jaloufie, s'eftimans mefprifez de ce que l'on auoit preferé vn
autre à eux. Et comme entre grands l'enuie engendre incontinent la haine,
& la haine les troubles & feditions, l'on veit auffi-toft vn grand nombre de
confpirez, qui tramoient fourdement des deffeins à la ruine du Roy, de la
Reyne & de l'Eftat. Ce feroit chofe trop ennuyeufe de vous compter par le
menu, combien de fois ils ont tanté, & combien de fois ils ont failly à executer leurs mal-heureufes entreprifes. Ie vous diray feulement ce que chacun fçait, qu'ayant vn iour entrepris d'enfeuelir le Roy & la Reyne fous la
ruine d'vne maifon, eftans aduertis que la Reyne venoit trouuer le Roy en
fa maifon, ils mirent ordre d'y mettre quelques poudres & engins pour la
faire fauter ; mais la mine ayant joüé pluftoft qu'ils n'efperoient, la maifon
tomba auparauant que cefte Princeffe arriuaft. Elle vint tout à temps pour
voir ce miferable fpectacle, & plorer la fortune de fon cher efpoux, & implorer la vengeance d'vne fi cruelle & abominable mefchanceté. Ayant
vn peu reffuyé fes pleurs & repris fes efprits, elle commença à vouloir employer l'authorité & la force que Dieu luy auoit donnée pour venger par
la rigueur des loix vn acte fi mefchant & abominable. Lors les coniurez
penferent qu'il n'y auoit moyen d'affeurer vne telle mefchanceté que par
vn autre plus grande, ny moyen d'efteindre le feu qu'ils auoient embrazé,
que par la ruine vniuerfelle du pays. Ils commencerent à paroiftre en armes
defcouuertes, pour paracheuer à viues forces ce qu'ils auoient commencé
par machinations & trahifons. Cefte pauure Princeffe fe voit incontinent
affiegée de tous coftez & de toutes fortes d'artifices, d'armes, de faux bruits,
& de calomnie, de mal-vueillance du populaire, qui la deconnoiffoit pour
fa longue abfence, la reputoit comme Eftrangere & Françoife. Lors la
France & les autres Princes voifins aduertis de ce desaftre, commencerent
à l'appeller à foy, luy tendre les bras & luy offrir tout office d'amitié : mais
comme la Reyne Elizabet d'Angleterre eftoit la plus proche parente &
plus proche voifine, auffi fut-elle la premiere à luy offrir aide & fecours. Elle
luy

luy eſcriuit des lettres pleines de fraternité ; luy enuoya ſelon la façon
du païs vn anneau pour gage d'hoſpitalité , luy offrit les ports de ſon
Royaume. Comme ceux qui ont l'ame innocente ne ſont pas ordinairement ſoupçonneux , elle ſe fia auſſi-toſt aux promeſſes de ceſte Reyne. Elle ne voyoit point qu'elle euſt ſujeƈt ny occaſion de luy mal faire. Elle ſçauoit au contraire qu'elle auoit infinies raiſons de luy bien vouloir, & la recueillir gracieuſement. Premierement elle eſtoit Reyne comme elle. Les Roys eſtoient eſtimez anciennement auoir tous leur origine
de Iuppiter. C'eſt pourquoy ils ſe ſont touſiours reputez comme parens,
& ont iugé auoir part aux afflictions les vns des autres. Elle eſtoit ſa voiſine : les voiſins ſont reputez comme alliez & obligez à vn mutuel ſecours de leurs communes calamitez. Elle eſtoit de meſme ſexe : ce ſexe pour eſtre plus infirme & plus expoſé aux iniures, eſt auſſi plus plein
de douceur & commiſeration. Elle eſtoit ſa parente , voire ſi proche,
qu'elle n'en auoit point de plus : On dit que bon ſang ne peut mentir. Et ceux deſquels le iugement n'eſt corrompu & depraué , participent d'affection , & au bien & au mal de ceux auec leſquels la nature
les a conjoints. Que pouuoit faire ceſte Princeſſe affligée par ſes ſujeƈts,
ſinon ſuiure la foy d'vne Reyne ſa parente , ſa voiſine , & en apparence ſon amye ? Eſtant donc contrainte de ſortir de ſon païs , elle ſe iet-
ta dans vn port d'Angleterre, où elle fut du commencement aſſez gracieuſement recueillie. Mais bien-toſt apres elle s'apperceut que l'apparence de courtoiſie , dont on l'auoit auparauant inuitée & depuis accueillie n'eſtoit qu'vn piege que l'on tendoit à ſa perſonne , pour la faire treſbucher en vne extreme miſere & captiuité. Car incontinent qu'elle fut auancée dans le païs , ſous couleur de vouloir l'aſſeurer , on luy
donna des gardes qui deuindrent de jour en jour plus rudes & plus
eſtroittes. Lors elle commença à connoiſtre ou elle eſtoit reduitte. Mais
plus on veid qu'elle connoiſſoit ſon mal , & ſe plaignoit de ce traittement, plus commença-t'on à redoubler la rigueur de ceux qui l'a gardoient & ſa ſeruitude à deuenir plus dure & faſcheuſe. Ie croy que chacun ſçait aſſez qu'elle eſtoit l'occaſion de ce mauuais traittement à l'endroit de ceſte Princeſſe. Elle auoit touſiours fort exactement obſerué la
Religion Catholique. Et eſtant entrée en Angleterre, où la Religion
auoit eſté nouuellement renuerſée , auec de grandes & ſanglantes rigueurs & cruautez , elle fut importunément ſollicitée de ſe ranger à ce
ſchiſme & nouuelle opinion. Mais comme elle ſe rédit conſtante en ſa foy,
ainſi ces gens-là ſe rendirent opiniaſtres en leur infidelité enuers elle. Deſlors les Autheurs & Conſeillers du remuement d'Angleterre, voyans que
leur Reyne n'eſtoit pas pour auoir iamais enfans, & que la ſucceſſion du
Royaume regardoit ceſte pauure Princeſſe captiue, & qu'vn million de
pauures Catholiques affligez reſpiroient ſous l'eſperance qu'vn iour ils re-
couureroient auec leur liberté, celle de leur Religion, ils penſerent à mettre
ſous meſme garde & ſous meſme clef auec ceſte Princeſſe, la vengeance de
mille cruautez qu'ils auoient commis en changeant l'Eſtat de la Religion

au païs. Ils craignoient que fi elle efchappoit, & qu'elle vint vn jour à la Couronne, elle ne leur demandaft compte de leurs actions. S'ils la faifoient mourir, ils fçauoient bien que les Roys ne fçauroient faire mourir leurs fucceffeurs, & qu'il en venoit d'autres apres elle, qui ne feroient pas plus indulgens à leurs mefchancetez ; ils penferent donc de la garder bien eftroittement, & ce faifant luy ofter tout moyen de leur nuire, & aux autres toute efperance de fucceder, elle viuant au Royaume. Ce mal-heureux confeil donna commencement à la miferable captiuité de cefte Princeffe, laquelle pour la defcrire en vn mot, à duré dix-neuf ans tous entiers auec toute l'inhumanité que l'on fe fçauroit imaginer, fans que l'interceffion de tous les Princes de l'Europe à qui elle appartenoit de fang, à qui fa fortune touchoit de confequence, en ait peu rien relafcher. Car durant ce temps elle a efté changée de quatorze ou quinze prifons, où elle a tant enduré, que fi elle n'euft receu ayde & confolation de Dieu, qui luy fortifioit le courage, il n'eftoit pas poffible par nature qu'elle fupportaft ce trauail. Helas quelle prifon eft celle-là qui a duré dix-neuf ans tous entiers, qui eft aujourd'huy prefque la moitié de l'aage de l'homme ? Qui eft le prifonnier de guerre, voire le miferable criminel, qui ne confommaft fa vie de chagrin & de trifteffe par vne fi longue detention ? Mais qui feroit l'ennemy fi barbare, ou le iuge fi cruel, qui ne voulut imputer à rançon, ou à peine à fon captif vne fi longue prifon ? Comment, ie vous prie, eft-il croyable, qu'vne fi grande Princeffe, qui eftoit née en telle grandeur & magnificence, fous laquelle, & les Roys & les Royaumes fe captiuoient volontiers, à qui les Princes les plus grands de la terre prenoient pour grand heur de complaire, ait peu fupporter cefte extreme mifere & captiuité? Mais helas, la fortune (s'il m'eft permis d'ainfi parler) qui auoit triomphé de la Couronne & du fceptre de cefte Princeffe, & quafi comme dreffé nagueres les trophées par la viciffitude des chofes mondaines fur fes ruines, n'a peu dompter ne captiuer fa vertu & conftance ! Car ces dix-neuf ans là de prifon l'ont toufiours veuë, ores qu'en autre eftat, & en autre habit, en mefme vifage & en mefme propos : & euffiez proprement dit, qu'au mefme temps que fa calamité triomphoit de fa grandeur & magnificence, fa patience & fermeté de courage triomphoit de fa calamité. O grand & inuincible courage, que la nouueauté & extremité d'affliction n'a oncques peu non pas furmonter, mais esbranler : que la longueur du temps n'a oncques peu, non pas raualer, mais flefchir. Combien de fois l'a-t'on veuë pendant ce temps confoler fes panures feruiteurs, qui deploroient fa mifere ; auec quelle refolution mefprifer les grandeurs de ce monde ; fe rire de cefte muable & inftable Royauté, & prejuger par fes difcours qu'vne ferme & affeurée felicité l'attendoit au ciel, non en la terre, entre les Anges, & non entre les hommes ? Cela certainement euft flefchy le cœur du plus fauuage Cyclope, que les cauernes de Sicile ayent oncques caché. Mais comme la conftance & patience des innocens, irritent ordinairement ceux

qui

qui font nourris à la cruauté, les ennemis qu'elle auoit penfoient que cefte patience leur reprochoit tous les jours leur barbarie. C'eft pourquoy au lieu de s'adoucir par la longueur & rudeffe de la peine de cefte pauure Princeffe, ils s'aigriffoient dauantage contre elle. Cefte mauuaife affection fut d'abondant accreuë & enflammée par des nouueaux confeils & diuers artifices curieufement recherchez pour paruenir à la fin que vous entendrez. Car ces mal-heureux voyans que leur Reyne vieilliffoit, & que fi fa mort arriuoit, ils tomboient fous la legitime puiffance de cefte pauure prifonniere, qu'ils auoient & fi outrageufement, & fi iniuftement tourmentée, penferent de preuenir leur mal-heur quafi prefent, par vne fignalée mefchanceté. Ils coniurerent la mort de cette Princeffe, comme le feul gage de leur feureté. Ils commencerent à femer mille faux bruits, & de longue main à luy imputer tout ce qui ne reüffiffoit pas à bien à l'Angleterre : Commencerent à donner mille peurs, mille impreffions à la Reyne leur maiftreffe, luy faifans croire que fous l'efperance que prenoient les Catholiques d'auoir la Reyne d'Efcoffe pour Reyne, & protectrice, ils entreprenoient contre fon Eftat : Luy remonftrans ouuertement que fi elle venoit à la fucceffion du Royaume d'Angleterre, comme le droict du païs l'appelloit, tous le Grands d'Angleterre, & principalement tous les officiers ne pouuoient attendre qu'vne entiere ruine, & calamiteufe defolation. Ils la fupplierent d'auoir plus chere la vie de tant de pauures feruiteurs, que d'vne feule femme, qui eftoit de contraire religion, qui luy eftoit faite ennemie par la captiuité, en laquelle elle auoit efté par tant d'années, & qui eftoit l'vnique efperance de tant de Catholiques ruinez, qui ne defiroient qu'à fe releuer fur fon appuy. Toutes ces remonftrances & prieres auoient affez fouuent efbranlé l'efprit de cefte femme : mais encore le naturel de fon fexe, auec les menaces des Princes Eftrangers, l'auoient toufjours retenuë. Pour rompre cefte glace, & mener à fin ce mal-heureux deffein, ces mefchans s'aduifent d'impofer à cefte Princeffe, qu'elle auoit machiné la mort de la Reyne. Elle en eft fouuent calomniée : mais pour ce qu'ils ne pouuoient dreffer leur artifice fi dextrement que la verité, ou pluftoft impoffibilité du fait ne le diffipaft & renuerfaft, tout cela n'a rien feruy, finon que parmy les premieres & foudaines frayeurs, que l'on donnoit à la Reyne d'Angleterre, elle en deuenoit plus deffiante, plus foupçonneufe & plus aigre : Comme c'eft le naturel des dangers, de rendre ceux qui viuent plus farouches & reuefches. Mais en fin cefte Princeffe de longue main nourrie parmy les fiens, fe fafchant d'auoir tous les iours les oreilles battuës des fauffes allarmes que ces bons confeillers luy faifoient, fe laiffa ayfément vaincre à leurs prieres, & perfuader à des confiderations qu'ils luy propofoient pour la feureté de fa perfonne & de fon Eftat. L'on commence donc à dreffer vne accufation contre cefte pauure Princeffe captiue. Elle eft accufée d'eftre Catholique, d'auoir voulu troubler l'Angleterre, & attenter à la perfonne de la Reyne. Les Anglois font accufateurs, tefmoins & iuges contr'elle. Vous diray-je puis apres qu'elle a efté condamnée ? Quel nouuel exemple de facrilege eft-ce là, vne Reyne, née Reyne fouueraine d'Efcoffe, femme douairiere d'vn Roy de

France, belle-sœur des Roys de France & d'Espagne, est accusée deuant des subjects d'Angleterre! En quelle puissance, en quelle authorité? Entre Dieu & les Roys il n'y a point de puissance moyenne. La Souueraineté des Roys n'a autre Iuge que Dieu, & est par dessus tout le reste du monde: Les Roys mesmes, quand poussez d'inimitiez ou querelles, sont entrez à force ouuerte és païs les vns des autres, & qu'apres auoir bruslé, pillé & saccagé, Dieu les à liurez en la main de leurs ennemis, l'on n'a pas agy contre eux selon la forme des loix données pour les particuliers, l'on ne les a pas soubmis au iugement des Magistrats; mais selon que le droict des gens le veut, l'on les a mis à rançon, & icelle acquittée, on les a renuoyez. Et s'il estoit aduenu d'en vser autrement tous les Roy de la terre, comme si leur dignité estoit entamée, & leur seureté violée, de forces conjointes s'en seroient rendus vengeurs: car la fortune des Roys ores qu'affligée & atterrée, est neantmoins tousiours comme venerable & sacrée à ses propres ennemis. Et tel Roy que l'on a desiré tuer en bataille rangée, est reueré en sa captiuité. Et neantmoins des subjects de la Reyne d'Angleterre entreprennent de iuger, non vne prisonniere de guerre, mais vne Reyne souueraine, hostesse, voisine, appellée & inuitée à se refugier au païs en sa calamité; mais accusée de quel crime? accusée d'estre Catholique. O heureux crime! O desirable accusation! c'est donc contre la pieté, ô barbares, que sont publiez vos loix & dressez vos pretoires! Nul doncques n'est innocent deuant vous, s'il n'est coupable deuant Dieu d'auoir renoncé à sa Religion. Cessez vos artifices, ne fabriquez plus de tesmoins, elle aduoüe ce crime, elle le publie & le presche & proteste que comme pour les rudesses dont vous l'auez tourmentée en ceste si longue prison, elle n'a nullement fleschy & n'a rien rabattu de la Foy, qu'elle à iurée à sa Religion, non plus ne changera-elle pour crainte de la mort ny pour peurs de tourmens dont vous la menacez, ny pour l'infamie dont vous pensez par vos calomnies la diffamer. Que peut-il arriuer plus heureux à celle qui vieillit en vne cruelle prison, qu'vne mort aduancée, & à celle qui desire la mort que de mourir pour l'honneur de Dieu & tesmoignage de sa verité? Mais vous ses ennemis, qui n'estes pas moins enuieux que malins pour luy voler ceste gloire & rendre sa patience moins admirable, la voulez accuser d'vn autre crime. Elle a entrepris contre l'Estat d'Angleterre, & contre la personne de la Reyne. Si la fin de ceste calomnie n'estoit si funeste & deplorable, certainement il faudroit rire d'vne si lourde & si fade inuention. Vne pauure Princesse detenuë depuis dix-neuf ans en vne estroite captiuité, & depuis quelque temps tellement reserrée qu'elle ne voyoit pas seulement le Soleil, a entrepris ce que les grands & puissans Princes de la terre n'ont osé entreprendre qu'a grand' peine quelque iuste occasion, que chacun sçait qu'ils en ayent eu. Ou a elle dressé ses armées pour assaillir cet Estat, où ont esté veus ses vaisseaux pour enuahir l'Angleterre? C'est doncques de ses songes, & de ses pensées que vous entendez la condamner: mais encores comment se fait cela; car le droict des gens ne permet pas que prisonniers qui sont tenus sur garde, soient punis,

nis, s'ils attentent quelque chose pour leur deliurance : ceux sous la foy desquels on se fie faillent, s'ils contreuiennent à leur foy : mais si vous tenez vn prisonnier sous garde, la loy de nature & des gens luy permet de faire ce qui se peut pour se sauuer. Que dirons nous donc de celle qui estoit detenuë en vne injuste & déplorable captiuité, de celle que tous les Princes de la terre, ont redemandée jusques à se resoudre de vouloir armer pour la deliurer ? Mais confessez la verité ; vostre haine estoit son crime, vostre peur estoit son peché, ce qu'elle viuoit estoit ce dont elle estoit coupable en vostre endroict, son crime estoit la crainte que vous auiez d'vne juste vengeance, des blasphemes que vous auez commis contre Dieu, & des cruautez dont vous auiez vsé à l'endroit de ceste Princesse. Vous auiez pensé asseurer toutes vos meschancetez par ce dernier chef-d'œuure d'impieté, & auez estimé vous rallier plus estroittement en ceste societé de meschancetez, trempans ensemble vos mains dans ce sang Royal innocent. Vous l'auez donc condamnée à mort. Helas ! ie m'estonnois si sa mort pouuoit assouuir vostre cruelle rage, & si en sa mort vostre ingenieuse barbarie ne s'estoit point preparée quelque rassasiement par sa langueur : mais j'ay bien appris que non & chacun le sçait maintenant, comme moy : car apres que ce meurtre est ordonné, l'on le vient prononcer à ceste pauure Princesse ; commence l'on à la despoüiller de ses habits Royaux & ornemens accoustumez, & tendre ses Chambres de noir, & la vestir de dueil. Estoit-ce pas pour l'enterrer toute viue, & la contraindre de se chanter ses obseques soymesmes ? O tyrans anciens dont les histoires ont diffamé la memoire, vous auiez bien oublié à vous aduiser de ce tourment, de faire porter aux hommes le dueil de leur propre mort. Que faites vous doncques, O barbares ; vous luy representez sa mort auant que la luy donner, vous essayez si vous ne la pourrez point faire mourir de dueil & saisissement pour espargner vos glaiues meurtriers : vous tentez à luy faire perdre courage par le spectacle de ce funeste triomphe, pour vous vanter d'auoir vaincu, & le corps & l'esprit d'vne Reyne. Mais voyons comme il vous a reüssi, & si c'est vous ou elle qui receuez l'honneur de ce trophée, & si c'est vostre cruauté qui a vaincu sa constance, où si sa constance a surmonté vostre cruauté. Helas ! vous n'y auez rien gagné que de la honte, & auez reconnu combien est inuincible le courage d'vne personne innocente. Autant de mots qui sont sortis pendant ce temps-là de sa bouche, ne sont-ce pas autant de dards qu'elle a jetté dans vos consciences vlcerées, qui vous perceront & cuiront tous les jours de vostre vie à la recordation de vostre meschanceté, & souuenir de son innocence ? Quel visage auez vous trouué, quand vous luy auez prononcé ce Iugement tyrannique, quels propos vous a elle tenus, d'vn visage haut & droict, d'vn regard ferme & asseuré ; Dieu (a-elle dit) qui m'a fait naistre Reyne est mon seul Iuge, connoist mon innocence, s'il permet que la violence attente sur moy ce que le droict, & diuin & humain deffend, ie penseray que c'est pour sa gloire & pour mon bien, & qu'il veut tirer loüange de ma misere & de ma constance : Il me iugera apres les hommes & les iugera quant & quant. Ce pendant ie le supplie de ne me point abandonner & m'accroistre le courage à mesure que croist mon affliction :

toutesfois pour le dernier seruice que ie puis faire à la Reyne ma sœur, ie la
supplie considerer combien les choses de ce monde sont incertaines &
muables, & que l'exemple qui arriuera en ma personne, si ie meurs de ceste
façon ne pourra estre qu'vn mauuais augure pour elle. Elle y pensera s'il luy
plaist. O quelle constance qui ne se dement point en telle affliction, qui
n'est en rien moindre que celle qu'vn Philosophe au milieu de son escolle
pourroit recommander à ses disciples. Mais quelle bonté d'auoir mesmes
en ceste extréme misere, soin du salut de son ennemy ? Telles fleurs de Sapience ne se cueillent point dans les jardins des Sophistes anciens : mais
naissent seulement dans les ames pures & innocentes, qui entre les espines
du monde eschauffées du sainct Esprit, fleurissent en ceste admirable patience. Or elle fut laissée trois mois tous entiers apres ceste premiere alarme à attendre tousiours la fin dont on la menaçoit : mais au lieu qu'on esperoit que ce ne seroient que lamentations & tourmens en ce temps-là, cene
fut en verité que consolation, & pour elle & pour ceux qui estoient aupres
d'elle. Car comme auec vn grand & profond entendement, elle comprenoit & discouroit l'extremité de ses malheurs, aussi auec vne admirable
grandeur de courage, mesprisoit-elle, non ceste sienne vie, mais tout ce
monde, & espluchant la commune condition de la vie humaine, & la comparant auec celle qui nous attend en l'autre monde, vous l'eussiez veüe
presentir par vne certaine esperance le bien de l'immortalité. Ie vous ra-
conterois volontiers mille beaux & genereux discours qu'elle a fait aux
siens durant ces trois mois là, ou vous connoistriez à la verité qu'elle estoit
soustenuë d'vne force plus qu'humaine, à resister au faix d'vne telle misere:
mais quand ie me souuiens de la fin de ceste histoire, la douleur me presse si
fort, que ie crains que si ie n'acheue promptement la parole ne me faille
auec le courage auant que ie vous la puisse representer. O Dieu puis que
ceste cruauté s'est commise, faites qu'elle soit entenduë à la verité, afin d'e-
stre detestée auec autant d'indignation qu'vn si meschant fait le merite. Le
quatorziesme Ianuier céux qui auoient manié ceste condamnation, depescherent sans le sceu mesme dit-on de la Reyne d'Angleterre, vn Secretaire portant mandement au Comte de Salsbery, de faire mourir ceste pauure Princesse. Et pour cest effect, afin de rendre la mort plus celebre & plus
infame, luy enuoyerent vn bourreau de Londres, tout habillé de velours:
l'ay horreur de vous nommer en ce lieu ce nom si abominable; mais le fait
le veut ainsi. Ce Comte de Salsbery suiuant ce qui luy estoit mandé ayant
amassé toute la Noblesse voisine au Chasteau ou ceste Princesse estoit prisonniere, il arriua le dix-huictiesme du mois sur le soir, monta à la Chambre ou elle estoit, & luy dit, qu'il auoit charge de luy faire entendre qu'on
auoit resolu de faire executer le Iugement qui auoit esté donné contre elle.
Vous vous fussiez estonnez de voir ceste pauure Princesse receuoir ce triste message, sans aucunement changer de visage; Auquel puis apres elle respondit ainsi : Ie ne pensois pas que la Reyne ma sœur en deust venir là : toutesfois puis que Dieu a permis que ie sois en sa puissance, ie le prieray de me donner patience. La mort ne me peut estre que douce, puis qu'elle me tire d'vne
captiuité de vingt-ans, & d'vne extréme misere & langueur où ie suis depuis
trois

trois mois:elle ne me fera pas feulemét deliurance & liberté,mais auffi comme ie m'affeure,vne entrée à nouuelle & meilleure vie.L'on luy demáda s'il
luy plaifoit fe confoler auec deux EuefquesAnglois que l'on luy auoit amenez,elle s'enquift s'ils eftoiét Catholiques,ayant entendu que non:Ie n'auray doncques dit-elle autre confolateur que mon Dieu,& mon innocence,
il ne m'a point abandonnée durant tant de miferes,il ne me laiffera pas au
plus fort de mes maux. Le Comte de Salfbery luy dit, vous vous tiendrez
donc prefte Madame, pour demain au matin, elle refpondit conftamment
qu'elle le feroit. Auffi-toft l'on faifit tous fes officiers, & ne luy laiffa-t'on
auprés d'elle que fon Apothicaire, & fes filles : l'on commença de faire
dreffer vn efchaffaut dans la Salle baffe du Chafteau, & conuoquer le peuple voifin pour fe trouuer à ce fpectacle. Cependant cefte pauure Princeffe
renfermée dans fa Chambre au milieu de fes filles, apres auoir jetté les yeux
tout à l'entour de foy, fe jetta à deux genoux au pied de fon lict, & efleuant
les mains & la voix à Dieu, commença à faire tout haut fes prieres auec
telle affection & ardeur, que l'on euft penfé qu'elle euft efté ja rauie hors
de fon corps, & foufleuée pardeffus les chofes du monde, pour eftre portée
entre les Anges doncques (difoit-elle entre autre chofes) ie vous fuis mon
Dieu, ou il vous plaift m'appeler & conduire, qui eft à la fin de mes maux,
& à l'entrée de mon falut. O defirable journée qui efchangera mes langueurs & trifteffes en vne vie heureufe & diuine, & qui me tirera d'entre les
mains de mes ennemis pour me mettre auec mon Dieu, mon Createur &
Sauueur. Ses prieres continuerent quafi toute la nuict, finon que par plufieurs fois voyant fes filles fonduës en l'armes, elle fe retournoit vers elles,
leur difant. Et quoy donc ! n'eftes vous point encores laffes de ma captiuité, les ennuys de ma prifon ne vous font point encores de pitié ? Peut-eftre
me defirez vous vne plus heureufe deliurance, que de retourner à mon
Dieu, qui me tend les bras & qui m'a voulu ramener à luy par le chemin
d'affliction & de mifere, de peur que ie ne m'efgaraffe au monde parmy les
douceurs des delices, efquelles eft confite la vie des Princes. Si vous m'aymez refioüiffez vous de mon bien, non pas bien mondain qui s'efcoule
comme fumée ; mais de la beatitude eternelle où ie fuis prefte d'entrer. La
mort n'eft qu'vn paffage d'vn moment à qui la foudaineté ofte le fentiment, & qui a moins de douleur, que la moindre des maladies que nous
auons tous les jours, toufiours y falloit-il paffer : pluftoft elle vient, plus retranche elle de mes miferes, plus auance-elle auec fon heure mon bon-
heur. Ou vous m'auez defiré les miferes où j'eftois, où vous m'auez defiré la
mort qui s'offre maintenát. De moy vous le fçauez,ie lay toufiours fouhait-
tée pourueu que ce fuft la volonté de Dieu : Et vous protefte que combien
que l'on la peigne bien hideufe & efpouuantable, fi ne me fait elle point de
peur. Elle me laiffe vn feul, mais à la verité, grand regret, de ce que ie ne
puis en mourant vous laiffer telle recompenfe que meritent les feruices que
vous m'auez faits : toutesfois j'y ay mis le meilleur ordre qui m'a efté
poffible : Et puis que vous connoiffez mon cœur, vous receurez ce peu
que ie vous laiffe pour tefmoignage de ma volonté, & de voftre fidelité, & imputerez voftre pauureté à mon mal-heur ; & prendrez l'exem-

ple de ma conftance, pour le plus cher & feur gage que ie vous puiffe laiffer
de mon amitié. Parmy les tempeftes dont la vie des hommes eft continuellement battuë, il me femble qu'il n'y a bien en ce monde qui foit de fi
grand vfage que la vertu, qui par exemple du courage d'autruy nous affermit contre les aduerfitez. Toute la nuict s'eftant paffée en femblables prieres & difcours, commença à luire le iour deftiné à cefte piteufe tragedie, fi
iour fe peut appeller. Ce iour eftant ja fort haut arriuerent les Ambaffadeurs de mort, penfans trouuer cefte Princeffe au lict ; mais ils la trouuerent comme ils l'auoient laiffée. Si toft qu'elle les vit, ie fuis prefte dit-elle,
quand vous voudrez. Le Comte de Salfbery luy dit, Madame, il faut defcendre la bas : lors s'appuyant fur le bras de fon Maiftre d'Hoftel, elle defcendit dans vne falle renduë de noir, pleine d'hommes conuoquez à ce cruel
& horrible fpectacle. Il y auoit au milieu vn efchaffaut paré de noir auec vn
oreiller de velours deffus. Paffant au trauers de la trouppe elle alla droict
fur l'efchaffaut, ou eftant montée fe tournant à fon Maiftre d'Hoftel, elle
luy dit, mon Gentil-homme, vous m'auez bien & fidellement feruie jufques à la mort, j'ay grand regret que ie ne vous puis mieux faire. Vous irez
trouuer le Roy mon fils de ma part, & luy porterez ma benediction que
ie vous donne ; I'efpere qu'il aura plus de moyen de vous recompenfer que
ie n'ay, & à l'inftant luy donna fa benediction. Puis elle fe retourna vers celuy qui l'auoit en garde, & luy demanda s'il penfoit pas que la Reyne feroit effectuer ce qu'elle auoit ordonné pour fes pauures feruiteurs ; il luy
refpondit qu'il eftimoit que oüy. En quelles ames, ie vous prie, peuuent
naiftre telles penfées, que la mort toute prefente ne diuertit point de la charité qu'ils ont à leurs enfans ? que le fupplice preparé ne fepare point de l'affection qu'ils ont à leurs feruiteurs ? il ny a rien certes d'humain en tout cela : cé font certaines marques qui nous font connoiftre que Dieu quand il
luy plaift, ouure fes plus grandes merueilles par fes plus infirmes outils. Cela fait elle fe mit a deux genoux, & lors cet homme infame qu'on auoit
fait venir voulut approcher pour la bander ; mais fe retournant comme
toute indignée, & comme fi elle euft dit fans parler ; attens de toucher vne
Reyne apres que tu l'auras maffacrée ; Elle appella vne de fes filles, & s'e-
ftant faict bander appuya fa tefte fur vn pofteau qui eftoit deuant elle, &
lors comme vne Yphigenie, voüée pour appaifer les orages & tempeftes
de la mer, elle fut immolée à la rage de fes ennemis, qui croyoient par fa
mort eftre en calme ; & luy fut la tefte tranchée auec vne grande hache.
Et cefte tefte pleine de Majefté qui auoit porté les Couronnes de deux Royaumes, fut monftrée au peuple toute fanglante, la bouche ouuerte, les yeux
fillez, & les cheueux deuenus tous blancs à caufe de la longue prifon,
hideufement & pitoyablement efpars. Cependant le fang ruiffeloit du
corps eftendu, à gros boüillons, criant à Dieu & aux hommes vengeance, d'vn fi cruel, & fi barbare carnage. Doncques pauure & miferable
Princeffe, ny le nom de tant de Roys vos predeceffeurs, ny l'onction dont
Dieu vous auoit facrée à la Royauté, ny la memoire d'vn Roy de France
voftre mary, ny l'interceffion de tous les Roys de l'Europe ; ny l'intereft
commun de tous les Princes Souuerains, n'ont peu empefcher que la rage
de

de vos ennemis ne violaſt voſtre corps auec les mains d'vn funeſte bourreau, ne reſpandiſt miſerablement voſtre ſang Royal, & deſchiraſt piteuſement vos membres: Doncques ſous vne meſme hache ce iour la eſt tombée la Majeſté de tous les Roys de la terre, vn meſme glaiue a auallé voſtre teſte, & la grandeur de tous les Princes du monde ; Bref vn meſme
coup a confondu la fortune des Empereurs, & des Plebées. O Dieu Pere
& vengeur des Roys, qui nous donnez auiourd'huy des larmes pour pleurer ce ſpectacle, ne nous donnerez vous point vn iour des brandons pour
eſpier vn tel monſtre de cruauté ? Princes Chreſtiens, Dieu vous appelloit auparauant à la vengeance de ſes injures, & par ce que vous auez eſté
negligens de les venger, il a conjoinct vos injures aux ſiennes, il a permis
que vous fuſſiez tous violez en la perſonne de ceſte Reyne pour vous r'allier par vne cauſe commune à venger ſa mort. Reportez, reportez chez ces
barbares, les flambeaux qu'ils ont depuis ſi long-temps allumez par toute la
Chreſtienté : qu'ils ſſente comme ſont chaſtiez ceux qui traittent irreue-
remment la fortune des Roys. Cependant en eſſuyans nos larmes par l'eſperance que nous auons que Dieu vengera ceſte injure, conſiderons vn
peu pour noſtre conſolation que c'eſt que des grandeurs de ce monde, &
ſi c'eſt choſe ou l'homme doiue mettre ſon aſſeurance. Pluſieurs de nous
ont veu au lieu où nous ſommes aujourd'huy, ceſte Reyne que nous y
plorons maintenant, parce le iour de ſes Nopces de ſon accouſtrement
Royal, ſi couuerte de pierreries que le Soleil n'eſtoit pas plus luiſant, ſi belle, ſi agreable, que jamais femme ne la ſurpaſſa. Tout cecy à l'entour n'e-
ſtoit que tentures de drap d'or, & precieuſes tapiſſeries, tout eſtoit enuironné de Throſnes & Theatres remplis de Princes & de Princeſſes venus
de toutes parts, pour participer à ceſte reſioüiſſance ; le Palais eſtoit plein
de toute magnificence, & de ſuperbes feſtins & maſcarades, les ruës de
jouſtes & de tournois, bref il ſembloit que noſtre ſiecle euſt entrepris ce
iour-là de vaincre le luxe des ſiecles paſſez & la magnificence de tous les anciens. Il s'eſt coulé vn peu de temps qui a paſſé comme vn nuage, & nous
auons veu captiue celle qui auparauant triomphoit : priſonniere celle qui
mettoit les priſonniers en liberté : Indigente celle qui faiſoit largeſſe ; deſ-
daignée celle qui donnoit les honneurs, & en fin entre les mains d'vn abominable bourreau, le corps d'vne Reyne deux fois Reyne, ce corps qui
honoroit le lict nuptial d'vn gràd Roy de France, deshonorée ſur vn eſchaffaut, ceſte excellente beauté (l'vn des miracles du ſiecle) eſtr' fleſtrie en
vne dure priſon, & en fin toute effacée par vne piteuſe mort : Et aujour-
d'huy que nous déplorons ſa calamité, tout ce que nous luy pouuons rendre
d'honneur, outre les vœus & prieres que nous faiſons pour le repos de ſon
ame, que nous eſtimons bien-heureuſe deuant Dieu, c'eſt que le lieu ou nous
ſommes qui eſtoit autrefois entouré de riches paremens eſt maintenant
tendu de noir : au lieu de flambeaux nuptiaux, y luiſent des cierges funerai-
res : au lieu de chants d'alegreſſe s'y entendent ſouſpirs & gemiſſemens : au
lieu de clairons & haut-bois, ne ſoient que ſonneries de cloches triſtes &
funeſtes : O Dieu quel changement. O vanité humaine, ne vous connoiſtrons nous jamais : ô trompeuſes grandeurs, ne nous deffierons nous jamais

de vous? L'histoire des ans passez nous a produit tant d'exemples de vostre fragilité & inconstance, & neantmoins nous ne pouuons deuenir sages par les miseres d'autruy:mais si en ceste horrible tragedie, nous auons quelque enseignement de l'inconstance & vicissitude des choses humaines, nous auons vne beaucoup plus profitable instruction & consolation en l'admirable patience & incomparable constance de ceste Reyne, laquelle les afflictions ne semblent auoir accueilly que pour faire paroistre quelle estoit sa vertu, pieté, zelle & fermeté en sa foy & religion: Car autant de diuerses calamitez, qui se sont presentées à elle, ont esté autant de victoires qu'elle a gagné premierement sur soy-mesme & puis sur ses ennemis, d'où elle tirera vne loüange d'autant plus grande, que la vertu dont elle a fait si certaine preuue est rare és personnes de son sexe & de sa qualité; & semble certainement que Dieu ait voulu expressément rendre illustre son affliction, pour dauantage illustrer sa vertu. Les autres laissent ce soin à leurs successeurs de leur bastir de beaux & riches monumens,pour se garantir de l'oubli,& laisser à la posterité quelque marque de ce qu'ils ont esté; mais ceste Reyne mourant vous a bien deliurez de ce soin ayant par sa mort tellement graué en l'esprit des hommes l'image de sa constance, qu'il n'y aura, non pas aage, mais siecle, mais temps, mais eternité, si ce bas monde a quelque chose d'eternel, auquel ne viue la memoire de son admirable patience, sagesse, pieté, & constance. Le marbre, le bronze & l'airain se consomment en l'air, ou se rongent par la roüille; mais la souuenance d'vn si vertueux & memorable exemple viura eternellement.

REMONSTRANCES FAITES
TANT A L'OVVERTVRE DV PARLEMENT
de Prouence, que de la Chambre de Marseille.

A Marseille l'an 1597.

E v x qui ont voyagé vers les Poles sçauent qu'il y a des regions qui demeurent six mois de l'année sans voir aucunement le Soleil. Tout ce temps-là leur est cóme vne mort, tant la vie leur est fascheuse & ennuyeuse en l'obscurité des tenebres: Mais au premier iour que la lumiere commence à poindre dessus leur horizon, & fendre de sa gaye clarté la sombre espesseur des tenebres, le plaisir renaist en leurs cœurs, la joye en leurs visages, la santé & vigueur en leurs corps. Il semble que l'on reconnoist aujourd'huy vn effect semblable en ceste belle & auguste ville;laquelle non pas six mois, mais six longues & ennuieuses années a vescu en vne obscure & continuelle eclipse de la plus douce & salutaire lumiere du monde, qui est la justice, en vn hideux & espouuantable chaos de desordre & tyrannie. Ce tant desiré Soleil de justice se leue maintenant en ce lieu,conduit par la grace du Prince,comme par son estoille matiniere,
paroist

paroiſt à ceſte heure en ſon aurore, preſt à s'auancer à ſon plein midy, pour fomenter la vertu, donner lumiere à ſes actions, diſſiper les nuages de la meſchanceté, & la faire connoiſtre pour ce qu'elle eſt. Que vous reſte-il donc autre choſe, ſinon teſmoigner par vne allegreſſe publique (comme il ſemble que vous faites tous) le plaiſir que vous receuez en vos ames de voir ce bel aſtre rayonner heureuſement ſur vous, & le conjurer par voſtre obeïſſance de ne s'en eſcarter de long-temps, ny laiſſer la route qu'il commence, qui eſt voſtre vray Zodiaque & chemin de vie? Car tout ainſi que ſi le Soleil arreſtoit vne fois ſon cours, ou bien changeoit ceſte ligne biaiſante qui marque ſon chemin, vne partie de la terre ſeroit ſans doute bruſlée de chaleur, & l'autre gelée de froideur: de meſme ſi la juſtice ceſſe vne fois ſon exercice parmy vous, la violence opprimera les vns, la pauureté les autres, tellemẽt que toutes les parties de voſtre ville en demeureront percluſes & mutilées. Doncques pour reculer ce malheur de vous, nous commençons maintenant à remettre la Iuſtice en ſon train, & luy faire reprendre ſa route: Mais bien que nous qui ſommes aſſis çà haut y ſoyons comme en poupe, tenant le gouuernail en main ; ſi eſt-ce que l'heur & proſperité du voyage depend en partie de vous tous, qui bien qu'aſſis plus bas eſtes ſes principaux membres & officiers. Car ſi le Patron commande d'vne façon, & la chiorme vogue de l'autre, le vaiſſeau au lieu de trouuer le port trouuera le naufrage. Et pource me reſouuenant de ceſte loüable couſtume des Capitaines Romains, rapportée par Ioſephe en la guerre des Iuifs, qui au iour de bataille auant que ſonner l'alarme venoient par tous les rangs demander aux ſoldats s'ils eſtoient preſts & encouragez de combattre;i'ay voulu non ſeulement vous demander ſi vous eſtiez preſts & bien encouragez, mais encor vous aduertir du rang & de l'ordre que chacun de vous doit tenir. Ie parleray premierement à vous, Lieutenans & autres officiers de ceſte Seneſchauſſée. Le Roy vous a fait cet honneur de vous appeller en part de ſon authorité, & depoſer en vos mains vn des plus precieux fleurons de ſa Couronne, c'eſt à dire la puiſſance ſur les biens & les vies de ſes ſujets. Souuenez-vous que c'eſt vn depoſt ſacré, conſigné en vos mains ; non pour en vſer à voſtre plaiſir comme de choſe voſtre, mais ſelon la volonté de celuy qui vous l'a commis, ſelon la regle des loix, pour le repos de ceux qui ſont ſous voſtre charge. Vous deuez ſçauoir quelle eſt la nature de la Iuſtice: c'eſt, comme vous apprend Ariſtote, le bien d'autruy : & pource ne faut-il pas que vous vous propoſiez en vos charges le gain ny le profit, ny que vous penſiez faire commerce d'vne choſe ſacrée; ains il faut que tous vos conſeils, toutes vos intentions ſoient jettées comme par ſaillie en dehors pour promouuoir le bien & le profit de vos concitoyens. On peut à bon droict imputer aux Iuges vne partie des calamitez qui ont affligé ce Royaume. Car pour n'auoir pas manié leurs charges auec la pureté & integrité qu'ils deuoient, ils ont perdu l'authorité & le reſpect qu'elles leur donnoient: Et les reſnes qu'ils tenoient en main ſe ſont trouuées tellement affoiblies par leur mauuaiſe reputation, qu'elles n'ont peu retenir la licence effrenée des peuples. Soyez donc ſages par l'experience, & faites voſtre profit, ſinon de vos fautes, au moins de celles des autres. Verſez ſi ſaincte-

ment en vos charges, que l'authorité que le Roy vous a commiſe demeure
entiere en vos mains, & ne ſoit point diminuée par voſtre faute. Songez
premierement que Dieu eſt aſſis au deſſus de vous, qui preſide à vos iugemens, & par ſon œil tout-voyant deſcouure non ſeulement vos actions
interieures, mais vos plus ſecretes penſées: & feroit redonder contre vous
meſmes, par vn ſecret contre-coup, l'iniquité de vos jugemens, ſi vous
vous oubliez en vos charges, enuoyant des playes cachées en vos maiſons
pour punition de vos fautes. Outre cela, ſoyez certains que ceſte compagnie eſt icy pour veiller ſoigneuſement ſur vous auec vne ſi auſtere cenſure, que ſi vous vous déuoyez du droict ſentier de la Iuſtice, vous ſentirez la
peine auſſi pres de vous que le peché. La premiere partie que vous deuez
auoir c'eſt l'integrité, la ſeconde la capacité; la troiſieſme la diligence: mon-
ſtrez-les en vos œuures, afin que le Roy voſtre maiſtre en reçoiue le contentement, ſon peuple le ſoulagement, & vous l'honneur & la recompenſe. Quant à vous, Viguier & Conſuls, auſquels le Roy a confié la garde
& gouuernement de ceſte ville, penſez & repenſez ſouuent au poids de voſtre charge, non pour vous entretenir l'eſprit d'vne vaine fumée ou faueur
populaire, mais pour remonter par ceſte continuelle cogitation à la ſource
d'où deriue l'authorité que vous auez, qui eſt la Majeſté de voſtre Prince
ſouuerain. Vous deuez l'honneur & l'obeïſſance, non ſeulement au Prince, mais au moindre des officiers & Sergens qui parlent en ſon nom. L'authorité des Roys ne reſide pas en leur ſeule perſonne, le reſpect qui leur eſt
deu ne ſe rend pas à eux ſeuls, mais à tout ce qui vient d'eux: & quiconque a ceſte authorité de pouuoir parler de par le Roy, doit eſtre obey depuis le plus grand de ſes ſujets juſques au plus petit. Pendant la calamité de
nos guerres ciuiles, & que la France enyurée de ſon propre ſang couroit
furieuſe à ſa ruine, la licence des peuples s'eſt tellement deſbordée, que les
Magiſtrats populaires meſuroient leur grandeur & authorité au meſpris
des loix & de la Iuſtice: mais ſi noſtre ſiecle miſerable a fourny de deteſta-
bles exemples de ceux qui ont abuſé de leur authorité, il en a auſſi fourny de formidables de leurs peines & chaſtimens: & pour ce eſtimé-je que
j'auray aſſez eſtendu ce diſcours, ſi ie le ferme par vn bel aduertiſſement
d'vn ancien general d'armeé qui diſoit ſur vn ſemblable ſujet: L'experience que vous auez fait de l'vne & l'autre fortune vous enſeigne à pluſtoſt
choiſir l'obeïſſance auec la ſeureté, que la deſobeïſſance auec le danger. Si
vous deſirez de l'honneur & de l'authorité, penſez que la vraye ſource où
vous le deuez puiſer eſt l'obeïſſance du Roy & de ſa Iuſtice. Car comme
ceux qui veulent eſleuer vn baſtiment bien haut, en creuſent les fondemens bien bas: ainſi ceux qui veulent reluire en authorité ſur les peuples, ſe
doiuent d'autant plus abaiſſer & humilier ſous l'obeïſſance de leur Prince,
& de ceux qui portent ſon authorité. Puis que vous eſtes prepoſez pour le
bien & ſalut des peuples, enſeignez-leur cette ſaincte obeïſſance: car c'eſt
elle, comme dit le Philoſophe, qui eſt la mere de tous bons ſuccés & heu-
reuſes operations. Mais la vraye & plus courte voye de la leur enſeigner, eſt
par voſtre bon exemple. Voſtre ville fume encor du feu des ſeditions &
emotions populaires: le ſeul moyen d'eſtouffer ces reliques, c'eſt le reſpect
de

de la Iuſtice. En l'Eſcriture ſaincte Melchiſedech, qui eſt à dire Prince de Iuſtice, eſt appellé Roy de Salem, c'eſt à dire Roy de paix : comme ſi par le ſacré myſtere de ces ſaincts noms, l'Oracle diuin nous vouloit faire entendre que la paix & tranquillité des peuples depend du reſpect de la Iuſtice. Ce qu'elle dit plus ouuertement ailleurs en ces mots ; La Iuſtice & la paix ſe ſont entrebaiſées. La confiance particuliere que nous auons de vos perſonnes, les teſmoignages que vous auez rendu au Roy & à vos concitoyens de voſtre affection & fidelité, nous fait retrancher ce que nous euſſions peu vous dire dauantage ſur ce ſujet : eſtimant que la gloire de vos actions paſſées, eſt vne brillante lumiere qui vous eſclaire au chemin de voſtre deuoir, & ſert comme de pleige au Roy, & à ſa Iuſtice, de voſtre obeïſſance. Quant à vous, Aduocats, bien que vous ſoyez perſonnes priuées, ſi n'eſtes-vous pas des moindres membres de la Iuſtice, ny de ceux qui ſeruent le moins à conſeruer le bien & le repos des citez. Les procés ſont de petites guerres ciuiles, & bien ſouuent les ſemences & commencemens des grandes. Les parties qui font choix de voſtre fidelité & ſuffiſance, vous conſignent leurs paſſions encores fraiſches & tendres, ayſées à ployer & amortir : ſi vous apportez à vos charges l'ingenuité & la conſcience que vous deuez, vous pouuez retrancher à leur naiſſance par vn ſage & fidelle conſeil les grands monſtres de procés, qui ne ſeruent qu'à deuorer les familles particulieres, & troubler le repos de la cité. Vous auez entendu la lecture de l'Edict du Roy, qui commande vne perpetuelle oubliance des choſes paſſées durant les troubles. Vous eſtes les premiers exécuteurs de cet Edict; aduiſez de ne vous pas rendre indulgens aux paſſions & aigreurs de vos parties, & ne leur donner ny aduis, ny conſeil qui ſoit contraire à ceſte loy : car la Cour s'en prendra à vous, & vous en fera porter la peine & le reproche. Au reſte, propoſez-vous touſiours l'honneur pour le plus grand ſalaire de vos labeurs; & vous ſouuenez que les loix appellent honoraire la recompenſe de voſtre trauail : comme ſi elles vous admonneſtoient, que par les degrez de l'honneur vous deuez paruenir à la recompenſe d'vn tant ingenu & loüable labeur. Fuyez, comme vne peſte, ces ſales & vilaines pactions reprouuées auec horreur par les loix, par leſquelles quelques-vns de voſtre profeſſion mettent à rançon la charité, ne voulant ſecourir les affligez qu'à certain prix. Ce ſont, comme dit vn ancié, pactions de pirates, qui mettent à prix le bien & le ſalut d'autruy, ne ſauuans les hommes du danger, que pour en tirer profit. Sur tout aymez & cheriſſez la verité, & la portez continuellement en vos levres; que voſtre parole & voſtre diſcours luy ſerue de lumiere pour la faire reconnoiſtre au trauers des tenebres & artifices, dont le menſonge ſe reueſt & deſguiſe pour ſe ſuppoſer pour elle. A cela ſeul connoiſtrons-nous qui vous eſtes : ce ſera la pierre de touche qui fera paroiſtre vos conſciences, & quelle foy nous pouuons auoir en vous, en quelle eſtime nous vous deuons tenir. On eſcrit qu'en la mer de Tyberiade les corps animez viennent touſiours au deſſus de l'eau ſans pouuoir enfoncer, & les morts & inanimez au contraire demeurent touſiours au fonds. De meſmes en ce barreau deuez-vous croire, que ceux dont les actions ſeront animées de la verité auront touſiours le deſſus, ſeront aymez, cheris & careſſez de nous ; & les autres au contraire reprimez, rejettez , & deshonorez. La grande conjonction qui eſt entre les charges des Procureurs & celles des Aduocats faict que ce que nous auons dit aux vns pourroit ſuffire aux autres. Toutesfois, Procureurs, nous vous dirons particulierement ce mot. Ceux qui vous conſtituent vous rendent maiſtres de leurs biens, ils s'endorment ſous voſtre vigilance, s'aſſeurent ſur voſtre fidelité : vous tirez d'eux pour les ſeruir le plus clair de leur bien. Penſez que ſi vous leur manquez ou de foy ou de diligence, il n'y a point de plus damnable perfidie, ny plus grand brigandage que celuy-là. Car par voſtre faute, ſous pretexte de bonne foy, & ſous l'adueu & authorité des loix, l'innocence eſt opprimée, & la Iuſtice violée. Voſtre ordre s'eſt par le paſſé remply de licence, & rendu des principaux inſtrumens des miſeres publiques. Regagnez par la modeſtie & la pudeur ce qu'il a perdu d'honneur & de reputation; afin que ceſte Compagnie ait occaſion d'employer ſon authorité à vous fauoriſer pluſtoſt qu'à vous reprimer. Doncques preſtez tous vos mains, joignez vos eſprits, ralliez vos volontez, pour conjoinctement auec nous acheuer cet ouurage, que nous commençons aujourd'huy, qui eſt de r'appeller la foy & la Iuſtice en ce lieu, d'où elles ont eſté ſi longuement bannies.

A L'OVVERTVRE DE LA SAINCT REMI, mil cinq cens quatre-vingts dix-ſept.

 E v x qui ſont curieux d'enuoyer chercher des graines & ſemences exquiſes aux pays loingtains, eſpreuuent qu'apres quelques années elles degenerent, & produiſent le fruict pluſtoſt ſelon la qualité de la terre où elles ſont ſemées, que de celle d'où elles ont eſté apportées. Ce que le Poëte Latin a exprimé en termes ſi elegans, que ce ſeroit, ce me ſemble, peine mal employée d'en vouloir rechercher de plus beaux.

> *Vidi lecta diu, & multo ſpectata labore*
> *Degenerare tamen, ni vis humana quotannis*
> *Corpora quæque manu legeret, & lecta referret.*

Et d'où vient cela ? Toutes les choſes naturelles qui ſont montées à quelque degré de pureté & perfection, tirent de leur matiere ie ne ſçay quelle ſecrette inclination à empirer & deſcendre à l'impureté. En ſorte que ſi leur pente n'eſt ſouſtenuë par vn ſoin continuel & exquis artifice, elles decheent de ſoy-meſmes, & perdent inſenſiblement tout ce qu'elles ont de bon & de loüable.

> *Aduerſo veluti qui flumine lembum*
> *Remigijs ſubigit, ſi brachia fortè remiſit,*
> *Ecce illum in præceps prono rapit alueus amne.*

Il faut doncques auoir ordinairement les bras roidis contre le courant de ceſte corruption naturelle, pour maintenir en bon eſtat ce que le labeur

&

& l'induſtrie ont peu acheminer à quelque perfection. Ce qu'il ne faut pas ſeulement obſeruer en la culture de la terre ; mais auſſi en celle des eſprits des hommes. Car quelques honneſtes mœurs, loüables couſtumes, & ſainctes loix qui puiſſent eſtre parmy les peuples; ſi le ſacré outil de la parole & remonſtrance ne repare continuellement par vne nouuelle ſemence de la droicte raiſon les manquemens que la negligence y accueille, & les deſordres que la licence y introduit, il eſt force qu'en fin l'heur de la ſocieté ciuile, qui eſt comme la fleur des bonnes mœurs, ſe conuertiſſe en vne turbulente & miſerable confuſion. Ce que les ſages Romains ont prudemment reconneu & remarqué en l'vne de leurs ceremonies, par le myſtere de laquelle ils ont voulu remedier à ce mal. En tous leurs temples ils auoient Ædituos, des gardes & portiers qui fermoient & ouuroient les portes aux heures propres & ordonnées, fors qu'au temple de la Deeſſe *Horta*, lequel demeuroit touſiours ouuert, ſans qu'en aucun temps, ny en aucun moment les portes en fuſſent fermées. Pour ce, dit Plutarque, qu'ils eſtimoient que ceſte Deeſſe, qui preſidoit aux remonſtrances & exhortations, deuoit eſtre touſiours en beſongne, ſans aucune relaſche ny intermiſſion. Ainſi les pratiquoient-ils en tous les actes qu'ils eſtimoient d'importance, ſoit pour le faict des ſacrifices, ſoit pour le faict de la guerre, ſoit pour celuy de la Iuſtice. Quand l'appareil des ſacrifices eſtoit faict, que le peuple eſtoit aſſemblé & les Pontifes reueſtus, ſe leuoit la voix d'vn herault, qui denonçoit aux profanes & excommuniez de ſortir; puis aduertiſſoit ceux qui demeuroient, *Hoc agere*, c'eſt à dire tenir leurs eſprits bandez & arreſtez, pour auec la veneration digne du lieu & de l'acte, en celebrer la ſolennité. Quand ils venoient à donner vne bataille, auant que faire ſonner le ſignal du combat, le General de l'armée ſe mettoit tout debout ſur des degrez eſleuez aupres de ſa tente & pretoire; & là auec vne graue & courageuſe harangue eſchauffoit les eſprits de ſes Capitaines & ſoldats, les animant & poignant viuement leur courage par l'eſperance d'vne heureuſe victoire & aſſeurance d'vne gloire immortelle. *Imperatores inſtructa acie quanquam paratiſimos viderent milites adhortabantur.* Ceſte action a eſté eſtimée ſi ſeante & excellente par les plus auguſtes & magnifiques Empereurs d'entre eux, qu'apres les victoires acquiſes ils ont voulu laiſſer la memoire durable à la poſterité de l'exhortation qu'ils auoient faicte à leurs ſoldats auant le combat; comme ſi elle euſt eſté vne des principales cauſes de la victoire: & pource ont-ils fait mouler des medailles, qui auoient d'vn coſté empreinte la victoire, & au reuers *alloquutionem*, qu'ils appelloient. Quand ils venoient à l'exercice de la Iuſtice, outre qu'ils faiſoient preſter vn ſerment ſolennel aux Iuges de iuger ſelon les loix, & aux Aduocats & parties de n'vſer d'aucune calomnie, ils auoient encor vn Huiſſier, qui leur crioit à haute voix, *Ne paterentur ſui diſſimiles eſſe:* qui eſtoit à dire à mon aduis, qu'ils ſe gardaſſent de donner atteinte à l'honneur & reputation du peuple Romain, qui auoit plus conquis de Prouinces par le bruit de ſa bonne Iuſtice, que par la terreur de ſes armes. *Et cuius iuſtitia*, comme dit Valere, *eorum animi capti ſunt, quorum mœnia vi capi non poterant.* Or ce temple de la Deeſſe *Horta*, que les Romains tenoient à toute heure arriere-

ouuert, noftre couftume l'ouure à ce iour-icy, & vne fois l'an feulement: lors
que la Iuftice commence à faire vn nouueau cours , & prendre vne nouuelle carriere ; & que comme dit le Poëte,

Expectatus adeft qui lites inchoet annus.

Cefte rareté ne prouient pas à mon aduis que nous ayons moins befoin d'exhortations & remonftrances qu'ils n'auoient , mais pluftoft pource que
nous n'en fçauons pas fi bien faire noftre profit ; & que les fages Medecins
de nos mœurs ont eu crainte qu'en des efprits mal preparez l'affiduité d'vne
chofe fi venerable n'en engendraft le mefpris. Or auez-vous efté maintenant introduits dans ce temple de la Deeffe *Horta*, par la remonftrance
qui vous vient d'eftre faite par l'Aduocat General du Roy , conduits jufques au plus profond facraire d'icelle, repurgez & fanctifiez par vne fainte
roufée & facrée afperfion de paroles: De forte qu'il ne refte à cefte heure finon par l'authorité de la Cour, vous introduire au temple de la Iuftice ; &
pour le faire dignement, vous faire entendre l'augufte Majefté du lieu, vous
dire les titres d'honneur de cefte Deeffe, vous monftrer la beauté de fon
image , vous expofer fa puiffance & fes merueilles , vous prefcrire comme
chacun de vous là doit feruir felon la function à laquelle il eft deftiné ; &
vous propofer en fin le certain loyer & heureufe recompenfe, qui attend
ceux qui la feruiront fainctement & religieufemeut. Pour vous faire entendre que c'eft que de la Majefté de ce lieu où vous eftes maintenant intro-
duicts, & en chofe fi ferieufe ne point parler fans authorité , ie vous diray
qu'en cefte difpute & concert memorable qui fut entre ce grand Empe-
reûr Adrian & ce plus grand Philofophe Epictete, fur la demande qu'A-
drian fit que c'eftoit que *Forum*, qui eft le Palais où l'on rend la Iuftice ;
Epictete refpondit , que c'eftoit *templum libertatis & arena litigantium:*
deux grands eloges d'honneur, à qui bien confiderera ces termes ; dont
l'vn ne veut dire autre chofe, finon que la liberté des hommes , qui eft le
plus beau joyau de la vie (non pas cefte licence effrenée que vous pourriez
imaginer , mais cette puiffance legitime & heureufe de viure felon les loix)
eft icy comme confignée & depofée pour y eftre foigneufement & fidellement gardée. L'autre veut fignifier le hazard que courent ceux qui viennent icy & entrent en cefte lice , foit pour leurs affaires particulieres,
foit pour celles d'autruy : lefquels n'y entrent qu'au hazard premierement de leurs ames, & de leurs confciences, puis de leurs vies, de leur honneur, & de leurs biens, s'ils y verfent autrement que leur deuoir , & les
loix ne leur commandent & prefcriuent. Quel camp clos peut-on imaginer plus hazardeux ? quelle lice plus perilleufe ? Ce qui reuient à mon
aduis à ce que ce grand Philofophe Apollonius Tyaneus dit en Philoftrate auoir obferué en Armenie, qu'au lieu où le Roy auoit accouftumé de
rendre la Iuftice, eftoient pendus en l'air quatre petits oyfeaux , que nous
appellons Moüettes, qui battoient perpetuellement des aifles ; & eftoient
entr'eux le fymbole de la fatalité ; comme s'ils euffent voulu dire , que le
deftin diftribuoit en ce lieu le bonheur & malheur, le loyer & la peine à
poids & mefure. Si en ce difcours, où ie cherche des authoritez , Homere
me manquoit de garand, ces feueres Critiques qui ont eftimé qu'il n'y auoit

rien

rien de beau ny d'excellent en ce monde, dont cet autheur n'ait faït quelque mention, voudroient peut-estre diminuer quelque chose de la foy de
ce que ie vous ay dit de la grandeur & Majesté de ce lieu: Et pource laissant
l'authorité d'vn grand nombre d'autres que ie vous pourrois alleguer sur ce
sujet, ie citeray cestuy-cy pour vous en dire son aduis. Au premier de son
Iliade ne pouuant trouuer de mot simple pour exprimer la magnificence
de ce lieu, il en compose vn fort significant, & l'appelle ἀγορὰν κυδιάνειραν,
comme qui diroit le Palais glorifiant les hommes. Aussi est-ce certainement la viue source de la vraye gloire, que ce celebre exercice de Iustice; où
auec tant de nom & de reputatió les gens de bien consacrent leur labeur au
bien & repos de leur patrie. Si vous auez assez compris la Majesté de ce temple, il vous faut à la suitte dire les noms & titres d'honneur de ceste Deesse.
Pindare l'vn des plus profonds & entendus interpretes des mysteres anciens, l'appelle Reyne du monde. Æschyle le Poëte tragique en son Promethée l'intitule ὀρθόβουλον θέμιδα, comme s'il disoit, la dispensatrice de tous
les heureux & sages conseils: & Demosthene la nomme l'ame des Republiques & des Citez: tous noms de differente prononciation, mais de semblable signification, & portans en soy les marques de la grandeur, puissance & authorité de ceste Deesse, soit au gouuernement de tout l'Vniuers,
soit à la conduite des Estats, soit à l'administration des affaires particulieres
des hommes. Mais il n'importe pas beaucoup de quels noms on l'appelle:
car venant à contempler son image, elle sera aussi-tost reconneüe pour ce
qu'elle est; comme dit vn Declamateur dans Seneque, *vultus ipse suæ inge-
nuitatis causam aget*. Or de quelle main voulez-vous son tableau? Car tant
d'excellents ouuriers ont trauaillé à l'animer par les traicts delicats de leurs
rares pinceaux, que de vous representer tous les pourtraits qu'ils en ont tirez, la multitude vous en rendroit le choix trop difficile. Ie vous deliureray
donc de ceste peine, & vous en representeray seulement trois, de la main
des trois plus grands maistres de l'ancienne sagesse. Le premier sera de ce
renommé Stoïque Chrysippus, lequel s'est sauué des ruines d'Athenes, &
s'est trouué caché dans les Nuïcts Attiques d'Aulus Gellius. Voicy comme il la depeint, *forma virginali, adspectu vehementi & formidabili, lumini-
bus oculorum acribus, neque humilis, neque atrocis, sed reuerendæ cuiusdam tri-
stitiæ*. Que se peut-il imaginer de plus beau & de plus excellent? vous voyez
vne fleur de virginité ornée de sa premiere pudeur, armée toutesfois d'vne
grauité temperée par vne agreable serenité qui luit dans ses yeux, & iuge
par son silence & par son seul regard toutes les actions des hommes. O
quàm te memorem, virgo, ô Dea certè. Mais voyons si la trempe de ce grand
Aristote, bien que plus simple, & non rehaussée des viues couleurs, &
du vernis de Chrysippus, ne nous rapporte pas vn visage aussi auguste &
venerable, quand il dit en ses Politiques, que *neque Hesperus neque Luci-
fer adeò mirabilis atque iustitia*. Dequoy peut-elle estre tant reparée qu'elle soit plus belle que les plus claires & luisantes estoilles du firmament?
C'est chose que nous ne pourrions comprendre, si nous ne l'apprenions
d'vn tableau de ce docte Porphyre, tiré du traitté qu'il a fait περὶ κρεῶν
ἀποχῆς, où il rend la raison pourquoy ceste Iustice est si belle & si excel-

lente ἐναργωμένης τὸ κάλλιστον ἐν τῇ πρὸς τοῦ θεοῦ ἐυσεβεία κεκτημένης: qui eſt comme s'il diſoit qu'elle tire tout ſon ornement & embelliſſement de la vraye
pieté & religion. Auſſi le plus grand effect que Lactance luy attribuë, c'eſt
de tenir les hommes vnis par reſpect, reuerence & veneration à la Diuinité, & d'eſtre comme vn moyen, qui vnit ces deux extremitez ſi eſloignées,
Dieu & les hommes. Si vous l'auez veuë depeinte belle, vous ne la deuez
pas imaginer moins puiſſante ny moins vtile & bien faiſante: c'eſt ſa main
liberale qui reſpand ſur la terre la paix, le repos, l'amitié, la concorde, l'opulence, la liberté. Sans elle rien au monde ne peut ſubſiſter: ſans elle ce qui
eſt de plus beau & de plus vtile deuient pernicieux & dommageable. Qui
eſt l'ouurage de Dieu le plus admirable au monde, & qui a plus de reſſem-
blance à la Diuinité? la Royauté. *Remota iuſtitia quid ſunt regna niſi magna
latrocinia?* dit ſainct Auguſtin. *Tanta iuſtitiæ vis eſt, vt nec ij quidem qui
ſcelere & maleficio paſcuntur poſſint ſine vlla eius particula viuere.* C'eſt grand
cas que ce qui eſt plus ennemy de la Iuſtice ne peut ſubſiſter ny ſe maintenir ſans emprunter ſa faueur & luy faire hommage. Pour donner quelque
fin à vne choſe de ſoy infinie, ie n'adjouſteray que ce mot d'vn ancien:
*Fundamentum eſt perpetuæ commendationis & famæ iuſtitia, ſine qua nihil po-
teſt eſſe laudabile.* Peu de choſe vous ay-ie dit de la beauté & puiſſance de
noſtre Iuſtice. De verité quelle eloquence humaine pourroit atteindre à
toutes les perfections de choſe ſi diuine? Et toutesfois il me ſemble que ce
peu a comme eſmeu & eſchauffé en vous vn ardant deſir de ſeruir ceſte
Diuinité, luy dedier vos labeurs & conſacrer vos eſprits: De ſorte qu'à la
façon de ceux qui *in ſacris ſolenne carmen voce præibant*, ie ſuis appellé par
mon deuoir à vous parler vn mot de la dignité de vos charges, & de la regle que vous y deuez tenir. Vous Iuges, eſtes la bouche de la Iuſtice: c'eſt
par vous qu'elle ſe fait entendre & connoiſtre, qu'elle decerne ſes ordonnances & commandemens; & comme diſoit vn ancien, *Ius animatum eſtis.*
Pource faut-il que vous conceuiez ſes intentions auec vne ſoigneuſe attention, & les exprimiez auec pareille fidelité, afin qu'entre voſtre parole & la
volonté de la Iuſtice il n'y ait difference que de la voix: *Iudicantes enim eadem mente præditos eſſe oportet quàm leges.* Ceux qui ont cherché la raiſon
pourquoy les Oracles ont ceſſé, ont dit que ceux qui auoient la charge de
les prononcer, s'eſtans laiſſez corrompre par argent, au lieu de proferer ce
que le Demon leur inſpiroit, diſoient tout ce qu'ils penſoient eſtre profitable à ceux qui les corrompoient. Rien ne vous peut ſi toſt faire perdre
l'authorité, & raualler la dignité de vos charges, que ſi l'on reconnoiſt vne
fois que vous ſoyez pouſſez d'autre paſſion en vos iugemens que de l'amour
de la Iuſtice & de l'equité: & qu'au lieu d'employer la puiſſance qui vous
eſt commiſe au bien public, vous vous en ſeruiez à voſtre profit particulier.
En la ville de Thebes au Palais où l'on plaidoit il y auoit des images de Iuges, leſquelles n'auoient point de mains: & celle de celuy qui leur preſidoit
auoit les yeux bandez, pour monſtrer que ſans aucun reſpect particulier ny
eſperance de gain, ils vacquoient au miniſtere ſacré de la Iuſtice. Et de verité il ne ſe peut excogiter de plus grande impieté au monde, que des Iuges
qui proſtituent leurs ames & leur conſcience: *Neque,* comme dit Seneque,

ιχ

ex omnium scelerum comparatione aliud detestabilius quàm eorum qui leges faciunt nocentes. Et pource le plus bel eloge que Pline second donne à Trajan en son Panegyrique est d'auoir repurgé les sieges de iudicature des abus & corruptelles qui y regnoient : luy disant, *Aduertisti oculos, atque vt antea castris, ita foro pacem reddidisti. Extulisti intestinum malum, & prouida seueritate cauisti ne fundata legibus ciuitas euersa legibus videretur.* Nous deuons attendre ce mesme bien de nostre Trajan François : & comme ses autres vertus ne cedent en rien à celles de cet Empereur, aussi ne luy cedera-il en ce soin. Si-tost que les ambitieux desseins de ses voisins luy donneront quelque relasche des trauaux continuels de la guerre, il reglera & policera tellement le fait de la Iustice, qu'elle reprendra son beau visage, & apparoistra par tout en l'integrité, seuerité & dignité qui luy est deuë. Ce pendant par prouision nous *qui eius vice iudicamus*, ne pouuons, ce nous semble, vous proposer vne regle plus seante & plus conuenable que ce beau mot, qui contient en peu de paroles toute l'instruction de ce que vous deuez faire en vos charges. *Sapientis iudicis est meminisse se hominem, cogitare sibi tantum permissum quantum commissum sit : & non solùm sibi potestatem datam, sed fidem habitam : & non semper quid ipse velit, sed quid lex & religio cogat cogitare : habere in concilio legem, religionem, æquitatem.* Quant à vous, Aduocats, vous n'estes pas sans raison introduits en ce temple de Iustice, & n'y tenez pas peu de rang, occupans aujourd'huy le lieu des anciens Iurisconsultes. La loy vous appelle *iuris sacerdotes.* Ce qui se rapporte à ce que Valere le Grand escrit, que *ius ciuile per multa sæcula inter sacra cæremoniásque abditum fuit* : & Ciceron, *legum interpretatio & actiones apud Pontifices erant.* Pour moy ie n'ay iamais pensé que ceux qui versent en vostre profession auec l'integrité & sincerité requise, ayent moins d'honneur & de dignité que les Iuges mesmes : & suis confirmé en ceste opinion par les propres termes de la loy, qui dit : *Nec putet honori suo quidquam detractum, cùm ipse necessitatê elegerit standi, & contempserit ius sedendi.* Mesmes en ce dernier aage remply de vices, comme la vieillesse de maladies, auquel les beaux esprits trouuans la porte des honneurs ouuerte à l'argent, monstrent vn signe euident de moderation d'esprit quand ils se peuuent arrester à ce premier degré d'honneur, qui ne tire pas sa gloire d'vn suffrage mendié ou plustost achepté, mais d'vn loüable labeur & genereuse industrie. Vostre ordre à tousjours esté diuisé en trois rangs comme les conuens des Vestales : le premier est des nouices & ieunes gens qui se presentent au barreau pour escouter, pour s'instruire, pour s'essayer : lesquels pour toute admonition ie voudrois seulement exorter de prendre leur place, où elle leur estoit assignée és temples des Atheniens. Car comme escrit Eustathius ce sçauant commentateur d'Homere, les ieunes gens ne se mesloient point és temples auec les vieux & anciens, ains auoient leur place autour de l'autel αἰδοῦς ἡ ἀφελείας, de la pudeur & simplicité, vertus tousiours bien seantes à la ieunesse, mais principalement à celle qui est initiée à la Iustice, & qui voüé à la seruir ceste partie, qui a plus de besoin d'estre retenuë & temperée, qui est la langue, laquelle l'Apostre appelle ἀκατάσχετον κακόν. Si à ce precepte on veut adjouster celuy de Pythagoras, lequel, comme dit Philostrate, *silentium magistrum sermonis inuenit*, ie n'auray plus rien à leur dire, sinon ce vers de M. Varro, *Legendo & scibendo vitam procudito. Nec desinat unquam Tecum Gratia loqui, tecum Romana vetustas.* Pour le regard de vous autres qui plaidez ordinairement, vrais Prestres de ceste Deesse, & continuellement employez à ses mysteres, vous estes sans doute occupez à vne besongne bien chatoüilleuse, & en laquelle il est merueilleusement difficile de reüssir de tout poinct heureusement. Symmachus dit en vn endroit; *Scis in illo puluere forensi quàm rara sit cognatio facundioris, & boni pectoris, dum aut modestum ingenium verecundia contrahit, aut successu eloquens insolescit.* Or pour vous addresser au droict chemin de vostre deuoir, la plus saincte tradition que ie vous sçaurois donner, c'est de ceste coustume qu'auoient les anciens en leurs sacrifices, qui est rapportée par Eustathius : μέλλοντες κοιμηθῆναι μὴ θυσίας οἱ παλαιοὶ ἔθυον τὰς τῷ ἱερῶν γλώσσας, βάλλοντες ἐν πυεὶ, le iour qu'ils auoient sacrifié, auant s'aller coucher ils iettoient les langues des bestes qu'ils auoient immolées, dans le feu; non dans vn feu consommant, mais dans vn feu purifiant; dans le feu sacré, dis-je, de la charité & de la verité, afin qu'elles en tirent & conseruent puis apres à iamais l'impression de ces deux sainctes vertus, qui sont les deux symboles de la chaleur & clarté qui accompagnent continuellement le feu. Et pource, quand vous viendrez à la deffense d'vne cause, n'estimez pas que ce soit la sollicitation d'vne partie, ou la lueur d'vne piece d'argent qui vous y conuie; mais estimez que c'est la Iustice mesme qui vous somme & vous interpelle de venir à sa deffence, & prendre sa protection. *Reginam rerum orationem ponite ante oculos; fructumque non ex stipe aduocationum, sed ex contemplatione petite*, selon que Quintilian vous exhorte. O qu'Hippocrates escriuant aux Abderites faisoit vne plainte digne d'estre souuent renouuellée! *Misera est profectò humana vita, quoniam per totam ipsam intolerabilis auaritia velut hybernus ventus distributa est ac penetrauit: ad quam vtinam omnes medici conuenissent, quò grauiorem insania morbum curarent; quoniam cùm morbus sit & affligat, laudatur.* Fuyez, fuyez ce facheux & mortel venin qui corrompt la grace de toutes les plus belles actions du monde; & qui au lieu de la chaleur vitale qui doit animer les courages à la gloire, vous enflamme d'vne fieureuse ardeur du gain & du profit. Ayans ce but en toutes vos actions de deffendre le droict & la raison, & ayder à la iustice & innocence opprimée, choisissez puis apres pour principal moyen d'y paruenir, la verité. A celuy qui l'a en la bouche, il ne faut point pour persuader le droict & la raison, d'autre artifice : il ne luy est point besoin de fueilleter les volumes des Rhetoriciens Grecs & Latins: *Tanta*, dit Lactance, *potentia est veritatis, vt seipsam sua claritate defendat.* Macrobe entre les obseruations qu'il a fait des ceremonies des Romains en leurs sacrifices dit, que *litare sola oratio non potest, nisi qui orat aram manibus teneat.* Qu'est-ce à dire autre chose, tenir l'autel auec les mains, sinon attester Dieu immortel par ceste ceremonie & espece de iurement, que ce que la bouche prononce, le cœur le croit? Comme la priere ne peut rien impetrer de Dieu, qui est à dire *litare*, si elle n'est introduite par la verité: aussi faut-il croire que l'oraison ne peut rien persuader aux Iuges, lesquels Dieu assiste de son esprit, si elle n'est recommandée par la verité. Strabon

escrit

escrit qu'entre les Indiens ceux qui estoient surpris en menterie estoient condamnez à vn perpetuel silence. La peine de ceux qui sont surpris és actions publiques, & en la face de la Iustice, est bien plus dure & rigoureuse; car ils parlent tousiours, & on ne les croit iamais. La verité a ordinairement à la suitte deux autres vertus, ausquelles ceux qui plaident se doiuent estudier, dont l'vne est la brieueté: *Naturaliter*, dit Tertullian, *compendium sermonum gratum est & necessarium: sermo laciniosus & onerosus vanus est: semper abundantia in se contumeliosa est:* L'abondance des paroles obscurcit la verité, au lieu de l'esclaircir. Il est des paroles comme des pieces d'or & d'argent: celles-là sont les meilleures qui sous moins de masse ont plus de prix. *Quàm diu quàm pauca loquuntur Attici!* reprochoit-on aux Atheniens. C'est vne partie de la Iustice de ne prendre pas plus grand part du temps qui est destiné pour le iugement des causes, qu'il ne vous en appartient. Ce que vous en vsez de plus est de l'autruy, & vous rendez coulpable des incommoditez que la longueur puis apres de la Iustice apporte à tant de pauures parties qui l'attendent. Et pource, si vous recherchez quelque ornement en vos plaidoiries, si vous rencontrez vn sujet qui merite pour l'exemple d'estre traitté plus magnifiquement, prenez le conseil de S. Hierosme *ad Rusticum, vt eloquentiæ torcularia non verborum pampinis, sed sensuum quasi vuarum expressionibus redundent.* Mais sur tout trauaillez à la clairté du discours, afin que vous puissiez *ex fumo dare lucem, & mersum latebris educere verum:* vous representans continuellement l'exemple de l'Empereur Auguste qui a fait en son temps grande profession de harangue, & n'a pas dedaigné, tout Empereur qu'il estoit, de venir au barreau plaider les causes de ses amis: *Vitatis*, dit Suetone, *sententiarum ineptijs, inconcinnitate & reconditorum verborum fœtoribus, præcipuam curam duxit sensum animi quàm apertissimè exprimere.* Quant à vous anciens Aduocats, qui estes blanchis à ce mestier, & y auez acquis le tiltre de Consultans, vostre aage & vostre experience m'admoneste de ne pas vser de longue remonstrance en vostre endroit à vous, qui faites profession de conseiller les autres, & qui, comme dit Ennius parlant d'Apollon Pythien, *vestra ope ex incertis certos compotésque consilij dimittitis, ne res temerè tractent turbidas.* C'est vous qui tenez le lieu de ces venerables Iurisconsultes, *qui more patrio sedentes in solio consulentibus respondebant,* & la maison desquels a esté appellée *totius oraculum ciuitatis.* Combien ils ont esté honorez & estimez durant les bonnes mœurs de la Republique Romaine, ce seul tesmoignage le monstre assez, que *Scipioni Nasicæ qui optimus à Senatu appellatus est, domus in via sacra data est, quò facilius consuli posset.* Les plus grands de la ville ne les approchoient qu'auec crainte, & auec ceste preface & formule, *Licétne consulere? Sextum Ælium accepimus, Marcum verò Manilium nos etiam vidimus transuerso ambulantes foro, quod erat insigne eum qui id faceret facere ciuibus omnibus consilij sui copiam.* L'on dit que Mutius Sceuola, l'vn d'entre eux, atquit telle reputation de sagesse & preud'hommie, qu'en toutes les instructions que l'on donnoit depuis luy à ceux qui alloient presider aux prouinces, on y mettoit le nom de Sceuola, comme vn parfaict patron de leur deuoir. Pour toute autre remonstrance, ie ne vous veux que represen-

ter l'eloge qui fut donné à Seruius Sulpitius, celebre en voſtre profeſſion:
Iuriſconſultus cuius prudentiam populus Romanus in cauendo non in decipiendo
perſpexit. Non ille magis iuris conſultus quàm iuſtitiæ fuit. Itaque quæ proficiſce-
bantur à legibus & iure ciuili ſemper ad facilitatem æquitatémque referebat, ne-
que conſtituere litium actiones malebat quàm controuerſias tollere. Si vous faites
le ſemblable, qui eſt-ce qui meritera dauantage du public & du pays que
vous? Quels plus vtiles citoyens engendra iamais voſtre ville, bien qu'elle
ſoit celebre par le nom & renom de beaucoup de grands Orateurs, pluſieurs ſignalez Philoſophes, & plus encor de ſçauans & religieux Prelats?
Mais n'eſt-ce point ſe moquer, que de vous exciter tous à de ſi grands &
penibles labeurs & continuelles ſollicitudes, ſans vous propoſer aucune digne recompenſe? La Iuſtice qui fait profeſſion de diſtribuer à chacun ce
qui luy appartient, ſera-elle iniuſte pour ſoy-meſmes? defraudera-elle ſes
ouuriers de leur iuſte ſalaire? Et s'ils ont à en attendre quelqu'vn, quel ſera-
il, puis que nous les deſgouſtons & diſſuadons de celuy qui leur eſt ordinaire? Non, non, leur loyer eſt tout certain; loyer le plus precieux & plus
rare qu'ils ſçauroient, non pas eſperer, mais deſirer; vn plaiſir & ioye interieure qui naiſt en la conſcience de tous ceux qui font quelque belle & genereuſe action: & dauantage vne gloire immortelle, qui de l'interieur d'v-
ne ſaine conſcience reluit à l'exterieur de leurs belles actions, & reſpand aux
yeux des hommes la claire lumiere de leur nom & reputation. Et quel plaiſir au monde eſt egal à celuy-là? τίνα ἢ μᾶλλον εὐφραίνει τὰ ἔργα τῆς ἀρετῆς, ἢ τὸ
ἔχοντα αὐτὸν ἅπαντας θεατὰς κỳ μάρτυρας τῆς αὐτῆ ψυχῆς, ὥστε μηδὲν πεδ῾ἕξαντι οἷόν τι λαθεῖν
ἢ μᾶλλον ἢ τῷ ἡλίῳ πορβεύεδαι διὰ σκότος; dit cet admirable ſophiſte Dion Chri-
ſoſtome. Qu'eſt-ce qui reſiouit dauantage la vertu en ſon trauail, que d'a-
uoir tous les hommes autour de ſoy ſpectateurs & teſmoins de ſes belles
actions, en ſorte que rien n'en puiſſe eſtre caché ny obſcurcy, non plus
que le Soleil qui ne peut trouuer de tenebres? Car à meſure qu'il eſclaire au
reſte du monde, il ſe fait iour & lumiere à ſoy-meſmes tout le premier. Or
peut-eſtre m'a-il eſté bien ſeant iuſques icy d'effleurer les ceremonies des
anciens, emprunter leurs opinions, me ſeruir d'exemples, pour par quelque emulation de leur vertu eſchauffer vos courages à l'amour de la Iuſtice
& au ſeruice que vous y deuez: mais maintenant qu'il eſt queſtion de vous
aſſeurer du loyer que vous meritez & en deuez attendre, ce ſeroient de trop
foibles gages que leurs promeſſes, de trop inſuffiſantes cautions que leurs
authoritez. Il faut pour clorre ceſte action, que ie vous introduiſe en ce
theatre la Iuſtice, elle meſme parlante & contractante auec vous. Ceſte Iuſtice, diſ-je, qui eſt de toute eternité, qui eſt en Dieu, & eſt Dieu meſmes:
de laquelle les promeſſes ſont infaillibles, de laquelle il eſt dit que les Cieux
paſſeront & ſa parole demeurera. Voicy comme ſon Eſprit vous excite:
voicy le prix qu'il promet à voſtre labeur: *Sacrificate ſacrificium iuſtitiæ, &*
ſperate in Domino. Le bon Iob diſoit: *Iuſtitia indutus ſum, & veſtiui me, ſi-*
cut veſtimento & diademate, iudicio meo: oculus fui cæco & pes claudo. Et eò
quòd liberaſſem pauperem vociferantem & pupillum cui non eſſet adiutor, bene-
dictio populi ſuper me deſcendebat. Mais il ſemble que tout cela ne regarde
que quelques biens & faueurs temporelles. Auſſi les promeſſes de Dieu ne
                                                                        s'arreſtent

s'arreſtent pas là : ains ſa Sapience adjouſte pour le comble ; *Scire iuſtitiam & virtutem radix eſt immortalitatis:* prix ſi grand, ſi haut & ſi excellent, qu'il n'y a nulle ſorte de labeurs, pour ſi penibles qu'ils puiſſent eſtre, qui ne vous doiuent ſembler doux & agreable.

A LA CLOSTVRE DE LA CHAMBRE
de Marſeille.

VOvs auez entendu la lecture des lettres patentes du Roy, par leſquelles il reünit ceſte Chambre au corps de ſon Parlement, & reduit ſa Iuſtice en l'eſtat qu'elle eſtoit auparauant les guerres. C'eſt le ſoin paternel de noſtre Prince, non moins ſage que genereux, lequel durant l'orage des guerres, ayant recüeilly auec ſes armes victorieuſes les pieces diſſipées de ceſte jadis ſi floriſſante Couronne, & icelles rejoinct & cimenté de ſa ſueur & de ſon ſang, maintenant en la ſerenité de la paix. Il veut par ſon prudent gouuernement rendre non ſeulement ſa premiere forme, mais encore ſon ancien luſtre & premiere beauté, & remplir iuſques aux moindres mal-heurs qui peuuent porter quelques marques des diſſenſions fatales qui ont affligé cet Eſtat. Et pour ce auec ceſte prouidente Royalle, ſa Maieſté rappelle ceſte auguſte & ancienne ville à la celebrité du commerce auquel l'inuitent les mers qui l'enuironnent, & ce beau port qui par vn ſingulier priuilege de nature repoſe dans ſon ſein. Et afin que cet opulent trafic, ſi vtile à ceſte ville, ſi commode à tout le Royaume, ne ſoit diuerty par aucunes autres occupations, elle remet ſa Iuſtice ſouueraine en ſon ancienne ſeance. Tant que la fievre des mouuemens ciuils a exercé ceſte ville, ou que l'impreſſion de chaleur qu'elle y auoit laiſſé l'a menacée de quelque euident peril ; la Iuſtice ſouueraine, ſouueraine medecine des peuples, quittant ſon ſiege & domicile, eſt venuë vers vous. Maintenant que vous eſtes purgez des humeurs peccantes qui alteroient voſtre repos, & que vous auez repris force & vigueur, s'il vous eſt beſoin de quelque regime pour vous conſeruer en bon eſtat, vous pouuez bien à l'exemple de ceux qui ſont reuenus en conualeſcence, aller iuſques à la maiſon du medecin querir ſon conſeil & ſecours. En Egypte lors que le Nil commence à croiſtre on celebre vne feſte fort ſolennelle, auec toutes les reſioüiſſances dont on ſe peut aduiſer. Puis quand il eſt à ſon plein, & qu'il commence à verſer, chacun le deriue chez ſoy & remplit ſes ciſternes pour attendre ſon retour, & ſe deffendre de la ſeichereſſe qui eſt naturelle au païs. Ie croy de meſmes que vous qui auez teſmoigné tant de reſioüiſſance à l'arriuée de la Iuſtice en ceſte ville, qui auez eu ſes ſources ouuertes à toutes vos neceſſitez, voire à tous vos ſouhaits, aurez fait de beaux & amples reſeruoirs des ſalutaires inſtructions que ceſte Compagnie vous a données durant ſon ſejour, pour vous en ſeruir apres ſon depart, & vous en preualoir contre les incommoditez de la licence & du deſordre trop ordinaires en ceſte ville. Toutesfois, pource qu'il n'y a rien qui s'eſcoule ſi aiſément de l'eſprit des

hommes que la bonne inftitution, & qu'au contraire les mauuaifes inclinations gagnent continuellement le deffus, la Cour quittant cefte feance,
penfe par ces dernieres paroles & foigneux enfeignemens vous deuoir encores exciter à voftre falut. Herodote efcrit en vn endroit, que Darius Roy
des Perfes auoit vn page, qui toutes & quantesfois qu'il fe mettoit à table,
luy difoit par trois fois, S I R E, fouuenez-vous des Atheniens comme s'il
luy euft dit ; Ayez toufiours en la penfée le danger où les Atheniens vous
ont reduit ; & pouruoyez à ne point tomber en femblables inconueniens ;
eftimant par cet aduertiffement eftre fuffifamment exhorté à fonger à ce
qui eftoit de fa charge & bien de fon Eftat. Auffi penfé-je que la plus per-
fuafiue remonftrance & de plus d'efficace que l'on vous fçauroit faire, &
qui en moins de mots comprendroit plus de chofes, feroit de vous dire que
vous vous fouueniez de Cafaux & Loys d'Aix. Et pleuft à Dieu que les funeftes images de ces deux monftres-là fuffent fi viuement imprimées en
vos efprits, qu'il ne fe paffaft heure, minute, ny moment fans les vous figurer. Car vous reprefentant d'vn cofté les iniures, outrages, emprifonne-
mens, rapines, meurtres, affaffinats, dont ils auoient remply voftre ville,
elles vous feroient voir de l'autre l'imprudence auec laquelle vous vous
eftiez laiffez empieter par cefte infame canaille, & leur auiez laiffé vfurper
l'authorité Royalle, & eftouffer celle de la Iuftice. Qui peut douter que fi
vne profonde oubliance n'efface de vos efprits la memoire de tant de calamitez, qu'vn foin tres-piquant ne vous refueille à toute heure en furfaut
pour à l'aduenir parer à femblables infortunes ? Chofe qui ne vous fera point
mal-aifée à faire, fi confiderant les moyens par lefquels vous auez efté
conduits à cefte extreme mifere, vous y oppofez maintenant leurs contraires ; & qu'au lieu de la rebellion, à laquelle on vous animoit, vous vous
eftudiez à l'obeïffance & feruice de voftre Roy ; au lieu du mefpris de la Iuftice auquel on vous bandoit, vous vous formez à fon refpect ; au lieu de la
haine & difcorde en laquelle on vous nourriffoit, vous entretenez parmy
vous l'amitié & la concorde. Vous voyez auec combien de peine & follicitude le Roy vous a procuré cefte heureufe paix, mere de voftre commerce, nourrice de voftre opulence, afin que vous peuffiez en fon fein tranquille reftablir vos fortunes affligées, & recouurer la vigueur que le poifon
des guerres ciuiles auoit efteinte en vous. S'il n'euft regardé qu'à fon intereft, la guerre eftoit le vray champ de fa gloire. Laiffant auancer fa fortune par le chemin que fes armes victorieufes auoient ouuert à fa vertu, elle le
conduifoit à de grandes & honorables conqueftes, & faifoit incliner toute
l'Europe fous fon Sceptre. Mais ce bon Prince ne s'eftant point propofé de
plus heureux prix à toutes fes victoires que la felicité de fes peuples, à volontairement arrefté le cours de fa gloire pour hafter celuy du repos de fes
fubjets. Et particulierement recherchant ce qui eftoit de la feureté & commodité de cefte ville, il vous a, auec vne defpence infinie, recouuré les Ifles des mains des Florentins, fans vous auoir voulu en façon quelconque
faire contribuer aux fraiz d'vn effect fi heureux & important pour vous.
Puis donc que vous voyez en la perfonne de cet excellent Prince, voftre
liberateur, voftre conferuateur, affemblées toutes les vertus qui ont iamais
decoré

decoré les Roys ses antecesseurs, son regne vous promettre toutes les benedictions des siecles passez, sa valeur vous asseurer contre la violence de l'E-
stranger, sa Iustice vous deffendre de l'oppression domestique, sa bonté
subuenir à vos necessitez, sa clemence accourir à vos infortunes; que vous
reste-il autre chose pour euiter ceste tache d'ingratitude, trop infame, trop
honteuse, trop indigne de vous, que de multiplier vos affections à l'egal
des merites d'vn si bon, d'vn si grand Prince, pour les conuertir toutes en
respect, obeïssance & veneration? Doncques tout ce qui vous viendra de
sa main, tout ce qui portera son nom, tout ce qui partira de son authorité,
vous soit sainct, sacré & inuiolable: mais principalement sa Iustice, qui est
vrayement son bras droict, le bras de vostre protection & deffense. Quand
vous ne l'auriez iamais appris d'ailleurs, vous auriez assez clairement conneu par la seance de ceste Cour, que du respect de la Iustice, & de l'obeïssance qui luy est renduë, depend tout vostre heur & felicité, puis que vous
auez veu que son seul aspect a dissipé les nuages des diuisions, dissensions,
tumultes, seditions & violences qui suffoquoient vostre liberté, & ramené
parmy vous la douceur du repos & seureté publique. Certainement non
plus que le monde ne pourroit subsister si le Soleil continuellement ne
tournoit à l'entour, & n'y respandoit par tout la splendeur de sa viue lumiere; aussi ne feroient pas les citez & polices humaines, si la Iustice n'apparoissoit continuellement sur elles auec le lustre de son authorité: laquelle
ne peut estre eclipsée par l'irreuerence ou desobeïssance des peuples, qu'elle
n'influë sur eux de fort tristes, infortunées & calamiteuses aduantures: comme au contraire honorée & obeïe, elle y fait florir toute sorte de biens &
benedictions. Car ainsi que la musique donnant à la voix le ton & la mesure, haussant ou abaissant les sons, les hastant ou allentissant fait naistre la melodie des accords: de mesmes la Iustice moderant les affections des hommes, reprimant leurs cupiditez particulieres, & les reduisant à la regle de l'e-
quité & allignement du bien commun, engendre ceste heureuse harmonie,
que le Thebains sagement auoient prise pour patronne & Deesse tutelaire
de leur ville. Auec ceste harmonie naist la concorde, comme sa sœur jumel-
le: concorde, par laquelle ce qui est foible est rendu fort, ce qui est en danger
deuient asseuré, ce qui estoit serf deuient libre: concorde, par laquelle non
seulement les choses grandes se conseruent, mais les plus petites se font fort
grandes: concorde, par laquelle les hommes de differente humeur & condition sont vnis en affection & volonté, les citoyens sont faicts freres, &
la cité est renduë comme vne seule famille: concorde, par laquelle les citez florissent en opulence, s'esleuent en reputation, se conseruent en dignité. Nous vous auons rappellé, rendu & restauré ce precieux thresor, con-
seruez-le soigneusement. Euitez tous sujets de dissensions entre vous, deposez tout soupçon, bannissez toute enuie, chassez de vos cœurs vn certain amour du bien particulier, qui est trop naturel en ceste ville; & conspirez vnanimement à son bien vniuersel. Comme vous joüissez tous egallement de ses commoditez & priuileges, portez-en aussi patiemment les
charges, & contribuez volontairement aux necessitez publiques. Euitez
semblablement toutes occasions de rixe & contention auec vos voisins;

& s'il en estoit nay quelqu'vne, estouffez-là soudainement : car il n'en
peut arriuer que beaucoup de mal, & pour vous & pour eux,& pour le general de la Prouince.Les plus sages conseils sont en fin les plus honorables:
& ceux qui auec plus de prudence & modestie se contiennent en leur deuoir, se trouuent au bout en toutes façons auoir l'aduantage. Doncques
par ceste chaisne de l'obeïssance du Prince, du respect de la Iustice, de l'a-
mour de la concorde,attachez à vostre ville la seureté, le repos, le bonheur:
& les attachez auec des neuds si serrez que iamais ils n'en puissent partir.
Mais pour auancer & consommer ce bon œuure, vous autres Magistrats
& Officiers(qui en l'absence de ceste Cour demeurez icy comme les estoiles apres le coucher du Soleil) pouuez dauantage seruir que tous les autres.
Car ayans en vos mains le nom & l'authorité du Prince, si vostre integrité & preud'hommie y adjoustent la creance & bien-vueillance des peuples,
il n'y a rien qui ne flechisse deuant vous, & que vous ne rangiez ayséement
sous le joug de la Iustice. Estans tels que vous deuez, vos mœurs seruiront
de loix à vos citoyens, il n'y faudra autre censeur que vostre seul regard : &
vous arriuera ce qu'vn ancien historien escriuoit de Numa, qui auoit tellement imbu les esprits de pieté & saincteté,que la foy & le serment,sans autres loix ny peines,suffisoient à gouuerner la cité.Si au contraire vous ne tenez vos mains nettes,vos consciences pures,vostre reputation entiere,on
vous pourra à bon droict reprocher que vous prostituez ceste sacrée vierge
de Iustice;que vous rendez les loix coulpables & nuisibles;que vous trahis-
sez vostre Prince,de l'authorité duquel vous abusez contre son gré,& contre la loy que vous luy auez jurée. Quand vous vous voyez esleuez en vos
sieges par dessus les peuples,faites compte que vous estes-là côme posez en
sentinelle,pour descouurir &arrester le mal,qui à l'ombre des faux pretextes
veut troubler le repos public, ou offenser le droict des particuliers. Si vous
n'auez continuellement les yeux ouuers pour y pouruoir, il ne se peut faire
que le public &les particuliers ne soiêt exposez à vne grâde ruine.Les grands
maux ne naissent pas tout à coup,les mœurs se peruertissent par degrez:de la
negligence des Iuges se nourrit la licence des peuples, la licence se conuer-
tist en injure,l'injure se tourne en contumelie, la contumelie degenere en
crime, la multiplication des crimes produict en fin la ruine & euersion des
Estats. Vostre diligence & vostre courage peuuent ayséement parer à ces
maux-là. Car il n'y a rien qui affoiblisse tant l'esperance des meschans , &
rende plus faillis de cœur ceux qui sont trop prompts à outrager,que la diligence de la Iustice:ny rien,comme dit Thucydide, qui bouche si tost le
chemin à ceux qui trop facilement se laissent aller à mal faire, que quand la
punition suit de pres le mesfaict. En fin vous deuez faire estat que la principale loüange du bon ordre & disposition où ceste ville sera conseruée,vous
sera deferée ; comme aussi le blasme des confusions qui y pourroient arriuer. Monstrez donc par vos bonnes actions & sages deportemens à l'aduenir,que l'exemple de ce Senat, aux yeux duquel vous auez vescu durant
le cours de ces deux dernieres années, & l'institution que nous auons essayé de vous donner, ne sont point tombées en des ames pierreuses &
steriles. Mais gouuernans auec sincerité & seuerité ceux qui demeurent

sous

sous vos charges, obseruans religieusement les reglemens que la Cour vous
a prescrits , & faisans reluire la Iustice en sa pureté & splendeur , adoucissez
les regrets que vos citoyens peuuent auoir de nostre absence ; faites que nos
actions imitées & representées par les vostres , leur facent croire que nous
sommes encor parmy eux. Quant à vous Consuls, à la foy & sollicitude
desquels est commise la garde de ceste grande & importante ville, & qui
auez en vos mains comme la tutelle du peuple, l'asseurance que la Cour a
de vostre fidelité & preud'hommie la descharge fort du soin qu'elle pourroit auoir de vous remonstrer ce qui est de vostre deuoir ; vos actions passées luy seruans comme d'ostages de vos bons deportemens à l'aduenir.
Que si par honneur, & pour vous monstrer quel soin l'on a de vous, il falloit entrer en quelque remonstrance en vostre endroit, on ne vous pourroit donner vne plus belle instruction que les fautes de vos predecesseurs,
& l'exemple des inconueniens qui leur sont arriuez. Quand se perdans en
de vaines & folles presomptions, ils ont voulu pour s'authoriser en leur
particulier nourrir & fomenter la licence effrenée des peuples, ceste licence conuertie en fureur s'est tournée contr'eux les premiers, & leur a fait
porter la peine de leur temerité : leur faisant quant & quant connoistre
que le prouerbe du Sage est bien vray ; Celuy qui rompra la haye sera mordu du serpent. Faisans donc profit des fautes d'autruy , reconnoissez que
vous ne pouuez trouuer salut ny seureté, ny pour vous, ny pour vos enfans, ny pour vos concitoyens, que tant que le joug des loix, & la reuerence de la Iustice tiendront en deuoir les peuples que vous auez sous vostre
charge. Les Ephores de Sparte auoient accoustumé au commencement
de leurs Magistrats de faire vn cry public, que chacun eust à raire sa barbe,
& obeïr aux loix. Mais vous, & au commencement, & au milieu, & à la
fin des vostres, deuez par vostre parole , par vos actions, par vostre exemple, instruire les peuples à l'obeïssance du Prince & de la Iustice. C'est pourquoy vous estes instituez : c'est en quoy vous deuez mettre toute vostre
estude : c'est dequoy vous pouuez esperer vostre salut, & celuy de ceux
qui sont sous vous. Et pource, comme Romulus montant au Ciel, pour
le dernier & plus signalé tesmoignage de son affection vers le peuple Romain, le fit aduertir par le Senateur Proculus, qu'il eust à exercer la prouësse & la temperance, l'asseurant que par icelles il monteroit à la cime de la
puissance humaine ; ce Senat descendant de ce siege pour retourner à son
ancienne seance, auec la mesme affection de pere dont il vous a indulgemment cheris durant son sejour, vous aduertit, vous exhorte, vous coniure
tous de seruir & obeïr fidellement & religieusement à vostre Roy, aux
loix & à la Iustice : & vous asseure sous la cautiõ de la sacrée parole de Dieu,
plus ferme & plus immuable que le Ciel ny les estoilles, que ce faisant vos
heurs & prosperitez surmonteront vos vœux & vos desirs. Dieu vueille
que ces dernieres paroles que nous vous laissons à tous, comme fidelles tesmoins de nostre sainte affection, entrent si auant dans vos oreilles, qu'elles
puissent penetrer en vos cœurs, & y facent germer des volontez telles qu'elles sont necessaires pour vous rendre bien-heureux. Dieu vueille que la memoire de nos actions demeure si bien imprimée en l'esprit des hommes de

ce lieu, qu'elle puisse seruir à jamais d'asseurance aux bons, & de terreur aux meschans. Dieu vueille que les assidus labeurs qui ont fait blanchir partie de nostre poil pendant ces deux dernieres années, seruent de fondement stable & immobile à vostre repos & prosperité. Au moins a-ce bien esté là le principal but auquel nous les auons addressez. S'ils ont fructifié selon nos desirs, nous nous en allons d'auec vous fort contens & consolez; nous asseurans, qu'en jouissans des biens que nous vous auons procurez, vous retournerez quelquesfois vos pensées vers nous, & ne nous desnierez point le tesmoignage d'honneur & de bien-vueillance que nous pensons auoir merité parmy vous. Pour nous, aussi bien esloignez comme presens, nous rechercherons soigneusement les moyens de promouuoir, asseurer & augmenter vostre bonheur. Et si iamais il monte à l'egal de nos souhaits, croyez qu'il aura mesmes surmonté les vostres. Auec ce desir, auec ceste esperance, auec les mesmes auspices de bonheur & felicité, par lesquels nous ouurismes ceste seance, nous la fermons. Et pour cet effect, la Cour a ordonné & ordonne, que sur le reply des lettres patentes du Roy, qui ont esté presentement leuës, il sera mis, qu'elles ont esté publiées, & registrées, ce requerant le Procureur General du Roy, pour estre obseruées selon leur forme & teneur.

A SON ARRIVEE AV PARLEMENT DE
Prouence, mil cinq cens quatre-vingts dix-neuf.

MESSIEVRS, bien que la grace que le Roy mon Maistre m'a faite, m'honorant de ceste charge, soit tres-grande; toutesfois le singulier tesmoignage de bien-vueillance que j'ay receu de ceste Compagnie & de toute la Prouince, arriuant parmy vous, m'a semblé grandement la surmonter. Car ores que nostre Prince soit aussi excellent en ses jugemens qu'és autres grandes & glorieuses vertus qui reluisent en luy, si est-ce que la fortune des affaires du monde sous les plus sages Rois a tousjours esté telle, que beaucoup de grands & celebres personnages ont esté moins honorez & employez qu'ils ne meritoient, & d'autres plus esleuez qu'ils ne deuoient: ce qui rend les recompenses qui partent de leur main plus suspectes de faueur, & moins honorables à la vertu. Mais le iugement qui part d'vn commun consentement des peuples, ou d'vne si grande & auguste Compagnie que celle-cy, apporte à ceux à qui il est rendu, s'ils ont l'ame droicte & leurs desseins dirigez au bien, beaucoup plus de consolation & de plaisir; & leur donne comme vne ferme esperance, que les labeurs qu'ils ont déuoüez au bien public, confortez & soustenus d'vne bien-vueillance commune, ne peuuent reüssir qu'à vne bonne & heureuse fin. Entrant sous si heureux auspices à l'exercice de ceste charge, il me semble que ie suis obligé la commencer par l'explication de la creance portée par les lettres que le Roy vous escrit, en vous rendant compte d'vne partie des choses qui se sont passées concernans ceste Compagnie pendant mon sejour à la

Cour.

Cour. Car, Meſſieurs, bien que ie ſois party d'auec vous, comme eſtranger, & ſans cogitation de plus retourner en ceſte Prouince, j'en partis auec ceſte opinion que les années que j'auois coulé auec vous, la ſociété des labeurs que nous auions conjoinctement & aſſez heureuſement employé au ſeruice du Roy, & du public, & particulierement l'amitié que j'auois receuë de cet ordre, m'y auoient comme aggregé & adopté, & par conſequent obligé d'inſtruire le Roy de ce que ie jugeois concerner l'honneur & dignité du corps inſeparablement vny au bien du ſeruice de ſa Maeſté. Auſſi ne manquay-ie point de luy repreſenter fort particulierement les ſoigneux & fidelles labeurs auec leſquels vous veillez à la manutention de ſon authorité, eſtabliſſement de ſon obeïſſance, repos & ſeureté de ceſte Prouince. Et luy fis particulierement entendre les choſes par leſquelles, comme j'auois appris de vous, vous eſtes ordinairement trauerſez & empeſchez en l'exercice & fonction de vos charges. Il s'enquiſt fort ſoigneuſement de moy, comme les affaires de Sainct Maximin s'eſtoient paſſées, & fut fort aiſe d'entendre la diligence dont vous auiez vſé pour eſtouffer par voſtre prudence & ſeuerité les eſtincelles de ces remuëmens-là; mais encor dauantage de ſçauoir que ce mal n'euſt point de plus profondes racines que celles que vos jugemens ont extirpées. Et loüant en cela deuant tout le monde, & à haute voix, voſtre courage & fidelité, il me commanda, partant d'aupres de luy, de vous exciter de ſa part en ſemblables occaſions, ſi jamais elles renaiſſent, à vous porter auec ſemblable affection & diligence ; vous aſſeurant que vous ne manquerez point ny de l'aſſiſtance de ſon authorité, ny de ſa propre perſonne, ſi elle y eſt neceſſaire. C'eſt ſur vous principalement qu'il ſe repoſe des affaires de ceſtre Prouince ; ayant ceſte opinion, maintenant que le bonheur de ſes armes a fait tomber celles de ſes ennemis de leurs mains, que le ſeul cours de la Iuſtice peut maintenir la paix & le repos parmy ſes peuples, & redreſſer tout ce qui ſe voudroit deſuoyer. Il eſt bien aduerti que ceſte Prouince n'eſt pas du tout bien purgée d'humeurs turbulentes & eſprits mal-animez au repos : il le juge aſſez par les aduis qu'il a à toutes heures des bruits que l'on ſeme en ce pays ; qui n'eſt qu'vne mauuaiſe graine que les meſchans jettent dans l'eſprit des peuples, pour voir ſi elle n'y pourra point prendre racine, & par ſon ombre veneneuſe eſtouffer l'amour, l'honneur, & l'obeïſſance deuë au Prince, & à ſes Magiſtrats, mettre toutes choſes en confuſion, & faire regner la violence au lieu de la Iuſtice. Choſe en quoy comme vous eſtes principalement obligez, auſſi eſtes-vous particulierement intereſſez de veiller : car elle traine bien auec ſoy vn peril commun à toute la Prouince, mais vous menace particulierement comme ceux qui eſtes directement oppoſez aux perturbateurs de l'Eſtat. Le Roy doncques s'attend, Meſſieurs, que voſtre vigilance & ſeuerité preuienne tous ces mauuais deſſeins, & les eſtouffe en ſes premiers bruits, & dans la licence de parler, comme dans la matiere où ils ſe forment, pour eſclorre puis apres en l'impunité de mal faire. L'eſtat de ceſte Prouince eſt tel, que les longues miſeres y ont laiſſé vne mauuaiſe habitude & cacochyme, qui fait que les eſprits des hommes qui ne voyent quaſi plus de reſource à leur pauureté & indigence, ſe laiſſeroient aiſément emporter au

deſeſpoir, & preſteroient facilement l'oreille à toutes nouueautez, ſi le poids
& grauité de voſtre prudence, comme lanchre de ce vaiſſeau public, ne
l'affermiſſoit & retenoit en egalité. Ie repreſentay au Roy le grand deſordre
qui eſtoit en ceſte Prouince à cauſe de la frequence des abolitions & euocations, dont il me commanda de parler à Monſieur le Chancelier, & à
Meſſieurs de ſon Conſeil. Comme i'en fis la plainte au Conſeil, le Chancelier proteſta fort ſolennellement qu'il n'en ſeelleroit plus aucune, ſinon au
cas des Edicts & Ordonnances; fit dreſſer vne declaration pour regler quelques abus qui ſe commettoient au Grand Conſeil; ſur ce fait, fit appeller
Meſſieurs les Maiſtres des Requeſtes, & leur ordonna en plein Conſeil de
faire renuoy de toutes les inſtances qui ſe trouueroient pendantes au Conſeil. Quant aux abolitions, qu'il auoit pris ceſte regle de n'en ſeeler aucune, quelque commandement qu'il en ait, ſinon que le fait y ſoit narré: que
par là il entendoit les remettre en connoiſſance de cauſe, & en termes de
ſimples remiſſions; à l'entherinement deſquelles vous pouuez apporter les
conſiderations neceſſaires pour le bien de la Iuſtice; leſquelles vous deuez
temperer en ſorte, que gardans à la grace du Prince ſon reſpect & ſon authorité, vous retranchiez auſſi à la licence des crimes l'eſperance de l'impunité. Meſſieurs, ie n'eſtois plus pres du Roy quand les nouuelles vindrent
du different ſuruemi de nouueau entre ceſte Compagnie & la Chambre
des Comptes pour quelques nouueautez par eux pretenduës. Sa Majeſté
m'auoit donné congé de m'en retourner à Paris, & m'auoit ordonné de la
venir trouuer à Lyon; mais ayant receu la lettre que Monſieur de Guiſe luy
auoit eſcrit auec vn ample diſcours de tout ce qui s'eſtoit paſſé en ce fait,
elle me commanda d'en communiquer à ſon Conſeil, & apres auoir entendu l'aduis de ſon Conſeil, partir promptement ſans l'aller retrouuer. Ie vous
puis aſſeurer, Meſſieurs, que le Conſeil du Roy trouua fort mauuais que
ceux de la Chambre des Comptes euſſent ſi mal à propos attaché ceſte querelle, & môſtra eſtre fort mal ſatisfait de telles entrepriſes. Et m'aſſeure qu'en
cela, & toute autre choſe qui concernera la protection de voſtre authorité,
celle du Maiſtre ne vous manquera point; & comme il ſe repoſe principalement de la ſeureté & conſeruation de ceſte Prouince, auſſi deſire-il l'authoriſer & fauoriſer en toutes choſes, comme le principal inſtrument de
ſon obeïſſance. Il eſt vray, Meſſieurs, que le vœu & deſir de ſa Majeſté ſeroit bien que les differends que vous pouuez auoir auec Meſſieurs des Comptes, ou auec ceux du pays, ſe terminaſſent, s'il eſtoit poſſible, auec vne
douce & amiable conference, & par le moyen de voſtre prudence & equanimité. Car encore que vous deuiez attendre vn jugement aduantageux
pour vous, s'il faut qu'elles ſoient terminées par ſa Majeſté; toutesfois en
ce cas l'iſſuë n'en peut jamais eſtre, ny ſi honorable pour vous, ny ſi vtile
pour le bien de la Prouince, que ſi de vous meſmes par la voye d'vn accord
vous vous rendez juges & arbitres de voſtre propre different. Les playes
qui ſe gueriſſent auec les futures & les vnguens laiſſent touſiours de laides
& difformes cicatrices d'autre teint & d'autre couleur que le reſte: Où, au
contraire, celles qui ſe conſolident par la ſeule operation & benignité de
la nature, ne laiſſent aucune marque de la ſolution, ny veſtiges du mal.

De

De mesme les querelles & differents qui s'appaisent par l'entremise d'vne puissance superieure, & par vne espece de jugement, suspendent bien pour vn temps les mauuais & dangereux effects, mais ne purgent pas parfaitement les volontez des hommes, ains couuent sous la cendre d'vne obeïssance forcée, les estincelles de la haine & de la rancune, comme l'amorce d'vne nouuelle dissension qui se rallume aisément à la premiere occasion. L'estat de ceste Prouince, Messieurs, est tel, qu'afin de pouruoir aux miseres qui luy restent des calamitez passées, il est besoin que l'vnion & la concorde soient entre tous ceux qui ont l'authorité : encore quand vous joindrez toutes vos mains ensemble, trouuerez-vous le fardeau bié pesant. Ceste vnion, ceste concorde, ne peut proceder que de vous ; si vous n'en estes les autheurs par ceste douceur & equanimité, il ne la faut point esperer. Car vous auez peu remarquer en tous les exemples de l'antiquité, qu'és dissensions qui sont suruenuës és Estats & Republiques, ç'ont tousiours esté, & le Senat & les puissances superieures qui ont cherché, & moyenné les reconciliations. Aussi à la teste gist le principe des mouuemens; & pource les actions salutaires pour le public doiuent principalement partir de ce lieu, comme le plus noble, & le siege de la prudence. Certainement, Messieurs, depuis que ie suis és affaires du monde, j'ay veu beaucoup de grandes & celebres Compagnies ; mais ie puis dire auec verité, qu'à peine en ay-je veu aucune mieux garnie de personnages pleins de preud'hommie, d'erudition, de prudence, & d'experience. Que si tant de belles & rares parties peuuent estre fermement liées & incorporées par la soudure d'vne ferme amitié & bonne intelligence tant entre vous mesmes, qu'auec les autres membres de ceste Prouince, ne doutez point que les actions de ceste Compagnie ne se rendent aussi agreables au Prince, aussi recommandables à tout le Royaume, aussi salutaires à ce pays que l'on les sçauroit desirer. Et pour moy, Messieurs, si ayant l'honneur de seoir en ceste place, ie puis auoir encore cet heur de promouuoir ce bien-là, ie me persuaderay auoir atteint le comble de mes souhaits : ie croiray d'auoir suffisamment approuué le iugement du Prince qui m'a honoré de ceste charge : j'estimeray de m'estre aucunement acquité de ce que ie dois à ceste Compagnie qui m'a gratifié par dessus tout exemple ; & penseray auoir satisfait à l'obligation que j'ay au bien & soulagement de ceste Prouince qui m'a tesmoigné vne bienvueillance extraordinaire. C'est à quoy tous mes souhaits, mes desseins, mes actions seront addressées ; & pour le pouuoir obtenir, ie ne manqueray ny d'aucun seruice que ie doiue au General de ce corps, ny d'aucun office que ie puisse rendre aux particuliers, ny d'aucun soin que ie puisse apporter au bien & salut de la Prouince. Et à cela, Messieurs, si mes propres forces se treuuent debiles, j'espere que Dieu premierement à qui j'ay tousiours recommandé, & resigné le gouuernement de mes actions, ne me destituera point de sa grace, & que le Roy mon Maistre, qui a voulu faire ce choix de moy, ne manquera point de sa faueur ; & que vous, Messieurs, qui m'auez associé à cet ordre auec tant de bien-vueillance, m'inspirerez continuellement vos sages auis & conseils. Ie ne pense point auec vne si seure addresse, vn ayde si puissante, vne prudence si certaine pouuoir faillir le but que ie me propofe, qui eſt principalement la conſeruation de l'honneur & dignité de ceſte Compagnie, à laquelle ie deuoüe & conſacre de tout mon cœur tout ce que j'auray jamais d'eſprit, de force, & de moyens.

A L'OVVERTVRE DV PARLEMENT DE PROVENCE
à la ſainct Remy, mil cinq cens quatre-vingts dix-neuf.

CESTE honorable ſemonce, que les gens du Roy vous ont fait aujourd'huy de rentrer comme à vn nouueau tournoy à l'exercice de la Iuſtice, rappelle à noſtre mémoire vne action ſemblable qui ſe remarque dans le Sophiſte Philoſtrate. Il eſcrit en la vie d'Apollonius, que quand le temps eſtoit venu que les villes de Grece enuoyoient leurs champions aux jeux Olympiques; les Magiſtrats d'Elide faiſoient venir les leurs à la veüe de tout le peuple, & apres les auoir reuiſitez vn pour vn, conſideré leur port, regardé leurs armures, examiné leurs courages; ils leur diſoient ainſi: Enfans, vous vous preſentez pour hazarder auec voſtre honneur la gloire de voſtre ville: ſi vous eſtes vrays Eliens, & auez le cœur de vos peres, vous retournerez tous chargez de coronnes. Nous vous embraſſerons vainqueurs, & joüiſſans auec vous de l'honneur de vos victoires, nous vous en redoublerons le prix. Apres cela ils les conduiſoient juſques au champ du combat, & auant que de les laiſſer entrer dedans, ils leur diſoient encor: Or ſus compagnons, ſi vous vous eſtes dignement exercez, ſi vous vous fiez aſſez de vos forces, ſi vous auez aſſez de vigueur pour conſeruer la gloire que vos predeceſſeurs ont acquiſe, entrez hardiment & heureuſement: que ſi quelqu'vn ne ſe ſent ſuffiſamment preparé, qu'il ſe retire. O belle & genereuſe inſtruction! l'Echo & retentiſſement de laquelle peut, ce me ſemble, ſuffire aujourd'huy pour tout ce que le deuoir de nos charges nous oblige à vous dire. Car eſtans aduertis par ces paroles de vous ſouuenir du danger que vous courez & faites courir à voſtre patrie, ſi vous vous comportez laſchement & negligemment en l'exercice auquel vous vous preſentez maintenant; & au contraire, du grand bien que le public receura de vos labeurs, & du grand honneur qui vous en reuiendra ſi vous y verſez dignement; il eſt force que ceſte cogitation laiſſe dans vos courages de picquans aiguillons qui vous reueillent & raniment continuellement à ce genereux trauail, ſans vous donner aucune relaſche, que vous n'ayez preſſé les pas de ceux qui vous ont deuancé, & emporté les palmes qui reſtent à gagner.

> Qualis per iugera Circi
> Expectatur equus, cuius de ſtemmate longo
> Fœlix emeritos habet admiſſura parentes:
> Illum omnes acuunt plauſus, illum ipſe volantem
> Puluis, & incuruæ gaudent agnoſcere metæ.

Comparaiſon qui ſemble de tant plus propre & conuenable à ce ſujet, que nous remarquons qu'entre les actions des ſiecles anciens & des modernes,

des

des Chreſtiens & des Payens, à peine s'en pourroit-il trouuer deux qui ayent
plus de conformité, & ſe rapportent en plus de circonſtances, que faict la
ſolennité des jeux Olympiques aux ceremonies de ce combat forenſe. Car
outre que nous liſons en Herodote que l'autel Διὸς ἀγοραῖα, eſtoit commun
à la diuinité qu'ils eſtimoient preſider au palais de la Iuſtice & champs des
tournois; ces jeux s'ouuroient (à ce qu'eſcrit Pauſanias & autres hiſtoriens
Grecs) par de grands & ſolennels ſacrifices, par des hymnes melodieux,
qu'on chantoit à l'honneur des Dieux. Là preſidoiét les Amphictyons, qui
eſtoient les Iuges ſouuerains de la Grece : les lucteurs eſtoient introduits
par les herauts; & auant que combattre ils venoient deuant la ſtatuë de Iupiter Orcios, qui eſtoit vne ſtatuë de la main de Phidias, la plus effroyable
qu'il eſtoit poſſible de penſer, qui tenoit en chaſque main vn foudre; & là
ils juroient de combattre legitimement ſans fraude ne tromperie. Ils
eſtoient animez au combat par les cris & battemens des mains de leurs
amis; & en fin les vainqueurs eſtoient couronnez & ramenez glorieuſe-
ment chez eux, pour y paſſer, comme dit Pindare, le reſte de leurs jours,
auec vne merueilleuſe douceur & ſerenité de vie : ὁ νικῶν ἢ λοιπὸν ἀμφὶ βίοτον
ἔχει μελιτόεσσαν εὐδίαν ἀέθλων ἕνεκεν. Comparez maintenant à cela les ſolennitez que nous obſeruons aujourd'huy, & regardez ſi vous ne les verrez pas
entierement ſe rapporter en toutes leurs parties, comme ſi elles auoient eſté
tracées ſur vn meſme patron; & auec ceſte difference toutesfois bien ſeante, neceſſaire & perpetuelle entre les Chreſtiens & les Payens, qui eſt que
nous conuertiſſons en pure & vraye pieté leurs ſuperſtitions. Car premierement nous conſacrons ceſte journée par vn ſolennel ſacrifice, qui n'a rien
en ce monde qui l'egale en ſainchteté & veneration, puis qu'il nous exhi-
be la Diuinité, la rend preſente à nos yeux & à nos vœux, & nous remplit de toutes ſortes de graces ſi nous les voulons accepter. Deſorte que ſi
nous ne ſommes entierement hebetez & perclus d'entendemeét, ſi nous
n'auons perdu tout reſpect de la Diuinité, toute crainte des peines eternelles; il faut que nous ſortions de ce lieu touchez en l'ame d'vne ſecrette
horreur, qui contienne nos eſprits & nos penſées en vne religieuſe affection de bien faire, & nous acquitter dignement & fidellement de nos
charges. Partans de là, nous venons en ce theatre celebre, en ce throſne auguſte de la Iuſtice, reueſtus d'habits Royaux. Entrans icy nous ſommes ſui-
uis de diuers ordres de perſonnes, & voyons incontinent ce parquet remply
des Iuges inferieurs, ces barreaux bordez des Aduocats, le reſte de ceſte
ſalle plein de toutes ſortes de gens, les vns ſpectateurs, les autres attendans
les oracles de la Iuſtice. Par quel Hymne (direz-vous) commence-on
ces jeux Olympiques? quelle epode entonnons-nous à ceſte ouuerture?
Noſtre Hymne eſt la lecture ſolennelle des ordonnances, laquelle non
ſans grand raiſon nous appellons ainſi, puis que les Grecs ont appellé d'vn
meſme mot νόμους, & les chanſons & les loix; & n'ont eu parmy eux au
commencement autres chanſons que les loix & preceptes de bien viure,
qu'ils faiſoient apprendre aux enfans en chantant; & les anciens Latins meſmes ont vſé de ce mot de *Carmen* indifferemment, pour ſignifier les vers
meſurez, & les formules de leurs loix. Et quel plus beau chant peut-on

imaginer que celuy des loix ? quelle plus parfaicte harmonie? quel plus saint
enthousiasme vrayement ? puis que nos Iurisconsultes par les paroles de
Demosthene nous apprennent que la loy n'est autre chose que *ϭρισμα κỳ δόγ-*
ϵσν θϵοῦ. Et pour parler par la bouche de la Sapience mesmes, *Vapor virtu-*
tis Dei & emanatio quædam claritatis omnipotentis, candor lucis æternæ. Harmonie vrayement, puis que la loy n'est autre chose que l'ordre dont nos
ordonnances mesmes prennent le nom ; & que cet ordre est le pere de toute consonance, de toute symmetrie, de toute melodie, de toute suauité.
C'est par l'ordre que le monde est monde ; c'est à dire paré & orné de tant
d'embelissemens ; par l'ordre la terre est balancée entre les eaux, la mer enfermée dans ses riuages, les nuages suspendus en l'air, les Cieux garnis d'e-
stoilles & de tant d'astres marchans par compas ; par l'ordre de tant de parties differentes, voire contraires , sont tellement dispersées & agencées,
qu'elles seruent non seulement à leur mutuelle conseruation, mais encor à
celle de l'Vniuers. En fin, l'ordre est ceste chaisne dorée, que Iupiter dans
Homere tient en main , laquelle descend du Ciel en terre ; & par laquelle
il tire à soy tout ce qu'il veut, & les Dieux mesmes : *Quæ cuncta coercet, Se*
quoque lege tenens. Or comme les Platoniciens disoient que le monde estoit
l'ombre de l'essence de Dieu, auec plus de raison pouuons-nous dire que
les loix ciuiles, c'est à dire cet ordre des polices humaines, est vne ombre de
cet ordre eternel, de ceste Sapience diuine, qui se decoule en terre par l'esprit des Princes souuerains, comme par des canaux choisis par la Diuinité
pour se communiquer aux hommes. Qui fait que ce mot du Stoïque Nu-
menius ne se peut assez loüer , lequel par vne belle gradation a merueilleusement bien exprimé ce mystere, quand il a dit que le Roy estoit l'ouurage
de Dieu ; la loy l'ouurage du Roy ; la Iustice l'effect de la loy ; la felicité le
fruit de la Iustice. C'est donc vous, ô admirable ordre, ô sainctes loix, ô
sacrées ordonnances, qui formez ces beaux accords, ces melodieuses con-
sonances , par lesquelles les esprits des peuples sont rauis, & leurs cœurs
fleschis à cet heureux vnisson de concorde, & par là conduits & entrainez
comme par la lyre d'Amphion, à leur bon-heur & prosperité. *Mens, ani-*
mus , sententia ciuitatis posita est in legibus : vt corpora nostra sine mente, sic ci-
uitas sine lege suis neruis ac partibus, sanguine & membris vti non potest. Et
pource, quel hymne plus sainct pourroit-on entonner à l'ouuerture de ce
tournoy, que le chant des loix mesmes, qui est vne reigle d'innocence ? auec
qu'elle autre epode, auec quelles autres plus efficaces paroles pourrions-
nous enchanter la Iustice, & charmer la paix pour la faire demeurer &
conuerser à iamais parmy nous ? Mais comme les loix nous promettent l'as-
feurance de nos biens & de nos fortunes, bref tout l'heur que nous pouuons esperer en ce monde, aussi requierent & stipulent-elles de nous leur
obseruation & obeïssance : *Si seruaueris mandata , seruabunt te.* Et comment le demandent-elles ? par vn serment public & solennel, à la veuë de
Dieu, à la veuë de toute ceste assemblée. Ne croyez point, ne croyez point
qu'entre toutes les actions des hommes il y ait rien de si grand, si serieux, si
venerable, si plein de saisissement interieur, que quand vous appellez Dieu
pour tesmoin de vos promesses, & vengeur de vostre infidelité. Car Dieu

mesmes,

mefmes, afin de rendre inexcufables ceux qui violeroient la fainÛeté du
ferment, en a voulu confacrer la majefté & veneration par fon propre
exemple, s'eftant, luy qui eft pardeffus toute puiffance & franc de toute
obligation, volontairement affujetty à ce facré lien, comme nous apprend
le Prophete en ces mots, *Iurauit Dominus, & non pœnitebit eum*. Ce qu'expliquant l'Apoftre faint Paul en l'Epiftre aux Hebrieux dit, *In quo abun-
dantiùs volens Deus oftendere immobilitatem confilij fui interpofuit iufiuran-
dum*. Secret profond & myfterieux, lequel il ne fe faut point eftonner auoir
efté conneu par celuy qui auoit efté rauy aux Cieux, & auoit veu de fes
yeux les glorieufes merueilles, que l'efprit de l'homme viuant n'eft pas capable de conceuoir; encores moins par les Payens auec leurs yeux de
choüette, auec vne lumiere baftarde en la fombre nuiÛ de l'infidelité. Car
ce Pythagorien Hierocles apres auoir monftré que l'ordre que Dieu auoit
eftably és chofes creées eftoit vne vertu, qui emanée de luy adheroit en elles, & leur donnoit leur forme & fubftance; il introduit vne volontaire
& liberale obligation du Createur enuers le monde, feellée, authentiquée
& confacrée par l'affertion & prefence de la Diuinité; par laquelle il promet aux chofes creées leur conferuation & iufte durée : laquelle obligation
il nomme ferment; à l'exemple duquel il dit eftre introduit ce ferment particulier entre les hommes, par le moyen duquel, comme d'vn facré & inuiolable lien, ils font obligez à l'entretenement de leurs promeffes. Et cela
peut-on croire que la nature feule luy a peu enfeigner, puis que les Theologiens tiennent que l'obligation du ferment a pris fon origine en la loy de
nature, & que nous pouuons obferuer qu'il n'y a forte de nation au monde, quelle quelle foit, qui n'ait le ferment en vfage & grande veneration;
bien que la façon de iurer foit differente entr'elles. Les Iuifs quand ils vouloient iurer, ὑπὸ τὸι μηροῖς τὰς χεῖρας ὑπάγοντες ὅπηκαλοῦνται τὸν θεὸν μάρτυρα τῆς ἱστο-
ρίαν, mettant les mains fur les cuiffes les vns des autres, ils appelloient Dieu
à tefmoin. Les Scytes fe lioient les poulces, puis fe picquoient & fucçoient
le fang qui en fortoit; les Nafamoniens iuroient par les hommes d'entr'eux
les plus iuftes; les amans de la Grece fur le fepulchre d'Iolaus; les Capitaines Grecs mettoient la main pour iurer fur la croupe de leurs cheuaux. Mais
de quelque façon qu'ils ayent iuré, il n'y en a pas vn d'eux qui n'aye creu
que s'il fauffoit fon ferment, il ne fuft abominable, expofé à la vengeance
de Dieu, indigne de viure parmy les hommes. Ils ont mefmes obferué, que
non feulement le Ciel, mais les elemens & chofes inanimées, l'eau & le
feu s'armoient à la vengeance des parjures. De là vient que cette celebre
fontaine de Tyane, *puris & facramenti fidem feruantibus placida & guftu*
dulcis, periuris verò aduerfa : epota namque oculos, pedéfque peierantis inuadit,
vomicífque totum corpus inquinat. Ce merueilleux lac de Paliques leur eftoit
encores plus aufere, car les parjures mouroient tout foudain. Et ce grand
trepied ardent qui eftoit en Ethiopie, n'auoit-il pas vn feu qui fans nuire
aux autres qui le touchoient, brufloit feulement ceux qui violoient leur
ferment? Or auons-nous bien vne forme de ferment plus folennelle, plus
faincte, plus myfterieufe que toutes ces nations dont nous auons parlé, &
qui contient bien auffi vne plus aufere fanÛion que la leur. Nous iurons

fur la parole de Dieu, fur cefte parole qui porte la promeffe ineftimable
de noftre falut, & la menace efpouuantable de la damnation eternelle;
comme fi nous difions que nous entendons que Dieu nous garde ce
qu'il nous a promis, de mefme façon que nous obferuerons ce que
nous promettons. Et qui eft-ce, qui mettant la main fur cefte fainfte
parole, n'eft tout remply d'horreur, & ne fent la Diuinité prefente
pour difcerner les mouuemens de fon cœur? car elle tranche plus viuement qu'vn glaiue bien aiguifé, partit nos efprits en deux, feparant
nos plus fubtiles penfées, penetrant iufques aux joinftures, voire iufques en la moëlle de nos os, & defcouurant nos plus fecrettes intentions. *Nec eft vlla creatura inuifibilis in confpectu eius; omnia autem nuda &
aperta.* O que ceux-là font ineptes, & j'ofe quafi dire ftupides, qui penfent
faire les fins auec Dieu, & s'exemptans par certaines cauillations du iugement des hommes, euiter celuy de la Diuinité, pourueu qu'ils fatisfacent à
l'efcorce des mots? Ils croyent pouuoir impunément fauffer le ferment
qu'ils ont fait aux loix & aux ordonnances. Helas! ne voyent-ils pas dans
les Tragedies ce miferable Philoctete, lequel s'eftant obligé par ferment à
ne point dire où eftoit le tombeau d'Hercules, penfa eftre quitte de fa foy
en le monftrant auec le pied? Mais vne des flefches qu'Hercules luy auoit
données tomba fur ce pied-là, & luy fit cet vlcere douloureux & incurable, auec lequel il ne pouuoit ny viure ny mourir; pour lequel il jettoit ces
cris tant lamentables, qui ont fi fouuent retenty dans les theatres des Grecs,
& qui ont efté fi fouuent alleguez par les Philofophes, pour exemple d'vne
impatiente douleur. Allez maintenant chercher des couleurs pour defguifer vos parjures. Dieu fcrutateur des cœurs les aura pluftoft defcouuertes
que vous ne les aurez fongées, & vous punira au double, comme d'vne
double offence; l'vne d'auoir violé la foy de ce facré ferment, l'autre d'a-
uoir voulu tromper l'œil tout voyant de fon efmerueillable prouidence. Ne
vaut-il donc pas bien mieux qu'aduertis par les ordonnances, adjurez par
ce ferment folennel, exhortez par nos remonftrances, vous defcendiez en
cefte pouffiere du Palais, en ce tournoy de Iuftice, en cefte paleftre d'equité,
auec vn ferme propos, vn certain confeil, vne conftante refolution de ne
vous efloigner aucunement du deuoir de vos charges, & du rang que les
loix vous prefcriuent? Mais en quel equipage entrerez-vous? fera-ce tous
nuds comme les lucteurs; ou auec la panoplie, qui eft à dire l'armure complette, comme les efcrimeurs? Si vous voulez croire le confeil de Porphyre, γυμνοὶ & ἀρέπονες ὅπι τὸ ςάδιον ἀναβαίνετε ὅπι τὰ πῆς ψυχῆς ὀλύμπια ἀγωνισμύροι,
vous defcendrez tous nuds dans ce champ Olympique, où fe doit faire le
combat de nos ames. Mais il ne l'entend pas felon la lettre: il veut dire, de-
poüillez de toutes paffions eftrangeres, & alienes de la nature de l'homme,
de la dignité de fon ame, & de fon entendement: bien armez au refte,
& couuerts de ce bouclier d'Achilles, où eftoit graué le Ciel & la terre, les
villes, les armées, les affemblées des peuples; c'eft à dire d'vne parfaicte
connoiffance des chofes diuines & humaines, d'vn difcours pur, net, veritable. Armes, ce dit Phocylide, plus fortes & mieux trempées que jamais
les Cyclopes ayent forgé. Mais pource que ceux qui ont à joufter en cefte
lutte,

ut te, font de diuerſe qualité, & par conſequent y tiennent diuers rang,
& font differents exercices; nous qui faiſons voſtre monſtre & reueuë, &
vous introduiſons dans les lices, ſommes obligez de vous dire à chacun en
particulier deux mots, touchant le port, la deſmarche, & le pas dont vous
vous deuez preſenter. Vous Iuges & Magiſtrats, qui entrez les premiers
& au plus honorable rang, pouuez prendre pour ſuffiſante inſtruction de
la poſture en laquelle il vous faut tenir pour parer à tous les aſſauts des corruptions, prieres, craintes & impreſſions, cet excellent, & non jamais aſſez
loüé enſeignement de Sopater: *Magiſtratus ita quadratus eſſe debet, qui per*
omnem fortunæ aut rerum immutationem firmiter conſiſtat, accommodans ſe
principibus & ſubditis, ac ſibi ipſi concilians cunctos, & omnem vbique diffe-
rentiam ad vnam recti rationem connectens. Que ſi d'auenture vous ne voulez receuoir ce Payen pour parrain, & prendre de ſa main les armes qu'il
vous offre en vn combat & exercice ſi Chreſtien; voicy ce grand Apoſtre,
ce vaiſſeau d'eſlection, tout plein d'amour & de charité enuers vous, qui ſe
preſente à vous, & ſous d'autres mots vous offre les meſmes armes: *Induite*
(dit-il) *pro thorace iuſtitiam, accipite pro galea iudicium certum, ſumite ſcu-*
tum inexpugnabile æquitatem. Si vous comparoiſſez equipez de ceſte façon,
ne doutez point que l'opinion de voſtre ſuffiſance & preud'hommie ne
vous ſerue d'Huiſſier pour vous faire place en ce parquet, & vous y donner
rang d'honneur, comme vos charges le meritent. Quant à vous Aduocats,
ie veux croire que vous n'ayez point eu les oreilles bouchées aux belles &
ſerieuſes remonſtrances qui vous ont eſté faites par les Gens du Roy ſur le
deuoir de vos charges & functions ordinaires; & ſi à tant de beaux diſcours il falloit adjouſter quelque choſe, ie le voudrois faire en vn mot par
ce beau precepte de Demoſthene, χρὴ τὸ αὑτὸ φϑέɤɤɑ τὸν ῥήϟοɤɑ ℂ τὸν νόμον.
Sentence qui eſt comme vn ſommaire & corollaire de tout ce que l'on
pourroit longuement diſcourir, ou profondément excogiter ſur ce ſujet.
Car ſi vous vous diſpoſez à ne parler que ſelon les loix, & ne vous point departir de ceſte aſſiette, ſoit que vous plaidiez, ſoit que vous conſultiez, vous
ne ſçauriez jamais faillir: on ne vous pourra ſurprendre, on ne vous pourra donner touche à l'honneur: ayant la loy pour mire, vous ne ſçauriez jamais prendre vne fauſſe viſée. Mais ſur tout gardez que l'eſclat des biens
& des richeſſes humaines ne vous eſgare la veüe hors de ce but, *& ne aucto-*
ramenta huius vitæ præferatis ſtipendijs æternis. Quant à vous, Procureurs,
la conſequence de vos charges merite que la Cour ait vn ſoin particulier de
vous. Car auec toute la diligence que l'on peut apporter à vous cenſurer &
tenir en office, on ne peut quaſi pouruoir à retrancher tant ne monſtrueu-
ſes chicaneries, tant de cauillations, tant de tergiuerſations que vous tendez icy comme pieges tres-dangereux à ceux qui ont à franchir ceſte miſerable & calamiteuſe carriere de procés. L'on dit que quand les Dieux voulurent immortaliſer Glaucus, ils luy verſerent cent fleuues ſur la teſte: &
vous pour immortaliſer les procés, entaſſez tant de requeſtes ſur requeſtes,
tant d'incidens ſur incidens, d'inſtances ſur inſtances, qu'à la fin ils deuiennent immortels. Nous ſçauons bien que voſtre corps eſt compoſé de beaucoup de gens d'honneur, & n'y a que quelque petit nombre de broüil-

lons parmy vous qui abusent de leur charge, & diffament ainsi vostre vacation. Mais il faut que les autres veillent sur eux; & en toutes occasions
qui se presentent, qu'ils aduertissent la Cour de ce qu'il sera besoin de faire
pour reprimer la malice de leurs compagnons; de peur qu'en la societé des
cherges où vous viuez, on ne vous impute les fautes d'autruy, & que vostre
conniuence & dissimulation ne vous facent courir fortune de vostre honneur & reputation, par les mauuais deportemens des autres. Or reprenant
comme le refrein de ce discours, & la catastrophe de ceste solennelle epode, ce beau mot des Eliens, nous vous dirons encor vn coup à tous; Si vous
estes preparez comme nous vous auons aduerty, si vous estes equipez de
telles armes, si vous estes pourueuz d'vn tel courage, vous pouuez hardiment & heureusement descendre en nos jeux Olympiques.

> Vobis licet exercere togatæ
> Munera militiæ : licet sine sanguinis haustu
> Mitia legitimo sub iudice bella mouere.

Et quel champ d'honneur peut-on imaginer plus honorable, quel exercice plus loüable, quelles victoires plus glorieuses, quelles couronnes plus
precieuses, que celles qui se presentent icy? en ceste celebre assemblée, où
à la veüe de tant d'hommes, les plus braues esprits de ceste Prouince, non
nourris & appaslez par vne diette athletique, mais du suc des bonnes lettres & de la moüelle des sciences, se presentent pour lutter continuellement contre ce monstre, ennemy du repos public, l'injustice? en ce magnifique tournoy, où les courages de la docte jeunesse côbattent incessamment
pour rauir le rameau d'Oliue, symbole de la concorde de leurs citoyens, &
precieux prix de leur labeur? en ceste course celebre, où les courans ne li-
urent pas par forme de semonce vne lampe ardente aux suiuans, *sed fa-*
cem mentis honestæ, gloriam? en cet auguste theatre, où les vainqueurs ne
sont pas couronnez de peuplier, de lierre, ou de laurier, *sed immarcessibi-*
li corona? Doncques inuitez, encouragez, animez par tant de belles remonstrances, par tant de viues esperances, par tant de glorieux exemples,
entrez, entrez auec nous en ceste honorable lice: *Et felicitatis signo dato,*
comme fit Cesar à la bataille d'Afrique, *in hostem intendamus.* Faisons vne
rude charge à l'injustice, mettons-la en route, exterminons-la. Et afin que
vous ne doutiez point que vostre victoire ne soit honorée des plus precieuses couronnes qu'on puisse imager, nous vous donnerons pour ostage ce
grand & veritable Prophete Daniel; les mots duquel nous laisserons
les derniers en vos oreilles, ou plustost en vos cœurs, comme viues estincelles, pour les enflammer à vne si genereuse entreprise; *Qui ad iustitiam*
erudiunt multos, fulgebunt quasi stellæ ad perpetuas æternitates. C'est par ou
nous finirons.

A L'OVVERTVRE DV PARLEMENT
de l'année mil six cens.

N iugé affez par la contenance de ceux qui contemplent l'appareil de cefte ceremonie, qu'apres auoir confideré la magnificence de ce theatre, remarqué la dignité de ce Senat, obferué la difpofition des ordres qui font affis au deffous, entendu le chant facré des ordonnances, & oüy cefte voix Royalle qui leur en a denoncé l'obeïffance, ils conçoiuent en leur penfée encor quelque chofe dauantage ; & nous voyans efleuez au deffus des autres, attendent encor de nous, pour clorre cefte folennité, quelque difcours qui leur reuele plus familierement nos myfteres, & leur face plus ouuertement reconnoiftre la diuine puiffance, & les merueilleux effects de cefte Iuftice, à laquelle nous nous deuoüons ce jourd'huy. Mais de tant que leur attente eft plus grande, plus grande auffi eft noftre apprehenfion ; qu'ayant pour fuiet vne chofe fi excellente, qui fe pourroit mieux comprendre par vne profonde meditation, qu'exprimer par aucune exquife parole, formée par art ou par fcience, l'efprit ne nous demeure côfus, la memoire troublée, la langue noüée, par la grandeur, varieté & difficulté d'vn fi haut argument. Et pource autresfois nous trouuans en femblable peine, nous nous en eftions affez heureufement demeflez par vne inuention fort aifée, & non toutesfois, à mon aduis, mal-agreable; jettant à la veüe de cefte affemblée, pour amufer fes efprits, vn portrait de cefte belle Iuftice, eftimant que les yeux qui feroient vne fois frappez de la beauté de fon image, feroient fi paffionnément rauis de fon amour, qu'il ne feroit befoin d'aucun autre artifice pour leur en faire conceuoir la diuinité, & exciter la veneration. Et certainement pour en rendre le tableau plus accomply, nous auions curieufement foüilleés cabinets de l'antiquité Grecque & Latine; & pour l'enioliuer dauantage, nous n'auions efpargné aucun des hardis traicts, ou delicats attraicts dot Chryfippus, Platon, & Ariftote auoient paré & adoucy vn femblable ouurage. Toutesfois depuis, confiderant à loifir & à plufieurs fois (comme ont accouftumé les plus exquis ouuriers) cette peinture, ie la trouue fi eflognée du naturel, que ie ne peux finon me moquer de moy-mefmes, & de ceux (bien que d'ailleurs excellens maiftres) que j'auois choifis pour imiter ne trouuant rien d'elle en elle que le nom ; tout ainfi qu'és tableaux de ces premiers & ignorans apprentifs, qui pour faire reconnoiftre ce qu'ils vouloient peindre, eftoient contraints d'en efcrire au deffous le nom en groffes lettres. I'ay fouuent fongé à par moy d'où pouuoit eftre arriué que ces grands perfonnages-là, qui auoient fi heureufement rencontré en tant d'atres chofes, fuffent demeurez courts en celle-cy. Et en fin ie me fuis perfuadé, que la faute eftoit venüe de ce qu'ils auoient formé ce pourtraict, non fur le vray & naturel fujet, mais fur ce que d'autres leur en auoient rapprté, ou ce qu'eux-mefmes s'en eftoient imaginé. Et lors il m'a pris fantaie de rechercher les vrais

originaux de cefte diuine image, non plus dans les boutiques de la fabuleu-
fe antiquité, ny entre les inuentions Payennes, mais en la riche officine de
la verité, & parmy les rares ouurages de ces grands hommes, que nous pouuons vrayement nommer *altiffiritus viros & à Dijs recentes* ; des faincts
Prophetes veux-ie dire, lefquels Dieu a introduits par droict de familiarité à
la veüe de la vraye & viue Iuftice, & dont il a animé les efprits, & conduit
les mains pour en defcrire & exprimer naïfuement la nature, Et cela auec
deffein de vous reprefenter fans aucun vernis ou coloris ce que j'en pourray
tirer, pour me feruir d'excufe ingenuë pour le paffé, & de fuffifant acquit
de ce que la couftume de ce lieu vous fait attendre de ce Senat par ma bouche aujourd'huy. Mais comment oferions-nous prendre en main le pinceau, pour entreprendre vn fi hardy cuurage, fans faire les mefmes vœux
que ceux que nous voulons imiter, & defquels nous promettons de doubler
les tableaux, fans implorer, dif-je, l'ayde de la Sapience eternelle, fouueraine
ouuriere de toutes perfections, fans laquelle nous ne pouuons rien conceuoir de ce qui procede d'elle, ny moins l'exprimer ? Doncques, ô Sapience
eternelle, puis que le principal hommage que vous defirez de nous, eft
qu'entant que nous pourrons, nous vous imitions, fauorifez noftre effort,
afpirez à noftre labeur, pendant que nous effayons de reprefenter icy l'vne
de vos plus excellentes creatures; cefte Iuftice, dif-je, à laquelle vous auez
donné la conduite & direction de vos peuples. Et pendant que nous la confiderons au trauers des tenebres de ce bas monde, la tefte baiffée vers la terre, coulez liberalement en nos entendemens la clairté de voftre grace, &
proportionnez noftre veüe à la fplendeur de fa face, *vt in lumine tuo videa-
mus lumen.* La Sapience efcriuant elle-mefme l'hiftoire de fes ouurages, dit à
l'Ouurier eternel, qu'il a tout balancé au poids, tout compaffé par mefure;
Omnia in menfura & numero difpofuifti: voulant par ce peu de paroles qui
contiennent vne profonde & myfterieufe Theologie, marquer l'ordre admirable qui reluit en toute les parties du monde. Car outre que chacune
d'elles à par foy eft fi meruilleufe en fa conftruction, que qui en contemple
la compofition en demeure tout rauy; elles ont encor entre elles telle cor-
refpondance, qu'elles femblet non feulement entre-laffées & enchaînées,
mais pluftoft entées & encauées les vnes dans les autres, tant leur eftre depend l'vne de l'autre. De forte que bien qu'elles foient infinies en nombre,
elles fe terminent par compofition en vnité, & conftituent ce Tout à qui la
beauté donne le nom. Ce feroit chofe trop vague, & encor plus aliene de ce
qui nous eft propofé maintenant, de vouloir raconter les beaux & admirables effects de cet ordre femez par tous les membres de l'Vniuers. Auffi
que fans y employer le temps ny les paroles, il fuffit d'ouurir les yeux ; lefquels de quelque cofté q'on les puiffe tourner, font en vn inftant remplis
d'admiration. Mais certainement ce qui eft de plus fingulier, fe reconnoift
en la conftitution des pieces humaines, & en l'entretenement de cefte
focieté; en laquelle on aperçoit qu'vne fi grande diuerfité de perfonnes,
vne fi grande diuerfité d'efprits, vne fi grande contrarieté d'humeurs,
s'vnit d'vne fi ferme liaifon, que vous diriez que ce n'eft qu'vn corps animé d'vne feule ame. Tant de fciences, tant d'arts, tant de meftiers feruans

les

les vns aux autres, & se noüants à vn mesme dessein, forment cest aggreable vnisson, ceste belle harmonie, en laquelle on voit les hommes tous employez à glorifier Dieu & secourir leur prochain. L'homme à la verité est le plus excellent de tous les ouurages de Dieu, & comme vn abregé de toutes ses autres merueilles. Mais qui le considerera à part, en solitude, & destitué du secours des autres, trouuera que c'est la plus miserable & chetiue creature qui soit au monde, & qui à peine se peut maintenir vn seul iour en son estre, & se deffendre des necessitez, perils & calamitez ausquelles il est sujet. Au contraire, disposé par cet ordre politique, & mis en la proportion qu'il doit estre auec les autres hommes, il commande à tous les animaux de la terre, il s'en sert à son plaisir, il trouue toutes les creatures faites pour luy, il bastit les villes, conuoque les assemblées, establit les Royaumes, trouue les arts, inuente les mestiers, compose les sciences; vit en fin vne vie plaisante, opulente, paisible & heureuse, & est par maniere de dire comme deïfié en terre: *Minuisti eum paulo minùs ab Angelis: gloria & honore coronasti eum Domine.* Or cet ordre, qui à vray dire estoit vne vapeur de la vertu de Dieu, vne influence de sa clairté, vne impression de sa parole, donnée à l'homme en sa creation, qui se conseruoit en luy tant qu'il adheroit à Dieu par l'obeïssance, s'il fust demeuré entier, eust sans doute premierement rendu l'homme parfait en soy-mesmes, maintenant la droicte raison en son iuste commandement sur les sens & cupiditez; & par consequent aussi rendu les polices constamment heureuses & parfaites, par la seule inclination que les hommes eussent eu de se bien faire les vns aux autres. Mais la desobeïssance ayant rompu cet ordre, l'auersion ayant peruerty ceste inclination, il a fallu que la Diuinité soit accouruë au secours de l'infirme deprauation de l'homme, & par le prest & communication d'vne de ses autres puissances, sçauoir est de la Iustice politique, ait donné moyen de reparer, sinon parfaitement, au moins en quelque façon, ce qui estoit gasté & ruiné de ce premier ordre, attendant que la Iustice eternelle non seulement repare, mais mesmes renouuelle toutes choses, & associe les bons à sa gloire. Vous voyez donc en ce tableau nostre Iustice sortir des Cieux, & venir au secours de l'ordre enfreint & interrompu. Il reste maintenant que vous remarquiez les lineamens de son visage, lequel bien que remply d'infinies graces, semble neantmoins n'estre formé que de trois traicts, de l'authorité, de la science & de la volonté, qui se rapportent par quelque proportion, bien que fort imparfaite, aux trois characteres de la diuinité, l'infinie puissance, l'infinie sagesse, l'infinie bonté. De sorte que s'il est vray que l'homme en sa perfection ne soit que l'ombre de la Diuinité, nous pourrions dire auec beaucoup de raison que nostre Iustice est vrayement la baze de ceste ombre, à laquelle viennent aboutir les principales lignes qui luy donnent & conseruent sa forme. Mais afin que nous iustifions (comme nous l'auons promis) que nostre crayon est semblable aux portraicts qu'ont tiré ces saincts Peres inspirez de Dieu, examinons-en le premier traict sur leurs originaux; & voyons s'ils ne l'ont pas formé en sorte que la puissance de la Iustice procede mediatement ou immediatement de Dieu, & ne reside qu'en ceux qui y sont legitimement appellez. Par les mesmes mots par lesquels le sage Salomon monstre que les Roys ont esté establis de Dieu, il enseigne aussi que la Iustice par luy leur a esté mise en main, comme inseparable de leur puissance: *Per me principes imperant, & potentes decernunt iustitiam.* Tellement que la principauté & la Iustice sortent d'vne mesme source; & aussi tendent à mesme fin; à contenir les hommes en leur deuoir, & les remettre dans les bornes de la raison. C'est pourquoy le Prophete disoit, *Constitue Domine legislatorem super eos, vt sciant quia homines sunt.* Et afin que chacun reconneust ceste authorité proceder de Dieu, & que personne ne se l'vsurpast, que ceux qui y seroient legitimement appellez; en l'inuestiture qu'il en a faite aux hommes par la tradition de la loy, il y a apporté des ceremonies pleines de terreur & veneration tout ensemble. Car outre qu'en cet acte il est escrit, que *loquebatur Dominus ad Moysem facie ad faciem, sicut solet loqui homo ad amicum suum,* & faisoit resplendir sur sa face les rayons de sa diuinité; il voulut dauantage que le Ciel & la terre fussent tesmoins de ceste installation, & jettassent la frayeur & l'espouuante au cœur des peuples. *Ecce cœperunt audiri tonitrua ac micare fulgura, & nubes densissima operire montem, clangórque buccinæ vehementiùs perstrepere:* comme s'il leur eust denoncé que le Ciel & la terre seroient tousjours armez contre la desobeïssance de ceux qui seroient infracteurs de la Iustice. Et à vray dire, bien que les hommes soient assis en la chaire de Iustice, & parlent vn langage humain, si prononcent-ils le jugement de Dieu, & ne sont-là que comme organes de la loy. Et bien que les Iuges soient establis par les Roys & par les Princes, si ne sont-ils pas establis pour prononcer la volonté du Prince, mais celle de la loy. C'est pourquoy ce grand Roy Iosaphat ayant establi les Iuges, leur dit, *Videte, Iudices, quid faciatis: non enim hominis exercetis iudicium, sed Dei:* Ie me suis deschargé de la Iustice sur vous; ce n'est point à moy, c'est à Dieu à qui vous auez à en rendre compte, *qui adducit consiliarios in stultum finem, & iudices in stuporem.* Pource faut-il que ceux à qui ceste sacrée authorité est commise, la reconnoissent continuellement de luy, implorent à tous momens sa grace, & le prient de leur suggerer ce qu'ils ont à prononcer, comme faisoit le Prophete en ces mots, *Domine de vultu tuo iudicium meum prodeat.* Or bien que ceste authorité qu'à la Iustice, soit tirée du Ciel, embellisse grandement son visage & le remplisse de majesté, si ne pourroit-on pas estimer ceste beauté parfaite, si l'ignorance luy auoit creué les yeux, & qu'elle se commist à la fortune & au hazard, sans choix & eslection. Il faut doncques qu'à ceste puissance soit conjointe la science, en laquelle comme en l'œil sera sa principale grace: Aussi le Prophete instruisant les Roys qui manioient la Iustice, leur dit, *Et nunc reges erudimini; intelligite qui iudicatis terram:* qui est autant que s'il leur disoit; Il ne vous appartient point d'exercer ceste puissance diuine, sinon que vous en soyez capables, que vous ayez connoissance du droict diuin & humain. Dequoy la Sapience rend puis apres raison en ces mots, *Dux indigens prudentia multos opprimet per calumniam.* Car tout ainsi que l'architecte qui voudroit entreprendre de dresser vn edifice sans auoir en main la reigle & le niueau, prendroit de necessité quelque faux allignement, & manqueroit à donner pied droict ou retraitte à son edifice; de mesmes celuy

luy qui fans la connoiffance du droict diuin & humain fe prefenteroit au miniftere de la Iuftice, romberoit par force en quelque importante erreur. La reigle & le niueau des Iuges, c'eft la loy; c'eft elle qui monftre le chemin de droicture, ne plus ne moins qu'vne lampe allumée. *Mandatum lucerna eft & lex lux;* & fans elle il ne fe peut non plus juger droictement que naui-guer fans l'eftoille du Nort. Ce que ce fouuerain Legiflateur, ce grand do-cteur de Iuftice Moyfe connoiffant, il commande aux Iuges d'Ifraël, *vt faciant fibi fimbrias per angulos palliorum, ponentes in eis vittas hyacinthinas, quas cùm viderint recordentur omnium mandatorum Domini, nec fequantur cogitationes fuas & oculos per res varias fornicantes.* Pourquoy ces franges, & ces rubans bleus en leurs veftemens? en quoy fymbolifent-ils auec l'ob-feruation des commandemens de Dieu, finon que cefte couleur bleuë fi-gnifiaft le Ciel dont les loix ont eu leur origine? Cefte frange fignifiaft par fon continuel branlement, le continuel exercice où doiuent eftre les loix? Ces rubans monftraffent que ce font les liens qui nous attachent à noftre deuoir, & nous empefchent de tomber au precipice du vice & de la defo-beïffance? *Declaratio fermonum tuorum illuminat, & intellectum dat par-uulis.* Si nous auons à faire quelques fouhaits au monde, defquels nous puif-fions atrendre noftre felicité, il faut defirer la connoiffance de la loy; c'eft vrayement cefte doctrine de laquelle la Sapience dit, *Doctrinam magis quàm aurum concupifcite.* Auffi Moyfe ayant à partir de cefte vie, & aban-donner le peuple Hebrieu, pour lequel il auoit tant trauaillé, en fon dernier Cantique, qui eftoit bien le chant du cygne, le plus grand vœu, la plus ar-dente priere qu'il face à Dieu pour la profperité de ce peuple, c'eft, *Concre-fcat vt pluuia doctrina mea, fluat vt ros eloquium meum, quafi imber fuper terram, & quafi ftillæ fuper gramina.* Pour les rendre heureux il n'a pas fou-haitté que la pluye du Ciel tombaft fur leur terre, ny la rofée de May fur leurs fruicts: mais il a fouhaitté que la fcience degouttaft en leur ame, que la doctrine diftillaft en leurs efprits, c'eft à fçauoir la fcience de la loy, la do-ctrine de l'equité, comme les vrayes femences de la felicité. Et quels ont efté les effects de fes vœux? quelle l'iffuë de fes fouhaits? c'eft que tant qu'ils fe font foigneufement inftruits en la loy, ils ont efté victorieux & triom-phans, comme il eft apparu du temps de Iofaphat. Car l'Efcriture dit, que *Docebant homines populum in Iuda, habentes librum legis Domini circuibant cunctás ciuitates, atque erudiebant eas.* A quoy elle adioufte puis apres, com-me le fruict de cela: *Itaque factus eft pauor Domini fuper omnia regna terra-rum per gyrum Iuda; neque audebant pugnare contra Iofaphat.* Chofe mer-ueilleufe certainement, que non la force des armes, mais l'inftruction en la loy, rendift le peuple d'Ifraël triomphant & inuincible, & que les trophées fuffent dreffez, non pour les vaillans combattans, mais pour les religieux obferuateurs de la loy. Chofe, dif-je, qui feroit difficile à croire, fi elle n'e-ftoit confirmée par la voix du Prophete Daniel, qui dit, *Qui docti fuerint fulgebunt quafi ftellæ firmamenti.* Cefte authorité qui vient du Ciel, joincte à la fcience des loix, qui procede d'vne longue & laborieufe eftude, font bien des traicts fort excellens: mais fi tout cela n'eftoit fuiuy d'vne ferme volonté de faire droict à qui il appartient, que feroit-ce qu'vn ouurage

imparfaict? Tout ainfi que la Veftale Pofthumia, bien qu'elle fuft trouuée
vierge & chafte, n'efchappa point d'eftre notée & blafmée par le Pontife, *ob fufpicionem cultus elegantioris, ingeniúmque liberius quàm virginem de-
ceret; qui eam abftinere à iocis, colíque fanctè magis quàm fcitè iufsit.* De mefmes, fi la vierge que nous peignons aujourd'huy auoit toutes les autres parties que l'on peut defirer en elle, & qu'elle n'euft toute l'habitude de fa
perfonne compofée en faincteté, & tefmoignant vne droicte intention,
elle ne feroit point vrayement cefte Iuftice qui doit eftre affife icy, elle n'en
auroit que le nom. Il faut donc, que *in lege Domini fit voluntas eius;*
qu'elle ne fe contente pas de fçauoir la loy, mais qu'elle mettre toute fon
affection à la faire obferuer; qu'on connoiffe en fes yeux que toutes fes cogitations font là fichées; qu'on remarque à fon gefte que toutes fes affections font là tenduës. Bref que fa contenance parle & prononce auec vn
accent paffionné, *Portio mea Domine, dixi, cuftodire legem tuam;* afin que
fon pere, qui eft le pere des lumieres, luy refponde, *Dilexifti æquitatem &
odifti iniquitatem; propterea vnxit te Deus oleo lætitiæ præ confortibus tuis.*
Alors, alors Dieu aduoüera vrayement cefte Iuftice comme fa fille; il luy
donnera la dot la plus riche & la plus precieufe qu'elle puiffe defirer; qui eft
cefte huile de lieffe, qui auec le luftre de la dignité fignifie la joye interieure
de l'ame. Au contraire, fi vn cœur tortu, vne peruerfe volonté, vn defir de
faire fes affaires aux defpens du public & du mal d'autruy, penfe fe tranf-
former en cefte Iuftice, & emprunter fes habits pour vfurper fon authorité; auffi toft Dieu jaloux de cefte fienne fille, de fon œil perçant & tout-
voyant l'aura defcouuert. *Peccatori dicet Deus, Quare enarras iuftitias meas,
& affumis teftamentum per os tuum?* Que s'il fe penfe deffendre par la connoiffance des loix, par vn long & profond eftude, par vne grande fubtilité de doctrine; l'Apoftre fainct Paul ne luy repliquera-il pas: *Melius erat
illis non cognofcere viam iuftitiæ, quàm poft cognitionem retrorfum conuerti ab
eo quod illis traditum eft fancto mandato?* C'eft doncques le plus beau &
principal traict de noftre Iuftice que ce cœur pur, cefte foy non feinte,
cefte charitable debonnaireté, qui doit reluire en toutes fes actions; c'eft le
dernier coup de pinceau qui acheue fon vifage, & la faict reconnoiftre pour
ce qu'elle eft. Or quelqu'vn peut-eftre qui aura oüy tout ce difcours, nous
dira, Vous auez bien pris la peine à nous faire voftre Iuftice belle; mais quels
miracles fait-elle? & quel profit y a-il à la feruir pour nous perfuader de
nous voüer & confacrer à elle? car à vous oüir parler, il femble que ceux
qui font à fon feruice ne foient faits que pour autruy, & qu'ils doiuent
abandonner le foin de leur bien pour procurer celuy des autres. Mais nous
auons trop dequoy fatisfaire à leur curieufe demande, & monftrer que merueilleux voirement font fes effects & dignes de grande admiration, & non
moins toutesfois profitables & au public, & aux particuliers qui la feruent. Eft-ce pas elle qui efleue les Royaumes à leur plus haut degré d'honneur? qui les rend glorieux & triomphans? foubmet à leur empire les nations de la terre, & appelle les peuples les plus efloignez pour venir volontairement fubir le joug de ceux qui regnent auec la Iuftice? *Iuftitia eleuat
gentem, miferos populos facit peccatum.* Toutes les voix des hommes conuerties

ties en fouhaits, que peuuent-elles defirer au monde de plus heureux que la paix? la voulez-vous auoir, & auec elles tous ces biens-là? ne l'allez pas chercher bien loin: allez droict à la Iuftice, vous les trouuerez toutes deux embraffées, qui s'entrecheriffent & s'entrebaifent tendrement, fans fe pouuoir en façon quelconque feparer. *Opus iuftitiæ pax eft, & cultus eius filentium,* difoit Efaïe. Et où eft ce que la Iuftice met la paix? par tout où elle entre, aux Royaumes, aux villes, aux maifons: fans elle les Royaumes ne feroient que brigandages, les villes que forefts, les maifons que cauernes. Qui eft-ce qui garentiroit l'infirme de l'outrage des plus forts? qui garderoit les pauures des injures des riches? qui deffendroit la vefue & l'orphelin de l'oppreffion du calomniateur? qui feroit rendre par les enfans bien fouuent impies & dyfcoles l'honneur deu à leurs peres? qui affeureroit la pudicité des mariages contre l'importune audace de ceux qui les follicitent? qui fauueroit la chafteté des vierges des artifices de ceux qui les entreprennent? qui deliureroit la vie des maiftres des deffeins & embufches de leurs valets, fi la Iuftice n'eftoit toufiours en garde, & ne veilloit continuellement pour tous? Tout ainfi donc qu'vn nauire fe trouuant au milieu des ondes deftitué de timon, ne fe peut conduire au port & joüir de la bonnace & du calme; de mefmes la fortune des hommes deftituée de la Iuftice, ne peut joüir de la tranquillité, ny goufter la douceur de la paix. Mais fans elle, comment fe peut-elle deffendre des affauts de la guerre? il vaudroit mieux renuerfer les murs d'vne ville affiegée, en dependre les portes, que d'en ofter la Iuftice. *Iudicia,* dit Salomon, *quafi vectes vrbium*: ce font les verroüils qui enferrent les portes. La Iuftice ne ceffe pas fi toft, que la violence commence, & y fait plus de mal que les ennemis qui l'affiegent: tefmoin ce lamentable fiege de Hierufalem defcrit par Iofephe, où l'on voit que la fedition rendit expugnable ce dont vne puiffante armée ne pouuoit venir à bout. Auffi la Iuftice eft-ce le meilleur & plus feur bouclier dont on fe puiffe couurir contre toute forte de dangers; c'eft celle que ce grand Maiftre fainct Paul confeilloit aux Ephefiens de veftir; *State, inquit, fuccincti lumbos veftros in veritate, & induti loricam iuftitiæ.* Ce font à vray dire des armes feées, qui portent auec foy la victoire certaine, pource qu'elles combattent auec la Diuinité: & pource eft affez affeuré celuy qui en eft couuert: Dieu combat pour luy, il n'a que faire de craindre de fes ennemis: *Vfque ad mortem certa pro iuftitia, & Deus expugnabit pro te inimicos tuos.* Ce ne fera point la trempe du fer, l'efclat de l'efmail, ny le luftre de l'or, qui nous garantiront au jour de l'affliction, mais la feule Iuftice. *Non proderunt diuitiæ in die vltionis; iuftitia autem liberabit à morte.* Si toutesfois nous comptons les richeffes entre les biens de ce monde, fi nous y comptons les honneurs comme les ornemens de la vie, fi noftre cœur les defire, & noftre affection nous y porte, ne recourons point autre part pour les obtenir qu'à la Iuftice. Sacrifiez à Dieu facrifice de Iuftice, & vous pouuez tout efperer de luy. Il n'y a offrande au monde qui luy foit fi agreable, ny hecatombe qui le puiffe fi toft flechir, & impetrer de luy toutes fortes de biens. *Iuftitia accepta eft apud Deum magis quàm immolare hoftias.* Et fi vous vous pouuez bien affeurer d'vne chofe, que les biens que vous obtiendrez

de luy ne feront point des biens fujets à l'enuie ny à la malignité des hommes ; au contraire feront fuiuis de la benediction des peuples, & d'vne publique congratulation. *In bonis iuftorum exultabit ciuitas.* Le bon Iob au
milieu de fes tribulations fe confolant en la Iuftice qu'il auoit toufiours fincerement exercée, difoit : *Auris audiens beatificabat me, & oculus videns te-*
ftimonium reddebat mihi, eò quòd liberaffem populum vociferantem, & pupil-
lum cui non erat adiutor. Et en fin il demeura victorieux de toutes fes afflictions ; & fes biens luy furent tous redoublez, pour ce que la Prophetie
infpirée de Dieu ne peut mentir ; *Iuftus ficut palma florebit, & ficut cedrus*
Libani multiplicabitur. Où eft-ce ie vous prie que le Prophete eft allé chercher ces deux comparaifons ? qu'à de femblable la palme, qu'à de femblable le cedre à la Iuftice ? finon que la palme jette fes fueilles dés le pied, qui
l'accompagnent jufques à la cime, fe dreffant toufiours en haut fans fe
courber fous le poids de fon fruict ? finon que le cedre eft fuaue & odorant,
& en fa racine & en fon efcorce, & en fon bois? & de mefmes celuy qui ayme la Iuftice, & l'ente fur fon cœur, eft heureux, loüable & glorieux en
toutes les parties de fa vie, depuis fa plus tendre enfance jufques à fa chenuë
vieilleffe ? De cela fi vous en voulez vn tefmoignage tout clair, efcoutez les
paroles de Salomon, qui dit : *Habebo propter hanc honorem apud feniores iu-*
uenis, facies principum mirabuntur me, tacentem fuftinebunt, loquentem fufpi-
cient. Et en vn autre endroict : *Corona dignitatis fenectus quæ in via iuftitiæ*
reperietur. O admirable vertu, dont les graces ne font pas feulement belles,
mais durables ; & paffent de l'enfance à la jeuneffe, de la jeuneffe à la vieilleffe ! Encores ne demeurent-elles pas là; elles paffent de la vie à la mort, &
de la mort à l'immortalité. *Scire iuftitiam radix eft immortalitatis: Iuftorum*
animæ in manu Dei funt, & non tanget illos tormentum mortis : Vifi funt ocu-
lis infipientium mori, & æftimata eft afflictio exitus illorum: illi autem in pace
funt; & fi coram hominibus tormenta paffi funt, fpes illorum immortalitate
plena eft. Quoy doncques ? courages genereux, efprits ingenus, ames bien
nées, qui eftes icy affemblez pour le folennel feruice de la Iuftice, voyans
fon image telle qu'elle vous a efté reprefentée, oyans les miracles qu'elle
fait ; demeurerez-vous engourdis en vne morne pareffe, enfeuelis en vne
molle langueur ? ou fi efpris des rares beautez de fon vifage, & touchez de
l'admiration de fes effects, vous vous r'animerez d'vne nouuelle vigueur,
& redoublerez vos forces pour emporter le prix qu'elle vous propofe à
tous ? A tous, dif-je ; car en quelque degré que vous la feruiez, vous luy
eftes tous chers ; à fon feruice il n'y a point de rang qui ne foit fort honorable. Et comme en la maifon des Roys & des Empereurs les offices de l'ef-
curie, de la panneterie, de l'efchançonnerie, qui ailleurs font contempti-
bles, font grands & illuftres, & participent beaucoup de la dignité du Prince : ainfi en la maifon de la Iuftice il n'y a point de petites charges, ny dont
le loyer foit petit à ceux qui s'en acquittent dignement. Vous vous confommez la pluspart du temps en fouhaits; vos paroles ne font que des vœux,
vos foufpirs que des defirs. O fi j'auois cecy, ce dit l'vn ; ô fi ie pouuois faire cela, ce dit l'autre ; & voicy voftre fortune qui vous offre le comble de
tous vos defirs. Faute de tendre la main pour receuoir fes prefens, demeu-

rerez-

rerez-vous priuez de tout ce que vous souhaitez ? Car pour l'auoir il ne faut qu'auoir la Iustice. *Quærite primùm regnũ Dei & iustitiam eius, & omnia adijcientur vobis.* Elle est sans doubte le vray elixir qui conuertit tout en or; non en vn or terrestre & materiel, mais en vn or affiné & espuré, qui a puissance de conseruer toutes choses en la perfection de leur estre. Elle est cet or que l'Ange persuade à l'Eglise de Laodicée d'achepter de luy pour estre riche & honorée à jamais : *Suadeo tibi emere à me aurum ignitum probatum, vt locuples fias, & vestimentis albis induaris, & non appareat confusio nuditatis tuæ.* Il faut à la verité pour tirer cet or, la force du feu & l'ardeur des flammes. C'est à dire que nos cœurs pleins de foy, & embrasez de charité, nous seruent de fourneau, dont nous puissions faire monter jusques au Ciel nos ardentes prieres, qui arrestées & congelées dans le sein misericordieux de celuy, *à quo est omne datum optimum, omne donum desursum descendens,* puissent redescendre & distiller sur nous, conuerties en pluye abondante de ses graces & benedictions.

A L'OVVERTVRE DV PARLEMENT DE la sainct Remy mil six cens vn.

PVis que, comme dit Pindare, ἀρχομένου ἔργου πρόσωπον χρὴ θέμεν τηλαυγές, & qu'il faut que tous les grands ouurages ayent le frontispice magnifique & pompeux ; il est bien raison que celuy que nous commençós aujourd'huy ait son entrée reparée de quelque solennité, digne d'vne si celebre action. Car nous r'amenós sur ce theatre la Iustice qui s'en estoit pour vn temps retirée, & r'ouurons ce florissant barreau, *quod mihi templum pacis videtur, in quo iura exercentur, propter quod leges valent :* où de tous les coins de ceste Prouince nous voyons venir en foule les hommes, *vt ad aperta Sibyllæ Antra rogaturæ veniebant vndique gentes.* Ces premiers Herauts, qui marchent deuant elle, les Gens du Roy, dis-je, qui luy font faire place & ouuerture, vous ont excité par les doux attraits de l'eloquence à vous composer au respect & veneration que vous deuez à ceste grande Deesse, & vacquer sainctement & religieusement à son seruice. Que reste-il doncques, sinon qu'elle mesme ouure maintenant la bouche, pour aux paroles de persuasion adjouster celles de l'authorité & du commandement ? Et considerant, Aduocats, ce qu'elle, ou moy pour elle, plus à propos vous puis proposer en ceste occasion, il me resouuient de ce que Plutarque escrit ; que quand en la Grece les Chœurs des Musiciens se presentoient en public, auant qu'ils commençassent à chanter, le Magistrat leur enjoignoit δίκαιω στόμα τι ἄδειν, chanter de bouche juste ; c'est à dire ne rien chanter qui peust offenser l'honnesteté publique & fust contraire aux loix. A la verité quand nous nous contenterions de vous dire ce mesme mot, nous vous aurions tout dit. Car pour vous, chanter de bouche juste n'est autre chose que conformer vos paroles, vos gestes, vos actions aux ordonnances dont on vous fait lecture aujourd'huy ; qui est la plus seure regle que vous puissiez auoir pour vous conduire à la fin à laquelle vous deuez dresser toutes vos actions. Mais peut-estre quelqu'vn trouuera-il estrange, qu'en vne si serieuse occasion nous empruntions des Musiciens les remonstrances que la Iustice vous doit faire, & estimera qu'elles perdent quelque chose de leur dignité, vous estans proposées sous le nom de gens qui semblent plus propres à concilier la douceur & le plaisir de la vie, qu'à conseruer en vn tel ordre que le vostre, la rigueur & seuerité de la discipline. Ne feront pas ceux qui auront puisé jusques au fonds des sources de la nature, & conuersé priuément auec la Philosophie: lesquels sçauent trop mieux que la Iustice & la Musique sont sœurs germaines & jumelles, voire selon l'opinion de Pythagoras, ne sont qu'vne mesme chose sous diuers noms. Opinion à laquelle la plus part des grands Philosophes de l'antiquité se sont rangez, & mesmes Platon, qui a ouuertement declaré que le monde μεγάλη ταύτη σωύταξις, n'estoit rien qu'vne harmonie, accord, & concert de diuerses parties dont il estoit composé, & qui pour ceste raison a dit ταῦ η μουσικὸν χήος τῶ Θεῶν ἐη. Que si la lie qui enueloppe nos esprits les empesche de s'esleuer si haut & comprendre ceste harmonie celeste;

 ——*si noxia corpora tardant*,
 Terréníque hebetant sensus moribundáque membra;
Oyez ce grand Scipion retournant du Ciel, lequel vous dit que les sept planettes, qui sous la main de la prouidence eternelle gouuernent ce monde inferieur, *septem efficiunt diuersos distinctis interuallis sonos, qui numerus fere rerum omnium modus est: quod homines docti neruis imitati atque cantibus sibi in cælum reditum aperuerunt.* Ce qu'Homere, qui n'a rien ignoré de la Philosophie, a bien sceu remarquer, quand au commencement de l'Iliade il introduit Apollon, lequel en courant faisoit melodieusement retentir ses fleches dans sa trousse. Car Heraclides Ponticus interpretant ce passage dit, que le Poëte n'a voulu par là signifier autre chose, sinon que le Soleil se joignant auec les astres qui le suiuent, ou s'en separant par certains mouuemens proportionnez, produit ceste souueraine harmonie, laquelle non seulement anime les corps terrestres & inferieurs, mais aussi remplit de plaisir & de delices les puissances intelligibles. Qui est la raison, à mon auis, pour laquelle ce mesme Poëte en vn autre endroit dit, que les Dieux en leurs festins ne trouuent le Nectar ny l'Ambroisie sauoureux, s'ils ne sont assaisonnez de la musique; entendant ceste douce symmetrie auec laquelle les Cieux & les Planettes se meuuent & branslent sous l'empire de la Diuinité. Mais peut-estre encores, ce discours de Scipion est trop esleué de la terre, il tient trop du Ciel, il est trop disproportionné à nos sens, pour nous faire comprendre les effects de ceste diuine melodie. Et pource, si nous ne pouuons atteindre si haut, & arriuer au lieu où se forme ceste musique archetype, afin que nous ne soyons du tout priuez de reconnoistre ses effects icy bas parmy les hommes mortels & terrestres, faisons comme les Astrologues, qui voulans sçauoir la grandeur de la Lune, & n'y pouuans toucher, la mesurent dans l'ombre de la terre; voyons & admirons ses effects en ceste musique vulgaire, qui est en vsage parmy nous, qu'à bon droict nous pouuons dire n'estre que l'ombre de l'autre celeste & diuine: & certainement

                nous

nous trouuerons telle conformité entre elle & la Iustice, que nous reconnoistrons leurs effets entierement semblables. Quand nous lisons en Athenée, que les Thebains ont pris pour Deesse tutelaire l'Harmonie, & que les
Arcadiens ont composé par la musique le gouuernement de leur ville, ne
deuons-nous pas reconnoistre que la Iustice & la musique est vn mesme
art, où les mesmes proportions rendent les choses accordantes fermes &
durables ? Strabon escrit que Minos & Rhadamanthe, qui pour la reputation de leur grande integrité au fait de la Iustice ont esté estimez juger les
ames aux enfers, auoient esté instruits par vn nommé Thales, egalement
bon Musicien & celebre Iurisconsulte. Comme semblablement entre nos
Iurisconsultes nous trouuons que Masurius Sabinus a fait grande profession de la musique, & l'a ornée & cultiuée comme entierement conforme à la profession du droit, selon qu'il appert en ce beau & elegant discours qu'il fait en Athenée au quatorziesme liure. Aussi remarquons-nous
dans Herodote & Pausanias, que les Grecs au commencement ne se seruoient de la musique que pour chanter les loix & les ordonnances : lesquelles ils auoient mises en chansons, pour auec la douceur de la voix les insinuer mieux aux esprits de la jeunesse, & encourager dauantage les autres à
leur obeïssance, & former leurs passions au desir de la loy, comme on forme le chant au sens de la lettre. Car il n'y a rien au monde qui ait plus de
puissance sur les esprits des hommes, & mesme sur les passions corporelles
que la musique. Ce que nous pourrions monstrer par vne grande & longue induction d'exemples & d'authoritez ; mais il nous suffira pour ceste
heure de vous faire resouuenir de ce que l'Escriture sainte tesmoigne, que
Saül estant en sa fureur se guarissoit oyant le son de la lyre de Dauid. Theo-
phraste au liure qu'il a escrit περὶ ἐνθουσιασμοῦ, remarque vn grand nombre
de maladies qui se guarissent par la musique. Ce que nous ne deduirons
point plus particulierement, afin de nous arrester à ce que le Rhetoricien
Hermogenes escrit au premier liure περὶ ἰδεῶν, qui semble estre plus à propos à ce que nous traittons aujourd'huy. Car il monstre que la musique a
plus de puissance que toutes les choses du monde à former les mœurs des
hommes, les animer à la vertu, les destourner du vice, & des actions mauuaises & vicieuses, qui est le vray effet de la Iustice. Ce qui est confirmé par
vne histoire fort celebre, rapportée par Iamblichus en la vie de Pythagoras:
qui est qu'vn jour de jeunes hommes ayans resolu à vn bal & festin public
d'enleuer & rauir vne fille d'excelléte beauté, Pythagoras qui estoit present
& presidoit à la musique, commanda aux musiciens de chanter vn certain
chant doux & graue, dont la lettre estoit vne loy & precepte de modestie
& temperance, qui rauit tellement ces jeunes gens-là, que deuenus tous
confus & honteux ils quitterent leur dessein & se retirerent. Que pouuoit
faire dauantage vn Magistrat assis en son siege auec l'authorité des loix?
où le Preteur auec ses interdits ? Et quel chœur de musique pourroit-on
imaginer plus juste, plus accordant, plus melodieux, que ceste assemblée
qui se fait en ce lieu ? où l'on oira, s'il plaist à Dieu, retentir par les bouches
des officiers & ministres de la Iustice, comme sur les cordes d'vne lyre,
tous les sons des loix & des ordonnances qui composent ceste paix ciuile,

cefte vraye & belle harmonie ? Si nous en confiderons la difpofition, ne trouuerons-nous pas, que comme le cours & les afpects des fept planettes forment l'harmonie celefte, de laquelle deriue le bien-eftre des chofes terreftres & inferieures ; & comme fur les fept tons de la voix, & fur les fept cordes du luth font compofez tous les accords de la mufique ; ainfi en ce Palais de la function de fept fortes de perfonnes, Huifliers, Procureurs, Aduocats, Greffiers, Gens du Roy, Confeillers & Prefidens, eft compo-fée cefte fi vtile, fi agreable, & fi neceffaire action de la Iuftice ; formant vn accord fi graue & fi melodieux, que luy feul affeure l'innocence, & re-prime la violence & l'injure ? Or puis que vous autres Aduocats tenez en ce concert vne des principales parties, que voftre voix fe doit oüir la pre-miere & pardeffus toutes les autres, & que vous auez à commencer cefte mufique forenfe, ayant à vous donner le ton ; que pouuons-nous par cet auant-jeu vous dire plus à propos que διϰαίω σόμϕη ϟϛℲℲℲℲ, que vous chantiez de bouche jufte, que voftre action & voftre parole ne fe departent point de la reigle des loix, & des ordonnances que l'on vous lit aujourd'huy ? Le Philofophe Zenon, Stoïque & contempteur des plaifirs & voluptez du monde, paffant vn jour pardeuant l'efchole d'Amebeus qui chantoit fur la lyre, dit à ceux qui eftoient auec luy ; Mes amis, entrons vn peu là de-dans, pour voir comme les entrailles mefmes des beftes rendent vne admi-rable confonance & melodie quand elles font touchées juftement par les nombres. Vous autres ne touchez pas les entrailles des beftes, mais maniez les entrailles des hommes, que les Grecs ont appellées ϕρένας, comme eftant le fiege de toutes leurs affections & paffions, lefquelles engendrent puis apres les querelles, les differends & les procés aufquels vous eftes employez. C'eft doncques à vous à les manier auec vne main, fi loyalle, fi jufte, fi re-glée, qu'elles puiffent produire vn bon accord & vne belle refonnance. Pour fçauoir comme vous le deuez faire ; vous deuez pratiquer ce que Por-phyre recite des Egyptiens, lefquels aux funerailles des morts prenoient leurs entrailles, & les expofoient au Soleil, & apres les auoir deteftées par les paroles folennelles de malediction, comme la caufe de tous les maux qui ar-riuent à l'homme, les brufloient. Pour faire le mefme il faut que quand les parties vous apportent leurs paffions & leurs coleres, vous les renuoyiez & deteftiez, leur remonftrans franchement & ingenuëment ce qui eft du droit & de la Iuftice : que s'il faut paffer plus auant, que vous les expofiez au Soleil, c'eft à dire à la lumiere de la verité, vous vous gardiez de les cou-urir ou pallier par vos defguifemens. Philoftrate en la vie d'Apollonius dit qu'à Memphis il y auoit vne image de Memnon, qui tenoit vn Ciftre, & lors que le Soleil donnoit à la bouche de l'image, le Ciftre commençoit à fonner tout feul : l'Aduocat doit eftre cefte image, de qui on ne doit enten-dre la voix, finon que lors que la verité, qui eft le fymbole de la lumiere, luy donnera dans la bouche. Cefte lumiere vous rendra & fçauáts & diferts tout enféble, & fuppleera mefmes à tout ce qui vous pourroit manquer d'art & d'induftrie. L'on dit qu'vn jour à vne affemblée de la Grece, le chantre Lacon joüant fur la lyre vn hymne en l'honneur d'Apollon, fa chanterelle fe vint à rompre : mais ce Dieu fauorifant la pieté de cet homme, enuoya

vne

vne Cigale qui s'affit fur fa main, & de fa voix fupplea le fon de la corde
rompuë iufques à la fin de l'hymne. D'où l'on peut reconnoiftre qu'à ceux
qui ont l'intention droicte & jufte, toutes chofes cooperent à bien ; pour
fi peu d'art qu'ils ayent, tout leur reüffit : comme au contraire ceux qui
ont vne mauuaife fin, quelque fcience & quelque eloquence qu'ils ayent,
difent toufiours mal. Certainement de tous les faux accords que l'on puiffe
faire en ce chœur & concert de Iuftice, le plus aigre & le plus intolerable
c'eft le menfonge. Et pleuft à Dieu que ceux qui ont efté vne fois furpris en
menterie, fuffent condamnez à vn perpetuel filence. Mais ie n'eftime de
gueres moindre la peine que telles gens fouffrent en ce barreau, qui eft vne
honte eternelle, vn reproche perpetuel en leur reputation, & qui leur ofte
à jamais toute creance, & les punit de la peine des Danaïdes, qui verfent
toufiours dans le vaiffeau & ne le rempliffent jamais, depuis que la foy qui
leur doit feruir de fonds eft entamée & violée. La verité eft ordinairement
accompagnée de la briefueté : car comme elle va nuë, & ne porte rien qui
ne foit à elle, auffi n'eft-elle point chargée de bagage ny d'attirail. Et cefte
brieueté eft peut-eftre la vertu la plus requife à l'Aduocat, foit pour s'expliquer, foit pour plaire à ceux aufquels il parle. Ariftote en fes Problemes dit,
que toutes chofes belles font petites ; comme au contraire les Latins ont fait
des fynonymes de ces mots, *turpe & magnum*. Mais particulierement au
fait du bien dire, vous deuez croire que comme la plus belle chanfon du
monde & la plus melodieufe, fi elle eft longue, ou fouuent repetée, faoule
l'oreille & ennuye l'auditeur ; auffi fait toute longue narration & tout long
difcours, quelque art qu'il puiffe auoir. Auffi Homere parlant de Mene-
laus, & voulant exprimer en luy l'image d'vn grand Orateur, dit,

Ἦ τοι μὲν Μενέλαος ὁ πιτεχὰ δ'ιω ἀ γορόμε

Παῦρα μὲν, ἀλλὰ μάλα λιγέως.

Il parle court, mais grauement, clairement & rondement. Voyez donc
combien fe trompent & s'efloignent de leur but ceux qui penfent ne
bien dire que quand ils difent beaucoup, & croyent que pourueu qu'vn
plaidoyé foit long, il eft beau & difert. Il faut que ceux-là fe fouuiennent
d'vn beau trait qui eft dans Macrobe : Vne fois vn ioüeur de tragedies prononçant vn vers, où il y auoit μέγαν Ἀγαμέμνονα, pour accompagner la parole du gefte, & exprimer la grandeur d'Agamemnon, fe leua fur le bout
des pieds, & le fit le plus haut qu'il peut : mais fon compagnon qui eftoit-
là fe mocqua de luy, luy difant ; Tu le fais haut, mais non pas grand : &
reprenant ce mefme vers, le prononça auec vne contenance graue, feuere
& penfiue ; difant que c'eftoit par là qu'il falloit monftrer la grandeur des
Roys, non pas par le liege de leurs fouliers. Vous deuez penfer, Aduocats,
que quand l'on vous preffe d'eftre briefs, ce n'eft pas pour la commodité
des Iuges, mais pour la voftre & celle des pauures parties. Les Iuges feroient
plus à leur aife, & auroient l'efprit plus frais à ne juger qu'vne caufe en vne
audience, que d'en juger douze ou quinze. Mais ce faifant il faudroit que
les pauures parties mouruffent en langueur à la pourfuitte de la Iuftice ; puis
que vous voyez qu'auec toute la diligence qu'on y peut apporter ; les appellations verbales roulent quelquefois deux & trois années, & arreftent

le cours des procés par escrit. Il faudroit aussi que vous cherchassiez vn autre mestier. Car qui vous laisseroit faire, le plus celebre Aduocat du barreau
ne plaideroit pas vne douzaine de causes par an, & faudroit qu'il portast icy
trois mois son sac à la main, & sa cause en sa memoire auant que la plaider ; & de mil expediens qui se passent, il ne s'en passeroit pas vn. Aux causes graues qui le meriteront, la Cour ne vous plaindra jamais le temps ny
vne fauorable audience. Hermes est assis aupres des Graces, pour monstre
(ce dit vn ancien) que la faueur de l'auditeur est celle qui forme la perfection de l'eloquence. Mais vous estes trop insupportables, quand és causes
legeres, par le plaidoyé de l'appellant ou du demandeur le fait est entendu,
vous l'allez encor repeter ; au lieu de venir droit au point ou du fait ou du
droit qui demeure en question. Pensez que c'est à vous que s'addresse ce
mot de Plaute, *Odiosa ratio est cùm rem agas longinquum loqui: quidquid est,
ad capita peruēni:* & à nous au contraire & pour nostre instruction, qu'vn
Historien Romain parlant d'vn Iuge de son temps dit, *Mirificè iudex qui
in re tam clara tempus teri passus non est.* Quant à vous, Procureurs, il y en a
entre vous qui s'acquittent dignement de leurs charges: mais aussi il y en
a vn bon nombre qui s'y comportent en façon, soit par ignorance ou par
negligence, qu'ils semblent n'estre ce qu'ils sont que pour empescher le
cours de la Iustice, en trauerser l'expedition, & rendre les procés immortels. La Cour est resoluë de ne plus supporter ces desordres, & d'amander
si seuerement ceux qui les commettront, qu'en fin elle exterminera hors
de ceans par la rigueur des peines ceux que les loix & leur conscience ne
peuuent contenir en leur deuoir. Tenez-vous-en doncques pour tous aduertis, afin que personne n'impute qu'à soy-mesme le mal qui luy en ani-
uera. Au contraire elle cherira & fauorisera ceux qui s'acquitteront de leur
charge, procurera leur bien, honneur & auancement. Car à la verité ils
meritent beaucoup d'employer fidellement & soigneusement leurs veilles
& labeurs pour la conseruation du bien d'autruy. Que si tous d'vn commun accord, & Aduocats & Procureurs, vous conspirez à ayder & secourir la Iustice, en faciliter l'expedition, j'espere que le cours de l'année que
nous commençons sera heureux pour nos concitoyens, vtile pour vous, &
glorieux pour nous tous.

A L'OVVERTVRE DES GRANDS IOVRS
de Marseille en l'année mil six cens deux.

'IL est vray ce que dit Xenophon en l'institution de
Cyrus, que la meilleure maistresse de l'obeïssance est
l'exhortation ; il est bien raisonnable que la Iustice qui
se leue aujourd'huy sur vous, comme vn nouueau Soleil, pour y faire reluire l'authorité du Prince, & affermir auec les chaisnes des loix & des jugemens vostre re-
pos & tranquillité, donne son premier trauail à vous exhorter à l'obeïssance de vostre Prince & de ses loix. Que si pour cet effet il falloit adjouster
quelque

quelque chofe à tant de belles raifons qui vous ont efté prefentement dif-
couruës par les Gens du Roy ; ie ne trouueroy rien de plus conuenable que
ce qui eft plus commun & ordinairement pratiqué par ceux qui veulent
animer les hommes à bien faire : C'eft à fçauoir, leur reprefenter la nobleffe, la fageffe, la temperance, la iuftice de leurs anceftres. Car outre que le
plus court chemin pour inftruire les autres, & le plus feur font les exemples,
entre les exemples ceux qui font nais en nos maifons, en nos foyers, plus aifément, plus agreablement & auec plus d'effect fe reprefentent à nous, nous
monftrent le chemin de la vertu ; & au contraire par vn taifible reproche
nous r'appellent & deftournent du vice, fi nous y auons quelque inclination. Or de toutes les villes, non pas de cefte prouince, mais de l'Europe, à
peine en fçay-je aucune qui ait plus d'occafion que celle-cy de fe glorifier
de fon origine, de s'animer à la vertu par l'exemple de fes anceftres, de fe
compofer à l'amour de la Iuftice & obeïffance des loix, par l'inftruction
des diuerfes fortunes qu'elle a couruës. Car fi nous en recherchons l'origine, nous la trouuons tirée du cœur de la Grece, qui eftoit lors le peuple du
monde le plus noble, le plus genereux, le plus ciuil, le plus vertueux ; & la
trouuons quafi naiffante auec la ville de Rome pour eftre riuale de fa grandeur. Et ne faut pas croire, comme quelques-vns ont efcrit, que des gens
errans & exilez fous la conduite de Meffalias fe foient venus jetter à l'auenture en cefte terre. Mais au contraire il faut fçauoir que les anciens ayans
toufiours creu que le vray moyen & le plus feur d'accroiftre & affermir les
Empires, eft de s'eftendre en diuers lieux par colonies ; & les Grecs ayans
reconneu par la nauigation qu'ils auoient quafi feuls en l'Europe, la beauté
de ce port, les delices de ce terroir, lors defert & inhabité, y enuoyerent
cefte flotte fous la conduitte de Perannius, laquelle premierement occupa
cet endroit. Et pource que toute cefte cofte, & principalement ce lieu-là
s'appelloit Salij (nom que les peuples ont retenu encor fort long téps apres)
comme ils aborderent, les mariniers commencerent à crier en leur langage Grec, μάσατ Σάλιοι, qui eft à dire, Amenez les voiles, nous fommes en
terre de Saliens. Lequel mot repeté par tous auec allegreffe, & par efpece
d'augure, demeura depuis, & feruit de denomination à la ville qui y fut
baftie : comme nous apprend cet ancien autheur Grec Stephanus περì πο-
λέων, & quelques vieilles medailles où ce mot de μάσατ fe trouue efcrit auec
l'effigie de Diane, fous les aufpices de laquelle auoit efté entreprife cefte nauigation. Certainement cet augufte commencement ne fut pas deftitué
en fes fuccés des faueurs de la fortune. Car ayant ces premiers fondateurs
par leur induftrie & ciuilité acquis l'amitié & l'alliance des Princes voifins,
ils formerent incontinent vne belle & puiffante ville. Elle eut de belles &
grandes victoires contre les Carthaginois & Liguriens, & fe fignala par
beaucoup de faits d'armes ; conquit & occupa par colonies tout ce qui eft
du long de la mer, depuis Agde en Languedoc iufques à Sauonne, & les
illes maritimes de Corfegue & de Sardaigne ; fut fi fidelle & vtile amie au
peuple Romain qu'elle en merita le nom de fœur. Et Rome eftant prife par
les Gaulois, elle paya liberalement vne partie de la rançon qui leur fut accordée ; ayda tellement au peuple Romain en toutes fes conqueftes, qu'vn

ancien dit, que iamais le peuple Romain n'a eu aucun triomphe que la ville de Marseille n'y ait eu part. Mais pour moy j'estime peu ceste gloire qui
procede de sa grandeur & puissance, au prix de celle qui est deuë à sa pieté,
à sa temperance, à sa iustice. Il faut examiner sa pieté selon la religion qui
estoit lors, & entre les tenebres du Paganisme; parmy lesquelles toutesfois,
par vn commun consentemēt des peuples, on a tousiours donné beaucoup
de loüage à ceux qui ont referé à la Diuinité (de quelque nom qu'ils l'ayent
appellée) les heureux succés de leurs fortunes. Or nous lisons dans les Historiens, que la premiere chose que firent les fondateurs de ceste ville, ce
fut de bastir ce grand & magnifique temple de Diane Ephesienne, dont
les ruines paroissent aujourd'huy; pour ce que sous ses auspices ils auoient
entrepris ceste nauigation, comme remarque Isocrates *in Archidamo*; & à
raison dequoy Tite-Liue l'appelle en vn endroit *Castrum Ephesi*. Pausanias
escrit qu'vn des plus riches presens qui se voyoit de son temps au temple de
Delphes, estoit celuy que la ville de Marseille y auoit fait. Strabon rapporte qu'entre les creances & religieuses opinions des Marsillois, ils croyoient
fermement l'immortalité de l'ame, qui est vn des plus solides fondemens
de toute vraye pieté. Et Valere remarque qu'elle auoit tousiours eu ceste
loy inuiolable, de ne point permettre qu'il s'alterast rien au fait de la Religion. De sorte qu'elle semble par ces scintilles de pieté auoir depuis merité
que ce grand Soleil de Diuinité, ceste pure lumiere de religion arriuant au
monde, jettast aussi de ses premiers & plus clairs rayons sur ceste ville, y
faisant incontinent arriuer ce saint Lazare, & auec luy la semence de la foy,
qui d'icy s'emble s'estre prouignée par tout le reste des Gaules. Ce seroit
chose immence de vouloir suiure pied à pied toutes les belles loix & loüables coustumes qui ont esté obseruées en ceste ville, & admirées de l'antiquité. Si y en a-il deux ou trois qui ont esté tant estimées, que ce seroit faire
tort au jugement de ceux qui ont passé deuant nous, de n'en point faire de
memoire en ceste occasion. L'vne est, qu'ils estoient si amateurs de la modestie, & auoient tant de soin d'y former leurs citoyens, qu'ils ne permettoient point que les enfans entrassent aux theatres & jeux de resioüissance; de peur que cet aage tendre & aisé à prendre mauuaise impression, ne
tirast de la licence des recreations publiques quelque exemple qui relaschast la seuerité en laquelle ils estoient nourris. L'autre estoit, que les femmes ne beuuoient jamais de vin, & estoient instruites à vne telle frugalité,
mere de toutes autres bonnes mœurs, qu'elles ne cedoient en rien à la vertu & generosité des hommes: dont elles ont rendu deux tesmoignages entre les autres admirables. Le premier fut celuy dont Vegece & Frontin
font mention, lors que Caramond Roy d'Arles tint ceste ville si long-
temps assiegée, qu'en fin les cordes des arcs de ceux de dedans se trouuerent toutes vsées à force de tirer: & ne se trouuant point d'autre matiere
propre pour en faire de nouuelles, les femmes & les filles couperent leurs
cheueux, & les donnerent aux soldats pour s'en seruir à cet effet. Le second,
qui est raconté en l'Histoire de Naples, c'est que Berengier troisiesme y
ayant tenu vn autre si long siege, que toute la jeunesse estoit morte aux
combats qui s'estoient rendus, afin d'auoir plus honorable composition,

toutes

toutes les jeunes filles s'armerent, & de ceste façon borderent les murailles:
ce qui fut cause de faire leuer le siege. Or comme les autres vertus y ont
esté grandement aymées & cheries de toute antiquité, aussi a esté la Iustice plus que toutes les autres, auec vne extreme reuerence enuers ceux qui
l'exerçoient sincerement, & au contraire vne extreme rigueur & seuerité
contre ceux qui en abusoient : comme tesmoigne assez l'exemple que Lucian *in Toxari* en allegue. C'estoit doncques anciennement icy le domicile
des vertus : mais aussi estoit-ce l'exemplaire de toute bonne police & sage
discipline. Ce qui a donné sujet à Aristote en ses Politiques de l'appeller
πόλιν ἀνομοκράτιλω, de sorte qu'ayant à escrire vn liure du bon estat de la Republique, il se contenta, ce dit Athénée, d'escrire l'ordre & l'estat de ceste
ville. Il falloit certainement qu'il fust fort syncere & fort accomply, puis
que Ciceron, quand il en parle, quelque jaloux qu'il fust de la gloire de son
pays, s'est auancé jusques là de dire, *Massiliensium dignitatem & discipli-
nam non solùm Graeciae, sed cunctis gentibus anteponendam.* Or si elle a esté
grande és mœurs, en discipline, en police, l'a-elle esté moins en arts & sciences ? Pour le sçauoir, il ne faut qu'ouïr Tacite, lequel donne pour loüange à Iulius Agricola d'auoir esté nourry & instruit à Marseille, *quam ma-
gistram studiorum vocat.* Mais pour le sçauoir plus certainement, il faut faire le compte des grands & signalez personnages qu'elle a produit en toutes les sciences, desquels les noms sont celebres dans les registres de l'antiquité. Ceste ville seule (comme nous apprenons de Strabon, Pline & Seneque) a produit plus de grands Cosmographes que tout le reste du monde ensemble. Car Euthydemus, Pytheas, Timarchus, Androcydes, Tar-
chon, Aristocles, Menechmus, Aristodemus, Hipparchus estoient Marsillois. Pour la medecine, elle en a eu d'autres, qui n'ont pas esté moins renommez : ce grand Crinas, qui acquit tant de richesses par sa celebrité,
qu'il laissa, à ce qu'escrit Pline, *centies sestertiûm,* pour faire vne ceinture de
muraille neufue à la ville : ce Charmide dont Plutarque fait si honorable
mention, & ce Demosthene dont parle Gallien. Les Orateurs qu'elle a
produits n'ont pas esté de moindre reputation, tant pour estre excellens &
exquis aux preceptes de leur art, que pour la diuersité des langues esquelles tous ils excelloient, comme tesmoigne saint Hierosme sur l'Epistre aux
Galates, & Sidonius Apollinaris en l'vne de ses Epistres, où il dit que communément à Marseille on parloit trois langues. Vous sçauez tous les noms
de ces Orateurs-là, qui sont trop celebres parmy les liures des anciens; comme d'Oscius sous Tibere, Petronius sous Neron, Gennadius sous Anasta-
se, Victorinus sous Constantin, Coruinus sous Theodose. Mais pourquoy
nous arrestons-nous à l'enumeration de ces gens-là? veu que tant de grands
& celebres Docteurs & Theologiens, brillantes lumieres de la foy, nouuelles estoilles de la Chrestienté, qui ont resplendy en ceste illustre ville,
nous appellent à eux, & à l'admiration de leur erudition singuliere & sainteté venerable? Que peut-on dire assez dignement de ce grand martyr
saint Victor, qui endura sous Maximin? de ce grand Cassianus qui indui-
sit Estienne Roy de Bourgongne à construire le monastere de saint Victor? ce grand Honorat dont parle Gennadius, qui depuis fonda l'Abbaye

de Lerins ? ce grand Grecus dont parle Sidonius ? ce grand Saluianus ? ce
grand Fulco Euefques de Marfeille ? Mais peut-eftre m'eftendant de cefte
façon fur les loüanges de voftre ville, feray-je vn effet tout contraire à celuy que ie me fuis propofé : peut-eftre, dis-je, la gloire de vos predeceffeurs
vous enflera trop le courage, & vous rendra moins flexibles à l'obeïffance,
moins refpectueux à l'honneur de voftre Prince & de la Iuftice. Toutesfois, fi comme d'vn cofté j'ay mis à la balance ce qu'a eu d'ornement & de
bon-heur voftre ville depuis fa naiffance, vous mettez de l'autre les calamitez qu'elle a fouffertes auant qu'elle foit arriuée fous l'obeïffance & protection de nos Rois, vous auez trop dequoy vous faire fages, & eftimer
voftre condition heureufe, & prier Dieu qu'il vous y vueille conferuer.
Car toutes ces belles polices, toutes ces belles difciplines, toutes ces belles
alliances, tous ces beaux tiltres dont voftre ville a efté honorée, ne la gar-
derent pas d'eftre miferablement faccagée, & durement afferuie par l'armée de Iules Cæfar. Elle fouffrit le mefme infortune enuiron trois cens
ans apres fous Conftantius qui la pilla, & la laiffa deferte & abandonnée.
S'eftant vn peu remife par l'efpace d'enuiron cent cinquante ans, Gondio-
gue Roy des Bourguignons l'ayant prife en emporta tout jufques aux offe-
mens & reliques des corps faints. Cinquante ans apres, par vne nouuelle
recharge d'affliction, les Gots s'en faifirent, & la tindrent enuiron deux
cens ans, & jufques à ce que le Comte Maurice, qui y commandoit, la liura aux Sarrazins. Charles Martel vint auffi toft, les en chaffa, reduifit la
ville fous fon obeïffance, la reünit & incorpora au Royaume de France,
mais tellement ruinée & defolée, qu'elle demeura pres de cinq cens ans
fans nom ny reputation, & ce jufques en l'an 1236. que le Comte Ray-
mond l'affiegea, la prit & la faccagea. Quatorze ans apres, elle retomba
au mefme malheur, fous les armes du Duc d'Anjou. Et enuiron cent quatre vingts ans apres, Alphonfe d'Arragon y mit la derniere main, & la reduifit à toute extremité de mifere. La voyla doncques dans vn fiecle &
demy par neuf fois miferablement pillée, faccagée, ruinée fans qu'elle ait
trouué feureté, feruant toufiours de proye au plus fort, voyant fes biens,
fes femmes, fes enfans à l'abandon du premier qui s'en eft voulu emparer,
jufques à ce qu'arriuant fous les aifles de cefte grande, puiffante & floriffante Couronne de France, elle a recouuré fa franchife en vne fi douce
obeïffance, & eft deuenuë vrayement libre en feruant vn fi jufte Empire.
Elle a depuis veu par plufieurs fois des armées Imperiales, & des Empereurs autour de fes murs la menacer : mais le nom & la force de la France
l'en ont glorieufement deliurée. Elle s'eft en ces derniers jours laiffée miferablement enuahir par deux feditieux coquins, qui y auoient introduit les
forces d'Efpagne : le nom du Roy, la fortune de la France l'ont miraculeufement remife en liberté ; afin qu'auec plus de foin, plus d'ardeur, plus
d'amour vous honoriez, vous feruiez la facrée Majefté de voftre Roy, qui
eft le feur & feul bouclier qui couure voftre ville, & la deffend d'oppreffion & captiuité. Or puis que le comble de vos heurs, le fommet de vos
felicitez, confifte en la bonne grace de voftre Prince, & en fa protection,
fongez maintenant en vous mefmes, que c'eft qui vous la peut acquerir,

qui

qui vous la peut conferuer, qui vous en peut faire reſſentir le fruit le plus
doux & le plus ſalutaire, qui eſt le repos & la ſeureté de vos perſonnes &
de vos fortunes. Vous trouuerez à mon aduis que c'eſt la Iuſtice, patronne
tutelaire des villes, mere du repos, vengereſſe des injures, ennemie de la
violence, antidote des ſeditions. Nous vous la ramenons aujourd'huy ; regardez de la receuoir auec les droits d'hoſpitalité, d'honneur & de reſpect
tels qu'elle ait occaſion de ſe plaire parmy vous, & d'y exercer ſi heureuſement ſes functions, que l'heur & la benediction en puiſſe decouler juſques
ſur vos enfans. Les hiſtoires nous apprennent que Perannius fondateur de
voſtre ville, ayant eſpouſé Peta fille du Roy d'Arles, ils changerent tous
deux leur nom ; luy ſe fit appeller Euxenus, & elle Ariſtoxena, s'attribuans
par ces denominations la loüange d'hoſpitalité & courtoiſie enuers les
Eſtrangers. Deuenez à leur exemple tous Euxenes & Ariſtoxenes à la Iuſtice qui vient vers vous, non chaſſée par les vents, non errante par les campagnes, non cherchant ſes aduentures ; mais requiſe par vous, enuoyée par
voſtre Prince trauaillant auec continuel labeur pour voſtre bien & commodité. Certainement il eſt bien vray, comme Pauſanias eſcrit, que la ſtatuë qui eſtoit à l'entrée du temple de voſtre Diane en Epheſe regardoit
ceux qui entroient, de trauers, & auec vn viſage ſeuere & menaçant ; &
au contraire auec vn viſage gracieux & riant ceux qui ſortoient. De meſmes la Iuſtice à ſon arriuée ſemble vn peu affreuſe & redoutable pour ſa ſeuerité : mais en fin & à la ſortie, elle laiſſe toutes choſes douces, tranquilles & agreables, aſſeure vos biens, vos honneurs & vos vies. C'eſt pourquoy les Romains, à ce que Pline rapporte, auoient fait baſtir le temple de
Concorde des deniers prouenans des amendes & condamnations iudiciaires : monſtrant par là que la paix & la concorde ne s'eſtablit parmy les citoyens, que par la ſeuerité des jugemens. Euſtathius ſur Homere eſcrit,
qu'en l'iſle de Milet il y auoit vne fontaine qui s'appelloit du nom d'Achil-
lè, l'eau de laquelle tant qu'elle couloit eſtoit douce & agreable ; mas quand
elle eſtoit arreſtée ou croupiſſante, deuenoit extrémément amere & de dangereux vſage. C'eſtoit vrayement l'image & ſymbole de la Iuſtice, laquelle tant qu'elle a ſon cours libre, a ſes effets vtiles & ſalutaires : mais quand
il eſt arreſté ou empeſché, ce qui en deſborde n'eſt qu'vſurpation, injure,
violence, perfidie, larrecin, brigandage, meurtre, & aſſaſſinat. Si doncques vous vous aymez vous meſmes ; ſi jamais vous auez ſongé à faire quelque bon vœu pour le ſalut de voſtre ville, priez Dieu qu'il vous inſpire à aymer, honorer & cherir la Iuſtice, à vous deſpoüiller des vaines & folles
paſſions, leſquelles flattans & ſeduiſans l'eſprit de la plus part des peuples,
leur font croire que c'eſt liberté de ne pas obeïr à la Iuſtice ; bien qu'au contraire il n'y ait point de plus grande & plus dure ſeruitude au monde que
celle qu'introduit la licence & l'impunité ; qui font que le plus audacieux,
le plus cauteleux, le plus meſchant offenſe, trompe, aſſaſſine le modeſte, le
ſimple, l'innocent. D'autres pourroient douter quel effet pourra operer en
vos eſprits le diſcours que nous vous tenons maintenant, & quel fruit la
Iuſtice peut produire parmy vous. Mais nous qui ſommes arriuez autresfois icy auec la Iuſtice, alors que le feu des guerres ciuiles n'eſtoit pas encor

bien esteint, & que les guerres estrangeres nous allarmoient de tous costez ; & vous ayant trouuez pleins de desordres, de licences, de querelles,
de diuisions, auons veu que la Iustice vous a maintenus entre de fascheux
accidens de guerre, de peste, de famine, en repos & en tranquillité, pourquoy n'espererons-nous encor aujourd'huy vn plus heureux succés de nostre labeur ? Aujourd'huy, dis-je, que la paix que Dieu nous a donnée au
dedans & au dehors, la paix, dis-je, que nostre bon Roy nous a acquise au
prix de son sang, & par la terreur de ses armes, a calmé les flots des dissensions ciuiles, dissipé les nuages des factions estrangeres, reprimé les efforts
& menaces de nos voisins, assoupi le bruit des armes, pour faire resonner
la voix des loix, & faire regner la Iustice, faire decouler l'abondance sur les
peuples, & les maintenir en tranquille & bien-heureux repos. Puis donc
que tout le fruit de l'œuure est pour vous, contribuez-y de vostre part, au
moins l'affection, la bien-veillance, l'obeïssance, telle que l'on doit attendre de bons & modestes citoyens, & de fidelles sujets & seruiteurs de vostre
Prince & auec ceste esperance nous y donnerons commencement.

A L'OVVERTVRE DV PARLEMENT DE
la sainct Remy mil six cens deux.

 A nature qui nous a reseruez à ce siecle, comme à la vieil-
lesse du monde, nous a donné cet aduantage sur ceux qui
sont passez deuant nous, qu'il semble que leurs vies n'a-
yent esté qu'vne eschole pour instruire les nostres. De sorte que quand nous venons à entreprendre quelque honorable ou serieuse action, & que nous desirons sçauoir comment nous nous en pourrons dignement acquitter, nous n'auons
qu'à tourner les yeux en arriere, & repasser sur les exemples de la venerable
antiquité, en laquelle nous trouuons abondamment dequoy bien faire, en
imitans ceux desquels le nom & la vertu vit encore en la memoire des
hommes. Et pource, Aduocats, la solennité de ce jour nous obligeant de
vous r'appeller auec quelque digne ceremonie à ceste pompeuse monstre, à
ceste sainte lustration, à ce religieux serment ; ie vay cherchant de l'œil par
les registres de l'histoire ancienne, si ie trouueray point quelque memorable exemple qui puisse rehausser la dignité de cet acte, & vous en imprimer
en l'esprit bien auant la reuerence. Et à peine en trouué-je qui me semble
plus propre que celuy de Fabius Rullianus, lequel (à ce que Pline rapporte)
institua à Rome que le quinziesme de Iuillet, qu'ils appelloient les Ides, les
jeunes gens de la ville montez sur des cheuaux blancs s'assemblassent au
temple d'Honneur, & de là partissent pour s'aller rendre au Capitole deuant le temple de Iupiter, *vt ante oculos Religio & Iupiter optimus maximus
fractiores & magis obnoxios redderet ad parendum.* Puis que de mesme ceste
journée vous r'ameine en ce lieu, en ce Capitole, dis-je, *in hoc sacrarium
imperialis oraculi, plenum horrore tranquillo & pauore venerabili,* comme
dit Ausone, pour y appeller Dieu en tesmoin de la ferme resolution & fidelle

delle volonté auec laquelle vous vous deuoüez & consacrez au seruice & ministere de la Iustice, d'où pourriez-vous mieux faire vostre depart, & prendre vostre volée, que du temple d'Honneur? Mais pource que ny la magnificence de nos Princes, ny l'artifice de nos Architectes ne nous l'ont point basty, que nos carrieres ne nous fournissent point de colomnes pour le soustenir, ny de marbres pour l'enrichir, il faut qu'auec ma telle quelle parole ie le dresse en vos esprits, afin que sa veneration vous soit non seulement vne droite guide, mais encor vne seure garde au chemin que vous entreprenez aujourd'huy. L'honneur à le considerer exactement, & selon que le definit l'Eschole, n'est autre chose qu'vne reconnoissance & protestation de l'excellence qui est en la chose honorée. Car tout ce qui est paruenu à ce point jette hors de soy vn lustre & vn esclat qui attire à soy l'esprit de l'homme, & par vne secrette & douce violence le soubmet à l'honorer & reuerer. Mais comme entre les choses les vnes sont beaucoup plus excellentes que les autres, aussi meritent-elles beaucoup plus d'honneur: personne ne doute que l'homme ne soit l'excellence de la nature mortelle, que l'ame ne soit l'excellence de l'homme, que la vertu ne soit l'excellence de l'ame, & que la Iustice ne soit l'excellence de la vertu. Si donc maintenant nous monstrons que de tous ceux qui sont employez au seruice de la Iustice, il n'y en a point qui participent dauantage à son excellence, qui maintiennent plus sa dignité, qui augmentent tant sa veneration, qui accroissent si fort sa puissance & son empire que les Aduocats; ne vous aurons-nous pas dressé vn temple d'Honneur? Ne vous aurons-nous pas posé dedans, au lieu le plus eminent? Ie preuoy bien que plusieurs esprits venans à examiner ceste proposition, se laisseront esblouïr les yeux par l'esclat de la pourpre qu'ils voyent reluire en ces sieges plus hauts, par les fumées de l'ambition, & par les broüillarts des affections populaires, qui ne s'attachent qu'à l'apparence bien souuent, ou fausse ou vaine. Mais ie les prie de s'escarter pour vn peu du vulgaire profane, se tirer à quartier de ces sombres nuages de vaines opinions, & au trauers de la serenité des discours & axiomes de la Philosophie, y contempler la verité de ce probleme, & ils le verront entierement resolu à leur aduantage. N'est-ce pas vne maxime fort certaine & fort constante, que celuy qui possede vne chose de son droit & à par soy, y a bien plus grande part que les autres qui ne l'ont que par communication d'autruy. Et qui ne sçait que l'authorité qu'ont les Iuges en l'exercice de la Iustice n'est rien qu'vn ruisseau de celle du Prince, deriuée en eux par sa grace, & qui ne maintient son cours que par le flux continuel de sa puissance? que la lueur de leur dignité ne subsiste que par la reflexion de la sienne, non plus que la clairté de la Lune par l'aspect du Soleil; laquelle s'obscurcit & s'esteint si tost qu'elle en perd l'objet & l'influence? Au contraire l'authorité & dignité d'vn bon Aduocat, procedant de sa propre vertu, ne depend que de luy-mesme. Car quand ses laborieuses estudes la luy ont vne fois acquise, elle luy appartient incommutablement, sans que personne luy en puisse rien diminuer. Et quand on dira dauantage, que l'authorité des Iuges releue & depend de celle des Aduocats, qui le pourra nier? Ceux qui sçauent comme l'on vit en ce theatre public de la Iustice, reconnois-

sent ingenuëment que les Iuges y seroient du tout inutiles & sans function,
si les Aduocats ne venoient à leur secours, & par leur industrie & laborieux
trauail ne leur descouuroient la verité cachée & desguisée par les artifices
des plaideurs, & l'equité plongée & comme abysmée dans les gouffres &
fondrieres de la chicanerie. Il est bien aisé, apres que la mine est tirée de la
terre, qu'elle a passé par les lauoirs, qu'elle a souffert la couppelle, qu'elle a
esté marquée du coin du Prince, de iuger de sa valeur ; le moindre du peuple le sçait faire ; voire mesmes il n'est plus loisible d'en douter : reietter la
marque publique, ce seroit blesser l'authorité du souuerain. Aussi apres que
la Iustice & l'equité ont esté exprimées par la force du discours, purifiées
par le feu de la raison, qu'elles ont pris couleur par la chaleur d'vne viue
oraison ; qu'elles ont esté marquées sur la touche de la loy, quelle authorité
demeure-il aux Iuges de la pouuoir rejetter, sinon auec leur propre infamie, rendans nul tout ce qu'ils font, se sousmettans à la censure de toute
ceste assemblée, qui a les yeux & les oreilles ouuertes pour iuger des Iuges
& de leurs iugemens ? Les Aduocats, dira quelqu'vn, n'ont point de puissance sur la vie & sur les biens des hommes. Mais au contraire ie dis, qu'elle
depend d'eux plus que de personne du monde. Qui est celuy si innocent en
ce monde, auquel quelquesfois la calomnie ne s'attache, & que par artificieuses faussetez elle ne jette en vn manifeste peril de perdre l'honneur & la
vie ? Qui est celuy, qui a son patrimoine à si bon titre & si bien asseuré,
qu'il ne puisse craindre les ruses d'vn notable broüillon, qui le iettera dans
les pieges de la chicanerie ?

> —— hunc expulit alter,
> *Illum nequities & vafri inscitia iuris.*

Mais l'Aduocat accourant à son secours, armé de ces deux grands & puissans traits, l'erudition & l'eloquence, le retire de la foule, le met en sauueté,
contraint les Iuges de luy prester l'authorité publique pour sa protection &
deffence. Tellement que si la pureté de nostre Religion ne nous empeschoit
d'vser des termes des anciens, nous pourrions à bon droit appeller les Aduocats les Dieux tutelaires de la Iustice & de l'innocence. Ælian escrit que
Menecrates, celebre medecin de Syracuse, apres auoir guary les malades
ne leur demandoit autre salaire, sinon qu'ils l'appellassent leur Iupiter, &
qu'ils se nommassent ses esclaues. Ambition trop grande, voire impie, &
qui le rendoit indigne de tout honeur, puis qu'il le recherchoit sans mesure.
Mais certainement vn bon & fidelle Aduocat, sans le demander, acquiert
bien sur ceux qu'il deffend, de quelque qualité qu'ils soient, tous les plus
hauts tiltres d'honneur qu'on sçauroit desirer, puis que la loy mesmes luy
donne celuy de patron, & que les parties qui se iettent entre ses bras prennent celuy de clients ; noms qui portent marque d'empire & domination
d'vn costé, & image de seruitude de l'autre. Mais quelqu'vn demandera,
où sont les Huissiers, où sont les licteurs des Aduocats pour designer leur
authorité, & pour les faire obeïr ? Objection qui pourra estre tolerable en
la bouche des ignorans, & non pas de ceux qui auront leu dans Homere,
que quand Vlysses vouloit haranguer, Minerue Deesse des armes aussi
bien que des sciences, se transformoit en Heraut, & marchoit deuant luy.

Apres

Apres cela il ne falloit point demander qui estoient les executeurs de ses commandemens ; car autant d'hommes qui l'oyoient estoient autant d'esclaues qu'il menoit enchaisnez par les oreilles, qu'il poussoit, voire precipitoit à l'execution de tout ce qu'il leur proposoit, ne plus ne moins qu'vn fort & impetueux vent pousse les vagues de la mer : car ainsi le Poëte en parle-il,

Κινήθη δ' ἀγορὰ ὡς κύματα μακρα θαλάσσης.

Ceux qui auoient oüy ce grand Demosthene,

——quem mirabantur Athenæ

Torrentem & pleni moderantem fræna theatri,

demandoient-ils où estoient ses Huissiers, & les executeurs de ses mandemens ? Si vous le demandez à Lucian, au liure qu'il a composé en sa loüange, il vous dira que c'estoient ἀσραπαὶ κ ϐρονται, les foudres & les esclairs. Car il frappoit les oreilles des auditeurs auec vne parole si viue & si aiguë que l'aiguillon en demeuroit dans leur ame ; tellement que tanquam æstro perciti, ils n'auoient repos qu'à mesure qu'ils acquiesçoient à ses volontez. Mais afin qu'il ne semble que nous allions rechercher bien loin dans les Poëtes & dans les Historiens des preuues de ce que nous vous proposons pour n'en auoir chez nous de suffisantes ; nos loix mesmes ne confirment-elles pas en propres termes ce que nous venons de vous dire ? ne jugent-elles pas que la puissance de la persuasion est plus grande & plus violente que celle de la viue force ? & que persuaderi est plusquam compelli & cogi sibi parere, selon l'opinion de nostre Vlpian ? Peut-on dire donc, que ceux qui ont en main la persuasion, n'ayent pas la vraye authorité ? Quant à l'honneur & à la dignité, voyons lors que les mesmes loix sont venuës à les partager entre les Iuges & les Aduocats, à quelle proportion elles les ont distribuées ; & nous trouuerons qu'elles ont egalé les vns aux autres, & ont ramené dans le barreau auec des eloges d'honneur & consolations de gloire ceux qui apres auoir manié les plus grandes charges, & geré les plus grands Magistrats, desdaignoient cet honorable mestier, comme s'il eust esté au dessous des offices qu'ils venoient d'administrer. Et pour cet effet l'Empereur Valentinian en la loy quisquis. de postulando, au Code, parlant à eux leur dit : Nec quisquam honori suo detractum putet cùm ipse elegerit necessitatem standi, & neglexerit ius sedendi. Si j'auois icy à vous ramenteuoir combien d'Empereurs sont descendus de leur throsne, combien de Consuls de leurs sieges durant leur Consulat pour entrer dans le barreau, & plaider les causes de leurs amis, ce seroit vne histoire trop longue, & que l'heure ne pourroit pas porter, laquelle aussi ie lairray pour l'auoir touchée ailleurs. Seulement vous diray-je, que ce n'est point merueille qu'ils l'ayent fait : car les grands esprits estans naturellement desireux d'honneur & de gloire, & celle qui prouient des actions de l'entendement estant plus illustre que celle qui procede des exercices du corps, quel autre trauail pouuoient-ils choisir plus capable de leur en acquerir ? En quel plus celebre endroit pouuoient-ils paroistre qu'en ceste eslite des beaux esprits ? en ceste assemblée des doctes ? en ceste foire frequente de science & d'erudition ? Où pouuoient-ils mieux monstrer leur inclination à la beneficence, la vigueur de

Y Y y

leur efprit, la grandeur de leur erudition, la force de leur eloquence, vertus que les Empereurs n'ont pas moins affectées que leurs victoires & leurs
triomphes? Et à vray dire, quel chant de triomphe eft plus glorieux que ce
doux murmure qu'on oit fe leuer en ce barreau en l'applaudiffement d'vne
grande & genereufe action? quand les efprits des efcoutans, eftonnez de
voftre erudition, rauis de voftre eloquence, foufleuez de ie ne fçay quel aife,
meflent l'admiration parmy la bien-vueillance, & en forment vne voix
d'honneur, laquelle ils vont, fortans d'icy, refpandre parmy les peuples?
De forte qu'en quelque lieu que vous aillez, on vous monftre au doigt, &
que chacun tirant fon compagnon par la manche luy dit, C'eft celuy-là.
Vn jour Ariftides eftant au theatre d'Athenes où Æfchyle reprefentoit la
tragedie d'Amphiaraus, comme le Chœur vint à prononcer ces vers icy:

Il ne veut pas fembler jufte, mais l'eftre,
Gardant Iuftice en ce profond penfer
D'où nous voyons fes fages confeils naiftre,
Pour le profit par l'honneur balancer:

Auffi toft tout le peuple tourna les yeux fur luy, auec vn certain murmure,
comme s'ils euffent tout dit d'vne voix concertée, C'eft de celuy-là, c'eft
de celuy-là que cela fe doit dire. Croyez de mefme, que quand vous auez
eftallé icy voftre integrité, voftre erudition, voftre eloquence, en tous les
endroits où il fe parle de la vertu, on vous allegue pour exemple, & fi vous
eftes prefens, on jette auffi toft les yeux fur vous. Qu'on me die maintenant,
quelles lettres d'offices peuuent donner ces titres d'honneur, & deferer cefte gloire, principalement en ce temps, où les prouifions des Magiftrats font
plus marques de l'argent qu'ils ont defbourfé que de la fuffifance qu'ils ont
acquife? Mais pofons le cas que ceux qui font pourueus des charges les plus
honorables ayent auec l'authorité que le Prince leur donne, & l'erudition
& l'eloquence, telle que le meilleur Aduocat du barreau la peut auoir; pour
cela peuuent-ils efperer le mefme honneur & la mefme gloire? Ils auront
ces belles parties-là, *fed tanquam gladium in vagina reconditum,* fans les pouuoir defployer ny employer. Toutes les actions des Iuges fe font à l'ombre,
à l'obfcur, entre des murailles, fans monftre, fans ornement, fans appareil,
fans autre theatre que celuy de leurs confcience. A vous feuls il eft permis de
fe produire à la lumiere, d'eftaller en public les richeffes que vous auez leuées de toutes les nations eftrangeres, que vous auez recouurées de tous les
fiecles paffez, & toutes les inuentions que voftre induftrie vous fournit. Bref
à vous feuls il eft permis de fe faire connoiftre, & par confequent à vous feuls
l'honneur eft referué. O diuin honneur! precieux loyer de la vertu, facrée participation de la Diuinité, doux foulas de nos peines, agreable confolation de
nos labeurs! les rayons de voftre fplendeur font-ils moins luifans aujour-
d'huy que les fiecles paffez? voftre efclat a-il moins d'attrait qu'il n'auoit anciennement? Sont-ce les cœurs des hómes qui font plus endormis, & moins
afpres à cueillir vos couronnes? L'exemple de tant de grands perfonnages
qui ont confacré en ce temple d'honneur les reliques de leur memoire,
n'efchaufferont-ils point vos efprits pour les efleuer au defir de cefte gloire, à laquelle chacun peut prendre part à la mefure de fa vertu? Mais afin
que

que l'on ne vous accuse pas que nous vous poussions inconsiderément à vn chemin, lequel à la verité a son issuë fort belle, mais est bordé de dangereux precipices, ausquels tombent bien souuent ceux qui portez d'vne ardeur indiscrette vont leuant les yeux en haut sans regarder à leurs pieds; il est raisonnable que nous vous donnions quelque addresse pour euiter les faux-pas qui vous porroiët faire tresbucher, & vous esloigner de l'honneur, en vous en voulant trop precipitamment approcher. A cela il me séble que l'instruction qui se peut tirer de ce que raconte vn Sophiste Grec, vous pourra fort seruir. Il dit que Iupiter ayant eslargy aux hommes tant d'autres graces, il voulut encor pour comble de sa beneficence, leur permettre l'entrée de son cabinet, où l'honneur & la gloire estoient en reserue. Il donna charge à la science, comme à celle qui sçauoit mieux les addresses, d'y conduire les hommes; mais ayant reconneu qu'elle y introduisoit des perfides, des auares, des impudens & vicieux qui la suiuoient, ne voulant point voir telles gens pres de soy, il luy adjoignit pour compagnie, & par forme de contrerolle, la pudeur, pour prendre garde que nul qui voudroit entrer en ce sacré thresor n'y portast rien indigne de ce lieu. Cela veut dire, que la pudeur & la modestie sont les vrayes gardes de l'honneur; que ce sont celles qui en ouurent la porte, & sans lesquelles on n'en peut approcher. Nos mœurs, qui en leur simplicité n'ont pas moins de bonne instruction que les fables des anciens Grecs & Latins, ont introduit en nostre commun langage, que nous vsons indifferemment, comme de synonymes, de ces deux termes d'honneur & pudeur, comme si nous voulions faire entendre que l'vn ne peut aller sans l'autre. Aussi faut-il qu'au mesme temps que le desir nous porte à choses honorables, la pudeur nous retire de toutes actions contraires, nous les faisant haïr & abhorrer. C'est pourquoy Cassius Parmensis descriuant les braues essans de son Orphée, tendant au plus haut point de la gloire, luy fait faire sa premiere desmarche par la pudeur:

> Mox pudor exardens & gloria dulcis honesti
> Lusibus auertit puerilibus.

Et au contraire Virgile descriuant sa Didon, qui deuoit abandonner l'honneur & la vertu, luy fait premierement abandonner la pudeur,

> Spémque dedit dubiæ menti, soluítque pudorem.

Tant qu'elle presidera dans vostre ame, elle ne permettra point qu'aucune mauuaise intention y loge, qu'aucun mensonge sorte de vostre bouche, que l'auarice souille vos mains; & toutes & quantesfois qu'il se presentera subjet qui vueille tenter vostre conscience, la pudeur paroistra sur vostre front, vous aduertira que vous vous esgarez de la voye de l'honneur, & vous rendez incapables d'y pouuoir arriuer. Mais il la faut garder auec vn grand soin; car elle est de soy fort fragile, & en ceste vie tumultuaire du Palais & du barreau, où affluent de tous costez les coleres, les malices, les iniquitez des hommes, elle reçoit de grands heurts, & par la contagion des parties est souuent entamée. Nos qui in veris litibus versamur, disoit Pline, in foro multùm malitiæ etiam nolentes addiscimus. Elle a d'autre costé vne estrange proprieté, c'est qu'elle est comme la virginité; depuis qu'elle est vne fois perduë, elle ne se repare jamais:

Nec ſcit redire cùm ſemel perit pudor.

Ee ceux qui la perdent reſſemblent proprement à celuy qui tombe d'vn
precipice ; depuis qu'il a fait le premier ſaut, il ne ceſſe de rouler juſques à
ce qu'il ſoit tout à bas. *Inclinatus ſemel in vitium animis, nulla ruina deformis
eſt.* A la verité nous vous propoſons en ce faiſant beaucoup de peine & de
ſollicitude de contenir vos yeux, vos bouches, vos mains parmy les grandes agitations qui ſont en voſtre meſtier, contre les violentes ſecouſſes que
vous donne & la malice & l'indiſcretion des parties pour qui vous eſtes,
& de celles contre qui vous eſtes ; mais non pas ſans beaucoup de conſolation, puis qu'outre les autres loyers que les loix vous ordonnent, vous auez
encor vn ſi grand & ſi riche ſalaire, qui eſt celuy de cet ineſtimable honneur. Penſez que ce que Ciceron diſoit d'vn grand Iuriſconſulte de ſon
temps, eſt dit de chacun de vous : De ceux, diſ-je, qui auec vne ferme reſolution s'attachent à bien faire. Il repreſente fort naïfuement en ces mots
la peine qu'il auoit enduree : *Hanc vrbanam militiam reſpondendi, ſcribendi,
cauendi, plenam ſollicitudinis & ſtomachi ſequutus eſt, ius ciuile di dicit, mul-
tum vigilauit, laborauit, multis præſtò fuit, multorum ſtultitiam perpeſſus eſt,
arrogantiam pertulit, difficultatem exorbuit, vixit ad aliorum arbitrium, non
ad ſuum.* Voyla à la verité beaucoup d'anxieté & de faſcherie : mais auſſi il
adjouſte pour les ſucrer ; *Magna laus, grata hominibus, vnum hominem ela-
borare in ea ſcientia, quæ multis profutura eſſet.* A meſure donc que les peines, les ennuis, les faſcheries vous accueilleront, dites tout bas en vous
meſmes ; *Magna laus, &c.* Remettez-vous deuant les yeux cet honneur
que vous acquerrez ; imaginez-vous ſa ſplendeur qui vous enuironne, illuſtre voſtre nom, & le porte par les Prouinces les plus eſloignées au trauers
des ſiecles à venir. Repreſentez-vous ceſte bien-vueillance publique qui
vous ſuit, & particulierement celle de tant de gens dont vous affermiſſez
la fortune, releuez les cheutes, conſolez l'affliction ; & il vous arriuera, ou
ie me trompe, ce qui aduint aux vieillards de Troye, qui ennuyez de la
longueur de la guerre deteſtoient Helene qui en eſtoit cauſe, & diſoient
qu'il la falloit abandonner ; mais comme elle vint à paroiſtre deuant eux,
& que l'eſclat de ſa beauté leur eut donné dans les yeux, ils changerent d'aduis ; & ſe regardans l'vn l'autre dirent entr'eux naïfuement.

Οὐ νέμεσις Τρῶας & ἐϋκνήμιδας Ἀχαιοὺς
Τοιῇδ' ἀμφὶ γυναιχὶ πολὺν χρόνον ἄλγεα πάχειν.

La lueur de ceſte gloire, bien mieux fondée qui ne vous peut manquer en
bien faiſant, charmera tellement vos peines, addoucira tellement vos labeurs, vous remplira de tant de joye & de contentement, que vous con-
feſſerez ingenuëment qu'on ne ſçauroit trop endurer pour vn ſi precieux
loyer ; & croirez fermement ce que vous auez peine maintenant à imaginer, qu'il n'y a point en la Iuſtice, ny peut-eſtre en toute le reſte de la police
humaine, vn ordre ny plus honorable ny plus heureux que le voſtre.

A L'OVVERTVRE

A L'OVVERTVRE DV PARLEMENT DE
la sainct Remy mil six cens trois.

SI la nature nous eust engendrez dans le creux obscur de quelque profond abysme, & nous y eust esleuez jusques à l'aage de connoissance, & que puis tout à coup entr'ouurant le ventre de la terre, elle nous eust tirez sur la face d'icelle & exposez à la lumiere; vne grande admiration sans doute nous auroit incontinent saisi l'esprit, & conuerty nos sens, nos paroles & nos pensées à tesmoigner l'aise & le plaisir qu'il y a en la ioüissance d'vn si grand bien. Mais pource que si tost que nous sommes naiz, le Soleil nous donne dans les yeux, & que nous sommes accoustumez à voir sa gaye clairté, auant que nous ayons le jugement de comprendre son excellente nature, nous le voyons tous les jours non seulement sans l'admirer, ny à peine obseruer d'où il se leue & où il se couche; tant le mespris est ordinaire aux hommes des biens qui leur sont trop familiers, quelques grands & precieux qu'ils soient. Bien, s'il aduient quelquesfois que sa face soit eclipsée, & sa lumiere entreprise par l'opposition de la Lune, sortons-nous de nos maisons tout estonnez; & les yeux fichez le regardons plus esmeuz de son obscurité que nous n'auions esté de sa clairté. Que si lors touchez d'vn curieux desir nous nous enquerons comme cet accident est arriué, & trouuons quelqu'vn qui nous le face comprendre, nous enseignant la nature de ce bel astre, son cours par la ligne ecliptique, ses diuers mouuemens, ses inclinations vers les tropiques, ses apogées & epigées, ses aspects vers les autres signes, & les effets merueilleux qui en sont produits, nous l'admirons lors à bon escient, & admirons encor dauantage nostre stupidité premiere, qui ayant eu si long temps vn si excellent objet deuant les yeux n'a daigné en contempler l'excellence, que quand le manquement de sa lumiere l'y a inuitée. Ie me doute qu'il vous en arriue de mesmes en l'aspect & contemplation de ce grand & lumineux Soleil des polices humaines; de la Iustice, veux-je dire. Certainement si la fortune de vostre naissance vous eust engendrez parmy des peuples sauuages, où vne violence brutale gouuerne toutes les actions des hommes, où le plus fort vole le plus foible, l'outrage & le mange, & que vous vinssiez puis apres habiter en ce pays où la loy contient vn chacun en son deuoir, entretient la paix parmy les citoyens, nourrit & fomente les arts & les sciences par la douceur du repos, & par la juste retribution du loyer que merite leur labeur; ô que vous loüeriez & estimeriez ceste Iustice qui addoucist ainsi la vie humaine! Mais pource qu'en naissant vous la trouuez establie, pource que sa splendeur luit ordinairement à vos yeux, que vous receuez continuellement, sans vous en trauailler, & quasi sans y penser, les fauorables influences de sa vertu, à peine daignez-vous leuer les yeux pour la regarder: tant s'en faut que vous luy vueillez rendre l'honneur & le respect qui luy est deu; sans lesquels neantmoins elle ne vous peut ny

Y Yy iij

bien profiter, ny donner tout le plaisir & contentement que vous deuez esperer de sa ioüissance. C'est pourquoy à mon aduis la loy & l'ordonnance qui guide son cours comme la nature fait celuy des Astres, a voulu que quelquesfois elle s'eclipse & desrobe de vos yeux; afin de réueiller par ceste nouueauté vos pensées, & exciter vos desirs à reconnoistre son excellente nature, & l'immense obligation que vous luy auez. Elle la fait doncques disparoistre pour vn temps de dessus ce theatre, luy voile la face, & obscurcit ses rayons; mais si tost que la necessité a engendré en vous la curiosité de la rechercher, & que vous vous estes disposez à desirer sa veuë, elle la vous rameine plus braue & plus pompeuse qu'auparauant; & vous introduit quant & quant en ceste magnifique scene vn eloquent paranymphe, qui secondant vos desirs, vous explique sa nature, vous expose sa puissance, vous represente sa dignité, vous fait entendre son vtilité. C'est ce beau & elegant discours que vous auez oüy maintenant battre à vos oreilles. Et pource qu'ordinairement ceux qui regardent leuer quelque grand poids, ou remuer quelque pesante machine, & principalement ceux qui sont preposez à la conduitte de l'œuure, ont accoustumé auec vn cry & vne voix que les Grecs & Latins d'vn mot commun appellent *celeuma*, aider l'effort des ouuriers; voulant à leur exemple seconder de la voix ceste genereuse poussée, auec laquelle ils releuent la dignité de la Iustice, ie n'ay rien iugé de plus propre qu'vn discours qui vous representast l'excellence des Magistrats souuerains que vous voyez assis en ce theatre Royal, l'honneur, le respect & l'obeïssance qui leur est deuë, & le bien qui vous en reuient. C'est bien chose estrange à qui la considere attentiuement, que les hommes portent tous mesme visage, ayent mesmes bras, mesmes jambes, bref soient composez de mesme forme, & neantmoins qu'entr'eux il y en ait quelques-vns, aux pieds desquels les autres viennent apporter leur bien, leur honneur, leurs vies, pour en disposer selon qu'ils jugent raisonnable. Mais encores plus estrange de ce qu'ils y viennent volontairement, de ce qu'ils souffrent patiemment ce qui est par eux ordonné, de ce qu'ils honorent & reuerent la main de celuy qui leur oste le bien qu'ils possedent pour le bailler à vn autre; de ce mesmes qu'au supplice le coulpable remercie bien souuent celuy qui luy oste la vie. Et neantmoins ce sont là les effets ordinaires des Magistrats souuerains, principalement lors qu'ils sont reconnuz exercer leurs charges auec sincerité & integrité. Dequoy nous pourrions alleguer plusieurs belles raisons, tirées de la subtile recherche des speculations naturelles; mais l'Esprit de Dieu qui a reuelé aux hommes les plus vrais & plus profonds secrets de la Sapience, nous releue de ceste peine, quand il nous apprend que toutes les puissances procedent de luy, & particulierement & plus que les autres celle des Iuges souuerains. Aussi apprenons-nous par l'Escriture, que Dieu ayant choisi Moyse pour la conduitte & gouuernement de son peuple, il luy donna non seulement la puissance de juger sur iceluy, mais encor fit decouler en luy par vne grace speciale, vn esprit particulier, pour luy fournir de la sagesse & discretion necessaire à ceste tant haute & tant arduë fonction. Et Moyse estant deuenu vieil, & ayant prié Dieu de le descharger de cet exercice de juger, & le commettre à

d'autres,

d'autres, il retira son esprit de luy, & le distribua à ceux qui furent esleuz
pour cet effet. Salomon ayant succedé au Royaume de son pere, ne pensa
pas auoir auec le sceptre recueilly la faculté de dignement exercer la Iudicature, qu'il ne l'eust impetrée de Dieu par vn vœu & priere particuliere qu'il
en fist, à laquelle Dieu luy respondit; *Quia non petiisti à me dies multos, nec di-*
uitias, aut animas inimicorum tuorum, sed postulasti tibi sapientiam ad discer-
nendum iudicium, ecce feci tibi secundum sermones tuos. Ce n'est pas merueille
si la Prouidence eternelle qui a entrepris la conduitte & gouuernement du
monde, qui contient toutes choses en leur ordre & decence, pour le bien
de l'Vniuers, s'influë continuellement en l'esprit de ceux qui luy seruent de
principaux instrumens à maintenir les polices humaines, qui sont les plus
precieux ornemens de tout ce monde terrestre. Car si ce que dit Homere
est vray, que Dieu de jour en jour donne vn nouuel esprit aux hommes afin
de pouruoir à leurs affaires particulieres; combien est-il plus croyable qu'il
le donne à ceux qui sont occupez aux publiques, qui de leur seul sens ne
pourroient jamais gouuerner tant d'hommes, veu qu'à peine vne seule ame
peut-elle suffire à gouuerner vn seul corps? Aussi le Philosophe Themiste
descriuant la nature & condition du Magistrat, l'appelle ἀπορροίω ἐκείνης
θείας φύσεως, comme vn degoût de la nature diuine, προνοίαν ἐγγυτέρω τῆς γῆς,
vne prouidence logée en terre, ἅπαντα τοῦ πρὸς Θεὸν ὁρῶντα, πρὸς τὴν μίμησιν
πεπηγμένων, qui a incessamment les yeux fichez sur la Diuinité, pour imiter
en ses jugemens l'ordre qui est imprimé en la nature. Paroles certainement
plustost d'vn Oracle, que d'vn Philosophe; qui semblent plustost puisées
du sein de la Sapience eternelle, que de la speculation naturelle. Et de fait,
bien qu'il ait prononcé ces paroles, si ne sont-elles pas siennes. Car le Saint
Esprit parlant par la bouche du Prophete, n'auoit-il pas dit long-temps auparauant, que Dieu s'estoit assis au milieu de l'assemblée des Dieux? & afin
qu'on ne doutast point qui estoient ces Dieux de qui il parloit, parlant aux
Iuges, ne leur auoit-il pas dit, *Vos dij estis, & filij Excelsi omnes?* Expliquant assez par ceste loquution impropre, que bien que la Diuinité soit in-
communicable par sa nature, si est-ce que pour le bien des hommes il la
communique par sa vertu à ceux qui exercent ses jugemens. Ie dis ses jugemens, pource que luy-mesme les appelle ainsi, admonestant les Iuges de
songer à ce qu'ils font, lors qu'ils vacquent à ce diuin exercice. Et pource,
deuez-vous estre pleinement persuadez, que ceux qui sont appellez à ceste
honorable fonction, ont vne si presente & si fauorable assistance de l'esprit
de Dieu, que l'ignorance, qui est commune aux hommes, & la passion
qui leur est naturelle, à ce moment-là est dissipée par les rayons de ceste externe verité & Iustice qui luit sur eux; voire mesmes que quand quelquefois ils y apporteroient l'intention oblique & tortuë, si seroit-elle redressée
& iustifiée par ceste diuine assistance. Car comme dit le Sage, si bien l'homme dispose son cœur, Dieu toutesfois gouuerne sa langue; & tel bien souuent, comme Balaam, vient pour maudire, qui est contraint de benir. Et
cela principalement en la façon de juger qui s'obserue parmy nous. Car
outre ce que Tertullian disoit des jugemens de tous les Chrestiens, *Iudica-*
tur apud nos magno cum pondere vt apud certos de Dei conspectu; la forme est

telle, qu'à peine peut-elle souffrir qu'il s'y face rien d'indigne de la profeffion de droicture & d'equité que nous faifons. Car fi les caufes fe jugent en
cefte audience, en ce theatre public, aux yeux de tout le monde, il n'y a
perfonne de ceux qui opinent, qui ne croye, comme il juge la caufe qui a
efté plaidée, que puis apres que l'arreft aura efté prononcé, l'affiftance ne
juge la fuffifance, la probité & integrité de ceux qui l'ont donné. De forte
que c'eft vn fyndicat & vne cenfure qui fe fait, non à la fin du Magiftrat
ou de chafque année, mais à chafque heure, & à chafque moment. Si les
procés fe jugent au Confeil, où les opinions font plus eftenduës & plus rai-
fonnées, combien penfez-vous que ceux qui parlent les premiers ont de
crainte que le cours des opinions fuiuantes les redargüe ou d'ignorance ou
d'iniquité? & combien penfez-vous que ceux qui parlent les derniers font
retenûs, pour ne pas fe departir de la verité & de l'equité, qui ne peut eftre
efchappée fans auoir efté efclaircie & mife au jour par ceux qui ont parlé
auparauant? Tous les peuples du monde ont reconnu cefte excellente condition des Magiftrats fouuerains, cefte prerogatiue que Dieu leur a donnée, & l'immenfe vtilité que le public reçoit de leur labeur. Auffi, bien
que felon la diuerfité de leurs langages ils leur ayent donné diuerfes appellations, fi font-elles toutes pleines de hauts tiltres d'honneur & illuftres qualitez, qui tendent à les affocier à la Majefté des Rois, defquels ils tiennent
la place. Philoftrate efcrit, que les Perfes les appelloient les oreilles des
Roys. Strabon, que les Indiens les nommoient les yeux, d'autre les difoient les mains. Mais mieux que tout cela, à mon aduis, Dion Chryfoftome les appelle les ames du Roy, puis que ce font autant d'efprits continuellement bandez pour faire la function Royalle, & foulager la perfonne du
Prince de l'action à laquelle fa charge l'oblige le plus : διαφέρει γδ οὐδὲν ἢ εἰ τῷ
ἓν σῶμα ἔχοντι Θεὸς πολλὰς ψυχὰς ἔδωκεν, ἁπάσας ὑπὲρ ἐκείνου προνοουμένας. Car c'eft,
dit-il, tout ainfi que fi à vn homme qui n'a qu'vn feul corps, Dieu auoit
donné plufieurs ames qui veillaffent continuellement pour luy. Les Iuges
fouuerains font donc parties du Prince, mais des plus nobles & des plus ef-
fencielles : auffi voyons-nous que les loix les appellent ainfi, & les mefmes
fanctions qui vangent la Majefté des Empereurs, vangent auffi celle des
Iuges & Senateurs. Et auparauant mefmes l'eftabliffement des Empereurs
Romains, la majefté des Iuges fouuerains auoit efté affeurée par la plus rigoureufe loy qui euft jamais efté publiée, qui eftoit la loy *Horatia de facro-
fanctis Magiftratibus*, que nous auons en Tite-Liue, laquelle entre autres
chefs portoit : *Qui iudicibus nocuerit, eius caput Ioui facrum efto ; familia ad
ædem Cereris, liberi liberæue vænum ito.* Si doncques vne chofe doit eftre
reuerée pour auoir fon origine celefte, les Magiftrats fouuerains l'ont : fi
elle doit eftre honorée pour les illuftres tiltres & priuileges que la loy luy
donne, ceux-cy les ont efgaux aux Rois : fi elle doit eftre refpectée pour la
decoration qu'elle apporte au public, en eux principalement confifte &
refide la dignité publique & le luftre qui fait refplendir tous les autres ordres. *Vt enim Roma decus eft vrbium, ita Curia ornamentum cæterorum eft
ordinum,* difoit Caffiodore. Si pluftoft nous ne voulons, comme Ciceron,
dire que le Senat eft l'ame, la raifon & l'intelligence de la Republique.

Mais pource que la corruption de nostre nature nous a tellement desuoyez de la connoissance de la verité, que nous rendons beaucoup plus
d'honneur à ce que nous estimons profitable en son vsage, qu'à ce que nous
jugeons excellent en sa nature ; le dessein de ce discours me fait de necessité
descendre à vous representer en peu de mots le profit que vous receuez du
labeur de ceste honorable compagnie. Et qui est-ce de vous qui ne juge assez, pour si peu de loisir qu'il prenne d'y penser, que du soin, du trauail,
de la peine du Magistrat depend tout l'heur, tout le bien, tout le repos du
public & des particuliers ? Aussi Themiste elegamment l'appelle-il, *δικαιο-*
σύνης χορηγόν, βασιλέυης ταμίαν, πρύτανιν εὐδαιμονίας, comme s'il disoit que l'e-
quité, l'abondance, la felicité sont les fruits qui naissent en ce champ fecond de la Iustice, cultiué par les saintes & pures mains de ses dignes Magistrats. Car dés long-temps la violence & l'injure, comme deux plantes
sauuages & venimeuses, se sont leuées au trauers de la vie humaine, auec
vne si importune fecondité, qu'elles offusquent & estouffent toutes les aggreables fleurs & sauoureux fruits qu'on y pouuoit cueillir. De sorte que si
les braues & vigoureux Magistrats ne trauaillent continuellement auec vn
grand & courageux effort pour extirper vne si mauuaise plante, le champ
demeureroit desert & desolé. Platon en vn endroit compare ces deux monstres à deux poulains farouches, qui ne veulent point prendre leur carriere
droite, mais veulent tousiours aller à trauers champs, à bonds & à ruades,
& offenser tout ce qu'ils rencontrent, *Nisi reprimant legum validæ habenæ,*
atque imperij insistant iugo, comme dit le Poëte Turpilius. O quel grand &
hazardeux trauail est celuy-là, d'entreprendre en vne telle saison que celle
où nous sommes, d'arrester le cours de si furieuses bestes, ausquelles les desordres du siecle ont adjousté vne nouuelle ferocité par dessus celle qui leur
est naturelle. Et toutesfois rien ne le peut faire que le Magistrat. C'est luy
comme dit Platon *in Gorgia,* lequel *σωφρονίζει κὴ δικαιοτέρους ποιεῖ, ὶ ιατρὸς*
ἰντὶ πονηρίας, & auec la main auec laquelle il extirpe l'iniquité & l'injustice, donne la vie & la seureté à l'innocence : *ὄσοι γὸ ἀδικοῦντας κολάζουσιν, ἄτοι*
τὲς ἄλλες ἀδικεῖσθ κολύουσιν. Vous auez peu voir dans les Poëtes & Historiens anciens, combien miserable, voire detestable estoit la vie des Cyclopes, dont le nom est passé en prouerbe, pour exprimer toute sorte d'inhumanité. Strabon en sa Geographie descriuant leurs mœurs & recherchant
la cause de leur misere, n'en trouue point de si certaine, sinon qu'ils n'a-
uoient point de Magistrats exerçans la Iustice parmy eux, comme il monstre par ces vers qu'il cite ;

> *Non fora, non causas norunt, non sancta senatus*
> *Iura ; sed in celsis habitantes sedibus antra,*
> *Et puer & magnis de rebus iudicat vxor.*

Iugez donc par comparaison combien vous vous deuez estimer heureux,
vous qui auez vne telle compagnie de gens choisis, pleins d'erudition, d'experience & d'integrité ; *quorum non in sententia solum, sed in vita residet*
authoritas ; qui n'ont autre vœu, autre dessein que vostre bien & vostre repos ; qui veillent pendant que vous dormez ; qui comme flambeaux se consomment pour vous esclairer. N'estimez pas qu'entre les graces merueilleu-

ſes que Dieu vous a fait en ce ſiecle, par leſquelles il a operé voſtre ſalut &
r'amené les choſes de la profonde confuſion où elles eſtoient à l'ordre où elles ſont, celle-là ſoit des moindres, de vous auoir donné de tels perſonnages,
qui ont deſpoüillé toutes autres ſortes de paſſions, pour prendre celle de
voſtre bien, ſoulagement & repos. Croyez, croyez, que ce que Themiſte
eſcrit en vne de ſes oraiſons eſt tres-vray ; auſſi dit-il que παλαιός ὅςι λόγος,
ἀληθὴς λίαν κỳ ἀρχαίας φιλοσοφίας, vn diſcours de la plus venerable & ancienne
Philoſophie. Et quoy ? ὡς ἄρα κỳ χρόνοις τιναὶ ὡειϭμβροις ποτὶ μὲν ἀκήραϭι κỳ
θείαϭ δυνάμεϭι ἐπ' ἀγαθῷ τῇ ἀνθρώπων ἐμβατεύουϭι τὼ γῆν, ἐκ τῆ ἱεανῦ καπιϭαϭ,
que de temps en temps & par certaines ſaiſons, ils deſcend du Ciel pour le
bien des hommes certaines puiſſances diuines, qui ſe promenent ſur la terre,
ἐκ. ἠέρα ἐοϭάμβροι, κỳ Ἡσίοδον, ἀλλὰ ϭώματα, ἀμφιεϭαμβροι ϖϱαπλήϭια τοῖς ἡμετέροϭι,
qui ne ſont pas reueſtuës, comme dit Heſiode, de l'air, mais de corps ſemblables aux noſtres, κỳ βίοι ὑποδύϭαι ἥτλω τῆς φύϭεως ἕνεκεν ϖϱὸς ἡμᾶς κοινωνίας,
& qui deſcendent en vne vie inferieure à leur nature, afin de pouuoir communiquer auec nous. Comme au contraire, quand Dieu eſt courroucé
contre les hommes, il permet qu'il entre aux charges d'autre ſorte de gens,
qui ſont, ce dit-il, ποτὶ ᶒ ἔμπληκτοι, κỳ ἀλλόκοτοι, ᴧ κακύτῆ τινὸς ᴧ ἐεινύων θρίμ-
ματα, κỳ δυνήμϱϭᴧ, ὅϑι λύμῃ κỳ γοητείᾳ κỳ ἀπάτῃ δικαίων ἀνθρώπων, gens ſtupides,
violens, enfans de l'enfer & des furies, nourris & allaitez de tromperie &
d'iniquité, faits pour affliger les pauures & miſerables perſonnes, θρήνων ἱϱῶν-
τϵς κỳ ϭιναγμῶν, οἰμωγῆς ἀκορεῖς, δάκρυϭι παινόμβροι, qui n'aiment que les ſouſpirs & les plaintes des hommes, qui ne ſont jamais ſaouls de la douleur d'autruy, qu'ils abbreuuent & s'engraiſſent de larmes, αὐτὶ οϲϭμῶν, αὐτὶ λοιμῇϭ,
αὐτὶ ὑπικλύϭεων ὑπικόπτειν τὼ γῆν πιταγμβροι, ὁπηνίκα ᴧ δύϭηνται, gens plus propres à renuerſer le monde, & confondre l'ordre où il eſt eſtably, que ne ſeroient ny les tremblemens de terre, ny les peſtes, ny les inondations. Si doncques vous receuez tant de bien & de commodité de vos Magiſtrats, ſi de
leur ſoin & de leur vigilance depend voſtre repos, de leur authorité voſtre
ſeureté, que vous reſte-il, ſinon de vous éuertuer en toutes façons de leur
croiſtre & le courage & la puiſſance de vous bien faire, & procurer voſtre
felicité ? à quoy vous n'auez que deux moyens, l'honneur & l'obeïſſance.
Iamblique diſoit, πᾶν τὸ τιμώμβρον αὔξεται, ἐλατῇται ᶒ τὸ ἀτιμιζόμβρον, l'honneur donne la croiſſance aux belles & genereuſes actions, & au contraire
le meſpris les eſtouffe, fait decroiſtre & éuanoüir. Mais plus que de toutes
les autres choſes du monde, le ſoin & la vigilance du Magiſtrat ſont eſueillez, ſa puiſſance & ſon authorité ſont conſeruées par le reſpect & par l'honneur, comme par les choſes plus conformes à ſa nature & à ſon eſſence.
Ce que nos Iuriſconſultes nous ont myſtiquement enſeigné, quand ils ont
deſigné les Magiſtrats par ce mot *honores*, Car communément on fait la
denomination de la choſe par ce qui luy eſt plus propre ; & l'eſprit de l'homme, qui ne peut bien penetrer juſques au profond de la ſubſtance d'icelle,
la deſigne, remarque, & deffinit par ce qu'il void plus ordinaire à l'entour
d'icelle, ou par ce qu'elle ſe propoſe pour ſa fin. Certainement l'honneur eſt
ce à quoy le Magiſtrat doit continuellement viſer, & la ſeule recompenſe
qu'il ſe doit propoſer, comme nous inſtruit Ariſtote en ſes Politiques : qui

                                                 eſt cela

est cela mesme que disoit le Philosophe Bion, διὰ τ᾿ ἀγαθὸν ἄρχοντα παυόμθρον τῆς ἀρχῆς, ᾗ πλουσιώτερον, ἀλλὰ ἐνδοξότερον γεγονέναι. Mais aussi ne le faut-il pas defrauder de ce loyer, qui est, comme dit Eustathius ἀρετῆς ἀδάπανος ἀμοιβὴ, vne recompense de la vertu, pour laquelle il ne faut point mettre la main à la bourse. Car autrement si vous ostez à la chose agissante l'esperance d'obtenir sa fin, vous luy faites perdre quant & quant le mouuement, ce disent les Philosophes naturels. Or de tous ceux qui recueillent le fruit du labeur du Magistrat, il n'y en a point de si estroitement obligez au respect & à la veneration, que vous autres Aduocats & Procureurs; tant pource que vous estes de la famille de la Iustice, que pource que tout ce que vous pouuez esperer d'honneur & de bien en vos charges, redonde sur vous par reflexion de celuy du Magistrat. Ie ne vous veux point icy prescrire les reigles de ce respect, qui porteroit vn discours trop long, qui le voudroit traiter à fonds: seulement vous diray-je, que la principale est, que vous ne vous abandonniez jamais pour quelque occasion que ce soit à poursuiure vne chose euidemment injuste: *Nam iusta à iustis impetrare æquum est* : & ne sçauriez rendre vn plus euident tesmoignage de la mauuaise estime que vous auez d'vn homme, que quand vous requerez de luy vne chose inique. Vn Autheur faisant recherche des proprietez des Dieux des Payens, rapporte que Themis estoit celle-là, *quæ putabatur præcipere hominibus rogare quod fas esset.* Estimez donc, que si vous vous presentez deuant le Magistrat pour obtenir vne chose injuste, vous contreuenez directement aux reigles de vostre mestier, offensez le Magistrat, & quant & quant la Deesse tutelaire de la Iustice, qui n'est pas pour nous ceste Themis, mais la Prouidence eternelle. Quant à l'obeïssance, c'est celle qui rend heureux, & ceux qui gouuernent & ceux qui sont gouuernez; comme au contraire la desobeïssance perd & ruine tout ensemble le Magistrat & le sujet. A ce propos semble fort conuenir vne parole bien remarquable, que Plutarque rapporte de Theopompus Roy de Sparte, lequel estant loüé de ce que sa Republique se conseruoit si heureuse sous son regne, comme l'on luy disoit que c'estoit pource qu'il sçauoit bien commander: Non, respondit-il, mais plustost par ce que les sujets sçauent bien obeïr. Aussi est-il euident que la plus grande prudence du monde, si elle est destituée d'obeïssance, ne sçauroit sauuer vn Estat; où au contraire vne fort mediocre, si elle est bien obeïe, indubitablement le conseruera. Voila pourquoy les Romains auoient marié leur Iupiter sauueur, non pas auec Iunon, comme leur Iupiter tonnant, mais auec la Deesse Pitarchie; instruisant les hommes par ceste fabuleuse Theologie, que leur salut dependoit de l'obeïssance; & que comme Dieu estoit l'autheur des puissances, aussi estoit-il le remunerateur de l'obeïssance. Et pource, Dieu vous ayant donné des Magistrats tels que vous les pouuiez souhaitter, & tels que vous n'en deuez porter enuie à aucune des Prouinces qui vous voisinent; vous vous deuez asseurer, que si vous leur rendez le respect & l'obeïssance que vous leur deuez, ces deux ancres-là tiendront la felicité si fermement attachée à vostre Prouince, que vostre fortune sera doresnauant le souhait des autres.

A L'OVVERTVRE DV PARLEMENT DE
la sainct Remy mil six cens quatre.

 I les viandes les plus exquises, & les mieux apprestées, apportent neantmoins du desgoust & mespris quand elles sont seruies à tous les mets d'vn festin ; n'auons-nous pas juste occasion de craindre, que vous presentant tous les ans à mesme jour que celuy-cy vn mesme sujet, vos esprits lassez & ennuyez ne rejettent, ou pour le moins ne mesprisent l'entretien de nostre discours, comme destitué de ceste agreable varieté, qui est le plus friand appas dont la nature mesmes ait peu assaisonner ses ouurages? Car voicy la huictiesme fois, qu'en huict diuerses années, & à semblables jours, nous vous auons entretenus sur vn mesme argument, & inuitez par nos rudes paroles à la magnificence de ce splendide appareil que la Iustice vous represente aujourd'huy ; où nous auons entierement consommé ce peu que nostre mediocre industrie pouuoit auoir espargné de nos estudes, pour releuer la grace de ceste action, & luy donner quelque ornement. Au moins s'il nous estoit permis de pratiquer en ceste occasion ce que faisoient ceux qui sacrifioient anciennement à Æsculape; s'ils estoient riches & opulens, ils faisoient composer des hymnes exprés en l'honneur de ce Dieu ; & s'ils n'auoient pas le moyen, il suffisoit qu'ils fissent chanter ceux que Sophocle & Æschylus auoient composez & affichez contre les murailles du temple. Reconnoissans nostre impuissance, nous pourrions emprunter, pour vous rechanter aujourd'huy, tant de graues & d'excellens discours, que beaucoup de celebres personnages ont fait retentir en ce lieu ; ou bien nous seruir de quelqu'vn de ceux qui ont esté entendus en d'autres plus esloignez theatres, auec tant de loüange & admiration qu'ils ont merité d'en estre consacrez au temple de la Memoire par le moyen de la lumiere publique, à laquelle ils ont esté exposez. Mais quoy ? la coustume, qu'vn ancien appelloit justement la plus dure tyrannie du monde, exige, voire extorque de nous pardessus nostre puissance quelque chose de nouueau, *& indictum ore alio.* En sorte que nous courons moins de hazard vous mettant icy en auant le rude & mal-poly effort de quelque nouuelle imagination, que si nous vous representions quelqu'vne de ces elegantes & artificieuses conceptions, que vos oreilles peuuent auoir cy-deuant entenduës. Forcez donc par ceste inexorable coustume, inuitez par vostre fauorable attention, nous rentrerons derechef par vn chemin grand & Royal, (fort seur & fort droit à la verité, mais vn peu rude, & à cause de cela moins frequenté) à la consideration de ce que nous faisons aujourd'huy, & de ce qui nous est plus necessaire, pour nous tirer sains & saufs des dangers qui nous menacent de tous costez en la vie, & au mestier dont nous faisons profession. C'estoit, ce me semble, vne sotte & ridicule coustume que celle des Perses, lesquels allans aux banquets & festins pendoient des pierres d'Amethyste à leur col pour s'engarder d'enyurer,

urer;comme s'il ne leur euſt pas eſté plus ayſé & plus honorable d'attacher
à leur ame, & porter dans leur ſein ces belles & precieuſes vertus tant faciles à acquerir, la temperance & ſobrieté, qui ſans chercher le remede hors
d'eux meſmes les euſſent garantis de ce ſale & honteux inconuenient. A
meilleure raiſon qu'eux, vous Aduocats & Procureurs, qui commencez
aujourd'huy à entrer, non pas en vn feſtin, mais comme en vne deſbauche
publique, à laquelle les peuples enyurez de leurs paſſions accourent de tous
coſtez pour venir deſcharger en voſtre ſein, (s'il ſe peut auſſi honneſtement que vrayement dire) toutes les ordures de leurs ames; deuez-
vous munir & remparer les voſtres de cet Amethyſte, ou quelque autre
puiſſant & ſalutaire antidote, qui puiſſe empeſcher que les fumées & vapeurs de telles & ſi peſtilentes humeurs ne vous montent au cerueau, & ne
vous ſaiſiſſent les cœurs. Car ſi on conſidere auec ſoin & attention, quelles
ſont les humeurs qui fourniſſent d'occupation à voſtre meſtier, d'ailleurs ſi
excellent & honorable, vous trouuerez que ce ne ſont que les iniquitez,
injures, violences, outrages, tromperies, parjures, perfidies, impietez des
hommes; deſquels les vns viennent à vous pour vous corrompre & ſeduire, afin de leur ayder à faire tous ces maux-là à leurs parens ou voiſins, &
les autres afin que vous les aydiez & ſecouriez pour s'en garantir & guarir
des playes qu'ils en ont deſ-ja receuës. Tellement que comme les Medecins
ſe doiuent propoſer en leur profeſſion d'eſtre continuellement parmy les vlceres, les abſcés, les pourritures, les corruptions du corps; de meſmes vous
deuez-vous reſoudre de viure continuellement entre les maladies de l'ame,
les plus dangereuſes, les plus peſtilentes. *Superuacuus enim inter innocentes*
orator, vt inter ſanos medicus, comme diſoit vn Ancien. Or combien dangereuſe eſt la frequentation & communication d'eſprits ainſi vlcerez, à
peine le ſçauroit-on comprendre. Mais ce grand Platonicien Maximus
Tyrius l'exprime fort naïfuement en l'vne de ſes oraiſons, en ces mots:
ὥσπερ τῇ μαείλης, ἐμπεπλεισμέρῳ τὸν συμπλακόντα ἀνάγκη κỳ αὐτὸν συναιχμώαι τὸ σῶμα.
ἔτι κỳ ὅτις ἀδίκῳ ἀνδρὶ συμπλίκεαθαι κỳ συγκυλινδεἴσθαι ἀξιοῖ, ἀνάγκη τῦτον σωαπολαβεῖν τὸ
κακοῦ. Les Philoſophes diſent, que la contagion qui ſe prend de corps à corps
ne ſe peut faire que *per contactu*, & auec quelque eſpace de temps; mais celle
qui ſe fait des ames aux ames, ſe fait ſi ſubtilement qu'on ne le ſçauroit imaginer. Car la maligne qualité qui en decoule, penetre inſenſiblement noſtre entendement; corrompt & infecte, ſans que nous nous en apperceuions, l'habitude de noſtre volonté, & la rend ſemblable à ceux que nous
hantons. Et nous arriue en la compagnie de ceux qui ont l'ame gaſtée, proprement comme à ceux qui ſe promenent au Soleil; car ſans y penſer ils ſe
trouuent haſlez & noircis. Qui a fait croire (bien qu'erronément) à beaucoup de grands perſonnages, que l'integrité & candeur d'eſprit eſtoient
comme bannies de ce lieu, eſtimans qu'il eſtoit preſque impoſſible à ceux
qui conuerſoient ordinairemēt auec des ames infectes, comme ſont la plus
part de celles des plaideurs, de pouuoir conſeruer les leurs pures & nettes.
Qui eſtoit à mon aduis la raiſon pour laquelle ce docte Eueſque Syneſius
eſcriuant à vn de ſes amis qui faiſoit ceſte profeſſion, luy diſoit, συντùꞌ ἀπο-
λείπομϑμ τὼ κακοδαίμοσια ἀγορεᾶν, ὦ κακῶς τῇ ſῇ φύσι χρώμϑμ. Et adjouſtoit pour

ZZz

raison ; ἕτεϱος γὸ ὀυκ ἔςι πλυτὴν ἐν ταῖς κϱθ᾽ ὑμᾶς ἀϱοϱαῖς , μὴ πάντα μιγνῶντα κϱ᾽ Θνίᾳ κϱὴ ἀιθεϱόπινα δίκϱϱα , κϱὴ κέϱκωπα ἀυτ᾽ ἰλϡθέϱϱυ πνόϰϑϱον. Et bien que Symmachus euſt eſté excellent en ce meſtier, & y euſt acquis beaucoup de gloi-re , ſi ne ſe tire-il pas gueres loin de ceſte opinion, quand il dit, *Scis in illo forenſi puluere quàm rara ſit cognatio facundi oris & boni pectoris.* Mais en cela ils ont grand tort , de vouloir ſuggiller vn des plus honorables exerci-ces du monde, & le meſpriſer par l'horreur du ſujet à l'entour duquel il s'occupe, comme qui voudroit blaſmer les Medecins par la puanteur des abſcés qu'ils penſent, qui meritent au contraire d'autant plus de gloire, que les maux qu'ils traitent ſont faſcheux & dangereux. Seulement faut-il que nous leur aduoüions ingenuëment deux choſes: l'vne qu'il eſt aiſé à ceux qui font ceſte profeſſion d'empirer, s'ils ne prennent garde à eux: *Nam fa-ciles imitandis Turpibus & prauis omnes ſumus:* l'autre que ceux d'entre vous qui paſſent du bien au mal, y paſſent quaſi juſques à l'extremité, & ſe ren-dent les plus pernicieux inſtrumens qui ſoient en tout le corps de la police. *Si vis enim illa dicendi malitiam inſtruxerit , nihil ſit priuatis publiciſque rebus pernitioſius eloquentia,*diſoit vn ancien.Et pour ceſte raiſon vn vieillard dans vn Comique , criant apres les gens de voſtre meſtier, leur diſoit , *Vtinam muti eſſetis , minus inſtrumenti improbitas haberet.* Et que faudra-il donc faire pour vous garantir de ce danger? Seroit-il point à propos d'imiter ceſte Me-dée que Macrobe rapporte auoir eſté introduite par Sophocle en la trage-die intitulée ϱιζότομοι , perduë par l'injure du temps ? lors qu'elle cueilloit les herbes veneneuſes dont elle ſe ſeruoit , elle tournoit la teſte d'autre coſté, *ne vi noxij odoris interficeretur.* Ou bien faire comme Ioſephe dit que fai-ſoient les Iuifs, quand ils cueilloient ceſte herbe qui croiſſoit à Macherun-ta , laquelle eſtant en terre eſtoit mortelle à ceux qui la touchoient , & arra-chée gueriſſoit de beaucoup de grands maux ; meſmes chaſſoit les demons des corps? Ils jettoient de loin vne corde deſſus auec vn nœud coulant, puis attachoient la corde au col d'vne beſte, & la foüettoient juſques à ce qu'à force de tirer elle euſt arraché la plante. Mais ne l'vn ne l'autre ne ſeroit pas propre à ce que vous auez à faire. Car vous auez beſoin de regarder auec les yeux fichés,voire de bien pres,les paſſiós que vous deuez traitter: & pour les bien arracher de l'ame , vous ne vous pouuez pas ſeruir de la main ou force d'autruy ; il faut que vous y mettiez la voſtre propre , & encor eſt il beſoin de beaucoup de dexterité.Il vous faut donc pouruoir de quelque autre puiſ-ſant preſeruatif, alexipharmaque, amulete ou prefiſcine, qui fortifient en ſorte vos ames, qu'elles ſoient impenetrables aux veneneuſes vapeurs de ces fievreuſes, voire furieuſes paſſions des plaideurs, qui les repercutent en ſor-te qu'elles ſoient entierement deſtruites,ou pour le moins renduës innocen-tes quand elles approcheront de vous. Mais en quelle officine trouuerons-nous ce remede? Euſebe aux liures de la preparation Euangelique eſcrit qu'Iſis auoit trouué τῆς ἀθανασίας φάϱμακον, pour lequel elle fut tant honorée & depuis adorée par les Egyptiens. Ie croy bien que ce ſeroit là celuy qui nous ſeroit propre. Car ſon nom monſtre qu'il garantiſſoit de toute altera-tion & corruption ; mais nous n'en ſçauons que le nom, & en ignorons l'v-ſage & la compoſition. Il faut doncques chercher ailleurs , & repaſſer l'œil

sur

sur toutes les receptes que la venerable antiquité nous a laissées & consignées és monumens de ses histoires. Plutarque en la vie d'Agis escrit qu'à Sparte il y auoit vn temple consacré à la Peur. Ce n'estoit pas, dit-il, que ce peuple qui estoit des plus vaillans & courageux du monde, voulust honorer la crainte & pusillanimité, laquelle il detestoit comme vn grand crime; ny aussi pour rendre, comme vn mauuais demon, ceste passion propice à leur ville, afin qu'elle ne leur nuisist point; comme les Romains qui auoient dressé des temples à la fievre & autres maladies, *vt eas auerruncarent*; ains pour enseigner à leur citoyens que la crainte des loix & la reuerence des Magistrats estoit le plus ferme rempart & la plus forte barriere que l'on peust planter contre les vices & allechemens qui auoient accoustumé d'assaillir les esprits des hommes, & les desbaucher de leur deuoir, estoit celle seule qui retenoit vn chacun en office, & le gardoit de se laisser aller à aucune indecente action. Mais à la verité si nous ne nous proposons autre chose que la crainte des loix humaines, & des jugemens des Magistrats, ceste peur-là ne sera pas suffisante pour nous preseruer, & n'y trouuerons pas le remede des maux que nous redoutons. Car certainement c'estoit auec grande raison que Pindare doutoit, si les murailles de la Iustice estoient si hautes, que la tromperie & la malice des hommes ne peussent passer pardessus :

πότερον δίκας τεῖχος ὕψιον
ἢ σκολιαῖς ἀπάταις ἀναβαίνει
ἐπιχθόνιον γένος ἀνθρώπων;

L'industrie de ceux qui ont intention de mal faire surmonte aisément la prudence des loix & diligence des Magistrats; & leur malice donne à ses actions des masques & faux visages, qui imitent si naïfuement la probité & integrité, que les plus aduisez s'y mesprennent. Et sur ceste asseurance la plus part des hommes se porte pardessus toute crainte & respect à ce qu'elle croit luy estre vtile. Si c'est doncques la crainte qui vous doit preseruer du vice & du péché, si c'est-elle qui vous doit garantir des mauuaises rencontres qui vous menacent, il faut que ce soit vne autre crainte que celle des hommes; il faut que ce soit la crainte de Dieu eternel; il faut que ce soit ὁ διὰ πάντων ἥκων ὀφθαλμὸς τῷ Θεῷ, la crainte de cet œil qui penetre les abysmes de la terre, tous les secrets de nos consciences, toutes les cachettes de nos cœurs, qui ne peut estre trompé par aucun artifice : *apud quem*, comme dit Iob, *est fortitudo & sapientia; qui nouit decipientem & eum qui decipitur*. C'est-là, c'est-là ceste peur à laquelle vous deuez dresser des temples en vos ames : c'est celle qui les purifiera de toutes les ordures qu'elles peuuent auoir accueillies par la contagion des vices & passions d'autruy, & les fortifiera pour s'en preseruer & garantir à l'aduenir, & vous remplira en fin de la lumiere de ceste Sapience eternelle, *per quam sanati sunt quotquot ab initio tibi Domine placuerunt*. Aussi ce grand personnage saint Basile appelloit Θεῦ φόβον, τῆς ψυχῆς κάθαρσιν : & saint Gregoire de Nazianze son disciple, la base, le fondement de toute pureté & integrité, celle qui attachoit les aisles à nostre ame pour atteindre à la parfaite connoissance de la verité : καὶ, disoit-il, τῷ φόβῳ στρεφόμενοι καὶ καταισχρεθρύοις καὶ, ὅπως ὑπολεπτυνομρδρύοις εἰς ὕψος ἀιρεσθαι. En vn autre endroit il difoit, que cefte crainte eftoit στολὴ πρῶτον ἀπάργανον, comme qui diroit le premier lange & la premiere bande dont on enueloppe vn enfant nouueau nay, auec laquelle nous eftions liez fi fort auec Dieu, que nous venions à eftre efchauffez de fon amour puis apres, καὶ Θεῷ φίλους ἡμᾶς καὶ ἰοὺς αὐτῆ δούλων ἐργάζεται. De forte que rauis par cefte charitable affection nous entrions en cefte continuelle apprehenfion, & en ce refpectueux foin de ne luy point defplaire; qui feruoit à nos ames, comme difoit ce bon Hermite Climachus, comme d'vn rayon de Soleil qui entre par la feneftre d'vne maifon, & efclairant au dedans donne moyen au pere de famille de nettoyer toutes les ordures qui font dedans, & de difpofer tout par ordre. Qui eft cela mefme que difoit le Prophete Malachie, encores plus à propos pour ceux de voftre profeffion : *Exorietur vobis qui timetis Dominum, fol iuftitiæ, & in alis ipfius falus.* Ce remede, dira quelqu'vn, fera bon pour ceux qui ont l'ame bien née, qui l'ont fufceptible de ce refpect, & le conçoiuent à la premiere apparence qu'ils ont de fon infinie bonté. Mais ceux qui ont l'ame plus dure, le cœur plus ferré, qui fe font defia donnez & afferuis à l'amour du monde, qui au lieu de leuer les yeux vers ce Soleil diuin; les ont fichez fur la lueur trompeufe qui brille au centre de la terre, fur cet or & fur cet argent, faux luminaires de la vie humaine, comme les retirerons-nous du danger où ils font ? A la verité pour ceux-là, comme d'enfans ils fe font faits efclaues, auffi leur faut-il vne crainte feruile ; il faut qu'vne peur noire & affreufe les deftourne & eflongne du precipice auquel ils fe portent. Que ceux-là doncques premierement fe reprefentent que la mefchanceté, quelque apparence de felicité qu'elle ait, n'eft jamais que malheureufe : elle porte toufiours fon iuge & fon tefmoin en fa propre confcience, qui bourrellent fon ame, & ne luy permettent de prendre aucun repos.

> ———— *Hos diri confcia facti*
> *Mens habet attonitos, & furdo verbere cædit,*
> *Occultum quatiente animo tortore flagellum.*

Que fi cela ne fuffit, & fi defia de longue main accouftumez à ces remords, & n'en ayans pas le fentiment fi vif qu'ils deuroient, ils ne trouuent és peines mondaines des mefchans, affez d'inftruction, qu'ils auancêt, leur penfée vers cefte iournée de mifere & de calamité ; *In qua cæli magno impetu tranfibunt, elementa verò foluentur, terra autem & quæ in ipfa funt opera exurentur* ; lors que ce fera ce iugement auffi effroyable qu'ineuitable, où le Iuge mefme fera tefmoin ; où chacun receura la recompenfe du bien & du mal qu'il a fait. *Omnes enim nos manifeftari oportet ante tribunal Chrifti, vt referat vnufquifque propria corporis, fiue bonum, fiue malum.* Que peuuent lors attendre, que peuuent efperer ceux qui oublians le deuoir de leur charge, l'obligation de leur confcience, conuertiffent à mal les moyens qu'ils auoient de bien faire, & fe rendent inftrumens de la malice d'autruy? *Ecce inter fanctos eius nemo immutabilis, & cæli non funt mundi in confpectu eius : quanto magis abominabilis & inutilis es, ô homo, qui bibis quafi aquam iniquitatem?* Ceux-là ne doiuent-ils pas auoir continuellement dans les oreilles ce *Væ* efpouuentable, que le Prophete Daniel a prononcé contre eux?

Væ

Væ vobis legis periti, qui tulistis clauem scientiæ, & ipsi non introijstis, & eos qui introibant prohibuistis. Se doiuent-ils pas representer ces Anges, qui colligent eos qui faciunt iniquitatem, & mittent illos in caminum ignis, vbi erit fletus & stridor dentium? Si vous auez donné de mauuais conseils, si au lieu d'auoir aydé par voſtre induſtrie à la Iuſtice, vous auez ſeruy à l'iniquité, *circundabunt*, ce dit le Prophete Oſée, *vnumquemque conſilia & cogitationes eius*: les iniques verront toutes leurs actions preſentes; *Vermis eorum non morietur, ignis eorum non extinguetur, & erunt ante conſpectum omnis carnis. Et partant, intelligite hæc qui obliuiſcimini Deum, nequando rapiat & non ſit qui eripiat. Horrendum eſt incidere in manus Dei viuentis.* Car rien puis apres ne nous en peut tirer, ny les biens, ny les honneurs, ny les richeſſes. Mais ie me veux promettre que vous eſtes tous ſi bien naïz, que vous n'aurez point beſoin de ceſte crainte ſeruile, & d'eſtre r'amenez à voſtre deuoir par l'effroy des peines, & horreur des tourmens dont les meſchans ſont menacez: Que ce ſeul deſir de vous rendre agreables à Dieu, la ſeule crainte de luy deſplaire vous tiendra en office, vous animera & encouragera à fidellement obſeruer & religieuſement accomplir tout ce à quoy vous vous obligez aujourd'huy par vn ſi ſolennel ſerment.

A L'OVVERTVRE DV PARLEMENT EN l'année mil ſix cens ſix.

C'EST vne parole pleine d'vn haut & profond myſtere que ce qu'eſcrit Mercure Triſmegiſte au liure intitulé Aſclepius; Que l'ame de l'homme eſt l'horiſon de l'Eternité. Il veut dire, à mon aduis, que comme le cercle que nous appellons horiſon, borne & arreſte le cours de noſtre veuë, ſans qu'elle paſſe ou penetre plus auant: De meſme l'influence de l'Eternité ſe communiquant en quelque ſorte aux intelligences & autres creatures celeſtes, pures, ſimples, & incorruptibles, paſſe juſques en l'homme du coſté de l'ame immortelle, capable, & ſuſceptible des rayons de la Sapience eternelle, & s'arreſte là. Tellement, comme diſoit Platon, que l'homme demeure juſtement au milieu de l'Vniuers, tenant du coſté & de la part de l'ame au monde ſuperieur & intelligible, duquel il eſt comme l'image & tableau racourci; & de la part du corps à l'inferieur & ſenſible, duquel il eſt comme l'idée, l'exemplaire, & prototype. Or s'il y a quelque endroit où ce rayon d'eternité, ce flux de Sapience paroiſſe & reluiſe en l'ame de l'homme, c'eſt en ceſte ſage & religieuſe action, par laquelle il ſe preſcrit l'ordre & la reigle à ſoy-meſme pour conuerſer innocemment parmy les hommes, & pour vſer decemment & moderément des autres creatures qui luy ſont commiſes; qui eſt en effet le droit gouuernement de la ſocieté ciuile, & l'exercice de la Iuſtice. Car c'eſt la fin pour laquelle la Sapience par ſa propre bouche nous apprend que l'homme a eſté creé, *vt dominaretur creaturæ quæ à ſe facta eſt, diſponat orbem terrarum in æquitate & iuſtitia, & in directione cordis iudicium iudicet,*

'Or si pour toutes les autres fonctions ordinaires des hommes il y a des arts & des sciences pour les y pouuoir addresser & instruire; celle-cy de regir & gouuerner les peuples, qui leur apprendra leur deuoir, reglera toutes leurs actions par le droit & la raison, sera-elle seule destituée du secours de l'art & de la science? Si les Charpentiers, Massons, ou autres artisans, disoit Platon au quatriesme de la Republique, font profession du mestier qu'ils n'entendent point, la cité n'en reçoit pas grand dommage. Mais si ceux qui se disent Gardes & Ministres des loix, ne sçauent que c'est que de droit & d'equité, ils la ruinent de fonds en comble. Il y a doncques vn art & vne science pour cet effet, voire la plus belle, la plus grande, & la plus noble de toutes les autres, que pour cette occasion Aristote appelle Architectonique, la science des sciences. Vrayement science des sciences, puis qu'elle embrasse toutes les choses du monde, puis qu'elle est *rerum diuinarum humanarúmque scientia.* Eloge qui pourroit sembler trop hardy & aduantageux à ceux qui voudroient separer les choses diuines & celestes, des terrestres & humaines, & distinguer tellement leurs droits que l'vn se peust passer de l'autre. Mais l'authorité de nostre Trismegiste maintiendra nostre science en la prerogatiue de ces titres, & preéminence de sa dignité. Car puis qu'ainsi est que l'homme est l'horison de l'Eternité, pour faire les sections de ce cercle & en trouuer les proportions justes, il faut de necessité en trouuer le diametre; qui est vne ligne droite, qui passant au trauers du centre joigne les deux costez de la circonference. C'est à dire; qu'il faut que ce droit qui doit regler & proportionner les parties de la societé ciuile passe au trauers de son centre, qui est Dieu, & prenne la certitude de sa droiture par la connoissance des choses diuines & humaines. C'est pourquoy ceste nostre science a esté appellée des anciens du nom de Sapience, qui est la science vniuerselle de toutes choses, & mesme des plus hautes & diuines; & en suitte dequoy les Legislateurs Grecs ont esté appellez Iuges; & entre les Romains nous lisons dans Ciceron en ses offices, que *Acilius vocatus fuit sapiens, quia in iure ciuili prudens vocabatur.* Puis doncques, Aduocats, que vous faites profession d'vne science si belle, si specieuse & si honorable, il semble que la beauté & les attraits de sa face sont plus que suffisans pour vous rauir de son amour, & vous enflammer à la cherir & courtiser auec tout le soin & tout l'estude possible. Et par consequent que tout le discours que nous pourrions aujourd'huy employer à vous y exciter & animer, seroit comme superflu & inutile. Mais il faut ingenuëment confesser que le malheur du siecle où nous viuons a tellement attiedi la genereuse ardeur, auec laquelle on auoit accoustumé de se porter à cet honorable estude de la Iurisprudence; & l'esperance precipitée que la Ieunesse conçoit de quelque petit gain que font ceux qui à l'abandon & desarmez se jettent dans nos lices, a tellement dégarny les escholes de ceste science, que nous n'en voyons sortir aucun personnage consommé qui merite les titres qu'on donnoit anciennement à ceux de ce mestier, & qui face beaucoup d'honneur à ce lieu: bien que, comme dit Cassiodore, *Quidquid humani ingenij floris est, habere Curiam decet.* Doncques ceste jonchée de paroles que nous sommes obligez de respandre aujourd'huy sur ce theatre pour honorer

honorer la folennité de ce jour, ne fera point, à mon aduis, mal employée, fi elle eft addreffée à cefte genereufe Ieuneffe que ie voy fe jetter en foule dans nos barreaux és premiers ans de leur adolefcence; Et vous exhorter, autant qu'il fera poffible, que puis que le defir, que ie ne veux pas blafmer, de comparoiftre de bonne heure fur ce theatre d'honneur, vous a pouffez icy, auant qu'auoir acquis, non pas vne parfaite, mais ny mefme vne me-diocre connoiffance de la Iurifprudence, vous n'intermettiez iour ny nuit cet eftude, ains l'entrepreniez par vn opiniaftre labeur, jufques à ce que vous vous y foyez rendus entierement confommez. Autrement vous de-meurerez icy comme des auortons qui ne prennent jamais leur jufte croif-fance; membres mutilez de la Iuftice, inutiles à vous mefmes & au pu-blic; & ne receurez que de la honte d'où vous deuez attendre de l'honneur & reputation. Car pour parler à vous de la bouche de ce grand Orateur; *Qaid eft turpius quàm ciuilium & legitimarum caufarum patrocinia fufcipere, cùm fis legum & iuris ciuilis ignarus?* Nous lifons en Plutarque que les Lace-demoniens condamnerent vn jeune homme à l'amende, feulement pour-ce qu'il fçauoit le chemin des Pyles, qui eftoit le lieu où fe tenoit le Confeil de la Grece; Eftimant que c'eftoit vne efpece de temerité d'approcher de ce lieu facré, de ce domicile de prudence, auant que l'aage, l'eftude legiti-me & l'experience euft efpuré l'efprit & formé le jugement de l'homme. Quelle cenfure deuroient donc attendre ceux qui auant qu'auoir puifé bien auant dans les fources de la Iurifprudence, voire auant quafi qu'eftre initiez aux myfteres de cefte Sapience ciuile, veulent entreprendre vne charge fi pefante, vn office fi graue, fi penible, fi hazardeux, de donner confeil aux plaidans, fecours aux oppreffez, confolation aux affligez, en-treprendre la deffence de la verité contre le menfonge, de l'equité contre l'iniquité, de l'innocence contre la calomnie? L'on dit qu'entre les loix des facrifices anciens il y en auoit vne qui portoit deffenfes fort expreffes de n'offrir aux facrifices de Bacchus du vin qui euft efté cueilly à des vignes non taillées; & la fanction de cefte loy eftoit fort feuere & rigoureufe; & la peine en eftoit prefente & diuine; car celuy qui le faifoit tomboit incon-tinent en demence. Ceux-là ont bien à craindre le femblable, qui non au temple de Bacchus, mais de temperance; non en vne affemblée de gens petulans, mais de graues & modeftes perfonnages, offrent & prefentent non le fruit d'vne vigne non taillée, mais le fuc d'vn efprit mal cultiué en fa faifon par noftre Iurifprudence. Ils ont bien, dif-je, à craindre que l'ef-prit ne leur tourne, qu'ils ne perdent le jugement, & qu'entendans icy re-tentir vne infinité de termes qu'ils n'entendent point, de maximes qu'ils ne comprennent point, ils y demeurent comme ftupides, eftonnez, & fiderez, ridicules à toute cefte affemblée; mais tres-dommageables à ceux à qui ils auront offert leur affiftance & miniftere; & qu'au lieu d'eftre nom-mez de ce beau titre d'Acilius, on leur donne au contraire celuy qui eft dans Aule Gelle, & qu'on les nomme, *Barbatulos ex Aduocatorum turba, rabulas, audaculos.* Doncques pour euiter ce danger, pour fe garantir de cet opprobre, & acquerir l'honneur qui eft vrayement deu à ceux qui s'ac-quitent dignement du meftier dont ils font profeffion, qu'ils fe reconcilient

auec leurs liures, *& retrorſum vela dare atque iterare, &c.* Qu'ils conti-
nuét la premiere route de leurs eſtudes de droit, voire qu'ils renforcent leur
vogue juſqu'à ce qu'ils ſoient paruenus à vne telle profondeur de ſcience,
qu'ils puiſſent ſe voir hors des bancs & des eſcueils de l'ignorance. Mais
d'autre coſté vous excitans ainſi animeuſement à ceſte ſcience, nous auons
bien à deſirer que vous vous y portiez du bon endroit par les grands chemins & Royaux, euitiez les precipices dont elle eſt cernée de tous coſtez;
& à craindre qu'il ne vous aduienne comme à ceux qu'on enuoyoit anciennement pour eſtudier à Athenes, leſquels au lieu de ſe ranger à l'eſchole de
Socrates, Platon, Ariſtote, ſe rangeoient aux eſcholes de Gorgias, & autres Sophiſtes, & là infectoient leur eſprit de vaines ſubtilitez & trompeurs deſguiſemens: de ſorte qu'au lieu d'affermir leur jugement ils le rendoient confus, tremblant, & irreſolu en toutes choſes. Car la Sophiſti-
querie qui a enuahi la plus part des autres ſciences n'a pas eſpargné noſtre
Iuriſprudence; & la Barbarie puis apres qui eſt ſuruenuë & a inondé les
ſiecles paſſez, l'a fort desfigurée. De ſorte que ſi nous n'apportons vne
grande diſcretion, vn grand ſoin, & exacte diligence en cet eſtude, nous
y pouuons auſſi-toſt empirer qu'amender. Et nous arriuera ce que Strabon au liure dixieſme dit eſtre aduenu aux Suriens; *Qui cùm præter cæteros*
acutius leges explicare voluiſſent, celebriores quidem, cæterùm deteriores eua-
ſerunt. Car, comme dit Quintilian, *Præclaræ ſunt leges valdè; ſed ſi qui*
eas acutius ſpectet, calumniator euadit. Or le principal remede pour euiter
cet inconuenient, c'eſt de ne point diuiſer ou ſubalterner s'il faut ainſi dire,
noſtre ſcience, mais la prendre toute entiere, & du ſens & endroit dont
elle eſt conjointe à la Sapience, de laquelle anciennement elle portoit juſtement le nom. C'eſt à dire, conjoindre tellement la Iuriſprudence à la
Philoſophie & autres grandes & graues ſciences qui ſont compriſes ſous
ce nom de Sapience, qu'elle ne marche jamais ſans elles; & que comme
elle a eſté conceuë & engendrée en leur ſein, elle s'y nourriſſe, elle s'y ac-
croiſſe. Ce n'eſt point moy, mais vn des plus grands hommes du monde
qui vous donne ce conſeil, & vn homme qui n'a jamais eu, ny n'aura jamais de pareil en la profeſſion que vous faites. Preſcriuant donc la regle
qu'il faut tenir pour diſpoſer l'eſprit de ceux qui veulent profiter en ceſte
ſcience, il dit; *Non ego à Prætoris edicto, vt plerique nunc, neque à duode-*
cim tabulis, ſed penitus ab intima philoſophia hauriendam iuris diſciplinam pu-
to; qui aliter ius ciuile tradunt, non tam iuſtitiæ quàm litigandi tradunt vias.
Et de vray qui conſiderera bien noſtre droit, jugera ayſément qu'il eſt en-
chaîné quaſi auec toutes les autres ſciences, & qu'on n'en peut acquerir la
perfection, ſans auoir fait vn grand progrés és autres arts: Ne plus ne
moins qu'on ne ſçauroit donner vne riche & precieuſe teinture au drap
ſans l'auoir fait paſſer par le paſtel & la guede. La diuiſion que fait Euſtathius ſur le premier de l'Iliade de tout noſtre droit en deux parties, ſert fort
à nous faire comprendre la verité de ce que deſſus; car il dit qu'il conſiſte
τῇ φύσϊ καὶ τῷ θέσϊ. c'eſt à dire, ou il procede des enſeignemens de la nature,
ou de la diſpoſition des hommes. Ceſte premiere partie eſt celle qui conſiſte en contrats & offices qui dependent du droit des gens, & ſe gouuernent

par

par des regles qui sont communes à toutes sortes de nations, & qui sont
approuuées par toutes sortes d'hommes. Et pour se bien instruire en celle-
là, que ne faut-il point sçauoir, soit de la premiere Philosophie qui est la
maistresse de verité, soit de la naturelle, soit de la morale? Ne sont-ce
pas de ces sciences-là que sont puisées & les raisons de nos loix, & quasi
toutes les responses de nos Iurisconsultes? comme il nous seroit aisé à induire par les plus braues & signalez textes que nous ayons en nostre droit, si
ce discours n'excedoit la mesure du temps qui nous est prescrite pour la
presente action. Quant à la seconde partie qui est pure positiue, qui regarde les formes que les Legislateurs ont voulu donner, soit aux testamens,
contracts, actions, & autres actes ciuils; bref qui regarde l'ordre particulier
de leur police, introduitte ou pour la necessité du temps, ou le profit &
aduantage de leur Estat, qu'y pouuons-nous comprendre; si nous ne
sommes grandement versez en leur histoire, pour sçauoir les raisons qui les
ont induits à introduire tel droit; afin que nous, qui ne nous en seruons
que pour raison, les sçachions moderer & temperer selon que l'occasion le
veut? A l'exemple de ce tant loüé Iurisconsulte, *qui quæ proficiscebantur à
legibus semper ad facilitatem æquitatémque referebat, neque constituere litium
actiones malebat, quàm controuersias tollere. Itaque non ille magis Iuriscon-
sultus quàm Iustitia frui*, &c. O que ie deplore la condition de ceux qui
sans estre legitimement initiez aux autres sciences, se viennent embarquer
en celle-cy; tellement que sans pouuoir jamais ancrer au fonds de ceste
vraye & primitiue Iustice, ils vont continuellement errans, & flottans sur
l'escorce des loix; c'est à dire, sur des paroles mal entenduës. Il me semble
que ces gens-là ne sont gueres differens de certains peuples que Strabon dit
habiter autour du Gange, lesquels n'auroient point de bouche pour pouuoir mascher ou aualer la viande; & pource se nourrissoient seulement de
la vapeur des chairs qu'on rostissoit, & de l'odeur des fleurs & des fruits
qu'ils sentoient. Il y a vne autre sorte de gens desquels ie n'estime pas guere
la condition meilleure: bien qu'ils ayent beaucoup estudié en toutes sortes
de lettres; ils s'amusent toute leur vie à des questions subtiles, vaines, &
hors d'vsage, ou à de petites recherches de l'antiquité, & à remettre vne
lettre ou syllabe pour l'autre; bref à des choses qui ne peuuent de rien seruir à former leur jugement & l'addresser à la profession de la Iustice, ains à
vne vaine ostentation d'vne inutile science, qu'on peut justement appeller
du nom qu'on donnoit à Appion le Grammairien, *Inanis cymbalum iuuen-
tutis*. Les Grecs appellent ceste estude ματαιοτεχνίαν, laquelle Alexandre le
Grand nous a appris comme il falloit recompenser: car comme on luy eust
vn jour fort prisé & recommandé vn homme, *qui grana ciceris ex spatio distante missa in acum continuò ac sine frustratione inferebat*, l'ayant veu faire ce
tour d'habileté, il luy donna pour recompense vn boisseau de lentilles. Or
vous qui vous proposez vne vraye & solide gloire de vostre labeur, qui
voulez justement meriter la bien-vueillance de ceux que vous conseillez,
& encore cest honoraire que la loy vous ordonne, euitans la faute que
font ces deux sortes de gens, deuez diligemment employer vos veilles pour
penetrer jusques au ferme de ceste science, & rapporter tout à ceste primi-

tiue equité , à ceste droite raison qui est le timon animé de vostre nauigation. Et pour cest effet ie vous voudrois volontiers conseiller de pratiquer
en vos estudes ce que Porphyre escrit que faisoient les Gymnosophistes en
leurs sacrifices : ζώων μαντικῶν ψυχὰς δέξασθαι βουλόμενοι εἰς ἱαυτοὺς τὰ κυριώτατα
μορέια καταπιόντις, οἷον καρδίας κοράκων κỳ ἀσπαλάκων κỳ ἱεράκων, ἔχουσιν παρουσαν τἑν
ψυχἑν κỳ χρημαζίζουσιν οἷς Θεόν. Pour acquerir , dit-il , la puissance de deuiner
& predire ils aualoient les parties nobles des oyseaux de presage , comme
qui diroit les cœurs des corbeaux , des vautours , des sacres. Ie veux dire
que vous deuez tellement conuerser auec vos anciens Iurisconsultes &
Docteurs , que vous deuoriez , s'il est possible , leurs cœurs , que par vne
profonde meditation vous penetriez iusques à la raison qui les a meuz à escrire ce qu'ils nous ont laissé. Car lors vrayement vous pourrez croire que
vous sçauez ; lors vrayement vous deuinerez & rencontrerez ceste equité
que vous deuez chercher. Doncques si quelque mauuais vent ou de sale
auarice , ou vaine ambition vous a diuertis & desuoyez de ceste route , ren-
trez-y sous nostre conduite & acclamation , afin de faire par vostre labeur
fleurir ceste science , sans laquelle vous ne pouuez esperer aucun honneur
en vostre mestier , ny vostre patrie aucun fruit de l'exercice de la Iustice.
Ius enim ciuile , disoit vn ancien , *si aut desertum aut negligentiùs asseruatum*
fuerit , nihil est quod quisquam habere certi aut à patre acceptum , aut quod li-
beris relicturum arbitretur. Cet estude vous est en ce siecle plus aisé & auantageux qu'il ne fut jamais : car pour consoler tant d'autres desastres que les
vns y ont souffert , nous auons eu de grands hommes qui ont tellement
trauaillé à essarter le champ de la Iurisprudence , que les principales ronces
& espines , qui ont retardé le cours des autres , sont maintenant toutes
ostées & arrachées : De sorte que nous pouuons iustement dire auec Quintilian ; *Tot nos præceptoribus instruxit antiquitas , vt possit videri nulla ætas*
forte nascendi felicior quàm nostra , cui docendæ priores elaborauerunt. Puis la
bonté de nostre Prince ayant par vn soin particulier du bien de ceste ville
dressé icy de nouueau vn theatre aux arts & sciences , & donné le premier
& plus honorable lieu à la Iurisprudence,

　　——*circunspicit & stimulat vos,*
　　Materiámque sibi Ducis indulgentia quærit.

Il faut croire que l'ignorance de cet art ne pourra plus en vne si grande lumiere demeurer cachée , ny estre connuë sans estre blâsmée ; & la science
& connoissance d'iceluy sous vn si iuste Prince mesprisée & demeurer sans
receuoir le loyer qu'elle merite. Mais à la verité le fruit & l'honneur de ce
nouuel establissement dependra principalement de vous qui remplissez ces
barreaux , & reüssira indubitablement à vn grand ornement à ceste ville
& à tout vostre ordre , si vous vous pouuez persuader deux choses ausquelles ie vous exhorte & coniure autant que ie puis : dont l'vne s'addresse à
ceux qui ont ja l'aage , la science , & l'experience ; l'autre à ceux qui fraischement , ou depuis peu d'années se sont rangez à ce barreau. I'exhorte
doncques & coniure les premiers , que ceux d'entre eux , *qui maiorem stu-*
diorum fiduciam habent , se mettent quelquefois en concurrence auec les
Professeurs , & par quelques lectures publiques facent montre de leur suffisance,

fifance, pour acquerir de la gloire, & croiftre celle qu'ils ont ja acquife; comme nous fçauons qu'il fe fait aux plus celebres Academies où il y a des Parlemens, où l'on a veu mefmes les plus celebres Magiftrats ne pas def-daigner cet honorable exercice. Honorable, dif-je, pource que combien que *in alijs difciplinis ipfum docere minus habeat dignitatis*; en cefte fcience au contraire, *ius ciuile docere, femper pulchrum fuit, clarifsimorúmque hominum domus difcipulis floruerunt* : dont ie laiffe les exemples qui font affez vulgai-res, pour ne vous eftre point ennuyeux. Quant aux feconds, ie les exhorte & conuie à tellement eftre affidus à ce barreau, que pour cela ils ne laiffent point aux autres heures d'affifter aux leçons publiques du droit. Ce n'eft point vne fcience d'enfans, qu'il faille auoir honte d'apprendre apres cer-tain aage; les plus fages & plus confommez mefme trouuent toufiours à y profiter; & ainfi le Iurifconfulte Pomponius l'a tefmoigné en la loy, *apud Iulianum. ff. de fideic. libert.* par des paroles que vous deuez toufiours auoir en la bouche,

Si vos digna mouet diuini gloria iuris.

Ego, inquit, dicendi cupiditate, quam folam viuendi rationem optimam in octauum & feptuagefimum ætatis annum duxi, memor fum eius fententiæ quæ dixiffe fertur, ϰἂν τὸν ἕτερον πόδα ἐν τῇ σορῷ ἔχω, προσμαθεῖν τι βουλοίμην. Nous auons veu de nos jours en la plus celebre ville du monde les auditoires de Balduin & de Cujas, remplis non feulement d'Aduocats, mais de Confeil-lers & Prefidens, tellement qu'il fe pouuoit mieux dire vn Senat qu'vne ef-chole. Vous me direz, peut-eftre, qu'il ne fe trouue plus d'hommes qui ayent cefte celebrité : & ie vous diray que vous la leur donnerez par voftre faueur & affiftance, & en profitant à vous mefmes, vous profiterez au pu-blic. Vous vous rendrez par ce moyen dignes de vieillir à l'aduenir auec honneur & reputation, foit en ce barreau, foit és principales charges de la Iuftice, fous ce nouueau Prince que Dieu nous a donné pour la felicité du fiecle futur;

——*quo ferrea primùm Definet & toto furget gens aurea mundo.*

Et duquel le nom commence maintenant à fe publier par toute la terre, afin que les nations plus efloignées s'efioüiffent comme au leuer du nou-ueau Soleil, & fe difpofent de bonne heure à fon obeïffance, & par fon obeïffance à toute felicité. Que n'eft-il point loifible d'efperer fous ce Prin-ce, dont la naiffance & l'enfance font toutes pleines de merueilles?

——*quantum inftar in illo eft!*

Et certainement fi les prefages, telles que chacun les conçoit, portent en-core quelque foy, nous pouuons nous affeurer que l'aage de ce jeune Prin-ce ne fera qu'vn cours de vertus & de gloire. Mais ie preuoy qu'entre fes autres vertus reluira par deffus toutes la Pieté mere des lettres & des fcien-ces, puis que ie voy qu'il a lüy-mefme demadé ce glorieux nom de Lovys pour s'obliger fans doute à l'imitation de Lovys premier, autrement dit Clovis, qui eftablit la Chreftienté en France & y fit regner la foy. A l'imitation de Lovys neufiefme qui fe deuoüa pour le falut de la Chre-ftienté, & merita par là d'eftre enroollé au nombre des bien-heureux,

& estre veneré entre les Saints. A l'imitation de L o v y s douziesme, qui
par sa bonté, sagesse, & amour de ses sujets merita ce glorieux nom de Pere du peuple. Vne chose apprehendé-je de ce nouueau Prince; & l'appre-
hendant, ie ne sçay si nous deuons souhaitter de la destourner par nos
vœux, pource que ie crains qu'elle soit fatale : C'est que quelque jour il n'offense son Pere, ce grand H E N R Y, ce miracle des Rois; qu'il n'egale,
veux-je dire, ses vertus, & ne surmonte sa gloire; qu'il ne reçoiue pareil
honneur des armes que luy, & le surpasse à cherir & fauoriser les lettres &
sciences, vers lesquelles il tesmoigne és tendres ans de son enfance vn singulier amour & merueilleuse inclination. O douce & agreable offense ! ô heureux enfant ! que vostre Pere vous la pardonnera volontiers, luy duquel
l'admirable clemence a, pour rendre heureux & paisibles ses sujets, dissimulé toutes sortes d'injures. Mais, peut-estre, preuiendra-t'il l'aduantage
que voulez prendre sur luy. Iusqu'aujourd'huy le cliquetis des armes, le
son des tambours & des trompettes dont a continuellement retenty ce siecle ferré, ont tellement estourdy ses oreilles & diuerti ses sens, que les douces & attrayantes voix des Muses n'ont peu entierement l'enflammer de
leur amour, & luy faire bien connoistre que comme la fortune & la vertu
engendrent la gloire, les Muses & les Graces l'allaictent, l'esleuent, la rendent immortelle. Mais maintenant que la douceur d'vne seure & ferme
paix calme son esprit, & le r'appelle à ceste sage solicitude de regler par des
saintes loix les membres de son Estat, & orner par la splendeur des arts &
sciences la memoire de son regne, on verra sa munificence & liberalité tellement fomenter les lettres & leurs sacrez nourrissons, que tout ce que
pourront esperer à l'aduenir les plus glorieux Princes, sera de pouuoir en
cela egaller sa loüange. Vous pouuez donc, ô glorieuse Ieunesse, excitée
par ceste douce esperance, & piquée par ce loüable desir de complaire à
vostre Prince, seruir à vostre Patrie, redoubler vos forces, & ranimer vos
contentions à ce bel estude de ceste haute & souueraine science.

> *Hoc opus, hoc studium parui properemus & ampli,*
> *Si Patriæ volumus, si nobis viuere chari.*

Mais quoy ? ceste exhortation que nous vous auons faite pour vous animer
à cet estude, nous descharge-elle de ce que l'on a accoustumé de vous remonstrer à ce jour, pour vous destourner & comme seurer de beaucoup
de mauuaises affections qui se nourrissent ordinairement dans les ames de
ceux qui sont vostre profession ? Pour moy j'ay creu qu'oüy, & l'ay ainsi
creu sous la foy & authorité de ce grand Medecin & Philosophe Hippocrates, lequel escriuant à Philopemen dit fort elegamment vne chose, qui
de soy est belle & remarquable. C'est que tout ainsi qu'és grandes & honorables maisons s'il aduient que les seruantes ioüent, folastrent, ou s'en-
trequerellent, comme la Maistresse vient à arriuer, chacune s'enfuit, se cache, vous voyez l'ordre & le silence par tout ; Ainsi quand la Sapience arriue en nos ames, toutes sortes de mauuaises cupiditez & folles affections
s'en escartent. Puis donc que l'estude auquel ie vous ay excité est la
vraye Sapience, vous enflammer à l'aymer, c'est assez vous destourner &
diuertir de toute autre passion indecente.

A L'OVVERTVRE

A L'OVVERTVRE DES GRANDS IOVRS
à Marseille en May mil six cens sept.

I d'aduenture durant l'absence de la Iustice souueraine, comme à la faueur d'vne sombre & obscure nuict, l'outrageuse licence & la maligne calomnie se sont coulées en vostre ville & insinuées en vos mœurs ; si elles ont troublé en public vostre repos, & en particulier de vos familles ; il faut qu'elles s'escartent & dissipent maintenant , & qu'elles vous rendent la liberté & tranquillité qu'elles vous auoient rauies. Car voicy les Grands Iours arriuez ; Grands, non par l'esleuation du Soleil sur vostre climat & par son inclination vers vostre tropique, mais par l'approchement de ce bel astre de Iustice , dont le cours continuel roulant dans ce Zodiaque animé , viuifie & maintient toutes les polices du monde ; dont la benigne lumiere épanduë par toutes les regions de la terre addoucit la vie des hommes ; dont les perçans rayons dissipent les nuages des fraudes & tromperies qui troublent & offusquent la beauté de la societé ciuile. Iours vrayement Grands, puisque iustement toutes choses excellentes s'appellent grandes ; & heureux encore, comme j'espere, puis qu'ils arriuent desirez de vous, & qu'ils vous trouuent disposez à recueillir le bien qu'ils vous apportent. Car à la verité, pour beau & clair que soit le Soleil, s'il ne luisoit que sur ceux qui dorment & ont les yeux fermez, sa splendeur ne feroit pas grand effet , & ne seroit que peu ou point admirée : Et la Iustice quelque authorité qu'elle ait , quelque sincerité dont elle soit ornée & reparée, ne feroit pas grand fruit aux villes & citez , & n'y acquerroit pas grand los, si elle n'y trouuoit les hommes disposez à l'aimer, cherir, & reuerer. Ce qu'elle ne peut trouuer en vous, qui ayans cy-deuant esprouué les salutaires effets de sa puissance, attendez, ie m'asseure, son retour auec le mesme desir & la mesme impatience qu'vn malade, pressé de l'accés d'vne fascheuse fiévre, le Medecin qui l'en a auparauant guary & garenty. Toutesfois pour ce que nous apprenons de ce grand Pythagoricien Hierocles, que le premier & princpal honneur qu'on puisse rendre à chaque chose, est d'en bien connoistre & comprendre la nature ; pource que ceste connoissance incline nos esprits à l'admiration de son excellence ; il n'est point hors de propos, pour vous entretenir en ceste opinion, de dignement honorer & estimer ces Grands Iours, que nous en contemplions auec vous la composition. Et certainement, comme d'vn beau tout les parties doiuent encores estre belles, nous trouuerons que les Heures , dont nos Grands Iours sont composez, ne sont point heures vulgaires, qui signifient seulement vne espace & mesure de temps ; ny moins heures perduës ; ny moins mauuaises heures : mais vrayement Heures grandes , Heures excellentes, Heures desquelles, à mon aduis, est deriué en nostre langue ce mot d'Heureux. Ces Heures enfin, desquelles parle le poëte Orphée en son Hymne de Dieu, qu'il dit estre filles de Themis & de Iupiter :

Ωραι θυγατέρες Θέμιδος καὶ Ζηνὸς ἄνακτος.

Ausquelles il attribuë l'office de demeurer assiduëment en garde aux portes du Ciel. Grand & profond mystere de la Theologie ancienne, & qui merite d'estre vn peu plus exactement expliqué; pource qu'il contient des secrets, qui entendus & reuelez peuuent beaucoup seruir à confirmer la verité de nostre proposition, & encore à nous instruire chacun en nostre particulier; si tant est que poussez & animez d'vn religieux zele, nous passions au trauers de l'escorce de ceste fable pour penetrer jusques au cœur de ceste philosophie poëtique. Et à mon aduis l'intelligence en est; que la Puissance supréme & infinie, qu'ils figuroient par leur Iupiter, suffisante à sa propre felicité, & esloignée sans aucune mesure & proportion de tout ce qui est icy bas, sembloit par la rigueur de la loy n'auoir aucune obligation de rien communiquer de son estre aux choses inferieures. Mais ce Iupiter s'estant marié auec Themis, qui est la Iustice, non pas toute sorte de Iustice, mais celle que l'on nomme Equité, fut vaincu & induit par les attraits & allechemens de ceste sainte compagne à se communiquer aux hommes, ouurir les portes de son Ciel pour respandre sur eux ses graces & faueurs. Et pource que ceste communication des thresors & graces celestes estoit chose si precieuse & excellente que rien plus, il voulut que les filles qu'il auoit euës du mariage de Themis eussent la garde des portes du Ciel, par lesquelles elles deuoient descendre en terre. Et à ceste occasió elles furent appellées du nom general & commun, *Hora*, ὰπὸ τȣ ὠρἀειν, à ce que disent les Scholiastes Grecs, qui est à dire, garder & obseruer. Bien est-il vray que Platon en son Cratyle donne vn autre deriuation à leur nom, sçauoir est, ὰπὸ τȣ ὁείζιν, qui est à dire, borner & determiner : mais l'vn reuient quasi à l'autre. Car toutes deux veulent dire que la puissance diuine esmeuë par sa propre bonté & douceur à se communiquer aux humains, a par vne preuoyance & prouidence eternelle marqué les temps, prescrit les momens, designé les occasions: Moyens selon lesquels & par lesquels elle a resolu laisser couler de son Ciel en terre les pluyes de ses graces, à mesure qu'elle y est inuitée par les religieux deportemens des hommes; ou les resserrer à mesure qu'elle y est esmeuë par leurs vices, fraudes, tromperies, & scelerées actions. Ce sont donc les Heures qui sont dispensatrices des biens & des maux, & qui president au temps pour faire arriuer le loyer & la peine à ceux qui les ont meritées. Et de là disons-nous vulgairement, qu'il y á de bonnes & mauuaises heures: Il est arriué à la bonne heure; Il est arriué à la male heure. Et les Astrologues mesmes appellent le signe qui preside à la generation, *dominum Horæ*. Mais les noms propres & particuliers de chacune de nos Heures nous feront encore mieux comprendre leurs vertus & puissances. Oyons donc comme nostre Orphée & Hesiode en sa Thogonie les nomment,

Εὐνομίω τε , Δίκίω τε κỳ ΕἰρȽίω. C'est à dire, la Loy, la Iustice, la Paix. Et pourquoy trois Heures seulement, sinon pour designer qu'il y a trois parties principalles au Iour, euidentes & connuës à tout le monde, le matin, le midy, & le soir; ausquelles encores se rapportent & symbolisent la Loy, la Iustice, & la Paix ? Car comme le matin à la premiere heure du iour arriue la lumiere, qui donnant dans les yeux des hommes les deliure des tenebres, & donne par la clarté direction à toutes leurs actions corporelles:

Aussi

Auſſi la Loy ramenant à l'ame de l'homme les rayons de l'intelligence ſu preme dont elle deſcoule, la purge des tenebres de l'erreur, & l'illuſtre de la lumiere de droicture, pour la faire cheminer en la voye de ſainteté & d'innocence. Et comme ſur le midy la ſeconde de nos heures faiſant battre droit & à plomb les rayons du Soleil ſur l'endroit de la terre où elle eſt, y diſſipe les nuages, multiplie la chaleur, la fait germer & fructifier; Ainſi la Iuſtice appliquant droictement & à ſon vray point perpendiculaire la force & ſageſſe de la Loy aux actions particulieres des hommes, en eſcarte & bannit les tromperies, les violences, les crimes; les rend ſaintes, innocentes, equitables; pour puis apres engendrer l'abondance & proſperitez dans les villes, & dans les familles. Puis comme le ſoir la derniere heure cueillant les reliques du jour, introduit le repos pour reparer les forces de tous les animaux, doucement les endort en leur couche; De meſme la Paix ſuccedant à la Iuſtice, conſommant & couronnant ſon ouurage, enueloppe la vie de l'homme dans la douceur d'vn innocent repos, & diſtille ſur la ſocieté ciuile la ſeconde roſée d'vne agreable tranquillité; ſans laquelle il n'y a nulle douceur au monde; ſans laquelle les richeſſes ne ſont qu'ennuis, les honneurs ne ſont que tourmens, les enfans ne ſont qu'affliction, les mariages qu'anxieté, le trafic que brigandage, le labourage que ruine. Que ſi quelqu'vn a peine de ſe perſuader la verité de ce propos, qu'il ſe repreſente à l'oppoſite les effets du deſordre, de l'injuſtice & de la guerre; & lors ne verra-il pas deſborder de ces ſources-là ſur les pauures humains des torrents de calamitez & miſeres qui inondent, & en fin abyſment tout le bien, tout l'heur & le repos de ceux vers leſquels ces mauuaiſes heures arriuent, les rempliſſent de triſteſſe, de pauureté, & de langueur? Et pour vne plus euidente preuue de cela, oſeroy-je pas bien r'appeller voſtre ſouuenance, pour vous repreſenter le hideux & lamentable eſtat où vous eſtiez il y a dix ans? Me permettriez-vous pour vn peu vous remettre deuant les yeux le tableau de vos plus que tragiques miſeres, & vous faire voir par reflexió de penſée dans le miroir de la memoire la face desfigurée de voſtre pauure ville, lors que les Loix opprimées par le deſordre, la Iuſtice eſtouffée par la violence, la Paix exterminée par la diſcorde, auoient mis en proye aux voleurs & aux brigands vos perſonnes, vos femmes, vos enfans, vos biens, vos vies, vos honneurs? Lors qu'vne bonne partie de vous, chaſſez de leurs maiſons, bannis de leur patrie, deſpoüillez de leurs biens, trainoient par les villes eſtrangeres leurs femmes & leurs enfans? Lors qu'vne bonne partie de vous, qui eſtiez demeurez en ceſte miſerable ville, eſtiez trainez dans les priſons, confinez dans des cachots, & quelques-vns expoſez aux tourmens? Et lors que tous indifferemment, n'ayans plus par voſtre pauureté dequoy aſſouuir l'auarice & le luxe des brigands, vous vous voyïez tous les jours menacez d'eſtre deliurez à l'enchere, à l'ambition & cruauté de l'Eſtranger? Vous fremiſſez, peut-eſtre, à la trop viue repreſentation de ceſte trop veritable hiſtoire: Et pleuſt-il à Dieu au moins, que la triſte ſouuenance de ſi prodigieux effets engendraſt en vos cœurs vne haine & vne horreur de leur cauſe. Mais que ie crains, & auec trop d'apparence de raiſon, que vous ſoyez & auſſi prompts & auſſi preſts que vous fuſtes oneques de vous precipiter dans ce gouffre de confusion, d'où non la fortune, mais la singuliere prouidence de Dieu, & l'incomparable valeur de vostre Prince vous ont tirez. Pourquoy ? Pource que ie voy que les mauuaises heures, le desordre, l'injustice, la discorde, s'auancent tous les jours parmy vous; maux impliquez l'vn dans l'autre, qui s'establissent si auant en vos passions, que ie ne sçay comme ils en pourront estre à la fin arrachez. Et quelle pitié est celle-là, de voir que lors que tout le reste de la France est tranquille, vostre ville soit miserablement diuisée en partis & en factions ? De voir dans l'enclos de mesmes murailles designer l'vn pour estre d'vn party, l'autre d'vn autre; comme si vous estiez sujets de diuers Princes, ou habitans de diuerses villes ? Et puis, quelles sont les mal-vueillances, les haines, les mesdisances, les desfiances des vns contre les autres ? De vray comme de Guelphes & Gibelins. Reuenez, reuenez à vous; & considerez que vous estes les membres d'vn mesme corps; lequel vous ferez indubitablement perir, si vous vous tenez separez & desunis. Vostre mal est grand; chacun le voit, & vous le confessez; mais combien, sans comparaison, plus grand celuy qui vous pend sur la teste ? Car tous ces partis, toutes ces factions que vous nourrissez parmy vous, n'attendent que la chaleur d'vne mauuaise heure, qui embrasant vos dissensions, vous portera au point de malheur que vous aurez le moins preueu. Reünissez-vous donc, reünissez-vous tous ensemble : Et pour ce faire, vueillez & les vns & les autres ce qui est iuste & raisonnable; aimez tous le public de vostre ville de mesme amour & de mesme dilection que vos familles particulieres, & chacun de vos concitoyens auec mesme charité que vos propres freres: Et croyez que le bien que vous voulez auoir ou retenir injustement de l'autruy, est vn leuain de misere & de calamité à vos fortunes domestiques. Si vous prenez ceste resolution, les Heures fortunées que nous vous amenons aujourd'huy demeureront perpetuellement parmy vous; & les verrez, n'en doutez point, couronnées de mesme façon que l'Historien Pausanias escrit qu'elles estoient aux temples des Grecs desquels vous estes descedus: Sçauoir est, la premiere d'espis, la seconde de raisins, la troisiesme d'oliue : C'est à dire, la Loy, la Iustice & la Paix feront abonder toute sorte de biens & de commoditez parmy vous. Que s'il se trouue entre vous des hommes si mal naiz que de refuser les honorables & salutaires côseils que nous leur proposons, qu'ils se souuiennent de la façon dont Macrobe escrit que les Anciens faisoient les statuës d'Apollon : Elles presentoient auec la main droite les Heures; car les Graces & les Heures à l'endroit des Anciens estoit vne mesme chose; & auec la main gauche vn arc & des fleches. Qu'ils s'imaginent de voir en ce lieu ceste mesme statuë sous vne autre figure, mais auec la mesme signification; qu'ils s'imaginent, dis-je, que ces Grands Iours qui seent maintenant, d'vne main presentent aux bons, aux justes, aux affligez toutes sortes de graces pour leur protection & consolation; afin que remparez, couuerts, & garantis de la violence de l'injure & calomnie, ils ioüissent en pleine tranquillité de leurs biens, benissent le siecle auquel ils sont nais, & loüent le braue & valeureux Prince, sous le regne duquel ils viuét, & qui leur a procuré ce bonheur: Et de l'autre main presentent aux mauuais qui se plaisent à l'iniquité, à l'injure, à la violence, à l'oppression, les traits les plus aigus & plus seueres de

la Iustice;

la Iuftice;afin que,ou la crainte les rameine à leur deuoir,ou l'effroy les ban-
niffe d'entre vous,ou la peine,& le fupplice les confomme & les extermine.

A L'OVVERTVRE DV PARLEMENT EN
Octobre mil fix cens fept.

ESTE ancienne Grece, induftrieufe mere des Arts &
des fciences, a porté beaucoup de grands hommes, qui
par vne profonde & obftinée meditation ont voulu percer jufques au fonds de la nature, & atteindre aux principes & premieres caufes de toutes chofes. Entre les autres
qui fe font fignalez en cefte curieufe recherche a efté, à
ce que nous apprenons de Diogenes Laërtien, le Philofophe Heraclite,le-
quel enfeignoit que le principe formel de la conftitution du monde eftoit
le debat & la contention. Il alleguoit pour raifon, que jettant les yeux fur
tous les coings & recoings de l'Vniuers, contemplant fixement les cieux,
confiderant curieufement la terre, obferuant foigneufement le vuide qui
eft entre-deux, il n'y voyoit qu'vn combat perpetuel; vne difcorde fans
fin,vne contention fans relafche. S'il regardoit ces voutes celeftes enchaf-
fées les vnes dans les autres, il en trouuoit l'vne qui alloit en Orient,l'autre
en Occident: l'vne qui fe tournoit auec vn mouuement fi violent & rapide,qu'à peine l'œil le pouuoit-il apperceuoir; l'autre marchoit fi lentement,
qu'à peine l'efprit le pouuoit-il comprendre. S'il tournoit fa veuë vers les
Aftres, il voyoit le Soleil qui eftoit toute lumiere, la Lune toute obfcurité;
le Soleil qui ne paroiffoit que de jour, la Lune qui ne fe monftroit,que la
nuiét; le Soleil qui illuminoit la noirceur de la Lune; la Lune qui eclipfoit
la clarté du Soleil. S'il confideroit les autres Planettes, il remarquoit que
Mars influoit vne chaleur infupportable, & Saturne verfoit vne mortelle
froideur. S'il venoit à contempler les Airs, il apperceuoit au plus haut vne
douce tiedeur, au milieu vne rigueur de froid grande, au bas vn changement continuel; dans cefte efpace les nuës s'entrechoquer; les tonnerres
gronder, les foudres efclatter,les grefles petiller, les vents pouffer les pluyes,
les pluyes abbatre les vents. Et quoy? la Mer luy monftroit-elle vn plus
paifible vifage? les tourmentes & les orages n'y regnent-ils pas ordinairement? les ondes n'y chaffent-elles pas les ondes? les flots ne battent-ils pas
les riuages? les riuages n'efcument-ils pas continuellement de colere? On
pourroit penfer; peut-eftre, que la terre luy reprefentoit vne plus conftante tranquillité, pour auoir vn fondement immobile, & vne affiete plus ferme. Tout à rebours, ce n'eft qu'vn theatre d'inconftance,où toutes les contrarietez viennent heurter l'vne contre l'autre; jufques à ce que l'vne ait
chaffé l'autre. La douceur du Printemps la couure de fleurs; l'ardeur de
l'Efté fuit qui l'en défpouille; l'abondance de l'Autonne la peuple de fruits;
la rigueur de l'Hyuer confomme tout ce que les autres faifons auoient apporté. Mais les animaux qui femblent plus parfaits que les autres creatures,
ne gardent-ils point mieux la paix & la concorde? C'eft pis encore. Les oy-

AAAa iij

feaux , les poiffons , les beftes terreftres font en continuelle guerre , & fe
mangent & deuorent les vnes les autres. Et l'homme par deffus tous
femble n'eftre nay que pour exterminer tout le refte ; & que fi le refte ne
periffoit , il ne pourroit fubfifter : les meurtres des animaux font fes repas ; les meurtres des animaux font fes veftemens ; les meurtres des animaux
font fes delices & paffe-temps : Et les animaux d'autre cofté s'en vengent;
les tygres , les lyons , les loups , les ferpens font la guerre à l'homme , & ne
le laiffent point en repos. Debat doncques , difcorde , querelle , contention
par tout, finon , peut-eftre , entre les hommes : ceux-là difent auoir vn rayon
de diuinité qui luit en leur entendement , & leur apprend de conferuer entiere & inuiolable l'harmonie & la concorde qui doit eftre entr'eux , & laquelle par les liens de la charité les eftreint d'affection & bien-vueillance les
vns enuers les autres. Tant s'en faut , c'eft où le pauure Heraclite trouue les
plus certains fondemens de fa propofition. Il voit que ny les plus hautes
montagnes , ny les plus profondes riuieres , ny les plus vaftes mers , ne peuuent contenir les nations qu'elles ne fe portent aux regions les plus efloignées pour aller tourmenter , ruiner , exterminer les autres peuples defquels
à peine fçauent-ils le nom. Ils y demantellent les villes , ils y ruinent les Temples , ils rafent les Palais , ils demoliffent les maifons ; comme fi le mal-faire
à autruy eftoit le haut point de leur felicité. Et dans les Royaumes , dans les
villes mefmes où il y a vne efpece de focieté jurée , laiffez vn peu faire les
hommes , permettez à leur ambition autant qu'elle deffeigne , fouffrez à
leur auarice autant qu'elle conuoite , donnez à leurs voluptez autant qu'elles defirent , quelle confufion y trouuerez-vous ? Chacun veut tout commander , chacun veut tout poffeder , chacun veut tous fes plaifirs. Qui le
tente par la force , qui l'effaye par tromperie , qui le pourfuit par artifice.
Mais en fin que perfonne n'attendét fa feureté ny fon repos de la confcience ou innocence d'autruy. Entrons aux maifons des particuliers ; voyons
fi toutes chofes y font plus paifibles. N'y oyt-on pas journellement les crieries des maiftres contre leurs valets , des valets contre les maiftres ; les plaintes des peres contre les enfans , des enfans contre les peres ; les hargnes &
debats des maris & des femmes fi ordinaires qu'elles ont donné fujet au
prouerbe Latin qui dit , Que nul n'eft fans procez , s'il n'eft fans femme?
Quant aux freres , combien s'en trouue-t-il de fi bien naiz & fi paifibles qui
puiffent partager vne fucceffion de cent francs fans procez ? Mais examinons chafque homme en foy-mefme ; combien y trouuerons-nous de debats & de contentions inteftines ? Voyla les fens qui eftriuent continuellement contre l'entendement , la concupifcence contre la raifon : Voyla mille paffions defordonnées enfermées là dedans : comme en champ clos , qui
le poignent , qui le piquent , qui le fecoüent , qui l'agitent , qui toutes veulent auoir le deffus. Il fe defpite , il fe tourmente , il craint , il efpere , il defire ,
il rejette ce qu'il a defiré , il hait ce qu'il a aymé. Si doncques en termes de
bonne Philofophie naturelle toute action procede de la forme , & les
actions de toutes les chofes du monde ne font , comme il a efté demonftré
par le prefent difcours , que debat , querelle , & contention ; Heraclite eft-
il pas pour gagner fa caufe , & attirer tout le monde à fon opinion ? Que s'il

viuoit

viuoit aujourd'huy parmi nous, & qu'il vift la meilleure partie des hommes agitez de cefte furieufe paffion de procez, le fac à la main courir & trotter parmi les Palais, l'vn fe plaignant de fon pere, l'autre de fa femme, l'autre de fon frere, l'autre de fon voifin ; l'vn empefché à former les procez, l'autre à les inftruire l'autre à les juger ; en forte qu'à peine fçauroit-on trouuer vn feul homme fans procez, en forte que viure & plaider parmi nous font chofes infeparables ; ne fouftiendroit-il pas bien plus opiniâtrément fa propofition, & ne la croiroit-il pas confirmée par vne euidente experience ? Et toutesfois à parler fainement, il n'y a rien de plus faux, ny plus aliené de la verité que cefte maxime d'Heraclite, laquelle nous doit feruir feulement pour nous confirmer le dire de Platon ; Qu'il n'y a rien de plus obfcur, ou plus fombre que la fpeculation des caufes naturelles, où les plus forts argumens ne font que legeres conjectures, où ceux errent d'ordinaire plus griefuement qui affirment plus confidemment ; comme fi la nature nous auoit receuz en ce theatre pluftoft pour la confufe admiration, que pour la certaine connoiffance de fes ouurages. Mais pour defcouurir & conuaincre plus euidemmant l'erreur de cefte propofition, il nous faut puifer plus auant dans les fources de la Philofophie, & mefme à l'endroit où plus religieufement elle deriue les veines de la Sapience eternelle, pour goufter & fauourer les merueilles de fes ouurages. De là nous apprendrons que comme le point indiuifible & immobile en foy-mefme, eftant meu hors de foy, produit par fon flux & par les veftiges qu'il laiffe en paffant, la ligne, laquelle fe tenant fixe au point qui l'a produite & meuë par tout le refte autant qu'elle peut mouuoir, forme & defcrit le Cercle, le remplit d'vn nombre infiny de lignes, & de toutes fortes d'angles ; obliques, droits, aigus, obtus, & de toutes fortes de mouuemens contraires, de haut en bas, de bas en haut, de cofté à gauche, & à droit ; De mefme auffi la Diuinité toute vne, & comme vn point toute refferrée en foy-mefme, ayant voulu par le flux de fa bonté au dehors de foy, donner eftre à toutes les chofes du monde, les a creées non feulement diuerfes & differentes entre-elles, mais encore vne grande partie contraires & oppofées. Car autrement fon infinie puiffance n'euft pas trouué vne affez large eftenduë pour s'eftaler & refpandre, fi elle ne l'euft pris à la longue diftance qui paroift és chofes contraires qui ont leurs extremitez plus efloignées. Et de verité fi apres auoir creé toutes ces chofes particulieres, la Prouidence les euft laiffées-là, fans leur donner autre inclination que celle de leur conferuation ; ie croy qu'il fuft aduenu ce que difoit Heraclite ; elles euffent toutes efté bandées les vnes contre les autres, ou pour fe deffendre, ou pour furmonter & tirer à foy l'eftre de celles qui les auoifinoient ; & lors vous n'euffiez veu que debat, querelle, & contention. Mais bien que cet efmerueillable Ouurier euft donné vne forme excellente à chaque chofe particuliere, il les auoit toutesfois formées de façon qu'elles n'eftoient que des attentes pour eftre vnies enfemble ; & compofer par leur affemblage cet Vniuers ; en la conftitution duquel, tant s'en faut que ces contrarietez & antipathies apportent aucun defaccord, qu'au contraire, elles forment la plus belle harmonie, & plus agreable concert qui fe puiffe imaginer. Ny plus ny moins qu'en la Mufique, où les plus doux & melodieux accords fe forment des tons les plus contraires; c'eft à dire, des plus hauts & des plus bas affemblez: De forte que plus il y a de diftance entre le deffus & la baffe, mieux & plus doucement s'accommode & fe remplit l'accord. En quoy la ftructure & compofition a bien telle force & telle energie, qu'elle tire grace & plaifir des demi-tons, & fait que les faux accords meflez à propos auec les autres releuent & augmentent la douceur & melodie de la Mufique. Or l'inftrument dont ce grand & admirable Architecte fe fert pour ainfi proportionner & compaffer toutes ces chofes contraires, les tenir vnies en bon accord, & en tirer la beauté & l'ornement de l'Vniuers, c'eft la Iuftice qu'Orphée fait feoir cofte à cofte de Iupiter, tenant la balance à la main; & le compas à l'autre. C'eft-elle qui diftribuë par mefure, l'eftre, la force la puiffance à chafque chofe, les retient en deuoir, & empefche qu'aucune ne forte de fon rang, & n'entreprenne plus qu'il n'eft à propos pour le bien de l'Vniuers. Certainement fes effets font bien excellens & admirables en la conformation & conferuation de l'ordre des autres ouurages de la nature; mais incomparablement plus en la conftitution de la police & focieté ciuile & gouuernement des affemblées des hommes. Car toutes les autres creatures rendent vne volontaire, abfoluë, & aueugle obeïffance à la puiffance fuperieure qui les conduit; de forte qu'il leur fuffit leur auoir vne fois donné l'inclination telle qu'elles doiuent auoir, elles fuiuent par apres d'elles mefmes, & n'ont point en elle de principe pour refifter à ce premier mouuemét. Mais l'homme doüé de ce diuin entendement, par lequel il connoift toutes chofes, & de cefte libre volonté, par laquelle il fe porte où il luy plaift, prend bien fouuent confeil de foy-mefme, corrompt l'ordre de l'Vniuers, fe tire du rang où il a efté placé, & fe laiffe emporter où fa paffió le guide: Et ce faifant par la puiffance qu'il a fur les autres creatures, en abufát d'icelles, eftend encor le defordre à tout ce qui fe trouue pres de luy & fous fa main. Tellement que pour contenir ce genereux, mais fuperbe animal, il n'a pas fuffi que la nature ait infus en luy, comme és autres creatures, cet ordre & premiere Iuftice, qui s'eft coulée du verbe & de la parole en leur creation; mais il a fallu que Dieu defcendant expres fur la montagne, faifant marcher deuant luy les foudres, les efclairs, & les tonnerres, luy ait amené la Iuftice, comme toute viue & parlante, luy efcriuant la loy auec fon propre doigt pour feruir de regle à toutes fes actions. Et encore cela euft efté peu, fi à la loy il n'euft adjoufté le Magiftrat fouuerain pour la faire obferuer, l'interpreter, & fuppléer, luy donnant l'authorité & la puiffance pour cet effet, par les marques myftiques qu'il imprima fur fon front; par ces cornes, dif-je, qui apparurent fur le front de Moyfe, còme fymbole de force & de vertu. Car tout ainfi qu'en la medecine, ce feroit peu pour conferuer la fanté des perfonnes, de leur prefcrire vne exacte diete & regime de viure, & en compofer de gros volumes, fi l'on ne prenoit encore des medicamens purgatifs pour chaffer du corps les malignes humeurs qui s'y engendrent; & fi à mefure que les maladies nous preffent, nous n'auiós le Medecin qui nous adminiftraft les remedes: De mefme peu feruiroient les loix, quelques faintes & religieufes qu'elles puiffent eftre, fi le Magiftrat, auec vn foin continuel,

nuel, ne les appliquoit aux affaires, & ne tenoit ordinairement parmy les hommes ceste sacrée Iustice en exercice. C'est luy donc qui auec ce rayon de puissance diuine entretient les polices humaines, y contient chacun en son rang, remet en son ordre celuy qui en sort, donne le repos aux villes, moyenne la seureté aux familles, appaise les esmotions des peuples, estouffe les seditions, termine les procez ; fait que les passions, les vices, les crimes des particuliers ne troublent point le repos public ; mais encore profitent par leur peine à la societé ciuile, & tournent à l'instruction des mauuais, & gloire des bons. Bref, c'est luy qui fait que chacun iouït d'vne vie douce & tranquille, qui est le supreme bien en ce monde, où l'esprit de Dieu mesme nous enseigne d'addresser nos vœux, & plus feruentes prieres. Et pource bannissans & exterminans de la science naturelle la sauuage proposition d'Heraclite, nous ne deuons point receuoir pour Principe la discorde, la contention, & les procez : ains au contraire la Iustice, qui estouffant la discorde & les procez, engendre la paix & la concorde entre les choses les plus contraires, & en fait naistre ceste beauté qui orne & pare la face du monde. O diuine Iustice, sacré rayon de l'Eternité, qui respandu par tout cet Vniuers, en formez & soustenez les membres ! ô bel œil des polices humaines, qui les guidez & addressez à leur felicité ! aujourd'huy que comme vn Astre nouueau vous vous leuez sur nous, ne resiouyrez vous point de vostre doux regard nos yeux ? ne coulerez-vous point en nos cœurs quelques attraits qui nous enflamment à vous aymer sincerement? Autresfois pour cet effet nous nous estions en semblable occasion efforcez d'imprimer vostre honneur & veneration en l'esprit des hommes, autresfois vostre crainte ; & cela nous sembloit suffire. Car voyant que l'on disoit par tout que la Iustice estoit crainte en Prouence, nous concluyons qu'aussi elle y estoit aymée : Pour ce que par tout en la sainte Escriture, la crainte des choses bonnes est indifferemment prise pour l'amour. Ainsi les bons enfans craignent-ils leurs peres ; pour ce qu'ils les ayment. Ainsi ceste grande lumiere d'Afrique, Saint Augustin, dit que nous sommes initiez à la Sapience par la crainte, & consommez en icelle par la dilection. Comme si l'vne de ces deux choses tiroit apres soy l'autre, par necessaire consequence. Mais à la verité nous aurons bien maintenant à douter, que ceste crainte que l'on dit que vous auez de la Iustice, ne soit vne crainte seruile accompagnée de hayne & d'enuie, plustost qu'vne crainte filiale que nous desirerions en vous, procedante de dilection & veneration. Et pleust à Dieu que nous fussions encore à en douter, & que nous n'eussions point veu en nos jours tant de manifestes tesmoignages du peu de bien-vueillance du peuple enuers leurs Magistrats : Et que nous n'eussions point au moins veu ceux mesmes de la robe, & qui tiennent tout leur honneur de seruir icy à l'exercice de la Iustice, estre les premiers à desbaucher les peuples de l'amour & bien-vueillance qu'ils doiuent à ce Senat. Presage de quelque grand malheur sur les peuples, s'il ne plaist à Dieu par sa bonté en destourner le cours. Si nous desirions plustost la vengeance de leur faute que leur amendement, leur peine que leur salut, nous ferions ce que Plutarque escrit que faisoient ceux de Candie, qui faisoient des prieres solennelles aux Dieux, afin que leurs ennemis se pleussent tousiours à mal-faire ; soit qu'ils creussent que ceux qui font mal, portent continuellement vn ver en leur ame qui les ronge ; soit qu'ils estimassent qu'en mal faisant ils ont Dieu pour ennemy, qui est le supreme mal qui puisse arriuer à l'homme. Mais la Iustice dont nous faisons profession, qui est principalement née pour le bien d'autruy, y addresse toutes ses pensées & toutes ses actions, & le recherche auec son propre dommage, nous rend aussi curieux du bien des peuples qu'ils sont enuieux du nostre ; nous fait veiller pour esloigner & escarter de vous tout ce qui vous peut approrter du malheur, & vous procurer tout ce qui peut seruir à vostre felicité : Et pour ce nous semond à ceste journée de vous exciter & rappeller à son amour & de ses Magistrats ; & à vous remonstrer que vous ne pouuez esperer de ressentir les doux effets de sa benigne influence, si vous ne l'aymez d'vne amour filiale, d'vne sincere affection & parfaite charité. Anciennement ceux qui ont institué les Cours souueraines semblables à celle-cy, ont donné aux Senateurs, desquels elles sont composées, le nom de Peres : Ils les appelloient communément, Peres conscripts. C'estoit à la verité, pour les obliger au mesme soin, à la mesme solicitude, à la mesme dilection que les peres naturels desquels ils portoient le nom. Car, comme disoit Maxime Tyrien, ce nom-là de pere est la source de toutes les honnestes affections qui se contractent entre les hommes. Or vous deuez entendre que par la nature de la relation, & sans autrement l'exprimer, ils donnoient aussi à vous & tous ceux qui sont sous la charge de ces Peres, le nom d'Enfans ; & les obligeoient à la reciproque affection que doiuent naturellement auoir les enfans enuers leurs peres ; sans laquelle il est difficile, voire impossible que l'esprit de ceux qui trauaillent, & se peinent incessamment pour autruy, ne se relasche, & leur courage ne languisse. Considerez vn peu le Soleil qui est en continuel mouuement autour du monde, & trauaille, non pour soy, mais pour donner vie & vertu à ce qui croist sur la terre. Il jette ses rayons par tout ; mais pource que vers les Poles la terre ne les reçoit que de costé, & en glissant, & sans aucune reflexion, il ne s'y engendre aucune chaleur, & ne produit en ces endroits-là aucuns fruits ; & les animaux qui y naissent sont monstres, ou bestes sauuages. Au contraire sous la ligne Equinoctiale, & là autour sous le Zodiaque, pource que la terre reçoit ses rayons à plomb & à bras ouuerts, & que par reuerberation elle les renuoye vers le lieu mesme dont ils viennent ; il s'y engendre vne si viue, si puissante, & si feconde chaleur, qu'il y a toutes les années deux moissons fort abondantes, des plus beaux & rares fruits du monde ; là naissent les parfums, là les baumes, & autres drogues exquises ; là se forment, les mines d'or & d'argent ; là se treuuent les rubis, diamans, & autres pierreries ; là mesme se peschent les perles ; là naissent les licornes, & autres admirables animaux. La Iustice, vray Soleil des polices humaines, luit aujourd'huy sur vous, & y jette ses rayons aussi purs & aussi clairs qu'en aucun autre endroit du monde : si vous les recueillez auec vne ouuerte & pleine bien-vueillance, & auec la reflexion de la mesme affection dont vos Magistrats vous ayment & vous cherissent, vous en receurez sans doute toute sorte de benedictions. Si au contraire vous la regardez de costé, vous

en

en deftournez vos cœurs, & la fruftrez de l'amour que vous luy deuez,
vous ne deuez imputer qu'à vous mefmes les incommoditez que puis apres
vous receurez. Columelle parlât en vn endroit de la façon dont il faut cultiuer & efleuer les plantes, dit que quand elles font tranfplantées, elles ne peuuent viure, profiter, ny fructifier, fi la terre nourrice où elles font changées
n'eft pour le moins auffi douce & amiable que la terre mere dont on les a leuées. Ce Parlement que vous voyez aujourd'huy tranfplanté dans voftre
terre, eft vn jet & furgeon de ce grâd Parlement de France, dont le Roy eft
le chef, les Ducs & Pairs font les membres; qui eft reueré, honoré, & chery
non feulement en la France, mais par toute l'Europe. Puis que c'eft à l'abry de cefte belle plante que doiuent repofer vos fortunes, & fe mettre à
couuert des vents tempeftueux & violens qui ont accouftumé de l'agiter;
ne deftournez point le cours de voftre bien-vueillance, qui eft celle qui la
doit tenir & fraifche & verdoyante. A Dieu ne plaife, que l'on die de vous,
que vous foyez femblables au lierre, lequel fe leuant de terre à l'ayde des
grands arbres aufquels il s'attache, les eftouffe puis apres à mefure qu'il
croift. Si vous n'auez du tout perdu la memoire des calamitez qui ont affligé & quafi abyfmé cefte Prouince, vous vous deuez fouuenir, auec combien de peine, de trauail, d'enuie vos Magiftrats vont ont tendu la main
pour vous en tirer. Ne noirciffez point voftre nom d'vne fi infame & flagitieufe honte, d'auoir mefconnu ceux à qui vous deuez la meilleure partie
de voftre falut, & penfez que d'autres faifons pourroient venir, aufquelles
en vain imploreriez-vous le fecours de ceux que vous auriez ingratement
traitez. Si lors qu'vn vaiffeau eft en pleine mer, il vient à eftre accueilly de
quelque furieufe tourmente, que les broüillas efpais defrobent le jour aux
mariniers, les vagues moutonnent de tous coftez, vn coup de mer emporte le timon, vn grain de vent rompt le mas, defchire les voiles, les ondes
couurent le tillac, les efcueils blanchiffent tout au tour; bref, on n'attend
plus qu'vn certain naufrage, ceux qui font dedans ont lors recours à Dieu
qui feul les peut fauuer, chacun fait fes vœux pour fa faluation, font-ils arriuez en terre? ceux qui ont l'ame bien née, les acquitent, les autres s'en
mocquent. Mais s'il fe faut rembarquer, & qu'ils fe trouuent vne autre
fois au mefme danger; imaginez-vous, ie vous prie, combien font differentes les efperances & les craintes de ceux qui ont religieufement payé
leurs vœux, & de ceux à qui leur confcience reproche leur ingratitude &
impieté. Donc ques ayans à imiter l'vne de ces deux fortes de gens, choififfez plûtoft celle qui pleine de pieté & gratitude eftablit vn doux repos en fa
confcience, & vne jufte occafion de bien efperer en toutes les fortunes qui
luy peuuent arriuer. Peut eftre que le jour que nous celebrons aujourd'huy,
& la couftume obferuée en ce lieu, fera croire à quelques-vns, que ce difcours doiue eftre eftendu à plufieurs autres ferieufes remonftrances concernans l'exercice de vos charges: De vous, dif-je, Aduocats & Procureurs,
qui eftes des principaux Miniftres de la Iuftice. Et moy ie penfe au contraire y auoir plainement fatisfait, vous excitant à aymer la Iuftice & vos Magiftrats. Nous lifons en l'Hiftoire fainte, que Saint Iean, ce cher Apoftre
qui auoit repofé fur le fein de noftre Seigneur, & vray-femblablement pui-

sé de là l'esprit de Sapience, comme il fut paruenu à sa grande & decrepite
vieillesse, (car il passa nonante ans) ne discontinua point pour cela ses exhortations au peuple ; mais les racourcissant & estreignant en peu de paro
les tout ce qu'il eust peu comprendre en vn long discours, ne disoit autre
chose, sinon, Mes chers enfans, entre-aymez-vous. Et auec cela il croyoit
les peuples suffisamment instruits de tout ce qui estoit necessaire pour leur
salut. l'estime de mesme que vous dire que vous aymiez la Iustice & vos
Magistrats, c'est par vne sommaire & compendieuse façon de parler, vous
dire que vous gardiez les loix & les ordonnances, que vous vous exhibiez
en ce theatre dignes de la profession que vous y faites. Car le propre & principal effet de l'amour, c'est de nous faire desirer d'estre agreables à ce que
nous aymons, & de nous former & transformer, entant qu'il est possible,
en ses mœurs & affections. Aymans donc la Iustice, aymans vos Magistrats, il faut de necessité que vous soyez iustes, equitables, veritables, modestes, debonnaires ; qui est tout ce que nous pouuons desirer de vous.

A L'OVVERTVRE DV PARLEMENT EN
Octobre mil six cens huict.

NOus apprenons d'vn ancien Autheur, que ceux de l'isle
de Candie auoient accoustumé de faire tous les ans vn solennel sacrifice, par lequel ils inuoquoient l'ire du Ciel sur
leurs ennemis, & faisoient contre eux les plus horribles
execrations dont ils se pouuoient aduiser. Mais entre toutes, celle qu'ils estimoient la plus funeste & pernicieuse,
c'estoit quand ils souhaittoient, *vt mala consuetudine delectarentur, mode-*
stóque, dit l'Historien, *voti genere efficacissimum vltionis euentum receperunt.*
Ingenieuse vengeance, à la verité : car ils iugeoient bien que ceux qui se
plaisent à mal-faire, ne peuuent estre qu'infortunez. Mais impie & abominable deuotion, de souhaitter au monde l'iniquité & l'iniustice, que chacun doit, en tant qu'en luy est, du tout exterminer. La genereuse, mais infortunée Byzantine Cleonicé n'en vsa pas ainsi. Ayant esté rauie par le tyran Pausanias, le soir qu'il en pensoit abuser, elle renuersa par mesgarde la
lampe qui estoit en sa chambre ; dont il fut tellement surpris de frayeur que
ce ne fust quelque partie dressée pour le tuer, que prenant son espée il en
transperça les flancs de ceste pauure vierge, qui par ce moyen perdit heureusement la vie auant que perdre son honneur. Apres sa mort, à ce qu'escrit Plutarque en la vie de Cimon, son esprit reuenoit, & estoit continuellement autour de Pausanias, sifflant à ses oreilles ce vers ;

Στεῖχε δίκης ἆσσον. μάλα τοιχανὸν ἀνδράσιν ὕβρις.

Chemine droit, & reuere Iustice ;
Malheur eschet à qui fait iniustice.
Tellement que ceste ame genereuse & heroïque ne souhaittoit pour vengeance à celuy de qui elle auoit receu tant d'outrage, sinon qu'il deuinst
iuste, & par ce moyen il euitast tant & tant de malheurs qui suiuent l'iniustice

ſtice & l'injure. Ce n'eſt donc pas d'aujourd'huy que les ames bien nées cherchent ſoigneuſement d'inſtruire à la Iuſtice & l'innocence non ſeulement leurs amis, mais encore leurs ennemis. Auſſi eſt-ce le vray moyen de les vaincre, voire de les perdre: Car quand ils ne ſeront plus injuſtes, ils ne ſeront plus nos ennemis, ſi de noſtre coſté nous ſommes gens de bien. Doncques ſi ce beau vers, Σπεῖρε δίκης ἀροῦν, a eſté ſi ſeant & ſi loüé en la bouche d'vne perſonne offenſée, à l'endroit de celuy qui l'auoit tant outragée; combien plus le ſera-t'il aujourd'huy en la noſtre à l'endroit de ceux que nous ſommes obligez d'aymer & d'inſtruire? En la bouche, diſ-je, de nous qui ſommes icy faiſans profeſſion de la Iuſtice, & en l'oreille de ceux qui en ſont les principaux miniſtres? Car ſi nous eſcoutons attentiuement ce beau vers, & en comprenons bien le ſens, nous aurons en la voix plaintiue de la pauure Cleonice toute l'inſtruction que nous ſçaurions deſirer pour nous animer & addreſſer au deuoir de nos charges; voire auſſi grande que nous la ſçaurions trouuer, ny dans les regles des plus doctes Iuriſconſultes, ny dans les preceptes des plus ſçauans Philoſophes. Elle nous dit en vn mot, que nous faſçions juſtice; & nous denonce par l'autre, que faute de ce faire, nous ſerons extremement miſerables. Mot de grande efficace, de profonde energie; & Dieu vueille qu'auec l'inſtruction il ne porte auec ſoy quelque eſpece de reproche, charitable toutesfois & vtile. Et là deſſus ie me ſouuiens de ce qu'eſcrit Frontin, qu'Auguſte retournant vn jour en ſon armée, & y trouuant la diſcipline militaire aucunement relaſchée & abaſtardie, la voulant redreſſer & reſtablir, comme ſon vint le ſoir à poſer les gardes, il donna pour mot du guet, *Militemus*. Le lendemain le bruit en courut par toute l'armée, & n'y eut perſonne qui ne s'auiſaſt que c'eſtoit vn doux reproche & ſourde admonition que l'Empereur leur faiſoit de reprendre courage, vaquer ſoigneuſement à leur charge, & garder plus religieuſement les loix militaires. Si doncques aujourd'huy que nous entrons tous en garde en ceſte milice forenſe ſous ces pauillons dorez de la Iuſtice, nous prenons pour beau mot du guet, ce beau vers, Σπεῖρε, &c. qui ne veut dire autre choſe, ſinon, Faites juſtice: nos eſprits ſeront auſſi toſt piquez & réueillez pour faire vne exacte reueuë de l'equipage auquel nous ſommes, & vne auſtere cenſure de nos déportemens paſſez, afin de nous ranger en bel ordre & conuenable aux loix de noſtre profeſſion. Conſiderant autresfois quels eſtoient les plus grands empeſchemens que nous auons de paruenir à ce bien, & quelle eſtoit par conſequent la cauſe qui nourrit la contention & les procez, & en rend le jugement plus difficile, j'ay obſerué que dans ce Palais, & parmy ces barreaux il ſe nourrit & entretient deux factions toutes differentes, deux partis contraires, qui font que ceux qui plaident ſe rengeans ordinairement l'vn d'vn coſté, l'autre de l'autre, ne manquent jamais de ſupport, & par conſequent ne ſe rendent qu'à toute extremité, & font que ces petites guerres ciuiles, car ainſi pouuons-nous appeller les procez, ſont ſi longues & quaſi immortelles. Ces deux partis ſont la rigueur du droit & l'équité. Sous ces deux eſtendars, bien qu'en vne meſme armée, en l'oſt, veux-je dire, de la Iuſtice, nous voyons continuellement les eſprits & des parties, & des Aduocats, & des Iuges, diuiſez.

Et si vous y prenez garde de bien pres, à peine trouuerez-vous aucune cause, où l'vne des parties se fondant sur la parole de la loy, l'autre au contraire
ne se deffende de quelque apparence d'equité. Et de là naissent ces grandes
contentions, *clamosa rabiosa fori iurgia*, ces chaleurs de barreaux, & la diuersité d'opinions, qui empeschent que la Iustice ne puisse estre ny si promptement, ny si tranquillement, ny si sincerement administrée. Doncques
pour faire valoir aujourd'huy la Iustice, la remettre en sa force & vigueur,
que pouuons-nous mieux faire qu'estouffer ces factions ? Et pour cest effet
d'adjuger l'authorité à celle qui là doit auoir, & ranger l'autre à la duë obeïssance ? Belle & serieuse proposition, digne de l'entrée que nous faisons
maintenant au sacraire de la Iustice, & du tout necessaire pour la conduite
de l'action que nous entreprenons. Mais pour nous y resoudre seurement,
prudemment, & selon les regles de nostre mestier, qui est à dire, juridique-
ment ; il semble qu'il falle que nous oyons ce que chacun d'elles allegue
pour fonder son Empire, & s'arroger au prejudice de l'autre, le droit de
superiorité és jugemens que nous faisons en ce lieu. *Nam qui pro parte iu-*
dicat, inaudita altera, etiam si rectè iudicet, iniquus est iudex. Quoy doncques ? ce dit la Loy ; veut-on mettre en compromis mon authorité, en ce
lieu, où ceux qui séent pour juger n'ont authorité que par moy ? ou ceux
qui accourent pour estre secourus, ne trouuent protection qu'en moy ?
Qui est-ce donc aujourd'huy qui me rauira les titres d'honneur & de majesté que le commun consentement des hommes m'a donnez ? que les Philosophes m'ont attribuez ? que vos Iurisconsultes m'ont deferez ? Ne m'ont-
ils pas appellée Reyne du monde, l'Ame des Republiques, la Garde des
citez, la Tutrice des familles, la Mere du repos commun ? Celuy-là a pensé dire beaucoup, qui a dit que le Prince estoit l'ouurage de Dieu, & la loy
l'ouurage du Prince. Et c'est au contraire, le Prince qui est l'ouurage de la
loy. C'est moy qui rends legitime le Prince, & qui le distingue du Tyran
& de l'vsurpateur. Est-ce pas par moy que ce que l'on appelle juste, est tel ?
Et qu'a jamais mieux dit vostre Aristote que ce qu'il a prononcé en ses Politiques ; *Iustum per legem iustum est ?* Aussi quel est mon office, ma fin, mon
intention, sinon de faire que chacun ait ce qui luy appartient ? *Lex*, disoit
le mesme Philosophe, *est inter ciues sponsor iuris obtinendi.* Car les jugemens
particuliers des hommes, agitez par le respect & condition des personnes,
flottent continuellement entre les differentes passions, comme entre de
furieuses ondes. Où au contraire, la loy qui ne connoist personne en particulier, & s'attache à la consideration de la droite raison & du bien public,
αἷς δεῖσαι σεϐάλλει τὴν σοφίαν, comme dit Themiste, elle leue vn haut rempart, vne large chaussée pour empescher que les affections des hommes ne
renuersent la droite raison. Elle juge des choses toutes nuës, despoüillées
de la faueur & de la haine : & pour ce Varron disoit ; *Lex neque innocenti*
propter simultatem obstrigillat, neque nocenti propter amicitiam ignoscit. Donc
quand auec ceste certaine connoissance, sage consideration, & sincere affection la loy a vne fois donné son jugement, & iceluy consigné en
ses paroles, qui sera ny l'Aduocat si hardy, ny le Iuge si mal aduisé, qui
sous quelque pretexte que ce soit s'en ose departir ? L'Aduocat ne se sou-

uiendra-il

uiendra-il point du precepte d'Æſchines : χρὴ τὸ αὐτὸ φϑέϱϟεϑϟ τὸν ῥήτϱϞϟ καὶ τὸν νόμον; Et le Iuge de ceſte belle ſentence de Solon, qu'il faut que les Magiſtrats obeïſſent aux loix de meſme que les ſujets aux Magiſtrats? Belle inſtruction eſt celle que leur donnoit Caſſiodore. *Reſpice quantum leges dederint, & te ad menſuram poteſtatis extende.* Vous n'eſtes, ce diſoit le Philoſophe au Magiſtrat, que depoſitaire des loix; vous n'y pouuez rien changer ny alterer ſans commettre vn grand crime; elles vous ont fait entendre leur volonté par leurs paroles, afin que vous n'en puiſſiez douter. *Illis imperij, vobis obſequij gloria relicta eſt.* De vouloir diſputer ſi elles ſont juſtes, & leur demander raiſon de ce qu'elles commandent, c'eſt enfraindre leur authorité, & violer leur Majeſté: *Cuius tunc tantùm ratio conſtat, ſi nemini reddatur.* O que ce grand Iuriſconſulte & ſçauant Theologien Tertullian a ſaintement & ſagement enſeigné aux hommes la reuerence & le reſpect qu'ils doiuent aux loix; la difference qu'il y a de deliberer ſur ce que l'on vous perſuade, ou d'obeïr à ce qu'vne authorité abſoluë vous commande? *Suaſum,* inquit, *impunè negligas, non autem iuſſum: illud enim de conſilio venit, & voluntati proponitur; hoc autem à poteſtate deſcendit, & neceſſitate obligat.* Oüy veritablement de neceſſité la plus forte & la plus violente qui ſoit au monde, puiſque nous ſentons en nous noſtre ame & noſtre conſcience qui nous preſſent & ne nous laiſſent point en repos que nous n'ayons ſatisfait à ce que la Loy nous commande. C'eſt, à mon aduis, ce que diſoit Ioſephe parlant de la jalouſie & exacte obeïſſance que rendoient les Iuifs à la Loy: Θείῳ πεπεισμένοι νόμῳ πολιτεύεϑαι ἀδεμίαν ἀναλκην βιαιοτέϱαν νομίζομϟν τῆς πϱὸς ὃιϟ νόμοιϛ ἡμϟν ἐπειϑείας. Nous croyons tellement que Dieu preſide à noſtre gouuernement, que nous n'eſtimons point au monde de neceſſité plus grande que d'obeïr à nos loix. Bien que les Romains n'euſſent pas receu les leur auec vne ſi manifeſte interuention de la Diuinité; ſi penſoient-ils bien que leur origine eſtoit toute ſacrée & toute diuine: auſſi *apud eos per multa ſecula ius ciuile inter ſacra ceremoniáſque abditum fuit,* dit vn Hiſtorien. De façon qu'ils eſtimoient vne meſme choſe, violer la Majeſté des loix, ou violer la pieté deuë aux Dieux; & croyoient que de l'obeïſſance qu'ils leur rendoient, dependoit toute leur liberté, voire leur felicité. Et pource vn grand homme d'entre eux diſoit, *Legum denique ideò ſerui ſumus, vt liberi eſſe poſſimus.* Or entre tous ceux qui ſont obligez de garder les loix, ceux-là ne le ſont-ils pas plus eſtroitement & plus religieuſement qui portent titre de gardes des loix & de Miniſtres de la Iuſtice? Si les particuliers y manquent, les Aduocats ſont pour les accuſer; les Iuges pour les chaſtier: mais ſi les Iuges & les Aduocats y faillent, *quis cuſtodiet ipſos cuſtodes?* Et pource, tout ainſi que les Magiſtrats ont eſté prepoſez aux particuliers pour les forcer à l'obſeruation des loix; ainſi la Diuinité meſme interuient aux jugemens pour les forcer par la terreur & ſainteté du ſerment à leur obeïſſance. *Ideò iurabant,* dit Aſconius, *in leges Iudices, vt obſtricti legibus iudicarent.* Ce deuoit bien eſtre là le plus fort lien qui les attachaſt à vne religieuſe obſeruation des loix: & toutesfois on ne s'en eſt pas contenté; mais pour vaincre ceſte inſigne contumace & rebellion des hommes, qui veulent deliberer ſur le commandemeut que leur fait celle qui a la ſouueraine

puiſſance, & par vn fol amour de ſoy-meſme, ſe croyent plus ſages que ce
qui les gouuerne. On a eſtably de grandes peines contre les Iuges qui jugent contre la loy, non ſeulement, *vt litem ſuam faciant*, comme nous
auons en la loy, *ſi quis en conſcribendo. C. de pactis*, en l'Auth. *de quæſtore. §.*
ſuper, & autres endroits; mais encore juſques à les ſoumettre aux peines de
la Loy *Cornel. de falſis*, comme nous apprenons du Iuriſconſulte Paulus,
au 5. de ſes Sentences, & de la Loy, *ſi ita nos. ff. ad leg. Corn. de falſ.* Les
conſtitutions que les Empereurs ont promulguées ſur ce ſujet, ſont belles
& toutes reluiſantes d'vne ſinguliere prudence; mais plus que toutes les autres, celle de l'Empereur Leon le Philoſophe. Car apres auoir menacé les
Iuges qui jugent contre les loix de toutes les autres peines portées par icelles; pource que la malice des hommes ſurmonte quelquefois la prudence
des loix, & leur artifice euite leur ſeuerité; Au moins, dit-il, n'euiteront-
il pas l'ire de Dieu, & ſon œil tout voyant: ἥκιϲα λήϲϵται ἀκοίμητον ὀφθαλμόν.
Mais en attendant il prononce contre eux de grandes & ſolennelles execrations & deteſtations, & telles qu'à peine en autre endroit en ſçauroit-on
trouuer de plus eſpouuentables. Εὕϱοι τὸν Θεὸν μαχόμϵνον ἄϵϲ, καὶ ταϲ ϑϵανίους καὶ
ἀϲωμάτοις δυνάμεις πολεμούϲας αὐτῷ. πῦρ καταφάγϵται τὰ ϑϵμέλια οἴκων αὐτῷ, καὶ
ἴϲται δἰ αἰῶνος ἠτιμωρήδμοι τὸ ϲπέρμα αὐτῷ, καὶ ζητοιῶ ἄφτοις. αϑ̓ ὧν τὴν τῆϲ νόμων
ἐλϵυϑϵρίαν δολϵί ϲπαπϵποιημ̓ϝ́νων κϵίϲιων ἀπϵιργάϲατο. Qu'il ait, dit-il, touſiours
Dieu pour ennemy, & les puiſſances celeſtes contraires; que le feu deuore
les fondemens de ſa maiſon; que ſa race ſoit à jamais deshonorée; que ſes
enfans demandent leur pain, en recompenſe de ce qu'il a voulu aſſeruir la
liberté des loix à ſes fantaiſies & opinions particulieres. Et de verité à qui
bien le conſiderera, il ſeroit beaucoup plus expedient de n'auoir point de
loix du tout, que d'en auoir que l'on puiſſe changer, flechir, & alterer comme l'on veut, comme on diſoit ſous l'Empereur Trajan: *Deterius eſſe ſub*
eo Principe viuere, ſub quo omnia licerent, quàm ſub eo per quem nil liceret.
Car s'il ny auoit point de loix du tout, les hommes ou par la force, ou par
la prudence s'aſſeureroient; où s'endormans ſous la protection des loix, ſi
elles ne ſont certaines, ils ſont ſurpris, volez, & deſpoüillez de leur bien
& de leur honneur. Les loix leur promettent vne choſe, les Iuges leur en
donnent vne autre; quelle confuſion eſt celle-là? C'eſt pourquoy Ariſtote
diſoit qu'il falloit tout decider par les loix, & ne laiſſer rien en l'arbitrage
des Iuges, de peur que s'emancipans, ils n'eſtendiſſent la faculté que l'on
leur donneroit à cauiller & renuerſer les loix. Et pour cela meſme, à mon
aduis, nos ſages Empereurs, & nommément le grand Conſtantin, nous
ont appris par tant de belles conſtitutions, *eius eſſe legem interpretari, cuius*
eſt condere. Et afin qu'on ne priſt ce precepte dangereux & plein d'embuſ-
che de l'equité, pour ſe departir de la Loy, ils ont adjouſté: *Inter æquita-*
tem iuſque interpoſitam interpretationem nobis ſolis licet inſpicere. l. 9. C. de leg.
Doncques, nous dit la Loy, puis que Dieu mon premier Pere m'a engendrée & donnée aux hommes; que les Empereurs & les Rois, chefs-d'œuures de la Diuinité, vous ont donné tant de ſages conſtitutions, que les
anciens Iuriſconſultes vous ont laiſſé tant de belles reſponſes & doctes conſultations, que j'ay authoriſées de mon nom, dont ſont compoſez

poſez les volumes de voſtre droit ; Ne rendez point inutiles tant de graces
du Ciel, infructueuſes tant d'imperiales ſolicitudes, & vains tant de ſages
aduis ; afin que vos concitoyens, qui s'attendent juſtement d'obtenir tout
ce que ie leur promets, n'en ſoient point fruſtrez par voſtre fluctuante opinion & arbitraire preuarication ; & que vous n'attiriez ſur vos teſtes ces eſpouuentables maledictions, que ce ſage Empereur Leon a prononcées
contre ceux qui jugeront contre les loix ! Voyla en effet ce que la Loy
ſemble vous dire pour la conſeruation de ſon authorité, & pour vous obliger à la rigueur de ſes paroles. Mais l'Equité d'autre coſté ne ſe taiſt pas, &
ne manque point de belles & graues raiſons pour s'authoriſer par deſſus la
Loy, & s'attribuer tout ce qu'il y a de ſaint & de loüable en toute l'action
de la Iuſtice. Elle dit qu'elle eſt la premiere & plus ſainte Loy, de laquelle
toutes les autres dependent, prennent leur force & leur vertu. *Eſt enim lex
nihil aliud niſi recta & à Deorum numine tracta ratio, imperans honeſta, &
prohibens contraria*, diſoit Ciceron en ſon X I. Philippique. Or cela meſme
eſt l'Equité, ſçauoir eſt vne droite raiſon, par laquelle la puiſſance ſuperieu-
re dirige ſes commandemens au bien de ceux qui luy ſont ſujets : car autrement ce commandement-là ne peut non plus eſtre appellé Loy, que le tyran qui regne pour ſon ſeul profit, & par force, eſtre appellé Roy. Et pource que l'infirmité de l'homme porte que celuy qui commande, ſi ſage qu'il
ſoit, ne peut preuoir tout, ny pouruoir à tout ; ceſte meſme Equité ſe reſerue touſiours d'amender les manquemens de la Loy, lors que la raiſon le
voudra. Et à ceſte occaſion eſt definie par Ariſtote, τῶ γεγραμμένου νόμου ἐλ-
λειμα, καὶ τὸ ὠδρα τὸν γεγραμμένον νόμον δίκαιον. C'eſt à dire, ce qui reſte à la perfection & integrité de la Loy eſcrite, & ce qui eſt juſte outtre les mots d'icelle. Il la compare auec beaucoup de raiſon à la regle Leſbienne qui eſtoit de
plomb, & ployoit ſelon l'aſſiette des lieux où il falloit baſtir ; auſquels la
regle droite & inflexible ne pouuoit ſeruir. Et afin qu'on ne croye qu'elle
vſurpe l'authorité qu'elle s'attribuë, elle vous produira la parole de Dieu
qui l'authoriſe, les conſtitutions des Empereurs qui l'aduoüent, les ſentences des Iuriſconſultes qui l'alloüent, & l'vſage qui la reconnoiſt. Quand le
Prophete parle des jugemens de Dieu, qui ſont la meſme bonté & ſageſſe,
il dit, *Iudicia tua, Domine, æquitas.* Et ſans doute, ſi ſes jugemens ne ſuiuoient que la rigueur, il y a long-temps que le monde ſeroit en cendre. Et
quand le Sage parle de la façon, dont Dieu veut que l'homme gouuerne
le monde, il dit ; *Conſtituiſti hominem vt dominaretur creaturæ quæ à te facta
eſt, & diſponat orbem terrarum in æquitate & iuſtitia*, faiſant touſiours marcher l'Equité auec la Iuſtice, voire deuant. L'Empereur Iuſtinian ayant
entrepris de corriger le droit Romain, ne s'arroge pas ceſte vertu de pouuoir reduire les choſes en tel point qu'il ne demeure touſiours à l'Equité dequoy s'employer pour amender & corriger les defauts & manquemens de
ſes loix. *Legiſlatori, inquit, ob ingenij humani infirmitatem ſemper eſt aliquid
condonandum. l. 1. C. de veteri iure enucl.* Et en conſequence en l'autre de
triente, &c. *Nitimur ſemper inuenire aliquid naturæ conueniens, quod poſſit
Prætor corrigere.* Et pour ceſte raiſon en la Loy, *non ſine. De bonis quæ liberis,*
il aduoüe, *Interpretis miniſterio ſemper permiſſam æquitatem :* & loüe le Iuriſ-

consulte Iulianus qui en auoit ainsi vsé. Les Iurisconsultes ont parlé de mesme façon, & ont ingenuëment reconneu, que *Leges cùm statim latæ sunt, prudentium interpretationem cœperunt desiderare.* Ce sont les mots de Pomponius en la Loy 2. *de origine iuris.* Et ont auec graues & sententieuses paroles & regles inuiolables introduit l'Equité aux jugemens pour y regner & gouuerner toute l'action de la Iustice : tantost Paulus disant, *In omnibus maximè, tum in iure æquitas spectanda est. ff. de reg.* tantost Vlpian, *In summa ante oculos æquitatem habere debet Iudex, l. quod Ephesi. ff. de eo quod certo loco.* Tantost le mesme Paulus, *summo iuri æquitatem opponit. l. benignius. ff. de leg.* En vn autre endroit, *Multa in iure ciuili contra disputandi rationem pro vtilitate communi recepta sunt.* Et en vn autre, *Ad eam sententiam æquitate suadente decursum est.* Quant à l'vsage, qui est-ce qui ne sçait qu'il a tant donné d'authorité à l'Equité, qu'il luy a permis non seulement d'interpreter ou corriger les Loix, mais mesmes d'entierement les abroger & abolir ; comme nous tesmoigne Iulianus en la Loy *de causis?* Du commencement les Romains auoient introduit & enclos les actions dedans certaines formules de droit solennelles & precises, de façon que le Iuge ne pouuoit s'estendre plus auant que ce qui luy estoit mandé par là, *si paret, &c.* mais aussi tost l'vsage en fit paroistre l'injustice, & fallut que l'Equité introduisist les exceptions qui n'estoient que la reformation de la formule en vn cas & circonstance non preueuë par celuy qui l'auoit inuentée. Depuis en fin il fallut lascher les resnes plus lôgues aux Iuges, & leur permettre *ex æquo & bono,* juger en la plus part des affaires. Et pour se demesler de la finesse & artifice de ceux qui sous pretexte des loix & de leur subtilité, vouloient rauir le bien d'autruy, il falut trouuer ceste exception generale de dol, qui asseuroit l'innocence & simplicité des hommes contre la malice & la subtilité. Et lors le Iurisconsulte appelle à bouche ouuerte trompeurs ceux qui se voulurent preualoir des mots de la Loy contre l'Equité, & contre l'intention des Legislateurs, & commencerent à dire, que *Fraudem legi facit qui saluis verbis sententiam eius circunuenit.* Mais l'Empereur Theodose parla bien plus sec, & menaça telles gens d'vne grande peine, disant en la Loy cinquiesme, *de legibus : Nec pœnas insertas legibus euitabit qui se contra iuris sententiam salua verborum prærogatiua excusat.* Et qu'y a-il de plus impie au monde, que de vouloir faire naistre l'iniquité de la Loy ? Platon disoit-il pas auec verité ; *Eo hominum genere nihil esse detestabilius quàm qui leges faciunt nocentes?* C'est neantmoins ce qui arriue à tous ceux qui s'amusent scrupuleusement aux paroles de la Loy. *Summum ius, summa iniuria est;* ou plustost, comme disoit Columelle, *summum ius, summa crux.* Aussi Strabon remarque, que *Thurij cùm præter Locros acutiùs leges explicare voluissent, celebriores quidem, cæterùm deteriores euaserunt:* comme s'il disoit que l'Equité & la bonne foy sont le sel de la Loy, sans lesquelles elle se corrompt & infecte incontinent. A quoy conuient merueilleusement bien ce beau fragment de Menander, qui se trouue en plusieurs anciens Autheurs. καλὸν οἱ νόμοι σφόδρα εἰσίν. ὁ δὲ ὁρῶν τοὺς νόμους λίαν ἀκριβῶς συκοφάντης φαίνεται. C'est vne belle chose que la Loy ; mais qui la regarde trop attentiuement, il deuient vn sycophante, ou calomniateur. Et de verité, qui voudroit

droit toufiours prendre la Loy au pied, combien d'inconueniens en arri-
ueroient-ils?combien d'ineptes & d'impertinens jugemens? Ce feroit chofe infinie de vouloir rapporter tous les exemples qui s'en trouuent dans les
bons Autheurs; nous vous en representerons feulement deux en deux cas
contraires : l'vn, de celuy qui demandoit injuftement vne recompenfe;
l'autre, à qui on ordonnoit injuftement la peine. Ciceron dit qu'en Grece
il y auoit vne Loy, que quand vn vaiffeau fe trouuoit au hazard du naufrage, ceux qui l'abandonnoient perdoient ce qu'ils auoient dedans, & tout
appartenoit à ceux qui y demeuroient & couroient la fortune. Il aduint
qu'vn vaiffeau eftant fur le point de fe perdre, tous ceux qui eftoient dedans
fe fauuerent dans l'efquif, fors vn pauure paffager qui eftoit fi malade qu'il
ne fe pouuoit remuer : le vaiffeau par hazard fe fauue, & vient fain & fauue
à bord; celuy qui eftoit dedans demande qu'il luy foit adjugé auec les marchandifes. Les paroles de la Loy eftoient claires & expreffes pour luy; mais
l'intention du Legiflateur ayant efté de recompenfer le courage de celuy
qui auroit volontairement expofé fa vie pour conferuer le vaiffeau, n'entendoit pas gratifier la bonne fortune de celuy qui detenu par neceffité de
maladie, n'auoit eu ny volonté ny moyen de feruir à la conferuation d'iceluy; & pource fa demande fut rejettée. Euftratius en fes commentaires fur
les Etiques d'Ariftote rapporte qu'en vne ville de Grece il y auoit vn autre
Loy, qui deffendoit aux Eftrangers fur peine de la vie de monter fur les
murailles. Il arriua que cefte ville fut attaquée par efcalades par les ennemis; le premier qui oüit le bruit ce fut vn Eftranger qui accourut à la muraille, & fit fi vaillamment qu'il empefcha l'entrée aux ennemis, & donna loifir aux habitans d'arriuer à temps pour deffendre la ville. Toutefois il
fut accufé, & fembloit bien que les paroles de la Loy le condamnoient;
neantmoins il fut renuoyé abfous auec honorable recompenfe. Ie me fou-
uiens là deffus de cet Eutyphron qui eft dans Platon, lequel fe vante pour
vn faint & religieux obferuateur des loix, pource qu'il s'en alloit accufer
fon pere de ce qu'il auoit laiffé mourir vn fien efclaue de faim en prifon,
d'autant que la Loy commandoit d'accufer & deceler les homicides. Mais
Socrates luy monftre fa fotife & fon impieté, & fait quant & quant vne
belle leçon a tous ceux qui fe veulent feruir du precepte des loix, pour, par
vanité & foibleffe d'efprit, faire chofes alienes de l'humanité, & du deuoir
commun des hommes les vns enuers les autres. Ce n'eft donc pas à l'efcorce
des paroles qu'il fe faut attacher pour vfer fainement des loix, mais à la raifon qui eft leur ame, & fans laquelle elles ne peuuent non plus auoir action
qu'vn corps demeurer en vie quand l'efprit en eft hors. Il eft bien vray
qu'en noftre Iurifprudence ce mot de raifon eft commun à la rigueur du
droit & à l'Equité, mais en fort differente façon : Car quand nos Iurifconfultes veulent entendre le droit precis, eftroit ou efcrit, ils l'appellent fimplement raifon, & difent, La raifon veut cela, pour, Le droit veut cela:
Ainfi parle le Iurifconfulte, *l. 1. §. fi ergo. ff. fi pars hæred. l. qui quadraginta,*
ad leg. Falcidiam. l. ius fingulare. ff. de leg. Mais quand ils parlent de l'Equité,
ils l'appellent raifon, mais auec vne marque de fuperlatif, *rationem fum-*
mam. l. 2. de præt. ftip. l. funt perfonæ. de relig. l. 56. fufficit. de cond. indeb. Ce

qui monftre la difference qu'il y a en dignité & authorité entre la Loy &
l'Equité, puis que l'vne emporte par deffus l'autre cefte marque d'eminence & ce degré d'excellence. Il faut donc que ceux qui ont l'authorité de
juger, ayent perpetuellement deuant les yeux cefte equité, comme vn plus
clair rayon de la droite raifon; ne plus ne moins qu'Arrian l'hiftorien efcrit
que *Bithyni iudicabant fedentes aduerfi Soli.* Il faut qu'auec cefte lumiere ils
confiderent le droit vfage de la Loy, & fi la generale difpofition fe peut
feurement & juftement adapter aux circonftances particulieres qui fe prefentent, & fi elle fe peut dire jufte en ce cas particulier: Que la Loy pour cela ne s'offenfe point, qu'elle ne die point qu'eftant fouueraine, on luy fait
tort de vouloir examiner fi elle eft jufte; car l'Equité luy refpondra ce beau
mot de Tertullian, *Nulla lex fibi foli confcientiam iuftitiæ fuæ debet, fed ii à*
quibus obfequium expeᶜtat. Sufpeᶜta lex eft quæ fe probari non vult. Puis qu'elle n'eft au monde que pour le profit d'autruy, elle ne doit pas trouuer eftrange, que lorfqu'elle vient à nuire au lieu de profiter, l'on la rejette, ou pour
le moins on fufpend fon effet. Que cela eft raifonnable en toutes fortes de
loix Romaines, lefquelles nous ne gardons que par vne volontaire fubmiffion fondée fur l'Equité dont nous croyons qu'elles font pleines. Car nous
fçauons tous que la reuolution commune des chofes du monde ayant abbatu la gloire de ce grand Empire Romain, & afferuy ce peuple dominateur de la terre, les loix furent enfeuelies dans fes ruines fans que depuis l'arriuée des Gots à Rome, jufques à l'Empereur Lothaire le Saxon, qui fut
l'an 1125. aucunes des nations Occidentales ayent efté regies par le droit
Romain, mais bien par les loix des Gots, Vandales, Lombards, François,
& Bourguignons. Du regne de ce Lothaire, comme nous lifons en Nau-
clerus, Sigonius, & l'Abbé d'Vrfperg, les Pandeᶜtes Florentines furent
trouuées par les Pifans à Melphe, & le Code de Iuftinian fut prefenté par
Irnerius à cet Empereur; qui les authorifa, non pour valoir entierement,
mais en ce que ces liures n'eftoient point contraires aux ftatuts particuliers
& couftumes locales des villes & prouinces; qui eft à dire, pour feruir de
raifon. Enuiron quatre vingts ans apres, Accurfe illuftra tout ce droit de
fes glofes, Barthole & Balde le fuiuirent; & à la verité on y a trouué vne fi
grande & profonde fageffe, que tout l'Occident a commencé à les admirer, & peu de peuples y ont jetté les yeux qui ne les ayent pris pour regle de
leur Iuftice. Non toutesfois, comme il a efté dit, pour l'authorité des Le-
giflateurs dont telles loix font emanées, mais pour la finguliere equité qui
y reluit. Si doncques elles perdent cefte equité en quelques occafions, fi
elles portent auec foy vne euidente iniquité, il faut conclure qu'elles perdent leur authorité, & que les Iuges recouurent leur liberté pour ramener
toutes chofes à ce pole de la Iuftice, à cefte Cynofure de la vraye Iurifprudence, la diuine equité, afin de maintenir inuiolable cefte maxime de Platon *in Protagora : Idem eft iuftitia quod fanᶜtitas ; nihil eft iuftum nifi quod*
æquum. Loin donc, loin de vos jugemens, dit l'Equité, ces ingenieufes
fubtilitez & curieufes pontilles de ceux, lefquels, comme difoit Ciceron
pro Muræna, in omni iure ciuili æquitatem reliquerunt, verba tenuerunt. Suiuez, fuiuez pluftoft les fages & religieux enfeignemens de l'Empereur, qui

n 3

n'a pas exigé vne si precise obeïssance à ses loix ; mais laissant à l'equité son authorité entiere pour les flechir & adoucir, a dit, *Legum duritiem nostræ humanitati contrariam oportet emendari.* Voyla à la verité vn fascheux procez qui se presente à l'ouuerture de ce Parlement entre la Loy & l'Equité : elles alleguent chacunes de grandes & graues raisons ; la matiere est fort douteuse, le jugement en est perilleux ; si faut-il toutesfois y prononcer, de peur que laissant ce different indecis, toutes choses ne demeurent incertaines & flotantes en ce barreau. De quel costé nous tournerons-nous doncques ? suiurons-nous superstitieusement le droit, ou indulgemment nous rengerons-nous à l'equité ? ou bien prendrons-nous quelque chemin moyen & temperé, qui entre le droit & l'equité nous conduise à la pure & sincere Iustice ? à l'exemple de ce qui est dit en Tacite que, *Licet inter abruptam contumaciam & deforme obsequium pergere iter ambitione & periculis vacuum.* Nous ferons comme les Mariniers, qui pour asseurer le passage aux havres dangereux où il y a des bassieres, marquent auec des barisez l'endroit du bon fonds par où l'on peut seurement passer. Nos barisez seront de fermes & certaines maximes, que nous nous proposerons de suiure en toutes les occasions qui se presenteront ; qui nous seruiront à dresser nostre route & à tourner vers le droit ou l'equité, selon que le cas le requerra. La premiere doncques sera, que bien que les loix Romaines ne nous lient point par l'authorité de ceux qui les ont promulguées, si nous lient-elles par le consentement des peuples qui s'y sont soumis en ce qu'elles sont receuës. De sorte que ceux qui se meslent de la Iustice sont obligez d'en continuer assiduëment l'estude. *Quid est enim turpius quàm legitimarum ciuiliúmque causarum patrocinia suscipere, cùm sis legum & iuris ciuilis ignarus ?* Quand nous auons les paroles des loix claires, par lesquelles nous connoissons son intention, *nefas est*, & aux Aduocats de plaider, & aux Iuges de prononcer au contraire. Et ce principalement quand la Loy exprime la raison, ou que nous la pouuons recueillir par bonne consequence de ce qu'elle a exprimé. Mais plus que tout, quand elle a preueu le cas particulier où nous sommes, & qu'elle l'a voulu decider ; car lors quelque rude & austere que nous semble sa disposition, il la faut suiure, soumettre nostre jugement au sien, & dire auec Vlpian ; *quod quidem perquam durum est, sed ita lex sancita est.* Ce qui nous semble dur en la loy, si nous l'examinons bien, nous le trouuerons en fin ou necessaire, ou fort vtile pour le public : *Nulla lex satis omnibus commoda esse scit ; id modò quæritur si maiori parti & in summam prodest.* Apres cela nous deuons aussi sçauoir qu'il n'y eut, & n'y aura jamais de loy parmy les hommes si parfaite, qui puisse comprendre tous les cas qui peuuent arriuer, & pouruoir à tous les inconueniens qui en peuuent suiure. Particulierement que nos loix Romaines ont esté beaucoup corrompuës & alterées par les compilateurs qui les ont tronquées & mutilées ; que la longueur du temps & le cours des années y a beaucoup depraué de choses ; que l'ignorance des premiers Interpretes y a beaucoup introduit d'erreurs, lesquels l'vsage commun des praticiens a acreu & fomenté. Et pource il se presente beaucoup de justes occasions ausquelles pour euiter l'absurdité qui ne peut estre plus grande que d'vne manifeste injustice, nous sommes inuitez à les corriger par l'Empereur mesme en la Loy 2. *C. de cond. insertis* : par les Iurisconsultes, *in l. nam absurdum. ff. de bonis liber.* En d'autres nous sommes induits par l'interpretation de les adoucir & tirer à ce qui est plus raisonnable, par l'authorité mesme de l'Empereur, *in l. non sine. C. de bonis quæ liberis. l. quamuis. C. de fideicommiss.* D'autresfois nous sommes contraints d'y suppléer ce qui y defaut, & à quoy elles n'ont pas estendu leur prouidence, & où leurs paroles ne peuuent pas aduenir, comme nous enseigne le Iurisconsulte en la Loy, *Si quis id quod. De Iurisd. omni. iud.* En quelques endroits faut-il restraindre sa disposition, quand la raison sur laquelle elle est fondée, & qu'elle a exprimée, vient à cesser, selon le precepte du Iurisconsulte en la Loy, *Cùm pater. §. dulcissimis. ff. de leg.* 1. Or en tous ces cas-là, soit pour corriger la Loy, soit pour l'interpreter, suppléer, ou restraindre, quand nous auons ou l'opinion commune de nos Docteurs, ou vn constant vsage des jugemens qui nous guide; nous les deuons religieusement suiure, ὡς διαβαλεωτάτω καὶ σὖνθεσάτω ἐσὖτ. *Minimè enim mutanda sunt quæ certam interpretationem habuerunt.* Si ceste addresse nous manque, ou bien mesme que nous apperceuions en l'vsage & aux communes opinions vne palpable absurdité & euidente iniquité; *Vincat tunc veritas,* comme dit Tertullian, *cui nemo præscribere potest, non spatia temporum, non patrocinia personarum, non priuilegia regionum. Non est leuitas,* dit Seneque, *à cognito errore discedere; hæc superbæ stultitiæ perseuerantia est. Quod semel dixi, ratum fixúmque esto. Fortissima quæque via nos maximè decipit sequentes, pecorum ritu præcedentium gregem; pergentes non quò eundum est, sed quà maximè itur.* Quand nous venons à nous en apperceuoir, pourueu que ce soit certainement, & par vn solide discours & bien digeré; c'est alors qu'il faut que l'équité dirige nostre action & nostre jugement, puis qu'elle a merité d'Aristote & des autres Philosophes cet honorable nom de ἐπανόρθωμα, comme qui diroit, le redressement de la Loy. Ceste equité est diuisée en deux especes; l'vne que nos Iurisconsultes appellent naturelle, l'autre ciuile. L'équité naturelle est celle qui est fondée sur les premiers & plus vniuersels preceptes de la nature, & qui n'est pas employée neantmoins pour corriger le droit naturel, ou le suppléer. Autrement, comme dit Auerroes sur le 12. de la Metaphysique, *Naturam errare diceremus, quæ à summo Deo dirigitur; quam errare, nec posse, nec velle certum est.* Mais bien l'appelle-t'on au secours des loix ciuiles, comme nous voyons qu'en la Loy 1. §. *hæc actio. ff. si is qui testa. liber. es. iuss.* le Iurisconsulte dit, *Hæc actio naturalem potiùs quàm ciuilem habet æquitatem.* L'équité ciuile est celle qui est fondée sur les preceptes des loix ciuiles; qui interprete & accommode tellement ses jugemens qu'ils soient les plus conformes qu'il se peut à icelles, interprete les loix ciuiles les vnes par les autres, & fait que tout se rapporte au plus pres qu'il est possible à l'intention du Legislateur. Or deuons-nous sçauoir & tenir en nostre mestier pour maxime certaine, que quand ces deux equitez se rencontrent opposées l'vne à l'autre, que l'équité ciuile demeure superieure & maistresse. Comme nous voyons en la Loy, *bona fides, ff. depositi.* où le Iurisconsulte dit qu'à regarder seulement l'équité naturelle il faudroit rendre à celuy qui est deporté, ce qu'il a deposé : mais à considerer

l'équité

l'équité ciuile, il le faut rendre au fisc. La raison de cela est, que la Loy ciuile ne se depart jamais de l'equité naturelle que pour vn grand bien public,
tellement que ce qui semble dur ou inique en sa disposition, *vtilitate pu-*
blica rependitur. C'est pourquoy en la Loy que nous auons alleguée, le Iurisconsulte apporte ceste raison ; *Nam malè meritus publicè, vt exemplo alijs*
sit ad deterrenda maleficia, etiam egestate laborare debet. Ce qui a fait dire auec
beaucoup de raison à vn de nos Docteurs, qu'il ne faut pas penser que
quand on exaspere les peines des crimes pour l'exemple, & à cause de la frequence des crimes, que ceste seuerité soit opposée ou contraire à l'équité.
Quinimo, disoit-il, *æquitate vti dicitur, qui propter frequentiam & enormi-*
tatem criminum legum pœnas seueritate supergreditur. Comme aussi on ne
doit pas penser que les Iuges preuariquent aux loix, ou les enfreignent,
quand pour de iustes considerations, & pour les circonstances & des personnes & du temps, ils adoucissent les peines portées par icelles ; pource
que de là depend quelquefois le repos, voire le salut public. *Leges semper vt*
essent, aliquando non fuerunt. Mais en cet vsage de l'équité, en la dispensation de ce salutaire antidote de la rigueur des loix, il ne faut pas que toutes
sortes de Iuges se croyent egalement authorisez. Les Iuges inferieurs se doiuent tenir plus estroitement attachez aux paroles de la Loy, tant pour auoir
moins d'authorité, que pour auoir au dessus d'eux des superieurs qui peuuent amender leurs iugemens, & adoucir la rigueur de la Loy. Quant aux
Cours souueraines qui ont vn plus haut & eminent pouuoir, *quas non am-*
bigitur ius facere posse ; il est sans doute que leurs iugemens à l'exemple de
ceux du Prince doiuent estre tous reluisans d'équité. Car comme dit la Loy
prem. *de Offic. præt. Credidit Princeps ob singularem industriam, explorata eo-*
rum fide & grauitate qui ad eius officij magnitudinem adhibentur, non aliter
iudicaturos esse pro sapientia ac luce dignitatis suæ quàm ipse foret iudicatu-
rus. Et de verité, comme disoit Cassiodore, *quicquid humani ingenij flo-*
ris est habere Curiam decet. Sicut viri decus est verbum, ita illa ornamentum
est cæterorum ordinum. Mais, nous dira quelqu'vn vous dites bien quand &
comment il faut vser de ceste equité, & vous ne nous dites pas comment
nous la pourrons discerner, à quelles enseignes nous la deuons reconnoistre. A cela Seneque respond pour nous : *Maximum habemus hoc naturæ de-*
bitum, quòd æquitas in omnium animos lumen suum immittit ; etiam qui non se-
quuntur, illam vident. Et Ciceron ; *Æquitas lucet ipsa per se : ideo nihil facien-*
dum est quod dubitari potest æquum an iniquum sit. Apportons tous la volonté
& la conscience telle que nous deuons à ce saint exercice & sacré mystere
de la Iustice : & on verra de tous costez l'équité reluire en nos actions. Mais
pource que rien de grand ny de saint ne se peut faire sans Dieu, essayons
par quelque sainte priere & vœu solennel de nous concilier sa faueur. Et
que luy peut demander la Iustice de plus à propos, & qui luy soit plus
agreable, sinon qu'elle puisse estre librement & saintement exercée : &
que pour cet effet il conserue ceux qui l'ont deposée en nos mains, qui pro-
tegent & authorisent nos actions, qui maintiennent calme & tranquille la
chose publique ? C'est à dire en vn mot, qu'il conserue nostre bon Roy &
Auguste François, l'ame de cet Estat, l'esprit vital de ceste Prouince, le

bon Genie de nos fortunes, le feul Autheur de tous nos biens. Ce plus qu'heroïque Prince, qu'il a fait naiftre pour changer la condition d'vn des plus calamiteux fiecles qui ait jamais efté, pour releuer d'vne profonde rui-ne cet Eftat abbatu, pour en chaffer les nations Eftrangeres qui l'auoient enuahy, pour efteindre les diffenfions ciuiles qui l'auoient embrafé, pour mettre en admiration le nom François qu'on auoit deprimé, pour donner efpouuantement à tous nos ennemis, & feureté à tous nos amis. Ce n'eftoit point fans caufe, grand Prince, que la fortune qui vous auoit deftiné à de telles merueilles, vous auoit fait naiftre parmy tant de tempeftes ciuiles, ef-leué dans les armées, bercé fur les affuz des canons, & donné pour hochet & amufemens les tambours & les trompettes. Ce n'eftoit point fans caufe qu'elle auoit exercé voftre jeuneffe aux combats, formé voftre aage plus auancé aux fieges & batailles, tenu continuellement voftre corps au tra-uail, & voftre efprit bandé aux affaires. Il ne falloit pas vn moindre appren-tiffage pour paruenir à vn tel chef-d'œuure; elle voyoit bien qu'il n'eftoit pas queftion d'vn combat ou de deux, mais que quafi toute voftre vie ne deuoit eftre qu'vn jour de bataille, & pour vous chafque jour de combat la veille d'vne victoire. O heureux nos malheurs, puis qu'ils deuoient eftre la matiere de voftre gloire! Et neantmoins toutes ces fanglantes victoires, dont voftre valeur a couronné voftre heureufe tefte, font peu de chofe au prix de celles que voftre clemence a gagnées fur voftre courage, lors qu'el-le a vaincu les cœurs de vos propres ennemis; & au lieu qu'ils eftoient con-jurez à voftre ruine, les a fait confpirer à voftre grandeur, pour demeurer eternels monumens de voftre bonté, & perpetuels trophées de voftre mi-fericorde. Vous leur auez rendu la liberté pour fe pouuoir librement ad-uoüer efclaues de voftre clemence; vous leur auez donné la vie pour vo-lontairement la facrifier à voftre feruice. Ces deux fortes de victoires fem-blent bien gran des, moindres toutesfois & moins glorieufes que laderniere-re qui vous attend; celle, dif-je, que vous gagnerez auec la Iuftice fur la licence, fur l'iniquité, fur l'injuftice. Car puis que toutes les actions d'vn grand Prince fe doiuent referer au bien de fes fujets, & que fa gloire fe doit mefurer par leur felicité; d'où peut-il efperer plus de loüange que de la Iu-ftice qui feule affeuré leur vie, leurs biens, leur honneur, leur liberté? qui verfe dans le fein de la terre vne heureufe fecondité, & en tire auec les bras des hommes les riches fruits qui naiffent à l'ombre de la paix? qui police les villes, & y fait par le cours du commerce affluer l'opulence? qui entretient le refpect, l'obeïffance, & la charité dans les familles? Bref qui deriue de l'heureufe & glorieufe fortune du Prince l'aife, le repos, le contentement en celle de fes fujets? Dieu donc conferue noftre cher Prince, la fource de tant de biens; Dieu prolonge fes jours au de là des noftres; Dieu beniffe fes deffeins, Dieu croiffe fa gloire par la Iuftice, puis qu'il ne luy refte plus d'autre ennemy à vaincre que la malignité & l'injuftice de fes fujets. Et nous face la grace que comme nous jurons aujourd'huy fes loix & fes or-donnances, nous puiffions en les bien obferuant, feruir vtilement à luy & obtenir cefte derniere & plus glorieufe victoire.

A L'OVVERTVRE

A L'OVVERTVRE DV PARLEMENT EN
l'année mil six cens dix.

QVAND ie me represente qu'elle estoit la face de la Iustice ces années passées, lors que nous celebrions ceste mesme solennité, & que ie considere quelle maintenant elle est. I'ay tellement le cœur serré de douleur, que ie ne sçay comment ouurir les leures pour selon qu'il est de coustume honorer ceste journée. La Iustice lors paroissoit auec vn visage plein de Majesté, monstrant assez de quel esprit elle estoit animée, soustenuë, & viuifiée. De l'authorité, veux-je dire, de la faueur de ce grand Prince, pere & restaurateur de la France, tant aymé de ses sujets, tant redouté de ses ennemis, tant admiré de tout le monde. Et maintenant la voicy, comme vn corps sans ame, hideuse, desolée, & decolorée, n'ayant plus que les traits, encore demi-effacez, de son ancien visage, & ayant quasi tout perdu son lustre & sa beauté. Car tout ainsi que pendant que le Soleil est sur la terre, la lumiere qu'il influë par ses rayons, imprime en l'air ceste agreable clarté, ceste douce chaleur, laquelle resiouït & fomente tout ce qui est sur son horizon, ores mesme que les montagnes, ou les nuages en empeschent la veuë; & apres qu'il est couché, tout s'emplit d'horreur, de silence, & de tenebres. De mesme tant que nostre cher Prince a esté viuant parmy nous, la Iustice qui residoit originairement en luy, & qui par par ses Magistrats & Officiers, comme par canaux choisis, se respandoit en l'estenduë de son Estat, soulageoit & beatifioit ses sujets, pour esloignez qu'ils fussent de luy : Et apres maintenant qu'il est caché sous la terre, il est necessaire que la tristesse, l'ennuy, le silence, remplissent les lieux que la Iustice auoit accoustumé d'illustrer. Mais cela de bien diuerse façon, selon la diuerse qualité des Princes, lesquels il plaist à Dieu nous donner & oster. Car quand ils sont genereux, magnanimes, clemens, equitables, conscien-cieux (qui sont les vrayes marques & characteres des bons Rois) leur presence est de beaucoup plus heureuse, salutaire, & agreable; la perte en est de tant plus dommageable, ruineuse, & lamentable. Et quand en nasquit-il jamais vn tel que celuy que nous auons perdu; en l'ame duquel, comme dans vn camp clos les vertus combattoient à l'enuy pour emporter le prix l'vne sur l'autre? La vaillance y estoit incroyable, mais la clemence la surpassoit; la magnanimité y estoit parfaite, mais l'ordre & le mesnage l'egalloient; la Iustice y estoit sincere, & l'équité la temperoit; la prudence admirable se mesloit parmy elles toutes, les accordoit, & faisoit de toutes vne si douce harmonie qu'elle seruoit d'ame viuifiante à ce florissant Estat. Ouy vrayement d'ame; car les corps politiques, bien que composez de membres qui subsistent à part soy, & ont vne substance separée, sont neantmoins vnis & animez par vn seul esprit, dont la fonction est encore plus noble & plus excellente que d'vne ame naturelle, qui forme vn seul corps, & vne seule substance. L'ame qui sert de forme naturelle, comme

CCCc

maiſtreſſe abſoluë, n'a rien qui luy reſiſte ; la nature a infus aux humeurs
& autres parties dont le corps naturel eſt compoſé, vne obeïſſance ſeruile,
par laquelle elles ſe forment & conforment à tout ce que l'ame deſire. Mais
vn grand Eſtat compoſé de tant de millions d'hommes, libres en leurs volontez, puiſſans en leur force, differens en leurs deſſeins contraires, a touſjours beaucoup de choſes, qui reſiſtent à ce qui les gouuerne, & s'oppoſent
meſme à la droite raiſon & à leur propre bien ; de ſorte que rien n'en peut
venir à bout, pour le bien conduire & acheminer à ſa felicité, qu'vne puiſſance plus qu'humaine & vrayement diuine. Il faut que l'admiration de
la vertu de celuy qui commande flechiſſe le courage de ſes ſujets ; l'opinion de ſa bonté les excite à ſon amour ; l'experience de ſa prudence les
encline a ſon reſpect ; la connoiſſance de ſa juſtice les ploye à ſon obeïſſance Auſſi de tant de Rois qui ſe ſont meſlez de regner, combien y en
a-il eu au monde de qui les Regnes ayent eſté glorieux pour eux, & heureux pour leurs ſujets ? Et ceux-là ſeuls meritent en verité l'Eloge qu'on
leur donne d'eſtre images viuantes de Dieu. Car ce que nous reconnoiſſons de plus admirable en Dieu, eſt ceſte puiſſance & ſageſſe infuſe par
toutes les parties du monde, qui les gouuerne & manie auec vne prouidence incroyable, & les conduit toutes à ſa volonté, les achemine à leur fin,
qui eſt ſa gloire. Et cela chacun connoiſt eſtre choſe plus grande que le
monde, plus eſleuée que le monde. Qui eſt-ce qui voyant de ſi grandes
maſſes maniées auec tant de facilité, de celerité, de Iuſtice, des mouuemens ſi rapides, & neantmoins quaſi imperceptibles, des generations &
productions ſi parfaites, & neantmoins inſenſibles ; tout reglé par vn ordre & en ſoy, & à l'endroit de tout le reſte, ſi juſte qu'il ne manque jamais ;
Qui eſt-ce, diſ-je, qui ne s'eſcrie ; C'eſt vn Dieu, vn Seigneur tout ſage &
tout puiſſant qui a fait & gouuerne tout cela ? Il n'y a rien, ſans doute, en
ce monde, comparable à ceſte Sapience eternelle : ce que nous appellons
ſes Images, ce ſont traits rudes & imparfaits, ſemblables aux premieres
peintures, auſquelles on eſcriuoit le nom des beſtes & autres choſes peintes, pour les faire reconnoiſtre ; ils n'ont la ſimilitude que par noſtre infirme imagination, & que par le nom d'Image que nous leur donnons. Toutesfois quiconque euſt veu noſtre grand Roy au milieu de ſon Eſtat dans
ſes armées manier tant de milliers d'hommes, comme vn autre feroit ſes
bras & ſes jambes, pouruoir à ce que tout cela fuſt nourry, logé, & accommodé, retranché, aſſeuré contre toutes les entrepriſes de l'ennemy ; Qui
l'euſt veu en vn jour de bataille auec vn clin d'œil, vn ſigne de main ordonner ſes trouppes, donner les rangs, les changer, faire auancer, faire retirer, exciter l'ardeur, reprimer l'impetuoſité, faire combattre, faire vaincre, contenir les victorieux, ſauuer les vaincus ; euſt dit auſſi toſt ſans doute, Voyla quelque choſe de plus qu'humain. Qui l'euſt veu former vn ſiege, aſſeoir ſon camp, dreſſer vne ville contre vne ville, faire ſes appro-
ches, ſes batteries, ſes mines, renuerſer en vn moment tout ce que les
ſiecles paſſez auoient preparé contre la force, & cela auec l'eſpargne de
ſes hommes, & auec des artifices non oüis ; & en fin forçant vne place,
ſauuer les aſſiegeans, & les aſſiegez tout enſemble, comme vne puiſſance

née

née pour le bien commun de tous les hommes; n'eust-il pas dit incontinent, Voyla quelque chose de plus qu'humain? Qui l'eust veu puis apres
terminer la guerre par vne clemence & beneficence, surpassant tous les
exemples de l'antiquité, traittant ses ennemis comme ses propres enfans,
surmontant le courage de ceux de qui il auoit vaincu les armes, guerissant
non seulement les playes qu'auoit fait la guerre, mais en effaçant mesmes
les cicatrices; n'eust-il pas dit, Voyla quelque chose de plus qu'humain?
Nous le voyons dans la paix policer les villes, regler tous les ordres d'icelles, les orner & embellir de riches & magnifiques structures, fortifier les
places, armer les arcenats, garnir ses ports de galeres, ranger les plus grands
à son obeïssance, conuier les moindres à son amour, & soumettre les vns
& les autres à la Iustice: Se rendre arbitre des Rois de la terre, donner la
paix ou la guerre à ses voisins comme bon luy sembloit, proteger les Estats
foibles, reprimer les puissans. Or bien que tout cela soit plus qu'humain;
mais ce grand œuure de la restauration de la France, morte & gisante en
terre, ne remuant plus ne pouls ne veine, n'ayant plus aucun trait de son
ancienne forme, estant toute occupée de ses anciens ennemis, & demi-
mangée & rongée par eux comme vn corps mort par les vers; ce n'est pas
chose seulement plus qu'humaine, mais entierement diuine; qui a surpassé non seulement nos esperances, mais nos desirs, qui eussent semblé blasmables d'imprudence, s'ils se fussent auancez à des choses qu'on croyoit
impossibles. Et toutesfois il ne nous auoit pas seulement rendu la vie, les
biens, la liberté; mais l'aise, l'abondance, la seureté, l'opulence, la gloire.
O quelle immense felicité eust esté la nostre, si elle eust esté durable! Mais
il y a ie ne sçay quelle enuie qui suit les choses desmesurément grandes, &
les sappe aussi tost qu'elles sont paruenuës à quelque admirable hauteur.
Les choses diuines, non plus que les astres, ne se monstrent au monde qu'en
passant. Helas! au moins si ce bon astre de la France, s'estant retiré de nos
yeux, y pouuoit aussi bien que les autres vne autre fois retourner, nous aurions dequoy consoler nostre douleur. Mais tout ce qui s'engendre icy bas,
quelque excellent qu'il soit, ne naist & ne meurt qu'vne fois. C'est vn hommage que ceste toute-puissante Diuinité exige des grands & genereux Heros & Demi-dieux, qu'ils meurent quand ils commencent d'estre admirez; & voire quasi toussiours de quelque mort fatale & desastrée, de peur
que leur felicité trop entiere ne semble se vouloir egaler à la diuine. Il est
donc mort, l'heureux Genie de la France, le pere, tuteur, & protecteur de
la Iustice, & nous a laissez orphelins & desolez. Hé quoy doncques, ce
discours fait à l'entrée de l'œuure que nous commençons, sera-il pour nous
estonner & descourager? qui est le contraire de ce qu'on doit attendre de
nous. Et que peut-on esperer de l'action où l'on s'applique auec deffiance
de ses forces & desespoir d'vn heureux succez? les bras pendent, les jambes tremblent, tout le corps languit à ceux qui trauaillent à ce dont ils pensent ne pouuoir venir à bout. Hé quoy? le courage inuincible de ce Prince
qui a luité toute sa vie contre les aduersitez, les a escumées comme vn rocher fait les flots de la mer; son admirable constance qui a rompu le cours
de toutes les aduersitez qui sont venuës au rencontre, ne nous aura-t'elle

point par son exemple fortifié l'esprit, pour paroistre genereux seruiteurs d'vn si braue maistre, dignes officiers d'vn si valeureux Roy? Quand il a deposé en nos mains la Iustice, n'y a-il pas quant & quant consigné la con-stance, sans laquelle elle ne va point; qui est en sa definition comme son genre & sa principale substance? Si nous la conseruons loyaument telle qu'elle nous a esté commise, telle que nous jurons & protestons tous les ans deuant Dieu & deuant les hommes, de la garder pure, sincere, & in-flexible; ne sera-t'elle pas ceste pierre cubique & immobile, que le Philo-sophe disoit demeurer. tousiours en mesme assiette & figure de quelque costé que l'on la pense tourner? Là donc, là donc tend & aboutit ce discours, pour vous representer à tous qui faites profession de la Iustice, soit en vn rang, soit en vn autre, que la calamité de ce Royaume, la perte que nous auons faite de nostre pere, tuteur, & protecteur, bien qu'elle nous em-plisse l'esprit de douleur, & le visage de larmes, ne doit point neantmoins ramollir nostre courage ny relascher nos genereux effets. Plustost nous faut-il monstrer si constans, que *Impauidos feriant ruinæ*: Et comme ceste Rey-ne tant renommée, entendant la mort de son fils, quitta toute decheuelée ses attifets & parures feminines pour prendre la lance & l'escu, & valeureu-sement s'opposer aux ennemis de son Estat, & venger la mort de son fils: Ceste grande Reine, la Iustice, qui sous vn nom feminin a tousiours fait vne fonction masle & genereuse en cet Estat, ne doit-elle pas en cet accident, redoubler son courage, pour soustenir le poids de ceste noble Couronne qui s'appuye aujourd'huy principalement sur elle? Quand il arriue au corps qu'vn des yeux soit creué, la vertu visuelle se redouble en l'autre, pour suffire aux fonctions necessaires de ce sens: le visage demeure bien auec deformité, mais l'vsage ne laisse pas d'en rester pour la vie. La France, à la verité, a per-du son œil droit, & l'a perdu d'vn coup infame & detestable: elle ne peut que la deformité n'en demeure longuement en sa face, & qu'on ne regar-de auec horreur vne si honteuse cicatrice. C'est à la Iustice, qui est l'autre œil, d'augmenter sa vigilance, accroistre son soin, & bander plus roide-ment sa vertu, pour reparer aucunement ceste perte, suppléer ce defaut, & pouruoir à la seureté & repos de cet Estat. Mais à ce tant salutaire effet, il faut que non seulement les Iuges & Magistrats, qui sont les principaux membres d'icelle; mais encore vous Aduocats & Procureurs qui estes des plus necessaires parties, contribuez la sincerité, la fidelité, la diligence, le cou-rage: Afin qu'on connoisse que vous n'estes pas, comme plusieurs pensent, instituez pour engendrer des procez & troubler les familles, ains pour les terminer, & asseurer le bien & repos de vos clients; que vostre intention n'est pas de profiter de la misere d'autruy, ains de la soulager; & que par vos sages & honorables deportemens la reputation des Magistrats soit conser-uée entiere, & non flestrie, deshonorée, & desauthorisée. Car tout ainsi qu'en vne grande maison, quand on voit vn train bien reglé, où chacun se comporte auec decence & modestie, on juge par là quelle est l'humeur & l'esprit du pere de famille, & en conçoit-on bonne opinion; & au con-traire. De mesme en arriuera-il de vous & de nous, qui ne faisons qu'vne famille; & du bruit de vos bonnes ou mauuaises actions rejaillira sur nous

ou

ou beaucoup d'honneur, ou beaucoup de blafme. Et quant à vous autres, auditeurs ou fpectateurs, qui rempliffez le refte de ce theatre, qui de toutes les parts de la Prouince accourez icy, & par les oreilles defquels les autres habitans d'icelle pourront receuoir quelque reflexion de nos voix, & quelque retentiffement des remonftrances qui fe font en ce lieu; Vous deuez fçauoir que c'eft vous principalement qui eftes obligez à honorer & refpecter la Iuftice, & contribuer à fa manutention vos biens, vos vies, & vos fortunes. Car c'eft aujourd'huy plus que jamais que fon ombre vous doit mettre à couuert, des violences, des injures, des outrages que tant de gens machinent en leur cœur, & qu'ils executeroient volontiers fur vous, s'ils n'eftoient retenus par le frein des loix. C'eft fous leur protection feule que vous pouuez ioüir en paix de vos biens, & vous dire maiftres de vos petites familles, qui autrement feroient en proye au plus impudent & plus audacieux. Honorans vos Magiftrats, & ayans la creance d'eux que vous deuez, rejettans loin tous ces malins artifices, auec lefquels on tafche de les vous faire mefprifer & haïr, & par vne religieufe obeïffance & prompte execution des decrets de la Iuftice, faites connoiftre à tout le monde que vos bras font fa force, & fa force voftre falut. Si nous marchons tous rangez & vnis de cefte façon, & qu'y a-t'il qui puiffe troubler voftre repos, & attenter contre la Loy de l'Eftat, qui ne fente fa peine auffi prompte que fon peché? qui ne defefpere du fuccés de fes mauuais deffeins? O vnion & concorde, que grande eft voftre vertu! ô qu'auec vous la Iuftice eft inuincible, voire inuulnerable! Polybe en fes legations rapporte que l'Autel & ftatuë de Diane qui eftoit en Arcadie, bien qu'ils fuffent en pleine campagne, & tout à defcouuert, toutesfois n'eftoient jamais touchez ny de la pluye ny de la neige, ains en eftoient preferuez par la puiffance & faueur de la Deeffe. La Iuftice à la verité eft aujourd'huy expofée aux vents de l'ambition, aux injures des factions, aux violences des rapines; mais affiftée & fecondée par la bien-vueillance des peuples, & par vne falutaire vnion d'eux autour d'elle, elle ne pourra rien craindre; nulle injure externe ne pourra empefcher fa fonction, ny le cours des benedictions qu'elle refpand continuellement fur vous. Et ainfi fortifiée, elle feruira d'vn puiffant lien pour r'allier tous les ordres de la France au feruice du jeune Prince qui nous demeure pour confolation, apres la perte deplorable que nous auons faite: & nous & vous ainfi vnis, ferons autour de cefte plante facrée comme vn faiffeau d'efpines, pour la deffendre & preferuer jufques à tant qu'elle ait pris fa jufte croiffance, & qu'elle nous puiffe mette à couuert fous fon ombre, & faire goufter les doux fruits de fa valeur & bonté. Et que ne deuons-nous point efperer de ce germe facré, de cefte diuine femence, où les grandes & rares vertus qui font defcoulées du pere, ne fe monftrent pas feulement en bourre en cefte tendre jeuneffe, mais s'efpanoüiffent toutes en fleurs, voire que le fruit en femble defia tout noüé? La bonté, la pieté, la juftice, la vaillance, la clemence, la magnanimité brillent en toutes fes actions. Et fi la nature fe pouuoit entierement vaincre, nous trouuerions en aage d'enfance vn homme tout parfait. Mais quelle merueille y a-il en cela, fi vne bonne, genereufe & heroïque nature, cultiuée par le foin ex-

treme, la prudence incomparable, la vertu admirable de la plus sage Princesse de la terre, donne de si grandes esperances, voire asseurances de sa future grandeur & valeur? Que nous reste-il donc à faire aujourd'huy, faisant l'ouuerture de nostre Parlement, & recommençant le cours de la Iustice, sinon ce que faisoit le Senat Romain au commencement de chasque
année à leur premiere entrée au Senat? C'est à dire, faire des vœux solennels pour le salut & prosperité de nostre jeune Prince, à ce que Dieu nous
le preserue, & conserue longuement à cet Estat; qu'il influe en luy ses vertus, qu'il luy donne son jugement, qu'il l'esleue en sa crainte & en son
amour, & auec ses années nous voyons croistre & s'estendre la gloire & la
felicité de la France.

A L'OVVERTVRE DES GRANDS IOVRS
à Marseille en May mil six cens douze.

ATON le Censeur l'vn des plus sages des Romains,
commence son liure de la vie rustique par ces mots: *Est*
interdum præstare mercaturis, rem quærere, ni tam periculo-
sum siet. C'estoit vne belle chose, disoit-il, que la marchandise, si elle n'estoit si perilleuse. Mais sa prudence en
autres endroits tant admirable, semble en ce mot-là aucunement se desmentir, & auoir parlé trop froidement d'vne chose fort
excellente, & encore auoir assigné vne mauuaise raison de son dire. Car ne
font-ce pas les perils & les hasards mesmes, quand ils sont courus pour le
bien commun des hommes, qui rendent les actions honorables & glorieuses? Il pouuoit donc mieux dire, & auec plus de verité, que le Commerce estoit l'excellence de la vie humaine, qui seruoit autant que nulle
autre action politique à la rendre heureuse & accomplie de tout point, qui
luy donnoit l'vsage des diuerses creatures qui sont produites pour sa commodité, qui adoucissoit ses mœurs, rendoit ses conseils prudens, ses loix
justes, qui luy donnoit la connoissance de toutes les choses du monde.
Bref, sans lequel elle seroit plustost solitude que societé, ennuy que plaisir,
ferocité qu'humanité. Ainsi que les membres du corps, pour beaux & bien
proportionnez qu'ils fussent, s'ils estoient neantmoins separez l'vn de l'autre, & auoient perdu ceste admirable liaison qui les vnit, les assemble sous
vne mesme forme, ne seroient que pieces inutiles sans prix, sans valeur, sans
ornement; Et bien qu'ils fussent joints, ils seroient neantmoins sans vsage
& action, si les esprits coulans par les veines & par les arteres tout du long
du corps, n'inspiroient à toutes les parties vne commune affection de s'ayder, secourir, & seruir aux commoditez & necessitez les vnes des autres:
De mesmes les diuerses contrées de la terre, peuplées de tant d'especes d'a-
nimaux, fecondes de tant de diuersité de fruits, riches de tant de precieux
metaux, habitées de tant d'ingenieuses personnes, seroient neantmoins demeurées comme d'aspres & fascheux deserts, si des hommes courageux &
industrieux n'eussent entrepris par de longs & laborieux voyages, courir
tous

tous les climats de la terre, & reconnoiftre l'eftat, obferuer dequoy les peuples abondoient, dequoy ils auoient neceffité, donnant le moyen aux vns & aux autres de s'entrecommuniquer les dons & faueurs dont la nature les auoit gratifiez. Tellement que par ce moyen tout le rond de la terre eft deuenu comme vne feule Republique; mais pluftoft comme vne feule ville; mais plutoft comme vne feule famille où les hommes fe font tous reconneus freres, ont mis en partagé & fe font entrecommuniquez non feulement tous les fruits de leurs terres, tous les ouurages de leurs mains, mais encore toutes leurs inuentions, toutes leur meditations, toutes leurs polices, toutes leurs difciplines, toutes leurs fciences. Leurs fciences, dif-je; car ne doutez point que le commerce feul, & les peregrinations des marchands ne les ayent apportées & raffemblées. Vous fçauez comme Platon, faifant traffic d'huiles, alla querir en Egypte fa religieufe Philofophie; comme Solon, Hippocranes le Mathematicien, & Thales Milefien apprirent les principales fciences dont la Grece fut ornée, en allans traffiquer aux nations eftranges, felon que Plutarque nous apprend en la vie de Solon. Car quel fiecle euft peu fournir à vn feul homme, voire à vne feule nation, pour former les arts & fciences, qui confiftent en tant d'obferuations, & d'experiences? Mais le commerce & la peregrination liant les diuerfes inuentions des hommes, leur entre-communiquant leurs penfées, adjouftant à l'vn ce qui defailloit à l'autre, a en fin parfait & accomply la connoiffance de toutes chofes; & a fait que tous les endroits de la terre où le commerce a lieu, font autant de theatres où l'on voit tout le monde tout à vn coup. Ou pluftoft que la terre eft comme vn theatre mobile, qui roulant & fe tournant, fe monftre toute à chafque homme qui a cefte loüable curiofité que de la vouloir contempler, & obferuer les chofes excellentes dont chacune de fes parties eft remplie. C'eft donc par vous, ô induftrieux Commerce, que nous voyons tous les jours en nos places & en nos marchez les Indes d'Orient & d'Occident, les extremitez de l'Afrique, & des regions Septentrionales, que nous apprenons quelles font les mœurs des peuples qui y habitent, quelle eft la nature de leurs terres, quelles les diftances de leurs regions; que c'eft que des mers, que c'eft que des vents, que c'eft que des eftoiles. Bref, c'eft par vous feul, que nous viuons, & nous pouuons vrayement dire hommes. Or le principal ayde & inftrument de ce tant admirable & profitable commerce, c'eft la nauigation. Car il femble que la nature ayant enuié à l'homme en ce bas monde vne parfaite felicité, *Abfcidit prudens Oceano diffociabili terras*; Et jettant fur la face de la terre ce grand amas des eaux, & feparant par iceluy les contrées les vnes des autres, les auoit renduës comme inacceffibles & incommunicables. Mais l'induftrieufe & courageufe nauigation donna moyen aux hommes de vaincre toutes les difficultez qui fe fembloient oppofer à leur entiere felicité. Et ainfi pour parler auec Oppian Poëte Grec, au liure de fa Pefcherie, celuy qui premier, fuft-il vn Dieu, fuft-il vn homme, entreprit de marcher fur le dos de la mer, & auec vn peu de bois paffer par deffus les flots efpouuantables, fe peut glorifier d'auoir inuenté la plus belle chofe du monde : les propres mots du Poëte meritent d'eftre recitez.

Ω πόποι, ὃς πρώτιςος ὅχοι ἁλὸς ἐ'ερτο υἵας,

Εἴτ᾽ ὅιω ἀθανάτων τις ἐπεφράσατ᾽, εἴτε τις ἀήρ

Τολμήεις πρώτιςος ἐπεύξατο κῦμα πρῆσαι.

Il semble bien que les anciens ont creu que ç'auoit esté quelque Dieu, ou pour le moins quelque grand Genie, amateur du bien des hommes, qui auoit trouué ceste admirable inuention. Car les Romains en la premiere monnoye qu'ils firent battre, d'vn costé imprimerent la teste du Dieu Ianus, & de l'autre costé vn nauire.

————*Naualis in ære*

Altera signata est, altera forma biceps.

Comme rapporte Ouide en ses Fastes, attribuant, à mon aduis, à Ianus qu'il estimoit le Dieu du commerce, ceste inuention ; ou plustost deïfiant Ianus pour leur auoir appris auec le commerce cet admirable art de la nauigation. Et ie ne sçay si ce n'est point pour ceste mesme raison que de tout temps, & encore aujourd'huy, ceste grande ville de Paris, l'œil droit de la terre, l'ornement de l'Vniuers, le tresor des richesses, la mere des lettres, la tutrice des sciences, porte le nauire en son escusson, & le graue sur le front de tous ses œuures publiques. Au moins est-ce bien pour denoter par ce symbole, que le commerce & trafic sont la principale cause de sa grandeur, & de son opulence, comme ils sont à la verité de toutes les grandes villes du monde. Or s'il y eut jamais lieu en toute la terre que la nature ait liberalement, voire prodigalement fauorisé, & doüé de toutes les commoditez propres pour l'entretenement & accroissement d'vn grand & opulent commerce, & particulierement pour l'exercice de la nauigation qui en est le principal instrument, c'est ceste ville-cy. Elle l'a posée à vn air doux & amene, à vn coing de terre fertile & delicieux, au milieu de la mer Mediterranée, d'où elle regarde quasi en egale distance l'Asie & l'Afrique, voisine à gauche & à droit l'Italie & l'Espagne, a derriere soy la France & l'Allemagne. Et pour pouuoir plus seurement porter & rapporter les commoditez qui abondent en toutes ces contrées-là, & communiquer aux vnes ce qui croist chez les autres, & se rendre comme l'entrepost & sequestre de toutes les richesses & commoditez du monde, ceste douce mere, Nature, a formé au milieu de son sein ce beau, grand, & tranquille port à l'abry de tous vents, & tempestes, voire encore tellement retiré de la mer, que quand les mariniers sont entrez dedans, non seulement ils ne l'apprehendent plus, mais mesme ils ne la voyent plus, & ne sçauent plus qu'il y ait de mer sinon par souuenance. Elle a bien encore plus fait ; car pource que ce fascheux & inconstant Element a des mouuemens si soudains, si dangereux, si violens, si impreuoyables, que bien souuent sortant du port on court fortune, & y arriuant on fait naufrage ; pour asseurer de tout point la nauigation, elle a autour de ceste ville posé plusieurs belles Isles, plusieurs autres bons ports, où en toutes sortes de temps les vaisseaux trouuent seure retraitte. Bref, comme Tite-Liue disoit que Rome, *erat locus vnicè positus ad Imperium:* on peut dire que Marseille, *est vnicè positus locus ad commercium.* Et d'où vient doncques aujourd'huy, que bien que ceste ville ait tant de dons de la nature, soit accompagnée de tant de commoditez, voire mesme ait tant de

faueurs

faueurs de la fortune, que depuis soixante ans en ça elle ait eu plus d'abord & de traffic qu'aucun lieu de l'Europe: Neantmoins elle n'ait peu prendre sa juste croissance, paruenir à aucune considerable grandeur, ny receuoir aucun remarquable embellissement, pour se pouuoir comparer à la beauté, richesse, & magnificence des autres villes qui sont sur ceste mesme coste, comme Messine, Palerme, Naples, Florence, Gennes, Barcelonne, Valence, lesquelles sur de bien plus foibles fondemens & plus debiles commencemens se sont releuées bien plus haut, & reparées de bien plus augustes ornemens? Ie sçay bien que quelques resueurs diront, que les villes à leur naissance ont leur ascendant comme les hommes, & que l'aspect des planettes & signes celestes tempere tellement leur fortune, qu'elles ne se peuuent auancer plus outre que leur permet ceste celeste influence. Manile l'a quasi dit ainsi:

Nam sua cuique dedit tutelæ regna per orbem,
Et proprias gentes: Deus vrbes addidit altas,
In quibus efferrent præstantes sydera vires.

Non, non, l'heureux Genie des villes qui les fait fleurir, c'est la Iustice: la sagesse de Salomon l'asseure ainsi: C'est l'esprit vital qui les soustient, les maintient, les enrichit, les embellit. Et au contraire, où elle vient à manquer, elles se ternissent, flestrissent, decheent; leurs polices n'ont aucun mouuement reglé, leurs structures aucune beauté, leur gouuernement aucune asseurance. Ce qui arriue principalement aux villes de traffic; car le commerce n'estant qu'vne espece de Iustice, vne retribution & compensation ordinaire, vn eschange continuel des choses les vnes auec les autres, qui se font & exercent sur la creance & opinion que l'on a de la foy & legalité les vns des autres, sur le mutuel respect & seureté publique que chacun se promet; Il est force qu'où il n'y a point de Iustice, il n'y ait point aussi de prosperité au commerce. Or quand ie dis Iustice, ie ne parle pas de celle qui reside en la personne des Magistrats, qui est vn rayon de l'authorité du Souuerain; mais j'entens ceste Iustice interieure qui doit resider dans l'ame de chacun des citoyens, qui les instruit à la loyauté & preud'homie, qui les rend constans en leurs actions, moderez en leurs desirs, respectueux en leur conuersation, legaux en leurs negotiatious, & equitables en toutes choses: Bref, ausquels, comme disoit vn ancien, les bonnes mœurs seruent de loix. C'est celle qui leur attire l'amour & bien-vueillance des autres peuples; qui fait qu'ils sont bien venus par tout, voire aux plus esloignez endroits de la terre; que l'on leur confie les choses les plus importantes, & precieuses; qui fait d'autre part que les Estrangers riches & vertueux viennent volontiers vers eux, & transportent en leurs villes leurs richesses, y transferent leurs domiciles, & y laissent leurs familles, & les biens qu'ils y ont acquis. Ie me souuiens de ce qu'escrit Pline en son histoire, qui semble fort confirmer ce que ie viens de vous dire. C'est que du temps de l'Empereur Claudius, des nauires Romaines parties de la mer rouge, & poussez par la tempeste, allerent surgir à l'Isle de Taprobane, qui est bien auant és Indes Orientales. Ayans esté là bien receuz, ces gens de l'Isle par l'espace de six mois obseruerent fort leur procedure & forme de negotier; mais entre autres choses remar-

querent que la monnoye qu'ils portoient, bien qu'elle fuſt marquée de diuers Princes ou Conſuls, eſtoit neantmoins toute de meſme poids & de
meſme aloy : Ils prirent par là ſi grande opinion de la legalité des Romains,
qu'apres auoir vſé de toutes les courtoiſies qu'ils peurent enuers eux, &
donné en leur Eſtat, qui eſtoit grand & puiſſant, toutes les entrées & commoditez qu'ils deſirerent, ils enuoyerent vne ſolennelle legation à Rome
pour offrir au peuple Romain ce qui dependoit d'eux, & demander ſon alliance. Tant la Iuſtice & la legalité eſt agreable à toutes nations, aymée &
cherie d'vn chacun; germe vrayment fecond, ſemence ſans doute fertile
de tout heur & proſperité. Si doncques juſques aujourd'huy tant de commoditez qui affluent à voſtre ville de tous coſtez & dedans & dehors, ne
l'ont peu eſleuer à la grandeur & magnificence des autres qui auoient
moins de moyens & d'occaſion de l'eſperer, ne deuez-vous pas entrer en
conſideration, & comprendre qu'il faut que ceſte Iuſtice interieure manque parmy vous, & qu'il y ait quelque eſpece d'injuſtice qui empeſche le
cours de voſtre proſperité ? Ny plus ne moins que quand vous voyez vne
perſonne qui boit bien & mange bien, & neantmoins ſe fond, ſe ſeiche,
s'amaigrit, vous dites auſſi toſt, Il faut qu'il y ait quelque mauuaiſe humeur
en ce corps-là qui corrompe les facultez, & empeſche les fonctions naturelles. Or quand cela eſt, que la temperature du corps eſt depraüée, & par
ce moyen la ſanté alterée, qu'a-t'on accouſtumé de faire, ſinon recourir
aux moyens externes, afin de purger le corps, le reparer, & fortifier ? La
medecine pour les villes, & les policés contre ceſte injuſtice particuliere &
interieure, c'eſt la Iuſtice externe, la Iuſtice publique, la Iuſtice ſouueraine,
qui auec la prudence & l'authorité doit remedier à vos deſordres & deſ-
bauches; punir la fraude, reprimer la licence, exterminer la violence, donner ſeureté aux bons, & terreur aux meſchans. La voicy donc qui arriue à vous, toute luiſante des rayons de la ſouueraineté que voſtre Prince
luy a départie, toute embraſée d'amour & de charité enuers vous, ardemment deſireuſe de voſtre heur & proſperité ; deſcouurez-luy vos playes,
manifeſtez-luy vos douleurs, & vous ſeruez de ſa prudence & de ſon authorité, pour remedier à vos maux pendant que vous l'auez preſente. Nous
ne venons pas ſouuent vers vous : ce n'eſt pas que nous n'ayons le ſoin que
nous deuons de voſtre bien & repos; mais parce que l'experience nous apprend que les grands & ſalutaires remedes appliquez trop frequemment
perdent beaucoup de leur force & vertu. Nous ſuiuons en cela les enſeignemens de la nature, qui ne donne pas continuellement l'vſage des choſes plus excellentes & ſalutaires; elle donne l'Eſté apres l'Hiuer, raproche
le Soleil apres l'auoir reculé, & par ceſte viciſſitude le rend à ſon retour non
ſeulement plus agreable, mais encore beaucoup plus vtile. Maintenant
donc que ce bel aſtre, ce beau Soleil des polices du monde, la Iuſtice,
vient à vous & demeure prés de vous, iouiſſez & reſiouiſſez-vous-en, &
ne faites pas comme ces gens perdus & diſſolus, deſquels Columelle ſe
plaint, *qui neque Orientem neque Occidentem ſolem videbant*; mais, comme
on dit, faiſoient du jour la nuict. Ains pluſtoſt faites comme ces peuples de
Septentrion, deſquels parle Olaus Magnus, qui ſont preſque ſix mois ſans
voir

voir aucunement le Soleil ; puis quand ils sçauent qu'il doit reuenir, tiennent des gens sur la cyme des montagnes , que si tost qu'il commence à
monter sur leur horizon, viennent à grands cris & battemens de mains
annoncer sa venuë ; & lors chacun fait feste, tesmoigne vne grande allegresse, se prepare au labeur, & aux semences qui ne commencent que lors.
Or si vous voulez sçauoir quels doiuent estre vos deportemens durant ces
beaux jours , ces grands Iours, ces heureux jours de la Iustice, ie le vous diray en peu de mots. Que ceux qui opprimez par l'injure & la violence ont
esté jusques aujourd'huy engourdis de crainte & de frayeur, se réueillent,
& se restaurent, se presentent & implorent librement secours & vengeance : que ceux qui ont esté trompez & despoüillez injustement de leurs biens,
demandent hardiment Iustice, & en poursuiuent la restitution. Et quant
aux autres qui sont si heureux que de n'auoir rien dequoy se plaindre, qu'ils
loüent Dieu de leur condition, & reconnoissent neantmoins que c'est le
seul respect de la Iustice qui les y peut maintenir. Qu'ils soient les premiers
à l'honorer, puis qu'ils en recueillent le principal fruit ; qu'ils se rendent les
plus religieux obseruateurs des loix, puis qu'elles sont les tutrices & prote-
ctrices de leur seureté & liberté, & qu'ils remaschent souuent ce beau mot
de l'Orateur Romain, *Legum idcirco serui sumus, vt liberi esse possimus.* Qu'ils
se rangent & r'allient auec les affligez & offensez, & les aydent à poursuiure leur droit & obtenir Iustice, se rememorans de ce que dit Publius Mi-
mus, *Quod cuiquam accidit, cuiuis accidere potest.* Et se persuadent que l'outrage qui est fait à leur voisin, n'est esloigné d'eux que de l'espaisseur de leur
muraille, ou plustost de la distance de la commodité : Car les meschans &
peruers n'espargnent personne quand ils ont moyen d'exercer leur malice.
Il n'y a que la crainte des peines qui les retienne, & asseure les gens de bien
contre leur iniquité, maintienne le repos public contre leur audace & temerité. Que tous les gens de bien doncques soient comme parties formel-
les aux meschans, & en recherchent en commun l'extirpation, & prati-
quent ceste belle Loy qui estoit en la preface de celles de Charondas Legislateur Grec : *Viro aut mulieri à ciuitate propter iniustitiam notato, auxiliari*
nefas esto. Car les meschans dans vne ville ne portent pas seuls la peine de
leur iniquité, mais encore les innocens, s'ils n'en poursuiuent le chastiment,
pour ce que comme dit le Poëte,

    —— *sæpe Diespiter*
    Neglectus, incesto addidit integrum.

Si vous prenez ceste resolution, qu'auec vne sainte conspiration, auec vne
haine publique, auec l'ayde de la Iustice, vous chassiez de vostre ville l'i-
niquité, la tromperie, la violence, vous y verrez prosperer vostre commerce, les richesses affluer, les Estrangers y accourir de tous costez, y apporter leurs facultez comme en vn temple de paix. Vous verrez vos edifices publics & particuliers s'esleuer en magnificence : Bref, y regorger, sura-
bonder tous biens qui sont les ornemens dont sont reparées & enrichies les
plus belles & plus grandes villes du monde.

A L'OVVERTVRE DV PARLEMENT EN
Octobre mil six cens douze.

OICY, puis qu'il plaiſt à Dieu, la ſeizieſme année que nous faiſons l'ouuerture de ce Temple de Iuſtice, & auec paroles ſolennelles jurons religieuſement la fidelle obſeruation des loix & ordonnances de nos Princes. Voicy, diſ-je, la ſeizieſme fois que nous nous trouuons obligez d'orner & releuer ceſte majeſtueuſe action de quelque graue & ſerieux diſcours, qui en exprime en ſes paroles la grandeur & l'importance, & en imprime en vos eſprits le reſpect & la reuerence. Mais aujourd'huy auec vne bien plus dure condition, auec vne bien plus peſante charge que les autres fois, auec beaucoup moins d'eſperance de ſatisfaire à voſtre attente, & de reſpondre à la dignité du ſujet. Car le temps, l'aage, l'experience, qui ont accouſtumé d'ayder ceux qui entreprennent choſes ſemblables, ſont ceux qui nous incommodent aujourd'huy. Le temps en s'auançant inſenſiblement a miné ce peu de force que la nature auoit preſté à nos premieres & plus vigoureuſes années; l'aage trainant auec ſoy les maladies, nous a deſrobé auec la ſanté la memoire & la voix : Et l'experience nous faiſant mieux reconnoiſtre le danger que nous courons, nous a remply d'apprehenſion; & qui pis eſt, a employé aux actions paſſées tout ce que nous pouuions auoir en reſerue pour raſſaſier la curioſité de tant de beaux eſprits qui rempliſſent ceſte Audience. Qui peut auoir la nature ſi heureuſe, l'entendement ſi fecond, l'eſtude ſi laborieux, lequel traittant ſeize fois vn meſme argument, n'ait eſpuiſé toute ſon induſtrie, tary toutes ſes conceptions, conſommé toute l'eſpargne de ſes veilles, de ſorte que perdans la grace de toute nouueauté, il faut que nous perdions l'eſperance de tout applaudiſſement ? De quoy vous pourrions-nous maintenant entretenir, dont vous n'ayez les oreilles battuës & rebattuës ? Sera-ce de la majeſté de la Iuſtice, de ſon vtilité, de ſa diuinité ? Vous l'auez ſi ſouuent entendu. Sera-ce de l'excellence des Magiſtrats, du luſtre eſclattant de leur pourpre, du reſpect qui leur eſt deu ? Il n'y a pas long-temps que vous l'auez oüy. Sera-ce du deuoir des Aduocats & Procureurs, de la fidelité & ſuffiſance qui eſt deuë à leurs charges ? combien de fois le leur auons-nous repreſenté ? Sera-ce de la grandeur de l'eloquence, qui eſt la Reyne du barreau ? nous vous auons tant & tant excitez & animez à l'aymer & à la cherir, mais chaſtement, mais innocemment. Sera-ce de ceſte ſacrée Philoſophie; de ceſte ſcience des ſciences, de la Iuriſprudence, diſ-je ? nous vous auons tant conjurez de vous y deuoüer entierement. Sera-ce de l'amour, de l'équité, auſquels vous vous deuez principalement adonner ? Sera-ce de la puiſſance des loix, de l'obſeruation des ordonnances ? Et qui voudroit croire que vous euſſiez oublié ce que nous vous en auons ſi amplement & ſi charitablement remonſtré ? Quoy doncques ? le deuoir nous oblige de parler, & l'indigence nous force de nous taire. Taire ne nous pouuons-
nous

nous sans honte, ny parler sans importunité. C'est ce qui tient nostre esprit suspendu entre ces deux extremitez egalement fascheuses, & qui à la façon des personnes confuses & estonnées nous fait tourner les yeux, tantost deçà, tantost delà. Mais comme ie regarde en haut, d'où vient ordinairement le secours aux choses plus desesperées, voyla dans les lambris dorez de ceste royale audiéce, les images sacrées de nos Rois qui me donnent dans le cœur aussi bien que dans les yeux: Et me semblent par vne viue representation de leur auguste Majesté, par vne secrette inspiration de leur souueraine puissance, insinuée profondément en l'ame de tous ceux qui les regardent, vne sainte & religieuse soumission enuers les Princes qui nous commandent, & vne fidelle & soigneuse obeïssance à leurs loix & ordonnances. Et lors toutes mes autres pensées venans à se fondre & terminer en ceste haute meditation, voyant que vous comme moy leuez-là les yeux, ie m'imagine que tous remplis de la mesme admiration, fichez en ceste mysterieuse cogitation, vous ne songez plus à autre chose, & n'attendez rien dauantage de moy. Et de verité quel discours, pour limé, pour poly qu'il peust estre, ne sembleroit aussi ennuyeux que superflu, pour vous exciter à l'obeïssance du Prince, & à l'obseruation des loix; quand en ceste longue & admirable suitte de Rois vous voyez vne prouidence de Dieu enuers ce Royaume, nompareille; vne faueur du Ciel enuers ceste Couronne, incroyable? Quand vous remarquerez d'vn costé que la fidelité des sujets a tellement affermy les fondemens de cest Estat, & asseuré son repos; d'autre costé la bonté & valeur des Princes a tellement adoucy la domination, estendu les limites du Royaume, & par tout respandu sa gloire, qu'il ne reste plus pour combler nostre felicité que de la sçauoir bien connoistre, & en referer la grace à celuy qui en est le vray & seul Autheur. Ie me tairay doncques, & au lieu de l'entretien accoustumé à ceste journée, ie me contenteray de vous monstrer au doigt ces sacrez visages qui posez sur vos testes regardent d'en haut sur vous & sur vos actions, influent sans doute l'heur & prosperité sur les bons, menacent sans doute les mauuais des peines infligées par leurs ordonnances. Apres cela, ie croy que personne ne me demandera la raison de mon silence; car ie l'ay, à mon aduis, renduë trop pertinente. Mais pource qu'il y en a beaucoup qui pensent que rien ne se fait par raison, s'il ne se fait par exemple, & que la nouueauté est sujette d'estre blasmée si elle n'a quelque garent en l'antiquité, tant nous somes plus enclins à imiter qu'à bien faire. Ie justifieray en peu de paroles, qu'entre les anciens les plus sages ont jugé qu'il n'y auoit point d'exhortation à l'obeïssance des Princes & obseruation de leurs loix plus efficace que la representation de leurs images & sacrez visages qu'ils appelloient. Ie pourrois pour cet effet emprunter des exemples quasi de toutes les nations de la terre; mais comme ce grand Empire Romain a estouffé par l'effort de son admirable vaillance toutes les autres puissances du monde, aussi a-t'il obscurcy par l'esclat de son excellente sagesse la prudence de tous les autres; tellement qu'il n'est plus quasi loisible de chercher ailleurs qu'en son sage gouuernement les bons & vtiles enseignemens de polices: tant la fortune & la vertu ceste fois-là se sont bien accordées pour former ce grand corps d'Estat, & en ceste immensité dóner vne juste proportion à toutes ses parties, & vne ferme liaison à tous ses membres, par les sages regles & industrieuses formes qu'elles y ont continuellement inspiré. Voulez-vous donc voir qu'à la naissance de cet Empire, & lors qu'il n'estoit encore qu'au berceau, ceste coustume y auoit esté introduite de poser & exposer les images des Rois au lieu où l'on rendoit la Iustice, & où l'on deliberoit des affaires publiques, & ce pour les raisons que ie vous ay touchées? Ce Poëte qui nasquit seul egal à la grandeur de Rome, introduisant les Ambassadeurs d'Ænée vers le Roy Latinus, & descriuant ce magnifique Palais fondé par Picus, où il tenoit son conseil & lict de Iustice:

Templum augustum, ingens, cemum sublime columnis.

Il adjouste,

Quin etiam veterum effigies ex ordine Regum,
Vestibulo adstabant.

Comme le comble de l'ornement de ce Palais, comme vne muette eloquence, qui insinuoit en l'esprit de ceux qui entroiét vn profond respect & sainte veneration du Prince qui regnoit. Et bien que depuis le peuple eust changé le Royaume en Republique, & aboly les autres ceremonies Royales, si retint-il religieusemét ceste coustume de remplir les Rostres, & qu'ils appelloient le Senat des statuës des Capitaines & Empereurs, qui auoient auec beaucoup d'honneur & gloire commandé parmy eux. Tellement que nous voyons que Ciceron en sa septiesme action contre Verres, se retournant par vn trait exquis de son mestier vers ces statuës & venerables images qui estoient là tout au-tour, s'escrioit; *Vos omnium forensium actionum consiliorúmque maximorum, legum iudiciorum-que arbitri & testes celeberrimi in loco Prætorum locati estis.* Mais sous les Empereurs cet vsage fut bien plus solennel & plus curieusement obserué. Lampride en la vie de Trajan es-crit; *Statuas colossas, vel pedestres nudas, vel equestres diuis Imperatoribus in foro Diui Neruæ lo-cauit.* Il y a plusieurs autres passages dans les Historiens Romains qui confirment le mesme. Or, peut-estre, semblera-il moins estrange que les statuës & images des Prin-ces & Empereurs fussent ainsi posées au Senat, en leurs Palais & autres lieux de la ville capitale, où comme au Chef de l'Empire deuoit reluire la Majesté d'iceluy. Mais ce qui est plus à obseruer, est que les Proconsuls & Gouuerneurs des Prouinces, allans & ve-nans de lieu à autre portoient tousiours auec eux, *inter insignia Imperij*, les images des Em-pereurs. Et en tous lieux où ils exerçoient la Iustice, les tenoient releuées auec grande veneration, comme nous lisons en la Loy premiere, *de statuis*, au Code Theodosien. L'Empereur Gratian en la Loy premiere, *vt publ. læt.* les appelle *sacros vultus, auratas sci-licet Principum imagines pilæ impositas. Si sacros, inquit, vultus inhiantibus forté populis inferimus, &c.* Ce que les Iuifs opiniastres sans mediocrité ny discretion & jaloux de leurs opi-nions ne pouuoient aucunement supporter; de façon que nous lisons en Iosephe au se-cond liure de la guerre Iudaïque, que Pilate entrant en Hierusalem fut contraint, *oper-tas inferre Cæsaris imagines.* Mais les Chrestiens plus moderez ne l'ont pas entierement im-prouué, mesme en la premiere & plus grande ferueur de leur Religion. Bien est-il vray, que ce grand S. Ambroise, aussi sage politique que religieux Prelat, en son Hexameron, apporte sur ceste coustume vne consideration fort remarquable, & enseigne qu'il faut tellement honorer les statuës des Empereurs, que l'honneur de l'adoration soit reserué à Dieu seul. Et cet oracle de Pieté, ce Prince des Theologiens, Gregoire Nazianzene en sa premiere oraison Stilitique, taxant l'orgueil de l'Empereur Iulian, dit par vne forme de plainte: *Parum Imperatores sibi habent adorari, nisi idem quoque imaginibus pictúrísque præstetur.* Ce que les bons Empereurs Chrestiens qui suiuirent ayant bien digeré, & re-conneu que l'honneur qu'ils faisoi ent rendre excessif à leurs images offensoit celuy qui est deu à Dieu, apporterent à cet vsage le temperament requis. Ils voulurent bien im-primer par l'aspect de leur visage la veneration de leur nom, mais sans aucune ceremo-nie de religion, ny aucune vsurpation de ce qui appartient à Dieu. Et pource le grand Theodose en la Loy qui a esté cy-dessus alleguée, faisant entendre quelle estoit en ce-la son intention; *Eriguntur, inquit, nostræ imagines, sed sine ambitioso adorationis fastidio, ou fastu,* comme lisent les autres. Tant y a que ceste coustume dura aussi longuement que l'Em-pire, & passa mesme auec luy de Rome en Grece, selon que remarque Zozime au liure second de son Histoire, où il dit, *Principum imagines per totum Imperium circunferre solenne fuit.* Bien est-il vray, à ce que Curopalates escrit en son liure *de Officijs Palatij*, que du temps des Paleologues elle fut aucunement alterée: car au lieu de porter les Images en relief, *Magistratus in tunica Imaginem Principis ante pectus, aut à tergo depictam ferebant, aliquando stantis, quandoque throno aut equo insidentis.* Mais cela reuenoit tousiours à vn; l'i-mage du Prince soit peinte, soit en bosse, soit posée au tribunal, soit portée sur la per-sonne du Magistrat, estoit pour imprimer la veneration de ses commandemens & de ses loix au cœur des assistans, & remplir le lieu *horrore tranquillo & pauore venerabili*, com-me parle Ausone. C'estoit *tanquam vinculum obsequij*, qui rendoit les hommes *fractiores ad parendum;* ne plus ne moins que ceste image renfrongnée de Iupiter Capitolin, de-uant laquelle on faisoit pour ceste raison, ce dit Frontin, prester le serment aux sol-dats Romains. Mais pourquoy, me dira quelqu'vn, nous representer icy ceste lon-gue suitte de Rois de France, veu que ceste Prouince n'a esté vnie & incorporée au Royaume que depuis six vingts ans? Souuent vn propos oysif & rencontre fortuite, ont donné sujet à vn discours serieux & salutaire; comme quand Saint Paul prit sujet sur vn Autel dedié à Dieu inconneu, de faire entendre aux Atheniens qui estoit le vray Dieu, duquel seul dependoit le salut du monde. Discourant donc icy des ima-ges des Princes, nous nous trouuerons insensiblement conduits à vn autre argu-ment, & obligez de satisfaire à l'ignorante curiosité de quelques gens, & les dé-tromper de la fausse opinion en laquelle on les a nourris: Et par laquelle ils veu-lent eux mesmes priuer leur patrie du principal honneur qu'elle a d'auoir tous-jours esté le premier & plus noble membre de l'Empire François. Pour preuue dequoy

dequoy il ne faut que legerement repaſſer les yeux ſur le cours de l'Hiſtoire
des Gaules, où nous trouuerons que lors qu'elle eſtoit gouuernée par can-
tons & par Eſtats, ceſte prouince eſtoit la principale ; & qu'en ceſte grande
armée qui ſubjugua Rome, penetra juſques à la Mer majour, & donna
commencement à beaucoup de grands Royaumes, ceſte Prouince auoit
fourny la meilleure partie des forces dont elle eſtoit compoſée. Les Romains, à la verité, venans à ſubjuguer fatalement l'Europe, commencerent par là la conqueſte des Gaules, & jetterent premierement ſur cet endroit les yeux de leur ambition pour s'en ſeruir de degré à la domination de
l'Occident. Et demeura aſſeruie ſous leur joug juſques à la premiere diſſi-
pation de l'Empire, que l'Empereur Honorius l'abandonna miſerablement auec toute la Septimanie & Aquitaine, à Vallia Roy des Viſigots
pour obtenir paix de luy, comme nous apprenons de Proſper, Iornandes,
& Paul Diacre, Hiſtoriens du temps. Mais les autres Prouinces des Gaules
ayans reſolu de ſe remettre en liberté, ſe deliurer du joug des Romains &
des Viſigots, s'vnirent pour cet effet auec les François leurs voiſins, &
tous enſemblément ſous la conduite de Clouis attaquerent Alaric Roy des
Viſigots, & le déconfirent à la journée de Vaugledin prés Champigny en
Touraine, le rencoignerent juſques dans les Eſpagnes, & luy firent quitter
tout ce qu'il tenoit deçà les Monts Pyrenées par la ſucceſſion de Vallia.
Pendant qu'Alaric fuyoit, Gundebaud Roy des Bourguignons s'auance
vers Arles & Auignon, les trouuant abandonnées s'y voulut fortifier ; mais
Clouis alla auſſi toſt vers luy, le deſconfit, le chaſſa, recouura ceſte Prouince, & lors ſous les religieux auſpices de la foy Chreſtienne jetta le vray &
ſolide fondement de ceſte glorieuſe Monarchie Françoiſe, & luy ſon premier & certain eſtabliſſement ; & ceſte Prouince demeura vne des principales & plus naturelles parties. Il eſt bien vray que les Empereurs Romains firent contenance, durant quelques années, de la vouloir recouurer ; mais en fin Iuſtinian voyant qu'il n'en pouuoit chaſſer les François,
ny conſeruer ſans eux le reſte de ſon Empire, reſigna volontairement au
Roy Theodebert, tout ce que l'Empire Romain pretendoit ſur ceſte Prouince, & ſur la Septimanie, comme rapporte fort particulierement Pro-
cope autheur du temps & Secretaire de Iuſtinian. Les Gots de leur coſté,
redoutans les armées des François, firent le ſemblable ; car ſelon que nous
apprenons de Iornandes, Trithemius, & Sabellic, la Reine Amalaſuintha
veſue de Theodat regnant lors ſur les Gots fit vne ſemblable renonciation
au profit de Theodebert. Et en execution de ces traitez l'an 584. le Patrice
Mumole qui eſtoit encore reſté dans Marſeille, du conſentement de l'Empereur Maurice la liura au Roy Childebert. Et ainſi continua la paiſible
poſſeſſion de la Prouence, ſous la premiere lignée de nos Rois, juſques ſur
la fin que les Sarraſins les ayant trouuez endormis & aſſoupis dans le luxe
& la pareſſe ſe jetterent en ceſte Prouince, & la rauagerent. Mais l'an 737.
Charles Martel venant auec vne puiſſante armée les deſconfit entierement
à Berre, & chaſſa Maurontus Comte & Gouuerneur de Marſeille, qui eſtoit
d'intelligence auec eux, ſelon que rapportent Ado, Rhegino, Sigebert, notables Annaliſtes de ce temps. Quant à la ſeconde race, qui fut de Charlemagne & ſes deſcendans, ils la poſſederent auſſi paiſiblement ; juſques à ce

que Charles le Chauue ayant espousé par amourettes la sœur de Boson,
pour le gratifier luy en donna le gouuernement, lequel il administra fidellement du viuant de Charles le Chauue & Louys le Begue son fils ; mais
apres leur mort, Charles le Simple estant troublé en la succession du Royaume, & d'ailleurs inquieté par les Normans, Boson prit son temps pour s'emparer de ce qu'il tenoit en gouuernement, & s'en vouloit rendre Roy. Et
de fait il se fit couronner Roy d'Arles en la ville de Lyon ; dont la Noblesse
& milice de France conceut vne telle indignation, que Rhegino autheur
Allemant qui a escrit de ce temps-là, tesmoigne qu'il y eut vne conjura-
tion de toute la Noblesse & gens de guerre de France, par laquelle auec vn
serment solennel ils se déuoüerent tous à la mort & à la ruine de Boson, &
de sa posterité. Or le succés de ceste perfidie de Boson, fut qu'il mourut ;
tost apres ; Louys son fils fut pris en bataille, & eut les yeux creuez, & Charles Constantin son petit fils despoüillé de tout ce qu'il tenoit. Les villes de
Prouence se mirent lors en liberté, & pource qu'elles ne pouuoient pour
l'heure attendre aucune protection, ny craindre aucun chastimét des Rois
de France qui estoient extrémément troublez ; ils s'aduiserent qu'il s'estoit
nouuellement formé vn Royaume de Bourgongne : ils eurent recours à ce
Roy qui leur confirma leurs vsurpations, leur promit protection, & ad-
jousta pour cet effet à ses titres celuy de Roy d'Arles. Mais ce Royaume
quasi imaginaire ne dura qu'enuiron six vingts ans en la personne de quatre Princes, dont Raoul le dernier en mourant institua l'Empereur Conrad, qu'on appelloit Salique, son heritier, & luy enuoya sa Couronne d'Arles & de Bourgongne. Conrad continua la mesme procedure de ces nouueaux Rois d'Arles & de Bourgongne, & confirmant les vsurpations qui
auoient esté faites par les villes, ou par les particuliers, infeoda encore ce
peu qui restoit aux premiers Comtes de Prouence. Et de là commencerent
à sourdre de grandes querelles entre les Rois de France & les successeurs de
l'Empereur Conrad : de sorte que pour ceste occasion Louys le Ieune &
l'Empereur Frederic en vindrent ensemblément à vn parlement où ils ne
se peurent accorder. De façon que ces querelles ayant duré jusques à Beren-
ger Comte de Prouence, on auisa pour les appaiser de bailler Beatrix sa fille
auec le Comté, à Charles frere de Saint Louys, pour remettre par ce moyen
la Prouence en la maison de France. Mais pource qu'encor cela ne sembloit pas suffisant pour souder entierement ceste playe, & reïncorporer parfaitement ce noble membre en l'Estat de la France, & entierement assou-
pir les pretensions imaginaires de l'Empire, par transaction solennellement
passée l'an 1311. entre l'Empereur Henry VII. & le Roy Philippes le Bel,
cet Empereur par l'aduis & consentement des Princes de l'Empire, &
nommément du Roy de Boheme là present, quitta, ceda, & transporta au
Roy Philippes le Bel tous droits de souueraineté qu'il pouuoit pretendre sur
ce qui auoit esté denommé le Royaume d'Arles & ses depédances moyennant trois cens mil marcs d'argent qu'il receut : Duquel contract Bodin en
sa Republique dit auoir veu & leu l'original dans le tresor des chartes de
France. Tellement que si nous regardons l'origine de ceste Prouince, nous
la trouuons la premiere & plus noble des Gaules ; si nous regardons le
premier establissement de cet auguste Royaume, sous les auspices de la
foy,

foy, la voyla conquife par Clouis; fi nous confiderons le droit des con
uentions, la voyla cedée à la France par l'Empereur Iuftinian & par les
Rois des Gots, & depuis encor par les derniers Empereurs. Si pour auoir
efté grandement enuiée des Eftrangers, quelquesfois elle a efté enuahie,
vous voyez auffi toft la peine de cefte vfurpation retombée fur la tefte de
fes autheurs; & qu'en fin ils ont efté contraints de remettre cefte fille rauie
entre les mains de la France fa mere, qui l'ayme, la cherit aujourd'huy
comme fon œil droit; par lequel elle regarde imperieufement tout ce qui
eft autour d'elle, & jette encor par elle au dehors fes rayons jufques à l'extremité de la terre, & y fait reluire la fplendeur & la gloire de cefte Couronne. C'eft donc à bon droit, voire à plus jufte titre que nulle autre Prouince
de ce Royaume, qu'elle arbore icy les images de nos Rois, comme les marques de fon ancienne obeïffance; comme les fymboles de fa prefente fidelité, & comme les augures de fa perpetuelle felicité. C'eft à bon droit qu'elle les pretend plus fiens que de nulle autre Prouince, ne plus ne moins que
l'on dit communément que l'ame eft plus au cœur qu'en nulle autre partie.
Mais, me dira quelqu'vn, fi ces images royales vous font fi venerables, fi
elles feruent tant à maintenir en l'efprit des hommes la veneration du Prince, & le refpect de fes loix, où eft celle de ce jeune Prince qui regne aujour-
d'huy fi heureufement fur vous? A cela nous refpondrons par la bouche de
l'Orateur Nazarius, & emprunterons ce beau mot qu'il difoit fur mefme
fujet du grand Conftantin Empereur : *Hic vultus vniuerforum pectoribus*
infixus eft, non commendatione ceræ, aut figmentorum fucis, fed virtute, boni-
tate, fælicitate. Le pinceau & les couleurs nous reprefentent ceux que le
temps & les années ont enleué d'entre nous, ou bien qui en font fi efloignez, qu'il faut craindre que l'infirmité naturelle de noftre memoire, qui
n'eft, à vray dire qu'vn tonneau percé, n'en laiffe effacer la fouuenance.
Mais ce cher Prince, L O V I s treiziefme que nous venerons, vit non feulement parmy nous, mais dedans nous. Il n'eft pas feulement imprimé en
la molle fubftance de noftre cerueau, mais graué auec brulure d'huile, c'eft
à dire, excés d'amour & charité, dans le profond de nos cœurs, & ce auec
la pointe de ces trois penetrans burins, *virtute, bonitate, fælicitate.* Et quelle vertu, quelle valeur fe peut imaginer femblable à celle qui reluit en la
premiere fleur de fes ans? A peine a-il peu connoiftre les armes, & les pefer
en fes mains, que tous autres exercices ont commmencé à luy defplaire, fes
feuls paffe-temps ont efté dreffer des efcadrons, les faire combattre, commander la charge & la retraite, loüer les courageux, animer les autres. A
peine a-il fceu tenir vne plume, qu'il s'eft adonné à tirer des plans de places, marquer des affiettes de camp, tracer des trenchées. Tous termes de
guerre, de milice, d'artillerie, luy font auffi familiers, qu'aux autres de fon
aage ceux qu'on apprend des nourrices. Quels mots, quels traits, luy ef-
chappent-ils ordinairement parmy fes difcours & entretiens ordinaires, finon des marques d'vn courage inuincible qui ne prife rien au monde que
la vertu? Mais, peut-eftre, que cefte humeur guerriere rend fon naturel
plus farouche & moins humain. Au contraire, c'eft merueille de voir cefte
ardeur militaire detrempée d'vne fi grande douceur de mœurs, d'vne fi

grande debonnaireté, qu'à peine sçauroit-on dire qui a le deſſus, la valeur, ou la bonté. Il a jetté pour ſolide fondement de toutes ſes autres vertus la crainte & l'honneur de Dieu, où il rapporte tout le reſte. Il teſmoigne à l'endroit de la Reyne ſa mere vne telle reuerence, qu'il ſemble deſirer d'eſtre pluſtoſt reconneu pour obeïſſant fils, que Prince obey. Il eſt tellement bien-faiſant à tous, qu'il ne peut pas meſme ſouſtrir qu'on offence en ſa preſence le moindre animal du monde. Il ſupporte auec impatience l'injure d'autruy ; eſt touſiours pour l'offenſé ; & neantmoins pour ſon regard il ne s'offenſe de rien ; il eſt pitoyable aux affligez, liberal à ſes ſeruiteurs, & juſte à tous. C'eſt à mon aduis, de ceſte grande vertu, c'eſt, à mon aduis, de ceſte grande bonté, que procede la felicité de ſon regne, qui ſera ſans doute admirable à tous les ſiecles à venir. Et quelle plus grande merueille que de le voir à l'aage de huict ans arriuer à la ſucceſſion d'vn Royaume, qui durant cinquante ans auoit eſté continuellement battu de tempeſtes ciuiles, tourmenté de rebellions ; où l'auarice & l'ambition auoient tellement depraué les mœurs, & peruerty les volontez, que la foy & l'obeïſſance ne ſe meſuroient plus qu'à l'aune du profit ? Et neantmoins ce nouueau Prince venant à paroiſtre, *non ſine Dijs animoſus infans*, a calmé les plus farouches eſprits, aſſoupy les plus effrenées ambitions, eſtouffé les plus turbulens deſſeins, & reüny tous ſes ſujets auec le doux lien de la paix & concorde ciuile. Et quant aux Eſtrangers, qui ſous le regne de nos plus puiſſans & valeureux Rois auoient attaqué ce Royaume, & ouuert nos frontieres, les voylà de tous coſtez qui ſe battent à qui plus cherira noſtre jeune Prince, qui plus eſtroittement s'alliera de luy, & qui plus luy rendra d'honneur. Si doncques, comme il eſt bien croyable, à meſure que ſon aage s'auancera, ſa vertu augmente ; & ſi comme il eſt bien raiſonnable, à meſure que ſa vertu augmentera, ſa felicité croiſt ; où ſeront les bornes de la noſtre, ſinon en l'infinité ? où ſeront les termes de noſtre Empire qu'en l'extremité de la terre ? Viuez donc, ô ſacrée image de la Diuinité, ô cher gage de noſtre felicité, viuez en nos cœurs où vous eſtes graué, *non commendatione cera*, *non figmentorum ſucis*, *ſed virtute*, *bonitate*, *fœlicitate*. Et par la veneration de voſtre auguſte Majeſté, inſpirez en nous des mouuemens auec leſquels nous puiſſions dignement, fidellement, & ſincerement diſtribuer la Iuſtice à vos ſujets, faire obſeruer vos loix, & affermir voſtre Empire.

A L'OVVERTVRE DV PARLEMENT EN *l'année mil ſix cens treize.*

PVIS que nous ſommes aujourd'huy comme les Paranymphes, qui conduiſons ceſte noble & chaſte Vierge, la Iuſtice, en ce Palais : c'eſt à dire, en l'auguſte maiſon du Roy, ſon Eſpoux, pour y gouuerner ſon meſnage royal, & auoir ſoin de ſes ſujets, comme de leurs enfans communs ; Il ſemble bien qu'apres vous auoir fait lire les articles de ceſte ſacrée alliance, les ordonnances, veux-je dire, qui
contiennent

contiennent le rang , les droits , & les aduantages dont ceste diuine Princesse doit estre doüée , nous vous deuions exhorter au respect & à la veneration qui luy est deuë. Mais foüillant dans le creux de mes pensées & plus
profondes meditations , n'y trouuant rien digne d'vn si haut apareil , j'ay
esté contraint à l'exemple de ceux qui sont mal meublez , de recourir aux
emprunts , & me retirer à ces riches ames , *ad illos à Dijs recentes & alti spi-*
ritus viros , à ces grands Prophetes , qui conuersans familierement auec la
Diuinité , ont tiré du Ciel tant de beaux paremens , tant de precieux atraits ,
dont ils ont parsemé & enrichy leurs escrits. Et voicy qu'à l'ouuerture du
liure ie suis tombé sur ce lieu d'Esaïe , où il dit , *Et erit opus Iustitiæ , pax ; &*
cultus eius , silentium. Remaschant ce passage , ie disois en moy mesme ; A
ce conte il ne nous faut plus mettre en peine de rechercher de plus exquis
discours , ny de paroles plus choisies , pour orner & honorer ceste ceremonie , puis que cet Oracle nous seelle les lévres , en nous enseignant que la
Iustice ne peut receuoir plus grand honneur , ny plus grand respect que celuy du silence , ny nos ordonnances vne plus honorable recommandation
qu'vne profonde & muette attention. A cela mesme me confirmoit ce qui
est escrit en Esdras , qu'apres qu'inspiré de Dieu , il eut redigé par escrit le
liure de la Loy , & qu'il le falut venir presenter & lire au peuple , il n'y eut
autre ceremonie , sinon que *Leuitæ silentium faciebant in omni populo , dicen-*
tis , Tacete , quia dies sanctus est. En ceste mysterieuse reuelation qui nous a
esté laissée des plus profonds secrets du Ciel , nous lisons que quand Dieu
voulut seoir en son throsne de Iustice pour iuger les lignées , apres qu'il eust
leué le septiesme seau , *factum est silentium in cælo quasi media hora.* Voyla
donc le silence qui marche par tout au deuant de la Iustice , & luy prepare
ses voyes , pour la raison , à mon aduis , que dit le Prophete Ieremie , *Bonum*
est cum silentio præstolari salutare Dei. Et ainsi par l'authorité de ces exemples & passages , nous voyla deschargez de ce que nous vous pouuions deuoir aujourd'huy , & quittes de tout autre discours , en vous imposant silence. A la verité , si nous obseruons bien le cours commun des affaires du
monde , & la façon de viure plus ordinaire entre les hommes , nous trouuerons qu'vne des principales marques du respect & de la veneration , c'est
le silence. Vous voyez à l'arriuée des Rois & des Princes , *horrorem tran-*
quillum , & pauorem venerabilem : si mesme parmy les peuples , pour courroucez & mutinez qu'ils soient , il paroist quelque personnage de grande
reputation :

　　　　——*pietate grauem & meritis si fortè virum quem*
　　Conspexere , silent.

Homere qui est le grand registre des mœurs des hommes , l'excellent ob-
seruateur des deuoirs & offices , introduisant les Ambassadeurs & descriuant le respect auec lequel on les receuoit , dit que les Grecs estoient là , σιγῇ
ἀιδόμενοι συμμέρεας. Vous sçauez tous qu'és sacrifices des anciens , le commencement de la ceremonie estoit ce mot , *Fauete linguis* , qui est à dire ,
Taisez-vous. *Et in ferijs imperandis præco monebat vt ab iurgijs abstinerent ,*
selon que Ciceron nous tesmoigne és liures de *Diuinatione.* Mais particulierement , où il est question de voir la Iustice seante en son throsne & rece-

uant ses hommages ; le silence à la verité est vn des principaux deuoirs qu'elle exige, vn des principaux honneurs qu'on luy puisse deferer. C'est pourquoy, à mon aduis, nous lisons en Philostrate, qu'Apollonius disoit; *Tacere in iudicio quartam virtutem esse percepi.* Il en faisoit vne quatriesme vertu, vne de ces vertus que nous appellons cardinales, & sur lesquelles, & autour desquelles, comme sur vn piuot, toutes les autres tournent & sont appuyées. Or dira quelqu'vn ; Voudrions-nous rendre la Iustice muette, & oster à ses ministres le meilleur & plus efficace instrument qu'ils ayent pour la faire connoistre & pour la faire honorer, qui est la parole, vray rayon de la Diuinité, par laquelle l'homme ressemble plus à Dieu, & le sert plus dignement ? Le Prophete ne nous dit-il pas en vn endroit; *Annuntia-ui Iustitiam tuam in Ecclesia magna: Ecce labia mea non prohibebo.* Et en vn autre; *Declaratio sermonum tuorum illuminat, & intellectum dat paruulis.* Comment concilierons-nous ces differentes & jamais contraires vertus? A quoy nous resoudrons-nous entre ces diuers conseils ? Quelle route tien-drons-nous entre ces vents qui semblent opposez, bien qu'ils partent d'vn mesme endroit ? Pour nous desuelopper de ceste anxieté, il me semble qu'il nous faut souuenir de la difference que fait Mercure Trismegiste en son Py-mandre entre σωφοεικὸν λόγον καὶ ἐνδιάθετον, la parole exterieure & l'interieu-re. La parole exterieure qui se forme par la voix, n'est que la marque & l'i-mage de l'interieure qui se forme en la pensée, & n'est jamais sans l'interieu-re, de laquelle elle n'est que le truchement. L'interieure au contraire est bien souuent sans l'exterieure : nous conceuons beaucoup de propos & dis-cours que nous ne proferons pas, que nous retenons en nous mesmes, & que nous demeurons en liberté de proferer en vn langage ou en vn autre. Et y a difference entre ces deux paroles, comme de la maistresse à la cham-briere, du messager à celuy qui l'enuoye ; l'interieure qui se conçoit en l'en-tendement, comme dans sa matrice, & l'exterieure dans les lévres, laquel-le pour cela les Platoniciens appelloient μαῖαν, *obstetricem*, comme la sage femme, qui ne seruoit que pour faire enfanter & venir au jour ceste parole interieure. De ces deux sortes de paroles doncques il faut inferer deux sortes de silence, & conclure que c'est en ce silence interieur que le Prophete veut entierement constituer l'honneur & ornement de la Iustice ; & en voicy, à mon aduis, la raison. La Iustice, ie dis la vraye Iustice, n'est pas vne cho-se humaine qui se trouue en la nature de l'homme, qui soit, comme on dit, de son creu ; mais toute celeste, toute diuine. Ciceron, tout Payen qu'il estoit l'a bien reconneu, quand en son liure des Loix il l'a definie, *rectam, & à numine Deorum tractam rationem.* Car si nous voulons entendre par la Iustice, ce simple exercice & office de juger que nous faisons à l'ayde des loix & de nostre prudence commune, nous trouuerons que ce n'est que trouble, confusion, & incertitude. Le voulons-nous bien voir ? deman-dons que c'est que la Iustice ; on nous dit que c'est la mesure du droict. Et quelle mesure y a-il entre les hommes, voire des choses qui tombent sous les sens, & qui sembleroit plus certaine, qui ne soit pure positiue & imagi-naire ? Prenez-la au poids, prenez-la à cane. Au poids, la liure se resoud en vne once ; l'once en dragme, la dragme en grain. La cane de mesme se

refout en pans, le pan en pouce, le pouce en grain ; & quel grain ? vn grain
d'orge. Et où trouuera-t'on jamais deux grains d'orge parfaitement egaux?
& si le principe & fondement n'est certain, comme le sera ce qui en est
produit ? Qant aux loix, aux coustumes, aux mœurs, qui sont les mesures
que l'entendement a excogitées pour regler les actions des hommes, ne
sont-elles pas differentes selon la diuersité des pays ? Et les opinions & jugemens dont les hommes se seruent pour juger, & faire ce qu'ils appellent
Iustice, ne sont-elles pas non seulement differentes, mais souuent contraires entr'eux ? Et non seulement entr'eux, mais en chacun d'eux, ayans
aujourd'huy vne opinion, demain en ayans vne autre? Ce que les Platoniciens sembloient auoir bien reconneu quand ils auoient estably deux sortes de jugemens, l'vn κ᾽ οὐσίαν, qu'ils appelloient, suiuant les loix & selon
qu'elles sont escrites ; l'autre κ᾽ γνώμην, par vne prudence reuelée, comme
inspirée & surpassant le commun discours des hommes. Ce qu'ils auoient,
à mon aduis, appris de ce grand Poëte & Philosophe Homere, lequel dit
que Iupiter donne tous les jours vne nouuelle ame aux hommes ; c'est à dire, leur inspire de nouueaux mouuemens, & esclaire leur entendement d'v-
ne nouuelle lumiere. C'est donc d'en haut, c'est donc du Ciel, c'est donc de
l'inspiration de Dieu, qu'il nous faut attendre la vraye, pure & sincere Iustice ; c'est par l'inuocation de l'esprit de Dieu que la rectitude est introduite
en l'homme ; c'est de la Iustice eternelle qu'il peut prendre quelque mesure
certaine pour rectifier ses jugemens. La sainte Escriture nous apprend cela
bien plus certainement en l'exemple du sage Salomon, les jugemens duquel ont esté admirez jusques aux extremitez de la terre. Car bien qu'il eust
l'esprit excellent de nature, orné d'ailleurs d'vne grande varieté, voire vniuerselle connoissance de toutes choses ; neantmoins il n'a pas presumé de
trouuer en soy ceste droiture de jugement & ceste parfaite Iustice, mais il
l'a instammeut & ardamment demandée à Dieu, comme l'vne de ses
plus precieuses graces. Il a donc esleué sa voix & ses mains : disant, *Da ser-*
uo tuo cor docile, vt populum tuum iudicare possit, & discernere inter bonum
& malum. Et Dieu luy a respondu ; *Quia postulasti verbum hoc, & non pe-*
tijsti tibi dies multos, nec diuitias, aut animas inimicorum tuorum, sed postula-
sti tibi sapientiam ad discernendum iudicium, ecce feci tibi secundùm sermones
tuos. Il dit bien en vn autre endroit, que Dieu a constitué l'homme, *vt*
disponat orbem terrarum in æquitate, & in directione cordis iudicium iudicet.
Mais il n'entend pas que l'homme presume faire cela de ses forces & à l'ayde de sa seule prudence sombre & obscure : car il adjouste incontinent ;
Da mihi sapientiam tuam, quoniam infirmus sum ego, minor ad intellectum le-
gum & iudicij : Et si quis inter filios hominum consummatus fuerit, & ab illo
absuerit sapientia tua, in nihilum computabitur. Et vn peu apres ; *Nam per*
sapientiam sanati sunt quotquot ab initio tibi Domine placuerunt. Quiconque
doncques sera desireux de la vraye Iustice, qu'il la cherche en Dieu, &
qu'il luy die auec le Prophete ; *De vultu tuo iudicium meum prodeat.* Et
comme ceste diuine Majesté est toute bonté, c'est à dire, communicatiue
de ses perfections, elle nous la distribuera à la mesure de nostre capacité ;
& in lumine eius videbimus lumen. Or pour nous en rendre capables, il faut

que nous nous souuenions qu'vn lieu ne peut estre remply si premierement il n'est vuide. Et puis qu'il est question de receuoir vne lumiere, il faut selon la regle de Physique, que le milieu par lequel elle doit passer soit lucide & transparent. Il faut donc que nous facions cesser en nostre entendement & volonté toutes sortes d'autres operations, toute sorte d'autres discours, toute sorte d'autres pensées, & principalement de celles qui sont meslées de nos passions & affections, qui nous suggerent les images des choses non vrayes, pures & nuës, mais reuestuës des opinions que nostre phantasie, & celle de ceux auec lesquels nous viuons, forgent continuellement : vous souuenant de ce que dit Philon Iuif, au liure *de Temul. Omnis animi motus causa est vt quæ apparent mutari videantur.* Cela est, à mon aduis, le silence duquel parle le Prophete, la paix profonde de nostre entendement ; *Pax Dei quæ exsuperat omnem sensum* ; laquelle rassemblant & reünissant toutes les puissances de nostre ame, & recueillant en la profondeur & solidité de la meditation ceste lumiere de la Iustice eternelle, ny plus ne moins qu'on receuroit vn rayon de Soleil dans le creux d'vn miroir ardent ; elle la multiplie en façon que de lumiere de verité elle deuient feu de charité. Et ce feu de charité mettant par le ministere des Iuges, les actions & affections des hommes à la fonte, consommant ce qui est de vicieux & gasté, & rendant doux & coulant ce qui est pur & sain, donnera en fin à ce corps politic la forme de paix & concorde ; le plus excellent spectacle qui soit au monde, & le plus agreable à Dieu : Et ainsi, *erit opus Iustitiæ, pax ; & cultus eius, silentium.* Mais pource que les remonstrances qui ont accoustumé de se faire aujourd'huy en ce lieu, sont principalement pour l'instruction des Aduocats & Procureurs, & pour les addresser au deuoir de leur charge, il semblera, peut-estre, que par ce discours nous facions chose contraire, & que nous leur voulions oster la parole, & leuer ceste ardeur & affection qu'ils doiuent auoir au bien de leurs parties, & à la deffense des causes qui leur sont commises : nostre discours bien pris & bien entendu, les deliurera, à mon aduis, de ce scrupule. Tant s'en faut que ce silence interieur, auquel nous les exhortons, les rende muets, & les reduise à vne oysiue meditation que les Grecs appelloient αργον λογον, qu'au contraire nous pretendons, selon le dire de Pythagoras rapporté par Iamblichus, σιγω

τον καλον ἐη τε λογου διδασκαλον.

Les Egyptiens tenoient qu'Orus le principal de leurs Dieux estoit né le doigt à la bouche : en suitte de cela ils auoient vn Idole qu'ils appelloient Harpocrate, & qu'ils estimoient le Dieu du silence, qui serroit ses levres auec le doigt. Ce mystere fut trouué si plein d'instruction, si vtile à la vie des hommes, que le cult en fut incontinent transferé en Grece & en Italie ; de sorte que Pline escrit, que de son temps la plus commune image que les Seigneurs grauoient en leurs anneaux, c'estoit celle d'Harpocrate. Or bien qu'il fust Dieu du silence, toutesfois l'Hymne qu'on chantoit à son sacrifice commençoit, à ce que rapporte Plutarque en la vie d'Isis & Osiris, par ce vers,

Γλῶσα τυχη, γλῶσα δαιμων.

Comme qui diroit, La langue est la fortune, la langue est le genie des hommes,

mes. Et quel heur, & quelle fortune pourroit jamais procurer la langue, si
elle eſtoit noüée, ſi elle eſtoit percluſe? Ce ſilence donc n'eſtoit pas vne
muette obſtination, mais vn prudent preparatif & ſage inſtruction à bien
dire, qui ne s'apprend que par vne profonde meditation, ſelon ce beau mot
de Democrite, δξεινοια λόγου πηγή. L'Empereur Antoninus au liure qu'il a luy
meſme eſcrit de ſa vie, recherchant la raiſon pour laquelle les eſcrits des
Poëtes ont beaucoup plus de beaux traits, plus hardis & plus ſenten-
tieux, que ceux qui ſont en proſe, il dit que c'eſt que les conceptions retenuës & reſerrées dans la meſure des vers ſe pouſſent auec plus d'effort; ny
plus ny moins, dit-il, que la voix renfermée dans vne trompette d'airain
rend vn ſon bien plus aigu & plus eſclatant. De meſme ie veux dire, que
ceux qui veulent acquerir quelque honneur au meſtier de bien dire, ſe faire
oüir par deſſus les autres, & ſe faire, comme on dit, monſtrer au doigt, *&*
dicier, *Hic eſt*, doiuent lenguement penſer & ruminer en eux meſmes, re-
cuire & digerer par vn long ſilence & profonde meditation, ce qu'ils veulent produire en vn ſi fameux theatre, qu'il faut remplir d'vn ton non ſeulement haut & aigu, mais encore melodieux & harmonieux. Ils doiuent ſe
bien perſuader, qu'il n'y a point d'eſcueil plus dangereux à leur reputation,
que ce babil effrené & inconſideré,

  Cæcáque garrulitas, ſtudiúmque immane loquendi.
Auſſi Quintilian, qui eſtoit excellent maiſtre en ce meſtier, diſoit; *Extem-*
poralis garrulitas, nec expectata cogitatio & dicendi mora circulatoria verè ia-
ctationis. S'il eſt vray, comme dit Euſebe en la vie de Conſtantin, que *ora-*
tio mentis eſt filia; il faut qu'auant que l'enfanter, elle ſoit bien conceuë &
bien formée, afin que portée à terme, elle naiſſe parfaite en toutes ſes parties. Il faut que la ſage parole tombe du cerueau & non des lévres, & tombe non par vne indiſcrette ſecouſſe, mais comme vn fruit meur par ſa grauité & maturité. Quant à ceſte ardeur & affection que vous apportez ordinairement, & la plus part exceſſiuement en vos cauſes, ie ne la veux pas
non plus eſtouffer, mais la reprimer & temperer. La chaleur eſt neceſſaire
pour l'entretenement de la vie; mais ſi elle eſt exceſſiue, elle deuient fiévre,
& ruine ce qu'elle doit conſeruer. Elle fait prendre premierement mauuaiſe
opinion de la pudeur & modeſtie de celuy qui parle, laquelle il faut choyer
& cherir comme ſa vie; & nous contraint quelquefois de les rabroüer, &
leur dire ce mot de l'Empereur en vne des loix de voſtre Code: *Sine atroci-*
tate verborum æquitatem petitionis tuæ Iudici commendare potuiſti. Mais elle
nuit auſſi bien ſouuent aux pauures parties, & rend leur cauſe odieuſe. *Cer-*
tè, diſoit Quintilian; *Patroni petulantiam litigator luit*. Ceux qui croyent
que la vehemence ſoit vne marque de force & de vertu, ſe trompent. Ne
voyez-vous pas que les petits enfans & les vieillards qui ne peuuent marcher, veulent touſiours courir, & les boiteux ne peuuent aller bellement,
& redoublent le pas plus viſte que les autres? Vn eſprit fort bien temperé
va touſiours de meſme train, & d'vne meſme teneur, *puróque ſimillimus*
amni, monſtre par la douceur de ſon cours vn grands fond; où au contraire les torrens, qui font vn grand bruit, n'ont quaſi point d'eau, & ne trainent que de la bourbe & des pierres. Quant aux faux faits, aux ſurpriſes, aux

cauillations ; ie veux croire de vous que vous ne vous oublierez jamais tant que de vous en seruir en ce barreau, & que vous vous souuiendrez de ce mot de Cassiodore : *Nimis execrabile est, si cùm aliud nouerit conscientia, aliud lingua decernat.* S'il est vray ce que dit l'Historien, que *Catone spectante populus Romanus Florales ludos flagitare ausus non est :* & quoy ? à la presence de tant de Catons, d'vn tel Senat, mais de Dieu mesme qui preside en ce lieu, oseriez-vous introduire icy la fraude & la menterie, deux des plus sales & detestables vilenies qui soient en la societé des hommes ? Et neantmoins, pource que quelquefois l'importunité de vos parties, leur passion, & le grand prix qu'ils vous proposent, solicitent, pressent, & importunent violemment vostre pudeur, ie veux vous laisser pour alexipharmaque & pro amuleto contre tels poisons & tels charmes, vn beau trait d'Hippocrates, en cet endroit aussi bon medecin de l'ame que du corps. Escriuant à vn sien disciple ; Quand tu vas, disoit-il, visiter vn malade, n'estime pas que ce soient les hommes qui t'y ayent appellé, mais croy que c'est la nature elle mesme qui t'a conuié & requis de venir au secours de son ouurage, pour empescher qu'il ne se ruine & perisse. Quand vous entreprenez la deffence d'vne cause, ne vous imaginez pas, que ce soit cet homme-là qui vous a donné vn escu auec vn sac qui vous l'ait commise ; croyez que c'est la Iustice elle mesme, ceste grande & graue Reyne qui vous dit, Venez me deffendre contre l'injure & la calomnie. Et pource regardez, non ce qui est agreable à vos parties, mais conuenable à la Iustice, vous souuenant qu'vn Medecin ne seroit pas excusable s'il auoit donné du poison, ou vne medecine contre l'art à vn malade qui l'en auroit importuné. La vraye preuarication d'vn Aduocat, c'est quand il abandonne la Iustice ; c'est celle-là de laquelle vous jurez premier en vostre reception la deffense, & la rejurez tous les ans par le renouuellement du serment. Aussi se trouue-t'il dans les registres des Parlemens, qu'anciennement vous estiez nommez les Conseillers de la Cour, & que les parties n'auoient pas accoustumé de vous choisir, mais on vous distribuoit pour conseil à ceux qui en auoient besoin, comme encore on fait souuent. Establissez donc en vos ames ce silence interieur, qui fait cesser tous mouuemens dereglez & contraires à la Iustice, a laquelle vous estes consacrez. Et pource dites auec Philon ; *Adeste igitur cogitationes omnes, & ratiocinationes, tanquam vocatæ in Senatum animæ*, afin d'entendre, s'il est possible, les propositions & inspirations de ceste Iustice eternelle, vraye source de toute droiture & equité. Que si ce son est trop aigu pour vostre oüye pour estre du premier coup bien & distinctement entendu, à cause que l'infirmité humaine est disproportionnée à ceste Sapience infinie : Escoutez-en au moins attentiuement le rebond, la reflexion & l'echo és ordonnances de nos Rois, lesquelles sont en cet endroit les truchemens & interpretes de Dieu ; afin que la soigneuse attention soit suiuie d'vne claire intelligence, la claire intelligence d'vne religieuse obseruation, la religieuse obseruation d'vne publique tranquillité, la publique tranquillité d'vne entiere felicité, au moins autant qu'on la peut obtenir en ce monde.

A L'OVVERTVRE

A L'OVVERTVRE DV PARLEMENT, EN l'année mil six cens quatorze.

R E P E N S A N T en moy-mesme à quoy pouuoit estre plus dignement employée ceste journée, & dequoy plus serieusement entretenuë ceste honorable assemblée, qui paroist maintenant en ce lieu; ie me suis souuenu d'vne constitution des Empereurs Arcadius & Honorius rapportée en nos liures sous le titre de l'oblation des vœux. Nous apprenons par icelle, que lors qu'on faisoit à Rome l'ouuerture du Senat, on commençoit par des vœux solennels pour la vie, & pour le salut du Prince. L'exemple d'vn si grand & si heureux Empire pourroit seul suffire à nous semondre à l'imitation d'vne si religieuse action, puis qu'il est certain que rien ne persuade si puissamment les hommes que l'heur & la gloire de ceux qu'ils veulent imiter. Mais outre cela, ceste façon de faire se monstre si euidemment vtile & salutaire pour le bien & prosperité de l'Estat, qu'elle semble contenir par vertu & par eminence tout ce qui se pourroit faire aujourd'huy pour la perfection & accomplissement de l'acte que nous faisons icy. Car qu'est-ce que nous nous proposons maintenant ? à quoy tendent nos labeurs ? à quoy bandent nos esprits ? à quoy aspirent nos souhaits ? N'est-ce pas par l'exercice de la Iustice, & le ministere des loix, conseruer entre nos Citoyens cet ordre sacré, ceste mysterieuse proportion, par le moyen de laquelle chacun demeurant dans les bornes de son deuoir, la fortune des particuliers est renduë tranquille & asseurée, & la publique heureuse & glorieuse ? Or cet ordre, ceste loy, ceste Iustice, n'est autre chose qu'vne emanation de la vertu & puissance du Prince, qui, comme vn esprit vital, se respand & influë en tous les membres de la chose publique, y conserue le temperament, & y fait reluire la vigueur & la beauté conuenable. Et la vertu & puissance du Prince n'est rien qu'vne influence & communication de la bonté & puissance de Dieu, laquelle nous ne pouuons nous concilier que par nos vœux & prieres. Les Theologiens disent que toutes les choses du monde ont quelque similitude auec Dieu, & que de ceste ressemblance elles tirent la perfection de leur estre; mais diuersement, & en different degré de similitude. Les choses inanimées, & les plantes, & les animaux, seulement par forme & maniere de trace & de vestige, pour dire que Dieu en passant y a laissé des marques de sa vertu. Le commun des hommes, & par forme d'image, c'est à dire, auec rapport, bien qu'inegal, aux principales parties de l'essence diuine, qui sont l'entendement & la volonté: Et encore cela n'est qu'vne image à profil qui ne rapporte que ce qu'elle imite. Mais les Rois par vne plus propre & speciale façon sont appellez les images de Dieu, images viues & de plein relief; Images qui rapportent tout ce qui est de plus excellent & admirable en la Diuinité, sçauoir est la puissance, la prouidence, la Iustice. Et c'est de là que par mysterieuse & secrette inspiration se forme en eux & paroist sur leurs

visages vne certaine Majesté qui soumet à soy par vne occulte veneration les volontez de leurs sujets, & ploye leurs cœurs à l'obeïssance. Et c'est de là que tant de differents esprits, de diuerses passions, de contraires desseins, sont tellement moderez & temperez, qu'ils se terminent en ce doux & melodieux accord de paix & de repos. Chose à la verité admirable en son effet & incomprehensible en sa cause, dont il ne se faut pas estonner. Car il est bien certain que toutes choses ont vne forme substantielle, par laquelle elles subsistent; laquelle neantmoins on ne sçauroit parfaitement connoistre, ny mesme la façon dont elle agit. Ce qu'on en apperçoit & juge plus certainement, c'est que par l'absence & separation de ceste forme la chose change visiblement d'estre, & deperit entierement. Ainsi est-il des Rois, il est difficile, voire comme impossible de comprendre comme vn homme qui semble à l'exterieur n'estre en rien different des autres, qui n'a qu'vne teste, que deux yeux, deux bras, & deux mains, puisse donner mouuement & maniment à tant & tant de millions d'hommes, les pousser & retenir selon qu'il est à propos pour leur bien, les contenir en vn mesme corps, & au poinct qui est necessaire pour leur felicité. Mais bien est-il aisé d'apperce-uoir que si tost que ceste puissance Royale est absente, ou hors de place, qu'elle est entreprise & cesse d'agir, tous les membres de l'Estat tombent en conuulsion, demeurent perclus, la gangrene s'y engendre, & tout le corps politic se dissout, tombe en ruine & misere. De mesme qu'il arriua à cet artificieux nauire, dans lequel Neron fit embarquer sa mere à Baies pour la passer à Poussole; car il estoit, ce dit Tacite, composé de façon qu'en leuant vne piece de bois qui estoit au milieu, tout le corps s'en alloit en pieces, & se dissipoit par morceaux. Helas! par nostre grand malheur trop auons-nous esprouué en nostre siecle la verité de ceste proposition; trop & trop lamentables ont esté les effets des funestes eclipses de nos Princes; trop deplorables à jamais les calamitez qu'ont fait inonder sur la France les rebellions & desobeïssances des peuples. Combien sont hideuses les cicatrices qui nous sont demeurées de si venimeuses playes? Ne croiroit-on pas que ceux qui ont des yeux pour les voir, des oreilles pour en oüir parler, vne memoire pour s'en souuenir, les detesteroient à jamais, & aymeroient mieux cent fois mourir, que prester leurs mains pour en faire de semblables? Et toutesfois qu'auons-nous pensé voir en nos jours? Ce venin pestilent de rebellion a failly vne autre fois de saisir le cœur de nostre Estat; il endormoit desja les sens des François, esbloüissoit leur jugement, charmoit leurs volontez. Lassez d'estre trop heureux, ennuyez de trop d'ayse, enuieux de la gloire de nostre patrie, nous estions prests à nous replonger en vn gouffre de misere. Et à qui imputerons-nous ce malheur? Non, non, n'en accusons que nostre ingratitude enuers Dieu, qui nous a voulu faire sentir que nous estions indignes de ioüir paisiblement des biens que nous reconnoissions si mal de sa bonté. Et de quelle autre part que du Ciel, pourroit estre tombé en nos esprits vn si grand aueuglement que celuy qui a lors saisy les François, qui leur a persuadé de chercher le repos dans le trouble, l'ordre dans la guerre, la reformation de l'Estat dans la confusion & la desobeïssance? Ie ne me ressouuien-
dray

dray jamais de ceste fatale fureur, que ie ne me souuienne quant & quant
de l'insigne folie du Roy Æson, qui ennuyé des incommoditez de sa veil-
lesse, se laissa persuader pour redeuenir jeune, de faire couper son corps en
pieces, & le boüillir dans vn chaudron d'or, esperant qu'il se refondroit
& reformeroit tout de nouueau : Et ainsi perdit ce qui luy restoit de vie,
la voulant allonger & rajeunir. C'est vn grand cas qu'il n'y a point de precipice si espouuentable, ny de ruine si presente & si funeste, qui ne trouue
des appas suffisans pour y attirer les hommes. O que les esperances, ô que
les apparences, sont trompeuses, sont dangereuses ! ô qu'il les faut soigneusement & courageusement fuir & abhorrer, toutes & quantesfois
que si peu que ce soit elles nous destournent de l'obeïssance du Prince !
Plus elles nous promettent de bien, plus d'heur, plus de felicité, plus nous
deuons-nous tenir sur nos gardes. Solin l'Historien dit, qu'en autres serpens qui naissent en Afrique, il y en a vn qu'il appelle Scytale, qui est fort
grand & fort veneneux ; mais parce qu'il marche fort lentement, il ne
pourroit quasi faire aucun mal, n'estoit que quand il apperçoit les personnes il enfle sa peau, & fait reluire sur icelle vne si belle & si grande varieté de
couleurs, que ceux qui le voyent, espris d'admiration, le laissent approcher
si pres d'eux, qu'en fin il les attrape, & les deuore. Ainsi en est-il ordinairement de ce hideux & cruel monstre de Rebellion & desobeïssance ; il est
foible du commencement, il a peine à marcher & se soustenir ; il a peine à
arriuer vers ceux qu'il veut perdre & seduire : Mais pour se faire attendre,
pour se faire regarder, pour se faire aymer par les peuples qu'il veut deuorer,
il leur represente par de belles couleurs & specieux pretextes la liberté, la licence, l'immunité, la reformation ; bref, l'esclat & lustre d'vn siecle d'or.
Puis il leur fait sentir vne dure seruitude, les rançonnemens, les violemens,
les brulemens ; bref, vne entiere desolation ; bref, l'horreur d'vn siecle
vrayement de fer ! O monstre detestable, combien peu s'en est-il fallu
que tu ne nous ayes fait sentir toutes ces extremitez-là ? Mais heureux nos
malheurs, puis qu'ils ont esté si courts ; agreables nos fureurs, puis qu'elles ont esté si tost passées. A peine peut-on blasmer la faute qui a esté si
tost reconnuë. Et bien que l'innocence eust esté plus loüable, si est-ce
que l'erreur a esté aucunement agreable, quand il a seruy à tesmoigner
l'ingenuité de ses autheurs, & la bonté & clemence du Prince. Si tost
qu'il a fait connoistre que les traits qui se jettoient à diuers buts & diuerses personnes, rejaillissoient jusques à luy, les armes sont respectueu-
sement tombées des mains de ceux qui les auoient inconsiderément leuées. N'auez-vous point veu vn essaim d'Abeilles qu'on a escartées auec
la fumée pour auoir leurs gauffres ? elles se desbandent & volettent çà
& là en murmurant : Mais comme elles commencent à voir leur Roy
auec ses aisles dorées resplendissant en l'air, elles se rallient autour de luy ;
& toutes ensemble viennent regagner leurs ruches, & recommencer leur
mielleux trauail. A quoy pourroit-on mieux rapporter l'heureux voyage
que nostre jeune Roy vient maintenant de faire par les Prouinces esmeuës
de son Royaume ? La Noblesse de France estoit toute en rumeur vrayement pour des fumées d'opinion qui leur auoit esbloüy l'esprit. Le Roy,

eſt party de ſon Louure auec la lueur & l'eſclat de ſes armes, mais ſans aiguillon, non plus qu'vn Roy d'abeilles, ſans aucune memoire, ſans aucun reſſentiment de ce qui s'eſtoit paſſé, luiſant tout de douceur, luiſant tout de clemence. Auſſi toſt les Princes, tous les Grands, toute la Nobleſſe, ſont accourus en foule autour de luy : les premiers a faillir ont eſté les premiers à le reconnoiſtre : il les a tous embraſſez, tous careſſez, non ſeulement pardonné, mais diſſimulé; non ſeulement diſſimulé, mais excuſé les fautes. Et voyla, les vns & les autres ſont demeurez glorieux; les vns de n'auoir jamais offenſé vne ſi grande bonté, les autres de l'auoir eſprouuée, & en auoir accreu la gloire. Mais bien me ſemble-t'il que ie les voy les vns & les autres vnanimement proteſter de n'auoir jamais plus penſée qui luy deſplaiſe, ny autre deſir, ny autre deſſein, que d'affermir par leur valeur ſon Sceptre, & eſtablir par leurs armes ſon obeiſſance. Et ainſi conduit par ceſte egalement ſage, & egalement heureuſe Princeſſe, la Reyne ſa mere au milieu des Princes & des Seigneurs de ſon Royaume, il s'en reuient dans l'auguſte ſiege de ſon Empire, ſe monſtrer maintenant non plus Roy enfant, mais Roy regnant, puis que l'aage requis par la Loy de l'Eſtat luy en a mis les reſnes en main. Et de là il s'achemine à ceſte celebre aſſemblée des Eſtats de ſon Royaume, pour, par l'aduis des plus ſages d'iceluy, pouruoir à la reformation & gouuernement de l'Eſtat, c'eſt à dire, au repos & à la felicité de ſes peuples. Ny plus ny moins qu'en la ſaiſon dorée du Printemps on voit vn beau & clair Soleil, conduit par la ſage nature & conjonction des Planettes debonnaires, & en la conſtellation des ſignes fauorables, renouueller la terre & la couurir de fleurs. Heureuſe donc ceſte journée qui nous repreſente, non vne des occaſions, auſquels les anciens auoient accouſtumé de faire ſolennellement des vœux pour le ſalut de leur Prince, mais quaſi fatalement nous les r'aſſemble icy. Car en icelle nous faiſons l'ouuerture de noſtre Senat, qui ne nous doit pas eſtre en moindre veneration que celuy des Romains, puis que nous croyons que le vray Dieu y preſide. En icelle nous nous conjoüiſſons de l'heureux retour de noſtre Prince, non moins heureux & fatal au bien de l'Eſtat, que fut le retour d'Auguſte, auquel on conſacra tant de feſtes pour teſmoignage d'allegreſſe publique. En icelle noſtre Roy eſt fait & declaré majeur; & partant ſe peut dire eſtre ſon vray aduenement à la Couronne, qui nous le donne vif, actif, exerçant les fonctions Royales, & que nous pouuons à bon droit appeller, le jour de la naiſſance de l'Eſtat, jour critique de noſtre repos, l'Aurore de noſtre felicité. Quoy doncques à ce jourd'huy, & à tant d'occaſions, manquerions-nous du religieux office que nous deuons à noſtre Prince, & à noſtre Patrie, pour la conſeruation de ceſte chere teſte de laquelle deſpend le ſalut de tant de peuples? N'ouurirons-nous point le Ciel par nos voix; ne le conjurerons-nous point par vœux, afin qu'il nous conſerue le bien qu'il nous a donné; qu'il beniſſe celuy qu'il a eſleué ſur nous; qu'il cheriſſe celuy qu'il a rendu tant aimable; qu'il protege celuy auquel il a commis la protection de la France? O precieux don du Ciel, image ſacrée de la Diuinité, eſprit viuifiant de ceſte Monarchie, Dieu

vous

vous conferue à jamais parmy nous; Et s'il ne fe peut, Dieu vous conferue au moins le dernier d'entre nous, & vueille de nos années adjoufter aux voftres. Que les vertus de Pieté & de Iuftice qui font nées en vous, croiffent, touſiurs auec vous, afin que voftre Regne foit egalement agreable à Dieu & falutaire à vos peuples. Que l'impieté, l'iniquité, l'audace, la violence, la corruptele, la mefchanceté, qui ont diffamé le fiecle paffé, foient entierement exterminées du voftre. Que les voluptez, Sirenes trompeufes, & ennemies mortelles des grands Rois, foient à jamais efloignées de vous. Que l'adulation & la flaterie, pernicieufes peftes de la Royauté, jamais ne puiffent affieger vos oreilles, & moins toucher voftre cœur. Que vous vous fouueniez continuellement, que tous les Empires du monde font mouuans de celuy du Dieu eternel, qui en efbranle les fondemens, les renuerfe & les redreffe quand il luy plaift. Qu'ainfi retenu par fa crainte, animé par fon amour, vous regniez longuement, heureufemeti̇r, & glorieufement. Que vos armes foient touſiours couuertes de trophées, & voftre nom plein d'admiration, porté fur les aifles de la Renommée aux extremitez de la terre, par tout craint, mais tout aymé, par tout defiré. Et nous en l'attente de l'exaucement de nos vœux, pour contribuer ce que nous pourrons à la profperité de voftre Regne, & felicité de voftre fiecle, commencerons aujourd'huy, en jurant la religieufe obferuation de vos loix & ordonnances, à confacrer nos vies à voftre obeïffance.

TRES-HVMBLES REMONSTRANCES FAITES
au Roy en Decembre 1614. de la part de la Cour de Parlement de Prouence, fur la pourfuite faite au Confeil de fa Majefté par Monfieur l'Archeuefque d'Aix, contre Monfieur le Procureur general en ladite Cour, pour vne pretenduë contrauention ou entreprife.

 IRE, Voftre Cour de Parlement de Prouence ayant eu ce bonheur durant les tendres années de voftre minorité, de conferuer la Prouince fous voftre obeïffance en plus de repos & tranquillité qu'aucune autre de ce Royaume, elle fe croit maintenant à l'entrée de voftre maiorité, obligée de veiller auec le mefme foin & fidelité, à ce qu'il ne s'y entreprenne rien contre le bien de voftre Eftat, & droits de voftre Couronne. D'autant que ce qui peut auoir efté fait fous l'infirmité de voftre bas aage, a auffi moins de force, & tire apres foy moins de confequence. Mais ce qui feroit fait durant voftre pleine & legitime adminiftration, pourroit fembler authorifé de voftre Nom & de voftre regne, & donner prife à ceux qui alleguent les exemples pour titres des entreprifes qu'ils font fur les droits de voftre Couronne. C'eft ce qui la porte maintenant à vous addreffer cefte Remonftrance, qui eft la premiere qu'elle vous ait encore fait; laquelle elle vous prefente auec autant d'humilité & fincerité, qu'elle vous fouhaitte de grandeur & de profperité. C'eft, SIRE, fur vn fujet qui en apparence femblera peut-eftre leger; mais bien confideré, fi grand & de fi

grande importance qu'autre qui se puisse offrir ; puis que l'on veut sous vn
pretexte specieux de Religion, & auec la faueur mesme de vostre Nom &
de vostre authorité saper les fondemens de l'Estat, & en renuerser les loix
sur lesquelles il est appuyé. Vostre Cour, SIRE, ne vous donnera jamais
aduis de rien desnier à l'Eglise du respect qui luy est deu, ny. diminuer aucune chose des droits qui luy appartiennent ; au contraire, elle vous representera tousiours que la pieté est le principal ornement de vostre Couronne, & qu'il faut que vostre grandeur Royale prenne sa iuste croissance dans
le sein de ceste sacrée Mere, & soit comme nourrie & esleuée du laict de
ses vœux & prieres. Aussi ne sera-il jamais dit qu'en l'administration que
vous luy auez commise de vostre Iustice souuerai... e manque en rien, ny
au respect ny à la protection de cet ordre saint, m.. ..ur entre Dieu & les
hommes : elle croiroit en cela trop vous desseruir. Mais, SIRE, si quelque
particulier, ou par zele inconsideré, ou par ambitieux dessein, se veut seruir de ce pretexte pour alterer la police du Royaume, ou entreprendre sur
vostre authorité, on ne verra jamais que pour fuïr la haine ou l'enuie dont
on la voudroit charger, elle relasche rien de l'obligation qu'elle a aux loix
& au bien du Royaume. Depuis l'heure infortunée qui priua le siege Ar-
chiepiscopal de ceste ville de ce grand personnage Messire Gilbert de Ge-
nebrard, celebre en erudition & pureté de vie, & qui eust esté vne grande lumiere en l'Eglise, si elle n'eut esté offusquée par les vapeurs qui trou-
bloient les esprits du temps, vostre Cour de Parlement a tousiours passionné-
ment desiré de viure auec Messire Paul Huraut son successeur, en la paix &
concorde bien seante entre la Religion & la Iustice ; & nourrir de sa part la
charité qui doit estre le lien de ces deux grandes puissances. Elle ose asseurer
& protester à vostre Majesté, qu'il n'est jamais party d'elle aucune action,
voire la moindre qu'on puisse remarquer, qui ait deu en rien desplaire audit
sieur Archeuesque, ny l'aliener de la charitable affection & dilection qu'il
doit à ladite Cour. Et toutesfois non seulement toute la France, mais quasi
toutes les parties de l'Europe sont abbreuuées & scandalisées des aigreurs &
animositez que ledit sieur Archeuesque a fait esclatter contre elle en toutes
les occasions, sans en auoir eu aucun autre sujet, sinon qu'il n'a peu supporter
le chastiment qu'elle a fait de quelques crimes les plus horribles & espouuentables que l'imagination des hommes puisse conceuoir, dont quelques Ecclesiastiques se sont trouuez conuaincus. Il a creu que la dignité de l'ordre
estoit profanée par la peine de telles gens ; Et vostre Cour au contraire, que
la pureté de l'Eglise & sa splendeur luy estoit renduë par l'extermination
d'iceux. Tant y a qu'elle a porté beaucoup de regret, qu'vn tel sujet ait causé la continuelle absence dudit sieur Archeuesque de son troupeau depuis
treize ou quatorze ans. Mais encore plus de desplaisir a-elle qu'apres vn si
long-temps estant retourné, lors qu'on esperoit qu'il voudroit par vn excés
de charité & demonstration de bien-vueillance adoucir le regret de ce qui
s'estoit passé, il aye recherché vn nouueau sujet pour s'aliener de ceste Compagnie. Ce fut il y a enuiron deux ans vers Noël, qu'ayant esté deputé par les
Estats du païs qui se tenoient lors, pour venir faire quelques remercimens à
vostredite Cour, les Huissiers qui en furent aduertis, dirent à vostre Procureur

cureur general que combien que les Archeuesques ayent accouftumé de
laiffer leur Croix à l'entrée de la Chappelle, qui eft à l'entrée de la falle de
l'audience; neantmoins aux vacations la derniere fois que ledit fieur Archeuefque eftoit venu au Palais, il auoit fait entrer en ladite falle de l'audience: en quoy ayans efté furpris ils n'auoient ofé s'y oppofer, luy demandans ce qu'ils auoient à faire. Voftre Procureur general entra lors en la
grand' Chambre, & ayant propofé cela à la Compagnie feante; pour ce
que c'eft chofe fans difficulté, & que nul ne porte les marques de jurifdi-
ction dans le Palais du Roy, aux lieux qui font gardez par les Huiffiers; Il
luy fut d'vn commun vœu de la Compagnie refpondu, qu'il falloit que la
Croix demeuraft dans la Chappelle, qui eft entre les deux portes de la
Chambre de l'audience fuiuant la Couftume. Ledit fieur Archeuefque ne
vint pas ce jour-là au Palais, & eut loifir, eftant aduerty de ce que la Cour
auoit ordonné, d'en deliberer; & de verité il en prit l'aduis de perfonnes
plus defireufes de fomenter fa paffion, que curieufes de fon honneur & de
fa dignité. De forte que le lendemain au lieu de s'abftenir de venir au Palais, s'il croioit n'y pouuoir eftre felon fon defir, ou de s'accommoder à ce
que la Cour auoit ordonné, il vint & voulut paffer fa Croix dans la Chambre de l'audience: à quoy il fut empefché par les Huiffiers felon le commandement que voftre Procureur general leur auoit fait de la part de voftredite
Cour: qui fut caufe qu'il ne voulut pas entrer en la Chambre, ains s'en retourna auec vne manifefte indignation. Toutesfois connoiffant bien qu'il
n'auoit point de raifon en fa plainte, & que ceux qui l'auoient confeillé &
animé à cefte action l'auoient trompé; il a demeuré pres de deux ans fans
en parler. Depuis il prefenta requefte au Confeil de voftre Majefté eftant à
Nantes en Bretagne, le 23. d'Aouft dernier, tendant afin qu'il pleuft à vôftre Majefté ordonner que fon Procureur general en la Cour de Parlement
d'Aix feroit appellé, pour refpondre des contrauétions & entreprifes par luy
faites de fon authorité priuée, contre ce qui a efté obferué de tout temps,
& jamais contefté aux Archeuefques de la ville d'Aix, foit en l'exercice de
la Iuftice Ecclefiaftique ou autres droits, & notamment pour faire porter
la Croix deuant luy, comme marque de fa dignité, jufques à la porte du
lieu où la Cour fe trouue affemblée: ce que ledit Procureur general, à ce
qu'il dit, auroit fait de force, & fans aucun commandement de ladite Cour.
Surquoy voftre Confeil eftant empefché; & quafi comme plongé dans les
confufions qui alors enuelopoient tout voftre Eftat, l'importunité des
Agens dudit Archeuefque, arracha vn decret, que l'on croit n'eftre pas de
grande importance, qui fut que voftre Procureur general feroit affigné
pour venir refpondre à deux mois dans voftredit Confeil, fur les fins de ladite requefte. Ce qu'il ne fit exploiter que le penultiefme Octobre, quand
il voulut partir pour s'en retourner à la Cour. Voftre Parlement en eftant
aduerty, & ayant confideré l'importance de cet affaire, mefme fi elle prenoit fon cours felon le deffein & paffion dudit fieur Archeuefque, il a creu
en deuoir preuenir le dangereux euenement par cefte remonftrance, & par
icelle, SIRE, faire connoiftre clairement à voftre Majefté deux chofes;
l'vne, que ledit fieur Archeuefque n'a nulle raifon en fa plainte; l'autre que

la procedure qu'il tient estant tolerée renuerseroit les loix du Royaume, supprimeroit vostre Iustice souueraine, esbranleroit les fondemens de l'Estat, exposeroit la personne sacrée des Roys à l'enuie & à la haine des peuples, & aux dangers qui suiuent telles passions. Et pour commencer par sa plainte, elle est, que l'on ne luy a pas voulu laisser entrer sa Croix dans la salle de l'audience, pendant que vostre Parlement est seant, & lors que les Huissiers en gardent la porte. Comme s'il ignoroit que la Croix est la marque de sa iurisdiction Metropolitaine, laquelle il ne peut porter, non seulement aux lieux où s'exerce la Iustice souueraine de vostre Majesté ; mais par la disposition mesme du droit Canon, il ne la peut porter en presence d'aucun Superieur à luy, & ayant iurisdiction spirituelle par dessus luy ; de sorte qu'il faut qu'il la quitte en presence des Legats ou Vice-Legats de sa Sainteté. Il y a bien plus, qu'il ne la peut pas mesme porter dans le Chapitre de son Eglise, pour ce qu'il n'y a pas seul la jurisdiction, mais conjointement auec son Chapitre ; tellement que ceste année mesme s'estant voulu ingerer de la faire entrer dans le Chapitre, il y en eut plainte, & a esté resolu par son Chapitre qu'on ne la luy souffriroit point. Il allegue, S I R E, que de tout temps luy & ses predecesseurs en ont ainsi vsé. Il suffiroit à cela de respondre qu'en ce Royaume on n'est point receuable à alleguer possession contre vostre Procureur general ; il plaide, comme on dit, tousiours saisi, contre luy la possession sans titre ne sert de rien, & ledit sieur Archeuesque qui a esté nourry dans vos Cours de Parlement, ne le peut ignorer. Mais tant s'en faut que cela soit veritable : premierement pour son regard, depuis quinze ans qu'il est Archeuesque il n'a pas fait deux ans de residence en sondit Archeuesché, pendant lesquels il a esté continuellement en different auec vostredit Parlement ; comment doncques pourroit-il pretendre ceste possession ? Pour le regard de ses predecesseurs, par la reformation du Parlement, l'entrée d'iceluy leur a esté ostée ; de sorte qu'ils ne venoient point audit Parlement que quand ils y estoient mandez. Et lors de tant qu'il y a memoire d'hommes, il n'y en a eu vn seul d'eux, bien qu'il y ait eu des Cardinaux, & de fort releuée qualité, qui n'ait laissé sa Croix à l'entrée de la salle de l'audience dans la Chapelle qui y est. Bien plus, Monsieur le Cardinal d'Armagnac estant Collegat d'Auignon, & ayant dauantage la charge de commander pour le Roy en Prouence, venant dans le Parlement en a vsé de mesme façon ; & ne se trouuera que jamais ceste humeur soit entrée en l'esprit d'aucuns des predecesseurs dudit sieur Archeuesque, ny qu'ils y ayent seulement oncques pensé. Aussi en quel lieu plus decemment peut estre ceste sacrée marque, qu'en vn lieu saint où se celebrent les hauts & profonds mysteres de la Religion ? Il se plaint que vostre Procureur general de son authorité priuée a formé cet empeschement ; & il n'y a nul doute que quand il l'auroit fait, qu'il ne l'ait peu faire, non d'authorité priuée ; car il n'est point personne de qui les actions se doiuent mesurer de ceste façon ; mais comme vostre Procureur general il est obligé de s'opposer à tout ce qui s'entreprend au prejudice de vostre authorité & des droits de vos Iurisdictions ; voire tellement que s'il ne le faisoit, il tomberoit en manifeste preuarication, & se rendroit indigne de sa charge. Mais, S I R E,

c'est

c'eſt choſe que voſtre Cour vous aſſeure n'eſtre nullement veritable, & au contraire que ce qu'il a fait a eſté par l'expreſſe ordonnance d'icelle. Et qui ſçait l'ordre qui ſe doit tenir en telles choſes, que la Compagnie meſme qui l'a eſtably & receu de main en main de ſes predeceſſeurs? de qui doit dependre cela que d'elle? C'eſt, S I R E, ce quieſt de conſequence en cet affaire; le reſte ſe pourroit dire vne choſe friuole, indigne d'eſtre portée à voſtre Majeſté, & de l'en ennuyer. Mais l'on voit qu'en toutes les entrepriſes que fait ledit ſieur Archeueſque, s'il excommunie vos Parlemens, s'il fait des aſſemblées en la Prouince de tout le Clergé d'icelle ſans voſtre authorité, s'il entreprend ſur vos droits de juriſdiction, ſur la police, & que voſtre Cour de Parlement y vueille toucher, auſſi toſt par ſes importunitez & violentes pourſuittes, voila des euocations & interdictions. Et en ce fait, ſi voſtre Procureur general empeſche par ordonnance de voſtre Cour qu'il ne face entrer ſa Croix en la Chambre de l'audience; Le voila aſſigné pour venir deffendre dans voſtre Conſeil, terme que voſtre Cour n'auoit encore entendu, & dont meſme on ne peut comprendre la ſignification, laquelle ledit ſieur Archeueſque a voulu faire croire eſtre, que ledit ſieur Procureur general allaſt luy meſme en perſonne en voſtre Conſeil, eſtimant par là rendre vil & contemptible celuy qui eſt le Cenſeur de tous les ordres, à l'aſpect duquel les plus grands de voſtre Royaume doiuent trembler & ſonger à leur conſcience. L'on a veu, S I R E, autrefois ce grand Procureur general Monſieur Brulard, faiſant quelque pourſuite pour vos droits, contre vn Prince de voſtre Nom & Maiſon, Cardinal & Abbé de ſaint Denys en France; lequel ſur ce que le Prince luy vſoit en preſence du Roy François I. de termes moins reſpectueux qu'il ne deuoit, forma ſur le champ vne appellation comme d'abus, de l'impetration de ſes Bulles en commande de ladite Abbaye, & luy fit donner aſſignation en Parlement pour y venir deffendre: dont ce grand Roy apres l'auoir loüé & embraſſé le pria, luy qui luy pouuoit commander, de ne la point pourſuiure. Or, S I R E, ſi on ſe veut rendre indulgent aux importunitez & violentes pourſuittes dudit ſieur Archeueſque; il faudra doreſnauant que voſtre Procureur general abandonne le Palais & la Prouince, pour aller à la ſuitte de voſtre Conſeil, reſpondre à toutes les pretentions dudit ſieur Archeueſque, & de tant d'autres qui à ſon exemple entreprendront le ſemblable; & que pour euiter telles vexations, il abandonne icy les pourſuittes de vos droits, & laiſſe aller toutes choſes où elles pourront; ou qu'eſtant aſſigné à voſtre Conſeil, il laiſſe faire à voſtredit Conſeil ce que bon luy ſemblera, ſans y apporter aucune deffence: Car ſes biens & fortunes ne pourroient pas ſuffire pour aller plaider à la ſuitte de voſtre Conſeil, contre tous ceux qui luy voudront faire de ſemblables procés. Or ce faiſant, S I R E, qu'en arriue-il? & voicy l'importance de l'affaire; l'on oſte à vos Parlemens la connoiſſance des droits de voſtre Couronne; que les loix & eſtabliſſement du Royaume leur ont donnée; & la rappellant à voſtre perſonne, ſous pretexte de rendre voſtre authorité plus abſoluë; l'on vous en priue, & de vos droits entierement, & precipite-l'on voſtre Eſtat & voſtre perſonne à vn euident danger. Tous les Eſtrangers qui ont conſideré

l'eſtabliſſement de voſtre Royaume, ont admiré plus que toute autre choſe la prudence des fondateurs d'iceluy, qui ont voulu que toutes les graces,
faueurs, & bien-faits, dependiſſent de la ſeule perſonne du Prince, afin
qu'il en euſt tout le gré, & toute la bien-vueillance. Et au contraire que l'e-
xercice de la Iuſtice, diſpenſation des peines & autres chefs dependiſſent
tellement de vos Parlemens, que voſtre Majeſté meſme s'y ſoumit & ſouf-
frit pour ſes droits que l'on luy fit juſtice, comme à vn particulier. En quoy
faiſant, voſtre Majeſté demeure premierement deſchargée enuers Dieu
d'vne choſe où elle ne peut entendre, pour l'empeſchement que luy apporte le gouuernement de l'Eſtat: Outre ce elle demeure deſchargée en ſa
conſcience de faire faire par perſonnes entenduës, experimentées & inſtruites en la judicature, ce dont elle ne peut auoir la ſcience qui ne s'acquiert que par vn grand temps, vn grand eſtude, & vn grand vſage. Elle
demeure dauantage deſchargée enuers les peuples, & les parties intereſſées
de l'opinion qu'on peut prendre, qu'où il y va de ſes droits, elle ne ſauoriſe
ſon fiſc & ſon profit au prejudice d'autruy. Mais ce qui eſt le plus vtile en
cela, elle ſe deſcharge de l'importunité des Grands & de ceux qu'elle fauoriſe, qui ſans doute l'induiroient par leur importunité à leur octroyer des
choſes fort prejudiciables à l'Eſtat. Or SIRE, ſi ceſte maxime a eſté ſaintement inſpirée en l'eſprit des fondateurs de l'Eſtat, il n'y a endroit où elle
doiue eſtre plus religieuſement & inuiolablement obſeruée, que où il y va
des droits de voſtre Couronne, que les Eccleſiaſtiques vous veulent rendre
contentieux. Il n'y a artifice par lequel on puiſſe plus aiſément eſtouffer
voſtre authorité, ruiner vos droits, & renuerſer voſtre Eſtat, que faiſant
que voſtre Majeſté oſte à ſes Parlemens, & retienne à ſoy & à ſon Conſeil
la connoiſſance de telles choſes. Car outre que vous l'oſtez à ceux qui par
longue ſucceſſion d'années ſont inſtruits de vos droits, & en connoiſſent
l'importance, à vn corps qui repreſente toute la force de l'Eſtat qui ne peut
eſtre eſbranlé par l'enuie & par la haine, vous le rappellez à vn corps qui eſt
compoſé pour la pluſpart de Princes, Seigneurs, & autres perſonnes non
verſez en telles choſes. Ceux de voſtre Conſeil qui ont la ſcience & l'experience, ſont comme noyez parmy le grand nombre de ceux qui n'y ſont
point verſez. De plus, on ſçait que les reſolutions de voſtre Conſeil ſont
touſiours ſous voſtre bon plaiſir, & dependent meſmement de voſtre abſoluë puiſſance. De ſorte, SIRE, que ceux qui pourſuiuent choſes prejudiciables à voſtre authorité, meſme quand il y a quelque pretexte ou faueur de Religion, par importunité ou ambition emporteront ce qu'ils voudront, & pied à pied ſaperont voſtre puiſſance. Où ſi voſtre Majeſté reſiſte
à leurs inſtantes & ambitieuſes pourſuittes, ils rempliront, comme on a fait
autrefois, & les chaires, & les places, & les liures, de leurs plaintes, diffa-
meront voſtre nom d'irreligion & d'impieté: & par ce moyen effaçant, &
l'amour, & le reſpect du cœur de vos ſujets, eſbranleront voſtre obeiſſance, & produiront des effets ſemblables à ceux dont les hiſtoires ſont toutes
pleines. A quoy, SIRE, il eſt plus beſoin de prendre garde maintenant
que jamais, puis qu'vne venimeuſe ambition a ſaiſi l'eſprit de pluſieurs, &
les a tellement deſnaturez de l'humeur Françoiſe, qu'ils eſtiment blaſpheme

me ce que vos ancestres ont creu droits sacrez, & ne parlent des appellations comme d'abus & priuileges de l'Eglise Gallicane, que comme d'vn
prestige & abomination; bien que ce soient droits qui n'ont esté introduits principalement que pour les Ecclesiastiques, & pour leur soulagement. S I R E, on ne peut pas oster ceste gloire à vostre Clergé, qu'il ne soit
composé pour la plus part des plus grands & illustres personnages de l'Europe, luisans de grande pieté, & de beaucoup d'erudition; mais aussi ne
peut-on pas dissimuler qu'il ne s'en trouue tousiours quelqu'vn qui poussé
d'ambition, pour se faire renommer, & profiter de l'apparence de son zele,
foule aux pieds les loix de l'Estat, & les droits de vostre Couronne. Puis les
sages Princes ne doiuent pas seulement obseruer au gouuernement de leur
Estat, ce qui est conuenable au present; mais tenir vne regle qui les asseure
en toutes saisons & contre toutes sortes d'accidens, & renferme la licence
de tels esprits dans les barrieres si fortes qu'ils ne les puissent, ny par la faueur
de leur qualité, ny par la hardiesse de leur humeur franchir & renuerser.
Autrement il en peut arriuer mille occasions, où ayant desia prise sur vostre authorité, ny la grandeur de vos ancestres, ny vostre valeur, ny vostre
vertu & pieté ne vous en sçauroient garantir. La pieté, la vertu, & la des-
bonnaireté de Louys le Pieux, de qui vostre Majesté porte le nom & meritera le surnom, mais auec meilleure fortune, ne peut pas empescher qu'il
ne souffrist en sa propre personne les plus grandes hontes & indignitez
qu'on puisse imaginer, & ce de la main de plusieurs Prelats de son Royaume, sans que l'honneur & le respect de Charlemagne son Pere, qui en auoit
esleué & estably la plus part, luy peust de rien seruir. Ce qui vous apprend,
S I R E, que vous les deuez tellement honorer & reuerer, que comme és
choses qui concernent la Religion ils ne doiuent rien auoir au dessus d'eux;
aussi en l'ordre, police & gouuernement de vostre Estat ils doiuent estre
entierement sousmis à vos loix & à vos Magistrats. Et ne deuez souffrir en
aucune occasion, pour si petite qu'elle soit, qu'ils entament vostre authorité, laquelle pour si peu qu'elle soit esbrechée est aisée à entre-ouurir; ne
plus ne moins que les digues & chaussées qui soustiennent la mer & les
grosses riuieres; lesquelles ne se ruinent pas si tost par l'impetuosité des flots
ou poids de l'eau qu'elles soustiennent, comme par quelque petite ouuerture que fera vn rat d'eau, ou autre petit animal, qui les perçant donne
cours ineuitable au torrent qui les emporte. Et pour ce, S I R E, laissez, s'il
vous plaist, à vos Parlemens la jurisdiction que les loix de vostre Royaume
leur donnent; permettez qu'auec peine, haine & enuie ils deffendent vostre authorité. S'il'on vous fait des plaintes d'eux, il est raisonnable qu'ils
vous rendent raison de leurs actions; vostre Cour de Parlement sera tousjours preste de ce faire, & receura à beaucoup d'honneur de vous faire reconnoistre l'esprit duquel elle est menée & conduite en vous seruant. Mais
ne permettez point, S I R E, que l'on la face de juge partie; que sans l'auoir
oüye, à la moindre plainte des parties interessées on luy lie les mains. Ceux
qui par tels moyens font qu'ils n'ont point de Iuges dans vos Parlemens,
ne font rien moins que Roys dans vos Prouinces, pouuans faire & entreprendre tout ce que bon leur semble, & impunément. Vostre Cour sup-

plie donc tres-humblement voftre Majefté en cefte occafion luy laiffer libre la fonction de fa charge, rejetter l'injufte plainte dudit fieur Archeuefque, ou luy en renuoyer la connoiffance, & defcharger voftre Procureur general de l'affignation qui luy a efté donnée à voftre Confeil pour ce
fujet, & pouruoir à ce qu'à l'aduenir le femblable ne fe pratique en fon endroit; afin que voftre Regne reçoiue les benedictions, & voftre Eftat l'affermiffement que la Iuftice a accouftumé d'apporter où elle eft inuiolablement obferuée.

A L'OVVERTVRE DV PARLEMENT EN
l'année mil fix cens quinze.

NTRE les chofes fingulieres que le grand Apollonius
de Tyane auoit remarquées à fon voyage des Indes,
eftoit que le Roy du pays faifoit tous les ans vn grand &
folennel facrifice à la Iuftice. Mais ce qui luy fembloit
fort eftrange, eftoit qu'en ce facrifice il commençoit fa
priere & fon inuocation par tels mots, *O Dea Iuftitia, fi
qua vfquam es.* Que vouloit-il dire? eft-il poffible que des gens fi fages & fi
entendus, qui emportoient lors la gloire de fçauoir plus és chofes diuines &
humaines qu'aucune autre nation de la terre, doutaffent s'il y auoit quelque Iuftice au monde, & dreffaffent des Autels, & fiffent des facrifices à
vne Deité, de laquelle ils n'euffent aucune certitude? Ie veux croire, pour
moy, qu'ils ne doutoient point de l'eftre de la Iuftice, ny de fa Diuinité;
mais comme les Atheniens auoient dreffé vn Autel, *Deo ignoto;* auffi ceux-
cy facrifioient-ils à la Iuftice à eux inconnuës's afferans bien qu'il y en auoit
vne au monde, mais qui n'habitoit point parmy eux; laquelle ils inuoquoient & imploroient, mais ne la pouuoient arrefter ny faire fejourner en
leur pays. De mefme nous facrifions tous les ans à la Iuftice; au moins vn
facrifice de loüange; & par vne offrande de belles & faintes paroles, l'inuoquons & l'implorons, & tafchons par nos remonftrances à la retenir
parmy nous, & nous concilier fa faueur; mais à la verité auec fi peu de fruit
& fi peu d'effet, que quand nous venons aujourd'huy à recommencer ce
facrifice, nous aurions plus d'occafion que les Indiens de chercher premierement où elle eft, & nous efcrier, *O Dea Iuftitia, fi qua vfquam es.* Car fi
elle eft parmy nous, fi nous la connoiffons, fi nous la reuerons, ne purifie-
roit-elle pas nos ames? ne nous rendroit-elle pas juftes, ou pour le moins
amateurs de Iuftice, & ennemis de l'injuftice? ne chafferoit-elle point du
milieu de nous toute forte de chicaneries, de defordres, d'ordures? ne l'ay-
merions-nous, & l'aymant ne la feruirions-nous pas; & la feruant, n'obeï-
rions-nous pas à fes volontez & preceptes? Or de tant de fortes de perfonnes qui font profeffion de la Iuftice, & font icy affemblez pour marcher
fous fon enfeigne, combien peu y en a-il qui obferuent fes loix & fes commandemens, & tefmoignent par leurs mœurs, leurs deportemens, d'eftre
fidelles Miniftres de cefte Deeffe? I'ay grand peur que ce ne fuft auec trop
de

de raison, qu'vn ancien disoit, que la Iustice estoit vne chose excellente,
que chacun loüoit & prisoit grandement; mais laquelle personne ne vouloit pour soy, ains seulement pour autruy. Et plaise à Dieu encor, qu'outre
tous ceux qui violent & diffament ceste sainte Vierge, que ceux qui l'ont
en leur garde, qui sont tous les jours à ses pieds, qui ne parlent que d'elle,
& en toutes leurs paroles disent qu'ils font Iustice, & demandent Iustice,
se portassent le moins outrageusement & contumelieusement à son endroit. Et que nous n'ayons juste occasion de nous escrier à elle, & l'inuoquer, afin qu'elle vienne deffendre son honneur, & desaduoüer ceux qui
se seruent calomnieusement de son nom; & la supplier par les paroles de
Saint Augustin *contra Emeritum; Introduc te ipsam in titulos tuos; tu mane,
non alter possideat, & de tuis velis fallat.* Or pour luy donner occasion de
demeurer parmy nous, & luy oster sujet de reprendre son vol au Ciel, comme elle fit autrefois, que pouuons nous mieux faire, sinon par vne detestation publique chasser de ce lieu, qui est comme son Temple, ou plustost
arracher de nos cœurs, qui sont ses Autels, toutes sales & vilaines passions
que nous sçauons luy desplaire, & ne pouuoir compatir auec elle? Et puis
que ceste journée est dediée pour vous, Aduocats & Procureurs, pour vostre purification & expiation, & que la coustume de ce lieu vous a destiné
pour ceste heure vn flus de paroles saintes pour lauer vos ames, les nettoyer
& rendre dignes de manier les vases sacrez de la Iustice,

———*donec vos flumine viuo*
  Abluero,

tesmoignez-nous au moins par vostre attention que vous consentez &
conspirez aux vœux que nous faisons pour vostre sanctification. Plutarque
dit que la principale marque pour connoistre si on profite à la vertu, c'est
le plaisir que l'on prend aux remonstrances. Nous verrons doncques incontinent en vos visages, en vos contenances, en vostre silence, ce que
nous deuons esperer de vostre amendement. Car tout ainsi que l'œil malade ne peut supporter les viues & brillantes couleurs, aussi l'ame mal disposée ne peut endurer les saintes & libres remonstrances. Mais employans
maintenant, comme nous auons souuent fait, la solennité de ceste action
à detester ceste sale & vilaine passion, ceste cupidité du gain qui est le poison de la Iustice, la ruine de l'honneur; ne craignons-nous point qu'on
nous die, *Quousque eadem?* Non, car auec raison nous repliquerons les mesmes mots, & dirons, *Quousque eadem?* Puis que nous trouuons tousiours
mesmes maux, nous sommes contraints de nous seruir de mesmes remedes, & opposer à l'opiniatreté de la maladie, la continuation des mesmes
medicamens. Ceux de l'Isle de Candie auoient vn certain jour de l'année
où ils ne vaquoient à autre chose qu'à exterminer les bestes venimeuses de
leur Isle: s'il ne s'en fust point rengendré d'autres, il eust suffi pour vne fois
de faire ceste purgation; mais pource que tous les ans il s'en faisoit vne nouuelle engeance, il falloit en faire vne nouuelle chasse. Non seulement les
années passées, mais quasi tous les siecles passez on a declamé en ce lieu
& autres semblables, contre ceste maudite auarice & pestilente cupidité d'acquerir, qui infecte l'esprit de ceux qui font profession de la Iu-

ſtice, diffame & deshonore ceſte vacation, en fleſtrit l'honneur & la reputation.

> *Nec tamen iſta filix vllo manſueſcit aratro.*

Puis donc que tant de fois arrachée & extirpée par le trenchant des loix,
par le glaiue de la raiſon & du diſcours, elle ne laiſſe pas de repulluler de
noūueau ; & jetter de noūuelles racines dans les ames de quelques-vns de
vous, ne faut-il pas de noūueau la ſarcler ? Sera-t'il touſiours vray ce que
Syneſius reprochoit à vn homme de voſtre Iuſtice ; ou ce qu'il diſoit de ſon
temps, ſe deura-il dire du noſtre ? ἑτέρος δὲ οὐκ ἔςι πλουτεῖν ἐν ταῖς καθ' ὑμᾶς ἀρο-
ραῖς, μὴ πάντα μιγνύντα, καὶ θεῖα, καὶ ἀνθρώπινα δίκαια, κὶ κέρκωπα αὐτ' ἐλδθé-
ρου ἡνομεδ́μον. *Alio modo non licet ditari per fora veſtra, niſi quis commiſceat humana & diuina iura, & ſimia fiat pro libero.* Non, cela n'eſt point abſolument ; & croy qu'il n'y a point vn plus honneſte labeur au monde, ny vn
plus juſte gain que celuy du barreau quand il eſt reglé par l'honneur & par
la conſcience. Et me joindray fort librement à l'aduis de ce grand perſonnage, qui diſoit ; *Non video quæ iuſtior acquirendi ratio quàm ex honeſtiſsi-
mo labore, & ab eis de quibus optimè merueris ; qui ſi nihil inuicem præſtent, in-
digni fuerint defenſione.* Mais tout le mal eſt en l'excés, & quand on fait le
principal, ce qui ne doit eſtre que l'acceſſoire. Comme l'ombre ſuit le corps,
auſſi faut-il que le loyer ſuiue le labeur : mais il ne faut pas pour bien aſſe-
ner, viſer à l'ombre ; il faut droit mirer au corps, autrement on frappe à
faux. Ceux qui font tout pour l'or & pour l'argent, ſe peuuent dire habiter
non ſur la terre, mais dans la terre ; s'il eſt vray, comme diſent les Alche-
miſtes, que l'or & l'argent ſoient le Soleil & la Lune de la terre : & que ces
gens-là ne voyent les choſes qu'à la lueur de ces deux metaux, qui ne jettans qu'vne lumiere baſtarde, ne font voir auſſi que de fauſſes & trompeuſes images des objets qu'ils nous repreſentent. Que leur arriue-t'il en fin,
dum malunt maleficio parare diuitias, quàm officio paupertatem tueri ? ils deſ-
chéent entierement de leur eſperance, & ne leur demeurera rien entre les
mains des richeſſes qu'ils ont ſi auidement pourſuiuies, & n'ont pas neantmoins les biens ; car Dieu ne beniſſant point leur trauail, fait qu'il ne demeure la plus part du temps à leurs enfans que des procés & des querelles.
Comme viurez-vous doncques ? comme vous comporterez-vous en vos
charges ? Comme vous l'enſeigne le vers de ce meſme ancien,

> *Sapiens labori præmium, non prædam petet.*

Vous renoncerez à tout profit qui ne ſera point conjoint auec l'honneur,
& rechercherez le loyer de voſtre labeur, comme l'effet d'vne mutuelle
charité, qui doit eſtre entre nous & les parties plaidantes ; & non comme
vne rançon de la neceſſité d'autruy, & de la Iuſtice opprimée. *Nam impo-
nentium periculis alienis pretia, verè piraticus mos eſt, qui etiam à mediocri-
ter improbis alienus,* diſoit Quintilian. Souuenez-vous de ce beau trait
qui eſt en l'Apologetic de Tertullian, que les Payens auoient creu, *Aeſ-
culapium fuiſſe fulmine vindicatum, quòd auaritiæ merito medicinam nocen-
ter exercuerit.* Si pour exercer auarement la medecine ſur les corps celuy-là
a eſté foudroyé, ceux qui exercent la medecine ſur les ames, auec ceſte
meſme ſoüillure & pollution, quel foudre ne doiuent-ils point craindre?

Et

Et de fait il me semble qu'il en arriue ainsi ; car il y a vne maladie que les Medecins appellent *Syderationem*, pource qu'elle apporte le mesme symptome au ceruau, que le foudre aux arbres qui en sont frappez ; car elle le rend stupide, luy oste l'vsage du discours & de la raison, & le laisse comme en continuel estonnement. Or que ceux qui faisans profession de la Iustice se laissent posseder & emporter à ceste sale & orde passion, ne soient *verè syderati*, il n'y en a point de doute : Ils perdent l'vsage de la droite raison, ils ont le jugement assoupy, ils deuiennent indifferens au bien & au mal, au vray & au faux ; qui est, ce me semble, perdre le charactere de l'humanité & le principe de la vie intellectuelle. Bref, ils perdent, en vn mot, tout ce que la nature & l'estude leur auoient donné d'auantage ; ou pour le moins, ils en rendent l'vsage nuisible, & quant & quant detestable à tout le monde. Antigonus en son liure περὶ θαυμασίων ἀκουσμάτων dit que les meilleures flustes qui fussent au monde, estoient celles qui se faisoient en Sicile des ossemens des cerfs ; mais il s'y trouuoit vne espine que ceux du pays nommoient ριζίον, de laquelle si les cerfs estoient piquez, leurs ossemens deuenoient inutiles à faire des flustes, car elles n'auoient plus de douceur ny de melodie. L'erudition certes & l'eloquence des Aduocats, ce sont les instrumens les plus doux & les plus melodieux de la Iustice ; mais piquez qu'ils sont de ceste mauuaise espine d'auarice, ces vertus-là deuiennent armes de malice & d'iniquité ; les loix ne deuiennent plus que des pieges, les jugemens que des gouffres & des abysmes des biens & fortunes des pauures plaidans. Concluons donc auec Platon en son Protagoras, *Auaritiam omnium vitiorum esse metropolim* ; que là où elle regne, il ne s'y peut rien esperer de sain, principalement en la Iustice. Et pource, renouuelleroy-je volontiers le vœu & le souhait de ce sage ancien qui s'escrioit ; *Vtinam ad auaritiam curandam omnes Medici conuenirent, vt grauiorem insania morbum curarent ; quoniam cùm morbus sit & affligat, laudatur.* Mais posons le cas que nos vœux soient exaucez, & que de vous mesmes sans attendre autres secours, vous bannissiez ceste peste, ce desir affamé du gain. L'on me dira qu'apres auoir purgé la mauuaise humeur qui rend vn corps malade, l'on a accoustumé luy prescrire vne diette & forme de viure tant pour reparer entierement la santé que pour la confirmer & rendre de tout point accomplie. Et là dessus on attendra, peut-estre, de nous quelque grand & long discours tiré de la nature des loix, de leur vertu & efficace, contenant vne particuliere instruction de tout ce qui est du deuoir de vos charges. Mais laissant tous ces discours-là, qui meriteroient des liures entiers, & dont la longueur surchargeroit la memoire, & par consequent en faire perdre le fruit ; Ie ne vous veux alleguer qu'vn petit precepte qui ne contient que deux mots, & qui neantmoins comprend vne addresse suffisante à tout ce qui est de vostre deuoir. Me persuadant que comme entre les monnoyes celle est la meilleure, qui sous moins de corps & moins de masse & de poids, a plus de prix & de valeur ; qu'aussi en matiere d'enseignemens les meilleurs sont ceux qui en moins de paroles contiennent plus d'instruction. En vn mot doncques, voulez-vous vne regle qui vous enseigne à ne rien faire contre vostre deuoir ? Ne faites jamais rien contre vostre conscience. La conscience est vn Iuge que la nature a assis & installé au milieu de nostre cœur, qui aussi tost que nous auons vn mauuais desir, vne mauuaise pensée, nous reprend & nous condamne. Quelques-vns l'appellent vn Genie, mais Menander l'appelloit vn Dieu :

Βροτοῖς ἅπασιν ἡ συνείδησις Θεός.

Et faut croire que Pythagoras a esté de la mesme opinion, quand il a voulu que l'homme se portast plus de respect à soy-mesme qu'à toutes les autres choses du monde, πάντων δὲ μάλισ᾽ αἰσχύνεο σαυτόν. C'est à dire, qu'il se retinst de mal faire, de peur d'offenser sa conscience : sa conscience premier & souuerain Iuge de son mesfait : Iuge qui estant inuisible, qui jugeant sans tesmoins, qui ayant ses executeurs secrets, doit sans doute estre quelque chose de diuin. Et cela, qu'est-ce autre chose que ce premier rayon de diuinité que Dieu a mis en nous ; qui nous esclaire par vne lumiere celeste, & dissipe tous les nuages, & tous les artifices dont nous pensons couurir nos fautes, & nous fait en nostre conscience, comme dans vn miroir, voire la deformité de nostre ame ; De sorte que nous pouuons dire, & il est vray, que nous ne faillons jamais à nostre deuoir qu'apres auoir esté aduertis & r'appellez par nostre conscience. Mais où vay-je chercher des authoritez pour confirmer ceste proposition ? N'est-ce pas vn Oracle que Dieu a prononcé par la bouche de son Saint Esprit ? Cest Aigle diuin, saint Iean, ne l'a-il pas apporté du Ciel, ou pour le moins tiré d'vn sein auquel il auoit reposé ? *Charissimi*, dit-il, *si conscientia nostra nos non reprehenderit, fiduciam habemus apud Deum.* Tout ainsi donc qu'en vos liures vous auez vne certaine stipulation generale qui seruoit à tous contrats, & comprenoit toutes les seuretez qui estoient necessaires pour les valider, laquelle à cause de ce l'on appelloit, Pandecte : aussi ce seul mot de conscience est vne recollection de tous les enseignemens qu'on vous pourroit donner pour saintement & religieusement verser en vos charges. Quelqu'vn, peut-estre, dira entre vous ; Quand nous aurons fait tout ce que vous nous proposez, que nous aurons exercé nos charges longuement & peniblement au compas de nostre conscience, quel fruit nous en promettez-vous ? Il n'y a que l'esperance qui soustienne le courage des hommes, & sans elle ils ne peuuent longuement durer en vn grand & penible labeur. Ie vous ay des-ja dit, que nous n'affectionons pas vne fievreuse & excessiue authorité, qui vous priue de cet honneste loyer qui vous est deu, & qui pour cela est appellé *honorarium*, par vos loix, ny qui doiue rendre blasmables les biens que vous acquerez en seruant dignement le public. Outre ie dis qu'il vous demeure deux autres recompenses de beaucoup plus grande valeur que toutes les richesses du monde, l'vne interne, l'autre externe. L'interne, c'est vn contentement en vos esprits, vne consolation à vos ames, que le Philosophe Antisthenes appelloit, ἡδονὴν ἀμεταμέλητον, vne volupté sans regret ; laquelle, pour moy, j'estime estre le souuerain bien que les anciens Philosophes cherchoient, mais qui entre nous Chrestiens est bien de plus grand prix, pource que c'est comme les arres de la felicité eternelle à laquelle nous aspirons : *Pax Dei quæ exuperat omnem sensum.* L'externe, c'est cet honneur, *gloria illa dulcis honesti* ; à l'entour duquel tourne

continuellement

continuellement la vertu, comme le foulcy autour du Soleil ; honneur qui
pique continuellement les courages bien nez, & porte les genereuses ames
au delà de leur nature mortelle. A la pourfuitte duquel toutesfois il faut
prendre garde de ne fe pas tromper, & eftimer l'honneur en la vaine opinion que le commun populaire peut auoir, ou de voftre erudition, ou de
voftre eloquence, en certains refpects, & en certains honneurs que vous
rendent ceux pour lefquels vous vous employez. Vous fçauez comme
l'Empereur fe moqua galamment du Medecin Menecrates, qui ne prenoit
point de falaire de ceux qu'il guairiffoit, mais les obligeoit de l'appeller leur
Iupiter, & de fe dire fes efclaues. Le vray honneur, c'eft *confentiens laus bo-*
norum de vera virtute iudicantium ; à la fuite duquel tous les autres refpects,
toutes les autres venerations qui furuiennent, font grandement à defirer &
prifer. Ceft honneur a vne Magiftrature perpetuelle, vne haute & eminente dignité, qui y eft toufiours annexée ; laquelle fans Licteur ny Huiffier
vous fait faire place par tout, vous donne le gouuernement des grandes familles, la direction des affaires de vos concitoyens, & bien fouuent apres
cela vous appelle aux plus hautes charges & adminiftrations de l'Eftat. Que
fi jamais vous auez eu occafion de conceuoir cefte efperance, & animer
vos courages à la vertu par l'expectation de cet honneur, c'eft fous ce jeune Prince, qui comme vn nouuel aftre s'efleue maintenant fur nous, & au
commencement de fon Regne jette par tout de fi clairs rayons de fon heroïque courage, immenfe bonté, & diuine beneficence, que la vertu de
fes fujets a plus d'occafion de craindre de ne pouuoir fournir de matiere fuffifante à fa royale & augufte diligence, qu'elle n'auoit fous les autres Princes de fe deffier de demeurer contemptible & mefprifée. Finiffons doncques par les vœux folennels que nous deuons à fon falut, & conjurons le
Ciel par la feruer de nos prieres, qu'il nous garde en fa vie le trefor de nos
felicitez : Et pour monftrer combien cordialement nous l'aymons, combien religieufement nous l'honorons, combien fidellement nous le feruons.
Venez, Aduocats & Procureurs, jurer l'obferuation de fes ordonnances.

L'ADIEV AV PARLEMENT DE PROVENCE
l'an mil fix cens feize.

ESSIEVRS ;
Ie vous ay fait entendre le fujet de mon voyage. Le defir & l'efperance que j'ay d'eftre en brief de retour, me dif-
fuadoit de prendre vn plus ample congé de vous. Mais me
refouuenant de ce que Varron au commencement de fon
liure *de re Ruftica*, efcrit à fa femme ; *Octogefimus, inquit,*
annus me admonet, vt farcinas colligam, antequam è vita difcedam : Me refouuenant, dif-je, de ces paroles, j'ay creu deuoir prendre le mefme confeil
que luy. Et comme il voulut laiffer ce petit efcrit à fa femme & fes enfans,
afin qu'en la conduite de leur mefnage ils euffent toufiours fouuenance de
luy ; Ainfi ay-je creu deuoir laiffer ce peu de paroles en vos oreilles ; afin que

ſi la nature, ou quelque autre euenement, dont la vie des hommes eſt pleine, m'oſte le moyen de retourner ſelon mon ſouhait à vous, elles ſoient
comme vn μνημόσυνον, vne marque qui en l'honorable exercice que vous
faites, & que j'ay ſi longuement fait auec vous, vous face reſſouuenir de la
religieuſe affection auec laquelle ie vous ay aymez cheris & obſeruez. Peut-
eſtre direz-vous que ie n'ay pas le meſme aage. Non point à le conter par
les années; mais ſoixante ans que j'ay veſcu en cótinuels trauaux & angoiſſes dans les calamitez publiques, & les affaires particulieres en valent bien
quatre vingts paſſez en la douceur de l'eſtude & conuerſation des Muſes,
comme auoit fait celuy-là. Si doncques le precepte de Platon eſt bon, qui
conſeille aux hommes de faire leur teſtament pendant qu'ils ſont en pleine
ſanté, & en vn profond loiſir; Et ſi le teſtament des hommes n'eſt que leur
volonté telle qu'ils deſirent durer apres leur mort, vne ouuerte demonſtration de leur bien-vueillance à l'endroit de ceux qu'ils laiſſent, vne reconnoiſſance de ce qu'ils leur doiuent; Ie penſe, parlant à ceſte heure à vous,
faire maintenant le mien, & conſigner en vos eſprits le plus religieux teſmoignage que ie vous ſçaurois laiſſer de mon amitié, & que ie deſire demeurer à jamais graué en voſtre memoire. Mais par où doy-je commencer, ſinon par des actions de graces à Dieu, qui me ſoient communes auec
vous, de ce qu'il m'a fait paſſer vingt années des meilleures de ma vie, ſer-
uant les Rois mes maiſtres, en ceſte Prouince, ſi heureuſement, qu'à la
verité diſſimuler les graces qu'il nous a faites, & ne ſe pas ſouuenir des calamitez dont il nous a tirez, ſeroit vne grande ingratitude enuers luy. Ie le
dois faire, & puis plus hardiment, & auec moins de ſoupçon de vanité, &
crainte d'enuie, pource que ie reconnois ingenuëment que la principale
gloire des bon ſuccés que le public en a reſſentis, eſt deuë au corps de ceſte
honorable Compagnie, & que ie n'y participe ſinon par la Loy d'vne egale & legitime ſocieté, pour y auoir contribué auec vous mon ſoin & ma fidelité. Certainement, Meſſieurs, quand ie me repreſente quel eſtoit l'eſtat
de ceſte Prouince, lors que premier j'y arriuay; Prouince deſolée & deſfi-
gurée par la fureur des guerres plus que ciuiles; où la campagne eſtoit deſer-
te, hereuſe, & affreuſe; les villes pleines de ruines; mais qui pis eſt, de ſanglantes factions; les communautez mangées de mauuaiſes debtes & cruelles vſures, la Nobleſſe pleine de querelles & ſimultez: Quand ie me repreſente, qu'aux calamitez particulieres de la Prouince ſont ſuruenuës les grandes ſecouſſes de l'Eſtat, lors de la priſe d'Amiens, & depuis par les diuerſes
eſmotions des Grands; ceſte mort lamentable de noſtre bon Roy &
Maiſtre, HENRY LE GRAND, qui mit tout cet Eſtat en conuulſion,
& le menaça d'vne entiere ſubuerſion: Que ie me repreſente les grands,
profonds, & anciens deſſeins, qu'ont pendant tout ce temps-là nourry &
machiné contre ceſte Prouince les Princes voiſins eſtrangers; Et qu'au
bout de tout cela, ie vous voy plus paiſibles & tranquilles qu'aucune autre
Prouince de la France; Et voy que des derniers mouuemens qui ont eſbranlé toutes les autres extremitez du corps de cet Eſtat vous n'en auez eu
reſſentiment quelconque; Ie ſuis contraint de leuer les yeux au Ciel, & reconnoiſtre, peut-eſtre, vn des plus grands miracles qu'il ait operé en ce ſiecle.

cle. La gloire luy eft toute deuë. A la verité ce n'eft point l'œuure des hommes: Mais pource que c'eft chofe receuë au commun vfage de la vie ciuile,
que les inftrumens defquels les grands ouuriers fe feruent pour faire les excellens ouurages, reçoiuent par reflexion quelque part de la loüange; &
qu'on dit communément d'vn homme qui efcrit bien, Voila vne excellente plume; & d'vn vaillant homme, Voila vne bonne efpée; Certainement
Dieu qui vous a choifis pour inftrumens d'vn fi grand ouurage, qui s'eft
compleu en vous, a approuué vos vœux & vos confeils, a voulu que vous
en receuffiez vne partie de la loüange, pourueu que vous la releuiez de la
fienne. Et en verité, on ne vous pourroit pas, fans vous faire tort, defnier le
tefmoignage de voftre foin, de voftre vigilance, de la folicitude que
vous auez prife pour le foulagement du peuple, & affeurance du falut
& repos de la Prouince. Or comme ie m'en vay, Meffieurs, pour vous
en rendre tefmoignage par tout où ie feray; ainfi vous fupplié-je de ne
me point refufer, pendant mon abfence, ma part en la focieté de voftre
loüange; & vous reprefentans toutes les belles actions dont vous tirez voftre gloire, auoir mon nom en voftre memoire, comme de celuy qui a joint
fon cœur & fes mains pour y cooperer auec vous. Ie n'ay pas peu faire, ny
pour feruir le publie, ny pour meriter voftre amitié particuliere, tout ce
que j'eftois obligé, & par le deuoir de ma charge, & par l'exceffif honneur
que vous m'auez fait de m'aymer: Si croy-je vous pouuoir dire auec Sa-
muel, quittant le gouuernement du peuple de Dieu, *Loquimini de me co-*
ram Domino & coram Chrifto eius, vtrum bouem cuiufquam tuleri m, aut af-
num; fi quempiam calumniatus fum, fi oppreffi aliquem, fi de manu cuiufquam
munus accepi. I'ay vefcu vingt ans parmy vous, & ne fe trouuera point,
Dieu mercy, d'exploict de Sergent, ny fentence où ie fois nommé. Ce
dont ie puis auoir regret, & que ie vous fupplie me donner, c'eft que,
peut-eftre, mes mœurs ont efté moins ciuiles, mon entregent plus auftere & mal agreable que ne requeroit l'honneur & refpect que ie vous deuois. Mais en cela mon infirmité retourne à voftre gloire, & fert de matiere à voftre beneficence & debonnaireté. Hors de cela j'ay ce contentement
en ma confcience de n'auoir laiffé paffer aucune occafion de feruir de ce
que j'ay de credit & d'authorité en chofes juftes & honneftes tous ceux de
vous qui m'y ont voulu employer. Oubliez donc par voftre debonnaireté
mes fautes, & conferuez par voftre ingenuité la memoire de ma cordiale
affection à vous feruir. Ie voudrois vous pouuoir leguer & laiffer quelque
plus precieux gage de mon amitié & feruiable volonté. Toutesfois ie vous
en laiffe vn, puis qu'il plaift à Dieu, qui n'eft pas de petit prix, & que c'eft
celuy que noftre Seigneur a tant eftimé le laiffant à fes Apoftres, & leur difant; *Pacem relinquo vobis:* Auffi Dieu nous fauorife tant que ie vous laiffe
auec la paix dans le Royaume, auec la paix dans la Prouince, auec la paix
parmy vous en cefte Compagnie, auec la paix auec les autres corps de voftre ville. Ie vous conjure, Meffieurs, de la conferuer foigneufement, &
vous fouuenir que ie vous dis aujourd'huy, partant d'auec vous, comme
par vne parole de pere à fes enfans, que c'eft d'elle feule que depend voftre
honneur, voftre authorité, voftre profperité. Et au contraire que la con-

tention, soit entre vous, soit auec les Estrangers, qu'Hesiode appelle fille
de la nuict, c'est à dire, d'erreur & de deception, & κακίχαρτον, *malè gauden-
tem*, ne peut jamais apporter que de la diminution à vostre dignité, de l'incommodité à vos affaires particulieres, & de la ruine au public. Ie ne vous
recommande point, Messieurs, le seruice du Roy, ie l'ay reconneu si viuement & si profondement graué dans vos ames, que ie sçay qu'il n'en sçauroit jamais estre aucunement effacé ny diminué; vostre bon naturel, &
sincerité de vostre foy ne le sçauroient permettre : joint que l'experience du
siecle passé vous a donné des leçons, apres lesquelles personne ne peut, sans
vn fatal aueuglement, douter que la felicité des sujets ne depende de leur
fidelle obeïssance. Que me reste-il doncques, Messieurs, sinon vous conjurer par mes plus ardantes prieres, auec toutes les puissances de mon ame,
de me vouloir conseruer l'honneur de vostre bien-vueillance, & croire
que ie la cheriray, comme le plus precieux gage de ma felicité en ce monde? Et vous asseurer que ie ne desire rien tant, & ne rechercheray rien tant,
si la volonté de mon Maistre me le permet, que de venir deposer en vostre
sein les restes de ma vie, dont vous auez ja eu la meilleure & plus saine part.
Mais en tout cas, en quelque coing que ma bonne ou mauuaise fortune me
puisse jetter, asseurez-vous que ie n'auray jamais d'affection qui surmonte,
voire qui egalle celle que j'emporte, & conserueray à jamais, de vous aymer, cherir, & seruir toute ma vie.

RESPONCE FAITE PAR MONSIEVR DV VAIR
à Messieurs les Deputez de la Cour de Parlement de Paris au mois de Nouembre 1616. lors qu'il remist les Seaux, à luy rendus au mois d'Auril ensuiuant.

ARESPONDV, Qu'il reputoit à singuliere faueur que la
Cour nous eust voulu ennoyer vers luy auant que verifier
les Lettres de prouision de Monsieur son successeur en la
charge de Garde des Seaux de France. Ce qu'il reçoit toutesfois plus comme vn tesmoignage de la bien-vueillance
de ceste Compagnie, que pour besoin qu'elle eust d'vn
plus exprés consentement de luy : Pour ce que par tout où l'on verra le
commandement du Roy, l'on peut conclure quant & quant vne prompte
& absoluë obeïssance de sa part. Qu'il estimoit que tout le cours de sa vie
luy deuoit seruir de suffisant garand de ceste creance en vos esprits, & de
tous ceux aux yeux desquels il auoir vescu. Que ceste honorable Compagnie estoit encores remplie de beaucoup de ceux, auec lesquels il auoit seruy fidellement & courageusement le Roy & l'Estat aux plus calamiteux
& dangereux temps, qui ayent jamais menacé de ruine ceste Monarchie.
Que sortant d'auec nous il auoit esté enuoyé aux extremitez du Royaume,
a l'administration d'vne Prouince la plus perduë & la plus desolée qui fust
en France, plus abboyée des Estrangers, plus pleine de querelles, seditions,
&

& diuifions, qui fuft au monde. Qu'il l'auoit au bout de vingt ans laiffée
fi paifible, fi obeïffante, fi opulente, qu'elle pouuoit faire enuie à toutes
les autres. Que ny à la mort du deffunct Roy HENRY LE GRAND
fon bon Maiftre, ny aux deux troubles, qui ont fuiuy & affligé cet Eftat,
elle n'auoit receu mouuement quelconque, & ne s'y eftoit trouué vn feul
homme, qui euft tant foit peu branflé pour fe departir de l'obeïffance.
Qu'il auoit eu cet honneur d'y auoir veu les Eftrangers de toutes les extremitez de l'Europe, de l'Afie, & de l'Afrique, aux pieds de la Iuftice, qui
s'en eftoient retournez chez eux, beniffans le nom de nos Rois, & loüans
les loix de la France. A la fuitte de cela il auoit efté appellé à la plus grande
charge du Royaume par deffus fon merite, & fon defir tout enfemble,
dont il s'eftoit par trois fois excufé, & fupplié tres-inftamment leurs Majeftez de jetter les yeux fur quelqu'vn de qui l'aage & les forces fuffent plus
entieres pour fupporter vn fi grand fais, & de qui l'efprit fe peuft plus facilement accommoder à la vie de la Cour. Elles luy refuferent cefte grace, &
par vn abfolu commandement contraignirent fon obeïffance de faire connoiftre par l'experience, qu'il auoit mieux jugé de foy-mefme que nul autre. Car au bout de fix mois fes mœurs & fa procedure en l'exercice de cefte charge fe font trouuées fi difproportionnées, & fi mal conuenables à
celles du fiecle, qu'on ne les a peu fupporter. Leurs Majeftez luy ont doncques redemandé les Seaux, lefquels il leur a plus volontairement rendus,
qu'il ne les auoit receus. Elles les ont commis à vn perfonnage de beaucoup
de vertu & de merite, de l'adminiftration duquel il efpere que la France
recouurera le remede neceffaire aux calamitez, dont elle eft menacée. En
quoy il ne peut que grandement loüer leur bonté & prudence, d'auoir voulu par mefme moyen pouruoir à leurs affaires, & adoucir fa vie. Et ainfi il
fe retire pour prier Dieu pour la profperité de leurs Majeftez, puis qu'il n'a
autre moyen de les feruir; affez content pourueu qu'il puiffe conferuer leur
bonne grace. Ce qu'il nous dift, d'autant qu'il a efté aduerty, que des perfonnes auffi malignes qu'artificieufes & mal affectionnées en fon endroit,
font courir fous fon nom vn faux & fuppofé difcours, plein de paroles qu'ils
ont creu pouuoir irriter leurs Majeftez contre luy. Surquoy il fupplie la
Cour de luy ayder à en defcouurir les autheurs, & pour leur chaftiment in-
terpofer la feuerité de fa juftice. Ne luy reftant doncques apres trente cinq
années de feruices, & tant de peines & de labeurs, finon l'honneur d'auoir
bien & fidellement feruy, obey, & fait obeïr les autres; nul ne fe doit imaginer, qu'il vouluft en cefte occafion ternir la gloire de fon obeïffance, &
ne pas acquiefcer aux volontez de fes Maiftres, quelque prejudice qu'il en
peuft receuoir. Et pource il nous prioit de rapporter à la Cour, qui luy a fait
cet honneur de nous enuoyer vers luy; Qu'il n'a & n'aura jamais autre volonté que celle de leurs Majeftez. Qu'il a & aura toufiours tres-agreable ce
qu'il leur plaira ordonner de tout ce qui le concernera. Et en quelque condition qu'il foit, il fouhaitera de tout fon cœur l'accroiffement de leur puiffance, & l'affermiffement de leur felicité. Et quant à cefte Compagnie,
puis qu'il ne luy refte aucune focieté auec elle, pour pouuoir en prefence la
remercier de l'honneur qu'elle luy fait, & luy tefmoigner celuy qu'il luy

porte; il la supplioit en nos personnes de ne point perdre entierement la memoire de son nom; s'asseurant qu'y repensant quelquesfois, elle trouuera que jamais homme n'est entré en la charge d'où il sort, qui ait plus desiré de luy conseruer l'authorité que les loix de l'Estat luy donnent, & le respect que son integrité merite.

LE LECTEVR REMARQVERA EN PASSANT que lors que Messieurs les Deputez du Parlement venans trouuer more maiorem, Monsieur du Vair, auant que proceder à la verification des Lettres de prouision de Monsieur son successeur, & Monsieur du Vair leur ayans fait en substance & termes presque semblable la response cy-dessus, ils le prierent instamment pour le soulagement de leur memoire, & afin dirent-ils de ne rien oublier de ce qu'il leur auoit si dignement & elegamment respondu, de leur bailler la response par escrit: A quoy apres plusieurs refus ayant enfin acquiescé, l'un deux prit la peine de la venir receuoir l'apresdinée: Et le lendemain matin faisans leur rapport à la Cour, & se seruans de cette response par escrit, quelqu'un de la compagnie mit en doute si c'estoit la forme d'en vser ainsi, & apporter vne response escrite: Mais il fut incontinent dedit par ceux qui auoient leu les Registres du Parlement, & obserué que quand Monsieur le premier President Liset se demit de sa charge, & la Cour ayant à l'accoustumée enuoyé vers luy pour en entendre la cause; il bailla à Messieurs les Deputez la response suiuante dont le Registre est chargé, & que le Lecteur n'aura desagreable de voir, pour monstrer que la difficulté qui auoit esté faite estoit mal fondé, & qu'au contraire en telle occurence il est plus à propos & plus seur de faire vne response preueue & premeditée qu'autrement.

Extraict des Registres du Parlement du XII. Iuillet. 1550.

CE jourd'huy auant l'assemblée faite de toutes les Chambres est venu en la Cour Maistre Iean Bertrand Conseiller du Roy & President en icelle, lequel a dit qu'il a pleu au Roy luy donner l'Estat & Office de premier President en icelle Cour vacant par la pure & simple resignation faite dudit Estat & Office entre les mains dudit Sieur, par Maistre Pierre Liset dernier paisible possesseur d'iceluy, & a presenté à la Cour les Lettres de don, & prouision dudit Estat & Office données à saint Germain en Laye le septiesme jour de ce mois; signées sur le reply par le Roy le Sieur de Montmorency Connestable de France present Clausse, & requeroit estre receu par icelle Cour audit Estat & Office, s'est retiré, & ont esté toutes les Chambres assemblées, & les gens du Roy mandez: Ausquels apres auoir esté proposé comment ledit President Bertrand auoit presenté lesdites Lettres de don & prouision, & la Requeste par luy faite; & s'ils vouloient rien dire: a esté dit par ledit Procureur General, que quand aucun estoit pourueu d'vn Office de Conseiller en ladite Cour, par la resignation d'aucun des Conseillers d'icelle, venoit demander

der eſtre receu ; la Cour d'honneſteté auant que de receuoir le nouueau
pourueu enuoyoit deux des Conſeillers d'icelle, ou vn par deuers celuy qui
eſtoit dit reſignant : Meſmement quand le reſignant eſtoit en cette ville,
& qu'il luy ſembloit que ſi l'on gardoit cette honneſteté, pour le regard des
Conſeillers on la deuoit bien garder pour le regard d'vn Preſident, meſmes du premier. Au moyen dequoy ont eſté Deputez & enuoyez pardeuers ledit Sieur Liſet, maiſtre Iacques le Roux, & François Demys, Conſeillers du Roy en ladite Cour : leſquels toſt apres ſont retournez en ladite
Cour, & ont dit qu'ils auoient parlé audit Sieur Liſet ; lequel ils auoient
trouué en la Chappelle Saint Yues pres ſa maiſon oyant Meſſe, & apres luy
auoir par eux fait entendre la cauſe pour laquelle la Cour les auoit enuoyez
deuers luy, il leur auoit baillé ſa reſponce par eſcrit dont la teneur enſuit.

A reſpondu, que puis qu'il plaiſt au Roy que Monſieur le Preſident Bertrand ſoit receu à l'Eſtat & Office de premier Preſident en la Cour de Parlement, il luy plaiſt auſſi ; & que ſuiuant le bon plaiſir & vouloir dudit
Seigneur, il a cy-deuant paſſé procuration pour reſigner purement & ſimplement ledit Office entre les mains dudit Seigneur, pour y pouruoir à ſon
bon plaiſir & vouloir. A ceſte cauſe ne veut empeſcher l'execution d'iceluy : Mais le ſuiuant accorde & conſent la reception dudit Sieur Bertrand,
qui a eſté pourueu par ledit Seigneur, & ladite reſponce leuë en ladite Cour,
la matiere miſe en deliberation : A eſté conclud que ledit maiſtre Iean Bertrand ſeroit receu audit Eſtat & Office de premier Preſident en ladite
Cour, en faiſant les ſermens en tel cas requis & accouſtumez : Eſtant ledit
maiſtre Iean Bertrand mandé en icelle Cour apres qu'il a affermé par ſerment ſolennel, que pour paruenir audit Eſtat & Office de premier Preſident il n'a donné ne fait donner, promis ne fait promettre n'y eſperance
de donner ou bailler, n'y faire donner ou bailler or, argent, ou autre choſe equipolente, a eſté receu & inſtitué apres le ſerment de bien & loyaument exercer.

HARANGVE PRONONCEE A PARIS EN
Parlement le Roy ſeant en ſon lict de Iuſtice le 18. Feurier 1620.

MESSIEVRS, Si vous vous reſſouuenez pour quels ſujets,
& auec quel ſuccés, le Roy, depuis ſon aduenement à la
Couronne, a comparu icy en ſon lict de Iuſtice ; en ceſte
auguſte Majeſté, que Dieu a imprimée en luy pour le faire
honorer & reuerer des hommes, vous trouuerez, à mon
aduis, que ces actions-là n'ont eſté gueres differentes des
apparitions qui ſe font ſur la mer, de ces lumieres reſplendiſſantes que l'on
nomme communément, Le feu ſaint Elme. Car comme elles n'arriuent
jamais que quand la mer, grandement eſmuë, tourmente les vaiſſeaux &
menace les mariniers de naufrage ; mais ſi toſt qu'on les void on les reçoit
comme ſignes ſalutaires, & comme oſtages diuins de la ſaluation des
hommes : De meſmes ç'ont eſté à la verité de faſcheuſes & luctueuſes ren-

contres qui ont cy-deuant amené le Roy en ce lieu; & qui donnoient à toute la France de iuſtes apprehenſions d'vn grand trouble & bouleuer-ſement. Mais la valeur, la bonté & clemence de ſa Maieſté, ont ſi heureu-ſement calmé toutes ces tẽpeſtes ciuiles, que la recordation meſmes de nos miſeres nous pourroit eſtre maintenant agreable, n'eſtoit que voicy de nou-ueaux maux qui nous menacent, & nous font craindre d'auſſi dangereux & pernicieux accidents, que ceux que nous auons cy-deuant euitez, ſi nous ne pouruoyons promptement aux remedes qui nous en peuuent garantir. C'eſt ce qui r'amene aujourd'huy le Roy vers vous, vers ceſte honorable Compagnie, qu'il a touſiours reconnuë pleine de tant d'affection au bien de ſon ſeruice & de ſon Eſtat; qu'il ne croid point pouuoir plus heureuſe-ment ailleurs deſcharger ſon cœur, communiquer ſes conſeils, & cher-cher ſon ſecours en ceſte vrgente neceſſité. Et pour cet effet il me com-mande maintenant de vous repreſenter en peu de paroles l'Eſtat preſent non ſeulement de la France, mais de toute la Chreſtienté, & les graues & importantes occurrences qui réueillent ſon ſoin; Afin que vous voyez par les yeux de voſtre prudence dans la diſpoſition des affaires courantes, les preſages de ce que vous deuez craindre pour l'aduenir; & que par meſme moyen vous trauailliez conjointement auec luy pour en trouuer le remede. Cela auriez-vous entendu plus amplement, plus diſtinctement, & plus ele-gamment par la bouche de Monſieur le Chancelier, qui en auoit receu le commandement, ſi l'incommodité de ſa ſanté ne l'en euſt empeſché, & tout à coup, à l'impourueu, rejetté ſur moy ceſte charge. Ce ſeroit choſe ſuperfluë de vous remettre deuant les yeux la deprauation que ſoixante ans de guerre ciuile ont apporté en toutes les parties de l'Eſtat; où la Pieté, la Foy, la Iuſtice, le reſpect des Loix, l'Authorité du *Souuerain*, ſont de-meurées violées, abbatuës & renuerſées. Et quant à la Force & aux Finan-ces qui pouuoient ayder à releuer le reſte, elles ſont demeurées affoiblies & eſpuiſées par les plus grands deſordres, immenſes deſpences, & mauuais meſnage de tant d'années. Que ſi Dieu nous euſt donné vn Prince moins ſage & moins courageux, nous aurions toute occaſion de deſeſperer du ſa-lut de ce Royaume. C'a eſté la cauſe, Meſſieurs, que ſa Maieſté reconnoiſ-ſant bien les manquemens & mauuaiſes diſpoſitions de ſon Eſtat, ſouſpi-rant ſur les miſeres & calamitez de ſes peuples, a aſſoupy & eſtouffé tous les mouuemens qui ſe ſont preſentez juſques aujourd'huy, aux deſpens de ſes Finances & de ſon authorité meſmes. Et voyant que la miſerable diui-ſion, qui eſt entre ſes ſujets au fait de la Religion, eſtoit la meche qui pou-uoit plus ayſément r'allumer le feu de la guerre ciuile, il a eu vn grand ſoin de l'eſteindre; faiſant ſoigneuſement entretenir les Edits que le feu Roy ſon pere auoit fait publier pour cet effet. Il s'eſt fort indulgemment relaſché à beaucoup de choſes grandement prejudiciables au bien de ſes affaires. Il a diſſimulé beaucoup de grandes deſobeïſſances faites en Bearn, & ailleurs à ſes commandemens, en choſes ſi juſtes qu'il ne ſe peut dire plus : beau-coup d'indignitez faites à ſes Officiers & Commiſſaires : Et n'a pas pour-tant laiſſé d'accorder ce qu'il pouuoit apres vne telle deſobeïſſance, juſte-ment refuſer à ceux de la Religion pretenduë reformée, de ſe pouuoir aſſembler

sembler à Loudun , pour nommer leurs Deputez generaux , dresser les
Cayers de leurs plaintes pretenduës ; estimant que vaincus par les effets de
sa bonté , ils se contiendroient dans les termes de leur deuoir , & se separe-
roient & retireroient en leurs Prouinces. Mais apres auoir esté par plusieurs
fois fauorablement accueillis , & oüys par leurs Deputez , & receu par la
propre bouche de sa Majesté les plus grandes asseurances qu'ils eussent sceu
desirer d'estre equitablement & fauorablement traittez en la responce de
leurs Cayers ; Sur les commandemens qui leur ont esté faits , de nommer
leurs Deputez , & se separer ; ils ont fait sçauoir à sa Majesté par diuerses
deputations , qu'ils estoient resolus de ne point nommer leurs Deputez , ny
rompre leurs assemblées , qu'ils ne fussent entierement satisfaits de toutes
leurs demandes ; Disans dauantage , qu'ils auoient ceste charge de leurs
Prouinces , & qu'ils s'y estoient obligez par serment. Et bien que sa Majesté n'impute ceste faute qu'à quelque petit nombre de factieux , qui abu-
sans de leur pouuoir & employ , desirent de troubler son Estat , toutesfois
chacun peut reconnoistre par là en quels termes sa Majesté se trouue maintenant ; puis que souffrant cette ouuerte desobeïssance , elle verroit son authorité entierement abbatuë , & vn exemple de rebellion proposé à tous
ses sujets ; & endurant sur pieds , contre son gré , & la loy de l'Estat , vne
telle assemblée , elle maintiendroit vn corps formé contre elle , deliberant
des moyens de la violenter , & extorquer d'elle chose prejudiciable à tous
ses autres sujets, Que si cela , Messieurs , vous doit mettre en grande apprehension , ce qui se passe au dehors & parmy vos voisins le doit encore dauantage. Nous voyons en Allemagne deux grands & puissans Royaumes
auoir esté tout à coup transferez de la domination d'vn Prince Catholique
en celle de deux Princes de contraire Religion. Nous voyons en mesme
temps deux grandes assemblées qui ont esté tenuës entre les Princes & Republiques protestantes de la mesme nation , qui ont resolu la manutention
de ceste nouuelle occupation ; à quoy l'on a aduis , que concourent & se
joignent plusieurs Rois & Potentats voisins. Nous considerons la forme
d'vser du païs , où les Princes souuerains ont quasi pour loy , ou pour coustume , de contraindre leurs sujets à prendre la Religion dont ils font profession. Nous nous representons qu'vne si grande & puissante nation se
mettant toute en armes , & faisant vn si grand changement par la force , &
en la domination , & en la Religion , nul ne se peut asseurer à quoy elle voudra borner ses desseins & ses efforts. Les regles & maximes d'Estat veulent
qu'on ne regarde pas à ce que doit faire celuy qui est maistre de la force,
mais ce qu'il peut faire , & à quoy il peut profiter. C'est pourquoy toutes
& quantesfois qu'vn Prince arme , ses voisins arment aussi ; pour ne pas demeurer à la discretion du plus fort. Le renuersement soudain de deux puissantes Monarchies , doit seruir d'aduertissement à tous les Princes voisins,
que quiconque void la ruyne d'autruy doit apprehender la sienne. Doncques les choses estans en cet estat & dedans & dehors le Royaume , le Roy,
Messieurs , ne manqueroit-il pas à son deuoir , & au soin qu'il doit auoir de
vostre salut , & à la seureté de vostre liberté , & de vos vies , & de vos fortunes , s'il ne se preparoit contre les injures , contre les dangers , voire contre

les ruines dont vous estes menacez ? Or jugez-vous bien qu'autre precaution l'on ne peut apporter à tels inconueniens, sinon se tenir fort sur ses
armes; & auoir des forces lestes & puissantes pour s'opposer à tout ce qu'on
voudroit attenter contre le bien & seureté de l'Estat. Pour le faire, il faut
de toute necessité vn grand fons de Finances, si prest, que quand on voudra faire la despence, il ne faille point perdre le temps à les recouurer. Car
autrement il aduient que le recouurement s'en fait auec vn tres-grand interest, & que la despence & employ s'en font mal à propos & inutilement.
D'autant que les prouisions & munitions des armées n'estans pas si tost prestes que les leuées, & les gens de guerre n'estans payez à temps, le peuple
est foulé & ruiné, & les forces n'exploitent rien de ce à quoy elles sont destinées. Vous sçauez, Messieurs, que le fonds d'vne telle despence, qui ne
peut estre qu'immense, ne se peut prendre sur le reuenu ordinaire du Royaume : Car les rentes, les gages, les garnisons consomment plus de la moitié
du reuenu : & l'autre moitié n'est pas de beaucoup pres suffisante, pour acquitter les autres charges ordinaires & necessaires. Mesmes en la presente
année qui a esté fort anticipée par les despences qui furent faites l'année passée, & pour les mouuemens qui eurent cours, & pour les mariages des filles de France qu'il fallut faire. De penser surcharger le peuple ou de tailles
ou de subsides, il seroit aussi peu juste que possible. Il succombe des-ja sous
le fais des charges qui sont dessus, tant s'en faut qu'on les puisse augmenter. Il ne reste doncques sinon que de tirer l'argent de ceux qui le tiennent
mort en leurs coffres, & ce par moyens doux & volontaires; alienant quelque chose du reuenu & des droits du Royaume; ou establissant quelques
charges ou offices; par la vente desquels on puisse faire vn fonds suffisant
pour employer en vne si importante occasion. C'est ce que le Roy entend
faire presentement par le moyen de quelques Edicts qu'il a fait dresser par
l'aduis des Princes de son sang, Officiers de sa Couronne, & Seigneurs de
son Conseil, auec le moins de foule & incommodité de ses peuples qu'il a
esté possible, & lesquels il veut faire publier. Bien qu'en ceste action, l'intention du Roy n'ait autre visée que le salut de son Royaume, & la seureté
de ses peuples, toutesfois ie m'apperçois assez, qu'il y en a plusieurs, lesquels, ores que gens de bien & aymans le puplic, pour ne penetrer pas assez auant dans les interests de l'Estat, & ne voir pas assez clair dans l'aduenir, pensent & parlent autrement qu'ils ne doiuent de ce qui se fait aujour-
d'huy. Les vns disent que c'est chose extraordinaire & fort dangereuse,
que le Roy face publier des Edicts, auant qu'ils ayent esté enuoyez & deliberez en ceste Compagnie. Les autres fremissent quand ils oyent parler
d'aliener le fonds du reuenu de la Couronne, ou introduire des nouueautez
qui semblent corrompre l'ordre & la police de l'Estat, & apporter encore
quelque incommodité aux particuliers. Souuenez-vous, Messieurs, de ce
beau mot d'vn ancien Romain; *Leges semper vt essent, aliquando non fue-*
runt. Le vray moyen de rompre & renuerser les loix, c'est de les tenir tousjours droites & bandées. Et certainement s'il passe icy par dessus l'ordre
des loix, ce n'est que pour conseruer les loix mesmes, qui autrement cour-
roient fortune de se perdre auec l'Estat. Vous auez desiré de deliberer à
voſtre

voſtre ayſe ſur les affaires qui ſe preſentent, auec vne loüable affection, comme ie croy, de ſeruir au public. Mais, Meſſieurs, remettez-vous en memoire que Saguntese perdoit, pendant qu'on deliberoit dans le Senat de Rome comme on la ſecourroit. Les affaires qui ſe preſentent ſont ſi preſſantes, que le delay en ſeroit la ruine. Ceſte honorable & illuſtre Compagnie eſt compoſée d'vn ſi grand nombre de Senateurs, que les deliberations n'en peuuent eſtre que fort longues. Et d'ailleurs, eſtant remplie de beaucoup de perſonnes qui ont quelquefois plus de zele que d'experience aux affaires de l'Eſtat, il pourroit naiſtre dans vos deliberations, hors de la preſence du Roy, des difficultez que les affaires preſentes ne pourroient ſouffrir qu'auec vn extreme hazard. Et au contraire ſa Majeſté ſe promet qu'opinans de ceſte affaire en ſa preſence, jettans les yeux ſur ſa face Royale, vous ſouuenans de la douceur de ſa domination, & peſans les raiſons qu'elle vous fait repreſenter, vous approuuerez & loüerez ſes conſeils, & adjouſterez vos vœux à ſon authorité. Car quant aux raiſons que quelques-vns alleguent, qui regardent ou le meſnage du reuenu de l'Eſtat, ou l'intereſt de quelques particuliers, apres auoir entendu quelle eſt la neceſſité publique, qui porte le Roy à recourir à ce remede, elles ne laiſſeront, ie m'aſſeure, nulle impreſſion en vos eſprits. Il vous eſt à la verité loüable, que vous procuriez que le patrimoine du Roy ſoit bien meſnagé, mais en ſon temps, & autant que le reſpect du Prince, & la ſeureté publique le peut permettre. Dequoy vous ſeruiroit ceſte prudence œconomique, ſi par icelle vous expoſiez l'Eſtat deſarmé en proye au plus fort & plus entreprenans, & s'il falloit, que ou des Eſtrangers, ou de vos Concitoyens ſeditieux & rebelles, miſſent tout à l'abandon & au pillage? Ce n'eſt pas la moindre prudence, au contraire c'eſt le chef-d'œuure d'vn bon patron de nauire, de ſçauoir faire jet à propos de ce qui eſt dedans, afin de le preſeruer de l'orage: voire quelquefois le danger eſt ſi grand, qu'on eſt contraint de jetter en mer ce qui eſt de plus precieux, pour n'auoir pas le loiſir de choiſir ce qui l'eſt moins. Quant à l'intereſt de quelques particuliers, vous trouuerez ou qu'il n'y en a point du tout, ou qu'il y en a ſi peu en ces Edicts qu'il n'eſt nullement conſiderable. Mais quand il y en auroit quelqu'vn, ſouuenez-vous que l'obligatió que vous auez au general de l'Eſtat domine par deſſus celle que vous auez aux particuliers. Le Roy, qui vous a conſtituez en ceſte haute dignité de Patriciat, ne ſçauroit trouuer mauuais quand il vous void par vne charité paternelle affectionner le bien & ſoulagement de ſes ſujets, & la conſeruation de leurs droits & intereſts particuliers. Mais il faut que vous le faciez prudemment, ne conſiderans pas tant ce qui peut eſtre aucunement vtile & agreable pour le preſent aux particuliers, que ce qui doit eſtablir & aſſeurer toutes leurs fortunes à l'aduenir. Les ſottes meres, raffolies de l'amour de leurs enfans, pleurent & ſe tourmentent quand on eſt contraint de leur tirer du ſang pour les guarir de quelque dangereuſe maladie. Et les ſages peres tels que vous eſtes, leur tiennent eux meſmes les bras, & tendent la palette en telles occaſions; connoiſſans bien qu'on ne peut ſauuer le corps, qu'auec l'incommodité de quelques-vns des membres. Meſſieurs, le Roy, qui vous ayme & honore grandement, ne ſe contente pas de vous auoir fait entendre, quelle est la necessité de ses affaires, quel besoin il a de faire vn notable fonds de finances, & par quels moyens il s'est resolu de le faire: Mais il desire de plus que vous entendiez quels sont ses desseins, & de la façon dont il s'en veut seruir, soit dedans, soit dehors le Royaume. Il pleure en son cœur, voire auec larmes bien ameres, la diuision qui est entre ses sujets au fait de la Religion; comme vne dissolution de la vraye Pieté, le corrosif de toute societé politique, & la ruine des Monarchies. Mais il attend de Dieu le remede à ce mal, & le veut promouuoir, entant qu'en luy est, par l'exemple de sa vie, par la reformation des mœurs de ses sujets, par leur introduction en la vraye pieté & saine doctrine. Attendant ceste grace du Ciel, il veut tenir en sa protection tous ceux de l'vne & l'autre Religion qui se contiendront en son obeïssance & obseruation de ses Edicts; lesquels il veut faire inuiolablement garder, & conseruer à vn chacun ses droits & libertez. Que s'il y en a quelques-vns, qui oublians leur deuoir entreprennent sur son authorité; qui troublent le repos public, ou violent les loix de l'Estat, il est fort resolu de les reprimer & chastier par les loix & par la Iustice, si elle y peut suffire; sinon, par la force, si elle y est necessaire, En sorte toutesfois que la peine des coulpables ne passe point aux innocens, lesquels, pourueu qu'ils n'adherent point aux Rebelles, il veut qu'ils viuent en pleine seureté & liberté. Quant aux Estrangers, il proteste de ne rien entreprendre sur le bien & domination d'autruy; N'ayant autre ambition ny desir, que l'honneur de Dieu, le bien & repos de ses sujets, la paix commune de toute la Chrestienté. C'est le seul employ qu'il entend donner aux armes qu'il est contraint de leuer; pour maintenir son Estat, deffendre la Religion de ses peres, en laquelle il veut viure & mourir, en cas qu'elle soit attaquée, & proteger ses amis, s'ils sont injustement opprimez. Il croit que de si justes intentions, de si saints conseils, & de si religieux desseins, ne peuuent jamais estre destituez de la faueur & assistance de Dieu. Il s'asseure, Messieurs, que vos vœux luy ayderont à la luy concilier, & seront employez pour attirer sur ses armes la benediction du Ciel. Imaginez-vous, Messieurs, que c'estoit de vostre Auguste que le Poëte parloit; que c'est à vous à qui il disoit:

Hunc saltem euerso iuuenem succurrere sæclo
Ne prohibete.

Vous ne prendrez pas peu de part en la gloire de si genereuses actions. Car, & le siecle present qui verra, & la posterité qui entendra, que ce grand & heroïque Prince, en ses premieres années, apres auoir estouffé tant de guerres ciuiles en son Royaume, apres auoir tant de fois triomphé par la clemence des offenses de ses sujets; apres auoir donné la paix en Italie par la seule monstre de ses armes; aura encores procuré le repos à l'Allemagne, preserué la Religion du danger qu'elle y court, & ses amis de l'oppression dont ils sont menacez; Demanderont sans doute & s'enquerront auec soin, qui auront esté ces sages Senateurs, ces bons Officiers, ces fideles seruiteurs, par l'ayde, prudence, & fidelité desquels sa Majesté aura conduit à vne si heureuse fin de si hauts & loüables desseins.

HARANGVE

HARANGVE PRONONCEE AV PARLEMENT
de Bordeaux, le Roy feant en fon lict de Iuftice l'an 1620.

MESSIEVRS, On croyoit, & auec raifon, que le Roy apres auoir fouffert tant de trauaux, effuyé tant de perilleufes rencontres, fe deuft vn peu delaffer dans le fein de la paix, & joüir à fon aife du doux fruit de fa gloire. Il fembloit bien qu'apres les heureux fuccés que Dieu auoit donnez à fes juftes armes, il fe deuft retirer dans fon Paris, qui eft le cœur de fon Eftat, & dans fon Louure le theatre de la magnificence Royale ; pour là receuoir les conjoüiffances de fes peuples, & entendre les Ambaffades des Rois fes voifins, qui recherchent fecours de luy en leurs neceffitez. Mais eftant aduerty de la perplexité, en laquelle vous eftiez en cefte Prouince, qui luy eft auffi chere qu'aucune autre ; & que pour plufieurs importantes confiderations vous ne teniez voftre repos ny vos fortunes affeurées, fi fa prefence ne les affermiffoit, il a abandonné tout le refte pour accourir à vous ; ny plus ny moins que l'efprit vital du corps naturel, qui fentant quelqu'vn des membres bleffé, fe porte tout entier au lieu qui a befoin de fecours, abandonnant mefme le cœur, qui eft fon propre fiege. Eftant arriué en cefte magnifique ville, capitale de l'Aquitaine, apres auoir foigneufement reconneu l'eftat de la Prouince, & fondé le creux de fes playes, auant que d'y appliquer le principal appareil, il a defiré de venir en ce lieu, & s'y reprefenter dans le throne augufte de fa Iuftice ; tant pour ce qu'il a toufiours eftimé que fes actions ne pourront jamais eftre plus glorieufes pour luy, ny plus heureufes pour fon peuple, que quand elles feront mifes au jour fous des religieux aufpices ; que pour ce qu'ayant refolu de fe feruir de cefte honorable Compagnie, comme du principal & plus puiffant inftrument pour effectuer fes fages confeils & faintes intentions, il defire que les rayons de fplendeur & d'authorité, dont vous eftes illuftrez en fon abfence, fe reüniffans par fa prefence au corps d'où ils partét, vous efclairent d'vne fi pleine & entiere lumiere, que la reflexion en puiffe eftre plus falutaire à fes fujets. Mais non content pour cet effet de vous reprefenter icy par l'afpect de fa facrée perfonne ce que Dieu a imprimé de Majefté en luy, il vous veut encore oüurir le fonds de fon cœur, & vous defcouurir les penfées que Dieu luy a infpirées, afin qu'elles puiffent feruir à diriger les voftres en l'adminiftration de ce qu'il vous a commis. Et pour ce que vous venez d'entendre l'oracle de fa viue voix, par laquelle il vous a fait fçauoir qu'il veut que vous appreniez par ma bouche ce qu'il defire de vous pour voftre bien, & pour celuy de fon Eftat, ie vous diray par fon commandement, Que comme par vn fingulier effet de fa bonté & clemence il a tresvolontiers oublié tout ce qui s'eft paffé en ces derniers mouuemens contre fon authorité & le bien de fon Eftat ; auffi vous commande-t'il de l'oublier entierement, & en forte qu'il n'en demeure rien en vos ames, qui puiffe alterer le repos & tranquillité de voftre Prouince, ny l'amitié & charité qui

doit estre entre ses sujets. Neantmoins il ne faut pas que ceste oubliance
soit comme l'indolence qui arriue aux lethargiques, ou qui se procure
par des remedes narcotiques, qui emporte les sens & le jugement auec la
douleur. Il faut au contraire que ce soit vne oubliance telle qu'ont ceux qui
sont tombez en quelque grande maladie par leur intemperance : Estans
guaris, ils ne se souuiennent pas de leurs douleurs à cause du mal qu'ils ont
souffert, ou de l'amertume des medecines qu'ils ont prises, mais seulement
pour abhorrer & refuir leurs desbauches & dissolutions, qui les auoient fait
malades, & les euiter à l'aduenir. Quiconque auec vn esprit tranquille &
sans passion recherchera soigneusement quelles ont esté les vrayes causes
d'où sont deriuées sur la France tant de miseres & de calamitez, qui l'ont
par tant & tant de mouuemens si cruellement affligée, dira peut-estre, &
auec verité, que la premiere, mais esloignée, c'est l'ire de Dieu, que nos
pechez ont justement attirée sur nous. Mais aussi reconnoistra-t'il que la
plus prochaine & immediate, est le manquement de respect & d'obeïssance à l'endroit du Souuerain. Car le Roy estant dans l'Estat, ce que l'ame
est dans le corps, ainsi que dans le corps quand quelque humeur visqueuse
ou maligne empesche que les puissances de l'ame ne fluent dans les parties
qu'elles ont accoustumé de mouuoir & de viuifier, il s'en ensuit des atro-
phies, des gangrenes, des conuulsions violentes & mortelles : De mesme
quand l'authorité du Prince & l'effet de sa puissance sont retenus & empeschez par la desobeïssance & rebellion, toutes sortes de desordre, de confusion, de misere, de calamité, arriuent en foule aux membres de l'Estat,
qui se trouue abbreuué & infecté de ce poison. Les exemples en ont esté si
frequens & si deplorables par tout le cours du siecle où nous viuons, qu'il
n'est point besoin de plus long discours pour vous en faire la preuue. Ce
theatre de la France est encore tout sanglant des Tragedies qui y ont esté
jouées. Et en ceste Prouince particuliere, les ruines & les vastitez y portent
encore les marques trop fraisches de nos fureurs, lesquelles bien conside-
rées ne se trouuent conceuës & formées que dans la desobeïssance & rebellion. Doncques, Messieurs, puis que vous comprenez assez la grandeur
de ce mal & ses pernicieux effets, & que vous estes posez comme des sentinelles publiques pour l'arrester, & donner l'alarme à ceux qui en pourroient estre attaquez, il semble que vous deuiez plus que jamais vous employer à le preuenir, & en empescher le progrés. Vous le pouuez & deuez
faire par deux moyens, l'vn par authorité, vous seruant de celle que le Roy
vous a commise, pour reprimer par seueres chastimens ceux que vous connoistrez auoir de tels desseins, & vous y opposant courageusement, quelque couleur, quelque pretexte que prennent les Autheurs, de quelque
qualité & condition qu'ils puissent estre. Outre qu'en ce faisant vous vous
acquiterez de ce que vous deuez à Dieu & à vostre Prince, vous mettrez
vos consciences en repos, vos biens, vos vies, vos honneurs, & fortunes en
seureté. Car vous deuez croire pour chose toute asseurée, que vous courrez
beaucoup moins de fortune allans vertueusement au deuant du mal, &
combatant courageusement pour les loix & pour le Prince, que vous ne
ferez en les abandonnant laschement. Et à ce propos ie me souuiens de ce
qu'vn

qu'vn ancien Capitaine difoit à fes foldats: Sçachez, compagnons, qu'à la guerre il meurt plus de fuyards que de combatans. L'autre, & qui eft le principal moyen pour contenir l'obeïffance, c'eft voftre propre exemple, qui eft, ce dit vn ancien, la plus feure & courte voye d'enfeigner. Confiderez en quelle place de l'Eftat vous eftes affis, combien la grace & le benefice du Prince vous a releuez par deffus les autres, qui de naiffance font autant ou plus que vous; & jugez par confequent, quelle influence portent vos actions à ce qui eft au deffous de vous. C'eft chofe ordinaire de voir des mouuemens dereglez en la moyenne ou baffe region de l'air: ils y fait des vents, des tempeftes, des grefles, des efclairs, des tonnerres: mais cela eft auffi toft diffipé. Que s'il arriue des eclipfes au Soleil ou à la Lune, ou qu'il fe forme des Cometes, ou paroiffe des eftoilles nouuelles au firmament, comme il s'eft veu en noftre fiecle; ce font fans doute prefages de grandes gueres, de ruines de villes, d'euerfions d'Empires. Ainfi veux-je dire, les defbauches, rumeurs, efmotions & defobeïffances des peuples, ou de quelques particuliers, de quelque qualité qu'ils foient, font fafcheufes; mais qui neantmoins paffent & s'appaifent aifément. Mais fi parmy vous, qui eftes pofez dans le Ciel de la Iuftice, qui formez le figne de la Balance, l'authorité du Prince venoit à s'eclipfer par la defobeïffance, & en confequence l'integrité que vous deuez en l'adminiftration de la Iuftice à fe corrompre, la modeftie que vous deuez à toutes vos actions à fe perdre, & la difcipline deuë à vn tel Senat à fe relafcher; quelle forte de defordres, de maux, & de confufion ne deuroit-on attendre en voftre Prouince? Ce que ie ne dis pas, Meffieurs, pour mauuaife opinion que le Roy ait de cefte honorable Compagnie: au contraire il fçait qu'elle eft remplie d'vn grand nombre de grands perfonnages, pleins d'erudition, d'experience, & de fidelle affection à fon feruice, & qui ont deuant les yeux l'honneur & le zele de la Iuftice. Mais il fçait qu'elle eft la nature de tous les grands corps, & comme fouuent ils fouffrent de fafcheux & dangereux fymptomes, par l'intemperie de quelques-vnes des parties. Il void dauantage que le vice du fiecle a efté fi puiffant, qu'il a porté dans les corps quafi de tous fes Parlemens quelques defordres & mauuaifes habitudes, qu'il ne peut diffimuler; & laiffer fans remede. Il defire que vous vous en trouuiez exempts, afin qu'il ait plus d'occafion de vous en loüer & cherir. Mais s'il trouue le contraire, il veut que vous fçachiez qu'il eft refolu d'y pouruoir. Il y a deux chofes en quoy le Roy trouue fon authorité violée, & le refpect & l'obeïffance qui luy eft deuë, bleffée par fes Parlemens. La premiere eft par l'infraction & inobferuance de fes ordonnances en ce qui concerne la diftribution de la Iuftice, & la difcipline des Compagnies. Ie laifferay à vous en deduire les particularitez, pour m'arrefter à vne des principales, qui eft celle qui regarde le fait des parentez & alliances, qui font aujourd'huy telles, que chacun des Parlemens femble pluftoft vne famille particuliere, qu'vne Cour fouueraine. Or ce qui rend en cela les Parlemens inexcufables, c'eft qu'outre que les ordonnances leur deffendent de receuoir aux charges ceux qui font en degré prohibé, fa Majefté depuis qu'elle a pris en main l'adminiftration de fon Eftat, n'a donné aucunes prouifions des offices des Parlemiens, sinon auec clause expresse annullante & reuoquante les prouisions, en cas que l'impetrant eust des parens ou alliez au cas de l'ordonnance. Et quant à ceux qui sont receus contre la teneur de leurs lettres, estans sans prouision & sans mandement du Souuerain, ie ne sçay comme ils se peuuent excuser de la rigueur de la Loy, qui comme vous sçauez met entre les criminels de lezé Majesté ceux qui exercent les Magistratures sans prouision du Prince. L'autre point & plus important, c'est quand les Parlemens entreprennent ce qui n'appartient qu'au seul Souuerain, le commandement sur ses forces, la disposition de ses finances, le maniment de l'Estat. Le Roy par sa Royale bonté a tousiours pris en bonne part ce que ses Parlemens luy ont voulu remonstrer pour le bien de leurs Prouinces, auec l'honneur & le respect qu'ils luy doiuent. Mais il arriue quelquesfois, qu'aucuns entrans par l'indulgence du Prince, ou par la licence du siecle, dans ses Parlemens, se persuadent si tost qu'ils y sont, auoir acquis l'authorité & capacité de gouuerner l'Estat, voire de partager la souueraineté auec le Prince; & passans par dessus le respect deu à leurs Chefs, & mesprisans les sages aduis de leurs anciens, se rendent autheurs de plusieurs desordres prejudiciables à l'authorité Royale. Messieurs, souuenez-vous de la maxime infaillible d'Aristote, qui dit que pour rendre vn Estat heureux, il faut que chacun se contente d'estre ce qu'il est, & qu'il n'entreprenne rien par dessus ce que son ordre luy defere. Que si cela doit jamais auoir lieu, c'est principalement en vne saison troublée & tempestueuse, & telle que celle qui dure il y a desia long temps en cet Estat. Ne vous souuenez-vous pas de ce qu'vn grand Historien escrit de la fortune que l'armée nauale des Romains courut sur la coste de Hollande? Ce qui luy fist plus de mal, ce fut que les gens de guerre estonnez du danger, se meslans parmy les mariniers, tantost mettoient les mains aux voiles, tantost aux cordages, tantost vouloient jetter les ancres, tantost tourner le gouuernail; troublans par ce moyen l'office de ceux qui deuoient gouuerner, & sauuer les vaisseaux. Ce n'est point sans cause que l'on a appellé l'art de gouuerner les Estats, Architectonice, comme le plus haut & plus ardu mestier qui soit au monde; & où ceux qui y ont esté nourris toute leur vie n'ont que trop de peine de se demesler des difficultez qui se presentent : tant s'en faut que ceux qui y sont nouueaux & inexperimentez, en puissent faire vn solide & asseuré jugement. Vous vous estonnez bien souuent de voir que le Roy innoue beaucoup de choses en l'ordre de son Estat, & ne vous souuenez pas de ce qu'vn grand personnage respondit à vn jeune homme, qui luy reprochoit qu'il ruinoit les murailles que Thesée auoit edifiées : Il les a, dit-il, basties pour le bien public, & ie les ruine pour la mesme raison. Croyez-vous, Messieurs, que le Roy, & ceux qui le conseillent, ayent moins de compassion de ses peuples, que ses predecesseurs? Pensez-vous qu'il ne soit pas touché, quand il luy faut faire des choses où ses sujets sont foulez, les anciens ordres corrompus, les loix du Royaume violées, les droits de sa Couronne diminuez? Mais apres auoir consideré l'estat general des affaires, il void qu'il faut faire cela, ou souffrir pis, voire mesmes mettre les choses au hazard d'vne ruine vniuerselle. Il y a bien difference de gouuerner vn vaisseau

neuf,

neuf, bien equippé, bien calfeutré, ou vn nauire demi-fracassé, tout entr'ouuert, qui fait eau de tous costez, & où il faut estre continuellement à
la poupe pour l'espuiser. Considerez l'estat de ceste desolée & calamiteuse
France, combien de luctueuses années se sont passées, pendant lesquelles
on a continuellement trauaillé & dehors, & dedans à la ruiner & dissiper.
Combien de choses se sont rencontrées pour ayder aux mauuais desseins de
ses ennemis ? les fatales nouueautez en la Religion, les minoritez des Rois,
les continuelles guerres ciuiles, l'ambition de plusieurs, l'auarice de tous,
& vne deprauation vniuerselle des mœurs. Il faut bien autre chose que des
souhaits & des discours pour consolider tant de playes, & si dangereuses.
Qu'heureux sont ceux qui ne sont que spectateurs de telles miseres ! que
miserables sont ceux qu'on regarde, comme en estans aucunement respon-
sables ! Que souuent on peut dire, & auec raison, de ceux qui gouuernent,
ce que Metellus disoit du grand Scipion, *Quantum interest in quæ tempora*
cuiusque virtus inciderit ! Pour cela nous ne perdons point courage, vous ne
le deuez point perdre aussi. Dieu, qui a monstré qu'il nous veut affliger, &
justement affliger, monstre qu'il nous veut sauuer, & glorieusement sauuer. Il nous a donné vn Roy par dessus vos vœux, outre vos esperances, &
j'ose dire par delà vos desirs, s'ils ont esté bornez de ce que l'esprit de l'homme a accoustumé de conceuoir. Le droit de regner ne luy appartient pas
seulement par succession, par le nom & titre de Royauté : sa face pleine de
Majesté, son port & son action le feroient assez reconnoistre pour Roy, en
quelque solitude qu'on le trouuast. Si son Estat troublé auoit besoin d'vn
Prince genereux & vaillant, cestuy-cy depuis qu'il est nay n'a eu autre exercice que les armes ; & quand la necessité de la guerre l'a appellé à la defense
de son Estat, on l'a veu aussi tost Capitaine que soldat faire egalement bien
les charges de l'vn & de l'autre : aussi tost arriuer, aussi tost attaquer, aussi
tost vaincre. Mais pour ce que l'issuë des guerres ciuiles seroit trop deplorable, s'il falloit que le fer y mist la fin ; Dieu a mis au cœur de ce Prince
vne clemence si grande, que tout ce qui recourt à sa bonté trouue sa grace
asseurée. La rigueur de sa Iustice, dont la constance est admirée par tout le
monde, n'est que pour chastier ce qui est incorrigible, & qui ne peut subsister qu'auec la ruine ou l'incommodité de l'Estat. Messieurs, depuis que
le Roy a pris en main le maniment de ses affaires, auez vous veu vne seule
abolition de ces crimes noirs & vilains ? auez-vous veu vne seule euocation
de son propre mouuement, & telles autres ordures qui ont autresfois deshonoré & peruerty la Iustice ? Mais tout cela n'est rien au prix de sa pieté,
& de l'innocence de sa vie priuée. Aux autres Princes on a recherché auec
curiosité leurs vertus ; à cestuy-cy la curiosité perd sa peine à rechercher
quelque vice. Mais il faut dire la verité, il arriue aux vertus de ce Prince ce
qui arriue aux objets qui sont trop pres de nostre veuë, nous ne les pouuons pas bien discerner. Les voulez-vous bien remarquer ? tirez vn peu vostre memoire en arriere ; souuenez-vous des blasphemes, des impudicitez,
des meurtres, des brelans, des luxes & dissolutions, qui ont regné és Cours
des autres Princes, & ausquels ils ont eu quelque part ; & vous serez ou insensibles, ou injustes, si vous n'admirez que ce Prince en l'aage où il est a

tasché d'en repurger si entierement la sienne, que tout son souhait est que l'on n'y en puisse remarquer vn seul vestige. Ie me retiens de vous dire sur ce sujet ce que ie pourrois & deurois, si ie ne connoissois l'humeur de nostre Prince, qui oyt aussi mal volontiers ses loüanges, que volontiers il trauaille à les meriter. I'ay esté contraint de les toucher seulement en passant, pour vous persuader que Dieu n'a point assemblé tant de vertus sur vne mesme teste, sinon pour la couronner autant par la felicité de ses peuples, que par sa propre gloire. Mais encore me suis-je pleu à en dire quelque chose, pour vous exciter de plus en plus à cherir & venerer continuellement & religieusement vn si precieux present que le Ciel vous a fait d'vn si bon & vertueux Prince, & en rendre à Dieu les graces que vous deuez, pour les biens qu'il a distribuez par sa main ; afin qu'il n'ait point d'occasion pour la mesconnoissance de retirer ses benedictions de dessus vous. Car pour vous dire la verité, quand j'ay curieusement recherché quelle pouuoit estre la cause, pour laquelle il a permis que nous fussions affligez par ces derniers mouuemens, ie n'en ay point trouué de plus vray-semblable que nostre ingratitude enuers Dieu & enuers nostre Prince. Nous ne nous souuenons plus de la gloire que la France auoit acquise, lors que ce Prince, apres auoir en vn moment donné le repos à son Royaume, porta ses armes en Italie, & arbitre des autres Rois & Potentats de la Chrestienté composa leurs differens, & les rangea aux conditions d'vne equitable paix. Nous ne contions des-ja pour rien sa constante seuerité, auec laquelle il auoit estouffé ce monstre de duel, qui se paissoit il y a si long-temps du sang le plus pur, le plus noble, & plus genereux de France, & la noyoit, s'il se peut dire, dans son sang. Il falloit donc quelque nouueau monstre pour exercer nostre Hercule ; il falloit quelque nouueau tonnerre, qui nous fist chercher seureté sous ses lauriers. A la verité le Ciel nous a menacez, la France a tremblé, ses fondemens ont esté esbranlez ; mais Dieu auec le bras de ce Roy autant aymé du Ciel que redouté de la terre, les a raffermis, & quant & quant releué vos fortunes domestiques penchantes à leur ruine. Puissions-nous doncques si religieusement reconnoistre les graces immenses que Dieu nous a faites, & si fidellement seruir le Prince, par lequel il nous les a faites, que le Ciel conjuré par nostre pieté & gratitude nous rende perdurable ce qui nous est vniuersellement salutaire.

HARANGVE FAITE EN LA VILLE DE PAV en Bearn, le Roy seant en l'Assemblée des Estats dudit pays l'an 1610.

 ESSIEVRS, Ie croy que l'on peut dire auec raison, que jamais le Bearn n'a veu vne si heureuse & glorieuse journée que celle-cy, ny vne si grande & si honorable action que celle qui se fait maintenant en ce lieu ; ny de laquelle il peust attendre vn si grand affermissement à son repos, ny vn plus grand acheminement à sa felicité. Car il void icy vn Roy de France, vn grand Roy, le fils de HENRY LE GRAND,

plus

plu heritier de ſes vertus que de ſes Royaumes, reueré & redouté des
Eſtrangers, aymé & obey de ſes ſujets. Lequel apres auoir les armes en la
main trauerſé tout ſon Royaume, diſſipé les tumultes qui s'y eſtoient excitez, eſtably ſon authorité, & quant & quant la paix parmy ſes peuples,
vient fondre icy couronné de lauriers & d'oliuiers, pour rapporter & ap-
pendre le fruit de ſes proſperitez, & la gloire de ſes exploits au lieu d'où il a
tiré ſon origine. Il y a quelque ſecrette douceur en la terre de la naiſſance de
nous & de nos peres, qui par vn charme naturel nous attire à elle ; mais
dont la vertu paroiſt bien plus grande, & nous eſmeut plus viuement, lors
que ſon affliction & ſon peril nous appellent à la ſecourir. C'eſt ce qui a
amené le Roy en ce lieu auec beaucoup de peines & d'incommoditez, qui
toutesfois luy ſemblent douces, pourueu qu'elles reüſſiſſent à voſtre bon-
heur & proſperité, qui eſt le ſeul but & de ſon voyage & de l'action qu'il
fait aujourd'huy. Car, Meſſieurs, la condition du Roy pour voſtre regard
eſt toute autre que celle des autres Rois & Princes de la terre pour le regard
de leurs ſujets. Les autres poſſedent leurs Royaumes ou Seigneuries pour
eſtablir leur grandeur, leur magnificence, leurs ayſes, leurs plaiſirs, du labeur, du ſeruice, de la ſubſtance de leurs ſujets. Non ſeulement le Roy ne
tire rien de vous, ne demande & ne deſire de vos biens ; mais encore tout
ce qui eſt de ſon patrimoine en ce pays, & vne partie de ce qu'il en a dehors
auprés de vous, il l'employe & conſomme pour la commodité de voſtre
Prouince ; & tient encore toutes les forces & puiſſances de ſon Royaume
preſtes, pour vous proteger contre ceux qui au dehors ou dedans le Royaume vous voudroient opprimer ; & outre employe tout ſon ſoin & ſollicitude, afin que vous ſoyez gouuernez en toute juſtice, & par conſequent
que vous viuiez en paix & tranquillité. Ce qui vous reſte doncques à ſouhaiter, c'eſt que le Ciel, qui vous fait aujourd'huy vne ſi grande faueur, de
vous faire joüir de la preſence auguſte de voſtre Prince, vous en face vne
ſeconde, qui eſt d'en bien vſer, & de luy preſter liberalement vos eſprits
& volontez, pour cooperer auec luy à voſtre bon-heur. Meſſieurs, le Roy,
qui a deſiré de pouruoir à vos maux, en a voulu conſiderer la ſource & le
progrés, comparer l'eſtat où vous eſtes auec celuy où vous eſtiez auparauant. Il a bien toſt reconneu que le meſme orage, qui a couru par la France, & a quaſi inondé tout ſon Royaume, vous auoit encore reduits en l'e-
ſtat auquel vous vous trouuez. Il juge aſſez que c'eſt l'ire de Dieu, que nos
pechez ont attirée ſur nous, lequel par vn juſte chaſtiment a permis que
nos eſprits ſoient aueuglez de paſſion, nos volontez & affections diuiſées
de haine, de deſfiance, & que nos mains ne ſeruent qu'à nous deſchirer &
ruiner les vns les autres. Mais ce dont il ne ſe peut aſſez eſbahir, c'eſt de voir
que tout le reſte de la France ait deſ-ja appaiſé ſes fureurs, & laſſé de ſes miſeres, ait cherché & embraſſé quelques moyens doux & equitables, pour
reünir ſes Citoyens diuiſez, & les faire viure ſous des conditions tolerables:
Et qu'au contraire ceſte Prouince ſoit en vn eſtat, où la plus part des hommes dont elle eſt compoſée, & la plus noble partie ſe plaigne d'eſtre opprimée par la moindre ; & ce ſous le pretexte des loix, bien que contre les
loix, & encore ſous l'authorité du Prince, bien que contre ſa volonté. Tant

que ce defordre durera, ne ferez-vous pas les plus miferables de la tere?
Ceux qui oppriment les autres ne feront-ils en perpetuelle peine de fe garder, contraints de faire mille cruautez à leurs Concitoyens, dont ils auront
eux-mefmes horreur? & les autres en perpetuel deffein de fe deliurer, & pour
cela faire tout ce que la nature confeille à des gens defefperez? Et apres que
vous vous ferez bien tourmentez les vns les autres, affoiblis, ou ruinez,
quelle en peut eftre la fin, finon que ceux qui fe trouueront coupables
foient rigoureufement chaftiez, & ce faifant rendus miferables; ou bien
felon que la faifon le pourroit porter, le pays enuahy par des Eftrangers voifins, & les vns & les autres honteufement afferuis, ou exterminez? Meffieurs, quelque paffion qui vous puiffe auoir preoccupez de part & d'autre,
fi eft-ce que ie juge dans vos vifages, & vous l'auoüerez ingenuement, que
vous reconnoiffez affez que l'euenement de ces malheurs eft infaillible, s'il
n'eft preuenu par vn bon, doux, & falutaire remede. A quoy le Roy, autant voftre pere que voftre maiftre, defire trauailler en commun auec vous,
y apportant puiffamment fon authorité. Il connoift bien qu'il n'y a que
Dieu feul qui y puiffe donner vn parfait & entier remede, qui eft de vous
reunir en mefmes opinions, en mefme creance, & vous attacher enfemble
par les liens d'vne charité vrayment Chreftienne, laquelle vous face autant ou plus defirer le bien d'autruy que le voftre propre. Mais en attendant, il eftime que le feul moyen de conferuer la paix & la concorde parmy vous, c'eft de rendre la condition des vns & des autres fi equitable & fi
douce, qu'elle foit tolerable; & ne forcer point ceux qui font opprimez à
rechercher les moyens de changer l'Eftat, pour changer de condition. C'eft
pourquoy le Roy trouuant en cefte Prouince, que le Clergé, qui eft le premier & principal membre de l'Eftat, eftoit priué de tous fes biens, honneurs, rangs, & reuenus; le peuple Catholique, qui eft en beaucoup plus
grand nombre, priué de fes Temples, Eglifes, fepultures de fes peres, bref
quafi de l'entier exercice de fa Religion; Il a eftimé que pour affeurer la paix
publique, & à ceux de la Religion pretenduë reformée leur repos & le libre
exercice de leur Religion, il falloit reftablir les Ecclefiaftiques en leurs
biens, rangs, & honneurs, & le peuple Catholique en l'vfage des Temples, Eglifes, & lieux qui luy appartiennent. A quoy il s'eft fenty obligé
par la qualité de Roy tres-Chreftien qu'il porte, par l'obligation à la Religion Catholique dont il fait profeffion : Mais encore bien particulierement
par les loix, couftumes, & fors de ce pays, que luy & fes predeceffeurs ont
accouftumé de jurer folennellement; par le troifiefme article defquels eft
porté qu'il deffendra l'Eglife de toute induë perfecution des laics. En troifiefme lieu par l'ordre vniuerfellement obferué en France, & auquel ceux
de la Religion pretenduë reformée de Bearn fe font obligez, lors qu'ils ont
demandé & obtenu que leurs Eglifes fuffent reünies à celles de France; qui
eft felon les Edicts de pacification que les Ecclefiaftiques feront reftablis en
tous leurs biens, & toutes les Eglifes renduës aux Catholiques. Ce que toutesfois le Roy a fait pour cefte Prouince auec vn tel temperament, & fe
peut dire fi indulgemment pour ceux de la Religion pretenduë reformée,
qu'il a mieux aymé bleffer aucunement les Catholiques, que de faire fentir

aux

aux autres vne incommodité telle qu'elle les peuft aigrir & aliener: Faifant
comme vn bon pere, qui permet quelquefois que fes aifnez fouffrent &
trauaillent pour fubuenir charitablement à ceux qui font au lict malades.
Il a bien plus fait, Meffieurs, par vn exemple de munificence & de liberalité incomparable, il a à fes propres frais & defpens defintereffé ceux de la
Religion pretenduë reformée de tout ce qu'ils auoient accouftumé de perceuoir des biens des Ecclefiaftiques : Et l'a fait non feulement du reuenu
de fon patrimoine de Bearn, qui n'y eftoit pas fuffifant, mais du plus clair
& du plus proche de fon domaine de la Maifon de Nauarre, auec toutes les
feuretez que l'on fçauroit fouhaitter. Mais ceux qui loüeront vne fi grande
bonté & vn fi charitable defir de la paix & du repos de fes peuples, ne con-
damneront-ils pas ceux qui contre toute iuftice & equité, & contre leur
propre bien fe font voulus oppofer à cefte munificence Royalle, & ont
monftré de defirer pluftoft de retenir le bien d'autruy à titre de violence,
que d'en poffeder autant de la liberalité du Prince? Et pourra-t'on efcouter ceux qui faifans profeffion de ne rechercher que la liberté de leur confcience, ont voulu forcer le Roy de charger la fienne, & prefter fon nom,
fes mains, & fon authorité, pour ruiner & defpoüiller l'Eglife de ce qui luy
appartient? Meffieurs, le Roy porteroit vn extreme regret, s'il falloit que
fon pays de Bearn fuft fleftry d'vn tel blafme. Mais il fçait que cefte faute
ne procede que du moindre nombre, qu'il fçaura toufiours bien reprimer.
Il vous commande doncques, il vous prie, & vous coniure au nom de
Dieu, par voftre propre bien & falut, de viure en paix & en repos les vns
auec les autres, felon les loix equitables qu'il vous a prefcrites & ordonnées;
ne recherchans rien au defaduantage ny à la ruine commune, mais vous
portans tous enfemble auec vn amour, vne patience telle, qu'on puiffe efperer que l'efprit de Dieu vous ramenera vn iour à vne parfaite reconciliation. Le Roy ne fe contente point de vous faire paroiftre les effets qu'ont
accouftumé les bons Roys à leurs peuples, il vous les veut faire reffentir auec
telle indulgence, qu'ils excedent le commun de tous les autres. Ordinairement les Roys & les grands Princes ne fe foucient que de ce qui arriue de
leur regne; ils fe fafchent & s'offencent fi l'on leur parle de ce qui doit arriuer apres eux, & des maux & des incommoditez qui peuuent nuire à leurs
fujets apres leur decez. Nous auons vn Roy qui par fes trauaux & exploits
guerriers ne fe defire conferuer que pour feruir Dieu, rendre fes fujets heureux, & affeurer pour iamais leur felicité. Cela luy a fait efcouter auec vn
fentiment extraordinaire les plaintes & les foufpirs de quelques-vns des plus
fages & fignalez perfonnages de cefte prouince, qui luy ont reprefenté que
fi la France eftoit fi mal-heureufe (ce que Dieu ne vueille) que la ligne maf-
culine de nos Roys y vinft à faillir, la fucceffion de Bearn pourroit eftre
querellée par quelque Prince eftranger. Cela eftant, quelle miferable &
calamiteufe condition feroit celle de cette prouince? quels feux n'y allume-
roit-on point? Vn vfurpateur fouffriroit-il l'eftat qui y eft à prefent? A-t'on
accouftumé de laiffer les libertez & les priuileges aux peuples conquis? Et
ce pays deuenant vne frontiere de France, enclauée dans la France, chaque
village ne feroit-il pas comme vne fortereffe? La France d'autre cofté, qui

HHHh

a touſiours ſouſtenu que le Bearn eſt vn fief mouuant de la Guienne, ſouf-
friroit-elle que cette porte s'ouuriſt à l'Eſtranger? Et par raiſon d'Eſtat, &
conſideration de droict qui luy eſt acquis, ne combattroit-elle pas de toute
ſa force, pour empeſcher que ceſte terre ne fuſt enuahie par vn autre? Entre tels contendants que deuiendroit ceſte pauure petite prouince? ne ſeroit-
elle pas miſerablement deſchirée, perduë, & engloutie dans vn abyſme de
maux? Ceſte luctueuſe cogitation, qui a excité le Roy, vous doit eſmouuoir bien dauantage. Et comme il connoiſt ce qui vous eſt neceſſaire & ce
que vous deſirez, il penſe & repenſe aux moyens de vous en faire vtilement
& heureuſement iouïr. Il ne deſire point que vous aymant autant que toute autre prouince de ſon Royaume, il y en ait aucune plus heureuſe que la
voſtre. La Prouence, qui a eu autresfois nom de Royaume, depuis de Mar-
quiſat, depuis de Comté, mais touſiours ſouueraine; la Bretagne, qui a eu
auſſi autresfois titre de Royaume, & depuis de Duché, ont touſiours eſté
miſerables, iuſques au temps qu'elles ont eſté reünies au Royaume de France. Quand elles en eſtoient ſeparées, il falloit qu'elles fuſſent touſiours en
armes pour ſe deffendre de leurs voiſins, qui les attaquoient de tous coſtez.
Si toſt qu'elles ont eſté vnies au Royaume, ce grand nom de la France redoutable à tout le monde les a renduës aſſeurées contre tout le monde. Elles
ont iouÿ en paix & en repos de leurs biens, de leurs priuileges, de leurs exem-
ptions, qui leur ont eſté religieuſement conſeruées: & ceux du pays ſont
paruenus aux plus hautes & eminentes dignitez du Royaume. Vous ne deuez pas attendre moins de grace du Roy; car il vous cherit autant ou dauantage. C'eſt, Meſſieurs, ce que principalement le Roy vous a voulu faire
entendre à l'ouuerture de ceſte Aſſemblée, afin que bien informez de ſes
volontez & intentions, toutes dirigées à voſtre bien, à voſtre ſeureté, à voſtre conſeruation, à nourrir la paix & le repos entre vous, vous luy en ſça-
chiez le gré qu'il doit attendre de bons, fidelles, & reconnoiſſans ſujets.
Outre cela il deſire, ſelon qu'il eſt accouſtumé en telles Aſſemblées, que
chacun luy repreſente ſes plaintes, s'il y a iuſte ſujet de luy en faire, afin
qu'il y puiſſe pouruoir, & faire rendre iuſtice à ceux qui ſe trouueront intereſſez. Et que l'on luy propoſe auſſi les aduis que l'on iugera pouuoir ſeruir tant pour la ſeureté & commodité de la prouince, que pour maintenir
plus fermement l'amitié & la paix entre ſes ſujets. Meſſieurs, c'eſt choſe
conneuë à tous, que d'autant qu'il ne pleut point en Egypte, le Ciel pour
ſecourir ceſte incommodité fait qu'vne fois l'année en certaine conſtellation le Nil croiſt ſi haut qu'il couure toute la terre; & lors chacun en remplit ſes ciſternes & reſeruoirs, pour ſeruir iuſques à vn autre retour & accroiſſement du fleuue. Le Roy, Meſſieurs, par vne ſinguliere faueur du Ciel a
eſtendu ſa courſe iuſques à vous, a inondé voſtre terre, y a reſpandu ſes graces. Il vous donne à iouïr du fauorable aſpect de ſa preſence, & des ſalutaires effets de ſa puiſſance. Vous ne pouuez pas eſperer, comme du Nil, ſon
retour tous les ans. Vſez-en donc auec prudence, maintenant que ſa bonté
vous en donne la commodité; en ſorte qu'en ſon abſence l'ordre qu'il eſta-
blira parmy vous, vous rende continuellement iouïſſans de l'heur & de
la proſperité qu'il vous apporte, & qu'il vous ſouhaitte perdurable.

                                               HARANGVE

HARANGVE COMMANDEE PAR LE ROY, *pour eſtre faite au Parlement de Thoulouſe; où ſa Majeſté vouloit tenir ſon lict de Iuſtice; non prononcée, ayant eſté ledit ſieur preuenu de mort à Tonnius le 3. iour d'Aouſt 1621. On a reſtitué ceſte Harangue ſur les memoires de l'Autheur.*

MEssIEVRS, Le Roy eſmeu par la clameur de ſes peuples affligez, par les ſouſpirs de l'Egliſe & la voix mourante de la Religion de ſes peres, accourt pour la ſeconde fois de l'autre bout de ſon Royaume à ceſtuy-cy; pour au prix de ſon ſang, au peril de ſa vie, donner ſecours à vos calamitez. S'eſtant donc fait voye au trauers de tout ce qui s'y eſt oppoſé, par la force de ſes armes, & par les victoires dont il a pleu a Dieu les benir; le voicy arriué à vous dans ceſte magnifique & opulente ville, dans ce ſecond Paris, qu'il a touſiours grandement aymée & cherie pour la pieté enuers Dieu dont elle eſt recommandée, & pour l'inuiolable fidelité qu'elle a perpetuellement gardée à ſes Rois. La premiere choſe dont il s'eſt enquis, en arriuant, ç'a eſté du ſiege de la Iuſtice ſouueraine, & comme elle y eſtoit adminiſtrée. Car vous ſçauez tous que c'eſt vne viue affection, voire paſſion née auec luy, qui s'eſt touſiours accreuë auec l'aage, de voir regner la Iuſtice en ſon Eſtat, ou pluſtoſt de regner auec elle, & par elle. Il s'eſt auſſi toſt reſolu de venir icy prendre ſa ſeance Royale, & ſe preſenter à ſes peuples en ſon lict de Iuſtice, qu'il a touſiours eſtimé le plus magnifique & le plus auguſte throſne de ſon Royaume. Et pour ce qu'il n'y vient pas ſeulement pour ſe monſtrer en vne pompe affectée, qui ne contente que les yeux de ceux qui le regardent, mais en vne ferme & ſainte reſolution de faire purement & religieuſement adminiſtrer la Iuſtice; apres vous auoir ſalué par le ſacré oracle de ſa voix Royale, il a voulu que continuant ſon diſcours, ie vous fiſſe plus pleinement entendre ſes intentions. Sa Majeſté a touſiours creu que ceſte Iuſtice, dont il a eſté dés ſa naiſſance ſi zelateur, conſiſtant à rendre à vn chacun ce qui luy appartient, auoit ſelon que les ſages anciens nous l'enſeignent, pour ſon premier deuoir & office l'obligation de rendre à Dieu l'honneur, le ſeruice, & la reconnoiſſance qui luy eſt deuë pour les graces, faueurs & bien-faits dont continuellement il gratifie les hommes, & dont extraordinairement & en leurs neceſſirez il les aſſiſte, les fauoriſe, & les comble. Et pour ce venant en ce lieu pour vaquer auec vous (qui eſtes les Preſtres ſacrez de ceſte grande Deeſſe) aux ſaints & profonds myſteres dont elle eſt ſeruie & honorée, mais pluſtoſt dont elle ſert & fait honneur à Dieu; Il ſemble que la premiere & principale action qu'on doiue attendre de ceſte auguſte aſſemblée, compoſée du Souuerain, & des Iuges ſouuerains de ſes peuples, ſoit de voir par vne conſonance de voix, vn accord de volontez, vne liaiſon & conjonction d'eſprits, rendre à Dieu les graces qui luy ſont deuës, luy offrir le ſacrifice de loüange, & le monument de gloire pour les ſignalées faueurs, les miraculeuſes aſſiſtances, & les plus glorieux ſuccés, auec leſquels par ſa puiſ-

fante main il a amené jufques icy noftre Prince, pour donner foulagement
à nos peines, confolation à nos miferes, & reftauration à nos ruines. Meffieurs, qui euft confideré il y a quatre mois la face de la France, fon eftat &
condition, & qui la void aujourd'huy; il manquera entierement de fens &
de jugement, ou il confeffera ingenuément, que jamais depuis le premier
eftabliffement de cet Empire, Dieu n'a infinué fi miraculeufement fa vertu
& fon efprit au courage, & en l'ame d'vn Prince, afin de releuer la Monarchie non feulement penchante, mais quafi profternée & atterrée; r'affembler & affermir les membres d'icelle non feulement difloquez, mais froif-
fez & brifez, & releuer les efperances & fortunes de tous fes fujets, acca-
blées & quafi toutes eftouffées. Car apres vne guerre plus que ciuile de foixante ans, le nouuel aduenement de noftre Prince auoit efté attaqué de
cinq furieux mouuemens qui auoient tellement croullé les fondemens de
cet Eftat, qu'à peine y auoit-il partie d'iceluy qui fuft en fon lieu. La licence des guerres fi longuement continuées auoit eftouffé la vraye pieté, &
l'honneur de Dieu du cœur des hommes, & en confequence ofté de leurs
efprits le refpect & la veneration deuë à la Majefté des Rois, qui eft le lien
de la focieté ciuile. L'efpuifement des finances du Royaume, l'affoibliffe-
ment des forces Royales, l'vfurpation de l'authorité fouueraine par plufieurs, l'impunité de leurs entreprifes, les finiftres opinions que malicieufement l'on imprimoit auec creance dans l'efprit non feulement des peuples,
mais des plus releuez, du mauuais gouuernement, faifoient defefperer les
gens de bien du falut de l'Eftat, & efperer les mefchans d'en voir bien toft la
diffipation & la ruine. Et de fait côme d'vn cofté on voyoit parmy les Ca-
tholiqnes fous pretexte de mefcontétement des defections euidentes, & des
affociations fe former; d'autre cofté, & de la part de ceux de la Religion pretenduë reformée, fous pretexte d'exercice de leur Religion, de vaines peurs
& apprehenfions fimulées; on auoit ja eftably des Confeils dans les Prouinces, des Cercles, & vne affemblée generale; à laquelle tout cela refpondoit,
par ordonnance de laquelle fe diftribuoient les gouuernemens, fe fortifioient les places, fe fondoit le cañon, s'enuoyoient Ambaffades aux pays
eftrangers, fe faifoient leuées de gens, & de deniers, fe declaroit la guerre,
l'on chaffoit les Catholiques, on attaquoit les Ecclefiaftiques, on prenoit
leurs biens, on profanoit les Eglifes. Et le pis en tout cela eftoit que ceux qui
eftoient les plus intereffez, & qui en deuoient plus apprehender de mal, ou
ne le preuóyoient pas, ou le voyant ne fe lioient ny vniffoient enfemble,
pour à forces jointes s'oppofer à vn tel mal. Qui euft creu, Meffieurs, qu'vn
jeune Prince rebattu de tant & tant d'orages & de tourmentes, voyant le
Ciel fi noir, & des prefages fi funeftes, euft eu le courage de remettre la voile au vent, pour fingler en vne fi perilleufe & tempeftueufe mer, & entreprendre parmy tant d'efcueils & couuerts & defcouuerts de mener à port le
vaiffeau de l'Eftat tout entr'ouuert, & dans iceluy la Religion & la Royauté
tout enféble? Il eft vray que la nature donne bien aux vns des courages plus
releuez qu'aux autres, & que ceux qui font deftinez au gouuernement des
grâds Empires ont ordinairemét des efprits plus genereux & plus heroïques.
Mais cefte vertu & vigueur, qui procede de la nature, eft bornée, & ne peut

atteindre

atteindre & arriuer à des effets excedans les esperances des hommes, & à
surmonter des difficultez inuincibles aux forces humaines. Il faut que d'en
haut & plus haut du Ciel sorte comme d'vne machine, vne vertu suremi-
nente qui insinuée dans l'esprit des Princes par des ressorts incomprehensi-
bles, & mouuemens extraordinaires, remuë, tourne, verse & renuerse les
affaires du monde; en sorte qu'on void dans vn corps terrestre agir vne
puissance celeste & infinie, à laquelle par vne obeïssance seigneuriale se
laissent manier & conduire les choses qui sont au dessous. Et de fait, Messieurs, voyez vne grande & singuliere merueille: Aussi tost que la necessité des affaires de l'Estat & l'inspiration du Ciel eurent mis en l'esprit du
Roy la resolution de prendre les armes, les principaux Seigneurs Catholiques, qui auoient ce sembloit quelque mescontement, sont accourus pour
seruir sa Majesté. Mais, plus grande merueille! les principaux Seigneurs &
Gentils-hommes de la Religion pretenduë reformée se sont venus offrir à
elle mesme pour la seruir en ceste necessité commune & peril commun de
l'Estat. Et les vns & les autres ont tres-bien reconneu que ceste pestilente
faction qui leschant ses membres auec les seditieuses langues de ses Ministres alloit formant vn hideux monstre d'Oligocratie & confusion populaire, ne se pourroit nourrir ny entretenir, sinon en deuorant la Noblesse,
& l'exterminant comme on a fait par tout où l'on a establi les Gouuernemens populaires. Ainsi le Roy animé de Dieu, accompagné des Grands de
son Royaume de l'vne & de l'autre Religion, seruy de tres-bons & fidelles seruiteurs, ne se proposant premierement que l'honneur de Dieu, la
protection de ses sujets affligez, & le repos vniuersel de son Royaume, ouurant les bras de sa clemence à tous les rebelles qui se voudroient reconnoistre, & ne recherchant autre vengeance des autres, sinon leur oster moyen
de mal faire, s'est acheminé à ceste glorieuse entreprise. Voyez, Messieurs,
si Dieu ne l'a pas visiblement approuuée & miraculeusement fauorisée: A
peine estoit-il arriué sur la riuiere de Loire, à peine le corps de son armée
estoit formé, que les portes de Saumur luy ont esté ouuertes auec vne pleine & entiere soumission. Touars, Partenay, Fontenay, Niort, Maillesais,
ont aussi tost suiuy cet exemple: lequel n'a pas borné son effet par les Prouinces, où les armes du Roy se voyoient, mais au loing mesmes, & en derriere, & à costé. Iergeau & Sancerre en Soloigne & Berry, Vitré en Bretagne, Pontorson en Normandie, ont fait joug & presté obeïssance. Saint
Iean d'Angely, où ceste factieuse assemblée de la Rochelle auoit enuoyé
toutes ses forces, & comme dressé là le premier & principal rempart de la
rebellion, a osé attendre & prouoquer les armes du Roy, par lesquelles elle a esté foudroyée. Pons à la veuë des forces de sa Majesté s'est rendu & a
esté desmantelé. Chastillon & Sainte Foy ont preuenu, & donné telle asseurance de leur fidelité, que le Roy les a laissez sur leur foy. Bergerac pour
la consequence, & euiter les inconueniens qui en pouuoient arriuer a esté
desmantelé; Thonnins rendu à sa Majesté, Clerac prins par la force de ses
armes. Le Roy en fin est arriué jusques à vous, pouuant quasi compter les
journées de son voyage par les prises ou reductions des places qu'occu-
pôient les rebelles; ayant en quatre mois fait ce que quatre Rois ses prede-

cesseurs n'auoient ny peu faire, ny osé entreprendre. Or de tout cela, Messieurs, il ne s'en attribuë autre honneur, que d'auoir presté son cœur premierement, & puis ses mains à Dieu pour operer telles merueilles. Il reconnoist ingenuëment, que ce n'est point vn ouurage humain, & que les hommes qui s'en voudroient attribuer la gloire la desroberont à Dieu. Il se
glorifie seulement de ce que Dieu l'a daigné choisir propre instrument à
mener à chef vn si grand œuure, d'où dependoit la consolation de son
Eglise de long-temps affligée, non seulement languissante en de pitoyables
destresses, mais quasi mourante dans l'apprehension, voire dedans le desespoir de son entiere ruine. Il se glorifie de ce que Dieu luy ait fortifié les
bras pour releuer ceste Couronne qui gisoit en terre toute morcellée quand
il l'a recueillie. Et toutes ces graces-là, comme venans du Ciel, eschauffé
de l'amour de celuy qui l'inspire si saintement & si heureusement, il les
renuoye au Ciel mesme par la deuote reconnoissance, & par le iuste remerciment qu'il en fait; ne plus ne moins que la terre fecondement abbreuuée
de la rosée du Ciel, la renuoye en haut par les douces vapeurs qu'elle exhale, eschauffée des rayons du Soleil. Et c'est doncques la premiere, la plus
sainte & plus religieuse action qu'il exerce en ce temple sacré de Iustice,
rendant à Dieu ce qui luy est deu, & le faisant en commun auec vous, qui
par vœux communs auec tous les bons François auez tiré du Ciel sur cet
Estat ceste beneficence diuine. Mais sa Majesté Royale ayant daigné
nous receuoir en part de ceste action, à laquelle nous estions conjointement obligez auec elle, doit ce me semble auoir agreable, que vous &
moy nous separions d'elle pour vn peu, non d'affection, de fidelité ny d'o-
beïssance; (car le lien qui nous y attache est indissoluble & inseparable,)
mais seulement d'action & de fonction de Iustice, pour nous acquiter
d'vne obligation particuliere que nous auons à Dieu, & dont nous luy deuions nos actions de graces à part. Et bien qu'à la verité ce soit chose que
nous deuons faire en tous lieux, en tout temps, à toutes heures, à tous
momens; Neantmoins nous y sommes dauantage obligez presentement,
tant pour ce que nous voyons deuant nos yeux le riche present que Dieu
nous a fait, que pour ce que nous sommes icy enuironnez de tant de peuples, qui s'estans obligez auec nous par vn mesme vœu, semblent par leur
fauorable silence & secrette expectation nous interpeller enuers Dieu d'acquitter nostre foy & la leur tout ensemble. Car alors que la France deschirée par ses propres mains, & cruellement rauagée par ses voisins, commençoit à respirer sous l'inuincible valeur de HENRY LE GRAND, nous souspirions tous en l'apprehension que nous auions de voir par son decés sans
lignée la France retomber dedans les mesmes feux de guerres ciuiles d'où
elle auoit esté si miraculeusement deliurée. Quelles prieres ne faisions-nous
point à Dieu? quels vœux & en public & en particulier, ne conceuions-
nous pas, afin qu'il luy pleust nous donner quelque surgeon de ce tige
Royal, sous l'ombre duquel nous peussions mettre à couuert nos calamiteuses fortunes? L'aage de nostre Prince les, trauaux qu'il auoit soufferts, les
incommoditez de sa santé, nous faisoient moins esperer ce qui nous estoit
plus necessaire; il falloit qu'vn miracle secourust nostre misere: Dieu l'a fait

en

en faisant naistre dans l'année du mariage du Roy celuy que nous voyons maintenant assis en son throsne. Et ce grand Dieu, pour nous combler de toutes ses graces, ne nous a pas seulement donné vn Roy, mais nous l'a donné tel qu'il estoit necessaire pour la restauration de nos ruines, pour la reparation d'vn siecle infortuné, & pour la consommation de nostre parfaite felicité. Il n'a pas si tost paru aux yeux de ses peuples, que nous auons tous jugé en son visage & en ses actions, que c'estoit le bon Genie de la France, que Dieu auoit tiré du plus riche thresor de ses graces pour en bienheurer ce Royaume. Car en vne enfance, où l'on voyoit la crainte de Dieu & son amour aussi naturels, comme s'il les eust succé auec le laict, vn soin de le seruir, qui luy faisoit quitter tous les soins & affections pueriles, vne haine de tout ce qui le pouuoit offenser, & telle qu'il ne voyoit point le vice sans indignation, qui pouuoit douter que le suiuant de son aage ne se composast en vne grande & admirable continence? Plusieurs se sont esmerueillez, qu'en vne fortune si licencieuse comme est la Royale, en vne authorité si absolüe, où l'on peut tout ce qu'on veut, en vne abondance de tout ce qui peut esmouuoir les esprits les plus moderez, la temperance & la continence n'ayent jamais rien perdu de leur aduantage en son endroit. Et que mesmes son exemple ait eu tant de puissance, que de changer en peu de temps les mœurs, non seulement de sa Cour, mais quasi de tous ses peuples: De sorte que l'ordure, & la lubricité qui auoit si longuement regné en ce Royaume, ou en ait esté bannie, ou pour le moins honteuse & condamnée par l'indignation du Prince se cache, & n'ose plus attaquer les familles pour les deshonorer, & y jetter la confusion & le desordre, y troubler la concorde, & corrompre les plus sacrez liens de la charité. N'estoit-ce pas pour croire par vne necessaire consequence, qu'où l'enfance monstroit se nourrir en la crainte de Dieu, la jeunesse se passeroit en des exercices masles & genereux, & regleroit ses affections par les loix de la pudeur & de la continence? Puis ceste façon de viure, dans laquelle il s'est tousiours pleu, l'exercice de la chasse, & autres actions militaires, ne monstroit-elle pas que rien de mol & d'effeminé ne deuoit jamais entrer en ceste ame Martiale? Voyez aussi quelle valeur il a fait paroistre si tost que les miseres publiques l'ont appellé à leur secours. Il n'a point fait la guerre par ses Lieutenans; il a esté à la teste de ses armées, au milieu des dangers, comme s'il eust esté inuulnerable, s'exposant à toutes sortes de hazards, pour trouuer en iceux le salut de son peuple. Mais quoy qu'vn peu hardiment, SIRE, qu'il me soit permis m'estant obligé de dire verité, de le faire en cest endroit auec quelque interest de vostre loüange: ne considerez-vous pas qu'en vostre personne consiste le salut entier de vostre Estat? ne comprenez-vous que tant de millions d'hommes, qui sont autour de vostre Majesté, ne respirent que par vostre poulmon? Que si ceste lumiere estoit esteinte, nous viurions tous en des tenebres de confusion, de misere & de ruine tres-deplorable. Pourquoy donc faut-il qu'on vous voye dans les trenchées comme vn simple soldat? qu'on voye les arquebusades donner autour de vous? qu'on voye ceux qui vous accompagnent tomber à vos pieds? voulez-vous que nous viuions perpetuellement en frayeur, & que les autres

biens dont nous joüiſſons par voſtre moyen, ſoient corrompus & gaſtez
par l'anxieté en laquelle voſtre valeur nous met tous les jours ? Ce que la
valeur peut apporter de gloire à vn Prince de voſtre aage, vous l'auez tout
acquis. Et puis ne croyez pas que ce ſoit de la vaillance que vous deuiez attendre vos plus riches & plus glorieuſes Couronnes ; voſtre clemence s'y
oppoſe, & pretend bien y auoir plus grand part. La poſterité qui ſans intereſts de haine ou d'enuie jugera entre les deux, vous donnera à cauſe de voſtre vaillance, le plus haut rang d'honneur entre les mortels. Mais voſtre
clemence fera connoiſtre que c'eſt par elle que vous eſtes vrayement l'image de Dieu. Combien euſt-il fallu de batailles pour debeller tant d'ennemis, pour aſſoupir tant de mouuemens ? combien de ſang pour eſteindre
tant de feux de guerres ciuiles ? Vous euſſiez peu arracher la vie des corps,
ou les rendre eſclaues : vous auez conquis les cœurs, & par ce moyen traiſ-
nez apres vous captifs volontaires, qui vous ſeruent fidellement, ceux qui
auparauant eſtoient armez contre voſtre Majeſté. SIRE, vous vous plai-
ſez tant d'eſtre appellé Iuſte, faites-nous juſtice contre vous meſme : vous
diſpoſez de vous & de voſtre vie, comme ſi elle eſtoit toute à vous, & comme ſi Dieu ne vous auoit pas donné à vos peuples pour eſtre l'eſprit vital de
voſtre Eſtat, duquel nous tirons tout noſtre eſtre, noſtre bien-eſtre, noſtre
douceur, noſtre contentement. Pourquoy contre les loix de toute equitable ſocieté voulez-vous diſpoſer à voſtre plaiſir d'vne ſeule choſe commune, auec la ruine & la perte de tout le reſte ? Mais ie retourne, Meſſieurs, au
lieu dont ie ſuis party, & d'où ma paſſion & la voſtre m'auoient emporté.
Le Roy qui eſt icy pour exercer la Iuſtice, meſmes celle qui regarde ce qu'il
doit à Dieu, luy a rendu par ma bouche l'action de graces qui luy appartient pour tant de victoires, tant de villes priſes & raſées, tant de rebelles domptez. C'eſt à nous maintenant, à rendre conjointement les graces immortelles deuës à ſa diuine bonté, pour nous auoir donné vn tel Prince, le comble de tous nos ſouhait. Vn ancien a dit, que le plus grand preſent que les Dieux peuſſent faire aux hommes, eſtoit d'vn Prince juſte :
tant c'eſtoit choſe rare en ce temps-là, d'en trouuer qui ne fuſſent point dereglez. Combien donc eſt grande, voire infinie l'obligation que nous auons
à Dieu, qui nous a donné vn Roy, dans l'ame duquel combattent toutes
les vertus pour triompher les vnes des autres ? Mais, dira quelqu'vn, pourquoy faut-il qu'vn Prince ſi vertueux ſoit attaqué de tant & tant d'aduerſitez ? que ſon regne ſoit plein de tant de calamitez & de miſeres ? que de ſi
bonnes mœurs trouuent des ſujets ſi barbares ? Ce n'eſt pas d'aujourd'huy
que ceſte queſtion a exercé les eſprits curieux, auſquels les ſages ont reſpondu par la voix du Saint Eſprit, qu'il n'eſt licite de penetrer au profond des
inſcrutables conſeils de la Diuinité. A peine pouuons-nous bien connoiſtre ce qui nous eſt perpetuellement preſent, & nous voulons atteindre à ce
qui eſt caché dans les plus hauts Cieux. Que ſi toutesfois il m'eſt permis de
reſpondre pour ceſte Sageſſe eternelle, & Iuſtice infinie, ie demanderois à
ces gens-là, s'il leur ſemble que le deſbordement des ſiecles paſſez, enuers
leſquels Dieu auoit ſi indulgemment retenu les fleaux de ſon ire, ne meritoit
pas que quelque part de la peine en tombaſt ſur nous, non tant pour nous
punir

punir du vice d'autruy, que pour nous retirer du mauuais chemin qui nous conduisoit sur leurs pas. Mais quand toutes ces calamitez auroient esté reseruées à nostre temps, pour seruir de matiere à la vertu de nostre Prince, nous aurions encore à nous consoler, & trouuer aucunement douces les peines que nous souffrons. Les anciens Sophistes ont fort agité ceste question, si les monstres auoient esté enuoyez au monde pour rendre illustre la vertu d'Hercule, ou si Hercule auoit esté enuoyé pour les dompter. Mais il n'y a nul doute que nostre Hercule n'ait esté enuoyé pour dompter les nostres, & que le Ciel ne l'ait reserué pour le salut de la France reduite à l'extremité. Les maladies precedent les remedes : Elles procedent d'vne mauuaise cause, les remedes d'vne bonne, salutaire, & volontaire. Croyons que la rebellion des sujets, est vne matiere corrompuë, à laquelle le Ciel auoit destiné la valeur & la clemence de nostre Prince : l'vne pour dompter les incorrigibles, & l'autre pour sauuer & recueillir dans le sein de sa bonté & protection les repentans. Mais considerant le cours des affaires ordinaires du monde, ie trouue vne autre beaucoup plus particuliere consolation à nos calamitez. Car il se void en l'histoire que le passage d'vn siecle depraué & calamiteux en vn siecle heureux & bien fortuné ne se fait jamais qu'auec de dures & fascheuses conuulsions d'Estat, des ruines & des rauages deplorables. Ce qui me fait augurer (qu'heureux puisse estre mon augure) que les miseres que nous auons endurées, & les fleaux que nous souffrons encores de present, ne sont que les douleurs & les trenchées de la France, qui trauaille à l'enfantement d'vne meilleure fortune; & qu'il n'est point possible que sous vn si bon Prince, si nous secondons sa vertu & sa patience, les tribulations que nous souffrons auec luy n'operent en fin vne perdurable gloire & felicité. Ioignons donc nos cœurs, nos voix, nos mains tous ensemble, pour contribuer à l'accomplissement de ce bon-heur, dont le Ciel nous donne les presages par tant d'heureux succés & tant de miraculeuses victoires. Dieu qui est tout puissant & inuincible, se laisse neantmoins vaincre & conduire par les hommes pour seruir à leur bien & les deux liens qui attachent sa bonté à nous par ceste agreable & volontaire violence, ce sont la Pieté & la Iustice. Il s'est luy mesme donné ceste Loy, il s'est soumis à ceste condition. Vostre Prince vous en donne l'exemple, & vous enseigne comme vous deuez vous porter en l'vne & en l'autre. Ne vous defaillez point à vous mesmes; qu'il ne soit point dit que par vostre faute vous ayez perdu le fruit qui vous est preparé d'vne parfaite prosperité. Vous, Messieurs, particulierement, vous, dis-je, qui estes ordinairement assis en ce lieu, representans en l'absence du Roy ce qui est de son authorité souueraine, ausquels il a commis vn des plus excellens fleurons de sa Couronne, en la foy desquels il depose la vie, les biens, la fortune de ses sujets, pouuez plus que nuls autres à l'affermissement de son sceptre, & à l'establissement du repos & de la felicité de ses sujets. Vous sçauez ce que les saincts Oracles ont prononcé, Que par la Iustice les throsnes sont affermis, & au contraire par l'injustice ils sont esbranlez. Vous estes donc en condition ou de meriter la gloire du bon-heur du siecle, ou le blasme de son malheur & de sa calamité. Car vous n'estes pas comme aux siecles passez, où l'authorité du Prince bien souuent vous

lioit les mains, & vous seruoit d'excuse, si vous ne faisiez justice. Le Roy
vous laisse le libre exercice de vos charges, vous ne voyez plus d'euocations
de son propre mouuement, vous ne voyez plus d'abolitions des crimes les
plus enormes: Ainsi vos fonctions sont libres en l'administration de la Iustice. Prenez donc garde en ce qui despend de vous, que ceste Vierge sacrée ne soit violée, que son Temple ne soit prophané, & ses mysteres contaminez. Que les brigues, les factions, les parentez, les alliances, les haynes,
les querelles, les vengeances ne facent pancher la balance du costé où elle
ne doit point aller. Mais sur tout qu'apres auoir tourné les yeux vers Dieu,
de qui vous exercez le jugement, vous les arrestiez sur vostre Prince qui
vous en a commis l'authorité: & que vous vous souueniez que le premier
effet de Iustice que vous deuez en vos charges, c'est de luy rendre & à ses
commandemens l'honneur, le respect, & l'obeissance, & la luy faire rendre
par ceux qui sont au dessous de vous. Vous les luy deuez non seulement
comme à vostre Roy, mais comme à vn bon Roy, qui cherit grandement
la Iustice, & non seulement pource qu'il cherit la Iustice, mais pource qu'il
ayme paternellement ceste Compagnie, & que parmy les necessitez tres-
vrgentes de cet Estat, il a eu soin de vos fortunes particulieres, & s'est indulgemment accommodé à vos desirs par dessus le vœu des autres Prouinces
de son Royaume qui l'y appelloient. Vous les luy deuez mesme pour vostre
propre bien ; car vous ne sçauriez tant soit peu perdre l'aspect de ce Soleil,
que vous ne voyez aussi tost la lumiere de vostre authorité non eclipsée,
mais esteinte. Ce que ie ne dy pas par apprehension que cela puisse estre ; car
il est trop esloigné de la profession que vous faites, & de l'exemple de vos celebres majeurs, qui ont remply la France non seulement de la reputation
d'vne excellente erudition, & d'vne venerable integrité ; mais encores d'v-
ne inuiolable fidelité enuers leurs Princes. Ie le dy donc pour le desir que
j'ay que vous surmontiez en ceste gloire tous ceux que vous egallez en authorité. Et encores en mon particulier, afin que vous ayant tousiours rendu l'honneur qu'on peut rendre à vne Compagnie si honorable, & si auguste, ie puisse estre conuaincu par la posterité de vous en auoir moins rendu qu'il ne vous en est deu ; & qu'elle puisse dire, que comme vous ne pouuiez jamais esperer vn meilleur Prince que celuy que Dieu vous a donné,
aussi ne pouuoit-il trouuer de meilleurs & plus fidelles officiers. Mon aage
desia bien auancé, & ma santé incommodée parmy beaucoup de trauaux,
non du tout à mon aduis inutilement soufferts pour le seul desir de seruir les
Rois & ma patrie, m'aduertissent que ce doiuent estre icy les derniers propos que j'espere pouuoir jamais tenir en ceste Compagnie, ou en aucune autre semblable. O combien ie m'estimeray heureux, si les derniers accents de
ma voix peuuent faire vne si viue impression en vos esprits ; & exciter en
telle sorte vos courages, que les actions qui partiront doresnauant de vous,
facent connoistre à tout le monde, que j'ay bien jugé de vos vertus, & bien
auguré de vos merites ; lesquels vous acquerans vne gloire immortelle,
vous acquierent aussi les graces & les faueurs de ce grand Roy, qui vous illustre maintenant de la splendeur de sa face, & que le Ciel a destiné à la felicité du siecle.

ARRESTS

ARRESTS

RRONONCEZ

EN ROBE ROVGE

AV PARLEMENT

DE PROVENCE.

TABLE DES ARRESTS
PRONONCEZ EN ROBE ROVGE
AV PARLEMENT DE PROVENCE.

ARRESTS

ARRESTS

PRONONCEZ EN

ROBE ROVGE AV

PARLEMENT DE PROVENCE.

SVR LA QVESTION, SI LA SVBSTITVTION
pupillaire exclut la mere de la legitime.

PROCEZ *s'est meu pardeuant le Lieutenant du Seneschal de Prouence au siege de Marseille, entre Magdeleine Taron veufue de defunt Blaise Serein demanderesse en Requeste, d'vne part ; & Iean & Ianon Sereins freres, defendeurs d'autre. Auquel procez la demanderesse concluoit, à ce que les defendeurs comme heritiers de Blaise Serein son mary, & Iean Serein son fils, fussent condamnez à luy payer la nourriture & medicamens qu'elle auoit fourni durant vn mois à Iean Serein son fils : secondement à* luy rendre les coffres garnis qu'elle auoit apporté en mariage à feu son mary : tiercement à luy deliurer les habillemens, bagues & ioyaux, ou leur legitime valeur, que son mary luy auoit entre autres choses legué par son testament ; & en dernier lieu luy bailler & delaisser son droit de legitime en la succession de sondit fils, qui est vn tiers de tous les biens demeurez apres son decés, auec les interests à raison de cinq pour cent depuis le decés, & despens de l'instance.

POVR ses moyens elle disoit, qu'en l'an 1588. elle auroit esté conjointe par mariage auec feu Blaise Serein, auquel outre sa dot, elle auoit apporté deux coffres que son pere luy auoit donnez auec leur fourniture selon sa qualité. Ce mariage ayant duré quelques années, & en estant issu vn seul enfant, son mary auroit dés le 14. Decembre 1591. fait son testament, par lequel pour les bons & agreables seruices qu'elle luy auoit faits, il luy auroit entre autres choses legué ses accoustremens, bagues & ioyaux qui se trouueroient à son vsage lors de son trespas : Et au surplus de tous ses biens institué son heritier vniuersel Iean Serein leur fils vnique ; auquel, au cas qu'il vinst à deceder en pupillarité, il auroit substitué les defendeurs freres

IIIi

de luy teftateur & oncles du pupille. Eftant le defunt decedé en cefte volonté, il auroit laiffé la demandereffe grandement defolée, felon tels luctueux accidens, laquelle pour fa feule confolation auroit employé tout fon foin, & conuerty toutes fes affections à l'education de l'enfant qui luy reftoit. Mais apres l'auoir nourry l'efpace de fept mois, la fortune pour la combler de miferes, luy auroit par vne mort precipitée rauy des mains ce cher & feul gage qui luy reftoit, & par cefte orbité redoublée l'auroit accablée d'vne intolerable douleur. Quelque temps apres ayant pris loifir, finon de fe confoler, au moins de refpirer, penfant porter la main pour recueillir ce trifte heritage, cefte luctueufe fucceffion de fon enfant, *folatia luctus exigua ingentis* ; les defendeurs luy auroient oppofé que la fubtilité du droit & le curieux artifice des hommes, permettoit aux peres de faire des heritiers à leurs enfans pupilles au preiudice du droit de fang & de l'affection naturelle ; & qu'eftans eux appellez par cefte fubftitution pupillaire, elle mere eftoit excluse de la fucceffion de fon fils. Voyant ce troifiéme naufrage, auquel apres les perfonnes, elle perdoit encor les biens, elle a efté contrainte pour tout fecours à fon infirmité & à la mifere de fa viduité & orbité, de recueillir les tables qui luy reftoient, qui font les droits qu'elle demande auiourd'huy, lefquels nulle rigueur des loix ne luy peut ofter. Car quant à la nourriture, on ne peut pas nier qu'elle ne l'euft faite, & partant qu'elle ne luy fuft deuë. Pour le regard de fes coffres ils ont efté baillez par fon contract de mariage, & le legs qu'elle demande eft porté par le teftament de fon mary. Quant à fa legitime, c'eft vne debte contractée par la naiffance de fon enfant fous le feau de la nature, emologuée par les loix, qui en vn endroit l'appellent *as alienum*, en l'autre, *debitum bonorum fubfidium*, en l'autre *partem naturæ debitam*, qui ne depend d'aucune difpofition d'homme, mais eft deferée par la prouidence de la Loy à la commiferation qui eft deuë aux meres affligées par la perte de leurs enfans, & pour tenir lieu du fecours & des alimens que la nature oblige les enfans de rendre par vne mutuelle pieté à leurs progeniteurs. Mais puifque les defendeurs faifoient les fourds à cefte demande, & faifoient femblant de ne pas entendre la voix des loix qui auec des eloges fi pitoyables adiugent ce droit à la demandereffe, il ne luy reftoit finon fe retourner vers la Iuftice, & luy monftrant le fein infortuné dans lequel elle auoit fi longuement & laborieufement porté fon fruit, luy reprefenter les douleurs incomparables auec lefquelles elle l'auoit mis au iour, les veilles penibles auec lefquelles elle l'auoit efleué, les larmes auec lefquelles elle l'auoit enfeuely, & pour mieux exprimer fon malheur emprunter les paroles de faint Hierofme parlant à Heliodore : *En in nobis rerum ordo mutatus eft, & in calamitatem noftram perdidit fua iura natura* : & adioufter en fin ce que Pline difoit à Traian ; *Dignum manfuetudine tua minuere orbitatis iniurias nec pati quemquam filio amiffo infuper affici nouo dolore.* Elle s'affeuroit que la Iuftice & les Loix accourans à vne fi iufte plainte, luy adiugeroient les conclufions par elle prifes.

LES defendeurs au contraire difoient, qu'en ce qui regardoit le premier chef de la demande, tant s'en faut que la demandereffe peuft rien pretendre,

pretendre, qu'au contraire elle deuoit de reste. Car elle confessoit auoir esté payée pour la nourriture de six mois, & ils mettoient en faict qu'elle n'a tenu son enfant auec elle que cinq mois, comme ils verifieroient. Quant aux coffres qu'elle demandoit, qu'ils auoient à la verité esté promis par son pere par le contract de mariage, mais que iamais ils n'auoient esté deliurez, & que partant, ny le mary, ny ses heritiers, n'en pouuoient estre tenus. Pour le regard de ses accoustremens qui luy auoient esté leguez, qu'elle sçauoit bien que le iour de l'heureuse reduction de Marseille, Blaise Serein son mary ayant esté tué pour la haine qu'on portoit à Taron pere de la demanderesse, sa maison auroit esté pillée, d'où il ne se seroit rien sauué que ce que la demanderesse auroit destourné, caché & appliqué à son profit, & dont il est raisonnable qu'elle fasse restitution. Et quant à ses accoustremens, elle mesmes auroit intenté procez pour les recouurer contre vn nommé Peron Cotton, & quelques autres qui auoient volé sa maison. Quant à la legitime qu'elle demandoit en la succession de son fils, elle faisoit bien de recourir aux larmes & semblables artifices feminins, pour voir si par ses blandices & allechemens elle pourroit amollir & eneruer la vigueur & force des loix, afin de les accommoder à ses desirs. Car autrement elle voyoit bien que leur disposition luy estoit euidemment contraire, & par termes exprés l'excluoit de cette demande. C'est vne folie & vanité de parler icy du droict de nature, lequel ne songea oncques à aucune legitime. Car les successions dont la legitime fait part, ne sont pas introduites par la nature qui faisoit toutes choses communes, mais par les loix particulieres des hommes; mais moins que les autres, le droict que les meres pretendent en la succession de leurs enfans, qui ne vient que *turbato ordine naturæ*. S'il y a Loy au monde qui ait aucune affinité à cette pure nature, nous pouuons dire auec verité, que c'est la Loy que Dieu luy-mesmes a donnée à son peuple par Moyse son grand Prophete, luy suggerant mot à mot ce qu'il auoit à luy proposer. Or ne se trouue-il point que par aucune des loix de Moyse, la mere ait droit quelconque en la succession de ses enfans; soit que le Legislateur ait estimé que ce fust chose contre nature, de presumer la mort de l'enfant auant celle de la mere; soit que parmy ce peuple de Dieu les successions ayent esté reseruées aux familles, esquelles la femme qui y entroit estoit reputée comme estrangere, & qui par consequent n'en pouuoit rien emporter. Le droit Romain en sa pureté a esté tout semblable, & par consequent le droit des Grecs dont il auoit esté puisé. Car par les loix des douze Tables, les meres ne sont nullement reconneües, & n'ont aucune part aux successions, comme n'estans point de la famille; ains demeurent nonobstant le mariage toûjours en celle de leur pere & en leur puissance; voire en telle façon que la dot qui leur estoit donnée retournoit apres la dissolution du mariage entre les mains de leur pere, comme si elles n'eussent esté capables de posseder aucuns biens. Aussi Caton en Tite-liue disoit; *Maiores nostri nullam ne priuatam quidem rem agere feminas sine auctore voluerunt : in manu esse parentum, fratrum, virorum iusserunt.* Tellement qu'elles estoient en toutes façons, & actiuement & passiuement incapables de testament. Desorte que, comme Dion escrit, il fallut qu'Auguste sup-

pliaſt le Senat de permettre à ſa tant aimée femme Liuia, de diſpoſer par teſtament d'vn tiers de ſon bien, & non par forme d'inſtitution, mais ſeulement de legat. C'eſtoient-là ces belles loix, qui ne ſe propoſans rien que le
bien public & l'heur de leurs citoyens, auoient merité ce bel eloge que leur
donne Tertullian, quand il dit; *Leges Romanæ maximè ad innocentiam per-*
gunt. Ce ſont ces belles ſanctions auec leſquelles ils ont conuié les extremitez de la terre à ſe ſoubmettre à vne ſi iuſte domination.

Sic rerum domina facta eſt pulcherrima Roma.

Mais depuis que cét Eſtat fut changé, & l'adminiſtration d'iceluy, qui auparauant eſtoit dirigée au ſalut public, fut referée au plaiſir de ceux qui l'a-
uoient occupé, *& rebus mores ceſſere ſecundis*; ces belles loix-là furent ſous
la molleſſe des Empereurs aucunement abaſtardies, & ſe laiſſerent aller aux
blandices des femmes pour les gratifier & diſpenſer. L'Empereur Claudius ſtupide & inſenſé qu'il eſtoit, enſorcelé par les attraits de ſa Meſſaline,
receut la mere en part de la ſucceſſion de ſes enfans; mais encor auec quelque honte, & cherchant quelque pretexte à cette ambitieuſe conſtitution.
Car il ne luy donna pas indifferemment ce droit; mais ſelon que nous apprenons de Suetone, ſeulement à celle qui auroit quatre enfans, comme le
prix & remuneration de la peine qu'elle auroit eu à peupler la Republique
d'vn tel nombre de citoyens. Le Tertullian qui vint apres ſous l'Empereur Antonin ſe contenta que la mere euſt trois enfans, pourueu qu'elle fuſt
de condition franche & ingenuë. Les conſtitutions des Princes ſuiuans luy
oſterent vn quart pour le donner aux oncles paternels & à leurs enfans, &
au cas qu'elle n'euſt pas trois enfans, ne luy donnerent pour tout qu'vn
quart. Mais voicy arriuer Iuſtinian dominateur du monde, & eſclaue des
beautez de ſa femme, lequel enyuré par ſes careſſes, & vaincu par ſes importunitez, acheua de renuerſer les loix, déchargea la mere du nombre d'enfans qu'elle deuoit auoir; l'admit egalement comme les peres à la ſucceſſion des enfans; la déchargea du quart qu'elle deuoit aux oncles, & la receut en concurrence auec les freres & les ſœurs conſanguines. Cette effrenée indulgence ne fut point toutesfois ſi licencieuſe que d'oſer violer le
droit des teſtamens, & toucher aux ſucceſſions qui eſtoient deferées par le
iugement & diſpoſition de ceux à qui elles appartenoient. Elle ne regla de
cette façon que les ſucceſſions ab inteſtat: & pour le regard des teſtamen-
taires, elle laiſſa les choſes en leur ancien eſtat, ordonnant ſeulement, que
les enfans qui decederoient ſans enfans, s'ils faiſoient teſtament ſeroient tenus d'inſtituer leurs peres & leurs meres, & au lieu du quart,
leur laiſſer vne troiſiéme partie de leur ſucceſſion, à peine d'eſtre le teſtament declaré inofficieux; n'adiouſtant rien en cela à la Loy Glicia,
ſinon le titre plus honorable d'inſtitution, & le partage plus aduantageux d'vn tiers pour vn quart. Tout cela fondé ſur l'honneur & reuerence que les enfans doiuent à leurs peres & meres; qui ſemble eſtre
aucunement offenſée lors que leſdits enfans ne font point mention d'eux
à leur derniere diſpoſition. Iuſques-là que pour éuiter le ſoupçon d'impieté où ils pourroient tomber, la Loy les charge d'vne preſomption
de demence & manquement de iugement, qui irrite & rend nulle leur diſpoſition,

position, comme n'ayans sceu ny entendu ce qu'ils faisoient. Mais en tout cela il n'y a rien qui puisse seruir à la demanderesse, d'autant que son fils est decedé en tel aage, que par nature il n'auoit point de volonté, & par les loix ciuiles aucune puissance de tester. De sorte que l'on ne luy peut imputer aucun deffaut de respect, ny moins de bien-vueillance. Ce n'est pas le fils de la demanderesse qui a fait les deffendeurs heritiers & possesseurs du bien dont est question : c'est Blaise Serein pere, qui n'estoit point obligé de laisser aucune chose à quelque titre que ce fust à la demanderesse. Que veut-on donc leur demander aujourd'huy ? On dit que le testament du pere contient le testament du fils; que le testament du fils doit laisser la legitime à sa mere; & voylà vrayement la question du procés. Question que l'on pourroit escouter en vn si celebre auditoire que celuy de la Iustice, si elle ne remettoit trop hardiment en doute ce qui est formellement decidé par les Iurisconsultes, par les Empereurs, par les Papes, par l'vniuersel consentement de tous les Professeurs du droit de toutes les nations du monde; & si elle n'auoit esté prejugée par tant de jugemens & arrests des Cours souueraines. Par la disposition des loix, il est clairement porté que le pere testant pour son fils pupille & impubere, oste toute esperance de la succession à la mere. [a] Et afin que par quelque subtilité on ne voulust restreindre en cela la puissance paternelle, la Loy a expressément declaré que ce faisant, le pere n'a pas seulement puissance de disposer des biens qu'il laisse à son fils pour les transmettre au substitué, mais peut encor disposer de la legitime du fils; peut dauantage disposer des biens aduentifs, qui arriueront à son enfant apres le deceds du pere jusques à sa puberté [b]. C'estoit assez dit; & puis que la Loy permettoit de faire ce prejudice à l'enfant, sans qu'il s'en peust plaindre, elle enseignoit assez à la mere, qu'elle n'y seroit pas receuable. Toutesfois afin que ce sexe querelleux & plein d'auarice & d'auidité ne vinst encor troubler le repos des familles & les testamens des defuncts; Papinian (patron neantmoins de la pieté & charité naturelle) les en voulut bien aduertir; & sur la plainte que faisoit vne mere du testament pupillaire de son fils, luy respondit : *Sed nec impuberis filij mater inofficiosum testamentum dicit, quia pater hoc ei fecit* [c]. Si doncques la mere n'a point d'action d'inofficiosité contre le testament pupillaire, elle ne peut pas pretendre sa legitime, qui n'est donnée pour autre raison que pour euiter l'inofficiosité. Aussi vne mere ayant meu vne semblable question, le Pape Boniface [d] l'a decidé si formellement, qu'apres cela il n'est plus loisible d'en douter. Car il dit que les pauures qui estoient substituez pupillairement recueilleront la succession, sans que la mere puisse detraire aucune quarte; *sine deductione quartæ Trebellianicæ; siue partis naturæ iure debitæ.* De là est formée ceste maxime la plus vulgaire & triuiale qui soit aux escholes, que *per pupillarem expressam excluditur mater à legitima, & in hac opinione* (dit Balde) *est totus orbis.* Les Docteurs y accourent; non par nombre, mais par legions; *Iunctæque vmbone phalanges*: & mesmement les plus recens, & dont le jugement est plus exquis, comme de *Didacus Couarruuias* [e], *Crassus* [f], *Menochius* [g]. Il deuroit bien suffire de voir les paroles de la Loy expresse, & le grand consentement de tant d'hommes celebres qui ont confirmé ceste opinion, sans

[a] *l. precibus l. si in testamento. C. de impub. & alijs substi.*

[b] *l. sed si plures. §. ad substitutos. l. Centurio. ff. de vulgari & pupillari.*

[c] *l. Papinianus. §. sed nec impuberis. ff. de inoffic. testam. de c. si pater de testamentis in sexto.*

[d] *In c. cùm esses. de test. in sexto.*

[e] *De fideicommiss. de legit. 48.*

[g] *l. 4. præsumpt. 88.*

vouloir contraindre la Loy de rendre raifon de fon ordonnance. Car comme elle eft Royne & fouueraine maiftreffe des actions des hommes, *eius
eunc ratio conftat fi nemini reddatur.* Toutesfois fans prejudice de fon authorité, il eft aifé de monftrer, que ce qu'elle ordonne en ce fait a fon fondement fur les principales & plus importantes maximes du droit Romain.
Cet Empire fondé fur des aufpices qui le conduifoient à la domination du
monde, a eu pour vne des principales loix qui deuoient promouuoir fa
grandeur, l'eftabliffement de la puiffance paternelle, laquelle a infus &
infpiré en leur Eftat cefte abfoluë obeïffance. Cefte puiffance eftoit telle, que le pere pouuoit librement difpofer de tous les biens, de la liberté, &
de la vie de fes enfans, & comme dit la Loy, les vendre jufques à trois fois.
Entre autres effets de cefte puiffance, le pere faifant fon teftament pouuoit
faire celuy de fon fils pupille & impubere, & luy donner vn heritier tel
qu'il vouloit. Ce qui ne tefmoignoit pas moins la puiffance du pere que fa
bien-vueillance & follicitude. Car cet aage imbecille eftant fujet aux embufches & deffeins des parens qui luy deuoient fucceder ab inteftat, ne pouuoit
trouuer meilleur preferuatif contre la beante auarice de fes heritiers prefomp-
tifs, que les tables pupillaires qui tenoient enfermé le nom d'vn heritier
inconneu; qui faifoit toufiours craindre aux parens & aux tuteurs, que s'il
venoit faute du pupille le profit n'en reuinft à quelque eftranger, & les rendoit par là foigneux de conferuer la vie du pupille, contre laquelle autrement l'efperance de la fucceffion les euft fait confpirer: comme il y en a des
exemples, & dans le droit & dans l'hiftoire, fort fignalez. Ciceron raconte
celle de cefte Milefienne, *quæ accepta pecunia à fubftitutis, partum abegit ve-
neno.* La Loy en remarque vn femblable, & voit-on par tout les vœux, &
oyt-on les voix des auides captateurs, *Pupillum vtinam, quem proximus hæres Impello, expungam.* Auffi quand la Loy parle de cefte action, elle dit que
pater confilium capit pro liberis, bien que quelquesfois mefmes en ce faifant
il les exherede. De forte que ce qui d'ailleurs feroit reputé à vne grande injure, eft eftimé office de pieté: *ea enim bona mente fit exheredatio,* commit dit
le Iurifconfulte. [a] Or bien que par fiction, ou pluftoft par abus; l'on die
qu'en ce cas il y a deux teftamens d'vne mefme fucceffion & deux fucceffions en vn mefme teftament, neantmoins la verité eft qu'il n'y a qu'vn teftament. [b] Auffi le pere ne peut-il faire le teftament de fon fils qu'il ne face
le fien; jufques-là mefmes, que fi l'heredité du pere n'eft acceptée, le teftament ne vaut rien. [c] Et fi le fubftitué penfoit auffi accepter l'heredité du pupille, & la feparer de celle du pere, il n'y feroit pas receu. [d] Et bien que l'heritier fuccede apres la mort du pupille, il eft toutesfois cenfé prendre l'heritage immediatement de la main du deffunct teftateur; car c'eft par fa difpofition & fon jugement. C'eft pourquoy on appelle cefte fubftitution directe. Que la mere doncques ceffe de fe plaindre de fon fils, puis que c'eft le
pere qui a fait fon teftament; qu'elle ceffe de fe plaindre du pere, puis qu'il
n'a difpofé que de ce qui eftoit entierement en fa puiffance, mefmes en ce
cas-cy, où le pupille n'auoit autres biens que ceux de fon pere. Et puis que
la Loy ne reçoit point fa plainte contre le teftament de fon fils, *quia pater
hoc ei fecit,* que la legitime n'eft deuë qu'à ceux qui peuuent accufer l'inofficiofité,

a *l. fi patro-
nus. ff. de bo-
nis liberto-
rum.*
b *l. moribus.
ff. de vulga-
ri & pupil-
lari.*
c *l. moribus.
§. quifquis
ff. de vulg.*
d *l. fed fi
plures. §. fi-
lij impub. eo-
dem.*

ficiosité, qu'elle nese tourmente point en vain, qu'elle acquiesce à la volonté des loix sous lesquelles elle est née ; qu'elle considere que la pieté qu'elle allegue est pour destruire vne plus grande & plus forte pieté, pour renuerser l'obeïssance deuë par le fils au pere, pour renuerser le respect que doiuent les viuans aux morts. *Non est enim præcipuum filiorum munus prosequi defunctum ignauo questu, sed quæ voluerit meminisse, quæ mandauerit exequi.* Si elle a esté telle qu'elle deuoit, elle doit elle-mesme poursuiure l'execution de la volonté de son mary, qui est le dernier & principal office qu'elle luy peut rendre, pour euiter le blasme dont les Iurisconsultes ont menacé vne autre semblable femme trop auare, & peu respectueuse enuers la derniere volonté de son mary. *Ne honos benè habiti matrimonij & spes communium liberorum patrem fefellisse videatur, qui meliùs de matre præsumpserat.* Mais quand la pudeur & l'honnesteté ne la retiendra point, tousiours les barrieres des loix l'arresteront-elles ; lesquelles ne permettront point que *observatio testamentorum tot vigilijs excogitata euertatur* (comme dit l'Empereur [a]) *& actus ille præcipuæ curæ & vltimi momenti* (comme l'appelle vn historien Romain) *euanescat.* Et partant concluoient les defendeurs afin d'absolution, & neantmoins, que faisant droit sur leurs demandes, la demanderesse fust condamnée rendre les meubles qu'elle auoit pris & recourez de la succession du defunct, auec despens.

a l. si quando. C. de inoff. testam.

La demanderesse repliquant à cela disoit, que pour ce qui concernoit les premiers chefs de sa demande, les defendeurs n'ayans point de iustes deffenses, s'en seroient voulu sauuer par des faits faux & calomnieux, lesquels elle desnioit ; & soustenoit au contraire, qu'elle n'auoit touché aucuns biens de la succession de son mary ; & puis que cela dependoit des preuues qui en seroient faites, qu'elle en attendoit l'issuë pour iustifier ensemble son droit & son innocence. Quant à la legitime par elle demandée, les defendeurs auoient tasché de suborner la nature, & destourner l'assistance qu'elle doit à sa cause ; ne se souuenans plus que Varron a appellé ceste succession *testamentum physicum*, comme qui diroit que c'est la nature qui teste pour les personnes. Aussi les loix disent-elles assez haut, que l'amour maternel surmonte toutes les autres affections ; qui est la cause pour laquelle Plutarque remarque, que les femelles des autres animaux ont les mamelles pendantes au dessous du ventre, mais la mere les a pres du visage, afin de pouuoir, allaitant son enfant, le contempler & baiser continuellement. Vn historien Romain parlant de ceste fille qui nourrit si long-temps sa mere prisonniere de son laict dit ; *Quid tam inauditum, quid tam inusitatum quàm matrem vberibus filiæ alitum esse ? putauerit aliquis fortasse hoc contra naturam factum, nisi parentes diligere prima lex esset.* Mais si la nature la fauorise, elle ne pense pas pour cela estre moins assistée du droit ciuil. Car si l'on la pensoit exclure par certaines subtilitez & prestiges de droit, ils se trouueroient n'auoir aucun solide fondement, & estre directement contraires à la droite raison, qui est l'ame des loix, & l'intention de ceux qui les ont establies. Or pource que les defendeurs plus rusez en leurs procedures, que forts en leur droit, ne pouuans soustenir les assauts des viues & pressantes raisons de la demanderesse, ont jetté au deuant d'eux, comme vne espaisse palissade, la

couuerture de cefte opinion, qu'ils difent commune, que la fubftitution pupillaire exclud la mere mefmes de fa legitime; La demanderefle deftruira
premierement ce prejudice, afin de pouuoir plus librement & auec plus
d'affeurance refpondre aux autres argumens. Elle confeffe ingenuëment
que quand la raifon fe trouue balancée en diuerfes opinions, il eft bien raifonnable que le nombre donne le trait, & face tomber le poids du cofté de
la multitude. Mais auffi quand la raifon ou la verité, qui demeure bien fouuent recelée & entreprife par les nuages des fauffes opinions, vient à fe monftrer & defcouurir clairement, c'eft bien la plus grande faute que les Iuges
puiffent commettre, que de laiffer la raifon pour fuiure l'opinion, c'eft à dire l'ombre au lieu du corps. Alors, comme dit Seneque, *non eft leuitas à co-*
gnito & damnato errore difcedere, & ingenuè fatendum eft, Aliud putaui, de-
ceptus fum : hæc verò fuberbæ ftultitiæ perfeuerantia eft, Quod femel dixi, quale-
cumque fit, fixum ratúmque fit. Et la raifon de cela il la faut emprunter d'vn
grand Iurifconfulte & Theologien tout enfemble, qui dit au liure *De vir-*
ginibus velandis; Veritas eft cui nemo præfcribere poteft, non fpatia temporum,
non patrocinia perfonarum, non priuilegia regionum. Autrement comme nous
aduertit ce grand Philofophe, *Tritifsima quæque via nos maximè decipiet*
fequentes pecorum ritu præcedentium gregem, pergentes non quò eundum eft, fed
quò maximè itur. Que s'il y a fcience au monde où cela fe doiue principalement obferuer, c'eft en la Iurifprudence, laquelle n'a receu fa perfection
finon que corrigeant de temps en temps les fauffes opinions qui eftoient
introduites par erreur, & confirmées par l'vfage, à mefure que l'equité s'eft
fait paroiftre, & que l'vtilité & honnefteté publique l'a defiré. C'eft pourquoy le Iurifconfulte dit, que *multa in iure ciuili contra rationem difputandi*
pro vtilitate communi recepta funt. Et en vn autre endroit, *Ad eiufmodi fen-*
tentiam æquitate fuggerente decurfum eft. Mais principalement où il a efté
qu'eftion des fucceffions, & d'oppofer le vœu charitable de la nature aux
a *In auth. de*
triente &
femiffe. defirs inconfiderez des teftateurs, l'Empereur a dit tout haut, *Nitimur fem-*
per inuenire aliquid naturæ congruens, quod pofsit priora corrigere. Quant aux
Iurifconfultes, il feroit infiny de reciter combien de chofes nouuelles ils
ont introduit contre l'vfage abufif & regles vicieufes qui auoient cours de
leurs temps. Il ne faut point demander combien on trouuoit au commencement eftrange à Rome, quand le defcendant qui eftoit greué purement
de rendre vn heritage s'en vouloit excufer pour dire qu'il auoit des enfans,
on luy difoit des injures comme à vn perfide, indigne de la faueur des loix,
qui fraudoit la volonté des defuncts. Mais apres que ce grand Papinian eut
b *l. Cùm*
auem. ff. de
fidei. remarqué l'iniquité de cefte couftume, & qu'il eut refpondu b *conditionem*
fideicommifsi coniectura pietatis defeciffe, voila ce vieil erreur abbatu, cefte
nouuelle opinion receuë auec tant d'eloges qu'il ne fe peut dire plus. L'Empereur non feulement la fuit, mais l'admire : tant la raifon retient toufiours
d'authorité pardeffus l'vfage, quelque inueteré qu'il puiffe eftre. Et ces ca-
terues de Docteurs mefmes que l'on nous allegue aujourd'huy, combien de
chofes ont-ils humainement introduit côtre l'ouuerte difpofition du droit,
au prejudice de la volonté des teftateurs, en faueur du fang & de la charité
naturelle? Où ont-ils trouué ces deux quartes, cefte legitime & Trebellianique

nique qu’ils font concurrer enfemble ? Chofe à quoy la Iurifprudence Romaine n’auoit oncques penfé. Où ont-ils fondé que les enfans des defcendans du teftateur qui eftoient en condition , deuoient eftre en difpofition,
veu que cela eft contre la nature de la condition ? & mille autres chofes qui
feroient infinies & ennuyeufes à reciter ? Dont toutesfois il les faut loüer.
pourueu qu’ils n’oftent point à ceux qui viennent apres, le moyen & l’authorité de pouuoir comme eux toufiours amender quelque chofe en l’vfage du droit , felon que l’equité nous y conuie ; veu mefmes que les loix Romaines font en vigueur parmy nous , non pour leur authorité (car nous ne
fommes point fujets de ceux qui les ont faites) mais pour leur feule equité,
à laquelle volontairement nous nous fommes foûmis. Or la demanderefle
difant cela , n’a pas entendu confefler que cefte opinion fuft fi commune
qu’elle deuft pafler pour regle certaine , veu qu’il n’y a point eu faute de
grands & celebres perfonnages qui s’y font courageufement oppofez , &
ont maintenu par leur contradiction la poffeflion de l’equité pour luy pouuoir conferuer fon exception entiere , contre l’entreprife du temps & de ce
commun confentement. Veu auffi qu’elle monftrera que les arrefts & iugemens des Cours fouueraines de ce Royaume ont iugé le contraire , & receu l’opinion fur laquelle elle fonde fa demande. Qui font bien des preiugez plus forts que ceux des opinions des Docteurs. Mais elle a voulu prendre les chofes au pis , & accorder aux defendeurs les aduantages dont ils fe
vouloient preualoir , afin qu’ayant renuerfé (comme elle penfe auoir fait)
fuffifamment cét obftacle , le champ luy demeure libre , pour répondre
aux autres objections des defendeurs. La premiere raifon defquels eft fondée fur la puiffance paternelle , qui eft fi grande , que le pere faifant le teftament de fon fils peut exclure la mere de ce qui eft de la fucceflion. La force
de cét argument confifte en cefte maxime : Par la pupillaire la mere eft exclufe de la fucceflion ; doncques elle l’eft de la legitime qui n’en eft qu’vne
partie. Quand la mere diroit auiourd’huy que cefte premiere maxime eft
fauffe , & qu’elle n’eft point exclufe de la fucceflion , elle auroit la raifon toute euidente pour foy , & feroit affiftée de beaucoup d’authoritez. Car puis
que tout ce teftament pupillaire n’eft fondé que fur cefte puiffance paternelle , que les Romains auoient fur leurs enfans de les vendre , de les exhereder , de les tuer , il eft bien raifonnable qu’auiourd’huy elle ceffe , mefmement
en France , les effets en ceffent auffi. Et puis que les derniers Empereurs Romains efclairez de la lumiere de l’Euangile , ont mefmes ofté au pere de fon
viuant la puiffance de difpofer des biens aduentifs de fes enfans , & qui leur
venoient d’autre chef , luy voudra-on permettre qu’eftant mort , & lors que
cefte puiffance eft foluë , il ait plus de pouuoir , & que fa volonté transfere
par droit vniuerfel , ce que viuant il n’a pû à titre particulier ? Veu mefmes
que cefte puiffance de tefter pour fon fils n’eft pas chofe qui fuft commune
à tous les fujets de l’Empire Romain , mais aux feuls citoyens Romains,
aufquels eftoit particuliere la puiffance paternelle. Auffi le Iurifconfulte dit,
que *moribus introducta erat* , & n’auoit fondement que l’vfage. Et Bartole *a* dit , qu’elle n’a fondement que la rigueur , fans qu’il s’en puiffe donner raifon. Et fur le titre *de iniuriis* , qu’elle n’a point de lieu auiourd’huy és

a *In l. hu-
manitatis de
impub. &
aliis fubft. ff.*

personnes viles & mechaniques, mais seulement és grandes successions, où l'on peut presumer beaucoup de prudence du testateur. Ioint qu'auiour-d'huy toute l'vtilité qui s'en peut tirer est perduë. Car nous n'vsons plus de ces secondes tables closes, qui tenoient caché le nom de l'heritier pupillai-re, & par consequent asseuroient la vie du pupille. Au contraire nous fai-sons la substitution pupillaire promiscuement, comme nous voyons au te-stament dont est question, où les heritiers & substituez sont nommez publi-quement. C'est de là qu'il faut craindre le danger, & non pas des meres dont l'amour & la charité sont naturelles; entre lesquelles s'il s'en est trou-ué de dénaturée, comme on allegue, il faut prendre cela comme vn mon-stre en la nature, qui n'altere pas la regle commune, non plus que les parri-cides qui ont esté commis n'ont point alteré la legitime des enfans en la suc-cession de leurs peres. Qui nous empesche donc de tendre la main à la rai-son, opprimée par la violence d'vn vsage corrompu, & d'vne peruerse opi-nion? & soustenir qu'en France la substitution pupillaire n'a point de lieu? Ce grand Docteur François Benedicti [a] l'a tenu ainsi. Nous auons desia tant de Docteurs qui ont franchy le sault, & ont soustenu que la pupillaire tacite n'exclud point la mere, bien que par tout le droit la taisible volonté du testateur, voire la seule coniecture de son desir, ait esté religieusement obseruée, comme vn decret inuiolable. Nous auons aussi que la mere est egalée au pere adoptif. Or il est resolu que le pere adoptif n'est point ex-clus par la pupillaire. Que si la raison ne peut tant obtenir du premier coup, au moins que cela serue pour ne pas estendre & proroger les effets d'vne maxime qui est en soy dure, insolente & contumelieuse à la nature, & que pour dire, La Loy vous exclud de la succession, on ne die pas, Elle vous exclud de la legitime. Aussi ceste consequence est bien si fausse, que la con-traire en est entierement vraye: car la legitime n'est deuë qu'à celuy qui est exclus de la succession; mais deuë par le droit de nature, & tellement deuë que nulle disposition ne la peut oster. On a demandé si la fille excluse par le statut de la succession estoit excluse de la legitime; tous les Docteurs ont répondu que non. [b] On a demandé dauantage, s'il estoit en la puissance du statut d'oster la legitime aux enfans; la contention a esté grande. Les vns ont dit qu'oüy, les autres que non; les autres qu'elle se pouuoit amoin-drir, mais non pas tollir du tout; mais tous ont bien esté de cét aduis, que *nunquam legitima censetur tolli, nisi de ea expressa mentio fiat.* [c] C'est peut-estre sur quoy les defendeurs veulent appuyer leur second argument. Car ils disent, que les Iurisconsultes ont expressément determiné, que le pere par la substitution pupillaire, peut disposer de la legitime de son fils, bref de tous ses biens, & les transmettre aux substituez, & par consequent priuer la mere; & adioustent à cela que le substitué succede directement au resta-teur, prend les biens de sa volonté, & non de celle du pupille. Et par conse-quent le testateur n'estant point tenu de laisser la legitime à la mere; aussi les substituez n'y sont-ils point tenus. Le pere dispose des biens de son en-fant, mesmes de sa legitime. Ce n'est pas à dire qu'il puisse preiudicier à la mere. Cela n'est non plus veritable que qui diroit: Le pere peut disposer des biens de l'enfant, & luy donner vn heritier: Doncques cét heritier ne

sera

a *Inc. Rai-nutium. tra-ctatu de pu-pillari, qu. 58.*

b *Crassus.*

c *Chassa-neus, &c.*

sera point tenu de payer les debtes de l'enfant : car en la succession de l'enfant, la mere y est comme vne debte, *tanquam æs alienum*. Aussi la raison est-elle bien differente d'vne chose & de l'autre : cesté vague & effrenée puissance que le pere s'arroge de disposer des biens de l'enfant impubere a quelque incommodité pour l'enfant, & la Loy a eu autant de consideration à cela qu'aucune autre chose. Premierement, l'enfant a interest d'avoir vn heritier. C'est vne ialousie d'honneur dont tous les Romains ont esté picquez ; puis cét heritier estant secret, asseure sa vie & diuertit les desseins de ces abayeurs de successions, dont ceste ville-là (de laquelle il estoit dit, *In hac vrbe Quirites omnes aut captantur aut captant*) estoit pleine. Et au' bout, de quoy se pouuoit plaindre le pupille, si son pere disposoit apres sa mort en puberté de ce dont la Loy ne luy donnoit point de faculté de disposer ? car s'il arriuoit à la puberté, aussi-tost ceste substitution expiroit. Mais pour exclure la mere de la legitime, combien de choses extraordinaires faudroit-il faire ? Le fils ne le peut, la Loy le luy deffend, quand il auroit sa volonté libre. Pourra-il plus par vn autre, que par soy-mesmes ? plus impubere, que s'il estoit aagé & iouïssant de ses droits ? Quand le pere substituë pupillairement à l'enfant, il est censé faire ce que le fils eust fait. Qui est-ce qui presumera le fils si dénaturé & si barbare de vouloir priuer la mere de cé miserable secours que la nature luy donne pour subuenir à sa necessité ? & la Loy, pour subuenir a sa douleur ? Si nous voulons deuiner quelle pourroit estre la volonté du fils, prenons le conseil du Iurisconsulte, lequel [a] nous dit, que *charitate sanguinis cuiusque desideria perpendi æquum est*. Et si nous voulons estre plus rigoureux, prenons mesmes la coniecture de la volonté du pere. Car en telles substitutions pupillaires *quæstio est voluntatis*. [b] Si le pere eust pensé à ce cas, est-il croyable qu'il eust voulu exclure entierement la mere ? Il est bien vray-semblable que le pere ne s'est pas imaginé que le fils deust mourir auant la mere : *est enim omninò sa præsumptio*, ce dit la Loy. Mais si tant est que la fortune l'ait ainsi porté, que reste-il, sinon par le conseil de la Loy [c] *repentini casus calamitatem coniectura paternæ pietatis emendare* ? La fiction operera-elle au contraire de la verité ? ou aura-elle plus de puissance que la verité mesmes ? Le pere ne teste que pour suppleer l'infirmité de son fils ; pour empescher qu'il ne fasse quelque chose indiscretement contre le deuoir de la pieté. Les loix Romaines qui ont esté si indulgentes aux soldats, leur ont neantmoins osté la liberté de tester auant la puberté ; & en rendent ceste raison : *Indignum visum est eum qui stabilem mentem nondum habuit, sapientum hominum iura pertractare, ne in tam tenera ætate ex tali licentia parentibus forté suis noceret, propriam substantiam extraneis relinquendo* [d]. Ceste licence estoit peut-estre aucunement tolerable aux soldats qui testent de leur miserable pecule, de ce que leur valeur & la fortune des armes leur a donné, & qui en disposent bien souuent au profit de leur compagnon, qui cent fois les aura sauuez de la mort. A celuy *qui mananti sanguine signat in clypeo mandata*, il ne faut pas desnier ceste consolation.

> *Est aliquid fusque suo ferroque cadentem,*
> *Et mandare suis aliqua & sperare sepulchrum.*

[a] in l. si quis de lib. agnosc.

[b] l. vlt. C. de inst. & subst.

[c] l. si mater C. de inoff. test.

[d] l. licet antiquis. C. de mil. test.

Mais à vn pere cafanier, qui aupres de fon feu flatte fes folles penfées, idola-
tre fes affections, luy permettre de tefter pour fon fils, & ce faifant, faire ce
que fi fon fils faifoit, la Loy le iugeroit inhumain, voire l'accuferoit de demence, il n'y auroit point d'apparence. Que les peres reçoiuent donc cefte
puiffance, ce priuilege ; mais comme vn droit dont ils ne doiuent, ny ne
peuuent abufer au dommage d'autruy. Ce qu'ils feroient grandement, s'ils
faifoient cét outrage à la mere : car ils offenferoient mefmes l'enfant qui
fait partie d'elle mefme, la décourageroient de prendre le foin qu'elle doit à
fon education, & rempliroient l'enfant de regrets en mourant, de preuoir
la future mifere & orbité de fa mere, fans la pouuoir fecourir, ny luy laiffer
aucune part de fes biens pour le foulagement de fa vieilleffe. Oüy, mais,
dit-on, ce font les biens du pere : pourquoy n'en ordonnera-il pas comme
bon luy femblera, puis que mefmes le fubftitué les prend immediatement

a Initio libri ſingularis, quem ad Senarus conſultum Tertullianum fecit.

de luy ? On peut répondre à cefte fubtilité ce que dit Iulius Paulus [a]. *Poſte-
ritas dum nimia vtitur ſubtilitate non piam differentiam fecit.* Subtilité toutesfois qui eft bien aifée à foudre. Car fi le pupille decede deuant le teftateur, à la verité le fubftitué fuccede directement & immediatement au teftateur. Mais en quels biens ? en ceux du pere, & non en ceux du fils. Si au
contraire le pupille furuit le pere, & que puis il decede, & que le fubftitué
luy fuccede, en forte qu'il ne recüeille que les biens du pupille, il n'eft tenu

b l. cùm quidam. C. de legat.

d'acquiter aucun des legs que le pere peut auoir faits [b]. Le pere aura fubftitué
à fon fils vne perfonne qui lors de fa mort ne fera pas capable de fucceder.
S'il le deuient, & qu'il le foit lors de la mort de fon fils, il fuccede au fils. Et
mefmes Iulianus a efté d'auis qu'il ne fuccede qu'aux biens furuenus au fils

c l. ſi quis ff. de vulg. & pupill.

d'autre part que de la fucceffion du pere, *quaſi à pupillo capiat* [c]. Cela monftre donc que la fucceffion du fils, n'eft point la fucceffion du pere ; que la
volonté du pere n'empefche point que la fucceffion du fils ne demeure obligée à ce que les loix & le droit l'ont affectée & comme hypothequée, mefmes à cefte debte priuilegiée de legitime de la mere. On luy obiecte Papi-

d §. ſed nec impuberis.

nian [d], qui dit que la mere ne peut debatre le teftament pupillaire ; & le dire inofficieux, & que partant elle ne peut demander fa legitime. On pourroit répondre en vn mot, que cét argument ne conclud nullement ; qu'il
ne contient aucune maxime qui puiffe tirer en confequence la conclufion
que l'on veut fonder. On dit que la mere n'eft pas receuable à faire declarer
le teftament du pupille inofficieux : auffi ne veut pas la demandereffe ; elle
demande feulement fa legitime. Ce texte ne dit pas qu'elle n'y fera pas receuë ; il n'en parle point. Mais pour en découurir la fallace, il le faut eftendre & mettre en fes parties ; afin que ce qui eft vicieux fe puiffe mieux monftrer. Pour former cét argument il faut neceffairement dire : La mere ne
peut demander fa legitime fur les biens de fon enfant, finon qu'en faifant
declarer fon teftament inofficieux : elle ne le peut faire declarer tel ; elle ne
peut doncques demander fa legitime fur le bien du pupille. Ou bien pour
le faire plus court : La mere n'a point d'autre action pour demander fa legitime que celle de l'inofficiofité ; celle-là luy eft déniée contre le teftament
pupillaire. Il luy eft donc auffi dénié de demander fa legitime contre le teftament pupillaire. Et pource il faut examiner cefte queftion, fi la legitime

ne

ne se peut demander qu'en disant le testament inofficieux, & par consequent le faisant casser. Or pour monstrer la fausseté de cette proposition,
c'est que tout le contraire est veritable, que la mere ne peut en nulle façon
demander sa legitime par inofficiosité. Car si elle agit pour faire dire le testament inofficieux, ou elle perd sa cause, ou elle la gagne : si elle la perd, elle
n'a rien du tout ; si elle la gagne, elle emporte toute la succession, & non pas
la legitime qui n'en est qu'vne portion. Tellement qu'il faudroit de necessité que les defendeurs pour soustenir cette maxime en establissent vne autre, que la mere, le pere ny les enfans (qui sont tous en cela de mesme condition) n'ont aucune action à demander leur legitime. Et lors ils auroient
sur les bras des armées de Docteurs aussi grandes & nombreuses que celles
qui ont voulu establir la premiere maxime. Ils auront la disposition des loix
expresses, ils auront l'vsage ordinaire de tous les Palais de ce Royaume, qui
ont tous tenu inuiolablement que la legitime a son action de la condition
de la Loy : action toute differente de l'inofficiosité, action qui dure trente
ans, action qui se donne *& ex testato & ab intestato*. La demanderesse se
contentera d'alleguer, comme pour indice des autres qui y sont tous cot-
rez, Crassus & Menochius ; & nommément Accurse. [a] Aussi est-ce la pure disposition du droict, que bien que pour faire cesser l'inofficiosité, il falle laisser la legitime aux personnes priuilegiées ; toutesfois la legitime n'est
pas attachée à l'inofficiosité, & n'est point contrainte de subir ce iugement
fameux qui regarde toute la succession, si elle ne veut. Auant la Loy *Falcidia* qui fut du temps d'Auguste, ny les heritiers de sang, ny les heritiers
instituez, n'auoient nul remede contre la profusion qui épuisoit la succession par bien-faits & legats. Cette loy pouruent aux vns & aux autres egalement. De là est arriué que la quarte qu'elle ordonna aux enfans (car
les peres n'en auoient point de besoin) s'appella legitime, *à lege illa Falcidia*, & la quarte des Estrangers s'appella Falcidie. Tellement que ce nom
fut partagé en deux, & les heritiers du sang qui meritoient la faueur de la
Loy retinrent aussi son nom, & les Estrangers qui s'estoient preualus de
l'autheur d'icelle, qui leur auoit communiqué le priuilege des enfans, retinrent le nom du Legislateur ; & les Iurisconsultes depuis, suiuans les mesmes erres & considerations, appellerent l'vn *debitum naturæ*, l'autre *beneficium legis*. Et cela Eusebe l'a remarqué en passant dans ses Chroniques:
chose dont il ne se trouue point d'enseignement autre part. Ce qui est confirmé par la Loy *Papinianus*, [b] où il appelle la legitime Falcidie. [c] Or
ne peut-on pas dire que ce droict se demandast par inofficiosité, ny qu'il
tende à vne petition d'heredité, comme l'inofficiosité : car ce n'estoit qu'v-
ne simple deduction ou detraction de l'heritage, qui se faisoit suiuant l'ordonnance de la Loy. Depuis, comme le monde fut éclairé de cette lumiere eternelle qui descendit en terre, & que la reflexion des mœurs Chrestiennes vint à réchauffer insensiblement la charité naturelle aux cœurs mesmes
des Payens, suiuit la loy Glicia, qui fut plus fauorable au sang, contraignant
les testateurs de laisser aux enfans leur legitime. De sorte que s'ils ne l'auoient
par le iugement du testateur, elle declaroit les testamens nuls, & imprimoit
vne espece d'infamie, & vn violent soupçon de demence en la memoire des

[a] *In l. de inofficiosa. C. de test. milit.*

[b] *§. quoniá.* [c] *Et in l. si-lius, fam. ad leg. Falci.*

K K K k

teftateurs. Mais ce n'eftoit pas que pour cela elle obligeaft toufiours l'enfant ou celuy qui demandoit la legitime à intenter cette accufation. Au contraire on loüoit ceux qui *teftamenta patrum malebant patientia honorare, quàm iudicio conuellere.* Et tant qu'il y auoit quelque autre action, on dénioit celle de l'inofficiofité, comme fameufe. De forte qu'il ne faut pas croire que la loy Glicia qui eftoit entierement en faueur des enfans, ait efté tournée en leur haine & dommage, & leur ait ofté ce qu'ils auoient auparauant, pour les rendre de pire condition que les heritiers inftituez, qui en toutes façons auoient leur legitime, & ne pouuoient que par vne action fameufe & hazardeufe demander ce qui leur appartenoit. Auffi peut-on remarquer vne infinité de lieux en droict, où la legitime eft donnée fans toucher au teftament, fans l'accufer; & au cas mefmes que celuy qui agift n'a pas droict d'accufer le teftament d'inofficiofité, comme en la Loy *omnimodo*, par laquelle l'on demande le fupplément. Et en la Loy *Papinianus* [a] l'enfant abrogé a fa legitime fur les biens de fon pere naturel, *& tunc remouetur à querela.* En la Loy *maximum vitium* [b] il fe voit qu'auparauant la fille preterite au lieu d'agir d'inofficiofité, par vne certaine fubtilité, fans rompre le teftament *quartam confequebatur.* Si le fils eft inftitué, & que le pere le charge de reftitution, en forte qu'il ne luy refte que le feul nom d'heritier, ou bien que le teftateur épuife fa fucceffion par legs & fideicommis particuliers, il a fa legitime. Ce n'eft pas par inofficiofité, car il eft inftitué. Ce n'eft pas par fupplément, car il n'a rien: c'eft donc par action particuliere. Si le patron eft inftitué par fon libertin à la charge de mettre en liberté vn efclaue, & qu'il ne le vueille pas faire, il peut demander fa quarte, & quitter la fucceffion au fubftitué. [c] Le gendarme pouuoit tefter fans eftre fujet à l'infficiofité: c'eftoit vne finguliere faueur qu'il auoit pour confolation des trauaux militaires. [d] Les Clercs & les Preftres ont eu le mefme priuilege en leur pecule Ecclefiaftique. Mais pour cela les peres & les meres en ont-ils moins leur legitime? L'authentique [e] dit que non. Les Docteurs & la Glofe tiennent que la legitime fe peut demander *ex teftam. militis.* Il y a bien plus, c'eft que fouuent la legitime fe donne encor qu'il n'y ait point du tout de teftament; comme, *fi codicillis fuam hereditatem teftator exhaufit.* [f] Si le pere a donné tous fes biens entre vifs à l'vn de fes enfans, il peut agir d'inofficiofité; mais s'il veut, *arbitri familiæ herciscundæ officio congruit, vt quartam partem debitæ ab inteftato portionis præftet.* [g] Si le pere a donné tous fes biens à fes enfans emancipez, la quarte s'en detraira pour tous les autres enfans. [h] Si la mere donne tous fes biens à l'vn de fes enfans, *quod donatum eft ratione quartæ diminuetur.* [i] Si la mefme mere fe conftituë tous fes biens en dot, *filiis conquerentibus debita emolumenta conferentur.* [k] Toutes ces raifonslà, bien que de foy affez puiffantes, font neantmoins confirmées par ce que nous lifons dans Nicephore. [l] Il dit que l'Empereur Marcus fit vne Loy, par laquelle *liberis præteritis aut exheredatis, & nihil ex iudicio parentum confequentibus, quadrans hereditatis debetur.* Or les voila preterits, les voila exheredez, & neantmoins ils ont leur quarte: ce n'eft donc pas par la querelle d'inofficiofité: car ou elle renuerferoit entierement le teftament, ou elle excluroit entierement le complaignant; mais par la condition de la Loy.
Auffi

a §. *fi impubes.*
b C. *de liberis præteritis.*
c l. *fi libertus patron. de bon. libert.*
d l. *de inofficiofo. C. de inoffic. teft.*
e §. *Presbyteros de Epifcopis, vel clericis.*
f l. *filia fam. ff. ad legem Falcidiam.*
g l. *fi pater. de inoffi. donat.*
h l. *fi totas. C. eod.*
i l. *fi ligneat. eod.*
k l. *vnica. de inoffic. don.*
l *lib.3.c.31.*

Aussi est-ce auiourd'huy vne opinion commune & irrefragable, que la legitime a son action à part, qui a trente ans de durée, & est transmissible aux
heritiers de sang ou estrangers : voire que Crassus a tenu qu'il y a trois
actions pour la demander, lors qu'elle n'est point laissée, *iudicio familiæ*
herciscundæ, ex testamento, & condictione ex lege. Et Iason a tenu qu'elle
se peut prendre d'authorité priuée. Il est donc par là suffisamment répondu
au preiudice que l'on a voulu faire de l'opinion de Papinian en ceste cause,
lequel en toutes ses réponses s'estant rendu le patron de la nature & de la charité du sang, n'auroit point si honteusement & irreligieusement preuariqué en cét endroit, comme les defendeurs luy veulent faire accroire, luy
voulans mesmes en cela dérober la gloire de sa mort. Car dequoy luy auroit-il seruy d'auoir en mourant refusé de defendre vn parricide, si ses réponses en faisoient tous les iours de nouueaux? Dénier à la mere sa legitime,
c'est luy dénier ses alimens : luy dénier ses alimens, c'est l'estouffer & la
meurtrir ; chose qu'il ne faut souppçonner és actions de celuy dont la mort a
esté si sainte & si religieuse. Que si ceste opinion luy estoit iamais entrée en
l'esprit, ie ne voudrois pour la luy faire changer sinon luy prononcer les paroles que l'on trouue grauées sur vn tombeau que l'on presume estre le sien.
Escoutez-les, & il vous semblera ouyr les cendres de Papinian, qui souspirent de la douleur de son pere, & consolent l'orbité des meres. Voicy les
mots dignes d'estre grauez, non dans le marbre, mais dans le temple de la
memoire eternelle : *Infelicissimus parens præposteritate naturæ adflictus filium*
hoc monumento condidit, quem immatura mors ademit, præripitque seni bacu-
lum cui tam defessa ætas adnitens perbreues annos alleuabat, nunc antè mors as-
sequetur quàm tristes lachrymæ deseruerint. Il reste seulement à répondre au
chapitre *si pater*, dont les defendeurs font leur principale force, estimans
que les paroles soient si claires qu'elles ne puissent estre en façon quelconque obscurcies. La demanderesse ne s'amusera point à ce que quelques Docteurs ont tenu que ce chapitre estoit iniuste & inique, & qu'on ne le pouuoit pratiquer *salua conscientia*. C'est l'opinion d'Archidiaconus & Galiau-
la sur ce chapitre : Celle de Socin & Decius sur la Loy *precibus*. Mais sans
entamer l'honneur de l'Autheur, ny donner atteinte à la reputation de ceux
que l'on doit honorer, la demanderesse a deux plus fortes & plus pertinentes
réponses. La premiere, que la disposition du droict Canon, & les constitutions des Papes és choses spirituelles sont religieusement obseruées par tout;
mais en celles qui sont pures temporelles, elles n'obligent aucunement les
Iuges hors le domaine & patrimoine de l'Eglise : car en ce cas ils sont considerez comme Princes seculiers, qui ont leur authorité bornée par les limites de leur Estat, & ne peuuent donner des loix qu'à leurs sujets, comme
Bartole l'a tres-bien remarqué. b Ce qui a principalement lieu en ce Royaume, lequel est si purement souuerain, qu'il ne reconnoist en ce qui est
de la puissance temporelle autre que Dieu. Encor l'Empereur prend-il la
Couronne & son inuestiture du Pape; mais les Roys de France ne la tiennent immediatement que de Dieu. Et pour monstrer que nostre vsage
confirme ceste maxime, nous en pouuons prendre vn exemple qui se presente en main sur le fait mesmes des testamens & dispositions testamentai-

a *In l. non*
du' eum. C.
de legibus. in
l. non am-
plius. C. de
lega.

b *In l. quia*
ff. ad Tre-
bell.

a In c. cùm
effes. de te-
stament.

res. Le Pape a veut qu'vn testament fait pardeuant deux témoins soit bon
& valable en tout & par tout. Il allegue mesmes pour fortifier la constitution la parole expresse de Dieu, qui veut qu'en la bouche de deux ou trois
témoins toute parole soit tenuë pour constante & asseurée. Il y adiouste vne sanction spirituelle, vne menasse épouuentable d'anatheme, contre tous ceux qui tiendront le contraire. Pour cela gardons-nous son ordonnance? Celuy qui en vertu d'vn tel testament viendroit demander,
non pas vne succession, mais vn simple legs, ne seroit-il pas renuoyé auec
moquerie? Il se pourroit alleguer infinies choses semblables, introduites
par le droict Canon, non obseruées en la Iustice temporelle. Mais sans entrer plus auant en ce discours, il est aisé de monstrer que ceste constitution
du Pape est fondée sur des circonstances particulieres, qui la tirent entierement hors de la regle que l'on en veut induire; & par ce moyen nous saue-
rons & l'honneur de l'Autheur & le droit de la pieté, laquelle on a pensé
par là renuerser. La premiere circonstance est, que par le testament dont est
faite mention en ce chapitre, la mere auoit eu vn legs si ample, qu'il egalloit
la legitime qu'elle eust pû demander. La seconde, que les pauures estoient
substituez, lesquels ont semblé au Pape qui a fait ceste constitution, tenir
lieu d'enfans pour pouuoir exclure la mere. Personne n'ignore combien
de choses ont esté extorquées en droit pour la faueur des pauures, contre
l'equité: comme nous voyons que d'vn testament imparfait ils ne laissent
pas d'exiger ce qui leur est laissé. Les legs qui leur sont faits ne sont point
suiets à la Falcidie, & mille autres priuileges. Et ne faut pas s'estonner s'ils
ont trouué ceste faueur au Pere commun de l'Eglise, lequel se proposa plustost ceste charité Chrestienne, qui vnit par la pieté tous les membres de
Iesus-Christ pour la consolation de son Eglise, que ceste charité naturelle, qui r'assemble par le lien du sang les parens. Agrippine parlant en Tacite de Syllana qui l'auoit accusée d'auoir entrepris quelque chose contre
la vie de Neron son fils; *Non miror Syllanam, cùm nunquam pepererit,*
ignotos habere matrum affectus. Aussi n'est-ce pas merueille, que les Papes qui n'ont point d'enfans oublient l'amour du sang & de la nature,
pour fauoriser les affections saintes & religieuses qui nous transportent à
épuiser tous nos moyens à la nourriture & entretenement des pauures.
Mais les autres Princes seculiers qui sçauent combien il importe pour
maintenir l'Estat & conseruer encor le droict des familles, & dans les familles le droict des personnes, y vont plus retenus, & ont moderé les choses
en sorte que chacun ait sa part, & veulent que quelque chose qu'il en soit,
natura primùm curata competenter ad extraneas liberalitates accedatur. La
troisiéme remarque de ce chapitre est, qu'il dit simplement que les pauures
auront les biens *sine deductione legitimæ.* Plus pour monstrer qu'il n'y auoit
point de fideicommis, & que la substitution estoit directe, que pour oster l'a-
ction particuliere que la mere a de sa legitime; la raison est, que toute deduction se fait par celuy qui est saisi de l'heritage. Or la substitution pupillaire
estant directe, se prend des mains de celuy à qui l'on succede, & non de
son heritier. Cét heritier ne peut pas faire deduction de ce qu'il ne tient pas:
mais aussi n'est-il pas exclus de demander ce qui luy est deu sur l'heritage,
comme

comme est la legitime à la mere, *tanquam æs alienum.* La demanderesse disoit que ces raisons-là pouuoient estre fortifiées d'vne infinité d'autres difcours, mais que l'autorité des choses iugées, & des arrests de toutes les
Cours de Parlement de ce Royaume l'aduertissoient de s'estancher. Car il
se trouuoit qu'il n'y auoit quasi Cour de Parlement où cela n'eust esté iugé
& reiugé, & où, nonobstant toutes les raisons alleguées par les defendeurs,
la mere n'ait esté receuë à demander sa legitime. Car les Parlemens de France ont tousiours obserué d'adoucir la rigueur des loix Romaines, pour s'accommoder au vœu de la nature & charité Chrestienne, comme remarque
Menochius, & auant luy Guido Pape: comme il se voit aussi en la question
qui se presente, où la mere a esté receuë nonobstant la substitution pupillaire à demander sa legitime. Premierement au Parlement de Paris, par arrest
donné le huitiéme Iuin 1566. rapporté par Papon en son recueil; par lequel
Pierre Charbonnier Aduocat de Forests, ayant fait quelque legs à sa femme, mesme de l'vsufruit de tous ses biens tant qu'elle seroit en viduité, & au
surplus institué heritier son fils aagé de deux ans, & en cas qu'il decedast en
pupillarité ou autrement, auant qu'auoir disposé à iceluy substitué plusieurs
particuliers en choses certaines, & l'hospital en la somme de mille escus;
le fils estant decedé en pupillarité, & l'hospital ayant demandé les biens en
vertu de la substitution, sa mere qui s'estoit remariée, & auoit perdu son
vsufruit, demande detraction de sa legitime. Le Iuge de Mont-brison l'en
deboute; la Cour par son arrest reforme la sentence & la luy adiuge. Par
arrest du Parlement de Bordeaux prononcé en robe rouge la veille de la
Pentecoste 1567. tout le semblable fut iugé. En ce Parlement le feu Comte du Bar, ayant substitué pupillairement à son fils, la mere apres la mort
de l'enfant en pupillarité, demanda sa legitime sur les biens. Par arrest elle
luy fut adiugée. Depuis l'Edict estant suruenu, par lequel le Roy a reglé
la succession des meres, & leur a limité en quoy elles doiuent succeder,
tam ex testamento quàm ab intestato; En l'an 1571. fut donné arrest en la
cause d'vne nommée Ieanne Melliere de Lyon, par lequel pour sa legitime, suiuant l'Edict luy fut adiugé l'vsufruit d'vne somme de neuf cens liures. De sorte qu'en tout cas, quand on voudroit en ceste Prouince donner lieu à l'Edict, la demanderesse auroit tousiours son intention bien fondée, pour demander l'vsufruit de la moitié de tous les biens. Apres tant
de celebres arrests donnez en de si illustres compagnies, qui sont comme
les oracles de la France, mais de toute l'Europe, que pourroient les defendeurs opposer pour subuertir vn fondement si certain? des regles si inuiolables? Et quels Iuges pourroient prendre la hardiesse de s'écarter tant soit
peu de ce que tant d'arrests auroient estably & confirmé si saintement & si
solennellement? De quels Iuges peuuent les defendeurs esperer d'obtenir
ce qu'ils demandent? Veu que ceste Cour, où il faut en fin que cecy soit
iugé, les en a deboutez; *rescindere diuis Non licet acta Deûm. Acta Deûm*
vrayement pouuons-nous appeler ces saints & sacrez iugemens, qui rame-
nent les hommes egarez par la vanité des opinions, dans les bornes de la
nature. Et comme dit Seneque, parlant de cela mesmes, *detrectantes in naturæ iura compellunt,* ou à mieux dire, les remettent au grand chemin de la

Pieté. Philon Iuif philofophant fur le Decalogue dit, que le precepte qui commande l'honneur des peres & des meres, a efté mis le dernier à la premiere table, pource qu'il tient aucunement de la pieté & de l'honneur qui eft deu à Dieu, lequel nous les a donnez, comme images viuans de la Diuinité, ἀπεικονίσματα καὶ μιμήματα θείας δυνάμεως, ἃ μὴ ὄντος εἰς τὸ ἓν ὑπαγόντα. De forte que les loix qui concernent la Religion & le cult de la Diuinité comprifes en la premiere Table, femblent aboutir à ce precepte : & d'au tre cofté ce precepte femble le commencement de l'autre Table, c'eft à di re eftre la preface & l'exorde de tous les autres preceptes moraux qui reglent la vie humaine, & la peuuent conduire à quelque perfection. Ce que les Egyptiens auoient bien auffi reconneu & remarqué par leurs ceremonies. Car comme Plutarque écrit au Traitté qu'il a fait, Quels animaux font plus aduifez, ils tenoient & gardoient religieufement comme fainte & fa crée, l'eau où ils voyoient boire les Cigongnes, pour la proprieté & pieté naturelle qui eft en cét animal, lequel fi foigneufement & au peril de fa vie ayde & fecourt fes pere & mere en leur vieilleffe, fans iamais les abandon ner. De forte qu'ils n'eftimoient point de plus efficace luftration, ny de pu rification plus fainte que celle qui fe faifoit de l'eau où ces animaux euffent par leur attouchement imprimé cefte pieté, qui eft fi exemplaire & admi rable en eux. Quoy donc ? quand le Ciel, la terre, les animaux mefmes appelleront les hommes à la pieté, au refpect qu'ils doiuent à leurs peres & meres, la Iuftice qui eft fa fœur germaine les en repouffera, & les rendra plus farouches que les beftes ? L'ingratitude abominable, qui ne trouue où fe cacher deuant Dieu ny les hommes, trouuera-elle fon abry & fon refu ge fous l'ombre des loix & de la Iuftice, qui ne font faites que pour la con damner & exterminer ? C'eft chofe que les defendeurs ne peuuent efperer : & au contraire la demandereffe s'affeure que la legitime, que la nature, les loix, & les arrefts luy donnent, luy fera conferuée, nonobftant toutes les vaines raifons des defendeurs.

A tout cela les defendeurs repliquoient, que c'eftoit vne trop grande har dieffe à la demandereffe, *& verè inhonefta & inuerecunda cogitatio*, com me dit le Iurifconfulte, de vouloir entreprendre de ruiner les fondemens de la Iuftice, & renuerfer les maximes qui auoient efté toufiours religieu fement gardées & approuuées par vn fi vniuerfel confentement. Le Iurif confulte ayant preueu qu'il n'y a rien d'affeuré contre l'auidité des plai deurs, qui veulent flechir les loix à tout ce qui leur eft vtile, aduertit les Iu ges de fe roidir contr'eux par ce falutaire precepte : *Minimè mutanda funt quæ certam femper interpretationem habuerunt.* Auffi en toutes les Republi ques bien ordonnées, on conftitue des peines, voire bien grandes, contre ceux qui innouent les chofes qui ont efté d'ancienneté obferuées, iufques là que les Lacedemoniens enuoyerent en exil vn de leurs plus notables ci toyens, feulement pour auoir adioufté vne corde à la lyre, tant mefmes és chofes les moins importantes la nouueauté leur déplaifoit. Qu'euffent-ils donc fait à celuy qui en matiere des loix & maximes iudiciaires feroit fi hardy que d'entreprendre de difputer contre ce qui eft tenu pour opinion commune & regle certaine ? Euffent-ils efté d'auis qu'à mefure qu'il fe fuft

trouué

trouué vn subtil argumentateur, toutes choses fussent remises en incertitude, afin de changer aussi souuent de loix que de vestemens ? C'est donc
vne trop grande presomption, qu'vn particulier vueille entreprendre les
censures des loix, & en corriger ce qui ne luy est pas vtile: & encor plus d'argumenter, que si les temps ont changé & innoué beaucoup de choses, il
est permis de mesmes aux parties de requerir, à mesure qu'il leur semblera à
propos, ce mesme changement: Ne considerant pas de quelle difference
les loix en toutes façons sont esleuées pardessus les particuliers. *Illis imperij,*
nobis obsequij sola gloria relicta est. Mais pour conuaincre la demanderesse
d'autant d'iniquité que d'immodestie, il faut examiner les raisons particulieres par lesquelles elle pretend se déueloper des chaisnes de tant de loix qui
la tiennent serrée & rembarrée, & quelle réponse elle fait aux Iurisconsultes
& aux Empereurs qui la condamnent. Bien que l'opinion de Papinian
soit plus claire que le iour, elle s'en pense sauuer, disant qu'elle ne veut pas
agir *querela inofficiosi,* ains *conditione ex lege* demander sa legitime. Mais
où trouuera-elle ceste Loy ? qu'elle cherche tout le Code, toutes les Pan-
dectes, elle n'en trouuera nulle, & se trouuera que toutes les dispositions
des Empereurs qui ont augmenté la legitime des peres & meres, ou qui en
ont parlé, sont toutes conceuës en ces termes: Que l'enfant ne peut disposer sans laisser à ses pere & mere leur legitime, qu'il faut que les peres &
meres ayent leur legitime par testament. [a] Dont il resulte que les loix n'ont
rien entendu innouer de l'action qui estoit anciennement donnée, qui n'est
pas dirigée pour auoir la legitime, mais, faute que la legitime n'est laissée,
pour renuerser le testament & reduire les choses ab intestat. Ce que Pha-
nucius Lucensis, celebre Iurisconsulte a clairement demonstré [b] & répondu à la Loy *si libertus patrono,* qui est vn priuilege special donné au patron,
& qui n'a point son semblable. Car il ne se trouuera nul cas que celuy-là,
où il soit permis à celuy qui est institué de renoncer à l'institution pour demander sa legitime. Mais encores celuy qui renonce le fait en faueur du
substitué, qui est vne autre circonstance particuliere, qui esloigne ce fait de
celuy où nous sommes maintenant. Quant à l'exemple de la fille, pris de
la Loy *maximum vitium,* il ne s'agit pas là du droit de legitime, mais d'vn
droit de succeder, que la Loy appelle *tacitum ius accrescendi,* qui auoit sa
forme particuliere, lequel outre cela ayant esté aboly, & la fille reduite à
mesme condition que les masles, il n'y a nul sujet de pouuoir tirer aucune
consequence de ce fait, non plus que de la quarte de l'enfant adrogé, qui
estoit par vn contract fiduciaire & obligation particuliere, qu'il falloit que
le pere passast auant l'adrogation. De sorte que *magis ex stipulatione quàm*
ex successione debebatur. Puis quand les loix introduisent en vn cas particulier quelque disposition speciale, elle ne se doit point tirer en consequence
és autres choses qui demeurent sous la regle commune: *Ius singulare quod*
contra rationem iuris receptum est non est producendum ad consequentiam. [c]
L'authentique mesmes *presbyteros,* de laquelle on se veut seruir, est conceuë en ces termes, *ferant:* Et le premier Iurisconsulte de ce siecle a bien
sceu remarquer que ce que l'on cite de Nicephore au lieu que la demanderesse a allegué, où il est dit, que l'Empereur Pius auoit ordonné vne quarte

[a] *l. omnimo-*
do.l. in prio-
ribus. au-
thent. de he-
redib. &
falcidia.
[b] *In tracta-*
tu. de inuen-
tario, nu. 21.
22. 23.

[c] *l. quod ve-*
rò. ff. de legi.

aux enfans exheredez, estoit vn erreur arriué de ce que l'Historien écriuoit d'vne chose laquelle il n'entendoit pas, & qu'il falloit reparer ce lieu, mettant que les enfans ausquels la quarte ne seroit pas laissée pourroient debattre le testament, comme s'ils estoient preterits ou exheredez. Et ne sert de rien ce que l'on a voulu induire de la donation inofficieuse qui est faite par le pere ou par la mere, laquelle demeure ferme & entiere, & neantmoins la legitime se peut demander: Pource que la Loy dit, que ce remede n'est introduit sinon *ad instar*, *aut ad similitudinem*, non point par la Loy, mais *officio iudicis*, sans que celuy qui est lezé puisse en tout & par tout faire rescinder l'acte principal. Or *nullum simile idem*: vn acte fait entre vifs, où plusieurs personnes sont interessées, ne se peut pas ainsi aisément renuerser, comme vne volonté derniere, qui ne dépend que de l'intention du testateur. Dauantage n'y ayant point de loy qui ordonne que le donnant entre vifs ou constituant en doüaire laisse par cét acte la legitime à ses enfans, il semble que ce luy seroit iniuste qui voudroit annuller l'acte qui n'a point peché contre la Loy. *Quid enim* (dit l'Empereur) *peccauit antiquitas que præsentis legis inscitia veterum secuta est obseruationem?* Mais celuy qui est aduerty par la Loy, qu'il faut à peine de nullité laisser par testament la legitime aux peres & aux meres, il entend quant & quant la sanction de la Loy, qui est que fauté de ce faire sa disposition sera nulle: de sorte que si volontairement il en court la peine qui luy est proposée, il ne le peut imputer qu'à soy-mesmes. D'autre costé aussi, il ne faut pas que ceux à qui ce remede tant fauorable est donné, pensent le deuoir negliger pour recourir à vn autre. Car comme ceste action est fort aduantageuse pour eux, en ce qu'ils obtiennent auec raison, ils reduisent les choses ab intestat, & emportent toute la succession: si au contraire ils l'intentent sans raison, ils sont entierement priuez de tout ce qu'ils pouuoient pretendre és biens du defunt, voire de ce qu'il leur auoit laissé par son dernier iugement. Combien de fois a-on demandé en droit, si l'enfant institué pourroit demander sa legitime, & renoncer à l'institution? Qu'ont répondu les Iurisconsultes & les Empereurs, sinon que c'estoit chose qui n'estoit nullement loisible? Si par les nouuelles traditions des Docteurs il se trouue quelque action introduite pour demander la legitime à part, c'est ou par forme de supplément *ex testamento*, pource que l'institution bien qu'en chose petite faisant cesser la querelle, il ne reste autre remede; ou *ab intestato*, à cause des statuts lesquels en Italie & autres endroits excluent quelques personnes des successions. Mais au fait où nous sommes, nous pouuons dire auec verité, que la mere ne succede, *nec ex testamento*, *nec ab intestato*. Car *ex testamento*, c'est le pere qui l'a fait: *constat enim vnum esse testamentum*, *licèt duæ sint hereditates* a *ab intestato*: cét enfant n'a point d'heritiers; car il y a testament.

a *l. moribus.*
§. *interdum.*
de vulg.

Ce qui est plus remarquable au fait particulier auquel nous sommes, qu'en aucun autre qui se puisse presenter. Car l'enfant n'auoit aucuns autres biens en ce monde que ceux de son pere. La succession pupillaire est entierement directe, & par consequent celuy qui succede est censé prendre les biens du testateur de sa main, & non de celle du pupille, qui est consideré comme s'il n'auoit iamais esté. Et comment peut-on douter si le pere peut tester au
preiudice

preiudice de la mere du pupille, puis qu'il peut tester au preiudice du pupille mesme, & substituer à sa legitime? La legitime que la mere pretend, est-elle moins au pere que celle du pupille? Il s'en faut bien : car celle de l'enfant est tellement à luy, que le pere en autre cas n'y peut nullement preiudicier : celle de l'enfant est du droit de nature, & toutesfois le pere y peut substituer. C'est la réponse de ce grand Iurisconsulte Scevola. [a] La legitime de la mere quoy qu'on die n'est deuë que *iure positiuo*, comme les Docteurs ont tenu, voire par vne grande indulgence de la Loy. Et puis que la legitime n'est qu'vne partie de la succession ab intestat, comment peut-on imaginer l'origine de la legitime de la mere, plus ancienne que celle de la succession que nous voyons au Tertullian, encores limitée & circonstanciée, & les meres excluses par les enfans, & appellées en concurrence auec les freres & les sœurs? Qui est-ce qui voudroit dire que les freres ny les sœurs peussent estre receuables à demander legitime au preiudice de la substitution pupillaire? Si la mere est en mesme degré, pourquoy le pourroit-elle plustost? Oüy, mais, dit-on, puis que le pere teste pour le fils, il est obligé à ce à quoy le fils le seroit. Cela seroit vray-semblable, si la Loy expressément ne l'en déchargeoit. Mais puis qu'elle l'ordonne, pourquoy veut-on disputer contre son expresse disposition? pourquoy luy veut-on demander raison, à elle qui est souueraine? Et toutesfois elle la rend, *quia pater hoc ei fecit*. C'est beaucoup dit en si peu de mots. C'est dire à la mere; Ne vous plaignez point que vostre fils ne vous ait fait l'honneur que vous desiriez, car ie luy en ay osté la puissance. Il est mort en aage qu'il n'auoit point de volonté ny de biens qui fussent à luy, & dont il peust disposer. Ne dites point que ce soit vne fiction ou vn priuilege que le pere teste pour l'enfant; c'est la vraye, premiere & primitiue disposition du droict Romain, plus admirable en cela qu'en autre chose, d'auoir si religieusement establi & obserué la puissance des peres sur les enfans, & n'auoir compté pour rien les enfans en la famille des peres. Sçauez-vous ce que l'on doit appeller priuilege? ce qu'on doit appeller fiction? C'est quand la demanderesse dit qu'il s'agit du testament de son fils. Hé quoy, ce fils a-il pû faire vn testament en enfance? L'on feint doncques que ce soit son testament: & en verité c'est le testament du pere. L'on luy donne ce priuilege, que ne pouuant tester, vn autre puisse tester pour luy. Et en cela la fiction seroit contraire à la verité, si à cause de la personne du fils, qui n'est en cét acte que toute imaginaire, la puissance du pere, qui est le vray testateur, estoit en aucune façon restreinte & limitée. Par là doncques les premiers argumens des defendeurs sont affermis, & les obiections de la demanderesse elidées & aneanties: & demeure encor d'abondant l'expresse decision du chapitre *si pater*, à laquelle elle n'a pû apporter aucune réponse. Car qu'y a-il plus inepte que de mettre en doute l'authorité du droict Canon, qui se lit en toutes les écholes de France, & sur lequel sont examinez ceux qui sont authorisez ou pour plaider, ou pour iuger en toutes les Cours de ce Royaume? Quant à ce que l'on dit qu'il y a beaucoup de choses qui ne s'obseruent pas, mesmes pour le fait des testamens, il faut distinguer pour ce qui est des formes. Si le droict Canon les introduit nouuelles & contraires à celles qui sont receuës,

a *In l. sed ipsi plures. §. in adrogat.*

il y a quelque raison de dire que sa disposition se doit borner par l'estenduë du domaine de l'Eglise: mais où il ne fait autre chose qu'expliquer le droict Romain, confirmer les anciennes constitutions, qui peut douter qu'il ne le faille suiure; veu que tous les iours nous alleguons & faisons de grands preiudices, & des decisions de Naples, & des decisions de la Rota? Veu dauantage que nous sçauons que bien qu'en apparence l'Autheur de ce chapitre soit nommé le Pape Boniface, toutesfois en verité c'est ce grand Iurisconsulte Dynus Muxellanus qui a fait la compilation du Sexte. Veu aussi que tous les Docteurs irrefragablement ont suiuy ceste decision, & l'ont confirmée par vn vniuersel consentement. De vouloir dire qu'il y a des circonstances particulieres au fait sur lequel a esté répondu, c'est se moequer. Car si le legs fait à la mere empeschoit la demande de la legitime, la demanderesse qui a eu vn legs par le testament dont est auiourd'huy question, seroit aussi excluse. De dire que ce soit en faueur des pauures, on sçait assez que les Canons les ont fauorisez; mais non pas au preiudice d'autruy, & mesmes des peres & des meres, suiuant le conseil de saint Augustin. Mais qui considerera les paroles de ce chapitre, reconnoistra que ce n'est qu'vne regle du droit Romain, laquelle le Pape par l'aduis des Iurisconsultes de son temps a voulu éclaircir & oster hors de toute doute; ayant pour cét effet decidé, qu'en la substitution pupillaire *cùm sit directa*, il n'y a aucun lieu de detraction de legitime, ny de quarte Trebellianique. Or la demanderesse voyant qu'elle ne se peut sauuer par là, elle cherche d'autres armes, & a recours à quelques pretendus arrests, par lesquels elle pretend auoir esté iugé selon son intention. Il suffiroit de répondre en general, que ce sont choses alleguées en l'air, sans qu'il apparoisse ny des arrests, ny des procez sur lesquels ils ont esté donnez. Il est certain que la moindre circonstance du fait varie tellement le droit, qu'il n'y a rien si dangereux que de vouloir iuger par exemples. Mais outre cela, de ce que la demanderesse propose, il resulte mesmes des réponses particulieres plus que suffisantes & pertinentes à ces arrests. Car quant au premier donné au Parlement de Paris, & rapporté par Papon, personnage de mediocre authorité, ceux qui demandoient l'ouuerture de la substitution pupillaire n'estoient point des heritiers instituez en l'hoirie vniuerselle, mais seulement en certaines choses & particulieres; de sorte que la mere qui estoit legataire au testament, auoit quasi autant de droit qu'eux. Dauantage il sembloit que le pere qui n'auoit pas substitué en toute la succession, eust exprés reserué à la mere sa part, en ce qui demeuroit vuide, & non comprins en la disposition. Et de fait Papon dit expressément, que le pere par la fin de son testament auoit ordonné que la mere auroit sa legitime sur le reste des biens: ce qui mettoit la chose hors de toute difficulté. Quant à l'arrest du Parlement de Bordeaux, outre que la demanderesse n'en fait point apparoir, il est à presumer estre interuenu sur quelque semblable particularité. Pour le regard de celuy que l'on dit auoir esté donné en ce Parlement, ç'a esté par conniuence des enfans, qui n'ont pas voulu debattre à leur mere la demande qu'elle faisoit; outre que la substitution n'estoit point expressément pupillaire: comme de fait on soustient que les enfans n'estoient point morts en pupillarité, & que ce qui a esté ad-

iugé

iugé n'a esté que l'vsufruit d'vn legs, & non aucun droit de legitime ; Puis
que depuis en la mesme Cour, & au rapport du mesme rapporteur, vne mere faisant vne semblable demande en a esté deboutée. Reste l'Edict des meres & arrest pretendu donné en consequence d'iceluy, lequel n'est nullement à propos en ce cas-cy. Car l'Edict ne sert que pour limiter le droit de
la mere, où il eschet succession. Mais où elle en est du tout excluë, l'Edict
ne peut de rien seruir : comme aussi ne peut l'arrest de Melliere, qui est donné seulement pour alimens demandez. Et de fait la Cour par cét arrest
n'adiugea pas les fruits de tous les immeubles, comme porte l'Edict, mais
seulement de ceste somme qui estoit entre les mains de la veufue. Mais s'il
est question de recourir aux arrests, les defendeurs peuuent dire auoir causé
gagnée. Car ils en peuuent alleguer vn donné en ceste Cour depuis l'Edict,
& depuis tous les Arrests qui ont esté alleguez, par lequel cette question a
esté formellement & specifiquement iugée, entre Magdeleine Fernandes
demanderesse, & les heritiers de Pierre André defendeurs : estant certain
que les derniers iugemens sont les plus forts ; & la derniere Loy est celle qui
donne la forme aux actions des hommes. *An illi per se sua iudicia rescinde-*
rent, cùm cæteri soleant in iudicando ne ab aliorum iudiciis discrepent, prouide-
re ? Tellement que cette maxime, que *per pupillarem expressam mater exclu-*
ditur à legitima, demeure nonobstant toutes les vaines & artificieuses recherches de la demanderesse en sa force & vigueur, selon que par tant de
siecles consecutifs elle a esté religieusement & inuiolablement obseruée, &
sans qu'elle ait raison de s'en plaindre. *Non est enim sæuitia quæ per leges ve-*
nit, comme dit vn ancien. Ainsi doit-elle considerer combien de temps
les meres ont esté en la Iurisprudence Romaine, sans que les loix les ayent
reconneuës capables d'aucun auantage ny droit de succeder. Si depuis, cette virilité des loix, s'il faut ainsi dire, s'est effeminée, & sa vigueur relâchée
en leur faueur, si elles ont esté receuës à quelque chose, qu'elles n'en fassent
point consequence au reste, & ne pretendent point par là renuerser ce qui
est clairement & nettement disposé, bien qu'il ne leur soit pas si auantageux qu'elles desireroient. Qu'elles croyent que la Loy, temperant leur cupidité, leur dit ; Ne sçauez-vous pas que c'est moy qui vous ay mises au
monde ? qui vous ay soigneusement esleuées, donné le droict de bourgeoisie, donné la seureté, les priuileges de vos douäires? Ie vous ay donné droict
de succession en la maison en laquelle vous estes nées. Ie vous ay égalées
aux masles qui sont les colonnes des maisons. Ie vous ay receuës en la succession de vos enfans. Bref pour vous complaire ie me suis entierement accommodée à vostre vtilité. S'il est demeuré quelque cas où ie n'aye pas pû
côtenter tous vos desirs, ne deuez-vous point quelque chose à celle qui vous
a tant donné ? Vous pensez, pource que vous estes mere, que l'on vous doit
tout ; & moy qui suis la mere commune de tous, qui represente vostre patrie, à laquelle toutes sortes de respects sont deubs, n'auray-je point celuy-
là de vous, que vous vous contentiez ie mette quelque borne à mes liberalitez ? Si ie vous refuse en cecy quelque chose, c'est pour l'accorder aux
peres ausquels il est plus deu qu'à vous. Contentez-vous doncques, sans
m'importuner, de ce que ie ne vous puis donner sans perdre mon authorité,
& violer la pieté paternelle.

Sur ceste contestation les parties ayans esté reglées à écrire & produire; & y ayant chacune d'elles satisfait, sentence s'en seroit ensuiuie, par laquelle le Lieu-tenant faisant droit sur la legitime demandée, auroit ordonné que la mere iouy-roit sa vie durant des fruits de la moitié des biens aduenus au fils par la succes-sion de Blaize Serein son pere, auec restitution des fruits depuis la demande, sui-uant la liquidation qui en seroit faite par experts, dont les parties conuiendroient: & pour le surplus appointé les parties contraires en leurs faits, tous despens reser-uez. De laquelle sentence les defendeurs s'estans portez pour appellans, & rele-ué leur appel en la Cour, le procez y auroit esté conclu par écrit, & les appellans fourny de leurs griefs, & pour leurs causes d'appel remonstré:

Que la sentence dont estoit l'appel, ne se pouuoit en façon quelconque soustenir, comme exorbitante & entierement esloignée de la contestation des parties. L'inthimée demandoit le tiers des biens de son fils pour sa legi-time; on luy adiuge vne moitié des fruits des biens du pere. Où la legitime estoit deuë, ou elle ne l'estoit pas. Si elle estoit deuë, il la falloit adiuger tel-le que le droict la donne; si elle ne l'estoit pas, il n'en falloit point du tout. Mais le Iuge a presupposé que l'inthimée, estant excluse de la legitime par la disposition du droict, y estoit r'appellée par l'ordonnance iusques à la con-currence des fruits, comme subordinément elle auoit conclu. C'est ce qu'il faut examiner pour le iugement de ceste cause d'appel, laquelle tourne en-tierement sur ce poinct. En quoy il se trouuera que le Lieutenant s'est ma-nifestement trompé, ayant estimé que l'ordonnance s'entend aussi bien quand il y a testament comme ab intestat; & que ce qu'elle donne aux meres leur est deu aussi bien en vn cas qu'en l'autre. Car l'ordonnance ne regle que les successions ab intestat, sans toucher à celles ausquelles y a dis-position particuliere des testateurs, & où le testament sert de loy & de re-gle: *dispositio enim hominis facit cessare dispositionem legis.* L'ordonnance iu-stifie clairement cela en sa preface. Car apres que le Prince a declaré auoir cy-deuant pourueu à regler les dispositions testamentaires & substitutions fideicommissaires, il dit vouloir regler la succession des meres à leurs enfans, introduite par les anciens Empereurs de Rome. Ce qui ne se peut adapter qu'à la succession ab intestat, introduite de l'authorité desdits Empereurs par le Senatusconsulte Tertullian. Et pour s'expliquer plus clairement, l'ordonnance oppose à ceste disposition des Empereurs celle des coustumes du Royaume és pays coustumiers, esquels les propres ne remontent point; qui ne s'entend qu'en succession ab intestat. Aussi qui voudroit interpre-ter ceste ordonnance, pour auoir lieu aussi bien *ex testamento*, que *ab inte-stato*; il s'en ensuiuroit deux absurditez tres-grandes; l'vne qu'il faudroit par là conclure, que les meres ne pourroient receuoir plus grand auantage par le testament de leurs enfans, que ce qui est taxé par ceste ordonnance. En quoy elles seroient extremément greuées contre toute raison & equité. Car il seroit en la puissance du fils de faire son heritier le plus estrange d'Al-lemagne, & exclure par là les heritiers de sang, & neantmoins il ne pourroit instituer sa mere. Tellement que l'ordonnance se trouueroit en ce cas fru-strée de son effet, qui est de preferer les heritiers de sang aux estrangers, & conseruer les biens aux familles dont ils sont procedez: & la mere d'autre

costé

costé méprisée pourroit receuoir la mesme grace qu'vn estranger, à l'a-
uantage duquel trop indignemét tourneroit le profit de ceste Loy. L'autre
qu'il s'ensuiuroit aussi, qu'où il y a testament, la mere pourroit demander ce
que l'ordonnance luy donne; & ce faisant en beaucoup de grandes & opulentes successions qui consistent toutes en meubles, la mere auroit tout,
sans que le deffunt peust disposer de rien, ny faire aucun legs ou institution
d'heritier: Chose que personne ne voudroit auoüer auoir esté seulement
pensée par les loix, d'auoir voulu oster aux hommes ceste jalouse liberté de
disposer de leurs biens. Ce qui leur est plus deu que toutes autres choses:
scilicet quòd iterum non redit arbitrium, auquel les hommes ne peuuent par
aucune paction renoncer: Mais l'ordonnance (ce dit-on) a vsé de ce mot
de legitime, & a voulu que pour la consolation des meres, & afin qu'elles ne
demeurassent desolées & sans secours, pour tout droict & legitime elles
eussent la moitié des fruicts des biens immeubles paternels de leurs enfans.
Dont on veut inferer qu'en toutes façons cela leur appartient pour legitime, & leur est donné de nouueau. A quoy il y a claire réponse, qui resulte
de la texture & suite des paroles de l'ordonnance. Car l'ordonnance ayant
aboly le droict de succeder ab intestat, qui estoit commun, & appelloit la
mere à la masse de tous les biens, sans faire nulle difference des meubles aux
immeubles, des propres aux acquests, des paternels aux maternels, elle en introduit vn nouueau, qui est tel que pour le regard des meubles & acquests
elle y succede comme deuant: pour le regard des propres paternels, elle n'y
succede qu'en la moitié des fruicts. Et quant à ce qu'elle vse du mot de legitime, elle n'en vse pas comme d'vn substantif, ains comme d'vn adiectif,
qui determine le substantif suiuant, qui est part & portion dudit heritage.
Tellement qu'elle donne cét vsufruict pour la legitime part & portion dudit heritage: c'est à dire, pour tout ce qu'elle eust pû pretendre par la disposition de la Loy sur ceste nature de biens. En quoy l'ordonnance a entierement vsurpé la façon de parler des Iurisconsultes, qui par ce mot de legitime ont tousiours entendu toute la succession ab intestat: *Legitima portio
propriè est ea quæ ab intestato capitur: hæc quæ ex testamento capitur, propriè legitimæ portionis portio est.* Aussi en la Loy [a] est-elle appellée *quarta legitimæ.* Mais quand l'ordonnance se deuroit entendre absolument de la legitime, & que ce qu'elle ordonne aux meres leur tiendroit lieu de legitime, tousiours cela seroit au cas que de droict elle est deuë. La Loy nouuelle n'est iamais presumée rien innouer au contraire de l'ancienne, qui
se doit tousiours interpreter par la nouuelle. De sorte que l'inthimée estant
excluse par la disposition du droict de la legitime en substitution pupillaire, ne peut estre censée r'appellée par l'ordonnance, sinon qu'elle
l'eust faict expressément. [b] Mais quand ainsi seroit qu'il faudroit la legitime à l'inthimée; elle ne la pourroit demander que sur les biens de
son fils : car ceux du pere passeroient directement aux substituez par les
raisons discouruës par le procez. Et ces biens-là ne pourroient estre estimez que la legitime que le fils auoit sur les biens du pere, dont l'inthimée
ne pourroit demander par l'Edict, que les fruits de la moitié des immeubles paternels : comme aussi sa demande ne s'estendoit pas plus auant. Ce

[a] Papinia-
nus §. quo-
niam.

[b] l. sed eo
posteriores
ff. de legat.

qui iustifie dauantage l'erreur du Iuge. Outre cela l'ordonnance n'adiuge les fruicts que de la moitié des propres paternels, & le Iuge les a adiugé de tous les biens. Tellement qu'en tout cas le Iuge auroit tres-mal iugé : & faisant semblant de suiure l'ordonnance, il s'en seroit entierement departy : & par ces moyens concluoient à mal iugé, & emendant le iugement afin d'absolution.

L'INTHIMEE au contraire soustenoit qu'il auoit esté bien iugé, & pour le moins s'il y auoit quelque grief, c'estoit à elle qu'il estoit fait, & non point aux appellans. Car bien que de disposition de droict il luy fallust vn tiers en proprieté de tous les biens, on ne luy auroit adiugé que les fruits de la moitié. En quoy on ne peut dire que le Iuge n'ait suiuy le texte de l'ordonnance, laquelle comme elle regle les successions ab intestat, de mesmes elle regle le droit de legitime; lequel elle a limité pour le regard des immeubles paternels à la moitié des fruicts. De cela ne peut-on douter, tant pource qu'expressément elle a vsé de ce mot de legitime, & partant, où elle ne distingue point, nous ne deuons pas distinguer ; que, pource que la cause & l'intention de l'Edict le veut ainsi. Ne sert de rien de vouloir dire que ce mot de legitime n'est pas mis absolument, mais relatiuement à ces mots qui suiuent; Part & portion des biens. Au contraire le Prince a entendu regler aussi le droit de legitime qui fait part & portion de la succession ab intestat. Car l'Edict ayant voulu éuiter que les immeubles paternels ne sortissent point hors de ligne, dequoy auroit seruy d'y auoir pourueu au faict de la succession, si par le moyen d'vne legitime la mere en emportoit vne grande partie, laquelle elle s'approprieroit ? *Ea interpretatio accipienda est* a *l. in ambi-* *qua vitio caret, præsertim cùm voluntas legis ex hoc colligi possit.* a L'ordon- *gua. ff. de* nance ayant en tout changé le droit de succession ab intestat, a voulu aussi *leg.* changer celuy de la legitime, qui en est vne partie. Ce qu'elle a fait pour ne laisser les meres desolées. Tellement que leur attribuant vn nouueau droit entierement aliene de celuy des Romains, il n'est plus sujet à aucune restriction, ains en quelque cas que ce soit la mere doit auoir pour legitime ce que l'ordonnance luy donne. Quant à ce que l'on dit qu'en tout cas il ne se pouuoit prendre que sur les biens du fils, c'est vne erreur de vouloir en ce fait separer les biens du pere de ceux du fils : chose que le Iurisconsulte a tou- *b l. sed si* jours deffenduë, ayant au contraire debouté l'heritier institué de ceste de- *plures. §. de* mande toutes & quantesfois qu'il l'a faite. b Cela seroit bon si le fils eust *vulg. &c.* renoncé à la succession de son pere, ou en cas qu'il eust esté exheredé ; mais ayant pris la succession, il s'ensuit que les biens ont fait souche au fils, & ne sont plus les biens du pere, ains les biens du fils : car la succession du pere a esté vne fois remplie. L'adition du fils a arresté le cours de la substitution vulgaire pour le regard du pere. Quant à celle qui renaist en la personne du fils, elle rend les substituez heritiers du fils, sans que la personne entre plus en consideration, non plus que si le fils estant en pleine puberté eust fait son testament, & par iceluy deferé sa succession à vn autre. De sorte que le Iuge qui a consideré qu'il n'y auoit nuls meubles & acquests en ceste succession, a iustement fait ce que l'ordonnance luy enjoint, ayant adiugé à l'inthimée la moitié des fruicts des immeubles écheus au fils par la mort du pere : chose

chofe en laquelle il n'y auoit aucune difficulté. Que s'il s'y en fuft trouué,
toûjours euft-ce efté l'office d'vn bon Iuge de l'interpreter en faueur d'vne
pauuré & miferable mere, laquelle ayant receu tant de funeftes accidens
coup fur coup, ne pouuoit efperer moins pour fa confolation que ce qui
luy eft baillé.

Veu le procez par écrit, griefs & refponfes des parties, ce qu'elles ont produit
en caufe d'appel, & tout meurement & diligemment examiné: La Cour, toutes
les Chambres affemblées, a mis & met l'appellation & fentence de laquelle a efté
appellé au neant, & par nouueau iugement a abfous & abfout les appellans de la
legitime & fruits fubordinément demandez par l'inthimée en confequence de
l'Edict. Et auant faire droict fur le furplus des fins & conclufions des parties,
les a declarées contraires en leurs faits, ordonne qu'elles articuleront iceux dans
huitaine, feront preuue au mois pardeuant le Commiffaire qui fera deputé pour
cét effet; pour ce fait & rapporté, leur eftre fait droit ainfi qu'il appartien-
dra par raifon. Sans defpens de la caufe d'appel, la moitié de ceux de la caufe
principale compenfée, & l'autre referuée.

SVR LA QVESTION, SI VNE DONATION
faite par vn mineur en faueur de mariage à vn autre
mineur, eft fujette à reftitution.

*P*ROCEZ *s'eft meu en la Cour de ceans, entre René de*
Graffe fieur de Sainct Tropés demandeur en requefte ciuile,
& au principal en adiudication de trois cens efcus de rente &
arrerages d'iceux, écheus depuis le deceds.de Henry de Graffe
fieur de Malejay fon pere, & defendeur en lettres de refci-
fion, d'vne part: Et Meffire Annibal de Graffe & les au-
tres enfans & heritiers par benefice d'inuentaire de feu Meffire Claude de Graf-
fe Comte du Bar leur pere; Et le curateur de la difcuffion d'iceluy, joint auec
eux, deffendeurs d'autre.

A VQVEL procez le demandeur difoit, que le fieur du Bar ayeul
des parties n'ayant laiffé que deux enfans, Claude & Henry de
Graffe; Claude aifné fe feroit emparé de tous les biens de la maifon, & laiffé Henry fon fecond frere dénué de toutes commoditez. Ce que voyant
la Dame Vicomteffe de Maille leur ayeule maternelle & tutrice, touchée
d'vne iufte pitié & charitable defir de fubuenir à la neceffité de fon fecond
fils, & luy donner quelque moyen de retenir la dignité de l'illuftre famille dont il eftoit forty, en l'an mil cinq cens cinquante neuf, luy fit donation de la terre de Vidauban. Mais Claude qui eftoit l'aifné moyenna de
faire appofer en cefte donation vne condition à fon aduantage, qui eftoit
que moyennant icelle; Henry fon frere ne luy pourroit rien demander
de la fucceffion de leur pere, fuft pour fon droict de legitime ou autrement en façon quelconque. Tant il auoit d'intention de s'approprier
tous les biens de la maifon, & en exclure entierement fon frere. Toutes-

fois preuoyant bien que la terre de Vidauban estoit contencieuse & mal asseurée; & que venant à estre euincée son frere luy retomberoit sur les bras, auec l'importunité qui a accoustumé de suiure ceux qui naiz de sang illustre se trouuent pressez de pauureté; il estima que tant pour son repos & seureté, que pour l'honneur de sa maison, il falloit procurer à son frere quelque mariage auantageux qui peust parer à sa necessité. Les sieur & Dame de Sainct Tropés n'auoient qu'vne seule fille qui estoit regardée par l'esperance d'vne grande & opulente succession, & pour ceste consideration recherchée de beaucoup de personnes illustres de la Prouince. Claude du Bar l'ayant fait demander pour le sieur de Malejay son frere, les sieur & Dame de Sainct Tropés trouuerent à la verité, pour les personnes & famille, ceste alliance fort honorable; mais firent difficulté sur les biens & moyens, ne voulans point donner leur fille vnique & heritiere à vn cadet, qui n'eust quelque commodité claire & asseurée pour soustenir les charges de mariage, & laisser aux enfans qui en naistroient dequoy viure honorablement. Pour faire cesser ces difficultez, & ne pas perdre vn si aduantageux party, Claude du Bar offrit aussi-tost de donner au sieur de Malejay son frere, & aux enfans qui naistroient du mariage, trois cens escus de rente, à prendre sur tous ses biens. Suiuant ce traicté, contract de mariage est passé entre les parties le dix-huitiéme iour de Decembre mil cinq cens soixante; par lequel Claude du Bar reconnoissant que ce mariage auoit esté accordé de son consentement & volonté, & sur la foy des promesses qu'il auoit faites, pour les effectuer il donne par donation pure irreuocable entre vifs, & pour cause de nopces au sieur de Malejay son frere, & aux enfans qui naistroient de ce mariage trois cens escus de rente annuelle & perpetuelle, à prendre sur tous & chacuns ses biens; par serment reïteré promet l'execution du contract, & renonce à toute sorte de restitution, comme faisant ceste donation la principale partie du contract de mariage, & estant indiuisible du reste. Laquelle donation est stipulée & acceptée par le sieur de Malejay en presence des sieur & Dame de Sainct Tropés & de leur fille; sur la foy d'icelle les autres conuentions matrimoniales accordées, & le mariage consommé. Et afin que rien ne manquast à la solennité de ceste donation, l'onziéme Mars ensuiuant elle fut bien & deuëment insinuée au Greffe de Draguignan par les Procureurs constituez par les parties & nommez par le contract. De ce mariage est nay le demandeur, à la naissance duquel, le sieur de Malejay son pere suruécut peu d'années, & le laissa pupille, exposé à toutes les incommoditez que l'imbecillité de cét aage a accoustumé de souffrir. Mais Dieu luy ayant presté la main pour les passer, & s'estant esleué iusques à l'aage viril, ne trouuant rien de reste en sa maison que le nom de son pere, il auroit pensé de rechercher qu'estoient deuenus ses biens, & auroit trouué d'vn costé que la terre de Vidauban auoit esté euincée, les droicts hereditaires qu'il auoit en la maison du Bar tellement embroüillez par les contracts qu'on auoit fait passer à son pere, qu'en fin il ne luy restoit plus rien, surquoy il peust appuyer sa fortune affligée, que sur la donation de trois cens escus de rente qui luy estoit faite par le

contract

contract de mariage de son pere, laquelle sembloit ne pouüoit receuoir aucune difficulté. Mais comme il en auroit voulu faire demande, on luy auroit obiecté que Claude du Bar de son viuant, dés l'an 1554. auroit obtenu
lettres pour la faire casser, & que par sentence du Lieutenant de Draguignan donnée le 2. iour d'Octobre 1565. tant auec le feu sieur de Malejay
pere, qu'auec le sieur de Sainct Tropés ayeul maternel, comme legitime administrateur du demandeur, elle auroit esté cassée & annullée, & que le sieur
de Sainct Tropés en ayant appellé, arrest d'acquiescement s'en seroit ensuiuy le 6. Mars 1566. par lequel la sentence auroit esté confirmée. Et bien que
telles procedures faites auec tierces personnes ne deussent empescher l'effet
du droict incommutablement acquis au demandeur, qui estoit encores
mineur, lequel ny par soy, ny par autre personne, ne pouuoit perdre ou aliener ce qui luy estoit si iustement acquis; toutesfois pour leuer le preiudice
que l'on voudroit tirer de telles procedures, il auroit en Feurier 1582. entant
que besoin seroit, obtenu lettres Royaux en forme de requeste ciuile, pour
estre restitué contre cét acquiescement. Et pource que durant la minorité
du demandeur on luy auoit fait prendre qualité d'heritier de Henry de
Grasse son pere, bien qu'il n'y eust aucuns biens; & que la succession fust
manifestement insoluable, dont toutesfois on pourroit pretendre quelque
fin de non receuoir, il auroit aussi obtenu lettres le quinziéme May au mesme an pour en estre releué : à quoy il soustenoit qu'il estoit indubitablement bien fondé. Car pour le regard de la requeste ciuile, le sieur de S. Tropés son ayeul maternel n'estoit point partie capable pour la deffense du demandeur, s'estant sans authorité de Iustice entremis en l'administration des
biens du mineur qui auoit son pere viuant. Et pource on peut dire, que ce
qui est fait auec luy n'a aucune force, non plus que ce qui est fait auec vn
faux tuteur, qui demeure nul; sans qu'il soit besoin que le mineur obtienne
pour ce regard aucune restitution. [a] Et quand il auroit esté tuteur legitime, si n'auroit-il pû passer vne condamnation volontaire : veu que l'on
sçait assez que les loix qui ont donné la legitime administration des biens
au tuteur, l'ont obligé à la precise deffence du mineur par les voyes ordinaires de la Iustice, sans luy auoir permis de transiger, ny mesmes de compro-
mettre des droits de son pupille. [b] Tant s'en faut qu'vne condamnation
volontaire faite par vn faux administrateur luy puisse preiudicier. Mais en
tout cas le mineur estant lezé par ce iugement, quand bien il seroit contra-
dictoire, si est-ce que la Loy luy tendroit tousiours la main, & le remet-
troit en son entier pour poursuiure son droict. *Etiam in his que minorum tu-
tores vel curatores malè gessisse probantur, licèt personali actione à tutore vel
curatore minores ius suum consequi possint; in integrum tamen restitutionis auxilium illis concedi iam pridem placuit.* [c] Or le preiudice de cét acquiescement, ensemble celuy de la qualité d'heritier, prise en pupillarité, estans leuez, comme ils sont extrémément legers & non considerables au principal, le droict du demandeur demeure clair & apparent. Il demande ce qui
luy est donné par le contract de mariage de son pere. L'exercice de la Iustice ne consiste principalement que pour exiger la foy des contracts faits
entre les hommes, l'asseurance desquels est le lien qui estreint plus serré la

a *Inl. si tu-
tor. C. in
quib. caus.
in integ.rest.
ntc. non est.*

b *l. si bonam
causam. C.
de administr.
tutor.*

c *l. etiam in
his. C. si tut.
vel curat.
interuen.*

focieté ciuile. Mais de tous les contracts aufquels les loix ont preflé leur faueur, & promis vne fidelle & religieufe execution, il n'y en a point qu'elles
ayent iugé plus fauorable, ny plus inuiolable que les contracts de mariage :
pource que, comme difoit Symmachus, *religiofa potiùs quàm inuidiofa quæftio eft, quæ fidem repetit nuptiarum.* Cette action eflant toute fainte, eftant
toute diuine, a pour fon but la conferuation de l'eflre des hommes, des familles, des villes, des Eftats. *Matrimonii*, difoit vn ancien, *etiam fi tacue-
rim, fcitis contineri ciuitatem, his populos, his liberos, his fuccefsionem patrimo-
niorum, his gradum hereditatum.* C'eft pourquoy la foy y doit prefider pour
en rendre les conuentions affeurées, & la Iuftice furueiller pour en rendre
l'execution certaine, & retrancher toutes les artificieufes fubtilitez & preftiges de droict, par lefquels on la voudroit retarder. Il pourroit donc fuffire au demandeur de dire, que la donation qu'il demande auiourd'huy eft
faite par vn contract de mariage, qu'elle en eft le principal chef, qu'il eft
porté qu'en confequence d'icelle tout le refte a efté fait & accordé. Mais il
adioufte, qu'elle a & fes caufes les plus iuftes, & fes formes les plus folemnel-
les que l'on fçauroit defirer, & qu'elle eft dauantage tout au profit & honneur du donnant, qui n'en peut pourtant raifonnablement refufer l'execution. Il n'y a rien fi digne des hommes, ny fi approchant de la Diuinité, que
la liberalité & munificence ; & ceux qui ont traicté des regles par lefquelles
elle doit eftre adreffée à fon vray & legitime vfage, on dit que *liberalitatis
duo funt maximè probabiles fontes, iudicium & honefta beneuolentia* ; lefquelles on peut remarquer non feulement coulantes, mais regorgeantes par tout
le cours de cette donation. Car fi on y cherche le fujet de la bien-vueillance, & le motif de la beneficence, il fuffit de fçauoir que c'eft vn frere qui
donne à fon frere & à fes enfans. *Frater erat, fraterna peto*, difoit Aiax, demandant les armes d'Achilles. La nature a verfé du Ciel dans le cœur des
hommes l'amitié & la charité, comme l'humeur radicale de la felicité humaine, laquelle elle a diftinguée par degrez, ou pluftoft (comme dit Hié-
rocles) par cercles, mefurant les obligations que nous auons de bien faire
par la proximité du degré & cercle où nous fommes compris. Or celle des
freres eft bien telle, que fi elle ne va la premiere, au moins ne veut-elle ceder à aucune autre, non pas mefmes aux propres enfans. Car entre le pere
& les enfans il y a beaucoup de diuerfité ; mais entre les freres qui fuiuent le
vœu de la nature, & qui participent egallement à cette charité du fang, il
n'y en a du tout point ; & reffemblent proprement à ces Molionides qu'Homere décrit au fecond de l'Iliade, qui auoient les corps colez enfemble, &
ne fe pouuoient feparer fans mourir. C'eft ce qui fit prononcer fur ce fujet
vne fentence fi authentique, vn iugement tant admiré, par cette dame
Perfienne en Herodote ; laquelle ayant fon frere & fon fils prifonniers de
guerre, choifit pluftoft de deliurer de la mort fon frere que fon fils. Chofe,
peut-eftre, qui fembleroit eftrange, mais qui ne le fera point à celuy qui
outre les raifons qu'allegua cette femme fur le champ, confiderera les paroles d'vn autre Autheur Latin, quafi fur vn femblable fujet. *Quàm copio-
fæ fuauitatis eft illa recordatio ! In eodem domicilio antequam nafcerer habitaui,
in ijfdem incunabulis infantiæ tempora peregi, eofdem appellaui parentes, eadem
pro*

pro me vota excubuerunt, parem ex maiorum imaginibus traxi gloriam : chara est vxor, dulces liberi, iucundi amici, accepti affines ; sed postea cognitis nulla beneuolentia accedere debet quæ priorem exhauriat. Or si la cause de la bien-vueillance a esté exuberante en ceste donation, le iugement qui a suiuy le sujet & l'occasion n'a pas esté moindre. C'a esté pour marier son frere à vne fort honorable maison, luy faire espouser vne heritiere qui deuoit succeder à vn grand & opulent heritage. Peut-on trouuer estrange si Claude de Grasse, ayant recueilly tous les biens de la maison du Bar, grands & opulens, & valans auiourd'huy plus de quatre mille escus de rente, donne trois cens escus de rente à son frere & à ses enfans par contract de mariage ? La seule amitié fraternelle l'y pouuoit bien induire, afin qu'estant marié, se voyant comblé de biens & de commoditez, il tendist la main à son frere pour l'esleuer à vne semblable fortune, & meritast par là ceste gloire que l'antiquité a donnée à Pollux, d'auoir mieux aimé partager l'immortalité auec son frere, que de l'accepter pour luy seul, ou celle que le Poëte donne à Proculeius qui fut,

> *Notus in fratres animi paterni.*
> *Illum aget, penna metuente solui,*
> *Fama superstes,*

Mais on peut dire dauantage, qu'il l'a fait par vne plus estroite obligation, & pour la décharge de sa conscience. Car s'estant emparé de tous les biens de la maison, il auoit par deuers luy ce qui en appartenoit au sieur de Malejay son frere, comme il a luy-mesme recogneu par la transaction qui fut depuis faite entr'eux l'an mil cinq cens soixante six. Si l'amitié est seante entre les freres, si la Iustice est sœur de l'amitié, si l'egalité est fille de la Iustice ; si l'inegalité au contraire (comme dit Platon) est cause de tout mouuement & toute dissension ; qu'a pû faire vn frere de plus loüable ny de plus iuste, que de temperer par ce contract ceste grande & iniuste inegalité qui estoit entre son frere & luy ? *Quid magis iniquum est,* disoit Cassiodore, *quàm vt de vna substantia, quibus competit æqua successio, alij abundanter affluant, alij paupertatis incommodis ingemiscant ?* Que si le sujet de l'amour & bien-vueillance estoit grand à l'endroit du frere, pour donner sujet à ceste liberalité, il n'estoit pas moindre à l'endroit des enfans, iusques ausquels aussi elle est estenduë. Car le sieur du Bar ayant procuré ce mariage, il estoit bien raisonnable qu'il prist le soin de la posterité qui en naistroit. Ioint que l'amitié ne doit pas estre moindre à l'endroit des neueux que des freres, aux mœurs & en la nation en laquelle nous sommes naiz. Dequoy nous ne pouuons douter, si nous nous ressouuenons que nous auós tiré nostre naissance & nos mœurs des Allemans. En l'histoire desquels nous lisons en Tacite vn traict fort à propos à ce sujet, *Sororum filiis idem apud auunculum qui apud patrem honor : quidam etiam arctiorem hunc nexum sanguinis arbitrantur, & in obsidibus magis exigunt.* Puis donc qu'auiourd'huy le demandeur ne recueille de la maison du Bar, dont il est descendu, autres moyens ny commoditez que ceste petite donation qui luy a esté reseruée par la prouidence de ses pere & mere, qui luy est stipulée par la foy du contract de mariage sous laquelle il est né, qu'y a-il plus iuste ny plus raison-

nable qu'il reçoiue par l'execution d'iceluy quelques moyens honneftes de
fe pouuoir maintenir, finon felon le luftre de la maifon dont il eft yffu, au
moins exempt de pauureté & neceffité? veu mefmes que Claude du Bar a
fi religieufement iuré l'obferuation de cefte donation? veu qu'il a folemnellement renoncé à toutes fortes de reftitutions? comme reconnoiffant qu'en
cefte confideration principalement le mariage auoit efté accordé: ce qui
le rend & fes enfans du tout non receuables en leurs lettres. Et par fes
moyens il concluoit à ce qu'entherinant la requefte ciuile par luy obtenuë,
les parties fuffent remifes en tel eftat qu'elles eftoient auparauant; & faifant droit fur le procez principal, il fut dit auoir efté mal iugé par le Lieutenant de Draguignan, & en emendant le iugement, fans auoir efgard aux
lettres de refcifion obtenuës par les defendeurs, les trois cens efcus de rente
à luy donnez par le contract de mariage de fon pere luy fuffent adiugez,
auec reftitution des fruicts depuis fon deceds, & defpens des inftances.

L E s defendeurs au contraire difoient, que puis qu'il apparoiffoit par
leur feule qualité, que la mauuaife fortune qui auoit accompagné la maifon du Bar, en auoit mis les biens en difcuffion, rendu les enfans pourfui-
uans pour auoir quelque miferable fecours à leur neceffité, & les creanciers
pour le recouurement de ce qui leur eftoit deu; c'eftoit chofe qui fembleroit fort eftrange de voir le demandeur en vertu d'vne pretenduë gratification & munificence, effleurer le plus beau & meilleur de la fucceffion, pour
laiffer les enfans indigens & les creanciers fruftrez de leur deu. Phocion
eftant vn iour inuité par le peuple d'Athenes à contribuer aux fraiz de quelques ieux & pompes publiques, fit refponfe qu'il feroit trop non feulement
iniufte, mais indecent de ne pas payer fes creanciers, & faire le liberal enuers le peuple. La liberalité & beneficence eft bien loüable, pourueu qu'elle ne fe face point aux defpens d'autruy, & au preiudice de la charité qui
oblige les peres aux enfans, & laquelle ne peut eftre violée qu'auec vne efpece d'impieté. *Agris noftris fitientibus* (dit la Loy) *alienos irrigari iniquum
eft.* Et pource qui examinera la demande que fait auiourd'huy le demandeur, & la dépoüillera des pretextes dont on l'a voulu voiler, la trouuera entierement non receuable, & les defendeurs au contraire bien fondez à demander l'entherinement des lettres obtenuës par feu Claude de Graffe pour
faire caffer cefte pretenduë donation. Mais pour plus affeurément reconnoiftre ce qui eft du droit des parties, il faut demeurer d'accord (comme
ils ne le reuoquent pas en doute) que le fieur du Bar ayeul des parties, auoit
difpofé de tous fes biens au profit de Claude de Graffe fon aifné. Tellement
qu'Henry de Graffe fieur de Malejay ne pouuoit rien pretendre en la fucceffion qu'vn fimple droit de legitime, qui ne pouuoit pas monter grand'
chofe. Car tous les biens de la maifon du Bar n'eftoient lors affermez qu'à
douze cens efcus par an. Or la Vicomteffe de Maille, ayeule de Claude &
Henry, ayant adminiftré la tutelle, & eftant redeuable à Claude de Graffe
d'onze mille francs ou enuiron, defira de faire deux chofes tout enfemble:
l'vne de conferuer la maifon du Bar entiere pour en maintenir le luftre &
fplendeur en la perfonne de Claude l'aifné, l'autre de donner quelques
moyens & commoditez à ce puifné de pouuoir viure honorablement. Et
pource

pource elle donna à Henry fon puifné la terre de Vidauban, à la charge qu'il
ne demanderoit rien à Claude de fa legitime fur les biens du Bar. Et moyennant cela auffi elle demeureroit quitte du reliqua de la tutelle. Apres cela
Claude de Graffe époufa Dame Ieanne de Brancas, de laquelle ayant receu
& efperant beaucoup de grands auantages par contract de mariage, luy
donna fix cens liures de rente, & au fils aifné qui naiftroit du mariage deux
mil liures de rente, à prendre fur tout fon bien, & ce par donation entre
vifs, en faueur de nopces, pure & irreuocable, declarant expreffément nulles toutes donations & autres difpofitions qu'il feroit à l'aduenir au preiudice de celles-là. Et bien que par ce moyen il ne luy reftaft aucuns biens dont
il pût difpofer (car ce peu qu'en reftoit eftoit affecté à l'euiction de Vidauban & au dot de fa femme) toutesfois Henry de Graffe ayant fort peu de
temps apres recherché la fille des Sieur & Dame de Sainct Tropés, &
eftant d'accord du mariage, connoiffant la facilité de fon frere qui eftoit
encor mineur d'ans, fe voulut preualoir de cefte occafion pour tirer de luy
quelque auantage, & le follicita tant qu'il le fit condefcendre à luy donner
trois cens efcus de rente en faueur de ce mariage, luy faifant entendre que ce
n'eftoit que pour faciliter les affaires, & qu'incontinent apres il luy en paf-
feroit quittance. Claude encor mineur, & n'ayant lors qu'enuiron vingt-
deux ou vingt-trois ans, s'eftant laiffé porter à confentir à cefte donation,
on la conceut aux termes les plus auantageux que l'on peut, au profit tant
de Henry, que des enfans, auec des claufes de renonciation à toutes fortes de
reftitutions, mefmes pour minorité, & auec ferment geminé de n'y contreuenir. Mais incontinent apres le 15. Feurier 1560. & auant qu'elle fuft
infinuée, Henry reconnoiffant bonne foy, declara à fon frere qu'il n'entendoit point s'en feruir, & qu'elle n'auoit efté faite qu'à fon inftante priere, & fous l'affeurance qu'il auoit donnée qu'il s'en departiroit: au moyen
dequoy il promettoit à fon frere l'en indemnifer & garantir enuers tous &
contre tous. Or depuis l'vn & l'autre des freres ayans des enfans, Claude
defirant d'affeurer plus fermement fes affaires, & retrancher toutes les
craintes qu'il pouuoit auoir, que cefte donation ne troublaft vn iour le repos de fa maifon, obtint en l'an 1564. lettres Royaux pour faire caffer cefte
donation fondées fur induction, fa minorité, & furuenance de fes enfans,
& autres nullitez; Et fit appeller tant Henry fieur de Melejay fon frere, que
le fieur de Sainct Tropés, comme legitime adminiftrateur tant de fa fille,
femme du fieur de Malejay, que du demandeur qui eftoit lors nay. Les
parties ayans contefté fur les lettres, furent appointées contraires, firent
leurs enqueftes, écriuirent & produifirent de part & d'autre. Et en fin in-
teruindrent deux fentences du Lieutenant de Draguignan, l'vne par defaut
contre le fieur de Malejay, l'autre contradictoirement donnée auec ledit
fieur de Sainct Tropés, par lefquelles les lettres de refcifion furent entheri-
nées, & la donation caffée. De laquelle fentence ledit fieur de Sainct Tropés fe porta pour appellant. Pendant cét appel, fe meut vn nouueau different entre les freres, fur ce que le fieur de Malejay demandoit fupplément de
fa legitime; & fon frere au contraire pretendoit qu'il en eftoit plus que
payé. Mais les principaux Seigneurs de la Prouince, parens des parties, &

quelques perfonnes illuftres s'eftans employez pour accorder les deux freres, il y eut fentence arbitrale & tranfaction entr'eux en l'an 1566. par laquelle ledit fieur du Bar donna dix mille francs à fon frere pour tous fes
droits, & luy promit de rechef l'euiction de Vidauban iufques à la fomme
de dix mille huict cens liures. En confequence dequoy Henry derechef fe
departit de la donation, & promit en faire tenir quitte fon frere. Et quant
au fieur de Sainct Tropés, comme adminiftrateur legitime du demandeur,
il acquiefça à la fentence du Lieutenant de Draguignan. Puis donc que
par tant de fentences, par tant de tranfactions, par tant d'acquiefcemens,
& par l'aduis des parens & amis cefte donation a efté caffée & annullée, il
n'y auoit point d'apparence, apres tant de temps, de déterrer ce procez enfeuely, qui fera immortel, fi les arrefts & les tranfactions ne le peuuent affoupir. *Sunt enim inter humanas procellas portus inftructi, quos, fi homines
feruida voluntate prætereunt, in vndofis iurgijs femper errabunt.* Mais puis
que le demandeur *aduerfus experimenta pertinax, iterum bella victus, maria
naufragus repetit,* les deffendeurs s'affeurent que leur caufe eftant encores
plus fauorable qu'elle n'a iamais efté, pour eftre de pauures enfans & de
pauures creanciers, qui demandent en la difcuffion de leur pere, de retirer
quelque chofe de ce qui leur eft iuftement deu, aux vns par la charité &
droit du fang, aux autres par la foy de leurs contracts, dont le demandeur
les voudroit priuer fous le titre d'vne donation nulle par tant de nullitez.
Qui voudroit éplucher cefte donation, il s'y trouuera infinies chofes à redire, pour monftrer qu'elle ne peut fubfifter. Mais pour épargner le temps,
les deffendeurs s'arrefteront à trois moyens principaux, chacun defquels eft
clair, apparent & plus que fuffifant pour iuftifier la nullité. Le premier eft,
qu'elle a efté faite par vn mineur. Le fecond, que Henry fieur de Malejay
y a volontairement renoncé, auant mefmes qu'elle fuft infinuée. Le troifiéme, que le donateur a depuis eu des enfans, par la naiffance defquels elle
a efté reuoquée. La Loy qui eft comme vne fage & equitable mere entre
tous fes fujets, & qui a pour fon principal deffein d'empefcher que les plus
forts ne s'auantagent fur les plus foibles, les plus fins fur les plus fimples,
veille continuellement pour donner fecours à l'infirmité offenfée. Et ayant
reconneu que l'efpece vniuerfelle des hommes eft iufques à certain nombre
d'ans infirme & imbecille, elle a limité vn poinct, iufques auquel elle prefume que leurs actions ne font point prudentes, fermes, ny folides; & ce
poinct-là s'appelle *ætas legitima,* comme donnant aux hommes la libre difpofition de leurs biens, & les rendant capables de toutes fortes de contracts. [a] Ce qui fe fait auparauant cét aage auec les mineurs n'eft ferme ny
ftable, finon entant qu'il eft à leur profit. *Nam cùm conftet infirmum effe hu-
iufmodi ætatum confilium, Prætor naturalem æquitatem fequutus auxilium eis
pollicetur.* C'eft pourquoy dans Plaute *in Rudente,* vn ieune homme qu'on
vouloit contraindre à liurer ce qu'il auoit vendu, difoit pour exception,
*Cedo quicum eam ad Iudicem, Ne dolo malo inftipulatus fis, né-ve etiam dum
fiem Quinque & viginti annorum.* Et vn prodigue dans le mefme autheur
fe plaignant de ce que perfonne ne vouloit contracter auec luy: *Tum lex me
perdit quina vicenaria; Metuunt credere omnes.* Et afin que l'ignorance de
cét

a l. ex duo-
bus. ff. de
neg. geft.l.1.
de fide tut.

cét aage ne fiſt precipiter quelques-vns à contracter auec les mineurs; les Atheniens auoient vne couſtume qu'il falloit que ceux qui vouloient eſtre reputez aagez, vinſſent apres cét aage ſe faire enrooller au nombre des hommes vſans de leurs droicts. Car lors les regiſtres publiques eſtoient vne pleine inſtruction, ſous la foy de laquelle on pouuoit ſeurement & librement contracter, comme il ſe recueille des paroles d'Æſchines *contra Timarchum* : ἐπειδὴ ᵹ ἐνεγράφη Τίμαρχος εἰς τὸ ληξιαρχικὸν γραμμάτιον, ϗ κύριος ἐγένετο τῆς οὐσίας. Or ce ſecours que la Loy promet aux mineurs pour les reſtituer, pour ce qu'ils font à leur deſaduantage, eſt pour les contracts communs & quaſi neceſſaires au commerce & entretien de la vie, qui ne regardent que l'vſage des meubles, argent, ou autre choſe vile: mais aux contracts qui emportent l'alienation, elle denoncent à ceux qui contractent auec eux qu'ils n'y peuuent trouuer aucune ſeureté. Car la Loy par preſomption generale, & ſans autre connoiſſance de cauſe, iuge qu'ils ſont trompez, & par conſequent improuue les contracts, bien meſmes qu'ils fuſſent faits auec l'aſſiſtance des tuteurs par l'aduis des parens, ou auec benefice d'aage & diſpenſe du Prince. [a] En quoy eſt fort à remarquer combien la Loy a eſté exacte & rigoureuſe en ce faict, & combien elle a eſtimé deuoir eſtre curieuſe de la deffence des mineurs, veu qu'ayant ordonné que châque enfant que les mineurs mariez auroient, leur ſeroit conté pour vne année pour les rendre capables de l'adminiſtration de la Republique, elle n'a pas neantmoins voulu que le ſemblable fuſt en l'adminiſtration & alienation de leurs biens; comme ſi elle euſt eu plus chere la conſeruation des biens des mineurs que celle de l'Eſtat. [b] Si donc la Loy a generallement declaré que toute alienation d'immeuble du mineur, bien qu'elle fuſt faite auec l'authorité du curateur, & que le iuſte prix en fuſt conuerty au profit du mineur, eſt nulle; qu'eſtimons-nous qu'elle iuge de l'alienation que fera le mineur ſans curateur à titre de donation, & par forme de liberalité & munificence, veu qu'elle dit par vn axiome general, que *donare eſt perdere*, [c] & qu'elle iuge qu'vn mineur ne peut auoir aucune iuſte cauſe de donner [d] ? Auſſi declare-elle telle donation nulle, ſans qu'il ſoit beſoin d'aucune reſtitution, [e] & ce auec vne apparente raiſon. Car pour rendre vn acte legitime, & faire qu'il ſoit authoriſé, & que la Loy luy preſte ſa force pour l'execution, il faut de neceſſité que deux choſes y concurrent, la volonté & la puiſſance. Or toutesdeux manquent en cecy. La volonté y eſt la principale, mais vne volonté qui ſoit accompagnée d'vn ferme & ſain iugement. Car comme dit Seneque, *Non eſt beneficium cui deeſt pars optima, datum eſſe iudicio: turpiſſimum genus damni eſt inconſulta donatio. At eſt infirmum* (ce dit la Loy) *huiuſmodi ætatum conſilium.* Où il n'y a point de ferme iugement, il n'y a point de ſuffiſante volonté pour contracter. Quant à la puiſſance, moins y peut-elle eſtre auſſi, veu que la prohibition de la Loy emporte touſiours pour ſa ſanction la nullité de l'acte qui eſt fait contre les deffenſes. *Nullum enim pactum, nullam conuentionem, nullum contractum inter eos videri volumus ſubſecutum, qui contrahunt lege contrahere prohibente.* [f] Mais quand ceſte donation auroit eſté non ſeulement faite, mais parfaite par vn majeur, le donnant & le donataire s'en

[a] *l. quæ. de adminiſtra. tutor. l. prædia. de præd. & alijs reb. minor. & l. eos qui. de his qui veniam ætat. impet. C.*

[b] *l. nec per liberos. ff. de min.*

[c] *l. filius famil. ff. de don.*

[d] *l. contra iuris regul. ff. de pactis.*

[e] *l. in cauſ. cognitione. §. vlt. ff. de minor l. vlt. §. cum aut. C. ſi maior factus ali. fact. ra hab.*

[f] *l. non dubium. C. de leg.*

estans aussi-tost departis, cela n'auroit-il pas rendu l'acte nul & sans effet ? y a-il rien si vulgaire en droit que ceste regle, qui dit que les choses se dissol-uent en la mesme maniere qu'elles se contractent ? que le commun consen-tement des contractans resout les contracts qu'ils auoient auparauant for-mez, & les ruine en leur soustrayant comme leur base la volonté des con-tractans ? Or nous auons en ce fait deux expresses reuocations de la part du donnant, & deux expresses renonciations de la part du donataire. Nous auons dauantage, que ces reuocations & renonciations ont esté faites auant que la donation fust entierement parfaite, c'est à dire qu'elle fust insinuée; auquel cas le seul dissentiment du donant, sa seule contraire voloté pouuoit reuoquer & annuller la donation. Car cóme la Loy dit, qu'apres que les do-

^a nations sont parfaites, elles ne se peuuent plus reuoquer par les donnans, ^a

a l. post per-
fectas. C. de
don.

par contraire raison il s'ensuit, que iusques à ce qu'elles soient parfaites, elles sont tousiours reuocables. Or est-il certain que l'insinuation est vne des formes des plus essencielles qui soit en la donation, sans laquelle elle n'a au-cun effet ny valeur : tellement que iusques à ce qu'elle soit interuenuë pour former cét acte & luy donner son estre legitime, on ne peut dire qu'il soit

b l. donatio.
l. data. l. in
hac sacratis-
sima. C. de
donatio.

reconneu par la Loy pour parfait. ^b La raison en est apparente par la dis-cussion des causes pour lesquelles l'insinuation a esté introduite. Car le Le-gislateur ayant reconneu que les appas & allechemens de ceux qui captent le bien d'autruy auoient tant de force sur la vanité de leurs peuples entiere-ment enclins à vne folle gloire, que bien souuent les hommes charmez par les flateuses caresses, se laissoient sous de faux pretextes dépoüiller de leur bien : les autres plus aduisez pour leurs personnes, mais moins charitables à l'endroit de leurs heritiers de sang, en retenoient de leur viuant la ioüissan-ce, & les donnoient apres leur mort à des estrangers qui les courtisoient; les autres n'estoient liberaux qu'au preiudice de leurs creanciers, faisans des donations seulement pour les frustrer, il a voulu pour le bien public appor-ter le remede conuenable & necessaire à tous ces inconueniens. Or pour-ce que c'estoit principalement l'ombre & les cachettes où se faisoient les donations qui donnoient occasion à toutes telles surprises, & que les vo-lontez des hommes gagnées, ils estoient attachez par le nœud des contracts bien souuent auant qu'auoir loisir de se reconnoistre; la Loy a voulu que la derniere forme des donations se fist en public, qu'elle fust publiée parde-uant le Iuge, premierement pour empescher qu'elles ne continssent clau-ses ou conditions deshonnestes : car en ce cas les Iuges les pourroient rejet-

c d. l. dona-
tio. C. de do-
nationib.

ter. ^c Secondement, afin que le donateur ayant eu loisir d'y penser, con-firmast cét acte par vne plus meure, plus serieuse & plus deliberée volonté: & que si la liberté auoit esté opprimée par l'authorité ou importunité du donataire, qu'elle se peust releuer en la presence des Iuges, & exprimer plus franchement son intention. *Multi enim sunt quos liberales facit frontis infir-mitas.* Puis doncques que la Loy a prescrit ceste forme à ce contract, il s'en-suit qu'il n'est point parfait iusques à ce que ceste solemnité soit accomplie. Et tout ainsi que quand les parties ont entr'elles choisi la forme de contra-

d l. contra-
ctus. C. de
contrahen.
empt. &
vend.

cter par escrit, quelques pactions qui soient accordées, le contract n'est point parfait, ains tousiours reuocable iusques à ce qu'il soit mis au net : ^d

de

de mefmes la donation infinuée l'eft-elle par le feul donnant. Or icy elle l'a efté par le donateur & le donataire. Mais à cela le demandeur penfe faire vne grande inftance, difant que la donation eft faite à Henry & aux enfans procedans du mariage, au preiudice defquels Henry n'a pû reuoquer; qui eft vn poinct qu'il faut examiner en cefte caufe; & pour en trouuer la vraye & naïue decifion, confiderer qu'elle a efté en cela la difpofition de l'ancien droict Romain, comment elle a efté changée, & iufques où fe doit eftendre le changement. Il n'y a rien de fi vulgaire en tout le droit que cefte regle, que les pactions ou ftipulations que nous faifons ne peuuent profiter à vn tiers qui n'eft point noftre heritier. De forte que fi nous ftipulons qu'on luy donne quelque chofe, qu'on faffe quelque chofe pour luy, il n'a point de droit de le demander, & c'eft chofe inutile pour fon regard. [a] Mais pour nous approcher plus prés du cas où nous fommes, c'eftoit vne regle en donation, que fi le donnant auoit ftipulé que moyennant la donation on payaft quelque chofe à vn tiers, ce tiers ne pouuoit rien pretendre en vertu de cefte ftipulation. [b] Depuis les Empereurs trouuerent bon d'abolir la iufte feuerité des loix pour fauorifer la munificence des donateurs, & le vœu de ceux qui captoient les liberalitez: & ne trouuans point en la Iurifprudence d'action pour fauorifer ce tiers, qui fe vouloit feruir du contract d'autruy, en inuenterent vne vtile, qui eft expofée en cefte Loy quotiens, [c] par laquelle l'Empereur dit, que fi quelque chofe eft donnée pour eftre apres certain temps reftituée à vn tiers, & que ce tiers n'aye point ftipulé la donation apres le temps, l'action pour recouurer la chofe appartient à celuy qui a donné, ou à fes heritiers: & toutesfois que le tiers peut auoir vne action vtile *fecundùm voluntatem donatoris*, pour demander la chofe. En quoy il y a deux poincts fort remarquables & importans à l'eftat & decifion de cefte caufe. L'vne, que par cefte conftitution, qui eft toute nouuelle & contraire au droit ancien, la premiere action pour l'accompliffement du contract qui eft directe & legitime, eft referuée au donnant. L'autre, que celle qui eft referuée au tiers & eftranger n'eft qu'vtile & fubfidiaire, & outre eft modifiée par ces termes *fecundùm voluntatem donatoris*. D'où il refulte deux raifons folides & qui ne peuuent eftre efbranlées, par lefquelles il fe conclud fort certainement qu'il eft toufiours en la puiffance du donateur de reuoquer ce qu'il a ftipulé eftre rendu à vn tiers non compris au contract. Car puis que la premiere, principale & directe action luy eft referuée par la Loy, il eft certain que tant qu'il la peut exercer, le droit luy appartient, & le tiers ne peut fe feruir de l'vtile que la Loy luy donne. D'autant que comme vne mefme chofe ne peut appartenir folidairement à deux, [d] auffi deux ne peuuent auoir folidairement action pour vne mefme chofe. Et puis que celuy qui a action pour recouurer la chofe, eft cenfé auoir la chofe mefme, il s'enfuit que le donnant à qui appartient cefte premiere action en eft toufiours le maiftre, la peut reprendre à foy, en vfer à fon plaifir; & que celuy qui a l'action vtile ne s'en peut feruir, finon quand le principal ne s'eft point voulu ayder de la directe. C'eft ce que la Loy a voulu exprimer en ces mots, *fecundùm voluntatem donatoris*: mots qui n'ont pas efté affez pefez par les nouueaux Interpre-

[a] *l. ftipulatio ifta. ff. de verb. oblig. Inftit. de inutil. ftipul. §. fiquis alij.*

[b] *l. cùm res. C. de donat.*

[c] *C. de donationibus quæ fub modo.*

[d] *l. poffideri. ff. de acq. poff.*

MMMm

tes du droit, & qui emportent pour la feconde raifon, que tant que le donateur eft en vie, il peut declarer fa volonté & fon intention, & luy eft libre
de le faire, & permettre que le tiers fe preuale de fa liberalité, ou au contraire qu'il en foit exclus. Ce qui eft auffi conforme à ce qui fe trouue decidé
en vn cas encor plus fauorable par l'Empereur. [a] On fçait affez qu'il n'y a
rien de fi fauorable en droit que la liberté, pour la conferuation de laquelle
les Iurifconfultes & les Empereurs ont amolly les plus rigides & feueres regles de la Iurifprudence. Toutesfois fi quelqu'vn a vendu fon efclaue à la
charge qu'il fera mis en liberté, l'Empereur veut bien qu'en faueur de la liberté, l'efclaue puiffe s'ayder de ce contract, & demander d'eftre deliuré
de feruitude ; mais auec vne exception toutesfois, *fi dominum non pœnitue-
rit*. Que s'il s'en eft repenty, & qu'il ait reuoqué cette condition, puis
qu'elle ne dépendoit que de fa nuë & pure volonté, & n'eft ftipulée que
par luy & à fon profit, vne telle volonté produit auffi vn contraire effet,
& deftruit la premiere difpofition. [b] Auffi les nouueaux Iurifconfultes in-
terpretans cefte Loy *quoties*, ont-ils tous eftably cette maxime entierement
decifiue de cette caufe, que *pactum appofitum donationi in fauorem tertij,
in contractus innominatus cenfetur, & ideo reuocari poteft.* [c] Venons maintenant à la naiffance des enfans furuenus au donateur. Qui eft-ce qui peut
nier qu'elle n'ait reuoqué la donation ? veu mefmes que nous les voyons
auiourd'huy en fi grand nombre, & reduits à tant de neceffité ; fi efloignez de la fplendeur de leur maifon, joint la difcuffion des biens de leur pere pour en tirer leur legitime ? Tous les actes qui fe font entre les hommes,
font ou purs ou conditionnels. S'ils font purs, au mefme moment qu'ils
font faits, ils reçoiuent leur force immuable ; & quelque accident qui arriue puis apres, n'altere rien de leur difpofition. S'ils font conditionnels,
ils demeurent fufpendus, fujets à l'euenement de la condition de laquelle
dépend leur eftre. Or des conditions, les vnes font exprimées par les contractans, les autres imprimées en la nature des chofes, & entenduës par la
force de la Loy ; & celles-cy font d'autant plus efficaces & puiffantes, que
la Loy & la nature font plus fortes & plus excellentes que la volonté, ny le
iugement de l'homme. Et entre les dernieres encor, celles-là font beaucoup plus fauorables & cheries par la Loy, qui procedent du plus noble
effet de la nature, qui eft de la pieté & du deuoir des peres enuers leurs enfans ; qui eft fi naturelle & fi inuiolable entre les hommes, que quelque
chofe qu'ils faffent la Loy ne veut iamais prefumer qu'ils ayent intention
de l'enfraindre ou offenfer. C'eft pourquoy fi les Iurifconfultes interpre-
tans les volontez des hommes, rencontrent en leur difpofition quelque
chofe qui ne puiffe pas compatir auec la pieté, ils aiment mieux croire que
leur parole foit defectueufe, que non pas leur volonté impie. Ce que Papinian pratiqua le premier en la difpofition de l'ayeul, lequel ayant chargé fon petit fils de reftituer ce qu'il luy laiffoit, répondit que cela s'entendoit fous vne taifible condition, au cas qu'il n'euft point d'enfans ; ne
voulant pas receuoir qu'il peuft entrer en l'efprit d'vn homme bien fen-
fé de vouloir arracher des mains des enfans le bien de leur pere pour le
transferer à des eftrangers. Dont il fut haut loüé par Iuftinian, lequel
par

[a] *In l.1. fi manc. ita fu- alien. vt manu.*

[b] *l. fi pater. de manu. vind. l. 3. de feruis exp. ff.*
[c] *Bartol. in l. quæ Ro- mæ. §. Fla- uius Her- mes. ff. de verb. oblig. Immola. eü Alexandro. Aretinus. Iafon. hic Zazim. Al- ciat. in rubr. de pactis. Craucta, conf. 135. Couarr. va- riarum refo- lutionum l. 1. cap. 14.*

par cette Loy vulgaire, & neantmoins toute luifante de fagelfe & pieté, en fit vne regle generale ; qu'en toutes difpofitions faites par les afcendans aux defcendans, cette condition feroit entenduë & eftimée inferée par la force de la Loy. Mais cette pieufe & religieufe inuention luy pleut tant, qu'il ne la voulut pas laiffer enfermée dans des bornes fi eftroites & referrées ; ains inftruit en la charité Chreftienne, fidelle amie de la nature, il luy tendit là main, pour l'introduire aux autres cas moins fauorables ; où il fembloit toutesfois que le fil du fang & la chaleur de la parenté la pouffoit. Car bien que d'ailleurs il euft exclus les enfans naturels de la fucceffion des peres, finon en certains cas & en certaine part ; neantmoins il voulut que cefte mefme regle euft lieu pour leur regard, & que cefte condition fuft auffi bien entenduë aux difpofitions qui feroient faites par leurs peres à leur profit. [a] Mais comme les dernieres volontez furent fecouruës par les Iurifconfultes & Empereurs, les difpofitions entre vifs ne furent pas auffi abandonnées ; ains eftans tombées au mefme inconuenient, receurent auffi le mefme remede. Les Empereurs Conftans & Conftantius iugerent [b] que fi quelqu'vn venoit à donner fes biens ou quelque partie d'iceux, & qu'apres il vint à auoir des enfans, que par la naiffance d'iceux la donation eftoit reuoquée, & les chofes données retournoient de plein droit à leur premier autheur. Pour ce qu'il n'eftoit point vray-femblable, que fi celuy qui donnoit euft penfé auoir des enfans, qu'il euft voulu fe dépoüiller de fes moyens, & laiffer fa pofterité dénuée pour paroiftre liberal & magnifique à l'endroit d'vn eftranger, & donner fujet de luy reprocher ce mot de Plaute, *Fundum alienum colis, proprium incultum deferis.* Le Iurifconfulte dit, que *lex quædam tacita liberis parentum addicit hereditatem.* Si c'eft vne debte de nature, comme feroit-il tolerable qu'vne inconfiderée munificence (oubliant le foin qu'elle doit auoir de ce qu'elle a mis en lumiere) épanchaft profufément en des perfonnes eftrangeres ce qu'elle doit à fes propres enfans ? Telle difpofition ne peut proceder que d'vne perfonne en laquelle le iugement auec l'humanité manque de tout poinct. Puis donc que l'on voit auiourd'huy vn grand nombre d'enfans furuenus apres cefte donation, & la pauureté furuenuë à cefte maifon apres le nombre des enfans, qu'il n'eft point auiourd'huy queftion de reuoquer cefte donation, qui n'a iamais efté effectuée, mais qu'il eft queftion de dépoüiller entierement & les enfans & les creanciers du donateur pour accomplir fa munificence, il n'y a nulle difficulté que cefte caufe ne foit vrayement au cas de la Loy *fi vnquam*: & que ce qui leur pourroit donner action pour la reuocation, ne leur donne pour le moins vne tres-iufte exception contre la demande que l'on leur fait. Au moyen dequoy ils concluoient à ce que le demandeur fuft debouté de l'effet & entherinement de fa requefte ciuile ; ou en tout cas faifant droit fur le principal, il fuft dit, que la fentence du Lieutenant de Draguignan fortiroit fon plain & entier effet, & le demandeur condamné aux dépens.

A cela le demandeur pour replique difoit, Que la minorité du donateur n'eftoit nullement confiderable, pource qu'il eftoit aagé de vingt-deux à vingt-trois ans ; & par confequent fi proche de majorité, que ce peu qui

a *l. genera-lit. §. fin. C. de inft. & fubflit.*

b *l. fi vnquam. de reuocand. donationib.*

s'en falloit ne pouuoit pas l'empefcher en l'exercice d'vne action fi pleine de pieté. Dauantage il eftoit marié & pere de famille, tenu de tout le monde pour majeur : *fic agebat, fic contrahebat, fic muneribus fungebatur;* mais qui plus eft, fi aduifé en fes affaires, que non feulement il eftoit capable de les faire, mais tres-fin & tres-confideré. *Vbi malitia fupplet ætatem, reftitutio non eft indulgenda:* Il eftoit dauantage homme de guerre, ayant eu, comme on fçait en cette Prouince, grande authorité, & efté comme chef de party. *Nimis indignum eft,* difoit Caffiodore, *vt ad vitam fuam difponendam dicantur infirmi, & putentur domum fuam regere non poffe qui creduntur bella poffe tractare.* Et pour paffer plus auant, le demandeur fouftenoit que l'action qu'auoit fait le deffendeur n'eftoit point chofe interdite au mineur. Car bien que generalement on tient qu'il ne peut rien donner, fi eft-ce que cette regle a plufieurs fignalées exceptions. De forte que la Loy bien fouuent veut que le tuteur difpofe mefmes liberalement du bien du pupille, & en gratifie ceux à qui il appartient, felon que l'honneur du pupille & de fa famille le peut requerir. Par exemple Paulus dit, que

tutor folemnia munera parentibus cognatifque mittet, [a] *matri fororique tutor alimenta præftabit : quinetiam putat cum tutore poffe agi tutelæ, fi tale officium prætermiferit.* [b] Que s'il y a fujet au monde où la Loy doiue difpenfer le mineur de difpofer de fon bien, c'eft en faueur de mariage; tant pource que c'eft chofe qui reuient au bien public, & dont les loix ont pris la protection, que pource que ce font contracts qui ne fe peuuent refoudre, ny les parties eftre remifes en leur entier; qui eft auffi le cas auquel la Loy a permis au mineur d'aliener & de donner. [c] Et bien que tels contracts portent le nom de donation, & par confequent en portent auffi l'enuie; toutesfois chacun fçait que c'eft improprement; principalement quand ils font parties des conuentions matrimoniales, & que fans icelles les mariages n'euffent efté contractez. *Labeo fcribit non effe donationem, quia ob rem facta eft, & res fequutâ eft.* [d] Mais outre ces moyens, il y en a vn autre, qui rendroit ce mineur non receuable. C'eft qu'ayant preueu l'intereft qu'il pouuoit encourir à caufe de ce contract, prudemment neantmoins il en a iugé l'vtilité fi grande au bien de fon frere, qu'il a iugé le deuoir faire, & a renoncé à tout droit de reftitution. De forte que fi c'eft la feule facilité de l'aage, l'imprudence & infirmité qui rend le mineur reftituable, *l. 1. ff. de minor.* tout cela ceffe en ce fait-cy, où le mineur a preueu ce qu'il a fait, & renoncé au fecours de la Loy. La femme eft bien infirme de foy-mefme, & entre tous les contracts par lefquels on a creu qu'elle pouuoit eftre plus aifémét trompée, on a marqué la fideiuffion. Toutesfois fi elle renonce au benefice de la Loy, elle eft exclufe de la reftitution. Il n'y a nul doute donc que chacun ne puiffe ou expreffément ou taifiblement renócer à la reftitution que la Loy promet contre les contracts : veu que chacun peut renoncer à ce qui eft introduit en fa faueur. Particulierement que le mineur le puiffe, Baldé nous l'enfeigne. [e] Outre cette renonciation expreffe, le ferment double qu'il a prefté d'entretenir le contract, & n'y point contreuenir, rend entierement le demandeur non receuable. Car on peut dire que lors il n'a pas feulement contracté auec les hommes, mais il a contracté auec Dieu, & en âge qu'il pouuoit difpofer

de

a *In l. cùm plures. ff. de admin. tut.*

b *l. 1. de tut. ratio diftr.*

c *l. vltima. fi maior factus. C. fi aduerfus donat.*

d *l. hoc iure vtimur. ff. de donat.*

e *In l. fi ex caufa. §. Papinian. ff. de minoribus.*

de son ame, ou à bien, par vne religieuse obeïssance à Dieu, & execution
de ce qu'il luy promettoit; ou à mal, par vne desobeïssance & manquement
de promesse. [a] De sorte qu'en ce doute de perdre l'ame, ou d'estre incommodé en ses biens, qui voudroit oüyr le mineur, qui pour quelque incommodité qu'il pourroit pretendre voudroit abandonner son ame, & violer le
serment, qui est vne des choses du monde la plus grande & plus venerable?
Les loix luy pourroient-elles promettre aucun secours en renuersant le fondement des loix qui est la pieté & la Religion ? Aussi l'en excluent-elles
apres vn tel serment. [b] Ce que les Docteurs ont generallement estendu à
toutes sortes de contracts, & particulierement aux donations qui se font
par contracts de mariage. [c] Mais outre ces raisons-là plus que suffisantes
pour exclure vn mineur de toute restitution, il en reste encor deux autres
beaucoup plus fortes, & qui ne peuuent receuoir aucune réponse. La premiere est, qu'en ce contract ce mineur est en dol euident. Car les deffendeurs disent eux-mesmes, & le monstrent par écrit par le premier acte de
reuocation dont ils se seruent, que ceste donation n'auoit esté faite que par
vn artifice conuenu à part & en secret entre les deux freres, pour induire les
sieur & Dame de Sainct Tropés & leur fille mineure à contracter ce mariage, sans que le donnant eust intention d'effectuer la donation. Or si le dol
n'est autre chose qu'vn conseil pourpensé pour tromper autruy, peut-on
nier que cela ne fust vn dol euident ? Vne ieune fille mineure d'ans pense
entrer en vne maison où elle ait des commoditez pour y viure auec honneur, auec les enfans que Dieu luy donnera. Elle y vient sous la foy d'vn
contract de mariage, d'vn contract passé publiquement, d'vne donation
iurée & reiurée; & voila qu'à part on luy dresse vn piege pour rendre ceste
donation nulle, & en eluder l'effet. Pline disoit, *moribus suis non conuenire*
aliud palam, aliud secretò agere. Et la Loy dit, que *qui facit clam, dolosè*
agere videtur. [d] C'est ce qu'on dit communément en François, Qui cache ses actions découure sa conscience. Et generalement & en tous affaires
dolus est in eo non tantùm qui obscurè loquitur, sed & in eo qui insidiosè dissimu-
lat. Mais particulierement aux contracts de mariage, ces dissimulations
ont esté reprouuées & condamnées : *Ex bona fide non est si tacitè conueniat*
vt plus minúsve exigatur. [e] Et qui pourroit souffrir qu'vn acte si sainct &
si religieux que le mariage, qui doit estre plein de fidelité & sincerité, commençast par des auspices si infaustes de dol & de tromperie, qui laissassent
continuellement à la femme vn iuste sujet de plainte contre son mary, d'a-
uoir esté induite à l'épouser par vne fausse & insidieuse liberalité? Les Grecs
appelloient le iour que les donations se faisoient aux contracts de mariage,
ἀποκαλυπτήρια, pource que ce iour-là premierement la Vierge quittoit son
voile, *& osculo resignabat pudorem*, pour parler auec Tertullian. Seroit-ce
chose tolerable qu'en vn lieu où rien ne doit estre caché, où tant de gens
sont assemblez pour estre témoins du cœur, des volontez, des consente-
mens des assistans, on y portast vn cœur double, vne intention feinte, vn
dessein pour tromper vne ieune fille & tous ses parens? Ceste grace-là ne
seroit pas (comme on la peint) nuë, mais bien reuestuë de fraudes & d'artifices tres-dangereux. Cela estant, & le dol manifeste en ceste donation,

a *c. in de de-*
lict. puer.
in 6.

b *Auth. sa-*
cramenta
pub. C. si
aduersus
vendit.
c *Dec. con. 31*
volu. 1. Pa-
nor. con. 108.
vol. Tiraq.
gl. 3. n. 4. in
l. d. natione
largitur.

d *l. non exi-*
stima. ff. de
auth. tuto.
e *l. illud. ff.*
de pact. do-
tal.

il refulte clairement qu'il n'y a point lieu de reftitution, [a] mais bien plus, que celuy qui a commis le dol feroit tenu de l'intereft que pourroit auoir fouffert celuy contre lequel il eft commis. [b] Ce qui eft d'autant plus certain en cefte caufe, que c'eft vn mineur qui demande cefte reftitution contre des mineurs; fçauoir eft contre fon frere, qui eftoit femblablement mineur; contre fa femme, mere du demandeur, au profit de laquelle fe faifoit cefte donation, & qui en cefte feule confideration entroit en cefte alliance; & contre les enfans à naiftre de ce mariage au profit defquels elle eftoit ftipulée. Car en ce cas il eft fans doute en droi[ct], que *minor aduerfus minorem non reftituitur*, [c] *nec priuilegiatus aduerfus priuilegiatum*. Ce que deffus pourroit abondamment fuffire & feruir de réponfe au fecond moyen des deffendeurs, en ce qu'ils pretendent que la donation a efté reuoquée par les donnans & donataires au preiudice des enfans. Car fi cefte pretenduë reuocation & renonciation a efté vn pur dol machiné au preiudice du tiers, contre l'honnefteté publique, & la foy des mariages, on ne peut pas pretendre qu'elle ait aucun effet. Mais pour examiner cefte queftion au fonds, il eft certain que c'eft la commune & plus receuë opinion, que les donations faites au profit d'vn tiers vne fois parfaites, font à iamais irreuocables. Cefte queftion a efté agitée par la plus part des Docteurs. Et bien que Bartole, & quelques-vns ayent voulu tenir que la donation fe peut reuoquer au preiudice du tiers auant qu'elle foit acceptée : toutesfois l'opinion commune a paffé au contraire, & eft beaucoup plus grand le nombre de ceux qui ont tenu ne pouuoir eftre reuoquée. [d] Mais outre le nombre des Autheurs, le poids des raifons affifte encor cefte opinion, & l'expreffe decifion des Iurifconfultes : comme celle de Paulus, qui dit, [e] *Si feruus venditus eft vt intra certum tempus manumitteretur, & emptor & venditor fine herede deceffiffet, feruo libertas competit, etiam fi venditor mutauerit voluntatem.* Tellement que le changement de volonté de celuy qui a appofé cefte paction au profit du tiers, n'en empefche point l'effet. Proclus [f] decide le mefme en autre cas. *Si cùm fundum meum poffideres, conueniffet mihi tecum vt eius poffeffionem Titio traderes, vindicantem eum fundum à te non aliter me conuentionis exceptione debere excludi, quàm fi alteri antè tradidiffes, aut fi tua caufa id inter nos conueniffet, & per te non ftaret quò minùs iam traderes.* Tellement que celuy qui redemande fon fonds eft exclus par l'exception de celuy qui dit qu'il l'aime mieux bailler au tiers qui n'eftoit ny prefent, ny acceptant en cefte conuention. De mefme en la Loy derniere *de pactis* au Digefte, fi toft que le debteur *pacto de non petendo* a acquis exception contre le creancier, il a beau renoncer à cefte exception par vne paction contraire : car le droict acquis au fideiuffeur demeure incommutable. A ces argumens on en peut adioufter vn autre, qui n'eft pas de petite confideration, qui eft, que [g] *in donatione facta vt res poft tempus reftituatur, cenfetur ineffe quædam fecunda donatio* au profit du tiers, laquelle eftant entre vifs ne peut eftre reuoquée par vne fimple paction. [h] Donc quand nous demeurerions aux termes fimples de cefte queftion generale, fi vne donation pure & fimple & qui eft au profit du tiers non acceptant fe pourroit reuoquer, il la faudroit refoudre au profit du demandeur. Mais nous en
fommes

a *l. ex caufa videndum. ff. de minorib. l. x. c. fi minor fe maiorem dixerit.*

b *Inl. inbona i fidei. ff. de peculio.*

c *l. verium. §. item. ff. de mi.*

d *Paulus de Caftro, in l. infulam. ff. fol. matrimonio. Salic. in l. quoties. l. udouicus Roman. in l. fi pecuniam. ff. caufa data. Benedic. c. Raiuntim. in verb. fi abfque liberis. p. 2. nu. 22. Rodericù Zuares, in reg. l. quoniam in priorib. reg. 216.*

e *l. 1. ff. de his qui fine manumiff. ad liberta. peruen.*

f *Inl. fi cùm fundum. ff. de paltis.*

g *l. vlt. de legat.*

h *l. vbi ita donatur. ff. de donat.*

sommes bien esloignez. Car nous ne sommes point en vne donation simple, mais en vn negoce meslé d'vn contract de mariage, duquel ceste donation fait part, & qui n'eust point esté fait autrement. En laquelle espece
de contracts, toutes sortes de solennitez sont suppleées, toutes sortes de
stipulations sont entenduës pour les faire valoir contre les subtilitez du
droict. ᵃ Ceux qui ont connoissance du droict Romain, sçauent qu'anciennement pour leuer les scrupules qui pouuoient naistre de la subtilité, &
faire valoir les pactions qui pouuoient estre douteuses pour n'estre pas ou
valablement causées, ou iuridiquement reuestuës, les contractans auoient
accoustumé d'adiouster au bout du contract vne stipulation qu'ils appelloient *pandecten*, qui embrassoit toutes les clauses du contract; ce qui ne
pouuoit subsister de soy-mesme, estoit comme par là validé. Les Empereurs ont voulu qu'en faueur des mariages, & pour la consommation des
conuentions qui s'y font, ceste stipulation y fust tousiours entenduë; &
par consequent tout ce qui est promis fust presumé non seulement accepté,
mais aussi stipulé; tellement qu'il n'y est point requis autre stipulation ne
acceptation que celle qui y est introduite par la force de la Loy. ᵇ L'insinuation non plus n'y est point requise ny necessaire, comme il a esté iugé
par infinis arrests, & comme le decide formellement Bartole. ᶜ Aussi ce
seroit chose non seulement iniuste, mais ridicule, que la femme ne pouuant
se departir du mariage, qui est vn lien indissoluble, il fust en la puissance du
mary ou des parens apres le mariage accomply, de la priuer de ce qui est
donné à elle & aux siens. En quoy il faut considerer qu'en ceste donation, bien qu'elle se fasse au sieur de Malejay & à ses enfans, la femme pourtant ne laisse pas d'auoir son interest formé pour la faire effectuer. Car il
est à presumer, comme dit la Loy, qu'elle prend conseil pour ses enfans,
& qu'elle a voulu, auant qu'entrer en ceste communication de vie, en ceste esperance de posterité, pouruoir à ce que ses enfans eussent quelques
moyens de se maintenir; dont il ne la faut pas frustrer par vne telle subtilité. On peut dire dauantage, que tous les parens mesmes qui ont assisté au
contract de mariage, auec lesquels il a esté traicté, y ont tous interest, &
qu'à leur preiudice la donation (qui est fondamentale du mariage) ne peut
estre reuoquées par contrelettres ou conuentions particulieres faites à part
& à leur desceu, comme il a esté iugé par plusieurs arrests, tant de ceste
Cour & autres de ce Royaume, que mesmes des Senats estrangers. ᵈ Reste
maintenant à répondre au dernier moyen des deffendeurs, tiré de la suruie-
nance des enfans au donateur depuis la donation. Mais ceste exception ne
peut auoir lieu en ce fait pour plusieurs raisons. Pour ce premierement,
comme il a esté dit cy-dessus, que la donation n'est point pure & simple,
mais pour cause, & cause qui a esté effectuée: qui est vn cas auquel la reuocation par suruenance d'enfans n'a point de lieu. Car tout ainsi que quand
on a donné quelque chose afin d'en faire vne autresi l'autre n'est effectuée,
la Loy donne action pour repeter ce que l'on a donné: Aussi quand la cause
pour laquelle on a donné a esté effectuée, l'on ne peut repeter ce que l'on
a donné. Et quand il n'auroit pas esté liuré, celuy qui a fait ce que l'on desiroit de luy, auroit action *præscriptis verbis* pour le demander. Aussi les

ᵃ *l. vnic. C.*
de rei vxo-
actione. Gui-
do Papæ de-
cis. 106.

ᵇ *l. vnica.*
C. de rei
vxor. acti.

ᶜ *Inl. Atti-*
lius Regu-
lus ff. de do-
nationib. &
soci. conf. 71

ᵈ *Vincentius*
de Franchis,
decret. 15.
& Tellius
Fernand. l.
Tauri.

Docteurs ont tous communément tenu, quand la donation est faite pour cause, que la disposition de la Loy *si vnquam* n'a point de lieu. [a] *Nam cùm huiusmodi donatio habeat causam annexam, non autem fundata sit in sola liberalitate, non debet propter aliquid aliud quod superueniat reuocari.* Qui est la mesme raison pour laquelle elle n'a point aussi de lieu en la remuneratoire. [b] Secondement la Loy *si vnquam* n'a point de lieu toutes & quantesfois que le donnant *cogitauit de liberis.* Car puis que ce n'est qu'vn remede pour celuy qui a esté trompé par l'euenement, celuy qui l'a preueu & volontairement en a voulu subir le hazard, ne se peut plaindre que de soy-mesme. C'est la doctrine commune de Socin, Iason, & tous les autres sur cette loy : à laquelle se sont attachez tous les Docteurs denommez par Clarus. [c] Or *in hac cogitatione de liberis*, ils ont resolu que quand le donnant fait mention des enfans du donataire, il doit aussi estre censé auoir eu pensement des siens mesmes, s'il est en aage & estat d'en pouuoir auoir. Car les hommes estans naturellement naiz auec cette inclination d'auoir lignée, comme le plus conuenable desir qui naisse en leur cœur, il est croyable que preuoyans que les autres en peuuent auoir, ils esperent aussi le semblable de soy. Dauantage, les renonciations generales qui sont en ce contract, font croire que le donateur a pensé à tous les cas qui pouuoient donner cause à la reuocation & restitution contre iceluy, *cùm generalis renunciatio extendatur ad omnia.* [d] Ce qui a lieu principalement quand la renonciation est accompagnée du serment, comme en ce cas. Car en renonciation où le serment interuient, bien que celuy qui renonce ne soit pas bien informé de son droict, il est exclus du benefice de restitution. [e] Outre, la plus part des Docteurs ont tenu que cette reuocation n'auoit lieu, sinon quand la donation excedoit la moitié de tous les biens du donnant ; pource que ce mot de *pars*, s'entend proprement de la moitié, toutes & quantesfois que la partie n'est point autrement specifiée, comme le texte est exprés. [f] Et de tous les Docteurs, ceux qui ont estendu plus auant cette Loy, & ont voulu en son explication fauoriser le donnant, ils ont iugé qu'il falloit que pour le moins la donation excedast le quart de tous les biens *ex mente Baldi.* [g] Or au fait qui se presente, la donation n'est que de trois cens escus de rente, & neantmoins il est certain que les biens du sieur du Bar valent plus de quatre mille escus de rente. Par consequent comparaison faite de la chose donnée auec le total des biens, il est question *de re modica*, voire *de minima*, qui n'entre iamais en consideration en tels affaires, & ne peut donner lieu à telle reuocation. [h] Apres toutes ces raisons-là, chacune desquelles est pertinente en droit, il y en a vne generale, qui ne reçoit point de réponse, & laquelle exclud les deffendeurs de pouuoir rien pretendre contre cette donation ; soit par la minorité, soit pour la pretenduë renonciation, soit par la Loy *si vnquam*, ne autre moyen quelconque. C'est que par cette donation le donnant n'estoit aucunement interessé ; il auoit moyen de l'effectuer, & accomplir la foy de son contract, sans diminuer son patrimoine, sans aliener rien du sien, ny faire en façon quelconque sa cause deterieure. Car il appert par le contract de transaction, fait entre Claude & Henry l'an 1566. que les droits qui appartenoient à Henry,

sur

Marginal notes:

a *Soc. l. 2 ff. sol. matrimonio.*

b *Bald. ind. l. si vnquam Decius cinf. 336.*

c *q. 22. §. de donationib.*

d *l. pluryb. ff. de accept.*

e *Philip. Francus, & Geor. Nata, Bart. Cumanus, Iason, in l. sciendum. de verb. oblig.*
f *In l. nomen. ff. de verb. sign.*
g *In l. Titia. §. Imperator. ff. de leg. 2. Immo. in c. vlti. de donat. Franc. Curt. con. 1.*
h *Ioannes Faber, & Immola in d. l. si vnquam.*

fur la fucceffion de fon pere, montoient à vingt-vne mille liures, que Claude luy paye, fçauoir en dix mille liures qu'il promet en argent, & dix mille huit cens liures fur Vidauban, qu'il promet luy garantir iufques à cette concurrence. Et de fait les dix mille liures furent auffi-toft payez en la terre de la Malle, & vne ceffion fur Valette. Et Vidauban ayant efté depuis euincé, les deffendeurs pretendent auffi auoir payé les dix mille huit cens liures de l'euiction. Puis donc que Claude auoit entre fes mains la fomme de vingt mille liures, qui valoit pour le moins autant que les trois cens efcus de rente, & que par la premiere tranfaction paffée entre les parties deux mois apres la donation, Henry eftoit tenu de releuer Claude du fait de cette donation enuers fes enfans, ne pouuoit-il pas pour fa feureté retenir les vingt mille liures? Que fi il a mieux aimé eftant majeur, & fçachant le droit des enfans, comme il ne l'a pas ignoré, payer les vingt mille liures au fieur de Malejay & à fes creanciers, que pouruoir à fa feureté & à celle des enfans, enuers lefquels il eftoit obligé; à qui doit-il imputer, finon à foy-mefme, d'auoir abandonné la feureté qu'il auoit en main, veu que perfonne n'eft releué contre le dommage qu'il reçoit par fa faute? Car qu'il ne fceuft que cette donation appartenoit aux enfans, & que tous les contracts qu'il faifoit auec le fieur de Malejay fon frere ne leur pouuoient preiudicier, cela appert trop clairemét par les deux tranfactions, par lefquelles il eft toujours ftipulé que le fieur de Malejay l'acquittera de cette donation enuers fes enfans, & la payera du fien. Ce qui le rend encor plus inexcufable eft que le demandeur eftoit des-ja nay, & par confequent le droict luy eftoit acquis. C'eftoit au fieur du Bar doncques à pouruoir à fa feureté, & ne pas laiffer échapper ce qu'il auoit en main. On voudra (peut-eftre) dire que pour le regard des dix mille francs de l'euiction de Vidauban, le fieur du Bar a efté contraint par arreft à les payer, & que ledit arreft a efté donné auec la mere & tutrice du demandeur. Mais comment pourroit-on monftrer que iamais le fieur du Bar fe foit deffendu de la donation, ny l'ait alleguée? que s'il l'euft fait, quel Iuge l'euft pû condamner? veu qu'il n'y auoit rien fi clair qu'elle appartenoit au demandeur, ny rien fi raifonnable que les biens du fieur de Malejay feruiffent de feureté au fieur du Bar pour icelle? Le demandeur eftoit fon nepueu, pour lequel il deuoit veiller, auoir foin qu'il ne tombaft en pauureté & indigence. C'auoit bien efté vn acte de bon oncle, d'auoir pourueu par le contract de mariage que fon nepueu vinft au monde auec quelques moyens de s'y maintenir honorablement. Mais ce foin deuroit fuiure au refte de fes actions, principalement voyant le demandeur des-ja nay, veu que la proximité du fang & ce degré de parenté eft bien tel qu'il l'obligeoit à ce faire. Et pource font les deffendeurs entierement non receuables, de vouloir priuer le demandeur de ce que la foy du contract de mariage de fefpere & mere luy a acquis, & ce qu'il pouuoit auoir fans diminution du droict d'autruy, fi on ne l'euft point voulu tromper. Et partant perfeueroit en fes premieres conclufions.

Les deffendeurs répondans à cela par leurs dupliques difoient, qu'en vain fe vouloit-on efforcer de faire valoir la donation faite par vn mineur, pour dire qu'il eftoit proche de majorité, & qu'il eftoit marié. Car il apparoiſſoit par le procez qu'il eſtoit nay l'an trente huit, & par conſequent lors de la donation ne pouuoit auoir que vingt-deux ans. Or eſt-il certain qu'en ce cas les ans ſe comptent *de momento ad momentum*. Car le terme de l'aage

a *l. denique.*
§. minorem.
ff. de minor.

eſtant poſitif & prefix par la Loy, on ne peut le changer. a Dauantage ce qui rend en cela le demandeur du tout non receuable : c'eſt qu'il appert par le contract meſmes de donation, que ceux qui ont contracté ſçauoient qu'il eſtoit mineur. Car ils luy ont fait par le meſme contract renoncer à la minorité. Or quand la ſcience de la minorité eſt en celuy qui contracte auec le mineur, il eſt du tout inexcuſable, & ne peut acquerir aucun droit par le moyen du contract. La raiſon en eſt, b que la ſcience des contra-

b *In l. Iulia-*
nus.ff.de cu-
ratore fu-
rioſi.

ctans, jointe à la prohibition de la Loy, les met en mauuaiſe foy. De ſorte que quand il allegueroit que par decret de Iuge il euſt eſté declaré aupara-uant majeur, il ne ſeroit pas receuable, & pour cela le contract n'en ſeroit pas plus valable. c De vouloir ſouſtenir qu'vn mineur peut donner en fa-

c *l. minor.*
§. 1. ff. de
minor.

ueur de mariage, & dire que tel contract n'eſt pas de liberalité, mais pour cauſe onereuſe ; c'eſt vne caption trop euidente. Car cela eſt bien vray pour le regard du mineur qui ſe marie, & qui donne à ſa femme & à ſes enfans; celuy-là vrayement peut donner. Mais quant à celuy qui donne en faueur du mariage d'autruy, c'eſt pure liberalité, c'eſt choſe à laquelle il n'eſt point tenu. De ſorte que ſi le mineur meſmes donne à ſa ſœur pour la doter, ores que la dot ſoit choſe fort fauorable, la donation eſt nulle, bien que le tu-

d *l. cum plu-*
res. §. cum
tutor. ff. de
admi. tut.

teur y ſoit interuenu, d tant les loix ont iugé que le donner eſtoit choſe deffenduë au mineur & touſiours à ſon preiudice. Or de penſer valider ce qui eſt contre la prohibition de la Loy, par des clauſes artificieuſes, par des renonciations, & par des ſermens, c'eſt en vain. Car pour le regard de la re-nonciation, il faut conſiderer qu'il y a difference des choſes où la Loy pro-met vne ſimple reſtitution, comme des cotracts qui ſe font par les mineurs, eſquels ils peuuent auſſi-toſt profiter que perdre, comme vendre & ache-pter, & autres ſemblables. En ceux-là, la Loy ne leur promet ſecours que conditionnellement. Mais en matiere de donations, la Loy vſe de genera-le prohibition, & les declare nulles. De ſorte qu'outre le deffaut de la vo-lonté, il y a deffaut de puiſſance, qui ne ſe peut ſuppléer par aucun acte procedant de la perſonne prohibée. e Et en ce cas tant s'en faut que la re-

e *l. contra*
iuris. ff. de
pactis, & ibi
Doctores.

nonciation valide l'acte, qu'au contraire n'eſtant qu'vne plus entiere con-trauention, elle l'annulle dauantage. Quant à l'authentique *ſacramenta puberum*, on ſçait aſſez qu'elle ne ſe garde point en France, comme a re-marqué l'Autheur du traicté des loix abrogées, & Papon en ſon recueil au titre des ſermens. Et auſſi deuant luy tous les anciens Docteurs ont re-ſolu, que tout ſerment appoſé en conuention, prend la meſme nature & qualité de la conuention à laquelle il eſt appoſé. Tellement que ſi la con-uention eſt nulle, le ſerment l'eſt auſſi ; ſi elle eſt vicieuſe, tout de meſmes: comme Tiraqueau le traicte amplement en ſes loix connubiales. Auſſi ne ſeroit-ce pas choſe ridicule & impertinente, que le ſerment qui eſt vn acte de Religion & pieté, & qui par conſequent ne doit interuenir que pour authoriſer les choſes ſaintes & iuſtes, fuſt vn inſtrument d'iniquité, vn pie-ge de tromperie, & vn moyen de fruſtrer l'effet des loix, *vt ſic valeat ad iniuriam*

iniuriam sanctissimum nomen religionis ? Θεοὶ δὲ, ce dit Halicarnasse, ταῖς καλαῖς κỳ δικαίαις ϖϱϱλαμϐάνεσθαι φιλοῦσιν ὁμολογίαις, κỳ οὐκ αἰχϱαῖς κỳ ἀδίκοις.

Ne sçait-on pas qu'auec la mesme facilité que l'on conduit les mineurs à faire vn acte à leur dommage, l'on les induit à iurer ; veu mesmes que bien souuent tous ces sermens-là sont apposez par le stil des Notaires, sans qu'ils ayent esté prestez ? Quant à ce que l'on allegue, que la geminée obligation de la femme rend sa fideiussion valable, il faut noter la diuersité de raison, qui est que la Loy ne iuge pas que la femme aagée de vingt-cinq ans manque de iugement pour la conduite de ses affaires ; car elle la rend capable de tous contracts : mais elle iuge qu'en ce cas de fideiussion elle peut estre aisément surprise, pour ne pas preuoir par la subtilité du droict que le fait de la fideiussion doit retomber sur elle ; & pour penser aussi qu'elle peut estre sujette pour vne fois à se laisser aller aux prieres de son mary ou de quelqu'autre. Mais si elle gemine ceste obligation, & par là elle monstre qu'elle entend l'acte qu'elle fait, qu'elle en connoist la consequence, & neantmoins le veut faire, puis que sciemment & volontairement elle s'oppose au conseil de la Loy, la Loy ne luy veut plus subuenir. Et neantmoins bien que la disposition du droict soit telle, si est-ce que l'vsage de ce barreau, qui adoucit par l'equité bien souuent la defectuosité des loix, fait que nous ne receuons point les renonciations des femmes, & n'y auons point d'égard, pource que l'on dit qu'auec la mesme facilité qu'elles contractent, elles renoncent aussi. Or le demandeur iugeant assez que ce moyen estoit friuole, il le veut estayer d'vn autre qu'il estime plus fort, & dit que le mineur n'est point restituable pour ce qu'il est en dol : & ce dol l'on le recueille de la conuention qui estoit faite entre les freres, de se departir de ceste donation. Quand le fait seroit presupposé vray, qu'il y eust dol en ce contract de la part du mineur, comme au contraire il se trouuera qu'il n'y en a point, ce ne seroit pas vne petite question, de sçauoir s'il empescheroit la restitution ; & encores plus grande s'il pourroit valider vn acte contre la prohibition de la Loy. Car il n'est pas tousiours vray que le mineur ne puisse estre restitué où il y a de son dol : *quinimo etiam aliquando in delictis ei subuenitur.* En quoy il faut distinguer selon que note Harmenopulus, [a] *inter* ἁμϱτήματα κỳ ἐλλήματα, *id est, minora delicta & atrociora,* ἐὰν μὴ ἐκ πονηρᾶς ψυχῆς κỳ ϖϱϱαιϱέσεως ᾖ̃νται ἁμϱτήμα. Mais à qui examinera ces actes icy, il n'y trouuera aucun dol qu'on puisse obiecter à ce mineur. Tout le dol que l'on pretend, on le prend en la contrepromesse qui a esté faite entre les freres, de ne point s'ayder de la donation. Quel dol peut-on pretendre, où les parties sont consentantes ? Le donataire & le donnant ont par vn commun consentement donné cause à ceste donation : par vn contraire consentement ils s'en departent : lequel des deux dira-on qui est en dol, & qui s'en plaindra ? Dauantage qu'a operé ce pretendu dol ? a-il acquis quelque droit noüueau à Henry de Grasse ? la donation qu'il auoit faite estoit nulle de disposition de droit, comme faite par vn mineur : elle estoit contre la prohibition de la Loy, les parties reconnoissent la nullité : *Dolo facere non videtur qui suo iure vtitur.* Si l'on dit que ceste declaration est faite à part, hors la presence des parens, la réponse y est par la disposition formelle de la Loy,

(marge: a l. 12. C. 22.)

a l. 1. C. de
delatoribus.

b Crau. con.
947.

c l. verum. §.
item quæri-
tur. ff. de
min.

Dolo facere non videtur qui clam facit quod aperte ei facere licuisset. a Icy
où le contract de donation estoit nul de soy du chef de la minorité, peut-on
dire que la declaration des parties, qui n'est que la declaration mesme du
droict, soit doleuse? ou si auec plus de raison on doit dire que ce n'est que
reconnoistre bonne foy? *Dolus non dicitur esse in eo qui actus substantiam in-
dicauit.* b Quelques contrelettres & contrepromesses en contracts de mariage ont bien esté declarées nulles par arrest, & a esté ordonné que sans y
auoir égard les contracts seroient executez : mais cela est bon quand les
contracts principaux ne sont point nuls, ou reuoquez par la Loy. On a
voulu colorer ce moyen, en disant que le mineur contre le mineur ne peut
obtenir restitution ; mais à cela il y a double réponse : la premiere, que cela
est faux en droit, & que toutes & quantesfois qu'vn mineur demande d'e-
stre restitué contre vn mineur, on regarde de quel costé est la lezion, & qui
est celuy *qui certat de lucro captando*, ou *de damno vitando.* Car celuy qui
est lezé est tousiours restitué. c Or en ce fait il ne faut point demander lequel des deux est lezé, veu que l'vn donne gratuitement son bien, c'est à
dire, il le perd, il le dissipe ; car voila comme la Loy parle de telle action.
Mais pour accourcir ce poinct, voicy ce mineur, qui est le sieur de Malejay, qui depuis en maiorité a consenty la cassation de ceste donation : Il y a
eu sentence donnée auec luy, de laquelle il ne s'est iamais porté pour appellant ; *Imo*, il a acquiescé par transaction. Comment se pourroit-il
faire que ses enfans eussent plus de droict que luy, veu qu'ils ne sont appellez que par luy & apres luy ? On allegue l'interest particulier de la femme
& du beau-pere, & dit-on que sur l'asseurance de ceste donation ils sont entrez en ceste alliance, & qu'ils ne l'eussent pas faite autrement. Mais considerons vn peu quelle apparence il y auoit en cela : Le sieur de Malejay
estoit d'vne tres-noble famille, il iouïssoit lors & paisiblement de la terre
de Vidauban ; il n'auoit qu'vn frere aisné, qui n'auoit point d'enfans ; il
épousoit vne fille qui estoit de beaucoup moindre maison, à laquelle on ne
donnoit pour tout que quatre cens escus d'argent contant en mariage, le
reste de dix mil escus qu'on luy promettoit se deuoit attendre apres la mort
des pere & mere. Estoit-ce là des auantages, pour ausquels paruenir il fallust forcer la nature ? Mais quelque interest que le beau-pere & la femme y
peussent auoir, quelque fondement qu'ils voulussent faire sur la donation
que le sieur du Bar leur faisoit, tousiours deuoient-ils sçauoir la condition
de celuy auec lequel ils contractoient, & que leurs volontez, leurs desseins,
ne leurs considerations ne pouuoient pas habiliter vn mineur, pour pouuoir
donner son bien en faueur de son frere. Par là doncques il appert que le demandeur n'allegue aucune raison valable pour empescher en ceste restitution l'effet de la minorité du donateur, & que ceste donation ne soit declarée nulle de ce chef. Moins sont considerables les raisons par lesquelles on
pretend que le donnant n'a pû du consentement de son frere reuoquer la
donation, principalement deuant la naissance des enfans. Car quant à la
Loy *quotiens*, il a des-ja esté remarqué qu'elle ne donne le droit au tiers,
que *secundùm voluntatem donantis*, & par consequent monstré qu'il est
tousiours en sa puissance de la reuoquer, & declarer ceste sienne volonté.

Pour

Pour le regard de la Loy premiere, *de his qui sine manu ad libert. per.* la raison particuliere y est, pource que le temps auquel la liberté deuoit appartenir, estoit passé auant que l'achepteur eust sceu la reuocation de la volonté
du vendeur, & pource qu'en faueur de la liberté, la demeure de celuy qui
est tenu deliurer le serf, le rend libre par la force de la Loy. De sorte que le
droict luy estant vne fois acquis, il seroit trop dur de le luy oster. [a] Mais
c'est toute autre chose icy, où les enfans n'estoient pas encores naiz lors de
la reuocation, & où les enfans ne pouuoient pretendre aucun droict du viuant de leur pere. Quant à la Loy *si cùm fundum*, la consequence qu'on
en veut tirer n'est aucunement à propos en ce fait. Car la raison pour laquelle celuy qui a baillé le fonds & stipulé qu'il fust rendu à vn tiers, ne
peut reuoquer ceste paction; c'est qu'il appert par le texte mesme que cela
auoit esté accordé au profit du detenteur du fonds, qui auoit interest que
le fonds fust baillé au tiers conuenu. [b] Moins que tout cela peut seruir au
demande. [c] Loy derniere *de pactis*, où il est dit, que l'exception vne fois
acquise par le principal debteur au fideiusseur, ne se peut plus reuoquer. Car
il n'est pas question en cét endroit de reuoquer vn droict, mais de faire renaistre vne action qui est vne fois esteinte, & d'oster vne exception qui est
incommutablement acquise au fideiusseur: difference que remarque fort
bien Alexandre. [c] Pour appuyer l'induction qu'on faisoit de ces loix, on
a voulu fonder vne maxime, qu'en telles donations il sembloit qu'en la
personne des enfans appellez apres leurs peres, il y eust vne seconde donation. Mais outre que cela ne peut compatir auec les regles de droict, qui
ne permettent point qu'vne personne qui n'est pas en nature, puisse acquerir, sinon par le moyen de celuy duquel puis apres elle est heritiere, pour
les raisons grandes & fortes qui sont remarquées par *Nicolaus Valla*, il s'ensuiuroit tousiours de disposition de droict, que ceste seconde donation seroit reuocable, iusques à ce qu'elle eust esté acceptée. Icy seroit le lieu d'entrer en la dispute, sçauoir si la donation faite au pere & à ses enfans, mesme par vn estranger (car le frere est estimé tel) ne s'entend pas faite *filiis
tanquam heredibus*, comme le decide *Alexand. Bertrand. & Paul. de Ca-
stro*, & les Feudistes sur le titre *de prohibita feudi alienatione*. Et en ce
cas, que pourroit dire le demandeur, lequel n'est point heritier de son pere? Ne s'ensuiuroit-il pas qu'il ne peust rien demander en ceste donation? Il ne reste sinon à satisfaire à quelques exceptions que le demandeur a voulu apporter à la Loy *si vnquam*, dont la disposition est claire & decisiue en ceste cause. La premiere obiection est, qu'elle n'a lieu
sinon aux donations pures & simples. Que ceste donation est vne donation qui ne procede point de pure liberalité: qu'estant faite en faueur
de mariage, elle est par consequent aussi indissoluble que le mariage.
Mais on sçait, & c'est vne maxime fort vulgaire en ceste matiere, que
les donations à cause de nopces, qui se font par vn tiers, sont toutes
estimées pour le regard du tiers pures, liberales & munifiques: d'autant que celuy qui donne n'est point tenu de donner; & de cela, il y
en a infinis Docteurs rapportez par du Moulin au traicté des donations, [d]
& par Tiraqueau sur la Loy *si vnquam*. La dot est bien plus fauorable:

[a] *glos. &
Dd. ibidem.*

[b] *Aretinus
& Alexan-
der, in di. §.
Flauius
Hermes.
Bald. &
Paul. de Ca-
str. in di.l. si
cùm fun-
dum.*

[c] *Sur ce §.
Flauius
Hermes. C.
de leg.*

[d] *num. 75.
& 84.*

car la Loy dit que la Republique a interest que les filles soient dotées, & ce titre est nombré *inter pias causas*. Et toutesfois si vn estranger a donné pour doter vne fille par la surnaissance de ses enfans, la dot sera reuoquée. Ce qu'Alexandre monstre & prouue clairement, [a] où il dit, que bien que la dot soit vn titre onereux, pour le regard du mary, si est-ce qu'il est mesmes reuoqué pour son regard. Et ne se peut pas plaindre que celuy qui l'a reuoqué vse du droict commun, ains se doit contenter de ce que pendant la condition, & iusques à l'euenement d'icelle il iouïst de la chose. Et neantmoins le mariage ne laisse pas de subsister, estant de sa nature indissoluble : *nam manente substantia matrimonij, accidentalia contractus possunt annullari.*

[b] On dit dauantage, que le donnant *cogitauit de liberis*. Mais il faut sçauoir desquels. *Cogitauit de liberis* de ses freres, enuers lesquels il est bien croyable qu'il ne se fust monstré si liberal, s'il eust pensé auoir des enfans : mais se voyant marié, & que Dieu ne luy en auoit point encores donné, il a pensé ne pouuoir faillir de gratifier son frere, estimant bien que si luy donnant auoit des enfans, son frere ne voudroit pas à leur preiudice se preualoir de ceste donation. Ceste exception de celuy *qui cogitauit de liberis*, n'a pas esté receuë communément de tous les Docteurs; mais ceux qui l'ont admise l'ont tous interpretée *de proprijs liberis donantis*, desquels il n'est faite aucune mention en ce contract. Ce que Molineus monstre clairement [c] au traicté preallegué. Les deffendeurs ne s'arresteront point à répondre à vne autre exception que l'on a voulu donner à ceste Loy, tirée de la renonciation & du serment, pource qu'il y a esté ja satisfait, parlant de la minorité & de la reuocation. Adiousteront seulement qu'en ce cas de la suruenance des enfans on peut dire que la reuocation n'est point contraire au serment, tant pource que c'est la Loy & non pas la personne, qui fait la reuocation, que pource que la nature de la chose estant changée, change aussi la conuention : & lors le donnant peut dire ce que disoit Seneque; *Eadem lex me defendit quæ vetat : tunc fidem fallam, tunc inconstantiæ crimen audiam, si cùm omnia eadem sint, quæ erant promittente me, non præstitero promissum : alioquin quidquid mutatur, facit libertatem de integro consulendi, & meam fidem liberat.* Aussi en ce cas les Docteurs ont resolu que la renonciation & le serment ne peut rien operer, pource que telle reuocation est fondée sur la pieté, laquelle demeureroit aucunemét blessée par l'effet de telle renonciation. Et aussi n'est-elle pas seulement introduite en faueur du pere, mais encor des enfans, ausquels il ne peut preiudicier par le serment, comme estant le droit d'vn tiers.

[d] Aussi peu pourroit seruir ce que le demandeur allegue, que la donation est peu de chose. Car par la disposition de ceste Loy, *donatio rei particularis etiam reuocatur.* Voire que la plus part ont tenu qu'il n'importoit qu'elle fust de peu ou de beaucoup, pourueu qu'elle ne fust point de *re minima*. [e] Car comme ce mot *partem*, seul, peut estre interpreté d'vne moitié ou autre grand part : ainsi ce mot *partem aliquam*, duquel la Loy vse, se peut interpreter iusques à vne petite particule. Mais pour accourcir ceste dispute, il se verifiera clairement par le procez que ceste donation de trois cens escus de rente, estoit non la plus grand part, mais le total des biens du donateur. Car premierement par les baux à ferme des biens qui auoient esté faits cinq ou six ans auparauant,

il

a con. 71. *Boer. quæst.* 159. *Arrest.* con. 24. & *Iason. conf.* 171. l. 1. & 4.

b *Couar. var. l. Alc. in l.1 C. si aduersus datem.*

c *num.* 24. & *num.* 66.

d *in l. cùm autus. Alc. in l. pacta quæ contra l. ff. de pactis. Bald.* con. 173.
e *Tiraquellus in ver. omnia vel partem, nu.* 234.

il appert que tous les biens de la maison du Bar n'estoient affermez qu'à douze cens escus, & ne valoient pas dauantage. Cela est encores confirmé par la donation qui fut faite par la Vicomtesse de Maille au sieur de Malejay. Car elle, qui estoit ayeule des parties, & leur tutrice, qui auoit administré les biens de la maison, n'estima la legitime du sieur de Malejay que dix mille huict cens liures, & voulut que iusques à la concurrence de ceste somme l'aisné fust obligé à son frere de l'euiction de Vidauban. Et par la transaction qui fut faite entre les freres l'an 1566. il est narré, & cela n'est point contredit par le sieur de Malejay, que les biens ne valloient pas dauantage. Or pour voir ce que le sieur du Bar auoit vaillant lors de ceste donation, il falloit premierement de ces douze cens escus de rente, qui ne valloient lors que cinquante sols piece, detraire deux mille liures de rente, qu'il auoit donné par le contract de son mariage fait auparauant, qui reuenoient à plus de sept cens escus. Outre ce, deux cens escus de rente donnez à sa femme, qui font neuf cens : puis deduire la legitime du sieur de Malejay, de laquelle il demeuroit debteur, qui depuis a esté accordée à vingt mille liures, qui disent pour le moins trois cens escus de rente, qui faisoient les douze cens : tellement que les trois cens escus qu'il donnoit, estoit non seulement tout son bien, mais plus que tout son bien. Immensité estrange, folle & exuberante, qui entroit en termes non seulement de prodigalité, mais d'vne demence euidente. Que si l'on dit que les biens se trouuent monter auiourd'huy dauantage, & qu'il se trouuera plus de quatre mille escus de rente en la maison du Bar : On répond premierement, qu'il faut regarder le temps auquel le contract a esté fait, suiuant la maxime ordinaire. [a] Car si le vice a esté en la racine du contract, & en sa naissance, le traict & laps du temps ne l'a pas pû rendre valable : *aduentitij casus non sunt considerandi*, [b] *sed rei status, qui ab initio fuit, consideratur.* Par ceste mesme raison le Iurisconsulte répond, que *si semel fuit locus legi Falcidiæ*, encores que puis apres les biens viennent à croistre de prix, *non cessat Falcidia.* [c] Mais quand on voudroit considerer l'accroissement qui s'est fait aux biens depuis quarante ans, par lequel temps le prix des choses a triplé, voire quadruplé, il faudroit quant & quant considerer les charges qui sont aussi suruenuës, qui sont telles, pour abreger ce discours, que les biens sont auiourd'huy en discussion, qu'il y a pour quatre-vingts ou cent mil escus de debtes, qui font que les enfans ne peuuent tirer vn sol de la maison pour leur entretenement, & que la veufue du donateur, qui a quarante ou cinquante mille escus à prendre en consequence de son mariage precedant ceste donation, n'en peut rien auoir. Et de cecy resulte vne autre consideration, qui seule seroit suffisante pour empescher l'effet de la donation pretenduë par le demandeur. Car par le contract de mariage de Claude du Bar, il estoit expressément porté, qu'il ne pourroit faire aucunes donations au preiudice de celle qu'il auoit faite à son fils & à sa femme. Or auiourd'huy ses biens sont en discussion. Si le demandeur iouïssoit de sa donation, qui est posterieure, les creanciers puis apres prendroient le reste, qui ne seroit pas suffisant pour les payer. Et les autres enfans ne trouuans plus de quoy se faire payer de leur legitime, s'adresseroient à leur frere aisné & à leur mere, & demanderoient que leurs

a *l. Ratiliā Polla. ff. de contrahent.*
b *l. Iulianus. ff. qui & à quibus manumiss. & l. Insulam. ff. de verb. oblig.*
c *l. in ratione. ff. ad l. Falcidiam.*

donations fussent retranchées, afin qu'ils fussent payez dessus; ce qu'ils ne
pourroient pas empescher. Puis donc que ceste seconde donation preiudicie à la premiere, & qu'il est stipulé que le sieur du Bar ne pourroit donner au preiudice de son contract de mariage, il s'ensuit qu'elle est nulle &
de nul effect. Il ne reste à répondre qu'à vne seule raison, que le demandeur
a gardé pour la derniere, pensant en faire le fort de ses moyens. Il dit que
par la donation que Claude du Bar auoit faite, il n'estoit nullement lézé,
que sans s'incommoder il la pouuoit effectuer, sans perdre rien du sien,
d'autant qu'il auoit par deuers luy les droits de legitime de Henry, qui
estoient plus que suffisans; & pense par là eluder la nullité procedant de la
minorité, comme le mineur n'ayant point donné du sien; semblablement
celle procedante de la reuocation, & de la Loy *si vnquam*. Mais pour tirer quelque conclusion valable de cét argument, il faut qu'il fasse vne
presupposition qui est fausse; qui est que la donation eust esté faite au lieu
& en recompense de la legitime. Or le contraire apparoist euidemment,
tant pource que la donation n'en porte vn seul mot, que pource qu'auparauant icelle le sieur de Malejay auoit esté satisfait de sa legitime par la donation de Vidauban, faite pour cét effect. De dire qu'il pouuoit retenir
par ses mains pour la seureté de son dédommagement les dix mille liures
qu'il auoit promis par le contract de l'an 1566. & les autres dix mille qu'il
deuoit à cause de Vidauban, il n'y a point d'apparence. Car premierement, puis que de droict il apparoissoit que ceste donation estoit nulle,
puis qu'elle estoit expressément reuoquée, puis qu'elle l'estoit par la suruenance des enfans, quel droit eust-il eu de pretendre aucun dédommagement ? Celuy qui a stipulé vne euiction, si apres auoir prescrit la chose,
il veut inquieter son vendeur, & demander de nouuelles seuretez, n'est-
il pas rejetté par la Loy ? [a] Dauantage les dix mille francs promis par le
contract de l'an 1560. estoient en consequence d'vne sentence arbitrale,
par l'aduis des parens communs des parties & des premiers Magistrats de
la Prouince, qui ayans trouué ceste donation nulle auoient esté d'auis
que le sieur de Malejay ne s'en pouuoit ayder : mais aussi qu'il falloit se
recompenser pour sa legitime de la somme de dix mille liures, & qu'ils
deuoient estre payez promptement; y pouuoit-il desobeïr ? Vn homme de sa qualité, *quem arma magis quàm leges scire sacratissimus iussit Imperator*, eust-il peu imaginer les subtils moyens qu'on inuente auiour-
d'huy contre ce que le droict veut & dispose clairement ? Et neantmoins
le payement de ces dix mille liures a esté fait. De façon que le profit en est
encor demeuré au demandeur, qui jouïst de la terre de la Maille, qui fut
donnée en payement de partie de ceste somme pour seize cens escus, &
vaut auiourd'huy beaucoup dauantage. Quant aux dix mille francs de l'e-
uiction de Vidauban, comme eust-on voulu qu'ils seruissent pour la seureté de la donation, veu qu'ils n'ont esté deubs que depuis que la terre a esté
euincée, qui n'a pas esté de long-temps apres le contract de soixante six;
lesquels le sieur du Bar a payez, forcé par toutes sortes de rigoureuses
executions ? De dire qu'il deuoit alleguer lors la donation, on luy eust repliqué que la donation estoit euidemment nulle, qu'elle estoit reuoquée &
                                                                    expressément

a *l. qui alie-
nam. ff. de
euictio.*

expreſſément & taiſiblement. Il le pretendoit luy-meſmes ainſi, il l'auoit
fait iuger par ſentence & par arreſt, comment euſt-il eſté receuable à le
propoſer? Mais ſi cela deuoit eſtre propoſé, n'eſtoit-ce pas à la mere du demandeur ſa tutrice, auec laquelle ont eſté donnez contradictoirement
les arreſts par leſquels le ſieur du Bar a eſté contraint de payer ceſte ſomme? Elle a formé infinies oppoſitions pour empeſcher l'effet des condem-
nations: ſi ceſte raiſon-là euſt eſté valable, y a-il apparence qu'elle l'euſt
obmiſe? Quoy que ſoit, il ſuffit aux deffendeurs de dire que la donation
eſtoit nulle de ſon commencement, qu'elle auoit eſté iugée telle auec le
pere & l'ayeul du demandeur, que le ſieur du Bar a fait ce qu'il a fait ſur la
foy des loix, ſur la foy des iugemens & des arreſts. Et qu'en ſin toute la
diſpute de ce procez ſe reſout en vn mot, de ſçauoir ſi le demandeur (le
pere duquel a tiré des ſommes grandes & immenſes de la ſucceſſion) auiourd'huy en vertu d'vne donation faite par vn mineur expreſſément reuoquée du conſentement du donataire, taiſiblement reuoquée par la Loy
par la ſuruenance des enfans, aura tout ce qui peut reſter de clair & de
net de ceſte ſucceſſion deuorée par vn grand nombre de creanciers. Et ce
faiſant les enfans du donnant iront mendier leur pain, deſtituez de tous
biens & moyens. Cas ſi eſtrange, ſi contraire au vœu de la nature, & au
deſir de la pieté, qu'ils ne ſe peuuent imaginer, comme le demandeur l'o-
ſe mettre en auant en la face & lumiere de Iuſtice, qui ne peut ſupporter
qu'auec quelque horreur & deteſtation, choſe ſi eſloignée du deuoir des
peres enuers leurs enfans. Et partant les deffendeurs perſeueroient afin
d'abſolution.

Sur ceſte conteſtation les parties ayans eſté appointées à écrire & produire, &
y ayans de part & d'autre ſatiſfait, le tout bien & diligemment examiné, &
meſmes conſideré que les procedures faites auec le ſieur de Sainct Tropés ayeul
du demandeur, n'eſtoient faites auec partie capable & legitime.

L A Cour par ſon iugement & arreſt, ayant aucunement égard auſdites
lettres en forme de requeſte ciuile, & autres lettres du quinziéme May obtenuës par le demandeur, a remis & remet les parties en tel eſtat qu'elles eſtoient
auparauant l'arreſt d'acquieſcement du ſixiéme Mars mil cinq cens ſoixante ſix,
& a mis & met l'appellation & ſentence du Lieutenant de Draguignan au
neant. Et par nouueau iugement, entherinant les lettres de reſciſion obtenuës
par ledit Claude de Graſſe, a caſſé & annullé, caſſe & annulle la donation dont
eſt queſtion, & mis les parties hors de Cour & de procez, ſans deſpens.

SVR LA QVESTION, SI L'INSINVATION REQVISE
par le statut de Prouence équipolle celle de l'ordonnance : Et si la
donation ainsi insinuée doit valoir, au moins pour la vray-
semblable volonté du deffunct ayant testé, pour
éuiter l'inegalité entre nepueux.

PROCEZ s'est meu pardeuant le Seneschal de Prouence
ou son Lieutenant general au siege d'Aix, & depuis en la
Cour de ceans, entre Pierre Anthoine de Robert sieur de Scil-
lant demandeur en requeste du dix-huitiéme May 1602.
afin d'auoir deliurance des choses à luy données par deffunct
Monsieur Ioseph Griffon sieur de Sainct Cezari Conseiller
en la Cour son oncle, d'vne part : Et Louys de Robert sieur de la Bastide Aduocat en la Cour & heritier par benefice d'inuentaire d'iceluy deffunct deffendeur,
& encores appellant de certain decret d'insinuation, & demandeur en lettres de
rescision, d'autre.

LE demandeur pour ses moyens disoit, que le sieur de Sainct Cezari
son oncle estant paruenu à vne longue vieillesse, sans que de deux mariages ausquels il auoit vécu il eust aucuns enfans, aduerty par la prudence
que l'aage a accoustumé d'apporter aux hommes de pouruoir à ses biens,
jetta les yeux où la nature & l'ordre de la charité le conduisoit, qui estoit
sur les enfans de sa sœur vnique, ses plus proches parens & seuls heritiers de
sang. Et comme s'il eust preueu ce qui arriue auiourd'huy, se doutant que
s'il laissoit plusieurs heritiers, ou l'execution de ses volontez entierement en
la foy de son heritier, il ne laissast quant & quant vne semence de procez &
de querelles entr'eux, il voulut disposer entre vifs de partie de ses biens, afin
que son heritier sceust plus certainement ce qui luy demeuroit, & que les
autres qu'il vouloit reconnoistre & gratifier n'eussent point à passer par ses
mains. Le premier objet de sa liberalité fut le demandeur, qui l'auoit longuement & peniblement seruy en beaucoup de fâcheux affaires ; lequel
auoit esté priué de la succession de Damoiselle Peyronne Griffon sa mere,
& qui pour ceste occasion eust esté contraint d'entrer en procez auec ses
freres & ses sœurs si le soin & liberalité de son oncle ne l'en eust diuerty.
Voulant doncques preuenir ce mauuais euenement, & nourrir la concorde entre les siens (desquels il estoit comme le pere) le vingt-sixiéme Septembre 1600. pardeuant vn Notaire & quatre témoins, il donne entre
vifs au demandeur la somme de trois cens escus, à prendre sur tous ses biens
apres son deceds ; specifiant par le contract que c'estoit en consideration
des droits que deffunte Peyronne Griffon sa sœur auoit à prendre sur les
biens de ses pere & mere ; & passe par le mesme acte procuration pour insinuer ceste donation ; ce qui a esté fait de son viuant. Depuis cela, voyant
tousiours sa vie s'auancer à la fin, craignant que lors qu'il luy resteroit
moins de force & de iugement, l'on ne l'importunast de donner à qui
moins

moins il defiroit, ou l'empefchaft de donner à qui plus le meritoit ; defirant entre autres reconnoiftre fa femme, qui auec vn grand foin & patience fomentoit fa maladie vieilleffe, & le demandeur qui outre la parenté auoit par vne obfequieufe feruitude merité fa bien-vueillance, l'an 1602. le troifiéme Auril, il fit vne donation fort folennelle pardeuant vn Notaire & cinq témoins, par laquelle il donne entre vifs & irreuocablement, fçauoir à fa femme tant qu'elle demeureroit en viduité, la moitié de fa maifon de cefte ville & de fes meubles, & au demandeur l'autre moitié d'icelle maifon & meubles ; & encores la rente qu'il a à prendre fur la communauté de Seillans, & la fomme de deux mille efcus fol à prendre fur les fommes à luy deuës par les fieurs de Foiffart & de Forefta ; & porte expreffément la donation, qu'elle eft faite en confideration du grand nombre d'enfans dont le demandeur eft chargé, & pour luy donner moyen de marier fes filles. Et comme cefte donation eftoit toute fondée fur la pieté naturelle, il donne par icelle mille efcus à l'Hofpital Sainct Iacques de cefte ville, & paffe auffi procuration fpeciale pour l'infinuer. Ce qui fut fait par decret du Lieutenant general. Le cinquiéme de May enfuiuant il difpofa du refte de fes biens par teftament, & inftitua le deffendeur fon heritier vniuerfel, donna & legua à tous fes autres nepueux & niepces, fors qu'au demandeur, fe fouuenant qu'il l'auoit gratifié par cefte donation : mais ayant chargé fon heritier de quelque chofe par le teftament, au cas que luy ou fes heritiers n'y fatisfaffent, il fubftitué le demandeur & fes enfans ; monftrant affez par là qu'il les tenoit plus chers que tous fes autres nepueux & niepces. Ne fait non plus d'autres legs à l'hofpital, fe contentant de la donation qu'il luy auoit faite. Eftant vn peu apres furuenu le deceds du deffunct, bien que le deffendeur ne deuft rien auoir de fi cher que l'execution de fes volontez, *quæ voluerit meminiffe, quæ mandauerit exequi*, toutesfois pour s'approprier tous les biens, & en fruftrer ceux au profit defquels le deffunct en a difpofé, il auroit pris l'heritage par benefice d'inuentaire, qui n'eft autre chofe auiourd'huy que *emplaftrum æris alieni*. Le demandeur l'a fraternellement recherché & requis de luy delaiffer les chofes qui luy font données ; mais n'ayant pû rien auancer par la voye du refpect & de l'honneur, il a efté contraint de recourir à la Iuftice, & prefenter la requefte dont eftoit queftion, à l'entherinement de laquelle il concluoit, & ce faifant que le deffendeur fuft condamné luy payer la fomme de trois cens efcus portez par la premiere donation, enfemble defemparer le furplus des autres biens portez par la feconde, auec reftitution de fruicts & dépens.

Le deffendeur au contraire difoit, que le deffunct fieur de Sainct Cezari fon oncle ayant époufé en premieres nopces Damoifelle Barbe de Iuftas, yffuë d'vne bonne & illuftre maifon, & qui auoit beaucoup de biens, mais tous en procez fort fâcheux & fort lourds, ayant demeuré longuement en ce mariage fans efperance d'auoir enfans, & fe voyans chargez de beaucoup de grands affaires, prirent confeil en commun d'acquerir par prudence ce que la nature leur dénioit, & quant & quant fe foulager de la peine de leurs affaires, & appuyer l'imbecillité de leur vieilleffe fur la vigilance des enfans comme adoptifs, qu'ils choifirent d'vn commun confentement. Le

deffunt prit le deffendeur, fils aisné de sa sœur, qui auoit des-ja donné ses
premiers ans aux lettres, & s'estoit rendu capable d'affaires; Barbe de Iustas esleut Isabeau de Iustas fille d'vn sien frere; & les ayant retirez en leur
maison les marierent ensemble, leur firent quelques petits aduantages portez par leur contract de mariage, & outre leur promirent verballement de
les laisser l'vn & l'autre respectiuement heritiers & successeurs de tous leurs
biens. En ceste consideration les pere & mere des parties croyans que le
deffendeur auoit sa fortune faite & asseurée, bien qu'il fust l'aisné de la
maison, ne luy laisserent quasi rien par leur testament, & le pere institua le
demandeur heritier d'vne belle & ample succession, & la mere vn autre de
ses enfans. Deslors le deffendeur fut chargé de tous les affaires de ceste maison, qui estoit vne hydre de procez, à la sollicitation desquels il a consumé
tout son temps, couru toutes les Prouinces de ce Royaume, suiuy tous les
Parlemens, bref distilé en peine & sollicitude sa vie & son entendement;
tellement que ce qui luy en reste ce sont maladies & incommoditez incurables. Isabeau de Iustas de l'autre costé demeura chargée de tout le ména-
ge de la maison, se consuma en peine & trauail pour rendre la vie douce à
son oncle & à sa tante. Mais comme ce labeur estoit immense, aussi ne leur
estoit-il pas ingrat. Car le sieur de Sainct Cezari & Barbe de Iustas, receuant d'eux tout le seruice qu'ils eussent sceu desirer de bons & naturels enfans, leur témoignerent vne amitié vrayement paternelle. Et en suitte de
cela Barbe de Iustas en l'an 1591. fit son testament auec clauses derogatoires, laissa l'vsufruict de ses biens au sieur de Sainct Cezari son mary, & tout
le surplus à sa niepce & aux enfans du deffendeur. Depuis le deceds de Barbe de Iustas, le sieur de Sainct Cezari voulant commencer à reconnoistre
le deffendeur, passa procuration pour luy resigner son office de Conseiller,
& continua à l'endroit de luy, de sa femme, & ses enfans toutes les demonstrations d'vne amitié paternelle. Mais comme la vieillesse diminuant les
forces du corps, affoiblit aussi celles de l'esprit, & rend les hommes plus aisez à seduire; ce bon homme en l'aage de septante cinq ou six ans, s'estant
imaginé vainement l'esperance d'vne lignée naturelle, & ayant desiré les
intempestiues caresses d'vne ieune femme, conuola, ou plustost se precipi-
ta à de secondes nopces auec Damoiselle Anne de Sommat veufue du sieur
de Suffren Conseiller en la Cour de ceans. Elle se proposa deslors pour recompense de ses sallaires & des autres incommoditez qu'il falloit endurer
en cét inegal mariage, de s'approprier les biens de ceste maison, & faire faire des dispositions à son auantage. Mais comme elle estoit combatuë premierement de la nature, secondement des grandes obligations que le deffunct auoit au deffendeur & à sa femme, aussi fallut-il de grands aydes &
grands artifices pour vaincre tous ces empeschemens-là, & paruenir à ses
intentions. Et pource desesperant d'en venir à bout toute seule, elle asso-
cia le demandeur, & ayant épié l'absence du deffendeur, premierement
elle produisit au deffunct le demandeur, luy remonstrant qu'il estoit son
nepueu comme les autres; & pour reculer le deffendeur on commença de
l' charger de routes les calomnies dont on se peut aduiser, & entre autres
qu'au lieu de solliciter les affaires du deffunct il s'entendoit auec ses parties.

L'on

L'on fait donc tant qu'on luy fait reuoquer la procuration, pour resigner
son office, qu'il auoit passée au profit du deffendeur, & luy fait-on vendre
l'estat, afin qu'il pût disposer des deniers comme il voudroit. Apres cela
l'on le persuade de chasser hors de sa maison la femme du deffendeur & ses
enfans. Ce qui fut fait auec contumelie & iniures, & eux reduits à telle
misere qu'il ne se peut exprimer. Et lors ayant la possession libre de ce pauure vieillard, qui pardessus son imbecille vieillesse auoit encore vne grande
maladie qui l'attachoit au lict de la mort, on commence à l'esbranler par
tous les artifices dont on se peut aduiser. Apres l'auoir alleché par toutes
sortes de caresses, & l'auoir irrité par toutes sortes de calomnies contre le
deffendeur, on luy presente vn testament tout écrit de la main du demandeur, par lequel il le faisoit heritier seul & vniuersel, auec de grands legs à
la Domoiselle de Sommat, *pessimum falsi crimen*, s'il y en a au monde.
Mais comme la nature & la raison sont difficiles à vaincre par artifice, ce
bon homme, bien que destitué de tout secours & tout conseil, bien qu'exposé à la mercy de ceux qui le possedoient, *& inter quos precariam animam*
trahebat, refusa genereusement de faire ceste inhumanité, en eut horreur,
& s'en offensa, & lors luy reuindrent en memoire les seruices & bons traittemens qu'il auoit receu du deffendeur & de sa femme.

———— *& dulces moriens reminiscitur Argos.*

Il les demanda plusieurs fois, il les appella, mais en vain. Il se deffend qu'il
n'estoit point encor temps qu'il songeast à tester, qu'il se sentoit fort & ro-
buste, qu'il en auroit tout loisir:

    Hæc non successit: alia aggrediuntur via.

Ils luy disent que puis qu'il ne vouloit point disposer de tous ses biens par testament, qu'il disposast d'vne partie entre vifs, mais à la charge que la disposition n'auroit lieu qu'apres sa mort. *Quid faceret?* quel moyen de se depestrer de tant d'importunitez, & des mains de ceux qui auoient sa personne,
ses biens, sa vie en leur puissance? Luy en fin qui auoit passé son aage parmy les liures & les procez, pensa qu'il falloit se seruir de son mestier en ceste occasion, & se deliurer de ceste importunité sans preiudicier ny à sa
conscience ny à l'obligation qu'il auoit au deffendeur. Ne se pouuant donc
deliurer d'autre façon, il fait vne donation de trois cens escus au demandeur, mais en sorte toutesfois qu'elle est euidemment nulle. Car elle est
pour vne cause notoirement fausse. Il luy donne ces trois cens escus en consideration des droicts que la mere du demandeur, sœur du deffunt, pouuoit pretendre sur les biens de ses pere & mere. Or à ces droicts-là le demandeur ne pouuoit pretendre aucune chose: car il n'est pas heritier de
Peyronne Griffon sa mere, laquelle l'a exheredé, ains c'est Christofle de
Robert qu'elle a institué. Il pense par ceste donation auoir appaisé la cupidité du demandeur, mais il ne l'a qu'irritée & accreu ses esperances. Il se
joint derechef auec la femme, & à forces conjointes ils esbranlent tellement ce pauure homme, qu'ils le contraignent de faire ceste seconde donation, par laquelle la veufue qui auoit des-ja par son contract de mariage
vne donation de quinze cens escus, & de cinq cens liures de pension via-
gere, se fait donner d'abondant la moitié de la maison & des meubles, le

demandeur l'autre moitié, auec les rentes de Seillans, & deux mille escus
d'argent : & afin de colorer ceste donation, on y associe l'hospital pour
mille escus. Or les choses ainsi données valent beaucoup mieux que tout
l'heritage. Car les biens que possedoit le defunt sont pour la plus part de la
succession de Barbe de Iustas, qui appartiennent par consequent à la femme du defendeur & à ses enfans. Quant au reste, il est chargé de grandes
debtes. Aussi le defunt, qui iugeoit assez combien ceste donation ainsi extorquée de luy estoit inique & iniurieuse, par vne singuliere prudence se
contenta par vn semblant de saouler l'auidité de ses donataires ; mais en
effect ne voulut pas y apporter la solennité qu'il sçauoit estre requise par le
statut pour la rendre valable. Car il n'y fit appeller ny le Viguier, le Baille
du bourg, les Consuls de la ville, ny aucuns parens, comme il estoit necessaire par le statut : & par ceste nullité industrieusement obseruée, se redima de
ceste importunité. Le demandeur & la Damoiselle de Sommat, pensans
par cét acte entre vifs & irreuocable auoir asseuré à eux tous les biens, commencerent à donner quelque relâche à ce pauure homme, luy donner quelque peu de liberté, & luy permettre *suo ingenio vti*, estimans que tout ce
qu'il pouuoit faire ne leur pouuoit plus preiudicier. Si tost que cela est, il
r'appelle en sa memoire l'image de sa defunte femme, se souuient des sermens qu'il luy auoit iurez, de restituer l'heritage commun de l'vn & de
l'autre à son nepueu & à sa niepce. Il se represente deuant les yeux les enfans qui estoient naiz de ce mariage, qui interpelloient sa conscience, le con-
iuroient par la pauureté & la misere en laquelle ils estoient, qu'il eust pitié
d'eux ; qu'il se souuinst que les meilleures années de leur pere au lieu d'auoir
esté employées à leur bâtir quelque fortune & quelque appuy pour leur vie,
auoient esté miserablement consommées en la sollicitation de ses procez.
*Vbi mors interclusit omnia, & ad ferendam sententiam incorruptum iudicem
misit*, il se resout de décharger son ame, & dire pour la derniere fois ce à
quoy sa conscience l'obligeoit. Il fait doncques son testament vn mois apres
ceste donation, & fait le defendeur son heritier seul & vniuersel : par ce testament il ne parle pas vn mot des donations faites au demandeur ; bien
pour contenter sa femme qui estoit presente & pressante, luy donne-il l'v-
sufruict de ses biens, mais à condition de payer les charges de l'heritage, qui
monteroient trois fois plus que ce qui luy est laissé. Ce qui monstre assez
qu'il n'auoit pas voulu que la premiere donation sortist effect pour son regard, & qu'il ne la vouloit contenter que d'vn vain honneur. Quant au demandeur, il ne luy laisse rien du tout ; & par le mesme testament, comme
il a esté remarqué, il legue ce qui estoit deub à Peyronne Griffon sa sœur
pour les droicts de ses pere & mere à Christofle de Robert son heritier ; qui
est reuoquer ceste donation de trois cens escus, ou pour le moins declarer
que la cause en est fausse. Apres le deceds du defunt sieur de Sainct Cezari,
le defendeur a trouué la succession si embrouillée, & si chargée de debtes
& de procez, que quand il y auroit deux fois autant de biens, ils ne seroient
pas suffisans pour y satisfaire ; tellement qu'il a esté contraint de recourir au
remede de la Loy, & prendre l'heritage par benefice d'inuentaire. La
veufue qui a veu par l'inuentaire des biens, que tant s'en faut qu'il y eust
pour

pour prendre le legs qui luy estoit fait, ny sa donation, qu'au contraire il
n'y auroit pas de quoy payer ses conuentions matrimonialles, & qui a reconneu en sa conscience le tort qu'on auoit fait au deffendeur, non seulement s'est departie de son legs & donation, mais encores a librement quitté quasi vne moitié de ses aduantages nuptiaux. Le demandeur aussi-tost a
commencé de le trauailler, & presenté requeste pour auoir deliurance des
choses qu'il pretend luy auoir esté données, se fondant sur les deux donations, & l'insinuation d'icelles faite par ordonnance du Iuge. Ce que le
deffendeur voyant, pour elider le faux fondement sur lequel le demandeur
s'appuyoit, a esté contraint de se porter pour appellant du decret d'insinuation, & par mesmes lettres demander la rescision des donations dont est
question. Donc tout l'estat de ceste cause dépend de ce seul poinct, si les
donations dont est question sont valables ou non. Car si elles sont nulles,
le Lieutenant a mal iugé, d'auoir ordonné qu'elles seroient insinuées, d'autant que l'insinuation n'estant autre chose que l'interuention du Iuge pour
authoriser & rendre publique vne conuention particuliere des contractans,
s'il a authorisé ce que la Loy rejette & annulle, il a mal iugé; & en ce cas
aussi le demandeur est mal fondé à en demander l'execution. Or ne peut-
on excogiter deux plus grandes nullitez que celles qui se trouuent en ces
donations-cy, qui sont le defaut de volonté, & de solennité. Car pour le
regard du premier, comment peut-on dire qu'il y ait donation parfaite, où
il n'y a point de volonté, veu que donation n'est autre chose qu'vne liberale
& spontanée l'argition ? [a] *beneficij potissima pars est datum esse iudicio.* Aux
autres conuentions des hommes il interuient des causes qui aydent à les faire subsister ; mais la donation est vn negoce qui n'a point d'autre source que
la liberalité, qui ne peut demeurer ferme si elle n'est libre, puis qu'on voit
qu'elle emprunte son nom de la liberté. *Beneficium est,* dit Seneque, *quod
quis dedit cùm ei liceret non dare.* [b] Où l'on voit vne seduction & subornation euidente, peut-on estimer qu'il y ait libre volonté ? La preuue de ceste seduction resulte si clairement du fait, qu'il ne la faut point chercher
d'ailleurs : toutes les circonstances d'iceluy parlent & monstrent, qu'il n'y a
rien moins en ce fait que volonté. Car pour le regard de la premiere donation, elle est pour vne cause euidemment fausse, que le demandeur auoit
supposée, & qui se iustifie clairement par le testament de sa mere qui l'auoit
exheredé. Le testateur l'a depuis ainsi iugé, & par son testament pour ceste occasion transfere ceste donation en la personne de Christofle heritier
de la mere, auquel ce droict estoit deu. Pour venir à ce qui est commun
aux deux donations, il faut presupposer qu'elles ont esté faites à la poursuite de celuy-là mesmes qui auoit écrit & supposé le premier testament; &
que la Loy partant le iuge par cét acte tousiours coupable du mesme crime. Mais par qui ces donations ont-elles esté faites ? Premierement il se
faut representer vn pauure vieillard octogenaire, à qui la vieillesse auoit ja
dérobé les forces & du corps & de l'esprit. Car, comme dit le Poëte,

Vt hedera serpens vires arboreas necat,
Ita me senectus amplexu suo enecat.

Puis il se le faut representer malade au lict, où la mort peu de iours apres l'a

a l. donari.
ff. de dona. l.
donari. de
reg. iur.

b lib. 3. de
benefic.

trouué, lors que *Pallida labra cibum sumerent digitis alienis.* La Loy a presumé que le malade qui est entre les mains des Medecins, s'il fait quelque
chose à leur profit, le fait de peur & de crainte, & declare tel acte suspect
de violence & d'impression. ᵃ L'ordonnance du Roy fait le semblable.
Que deuons-nous donc croire de ce pauure vieillard assiegé de tels captateurs, & reduit à ceste extremité? Quelle apparence y a-il qu'en cét estat il
songeast à faire des dispositions entre vifs, & comme dit la Loy, *moriens
inter viuos donaret?* cét acte a-il quelque affinité auec le temps, auquel il
est fait? Et par cét acte, que fait-on? à l'heure qu'il deuoit songer de faire
son testament pour la décharge de sa conscience & pour l'establissement de
sa famille, on luy fait renoncer à toute faculté de faire testament. Car on
luy fait disposer irreuocablement & entre vifs de plus qu'il n'auoit vaillant.
Est-ce pas la plainte de ce pere de famille, qui disoit, *Me viuo patrimonium
meum diuisum est?* ou de celuy qui dans Tite-Liue disoit, *Me viuo & spirante hereditatem meam creuistis?* Qui croira vne libre volonté, vne solide
élection ou sain iugemét en celuy qui se priue de ceste faculté dont les hommes sont si jaloux lors qu'il en est la saison? Mais au profit de qui dispose-il?
au profit de sa femme: & neantmoins c'est-elle au profit de laquelle les loix
luy deffendent de disposer entre vifs, & iugent par vne commune & vniuerselle presomption que telle disposition est extorquée par crainte & importunité. ᵇ Et de qui encor? au profit d'vn sien nepueu, qui n'a iamais
esté auprés de luy que lors de ceste donation; qui y ayant esté peu de iours,
a aussi-tost suggeré vn testament à son oncle, & luy a donné sujet de l'esloigner de luy. Et comment auroit-il pû meriter les bonnes graces de son oncle, qu'il n'a pas sceu conseruer l'amitié de sa mere? Mais qui pis est, a tellement demerité enuers elle, qu'elle l'a iugé digne de sa malediction, & l'a fle-
stry de l'infamie d'vne exheredation? Mais au preiudice de qui toutes ces
dispositions? Au preiudice d'vn nepueu, qui a consommé toute sa vie auec
vne sollicitude incroyable à seruir son oncle, solliciter ses procez, faire ses
affaires; au preiudice de celuy qu'il auoit taisiblement adopté, nourry, esleué, marié, tenu luy & ses enfans ausques à ceste heure-là chez luy. Et
quand? Pendant qu'il est absent. Mais voyons si c'estoit sa volonté: quel
témoin interrogerons-nous pour le sçauoir? Luy mesmes. Et quand? Lors
qu'il dit plus librement ce qu'il pense, lors qu'il parle pour la derniere fois,
lors que la mort luy donne la liberté & le conseil tout ensemble: *Mors est,
si verum fateri volumus, quæ de animis nostris verum dicit.* Cét homme donc
qu'on a dépoüillé de tous ses biens a voulu faire testament, & declaré partant, qu'il vouloit disposer derechef de ce dont on luy auoit osté la disposition. Ce qu'il a declaré exprés; car les mesmes choses qu'il auoit données à
sa femme par donation entre vifs, il les luy laisse par ce testament, mais auec
vne estrange condition; sçauoir vn vsufruict, chargé de toutes les charges
de sa maison. Qui est à dire en bon langage, vn vain honneur, vn beau
rien, vn moins que rien. Qui est à dire; Vous m'auez, ma femme, de mon
viuant induit à disposer de mes biens à vostre profit, considerez qu'il n'est
point raisonnable que ie charge mon ame pour vous complaire, que j'ap-
pauurisse les miens pour vous enrichir, que ie priue ceux qui m'ont si longuement

ᵃ l. si medi-
cus ff. de va-
riis & ex-
traord. co-
gnit.

ᵇ l. secundo.
ff. de donat.
inter verum
& vxor.

guement & si fidellement seruy pour vous gratifier. Contentez-vous de cét honneur, que ie me suis souuenu de vous. Et si ie n'ay fait dauantage pour vous, excusez la nature & ma conscience, qui ne me le permettent pas. Mais à la verité, la femme en cela est excusable, elle a ingenuëment reconneu sa faute, & la volonté de son mary tout ensemble, elle s'est volontairement departie & du legs & des donations. Voyons pour le regard du demandeur, si par testament le deffunt a voulu confirmer cette donation. Premierement le testateur auant que tester l'a esloigné de luy, & chassé de sa maison. Car quelle liberté se pouuoit-il promettre auprés de celuy qui luy auoit impudemment suggeré vn testament tout écrit de sa main, auquel il s'estoit nommé seul & vniuersel heritier ? *vbi nunc lex Cornelia ? dormis ?* Apres cela il a r'appellé le deffendeur, sa femme & ses enfans, qui est à dire qu'il a prononcé vn rigoureux & infame iugement contre ceux qui l'auoient seduit pour les chasser. Or par ce testament il ne laisse rien du tout au demandeur ; il dit que c'est pource qu'il luy auoit donné. Il auoit aussi donné à sa femme, & neantmoins il repete cette mesme donation. C'est doncques pource qu'il auoit donné au demandeur, mais donné, forcé, violenté, contraint, assiegé par les prieres de sa femme & du demandeur, vaincu par leurs violentes importunitez. Voulez-vous voir plus clairement qu'il n'a iamais pensé que cette donation sortist effet ? Il a r'appellé le demandeur & ses enfans, les a fait heritiers auec plusieurs substitutions. Or si cette donation a lieu, il ne faut point d'heritier au deffunt : car il ne demeure du tout rien en sa succession, elle emporte tout ce qui y est. Quoy donc ? mon frere, mon cadet, vous ne vous contentez pas de m'auoir chassé de la maison de mon pere, de m'auoir priué de son heritage, moy qui estois l'aisné, vray & naturel heritier ? vous vous excusiez lors sur l'asseurance que mon oncle me donnoit de la succession, & maintenant vous m'en excluez. Combien de successions faudra-il pour vous contenter ? que me laisserez-vous pour soustenir ma vie, & la charge de ma famille ? quelle sorte de partage est-ce-cy entre deux freres ? que le puisné aye tout, & l'aisné n'ait rien ? S'il nous restoit quelque autre oncle, ie m'y retirerois : mais encore croy-je que vous m'en chasseriez. Vous qui auez conneu le deffunt, interrogez vn peu ses ombres, & leur demandez auec quel repos elles pourroient voir autour de son sepulchre celuy qu'il auoit comme adopté pour enfant ; celuy de qui il auoit vsé la vie à son seruice ; celuy qu'il auoit marié, & sollicité de luy engendrer des heritiers, dénué de tous biens & moyens, pendant que le demandeur qui n'a iamais esté prés de luy, qui ne luy a iamais fait seruice, ioüiroit à son aise de tout l'heritage. Ce n'a donc point esté la volonté du deffunt, & s'il y en a quelque image en cette donation, elle est vaine, elle est fausse, elle est supposée, pour eluder seulement l'importune cupidité & auidité du demandeur ; ne plus ne moins que ce nubileux fantosme, qui dans les Poëtes se suppose au lieu de la vraye Iunon, pour amuser les faux embrassemens de l'ambitieux Ixion. Reste à iustifier l'autre nullité de cette donation procedant du deffaut de solennité, & de la forme requise par le statut. Comme aux choses natu-

relles, pour leur donner leur estre & les mener à leur perfection, il faut necessairement que la forme concurre auec la matiere ; forme qui est celle de qui dépend la force & vertu, sans laquelle la chose ne peut acquerir ny son nom, ny son effect : De mesmes aux negoces & actions ciuiles, outre les volontez & conuentions des parties, il faut que la puissance de la Loy interuienne, les anime & leur donne l'action : *forma enim* *ordinata legis dispositio est,* [a] mais plus aux donations qu'en tous autres actes. En quoy il faut considerer qu'il y a grande difference entre les donations du droict de gens, & les donations du droict ciuil. Les donations qui ne sont que du droict de gens, n'operent qu'autant que celuy qui donne, en donnant transfere la possession de la chose donnée. En ce cas il y a quelque raison, sans autre solennité, de confirmer l'acte, auquel celuy qui le fait a luy mesme apporte la perfection. Car il semble que la presence de la chose, & cette volontaire execution, monstre qu'il ait bien pensé à ce qu'il fait ; & que celuy qui veut puis apres reuoquer ce qu'il a donné, ne merite pas d'estre oüy. C'est de celle-là que parle Platon *in Philebo,* quand il dit, τῶν ὀρθῶς δοθέντων ἀφαίρεσις οὐκ ἔστω. Et Demosthene *contra Leptinem,* ὅσα ἄν δῶ τις ἅπαξ, δίκαιον ἔχειν ἐᾶν. Et toutesfois il y a plusieurs peuples qui du tout n'ont point voulu receuoir ce mot de donation, le iugeant entierement contraire à la droite raison, & au bien de la societé ciuile. Car ils ont dit, qu'il y auoit sujet & raison de donner, pour recompenser celuy de qui nous auons receu quelque plaisir, ou non. Au premier cas, ils soustenoient que ce n'estoit point donation : au second que c'estoit vne pure folie, vne insupportable profusion, nuisible à l'Estat, & dommageable aux familles, *quas integras seruari Reip. interest,* dit la Loy Mais quant aux donations qui sont pures de droict ciuil, qui ne sont point accompagnées de tradition, sinon au moins simulée, qui procedent de la seule force d'vn instrument, & de la simple prolation des paroles, les loix les receuant & introduisant, ç'a esté auec certaines formes & solennitez, lesquelles elles ont plantées, comme de fortes barrieres contre les blandices, inductions, subornations des captateurs, & pour le secours de la facilité, ignorance ou folle profusion de ceux qui se laissent trop aisément aller à dispenser & eslargir leur bien, ou à leur propre preiudice, ou au preiudice de leurs heritiers de sang, que la nature a conjoint à eux par ce lien de charité. Et selon que les loix ont conneu l'inclination des peuples sujets à leur Empire pencher à l'excez de cette profusion, ou l'artifice des captateurs, (difficile à éuiter par ceux qui en sont assiegez) elles ont accreu les solennitez de tels actes, pour seruir comme d'vn frein aux volontez déreglées des hommes, & les garder de se precipiter eux ou leurs heritiers en pauureté volontaire. Les loix Romaines ont esté vn temps qu'elles vouloient qu'elles se fissent par forme de vendition, & que le donateur prononçast ces mots, l'aliene, & que le donataire donast vn denier au donnant, comme pour le prix de la chose donnée, pour faire entendre à celuy qui donnoit, la consequence de l'acte, & qu'il se priuoit de ce qui estoit auparauant sien, afin que puis apres il n'y eust plus de regret. [b] Le statut particulier de cette Prouince pouruoyant à ce fait-là, *ad occasionem donationum inter viuos*
plerumque

a *l. certa est* *forma. C. vt* *in poss. leg.*

b *l. 2. c. de* *donat.*

plerumque fine caufa, inconfulté & intempeftiuè, aliquando ad fuafum callidum faffarum, a voulu qu'en icelle interuienne le Viguier, ou le Baille & Iuge du lieu, ou les Syndics auec le Baille & fon Lieutenant, ou deux parens du donateur auec vn des Syndics du lieu. Declarant que la donation qui fera autrement faite, & fans la prefence de ceux-là, demeurera nulle & de nul effet. On a quelquesfois douté, fi quand vne chofe eft ordonnée par la Loy, ce qui eft fait au contraire eft de foy-mefme nul. Il femble que la Loy l'ait voulu ainfi declarer, & qu'elle contienne vne taifible fanction, par laquelle elle annulle ce qui eft fait contre fa difpofition. Car puis que les actes ciuils ne fubfiftent que par la puiffance de la Loy, qui leur influë fon authorité pour leur feruir d'ame & de vie ciuile; ce qui fera fait contre l'ordonnance de la Loy ne fera-il pas priué de fon authorité, & par confequent d'ame & de vie ? Ne demeurera-il pas par confequent nul, felon qu'elle le de-clare ? [a] Or quand cela feroit douteux pour le regard de la Loy, il feroit fans difficulté pour le regard du ftatut. En quoy il eft befoin de remarquer la difference qu'il y a de la Loy, & du ftatut, de laquelle procede cefte di-uerfité d'effet. Car bien que la Loy femble plus puiffante, toutesfois elle n'a pas fa fanction fi auftere; & le ftatut qui femble inferieur procede auec plus de rigueur. La raifon en eft belle & digne d'eftre confiderée: C'eft que la Loy procede d'vne pleine puiffance fouueraine du fuperieur fur le fujet, le-quel pour eftablir le droict, ne prend confeil que de foy-mefme. Auffi en fon execution fe referue-elle l'authorité de ployer, flechir & amender ce en quoy celuy qui eft affujetty fe trouue intereffé contre l'equité à vn cas que luy ny la Loy n'auoit point preueu. [b] Mais le ftatut au contraire eftant vne Loy qui eft requife par le fujet, & authorifée par le Prince, il femble que l'vn & l'autre ait volontairement renoncé à l'authorité de la pouuoir chan-ger ou mitiger. Car elle eft baftie par vne forme de ftipulation & fponfion, & reueftuë d'vne efpece de contract, qui vne fois parfaict, doit auoir fon eftre conftant & immuable. [c] Chacun des fujets eft cenfé auoir ftipulé ce qui eft ordonné par le ftatut. Tellement que fi en ce mefme cas il fe prefen-te pour contreuenir à ce qu'il a demandé, la Loy le rejette: *quia quod quis propria voce dilucidè proteftatus eft, id in eundem cafum infirmare extremâ im-pudentia eft*. Auffi eft-ce vne regle generale confirmée par le commun fuf-frage de tous les Docteurs, par l'vfage ordinaire des jugemens, que quand le ftatut requiert vne forme certaine en vn acte, il la faut obferuer exacte-ment, autrement l'acte eft nul. [d] Mais afin que l'on n'en fift aucun doute, en ce fait-cy le ftatut n'a pas voulu attendre le miniftere des Iuges pour foudre la queftion. Car par vne exuberante precaution preuenant toutes les cauillations des hommes, il a declaré nulles & de nul effect toutes les donations qui feroient faites en autre forme, ayant en cela pris la forme la plus parfaite de la Loy, qui non contente de commander le bien, punit auffi le mal. [e] Tellement qu'il ne faut point douter que cefte forme ne foit fubftancielle, puis que fon manquement annulle l'acte: & refpectiue-ment que l'acte ne foit nul, puis que cefte forme qui defaut eft fubftan-cielle. Ce qui eft bien fi vray, que quand il y auroit plufieurs chofes requi-fes par le ftatut, & que toutesfois vne feule, voire la moindre auroit efté

[a] *l. cùm hi, §. prætor. D. de tranfact.*

[b] *l. & ideò, & l. beni-gnius. ff. de legib.*

[c] *Albericus, de ftatut. per l. quæ vtrò. ff. de legib. & per l. in honorarijs. ff. de actio. & oblig.*

[d] *Bald. in l. ordo. C. de executione rei iud. Any. in l. ius publ. ff. de pactis. Iafon. in l. 1. ff. de lib. & pofthu.*

[e] *Vlpian. in frag.*

a Dec. con.
530. & A-
lexand.l. qui
quadragin-
ta §. qua-
dam. ad l.
Falcidiam.
b l. si is qui.
ff. qui test.
fac. possunt,
& ibi Bald.

obmise, l'acte demeureroit tousiours nul. [a] La raison en doit estre puisée d'vne regle generale en la nature, qui est, que la forme (comme l'ame est indiuiduë) ne peut subsister qu'en son integrité, ne peut receuoir aucune section ou diuision. [b] Et en ce cas ce qui est vtile est vitié par ce qui est inutile ; & se verifie ce commun dire des Theologiens Scholastiques, que *omne bonum est ex causa vniuersali*, pource qu'il faut pour constituer l'estre parfaict que toutes les causes essencielles que les Grecs appellent συναιτίας, concurrent καθ' εἱρμὸν, comme dit Proclus, se lient & se noüent ensemble ; où au contraire pour destruire le sujet il suffit du manquement de l'vne. Et cela est bien si vniuersellement vray, que quand ce manquement seroit aduenu par quelque hazard, ou par la faute ou ignorance du Notaire, sans qu'il y eust rien du vice ou deffaut de la partie ; toutesfois l'acte demeureroit tousiours nul, pource que regardant la forme substan-

c Baldus in
c. ex literis.
de fide in-
stru.

d Bald. in l.
omnes popu-
los. ff. de
Iust. & iu.
& in l. te-
stamenta. C.
de test.

cielle, elle ne peut estre par nul moyen supplée. [c] En quoy on ne peut alleguer pour excuse la faueur du negoce. Car pour si fauorable qu'il puisse estre, il demeure tousiours sujet à ceste regle, laquelle a lieu generallement en tous contracts, sans que l'on y reçoiue aucune exception. [d] A combien plus forte raison doncques en donations, qui ne meritent aucune faueur, qui sont sujectes à la censure des plus estroites rigueurs du droit, qui sont egalées par les paroles du droict à la perte & profusion du bien ? On ne peut non plus pour les soustenir, alleguer la faueur des personnes. Car choisissez-les telles que vous voudrez, faites que ce soit le pere qui donne aux enfans, les enfans qui donnent au pere, tousiours sans la solennité du statut ; la donation sera-elle nulle. [e] Car bien qu'en quelque cas la Loy rende capable de donner celuy qui ne le seroit pas en vn autre ; [f] si ne l'authorise-elle pas pour donner en autre forme qu'il est prescrit par elle.

e Decius
cons. 80. per
textum in l.
data. c. de
donatio.
f l. filius fa-
milias. ff. de
donat.

A combien donc plus forte raison ceste donation démeurera-elle nulle qui est faite à vn nepueu, pour exclure non seulement son aisné, mais son aisné comme adopté par le testateur ; que le testateur par plusieurs sermens, par plusieurs declarations publiques s'est obligé de faire son heritier ; comme il y estoit obligé par tant de labeurs, par tant de veilles, par tant d'ennuis soufferts par le defendeur à son seruice ? Donation qui outre le deffaut de la forme du statut a euidemment tous les vices que le statut a voulu euiter par ceste forme. Le statut a voulu euiter qu'on ne donnast *inconsulté* ; c'est le propre terme. Quel conseil a peu prendre vn pauure vieillard, assiegé de sa femme & de ce captateur, qui par leurs artifices & calomnies auoient esloigné de luy tout ce qu'il aymoit & deuoit aymer ? Le statut a voulu euiter qu'on ne donnast *sine causa*. Icy l'on le fait donner non seulement sans cause, mais sous vne fausse cause. On luy fait croire que les droits de Peyronne Griffon appartenoient à ce demandeur qu'elle auoit exheredé. Le statut a craint qu'on ne donne *intempestiuè*. Est-ce le temps de donner entre vifs & irreuocablement, lors qu'on a l'ame sur le bord des léures ? Si le demandeur eust creu meriter ceste donation, & la pouuoir tousiours meriter, ne se fust-il pas contenté d'vne disposition à cause de mort, qui eust esté de sa nature reuocable, mais irreuocable par le merite du donataire ? Il a fallu chercher en la forme de la
donation

donation ce que la qualité de ses seruices ne luy pouuoit promettre. Il a bien
conneu que ceste liberalité ne luy pouuoit estre asseurée, si elle n'ostoit au
donateur la liberté de declarer encores vn coup son intention. C'est pourquoy on s'est tant precipité pour insinuer ceste donation dés le lendemain.
En fin le statut a craint *ne ad suasum callidum, & machinationem quærentium
habere quæ sua non sunt,* telles donations ne se fissent. Et où peut-on imaginer
vne machination plus frauduleuse, que quád on épie l'absence du vray heritier? quand on fait chasser de la maison sa femme & ses enfans? quand l'heritier écrit le testamét tout de sa main, se fait seul heritier, & fait exhereder ou
preterir, s'il faut ainsi parler, tous les autres? Tellemét qu'il ne faut pas s'esbahir si le demandeur a redouté d'appeller à la confection de cét acte, *conscien-
tiam & approbationem eorum,* qui pouuoient reconnoistre la violence, la subornation & l'induction auec lesquelles elle estoit pratiquée. Mais d'où peut
estre procedé ce deffaut? le demandeur de son costé manquoit-il de conseil
en vne si bonne ville? & le deffunt qui auoit passé tout le cours de sa vie à
l'action iudiciaire, *vetus patricius, vetustissimus magistratus suæ ciuitatis ius
ignorabat;* qui le croiroit? Non, non, mais en ce deffaut reconnoissez d'vn
costé vn grand dol; de l'autre costé vne singuliere prudence; vn dol de
n'auoir voulu rendre témoins de ceste action, sinon que des personnes recherchées & apostées par les donataires. Car qui est-ce qui les a esté chercher & prier? le deffunt gisant en son lict, ou les donataires qui l'assie-
geoient? *Prudens consilium testantis animaduertitur,* qui ne se pouuant depestrer autrement de ces importunes & violentes suggestions, *hac arte properantes cupiditates elusit, & eorum delusit hiantem.* La Cour auec ceste
mesme prudence & selon son ordinaire equité & iustice, mettra l'appellation, & ce dont a esté appellé, au neant; Et ayant égard aux lettres, cassera
& annullera les donations dont est question, deboutera le demandeur de
ses fins & conclusions auec dépens; à quoy il concluoit.

    Le demandeur repliquoit au contraire, que l'appellation interjettée du
decret de l'insinuation estoit entierement illusoire & insoustenable. Car
le decret dont estoit appel ne contenoit autre chose que l'execution de l'ordonnance du Roy, qui veut que les donations soient insinuées. *Iuris exe-
cutio non continet iniuriam.* Mais on veut colorer cét appel par les moyens
de nullité inserez aux lettres de relief, qui n'est qu'vn faux teint dont on a
voulu farder ceste cause, pour pallier la démesurée cupidité d'vn heritier,
qui se veut exempter d'executer la volonté du deffunt, veut exclure ceux
que la nature, la Loy, & la raison appellent comme luy à la succession, &
s'approprier tout cét heritage. Pour répondre donc à ces pretendues nullitez, & commencer par l'ordre qu'elles ont esté proposées, il faut voir si
en ceste donation il y a, comme on pretend, deffaut de volonté. Pour
estouffer tout d'vn coup ceste objection, il pourroit suffire de dire; Voila
vn contract passé pardeuant vn Notaire & cinq témoins, par lequel le deffunt a declaré sa volonté: il a declaré que volontairement, liberalement,
& pour les causes specifiées au contract, il donnoit. Qui pourra supporter
apres cela vne calomnieuse voix d'vn heritier, qui voudra soustenir le contraire?

Noſtra ætas parum fidei gerit,
Tabulæ notantur, & adſunt teſtes duodecim:
Tempus, locúmque ſcribit actuarius,
Et tamen inuenitur Rhetor qui factum neget.

Et qu'y aura-il iamais de certain entre les hommes, ſi l'eſcriture ſolemnel-
le de tant de témoins peut eſtre eſbranlée par des faits calomnieuſement inuentez pour renuerſer les volontez de ceux qui ne peuuent plus declarer
leurs intentions? Mais encor examinons quels faits on allegue pour renuerſer vn inſtrument public. Des preſomptions. Et quelles? Il eſtoit, dit-on,
vieil & malade. Et quel aage ont preſcrit les loix pour oſter aux hommes
la diſpoſition de leur bien? Si ceſte raiſon eſt bonne, il eſtoit encor & plus
vieil & plus malade, & plus proche de la mort, lors qu'il a diſpoſé au profit
du deffendeur. Il eſtoit malade: & quelle Loy a deffendu aux malades de
donner entre vifs? Tant s'en faut; il y a beaucoup de cas auſquels il eſt permis à vn malade de donner entre vifs, & qu'il n'eſt pas permis de donner
par teſtament. ^a Mais il a diſpoſé entre vifs, & ce n'en eſtoit pas le temps:
il eſtoit plus à propos de faire vn teſtament qu'vne donation. Et qui eſt ce
ſuperbe heritier, qui au lieu d'executer les commandemens du deffunt, les
cenſure? qui appelle en iugement l'eſprit des morts pour luy rendre raiſon
de leur volonté, *quam bono hæredi ſcire ſat eſſet?* Reſuſcitons vn peu le deffunt & le r'amenons icy pour contenter l'inique curioſité de ce mauuais
heritier; & il luy répondra auec la meſme plainte que Seneque faiſoit de
l'ingratitude de ſon temps. L'ingratitude eſt ſi grande auiourd'huy, qu'il
faut que les hommes pouruoyent de leur viuant, non ſeulement à l'execution de leurs autres volontez, mais encores à la conſtruction de leurs ſepul-
chres: Le deffunt reconnoiſſant l'humeur de ſon heritier, ſa dureté, ſa contumace, ſon importunité, s'il euſt diſpoſé par vn acte reuocable au profit
du demandeur, il l'euſt contraint de reuoquer ceſte diſpoſition, ou il ne
l'euſt iamais laiſſé en paix. Ne voyez-vous pas comme il a vſé à l'endroit de
la femme, qui n'eſtant honorée que d'vn ſimple vſufruict, en a eſté priuée
par les clauſes artificieuſes que cét heritier, ſi toſt qu'il a eſté r'appellé prés
du deffunt, a fait inſerer en ſon teſtament? Et au bout, quelle ſorte d'argument eſt celuy-là, que pour conclure que la volonté du deffunt a eſté ſe-
duite, l'on die qu'il a diſpoſé entre vifs, & non pas à cauſe de mort? Qui a
iamais oüy dire que les diſpoſitions entre vifs ſoient plus ſujettes à ſedu-
ction & ſubornation que celles qui ſont faites à cauſe de mort? C'eſt bien
tout le contraire, pour trois raiſons toutes euidentes. La premiere, pource que la cogitation de la mort qui interuient aux actes, trouble grandement nos ames, eſbranle nos affections, & nous oſte la lumiere du iugement, & quant & quant la liberté de l'election: Elle nous trouue, ce dit
l'Empereur en ſa Nouelle, ^b ὑπὸ τῆς ἐν τῇ θανάτῳ ταραχῆς ϛενοχωρουμένην. Car
comme dit Platon, ἀνόητως γὰ διατεθρυμμένως διὰ τερόνων τινὰ ἔχομεν οἱ πλεῖςοι,
ὅταν ἤδη μέλλῃ ἡγούμεθα τελϑτᾶν. Tellement que parmy ces frayeurs-là, nous
nous laiſſons conduire & mener au premier qui nous prend; & comme vn
poids eſbranlé, nous prenons aiſément noſtre cheute du coſté dont on nous
pouſſe. La ſeconde raiſon eſt, qu'ayſément nous nous laiſſons induire à
faire

a C. adher.
ex. de teſt.

b De trieute
& ſemiſſe.

faire les fautes que nous estimons reparables, & ne craignons point de contenter l'importunité de ceux qui nous demandent, sur l'asseurance que nous auons d'y pouuoir remedier quand nous voudrons. La troisiéme, que nous consentons bien plus facilement à faire ce qui ne doit preiudicier qu'à nos heritiers, que ce dont nous-mesmes deuons porter la peine, & sentir l'incommodité. Car, comme dit le Poëte, *proximus sum egomet mihi* : le premier & plus fort amour est celuy de nous-mesmes, qui nous retient quand nous voulons faire quelque chose qui soit à nostre dommage. Or la disposition que nous faisons entre vifs & irreuocablement, aliene de nous & met tout presentement ce dont nous disposons hors de nostre puissance, diminuë d'autant nostre bien, & nous en oste l'vsage ; les dispositions à cause de mort n'ont aucun effet qu'apres la mort, & iusques-là sont tousiours fluctuantes & incertaines, & apres cela ne nous concernent plus. Car que nous importe qui les possede apres nostre mort, sinon par interest imaginaire ? Par là doncques on peut iuger que quelque chose que l'on die, le deffunt a beaucoup plus aimé le demandeur que le deffendeur, puis qu'il a esleu en sa faueur la façon de disposer, la plus auantageuse & plus certaine. Et au contraire il n'a osé se fier du deffendeur, ny luy lâcher si longues les resnes de sa liberalité ; ains connoissant son naturel l'a voulu tenir sous le frein d'vne reuocation, à laquelle estoit sujette la disposition qu'il vouloit faire en sa faueur. Aussi voulez-vous voir clairement quel iugement il a fait du deffendeur ? quels estoient ses comportemens à l'endroit de son oncle ? Il confesse qu'il a esté contraint de chasser luy & sa femme de sa maison. Où au contraire, le demandeur a tousiours vécu auec le respect enuers le deffunt, qu'il luy deuoit, sans luy auoir iamais donné occasion de plainte. Car quand il s'est retiré apres sa donation, ç'a esté pour aller faire les affaires du deffunt, qui estoient toutes décousuës. Oüy, mais, ce dit-on, le deffunt n'a rien laissé au demandeur par son testament, & neantmoins il a laissé à tous ses autres nepueux & niepces : Cela monstre donc bien son peu d'affection & son mécontentement. Disons tout au contraire, & l'argument sera beaucoup meilleur : Il a laissé à tous les autres & n'a rien laissé au demandeur, pource qu'il a creu l'auoir auantagé par les donations qu'il luy auoit faites. Tellement que ce silence n'est autre chose qu'vne taisible priere qu'il luy a faite, d'estre content de ce qu'il luy auoit laissé. Et quoy ? le deffendeur doncques voudroit aussi dire, que pource que le deffunt par son testament n'auoit rien laissé à l'hospital, il a entendu reuoquer ce qui luy est donné par la mesme donation ? Est-ce pas argumenter tout au contraire de la Loy ? qui veut que les dispositions mesmes qui pourroient estre suspectes, si elles ne sont point reuoquées iusques à la mort, soient censées confirmées ; & la presomption que la Loy a contre-elles d'induction & de subornation, est par là du tout effacée & couuerte ; [a] voire mesmes que celles qui sont faites aux personnes notoirement ingrates, sont asseurées par ceste taisible approbation ? Que doit-ce estre donc de celles qui sont faites entre vifs, irreuocables, entre personnes non seulement non suspectes, mais entre lesquelles on voit vne obligation naturelle à faire ce qu'ils ont fait ? Et toutesfois ceste preterition n'est pas telle que le deffen-

[a] *l. de donatio. inter virum.*

deur la feint. Car par le mesme testament, le deffunt substituë le demandeur au deffendeur deuant tous ses autres nepueux & niepces. Que veut
donc dire cecy ? il l'a preferé à ceux-là. Donc il l'a plus aimé. Il donne aux
autres par le testament, il ne donne rien à cestuy-cy : est-ce donc pas à dire
qu'il a pensé luy auoir auparauant donné, & n'a point creu que le deffendeur seroit si dénaturé frere, que de luy debattre sa donation ? Tellement
que l'on peut vrayement dire de luy, que si en cas semblable, & pour décharger l'heritier d'vne si mauuaise opinion, & lors qu'on n'auoit autre
chose qu'vne simple coniecture de la volonté du deffunt, l'on a induit vn
fideicommis, à combien plus forte raison doit-on tirer de là vne confirmation de ceste donation ? Si quand seulement le testateur a dit ; Ie sçay que
vous viurez comme freres, & n'aurez rien qui ne vous soit commun ; l'on
a induit vn fideicommis, à combien plus forte raison quand les parts sont
exprimées ? Le deffendeur n'a point craint de s'auancer iusques-là, de dire
que le deffunt estoit offensé contre le demandeur, pour les inductions &
violences qu'il luy auoit faites, pour luy faire faire ceste donation. Si cela
estoit, pourquoy doncques le substituoit-il par le testament ? Si cela estoit,
la femme comprise en ceste donation en estoit coupable aussi : pourquoy
luy a-il augmenté son legs ? En cét endroit on peut faire vn dilemme contre le deffendeur, duquel il ne sçauroit échapper qu'il ne demeure conuaincu, ou de calomnie, ou d'iniquité. Le testament du deffunt a esté fait vn
mois apres la donation, le demandeur absent pour les affaires du deffunt,
& le deffendeur present. De deux choses l'vne ; ou le deffunt auoit lors le
iugement sain & le sens entier. Et pourquoy donc ne faisoit-il mention de
la violence, de l'induction, de la seduction qui luy auoit esté faite ? Que
ne faisoit-il quelque mention de ceste donation ? quelque declaration qu'il
ne vouloit point qu'elle sortist effet ? Si au contraire, il auoit perdu le sens, la
memoire & le iugement, comment en vertu de ce testament le demandeur
se veut-il pretendre heritier ? & fonder vne qualité pour debattre ceste donation ? On voit par là comme le mensonge se dément tousiours soy-mesme, comme la verité au contraire retombe tousiours sur son quarré. Mais
le demandeur, ce dit-on, auoit écrit vn testament tout de sa main, qu'on
auoit voulu faire passer au deffunt, & par là conclud qu'il luy suggeroit ses
volontez. Il a esté des-ja dit, que ç'auoit esté par l'expresse volonté & commandement du deffunt, auquel le demandeur s'estant rendu extrémément
obsequieux toute sa vie, n'auoit osé desobeïr, le voyant malade & chagrin ; & tout ce qu'il auoit pû, ç'auoit esté de tirer les choses à la longue, &
commencer cét écrit sans l'acheuer, afin de luy donner loisir de meurir la
colére qu'il auoit contre le deffendeur. Et que cela soit ainsi, qui a donné ce
testament au deffendeur ? ne l'a-il pas trouué entre les mains du deffunt ? Si
le demandeur eust voulu s'en preualoir, & s'il n'eust esté commandé de ce
faire, il n'en eust pas vsé ainsi, il ne l'eust pas laissé en tierce main. Et chacun ne sçait-il pas que s'il eust voulu se seruir du temps, & profiter de l'indignation que le deffunt auoit contre le deffendeur, il se pouuoit faire donner tous les biens, ou faire instituer heritier vniuersel ? Le deffendeur doncques au lieu de se plaindre du demandeur, a toute occasion de loüer sa moderation

deration & le refpect qu'il luy a rendu. Plus foible que tous les autres eft l'argument que l'on veut tirer de donation de trois cens efcus, qu'on dit auoir efté extorquée fous vne fauffe caufe, & en confideration des droits de Peyronne Griffon. Car premierement, qui croira que le deffunt, qui eftoit le chef de toute la famille, ne fuft bien aduerty de la difpofition de fa fœur? Mais ce que le deffendeur dit auoir deu démouuoir le deffunt à faire cefte donation, eft au contraire ce qui l'y a meu. Voyant que l'exheredation que fa fœur auoit faite du demandeur, alloit eftre vne allumette de procez entre fes nepueux & niepces, luy qui auoit éprouué quel malheur apportent aux familles telles diffenfions, la voulut eftouffer à fes dépens, & du fien def-intereffer le demandeur. Et afin que les autres freres & fœurs n'euffent occa-fion de dire ce qu'ils difent auiourd'huy par fon teftament, il leur donne en-cores pour les mefmes droits beaucoup plus qu'ils ne pouuoient monter. Car il faut remarquer que par fon teftament, il ne legue pas feulement à Chriftofle heritier de Peyronne, mais auffi à toutes les autres fœurs auec expreffion de la mefme caufe, & pour les droits pretendus par leur mere, bien qu'ils n'en fuffent point heritiers. Et au bout, de vouloir inferer par là ou nullité, ou prefomption de fraude, c'eft vne mocquerie & vn erreur en droit tout euident. Car on fçait bien qu'vne fauffe caufe adiouftée ou à vn legs ou à vne donation, ne la rend iamais nulle ny vicieufe: *fubeft enim fem-per caufa donandi liberalitas & beneuolentia.* [a] Mais s'il vous faut rendre raifon pourquoy il a donné, confiderez feulement à qui il a donné:

a *l. 1. ff. de donationi-bus.*

——*fi fanguinis ordo,*
Aut fi proximitas primufque requiritur hæres:

N'ayant point d'enfans il a donné à fon nepueu, à celuy qui par nature, par la Loy ciuile & municipale, pour fes feruices, & obfequieux comportemens deuoit eftre fon heritier, & auoit mefme part en fa fucceffion que le deffen-deur. Pour monftrer que le demandeur n'en demande point dauantage & en a beaucoup moins, il a toufiours offert au deffendeur, & luy offre enco-res auiourd'huy de renoncer à fes donations, & qu'il le reçoiue à partager l'heritage auec luy. Et qu'y a-il plus iufte & plus féant entre deux freres que l'egalité? *Prima pars æquitatis eft æqualitas*, & n'y a rien fi conforme à l'e-quité naturelle, & qui nous foit plus ancien que cela. Τὸ γὰ ἴσον ἀνθρώποις νόμιμον ἔφυ, dit Ariftote. Auffi eftoit-ce la Loy d'Athenes, rapportée & loüée par Plutarque au traicté de l'amitié fraternelle, ἅπαντας τοὺ γνησίοις ἰσομοίρους ἐῇ τῷ πατρῴων, & repetée par l'Empereur Leo auec la raifon. [b] Et la Loy par mefme raifon interpretant la volonté du teftateur, qui difpofe entre les defcendans, prefume toufiours qu'il a voulu *feruare inter eos ius legitimarum fucceffionum.* [c] Que fi peut-eftre l'on veut dire qu'il s'agift de la fucceffion d'vn oncle, & non d'vn pere, qu'on die auffi qu'il s'agit d'vn oncle qui n'auoit point d'enfans; qui par les termes de la Loy n'a point d'autre nom pour appeller les enfans de fa fœur, que celuy auec lequel il appelleroit fes petits enfans, s'il en auoit: *funt enim ex forore nepotes*, lefquels par les anciennes mœurs des François n'eftoient pas eftimez moins chers aux oncles, que les enfans font aux peres. Car comme les freres fortent de mefme ventre, font compofez & nourris de mefme fang qui leur doit en-

b *Nouell. 19*

c *l. vel fin-gulis. ff. de vul. & pu-pill.*

gendrer de mesmes affections, ils les doiuent continuer à l'endroit de ce
qui sort d'eux. Que le deffendeur domestics cesse de dire que le deffunt n'a
point eu d'occasion, n'a point eu de volonté de donner au demandeur. Il
ne peut dire cela sans offenser sa memoire, sans luy reprocher qu'il manquoit de charité naturelle, & de ceste legitime affection dont l'ardeur naist
auec nous, & y dure aussi long-temps que l'humanité. Reste à voir si en
ces donations il y a tel deffaut de solennité, que l'on les puisse pretendre nulles. Celuy que l'on y remarque, c'est que par le statut il est requis que *in-*
teruenias Vigueriÿ seu Baiuli & Iudicis ordinariÿ conscientia, & approbatio, vel
duorum propinquorum cum vno ex syndicis, vel duorum syndicorum vna cum
loco tenente. Où premierement il faut remarquer que le mot du statut, dont
on se veut icy preualoir, est vn erreur populaire & terme abusif. Car c'est
vne ordonnance du Roy René, faite de son mouuement; laquelle comme
plusieurs autres semblables, celuy qui a compilé les statuts a inserée dedans,
sans que pour cela il ait changé sa nature, ny son authorité, ny qu'il luy ait
par là imparty vne plus rigoureuse & austere sanction que n'ont les autres
loix du Prince. Or par ce pretendu statut, voila trois formes introduites,
l'vne desquelles suffit pour valider vne donation, *ita quod clandestinitas,*
quæ est fraudis nota, præsentia prædictorum alternatim prout suprà interuenien-
tium secuta, legum doctrina excludatur: decernentes electionem in his ad dona-
torem pertinere. Le demandeur soustient qu'il a esté entierement satisfait à
ce pretendu statut, bien que la donation dont est question, n'y fust aucunement sujette. Et cela il le faut monstrer. Les parties demeurent d'accord
que la donation dont est question, a esté bien & deuëment insinuée en iugement par decret du Lieutenant general de ceste ville, & par là soustient
auoir esté satisfait au statut par deux raisons. La premiere, que l'ordonnance est vne Loy nouuelle, qui a introduit vne nouuelle forme & solennité
pour les donations, & par consequent a couuert celle qui estoit anciennes-
ment obseruée; estant certain que les dernieres loix derogent aux premie-

a l. vltima.
C. de const.
princ.

res. [a] En quoy il faut considerer que toutes ces deux ordonnances n'ont
qu'vne mesme fin & vn mesme effet, qui est de faire insinuer les donations
& les rendre publiques: car aussi voit-on que le titre de l'vne & de l'autre
est *de insinuandis donationibus.* La seconde & peremptoire, & sans réponse est, que la solennité de l'ordonnance comprend en soy celle du statut, est
plus ample & plus rigoureuse, & par consequent on ne peut douter qu'en
y satisfaisant on n'ait satisfait au statut. Car tout ainsi que l'on dit en Physique, que la derniere forme qui suruient au corps naturel, couure & enueloppe la premiere, en sorte qu'elle ne paroist plus; ne plus ne moins qu'vn
plus grand seau appliqué sur vn plus petit l'efface & ne laisse que la figure
du dernier imprimée; de mesmes aux negoces ciuils la formalité plus exacte qui est introduite par la Loy en vn acte, estouffe entierement la precedente. [b] Or examinons le statut & l'ordonnance, & nous trouuerons la

b l. 1. ff. si
serui. ff. de
quæst. Bald.
ib.

forme du statut dans celle de l'ordonnance, sans que l'on puisse satisfaire à
l'ordonnance sans satisfaire au statut, principalement de la façon dont l'ordonnance s'execute en ceste Prouince. Car on ne se contente pas icy pour
insinuer, de faire comme és autres lieux de la France, vn simple enregistre-
ment

ment muet au Greffe, mais iudiciairement on le demande, & le Iuge l'ordonne du confentement de l'vne & l'autre des parties ; & en cette façon les
donations dont eft queftion ont efté infinuées. Or que requiert le ftatut ?
confcientiam & approbationem Viguerij feu Iudicis ordinarij. La voicy doncques & fuperabondante ; car on ne peut pas nier que le Lieutenant general
de cefte ville ne fuft le Iuge ordinaire du deffunt. Il a fceu, il a approuué
cette donation : & comment ? publiquement en iugement, apres auoir
efté contefté. Que fi l'on vouloit dire qu'il n'a pas efté prefent à l'acte, l'on
remarquera que par le ftatut auffi n'eft-il pas requis. Car pour le regard du
Viguier & du Iuge ordinaire, il ne requiert que *confcientiam & approbationem* : ce mot de prefence n'eft employé au ftatut, que quand il parle des
Confuls ou des parens, & pour bonne raifon : car en cette action l'office
des vns & des autres eft tout different. L'office du Iuge eft accompagné
d'authorité, laquelle il depart à l'acte le rendant legitime, & par confequent il eft plus feant, plus raifonnable qu'il interuienne lors qu'il eft fait
que quand il fe fait. L'office des autres n'eft qu'vne efpece de témoignage,
& ne confifte qu'en fimple affiftance, & par confequent le ftatut la nomme bien prefence. Puis donc que cét acte a efté prefenté au Iuge feant
en fon fiege par les Procureurs du donnant & donataire, qu'apres la lecture il a efté ordonné qu'il feroit gardé, & pour cét effet enregiftré ; ne voila
pas la forme du ftatut exactement obferuée ? Et neantmoins on pourroit
fouftenir qu'en cét acte par le ftatut, cette forme n'eftoit point neceffaire.
Car il y a difference quand la Loy requiert precifément vne forme fans en
rendre raifon ; en ce cas il eft du deuoir du fujet d'obeïr à cét Empire abfolu, fans y apporter autre difcours ny confideration. Mais quand la Loy rend
la raifon de ce qu'elle ordonne, & declare fon intention ; en ce cas il eft certain que celuy qui fatisfait à l'intention du ftatut, eft fon vray & obeïffant
fujet, mieux que celuy qui ne s'attacheroit qu'aux paroles, [a] & que par   a *l. contrà*
vn acte equipollent on peut fuppléer celuy qui eft prefcrit par la Loy. [b]   *legem. ff. de*
Auffi eft-ce la regle que nos Docteurs tiennent, & que Baldé particuliere-   *legib.*
ment a donnée, que le ftatut s'entend toufiours felon les cas auquel le fta-   b *DD. in l.*
tuant euft répondu s'il euft efté interrogé. Or la fin du ftatut eft pour deux   *quoticns. ff.*
chofes ; l'vne pour éuiter la clandeftinité, l'autre pour empefcher que par   *de hered.*
l'inconfiderée facilité du donnant il ne foit fait preiudice à l'heritier du   *inft. Caftr.*
fang. Pour le regard de la clandeftinité, par la donation dont eft queftion,   *in l. nemo*
il y eft abondamment pouruû par la fageffe du donateur, car il l'a voulu   *dubitat. eod.*
faire pardeuant cinq témoins & vn Notaire ; qui eft vne preuue fi publi-   *tit.*
que, qu'elle exclud toute efpece de foupçon, de fraude ou de fauffeté. C'eft
la preuue que les loix ont choifie pour verifier les faits auancez contre ce
qui eft prouué par vn acte probant & authentique. Tellement que la Loy
n'a point craint de preferer vne telle preuue à vn acte public & folennel. [c]   c *è l. teftium*
Car qui croiroit qu'on pût gagner vn fi grand nombre de témoins, & leur   *facilit. C. de*
perfuader d'accommoder leur foy & prefter leur confcience contre la ve-   *teftib.*
rité ? Quant au preiudice qu'on a craint qui fe fift à l'heritier par les donations, il ceffe du tout en cette caufe ; car le deffunt donne à fon plus proche
parent, & à celuy qui luy deuoit fucceder ab inteftat, & luy donne moins

qu'il ne deuoit auoir par la succession; l'offre qu'il fait auiourd'huy de suc-ceder egalement auec l'heritier le iustifie assez. Chacun sçait qu'en droit, les dispositions qui se font au profit des heritiers de sang, sont tousiours fa-uorisées & priuilegiées, ores qu'elles soient moins solennelles; & entre cel-les-là, celles qui induisent l'egalité sont tousiours preferées. ^a Tellement que ceux qui d'ailleurs seroient incapables de disposer, soit pour faute de sens ou autre empeschement, disposans selon la charité naturelle & l'ordre du sang, leurs dispositions sont soustenuës: comme on voit en l'exemple du testament de Tuditanus, lequel bien qu'il fût reputé pour insensé, tou-tesfois ayant laissé sa succession à ceux à qui la nature la donnoit, *magis Cen-tum viri quid scriptum esset in tabulis, quàm quis eas scripsisset considerandum putauerunt.* Chacune de ces raisons-là deuoit estre suffisante pour clorre la bouche au deffendeur: & neantmoins par dessus celles-là, il y en a encores vne autre plus grande, plus forte, plus pressante, laquelle seroit, que si les solennitez qui abondent en cette donation y deffailloient, elle seroit sou-stenuë par la faueur de la cause par laquelle elle est produite. Car que les donations qui sont faites pour choses pieuses ne soient affranchies de toutes sortes de solennitez & formalitez, que les loix requierent aux contracts, il n'y en a point de difficulté. ^b La raison en est euidente. Car les solennitez n'estans introduites, comme dit le mesme statut, que pour éuiter les indu-ctions & subornations, les peut-on craindre és choses ausquelles Dieu & les hommes, les loix diuines & humaines nous exhortent? Il ne faut point craindre qu'elles soient sans cause, *pietatis causa semper subest & fauor anime defuncti.* Bref la Loy les trouue si fauorables, que de la simple pollicitation elle en donne action, ^c & pour preuue de la volonté, elle ne desire que deux témoins. ^d Or cette donation pour le regard du demandeur, qu'elle ne soit toute pieuse, toute religieuse, on n'en peut douter. Quand le deffunt l'a voulut faire, il a consideré qu'il estoit au lict de la mort, qu'il luy restoit peu de temps pour semer ce qu'il deuoit recueillir au Ciel, qui estoit les bon-nes œuures: il a jetté les yeux autour de soy, & consideré où il en auoit les plus propres & conuenables sujets. Comme il auoit esté nourry aux lettres, & bien institué en ce qui est du droict diuin & de la conscience, il sçauoit que ceux qui veulent exercer les œuures de charité, doiuent commencer par les personnes qui leur touchent de plus prés, s'ils en ont besoin. Car, comme dit l'Apostre, *qui domesticarum curam negligit, est infideli deterior.* Aussi Sainct Thomas ^e dit, que c'est vne regle de charité infaillible que ceux qui ont à dispenser leur bien pour œuure religieuse, sont obligez de preferer ceux qui les touchent de plus prés, s'ils sont en egale necessité que les autres. Et pour cette raison ores que les biens de l'Eglise ne soient qu'en depost entre les mains des beneficiers pour les dispenser aux pauures; *sunt enim,* dit Sainct Hierosme, *pietatis deposita:* toutesfois le Prelat qui en a la dispensation est tenu, s'il a des parens pauures & necessiteux, de les secou-rir deuant tous les autres. ^f Le deffunt doncques bien instruit en cette sage & sainte doctrine, voulant faire cette donation a regardé le demandeur, non point seulement comme son nepueu, mais comme ayant sept enfans, & entre iceux quatre pauures filles à marier: il a exprimé par l'acte pour
cause

a *l. hac con-sult. C. de test.*

b *DD. in l. 1. & l. illud. de sacrosan-Etis Ecclesiis, & Iulius Clarus in §. test.*

c *l. 3. de poll.*
d *Bar. in d. l. 1. de sacr. Eccl. c. relatum. de test.*

e *Secunda secunda, quast. 27.*

f *c. 1. & ibi abb. de coha-bitatione cle-ric. & mul. c. vt super. de bonis Ec-clesnon alie-nand. 86. quast. c. quiescamus.*

caufe de cette donation, non point par fa fimple liberalité & munificence,
mais la décharge de fa confcience; & a dit qu'il donnoit à fon nepueu pour
luy ayder à marier fes filles; pour luy ayder, dis-je, pource qu'il fçauoit bien
qu'à vn fi grand nombre ce qu'il donnoit eftoit peu. Or fi cette action eft
pie, fainte, religieufe & priuilegiée, il femble qu'en douter, ce feroit ignorer le droict naturel, diuin & humain. Car de toutes les notions communes, imprimées par la nature en l'efprit des hommes, qui les conduifent
comme vne lumiere interieure qui luit en eux à la pieté, il n'y en a point qui
fe manifefte fi euidemment, que le foin que tous les hommes en general &
chacun d'eux, ont à la conferuation de la pudicité & chafteté des femmes.
Auffi la nature en a-elle graué les preceptes, non feulement aux chofes viuantes & animées, mais mefmes aux mortes. Car nous voyons par experience, & Pline l'a ainfi obferué, *virorum cadauera fupina fluctuare, mulie-*
rum vero prona, quafi pudori defunctarum etiam parcente natura : tant le
vœu & inftinct de la nature eft grand, tant fon foin eft exquis & euident à
conferuer la pudeur de ce fexe, auquel confifte fon principal ornement.
Que l'on confidere la police de tous les peuples du monde, on ne trouuera
point qu'il y ait aucune partie de leur gouuernement en laquelle tous ayent
efté fi conformes qu'à conferuer l'honneur de ce fexe, comme eftimant
qu'en iceluy gifoit la feule efperance de la prorogation du genre humain,
la conferuation des familles, la certitude des fucceffions, & le fondement
de toutes bonnes mœurs. *Pudicitia*, difoit Tertullian, *flos morum, honor*
corporum, decor fexuum, integritas fanguinis, fides generis, fundamentum
fanctitatis, præiudicium omnis bonæ mentis. Or le plus grand ennemy de la
pudicité, c'eft la pauureté & la neceffité. Ἀπὸ τῆς ἀπλίας πολλὰ πσιουῶται κακὰ,
dit Menander. C'eft pourquoy dans Terence ce vertueux & ingenu Pam-
phile s'affligeant de la fortune de la fille qu'il aimoit, difoit, *Bene & pudi-*
cè doctum, & eductum, finam Coactum egeftate ingenium immutarier : &
fainct Ambroife loüant & recommandant la charité de ceux qui eflargif-
foient leurs biens, pour ayder à colloquer en mariage les filles, que cela
eftoit *fubtrahere turpitudini fœminas.* De là vient que par les villes Chre-
ftiennes on voit tant de belles inftitutions, tant de Monts de pieté erigez
pour cét effet, où la religion des hommes a depofé des trefors publics pour
ayder à marier les filles. Les grandes familles à Gennes en ont chacun vn
particulier, reconnoiffans affez que fi la pauureté n'eft fecouruë de la charité, elle eft contrainte de paffer à des alliances fort inegales, & perd l'honneur de la famille où elle eft née, & quelque chofe auec de l'opinion de fa
pudicité; témoin celuy dans Plaute, qui ne vouloit pas marier fa fœur, pource qu'il n'auoit pas moyen de la doter, bien que de grands & opulens citoyens la demandaffent fans dot:

Me meam germanam in concubinatu tibi
Sic fine dote dediffe magis quàm in matrimonium.

Et pource fi le deffunt fe voyant prés de fa fin eft entré en cette cogitation;
fi n'ayant point d'enfans il a fongé à l'honneur de fes pauures niepces; fi à
quatre filles à marier il a donné quelque peu de fecours & d'aumofne; douterez-vous s'il a fait pieufement, s'il a fait religieufement? Quand les vi-

uans s'en tairoient, les morts en parleroient comme ils ont fait autresfois.
Nous lisons en Cedrenus que le Philosophe Euagrius ayant deposé entre
les mains de Synesius Euesque d'Alexandrie, trois cens liures d'or, pour les
employer en certaines œuures pies apres sa mort, il se trouua vn certificat
écrit & signé de sa main, par lequel il asseuroit qu'il auoit receu au Ciel le
centuple de cette sienne liberalité. Il n'y a donc point de doute que cette
action ne merite le nom & le titre de pieté, & nos loix ciuiles mesmes la leur

à l. cùm is
qui. ff. de
cond. inde.

donnent. a Et la plus part de nos Iurisconsultes ont decidé, que generalement & vniuersellement *causa dotis pia erat*, & iouïssoit du priuilege deu à
la pieté; mais particulierement quand la proximité & la pauureté concurrent, il ne s'en trouue vn seul qui en ait osé douter. A quoy il faut encores
adiouster qu'elle est conjointe à vne autre cause pieuse, qui est celle de l'hospital, laquelle luy redouble sa force; estant certain que les dispositions mesmes qui de soy se trouuent aucunement manques & imparfaites, sont
neantmoins validées & raffermies par l'interuention & compagnie de la

b DD. in
l. 1. C. de
sacr. Eccl.

cause pieuse. b Ce que toutesfois le demandeur remonstre par exuberance
de raisons, car il soustient qu'il a esté satisfait & à la forme & au desir du statut. Que le deffendeur doncques laisse en paix la memoire du deffunt son
oncle, qu'il le laisse iouïr du repos que luy a acquis vn œuure si charitable
& si vertueux; qu'il ne noircisse point son nom de la fraude qu'il luy veut
imputer, d'auoir voulu tromper ses pauures niepces, & par vn acte nul
properantes earum necessitates eludere; qu'il se contente d'auoir esté nourry
& esleué par le deffunt; que par son moyen, sa peine, sa dépense & industrie, il a recueilly toute la succession de la maison de Iustas, par son testament il a esté honoré du titre de son heritier vniuersel, & ce faisant que luy
qui n'a que deux enfans masles, profite de cette succession deux fois autant
que le demandeur & sept petits enfans qu'il a. Qu'il considere que quand
les quatre filles du demandeur demeureroient miserables, destituées de
moyen, & suiettes aux opprobres que tire apres soy la pauureté, vne partie
de la honte redonderoit sur luy, puis qu'elles portent son nom. Et pource le
demandeur s'asseure que la Cour, sans auoir égard aux lettres, mettra l'appellation au neant, & luy adiugera les fins & conclusions par luy prises.

Le deffendeur pour dupliques répondoit: Que quelques artificieuses
couleurs dont le demandeur ait voulu peindre sa cause, il n'auoit sceu si bien
faire, que sa captation & subornation ne parust euidente: Puis que desia elle
demeure conuaincuë par sa propre main, par le testament qu'il auroit luy-
mesmes écrit pour exclure entierement le deffendeur. Par où l'on voit auec
quel front il veut auiourd'huy pretendre vne egalité, luy qui a des-ja eu toute la succession du pere, & qui vouloit auoir toute la succession de l'oncle par
le testament qu'il auoit dressé, & qui l'auroit encor si ses donations auoient
lieu. Ceste egalité est fauorable où les qualitez & merites sont egaux; mais en
ce fait-cy, *quid esset æqualitate illa iniquius?* Le demandeur a demeuré toute
sa vie en sa maison à ménager la succession de son pere, qu'il a toute euë.
Le deffendeur a toute sa vie vaqué parmy le monde & sollicité des procez pour le deffunt; & se peut dire que s'il y a quelque bien en ceste maison, c'est par son trauail & sollicitude qu'il y est. La Iustice distributiue,
de

de laquelle depend la remuneration, ne confifte pas en proportion nume-
rale & arithmetique, qui diuifant vne chofe en deux, la diftribuë par egales portions ; elle eft totalement geometrique, qui ne regarde pas le nombre des perfonnes, mais leur merite, eftimant la vraye egalité, celle de la
proportion d'iceux auec la remuneration. Puifqu'il n'y a donc point de
proportion des feruices du demandeur auec ceux du deffendeur, qu'il ceffe
de fe vouloir egaller à luy. C'eft auffi fort mal à propos de vouloir transferer en cette caufe la faueur des difpofitions egales d'vn pere enuers fes enfans : Pource premierement que les parties ne font pas enfans, & ne s'agift
pas de la volonté d'vn pere, qui eft le fondement de cette refolution. D'autant que l'on prefume, comme il eft porté par la Nouelle de l'Empereur
Leon, & que l'obligation naturelle y eft, que les peres aiment egalement
leurs enfans. Secondement, cela ne fe pratique finon quand les vns & les
autres font compris egalement en la derniere volonté. Or icy elle n'eft
qu'en faueur du deffendeur feul. Mais fi on veut oppofer vn contract entre vifs à vne derniere volonté, il faut qu'elle foit entierement folennelle,
auffi bien pour le fils que pour les autres. [a] Que fera-ce donc au fait d'vn   a *l. data. C. de donatio-nibus.*
nepueu tel que celuy-cy ? & contre vn nepueu tel que ceftuy-cy : où pour-
ra-on emprunter en ce faict de la faueur pour fe couurir du deffaut de fa
folennité ? De vouloir dire que l'ordonnance des infinuations a couuert la
forme du ftatut, cela eft entierement impertinent : Car l'ordonnance eft
du tout differente du ftatut, foit en fa forme, foit en fon effet. En la forme, pource qu'elle veut les donations faites & parfaites eftre infinuées au
Greffe des fieges du domicile de toutes les parties, enfemble du lieu où les
chofes immeubles font affifes : & le ftatut requiert feulement en la confection de la donation, la prefence & approbation des perfonnes y defignées :
Pour l'effet, la principale intention de l'ordonnance eft dirigée à pouruoir
au droict des creanciers, afin que par vn titre, lequel fe peut aifément fi-
muler, ils ne foient trompez, & qu'on ne transfere & deftourne le droict
des chofes fur lefquelles ils ont def-ja hypotheque, ou celles fur lefquelles
ils l'auront puis-apres. Pretendre donc qu'vne chofe qui eft fi differente
foit la mefme, cela eft hors de tout difcours. Et de vouloir dire que l'ordonnance qui a apporté plus de folennité aux donations ait remife celle qui
eftoit auparauant, c'eft fe moquer : Ioint que la vertu du ftatut eft telle,
qu'on n'y peut deroger que par claufe particuliere & fpeciale : car eftant
vne difpofition locale, fpecifique, & ordinairement contraire à la Loy generalle, la Loy n'eft eftimée y deroger, que quand elle en fait particulie-
re mention. [b] A quoy il faut encores adioufter, que la nature des loix &   b *hart. in l. fciendum. ff. qui fatis cog.*
leur proprieté eft celle-là, que quand il en furuient vne nouuelle, elle n'eft
tenfée deroger à la premiere, finon qu'elle foit incompatible auec elle, &
introduife vne difpofition qui ne peut fubfifter auec la precedente. [c] Mais   c *l. vlt. c. de conft. prin.*
quand toutes deux font compatibles, tant s'en faut que la derniere abro-
ge la premiere, qu'au contraire elle la confirme & s'interprete par elle. [d]   d *l. fed & pofteriores. ff. de leg.*
Cette excufe ne pouuant donc feruir au demandeur, il refte à examiner les
deux autres poincts fur lefquels il fait fon principal fondement ; fçauoir fi
fes donations fe peuuent dire caufes pies, fe peuuent dire exemptes de la

forme requife par le ftatut. Pour la première donation des trois cens efcus, la chofe eft fans difficulté; non feulement elle n'a aucune caufe pièufe, mais vne fauffe caufe d'vn droict que le donateur eftimoit appartenir au demandeur. Et de fe penfer excufer de cette fuppofition, en difant que le deffunt fçauoit bien que ce droict n'appartenoit point au demandeur, il y a deux raifons qui deftruifent cette opinion. Premierement, pource qu'il eft croyable que fi cette donation n'euft efté fondée que fur la pure liberalité, le donateur n'en euft point voulu perdre la gloire, & choifir pluftoft vn titre qui faifoit croire qu'il faifoit cela d'obligation, que celuy qui monftroit qu'il le faifoit de munificence. Secondement, il a monftré par fon teftament que depuis il auoit efté inftruit à qui appartenoit ce droict. Car par iceluy il en a legué la recompenfe à d'autres. Mais venons à la feconde donation, & fur le fujet d'icelle difcutons ces deux poincts, & voyons comme ils s'y peuuent adapter. Le demandeur pour fonder fon intention veut premierement eftablir cette maxime, que toute difpofition faite pour marier des filles eft cenfée eftre pour caufe pie, & n'eft point fujette aux folennitez du droict, & apres monftrer que celle-cy eft de cette nature. Il a raifon de dire que la pieté procede de la nature, & que c'eft vne commune opinion qu'elle a verfée aux efprits des hommes, qui leur a engendré ces communes affections, & entre autres celle de conferuer la pudicité des femmes. Mais il n'a pas raifon de dire, que tous les peuples vniuerfellement, ny que tous les hommes fages ayent eftimé que le moyen de conferuer la pudeur, la modeftie en ce fexe, ce fuft de luy donner des biens & des commoditez. Au contraire il fe peut faire vne grande & longue enumeration de peuples qui ont detefté les dots, comme la vraye corruptelle des mœurs, comme le poifon de la pudicité, comme l'ennemy de la vertu, comme la ruine du repos familier & domeftic. Les Sophiftes dans Arrianus, les Grecs dans Ariftore, & Plutarque en la vie de Solon, les anciens Prouençaux en Strabon, les Germains dans Tacite, & les Goulois dans Cefar, non feulement ne donnoient point de dot aux femmes, mais au contraire l'homme qui la prenoit le luy donnoit. Platon en fon fixiéme liure des Loix eftime qu'en vne Republique bien ordonnée, l'on ne doit point permettre que les femmes foient dotées; & l'ordonnance mefmes de cét Eftat & de toutes les Republiques voifines ont auec beaucoup de foin trauaillé de reduire les dots au plus bas poinct qu'il feroit poffible, iugeant auec vne grande & euidente raifon, que l'opulence des femmes eftoit la femence de tout le defbordement qui naiffoit dans les familles. Ce que nous voyons naïfuement reprefenté fur le theatre de la vie ciuile, qui eft la Comedie, où les Poëtes épluchans les vices domeftiques, & defauts qui font aux familles, remarquét que ç'en eft là vne des principales. C'eft pourquoy Plaute [a] introduit vn qui fe veut marier auec la fille de fon voifin pauure & fans dot, & rend raifon de fon deffein.

a In Aulalaria.

　　Namque indotata, ea eft in poteftate viri,
　　Dotatæ mactant & malo & damno viros.

Vn autre dans le mefme Poëte, qui n'auoit pas pris cét aduis, ne mit gueres à s'en repentir difant,

　　Argentum accepi, dote imperium vendidi.

Au

Au contraire parmy la pauureté Romaine, la vertu & la pudicité estoit asseurée dans les maisons.

> *Præstabat castas humilis fortuna Sabinas.*
> *Dos erat magna parentium*
> *Virtus, & metuens alterius viri*
> *Certo fœdere castitas.*

C'est pourquoy cette pudique Matrone se glorifiant dans le Comique de sa vertu & pudicité disoit,

> *Non mihi illam dotem dico quæ dos dicitur,*
> *Sed pudicitiam & pudorem, & sedatum cupidinem.*

Mais maintenant que,

> *Luxuria incubuit victúmque vlciscitur orbem,*

que les mariages s'estiment par l'argent, que *de moribus vltima sit quæstio,* & que pour plus grand ornement des nopces,

> ——— *lance beata*
> *Dacicus, & scripto radiat Germanicus auro.*
> *Dum diues sit, nullum vitium vitio vertitur.*
> *Nullum crimen abest facinúsque cupidinis, ex quo*
> *Paupertas Romana perit.*

Ce n'est donc point fauoriser la pieté, ce n'est point la vouloir introduire dans les Republiques, que de procurer des commoditez pour les mariages des filles. Mais donnons neantmoins cours à cette opinion vulgaire, & passons pour maxime que les dots soient fauorables, & qu'ils ayent leur origine de la pieté. Pourra-on puis apres conclurre que toutes donations faites pour causes pies ne soient point sujettes aux formalitez, soit des insinuations ou autres; veu que le texte de la Loy [a] est tout au contraire, laquelle veut que depuis qu'elles passent cinq cens escus à quelque œuure pie qu'elles soient faites, qu'elles soient insinuées, sans que cette Loy se trouue auoir iamais esté ny reuoquée, ny moderée? Quant à ce que l'on a voulu que par la Loy derniere *de iure dotium,* les dots particulierement soient exempts & immunes de la solennité de l'insinuation, cela s'entend du dot qui est precisément constitué par le contract de mariage, & qui est donné par celuy qui est tenu de doter. Et pour le regard de l'estranger, seulement iusques à certaine quantité. Au bout nostre vray droict & nostre plus certaine legislation, est-ce pas celle des ordonnances de nos Rois? entre lesquelles celle de Moulins qui a esté faite par l'aduis des plus sages hommes de ce Royaume, n'egale-elle pas les donations en faueur de mariage en tout & par tout aux autres? Mais qu'a de commun cela auec le statut, qui ne parle pas de la simple insinuation de droict, mais d'vne forme particuliere par iceluy introduite generalement en toutes donations, auec expresse sanction de nullité contre le deffaut d'icelle? Or quand toutes ces maximes & illations seroient vrayes iusques-là, comment le pourroit-on maintenant appliquer à l'hypothese de cette cause, & monstrer que cette donation ait esté faite pour marier des filles? que ce soit esté la cause impulsiue de cette donation? car pour ioüyr du priuilege de la cause pie, il le faudroit iustifier. Toutes choses y resistent: Premierement, la personne à qui est faite la donation; car elle

eſt conceüe en la perſonne du demandeur ſeul. Secondement elle n'eſt pa
faite ſeulement pour luy ayder à marier ſes filles, mais à auancer ſes autre
enfans indiſtinctement. En troiſieſme lieu, elle n'a aucune clauſe ny obli-
gatoire au demandeur d'employer là ceſte donation, ny reuocatoire en cas
de contrauention; ce qui ſeroit neceſſaire. Car puis que la cauſe eſt impulſiue, il faut qu'elle ait ſon effect certain; & lors que l'effet vient à manquer,
elle ceſſe auſſi d'operer. Or la donation qui eſt faite au demandeur contient
pluſieurs cauſes impulſiues, toutes exprimées par le donateur. La premiere
& ſeule ſuffiſante, la liberalité; la ſeconde, pour luy donner moyen de faire
ſeruice au donateur. Tellement que l'on voit que les autres qui ont eſté ad-
iouſtées ne ſont que pour accompagner les precedentes, & par conſequent
ne ſont ny principales ny impulſiues. Mais accordons qu'elle ſoit ſeule principale & impulſiue, accordons que la cauſe de dot ſoit cenſée pie, diſpenſée
de toutes ſolennitez, pour cela la cauſe du demandeur ſera-elle bonne? non.
Car tous les Docteurs qui ont traitté ceſte matiere reſoluent que la donation pour cauſe de dot n'eſt cenſée pieuſe pour eſtre ſoluë & eximée du joug
des formes & ſolennitez, ſinon quand elle eſt faite pour doter de pauures

a Ioannes
Royas in epi-
tome ſucce. c.
33. nu. Al-
bericus l. de
ſtatutis. c.
91. Campe-
gius de dote
num. Boſ-
cheus de nu-
ptijs lib. 6.
c. 33. Baldus
Nouell. de
dote, part. 5.
nu. 5. Boni-
caſſius in
tractatu de
paupertate
queſt. 5.
num. 9.
filles, qui n'ont nul moyen d'ailleurs. [a] Or le demandeur ne ſe peut pas dire
de ceſte qualité, luy qui a eſté ſeul heritier d'vne bonne & ample maiſon,
qui a exclus tous ſes freres de la ſucceſſion de ſon pere auec vn petit legs.
Quand il eſt queſtion de iuger la pauureté, il ne la faut pas iuger par comparaiſon des autres eſtrangers. Car il n'y a riche qui ne ſe trouuaſt pauure en
regardant vn plus riche que ſoy: Mais il la faut iuger par comparaiſon des
autres plus miſerables que ſoy, ou pour le moins par comparaiſon de ceux
deſquels nous ſommes ſortis. Que ſi nous ſommes auſſi riches qu'eux, dequoy nous pouuons-nous plaindre? Le demandeur a tout le bien de la maiſon d'où il eſt nay; ſe peut-il dire pauure ſans offenſer la nature & la fortune? Voyant que de ſon chef il n'a moyen d'appuyer ceſte cauſe, il a voulu
emprunter la faueur d'autruy, & voulu ſouſtenir que ſa donation eſtant
nulle doit eſtre neantmoins validée par la concurrence des pauures, pource
que par le meſme acte il eſt donné à l'hoſpital. Raiſon ſans raiſon, & qui ne
merite du tout point de reſponſe. Car outre que la cómune opinion de tous
les Docteurs eſt, que la faueur de la cauſe pie ne profite iamais à ceux qui ne
ſont pas *in eadem cauſa*, ſelon les authoritez qui ſont rapportées par le Cla-
b in §. teſt.
num.
rus;[b] Ceux meſmes qui ont tenu l'opinion contraire, l'ont limitée en vn cas,
qui eſt en vn teſtament où la cauſe pie eſt inſtituée, & qu'il eſt legué à d'autres, ou bien en vne donation où la cauſe pie eſt chargée de faire & donner
quelque choſe; car en ce cas il ſeroit entierement hors de raiſon, que la cauſe pieuſe receüant la liberalité du deſſunct par vne faueur particuliere de la
Loy, ſe vouluſt exempter de la charge annexée à ceſte liberalité, & auoir
plus de priuilege ſuccedant en vertu d'vn teſtament ou contract imparfait,
que ſi elle meſuroit ſon droit d'vn acte entierement accomply & parfait.

   A cela derechef le demandeur repliquoit, qu'en vain le defendeur vouloit par ſes ſubtilitez renuerſer vne regle qui eſt confirmée par la commune opinion de tous les Docteurs, & laquelle eſt appliquée en ce fait-cy
auec vne manifeſte equité, tant pour le ſalut de l'ame du deſſunct, que pour
l'honneur

l'honneur de sa famille. Et se trouuera la cause du defendeur si mauuaise, que quand on luy accorderoit ce qu'il a tant de peine de monstrer, que ceste donation ne peut subsister par la rigueur de l'ordonnance ou du statut, toutesfois sa condition en seroit pire. Car il ne peut pas faire par toutes ces raisons, que le demandeur ne soit nepueu du defunct, comme il ne peut pas que ces quatre pauures filles ne fussent ses petites niepces, que par consequent la Loy de nature, l'honneur du monde, ne l'obligeast d'en auoir soin, & de leur bien faire. Il ne peut pas faire qu'on ne connoisse par ses donations, la volonté que le testateur auoit de leur bien faire. Il ne peut pas faire partant, que par ce testament on ne connoisse plus clair que le iour, que la seule occasion pour laquelle il a laissé à tous ses autres nepueux & niepces qu'il aymoit moins & auoit occasion de moins aymer, & n'a rien laissé au demandeur, ç'a esté qu'il a creu auoir pourueu au demandeur par ceste donation, laquelle il a estimée bonne, comme dit la Loy, *Nemo præsumitur* *genus testandi eligere ad infirmanda sua iudicia.* Posons (bien qu'il ne soit pas vray) qu'il se soit trompé ; ceste fausse opinion aura-elle pas esté cause qu'il a laissé le defendeur seul heritier, & a obmis à disposer au profit du demandeur qui estoit en egal degré ? En ce cas, que veut la Loy, sinon que les choses soyent reduites ab intestat ? Car bien qu'anciennement par la subtilité de la Loy, ceste fausse opinion ne nuisist rien à la disposition du testateur, & n'empeschast point l'effect de l'institution ; toutesfois les Empereurs meus d'vne euidente equité, ont resolu tout le contraire. L'exemple en est rapporté par Paulus : [a] la mere ayant eu nouuelle que son fils estoit mort à la guerre, auoit institué d'autres heritiers ; le testament ne fut pas cassé, car il faut croire que lors la preterition de la mere ne rendoit pas nul le testament, mais le fils r'entra en son droit hereditaire, à condition d'acquitter les charges du testament. Comme si l'Empereur eust voulu dire, que puis que cela arriue par erreur, il suffisoit de reduire les choses aux termes ausquels il est croyable que la mere elle mesme les eust mises, si elle n'eust point esté trompée de ceste fausse opinion. Et afin que l'on ne die point que la qualité de la mere en cela ait apporté quelque poids à ceste decision, les Empereurs & le mesme Iurisconsulte apres en ont resolu le semblable *in extraneo*. *Pactumeius Androsthenes*, ayant institué *Pactumeiam filiam Pactumeij magni*, & sur vn faux aduis qu'il auoit eu ayant changé son testament & institué vn autre, les Empereurs casserent la seconde institution & releuerent la premiere ; [b] introduisant par là ceste regle, que ce qui aduient par l'erreur du testateur, en sa disposition contre sa volonté, se doit reparer par l'equité. Et pourrions dire, que nous sommes proprement en ce cas aux termes de la Loy, [c] où il est dit, que *si testator conditionem destinans addere institutioni non addidit, institutionem non valere.* Et pour cet effet, les Iurisconsultes ont introduit l'exception de dol contre l'heritier, lequel se voulant attacher à la subtilité du droict, voudroit frustrer l'apparente volonté du defunct. [d] Ce faisant que pourroit operer la pretenduë nullité de ces donations, sinon, que faire que le demandeur succedast par egales portions auec le defendeur ? ce que ne voulant pas accorder (aussi luy seroit-il trop desaduantageux) il faut qu'il accorde l'effect des donations.

a *In l. cùm mater. ff. de inofficioso testamento.*

b *l. pactumeium. ff. de here inst.*

c *§. tantumdem Marcellus. de hered. instituendis.*

d *l. cùm tale. §. sal sa caus sa. ff de con. & de.*

Les parties ayans esté oüyes en iugement, par arrest auroit esté ordonné que sur toutes leurs fins & conclusions, elles écriroient & produiroient ce que bon leur sembleroit dans trois iours ; a quoy elles auroient de part & d'autre satisfait. Et depuis en iugeant le procez, le demandeur ayant esté mandé sur quelques offres qu'il auoit faites au procez, d'accepter au lieu de sa donation la moitié du droict hereditaire que son frere auoit par le testament du deffunt ; & ce faisant luy communiquer de sa part tout ce qu'il auoit eu de la succession de leur pere commun, auroit esté ordonné que ces offres seroient communiquées au deffendeur, qui ne les auroit voulu accepter. Tout veu & diligemment examiné, La Cour par son iugement & arrest, sans auoir égard à la clause apposée aux lettres, a mis l'appellation au neant ; Ordonne que ce dont a esté appellé sortira son plein & entier effect. Et au principal, ordonne que le demandeur ioüira du contenu aux donations dont est question, sans restitution toutesfois par le deffendeur de fruits, interests ne despens.

SVR LA QVESTION, SI LE TESTATEVR PEVT faire que les fruicts pris par les enfans du premier degré, soient en quelque cas imputez en leur legitime.

PROCEZ s'est meu pardeuant la Cour, entre Melchior de Faret heritier de deffunte Dame Claire de Meynier, en son viuant femme du Viscomte de Porieres demandeur, afin d'auoir adiudication de la part & portion des biens qui appartenoient à ladite Claire de Meynier en la succession de Dame Ieanne de Vintemille sa mere, ensemble supplément de legitime sur les biens de deffunt Messire Iean de Meynier, Baron d'Oppede, & premier President en la Cour de ceans son pere, auec restitution de fruits d'vne part : Et Iean Forbin sieur de la Fare, comme pere & legitime administrateur de Vincent Anne de Meynier, dit Forbin, Baron d'Oppede son fils, deffendeur d'autre.

AVQVEL procez le demandeur disoit, que pour le fait les parties demeuroient d'accord, & resultoit par les pieces, que du mariage du sieur President d'Oppede & Dame Ieanne de Vintemille n'estoient yssuës que deux filles, Claire & Anne de Meynier. Claire fut colloquée en mariage auec le Viscomte de Porieres dés l'an 1543. & par le contract de mariage le sieur President d'Oppede luy donna en dot la somme de quinze cens escus & la terre d'Aigalades. Et ce pour tous droicts paternels & maternels, ausquels elle renonça, & iceux ceda à l'heritier qui deuoit estre d'iceluy sieur President, auec serment, & autres clauses accoustumées. Depuis & en l'an 1546. voulant le sieur President d'Oppede pouruoir à sa succession, & maintenir le lustre & splendeur de sa famille, fit son testament ; & par iceluy entre autres choses, au cas qu'il decedast laissant des enfans masles, laissa à sa fille Claire Dame de Porieres par droict d'institution le dot qui luy auoit esté donné, & outre la somme de mil escus à vne fois payer:

payer : & en cas qu’il decedaft fans enfans mafles, luy laiffa l’vfufruict de
tous les biens qu’il auoit au Comté de Veniffe, excepté la terre d’Oppede,
qui appartiendroit à fon heritier ; à la charge qu’elle ne pourroit rien demander en fes biens & fucceffion pour quelque droict & caufe que ce fuft,
& en cas de contrauention la priue elle & les fiens de ce qu’il luy auoit laiffé, & luy laiffe feulement la dot qu’il luy auoit conftituée, & dix efcus pour
vne fois. Il fait vn femblable legs à Damoifelle Anne de Meynier, femme
du fieur Prefident de Lauris, de l’vfufruict des biens de Prouence, declarant
expreffément que c’eftoit pour tous droicts, mefmes pour ceux qu’elle pouuoit pretendre en la fucceffion de fa mere ; veut qu’elles payent les debtes,
l’vne celles de Prouence, l’autre celles du Comtat ; & en cas qu’elles fuffent
fi grandes qu’icelles payées elles n’euffent pas leur legitime, que ce qui de-
faudra de leur legitime foit repeté fur fon heritier ; & au furplus de tous fes
biens, il inftituë fon heritier fon aifné mafle ; & au cas qu’il n’en ait point,
l’aifné de la Dame de Porieres ; & en cas qu’elle decedaft fans enfans mafles,
l’aifné de la Dame de Lauris, auec fubftitutions aux defcendans mafles de
l’vn à l’autre à perpetuité, & prohibitions d’aliener ou detraire aucune chofe : ce qu’il dit luy eftre permis, pource que fes heritiers ne font point enfans
du premier degré.   L’an cinquante-trois enfuiuant, eftant en l’affliction
que chacun fçait, il fait vn autre teftament confirmatif du premier, & declare d’abondant qu’il fait fon heritier le premier enfant mafle qu’il aura au
temps de fon deceds ; & en cas qu’il decede fans enfans, le plus ancien fils
mafle de la Dame de Porieres qui furuiura lors du deceds de luy teftateur ;
& en cas que ladite Dame de Porieres decedaft fans enfans mafles, il fait
fon heritier vniuerfel Claude fils d’Anne de Meynier Dame de Lauris, auec
les fubftitutions, conditions, charges & qualitez appofées au premier teftament qu’il confirme en tous fes chefs. Eftant decedé en cette volonté
l’an 1558. Claude fils de la Dame de Lauris prefenta requefte afin d’eftre mis
en poffeffion des biens, comme eftant feul heritier, attendu que la Dame
de Porieres n’auoit aucuns enfans. La Dame de Porieres l’empefcha, difant
qu’il n’eftoit appellé finon en cas qu’elle mouruft fans enfans : par confequent iufques à fon deceds il ne pouuoit rien pretendre aux biens, pouuant
aduenir & qu’elle auroit des enfans, & que luy mourroit auant elle ; & par
confequent qu’elle deuoit demeurer en poffeffion des biens iufques à ce que
la condition fuft aduenuë. Ce differend ayant efté longuement agité entre
les parties, qui toutes declaroient & proteftoient ne vouloir en rien contreuenir à la volonté du deffunt, en fin le procez ayant efté euocqué au Parlement de Grenoble arreft s’en enfuiuit l’an 1566. par lequel la Cour declare
qu’il n’y a lieu quant à prefent de mettre Claude fils d’Anne en poffeffion,
& que ce pendant, & iufques à ce que Claire de Meynier decede fans enfans
mafles, ou bien que d’elle foit nay vn enfant mafle, icelle Claire & Anne fa
fœur ioüiront des biens & hoirie du deffunt, & feront chacune les fruicts
de l’hoirie fiens par egales portions, à la charge d’acquitter fur l’hoirie &
fruicts d’icelle les charges hereditaires, autres que celles dont elles eftoient
chargées à caufe de l’vfufruict à elles legué. Le tout fans preiudice du droict
de legitime & autres par lefdites parties pretendus. Ayant chacune d’elles

respectiuement ioüy des biens , suiuant cét arrest iusques en l'an mil cinq cens soixante & dix-neuf, Claire de Meynier Dame de Porieres decede laissant son mary son heritier , lequel elle chargea de restituer sa succession au demandeur, priant l'vn & l'autre de laisser ioüir Claude de Perussis des biens du sieur President d'Oppede, sauf à eux de poursuiure son droict de legitime sur iceux & la part & portion à elle afferante en la succession de sa mere. Depuis Melchior Faret demandeur ayant par arrest de cette Cour de l'an mil cinq cens quatre-vingts quinze esté declaré heritier fideicommissaire de la Dame de Porieres, en execution d'iceluy auroit presenté requeste afin qu'il luy fust permis de faire appeller le sieur de la Fare, & Vincent de Meynier sieur d'Oppede son fils, comme heritiers & detenteurs des biens du deffunt President d'Oppede, & Ieanne de Vintemille sa premiere femme, pour se voir condamner à luy rendre la moitié des biens de ladite Dame, & luy payer supplément de legitime sur les biens du deffunt President d'Oppede, auec restitution de fruicts. Et pource qu'il se doutoit bien qu'on luy vouloit objecter le laps du temps qui auoit couru durant les troubles, auroit incidemment obtenu lettres pour en estre releué. A quoy il se disoit estre indubitablement bien fondé, puis que d'vn costé il estoit heritier de la Dame de Porieres, laquelle estoit fille d'iceux President d'Oppede & Dame Ieanne de Vintemille sa femme, & qui par consequent auoit droict de legitime aux biens de son pere qui auoit testé, & la moitié en la succession de sa mere qui estoit decedée ab intestat ; & que d'autre costé le deffendeur possedoit tous les biens de l'vne & l'autre succession, fors ce peu qui auoit esté baillé en mariage à la Dame de Porieres, dont il offroit faire deduction. Et ne pourroit seruir au deffendeur s'il vouloit dire que cette action fust prescrite par le laps du temps qui a coulé depuis le deceds du sieur President d'Oppede iusques à la demande, qui est enuiron trente huict ans ; tant pource que le demandeur en est releué à cause des troubles qui ont couru, que pource que de disposition de droict, cette action ne peut estre prescrite par les premiers heritiers, moins contre la Dame de Porieres qui a tousiours esté en puissance de mary, & moins encor pendant les procez qui ont duré longuement pour sçauoir à qui la succession vniuerselle appartiendroit suiuant la vulgaire disposition de la Loy. Aussi peu encores luy pourroient seruir les approbations qu'on pretend auoir esté faites par la Dame d'Oppede de la volonté de son pere. Car nonobstant icelles la Loy veut que la legitime soit suppleée aux enfans. Ioint que nonobstant toutes ces approbations-là, par arrest de Grenoble cette legitime a esté reseruée à la Dame de Porieres. Que si on vouloit dire qu'en tout cas elle en est plus que payée par la ioüissance qu'elle a faite des fruicts de l'heritage, tant en vertu de son legs, que de l'arrest de Grenoble, la réponse y est prompte, qu'il faut que la legitime soit suppleée en corps hereditaire & de la substance du deffunt, comme l'ordonne l'Empereur, [a] estant certain que lors que les enfans recueillent quelques fruicts de l'heritage de leur pere, ils ne leur sont iamais imputez au principal de leur legitime. [b] Au moyen dequoy il persistoit en sa demande, & requeroit dépens.

Le deffendeur au contraire disoit, que c'est fort iudicieusement que

a l. scimus. §. sancimus. C. de inoffic. test. & authent. de trient. & sem. §. prohibemus. b l. inbemus. C. ad S. Trebell.

Valere

Valere parlant du testament l'appelle *actum praecipuae curae & ultimi temporis*. Car, comme dit le Stoïque Latin, *cùm in ipso vitae fine constituti sumus, cùm testamentum ordinamus, quantum temporis consumitur, quamdiu secretò agitur, quantum & quibus demus ? Nunquam magis iudicia nostra torquemus, quàm ubi remotis utilitatibus ante oculos honestum stetit*. Mais comme cette épineuse sollicitude poind plus auant nostre ame qu'aucune autre de nos pensées ; aussi l'esperance que nous auons que ce que nous ordonnons si soigneusement pour le bien de nostre posterité & de l'honneur de nos familles sera religieusement obserué, console plus nostre infirmité qu'autre chose que nous puissions conceuoir. *Imò*, disoit Quintilian le declamateur, *unicum solatium mortis, est voluntas ultra mortem*. Ce que Pindare exprime encor mieux quand il dit, que celuy a bien la mort plus douce & plus belle, qui mourant laisse à sa chere posterité la succession de son nom, mesmes quand il est illustre & honorable. C'est à quoy a aspiré, & dirigé ses premieres pensées ce grand personnage, des biens duquel il s'agist auiourd'huy. Car apres auoir vescu fort long-temps en la lumiere du monde, & passé le cours de ses iours en la carriere des plus hauts honneurs de sa profession, songeant de bonne heure à clorre honorablement la periode de sa vie, il fit auec beaucoup de soin, beaucoup de deliberation & de sollicitude son testament, pour affermir par ses sages ordonnances, & transmettre à sa posterité la gloire du nom que sa vertu & celle de ses predecesseurs auoit acquise à sa famille. Et ainsi mouroit-il fort consolé sous l'esperance commune que les loix donnent aux mourans de faire religieusement effectuer leurs volontez : & neantmoins voicy auiourd'huy vn estranger, qui s'estant insinué en cette famille vient troubler les ombres de ce grand personnage, renuerser les loix familieres qu'il auoit données à ses descendans, & dissiper s'il peut vne succession que le deffunt a tasché de tout son pouuoir de conseruer vnie & entiere. Et vient pour cét effet 40. & tant d'années apres sa mort resueiller des contentions que le silence continuel de ses enfans auoit assoupies. Mais les loix ont sagement remparé le repos des maisons contre telles curieuses & visqueuses recherches par l'asseurance des prescriptions, comme par vne forte & large trenchée, par laquelle elles excluent telles demandes de l'entrée mesmes des iugemens. Car pour le regard de la demande qu'on fait pour les biens maternels, il est bien sans doute que l'action n'en peut durer que trente ans, qui sont les bornes qui ont esté plantées pour terminer le cours d'vne telle poursuitte. [a] Quant au supplément, beaucoup ont tenu que deriuant d'vne mesme source que la querelle d'inofficiosité, l'action n'en pouuoit durer dauantage de cinq ans ; mais quand le demandeur prendra tout ce qui est plus fauorable pour luy, tousiours faudra-il qu'il confesse qu'elle ne peut passer plus outre que le mesme espace de trente ans, comme sont d'accord tous les Docteurs. [b] Tellement que le President d'Oppede estant decedé dés l'an 1558. & la demande des droicts dont est question n'ayant esté faite qu'en l'an 1595. il a couru trente sept ans tous entiers, qui ont absorbé ses actions. Puis qu'ainsi est que toutes les choses du monde ont vn estre borné, vn temps prefix par la nature, apres lequel de soy-mesmes elles meurent, deperissent & laissent

[a] *l. 3. iunctâ glo. C. depr. 30. vel 40. ann.*

[b] *In l. si quis filium. C. de ineff. Angl. in l. Papinia.*

d'estre, il estoit bien necessaire aussi que les actions iudiciaires qui sont introduites par les loix eussent leur vie bornée. Car autrement au lieu qu'elles
sont inuentées pour entretenir le repos en la société ciuile, & rendre à vn
chacun ce qui luy appartient, elles ne seruiroient qu'à produire du trouble,
& donner moyen aux vitilitigateurs & chiquaneurs d'enuahir le bien d'autruy dans l'obscurité des tenebres que la longueur du temps & le changement des affaires apportent continuellement dans les grandes familles. On
ne sçauroit doncques assez loüer la sage prouidence des Legislateurs qui
ont planté cette barriere de prescription contre l'opiniastre & inuincible
ardeur des plaideurs ; prescription de laquelle on peut dire que tous les peuples tiennent & releuent tout leur bon-heur, leur bien & leur repos. Qui
fait connoistre que c'est à tres-iuste titre que Cassiodore la nomme *patro-
nam generis humani*, comme voulant dire que sans elle les fortunes des
hommes demeureroient exposées à toutes sortes d'iniures, sans auoir moyen
de s'en garentir. En quoy il s'est rencontré en la mesme cóception qu'auoit
fait cét autre qui elegamment l'auoit appellée *finem litium & sollicitudinis*,
qui luy auoit attribué le principal titre, en vertu duquel nous pouuions dire
que nous auons quelque chose à nous. Puis donc que les predecesseurs du
demandeur, mesmes la Dame de Porieres n'a point voulu exercer cette
action durant le long-temps qu'elle a vescu, il s'ensuit qu'apres le temps
prescrit par les loix, son heritier n'y est point receuable. Et ne seruiroit si
on pensoit dire que la prescription n'auroit point couru durant le temps
des premiers heritiers. Car cela est bon quand ce premier heritier est inter-
pellé, où par la Loy, ou par la volonté du testateur, à faire quelque chose,
& qu'il y contreuient. Mais en ce faict où l'heritier a suiuy la volonté du testateur, où celuy mesme qui demande y a acquiescé, on ne peut pretendre
aucune mauuaise foy en l'heritier, & par consequent qu'il y ait rien qui
empesche la prescription. Aussi peu est considerable ce que l'on voudroit
dire que la Dame de Porieres a tousiours esté en puissance de mary ; pource
que ce dont il s'agist auiourd'huy n'estoit point dotal, comme il se voit par
son contract de mariage, qui porte certaine constitution. Et moins encores pourroit seruir si l'on pensoit dire selon la Loy vulgaire *contra maiores*,
que durant le temps du premier procés, l'action pour la legitime n'auroit
point couru. Car cela ne s'entend que quand les actions sont incompatibles. Mais rien n'empeschoit la Dame de Porieres de demander aussi bien
son supplément de legitime que son vsufruit, qu'elle a fort bien pris & en a
joüy. Si l'on pensoit dire aussi, que par l'arrest du Parlement de Grenoble,
il est reserué aux parties de demander la legitime ; La response resulte clairement du discours du procés, des paroles du testament du sieur d'Oppede,
& des termes de l'arrest : car par tout le procés il ne se trouuera point qu'il y
ait eu aucune demande de legitime ou supplément d'icelle ; Au contraire,
declaration expresse de la Dame de Porieres, qu'elle n'entendoit nullement contreuenir à la volonté du testateur. Or est-il certain que le Iuge
n'est iamais censé reseruer le droit duquel l'on n'a point plaidé pardeuant
luy. a Tellement que la reserue qui est portée par l'arrest, n'est que celle
qui est portée par le testament. Car le testateur auoit voulu que si les debtes
payées

payées fur l'vfufruict, il fe trouuoit que la legitime ne demeuraft pas à fes filles, en ce cas ce qui en manqueroit fuft repeté fur fon heritier, qui eft le cas auquel fe rapporte l'arreft: cas qui n'eft point aduenu, d'autant qu'il eft bien certain que la Dame de Porieres, ayant joüy l'efpace de vingt-deux ans tous entiers de l'vfufruict de la moitié de tous les biens, eft payée trois fois de fa legitime, & fe peut dire auoir eu la valeur de la moitié en fonds de tous les biens. Et pource la referue portée par l'arreft ne fe peut adapter à l'action que l'on exerce auiourd'huy, ny interrompre le cours de la prefcription qui l'a confommée & deuorée. Ce moyen feul pourroit fuffire, mais le defendeur en a encor vn plus puiffant, procedant du fait mefmes de la Dame de Porieres de qui le demandeur a droict, laquelle a expreffément renoncé aux chofes dont il fait auiourd'huy demande, & ce par plufieurs fois. La premiere, par fon contract de mariage, par lequel moyennant ce qui luy eft baillé, elle renonce aux biens maternels, & nommément à tout fupplément de legitime, & ce par renonciation jurée, au moyen de laquelle elle n'en peut faire aucune demande fuiuant la difpofition du droict. [a] Ce qui a efté fi fauorablement introduit pour la conferuation des familles nobles, que quand bien cette renonciation ne feroit que generale à tout droict de fucceffion, neantmoins elle s'eftendroit au droict de legitime & fupplément d'icelle. [b] La feconde renonciation eft, par l'acceptation expreffe qu'a fait la Dame de Porieres du legs à elle fait, à la charge de ne rien demander dauantage, ny pour biens maternels, ny pour droict de legitime. Laquelle acceptation elle a reïteré par diuers actes tous puiffans & efficaces de fignifier fa volonté, & l'obliger à l'execution de celle du teftateur. Car premierement au procés pendant au Parlement de Grenoble, elle a declaré qu'elle n'entendoit nullement contreuenir à la volonté de fon pere portée par fon teftament. Secondement, par l'arreft de l'an mil cinq cens foixante-cinq, fon vfufruict luy eft adiugé aux charges portées par le teftament du fieur d'Oppede, qui font de ne pouuoir rien demander autre chofe. Or ayant accepté cette adiudication, ayant joüy en vertu & du teftament & de l'arreft, comment peut auiourd'huy fon heritier faire vne contraire demande? Pline fecond difoit, que *fufficit bono heredi fcire voluntatem teftatoris*, fans attendre d'eftre contrains par la Loy à l'execution d'icelle: comme à la verité il femble bien que quand vn teftateur honore fes enfans, leur laiffe fes biens, & n'a autre cogitation & deffein en fa difpofition que l'heur & l'honneur de fa famille, comme a eu le fieur d'Oppede, que fes enfans auffi ne deuroient auoir defir que d'honorer fa volonté par vne religieufe obeïffance. Mais puis que le demandeur quittant les regles de la pieté & charité naturelle fe veut armer des preftiges du droit & fubtilitez des loix ciuiles, voyons fi elles luy pourront feruir. N'eft-il pas bien certain de droit que celuy qui accepte vn legs, par lequel il eft chargé de faire quelque chofe, eft tenu d'y fatisfaire, voire quand ce qu'il doit faire luy coufteroit plus que fon legs? Sont-ce pas les propres paroles de noftre auffi religieux que fubtil Papinian, qui dit, que *fi pecunia accepta rogatus fit rem propriam, quamquam maioris pretij reftituere, non eft audiendus legatarius, legato percepto fi velit computare*. [c] C'eft pourquoy Marcellus [d] dit, que celuy qui a receu vn

Marginal notes:

[a] *ac. quamuis, de pactis. in 6.*

[b] *Fern. Vafquius tract. de fucc. ad finem.*

[c] *l. Imperator. §. fi centum. ff. de leg. 1.*

[d] *generaliter. ff. de fidei. liber.*

legat, à la charge de mettre en liberté vn sien esclaue ou bien celuy d'vn autre, est tenu de ce faire, *quamuis minus sit in eo quod accepit iudicio testatoru,*
quàm sit in pretio serui. Et toute la moderation qu'Vlpian apporta à ceste opinion, ce fut de distinguer si l'esclaue estoit sien, ou s'il estoit à vn autre. Si l'esclaue estoit sien, il declare qu'il est tenu de satisfaire à la charge du legs: s'il est
d'vn autre, il ne sera tenu que iusques à la concurrence du legs. Et en cela
dequoy se peut plaindre celuy qui est contraint de satisfaire à ce qu'il est
prié? Ne s'y est-il pas volontairement obligé, puis qu'il a sceu la condition?

——— *Dicta tibi lex:*

Me tamen insequeris, me lite moraris iniqua.

Que si cette regle doit auoir lieu en vn simple legs, combien plus en celuy
où nous sommes, où le testateur ne s'est pas contenté par termes fort diserts
d'exprimer sa volonté & faire entendre son intention? Car outre cela il l'a
conceuë par vne forme alternatiue, qui porte qu'au cas que la Dame de Porieres acceptast le legs de l'vsufruict, elle renonçast à tous autres droits &
demandes: Et au cas qu'elle demandast quelque chose, il la priuoit de ce
legs, & luy laissoit simplement sa legitime. C'estoit premierement pour luy
faire entendre, combien ce legs luy estoit fauorable, combien plus auantageux que sa legitime: Secondement pour luy donner loisir de deliberer ce
qu'elle voudroit faire. Qu'elle ne die point que le testateur l'ait voulu greuer en sa legitime; si elle pense sa legitime meilleure que le legs, le testateur
luy en donne le choix libre, mais par vne expresse & entiere disposition
qu'elle ne puisse auoir que l'vn ou l'autre. Or on sçait que par toute raison,
non seulement de droict, mais mesmes de discours commun, deux alter-
natiues ne peuuent compatir ensemble: Il faut que si l'vne demeure, l'autre soit ostée; Pource que leur nature emporte en soy vne certaine proprieté de vicissitude, par le moyen de laquelle elles se subrogent l'vne à l'autre.

a l. si quis
seruum he-
redis. l. 2. §.
sed si duobus.
l. si illud. l.
grege. ff. de
leg. 2.

[a] Puis donc que le testateur a proposé à Claire de Meynier sa fille de prendre l'vsufruict de ses biens, & s'en contenter sans demander autre chose,
ou bien de prendre sa legitime & quitter cét vsufruict, il faut faire l'vn ou
l'autre; & ayant vne fois opté l'vn, elle ne peut plus reuenir à l'autre. Car
soit que la Loy, soit que le testateur defere l'option, depuis qu'vne fois elle
est faite, elle ne peut plus estre changée, pource que l'action est formée,
parfaite & affermie par vne deliberation & election, qui sont les qualitez
les plus propres pour receuoir & produire vne volonté parfaite & accomplie, laquelle quant & quant est reduite en acte par cette execution, & par
consequent renduë incommutable. [b] Le demandeur se pense sauuer de ces

b in l. serui
electione. de
leg. 1 l. apud
Ansidium.
de opti. leg.
c l. si quãdo.
§. generali-
ter. C. de in-
off. test.
d Socin. Iun.
136. Rui.
con. 56. Me-
no. con. 71.
Cephal. con.
153.

raisons par la Loy, [c] en ce qu'elle dit, *si filius sibi relictum simpliciter agnouerit,*
nullum sibi in repletione facere præiudicium. Mais cela est bon quand le legs ne
contient pas prohibition de demander autre chose; car en ce cas comme
le legs n'est pas pur & simple; aussi n'est pas l'acceptation, & lors *verbis*
generalibus facta acceptatio, n'exclud pas le fils de la demande de la legitime. [d] Que si outre la prohibition, la reuocation du legs en cas de contrauention y est expresse, lors on ne fait nulle difficulté que l'acceptation,
en quelque façon qu'elle soit faite, n'excluë l'acceptant de toute demande
d'autres droicts, & mesmes de supplément de legitime, auquel il est censé
auoir

auoir diſertement renoncé. ᵃ Mais poſons qu'il y ſoit receuable, que tant de declarations de fait & de droict ne l'excluent point de ſa demande, ne perd-il pas l'vſufruit qui luy a eſté legué? Car la meſme puiſſance que la Loy baille au teſtateur de donner & de leguer, la meſme puiſſance luy donne-elle d'oſter & reuoquer ce qu'il a donné, ᵇ & ce purement & ſimplement, ou ſous telle condition que bon luy ſemble. Or ce teſtateur faiſant ce legs de l'vſufruict, l'a fait à ceſte condition, que la Dame de Porieres ne demanderoit autre choſe quelconque ſur ſon heritage. Et en cas de contrauention reuoque le legs, & luy laiſſe ſeulement ſa dot, & dix eſcus pour tout droict d'inſtitution ; & qui plus eſt, en ce cas la priue & ſes deſcendans de toutes les ſubſtitutions portées par ſon teſtament. On ne peut pas dire que la condition ſous laquelle eſt faite ceſte reuocation ne ſoit licite, honneſte & permiſe, car elle ne tend qu'à la conſeruation de la famille de la Dame de Porieres, meſmes à l'auancement & agrandiſſement de ſes enfans ; deſſein que les loix ont touſiours fauoriſé. Par conſequent doncques, du iour que la Dame de Porieres ou ſon heritier voudront contreuenir à la condition du legs, & demander quelques droicts ſur la ſucceſſion, il luy faudra rendre les fruits qu'elle a perceus, qui montent deux fois autant. Que ſi l'on veut pretendre que toutes ces clauſes de prohibition & reuocation compriſes en ceſte condition ſont reprouuées par la Loy, & par conſequent tenuës pour non eſcrites, pource que par là, la Dame de Porieres ſeroit priuée de ſa legitime, choſe deffenduë par les loix, & que partant la condition fut reiettable ; ᶜ A cela il y a pluſieurs grandes reſponſes : la premiere, que cette maxime eſt fauſſe. Car tout au contraire ſi par quelque diſpoſition qu'elle puiſſe eſtre, le pere laiſſe quelque choſe à ſes enfans au lieu de leur legitime, & que par là ils pretendent eſtre greuez en icelle, la diſpoſition pour cela n'eſt pas nulle, ains ſeulement elle eſt modifiée en ſorte que les enfans puiſſent auoir leur legitime, demeurans obligez au ſurplus d'accomplir la volonté du teſtateur. ᵈ La ſeconde eſt, que la Dame de Porieres auoit eu ſa legitime par ſon contract de mariage & conſtitution de dot, qui luy auoit eſté ſpecifiquement donné pour cette cauſe : & d'abondant elle auoit eſté inſtituée en ſon dot ; que ſi ce qui luy auoit eſté baillé n'eſtoit ſuffiſant, elle auoit ſon ſupplément qui ne luy pouuoit eſtre deſnié. Tellement que le teſtateur ayant ſatisfait à ce que la Loy deſiroit de luy, ſoit pour auoir inſtitué ſes filles, & fait la mention qu'il deuoit d'elles, le legs de l'vſufruict ne ſe peut dire auoir eſté donné pour la legitime ; & ne peut-on pas pretendre que la diſpoſition contienne choſe prohibée par la Loy. En troiſieſme lieu, quand on pourroit dire que la diſpoſition qui commande aux filles de ſe contenter d'vn vſufruict pour leur legitime ou ſupplément d'icelle fuſt prohibée de droict, ᵉ cela s'entendroit touſiours quand le teſtateur ne leur laiſſeroit qu'vn ſimple vſufruict. Mais quand le teſtateur, outre l'vſufruict leur laiſſe encores du bien en fonds, comme auoit fait le noſtre par le contract de mariage de la Dame de Porieres, en ce cas on ne pourroit nullement dire qu'il fuſt tombé en la prohibition & cenſure de la Loy : Ores qu'à la verité à l'exactement regarder, on trouuera qu'elle prohibe de laiſſer la legitime aux enfans en vne nuë proprieté, quand bien on leur

Marginal notes:

ᵃ Dec. conſ. 681. Curt. conſ. 159. Soſin. iun 122. Ioſephus Ludouicus deciſ. 18.

ᵇ l. datum. C. de leg. & toto titu. ff. de adim. leg.

ᶜ d. §. prohibemus.

ᵈ l. quoniam in prioribus. C. de inoff. teſtam. auth. vt cùm. de appell. §. ceteriam.

ᵉ §. Prohibemus. in auth. de triente & ſemiſſe.

laifferoit la proprieté de tous les biens, mais non pas en fimple vfufruiĉt, pourueu qu'il excede la valeur de la legitime. Auffi la raifon qui eft expri-mée par la Loy, & fur laquelle elle eft fondée, a lieu au cas que la feule pro-prieté eft laiffée aux enfans. Car, comme dit l'Empereur, dequoy leur fer-uira cette proprieté, s'il faut qu'ils meurent de faim auant qu'ils en puiffent joüir? mais non pas en l'vfufruiĉt qui leur donne vn fecours tout prompt & prefent, & leur donne moyen d'efpargner de cét vfufruiĉt plus deux fois que ne vaut la legitime, comme a peu faire la Dame de Porieres. Ne fçau-ons-nous pas bien, & auffi eft-ce chofe fort triuiale en droiĉt, que toutes ces prohibitions-là de ne greuer la legitime des enfans ont leur exception & limitation? qui eft qu'elles n'ont point de lieu quand les difpofitions qui portent telles charges & conditions font plus auantageufes pour les enfans, qu'elles ne feroient fi elles n'eftoient fimples : car en ce cas les charges font reputées côme vn prudent & charitable confeil que le pere a pris pour les en-

a l. fi pater puellæ. C. de inoff. teft.

fans, voire quand bien l'euenement en feroit douteux. [a] Il eft bien vray que le teftateur eft tenu de laiffer la legitime à fes enfans de fes propres biés : mais s'il leur laiffe deux fois autant d'autres biens qu'il en appartient à fon heri-tier ; comme il y a des peres qui laiffent tout leur bien à l'vn de leurs enfans, à la charge de laiffer aux autres les biens maternels qui vaudront quafi au-tant ; voudroit-on dire que cette difpofition fuft reiettée ? Il en faut donc venir-là, que la vraye & naïfue limitation de cette prohibition de la Loy, c'eft l'vtilité ou dommage qu'en reçoit l'enfant ; car ce qui luy eft plus vtile, n'eft point deffendu au pere. Auffi les plus fages de nos Doĉteurs ont eftimé qu'en ce cas il faut venir à l'eftimation de l'vfufruiĉt ; car s'il fe trouue beaucoup plus valoir que la legitime en fonds, ils refoluent que le

b Scimus au §. repletio-nem.

fils qui l'a acceptée ne peut plus rien demander. Le demandeur pour fe fau-uer de ces raifons, recourt à d'autres fubtilitez, & dit que par la Loy [b] en telles difpofitions où le fils n'a pas fa legitime de la fubftance du defunĉt, repletio fit ipfo iure, & que pour la faire il faut reietter tout ce qui eft onereux au legs fait pour la legitime, & laiffer neantmoins ce qui eft profitable, de peur que fi on reiettoit le legs pour le tout, le fils ne demeuraft exhere-dé, & le teftament nul. Mais pour premiere refponce, il faut remarquer que fur le commencement cette Loy Scimus, interpretant ce mot ipfo iure, dit que repletio fit ipfo iure, conquerente tamen filio ; mais s'il ne s'en plaint point, le reject de la charge ne fe fait point. Que fi par trente ans il de-meure fans fe plaindre, ils font tous d'accord que non reijcitur am-

c Xuares in l. quoniam in priorib. am-pliatione 10.

plius. [c] Que fera-ce donc en noftre faiĉt, où nous n'auons pas feulement le filence, mais des declarations & acceptations expreffes, apres lefquelles le fils ne peut plus reietter ce dont il s'eft contenté? fi filius confenferit tali one-ri, il ne s'en peut plus plaindre : qui eft auffi la doĉtrine de Paul de Caftre. [d]

d In l. filio præterito. de in rup. & irr. fa. teft.

Secondement cela pourroit auoir quelque apparence fi le teftateur n'auoit fait qu'vn legs ; mais en ayant fait deux & alternatifs, en reiettant le pre-mier, le fecond demeure & fait fubfifter le teftament. Et arriue en ce cas tout ainfi comme quand le pere inftituë fon fils fous vne condition cafuel-le ; car s'il le fait fans y pouruoir autrement, le teftament eft nul. Mais fi en ce faifant en deffaut de la condition il l'exherede legitimement & luy

fubftituë,

fubftituë, le teftament eft bon & valable. [a] Noftre teftateur à commandé à fa fille de fe contenter de l'vfufruict; on dit qu'il ne l'a peu faire : Il luy
legue donc fimplement fa legitime; perfonne ne doute qu'il ne l'ait peu
faire. Si l'on dit que l'vn de ces legs eft contre la prohibition de la Loy, il
faut recourir à l'autre qui eft fubrogé en fon lieu, au cas qu'il ne foit pas accepté. Or outre ces raifons-là il y en a vne autre qui exclud entierement le
demandeur, qui eft le temps auquel il agit : car il eft bien vray qu'vn teftateur ne peut contraindre fon fils de prendre fa legitime par payes & folu-
tions particulieres; pource que la Loy dit, qu'elles ont de l'incommodité;
mais apres les auoir toutes receuës, peut-il eftre receuable à s'en plaindre,
& à demander d'eftre payé deux fois? ne luy diroit-on pas qu'il feroit de
mauuaife foy, de vouloir auoir deux fois vne mefme chofe? l'exception
vulgaire, *Quod petis, intus habes*, ne l'excluroit-elle pas? *Non oportet*, ce dit
la Loy fur ce fujet, *teftantium voluntates circumueniri?* comme elles feroient fi on s'en vouloit ayder, pour contre leur intention auoir deux fois
vne chofe. C'eft pourquoy l'Empereur [b] dit, que *fola noftræ ferenitatis in-*
tentio eft à parentibus & liberis iniuriam præteritionis & exheredationis au-
ferre, & non pas de fauorifer les enfans pour obtenir plus que la Loy leur
donne contre la volonté des teftateurs. Car comme dit le mefme Empereur, [c] *oportet heredes non decipiendo, fed obfequendo lucrum facere* : dont il
rend vne belle raifon; c'eft qu'il faut qu'ils confiderent qu'ils tefteront à leur
tour, & commanderont aux autres ce qui leur eft commandé. Mais le demandeur pour fe defuelopper de tout cela, veut dire qu'encores que ces loix-
là & ces raifons l'excluent, il en a d'autres par lefquelles il peut pretendre que
nonobftant que par le moyen des fruits qu'il a receus de fon legs il foit payé
de fa legitime, neantmoins il la peut redemander, pource que les fruits ne
s'imputent iamais en la legitime; tellement qu'il doit gagner l'vn & l'autre.
A cela il dit eftre fondé premierement par la Loy *iubemus*: Secondement par
l'arreft du Parlement de Grenoble : il les faut examiner. La Loy *iubemus* eft
vne difpofition de l'Empereur Diocletian, qui a introduit que les enfans du
premier degré qui font chargez de reftituer à leurs enfans, n'imputent point
en la Trebellianique les fruits qu'ils ont perceus pendant la condition, nonobftant que les teftateurs l'euffent expreffément ordonné. Du texte de cefte
Loy refultent deux chofes, qui feruent de pertinente refponfe au demandeur; l'vne, qu'il appert qu'auparauant cefte Loy, les fruits s'imputoient aux
enfans; l'autre, que ce priuilege n'a lieu qu'en matiere de reftitution. Or
nous ne fommes point au cas de reftitution : car la Dame de Porieres n'eft
chargée d'aucun fideicommis, & par confequent ne fe peut ayder du benefice de la Loy, qui eftant, comme il a efté dit, nouuelle, ne peut receuoir aucune extenfion. Dauantage, tous les Docteurs ont tenu que cefte Loy ne
s'entend que pour les fruits que l'heritier a par le iugement du teftateur; mais
ceux qu'il prend contre fon expreffe volonté, il eft toufiours tenu de les imputer, pource qu'à ce premier cas la Loy a fait quelque difficulté d'ofter au
fils ce qu'il auoit defia pris par le confentement du deffunt, & a creu qu'il les
pouuoit de bonne foy auoir confommez; mais quand ils fe prennent contre
l'expreffe prohibition du teftateur, ils fe doiuent imputer; & ce principale-

aGl. & Bart.
in l. fi pater.
C. de inft. &
fubft.

b S. cæteriem.
auth. vt cùm
de app.

c Auth.

ment en ce qu'ils excedent la legitime : car ceux-là, le testateur n'estoit nullement tenu de les laisser, il ne les donne que d'vne pure munificence & liberalité, à laquelle partant il peut donner telle Loy, & apposer telle condition que bon luy semblera : qui est la raison qui a fait incliner plusieurs Docteurs à ceste opinion, qui est pleine d'vne euidente equité. De sorte qu'il faut, ou que le demandeur impute les fruits par luy receus, ou qu'il les rende s'il veut auoir la legitime. Aussi peu & moins sert au demandeur l'arrest du Parlement de Grenoble, en ce qu'il est porté que les filles feront les fruits à elles. Le demandeur de là veut induire deux choses. La premiere, que puis que les filles font les fruits leurs en vertu de cét arrest, ils ne sont point sujets à estre imputez ; pource que ce qui obuient à l'heritier d'ailleurs que par l'expresse volonté du testateur n'est point imputé en la legitime. [a] L'autre, que puis que l'arrest a ordonné que les filles joüiroient attendant la condition de la naissance des enfans de la Dame de Porieres ou son deceds sans enfans, elle a iugé par consequent que les filles qui estoient instituées en chose particuliere, par droict d'accroissement demeureroient heritieres vniuerselles, pour euiter que le defunct ne demeurast *pro parte testatus, & pro parte intestatus* ; chose que le droict ne peut souffrir. D'où ils concluent que la condition aduenuë, elles estoient par consequent condamnées de restituer, demeurant l'institution ou substitution de la personne de Claude de Perussis par ce moyen obliquée & conuertie en fideicommis suiuant les termes de la Loy. [b] Or pour connoistre que ces discours-là n'ont nul fondement, il ne faut qu'examiner les termes de l'arrest, & le different sur lequel il a esté donné. Premierement il est certain que les arrests n'apportent aucun nouueau droict aux parties, & ne font que declarer celuy qui leur appartenoit auparauant. De sorte qu'en vain voudroit-on appliquer la disposition de la Loy cy-dessus alleguée [c] à ce fait, veu que ce qui est ordonné par l'arrest, n'est qu'en consequence de la disposition du testateur. Mais tant s'en faut, que les termes d'iceluy puissent seruir au demandeur, qu'au contraire ils sont directement contre luy. Il faut remarquer par l'arrest, que quand il ordonne que les filles feront les fruits leurs par egale portion, cela s'entend des fruits de l'hoirie, deduits les vsufruits leguez. Ce qui appert clairement par quatre raisons : La premiere, par les termes de l'arrest, qui porte en mots exprés ; Sauf & reserué en tous lesdits cas ausdites Damoiselles Claire & Anne de Meyniers l'vsufruit, & autres choses à elles respectiuement leguées, par le testament de Messire Iean de Meynier de l'an 1546. & aux charges y contenuës. La seconde, par les autres mots apposez en fin de l'arrest, par lesquels il est ordonné que les parties se rendront compte des fruits & reuenus desdits biens & hoirie, dont l'vsufruit ne leur a esté legué, & qu'elles auoient pris depuis le deceds. Par où il se voit manifestement que l'arrest a distingué la joüissance qu'elles faisoient de l'vsufruit à elles legué d'auec les fruits, comme estant à diuers titre, pour diuers temps & à diuerses conditions. La troisiesme, c'est que par autre arrest du Parlement de Grenoble, cela a esté ainsi declaré, & que les parties mesmes en ont joüy de cette façon, ayant chacune d'icelles joüy de l'vsufruit à elles legué separément & à part, & selon qu'il estoit porté par le testament,

& des

& des fruicts de l'hoirie par indiuis. D'où il s'enfuit qu'on ne peut pas dire
que les parties ayent ioüy de cét vfufruict à autre titre que du teftament, &
que par confequent il ne foit point imputable, comme obuenu d'ailleurs.
Et quant aux fruicts du furplus de l'heritage, la Cour les adiuge à condition
d'acquitter les charges de l'hoirie, autres toutesfois que celles dont les filles
eftoient chargées fur leur vfufruict ; chofe fort confiderable en cette caufe.
Car de deux chofes l'vne : ou les droicts qui font demandez auiourd'huy
eftoient charges impofées, & à porter par l'vfufruict, ou à porter par l'hoirie. Au premier cas par les paroles que nous auons exprimées, l'arreft, qui
adiuge cét vfufruict aux charges portées par le teftament, condamne taifiblement les filles à en acquitter la fucceffion, & les condamne encor exprés en ce qu'elle ordonne que l'hoirie ne portera que les autres charges
dont les vfufruicts ne font point chargez. Ce qui eft d'autant plus raifonnable & indubitable, que les parties au procez auoient expreffément declaré
ne vouloir en façon quelconque contreuenir à la volonté du teftateur. Que
fi les chofes demandées font chargées de l'hoirie ayant accepté les fruicts à
cette condition, comment peut demander la Dame de Porieres à vn autre
ce qu'elle doit elle mefmes ? Que fi l'on vouloit dire que la referue qui eft en
fin de l'arreft en ces mots, Sans preiudice des droicts de legitime pretendus
par les parties, eft vne exception qui empefche que les termes precedans ne
comprennent ce droict de legitime, lequel femble demeurer entier ; Il y a
efté def-ja répondu au commencement, que cette referue ne fe peut approprier qu'à celle qui eft portée par le teftament, qui eftoit au cas preueu &
pourueu par le teftateur : A fçauoir fi les filles ioüyffoient fi peu de temps
de leur vfufruict, comme il pouuoit arriuer, qu'elles n'euffent pas moyen
d'en payer les debtes dont elles eftoient chargées, & fe payer de leur fupplément de legitime. Car en ce cas le teftateur auoit nommément voulu qu'elles en fuffent payées par fon heritier fur le fonds d'iceluy. Or cela n'eft-il
point aduenu : car la Dame de Porieres a ioüy vingt-trois ans de la moitié
de tous les biens, & par confequent a efté trois fois payée de fa legitime.
Ces raifons-là pourroient feruir de réponfe à ce que l'on pretend que le mefme arreft a rendu les filles heritieres vniuerfelles à la charge de reftitution en
certain cas, & par confequent les a mifes aux termes de la Loy *Iubemus*.
Mais outre icelles il y a vne autre plus forte réponfe, refultante des termes
mefmes de l'arreft. Car il eft ordonné par iceluy, qu'aduenant la naiffance
d'vn fils mafle de la Dame de Porieres, ou le decés d'icelle fans enfans
mafles, fon fils mafle ou Claude Peruffis fera tout incontinent mis en poffeffion des biens. Tellement qu'il fe voit par là, que la Cour n'a en rien obli-
qué cette inftitution directe, faite de la perfonne des enfans de fes filles pour
en faire vn fideicommis. Auffi la nature de l'affaire ne le pouuoit fupporter, tant pour la difpofition expreffe du teftateur que celle de la Loy. Car le
teftateur auoit expreffément declaré, qu'il ne vouloit point faire fes heritiers
fes enfans du premier degré, afin de pouuoir empefcher toutes detractions.
Ce font les propres paroles de fon teftament. Or iamais ne fe fait-il inflexion des paroles directes pour les rendre obliques & fideicommiffaires, que
pour ayder à la volonté du teftateur, & non contre fon expreffe declara-

tion. La Loy l'empeſchoit auſſi ; car pour rendre les filles heritieres, & pour introduire vn fideicommis, il falloit ſuppoſer vn droict d'accroiſſement en leur perſonne, par le moyen duquel leur inſtitution en vne choſe particuliere attiraſt à ſoy le reſte de la ſucceſſion. Ce que la Loy ne peut ſouffrir, laquelle declare l'heritier inſtitué en choſe particuliere, ſimple legataire, & incapable de ce droict d'accroiſſement. [a] Et quand on ſe voudroit tant diſpenſer, comme quelques-vns ont tenu en faueur des enfans, d'eſtendre ce droict d'accroiſſement à la perſonne de l'heritier inſtitué *in re certa*, cela auroit lieu au cas qu'il n'y euſt point d'autre heritier vniuerſel inſtitué *ſub conditione*, ou autrement. Car il eſt indubitable que l'heritier vniuerſel inſtitué *ſub conditione*, exclud l'heritier particulier, meſmes pendant la condition, & peut demander *bonorum poſſeſſionem ſecundùm tabulas*. [b] Que ſi outre cela le teſtateur a appoſé cette clauſe, que *vetuerit in re certa inſtitutum plus capere* ; en ce cas la regle eſt indubitable, comme il eſt noté aux additions de Gomez en cét endroit par l'authorité du Bartole, Balde, Paul de Caſtre, & autres là alleguez. Puis donc, & que la volonté du teſtateur, & la diſpoſition de la Loy reſiſte à cét imaginaire fideicommis, & à cette inſtitution d'heritiers vniuerſels en la perſonne des filles, il ne faut nullement penſer qu'vne Cour ſouueraine, qui iuge *pro luce dignitatis & ſapientiæ ſuæ*, auec tant de religion & circonſpection, l'ait voulu introduire par ſon arreſt. Que ſi l'on veut plus curieuſement rechercher quel a donc eſté le motif de cét arreſt, il apparoiſtra qu'il n'eſt autre, ſinon que la Cour *quæ iure prætorio fungitur in dandis bonorum poſſeſſionibus*, a conſideré que ce procez eſtoit entre deux ſœurs, que leurs enfans eſtoient heritiers inſtituez, mais auec egale incertitude ; que ce qui reſtoit des biens outre l'vſufruict eſtoit peu de cas, qu'il y auoit des charges à payer deſſus ; qu'vn curateur qu'il euſt fallu regulierement donner aux biens, euſt plus diſſipé qu'amendé la ſucceſſion : & pource meuë d'vne ſinguliere equité, elle a laiſſé la ioüiſſance des fruicts aux filles pour les faire leurs : Mais touſiours conformément à la volonté du teſtateur, qui eſtoit à la charge de ne rien demander ſur l'heritage, à laquelle les filles au procez auoient declaré ne vouloir contreuenir. Comme auſſi ſi elles y euſſent contreuenu, leurs enfans n'euſſent pû demander l'effet des inſtitutions & ſubſtitutions faites à leur profit ; car elles eſtoient toutes à cette condition fort expreſſe, & infinies fois reïterée. Que veut donc dire auiourd'huy le demandeur ? que peut-il eſperer de cette pourſuitte ? Le deffendeur a monſtré clairement quelle a eſté la volonté du ſieur Preſident d'Oppede, de conſeruer ſa famille entiere à ſes maſles, ou aux maſles venans de ſes filles. Il vous a iuſtifié que la Dame de Porieres a acquieſcé à cette volonté, non ſeulement par ſon contract de mariage, mais par expreſſes declarations faites depuis le teſtament ; qu'elle a accepté le legs qui luy auoit eſté fait, à cette charge expreſſe de ne demander autre choſe ſur ſes biens pour quelque cauſe que ce fuſt ; que ce legs luy a eſté adiugé par arreſt, & la ſucceſſion à ſes enfans maſles ſi elle en euſt eu, aux charges portées par le teſtament. Qu'elle en a ioüy, & ioüy ſi long-temps, qu'elle a receu des fruicts deux fois plus que ne pouuoit valoir ſa legitime & les biens maternels. Que durant vingt-trois ans qu'elle a vécu, ny iamais en

ſa

a *l. prima. S. ſi ex fundo. ff. de heredib. inſtituendis. l. quoties C. eodem.*

b *Antoninius Gomez. titu. de ſucceſſione vniuerſali ex teſtamente.*

ſa vie elle ne s'eſt plainte de la volonté de ſon pere. Qui ſouffrira donc auiourd'huy vn eſtranger improuuer la volonté d'vn pere que les propres enfans ont approuuée, & ce apres vn ſi long-temps ? Qui croira qu'au meſme
lieu, au meſme ſiege où le teſtateur a fait ſi longuement reluire ſa prudence
& reſplendir ſon equité, l'on blâme & l'on condamne ſon dernier iugement ? Ce iugement familier, cét arreſt domeſtique qu'il a rendu entre ſes
enfans, ſur lequel nous voyons qu'il a ruminé en ſa vieilleſſe, ſur lequel il a
dormy ſept ans tous entiers, auquel il ne s'eſt propoſé, & par lequel en effet il
n'a procuré que l'honneur de ſon nom, la gloire de ſa poſterité ? Autre qu'vn
eſtranger & aliene de ſon nom, & ennemy de ſa memoire n'euſt pû ny oſé
entreprendre cette pourſuite ; mais il falloit pour la faire trouuer bonne,
choiſir d'autres Iuges que ceux qui ont encores l'image du deffunt empreinte en leur mémoire ; auſquels la ſouuenance de ſa ſageſſe, de ſon equanimité, de ſon erudition perſuaderont touſiours que les mourans ne peuuent plus eſperer d'execution à leurs dernieres volontez, & par conſequent
de conſolation à leur mort, ſi ce que celuy-cy a ſi longuement deliberé ; ſi
prudemment deſſeigné, ſi religieuſement ordonné eſt renuerſé & aneanty
par les cauillations & preſtiges de droict dont le demandeur ſe penſe ſeruir.
Lequel partant, le deffendeur diſoit deuoir eſtre declaré non receuable, &
en tout cas mal fondé en ſa demande, & condamné aux dépens, dommages & intereſts de l'inſtance.

A cela le demandeur repliquoit que le deffendeur monſtroit aſſez par ſa
procedure combien il ſentoit ſa cauſe foible & deſtituée de raiſon, puis qu'il
conſtituoit le fort de ſes deffenſes en ſes fins de non receuoir, *improba ſe temporis tuens allegatione*, comme dit l'Empereur, *& tempus pro veritate præ-
tendens*. Les Parthes vainquent bien en fuyant, mais en vn combat où la
ruze & la violence valent plus que toute autre choſe : *at in hoc puluere forenſi*, en ce theatre de la Iuſtice ; où l'equité & la verité ont touſiours la victoire, les fuittes, tergiuerſations & ſubtilitez, y ſont auſſi peu profitables
que honorables. Il ſera fort aiſé & ſans grand effort de renuerſer les barrieres d'vne imaginaire preſcription que le deffendeur a voulu planter pour
couurir l'iniquité de ſa cauſe, & au fonds monſtrer que le demandeur ne demande autre choſe que ce que la voix de la nature, l'expreſſe parole des loix,
la regle ordinaire des iugemens, & l'opinion commune des Iuriſconſultes
luy adiuge. Quand le demandeur n'auroit autre réponſe à la preſcription,
que celle que luy fournit la memoire de nos calamitez paſſées, & reliques
des infortunes publiques, elle ſeroit ſuffiſante pour écarter cette exception,
& r'ouurir le pas à vne ſi ſainte action. Car on ſçait aſſez que la plus part de
ces trente-huict années-là dont on veut former cette preſcription, ont eſté
ſi calamiteuſes qu'elles ont oſté tout moyen à ceux qui auoient de iuſtes
actions de les exercer ; & par conſequent ont empeſché le cours des preſcri-
ptions, ou pour le moins fondé la cauſe d'vne reſtitution contre icelles ; telle que le deffendeur entant que beſoin ſeroit a obtenuë. Mais outre cela il
a pluſieurs autres moyens de droict qui le couurent de ceſte fin de non receuoir, & luy rendent ſon droict libre, ſauf & entier. Car quelque choſe
qu'on ait voulu dire, c'eſt vne maxime qui eſt receuë & tenuë trop con-

stamment, que iamais les premiers heritiers ne prescriuent en telles actions,
pource qu'il ne faut pas dire qu'ils ne soient point interpellez, puis que la
Loy publique leur apprend quel est leur droict, quel le droict de leurs heritiers. Il suffit que le frere connoisse son frere, la sœur sa sœur, pour sçauoir
qu'elle luy doit partage & legitime. Aussi peu receuable la réponse que l'on
voulu donner à la Loy *contra maiores*; car on sçait assez que ce sont choses
incompatibles, que de se pretendre heritier vniuersel comme faisoit l'vne &
l'autre des sœurs, & se dire, s'il faut ainsi parler, legitimaire. Mais pour abreger cette dispute sur le fait de la prescription, il y a vne raison qui coupe chemin à toutes difficultez, & ferme la bouche au deffendeur. C'est vne maxime confirmée par l'opinion commune de tous les Docteurs, que iamais le
droict de legitime ou supplément d'icelle ne se peut prescrire, tant que celuy à qui elle est deuë est possesseur de l'heredité; voire disent les Docteurs,
quand il la possederoit mille ans. [a] Puis donc qu'apres la mort du feu
sieur d'Oppede la Dame de Porieres & sa sœur ont possedé l'heritage, qu'ils
ont esté par l'arrest maintenus en cette possession, que suiuant iceluy elles
en ont ioüy toute leur vie; comme se peut-on imaginer que la prescription
ait couru contre elle? toute raison de droict y resiste. Car contre qui en eust
elle fait la poursuitte? contre soy-mesmes? Il faut qu'vn iugement se constituë entre deux differentes personnes, la qualité de demandeur est relatiue
à celle de deffendeur: l'vne ne se peut supposer sans l'autre, & ne peuuent
concourir toutes deux en mesme sujet. Dauantage la prescription ne se
peut alleguer que par celuy qui a continuellement possedé, & contre celuy
qui a esté continuellement priué de la possession. Que si celuy qui a laissé à
posseder pour vn temps rentre seulement pour vn iour en la possession de la
chose, il est dit en droict l'vsurper, c'est à dire reprendre son droict par vsage, & interrompre l'vsucapion ou prescription, laquelle il faut de nouueau
puis apres recommencer. Or cette raison est plus forte en matiere de legitime qu'en toute autre action, car la legitime est tellement deferée par la Loy
à l'enfant, qu'elle affecte la chose & luy acquiert vn droict réel en icelle: de
sorte que ce droict venant à estre reuestu par la possession, on peut dire qu'il
consiste entier & parfait en la personne de celuy auquel il est deferé, tellemét
qu'il ne luy est plus de besoin d'en faire aucune demande, puis qu'il l'a pardeuers luy; & par bon titre, puis que c'est par la puissance de la Loy; & par
vne parfaite possession, puis qu'il a & la naturelle & la ciuile. Aussi sçait-
on bien que celuy qui a à prendre vne legitime en vn heritage qu'il possede,
s'il faut qu'en quelque cas il en quitte la ioüissance, il ne procede pas par
petition, mais par retention de sa legitime, laquelle il detrait auant que de
restituer, ne l'acquerant pas de nouueau, mais seulement la conseruant par
cette detraction. Mais d'abondant, que peut-on dire contre l'arrest de l'an
1566. qui expressément l'a reseruée? car quand on poseroit que cét arrest
n'auroit attribué nul droict pour ce regard, au moins auroit-il seruy pour
la conseruation de celuy qui estoit acquis, & empesché le cours de la prescription. Or cette trenchée estant faussée, il faut joindre l'autre moyen de
non receuoir, sur lequel le deffendeur semble faire dauantage de force: c'est
l'approbation que l'on dit que la Dame de Porieres a faite, tant de paroles
que

a *Xuares in
l. quoniam
in priorib.
ampl. 9.*

que d'effet de la volonté de son pere. Au deuant duquel moyen, pour le munir & fortifier dauantage, on a voulu rejetter la renonciation que la Dame de Porieres auoit faite par contract de mariage à la succession & droit de legitime de ses pere & mere. Mais à cela il y a double réponse: car c'est chose certaine que par l'opinion commune des Docteurs, & par l'vsage commun de ce Palais, telle renonciation ne s'estend point au droit de legitime, & ne vaut rien pour ce regard, comme n'estant point à la puissance des enfans d'y renoncer auparauant qu'elle soit acquise; tant pource qu'elle est deferée par vn droit de nature inuiolable, que pource qu'elle contient en soy vne nature d'alimens, ausquels on ne peut renoncer ny en transiger pour l'aduenir & auant qu'ils soient deus. Dauantage, cette renonciation portée par le contract est nommément stipulée au profit des enfans masles du sieur d'Oppede, ausquels la Dame de Porieres cede le droit, auquel elle renonce. Or il n'en a point eu, & partant il n'y a personne qui se puisse seruir de cette renonciation, laquelle par ce moyen est demeurée comme nulle, estant la taisible condition sous laquelle elle estoit faite éuanoüye par la non existence des enfans masles. Cette renonciation estant doncques inutile, il faut venir à l'approbation qu'on dit que la Dame de Porieres a faite du testament & volonté de son pere. Le premier acte dont l'on l'a tirée, c'est cette generale declaration qu'elle a faite au Parlement de Grenoble, de ne vouloir en rien contreuenir à la volonté de son pere. Mais cette declaration estât vague & generale, il la faut restraindre à l'acte auquel elle est conjointe: Il n'estoit pas lors question de la legitime, mais seulement de sçauoir qui ioüyroit de l'heritage pendant la condition sous laquelle les heritiers vniuersels estoient instituez. De sorte que cette approbation ne se peut rapporter à la legitime, de laquelle il ne s'agissoit pas. Claude de Perussis demandoit lors d'estre mis en possession de l'heritage. La Dame de Porieres au contraire soustenoit qu'il n'estoit appellé que sous vne condition qui n'estoit point aduenuë, que l'attendant elle deuoit ioüyr des biens, consideré mesmes le testament de l'an 1549. Tellement qu'elle disoit qu'en cela elle ne contreuenoit en rien à la volonté du deffunt. Raison qui sert aussi de réponse à ce qu'on veut inferer de l'arrest, en ce que les adiudications qui sont faites aux parties sont aux charges & conditions portées par le testament: Car cela ne se peut rapporter qu'aux institutions & substitutions desquelles il s'agissoit, & non des legitimes, qui sont nommément reseruées par l'arrest. Mais la ioüyssance, ce dit-on, que les parties ont faite de leurs legs, est vne acceptation qui les oblige de satisfaire aux conditions d'iceluy. Et pour le prouuer, on allegue plusieurs authoritez des Iurisconsultes. Premierement le demandeur peut soustenir auec raison & verité, que la Dame de Porieres n'a iamais fait demande de son legs, & n'en a iamais fait instance. Car au procez elle demandoit toute la succession; & la ioüyssance qui luy a esté adiugée par l'arrest n'a pas esté à titre de legat, mais à titre d'heredité, attendant de restituer la succession à son fils si elle en auoit; auquel cas l'arrest luy reserue son vsufruict: mais en attendant elle ioüyssoit comme proprietaire de la moitié des biens, sans que le legs de l'vsufruict, qui estoit lors confus, fust en façon quelconque considerable. Secondement, nous ne fommes plus aux termes du droit ancien, où ce poinct pourroit auoir quelque difficulté, & fembleroit qu'vn legs eftant accepté obligeroit celuy qui l'accepte, d'accomplir les conditions fous lefquelles il eft laiffé. Car vne nouuelle Loy retranchant tous ces doutes a introduit vn nouueau droit, par lequel l'Empereur corrigeant l'ancien, a voulu que quelque approbation ou acceptation que l'enfant peut faire de ce qui luy eft laiffé à quelque condition que ce foit, ne luy empefche point le fupplément de fa legitime, voire mefme quand il en auroit donné quittance à l'heritier. [a] Ce qui eft bien fi vray & fi fauorablement receu par les Interpretes du droict, qu'ils l'ont mefmes eftendu à l'acceptation iurée, laquelle ils n'ont point voulu preiudicier au fupplément de legitime. [b] Raifon qui femble tirée de l'autre Loy *quoniam in prioribus*, qui auoit efté publiée feulement cinq ans auparauant. Car puis que par cette Loy, toute charge, toute condition appofée à ce qui eft laiffé pour la legitime, font rejettées par la puiffance de la Loy, fans aucun fait d'homme, le legs demeurant par ce moyen pur, cela fe faifant en vn moment, en vn inftant du deceds du teftateur, *& ea celeritate conficiendarum actionum*, qui eft propre à la Loy, celuy qui accepte ce legs eft cenfé l'accepter, non comme le teftateur l'a fait, mais tel que la Loy l'a rendu, c'eft à dire que par aucune claufe ou condition qu'il puiffe auoir, il ne puiffe exclure la demande de la legitime & fupplément d'icelle. Ce qui eft encores confirmé par la Loy, [c] où l'Empereur en rend la raifon toute luifante d'vne manifefte equité : *Sic etenim filius fuam habebit portionem integram, & qualem leges & noftra conftitutio definiunt, & fcriptus heres commodum quod ei teftator dereliquit cum legitimo moderamine fentiet.* Et bien qu'il fe foit trouué quelques Docteurs qui ayent voulu limiter cette regle, & dire que cette acceptation de legs ne peut emporter aucune renonciation, finon que le legs portaft quelque prohibition de demander autre chofe, toutesfois *eorum eft explofa fententia*, & la commune a paffé là, que quelque claufe prohibitiue qui foit adiouftée au legs, l'acceptation ne preiudicie point au fupplément de legitime, [d] non pas mefmes quand la prohibition feroit fous peine de la malediction eternelle. [e] Auffi peu fert la reuocation du legs qui eft adiouftée à la prohibition, & la fubrogation d'vn nouueau. Car toutes ces difpofitions-là eftant onereufes, & au preiudice de l'integrité & pureté, qui doit eftre en la legitime, elles font, comme il a efté dit, rejettées *ipfo iure*, comme luy eftans contraires : [f] *priuatorum enim cautione legibus non eft repugnandum.* L'exemple en eft elegant, & quafi fait pour le cas où nous fommes, en la Loy. [g] *Seius & Agerius fi cauerint tot aureis fe futuros contentos legis Falcidiæ omiffo beneficio, heredes funto : quòd fi meæ voluntati non confenferint, exheredes funto : quæfitum eft, an heredes inftituti hereditatem adire poffint fi conditioni parere nolunt, cùm habeant fubftitutos eadem conditione præfcripta. Refpondit, Seium & Agerium primo loco inftitutos perinde adire poffe, ac fi ea conditio quæ fraudis caufa adfcripta eft, fcripta non effet.* Il y auoit donc la prohibition : Il y auoit reuocation en cas de contrauention ; Il y auoit fubrogation ou fubftitution : Toutes ces prohibitions, toutes ces reuocations font aneanties par la puiffance de la Loy, pource qu'elles eftoient au preiudice de la

                                             Falcidie.

[a] *l. fi quando. §. & generaliter. C. de inoff. teft.*

[b] *Iafon in l. de his. C. de transactionibus.*

[c] *Scimus, au §. fancimus.*

[d] *Alexander conf. 69. vol. 1. Xuares in l. quoniam in prioribus. amp. 9. num. 1.*

[e] *Bald. con. 61. vol. 1.*

[f] *l. ff. ad leg. Falcidiam.*

[g] *Seium & Agerius. ff. ad leg. Falcidiam.*

Falcidie. Que sera-ce de celles qui sont au preiudice de la légitime, qui est infiniment plus fauorable, à laquelle on ne peut faire fraude, sans la faire, non pas simplement à la Loy, mais encor à la nature ? Aussi Paul de Castre, a & le Bartole, b dit en propres termes, & iustement au cas où nous sommes, que *si testator filiam instituit in re aliqua, ea lege nequid ultrà petat, & si petierit reuocat legatum, vel institutionem, his nonobstantibus filia supplementum legitimæ petere potest. Et nihilominus gaudebit legato vel institutione, nonobstante tali reuocatione quæ ipso iure reijcitur.* En quoy les testateurs n'ont aucunement à se plaindre de cét effet de la Loy, lequel au contraire est en leur faueur : car anciennement telles charges & conditions apposées à ce qui estoit laissé aux enfans pour leur legitime, annulloit entierement le testament ; où au contraire maintenant la Loy s'est contentée de rejetter ce qui estoit onereux à la legitime, & au surplus maintient la volonté des deffunts. Et en cela est fort considerable, que ce qu'elle introduit en faueur des testateurs est nouueau, & pour les gratifier : Et ce qu'elle ordonne pour les enfans, n'est que l'ancienne regle, qui s'obseruoit generalement aux conditions semblables qui estoient adioustées aux legs : *si quis enim vel in adimendis vel in transferendis legatis aliquid legibus interdictum facere iussus fuerit, sine ullo damno testatoris licebat negligere præceptum.* c Puis donc que les curieuses precautions qu'a voulu apporter le testateur, *& misera illa & nimia diligentia,* n'ont pû exclurre le demandeur du supplément de cette legitime, que les declarations semblablement qu'a faites la Dame de Porieres, soit de paroles, soit par effet, ne luy ont pû en cela preiudicier, n'ayant iamais expressément renoncé à ce droict de supplément, luy ayant esté reserué par arrest, & ayant encor par son testament chargé son heritier de le poursuiure, il ne reste plus au deffendeur qu'vn seul moyen, qui est de monstrer, comme il a voulu faire, que ce supplément est payé & plus que payé, par la ioüyssance que la Dame de Porieres a faite durant vingt-deux ans, de la moitié des fruicts de tous les biens du deffunt. Deffence qui est fort aisée à abbatre, & est grandement esbranlée de soy-mesme, par les discours dont le deffendeur l'a voulu appuyer ; ne plus ne moins que les trop vieilles & ruineuses murailles qui tombent à bas lors que l'on y pense toucher pour les reparer. Car il est tout euident par les textes qui ont esté alleguez, d que la legitime ny le supplément d'icelle ne peut estre laissée aux enfans en fruicts seuls, non plus qu'en la seule proprieté. *Sed oportet modis omnibus eis huius legitimæ partis, quam nunc deputauimus, & vsumfructum insuper & proprietatem testator relinquat.* Que si les fruicts leur sont laissez sans la contingente part de la proprieté, ces fruicts là iamais ne s'imputent au payement de la legitime, comme il est expressément porté par cette Loy *Iubemus.* Et si le testateur l'ordonne nonobstant son ordonnance, & nonobstant la perception des fruicts, l'heritier fait sa detraction en corps hereditaires. Le deffendeur répond que cela s'entend seulement en cas de restitution, & lors que celuy qui doit prendre la legitime est institué heritier, & greué de restituer, qui est le cas de la Trebellianique. Mais les Docteurs là dessus demandent, *& quid in legitima ?* & répondent, *quanto magis ?* veu que sa faueur est fondée sur les plus viuues & charitables affections de la nature, &

RRRr

a *in l. omnimodo.*
b *in l. 1. de his quæ pœnæ nomine.*

c *l. vnica. C. de his quæ in test. §. vlt. Inst. de leg.*

d §. *repletionem. l. scimus. §. pro Iubemus. authe de triente & semisse.*

s'empeſchent de chercher des raiſons pour le prouuer. Mais en vain pour
n'auoir pas aſſez curieuſement obſerué tous les termes de cette Loy, laquelle ayant introduit cette diſpoſition au cas de la Trebellianique au profit des
enfans, adiouſte ces mots, *Idémque in retinenda portione legis Falcidiæ obti-*
nere iubemus. Or la Falcidie en la perſonne des enfans n'eſt rien autre choſe
que la legitime. Et ce mot de legitime a eſté aux premiers temps touſiours
appellé par les premiers Iuriſconſultes *Falcidia.* Et encores du temps des

a *l. quæ nu-*
per. C. de
inoff. teſt. l.
Papinianus.
ff. eo d.

derniers Empereurs a-on confuſément vſurpé l'vn pour l'autre. [a] Et en fin
toute la difference qui eſt demeurée, ç'a eſté que la quantité de la legitime
ayant eſté augmentée par la Loy ſelon le nombre des enfans, ils auoient le
choix ou de la prendre à la façon des eſtrangers qu'ils appelloient lors plus
ſpecifiquement Falcidie, ou ſelon que la Loy permettoit par priuilege aux
enfans, qu'ils appelloient legitime. Donc puis que nous ſommes en l'expreſſe diſpoſition de la Loy, il ne nous faut point chercher de diſcours, mais
nous tenir à ce qu'elle ordonne, & prendre cette regle qu'elle nous preſcrit,
que les fruicts perceus par les enfans, ne ſont iamais imputez en leur legitime, quelque choſe que le teſtateur ait voulu au contraire. Oüy, mais, ce dit-
on, cela eſt bon lors que le teſtateur ne laiſſe aux enfans les fruicts, ſinon
iuſques à la concurrence de leur legitime : mais quand il leur laiſſe des
fruicts grands & opulens, deſquels ils ont tiré ou peuuent tirer trois fois autant que leur legitime ; en ce cas, eſt-il pas raiſonnable de dire que la prohibition de la Loy ceſſe, puis qu'elle eſt introduite au profit des enfans, &
que les enfans ont plus de profit de prendre ces fruicts, que non pas vne petite part de la proprieté ? A cela il y a deux pertinentes réponſes : La premiere, tirée d'vn argument du moins au plus. Car eſt-il pas certain que
quand l'on dit que les enfans n'imputent pas les fruicts en la Trebellianique, on ne diſtingue point ſi les fruicts montent plus ou moins que la
Trebellianique ? mais generalement il eſt vray de dire, que à quoy qu'ils
montent, les enfans ne les imputent pas, quelque choſe que le teſtateur ait ordonné. Or la legitime eſt plus fauorable que la Trebellianique : *Ergo tanto magis*, n'imputera-elle point les fruicts. La ſeconde eſt

b *In §. præ-*
habemus.

de l'Authentique : [b] car ſi cette raiſon de la plus valeur euſt eſté bonne, on
euſt dit au fils, auquel le pere au lieu de la tierce partie de tous ſes biens,
auoit laiſſé la proprieté du total, qu'il n'auoit nulle occaſion de ſe plaindre, puis que toute la proprieté dénuée des fruicts valoit deux fois mieux
que le tiers auec les fruicts. Et toutesfois l'Empereur a trouué cette plainte des enfans ſi raiſonnable qu'il y a voulu pouruoir, non pas par la ſimple douceur de la Loy *omnimodo* ; & de la Loy *quoniam in prioribus*, laquelle déchargeant telles diſpoſitions de ce qui pouuoit eſtre au preiudice de la legitime des enfans, les validoit & confirmoit au reſte ; mais par
vne prohibition penale, & qui tiroit apres ſoy par la conſequence de ſa
ſanction l'entiere nullité & euerſion des teſtamens. Tellement que l'Em-

c *Vt cùm de*
appellatione
cognoſcitur.

pereur par vne autre Nouelle, faite cinq ans apres, [c] fut contraint d'en
adoucir la rigueur & la reduire à la diſpoſition des premieres loix que nous
auons cottées. Suiuant la diſpoſition doncques de ces loix, nos Docteurs
ont demandé ſi le teſtateur a laiſſé toute la proprieté de ſes biens à ſes enfans,

fans & l'vfufruict à vn tiers, comment fe fera le fupplément en adiouftant
l'vfufruict à la legitime, oftera-on quelque chofe de la proprieté aux enfans?
Ils répondent tous que non, que les enfans auront toute la proprieté & l'v-
fufruict de leur portion legitime; la proprieté par l'ordonnance du teftateur,
& cét vfufruict par celle de la Loy fans diminution l'vn de l'autre. Il eft
vray que s'il y a plufieurs enfans inftituez, en ce cas l'on fait le fupplément
en forte que chacun d'eux puiffe auoir en proprieté fa legitime, & ce qui
refte chacun l'aura felon que le teftateur luy a laiffé : *Si filius in vfufruﬆu
omnium bonorum fit inﬆitutus, & alij fint filio coheredes, datur proprietas legitimæ & minuitur vfusfructus vsque ad rationem legitimæ cæterorum.* [a] Or
en ce cas les deux filles eftoient egalement inftituées en l'vfufruict chacune de la moitié ; par confequent il n'y auoit perfonne qui le leur peuft debattre. Il leur demeuroit donc entier fans pouuoir eftre imputé, puis que
iamais les fruicts ne font imputez en la legitime. Regle de laquelle il ne faudroit point demander de raifon, puis qu'elle a l'authorité fi expreffe de la
Loy, puis qu'elle a l'approbation commune de tous les Iurifconfultes. Et
toutesfois à qui la voudra rechercher, elle eft fort euidente : car la legitime
qui eft donnée aux enfans par la Loy, n'eft pas feulement donnée en confideration des enfans du premier degré, mais encor de ceux qui pourront naiftre d'eux, lefquels auroient la legitime eux-mefmes fi les peres fe trouuoient
morts lors du deceds de leur ayeul; mais leur pere fe trouuant viuant, on leur
pouruoit en fa perfonne. Or fi l'enfant n'auoit pour fa legitime qu'vn vfufruict, venant à deceder que laifferoit-il à fes enfans que du vent, & la fouuenance d'auoir vécu opulemment, qui eft vn rengregement de mifere? Au
lieu que la legitime doit proceder d'vne office de pieté & d'vne charitable
prouidence, ce ne feroit aux enfans qu'vn piege pour les faire tomber eux
& leur pofterité en vne pitoyable indigence. Car ayant vn grand & ample vfufruict ils s'imagineroient toufiours l'opulence de leurs predeceffeurs, voudroient tenir le mefme train, confommeroient tout, & ne laifferoient à leurs fucceffeurs que le regret d'auoir efté quelque temps trop à
leur aife. Auffi eftoit-ce la ruze auec laquelle cét ancien finet fe vengeoit
de fes ennemis.

a *Xuares
ampliatio.
decima 9.
Fernand.
Vafqu. in
auth. nouiﬆ-
fima.*

> *Eutrapelus cuicunque nocere volebat,*
> *Veﬆimenta dabat preciofa.* pourquoy ? *Beatus enim iam*
> *Cum pulchris tunicis fumet noua confilia, & fpes,*
> *Dormiet in lucem, fcorto poﬆponet honeﬆum*
> *Officium, nummos alienos pafcet: ad imum*
> *Thrax erit, aut olitoris aget mercede caballum.*

Et de fait, imaginons-nous que la Dame de Porieres euft eu vne douzaine de filles, comme il fe pouuoit, & qu'elle n'euft eu autre chofe que l'v-
fufruict qui luy eftoit laiffé, que luy fuft-il refté pour les ayder & fecourir, appuyer leur fortune à l'aduenir, les nourrir, efleuer & pouruoir felon la dignité du lieu dont elles eftoient forties : Si noftre teftateur les
euft pû voir du lieu où il eftoit apres fa mort, les euft veuës, dif-je, miferables & indigentes, euft-il pas efté le premier qui euft blâmé les loix, qui
luy auoient permis d'eftre fi dénaturé à l'endroit de fa pofterité ? euft-

il pas luy-mefme condamné toutes ces fubtiles complications de paroles, auec lefquelles il auoit voulu priuer fon propre fang de la chaleur naturelle dont il eftoit tenu le fomenter? Or peut-eftre qu'on dira qu'il fçauoit bien que fa fille eftoit alliée en vne bonne maifon. Oüy, mais s'il eft permis à vn pere d'en vfer ainfi à l'endroit de fes filles, il luy fera permis auffi à l'endroit de fes mafles. Tellement que cét inconuenient pouuant arriuer à des enfans de bonne maifon, precipiteroit leur pofterité à vne extreme indigence. Il ne faut pas s'eftonner fi la Loy qui eft vn flus de la prouidence eternelle, & qui confidere autant ce qui peut eftre, que ce qui eft, a voulu preuenir vn fi defaftré euenement, & n'a pas voulu fur de fimples fruicts, incertains, periffables, & qui fe confomment de iour en iour, appuyer la vie de ceux que nous mettons au monde, mais a voulu que *propria patris fubftantia*, fuft caution de la leur, comme celle qui eft ferme, ftable & permanente,

> *Vt bene nummatis fundata pecunia villis.*

Mais abrogeons la Loy *iubemus*; pofons le cas, contre toutes les regles du droict, que les fruicts fe deuffent imputer en la legitime, toutesfois ceux que la Dame de Porieres a perceus n'y feroient point imputez. Car il eft certain que les enfans n'imputent en la legitime que ce qu'ils ont par le iugement & benefice du teftateur: mais ce qu'ils ont d'ailleurs, & nommément *iure accrefcendi*, n'eft point fujet à eftre imputé; c'eft le propre texte de la conftitution. [a] Or eft-il certain que les fruicts que la Dame de Porieres a

a d. §. repletionem.

perceus luy ont appartenu par droict d'accroiffement, & qui plus eft d'vn heritage fujet à reftitution; où par confequent concurrent tous les deux cas qui empefchent l'imputation des fruicts. Cela fe iuftifie aifément par la difpofition du teftament, & par l'arreft de l'an 1566. Car le deffunt auoit inftitué le premier fils mafle de la Dame de Porieres furuiuant lors de fon deceds; & en cas que la Dame de Porieres decedaft fans enfans mafles, ou fes mafles fans enfans mafles, il auoit fubftitué Claude de Peruffis. Lors du deceds du teftateur, la Dame de Porieres n'auoit point d'enfans mafles furuiuans: Par confequent le premier degré d'inftitution demeuroit caduque. Car quant à Claude de Peruffis, il n'eftoit fubftitué que fous condition incertaine, & partant n'auoit aucun droict à l'heredité auant l'euenement de la condition, & n'y pouuoit dauantage pretendre que par droict de fideicommis: Eftant bien certain que la fubftitution faite fous cette condition, Si elle decede fans enfans, monftre que le teftateur *eam maluit habere quàm fubftitutum*, & eft cenfée entre perfonnes conjointes eftre chargée de reftituer, luy ayant d'ailleurs donné la ioüyffance fa vie durant. Or que fuit-il de cela, finon que ce teftament demeurant defert eft deftitué d'heritiers vniuerfels? pour le rendre valable il falloit que les filles inftituées *in re certa*, attiraffent à elles par droict d'accroiffement tout le refte de l'heritage, pour le reftituer puis apres au fils mafle qui naiftroit de la Dame de Porieres, non pas comme inftitué, car le teftateur n'auoit inftitué que celuy qui fe trouueroit lors du deceds. Or ne s'en eftoit-il point trouué, mais comme fideicommiffaire & appellé par la condition *Si fine liberis*, en laquelle il eftoit compris. C'eft ce qui eft decidé par tous les Docteurs & vieux

&

a In l. filius patrem ff. de liberis & posthumis.

& recents, mais formellement par l'Immola. a Tout cela est ferme &
constant par les termes & regles de droict; mais est d'abondant confirmé
par l'arrest de l'an 1566. qui l'a iugé disertement ainsi. Car l'arrest ne trouuant point pour l'heure d'autres heritiers que les filles qui estoient instituées
en chose particuliere, & voyant que le droit ne pouuoit souffrir que le deffunt *pro parte testatus, pro parte intestatus esset*, leur adiuge *bonorum possessionem*, mais non vne simple possession prouisionnelle & expectatiue, mais
cette possession de droit & effectuelle que S. Ambroise en vne sienne Epistre disoit que les Chrestiens auoient, *possessionem cum re*, qui ne differe que
de nom de l'heredité. Car il ordonne qu'elles iouyront des biens & de l'heredité, & en feront les fruicts leurs. Et afin qu'on ne doutast point à quel
titre, il les charge de payer toutes les debtes de la succession, qui est vn office & fonction qui n'appartient qu'à l'heritier, & en cas de naissance d'vn fils
masle de la Dame de Porieres, ou de son deceds sans enfans, qui estoit le cas
de la restitution, il reserue le droict de legitime, qui estant confus en elles par
cette espece d'acquisition & iouyssance de l'heritage, venoit à renaistre par
la restitution. Tellement que soit que l'on considere le droict d'accroissement, en vertu duquel elles ont iouy de ces fruicts, soit qu'on considere la
restitution qu'elles ont faite des biens, on ne peut dire qu'elles soient tenuës
d'imputer les fruicts par elles perceus, sur leur legitime. Et en vain en cét
endroit le deffendeur reclame si haut la volonté du deffunt, & represente sa
si expresse intention. S'il vouloit estre entendu des Iuges, il falloit parler
conformément aux loix, il falloit composer ses volontez à ce que la pieté
naturelle luy suggeroit, à ce que l'equité charitable luy conseilloit. Mais
ayant mieux aimé suiure *miseram illam & nimiam diligentiam*, & l'employer pour seruir à la gloire de son nom, immortaliser, s'il eust peu, sa
memoire, qu'à cherir son propre sang, & pouruoir à la vie & entretenement de ceux qui descendoient de luy, qui est la vraye immortalité que les
peres doiuent rechercher; il ne se peut plaindre que de soy-mesmes, s'il n'est
point entendu, si ses intentions n'ont pas l'effet qu'il auoit projeté. Philon
Iuif au liure qu'il a fait de la confusion des langues, philosophant mysti-
quement & profondément, comme il a de coustume, sur ce merueilleux
euenement, il remarque que cela aduint lors que les enfans de Sem partirent d'Orient pour aller vers l'Occident, c'est à dire, comme il l'interprete,
qu'ils commencerent à laisser la cogitation & l'amour des choses diuines
& celestes pour emplir leurs pensées, & assouuir leurs desirs de la vanité du
monde. Lors il leur prit fantaisie de bastir cette grande tour de Babel, qui
deuoit par le dessein toucher iusques au Ciel, pensant par là eterniser leur
memoire, & s'asseurer *aduersus Deos & aduersus homines*; mais aussi-tost la
confusion se mit aux langues de ceux qui trauailloient, ils demandoient de
la pierre, on leur apportoit de la chaux; ils demandoient de l'eau, on leur
apportoit du feu; & ainsi demeura interrompu leur ouurage, n'ayant seruy que d'vne signalée remarque de la vanité des hommes. De mesmes en
artiue il ordinairement aux sages du monde, à ceux qui sont plus signalez
parmy les hommes en dignité, en science & en prudence. Car laissant l'O-
rient pour aller vers l'Occident, c'est à dire oubliant leur origine & leur cou-

dition mortelle, ils se laissent porter & emporter à de curieuses recherches
d'immortaliser leur nom, que Pline le Grand appelle elegamment *puerilium
deliramentorum & auidæ nunquam desinere mortalitatis commenta*. Ils font
comme ceux de Megare, desquels vn Philosophe disoit, *Megarenses ædisi-
cant vt nunquam morituri*; ou pour mieux dire auec le Psalmiste, *Tabernacula eorum, tabernacula æterná; vocauerunt nomina sua in terris suis*. Ils font des
desseins pour mille generations : & comme les Poëtes disent, que les Dieux
pour immortaliser Glaucus luy verserent cent fleuues sur la teste; pour eterniser leur nom & leur memoire, ils la plongent en cent substitutions, & autant de fideicommis, pensans aux dépens de leurs propres enfans, & au preiudice des droicts de la'nature, surmonter le temps qui surmonte toutes
choses, & donner vn estre stable & immuable à leur fragilité :

  Sed futuri temporis exitum
  Caliginosa nocte premit Deus,
  Ridetque si mortalis vltra
  Fas trepidat.

Il renuerse leurs desseins, donne les euenemens tout au contraire qu'ils ne
les ont premeditez, fait tomber leurs biens és mains de ceux ausquels ils ont
moins pensé, ou qu'ils ont moins desiré. Et ainsi la confusion se met en leur
langue, leur voix n'est point entenduë des loix, ny écoutée des Iuges. Et
pource leur faut-il dire auec le Poëte :

  Discite ô miseri, & causas cognoscite rerum,
  Quid sumus, aut quidnam victuri gignimur, ordo
  Quis datus, aut metæ quàm mollis flexus, & vnde,
  Quis modus argento, quid fas optare, quid asper
  Vtile nummus habet : patriæ carísque propinquis,
  Quantum elargiri deceat; quem te Deus esse
  Iussit, & humana qua parte locatus es in re.

Aussi faut-il croire que ce grand personnage, des biens & volontez duquel
on dispute auiourd'huy, apres qu'il a eu quitté la terre,

  ——*postquam se lumine vero*
  Impleuit,

retournant les yeux sur ce monde,

  ——*vidit quanta sub nocte iaceret*
  Nostra dies, risítque sui ludibria trunci ;

s'est moqué luy mesmes de ses desseins. Et auiourd'huy qu'il voit les Iuges assemblez pour dispenser ses biens selon la regle de la Iustice, il adiouste ses vœux à la balance pour la faire trebucher du costé où l'equité naturelle, l'amour du sang & la pieté donnent le traict contre la vanité. Ce qui
fait croire au demandeur, que les Iuges conserueront à la Dame de Porieres, de laquelle il est heritier, le droict de legitime en la succession de son
pere, & la part en la succession de sa mere, que la nature & la Loy ciuile luy
donnent.

*Sur cette contestation les parties ayant esté appointées à écrire & produire, &
y ayant de part & d'autre satisfait, & tout meurement & diligemment deliberé & consideré ;*

La Cour par son iugement & arrest, faisant droict sur les demandes, fins &
conclusions des parties, a adiugé & adiuge au demandeur comme heritier de
Claire de Meynier le supplément de legitime par luy requis sur tous les biens que
le feu President d'Oppede possedoit lors de son deceds, auec restitution de fruicts
depuis le deceds d'icelle Claire de Meynier; condamne le defendeur en la qualité
qu'il procede, iceluy payer en biens mediocres de la succession: Si mieux il n'aime
payer en argent auec les interests pour le mesme temps à raison du denier vingt,
detractions & imputations telles que de droict prealablement faites. Et à cette
fin ordonne que le demandeur baillera parcelle des biens & le deffendeur des detractions, & seront les biens estimez par expers, desquels les parties conuien-
dront, ou qui seront nommez d'office par le Commissaire executeur de l'arrest,
eu égard à ce qu'ils valoient au temps du deceds & à ce qu'ils valent de present;
pour ce fait estre procedé à la liquidation des choses adiugées ainsi qu'il appartiendra. En quoy faisant la Cour declare que le demandeur ne sera tenu deduire
ny imputer les fruicts perceus par ladite Claire de Meynier, tant en vertu du
testament de son pere, qu'arrest du Parlement de Grenoble de l'an 1565. Et par
ce moyen aussi pour le regard de la demande des droicts maternels, a mis les parties hors de Cour & de procés, tous despens compensez.

SVR DES CONIECTVRES DE FAVX, ET SVR
la question, Si vne veufue se remariant dans l'an du dueil est
priuable de ce qu'elle a amendé de son mary.

 R O C E S s'est meu en la Cour de ceans, entre M. Anthoi-
ne Bandoli Aduocat au siege de Forcalquier demandeur en
requeste ciuile, & au principal, afin d'auoir adiudication
de l'heritage de M. Iean Vere Procureur au mesme siege son
cousin germain, & encor querellé en cas de faux & supposi-
tion de pretendu testament, d'vne part: Et Damoiselle Ysabeau de Godin femme de Maistre Balthazard de Villeneufue defenderesse en
icelle requeste ciuile & principal, & querellante en faux, d'autre.

A V Q V E L procés le demandeur disoit, Que M. Iean Vere ayant esté
nourry en sa ieunesse auec Noël Bandoli son oncle (outre la bien-
vueillance que la nature auoit conciliée entr'eux) la societé & commune
nourriture y apporta tel accroissement d'amitié, qu'elle ne se pouuoit pas
imaginer plus grande. Et de fait dés l'an 1552. Vere estant encore fort ieune,
s'en allant à la guerre, fit son testament, & instituà Noël Bandoli heritier
en tous ses biens. Depuis estant de retour il se maria. Mais ayant passé ses
meilleures années auec cette premiere femme, & en ce doux & paisible
mariage, basty vne mediocre fortune, se trouuant veuf & sans enfans, auroit dés l'an 1580. conuolé en secondes nopces auec Ysabeau de Godin defenderesse fort ieune & inegale à ses enfans & à son humeur. Au lieu de
trouuer en ce mariage la consolation & le soulagement qu'il cherchoit, il
y trouua les tourmens & les ennuis, que la difference de l'aage & diuersité

des desseins ont accoustumé de former en telles conionctions. Car la defenderesse qui n'estoit entrée en cette maison que pour la butiner, & non pour y apporter le titre & la douceur de femme, mais en emporter celuy de veufue & d'heritiere, commença à pratiquer toutes les ruses qu'on peut excogiter pour paruenir à semblable dessein. Elle n'oublia nulle sorte de blandices & caresses; mais pource qu'elles n'auoient pas grand prise sur vn homme ja fort meur & demy-mort, elle eut recours aux crieries & tempestes, dont elle emplist toute cette maison. Le mary pour se deliurer de cette misere fut contraint dés l'an 1580. neuf mois apres son mariage, faire vn testament, par lequel il instituoit la defenderesse son heritiere, à la charge de restituer apres son deceds sa succession à Noël Bandoli pere du demandeur & oncle maternel de Vere. Vere doncques pensa par ce sacrifice auoir appaisé ce demon domestique; & à la verité cette institution plaisoit fort à cette femme, mais cette substitution l'offensoit. Elle vouloit auoir les biens sans aucune charge ny exception. Et pource nouuelles clameurs, nouuelles tempestes recommencerent en la maison, iusques à feindre qu'elle estoit furieuse; tant qu'en fin il fust contraint par vn autre testament fait l'an 1583. reuoquer ce fideicommis, la rendre seule heritiere & sans aucune charge:

> —— sic codice scauo
> Heredes vetat esse suos; bona tota feruntur
> Ad Phyalen.

S'estans coulez douze ou treize ans depuis ce testament, la defenderesse qui sçauoit assez que cette disposition ne procedoit pas de la volonté ou bienvueillance de son mary, & qu'à la premiere commodité il la changeroit; elle pensa qu'il luy en falloit oster le pouuoir, & pource l'an 1596. elle fit renouueller ce testament, & y apposer vne clause reuocatoire de tous autres testamens qu'il pourroit faire par apres, sinon que ces mots y fussent inserez, Nisi Dominus custodierit, &c. Ce pendant l'aage pressoit tousiours dauantage le pauure Vere, & l'admonestant de la condition commune des hommes, luy ramenteuoit aussi ce qu'il deuoit à son sang. C'est pourquoy l'an 1601. au mois de Mars, estant deputé pour se trouuer aux Estats de la Prouince en cette ville d'Aix, se voyant en liberté, hors de la veuë de cette dure & inflexible femme, il pensa, auant que satisfaire à la nature, satisfaire à sa conscience, pouruoir à ses affaires domestiques; tousiours en crainte toutesfois que sa femme n'en fust aduertie, ou qu'elle n'en eust quelque soupçon. Et pource luy-mesme, nullo adhibito iurisperito, sed sequutus animi sui sententiam, dresse & escrit tout de sa main son vray & dernier testament solennel en trois pages de papier, le signe, le ferme, y appose les seaux, & ce fait, le sixiesme de Mars vint trouuer Dieulefaiz Notaire de cette ville, luy declare en presence de sept tesmoins, personnes d'honneur, que cela estoit son dernier testament, luy en demande acte, qui fut escrit sur le dos d'iceluy, signé par tous les tesmoins. La fin de cét acte fut qu'il pria & coniura autant qu'il peust le Notaire & les tesmoins de ne point reueler qu'ils eussent receu ce testament, pource qu'autrement ils seroient cause de son malheur, & de luy exciter vne horrible tempeste en sa maison. Il s'en retourne

tourne à Forcalquier, fait bonne mine à fa femme, tient ce fait fort fecret, faifant toutesfois fentir au demandeur par tous fes difcours, quand il parloit à luy, qu'il l'aymoit & vouloit faire pour luy, & le preffant toufiours de fortir de la maifon d'Amoureux fon beau-pere, auec lequel le defunct eftoit fort mal, comme en fin felon fa remonftrance il fift, & fe retira en vne maifon qui luy appartenoit, & où ledit Vere le venoit fouuent voir; au haut de laquelle, comme il s'eft defcouuert depuis, il cacha fon teftament dans quelques ruines. Et afin qu'on n'euft point fujet d'y baftir, dreffant le teftament de Noël Bandoli, il y mit vne claufe, que celuy à qui la maifon viendroit ne feroit tenu de rembourfer Anthoine Bandoli des reparatiós qu'il y auroit faites. Vn an ou peu plus n'eftoit pas encor paffé, que la vieilleffe jointe au mauuais traitement que receuoit Vere en fa maifon, luy apportent la maladie dont il eft decedé. Si toft que fa femme le fent malade, voila la porte de fa maifon fermée, tous fes parens exclus; il les demande, il les mande, il n'y a moyen qu'il les puiffe voir. Toutesfois vn iour il fift tant d'inftance de voir le demandeur, qu'on fuft contraint de le faire entrer. Mais auffi-toft la defendereffe s'affied fur le lict, demeure-là en fentinelle pour efpier fi ce pauure homme ne parleroit point de teftament. En forte qu'il ne peuft dire autre chofe au demandeur finon, Mon coufin, eftudiez bien, feüilletez bien vos liures: Parole à laquelle le demandeur n'apportoit pas lors grande attention. La maladie fe rengrege, principalement faute de remedes & d'affiftance: c'eftoit ce que la defendereffe attendoit, agitée neantmoins toufiours de quelque foupçon, & auec peine faffeurant de trois teftamens qu'elle auoit fait faire à fon mary. Elle confulte fes amis, & en fin fe refout que le plus feur eftoit d'en auoir encores vn dernier. Elle affiege doncques derechef ce pauure malade, le preffe fi fort, le violente & tourmente en forte, qu'elle luy fait faire en pleine nuit vn autre teftament nuncupatif, fe fait inftituer heritiere feule, fait reuoquer tous autres teftamens, & toutes les claufes reuocatoires qu'ils pouuoient contenir, nonobftant qu'elles ne foient point exprimées par celuy-cy. Ce qu'il dit ne pouuoir faire à caufe de fa maladie. Elle n'y fait point appofer de claufe derogatoire, comme elle auoit fait aux autres. Ce qui eft fort remarquable, pource qu'elle s'affeuroit affez qu'elle mettroit bon ordre qu'il n'en feroit iamais d'autre. Vere fe voyant en cét eftat, ne pouuant d'autre façon tefmoigner la violence qui luy eftoit faite, fignant ce teftament, contrefift fi euidemment fon fein, que chacun de ceux qui eftoient là s'en apperceurent. Il decede fur la fin de Iuin 1602: auffi-toft elle fe fait mettre en poffeffion des biens. Ce pendant ores que ce teftament folennel euft efté tenu fort fecret; fi eft-ce qu'ayant paffé par les mains d'vn Notaire & de tant de tefmoins, il ne fe pouuoit faire qu'il n'en couruft quelque bruit. Noël Bandoli pere du demandeur, qui croyoit qu'il fuft en la poffeffion de la defendereffe, la pourfuit pour l'exhiber; elle fe deffend, & penfant qu'il fuft perdu, ayant oüy dire que Dieulefaiz Notaire de cette ville l'auoit receu, elle fe veut affeurer de ce cofté; demande qu'il ait à declarer s'il a aucun teftament. En fin les parties ayans plaidé quelque temps, n'apparoiffant point de ce teftament folennel, la defendereffe obtient arreft du dixneufiefme

Decembre mil fix cens deux, par lequel en vertu du dernier & nuncupatif,
les biens de Vere luy font adiugez. Elle n'eut pas fi toft cét arreft, que prenant la liberalité de fon mary pour vn argument de delices, au lieu d'en
porter le dueil qu'elle deuoit, dans les neuf mois du deceds elle conuole en
fecondes nopces, & en fait la celebration en temps de Carefme. Cette caufe eftoit plus que fuffifante pour faire perdre à la defendereffe cette fucceffion. Mais Dieu à qui cette immodefte, voire impudique façon defplai-
foit, voulut de tout point affeurer la vengeance de fon incontinence. Car il
permit par vne efpece de miracle, que le haut de la maifon du demandeur
eftant tombé, il fuft contraint d'y faire trauailler, & pour commencer,
faire leuer quelques ruines du toiçt qui eftoient tombées fur le plancher du
grenier. Il y enuoya pour cét effet les garçons de quelques fiens voifins, &
entr'autres vn nommé Granon, qui fe tenoit chez Amoureux, fon beau-
pere : leuant vn vieux baft & des plaftras qui eftoient là en vn lieu où il pleu-
uoit, ils vont voir vne petite boëtte de fér blanc, fale & roüillée ; l'ayant
ouuerte, ne trouuant dedans que du papier, ils l'apportent à Amoureux.
Amoureux voit que cela eftoit fermé comme vn teftament, & garny de
cachets, bien qu'effacez ; il la porte au demandeur, qui eftoit lors malade.
Si toft qu'il l'eut veuë, il luy fouuint des paroles lors non entenduës que
Vere luy auoit tenuës ; luy vint au cœur que c'eftoit ce teftament dont il y
auoit eu tant de bruit ; Commence à fe fouuenir que Vere eftoit fouuent
venu chez luy fans qu'il en fceut le fujet, commence à comprendre que c'e-
ftoit pour y cacher ce teftament ; fe fouuient des paroles qu'il luy auoit dites ; Feüilletez bien vos liures ; il les feüillette, il trouue dans vn de fes liures, nommé *Speculator*, ces mots : Mon teftament eft au plus haut de voftre maifon. Signé Vere, Ce pendant cherchant encores parmy fes liures
& fes papiers, il trouue dans vn fien liure intitulé *Supplementum chronico-
rum*, vn autre billet portant ; A ton plus haut eft mon teftament, & mes
memoires font au dos du liure de raifon, & des prefentations & deliberа-
tions, aux couuertes de mes memoires, auffi de la collocation de la caue,
& en mon cabinet. Signé, Vere. Il cherche dans la couuerture de ce liure
des prefentations, il y trouue vn autre billet portant : Mon coufin, i'ay fait
mon teftament, mis au plus haut de voftre maifon, n'ayant legué en tout
que trois cens & tant d'efcus, auec vne penfion à ma femme durant fa viduité ; Soyez bon mefnager, & releuez le nom de Vere auec honneur, &
fuyez la compagnie de voftre beau-pere. Signé, Vere. Depuis encores il en
trouue vn autre où eftoient ces mots ; Mon teftament eft au plus haut de
voftre maifon, contenant la defcharge de ma confcience, tant enuers l'hofpital que de mes pauures parens, auec vne penfion à ma femme durant fa
viduité, ayant prohibé les detractions, fait peu de legs, pour conferuer
mon nom à l'heritier, ayant inftitué mon coufin l'Aduocat, s'il fort de la
maifon d'Amoureux, là où il n'a eu que peine & deshonneur. Signé, Vere :
& au bas, Fait à Aix le fixiefme Mars 1601. Alors il ne doute plus que ce ne
foit le teftament de Vere ; il fait affigner la defendereffe pour en voir faire
l'ouuerture. Il y a commiffaire deputé pour cét effet. Ce teftament eft ex-
hibé, confiftant en vne fueille de papier pliée en quatre, fermée par les
　　　　　　　　　　　　　　　　　　　　　　　　　　　　quatre

quatre coins auec de la foye iaune, & vnze cachets, fur les coftez defquels
la forme eftoit fort effacée, & s'y reconnoiffoit peu de chofe : le papier au
deffus eftoit tout verd-iaune, à caufe de la roüille qu'auoit contracté la
boëtte, par l'humidité immonde du lieu où elle auoit long-temps demeuré : Il apparoiffoit qu'il y auoit eu de l'efcriture deffus, & des feings, dont
toutesfois il ne reftoit aucune chofe lifible, pour la mefme raifon de la
roüille & humidité. L'on auoit fceu que le deffunt auoit fait vn teftament
folennel, la defendereffe mefme auoit (par la pourfuite qu'elle auoit faite)
indiqué que c'eftoit Dieulefaiz qui l'auoit receu ; le Notaire auoit declaré
qui eftoient les tefmoins ; Le Notaire & les tefmoins au nombre de fept
font adiournez ; tous fors vn des tefmoins declarent que la verité eft telle
que Vere leur a prefenté vn papier fermé, qu'il leur a dit eftre fon teftament ; que le Notaire en efcriuit l'acte au deffus, lequel eux tefmoins fi-
gnerent ; mais difent qu'ils ne peuuent fçauoir fi c'eft le papier qui leur eft
reprefenté, attendu que toute l'efcriture qui eft au deffus eft entierement
effacée, fans qu'ils puiffent rien reconnoiftre. Il eft paffé outre à l'ouuerture, il fe trouue dedans trois pages efcrites & fignées de la main Vere, contenant fon teftament folennel en datte du vingt-deuxiefme Mars mil fix
cens vn, auec vn petit billet inferé dedans, efcrit auffi de la main dudit defunct, portant ces mots ; Efcrit le feiziefme Feurier, datté le vingt-deuxiefme Mars, clos le premier, & figné le fixiefme. Il eft procedé à la verification de l'efcriture du defunct ; le teftament & les billets font prouuez par
bon nombre de tefmoins eftre efcrits de la main du defunct. Ceux qui ont
trouué le teftament font oüys, declarent la façon dont il a efté trouué. Par
ce teftament, apres auoir declaré qu'il auoit defia par trois fois efté contraint de tefter contre fa volonté, ayant pourueu au fait de fa fepulture,
fait plufieurs legs à fes parens, & vn à l'hofpital duquel il auoit efté Recteur & n'auoit point rendu compte, de la fomme de cent efcus ; fait auffi
quelques legs à la defendereffe fa femme ; au furplus de fes biens il inftituë
fon heritier Anthoine Bandoli fon coufin & fes enfans mafles, à la charge
de porter fon nom & armes. Et au cas qu'il ne foit point forty de la maifon
d'Amoureux fon beau-pere, luy legue tant feulement cinq fols, & veut
l'heritage eftre deferé à Iean Bandoli fon frere. Et au cas qu'il mourut fans
enfans mafles, fubftituë Pierre Bandoli Procureur aux Comptes, & fucceffiuement fes autres freres. Veut fon teftament valoir comme codicille,
& autrement au mieux qu'il pourra. Et pource qu'il fe fouuient que fa femme l'a forcé de faire plufieurs autres teftamens, il les reuoque quelque claufe
qu'ils puiffent contenir, mefmes celuy qui contient cette claufe reuocatoire, *Nifi Dominus, &c.* Et veut qu'aucun teftament qu'il puiffe faire à
l'auenir, ne foit d'aucune valeur, fi ces mots n'y font inferez de mot à mot :
Seigneur, la femme que tu m'as donnée me l'a fait faire : Et fi celuy qui fera
inftitué heritier n'eft chargé de porter fon nom & armes. Et en fin il prie
tous Iuges de fuppléer tous les deffauts qui fe pourroient trouuer en la folennité du teftament, efcriture & ouuerture d'iceluy. Voyant doncques le demandeur la volonté de defunct Vere fon coufin, il prefente requefte afin
d'auoir adiudication de l'heritage, tant au moyen du teftament, que pour

eftre la defendereffe priuée de tout ce qu'elle pourroit pretendre à quelque tirre que ce foit és biens du defunct, pour s'eftre indignement remariée dans l'an du dueil de fon mary. Et afin de leuer le preiudice que l'on pourroit fonder fur l'arreft d'adiudication de l'heritage au profit de la defendereffe, entant que befoin feroit, obtient requefte ciuile pour eftre reftitué contre iceluy. Les parties ayans efté renuoyées fur le tout en iugement, la defendereffe & Villeneufue fon mary, fouftiennent que ce teftament eft nul, qu'il eft reuoqué, que fon mariage ne luy peut nuire. Mais iugeant affez toutes ces deffenfes-là foibles, pour arrefter le coup du iugement, fe feroient infcrits en faux contre ce teftament ; qui auroit efté caufe que la Cour auroit ordonné qu'il feroit mis au Greffe ; que la defendereffe bailleroit fes moyens de faux. Sur lefquels depuis auroit efté ordonné qu'il feroit informé, & le teftament veu par experts. Et fur l'information & rapport, adiournement perfonnel auroit efté decerné, tant contre le demandeur, Diane Amoureux fa femme, André Amoureux & Melchionne Aftieu fa femme, que Anthoine Cranon fon nepueu. Mais ayant efté le demandeur & autres querellez ouïs, la charge fe feroit trouué fi foible, & leurs refponfes fi pertinentes, que par arreft les informations, refponfes & rapports auroient efté ioincts à la requefte ciuile, & neantmoins ordonné qu'il feroit fait nouueau rapport. Ce qui auroit efté executé, & depuis les parties appointées à efcrire & produire. Or les chofes eftans en cet eftat, il appert que le iugement de la requefte ciuile depend de la validité du teftament. Car s'il eft valable, il eft certain que l'arreft qui a efté donné fans qu'il ait efté veu, eft nul & reuocable, puis que mefmes c'eft par vn accident, & non par negligence qu'il eft demeuré caché & fupprimé. Venant doncques au principal, il eft certain que les queftions qui demeurent à iuger au procés font ; La premiere, fi le teftament folennel eft faux & fuppofé, comme a voulu dire la defendereffe. La feconde, fi ceffant la fauffeté on peut pretendre qu'il foit nul. La troifiefme, fi eftant valable il eft deuëment reuoqué par le teftament nuncupatif pofterieur, ou fi la claufe reuocatoire qui eft en ce teftament a empefché l'effet du fubfequent. La quatriefme, fi en tout cas la defendereffe doit pas eftre priuée de tout ce qui luy a efté laiffé par la derniere volonté du defunct, & de tous fes auantages nuptiaux, pour s'eftre remariée dans les dix mois de fon deceds. Commençant doncques par la premiere queftion, il eft certain que ce qui dependoit de la preuue des informations eft couuert & preiugé par l'arreft qui les a iointes au procés auec les refponfes des querellez. Car puis que la Cour a iugé qu'il n'y auoit pas lieu de faire confronter les tefmoins ; elle a iugé que leur depofition ne chargeoit point, laquelle ne peut faire aucune foy fans la confrontation. Il ne demeure donc que les rapports', & les indices refultans de la fuitte & texture du fait. Et pource le demandeur difoit, qu'il n'eftoit plus loifible de douter fi ce teftament eftoit veritable, puis qu'à l'ouuerture d'iceluy il auroit efté aueré, tant par comparaifon de lettres que par tefmoins, que tout le corps du teftament, & la fignature d'iceluy eftoit de lefcriture de Vere. Que par les rapports, la plus part des experts l'auroient ainfi affeuré, & les autres ne l'auroient pas nié, mais feulement douté & remarqué

qué quelque difference, laquelle se void aussi entre toutes les escritures du
deffunt, & qui arriue à celles de toutes les personnes qui font des escritures en diuers temps. Mais toute cette doute est-elle pas entierement leuée
par cinq billets, que l'on ne peut nier estre escrits de la main de Vere, qui
ont esté reconneus pour tels, qui tous font mention de ce testament ? Celuy qui s'est trouué dans le testament contient le iour qu'il a esté escrit, qu'il
a esté signé, qu'il a esté datté, qu'il a esté clos. Le deffunt vieil & aagé se
souuenant d'auoir antidatté son testament, craignant que cela ne donnast
sujet à quelque differend, le voulut esclaircir par ce billet. Car comme il
estoit vieil, & que ce testament estoit tout escrit de sa main, & receu par
Notaire & tesmoins, ne voulant pas prendre la peine de le rescrire, ny
moins de reuenir pardeuant le Notaire & les tesmoins, & par ce moyen
diuulguer dauantage ce qu'il faisoit, fist ce premier billet qu'il insera dans
le testament. Les autres quatre font mention non seulement du testament,
mais de sa datte, du contenu en iceluy, iusques à vne speciale designation
des legs, institutions, charges, & encores du lieu où le deffunt auoit caché son testament, & de la raison pourquoy, à cause de l'humeur de sa
femme. Qui peut doncques douter que le deffunt ait fait vn testament
solennel, & que ce soit celuy-cy, puis qu'il a esté trouué au lieu où il l'a-
uoit designé, & mesmes qu'il ne s'en trouue point d'autre ? Mais veut-on
plus clairement iuger la verité de ce fait ? qu'on considere ce que c'est, ce
qui a precedé, ce qui a suiuy, & on y verra plus clair qu'en plein midy. Par
ce testament Vere laisse Anthoine Bandoli son heritier. Si ç'a esté le desir
& la volonté du deffunt, il est aisé à iuger. C'estoit vne affection que la
nature luy suggeroit ; il n'auoit point de parens plus proches, & à qui par
l'obligation de charité il deust dauantage. Tellement que si les hommes
sont censez vray semblablement auoir fait ce à quoy l'honneur & la pieté
les conuie, il a deu faire ce qui est contenu en ce testament, duquel on
peut iustement dire ce que Pline Second disoit d'vn semblable : *Testamen-*
tum eo laudabilius, quòd illud pietas, fides, pudor scripsit ; in quo denique
omnibus affinitatibus pro cuiusque officio gratia relata est. Que si l'on veut
encores plus curieusement rechercher qu'elle peut auoir esté sa volonté ; si
ce qu'il en a escrit en ces derniers iours ne semble suffisant, venons à la coniecture de la Loy qui dit, que *desideria morientium ex arbitrio viuentium,*
non sine iusta ratione colligimus. [a] Et lors on trouuera que le deffunt dés sa   *a l. quoniam.*
premiere ieunesse, dés l'an 1552. qu'il n'auoit pas encores grand sujet de   *C. de natu.*
penser à la mort, fit son testament produit au procés, par lequel il institua   *lib.*
Noël Bandoli pere du demandeur. Depuis voyant que le demandeur sui-
uoit la profession des lettres & de la Iurisprudence, plus approchante de
celle du deffunt, & que Noël Bandoli pere estoit ja si aagé qu'il n'y auoit
point d'apparence qu'il le pût suruiure, il transfera ceste affection en la personne du demandeur, lequel il cherissoit & caressoit autant que les ialousies
& auares desseins de sa femme luy permettoient, le pressant tousiours de
desloger de chez Amoureux son beaupere, & le visitant souuent depuis
qu'il en fust deslogé, pour auoir commodité de cacher en sa maison ce testament, comme il fist enfin, luy laissant toutesfois des indices par ces bil-

lets du lieu où il le deuoit trouuer. Voyla doncques la verifimilitude de l'a-
cte, qui accompagne cette escriture, & la rend indubitable, comme d'ailleurs elle l'est. Et aussi, comme pourroit-on imaginer au monde que l'on
eust contrefait trois grandes pages d'escriture d'vne mesme personne, sans
que l'on s'en apperceust incontinent ? Vn seing, vn mot, vne ligne se peuuent contrefaire, mais encores auec peine : tout vn testament, qui le croira ou se l'imaginera iamais ? Car comme le visage des hommes, bien que
tous d'vne mesme espece, voire naiz de mesme pere & mere, & quelquefois iumeaux, ont neantmoins certaine difference euidente, par laquelle on les discerne; la parole aussi de diuerses personnes, bien que procedant de semblables organes n'est iamais si semblable, que l'aureille n'en remarque la dissemblance : De mesmes l'escriture, qui est la parole peinte,
bien qu'elle fust faite d'vne mesme plume, & auec intention d'en imiter
vne autre, se reconnoist toutesfois en beaucoup de traits euidemment dis-
semblable; & l'imitation de soy-mesmes s'accuse & conuainc de fausseté.

a Aduersus
Praxeam.
C'est ce que veut dire Tertullian : a *Id est verius quodcunque prius; in om-*
nibus veritas imaginem antecedit: comme s'il disoit que quelque peine qu'on
mette à imiter, il demeure tousiours quelque difference entre le vray sujet
& ce qui est contrefait. C'est pourquoy les loix ciuiles, qui ont remparé les
testamens de tant de solennitez pour les garentir de l'artifice des faussetez
ausquelles ils pouuoient estre sujets, ont tant estimé l'escriture, qu'ils l'ont
esgallée elle seule à toutes les autres ensemble. De sorte qu'elles auoient
voulu que ce testament, qu'on appelloit *holographum,* pour estre tout escrit
& signé de la main du testateur, ne fust sujet à aucune autre solennité,
qu'elle croyoit estre suppleée par cette forme, comme nous voyons en la
Nouelle de Valentinian, laquelle bien que Tribonian ne l'ait voulu trans-
b Cùm anti-
quitas. §.
vlt. C. de te-
stament. &
authen. De
imperf. te-
stamento.
ferer entiere en ses liures, si a-il esté contraint d'en transcrire la plus grande
partie en vne sienne Loy. b Ce qui peut en passant seruir de response à la
nullité dont on veut debattre ce testament, pource que l'acte du Notaire
qui l'a receu, & les seings & cachets des tesmoins se trouuent effacez; qui
est la seconde question de ce procés. Car il faut considerer que le testateur,
qui a preueu à combien d'accidens & d'artifices sa derniere volonté pourroit estre sujette, a fait tout ce qui luy a esté possible pour l'exempter de toutes les cauillations & subtilitez du droict. Et pource il l'a premierement
voulu tout escrire & signer de sa main, & ce en trois pages toutes entieres,
afin que la quantité de l'escriture fust moins sujette à estre ou niée ou calomniée. Outre ce il a supplié les Iuges de suppleer tous les deffauts qui s'y
pourroient trouuer, tant en la forme qu'en l'ouuerture : C'est à dire tant
ceux qui pourroient arriuer par son ignorance, que par quelque autre accident. Il a dauantage adiousté cette clause codicillaire, pour faire valoir par
fideicommis ce qui ne pourroit valoir par droite institution. Or pour faire
c l. & in
epistola. C.
de fideicom-
missis b.
d En la loy
derniere de
leg. 2.
valoir vn fideicommis on sçait assez qu'il ne faut que la seule volonté sans
autre solennité. Si le deffunt auoit escrit vne simple lettre missiue, par laquelle il eust declaré son intention & chargé ses heritiers; cela auroit lieu,
& rendroit le fideicommis vtile. c Ce qui est confirmé par les propres termes de Sceuola d en ces mots, *Si fides Epistolæ constaret deberi quæ in ea se*
dare

dare velle significauit. Sur laquelle Loy vn grand Iurisconsulte a noté, *de fide constare si manu eius de quo quæritur scripta esset.* Que dira-on donc d'vn testament tout escrit & signé de la main du testateur, confirmé par tant de billets? Car enfin toutes les solennitez que l'on requiert aux testamens ne sont que pour auoir preuue certaine que le deffunct l'ait fait, que ce soit sa volonté; qu'elle plus grande preuue en peut-on auoir, que quand il l'escrit & signe tout de sa main? Voudroit-on dire qu'il y eust aucun nombre de tesmoins qui peust esgaler la foy d'vne telle escriture? *testium facilitas est per quam multa veritati contraria perpetrantur,* dit la Loy; au contraire l'escriture est ferme, permanente, qu'on ne peut corrompre pour luy faire dire autre chose que ce qu'a voulu celuy qui a escrit. Aussi la Loy n'a point voulu receuoir la deposition des tesmoins contre vn acte public, sinon au moins qu'ils fussent en fort grand nombre, & pour le moins de cinq: mais bien ce que chacun par son escriture & sous son seing a recon-neu & confessé. [a] Mais outre ces raisons-là, il faut icy considerer au profit de qui le testateur dispose; c'est de son plus proche parent; & en ce cas nous trouuerons que la Loy a deschargé les testamens de toutes ces scrupuleuses solennitez qu'on y a voulu requerir. Et cela non seulement pour introduire par vn acte imparfait, vne nouuelle disposition, mais encores pour rompre & annuller vne precedente, parfaite & accomplie de toutes les solennitez requises. Voicy les propres termes d'Vlpian: *Tunc autem prius testamentum rumpitur, cùm posterius rite perfectum est. Nisi fortè vel posterius iure militari factum sit, vel in eo scriptus sit qui ab intestato venire potest: tunc enim & po-steriore non perfecto superius rumpitur.* [b] Dequoy la raison est fort claire & apparente. Car auant que l'homme teste, la Loy a testé pour luy, & luy a donné des heritiers qu'elle luy conseille d'aymer & cherir, selon que la cha-rité du sang luy conseille. S'il veut conformer sa volonté au conseil de la Loy, il ne faut point de solennité pour la faire valoir: Mais s'il veut estre plus sage que la Loy, elle qui ne peut bonnement croire que son sujet se soit ainsi desbauché & aliené de sa discipline, & qui sçait d'ailleurs à combien de captions & d'inductions telles volontez estrangeres & quasi mon-strueuses sont sujetes, desire lors tant de solennitez & si grand nombre de tesmoins: Et neantmoins apres que toutes ces solennitez-là ont esté obser-uées, si le testateur s'en veut departir pour se ranger au vœu de la nature, elle ne demande qu'vne simple declaration, voire taisible, sans parole ny sans escriture: *si linum inciderit, si signacula abstulerit, vtpote mutata volun-tate, testamentum non valet.* [c] Or le demandeur est bien en plus forts ter-mes. Car il soustient qu'on ne peut appeller ce testament imparfait, ne luy imputer aucune nullité. Car il appert par ce qui a esté discouru cy-dessus, que le deffunt a fait vn testament solennel pardeuant vn Notaire & sept tesmoins, qui l'ont signé. C'est donc celuy qui se presente auiourd'huy. L'on n'allegue point qu'il y en ait eü d'autre, & aussi les billets le designent assez. Si doncques comme il appert par la deposition du Notaire & des tes-moins, ce testament a eu vne fois sa forme autant solennelle que l'on la pou-uoit desirer: si bien auiourd'huy l'acte du Notaire & les seings se trouuent effacez par vn accident du temps, par la roüille qui s'y est attachée, par l'hu-

a *l. testium fac C. de te-stib.*

b *l. 2. ff. de iniu. rup. & irr. s. test.*

c *l. nostrati, C. de test.*

midité qu'il a contractée; peut-on dire qu'il en soit moins valable ? C'est vne question qui a esté autresfois faite; mais si clairement resoluë par les termes expres de la Loy, qu'il n'est plus loisible d'en douter. *Si tabulæ, inquit, à muribus rosæ sunt, vel linum aliter ruptum vel putrefactum, vel situ vel alio casu, & sic quoque videntur signatæ tabulæ, & possessio peti potest.* a Ce qui est encor expressément confirmé par vne autre Loy. b Mais parlons encores en plus forts termes. Posons le cas que ce testament ayant esté vne fois parfait & accomply, apres la mort du testateur il se soit perdu Pour cela l'heritier institué perdra-il son droict ? Non, respond le Iurisconsulte; *tabulas semel extitisse mortuo testatore desideratur, tametsi extare desierint; quare si postea interciderunt, bonorum possessio peti potest; idem si tabulæ exustæ sint & non compareant.* c Qu'eust doncques respondu le Iurisconsulte en ce faict-cy ? où ce qui desfaut des tables de ce testament n'est rien du corps d'iceluy ny de la disposition qui est toute entiere, consignée en vne escriture continuë du desfunt, bien auerée & reconneuë ? où ce qui desfaut n'est que la signature des tesmoins qui sont encores tous viuans, & de viue voix ont attesté apres serment ce qu'attestoit leur escriture morte & inanimée ? Mais, ce dit-on, il y a vn des tesmoins qui ne se souuient point d'auoir assisté à ce testament, bien qu'il soit allegué par les autres; que dit la Loy là dessus? *Si quis neget sigillum suum agnoscere, non minùs aperiuntur tabulæ.* d L'on pourroit soustenir que la deposition des autres pourroit assez suppléer celle de celuy-là, & faire foy de son assistance. Toutesfois sans entrer-là, il semble que le testateur y ait pourueu. Car ayant appellé à cet acte vn Notaire & sept tesmoins, laissant celuy à qui malicieusement la memoire manque, il en demeure encores six, & le Notaire qui font sept: *plus enim quàm ridiculum est dubitare an aliquis iure testiu adhibitus sit, quoniam idem & tabulas testamenti scripserit.* e La defenderesse allegue pour vne autre nullité contre ce testament, que les tesmoins disent n'y auoir point apposé leurs seaux; chose qui ne merite pas d'estre escoutée. Car on sçait assez que la Loy n'oblige pas les tesmoins d'apposer leurs seaux ou cachets, mais ou celuy du testateur ou d'vn autre quel qu'il soit. f Or ce testament se trouue encor tout couuert de cachets en plus grand nombre qu'il n'y a eu de tesmoins, & les mesmes tesmoins deposent qu'il leur fut presenté par le testateur tout fermé & auec les cachets apposez; les marques mesmes des armoiries y paroissent aucunement. Que peut doncques importer que les tesmoins les ayent apposez ou le testateur, veu mesmes qu'il s'est trouué bien clos & bien fermé ? qui est le vray & seul effet que l'on peut retirer de l'apposition des cachets. Outre toutes ces raisons-là plus que suffisantes, pour satisfaire à cette pontilleuse objection, on sçait assez qu'en France cette solennité d'apposition de cachets ne s'obserue plus pour estre de la forme essentielle du testament, & pouuoir par son desfaut induire vne nullité, comme attestent nos Praticiens François. Il faut maintenant respondre à ce que l'on dit, que ce testament solennel a esté reuoqué par le testament nuncupatif, fait depuis en faueur de la defenderesse tant generalement que particulierement. Par le testament solennel dont est question, le testateur qui auoit toute sa vie esté assiegé par les importunes captations

tions

a *l. 1. §. vltimo. ff. de bon. poss. sec. tab.*

b *l. nostram. C. de test.*

c *l. si tabulæ. ff. quemadmodum test. aper.*

d *l. 1. ff. test. quem aperiuntur.*

e *l. Domit. Labeo. ff. qui test. fac. po.*

f *l. ad test. ff. qui test. Inst. §. 5. eod.*

tions de sa femme, se voulut munir & remparer vne fois pour toutes, & mettre ordre qu'elle ne peust rien à l'auenir extorquer de luy au preiudice de ses plus proches parens. Le seul moyen dont il se peust aduiser fut d'adiouster en ce testament solennel vne clause derogatoire, par le moyen de laquelle il declare nulles & contraires à sa volonté toutes les dispositions qu'il pourroit faire à l'auenir, si ceste clause n'y est inserée mot à mot & non generallement : Seigneur, la femme que tu m'as donnée me l'a fait faire. Chose anciennement pratiquée, non seulement és testamens, qui sont loix domestiques & familieres, mais encores és publiques, où bien souuent on adioustoit cette clause, *Ne per saturam derogato* ; comme remarque Festus Pompeius. La defenderesse, qui s'en doutoit aucunement, fist apposer au dernier testament vne clause reuocatoire de tous precedens, fist mesmes exprimer au deffunct vne clause derogatoire qui estoit au testament de soixante-seize, & y adiouster, Nonobstant tous autres testamens & clauses derogatoires, lesquelles il reuoqueroit s'ils en souuenoit, ne s'en pouuant souuenir à cause de son infirmité. Mais il est bien certain que ceste reuocation est nulle & de nul effet. Car toutes & quantesfois qu'il y a clause derogatoire apposée en vn testament, il ne peut estre reuoqué sans vne speciale declaration du testateur, laquelle designe le testament & la clause derogatoire. C'est le propre texte de la Loy, [a] où le Iurisconsulte vse de ces mots, *Nisi specialiter dixerit prioris voluntatis sibi pænituisse.* Et là les Iurisconsultes demandent, quand est censée estre faite speciale mention de la clause derogatoire. Les opinions ont esté differentes, mais toutes deux egalement contraires à la defenderesse. L'vne des opinions a esté, qu'il faut faire mention du testament où la clause derogatoire est apposée, & encores qu'en iceluy il y a clause derogatoire ; & de cet aduis ont esté Bartole & ceux qui l'ont suiuy. L'autre, qu'il suffisoit de designer tellement le testament auquel la clause est apposée qu'on n'en puisse douter, & dire que l'on le reuoque ; & de cet aduis ont esté Alexandre & ceux de sa suitte. Or au testament de la defenderesse il n'y a ne l'vn ne l'autre, ny aucune expresse designation du testament dont il s'agist auiourd'huy, ny moins de la clause derogatoire qui y est apposée ; ains seulement vne generale reuocation de tous testamens, & toutes clauses derogatoires. D'où il s'ensuit que la clause derogatoire qui est en ce testament solennel est demeurée en sa force & vertu, & a empesché l'effet du dernier testament qu'on a voulu pratiquer depuis. Raison qui est de tant plus forte, que le testateur a declaré par son testament, que ceste clause derogatoire n'estoit pas pour se priuer de la faculté de tester, mais pour empescher que sa volonté ne fust forcée quand il se trouueroit à l'extremité de ses iours entre les mains de sa femme. Ce qu'il a declaré en deux façons : l'vne, quand il a dit, qu'il auroit esté auparauant contraint par elle de faire plusieurs testamens : l'autre, par les termes de la clause derogatoire ; Seigneur, la femme que tu m'as donnée me l'a fait faire. Or si ces clauses derogatoires doiuent estre fauorisées, c'est principalemét aux testamens secrets, & solennels. Car à ceux-là on ne peut pas presumer de la captation & subornation, puis que personne que le testateur n'en sçait le contenu, mesmes quand il est tout escrit de sa main, comme celuy-cy. Et non

a *Si quis in principio ff. de leg. 2.*

pas és nuncupatifs & publics, comme est celuy de la demanderesse, qui n'est
qu'vne volonté inuolontaire, vne parole extorquée, vne violence faite à
vn homme mourant. Mais le demandeur dit outre cela, que qui considerera bien ce testament nuncupatif, & en pesera bien les paroles, il verra euidemment que le deffunct a declaré par iceluy, qu'il ne vouloit point reuoquer le solennel qu'il auoit fait auparauant, ny la derogatoire qui y est
apposée. Car venant à reuoquer les testamens qu'il auoit faits auparauant,
il fait mention de ceux qu'il auoit fait dix-sept ans y auoit, & de la clause
derogatoire qui y estoit apposée. Et quant à celuy-cy il n'en parle point, ne
designe point la clause, mais generallement dit ne s'en pouuoir souuenir à
cause de son infirmité. Comme cela peut-il compatir qu'il se soit souuenu,
& si particulierement, d'vn testament nuncupatif qu'il auoit fait dix-sept
ans auparauant? & qu'il ne se soit peu souuenir de celuy qu'il auoit tout escrit de sa main, il n'y auoit que quatorze mois? Cela est ridicule. Il faut
donc dire qu'il s'en est bien souuenu, mais il n'a pas voulu faire semblant
de s'en souuenir, de peur de perdre le fruict de ce qu'auec tant de soin il
auoit estably pour la descharge de sa conscience & pour le bien de sa famille. Si doncques les loix ont si prudemment reconneu à combien d'importunitez, de captations & subornations estoient sujets les testamens des
hommes, principalement s'ils sont vieux, principalement s'ils sont sans enfans, principalement s'ils ont des femmes ieunes & auares: Si elles n'ont
point trouué d'autre preseruatif à tous ces inconueniens que le secours des
clauses derogatoires, qui sont comme protestations secrettes contre les artifices & violence des captateurs; Renuersera-l'on auiourd'huy ce seul &
dernier rempar de la liberté des hommes, mesmes vieillards & malades,
pour les abandonner à ceux qui les assiegent? Et ceux qui ont rencontré
des femmes semblables à celle-cy ne pourront-ils plus esperer aucun repos, non pas mesmes en mourant, sinon ruynant leur famille, priuant
leurs parens de leurs biens, & les transferant par le moyen de leur femme
és mains des estrangers? Ce bon dol, ceste religieuse fraude, qui fauorisée par les loix auoit accoustumé d'exciter vne risée contre ces corbeaux
beans qui se trouuoient frustrez de leur attente, n'exciteront donc plus
que de iustes larmes aux vrais & legitimes heritiers qui se trouueront priuez de leur droict? La Iustice auroit bien à ce coup, non pas les yeux bandez, mais creuez du tout, si elle introduisoit vne si perilleuse maxime. Mais
Dieu par vne singuliere prouidence a permis que cette question, qui pourroit estre disputable en vne autre cause, ne le fust point en cette-cy. Car
le mauuais gouuernement de la defenderesse, ses appetits desreiglez l'ont
portée ou plustost precipitée à vne honteuse & infame action, qui la
priuent sans difficulté, non seulement de tout ce qu'elle pouuoit pretendre par le testament de son mary, mais encores de tous ses aduantages nuptiaux; qui est le dernier & principal point de cette cause. Sitost
que son mary a eu les yeux fermez, elle a ouuert les siens, non pour
honorer son tombeau par ses larmes, mais pour furreter de tous costez
& recueillir les dependances de cette proye par elle tant pourchassée. Les
premiers mois de son dueil n'ont point esté employez en lamentations &
eiulations,

eiulations, mais en procez & chicaneries qu'elle a commencé de dresser contre les parens du deffunt. Cette occupation pourroit sembler grande & fâcheuse pour l'esprit d'vne femme: & toutesfois elle n'y a mis que le moins de son soin, & les moindres de ses affections, *litigauit simul & amauit*. Les cendres de son mary estans encores chaudes, le bien estant encores en procez, elle forge de nouuelles amours,

——— *totos habet illic fœmina mores*:

dequoy tout le monde estant abbreuué & scandalisé, elle est contrainte dans le neufiéme mois (bien qu'en temps de Caresme) de conuoler en secondes nopces auec Villeneufue, à present son mary,

Transmutátque domos, & transit in alterá iura.

Elle ne viole donc pas seulement ce dueil priué & domestique, elle ne neglige pas la reuerence de son feu mary, elle ne méprise pas la memoire de son bien-faicteur, mais elle contamine le temps de la penitence publique, elle enfraint les loix de l'Eglise, elle scandalise tout le monde. Et pourquoy si precipitamment ? si vous ne pouuiez attendre la fin d'vne année des-ja si auancée, que n'attendiez-vous au moins la fin du Caresme, des-ja demy-passé ? L'ardeur peut-estre de la ieunesse vous a transportée: &, comme dit Tertullian, *dispumare istis nuptijs sanguinis feruorem oportuit*. A peine receuroit-on cette excuse d'vne ieune fille en la fleur de ses ans; bien que, comme dit Sainct Hierosme, *libido maiorem in virginibus patiatur famem, dum dulcius putat omne quod nescit*. Et vne vieille l'osera-elle alleguer, apres auoir demeuré vingt-cinq ans mariée aux costez d'vn homme, aagé de septante ans quand il est mort ? Comment vous estes-vous donc contenuë pendant la vie de vostre mary, lors que le nom de femme & la couuerture du mariage vous donnoit plus de licence, & l'object d'vn vieillard plus de sujet d'exciter & irriter vostre concupiscence ? Que voulez-vous qu'on en pense ou qu'on en croye ? comme parle Sainct Hierosme: [a] *Si postquam in tumulo* mariti sepeliuisti, aut saltem sepelire debuisti omnes voluptates, & litam pur-* a *Ad sal-uinam.* *purissa & cerussa faciem, super feretrum eius diluisti; pullam tunicam nigrósque calceos, candidæ vestis & aurati socci depositione, sumpsisti: Si, dis-je, dans* ces habits pleins de pitié & d'horreur, dans vne maison funeste, entre les pleurs & gemissemens, vous n'auez pû estre maistresse de vostre concupiscence, & la refrener pour trois mois, ou pour le moins pour trois semaines ? Comme la conionction de l'homme auec la femme, est le principe de la societé ciuile, les Legislateurs ont iustement estimé que l'Estat politique ne pouuoit estre heureux, si cette premiere societé n'estoit conseruée pure & nette; si cette alliance n'estoit reglée & gouuernée, en sorte qu'elle fust comme la source & l'exemple de l'honnesteté publique. Pour cét effet, il faut que l'homme & la femme y contribuent egalement l'amour & la dilection, & en particulier l'homme le labeur, & la femme la pudeur; pudeur mere & garde tout ensemble de la pudicité. De cét amour & pudeur, naist l'honneur & le respect que la femme doit à son mary, qui ne doit pas seulement durer autant que la vie d'iceluy, mais autant que la vie de la femme, sans qu'elle reçoiue autre amour en son cœur, que celuy qui y est entré le premier. Cette opinion a esté fort vniuersellement receuë és premiers &

plus innocens fiecles, & parmy les plus pures & faintes mœurs, parmy toutes fortes de nations, dont l'enumeration feroit ennuyeufe. Et pource il
fuffira de renuoyer les plus curieux à ce que *Diodorus Siculus & Cedrenus*
rapportent tant des Egyptiens qu'autres peuples. Mais pour venir aux Romains, voicy ce que Valere en dit : *Multorum matrimoniorum experientiam
legitimæ cuiufdam intemperantiæ fignum credebant.* Et pource la Didon d'Æ-
née eftant follicitée d'vn fecond mariage, fouhaitte plûtoft mourir,

Ante pudor quàm te violem, aut tua iura refoluam.

Ille meos primus qui me fibi iunxit, amores

Abftulit, ille habeat fecum feruétque fepulchro.

Et neantmoins depuis s'eftant laiffée perfuader, deplorant fon infortune dit,

——— *& quo folo fidera adibam,*

Extinctus pudor.

comme iugeant auec grande & iufte raifon que celles qui eftoient mariées
deux fois, n'auoient de refte ny honneur, ny bon-heur. Occafion pour laquelle, comme nous apprenons de Tertullian, *Fortunæ muliebri coronam
non imponebat nifi vnivira.* Ce qui fe doit rapporter au dire de cette celebre Porcie femme de Brutus, *Fælix & pudica matrona non nubit nifi femel.*
Mais fans emprunter en cela le fecours des Payens, nous ne manquons pas
de grands & fignalez Docteurs en l'Eglife qui ayent inculqué en l'efprit
des premiers & plus religieux Chreftiens ces mefmes opinions. Car Athe-
nagoras en fon Apologie appelle les fecondes nopces δ'απρεπῆ μοιχείαν, &
S. Hierofme *ad Marcellam* dit, que *fecundas nuptias non appetimus, fed con-
cedimus,* par vne certaine indulgence qui n'eft point entierement exempte
de quelque note. Comme s'il difoit auec la Loy, *Indulgentia quos liberat
notat.* Mais ne r'amenons point la deffenderefle à cette grande pureté, à
cette aufterité; laiffons-luy ioüyr paifiblement de tout ce que l'indulgence
des loix luy peut permettre. Sçachons feulement ce qu'elle voudra dire de
s'eftre remariée auant qu'auoir fait le bout de l'an de fon mary. La Loy qui
commande le dueil aux femmes eft fi ancienne qu'elle eft quafi née auec le
mariage. Auffi vn ancien difoit-il, que *viduæ luctus pro marito erat.* Ce
que Lucain a depuis transferé à la loüange de la femme de Pompée, difant :

Perfruitur lachrymis, & habet pro coniuge luctum.

Surquoy eft grandement à remarquer la difference du dueil que la femme
eftoit tenuë porter de fon pere, d'auec celuy du mary; car l'vn s'appelle
fimplement *lugere,* & l'autre *elugere:* pour monftrer qu'à celuy du mary
il falloit apporter vne parfaite & accomplie doleance, de laquelle la principale marque, ou plûtoft le principal effet, eft la continence. Ce qu'Eufta-
thius remarque quand il dit, que les anciens n'immoloient aux ombres des
morts que des beftes fteriles & infecondes, comme fi leurs ames euffent
principalement pris plaifir à la continence de ceux qu'ils auoient laiffez en
leur famille. Or le temps de ce dueil eft limité par la Loy d'honneur à la
vie de la femme, par la Loy ciuile plus indulgente à l'an reuolu. Et de fait
lors que Romulus conftitua l'année de dix mois, le Poëte dit;

Per

Per totidem menses à funere coniugii uxor
Sustinet in vidua tristia fata domo.

Depuis l'an estant reduit à douze mois, le dueil y a esté aussi limité. De- a *l. i. C. de*
quoy les Chrestiens qui ont approuué & authorisé cette Loy rapportent *sec. nupt.*
deux fortes & solides raisons. L'vne que celle qui dans ce temps, contre ce
que les mœurs enseignent, & les loix ordonnent, passe si tost à des secondes
nopces, témoigne en ne point honorant la memoire de son mary, n'auoir
iamais aimé sa personne; & par consequent auoir violé ce grand Sacrement : Monstre dauantage, auoir abandonné la honte & la pudeur, gardes
de l'honneur des femmes. L'autre & la plus importante est, que la femme
estant separée par la mort demeure bien souuent enceinte, & ne peut estre
asseurémét deliurée, ou de l'enfantement, ou du soupçon de la grossesse,
que par le terme d'vn an pour le moins. Car Aule Gelle nous apprend,
qu'anciennement le part estoit censé legitime à douze mois. Et Pline second en ses Epistres nous rapporte *Papirium partum tredecim mensium agno-*
uisse, & bonorum ei possessionem dedisse. Tellement que ces nopces ainsi precipitées peuuent apporter vne confusion grande, & vne incertitude à la
generation; qui est vne des choses du monde que les loix ont le plus abhor-
rées. Philon sur les dix preceptes, rendant raison pourquoy Dieu auoit deffendu l'adultere, & pourquoy la peine en estoit si seuere & si irremissible
parmy les Iuifs, dit que c'estoit pource qu'il rendoit l'estat des peres & des
enfans incertain, & destruisoit cét autre grand precepte de la premiere Table, par lequel l'honneur & l'obeïssance des peres sont commandez. Car
comment y pourra satisfaire celuy qui a vn pere, & estime en auoir vn autre? Or si cette vague & effrenée licence de se remarier si tost que le mary
est mort, a lieu, il se pourra faire qu'vne femme en trois mois aura quatre
maris, comme il a esté veu à Rome, & comme le Poëte l'atteste,

Quinque per autumnos, titulo res digna sepulchri.

Au quel de ceux-là donnera-on l'enfant ? Certainement s'il reste (comme
il reste sans doute) quelque ressentiment aux morts de ce qui se fait icy bas
en la personne de ceux qu'ils ont aimé & chery, ne deuons-nous pas croire
que leurs esprits sont grandement contristez, de voir qu'aussi-tost qu'ils ont
quitté leur femme, d'autres les embrassent ? & que leur sang quelquesfois
soit porté dans la couche d'autruy ? Ainsi en ont parlé les loix, & ont dit,
propter turbationem sanguinis defunctorum animas contristari. Quel remede
donc à cét inconuenient, sinon de soigneusement garder ce que les loix
ont sagement introduit, & religieusement obseruer l'an du dueil, afin que
comme la reuolution de l'année change la face de la terre, leue de dessus ce
qui y auoit esté semé, pour la rendre nouuelle & propre à vne autre culture; ainsi elle change la face de la femme, elle la déuoile, asseure que ce qui
pourroit estre demeuré en elle du sang de son mary n'y est plus, & que pour
le moins durant cét an-là que les loix ont prescrit, elle a rendu à la memoire
de son mary l'honneur qu'elle y deuoit, & au public l'exemple de pudeur
& continence qu'elle estoit obligée, & que faute de ce faire elle soit declarée
infame, priuée de tout ce que son mary luy a laissé, & de ses auantages nuptiaux. Aussi est-ce là iustement ce que la Loy ordonne; les paroles de la-

quelle il est besoin de reciter, pource qu'elles portent la decision de cette cause, & que la deffenderesse sans attendre autre arrest s'y verra condamnée. Voicy les mots : *Si quæ ex fœminis perdito marito, intra anni spatium alteri festinauerit nubere, probrosis inusta notis, honestioris nobilisque personæ decore ac iure priuetur ; Atque omnia quæ de prioris mariti bonis vel iure sponsaliorum, vel iudicio defuncti coniugis consequuta fuerit, amittat.* Cette Loy ayant esté ainsi promulguée par les Empereurs Gratian, Valentinian & Theodose dés l'an 380. & 381. Iustinian ne se contenta pas de l'inserer dans son Code ; ^a mais encores en transcriuit les propres mots dans son Authentique, ^b la loüa, l'authorisa & confirma par vne nouuelle sanction l'an 563. Les siecles suiuans l'ont religieusement obseruée. Les iugemens & arrests des plus celebres Parlemens de ce Royaume s'y sont conformez, & principalement du Parlement de Tholouse, grand Senat, plein d'honneur & d'integrité, qui a tousiours referé l'execution des loix à l'honnesteté publique ; lequel a si rigoureusement obserué cette constitution, qu'il n'a pas mesmes voulu excuser de la peine de cette sanction la femme qui se remarioit dedans l'an du dueil du consentement des heritiers du mary, ny mesmes par la permission testamentaire du deffunt. Et ainsi l'ont rapporté ceux qui ont fait les nouuelles compilations des plus celebres Arrests de ce Parlement-là ; tant ils ont estimé que cela estoit du droict public, auquel les particuliers ne pouuoient par aucune conuention deroger. En ce Parlement par deux arrests celebres donnez sur semblable question, la disposition de la Loy a esté exactement gardée. Tellement que la deffenderesse qui se void ja condamnée par les paroles expresses de la Loy, par vne telle suitte d'Arrests, ne deuroit point attendre l'euenement d'vn nouueau iugement, qui ne peut qu'augmenter son infamie, ains de soy-mesmes abandonner les biens qu'elle possede si indignement. Elle dira, peut-estre, pour penser colorer sa cause & pallier son infamie, que ces loix sont contraires à l'Escriture saincte, & au commandement de l'Apostre, qu'elles ont esté corrigées par les decrets des Papes, & que le chapitre dernier *de secundis nuptiis*, reuoque la peine de ces loix. Elle dira aussi qu'en la plus part des Parlemens de ce Royaume, mesmes en celuy de Paris, cela ne s'obserue point. Qu'en celuy-cy il y a plusieurs arrests anciens contraires, & fraischement il y en a vn donné le dernier, par lequel vne femme a esté déchargée de cette peine. Elle adioustera qu'elle s'est remariée apres les neuf mois, & neantmoins en aage, où elle n'auoit pas grande esperance d'auoir enfans ; & en fin contrainte & forcée, & pour auoir quelque appuy contre les poursuittes du demandeur. En dernier lieu, elle soustiendra que ce que la Loy ciuile oste à la veufue qui se remarie, elle l'applique au fisc & non à l'heritier, qui par consequent seroit en cela non receuable. Et toutes ces excuses-là il faut les examiner par le menu. Et premierement venant à ce qu'on dit que l'Apostre *iussit iuniores viduas nubere*, l'on pourroit répondre qu'il n'a pas parlé de la deffenderesse qui n'est plus de cét aage, mais quadragenaire & fort auancée, *quæ marcidam senectutem florenti iuuentuti substrauit.* Mais en quelque terme que soit conceu ce dire de l'Apostre, il faut l'entendre estre dit par forme d'indulgence, accordée à l'incontinence de quelques femmes

mes

mes; *Vt maritum potius accipiant quàm diabolum, & sciant sibi non tam ma-*
ritos datos quàm adulteros amputatos, comme dit sainct Hierosme *ad Salui-*
nam. Or, comme dit sainct Cyprian, *aliud est ad veniam stare, aliud est*
ad gloriam peruenire. Il y a bien difference de dire que leur incontinence ne
leur soit point imputée à peché, ou qu'elle leur soit imputée à grace, pour
estre renduës dignes de la beneficence de leur mary, & emporter ce qui est
deu à l'honneur & au respect qu'elles rendent à la memoire des deffunts.
Dauantage, quand l'Apostre permet aux veusues de se remarier, il le permet auec cette adionction, *Nubant in Domino,* qui est à dire, sans scandale, l'honnesteté publique gardée, sans offenser les loix ciuiles, & par consequent l'an du dueil expiré. Et quoy, si vne femme se remarioit le iour mesme que son mary decede, l'Apostre l'eust-il trouué bon ? Toutesfois si cette licence & permission est indefinie, referée à la seule volonté de la femme,
elle pourra se remarier, non seulement au mesme iour, mais à la mesme heure, voire au mesme moment que son mary aura les yeux fermez ; car *iam*
soluta lege viri est. Mais pour accourcir ce discours, il ne faut qu'vn mot.
Quand Valentinian & Theodose ont fait ces loix, ne sçauoient-ils pas ce
qu'auoit ordonné l'Apostre ? Quand Iustinian les a confirmées, les igno-
roit-il ? non. Mais ils ont iugé que celle-là *non nubebat in Domino,* qui se
remarioit auec tant de scandale. Venons maintenant à examiner si l'excuse que la deffenderesse veut tirer du droict Canon est meilleure. A la verité
le chapitre penultiéme & dernier *de secundis nuptijs,* dit que *intra tempus*
luctus mulier potest sine infamia nubere. Et s'il estoit icy question de l'infamie, il y auroit quelque raison de dire qu'estant attachée à la personne, &
procedant d'vn manquement és circonstances d'vne chose spirituelle, &
produisant d'ailleurs vn effet qui peut regarder l'Estat & bien-seance de l'E-
glise, il auroit esté de l'office des Saincts Peres d'oster cét empeschement
d'infamie, qui pouuoit apporter quelque refroidissement de charité entre
des personnes Chrestiennes, & rendre leur communication moins religieuse, mesmes en ce qui concerne le faict de l'Eglise. Mais nous n'en sommes
pas là ; il n'est icy question que des biens purs temporels, qui sont en la pleine disposition de la Loy ciuile, qui les oste ou les acquiert à ses sujets, ainsi
comme il luy plaist. Ayant donc la Loy priué les veusues qui se remarient
dans l'an du dueil, des bien-faits & auantages nuptiaux qu'elles auoient de
leurs maris, on ne peut dire que le Canon ait corrigé cette Loy. Car bien
que la puissance Ecclesiastique soit la plus noble, la plus haute, & la plus esleuée qui soit au monde, si a-elle ses bornes, qu'elle mesme se donne & se prescrit, *se quoque lege tenens ;* qui sont de ne point toucher aux choses temporelles, & les laisser en la disposition des loix ciuiles & Princes seculiers ; iusques-là mesmes qu'en ces choses le Pape, dont l'authorité est supreme, se reconnoist sujet des Roys & des loix, comme écriuoit le Pape Pelagius au
Roy Childebert. [a] Et pour cela les Docteurs tiennent, que *Leges iuri ca-* _{a 25. q. 1. é}
nonico quantumuis contrariæ seruandæ sunt, si modò sine preiudicio animæ ser- satagendum.
mari possunt, vt in testamen. &c. Mais posons le cas que ce dont il s'agist
fust entierement en la disposition du Pape, pour cela pourroit-on dire que
ce chapitre dernier eust aboly cette Loy premiere *de secundis nuptijs,* en ce

qui regarde les auantages nuptiaux & beneficence teſtamentaire ? rien
moins, puis qu'elle n'en dit vn ſeul mot. Pour induïre la correction d'vne
Loy, il faut de neceſſité de deux choſes l'vne, ou que la correction ſoit expreſſe, [a] ou bien qu'en effet la ſeconde ſoit entierement contraire à la premiere. [b] Autrement la ſeconde eſt vne exception à la premiere, & la confirme en ce en quoy elle ne la corrige point : *Cur enim quod non mutatur ſta-*
re prohibetur? [c] Auſſi les Canoniſtes tiennent-ils cette maxime, que *quaſ-*
cunque leges Ecclesia non reprobauit, cenſetur recepiſſe. [d] Meſmes pour ce qui
regarde les mariages, ores que le principal fondement en ſoit ſpirituel, toutesfois il y faut garder ce que les loix ciuiles ordonnent, en ce qu'elles ne
ſont point contraires au droiĉt Canon. [e] Mais pour faire encores plus beau
jeu à la deffendereſſe, poſons le cas que pour renuerſer vne Loy ciuile ſi expreſſe en vn faiĉt où il ne s'agiſt que de choſes temporelles, il ſuffiſe de preſumer que le Canon l'ait voulu faire ; & voyons maintenant s'il y a quelque argument qui puiſſe ſeruir pour induïre cette preſomption. La Loy
n'eſt iamais preſumée fauoriſer vne choſe contraire à l'honneſteté publique, & procurer au vice du prix & du loyer ; combien moins l'Eccleſiaſti-
que, qui eſt la mere de toute decence, de toute honneſteté ? Or combien
telles nopces que la Loy appelle precipitées, ont de choſes contraires à l'honneſteté publique ; combien elles impliquent d'inconueniens, qui ne ſont
pas ſeulemẽt honteux mais abominables, il a eſté cy-deuant diſcouru.
Mais pour iuger clairement cette cauſe, voyons ce que cette conſtitution
Papale opere aux autres cas ſemblables, & nous iugerons certainement ſon
effet en celle-cy. Examinons la maxime generale que la deffendereſſe veut
eſtablir ; qui eſt que par cette conſtitution toutes les peines ciuiles decernées
contre les femmes qui ſe remarient dans l'an du dueil ſont leuées. Si cela
eſt, à plus forte raiſon les autres qui ſont decernées contre celles qui ſe remarient, meſmes apres l'an du dueil. Doncques, celle qui ſe remarie ne ſera
point priuée de la dignité de ſon mary, de laquelle elle ioüiſt durant ſon
veuſuage. Doncques, celle qui ſe remarie, ayant des enfans du premier liĉt,
ne perdra point la proprieté des biens que ſon premier mary luy a laiſſez.
Doncques, celle qui ſe remarie ne perdra point la tutelle de ſes enfans. Et
qui ne ſçait que tout cela eſt faux ? & qu'en tous ces cas-là, & infinis autres
qu'il faut omettre, pource que le temps n'en pourroit pas ſouffrir la dedu-
ĉtion, ces peines-là ſont encores en vſage, ſans que iamais perſonne en ait
douté ? Et auſſi pourquoy voudroit-on dire que l'Egliſe oſtant l'infamie
aux ſecondes nopces leur ait voulu oſter les autres peines, qui regardoient
les choſes temporelles, puis que meſmes elle ne les en a pas déchargées és
choſes Eccleſiaſtiques ? Car elle a voulu que l'homme & la femme qui con-
uolent en ſecondes nopces fuſſent incapables de tous offices & benefices
en l'Egliſe. Elle leur a bien oſté l'infamie de droit, & le ſcrupule du peché :
mais elle les a flaiſtries d'vne marque d'incontinence, qui les rend indignes
de toutes graces ; iuſques-là que Sainĉt Hieroſme [f] dit : *Digama non ſo-*
lùm remouetur ab officio Ecclesia ; ſed ab eleemoſyna, dum ſtipe indigna iudica-
tur quæ bis nupta eſt. Pourquoy ? pource que meſmes on ne la nombre plus
entre les viuans, elle eſt cenſée entre les morts. L'Apoſtre en parlant d'elle,
dit,

Margin notes:

a *In auth.*
quibus mo-
dis nat. §.
tribus.

b *De conſt.*
c. 1. in ſexto.

c *l. ſanci-*
mus. C. de
teſtam.

d *Archidia-*
conus diſt.
25. c. iene
quidem.

e *29. quæſt.*
1. ca. ſi quis
ancillam.

f *Ad Ge-*
runtiam.

dit, χήρα ἀπατάλωσα, ζῶσα τέθνηκε. Que la deffenderesse ne recoure donc
point à l'authorité de l'Eglise pour penser trouuer vn asyle à son incontinence. C'est chose trop alienée de la pieté dont elle fait profession. *Nimis
impium est flagitiis præsidia quærere, & petulantiæ seruire.* ᵃ Au contrai- al. iubemis;
re, comme disoit Tertullian, ᵇ *disciplinæ interest iniuriam vindicari: me-* C. de nat.
tu enim vltiònis omnis iniquitas refrenatur. Aussi peu son vice trouuera- lib.
il de protection en l'vsage & aux arrests des autres Cours de Parlement de ᵇ Aduersus
France. Car si en quelques-vnes la seuerité de la discipline s'est relâchée, Marcionem.
c'est à cause des coustumes qui y ont lieu, lesquelles pour la plus part ayant
introduit, que le mary ne peut rien donner à la femme qu'entre vifs & par
contract de mariage; que le doüaire qu'on appelle icy augment de dot est
propre aux enfans; ayant ainsi bridé la femme, n'ont pas esté curieux de
luy planter d'autres barrieres. Mais s'il faut faire estat des arrests; il faut que
ce soit de ceux du païs de droict escrit, & principalement de ce Parlement,
où les Iuges qui connoissent mieux le naturel des peuples qui leur sont sousmis, ont aussi mieux sceu connoistre ce qui estoit propre pour les contenir
en leur deuoir, & dedans les bornes de l'honnesteté publique. Or voit-on
comme cette question a esté iugée par deux celebres arrests. Et quant à ce
que l'on dit, qu'auparauant il y auoit des arrests contraires; cela montre
auec combien de circonspection les derniers ont esté donnez, auec vne certaine intention de corriger l'erreur, qui auoit pris cours, & s'estoit nourry
parmy la corruption des mœurs, & r'amener les choses à la pure disposition
du droict & de l'euidente raison. Oüy, ce dit-on, mais depuis il y a eu arrest, par lequel vne femme s'estant remariée dans l'an du dueil, a obtenu adiudication de ses auantages nuptiaux. Mais pourquoy? pource qu'elle estoit
mineure & en puissance de son pere, lequel l'auoit remariée; estant certain
que l'on ne peut imputer à vice ce que l'enfant fait pour obeïr à son pere.
Et de faict en l'Edict du Preteur, quand la femme se remarioit dans l'an
du dueil, l'infamie n'est pas infligée contre elle, mais contre celuy en la
puissance duquel elle est; ᶜ *Qui eam quæ in eius potestate esset, genero mortuo* ᶜ l.r.ff.de his
antequam virum elugeret in matrimonium collocauerit. Ce sont les propres qui not.
mots de l'Edict, auquel ce dernier arrest estant conforme, ne peut en rien
seruir à la deffenderesse. Non plus aussi ce qu'elle allegue, qu'elle s'est remariée apres les neuf mois, & en aage des-ja hors d'esperance d'enfans.
Car le temps estant prefix par la Loy, pour des raisons qui obligent toutes sortes de personnes, & en tous aages, il le faut garder de moment en
moment. Autrement chacun en retranchant vn iour pour seruir à sa cupidité, l'on reduiroit à la fin l'année à vn mois, le mois à vn iour, le iour à
vne heure, *more ruentis aceruti.* Et de faict il se trouue vn arrest du Parlement de Tholose, par lequel vne femme s'estant remariée apres les vnze
mois passez, & bien auant dans le douziéme, fut neantmoins priuée suiuant
la rigueur de la Loy. Nous auons accoustumé de tout temps, comme Arnobe mesme nous atteste, de continuer apres la mort en prieres pour le deffunct; & cette deuotion ne prend fin, & n'expire que par l'entiere reuolution de l'an. De qui attendra ce deuoir l'homme, si la femme ne le luy rend?
Qui aura memoire de luy, si elle l'a oublié? qui aura les yeux trempez pour

TTTt

luy, fi elle les a fecs? Et mefmes celle enuers laquelle il aura en mourant exercé fa liberalité, *& quam*

     Ferre fui dederat monumentum & pignus amoris.

Oüy, mais, ce dit la deffendereffe, qu'euffé-je fait? I'auois des procez auec des gens de pratique; ie n'auois perfonne pour m'affifter & pour me deffendre; ma folitude eftoit expofée à toutes fortes d'oppreffion; fi ie n'euffe eu vne ayde, ie ne m'en pouuois garantir. Sainct Ambroife luy répond à cefte plainte, & luy donne confeil fi elle eftoit veritable. ᵃ *Negotium habes, intercefforem aduerfarij vereris; apud iudicem Dominus interuenit dicens, Iudicate pupillo, iuftificate viduam. Sed patrimonium vis tueri: maius pudoris eft patrimonium, quod melius regit vidua quàm nupta.* Mais veut-on voir comme cefte excufe n'eft fondée que fur vn menfonge? Elle n'a conuolé à ce fecond mariage que depuis auoir obtenu arreft d'adiudication de cefte fucceffion. Elle n'auoit plus befoin d'ayde pour plaider ce bien, mais feulement pour le confommer en delices, pour viure ioyeufement le refte de fes iours; & par l'agreable prefence d'vn nouueau mary, effacer & abolir, s'il euft efté poffible, la memoire de ce pauure vieillard, qui luy auoit trop duré. En fin la deffendereffe fe voyant comme conuaincuë & condamnée par fa propre confcience, recourt comme à fon ancre facrée à cefte derniere deffence; c'eft qu'elle dit qu'en tout cas par la difpofition de la Loy dont on la bat, le droict dont elle eft priuée ne feroit pas acquis au demandeur, ainfi au fifc. Car la Loy oftant à la femme qui fe remarie dans l'an du dueil, ce qu'elle a par la liberalité de fon mary, ne le defere qu'aux dix perfonnes comprifes en l'Edict; entre lefquelles il n'y a en ligne collaterale que le frere & la fœur de compris, & nulle autre perfonne plus efloignée. Au deffaut de ceux-là elle appelle le fifc. Mais outre que c'eft vne mauuaife deffence que d'alleguer le droict d'autruy, & principalement de celuy qui ne s'en fert point, la réponfe d'ailleurs eft fort aifée à cefte cauillation. Car bien que cefte Prouince fe regiffe par le droict écrit; que nos Roys ayent authorifé les loix Romaines pour y eftre obferuées; fi eft-ce qu'il n'y a perfonne qui ne fçache que l'vfage & l'authorité des Cours fouueraines ont abrogé, corrigé & adoucy infinies chofes portées par les loix, ramenant & temperant leur rigueur par la douceur de l'equité. Dequoy il ne fe faut pas eftonner. Car fi les Preteurs mefmes ont eu cefte authorité de fuppléer, mitiger & fléchir le droict Ciuil & la Loy; pourquoy eft-ce que les Cours fouueraines, *quæ vice Principis iudicant pro luce dignitatis & fapientiæ fuæ*, ne le feroient? Or qu'on voye tant d'arrefts qui ont efté donnez fur femblables matieres, foit au Parlement de Tholofe, où il y en a infinis, foit en ce Parlement, il ne s'en trouuera vn feul qui ait rien adiugé au fifc, ains feulement aux heritiers ab inteftat. Cela deuroit fuffire; mais fi l'on veut fçauoir la raifon, pour vne il s'en peut donner dix. La premiere eft, que ce qui eft donné par le mary à la femme, eftant donné en confideration de cefte qualité, femble contenir vne taifible condition qu'elle perfeuerera au deuoir d'vne honnefte femme, *ne maritum fefelliffe videatur qui melius de vxore præfumpferat.* Tellement que venant à y manquer, il femble que la liberalité du mary foit refoluë & reuoquée, & que la chofe donnée retourne à celuy qui l'euft

                                                         euë

ᵃ *De fecun. nupt.*

euë fans cette difpofition. Dauantage il n'y a rien fi raifonnable, finon que la peine d'vne iniure foit appliquée à ceux qui en reçoiuent le principal in=tereft & reffentiment : or l'iniure que la femme fait au mary apres fa mort, n'eft qu'imaginairement cenfée eftre faite à luy, mais en verité eft faite à fa famille ; & les chofes qui appartiennent à fa famille s'entendent apparte-nir aux plus proches parens. S'il eft queftion de venger la mort d'vn def-funt à qui appartient l'action ? à qui s'en doit la reparation ? s'il eft queftion de venger vn adultere, fi vn fepulchre violé, qui y eft receu & qui en a la pourfuitte ? En cette iniure-cy donc qui eft fi graue, que le reffentiment ne touche pas feulement les perfonnes viuantes, mais paffe iufques aux morts, & contrifte l'ame des deffunts, à qui en appartiendra la pourfuite, qu'à ceux qui plus prochains en ont plus de reffentiment ? Et pource, que la deffendereffe cherche quelqu'autre abry, pour mettre fa turpitude à cou-uert, que l'interceffion du fifc. Nos Roys ne font pas, comme faifoient les Empereurs, les loix pour leur profit, mais pour celuy de leurs fujets : ils ne cherchent pas qu'entre les contentions des plaideurs le fifc demeure victo-rieux, mais l'equité & l'honnefteté publique : *& quæ præcipua eorum gloria eft, fæpiùs euincitur fifcus, cuius nunquam mala caufa eft nifi fub bono principe.* Et partant puis qu'il ne demeure à la deffendereffe ny deffenfe ny excufe, que refte-il, finon que les loix fe leuent contre elle, & par fon exemple ran-gent l'impuiffante cupidité de telles femmes dans les bornes de l'honnefte-té publique, dont elles font forties ? les contraignent de reueftir la pudeur dont elles fe font dépoüillées ? *Vix bonis artibus pudor retinetur, ne dum in-ter certamina vitiorum aliquid boni moris haberi queat.* Si le fiècle où nous viuons ne nous peut fournir de ces Artemifes, qui aualoient les cendres de leurs maris, & leur faifoient de leur corps vn fepulchre viuant ; que nous n'ayons point au moins des femmes femblables à cette matrone Ephefien-ne, qui faifant l'amour fur le tombeau de fon mary, prefta encor le corps mort à fon amant pour le prendre au lieu du larron qui l'auoit en garde. A quoy ne fe porte la petulance, fi elle n'eft contenuë par le frein des loix ? *Inclinatis femel in vitium animis nulla ruina deformis eft.* La feule peine peut arrefter le cours de cette incontinence : & pource imaginez-vous que cette voix de Caton que vous auez veuë écrite dans Tite-Liue, retentit mainte-nant viue & animée en vos oreilles, & vous dit ; *Date frænos impotenti na-turæ, atque indomito animali ; neque fperate ipfas modum facturas, nifi vos faciatis.* Le demandeur difoit s'affeurer que la Cour y apporteroit la confi-deration que l'importance du fait defiroit, pour produire par cét arreft vn exemple tel qu'on attendoit. Et partant concluoit à ce qu'il fuft abfous de l'accufation de faux contre luy intentée, & la deffendereffe condamnée en-uers luy en reparation honorable & profitable. Et qu'entherinant les let-tres Royaux en forme de Requefte ciuile par luy obtenues, les parties fuffent remifes en tel eftat qu'elles eftoient auparauant l'arreft du dix-neufiéme De-cembre : Et faifant droict au principal, que la fucceffion de deffunt Vere luy fuft adiugée fuiuant le teftament folennel du vingt-deuxiéme Mars ; & neantmoins que la deffendereffe pour s'eftre remariée dans l'an du dueil, fuft priuée de ce qu'elle pourroit pretendre, tant en vertu des teftamens du

deffunt, que pour ſes auantages nuptiaux, auec reſtitution de fruicts, dépens, dommages & intereſts.

La deffendereſſe au contraire diſoit, que tout ce que iamais l'audace &
l'impudence auoit oſé en iugement pour opprimer le droict & la verité, ſe
trouueroit auoir eſté tenté par le demandeur en cette cauſe ; mais auec vn
ſi infortuné ſuccez, que tous ſes artifices & ſes labeurs ne ſeruent qu'à le
conuaincre de la plus inſigne fauſſeté, & de la plus euidente calomnie qui
ait iamais paru en ce Palais. Au commencement de ce procez & auant l'arreſt d'adiudication obtenu par la deffendereſſe, Bandoli ayant à renuerſer
vn teſtament faict en preſence d'vn Notaire & huict témoins, perſonnes
d'honneur & de qualité, n'a rien obmis de ce qui ſe peut excogiter au monde pour faire que la cauſe peuſt tomber en preuue de témoins ; il ne faiſoit
nulle difficulté que ſi cela euſt eſté, ſa cauſe ne fuſt gagnée ; l'inſtitution
qu'il auoit priſe au ſein & à l'échole de ce tant celebre Amoureux ſon beau-
pere luy donnoit cette aſſeurance. Et pour y paruenir, quels faits n'auança-
il point ? Il ſouſtint que le deffunct auoit eſté violenté à faire ce teſtament,
bien que conforme à quatre ou cinq autres precedens ; il mit en faict qu'il y
en auoit vn autre ſolennel, & le vouloit prouuer par témoins & le contenu d'iceluy, bien que la nature du teſtament ſolennel emporte qu'il ſoit ſecret & fermé. Mais la Cour ne pouuant ſupporter vne telle effronterie, le
debouta ſur le champ, & adiugea à la deffendereſſe la ſucceſſion de ſon mary. Auiourd'huy qu'il void que ces grands preparatifs de faux témoins ne
luy ont pû ſeruir, plus courageuſement il vient à la fabrication d'vn faux
teſtament, & ſous pretexte d'iceluy prend Requeſte ciuile contre l'arreſt
dû dix-neufiéme Decembre, & pour fortifier tout cela blâme la deffendereſſe de s'eſtre remariée dans le neufiéme mois du deceds de ſon mary. Il
faut doncques pour le iugement de cette cauſe, premierement examiner
la fauſſeté de ce pretendu teſtament, qui eſt plus claire que le iour. Et pource que le demandeur veut inferer que la Cour ayant joint les informations faictes ſur les moyens de faux au procez, & n'ayant point ordonné
que les témoins ſeroient recollez & confrontez, elle a preiugé qu'il n'y
auoit point de preuue du faux ; la deffendereſſe au contraire dit, que la Cour
a iugé la fauſſeté ſi apparente par la ſeule inſpection de la piece, par la ſeule
tiſſure du faict, & par les pieces produictes au procez, qu'elle n'a point eſtimé qu'il fuſt beſoin, ny à propos d'entrer en vn procez extraordinaire, qui
en telles matieres eſt touſiours remply de longueur & perplexité. C'eſt de
l'office des ſages & prudens Iuges de commettre le moins que l'on peut le
iugement des affaires importans à la foy des témoins. Mais ils doiuent, comme dit la Loy, d'eux-meſmes, *& ex animi ſui ſententia*, examiner, *quod na-*
turæ negotij conuenit, confirmaréque motum animi ſui ex argumentis. Ce qu'e-
ſtant generalement ordonné pour toutes cauſes, doit de tant plus eſtre obſerué en matiere de faux. Et c'eſt la leçon que l'Empereur preſcrit aux Iuges
par ſa conſtitution ; *Vbi falſi crimen inciderit, tum acerrima fiat indago, argu-*
mentis aliiſque veritatis veſtigiis: nec accuſatori tantû quæſtio incumbat, nec pro-
bationis ei tota neceſſitas indicatur, ſed inter vtráque perſonam ſtet Iudex medius.
Mais cette inquiſition, qui és autres cauſes ſe trouue perplexe & fâcheuſe

aux

fux Iuges, leur eft rendu ë en celle-cy fi aifée par l'extreme impudence du demandeur, qu'vn aueugle en pourroit iuger. Confiderez premierement en quel temps arriue ce pretendu teftament ; apres vn arreft & au fecours d'vne caufe perduë. Confiderez qui le prefente & en demande l'ouuertu-re : le demandeur, qui n'eftoit point l'heritier ab inteftat du deffunt : mais s'eft fait apres l'arreft ceder par Noël Bandoli fon pere, le droict qu'il preten-doit en la fucceffion ; comme difant, Vous tenez cette caufe perduë, laiffez-moy faire, au peril de mon honneur ie la releueray, pourueu que i'en aye le profit. Et auparauant l'ouuerture de ce teftament, n'a-t'on pas fceu par tout Forcalquier ce qu'il contenoit ? Le demandeur luy-mefme n'a-il pas fait folliciter le Recteur de l'hofpital de Forcalquier par Amoureux, de pour-fuiure l'ouuerture pour le legs qui y eft à leur profit ? Et qui auoit reuelé tout cela, finon celuy-là mefmes qui a fait le teftament ? C'eft doncques M. An-toine Bandoli qui prefente ce teftament ; ce mefme Bandoli qui en vn autre procez de la fucceffion d'vn fien frere eft accufé, & qu'on pretend conuain-cu d'auoir fabriqué vne fentence arbitrale. Et qui luy a baillé ce teftament ? ce celebre Amoureux fon beau-pere. Mais comment a-il efté trouué ? Voi-cy vne belle hiftoire. Le demandeur auoit vn colombier au haut de fa mai-fon, dont il eftoit tombé quelques ruynes fur le plus haut plancher prés du toict ; voulant faire reparer ces ruynes , & pour cét effet vuider les pla-ftras, il emprunte les feruiteurs d'Amoureux, & vn autre homme ; il les en-uoye à ce grenier ; on leue ces ruynes, on trouue deffous vn baft de cheual, fous ce baft vne petite boëtte de fer blanc, on la porte à l'Amoureux (car c'eft le principal perfonnage de la farce) il regarde dedans, il voit que c'e-ftoit vn teftament folennel, car il fe connoiffoit en cette marchandife ; il le porte au demandeur, qui eftoit tout indifpofé, qui le met à vn coin. Et qui eft-ce qui a porté ce teftament en ce grenier ? Vere teftateur ? & pour don-ner couleur à cela on dit qu'il a eu quelque temps la clef de cette chambre. Mais pourquoy tout cela ? Eft-ce le lieu de cacher vn teftament que dans la maifon d'autruy, & dans des ruynes , & parmy des ordures ? Depuis vingt-vn an que Vere auoit premierement inftitué fa femme , & depuis confirmé cette inftitution par diuers teftamens faits en diuers lieux , & en l'abfence de fa femme, s'il auoit changé de volonté, n'auoit-il point eu le loifir d'en faire quelqu'autre au profit du demandeur , & de le mettre en lieu de feureté ? N'auoit-il nul amy en toute la Prouince ? n'y auoit-il point de Notaires ? n'y auoit-il point de Conuents où l'on a accouftumé de dépo-fer femblables actes ? Ou il defiroit que Bandoli le fceuft, ou il ne le defi-roit pas : s'il le defiroit, que ne luy bailloit-il à garder ? s'il ne le defiroit pas, pourquoy le mettoit-il dans fa maifon en vn lieu où de iour à autre il fe pou-uoit trouuer ? Ou il vouloit que ce teftament fortift effet ou non ; s'il le vouloit, comment le mettoit-il en lieu pour n'eftre point fceu ? Car il pou-uoit demeurer là cent ans, & acheuer de fe pourrir : & quelle folie eft cet-te-là ? Mais s'il ne vouloit pas que le demandeur fceuft ce teftament, & où il eftoit ; pourquoy par tant de billets luy indiquoit-il le lieu où il le trouue-roit ? *Non fatis commodè diuifa funt temporibus ifta tibi, Daue.* Ce ne font pas-là feulement des contes de vieilles, des fables de petits enfans, mais des

TTTt iij

fonges de malades, qu'on ne peut propofer à des Iuges, finon en proteftant qu'on les tient fort foibles d'efprit, & grandement imprudens. Or en quel eftat fe trouue ce teftament? vne fueille de papier pliée en quatre auec plufieurs petits cachets, dont la marque n'apparoift point ; car fi elle euft apparu, cela euft pû feruir à conuaincre le faux ; le deffus tout iaune & verdaftre, & cette couleur penetre iufques au fueillet de dedans, fans toutesfois que le corps du papier foit pourry ny déchiré, mais bien toute l'efcriture qui eftoit au deffus, qu'on pretend auoir efté l'acte du Notaire, & les feings des témoins, fi parfaitement effacez qu'il ne s'en peut iuger vne feule fyllabe, & à peine vn feul traict. Et qui a fait cela? on dit que c'eft la pluye, ou de l'eau d'excremens qui eft tombée deffus, par fucceffion de temps, auec la roüille de la boëtte. Mais ce teftament eftoit dans vne boëtte, elle eftoit couuerte d'vn baft. Et quand bien ce teftament auroit efté tout à découuert, & plongé vn an dans l'eau & dans l'ordure, fe pourroit-il faire par nature, que toute vne page d'écriture fe trouuaft effacée, fans que le papier fuft pourry & endommagé? Que refte-il doncques à croire, finon que certe écriture a efté effacée auec de l'eau forte, qui feule a cette puiffance de manger l'écriture, demeurant le papier entier, auquel neantmoins elle laiffe cette teinture verdaftre, comme ont rapporté les Orfevres & Libraires qui ont efté oüys? Or qu'a-on voulu faire effaçant ainfi cette écriture? Voicy que c'eft. Pour falfifier ce teftament en forte qu'il fuft vallable, il falloit vn acte d'vn Notaire, attefté par fept témoins qui euffent figné. De corrompre fept témoins & vn Notaire, c'eftoit chofe trop difficile, il euft fallu parler à cent auant qu'en trouuer fept qui s'y fuffent accordez, & par ce moyen tout fe fuft découuert. De contrefaire la fignature de fept témoins & d'vn Notaire, cela euft efté trop difficile : & puis le Notaire & les témoins venans à defauoüer leur feing, tout cela n'euft rien feruy. Mais on a penfé, il faut écrire quelque chofe fur le dos de ce teftament & l'effacer ; foit que le teftateur ait fait autresfois quelque teftament, qu'il n'en ait point fait, les témoins pourront dire impunément qu'ils ont affifté à vn teftament qu'il a fait, car ils ne diront point que ce foit celuy-là. L'on maintiendra puis apres que c'eft celuy-cy : on forgera des billets pour ayder à le prouuer : puis on difputera en poinct de droict, qu'ores que le deffus foit effacé & les feings des témoins & l'acte, neantmoins qu'il ne laiffe pas d'eftre vallable. Voila l'imagination d'vn demy-Iurifconfulte, qui a efté executée comme elle auoit efté projettée ; & s'eft trouué vn Notaire & quelques témoins, qui ont dit auoir affifté à vn teftament folennel de la grandeur & forme de celuy-cy. Il eft vray qu'vn des témoins a tout gâté, car il a declaré qu'il ne fçauoit que c'eftoit, & qu'il n'auoit iamais efté prefent à aucun teftament du deffunt : il a eu volontiers plus de promptitude à promettre fon témoignage au demandeur, que de refolution à le donner contre fa confcience. Mais ce teftament eftant de cette forte, qu'il n'apparoift pas feulement vne fyllabe du nom des témoins, comment eft-ce que le demandeur a deuiné quels ils eftoient? on dit que c'eft le Notaire qui les a indiquez : où eft fa declaration? les témoins mefmes quand ils font oüys, horfmis trois, ne fe fouuiennent pas qui eftoient ceux qui affifterent

à ce

à ce teftament auec eux. Or voyla, non les coniectures, mais les preuues
certaines & euidentes de la fauffeté de ce teftament, qui refultent de l'exterieur d'iceluy ; venons à l'interieur. Il fe trouue datté à Aix le vingt-deuxiefme de Mars, & neantmoins par plufieurs actes iudiciaires produits au procés, & non contredits par le demandeur, il fe trouue que le deffunt ce iour-
là eftoit à Forcalquier, & trois iours apres & trois iours deuant fift plufieurs
expeditions au fiege. Que peut-on defirer de plus clair ? Pour couurir cette
fauffeté, l'on en fait vne autre : l'oncle coule vn billet dans ce pretendu teftament de la lettre contrefaite de Vere, qui porte, Efcrit le feiziefme Feurier ; datté le vingt-deuxiefme Mars, clos le premier, & figné le fix. Or ce
billet contient vne autre fauffeté, verifiée par l'impoffibilité ; Car il contient
que le teftament a efté figné apres auoir efté clos. Comment eft-ce que cela fe peut faire ? A cela on void combien eft veritable ce qu'on dit communément, que la mefchanceté n'a point de confeil. Les autres billets contiennent des fauffetez, qui ne font pas moins apparentes : car celuy qui eft
datté à Aix le fixiefme Mars, dit au commencement, Mon teftament eft
au plus haut de voftre maifon. Or comment y pouuoit-il eftre, puis qu'il ne
fut fait & datté que le vingt-deuxiefme du mefme mois ? Et quand il auroit
efté fait le fixiefme, quel Ange l'auroit porté le mefme iour à Forcalquier,
& logé au plus haut de cette maifon ? Dauantage il dit apres ; Par lequel
i'ay inftitué mon nepueu mon heritier : Il ne parle donc pas de la maifon de
fon nepueu, mais de quelqu'autre. Dauantage, ces billets qui eftoient ainfi
femez çà & là contenoient ce qui eftoit porté par le teftament ; qu'euft-il
efté befoin de faire vn teftament folennel & le cacher fi curieufement, fi
par tant de billets iettez à l'auenture on en diuulguoit la fubftance ? Puis,
quelle ineptie qu'au dernier de fes billets il dit, Mon teftament eft au plus
haut de voftre maifon : Et apres ; Par lequel i'ay inftitué mon nepueu l'Aduocat ? Par là doneques, ce ne feroit pas en la maifon de cet inftitué qu'a-
uoit efté mis ce teftament. Il eft difficile qu'vn fi long menfonge ne fe def-
mente & defcouure. Oüy, mais, dit-on, pourquoy auroit-on falfifié tant
de billets ? ne pouuoit-on pas refaire tout ce teftament, fi tant euft efté qu'il
fuft faux, & qu'on euft voulu reformer la datte ? A cela la chofe refpond de
foy-mefmes ; ç'auoit efté vn grand ouurage que de contrefaire trois pages
de l'efcriture du deffunt ; il auoit fallu auffi de l'artifice pour accommoder
le refte, & effacer tout ce qui auoit efté efcrit fur ce teftament, qui auoit
defia efté veu, & paffé par quelques mains. Dauantage, ce billet fembloit
feruir à confirmer toufiours que le corps eftoit de la main du deffunt : billet
qui eftoit aifé à inferer dans le teftament. Car il appert qu'il eftoit fermé en
forte qu'il fe voyoit mefmes quelque partie de ce qui y eftoit efcrit. Mais fi
tant euft efté que le deffunt euft penfé qu'il y euft eu erreur en la datte de ce
teftament, ne le pouuoit-il pas refcrire de fa main ? Euft-il plaint vne heure
de temps, luy qui efcriuoit tant de fa main tous les iours en l'exercice de fa
charge, afin de leuer vn foupçon de faux à vn acte qui luy importoit de
tout fon bien, & qui eftoit le plus ferieux qu'il peuft iamais faire ? cela n'a
point d'apparence. Venons maintenant au corps de ce teftament, aux difpofitions qui y font contenuës, & voyons fi elles ont plus de verifimilitu-

de. Premierement tout le corps du teſtament eſt eſcrit en ſi peu de paroles
& ſens ſi preſſé, que l'on voit aiſément que l'on l'a fait afin qu'il n'y euſt pas
tant d'eſcriture, & que la peine fuſt moindre à imiter la main du deffunt.
Il inſtituë le demandeur & ſes enfans ſes heritiers vniuerſels. Le demandeur
qui confeſſe ingenuëment que le deffunt teſmoignoit d'eſtre offenſé contre
luy, & n'auoir pas ſes deportemens agreables, meſmes à cauſe de l'alliance
qu'il auoit priſe auec Amoureux, & de la demeure qu'il faiſoit en la maiſon
d'iceluy. Simultez qui auoient paſſé ſi auant, que le deffunt auoit declaré
publiquement par pluſieurs fois, qu'il ne vouloit point que les Bandolis
amendaſſent de ſon bien. Et comment l'inſtituë-il ? pourueu que lors du
deceds de luy teſtateur, il ne demeuraſt pas en la maiſon d'Amoureux ſon
beau-pere, & au cas qu'il s'y trouuaſt, il transferoit l'heritage au frere du demandeur. Et comment pouuoit ſatisfaire l'inſtitué à cette condition, puis
qu'il ne l'a pouuoit ſçauoir qu'apres le deceds ? & pourquoy deuoit-il eſtre
puny pour n'y auoir pas ſatisfait, puis qu'il en eſtoit ignorant ? Vn homme
ſage auroit-il diſpoſé de tous ſes biens ſous vne condition caſuelle, comme
celle-là ? Car elle ſe peut dire telle iuſques au iour de la ſcience de la charge.
Quæ veriſimilia non ſunt, falſitatis habent imaginem. Si le deffunt l'euſt inſtitué à la charge de ſortir de la maiſon d'Amoureux, cela euſt eſté bon : car
la condition ne pouuoit lors arriuer que par la negligence de l'inſtitué &
apres ſa ſciéce. Cette charge de porter le nom & les armes de Vere, a-elle rien
de ſens commun à vn Procureur qui n'a armes que ſon caniuet & ſa plume ?
Apres ſuit cette clauſe derogatoire ſous ces mots ; Seigneur, la femme que
tu m'as donnée me l'a fait faire. N'eſt-ce pas vne affectation manifeſte pour
rendre confuſe la femme, contre laquelle eſt ourdie toute cette toile ? Mais
le corollaire de toutes ces fauſſetez-cy, le chapiteau qui couronne l'ouurage, qui fait paroiſtre l'eſprit de l'ouurier, & où ſon nom eſt quaſi graué comme l'image de Phidias dans le bouclier de Minerue, c'eſt en cette derniere
clauſe, par laquelle il prie tous Iuges de ſuppleer les deffauts qui ſe pourront
trouuer tant en la ſolénité, qu'en l'ouuerture de ce teſtamét. Et qui a iamais
oüy parler d'vne ſemblable clauſe ? le teſtateur peut bien deprier & excuſer
les manquemens qui dependét de luy, & qui prouiennent ou de ſa negligence, ou de ſon ignorance ; mais ce qui depend du fait des Iuges ou de l'heritier, cela ne fut iamais veu ny entendu. *At clauſula inſolita falſi præſumptio-
nem inducit.* Que veut donc dire cette clauſe, ſinon quand ce teſtament ſera preſenté pour eſtre ouuert, l'acte du Notaire & des teſmoins ſe trouueront effacez auec l'eau forte, les cachets auront auſſi leurs figures effacées,
il apparoiſtra manifeſtement que ce teſtament aura eſté falſifié, mais pour
cela ne laiſſez pas d'y auoir eſgard. A voſtre aduis, eſt-ce le teſtateur ou Bandoli qui ont dicté cette clauſe ? c'eſt ſans doute le teſtateur. Car Bandoli &
le teſtateur n'eſt qu'vne meſme choſe. Celuy qui a tant fait de fauſſetez a
penſé auec ce ſeul mot les couurir ; nouuelle cautelle pour les fauſſaires,
mais qui n'eſt pas des plus fines. Mais au bout, ce dit-on, ce teſtament eſt
tout eſcrit de la main du deffunt, les billets auſſi par leſquels il a indiqué le
lieu où il eſtoit, comme l'ont reconneu ceux qui ont eſté oüys ſur la verification de la lettre. Il eſt vray que la plus part des teſmoins ont rapporté que
cela

cela sembloit de la lettre du deffunt, & qu'il s'y voyoit fort peu de differen-
ce, comme il s'en voit en toutes lettres, bien qu'escrites par mesme personne & en diuers temps. Qu'il l'ait escrit pourtant il ne s'ensuit pas; & qui est-
ce qui ne sçait que toutes les lettres du monde, pour si bisarres qu'elles
soient, se peuuent imiter & contrefaire, & qu'il n'y a rien si fallace que le
iugement qu'on veut faire par comparaison de lettres? Aussi quand l'Empereur parle de cette preuue qui se fait de l'escriture, [a] il la reiette comme
extremement douteuse, & allegue des exemples de lettres contrefaites que
l'on n'a iamais peu discerner; & dit enfin, que pour auoir preuue certaine
qu'vne lettre soit d'vn tel, il faut des tesmoins qui la luy ayent veu escrire,
& non moins de trois; *tales testificationes suscipimus, si præsentes testes dicant,*
quòd præsentibus scripsit qui documentum fecit. Que si l'on vient par comparaison de lettres; il faut que les tesmoins qui font la comparaison & reconnoissance, dient tous asseurément & sans douter, qu'ils connoissent par la
comparaison que c'est de la lettre du deffunct; autrement elle ne fait point
de preuue, & encore telle preuue est-elle douteuse & imparfaite. [b] Et si cela n'estoit, on pourroit sans aucune crainte falsifier toutes sortes d'escritures, & n'auroit-on iamais aucun fruict des accusations de faux. Car comme
il est difficile de tellement contrefaire vne escriture, qu'il n'y ait quelque
peu de difference, aussi est-il aisé de la contrefaire en sorte qu'elle ressemble
bien fort. Le faux n'est que l'imitation de la verité, de laquelle plus il approche & plus il est faux, & plus dangereux faux. *Scelera tum tuta sunt cùm ma-*
gna sunt. N'auons-nous pas veu de nos iours des hommes si adroits à ce
mestier, qu'ils contrefaisoient si bien les lettres, que ceux mesmes qui les
auoient faites ne pouuoient discerner lesquelles estoient les leurs? L'escriture est vne espece de peinture, & en la peinture nous voyons tous les iours les
copies si bien tirées, que l'on ne sçauroit les reconnoistre d'auec l'original:
voire mesmes que ceux qui d'ailleurs ne sont pas trop bons peintres, imitent & contrefont fort bien les plus excellens ouurages. Pourquoy? cela se
fait auec vn grand loisir, & l'imagination ne trauaille qu'à vne chose, qui
est à faire les traits semblables, deschargée de ce quia accoustumé de la plus
lasser, qui est l'inuention. Et pour monstrer que ce n'est point chose de
grand artifice, & dont auec vn mediocre soin on ne puisse aisément venir
à bout; vn Historien Grec rapporte qu'Herode auoit vn esclaue nommé
Diophantus πάντων ἀνθρώπων γράμματα μιμεῖσθαι δυνάμενον. Et Suetone en la
vie de Titus, *illum imitari solitum chirographa quæcunque vidisset, ita vt pro-*
fiteretur se maximum falsarium esse potuisse. Or pour laisser la multitude des
exemples qui sont és histoires de ceux qui se sont meslez de ce mestier, *&*
qui hac arte alijs periculum crearunt, Suidas en rapporte vn fort celebre *in*
verbo Πείσκος Ἐμισηνὸς, qui regarde la constitution de nostre droict. Vn
nommé Mamianus fort riche personnage auoit institué heritiere l'Eglise
d'Emissene, il y auoit des-ja quarante ans passez: L'Oeconomie de cette
Eglise estant vn vicieux & mauuais garçon, ayant connoissance de Priscus
Emissenus qui sçauoit contrefaire toute sorte de lettres, luy fist contrefaire
plusieurs actes publics, par lesquels beaucoup de riches hommes qui
auoient vescu du temps de Mamianus estoient obligez enuers luy en de

a *In auth. de*
inst. cau. &
fide. §. *si*
quis.

b *Menochius*
arbitr. l. 2.
cent.2.c.11.

grandes sommes de deniers. La lettre & les seings des Notaires qui auoient
vescu lors estoient si bien contrefaits, qu'il n'y auoit que redire ; les pauures
parties n'auoient qu'vne seule deffense, qui estoit la prescription. Cet Oe-
conome ne voulant que cette meschanceté qu'il auoit pratiquée auec tant
de peine & d'artifice fust inutile, corrompit Tribonian, & obtint vne declaration de l'Empereur Iustinian, que l'Eglise ne seroit point excluse par
moindre prescription que de cent ans ; laquelle Iustinian depuis mieux conseillé, reuoqua. Que le demandeur doncques ne die plus que cette lettre ressemble entierement celle de Vere, qu'on n'y sçauroit remarquer aucune
difference ; cela est *scelus magnitudine defendere* : vne fausseté est d'autant
plus grande qu'elle approche plus de la verité, & que plus elle est insidieuse.
Il a pris vne grande peine, il est vray, à fabriquer ce testament, il n'y a rien
oublié pour l'escriture, & pour tant de petits billets, qui ont esté aisez à contrefaire à celuy qui a eu la hardiesse & l'addresse de contrefaire tout le corps.
Mais puis apres il a fallu tant d'autres choses ausquelles il a manqué, qu'à la
verité il est beaucoup decheu de la gloire qu'il esperoit de son art. Le lieu où
a esté trouué ce testament, la façon de le trouuer, l'estat auquel il s'est trouué, ses effaceures d'eau forte, le desadueu des tesmoins, les clauses insolites &
ineptes, qui sont dedans, la fausseté en la datte, la quantité des billets, leur
teneur, ineptie & incompatibilité, gastent tout, & font certainement que
tout le monde admire l'extreme audace de celuy qui ose proferer vn tel acte
deuant des personnes qui ont quelque sens : tellement qu'on peut douter
s'il a eu plus de confiance en son impudence, qu'en l'imprudence de ses Iuges. Et ce qui rend encores plus admirable la temerité du demandeur, c'est
d'auoir pris tant de peine, & auoir voulu courir tant de hazard pour forger
vn acte si nul, & si informe, que quand il seroit aussi bien veritable qu'il est
faux, neantmoins il seroit entierement inutile & sans effet, pour estre vn
testament solennel destitué de toutes les solennitez qui le peuuent rendre
valable. C'est vn testament solennel, & sa denomination monstre que son
essence consiste premierement en la solennité ; & cette solennité consiste
principalement aux seings & cachets des tesmoins, & en la reconnoissance
d'iceux. [a] Car en cette sorte de testament le testateur ne declare rien deuant
les tesmoins de sa volonté, elle demeure close & secrette. Tout ce qu'il fait
c'est qu'il proteste que le papier qu'il leur presente contient sa volonté. Et
pource, afin qu'il ne puisse estre changé ny ouuert, les tesmoins y apposent
leurs seings & leurs seaux, & le plus souuent vn Notaire en fait acte. Ce
qui est clairement remarqué par la formule dont le testateur auoit accoustumé de prier les tesmoins, rapportée par Vlpian en ses fragmens qui estoit
telle : *Testator tabulas testamenti tenens his verbis vtebatur : Hæc vti his tabulis cerisve scripta sunt ita lego, ita testor. Itaque vos Quirites testimonium
præbitote.* Apres cela, ils le signoient & cachetoient. Par ce moyen les tesmoins ne peuuent transferer à vn autre acte la foy & assistance qu'ils ont
prestée ; car ils ne sont tesmoins que de l'acte auquel ils ont donné sa forme
indiuiduë par l'apposition de leur seing. De sorte que si ces tesmoins-là vouloient puis apres dire, Le testament du deffunt n'est pas celuy que nous
auons signé, mais vn autre que voicy ; on ne les croiroit pas : Car ce qui
rend

a l. hac con-
sultissima.
C. de test.

rend leur témoignage certain, c'eft la marque qu'ils ont appofée au teftament, par laquelle il eft reconneu eftre celuy-là mefmes. Le teftateur non
plus ne peut appliquer à vn autre acte, l'effet de ce témoignage. Car fi ayant
prefenté vn papier pour fon teftament aux témoins, il vouloit puis apres en
fuppofer vn autre, cela ne feruiroit de rien. Or au teftament dont il s'agift
il n'y a nulle fignature, & les cachets qui reftent n'ont nulles marques ; &
par confequent il ne fait nulle foy. Car voicy comme la Loy en parle: *Non*
fubfcriptum autem à teftibus, ac non fignatum teftamentum pro infecto haberi a *l. hac con-*
conuenit. [a] Il y a plus, que nul des témoins n'affeure que ce foit le teftament *fult.*
qui leur a efté prefenté ; l'vn d'eux nie auoir efté prefent à aucun teftament
du deffunt : comment donc fe peut fouftenir ce teftament ? Et ne fert de
rien en cela la Loy alleguée: [b] car ores qu'elle die qu'on ne laiffe pas pour b *1. quem*
la denegation que fait vn des témoins de reconnoiftre fon feing & proceder *teft. ape-*
à l'ouuerture, elle ne dit pas pourtant que le teftament foit pour cela vala- *riantur.*
ble, ains la queftion de la verité d'iceluy demeure entiere ; & faut iuger lors
fi la denegation eft veritable ou calomnieufe. Le demandeur dit auffi, que
la Loy veut, que fi le teftament a efté rongé des rats, ou gafté par quelque
accident, que pour cela il ne laiffe pas de valoir. Il eft vray, mais la Loy ne
parle point qu'en ce cas-là les fignatures de tous les témoins foient mangées. Car le papier du teftament peut bien eftre rongé, en forte que la principale volonté du defunt demeure euidente, & ce qui eft auffi de la folennité.
Voila pourquoy la Loy parle principalement en cét endroit du lin qui lioit
& enueloppoit le teftament. Car autrement on fçait affez que la matiere des
tables dont on fe feruoit anciennement, qu'ils appelloient *ceras*, n'eftoit pas
fujette à cét accident. Pour conclufion de ce poinct, il faut demeurer à la refolution du Caftrenfe, qui eft indubitable. [c] *In quibus cafibus requiritur fcri-* c *In l. 1. ff. de*
ptura, fi quædam fint, quæ non poffint legi nec oculis percipi, habentur ac fi de ijs *his quæ in*
fcriptura non fuiffet confecta. Mais, dit-on, quand le teftament feroit mef- *teft. dele.*
mes perdu depuis le deceds, fi eft-ce que par la Loy [d] on pourroit en vertu d *in. fi te-*
du teftament demander la poffeffion. Oüy, fi apres le deceds le teftament *bul. teft. ext.*
auoit apparu auoir efté ouuert, auoir efté trouué folennel, & le contenu *rabulas, l. 1.*
en fuft certain. Le texte s'explique affez en ces mots, *fi poft prolatas tabulas* *ff. de bon. fe-*
deletum fit teftamentum. Et quand il ne le feroit, qui feroit celuy qui ayant *cu. tab.*
le fens entier l'interpreteroit autrement ? Quoy doncques, en faifant perdre
& éuanoüir vn teftament, le premier venu feroit receuable auec des témoins à en fuppofer vn autre ? Cela feroit trop abfurde & dangereux, veu
mefmes que la Loy n'a pas voulu receuoir cefte preuue au teftament du
foldat ; *alioqui & iudicia vera fubuerterentur.* [e] Mais que peut-on répon- e *Diuus Tra-*
dre à ce que les témoins difent, qu'au teftament auquel ils ont efté prefens, *ianus. ff. de*
ils n'ont point appofé de cachets ? Car fi bien la Loy [f] dit, que *teftes, aut* *teft. militis.*
alieno, aut teftatoris annulo fignare poffunt, elle veut toufiours qu'ils cache- f *d. l. Ad te-*
tent en prefence du teftateur. Et ne faut point dire que cefte folennité foit *ftium.*
de peu de confequence, ou ait efté abrogée : car outre que c'eft de la principale effence du teftament folennel d'eftre fermé & fecret, la Loy n'a pas fait
moins d'eftat, voire plus du cachet que du feing, comme eftant plus difficile à contrefaire. Et qui ne fçait que les Romains vfoient du cachet au

lieu du seing dont nous vsons auiourd'huy, comme Horace remarque en ce vers,

Imprimat his cura Mæcenas signa tabellis:

Et y constituoient la plus grande seureté de leurs actes. C'est pourquoy Pline ᵃ se plaignant de la perfidie de son temps dit, *Quæ fuit illa priscorum euita, qualis innocentia, in qua nihil signabatur?* Mais ce testament, dit-on, est tout écrit de la main du deffunt: Par consequent, on ne peut pas douter que ce ne soit sa volonté. La réponse à cela est aisée. Car qu'on regarde tout ce que les loix ont ordonné du droict, on ne trouuera point qu'elles fassent difference entre le testament écrit de la main du deffunt, & celuy qui est écrit par vn autre, ny qu'elle requiere moins de solennité en l'vn qu'en l'autre, sinon quand le testateur a declaré en presence de cinq témoins qu'il a écrit & signé le testament de sa main, & que *quinque testium signa scripturæ defuncti coadunantur:* En ce cas il est vallable. ᵇ Quant à la Nouelle de Valentinian *de holographo testamento*, l'on sçait assez qu'elle n'a iamais comparu entre les loix, & a esté rejettée & abrogée de telle façon, que bien que les loix ayent extremément fauorisé le testament qui est fait *inter liberos*, neantmoins ores qu'il soit tout écrit de la main du testateur, elles y desirent nombre de témoins. ᶜ Il est vray, que depuis la Nouelle de Iustinian, *de imperf. test.* 107. (ores qu'elle ne soit pas fort claire) semble s'estre contentée. *inter liberos*, que le testament fust tout écrit & signé de la main du defunt; mais si quelqu'autre personne y est meslée, pour proche & chere qu'elle soit, il faut le nombre des témoins requis par la Loy. Ce qui peut aussi seruir de réponse à la clause codicillaire, & à la Loy ᵈ que l'on a voulu alleguer. Car cela est bon pour reduire le nombre des témoins de sept à cinq, mais non pas pour en dispenser du tout. Et ceste Epistre qui contient le fideicommis n'a force ne vertu, sinon qu'elle soit attestée de cinq témoins, comme il s'induit des textes cy-deuant alleguez: & le Iurisconsulte dit exprés, ᵉ *si fides Epistolæ relictæ constaret:* & la glose le marque expressément sur ceste Loy. Ce qui sert aussi à ce que l'on a voulu induire de *Scæuola,* ᶠ qui premierement se doit entendre du testament fait *inter liberos:* & secondement du testament, qui n'ayant pas toutes les autres solennitez qui sont requises, a neantmoins le nombre de cinq témoins, comme il est expressément porté par la Loy. ᵍ Or ne sommes-nous point *inter liberos*, ains entre personnes purement estrangeres: & sommes dauantage au cas d'vn testament, où il n'y a vn seul témoin ny signé, ny seulement qui ose dire que le testateur ait iamais declaré, que ce qu'on nous presente auiourd'huy fust son testament. Mais d'abondant, si ce testament eust esté valable, ne seroit-il pas auiourd'huy reuoqué par le testament nuncupatif posterieur, qui reuoque toutes dispositions precedentes? A cela l'on dit, qu'à ce testament solennel il y a clause derogatoire, & que par consequent il n'a pû estre reuoqué que par vne indiuiduelle reuocation, contenant la designation particuliere de la clause. Si ceste question n'auoit à se decider que par la pure interpretation des anciens Iurisconsultes, elle ne meriteroit pas d'estre mise en auant, ny tant soit peu s'y arrester. Car quelque declaration qu'ait fait le testateur par sa premiere disposition, qu'il ne veut point que la

seconde

a l. 33. c. 1.

b l. cum antiquitas. C. de test.

c Hæc consultissima. C. cod.

d sed & in Epistola.

e l. ult. ff. de leg. 2.

f l. 2. de inrup. &c.

g Hæc consult. §. ex imperfecto. & ult. C. de test.

feconde vaille, que fous telle forme; toutesfois fi la derniere eft claire, fi elle eft expreffément contraire à la premiere, elle vaut; les paroles du Iuríf-
confulte font fi expreffes [a] qu'elles méritent d'eftre icy rapportées. *Licet, in-*
quit, in confirmatione codicillorum paterfamilias adiecerit, quòd aliter non va-
lere velit quàm fua manu fignatos & fubfcriptos, tamen valent ab eo facti co-
dicilli, licet nec ab eo fignati, nec eius manu fcripti, quia pofteriora prioribus de-
rogant. Le femblable eft auffi en cette Loy derniere. [b] Ce qui a donné fujet
aux Iurifconfultes de noftre temps, les plus fçauans & clair-voyans en ce
meftier, de dire que cette claufe qui eft à la fin de la Loy, *fi quis in principio,*
en ces mots, *Sed hoc ita locum habebit fi fpecialiter dixerit prioris voluntatis*
fibi pænituiffe, eftoit *vnum ex flagitijs Triboniani.* Et de fait qu'y a-il de plus
mal conuenable au commencement de cette Loy, que cette piece-là qu'on
y a adiouftée à la fin? Au commencement le Iurifconfulte dit, que quelque proteftation qu'ait fait le teftateur de ne point vouloir vne chofe, fi
neantmoins par apres il declare qu'il la veut, fa derniere volonté tiendra.
Cela alloit bien, & eftoit conforme à tant d'autres textes: Tribonian y
vient adioufter fon *fpecialiter.* Auffi nonobftant cette addition les plus celebres de nos Docteurs ont-ils tenu cette maxime pour conftante, que *fi*
conftet de enixa voluntate teftatoris, non opus eft reuocatione. [c] Mais reuenons-
là, pour cela la caufe du demandeur en fera-elle meilleure? Ne voicy pas
vne fpeciale mention de la derogation? La generalle mention s'entend
quand le teftateur reuoque tous teftamens. Et en cette-là on forme le doute, fçauoir fi cette volonté eft fuffifante pour reuoquer vne claufe derogatoire. La fpeciale eft, quand il eft fait mention qu'en ces teftamens il y a
claufe derogatoire, encores qu'il ne defigne pas la claufe. Et en ce cas, les
Docteurs ne font nulle difficulté que cela n'opere vne fuffifante reuocation
de la derogatoire; comme tient le Clarus par vne infinité d'authoritez. [d]
Or encores noftre teftateur n'en eft pas demeuré-là; car il adioufte à cette
fpecification vne enixe volonté, & à cette enixe volonté l'excufe de ce qu'il
ne pouuoit faire plus particuliere defignation de cette claufe. Il a dit que fa
maladie l'empefchoit de s'en fouuenir, & que s'il s'en fuft fouuenu, il l'euft
reuoquée. Qui eft la raifon conceuë en mefmes termes par la conftitution
de l'Empereur, & par laquelle il excufe les teftateurs s'ils ne font en leurs
teftamens toutes chofes fi expreffément que l'on defireroit; *Cùm humana*
fragilitas mortis cogitatione perturbata minùs memoria poffit res plures confe-
qui. [e] Auquel cas il n'y a nulle difficulté que telle claufe ne foit cenfée pour
particulierement exprimée, & que la reuocation ainfi faite ne foit tres-va-
lable. [f] Mais la fauffeté & nullité du teftament folennel eftant fi apparente, c'eft perdre le temps que de s'amufer plus longuement fur cette queftion. Refte doncques à refpondre au reproche que l'on fait à la defendereffe, qu'elle s'eft remariée dans l'an du dueil de fon mary. Ce qui luy eft
objecté plus par defir de l'iniurier, que par efperance que cela puiffe fonder le droit du demandeur. Car premierement, qui eftes-vous qui luy faites ce reproche? eftes-vous l'enfant du deffunt? Nenny: & c'eft celuy que
la Loy iuge auoir occafion de faire cette plainte. Eftes-vous fon heritier?
Auffi peu. Car Noël Bandoli pere eftoit viuant, & lors du deceds & lors

a *Inl. Diui.*
§. *licet.ff.de*
iure. C.

b *de leg.* 1.

c *Baldus*
con. 389. *So-*
cinus in l. fi
quis filio.ff.
de leg. 3.

d §. *teft.*
quæft. 99.
nu. 5. *Ale-*
xand. con.
134.

e *l. hac tam*
fult. C. qui
teft.fac.poff.
f *Mantic.l.*
11. *cap.* 8.
Menoch.præ.
lib. 4. *præ.*
56.

du mariage. Quand vous seriez d'ailleurs capable, ne seriez-vous pas rendu indigne, & incapable de tout droict successif, de toute action hereditaire, par la fabrication de ce faux testament? Et la Loy & l'ordonnance ne declarent-elles pas celuy descheu de son droict qui s'ayde d'vn faux acte? Or qu'y a-il de plus faux que ce pretendu testament? La defenderesse ne veut pas nier que la Loy ciuile ne porte cette prohibition, mais non pas telle qu'on la veut peindre, ny fondée en la cause qu'on imagine, ains seulement afin d'empescher la confusion du sang. Cela se verifie en ce que la femme qui estoit separée de son mary, si elle estoit grosse n'estoit pas tenuë d'attendre les dix mois, mais sitost qu'elle estoit accouchée se pouuoit re-

a l. si consensu. §. si vero. l. si constante. C: de repud. & Novell. 22.
marier. [a] Il se trouue dans les anciens exemplaires vne constitution Grecque qui desfaut en nos liures, sous le titre de clericis & Episc. par laquelle il est expressément porté que si l'homme se separe de sa femme, & se fait tondre & met en religion, que la femme doit demeurer vn an sans se remarier, pource que cette profession est equiparée à la mort, & est, comme on dit, vne mort au monde: mais cette mesme Loy porte cette exception, sinon qu'elle soit accouchée dans l'an. Et pour monstrer clairement que cette prohibition n'est point fondée sur cette honnesteté publique, qu'on dit inflexible & inuiolable: C'est qu'on sçait assez qu'anciennement & en la plus grande rigueur de cette prohibition, l'on pouuoit demander à l'Em-

b l. solet. ss. de his qui notantur infamia.
pereur, permission de se remarier dans ce temps. [b] Le Senat mesmes en dispensoit ordinairement, comme remarque Plutarque en la vie d'Antonius. Grace qui se faisoit lors si aisément & si promiscuement, qu'és allegresses & resioüissances publiques on donnoit cette dispence generalement à toutes les veufues de l'Empire, en affermans qu'elles n'estoient point gros-

c Ex Dion. l. 58.
ses; comme nous lisons que fit Caligula: [c] comme si en tout cela l'on n'eust desiré autre chose sinon que quelque peu de solennité pour iustifier que la femme ne portoit point en vne autre famille l'enfant de son feu mary. D'où il resulte que celle qui se remarie au neusiesme mois ne peut meriter cette grande rigueur, & en doit estre excusée. Combien doncques plus excusable la defenderesse, qui estoit entierement hors du soupçon de cette grossesse? Pource qu'en verité elle auoit espousé vn homme, qui de deux mariages n'auoit iamais eu d'enfans, pour quelques manquemens qui estoient en luy. Ce qu'elle auoit toutesfois fort modestement & chastement dissimulé, & par là merité la bien-vueillance & liberalité dont il l'auoit honorée. Et à cela ne sert de rien de vouloir si subtilement philosopher sur le temps de l'enfantement. Car outre qu'on sçait assez que le temps ordinaire, qui est ce que la Loy considere, est de neuf mois, quand on y en mettroit & vnze & treize, apres neuf mois vne femme qui ne paroist pas enceinte ne l'est pas; & alors ne peut ny estre trompée, ny tromper les autres sur ce fait-là. Et combien encor plus excusable, puis qu'elle n'est pas venuë à ce mariage-là pour participer à vne resioüissance publique, mais pour consoler son infortune particulier, pour chercher quelque support à son veufuage affligé? lequel, outre les incommoditez que l'orbité a accoustumé d'apporter, a eu cette surcharge d'auoir le demandeur, & les siens pour ennemis coniurez à la ruine de ses biens & de son honneur; desquels il ne faut

pas

pas dire que la malignité ait efté terminée par l'arreft qu'elle auoit obtenu:
car on voit qu'auant l'arreft donné, ils auoient minuté leur requefte ciuile.
Et encores maintenant fongent ils comment ils eluderont la condemnation qu'ils ne peuuent euiter en cette caufe. Tant y a que quand nous ferions encor fous l'Empire des loix Romaines, & fujets aux perilleufes fubtilitez de leur rigueur, tout ce en quoy la defendereffe auroit failly, ce feroit de n'auoir pas demandé la licence du Prince; chofe que chacun fçait
qui ne s'obferue plus. Mais d'abondant, fi cette Loy eftoit, à qui apparticn-
droit ce dont la defendereffe feroit priuée? feroit-ce à vous? Eftes vous des
dix perfonnes portées par l'Edict, qui ne font que les afcendans, defcendans, les freres & les fœurs? Car s'il faut obferuer la rigueur de cette Loy,
il la faut auffi bien garder pour vous que pour nous. Et ne faut point dire
que ce foit alleguer le droit d'autruy: l'allegation en eft toufiours permife
quand elle exclud celuy qui agift. Mais toutes ces raifons, qui en vne autre
caufe feroient non feulement fort confiderables, ains fuffifantes, en celle-
cy font furabondantes. Car la defendereffe fouftient, & il eft indubitable,
que les loix Romaines, dont on fe veut ayder, font expreffément abrogées
par le droit Canon, qui a peu & voulu auec raifon relafcher cette rigueur.
Qu'il l'ait peu, qui en peut douter? puis qu'on ne peut nier que ce ne foit
vn acte de Religion, voire des plus faints & plus facrez, voire mefmes eftoit-
il eftimé tel par les Payens. Voyla pourquoy les folennitez qui s'y obfer-
uoient s'appelloient *ritus*, qui eft vn mot de Religion : le titre qui eft en noftre droict *de ritu nuptiarum* nous l'enfeigne. Auffi toutes les difficultez qui
fe prefentoient fur le fait du mariage, fe referoient aux Pontifes. Tellement que nous apprenons de Tacite & Dion, *abducta Neroni vxore præ-*
gnante, confultos Pontifices, an concepto, nec dum edito partu rectè nuberet.
Que doit-ce donc eftre parmy les Chreftiens, qui le croyent vn Sacrement
& tres-grand ? A qui eft-ce d'approuuer ou improuuer ce qui en depend ? N'eft-ce pas vne regle auffi commune dans les liures, que parmy les
barreaux, *matrimonia non iure fori, fed iure poli cenferi?* De douter maintenant fi comme les fouuerains Pontifes ont en cela peu corriger le droict Ciuil ils l'ont voulu, il ne faut que fçauoir lire pour l'entendre. *Non debet*, dit
le Canon, *legalis infamiæ fuftinere iacturam, quæ licèt poft viri obitum intra*
tempus luctus nubat, conceffa fibi ab Apoftolo vtitur poteftate, cùm in his præ-
fertim fæculares leges non dedignentur facros canones imitari. Mais il ne parle,
dit-on, que de l'infamie, & non des autres peines. Vn Iurifconfulte de noftre fiecle a remarqué qu'aux anciennes compilations, il y auoit en ce chapitre dernier, outre ce qui nous en refte encores, cette claufe : *Cùm igitur*
ad fecunda vota tranfire difponas, ne id tibi vel ei qui te duxerit in iacturam
vel infamiam ab aliquo imputetur, authoritate præfentium expreffiùs inhibe-
mus : par lefquels mots il n'y a point de doute que toutes les peines & defa-
uantages que les femmes pouuoient fouffrir à caufe de cela, ne foient abolies. Car il diftingue-là manifeftement *iacturam ab infamia*, & monftre
qu'il entend exempter en ce cas la femme de toute efpece de dommage entendu fous ce mot *iacturam*, auffi bien que de toute infamie. Et quand nous
n'aurions que ce qui eft en nos liures, eft-ce pas tout dit, quand le Canon

dit, *concessa sibi ab Apostolo vtitur potestate?* Car qui pourroit souffrir que
ce que la Loy de Dieu ordonne mesmes pour empescher le peché, fust puny par la Loy ciuile? Toute peine presuppose faute. Estimer faute que d'o-
beïr aux commandemens de Dieu, & aux conseils de ses Apostres, ce seroit vn blaspheme. Puis doncques que la Loy ciuile est comme la seruante
de la Loy diuine, & ne se peut dire iuste ny raisonnable, qu'autant qu'elle se
conforme à cette-là, il faut croire fermement que tout ce qui y est contraire demeure comme nul & abrogé, *in his præsertim in quibus sæculares leges non
dedignantur sacros imitari canones*, comme en matiere des Sacremens &
de ce qui en depend. Et quoy? si les loix ciuiles ont reietté vn temps fut, la
condition de la viduité, pource qu'elle empeschoit, ce leur sembloit, la
propagation du peuple, receuront-elles cette prohibition de mariages, qui
prouigne & multiplie les fornications parmy les peuples, & faute de donner aux femmes le secours que Dieu a laissé à leur infirmité, les precipiteroit au peché? Car encores que la defenderesse n'ait cherché en ce mariage
que de la consolation en son affliction, qu'vne deffense contre l'oppression
du demandeur, si faut-il iuger cette question, par la raison generalle qui
a meu ceux qui ont fait les loix; qui a esté la connoissance qu'ils auoient de
l'infirmité humaine, & la crainte qu'en leur ostât le remede elles ne tombas-
sent au peché. C'est chose à la verité bien loüable, mais extremement difficile, de surmonter les mouuemens de la nature, & reigler les passions qu'elle sousleue en nous pour nous faire desirer de laisser quelque lignée. *Hoc
perfectè monentû est philosophiæ*, dit l'Empereur. C'est ce que vouloit dire ce
grand Sophiste Maximus Tyrius en l'vne de ses oraisons, lors que descriuant la peine où estoit vn homme poussé de cette passion, il dit, ἱερὸς ἐνναξ
ταὶς φρένας, ὡς ἄθεσμοι ταῖς ψυχαὶ κỳ ὅρος ἔμπεσον. Nulle sagesse humaine n'est
suffisante d'arrester la violence de cette passion, de laquelle ceux qui sont
touchez connoissent mesmes qu'ils faillent, & ne s'en peuuent garder,
comme dit Platon *in Phædro*: κỳ γὰ αὐτοὶ ὁμολογοῦσι νοσεῖν μᾶλλον ἢ σωφρονεῖν,
καὶ εἰδίναι ὅτι κακῶς φρονῦσιν, ἀλλ᾽ οὐ δίναδαι αὐτῶγ κρατεῖν. Et pour en chose qui
regarde la conscience, escouter plustost les Chrestiens que les Payens;
S. Hierosme mesmes, bien qu'amateur quasi outre mesure de la continence, l'a reconneu ainsi, escriuant *ad Demetriadem. Vltra naturam, imò contra
naturam est non exercere quòd nata sis, interficere in te radicem tuam, nescire tho-
rum communem, & virorum horrere contactum, in corpore viuere sine corpore.*
Aussi, bien que Rachel dans la Genese soit vn exemplaire de pudicité, si ne
laisse-elle pas, parlant à Iacob, de luy dire, *Da mihi liberos, alioqui moriar.*
C'est doncques auec tres-iuste raison, que l'Eglise Mere douce & indulgente a preferé le salut des ames & le repos des consciences aux considerations
humaines, qui regardoient seulement vn respect & honneur temporel. Et
reconnoissant que l'infirmité des femmes n'auoit autre remede que la grace
du mariage, a osté toutes les prohibitions, par lesquelles les loix ciuiles ou
l'empeschoient, ou le differoient. Ces raisons-là ont meu tous les Parlemens
de France, fors celuy de Tholose, à embrasser cette Iurisprudence Cano-
nique, & laisser la rigueur ciuile: celuy mesmes de Bordeaux & Dauphiné; afin qu'on ne die point que ce soit à cause des coustumes. En celuy-
cy,

cy, s'il y a diuers arrests le dernier est en faueur des femmes. Et quant aux Iurisconsultes, par leurs opinions ils ont tous suiuy cette mesme maxime, principalement ceux qui ont quelque reputation, [a] attestent que c'est la pratique de France. Et si quelques-vns se sont osez separer de l'opinion commune, toutesfois ç'a esté auec cette exception, que où il n'y auroit point d'enfans du premier mariage, la femme ne pouuoit rien perdre; & s'il y en auoit, ce qu'elle perdoit n'estoit que ce qu'elle profitoit par le testament: dont encores l'on ne luy ostoit que la proprieté par la coniecture qu'on tiroit que le mary auoit entendu preferer ses propres enfans à des estrangers. [b] Puis que nous sommes en ce cas que le deffunt n'a laissé aucuns enfans, quelle raison y auroit-il de vouloir oster à la deffenderesse ce qu'elle a acquis auec tant de labeur, auec tant d'assidus seruices, auec tant de patience? Les loix Romaines ont iugé que l'amitié coniugale & le seruice que la femme rend à son mary, esgalloient la parenté & cognation. Et pource ont appellé la femme ab intestat à la succession, comme nous rapporte Denys d'Halicarnasse, & voyons encores dans l'vn de nos titres du droict: dont Columelle [c] rend la raison qui est fort conuenable au iugement de cette cause. C'estoit qu'en ces premiers & plus religieux siecles, *nihil conspiciebatur in domo diuiduum, nihil quod maritus aut fœmina proprium, & sui iuris diceret, sed in commune conspirabatur ab vtroque, vt cum forensibus negotijs, matronalis sedulitas parem industriæ rationem faceret.* C'est de cette façon que la defenderesse s'est comportée à l'endroit de son mary, l'ayant seruy, elle ieune & luy vieil, l'espace de vingt-cinq ans, & ayant supporté par ses bons offices & soin continuel toutes les incommoditez & de la famille, & de la personne de son mary, qui reconnoissant son merite, n'a pas voulu remettre à la Loy de la recompenser, mais l'a voulu faire par son propre & particulier iugement. Et apres donc que le deffunt par tant & tant de testamens a voulu rendre à son labeur la recompense, à son amour la liberalité qu'elles meritoient, vn subtil plaideur les luy viédra rauir des mains, & emporter tout le fruit de son trauail, pour la laisser entierement despoüillée & de l'honneur & des biens tout ensemble? Et qui est-ce qui aura precipité cette pauure femme à vne telle ruine? le commandement de Dieu, & le conseil de l'Apostre auquel elle s'est fiée; les constitutions des Papes, qui sont les vrais & principaux directeurs de telles actions, les aduis de tant de Iurisconsultes conformes, l'vsage commun de toutes les Cours souueraines de ce Royaume fors vne. Si la deffenderesse auoit contreuenu au droict, elle se pourroit excuser sur l'erreur commun, voire mesmes sur l'ignorance; & l'on l'accuse d'auoir fait ce que le droict luy permet. Et pource vne Cour souueraine, comme celle où elle plaide, qui est principalement recommandée par l'equité, qui est principalement constituée pour temperer la rigueur & la subtilité des loix, fauoriseroit-elle vn vœu si inique que celuy du demandeur? Elle s'asseuroit que non, & en cette confiance concluoit à ce que le pretendu testament du vingt-deuxiesme Mars soit declaré faux, Bandoli condamné en telle reparation que de raison, & ce faisant debouté de sa requeste ciuile, & autres fins & conclusions par luy prises, & aux despens, dommages & interests de l'instance.

a *Bald. in l. decreto. C. in quibus ca. inf. irreg. con. 21. vol.*

1. *Alexander con. 45. vol. 4. Alb. & Ioan. de Carrol. 1. ds. 1. nup. Odofredus & Innoc. cap. final. de sec. nup.*

b *l. vltima. C. de indict viduis.*

c *Initio lib. vnd.*

Les parties ayans produit de part & d'autre, la defenderesse incidemment se seroit portée pour appellante de la procedure faite par le Commissaire à l'ouverture du testament, & auroient les parties respectiuement presenté requeste pour auoir reparation des paroles iniurieuses contenuës en leurs escritures. Seroient aussi interuenus les Recteurs de l'Hospital de Forcalquier, & auroient presenté requeste afin d'auoir deliurance du legs de cent escus, porté par le testament solennel dont est question. Surquoy ayans esté reiglées toutes les parties, & de part & d'autre satisfait au reiglement: Le procés communiqué au Procureur General du Roy, qui auroit pris ses conclusions, tout veu & diligemment examiné:

La Cour par son iugement & arrest, pour le regard des appellations a icelles mis au neant, ordonne que ce dont a esté appellé sortira son effet. Et faisant droict sur la requeste ciuile, instance de faux & autres conclusions des parties, sans auoir égard au pretendu testament solennel du vingt-deuxieme Mars 1601. a debouté le demandeur des fins & conclusions par luy prises en consequence d'iceluy. Et neantmoins a declaré la defenderesse priuée des choses à elle laissées par le testament nuncupatif de deffunt Vere son mary, ensemble de ses auantages nuptiaux, pour s'estre remariée dans l'an du dueil, & le tout acquis aux plus proches parens du deffunt, fors la part & portion afferante à Antoine Bandoli demandeur, de laquelle pour les causes resultantes du procés l'en a priuée, & icelle adiugée à l'Hospital de Forcalquier. Ordonne que les paroles iniurieuses contenuës respectiuement aux escritures des parties seront rayées par le Greffier, tant és originaux qu'és copies. Et pour le regard de Melchionne Astieu, Diane Amoureux & Antoine Cranon, les a mis & met hors de Cour & de procés, le tout sans amende, despens, dommages, interests, ny restitution de fruits, & pour cause.

PROCEZ s'est meu pardeuant le Lieutenant du Seneschal de Prouence au Siege de Grasse, entre Berthomaitte Augier du lieu d'Antibe demanderesse aux fins d'auoir adiudication des biens maternels delaissez par deffunt Pierre Gachon son petit-fils, d'vne part. Et Paulet Gachon oncle paternel & heritier substitué dudit deffunt defendeur, d'autre.

AVQVEL procés la demanderesse disoit que deffunte Marguerite Caluie sa fille auroit esté conioincte par mariage auec Iame Gachon du lieu d'Antibe, duquel mariage seroient issus deux enfans masles, Pierre & Iacques Gachons. L'an 580. & le 26. Mars, Iame Gachon surpris de la maladie, dont il mourut, fit son testament, & par iceluy institua ses deux enfans, qui estoient en fort bas aage, ses heritiers; & s'ils venoient à mourir sans enfans legitimes & naturels, substituoit Marguerite Caluie sa femme, & Paulet Gachon son frere. Or seroit-il aduenu qu'incontinent apres le deceds du testateur, seroit aussi decedé Iacques, & apres luy Marguerite Caluie sa Mere: & peu de temps apres Pierre, qui auoit recueilly la succession & de son frere, & de sa mere, seroit aussi decedé en pupillarité, qui
auroit

auroit donné occafion à Paulet Gachon fon oncle, tant comme plus proche parent paternel, que comme fe pretendant fubftitué, de fe vouloir emparer de tous les biens de la fucceffion. Dequoy la demanderefle ayeule maternelle du deffunt eftant aduertie, fçachant que la nature, la Loy, & l'ordonnance luy deferoient les biens maternels, auroit prefenté requefte, afin
d'eftre gardée en la poffeffion d'iceux. Sur ce les parties ayant contefté pardeuant le Lieutenant, & le deffendeur n'ayant voulu deffendre que par
fins de non receuoir, fous pretexte qu'il difoit eftre troublé en la poffeffion
des biens dont eftoit queftion, fentence s'en feroit enfuiuie l'onziéme Octobre 1586. par laquelle auroit efté ordonné, qu'auant paffer outre, la demanderefle bailleroit fa demande formelle des droicts par elle pretendus, fur laquelle le deffendeur répondroit à la huitaine apres: Et ce pendant fans preiudice du droict des parties, deffenfes auroient efté faites à la demanderefle
de troubler le deffendeur en la ioüiffance des biens dont eftoit queftion.
Conformément à laquelle fentence, la demanderefle auroit fourny fa demande defdits biens maternels, lefquels elle auroit mefme fpecifiez par icelle, & conclud à l'adiudication d'iceux. Mais le deffendeur n'ayant aucunes
pertinentes deffenfes, fe feroit penfé fauuer par des fuites & tergiuerfations,
alleguant qu'auant qu'il fuft tenu de deffendre, il falloit que la premiere
fentence donnée en fa faueur fur le poffeffoire, fuft au prealable executée,
& qu'en tout cas tous les biens luy appartenoient en vertu de la fubftitution pupillaire comprife en la compendieufe, par laquelle il auroit efté appellé. Tellement que par telles fuites & longueurs, la demanderefle auroit
efté traifnée iufques au tombeau, fans pouuoir obtenir iugement. Au
moyen dequoy Bourguette Caluie fa fille & heritiere, femme d'Vrban
Couraud auroit de l'authorité de fon mary, & conjointement auec iceluy
repris le procez, & fouftenu que la pretenduë fubftitution compendieufe
n'auoit pû exclure l'ayeule, tant par la difpofition du droict, que par le ftatut du prefent païs de Prouence, qui veut qu'en faueur de la mere, & par
confequent de l'ayeule, la fubftitution compendieufe conceuë en paroles
communes foit cenfée fideicommiffaire, mefme en pupillarité, & ce faifant
ne comprenne que les biens dont le teftateur a pû difpofer. Et le deffendeur
au contraire, perfiftant en fes fins de non receuoir, auroit fouftenu qu'il falloit, auant qu'entrer au principal, que la fentence fur le poffeffoire fuft entierement executée. Et neantmoins remonftre que l'ayeule, & les demandeurs fes heritiers, & reprenans le procez au principal, eftoient mal fondez,
d'autant que le ftatut fur lequel il faifoit fondement, ne parloit que de la
mere, & partant excluoit taifiblement l'ayeule. Sur ces les parties ayant
écrit & produit, en fin fentence du 9. Mars 1604. s'en feroit enfuiuie, par
laquelle auroit efté ordonné qu'au principal elles pourfuiuroient l'inftance,
fuiuant les derniers erremens, & cependant Vrban Couraud en la qualité
qu'il procede, qui eft comme mary de Marguerite Caluie, auroit efté condamné defemparer la poffeffion des biens auec fruicts depuis l'indeuë occupation dont ledit Gachon bailleroit roolle dans huitaine, & ledit Vrban
des tailles & meliorations: auquel deffenfes auroient efté faites de troubler
iceluy Gachon, à peine de cinq cens efcus, & neantmoins auroit efté con-

damné aux dépens. De laquelle sentence Vrban Couraud, comme mary
de Bourguette Caluie, se seroit porté pour appellant en la Cour de ceans, où
le procez auoit esté receu, & conclud en la maniere accoustumée. En suitte dequoy l'appellant auroit fourny ses griefs, l'inthimé ses réponses, & les
parties respectiuement produit. Disoit l'appellant, pour soustenir & monstrer l'iniquité de la sentence, & obtenir au principal les fins par luy prises,
que l'iniustice d'icelle estoit manifeste, & la faute du Iuge inexcusable. Car
d'auoir sous pretexte par deux fois differé à prononcer sur le differend principal des parties, qui n'estoit rien qu'vne simple question de droict bien
contestée; & ce sous pretexte d'vn trouble de fait, dont il n'y auoit aucune
preuue au procez, c'estoit vne euidente iniustice. S'il eust esté question de
s'arrester au possessoire, c'eust esté à l'appellant à qui il l'eust fallu adiuger;
car il ne peut, comme il sera fort bien monstré, rien pretendre qu'en vertu
d'vn fideicommis, & par consequent par les mains de l'appellant, qui represente l'heritiere, & qui par ce moyen deuoit auoir la possession. C'estoit
ambicieusement & insidieusement donner moyen à l'inthimé de vaincre
comme les Parthes en fuyant, & faire trouuer à ceste ayeule la fin de sa vie
auec la fin de ce procez. Or puis qu'il fallut pour reparer ce grief que la
Cour prononçast sur le differend des parties, l'appellant remonstroit qu'il
n'estoit question en ce procez, que de sçauoir si l'intimé estant substitué à
Pierre son nepueu, par ces mots, *S'il decedoit sans enfans*, pouuoit exclure
l'ayeule maternelle des biens maternels, ou autres qui n'auoient point ap-
partenus au testateur. Entre les plus anciens nous pouuons conter le Cynus,
& Ioannes Faber nourry en ceste Prouince; & entre les suiuans, Romanus
& Iason, sur la Loy derniere, *qui testamenta facere possunt :* & pour derniers
Politus, au traicté de la pupillarité, & Benedictus sur le chapitre *Raynutius.*
Et bien que ces grands personnages-là ne se soient pas fort expliquez sur la
demonstration de ceste maxime, si est-ce que leur reputation merite qu'on
defere à leur opinion, de laquelle neantmoins il est fort aisé de rendre bonne
& pertinente raison. Car chacun sçait que ceste substitution pupillaire n'a
iamais esté introduite par les premieres loix Romaines, comme a esté la faction des testamens, qui procede des douze Tables. Il s'est passé plusieurs
siecles sans qu'on l'ait conneuë, & les loix en leur premiere source & pureté
pensoient auoir satisfait à l'ambition de ce peuple indomptable de luy auoir
donné ce qui ne deuoit appartenir qu'à la Loy qui ostoit la puissance de se
faire vn heritier, & contre la nature faire valoir sa volonté apres sa mort: *Si
quidem*, comme dit vn ancien, *testamentum nihil aliud est quàm voluntas
vltra mortem.* Mais les desirs qui ne sont pas naturels n'ont point de bornes. *Si ad naturam viuas*, dit Seneque, *pauca sufficient; si ad opinionem,
nihil.* Auec ceste ardeur & effrenée cupidité que tout ce peuple auoit entrepris de subiuguer & tyranniser tout le monde, chacun des citoyens a
entrepris de dominer souuerainement en sa famille, & y tenir tout esclaue
sous sa main. De là a procedé ceste absoluë puissance des peres sur les enfans, comme sur des esclaues; voire encore pire; car l'esclaue vne fois vendu ne retournoit plus sous la main de son maistre; si faisoit bien le fils sous
celle de son pere, iusques à ce qu'il l'eust vendu trois fois. Et en consequence
de

de cefte brutale tyrannie ainfi vfurpée fourdement & infenfiblement, les
peres voulurent-ils entreprendre de retenir ce mefme Empire apres leur
mort, pour le moins iufques à la pleine puberté de leurs enfans, faifans des
teftamens pour eux, leur choififfans des heritiers, & difpofans du bien qui
leur pourroit échoir iufques à ce temps. Chofe eftrange à la verité, & que
les loix euffent eu honte d'authorifer: Auffi apprenons-nous par noftre Iuri-
rifconfulte que ce fut *morib:us*, que cefte corruptele fut introduite, c'eft à
dire par l'vfage qui va peu à peu infinuant aux mœurs des hommes les chofes les plus alienes du droict & de la raifon. Mais cet vfage neantmoins,
comme il eft fort exorbitant, ne s'eftendit par tout l'Empire Romain, &
iufques où les loix auoient leur eftenduë, ains demeuroit refferré entre les
citoyens Romains, comme vn priuilege de cefte ville, maiftreffe du monde,
ainfi que nous apprenons des autheurs du temps, & particulierement de Iuftinian en fes Inftitutes. Tellement que la conclufion n'eft pas bonne, de
dire, Nous vfons du droict Romain, donc nous pouuons fubftituer pupillairement à nos enfans: Car nous vfons du droict Romain, comme faifoient les Prouinces efloignées, & qui n'auoient point de droict de cité. Et
au contraire c'eft vne illation qui femble beaucoup plus forte & concluan-
te: Nous n'auons plus la puiffance que les Romains auoient fur leurs enfans, cefte fouueraine domination eft changée de la part des peres en charitable amour, cefte efclauitude de la part des enfans en obfequieux refpect,
& par confequent les effets de cefte feruitude font changez. Car puis que
l'Empereur auoit obligé les enfans qui reftoiét d'inftituer les afcendans foit
paternels, foit maternels, de mefme que les peres eftoient tenus d'inftituer les
defcendans, & ce fur peine de nullité, Comment euft pû auoir lieu cefte fubftitution pupillaire, pour pouuoir exclure la mere, ou l'ayeule, fans encourir
cefte peine? La fubftitution pupillaire eft le teftament de l'enfant, & le pere,
ce dit la Loy, le luy fait & ordonne. Où trouuera-on en droict, que nous puiffions par autres plus que par nous mefmes, veu que celuy qui fait vne chofe
en noftre nom, ne fait qu'exercer noftre puiffance? Mais difons dauantage,
En ce temps-là on auoit lié les mains aux peres, en forte que de leur viuant
ils ne pouuoient en façon quelconque aliener les biens maternels, ou aduentifs, de leurs enfans, & cóment la mefme Loy leur euft-elle permis d'en difpofer apres leur mort? Si doncques nous voyós entre les fcrupules du droict
Romain & les ambiguitez que nous y trouuons, tant de raifons pour croire
que cefte forte de difpofition ait efté abolie, à combien plus forte raifon parmy nous, qui ne receuons du droict, finon ce qui eft fondé fur vne euidente
raifon, & apparente vtilité? Parmy nous, difoit-il, qui n'auons plus de telles
formes, de tels mimes, de tant de ceremonies qui pouuoient, peut-eftre, rendre moins nuifible cefte forte de teftament, lequel ils ne faifoient lors que
par des fecondes tables, *& poftremis certs*, qui eftoient fermées à part, &
ne s'ouuroient qu'apres la mort du pupil, & par confequent n'irritoient
point la béante auarice des fubftituez pour les porter à fes impies & fcele-
rées entreprifes fur la vie des pupilles, dont nous auons tant d'exemples en
l'antiquité. Au contraire, nos teftamens font tous ouuerts, ceux qui efpe-
reront vn tel profit, feront en continuelle penfée de voir bien toft l'eue-

nement. Concluons donc, car nous le pouuons faire fort seurement ; ou que par la derniere Iurisprudence des Romains qui est passée iusques à nous, ce droict est entierement aboly : Ou en tout cas, c'est qu'il est si odieux, si aliene de nos mœurs, si nuisible à nostre police, qu'il ne peut en l'occurrence d'aucune doute receuoir aucune fauorable interpretation, ains en toutes choses ambiguës doit estre restraint & resserré autant qu'il est possible. Et de là nous tirerons par consequence, que quand nous trouuerons vne substitution faite par ces mots, *Si decedat sine liberis*, que l'on peut inferer qu'elle soit pupillaire. Car il n'y a aucun, pour si auantageux qu'il soit en ses opinions, qui ose dire, qu'en ces termes-là, il y en ait qui sonne, ou marque rien d'approchant à la pupillarité. Ie dis dauantage ; que la proprieté des termes l'en exclud formellement, puis que la condition de cette substitution est cessée à vn temps où le testateur a preueu que l'inthimé pouuoit auoir des enfans. Pour faire valoir l'intention de l'inthimé il faudroit que ces termes, *Si decedat sine liberis*, impliquassent en eux cette signification, Si en pupillarité il decede sans enfans. Or ce seroit vne chose absurde de parler de cette façon, & de presupposer vne priuation en vn temps où il n'y a point d'habitude ; & ce seroit de mesme que qui mettroit pour condition, S'il ne boit point que quand il sera mort. Car qui est-ce qui presupposant la pupillarité d'vn enfant qui est en vn aage infirme, & durant lequel la nature ne permet point la generation, & moins les loix ciuiles la reconnoissent, y vueille neantmoins joindre cet accident d'enfant pour qualifier vne disposition ? Il faut donc conclure en bon sens, que celuy qui dit, Et au cas qu'il decede sans enfans, entend de l'aage auquel il est capable d'en auoir. Et cela est la vraye nature de la condition qui est née pour restreindre, & limiter l'acte auquel elle est apposée ; afin que ce qui estoit auparauant vague & absolu deuienne special & particulier renfermé dans la nature de ce qui est adiousté par condition. Tellement que deceder sans enfans, vient à signifier autre chose de deceder simplement ; & la consequence qu'on voudroit tirer d'vn seul ne se peut plus appliquer à tous les deux ensemble par la regle du sens composé, qui rend nul & inualide l'argument qu'on veut inferer d'iceluy au sens diuisé. Mais peut-estre dira-l'on que ce mot de deceder sans enfans, estant vn futur qui n'est point determiné par aucun instant particulier, se doit entendre vniuersellement, & y adioustant, *quandocunque*, afin qu'il implique par vne sommaire & compendieuse façon de parler, toutes sortes de substitutions. Et à cela on répond, que premierement on a des-ja suppleé à cette clause, *Si decederet sine liberis*, le temps de la pupillarité ; d'y vouloir encor suppléer cette condition, *quandocunque*, ce seroit vne multiplicité de fictions, qui sont tousiours rejettées par la Loy. Secondement, puis que cette substitution compendieuse peut sans faire force aux paroles, & par sa plus naturelle signification auoir en tout temps apres l'action l'heredité, son effet comme fideicommissaire ; pourquoy se veut-on tourmenter de luy donner double signification ? veu que c'est chose absurde en chose douteuse de diuiser vne volonté qui peut subsister estant vniforme, comme dit le Iurisconsulte, *l. eum. ff. quib. vt indig.* Ces extensions, ou fauorables interpretations se font pour soustenir vne volonté, qui, sans estre

eftre aydée, demeureroit aneantie, & la volonté des deffunts deftituée de
leur effet. Mais quand cette fubftitution demeurera aux termes de fideicommiffaire, le deffunt aura toufiours fon effet, & le fubftitué aura auffi le
profit qu'il s'eft deu promettre. Ce qu'il veut dauantage eft contre le defir
de la Loy, & contre le vœu du Legiflateur. Mais accordons à l'inthimé ce
qu'il demande, qui toutesfois n'eft pas veritable, que la compendieufe contienne en foy la pupillarité, fi faudra-il qu'il reconnoiffe qu'elle ne la contient que taifiblement. Car nous fçauons quelle eft la forme de l'expreffe
pupillaire qui nous eft donnée en la Loy premiere, *de vulgari & pupillari*,
Si filius meus heres erit, & in pubertate decefferit. Auffi quand l'Empereur
parle de cette fubftitution en la Loy derniere, *de inftitut. & fubftitut.* il dit,
coniecturam effe voluntatis, qu'il remet à l'arbitrage du Iuge, ce qu'il ne feroit pas fi la volonté eftoit expreffe. Et en confequence il y a des cas où elle
exclud la mere, & d'autres où la mere l'exclud. Or fi cette fubftitution pupillaire, mais enueloppée en la compendieufe, n'eft que taifible, la raifon eft
bien aifée à prendre par le commun vœu de tous les Docteurs, qui eft que
Tacita pupillaris de iure non excludit matrem. Quanto magis le feroit-elle au
faict de noftre teftament, où la mere a efté appellée par le teftateur, & fub-
ftituée mefme au pupil? Mais quand cela feroit douteux en droict, il ne le
peut plus eftre au cas de noftre ftatut; lequel eftant furuenu entre les contentions des nouueaux Iurifconfultes a decidé clairement, & faict la Loy
en faueur de la mere, *& pietatis caufam contra iuris praftigias egit*. Le ftatut
donc a voulu que la fubftitution compendieufe faite par le mot de fubftitué
aux enfans impuberes, fuft conferuée en tout temps fideicommiffaire en
faueur de la mere; qui eft à dire, en nul cas pupillaire, afin que le fubftitué
fuccedant fimplement aux biens du teftateur laiffaft encores à la mere ceux
qui appartenoient au pupil à titre particulier, ou d'autre fucceffion, ou pour
fa legitime & Trebellianique. A cela on répond, que le ftatut eft bon pour
la mere, & non pas pour l'ayeule qui n'y eft point nommée; que les ftatuts
fe doiuent eftroitement interpreter, & ne peuuent receuoir aucune extenfion d'vne perfonne à l'autre; & en cela gift le principal poinct de cette
caufe.

Mais l'appellant repliquoit premierement, que ce mot de Mere par droite fignification fignifioit generalement tous les afcendans femelles. Et que
fi l'on regardoit bien les loix, on trouueroit que par ces mots, Pere & Mere,
eftoient toufiours entendus les afcendans des deux coftez. Et qui regardera la premiere Loy du monde écrite du doigt de Dieu, doutera-il qu'en l'article qui enjoint d'honorer les peres & les meres, ne foient compris les afcendans paternels & maternels? Ordinairement quand l'Efcriture vfe de ces
termes, *Patres mei*, entend-elle qu'vne perfonne puiffe auoir efté engendrée par diuers peres; ou fi elle donne cette denomination à ceux de qui
mediatement nous fommes defcendus? Et nos loix ordonnent-elles rien
des peres, qui ne foit commun aux ayeuls? Alors que les peres font morts,
cette puiffance mefme paternelle par la mort du pere ne retourne-elle pas à
l'ayeule? L'ayeul mefme s'il emancipe fon fils, il retient fon petit fils en fa
puiffance; pour monftrer qu'il eft plus fien qu'il n'eft au pere qui l'a engen-

dré. Ainſi doncques, *filiorum appellatione nepotes continentur* ; ainſi, *Patrum & Matrum appellatione aui*. Et à meilleure raiſon ; car le nom appellatif des enfans, qui eſt, *liberi*, ne montre ſinon vne ſucceſſion de liberté : & le mot de *parentes*, qui eſt celuy des aſcendans, eſtant dit, *quaſi parientes*, repreſente en eux la cauſe de la puiſſance, du reſpect & de l'authorité des peres & meres, de qui nous tenons la vie. Tellement qu'en cela l'on peut dire qu'il ne faut faire aucune extenſion au ſtatut, & que la propre ſignification emporte l'ayeule par le nom de la mere. Et de fait repreſentons la nature en ſa pureté hors de tout art & de tout déguiſement, telle qu'elle eſt aux petits enfans, lors que premierement ils ont quelque connoiſſance, & qu'ils commencent à exprimer ce que leur naturelle affection leur dicte ; appellent-ils, en ce temps-là, leurs ayeulx & ayeules d'autre nom que de pere & de mere? Et quand meſme ils viennent à eſtre plus connoiſſans, & qu'ils veulent marquer quelque difference entre leurs peres & meres, ayeuls ou ayeules, n'appellent-ils pas ceux-cy, Pere-grand, Mere-grand? Or cette addition de grand, ne montre-elle pas euidemment, non ſeulement cette qualité de pere & de mere reſider veritablement en eux, mais encore, qu'elle y eſt auec excellence & eminence des cauſes qui engendrent l'honneur, le reſpect, la dilection, le ſeruice, le ſecours, la beneficence que les enfans doiuent aux peres? Il n'eſt donc point beſoin d'ayder à la lettre de noſtre ſtatut pour faire que ce mot de, mere, ſignifie ayeule ; mais quand il le faudroit, quelle plus raiſonnable, legitime, & religieuſe interpretation pourroit-on receuoir au monde? C'eſt errer de dire que les ſtatuts ne reçoiuent point d'extenſion par interpretation, qu'ils ſont de droict eſtroit, & par conſequent que les mots n'y valent qu'autant qu'ils ſonnent. Cette maxime bien entenduë eſt veritable ; comme au contraire, mal entenduë, elle tire apres ſoy en conſequence vn paralogiſme fort dangereux, & fort iniuſte. Il eſt veritable que les ſtatuts eſtans faits, comme par forme de ſtipulation, entre les Princes & les ſujets, où les vns demandent, & les autres répondent, s'il ſuruenoit differend entre le Prince & les ſujets pour ce regard, chacun auroit occaſion de ſe tenir à la proprieté des mots. Mais où il eſt queſtion du bien commun des vns & des autres, de faire regner l'equité qui eſt la fin de toutes loix, & où l'interpretation ne ſe doit pas faire par l'vn ou l'autre des ſtipulans, mais par le Iuge qui eſt comme vn arbitre moyen entr'eux ; alors les ſtatuts ſont ſouſmis à l'office du Iuge, comme toutes les autres loix, non ſeulement pour receuoir. vne equitable interpretation, mais encor pour eſtre entendu au cas auquel vray-ſemblablement euſſent répondu ceux qui l'ont fait s'ils en euſſent eſté interrogez. En ſuite de cela les Docteurs ont introduit vne commune maxime, qui ſert encore en ce fait, qui eſt, que ce que le ſtatut introduit en la faueur de l'vn peut eſtre eſtendu à celuy qui eſt compris ſous la large ſignification du meſme nom. *Baldus, Salicetus, Paul. de Caſtr. l. qui ſe patris. C. vnde liberi*. Mais ce qui eſt plus fort & preſſant que tout le reſte, eſt que la raiſon qui a meu le ſtatut à diſpoſer ainſi pour la mere, eſt egale pour l'ayeule, voire beaucoup plus forte. Car puis que la ſubſtitution pupillaire eſtoit le teſtament du fils, & que le fils faiſant ſon teſtament ſans inſtituer ſa mere, il euſt fait vn acte inofficieux, & ſujet à eſtre renuerſé ; la

Loy

L'oy a beaucoup fait pour le pere & pour le fils, de conuertir ceste institution pupillaire en fideicommis ; autrement elle s'en fust allée à vau-l'eau. Or
l'ayeule est de mesme condition, le testament du petit-fils pour son regard
sujet à la mesme necessité d'institution, & en ce defaut a esté cassé, & par
consequent le statut eust esté imparfait, s'il n'eust pourueu au mesme inconuenient. Que si comme les loix nous l'apprennent, ce droict a esté donné à la mere pour la consoler de la luctueuse orbité de ses enfans, & com-
penser par vn vain image d'honneur vne immense douleur ; combien est
plus grande ceste douleur en l'ayeule qu'en la mere ? La mere qui vient à
vne telle succession, ne pleure que son enfant ; l'ayeule ne peut arriuer qu'elle ne pleure & son enfant, & l'enfant de son enfant : tellement que, *repetito
orbitatis vulnere*, naurée de tant de diuerses playes, outrée de si funestes
douleurs en vn aage ordinairement decrepit, chargée de toutes les incommoditez que la chenuë vieillesse a accoustumé de trainer, elle implore le secours des loix pour auoir de la succession de son petit fils, non tout ce qu'il
luy eust laissé s'il en eust eu liberté ; mais le bien qui vient du costé de sa fille, dont le pere qui a fait ce testament n'auoît point de faculté de disposer,
& qu'elle eust eu, si l'on n'eust point suggeré de volonté à son petit-fils : Et
ce que mesme il ne luy eust sceu oster, pour le moins entierement, quand il
eust esté en aage de pouuoir librement disposer. Et pour ces raisons, quand
ceste question s'est presentée, ou autre semblable, tous nos Docteurs ont
apparié l'ayeul à la mere, & l'ont estimée digne de semblable faueur ; mais
nommément au fait de nostre statut, & au mesme cas que celuy qui se presente, Bertrand, ce grand Iurisconsulte, & la lumiere de ceste Prouince
en ses Conseils, au troisiéme liure, *Conseil* 180. le resoud ainsi, qu'en ce statut, à qui est decedé, la mere a lieu pour l'ayeule. Au moyen dequoy l'appellant concluoit à ce qu'il fust dit qu'il auoit esté mal iugé, bien appellé,
& emendant le iugement, & faisant ce que le Iuge deust auoir fait, que les
biens maternels de feu Iame Gachon, ensemble les fruicts de la moitié
des autres biens immeubles non sujets aux fideicommis pour le temps,
que l'ayeule auoit vescu, auec tous les meubles, luy fussent adiugez auec
dépens.

A cela l'inthimé pour le soustenement de la sentence répondoit, que puis
que par vne premiere sentence il auoit esté maintenu en possession des biens
de feu Pierre Gachon auec l'appellant, ou celle dont il auoit droict, à laquelle elle auoit acquiescé, il estoit bien sans doute qu'il falloit que ceste
sentence fust pleinement executée, auant qu'il fust contraint de deffendre
au petitoire ; l'ordonnance & la disposition de droict le voulant ainsi. Et
ne seruoit de dire qu'il n'y auoit point eu de preuue du trouble, car il estoit
confessé, & l'appellant se reconnoissoit possesseur des biens de l'heritage.
Passant donc ce poinct, comme ne meritant pas vne plus longue réponse,
il faut venir à ceste question ; sçauoir, si la substitution compendieuse faite
par paroles communes & vulgaires, contient en soy la pupillaire, & si ceste pupillaire est expresse & suffisante d'exclure la mere. La definition de la
chose est celle qui nous suggere le premier & plus certain argument que
nous sçaurions desirer en ce fait, puis qu'elle n'est appellée compendieuse

que pour la proprieté qu'elle a d'embraſſer toutes les eſpeces de ſubſtitution. Si doncques nous l'auoüons telle, en vain diſputons-nous ſi elle eſt
pupillaire : Car ayant de ſoy aptitude pour comprendre toutes les eſpeces
de ſubſtitution, ſi les perſonnes s'y trouuent diſpoſées, & les cas d'icelles
en arriuent, elle les comprendra auſſi : Non pas tous en effet, car elle n'en
peut produire qu'vn ſeul; non plus qu'en la nature vne forme ſubſtantielle
ne peut informer qu'vn corps ; mais par vne ſubordination qui la diſpoſe
au deffaut d'vn cas en informer vn autre, & manquant vn effet, en produire vn ſuiuant. Car en cela le deſſein de nos Iuriſconſultes qui l'ont introduit, a eſté pour par vn acte de prudence ciuile pouruoir tout d'vn coup à
pluſieurs diuers euenemens. En quoy reluit l'eminence de la raiſon, & du
diſcours de l'homme, qui auec vne grande ſagacité, preuenant de penſée
beaucoup de diuers accidens, y apportant la prouiſion requiſe par vn ſeul
decret de ſon entendement, trouue puis apres en la parole, qui eſt l'image
volante de ſes conceptions, des termes qui auec vn admirable efficace en
vn mot ou deux, repreſentent l'ordonnance de la volonté. Et ce mot-
là en noſtre compendieuſe, c'eſt ce *quandocunque*, qui ſert à la formule
de ceſte ſubſtitution, ſoit qu'il ſoit exprimé, ſoit qu'il ſoit par neceſſaire conſequence entendu. Car par ſa ſignification, il enueloppe tous les
temps à venir, & par conſequent tous les cas qui ſont meſurez par le
temps, & enueloppez en iceluy. Tellement que le temps venant à rouler, déueloppe les euenemens des affaires; & ſelon qu'ils ſe trouuent diſpoſez à receuoir l'execution de la volonté des hommes, il en produit l'effet. Et ainſi ceſte formule de ſubſtitution conceuë ſous ce terme, *quando-*
cunque, conceuant diuers temps en vne ſeule conception, à meſure que
chacun d'eux arriue, il la determine & informe, non par vne nouuelle
puiſſance, mais par vne application & diſtribution de celle qui eſt contenuë en ce premier, & ſecond decret de la volonté. Tellement que ſi l'heritiere inſtituée vient à deceder ſans enfans auant l'adition de l'heredité,
il eſt vray de dire, que la ſubſtitution a lieu en premier cas : ſi l'adition a
fait manquer ce cas, & qu'il vienne à deceder en pupillarité, il eſt vray
de dire, que *quandocunque deceſſit ſine liberis* la ſubſtitution a lieu au ſecond cas. Et ſi ce cas encore manque, & qu'eſtant pubere, il decede ſans
enfans, il eſt vray de dire, que *quandocunque deceſſerit*, ſans enfans, la ſubſtitution a lieu au tiers cas, qui eſt comme fideicommis. Là deſſus on oppoſe deux choſes : l'vne, qu'on dit qu'en la ſubſtitution dont il ſe parle
auiourd'huy, ce terme *quandocunque*, n'y eſt point adiouſté, ains qu'elle
eſt ſimplement ſous ceſte condition, *ſi ſine liberis*, & par conſequent
elle ne peut eſtre dite compendieuſe, & auoir cet effet ainſi general &
vniuerſel pour pouuoir eſtre appliquée à tant de cas, & produire tant de
formes de ſubſtitutions. Mais à cela la premiere réponſe eſt, qu'il eſt certain qu'en toutes enonciations les paroles indefinies ſont equipollentes
aux vniuerſelles. Et quand vne choſe eſt requiſe, ſans y ſpecifier en quel
temps, en quelque temps qu'elle arriue, elle fait ſon effet. Celuy qui a
promis, *Si nauis ex Aſia venerit*, n'auroit raiſon s'il ſe vouloit excuſer de
payer, pour dire, Elle eſt venuë en tel mois, elle n'eſt pas venuë en ce riuage:

ſi vn

fi vn eftranger eft inftitué fous vne femblable condition, on ne le peut pas rejetter pour la mefme raifon. Doncques la fubftitution qui eft faite fous cefte condition, S'il decede fans enfans, eft egalement purifiée en quelque temps qu'il decede de cefte façon. Et puis qu'aux teftamens c'eft la volonté des deffunts qui doit regner, lors qu'on la peut connoiftre, il faut interpreter leurs paroles en forte qu'elles fe conforment à icelle. Or ie demanderois volontiers, difoit l'inthimé, fi celuy qui a fubftitué à fon fils, *fi fine liberis decederet*, a attendu qu'au cas que fon fils decedaft deuant luy, ou deuant qu'auoir apprehendé l'heredité, a entendu que fon heredité fuft vacante, & fon teftament defert & abandonné; ou bien s'il a entendu que le fubftitué fuccedaft & fouftinft fon teftament. Et de mefme fi apres auoir recueilli l'heredité, il decede en pupillarité, voudra-l'on dire que cefte fubftitution foit inutile, & qu'elle n'aura lieu finon quand il decedera hors de pupillarité fans enfans? La volonté du deffunt eft trop claire en fes paroles; mais fi elle eftoit douteufe, fi la faudroit-il interpreter pour faire valoir le teftament, pluftoft que pour le faire perir. Mais, ce dit-on, le teftateur en cela a voulu ce qu'il n'a pû, & n'a pas voulu ce qu'il a pû. Il n'a pas pû fubftituer apres la puberté; & ayant fubftitué apres icelle, il n'a pas pourueu à l'aage auquel il pouuoit pouruoir. A cela premierement on répond, que cela eftoit bon au premier aage de la Iurifprudence Romaine, pleine de pointilles & de fineffes, de formules fcrupuleufes, de paroles myfterieufes. Mais depuis que Conftantin par cefte celebre conftitution dont Eufebe fait mention en fa vie, & qui a efté inferée par Iuftinian en fon Code, au titre *de Teftamentis*, abrogea toutes ces vanitez de paroles, & voulut qu'en quelques termes que les deffunts exprimaffent leurs volontez, elles fuffent fuiuies: Il ne faut plus faire difference, *inter verba obliqua, & inter verba directa*: ains indifferemment prendre les vns pour les autres, felon que defia auparauant les Iurifconfultes en auoient tracé le chemin en la Loy *Scæuola, ad Trebellianum*. Or là deffus l'appellant prend occafion de dire que cela eft bon, & qu'il faut donc que ces paroles ainfi obliques, pour faire valoir la volonté, operent comme obliques, & par confequent comme fimples fideicommiffaires; lefquelles partant ne peuuent induire aucune fubftitution pupillaire, laquelle eft directe, & doit eftre comme par paroles ciuiles, legales, & non precaires. L'on ne veut pas nier que cefte queftion n'ait efté fort agitée tant aux Efcholes, qu'aux Iugemens; qu'elle n'ait excité de grandes clameurs parmy l'ardeur des contentions auec lefquelles les contraires opinions ont efté fouftenuës: Les vns difans que cefte fubftitution compendieufe par ce verbe, *quandocunque fubftituo*, deuoit eftre perpetuellement directe, à caufe du verbe, *fubftituo*; les autres qu'elle deuoit eftre perpetuellement fideicommiffaire, à caufe des mots, *quandocunque fine liberis*. Mais fi entre ces deux differentes opinions il faut neceffairement opter, le Gouean, & le Cujas des plus grands hommes de noftre temps, nous feroient croire qu'elle ne contient que la vulgaire, & la pupillaire. Car comme ils ont tres-bien montré, c'eft vn erreur du dernier temps d'auoir creu que ce mot, *fubftituo*, ne fuft pas vne parole directe & ciui-

le, comme nous apprenons de Caius au fragment de ses Inſtitutes. Et ces
paroles communes qu'ils ont voulu dire, ſont des chimeres alienes de la pureté du droiĉt, & de la ſincere Iuriſprudence. Tellement que ſi ces mots,
quandocunque ſine filiis, joints auec le verbe, *ſubſtituo*, comprennent vn
temps, & vn cas qui eſt hors la puiſſance du teſtateur, cela eſt bon pour rejetter ce cas-là ; mais non pas pour aneantir la diſpoſition aux autres auſquels elle peut legitimement conuenir ; veu qu'en droiĉt l'vtile n'eſt iamais
vitié par l'inutile. *Et ſi in pupillari tempus longiùs adieĉtum ſit, fruetur pubertate.* Mais il ſemble que ny l'vne ny l'autre de ces deux opinions ne ſoit
conforme à la raiſon, & aux dernieres regles de la Iuriſprudence, qui s'eſt
eſtudiée à faire valoir les intentions des teſtateurs. Qu'au contraire il faille
en embraſſer vne troiſiéme plus fauorable, plus iuſte, plus legitime, & qui
ne manque pas non plus de l'authorité de beaucoup de grands Iuriſconſultes. C'eſt celle qui tient que la compendieuſe, *ſiue* qu'elle ſoit exprimée par
ces mots, *ſubſtituo quandocunque ſine liberis*, ou bien ſimplement *ſine liberis*,
contient tous les cas & eſpeces de ſubſtitution, mais qu'elle les informe diuerſement ſelon le temps que s'en fait l'ouuerture. Sçauoir eſt deuant l'adition comme vulgaire, en pupillarité comme pupillaire, apres la puberté
comme fideicommiſſaire. Les premieres par la droite & propre ſignification du mot *ſubſtituo*, la derniere par la neceſſaire inflexion en vn temps où
l'on voit que le teſtateur l'a voulu eſtendre. *Et in eum caſum qui ex verbis
concipi potuit.* C'eſt ce que nos Doĉteurs ont dit, que *hæc compendioſa continet vulgarem & pupillarem verbis generalibus expreſſam*, & qui ont par conſequent le meſme effet qu'ont les expreſſes par paroles ſingulieres. Donc
s'enſuit que quand nous ſerions en la ſimple diſpoſition du droiĉt, Pierre
Gachon eſtant decedé en aage pupillaire, l'inthimé luy auroit ſuccedé pupillairement, & auroit emporté tous les biens de quelque coſté qu'ils fuſſent
obuenus ; puis que la ſubſtitution pupillaire n'exclud pas ſeulement l'ayeule, mais la mere, non ſeulement de la ſucceſſion, mais meſme de la legitime. Or le ſtatut rend ceſte queſtion plus claire : car comme d'vn coſté entre les diuerſes opinions des Doĉteurs il a choiſi & ſuiuy celle qui fauoriſoit
la mere, auſſi de l'autre en a-il exclud l'ayeule, puis qu'il ne l'a point admiſe.
Les plus communes reſolutions des Iuriſconſultes ſont, qu'aux ſtatuts il ne
faut faire aucune extenſion : dont la principale raiſon eſt que les ſtatuts ſont
contre le droiĉt commun, auquel il faut deroger le moins qu'on peut, pource qu'il eſt fondé ſur vne opinion plus vniuerſelle, & par conſequent plus
vtile. Ioint qu'il eſt à preſumer que ceux qui ont eu l'authorité de pouruoir
à pluſieurs cas, & les tirer hors de la regle du droiĉt commun, ne l'ayans fait
qu'en l'vn, ne l'ont pas voulu faire en l'autre. Et quant à l'authorité des Doĉteurs qu'on allegue pour appuyer ceſte extenſion, outre qu'en cela ils ne
ſont pas bien d'accord, touſiours eſt-il certain qu'ils ont entendu qu'elle ſe
deuoit faire d'vn cas à l'autre, & non pas d'vne perſonne à l'autre. Ou pour
le moins cela ſe doit faire ſeulement, comme ils diſent, *quando ſub lata ſigni-
ficatione verbi alij comprehenduntur* : Comme ſi on eſtendoit au fils adoptif ce qui auroit eſté ordonné ſimplement & generalement pour le fils.
                                                                      Mais

Mais quand les denominations sont entierement distinctes & differentes aussi bien que les choses, ce seroit vne confusion horrible si l'on vouloit prendre l'vne pour l'autre. Or qu'y a-il plus different que la mere & l'ayeu-le? Ces deux qualitez ne peuuent iamais estre compatibles en vne mesme personne; voire que l'vne exclud tousiours l'autre: tellement que de vou-loir qu'vn mot les signifie toutes deux, c'est vouloir vne chose impossible. Et si cela estoit, l'ayeule donc au cas de nostre statut voudroit concurrer auec la mere, & par consequent au lieu d'vne personne on en auroit deux. Que si l'on dit que cela s'entend successiuement, & que l'ayeule ne doit en-trer sinon qu'au defaut de la mere; voila donc deux degrez de succession pour vn. Or les successions ab intestat, ne se deferent que par l'expresse or-donnance de la Loy; elles ne sont point remises à l'arbitrage ou interpreta-tion du Iuge. C'est le plus noble & le plus haut effet de la Loy, qui par con-sequent ne peut estre executé sans son ministere; il faut en cela qu'elle par-le, & clairement. Mais pour montrer que cette extension opereroit infi-nies absurditez, & multiplieroit tellement les inconueniens, que ce seroit chose immense si l'ayeule maternelle estoit receuable, à combien plus for-te raison la paternelle? Et pource au lieu d'vne personne que le statut a vou-lu priuilegier, il s'en trouueroit-là deux. Et par la mesme raison, au defaut des ayeules, il faudroit admettre les bisayeules, & lors il y en auroit deux pa-ternelles, & deux maternelles: & voila quatre personnes au lieu d'vne. Tant il est dangereux de quitter les solides paroles de la Loy pour s'abandonner à de legeres conjectures, qui varient en l'opinion des hommes, selon la di-uersité de leurs inclinations qui sont infinies. Ce que nostre statut ayant bien conneu, n'a voulu laisser aucun doute en sa disposition; a designé là mere qu'il a voulu appeller en ce cas par son propre nom; & neantmoins il ne s'est pas contenté de cela, car il a adiousté plusieurs autres circonstances par lesquelles il oste tout sujet de douter. Premierement il a marqué sept exceptions ausquelles il n'a pas voulu que la mere fust admise: de sorte que ne receuant pas la mere purement & simplement, la faueur qui luy est faite est moins sujette à extension à vne tierce personne. Secondement que ces exceptions sont la plus part peculieres à la mere, & qui ne peuuent conue-nir à l'ayeule, comme est, si la mere a conuolé à secondes nopces; car si l'ayeule l'a fait, elle n'a en rien offensé le testateur son gendre. Et par ces ex-ceptions il appert que si la volonté du testateur a esté au contraire; la mere n'est point admise; dont il se conclud qu'elle est admise par la presumée vo-lonté du deffunt. Or en cette presomption la mere tient tout autre lieu que l'ayeule maternelle; car elle est femme du testateur: *honos bene transacti matrimonij, & fides communium liberorum*; fait bien plus aisément presu-mer de la bien-vueillance à l'endroit de la femme, qu'à l'endroit de la bel-le-mere. Ces raisons-là declaroient assez l'intention du statut: joint mes-me l'Edict des meres, qui ayant iugé qu'il falloit restraindre autant qu'il estoit possible leur succession, & de ce qui vient de leur chef, donne assez ample aduertissement aux Iuges de ne faire aucune, non pas extension, mais interpretation à leur faueur. Et neantmoins le statut n'a pas voulu demeu-rer-là, il a voulu oster tout sujet de douter; il s'est voulu expliquer, & faire entendre au defaut de la mere ce qu'il vouloit estre fait. Voicy ses mots : *Si verò tempore mortis filij, mater non esset in medio, sed foret mortua ; tunc supradicta substitutio infra tempora pupillaris ætatis valeat iure directo ; post verò pupillarem ætatem, ut fideicommissaria.* Si donc la mere se trouuant morte, ceste substitution est pupillaire ; qu'a à dire l'ayeule qu'elle n'en soit excluse ? Pourquoy, dit-elle, me veut-on faire d'autre condition que la mere ? tous les ascendans successiuement n'ont-ils pas mesme droict de succession ? Et Iustinian luy répond que non, quand il dit aux Instituts : *Senatusconsulto Tertulliano plenissimè de tristi successione matris, non etiam auiæ deferenda cautum est.* Tellement que le Tertullian appelle les meres à la succession de leurs enfans : si les ayeules y pensoient venir par interpretation, & pour se vouloir dire meres, elles en furent excluses, & fallut que Iustinian par vne nouuelle Loy les y receust. Aussi la raison y est bien differente : la mere a ceste succession pour recompense des maux de sa grossesse, des douleurs de son enfantement, des peines de son education. Quelle part peut pretendre en tout cela l'ayeule ? Ce n'est donc pas chose estrange qu'en telle disparité de charité on fasse difference en deux differens degrez des ascendans : veu mesme que combien que l'on die que l'amitié descend tousiours, & qu'elle ne remonte iamais, neantmoins il y a plusieurs cas en droict, où entre les ascendans ceux qui sont plus proches du pere sont priuilegiez par la Loy. Par exemple ; la Loy vouloit que *filius trina emancipatione de potestate exiret, nepos autem vnica. Caius 1. Institutionum.* Item la Loy a voulu que les enfans du premier degré n'imputent point en leur Trebellianique les fruicts qu'ils ont perceu de l'heredité de leur pere ; les petits enfans n'ont pas ceste mesme prerogatiue. Et toutesfois on dit que l'amitié descend & ne remonte point : & par ceste regle les enfans plus esloignez, mesme à cause de leur tendre aage & infirme ieunesse, deuroient estre plus cheris & fauorisez. Et par ceste mesme regle en France en infinies coustumes les successions ne remontent point, voire mesme de façon qu'en plusieurs les collateraux excluent les ascendans. L'appellant donc qui represente l'ayeule doit acquiescer à la volonté de la Loy & du statut, puis que les paroles si expresses, & des raisons si equitables l'excluent entierement de sa demande. Pour satisfaire à cela, l'appellant offroit de montrer clairement par fortes & inuincibles raisons, Qu'en ce fait on ne peut pretendre aucune substitution pupillaire par la propre signification des mots du testament. Que dauantage les conjectures de la volonté du deffunt y resistent. Qu'il n'y a non plus aucune substitution compendieuse, que l'on appelle, ains vne simple fideicommissaire. Que quand elle seroit compendieuse, qu'elle ne comprendroit point la pupillarité expresse. Quand elle comprendroit l'expresse, elle n'excluroit point l'ayeule de ce que l'Edict luy donne, ny des biens maternels. Que quand elle seroit excluse par le droict, elle seroit rappellée par le statut. Et tous ces poincts-là estans demonstrez par ordre, la consequence s'ensuiura necessaire, que l'appellant est bien fondé à demander tant les biens maternels de feu Pierre Gachon, qu'encore les fruicts de la moitié des propres paternels, & les meubles non compris au fideicommis ; à quoy elle a nouuellement conclud. Mais auant qu'entrer en la deduction

particuliere

particuliere de chacun de ces points-là, il semble que le sujet de cette cause
nous inuite à considerer combien est infirme, & quant & quant miserab-
ble, la prudence des hommes, qui a ordinairement des effets tout contraires à ses desseins, & ne se peine & trauaille la plus part du temps sinon pour
accueillir du mal à soy & aux siens. Sage doncque & par trop veritable
estoit cette sentence de Menander :

ἦ μεῖς ʒ χωεῖς τὴυ ἀιαλκαίωυ κακῶυ
αὐτοὶ περ᾽ ἀυτὴυ ἵπεχ πεϱανοεί ζομευ.

Heu quot habens homines ascititia præter naturæ mala! Que les hommes par
dessus les maux que la nature leur distribuë, s'en procurent trop d'eux mesmes ! C'estoit bien assez pour eux de conduire durant le cours de leur vie la
famille dont ils estoient Chefs & autheurs, & à peine pouuoit suffire à ce-
là la force de leur entendement : Et voyla qu'ambicieusement ils iettent
leurs pensées bien au delà de leur mort, voulant retenir apres icelle l'authorité sur leurs biens, & entreprennent pour cet effet la puissance de la Loy,
laquelle ils transferent en leurs maisons particulieres, & par sa vertu parlent
estans morts, & disposent de ce à quoy ils n'ont plus rien. Mais que leur arriue-t'il de cette vaine & ambicieuse presomption, sinon que leur posterité
se consommera miserablement en procés, & qu'il ne se fera que la moindre partie, ou rien du tout de ce qu'ils ont si intemperamment desiré ? Et
encor seroit-ce moindre mal, si cette curieuse vanité, & ambicieuse prudence se tenoit renfermée dans les grands Palais & opulentes maisons, &
qu'elle ne seruist qu'à donner de l'exercice à ceux qui n'en ont point d'ailleurs, & à resueiller vn peu la paresseuse molesse de ceux qui couuent les richesses superfluës dans le delicieux sein d'vne profonde oysiueté. Mais voicy ce mal contagieux, qui sort des puissantes citez & opulentes familles, se
va glisser, & infecter par contagion, de pauure villages. *Rusticus ille tuus*
sumit trechedipna Quirine. Voicy que ce mal attaque de chetiues & calamiteuses familles, & entraine de miserables laboureurs de la charruë aux plaids,
du labourage à la chicanerie, & les tient vingt-huict ans tous entiers à deuiner, si vn ignorant a entendu substituer pupillairement, ou fideicom-
missairement à ses enfans. Celuy, dis-je, qui n'entendit de sa vie que c'est
que substitution pupillaire, ou fideicommissaire, & quelles differences elles produisent, & dont tant de grands esprits qui ont consommé tout leur
aage en cette consideration, ne se sont peu accorder. Donc puis que l'indulgence des loix, à la verité trop molle & complaisante, laisse entrer vn
ignorant paysan aux plus profonds mysteres de la Iurisprudence, examinons, si par ces mots, A la charge que si ses enfans venoient à deceder sans
enfans, il substituë Marguerite Caluie sa femme, & Paulet Gachon son
frere ; il a formé vne substitution pupillaire qui excluë l'ayeule. C'est vne
regle la plus vulgaire, mais la plus certaine qui soit, que quand il est question de la volonté des deffunts, il ne se faut que le moins qu'on peut departir de la propre signification. [a] Mais cela principalement quand il est ᵃ *l. z̄ben̄*
question de substitutions, lesquelles, comme dit le Iurisconsulte, ne s'a-
daptent iamais, que *ad casum qui in verbis concipi potest,* qui estoit ce que
Mutius Scæuola appelloit *in causa Curiana, ex scripto ius interpretari.* Autre-

XXXx iiij

ment nous arriuerions à l'inconuenient qui est sagement remarqué en la
Loy *Diuus Traianus*, que pensant trop fauoriser les volontez des deffunts,
nous les renuerserions entierement, & leur ferions des heritiers ausquels ils
n'auroient iamais pensé. Que si cette regle religieusement obseruée doit
auoir lieu, ce doit estre lors que les testateurs disposent par paroles directes
& ciuiles, qui sont les paroles de la Loy, & qu'elle a choisies pour leur prester & communiquer sa force & sa puissance. Et telles sont ces paroles, *in-*
stituto & substituto, comme nous apprenons par les fragmens des Institutes
de Caius, & encore par les loix quasi de tout le titre *de vulg. & pup.* Ce que
nos Docteurs & Iurisconsultes de moyen aage, ayans ignoré, nous ont
basty ces paroles qu'ils ont appellées communes, que l'antiquité n'a iamais
ny sceuës ny conneuës en matiere d'institutions & substitutions. Doncques nostre testateur ayant vsé de ce mot de substituer, il faut voir si la droite interpretation de ces mots, A la charge, s'il decede sans enfans, il substi-
tuë, se peut entendre pupillairement. La premiere raison, pour monstrer
que non, c'est que nous apprenons par nostre Iurisconsulte en la Loy premiere *de vulg. & pupil.* quelle est la forme de substituer pupillairement, &
nous la trouuons entierement differente des termes de nostre testament.
Car il faut qu'elle specifie l'aage de la pupillarité par ces mots, *si intra puber-*
tatem decesserit, ou autres equiualens. Que si le testateur sans exprimer cet
âge, pense proroger plus auant sa substitution, & l'estendre iusques à la pleine puberté, lors elle demeure entieremét inutile. [a] Or tant s'en faut que nostre testateur ait designé cet aage, qu'au contraire il a conceu vn temps qui
comprend toute la vie des instituez, quelque longue qu'elle puisse estre, selon la doctrine de nostre Iurisconsulte, en la Loy, *Pater Seuer.* d'autant
que cette condition, *si sine liberis*, a traict iusques à l'article de la mort.
Nous disons dauantage, qu'elle n'outre-passe seulement l'aage pupillaire,
mais qu'elle l'exclud entierement. Car puis que c'est vne regle certaine en
droict, qu'il faut tousiours interpreter les paroles en façon qu'il n'en resulte aucune absurdité, comment peut-on en bon sens comprendre qu'on
substituë à vn pupil, au cas qu'il n'ait point d'enfant ? Ne seroit-ce pas comme qui diroit, A vn mort au cas qu'il ne marche ? A vn aueugle au cas qu'il
ne voye point ? A vn sourd au cas qu'il n'entende point ? Ne faut-il pas presupposer l'habitude auparauant la priuation, & en matiere de conditions
negatiues les adapter à ce qui est capable des positiues ? *Planè qui testari non*
potuit, propriè non est intestatus, dit la Loy premiere, *de suis & leg.* Or ny la
nature, ny les loix ne reconnoissent point les enfans auant la puberté capables de generation, elle les appelle du nom d'enfans, pour les exclure de celuy de pere. Elle leur desnie le nom d'hommes, pource que, comme dit
Aristote au 2. *de Anima*, le nom de l'espece n'est pas bien deu à l'indiuidu,
que quand il est capable d'engendrer quelque chose semblable à soy. Nous
ne presumons iamais en droict que des paroles ayent esté inutilement apposées en vne disposition. Or si cette substitution auoit à estre faite à des pupilles, dequoy y auroient seruy ces mots, sans enfans ? car le mot de deceder, seul operoit plus clairement & plus efficacement vne pupillarité. Il
s'ensuit donc qu'ils ne peuuent operer qu'vne substitution vulgaire sous
condition

à l.verbis ci-
uilibus. &
l. coheredi.
ff. de vul. &
pupill.

condition, ou par sa plus fauorable interpretation, vne substitution fideicommissaire, suiuant l'opinion de la glose en la Loy, *precibus*, & des plus
celebres Docteurs qui l'ont suiuie. Comme de fait nous voyons en nostre
vsage commun, qui est vn legitime interprete de nos dispositions, que tous
les fideicommis qui se font parmy nous se font sous ces termes, *si sine liberis*.
Ce qui est d'autant plus considerable en ce fait, que nostre testateur a mis
ce mot, A la charge, auant cette condition, *si sine liberis*. Car cela monstre euidemment qu'il a voulu faire vn fideicommis, qui s'appelle proprement vne charge à l'heritier institué : ainsi par la Loy, *Cui onus fideicommissi
iniunctum est*, ainsi appelle-elle, *onera hereditatis, leg. & fideicommiss.* Où
au contraire, la substitution pupillaire est censée vne faueur, & vn benefice du pere à son pupille, qui par là est rendu capable de testament. Mais
donnons encor la campagne plus large à l'inthimé ; les paroles ne luy peuuent seruir ; qu'il essaye si les presomptions le pourront aider, bien que ce
soit chose inoüye en droit, que l'on ait iamais induit vne pupillaire par autre presomption que par celle de la Loy. Il veut que le testateur ait fait vne
substitution pupillaire, par laquelle l'ayeule qui succede au lieu de la mere,
soit excluse. Or tant s'en faut que le testateur ait voulu exclure la mere,
qu'elle est la premiere substituée à ses enfans. N'est-ce donc pas à dire, que
tant s'en faut qu'il ait voulu exclure l'ayeule, qu'au contraire s'il eust preueu
ce fatal euenement qui a enleué la mere auant l'ayeule, il l'eust sans doute
appellée en son lieu ? Que reste-il donc autre chose, sinon, *repentini casus
calamitatem coniectura pietatis emendare*, suiuant le conseil de la Loy ? Veu
principalement que nous sommes en vn testament où l'on dit que le pere
teste pour son enfant, & par consequent il doit en cette action s'animer des
mesmes desirs & affections dont eust esté meu & porté l'enfant, si la Loy
luy en eust permis l'exercice. Imaginons nous maintenant cet enfant mourant au milieu de son ayeule & de son oncle ; & iugeons de quel costé eust
encliné son affection, & voyons s'il y a quelque amour au monde qui egale celuy des meres & grands-meres. Ce doute sera bien tost resolu ; car nous
entendrons incontinent les loix qui non seulement obligent les enfans à ces
deuoirs de pieté, mais auec seuerité *detrectantes in naturæ iura compellunt*, &
les contraignent, veulent ou non, de laisser vne partie de leur heritage à
leurs ascendans. Posons le cas que ce pere ne se soit pas accommodé aux naturelles affections de son enfant ; au moins presumerons-nous que *prudens
consilium cepit pro liberis*. Or n'eust-ce pas esté vn mauuais conseil pour le
pere, de vouloir par vne substitution pupillaire exclure la mere & l'ayeule,
& par consequent les esmouuoir à exclure aussi celuy à qui estoit faite cette
substitution de leur succession ? car en fin la beneficence eschauffe l'affection, & au contraire, qui perd, ce dit-on, peche. Doncques à examiner
cette cause par la pure & sincere disposition du droict, soit qu'on regarde
les paroles ausquelles cette substitution est conceuë, soit qu'on coniecture
qu'elle a peu estre la volonté du testateur, on n'y trouuera aucune pupillaire ; non pas mesme taisible, qui n'auroit neantmoins aucun effet exclusif
contre l'ayeule, non plus que contre la mere. *l. vlt. C. de inst.* L'inthimé qui
se void exclus par ces raisons-là, recourt à vne pretenduë substitution com-

pendieuſe, qu'il dit eſtre conceuë par les paroles de noſtre teſtament, & enueloper en ſoy toutes ſortes de ſubſtitutions ; qui eſt à dire vne chimere conceuë en la fantaſie des hommes, qui contient les membres de toutes ſortes
d'animaux, mais imparfaits, voire monſtrueux, mal-joints, mal-aſſem-
blez. Car qui eſt-ce qui oſera dire que iamais la Iuriſprudence Romaine ait
conneu cette eſpece de ſubſtitution qui auiourd'huy ſi celebre ne ſe trouue
iamais auoir eſté ſeulement nommée en tout le corps de noſtre droict?
Nous trouuerons-bien quelquesfois que le Iuriſconſulte dit, *aliquid com-*
pendio fieri, comme en la Loy *precibus*, ou qu'il appelle *compendioſum reſ-*
ponſum, comme en la Loy *de emancipatis. C. de leg. hered.* Et cela ne demonſtre autre choſe qu'vne brieueté de langage à expliquer quelque choſe ; ce
que les Grecs appellent ϲυλληϲδιω. Ce qui eſt commun à toutes ſortes d'affaires, ou de negoces qui ſe peuuent expliquer tantoſt plus diffuſément,
tantoſt plus ſerrément. Et de cette façon toutes ſubſtitutions ſe peuuent dire compendieuſes, comme quand la vulgaire eſt faite en vne parole qui ſignifie les deux cas ou d'impuiſſance, ou de refus, & la pupillaire par le mot
d'*inuicem*, & la fideicommiſſaire par d'autres. Mais d'en faire vne eſpece de
ſubſtitution qui contient toutes les autres, & tous les cas qui peuuent ſuruenir ; c'eſt des derniers & plus mauuais ſiecles, qui ont remply la Iuriſprudence d'erronées & pernicieuſes maximes, & charrié dans les Palais des ſemences d'infinis procés, rendant toutes choſes douteuſes & diſputables
parmy la varieté immenſe des opinions que chacun a penſé pouuoir prendre en cette deſbordée licence. Toutesfois pour auoir pluſtoſt fait, examinons encore cette cauſe par regles que les Autheurs de cette maxime ont
introduites auec elle, & nous trouuerons que les pretenſions du demandeur ne peuuent ſubſiſter. Car il faut que pour eſtre compendieuſe, elle
comprenne toute ſorte de temps, & auparauant l'adition, & la pupillarité,
& le temps d'apres ; & ſa marque ordinaire eſt cet aduerbe *quandocunque*,
ioinct au mot *decedat*, ou ſemblable. Or n'auons-nous rien de ſemblable
en noſtre teſtament : de l'y vouloir ſuppléer, ce ſeroit contre les regles du
droict, & de la nature meſme. Car on peut bien ſuppléer ce qui eſt acciden-
taire en vne choſe, & ce qu'elle tire apres ſoy naturellement, comme par
conſequence. Mais ce qui eſt ſa forme eſſencielle, & ſans laquelle elle ne ſeroit point ce qu'elle veut eſtre, cela ne ſe peut. Or eſt cette collection &
diſtribution de temps portée par ce mot *quandocunque*, qui eſt la forme eſſencielle de cette compendieuſe. Dauantage en droict quelquesfois on
ſupplée quelque choſe, afin de faire ſubſiſter ce qui ſans cela ne le pourroit
aucunement. Mais de ſuppléer pour donner vne nouuelle forme, ou nouuelle puiſſance à ce qui peut ſubſiſter de ſoy-meſme, & a ſon effet certain
& ſuffiſant, il ne ſe doit faire nullement. Or noſtre ſubſtitution peut ſubſiſter comme fideicommis. A cela, peut-eſtre, on dira, que ces paroles de
noſtre teſtament, *ſi ſine liberis decedant*, eſtans indefinies de temps, elles
doiuent eſtre priſes pour generalles, & s'adapter à tout temps par la regle
vulgaire, que *indefinitum æquipollet vniuerſali*. Mais la réponſe eſt auſſi toſt
en la bouche de nos Docteurs qui nous diſent, que *indefinita non æquipollent*
vniuerſali inre contingenti, quia ſe habet ad vniuerſale & particulare. Et de
fait

fait qui eft-ce qui ne void que cette condition , *fi fine liberis* , retire cette difpofition de la generalité à la particularité, & induit vne fpecification, qui eft celle qui efteint cette pretenduë compendieufe ? Premierement, c'eft la nature de toute condition de donner vne forme particuliere à l'acte, & de le reftraindre à ce qui eft contenu en icelle, pource qu'il ne peut fubfifter que par l'euenement de la condition. Secondement , ce qui eft contenu en la condition de noftre fubftitution, defigne de neceffité vn certain temps, puis qu'il defigne le temps d'auoir des enfans, & mefme legitimes ; ce qui ne peut eftre, comme il a efté ja monftré, auant le mariage , ny le mariage auant la puberté. Si doncques il y a fpecification de temps, il n'y peut y auoir de compendieufe. Mais pofons le cas que nous foyons icy aux vrays termes de cette fubftitution parfaitement compendieufe, conceuë par ce mot *quandocunque* , ioinct au verbe *fubftituo*, au cas de la mort fans mention d'enfans, la voyla la plus auantageufe que l'on la fçauroit defirer pour la caufe de l'inthimé. Toufiours aura-il à combattre le Bartole , & tant de Docteurs qui l'ont fuiuy, qui ont tenu que cette compendieufe *eft perpetuò fideicommiffaria*, où l'ayeule eft. *Matthæus de Afflict. decif.* 367. *Franc. Bruf. con.* 8. *Charond. l.* 7. *refp.* 157. L'authorité de ces grands perfonnages-là deuroit eftre fuffifante & paffer pour raifon, & neantmoins s'il faut refpondre pour eux il eft aifé de la rendre. C'eft que ceux mefmes qui tiennent l'opinion contraire demeurent d'accord que la compendieufe eft fideicommiffaire apres la puberté. Or fi elle eft fideicommiffaire en vn cas, il faut qu'elle le foit en tous. Car nous trouuons bien en droict que quelquesfois les paroles directes s'obliquent , ou les paroles obliques font renduës directes ; mais qu'elles foient directes & obliques tout enfemble, cela ne fe trouue nullement, *nifi in milite*. Auffi feroit-ce de diuifer vne volonté qui peut fubfifter, eftant vniforme , contre ce que nous enfeigne le Iurifconfulte, *l. cum qui. ff. quibus vt indig.* Les chofes naturelles peuuent bien changer de forme, mais en auoir deux tout enfemble il ne fe peut ; l'aduenement de l'vn efteint l'autre. Et fi l'on dit que cela fe trouue en la Loy *precibus*, il faut reconnoiftre quant & quant que c'eft *in milite*, pour qui on force les loix de la nature, pour faire que *aliquis fit fimul teftatus & inteftatus*. Puis donc que par le moyen du fideicommis compris en la compendieufe, le teftateur peut donner effet en tout temps à fa difpofition, pourquoy luy fera-on changer de nature ? La nature quelquesfois s'efgayant fait des indiuidus qui ont les marques des deux fexes ; mais la Loy ne leur donne ny la denomination, ny l'exercice que de l'vn, qui eft celuy qui preuaut en eux. Si la Loy entreprend cela fur la nature de laquelle elle n'eft que feruante, à combien plus forte raifon le fera-elle fur les difpofitions des hommes qui font entierement fujettes à elle ? Mais encores, que cette compendieufe contienne la pupillarité, voyla derechef nos Docteurs en debat, fi elle eft taifible ou expreffe : la plus grand' part tient qu'elle eft taifible. Car où il n'y a point d'expreffion de l'aage pupillaire, il faut de neceffité que ce foit par interpretation que l'on l'induife, & lors la Loy derniere *de inft.* mefme dit que *eft quæftio voluntatis* ; car il y a des cas où l'on la iuge qu'elle eft, d'autres qu'elle n'est pas. Ceux qui sont plus fauorables pour l'inthimé, disent que *continet expressam verbis generalibus*; qui est vne subtilité trop aiguë. Mais à la fin la plus part d'eux concluent, que par ces paroles generales la mere n'est point excluse, sinon qu'il apparoisse d'ailleurs de la volonté du testateur. *Bart. l. 2. de vulg. & pup.* Faber, Maynart, Charondas, en rapportent diuers arrests. La raison en est bonne & euidente; car tout ce qui conuient au genre, conuient bien à l'espece; mais tout ce qui se dit de l'espece, ne se dit pas du genre. Et pource faut-il dire que la compendieuse pourroit bien à tous les temps, mais non pas par toute sorte de substitutions, mais par celle qui est la plus generale, qui est la fideicommissaire. Posons encore que par ces paroles generalles de cette pretenduë compendieuse la mere soit excluse de la succession, le sera-elle pour cela de sa legitime? Il est certain que non. C'est l'opinion commune des Iurisconsultes; ce sont les iugemens fort frequens de toutes les Cours de Parlement de ce Royaume, de Paris rapporté par Charondas, de Tholose par Maynart: Faber mesme en son Code en rapporte vn iugement du Senat de Sauoye, qui a iugé ce droict tellement acquis à la mere, ou ayeule, que si elle y vouloit renoncer au preiudice de ses creanciers, elle ne le pourroit. Or les biens que l'Edict luy donne, il luy donne pour sa legitime. Et par cette substitution compendieuse la mere sera-elle non plus excluse des biens maternels venans de son estoc & ligne? tant s'en faut: voicy le Bartole, & apres luy le Benedictus, & infinis autres qui soustiennent que l'expresse exclusion, & la plus expresse qu'on sçauroit imaginer, voire mesme le statut qui conclud absolument, n'exclud pas des biens maternels. Outre l'equité euidente qui leur sert d'argument, ils tirent leur raison de la Loy *de emancipatis. C. de leg. hered.* & de la Loy *quod scitis. de bonis quæ liberis*; & disent: Si le pere venant à succeder en concurrence auec ses enfans emancipez est exclus par le frere vterin aux biens maternels; Si le pere & la mere ont taisible droict de reuersion à ce qui vient de leur costé qui ne leur peut estre osté; pourquoy leur ostera-l'on ce pouuoir à vne substitution pupillaire? Mesme qu'auiourd'huy que l'Edict a osté aux meres les biens paternels, & par consequent nous doit rendre plus religieux à leur conseruer les maternels? Si la Loy a donné pour consolation de son orbité & de ses pleurs, à la mere les biens de son fils venans d'vn autre estoc, à plus forte raison luy conseruera-elle ceux qui viennent du sien, n'y ayant rien si raisonnable que les choses retournent dont elles sont sorties. *Agris nostris sitientibus, quid iniquius quàm alienos aqua nostra irrigari?* Ne plus ne moins que nous voyons, dit le Benedictus, que les fleuues qui viennent de la mer, retournent à la mer, & par cette equitable conuersion, entretiennent leurs cours perpetuels; aussi faut-il que les biens retournent d'où ils viennent. En nostre corps les esprits partent du cœur, & vont animer les plus petites extremitez du corps; mais si le cœur vient à souffrir tant soit peu, les esprits y accourent, & se ramassent autour; Pourquoy donc les biens, qu'Hesiode appelle le sang de l'homme, qui sont partis d'vn tige, ne retourneront-ils pas au tronc, lors que *perturbato mortalitatis ordine*, les branches où ils auoient esté espandus, viennent à estre retranchées?

Mater

Mater erat, materna peto ; cur sanguine cretus
Sisyphio, Æacidis aliena nomina gentis
Inferis?

Donc quand cette cause se deuroit iuger auiourd'huy par la seule disposition du droict, ou bien mesme par l'opinion des Docteurs les plus fauorables à l'inthimé, tousiours l'appellant se trouueroit bien fondé en ses demandes. Mais nous sommes en termes beaucoup plus clairs : car le statut de cette Prouince qui a veu les pauures meres agitées par cette varieté d'opinions, & la pieté combatuë par la subtilité, est venu au secours. Et considerant, car il l'a dit ainsi, quelle est la calamité des meres qui perdent leurs enfans, il a declaré que la substitution compendieuse faite *à pagano sine specificatione temporis per verbum commune, Substituo, cum verbo, Quandocunque filius meus decesserit, si mater sit superstes, omni tempore fauore matrum est fideicommissaria.* Par là doncques la cause est iugée ; & en bien plus forts termes ; car c'est au cas de la compendieuse, formée des mots plus significatifs, & qualifiée des circonstances les plus efficaces qu'on puisse imaginer pour luy faire proroger son effet à toute sorte de temps, & à toutes especes de substitutions ; au lieu que la substitution de nostre testament n'est, comme il a esté monstré, que pure fideicommissaire. A cela l'inthimé ne respond qu'vn mot ; Que le statut ne parle que des meres, & par consequent l'ayeule ne s'en peut preualoir. Et l'appellant dit au contraire, que ce mot de Mere, par sa droite signification comprend aussi l'ayeule. *l. iusta. D. de verb. signif.* Doncques ainsi que *filiorum appellatione continentur nepotes,* ainsi *patrum & matrum appellatione aui & auiæ ;* & auec beaucoup meilleure raison : car le mot appellatif d'enfans, qui est, *liberi,* ne monstre qu'vne marque de la liberté qu'ils reçoiuent par le moyen de leurs peres. Et le mot de *parentes,* qui signifie les ascendans, qui sont appellez ainsi, *tanquam parientes,* denote que l'estre, la vie, la fortune des enfans est partie & issuë de leur main. Si nous escoutons la nature qui parle par la bouche des petits enfans auec cette simple & naïue façon, nous voyons qu'ils appellent leurs ayeules leur meres-grands ; tellement qu'elles ne sont pas seulement meres, mais comme il a esté touché, elles le sont auec vne eminence & excellence de grandeur, qui redouble à leur endroit l'obligation à la dilection, au seruice, à la reuerence. Il n'est donc point besoin d'aucune extension pour donner à l'ayeule ce que la mere n'a que par son moyen : mais quand il en seroit besoin, il est sans difficulté que le statut receuroit en ce cas extension. Premierement, pource que c'est chose fauorable, & qu'en telles occasions le statut ne refuse point à se laisser ployer à ce que l'equité desire, principalement, *quando sublata vocabuli significatione comprehenduntur ij ad quos fit extensio. Bald. Salicet. Paul. de C. l. qui se patris. C. vnde liber.* Secondement, pource que cette extension ne fait que reduire les choses au droit commun, & conserue à la personne fauorable ce que la Loy luy donne ; bref est pour la garder de dommage plustost que pour luy faire aucun auantage. Tiercement, pource que la raison qui a meu le statut de fauoriser la mere est plus grande & plus forte en la personne de l'ayeule ; car c'est, ce dit-il, pour la consoler de la triste & luctueuse perte de son enfant. Or l'ayeule ne peut

YYYy

venir à cette succession, *sinon repetito orbitatis vulnere* : il faut qu'elle ait
perdu & son enfant, & l'enfant de son enfant ; & par consequent il est raisonnable que la consolation redouble auec sa douleur. Mais doutons-nous
comment ce statut se doit entendre ? Voicy le plus celebre Iurisconsulte
que la Prouence ait porté, cet Illustre Bertrandus qui en son conseil 189.
du troisiesme volume, decide formellement par l'authorité & raisons
neantmoins du Bartole, qu'en cet article du statut sous le nom de la mere l'ayeule est comprise. Et quand nous aurions accordé à l'inthimé, que
l'ayeule ne fust point comprise au statut, que luy en reuiendroit-il pour cela ? ne faudroit-il pas necessairement conclure par ses propres raisons, que
ce qui auroit esté obmis par le statut, auroit esté laissé en la disposition du
droict commun ? Or il a esté monstré cy-dessus qu'il n'y a nulle substitution compendieuse en quelque terme qu'elle soit conceuë, qui excluë la
mere des biens qui viennent de son estoc, & que nous disons maternels,
ny de ce qui luy est donné pour sa legitime, comme est l'vsufruict que l'E-
dict luy reserue : Et qu'en tous ces cas-là, ce qui est decidé pour la mere, est
semblablement decidé pour l'ayeule ; Crassus, Maynart, Faber, & autres.
Aussi entre-elle au droict, lieu & place de la mere par son deces, & ne
sçauroit-on cotter qu'où il est question de succeder, il y ait aucune difference de priuilege & prerogatiue, la necessité de l'institution y estant toute semblable, & la raison de charité estant encore, ce semble, plus vrgente
en l'ayeule, qui ne reçoit telles successions sinon en vn aage fort decrepit, &
où la nature ja fort foible a plus de besoin de secours & d'assistance : de sorte
qu'ayant perdu celle qu'elle pouuoit esperer de ses enfans & petits enfans,
il est bien raisonnable de luy laisser l'ayde de leurs biens, ou pour le moins
d'vne partie d'iceux. Et par ces moyens l'appellant concluoit à ce qu'en
amendant le iugement, & faisant ce que le Iuge deuoit faire, les biens maternels luy fussent adiugez auec restitution de fruits, ensemble tous les meubles non sujets au fideicommis, & la moitié des fruits des autres biens paternels qui eussent appartenu au pupil pour ses detractions pour le temps
que l'ayeule auoit vescu, auec despens de l'instance.

A cela l'inthimé pour soustenir la sentence respondoit, que puis que par
vn premier iugement la possession des biens dont estoit question luy auoit
esté adiugée, que le Iuge auoit tres-bien fait de ne pas vouloir proceder au
petitoire, que la sentence sur la possession ne fust pleinement executée, le
droict, le stil, l'ordonnance, & la raison le voulans ainsi. Car c'est la moindre peine que puisse souffrir la contumace & desobeïssance de la partie qui
n'obeït pas à la Iustice, que de luy desnier audience, iusques à ce qu'il ait
satisfait. Mais s'il falloit venir au fonds, que l'appellant ne se trouueroit pas
mieux fondé en son appel. Car premierement la disposition est conceuë
par ce mot de *substituo*, elle est sous la condition du deces sans enfans indefiny & indeterminé. Or est-il certain que cette condition pouuoit arriuer en tous les temps qui peuuent constituer les diuerses especes de substitution. Car les instituez pouuoient mourir sans enfans auant le testateur, ou auant l'adition, ou apres leur refus ; & lors nostre substitué se pouuoit dire, vulgairement appellé, puis qu'il estoit appellé par leur deces sans
enfans.

enfans. *l. Lucius.* Les mesmes instituez pouuoient semblablement aprés
leur adition deceder en pupillarité sans enfans; & en ce cas doncques le substitué estoit encore appellé, puis que la Loy a donné la permission au pere
de substituer de cette façon à ses enfans pupils, & que la disposition de nô-
stre testament, & la condition sous laquelle elle est faite, s'adapte à ce
temps. Il se pouuoit faire aussi que ces mesmes instituez ayans atteint la puberté vinssent à deceder sans enfans apres auoir recueilly la succession, &
en ce mesme cas le testateur entendoit leur auoir substitué. Le semblable
pouuoit aussi arriuer en cas de fureur ou demence, qu'ils fussent decedez
sans enfans; & que cette condition verifiée eust donné lieu à la substitution; Et voila tous les cas qu'on peut comprendre sous la compendieuse.
Qui pourra donc douter que celle-cy ne la soit? Mais l'on dit; Le mot de
quandocunque, n'y est point, qui est la vraye marque de la compendieuse,
pource que comprenant en soy la diuersité des temps, qui constitue la diuersité des substitutions, il distribuë aux dispositions diuerses formes su-
bordinées, selon lesquelles elles prennent tantost vn nom, tantost vn autre.
Et à cela on respondoit auec l'Empereur Constantin, *in l.quoniam indignum.
de testamentis,* que les Institutions, ou substitutions, ny autres dispositions
testamentaires n'estoient plus attachées à certains mots; *Nec in ijs necessa-
ria esse verborum momenta, sed quibuslibet concepta sententijs, & quolibet genere loquendi formata valet institutio, modò constet voluntatis intentio.* D'où
ils'ensuit, qu'en telles dispositions il n'importe point que *aliquid ex æqui-
pollentibus fiat;* & pource estant certain que ce qui est indefiny equipolle à
ce qui est vniuersel, il s'ensuit que le testateur qui a substitué, quand ses enfans decederoient sans enfans, a entendu substituer en tout les temps que
cette condition arriueroit. Est-il pas sans doute que celuy à qui on legue
sous cette condition, *Si nauis ex Asia venerit,* en quelque temps qu'elle
vienne, il luy est deu; & ne seroit nullement receuable l'heritier à dire, Elle
n'est pas venuë à vn tel temps qu'elle auoit accoustumé de venir? *l. hæc cond.
ff. de cond. & demonstr.* Mais on dit que cette condition, sans enfans, specifie
en soy vn certain temps qui empesche que la disposition ne puisse estre vniuerselle, & mesme ne puisse estre appliquée à la pupillarité qui est incapable d'enfans. Et cela est errer contre la nature, & contre le droict. Contre
la nature, pource qu'elle n'a point prescrit de certain temps à la generation,
se voyant quelquesfois qu'elle deuance tellement le terme que l'obseruation
des hommes y a donné, qu'ils y perdent tout iugement. Ne lisons-
nous pas ce que Saint Hierosme atteste estre arriué de son temps, qu'vn enfant estant au berceau auroit engrossé sa nourrice? Contre le droict, pource qu'il ne faut pas penser, que *carentia alicuius rei,* soit priuation qui presuppose habitude. *Spado & castratus,* meurt aussi bien sans enfans, que celuy qui en est capable: Autrement la substitution, qui leur seroit faite auec
cette condition, *si sine liberis,* ne se purifieroit iamais. *In causa illa Curiana,*
si celebre, dont il est parlé dans Ciceron, & en Quintilian, en tant d'endroits, *Crassus obtinuit contra Scæuolam, & substitutus posthumo si moreretur
antequam in suam tutelam veniret,* fut iugé institué, *etiamsi omnino non nas-
ceretur.* Il appert doncques par ces raisons, que la substitution faite en ces

termes, *si decedat sine liberis*, se verifie en tout temps, & par consequent est apte de faire son effet en tous les cas, & merite partant le nom & la puissance de la compendieuse. Aussi a-elle esté reconnuë pour telle par tous les plus grands Iurisconsultes de nostre temps qui luy ont attribué la mesme puissance & le mesme effet que celle qui est conceuë & formée par ce mot, *quandocunque* : le Benedict, le Couarruuias, le Crassus, & autres. Reste donc à voir, si la substitution compendieuse faite par ce terme *substituo*, contient en soy vne pupillaire expresse. On ne peut pas nier que cette question n'ait agité les esprits, & party en diuerses opinions les plus grands Iurisconsultes des derniers siecles. Dont les vns ont tenu qu'elle estoit en tout temps fideicommissaire, les autres qu'elle n'estoit iamais que directe, & les troisiesmes qu'elle estoit directe & fideicommissaire selon le temps que l'ouuerture s'en faisoit. Bien que la premiere opinion ait eu de grands Autheurs, si a-elle esté reiettée par l'vsage des iugemens, & par le cours des communes resolutions. Aussi a-elle ses absurditez toutes palpables ; car comment pourroit-elle estre fideicommissaire auant l'adition d'heredité, veu que tout fideicommis presuppose vn heritier ? Dauantage, pour battre l'appellant de ses mesmes armes ; Pourquoy faudra-il flechir la droicte signification des paroles en deux cas, ausquels elle peut valoir directement ? Veu qu'on ne vient iamais à l'obligation que pour soustenir la volonté du defunt qui d'ailleurs ne pourroit subsister ; veu aussi qu'il faut interpreter les substitutions en façon qu'elles soient plustost directes qu'obliques ? *C. si pater. de test.* Attendu que le testateur a interest qu'il se face ainsi, tant pour estre asseuré d'auoir vn heritier, que pource que par la substitution directe son heredité s'en va plus entiere à celuy qui luy succede sans estre desmembrée par des detractions. Côme ces raisons-là ont fait reietter cette premiere opinion, sans consideration de la reputation de son Autheur, aussi ont-elles donné ouuerture à la seconde, qui a esté suiuie par deux des plus celebres de ce temps, Cuias & Gouean. Ils ont creu que cette substitution estant faite par parole directe, comme est celle de *substituo*, elle ne pouuoit valoir que comme vulgaire & pupillaire ; que ce qui y est adiousté de plus & passe cet aage là, est inutile, & comme non fait, suiuant le texte de la Loy *verbis ciuilibus*, & la Loy *in vulg. de vulg. & pupill.* Et à la verité à esplucher les pontilles & subtilitez du droict ancien, il sêble bien que ce seroit la plus soustenable, & qui seroit entierement en faueur de l'inthimé, puis que la substitution dont est question, ayant esté faite à vn pupille, a eu son ouuerture auant la puberté. Mais enfin la troisiesme, comme composée des deux, comme plus douce & plus temperée, l'a emporté, & a tiré à soy le commun consentement des Docteurs & des iugemens qui ont passé-là, que iusques à la puberté la compendieuse vaut comme directe, & apres comme fideicommissaire, & par consequent contient iusques à la puberté la pupillaire. Et la raison est celle qui a desia esté touchée, que nous ne sommes plus astraints à la solennité des mots, que nos testamens ne sont quasi plus que des Codicilles, tellement que les fideicommis & les substitutions vont quasi promiscuëment l'vn pour l'autre. Et pource ne faut-il pas s'estonner, si nos Docteurs ont appellé paroles communes celles dont nous nous seruons promiscuëment

ment en institutions & fideicomis, puis que nous voyons que cette bresche auoit esté desia faite en la premiere Iurisprudence, comme en la Loy *Scæuola*, & en la Loy *quærebatur*, où l'on commençoit à negliger la proprieté des paroles, & regarder la seule intention des testateurs. Tant y a que cette opinion est ja confirmée par plusieurs siecles, que la substitution faite par cette parole *substituo*, auec ce verbe propre à estre adapté à tous temps, est appellée vrayement compendieuse, & en la puberté est censée pupillaire. Et afin qu'on n'en peust plus douter, le chapitre *si patet*, la decide expres, & pour cette Prouince, le statut d'icelle. Le statut a donc voulu, que si lors que telle substitution vient à s'ouurir, la mere se trouue suruiuante à son enfant, elle ne vaillle que par droict de fideicommis, & par consequent que la mere qui autrement eust esté excluse par la pupillaire, succede: mais la mere ne se trouuant point suruiuante, le mesme statut ordonne que cette substitution iusques à la puberté vaille comme directe, & apres la puberté, comme fideicommissaire. Et ainsi nous sommes deliurez de cette question, en laquelle on a voulu entrer; sçauoir si la compendieuse comprend en ses paroles generales vne pupillaire qui excluë la mere. Car si cela n'estoit, la mere n'eust point eu besoin du statut; estant chose trop vulgaire que la pupillaire taisible n'exclud nullement la mere. Ou bien le statut pour asseurer la mere n'eust eu que faire de declarer en sa faueur cette substitution fideicommissaire; il eust suffi de la declarer pupillaire taisible, & elle luy eust esté encore plus vtile. Que reste-il donc autre chose, sinon sçauoir, si, comme pretend l'appellant, ce que le statut ordonne pour la mere, doit auoir lieu pour l'ayeule. Et en cette question, voicy le gros des Iurisconsultes qui oppose à l'appellant vne maxime generalle qu'il est fort difficile de fausser, & qu'on ne le peut faire sans tomber en de notables inconueniens. C'est que les statuts ne peuuent receuoir aucune extension. La premiere raison qu'ils en apportent, c'est qu'ils sont, comme par conuention & espece de stipulation entre les peuples, & le Prince; & partant ont vne estroite obligation en laquelle le Iuge ne se doit rien permettre, outre ce qui est escrit: C'est ce qu'ils appellent, *stricti iuris*, où l'office du Iuge ne peut rien, & faut suiure exactement ce qui est escrit. La seconde est, que tous statuts sont faits pour deroger au droict commun, lequel estant introduit par vne signalée equité & vtilité publique, il s'en faut esloigner le moins qu'on peut pour s'accommoder à l'vtilité particuliere des lieux. La troisiesme est, que ceux qui ont fait les statuts, comme ils ont eu l'authorité de regler le droict de leurs Prouinces, ou de leurs villes, sont presumez auoir eu aussi vne parfaite connoissance de tout ce qui y pouuoit seruir; de sorte qu'il est croyable que si ils eussent pensé que ce à quoy on veut estendre le statut eust esté iuste & raisonnable, ils l'y eussent aussi bien adiousté, comme ceux qui le veulent entreprendre; & ne l'ayant point fait, ce qui est par eux omis est demeuré en la disposition du droict commun. Mais pour descendre au fait particulier de cette cause, il est certain que quand le statut parle de la mere, l'ayeule n'y peut estre entenduë, & ainsi Balde l'a-il expressément resolu, *l. quod vero. ff. de leg.* Ce qui a lieu principalement, quand par le moyen d'vne telle extension il est fait preiudice à vn tiers, auquel quelque droict est deferé ou par la disposition commune de la Loy, ou par la disposition de l'homme, selon que remarque le mesme Balde en la Loy 2. *de bonis maternis. Tunc enim nomina appellatiua absolutè prolata debent intelligi in propria & stricta significatione.* Mais pour monstrer que cela doit estre inuiolablement obserué au statut, voyons comme il a esté gardé en la Loy: Car si celle-cy ayant sa puissance plus diffuse & plus libre, pour ne dependre de personne, sinon de celuy qui l'a promulguée, & voulant estre perpetuellement reiglée en son interpretation par l'equité, n'a neantmoins voulu souffrir au propre cas où nous sommes, que l'on fist cette extension de la mere à l'ayeule, combien moins le permettra le statut ? Or quand premierement le Tertullian a admis les meres à la succession de leurs enfans, a-l'on interpreté par là que les ayeules y fussent receuës ? Tant s'en faut, voyla Iustinian en ses Institutes, parlant du *Tertull.* qui dit, *Senatusconsulto Tertulliano plenissimè de tristi successione matri, non etiam auiæ deferenda cautum est.* Tellement qu'il fallut vne seconde Loy pour communiquer cette grace à l'ayeule. La mesme question suruint en matiere des tutelles legitimes qui suiuent ordinairement les successions : les meres par le droit du Code y furent appellées ; les ayeules l'ayant voulu pretendre de mesme, il leur fallut vne constitution particuliere, pour les y receuoir. Et apres cela, on a demandé *si proauia nomine auiæ,* pouuoit pretendre au deffaut des autres d'y estre appellée, & les Docteurs ont tous resolu que non, mesmes le Balde sur la Loy 1. & 2. *quando mulier tut. off.* au C. Si on demande la raison de cela, il pourroit suffire de respondre en general que le droict de succeder procede de la plus haute & plus illustre puissance de la Loy, qu'elle ne veut ny ne peut communiquer à personne ; & partant qu'il faut que celuy qui veut pretendre ce droict, l'ait par sa propre & expresse ordonnance. Mais outre cette raison generalle, la Loy & nostre statut en ont eu vne particuliere au cas où nous sommes, qui a fait que leur disposition est demeurée toute restrainte en la personne des meres. Car pour fauoriser la mere, ils ont consideré les peines de sa grossesse, les douleurs de son enfantement, le trauail de son education ; car ainsi parle la Loy, & les paroles de nostre statut ne s'en tirent pas loin, quand il dit que la mere *certat de luctuosa hereditate filij.* Or quelle part a l'ayeule en toutes ces peines-là ? si elle n'y participe point du tout, comment veut-elle participer à la recompense ? Et cela seruira de responfe à l'argument que l'appellant a voulu tirer de ce que *appellatione patris venit auus, & appellatione filiorum veniunt nepotes.* Bien que cela soit vray en beaucoup de cas, il ne l'est pas en tous. Par exemple, les enfans du premier degré ne pouuoient *exire de potestate patris,* sinon *trina emancipatione ; nepotes autem vnica.* L'on ne pouuoit faire imputer les fruits en la Trebellianique des enfans, mais bien en celle des nepueux. L'on ne pouuoit instituer les enfans du premier degré sous condition, mais bien les nepueux, & leurs enfans. Si l'on a donc fait difference entre ceux-là, en ce qui regardoit le pere ; à combien plus forte raison l'a-on deu faire entre la mere & l'ayeule, en la succession des enfans ? Car comme on dit en vieux François, L'amour descent tousiours, & ne remonte point. *Non sic parentibus filiorum debetur hereditas, vt filiis parentum.* C'est pourquoy en

plusieurs

plufieurs couftumes de ce Royaume,les afcendans ne fuccedent iamais aux
immeubles, comme eftant vne fucceffion déreglée, contre le vœu de la nature & des propres parens. Il ne fe faut donc pas eftonner fi le ftatu en cefte
occafion s'eft reftraint à la perfonne de la mere, & n'a pas voulu eftendre
plus loin fa difpofition iufques à l'ayeule, pource que l'ardeur du fang & la
charité n'eftoient pas fi viues en fon endroit, & auffi que *honos benè tranfa-*
Eti matrimonij, & *fides communium liberorum*, rend la femme plus chere
au teftateur que fa belle mere : mais pour éuiter dauantage vne abfurdité
qui s'en fuft enfuiuie bien grande : Car au lieu que le ftatut n'a voulu fauorifer qu'vne perfonne, il faudroit, fi l'argument de l'appellant eftoit bon, en
receuoir quelquesfois deux, quelquesfois quatre à demander le mefme
droit. Car au deffaut de la mere, l'ayeule maternelle concurreroit auec la paternelle, & au deffaut de ces deux-là, viendroient les bifayeulles maternelles
& paternelles qui feroient quatre; tellement que ce nom de Mere viendroit
à fignifier l'ayeule & bifayeule paternelles; chofe qui feroit hors de tout difcours. Ce que noftre ftatut ayant bien preueu, a appellé la mere auec tant
de particulieres circonftances qui luy font toutes peculieres, & ne peuuent
eftre communiquées à aucunes autres perfonnes, au contraire les excluent
entierement. Parce qu'outre ce qui a efté defia remarqué cy-deffus, qu'il
a declaré vouloir en cela fauorifer les meres,& confoler leur mifere; il cotte
neantmoins plufieurs cas aufquels les meres mefmes font exclufes. Or quelques-vns de ces cas ne peuuent conuenir à l'ayeule, comme eft celuy-là,
qu'au cas que la mere conuole en fecondes nopces, elle perd ce benefice du
ftatut. Car pour l'ayeule, fi elle fe remarie, en quoy offenfe-elle fon gendre,
pour eftre cenfée exclufe par fa volonté? De dire que l'ayeule fuft comprife en la regle, & ne le fuft pas en l'exception, ce feroit la faire de meilleure
condition que la mere : ce qui eft du tout aliene de raifon. Mais le dernier
poinct eft bien plus remarquable; c'eft que le ftatut ayant ordonné ce qu'il
veut eftre fait, au cas que la mere fe trouue furuiuante, vient puis apres à
fuppofer qu'elle ne fe trouue point en vie, & pouruoir à ce cas; & dit que
lors cefte fubftitution doit eftre iugée directe durant la pupillarité. De forte qu'où nous auons la difpofition expreffe du ftatut, comment pouuons-
nous fouffrir qu'on en aille chercher vne autre par interpretation, laquelle
tireroit apres foy les abfurditez qui ont efté remarquées? Noftre fubftitution
doncques demeure directe, & par confequent pupillaire, puis qu'elle eft faite par vn pere à des enfans qui font decedez en pupillarité. Et pource il ne
refte finon à répondre à ce que pretend l'appellant, que la fubftitution pupillaire ne comprend point les biens maternels: & auffi n'exclud point la
mere, ny par confequent l'ayeule de la legitime; ny partant des biens que
l'Edict luy donne au lieu de la legitime. Quant au premier, l'inthimé répond que c'eft vne opinion erronée, qui a efté mife en auant par Benedicti; mais qui n'a efté fuiuie d'aucun, pource qu'elle eft directement contraire à la difpofition de droict, qui veut que la fubftitution pupillaire comprenne toute forte de biens de quelque cofté qu'ils foient écheus au pupil.
Mais pour conuaincre cefte fauffe doctrine, il ne faut que regarder, fi le
pupil euft eu faculté de tefter, n'euft-il pas difpofé de fes biens maternels

auec la mesme liberté que de ses autres biens? Puis donc que le pere fait en
cela ce que le pupil eust fait, s'il eust esté en liberté, & que la pupillaire est le
testament du fils, qui peut introduire ceste difference en ses biens? Et cela
sert de réponse à l'argument qu'on a voulu tirer de la Loy *quod scitu*, qui n'a
lieu que pour le regard du pere donateur, & des biens donnez: Car les biens
maternels qu'on demande, ne sont point procedez de l'ayeule, & par consequent n'ont aucune qualité priuilegiée qui les exempte de la faculté que
le pere a d'en disposer, faisant le testament du fils. Quant à la legitime, si la
mere est excluse de la succession, elle est excluse de la legitime: car elle ne
peut estre excluse que par l'expresse de la succession, & l'expresse l'exclud de
la legitime. Et ne sert de distinguer, *an verbis generalibus, an particulari-
bus*; car le general contient le particulier auec tout ce qui est de son essence: & encore qu'on die que ce soit *in potentia*, cela est bon iusques à ce que
le cas particulier qui fait la specification soit aduenu; car lors elle opere
comme espece, & non plus comme genre. En la Loy *Lucius. de vulgari*, la pupillaire comprise en ce mot *inuicem*, ne se peut dire que generale.
Et neantmoins elle excluoit la mere, si les deux enfans eussent esté tous deux
en la puissance du pere.

*Veu le procez & tout diligemment examiné, La Cour a mis & met l'appella-
tion & ce dont a esté appellé au neant, & par nouueau iugemens a adiugé &
adiuge à l'appellant en la qualité qu'il procede, les biens delaissez par Pierre Gachon procedans du costé & estoc maternels auec les fruicts depuis son deceds; ensemble la moitié des fruicts de la part & portion que ledit Pierre pouuoit detraire des biens immeubles de son pere, pour le temps que ladite Barthelemiene
Augiere a vescu apres le deceds dudit Pierre; ensemble tous les meubles delaissez
par son deceds & non sujets au fideicommis suiuant l'Edict: Et le surplus desdits
dits biens dudit Pierre Gachon les a adiugez & adiuge audit inthimé, en rem-
boursant les reparations & meliorations faites, si aucunes y a. Ordonne que
les parties viendront à compte des fruicts receus par chacune d'icelles ausdits
biens, pour au cas que l'vne en ait receu plus qu'il ne luy appartient les rendre ou
precompter sur ce qu'elle a à prendre, si tant se peut monter: & pour cet effet
les renuoye pardeuant le Lieutenant de Grasse, autre que celuy dont est l'appel,
pour y proceder ainsi qu'il appartient, tous despens compensez.*

PROCEZ s'est meu pardeuant le Lieutenant general du
Seneschal de Prouence au Siege d'Aix; Entre Barthelemy
Abel du lieu de Beaumont, tant en son nom que de pere &
administrateur de François & Barthelemy Abel ses enfans,
demandeur, afin d'estre maintenu en la succession de Iean
Abel son frere consanguin, d'vne part. Et Françoise Abel
saur, & pretendant estre seule heritiere ab intestat d'iceluy Iean son frere germain, d'autre.

SVR ce que le demandeur disoit, Que l'an 1560. feu André Abel pere
commun des parties, auroit par son testament institué ses heritiers iceluy

luy Barthelemy fils du premier lict, & Iean Abel du fecond, fes enfans
mafles, & iceux fubftituez l'vn à l'autre en cas de deceds fans enfans; Et
laiffé à la deffendereffe auffi fille du fecond lict vn legs competant pour la
marier. Depuis & en l'an 1589. Iean Abel eftant dans Beaumont, lors
qu'il fut affiegé par le fieur de la Valette, fait fon teftament par écrit, par
lequel il auroit inftitué fes heritiers les enfans du demandeur fon frere: Et
preuoyant la prife de la place, & les defordres qui ont accouftumé d'arriuer
en tel cas, auroit declaré à plufieurs perfonnes, mefme s'en allant pour fouftenir la brefche, qu'il auoit fait fon teftament folennel, & par iceluy inftitué fes heritiers ja nommez, declarant qu'il ne vouloit point que fa fœur
fuccedaft à fes biens, & priant les affiftans, au cas que fon teftament fe perdift, de luy en eftre témoins. Toft apres s'eftant prefenté à la brefche, il auroit efté tué d'vne harquebufade, & le village pris & pillé, & le teftament
perdu. Mais le demandeur bien certifié de la derniere volonté du deffunt,
& ayant d'ailleurs de grands droits à prendre fur les biens, fe penfant mettre en poffeffion d'iceux, la deffendereffe l'en auroit voulu empefcher. Qui
auroit efté caufe de faire prefenter requefte afin qu'il fuft maintenu en la
poffeffion d'iceux biens, tant en vertu du teftament d'André fon pere,
qu'encore de celuy dudit Iean fon frere: A quoy il concluoit. La deffendereffe au contraire difoit, que pour le regard du fideicommis porté par le teftament d'André elle en accordoit l'adiudication: Mais pour la fucceffion
de Iean fon frere qu'il eftoit decedé ab inteftat, & que toute la fucceffion
luy en appartenoit, comme fœur conjointe de pere & de mere; Au moyen
dequoy elle fouftenoit que fon frere deuoit pour ce regard eftre debouté,
& elle maintenuë auec reftitution de fruicts. Sur cefte conteftation le Lieutenant auroit du confentement des parties adiugé au demandeur le fideicommis; Et pour le regard du teftament militaire pretendu, ap-
pointe les parties contraires. En execution de laquelle fentence le demandeur fait fon enquefte, en laquelle il auroit fait oüir cinq témoins;
dont trois qui auroient efté reprochez, le reproche prouué par écrit, auroient dit auoir veu & leu vn teftament figné du deffunt, contenant ce
qui eft pretendu par le demandeur; mais fans dire qu'il y euft aucuns témoins, feel, ou autre folemnité; lefquels non conteftes toutesfois du lieu ny
du temps, auroient rapporté que le deffunt auant que mourir auoit declaré
auoir fait fon teftament, & par iceluy inftitué les enfans du demandeur, &
prié les témoins, au cas qu'il fe perdift, d'en porter témoignage. La deffendereffe n'ayant fait nulle preuue de fa part, l'enquefte du demandeur ayant
efté receuë & baillée en vifion, & les parties appointées en droict, en fin
fentence du 18. Mars 1605. s'en feroit enfuiuie, par laquelle le Lieutenant
auroit debouté le demandeur en la qualité qu'il procedoit de fa requefte,
pour raifon de la fucceffion par luy demandée en vertu du pretendu teftament de feu Iean Abel fon frere, & declaré la fucceffion d'iceluy appartenir
ab inteftat à la deffendereffe, condamné le demandeur à vuider & defemparer les biens, tous fruicts iufques alors perceus auec les tailles & les dépens compenfez. De laquelle fentence le demandeur ne s'eftant point porté pour appellant lors de la prononciation, ny long-temps apres, la deffen-

dereſſe en auroit pourſuiuy l'execution contre les tiers detenteurs des biens, & fait pluſieurs procedures contre eux. Mais en fin le demandeur en ayant releué appel, il auroit par meſmé moyen demandé d'eſtre receu à remplir ſon enqueſte, bien qu'il en euſt eu viſion, de nombre ſuffiſant de témoins; dequoy il auroit eſté debouté par arreſt, & les parties reglées comme en procez par écrit. Ce que voyant l'inthimée pour euiter pluralité d'inſtances & circuit de procez, elle auroit requis l'euocation & jonction des inſtances par elle intentées contre les tiers detenteurs des biens. Ce qui luy eſt accordé, & les parties reglées à écrire & produire ſur le tout. Doncques l'appellant pour ſes cauſes d'appel, diſoit; Que le Iuge auoit mal iugé, d'auoir declaré n'y auoir point de teſtament, & auoir adiugé ab inteſtat toute la ſucceſſion à l'inthimée comme conjointe des deux coſtez. Car pour le premier poinct, puis qu'il eſtoit prouué par les enqueſtes que le deffunt vn peu auant que mourir, allant ſouſtenir vne breſche en l'action de guerre la plus dangereuſe & funeſte, & quaſi, s'il ſe peut dire, dans le ſein meſme de la mort, auoit declaré d'auoir fait teſtament, & fait entendre le contenu d'iceluy, qui eſtoit qu'il faiſoit ſon frere ſon heritier, & ne vouloit point que ſa ſœur euſt aucune part en ſa ſucceſſion; n'eſtoit-ce pas vn valable teſtament militaire capable de deferer ſa ſucceſſion à l'appellant? Ne ſçait-on pas que les loix ayans compaſſion de la fortune de ceux qui auec tant de peines & de labeurs expoſent leur vie & prodiguent leur ſang pour la ſeureté publique, πολλας γδ, &c. les a voulu conſoler par ceſte faueur de tenir leurs volontez pour legitimes, bien que denuées & deſtituées des formes qu'elles ont deſiré aux autres teſtamens? Tellement qu'en quelque façon qu'ils faſſent entendre leurs intentions elles ſont reputées ſolennelles, voire meſme ſi preuenus de la mort ils perdent l'vſage de la parole, & que du ſang qui ruiſſelle de leurs playes ils puiſſent écrire ſur leurs armes leur volonté, & exprimer le nom de leur heritier, la Loy leur permet pleine execution de ce qu'ils ordonneront. Elle les décharge de tout le ſcrupule des formes comme eſtant alienes du meſtier qu'ils font: *Arma enim magis ſcire quàm leges milites ſacratiſsimus iuſsit Imperator.* Et quand ils les ſçauroient, le lieu, le temps, & leur occupation leur oſteroit le moyen de s'en pouuoir ſeruir. Meſme que bien ſouuent le peril les ſurprenant, les fait entrer en ceſte cogitation de diſpoſer, à laquelle ils n'auoient point penſé auparauant, eſtant le propre de la mort en nous ſerrant le cœur, de nous ouurir les lévres, & nous faire produire & nos plus ſecrettes penſées, & nos plus paſſionnez deſirs.

Eſt aliquid fatóque ſuo ferróque cadentem
Et mandare ſuis quædam, & ſperare ſepulchrum.

Ne ſeruiroit, ſi on vouloit dire que le deffunt auoit declaré vouloir faire ſon teſtament ſolennel. Or la faute que le Iuge a fait en cela eſt de tant plus conſiderable que par ſa premiere ſentence, ayant iugé le fait de l'appellant receuable, la preuue s'en eſtant ſuiuie, il s'eſtoit obligé de luy adiuger les fins pour leſquelles le fait auoit eſté auancé; car fruſtratoirement l'auroit-il receu à prouuer ce dont la preuue faite ne luy pourroit apporter gain de cauſe. Mais venant au ſecond poinct, il a encore bien plus mal & iniquement iugé

d'auoir

d'auoir adiugé ab inteſtat toute la ſucceſsion à l'inthimée : Car il n'ignoroit pas la qualité de l'appellant, qui eſtoit frere conſanguin du deffunt ; ny moins la qualité des biens dont il s'agiſſoit, qui eſtoient tous, ou la plus part paternels, & eſquels par conſequent l'appellant auoit meſme droit que l'intimée ſa ſœur, bien que conjointe des deux coſtez. Nous ne ſommes plus en la diſpoſition de la Loy de Iuſtinian & de ſon authentique, qui pour trop mollement s'accommoder aux paſsions des femmes, & ſe rendant indulgent à leurs effrenées cupiditez, auoit corrompu ce que l'ancienne Iuriſprudence Romaine auoit auec tant de ſages conſiderations du bien public introduit pour la conſeruation des familles par la generation. Mais nous ſommes ſous les ſages & prudentes ordonnances de nos Rois, qui ayans appris de nos anciens Docteurs, & ſçachans aſſez par l'experience, que la grandeur & durée d'vn Eſtat dépend de l'entretenement des familles & manutention de leur ſplendeur en la perſonne de ceux qui en ſont iſſus, qui ſont les vrayes colomnes de l'Eſtat, ont voulu retrancher les inconueniens qui arriuoient tous les iours par l'obſeruation des loix de Iuſtinian, qui appellant indifferemment aux ſucceſsions les parens du coſté paternel & maternel, engendroit vne confuſion ſi grande és familles, & vn tranſport des biens ſi frequent, que l'on voyoit les terres changer de poſſeſſeurs de moment en moment, & les familles perdre leur nom & leur luſtre en moins de rien. D'où arriuoit quant & quant vne grande deprauation de mœurs & rauiliſſement de courage, de generoſité, de vertu, voire de fidelité à l'endroit du Prince : Car les mariages ſe faiſans ſouuent par amourettes & paſsion dereglée entre perſonnes fort inegales, les parens d'vne femme de bas lieu venoient auec le temps à recueillir les plus grandes & opulentes ſucceſsions du Royaume. Tellement que quand ce venoit vne neceſsité publique qui appellaſt ceux qui ſuccedoient aux Grands, & tenoient les grandes terres, à la deffenſe de l'Eſtat, l'on trouuoit bien des gens reueſtus des plumes d'aigles, mais auec des cœurs de hiboux. Pourquoy ?

    Fortes creantur fortibus, & bonis :

    Eſt in iuuencis, eſt in equis patrum

    Virtus.

Et ainſi ſouuent en deplorant les calamitez publiques, & les pertes ſignalées qui arriuoient à l'Eſtat, on eſtoit contraint de regretter l'ancienne vertu de la pure Nobleſſe, & dire auec les Romains :

    Non his iuuentus orta parentibus

    Infecit æquor ſanguine Punico.

Pour remedier donc à vn ſi dangereux inconuenient, nos Rois ont fait l'Edict des meres, qu'on appelle, abrogeant le Tertullian, pour ce qui concerne la ſucceſsion des propres paternels, leſquels ils ont voulu appartenir aux parens du coſté paternel. Et bien que la Loy partant de la main du Prince ſouuerain, ait auſsi ſon Empire ſouuerain ; & pour rendre ſes ſujets plus ſouples, ne ſoit tenuë de rendre raiſon de ce qu'elle fait : Neantmoins celle-cy deſirant reprimer l'audace des ſubtils cauillateurs qui trouuent touſiours des pretextes par leurs ſubtils diſcours pour frauder l'intention du Legiſlateur, elle a voulu tant en ſa preface qu'en ſa diſpoſition meſme, faire

entendre que son dessein & resolution estoit d'empescher que les biens paternels ne se transportassent en la personne de la mere, ou de ceux de son
estoc & lignée. Aussi auroit esté chose trop esloignée de toute raison, &
trop indigne d'vne sage legislation, d'oster à la mere les biens de ses enfans,
pour les donner à ses parens, & à ceux qui procedent de son costé. Car
ç'auroit esté violenter la nature, & couper les liens de charité qui sont entr'elle & ses enfans, sans neantmoins en tirer aucun profit pour le public, ny
obtenir ce que la Loy s'estoit proposé de conseruer les biens és familles
dont ils sont prouenus. Et toutesfois il ne manqua pas lors de gens qui op-
posans leur auidité à la prouidence publique, voulurent par vne calomnieuse interpretation frauder ceste Loy de son intention, & arrester à
sa source ceste sage disposition, c'est à dire, en la personne de la mere, de
peur que continuant son cours, & s'estendant, comme elle deuoit, aux autres parens maternels, elle ne conseruast, comme elle s'estoit proposée, les
familles en leur entier. Et pource le Prince, à qui il appartient de declarer
ses loix quand elles ont besoin de quelque interpretation, voulant preuenir
les subtiles inuentions de ceux qui vouloient frauder cet Edict, l'an 1575.
decerna ses lettres patentes addressées à ce Parlement, où les difficultez
estoient plus ordinaires sur ce sujet, & par icelles remarquant l'absurdité
que ce seroit d'exclure la mere toute pleine d'amour & charité enuers ses
enfans, pour admettre ses parens d'elle entierement esloignez du nom de la
famille, & de l'affection naturelle qui regle les successions; elle declare auoir
entendu par l'Edict, comme elle fait par sa declaration, exclure tous ceux
qui sont conjoints du costé maternel des biens dont la mere estoit exclue,
& veut qu'ils appartiennent entierement aux parens paternels sans consideration de la proximité. Ces lettres patentes presentées à la Cour furent
publiées & enregistrées, enuoyées par les ressorts pour estre obseruées.
Ayans par ce moyen receu la derniere forme qui rend les loix inuiolables,
quand à l'authorité du Prince est adioustée l'approbation du Senat, mesme
sans aucune reseruation ny modification. Et en consequence ont esté donnez plusieurs arrests, par lesquels les parens maternels ont esté exclus par les
paternels, bien que plus esloignez és biens dont parle l'ordonnance, &
nommément en la cause des filles de Guillaume Martin le 20. Decembre
1585. Ce qui doit seruir en passant de réponse à ce que l'on voudroit dire
contre les lettres de Declaration, qu'ambicieusement elles auoient esté obtenuës sur le sujet d'vn procez pendant à la Cour, & qu'elles contenoient
vne manifeste contrauention au droict obserué en ceste Prouince. Car puis
qu'elles ont passé par la censure de tant de sages Senateurs qui les pouuoient
rejetter ou modifier, & que d'ailleurs les iugemens de la Cour s'y sont confirmez, que peut-on dire pour empescher qu'elles n'ayent lieu en ceste cause? Seroit-ce pas tromper les peuples qui ont vécu sous ceste creance, &
beaucoup de gens qui s'asseurans de l'authorité d'vne telle & si solennelle
Loy, ont negligé de faire par testament ou autre disposition cela mesme
qu'elle fait? Et quand bien auiourd'huy il la faudroit changer par vne nouuelle sanction, si est-ce que pour le temps qu'elle auroit duré auant sa reuocation, il faudroit decider les cas aduenus de son temps selon sa disposition,

cum

cùm leges futuris, non præteritis dent formam negotiis. Ce fondement donc demeure ferme & inuiolable en cefte caufe, tant par l'Edict que par la declaration que la mere & ceux qui font conjoints de fon cofté font exclus des
propres paternels. Et à la fuite de cela refultent trois maximes indubitables,
defquelles dépend la decifion de ce procez. La premiere eft, que le Tertullian eft abrogé en France pour le regard des propres paternels. Et celle-là eft
expreffément portée par les mots, de l'Edict des meres. La feconde, qu'en
confequence de l'exclufion de la mere, ceux qui font conjoints de fon cofté
font auffi exclus, & ce tant par la raifon du premier Edict, que par les termes de la declaration. La troifiéme, que par confequent en la fucceffion des
freres le lien de la mere eft rejetté, en ce qui concerne les biens paternels, &
le confanguin egalé au germain conjoint de pere & de mere, fuiuant l'ancienne difpofition de droict auant les authentiques de Iuftinian. Et cefte
derniere maxime eft celle qui iuge cefte caufe, pource que d'elle il fe conclud neceffairement que l'appellant frere confanguin en cefte fucceffion, a
mefme droict, & eft en egale proportion que l'inthimée, fœur germaine
conjointe de pere & de mere. Or pour monftrer l'indubitable verité, &
quant & quant l'equité de cefte maxime, il faut confiderer que la premiere
plus pure & plus mafle difpofition du droict Romain, n'a point receu les
meres à la fucceffion de leurs defcendans, ny moins par confequent ceux
qui leur eftoient conjoints par fon cofté. Cefte Loy eftoit conforme à celle
que Dieu auoit infpirée à Moyfe, & par luy publiée parmy fon peuple, fondée fur la mefme confideration qu'en rend Iofephe aux liures de l'Antiquité Iudaïque, pource qu'ils vouloient que les biens allaffent à ceux qui pouuoient porter les charges de l'Eftat, & auec leur fang deffendre la chofe publique. Outre cela elles auoient vne autre raifon; c'eft que la mere n'eftoit
point de la famille, & par confequent elle ne deuoit point participer aux
biens defquels elle eftoit compofée. Ioint que les diuorces eftoient fi frequens, qu'vne femme bien fouuent en peu de temps changeoit de plufieurs
maris, & laiffoit des enfans par tout où elle alloit, voire mefme que les hommes fe preftoient leurs femmes les vns aux autres pour en tirer lignée, comme il fe lit de Caton & d'Hortenfius en Plutarque. Ce fut donc le Senatuf-
confulte Tertullian le premier qui par vne molle Iurifprudence receut les
meres à la fucceffion de leurs enfans; mais fans eftendre hors de leurs perfonnes ce priuilege. Et encore cefte grace n'eftoit pas faite purement à la
mere, ains fous beaucoup de conditions dont vne partie eft rapportée par
Vlpian en la Loy 1. *ff. ad Tertull.* L'abus qui n'a befoin que d'vne entrée
pour faire vn grand & dangereux progrés, fe glifla peu à peu, de forte
qu'en deffaut des parens conjoints du cofté paternel, on appelloit les maternels à la fucceffion des parens decedez. Et en fin la reuerence des anciennes loix eftant entierement abolie auec la fplendeur de l'Empire, & cefte nation Romaine ayant degeneré parmy tant de nations barbares qui l'auoient
inondée; voila que la legiflation s'abaftardiffant, Iuftinian par fa Nou. 84.
ne fe contente pas d'auoir receu la mere & par elle introduit fa cognation és
fucceffions des autres familles, mais il veut mefme qu'en la fucceffion des
freres & des fœurs, la confideration de la mere & fon fang donne priuilege

& prerogatiue à ceux qui sont conjoints des deux costez, pour exclure les autres. Tellement que voicy vne sœur à qui il ne suffit pas de venir en rencontre auec son frere consanguin, elle le veut entierement exclure des biens propres de leur pere commun. Or puis que ceste pretenduë prerogatiue procede de la mere & du Tertullian, qui l'a appellée, il s'ensuit que l'ordonnance ayant abrogé le Tertullian pour les propres paternels, le priuilege donné aux freres germains, *& vtrimque coniunctis*, est pareillement euacué, & la chose reduite à ce qu'elle estoit auparauant le Tertullian, qui estoit, que *consanguinei simul cum vtrimque coniunctis admittebantur*, suiuant la Loy 1. *de leg. hered.* au C. §. *videndum*. Il semble que ce soit la propre & naïue disposition du droict en la Loy 21. *ff. ad Tertull.* où le Iurisconsulte demandant, *reiecta matre*, que deuient la succession de ses enfans, il répond qu'elle va à ceux à qui elle alloit si la mere n'eust point esté au monde. Auiourd'huy donc que nostre ordonnance rejette la mere, & le Tertullian, il faut que la succession aille où elle fust allée auparauant qu'elle fut appellée, & que le Tertullian fust publié; c'est à dire, aux consanguins & aux autres conjoints des deux costez indifferemment. Ce qui confirme ceste illation, c'est que l'authentique qui introduit ceste prerogatiue en exprime la cause, & se fonde sur ce que deux liens sont plus forts qu'vn, & que par consequent le frere ou la sœur de pere & de mere est plus habile à succeder que les autres. Si doncques auiourd'huy ceste raison faut, & que l'ordonnance rejette le lien maternel en paternel, il s'ensuiura que la sœur n'en aura plus qu'vn, non plus que le frere consanguin : & par consequent cessant la raison de la Loy de Iustinian, sa disposition deura aussi cesser. Car de mesme que le corps est informé par l'ame, de mesme les loix sont animées par la raison; laquelle leur manquant, elles demeurent mortes, sans mouuement & sans fonction. Et comment pourroit operer quelque chose le lien maternel en la personne des freres, s'il est inutile, &, comme disent nos Docteurs, impertinent en la personne des meres ? Seroit-ce pas autant que qui ne trouuant point d'eau en la source, en iroit chercher dans le ruisseau qu'elle produit ? Se pourroiton imaginer qu'vn arbre à qui on auroit coupé sa racine, pût iamais reuerdir ? ou qu'vne racine gastée & infectée pût jetter des drageons sains & naturels ? Cela n'est-il pas contraire à tout sens commun, qui ne permet point que l'effet subsiste sans sa cause, ny le subsequent sans son antecedent ? Les successions, dit-on, se deferent selon la charité & l'amour naturelle; & voicy que l'amour que la mere porte à ses enfans, qui à la verité est immense & incomparable, n'est pas suffisant pour l'admettre à la succession de ses propres enfans, & concourir auec les autres; & vne sœur alleguera ce mesme amour pour exclure son frere ? La mere elle mesme, se presentant auec la masse entiere de ceste affection naturelle, est rejettée & excluse par le frere consanguin; Et la sœur qui ne porte qu'vne estincelle de ceste affection, & vne legere participation de ceste amitié naturelle, exclura le frere ? Et que deuiendra doncques ceste regle si vulgaire : *Si vinco vincentem te, fortiori ratione vinco te*. Il faut que la sœur pour trouuer la conionction qui est entr'elle & son frere, remonte par son pere & par sa mere; ce sont degrez par lesquels de necessité il faut passer, dont l'ordonnance en a ruiné

celuy

celuy de la mere qu'elle n'a point voulu estre considerable; & par consequent il faut que la sœur cherche vn autre échelon, & qu'elle remonte à son
pere qui est le seul lien considerable en ceste succession, & qui est commun
à l'appellant, & à l'inthimée, & les egale en leurs droicts successifs. Ces raisons-là qui sont inuincibles, sont encore fortifiées par vne autre; qui est que
l'ordonnance rend pour raison de sa disposition, qu'elle veut que les biens
soient conseruez en la famille dont ils sont prouenus. Or ceste raison a egalement lieu, soit que le consanguin succede, soit le germain, pource qu'ils
sont de mesme nom, & de mesme famille. Voire qu'au cas où nous sommes, l'appellant qui est masle & de mesme nom que son deffunt frere, a
beaucoup d'auantage sur l'inthimée qui n'est que fille, & par consequent,
caput & finis familiæ, qui portera les biens en vne autre maison, & perdra
son nom dans vne autre famille. Puis donc que l'effet qu'a desiré l'ordonnance se trouue aussi bien au consanguin comme à celuy qui est conjoint
des deux costez, il est croyable qu'elle n'a point entendu introduire de difference entre ces deux personnes. *Vbi enim eadem ratio, ibi ius diuersum sta-
tui non debet. l. à Titio. ff. de verb. oblig.* Mais d'abondant, considerons comme aux especes semblables, ou approchantes de la nostre, les Iurisconsultes,
mesmes les modernes, s'y sont resolus. L'on leur a demandé, si au fief qui
est affecté aux masles deux freres se rencontrent ensemble pour succeder à
leur frere, dont l'vn soit conjoint des deux costez, l'autre ne soit que consanguin, comment ils succederont? Il est bien certain qu'à ne regarder que
la disposition du droict, celuy qui est conjoint des deux costez sera preferé;
mais pource que la chose est affectée aux masles, l'on n'y considere point le
lien maternel, & pource ils resoluent tous que le consanguin succede auec
le germain. Il en est de mesme en nostre fait; & pource que le bien est affecté aux parens paternels à l'exclusion des maternels, on ne doit point auoir
égard au lien maternel, *quia duo vincula tunc prævalent, quando per se effi-
cacia sunt*, & non autrement. C'est vne question quasi semblable à la nostre qui a esté souuent & solemnellement agitée par les Docteurs d'Italie:
sçauoir, Si quand par vn statut l'on introduit difference *inter agnatos & co-
gnatos, an consanguineus concurrat cum vtrinque coniuncto?* Et les plus celebres Docteurs ont répondu qu'oüy: & qu'en ce cas le lien maternel est rejetté, comme inutile & impertinent, qu'ils appellent, pour les considerations qui ont desia esté touchées. Le Menoche 187. Outre les raisons qu'ils
en donnent, il semble qu'on en peut remarquer vne qui est fort considerable; c'est que l'authentique qui a voulu preferer les deux liens à vn, n'a
point conneu ny presumé de difference entre les biens, mais a estimé qu'ils
estoient tous d'vne nature, & par consequent elle a voulu que celuy qui
estoit preferé à la succession le fust à tous les biens. Mais au cas des statuts, y
ayant certaine affectation & destination des biens faite plustost aux masles
qu'aux femelles, ou plustost aux parens paternels que maternels, c'est vne espece de substitution, ou fideicommis legal, qui descend de la puissance de la
Loy, & accompagne perpetuellement ceste nature de biens ainsi affectez à
certaine sorte de gens. Tellement que comme l'on dit qu'en la substitution
vulgaire, ou en la fideicommissaire faite par le pere à ses enfans, le consan-

guin succede auec celuy qui est conjoint des deux costez ; ainsi en doit-il estre en ceste substitution legale. Or nos Docteurs ont encore disputé & decidé ceste question en termes bien plus formels, & plus approchans de nostre Edict : Car ils ont demandé quand par le statut la mere est excluse, sçauoir si le frere vterin l'est aussi. Et sembloit que non, veu que les statuts estans dérogeans au droict, ne doiuent receuoir nulle extension, mesme de personne à personne. Toutesfois connoissant la fin & l'intention du statut qui a sa visée & son but à la conseruation des familles, ils ont resolu que la mere excluse, tout ce qui vient d'elle, ou de par elle, le doit estre aussi. *Boërius coin* 153. Si on pense dire qu'en la personne des freres germains les droits d'agnation conjoints à ceux de cognation sont plus forts que ceux de la simple agnation de la mere & des autres parties, ils se trompent : la Loy mesme dont ils se seruent, qui est l'authentique de Iustinian, a aboly le droict d'agnation, qui n'est pas vn terme naturel, mais ciuil, lequel ne monstroit pas tant l'effet du sang & de la charité naturelle, que la vertu & la force de la Loy. Et de fait, les enfans adoptifs estoient *inter agnatos*, bien qu'ils ne fussent nullement joints de sang & de nature auec les peres. Et au contraire les enfans naturels & legitimes, mais emancipez, n'estoient plus que *cognati*, à leur pere mesme. *l. de emancipato. C. de legat.* Doncques tous ces liens, que l'inthimée pretend, ne sont que simple cognation, laquelle est aussi parfaite au consanguin comme au germain : Car quand vne fois vne chose a receu sa vraye forme & specification, l'acession qui luy suruient n'adiouste rien à sa substance. Aussi l'inthimée pour auoir ces deux liens, ne change-elle pas de degré en la cognation ; elle est tousiours en ce second degré, auquel son frere consanguin est aussi bien comme elle. Mais, dira-elle, ces deux liens engendrent vn plus feruent amour, vne plus ardente affection qui doit seruir à regler les successions ab intestat, pour faire preferer ce qui a esté plus cher & recommandable aux deffunts. Si cela estoit, l'inthimée seroit mal partie, puis qu'il est verifié par les enquestes, que le deffunt auoit souuent declaré qu'il ne vouloit point qu'elle eust aucune part à ses biens. Aussi tant s'en faut que ceste double conjonction accroisse l'amitié entre les freres, qu'au contraire il semble qu'elle la diminuë ; voire mesme arriue-il qu'entre les jumeaux qui sont encore plus estroitement conjoints, rarement y voit-on l'amitié ; pource que les hommes plus ils ont de commun ensemble, & plus ont-ils de sujet de discorde & dissension. En voila dans les Sainctes lettres l'exemple de Iacob & d'Esaü, qui dés le ventre mesme de leur mere commencerent les jalousies & contestations qu'ils continuerent toute leur vie. Et dans les prophanes, voicy les fondateurs de ce grand Empire, dont on nous allegue les loix, Romulus & Remus, qui sortis de mesme ventre, & nourris de mesme lait, attentent sur le bien & sur la vie l'vn de l'autre, & signalent le commencement de leur domination par vn execrable assassinat, que le Poëte dit auoir esté l'infortuné presage de toutes les calamitez qui depuis tomberent sur cét Empire.

Vt immerentis fluxit in terram Remi,
Sacer nepotibus cruor.

Ce ne sont pas en la Musique les tons les plus proches qui font les bons accords,

cords,au contraire ils font tous faux ; ains ce font les plus esloignez qui font
les plus harmonieux,pourueu qu'ils se répondent en deuë proportion. Ainsi
en est-il des freres ; ce n'est pas l'education de la mere, ny le ventre où ils ont
esté conceus, ny les mignardises & caresses auec lesquelles ils ont esté esleuez qui les entretiennent en amitié,mais la sage & seuere institution des peres qui les aimant egalement les dresse à l'amitié & à la concorde, qui est le
principal effet de la vertu. Et pource l'appellant concluoit à ce qu'il fust dit
auoir esté mal iugé & bien appellé par luy,& qu'en emendant le iugement,
la succession de son frere luy fust entierement adiugée suiuant son testament. Et subordinément que la moitié des propres paternels luy fussent
delaissez suiuant l'ordonnance auec dépens.

L'inthimée au contraire pour soustenir la sentence disoit ; Que le testament militaire qu'on alleguoit estoit vne chose vaine, & non considerable.
Car on sçait qu'és guerres ciuiles les droits ordinaires & priuileges militaires
cessent pour l'horreur & detestation en laquelle on a telles émotions & rebellions;tellement que comme nous lisons en Tacite, ceux qui estoient pris
en telles guerres n'estoient point faits esclaues, ny moins mis à aucune rançon ; *cessat ius postliminij.* Les priuileges militaires ne font donnez qu'à ceux
qui font *in numeris & legitimo sacramento addicti,* & combattoient pour la
Republique : l'exemple de Caton qui ne voulut pas laisser combattre son
fils.Or le deffunt est decedé dans le lieu de son domicile,y portant à la verité
les armes,& empeschant l'entrée à son Prince legitime.Dauantage il est certain que le soldat mesme qui est enroolé sous les enseignes du Prince , n'est
point censé tester militairement ; quand au contraire il choisit la forme du
droict commun,sinon qu'il le declare puis apres expressément,& à dit,*vocatis testib.* Pource qu'en ce cas le priuilege luy apporteroit de l'incommodité ; car ayant voulu par les solennitez du droict asseurer sa disposition, on
l'exposeroit contre sa volonté aux suppositions & fraudes qui peuuent estre
plus aisément commises aux testamens militaires. Or il resulte par l'enque-
ste de l'appellant que le deffunt auoit declaré d'auoir fait son testament solennel , & qu'il vouloit qu'il eust lieu. Outre tout cela la preuue qui est par
les enquestes ne porte pas que ceux qui deposent, *conuocati ad id,* comme la
Loy requiert , ayent oüy le deffunt disposer de ses biens,mais seulement declaré d'auoir fait vn testament par paroles relatiues, & non dispositiues. Et
encore les témoins qui ne font que cinq, né font-ils point contestes de mesme temps, ny de mesme lieu. Tellement que nous sommes proprement
aux termes de la réponse de *Diuus Traianus,* qui rejettant semblables
pretentions, disoit ; *Alioquin non difficulter post mortem alicuius militis testes
existerent qui affirmarent se audisse dicentem aliquem relinquere se bona cui visum sit.* L'appellant donc se voyant exclus de ce chef , veut rentrer en partie de ceste succession , comme frere consanguin , & soustient que par l'ordonnance des meres & Declaration interuenuë sur icelle , tout le droict
que peuuent pretendre les parens maternels és propres paternels , est tel: Et
qu'en consequence le priuilege & prerogatiue donnée par la Loy aux freres
& sœurs conjoints des deux costez par dessus les consanguins,est aussi abolie. Qui sont deux questions qu'il faut traitter l'vne apres l'autre, d'autant

que la derniere dépend de la premiere. Non toutesfois que la premiere maxime eſtablie, on puiſſe inferer neceſſairement la ſeconde : Mais bien pource que la premiere ruinée, la ſeconde s'en va indubitablement à vau-l'eau. Pour ſuiure cet ordre, & commencer par la premiere, comment verifiera-l'on que par l'ordonnance tous ceux qui viennent du coſté maternel ſoient exclus ? L'ordonnance donc en exclud la mere, & par conſequent tout ce qui vient de ſon coſté. Et quelle ſera la propoſition majeure par laquelle on pourra iamais venir à ceſte illation, veu que toutes les regles & maximes de noſtre droit y reſiſtent ? Car qui ne ſçait que les loix nouuelles, & principalement celles qui ſont correctrices du droict commun ne doiuent receuoir aucune extenſion non pas de perſonne à perſonne, mais meſme de cas à cas. Croyons-nous que le Legiſlateur ait manqué de parole pour pouuoir exprimer ſon intention, ou de prudence pour preuoir le cas où nous voulons eſtendre la loy ? Ou bien eſtimons-nous ce fait ſi abſtrus & mal-aiſé à imaginer qu'il n'ait pû penetrer iuſques-là ? Comme ſi d'ordinaire il n'arriuoit pas plus de ſucceſſions collaterales que non pas des aſcendans aux deſcendans qui ſont & contre le cours & contre le vœu de la nature. Et quoy doncques, n'euſt-il ſceu adiouſter que la mere & les parens de ſon coſté ne ſuccederoient plus és propres paternels, & auec ce petit mot retrancher tant de queſtions qu'on peut former ſur ce ſujet ? Mais il ſuffit, ce dit-on, qu'il l'ait decidé, & où la raiſon eſtoit moins forte, par conſequent vient ce qui eſt à plus forte raiſon. Cela n'eſt pas veritable au cas des loix qui derogent au droict commun ; car bien ſouuent on ſe contente de faire operer vn effet limité & borné à vne raiſon forte & puiſſante, pource que le Legiſlateur ſe contente de pouruoir à vn cas comme le plus important. Mais qui conſiderera exactement & profondement la raiſon de l'ordonnance, trouuera qu'elle eſt principalement attachée à la perſonne des meres ſans ſortir hors d'elle, ny s'eſtendre aux parens de ſon coſté. Car bien que par vne ſage modeſtie, elle n'ait pas voulu exprimer la cauſe motiue pour n'offenſer tout le ſexe feminin delicat & pontilleux ; toutesfois ſa vraye cauſe qui l'a pouſſée à ceſte conſtitution, n'eſt que l'inconuenient que l'Empereur a remarqué aux ſecondes nopces, par leſquelles ſouuent les ieunes veufues, *ſecundis maritis bona vitámque filiorum addicunt.* Les hiſtoires ſont toutes pleines de ces triſtes euenemens, dont elle n'a penſé pouuoir autrement arreſter le cours, & démouuoir les hommes & les femmes de tels forfaits, ſinon oſtant au malefice ſon prix & ſa recompenſe. *Nemo enim gratis malus eſt*, comme dit Tite-Liue. Or pour monſtrer que ce n'eſt qu'vn pretexte recherché ; ſi l'ordonnance euſt eu ceſte intention, il falloit auſſi bien prohiber la ſucceſſion du pere à ſes enfans aux biens maternels. Il falloit ſemblablement prohiber la ſucceſſion des ſœurs, car par leur moyen les biens ſont auſſi transferez d'vne famille à l'autre. Il ne demeure donc aucune certaine cauſe de ceſte ordonnance que celle-là, qui ne ſe communiquant point, ne peut eſtendre ſon effet. Ioint auſſi qu'il faut tenir ceſte premiere regle inuiolable de ne iamais eſtendre les nouuelles loix qui corrigent le droict commun. L'exemple de nos Legiſlateurs nous conduit à cela meſme en vn fait aucunement ſemblable à celuy-cy. Car quand ils introduiſirent par le

Tertullian

Tertullian la mere à la fucceffion de fes enfans, ils ne voulurent pas pour cela eftendre cette grace à l'ayeule maternelle au deffaut de la mere. Et neantmoins l'extenfion feroit bien plus fauorable pour l'admiffion que pour l'exclufion, veu que la beneficence fe contente d'vne moindre caufe que lors qu'on veut mal faire. C'eft la regle qu'a fuiuy à l'interpretation de noftre ordonnance ce grand Senat de Paris, l'oracle de Iuftice de l'Europe, lequel en la fucceffion d'vn nommé Choin de Foreft, la mere fe trouuant excluse par l'ordonnance, elle viuante donna la fucceffion à l'ayeule maternelle par arreft du 23. Decembre 1598. Tant elle iugea cette ordonnance odieufe & digne d'eftre reftrainte, puis qu'elle ne pouuoit eftre abolie. En plufieurs autres cas, comme quand on l'a voulu eftendre pour exclure les freres vterins, elle s'y eft vertueufement oppofée, & l'a reftrainte dans fes bornes, & retranché les iniurieux effets qu'on luy vouloit faire produire au preiudice des perfonnes qui n'y font point nommées. Charondas fur cette ordonnance en cotte les arrefts. Mais, dit-on, la Declaration parle plus clairement, & exclud difertement tous les parens du cofté maternel. Premierement chacun fçait en quel temps a efté obtenuë cette Declaration, ambicieufement fans doute, & fur le fujet d'vn procés particulier qui eftoit pendant en cette Cour. On fçait auffi qu'elle n'a fon addreffe qu'a ce Parlement, & n'a efté prefentée à aucune autre Cour de ce Royaume; qui monftre que ce n'eft point vne vraye Loy qui doit eftre generalle, & fans aucun particulier refpect decider vniformément tous cas femblables. Et pour ce refcrit ainfi tant impeté, s'eftant coulé par furprife dans les regiftres publics, auroit auffi efté argué par l'vfage, & conuaincu de la fraude de fes Autheurs; de forte que depuis trente cinq ans en ça quelque cas qui fe foit prefenté, il n'a iamais efté fuiuy ny obferué : Et au contraire les parens maternels & paternels en ligne collateralle ont toufiours fuccedé en concurrence enfemblément, nommément en la caufe d'Arnoux Bonaud du 15. Decembre 1590. Or on fçait quelle eft la puiffance & authorité de l'vfage & commune obferuance pour abroger & abolir les loix, voire les plus folennelles : car comme elles prennent leur principale force de la droite raifon, qui eft l'efprit qui les viuifie, quand le commun confentement des hommes vient à s'y oppofer, c'eft à dire, que la raifon les combat, & par confequent elles perdent leur vie & leur eftre. De cela il fe pourroit donner force exemples en noftre droict, fi nous n'auions des volumes tous entiers des loix abrogées, veux-je dire, par le feul vfage. Mais pour induire par vn feul exemple des loix les plus auguftes & facrées, la confequence plus probable aux profanes; que fe peut-il imaginer de plus faint, religieux, & inuiolable que les Conciles qu'on appelle des Apoftres, où l'efprit de Dieu paroiffoit plus euidemment ? & toutesfois plufieurs chofes y ont efté eftablies, qui depuis infenfiblement, & par l'vfage contraire ont efté abrogées & abolies, voire peu de fiecles apres. Pourquoy ? pource que *in dies proficit Spiritus*, dit Tertullian: Et que le changement des chofes pour lefquelles les loix font introduites, donne auffi occafion de les changer. Doit-on donc trouuer eftrange fi cette Declaration, chofe extraordinaire, contraire au droit de la Prouince introduite par artifice & malice, a efté reiettée par l'vfage

ZZZz iiij

des iugemens, ne plus ne moins que les ordures de la mer sont par elle iettées à bord par son flot & agitation? Secondement, si cette Declaration
deuoit auoir lieu, ce n'est qu'vn appendice de l'Edict des meres, qui doit
auoir perpetuelle relation à iceluy, & qui ne doit point exceder les personnes qui y sont nommées. Et pource ne pourroit auoir lieu, sinon tant que
la mere seroit en nature, pour exclure par son moyen ses parens, afin d'euiter l'indigence que remarque la mesme Declaration de voir la mere excluse, & voir ses parens plus esloignez du deffunt admis à la succession. Et est
fort croyable, que c'est l'interpretation qui adoucissant ce qu'elle contenoit d'exorbitant, a fait qu'on n'a pas pris garde au premier abord à son iniquité. Mais posons le cas, bien que non veritable, que cette Declaration
deust tenir lieu de Loy, voire fort solennelle, & que par la taisible disposition de l'ordonnance, & les termes expres de cette Declaration les parens
maternels soient exclus des propres paternels, comment peut-on tirer par
là que la prelation des freres germains par dessus les consanguins soit abolie? Ne seroit-ce pas vn argument pur sophistique, de dire: L'Edict & la
Declaration excluent les parens maternels; Doncques ils excluent les parens paternels & maternels ensemble ? Comment est-ce que l'argument
peut valoir, si en la mineure proposition, ou en la conclusion, on change
les termes compris en la maieure ? Cet argument ne tombe-il pas en la fallace de celuy qui prenant sa maxime en vn sens diuisé, conclud par apres en
vn sens composé ? Ou qui prenant en la maxime les termes en vn sens simple, en la conclusion y adiouste vn accident ? Mettons donc cet argument
en sa forme, & la tromperie en sera manifeste. La Declaration exclud les
parens maternels; La sœur est parente paternelle & maternelle ; *Ergo* elle
est excluse. Et lors il n'y aura personne qui ne se mocque de cette conclusion, & n'en reconnoisse l'absurdité. L'appellant se sentant conuaincu veut
desguiser cet argument, & le mettre sous vne autre forme, pensant en rendre la caption moins perceptible ; & dit que l'ordonnance reiette le lien
maternel, & par consequent la sœur germaine n'ayant plus qu'vn lien, n'a
point d'auantage sur le consanguin. A cela on luy respond ce qui luy a esté
desia dit, que l'ordonnance reiette le lien maternel seul, non le paternel &
maternel ensemble. Elle replique, & dit que ce qui seul n'a point de vertu,
n'en peut auoir conjoint à vn autre. Et cela est vne maxime entierement
fausse qui se peut aisément conuaincre, & en la nature & au droit ciuil &
diuin. La forme en la nature est la plus noble partie du composé; toutesfois
separée de la matiere, elle n'est rien, si ce n'est en l'homme. Bref il se pourroit faire quasi vne induction generalle, pour monstrer que la plus part des
choses qui sont parties integrantes d'vn tout, separées sont de nul prix &
valeur, & jointes sont des choses excellentes. Et en nostre droict, nos Iurisconsultes qui ont assez reconneu cela, ont introduit cette maxime, que
casus simplex non comprehendit casum mixtum, mesme en matiere de loix &
de statuts. L'authentique mesme dont la prelation des germains est tirée,
l'a assez remarqué; car, dit-elle, au frere consanguin, & en l'vterin, la Loy
& la nature sont imparfaites; mais au germain toutes deux venant à le rencontrer elles engendrent cette excellence & perfection que la Loy a voulu

orner

orner de cette préeminence. Il ne faut donc pas s'estonner si vne chose qui
vaut desia de soy-mesme reçoit plus de valeur & d'auantage par l'accef-
fion de celle qui seroit inutile de soy. Car nous trouuerons en nostre droict
mesme des exemples des liens, qui chacun à part estoient inutiles, joints
ensemble sont rendus forts & grandement efficaces. L'enfant qui n'estoit
que naturel, ne se pouuoit plaindre du testament inofficieux de son pere:
aussi ne pouuoit pas celuy qui n'estoit qu'adoptif, mais le pere adoptant son
fils naturel, il deuenoit de mesme droict que les plus fauorisez, & acqueroit ce qu'il n'auoit point auparauant : *vtroque enim iure tam naturali quàm
legitimo in hanc personam concurrente pristina iura tali adoptioni seruamus. §.
sed ea. de hered. qu. ab.* A cela mesme reuient ce que Iustinian ordonne en la
Loy penult. *de adopt.* au C. où il respond que combien que l'adoptif n'eust
point de part en la succession de son adoptant quand il auoit testé ; toutesfois si c'estoit l'ayeul maternel qui l'eust adopté, il aura le mesme droit que
s'il estoit sien. *In hac causa, quia in vnam personam concurrunt naturalia &
adoptionis iura, maneat stabile ius patris adoptiui, & naturali vinculo copula-
tum & legitimo adoptionis nodo constrictum.* C'est donc bien mal argumenter, de dire que l'ordonnance qui reiette le lien maternel seul, le reiette aussi
quand il est conjoint au paternel. Et cela resiste encore à vne regle & maxime celebre tenuë indubitable par nos Docteurs, qui dit que *speciale priuile-
gium per verba generalia nunquam videtur sublatum.* De sorte que ce droit de
prelation ayant esté donné aux freres germains auec tant d'eloges d'honneur par l'Empereur, ce seroit chose impertinente de vouloir croire que par
la taisible interpretation d'vne autre Loy il fust aboly. Ce qui seroit encore
plus absurde en ce fait, qu'en aucun autre ; d'autant que la raison sur laquelle se fonde & l'Edict & Declaration, qui est pour empescher la translation des propres, cesse entierement en la personne de l'inthimée : Car estant
de la famille d'où viennent les biens, il ne s'en fait en elle aucun transport,
& l'ordonnance n'a aucun interest ny consideration, si deux ou vn seul succedent, pourueu qu'il soit de la famille. Mais les Docteurs, ce dit-on, ont
tenu en leurs Conseils, que *quando cognati exclusi sunt propter agnatos,* que
le consanguin vient en concurrence auec le germain. Chacun sçait assez
que c'est que la doctrine des Conseils, & combien mesmes nos modernes
Docteurs se sont esloignez de la pureté du droict, & de la droite raison sur
laquelle il est fondé. Il s'en trouue à la verité quelques-vns, qui ont soustenu cette proposition comme l'Alba, le Mandelus, le Beroius, & le Menoque : mais il n'a pas manqué de bon & aussi grand nombre d'autres d'aussi
grand nom qui s'y sont genereusement opposez, lesquels ont destruit &
renuersé cette maxime, comme le Ruin, le Chepale, le Tiberius Decianus,
& autres qu'il cite. Et le Beroius mesme confesse auoir consulté pour &
contre le consanguin. Le Menoque traitant cette question, veut prouuer
son opinion par douze raisons, & reconnoist qu'il y en a vingt-quatre au
contraire. Ainsi,

—— *magno se iudice quisque tuetur vtrosque*
Defendit numerus iunctæque vmbone phalanges.

Mais qui examinera les raisons sur lesquelles les Docteurs fondent cette ma-

xime, trouuera que ce n'est que fumée qui s'euapore en l'air quand on la
pense prendre : car outre quelques regles mal-induites qui reçoiuent leurs
exceptions, il ne se trouue que deux argumens qui facent force. Le premier
est tiré du fief masculin, où la commune opinion tient que le consanguin
succede auec le germain. Ce qui ne peut estre tiré en consequence en ce fait ;
car la qualité de masculinité qui est requise en cette succession feudale est si
grande, & si violente, qu'elle est considérée toute seule, comme entierement necessaire pour accomplir la charge à laquelle le fief est donné. Tellement qu'en la succession du fief on ne considere pas tant la qualité de celuy à qui on succede, & nullement son affection, ou inclination, mais la
seule intention & volonté de celuy qui a donné le fief, qui a eu principalement pour dessein d'auoir vn vassal capable pour le seruir. Ioint que la succession des fiefs masculins a d'ordinaire auec soy annexé vn droict d'aisnesse qui prefere le premier-nay aux autres pour estre le plus digne & plus capable d'accomplir la Loy du fief. Que si en cette succession on vouloit preferer les conjoints des deux costez, souuent il faudroit laisser l'aisné pour en
aller chercher vn autre plus ieune nay d'vn troisiesme ou quatriesme mariage, moindre de sens & de suffisance. Le second exemple dont on veut appuyer cette maxime, c'est qu'au fideicommis fait par le pere le consanguin
succede auec le germain. Mais qui ne voit que c'est à cause de la disposition
du pere qui est censé aymer egalement ses enfans ? Au contraire voicy vn
argument pris des mesmes Docteurs, qui destruit cette maxime ; car ils sont
d'accord qu'en la substitution pupillaire le frere germain exclud le consanguin, pource que succedant immediatement au pupil, on conforme tant
qu'on peut la succession testamentaire à la legale, & à la presumée affection
du deffunt. Et ainsi l'inthimée deliurée du preiudice qu'on vouloit tirer
contre elle de l'ordonnance & de sa declaration, ensemble de l'opinion des
Docteurs, demeure en la pure disposition du droict escrit qui luy donne
par la double conjonction, droit de preference sur son frere en cette succession. Priuilege qui n'est pas procedé, comme on pretend, en consequence du Tertullian, ny en saueur de la mere, ny moins en consequence
de ce que le droict d'agnation auoit esté aboly par l'authentique. Car il
auoit esté introduit longuement auparauant l'authentique, & au preiudice & exclusion non seulement de la mere, mais du pere mesme ; tant cette
charitable liaison ainsi renforcée de ces deux liens auoit pleu aux loix. De
fait nous trouuons en la Loy 2. *ad Tertull*. que le pere estoit preferé à la mere en la succession de leurs enfans communs. Et trouuons puis apres en la
Loy *Sancimus comm. de suc.* au C. que le frere germain estoit preferé au
pere. Quant aux autres freres consanguins & vterins, le frere germain ne
leur a pas seulement esté preferé, mais aussi ses enfans apres son deceds,
auth.118. Tellement que l'appellant se trompe fort, s'il croit estre en mesme degré de proximité successiue que l'inthimée, veu que ses enfans mesme le pourroient exclure. Il y a bien difference des degrez de consanguini-
té, & de ceux de succession ; l'vn se regle par l'ordre de la naissance, l'autre
par la disposition de l'Edict successoire. Aussi nos Docteurs traitans cette
question, ont-ils dit, que le frere germain, ores qu'il soit en mesme degré

de

de confanguinité, toutesfois en la fucceffion *eft proximior gradu.* C'eft
pourquoy fa préeminence eft plus grande, fon amour & fon affection naturelle enuers le deffunt eft plus eminemment ferrée auec des plus eftroits
liens, plus appuyée & fauorifée du droict diuin, & du naturel. Du droict
diuin, pource qu'il eft fondé fur la reuerence des mariages, qui eftans auparauant inftables & mouuans, ont efté rendus par la Religion Chreftienne
fermes & indiffolubles. Car ce qui faifoit qu'au premier droict Romain on
ne confideroit à la fucceffion que la confanguinité, eftoit, comme l'a reconneu ingenuëment l'appellant, que les maris changeoient fi fouuent de
femmes, & les femmes de maris, que la femme n'eftoit point cenfée eftre
de la famille du mary, mais comme vne planette errante auoit tantoft fa
demeure, & fon affection en vne maifon, tantoft en vne autre; dont le
Poëte difoit,

> *Tranfmutátque domos, & tranfit in altera iura,*
> *Quinque per autumnos, titulo res digna fepulchri.*

Mais la lumiere Euangelique venant à efclairer au monde, a appris aux Le-
giflateurs Romains que la femme n'eftoit pas feulement de la famille du
mary, mais vne bonne partie de luy-mefme, la chair de fa chair, les os de
fes os; dont il fe peut fort veritablement inferer que les enfans qui font de
diuers mariages, ne font pas vrayement de mefme pere, puis que ce pere
changeant de femme a mefmement changé de nature, & a perdu partie de
fes biens & de fa fubftance. Et cette facrée lumiere ayant à fe refpandre par
tous les endroits de la terre, ne l'a peu faire plus commodément que s'infinuant dans les loix Romaines qui eftoient obeïes & refpectées par tout. Et
là deffus vient en confideration ce beau traict d'Eucherius Euefque de
Lyon, en fon parenetique à Valerian fon coufin: les termes en font beaux
& meritent d'eftre entendus en fa langue. *Putafne* (luy difoit-il) *ob aliud,*
nationes & regna in ius ceffiffe Romanum; ob aliud, magnam partem generis
humani in vnum tranfiffe populum, nifi vt facilius tanquam medicamentum
per corpus vnum, ita per gentem vnam fides infufa penetraret: & vt capiti
ingefta velociter fe per membra diffunderet? Magnum ergo ex hoc pietatis argu-
mentum eft, quòd fub Cæfare Octauio, cùm vtique Romana poffeffio verti-
cem tenuit, tunc fe Deus terris dedit. Puis donc que les loix Romaines deuoient infinuer la Religion, & que la Religion vouloit introduire vne plus
grande reuerence és mariages, & que pour ce faire il falloit non feulement
introduire la pluralité des mariages enfemblément, mais encore la diffua-
der fucceffiuement; ç'a efté vn fage confeil de preferer en la fucceffion des
freres ceux qui eftoient de mefme mariage; car la peine & priuation des autres confanguins venoit puis apres à apporter vne efpece de creuecœur aux
peres & aux meres, lefquels, comme dit la Loy, ne font pas moins affligez
de la peine de leurs enfans que de la leur propre. Voyla doncques la faueur
du droict diuin: Et quand au droict naturel, duquel la raifon fuit ordinairement le diuin, elle eft toute efclatante en cette prelation des freres germains: car c'eft vne regle vniuerfelle & inuiolable en la nature, que plus
vne chofe a d'excellence & de perfection, plus merite-elle de prix & d'honneur. Or pour monftrer la perfection de cette double conjonction, il ne

faut que les propres termes de l'Empereur en nostre Nouelle, τὸ πανταχόθεν γνήσιον ὥσπερ τὸ σύμβολον αὐτοῖς ἐπέσπεσεν: Comme s'il disoit qu'en ces person-nes-là, il y a vne marque d'ingenuité plus grande, & qu'il y reluit ie ne sçay quoy de meilleur naturel. Et pource n'estoit-il pas raisonnable d'egaler à eux, ceux que ce charactere de dignité marquoit; qui fait adiouster au mes-me Empereur, τοῖς πλειωτέροις ἀποδιδόντες τὰ κρείλω, τοῖς ἐλάτίοις ἔξιουῦ αὐ-τοῖς οὐκ ἀπέχομεν. Il est bien certain que les successions sont des honneurs que donne la Loy pour la douleur que chacun reçoit de la perte de son parent; Et selon que la charité & l'amour estoient plus grandes, ainsi croist la dou-leur de la perte, ainsi croist l'honneur de la consolation. O quelle compa-raison y a-il en cela du frere consanguin au germain? Au germain qui plo-rant son frere, dit vray-semblablement, Auant que naistre nous auions habité en mesme ventre, nous auions esté formez de mesme matiere; nour-ris de mesme sang; nous auions tourné dedans les mesmes flancs; Et venus au iour nous auions reposé en mesme sein, allaictez de mesmes mammel-les, succé mesme laict, caressez par mesmes pere & mere, oüy les vœux que mesmes personnes faisoient pour nostre prosperité. Et au contraire le frere consanguin, ou vterin, voit que la Loy ne l'appelle frere que par em-prunt d'vn mot impropre, & nostre langage commun mesme ne les appel-le que demy-freres. Et voit dauantage que la plus part des nations estiment si peu ce lien imparfait, qu'elles n'estiment pas que les conionctions de tel-les personnes doiuent estre prohibées ny defenduës. Nous lisons dans Phi-lon Iuif au liure περὶ τῆς αἰσφιερμήνων ἐν ἴδια νόμων, & dans Arnobe aduersus Gentes, que les Atheniens estimoient y auoir si peu de parenté entre les consanguins qu'ils appelloient ὁμοπατρίους, qu'ils permettoient de se ma-rier ensemble. Et les Lacedemoniens au contraire permettoient le sem-blable aux enfans vterins qu'ils appelloient ὁμομητρίοις. Et par ces moyens concluoit l'inthimée à ce qu'il fust dit auoir esté bien iugé, mal & sans grief appellé par l'appellant, & qu'il fust condamné aux despens: Et neant-moins que les tiers detenteurs des biens fussent condemnez à les vuider à son profit.

Veu le procés par escrit, & tout ce qui a esté escrit & produit en cause d'ap-pel par les parties, diligemment examiné & meurement consideré.

La Cour a mis l'appellation au neant; a ordonné & ordonne que ce dont a esté appellé sortira son plein & entier effet sans despens de la cause d'appel: & auant faire droict sur les fins & conclusions prises par l'inthimée contre les tiers detenteurs, a ordonné que les parties seront plus amplement oüyes par le Commissaire qui sera deputé pour cet effet, despens pour ce regard reseruez.

PROCEZ

 ROCEZ s'eſt meu pardeuant le Lieutenant du Seneſchal
de Prouence au Siege de Marſeille; Entre Catherine Gi-
raude demanderesse en requeſte, à ce que les biens par elle donnez à François Toſcan ſon fils, & aux ſiens maſles, luy fuſſent adiugez par droiĉt de reuerſion, au moyen du predeceds
des donataires, d'vne part. Et Magdeleine Serene mere &
heritiere inſtituée de Iean Toſcan fils de François & d'elle defendereſſe d'autre.

AVQVEL procés pour ce fait les parties eſtoient d'accord, que Catherine Giraude, ayant eſté conjointe par mariage auec Iean Toſcan,
ſeroit demeurée veufue d'iceluy chargée de deux enfans maſles, Michel &
François Toſcan, leſquels elle auroit eſleuez & cheris auec tout le ſoin &
affection qu'on ſçauroit deſirer d'vne bonne & charitable mere. Mais non
contente de cela, les voyant en aage de pouuoir s'auancer par quelque negotiation & maniement d'affaires, ſe ſeroit reſoluë de ſe deſpoüiller de tous
ſes biens pour les en reueſtir & accommoder. Et defait l'an 1574. le 20.
Ianuier en preſence du Lieutenant au Siege de Marſeille, des Conſuls, Notaires, & teſmoins elle auroit paſſé contraĉt, par lequel pour recompenſe
des ſeruices, elle donne par donation pure, ſimple, irreuocable, & entre
vifs à Michel & François Toſcan preſens & ſtipulans, & acceptans à leur
profit, & de leurs enfans maſles qu'ils pourront auoir de preſent & à l'auenir, tous & chacuns ſes biens, droiĉts, raiſons, & aĉtions, meubles, immeubles preſens, & à venir, deſquels elle veut & entend que ſeſdits enfans &
leurs maſles puiſſent faire & diſpoſer à leur bon plaiſir & volonté tout ainſi
qu'vn vray ſeigneur & maiſtre peut faire de ſes biens & choſe propre acquiſe par valable titre : Se retenant toutesfois la ſomme de cent florins pour
en diſpoſer par teſtament, & outre ſe reſeruant vne penſion annuelle de blé,
vin, huile, & robbe, & autres petites commoditez deſignées par le contraĉt,
renonçant à tous droiĉts & priuileges, & iurant par ſerment aĉtuellement
preſté ſur les ſaintes Eſcritures l'obſeruation des choſes promiſes. Suiuant
ceſte donation Michel & François Toſcan ſeroient entrez en ioüiſſance des
choſes données, & ſatisfait aux charges du contraĉt. Et quelque temps apres
François mary de la defendereſſe ſeroit venu à deceder laiſſant Iean Toſcan
ſon fils vnique, qui auroit continué la ioüiſſance de la moitié des choſes
données, iuſques à ce qu'il ſeroit venu à deceder, & auant mourir auroit inſtitué Magdeleine Serene ſa mere ſon heritiere, & legué ſeulement la ſomme de dix eſcus à la demandereſſe ſon ayeule. En vertu de ce teſtament la
defendereſſe ſe ſeroit emparée de tous les biens, & meſme des choſes données. Ce que voyant la demandereſſe, auroit eſté contrainte de faire appeller la defendereſſe par deuant le Lieutenant du Seneſchal de Prouence à
Marſeille, pour auoir par droit de reuerſion les biens par elle donnez. A cela
elle ſe diſoit eſtre aſſiſtée de la Loy & naturelle, & ciuile; Le vœu & deſir
de la nature porte ordinairement que toutes choſes retournent d'où elles
ſont parties. Et ſi pour quelque fonĉtion, ou office particulier, pour quelque ayde ou ſecours elles ont eſté deplacées de leur lieu, & oſtées de leur

assiette, si tost que ceste occasion cesse, d'elles mesmes elles reuiennent d'où elles estoient sorties. Cela se voit és elemens, & clairement en la dissolution des corps qui en sont composez; apres laquelle chacun retourne en sa propre sphere, ne pouuant estre retenu hors d'icelle, sinon auec vne extreme violence, contre laquelle neantmoins il lutte continuellement, iusques à faire des efforts espouuantables en la nature. Tellement que l'air qui est le plus mol & plus cedant des elemens, estant hors la liaison & composition d'vn corps naturel, s'il est enfermé en bas sous terre, ou en haut dans les nuës, fait des tremblemens & des tonnerres espouuantables, & ne cesse de gronder furieusement iusques à ce qu'il ait repris son siege. Et pour prendre vn exemple qui nous soit plus familier, le cœur en l'homme est le thresor du sang & des esprits, c'est luy qui les distribuë par tout le corps, les respand par les membres par la deriuation & diuarication des veines & des arteres; & par vn euident & admirable effet de la charité naturelle enuoye l'abondance où il connoist la necessité. Mais aussi si le cœur vient à estre assailly de quelque fascheuse apprehension, & ait besoin de secours, vous voyez le sang & les esprits qui estoient partis de luy, remonter des plus basses extremitez, & accourir de tous costez à son aide, iusques à laisser le reste des parties pasles & languissantes pour vn temps. Si doncques de mesme la demanderesse enflammée de ceste ardeur de charité non commune à toutes les meres, mais propre aux bonnes, saintes, & vertueuses, pour fauoriser la naissante fortune de ses enfans, & rendre leur estat plus honorable, & leur condition plus douce en ce monde, s'est liberalement despoüillée de ses biens, & les a profusément eslargis à leur secours, auiourd'huy qu'elle a esté contrainte de fermer les yeux à ceux de qui elle attendoit cet office, & que par ce moyen elle demeure destituée de l'ayde & consolation qu'elle esperoit de ses enfans en sa chenuë & languissante vieillesse; qu'y a-il de plus raisonnable, & plus conforme au vœu commun de la nature, sinon que ses biens reuiennent maintenant à elle, puis qu'ils sont inutiles à ceux à qui elle les auoit donnez, & plus necessaires à elle qu'ils n'auoient iamais esté? Et au contraire que sçauroit-on excogiter de plus iniuste & de plus deplorable que de voir vne mere priuée de sa posterité, & quant & quant despoüillée de tous ses biens, & pour comble de misere, & surcharge d'insupportable affliction la mendicité succeder à l'orbité? Et encore cela qui est beaucoup, seroit il peu, si pendant que la vieillesse la charge, la pauureté la presse, la douleur l'accable, elle ne voyoit de ses yeux ses propres biens possedez par vne personne estrangere, *seque viua adhuc & spirante suam hereditatem ab extranea cerni.* La Loy ciuile qui a preueu ceste plainte, n'a point laissé ceste iniure sans secours, & a de longuemain pourueu à ce que la liberalité & munificence des peres & des meres ne leur tournast à vn tel preiudice, & que se voyans priuez par vne infortunée orbité de leurs enfans, & quant & quant des biens qu'ils leur auroient donnez, ils ne fussent saisis d'vne froide crainte qui les retardast en toutes autres fauorables occasions d'élargir de leur viuant leurs biens à leurs enfans. Ce fut l'occasion qui donna sujet à l'Empereur Theodose de promulguer ces deux constitutions qui sont inserées sous le rang des deuxiéme & troisiéme, au titre, *de bonis quæ liberis,*

liberis, au Code. Sous l'authorité defquelles s'eft eftablie cefte maxime auffi commune comme celebre parmy tous les Docteurs du droit, & en tous les barreaux de l'Europe ; Que les donations faites par les afcendans aux defcendans retournent aux donnans par le predeceds des donataires fans enfans. A la fuite de laquelle font interuenus plufieurs arrefts en ce Parlement qui ont adiugé aux meres la reuerfion des chofes par elles données à leurs enfans predecedez ; iugeant que c'eftoit chofe inique de voir qu'vn pere, ou vne mere veift de fon viuant la chofe donnée, transferée en autre main que celle où fa munificence l'auoit liurée. Et entre ces arrefts y en a deux fort celebres, l'vn en la caufe d'vne Bompar, mere ; & l'autre en la caufe d'vn nommé Meyran. Et la raifon de cette maxime eft fi forte & fi puiffante qu'elle n'a peu eftre contenuë dans les limites & circonftances des perfonnes pour lefquelles elle auoit efté premierement introduite, mais pouffée par la force d'vne exuberante equité, a prorogé fon effet & fa prouidence à toutes fortes de donataires, bien que ce fuffent perfonnes eftrangeres, qui n'euffent ny parens, ny alliance auec celuy auquel ils donnoient. Tellement qu'il eft demeuré refolu en l'vfage des iugemens, que toutes & quantesfois que le donataire, ou fes defcendans, quel qu'il foit, vient à deceder auant le donnant, les chofes données retournent de plein droit au donnant. Et ainfi l'a inuiolablement obferué en plufieurs occafions qui s'en font prefentées, le Parlement de Tholofe, comme nous apprenons par vn des plus celebres & honorables Confeillers d'iceluy, qui nous a depuis quelques ans donné les arrefts & decifions de ce Parlement, & par Charondas en fes decifions. Que refte-il donc aux Iuges en cette caufe, finon fuiure le chemin que la nature leur a marqué, que les loix ont dreffé, que l'vfage a frayé, & qu'vne euidente equité leur enfeigne ; & ce faifant, adiuger à la demandereffe par droict de reuerfion les biens par elle donnez à François Tofcan fon fils auec reftitution de fruits & defpens, à quoy elle concluoit.

La defendereffe, au contraire, difoit que c'eftoit bien chofe fort eftrange, de voir que vingt ans apres qu'vne donation parfaite & accomplie de tout point, auoit rendu les donataires vrais maiftres & proprietaires des chofes données, la demandereffe par vne tardiue & importune repentance les vouluft maintenant repeter & vendiquer. Le feul titre de donation entre vifs luy deuoit affez auoir appris qu'elle eftoit irreuocable, & emportoit auec foy vne alienation fans retour. *Qui enim ita donat*, dit le Iurifconfulte, *fic donat, vt nullo cafu ad eum reuertatur.* Axiome fceu & conneu non feulement parmy les Iurifconfultes, mais encore parmy toutes fortes de gens : qui fait qu'Ariftote au 4. de fes Topiques definit telle donation δόσιν ἀντιπόδοτον, don fans retour : Marquant par-là la difference des autres donations imparfaites, qui n'empruntent ce nom que par homonymie. *Donationes enim quæ repeti poffunt, non funt verè donationes.* Doncques la demandereffe ayant efté bien aduertie tant par la nature de l'acte qu'elle faifoit, qu'encore par l'interuention du Magiftrat qui luy a donné à entendre, qu'elle alienoit pour iamais les chofes qu'elle donnoit, comment peut-elle auiourd'huy demander d'y reuenir ? Mais ce qui la rend encore moins receuable, c'eft que la donation qu'elle a faite, n'eft pas vne pure & fimple liberalité,

ains vn acte meslé, & fait pour recompense des bons & agreables seruices que luy auoient fait ses enfans. De sorte qu'ayant elle-mesme exprimé
ceste cause, & voulu par ceste gratification remunerer ceux qui l'auoient
seruie, comme peut-elle auiourd'huy repeter ce qu'elle donne pour vne
telle cause; veu que c'est chose trop vulgaire, que les donations remunera-
toires sont de leur nature irreuocables & sont entierement egalées aux venditions? *Ioan. Fab. C. de inoff. don. Guid. Papæ consil. 214. l. Attilius Regu-
lus. ff. de donat. l. sed si lege. §. consuluit. de pet. her. l. si pater. §. vlt. ff. de don.*
Et comment auiourd'huy voudroit-elle pretendre quelque ignorance de
la nature & vertu de l'acte qu'elle a fait, veu que par les propres termes du
contract elle monstre de le bien entendre, & declare fort expressément de
l'auoir agreable? Car elle a disertement declaré qu'elle vouloit que les donataires & leurs enfans peussent librement disposer des choses données comme
de leur propre bien & legitime acquest; monstrant qu'elle ne s'en dessaisis-
soit pas seulement à leur profit, mais encore de ceux ausquels auec le temps
il les pourroient transferer. Et d'abondant afin que l'on ne doutast de son
intention, ou que l'on ne soupçonnast qu'auec trop de facilité elle ne se
fust despoüillée de ses biens, elle se reserue sur iceux vne somme pour pouuoir tester, & vne pension annuelle suffisante pour son entretien, confirmant par ceste reseruation tousiours dauantage l'alienation. Au reste, elle
ne se contente pas de tout cela; mais pour asseurer dauantage l'effet de la
donation, & se priuer de toute sorte d'esperance de la pouuoir iamais enfraindre ou reuoquer, elle l'a voulu serrer & estreindre du plus saint & sacré lien qui soit en toutes les actions des hommes, qui est l'inuocation du
nom de Dieu, par la protestation du serment sur les saintes Escritures; pro-
testant que comme la verité qu'elles contiennent est immuable, ainsi le
deuoit estre l'effet de ses promesses. Et maintenant que ses enfans ont disposé des choses données, & au profit de qui? d'vne mere miserable & desolée, vingt ans apres elle redemande ce qu'elle a donné : Ne se souuenant
plus, peut-estre, de la leçon, que luy auoit faite ce Stoïque Latin. *Etiam
atque etiam cui des considera; erras, si existimas tibi succursurum Iudicem;
nulla lex te in integrum restituet, solam accipientis fidem specta, hoc modo
beneficia auctoritatem tenent & magnifica sunt : polluas illa, si materiem litium feceris.* Mais, dit-elle, les loix ont accordé ce priuilege de reuersion
à ceux que les Latins appelloient *parentes*, dans laquelle denomination
tous ascendans sont compris, & par consequent elle qui est ayeule. En
quoy elle se trompe grandement : Car les loix mesme qu'elle allegue,
monstrent que ceste reuersion n'a lieu qu'és ascendans paternels, & qui
ont les enfans en leur puissance, & encore és choses données en faueur
de mariage. Quant aux preiugez des arrests, la defenderesse dit que s'il
s'en trouue quelqu'vn manifestement contraire aux loix & à la raison, il
ne doit point estre tiré en consequence; car les loix doiuent seruir de regle aux iugemens, & non pas les iugemens regler les loix : de peur qu'il ne
nous aduienne comme aux Lesbiens qui se seruent en leurs edifices de regles de plomb, & les ployans sur leurs ouurages, au lieu de dresser leur ouurage sur leurs regles, rendoient tous leurs edifices difformes & bisarres.

Aussi

Aussi l'authorité que la Loy donne aux iugemens n'est pas indifferemment à tous, ains seruent *ritè iudicatu*, c'est à dire, selon la Loy. Mais sans entrer en cette dispute, si on considere les arrests qui ont esté donnez en ce Parlement, qui seuls pourroient porter quelque preiudice en cette Prouince, on trouuera qu'ils sont tous en des cas fort particuliers ; ce qui leur oste le moyen d'estre estendus à cestuy-cy, comme celuy de Meyran, & l'autre de Bompar, qui sont en donations faites à cause de nopces, qui a receu vne faueur particuliere par la Loy. Et le fait de cette cause est en tout autres termes, sçauoir d'vne donation pure & simple, & a d'abondant vne autre particularité qui met la question entierement hors de doute ; c'est qu'au fait de cette cause les donatoires ont eu des enfans qui les ont sur-uescu, leur ont succedé ; & par consequent, ont esteint toute esperance de reuersion à quelque titre que l'on la vouslust pretédre. Et par consequent Iean Toscan succedant à François son pere, a peu librement disposer des choses données, lesquelles d'ailleurs ont esté tellement diminuées par les debtes de la demanderesse qu'il a fallu payer, qu'elles sont quasi reduites à neant. Contre tant de fortes & puissantes raisons, il ne reste à la demanderesse que la faueur de sa qualité, à laquelle s'oppose auec beaucoup d'auantage celle de la defenderesse : car en fin c'est vne ayeule qui veut arracher à vne mere ce qu'elle a par le vœu de la nature, & par le iugement de son fils, *quæ sparso crine, scissis vestibus, vbera quibus filium nutriuit, ostendit*, pour parler comme saint Hierosme. Et par le moyen de tant de viues & pressantes raisons, elle concluoit afin d'absolution auec despens. Sur cette contestation les parties ayant esté appointées à escrire & produire, elles y auroient respectiuement satisfait, & la demanderesse se sentant pressée de l'aage, auroit fait donation des droicts par elle pretendus aux enfans de Michel Toscan son fils aisné, lesquels auroient repris le procés en son lieu, & tant auroit esté procedé, qu'en fin sentence s'en seroit ensuiuie : Par laquelle le Lieutenant entherinant la requeste des demandeurs, auroit declaré les biens contenus en la donation faite par icelle Giraude à Michel & François Toscan ses enfans, & possedez par Iean Toscan au temps de son deceds, auoir esté acquis à icelle Giraude par droict de reuersion, & par ce moyen auroit condamné la defenderesse iceux vuider & des-emparer auec les fruits depuis contestation, en payant les meliorations vtiles & necessaires qui se trouueront y auoir esté faites , & tout ce qui se trouuera auoir esté payé par Iean Toscan, ou son tuteur pour ladite Giraude, & sans despens. De laquelle sentence Serene se seroit portée pour appellante, laquelle appellation auroit esté releuée & concluë comme en procés par escrit. Serene pour ses causes d'appel disoit, qu'il arriue ordinairement aux esprits des hommes, de mesme qu'aux estomachs mal composez : car fuyans les aliments sains & propres à la nourriture du corps, ils n'appetent & recherchent sinon les viandes de haut goust, salées, & espicées, voire mesme que quelquesfois ils vsent de choses veneneuses & corrosiues ; tant qu'en fin par ce mauuais régime toute la masse du sang se corrompt, & le corps tombe en vne intempérie vniuerselle. Les faußes opinions se rendans agreables par leur nou-

ueauté à la curiofité des efprits , elles les deprauent peu à peu , & font
qu'oublians les premiers & anciens difcours de la raifon , ils ne s'entretiennent plus d'autre chofe que de ce que la nouueauté leur fuggere ; tellement qu'on voit en peu de temps les iugemens entierement peruertis. Et
cela , comme és autres parties de la vie , voyons-nous arriuer en l'ordre iudiciaire , en la decifion des differens & procés , & le voyons euidemment
au fujet de cette caufe. Car vne opinion vaine & erronée , ayant de longue main infinué en l'efprit des Praticiens cette fauffe maxime , & contraire aux principes du droict , que les donations faites par les peres aux enfans qu'il auoient en leur puiffance , eftoient fujettes à reuerfion en cas de
furuiuance , ont puis apres fur cette-là bafty vne feconde , que celle faite
par les peres à leurs enfans emancipez eftoit fujette au mefme droict. Et
de là ont eftendu cette regle à tous les afcendans mafles , puis pouffans
plus auant cette erreur y ont compris les meres & afcendans maternels:
Et en fin l'on oyt maintenant des voix fi pleines de licence , & fi peu ref-
pectueufes à l'endroit des loix anciennes & de la pure Iurifprudence ,
qu'elles veulent encore eftendre & produire ce monftrueux effet aux autres perfonnes eftrangeres qui n'attouchent les donataires ny de parenté
ny d'alliance. C'eft ce qu'a fait le Iuge dont eft appel ; mais outre-paffant
encore toutes les fautes des autres qui n'eftabliffoient ce droict de reuerfion qu'en cas que le donataire decedaft fans enfans , il l'a voulu porter
plus loin , & luy donner lieu lors que les enfans decedent fans enfans.
Donc comme cet erreur s'eft eftably pied à pied , & de degré en degré
s'eft efleué à cette immenfe grandeur ; & cette Cour qui a la garde & tutelle des loix , doit eftimer cette occafion heureufe , puis qu'elle luy donne
le moyen de ramener en vfage la verité & pureté de la Iurifprudence ;
pour à quoy paruenir , il faut examiner , & quant & quant deftruire toutes ces fauffes maximes par le mefme ordre , & par les mefmes degrez
qu'elles ont efté eftablies. Pour commencer par cette premiere maxime , Que les chofes données par le Pere au fils de famille luy retournent par le deceds du fils , c'eft vne vraye erreur & euidente ignorance des principes du droict Romain. Car on fçait affez que telle donation n'auoit nulle vertu de transferer la chofe donnée hors de la
puiffance du pere , ny hors de fa poffeffion ciuile. Pour ce que par la
Loy Romaine en cela toute particuliere à ce peuple , le pere eftoit
beaucoup plus maiftre de fon fils que de fes efclaues : car fes efclaues vne
fois mis hors de fa main ne luy appartenoient plus , & eftoient affran-
chis ; mais l'enfant n'eftoit point libre & deliuré de la puiffance paternelle
que par trois mancipations , qui eftoient trois formes de venditions , comme marque Caius en fes Inftitutions. Le maiftre mourant n'auoit plus de
puiffance fur fon ferf ; ou il auoit la liberté , ou il appartenoit à vn nouueau maiftre : Mais le pere mourant , demeuroit encore maiftre de fon
fils impubere , & de tout ce qui luy appartenoit ; tellement qu'il teftoit
pour luy , & difpofoit par fubftitution pupillaire & des biens qu'il luy laiffoit , & de ceux qui luy pouuoient obuenir apres fa mort. Et afin qu'en
nul poinct cefte puiffance du pere ne fuft moindre fur le fils , que celle du

maiftre

maistre sur l'esclaue, ils l'auoient estenduë à la vie mesme, tellement que le
pere pouuoit impunément tuer son fils. C'est pourquoy vn grand Iurisconsulte de ce siecle a doctement obserué qu'en la Loy *Pompeia, de parri-*
cidiis, parlant des peines statuées contre les meres qui tuent leurs enfans, il
n'y en auoit contre les peres, d'autant que lors ils le pouuoient faire impunément sans en estre recherchez. Seneque remarquant ceste puissance si auguste, si sacrée en cét Estat, en veut rendre raison, & dit ; *Parentum conditio-*
nem sacrauimus, quia expediebat liberos tolli; solicitandi ad hunc laborem erant
incertam adituri fortunam : itaque vt æquiore animo adirent aliam, danda illis
aliqua potestas fuit. Aliqua, bon ; mais pourquoy si immense & si effrenée?
seroit-ce point plustost pour la raison qu'en rend Aristote au 8. des Ethi-
ques, chap. dernier, que nous deuons tout à ceux qui nous ont mis au monde, & pource que nous ne leur sçaurions rien rendre qui ne soit au dessous
de leur merite ? C'est pourquoy, comme il dit, entre les Grecs mesmes, le
pere pouuoit bien abdiquer son fils, & non pas le fils son pere. Mais les Romains auoient vne autre raison plus essentielle & viscerale à leur Estat ; c'est
qu'ils croyoient que l'obeïssance absoluë estoit leur vray demon tutelaire ;
pour laquelle auoir parfaite & de tout poinct accomplie en public, ils vouloient que chacun l'apprist en particulier sous la main de son pere, en la maison où il naissoit. Il ne faut donc pas s'estonner, si ceste puissance estant
telle sur les vies, elle estoit encore grande sur les biens ; & si elle auoit tiré en
consequence que le fils ne pouuoit rien du tout acquerir, sinon au profit de
son pere, ny rien posseder ciuilement en son nom. Et de là procedoit ceste
autre maxime, que le pere ne pouuoit rien donner à son fils, estant en sa puissance. Car la donation presuposant vne translation de propriété, *l. Sena-*
tus. ff. de don. causf. mortis : donatum enim non videtur quod accipientis factum
non est, elle presupose aussi deux termes habiles en deux personnes capables, l'vne d'alliance, l'autre d'acquerir ; ce qui ne se pouuoit trouüer entre
le pere & le fils. C'est pourquoy le Iurisconsulte demandant en la loy 2. *ff.*
pro herede ; & en la loy premiere, *pro donato*, si le fils peut acquerir par vsage, *vsu capere*, qu'il appelle, ce qui luy a esté donné par le pere pendant
qu'il estoit en sa puissance, répond que non, pource que ce titre est nul, & la
possession n'en est point ciuile. Il ne faut donc pas chercher en ceste donation aucune reuersion ; car ce mot emporte la proprieté de sa signification,
que la chose eust esté auparauant alienée, on pourroit imaginer priuation
où il n'y a point eu d'habitude, de retour où il n'y a point eu de sortie. Mais
peut-estre que les parties aduerses diront que les loix depuis tempererent ceste rigueur, & voulurent que telles donations fussent confirmées par le silence & par la mort, non pas par Iustinian, comme quelques vns ont estimé par la Loy, *donationes quas parentes. C. de don. inter virum & vxor.* mais
à *Diuo Pio*, comme il se void au Code Theodosien. Cela faut-il confesser ingenuëment, & aussi par mesme moyen reconnoistre que telles donations
estoient donations imparfaites, qui attendoient leur effet & consommation d'vn estre futur contingent & incertain ; & par consequent qui n'emportoit aucune alienation, sinon par la purification de la condition taisible
qui y estoit impliquée. Et aussi la chose donnée ne demeuroit-elle pas dans

le pecule du fils : Pecule qui estoit tellement en la proprieté du pere, que
bien qu'expressément il en eust donné l'administration à son fils, neantmoins le fils n'en pouuoit rien aliener, si cela ne luy estoit disertement permis. Il n'a donc point fallu de droict de reuersion en ce cas-là : mais voicy
où il a commencé d'estre introduit en faueur du pere. Bien que ces maximes qui ont esté cy-dessus touchées fussent certaines, & que le pere ne peult
donner au fils de famille par donation qui portast alienation, les loix ont esté
contraintes de faire deux exceptions à ceste regle. Car la necessité publique
a voulu que les peres ayant des filles nubiles fussent contraints de les doter,
afin de pouuoir supporter les frais du mariage où ils s'associeroient. Et ores
que les filles mariées demeurassent tousiours en la puissance de leur pere, ce
dot toutesfois n'y demeuroit pas, pource qu'il n'estoit pas tant donné en
contemplation de la fille que du mariage ; & pource il passoit en la proprieté du mary qui en estoit censé maistre & seigneur. Mais le mariage venant
à se resoudre, le droict du mary se resoluoit aussi ; & si la femme suruiuoit,
elle deuenoit maistresse de son dot, mais auec son pere : Et si le mary suruiuoit, le dot procedé du pere retournoit au pere, le mary retenant vn cinquiéme pour chaque enfant, comme nous apprenons d'vn fragment. Tellement que voila vne chose quasi monstrueuse, qu'vn mesme bien en mesme temps appartenoit en certaine façon à trois : Car la loy dit que le mary
est maistre du dot ; elle mesme dit que *est proprium patrimonium mulieris* ;
elle mesme dit que le pere est maistre de sa fille, & tout ce qui luy appartient.
Mais tant y a qu'il se peut vrayement & proprement dire, qu'en ce cas le
dot retourne au pere, pource qu'il est sorty de sa main, & que la proprieté &
possession auoit esté pour vn temps alienée pour son regard. En quoy toutesfois il eut besoin du secours de la Loy pour operer qu'vne chose alienée
sans aucune nouuelle paction retournast à luy : car comme dit l'Empereur
en la Loy *fin. C. comm. vtr. iud.* telle reuersion ne se peut faire que *pactione*
aut lege. Aussi quand la Loy parle de la faueur & du benefice que le pere
a receu en cet endroit de la Loy, elle dit, *iure succursum,* comme marquant
que c'estoit vn benefice de droict. Or tout ce qui a esté dit du dot, se doit
aussi entendre de la donation à cause de nopces, laquelle estoit faite par le
pere à son fils, soit pour donner à sa femme, soit pour asseurer la dot & accommoder le mariage. Car par tout le droict ancien, la donation à cause
de nopces marche de mesme pas, & a egaux priuileges que la dot. Comme
la Loy dit que le pere est tenu de doter sa fille, le pere estoit tenu de donner
à son fils à cause de nopces le dot ; s'il ne le veut faire liberalement, il y peut
estre contraint. *l. vltima. C. de dotis promiss.* Comme la mesme Loy dit que
la mary est maistre du dot, ainsi la chose donnée par le pere à son fils à cause
de nopces, est vrayement alienée : *illam enim sæpe vxor in dotem sibi consti-*
tuerit, comme l'a doctement marqué le Docteur Cujas en ses observ. Aussi
comme la Loy dit que par la dissolution du mariage la dot retournoit au
pere de la fille, ainsi la donation à cause de nopces retournoit aussi par mesme moyen au pere en la puissance duquel estoit le fils. En tout cela il ne se
trouue aucun nouueau priuilege donné au pere par la Loy ; au contraire il
semble qu'on luy ait diminué quelque chose de ce qui luy appartenoit au-
paravant.

parauant. Car au lieu que premierement il eſtoit maiſtre abſolu de tout le
bien qui appartenoit à ſon fils ou fille qui eſtoit en ſa puiſſance, la Loy, par
ce que nous auons dit, eclipſe pour vn temps ce droict-là, & durant le mariage des enfans la dot & la donation à cauſe de nopces ne ſont point cen-
ſez eſtre en ſa main. Mais s'ils y reuiennent puis apres, ce n'eſt point par
vn nouueau droict, mais par la retention de ceſte puiſſance paternelle, qui
pour le bien public, & pour la faueur & commodité des mariages auoit
ceſſé ſon effect en cét endroit. Et voila toute la reuerſion que nous ſçaurions trouuer en noſtre droict. Et neantmoins Giraude ayeule s'en eſt
imaginée vne bien plus grande, plus ample, & plus diffuſe, qu'elle dit
auoir eſté introduite en faueur de tous les aſcendans meſmes maternels,
& pour toutes ſortes de donations, & ce par la Loy ſeconde, *de bonis quæ*
liberis. Et Serene au contraire ſouſtient que ces loix n'ont en rien aduan-
tagé les peres, au contraire qu'elles ont diminué leurs droicts, à l'endroit
meſme des enfans de famille, & pour les dots & dons de nopces : Et tant
s'en faut qu'elles ayent donné quelque nouueau droict de reuerſion, qu'au
contraire elles ont reſtraint celuy qu'ils auoient auparauant. Pour connoiſtre cela clairement, il ne faut que ſuiure le fil de l'hiſtoire du droict. Auant
l'Empereur Conſtantin la puiſſance des peres eſtoit telle que nous l'auons
cy-deuant repreſentée : Tout ce que les fils de famille acqueroient eſtoit
à leur pere par quelque ſucceſſion & à quelque titre que ce fuſt. Car la
Loy ne ſongeoit qu'à aſſouuir l'ambition des peres, & non à les exciter à
vn deuoir de charité enuers leurs enfans. Mais la Religion Chreſtienne
toute enflammée d'amour & de charité enuers les enfans, venant ſous les
auſpices de ce grand Empereur à jetter ſes rayons ſur la Iuriſprudence Romaine, aduertit les Legiſlateurs de borner ceſte puiſſance paternelle, &
la reduire à quelque moderation qui fuſt tolerable aux vns & aux autres :
Conſtantin doncques pour cét effect ordonna que les biens que les fils de
famille acquerroient par ſucceſſion de leur mere, n'appartiendroient plus
au pere, & qu'ils n'y auroient doreſnauant qu'vn ſimple vſufruict. Arcadius puis apres eſtendit ceſte ordonnance à tout ce que les enfans acquerroient de tous les aſcendans maternels, ſoient ayeuls ou ayeules, bi-
ſayeuls ou triſayeuls. Theodoſe puis apres y adiouſta encore, que tout ce
que le fils de famille marié acquerroit de ſa femme, ne pourroit appartenir en façon quelconque au pere, ny en proprieté, ny en vſufruict. Et
ſemblablement que tout ce que la femme acquerroit de ſon mary, ne pourroit en aucune façon appartenir au pere d'icelle, bien qu'elle fuſt en ſa puiſſance. Et voicy naiſtre là-deſſus vne queſtion fâcheuſe : car vn pere ayant
donné à ſon fils, à cauſe de nopces, & le fils à ſa femme la meſme choſe ;
la femme par vn teſtament l'ayant redonné à ſon mary, le pere comme
maiſtre du pecule de ſon fils pretendoit ces biens-là luy appartenir, & le
fils ſe deffendoit de la conſtitution de Theodoſe, qui portoit que les peres ne peuuent rien pretendre en ce qui eſt donné par le mary à la femme.
Il ſe pouuoit émouuoir ſemblable queſtion pour la dot ; ſçauoir ſi vn
pere auoit donné dot à ſa fille, à condition qu'il deuſt appartenir au mary,

ou partie d'iceluy, comme nous auons de semblables cas en nos loix, &
que le mary puis apres en eust fait don à sa femme fille de famille ; si son
pere y eust voulu pretendre droict, il en eust esté exclus par la mesme constitution. Cela sembla dur à l'Empereur, aliene de la reuerence qui est
deuë aux peres, & de la reconnoissance que leur doiuent les enfans qui sont
en leur puissance, & aucunement refroidir par vn desaduantageux succez
la charitable beneficence des peres enuers leurs enfans : Et pour y pouruoir, l'Empereur fit ceste constitution qui est la seconde sous ce mesme
titre, *de bonis quæ liberis* ; par laquelle il ordonna que la femme qui donnoit au mary, si la chose donnée estoit procedée du pere du mary ; Par
exemple, si elle faisoit part de la donation à cause de nopces, le tout reuiendroit au pere, non pas par suruiuance, mais du viuant mesme du mary, *& iure potestatis*. Et quant aux autres choses qui ne seroient point
procedées du pere, il en auroit simplement l'vsufruict. Et par-là fut temperée la rigueur de ceste Loy premiere, qui excluoit entierement le pere
de tout ce que la femme donnoit au mary. Mais comme les hommes ne
peuuent estre si ingenieux à pouruoir à tous les inconueniens que produit
le cours des affaires du monde, qu'il n'en suruienne tousiours quelqu'vn
qui demeure en arriere, & auquel la prouidence du Legislateur n'a pas
pleinement satisfait ; Voicy les enfans naiz des mariages, pour l'entretenement & soustien desquels ces dots & donations à cause de nopces, dont
a esté cy-dessus parlé, ont esté constituez & faits, qui se plaignent qu'ils
en demeurent entierement priuez par ceste precedente constitution &
droict de reuersion accordé au pere ou ayeul donnant. Tellement que
pour y pouruoir, l'Empereur par ceste constitution, *quod scitis*, sous le
mesme titre, ordonne que le mary ou la femme venant à deceder, laissant
enfans, iceux enfans leur succedent en tous leurs auantages nuptiaux, &
non pas les peres des mariez, ores que les biens soient procedez d'eux. Que
si le fils qui a succedé à sa mere, vient puis apres à deceder, laissant son
pere & son ayeul paternel, la proprieté des biens maternels appartiendra
au pere, & l'vsufruict seulement à l'ayeul. Or voila toutes les loix sur lesquelles on peut appuyer ce pretendu droict de reuersion, qui ne parlent
que de ce qui a esté donné au fils, ou fille de famille, & encore pour dot,
ou don de nopces, n'introduisent aucun droict nouueau de reuersion au
profit des peres, mais confirment simplement le droict de retention, *iure*
patriæ potestatis, car c'est le mot dont vse la Loy 2. *& iure peculij*, c'est
le mot dont vse la Loy troisiéme. Mais pour voir plus clairement comme s'est establý cét erreur, voyons ce que les loix mesmes ont ordonné pour le faict du fils emancipé. Ne trouuerons-nous pas par la constitution du mesme Theodose, *l. donationes circa filium. C. de reuocandis don.*
& en celle de Diocletian, *in l. siue emancipatis*, que telles donations sont
entierement irreuocables ? Et pour s'approcher plus prés du faict de ceste
cause, si la mere mesme a doté sa fille, & qu'elle n'ait point stipulé la reuersion, la peut-elle esperer en aucun cas ? L'Empereur declare expressément que non, *l. vnica. §. accedit. de rei vxor. actione.* Si nous descen-

dons

dons plus bas, nous trouuerons encore cela éclaircy par l'vsage des siecles suiuans, & verrons que sous l'Empire de Leon le Philosophe ces questions-là ayant esté meuës, furent aussi resoluës selon les regles de l'ancienne Iurisprudence. *Si filius, inquit, liberis orbetur, donum quod à patre processerit ad patrem oportere reuerti : quod verò aut à matre, aut ab extraneo quopiam donatum filius habet, non item ; nisi reuerti debere donatores pacto complexi sint. Sed quæ filiis patres inter emancipandum dederunt, apud eos qui acceperunt irreuocabiliter permanere, illósque de illis testari leges iubent, nisi pacti cuiuspiam cùm pater donaret initi obstaculum subsit.* Voilà doncques tous les fondemens que Giraude vouloit establir, entierement renuersez ; voila son droict euaporé, qu'à peine en reste-il aucune fumée. Mais accordons-luy ce qu'elle demande, que la condition de la mere soit egale à celle du pere, que par les loix qu'elle allegue il y ait droict de reuersion, non seulement pour ce qui est donné au fils de famille, mais emancipé ; que cela ait lieu non seulement au dot & donation à cause de nopces, mais en toutes sortes de donations pures & simples ; que conclura-elle pour cela ? En toutes ces loix où il se parle de ceste pretenduë reuersion, n'y a-il pas vne exception perpetuelle ; Que quand le donataire laisse des enfans, tout droict de reuersion est esteint & euacué ? comme remarque fort bien le Cynus & le Balde, *in Authent. si quis eum aliter. C. de secund. nupt.* Et quand ces loix-là ne l'auroient pas si disertement exprimée, comme elles l'ont fait, la sage & religieuse interpretation de Papinian, qui en toutes restitutions qui se doiuent faire par le pere, a iugé qu'il falloit suppléer & sous-entendre ceste condition, *si sine liberis decederet,* n'excluroit-elle pas la demanderesse, puis que François Toscan donataire a eu vn fils qui luy a succedé aux choses données ? *At semel conditio reuersionis deficiens nunquam reuiuiscit. l. pater. §. quindecim. ff. de leg. 3. l. ex fact. §. si quis. ad Treb. l. si quis her. C. de inst. & subst.* Se voyant par là conuaincuë, elle veut par vne subtilité se depestrer de ce nœud, & veut-dire que la donation qu'elle auoit faite estoit aussi bien à Iean comme à François son pere, pource que la donation estoit stipulée au profit des donataires, & de leurs enfans masles. Mais à cela l'on répond qu'elle n'auoit donné qu'à Michel & François Toscan, que les paroles de la donnante ne s'estoient addressées qu'à eux, ny fait mention que d'eux : Que si les donataires & stipulans auoient stipulé pour eux & pour leurs enfans, cela n'induisoit aucune disposition à leur surcharge, ains vne simple precaution pour la seureté de la transmission des choses données à leurs heritiers. Que c'est la sponsion, & non la stipulation qui declare la volonté de celuy qui donne, & chacun par son dire, sa volonté, & son intention ; & à cela les Docteurs y sont par troupes. Ne sert de rien de dire que ceste qualité de masle adioustée, terminoit l'acte en leur personne, & en excluant les filles, les enfermoit en la disposition : car outre la raison cy-dessus alleguée, qui seule peut seruir de suffisante réponse, on sçait assez qu'en ce pays, masle & heritier est vne mesme chose, puis que par le statut, tant qu'il y a des masles, les filles ne sont point heritieres. Si doncques Fran-

çois eftoit donataire & non Iean, cefte taifible prohibition d'aliener que
l'on veut imaginer par ce droiƈt de reuerfion, feroit expirée en la perfonne de François, & n'auroit point paffé iufques à Iean: Car il eft trop certain en droiƈt, que le taifible n'opere iamais plus que l'exprés. Or quand
il y auroit expreffe prohibition d'aliener en la perfonne de François, elle ne
s'eftendroit point à fes enfans : *Prohibitio enim faƈta filiis non porrigitur ad
nepotes. §. nos igitur, & ib. gl. de reƈta fidei. Cyn. Bald. & Sal. in l. vo-*
luntas. C. de fideicom. Et ne fert de rien de dire qu'autrement *Nepotes me-*
lioris effent conditionis quàm filÿ ; car outre que le pere qui eft greué de reftituer à fes enfans, n'eft point en cela cenfé greué, pource que cela eft felon fon vray-femblable defir, & felon le vœu de la nature ; Il faut d'ailleurs que les difpofitions des hommes, auffi bien que toutes les chofes
du monde, foient bornées & terminées. Que fi cela, eftoit veritable,
vne prohibition d'aliener faite vne fois à vne perfonne s'eftendroit à l'infiny à toute la pofterité, comme a prudemment remarqué le Crauete en
fon Confeil 306. *num.* 5. & le Dece con. 1. *num.* 74. Et puis comme pourroit compatir cefte taifible prohibition auec la permiffion expreffe d'aliener, qui eft donnée par l'aƈte aux enfans des donataires, qui les rend maiftres abfolus de la chofe donnée, & fait qu'ils en peuuent librement difpofer ; comme dit le Bartole, *l. alio. num.* 9. *ff. de al. & cib. leg.* & l'Alex. au
con. 214. *vol.* 6. & *Guido Papæ, dec.* 147. Or eft-ce vne maxime generale en droiƈt, & encore infaillible, que où nous auons la volonté expreffe, il n'en faut point chercher vne taifible. *In expreffis non eft voluntatis*
quæftio. l. ille aut ille. ff. de leg. 3. Et neantmoins fi on vouloit croire cefte
ayeule, & luy accorder le droiƈt de reuerfion qu'elle demande, au lieu
qu'elle a permis à Iean Tofcan d'aliener les chofes données, elle voudroit
maintenant arracher des mains de ceux à qui par contraƈt de vente ou autrement il les a venduës & engagées, & contre la foy publique renuerfer
tout ce qui auroit efté fait de fon confentement. Chofe toutesfois que la
Loy ne pourroit fupporter ; car és donations mefmes qui font reuoquées
par ingratitude, elle veut que ce qui a efté vendu, donné, & alïené auant
l'inftance de la reuocation mefme, demeure fans pouuoir eftre repeté fur
le tiers acquereur de bonne foy, comme nous apprenons de la conftitution des Empereurs Conftantius & Conft. en la Loy *de reuocan. don.* au C.
Theodofien. Et pource que cefte raifon fert grandement à la decifion de
cefte caufe, & que cefte Loy neantmoins n'eft point inferée dans le corps
de noftre droiƈt, bien qu'elle contienne vne equité irrefragable, & qui
doit feruir à la decifion de beaucoup de femblables difficultez qui fe prefentent en d'autres caufes pour les alienations qui fe font *medio tempore,*
entre le commencement de la donation, & le iour de la reuocation, il fera bon d'oüir comme cefte Loy eft conceuë : Voicy fes mots ; *Cæterùm*
quæ matre pacifica, & ante inchoatum cœptúmque iudicium vendita, dona-
ta, in dotem data, cæterífque legitimis caufis alienata non reuocamus. Or cefte ayeule voudroit bien encore dauantage, & vne chofe bien plus iniufte
que tout cela ; r'auoir les biens qu'elle a donnez, & que Iean fon petit-fils
                                                                                    euft

euſt payé de ſes propres biens la moitié de ſes debtes, qui montent quaſi autant que les biens qu'elle donnoit. Mais il eſt temps qu'elle & tous ceux qui ont eſté cy-deuant de ceſte vaine & erronée opinion, la perdent; qu'ils ſçachent que les choſes qui ſont données directement entre vifs & irreuocablement, ne peuuent reuenir au donateur par ſuruiuance, pource que c'eſt choſe contraire à la nature du contract, & qui par conſequent ne ſe peut ſuppléer, *l. in rebus. ff. de precario.* Et pourquoy forceroit-on ainſi les loix & la nature des contracts, pour introduire vne choſe ſi eſtrange; veu que ſi la volonté de celle qui donnoit eſtoit telle, elle auoit le moyen de l'exprimer & pouruoir à ſa ſeureté par vne expreſſe ſtipulation? Toutes reuerſions, comme dit meſmes l'Empereur, ſe font expreſſément ou par la Loy, ou par ſtipulation, *l. vltima. com. vtriuſ. iudic. C.* De Loy, l'ayeule n'en a point qui l'aſſiſte. De ſtipulation; au contraire, elle a permis aux enfans des donataires d'en diſpoſer; ils l'ont fait, & ſuiuy ſa volonté: dequoy ſe veut-elle donc plaindre? ſurquoy fonde-elle ſes eſperances? Elle penſe, peut-eſtre, que ſes larmes auront plus de puiſſance que la raiſon: mais combien ſont plus chaudes, & plus pitoyables celles d'vne mere que d'vne ayeule? Elle fait, peut-eſtre, parade de ſon orbité: il luy reſte encore trois enfans de ſon fils aiſné pour la ſeruir & ſecourir, & ceſte pauure mere n'en a plus aucun: elle a perdu ſon mary, elle a perdu ſon fils vnique: Celle-là, peut-eſtre, repreſente ſa pauureté, mais en vn aage qu'elle n'a plus gueres de beſoin de biens: elle a ſa penſion ſur ceux qu'elle a donné, elle a ſes enfans pour la ſecourir elle-meſme, ceſte fille icy pour la ſeruir. Bref elle ne redemande pas ſes biens pour s'en ayder, mais pour les donner; car auant meſme qu'ils luy fuſſent adiugez, elle les a donnez. Et au contraire, ceſte pauure mere *quæ ſciſſis crinibus vbera quibus filium nutriuit oſtendit*, eſt deſtituée de tout ſecours pour endurer encore longuement & l'orbité & la vieilleſſe ſans autre ſecours que de ce que ſon fils mourant luy a donné *pro dono vitæ & beneficio educationis.* Mais afin que les Iuges ne peuſſent douter de quel coſté inclinoit la pitié, pour qui combattoit la pieté, voicy pendant les longueurs de ce fâcheux procez la nature qui en dit ſon aduis; elle a enleué hors du monde ceſte ayeule, & fait entendre aux Iuges qu'elle n'auoit plus beſoin des biens qu'elle pourchaſſoit ſi auidement, & ſubrogeant d'autres parties les a quant & quant deſarmées de la faueur dont on vouloit combattre. Ce ſont maintenant des couſins qui veulent exclure la mere de ce que ſon fils luy a donné; choſe trop inhumaine pour eſtre receuë en vn ſi equitable iugement. Et pource elle concluoit à ce qu'il fuſt dit auoir eſté mal iugé, & en emendant qu'elle fuſt abſoute auec dépens.

Les inthimez répondans aux moyens & cauſes d'appel, diſoient que pour renuerſer la ſentéce dont eſt appel, l'appellante auoit quant & quant voulu deſtruire des principes qui ſont tenus indubitables en l'vſage du droict, & maintenir que par les loix Romaines il ne ſe trouuoit nul droict de reuerſion introduit en faueur des peres, ſinon qu'ils euſſent leurs enfans en

leur puissance. Il seroit aisé de renuerser ce faux principe qui s'y voudroit
arrester, puis qu'en la Loy *filiæ meæ emancipatæ. ff. sol. matr.* on void que
le dot qui est donné à la fille emancipée, retournoit au pere : dont on doit
conclure par la maxime mesme de l'appellante, que puis que la donation
à cause de nopces se regloit tousiours comme la dot, que le mesme s'obseruoit au faict d'icelle. Et pour plus ample preuue de cela, on pourroit
remarquer qu'en la Loy derniere, *communia vtriusque iud.* où il est amplement parlé du droict de reuersion deu à tous les ascendans soit paternels, soit maternels, l'Empereur vse du terme de fils, general & vniuersel,
& non de celuy de fils de famille, special & restreintif. Et de mesme en
est-il en la Nouelle de l'Empereur Leon dont on a voulu faire force. D'où
l'on peut auec raison inferer, que puis que les loix n'ont point fait de di-
stinction en tel cas entre le fils, & le fils de famille, ny entre la donation
pure & simple, & la donation à cause de nopces, aussi ne nous est-il loisible de la faire ; mais deuons entendre en general ce qui est enoncé en
termes generaux & vniuersels. Mais donnons à l'appellante l'aduantage
qu'elle veut prendre ; s'ensuiura-il pour cela qu'il falle rejetter vn droict
qu'vne singuliere & euidente equité a insinué en l'esprit & volonté commune des hommes, l'a fortifié par l'vsage, & qui a esté confirmé par
tant de iugemens & arrests ? Ignore-t'elle que la meilleure, plus saine, &
plus saincte partie du droict est celle qui est introduite par l'vsage, *&*
moribus, que nous appellons ? *Imo*, dit le Iurisconsulte Paulus, *magnæ*
auctoritatis hoc ius habetur quod in tantum probatum est, vt non fuerit ne-
cesse lege id comprehendere. Plutarque au traicté, comme on peut profiter de ses ennemis, dit, Τὸ ἔθος νόμου λαβὸν δύναμιν. Et Tertullian *de co-*
rona militis ; Nihil differt scriptura an consuetudine ius consistat, quando le-
gem ratio sola commendat. Vn Rhetoricien dans Quintilian disoit, *Quæ-*
dam sunt iura non scripta, sed scriptis certiora ; la raison en est renduë par
Themiste en l'vne de ses oraisons, où il dit que la Loy commande comme vn tyran tout ce qui plaist à celuy qui a l'authorité ; soit que celuy
qui est sujet l'ait agreable ou non. Mais l'vsage & la coustume commandent en pere pour le seul bien de ceux qui doiuent obeïr, se persuade
auant que prendre authorité, fait connoistre son vtilité à ceux qui la doiuent suiure. Et de là vient que si mal volontiers les hommes reçoiuent
les loix, pource qu'elles leurs sont toutes suspectes ; Et au contraire reçoiuent aisément les coustumes, & ne veulent pour rien permettre que l'on
leur change ce qu'ils ont accoustumé. Mais pour connoistre combien
l'authorité de l'vsage surpasse celle de la Loy écrite, c'est que les loix
ne prennent vertu que par certaines formes, sanctions & promulgations ;
où au contraire l'vsage par vn taisible consentement sans parler seulement, monstrant ce qu'il iuge vtile & equitable, il introduit tel droict
qu'il veut, & abroge entierement les plus puissantes & augustes loix.
Et aussi de tant de grands & immenses volumes de droict que nous
manions, la quantiéme partie est celle qui a esté promulguée par suffrage

&

& forme de Loy ? Et au contraire combien & combien de chofes que
l'aduis des fages & l'approbation commune a authorifées & receuës pour
droict, qui n'ont pas moins d'authorité que le refte, mefme quand cét
vfage porte auec foy fa raifon, & vne euidente equité en ce qu'il introduit ? Ce feroit chofe infinie que d'en faire l'enumeration ; & fuperfluë,
puis que quelques Iurifconfultes de ce temps en ont fait le ramas. Seulement pour le fujet de cefte caufe faut-il remarquer, qu'entre les autres
actions ciuiles qui ont receu leur forme & regle par l'vfage & par les
mœurs, font les donations, comme nous apprenons par la Loy premiere,
de don. inter vir. & vxo. ff. Auffi eftoit-il plus raifonnable que cefte partie demeuraft fous la cenfure des mœurs & de l'vfage que tous les autres
actes qui fe paffent en la commune focieté des hommes. Car les autres
ont pour leur caufe impulfiue & finale l'vtilité commune des contractans, & vne neceffité qu'il y a de s'entre-ayder l'vn l'autre en cefte focieté ciuile. Et pource afin que les hommes n'entreprifient rien au preiudice
les vns des autres, il a efté comme neceffaire de donner loy, & prefcrire
des regles iufques aux moindres circonftances des affaires qui fe traittent
entre eux. Mais les donations n'ayant leur fource qu'en la feule liberalité & munificence (qui eft le plus éclatant rayon de la diuinité qui re-
luife és mœurs des hommes) n'ayant vifée qu'au bien d'autruy, n'a point
eu autrement befoin des loix pour s'introduire & fe regler, mais feulement d'vne decence de mœurs, & direction d'offices mutuels par la voye
de l'honneur, & d'vne approbation des Iuges és chofes qui pouuoient
eftre contentieufes. C'eft pourquoy en l'execution & confequence d'i-
celles nous voyons quafi que tout ce qui eft introduit eft contraire aux
communs principes du droict, qui a fes preceptes efcrits & renfermez
dans certains termes exacts & prefcrits. Le droict veut que chacun faffe
du fien à fa volonté, & l'vfage ne veut pas que le mary donne à fa femme irreuocablement. La Loy veut que ce qui eft donné à l'affranchy
par fon patron, qui n'a point d'enfans, fe puiffe reuoquer par luy, s'il
luy en furuient. Et l'vfage maiftre de cefte Loy proroge l'effet à toutes fortes de perfonnes qui donnent, aufquels puis apres furnaiffent des
enfans, l. fi vnquam. de reuoc. La Loy permet de reuoquer les donations
pour certaines caufes d'ingratitude ; & voicy l'vfage qui permet de les
reuoquer pour toutes les autres qui ne font point écrites, pourueu qu'elles fe trouuent receuables au iugement de celuy qui ordonne & decide
la caufe. La Loy permet expreffément aux peres de reprendre ce qu'ils
ont donné en dot, ou par donation à caufe de nopces, à leurs enfans fils
de famille quand ils les furuiuent ; puis elles en parlent indifferemment
fans y adioufter cefte marque de puiffance paternelle, pour inuiter les Iuges à flechir leur indulgence à tout ce qu'ils trouueront equitable. En
fin l'opinion commune de nos Iurifconfultes, & le commun vfage du
Palais eftend fans difficulté ce priuilege aux afcendans paternels. La
mere vient en fin qui fe treuue en mefme peine, & defolée de la perte

de ſes enfans, implore pour conſolation le meſme vſage qui a ſecouru les peres & aſcendans paternels, afin de pouuoir recouurer ce qu'elle auoit donné à ſes enfans en opinion qu'ils viuroient plus qu'elle, qu'ils la pourroient ayder & aſſiſter à trainer le reſte de ſa vieilleſſe. Et vn heritier inſtitué luy debat ce droict de reuerſion, tellement que l'vſage qui reconnoiſt la manifeſte equité de ſa demande, eſt contraint de la ſecourir, & inuiter les Iuges à prendre ſa protection contre l'iniuſte auidité d'vn eſtranger. De là ont eſté produites les diuerſes ſentences confirmées par arreſts tant de ceſte Cour que des autres ſouueraines, meſme de Thoulouſe, par laquelle la mere a touſiours eſté maintenuë en ce droict de reuerſion. Et toutesfois auiourd'huy l'on le luy debat encore, & la veut-on contraindre de nouueau de dire les raiſons pour leſquelles les Iuges l'ont receuë à ce droict-là. Choſe fort iniuſte & inique, preiudiciable à l'honneur & authorité des choſes iugées : à quoy toutesfois elle ſe veut ſoumettre volontairement, tant pour la confiance qu'elle a de ſon droict, que pour pouuoir par l'iſſuë de ceſte cauſe, apres auoir eſté ſi amplement & publiquement conteſtée en vn ſi celebre theatre, acquerir vn aſſeuré repos à toutes les pauures meres qui ſont enueloppées en ſemblable calamité, & qui apres auoir perdu leurs enfans plaident pour ne pas perdre encore leur bien. La premiere conſideration que les inthimées repreſentans leurs ayeules œmonſtrent, c'eſt qu'és loix où ce droict de reuerſion eſt introduit, l'Empereur defere ce droict *parentibus* ; la ſignification duquel comprend auſſi bien la mere que le pere, voire beaucoup plus proprement, puiſque *parere fœminæ proprium eſt*, non du pere, ſinon par emprunt. La ſeconde eſt, que la raiſon de ceſte conſtitution & ordonnance eſt fondée ſur vne cauſe qui eſt auſſi efficace à l'endroit des meres que des peres, *ne hac inuenta formidine parentum liberalitas retardetur*. Ce qui eſt beaucoup plus à craindre és meres que non pas aux peres ; pour ce qu'eſtans d'vn coſté plus timides & aiſées à effrayer, de l'autre plus auares & plus tenantes, auec moins de ſujet elles ſeroient deſtournées des liberalitez qu'elles voudroient faire à leurs enfans ou à cauſe de nopces, ou autres occaſions fauorables & vtiles au public. Or n'y peuuent-elles pas eſtre contraintes comme les peres, & par conſequent, il faut auec plus de ſoin reculer toutes les occaſions qui les peuuent diuertir d'vne ſi honorable action. En troiſiéme lieu, c'eſt que les meres qui anciennement eſtoient entierement excluſes de la ſucceſſion de leurs enfans, y ayans eſté rappellées, ſont en toutes façons egalées aux peres, *excluſa prorſus omni differentia ſexus & patriæ poteſtatis*, ce ſont les termes de l'Empereur, *l. defuncto. C. ad Tertullianum*. Voire meſme que ceſte ſucceſſion luctueuſe a eſté iugée ſi fauorable, qu'elle a eſté plus fauoriſée que celle des enfans emancipez qui ſuccedent à leur pere. Car nous liſons dans Pline, que Nerua ayant déchargé les meres qui ſuccedoient à leurs enfans de l'impoſt du vingtiéme, n'en déchargea pas les enfans emancipez. *Pater tuus*, diſoit Pline à Trajan,

ſanxit

fanxit vt quod matris ad liberos, & ex liberorum bonis peruenisset ad matrem, eius vigesimum ne darent. Eamdem immunitatem in paternis bonis filio seruauit, si modò reductus esset in patriam potestatem. Il resulte donc de là, que le pere ne doit auoir nul priuilege en la succession de ses enfans que la mere ne les ait semblables, voire que l'on pourroit pretendre qu'elle les doit auoir plus grands. Car qui est-ce qui ignore qu'en la generation, en l'education la mere n'y contribuë dauantage? Le seul premier acte de la generation où le pere a part, se fait sans iugement par vne seule impetuosité de nature. *In liberis tollendis nullum iudicium tollentium, tota res est voti.* Mais quelles incommoditez endure la mere de sa grossesse? elle nourrit son enfant de sa chair & de son sang: Et quelles douleurs souffre-t'elle en l'enfantement, qui ne se fait qu'auec le peril de sa vie? Et quelle peine à la nourriture où elle n'a repos ny iour ny nuict? où elle ne vit que parmy les ordures d'vne creature sale & imbecile? où elle est continuellement empeschée à appaiser les cris d'vn animal sans raison? Bref, l'homme naist comme vne beste, & sous le soin, sous la peine, sous le martyre de la mere il se fait, il se forme, & deuient vrayement homme. En fin voulez-vous sçauoir ce qu'est l'enfant à la mere? La Loy vous l'apprend: *pars viscerum matris.* Voulez-vous sçauoir comme elle l'aime? la Loy vous l'apprend aussi: *Nullus est amor qui vincat maternum.* Voulez-vous sçauoir comme elle pleure leur perte d'vne douleur sans consolation? *Rachel plorans filios suos, & noluit consolari.* Et puis si en toutes sortes de distributions qui se font selon le vœu de la nature, la munificence de celuy qui donne est excitée & interpellée par la necessité de celuy à qui l'on donne; l'indigence, l'infirmité & l'imbecillité des meres ne merite-elle pas plus de faueur de la Loy que non pas les peres, qui ont l'industrie & le moyen d'acquerir des biens d'ailleurs? Oüy, mais, dira l'appellante, toutes ces raisons ne font-elles pas plus pour moy que pour vous? c'est moy qui suis la mere, vous n'estes que l'ayeule. Il est vray; & quand vous ne demanderez que la succession, ie vous cederay volontiers; mais quand vous voudrez emporter les biens que i'ay donné à mes enfans, & me rendre pauure & indigente par leur mort, ces raisons sont alors pour moy, & non pour vous. Car bien que vous soyez plus proche pour succeder, si ne me pouuez-vous pas exclure en ce qui est venu de moy. C'est vn axiome trop certain & trop vulgaire, que la personne de qui les biens sont venus est preferable à tout autre ascendant. Bartole en ceste Loy, *quod scitis. & in l. post dotem. ff. solu. matr. con. 18. & 215.* Iason en la mesme Loy, *post dotem. ff. solu. matr. Baldus Nou. de dote, 12. par. num. 52. Bened. in verb. vxor. num. 33. Andreas Tiraq. de retr. §. 14. num. 12. Molin. in cons. quæ 128. & in ad. Alex. con. 168. &* Fulgosius quasi en mesmes termes au Conseil *66.* demande, *si dos nepoti ex filia defuncto reuertitur ad auum maternum, cur donatio profecta ab auia ad eam non redibit?* Là dessus, peut-estre que l'on dira que cela seroit bon en succession ab intestat, mais non pas où il y

a teſtament, comme en ce faict. Mais en cela les inthimez répondront,
que où il y a droict de reuerſion, le teſtament n'eſt point conſiderable :
Car la reuerſion ſe faiſant par la puiſſance de la Loy, elle a le meſme effet
que ſi elle ſe faiſoit en vertu d'vne ſtipulation ; & par conſequent elle tire
de la maſſe de la ſucceſſion ce qui doit retourner. Et autrement, comme
ſe feroit-il qu'vn ayeul maternel venant en concurrence auec l'ayeul paternel, emportaſt par preciput ce qui eſt procedé de luy, ſi ce n'eſtoit par
quelque autre droict que celuy de la ſucceſſion, laquelle entre perſonnes de pareil degré prefereroit touſiours les paternels aux maternels, ou
pour le moins les rendroit egaux ? Ceſte prelation doncques vient par
ce droict de reuerſion, qui fait que l'on ſuppoſe par la force de la Loy vne
taiſible ſtipulation, ou conuention accordée entre les donnans & donataires ; qu'en cas de ſuruiuance la choſe donnée retourneroit au donnant ; laquelle à cét effect ſe doit diſtraire de la ſucceſſion du fils ou petit fils ce qui luy a eſté donné pour le remettre en la main de celuy qui l'a
donné. Or que le droict de reuerſion n'ait lieu en la perſonne de l'ayeule maternelle, il ne ſe peut nier, puis que les propres termes de la Loy
le diſent. L'Empereur en la Loy finale, C. comm. vtriuſque iudicij,
ayant ordonné que les enfans venans à la ſucceſſion de leurs peres &
meres emporteroient par preciput les biens qui ſeroient retournez à leur
pere, parle ainſi ; *Tota huiuſmodi portio ad eas perſonas perueniat qua-*
rum occaſione res ad patrem reuertitur. Et apres il adiouſte : *Ea igitur*
quæ in paterna perſona diximus, obtinere volumus etiam in auo & pro-
auo paterno, vel materno ; Et in matre, auia & proauia paterna vel
materna obtinere. Mais pourquoy, dit l'appellante, faut-il que la Loy
vous donne ceſte reuerſion ? ne l'auez-vous pas peu ſtipuler par le contract, ſi vous euſſiez voulu ? faut-il violenter les Loix contre leur nature, pour leur faire faire en voſtre faueur ce que vous auez peu faire vous
meſme ? Il ſuffiroit pour réponſe à ceſte objection, de dire que ſi ceſte
raiſon eſtoit bonne, elle ſeroit bonne auſſi contre le pere ; & au cas de
la reuerſion du dot, & de la donation à cauſe de nopces, elle ſeroit bonne auſſi en la reuerſion qui ſe fait au cas de la Loy, ſi vnquam, & en cas
d'ingratitude. Or la Loy ne l'a pas iugée telle ; car ſans y auoir égard elle
eſt accouruë au ſecours du pere, & bien qu'il euſt obmis ceſte ſtipulation,
elle luy en a donné l'action. Mais afin que l'on ſçache quelle a eſté la raiſon de la Loy de ſuppléer ceſte ſtipulation, & ne la pas exiger, & que ceſte meſme raiſon eſt celle pour laquelle ceſte ayeule ne l'a pas adiouſtée en
ſa donation ; C'eſt que ceſte ſtipulation eſt abominable & impie, contre le vœu & le deſir de la nature ; car elle porte auec ſoy ce preſage que la
mere doit voir mourir ſon enfant deuant elle, qui eſt la plus dure & fâcheuſe cogitation qui puiſſe entrer en l'eſprit d'vne mere, & à laquelle elle
ne ſçauroit penſer ſans ſe ſerrer le cœur & tranſir de frayeur. Et ne ſçauons-
nous pas tous que cét excez de Religion, qu'on appelle ſuperſtition, a pris
ſa denomination de ce que les peres eſtoient continuellement attachez

aux

aux temples aux pieds de leurs Dieux pour les prier, *quòd illis superstites essent liberi* ? Et nous voudrions qu'vne mere fust si desnaturée que de faire vn si mauuais presage sur ses enfans, & mesler en sa liberalité vn si funeste & abominable augure ? *Voto matris opponi tam ominosa interpretatio non debuit*, dit Papinian en vn semblable cas, *l. cùm tale. ff. de cond. & dem*. Non, non, comme la Loy rejette toutes les omineuses presomptions en l'interpretation des dispositions; aussi ne les exige-elle pas des contracts. Au contraire, si pour n'auoir par le testateur pourueu en vn cas auquel il ne pouuoit penser sans horreur, l'on veut esbranler sa disposition, la Loy la soustient, & y supplée ce qui y defaut. *l. si mater, C. de inoff. test*. A cela on replique encor que la Loy ne peut suppléer vne chose qui est directement contraire aux paroles des contractans. La donatrice a permis de disposer de la chose donnée. Et cela est contraire à la reuersion. Mais ceste objection n'a du tout point de raison: car qu'opere dauantage ceste permission que la nature mesme du contract ? Tout donataire entre vifs ne peut-il pas disposer de la chose donnée ? Dauantage ne sçait-on pas que ceste clause est du stil des donataires ? Et quand ceste clause deuroit auoir lieu au preiudice de la mere, ce ne deuroit pas estre pour authoriser vne disposition testamentaire à son preiudice: car bien qu'elle eust permis à ses enfans donataires de disposer, cela se deuroit entendre entre vifs; pour ce que telles dispositions se font pour vne euidente necessité ou commodité, mais non pas à cause de mort, & par testament; qui sont dispositions qui ne procedent que d'vne pure, & souuent indiscrette liberalité. Et ainsi l'a decidé la Loy, quand elle a voulu que la permission que le pere donnoit à son fils de donner, ne se peust estendre à la disposition à cause de mort. *l. filius. §. sed enim ff. de donati*. Or nonobstant la nature du contract, & toutes telles clauses, celuy qui a donné auant qu'auoir des enfans, apres la suruenance d'iceux, ne reuoque-t'il pas ? Et celuy qui a donné à vn qui deuient ingrat, quelque clause qu'il y ait au contract apres l'ingratitude, la donation n'est-elle pas irritée ? La raison en est bonne; car quand la reuocation depend du fait de celuy qui stipule, la contraire volonté exprimée par le contract en doit empescher l'effet. Mais en ce cas la reuocation ne depend pas de la validité, ou inualidité du contract à son commencement, mais du fait suruenant apres coup; dont la qualité se trouue telle & si considerable qu'elle est iugée par la Loy meriter qu'elle interuienne pour s'opposer à l'iniquité qui resulteroit de l'entretenement d'vn tel contract. Et quel accident se peut-il imaginer plus sauuage, & qui deust estre moins preueu par la donnante que de voir mourir deuant elle & son fils & les enfans de son fils ? Et quelle dureté & iniquité plus grande que de la vouloir par mesme coup priuer de ses enfans & de ses biens ? Voire ne seroit-ce pas vne ingratitude des plus grandes qui se puissent excogiter, si la mere ayant donné à ses enfans la vie, l'education, les biens, ils luy ostoient en mourant la vie, luy ostant les biens? Car si la Loy a dit auec raison, que celuy est estimé de tuer qui desnie les moyens de viure; de quelle cruelle façon tuë sa mere le fils qui luy oste les propres biens dont elle s'est despoüillée pour le vestir? Ce se-roit vne insupportable ingratitude, si le fils refusoit à sa mere les biens qu'il auroit acquis par son industrie; sera-ce donc pas vne impieté s'il luy refuse ceux qu'elle mesme luy a donnez? Ceste ayeule auoit appris par l'oracle de l'Escriture sainte, qu'il est bien plus seur que les enfans re-gardent aux mains de leur pere, que non pas les peres aux mains de leurs enfans. Mais quoy? elle a mieux aymé abandonner la prudence que la charité: elle a fait moins considerément, elle le confesse, afin que plus maternellement. Et pour cela en merite-elle dauantage le secours des loix, puis que, comme dit vn Ancien, *habita fides, magis ipsam obligat fidem*; plus confidemment elle a versé, & plus iustement merite-elle l'as-sistance de la Loy. Et quoy? les loix qui reparent l'iniquité de tant d'au-tres euenemens és contracts des hommes, laisseront-elles cestuy-cy sans remede? Veu que l'Empereur publie à haute voix; *Nitimur semper inue-nire aliquid naturæ conueniens quod possit priora corrigere.* Certainement si on considere la nature du contract, il ne s'en peut trouuer aucun entre les negoces plus disposé à receuoir l'office du Iuge & l'entremise de l'e-quité, que celuy-cy: car bien que l'on le nomme donation, si est-ce en effet vn partage que la mere fait à ses enfans de tous ses biens, ou plus-tost vn abandonnement; qui ne void que ç'a esté sur l'esperance que ses enfans la suruiuroient? Mais soit vne donation generale & vniuerselle, comme elle est, ne sçauons-nous pas combien longuement les loix ont douté s'ils la receuroient? combien deuoient-ils douter dauantage si ils la receuroient d'vne femme infirme & aisée à seduire? Elles l'ont en fin receu, quand il y a quelque reseruation; mais quand elle est faite entre la mere & les enfans, *inter coniunctas personas*, dis-je, la Loy n'a point voulu qu'il fust necessaire que les autres solennitez y fussent obser-uées, comme nous attestent les 4. 5. & 7. constitutions sous ce titre au **C. Theod.** Pourquoy cela? par ce qu'elles ont creu qu'elles deuoient prin-cipalement subsister par l'honneur, la bonne foy, l'equité, & par con-sequent voulu que l'office du Iuge y fust plus libre qu'en nul autre nego-ce pour y suppléer tout ce qui est de la bonne foy, du deuoir & office de pieté des parties contractantes, & ne rien receuoir en l'execution d'icel-les qui fust aliene de cela; ains reduire toutes choses à ce que l'on doit croi-re qu'estoit la vray-semblable intention des parties quand elles ont pre-mierement contracté. Or si nous nous representions maintenant Girau-de assemblée auec Michel & François Toscans, ses enfans, traittans le fait de ceste donation, & qu'vn mauuais presage leur eust fait preuenir de pensée ce triste euenement de la mort de François & de son fils, & que le Notaire eust demandé lors, ou à Giraude, ou à ses enfans, à qui en ce cas ils entendoient que les choses données appartinssent; qui estimera que Giraude eust esté si despourueuë de sens, ou ses enfans si desnaturez & pleins

pleins d'ingratitude, que de respondre qu'ils entendoient que ces biens-là
allassent à l'appellante, ou au premier venu à qui les donataires auroient
voulu les laisser, & que la mere donnante se vist en sa decrepite vieillesse
priuée de force, d'enfans, & de biens? Si au contraire nous iugeons tous
que ses enfans luy eussent respondu: Nous voulons en ce cas, ma Mere,
que vous ayez non seulement vos biens, mais les nostres; ils vous sont
deuz, pour ce que vous estes nostre mere; & deuz dauantage, pour ce
que vous estes si liberale enuers nous; que doiuent dire les Iuges, sinon
faire valoir l'intention des parties, *& repentini casus iniquitatem coniectura*
pietatis emendare? Et ceste raison si pregnante & tirée du cœur de la nature doit seruir de response à ce que Serene a voulu dire, que le droict de
reuersion qui pouuoit auoir lieu en la personne de François, ne le peut
auoir en la personne de Iean: Car puis que la cause y est toute semblable,
pourquoy ne le sera pas l'effet? Les inconueniens seroient-ils moindres
en la personne du fils que du pere? Ceste ayeule seroit-elle moins à plaindre? sa condition seroit-elle plus douce? au contraire, en vieillissant
elle luy a redoublé la perte de ses enfans. Par quelle raison voudroit-on
pretendre que les biens en la personne du pere eussent esté sujets à reuersion, & qu'en la personne du fils ils fussent libres? n'est-ce pas directement contre la disposition de la Loy, *quæ cauet, ne filij nepotibus dete-*
rioris conditionis esse sinantur? l. si viua matre. N'est-ce pas sur ce mesme
sujet que disoit elegamment Pline; *Cur posteris maior honor quàm parenti-*
bus habeatur? cur non retro quoque curret æquitas eadem? Et nous voyons en
semblables occasions ce que les loix en ont ordonné; Et ont voulu que la
femme qui se remarioit, la proprieté des choses qui luy sont données par
le premier mary appartinst aux enfans du premier lict; mais que si les enfans decedoient sans enfans, elle retournast à la mere. Le fils du premier
lict est decedé, & a laissé vn fils; la mere est donc excluse: mais ce petit
fils vient encore à deceder sans enfans; à qui retournent les biens? à l'a-
yeule. *l. hac edictali.* Que si cela a lieu aux biens qui ont appartenu au
mary, & dont il a gratifié sa femme, & que la Loy ait voulu que par l'e-
xistence des enfans du premier lict, elle fust priuée de ses biens; & neantmoins qu'elle les peust recouurer par la mort de ses enfans ou de leurs enfans sans enfans, à combien plus forte raison au mesme cas recouurera-
elle ce qu'elle a donné de ses propres biens, & par vne si charitable munificence? Mais ce qui met la cause hors de doute en ce fait icy, c'est que
quoy qu'on vueille, il faut confesser que la donation estoit aussi bien faite à Iean comme à François: & par consequent puis qu'il est iustifié que
la reuersion doit auoir lieu en la personne du fils donataire, elle le doit auoir
en luy. Car outre qu'en semblables donations il ne faut point subtiliser,
sçauoir si ce qui est disposé est par forme de stipulation & de sponsion,
pour ce que par les maximes qui ont esté establies cy-dessus en telles donations toutes choses s'interpretent selon la vray-semblable intention des
contractans, selon mesme que l'a marqué le Iurisconsulte Paulus 4.

fentem. où il dit ; *In donatione facta inter coniunctas perfonas fuffic it quibuf-
cunque verbis expreffam effe voluntatem.* N'eft-ce pas la donnante qui parle quand elle dit qu'elle veut que les enfans mafles des donataires en puiffent difpofer comme de leur propre & loyal acqueft ? Et qui peut douter
que cefte qualité de mafles, à laquelle eft reftrainte cefte ftipulation, &
encore cefte declaration, n'emporte difpofition auec foy ? N'eft-ce pas la
naturelle vertu & efficace des paroles, que quand par leur fignification
elles incluent vne chofe, elles en excluent vne autre ? Et au contraire, que
l'inclufion de l'vn eft l'exclufion de l'autre ? *l. cùm prætor. ff. de iudicijs.*
Il eft donc conuenu qu'il n'y aura que les enfans mafles qui fuccederont
aux biens donnez ; auquel cas il eft indubitable que la donation s'eftend
auffi à eux, *l. quodcunque. §. fi quis ita ftipul. ff. de verbis oblig. & ibi Bart.
l. quod dicitur. num. 6. ff. eodem. Dec. con. 239. & con. 216. Alexan. con. 8.
nu. 45. l. 3. & ib. Mo.* Et de fait, pofons le cas que François euft eu des filles, & que fes filles euffent demandé à Iean leur part des biens donnez, ou
que François mefme en eut difpofé au profit des filles ; Iean n'euft-il pas
dit lors ; Non, ces biens font affectez aux mafles, & par confequent vous,
filles, ny pouuez rien pretendre ? Iean doncques euft fouftenu que fon
pere n'en pouuoit difpofer à fon preiudice, pour ce qu'il auoit la qualité
requife par les contractans pour poffeder ces biens-là ; & euft efté en cela
affifté des loix, & des Docteurs plus celebres de noftre droict, & mefme
du *Bald. in l. cùm à focero. C. de inoff. dot. & Dec. con. 607. num. 10.* Et
auiourd'huy qu'il eft queftion de rendre ce qui luy a efté donné, il ne veut
pas reconnoiftre l'auoir receu de la main de fon ayeule, de peur d'eftre
aftraint de le luy reftituer en vne fi luctueufe & pitoyable occafion. Ingratitude trop grande, & de laquelle neantmoins on augmente encore la
honte, quand pour s'excufer de cefte reftitution on veut dire, que la donation eftoit remuneratoire, que c'eftoit le loyer & la recompenfe des
feruices qu'auoient rendus les enfans à leur mere. Car outre que ce font
claufes de Notaires, il n'y a nulle fpecification de tels feruices par le contract. Or eft-ce vne regle trop certaine, que pour rendre vne donation
remuneratoire, il faut deux chofes : l'vne, que les feruices foient fpecifiez ;
l'autre, qu'ils foient priuez, comme tient le Bartole, *in l. fi forte. ff. de
caftrenf. pecul.* & infinis autres Docteurs alleguez par le mefme *con. 112.
num. 9.* Mais quels feruices pourroit-on imaginer au monde qu'on puiffe
imputer à vne mere, & qui ayent peu payer & acquiter l'obligation naturelle que les enfans ont à leur mere, & mefme à vne bonne mere ? Ef-
coutons ce que dit Seneque fur ce fujet. *Quidquid eft quod dat matri filius,
minus eft : quia hanc ipfam dandi facultatem matri debet : Ita nunquam beneficio vincitur cuius beneficium eft quod vincitur.* Mais l'appellante ne fe
contente pas, pour fouftenir vne mauuaife caufe de violer la pieté paternelle, elle veut encore violer la diuine, & prendre à garand d'vne fignalée ingratitude la faincteté du ferment, comme s'il deuoit eftre vn lien
d'iniquité, vne eftaye d'ingratitude. Ne fçait-elle pas que les fermens qui
font

sont apposez aux contracts sont des accessoires qui suiuent la nature des conuentions ausquelles ils sont attachez? Qu'ils sont aussi bien pour confirmer les taisibles conuentions qui resultent de l'intention des parties, comme ce qui est exprimé par les paroles? Qu'ils ont leur principal effet pour contenir les hommes à ne rien faire par dol, par fraude, & mauuaise foy contre la commune intention des contractans; contre le droict, l'honneur, la Iustice, & la pieté? Doncques puis que l'on voit que l'vsage, lequel, comme disoit vn ancien, *optimus iudiciorum censor*, a expliqué ce doute auquel anciennement on estoit, sçauoir si en toutes les donations faites aux enfans, mesmes emancipez, ceste clause est sous-entenduë, s'ils suruiuent; & sans aucune difference a introduit le droict de reuersion pour les peres. Que les loix ont egalé en tout & par tout les meres aux peres, voire en quelques choses les ont declarées plus fauorables. Que les iugemens en ceste Prouince par ceste consequence ont estendu ce droit de reuersion aux meres. Qu'autre part il a esté iugé si fauorable, qu'on l'a mesme estendu à tous donnans estrangers, pour auoir lieu par le predeceds de tous les descendans du donataire. S'il est vray ce que disoit Licinius Pretor, en Tite-Liue; *non exoletis vetustate Annalium exemplis, sed recentissimæ cuiusque consuetudinis vsu ius stare deberet;* Quelle difficulté peut-on faire à confirmer la sentence qui a adiugé ce droict à l'ayeule en vne cause pleine de si pitoyables circonstances? A vne ayeule, laquelle, comme dit la Loy, *patrimonium suum impetu quodam immensæ liberalitatis effudit?* Qui n'a point tant donné ses biens, que partagé entre ses enfans? Qui a veu arriuer deux deplorables accidens, que la nature, ny la pieté ne luy pouuoient permettre de preuoir ou presagir, sçauoir la mort de son fils François, & de Iean son petit-fils? Qui voit vn autre maintenant emporter tout son bien, lors que la douleur a plus besoin de consolation, sa vieillesse de secours? Et puis à quelle condition luy adiuge-t'on ceste reuersion? A la charge de payer toutes les meliorations, & tout ce que les donataires ont payé pour ses debtes. Tellement qu'à vray dire ce sont les inthimez qui sont les plus greuez par ce iugement. Et de fait en concluant au surplus au bien iugé, ils se feroient incidemment portez pour appellans de la sentence, en ce qu'il est dit sans despens. Sur lequel appel les parties auroient aussi esté reglées, & produit pardeuant la Cour sur le tout.

Veu le procès, & tout ce qui a esté escrit & produit, meurement consideré: D'vne part, combien il importe que les dispositions parfaites ne soient pas aisément reuoquées, & par ce moyen infinies autres pactions, conuentions, hypotheques, asseurance de dots faits sur la foy des premiers contracts renuersée, & la confusion introduite au commerce des hommes: Et d'autre costé, combien c'est chose dure, contraire au vœu de la nature, & à la vray-semblable volonté des contractans, qu'vne mere donnant tous ses biens à ses enfans, les voyant mourir, & encore leurs enfans deuant elle, elle voye de ses yeux em-

porter ses biens par vne personne qui ne luy attouche point de parenté, & par ce moyen demeurant priuée du seruice qu'elle deuoit attendre de ses enfans, elle demeure encor en sa plus infirme vieillesse, despoüillée de tous ses biens. Tout diligemment examiné.

La Cour a mis & met les appellations respectiuement interiettées, & sentence dont a esté appellé au neant, & par nouueau iugement a declaré & declare les biens donnez par Catherine Giraude & François Toscan son fils & possedez par Iean Toscan, lors de son deceds luy auoir esté acquis par droict de reuersion par le deceds dudit Iean. A condamné & condamne ladite Serene à iceux vuider & desemparer à Toscan, Pierre & Iean Toscans; comme ayans droict de ladite Giraude, en rendant toutesfois les meliorations qui se trouueront y auoir esté faites, ensemble ce que François & Iean Toscans auront payé des debtes d'icelle Giraude, autres que les charges ordinaires des biens, & à la charge neantmoins que lesdits biens demeureront sujets aux hypotheques, qui pourront auoir esté creées & constituées sur iceux par les donataires; le tout sans restitution de fruits, & sans despens.

DISCOVRS
DE LA NEGOTIATION
DE MESSIEVRS DE BOVILLON
ET DE SANCY EN ANGLETERRE:

POVR LE FAIT DE LA LIGVE
offensiue & deffensiue, contre le Roy d'Espagne, l'an 1596.

E Roy voyant que tout le faix des forces d'Espagne estoit tourné sur la France, iugea que pour le soustenir il luy estoit besoin du secours de ses voisins, & d'vn secours certain & stable; à quoy il pensa ne les pouuoir obliger, que par le moyen d'vne ligue offensiue, de laquelle il tireroit le principal fruict, par ce que par là il ietteroit la guerre au païs de l'ennemy, & le contraindroit de se retirer chez soy, & luy ruineroit les païs d'où il tire ses commoditez pour assaillir la France: outre que le progrés qui se pourroit faire sur l'ennemy l'accommoderoit plus que pas vn des associez, & que les forces que chacun d'eux y apporteroit, seroient à leurs despens, & sans que sa Majesté leur en eust obligation, comme de celles qu'ils luy ont cy-deuant prestées. Dauantage il estimoit que ceste conjonction apporteroit reputation à ses affaires, & les feroit fauoriser par les autres Princes, & Potentats, qui craignent la grandeur & puissance d'Espagne, & en desirent le raualement; mais n'entreprendront iamais d'y seruir, sinon quand ils verront des forces suffisantes preparées pour l'entreprendre. Ceste ligue ayant esté proposée au sieur de Sydné, lors qu'il vint vers le Roy de la part de la Reyne d'Angleterre; ladite Dame fut quelque temps sans faire responce: depuis elle fit entendre par le sieur Ongton son Ambassadeur, qu'elle l'auoit agreable, & qu'il falloit prendre iour, & lieu, pour en conferer. Sur cela le Roy se resout de depescher le sieur de Sancy vers ladite Dame, & Messieurs des Estats de Hollande, tant pour les disposer, & esbaucher ceste negotiation, que pour prendre le temps, & le lieu de la conference, pour la conclure. Depuis la depesche dudit Seigneur de Sancy resoluë arriua le siege de Calais, qui fit presser son voyage pour solliciter du fecours pour ladite ville. Le Samedy au foir vingtiefme Auril, ledit fieur de Sancy arriua à Londres ; là couroit le bruit de la perte entiere de Calais. Et de fait la Reyne qui auoit mandé le matin que l'on fift marcher mille hommes, qui auoient efté leuez en Londres pour le fecours, l'aprefdi-née auoit mandé que l'on les licentiaft. Ce que voyant ledit fieur de Sancy, tant pour appaifer l'indignation que l'on auoit contre les François de la per-te de cefte place, que pour tenir toufiours les chofes en eftat tel, que fi le fe-cours pouuoit encor feruir de quelque chofe, il fuft preft, publia qu'il auoit nouuelles certaines que la Citadelle tenoit encores, & auoit promis au Roy d'attendre le fecours, & preffa d'auoir fon audience de la Reyne : & pour cet effet efcriuit au fieur de Staffort, le priant de remonftrer à la Reyne la confequence de cefte affaire, & que fi en chofe qui eftoit fi pres d'elle, il fal-loit que faute de fecours le Roy fouffrift cefte perte, il preuoyoit qu'il en ar-riueroit tant d'incenueniens, que les cheueux luy dreffoient en la tefte, quand il y penfoit. Le Confeil de la Reyne s'affembla, refolut fur l'heure de faire acheminer le fecours. La Reyne au mefme temps enuoya vifiter ledit fieur de Sancy par le fieur de Sydné, & l'affeurer qu'il auroit fon audience le lendemain apres difné. La mefme nuict ledit fieur de Sydné partit depef-ché par la Reyne vers le Roy, dont ledit fieur de Sancy fut aduerty par fes amis le lendemain au matin ; & eftimoit que ce n'eftoit que pour aduertir le Roy du fecours ; & faire entendre à fa Majefté, que ledit fecours eftoit preparé auant la venuë dudit fieur de Sancy, afin que le Roy en fceuft plus de gré à ladite Dame. Ledit iour Dimanche vingt-vniefme Auril apres difner, ledit fieur de Staffort vint auec cinq caroffes, & huict ou dix Gen-tils-hommes prendre ledit fieur de Sancy chez luy, & le mena fur le bord de la riuiere, où ils defcendirent dans les barques de la Reyne, & fut con-duit à Grenuich. Il fut recueilly à la porte par vn Seigneur, & conduit à la chambre du Confeil, où vindrent plufieurs Gentils-hommes, le faluër ; & apres auoir demeuré quelque temps en ladite chambre, fut conduit en la falle de plaifance où eftoiët rangées les filles de la Reyne, & à l'entrée le vint recueillir Millord Bourroux Cheualier de l'ordre d'Angleterre ; & vn quart d'heure apres vint le grand Chambellan, qui le mena en la chambre de la Reyne où elle eftoit à l'vn des bouts, & toutes les Dames rengées à l'autre bout. La Reyne s'auança trois ou quatre pas au deuant dudit Seigneur de Sancy, qui luy baifa la robbe, & puis les mains : Et apres quelque propos d'honneur luy prefenta les lettres du Roy. Ils parlerent quelque temps de-bout & ledit Seigneur de Sancy defcouuert. Puis elle fit couurir ledit Sei-gneur de Sancy, & s'affit, & le fit affoir. Apres quelques propos communs, & declaration de bonne volonté vers le Roy, ladite Dame dift audit Sei-gneur de Sancy que ce qu'elle auoit defiré d'auoir Calais, n'eftoit que pour le conferuer, voyant bien que le Roy eftant empefché ailleurs le pourroit laiffer perdre. Elle promit de fecourir le Roy en cefte occafion, & ne parla point du voyage du fieur de Sydné. Sur le foir arriua le fieur de Champe-ron, qui auoit laiffé le Roy le Ieudy à Saint Valery, & apporta la capitula-tion de la Citadelle de Calais, qui eftoit vne trefue de fix iours, pendant la-quelle il ne fe feroit aucun acte d'hoftilité de part, ny d'autre. De forte que

ce

ce que ledit Seigneur de Sancy auoit asseuré sans en auoir aduis, se trouua vray: l'on en aduertit la Reyne, & renuoya-on ledit sieur de Champeron le lendemain matin, pour porter aduis au Roy que le secours marchoit. Le Lundy vingt-deuxiesme Monsieur le Comte d'Essex partit pour aller faire embarquer le secours. Le Seigneur de Sancy fut aduerty par ses amis que le Seigneur de Sydné auoit charge de demander au Roy Calais, au cas qu'il fust secouru : ce que l'on n'auoit pas voulu communiquer audit Seigneur de Sancy, mais le traicter auec le Roy, qui n'estoit point aduerty de l'acheminement des forces, esperant plus de facilité sur l'incertitude du secours. Le Mardy vingt-troisiesme du mois ledit Seigneur de Sancy alla visiter le grand Tresorier, lequel entre autres propos luy dit que par cy-deuant le Roy estoit ioint auec la Reyne par la Religion, que depuis il auoit changé, de sorte qu'ils n'estoient plus interessez l'vn auec l'autre, que par le voisinage, qui n'obligeoit que par l'vtilité. Luy ayant esté remonstré comme le salut de ces deux Estats ne dependoit que de leur bonne vnion, & intelligence, mesme ayant a faire à vn commun, & si puissant ennemy, reprenant la parole, il dit ; Que c'estoit vne grande loüange aux ennemis, d'auoir fait ceste entreprise sur Calais si secrette, que l'on n'en eust rien descouuert, & vn grand blasme aux seruiteurs du Roy d'estre si mal aduertis. Ledit Seigneur de Sancy luy respondit qu'il prioit Dieu qu'il ne leur arriuast point d'accident, où il fallust iuger de leurs conseils par le succés. Et s'ils auoient sept ou huict entrées en leur Royaume en egalle distance, par lesquelles les ennemis les peussent assaillir, qu'ils seroient bien empeschez à y pouruoir. Sur le soir il vint aduis que le Roy auoit fait entrer sept ou huict Capitaines dans Calais au lieu de ceux qui estoient venus apporter la capitulation, & auoit escrit au sieur de Bidossans, qu'il se gardast bien de faire composition quelle qu'elle fust, sinon qu'il le traitteroit à toute rigueur, comme luy ayant perdu la meilleure place de son Royaume. Arriua aussi le sieur de Lomenie pour haster le secours. Le Mercredy matin 24. dudit mois, le Seigneur de Sancy fut trouuer la Reyne, qui auoit entendu la responce que le Roy auoit faite audit Seigneur de Sydné, qui estoit qu'il ne bailleroit iamais Calais. Il trouua ladite Dame mal contente, & resoluë de ne point faire passer le secours, sinon à condition que l'on luy bailleroit Calais, alleguant qu'il y auoit si longtemps qu'elle consommoit les vies, & la substance de ses sujets sans aucun fruit, qu'elle ne les pouuoit plus contenter sans leur faire paroistre que son Royaume tiroit quelque commodité des despences qu'elle faisoit. Ledit Seigneur de Sancy depescha le sieur de S. Aubin son frere vers le Roy, pour luy faire entendre ceste resolution : & l'apresdinée escriuit à la Reyne, la suppliant de haster le secours, & se reseruer lors que son armée seroit passée à Bologne de demander au Roy ce qu'elle desiroit. Il enuoya les lettres à Monsieur le grand Tresorier par Monsieur Ansel, lequel ne le trouua que fort tard, & apprit de luy à l'abordée, que la Reyne auoit changé de resolution, & mandé au Comte d'Essex de passer le secours à Bologne. Ce que voyant ledit sieur Ansel, ne luy bailla pas la lettre. Ce qui fit prendre ceste resolution à la Reyne vraysemblablement, ce fut que le sieur de Lomenie dist audit Seigneur de Sancy, en presence dudit sieur Edmond, que le Roy estoit tout resolu de lais-

& plûtoft perdre Calais, que de l'accorder à la Reyne, ne voulût eftre gehenné de cefte façon en fa neceffité. Car ledit fieur Ædmond fortit auffi toft,
pour en aduertir, comme il eft croyable, la Reyne & le grand Treforier.

Le Vendredy 26. du mois arriua la perte de la Citadelle, qui auoit efté
prife d'affaut le Mercredy à midy, n'ayant enduré que de fix à fept cents
coups de canon au boulleuart du cofté du port. Cela apporta vn grand
eftonnement au peuple de Londres, & vn grand mefcontentement, qui
auoit retardé le fecours. Arriua auffi nouuelle que Monfieur le Duc de
Boüillon eftoit paffé à Douures, & venoit de la part du Roy trouuer la
Reyne. Ledit Seigneur de Boüillon trouuant Monfieur le Comte d'Effex
à Douures, luy remonftra qu'il ne deuoit point faire le voyage qu'il auoit
entrepris, que c'eftoit vn deffein de fes ennemis pour l'efloigner de fa Maiftreffe, & le ietter au hazard, pour, s'il luy reüffiffoit, le rendre fufpect de
trop de credit, & de puiffance; & s'il luy fuccedoit mal, le ruiner entierement, & le rendre odieux au peuple, & à fes amis, qu'il auroit ruinez quant
& luy: Que durant fon abfence il pouuoit arriuer tel accident, qu'il ne
pourroit iamais rentrer en Angleterre; au moins que fans doute il arriueroit quelque accident à l'Angleterre, où à la France, qui luy feroit imputé, & dont il porteroit la haine, comme ayant diuerty les forces auec lefquelles on y pouuoit remedier. En fin l'ayant trouué eftonné, & comme troublé, il le fit condefcendre, que pourueu qu'on trouuaft
moyen que la Reyne le rembourfaft de deux cens cinquante mille francs,
que luy couftoient fes preparatifs, il quitteroit fon voyage pour conuertir
fes forces au fecours de la France.

Le Dimanche 28. dudit mois ledit fieur de Boüillon arriua. Pour ce qu'il
auoit la fievre, il ne peut voir la Reyne; mais ledit Seigneur de Sancy alla
vers ladite Dame, & luy porta les lettres que ledit fieur de Boüillon luy apportoit de la part du Roy; qui l'enuoyoit-là pour traitter la confederation
qui auoit efté auparauant propofée, de peur que fi les chofes trainoient en
plus grande longueur, les affaires de l'ennemy en receuffent de l'auantage
& leurs Majeftez grande incommodité. Toute cefte audience ne fut que
plaintes des mauuais traittemens que l'on luy auoit fait, auec declaration
toutefois qu'elle vouloit traitter, & en bref; mais en intention de profiter
de la neceffité du Roy. Le foir ledit Seigneur de Boüillon eftimant que le
lendemain ceux du Confeil de la Reyne le viendroient trouuer pour commencer à traitter, propofa aux feruiteurs du Roy qui eftoient-là, que ceux
du Confeil ne faudroient point de commencer par des plaintes, & continuer celles que leur Maiftreffe auroit faites, mit en deliberation par où on
deuoit commencer cefte negotiation: Il fut refolu qu'on n'entreroit point
en refponce ny iuftification à toutes ces plaintes là; mais feulement qu'on
leur diroit qu'il pouuoit y auoir du deffaut en noftre Eftat commeau leur,
& des fujets de plaintes de part & d'autre; mais que ce n'eftoit pas le lieu, &
qu'il falloit feulement aduifer fi à vn danger fi prefent & fi commun on
deuoit & pouuoit-on y pouruoir; ou fi par certains mefcontentemens, que
l'on pouuoit auoir les vns des autres, il falloit, faute d'vnion & bonne intelligence, fauorifer les deffeins de l'ennemy.

Le

Le Mardy 30. le grand Tresorier, l'Admiral Hauuard, Millord Couban, Millord Boucorps, & le sieur Cecil vindrent trouuer Monsieur de Boüillon, lequel leur proposa que cy-deuant le sieur Dongton auoit fait entendre au Roy, que la Reyne auoit agreable de traitter vne ligue offensiue, & defensiue, & proposé vne conferance pout cet effet; que le Roy auoit depesché Monsieur de Sancy, pour entendre de la Reyne le lieu où il desiroit que la conference se fist, & quelles personnes elle y vouloit employer. Depuis les affaires pressans dauantage, que le Roy l'auoit enuoyé, pour sçauoir si la Reyne voudroit presentement resoudre ce fait, & tourner toutes ses forces contre l'ennemy commun. Ils firent responce, qu'ils reporteroient à la Reyne, leur Maistresse, ce qu'ils auoient entendu.

Depuis le Mardy iusqu'au Dimanche il ne se fit rien, & disoit-on que le Conseil estoit empesché sur le partement du Comte d'Essex, auquel la Reyne donna quatre mille liures estrelins pour son embarquement, & luy promit qu'auant son partement on resoudroit les affaires de France; & qu'il n'y seroit rien changé durant son voyage. Le Samedy la Reyne enuoya aduertir Monsieur le Duc de Boüillon, & Monsieur de Sancy, qu'elle leur auoit fait apprester vn logis à Grenuiche.

Le Dimanche 5. de May arriua vn courrier au matin, qui portoit nouuelle que Drac, & Iean Haquins, les deux Capitaines de l'armée, qui estoit allée aux Indes, estoient morts, & que leurs gens s'en reuenoient sans auoir fait grand chose. Au mesme temps courut vn bruit par Londres que l'Admiral Hauuard estoit prisonnier à la Tour. L'apresdinée lesdits Seigneurs de Boüillon & de Sancy eurent audience. La Reyne leur dit que l'on confereroit sur le fait de la ligue; mais qu'elle ne sçauoit qu'esperer du traitté, veu que l'on ne luy auoit rien tenu des promesses, que l'on luy auoit faites auparauant, & qu'on luy auoit ja promis tout ce que l'on luy pouuoit promettre maintenant. A quoy fut respondu, qu'elle sçauoit bien que le Roy ne manquoit point d'affection, & de fidelité en son endroit; son malheur estoit de ne pouuoir tout ce qu'il desiroit. Mais que l'office d'vne bonne amie comme elle estoit, est de se contenter de ses amis, quand ils font ce qu'ils peuuent. Le soir lesdits Seigneurs de Boüillon & de Sancy se representans les difficultez qu'il y auoit en ce traitté, mirent en deliberation quel chemin il faudroit tenir à negocier, & fut resolu que l'on representeroit au Conseil l'vtilité commune de la ligue qui auoit esté proposée, & que sur les difficultez que feroient ceux du Conseil, mesmes sur les pouuoirs qui estoient deffectueux, que l'on prendroit sujet de descendre à demander vn secours particulier pour Ardres, Bologne, & Monstrueil.

Le Mardy 7. iour de May la Reyne manda à Messieurs de Boüillon, & de Sancy, par Monsieur de Sydné, qu'elle enuoyeroit vers eux Messieurs de son Conseil; depuis elle renuoya ledit sieur de Sydné leur dire, que Monsieur le grand Tresorier estoit indisposé; mais que si il leur plaisoit s'aller promener aux iardins ils trouueroient en vne chambre au bout desdits iardins lesdits sieurs de son Conseil. Ce qui fut fait, & se trouuerent en ladite chambre auec ledit sieur grand Tresorier, Millord Chambellan, Millord Couban, Millord Forescut, & le sieur Robert Cecil. Auant que commencer à

traicter, lesdits Seigneurs de Boüillon & de Sancy dirent que ledit Seigneur
de Sancy pourroit estre contraint de partir auant que ce traicté fut acheué:
& que le sieur du Vair, qui estoit confident seruiteur du Roy, & auoit cet
honneur d'estre de son Conseil, estoit icy; qu'ils desiroient qu'il assistast à
ce qui se traitteroit; afin de pouuoir, si ledit sieur de Sancy partoit, soulager ledit Seigneur de Boüillon. Ce que les Seigneurs du Conseil trouuerent
bon. Estans tous assis ledit Seigneur grand Tresorier prist la parole, & dist
que la Reyne leur auoit donné charge d'entendre ce que lesdits Seigneurs
de Boüillon & de Sancy desiroient. Monsieur de Boüillon fit responce
qu'il l'auoit ja fait entendre l'autre fois qu'ils s'estoient assemblez, & qu'ils
estoient venus pour sçauoir s'il plaisoit à la Reyne traicter la ligue qui auoit
esté auparauant proposée. Ledit Seigneur Tresorier luy dit qu'il s'ouurist,
s'il luy plaisoit, sur les moyens particuliers qu'il pensoit y auoir d'y paruenir.
A cela ledit Seigneur de Boüillon respondit, qu'il falloit estre d'accord du
general, auant que venir au particulier, & de la volonté de la Reyne de traitter la ligue offensiue, & deffensiue, auant que d'entrer aux conditions; &
que quand on marie vne fille, deuant que de parler des clauses du contract
il faut que les parties soient d'accord de s'espouser; qu'en vain on traicteroit
du particulier si on n'est d'accord du general. Ledit Seigneur Tresorier dit
que puis que les affaires du Roy estoient en tel estat qu'il auroit besoin du secours de la Reyne, & que pour cet effet il falloit traitter vne ligue; qu'il leur
falloit faire voir ce que le Roy feroit pour la Reyne. Car, comme quand
deux amis traittent ensemble, il faut que les conditions soient egalles; Aussi
si le Roy desiroit quelque chose de la Reyne, il falloit qu'il fist entendre ce
qu'il pouuoit faire pour elle, & qu'il luy fist connoistre quelle vtilité elle en
receuroit. A cela fut respondu par ledit Seigneur de Boüillon, que ledit Seigneur Tresorier ne pouuoit ignorer que le Roy d'Espagne ne fust l'ennemy
commun de ces deux Couronnes, ayant dessein à la ruine de l'vne & de
l'autre: qu'il ne falloit donc point douter que de s'opposer à luy à forces
conjointes ne fust tres-salutaire pour l'vn, & pour l'autre: estant tres-certain
que celuy qui est plus puissant, & entreprend, a bien plus de moyen de venir à bout de ses ennemis separez qu'vnis: que iusqu'auiourd'huy les progrés que le Roy d'Espagne auroit faits, ne procedoient que de ceste desunion, par laquelle au lieu de l'attaquer auec vne puissante force, on l'auoit
laissé assaillir auec telle commodité, qu'il n'y a rien qui ne luy semble maintenant faisable; & bien que l'Angleterre semble plus esloignée de luy, si a-il
assez monstré que c'estoit son principal dessein, estimant que l'entreprise
luy en seroit moins inuidieuse, & plus honorable pour le pretexte de la Religion, plus aisée pour la constitution du païs, & plus vtile pour reconquerir les Païs bas. Le Roy de son costé auroit aussi à craindre, pour ce qu'il y
auroit encore des semences de factions en beaucoup d'esprits aisées à rallu-
mer auec l'occasion, & la commodité; qu'estant assailly par vn puissant
ennemy, & n'y pouuant opposer que des forces debilitées par la longueur
des guerres ciuiles, s'il n'estoit secouru par ses amis, il ne pouuoit euiter de perdre beaucoup de places à sa veuë, & par là tomber au mespris
de ses sujets, lesquels las & ennuyez de la guerre le porteroient par force à

vne paix, telle que le Roy d'Espagne la desire, pour luy donner moyen
d'executer ses desseins sur l'Angleterre, & sur les Pays bas: Que ledit Seigneur Roy se sentoit obligé par l'amitié, qui estoit entre luy & la Reyne, &
pour le salut propre de son Estat, de pouuoir à ces inconueniens ; mais qu'il
n'y auoit autre remede que l'vnion, & la conjonction des Princes interessez
és desseins du Roy d'Espagne. Ledit Seigneur Tresorier fit réponce que la
Reyne ne pouuoit faire dauantage par vne ligue, qu'elle auoit fait sans ligue.
Car si c'est pour offencer, qu'elle auoit cy-deuant fait la guerre au Roy
d'Espagne en Flandre, en France, en Espagne, aux Indes, & la luy faisoit
encore, & enuoyoit presentement vne armée de mer pour cét effet: Pour
la deffensiue, que la Reyne auoit presté plus d'vn million cinq cens mille
escus au Roy, enuoyé ses hommes pour la deffence de la France. Qu'apres
cela il luy sembloit que venans vers ladite Dame, leur negotiation deuoit
plustost estre vn remerciment, qu'vne nouuelle demande. Qu'il falloit considerer l'estat des affaires de la Reyne épuisée de moyens par vne si longue
guerre, par les grands secours qu'elle auoit donnez au Roy, sans en auoir esté
satisfaite. Qu'elle auoit la guerre à soustenir en Irlande, où elle auoit de
nouueau aduis, que le Roy d'Espagne deuoit à ce mois de May faire descendre des forces : que c'estoit vn Royaume qu'il falloit qu'elle sauuast. Qu'outre l'armée de mer qu'elle enuoyoit, qui luy coustoit beaucoup, il falloit
qu'elle payast conptant plus de vingt mille escus, qui estoient deubs de reste
de l'embarquement de Draq, qui luy coustoit des-ja plus de soixante mille
escus de dépence inutile. Le malheur a voulu que les Capitaines de ceste
flotte soient morts de maladie, & qu'elle ait esté contrainte de s'en reuenir
sans rien faire. Que ces considerations sembloient des excuses raisonnables
d'entrer au traicté que l'on demandoit, veu mesme que l'on ne monstroit
point que la Reyne en peust receuoir aucune commodité, ny pour entreprendre, ny pour se deffendre: Que le Roy pouuoit se passer du secours de
la Reyne, pource qu'il estoit en estat de se deffendre soy-mesme, ayant la
paix quasi auec tous ses sujets, mesme auec le Duc de Lorraine, & de Sauoye, & tréve auec Monsieur de Mercœur. Que s'il auoit perdu quelques
places, il en auoit recouuré d'autres au mesme instant, comme Marseille.
Et comme on disoit qu'il estoit au hazard d'en perdre quelques autres, aussi
la Reyne couroit la mesme fortune en Irlande, où elle auoit vne partie du
païs soufleué, & rebellé par les menées des Espagnols ; qu'il falloit qu'elle
y enuoyast de l'argent, des hommes, des viures, & munitions. Monsieur le
grand Chambellan adiousta à cela, que c'estoit vn vieil prouerbe en Angleterre, que qui veut conquerir Angleterre, il faut qu'il entre par Irlande. Ledit Seigneur de Boüillon répondit à cela, que les maux de la France
estoient fort differents de ceux de l'Angleterre. Que les incommoditez que
la Reyne souffroit, ne l'empeschoient point de receuoir son reuenu, & les
contributions de ses sujets : mais que le mal qui estoit en la France la ruïnoit
entierement. Monsieur de Sancy prenant la parole dit, qu'ils auoient trop
de prudence pour penser qu'ayant vn ennemy commun, les maux de leurs
amis ne fussent pas les leurs ; qu'ils pouuoient iuger à l'œil que si le Roy n'e-
stoit secouru, on ne pouuoit douter qu'il ne fust contraint de traitter auec

le Roy d'Efpagne, & qu'il n'auoit feruiteur, qui le luy peuſt déconſeiller,
Qu'ils pouuoient eſtimer combien cela importeroit à tous les voiſins de la
France, auſquels c'eſtoit aſſez profiter de l'empeſcher par ce traicté: qu'outre cela la Reyne ne pouuoit douter qu'elle ne receuſt de grandes commoditez de la ligue, ſoit à offenſer, ſoit à deffendre; à offenſer, parce que le lieu
le plus commode pour jetter toutes les forces des aſſociez, & attaquer l'ennemy, eſtoit proche d'elle, & ſeroit accommodée de ce qui s'y pourra conquerir, qui ſe trouuera plus à ſa bien-ſeance. Quant à la deffenſiue, ſi elle
eſtoit aſſaillie, le Roy l'ayderoit d'hommes, de havres, & de vaiſſeaux. A cela ledit ſieur Treſorier dit en Anglois, qu'on leur vouloit vendre la peau de
l'ours. Ce que ledit Seigneur de Sancy ayant entendu, luy répondit en
François, Qu'il ne luy vouloit point vendre la peau de l'ours; mais bien les
aſſeurer d'vne certaine conqueſte, s'ils vouloient faire ce que toute raiſon
d'Eſtat leur conſeilloit. Ledit Seigneur Treſorier reprenans le propos dit,
Qu'il ne ſçauoit pas quel ſecours de vaiſſeaux on leur promettoit, & qu'il
ſçauoit bien que le Roy n'en auoit point. A quoy ledit Seigneur de Sancy
répondit, qu'il en auoit & en bon nombre à Sainct Mallo, Bordeaux, & la
Rochelle. Et ledit Seigneur Treſorier repliqua, qu'ils n'eſtoient pas à la diſpoſition du Roy. Le Seigneur de Boüillon reprenant le propos dit, Que ce
que la Reyne pouuoit le plus craindre, c'eſtoit vne déſcente par mer: Que
le vray moyen de l'empeſcher eſtoit d'occuper l'armée qui eſtoit au Païs-
bas, d'autant que le Roy d'Efpagne ne pouuoit faire aucune leuée d'importance en Eſpagne, n'y ayant que des biſongnes, & nouueaux ſoldats, &
que l'armée nauale qu'il y pourroit faire ne ſeroit que pour fauoriſer le paſſage de ſon armée de Flandres, comme ils auoient veu par la derniere entrepriſe, qui eſtoit entierement fondée ſur l'armée du Prince de Parme, Que
toute l'armée qui peut eſtre au Païs-bas n'eſt que de treize à quatorze mille
hommes de pied, & enuiron deux mille cheuaux; Que ſi le Roy, la Reyne,
& ceux du Païs-bas, & des Eſtats vouloient s'éuertuer, qu'ils mettroient
des forces enſemble plus puiſſantes. Et auec cela ſi la Reyne par l'authorité
qu'elle auoit ſur ceux des Eſtats faiſoit qu'ils ne portaſſent plus de viures en
Flandre, on ruineroit indubitablement l'armée d'Eſpagne. Dauantage
que quand on verroit ces Princes bien vnis par vne bonne ligue, cela ac-
croiſtroit grandement la reputation de leurs affaires, qui n'eſt pas de petit
moment à la conſeruation & accroiſſement des Eſtats. Que les Princes
d'Allemagne & d'Italie prendront courage ou de ſe joindre à eux, ou de les
ayder. Ledit Seigneur Treſorier répondit, que iamais ceux des Eſtats ne
feroient ces deffences-là, pource que le trafic eſtoit ce qui les faiſoit ſubſiſter, & ſans cela ils n'auroient aucun moyen de payer les contributions, &
ſouſtenir les fraiz de la guerre. Sur cela ledit Seigneur de Sancy leur dit:
Meſſieurs, nous ne ſommes pas venus icy pour vous apprendre l'eſtat de
vos affaires, vous le ſçauez mieux que nous; mais pour vous faire entendre
les inconueniens qui nous menaſſent, & auſquels nous eſtimons que vous
auez intereſt. Si vous penſez n'auoir point de moyen de nous ſecourir, vous
nous ferez grand plaiſir, de le nous faire entendre de bonne heure, & le Roy
vous en aura quelque obligation; car pour le moins nous ne demeurerons
point

point icy inutilement, & sa Majesté aduisera à pouruoir à ses affaires. A cela ledit sieur Tresorier répondit, que c'estoit à la Reyne à dire si elle auoit moyen, ou non ; mais quant à luy il parloit comme son Conseiller, ayant connoissance de ses affaires, & iugeant les difficultez qui y estoient ; qu'ils luy rapporteroient ce qu'ils auoient entendu pour sçauoir sa volonté. Apres il dit qu'il auoit esté fait diuers traictez de ligue entre les Roys de France & d'Angleterre ; mesme auec le feu Roy Charles dernier, & qu'il les falloit voir. Ayant mis lesdits traictez sur la table, apres s'estre quelque temps entretenus à lire les noms de ceux qui estoient dénommez audit traicté, on se leua.

Le Ieudy neufiéme du mois la Reyne enuoya le matin prier lesdits Seigneurs de Boüillon & de Sancy, de se trouuer au Conseil, où ils allerent ; & y trouuerent ledit Millord Tresorier, Chambellan, Couban, Boucors, & Cecil. Ledit Seigneur Tresorier dit, qu'il auoit fait entendre à la Reyne ce que ledit Seigneur de Boüillon auoit le dernier iour proposé de la part du Roy ; que ladite Dame estoit bien marrie qu'elle n'auoit le moyen de le secourir, comme elle en auoit la volonté, mais qu'il luy estoit impossible : & recommença le mesme discours qu'il auoit fait à la precedente assemblée. En fin conclut qu'il desiroit qu'on luy monstrast l'vtilité que la Reyne pouuoit receuoir de ce traicté ; & puis que le Roy estoit en si extreme necessité, qu'on luy dist quel moyen il auroit de satisfaire à ce qu'il promettoit. Ledit Seigneur de Boüillon répondit, qu'il s'estonnoit comme il ne voyoit pas que les desseins du Roy d'Espagne n'estoient pas tant contre la France que contre l'Angleterre, veu que les dernieres entreprises dudit Roy d'Espagne le monstroient clairement. Car au lieu d'attaquer des places qu'il eust peu emporter auec plus de facilité pour luy, & plus d'incommodité pour la France, il auoit attaqué Calais qui ne luy seruoit qu'à l'entreprise d'Angleterre, & des Païs-bas, laquelle s'il eust eu dés sa premiere entreprise, il eust mis l'Angleterre en bien plus grand danger : Qu'on voit bien que son dessein est de troubler, & d'infester le commerce de toute la mer de Septentrion, qui importe bien plus à l'Angleterre qu'à la France ; d'autant que la misere de la France est telle, qu'elle a ja desaccoustumé le commerce, & se passe des commoditez qu'elle produit. Quant aux moyens d'asseurer ce que l'on promettoit, que Monsieur de Sancy, qui estoit là present, en estoit plus informé. Ledit Seigneur de Sancy prenant la parole, continuant le discours de l'interest qu'auoient les Anglois à la guerre de France, dit : Que les conquestes que faisoit le Roy d'Espagne sur la coste luy donnoient vne grande commodité à la décente d'Angleterre : Que si la décente s'y faisoit, leur Estat estoit fort en hazard. Dont ledit Millord Chambellan tout courroucé, luy dit, Qu'il ne sçauoit pas leurs affaires, & qu'ils ne craignoient point les décentes, & qu'ils combattroient tousiours les Espagnols quand ils seroient décendus, & les battroient fort bien. Ledit sieur de Sancy poursuiuant son discours dit, Que pour le regard des seuretez du secours que la Reyne presteroit au Roy pour la deffence de la France, c'estoit à eux de dire quelles ils les vouloient. Le Seigneur Tresorier au contraire, que c'estoit à ceux qui demandoient le secours à dire quels moyens ils auroient

Pource que toutes les seuretez qu'on auoit cy-deuant donné à la Reyne auoient esté sans effet, cottant particulierement les promesses qui auoient esté faites, & n'auoient, ce disoient-ils, esté accomplies. Ledit Seigneur de Sancy dit, que plustost pour les contenter, lors qu'on seroit contraint se seruir de leurs forces pour la deffensiue, on leur donneroit des ostages pour la seureté du remboursement des payemens. A cela ledit Seigneur Tresorier fit réponce, Qu'autre-fois on en auoit donné qui s'en estoient fuis. Il luy fut dit par ledit Seigneur de Sancy, qu'ils les pourroient mieux garder; & adiousta en fin: Messieurs, nous voyons que c'est que nous sommes trop pauures, vous n'estimez pas pouuoir traitter auec nous. Nous n'auons donc plus affaire sinon à prendre congé de vous. Alors ledit Seigneur Tresorier tirant vn petit papier de son sein, commença à dire, que lors du traicté du Roy Charles, la Reyne estoit en paix, & auoit de grands moyens; mainte- nant elle estoit incommodée, mesme par les grands prests qu'elle auoit fait au Roy, & par la guerre qu'elle auoit en Irlande. Le Seigneur Robert Cecil adiousta qu'il venoit de receuoir vn aduis de trente voiles Espagnoles qui estoient arriuées au Conquest, & que l'on iugeoit qu'elles estoient suiuies de tout plein d'autres. Ledit Seigneur Tresorier poursuiuant son discours dit, que la Reyne ne pouuoit accorder au Roy les forces qu'elle auoit accordées au Roy Charles; mais que sa Majesté accorderoit trois mille hommes aux conditions portées par deux articles, qu'il bailla par écrit, qui estoient, pour- ueu que la leuée estant faite auant que partir d'Angleterre, le Roy enuoyast argent pour payer la leuée & la dépence du passage, & l'auance d'vn mois de solde. L'autre article contenoit que ce seroit à la charge, que si la Reyne d'Angleterre auoit quelques troubles en ses Estats, dont elle seroit creüe en la conscience, qu'elle ne seroit tenuë de fournir ledit secours. Ledit Sei- gneur de Boüillon demanda lesdits articles, le traicté fait auec le Roy Char- les pour en deliberer, & l'assemblée fut remise à l'apresdinée. L'apresdinée ledit Seigneur de Boüillon rémonstra que les articles qui auoient esté pro- posez n'estoient nullement raisonnables; qu'il n'y auoit point d'apparence que la Reyne offrist moins au Roy, auquel elle auoit voüé tant d'amitié, qu'elle n'auoit accordé au Roy Charles, auec lequel elle n'estoit conjointe que de voisinage. Qu'eux qui proposoient ces articles sçauoient bien qu'il estoit impossible au Roy d'y satisfaire; & que s'il auoit de l'argent, il ne manqueroit point d'hommes en son Royaume, en Suisse, & en Allemagne. Le Seigneur de Sancy prenant la parole dit, Que ce n'estoit pas l'effet d'vne ligue, que de permettre vne leuée d'hommes à ses voisins; que cela estoit le faict de peuples mercenaires, & non de Princes amis, & conjoints d'inte- rests & amitié. Et apres s'estre quelque temps entretenus sur la difference des leuées des Suisses, & des Lansquenets, & sur la condition desdites na- tions, & leur difference; en fin lesdits Seigneurs de Boüillon & de Sancy se leuerent, disans qu'ils n'auoient donc plus rien à faire qu'à prendre con- gé de la Reyne; & estans de retour chez eux mirent en deliberation ce qu'ils deuoient faire. Il fut resolu que l'on feroit vn écrit qu'ils enuoyeroient à la Reyne, qui contiendroit l'ouuerture qui auoit esté faite dudit traicté; l'in- stance qu'en auoient fait les Ambassadeurs & Agens de ladite Dame, le
voyage

voyage dudit Seigneur de Sancy qui auoit esté depesché pour sçauoir de
sa Majesté le lieu, le temps, & les personnes qu'elle desiroit y employer,
comme depuis le Roy auoit enuoyé ledit Seigneur de Boüillon pour le
conclure : Que ladite Dame Reyne auoit voulu qu'on traictast auec son
Conseil, duquel ils n'auoient appris autre chose, sinon que ladite Dame
estimoit n'auoir point d'interest en ceste guerre ; & en fin auoient esté proposez quelques articles entierement hors de raison, mesme contenans des
conditions plus desauantageuses beaucoup, que le traicté fait auec le Roy
Charles, & entre autres deux, que ceux qui les proposoient sçauoient bien
pour le regard de l'vne, qu'elle estoit impossible ; & pour le regard de l'autre, c'estoit vne excuse perpetuelle, de n'executer que ce qu'il leur plairoit
de ce qu'ils promettoient. Et pource lesdits Seigneurs ne pouuans croire
que ce fust-là l'intention de ladite Dame, la supplioient leur faire entendre
sa derniere resolution : Que ce leur seroit beaucoup de bien, qu'on ne leur
fist point perdre le temps inutilement, estans appellez au seruice de leur
Maistre, par la necessité de leurs charges. Cét écrit fut porté au Seigneur
Robert Cecil le Vendredy dixiéme du mois, pour le presenter à la Reyne,
comme il fit.

Le Samedy vnziéme, lesdits Seigneurs furent priez de se trouuer au Conseil : ledit Seigneur grand Tresorier leur dit, Que la Reyne auoit veu l'écrit
qu'ils auoient baillé, par lequel ils monstroient n'estre pas contans de ce
qui leur auoit esté proposé. Au moyen dequoy ils auoient dressé d'autres
articles, lesquels il fit lire par le Seigneur Robert Cecil ; qui estoient en sommaire, que la ligue se feroit auec clauses offensiues & deffensiues ; & que la
Reyne accorderoit de fournir au Roy vn secours de trois mille hommes de
pied, comme il est contenu en vn article de mesme sujet du traicté fait
auec le Roy Charles l'an 1571. Que le Roy payeroit toutes les sommes de
deniers, qui seroient par la Reyne, ou ses ministres, fournis aux forces qui seroient enuoyées en France ; & que les appointemens seroient semblables à
ceux d'vn pareil nombre enuoyé cy-deuant en Normandie & Bretagne ;
& pour l'asseurance le Roy bailleroit quatre ostages, que lesdites forces ne
seroient tenuës de seruir que six mois de l'an ; qu'elles ne seroient employées
qu'és Prouinces de Normandie, Picardie, Bolonnois, Arthois, & Haynaut ;
que ladite Dame ne seroit tenuë fournir lesdits hommes, tandis que la Rebellion d'Irlande dureroit, & que le sieur Comte d'Essex seroit sur mer auec
l'armée. Apres la lecture desdits articles fut remonstré par ledit Seigneur
de Boüillon, que la necessité du Roy estoit pressante ; & que ce qu'il auoit
plus à craindre, estoit cinq ou six mois prochains, que le grand effort des
ennemis se feroit en ce temps ; que s'il ne tiroit secours de ses amis pendant
ce temps-là, il ne receuroit aucun fruict du traicté. Lesdits Seigneurs du
Conseil de la Reyne ne répondans mot, le Seigneur de Sancy prit la parole,
& dit, que si la Reyne ne pouuoit faire autre chose, qu'il falloit differer le
traicté apres le retour de Monsieur le Comte d'Essex, & que la guerre d'Irlande seroit appaisée. Et sur cela apres s'estre meu quelques propos sur la
perte de Calais, on se leua. Ledit Seigneur de Boüillon demanda coppie
desdits articles, laquelle on promit luy enuoyer dans vne heure. Lesdits

articles eſtans apportez, ils ſe trouuerent couchez en ſorte que la Reyne ne
s'obligeoit pas d'auancer la ſolde de ſix mois, bien que leſdits Seigneurs du
Conſeil ſe fuſſent lâchez à cela. Et ſembloit auſſi qu'en la ſtipulation du
rembourſement, on y compriſt les fraiz de la leuée. Leſdits Seigneurs de
Boüillon & de Sancy enuoyerent vers le Seigneur Cecil, pour ſçauoir
quelle eſtoit en cela l'intention de ceux du Conſeil de la Reyne, & luy dire
qu'en la conference derniere auec ceux dudit Conſeil, ils auoient entendu
que la Reyne offroit de faire les fraiz de la leuée, & auancer la ſolde de ſes
gens pour ſix mois, & neantmoins que les articles eſtoient couchez de façon que cela n'eſtoit pas exprimé. Il fit réponce que ceſte obſcurité ſembloit éclaircie par la ſuitte des autres articles. Neantmoins auant que donner autre réponce, il deſiroit d'en parler auſdits Seigneurs du Conſeil. Il
alla vers ledit Seigneur grand Treſorier, & eſtant de retour fit réponce,
que pour le regard de l'auance de la ſolde, elle ſe feroit par la Reyne, & ſes
Officiers: pour le regard des fraiz de la leuée & du paſſage, que cela reuenoit à peu, qui eſtoit enuiron deux eſcus moins vn tiers pour homme. Il
luy fut dit qu'il ſe trouuoit vne autre difficulté auſdits articles, mais qui meritoit vn plus long diſcours & plus de loiſir. Interpellant que l'on luy fit entendre; luy fut dit que c'eſtoit que par leſdits articles ils propoſoient vne ligue offenſiue, & neantmoins il n'eſtoit rien diſpoſé de ce qui ſe feroit pour
l'offenſiue, & que le vray effet de ceſte ligue deuoit eſtre d'attaquer l'ennemy commun à forces conjointes, & auec vne puiſſante armée. Que ſi les
affaires de la Reyne ne pouuoient permettre de le faire preſentement, au
moins en falloit-il faire le projet, pour l'executer le pluſtoſt qu'on pourroit,
afin qu'il y euſt ſujet d'y inuiter les autres Princes voiſins, & que cela rele-
uaſt l'eſperance aux peuples eſtonnez & abbatus par les derniers accidens,
leſquels ne ſe raſſeureroient point, qu'ils ne viſſent vne apparence de forces,
qui peuſſent conuertir la deffenſiue en offenſiue. Ledit Seigneur Cecil répondit que pour parler librement, & comme pouuoit faire vn ſeruiteur, des
affaires de ſa Maiſtreſſe, en tels traictez il ne falloit pas ſeulement pouruoir à
tout ce qui pouuoit arriuer par raiſon, mais à tout ce qui deuoit ſuruenir.
Que la Reyne eſtoit menaſſée d'vne paix du Roy auec le Roy d'Eſpagne;
que le Roy meſme luy auoit écrit, qu'il n'eſtoit point Roy pour perdre,
mais pour ſauuer ſes ſujets. Que l'on eſtimeroit peu de prudence en ladite
Dame, & ceux de ſon Conſeil, ſi elle donnoit moyen au Roy de faire cét accord plus auantageuſement à ſes dépés, & par le moyen de ſes forces. Que ſi
l'on faiſoit vn projet de mettre des forces enſemble au pluſtoſt qu'on pourroit, l'on voudroit peut-eſtre ſe ſeruir de cela à l'aduenir contre la Reyne,
& dire qu'elle n'auroit pas tenu ce qu'elle auroit promis. Et pour ce, ſi l'on
vouloit cela, il falloit donner vne declaration particuliere du Roy, qu'il ne
s'en entendoit point preualoir, ſinon pour la reputation de ſes affaires. Il
fut remonſtré audit Seigneur Cecil, que le Roy s'obligeoit de ne point traicter ſans la Reyne, & que par là elle auroit ce qu'elle deſiroit. Il fit réponce
que ceſte obligation n'eſtoit que des paroles. Il leur fut dit que la parole des
Princes eſtoit la plus grande & ſacrée obligation en laquelle ils peuſſent entrer; que le Roy eſtoit ſi extrémément jaloux de ſon honneur, qu'il ne feroit

roit iamais chofe au contraire de ce qu'il promettoit, & qui fuft aliene de l'a-
mitié qu'il auoit voüée à la Reyne. A cela il repliqua que le Roy luy mefme efcriuoit qu'il eftoit en traicté, & que Monfieur de Mercœur le preffoit
de traicter auec le Roy d'Efpagne, & luy en offroit les moyens. Il luy fut
refpondu, qu'il y auoit bien difference de traicter, ou d'eftre follicité de
traicter. Que le Roy n'eftoit aucunement entré en traicté, & n'y entreroit
que quand fes amis le laifferoient fans moyens de pouuoir faire mieux. En
ce cas quand on luy diroit autrement, il auroit trop de prudence pour croire que le Roy fe vouluft perdre. Il dit en fin qu'il falloit faire cefte propofition par efcrit, & que la Reyne prendroit pluftoft la peine de la lire & relire,
que la patience d'en oüyr parler. Ces Confeillers fe mettans à parler de Calais, il dit qu'on auoit eu grand tort de croire que la Reyne euft iamais defiré de l'auoir pour le retenir ; qu'elle auoit feulement voulu empefcher l'inconuenient qui eft arriué, lequel feroit noftre ruine & la leur. Et parlant de
Bologne dit qu'on leur auoit voulu faire accroire qu'ils la demandoient,
mais qu'on fe trompoit fort, & qu'ils fçauoient bien que c'eftoit, & qu'elle
ne leur pouuoit feruir d'autre chofe, finon d'vne defpence de cent mil efcus
par an pour la garder, & qu'au bout, lors que le Roy de France & le Roy
d'Efpagne feroient d'accord, qu'ils la luy ofteroient quand ils voudroient.
Il excita fort à mettre par efcrit ce que l'on defiroit de la Reyne, affurant
fur fon Dieu que le Confeil de la Reyne fe trouueroit fort difpofé à fauorifer
les affaires de France. Il luy fut refpondu qu'on le deuoit croire ainfi ; &
quand ce ne feroit pour autre caufe, que l'intereft de ces deux Eftats perfuadoit que gens fi fages comme eux ne pouuoient faire autrement ; & que
puis qu'ils eftoient en cefte bonne volonté, il falloit qu'ils la tefmoignaffent
en l'occafion qui fe prefentoit pour fauuer Ardres, Bologne & Montrueil ;
& que fi pendant que ce traicté tiroit en longueur le Roy n'eftoit fecouru
de quelque argent, & de quelques hommes, ces places-là fans doute fe perdroient. Il refpondit que de donner des hommes pour les mettre dans des
places, c'eftoit les perdre ; que d'argent la Reyne n'en auoit point. Ce mefme iour Saccalar, qui auoit efté enuoyé à Bologne pour y porter des piques,
& des poudres, & des mefches, retourna, & rapporta que le Ieudy Ardres
auoit efté battu, non toutesfois en pleine batterie, & que Monfieur de Vic
auoit enuoyé reconnoiftre les paffages, & faifoit eftat d'y enuoyer la nuict
deux cens hommes chargez de mefches.

Le Dimanche douziefme de May, vn Efcoffois party de Bruxelles apporta aduis que le Roy d'Efpagne deuoit faire vne defcente en Efcoffe, &
que le Pape auoit de nouueau excommunié la Reyne, & donné fon Eftat
au Roy d'Efpagne, & que le Roy d'Efpagne le vouloit conquerir pour
l'Archiduc. Le mefme iour fur le foir le fieur de Sancy alla trouuer la
Reyne, qui fe promenoit en fes iardins, & luy propofa le fecours particulier de Bologne & de Montrueil, la fuppliant, attendant la conclufion du
traicté, qui pourroit eftre long, qu'il luy pleuft ayder le Roy de vingt-
cinq mille efcus pour le fecours de Bologne & de Montrueil : A quoy elle
fit refponce qu'on auoit tant tiré du puits qu'il eftoit tary ; & ne le refufa,
ny l'accorda.

Le Lundy treiziéme dudit mois, lesdits Seigneurs de Boüillon & de Sancy enuoyerent à la Reyne vn écrit, contenant la réponce aux derniers articles qui auoient esté proposez par ceux de son Conseil. Par là luy estoit remonstré, que par lesdits articles il estoit porté qu'il se feroit ligue offensiue & deffensiue, & neantmoins pour l'offensiue il n'estoit rien disposé : & qu'il falloit si elle desiroit ladite ligue offensiue, faire vn corps d'armée, comme pour attaquer l'ennemy en ses païs : quant à la deffensiue, que par lesdits articles l'on diminuoit le secours qui estoit promis au Roy, de moitié de ce qu'elle auoit accordé au feu Roy Charles : chose qui n'auoit point de raison ny d'apparence ; & pource estoient lesdits articles reformez par ledit écrit. Le Mardy quatorziéme lesdits Seigneurs de Boüillon & de Sancy receurent lettres de Monsieur de Vic, par lesquelles il écriuoit que la composition de la Fere estoit faite, & que le Roy deuoit entrer en la place ledit iour quatorziéme du mois, ce que l'on fit sçauoir à la Reyne, afin de luy donner plus de courage d'auancer le secours pour Ardres.

L'apresdinée le Conseil fut assemblé, & là ledit Seigneur grand Tresorier dit, Que la Reyne auoit fait dresser vn écrit pour répondre à celuy que l'on auoit baillé. Il le fit lire par le sieur Robert Cecil. Il contenoit que quant à la ligue offensiue à laquelle on inuitoit les Princes estrangers, que la Reyne auoit conneu par experience du passé, que tous les estrangers qui auoient esté appellez pour le secours de la France, auoient esté payez à ses dépens, & qu'elle n'en pouuoit plus porter la charge. Quant à ce que l'on demandoit pour la deffensiue le mesme secours qui auoit esté accordé au Roy Charles, que la condition estoit bien differente, que la Reyne n'auançoit point la paye du secours qu'elle promettoit audit Roy Charles. Quant à ce que l'on demandoit le secours presentement, les empeschemens de sa Majesté en Irlande estoient tous notoires. De vouloir aussi employer ledit secours en Champagne, c'estoit le tirer au milieu du Royaume. A cela fut répondu par ledit Seigneur de Boüillon, que ce que l'on inuitoit les Princes estrangers pour entrer en la ligue, n'estoit pas pour charger la Reyne de la dépence, mais en intention que chacun de ceux qui y entreroient y contribuast. Le sieur de Sancy prenant la parole dit, qu'en vain disputeroit-on des autres conditions, si la Reyne est resoluë de differer le secours qu'elle promettoit apres la guerre d'Irlande, & le voyage de Monsieur le Comte d'Essex. Demanda audit Seigneur grand Tresorier si c'estoit-là la resolution de la Reyne. Ayant fait réponce qu'oüy, ledit sieur de Sancy dit qu'il ne falloit donc plus parler de ce traicté, iusqu'à ce que ladite guerre d'Irlande fust finie, & ledit sieur Comte retourné ; Car c'estoit pendant ce temps que le Roy auroit plus d'affaire de ses amis. Apres quelque silence de part & d'autre, ledit Seigneur Tresorier dit que l'on auoit parlé à la Reyne pour le secours particulier de Bologne & Montrueil, & demanda quelles asseurances on vouloit donner pour l'argent qu'on desiroit. Ledit Seigneur de Sancy fit réponce, qu'il fourniroit dans trois semaines des lettres de change des sieurs Zamet, Cenamy & Gondy, pour payer ladite somme en fin d'année. Ledit Seigneur Tresorier répondit, qu'il ne connoissoit point ces gens-là. Ledit Seigneur de Sancy luy dit qu'il s'en pouuoit enquerir,

enquerir, & que c'eſtoient les plus riches hommes de Paris. Ledit Seigneur grand Treſorier demanda qu'on donnaſt desMarchands de Roüen: à quoy fut répondu qu'on n'en auoit point en main. Apres il demanda quelle ſeureté il y auroit pendant leſdites ſix ſemaines. Fut répondu par ledit ſieur de Sancy, qu'il s'en obligeoit cependant. Ledit Seigneur Treſorier dit qu'il s'eſtoit obligé à d'autres ſommes que la Reyne auoit preſtées, leſquelles il n'auoit pas payé. Ledit Seigneur de Sancy luy répondit, qu'il s'eſtoit obligé iuſqu'à ce que le Roy euſt ratifié, & non plus, & qu'il auoit fourny de ratification. Comme ils eſtoient preſts de ſe leuer, ledit Seigneur Treſorier commença à dire que ſi on vouloit traiſter auec la Reyne il falloit des pouuoirs, & demanda où ils eſtoient. Fut répondu par ledit Seigneur de Boüillon, que s'ils auoient à faire ceſte difficulté-là ils la deuoient faire dés le commencement, & que l'on euſt moins perdu de temps. Qu'il leur auoit deſ-ja dit, que n'ayant point ſon Chancelier prés de luy, il l'auoit enuoyé, eſperant que ſans autre commiſſion ils le croiroient. Ledit Seigneur Treſorier dit qu'il n'eſtoit pas de la dignité de la Reyne de traiſter auec les ſujets du Roy ſans pouuoir. A quoy ledit Seigneur de Boüillon repliqua, qu'on pouuoit traiſter, & auant que s'obliger à rien on enuoyeroit querir les pouuoirs neceſſaires. Ledit Seigneur Treſorier dit, que cependant les articles qui ſe donnoient au nom de la Reyne l'obligeoient. Ledit Seigneur de Sancy dit, qu'il auoit vn pouuoir qu'il eſtimoit qu'ils trouueroient ſuffiſant. Il fut enuoyé querir & trouué fort ample. Toutefois ledit Seigneur Treſorier dit, qu'il eſtoit pour traiſter tant auec la Reyne, qu'auec ceux des Païs-bas. Ledit Seigneur de Sancy dit, qu'il n'eſtoit pas moins vallable pour cela ; mais qu'en vain diſputoit-on de tout cela, puis que la Reyne eſtoit reſoluë de ne rien faire auant la pacification de l'Irlande, & le retour de Monſieur le Comte. Sur ce on ſe leua. La Reyne monta à cheual l'apreſdinée, & au retour enuoya aduertir leſdits Seigneurs qu'elle venoit paſſer par chez eux. Ledit Seigneur de Boüillon eſtoit au liſt ſe trouuant mal d'vne jambe. Ledit Seigneur de Sancy alla au deuant d'elle, & la ramena iuſqu'en la chambre. Elle luy dit, qu'elle ſçauoit bien qu'on auoit traiſté auec eux ceſte apreſdinée, & qu'ils n'eſtoient pas contens, mais qu'elle ne vouloit pas cela, & les vouloit faire partir contens. Ledit Seigneur de Boüillon faiſant contenance de s'en vouloir partir auſſi-toſt, pria le ſieur Edmond d'aller demander quelque nauire pour le conduire.

Le Mercredy quinziéme la Reyne vint le matin ſe promener au jardin du logis deſdits Seigneurs de Boüillon & de Sancy, & y demeura quelque temps auec eux, où ils ne luy parlerent d'aucun affaire. Mais les Millords qui eſtoient venus auec elle, parlans à ceux de la compagnie deſdits Seigneurs, donnoient eſperance que la Reyne feroit pour le Roy ce qu'elle pourroit. L'apreſdinée leſdits Seigneurs furent priez de ſe trouuer au Conſeil, où ledit Seigneur Treſorier leur fit entendre que la Reyne ne pouuoit pour le preſent promettre autre ayde que ce qu'elle auoit fait propoſer, à cauſe de la guerre d'Irlande, & de l'armée nauale qu'elle enuoyoit dehors. Quant au ſecours particulier pour Bologne, & Montrueil, qu'en conſideration dudit Seigneur de Boüillon, elle offroit vingt mille eſcus ſous ſon obligation, & dudit Seigneur de Sancy : ce qu'ils accepterent auec témoignage de peu de contentement.

Le Ieudy seiziéme ils receurent des lettres de Monsieur le Comte de Sainct Paul, & du sieur de Vic, qui mandoient que le Roy les auoit aduertis de la composition de la Fere. Ledit Seigneur de Boüillon alla le matin trouuer la Reyne, comme elle se promenoit au jardin, pour les luy faire entendre. Vn Anglois auoit aussi receu vne lettre du sieur Dauers qui estoit prés du Roy, qui écriuoit qu'on auoit surpris vne lettre du Cardinal d'Austriche, par laquelle il mandoit à ceux de la Fere, de faire la plus honorable composition qu'ils pourroient.

Le Vendredy dix-septiéme lesdits Seigneurs demanderent audience pour prendre congé, comme ils firent, & pensoit-on qu'ils fussent prests à partir. La Reyne mesmes demanda si l'eau leur seruoit pour aller à Londres. Retournez au logis ils firent trousser le bagage, & donner le vin aux Officiers de la Reyne qui les auoient seruis ; & depescherent le sieur de Champeron auec huit mille escus pour porter à Bologne, & à Montrueil. Depuis que lesdits Seigneurs eurent pris congé de la Reyne, le sieur de la Fontaine rencontra le sieur Henry Brouch, fils du Millord Couban, & fort confident de ladite Dame, lequel leur demanda comment partoient contens lesdits Seigneurs. Il luy fit réponce qu'ils s'en alloient auec vn extreme mécontentement. L'apres-souppée le sieur Robert Cecil les vint trouuer, prenant pretexte de les venir remercier du bon office qu'ils auoient rendu au sieur Dauers son cousin enuers la Reyne ; & de propos en propos se mit à excuser la Reyne de ce qu'elle n'auoit pû mieux faire : & ayant longuement discouru auec eux, en fin leur dit, que la Reyne ayant sceu le peu de contentement qu'ils auoient, desiroit de les voir le lendemain auant qu'ils partissent.

Le Samedy dix-huictiéme May, ils furent trouuer ladite Dame au parc où elle se promenoit. Entre autres discours elle leur demanda s'ils s'en iroient sans faire la ligue. Luy ayant esté remonstré qu'il ne tenoit qu'à elle, & elle s'excusant sur ses affaires, qui ne luy permettoient pas de mieux faire pour le present ; ils luy dirent que s'il luy plaisoit donner presentement deux mille hommes entretenus, & au bout de trois mois fournir les quatre mille qu'on luy auoit demandé, qu'ils concluroient la ligue ; dont elle s'excusa.

Le Dimanche dix-neufiéme ils allerent l'apresdinée à l'audience, où ils demeurerent fort long-temps, & ladite Dame leur discourut entre autres choses comme la ligue, qui seroit faite auec elle, apporteroit beaucoup d'vtilité aux affaires du Roy ; que quand les Princes estrangers la verroient vnie auec le Roy ils s'y ioindroient plus volontiers, mesme les Venitiens. A quoy ledit sieur de Sancy luy répondit, qu'ils se joindroient auec le Roy, & non auec elle, & qu'elle sçauoit bien qu'ils ne l'eussent osé faire autrement, mesmes qu'ils n'osoient ny receuoir ses Ambassadeurs, ny en auoir prés d'elle. Au reste qu'ils estoient si esloignez d'elle, qu'ils n'auoient rien de commun auec elle. Elle interpella fort lesdits Seigneurs de faire la ligue. Ils luy répondirent, qu'ils ne pouuoient, sinon aux conditions qu'ils

auoient

auoient proposées, & qu'autrement il faudroit que leur teste répondit à leur
Maistre d'vne si mauuaise negotiation; la priant de considerer ce que l'on
leur diroit s'ils s'en retournoient s'estans obligez, & ne rapportans que des
paroles. Il y a des gens au Conseil du Roy (luy disoit le *Seigneur de Sancy*)
qui ne faudroient pas, Madame, de nous dire : Et quoy? vous ne nous rapportez que des paroles, & vous sçauez bien qu'il y a trois ans que la Reyne
d'Angleterre ne nous donne autre chose; & que depuis qu'elle a veu la fortune du Roy se rendre plus fauorable, elle luy a dénié tout secours, comme
si elle eust esté jalouse de sa grandeur; & quand le Roy a pensé tirer de l'ayde d'elle, elle luy a demandé des villes, comme si elle n'eust eu autre dessein
que de profiter de la necessité du Roy; au bout de là vous vous estes liez
auec elle, pour des simples paroles qu'elle vous a données. Apres tous ces
discours-là elle les pria qu'elle les veist le lendemain, auant qu'ils partissent.

Le Lundy vingtiéme du mois, ladite Dame Reyne enuoya l'apresdinée
prier lesdits Seigneurs de l'aller trouuer, elle parla à eux seule dans la galerie,
où apres plusieurs discours elle leur declara qu'elle les vouloit contenter : &
leur dit que pour cét effet, & pour conclure le traicté auec eux, elle auoit
donné charge à ceux de son Conseil, qui s'en alloient à Londres, d'acheuer ce qui auoit esté commencé, declarant qu'elle vouloit secourir le Roy
quoy qu'il en fust; & que si ce n'eust esté le voyage du Comte d'Essex,
qu'elle eust enuoyé toutes ses forces en France; & que si encore elle n'auoit
peur qu'on l'estimast vne prodigue & mal aduisée, nonobstant la dépence
qu'elle auroit faite, elle le reuoqueroit pour l'y enuoyer. En fin sur l'asseurance qu'elle donna ausdits Seigneurs, que ceux de son Conseil les conten-
teroient, fut là resolu entre elle & eux, que le traicté se concluroit, sous le
bon plaisir neantmoins du Roy, tant à cause du deffaut de leurs pouuoirs,
que pour ce que les conditions estoient moins aduantageuses pour ledit Seigneur Roy, qu'il n'auoit esperé de l'amitié de ladite Dame. Sur cela ils
prindrent congé.

Le Mardy vingt-vniéme du mois, ils s'en allerent à Londres. L'apresdinée ils allerent chez ledit Seigneur Tresorier, qui leur dit que la Reyne
auoit donné charge à ceux de son Conseil de traicter auec eux pour la ligue
offensiue & deffensiue, & qu'il en falloit dresser les articles. Il fut resolu que
chacun en dresseroit de sa part, suiuant ce qui auroit esté ja traicté, & mis
en auant de part & d'autre, lesquels on enuoyeroit les vns aux autres : &
que le lendemain on se rassembleroit. Ledit Seigneur Tresorier demanda
que l'on les dressast en Latin, parce qu'aussi bien les y faudroit-il mettre
pour contracter. Lesdits articles furent enuoyez de part & d'autre. Les
articles baillez de la part de la Reyne ne contenoient rien autre chose que
quelques articles du traicté du Roy Charles, encore fort modifiez, ne se
voulans lesdits Seigneurs du Conseil de la Reyne nullement ouurir. De la
part du Roy, parce que lesdits Seigneurs de *Bouillon* & de *Sancy* voyoient
les grandes longueurs & duretez des Anglois, ils se resolurent de bailler les
articles, comme ils estimoient qu'ils pouuoient estre accordez; parce qu'ils
auoient pû iuger de ce qui auoit esté auparauant traicté, auec resolution
aussi de n'en rien diminuer.

Le Mercredy vingt-deuxiéme on s'assembla chez ledit Seigneur grand Tresorier, lequel prenant les articles proposez de la part du Roy, fit la premiere difficulté sur les Princes que l'on entendoit inuiter à la ligue, & estoit aisé à voir qu'il vouloit toucher ceux du Païs-bas, lesquels il ne vouloit pas reconnoistre en ce rang, ny permettre qu'ils traittassent à part, attendu qu'ils estoient sous la protection de la Reyne, ains qu'ils se portassent auec elle, & sous elle au traicté. Mais parce que lesdits Seigneurs de Boüillon & de Sancy auoient ja disposé aucunement la Reyne à le permettre, ils penserent qu'il falloit couler cela doucement, sans le disputer : & pource qu'ils dirent qu'il ne falloit point s'empescher de cét article, & que l'on s'en accorderoit bien en l'execution, & qu'ils croyoient qu'on n'excluroit personne de ceux qui y pourroient estre vtiles. Sur l'article contenant que les confederez ne pourroient faire paix, ny tréve l'vn sans l'autre, sans preiudice toutesfois de la tréve de Bretagne, fut dit par ledit Seigneur Tresorier qu'ils ne pouuoient accorder ledit article, que ladite tréve estoit à charge à l'Angleterre ; d'autant qu'elle rejettoit la guerre sur eux ; & que ceux de Blauet depuis la tréve estoient venus décendre en Angleterre, où ils auoient fait plusieurs maux. Ledit Seigneur de Boüillon luy remonstra que la tréve de Bretagne estoit au bien de l'Angleterre ; & que le Roy n'ayant pas moyen de faire la guerre en ce païs là, il valoit bien mieux lier les mains aux ennemis par vne tréve, que de leur donner le moyen par la guerre de s'accroistre & occuper des places, qui apporteroient vn extreme preiudice à l'vn & à l'autre. Le Seigneur de Sancy dit nettement, que le Roy ne se pouuoit départir de ladite tréve, & qu'ó ne s'y attendist point. Toutesfois ledit Seigneur Tresorier persista fort qu'il ne le pouuoit accorder. Quant à l'article du secours de six mille hommes entretenus, il declara que la Reyne n'en pouuoit donner que quatre ; & pour le regard du remboursement des auances & payemens, que la Reyne vouloit l'auoir dans les six mois. En fin il dit, qu'ils feroient mettre lesdits articles en Latin, & y apostiller les difficultez & corrections qu'ils y faisoient ; & apres cela il tira vn papier de son sein, & dit que puis qu'il falloit traicter auec le Roy, il estoit bien raisonnable qu'ils eussent soin de leurs amis, & qu'ils auoient fait dresser vn article pour cét effet, duquel il feroit lecture, comme il fit, & contenoit ledit article, Que le Roy à la requisition de la Reyne d'Angleterre accorderoit à ceux de la Religion pretenduë reformée exercice de ladite Religion, telle qui leur auoit esté accordée par les plus amples & fauorables Edicts, tant du Roy Charles, que du Roy à present regnant. A cela ledit Seigneur de Boüillon dit, que c'estoit chose qu'il desiroit comme eux, mais qui n'estoit point du present traicté, & qu'eux qui traictoient pour le Roy ne pouuoient accorder, pource qu'ils estoient en cela comme parties ; que c'estoit chose que la Reyne pourroit demander à part au Roy, si elle vouloit, mais qui ne se pouuoit inserer en ce traicté. Ledit Seigneur Tresorier prenant la parole dit audit Seigneur de Boüillon, Ce n'est pas pour vous ce que i'en dis, mais pour Monsieur du Vair, qui à ce que i'entends est grand Catholique : & presentant ledit papier audit sieur du Vair, le pria de le voir. Apres qu'il l'eut leu, le sieur Robert Cecil luy demanda par plusieurs fois ce qui luy en sembloit. Il luy fit

réponce

réponce que c'estoit chose qui ne concernoit point ce qui se traittoit, & qui ne luy sembloit pas à propos. Et comme il le pressa de luy en dire la raison, il luy fit response que le Roy de soy-mesme y auoit pourueu, & que ceux de la Religion auoient tout ce qu'ils pouuoient desirer, & qu'ils deuoient attendre du Roy, & non d'autre, ce qui seroit necessaire pour leur bien. Que le Roy ne pouuoit pas trouuer bon qu'autre que luy voulust se rendre Protecteur de ses sujets; & que si la Reyne luy faisoit ceste demande, le Roy ne manqueroit pas de gens pres de luy qui le solliciteroient d'en faire vne semblable à la Reyne. A quoy il respondit que la raison n'estoit pas semblable. Ledit sieur du Vair repliqua qu'il ne vouloit point disputer si la raison estoit semblable ou non, mais disoit seulement ce qui en aduiendroit, & qui luy sembloit qu'il falloit euiter pour le bien des vns, & des autres. On se leua, & lesdits Seigneurs de Boüillon & de Sancy promirent de faire mettre les articles en Latin, & les enuoyer. Mais le lendemain matin auant qu'ils les eussent enuoyez, ledit Sieur Robert Cecil les enuoya tournez en Latin, & fort alterez és principaux poincts. Premierement, en ce qu'ils auoient osté l'exception de la trefue de Bretagne, & mis qu'on ne pourroit traicter aucune trefue sans leur consentement auec le Roy d'Espagne, ny auec ses Capitaines. Secondement, ils auoient osté que la Reyne feroit la leuée & le passage du secours à ses despens, obmis la clause, que la Reyne auanceroit la paye pour six mois, & inseré ceste exception que ladite Dame ne bailleroit ce secours au cas que son Estat fust en danger. Au bout ils auoient adiousté ledit article concernant ceux de la Religion. Le sieur de la Fontaine fut enuoyé vers lesdits Seigneurs du Conseil, pour leur faire entendre que lesdits articles n'estoient nullement raisonnables, mesme pour ce qui concernoit la trefue de Bretagne, sinon que la Reyne voulust fournir à ses despens des forces au Roy pour y faire la guerre: que les autres poincts auoient esté corrigez outre ce qui auoit esté ja traicté & accordé. Ce iour vindrent lettres du sieur de Vic, qui donnoient aduis que ceux d'Ardres se deffendoient fort bien, & auoient fait quitter vne partie de la basse ville aux ennemis, & que le Roy partoit le Mercredy de deuant la Fere pour venir secourir les assiegez.

Le Samedy vingt-cinquiesme lesdits Seigneurs demanderent audience: ils allerent à Grenuiche l'apresdinée où ils s'assemblerent en Conseil, & là fut par ledit Seigneur Tresorier fait entendre que la Reyne auoit veu les modifications qu'on auoit donné sur les articles qu'elle auoit fait proposer; Qu'elle accordoit pour le regard de la trefue de Bretagne qu'elle se peust continuer, à la charge que le Roy procureroit que les Anglois y fussent compris, & que les trouppes de Bretagne ne feroient point la guerre à l'Angleterre. Quant à l'article du secours, il seroit sans condition pour la presente année; & pour le regard de l'aduance, elle se feroit pour six mois; & quant au remboursement, persistoit à ce qu'il fust fait dans les six mois. Lesdits Seigneurs de Boüillon & de Sancy se reseruerent de prier la Reyne, tant pour auoir le secours sans condition pour deux années, que pour vn an pour le rembourser. Ledit Seigneur Tresorier dit que la Reyne donneroit vn Colonnel à chaque mille hommes, & deux Generaux qui commanderoient toutes les troupes, gens experimentez qui auoient esté à la guerre aux Païs-bas. Fut remonstré par ledit Seigneur de Boüillon qu'il estoit necessaire qu'il y en eust vn qui eust le commandement sur tous. Ce que ledit Seigneur Tresorier accorda, & dit que ce que l'on donnoit vn Colonnel à chaque mille hommes, n'estoit que pour s'en pouuoir seruir en diuers endroits. Apres cela monstra vn estat de la despence & solde desdits hommes, auquel estoient aussi compris les fraiz que la Reyne faisoit pour la leuée : disant que du surplus des fraiz qui estoient faits par les Prouinces, la Reyne n'en payeroit rien ; & par ainsi ce que la Reyne payoit ne montoit enuiron qu'vn escu deux tiers pour homme. Lesdits Seigneurs estans sortis dudit Conseil furent menez en la chambre de la Reyne : ils la prierent tres-instamment de donner presentement deux ou trois mille hommes, pour le secours d'Ardres ; ce qu'elle accorda, & qu'ils passeroient en rapportant l'obligation du payement. Elle leur parla fort du voyage du sieur Comte d'Essex, monstrant qu'elle ne l'approuuoit point. Lesquels Seigneurs prindrent congé pour s'en retourner en France.

Le Dimanche vingt-sixiesme le sieur Edmond apporta les articles signez, & seellez desdits Seigneurs du Conseil ; par lesquels au cinquiesme y auoit que le Roy procureroit de faire comprendre les Anglois en la trefue de Bretagne, & qu'il ne se feroit aucune trefue auec le Roy d'Espagne ou ses Lieutenans. Au sixiesme il estoit porté, que ledit secours ne seruiroit qu'és Prouinces de Picardie, & Normandie. Au quatorziesme, que le Roy feroit passer à ses despens le secours qu'il enuoyeroit à la Reyne : & en l'estat du remboursement estoient compris les fraiz de la leuée, & du passage : & au lieu que la Reyne auoit accordé que tous lesdits articles seroient accordez sous le bon plaisir du Roy, ils estoient promis purement, & simplement ; & à la coppie qui deuoit demeurer ausdits Seigneurs de Boüillon & de Sancy, lesdits Seigneurs du Conseil de la Reyne auoient signé les premiers. Ce qu'ayant consideré lesdits Seigneurs, prierent le sieur du Vair d'aller vers ledit Seigneur Tresorier pour traicter auec luy sur la reformation desdits articles. Ledit sieur du Vair estant allé à Grenuiche, ledit Seigneur Tresorier n'estant pas encores leué, se promenant en attendant dans les iardins trouua Millord Couban, auquel ayant proposé toutes les difficultez fit semblant de les trouuer fort estranges, disant que si on desiroit auoir quelque secours de la Reyne en ceste necessité, il ne falloit point faire ces difficultez-là. Ledit sieur du Vair luy fit responce, qu'il ne croyoit pas que la necessité du Roy peust persuader à la Reyne de luy proposer chose aliene de raison, & de son honneur ; & ne persuaderoit-elle iamais à ses seruiteurs de les accepter. Il conseilla audit sieur du Vair de faire vn memoire en Latin desdites difficultez & raisons d'icelles, afin de le bailler audit Seigneur Tresorier, par ce qu'il les entendoit mieux, & y respondroit plus promptement. Ce qui fut fait, & ledit Seigneur Tresorier estant esueillé, prit ledit memoire, & dist qu'il en delibereroit auec les Seigneurs du Conseil de ladite Dame, priant ledit sieur du Vair de demeurer à disner auec le Seigneur Cecil, & qu'incontinent apres disner il luy rendroit responce. Le sieur Cecil auoit prié à disner vn Gentil-homme qui estoit venu de

la

la part du sieur de Sordeac Gouuerneur de Brest, qui n'auoit point veu lesdits Seigneur de Boüillon & de Sancy, lequel il ne vouloit pas que ledit
sieur du Vair veist. Et pource il fit prier ledit sieur du Vair par le Millord
Chambellan, d'aller disner auec luy. Apres disner le Conseil s'assembla
chez ledit Seigneur Tresorier. Reprenant les poincts du memoire, qui luy
auoit esté baillé le matin, dit que pour le regard du cinquiesme article, ils
accordoient qu'il y fust adjousté que le Roy procureroit autant qu'il pourroit, &c. Et qu'à la fin fut adjousté, que si par la necessité du temps il est
besoin que les Capitaines des places facent quelque trefue particuliere, elle
ne pourra durer plus de deux mois, sans le consentement desdits Princes.
Et pour le regard du sixiesme, qu'il fust reformé, & mis que les gens que la
Reyne accordoit, seruiroient en Picardie, & Normandie, & lieux adja-
cens, pourueu que ce ne fust point plus loing que cinquante lieuës de Bologne. Et quant au quatorziesme, accordoient que le secours que le Roy
enuoyeroit à la Reyne, seroit leué, & passé aux despens de ladite Dame.
Quant aux fraiz des leuées & passages des gens que la Reyne enuoyeroit,
qu'elle vouloit les auoir entierement selon qu'il estoit porté par l'estat, qu'ils
auoient inseré ausdits articles. Quant à conceuoir lesdits articles sous les
bons plaisirs du Roy, & de la Reyne, à la fin aussi ils l'accorderent. Pour le
regard de l'ordre des suscriptions, ledit Seigneur grand Tresorier maintint,
qu'il s'estoit tousiours fait ainsi, & fit apporter vn gros registre où il monstra plusieurs traictez enregistrez, tant auec les Roys de France, qu'Empereurs, & autres, où cela auoit tousiours esté obserué. Mais ledit sieur du Vair
luy remonstra qu'il auoit en main l'exemple du dernier traicté fait auec le
Roy Charles, où le contraire auoit esté fait. A quoy ledit Seigneur Tresorier respondit, que cela auoit esté fait par personnes mal entenduës, & qui
auoient donné cela à la grande preeminence, & dignité qu'auoient ceux
qui auoient traicté auec eux mesme en France; mais qu'ils auoient tous les
autres exemples au contraire, qui estoient inserez audit registre. Que la Reyne estoit souueraine, & par consequent qu'elle ne pouuoit reconnoistre personne pour estre plus grand qu'elle; qu'il estoit raisonnable que celuy qui
s'obligeoit signast le premier en l'escrit qu'il bailloit. Il luy fut repliqué que
les traictez qu'il monstroit n'estoient que coppies, esquelles les Princes qui
les enregistrent en leurs archifs, ont accoustumé de se faire plus d'honneur
qu'ils peuuent; mais en ce qui se fait en commun, que la preeminence des
Royaumes est tousiours gardée, laquelle l'Angleterre n'auoit iamais con-
trouersée à la France. Et par ce qu'ils se vantoient d'auoir les originaux de
quelques traittez, où cela auoit esté pratiqué comme ils le demandoient,
ledit sieur du Vair les pria fort de les monstrer: ce qu'ils ne peurent faire. Il
leur remonstra aussi que les fraiz des leuées & des passages estoient bien plus
grands que ce que l'on auoit fait entendre; les pria de les reduire à quelque
somme plus moderée. Ledit Seigneur Tresorier leur fit responce, qu'ils ne
se pouuoient, & qu'il les prist ainsi, ou qu'il les laissast. Ledit sieur du Vair
s'en reuint à Londres, & sur les cinq heures le sieur Edmond apporta ausdits Seigneurs de Boüillon & de Sancy, lesdits articles recorrigez selon que
lesdits Seigneurs du Conseil auoient accordé, & furent signez & seellez.

On a adiousté pour la satisfaction du Lecteur, & plus claire
intelligence de ceste Negotiation, les lettres & propositions faites en suitte d'icelle.

LETTRE
DV SIEVR
DESANCY
A LA REYNE.

MADAME,

Ie supplie tres-humblement vostre Majesté
m'excuser si n'ayant peu ce matin obtenir de vous
ce que l'amitié que vous auez iurée, & tant d'autresfois tesmoignée au Roy mon maistre, me
promettoit, & ce que le salut commun de son Estat & du vostre desiroit;
Ie coniure encor à present par ce mot vostre bonté, & deplore comme
par auance les maux que ie voy suiure le pernicieux conseil de longueur
que l'on vous donne en ceste affaire. Madame, ie vous l'ay dit, & vous le
represente encore, que tout ce que l'on pourra faire quand vostre armée
marchera en toute diligence, ce sera de sauuer ceste place. Outre les premiers preparatifs que nos ennemis auoient fait, ils en ont fait de nouueaux
pendant la trefue. Ils iugent que vous deuez secourir la place, & pour ce
voudront-ils preuenir le secours par vn grand effort, auquel ils ont eu
loisir de se disposer. Il ne nous faut point flatter, nos soldats ne sont pas des
meilleurs, ils sont encores estonnez des pertes que nous auons cy-deuant
faites, & nouuellement de la ville, qui n'a iamais esté moins estimée que
la Citadelle, laquelle outre cela est incommodée du grand nombre des
habitans, qui s'y sont sauuez. Quand bien vostre armée seroit dés à ceste
heure

heure à Bologne, si faut-il plus de trois iours auant que de se pouuoir ren-
dre-là auec ordre & bonne conduite. Car il ne faut pas se hazarder d'aller
affronter vn ennemy puissant & discipliné sans vn bon ordre. A ce grand
hazard & à tant de difficulté, on vous persuade d'y adiouster celle de vos
propositions, qui est à dire perdre ce peu de temps qui reste, pour pouruoir
à nostre salut commun : quand i'y repense ie suis au desespoir, & crains
bien fort que Dieu n'ait exaucé les vœux de nos ennemis communs, puis
qu'il permet que vous preniez le conseil, qu'ils pouuoient souhaitter.
Madame, ie le vous dis encores, que quand vous pourriez obtenir tout ce
que vous proposez, si est-il indubitable qu'auant que vous peussiez auoir
responce du Roy mon Maistre, le temps de secourir ceste place sera perdu.
Mais, Madame, pour ne vous point abuser, ie vous diray franchement,
que iamais le Roy mon Maistre, ne se pourra persuader que ceste proposition parte de vostre volonté : il connoist trop vostre bonté & vostre sincerité, laquelle il a trop esprouuée pour croire que vous vouliez tirer profit
de sa necessité aux dépens de son honneur. Madame, ce que ie vous dy n'est
point méconnoissance des faueurs que vous luy auez faites, & sçay qu'il n'y
a rien au monde en sa puissance, que vous ne deuiez esperer de sa generosité.
Mais aussi est-il trop courageux pour se laisser ranger par la necessité à chose indigne de sa magnanimité : ce que ses amis ont à esperer de luy, il faut
qu'ils l'attendent de sa bien-vüeillance. Que si sa mauuaise fortune
le forçoit à endurer quelque iniure, il la supporteroit bien plus patiemment de ses ennemis, qu'il ne feroit de ses amis. Et pource, Madame,
ie vous supplie, & coniure au nom de Dieu, de ne vous plus arrester à telles
propositions entierement hors de propos à ceste heure; & commander au
secours que vous auez preparé, de s'acheminer en toute diligence; laquelle
quand elle sera extreme, & que les vents mesmes fauoriseront vos desseins,
ne peut estre trop grande pour l'estat des affaires. Croyez-moy, Madame,
ceste place court plus de hazard que vous n'estimez : la consequence de la
perte ie ne puis penser que vous ne l'apprehendiez, seulement m'estonné-je
que vous n'en affectionnez dauantage le salut. Il sera bien tard, Madame,
d'accuser ceste longueur, quand vous verrez ceste place perduë, la mer
empeschée, le trafic rompu, les Hollandois qui ne sont entretenus en humeur de faire la guerre que par la commodité du trafic reuoltez, & crians
à la paix que vos sujets mesmes souspirent, la liberté de la mer perduë, &
qu'il vous faudra tousiours vne armée en mer, qui au bout ne sera pas suffisante pour asseurer les Marchands, & leur donner courage de hazarder leurs
biens en si perilleux trafic. Pour moy, Madame, i'en emporteray d'icy vne
extreme enuie, & peut-estre haine de tous ceux de ma nation, qui ne pourront croire que vous ayez esté diuertie de chose à quoy vostre prudence accoustumée, vostre interest si notable vous inuitoient, voire forçoient, sinon que vous ayez esté induite à cet erreur par quelqu'vn qui vous retire
du conseil que vous deuez prendre en vous donnant les esperances qui
vous rirent à ceste pernicieuse longueur. Vous sçauez les raisons particulieres qui me doiuent faire craindre ceste enuie; elles doiuent estre de quelque
consideration à vostre endroit, veu qu'elles touchent le general d'vne cau-

se, de laquelle vous auez tousiours esté la principale protectrice. Ie vous supplie donc, Madame, & vous coniure par vostre bonté & prudence, que laissant toutes ces propositions, vous hastiez le secours necessaire de ceste place, qui nous importe tant & à vous. Que si elle se perd faute de secours, ie ne vois à la suitte que tous miserables accidens, & tels que vous deuez plus redouter. Si vous estes telle que vous auez tousiours esté, ie m'asseure que vostre Majesté flechira à ceste mienne tres-humble priere. Que si, Madame, vous vous y endurcissez, ie n'ay plus que dire, sinon deplorer nostre fortune commune, & reconnoistre que Dieu irrité contre nous, nous diuertit des conseils qui nous pouuoient sauuer, pour nous precipiter en vne tres-certaine ruine. Mais pour moy n'y pouuant autre chose sinon que mes tres-humbles prieres & remonstrances enuers vous, ie les vous consigne en cette lettre : De laquelle, Madame, i'enuoye coppie au Roy mon Maistre, pour en tous cas me seruir de descharge enuers luy, & de tesmoignage enuers la posterité, d'auoir trauaillé de tout mon pouuoir à destourner ce malheur, qu'il semble que nous voulions volontairement attirer sur nous. Au nom de Dieu, Madame, ne perdez point tout à vn coup la loüange de vostre prudence, & la grace des faueurs & offices, dont vous auez obligé cy-deuant le Roy mon Maistre, & ne m'ostez point de pouuoir en le bien seruant seruir quant & quant à vostre Grandeur. Apres vous en auoir tant priée, ie me conuertis à Dieu, & le prie qu'il vous rende mes prieres aussi acceptables, comme elles partent d'vn cœur entierement desireux de vostre grandeur & contentement, & qu'il donne à vostre Majesté,

MADAME, en santé & longue vie, tout heur, gloire, & benediction.

PROPOSITIONS

PROPOSITIONS FAITES A LA REYNE
par les Seigneurs de Boüillon & de Sancy.

MADAME, Le Roy mon Maiſtre recourant à vous en la neceſſité qui le preſſe, comme à la plus parfaite amie qu'il ait, m'a commandé de vous ouurir auec ſon cœur le fond de ſes affaires.

De ſon cœur, Madame, il s'aſſeure que vous le croyez, & connoiſſez
tel qu'il eſt entierement voſtre.

De ſes affaires, ie croy que vous y voyez auſſi clair comme nous
meſmes.

Madame, generalement tous les peuples du Royaume ſont las de la
guerre, & deſirent la paix à quelque prix que ce ſoit.

Particulierement ceux qui ont eſté rebelles, & meſlez parmy les Eſpagnols ; & plus que tous les autres ceux qui leur ſont voiſins, & ont accouſtumé le commerce auec eux.

Le Pape fomente ces ſouhaits-là, ſe preſentant pour interceſſeur de
la paix, & augmente ce deſir en l'eſprit des Catholiques par la haine de
ceux de la Religion, qu'ils diſent & croyent entretenir ceſte guerre, pour
leur ſeruir, & non pour le bien de l'Eſtat.

Le Roy bien que preſſé des cris du peuple, & artifices des plus grands
de ſon Royaume, reconnoiſt aſſez, pour parler ingenuëment, qu'il ne
luy eſt point honorable de traicter, apres auoir receu les pertes qu'il a faites.

Mais plus que tout cela l'arreſte le ſalut de ſes amis & confederez, qui
ne luy eſt point moins cher que celuy de ſon Eſtat.

Il conſidere que le Roy d'Eſpagne faiſant la paix auec luy, ſe propoſe
de tourner toutes ſes forces contre ceux du Païs-bas.

Il ſçait l'eſtat de ces peuples-là, qui ſont las d'vne longue guerre, en laquelle il ne voit point de fin, qui eſt ce qui anime & entretient le courage
des hommes : ce qui leur a donné quelque moyen de ſubſiſter, a eſté principalement le commerce, & le diuertiſſement des forces d'Eſpagne qui
s'eſt fait par la guerre de France.

Auec Donquerque le commerce leur a eſté fort incommodé ; ioint qu'il
eſt croyable que le Roy d'Eſpagne eſt pour interdire pour quelque temps
celuy que les Holandois faiſoient en Eſpagne.

La paix en France leur iettera ſur les bras tous le faix de la guerre.

Qui adiouſtera à cela les grandes & auantageuſes conditions de paix,
que le Roy d'Eſpagne leur fait offrir, & pour la Religion, & pour la ſeureté, & conſiderera le naturel des Eſtats populaires, ne peut douter qu'il ne
les range dans peu de temps à ſon obeïſſance.

Nous ne voulons rien dire de ce que l'Angleterre a craindre de ſon coſté, ny ſembler eſtre plus prudens & entendus en vos affaires que vous meſmes. Nous ſçauons aſſez que vous voyez mieux que nous les deſſeins que
l'Eſpagnol a ſur voſtre Eſtat. Comme ſon ambition l'y pouſſe, les iniures
que vous luy auez faites l'animent ; les deſpences qu'il a ja employées l'y

engagent. Le Pape & le pretexte de la Religion Catholique, de laquelle il recherche vne ambitieuse protection, l'en sollicitent. La facilité qu'il s'y promet l'y inuite; les preparatifs qu'il fait, les pretentions, sur l'Angleterre, qu'il fait publier mesmes entre vos sujets monstrent qu'il en a enuie & dessein.

Sans doute s'il venoit à bout des Païs-bas, & qu'il contraignist le Roy d'auoir la paix auec luy, quelques forts & prudens que vous soyez, vous auez beaucoup à craindre.

Car mesme la conqueste de Calais sans cela luy donne beaucoup de sujet d'entreprendre sur vostre Estat, ou pour le moins de fort ruiner vos sujets.

Quand le Roy ne considereroit ces inconueniens-là, qui couuent le mal de ses voisins, sa generosité & l'obligation qu'il leur a, l'esueilleroit assez à y pouruoir. Mais outre cela il iuge clairement que leur mal doit vn iour redonder sur luy, & sur son Estat.

Car il sçait bien que la paix qu'il peut faire auec l'Espagnol, ne luy ostera pas tant la volonté de luy nuire, comme le progrés qu'il pourra faire sur ses voisins; la luy redonneroit auec la commodité.

Pour remedier à ceste paix, s'il faut ainsi dire, insidieuse, & à ce mal qui luy est commun auec ses amis, il n'y a qu'vn seul remede, qui est de se rendre si fort qu'il puisse offenser son ennemy, & faire progrés sur luy, ou pour le moins se bien deffendre, & arrester le cours de ses conquestes.

Car il faut que le Roy estant occupé comme il est, laisse perdre les meilleures places de son Royaume, comme il a fait depuis vn an; Ou il faut mal-gré luy qu'il face la paix, quelque desauantageuse & dangereuse qu'elle luy puisse estre.

Tout homme qui aymera son seruice, & le salut de la France, ne luy peut donner autre conseil. Car il vaut mieux subir vn hasard incertain & futur, qu'vn present & certain.

Et quand il ne s'y voudroit pas resoudre, les peuples l'y porteroient, & faudroit où qu'il s'y accommodast, ou qu'il se mist en danger d'vne reuolte de la plus part de son Royaume.

Et quand vous auriez vous mesmes à le conseiller, & pour l'amitié que vous luy portez, & pour vostre particulier interest, vous le luy conseilleriez ainsi; pour ce que rien ne peut tant menacer vostre ruine que la sienne.

Que l'on ne vous trompe point, vous faisant entendre que le Roy ne peut faire ny la paix, ny la guerre auec le Roy d'Espagne.

Considerez que le Roy d'Espagne n'est point si mal-aduisé qu'il ne sçache bien qu'il peut plus aisément venir à bout de ses ennemis diuisez que conjoints.

Qu'à la conqueste de la France, il a le Pape & toute l'Italie contraire, lesquelles il aura fauorables à la reconqueste des Païs-bas, comme de ses anciens sujets, & à l'inuasion de l'Angleterre à cause de la Religion.

Dauantage il se voit vieil; & ayant fait des conquestes sur nous, il peut auiourd'huy auec plus d'honneur, & de commodité qu'il n'a iamais fait, faire la paix.

Mais

Mais reconnoiſſant, comme i'ay dit, combien elle nous ſera preiudiciable, & à nos voiſins, nous recourons à vous, pour ſçauoir ſi vous nous pouuez ſecourir, & ſi nos forces ioinctes nous pourront deffendre par les armes.

C'eſt ce que nous iugeons le plus honorable pour nous, le plus vtile pour nos amis; mais le moyen en depend de vos bonnes volontez.

Pour eſtablir des forces ſtables & permanentes, par leſquelles nous puiſſions offenſer nos ennemis & nous en deffendre, vous auez eu agreable qu'il ſe fiſt ligue & ſocieté entre nous; vous auez deſiré vne conference pour cet effect; nous la venons faire chez vous, mais en vn temps & ſaiſon ſi preſſante & importune pour nous, que les longueurs nous la rendront infructueuſe. Et pour ce la premiere grace que nous deſirons de vous, c'eſt que vous nous faciez ce bien de nous faire en bref entendre vos volontez.

Nous deſirons donc ceſte ligue de vous, & ſocieté ſi vtile, & & ſi neceſſaire pour le ſalut de ces deux Eſtats, que nous croyons que rien que noſtre mal-heur commun (lequel Dieu vueille diuertir) ne la peut empeſcher.

Quand autre choſe ne vous exciteroit que noſtre danger, & le peril de noſtre Eſtat, voſtre prudence, & voſtre intereſt vous y porteroient; vous auriez l'exemple des plus ſages Princes du monde, qui ont touſiours empeſché l'inuaſion de leurs voiſins, comme menaçant la leur. Plus le deuez-vous faire, lors que celuy qui l'entreprend eſt ia voſtre ennemy, & ſi puiſſant qu'il eſt formidable à tout le monde.

Vous ſçauez comme voſtre Pere en vſa lors de la priſon du Roy François, & comme la calamité de la France l'en rendit amy.

Vous auez deſia la guerre auec le Roy d'Eſpagne, voire irreconciliable; que pouuez-vous ſouhaitter plus à voſtre auantage, ſinon que ceſte guerre ſe face en la terre de vos voiſins, ſans aucun autre danger? qu'elle ſoit diuertie de vous, & que tout le danger en retombe ſur nous?

Si vous faites l'effort que vous pouuez, nous pouuons beaucoup conquerir ſur l'ennemy, en païs qui vous ſera vtile. Et en ce cas, comme nous reconnoiſſons vous deuoir beaucoup par le paſſé, & vous eſtre encore fort obligez du ſecours que nous eſperons de vous; nous deſirons que vous preniez telle part aux conqueſtes qui s'y pourront faire, que vous ayez contentement & certaines remarques de noſtre reconnoiſſance en voſtre endroit.

Quand les Princes d'Allemagne verront que par ceſte ligue, & les forces conjoinctes du Roy, de vous, & des Païs-bas, nous ſerons deſia forts & puiſſans pour attaquer nos ennemis, ils joindront volontiers leurs forces aux noſtres, y eſtans deſia ioincts d'affection & d'intereſt.

Les Princes d'Italie feront de meſme; leſquels au contraire, comme ils ne ſe remuent qu'auec la fortune, s'ils nous voyent foibles, & deſunis, & qu'ils perdent l'appuy qu'ils eſperent de la France, ſe voudront concilier la faueur d'Eſpagne, & luy preſteront moyens & commoditez contre vous, & contre nous.

Ce Conseil eſtant ſi honorable, ſi vtile, & ſi neceſſaire pour le bien de ces deux Eſtats, pour l'honneur de Dieu, Madame, que quelques conſiderations & intereſts particuliers n'en empeſchent point l'effect, & ne vous eſbloüiſſent point; de façon que pour ne nous vouloir pas ſauuer en commun, nous nous perdions chacun à part.

Songeons à ce qui eſt preſent & plus preſſant, & au lieu de nous plaindre du paſſé, pouruoyons à l'aduenir. Mais, Madame, il me ſemble qu'au lieu d'apprehender noſtre mal, voire le voſtre, vous cherchiez ſujet en la memoire du paſſé d'alterer voſtre bonne volonté enuers nous; & faites en cela (pardonnez-moy s'il vous plaiſt) comme les mauuais Medecins, qui au lieu de ſecourir le malade, s'amuſent à luy reprocher les excés qu'il a faits.

Vous nous dites que nous vous deuons beaucoup du paſſé, que nous auons mal reconneu les bons offices que vous nous auez fait, mal acquitté les promeſſes que nous vous auons faites. Qui eſt-ce, Madame, qui ne connoiſt les calamitez & les miſeres, auſquelles nous auons veſcu? Qui eſt-ce qui pourroit dire auec verité que nous ayons peu plus que nous n'auons fait?

Si Dieu vous a rendu ſi heureuſe que vous nous ayez peu dauantage obliger, que nous n'auons peu le reconnoiſtre, c'eſt voſtre gloire, laquelle vous ne deuez point obſcurcir ny amoindrir, en y ayant regret, ou vous laſſer de nous aider; meſmes lors que nous ſommes ſur les poincts d'auoir les moyens de ſecourir nos amis, & reconnoiſtre ce que nous leur deuons.

Vous nous dites que nous vous auons promis de ne nous point accorder auec le Roy d'Eſpagne, & que quand bien vous ne nous ſecourez point, nous le deuons faire.

Ceſte obligation-là de noſtre part n'emporte-elle pas vne condition de la voſtre; ſçauoir eſt au cas que vous nous donniez le moyen de ſubſiſter & ſouſtenir la guerre?

En fin tout ce que ceſte obligation pourroit empeſcher, ce ſeroit de nous obliger à ne point traicter ſans vous; nous venons icy pour nous en acquitter enuers vous, & vous faire entendre la neceſſité où nous ſommes reduits, ou d'auoir voſtre ſecours pour nous deffendre, ou la paix pour nous aſſeurer.

Madame, auez-vous entendu par ceſte promeſſe nous obliger à noſtre ruine? Y a-il Prince par quelque paction qu'il puiſſe faire, qui puiſſe obliger ſes ſujets, & ſon Eſtat?

Et quand nous nous y voudrions precipiter, nous le voudriez-vous, ie ne diray pas conſeiller, mais permettre? Vous ſeroit-il vtile vous ſeruirons-nous plus, perdus que ſauuez?

Vous demandez, Madame, quelles plus grandes promeſſes nous vous pouuons faire dauantage; quelles autres aſſeurances nous vous pouuons donner que celles du paſſé. Ie penſe vous auoir aſſez repreſenté les commoditez qui vous peuuent arriuer de ce ſecours. Mais quand vous n'en tireriez autre effet, ſinon que vous conſeruez ceux que vous auez deſia

obligez,

obligez, si feriez-vous beaucoup. Mais outre cela par vostre secours ils recouureront les moyens de reconnoistre le bien qu'ils y ont receu de vous, & s'acquitter de ce qu'ils vous doiuent. Dieu vueille, Madame, que les sages conseils que vous prendrez leur ostent le sujet de vous assister en vne si triste & calamiteuse occasion que celle en laquelle vous nous auez obligez, & nous donne le moyen de reconnoistre en vostre endroit tant de bien-faits, desquels le Roy mon Maistre, en quelque estat que vous le puissiez reduire, ne perdra iamais la memoire & la volonté. Mais, Madame, considerez qu'il est Prince constitué de Dieu pour le salut de son Estat, & qu'il faut en fin qu'il se sauue ou par vostre secours, ou par autres moyens; tant y a qu'il n'a rien tant à euiter que sa ruine.

DEVXIESME ESCRIT.

MADAME, Tous les Princes s'estiment naturellement obligez à la conseruation de leurs voisins; plus ceux qui ont mesme ennemy; plus encore que tous les autres ceux entre lesquels il y a grande conjonction d'interest.

Toutes ces causes-là sont entre le Roy, & vous, trop plus que suffisantes pour conseruer vos volontez vnies à vostre mutuelle deffence. Mais outre tout cela la fraternelle & immuable amitié, que vous auez contractée dés si long-temps ensemble, & laquelle de vostre part, Madame, vous auez cultiuée par tant de bons offices, faueurs, & secours, semblent vous estreindre d'vne si estroite obligation, que le nœud n'en peut estre lasché qu'auec vn tres-mauuais augure du malheur de l'vn & de l'autre.

Cela a fait desirer au Roy de rendre vn tesmoignage public à tout le monde de sa volonté enuers vous; & de la vostre enuers luy, & par quelque remarquable alliance faire connoistre à vos amis & ennemis communs, que la fidelle amitié & intelligence qui conjoignent vos volontez, conjoignent encores vos puissances, pour estre portées ensemblément, & auec plus d'effet contre tout ce qui pourroit menacer l'vn ou l'autre.

Vostre singuliere & tant experimentée prudence vous a suggeré le mesme desir; & pour ce que par vos Agents & Ambassadeurs, & nommément par le sieur Dongton, vous auez fait entendre au Roy que vous en desiriez l'execution, vous auez demandé qu'il se fist vne conference en France pour cet effect; Le Roy a depesché le Seigneur de Sancy vers vous pour sçauoir le lieu, le temps & les personnes qui vous y seroient agreables. Depuis pour tesmoigner dauantage son desir, & faciliter l'execution, il m'a depesché vers vous pour faire ceste conference pres de vous, & conclure ceste alliance tant desirée de luy, & si vtile & honorable à chacun de vous.

Vous auez voulu que nous ayons traicté auec Messieurs de vostre Conseil; nous l'auons fait: tout ce que nous auons appris d'eux, c'a esté qu'ils estimoient, que vous n'auiez aucun interest à nostre deffence; aucun profit à faire la guerre ensemble à nostre ennemy commun, & que vous n'auez point maintenant de moyens d'entrer en ligue, & nous aider de secours. Depuis on a parlé de la confederation qui fut traittée auec le Roy Charles IX. deffensiue seulement, & nous a-t'on neantmoins fait entendre que vostre Majesté ne nous pouuoit accorder que la moitié du secours qui estoit accordé au Roy Charles; mais bien à plus dures conditions.

L'vne, qu'auant que les gens de guerre partissent d'Angleterre, le Roy enuoyeroit argent pour payer les fraiz de la leuée, & du passage, & l'auance du mois.

L'autre, que si vostre Majesté auoit quelques affaires en ses Estats, elle ne seroit obligée de nous faire ce secours.

Madame, Si cela est vostre volonté, nous ne nous en oserions plaindre; car nous confessons ingenuëment auoir tant receu de faueur & d'assistance de vous, que quelque traictement que nous puissions receuoir à present, se doit trouuer fauorable pour nous par la memoire du passé.

Mais excusez-nous, s'il vous plaist, si nous ne pouuons croire que ce soit là vostre resolution, & nous permettez de vous dire les raisons tres-certaines, qui nous font iuger cela entierement aliene de vostre excellente prudence, & plus encore de la sincere amitié que vous auez iurée & tesmoignée au Roy. La ialousie que nous auons de vostre gloire, nous donne droit de prendre ceste liberté pour vostre salut & le nostre.

Est-il possible, Madame, que vous pensiez n'auoir point d'interest au progrés que fait le Roy d'Espagne, & à l'effort qu'il fait maintenant sur nous? Veu que vous voyez qu'il laisse ce qu'il pourroit attaquer auec plus de facilité pour luy, d'incommodité pour la France, pour s'emparer de ce qui est plus voisin de vous, & qui est la plus commode eschelle qu'il puisse dresser pour descendre en Angleterre?

Depuis ce peu que nous sommes en vostre Royaume, & que Calais a esté pris, nous oyons les souspirs de vos Marchands, qui plorent l'incommodité, voire l'impossibilité du commerce.

Nous apprenons l'apprehension qui est desia parmy les peuples de Hollande & Zelande, qui iugent bien que le trafic de mer s'en va conuertir en piraterie & guerre nauale.

Nous ne voulons point deuiner dauantage du mal aduenir, & laissons à vostre prudence à preuoir tout ce qui en peut arriuer de pis, contens seulement que l'on sçache que nous ne sommes point aueugles à ce qui est present.

Les choses estans telles, quel remede y a-il à vn mal commun, sinon vne deffence commune?

Nostre ennemy a en Flandres le fort de sa puissance, soit qu'il vueille entreprendre sur vous, ou sur nous, ou sur ceux des Estats. C'est-là qu'il dresse ses armées; c'est-là qu'il trouue ses hommes, son argent, ses viures, ses munitions.

Tant qu'il aura ceste commodité, & que nostre desunion luy donnera moyen & loisir d'entreprendre, il emportera tout ce qu'il attaquera.

Les

Les progrez de guerre ne font pas par egalle proportion : de tant plus que l'vn croiſt, l'autre diminuë : & en fin és choſes qui du commencement eſtoient egalles ne ſe trouue nulle comparaiſon.

Il faut donc pendant que les choſes ſe balancent encore, les tenir en egalité ; car quand la pente eſt priſe, il eſt impoſſible d'arreſter la cheute.

Tous les endommagemens que nous faiſons en particulier à noſtre ennemy ne l'eſtonnent point ; il ſçait bien que pourueu que le fort de ſa puiſſance demeure qu'il s'en vengera bien touſiours.

Voyant qu'on le laiſſe ainſi ſubſiſter fort, il ſe propoſe des alterations és Eſtats de ſes ennemis, & les procure, fort aſſeuré d'en pouuoir bien faire ſon profit.

Il n'y a donc qu'vn ſeul moyen d'arreſter le cours de ſes deſſeins, & rompre ſon progrez, qui eſt à forces conjointes luy faire la guerre où eſt le fort de ſa puiſſance : le tronc de l'arbre abbatu, les branches ſeront à qui les voudra arracher.

C'eſt ce que nous vous auons propoſé, Madame, nous pouuons eſtans bien vnis eſtre plus forts d'hommes, luy coupper les viures, & les commoditez de tous coſtez, contraindre les villes à ſe reuolter & ranger auec nous, qui eſt le ruiner du tout.

Iugez, Madame, s'il y a rien au monde que par raiſon vous deuiez plus deſirer, & noſtre ennemy plus craindre.

Au lieu de cela on nous offre de voſtre part trois mille hommes pour noſtre deffence, pourueu encore que nous enuoyons de l'argent pour faire la leuée, & le paſſage en vn mois de ſolde.

Madame, quand nous ſerions en paix & ſans affaires, auſquelles vous euſſiez intereſt, vous ayant le Roy noſtre Maiſtre voüé tant d'amitié, & tant receu de faueurs de vous, ne luy ſeroit-ce pas vn extréme creue-cœur, de voir que vous luy offriſſiez des conditions moins fauorables, & moins honorables, que vous n'auez fait au Roy Charles IX. auec lequel vous n'auiez autre conjonction que le voiſinage ?

Bien, Madame, que vous ayez de grandes affaires ſur les bras, ſi croyons-nous, que quand vous ferez autant de cas de noſtre danger, que noſtre commun intereſt & l'amitié que vous auez iurée au Roy le deſirent, vous en trouuerez aſſez de moyens pour vn ſi vtile & honorable deſſein. Vos Conſeillers meſmes ne s'excuſent pas du ſecours que nous demandons ſur voſtre impuiſſance, mais la noſtre, & ſur ce que nous ne les pouuons contenter des ſeuretez qu'ils deſirent de nous pour les auances que nous vous ſupplions de faire ; & vos peuples, Madame, n'apprehendent point ſi peu noſtre danger, & n'eſtiment point qu'il leur touche ſi peu, qu'ils ne vous aydent volontiers pour vn ſi vtile effet.

Nous ne pouuons donc croire, Madame, que ce ſoit-là voſtre volonté ; & toutesfois n'ayans rien pû tirer dauantage de ceux que vous auez deputez pour nous la faire entendre, & contraints de retourner vers noſtre Maiſtre pour luy rendre le ſeruice qui luy fait beſoin, auant que de vous baiſer les mains, & prendre congé de vous, nous auons penſé vous deuoir en cet eſcrit repreſenter ces conſiderations-là, afin que ſachant & fermant l'œil

& la penſée deſſus, vous y preniez vne reſolution digne de voſtre bonté & ſageſſe.

Nous iugeons qu'au partir d'icy nos ennemis, qui n'ignorent point le ſujet de noſtre voyage, triompheront de noſtre diuiſion, comme d'vne nouuelle conqueſte plus aduantageuſe qu'aucune qu'ils auroient faite.

Nous voyons vn meſpris de nous & de vous és autres Princes eſtrangers, qui faiſoient eſtat de noſtre force par noſtre conjonction, & qui nous euſſent aydez ſi nous nous fuſſions aydez nous meſmes.

Nous laiſſons vn eſtonnement & meſcontentement en vos peuples, nous le trouuerons aux noſtres, & l'entendrons bien-toſt (Dieu vueille que ce ne ſoit point auec triſtes effects) és peuples de Hollande, & Zelande.

Nous ne doutons nullement que les peuples de la France voyans les choſes en cet Eſtat, ne portent le Roy à des conſeils entierement contraires à ſon deſir, & au bien de ſes voiſins, mais il ne peut refuſer à ſes peuples le ſeul remede de ſalut qui leur reſte, eſtant conſtitué Roy de Dieu, non pour les perdre, mais pour les ſauuer.

Pour l'honneur de Dieu, Madame, n'exaucez point pluſtoſt les vœux de vos ennemis, qui ſouhaittent tous ces maux-là, que les prieres de nous vos tres-fidelles & obligez amis, qui deſirons autant voſtre bien comme le noſtre. Ne choiſiſſez point d'attendre le mal chez vous pluſtoſt que d'aller au deuant, de courir fortune en particulier, que de vous aſſeurer en commun, & d'eſpargner quelque deſpence pour mettre tout au hazard.

Nous eſperons, Madame, qu'ayant peſé ces raiſons, vous prendrez vn conſeil digne de voſtre bonté, digne de voſtre ſageſſe.

Que ſi le malheur commun de vous & de nous qui ſeul le peut faire, vous ſuggere vn autre aduis, cet eſcrit au moins vous demeurera, & nous l'emporterons pour nous ſeruir de teſmoignage qu'employez en vn ſi grand & important affaire, nous n'auons obmis aucun moyen pour procurer le bien de ces deux grands Eſtats.

Ce qui arriuera puis apres, nous le receurons comme de la main de Dieu, nous conſolans au deuoir que nous auons fait d'y pouruoir.

Et vous aſſeurons toutesfois, Madame, que le Roy noſtre Maiſtre, en quelque fortune qu'il ſoit reduit, & quelque traictement qu'il reçoiue preſentement de vous, n'oubliera iamais les bons offices que vous luy auez faits, & que quand voſtre beſoin le requerra (lequel nous prions Dieu qu'il eſloigne de vous) il vous apportera à voſtre ayde non vn ſecours conditionné, mais tous ſes moyens, ſa propre perſonne, & ſa vie, s'il en eſt beſoin.

TROISIESME

TROISIESME ESCRIT.

PVis qu'il plaist à la Reyne, selon que l'amitié qu'elle porte au Roy, & sa prudence accoustumée l'y incitent, prendre ressentiment du mal qui presse la France, & offrir d'y porter la main, & qu'elle a agreable pour cet effet d'entrer en traicté de nouuelle ligue & association, il semble (sous son meilleur aduis) qu'il faut accommoder la forme du traicté à la qualité de l'affaire, & pouruoir au mal present, & diriger celuy-cy à vne fin qui soit la plus vtile à tous les deux Estats, que la condition du temps peut permettre.

En vne autre saison où l'Estat des affaires donne plus de loisir, & porte moins de danger, les Conseillers des Princes sont loüables, s'ils recherchent des auantages sur ceux auec lesquels ils traictent. Mais en l'occasion qui se presente, l'auantage que ceux qui traictent doiuent chercher, doit estre sur leur commun ennemy : l'egalité des conditions se doit mesurer par la fin, laquelle sera tousiours assez profitable & honorable à chacun des associez, si tous y portans ce qu'ils peuuent de moyens, ruinent les desseins d'vn si puissant & dangereux ennemy, qui menasse, bien que par degrez, & estonne tous ses voisins.

Ceux qui en telles occasions considerent leur interest particulier, & essayent par l'auantage des conditions profiter de la necessité de leurs amis, outre qu'ils perdent la grace de leurs bien-faits, ils stipulent la plus part du temps choses que l'impossibilité leur rend inutiles ; & faute de pouruoir assez ingenuëment au salut commun, attirent sur soy leur mal particulier.

Doncques asseurez de la bonté & sagesse de la Reyne, & de Messieurs de son Conseil, les Seigneurs de Boüillon & de Sancy, luy remonstrent que la principale fin de ceste ligue doit estre d'endommager leur ennemy commun, & par mesme moyen empescher qu'il ne puisse rien empieter sur les associez.

Le seul moyen de ce faire est de composer vn corps d'armée des forces des associez, lequel fasse la guerre au lieu où ils se peuuent plus aisément assembler, où ils peuuent estre plus commodément secourus ; où ils peuuent plus incommoder l'ennemy, & de là se porter à la deffence des associez s'ils sont attaquez.

Il semble donc qu'il se faut resoudre faire auec ceste armée la guerre en l'Arthois, & en Hainault, pource que par ce moyen on gastera le meilleur païs qu'ait l'ennemy, & occupera-on les forces auec lesquelles seules il peut faire toutes ses entreprises sur la France, & sur l'Angleterre.

Mais pour ce que toute l'vtilité de ceste guerre despend du moyen que le Roy & la Reyne ont de joindre commodément leurs forces, & que l'ennemy qui le preuoit, comme la chose qu'il craint le plus, voudra faire tout son effort de leur en coupper le chemin par l'entremise d'Ardres & de Bologne ; Il faut, s'il plaist à sa Majesté d'esperer quelque fruict de ceste conjonction, promptement pouruoir à ce mal, d'autant que puis apres l'execution de tout ce que l'on pourroit accorder demeureroit impossible, ou si difficile qu'elle seroit sans fruict.

Lesdits Seigneurs supplient donc sa Majesté de la part du Roy, qu'il luy plaise, pour pouuoir ausdites places, leur accorder presentement & promptement trois ou quatre mille hommes, lesquels elle auoit fait leuer pour le secours de Calais, & cent mille escus d'argent, qui sera autant d'auance pour l'execution de ce qui sera accordé par ledit traicté de ligue.

QVATRIESME ESCRIT.

MADAME, Il vous à pleu de peser les remonstrances que nous vous auons baillé par escrit ; & comme elles ne partirent que de cœurs desireux de vostre bien & grandeur, ainsi ont-elles esmeu le vostre à condescendre à choses plus raisonnables, que ce qui nous auoit esté proposé auparauant de vostre part. Ce qui nous donne esperance que vostre Majesté s'accordera en fin à ce qui est digne de vostre singuliere bonté, & necessaire pour le salut commun de ces deux grands Estats.

Par les articles qui nous ont esté baillez vous proposez que la ligue se fasse offensiue & deffensiue: chose fort à propos pour conjoindre bien fermement les puissances de ces deux Estats ; ruiner, ou pour le moins raualler celle de nostre ennemy, & releuer les courages tant des sujets du Roy que des vostres, aucunement estonnez de ces derniers accidens ; & pour le lustre d'vne telle alliance appeller à semblable conjonction les Princes voisins qui ont semblable interest, & donner reputation par tout le monde aux affaires de vos Majestez ; qui ne la peuuent auoir grande que par l'opinion de leurs forces ; ny acquerir ceste opinion que par l'entiere vnion d'icelles.

Et neantmoins ceste ligue offensiue estant proposée par lesdits articles, il n'est rien disposé de ce qui doit estre fait pour l'execution d'icelle, & nul fondement jetté sur lequel les Princes estrangers puissent appuyer l'adjonction que l'on pourra requerir d'eux.

Si vostre Majesté dit que les charges qu'elle a maintenant à soustenir, ne luy permettent pas de s'obliger pour le present à la composition & contribution d'armée commune, qui sera necessaire pour cet effet ; au moins faudroit-il s'y obliger pour lors qu'elle en aura la commodité, & en faire par ce traicté quelque project, remettant l'execution au temps qui seroit plus propre ; en sorte que nostre ennemy fust contenu par l'opinion de ceste conjonction, & nos amis excitez à s'vnir à vne puissance qu'ils estimeroient desja grande.

Et pource, sous le meilleur aduis de vostre Majesté, il semble que cet article se pourroit mieux conceuoir ainsi.

Qu'il sera fait ligue offensiue & deffensiue, entre le Roy de France & la Reyne d'Angleterre, contre le Roy d'Espagne, à laquelle seront inuitez les Princes voisins amis de leurs Majestez, & qui ont interest à l'inuasion uafion que le Roy d'Efpagne à entrepris des Eftats de tous fes voifins.

Que pour effectuer ladite ligue offenfiue au pluftoft que faire fe pourra, & que les affaires de leurs Majeftez le pourront permettre ; fera compofé vn corps d'armée de leurs forces communes, & des Princes & Seigneurs qui entreront en ladite ligue pour affaillir ledit Roy d'Efpagne en fes Eftats à l'endroit qui fera aduifé le plus propre.

Que pour inuiter les autres Princes eftrangers, feront enuoyez Ambaffadeurs vers eux par ledit Roy, & la Reyne.

Quant à ce qui concerne la deffenfiue, & le fecours que par lefdits articles il plaift à voftre Majefté d'offrir au Roy, elle confiderera, s'il luy plaift, combien il importe à la reputation du Roy, & au bien commun de leurs affaires, que l'on ne croye point qu'auiourd'huy apres que voftre Majefté a tant obligé le Roy, tant tefmoigné de bien-vueillance en fon endroit, elle vueille luy offrir moins qu'elle n'accorda au Roy Charles IX. auec lequel elle n'auoit aucune conionction que de voifinage.

Par ce traicté fait auec ledit Seigneur en l'an 1572. elle s'oblige de luy fournir fix mille hommes de pied qui ne feront à la folde & defpence dudit Seigneur, finon du iour qu'ils arriueront en France, pour feruir tant & fi long-temps qu'il en auroit affaire : Et outre cela huict nauires de mer, armées & garnies de douze cens hommes de combat.

Si voftre Majefté s'excufe fur les affaires d'Irlande, elle confiderera auffi d'autre cofté que l'effet des forces dont elle accommodera le Roy, diuertiront le Roy d'Efpagne d'entendre à Irlande, & autres entreprifes; & en tous cas elle doit au moins promettre que les affaires d'Irlande appaifées, elle fuppléra lefdites forces & fecours qu'elle prefte au Roy, iufqu'à femblable nombre que celuy qu'elle auoit promis audit Roy Charles; & cependant ayder & fecourir le Roy de quatre mille hommes, aux charges portées par lefdits articles, qui ayans en foy quelque obfcurité femblent fe pouuoir conceuoir plus clairement en ces termes.

Et pource que les forces de ladite Dame font de prefent diftraites, tant en Irlande qu'autres lieux, fournira dés à prefent & au pluftoft que faire fe pourra, audit Seigneur Roy quatre mille hommes de pied feulement, pour feruir fix mois és Prouinces de Picardie ou Normandie: defquels quatre mille hommes ladite Dame Reyne auancera la folde, & fera faire les payemens de fes deniers, & par fes Officiers durant lefdits fix mois, & fix mois apres fera rembourfée par ledit Seigneur Roy de la folde defdits gens de pied, qui aura couru depuis le iour qu'ils feront arriuez en France; lequel pour feureté dudit payement & rembourfement fera deliuré à ladite Dame Reyne quatre oftages Gentils-hommes de lieu, maifon, & biens conuenables, à l'heure mefme que lefdites forces aborderont en France. Et lors que les troubles d'Irlande feront appaifez, fournira ladite Dame le nombre de fix mille hommes de pied, ou autre fecours porté par ledit traicté de l'an 1572. aux charges & conditions portées par iceluy.

Le Roy de fa part s'obligera de fournir le nombre de fix mille hommes demandez par ladite Dame lors qu'elle en aura befoin, & l'en requerra, aux conditions auffi dudit traicté du Roy Charles.

Il semble aussi, s'il plaist à vostre Majesté, qu'il sera à propos de tirer quelques articles dudit traicté de l'an 1572. concernans la seureté des Marchands sujets de l'vn & de l'autre Prouince, & l'inserer audit traicté.

Mais, Madame, puis qu'il vous a pleu de nous donner esperance de vostre assistance & secours, nous supplions derechef vostre Majesté de considerer combien le temps nous importe, & à vous, & redoubler par la celerité la grace dont vous desirez obliger le Roy nostre Maistre.

Nous venons de receuoir presentement aduis de la necessité d'argent qu'il y a à Bologne, & Montrueil, menassez comme vous voyez par l'ennemy, & qu'il y a mesme encore quelque moyen de secourir Ardres : Nous vous supplions & coniurons, Madame, & par nostre salut & par le vostre, qu'il vous plaise nous prester vingt-cinq mille escus, pour jetter en ces places, dont pour l'obligation du Roy nostre Maistre nous vous passerons en nos propres & priuez noms, telles obligations que bon vous semblera.

Considerez pour l'honneur de Dieu, Madame, s'il vient faute de ces places, combien vous voudriez auoir donné pour les oster à l'ennemy : & choisissez plustost, obligeant vos amis, d'en procurer le salut par vn si petit prest & auance, que d'en regretter puis apres la perte, & nous mettre & vous en cent fois plus grands fraiz pour les recouurer.

ARTICLES COMME ILS SONT DEMEVREZ
accordez & signez.

CAPITA PROPOSITA, DE QVIBVS COEPTVM
est tractari inter Legatos Christianissimi Francorum Regis ac Consiliarios deputatos à Serenissima Angliæ Regina circa nouam confœderationem, & Legam tam offensiuam quàm defensiuam ineundam inter præfatos Principes.

IN primis priores confœderationes & tractatus, qui nunc in vigore sunt inter præfatos Serenissimos Regem, ac Reginam, & eorum Regna, confirmabuntur, & stabunt in suo pristino robore & vigore, neque in aliquo censebitur recessum ab ijsdem, nisi quatenus in præsenti tractatu aliquid in ijsdem fuerit derogatum & innouatum.

Erit confœderatio hæc offensiua & deffensiua, inter dictos Regem, ac Reginam, eorumque regna, status, dominia, &c. contra Regem Hispaniarum, Regna & dominia eius.

Ad hoc fœdus à præfatis Principibus contrahentibus inuitabuntur, & intrare in eandem poterunt omnes alij Principes & Status, quorum interest sibimet ipsis præcauere ab ambitiosis machinationibus & inuasionibus, quas Rex Hispaniarum molitur contra suos vicinos omnes, & ad hunc effectum mittentur nuntij, seu Legati à Præfatis Rege & Regina, ad tot Principes & Status, quot dicti confœderati censebunt idoneos ad eos permouendos, vt intrent in eandem confœderationem.

Quanto citius commodè fieri poterit, & negotia præfatorum Regis & Reginæ næ id permittent, conscribetur vnus exercitus de communibus copijs tam præfatorum Regis quàm Reginæ, ac aliorum Principum, ac Statuum qui intraturi sunt in hanc confœderationem ad inuadendum Regem Hispaniæ & dominia quæcunque sua.

Nec præfatus Rex, nec Regina poterit tractare de aliqua pace, vel inducijs cum Rege Hispaniarum, vel eius locumtenentibus, seu Capitaneis, sine consensu alterius, qui significabitur literis signatis propria manu dicti Regis & Reginæ. Poterunt tamen prorogari induciæ in Britannia factæ: quo casu dictus Christianissimus Rex quantum poterit procurabit, vt in dictis inducijs dicta Regina Angliæ, & eius dominia comprehendantur, & si temporis, aut belli necessitas tulerit, vt alicuius loci Capitanei, aut Gubernatores locorum particulares inducias cum Capitaneis, & Gubernatoribus locorum ad dictum Regem Hispaniarum pertinentium facere cogantur, dictæ induciæ vltra duos menses sine consensu dictorum Principum non prorogabuntur.

Quoniam Hispaniarum Rex maximis viribus oppugnat dominia dicti Regis Francorum, quæ vicina sunt ditionibus Belgicis, præfata Serenissima Regina conscribet, quanto citius poterit, pro dicto Rege Christianissimo quatuor millia peditum Anglorum, quorum stipendia persoluentur secundùm calculum, & computationem huic tractatui annexam, & militabunt dicto Regi contra Regem Hispaniarum in Prouincijs Picardiæ, & Normandiæ, & locis adiacentibus, modò non distent plus quàm quinquaginta leucis Gallicis à Bononia.

Dicti quatuor mille pedites Angli inseruient præfato Christianissimo Regi singulis annis per spatium sex mensium tantùm sine exceptione, hoc anno & sequentibus, si status Regni Angliæ id commodè permittere poterit, in quo stabitur assertioni & conscientiæ prædictæ Reginæ: ac finitis dictis sex mensibus licebit ijsdem militibus redire in Angliam, nisi aliud mandatum habuerint à præfata Domina Regina.

Cum seditio nuper in Hibernia excitata composita & suppressa fuerit, & prædicta D. Regina in Regnis, & dominijs suis nullas turbas, aut commotiones habitura sit, stabitur voluntati eius, an dictum subsidium quatuor mille peditum augere velit, nécne.

Præfati quatuor mille pedites recipientur in salarium, & stipendium dicti Regis Christianissimi à tempore, quo appellent in Galliam, vsque ad diem discessus; & interea temporis, quo inseruient dicto Regi, tenebuntur singulis mensibus lustrationem facere, & iuramentum Commissarijs deputatis, vel deputandis à Rege Christianissimo, salua semper fidelitate & ligeantia, quam debent naturali suo Principi, atque stipendia persoluentur secundùm eorum qui lustrabuntur numerum, & iuxta calculum annexum in fine huius tractatus.

Præfata Domina Regina pollicetur se de tempore in tempus suppleturam & renouaturam numerum, qui deerit præfatorum quatuor mille peditum, intra vnum mensem post singulas lustrationes, modò per præfatum Regem, vel eius Locumtenentem debite fuerit de defectibus prædictis admonita.

Stipendia & solutiones ijsdem militibus fient per officiarios, & de denarijs præfatæ Dominæ Reginæ singulis mensibus, pro quo stipendio & solutione à Serenissima Domina Regina faciendis, idem Rex Christianissimus tenebitur satisfacere eidem Reginæ plenariè intra sex menses, postquam dicti milites applicabunt in *Galliam*: ac pro securitate eiusdem solutionis idem Rex Christianissimus tradet præfatæ Dominæ Reginæ, tempore quo præfati quatuor mille pedites in *Galliam* applicabunt, quatuor obsides, viros idoneos respectu nobilitatis, & bonorum dictorum obsidum.

Vltra prædictos quatuor mille pedites si præfatus Rex Christianissimus indigebit maiori numero militum, præfata Regina, si per negotia Status sui id commodè facere poterit, permittet præfato Regi conscribere in *Anglia* tria, vel quatuor millia militum, sic tamen quòd præfatus Rex persoluet illis stipendium, & omnes sumptus ex denariis propriis.

Milites *Angli*, qui sic Christianissimo Regi militabunt, subiecti erunt officiariis exercitus Regis Christianissimi, & pro delictis, & criminibus per eos commissis iusticiabuntur & punientur per Iudices, & officiarios dicti Regis: sic tamen quòd centuriones, & capitanei turmarum Anglicarum vocabuntur à dictis Iudicibus, & officiariis Regis, vt iis assistant in dictis iudiciis.

Si verò acciderit (quod Deus auertat) regna, & dominia præfatæ Dominæ Reginæ inuadi, & ipsa requiret auxilium præfati Christianissimi Regis, idem tenebitur intra duos menses, postquam ad hoc faciendum per literas à dicta Domina Regina requisitus fuerit, consimiliter apparare quatuor mille pedites *Gallos*, qui conscribentur, & mittentur in *Angliam* sumptibus dictæ Reginæ, qui inseruient dictæ Dominæ Reginæ per spatium sex mensium singulis annis, modò non cogantur vlterius progredi in *Angliam*, quàm per spatium quinquaginta miliarium Anglicorum & non amplius, ac stipendia iisdem persoluantur per dictam Dominam Reginam quo nauem ingressi fuerint, & in *Angliam* appulerint, iuxta calculum & computationem infrà in fine huius tractatus annexam.

Iidem milites *Gallici* iusticiabuntur, & punientur per officiarios dictæ Reginæ, Capitaneis turmarum Gallicarum ad talia iudicia vocatis, vt suprà.

Rex etiam Christianissimus tenebitur supplere, & redintegrare numerum militum cùm diminutus fuerit, & præfata Regina requiret, prout suprà.

Promittunt etiam præfati Rex & Regina recipere, quòd vter ipsorum indigebit armis, puluere tormentario, aut aliis munitionibus bellicis, licebit vtrique contrahentium, & eorum commissariis ea   & in regnum suum transportare absque aliquo impedimento, modò id commodè fieri poterit absque læsione, & præiudicio status sui, in quo stabitur assertioni & conscientiæ tam præfati Regis, quàm Reginæ.

Præfati Rex & Regina reciprocè defendent mercatores subditos vtriusque Principis, ita vt liberè & securè negotiari, ac commercia sua exercere possint in regnis, & dominiis alterutrius eodem modo quo naturales suos subditos: & non permittent iis fieri aliquod obstaculum, aut impedimentum. Reciprocè etiam permittent subleuari, & iuuari exercitus, & copias alterutrius in victualibus, & aliis prouisionibus necessariis, quatenus id commodè fieri poterit.

Rex Christianissimus non permittet, neque successores sui permittent quemquam *Angliæ* Reginæ subiectum ob Religionem nunc in *Anglia* approbatam per Inquisitores, aut vllo alio modò vexari vel in corpore, vel in bonis: sed si quis vlla vnquam authoritate hoc conabitur facere, dictus Rex prohibebit authoritate Regia, & impediet quominus id fiat, & damnum factum integrum restitui curabit.

Hæc

Hæc omnia tractata & conuenta fuerunt inter dictos Legatos Christianissi
mi Francorum Regis, & Consiliarios Serenissimæ Reginæ, sub beneplacito dicto-
rum Regis, & Reginæ.   Signé, Par les Millords, Burquet, Couban,
Boucorp, Carrel, Cecil, & Forescut.

COPIE DES PREMIERES LETTRES ENVOYEES
par le Roy à la Reyne d'Angleterre.

HENRY PAR LA GRACE DE DIEV ROY DE FRANCE
ET DE NAVARRE. A tous ceux qui ces presentes lettres
verront, Salut. Considerant la singuliere amitié & bien-vueillance que
nostre tres-chere, & tres-amée bonne sœur & cousine la Reyne d'Angleterre, a dés long-temps tesmoigné nous porter ; & les grands & notables
secours qu'elle nous a donné tant d'hommes, deniers, nauires, artilleries,
poudres, boullets, que de toute autre sorte de commoditez, comme elle
continuë encore chacun iour, pour la conseruation & deffence de ceste nostre Couronne, mesme pour nous ayder à resister aux grands & violens efforts entrepris contre nous de la part, & auec les forces du Roy d'Espagne
jointes auec celles de nos sujets rebelles ; au moyen dequoy nous sommes
obligez de rendre toute l'assistance qui peut dependre de nous à icelle Dame Reyne, contre ledit Roy d'Espagne nostre commun ennemy. Et
voulans donner toute l'asseurance que nous pouuons de nostre intention & volonté pour ce regard, à ce qu'elle ne soit reuoquée en doute.
Nous à ces causes promettons par ces presentes en foy, & parole de Roy,
à ladite Dame Reyne, de continuer conjointement auec elle à faire la
guerre offensiue & deffensiue audit Roy d'Espagne, tant & si longuement qu'il demeurera en guerre & inimitié contre ladite Dame Reyne,
& ne faire iamais aucune paix ny accord auec luy sans l'en aduertir, &
qu'elle y soit comprise à son contentement, & à la charge qu'icelle Dame
Reyne demeurera en reciproque obligation enuers nous, & nous en bail-
ra semblable promesse sous son seing & seau. En tesmoin de ce nous auons
sous signé ces presentes de nostre main, & à icelles fait mettre & apposer
nostre seel. Donné à Melun le 29. iour d'Aoust l'an de grace 1593. & de
nostre le 5.   Signé, HENRY.

ADVIS SVR LE FAIT DE LA PRESENTE
Negotiation.

POVR ce que plusieurs qui verront ce discours, trouueront peut-estre
estrange comment les Anglois ayans en ceste Negotiation monstré si
peu d'affection au salut de la France, bien que le leur y fust conioint, ceux
qui ont traicté pour le Roy sont entrez en ceste ligue sous des conditions
si peu auantageuses, & obligé sa Majesté à la continuation de la guerre
auec si peu de moyens, & lors que tous les peuples de la France souspiroient

apres la paix; i'ay penſé deuoir icy adiouſter les conſiderations, leſquelles
toute ſorte d'eſprits ne pouuoient pas recueillir de la ſimple lecture du precedent diſcours. Le cœur eſtoit fort creu aux Eſpagnols, par le ſuccez de
Dourlans & de Cambray, & au contraire celuy des François fort raualé.
La nouuelle priſe de Calais auoit porté l'eſtonnement des armes Eſpagno-
les au loin, hors meſme de ce Royaume; de ſorte que la conſternation eſtoit
grande en Angleterre, & ceux de Holande & Zelande commençoient
fort à murmurer; on ſçauoit d'auantage, qui eſtoit pour augmenter la
crainte de ce coſté-là, qu'il y auoit des Ambaſſadeurs de l'Empire à Bruxelles, qui s'acheminoient vers ceux des Eſtats pour les ſommer de la part
de l'Empire d'entendre à la paix auec le Roy d'Eſpagne pour le bien de la
Chreſtienté, & leur offrir pour cet effet tout ce qu'ils euſſent peu demander;
d'autre coſté on voyoit tout le Conſeil d'Angleterre porté à la paix auec le
Roy d'Eſpagne, auec des moyens en main fort aiſez pour l'obtenir, qui
eſtoit Fleſingues, la Brille en Holande, & parloit-on deſ-ja en Angleterre
de recouurer Calais par Fleſingues. Or eſt-il ſans doute que ſi les Holandois, ou les Anglois ſe fuſſent portez les premiers à la paix, que la France demeuroit en proye au Roy d'Eſpagne; lequel conuertiſſant toutes ſes forces
contre ce Royaume auec les auantages qu'il a deſ-ja, l'euſt facilement accablé. Pour parer à ce coup il n'y auoit autre remede que d'obliger la Reyne
d'Angleterre à la guerre contre le Roy d'Eſpagne; à quoy on ne l'auoit encore iamais peu faire reſoudre; par ce moyen on l'a obligée au ſecours de la
France: on a fait connoiſtre à ceux de Holande qu'ils ſeront aydez & ſou-
ſtenus par ces deux puiſſans voiſins, la France & l'Angleterre. Outre cela
on a fait que la Reyne d'Angleterre, qui ne l'auoit point iuſqu'auiourd'huy
voulu permettre, a conſenty que ceux deſdits Eſtats de Holande & Zelande, qui ſont en ſa protection, s'vniſſent auec la France, & ſecourent le Roy
de tout ce qu'ils pourront. Et ce faiſant on a fait entendre au Roy d'Eſpagne qu'il ne peut eſperer d'attaquer la France ſeule. Par là auſſi & par l'eſperance de ce ſecours, les Prouinces affligées qui deſeſperoient de pouuoir
eſtre garenties par la force de la France, ſe ſont raſſeurées, & la reputation
des affaires du Roy s'eſt releuée parmy les eſtrangers, leſquels ordinairement
n'affermiſſent que ce qu'ils eſtiment deſ-ja fort & capable de ſe deffendre.
Quant à ce que l'on voudroit dire que par ce traicté on a retranché l'eſperance d'vne paix, ou d'vne trefue, dont il y auoit quelque eſperance &
grand deſir en l'eſprit des peuples; Outre que c'eſt grâde ſimplicité de croire
qu'on pûtt auoir la paix ny honorable, ny ſeure auec des ennemis qui ont
tant d'auantage; Il eſt certain que le Roy ne peut parler de paix ou trefue en
particulier qu'il ne jette ceux de Holande à corps perdu entre les bras du
Roy d'Eſpagne; apres la reünion deſquels à l'Eſpagne la France eſt fort ha-
zardée en l'eſtat qu'elle eſt. Comme auſſi eſt-il euident que le Roy ne peut
faire à part ny paix, ny trefue, qu'il n'expoſe en proye l'Angleterre; apres la
conqueſte de laquelle il eſt certain que la France ne peut plus ſubſiſter contre l'Eſpagne, le Roy d'Eſpagne pouuant tirer de l'Angleterre des hommes qui luy manquent pour la conqueſte de la France; & pource, s'il faut
venir à la paix, on ne la peut auoir ſeure que la faiſant en commun auec
tous

tous lesdits confederez : & neantmoins si l'on iugeoit qu'elle fust necessaire
en particulier pour la France, tant s'en faut que ceste negotiation l'eust renduë plus difficile, qu'au contraire elle l'auroit facilitée. Premierement, elle
l'a renduë plus desirable au Roy d'Espagne par la crainte de la conionction
de tous les Princes qui y peuuent entrer. Secondement, ce qui a esté traicté
a esté conclud sous le bon plaisir du Roy ; de sorte que la liberté luy demeure ou de l'accepter, ou de prendre mieux d'ailleurs, si on luy offre. Tiercement, le Roy par ce traicté est moins obligé à la continuation de la guerre qu'il n'estoit auparauant. Car le Roy & la Reyne d'Angleterre auoient
dés l'an 1593. promis purement & simplement l'vn à l'autre, par lettres Patentes signées & seellées de leur seel, de ne point faire la paix ny d'accord
auec le Roy d'Espagne, sans le consentement l'vn de l'autre. Par ce traicté
ceste premiere obligation est raisiblement innoüée, & mise en condition de
l'execution de la ligue offensiue ; laquelle ne sera tellement executée, qu'il
ne demeure quelque sujet par le deffaut des confederez de traicter la paix
quand la necessité le requerra ; & ce auec pretextes beaucoup plus iustes &
plus raisonnables que ceux qu'on eust peu alleguer contre la precedente
obligation. Ioint qu'il ne s'est iamais fait ligue qui ait empesché les confederez, quelques clauses qu'il y ait eüs, de pouruoir à leur salut quand la necessité les y a conuiez ; n'estans les confederations faites pour ruiner ; ains
pour sauuer les Estats qui y entrent ; & nul Prince n'estime pouuoir legitimement obliger son Estat à sa ruine.

ADVIS SVR LA CONSTITVTION DE L'ESTAT
d'Angleterre, & accidens desquels il semble estre menasé.

BIEN que l'Angleterre soit Septentrionale, la temperature de
l'air y est douce à cause des pluyes qui y regnent les deux tiers
de l'année pour le moins. Il y pleut de tous vents. La terre est
arrousée de force fleuues, mais quasi tous petits. Elle est fertile en grains, & bonne en pasturages, & a des fruicts de plusieurs especes
fort abondamment. Il y a eu des vignes, & en a-on arraché encores depuis
quatre ans. Il y croist du pastel, & és années chaudes les melons y meü-
rissent. Il y a des mines de plomb & d'estain fort bonnes, & quelques-vnes
d'argent, mais peu fructueuses. Les habitans du Royaumes sont diuisez
en trois Ordres, l'Eglise, la Noblesse, & le Peuple. De ces trois est composé leur Parlement, qui sont les Estats, où se decident les grands affaires
du Royaume, & où s'accordent les leuées de deniers & subuentions. Mais
il n'entre au Parlement de l'Eglise que les Prelats ; de la Noblesse que les
Barons qui sont enuiron soixante quatre & non plus. Le reste des Ecclesiastiques & de la Noblesse donnent leur voix parmy le Peuple & par deputez. La puissance des Barons est fort grande par vne guerre qu'ils eurent
contre vn Roy d'Angleterre, qui fut terminée par de grands priuileges
qui leur furent donnez. La Noblesse est fort diminuée & alterée en Angle-

terre; parce que quafi tous les Grands, qui eftoient les Ducs & les Comtes, ont confifqué, & leurs biens ont efté reünis au domaine. De forte que les Comtes & Barons qui font aujourd'huy, n'ont plus que le nom & titre de Comtes & Barons, fans aucun patrimoine ou iurifdiction ; & toutes-fois ces tiltres-là font hereditaires. Perfonne en Angleterre n'a iuftice haute ny moyenne, mais feulement vne baffe iuftice, qui n'eft que pour pouuoir exiger leurs cens & rentes. La plus part de la Nobleffe qui refte eft fort ruinée & endettée, pour l'exceffiue defpenfe qu'elle fait tant en habits que nombre de feruiteurs qu'elle entretient. Ils s'entre-vifitent fort en la campagne, mefmes au temps des chaffes auec grande defpenfe. Outre l'in-clination naturelle qu'ils ont au luxe, l'emulation de quelques-vns d'en-tr'eux qui ont profité aux Indes à la piraterie, les a fort endettez. De forte que la plus part doiuent plus qu'ils n'ont vaillant ; & les Marchands acquie-rent les terres des Gentils-hommes. Quand les peres decedent fans tefter, les puifnez n'ont rien. De forte que beaucoup de cadets de bonne maifon fe mettent à la marchandife, & autres meftiers encore plus vils & honteux. Iufques-là qu'on en a veu des plus grandes Maifons auec des batteleurs, lef-quels apres la mort de leurs aifnez font reuenus aux plus grandes dignitez. Les rangs font incertains entre les Grands. Les mariages s'y font fouuent fort inegaux. Et y a des plus grandes Dames du Royaume alliées à de fort baffes perfonnes ; principalement les vefues fe remarient fouuent à leurs fer-uiteurs, & ne perdent point pour cela le rang qu'elles tenoient à caufe de leurs premiers maris. Le menu peuple eft fort riche, pource qu'il vit fort par-quement, fait force nourritures, & n'eft foulé de charges ny d'impofts. Les villes font opulentes par le moyen du trafic, qui eft toutesfois fort diminué, & la richeffe des Marchands quant & quant depuis la guerre d'Efpagne. De forte que Brifto qui eftoit vne des plus opulentes villes du cofté de Gal-les, eft auiourd'huy toute ruinée. Car les Holandois & Zelandois ont attiré tout le trafic à eux. Et bien que la guerre d'Efpagne foit à leur occafion, neantmoins il n'y a qu'eux qui y trafiquent. Puis la piraterie de la mer eft fi grande que les pertes y font fort frequentes. Les principales marchandifes qui fortent d'Angleterre font le plomb, l'eftain, les draps, les bleds. Les An-glois nauigent de tous coftez, en Leuant, aux Indes, en Afrique, en Mofco-uie ; mais ils y tiennent la Nauigation fort ruineufe, à caufe de l'infidelité & tyrannie du Mofcouite. La Iuftice eft exercée par des Iuges qui font és Pro-uinces, & dont les appellations reffortiffent aux Termes de Vveftmynfter. Il y a des Iuges de faict, & des Iuges de droict. Pour le fait ce font certains experts qui donnent leur opinion par efcrit de ce qui eft prouué, ou non prouué : & puis les Iuges prononcent felon la Loy. Il y a outre cela des Iuges de confcience, qui font le Chancelier & Maiftre des Requeftes, pardeuers lefquels ceux qui ont mauuaife caufe par la rigueur de la Loy, fe retirent & demandent l'equité ; lefdits Iuges euoquent à eux, & iugent par equité. Par exemple, quand on paffe vne obligation on promet ordinairement payer le double de ce que l'on reçoit ; & neatmoins il eft porté que fi le debteur paye le fimple dans le terme porté par l'obligation, qu'il fera quitte du furplus. Et

ces

ces obligations-là ne sont pas seulement tolerées, mais priuilegiées. Que si celuy qui doit n'a pas payé dans le terme, il peut faire appeller sa partie pardeuant les Iuges de conscience, & y faire reuoquer la cause pourueu qu'elle ne
soit point contestée ailleurs. Et là alleguant pauureté ou excuse, il n'est
condamné qu'au simples. Les loix sont conceuës en vieil langage Nor-
mant, & ont grande quantité d'Interpretes de leur droict. Il s'en fait grande estude au païs ; & quasi tous ceux qui se meslent de loix sont Gentils-
hommes. La Iustice est estimée y estre presentement fort corrompuë, au
prix de ce qu'elle a esté autresfois. La seuerité n'est que pour ce qui regarde
l'Estat, en quoy elle se fait fort sommairement & rigoureusement. Toutes
actions en Angleterre commencent par l'arrest & emprisonnement de la
partie qui est conuenuë ; mais on ne peut prendre personne en sa maison.
Il ne se fait point quasi de iustice des pirateries qui s'exercent & sur amis &
sur ennemis ; & cela pour le profit qu'en retirent les plus Grands. Il y a deux
Vniuersitez, à Oxfort & à Cantbrige, qui sont fort celebres, & fondées
de grand reuenu. Ils font estat que les deux ont plus de deux cens mille escus de rente destinez pour l'entretenement d'Escoliers. Il y a outre cela à
Londres des Colleges pour les enfans, & des Escholes du droict du païs,
qui ne s'apprend que là. Le plus grand estude est celuy de Theologie à Oxfort & à Cantbrige. Ils sont fort diuisez de sectes : pour la Philosophie, en
Ramistes, & en Aristoteliciens : pour la Theologie, en Puritains, & Con-
fessionnaires de la Reyne. Depuis deux ans ils se sont tellement eschauffez
en disputes, & differens, que les choses sont quasi venuës à sedition, mesmes sur ces deux poincts : sçauoir s'il estoit permis aux Chrestiens de joüer
des Comedies & Tragedies : & s'il estoit permis aux Sermons d'alleguer
les Peres, & des passages en Grec & en Latin. La Religion par tout le
Royaume est fort bigarrée. La plus grand part sont de la pretenduë reformation de la Reyne, les autres Catholiques, les autres Puritains qui sont
Caluinistes. Les Puritains ne sont pas fort agreables à la Reyne, pour quelques liures qui ont esté faits à Geneue, par lesquels le commandement des
femmes est condamné, mesmes leur authorité en ce qui concerne la police de l'Eglise ; & aussi qu'elle estime que les Ministres Caluinistes entreprennent trop. Lesquels aussi sont fort mal voulus des Prelats d'Angleterre, pource qu'ils ne les reconnoissent pas, & rauallent le plus qu'ils peuuent
leur authorité. A Londres il y a quelque apparence de deuotion, & le peuple est instruict auec diligence. Si est-ce qu'és temples il n'y a pas à beaucoup prés tant de reuerence qu'il y a entre les Catholiques en France. A la
campagne il n'y a point quasi d'instruction ny de cult diuin. A la Cour &
par tout le Royaume il y a beaucoup de Libertins, qui ne font profession
que de gallanteries de liberté & de volupté. Mesmes il est bruit que les plus
salles & abominables voluptez s'y coulent. Les mœurs de ce peuple sont
communément superbes, mesprisent & haïssent les estrangers. Sont fort
auares, & pour argent se rangent à tout ce que l'on leur propose. N'ont
nulles fermes amitiez entr'eux. Ils mangent & boiuent beaucoup, ne rendent pas grand honneur à leurs femmes, & elles ne leur rendent pas gran-

de amitié. Les lettres ny les sciences ne sont pas en grand prix parmy eux.
La vaillance & la Noblesse y est fort estimée; & de verité ce peuple est fort
courageux & belliqueux. Le gouuernement depend entierement de la
Reyne, qui s'est establie vne merueilleuse obeïssance auec vn grand respect
& amour du peuple. Le Parlement a eu anciennement beaucoup d'authorité en ce Royaume-là: Mais aujourd'huy il tourne par tout où la Reyne
veut, par ce que les Prelats dependent d'elle. Les Barons sont en petit
nombre, qui ne luy oseroient desplaire. Et le peuple a senty tant de douceur & de commodité de son regne, qu'il consente à tout ce qu'elle desire. Elle est Princesse qui a beaucoup d'esprit, courageuse, & ornée de
beaucoup de grandes qualitez. Elle parle l'Espagnol, l'Italien, le François
& le Latin, entend le Grec, sçait quelque chose des sciences & de l'histoire; entend fort bien les affaires de son Royaume, & n'ignore pas celles de
ses voisins, & en iuge sainement. Elle est colere & violente parmy les siens,
voire plus que son sexe ne porte. Bien qu'elle ait des desseins grands & genereux, elle craint fort la despense, & est moins liberale qu'il ne faudroit.
Au lieu de donner, elle veut que l'on luy donne, & n'y a estreines qui ne
luy vallent plus de soixante mille escus. Et si elle va visiter quelqu'vn du
païs, ce n'est pas luy faire bonne chere, si on ne luy fait vn present au partir. On la blasme au pays d'auoir pris soixante mille escus, que Drac auoit
baillé en garde au Maire de Londres, & cependant qu'il estoit en mer pour
son seruice. Comme aussi d'auoir fort long-temps tenu prisonniers des Seigneurs condamnez, afin de ioüir pendant leur prison de leurs biens & de
ceux de leurs femmes. Bien qu'elle soit aagée de soixante-trois ans, elle
s'habille encore en ieune fille. Ceux qui ont esté en faueur auprez d'elle ont
tousiours beaucoup peu au gouuernement, mais non tout. Elle a eu cette
prudence fort loüable, qu'elle a beaucoup deferé à ceux qu'elle a conneus
luy estre vtiles au gouuernement de son Estat; & par leur authorité a balancé ceux qui estoient en credit dans sa Cour. Le Comte d'Essex est aujourd'huy celuy qui a plus de faueur, & le grand Tresorier celuy qui a plus
de maniment. Le Comte d'Essex est vn ieune Seigneur qui a vn bel esprit &
beaucoup de courage. Mais pource qu'il n'obserue pas la Reyne soigneusement, & luy donne quelque mescontentement par certaines affections
particulieres qu'elle n'a pas agreables, on le tient pour aucunement disgra-
cié. Et pense l'on que ce voyage de mer où il va maintenant est vn honneste congé qui luy est donné. Ce neantmoins le naturel de ceste Princesse
est de ne pas aisément quitter ceux qu'elle a veus de bon œil: Et aussi que
ce ieune Seigneur a grand credit au pays: cela fait croire qu'ou il se ruinera
du tout, ou il se remettra. Le grand Thresorier est homme fort consommé aux affaires, grandement riche & allié, & qui a de grands desseins.
Mais il est fort vsé. Il se monstre à traicter plus entendu aux affaires de dedans le Royaume que celles de dehors, & a des conseils timides & peu genereux. Il est rude & mal gracieux. Il fait tout ce qu'il pense pour establir
le sieur Robert Cecil son fils au maniment des affaires. Et de fait il exerce
aujourd'huy l'office de Secretaire d'Estat. Toutesfois il n'en a peu iusques

icy

icy obtenir la prouifion. Ce qui fait douter que s'il venoit faute du pere, ceste Maison-là, qui est extremement mal-voulu & enuiée en Angleterre, ne subfisteroit pas ; ioint les grands tresors que l'on tient qui y font. Les autres Conseillers d'Estat ne font que des chiffres. Il y a vn desordre parmy eux qui est fort remarquable, pour sembler grandement aliene de l'ordre qui est au reste des affaires d'Angleterre, & au naturel de la Reyne d'ailleurs peu liberale. C'est qu'elle permet que ceux de son Conseil prennent ses fermes à beaucoup moins qu'elles ne vallent, & la plus part d'eux meurent redeuables de grands restes. Ses receptes aussi font quasi toutes tenuës par des Gentils-hommes qui y font tous de grands profits. Et ces charges-là se donnent pour recompenses. Voylà pour ce qui concerne le dedans. Quant au dehors, la Reyne d'Angleterre est bien à present auec le Roy d'Escoffe, lequel essaye aussi par tous bons offices de s'infinuer en la bonne grace de ladite Dame, & de la Noblesse d'Angleterre. Il a de nouueau fait vne declaration en son Parlement, que la guerre que le Roy d'Espagne faisoit à l'Angleterre estoit au preiudice de son droit d'heritier presomptif de la Couronne d'Angleterre : Et pource qu'il entendoit employer toutes les forces d'Escoffe à la defence d'Angleterre : Ce qu'il a fait notifier à ladite Dame, plus à ce que l'on croit pour toufiours à vne si plausible occasion faire fonner ses droits, & maintenir ses pretentions, qu'autrement. Elle est affez mal auec ceux des Pays-bas, pource qu'elle les a traictez affez rudement, & auec beaucoup de mespris, & fait paroistre de grands desseins sur eux, & sur leurs places. Ausquels ils se font opposez iusques à affieger & prendre par force des places, dont ils estimoient que les Gouuerneurs fauorisoient les Anglois ; & mesmes auoir fait couper la teste à vn Gentil-homme Flamand qui conduisoit vne entreprise sur Leyden pour le Comte de Leycestre. Aussi que quelques mois auant la mort dudit Comte de Leycestre ils descouurirent qu'il auoit dessein de faire la paix auec le Roy d'Espagne à leurs despens. Elle a merueilleusement à cœur la confiance que ceux desdits Estats ont au Roy. Et depuis le secours qu'ils ont donné audit Seigneur, elle a pris fujet, & n'a point cessé de les pourfuiure de luy rendre l'argent qu'ils luy doiuent, qui monte à plus de quinze cens mille escus. Ils font apres à la contenter, & ce faisant faire retirer les garnisons qu'elle a és villes de Zelande. Les Ostrelins font mal contens de l'Angleterre, pour ce que l'on leur a osté les priuileges qu'ils y auoient. Et en est venu le ressentiment si auant, qu'ils ont chassé les Anglois de toutes leurs villes, & les ont contraints de se retirer à Stade. Ladite Dame a toufiours fait semblant d'auoir quelque particuliere conjonction auec le Roy, tant à cause de la Religion dont il faisoit profession au commencement, que pour empescher l'accroissement d'Espagne, & s'accommoder de quelques places : Et a entretenu des hommes prés de quelques Seigneurs de ce Royaume, & en entretient encore. Il semble qu'auiourd'huy l'accroissement du Roy luy soit suspect ; & n'estoit qu'elle craint qu'il ne s'accordast auec le Roy d'Espagne, il y a apparence qu'elle ne le secourroit nullement. Elle a fait la guerre au Roy d'Espagne, & ne la luy a iufques aujourd'huy osé declarer. Secourant ceux du Pays-bas elle dit que c'est ensuiuant les anciennes alliances d'Angleterre & de Bourgongne. Et encore à present en ceste entreprise nauale qu'elle fait, elle a fait faire la declaration sous le nom de ses Capitaines. L'on tient que c'est le grand Tresorier qui la nourrist en cet humeur, & en esperance de la paix auec le Roy d'Espagne. Beaucoup de gens estiment qu'il a dessein de faire tomber l'Estat apres la mort de la Reyne és mains de l'Espagnol, pource qu'il s'est tousiours monstré contraire au Roy d'Escosse, qui est fauorisé de Dannemarc & de France, & du peuple d'Angleterre; auquel partant il ne peut rien opposer que l'Espagne. Il semble que le Roy d'Espagne ne vueille pas attendre si long-temps, & qu'il ait vn dessein tout present sur l'Angleterre. Car outre les demonstrations qu'il en a fait cy-deuant, il fait ceste année courir vn liure en Anglois des droicts qu'il a à la Couronne d'Angleterre. Et s'est surprise depuis peu vne lettre escrite de Bruxelles du 26. May dernier 1596. par laquelle vn Iesuite mandoit, qu'en fin ils'estoit trouué vne Iudith masle pour deliurer l'Eglise de cet Holofernes femelle. Dauantage on void les grands preparatifs de guerre nauale qu'il fait tous les iours; & est aisé à iuger combien la conqueste de l'Angleterre luy apporteroit de facilité à la reconqueste des Pays-bas & de la France mesmes. On dit en l'Angleterre que le Duc d'Albe sur la fin de ses iours conseilla au Roy d'Espagne ou de faire la paix auec l'Angleterre, ou d'en entreprendre la conqueste; pource qu'autrement la guerre ne seruiroit qu'à apprendre la milice aux Anglois, & leur enseigner d'aller troubler les Indes. S'il faut iuger par discours & sur les circonstances de l'estat où est le pays maintenant, & des desseins du Roy d'Espagne, ce qui peut arriuer à l'Angleterre, ie n'estimerois pas que du viuant de la Reyne il y peust arriuer grande mutation. Car pour le dedans elle est si aymée du peuple, & les Grands qui ont quelque mescontentement ont si peu de credit, qu'il est impossible que celuy qui voudra remuer soit fort suiuy. Dauantage ceste Princesse estant vieille comme elle est, ceux qui desiroient brouiller en esperent telle commodité par sa mort, qu'ils estiment par nature ne pouuoir pas longuement tarder, qu'ils aimeroient mieux attendre en seureté ceste occasion, que se precipiter auec extreme danger & peu d'apparence de pouuoir rien effectuer. Quant au dehors, le Roy d'Espagne qui est celuy seul qu'elle peut craindre, doit estre retardé d'entreprendre cette conqueste pour la mesme consideration. Que si toutesfois pour sentir son aage auancé il a ceste ambition de faire ceste entreprise auant que mourir, il y a peu d'apparence qu'il en puisse venir à bout. Car bien que le pays soit fort ouuert, & la descente assez aisée, le pays au dedans foible; si est-ce que le Roy d'Espagne ne peut faire que les Anglois & ceux de Holande & Zelande ne soient aussi forts que luy par mer; & en terre quand il sera descendu, que les Anglois & les Escossois ioints ne soient plus forts; pouuant le Roy d'Escosse secourir l'Angleterre pour vn effet de six sepmaines, de quinze ou seize mille cheuaux, & vingt mille hommes de pied. Mais s'il arriuoit faute de la Reyne, le trouble qui peut suruenir pour la succession

donnera

donnera possible sujet aux Catholiques de s'esleuer & prester la main à qui les peut restablir. Et les haines particulieres en ietteront beaucoup en ce party, mesmes ceux qui dés cette heure se declarent ouuertement contre le Roy d'Escosse. En ce cas il y a grande apparence que si le Roy d'Espagne trouue vne armée preste pour ietter en Angleterre, il l'emportera fort aisément. Et rien ne semble pouuoir empescher ce coup, que le bon succés du voyage du Comte d'Essex. Car demeurant auec authorité pres la Reyne, & faueur parmy le peuple, il pourra auec l'ayde du Roy de France & de Dannemarc, & ceux des Estats, tendre la main au Roy d'Escosse, & l'establir en peu de temps en Angleterre.

F I N.